2017

中国县域统计年鉴（县市卷）

CHINA STATISTICAL YEARBOOK (COUNTY-LEVEL)

国家统计局农村社会经济调查司　编

中国统计出版社
China Statistics Press

图书在版编目 (CIP) 数据

中国县域统计年鉴．县市卷．2017 / 国家统计局农村社会经济调查司编．-- 北京：中国统计出版社，2018.6
ISBN 978-7-5037-8491-0

Ⅰ．①中… Ⅱ．①国… Ⅲ．①县级经济－经济统计－中国－2017－年鉴 Ⅳ．① F127-54

中国版本图书馆 CIP 数据核字 (2018) 第 110054 号

中国县域统计年鉴—2017（县市卷）

编　　者 / 国家统计局农村社会经济调查司
责任编辑 / 尹　伊
封面设计 / 李雪燕
出版发行 / 中国统计出版社
通信地址 / 北京市丰台区西三环南路甲 6 号　邮政编码 /100073
电　　话 / 邮购（010）63376909　书店（010）68783171
网　　址 / http://www.zgtjcbs.com
印　　刷 / 河北鑫兆源印刷有限公司
经　　销 / 新华书店
开　　本 / 880×1230 毫米　1/16
字　　数 / 868 千字
印　　张 / 27.75
版　　别 / 2018 年 6 月第 1 版
版　　次 / 2018 年 6 月第 1 次印刷
定　　价 / 550. 00 元（全套）

如有印装差错，由本社发行部调换。

《中国县域统计年鉴（县市卷）-2017》
编辑委员会

编 者 说 明

一、《中国县域统计年鉴（县市卷）-2017》是一部全面反映我国县域社会经济发展状况的资料性年鉴，收录了 2016 年全国 2000 多个县域单位的基本情况、综合经济、农业、工业、基本建设、教育、卫生、社会保障等方面的资料。

二、本卷的资料范围包括全国除香港特别行政区、澳门特别行政区和台湾省以外的县、旗、县级市和上报资料完整的市辖区，行政区划截止到 2016 年 12 月 31 日。

三、本卷的主要内容包括两个部分：一是县（市）社会经济主要指标；二是按公共财政收入分组的县（市）资料；篇末另附主要指标解释。

四、本卷的资料来自 2016 年县（市）社会经济统计年报。

五、本卷空栏有如下情况：

（1）该项数据较小，不够规定单位。

（2）该项指标在当年没有统计任务，没有统计数据。

（3）该项指标未掌握确切数据。

六、咨询服务电话：010-68782899。

编　者

2018 年 3 月

目录

一、县（市）社会经济主要指标

二、按主要经济指标分组县（市）资料

附录：主要指标解释

1

县（市）社会经济主要指标

2016年县(市)社会经济主要指标

北京市

指　　标	单位	大兴区	怀柔区	平谷区	密云区	延庆区
一、基本情况						
行政区域面积	平方公里	1036	2123	948	2226	1995
乡个数	个		2	2	1	4
镇个数	个	14	12	14	17	11
街道办事处个数	个	8	2	2	2	3
户籍人口	万人	68	28	40	44	28
第二产业从业人员	人	209269	41409	49692	69256	21520
第三产业从业人员	人	354903	76462	116598	159048	104733
固定电话用户	户	146401	106178	96335	104818	39440
二、综合经济						
地区生产总值	万元	5567181	2522159	2117148	2435985	1175476
第一产业增加值	万元	192855	62439	177634	161892	74247
农业增加值	万元	110697	22750	106642	88538	28757
牧业增加值	万元	40027	14829	58321	45836	29652
第二产业增加值	万元	2283627	1426318	944473	1067807	355802
公共财政收入	万元	777199	356477	279458	311683	136080
各项税收	万元	2193026	1079207	816450	754877	363503
公共财政支出	万元	2394469	1074411	1212345	1135066	924701
居民储蓄存款余额	万元	12279414	2521798	2092714	2595567	1710679
年末金融机构各项贷款余额	万元	11186999	1788313	1644183	2101347	596043
三、农业、工业及投资						
农业机械总动力	万千瓦特	18	12	15	15	12
机收面积	公顷	15225	3506	7266	5886	9480
设施农业占地面积	公顷	5267	259	792	650	631
粮食总产量	吨	84287	37361	45815	65190	99546
棉花产量	吨			55		
油料产量	吨	2724	365	331	1682	79
肉类总产量	吨	44683	15157	44878	30397	14385
规模以上工业企业单位数	个	345	170	117	138	39
规模以上工业总产值	万元	7533928	4883760	2467785	2691887	714660
固定资产投资	万元	4191645	743991	637957	749284	793490
四、教育、卫生和社会保障						
普通中学在校学生数	人	23146	9759	10375	13681	8962
中等职业教育学校在校学生数	人	6628	1103	195	745	1394
小学在校学生数	人	60850	17032	17828	22342	12296
医疗卫生机构床位数	床	7012	1681	2007	1700	1014
各种社会福利收养性单位数	个	34	25	35	31	37
各种社会福利收养性单位床位数	床	6080	3161	5648	4536	5902

2016年县(市)社会经济主要指标

天津市、河北省

指　　标	单位	宝坻区	宁河区	静海区	蓟州区	藁城区
一、基本情况						
行政区域面积	平方公里	1459	1032	1476	1590	836
乡个数	个			2	1	1
镇个数	个	16	14	16	25	12
街道办事处个数	个	8	33		1	
户籍人口	万人	71	40	60	86	79
第二产业从业人员	人	119550	63652	201200	164338	256695
第三产业从业人员	人	54026	47322	149800	132749	209218
固定电话用户	户	225130	95221	163897	162958	51658
二、综合经济						
地区生产总值	万元	6840700	5253700	6678325	3925500	6096636
第一产业增加值	万元	361200	341700	252625	336600	741045
农业增加值	万元	175400	141250	146724	148781	547906
牧业增加值	万元	140800	141850	73180	147637	189293
第二产业增加值	万元	3041500	2675200	3552100	1304500	3995232
公共财政收入	万元	647230	294641	648705	414417	315892
各项税收	万元	379107	112473	358665	156527	628022
公共财政支出	万元	1099254	561255	1007967	948255	459680
居民储蓄存款余额	万元	3136264	1904059	3704034	3680097	2445964
年末金融机构各项贷款余额	万元	4044279	1694317	3884956	3164642	1125293
三、农业、工业及投资						
农业机械总动力	万千瓦特	73	54	54	48	145
机收面积	公顷	90280	23945	61730	53894	67233
设施农业占地面积	公顷	877	1333	2522	2738	8203
粮食总产量	吨	434850	169931	287851	348233	511099
棉花产量	吨	4284	12526	406		381
油料产量	吨	238	425	8468	3772	8858
肉类总产量	吨	76256	109355	56935	85212	84358
规模以上工业企业单位数	个	438	220	533	179	419
规模以上工业总产值	万元	10415100	7131763	20331500	3082817	16234544
固定资产投资	万元	8306131	7203685	7754400	7886939	3021638
四、教育、卫生和社会保障						
普通中学在校学生数	人	32720	16856	35022	36219	30812
中等职业教育学校在校学生数	人	2759	1784	2896	3717	2432
小学在校学生数	人	37005	28469	60781	57158	54864
医疗卫生机构床位数	床	2747	1368	1919	1999	1909
各种社会福利收养性单位数	个	18	6	32	24	13
各种社会福利收养性单位床位数	床	521	529	2904	956	5125

2016年县(市)社会经济主要指标

河北省

指　　标	单位	鹿泉区	栾城区	井陉县	正定县	行唐县
一、基本情况						
行政区域面积	平方公里	603	326	1381	468	1025
乡个数	个	3	3	7	5	11
镇个数	个	9	4	10	3	4
街道办事处个数	个				2	
户籍人口	万人	43	35	33	51	46
第二产业从业人员	人	85355	104801	57946	104305	71896
第三产业从业人员	人	80528	76455	48515	90246	95112
固定电话用户	户	56020	32892	12000	63010	19470
二、综合经济						
地区生产总值	万元	3679455	2177970	1506926	2927014	1336533
第一产业增加值	万元	234460	264071	117688	323968	281477
农业增加值	万元	160891	142697	45823	166170	145882
牧业增加值	万元	64541	120301	50644	155839	124452
第二产业增加值	万元	1901221	1209329	618757	1172264	642572
公共财政收入	万元	197339	101873	55086	160017	40406
各项税收	万元	323227	165924	110235	196214	45125
公共财政支出	万元	339428	206559	192938	347910	223185
居民储蓄存款余额	万元	2027391	1244390	1154254	2895159	1213058
年末金融机构各项贷款余额	万元	1740052	980190	607906	2649250	511926
三、农业、工业及投资						
农业机械总动力	万千瓦特	46	56	33	82	83
机收面积	公顷	27513	32520	8900	38560	36050
设施农业占地面积	公顷	1739	1561	50	1031	907
粮食总产量	吨	200146	243777	84570	286584	242621
棉花产量	吨	145	7	120	190	209
油料产量	吨	4877	230	4917	19928	24919
肉类总产量	吨	26271	47512	20410	77301	40745
规模以上工业企业单位数	个	201	164	68	146	89
规模以上工业总产值	万元	7447366	4168018	1358803	5062362	2210406
固定资产投资	万元	3661031	2449780	1705213	3027012	1689513
四、教育、卫生和社会保障						
普通中学在校学生数	人	18265	13017	10899	25013	26307
中等职业教育学校在校学生数	人	6828	3759	1111	2580	416
小学在校学生数	人	31786	25881	19156	39157	39740
医疗卫生机构床位数	床	1481	1486	1037	1944	1426
各种社会福利收养性单位数	个	11	6	4	15	2
各种社会福利收养性单位床位数	床	7658	3266	2245	3711	4909

2016年县(市)社会经济主要指标

河北省

指　标	单位	灵寿县	高邑县	深泽县	赞皇县	无极县
一、基本情况						
行政区域面积	平方公里	1066	222	296	1210	524
乡个数	个	9	1	3	7	5
镇个数	个	6	4	3	4	6
街道办事处个数	个					
户籍人口	万人	35	20	26	28	54
第二产业从业人员	人	12512	35938	60552	36293	149021
第三产业从业人员	人	24630	25025	36194	60124	48839
固定电话用户	户	19530	16200	7463	13100	42104
二、综合经济						
地区生产总值	万元	899756	881952	1079534	977766	1965162
第一产业增加值	万元	166412	129870	160399	165758	269048
农业增加值	万元	90686	100790	117058	87619	150693
牧业增加值	万元	60574	28584	42234	65793	117419
第二产业增加值	万元	389841	500253	634049	535329	1059388
公共财政收入	万元	35343	42800	43002	31450	52350
各项税收	万元	16164	34153	40875	41438	43064
公共财政支出	万元	185736	118690	121755	154029	190152
居民储蓄存款余额	万元	990920	618211	960936	645181	1517923
年末金融机构各项贷款余额	万元	477075	297038	339326	385941	545970
三、农业、工业及投资						
农业机械总动力	万千瓦特	46	46	28	50	64
机收面积	公顷	32054	22726	24974	22000	43289
设施农业占地面积	公顷	378	2050	746	93	1868
粮食总产量	吨	139543	164890	202796	95731	341562
棉花产量	吨	138	107	54	64	240
油料产量	吨	5231	4851	6680	9514	17225
肉类总产量	吨	31722	14148	24685	26255	57911
规模以上工业企业单位数	个	69	74	89	67	119
规模以上工业总产值	万元	1197974	1607140	2256571	1862853	4104196
固定资产投资	万元	1299025	934638	959707	1638213	1522182
四、教育、卫生和社会保障						
普通中学在校学生数	人	17214	8741	7965	11491	20279
中等职业教育学校在校学生数	人	1122	425	391	864	1040
小学在校学生数	人	22547	18105	16151	28695	39856
医疗卫生机构床位数	床	1239	615	750	1031	1489
各种社会福利收养性单位数	个	2	1		1	2
各种社会福利收养性单位床位数	床	3332	1890	2925	1583	4136

2016年县(市)社会经济主要指标

河北省

指　　标	单位	平山县	元氏县	赵县	晋州市	新乐市
一、基本情况						
行政区域面积	平方公里	2648	675	674	619	525
乡个数	个	11	7	4	1	3
镇个数	个	12	8	7	9	8
街道办事处个数	个					1
户籍人口	万人	50	44	62	57	52
第二产业从业人员	人	60637	48903	136553	137452	119151
第三产业从业人员	人	50900	49070	114861	69523	63641
固定电话用户	户	29800	20311	22810	36701	31720
二、综合经济						
地区生产总值	万元	2085091	2001614	2127267	3004688	2079912
第一产业增加值	万元	182506	256485	337065	290652	292967
农业增加值	万元	108054	149591	244018	186268	167715
牧业增加值	万元	44519	99396	89535	98813	123075
第二产业增加值	万元	1208108	1071035	1233150	1715389	1137382
公共财政收入	万元	107802	66631	51971	80099	68026
各项税收	万元	184525	112387	61181	53782	44898
公共财政支出	万元	322513	188546	218311	226640	216036
居民储蓄存款余额	万元	1518577	1264907	1235074	2059003	1285657
年末金融机构各项贷款余额	万元	989526	744523	673733	1051009	736758
三、农业、工业及投资						
农业机械总动力	万千瓦特	59	57	103	70	173
机收面积	公顷	13480	45798	73810	41200	41040
设施农业占地面积	公顷	845	1680	2056	760	6040
粮食总产量	吨	200649	329793	563303	352740	313654
棉花产量	吨	618	521			145
油料产量	吨	9892	7670	4010	9180	37241
肉类总产量	吨	22866	45875	44297	53967	60890
规模以上工业企业单位数	个	24	78	112	269	168
规模以上工业总产值	万元	4170904	3561328	6612410	6446165	4867098
固定资产投资	万元	2426477	2400827	1852791	3104553	2729735
四、教育、卫生和社会保障						
普通中学在校学生数	人	22882	15283	23630	19157	16998
中等职业教育学校在校学生数	人	2739	2654	4113	3072	1813
小学在校学生数	人	37540	33195	44462	39068	47577
医疗卫生机构床位数	床	1582	1620	2170	1275	1732
各种社会福利收养性单位数	个	3	1	7	14	9
各种社会福利收养性单位床位数	床	2360	2174	3015	4267	3994

2016年县(市)社会经济主要指标

河北省

指　　标	单位	丰南区	丰润区	曹妃甸区	滦县	滦南县
一、基本情况						
行政区域面积	平方公里	1262	1154	1281	1027	1482
乡个数	个	3	3			
镇个数	个	12	17	5	10	16
街道办事处个数	个	1	3	3	4	1
户籍人口	万人	53	83	21	57	58
第二产业从业人员	人	140716	158159	69966	122894	119351
第三产业从业人员	人	122565	86987	47681	158546	83819
固定电话用户	户	74000	133436	67300	57796	60488
二、综合经济						
地区生产总值	万元	6193554	6419734	3678803	4620687	3365536
第一产业增加值	万元	483438	506352	256360	454016	920000
农业增加值	万元	338044	301885	71478	238680	530867
牧业增加值	万元	76105	197721	43537	210489	270221
第二产业增加值	万元	3595292	4313747	2133996	2747042	1029894
公共财政收入	万元	315208	232577	666333	156000	102080
各项税收	万元	413256	184985	655414	199456	63465
公共财政支出	万元	458451	360639	884173	315522	274530
居民储蓄存款余额	万元	3496766	5145343	1075472	3030554	1901742
年末金融机构各项贷款余额	万元	2032409	2659829	6961332	1370963	904606
三、农业、工业及投资						
农业机械总动力	万千瓦特	53	79	56	58	92
机收面积	公顷	37279	47660	22975	34482	62496
设施农业占地面积	公顷	2824	1306	1096	1328	8206
粮食总产量	吨	246138	359071	204621	254941	456053
棉花产量	吨	10397	651	182	285	952
油料产量	吨	30188	36325	640	67133	62654
肉类总产量	吨	49796	88683	27406	62450	130235
规模以上工业企业单位数	个	183	159	92	85	71
规模以上工业总产值	万元	15525283	13877885	7030579	7950391	1844975
固定资产投资	万元	3189070	2103750	8861017	3597442	2623548
四、教育、卫生和社会保障						
普通中学在校学生数	人	27265	34270	6865	25591	29150
中等职业教育学校在校学生数	人	4615	4611	1820	3608	3806
小学在校学生数	人	33243	55004	9551	40139	33223
医疗卫生机构床位数	床	1704	3872	891	2205	2374
各种社会福利收养性单位数	个	3	23			8
各种社会福利收养性单位床位数	床	3475	6062	495	2669	5945

2016年县(市)社会经济主要指标

河北省

指　　标	单位	乐亭县	迁西县	玉田县	遵化市	迁安市
一、基本情况						
行政区域面积	平方公里	1417	1439	1170	1513	1227
乡个数	个	3	8	4	12	7
镇个数	个	10	9	16	13	10
街道办事处个数	个	1	1	1	2	4
户籍人口	万人	45	40	71	76	77
第二产业从业人员	人	79348	85570	190104	164246	179829
第三产业从业人员	人	111051	66687	114905	205236	203707
固定电话用户	户	48749	48851	94802	83770	77322
二、综合经济						
地区生产总值	万元	3451769	4259678	3809081	5122370	9201601
第一产业增加值	万元	939208	236557	768268	430387	440574
农业增加值	万元	677666	151075	554779	294847	262727
牧业增加值	万元	96587	51602	206892	127195	173869
第二产业增加值	万元	1069062	2572091	1732326	2436543	5473258
公共财政收入	万元	122301	105160	96124	100411	362809
各项税收	万元	89662	148219	136821	135377	510390
公共财政支出	万元	292601	303740	285565	309115	599658
居民储蓄存款余额	万元	2310095	2049006	3314306	3551833	5030621
年末金融机构各项贷款余额	万元	1426970	1026585	1863428	1917944	4497198
三、农业、工业及投资						
农业机械总动力	万千瓦特	71	18	66	98	111
机收面积	公顷	18905	30	68100	15096	11029
设施农业占地面积	公顷	15163	187	5247	1044	4140
粮食总产量	吨	264166	71473	492138	257157	207897
棉花产量	吨	439	325	1081	69	30
油料产量	吨	10384	8134	4512	47833	33802
肉类总产量	吨	35363	24637	116673	73611	86428
规模以上工业企业单位数	个	74	44	142	128	161
规模以上工业总产值	万元	2920544	7128732	5275010	5290430	12972489
固定资产投资	万元	2099582	2587975	2538058	3011430	6498879
四、教育、卫生和社会保障						
普通中学在校学生数	人	19352	19369	32569	40792	32965
中等职业教育学校在校学生数	人	1816	3175	4081	3478	5421
小学在校学生数	人	20092	34431	49212	61106	61813
医疗卫生机构床位数	床	1636	1965	2482	3069	4094
各种社会福利收养性单位数	个	6	7	5	9	12
各种社会福利收养性单位床位数	床	3326	2623	3802	5710	4434

2016年县(市)社会经济主要指标

河北省

指　　标	单位	抚宁区	青龙满族自治县	昌黎县	卢龙县	临漳县
一、基本情况						
行政区域面积	平方公里	968	3510	1212	956	742
乡个数	个	2	14	5	3	9
镇个数	个	5	11	11	9	5
街道办事处个数	个	1	1			
户籍人口	万人	35	57	56	42	76
第二产业从业人员	人	35229	89199	64348	45873	116534
第三产业从业人员	人	31925	62137	70308	66317	90788
固定电话用户	户	46000	32000	59000	27881	17961
二、综合经济						
地区生产总值	万元	1106926	1001897	2125544	1026954	1300553
第一产业增加值	万元	343787	359729	589385	316362	313971
农业增加值	万元	203157	235845	292093	187310	197069
牧业增加值	万元	132033	110775	224676	123812	114570
第二产业增加值	万元	261503	148545	776737	286943	573885
公共财政收入	万元	30683	31703	100018	37231	35157
各项税收	万元	50534	37902	154430	21586	26016
公共财政支出	万元	163824	232485	277683	197228	214576
居民储蓄存款余额	万元	1767158	1142369	2388394	1353990	1009853
年末金融机构各项贷款余额	万元	940013	683988	907539	503823	467564
三、农业、工业及投资						
农业机械总动力	万千瓦特	28	12	65	63	61
机收面积	公顷	2620		34605	13300	68000
设施农业占地面积	公顷	2133	204	4012	513	223
粮食总产量	吨	88588	117609	291358	223611	602185
棉花产量	吨	262		60	136	2476
油料产量	吨	11724	3772	37142	20137	5574
肉类总产量	吨	89657	69699	83650	78696	55727
规模以上工业企业单位数	个	27	14	34	24	73
规模以上工业总产值	万元	662773	234300	2335486	753527	1662821
固定资产投资	万元	600852	681392	1395064	789294	1799964
四、教育、卫生和社会保障						
普通中学在校学生数	人	14995	13347	24724	18971	35612
中等职业教育学校在校学生数	人	2241	8960	3866	5940	2984
小学在校学生数	人	18935	41778	31514	24467	74690
医疗卫生机构床位数	床	1666	1684	2851	1234	1681
各种社会福利收养性单位数	个	2	3	9	1	5
各种社会福利收养性单位床位数	床	2685	3220	3658	4241	3915

2016年县(市)社会经济主要指标

河北省

指　　标	单位	成安县	大名县	涉　县	磁　县	肥乡县
一、基本情况						
行政区域面积	平方公里	482	1053	1509	695	503
乡个数	个	5	12	8	5	5
镇个数	个	4	8	8	6	4
街道办事处个数	个			1		
户籍人口	万人	46	93	42	47	41
第二产业从业人员	人	77572	95057	101287	86655	86758
第三产业从业人员	人	82827	212249	133933	109741	112052
固定电话用户	户	19230	34020	24230	25574	3200
二、综合经济						
地区生产总值	万元	1493471	1367889	2205188	1396756	954609
第一产业增加值	万元	263804	349959	107365	150057	303135
农业增加值	万元	188776	190786	59172	73271	228846
牧业增加值	万元	73279	156467	38863	66889	72991
第二产业增加值	万元	716475	560069	1177112	640535	381459
公共财政收入	万元	48123	37601	100800	105328	54121
各项税收	万元	70276	51702	111068	98134	45738
公共财政支出	万元	198784	276111	243508	261812	204519
居民储蓄存款余额	万元	738908	1342610	1437302	1281587	655508
年末金融机构各项贷款余额	万元	459613	967952	1400989	942680	512495
三、农业、工业及投资						
农业机械总动力	万千瓦特	63	71	36	73	49
机收面积	公顷	37333	113632	12300	27699	61380
设施农业占地面积	公顷	686	905	118	2	2250
粮食总产量	吨	300765	737221	62743	203331	342650
棉花产量	吨	16978	1315	15	489	10140
油料产量	吨	4838	88934	618	1923	4089
肉类总产量	吨	36146	82032	21776	31375	38158
规模以上工业企业单位数	个	84	92	69	48	55
规模以上工业总产值	万元	2575716	1862651	2045137	1763827	1162259
固定资产投资	万元	1923957	1813091	2650018	1158229	1385332
四、教育、卫生和社会保障						
普通中学在校学生数	人	16990	40456	22872	20044	18353
中等职业教育学校在校学生数	人	1689	877	2137	2198	1347
小学在校学生数	人	45809	59018	32736	46788	42768
医疗卫生机构床位数	床	1430	3934	2412	2218	1203
各种社会福利收养性单位数	个	2	6	11	4	2
各种社会福利收养性单位床位数	床	2336	4653	3015	2846	3038

2016年县(市)社会经济主要指标

河北省

指 标	单位	永年县	邱 县	鸡泽县	广平县	馆陶县
一、基本情况						
行政区域面积	平方公里	754	449	336	314	456
乡个数	个	11	3	3	3	4
镇个数	个	6	4	4	4	4
街道办事处个数	个					
户籍人口	万人	96	26	34	31	37
第二产业从业人员	人	293785	69986	84062	89374	95443
第三产业从业人员	人	268017	43987	87594	65417	69641
固定电话用户	户	26040	7334	38404	7009	8918
二、综合经济						
地区生产总值	万元	2653746	799379	1056480	799639	1057369
第一产业增加值	万元	644068	159669	196005	132194	269140
农业增加值	万元	511124	105479	137617	93149	152328
牧业增加值	万元	124230	52441	57472	37469	113823
第二产业增加值	万元	1212042	330286	524873	344921	512329
公共财政收入	万元	116397	25795	23739	33961	40990
各项税收	万元	117334	19518	17109	42258	30466
公共财政支出	万元	391463	132342	147044	152253	179338
居民储蓄存款余额	万元	2294700	535800	619006	528078	648216
年末金融机构各项贷款余额	万元	1867897	341600	324731	382756	394295
三、农业、工业及投资						
农业机械总动力	万千瓦特	64	26	28	32	50
机收面积	公顷	65750	22666	29534	28059	37713
设施农业占地面积	公顷	9503	550	4029	681	1166
粮食总产量	吨	478481	138887	208111	228009	314250
棉花产量	吨	631	26878	1976	1627	1360
油料产量	吨	3229	1237	2622	10527	13070
肉类总产量	吨	57348	22581	28598	13025	57043
规模以上工业企业单位数	个	128	72	83	46	73
规模以上工业总产值	万元	2612240	1732795	1802393	833769	1790386
固定资产投资	万元	2376108	860123	1514745	1074971	1390954
四、教育、卫生和社会保障						
普通中学在校学生数	人	43377	16671	15203	12538	18968
中等职业教育学校在校学生数	人	7247	538	997	612	535
小学在校学生数	人	93699	31769	36964	34086	42611
医疗卫生机构床位数	床	4362	837	966	1195	1121
各种社会福利收养性单位数	个	7	2	3		3
各种社会福利收养性单位床位数	床	4286	1521	1049	1454	1703

2016年县(市)社会经济主要指标

河北省

指　　标	单位	魏　县	曲周县	武安市	邢台县	临城县
一、基本情况						
行政区域面积	平方公里	864	677	1806	1848	797
乡个数	个	11	4	9	6	4
镇个数	个	10	6	13	10	4
街道办事处个数	个					
户籍人口	万人	105	52	84	36	22
第二产业从业人员	人	197201	74332	233225	96304	24708
第三产业从业人员	人	172022	93534	288323	45182	22608
固定电话用户	户	17800	10520	35200	33200	26328
二、综合经济						
地区生产总值	万元	1411942	1341952	6066464	1304214	608155
第一产业增加值	万元	286465	295828	223457	109209	99059
农业增加值	万元	193785	168583	117615	80071	56189
牧业增加值	万元	89677	121544	98000	25028	37314
第二产业增加值	万元	573091	727106	3701777	847364	324441
公共财政收入	万元	61165	44414	373078	75065	23609
各项税收	万元	69887	34779	219900	110310	21782
公共财政支出	万元	361707	211531	544029	218049	124700
居民储蓄存款余额	万元	1203920	846000	4065887	1322051	751425
年末金融机构各项贷款余额	万元	746114	699130	2852461	725723	421347
三、农业、工业及投资						
农业机械总动力	万千瓦特	65	77	189	35	24
机收面积	公顷	79600	60606	22333	20550	20880
设施农业占地面积	公顷	1321	3183	65	43	330
粮食总产量	吨	618717	425972	291100	108152	126190
棉花产量	吨	1027	10749	2259	271	341
油料产量	吨	4113	3880	4025	8981	7509
肉类总产量	吨	63449	56700	69782	13706	16555
规模以上工业企业单位数	个	72	93	98	49	54
规模以上工业总产值	万元	2457793	2281307	12364057	2825043	1312148
固定资产投资	万元	2225167	1668657	3549891	1223077	683372
四、教育、卫生和社会保障						
普通中学在校学生数	人	38488	26436	47129	13575	14521
中等职业教育学校在校学生数	人	1549	1755	10504	1918	2975
小学在校学生数	人	84396	55721	80157	21055	18978
医疗卫生机构床位数	床	2714	1580	3088	1629	773
各种社会福利收养性单位数	个			17	4	2
各种社会福利收养性单位床位数	床	4448	2894	3455	4990	1330

2016年县(市)社会经济主要指标

河北省

指　　标	单位	内丘县	柏乡县	隆尧县	任　县	南和县
一、基本情况						
行政区域面积	平方公里	788	268	749	431	405
乡个数	个	4	3	6	4	5
镇个数	个	5	3	6	4	3
街道办事处个数	个					
户籍人口	万人	30	21	56	38	39
第二产业从业人员	人	46239	28512	97926	59504	64227
第三产业从业人员	人	40659	25509	62178	53315	62486
固定电话用户	户	36900	10125	64280	17560	
二、综合经济						
地区生产总值	万元	696402	373194	970430	509447	567565
第一产业增加值	万元	114009	119452	243566	119440	191275
农业增加值	万元	72385	87822	164068	95587	147255
牧业增加值	万元	38999	31000	75797	22119	39846
第二产业增加值	万元	292969	126225	399020	198594	161203
公共财政收入	万元	42089	15971	37001	30185	32899
各项税收	万元	49490	16732	62151	39267	21549
公共财政支出	万元	156188	101210	190629	170692	179396
居民储蓄存款余额	万元	894899	424266	1162831	708954	737338
年末金融机构各项贷款余额	万元	445960	274394	608811	480513	667686
三、农业、工业及投资						
农业机械总动力	万千瓦特	26	35	81	47	49
机收面积	公顷	28297	26351	69100	41589	48000
设施农业占地面积	公顷	87	92	385	82	2948
粮食总产量	吨	187294	206563	523384	343202	287242
棉花产量	吨	653	307	5277	1420	1104
油料产量	吨	18035	2798	14059	3355	2338
肉类总产量	吨	24848	15268	36476	12067	19330
规模以上工业企业单位数	个	32	42	69	47	34
规模以上工业总产值	万元	578243	473079	2187451	434185	921075
固定资产投资	万元	1120249	328935	935141	588636	697224
四、教育、卫生和社会保障						
普通中学在校学生数	人	8994	9454	12965	12722	17539
中等职业教育学校在校学生数	人	1470	942	911	461	1852
小学在校学生数	人	23880	16574	43334	29545	29105
医疗卫生机构床位数	床	1106	714	1494	870	1167
各种社会福利收养性单位数	个		3	2	1	2
各种社会福利收养性单位床位数	床	2320	1010	1178	2330	2997

2016年县(市)社会经济主要指标

河北省

指　　标	单位	宁晋县	巨鹿县	新河县	广宗县	平乡县
一、基本情况						
行政区域面积	平方公里	1032	631	366	504	406
乡个数	个	3	3	4	4	4
镇个数	个	11	7	2	4	2
街道办事处个数	个	1				1
户籍人口	万人	81	43	18	33	36
第二产业从业人员	人	158518	69572	12040	48765	78987
第三产业从业人员	人	73580	35007	17466	61030	53785
固定电话用户	户	62703	23572	26304	11322	12420
二、综合经济						
地区生产总值	万元	2650278	643158	316501	473417	596327
第一产业增加值	万元	273538	201673	90697	129800	133699
农业增加值	万元	194183	171098	72951	98546	104745
牧业增加值	万元	77700	29067	16464	29916	26606
第二产业增加值	万元	1788277	213591	121724	187931	228917
公共财政收入	万元	81568	34688	15782	17838	37061
各项税收	万元	138269	35217	30568	25983	22197
公共财政支出	万元	287494	205677	129951	145663	155515
居民储蓄存款余额	万元	1990553	995831	554632	517558	807842
年末金融机构各项贷款余额	万元	1385527	467912	268545	261528	375067
三、农业、工业及投资						
农业机械总动力	万千瓦特	97	44	29	22	28
机收面积	公顷	103515	28380	26000	15093	31700
设施农业占地面积	公顷	1012	605	8	1021	354
粮食总产量	吨	744346	212941	159998	89474	248748
棉花产量	吨	3097	10911	7082	10540	965
油料产量	吨	6667	13400	3812	28256	32974
肉类总产量	吨	36392	17625	6833	18304	13924
规模以上工业企业单位数	个	209	66	41	57	64
规模以上工业总产值	万元	5263227	609902	383500	437004	600179
固定资产投资	万元	2396495	769910	250020	604975	739086
四、教育、卫生和社会保障						
普通中学在校学生数	人	27795	18643	5090	8389	16763
中等职业教育学校在校学生数	人	4575	453	198	1322	655
小学在校学生数	人	63596	31792	9495	27092	31411
医疗卫生机构床位数	床	3190	1673	631	904	1228
各种社会福利收养性单位数	个	3	7	1	3	2
各种社会福利收养性单位床位数	床	2766	4211	870	1621	1971

2016年县(市)社会经济主要指标

河北省

指　　标	单位	威　县	清河县	临西县	南宫市	沙河市
一、基本情况						
行政区域面积	平方公里	1012	500	542	861	859
乡个数	个	7		3	5	4
镇个数	个	9	6	6	6	4
街道办事处个数	个				4	5
户籍人口	万人	64	44	39	51	45
第二产业从业人员	人	89994	103035	53766	91646	99478
第三产业从业人员	人	76880	94538	66974	77239	122839
固定电话用户	户	29608	38755	11800	40192	72353
二、综合经济						
地区生产总值	万元	897112	1473287	749568	1064369	2313692
第一产业增加值	万元	330223	82360	123938	184022	72029
农业增加值	万元	253205	64838	86429	140695	30900
牧业增加值	万元	74158	13356	35567	40836	39112
第二产业增加值	万元	254499	717690	314064	434929	1221345
公共财政收入	万元	45305	65688	34871	29531	90429
各项税收	万元	31889	105348	40883	37148	164799
公共财政支出	万元	244795	204386	191110	207683	232107
居民储蓄存款余额	万元	1166048	1544777	623287	1399975	1943578
年末金融机构各项贷款余额	万元	583584	912187	386476	757408	2006783
三、农业、工业及投资						
农业机械总动力	万千瓦特	66	39	52	74	34
机收面积	公顷	26200	42719	50000	34876	28010
设施农业占地面积	公顷	2425	10	262	176	2
粮食总产量	吨	177369	287846	320175	238937	119716
棉花产量	吨	65370	7801	11340	31793	196
油料产量	吨	8717	5858	1620	18053	4089
肉类总产量	吨	40283	8912	17225	23373	16000
规模以上工业企业单位数	个	85	117	57	83	92
规模以上工业总产值	万元	816122	1788390	587461	1713648	3166455
固定资产投资	万元	776240	1538223	776457	1232773	2002072
四、教育、卫生和社会保障						
普通中学在校学生数	人	24255	16258	14419	24293	29677
中等职业教育学校在校学生数	人	1840	1423	1364	4400	3713
小学在校学生数	人	53381	45247	37626	32291	41179
医疗卫生机构床位数	床	2078	1745	1301	1557	1557
各种社会福利收养性单位数	个		1			1
各种社会福利收养性单位床位数	床	2386	2405	1513	2724	2366

2016年县(市)社会经济主要指标

河北省

指　　标	单位	满城区	清苑区	徐水区	涞水县	阜平县
一、基本情况						
行政区域面积	平方公里	630	867	723	1662	2496
乡个数	个	6	9	4	4	7
镇个数	个	5	9	10	11	6
街道办事处个数	个					
户籍人口	万人	41	69	62	36	23
第二产业从业人员	人	67150	112807	120095	50150	18502
第三产业从业人员	人	58954	45191	70280	32624	21708
固定电话用户	户	43193	51808	65381	31005	19386
二、综合经济						
地区生产总值	万元	1083814	1521232	1853840	631217	367456
第一产业增加值	万元	220095	340333	277924	127047	85307
农业增加值	万元	164644	271160	169668	69629	53103
牧业增加值	万元	51050	64973	105872	43323	17692
第二产业增加值	万元	518069	792147	915504	137961	84368
公共财政收入	万元	53041	51416	102508	68023	26722
各项税收	万元	77500	99109	289575	91289	20613
公共财政支出	万元	153300	220228	251932	220401	325573
居民储蓄存款余额	万元	1348271	1561390	1897530	1043346	707991
年末金融机构各项贷款余额	万元	731049	710621	782888	852563	385992
三、农业、工业及投资						
农业机械总动力	万千瓦特	30	53	49	17	9
机收面积	公顷	24350	63170	55407	21750	200
设施农业占地面积	公顷	1439	1297	4082	510	1307
粮食总产量	吨	177050	467169	366414	133358	66257
棉花产量	吨	496	133	40	27	
油料产量	吨	2690	17552	5503	11170	4501
肉类总产量	吨	24033	30428	62098	24102	8375
规模以上工业企业单位数	个	99	67	57	38	16
规模以上工业总产值	万元	1417621	2423549	1516418	167594	87163
固定资产投资	万元	848235	611938	1585466	1095120	644213
四、教育、卫生和社会保障						
普通中学在校学生数	人	18745	27015	30748	16435	10659
中等职业教育学校在校学生数	人	3783	2575	3599	1027	2442
小学在校学生数	人	36615	55238	45899	20978	21282
医疗卫生机构床位数	床	1489	2281	2182	913	730
各种社会福利收养性单位数	个	2	2	1	5	1
各种社会福利收养性单位床位数	床	2118	3223	1844	1582	1203

2016年县(市)社会经济主要指标

河北省

指标	单位	定兴县	唐县	高阳县	容城县	涞源县
一、基本情况						
行政区域面积	平方公里	714	1414	495	314	2448
乡个数	个	9	11	4	3	9
镇个数	个	7	9	5	5	8
街道办事处个数	个					
户籍人口	万人	60	60	36	27	29
第二产业从业人员	人	127976	111398	84070	92354	23780
第三产业从业人员	人	100899	42529	38694	42280	29876
固定电话用户	户	39770	46421	45404	28706	25542
二、综合经济						
地区生产总值	万元	1203752	702743	995771	594146	648702
第一产业增加值	万元	261331	181114	88346	97989	50899
农业增加值	万元	168478	112987	74028	55235	27890
牧业增加值	万元	90979	63715	13129	41037	17172
第二产业增加值	万元	559257	271177	613322	333998	347626
公共财政收入	万元	52799	36791	63751	25475	84766
各项税收	万元	93910	40596	69734	30353	50043
公共财政支出	万元	211326	206447	149148	111439	219520
居民储蓄存款余额	万元	1289900	1479879	1249197	903647	696214
年末金融机构各项贷款余额	万元	700620	763928	552690	587408	536319
三、农业、工业及投资						
农业机械总动力	万千瓦特	43	29	15	31	8
机收面积	公顷	65239	27717	27540	29200	2000
设施农业占地面积	公顷	1807	1140	59	455	95
粮食总产量	吨	472313	203279	169799	205756	63084
棉花产量	吨	51	512	1484	153	
油料产量	吨	15219	4155	12652	5337	314
肉类总产量	吨	58181	37638	6405	29247	7944
规模以上工业企业单位数	个	77	59	87	59	21
规模以上工业总产值	万元	1407719	634046	1582061	540665	478431
固定资产投资	万元	1459369	583489	776532	538692	802472
四、教育、卫生和社会保障						
普通中学在校学生数	人	29431	31228	16881	9453	15148
中等职业教育学校在校学生数	人	1127	1749	2088	672	1864
小学在校学生数	人	42054	50510	34269	21870	26734
医疗卫生机构床位数	床	1281	2329	1210	1057	1075
各种社会福利收养性单位数	个	1	5	1	2	1
各种社会福利收养性单位床位数	床	484	2850	1448	1625	1096

2016年县(市)社会经济主要指标

河北省

指　　标	单位	望都县	安新县	易　县	曲阳县	蠡　县
一、基本情况						
行政区域面积	平方公里	370	728	2534	1084	652
乡个数	个	4	3	18	10	3
镇个数	个	4	9	9	8	10
街道办事处个数	个					
户籍人口	万人	27	47	58	65	55
第二产业从业人员	人	43000	239068	90603	64015	73958
第三产业从业人员	人	32500	60528	53269	37026	52895
固定电话用户	户	24198	47874	49407	50552	43773
二、综合经济						
地区生产总值	万元	604598	578793	1175005	782404	964576
第一产业增加值	万元	192745	100045	257350	121404	143965
农业增加值	万元	154145	56116	129263	68990	108482
牧业增加值	万元	37531	16462	117935	47220	33471
第二产业增加值	万元	242214	272057	513548	327725	544633
公共财政收入	万元	31118	32751	50445	40220	36154
各项税收	万元	31891	42818	53147	41394	47074
公共财政支出	万元	135723	153541	263491	225934	190464
居民储蓄存款余额	万元	80913	1167353	1413745	1225777	1258344
年末金融机构各项贷款余额	万元	501928	582931	564264	414045	369423
三、农业、工业及投资						
农业机械总动力	万千瓦特	32	40	23	39	49
机收面积	公顷	29846	43000	30400	26510	40000
设施农业占地面积	公顷	617	127	136	39	340
粮食总产量	吨	232931	251375	200804	161397	263702
棉花产量	吨	406	1636	437	186	59
油料产量	吨	6895	1183	17005	6193	14502
肉类总产量	吨	19296	10378	67517	25770	9120
规模以上工业企业单位数	个	27	75	53	64	93
规模以上工业总产值	万元	340689	1065701	1509063	381733	2227626
固定资产投资	万元	643510	751542	1402603	472508	594260
四、教育、卫生和社会保障						
普通中学在校学生数	人	11258	17362	29442	38397	24883
中等职业教育学校在校学生数	人	919	197	2094	2256	1232
小学在校学生数	人	18723	41402	41632	72846	48928
医疗卫生机构床位数	床	1101	1243	1946	2373	1623
各种社会福利收养性单位数	个	3		5	1	
各种社会福利收养性单位床位数	床	1400	1717	2732	2160	1818

2016年县(市)社会经济主要指标

河北省

指　　标	单位	顺平县	博野县	雄　县	涿州市	安国市
一、基本情况						
行政区域面积	平方公里	711	331	514	751	486
乡个数	个	5	1	3	1	3
镇个数	个	5	6	6	10	7
街道办事处个数	个				3	1
户籍人口	万人	32	27	39	69	42
第二产业从业人员	人	36802	64996	83014	159077	88544
第三产业从业人员	人	26075	57856	28366	114979	47754
固定电话用户	户	27087	23433	35411	89360	41948
二、综合经济						
地区生产总值	万元	534178	469626	1011416	2852423	1211368
第一产业增加值	万元	209507	147437	106249	216807	175414
农业增加值	万元	188172	110191	82140	157974	136939
牧业增加值	万元	18645	22516	22749	54122	36457
第二产业增加值	万元	190520	176277	705812	1055232	646601
公共财政收入	万元	29034	20679	34921	211419	56953
各项税收	万元	44566	21911	58263	320491	83183
公共财政支出	万元	136582	125968	138026	302510	174428
居民储蓄存款余额	万元	732573	622817	1155651	2993171	1500319
年末金融机构各项贷款余额	万元	315816	274222	561474	2984080	629387
三、农业、工业及投资						
农业机械总动力	万千瓦特	24	26	24	29	51
机收面积	公顷	19728	26317	36552	49074	36289
设施农业占地面积	公顷	3868	352	308	1561	327
粮食总产量	吨	129871	184088	243414	307248	268200
棉花产量	吨	76	1516			420
油料产量	吨	5313	12113	4483	12660	22100
肉类总产量	吨	11264	13526	16465	37797	21409
规模以上工业企业单位数	个	54	42	118	73	78
规模以上工业总产值	万元	505635	646075	2290804	2883739	1959776
固定资产投资	万元	484533	527979	698646	2347589	1173116
四、教育、卫生和社会保障						
普通中学在校学生数	人	13191	11350	17889	25819	21643
中等职业教育学校在校学生数	人	1816	580	1045	7951	1704
小学在校学生数	人	24035	21685	39058	40193	28962
医疗卫生机构床位数	床	1239	813	1188	4002	1285
各种社会福利收养性单位数	个	2	3	1	6	3
各种社会福利收养性单位床位数	床	1612	1421	914	3009	1902

2016年县(市)社会经济主要指标

河北省

指　　标	单位	高碑店市	万全区	崇礼区	张北县	康保县
一、基本情况						
行政区域面积	平方公里	618	1162	2324	3863	3365
乡个数	个	1	7	8	11	8
镇个数	个	8	4	2	7	7
街道办事处个数	个	5				
户籍人口	万人	57	23	13	36	27
第二产业从业人员	人	111020	28367	10395	66131	28980
第三产业从业人员	人	68229	23883	35329	63110	28595
固定电话用户	户	46654	14339	9146	23698	5300
二、综合经济						
地区生产总值	万元	1486361	714005	338464	962334	466185
第一产业增加值	万元	155773	119443	87791	216578	206843
农业增加值	万元	90486	46004	64187	124649	114959
牧业增加值	万元	64253	67393	16942	86533	89071
第二产业增加值	万元	786242	345570	146117	476451	126703
公共财政收入	万元	106425	44239	44018	67859	35101
各项税收	万元	174293	66917	41559		12163
公共财政支出	万元	230619	181149	210684	246716	165777
居民储蓄存款余额	万元	2881847	673180	429162	780980	325740
年末金融机构各项贷款余额	万元	3933119	600238	635719	1131028	275878
三、农业、工业及投资						
农业机械总动力	万千瓦特	24	9	7	34	26
机收面积	公顷	47166	2333	439	39000	77175
设施农业占地面积	公顷	109	346	2102	17655	146
粮食总产量	吨	337191	130562	23531	122279	161544
棉花产量	吨	469				
油料产量	吨	29547	1259	1299	11087	12990
肉类总产量	吨	34913	27744	5393	21054	32232
规模以上工业企业单位数	个	49	47	11	41	25
规模以上工业总产值	万元	1203867	874926	134238	721386	157835
固定资产投资	万元	1482652	895102	472025	1236894	486365
四、教育、卫生和社会保障						
普通中学在校学生数	人	24790	8595	3132	20036	5706
中等职业教育学校在校学生数	人	2626	966	187	2100	310
小学在校学生数	人	38914	15436	5360	22116	6989
医疗卫生机构床位数	床	1884	1025	398	1776	705
各种社会福利收养性单位数	个	3	1	3	9	5
各种社会福利收养性单位床位数	床	2566	1203	1297	3331	1904

2016年县(市)社会经济主要指标

河北省

指　　标	单位	沽源县	尚义县	蔚　县	阳原县	怀安县
一、基本情况						
行政区域面积	平方公里	3363	2601	3198	1849	1698
乡个数	个	10	7	11	9	7
镇个数	个	4	7	11	5	4
街道办事处个数	个					
户籍人口	万人	22	19	50	28	25
第二产业从业人员	人	9170	25573	44881	52293	45213
第三产业从业人员	人	24821	21780	51275	61526	76032
固定电话用户	户	9320	4035	40246	12000	13000
二、综合经济						
地区生产总值	万元	482349	372991	863415	474353	688602
第一产业增加值	万元	192341	122844	161754	124391	107083
农业增加值	万元	137790	75350	74673	29292	57145
牧业增加值	万元	45728	34756	81222	84242	38341
第二产业增加值	万元	155508	145023	202395	146061	223602
公共财政收入	万元	28543	17109	66627	31155	41823
各项税收	万元	23649	19768	48030	22049	49853
公共财政支出	万元	207590	148995	254240	190829	180603
居民储蓄存款余额	万元	403665	348816	1525667	727603	704866
年末金融机构各项贷款余额	万元	367072	231759	1001714	702733	458911
三、农业、工业及投资						
农业机械总动力	万千瓦特	43	11	23	11	8
机收面积	公顷	70500	17650	17000	9633	5000
设施农业占地面积	公顷		457	627	82	877
粮食总产量	吨	136552	50600	145821	91889	118034
棉花产量	吨					
油料产量	吨	5549	13977	4008	5485	5279
肉类总产量	吨	9520	16365	34772	30424	18037
规模以上工业企业单位数	个	14	18	13	19	24
规模以上工业总产值	万元	162792	258575	238498	123843	506124
固定资产投资	万元	634571	219997	779560	542650	646206
四、教育、卫生和社会保障						
普通中学在校学生数	人	6333	4335	20987	9647	8210
中等职业教育学校在校学生数	人	63	786	1580	1763	3000
小学在校学生数	人	10966	6768	47945	19356	14273
医疗卫生机构床位数	床	671	739	1512	767	737
各种社会福利收养性单位数	个	2	5	3	3	1
各种社会福利收养性单位床位数	床	969	1012	2070	1095	2671

2016年县(市)社会经济主要指标

河北省

指　　标	单位	怀来县	涿鹿县	赤城县	承德县	兴隆县
一、基本情况						
行政区域面积	平方公里	1801	2802	5287	3648	3117
乡个数	个	6	4	9	13	9
镇个数	个	11	13	9	10	11
街道办事处个数	个					
户籍人口	万人	36	35	30	43	33
第二产业从业人员	人	25106	15079	15968	34224	44445
第三产业从业人员	人	43586	65802	43510	92747	49720
固定电话用户	户	53120	46000	7430	25253	17363
二、综合经济						
地区生产总值	万元	1449084	1058671	726287	1204735	1008976
第一产业增加值	万元	238866	376710	241217	282569	255818
农业增加值	万元	164049	243890	150777	174397	205206
牧业增加值	万元	63081	123166	71457	91544	35267
第二产业增加值	万元	351807	283364	287246	528299	430806
公共财政收入	万元	152860	59640	35205	55256	45717
各项税收	万元	204199	59930	25682	88305	73583
公共财政支出	万元	253149	239404	195622	229959	194919
居民储蓄存款余额	万元	1454593	977236	784830	1085808	1011018
年末金融机构各项贷款余额	万元	1444532	775580	717210	916315	836512
三、农业、工业及投资						
农业机械总动力	万千瓦特	16	19	11	16	7
机收面积	公顷	7994	4471	940	3333	
设施农业占地面积	公顷	143	399	818	586	257
粮食总产量	吨	116192	162757	98509	200104	33256
棉花产量	吨					
油料产量	吨	1421	1150	2022	749	275
肉类总产量	吨	39787	49038	32474	100735	21989
规模以上工业企业单位数	个	34	41	39	64	59
规模以上工业总产值	万元	360799	666174	541634	1439139	1441773
固定资产投资	万元	1442396	1432755	1062522	1930387	1572990
四、教育、卫生和社会保障						
普通中学在校学生数	人	18234	16003	10595	15786	13527
中等职业教育学校在校学生数	人	1881	2124	689	2511	2867
小学在校学生数	人	24732	23778	17957	27760	21668
医疗卫生机构床位数	床	1405	1249	929	1883	1315
各种社会福利收养性单位数	个	16	1	3		1
各种社会福利收养性单位床位数	床	1946	2450	2334	9778	2229

2016年县(市)社会经济主要指标

河北省

指　　标	单位	平泉县	滦平县	隆化县	丰宁满族自治县	宽城满族自治县
一、基本情况						
行政区域面积	平方公里	3294	2993	5473	8765	1936
乡个数	个	7	12	15	16	10
镇个数	个	12	8	9	10	8
街道办事处个数	个		1	1	1	
户籍人口	万人	48	33	45	41	26
第二产业从业人员	人	95305	66051	71631	61725	58793
第三产业从业人员	人	67488	53025	68424	54596	50220
固定电话用户	户	21203	16689	17902	22201	10223
二、综合经济						
地区生产总值	万元	1668353	1602460	1148736	1014460	2081794
第一产业增加值	万元	329711	284626	317224	259288	183789
农业增加值	万元	284296	140400	154244	103627	116502
牧业增加值	万元	36290	108315	137373	123311	33228
第二产业增加值	万元	708181	819054	454500	388764	1226411
公共财政收入	万元	58908	56877	37785	67480	70082
各项税收	万元	97414	123758	63594	48442	129546
公共财政支出	万元	296032	218857	243740	310752	170767
居民储蓄存款余额	万元	1395541	857975	975690	973443	1395369
年末金融机构各项贷款余额	万元	1159063	1081642	893779	1325541	1522968
三、农业、工业及投资						
农业机械总动力	万千瓦特	33	31	30	45	9
机收面积	公顷	3667	2000	4733	29189	
设施农业占地面积	公顷	4910	1868	1262	1538	778
粮食总产量	吨	210666	79723	277914	158848	59254
棉花产量	吨					
油料产量	吨	2146	393	7313	4904	1185
肉类总产量	吨	21668	108058	69336	51686	20672
规模以上工业企业单位数	个	72	51	47	36	36
规模以上工业总产值	万元	1358822	2153231	1010405	744386	4232230
固定资产投资	万元	1876780	2011546	1516699	1320342	1905251
四、教育、卫生和社会保障						
普通中学在校学生数	人	22552	14543	15220	17543	9832
中等职业教育学校在校学生数	人	2330	2665	3426	3076	2072
小学在校学生数	人	35033	23632	33169	30796	23238
医疗卫生机构床位数	床	1848	1638	1757	1880	1261
各种社会福利收养性单位数	个	11	9	3	4	5
各种社会福利收养性单位床位数	床	2658	3797	2690	2428	2272

2016年县(市)社会经济主要指标

河北省

指　　标	单位	围场满族蒙古族自治县	沧　县	青　县	东光县	海兴县
一、基本情况						
行政区域面积	平方公里	9037	1520	968	710	919
乡个数	个	26	15	3	1	4
镇个数	个	11	4	7	8	3
街道办事处个数	个					
户籍人口	万人	54	74	44	39	24
第二产业从业人员	人	31982	172700	113724	71871	42150
第三产业从业人员	人	48788	166326	59100	43345	31353
固定电话用户	户	25524	183989	47500	25735	22100
二、综合经济						
地区生产总值	万元	1090882	2456705	1861875	1462221	463822
第一产业增加值	万元	412871	224711	463084	134931	79772
农业增加值	万元	244975	141031	405834	94748	28990
牧业增加值	万元	114095	75555	55106	38560	22961
第二产业增加值	万元	293081	1173892	761191	561346	220785
公共财政收入	万元	47130	94876	65669	54270	32543
各项税收	万元	75521	102926	118150	88035	29874
公共财政支出	万元	327497	330616	229926	195722	163157
居民储蓄存款余额	万元	1081115	1675337	1580013	1431034	553864
年末金融机构各项贷款余额	万元	971387	894672	874771	632502	345720
三、农业、工业及投资						
农业机械总动力	万千瓦特	63	111	56	52	34
机收面积	公顷	44218	98666	46510	43621	32521
设施农业占地面积	公顷	651	71	10548	111	146
粮食总产量	吨	284367	452710	223978	289811	133023
棉花产量	吨		286	454	15688	237
油料产量	吨	5837	374	1626	2104	1276
肉类总产量	吨	55745	37124	21798	19697	15169
规模以上工业企业单位数	个	40	206	153	118	37
规模以上工业总产值	万元	389605	3580209	2424700	951437	224489
固定资产投资	万元	1253269	2151511	2106845	1424170	575106
四、教育、卫生和社会保障						
普通中学在校学生数	人	26499	29857	14369	11837	6695
中等职业教育学校在校学生数	人	3464	3254	6009	1230	61
小学在校学生数	人	41714	63472	34203	27901	19030
医疗卫生机构床位数	床	2080	2578	1600	1291	1198
各种社会福利收养性单位数	个	10	18	2	7	
各种社会福利收养性单位床位数	床	1947	2821	1476	1554	1377

2016年县(市)社会经济主要指标

河北省

指　　标	单位	盐山县	肃宁县	南皮县	吴桥县	献　县
一、基本情况						
行政区域面积	平方公里	795	516	790	583	1173
乡个数	个	6	3	3	5	11
镇个数	个	6	6	6	5	7
街道办事处个数	个					
户籍人口	万人	49	37	40	28	66
第二产业从业人员	人	96210	76723	123766	72168	111568
第三产业从业人员	人	89190	98176	49036	56086	60317
固定电话用户	户	33578	38738	25314	27181	57263
二、综合经济						
地区生产总值	万元	1558150	1424977	1093080	750408	2439553
第一产业增加值	万元	141488	251660	190393	165765	324064
农业增加值	万元	59165	176087	148683	105547	205106
牧业增加值	万元	79950	71965	40340	59383	113448
第二产业增加值	万元	1010881	535472	486200	191181	1368731
公共财政收入	万元	46164	126880	40582	28715	68350
各项税收	万元	34831	102711	71715	34013	89397
公共财政支出	万元	196845	285768	197074	150873	258779
居民储蓄存款余额	万元	990180	1344654	1038892	964863	1701222
年末金融机构各项贷款余额	万元	766186	617857	549123	414703	923177
三、农业、工业及投资						
农业机械总动力	万千瓦特	42	66	96	51	80
机收面积	公顷	54800	42470	62800	49127	97139
设施农业占地面积	公顷	146	45048	592	395	3001
粮食总产量	吨	243187	257861	308265	389005	425674
棉花产量	吨	522	21	15765	12414	2867
油料产量	吨	1124	4724	2828	1659	35887
肉类总产量	吨	50328	33166	18359	31140	61947
规模以上工业企业单位数	个	139	94	102	44	226
规模以上工业总产值	万元	6316400	1443719	1072316	456800	8491282
固定资产投资	万元	1350685	1495588	1189138	1026030	2252000
四、教育、卫生和社会保障						
普通中学在校学生数	人	15809	12671	16828	7597	24297
中等职业教育学校在校学生数	人	740	845	1288	2407	5108
小学在校学生数	人	44246	29199	32696	17731	65086
医疗卫生机构床位数	床	1238	1038	1424	1218	1735
各种社会福利收养性单位数	个		1	1	6	6
各种社会福利收养性单位床位数	床	1283	2452	1199	2727	3572

2016年县(市)社会经济主要指标

河北省

指　　标	单位	孟村回族自治县	泊头市	任丘市	黄骅市	河间市
一、基本情况						
行政区域面积	平方公里	387	1009	1012	1545	1322
乡个数	个	2	4	6	6	11
镇个数	个	4	8	9	4	7
街道办事处个数	个		3	7	3	2
户籍人口	万人	23	64	89	48	89
第二产业从业人员	人	47719	173698	201367	116519	224845
第三产业从业人员	人	20985	113418	141236	87379	118546
固定电话用户	户	42501	48795	180217	48992	85843
二、综合经济						
地区生产总值	万元	906787	2157759	5942697	2595774	2872111
第一产业增加值	万元	75627	186160	183691	312300	257231
农业增加值	万元	25851	131004	132933	96697	198320
牧业增加值	万元	47426	53483	39162	88232	56787
第二产业增加值	万元	555154	1218221	3495754	1065530	1340460
公共财政收入	万元	29392	76813	280566	156666	111922
各项税收	万元	45297	111989	1000225	209053	67704
公共财政支出	万元	136691	248197	404397	366513	324215
居民储蓄存款余额	万元	602446	2275385	4123380	2252497	2848426
年末金融机构各项贷款余额	万元	319098	983274	1882261	2318746	1000397
三、农业、工业及投资						
农业机械总动力	万千瓦特	24	112	65	81	98
机收面积	公顷	31798	66000	72910	68166	82925
设施农业占地面积	公顷		282	904	58	316
粮食总产量	吨	166444	403236	453506	252075	498477
棉花产量	吨	154	1888	556	2518	750
油料产量	吨	1987	397	7171	3425	22061
肉类总产量	吨	40776	28341	43598	59093	33799
规模以上工业企业单位数	个	119	253	296	110	261
规模以上工业总产值	万元	1728852	3739600	8317853	1279355	4276159
固定资产投资	万元	1161316	2202558	2012704	2547423	2247751
四、教育、卫生和社会保障						
普通中学在校学生数	人	7380	27397	39725	24309	36020
中等职业教育学校在校学生数	人	362	2709	2712	3269	
小学在校学生数	人	21630	57639	82991	42139	81073
医疗卫生机构床位数	床	443	1772	4356	3184	2293
各种社会福利收养性单位数	个	1	3	12	1	5
各种社会福利收养性单位床位数	床	815	4366	4309	2112	4465

2016年县(市)社会经济主要指标

河北省

指　　标	单位	固安县	永清县	香河县	大城县	文安县
一、基本情况						
行政区域面积	平方公里	703	776	448	897	1037
乡个数	个	4	5		2	1
镇个数	个	5	5	9	8	12
街道办事处个数	个					
户籍人口	万人	51	41	37	53	55
第二产业从业人员	人	48600	84093	95154	137952	109368
第三产业从业人员	人	49154	49127	58318	67182	101876
固定电话用户	户	43214	56890	44950	78120	165740
二、综合经济						
地区生产总值	万元	2070661	1307850	2161059	1188936	1397263
第一产业增加值	万元	316740	376407	167168	174421	113862
农业增加值	万元	287613	280630	135768	86764	63599
牧业增加值	万元	25178	90285	28506	82839	40159
第二产业增加值	万元	504550	303130	1071275	490565	814290
公共财政收入	万元	447851	122819	401017	77029	82644
各项税收	万元	676040	211631	544071	73603	45091
公共财政支出	万元	607812	242820	544992	245578	285491
居民储蓄存款余额	万元	2072392	1280412	2583989	2053326	2216569
年末金融机构各项贷款余额	万元	3574828	1787158	4706541	821666	1529691
三、农业、工业及投资						
农业机械总动力	万千瓦特	49	41	27	46	67
机收面积	公顷	37433	20200	16801	42253	52966
设施农业占地面积	公顷	9266	6162	2791	1322	441
粮食总产量	吨	238303	148100	126203	209065	287402
棉花产量	吨	30	3026	4	3832	745
油料产量	吨	6829	10948		9564	226
肉类总产量	吨	15839	61445	15396	36671	20100
规模以上工业企业单位数	个	79	75	161	85	131
规模以上工业总产值	万元	1322021	755959	3140515	1279774	3177340
固定资产投资	万元	2128409	1538969	2138733	1788165	2195051
四、教育、卫生和社会保障						
普通中学在校学生数	人	20984	12690	16639	24591	23092
中等职业教育学校在校学生数	人	2373	1092	1858	1529	2775
小学在校学生数	人	40011	30761	29034	50881	63102
医疗卫生机构床位数	床	1078	1043	1634	1473	1642
各种社会福利收养性单位数	个	1	2	4	7	4
各种社会福利收养性单位床位数	床	2314	2587	2368	1795	2080

2016年县(市)社会经济主要指标

河北省

指　　标	单位	大厂回族自治县	霸州市	三河市	冀州区	枣强县
一、基本情况						
行政区域面积	平方公里	176	802	634	878	905
乡个数	个		5		4	3
镇个数	个	5	7	10	6	8
街道办事处个数	个	1	1	5		
户籍人口	万人	13	65	69	35	41
第二产业从业人员	人	36625	168472	163047	73938	66884
第三产业从业人员	人	25663	126527	114826	41688	45336
固定电话用户	户	24990	118420	107810	48260	42075
二、综合经济						
地区生产总值	万元	892785	3952879	5096286	982960	929191
第一产业增加值	万元	72912	178018	340161	100716	120153
农业增加值	万元	23847	128846	183487	74428	90440
牧业增加值	万元	47490	35633	148272	22625	27845
第二产业增加值	万元	309116	2431918	2555287	473079	505185
公共财政收入	万元	222025	219221	726467	62372	58130
各项税收	万元	4369	302351	1205307	75636	88687
公共财政支出	万元	366047	382975	1017018	276926	243821
居民储蓄存款余额	万元	925274	3510072	5428757	1653573	1809688
年末金融机构各项贷款余额	万元	2819392	4303623	14342489	985988	1166136
三、农业、工业及投资						
农业机械总动力	万千瓦特	15	77	45	62	43
机收面积	公顷	9266	26663	23399	36899	70200
设施农业占地面积	公顷	310	728	830	422	595
粮食总产量	吨	43655	211499	174066	227539	346521
棉花产量	吨	10	2477	151	22360	17958
油料产量	吨		4980	442	12055	8050
肉类总产量	吨	20559	23320	55497	15146	19278
规模以上工业企业单位数	个	64	206	175	94	145
规模以上工业总产值	万元	867067	10521663	9573855	1578950	1403773
固定资产投资	万元	1463991	3290138	5655310	1252125	1124538
四、教育、卫生和社会保障						
普通中学在校学生数	人	6598	32557	37491	38850	21620
中等职业教育学校在校学生数	人	1081	2893	4720	2771	884
小学在校学生数	人	9540	74779	63988	25407	36199
医疗卫生机构床位数	床	447	2605	4799	1011	1096
各种社会福利收养性单位数	个	1	2	5	5	3
各种社会福利收养性单位床位数	床	474	1645	5523	2211	1287

2016年县(市)社会经济主要指标

河北省

指　　标	单位	武邑县	武强县	饶阳县	安平县	故城县
一、基本情况						
行政区域面积	平方公里	800	443	572	495	941
乡个数	个	3	3	3	3	4
镇个数	个	6	3	4	5	9
街道办事处个数	个					
户籍人口	万人	32	22	29	34	53
第二产业从业人员	人	58599	43338	64834	87159	94652
第三产业从业人员	人	32566	17129	52876	42559	41091
固定电话用户	户	25712	16701	24550	46925	46677
二、综合经济						
地区生产总值	万元	687809	634164	639285	1200038	1161866
第一产业增加值	万元	179260	88256	233423	110258	250450
农业增加值	万元	126385	54628	193615	33773	182209
牧业增加值	万元	49976	30280	37178	74748	65171
第二产业增加值	万元	253102	328780	195943	612964	411015
公共财政收入	万元	37771	31019	24441	71201	59654
各项税收	万元	37931	31026	24768	85170	68658
公共财政支出	万元	180420	139848	178029	211281	204638
居民储蓄存款余额	万元	1071705	708569	903780	1571548	1500426
年末金融机构各项贷款余额	万元	659922	451682	416956	1324256	858739
三、农业、工业及投资						
农业机械总动力	万千瓦特	45	57	51	36	106
机收面积	公顷	49074	39700	36200	35199	67500
设施农业占地面积	公顷	1286	1599	9790	36	2323
粮食总产量	吨	268291	238072	216563	202416	306714
棉花产量	吨	9749	110	60		16384
油料产量	吨	10569	4221	14297	9935	11565
肉类总产量	吨	35023	16944	25182	65539	49342
规模以上工业企业单位数	个	46	82	80	154	103
规模以上工业总产值	万元	530093	873658	638069	1243649	1144125
固定资产投资	万元	476502	406830	607473	1072995	1413183
四、教育、卫生和社会保障						
普通中学在校学生数	人	25259	7116	7888	13496	26379
中等职业教育学校在校学生数	人	2208	319	65	1040	2791
小学在校学生数	人	24473	15681	17635	26197	45013
医疗卫生机构床位数	床	921	539	1212	1382	2150
各种社会福利收养性单位数	个	4	2	2	5	1
各种社会福利收养性单位床位数	床	1729	1246	1367	1884	2440

2016年县(市)社会经济主要指标

河北省

指　　标	单位	景　县	阜城县	深州市	定州市	辛集市
一、基本情况						
行政区域面积	平方公里	1188	695	1245	1284	951
乡个数	个	6	5	6	5	7
镇个数	个	10	5	11	16	8
街道办事处个数	个				4	
户籍人口	万人	56	36	58	125	64
第二产业从业人员	人	82932	86213	120049	387471	204803
第三产业从业人员	人	66067	48236	133211	199978	119409
固定电话用户	户	45802	20772	40821	80000	46286
二、综合经济						
地区生产总值	万元	1527557	788464	1501796	3278090	4255828
第一产业增加值	万元	164248	164467	303304	851737	487362
农业增加值	万元	106104	132885	209502	593789	333745
牧业增加值	万元	55950	29197	88690	214701	151041
第二产业增加值	万元	814184	403206	559263	1585941	2551333
公共财政收入	万元	75765	37929	72348	181217	122590
各项税收	万元	100606	41394	74950	262089	175693
公共财政支出	万元	251596	163337	251244	550631	318764
居民储蓄存款余额	万元	2078675	1207471	1625478	3710109	3049245
年末金融机构各项贷款余额	万元	1237952	595055	928345	2198200	1697309
三、农业、工业及投资						
农业机械总动力	万千瓦特	86	55	163	95	125
机收面积	公顷	90553	50796	99166	102220	74466
设施农业占地面积	公顷	324	11043	680	3378	2238
粮食总产量	吨	591686	303524	648538	676071	554685
棉花产量	吨	5800	5162	290	173	2577
油料产量	吨	12371	474	32142	61663	32915
肉类总产量	吨	38424	18828	62281	116420	86647
规模以上工业企业单位数	个	134	102	85	245	317
规模以上工业总产值	万元	2463281	1143759	1588725	3881706	9236733
固定资产投资	万元	1356630	768570	1052996	2887951	2375264
四、教育、卫生和社会保障						
普通中学在校学生数	人	25681	16694	20125	70992	30846
中等职业教育学校在校学生数	人	253	145	2198	10348	2938
小学在校学生数	人	43309	27202	32210	96493	41745
医疗卫生机构床位数	床	1960	1456	1560	4887	2120
各种社会福利收养性单位数	个	12	11	6	2	
各种社会福利收养性单位床位数	床	2830	2145	1813	2830	2226

2016年县(市)社会经济主要指标

山西省

指　　标	单位	清徐县	阳曲县	娄烦县	古交市	阳高县
一、基本情况						
行政区域面积	平方公里	609	2059	1276	1584	1678
乡个数	个	5	6	5	7	6
镇个数	个	4	4	3	3	7
街道办事处个数	个				4	
户籍人口	万人	33	15	13	22	29
第二产业从业人员	人					14801
第三产业从业人员	人					24819
固定电话用户	户	29782	12981	11015	36942	38784
二、综合经济						
地区生产总值	万元	1224624	334743	183388	263913	302967
第一产业增加值	万元	136223	50396	19653	18994	104681
农业增加值	万元	103018	30004	11283	8057	44501
牧业增加值	万元	30421	15796	4596	6437	58338
第二产业增加值	万元	640271	176830	70093	94213	56338
公共财政收入	万元	64146	36095	26482	53304	10857
各项税收	万元	48304	20139	16476	33111	7308
公共财政支出	万元	180097	133653	112482	166210	181819
居民储蓄存款余额	万元	1417800	483339	238410	1313881	628470
年末金融机构各项贷款余额	万元	1417700	248843	128540	547366	235298
三、农业、工业及投资						
农业机械总动力	万千瓦特	18	11	6	5	21
机收面积	公顷	13828	14333	3100	3432	13300
设施农业占地面积	公顷	1043	402	16	72	1591
粮食总产量	吨	104105	79270	16820	10923	264672
棉花产量	吨	8				
油料产量	吨	62	425	974	848	3891
肉类总产量	吨	23390	8802	2623	5299	37988
规模以上工业企业单位数	个	55	23	8	8	15
规模以上工业总产值	万元	1581878	610546	118325	237598	165293
固定资产投资	万元	745499	503718	306336	548159	976147
四、教育、卫生和社会保障						
普通中学在校学生数	人	17714	9111	5463	11293	6613
中等职业教育学校在校学生数	人					1186
小学在校学生数	人	21392	8055	7361	17674	13033
医疗卫生机构床位数	床	726	1180	316	1400	948
各种社会福利收养性单位数	个	6	7	5	1	12
各种社会福利收养性单位床位数	床	633	1269	1125	504	700

2016年县(市)社会经济主要指标

山西省

指　　标	单位	天镇县	广灵县	灵丘县	浑源县	左云县
一、基本情况						
行政区域面积	平方公里	1629	1284	2731	1966	1294
乡个数	个	6	7	9	12	6
镇个数	个	5	2	3	6	3
街道办事处个数	个					
户籍人口	万人	21	18	25	35	14
第二产业从业人员	人	8204	8652	18835	25413	7321
第三产业从业人员	人	29214	9256	20388	38079	9415
固定电话用户	户	23703	5898	23958	24000	8190
二、综合经济						
地区生产总值	万元	229721	224041	304772	371526	369038
第一产业增加值	万元	66381	54319	37778	104633	27037
农业增加值	万元	27188	35764	14630	37286	9536
牧业增加值	万元	38436	17803	21918	60882	13980
第二产业增加值	万元	64722	59944	98279	101664	120835
公共财政收入	万元	8077	8673	22833	23253	33529
各项税收	万元	5438	6583	7783	10517	23833
公共财政支出	万元	169032	176115	204802	236390	124789
居民储蓄存款余额	万元	531094	408160	723800	758004	696465
年末金融机构各项贷款余额	万元	219103	189695	205597	293561	192123
三、农业、工业及投资						
农业机械总动力	万千瓦特	12	10	23	20	9
机收面积	公顷	7810	8173	5669	8900	12000
设施农业占地面积	公顷	560	588	109	49	98
粮食总产量	吨	170895	167670	91546	170152	35544
棉花产量	吨					
油料产量	吨	2005	2072	2891	2061	3740
肉类总产量	吨	17131	13538	10944	26077	9076
规模以上工业企业单位数	个	10	7	18	7	14
规模以上工业总产值	万元	61899	104514	75702	188419	166627
固定资产投资	万元	840763	852531	850085	1312148	800138
四、教育、卫生和社会保障						
普通中学在校学生数	人	10611	10610	14119	7468	6100
中等职业教育学校在校学生数	人	362	1025	693	1638	
小学在校学生数	人	10962	11007	18071	16045	7120
医疗卫生机构床位数	床	567	569	705	1273	395
各种社会福利收养性单位数	个	11	12	15	10	9
各种社会福利收养性单位床位数	床	701	180	1075	560	226

2016年县(市)社会经济主要指标

山西省

指　　标	单位	大同县	平定县	盂　县	长治县	襄垣县
一、基本情况						
行政区域面积	平方公里	1468	1391	2523	483	1178
乡个数	个	7	2	6	5	3
镇个数	个	3	8	8	6	8
街道办事处个数	个					
户籍人口	万人	18	32	31	35	27
第二产业从业人员	人	7547	40587	22123	45580	16551
第三产业从业人员	人	10288	49085	24769	33187	18989
固定电话用户	户	3126	28864	12677	13046	10646
二、综合经济						
地区生产总值	万元	269206	949682	1264382	1331694	1473908
第一产业增加值	万元	76082	42572	38594	65111	59598
农业增加值	万元	39284	20389	24664	31488	50232
牧业增加值	万元	36270	17854	11672	31732	7777
第二产业增加值	万元	59109	524460	764437	717711	950120
公共财政收入	万元	16200	71543	53450	105571	124521
各项税收	万元	9355	61447	31077	233460	152446
公共财政支出	万元	157096	192996	117185	193150	201368
居民储蓄存款余额	万元	433780	1354861	1727367	1056367	1577043
年末金融机构各项贷款余额	万元	209988	750896	1229792	517557	1724520
三、农业、工业及投资						
农业机械总动力	万千瓦特	13	57	59	11	14
机收面积	公顷	13854	6094	5467	7934	17177
设施农业占地面积	公顷	249	111	102	352	309
粮食总产量	吨	99709	92798	143350	134883	176926
棉花产量	吨					
油料产量	吨	178	119	91	24	254
肉类总产量	吨	14799	10186	5966	25018	6369
规模以上工业企业单位数	个	14	49	27	48	39
规模以上工业总产值	万元	209937	1111918	1563963	1428633	2550994
固定资产投资	万元	874492	1662826	1881286	1494296	1977316
四、教育、卫生和社会保障						
普通中学在校学生数	人	6296	16468	8385	16408	11401
中等职业教育学校在校学生数	人	62	782	498	2250	299
小学在校学生数	人	8775	22366	20813	21730	16538
医疗卫生机构床位数	床	445	624	1097	805	1318
各种社会福利收养性单位数	个	10	10	14	3	8
各种社会福利收养性单位床位数	床	442	860	929	1230	419

2016年县(市)社会经济主要指标

山西省

指　　标	单位	屯留县	平顺县	黎城县	壶关县	长子县
一、基本情况						
行政区域面积	平方公里	1142	1550	1101	1008	1029
乡个数	个	4	7	4	7	5
镇个数	个	7	5	5	5	7
街道办事处个数	个					
户籍人口	万人	28	15	17	30	36
第二产业从业人员	人	25676	17747	15102	41657	22905
第三产业从业人员	人	18343	12908	11054	35125	27132
固定电话用户	户	13559	5873	10157	10921	17596
二、综合经济						
地区生产总值	万元	866816	211380	317689	479004	1122551
第一产业增加值	万元	66508	23692	31938	52708	119477
农业增加值	万元	49665	15525	18743	35345	87158
牧业增加值	万元	14933	5916	8579	15744	30710
第二产业增加值	万元	576562	77848	106347	206778	688747
公共财政收入	万元	52382	8452	16144	21081	75640
各项税收	万元	135405	12628	20590	22721	198662
公共财政支出	万元	132934	123573	110680	171397	170611
居民储蓄存款余额	万元	646816	296137	504691	630128	895180
年末金融机构各项贷款余额	万元	363687	199105	161504	339981	487486
三、农业、工业及投资						
农业机械总动力	万千瓦特	19	5	9	6	15
机收面积	公顷	25293	4700	5784	4413	17662
设施农业占地面积	公顷	111	73	32	80	1800
粮食总产量	吨	262859	53642	68542	123300	243323
棉花产量	吨		4	4		
油料产量	吨	1	69	135	63	
肉类总产量	吨	9492	4659	5030	12735	17131
规模以上工业企业单位数	个	29	13	12	12	29
规模以上工业总产值	万元	1187156	194034	722997	767678	1082304
固定资产投资	万元	738916	412410	620984	628148	1432405
四、教育、卫生和社会保障						
普通中学在校学生数	人	12903	5585	8480	12830	14303
中等职业教育学校在校学生数	人	489	261	515	1856	821
小学在校学生数	人	18286	6211	10491	15366	18425
医疗卫生机构床位数	床	612	620	430	895	911
各种社会福利收养性单位数	个	5	5	7	9	9
各种社会福利收养性单位床位数	床	966	630	951	1024	975

2016年县(市)社会经济主要指标

山西省

指　　标	单位	武乡县	沁　县	沁源县	潞城市	沁水县
一、基本情况						
行政区域面积	平方公里	1610	1297	2550	630	2658
乡个数	个	9	7	9	3	7
镇个数	个	5	6	5	4	7
街道办事处个数	个				2	
户籍人口	万人	21	17	16	23	20
第二产业从业人员	人	12448	9741	20157	26438	16319
第三产业从业人员	人	11806	15145	25315	13691	32064
固定电话用户	户	8975	10869	18572	14799	15063
二、综合经济						
地区生产总值	万元	517371	234923	1027857	905406	1720483
第一产业增加值	万元	32542	58790	26483	46547	59972
农业增加值	万元	25820	44054	20103	30885	28402
牧业增加值	万元	5445	12269	2462	11717	24339
第二产业增加值	万元	238585	36124	719925	561536	1199570
公共财政收入	万元	29416	8789	62996	56693	117105
各项税收	万元	52294	3585	173561	94308	63304
公共财政支出	万元	142171	120593	129038	113623	181646
居民储蓄存款余额	万元	521474	377370	406691	695774	691777
年末金融机构各项贷款余额	万元	314088	187501	238453	433288	537011
三、农业、工业及投资						
农业机械总动力	万千瓦特	11	9	4	11	20
机收面积	公顷	7470	8312	4600	10994	14280
设施农业占地面积	公顷	81	122	108	74	191
粮食总产量	吨	111820	190810	75216	120686	144848
棉花产量	吨				8	97
油料产量	吨	641	69	888	200	960
肉类总产量	吨	6565	8264	1605	8859	14716
规模以上工业企业单位数	个	15	5	21	34	37
规模以上工业总产值	万元	546355	83229	1337975	1445131	902054
固定资产投资	万元	349858	435556	1083686	1706141	1593121
四、教育、卫生和社会保障						
普通中学在校学生数	人	9217	9671	5890	11813	9813
中等职业教育学校在校学生数	人	1827	535	1124	643	542
小学在校学生数	人	10814	8083	9873	14490	9670
医疗卫生机构床位数	床	667	645	901	777	686
各种社会福利收养性单位数	个	9	4	6	11	8
各种社会福利收养性单位床位数	床	750	152	989	538	524

2016年县(市)社会经济主要指标

山西省

指　　标	单位	阳城县	陵川县	泽州县	高平市	山阴县
一、基本情况						
行政区域面积	平方公里	1917	1751	2024	980	1651
乡个数	个	7	5	3	4	9
镇个数	个	10	7	14	9	4
街道办事处个数	个				3	2
户籍人口	万人	38	26	49	48	25
第二产业从业人员	人	47485	26032	73346	93857	
第三产业从业人员	人	34226	27603	64372	60897	
固定电话用户	户	28481	15248	32864	29849	12470
二、综合经济						
地区生产总值	万元	1665181	352685	2185348	2002904	1430973
第一产业增加值	万元	96862	49177	140083	145030	117028
农业增加值	万元	41025	21808	55461	57938	49012
牧业增加值	万元	53148	24987	80331	83389	63044
第二产业增加值	万元	900779	95998	1344554	1205038	504126
公共财政收入	万元	123548	14352	123756	126586	57359
各项税收	万元	70243	8348	69725	66340	43724
公共财政支出	万元	240161	158780	279410	265293	182647
居民储蓄存款余额	万元	1360952	612067	1005681	1867485	1227733
年末金融机构各项贷款余额	万元	587067	287424	861203	1137133	855537
三、农业、工业及投资						
农业机械总动力	万千瓦特	25	11	28	21	31
机收面积	公顷	17200	9630	36600	15820	32600
设施农业占地面积	公顷	86	78	148	681	284
粮食总产量	吨	165937	102128	261343	211684	265088
棉花产量	吨	6		3		
油料产量	吨	1717	485	695	58	3740
肉类总产量	吨	24519	15095	51077	63694	7501
规模以上工业企业单位数	个	57	11	45	51	40
规模以上工业总产值	万元	1272064	86825	1784066	1137137	1272936
固定资产投资	万元	1647973	416491	2260420	1504814	945391
四、教育、卫生和社会保障						
普通中学在校学生数	人	19971	12812	19131	27405	11602
中等职业教育学校在校学生数	人	2306	356	7866	2980	309
小学在校学生数	人	15300	12875	19809	24502	14338
医疗卫生机构床位数	床	2069	810	1859	1444	500
各种社会福利收养性单位数	个	14	6	11	15	5
各种社会福利收养性单位床位数	床	1083	480	550	1197	333

2016年县(市)社会经济主要指标

山西省

指　标	单位	应　县	右玉县	怀仁县	榆社县	左权县
一、基本情况						
行政区域面积	平方公里	1673	1969	1234	1700	2020
乡个数	个	9	6	6	5	5
镇个数	个	3	4	4	4	5
街道办事处个数	个		1			1
户籍人口	万人	31	11	29	15	16
第二产业从业人员	人		4788		7978	10083
第三产业从业人员	人		12101		11611	10339
固定电话用户	户	10979	5850	16626	7428	11754
二、综合经济						
地区生产总值	万元	660300	565158	2049374	275966	447071
第一产业增加值	万元	134499	57195	87228	46299	34803
农业增加值	万元	79123	14204	30253	35360	29834
牧业增加值	万元	51493	34088	52642	9799	4760
第二产业增加值	万元	169370	261603	1146401	102540	211055
公共财政收入	万元	13906	28875	55028	19688	45366
各项税收	万元	8316	21294	42697	11010	14846
公共财政支出	万元	168692	106344	169896	122100	137318
居民储蓄存款余额	万元	799467	454125	1642477	334601	663762
年末金融机构各项贷款余额	万元	313560	258919	457862	186135	615696
三、农业、工业及投资						
农业机械总动力	万千瓦特	25	13	27	9	11
机收面积	公顷	29450	16500	30000	2301	1965
设施农业占地面积	公顷	271	36	163	399	94
粮食总产量	吨	325977	35183	230360	87768	56729
棉花产量	吨					
油料产量	吨	2717	7742	569	274	436
肉类总产量	吨	14972	12894	43292	6440	3652
规模以上工业企业单位数	个	41	16	73	7	17
规模以上工业总产值	万元	557794	390816	1757734	326975	333349
固定资产投资	万元	471350	520000	1134842	154540	994000
四、教育、卫生和社会保障						
普通中学在校学生数	人	15603	4042	51063	6659	6762
中等职业教育学校在校学生数	人	2489	50	11573	1247	1462
小学在校学生数	人	16008	5397	38106	9220	12336
医疗卫生机构床位数	床	1229	448	1307	319	425
各种社会福利收养性单位数	个	7	6	9	3	11
各种社会福利收养性单位床位数	床	774	680	780	131	970

2016年县(市)社会经济主要指标

山西省

指　　标	单位	和顺县	昔阳县	寿阳县	太谷县	祁　县
一、基本情况						
行政区域面积	平方公里	2250	1946	2110	1050	854
乡个数	个	5	7	7	6	2
镇个数	个	5	5	7	3	6
街道办事处个数	个			8		
户籍人口	万人	14	24	21	29	28
第二产业从业人员	人	9134	16453	10849	33584	42538
第三产业从业人员	人	8943	20883	15415	23306	34685
固定电话用户	户	8469	23494	17747	25043	24528
二、综合经济						
地区生产总值	万元	461097	578858	911217	800007	717370
第一产业增加值	万元	28376	47687	130115	174420	171842
农业增加值	万元	20494	37119	117203	138702	117754
牧业增加值	万元	7789	9400	12448	32468	51747
第二产业增加值	万元	237972	291889	436811	202847	195003
公共财政收入	万元	43029	52088	61050	44320	33401
各项税收	万元	19141	26887	40106	23746	19053
公共财政支出	万元	150025	160608	153783	169946	163385
居民储蓄存款余额	万元	593502	949950	991565	1419286	1000313
年末金融机构各项贷款余额	万元	210477	308075	538941	456787	432278
三、农业、工业及投资						
农业机械总动力	万千瓦特	11	18	19	27	20
机收面积	公顷	3820	3930	26998	18685	17251
设施农业占地面积	公顷	94	129	141	3303	461
粮食总产量	吨	67132	167525	354072	212386	226460
棉花产量	吨				16	
油料产量	吨	1598	206	32	3	25
肉类总产量	吨	4519	7139	5499	55189	31959
规模以上工业企业单位数	个	15	16	29	51	31
规模以上工业总产值	万元	392830	512633	702528	605742	648350
固定资产投资	万元	685595	1113241	1293931	828884	739180
四、教育、卫生和社会保障						
普通中学在校学生数	人	5853	8978	8459	24241	12876
中等职业教育学校在校学生数	人	1258	1631	1118	3888	5686
小学在校学生数	人	8240	13912	11328	18213	18921
医疗卫生机构床位数	床	579	871	969	2021	753
各种社会福利收养性单位数	个	10	9	9	8	6
各种社会福利收养性单位床位数	床	220	519	404	1097	430

2016年县(市)社会经济主要指标

山西省

指　标	单位	平遥县	灵石县	介休市	临猗县	万荣县
一、基本情况						
行政区域面积	平方公里	1260	1202	741	1339	1082
乡个数	个	9	6	3	5	10
镇个数	个	5	6	7	9	4
街道办事处个数	个	3		5		
户籍人口	万人	54	26	43	57	45
第二产业从业人员	人	61391	27417	54261	31802	26682
第三产业从业人员	人	46145	24284	35871	77252	29175
固定电话用户	户	41308	28533	47220	139802	57800
二、综合经济						
地区生产总值	万元	1007343	1791916	1439804	1351885	637683
第一产业增加值	万元	140212	49778	62440	433553	166982
农业增加值	万元	84136	31523	23175	415081	133956
牧业增加值	万元	51191	13251	34988	15977	27768
第二产业增加值	万元	339987	1085139	764458	375582	200289
公共财政收入	万元	45345	112166	107077	23712	31528
各项税收	万元	27987	70789	54999	13876	28580
公共财政支出	万元	243760	224057	230611	219571	209061
居民储蓄存款余额	万元	1392946	1586999	2073164	1116300	829287
年末金融机构各项贷款余额	万元	575665	824497	2431569	924600	438169
三、农业、工业及投资						
农业机械总动力	万千瓦特	21	14	18	46	29
机收面积	公顷	23118	4544	16854	46099	45206
设施农业占地面积	公顷	301	181	204	3403	151
粮食总产量	吨	263978	62606	122145	314571	180144
棉花产量	吨	3			6659	515
油料产量	吨	850	152	44	4048	2996
肉类总产量	吨	32798	17565	15548	16128	15129
规模以上工业企业单位数	个	40	98	87	44	24
规模以上工业总产值	万元	957607	2225507	2382940	990265	445157
固定资产投资	万元	1106345	1987592	1495790	1271133	909908
四、教育、卫生和社会保障						
普通中学在校学生数	人	23887	14340	19728	25211	18390
中等职业教育学校在校学生数	人	6855	1457	4181	2571	
小学在校学生数	人	40971	24187	36163	26533	20344
医疗卫生机构床位数	床	1983	887	2044	2820	1862
各种社会福利收养性单位数	个	3	5	8	5	14
各种社会福利收养性单位床位数	床	70	1820	536	757	1085

2016年县(市)社会经济主要指标

山西省

指　　标	单位	闻喜县	稷山县	新绛县	绛　县	垣曲县
一、基本情况						
行政区域面积	平方公里	1167	686	593	994	1620
乡个数	个	6	2	1	2	6
镇个数	个	7	5	8	8	5
街道办事处个数	个	15				
户籍人口	万人	41	36	33	28	23
第二产业从业人员	人	65645	41382	27720	13870	20371
第三产业从业人员	人	34273	26408	25945	34243	35603
固定电话用户	户	44296	22012	16778	16000	10481
二、综合经济						
地区生产总值	万元	722359	747449	737199	547212	481336
第一产业增加值	万元	105962	128248	169924	92189	44381
农业增加值	万元	83098	80307	130359	74243	29173
牧业增加值	万元	19707	46792	38498	13122	12370
第二产业增加值	万元	241424	273344	295784	196243	219233
公共财政收入	万元	23891	17470	17333	8972	18880
各项税收	万元	34489	35207	24482	14860	14792
公共财政支出	万元	207257	147218	158213	162575	162208
居民储蓄存款余额	万元	1107654	725971	800391	619676	676504
年末金融机构各项贷款余额	万元	404119	228616	325480	310976	351701
三、农业、工业及投资						
农业机械总动力	万千瓦特	27	26	23	31	17
机收面积	公顷	55574	37117	49151	27165	14628
设施农业占地面积	公顷	581	61	3912	205	127
粮食总产量	吨	357569	241284	254769	192056	101766
棉花产量	吨	22		2	7	138
油料产量	吨	1961	246	609	760	1003
肉类总产量	吨	18618	12424	18228	11894	11281
规模以上工业企业单位数	个	27	21	29	37	12
规模以上工业总产值	万元	678402	676924	1035951	643639	591751
固定资产投资	万元	1088682	882729	630290	843323	749314
四、教育、卫生和社会保障						
普通中学在校学生数	人	18961	12819	21398	6376	11250
中等职业教育学校在校学生数	人	1646	1436	3204	1312	1495
小学在校学生数	人	22897	21355	18826	14341	11142
医疗卫生机构床位数	床	2331	2496	1735	1309	1464
各种社会福利收养性单位数	个	7	7	4	7	12
各种社会福利收养性单位床位数	床	750	350	290	390	774

2016年县(市)社会经济主要指标

山西省

指　　标	单位	夏　县	平陆县	芮城县	永济市	河津市
一、基本情况						
行政区域面积	平方公里	1351	1174	1178	1208	593
乡个数	个	5	4	3		5
镇个数	个	6	6	7	7	2
街道办事处个数	个				3	2
户籍人口	万人	36	25	38	45	40
第二产业从业人员	人	35862	14811	28453	33200	39220
第三产业从业人员	人	35786	17402	39336	75727	35012
固定电话用户	户	20250	12782	24600	36141	27100
二、综合经济						
地区生产总值	万元	485700	375703	768168	1340707	1777369
第一产业增加值	万元	190409	95753	225519	212843	75158
农业增加值	万元	172205	80749	197000	181011	58714
牧业增加值	万元	16128	13373	25844	23320	14977
第二产业增加值	万元	107949	121870	231085	664054	1067122
公共财政收入	万元	25764	35134	27809	40634	178135
各项税收	万元	8779	26953	16328	79338	160487
公共财政支出	万元	159891	150469	198371	197214	196573
居民储蓄存款余额	万元	631773	640250	774312	1110392	1398135
年末金融机构各项贷款余额	万元	403791	147193	377107	699845	1143875
三、农业、工业及投资						
农业机械总动力	万千瓦特	26	34	65	39	27
机收面积	公顷	46700	31780	51120	56239	25882
设施农业占地面积	公顷	3659	139	491	509	171
粮食总产量	吨	283775	129328	369124	471383	190192
棉花产量	吨	79	110	434	722	1
油料产量	吨	1662	3500	3401	2598	873
肉类总产量	吨	14057	10381	21411	24553	9603
规模以上工业企业单位数	个	20	19	27	47	70
规模以上工业总产值	万元	191734	338808	407415	2387049	2662341
固定资产投资	万元	659541	780057	688760	1279832	1501094
四、教育、卫生和社会保障						
普通中学在校学生数	人	8115	11098	17886	17539	23800
中等职业教育学校在校学生数	人	339	1392	3047	2463	1694
小学在校学生数	人	13380	11370	16227	21141	29200
医疗卫生机构床位数	床	1156	1100	1512	2566	2147
各种社会福利收养性单位数	个	4	10	7	13	14
各种社会福利收养性单位床位数	床	316	268	215	1266	1540

2016年县(市)社会经济主要指标

山西省

指　　标	单位	定襄县	五台县	代　县	繁峙县	宁武县
一、基本情况						
行政区域面积	平方公里	865	2427	1729	2373	1967
乡个数	个	6	11	5	10	10
镇个数	个	3	5	6	3	4
街道办事处个数	个					1
户籍人口	万人	23	30	21	28	16
第二产业从业人员	人	22881	25256	9796	14298	7025
第三产业从业人员	人	16399	12396	6430	17294	10816
固定电话用户	户	47860	23362	16500	11800	5200
二、综合经济						
地区生产总值	万元	357658	427035	530838	535618	436963
第一产业增加值	万元	34590	49099	28268	49303	20277
农业增加值	万元	25485	22870	17401	13063	6719
牧业增加值	万元	7210	22028	7965	29776	11944
第二产业增加值	万元	164246	109966	294282	306091	247959
公共财政收入	万元	16616	28602	41433	21380	109580
各项税收	万元	31136	50374	16604	11751	73553
公共财政支出	万元	130424	198568	143812	172929	143041
居民储蓄存款余额	万元	835300	1218500	970237	922007	693627
年末金融机构各项贷款余额	万元	380200	650000	493801	404013	511243
三、农业、工业及投资						
农业机械总动力	万千瓦特	13	16	12	17	9
机收面积	公顷	17067	10200	9200	24566	
设施农业占地面积	公顷	155	131	15	130	26
粮食总产量	吨	175786	110043	86866	81330	24413
棉花产量	吨					
油料产量	吨	618	160	723	1744	2367
肉类总产量	吨	5338	10478	2779	15017	5030
规模以上工业企业单位数	个	33	12	60	57	19
规模以上工业总产值	万元	357909	236601	579306	927300	324513
固定资产投资	万元	462000	499205	564243	928506	898522
四、教育、卫生和社会保障						
普通中学在校学生数	人	9676	14117	7629	8962	5903
中等职业教育学校在校学生数	人	658	2350	255	2482	429
小学在校学生数	人	14318	16930	12489	22381	10530
医疗卫生机构床位数	床	715	827	550	1135	891
各种社会福利收养性单位数	个	6	9	8	6	1
各种社会福利收养性单位床位数	床	196	220	400	243	77

2016年县(市)社会经济主要指标

山西省

指　　标	单位	静乐县	神池县	五寨县	岢岚县	河曲县
一、基本情况						
行政区域面积	平方公里	2058	1472	1391	1984	1317
乡个数	个	10	7	9	10	9
镇个数	个	4	3	3	2	4
街道办事处个数	个					1
户籍人口	万人	16	10	11	8	14
第二产业从业人员	人	12269	1095	7900	6048	13235
第三产业从业人员	人	17568	4516	19000	3989	16302
固定电话用户	户	6056	1420	4830	1503	
二、综合经济						
地区生产总值	万元	245779	203062	195490	211034	740559
第一产业增加值	万元	36638	69936	37848	38439	30037
农业增加值	万元	20287	31912	27369	16735	14616
牧业增加值	万元	11143	36100	7702	20054	11024
第二产业增加值	万元	88230	28079	18732	40191	473544
公共财政收入	万元	38685	15343	17622	11403	51564
各项税收	万元	6079	7891	10134	15228	28800
公共财政支出	万元	150412	99378	108990	107081	121737
居民储蓄存款余额	万元	307408	334530	510928	290718	861412
年末金融机构各项贷款余额	万元	98101	107352	452829	81875	695541
三、农业、工业及投资						
农业机械总动力	万千瓦特	5	12	16	11	6
机收面积	公顷	6000	13700	17726	10750	6046
设施农业占地面积	公顷	21		15	60	70
粮食总产量	吨	57820	138384	210080	62125	67414
棉花产量	吨					
油料产量	吨	4904	7478	889	3742	3127
肉类总产量	吨	4388	20553	3948	5817	3396
规模以上工业企业单位数	个	14	5	10	13	26
规模以上工业总产值	万元	156867	66720	74654	233230	895688
固定资产投资	万元	843845	249000	357164	517633	1462459
四、教育、卫生和社会保障						
普通中学在校学生数	人	6645	1995	2806	3450	6847
中等职业教育学校在校学生数	人	98	124	172	91	1266
小学在校学生数	人	7852	4250	6530	3390	8194
医疗卫生机构床位数	床	670	439	380	238	475
各种社会福利收养性单位数	个	2	4	4	9	5
各种社会福利收养性单位床位数	床	140	185	450	319	183

2016年县(市)社会经济主要指标

山西省

指　标	单位	保德县	偏关县	原平市	曲沃县	翼城县
一、基本情况						
行政区域面积	平方公里	998	1685	2571	437	1149
乡个数	个	9	6	11	2	4
镇个数	个	4	4	7	5	6
街道办事处个数	个	1		3		
户籍人口	万人	16	10	49	23	31
第二产业从业人员	人	12710	7348	28834	24654	35092
第三产业从业人员	人	16607	1719	46250	30776	62583
固定电话用户	户	5868	5900	32657	9042	12694
二、综合经济						
地区生产总值	万元	660949	254965	1168137	906898	728099
第一产业增加值	万元	32549	38237	122079	131703	89750
农业增加值	万元	20861	12736	58891	106040	52307
牧业增加值	万元	9823	22352	60284	21680	34585
第二产业增加值	万元	469273	84284	473840	504583	278174
公共财政收入	万元	37179	9804	63566	25000	25368
各项税收	万元	78645	6470	45867	37135	31696
公共财政支出	万元	130197	100824	272480	132783	156177
居民储蓄存款余额	万元	749146	388363	1983920	630034	888549
年末金融机构各项贷款余额	万元	347783	112702	853734	260726	340270
三、农业、工业及投资						
农业机械总动力	万千瓦特	17	16	24	26	25
机收面积	公顷	5200	11333	23330	32500	41388
设施农业占地面积	公顷	130	53	90	1736	240
粮食总产量	吨	46728	54132	351323	209575	236451
棉花产量	吨				4	
油料产量	吨	1672	3599	1126	317	326
肉类总产量	吨	4298	8104	24866	12636	27055
规模以上工业企业单位数	个	19	5	36	22	24
规模以上工业总产值	万元	563984	81745	1345473	2163750	718586
固定资产投资	万元	1225029	290458	1748644	791040	883687
四、教育、卫生和社会保障						
普通中学在校学生数	人	6595	3736	19741	9509	17679
中等职业教育学校在校学生数	人	1200	86	3456	928	666
小学在校学生数	人	10627	4368	26600	12927	18618
医疗卫生机构床位数	床	710	315	994	989	1490
各种社会福利收养性单位数	个	5	2	6		5
各种社会福利收养性单位床位数	床	293	80	624		79

2016年县(市)社会经济主要指标

山西省

指　　标	单位	襄汾县	洪洞县	古　县	安泽县	浮山县
一、基本情况						
行政区域面积	平方公里	1028	1494	1191	1959	938
乡个数	个	6	7	3	3	7
镇个数	个	7	9	4	4	2
街道办事处个数	个					
户籍人口	万人	51	77	9	8	13
第二产业从业人员	人	58507	92043	10041	9099	15005
第三产业从业人员	人	11615	129821	20056	15887	28532
固定电话用户	户	12018	21255	3369	3373	2531
二、综合经济						
地区生产总值	万元	1171709	1648397	442554	428065	446009
第一产业增加值	万元	138590	109653	23708	39577	44279
农业增加值	万元	107440	65355	18767	29992	33463
牧业增加值	万元	27716	40058	3417	7314	8767
第二产业增加值	万元	556444	941080	315398	294315	293446
公共财政收入	万元	36920	65981	21286	30005	9051
各项税收	万元	58816	94256	36244	53331	7813
公共财政支出	万元	209590	305075	88390	85744	97872
居民储蓄存款余额	万元	1360443	1609467	278272	243959	267514
年末金融机构各项贷款余额	万元	636044	998112	118747	179396	123555
三、农业、工业及投资						
农业机械总动力	万千瓦特	33	35	8	7	9
机收面积	公顷	77710	64518	6175	2400	19583
设施农业占地面积	公顷	593	187	19	30	194
粮食总产量	吨	448813	399789	72006	154258	101051
棉花产量	吨	20	3			25
油料产量	吨	1294	448	519	653	1215
肉类总产量	吨	20427	17676	1522	1829	4935
规模以上工业企业单位数	个	28	58	24	10	21
规模以上工业总产值	万元	1626953	2415136	674656	578761	472817
固定资产投资	万元	1187698	1680217	563304	558759	456428
四、教育、卫生和社会保障						
普通中学在校学生数	人	23844	35862	3801	3157	4573
中等职业教育学校在校学生数	人	2679	1986	191	96	591
小学在校学生数	人	26287	49810	5875	5284	6157
医疗卫生机构床位数	床	1303	2191	385	344	314
各种社会福利收养性单位数	个	6	10	5	10	6
各种社会福利收养性单位床位数	床	300	615	126	111	120

2016年县(市)社会经济主要指标

山西省

指　　标	单位	吉　县	乡宁县	大宁县	隰　县	永和县
一、基本情况						
行政区域面积	平方公里	1780	2025	963	1413	1213
乡个数	个	5	5	4	5	5
镇个数	个	3	5	2	3	2
街道办事处个数	个					
户籍人口	万人	11	24	7	11	7
第二产业从业人员	人	12042	28065	7035	12068	6956
第三产业从业人员	人	17066	30965	7005	12060	10850
固定电话用户	户	2366	5479	1986	1896	860
二、综合经济						
地区生产总值	万元	198909	836927	51739	146627	79456
第一产业增加值	万元	59569	31423	12850	37801	24405
农业增加值	万元	51351	15512	8857	30027	17108
牧业增加值	万元	5628	12707	1706	4857	4936
第二产业增加值	万元	81996	585053	5568	23676	13933
公共财政收入	万元	11087	89176	3101	7361	7629
各项税收	万元	15245	161032	4758	9905	13988
公共财政支出	万元	113298	158617	86492	123926	79068
居民储蓄存款余额	万元	206684	729193	100976	227645	106037
年末金融机构各项贷款余额	万元	143771	568074	53792	94247	39387
三、农业、工业及投资						
农业机械总动力	万千瓦特	9	15	4	9	4
机收面积	公顷	3671	11596	360	1771	1890
设施农业占地面积	公顷	37	6	57	25	5
粮食总产量	吨	29627	81508	43961	111083	82243
棉花产量	吨			24		55
油料产量	吨	948	1586	529	575	1131
肉类总产量	吨	3450	5389	846	2390	2355
规模以上工业企业单位数	个	5	34	1		1
规模以上工业总产值	万元	101854	594353	4969		30180
固定资产投资	万元	365075	847611	183689	225736	169516
四、教育、卫生和社会保障						
普通中学在校学生数	人	4182	12423	1813	3794	1950
中等职业教育学校在校学生数	人	889	2541	93	164	160
小学在校学生数	人	5760	16135	2765	6604	3120
医疗卫生机构床位数	床	402	1032	215	344	232
各种社会福利收养性单位数	个	2	4	3	2	3
各种社会福利收养性单位床位数	床	90	290	51	59	180

2016年县(市)社会经济主要指标

山西省

指　　标	单位	蒲　县	汾西县	侯马市	霍州市	离石区
一、基本情况						
行政区域面积	平方公里	1509	875	221	764	1324
乡个数	个	5	3	3	3	3
镇个数	个	4	5		4	2
街道办事处个数	个			5	5	7
户籍人口	万人	11	15	24	31	28
第二产业从业人员	人	12182	17074	27060	37002	16030
第三产业从业人员	人	16580	16845	70108	67833	25021
固定电话用户	户	3182	2480	26825	26568	29848
二、综合经济						
地区生产总值	万元	556842	209154	947049	708396	704473
第一产业增加值	万元	21712	29227	33526	36622	20261
农业增加值	万元	14071	13999	23890	21957	9045
牧业增加值	万元	4847	13320	6403	12349	9751
第二产业增加值	万元	419929	64311	240231	432159	165754
公共财政收入	万元	71106	6593	48985	58547	80108
各项税收	万元	85829	4492	83738	97830	54844
公共财政支出	万元	155055	104618	152586	165031	206784
居民储蓄存款余额	万元	303869	197892	1340215	1094073	2140564
年末金融机构各项贷款余额	万元	255813	46813	1029978	798409	2600025
三、农业、工业及投资						
农业机械总动力	万千瓦特	5	6	11	9	25
机收面积	公顷	4203	7373	14520	14125	4780
设施农业占地面积	公顷	45		342	85	41
粮食总产量	吨	82507	77685	92658	84979	26223
棉花产量	吨		1		14	
油料产量	吨	430	370	33	204	466
肉类总产量	吨	3245	11203	3890	9728	6482
规模以上工业企业单位数	个	31	7	25	19	23
规模以上工业总产值	万元	880686	160151	723135	739306	430496
固定资产投资	万元	701545	419279	959163	1396129	1185676
四、教育、卫生和社会保障						
普通中学在校学生数	人	4638	6629	10419	14066	18000
中等职业教育学校在校学生数	人	180	241	1096	908	52
小学在校学生数	人	7350	9692	13749	20381	39684
医疗卫生机构床位数	床	530	344	1513	1417	219
各种社会福利收养性单位数	个	3	4	10	12	5
各种社会福利收养性单位床位数	床	128	160	1236	866	165

2016年县(市)社会经济主要指标

山西省

指　　标	单位	文水县	交城县	兴县	临　县	柳林县
一、基本情况						
行政区域面积	平方公里	1069	1827	3166	2977	1287
乡个数	个	5	4	10	10	7
镇个数	个	7	6	7	13	8
街道办事处个数	个					
户籍人口	万人	45	23	30	65	34
第二产业从业人员	人	37353	36047	21750	40351	38778
第三产业从业人员	人	50456	18334	23053	43152	47328
固定电话用户	户	31755	6440	7283	8762	40767
二、综合经济						
地区生产总值	万元	600192	528776	604450	417167	1218193
第一产业增加值	万元	113617	30322	32789	67869	20004
农业增加值	万元	52954	10851	20839	42836	12062
牧业增加值	万元	59523	18338	9278	23375	6639
第二产业增加值	万元	315643	293882	436044	114586	790792
公共财政收入	万元	20988	41071	71191	91569	106994
各项税收	万元	14503	26677	52607	24452	83282
公共财政支出	万元	211710	141994	205113	333552	202943
居民储蓄存款余额	万元	1074823	849752	595013	691961	953928
年末金融机构各项贷款余额	万元	737093	595765	566277	608741	725668
三、农业、工业及投资						
农业机械总动力	万千瓦特	38	22	15	22	25
机收面积	公顷	24500	5669	6464	11600	6880
设施农业占地面积	公顷	99	81	56	144	
粮食总产量	吨	262574	44240	101263	155348	46837
棉花产量	吨			2	1	10
油料产量	吨	528	199	11417	3185	1228
肉类总产量	吨	27092	12002	4308	13289	3889
规模以上工业企业单位数	个	31	41	17	22	45
规模以上工业总产值	万元	1161439	1081015	1075670	319964	1913941
固定资产投资	万元	567369	715514	659858	712677	1648676
四、教育、卫生和社会保障						
普通中学在校学生数	人	23178	13328	10330	12413	18647
中等职业教育学校在校学生数	人	2109	2026	230	3037	1592
小学在校学生数	人	29698	17599	12391	7351	18641
医疗卫生机构床位数	床	972	719	605	1114	1205
各种社会福利收养性单位数	个	5	1	2	4	5
各种社会福利收养性单位床位数	床	199	90	120	100	470

2016年县(市)社会经济主要指标

山西省

指　标	单位	石楼县	岚　县	方山县	中阳县	交口县
一、基本情况						
行政区域面积	平方公里	1735	1513	1434	1439	1258
乡个数	个	5	8	2	2	3
镇个数	个	4	4	5	5	4
街道办事处个数	个					
户籍人口	万人	12	19	15	16	12
第二产业从业人员	人	4068	12430	8817	14066	4666
第三产业从业人员	人	12450	25130	6610	11624	10437
固定电话用户	户	3300	4637	11436	4800	27098
二、综合经济						
地区生产总值	万元	86888	276951	240892	459892	357226
第一产业增加值	万元	24670	22475	15697	14039	17241
农业增加值	万元	18108	15357	9126	8288	11314
牧业增加值	万元	5149	4868	4868	4747	5207
第二产业增加值	万元	1482	153409	131589	291179	261058
公共财政收入	万元	2876	32452	31423	37568	46300
各项税收	万元	1874	26775	19971	27283	36215
公共财政支出	万元	108708	143017	138779	120861	115188
居民储蓄存款余额	万元	193490	395370	249343	636264	546600
年末金融机构各项贷款余额	万元	185031	252454	116829	509523	274814
三、农业、工业及投资						
农业机械总动力	万千瓦特	6	11	12	6	16
机收面积	公顷	4500	12120	3834	2080	3650
设施农业占地面积	公顷	3	7	55	10	53
粮食总产量	吨	70935	65344	43116	23057	34843
棉花产量	吨	8				
油料产量	吨	2221	1330	746	281	573
肉类总产量	吨	4016	2447	2724	3336	4622
规模以上工业企业单位数	个	2	11	14	28	26
规模以上工业总产值	万元	8780	499573	297818	907006	872454
固定资产投资	万元	146362	399560	246846	626988	638425
四、教育、卫生和社会保障						
普通中学在校学生数	人	6216	8846	5189	8296	5649
中等职业教育学校在校学生数	人	1183	1033	356	267	823
小学在校学生数	人	8192	11752	8465	11645	9409
医疗卫生机构床位数	床	330	488	471	452	423
各种社会福利收养性单位数	个	1	8	1	4	2
各种社会福利收养性单位床位数	床	20	209	80	180	260

2016年县(市)社会经济主要指标

山西省、内蒙古自治区

指　　标	单位	孝义市	汾阳市	土默特左旗	托克托县	和林格尔县
一、基本情况						
行政区域面积	平方公里	938	1175	2765	1408	3448
乡个数	个	5	3	2		5
镇个数	个	7	9	7	5	3
街道办事处个数	个	5	2			
户籍人口	万人	49	43	37	20	20
第二产业从业人员	人	45453	37777	67454	30253	25487
第三产业从业人员	人	31493	37543	54980	22042	37189
固定电话用户	户	27945	46300	18338	19339	13000
二、综合经济						
地区生产总值	万元	3387764	1059682	2436617	2495512	1575379
第一产业增加值	万元	96019	71840	344647	192178	201962
农业增加值	万元	53450	36455	133463	84997	70686
牧业增加值	万元	40031	32812	197146	100885	124005
第二产业增加值	万元	2088052	515739	825361	1729094	724702
公共财政收入	万元	155569	72432	190762	254129	120816
各项税收	万元	118677	45216	175243	103203	82688
公共财政支出	万元	262445	212149	370767	258781	231029
居民储蓄存款余额	万元	2848319	1575241	680287	499174	426400
年末金融机构各项贷款余额	万元	1525783	811209	490680	755910	503000
三、农业、工业及投资						
农业机械总动力	万千瓦特	46	54	76	49	41
机收面积	公顷	10481	26201	61333	49758	48582
设施农业占地面积	公顷	433	60	2547	533	784
粮食总产量	吨	78830	176740	516231	253869	189200
棉花产量	吨					
油料产量	吨	153	342	37170	3306	3932
肉类总产量	吨	60062	23478	33928	14520	24639
规模以上工业企业单位数	个	162	26	60	38	45
规模以上工业总产值	万元	4459312	945596	3752016	4809191	2023800
固定资产投资	万元	2700745	886727	1112215	1101965	1346110
四、教育、卫生和社会保障						
普通中学在校学生数	人	30149	21400	12294	9902	7882
中等职业教育学校在校学生数	人	2168	1903	847	1283	687
小学在校学生数	人	39593	27824	10501	11542	8643
医疗卫生机构床位数	床	4053	2026	715	564	1204
各种社会福利收养性单位数	个	13	7	18	4	7
各种社会福利收养性单位床位数	床	1821	719	2007	288	590

2016年县(市)社会经济主要指标

内蒙古自治区

指　　标	单位	清水河县	武川县	土默特右旗	固阳县	达尔罕茂明安联合旗
一、基本情况						
行政区域面积	平方公里	2818	4682	2368	5025	17482
乡个数	个	4	6	3		5
镇个数	个	4	3	5	6	7
街道办事处个数	个					
户籍人口	万人	14	17	37	20	11
第二产业从业人员	人	8463	12169	56875	31283	8601
第三产业从业人员	人	14415	7433	82045	20410	23227
固定电话用户	户	6062	4903	15931	4855	5075
二、综合经济						
地区生产总值	万元	718800	855531	3539314	1199367	2128300
第一产业增加值	万元	65737	89900	380088	133267	144700
农业增加值	万元	43878	77932	215192	37366	60000
牧业增加值	万元	16003	10271	163537	94959	81400
第二产业增加值	万元	296430	447419	2030317	823100	1286100
公共财政收入	万元	21160	21466	222588	32938	165859
各项税收	万元	17234	16473	165752	29043	115107
公共财政支出	万元	135104	171620	333099	153497	271321
居民储蓄存款余额	万元	313030	371438	812505	319876	280787
年末金融机构各项贷款余额	万元	751680	434470	861771	397020	255762
三、农业、工业及投资						
农业机械总动力	万千瓦特	15	37	63	33	29
机收面积	公顷		93333	82973	94547	57333
设施农业占地面积	公顷	263	107	414	4	2
粮食总产量	吨	68564	187120	755500	94491	88564
棉花产量	吨					
油料产量	吨	12273	74656	27666	55583	21283
肉类总产量	吨	7436	4825	71127	37315	24958
规模以上工业企业单位数	个	15	12	51	38	49
规模以上工业总产值	万元	233762	196240	3296868	1381927	3275857
固定资产投资	万元	426200	580415	2881895	1351700	2228869
四、教育、卫生和社会保障						
普通中学在校学生数	人	4495	4316	8924	4451	1773
中等职业教育学校在校学生数	人	423		951	837	
小学在校学生数	人	5078	4974	12833	5430	3204
医疗卫生机构床位数	床	342	454	844	422	459
各种社会福利收养性单位数	个	5	5	9	7	5
各种社会福利收养性单位床位数	床	453	782	441	741	525

2016年县(市)社会经济主要指标

内蒙古自治区

指　　标	单位	阿鲁科尔沁旗	巴林左旗	巴林右旗	林西县	克什克腾旗
一、基本情况						
行政区域面积	平方公里	14555	6459	9837	3933	20673
乡个数	个	7	4	4	2	7
镇个数	个	7	7	5	7	7
街道办事处个数	个	2	2	2	2	2
户籍人口	万人	30	35	18	24	25
第二产业从业人员	人	10003	40499	3001	18781	17660
第三产业从业人员	人	10354	31920	3409	26552	42610
固定电话用户	户	21540	20150	9000	17000	17000
二、综合经济						
地区生产总值	万元	1174009	1304941	830837	832112	1579122
第一产业增加值	万元	193043	229649	118311	130401	187464
农业增加值	万元	116423	114239	62254	75611	114920
牧业增加值	万元	67808	105863	49020	44837	58223
第二产业增加值	万元	517191	640551	451169	388931	1016625
公共财政收入	万元	37150	55630	44162	38307	80500
各项税收	万元	26054	35700	30215	26831	55623
公共财政支出	万元	305295	274688	242556	210169	258902
居民储蓄存款余额	万元	386255	573814	345435	459761	438557
年末金融机构各项贷款余额	万元	549140	530860	537114	436823	677070
三、农业、工业及投资						
农业机械总动力	万千瓦特	70	53	41	36	49
机收面积	公顷	30000	41566	43933	22667	51333
设施农业占地面积	公顷	621	1400	237	261	130
粮食总产量	吨	503500	444240	165961	242700	167500
棉花产量	吨					
油料产量	吨	10971	8184	30364	19324	10378
肉类总产量	吨	23457	22775	35304	19353	18530
规模以上工业企业单位数	个	33	49	20	33	33
规模以上工业总产值	万元	1142786	1404009	1367055	1278060	2293998
固定资产投资	万元	631556	1052362	698010	863429	1237597
四、教育、卫生和社会保障						
普通中学在校学生数	人	12521	17654	8713	9244	4980
中等职业教育学校在校学生数	人	1133	2026		1009	756
小学在校学生数	人	15595	19662	9618	10661	7851
医疗卫生机构床位数	床	1874	1416	750	1185	1310
各种社会福利收养性单位数	个	14	20	12	14	14
各种社会福利收养性单位床位数	床	672	1811	1094	1250	759

2016年县(市)社会经济主要指标

内蒙古自治区

指　　标	单位	翁牛特旗	喀喇沁旗	宁城县	敖汉旗	科尔沁左翼中旗
一、基本情况						
行政区域面积	平方公里	11882	3050	4305	8294	9573
乡个数	个	6	2	2	8	6
镇个数	个	8	7	13	9	11
街道办事处个数	个	2		3		
户籍人口	万人	48	35	62	61	53
第二产业从业人员	人	43500	33542	58000	42353	38263
第三产业从业人员	人	53100	43002	52000	56894	88793
固定电话用户	户	11000	18835	58000	133112	8989
二、综合经济						
地区生产总值	万元	1539689	756724	1826569	1768574	1682138
第一产业增加值	万元	431094	136343	368955	431540	413607
农业增加值	万元	191055	81506	262916	306079	351877
牧业增加值	万元	227926	44286	85125	92612	47405
第二产业增加值	万元	676688	308943	762105	747986	640952
公共财政收入	万元	46981	47704	71200	59600	40359
各项税收	万元	33071	29187	46197	38417	30672
公共财政支出	万元	348329	261450	353187	356049	354088
居民储蓄存款余额	万元	635527	681693	1245712	896178	290990
年末金融机构各项贷款余额	万元	654803	493883	890885	563894	402069
三、农业、工业及投资						
农业机械总动力	万千瓦特	87	40	61	88	136
机收面积	公顷	140000	22000	30133	57644	248667
设施农业占地面积	公顷	1601	2787	24320	1607	1631
粮食总产量	吨	700000	311000	750500	760500	1802500
棉花产量	吨					
油料产量	吨	52190	2962	1220	11448	30784
肉类总产量	吨	45606	38099	95556	73749	85160
规模以上工业企业单位数	个	54	14	62	55	65
规模以上工业总产值	万元	2337891	672402	1856526	812711	2282995
固定资产投资	万元	1156147	665385	1091409	1236938	950081
四、教育、卫生和社会保障						
普通中学在校学生数	人	16653	14443	24058	24356	10088
中等职业教育学校在校学生数	人	2268	2183	3478	1388	
小学在校学生数	人	20930	18421	35981	31998	24848
医疗卫生机构床位数	床	1089	1150	2858	2724	1690
各种社会福利收养性单位数	个	19	11	27	18	14
各种社会福利收养性单位床位数	床	1169	1260	980	1089	885

2016年县(市)社会经济主要指标

内蒙古自治区

指　　标	单位	科尔沁左翼后旗	开鲁县	库伦旗	奈曼旗	扎鲁特旗
一、基本情况						
行政区域面积	平方公里	11500	4353	4709	8130	16492
乡个数	个	5		3	6	8
镇个数	个	10	10	5	8	7
街道办事处个数	个			1		
户籍人口	万人	41	40	18	45	31
第二产业从业人员	人	14000	42712	12379	29306	11332
第三产业从业人员	人	55100	51738	26609	22217	52106
固定电话用户	户	45000	33548	10450	28800	16372
二、综合经济						
地区生产总值	万元	1704900	2226878	720695	1578500	2063555
第一产业增加值	万元	336300	492026	175718	295000	340114
农业增加值	万元	205945	317595	95107	142955	192843
牧业增加值	万元	111570	163315	76000	138650	141763
第二产业增加值	万元	682900	967545	275435	700700	1079920
公共财政收入	万元	48709	47469	34932	49000	164623
各项税收	万元	28980	31132	20939	21780	90884
公共财政支出	万元	305462	342357	193499	342600	450869
居民储蓄存款余额	万元	329037	549978	184179	49600	398135
年末金融机构各项贷款余额	万元	795134	631543	156288	47010	500047
三、农业、工业及投资						
农业机械总动力	万千瓦特	108	132	39	99	73
机收面积	公顷	168800	80000	37400	65472	106408
设施农业占地面积	公顷	348	1475	3500	2890	355
粮食总产量	吨	1034500	1086160	548100	775500	522440
棉花产量	吨					
油料产量	吨	20000	6101	3560	14017	25656
肉类总产量	吨	52220	124678	35422	40959	85282
规模以上工业企业单位数	个	64	68	23	45	72
规模以上工业总产值	万元	2082540	3536890	1026800	1489054	2982716
固定资产投资	万元	1031795	1319459	708000	1135000	1469778
四、教育、卫生和社会保障						
普通中学在校学生数	人	15350	18870	7893	20937	8019
中等职业教育学校在校学生数	人	258	656	186	1020	828
小学在校学生数	人	24346	21059	10417	19275	16928
医疗卫生机构床位数	床	3437	1240	682	1240	1726
各种社会福利收养性单位数	个	7	5	6	15	10
各种社会福利收养性单位床位数	床	336	1026	253	578	513

2016年县(市)社会经济主要指标

内蒙古自治区

指　　标	单位	霍林郭勒市	东胜区	达拉特旗	准格尔旗	鄂托克前旗
一、基本情况						
行政区域面积	平方公里	585	2145	8241	7692	12221
乡个数	个	1		1	3	
镇个数	个		3	7	6	4
街道办事处个数	个	4	12	6	4	
户籍人口	万人	8	26	37	33	8
第二产业从业人员	人	22900	106021	52198	68413	14284
第三产业从业人员	人	31386	178014	118724	91976	17860
固定电话用户	户	5102	52544	13513	60251	4620
二、综合经济						
地区生产总值	万元	2961450	9427200	4907864	11432100	1364200
第一产业增加值	万元	31730	14616	352764	100595	121969
农业增加值	万元	7286	5161	231885	62018	74994
牧业增加值	万元	23940	5188	109850	29539	40015
第二产业增加值	万元	1930687	3462700	2715700	6753200	819900
公共财政收入	万元	317170	833333	222750	818329	181014
各项税收	万元	139230	490896	169232	1218602	102324
公共财政支出	万元	381001	902707	410034	967876	299078
居民储蓄存款余额	万元	494185	7384800	1280653	2835948	314549
年末金融机构各项贷款余额	万元	1119598	20164200	1310410	2614526	301125
三、农业、工业及投资						
农业机械总动力	万千瓦特	2	12	104	30	29
机收面积	公顷	15156	2000	84000	10000	20000
设施农业占地面积	公顷	60	93	537	338	228
粮食总产量	吨	10949	11900	583180	96086	93852
棉花产量	吨					
油料产量	吨	13892	18	34711	3250	3850
肉类总产量	吨	6384	2396	44361	12923	18216
规模以上工业企业单位数	个	73	59	53	102	15
规模以上工业总产值	万元	3706397	5649900	7002289	10835588	2203464
固定资产投资	万元	2173099	5056874	2408000	5743000	2672519
四、教育、卫生和社会保障						
普通中学在校学生数	人	6166	26456	14384	15097	3057
中等职业教育学校在校学生数	人	205	9343	2344	3099	1240
小学在校学生数	人	7696	37774	22443	25707	4763
医疗卫生机构床位数	床	929	3725	1784	1870	353
各种社会福利收养性单位数	个	1	23	9	8	2
各种社会福利收养性单位床位数	床	107	4132	1076	1722	215

2016年县(市)社会经济主要指标

内蒙古自治区

指　　标	单位	鄂托克旗	杭锦旗	乌审旗	伊金霍洛旗	海拉尔区
一、基本情况						
行政区域面积	平方公里	20367	19253	11674	5487	1440
乡个数	个	2	1	1		
镇个数	个	4	5	5	7	2
街道办事处个数	个					6
户籍人口	万人	10	14	11	18	28
第二产业从业人员	人	25152	14500	4856	50259	19125
第三产业从业人员	人	33358	26890	37456	55610	159989
固定电话用户	户	13000	9500	9194	13983	82880
二、综合经济						
地区生产总值	万元	4534641	1002300	4124600	6814200	3036194
第一产业增加值	万元	81841	191984	137147	75096	73062
农业增加值	万元	39476	127725	78648	38466	24021
牧业增加值	万元	36098	51756	52836	25103	46238
第二产业增加值	万元	3420600	407800	3078300	4003800	1409135
公共财政收入	万元	379846	123000	336900	788600	170277
各项税收	万元	346789	114356	186943	441600	147570
公共财政支出	万元	532522	261910	410255	847700	355514
居民储蓄存款余额	万元	845359	407698	511194	2320742	2103017
年末金融机构各项贷款余额	万元	1244395	395323	1241986	1730106	3163347
三、农业、工业及投资						
农业机械总动力	万千瓦特	18	60	55	30	12
机收面积	公顷	7860	40000	13499	5085	21407
设施农业占地面积	公顷	28	28	199	75	374
粮食总产量	吨	99515	386036	159227	84194	45909
棉花产量	吨					
油料产量	吨	7582	70005	2132		4212
肉类总产量	吨	23685	19798	55211	5681	7088
规模以上工业企业单位数	个	50	20	23	55	51
规模以上工业总产值	万元	6059452	553986	8007810	8833300	1981093
固定资产投资	万元	3406865	1750023	4300520	4377203	2080303
四、教育、卫生和社会保障						
普通中学在校学生数	人	4793	4023	4362	6085	17424
中等职业教育学校在校学生数	人	221		367	237	1997
小学在校学生数	人	10087	6498	7981	12554	13042
医疗卫生机构床位数	床	481	700	513	1250	3421
各种社会福利收养性单位数	个	6	3	6	5	6
各种社会福利收养性单位床位数	床	652	510	390	432	900

2016年县(市)社会经济主要指标

内蒙古自治区

指　　标	单位	阿荣旗	莫力达瓦达斡尔族自治旗	鄂伦春自治旗	鄂温克族自治县	陈巴尔虎旗
一、基本情况						
行政区域面积	平方公里	11073	10356	54688	18657	17458
乡个数	个	4	3	2	6	4
镇个数	个	8	10	8	4	3
街道办事处个数	个					
户籍人口	万人	32	32	26	14	6
第二产业从业人员	人	11324	5468	5946	15010	5177
第三产业从业人员	人	42050	18530	43847	11612	12093
固定电话用户	户	13540	19000	9245	43345	7898
二、综合经济						
地区生产总值	万元	1641498	1064971	696130	1156879	942445
第一产业增加值	万元	453434	447220	224044	75699	91493
农业增加值	万元	283597	311876	156589	5882	37609
牧业增加值	万元	140960	118046	42129	62128	40851
第二产业增加值	万元	742513	257822	86184	776083	624813
公共财政收入	万元	63486	26629	19028	77823	45536
各项税收	万元	38409	17091	12808	62919	166055
公共财政支出	万元	302687	295471	279317	215017	134948
居民储蓄存款余额	万元	469429	336883	655293	460664	131955
年末金融机构各项贷款余额	万元	483204	524481	681444	751611	144278
三、农业、工业及投资						
农业机械总动力	万千瓦特	87	104	63	20	22
机收面积	公顷	199157	419296	265670	14880	
设施农业占地面积	公顷	360	40	144	1	9
粮食总产量	吨	1514060	1641300	572000	31699	120565
棉花产量	吨					
油料产量	吨	20871	1649	60	9538	31374
肉类总产量	吨	57849	30985	11845	37554	18400
规模以上工业企业单位数	个	36	13	7	14	11
规模以上工业总产值	万元	1406436	241788	7140	800427	874448
固定资产投资	万元	1221771	370676	277467	722675	293178
四、教育、卫生和社会保障						
普通中学在校学生数	人	7826	5581	4597	3333	987
中等职业教育学校在校学生数	人	1762	631	322	2534	
小学在校学生数	人	17593	11123	9118	5189	2129
医疗卫生机构床位数	床	1208	920	773	781	332
各种社会福利收养性单位数	个	8	11	5	6	1
各种社会福利收养性单位床位数	床	1382	1306	204	353	120

2016年县(市)社会经济主要指标

内蒙古自治区

指　　标	单位	新巴尔虎左旗	新巴尔虎右旗	满洲里市	牙克石市	扎兰屯市
一、基本情况						
行政区域面积	平方公里	20107	24840	735	27803	16785
乡个数	个	5	4			4
镇个数	个	2	3	2	10	8
街道办事处个数	个			4	6	7
户籍人口	万人	4	4	17	34	41
第二产业从业人员	人	2124	5839	22477	69521	25304
第三产业从业人员	人	9918	11390	88515	101895	67726
固定电话用户	户	3497	3893	35000	30012	30448
二、综合经济						
地区生产总值	万元	371775	805233	2415531	2300927	1879193
第一产业增加值	万元	61150	38558	33278	351647	400213
农业增加值	万元	15691	714	7242	191419	236168
牧业增加值	万元	34895	25086	2817	98847	145678
第二产业增加值	万元	182113	622275	593640	1122794	966263
公共财政收入	万元	17934	55215	160108	67365	51990
各项税收	万元	5790	40564	124771	43137	35824
公共财政支出	万元	119378	118563	436675	359407	333999
居民储蓄存款余额	万元	59953	80526	1216904	1223146	777299
年末金融机构各项贷款余额	万元	83311	142460	1275045	811455	2026248
三、农业、工业及投资						
农业机械总动力	万千瓦特	20	6		36	73
机收面积	公顷				156648	146000
设施农业占地面积	公顷	118		13	960	499
粮食总产量	吨	57612	2120	2052	561820	1052220
棉花产量	吨					
油料产量	吨	11001			65840	235200
肉类总产量	吨	21965	24932	2908	25294	63618
规模以上工业企业单位数	个	8	16	89	72	63
规模以上工业总产值	万元	37867	1054637	1122677	2096785	2676125
固定资产投资	万元	300505	360663	1250060	824028	1302584
四、教育、卫生和社会保障						
普通中学在校学生数	人	780	655	9939	11326	7850
中等职业教育学校在校学生数	人		36	748	1282	645
小学在校学生数	人	1817	1785	8608	7832	18230
医疗卫生机构床位数	床	151	181	921	3397	2088
各种社会福利收养性单位数	个	1	2	6	11	24
各种社会福利收养性单位床位数	床	15	98	550	942	4069

2016年县(市)社会经济主要指标

内蒙古自治区

指　　标	单位	额尔古纳市	根河市	临河区	五原县	磴口县
一、基本情况						
行政区域面积	平方公里	28958	20010	2333	2503	3676
乡个数	个	3	1	2	1	1
镇个数	个	3	4	7	8	4
街道办事处个数	个	2	4	11		
户籍人口	万人	8	14	52	28	12
第二产业从业人员	人	6371	10579	37987	6435	4519
第三产业从业人员	人	24600	32624	176706	25952	20173
固定电话用户	户	12108	9539	87000	20550	12900
二、综合经济						
地区生产总值	万元	477728	429977	2972683	1139500	527800
第一产业增加值	万元	145137	98184	415183	268758	90200
农业增加值	万元	97128	26464	250015	167031	54273
牧业增加值	万元	35025	23000	152129	90908	28771
第二产业增加值	万元	133567	110624	1372600	440449	307900
公共财政收入	万元	26030	12440	198553	41299	26994
各项税收	万元	15432	6868	167870	36753	20845
公共财政支出	万元	168537	165274	420969	270773	205547
居民储蓄存款余额	万元	295019	546439	2762256	729600	363706
年末金融机构各项贷款余额	万元	238653	243308	4430991	720700	352715
三、农业、工业及投资						
农业机械总动力	万千瓦特	22	2	109	111	47
机收面积	公顷	155987	2340	92000	86667	43787
设施农业占地面积	公顷	149	30	3000	1055	1872
粮食总产量	吨	426150	4600	550560	401250	140101
棉花产量	吨					
油料产量	吨	141301	1451	180285	257765	59922
肉类总产量	吨	10362	2657	70840	36820	14341
规模以上工业企业单位数	个	12	6	77	38	16
规模以上工业总产值	万元	320782	136462	3229017	555156	620665
固定资产投资	万元	326172	191788	1760346	757028	435111
四、教育、卫生和社会保障						
普通中学在校学生数	人	2906	1464	24058	9942	3229
中等职业教育学校在校学生数	人	40	26	11044	2662	
小学在校学生数	人	3037	2272	29135	11486	3870
医疗卫生机构床位数	床	452	555	4626	1183	1226
各种社会福利收养性单位数	个	2	1	8	7	3
各种社会福利收养性单位床位数	床	113	90	1841	988	495

2016年县(市)社会经济主要指标

内蒙古自治区

指　　标	单位	乌拉特前旗	乌拉特中旗	乌拉特后旗	杭锦后旗	集宁区
一、基本情况						
行政区域面积	平方公里	7482	22868	24525	1752	553
乡个数	个	2	4	3		1
镇个数	个	9	6	3	9	1
街道办事处个数	个					8
户籍人口	万人	34	14	6	30	32
第二产业从业人员	人	8168	6387	10015	11598	16207
第三产业从业人员	人	38439	20758	11798	50526	147894
固定电话用户	户	11768	11112	3956	50128	49421
二、综合经济						
地区生产总值	万元	1462297	1017665	646097	1390143	1878503
第一产业增加值	万元	301511	153265	33417	319143	40432
农业增加值	万元	194181	86033	11236	177105	17871
牧业增加值	万元	93629	52189	19040	120259	20017
第二产业增加值	万元	624500	738300	500900	652200	813685
公共财政收入	万元	94468	88061	81040	63427	179480
各项税收	万元	62200	67448	73988	43041	281876
公共财政支出	万元	290087	273058	174256	262378	360321
居民储蓄存款余额	万元	911622	381384	167107	809556	2577497
年末金融机构各项贷款余额	万元	904824	348963	123600	722979	2971858
三、农业、工业及投资						
农业机械总动力	万千瓦特	129	42	14	96	20
机收面积	公顷	78558	67333	7467	53680	3605
设施农业占地面积	公顷	1617	729	117	647	2334
粮食总产量	吨	450860	201460	36820	401700	9870
棉花产量	吨					
油料产量	吨	138671	75148	10116	74438	2211
肉类总产量	吨	28740	19390	6533	50396	2966
规模以上工业企业单位数	个	41	38	38	35	36
规模以上工业总产值	万元	852770	1373304	1126878	1504367	1330285
固定资产投资	万元	1121282	1501919	1004390	766787	761949
四、教育、卫生和社会保障						
普通中学在校学生数	人	10670	3529	1418	9062	29818
中等职业教育学校在校学生数	人	1861			2504	
小学在校学生数	人	12860	4197	2547	10221	23732
医疗卫生机构床位数	床	1363	498	284	1517	3302
各种社会福利收养性单位数	个	9	2	1	13	14
各种社会福利收养性单位床位数	床	1345	368	150	1753	1620

2016年县(市)社会经济主要指标

内蒙古自治区

指　　标	单位	卓资县	化德县	商都县	兴和县	凉城县
一、基本情况						
行政区域面积	平方公里	3119	2534	4284	3519	3451
乡个数	个	3	3	4	4	3
镇个数	个	5	3	6	5	5
街道办事处个数	个					
户籍人口	万人	20	17	33	32	24
第二产业从业人员	人	20014	8191	13462	10466	3683
第三产业从业人员	人	34750	27772	28215	23346	22635
固定电话用户	户	5275	9155	6146	9760	12300
二、综合经济						
地区生产总值	万元	658172	531471	611996	659396	781030
第一产业增加值	万元	86491	73970	124877	111603	169015
农业增加值	万元	33161	27442	46689	45931	78928
牧业增加值	万元	50903	41579	71197	56025	82247
第二产业增加值	万元	313557	314860	260600	277409	371423
公共财政收入	万元	31153	18610	20165	35445	42651
各项税收	万元	23625	10934	15748	26282	32
公共财政支出	万元	175860	159199	244214	275463	198318
居民储蓄存款余额	万元	400050	360111	467900	508766	444516
年末金融机构各项贷款余额	万元	275825	151613	228700	477742	269410
三、农业、工业及投资						
农业机械总动力	万千瓦特	10	15	27	21	21
机收面积	公顷	3567	2224	8964	3333	26533
设施农业占地面积	公顷	521	46	2823	350	262
粮食总产量	吨	72779	52739	81515	92960	251430
棉花产量	吨					
油料产量	吨	10988	2023	37268	14040	4387
肉类总产量	吨	19610	14288	22736	26593	22245
规模以上工业企业单位数	个	21	28	33	24	8
规模以上工业总产值	万元	755427	769000	661824	5834945	390219
固定资产投资	万元	347160	305000	360685	327337	310108
四、教育、卫生和社会保障						
普通中学在校学生数	人	2849	3656	6729	5405	5844
中等职业教育学校在校学生数	人	1265	461	1696		268
小学在校学生数	人	2891	4536	8891	9990	6567
医疗卫生机构床位数	床	358	505	478	720	934
各种社会福利收养性单位数	个	3	11	3	68	5
各种社会福利收养性单位床位数	床	320	445	400	15284	398

2016年县(市)社会经济主要指标

内蒙古自治区

指　　标	单位	察哈尔右翼前旗	察哈尔右翼中旗	察哈尔右翼后旗	四子王旗	丰镇市
一、基本情况						
行政区域面积	平方公里	2440	4200	3910	24036	2722
乡个数	个	4	7	3	8	3
镇个数	个	5	5	5	5	5
街道办事处个数	个		7		13	5
户籍人口	万人	22	21	21	21	32
第二产业从业人员	人	24125	11756	10214	6473	39066
第三产业从业人员	人	12196	13670	18747	31628	35710
固定电话用户	户	9218	12000	8866	8545	5527
二、综合经济						
地区生产总值	万元	921747	576931	733012	573952	1462225
第一产业增加值	万元	129566	127931	103459	149921	162194
农业增加值	万元	46136	54217	46666	50139	70074
牧业增加值	万元	79990	68050	50493	96888	86875
第二产业增加值	万元	529185	263000	426782	191825	840850
公共财政收入	万元	41267	15814	26250	21736	55352
各项税收	万元	29086	12249	17423	16468	43299
公共财政支出	万元	213767	186108	189483	249473	268187
居民储蓄存款余额	万元	428141	294892	366778	339911	729666
年末金融机构各项贷款余额	万元	331545	301199	235654	334820	558591
三、农业、工业及投资						
农业机械总动力	万千瓦特	22	31	18	41	20
机收面积	公顷	23333	64980	14750	5619	30400
设施农业占地面积	公顷	1146	24500	8721	43667	860
粮食总产量	吨	87651	113645	98181	116951	85114
棉花产量	吨					
油料产量	吨	3921	33330	19072	89595	3435
肉类总产量	吨	24349	23930	16666	33954	26083
规模以上工业企业单位数	个	36	13	51	41	39
规模以上工业总产值	万元	1296986	368456	1557063	765415	1985904
固定资产投资	万元	726000	541000	607861	475834	794860
四、教育、卫生和社会保障						
普通中学在校学生数	人	1799	3156	1704	6104	7381
中等职业教育学校在校学生数	人	216	738	145	718	192
小学在校学生数	人	3826	3172	4973	6486	10834
医疗卫生机构床位数	床	312	548	437	567	568
各种社会福利收养性单位数	个	1	7	3	8	7
各种社会福利收养性单位床位数	床	350	758	560	521	655

2016年县(市)社会经济主要指标

内蒙古自治区

指　标	单位	乌兰浩特市	阿尔山市	科尔沁右翼前旗	科尔沁右翼中旗	扎赉特旗
一、基本情况						
行政区域面积	平方公里	2728	7409	16964	15613	11837
乡个数	个			5	6	5
镇个数	个	4	4	9	6	8
街道办事处个数	个	8	4			
户籍人口	万人	32	5	33	26	39
第二产业从业人员	人	17183	1688	14015	9900	22843
第三产业从业人员	人	93298	13488	58058	36882	51496
固定电话用户	户	41400	3481	7862	11119	8844
二、综合经济						
地区生产总值	万元	1683433	174767	1004706	659619	934825
第一产业增加值	万元	97846	27283	348271	182943	365152
农业增加值	万元	48292	8022	204358	87343	226109
牧业增加值	万元	46482	5845	124597	84125	129163
第二产业增加值	万元	772442	41765	374550	254003	290452
公共财政收入	万元	78550	11201	32008	23218	36037
各项税收	万元	57618	6572	19664	13715	15853
公共财政支出	万元	310669	112464	307542	284257	384945
居民储蓄存款余额	万元	1437129	169612	251055	223874	419319
年末金融机构各项贷款余额	万元	4348628	306548	405051	283289	718128
三、农业、工业及投资						
农业机械总动力	万千瓦特	32	6	105	71	158
机收面积	公顷	46522	17832	162123	158146	194000
设施农业占地面积	公顷	689	31	382	60	2066
粮食总产量	吨	264862	63999	1104500	755000	1260000
棉花产量	吨					
油料产量	吨	3179	10191	24322	137166	10578
肉类总产量	吨	12667	1971	13215	38636	74948
规模以上工业企业单位数	个	56	1	46	42	44
规模以上工业总产值	万元	1491667	6532	974606	597983	798316
固定资产投资	万元	1169961	437000	1054726	806504	727012
四、教育、卫生和社会保障						
普通中学在校学生数	人	21086	553	9802	11190	11457
中等职业教育学校在校学生数	人	5733		2226	351	2414
小学在校学生数	人	19805	973	17006	14409	21825
医疗卫生机构床位数	床	2835	158	1160	1525	1930
各种社会福利收养性单位数	个	2	1	11	7	4
各种社会福利收养性单位床位数	床	157	60	801	670	690

2016年县(市)社会经济主要指标

内蒙古自治区

指　　标	单位	突泉县	二连浩特市	锡林浩特市	阿巴嘎旗	苏尼特左旗
一、基本情况						
行政区域面积	平方公里	4797	4015	14780	27495	34240
乡个数	个	3	1	3	4	4
镇个数	个	6		1	3	3
街道办事处个数	个			7	4	
户籍人口	万人	30	3	19	4	3
第二产业从业人员	人	17915	3354	26303	3883	2045
第三产业从业人员	人	23434	35849	85649	8598	9501
固定电话用户	户	9984	6598	35000	1225	3798
二、综合经济						
地区生产总值	万元	763533	1096575	2281409	643017	497809
第一产业增加值	万元	234553	7054	175583	82308	64174
农业增加值	万元	169445	1991	43038	11257	8002
牧业增加值	万元	58063	4762	131474	70383	55268
第二产业增加值	万元	340923	381770	1101133	444024	320375
公共财政收入	万元	16496	58101	294162	21980	26156
各项税收	万元	3234	38048	337904	23986	19915
公共财政支出	万元	249151	194987	335076	103989	110003
居民储蓄存款余额	万元	562413	448864	1542504	122516	109169
年末金融机构各项贷款余额	万元	389710	746306	2875337	118965	103812
三、农业、工业及投资						
农业机械总动力	万千瓦特	62		16	7	10
机收面积	公顷	80666		22513	100	1267
设施农业占地面积	公顷	2187	36	2225		
粮食总产量	吨	1056500		35722		
棉花产量	吨					
油料产量	吨	6243		207		
肉类总产量	吨	25693	1453	24933	34742	23671
规模以上工业企业单位数	个	37	35	69	31	15
规模以上工业总产值	万元	731634	775867	1671028	672543	397554
固定资产投资	万元	812672	420800	1814092	348289	372496
四、教育、卫生和社会保障						
普通中学在校学生数	人	9529	4357	19818	1098	709
中等职业教育学校在校学生数	人	637		7533		
小学在校学生数	人	13697	5477	17380	1579	1619
医疗卫生机构床位数	床	897	207	1456	237	130
各种社会福利收养性单位数	个	16	1	6	1	1
各种社会福利收养性单位床位数	床	1223	130	1169	70	100

2016年县(市)社会经济主要指标

内蒙古自治区

指　　标	单位	苏尼特右旗	东乌珠穆沁旗	西乌珠穆沁旗	太仆寺旗	镶黄旗
一、基本情况						
行政区域面积	平方公里	22455	47554	22459	3426	5137
乡个数	个	4	4	7	2	2
镇个数	个	3	6	5	5	2
街道办事处个数	个		7		8	6
户籍人口	万人	7	8	8	21	3
第二产业从业人员	人	7630	6456	9761	3017	133
第三产业从业人员	人	14209	20763	19205	6630	3820
固定电话用户	户	3970	3950	3735	8641	1096
二、综合经济						
地区生产总值	万元	650036	1376278	1182788	540263	540809
第一产业增加值	万元	56760	219948	162708	129856	36048
农业增加值	万元	11811	53681	25355	75081	13657
牧业增加值	万元	43625	164804	136575	50838	20486
第二产业增加值	万元	428901	874774	836046	209471	394380
公共财政收入	万元	33418	112281	207158	14148	25674
各项税收	万元	22495	99620	279289	11043	11770
公共财政支出	万元	143198	184532	245936	184790	97741
居民储蓄存款余额	万元	241777	337619	266087	406362	78253
年末金融机构各项贷款余额	万元	209639	292533	564150	307136	90323
三、农业、工业及投资						
农业机械总动力	万千瓦特	5	19	11	28	4
机收面积	公顷		26406		87333	186
设施农业占地面积	公顷		80	12	2000	
粮食总产量	吨	621	58271	100	194857	741
棉花产量	吨					
油料产量	吨	382	8810		11768	12
肉类总产量	吨	19880	65092	48167	17759	9372
规模以上工业企业单位数	个	52	62	29	22	27
规模以上工业总产值	万元	939746	1397213	1211453	341277	904493
固定资产投资	万元	376650	933574	1022510	369304	160094
四、教育、卫生和社会保障						
普通中学在校学生数	人	1603	3849	3039	5025	1024
中等职业教育学校在校学生数	人	1057		164		184
小学在校学生数	人	3257	5990	5253	4759	1339
医疗卫生机构床位数	床	207	429	432	430	230
各种社会福利收养性单位数	个	3	3	3	11	1
各种社会福利收养性单位床位数	床	122	106	750	543	71

2016年县(市)社会经济主要指标

内蒙古自治区

指　　标	单位	正镶白旗	正蓝旗	多伦县	阿拉善左旗	阿拉善右旗
一、基本情况						
行政区域面积	平方公里	6253	10206	3864	80412	74485
乡个数	个	3	4	3	6	4
镇个数	个	2	3	2	9	3
街道办事处个数	个				4	
户籍人口	万人	7	8	11	14	3
第二产业从业人员	人	901	5569	10152	13249	5527
第三产业从业人员	人	8142	12696	19862	53546	7533
固定电话用户	户	1400	1719	4497	19563	1542
二、综合经济						
地区生产总值	万元	341012	675194	837141	2695200	292140
第一产业增加值	万元	52090	75106	95044	86391	22562
农业增加值	万元	13757	22025	45645	49521	12974
牧业增加值	万元	36979	51192	47016	30315	7359
第二产业增加值	万元	167759	424700	556909	1947096	174000
公共财政收入	万元	13643	55906	39301	167607	19518
各项税收	万元	16073	37503	26055	66962	25626
公共财政支出	万元	112343	143528	144620	430901	121083
居民储蓄存款余额	万元	133655	220784	296057	1630212	111888
年末金融机构各项贷款余额	万元	123830	596016	290123	3453559	50023
三、农业、工业及投资						
农业机械总动力	万千瓦特	12	17	24	24	3
机收面积	公顷	12579	19000	38850	21600	2600
设施农业占地面积	公顷	24	19	92	80	122
粮食总产量	吨	4987	29472	57114	144454	11310
棉花产量	吨				29	19
油料产量	吨	928	1464	762	14956	3650
肉类总产量	吨	14671	33167	21497	11056	3224
规模以上工业企业单位数	个	21	18	24	81	17
规模以上工业总产值	万元	232509	667685	970586	4662316	354955
固定资产投资	万元	282391	441006	508217	3115396	412318
四、教育、卫生和社会保障						
普通中学在校学生数	人	1431	2149	4374	8524	1002
中等职业教育学校在校学生数	人		70	1051		60
小学在校学生数	人	2026	3549	6520	9508	925
医疗卫生机构床位数	床	162	351	392	832	97
各种社会福利收养性单位数	个	2	5	6	4	1
各种社会福利收养性单位床位数	床	275	310	240	436	104

2016年县(市)社会经济主要指标

内蒙古自治区、辽宁省

指　　标	单位	额济纳旗	辽中区	康平县	法库县	新民市
一、基本情况						
行政区域面积	平方公里	114606	1470	2167	2320	3318
乡个数	个	5		7	5	6
镇个数	个	3	15	5	14	18
街道办事处个数	个		2	3		5
户籍人口	万人	2	52	35	45	68
第二产业从业人员	人	3226	52309	15332	45714	51844
第三产业从业人员	人	11722	50342	32008	42213	72270
固定电话用户	户	3299	100000	60800	50754	117950
二、综合经济						
地区生产总值	万元	439078	2185435	1307966	2069320	2310973
第一产业增加值	万元	17761	676196	340519	382612	651173
农业增加值	万元	10152	316900	146900	168590	383796
牧业增加值	万元	6182	281720	176719	190947	227928
第二产业增加值	万元	180273	711092	450260	858784	803266
公共财政收入	万元	45563	76687	57988	86707	96979
各项税收	万元	15283	47878	50054	73760	75856
公共财政支出	万元	134550	242421	243360	263922	328727
居民储蓄存款余额	万元	158868	1027167	774230	982959	1978583
年末金融机构各项贷款余额	万元	185932	351175	667763	734112	1179169
三、农业、工业及投资						
农业机械总动力	万千瓦特		52	38	46	125
机收面积	公顷		57413	63480	66120	131000
设施农业占地面积	公顷	2	8557	220	400	15626
粮食总产量	吨	783	610100	501000	601001	1054000
棉花产量	吨	171				
油料产量	吨		11668	59108	22542	10266
肉类总产量	吨	1261	152161	115256	156418	135209
规模以上工业企业单位数	个	7	353	289	269	243
规模以上工业总产值	万元	354606	1541859	837727	2045004	1677352
固定资产投资	万元	723078	513566	289465	858546	721273
四、教育、卫生和社会保障						
普通中学在校学生数	人	753	18267	12282	13375	15960
中等职业教育学校在校学生数	人	21	2300	965	837	906
小学在校学生数	人	1268	21814	15870	17530	32509
医疗卫生机构床位数	床	200	1195	1177	980	2532
各种社会福利收养性单位数	个	1	6	10	10	12
各种社会福利收养性单位床位数	床	102	236	1250	1604	2060

2016年县(市)社会经济主要指标

辽宁省

指　　标	单位	普兰店区	长海县	瓦房店市	庄河市	台安县
一、基本情况						
行政区域面积	平方公里	2678	142	3643	4114	1393
乡个数	个	3	2	8	6	
镇个数	个	3	3	13	15	10
街道办事处个数	个	13		11	5	4
户籍人口	万人	75	7	100	90	37
第二产业从业人员	人	48053	2764	85556	120334	36930
第三产业从业人员	人	59331	18641	92865	150763	57990
固定电话用户	户	145396	20100	196386	164173	57210
二、综合经济						
地区生产总值	万元	4523258	912939	9019748	5940265	1045450
第一产业增加值	万元	853258	501088	952812	1311650	300531
农业增加值	万元	330109	1226	494278	373236	149901
牧业增加值	万元	271191	350	209770	181496	130568
第二产业增加值	万元	2131645	57998	4744099	2694275	259381
公共财政收入	万元	140060	46706	434051	234508	42603
各项税收	万元	115644	10018	282373	254338	32460
公共财政支出	万元	371189	137499	759473	565032	180019
居民储蓄存款余额	万元	3734301	384506	4692000	4032153	1114000
年末金融机构各项贷款余额	万元	2022694	287573	4166740	2793905	1251000
三、农业、工业及投资						
农业机械总动力	万千瓦特	61	6	71	54	33
机收面积	公顷	16010	70	33420	11780	52666
设施农业占地面积	公顷	5423	14	4727	19581	6201
粮食总产量	吨	308400	3840	349700	501000	503400
棉花产量	吨			1		
油料产量	吨	18099	9	4696	6599	8500
肉类总产量	吨	199978	374	245911	194241	162980
规模以上工业企业单位数	个	130	6	315	331	89
规模以上工业总产值	万元	2384233	56488	11017000	6265979	957046
固定资产投资	万元	1008179	70126	1223765	1245242	367282
四、教育、卫生和社会保障						
普通中学在校学生数	人	13574	2640	20698	26350	8816
中等职业教育学校在校学生数	人	4621	667	1533	2032	900
小学在校学生数	人	25189	3169	40617	28925	15808
医疗卫生机构床位数	床	3226	280	7119	3298	1665
各种社会福利收养性单位数	个	27	4	47	30	20
各种社会福利收养性单位床位数	床	2637	454	6844	5920	2300

2016年县(市)社会经济主要指标

辽宁省

指　标	单位	岫岩满族自治县	海城市	抚顺县	新宾满族自治县	清原满族自治县
一、基本情况						
行政区域面积	平方公里	4502	2566	1701	4287	3921
乡个数	个	3		4	6	5
镇个数	个	18	21	4	9	9
街道办事处个数	个	5	6	2		
户籍人口	万人	51	108	12	30	33
第二产业从业人员	人	55905	261574	11921	19926	13630
第三产业从业人员	人	70783	266520	12847	37488	29611
固定电话用户	户	67100	201260	35942	57621	51509
二、综合经济						
地区生产总值	万元	1070046	5000559	307257	488243	526072
第一产业增加值	万元	260116	378371	106323	161129	162109
农业增加值	万元	201537	217767	41030	58306	64382
牧业增加值	万元	46502	144325	21762	38222	53513
第二产业增加值	万元	299137	1308576	111686	102074	108675
公共财政收入	万元	56797	221922	31247	36643	48606
各项税收	万元	42559	262034	18349	27566	30790
公共财政支出	万元	226881	425771	99308	188224	190815
居民储蓄存款余额	万元	1904000	5986466	302820	948311	971365
年末金融机构各项贷款余额	万元	1149667	2822623	236327	426745	587049
三、农业、工业及投资						
农业机械总动力	万千瓦特	29	56	11	29	23
机收面积	公顷	12930	57333	5467	13866	11667
设施农业占地面积	公顷	1613	6480	190	358	197
粮食总产量	吨	264000	567700	101000	205000	206000
棉花产量	吨					
油料产量	吨	6950	1337	865	78	61
肉类总产量	吨	62287	135456	11958	27108	40118
规模以上工业企业单位数	个	64	355	14	21	23
规模以上工业总产值	万元	322039	2563558	145456	162188	125501
固定资产投资	万元	467281	1712695	105333	75081	75600
四、教育、卫生和社会保障						
普通中学在校学生数	人	14371	31319	2208	8456	6460
中等职业教育学校在校学生数	人	750	2200	120	1240	672
小学在校学生数	人	26198	65653	4129	11231	12642
医疗卫生机构床位数	床	1712	4244	449	1114	1365
各种社会福利收养性单位数	个	25	41	10	16	23
各种社会福利收养性单位床位数	床	1433	3894	846	1044	1752

2016年县(市)社会经济主要指标

辽宁省

指　　标	单位	本溪满族自治县	桓仁满族自治县	宽甸满族自治县	东港市	凤城市
一、基本情况						
行政区域面积	平方公里	3342	3547	6115	2399	5515
乡个数	个	1	4	3	1	1
镇个数	个	10	8	19	14	17
街道办事处个数	个	1	1		3	3
户籍人口	万人	29	30	49	61	57
第二产业从业人员	人	26795	31647	23219	80012	54056
第三产业从业人员	人	32951	58142	37865	107116	91474
固定电话用户	户	75010	39327	121700	187270	154058
二、综合经济						
地区生产总值	万元	1210874	1135976	802984	2238841	1697856
第一产业增加值	万元	230189	272609	225807	677934	236384
农业增加值	万元	69254	99451	72428	185350	86263
牧业增加值	万元	50489	43585	38087	48318	71978
第二产业增加值	万元	364103	349302	200746	687731	489160
公共财政收入	万元	70013	52625	49188	117700	100168
各项税收	万元	45367	32334	38409	103967	62755
公共财政支出	万元	194832	199476	252688	391899	313238
居民储蓄存款余额	万元	1081140	1062737	1424823	3255411	2356501
年末金融机构各项贷款余额	万元	726293	475562	679694	2328953	1389397
三、农业、工业及投资						
农业机械总动力	万千瓦特	17	15	29	53	49
机收面积	公顷	9520	12086	3531	54160	23334
设施农业占地面积	公顷	35	138	165	3961	902
粮食总产量	吨	135008	149000	157316	501000	251300
棉花产量	吨					
油料产量	吨	323	227	1046	10263	2149
肉类总产量	吨	37908	31713	47094	70057	64284
规模以上工业企业单位数	个	35	77	31	109	83
规模以上工业总产值	万元	423997	207549	421854	892960	625099
固定资产投资	万元	335185	284569	139490	777897	613322
四、教育、卫生和社会保障						
普通中学在校学生数	人	10125	5529	11252	17936	14471
中等职业教育学校在校学生数	人	263	990	569	1281	2650
小学在校学生数	人	14467	12586	16607	25148	23324
医疗卫生机构床位数	床	1190	1273	2237	2867	3613
各种社会福利收养性单位数	个	7	11	11	25	35
各种社会福利收养性单位床位数	床	585	1130	758	2070	1913

2016年县(市)社会经济主要指标

辽宁省

指　　标	单位	黑山县	义　县	凌海市	北镇市	盖州市
一、基本情况						
行政区域面积	平方公里	2497	2476	2585	1701	2946
乡个数	个	4	3	2	3	3
镇个数	个	16	13	15	11	16
街道办事处个数	个	2	2	4	6	8
户籍人口	万人	60	42	51	52	70
第二产业从业人员	人	31528	35257	42944	22692	66229
第三产业从业人员	人	79540	47364	48775	45317	90301
固定电话用户	户	90777	61555	50000	109265	148526
二、综合经济						
地区生产总值	万元	1329667	1027138	1523981	1187845	1650739
第一产业增加值	万元	587736	315576	565263	496002	448475
农业增加值	万元	277196	117885	258674	287888	233939
牧业增加值	万元	297453	188938	178005	195265	90927
第二产业增加值	万元	245137	287219	489018	218533	486921
公共财政收入	万元	38000	40500	77675	52277	88693
各项税收	万元	31123	29973	64105	30802	72074
公共财政支出	万元	331610	240352	288533	306158	340073
居民储蓄存款余额	万元	1702219	984631	1561809	1825905	1923786
年末金融机构各项贷款余额	万元	667905	626873	930979	990225	1114839
三、农业、工业及投资						
农业机械总动力	万千瓦特	69	40	37	56	35
机收面积	公顷	129200	31603	52600	73700	19300
设施农业占地面积	公顷	5520	2297	3527	11754	5020
粮食总产量	吨	1003000	355300	540900	509000	126340
棉花产量	吨		9			5
油料产量	吨	44033	31754	14236	29312	227
肉类总产量	吨	640276	156425	135594	121566	54137
规模以上工业企业单位数	个	41	57	91	51	62
规模以上工业总产值	万元	246785	611389	479282	366348	974693
固定资产投资	万元	411085	460959	817473	412156	830573
四、教育、卫生和社会保障						
普通中学在校学生数	人	11294	13930	18117	18865	15503
中等职业教育学校在校学生数	人	1200	2361	868	1771	1325
小学在校学生数	人	23660	17521	18425	22187	26751
医疗卫生机构床位数	床	2008	1208	2154	1669	2135
各种社会福利收养性单位数	个	21	20	32	23	17
各种社会福利收养性单位床位数	床	1234	1717	2084	1420	1700

2016年县(市)社会经济主要指标

辽宁省

指　标	单位	大石桥市	阜新蒙古族自治县	彰武县	辽阳县	灯塔市
一、基本情况						
行政区域面积	平方公里	1598	6218	3623	2480	1170
乡个数	个		3	4	3	1
镇个数	个	13	32	20	12	10
街道办事处个数	个	5	1		10	3
户籍人口	万人	70	72	41	47	44
第二产业从业人员	人	91380	44795	18514	39400	23834
第三产业从业人员	人	78195	28871	54639	43619	47115
固定电话用户	户	101086	123000	101216	135335	67618
二、综合经济						
地区生产总值	万元	2621042	1213110	837218	1162684	1198961
第一产业增加值	万元	445707	496089	420057	273956	291511
农业增加值	万元	242760	250112	176825	133379	174183
牧业增加值	万元	122898	234127	206924	81315	75865
第二产业增加值	万元	1216332	190311	101269	269362	305878
公共财政收入	万元	137363	57037	38188	79129	258462
各项税收	万元	111102	38123	28901	57903	88598
公共财政支出	万元	341771	413026	280440	209500	270923
居民储蓄存款余额	万元	3012076	1194881	861452	1760665	1682277
年末金融机构各项贷款余额	万元	2471389	1081357	679956	1469345	1401726
三、农业、工业及投资						
农业机械总动力	万千瓦特	41	134	78	31	31
机收面积	公顷	35193	218533	72377	37485	140
设施农业占地面积	公顷	793	2403	739	2359	97
粮食总产量	吨	468200	914600	751000	414200	385769
棉花产量	吨					
油料产量	吨	214	197274	119067	876	271
肉类总产量	吨	65615	307539	169539	34819	41563
规模以上工业企业单位数	个	187	55	41	64	37
规模以上工业总产值	万元	1981959	473511	294982	886065	324161
固定资产投资	万元	568486	321899	173518	337975	497140
四、教育、卫生和社会保障						
普通中学在校学生数	人	15027	17705	13606	10744	11256
中等职业教育学校在校学生数	人	778	1446	421	1823	676
小学在校学生数	人	33137	30672	28810	18481	19053
医疗卫生机构床位数	床	3106	1920	1705	1990	1140
各种社会福利收养性单位数	个	21	33	16	14	10
各种社会福利收养性单位床位数	床	1382	1483	1116	1051	577

2016年县(市)社会经济主要指标

辽宁省

指　　标	单位	大洼区	盘山县	铁岭县	西丰县	昌图县
一、基本情况						
行政区域面积	平方公里	1734	2008	2250	2683	4317
乡个数	个			2	6	
镇个数	个	10	13	12	12	33
街道办事处个数	个	8			2	48
户籍人口	万人	38	27	39	34	103
第二产业从业人员	人	46298	17340	38846	13965	82133
第三产业从业人员	人	90422	42249	69147	47035	119914
固定电话用户	户	125000	65646	24300	40112	181803
二、综合经济						
地区生产总值	万元	2581092	1423367	889007	494338	1440479
第一产业增加值	万元	665068	513869	213869	191133	552992
农业增加值	万元	297652	236469	125619	85753	337626
牧业增加值	万元	82796	99748	79087	92811	200115
第二产业增加值	万元	1232349	539685	293999	100999	379389
公共财政收入	万元	290706	99829	52002	25723	51518
各项税收	万元	411081	111524	46800	16091	39182
公共财政支出	万元	532111	289916	219302	193436	508190
居民储蓄存款余额	万元	1446228	1194740	600309	691168	1842791
年末金融机构各项贷款余额	万元	1095327	451639	583790	626740	1666997
三、农业、工业及投资						
农业机械总动力	万千瓦特	25	31	35	47	96
机收面积	公顷	50217	37366	44934	500	19400
设施农业占地面积	公顷	4902	6615	1079	825	1845
粮食总产量	吨	523000	511000	566001	332000	2234998
棉花产量	吨					
油料产量	吨		221	147		75591
肉类总产量	吨	130842	91585	71391	49513	160300
规模以上工业企业单位数	个	150	88	57	34	40
规模以上工业总产值	万元	5074924	2478922	1466050	160717	438836
固定资产投资	万元	2890594	1144965	342271	111540	192244
四、教育、卫生和社会保障						
普通中学在校学生数	人	17136	7493	5918	6931	22320
中等职业教育学校在校学生数	人	3165	1769	1209	802	1355
小学在校学生数	人	17785	9241	11428	12142	2093
医疗卫生机构床位数	床	2095	1027	1160	1067	3416
各种社会福利收养性单位数	个	11	8	7	5	18
各种社会福利收养性单位床位数	床	639	1700	998	906	1950

2016年县(市)社会经济主要指标

辽宁省

指　　标	单位	调兵山市	开原市	朝阳县	建平县	喀喇沁左翼蒙古族自治县
一、基本情况						
行政区域面积	平方公里	262	2838	3758	4868	2232
乡个数	个		2	12	8	5
镇个数	个	3	16	14	16	14
街道办事处个数	个	2	3	1	7	3
户籍人口	万人	23	58	56	59	43
第二产业从业人员	人	51602	38229	70197	60695	19313
第三产业从业人员	人	11467	55734	62039	94710	50198
固定电话用户	户	24603	56723	72944	140000	77280
二、综合经济						
地区生产总值	万元	872155	933055	878184	1033294	856080
第一产业增加值	万元	41005	353688	301106	310941	311014
农业增加值	万元	26169	173886	161944	135485	192845
牧业增加值	万元	14300	159035	122981	147088	98942
第二产业增加值	万元	557061	150923	175931	190640	165576
公共财政收入	万元	66518	56307	41613	56048	33039
各项税收	万元	60020	62178	32141	44104	25293
公共财政支出	万元	105025	236212	285708	294031	242564
居民储蓄存款余额	万元	1435916	1539031	716732	1635058	1037114
年末金融机构各项贷款余额	万元	1015334	1384833	671505	1065169	787385
三、农业、工业及投资						
农业机械总动力	万千瓦特	8	48	38	39	19
机收面积	公顷	5598	50333	22333	48000	22666
设施农业占地面积	公顷	34	1475	2190	1684	5200
粮食总产量	吨	81113	657000	435000	902100	256000
棉花产量	吨			82		
油料产量	吨		960	4091	5857	1470
肉类总产量	吨	8224	158020	93615	114473	90385
规模以上工业企业单位数	个	17	39	25	43	67
规模以上工业总产值	万元	679021	557067	170261	270362	226650
固定资产投资	万元	96429	208691	430778	241455	430243
四、教育、卫生和社会保障						
普通中学在校学生数	人	4776	13010	21411	24940	21526
中等职业教育学校在校学生数	人	472	990	1093	4640	1133
小学在校学生数	人	8834	24474	35037	29338	20983
医疗卫生机构床位数	床	1330	2290	1079	1945	1656
各种社会福利收养性单位数	个	1	6	29	15	6
各种社会福利收养性单位床位数	床	200	3200	2450	1717	1020

2016年县(市)社会经济主要指标

辽宁省

指　　标	单位	北票市	凌源市	绥中县	建昌县	兴城市
一、基本情况						
行政区域面积	平方公里	4419	3282	2763	3196	2102
乡个数	个	15	7	11	21	12
镇个数	个	12	15	14	7	7
街道办事处个数	个	7	8			9
户籍人口	万人	57	65	65	63	54
第二产业从业人员	人	28753	57295	41559	44423	12653
第三产业从业人员	人	47135	66633	45569	115986	63632
固定电话用户	户	97800	298000	63321	93480	122010
二、综合经济						
地区生产总值	万元	1093851	1372126	1384665	653749	1043842
第一产业增加值	万元	314565	447190	485290	187543	246273
农业增加值	万元	164468	319238	215992	82017	85643
牧业增加值	万元	137353	111700	131502	92428	60988
第二产业增加值	万元	219025	294112	400651	129652	151325
公共财政收入	万元	45720	79049	96000	33054	92401
各项税收	万元	34243	60870	73296	23133	108806
公共财政支出	万元	326529	342129	375289	301441	300529
居民储蓄存款余额	万元	1537575	2031417	2032963	1046881	1910030
年末金融机构各项贷款余额	万元	949082	1160669	1399984	701044	1823213
三、农业、工业及投资						
农业机械总动力	万千瓦特	46	19	49	16	
机收面积	公顷	915	20000	27000		
设施农业占地面积	公顷	5205	13594	4640	1429	1184
粮食总产量	吨	541200	161000	362900	161100	181000
棉花产量	吨	7			2	
油料产量	吨	2437	34	27169	129	73992
肉类总产量	吨	212071	93068	181858	66528	73685
规模以上工业企业单位数	个	32	63	63	15	73
规模以上工业总产值	万元	395670	266521	663655	189482	676080
固定资产投资	万元	444884	363296	285501	96300	451382
四、教育、卫生和社会保障						
普通中学在校学生数	人	21313	31023	29264	26607	15615
中等职业教育学校在校学生数	人		2797	1830	2043	1450
小学在校学生数	人	22806	40200	33988	37971	27500
医疗卫生机构床位数	床	3644	3284	1145	2477	1712
各种社会福利收养性单位数	个	38		25	107	10
各种社会福利收养性单位床位数	床	1516		3250	2484	1628

2016年县(市)社会经济主要指标

吉林省

指　　标	单位	九台区	农安县	榆树市	德惠市	永吉县
一、基本情况						
行政区域面积	平方公里	3375	5415	4712	3435	2399
乡个数	个	2	10	9	4	2
镇个数	个	4	12	15	12	6
街道办事处个数	个	12		4	4	
户籍人口	万人	81	115	125	101	34
第二产业从业人员	人	135355	98379	159678	133656	20186
第三产业从业人员	人	105017	95897	141759	106872	34542
固定电话用户	户	196964	89710	104187	92114	45178
二、综合经济						
地区生产总值	万元	4413190	4307343	4078628	4408170	1087357
第一产业增加值	万元	441446	906080	841003	781758	180357
农业增加值	万元	203366	547328	548980	380631	142363
牧业增加值	万元	229802	344771	283619	390590	25863
第二产业增加值	万元	2115819	1237311	1124333	1670817	465000
公共财政收入	万元	233854	131654	93000	96862	54873
各项税收	万元	201958	95427	74428	76260	32380
公共财政支出	万元	528077	568051	618327	483685	234375
居民储蓄存款余额	万元	1729965	2467121	1958300	2131294	1004281
年末金融机构各项贷款余额	万元	2343501	3661146	3261700	1504614	1536815
三、农业、工业及投资						
农业机械总动力	万千瓦特	98	180	190	133	40
机收面积	公顷	133100	219000	231746	153500	40900
设施农业占地面积	公顷	917	407	2173	882	209
粮食总产量	吨	1113661	3009159	3393036	1525518	541732
棉花产量	吨					
油料产量	吨	86	41862	196	2524	387
肉类总产量	吨	184936	338738	251485	394627	44084
规模以上工业企业单位数	个	268	206	136	156	56
规模以上工业总产值	万元	6447999	3814356	2329132	5405000	1474152
固定资产投资	万元	2875874	2798840	2522583	2797383	1082548
四、教育、卫生和社会保障						
普通中学在校学生数	人	28872	24138	46109	35751	11844
中等职业教育学校在校学生数	人	1031	1447	606	166	
小学在校学生数	人	37309	58377	60575	54989	14868
医疗卫生机构床位数	床	3172	3747	4175	2505	1319
各种社会福利收养性单位数	个	18	42	38	15	13
各种社会福利收养性单位床位数	床	3700	3899	2356	1438	1626

2016年县(市)社会经济主要指标

吉林省

指　　标	单位	蛟河市	桦甸市	舒兰市	磐石市	梨树县
一、基本情况						
行政区域面积	平方公里	6370	6522	4557	3861	3232
乡个数	个	2	3	5	1	6
镇个数	个	8	6	10	13	14
街道办事处个数	个	7	5	5	4	
户籍人口	万人	44	43	63	52	69
第二产业从业人员	人	40959	43502	38031	63518	12203
第三产业从业人员	人	80463	84759	53241	110896	54740
固定电话用户	户	57143	58712	67999	93000	66136
二、综合经济						
地区生产总值	万元	2045764	2643463	2037229	2559683	2256936
第一产业增加值	万元	345764	417052	515192	453009	914185
农业增加值	万元	221604	186637	295416	227405	500087
牧业增加值	万元	95752	201775	189321	215189	351263
第二产业增加值	万元	969000	1399337	659371	1055690	577815
公共财政收入	万元	75624	112940	82366	100217	69733
各项税收	万元	47444	50441	41616	63904	29843
公共财政支出	万元	323681	340617	349565	335122	483052
居民储蓄存款余额	万元	1032245	1067914	1296282	1143815	1419988
年末金融机构各项贷款余额	万元	1021524	922317	1097705	1454587	1241086
三、农业、工业及投资						
农业机械总动力	万千瓦特	57	43	97	50	89
机收面积	公顷	38900	29600	67415	47000	175500
设施农业占地面积	公顷	67	146	501	450	1560
粮食总产量	吨	612816	706267	969956	762747	2156827
棉花产量	吨					
油料产量	吨	721	2957	21	406	13406
肉类总产量	吨	74694	32138	170352	80249	195682
规模以上工业企业单位数	个	126	162	123	134	43
规模以上工业总产值	万元	2822412	3388205	2179151	2961855	2352444
固定资产投资	万元	2232888	2440945	1972394	2678865	683722
四、教育、卫生和社会保障						
普通中学在校学生数	人	11065	18039	20000	17885	20164
中等职业教育学校在校学生数	人		1079	853	1388	1207
小学在校学生数	人	18291	22431	25900	21800	35787
医疗卫生机构床位数	床	1585	1722	2335	2278	2059
各种社会福利收养性单位数	个	19	11	29	33	20
各种社会福利收养性单位床位数	床	1168	1533	1925	2767	1600

2016年县(市)社会经济主要指标

吉林省

指　　标	单位	伊通满族自治县	公主岭市	双辽市	东丰县	东辽县
一、基本情况						
行政区域面积	平方公里	2524	4141	3121	2522	2173
乡个数	个	3	2	4	2	4
镇个数	个	12	18	8	12	9
街道办事处个数	个		10	6		
户籍人口	万人	46	105	38	39	34
第二产业从业人员	人	21285	108951	11254	60450	33782
第三产业从业人员	人	68252	132354	30285	46513	40392
固定电话用户	户	38263	236578	62767	30442	37850
二、综合经济						
地区生产总值	万元	1628173	4647818	1687649	2052716	1624088
第一产业增加值	万元	536519	945890	418713	337006	217592
农业增加值	万元	134361	542397	194980	103225	99181
牧业增加值	万元	398969	389006	209093	227064	109948
第二产业增加值	万元	497534	1897668	862231	1095594	1010154
公共财政收入	万元	74193	273942	53730	43100	40114
各项税收	万元	36368	119577	43269	19070	17455
公共财政支出	万元	301188	699617	309341	270700	251399
居民储蓄存款余额	万元	767552	2704114	746371	1014827	680591
年末金融机构各项贷款余额	万元	598581	3277634	1445903	659852	1084109
三、农业、工业及投资						
农业机械总动力	万千瓦特	43	131	76	67	57
机收面积	公顷	62600	182000	143500	49000	41660
设施农业占地面积	公顷	105	1004	580	260	81
粮食总产量	吨	1040004	3001259	1122350	862010	604342
棉花产量	吨					
油料产量	吨		320	32400	65	
肉类总产量	吨	75182	147326	110550	42176	37370
规模以上工业企业单位数	个	53	190	61	93	74
规模以上工业总产值	万元	1073170	5397776	3301957	3288163	3050601
固定资产投资	万元	750002	3429400	968628	1567500	1450800
四、教育、卫生和社会保障						
普通中学在校学生数	人	18639	44163	14630	16186	12378
中等职业教育学校在校学生数	人	851	3000	2832	595	323
小学在校学生数	人	21538	64569	21794	17777	13891
医疗卫生机构床位数	床	1616	4452	1487	1965	854
各种社会福利收养性单位数	个	31	37	14	39	14
各种社会福利收养性单位床位数	床	1826	6187	1305	1903	1649

2016年县(市)社会经济主要指标

吉林省

指　　标	单位	通化县	辉南县	柳河县	梅河口市	集安市
一、基本情况						
行政区域面积	平方公里	3726	2276	3346	2179	3341
乡个数	个	5	1	3	3	2
镇个数	个	10	10	12	16	9
街道办事处个数	个				5	3
户籍人口	万人	24	34	37	60	22
第二产业从业人员	人	21612	24698	29210	84070	25481
第三产业从业人员	人	28244	58620	48858	44111	26914
固定电话用户	户	44373	45332	52808	96700	45754
二、综合经济						
地区生产总值	万元	1401956	1049176	1015288	3557017	1100277
第一产业增加值	万元	90329	167417	219653	240363	99489
农业增加值	万元	46950	107586	124243	118762	79952
牧业增加值	万元	37488	52790	54110	110226	7883
第二产业增加值	万元	752448	451438	457701	1685015	449968
公共财政收入	万元	145320	79791	77567	305250	73089
各项税收	万元	109235	57759	68726	233824	49851
公共财政支出	万元	271578	279660	300567	632863	270772
居民储蓄存款余额	万元	797405	928638	780695	2043325	974828
年末金融机构各项贷款余额	万元	722693	548137	882540	1407366	724325
三、农业、工业及投资						
农业机械总动力	万千瓦特	17	39	35	51	14
机收面积	公顷	2800	16800	39000	46700	2300
设施农业占地面积	公顷	418	248	67	197	142
粮食总产量	吨	158426	517796	548080	574309	70419
棉花产量	吨					
油料产量	吨	479	51	88	480	337
肉类总产量	吨	14318	32502	23731	46167	5956
规模以上工业企业单位数	个	109	67	89	154	55
规模以上工业总产值	万元	2177107	1034011	1920040	6910074	910251
固定资产投资	万元	1543126	1245935	1264588	3272255	1220410
四、教育、卫生和社会保障						
普通中学在校学生数	人	9004	14161	7378	22137	4889
中等职业教育学校在校学生数	人	583	718	1357	908	414
小学在校学生数	人	9134	15372	16651	25932	7781
医疗卫生机构床位数	床	1654	1576	1799	2910	936
各种社会福利收养性单位数	个	17	22	27	38	12
各种社会福利收养性单位床位数	床	942	1550	1885	2482	709

2016年县(市)社会经济主要指标

吉林省

指　　标	单位	江源区	抚松县	靖宇县	长白朝鲜族自治县	临江市
一、基本情况						
行政区域面积	平方公里	1348	6159	3094	2506	3009
乡个数	个		3	1	1	1
镇个数	个	6	11	7	7	6
街道办事处个数	个	4				6
户籍人口	万人	22	31	14	8	16
第二产业从业人员	人	31658	39267	11797	9498	21866
第三产业从业人员	人	28324	74427	30665	18625	36597
固定电话用户	户	12213	66472	11500	21800	25000
二、综合经济						
地区生产总值	万元	1645943	1855959	719727	417524	1019022
第一产业增加值	万元	70980	218771	69090	52357	76065
农业增加值	万元	34928	173707	39343	40247	52586
牧业增加值	万元	17833	23049	21655	5725	11201
第二产业增加值	万元	931724	910083	394674	193642	545208
公共财政收入	万元	86713	123155	46225	33069	75853
各项税收	万元	42350	94098	54726	25027	56876
公共财政支出	万元	243541	378012	214365	192609	279374
居民储蓄存款余额	万元	520335	975878	343831	310939	557864
年末金融机构各项贷款余额	万元	185458	668149	552752	162314	367000
三、农业、工业及投资						
农业机械总动力	万千瓦特	7	6	11	3	8
机收面积	公顷	1000	600	1170	600	750
设施农业占地面积	公顷	225	340	159	42	133
粮食总产量	吨	27794	87011	54480	24710	41239
棉花产量	吨					
油料产量	吨	325	1154	2393	116	797
肉类总产量	吨	3692	5130	6685	1647	4100
规模以上工业企业单位数	个	59	96	58	32	60
规模以上工业总产值	万元	3021065	3489850	2014320	643159	2236409
固定资产投资	万元	1457079	1429783	686019	607683	977996
四、教育、卫生和社会保障						
普通中学在校学生数	人	4555	8521	4637	4593	5852
中等职业教育学校在校学生数	人		644	393		681
小学在校学生数	人	6164	13454	5982	3384	5188
医疗卫生机构床位数	床	1389	2823	512	291	1100
各种社会福利收养性单位数	个	15	15	5	11	15
各种社会福利收养性单位床位数	床	785	660	273	306	487

2016年县(市)社会经济主要指标

吉林省

指　　标	单位	前郭尔罗斯蒙古族自治县	长岭县	乾安县	扶余市	镇赉县
一、基本情况						
行政区域面积	平方公里	6979	5736	3617	4654	4717
乡个数	个	13	10	4	5	4
镇个数	个	9	12	6	12	7
街道办事处个数	个				5	
户籍人口	万人	58	64	28	72	27
第二产业从业人员	人	56201	36258	21653	63153	14769
第三产业从业人员	人	89965	80765	59884	116230	30811
固定电话用户	户	223000	9576	33721	67680	21753
二、综合经济						
地区生产总值	万元	3504300	3200197	2050422	3700583	1395185
第一产业增加值	万元	742157	764799	222871	788103	263115
农业增加值	万元	454632	459199	148358	457389	156929
牧业增加值	万元	256616	298263	66561	302843	80821
第二产业增加值	万元	1219161	1269689	1270196	1370476	639568
公共财政收入	万元	117449	51658	55000	50110	70873
各项税收	万元	72928	35354	44790	23834	32293
公共财政支出	万元	417499	384131	236819	327657	356991
居民储蓄存款余额	万元	1647136	771032	501217	911932	521489
年末金融机构各项贷款余额	万元	3281015	1805295	498377	1430908	1330788
三、农业、工业及投资						
农业机械总动力	万千瓦特	172	159	110	137	104
机收面积	公顷	270062	210866	138000	195400	130389
设施农业占地面积	公顷	1000	3958	226	1106	1753
粮食总产量	吨	2091623	1797870	910953	2138386	1027866
棉花产量	吨					
油料产量	吨	163491	50918	37950	196409	29116
肉类总产量	吨	105869	86162	21141	91307	24645
规模以上工业企业单位数	个	133	117	85	114	50
规模以上工业总产值	万元	4101207	3971726	3236522	4159745	972441
固定资产投资	万元	2957267	2544517	2027580	2206309	1496695
四、教育、卫生和社会保障						
普通中学在校学生数	人	23769	23205	9456	27955	10482
中等职业教育学校在校学生数	人	1343	530	1132	795	76
小学在校学生数	人	32898	36895	12311	34217	12453
医疗卫生机构床位数	床	1650	3021	1350	862	784
各种社会福利收养性单位数	个	21	23	14	18	12
各种社会福利收养性单位床位数	床	1305	659	630	920	1864

2016年县(市)社会经济主要指标

吉林省

指　　标	单位	通榆县	洮南市	大安市	延吉市	图们市
一、基本情况						
行政区域面积	平方公里	8496	5017	4879	1748	1143
乡个数	个	8	10	8		
镇个数	个	8	6	10	4	4
街道办事处个数	个		8	5	6	3
户籍人口	万人	36	42	39	55	12
第二产业从业人员	人	4396	25356	34815	46856	10446
第三产业从业人员	人	28666	66859	23150	297533	20276
固定电话用户	户	28458	32261	62352	205175	24868
二、综合经济						
地区生产总值	万元	1238030	1435433	1458184	3338420	457408
第一产业增加值	万元	195736	232748	182747	50067	16568
农业增加值	万元	138020	148796	119155	35608	11428
牧业增加值	万元	48905	71232	47931	12480	4118
第二产业增加值	万元	435397	666032	820838	1318317	248540
公共财政收入	万元	65763	74807	107097	308116	21105
各项税收	万元	15868	37758	84004	201552	11429
公共财政支出	万元	356112	385243	409625	607962	177016
居民储蓄存款余额	万元	450148	647180	808238	4350981	486548
年末金融机构各项贷款余额	万元	614895	1384161	1345876	3605333	185608
三、农业、工业及投资						
农业机械总动力	万千瓦特	123	94	72	15	7
机收面积	公顷	128120	153300	58413	10880	5400
设施农业占地面积	公顷	522	1223	1397	266	70
粮食总产量	吨	598427	918743	788517	96212	35207
棉花产量	吨					
油料产量	吨	54227	45147	36598	420	60
肉类总产量	吨	20312	75595	12495	5341	2162
规模以上工业企业单位数	个	47	55	73	85	33
规模以上工业总产值	万元	920329	1537112	1807264	3708938	663290
固定资产投资	万元	1257622	1655724	1325586	2685073	475680
四、教育、卫生和社会保障						
普通中学在校学生数	人	14052	14923	7845	22214	2066
中等职业教育学校在校学生数	人	3285	554	848	1772	327
小学在校学生数	人	21451	19068	13928	29311	2684
医疗卫生机构床位数	床	1152	2256	1406	4517	468
各种社会福利收养性单位数	个	17	18	19	53	7
各种社会福利收养性单位床位数	床	1186	1464	1132	3800	1251

2016年县(市)社会经济主要指标

吉林省

指　　标	单位	敦化市	珲春市	龙井市	和龙市	汪清县
一、基本情况						
行政区域面积	平方公里	11957	5184	2208	5069	8918
乡个数	个	5	5	2		1
镇个数	个	11	4	5	8	8
街道办事处个数	个	4	4	2	3	3
户籍人口	万人	47	27	16	17	23
第二产业从业人员	人	43296	32105	9795	11018	17195
第三产业从业人员	人	105236	24986	16171	37509	42454
固定电话用户	户	88490	55000	29523	28744	35000
二、综合经济						
地区生产总值	万元	1878569	1510078	410618	616832	699729
第一产业增加值	万元	298032	53805	44868	65075	106904
农业增加值	万元	246799	36264	28395	51353	80834
牧业增加值	万元	40243	12488	14073	9029	5821
第二产业增加值	万元	866681	1055031	151647	379492	326148
公共财政收入	万元	144806	195255	29034	46454	72625
各项税收	万元	98044	76729	14574	14869	51147
公共财政支出	万元	529082	437490	233462	313112	286430
居民储蓄存款余额	万元	1715489	1132691	649979	516217	777752
年末金融机构各项贷款余额	万元	1695236	1350324	269840	476305	503049
三、农业、工业及投资						
农业机械总动力	万千瓦特	82	38	16	19	36
机收面积	公顷	126500	21300	20200	19300	30200
设施农业占地面积	公顷	240	363	108	64	163
粮食总产量	吨	510621	112042	138997	126537	246457
棉花产量	吨					
油料产量	吨	511	1215	33	79	46
肉类总产量	吨	27936	5167	6929	9006	6209
规模以上工业企业单位数	个	131	109	29	30	52
规模以上工业总产值	万元	3340331	4030174	622634	954939	1043869
固定资产投资	万元	1682237	1469755	499994	620475	787060
四、教育、卫生和社会保障						
普通中学在校学生数	人	16639	8022	2772	1912	5971
中等职业教育学校在校学生数	人	1729	494	112	93	728
小学在校学生数	人	20580	10648	3662	4396	7316
医疗卫生机构床位数	床	2197	866	610	704	946
各种社会福利收养性单位数	个	17	21	22	16	5
各种社会福利收养性单位床位数	床	2001	1240	1206	1361	246

2016年县(市)社会经济主要指标

吉林省、黑龙江省

指　　标	单位	安图县	呼兰区	阿城区	双城区	依兰县
一、基本情况						
行政区域面积	平方公里	7444	2229	2452	3112	4616
乡个数	个	2	3		9	3
镇个数	个	7	7	7	8	6
街道办事处个数	个		10	12	10	
户籍人口	万人	20	62	56	79	39
第二产业从业人员	人	9860	30896	53316	85332	16389
第三产业从业人员	人	23250	75993	77708	140157	24583
固定电话用户	户	39000	70515	88000	88972	40864
二、综合经济						
地区生产总值	万元	725717	3448271	3196792	5555223	1800156
第一产业增加值	万元	64657	699846	393938	1408270	442390
农业增加值	万元	51953	318950	248335	758987	328101
牧业增加值	万元	9966	357028	133950	628792	95145
第二产业增加值	万元	247546	1374785	841043	1335668	609554
公共财政收入	万元	50551	126333	75937	180171	35843
各项税收	万元	19460	121417	60937	136762	26126
公共财政支出	万元	292012	337199	145926	414807	261535
居民储蓄存款余额	万元	754993	1757827	1660290	1566262	756110
年末金融机构各项贷款余额	万元	766768	1125265	748362	1836113	510957
三、农业、工业及投资						
农业机械总动力	万千瓦特	27	59	48	98	57
机收面积	公顷	14500	6456	61400	139800	209365
设施农业占地面积	公顷	176	1896	446	9380	1935
粮食总产量	吨	112465				
棉花产量	吨					
油料产量	吨	2971		33	42663	229
肉类总产量	吨	7272	108674	42194	105345	37968
规模以上工业企业单位数	个	34	62	45	161	39
规模以上工业总产值	万元	566962	1352564	429088	3269775	763315
固定资产投资	万元	760293	2201592	3697584	3060790	643358
四、教育、卫生和社会保障						
普通中学在校学生数	人	4165	20636	20397	26541	8521
中等职业教育学校在校学生数	人	391	56	942	545	352
小学在校学生数	人	8098	31172	24372	48382	18557
医疗卫生机构床位数	床	888	4371	1945	1592	1125
各种社会福利收养性单位数	个	12	24	3	20	2
各种社会福利收养性单位床位数	床	1295	2866	1210	2262	556

2016年县(市)社会经济主要指标

黑龙江省

指　　标	单位	方正县	宾县	巴彦县	木兰县	通河县
一、基本情况						
行政区域面积	平方公里	2976	3845	3139	3600	5676
乡个数	个	4	5	8	2	2
镇个数	个	4	12	10	6	6
街道办事处个数	个					
户籍人口	万人	23	58	68	26	24
第二产业从业人员	人	10184	47346	84000	7255	16805
第三产业从业人员	人	12936	98352	106667	31108	18824
固定电话用户	户	24358	33145	35882	15763	34647
二、综合经济						
地区生产总值	万元	692268	3191382	1926157	813797	766516
第一产业增加值	万元	219969	511666	569808	260694	249036
农业增加值	万元	151151	158312	284928	180741	184129
牧业增加值	万元	41973	323793	258761	68829	33601
第二产业增加值	万元	202101	1139914	360970	88453	139703
公共财政收入	万元	24358	70634	33709	16416	23830
各项税收	万元	14538	48474	21689	9761	18082
公共财政支出	万元	188456	357088	383772	210424	216077
居民储蓄存款余额	万元	668193	1014721	992029	404373	479015
年末金融机构各项贷款余额	万元	305386	1516218	615213	262380	719043
三、农业、工业及投资						
农业机械总动力	万千瓦特	70	95	140	74	94
机收面积	公顷	70047	161333	197800	85587	115324
设施农业占地面积	公顷	3961	840	8104	245	162
粮食总产量	吨					
棉花产量	吨					
油料产量	吨	1944	478		8	
肉类总产量	吨	26034	107323	124936	40761	44079
规模以上工业企业单位数	个	50	78	35	22	32
规模以上工业总产值	万元	503867	3510797	906476	89815	204708
固定资产投资	万元	269782	1828504	1670608	377972	383203
四、教育、卫生和社会保障						
普通中学在校学生数	人	7820	20341	18332	7995	10363
中等职业教育学校在校学生数	人	356	1677	128	471	386
小学在校学生数	人	8604	30613	25158	11618	12743
医疗卫生机构床位数	床	1004	1870	1928	694	860
各种社会福利收养性单位数	个	7	21	10	10	9
各种社会福利收养性单位床位数	床	1320	3800	1633	1058	1340

2016年县(市)社会经济主要指标

黑龙江省

指　　标	单位	延寿县	尚志市	五常市	龙江县	依安县
一、基本情况						
行政区域面积	平方公里	3150	8891	7512	5887	3678
乡个数	个	4	7	12	6	9
镇个数	个	5	10	12	8	6
街道办事处个数	个					
户籍人口	万人	25	58	92	59	48
第二产业从业人员	人	6835	59685	112975	47696	15490
第三产业从业人员	人	24546	137468	120635	98970	54107
固定电话用户	户	32300	74400	98256	32613	5258
二、综合经济						
地区生产总值	万元	798891	2198795	4101259	969807	779126
第一产业增加值	万元	240883	623392	1047433	381465	318025
农业增加值	万元	192125	466946	781671	201390	170946
牧业增加值	万元	31434	118380	175906	169795	130042
第二产业增加值	万元	216136	543287	1201144	328034	257280
公共财政收入	万元	28561	48348	67517	46174	35144
各项税收	万元	23419	26402	35517	63984	24283
公共财政支出	万元	183001	310485	429954	391571	141743
居民储蓄存款余额	万元	462835	1512993	1720914	704704	608013
年末金融机构各项贷款余额	万元	289964	776197	1154505	552919	939740
三、农业、工业及投资						
农业机械总动力	万千瓦特	45	74	132	176	63
机收面积	公顷	81000	127653	280600	269570	207515
设施农业占地面积	公顷	694	617	2478	55	155
粮食总产量	吨					
棉花产量	吨					
油料产量	吨	145	10226		72	431
肉类总产量	吨	43754	38084	87284	90382	74860
规模以上工业企业单位数	个	47	121	224	20	26
规模以上工业总产值	万元	514992	1782707	4747243	814739	932703
固定资产投资	万元	449935	1140584	1623277	1052271	690483
四、教育、卫生和社会保障						
普通中学在校学生数	人	7613	11181	18919	21526	11485
中等职业教育学校在校学生数	人	336	711	1463	5290	344
小学在校学生数	人	10017	20687	36543	28572	15554
医疗卫生机构床位数	床	910	2013	3034	1830	915
各种社会福利收养性单位数	个	7	13	214	4	15
各种社会福利收养性单位床位数	床	932	1487	6247	900	2044

2016年县(市)社会经济主要指标

黑龙江省

指　　标	单位	泰来县	甘南县	富裕县	克山县	克东县
一、基本情况						
行政区域面积	平方公里	3917	4792	4060	3320	2083
乡个数	个	2	5	4	8	2
镇个数	个	8	5	6	7	5
街道办事处个数	个					
户籍人口	万人	31	33	29	48	29
第二产业从业人员	人	14315	9233	32920	63004	58930
第三产业从业人员	人	46655	38417	46135	85575	56150
固定电话用户	户	19664	27700	47200	37842	12912
二、综合经济						
地区生产总值	万元	494598	609816	700301	821789	431290
第一产业增加值	万元	221373	237207	308640	285970	140503
农业增加值	万元	119871	124043	182018	175118	70449
牧业增加值	万元	86955	104976	115844	101542	63560
第二产业增加值	万元	96616	195327	210610	251218	207474
公共财政收入	万元	28643	37662	38818	22319	27592
各项税收	万元	37721	55081	19380	32291	50401
公共财政支出	万元	226962	283389	224691	264081	230328
居民储蓄存款余额	万元	443041	682225	535018	685592	391678
年末金融机构各项贷款余额	万元	360612	904331	272156	375854	307143
三、农业、工业及投资						
农业机械总动力	万千瓦特	83	73	50	65	56
机收面积	公顷	145786	211133	135170	201803	9680
设施农业占地面积	公顷	127	88	630	27	74
粮食总产量	吨					
棉花产量	吨					
油料产量	吨	1614	3692	55		60
肉类总产量	吨	46137	98967	25944	50642	9063
规模以上工业企业单位数	个	21	21	21	18	14
规模以上工业总产值	万元	311706	618937	374842	693998	712341
固定资产投资	万元	956120	202000	769000	662091	427722
四、教育、卫生和社会保障						
普通中学在校学生数	人	12648	11316	9380	11681	8866
中等职业教育学校在校学生数	人	594	585	1077	3474	1129
小学在校学生数	人	12803	19524	13059	13116	7437
医疗卫生机构床位数	床	866	960	1523	1605	559
各种社会福利收养性单位数	个	17	8	4	5	3
各种社会福利收养性单位床位数	床	1847	1134	1172	1871	640

2016年县(市)社会经济主要指标

黑龙江省

指　　标	单位	拜泉县	讷河市	鸡东县	虎林市	密山市
一、基本情况						
行政区域面积	平方公里	3599	6660	3243	9334	7731
乡个数	个	9	4	3	4	8
镇个数	个	7	11	8	7	8
街道办事处个数	个		2			1
户籍人口	万人	57	70	27	15	34
第二产业从业人员	人	30816	46361	3886	3345	12320
第三产业从业人员	人	20884	58675	10215	9077	69907
固定电话用户	户	44195	34256	60189	34300	26300
二、综合经济						
地区生产总值	万元	867393	1193650	877498	661182	942073
第一产业增加值	万元	293122	381292	298472	328797	318551
农业增加值	万元	153865	173529	180110	237840	187494
牧业增加值	万元	119704	189383	80522	49333	104496
第二产业增加值	万元	247503	376327	232488	91086	181211
公共财政收入	万元	19978	40564	22572	52111	41656
各项税收	万元	12070	50441	13700	32878	23802
公共财政支出	万元	288206	383395	240629	224596	275934
居民储蓄存款余额	万元	565221	983272	734000	1355587	1469510
年末金融机构各项贷款余额	万元	379225	1893840	329000	2130290	637518
三、农业、工业及投资						
农业机械总动力	万千瓦特	70	118	50	87	81
机收面积	公顷	215334	392733	81875	165000	146000
设施农业占地面积	公顷	16	154	278	402	293
粮食总产量	吨					
棉花产量	吨					
油料产量	吨	100	823	2269	580	202
肉类总产量	吨	69557	72745	44614	15517	51341
规模以上工业企业单位数	个	14	37	13	23	26
规模以上工业总产值	万元	401291	1106247	79480	407161	296366
固定资产投资	万元	551045	1019620	256603	405547	411992
四、教育、卫生和社会保障						
普通中学在校学生数	人	8588	13996	10922	8169	15411
中等职业教育学校在校学生数	人	338	6601	431	229	831
小学在校学生数	人	17487	25795	8403	5922	11535
医疗卫生机构床位数	床	985	1409	1590	1344	2618
各种社会福利收养性单位数	个	6	5	10	3	25
各种社会福利收养性单位床位数	床	836	4263	1358	510	2021

2016年县(市)社会经济主要指标

黑龙江省

指　　标	单位	萝北县	绥滨县	集贤县	友谊县	宝清县
一、基本情况						
行政区域面积	平方公里	2077	3344	2258	1647	10001
乡个数	个	2	6	3		4
镇个数	个	6	3	5		6
街道办事处个数	个					
户籍人口	万人	9	13	28	5	41
第二产业从业人员	人	3585	10864	20674	235	15670
第三产业从业人员	人	23420	13384	45381	4853	16302
固定电话用户	户	12000	6200	40400	9879	50572
二、综合经济						
地区生产总值	万元	374170	252810	672903	99242	861247
第一产业增加值	万元	86703	110713	182041	10525	374150
农业增加值	万元	60718	88420	129544	3789	223716
牧业增加值	万元	18104	17850	46818	6736	130799
第二产业增加值	万元	74267	17973	156378	45327	163664
公共财政收入	万元	33030	14233	20434	22041	43711
各项税收	万元	24141	15836	13679	21721	26431
公共财政支出	万元	164151	92220	194681	76332	258024
居民储蓄存款余额	万元	719688	461711	840293	593867	986102
年末金融机构各项贷款余额	万元	3085307	227026	780498	152189	1115677
三、农业、工业及投资						
农业机械总动力	万千瓦特	33	59	70		88
机收面积	公顷	75107	89884	114711		162120
设施农业占地面积	公顷	39	1098	725		2759
粮食总产量	吨					
棉花产量	吨					
油料产量	吨	970	1	2655		722
肉类总产量	吨	12184	8265	39593	3038	48450
规模以上工业企业单位数	个	17	6	25	12	40
规模以上工业总产值	万元	129975	45249	338448	101088	650078
固定资产投资	万元	77362	136254	181308	61151	352525
四、教育、卫生和社会保障						
普通中学在校学生数	人	3022	3243	12763	2672	12842
中等职业教育学校在校学生数	人	72	290	117		4560
小学在校学生数	人	3156	5319	11885	3169	15889
医疗卫生机构床位数	床	570	468	1091	1346	1862
各种社会福利收养性单位数	个	1	2	9	9	7
各种社会福利收养性单位床位数	床	125	260	803	986	1088

2016年县(市)社会经济主要指标

黑龙江省

指　　标	单位	饶河县	肇州县	肇源县	林甸县	杜尔伯特蒙古族自治县
一、基本情况						
行政区域面积	平方公里	6765	2446	4120	3504	6054
乡个数	个	5	6	8	3	6
镇个数	个	4	6	8	5	5
街道办事处个数	个					
户籍人口	万人	7	44	45	26	24
第二产业从业人员	人	2586	4575	3325	1794	1263
第三产业从业人员	人	6330	17086	11941	7977	10123
固定电话用户	户	14328	40535	53000	12421	58030
二、综合经济						
地区生产总值	万元	185837	2018625	1551279	552871	1048988
第一产业增加值	万元	126462	448694	417690	188931	373330
农业增加值	万元	89676	175489	185428	96750	93904
牧业增加值	万元	32402	267533	207457	79200	263397
第二产业增加值	万元	16748	972726	693057	206715	414738
公共财政收入	万元	11508	30325	30066	23572	36398
各项税收	万元	6770	20136	21621	16040	26503
公共财政支出	万元	152855	231364	236777	201466	213067
居民储蓄存款余额	万元	419239	650485	705332	480973	435868
年末金融机构各项贷款余额	万元	220096	935932	375134	1478628	288360
三、农业、工业及投资						
农业机械总动力	万千瓦特	33	63	53	97	80
机收面积	公顷	87428	122087	118600	126667	123900
设施农业占地面积	公顷	65	1335	1079	4891	459
粮食总产量	吨					
棉花产量	吨					
油料产量	吨	5433	7063	25470	593	5412
肉类总产量	吨	4229	98846	78657	51247	41376
规模以上工业企业单位数	个	5	55	62	4	27
规模以上工业总产值	万元	28756	4288750	1850517	107267	665373
固定资产投资	万元	98370	362300	414805	321238	420258
四、教育、卫生和社会保障						
普通中学在校学生数	人	3288	18386	19988	8873	12836
中等职业教育学校在校学生数	人	288	125	104	295	104
小学在校学生数	人	3629	16010	17529	11774	10449
医疗卫生机构床位数	床	446	1119	1076	780	770
各种社会福利收养性单位数	个	2	12	12	12	4
各种社会福利收养性单位床位数	床	120	1552	1568	1137	300

2016年县(市)社会经济主要指标

黑龙江省

指　　标	单位	嘉荫县	铁力市	桦南县	桦川县	汤原县
一、基本情况						
行政区域面积	平方公里	6739	6443	4417	2268	3420
乡个数	个	6	3	4	4	6
镇个数	个	3	4	6	5	4
街道办事处个数	个					
户籍人口	万人	7	36	42	23	25
第二产业从业人员	人	1420	1617	24399	5846	9617
第三产业从业人员	人	4863	8190	17345	7451	23499
固定电话用户	户	8801	20000	37820	32698	11263
二、综合经济						
地区生产总值	万元	225441	730488	1235761	438001	863396
第一产业增加值	万元	128673	364692	517826	126163	397502
农业增加值	万元	102916	218863	282576	85940	267932
牧业增加值	万元	6352	110588	208986	33288	115777
第二产业增加值	万元	24773	116259	315842	189202	248884
公共财政收入	万元	13456	27772	27542	22380	21141
各项税收	万元	6694	12736	16758	12899	26924
公共财政支出	万元	126304	202224	308109	218099	234125
居民储蓄存款余额	万元	220199	1134880	783256	401333	528012
年末金融机构各项贷款余额	万元	121523	383025	353725	1742581	581553
三、农业、工业及投资						
农业机械总动力	万千瓦特	18	38	40	65	56
机收面积	公顷	70000	85823	24500	126550	108925
设施农业占地面积	公顷	11	146	392	21	110
粮食总产量	吨					
棉花产量	吨					
油料产量	吨	682	1084	24263	33	253
肉类总产量	吨	1260	66971	110567	59745	88075
规模以上工业企业单位数	个	3	21	51	46	34
规模以上工业总产值	万元	9309	176804	1030068	1061380	671664
固定资产投资	万元	42535	222285	111462	644620	695343
四、教育、卫生和社会保障						
普通中学在校学生数	人	2410	11140	25712	12674	8023
中等职业教育学校在校学生数	人	293	101		1141	372
小学在校学生数	人	3515	9536	33919	13729	7131
医疗卫生机构床位数	床	390	1365	1380	450	792
各种社会福利收养性单位数	个	3	33	24	10	9
各种社会福利收养性单位床位数	床	578	2265	980	366	686

2016年县(市)社会经济主要指标

黑龙江省

指标	单位	同江市	富锦市	抚远市	勃利县	林口县
一、基本情况						
行政区域面积	平方公里	6229	8224	6047	2576	6638
乡个数	个	4		5	5	2
镇个数	个	6	10	4	5	9
街道办事处个数	个		2		5	1
户籍人口	万人	11	38	8	29	35
第二产业从业人员	人	5862	10063	4803	12159	30985
第三产业从业人员	人	18122	43489	32282	10995	96856
固定电话用户	户	25400	39200	11377	63018	42923
二、综合经济						
地区生产总值	万元	472458	1504796	307418	527441	1036337
第一产业增加值	万元	184535	667682	174958	163587	373851
农业增加值	万元	144988	514801	141425	93398	314011
牧业增加值	万元	26597	136047	16786	52992	55085
第二产业增加值	万元	77971	297449	29306	114532	338102
公共财政收入	万元	24873	58065	20694	22468	43205
各项税收	万元	16608	32721	9756	34748	23543
公共财政支出	万元	232622	404626	194209	240471	258964
居民储蓄存款余额	万元	374349	1066934	345967	631923	629054
年末金融机构各项贷款余额	万元	713148	824063	237847	903846	306843
三、农业、工业及投资						
农业机械总动力	万千瓦特	55	129	66	43	52
机收面积	公顷	88821	359453	165073	46550	136067
设施农业占地面积	公顷	180	115	125	1048	2329
粮食总产量	吨					
棉花产量	吨					
油料产量	吨	50	433		576	32221
肉类总产量	吨	13019	90223	4661	24164	26599
规模以上工业企业单位数	个	28	36	4	37	53
规模以上工业总产值	万元	244237	528925	34820	209815	936086
固定资产投资	万元	508366	976933	229960	192806	641810
四、教育、卫生和社会保障						
普通中学在校学生数	人	3561	15739	2504	10254	9951
中等职业教育学校在校学生数	人	416	796	205	310	440
小学在校学生数	人	6899	19172	3294	12245	12261
医疗卫生机构床位数	床	399	1186	160	625	1103
各种社会福利收养性单位数	个	6	26	1	3	8
各种社会福利收养性单位床位数	床	445	2144	30	680	890

2016年县(市)社会经济主要指标

黑龙江省

指　标	单位	绥芬河市	海林市	宁安市	穆棱市	东宁市
一、基本情况						
行政区域面积	平方公里	422	8816	7227	6247	7117
乡个数	个			5	2	
镇个数	个	2	8	7	6	6
街道办事处个数	个		1	1	1	1
户籍人口	万人	7	38	42	28	21
第二产业从业人员	人	1048	51326	55967	63754	17798
第三产业从业人员	人	8546	58970	74059	65508	40610
固定电话用户	户	15820	58563	45155	38293	37883
二、综合经济						
地区生产总值	万元	1369054	2128774	2045657	1879858	1683033
第一产业增加值	万元	11183	423081	572307	301008	388522
农业增加值	万元	7644	393564	450416	237869	372402
牧业增加值	万元	3320	23070	110892	57424	12188
第二产业增加值	万元	147302	1008661	764528	954393	434865
公共财政收入	万元	45442	66192	49916	382513	54369
各项税收	万元	62000	143896	44041	116718	56409
公共财政支出	万元	187528	285472	328589	374689	205055
居民储蓄存款余额	万元	935588	1043009	1086479	621617	850160
年末金融机构各项贷款余额	万元	522206	382601	379959	291141	547047
三、农业、工业及投资						
农业机械总动力	万千瓦特	4	39	88	29	52
机收面积	公顷	2813	65740	161833	91047	60727
设施农业占地面积	公顷	26	1689	2101	629	1748
粮食总产量	吨					
棉花产量	吨					
油料产量	吨	157	7454	2187	24558	18636
肉类总产量	吨	2531	12567	91809	35460	8021
规模以上工业企业单位数	个	17	98	93	93	28
规模以上工业总产值	万元	189653	2569162	1764282	2988875	426781
固定资产投资	万元	853775	2395162	2104041	1948995	1174392
四、教育、卫生和社会保障						
普通中学在校学生数	人	5726	8631	7338	8136	8322
中等职业教育学校在校学生数	人	872	1048	853	1958	2811
小学在校学生数	人	7783	9088	13844	11010	8694
医疗卫生机构床位数	床	664	1729	1591	841	784
各种社会福利收养性单位数	个	1	9	21	8	9
各种社会福利收养性单位床位数	床	514	787	1946	777	572

2016年县(市)社会经济主要指标

黑龙江省

指　　标	单位	嫩江县	逊克县	孙吴县	北安市	五大连池市
一、基本情况						
行政区域面积	平方公里	15109	17344	4319	7194	9874
乡个数	个	6	6	9	4	5
镇个数	个	8	3	2	5	6
街道办事处个数	个		1		6	1
户籍人口	万人	32	8	10	35	34
第二产业从业人员	人	30258	1057	2813	28000	31827
第三产业从业人员	人	44361	4343	12958	90880	34033
固定电话用户	户	17655	11606	8141	30000	19773
二、综合经济						
地区生产总值	万元	1601290	215508	116433	950098	613302
第一产业增加值	万元	664161	122878	53333	226529	349778
农业增加值	万元	569222	103629	39813	186273	197672
牧业增加值	万元	85621	12193	10406	33025	37821
第二产业增加值	万元	238619	33683	20035	234291	60660
公共财政收入	万元	65888	33677	14379	62500	34082
各项税收	万元	26473	9181	6835	27776	19368
公共财政支出	万元	368578	163086	146797	304819	331447
居民储蓄存款余额	万元	843462	286411	231286	1254049	853549
年末金融机构各项贷款余额	万元	1203102	166384	173298	2619701	433795
三、农业、工业及投资						
农业机械总动力	万千瓦特	86	36	45	46	39
机收面积	公顷	420135	160173	117362	229652	241960
设施农业占地面积	公顷	29	83	65	340	36
粮食总产量	吨					
棉花产量	吨					
油料产量	吨	1295	1068	462	1076	637
肉类总产量	吨	69590	8221	6179	9133	18130
规模以上工业企业单位数	个	19	6	4	34	9
规模以上工业总产值	万元	373080	51153	24255	510550	88143
固定资产投资	万元	611259	155406	123345	784582	425477
四、教育、卫生和社会保障						
普通中学在校学生数	人	12715	3222	3615	6997	7873
中等职业教育学校在校学生数	人	694	326	73	787	1127
小学在校学生数	人	19535	3477	4767	11315	7981
医疗卫生机构床位数	床	1077	377	256	2883	1594
各种社会福利收养性单位数	个	2	4	1	4	3
各种社会福利收养性单位床位数	床	350	268	150	400	1016

2016年县(市)社会经济主要指标

黑龙江省

指　　标	单位	望奎县	兰西县	青冈县	庆安县	明水县
一、基本情况						
行政区域面积	平方公里	2316	2499	2685	5467	2308
乡个数	个	5	9	5	7	7
镇个数	个	10	6	10	7	5
街道办事处个数	个		4	4	4	2
户籍人口	万人	46	49	52	37	35
第二产业从业人员	人	18179	41773	20278	34193	28683
第三产业从业人员	人	21266	48663	36543	32678	21959
固定电话用户	户	28000	56750	38061	27387	36611
二、综合经济						
地区生产总值	万元	784853	645100	627811	881799	625376
第一产业增加值	万元	411991	286535	321349	367184	306264
农业增加值	万元	145226	194636	141318	250018	188601
牧业增加值	万元	265211	84356	169526	91119	107417
第二产业增加值	万元	236232	205917	210855	270035	224447
公共财政收入	万元	36884	27088	25208	36340	23726
各项税收	万元	19690	19699	15809	12280	16481
公共财政支出	万元	311297	311963	310342	245586	259482
居民储蓄存款余额	万元	681553	632535	612774	789200	326387
年末金融机构各项贷款余额	万元	279081	356827	324865	455557	217361
三、农业、工业及投资						
农业机械总动力	万千瓦特	40	34	65	57	26
机收面积	公顷	157333	158020	137651	182673	111908
设施农业占地面积	公顷	130	269	365	741	500
粮食总产量	吨					
棉花产量	吨					
油料产量	吨	9	1017	547		84
肉类总产量	吨	125092	51692	71608	45711	36306
规模以上工业企业单位数	个	28	26	22	28	13
规模以上工业总产值	万元	755152	502639	532012	650400	327714
固定资产投资	万元	907644	536320	326729	552700	180200
四、教育、卫生和社会保障						
普通中学在校学生数	人	12918	18775	19537	13739	14346
中等职业教育学校在校学生数	人	453	299	136	575	
小学在校学生数	人	14684	15443	14118	13833	11475
医疗卫生机构床位数	床	1910	1264	1250	754	782
各种社会福利收养性单位数	个	4	4	4	33	15
各种社会福利收养性单位床位数	床	1050	1200	2036	2100	879

2016年县(市)社会经济主要指标

黑龙江省

指　　标	单位	绥棱县	安达市	肇东市	海伦市	呼玛县
一、基本情况						
行政区域面积	平方公里	4238	3586	4332	4667	14335
乡个数	个	6	3	9	15	6
镇个数	个	5	11	12	8	2
街道办事处个数	个		4	4		
户籍人口	万人	30	47	88	77	5
第二产业从业人员	人	8874	8530	18969	50589	636
第三产业从业人员	人	36694	16072	22343	50623	2974
固定电话用户	户	30152	26977	91330	131418	4460
二、综合经济						
地区生产总值	万元	780475	3367298	4365565	1260146	163215
第一产业增加值	万元	437398	524040	1040186	686788	103999
农业增加值	万元	316120	188083	363876	484406	81676
牧业增加值	万元	95811	318974	647909	189813	6959
第二产业增加值	万元	173153	1689156	1917468	317673	12559
公共财政收入	万元	21775	93200	193365	44888	9686
各项税收	万元	14246	50695	132864	38091	5673
公共财政支出	万元	394104	403617	449672	419231	98945
居民储蓄存款余额	万元	653411	1033324	1400958	1031827	161593
年末金融机构各项贷款余额	万元	538698	536307	1824307	1361372	75908
三、农业、工业及投资						
农业机械总动力	万千瓦特	56	56	70	74	24
机收面积	公顷	133045	125807	102585	234850	69847
设施农业占地面积	公顷	946	368	415	1082	14
粮食总产量	吨					
棉花产量	吨					
油料产量	吨		45	2673	3413	231
肉类总产量	吨	33635	60082	214484	108308	2080
规模以上工业企业单位数	个	22	65	69	34	1
规模以上工业总产值	万元	333678	2129111	2924017	949454	7801
固定资产投资	万元	287487	1451801	1795008	610836	44328
四、教育、卫生和社会保障						
普通中学在校学生数	人	9646	13919	29770	20178	1759
中等职业教育学校在校学生数	人	1449	822	2018	835	35
小学在校学生数	人	9137	15595	31424	22595	1787
医疗卫生机构床位数	床	976	1797	2339	1462	267
各种社会福利收养性单位数	个	2	29	30	5	3
各种社会福利收养性单位床位数	床	455	2293	2598	3801	203

2016年县(市)社会经济主要指标

黑龙江省、上海市、江苏省

指　　标	单位	塔河县	漠河县	奉贤区	崇明区	浦口区
一、基本情况						
行政区域面积	平方公里	14059	18428	720	1411	911
乡个数	个	3			2	
镇个数	个	4	6	8	16	
街道办事处个数	个			2		9
户籍人口	万人	7	7	53	67	67
第二产业从业人员	人	3305	2730	195232	137914	178700
第三产业从业人员	人	3397	6952	33579	92848	211300
固定电话用户	户	43167	11350	210594	195151	150414
二、综合经济						
地区生产总值	万元	211655	309083	7288240	3116848	8203400
第一产业增加值	万元	130650	74421	157333	226603	413200
农业增加值	万元	23200	23048	78385	129942	263500
牧业增加值	万元	7869	19689	50210	37681	44700
第二产业增加值	万元	11752	34751	3966417	1363585	3941200
公共财政收入	万元	9671	17849	1048129	1050185	1096179
各项税收	万元	3796	28463	2855609	1644543	1565468
公共财政支出	万元	73055	97960	1604087	1780391	984738
居民储蓄存款余额	万元	362709	286765	7241626	4539592	3145600
年末金融机构各项贷款余额	万元	61707	231848	10404021	5655187	8541200
三、农业、工业及投资						
农业机械总动力	万千瓦特	2	3	10	24	26
机收面积	公顷	7428	2840	12198	28582	13032
设施农业占地面积	公顷	80	54	2264	742	6314
粮食总产量	吨			92083	227482	92337
棉花产量	吨			4	242	319
油料产量	吨			717	3930	9163
肉类总产量	吨	3982	3894	39704	27466	26207
规模以上工业企业单位数	个	3	7	947	117	349
规模以上工业总产值	万元	14610	50623	15266275	3466797	16909875
固定资产投资	万元	94163	158414	3006289	1400514	10700392
四、教育、卫生和社会保障						
普通中学在校学生数	人	1358	2737	26690	16373	18618
中等职业教育学校在校学生数	人	265	463	5165	5223	4630
小学在校学生数	人	1513	712	37946	16397	38683
医疗卫生机构床位数	床	530	393	4826	3126	2315
各种社会福利收养性单位数	个	1	5	34	51	20
各种社会福利收养性单位床位数	床	60	216	5445	8021	3783

2016年县(市)社会经济主要指标

江苏省

指　　标	单位	江宁区	六合区	溧水区	高淳区	锡山区
一、基本情况						
行政区域面积	平方公里	1563	1471	1064	790	399
乡个数	个					
镇个数	个		1	6	6	4
街道办事处个数	个	10	11	2	2	5
户籍人口	万人	103	91	43	44	44
第二产业从业人员	人	346500	235900	163000	163500	300300
第三产业从业人员	人	332700	193900	110600	89800	135500
固定电话用户	户	315919	82421	70687	59278	
二、综合经济						
地区生产总值	万元	16805200	8045400	6249600	5735900	7082600
第一产业增加值	万元	608800	617500	400500	399900	174600
农业增加值	万元	396800	460200	291800	164500	128000
牧业增加值	万元	43800	40800	27200	23900	6700
第二产业增加值	万元	8925600	4214400	3285300	2856100	3685400
公共财政收入	万元	2102485	985701	512806	254537	722367
各项税收	万元	3646118	2363312	771235	377428	1090616
公共财政支出	万元	1806223	864933	678741	468374	731266
居民储蓄存款余额	万元	7187700	4601100	2121900	1704200	
年末金融机构各项贷款余额	万元	14047700	7494500	4157100	3243200	
三、农业、工业及投资						
农业机械总动力	万千瓦特	51	58	33	53	10
机收面积	公顷	30500	60701	41310	22310	7652
设施农业占地面积	公顷	11300	13162	11300	7977	3133
粮食总产量	吨	230416	361161	225953	140223	51013
棉花产量	吨	1293	38	806	615	
油料产量	吨	18775	11747	18620	14741	367
肉类总产量	吨	13914	22651	18641	15350	4031
规模以上工业企业单位数	个	658	487	499	331	637
规模以上工业总产值	万元	29189038	23399010	10878909	9391890	11309139
固定资产投资	万元	8745931	4858569	5523310	4637537	7138791
四、教育、卫生和社会保障						
普通中学在校学生数	人	36448	27868	14266	13840	22567
中等职业教育学校在校学生数	人	12751	2705	2136	2482	2399
小学在校学生数	人	64667	40407	22582	19089	40210
医疗卫生机构床位数	床	6639	3465	1633	1715	2133
各种社会福利收养性单位数	个	32	28	10	12	14
各种社会福利收养性单位床位数	床	6225	3967	3506	3935	2809

2016年县(市)社会经济主要指标

江苏省

指　　标	单位	江阴市	宜兴市	铜山区	丰　县	沛　县
一、基本情况						
行政区域面积	平方公里	987	1997	1871	1450	1806
乡个数	个					
镇个数	个	10	13	17	12	13
街道办事处个数	个	5	5	11	3	4
户籍人口	万人	125	108	132	121	131
第二产业从业人员	人	610300	403600	173900	58700	190200
第三产业从业人员	人	331000	249400	177800	171800	206000
固定电话用户	户	335325	261747	121435	79027	99583
二、综合经济						
地区生产总值	万元	30832600	13777400	9748100	4051900	6650300
第一产业增加值	万元	443400	487400	779900	748100	912900
农业增加值	万元	259600	329600	563200	564700	619000
牧业增加值	万元	82600	32600	170100	173100	250700
第二产业增加值	万元	16809900	7095100	5053500	1716000	3050500
公共财政收入	万元	2299056	1086503	683606	350000	576839
各项税收	万元	3679408	1540189	708724	333464	574764
公共财政支出	万元	2262583	1174161	1080029	709000	948558
居民储蓄存款余额	万元	10797164	9586038		2517502	3243499
年末金融机构各项贷款余额	万元	26899080	13920342		1773131	2225951
三、农业、工业及投资						
农业机械总动力	万千瓦特	26	52	112	83	102
机收面积	公顷	20927	60628	119902	74250	87663
设施农业占地面积	公顷	6867	10173	28207	16433	25040
粮食总产量	吨	144929	370501	793678	525428	602670
棉花产量	吨			3927	10157	3976
油料产量	吨	2654	5052	5597	4350	2356
肉类总产量	吨	39593	24615	98908	138611	175523
规模以上工业企业单位数	个	1356	868	416	331	499
规模以上工业总产值	万元	53760113	25888550	35529597	7153081	17384028
固定资产投资	万元	11330316	5373121	7834538	2511004	5603481
四、教育、卫生和社会保障						
普通中学在校学生数	人	56348	41280	43691	42733	37433
中等职业教育学校在校学生数	人	12068	8149	9735	5473	9206
小学在校学生数	人	93334	60403	127047	89266	107550
医疗卫生机构床位数	床	8080	5320	3426	4053	4876
各种社会福利收养性单位数	个	26	30	41	27	30
各种社会福利收养性单位床位数	床	8636	9350	8936	7048	7906

2016年县(市)社会经济主要指标

江苏省

指　　标	单位	睢宁县	新沂市	邳州市	武进区	金坛区
一、基本情况						
行政区域面积	平方公里	1769	1592	2085	1065	976
乡个数	个					
镇个数	个	15	13	21	11	6
街道办事处个数	个	3	4	4	5	3
户籍人口	万人	144	114	194	94	55
第二产业从业人员	人	220900	212600	188700	521500	186900
第三产业从业人员	人	193100	186500	288800	288900	126200
固定电话用户	户	115086	91685	113514	423301	164431
二、综合经济						
地区生产总值	万元	4973800	5620600	8041400	19689900	6000200
第一产业增加值	万元	840900	649100	1119200	402200	338300
农业增加值	万元	614100	391100	864600	301400	179000
牧业增加值	万元	186300	156400	178800	36700	43700
第二产业增加值	万元	2076500	2321700	3472700	10742300	3022600
公共财政收入	万元	425154	499120	623960	1475153	433818
各项税收	万元	459276	498783	592983	2272101	636928
公共财政支出	万元	802093	918229	1100768	1454410	529767
居民储蓄存款余额	万元	2856726	2178744	3613507	9929268	3444000
年末金融机构各项贷款余额	万元	2243856	2463821	3661281	18291362	6033300
三、农业、工业及投资						
农业机械总动力	万千瓦特	122	116	119	26	44
机收面积	公顷	146385	98830	126833	11292	30009
设施农业占地面积	公顷	21418	20871	21200	8369	7227
粮食总产量	吨	927820	660595	807549	87309	241571
棉花产量	吨	850		703		12
油料产量	吨	30738	75438	14044	1124	5818
肉类总产量	吨	121469	116845	199369	32614	48138
规模以上工业企业单位数	个	355	504	524	1598	448
规模以上工业总产值	万元	10843823	18124321	25925694	46765145	12102552
固定资产投资	万元	3204884	5500480	7631214	10294636	4036847
四、教育、卫生和社会保障						
普通中学在校学生数	人	47159	35785	74897	50833	18319
中等职业教育学校在校学生数	人	6335	6352	16095	11904	2476
小学在校学生数	人	102587	122135	191802	99770	25876
医疗卫生机构床位数	床	4540	3549	5678	5153	2564
各种社会福利收养性单位数	个	44	32	29	19	17
各种社会福利收养性单位床位数	床	8866	7480	11044	10079	6301

2016年县(市)社会经济主要指标

江苏省

指　　标	单位	溧阳市	吴中区	吴江区	常熟市	张家港市
一、基本情况						
行政区域面积	平方公里	1535	2232	1237	1276	987
乡个数	个					
镇个数	个	10	7	8	9	8
街道办事处个数	个	1	6	1	2	
户籍人口	万人	80	65	82	107	93
第二产业从业人员	人	254700	430800	535700	641700	465100
第三产业从业人员	人	128100	261700	288700	364300	263500
固定电话用户	户	188004		257140	330484	243156
二、综合经济						
地区生产总值	万元	8012600	10107200	16283300	21123900	23172500
第一产业增加值	万元	482900	231300	428100	427600	313400
农业增加值	万元	306700	84000	213500	309700	219900
牧业增加值	万元	21600	8200	27400	21300	22000
第二产业增加值	万元	3922900	4699900	8348500	10824300	12147000
公共财政收入	万元	589986	1344255	1652525	1735805	1900019
各项税收	万元	743509	2112804	2689727	2892697	3167307
公共财政支出	万元	694409	1080376	1592870	1587404	1848603
居民储蓄存款余额	万元	4785100		8711252	11927531	10182254
年末金融机构各项贷款余额	万元	7989400		22199995	21394887	19944046
三、农业、工业及投资						
农业机械总动力	万千瓦特	56	15	41	32	30
机收面积	公顷	61800	3100	19391	39892	31740
设施农业占地面积	公顷	12467	483	4753	6560	4573
粮食总产量	吨	486601	20304	161500	277560	221652
棉花产量	吨	359			288	27
油料产量	吨	25456	117	506	3547	3833
肉类总产量	吨	22505	6633	19456	10616	7597
规模以上工业企业单位数	个	393	835	1304	1309	1078
规模以上工业总产值	万元	13634205	12264898	31168054	36848914	45716594
固定资产投资	万元	4865530	5616691	6810230	5449065	7247656
四、教育、卫生和社会保障						
普通中学在校学生数	人	26243	24092	38943	44459	42275
中等职业教育学校在校学生数	人	6126	3717	6048	9596	10975
小学在校学生数	人	38628	70416	86902	81542	80146
医疗卫生机构床位数	床	2956	5868	5723	7882	9601
各种社会福利收养性单位数	个	20	25	30	22	47
各种社会福利收养性单位床位数	床	7856	5743	8803	12294	10015

2016年县(市)社会经济主要指标

江苏省

指　　标	单位	昆山市	太仓市	通州区	海安县	如东县
一、基本情况						
行政区域面积	平方公里	932	810	1562	1184	2791
乡个数	个					
镇个数	个	10	6	12	9	12
街道办事处个数	个		1	4	4	3
户籍人口	万人	82	48	126	94	104
第二产业从业人员	人	744000	268100	334000	285500	307000
第三产业从业人员	人	401400	163900	200000	143500	179500
固定电话用户	户	400824	152971	249900	228600	193990
二、综合经济						
地区生产总值	万元	31603000	11551400	10266600	7552800	7466900
第一产业增加值	万元	300800	367700	564100	559600	678700
农业增加值	万元	104200	200900	386000	303100	287500
牧业增加值	万元	11700	63500	64000	190900	133300
第二产业增加值	万元	17088200	5838700	5073600	3541500	3405700
公共财政收入	万元	3189188	1277146	722155	575767	544084
各项税收	万元	5273101	2114015	857966	749123	668674
公共财政支出	万元	2689991	1158413	857521	813491	1021563
居民储蓄存款余额	万元	11551279	5227413	8571409	6967711	6016191
年末金融机构各项贷款余额	万元	25522221	12450727	7481334	7987747	4945563
三、农业、工业及投资						
农业机械总动力	万千瓦特	18	21	50	66	92
机收面积	公顷	14776	25300	54229	74640	113293
设施农业占地面积	公顷	3447	5640	8082	11836	13670
粮食总产量	吨	101255	165304	525874	601247	909014
棉花产量	吨	22	163	2244		4505
油料产量	吨	1558	3611	89180	15081	40214
肉类总产量	吨	6285	42372	63348	80253	99879
规模以上工业企业单位数	个	1851	1020	736	895	689
规模以上工业总产值	万元	83832389	20276736	21425760	22047703	18964082
固定资产投资	万元	7574238	4650000	6814935	5844597	5454170
四、教育、卫生和社会保障						
普通中学在校学生数	人	47615	21057	32746	26765	25248
中等职业教育学校在校学生数	人	7471	3576	4403	14890	4023
小学在校学生数	人	130243	44241	49215	32137	29225
医疗卫生机构床位数	床	7148	3853	5741	4974	3599
各种社会福利收养性单位数	个	17	18	39	57	46
各种社会福利收养性单位床位数	床	6974	5706	6931	12346	12632

2016年县(市)社会经济主要指标

江苏省

指　　标	单位	启东市	如皋市	海门市	赣榆区	东海县
一、基本情况						
行政区域面积	平方公里	1715	1576	1144	1514	2037
乡个数	个					6
镇个数	个	12	11	9	15	11
街道办事处个数	个		3	3		2
户籍人口	万人	112	144	100	120	123
第二产业从业人员	人	292000	346000	312000	221000	178100
第三产业从业人员	人	195000	204000	170000	168200	201500
固定电话用户	户	245900	254600	235900	134261	108116
二、综合经济						
地区生产总值	万元	8818500	9042700	10050600	5192100	4334300
第一产业增加值	万元	665800	629900	532800	765500	672800
农业增加值	万元	291300	445200	334100	264800	454800
牧业增加值	万元	51800	149500	47100	107400	122200
第二产业增加值	万元	4228500	4343600	5045300	2455600	1865700
公共财政收入	万元	710317	712085	724112	250181	226068
各项税收	万元	868867	836912	814061	298776	239353
公共财政支出	万元	890262	963827	857533	602247	580905
居民储蓄存款余额	万元	7672403	7168612	7665457	2178192	2119764
年末金融机构各项贷款余额	万元	7051330	7099856	8243165	2571374	2487110
三、农业、工业及投资						
农业机械总动力	万千瓦特	59	81	38	115	152
机收面积	公顷	25326	88648	19181	76427	156010
设施农业占地面积	公顷	15684	13241	20822	18100	21070
粮食总产量	吨	261350	709451	191627	564350	1145299
棉花产量	吨	6310	82	10593	450	
油料产量	吨	83677	37798	85772	63407	48035
肉类总产量	吨	56668	111308	40899	75561	73933
规模以上工业企业单位数	个	503	819	650	507	546
规模以上工业总产值	万元	18291809	19851204	20532375	16361459	11249365
固定资产投资	万元	6148403	5752481	6131858	3719960	3305878
四、教育、卫生和社会保障						
普通中学在校学生数	人	28184	47773	33001	55878	52511
中等职业教育学校在校学生数	人	5022	13024	6387	7209	9732
小学在校学生数	人	37233	61448	47415	101312	118178
医疗卫生机构床位数	床	4094	5988	3694	4077	3902
各种社会福利收养性单位数	个	90	66	81	18	24
各种社会福利收养性单位床位数	床	10259	15454	13960	3858	3567

2016年县(市)社会经济主要指标

江苏省

指　　标	单位	灌云县	灌南县	淮安区	淮阴区	洪泽区
一、基本情况						
行政区域面积	平方公里	1538	1028	1452	1307	1273
乡个数	个	2	1	4	7	
镇个数	个	10	10	20	14	6
街道办事处个数	个	1		3		3
户籍人口	万人	105	83	118	93	38
第二产业从业人员	人	129200	109600	179900	145500	70100
第三产业从业人员	人	164600	103900	201700	162000	73800
固定电话用户	户	88834	67969	105400	130000	42000
二、综合经济						
地区生产总值	万元	3286600	3068000	4486100	4357200	2553100
第一产业增加值	万元	641000	515100	644300	690500	336300
农业增加值	万元	395300	363300	490000	489700	192000
牧业增加值	万元	144300	97900	85000	165600	67000
第二产业增加值	万元	1431200	1447800	1726200	1823900	1037100
公共财政收入	万元	215179	224336	334390	405759	232424
各项税收	万元	228118	284281	355174	383569	244346
公共财政支出	万元	496431	480435	679382	627121	414811
居民储蓄存款余额	万元	1470273	1080512			998248
年末金融机构各项贷款余额	万元	1837985	1340540			1588400
三、农业、工业及投资						
农业机械总动力	万千瓦特	126	124	101	79	86
机收面积	公顷	109566	85656	122077	88700	63164
设施农业占地面积	公顷	18533	13513	2082	15460	8083
粮食总产量	吨	818772	633368	905957	630850	442148
棉花产量	吨					
油料产量	吨	862	1603	7420	19164	3199
肉类总产量	吨	52382	53309	47390	71055	22242
规模以上工业企业单位数	个	279	192	368	453	329
规模以上工业总产值	万元	7621391	6711755	8404833	14572051	7270269
固定资产投资	万元	2721861	2180606	3541997	3395569	2026469
四、教育、卫生和社会保障						
普通中学在校学生数	人	41358	33327	41745	30783	12855
中等职业教育学校在校学生数	人	5005	8712	11824	11347	4971
小学在校学生数	人	70112	62534	58500	60488	18150
医疗卫生机构床位数	床	3368	3400	4592	6624	1560
各种社会福利收养性单位数	个	21	42	26	21	12
各种社会福利收养性单位床位数	床	2959	3505	3015	2201	940

2016年县(市)社会经济主要指标

江苏省

指　　标	单位	涟水县	盱眙县	金湖县	盐都区	大丰区
一、基本情况						
行政区域面积	平方公里	1679	2497	1378	1050	3008
乡个数	个	2	3			
镇个数	个	17	14	10	8	12
街道办事处个数	个		3		4	
户籍人口	万人	115	80	36	71	72
第二产业从业人员	人	118600	128600	66500	157500	157000
第三产业从业人员	人	198900	139000	70900	162100	185900
固定电话用户	户	104800	98200	35100	101551	118604
二、综合经济						
地区生产总值	万元	3870900	3567000	2418800	4436200	5790700
第一产业增加值	万元	566400	542000	331100	436500	776900
农业增加值	万元	423100	360200	202700	244900	446700
牧业增加值	万元	113100	72200	26900	116500	141200
第二产业增加值	万元	1475100	1403000	903100	2141300	2237700
公共财政收入	万元	289809	307794	220020	381278	592566
各项税收	万元	355190	292896	257064	489262	656391
公共财政支出	万元	641113	546490	418407	579263	893768
居民储蓄存款余额	万元	1875118	1618762	1295665		3564589
年末金融机构各项贷款余额	万元	1970989	2223435	1716689		3929728
三、农业、工业及投资						
农业机械总动力	万千瓦特	119	124	87	53	86
机收面积	公顷	112400	134660	74370	82541	112862
设施农业占地面积	公顷	5520	18094	8300	11993	15280
粮食总产量	吨	884370	978624	535561	603628	772045
棉花产量	吨		84		2025	5037
油料产量	吨	37280	12019	8366	14677	51138
肉类总产量	吨	63411	73003	13934	55330	104058
规模以上工业企业单位数	个	368	432	328	370	435
规模以上工业总产值	万元	8081710	10380849	5479726	10018323	9447642
固定资产投资	万元	3352886	3506508	1955401	3548098	4537953
四、教育、卫生和社会保障						
普通中学在校学生数	人	44491	30301	9401	24312	22451
中等职业教育学校在校学生数	人	16373	10413	2051	4120	3242
小学在校学生数	人	81000	56292	12850	35959	27080
医疗卫生机构床位数	床	4110	3607	1557	2992	3514
各种社会福利收养性单位数	个	19	21	12	21	43
各种社会福利收养性单位床位数	床	2513	2420	919	1378	4718

2016年县(市)社会经济主要指标

江苏省

指　　标	单位	响水县	滨海县	阜宁县	射阳县	建湖县
一、基本情况						
行政区域面积	平方公里	1474	1950	1439	2606	1157
乡个数	个					
镇个数	个	8	11	13	13	11
街道办事处个数	个		3	4		3
户籍人口	万人	62	123	113	96	80
第二产业从业人员	人	99700	187700	173300	195500	170400
第三产业从业人员	人	105600	207800	186300	214200	162800
固定电话用户	户	48386	104032	82059	93482	76293
二、综合经济						
地区生产总值	万元	2706400	3916100	3944000	4416500	4661300
第一产业增加值	万元	414200	579900	546000	810100	467300
农业增加值	万元	198800	325800	271100	398500	215900
牧业增加值	万元	122500	121100	166500	201400	128800
第二产业增加值	万元	1267700	1567200	1691500	1557800	1975900
公共财政收入	万元	296024	340700	362412	215800	350066
各项税收	万元	287140	367992	389757	271328	375385
公共财政支出	万元	501274	708929	765450	645980	732172
居民储蓄存款余额	万元	935798	1766641	2668073	2779916	2845021
年末金融机构各项贷款余额	万元	1397736	2494638	2407807	2644230	3014919
三、农业、工业及投资						
农业机械总动力	万千瓦特	75	85	84	102	62
机收面积	公顷	81220	132000	130000	131821	93376
设施农业占地面积	公顷	9600	15380	16587	16180	9693
粮食总产量	吨	535066	956171	914957	1118992	728626
棉花产量	吨		252	74	2244	87
油料产量	吨	20624	31400	17042	13310	18814
肉类总产量	吨	58584	99161	161954	82624	64905
规模以上工业企业单位数	个	166	228	299	312	416
规模以上工业总产值	万元	9248154	7051525	8041765	7511875	8760902
固定资产投资	万元	2872522	3778712	3205223	3001628	3576977
四、教育、卫生和社会保障						
普通中学在校学生数	人	22404	34929	34673	31278	27119
中等职业教育学校在校学生数	人	1724	3422	4899	2744	3696
小学在校学生数	人	48740	84676	64942	48520	40088
医疗卫生机构床位数	床	2616	4940	4203	3941	3638
各种社会福利收养性单位数	个	19	33	20	26	19
各种社会福利收养性单位床位数	床	2509	5629	4316	4475	2927

2016年县(市)社会经济主要指标

江苏省

指　　标	单位	东台市	邗江区	江都区	宝应县	仪征市
一、基本情况						
行政区域面积	平方公里	3176	553	1330	1462	902
乡个数	个		1			
镇个数	个	14	7	13	14	9
街道办事处个数	个		5			
户籍人口	万人	112	60	106	91	56
第二产业从业人员	人	231300	157800	273300	172400	180200
第三产业从业人员	人	257200	208500	228200	122000	125400
固定电话用户	户	159215	229951	270290	121776	135036
二、综合经济						
地区生产总值	万元	7270100	7420700	9396200	5063000	5571100
第一产业增加值	万元	914700	200900	596500	664400	234200
农业增加值	万元	496200	117300	421400	308700	163500
牧业增加值	万元	233300	24900	66500	59800	49500
第二产业增加值	万元	2920300	2954400	4539400	2263100	2942700
公共财政收入	万元	602566	639681	551547	308075	447442
各项税收	万元	692991	796216	714993	398400	827360
公共财政支出	万元	955830	617210	852398	643833	546153
居民储蓄存款余额	万元	5107013		6196989	2867105	2957311
年末金融机构各项贷款余额	万元	3947516		5957292	2946024	3430709
三、农业、工业及投资						
农业机械总动力	万千瓦特	94	21	66	58	40
机收面积	公顷	122350	22666	85688	116478	43633
设施农业占地面积	公顷	39280	2666	16566	10805	7916
粮食总产量	吨	972787	160069	625998	900433	311442
棉花产量	吨	636	622	445		26
油料产量	吨	61193	2852	17824	16089	9302
肉类总产量	吨	137252	10856	41540	47175	21314
规模以上工业企业单位数	个	560	375	583	411	363
规模以上工业总产值	万元	11865864	13251445	22394510	10757776	16168404
固定资产投资	万元	5810340	5925284	7094268	3727244	4710030
四、教育、卫生和社会保障						
普通中学在校学生数	人	30071	20333	37059	32109	19006
中等职业教育学校在校学生数	人	3766	3088	7029	2897	10058
小学在校学生数	人	34510	33529	42226	36295	23543
医疗卫生机构床位数	床	5109	2721	4313	2313	2376
各种社会福利收养性单位数	个	45	11	14	16	17
各种社会福利收养性单位床位数	床	5640	752	3452	4056	3141

2016年县(市)社会经济主要指标

江苏省

指　标	单位	高邮市	丹徒区	丹阳市	扬中市	句容市
一、基本情况						
行政区域面积	平方公里	1922	617	1047	327	1378
乡个数	个	1				
镇个数	个	10	6	10	4	8
街道办事处个数	个	2	2	2	2	3
户籍人口	万人	81	29	81	28	59
第二产业从业人员	人	191100	82500	337600	117300	156000
第三产业从业人员	人	141200	79000	240000	86600	141200
固定电话用户	户	151821		210012	91494	121107
二、综合经济						
地区生产总值	万元	5375000	3712200	11360400	5047300	4932100
第一产业增加值	万元	695900	185300	523100	129600	431200
农业增加值	万元	332200	112900	368900	80500	300400
牧业增加值	万元	101000	33600	64100	16700	45100
第二产业增加值	万元	2378600	1944200	5675700	2614400	2319000
公共财政收入	万元	341188	256958	655469	325028	404826
各项税收	万元	429088	328832	889697	447752	542288
公共财政支出	万元	569262	292421	790060	386599	535355
居民储蓄存款余额	万元	3456159		5663117	2767771	2878186
年末金融机构各项贷款余额	万元	3222294		9644905	4314251	5610321
三、农业、工业及投资						
农业机械总动力	万千瓦特	71	21	37	14	56
机收面积	公顷	113140	29732	69515	12579	47109
设施农业占地面积	公顷	11931	6160	8300	2409	12694
粮食总产量	吨	859832	181236	493332	91867	331817
棉花产量	吨	51	12			898
油料产量	吨	19972	9726	8487	1589	37053
肉类总产量	吨	49285	22403	24500	8821	16629
规模以上工业企业单位数	个	527	356	724	460	545
规模以上工业总产值	万元	12183520	11150086	25293147	13726619	13992473
固定资产投资	万元	4556220	3545321	5140102	3050978	3608073
四、教育、卫生和社会保障						
普通中学在校学生数	人	26539	8853	32453	9667	16704
中等职业教育学校在校学生数	人	6648	1682	4525	1395	3816
小学在校学生数	人	26760	14146	49117	14307	24712
医疗卫生机构床位数	床	2646	850	3232	1100	1759
各种社会福利收养性单位数	个	14	19	52	42	25
各种社会福利收养性单位床位数	床	6955	2417	5463	2642	3877

2016年县(市)社会经济主要指标

江苏省

指　　标	单位	姜堰区	兴化市	靖江市	泰兴市	宿豫区
一、基本情况						
行政区域面积	平方公里	928	2395	656	1170	1236
乡个数	个		4		1	2
镇个数	个	14	27	8	14	8
街道办事处个数	个	2	2	1	1	3
户籍人口	万人	79	158	67	119	67
第二产业从业人员	人	171000	261000	206000	264000	132100
第三产业从业人员	人	161000	262000	136000	219000	126000
固定电话用户	户	135583	200851	180032	245809	56761
二、综合经济						
地区生产总值	万元	5831900	7488500	8017500	8329100	2521300
第一产业增加值	万元	401000	1025900	225100	539500	267300
农业增加值	万元	291000	645500	156300	373400	184000
牧业增加值	万元	74000	181300	48900	134600	63200
第二产业增加值	万元	2644400	2898500	3919500	3885200	1462300
公共财政收入	万元	356004	370577	589341	572016	238245
各项税收	万元	445549	462701	771295	799403	258933
公共财政支出	万元	669600	850031	639611	758179	410848
居民储蓄存款余额	万元	4270143	4836295	4721629	4653394	
年末金融机构各项贷款余额	万元	4848855	4284118	6940214	5813911	
三、农业、工业及投资						
农业机械总动力	万千瓦特	42	120	28	63	63
机收面积	公顷	68080	178870	42990	86400	45350
设施农业占地面积	公顷	10080	14920	5337	11408	8616
粮食总产量	吨	538348	1379098	309801	684724	360024
棉花产量	吨	260	1496			33
油料产量	吨	28771	34452	5564	41682	1490
肉类总产量	吨	55087	59944	31299	85617	78848
规模以上工业企业单位数	个	521	622	488	698	247
规模以上工业总产值	万元	14476330	17904213	18887877	30020174	4166365
固定资产投资	万元	4948156	4196551	4999951	6874648	2529375
四、教育、卫生和社会保障						
普通中学在校学生数	人	31848	39917	23817	42382	10772
中等职业教育学校在校学生数	人	5699	4693	3028	5191	8382
小学在校学生数	人	31602	64051	28311	48883	32827
医疗卫生机构床位数	床	3726	4783	4275	4371	2677
各种社会福利收养性单位数	个	23	38	17	38	18
各种社会福利收养性单位床位数	床	3690	9149	4389	7062	4464

2016年县(市)社会经济主要指标

江苏省、浙江省

指　　标	单位	沭阳县	泗阳县	泗洪县	萧山区	余杭区
一、基本情况						
行政区域面积	平方公里	2299	1378	2694	1163	1228
乡个数	个	8	5	9		
镇个数	个	25	11	14	12	6
街道办事处个数	个	6			14	14
户籍人口	万人	197	107	111	128	98
第二产业从业人员	人	377300	169100	167200	658900	427000
第三产业从业人员	人	276300	136800	144000	369000	319600
固定电话用户	户	153467	83952	60593	456000	237300
二、综合经济						
地区生产总值	万元	6973100	4027500	4011400	19541784	14481691
第一产业增加值	万元	912700	578500	611300	676343	500373
农业增加值	万元	736700	354800	297800	473758	325911
牧业增加值	万元	124100	75900	74800	117152	26087
第二产业增加值	万元	3179500	1992100	1689300	9279201	4930729
公共财政收入	万元	717499	333405	317476	1951629	2442888
各项税收	万元	730299	359681	382966	1735907	2267761
公共财政支出	万元	1172860	702892	665920	2045491	2214988
居民储蓄存款余额	万元	3231881	1946769	1928861	14398952	9904414
年末金融机构各项贷款余额	万元	4034885	3149286	2885520	29663453	15381601
三、农业、工业及投资						
农业机械总动力	万千瓦特	208	99	148	50	43
机收面积	公顷	184406	103842	150225	13320	12087
设施农业占地面积	公顷	24817	13278	21566	2287	1331
粮食总产量	吨	1274859	603670	1055539	127900	112419
棉花产量	吨		12	558	204	87
油料产量	吨	15115	8790	18245	10626	2181
肉类总产量	吨	90153	49295	71841	108783	19080
规模以上工业企业单位数	个	850	574	532	1605	1152
规模以上工业总产值	万元	13758294	7089883	7441040	37509136	14614942
固定资产投资	万元	5150296	3792343	3804085	10783163	10403247
四、教育、卫生和社会保障						
普通中学在校学生数	人	75844	50381	44061	65104	47500
中等职业教育学校在校学生数	人	12900	6152	7032	11046	11175
小学在校学生数	人	163363	90249	90203	105541	91679
医疗卫生机构床位数	床	7318	4770	4591	8688	3915
各种社会福利收养性单位数	个	68	37	33	46	33
各种社会福利收养性单位床位数	床	8125	6694	5867	11011	8349

2016年县(市)社会经济主要指标

浙江省

指　　标	单位	富阳区	桐庐县	淳安县	建德市	临安市
一、基本情况						
行政区域面积	平方公里	1832	1829	4452	2364	3124
乡个数	个	6	4	12	1	
镇个数	个	13	6	11	12	13
街道办事处个数	个	5	4		3	5
户籍人口	万人	67	41	46	51	53
第二产业从业人员	人	246900	107246	41300	87800	198000
第三产业从业人员	人	147800	113531	86000	84700	118900
固定电话用户	户	105800	68900	59400	66600	95400
二、综合经济						
地区生产总值	万元	7126504	3733996	2356512	3452539	5089958
第一产业增加值	万元	447873	244840	342939	327496	422441
农业增加值	万元	268532	149354	242651	222441	211291
牧业增加值	万元	74322	35601	34761	64981	61817
第二产业增加值	万元	3299958	1962825	810805	1747445	2533750
公共财政收入	万元	576102	261681	173613	227059	373378
各项税收	万元	493234	226029	155553	224217	334014
公共财政支出	万元	661607	409353	600733	411925	601699
居民储蓄存款余额	万元	4096444	2205960	1501391	2215500	2659006
年末金融机构各项贷款余额	万元	10638218	3320846	1866763	2505600	4362346
三、农业、工业及投资						
农业机械总动力	万千瓦特	38	17	31	29	39
机收面积	公顷	12644	6894	1732	10400	4434
设施农业占地面积	公顷	1016	542	393	1975	548
粮食总产量	吨	119605	54527	73425	88765	54478
棉花产量	吨			206	102	
油料产量	吨	19133	8023	14168	10889	4536
肉类总产量	吨	43887	14170	18236	26722	35650
规模以上工业企业单位数	个	641	379	121	344	605
规模以上工业总产值	万元	11767415	4785361	2520175	4242487	6973267
固定资产投资	万元	4043949	2534994	1603624	2053163	2659669
四、教育、卫生和社会保障						
普通中学在校学生数	人	32200	15042	15100	18300	20300
中等职业教育学校在校学生数	人	7532	2879	3403	3014	4393
小学在校学生数	人	44400	23736	15700	20768	29700
医疗卫生机构床位数	床	3588	1753	1571	2553	2657
各种社会福利收养性单位数	个	31	26	31	33	32
各种社会福利收养性单位床位数	床	4656	3556	3932	4313	4559

2016年县(市)社会经济主要指标

浙江省

指　　标	单位	鄞州区	象山县	宁海县	余姚市	慈溪市
一、基本情况						
行政区域面积	平方公里	814	1382	1843	1501	1361
乡个数	个		5	3	1	
镇个数	个	10	10	11	14	14
街道办事处个数	个	14	3	4	6	5
户籍人口	万人	88	55	63	84	105
第二产业从业人员	人	430800	171000	219000	345700	479000
第三产业从业人员	人	410800	126200	181000	284200	244000
固定电话用户	户	415000	132500	124800	288000	426800
二、综合经济						
地区生产总值	万元	13693501	4442198	4866892	9047535	12761682
第一产业增加值	万元	352293	669957	438956	449230	526762
农业增加值	万元	258306	163656	137918	351536	364989
牧业增加值	万元	20026	31580	23385	30412	48038
第二产业增加值	万元	5232192	1971666	2512165	5075861	7622696
公共财政收入	万元	2077753	380730	487899	811633	1320963
各项税收	万元	1718791	301400	359684	710448	1099045
公共财政支出	万元	2028490	613659	677589	936884	1457152
居民储蓄存款余额	万元	9665001	2386864	2567557	7369808	10810490
年末金融机构各项贷款余额	万元	18109611	6662146	7004907	11851392	17872259
三、农业、工业及投资						
农业机械总动力	万千瓦特	33	80	31	62	43
机收面积	公顷	23992	12478	13139	25339	13474
设施农业占地面积	公顷	3421	1867	491	2153	2798
粮食总产量	吨	102630	91795	106964	194461	115777
棉花产量	吨	10	78	811	135	2815
油料产量	吨	982	3047	2620	4905	15790
肉类总产量	吨	4413	12063	16501	37356	31183
规模以上工业企业单位数	个	1016	493	505	1170	1383
规模以上工业总产值	万元	16251675	5983590	6688016	14387654	23502036
固定资产投资	万元	7726581	1783178	3115931	5849709	8077836
四、教育、卫生和社会保障						
普通中学在校学生数	人	42300	21300	29100	38200	45545
中等职业教育学校在校学生数	人	11850	4361	7337	8694	10271
小学在校学生数	人	81500	36200	49100	67100	79178
医疗卫生机构床位数	床	4780	2021	1721	3141	3784
各种社会福利收养性单位数	个	58	57	20	31	20
各种社会福利收养性单位床位数	床	10716	5632	4882	6874	5675

2016年县(市)社会经济主要指标

浙江省

指　　标	单位	奉化市	洞头区	永嘉县	平阳县	苍南县
一、基本情况						
行政区域面积	平方公里	1268	155	2677	1042	1253
乡个数	个		1	4	2	2
镇个数	个	6	1	11	14	17
街道办事处个数	个	5	5	7		
户籍人口	万人	48	15	97	88	134
第二产业从业人员	人	219116	26189	232100	191200	342030
第三产业从业人员	人	81076	44876	167200	151900	318650
固定电话用户	户	169700	14800	124446	83600	159269
二、综合经济						
地区生产总值	万元	4941481	794200	3651513	3752482	4625111
第一产业增加值	万元	300173	60400	142810	159734	319279
农业增加值	万元	154924	6908	106661	71356	144098
牧业增加值	万元	42258	2969	22650	20900	41836
第二产业增加值	万元	3008866	296500	1821868	1531673	1827118
公共财政收入	万元	370515	65182	295880	277720	318176
各项税收	万元	294462	54132	235967	232587	268677
公共财政支出	万元	630695	203418	608585	546966	701325
居民储蓄存款余额	万元	2997877	332856	3588184	3052112	3902867
年末金融机构各项贷款余额	万元	5462885	617918	4876538	4557155	6738957
三、农业、工业及投资						
农业机械总动力	万千瓦特	28	26	17	27	49
机收面积	公顷	9647	40	8010	15883	20565
设施农业占地面积	公顷	877	175	466	624	2586
粮食总产量	吨	75561	3630	103017	118805	138512
棉花产量	吨			2		
油料产量	吨	786	652	4821	3157	1162
肉类总产量	吨	18285	1550	14927	17242	17988
规模以上工业企业单位数	个	431	33	357	346	384
规模以上工业总产值	万元	5541954	573633	3972197	3276786	3374403
固定资产投资	万元	2080202	1545529	3114526	3841240	4563709
四、教育、卫生和社会保障						
普通中学在校学生数	人	19181	3200	44484	39992	58333
中等职业教育学校在校学生数	人	4269	669	7533	9007	9242
小学在校学生数	人	31854	7200	63183	59035	96236
医疗卫生机构床位数	床	2424	221	3942	2582	4171
各种社会福利收养性单位数	个	31	9	16	3	31
各种社会福利收养性单位床位数	床	4336	901	976	40	2010

2016年县(市)社会经济主要指标

浙江省

指　标	单位	文成县	泰顺县	瑞安市	乐清市	嘉善县
一、基本情况						
行政区域面积	平方公里	1296	1768	1350	1385	507
乡个数	个	5	7	2	3	
镇个数	个	12	12	9	14	6
街道办事处个数	个			12	8	3
户籍人口	万人	40	37	124	130	39
第二产业从业人员	人	45476	87600	376454	309700	221679
第三产业从业人员	人	79879	31400	285961	330700	131077
固定电话用户	户	19540	24167	222730	252583	129900
二、综合经济						
地区生产总值	万元	794857	816767	7838331	8614683	4616489
第一产业增加值	万元	84432	78386	222692	214047	224065
农业增加值	万元	71071	61264	105983	109277	174830
牧业增加值	万元	6434	13206	27086	44107	22345
第二产业增加值	万元	227261	241977	3387531	4173567	2525402
公共财政收入	万元	79189	78121	590481	722325	418002
各项税收	万元	37015	49565	530830	623831	386530
公共财政支出	万元	412320	388473	927977	862087	475056
居民储蓄存款余额	万元	1571503	973282	7716143	7383726	3818379
年末金融机构各项贷款余额	万元	1021160	994960	9940775	11130087	5495785
三、农业、工业及投资						
农业机械总动力	万千瓦特	7	7	38	29	23
机收面积	公顷	1226	933	14004	19626	22254
设施农业占地面积	公顷	280	234	2281	1557	3598
粮食总产量	吨	50796	44863	105521	141998	144854
棉花产量	吨		2	15	47	5
油料产量	吨	836	1691	2646	2055	1270
肉类总产量	吨	3741	10381	17157	19103	9381
规模以上工业企业单位数	个	28	25	1054	1121	717
规模以上工业总产值	万元	255341	178202	9637057	13766119	10939821
固定资产投资	万元	720165	752233	5641473	6315627	3365224
四、教育、卫生和社会保障						
普通中学在校学生数	人	9300	13368	54963	58922	18213
中等职业教育学校在校学生数	人	1119	1844	10982	8771	3875
小学在校学生数	人	15845	20060	93105	103455	32584
医疗卫生机构床位数	床	887	1056	3974	3664	2093
各种社会福利收养性单位数	个	10	7	126	4	10
各种社会福利收养性单位床位数	床	1922	1890	16020	771	2822

2016年县(市)社会经济主要指标

浙江省

指　　标	单位	海盐县	海宁市	平湖市	桐乡市	德清县
一、基本情况						
行政区域面积	平方公里	585	863	554	727	938
乡个数	个					
镇个数	个	5	8	6	9	8
街道办事处个数	个	4	4	3	3	4
户籍人口	万人	38	68	49	69	44
第二产业从业人员	人	176751	376042	256564	375481	180900
第三产业从业人员	人	85267	213641	141422	252299	102000
固定电话用户	户	101587	216101	122663	178030	119900
二、综合经济						
地区生产总值	万元	4148983	7679202	5286800	7179464	4336747
第一产业增加值	万元	206315	216780	151937	268961	217220
农业增加值	万元	137391	157047	117549	167741	47582
牧业增加值	万元	40787	38077	14198	77557	36450
第二产业增加值	万元	2460805	4147424	3056817	3596271	2284054
公共财政收入	万元	351779	720018	567891	580002	420333
各项税收	万元	313530	659032	515044	520031	372984
公共财政支出	万元	435080	780895	564144	640061	460412
居民储蓄存款余额	万元	2939771	6505262	3869127	6295869	2906515
年末金融机构各项贷款余额	万元	5475009	9502718	5601803	8661434	4868512
三、农业、工业及投资						
农业机械总动力	万千瓦特	14	21	22	27	35
机收面积	公顷	24632	16502	35204	16255	8098
设施农业占地面积	公顷	2461	1707	4361	3273	1363
粮食总产量	吨	173081	140286	242932	164539	58962
棉花产量	吨	583	286	276	314	224
油料产量	吨	2693	10108	3181	5392	962
肉类总产量	吨	27149	21102	5024	21300	33848
规模以上工业企业单位数	个	475	1111	640	1128	697
规模以上工业总产值	万元	8270245	14666917	13330147	13658965	11566176
固定资产投资	万元	2912500	5554274	3654832	4806125	3047145
四、教育、卫生和社会保障						
普通中学在校学生数	人	16115	27090	18633	31156	18484
中等职业教育学校在校学生数	人	4753	9947	6941	8524	3520
小学在校学生数	人	23642	42592	27659	44338	24500
医疗卫生机构床位数	床	1975	4034	3035	3428	1467
各种社会福利收养性单位数	个	10	22	16	17	23
各种社会福利收养性单位床位数	床	2469	5607	3868	4072	3808

2016年县(市)社会经济主要指标

浙江省

指　　标	单位	长兴县	安吉县	柯桥区	上虞区	新昌县
一、基本情况						
行政区域面积	平方公里	1431	1886	1066	1406	1214
乡个数	个	2	3		3	5
镇个数	个	9	8	12	15	8
街道办事处个数	个	4	4	4	3	3
户籍人口	万人	63	47	66	78	44
第二产业从业人员	人	226940	141300	431700	301500	107600
第三产业从业人员	人	148060	114600	223600	173300	72100
固定电话用户	户	138400	130800	266500	190369	69900
二、综合经济						
地区生产总值	万元	5092127	3303133	12597493	7880435	3800047
第一产业增加值	万元	331942	269652	357444	453586	224065
农业增加值	万元	242417	184835	233357	284938	190322
牧业增加值	万元	19030	9764	46863	50112	8311
第二产业增加值	万元	2588191	1489373	6596925	4230236	1955297
公共财政收入	万元	454618	358511	1060220	596523	309400
各项税收	万元	381751	317060	898562	533236	256440
公共财政支出	万元	574611	571939	989490	650296	414198
居民储蓄存款余额	万元	3045821	2372736	8130121	5396828	2133069
年末金融机构各项贷款余额	万元	5251402	4298160	12154365	8415096	3423955
三、农业、工业及投资						
农业机械总动力	万千瓦特	40	38	26	42	21
机收面积	公顷	39324	16584	20877	32421	2757
设施农业占地面积	公顷	5680	987	1592	2247	728
粮食总产量	吨	223504	98758	114087	250245	59260
棉花产量	吨	31	8	54	675	168
油料产量	吨	8905	1833	5274	12870	9491
肉类总产量	吨	15970	9273	24852	28022	5850
规模以上工业企业单位数	个	689	395	1240	723	228
规模以上工业总产值	万元	12427259	5338050	34387590	18215544	6125991
固定资产投资	万元	4077530	1867118	7466694	5481183	1710808
四、教育、卫生和社会保障						
普通中学在校学生数	人	26636	21048	37300	34090	20600
中等职业教育学校在校学生数	人	9534	5223	10086	6886	4214
小学在校学生数	人	35397	28208	47000	38940	24400
医疗卫生机构床位数	床	2926	1826	4075	3155	2444
各种社会福利收养性单位数	个	32	27	17	33	22
各种社会福利收养性单位床位数	床	5081	2912	6225	7008	4010

2016年县(市)社会经济主要指标

浙江省

指　　标	单位	诸暨市	嵊州市	武义县	浦江县	磐安县
一、基本情况						
行政区域面积	平方公里	2311	1789	1568	915	1195
乡个数	个	1	6	7	5	10
镇个数	个	23	11	8	7	9
街道办事处个数	个	3	4	3	3	
户籍人口	万人	108	73	34	40	21
第二产业从业人员	人	459800	238600	102900	149900	50900
第三产业从业人员	人	225800	128900	56900	93100	15900
固定电话用户	户	295508	143600	48400	51953	60407
二、综合经济						
地区生产总值	万元	11200520	4853895	2200553	2113419	838833
第一产业增加值	万元	518781	386075	162034	107180	113865
农业增加值	万元	318973	302451	117347	79724	94903
牧业增加值	万元	55722	42870	32023	22756	7712
第二产业增加值	万元	5926098	2417789	1131906	1172559	391454
公共财政收入	万元	717938	320096	220386	166093	82169
各项税收	万元	618190	269840	193145	140570	66664
公共财政支出	万元	972356	516270	445352	425114	252729
居民储蓄存款余额	万元	7171426	3906249	2071611	2087519	800208
年末金融机构各项贷款余额	万元	11931305	516691	3339166	2611019	1132456
三、农业、工业及投资						
农业机械总动力	万千瓦特	86	40	20	14	26
机收面积	公顷	38152	16064	8227	3096	133
设施农业占地面积	公顷	2041	2455	972	2955	929
粮食总产量	吨	300165	161010	74400	42533	32254
棉花产量	吨	18	135	19	107	
油料产量	吨	7909	7079	4094	4727	822
肉类总产量	吨	51099	36837	22916	14193	4514
规模以上工业企业单位数	个	1127	579	470	337	131
规模以上工业总产值	万元	23078480	4687379	4622431	3633912	756194
固定资产投资	万元	7410546	2691198	1275847	1219731	634682
四、教育、卫生和社会保障						
普通中学在校学生数	人	72056	29100	13867	19933	9495
中等职业教育学校在校学生数	人	10518	6348	2479	4490	1464
小学在校学生数	人	66259	33600	26916	30703	11687
医疗卫生机构床位数	床	5459	3247	1390	2300	847
各种社会福利收养性单位数	个	26	67	19	14	11
各种社会福利收养性单位床位数	床	9371	7268	2407	3092	1851

2016年县(市)社会经济主要指标

浙江省

指　　标	单位	兰溪市	义乌市	东阳市	永康市	衢江区
一、基本情况						
行政区域面积	平方公里	1312	1105	1747	1047	1748
乡个数	个	3		1		8
镇个数	个	7	6	11	11	10
街道办事处个数	个	6	8	6	3	2
户籍人口	万人	67	78	84	60	41
第二产业从业人员	人	155900	548000	262700	296000	62300
第三产业从业人员	人	115500	346800	173400	118700	49800
固定电话用户	户	71600	300400	136100	104400	
二、综合经济						
地区生产总值	万元	3084732	11318016	5064936	5269980	1482207
第一产业增加值	万元	262208	223058	186105	87963	217781
农业增加值	万元	146339	174458	146591	67441	127689
牧业增加值	万元	85411	32857	24182	8375	55153
第二产业增加值	万元	1599300	4012333	2396212	3158530	626709
公共财政收入	万元	226467	817904	562569	485289	123964
各项税收	万元	185682	731315	502999	398843	96659
公共财政支出	万元	394573	1144001	714162	678929	313950
居民储蓄存款余额	万元	2319961	13619848	5658277	6309143	932224
年末金融机构各项贷款余额	万元	3564606	20672885	7248525	9049736	1376208
三、农业、工业及投资						
农业机械总动力	万千瓦特	31	27	50	33	29
机收面积	公顷	2713	5407	14866	6201	15520
设施农业占地面积	公顷	4033	726	2116	1111	2299
粮食总产量	吨	117743	54228	120067	59419	160454
棉花产量	吨	4760	18	129	21	36
油料产量	吨	16369	3447	4272	1555	13416
肉类总产量	吨	36893	21196	13046	3576	57833
规模以上工业企业单位数	个	462	789	529	629	112
规模以上工业总产值	万元	8245128	8133852	5497643	10322996	1365100
固定资产投资	万元	2006942	5816697	2956360	2392778	1292335
四、教育、卫生和社会保障						
普通中学在校学生数	人	25500	45665	43988	33481	15217
中等职业教育学校在校学生数	人	5273	14519	6762	7133	2021
小学在校学生数	人	33100	101071	68139	62700	21269
医疗卫生机构床位数	床	2279	4955	4696	2739	996
各种社会福利收养性单位数	个	26	15	28	34	25
各种社会福利收养性单位床位数	床	5405	5698	6988	4038	2980

2016年县(市)社会经济主要指标

浙江省

指　　标	单位	常山县	开化县	龙游县	江山市	岱山县
一、基本情况						
行政区域面积	平方公里	1097	2231	1143	2019	324
乡个数	个	5	6	7	5	1
镇个数	个	6	8	6	12	6
街道办事处个数	个	3		2	2	
户籍人口	万人	34	36	41	61	19
第二产业从业人员	人	76043	41600	80600	106600	47700
第三产业从业人员	人	52750	45500	73600	64200	54300
固定电话用户	户	30330	26400	62300	67409	44600
二、综合经济						
地区生产总值	万元	1192308	1098897	2099305	2738799	2317282
第一产业增加值	万元	82686	127303	145676	220222	368783
农业增加值	万元	54352	92723	60155	124492	13104
牧业增加值	万元	11258	7622	62077	72124	3972
第二产业增加值	万元	497742	415856	1038758	1343930	1165474
公共财政收入	万元	94016	81610	140351	158592	140863
各项税收	万元	65191	73673	110929	129804	111611
公共财政支出	万元	351516	412912	421333	420000	381482
居民储蓄存款余额	万元	990004	1026444	1562287	2460448	854437
年末金融机构各项贷款余额	万元	1464814	1345447	2267906	3022677	963570
三、农业、工业及投资						
农业机械总动力	万千瓦特	13	18	32	41	60
机收面积	公顷	6878	10000	19333	22190	252
设施农业占地面积	公顷	1065	155	1709	1043	123
粮食总产量	吨	68735	96936	164361	199522	4850
棉花产量	吨	72	40	1331	710	
油料产量	吨	7277	12234	17064	15770	977
肉类总产量	吨	12131	9114	84880	46174	1890
规模以上工业企业单位数	个	106	70	193	277	66
规模以上工业总产值	万元	1025958	1044512	3101907	3534433	4122630
固定资产投资	万元	1271253	943075	1613468	1916241	1690428
四、教育、卫生和社会保障						
普通中学在校学生数	人	13005	13800	16297	27579	4600
中等职业教育学校在校学生数	人	2029	1729	3725	6295	459
小学在校学生数	人	17139	17900	19992	32677	6800
医疗卫生机构床位数	床	1035	1383	1647	2175	560
各种社会福利收养性单位数	个	22	19	13	29	22
各种社会福利收养性单位床位数	床	3391	2200	3057	3472	2050

2016年县(市)社会经济主要指标

浙江省

指　　标	单位	嵊泗县	玉环县	三门县	天台县	仙居县
一、基本情况						
行政区域面积	平方公里	97	378	1072	1426	1992
乡个数	个	4	2	1	5	10
镇个数	个	3	6	6	7	7
街道办事处个数	个		3	3	3	3
户籍人口	万人	8	43	44	60	51
第二产业从业人员	人	6999	267000	96900	66700	82200
第三产业从业人员	人	29002	110600	59000	73300	57200
固定电话用户	户	21423	131537	48200	69355	47600
二、综合经济						
地区生产总值	万元	986200	4695827	1848648	2070499	1900975
第一产业增加值	万元	268900	327746	274679	136456	153529
农业增加值	万元	1100	50271	79458	99628	105034
牧业增加值	万元	200	2987	20263	24085	29506
第二产业增加值	万元	136900	2479653	671502	874151	788217
公共财政收入	万元	67301	426217	155766	170371	162468
各项税收	万元	42096	369745	129934	145690	132632
公共财政支出	万元	235991	543880	329046	365007	433121
居民储蓄存款余额	万元	418853	3154064	1306567	1974581	1875177
年末金融机构各项贷款余额	万元	366011	4242627	3146260	2733293	2629852
三、农业、工业及投资						
农业机械总动力	万千瓦特	22	24	28	16	22
机收面积	公顷		959	6914	8285	11044
设施农业占地面积	公顷	12	2260	1971	1084	403
粮食总产量	吨	172	12775	52307	83628	91473
棉花产量	吨		215	148	39	
油料产量	吨		1396	956	3376	4698
肉类总产量	吨	464	7378	10502	19907	14344
规模以上工业企业单位数	个	14	734	159	140	138
规模以上工业总产值	万元	109700	6414121	1878020	1915321	1509862
固定资产投资	万元	870000	1949433	1493936	2024186	2103938
四、教育、卫生和社会保障						
普通中学在校学生数	人	1975	21373	17600	29537	28225
中等职业教育学校在校学生数	人	138	4419	4455	6256	6813
小学在校学生数	人	2620	47731	28100	35894	38172
医疗卫生机构床位数	床	326	1837	1400	2332	1959
各种社会福利收养性单位数	个	1	26	38	37	22
各种社会福利收养性单位床位数	床	50	3234	3043	4234	3508

2016年县(市)社会经济主要指标

浙江省

指　　标	单位	温岭市	临海市	青田县	缙云县	遂昌县
一、基本情况						
行政区域面积	平方公里	836	2171	2484	1494	2539
乡个数	个			20	8	11
镇个数	个	11	14	9	7	7
街道办事处个数	个	5	5	3	3	2
户籍人口	万人	122	120	55	47	23
第二产业从业人员	人	428300	363400	58900	59900	35200
第三产业从业人员	人	331800	89000	66000	113700	40993
固定电话用户	户	213533	125241	59000	63900	26841
二、综合经济						
地区生产总值	万元	8991382	5306243	2102146	2039965	968814
第一产业增加值	万元	695808	443740	81627	106914	112218
农业增加值	万元	190700	228620	56816	72421	78423
牧业增加值	万元	20714	51242	8323	18886	8090
第二产业增加值	万元	3664388	2292401	1179692	1077371	364635
公共财政收入	万元	616886	449188	159981	121503	77978
各项税收	万元	520459	380549	114724	95481	61517
公共财政支出	万元	943353	866722	424986	376690	348015
居民储蓄存款余额	万元	8305179	4810553	3559179	1465044	746208
年末金融机构各项贷款余额	万元	10922622	6699049	2233239	1920875	1051509
三、农业、工业及投资						
农业机械总动力	万千瓦特	113	59	7	16	11
机收面积	公顷	16926	17960	381	2661	1240
设施农业占地面积	公顷	6798	1520	141	745	304
粮食总产量	吨	142801	139734	52928	55818	62648
棉花产量	吨	140	115	9	9	
油料产量	吨	915	2709	1543	3325	3839
肉类总产量	吨	18762	28912	11112	13409	8941
规模以上工业企业单位数	个	869	462	180	237	53
规模以上工业总产值	万元	7203703	7705460	3874849	3669138	1416814
固定资产投资	万元	4287971	3215259	1247726	1207683	630340
四、教育、卫生和社会保障						
普通中学在校学生数	人	53872	56707	17218	21574	8537
中等职业教育学校在校学生数	人	12292	20592	4370	5341	2395
小学在校学生数	人	92202	85152	31634	30101	11475
医疗卫生机构床位数	床	5043	5023	1216	1931	765
各种社会福利收养性单位数	个	73	70	24	12	13
各种社会福利收养性单位床位数	床	10052	9200	3015	1468	1688

2016年县(市)社会经济主要指标

浙江省

指　　标	单位	松阳县	云和县	庆元县	景宁畲族自治县	龙泉市
一、基本情况						
行政区域面积	平方公里	1406	978	1898	1949	3059
乡个数	个	11	3	10	15	7
镇个数	个	5	3	6	4	8
街道办事处个数	个	3	4	3	2	4
户籍人口	万人	24	11	21	17	29
第二产业从业人员	人	45500	28300	18013	9000	45200
第三产业从业人员	人	36900	32200	23858	18700	55400
固定电话用户	户	25359	14225	10433	12900	28600
二、综合经济						
地区生产总值	万元	947321	595927	625263	489852	1188037
第一产业增加值	万元	140879	46202	79328	69587	138647
农业增加值	万元	110933	38082	46680	50640	92815
牧业增加值	万元	9576	3960	3159	5972	10959
第二产业增加值	万元	420860	298677	259714	139028	492643
公共财政收入	万元	58617	46640	39101	62265	78607
各项税收	万元	45005	39025	32377	50702	67586
公共财政支出	万元	344598	207528	267383	345066	360060
居民储蓄存款余额	万元	769956	478950	595193	421445	984558
年末金融机构各项贷款余额	万元	973049	684367	837030	694678	1318715
三、农业、工业及投资						
农业机械总动力	万千瓦特	15	7	10	9	20
机收面积	公顷	1144	753	1652	34	2647
设施农业占地面积	公顷	946	210	221	193	243
粮食总产量	吨	50329	20747	49498	38821	87283
棉花产量	吨	1				
油料产量	吨	2915	366	120	529	2407
肉类总产量	吨	12797	3135	3991	5973	14476
规模以上工业企业单位数	个	108	48	68	24	189
规模以上工业总产值	万元	292949	697397	676714	129344	1624952
固定资产投资	万元	634232	465712	484794	529796	1017708
四、教育、卫生和社会保障						
普通中学在校学生数	人	9348	4488	7309	5709	11400
中等职业教育学校在校学生数	人	2338	1939	2001	1530	3674
小学在校学生数	人	13023	8048	10481	8931	16700
医疗卫生机构床位数	床	883	545	595	651	1295
各种社会福利收养性单位数	个	16	6	6	9	13
各种社会福利收养性单位床位数	床	1530	864	763	1044	1876

2016年县(市)社会经济主要指标

安徽省

指　标	单位	长丰县	肥东县	肥西县	庐江县	巢湖市
一、基本情况						
行政区域面积	平方公里	1841	2182	1695	2344	2046
乡个数	个	5	6	4		1
镇个数	个	9	12	8	17	11
街道办事处个数	个					5
户籍人口	万人	77	106	81	120	86
第二产业从业人员	人				298900	211300
第三产业从业人员	人				180070	155211
固定电话用户	户	58555	98500	59738	74938	177100
二、综合经济						
地区生产总值	万元	4000646	5315033	6050192	2453178	2686592
第一产业增加值	万元	595137	642604	514864	475382	304710
农业增加值	万元	346551	303814	216531	266185	150828
牧业增加值	万元	182459	195166	194625	72371	76180
第二产业增加值	万元	2452564	3450699	3931733	1106233	1411858
公共财政收入	万元	495006	476458	755081	267906	281124
各项税收	万元	414273	405477	711662	217615	221654
公共财政支出	万元	543990	570779	643069	517552	407601
居民储蓄存款余额	万元	1376758	2624220	2402617	2635170	2643777
年末金融机构各项贷款余额	万元	1936957	3221003	2874870	2231565	3436475
三、农业、工业及投资						
农业机械总动力	万千瓦特	96	69	57	149	56
机收面积	公顷	96450	110000	69322	139533	54840
设施农业占地面积	公顷	11725	3390	1621	4056	2320
粮食总产量	吨	558900	644100	507200	758900	299400
棉花产量	吨	5440	6119	3864	4132	5326
油料产量	吨	32754	122668	53978	29571	48220
肉类总产量	吨	132428	106802	128073	43541	38325
规模以上工业企业单位数	个	437	368	430	240	170
规模以上工业总产值	万元	8972275	10613479	13397583	2351289	3939033
固定资产投资	万元	4705004	5084596	5906692	3386656	2757973
四、教育、卫生和社会保障						
普通中学在校学生数	人	28246	63107	30747	47886	37216
中等职业教育学校在校学生数	人	10997	13075	8682	2986	7291
小学在校学生数	人	44509	53414	39741	59072	41585
医疗卫生机构床位数	床	1870	3604	2674	3332	4202
各种社会福利收养性单位数	个	22	27	26	43	30
各种社会福利收养性单位床位数	床	4279	4050	4470	5356	4239

2016年县(市)社会经济主要指标

安徽省

指　　标	单位	芜湖县	繁昌县	南陵县	无为县	怀远县
一、基本情况						
行政区域面积	平方公里	650	585	1264	2022	2192
乡个数	个				2	5
镇个数	个	5	6	8	18	13
街道办事处个数	个					
户籍人口	万人	35	28	55	122	131
第二产业从业人员	人	93443	68039	84404	276370	9356
第三产业从业人员	人	77090	60464	88413	280542	24845
固定电话用户	户	24728	24905	26657	64689	58400
二、综合经济						
地区生产总值	万元	2145372	2470988	2055365	3712869	2643347
第一产业增加值	万元	192139	94167	300388	411370	661644
农业增加值	万元	111405	39344	126128	190934	357915
牧业增加值	万元	29992	19311	66845	75249	184274
第二产业增加值	万元	1276170	1713086	962288	1808735	1038917
公共财政收入	万元	385218	445011	257717	347873	268512
各项税收	万元	241937	338131	123414	258656	216624
公共财政支出	万元	403022	432106	342960	548591	573130
居民储蓄存款余额	万元	1218732	1373400	1570923	3045926	1741358
年末金融机构各项贷款余额	万元	1635291	1223987	1372065	2692613	1963311
三、农业、工业及投资						
农业机械总动力	万千瓦特	34	24	41	75	275
机收面积	公顷	35900	10630	57510	71840	194000
设施农业占地面积	公顷	418	312	1380	2530	3306
粮食总产量	吨	200300	89038	358300	541400	1146500
棉花产量	吨	4100	1101	455	14016	1200
油料产量	吨	16822	7019	9581	47842	65401
肉类总产量	吨	16419	14616	58646	48862	105103
规模以上工业企业单位数	个	382	319	323	285	271
规模以上工业总产值	万元	6356104	7671783	3641333	7448594	5906018
固定资产投资	万元	2946018	2908368	2631874	3444921	2805182
四、教育、卫生和社会保障						
普通中学在校学生数	人	14295	12613	25355	46317	56357
中等职业教育学校在校学生数	人		5417	2512	6494	15569
小学在校学生数	人	17682	12159	27203	50998	99449
医疗卫生机构床位数	床	955	734	1465	2950	4247
各种社会福利收养性单位数	个	14	11	18	50	51
各种社会福利收养性单位床位数	床	1315	1221	2209	7764	8181

2016年县(市)社会经济主要指标

安徽省

指　标	单位	五河县	固镇县	凤台县	寿　县	当涂县
一、基本情况						
行政区域面积	平方公里	1428	1361	894	2948	1002
乡个数	个	2	3	5	3	2
镇个数	个	12	8	11	22	9
街道办事处个数	个					
户籍人口	万人	68	65	63	140	48
第二产业从业人员	人	3354	4889	132990	187200	103459
第三产业从业人员	人	14888	13720	122583	212010	68537
固定电话用户	户	31612	30900	25461	53012	46098
二、综合经济						
地区生产总值	万元	1840315	1922075	2311032	1424451	2972628
第一产业增加值	万元	544007	547248	325964	443157	278012
农业增加值	万元	219859	305776	161300	223307	94208
牧业增加值	万元	196259	198804	120769	142120	32564
第二产业增加值	万元	548853	683034	1355271	402356	1907571
公共财政收入	万元	163944	147658	223695	124531	414837
各项税收	万元	82741	107603	157289	97754	292851
公共财政支出	万元	335986	334560	360364	511449	462638
居民储蓄存款余额	万元	1166517	1074735	1360312	1729933	1749499
年末金融机构各项贷款余额	万元	1069541	924516	1819467	1094946	1613748
三、农业、工业及投资						
农业机械总动力	万千瓦特	98	114	91	192	40
机收面积	公顷	120840	104100	79650	113967	
设施农业占地面积	公顷	1618	3293	561	1140	796
粮食总产量	吨	717300	500300	544300	1354200	305100
棉花产量	吨	1438	3648	12	2103	1563
油料产量	吨	64058	247871	4906	12647	28090
肉类总产量	吨	79408	146373	47586	147925	16868
规模以上工业企业单位数	个	148	205	166	104	360
规模以上工业总产值	万元	3097515	4863144	2620375	1308633	7554301
固定资产投资	万元	1955147	2088408	2051811	1382318	4163954
四、教育、卫生和社会保障						
普通中学在校学生数	人	27677	24894	31567	52277	18403
中等职业教育学校在校学生数	人	9650	10659	2518	12833	3959
小学在校学生数	人	46413	43171	55324	76546	21041
医疗卫生机构床位数	床	2716	2016	1340	2562	1877
各种社会福利收养性单位数	个	1	25	23	78	16
各种社会福利收养性单位床位数	床	118	3776	2400	7497	2573

2016年县(市)社会经济主要指标

安徽省

指　　标	单位	含山县	和　县	濉溪县	义安区	枞阳县
一、基本情况						
行政区域面积	平方公里	1028	1319	1982	845	1808
乡个数	个				4	8
镇个数	个	8	9	11	4	14
街道办事处个数	个					
户籍人口	万人	45	54	111	29	97
第二产业从业人员	人	69453	79005	91715	81461	
第三产业从业人员	人	83794	111182	107993	40628	
固定电话用户	户	15847	38953	526209	21694	49102
二、综合经济						
地区生产总值	万元	1365729	1496760	2532273	1359261	2054038
第一产业增加值	万元	190136	241867	416982	106862	348071
农业增加值	万元	118570	173903	235204	66448	115311
牧业增加值	万元	23547	33795	153441	15807	88419
第二产业增加值	万元	703515	806217	1255828	909763	1023936
公共财政收入	万元	152608	229427	303116	159023	83486
各项税收	万元	121305	185887	245800	293671	55881
公共财政支出	万元	246902	353010	504762	284115	366217
居民储蓄存款余额	万元	1173688	1706530	2551901		2646116
年末金融机构各项贷款余额	万元	991847	1159866	1830140		963285
三、农业、工业及投资						
农业机械总动力	万千瓦特	44	54	237	28	
机收面积	公顷	38700	55790	200829	15300	
设施农业占地面积	公顷	467	7461	459	1298	
粮食总产量	吨	229800	306800	922600	88946	487500
棉花产量	吨	6662	989	338	3015	10108
油料产量	吨	27721	20561	1470	14442	42430
肉类总产量	吨	17165	36491	58483	15546	43608
规模以上工业企业单位数	个	197	160	288	90	215
规模以上工业总产值	万元	3075920	3655844	5771213	3574626	3848265
固定资产投资	万元	2239301	2911421	2777039	2328778	2132628
四、教育、卫生和社会保障						
普通中学在校学生数	人	18894	19408	52492	10022	40217
中等职业教育学校在校学生数	人	4707	2049	2228	898	5936
小学在校学生数	人	23761	24669	75309	12389	36008
医疗卫生机构床位数	床	1135	1293	4137	754	2688
各种社会福利收养性单位数	个	16	30	23	10	27
各种社会福利收养性单位床位数	床	1297	3078	3242	1385	3444

2016年县(市)社会经济主要指标

安徽省

指　　标	单位	怀宁县	潜山县	太湖县	宿松县	望江县
一、基本情况						
行政区域面积	平方公里	1276	1686	2040	2394	1348
乡个数	个	5	5	5	13	2
镇个数	个	15	11	10	9	8
街道办事处个数	个			14		
户籍人口	万人	70	59	58	87	64
第二产业从业人员	人	121274			96852	139650
第三产业从业人员	人	179682			246358	106152
固定电话用户	户	75468	42000	40135	47876	35643
二、综合经济						
地区生产总值	万元	1943025	1370959	1063135	1636755	1083602
第一产业增加值	万元	210073	210424	249018	388097	286553
农业增加值	万元	106892	101039	78912	177551	128450
牧业增加值	万元	55743	58084	107205	83027	79926
第二产业增加值	万元	1211728	745804	466902	667795	454814
公共财政收入	万元	180197	110087	77876	107035	78380
各项税收	万元	143050	86142	65232	75361	62321
公共财政支出	万元	301058	328799	320517	417960	285462
居民储蓄存款余额	万元	2451769	1456941	1032522	1591913	1492127
年末金融机构各项贷款余额	万元	1470698	976968	696464	994558	782360
三、农业、工业及投资						
农业机械总动力	万千瓦特	54	40	30	47	
机收面积	公顷	57870	40260	41130		3378
设施农业占地面积	公顷	1008	425	181	545	
粮食总产量	吨	343200	224300	193800	349500	349500
棉花产量	吨	5843	3282	9052	20584	20986
油料产量	吨	29558	13511	22286	68461	69586
肉类总产量	吨	30653	29628	78941	37985	53727
规模以上工业企业单位数	个	289	188	138	206	127
规模以上工业总产值	万元	4676100	2312199	2110836	2847125	2159461
固定资产投资	万元	1987908	1333096	1253921	1672606	1262723
四、教育、卫生和社会保障						
普通中学在校学生数	人	25223	25723	21068	42367	26258
中等职业教育学校在校学生数	人	5822	1955	3614	8738	6709
小学在校学生数	人	29914	26111	27785	56213	30848
医疗卫生机构床位数	床	1511	1797	1185	1964	1281
各种社会福利收养性单位数	个	24	34	16	26	14
各种社会福利收养性单位床位数	床	4490	3880	3650	3488	3529

2016年县(市)社会经济主要指标

安徽省

指　　标	单位	岳西县	桐城市	歙　县	休宁县	黟　县
一、基本情况						
行政区域面积	平方公里	2372	1546	2122	2126	857
乡个数	个	11		13	11	3
镇个数	个	13	12	15	10	5
街道办事处个数	个		3			
户籍人口	万人	41	76	48	27	9
第二产业从业人员	人	2358	50000	90694	50533	15892
第三产业从业人员	人	12598	19999	98020	62520	25250
固定电话用户	户	23000	78000	47640	32536	10837
二、综合经济						
地区生产总值	万元	826204	2440014	1430144	784991	284304
第一产业增加值	万元	157169	282088	170934	125744	37095
农业增加值	万元	88841	107811	109640	66750	15712
牧业增加值	万元	36997	105600	49492	29435	10186
第二产业增加值	万元	446983	1556334	702797	321315	119448
公共财政收入	万元	72313	231988	19518	81439	35627
各项税收	万元	61019	171761	73849	42562	17175
公共财政支出	万元	274248	385700	316596	202754	110118
居民储蓄存款余额	万元	841918	2764132	1670729	886808	408695
年末金融机构各项贷款余额	万元	659277	2176320	1362526	656089	397067
三、农业、工业及投资						
农业机械总动力	万千瓦特	14	56	22	18	8
机收面积	公顷	9200	58650	7450	12000	4410
设施农业占地面积	公顷	397	996	401	161	108
粮食总产量	吨	82343	331000	80700	98064	27657
棉花产量	吨	148	3085	30	40	28
油料产量	吨	3660	24281	14279	8263	4224
肉类总产量	吨	18032	38952	29361	24817	5853
规模以上工业企业单位数	个	107	430	164	68	39
规模以上工业总产值	万元	1788292	6393700	2039054	858782	272659
固定资产投资	万元	1050952	2960848	1012956	1040539	415573
四、教育、卫生和社会保障						
普通中学在校学生数	人	5452	32826	16286	8145	2344
中等职业教育学校在校学生数	人	3424	9010	5033	2861	852
小学在校学生数	人	20657	30544	19642	10773	3506
医疗卫生机构床位数	床	1320	1964	1679	733	233
各种社会福利收养性单位数	个	45	27	1	1	7
各种社会福利收养性单位床位数	床	3667	7898	136	200	626

2016年县(市)社会经济主要指标

安徽省

指　　标	单位	祁门县	来安县	全椒县	定远县	凤阳县
一、基本情况						
行政区域面积	平方公里	2215	1481	1568	3002	1950
乡个数	个	8	4		6	1
镇个数	个	10	8	10	16	15
街道办事处个数	个					
户籍人口	万人	19	49	46	98	78
第二产业从业人员	人	22504				
第三产业从业人员	人	37225				
固定电话用户	户	19003	39140	41707	46986	36340
二、综合经济						
地区生产总值	万元	583409	1411177	1280674	1663783	1679352
第一产业增加值	万元	61216	216700	251000	558366	370900
农业增加值	万元	30644	121732	124199	255367	181340
牧业增加值	万元	5309	59619	63402	234406	140716
第二产业增加值	万元	220134	691973	523213	481192	639227
公共财政收入	万元	7157	200181	216663	144901	244264
各项税收	万元	32199	162206	146912	132272	172505
公共财政支出	万元	166810	287146	319519	500058	388723
居民储蓄存款余额	万元	702115	1101263	1225732	1507234	1295143
年末金融机构各项贷款余额	万元	423472	1264960	1284408	1343523	1182977
三、农业、工业及投资						
农业机械总动力	万千瓦特	12	88	76	156	127
机收面积	公顷	5150	72750	70660	187200	125270
设施农业占地面积	公顷	166	402	492	2114	2020
粮食总产量	吨	43100	424488	439256	1017446	672894
棉花产量	吨	218	293	3032	2024	580
油料产量	吨	3594	28532	47417	33596	16766
肉类总产量	吨	5590	36201	54980	146015	53552
规模以上工业企业单位数	个	63	182	152	135	135
规模以上工业总产值	万元	546356	2462997	2016522	1450285	2125774
固定资产投资	万元	636141	2162227	1842593	1987123	1484761
四、教育、卫生和社会保障						
普通中学在校学生数	人	6043	16428	17293	41985	32085
中等职业教育学校在校学生数	人	1779	5745	6412	5344	6843
小学在校学生数	人	8077	21819	17709	47918	47704
医疗卫生机构床位数	床	881	1883	1289	2826	1783
各种社会福利收养性单位数	个	1	16	22	24	30
各种社会福利收养性单位床位数	床	178	1931	2413	4838	3090

2016年县(市)社会经济主要指标

安徽省

指　　标	单位	天长市	明光市	临泉县	太和县	阜南县
一、基本情况						
行政区域面积	平方公里	1753	2350	1839	1867	1801
乡个数	个		1	2	1	8
镇个数	个	14	12	21	30	20
街道办事处个数	个	1	4	5		
户籍人口	万人	64	65	227	176	172
第二产业从业人员	人		88691		331568	
第三产业从业人员	人		112162		349097	
固定电话用户	户	49788	40500	54699	29779	50403
二、综合经济						
地区生产总值	万元	3183306	1305516	1714045	2117329	1456045
第一产业增加值	万元	323400	334450	693026	495196	476758
农业增加值	万元	131424	119537	416100	275593	275441
牧业增加值	万元	61020	73850	241237	184623	115072
第二产业增加值	万元	1928877	401579	421726	932717	457127
公共财政收入	万元	281031	146469	154279	306855	82105
各项税收	万元	178320	111315	68539	148130	54936
公共财政支出	万元	479875	348882	627196	725168	557283
居民储蓄存款余额	万元	1849342	1258926	3091606	3343779	2202855
年末金融机构各项贷款余额	万元	2189595	1243059	1437237	1818315	1230972
三、农业、工业及投资						
农业机械总动力	万千瓦特	121	94	168	160	128
机收面积	公顷	110500	93000	161930	208178	153910
设施农业占地面积	公顷	224	263	5812	6220	4527
粮食总产量	吨	665420	512757	1042300	880000	871300
棉花产量	吨		361	1623	975	607
油料产量	吨	13163	32224	23839	7861	17608
肉类总产量	吨	35557	53066	157253	108627	100544
规模以上工业企业单位数	个	461	112	167	325	215
规模以上工业总产值	万元	9635410	1383615	1633319	4619265	1967372
固定资产投资	万元	3395253	1397926	1221951	1841228	1200923
四、教育、卫生和社会保障						
普通中学在校学生数	人	27347	26547	101577	86059	77936
中等职业教育学校在校学生数	人	8755	5658	12556	19929	12599
小学在校学生数	人	29484	35388	147750	138401	118308
医疗卫生机构床位数	床	3309	2365	4517	7088	4322
各种社会福利收养性单位数	个	23	31	157	46	67
各种社会福利收养性单位床位数	床	3228	2344	8618	10187	5647

2016年县(市)社会经济主要指标

安徽省

指　　标	单位	颍上县	界首市	砀山县	萧　县	灵璧县
一、基本情况						
行政区域面积	平方公里	1859	667	1197	1854	2124
乡个数	个		3		5	6
镇个数	个	30	12	13	18	13
街道办事处个数	个		3			
户籍人口	万人	178	82	99	140	129
第二产业从业人员	人	343100		92000	204789	189573
第三产业从业人员	人	199900		90000	244851	190825
固定电话用户	户	49200	32000	38107	50647	42135
二、综合经济						
地区生产总值	万元	2267239	1614037	1750077	2425736	1868706
第一产业增加值	万元	492335	243785	399979	534560	516106
农业增加值	万元	214652	140121	276515	321644	310033
牧业增加值	万元	187243	74034	99267	154027	177064
第二产业增加值	万元	1149432	950064	782669	939721	647707
公共财政收入	万元	252529	254702	115088	200009	104934
各项税收	万元	125558	105226	52788	60482	67898
公共财政支出	万元	550600	387406	345029	495119	419042
居民储蓄存款余额	万元	2162682	1635536	1722209	2215337	1644658
年末金融机构各项贷款余额	万元	1523389	991395	893326	1119864	797009
三、农业、工业及投资						
农业机械总动力	万千瓦特	113	50	122	170	178
机收面积	公顷			67910	144260	254370
设施农业占地面积	公顷	2722		13660	917	243
粮食总产量	吨	1006600	388300	190600	683300	863500
棉花产量	吨	1450	1210	5560	9021	876
油料产量	吨	4805	4669	52580	34569	15684
肉类总产量	吨	108132	40641	55013	105344	99343
规模以上工业企业单位数	个	227	250	230	203	194
规模以上工业总产值	万元	2926574	5676888	3158498	3455744	2936805
固定资产投资	万元	2013145	1095957	1483561	2903124	1278984
四、教育、卫生和社会保障						
普通中学在校学生数	人	64829	31791	37579	56008	45759
中等职业教育学校在校学生数	人	11919	2293	4613	10827	13189
小学在校学生数	人	116821	53124	59149	86040	96615
医疗卫生机构床位数	床	4109	3210	3631	2647	2792
各种社会福利收养性单位数	个	60	29	29	25	40
各种社会福利收养性单位床位数	床	5130	2452	3358	3266	3700

2016年县(市)社会经济主要指标

安徽省

指　　标	单位	泗　县	霍邱县	舒城县	金寨县	霍山县
一、基本情况						
行政区域面积	平方公里	1857	3239	2100	3814	2043
乡个数	个	3	9	6	11	3
镇个数	个	12	21	15	12	13
街道办事处个数	个					
户籍人口	万人	96	163	100	68	36
第二产业从业人员	人	120151		100120	75397	58924
第三产业从业人员	人	137986		87850	85262	64524
固定电话用户	户	38564	56085	82000	46411	96245
二、综合经济						
地区生产总值	万元	1713310	2151549	1726247	969543	1564725
第一产业增加值	万元	482777	462785	297831	196227	144916
农业增加值	万元	290701	184298	113615	101446	69257
牧业增加值	万元	154010	170236	82971	58089	32340
第二产业增加值	万元	553624	913372	745925	376128	925691
公共财政收入	万元	115006	167324	165576	83027	84495
各项税收	万元	55303	127278	135858	101723	148099
公共财政支出	万元	416605	541932	427418	430774	274932
居民储蓄存款余额	万元	1193698	1803571	2262784	1276764	1062611
年末金融机构各项贷款余额	万元	883040	1432719	1738082	1337145	901631
三、农业、工业及投资						
农业机械总动力	万千瓦特	181	165	85	46	34
机收面积	公顷	182000		63000		13800
设施农业占地面积	公顷	380	473	756	625	1117
粮食总产量	吨	720000	1406400	386200	122700	102707
棉花产量	吨	3355	1455	2824		109
油料产量	吨	96780	24768	33650	10819	4882
肉类总产量	吨	117432	155287	52852	28762	19280
规模以上工业企业单位数	个	164	133	150	90	134
规模以上工业总产值	万元	1684061	1881652	2631561	642086	3593689
固定资产投资	万元	1283023	1109194	1575977	1986618	1285013
四、教育、卫生和社会保障						
普通中学在校学生数	人	41953	48109	33903	28298	14366
中等职业教育学校在校学生数	人	4098	9230	9279	8115	2862
小学在校学生数	人	68972	95620	37340	36504	14505
医疗卫生机构床位数	床	2753	3543	2154	1541	1145
各种社会福利收养性单位数	个	62	48	42	35	23
各种社会福利收养性单位床位数	床	3653	8446	5756	3713	3280

2016年县(市)社会经济主要指标

安徽省

指　　标	单位	涡阳县	蒙城县	利辛县	东至县	石台县
一、基本情况						
行政区域面积	平方公里	2110	2091	2005	3261	1413
乡个数	个		2	3	3	2
镇个数	个	20	12	20	12	6
街道办事处个数	个	4	3			
户籍人口	万人	167	142	171	55	11
第二产业从业人员	人		91740		81856	24734
第三产业从业人员	人		146197		113969	18915
固定电话用户	户	38841	89167	45000	47446	18194
二、综合经济						
地区生产总值	万元	2474474	2403080	1927422	1430408	238319
第一产业增加值	万元	466059	506242	466904	259026	41096
农业增加值	万元	310177	376994	295018	109513	22794
牧业增加值	万元	117722	92343	140095	72666	3868
第二产业增加值	万元	1042718	914838	532194	584030	84674
公共财政收入	万元	180541	242804	172051	141279	24158
各项税收	万元	145165	208481	142837	106579	19210
公共财政支出	万元	551977	525136	544796	290943	111288
居民储蓄存款余额	万元	2289276	1926554	2122400	1500652	326683
年末金融机构各项贷款余额	万元	1223501	1904837	1555183	943466	234272
三、农业、工业及投资						
农业机械总动力	万千瓦特	229	282	225	47	13
机收面积	公顷	237000	280018	216000	39421	3240
设施农业占地面积	公顷	972	1308	2506	1396	20
粮食总产量	吨	1172900	1175400	1004500	217800	16743
棉花产量	吨	473	3450	665	19357	695
油料产量	吨	1543	41165	3640	34847	5736
肉类总产量	吨	68590	93300	99769	34268	3738
规模以上工业企业单位数	个	238	210	182	173	19
规模以上工业总产值	万元	2144108	2018968	1374617	2112794	119864
固定资产投资	万元	1752683	1878120	1373053	1392792	170085
四、教育、卫生和社会保障						
普通中学在校学生数	人	65535	62956	74828	24630	3852
中等职业教育学校在校学生数	人	16397	17307	14958	1970	1706
小学在校学生数	人	115675	127049	138193	27527	4480
医疗卫生机构床位数	床	3779	4122	3625	1595	323
各种社会福利收养性单位数	个	95	44	59	27	17
各种社会福利收养性单位床位数	床	7552	5246	5849	2865	1061

2016年县(市)社会经济主要指标

安徽省

指　　标	单位	青阳县	郎溪县	广德县	泾　县	绩溪县
一、基本情况						
行政区域面积	平方公里	1181	1105	2116	2055	1116
乡个数	个	2	7	3	2	3
镇个数	个	9	2	6	9	8
街道办事处个数	个					
户籍人口	万人	28	35	52	35	18
第二产业从业人员	人	65418	79042	148726	65881	19508
第三产业从业人员	人	69891	72690	107241	108742	23454
固定电话用户	户	33337	32650	47223	34402	30564
二、综合经济						
地区生产总值	万元	870696	1197494	2028351	898805	608305
第一产业增加值	万元	105094	152408	211837	175228	91788
农业增加值	万元	38989	79119	97792	75787	54413
牧业增加值	万元	19309	15504	78507	50978	26509
第二产业增加值	万元	443840	668329	996443	364974	278943
公共财政收入	万元	108424	178554	234446	121017	97402
各项税收	万元	70956	154365	251802	83729	63302
公共财政支出	万元	195409	308686	411394	261664	160866
居民储蓄存款余额	万元	1099264	855389	1316707	1090112	597324
年末金融机构各项贷款余额	万元	903664	956676	1614800	710974	622769
三、农业、工业及投资						
农业机械总动力	万千瓦特	29	8	61	20	11
机收面积	公顷	24500	52300	36377	21970	4670
设施农业占地面积	公顷	198	997	82000	885	193
粮食总产量	吨	101900	300500	195800	146179	60120
棉花产量	吨	204	741	389	508	12
油料产量	吨	7462	13610	18596	10912	9917
肉类总产量	吨	12987	13920	55730	27687	12101
规模以上工业企业单位数	个	152	246	313	148	68
规模以上工业总产值	万元	1659689	2617306	4563794	1426159	659212
固定资产投资	万元	1064619	2517079	2505149	1203145	1159805
四、教育、卫生和社会保障						
普通中学在校学生数	人	14260	13130	20837	10472	4807
中等职业教育学校在校学生数	人	1254	4274	6058	3808	1480
小学在校学生数	人	14979	18732	27282	14117	6756
医疗卫生机构床位数	床	1014	1554	2111	1205	533
各种社会福利收养性单位数	个	14	27	10	13	14
各种社会福利收养性单位床位数	床	1476	2541	2300	2210	1626

2016年县(市)社会经济主要指标

安徽省、福建省

指　　标	单位	旌德县	宁国市	闽侯县	连江县	罗源县
一、基本情况						
行政区域面积	平方公里	905	2487	2130	1168	1100
乡个数	个	1	5	6	6	5
镇个数	个	9	8	8	16	6
街道办事处个数	个		6	1		
户籍人口	万人	15	39	67	67	27
第二产业从业人员	人	21391	93178	165112	120167	28830
第三产业从业人员	人	34239	89448	111658	92882	79833
固定电话用户	户	19191	52274	95825	107484	30700
二、综合经济						
地区生产总值	万元	357536	2544273	4831937	3880359	1955481
第一产业增加值	万元	64004	215884	386534	1389765	388054
农业增加值	万元	20218	123396	307052	77157	112316
牧业增加值	万元	17524	55869	48534	35184	21153
第二产业增加值	万元	156136	1482437	2861657	1490113	1175629
公共财政收入	万元	72087	414018	1275703	430703	88763
各项税收	万元	51516	315855	455308	358552	51348
公共财政支出	万元	130002	380460	905678	568426	254358
居民储蓄存款余额	万元	420956	1278551	2351947	2363096	572848
年末金融机构各项贷款余额	万元	382620	1901083	2568742	3148798	1538302
三、农业、工业及投资						
农业机械总动力	万千瓦特	9	30	18	24	8
机收面积	公顷	8940		3215	3597	2784
设施农业占地面积	公顷	412	164	324	175	295
粮食总产量	吨	60115	81441	64029	50335	33437
棉花产量	吨	139	134			
油料产量	吨	5839	13044	1651	1578	208
肉类总产量	吨	9575	56326	37099	15311	11333
规模以上工业企业单位数	个	46	320	345	138	125
规模以上工业总产值	万元	290150	5988463	9043989	5883854	3356814
固定资产投资	万元	487939	3353194	4615769	4742546	1378224
四、教育、卫生和社会保障						
普通中学在校学生数	人	3460	13530	28727	24507	8587
中等职业教育学校在校学生数	人	434	3521	1602	1729	1613
小学在校学生数	人	5641	18332	51919	45048	15368
医疗卫生机构床位数	床	530	1877	1429	1084	1065
各种社会福利收养性单位数	个	13	29	1	11	14
各种社会福利收养性单位床位数	床	830	2922	150	472	571

2016年县(市)社会经济主要指标

福建省

指　　标	单位	闽清县	永泰县	平潭县	福清市	长乐市
一、基本情况						
行政区域面积	平方公里	1467	2244	372	1518	664
乡个数	个	5	12	8		2
镇个数	个	11	9	7	17	12
街道办事处个数	个				7	4
户籍人口	万人	32	38	44	136	73
第二产业从业人员	人	69852	79313	24725	223169	68720
第三产业从业人员	人	48977	69238	39462	293216	29731
固定电话用户	户	34407	46208	72426	286229	123973
二、综合经济						
地区生产总值	万元	1481909	1443716	2057271	8578466	6266843
第一产业增加值	万元	276808	442571	358178	1027584	513711
农业增加值	万元	222236	286949	25598	287099	153737
牧业增加值	万元	24004	36605	23379	204283	48661
第二产业增加值	万元	785238	531953	598470	4211017	3953424
公共财政收入	万元	88080	80100	535172	886796	553697
各项税收	万元	74760	56354	181432	725096	387919
公共财政支出	万元	286980	280050	1080495	786825	508420
居民储蓄存款余额	万元	870944	721016	1162300	6275000	2816356
年末金融机构各项贷款余额	万元	644153	869119	2611900	7073100	7832658
三、农业、工业及投资						
农业机械总动力	万千瓦特	7	6	19	28	22
机收面积	公顷	1233	136	210	8405	9224
设施农业占地面积	公顷	257	173		2731	496
粮食总产量	吨	57673	108828	22251	108250	75853
棉花产量	吨					
油料产量	吨	1059	5205	8277	36964	1754
肉类总产量	吨	14151	14482	15715	109443	22138
规模以上工业企业单位数	个	105	43	16	355	389
规模以上工业总产值	万元	1506865	555776	287790	16031721	21150931
固定资产投资	万元	776127	891041	3968078	8675241	4976769
四、教育、卫生和社会保障						
普通中学在校学生数	人	13240	12985	20349	66233	27171
中等职业教育学校在校学生数	人	649	3203	510	7876	3686
小学在校学生数	人	19334	18932	28147	113745	52625
医疗卫生机构床位数	床	1509	1110	1368	3224	2056
各种社会福利收养性单位数	个	11	16	10	3	34
各种社会福利收养性单位床位数	床	420	207	422	270	3271

2016年县(市)社会经济主要指标

福建省

指　　标	单位	仙游县	明溪县	清流县	宁化县	大田县
一、基本情况						
行政区域面积	平方公里	1841	1730	1806	2408	2233
乡个数	个	5	5	7	7	10
镇个数	个	12	4	6	9	8
街道办事处个数	个	1				
户籍人口	万人	115	12	16	38	40
第二产业从业人员	人	150566	14240	13964	36237	33133
第三产业从业人员	人	198261	26212	21106	66501	33651
固定电话用户	户	160720	17424	22910	29378	50284
二、综合经济						
地区生产总值	万元	3393156	645265	890172	1187010	1745195
第一产业增加值	万元	323681	154915	172615	276829	325613
农业增加值	万元	233147	105119	106294	164374	232792
牧业增加值	万元	44852	10079	14414	40921	51912
第二产业增加值	万元	1693610	279578	423144	512539	875206
公共财政收入	万元	278174	28287	33189	58051	69150
各项税收	万元	226529	17572	21413	39983	48206
公共财政支出	万元	473827	136276	151591	246683	206750
居民储蓄存款余额	万元	2403769	361341	301558	687298	579906
年末金融机构各项贷款余额	万元	2445688	223797	265111	674583	755585
三、农业、工业及投资						
农业机械总动力	万千瓦特	26	9	13	19	18
机收面积	公顷	5000	7843	8273	18600	6990
设施农业占地面积	公顷	1516	92	638	98	216
粮食总产量	吨	116501	100590	92721	209611	122995
棉花产量	吨				9	
油料产量	吨	14923	4178	4898	8266	2225
肉类总产量	吨	24945	7767	9155	15702	19082
规模以上工业企业单位数	个	309	103	104	150	182
规模以上工业总产值	万元	4803807	1113164	1211933	1238699	3734691
固定资产投资	万元	3281188	910494	988259	1753706	2720447
四、教育、卫生和社会保障						
普通中学在校学生数	人	53667	3979	5824	14220	12695
中等职业教育学校在校学生数	人	1879	1293	410	1620	397
小学在校学生数	人	68211	5612	9267	20752	27167
医疗卫生机构床位数	床	2506	488	717	1175	1302
各种社会福利收养性单位数	个	23	9	15	16	19
各种社会福利收养性单位床位数	床	2665	413	802	422	1250

2016年县(市)社会经济主要指标

福建省

指　　标	单位	尤溪县	沙　县	将乐县	泰宁县	建宁县
一、基本情况						
行政区域面积	平方公里	3420	1799	2241	1529	1716
乡个数	个	6	4	7	7	5
镇个数	个	9	6	6	2	4
街道办事处个数	个		2			
户籍人口	万人	44	27	19	14	16
第二产业从业人员	人	58951	23258	27162	8497	13498
第三产业从业人员	人	52190	65732	29976	16387	20389
固定电话用户	户	46073	36765	28268	24187	24071
二、综合经济						
地区生产总值	万元	2057794	2058966	1086382	902743	875545
第一产业增加值	万元	514846	290597	178684	169404	191209
农业增加值	万元	342703	140857	92179	88686	120066
牧业增加值	万元	51230	45330	18746	16870	12411
第二产业增加值	万元	866267	1099404	569872	387777	430810
公共财政收入	万元	73639	90384	62006	26500	29985
各项税收	万元	48030	56739	34677	13322	17478
公共财政支出	万元	238454	218292	182675	142051	146667
居民储蓄存款余额	万元	875934	908896	449205	327725	344096
年末金融机构各项贷款余额	万元	1117621	1674802	556831	336311	313992
三、农业、工业及投资						
农业机械总动力	万千瓦特	20	10	8	10	16
机收面积	公顷	16677	8710	8800	6083	12000
设施农业占地面积	公顷	224	58	258	50	36
粮食总产量	吨	178671	93666	82423	70903	105583
棉花产量	吨	52			14	
油料产量	吨	2096	2627	2309	1804	749
肉类总产量	吨	38223	26163	6800	7465	5822
规模以上工业企业单位数	个	172	195	135	98	120
规模以上工业总产值	万元	2924057	6084849	1896343	932993	1259388
固定资产投资	万元	2208516	2290854	1223994	1023814	1120058
四、教育、卫生和社会保障						
普通中学在校学生数	人	17136	13756	7663	3446	5197
中等职业教育学校在校学生数	人	2256	3339	396	348	663
小学在校学生数	人	21578	22745	11627	7881	8756
医疗卫生机构床位数	床	1497	1108	764	672	537
各种社会福利收养性单位数	个	16	11	11	29	11
各种社会福利收养性单位床位数	床	700	815	305	496	282

2016年县(市)社会经济主要指标

福建省

指　　标	单位	永安市	惠安县	安溪县	永春县	德化县
一、基本情况						
行政区域面积	平方公里	2931	680	3057	1468	2232
乡个数	个	3	1	11	4	6
镇个数	个	8	15	13	18	12
街道办事处个数	个	4				
户籍人口	万人	33	102	120	60	34
第二产业从业人员	人	63252	305214	163986	90361	102765
第三产业从业人员	人	63856	202842	171321	89721	34823
固定电话用户	户	49225	325753	190031	72500	50069
二、综合经济						
地区生产总值	万元	3372370	8192394	4663736	3296160	1943118
第一产业增加值	万元	303691	302919	416152	257160	102847
农业增加值	万元	150177	63283	364581	215995	60510
牧业增加值	万元	43029	49150	46590	28923	32080
第二产业增加值	万元	1930089	5489775	2454000	1810000	1125623
公共财政收入	万元	174391	419220	243142	107501	156335
各项税收	万元	93747	843618	296844	47922	117102
公共财政支出	万元	276620	620485	540525	315262	251719
居民储蓄存款余额	万元	1006259	3365988	2259070	1263300	831225
年末金融机构各项贷款余额	万元	1992557	4802171	3107170	1108200	1679767
三、农业、工业及投资						
农业机械总动力	万千瓦特	17	20	85	28	10
机收面积	公顷	7797	4592	1380	10000	2082
设施农业占地面积	公顷	63	386	69	181	48
粮食总产量	吨	84812	108489	105246	132296	70237
棉花产量	吨					
油料产量	吨	2157	22425	1879	291	125
肉类总产量	吨	20160	20300	21317	15137	16842
规模以上工业企业单位数	个	273	525	275	203	121
规模以上工业总产值	万元	8285597	15739091	6304475	5296789	2332763
固定资产投资	万元	2844680	4902651	3264060	1290400	1116525
四、教育、卫生和社会保障						
普通中学在校学生数	人	16295	42736	45910	22755	14698
中等职业教育学校在校学生数	人	3770	4981	6724	2165	3784
小学在校学生数	人	24616	72776	108179	34578	22294
医疗卫生机构床位数	床	2553	3636	3553	2134	1363
各种社会福利收养性单位数	个	14	18	25	17	20
各种社会福利收养性单位床位数	床	1154	1298	1026	712	935

2016年县(市)社会经济主要指标

福建省

指　　标	单位	金门县	石狮市	晋江市	南安市	云霄县
一、基本情况						
行政区域面积	平方公里		178	744	2036	1051
乡个数	个				2	3
镇个数	个		7	13	21	6
街道办事处个数	个		2	6	3	
户籍人口	万人		33	113	161	46
第二产业从业人员	人		258000	817315	542749	63298
第三产业从业人员	人		125000	319012	300167	36616
固定电话用户	户		202300	440500	373056	56778
二、综合经济						
地区生产总值	万元		7036800	17442420	8981384	1797246
第一产业增加值	万元		235686	213221	281660	301268
农业增加值	万元		4803	49236	146219	176575
牧业增加值	万元		1247	22526	117168	16937
第二产业增加值	万元		3705400	10600289	5412778	832903
公共财政收入	万元		600066	1206806	662889	101238
各项税收	万元		479202	1745752	601973	83174
公共财政支出	万元		486009	1374144	677898	252406
居民储蓄存款余额	万元		3923700	7600500	5706619	783131
年末金融机构各项贷款余额	万元		7167700	12918292	7888061	698518
三、农业、工业及投资						
农业机械总动力	万千瓦特		23	30	28	17
机收面积	公顷		180	2000	18967	4278
设施农业占地面积	公顷		10	162	12	373
粮食总产量	吨		5807	39577	179516	102251
棉花产量	吨					
油料产量	吨		865	7409	13191	5855
肉类总产量	吨		822	9030	56186	11049
规模以上工业企业单位数	个		401	1543	782	186
规模以上工业总产值	万元		9700356	38553868	18407802	3105579
固定资产投资	万元		4491462	9149009	5581693	2454436
四、教育、卫生和社会保障						
普通中学在校学生数	人		30244	87013	60631	23395
中等职业教育学校在校学生数	人		2609	15596	7583	1850
小学在校学生数	人		60437	178393	117224	31349
医疗卫生机构床位数	床		1593	4771	5224	1555
各种社会福利收养性单位数	个		3	40	21	90
各种社会福利收养性单位床位数	床		600	5776	1510	1514

2016年县(市)社会经济主要指标

福建省

指　　标	单位	漳浦县	诏安县	长泰县	东山县	南靖县
一、基本情况						
行政区域面积	平方公里	2149	1294	900	249	1962
乡个数	个	4	5	1		
镇个数	个	17	10	4	7	11
街道办事处个数	个					
户籍人口	万人	92	66	21	22	36
第二产业从业人员	人	107124	90840	64913	47687	56756
第三产业从业人员	人	125982	89350	41052	41098	66260
固定电话用户	户	126578	95548	32418	45489	70282
二、综合经济						
地区生产总值	万元	3427871	2206582	2091503	1759043	2428744
第一产业增加值	万元	744264	444579	163598	336618	507785
农业增加值	万元	333828	197007	113194	18927	355735
牧业增加值	万元	36842	21020	23962	8956	95340
第二产业增加值	万元	1200892	939360	1277908	823677	1160192
公共财政收入	万元	267586	81922	183546	173970	113427
各项税收	万元	198071	62493	163279	129073	78756
公共财政支出	万元	507436	275299	222736	271257	230636
居民储蓄存款余额	万元	1693655	795788	696830	603116	725259
年末金融机构各项贷款余额	万元	2228181	566947	698616	821648	757133
三、农业、工业及投资						
农业机械总动力	万千瓦特	29	14	8	19	16
机收面积	公顷	8353	4883	1980	39	341
设施农业占地面积	公顷	307	1781	301	1	1935
粮食总产量	吨	193199	106905	43299	6628	43957
棉花产量	吨					
油料产量	吨	17544	6903	3066	2615	946
肉类总产量	吨	25717	12376	14327	5171	61324
规模以上工业企业单位数	个	242	162	255	100	237
规模以上工业总产值	万元	3896931	3250686	4866897	2987265	4462533
固定资产投资	万元	3659383	2438907	2297197	1761233	2463987
四、教育、卫生和社会保障						
普通中学在校学生数	人	38443	26034	7410	8606	12993
中等职业教育学校在校学生数	人	3431	1338	490	1421	5017
小学在校学生数	人	60160	39940	15588	13512	19003
医疗卫生机构床位数	床	2812	1902	804	889	986
各种社会福利收养性单位数	个	34	33	37	7	13
各种社会福利收养性单位床位数	床	1173	1416	514	1047	1671

2016年县(市)社会经济主要指标

福建省

指　　标	单位	平和县	华安县	龙海市	建阳区	顺昌县
一、基本情况						
行政区域面积	平方公里	2310	1278	1337	3383	1980
乡个数	个	5	3	2	3	3
镇个数	个	10	6	12	8	8
街道办事处个数	个				2	1
户籍人口	万人	62	17	88	36	24
第二产业从业人员	人	63121	33156	260176	20904	25693
第三产业从业人员	人	77162	17645	180587	81658	30779
固定电话用户	户	65650	23936	185450	54801	27372
二、综合经济						
地区生产总值	万元	1950375	1191756	7232400	1645912	986707
第一产业增加值	万元	575708	289873	644173	352902	214820
农业增加值	万元	511659	230538	256899	198703	117296
牧业增加值	万元	31442	30097	51080	37540	21057
第二产业增加值	万元	602016	602191	3938439	792991	363172
公共财政收入	万元	77068	62307	817990	145772	57600
各项税收	万元	51809	47701	724134	86906	41337
公共财政支出	万元	299497	149286	714038	260359	187432
居民储蓄存款余额	万元	987275	330343	2480384	960930	565282
年末金融机构各项贷款余额	万元	649985	288993	4854642	1631430	490147
三、农业、工业及投资						
农业机械总动力	万千瓦特	31	7	41	38	14
机收面积	公顷	1009	86	9024	28702	4774
设施农业占地面积	公顷	438	267	1667	1061	238
粮食总产量	吨	73933	16284	78533	214202	68273
棉花产量	吨					
油料产量	吨	4038	744	2493	1582	1134
肉类总产量	吨	18977	13495	27016	14290	11811
规模以上工业企业单位数	个	119	127	454	176	63
规模以上工业总产值	万元	2094030	1985202	13532763	2563150	1062512
固定资产投资	万元	1796182	1004920	5715024	2758741	718898
四、教育、卫生和社会保障						
普通中学在校学生数	人	28385	5314	38416	15851	11515
中等职业教育学校在校学生数	人	1501	497	1811	15066	275
小学在校学生数	人	35220	9564	62523	23787	11563
医疗卫生机构床位数	床	1929	549	2992	1942	892
各种社会福利收养性单位数	个	80	43	87	14	16
各种社会福利收养性单位床位数	床	1955	778	3669	1411	840

2016年县(市)社会经济主要指标

福建省

指　　标	单位	浦城县	光泽县	松溪县	政和县	邵武市
一、基本情况						
行政区域面积	平方公里	3376	2240	1043	1744	2831
乡个数	个	8	5	6	5	3
镇个数	个	9	3	2	4	12
街道办事处个数	个	2		1	1	4
户籍人口	万人	44	17	17	24	31
第二产业从业人员	人	65625	26417	12735	22585	19811
第三产业从业人员	人	61121	21618	14685	25735	68810
固定电话用户	户	51152	22280	19300	22024	51000
二、综合经济						
地区生产总值	万元	1350324	829802	466367	567717	2059565
第一产业增加值	万元	406006	385795	134764	182493	317880
农业增加值	万元	178007	52244	82181	93777	173841
牧业增加值	万元	177097	307309	12029	62039	42220
第二产业增加值	万元	487272	252699	173237	204838	983861
公共财政收入	万元	71465	56318	28084	44511	140136
各项税收	万元	31992	25768	10234	20387	68343
公共财政支出	万元	252236	149573	143444	152249	237194
居民储蓄存款余额	万元	933040	388529	326356	369512	983704
年末金融机构各项贷款余额	万元	624994	587606	346597	309608	1057971
三、农业、工业及投资						
农业机械总动力	万千瓦特	31	13	15	12	28
机收面积	公顷	36030	10046	4058	5712	21602
设施农业占地面积	公顷	267	23	89	95	169
粮食总产量	吨	251675	80725	67326	89994	205088
棉花产量	吨					6
油料产量	吨	9858	1326	1780	860	6502
肉类总产量	吨	165158	336013	6716	47677	20911
规模以上工业企业单位数	个	108	37	59	106	214
规模以上工业总产值	万元	1644446	868261	691187	769996	4213899
固定资产投资	万元	1338972	490614	548781	702553	3398128
四、教育、卫生和社会保障						
普通中学在校学生数	人	19016	8083	6228	8561	12586
中等职业教育学校在校学生数	人	606	417	181	1295	1058
小学在校学生数	人	25458	10738	10403	15084	18396
医疗卫生机构床位数	床	1688	635	648	792	2353
各种社会福利收养性单位数	个	36	13	11	15	20
各种社会福利收养性单位床位数	床	2220	447	786	375	1084

2016年县(市)社会经济主要指标

福建省

指　　标	单位	武夷山市	建瓯市	永定区	长汀县	上杭县
一、基本情况						
行政区域面积	平方公里	2803	4233	2374	3099	2855
乡个数	个	4	4	11	5	5
镇个数	个	3	10	12	13	17
街道办事处个数	个	3	4	1		
户籍人口	万人	24	56	51	54	53
第二产业从业人员	人	23548	59122	89584	109200	121286
第三产业从业人员	人	51536	79521	128701	104512	82583
固定电话用户	户	65681	45000	53995	61220	63939
二、综合经济						
地区生产总值	万元	1503313	2181087	2145805	1848475	2764798
第一产业增加值	万元	272679	568514	327747	312477	355362
农业增加值	万元	192258	382232	153737	157649	157914
牧业增加值	万元	32277	46600	121382	93122	146146
第二产业增加值	万元	586821	833913	1070631	870816	1514266
公共财政收入	万元	110435	106489	81749	93979	229305
各项税收	万元	101644	74591	59170	45927	113739
公共财政支出	万元	227430	283361	251537	329376	435973
居民储蓄存款余额	万元	841450	1178325	900152	917701	1056139
年末金融机构各项贷款余额	万元	1198063	1160692	939636	1077653	1619355
三、农业、工业及投资						
农业机械总动力	万千瓦特	23	36	16	20	12
机收面积	公顷	12208	5953	6800	10500	8933
设施农业占地面积	公顷	285	1036	403	252	231
粮食总产量	吨	134069	236412	139157	225218	197614
棉花产量	吨					
油料产量	吨	2738	5287	2168	9424	2162
肉类总产量	吨	10932	20032	77553	56930	94447
规模以上工业企业单位数	个	73	177	130	117	96
规模以上工业总产值	万元	1212010	2493658	1647769	1710952	4457913
固定资产投资	万元	2596075	2621792	2438596	2319868	2573100
四、教育、卫生和社会保障						
普通中学在校学生数	人	10663	21798	12476	23086	17555
中等职业教育学校在校学生数	人	2532	1044	910	2076	2726
小学在校学生数	人	18506	37349	25558	31357	24670
医疗卫生机构床位数	床	1110	2393	1526	2354	1877
各种社会福利收养性单位数	个	10	16	25	18	21
各种社会福利收养性单位床位数	床	624	1201	956	490	1986

2016年县(市)社会经济主要指标

福建省

指　　标	单位	武平县	连城县	漳平市	霞浦县	古田县
一、基本情况						
行政区域面积	平方公里	2638	2579	2976	1708	2377
乡个数	个	5	7	3	6	4
镇个数	个	12	10	11	6	8
街道办事处个数	个			2	2	2
户籍人口	万人	40	35	30	55	43
第二产业从业人员	人	50280	48324	30810	33556	42256
第三产业从业人员	人	108881	101803	46718	115310	51689
固定电话用户	户	48951	38960	54057	51814	57090
二、综合经济						
地区生产总值	万元	1616474	1622118	2037559	2016733	1612660
第一产业增加值	万元	350270	314941	278759	596180	415375
农业增加值	万元	181027	172533	185799	92328	347730
牧业增加值	万元	116967	70374	38937	18028	23955
第二产业增加值	万元	661527	684765	877776	596710	636248
公共财政收入	万元	104590	64358	62044	120084	69093
各项税收	万元	78056	52525	82989	51214	41499
公共财政支出	万元	302287	247926	210216	311210	259815
居民储蓄存款余额	万元	625628	492620	655538	630670	931150
年末金融机构各项贷款余额	万元	792328	609517	807886	1294284	983791
三、农业、工业及投资						
农业机械总动力	万千瓦特	14	10	12	28	15
机收面积	公顷	8670	7830	4000	3737	2727
设施农业占地面积	公顷	677	274	426	267	3191
粮食总产量	吨	222357	168320	77636	69286	139357
棉花产量	吨					
油料产量	吨	3518	5423	761	2221	256
肉类总产量	吨	70399	41445	26306	8403	15917
规模以上工业企业单位数	个	127	128	136	131	170
规模以上工业总产值	万元	1469427	1421837	1571608	1578626	1560045
固定资产投资	万元	2593170	2200800	2163970	1299251	718451
四、教育、卫生和社会保障						
普通中学在校学生数	人	13930	11177	11053	18959	13116
中等职业教育学校在校学生数	人	882	657	472	1502	1393
小学在校学生数	人	17980	16288	16986	35496	20229
医疗卫生机构床位数	床	1694	1299	1043	1720	1428
各种社会福利收养性单位数	个	19	16	17	74	13
各种社会福利收养性单位床位数	床	575	716	659	1281	524

2016年县(市)社会经济主要指标

福建省

指　　标	单位	屏南县	寿宁县	周宁县	柘荣县	福安市
一、基本情况						
行政区域面积	平方公里	1486	1425	1047	544	1880
乡个数	个	7	7	3	7	5
镇个数	个	4	7	6	2	13
街道办事处个数	个					4
户籍人口	万人	19	27	21	11	67
第二产业从业人员	人	13776	11937	9686	11039	102186
第三产业从业人员	人	21840	43198	29865	12217	87953
固定电话用户	户	18800	20000	16990	14800	74700
二、综合经济						
地区生产总值	万元	697405	746018	528630	509403	3789536
第一产业增加值	万元	153812	167888	95752	89608	491584
农业增加值	万元	117380	137559	71129	65996	297078
牧业增加值	万元	18146	7564	10043	7951	30479
第二产业增加值	万元	291164	351597	268802	268099	2314249
公共财政收入	万元	36475	56317	56286	25789	186314
各项税收	万元	20728	37026	21134	29816	119864
公共财政支出	万元	188835	205554	160161	135712	406995
居民储蓄存款余额	万元	318123	354190	321406	181985	1252459
年末金融机构各项贷款余额	万元	589554	350314	275825	263708	2334385
三、农业、工业及投资						
农业机械总动力	万千瓦特	9	7	5	5	21
机收面积	公顷	877	400	679	350	3333
设施农业占地面积	公顷	434	322	50	56	1479
粮食总产量	吨	62669	61161	38585	37124	95440
棉花产量	吨					
油料产量	吨		53	219	988	1692
肉类总产量	吨	9636	5384	5912	4169	16014
规模以上工业企业单位数	个	66	84	44	63	265
规模以上工业总产值	万元	957608	1296627	956499	916168	10386326
固定资产投资	万元	485968	651107	506101	428730	2046982
四、教育、卫生和社会保障						
普通中学在校学生数	人	5844	6542	6901	4437	30816
中等职业教育学校在校学生数	人	828	468	1013	1032	4892
小学在校学生数	人	9897	13881	10341	7429	52490
医疗卫生机构床位数	床	673	616	599	484	2317
各种社会福利收养性单位数	个	9	16	10	27	47
各种社会福利收养性单位床位数	床	365	964	400	464	1925

2016年县(市)社会经济主要指标

福建省、江西省

指　　标	单位	福鼎市	新建区	南昌县	安义县	进贤县
一、基本情况						
行政区域面积	平方公里	1526	2368	2042	665	1946
乡个数	个	3	6	7	3	12
镇个数	个	10	13	11	7	9
街道办事处个数	个	3	4			
户籍人口	万人	60	92	105	30	85
第二产业从业人员	人	93668	141981	289855	22791	101899
第三产业从业人员	人	92228	207821	384767	18295	204597
固定电话用户	户	82859	75000	61000		67436
二、综合经济						
地区生产总值	万元	3330849	6532068	11633692	986432	2968188
第一产业增加值	万元	470729	546308	571656	112526	555384
农业增加值	万元	157190	220576	269359	56103	188241
牧业增加值	万元	12564	177838	185962	28273	174897
第二产业增加值	万元	1990051	2803339	8296517	487921	1456208
公共财政收入	万元	255008	642561	804597	93754	147350
各项税收	万元	106534	544339	652232	59805	94081
公共财政支出	万元	386471	954181	1140846	201107	357386
居民储蓄存款余额	万元	1265226	2062555	3221121	901843	2063992
年末金融机构各项贷款余额	万元	4142879	2694287	4082877	1158427	1644147
三、农业、工业及投资						
农业机械总动力	万千瓦特	20	71	96	10	59
机收面积	公顷	6219	104000	131000	36470	72470
设施农业占地面积	公顷	518	170	444	19	262
粮食总产量	吨	73939	613200	1005900	205916	497200
棉花产量	吨		219		1483	103
油料产量	吨	560	33293	12145	23183	50756
肉类总产量	吨	7709	91253	142308	23737	107811
规模以上工业企业单位数	个	314	181	445	113	139
规模以上工业总产值	万元	9269440	6640481	21940632	1751411	3960899
固定资产投资	万元	2727791	8469958	13335091	1066757	1487666
四、教育、卫生和社会保障						
普通中学在校学生数	人	23083	49656	57963	12210	45827
中等职业教育学校在校学生数	人	1722	727	908	122	4320
小学在校学生数	人	38303	75957	94972	17194	60102
医疗卫生机构床位数	床	1987	2383	2312	1055	2243
各种社会福利收养性单位数	个	17	22	22		25
各种社会福利收养性单位床位数	床	866	3081	3857		2184

2016年县(市)社会经济主要指标

江西省

指　　标	单位	浮梁县	乐平市	莲花县	上栗县	芦溪县
一、基本情况						
行政区域面积	平方公里	2851	1980	1072	727	961
乡个数	个	8	1	8	4	5
镇个数	个	10	15	5	6	5
街道办事处个数	个		2			
户籍人口	万人	28	94	28	52	31
第二产业从业人员	人	64276	172100	45100	127200	76700
第三产业从业人员	人	45093	198300	47900	89600	60100
固定电话用户	户	23700	51239	22000	43000	27000
二、综合经济						
地区生产总值	万元	1095732	2898747	600036	1869762	1387425
第一产业增加值	万元	175048	371411	95852	134246	154705
农业增加值	万元	126035	240741	39596	64948	69485
牧业增加值	万元	21908	69821	21412	43245	54337
第二产业增加值	万元	589773	1592936	266384	1086408	752113
公共财政收入	万元	132700	376675	64972	161504	105927
各项税收	万元	116600	206965	63580	128414	111560
公共财政支出	万元	209543	526086	209925	302701	252964
居民储蓄存款余额	万元	689796	2021490	644637	657223	455419
年末金融机构各项贷款余额	万元	449197	1420609	341256	699868	1072060
三、农业、工业及投资						
农业机械总动力	万千瓦特	30	41	14	12	12
机收面积	公顷	21960	56180	21690	20620	15100
设施农业占地面积	公顷	1645	2499	32	121	415
粮食总产量	吨	193200	382000	142800	144833	145722
棉花产量	吨	298	1279			2
油料产量	吨	8850	26333	20654	4471	6956
肉类总产量	吨	12671	35275	15818	31241	44627
规模以上工业企业单位数	个	83	110	57	113	129
规模以上工业总产值	万元	2441347	3882616	910721	2953648	2460203
固定资产投资	万元	754900	3701800	614954	2225600	1611971
四、教育、卫生和社会保障						
普通中学在校学生数	人	11926	44909	14697	27027	15487
中等职业教育学校在校学生数	人	267	999	1051	1495	5125
小学在校学生数	人	18255	88684	23112	41623	27407
医疗卫生机构床位数	床	722	3167	807	2077	1726
各种社会福利收养性单位数	个	21	23	16	11	11
各种社会福利收养性单位床位数	床	1300	3172	1238	1628	1340

2016年县(市)社会经济主要指标

江西省

指　　标	单位	九江县	武宁县	修水县	永修县	德安县
一、基本情况						
行政区域面积	平方公里	917	3504	4502	2047	868
乡个数	个	4	11	17	4	8
镇个数	个	7	8	19	11	5
街道办事处个数	个		1			
户籍人口	万人	33	41	88	40	18
第二产业从业人员	人	64796	43079	149092	46959	31276
第三产业从业人员	人	55304	61659	169645	59938	32019
固定电话用户	户	35031	37600	103965	13760	28202
二、综合经济						
地区生产总值	万元	1091458	1078151	1454521	1360682	970330
第一产业增加值	万元	158360	172005	185692	156807	58314
农业增加值	万元	52052	67112	88961	78029	21751
牧业增加值	万元	19550	30425	60171	23726	23860
第二产业增加值	万元	577652	510231	707023	870508	652028
公共财政收入	万元	165741	173928	217866	214622	165262
各项税收	万元	122899	139205	184200	169120	13157
公共财政支出	万元	272887	304237	472870	329147	223218
居民储蓄存款余额	万元	744191	834000	1135467	960475	555938
年末金融机构各项贷款余额	万元	833106	860800	1171258	878409	587549
三、农业、工业及投资						
农业机械总动力	万千瓦特	37	22	24	29	9
机收面积	公顷	5000	12100	35400	39500	6460
设施农业占地面积	公顷	1092	156	109	170	583
粮食总产量	吨	95383	153608	214900	220600	59634
棉花产量	吨	5733	213	587	3165	3177
油料产量	吨	17426	14690	16371	18015	8032
肉类总产量	吨	15524	20803	47629	18496	11964
规模以上工业企业单位数	个	115	104	131	129	127
规模以上工业总产值	万元	2819818	3353201	3651940	4828293	4433487
固定资产投资	万元	1400835	1544654	1850033	2420759	1171632
四、教育、卫生和社会保障						
普通中学在校学生数	人	19757	13566	45571	19331	9082
中等职业教育学校在校学生数	人	512	2631	4263	925	100
小学在校学生数	人	27428	29525	75679	28934	16307
医疗卫生机构床位数	床	1025	1302	1651	1189	788
各种社会福利收养性单位数	个	13	20	42	23	10
各种社会福利收养性单位床位数	床	2602	1202	4486	2817	400

2016年县(市)社会经济主要指标

江西省

指　　标	单位	都昌县	湖口县	彭泽县	瑞昌市	共青城市
一、基本情况						
行政区域面积	平方公里	2227	674	1534	1419	310
乡个数	个	12	6	3	8	3
镇个数	个	12	6	10	8	2
街道办事处个数	个				2	1
户籍人口	万人	82	30	38	47	7
第二产业从业人员	人	129754	46753	44625	105810	32157
第三产业从业人员	人	135248	41995	83793	95560	3416
固定电话用户	户	96804	38771	49500	44000	14000
二、综合经济						
地区生产总值	万元	1153163	1200173	1063977	1641935	974909
第一产业增加值	万元	225312	123592	173880	163903	40978
农业增加值	万元	165790	54491	78441	76247	12284
牧业增加值	万元	13254	15409	27515	30335	14386
第二产业增加值	万元	531300	838119	619028	1076224	647415
公共财政收入	万元	147033	247139	153990	256068	163608
各项税收	万元	91177	163777	160241	212979	137030
公共财政支出	万元	357482	247747	288108	348649	202816
居民储蓄存款余额	万元	1466070	733585	822753	1079521	302947
年末金融机构各项贷款余额	万元	657832	940567	643162	1115261	591801
三、农业、工业及投资						
农业机械总动力	万千瓦特	77	7	18	30	6
机收面积	公顷	59171	17255	13600	14753	7016
设施农业占地面积	公顷	55	128		425	6
粮食总产量	吨	341000	110885	113377	103045	49739
棉花产量	吨	5896	4830	12398	4044	828
油料产量	吨	33304	26350	38802	25206	5902
肉类总产量	吨	19014	9411	14594	26195	8338
规模以上工业企业单位数	个	87	84	119	118	148
规模以上工业总产值	万元	1954977	3922544	3064135	4959844	4406021
固定资产投资	万元	1038307	2308092	1546476	2681742	1786917
四、教育、卫生和社会保障						
普通中学在校学生数	人	45637	16111	11995	25055	5262
中等职业教育学校在校学生数	人	1547	131	1532	1379	135
小学在校学生数	人	58387	20336	27459	39417	12678
医疗卫生机构床位数	床	2312	927	2575	1982	522
各种社会福利收养性单位数	个	27	14	17	22	2
各种社会福利收养性单位床位数	床	1265	1640	2224	2200	70

2016年县(市)社会经济主要指标

江西省

指　　标	单位	庐山市	分宜县	余江县	贵溪市	南康区
一、基本情况						
行政区域面积	平方公里	641	1389	931	2493	1722
乡个数	个	1	3	5	4	12
镇个数	个	9	7	7	14	6
街道办事处个数	个		1		3	2
户籍人口	万人	29	34	40	65	76
第二产业从业人员	人	46688	48612	63742	109866	191135
第三产业从业人员	人	33601	58503	91498	141650	208658
固定电话用户	户	50763	24952	18632	52601	108749
二、综合经济						
地区生产总值	万元	1057365	2248241	1210325	3585843	1883036
第一产业增加值	万元	79497	213769	310461	200603	253454
农业增加值	万元	21610	82240	90858	105706	93773
牧业增加值	万元	14119	21826	163295	37259	114497
第二产业增加值	万元	306783	1005709	652135	2399586	937485
公共财政收入	万元	118589	300294	128492	342566	188300
各项税收	万元	84601	135827	151967	352142	208199
公共财政支出	万元	209799	375782	285660	469472	481218
居民储蓄存款余额	万元	502993	650104	835590	1331228	2761611
年末金融机构各项贷款余额	万元	577469	1002465	956588	1514937	2788269
三、农业、工业及投资						
农业机械总动力	万千瓦特	4	15	26	44	31
机收面积	公顷	7410	23465	43377	61290	29067
设施农业占地面积	公顷	16	555	411	495	1681
粮食总产量	吨	54846	159317	225500	340300	229500
棉花产量	吨	3502	31			
油料产量	吨	8399	5450	20482	7100	18135
肉类总产量	吨	8589	24287	80525	30092	69776
规模以上工业企业单位数	个	62	94	88	83	147
规模以上工业总产值	万元	2109556	2246694	3224350	11147100	3246784
固定资产投资	万元	841317	1909709	1049819	3779141	1716463
四、教育、卫生和社会保障						
普通中学在校学生数	人	12437	15523	18755	24822	59824
中等职业教育学校在校学生数	人	130		252	1697	1931
小学在校学生数	人	22410	27183	32284	49801	81258
医疗卫生机构床位数	床	1066	1164	1732	1755	3533
各种社会福利收养性单位数	个	11	14	16	24	23
各种社会福利收养性单位床位数	床	1734	860	1260	1485	1851

2016年县(市)社会经济主要指标

江西省

指　　标	单位	赣　县	信丰县	大余县	上犹县	崇义县
一、基本情况						
行政区域面积	平方公里	2989	2878	1343	1542	2197
乡个数	个	7	3	3	8	10
镇个数	个	12	13	8	6	6
街道办事处个数	个					
户籍人口	万人	65	77	31	32	22
第二产业从业人员	人	112651	134870	54202	62039	44891
第三产业从业人员	人	146193	150166	64858	78963	53613
固定电话用户	户	43491	53000	35568	31157	12000
二、综合经济						
地区生产总值	万元	1455986	1706998	1001062	571083	709376
第一产业增加值	万元	214818	294019	118863	109408	102437
农业增加值	万元	109527	147801	70398	40001	27965
牧业增加值	万元	68891	94106	25185	26477	8085
第二产业增加值	万元	811491	687338	491074	213526	400529
公共财政收入	万元	211942	114270	83305	60229	83625
各项税收	万元	95366	85329	75080	64312	77405
公共财政支出	万元	409708	361271	238999	235216	209104
居民储蓄存款余额	万元	1373802	1568857	747766	630216	468368
年末金融机构各项贷款余额	万元	1441720	1429247	641899	792753	608573
三、农业、工业及投资						
农业机械总动力	万千瓦特	21	34	20	12	7
机收面积	公顷	34730	26500	13400	6621	6253
设施农业占地面积	公顷	145		33	35	155
粮食总产量	吨	193284	255600	91994	92017	43328
棉花产量	吨					
油料产量	吨	7161	15550	3639	2276	1774
肉类总产量	吨	52018	78046	35072	17839	9032
规模以上工业企业单位数	个	96	79	53	36	44
规模以上工业总产值	万元	3488383	1878933	1271029	715214	1025731
固定资产投资	万元	1650021	1620945	1085600	533385	453826
四、教育、卫生和社会保障						
普通中学在校学生数	人	42765	49066	16270	18272	10309
中等职业教育学校在校学生数	人	2829	2949	2251	688	1742
小学在校学生数	人	62626	72215	28808	30712	18139
医疗卫生机构床位数	床	2073	3714	1204	1019	927
各种社会福利收养性单位数	个	29	17	11	10	7
各种社会福利收养性单位床位数	床	2800	1780	896	2690	1008

2016年县(市)社会经济主要指标

江西省

指　　标	单位	安远县	龙南县	定南县	全南县	宁都县
一、基本情况						
行政区域面积	平方公里	2375	1646	1321	1535	4053
乡个数	个	10	5		3	12
镇个数	个	8	9	7	6	12
街道办事处个数	个					
户籍人口	万人	40	34	22	20	85
第二产业从业人员	人	71252	88117	27182	37820	157918
第三产业从业人员	人	68712	94351	6995	38211	165902
固定电话用户	户	32443	38954	24310	22013	48563
二、综合经济						
地区生产总值	万元	581560	1348989	664673	581470	1423842
第一产业增加值	万元	157638	127778	98669	88063	310484
农业增加值	万元	102016	72694	25034	51312	190120
牧业增加值	万元	27502	38873	60731	13421	60135
第二产业增加值	万元	128558	736276	292911	292032	557207
公共财政收入	万元	51286	124539	111100	90048	104243
各项税收	万元	36934	76369	67635	58911	49311
公共财政支出	万元	254038	297950	205026	195800	435011
居民储蓄存款余额	万元	663211	774781	422923	427951	1750602
年末金融机构各项贷款余额	万元	614253	879738	793347	413910	1277406
三、农业、工业及投资						
农业机械总动力	万千瓦特	12	12	10	11	37
机收面积	公顷	17800	9221	10230	10925	60532
设施农业占地面积	公顷	6	802	188	27	2024
粮食总产量	吨	120029	65451	60864	72100	375600
棉花产量	吨				3	
油料产量	吨	285	2798	241	4432	8377
肉类总产量	吨	24511	28830	63814	12065	57322
规模以上工业企业单位数	个	27	89	42	39	90
规模以上工业总产值	万元	329426	2684487	767619	950970	1061304
固定资产投资	万元	365365	1500985	627009	405735	794129
四、教育、卫生和社会保障						
普通中学在校学生数	人	26900	17297	10750	9837	50071
中等职业教育学校在校学生数	人	3600	1206	1171	752	
小学在校学生数	人	36540	28060	21210	19629	79645
医疗卫生机构床位数	床	1586	1422	1067	707	2378
各种社会福利收养性单位数	个	22	8	9	6	28
各种社会福利收养性单位床位数	床	2800	856	1091	604	3607

2016年县(市)社会经济主要指标

江西省

指　　标	单位	于都县	兴国县	会昌县	寻乌县	石城县
一、基本情况						
行政区域面积	平方公里	2892	3215	2712	2352	1567
乡个数	个	14	18	13	8	5
镇个数	个	9	7	6	7	5
街道办事处个数	个					
户籍人口	万人	111	85	53	33	33
第二产业从业人员	人	178827	155544	82343	22651	54878
第三产业从业人员	人	184028	169142	95065	23812	65921
固定电话用户	户	72424	65137	39113	36712	16326
二、综合经济						
地区生产总值	万元	1832426	1415637	900386	622345	462477
第一产业增加值	万元	253513	309409	170918	178014	130364
农业增加值	万元	121621	129269	78477	120381	58242
牧业增加值	万元	69665	132415	48559	37200	22310
第二产业增加值	万元	893099	655010	345500	183629	135523
公共财政收入	万元	169022	75985	89221	68600	49799
各项税收	万元	122088	59578	86845	54257	52760
公共财政支出	万元	480168	404705	293202	240200	194265
居民储蓄存款余额	万元	2000334	1487291	895558	539112	628685
年末金融机构各项贷款余额	万元	1399402	1256755	705125	560080	816698
三、农业、工业及投资						
农业机械总动力	万千瓦特	20	32	11	15	14
机收面积	公顷	39200	46327	20840	18940	14293
设施农业占地面积	公顷	1214	304	107	81	59
粮食总产量	吨	243800	256600	169018	112642	92664
棉花产量	吨					
油料产量	吨	14296	6712	1926	2420	2062
肉类总产量	吨	57637	69575	43881	28541	14063
规模以上工业企业单位数	个	94	75	64	37	48
规模以上工业总产值	万元	2670971	2009438	1348258	471598	257264
固定资产投资	万元	1687273	1153003	529066	426330	306828
四、教育、卫生和社会保障						
普通中学在校学生数	人	81817	55958	35165	20045	19381
中等职业教育学校在校学生数	人	4120	5912	2620	125	889
小学在校学生数	人	100048	90216	41201	25226	24643
医疗卫生机构床位数	床	3966	2696	2197	1134	1283
各种社会福利收养性单位数	个	26	29	26	15	15
各种社会福利收养性单位床位数	床	3986	3400	1658	2046	1426

2016年县(市)社会经济主要指标

江西省

指　　标	单位	瑞金市	吉安县	吉水县	峡江县	新干县
一、基本情况						
行政区域面积	平方公里	2441	2122	2510	1298	1248
乡个数	个	10	6	3	5	6
镇个数	个	7	13	15	6	7
街道办事处个数	个		2			1
户籍人口	万人	70	52	56	19	35
第二产业从业人员	人	112708	102346	130613	28400	48161
第三产业从业人员	人	145938	41157	76776	26380	65646
固定电话用户	户	81551	32587	40180	11110	5722
二、综合经济						
地区生产总值	万元	1344737	1571602	1334391	653266	1141685
第一产业增加值	万元	203325	290898	243138	126876	209069
农业增加值	万元	91997	103039	146068	68236	119877
牧业增加值	万元	74242	139876	48609	19965	64761
第二产业增加值	万元	442212	841599	614938	322323	590042
公共财政收入	万元	124542	254008	145753	69186	145400
各项税收	万元	141077	198167	117816	82790	112017
公共财政支出	万元	432986	379094	317358	165343	255490
居民储蓄存款余额	万元	1454631	1369330	1199813	549814	1162451
年末金融机构各项贷款余额	万元	1432138	974814	1014825	416493	979664
三、农业、工业及投资						
农业机械总动力	万千瓦特	17	86	36	14	25
机收面积	公顷	28385	56521	79400	34559	49252
设施农业占地面积	公顷	206	400	574	89	244
粮食总产量	吨	200800	409400	542200	229100	330600
棉花产量	吨	5			17	199
油料产量	吨	7448	21676	19388	12829	22433
肉类总产量	吨	50887	119856	46996	17618	74942
规模以上工业企业单位数	个	58	119	109	60	114
规模以上工业总产值	万元	1387624	3836649	2326816	1182313	2535641
固定资产投资	万元	801497	1836091	1502126	806456	1326374
四、教育、卫生和社会保障						
普通中学在校学生数	人	44042	25822	28283	8736	18930
中等职业教育学校在校学生数	人	3565	3184	1371	578	895
小学在校学生数	人	64490	45543	49479	16609	29890
医疗卫生机构床位数	床	2367	1606	1704	735	1290
各种社会福利收养性单位数	个	32	22	25	13	18
各种社会福利收养性单位床位数	床	5135	1621	2731	1204	2236

2016年县(市)社会经济主要指标

江西省

指　　标	单位	永丰县	泰和县	遂川县	万安县	安福县
一、基本情况						
行政区域面积	平方公里	2710	2660	3144	2038	2793
乡个数	个	13	6	11	7	12
镇个数	个	8	16	12	9	7
街道办事处个数	个					
户籍人口	万人	49	60	62	32	42
第二产业从业人员	人	103575	166617	112392	49503	65906
第三产业从业人员	人	59930	89946	100651	52930	112739
固定电话用户	户	27400	50516	52404		32156
二、综合经济						
地区生产总值	万元	1376518	1470570	1135371	678159	1311992
第一产业增加值	万元	259016	292823	163603	134555	241015
农业增加值	万元	133792	140367	73811	57719	118920
牧业增加值	万元	45727	75424	22203	26230	55670
第二产业增加值	万元	635322	712206	538739	312770	640641
公共财政收入	万元	113829	138036	102889	76569	133465
各项税收	万元	83420	91505	100578	73512	91092
公共财政支出	万元	278290	330444	332986	235279	289350
居民储蓄存款余额	万元	1057286	1598500	1011486	779622	1098135
年末金融机构各项贷款余额	万元	781004	1088674	849090	540928	649700
三、农业、工业及投资						
农业机械总动力	万千瓦特	33	57	14	30	29
机收面积	公顷	52552	83146	34421	46432	58570
设施农业占地面积	公顷	495	1655	60	590	2468
粮食总产量	吨	338400	510400	244700	250800	328300
棉花产量	吨					
油料产量	吨	6708	26796	8482	12724	23025
肉类总产量	吨	27023	89229	30544	25050	42567
规模以上工业企业单位数	个	127	110	85	65	98
规模以上工业总产值	万元	2872138	2703200	2107800	1238153	2291455
固定资产投资	万元	1954225	1431535	1392237	743562	1394639
四、教育、卫生和社会保障						
普通中学在校学生数	人	23849	26414	33832	15260	17323
中等职业教育学校在校学生数	人	405	1758	618	1094	532
小学在校学生数	人	43366	48759	60455	26399	29062
医疗卫生机构床位数	床	1965	2063	1889	1230	1704
各种社会福利收养性单位数	个	28	24	26	19	20
各种社会福利收养性单位床位数	床	1965	2120	2550	1959	1910

2016年县(市)社会经济主要指标

江西省

指　　标	单位	永新县	井冈山市	奉新县	万载县	上高县
一、基本情况						
行政区域面积	平方公里	2181	1298	1648	1720	1347
乡个数	个	13	12	3	7	5
镇个数	个	10	6	10	9	9
街道办事处个数	个		1		1	1
户籍人口	万人	53	17	34	57	38
第二产业从业人员	人	116000	28190	45457	121494	60919
第三产业从业人员	人	79400	26273	48897	124350	35802
固定电话用户	户	30810	35109	25872	42865	28199
二、综合经济						
地区生产总值	万元	934441	628832	1231119	1200318	1431711
第一产业增加值	万元	182805	78712	191334	174291	245957
农业增加值	万元	76174	25779	94133	95539	96295
牧业增加值	万元	64959	10492	25722	14935	80600
第二产业增加值	万元	415095	168951	546107	614563	638741
公共财政收入	万元	74219	73925	220440	148942	251981
各项税收	万元	50667	63514	185590	114545	223720
公共财政支出	万元	286870	186659	293694	324296	288963
居民储蓄存款余额	万元	1195766	527631	793084	1062431	1225536
年末金融机构各项贷款余额	万元	549999	622596	792277	969375	1280386
三、农业、工业及投资						
农业机械总动力	万千瓦特	18	5	36	26	39
机收面积	公顷	50654	6246	45110	41630	37306
设施农业占地面积	公顷	271	1164	86	395	201
粮食总产量	吨	273000	81246	289200	247800	275000
棉花产量	吨	10		680	39	783
油料产量	吨	27182	2332	15859	4501	17092
肉类总产量	吨	30667	10396	13688	43013	79254
规模以上工业企业单位数	个	64	23	94	147	185
规模以上工业总产值	万元	1615469	278024	5252117	2950410	5659067
固定资产投资	万元	1128864	729493	1613753	1408181	2028322
四、教育、卫生和社会保障						
普通中学在校学生数	人	28138	8393	17013	39668	18602
中等职业教育学校在校学生数	人	1560	743	3995	1201	949
小学在校学生数	人	43158	15509	27372	64612	34508
医疗卫生机构床位数	床	1798	576	1179	2508	1627
各种社会福利收养性单位数	个	24	7	19	20	15
各种社会福利收养性单位床位数	床	2010	550	1765	3825	2668

2016年县(市)社会经济主要指标

江西省

指　　标	单位	宜丰县	靖安县	铜鼓县	丰城市	樟树市
一、基本情况						
行政区域面积	平方公里	1934	1377	1552	2836	1289
乡个数	个	4	6	3	7	4
镇个数	个	8	5	6	20	10
街道办事处个数	个				5	5
户籍人口	万人	30	15	14	150	61
第二产业从业人员	人	44328	24184	12281	183383	93144
第三产业从业人员	人	54697	29119	25969	319128	151503
固定电话用户	户	26865	13685	16693	77876	54464
二、综合经济						
地区生产总值	万元	1027508	393031	390746	4236645	3335947
第一产业增加值	万元	220253	73043	67954	657374	386866
农业增加值	万元	84651	24700	11645	432951	181467
牧业增加值	万元	53759	5362	7924	111116	110131
第二产业增加值	万元	478965	162788	156397	2094305	1661405
公共财政收入	万元	116920	86660	69717	642726	521791
各项税收	万元	144397	53528	53010	348536	437276
公共财政支出	万元	241515	195275	138639	815168	537168
居民储蓄存款余额	万元	953470	432233	274143	3168170	2090610
年末金融机构各项贷款余额	万元	801344	397090	226827	2536025	2087490
三、农业、工业及投资						
农业机械总动力	万千瓦特	34	18	19	62	34
机收面积	公顷	34610	14560	6200	132000	81990
设施农业占地面积	公顷	40	43	129	402	188
粮食总产量	吨	240300	93938	46261	1028200	538200
棉花产量	吨	265	967		165	336
油料产量	吨	1276	7459	349	44165	55414
肉类总产量	吨	32001	6776	7260	100332	91679
规模以上工业企业单位数	个	118	56	31	211	193
规模以上工业总产值	万元	2958615	837407	405170	7653990	6058592
固定资产投资	万元	1015195	509632	284754	3950927	2800556
四、教育、卫生和社会保障						
普通中学在校学生数	人	15861	6306	6766	81298	27668
中等职业教育学校在校学生数	人	1404	410	643	3573	1571
小学在校学生数	人	24339	10392	11411	98922	43386
医疗卫生机构床位数	床	1274	601	490	4581	2241
各种社会福利收养性单位数	个	17	11	10	29	22
各种社会福利收养性单位床位数	床	1502	960	764	5520	3766

2016年县(市)社会经济主要指标

江西省

指　　标	单位	高安市	南城县	黎川县	南丰县	崇仁县
一、基本情况						
行政区域面积	平方公里	2429	1713	1709	1913	1520
乡个数	个	2	2	8	5	8
镇个数	个	19	10	7	7	7
街道办事处个数	个	2				
户籍人口	万人	88	34	25	32	38
第二产业从业人员	人	132406	55174	37406	29510	41635
第三产业从业人员	人	170937	55732	60549	60024	43521
固定电话用户	户	101783	12685	9192	19550	13046
二、综合经济						
地区生产总值	万元	2080544	1159303	655377	1150417	1070499
第一产业增加值	万元	407272	170054	102896	319874	255652
农业增加值	万元	176055	91955	45750	270637	110340
牧业增加值	万元	121081	34551	27863	21286	126576
第二产业增加值	万元	933052	529271	327103	351980	501079
公共财政收入	万元	363836	147792	78094	89026	108086
各项税收	万元	213035	121302	87376	97921	80300
公共财政支出	万元	493822	238510	202992	218260	246086
居民储蓄存款余额	万元	2328942	789563	531709	604158	817470
年末金融机构各项贷款余额	万元	2470685	702870	520241	884338	597691
三、农业、工业及投资						
农业机械总动力	万千瓦特	93	20	11	20	24
机收面积	公顷	94400	30830	13820	24515	37825
设施农业占地面积	公顷	1123	55	324	42	320
粮食总产量	吨	690000	271200	165266	200000	263000
棉花产量	吨	8989	67			1410
油料产量	吨	57500	2984	2736	5451	17645
肉类总产量	吨	150271	26908	22645	11893	90000
规模以上工业企业单位数	个	197	109	64	58	111
规模以上工业总产值	万元	5496478	1430309	985500	1009188	2188740
固定资产投资	万元	2317150	1511209	819151	891744	1384751
四、教育、卫生和社会保障						
普通中学在校学生数	人	48046	17622	10838	13312	21040
中等职业教育学校在校学生数	人	3713	774	884	267	540
小学在校学生数	人	74255	31394	16745	27513	31780
医疗卫生机构床位数	床	3536	820	590	1009	740
各种社会福利收养性单位数	个	25	15	15	13	18
各种社会福利收养性单位床位数	床	3469	1448	676	1628	1030

2016年县(市)社会经济主要指标

江西省

指　　标	单位	乐安县	宜黄县	金溪县	资溪县	东乡县
一、基本情况						
行政区域面积	平方公里	2411	1937	1353	1248	1268
乡个数	个	7	4	5	2	4
镇个数	个	9	8	8	5	9
街道办事处个数	个					
户籍人口	万人	39	24	32	12	49
第二产业从业人员	人	37385	32536	56133	12107	59334
第三产业从业人员	人	24278	51463	50518	33435	79572
固定电话用户	户	10616	7936	10105	9460	21721
二、综合经济						
地区生产总值	万元	567166	631851	790700	339541	1454912
第一产业增加值	万元	104359	92162	125633	37702	217301
农业增加值	万元	68754	56305	75399	13170	79874
牧业增加值	万元	17131	16266	32050	4677	122467
第二产业增加值	万元	206929	351058	356323	146839	855186
公共财政收入	万元	52936	91156	103907	31861	161270
各项税收	万元	42033	77879	82742	31860	124473
公共财政支出	万元	230442	190083	213195	103860	354847
居民储蓄存款余额	万元	926121	474482	603869	344503	1121390
年末金融机构各项贷款余额	万元	518074	492247	690151	272914	1188455
三、农业、工业及投资						
农业机械总动力	万千瓦特	24	14	25	4	36
机收面积	公顷	35450	18230	43470	3278	36375
设施农业占地面积	公顷	54	115	379	130	183
粮食总产量	吨	251300	176748	300000	34967	257800
棉花产量	吨		20			35
油料产量	吨	1762	1689	5617	82	8650
肉类总产量	吨	10750	9634	20516	3298	91337
规模以上工业企业单位数	个	20	87	66	17	113
规模以上工业总产值	万元	170554	1214705	1069805	150808	2374306
固定资产投资	万元	460151	733133	909806	212851	2063554
四、教育、卫生和社会保障						
普通中学在校学生数	人	14670	9784	13118	5091	22112
中等职业教育学校在校学生数	人	506		339	604	3154
小学在校学生数	人	35275	17691	26341	8162	38071
医疗卫生机构床位数	床	1392	486	673	192	2182
各种社会福利收养性单位数	个	17	16	16	8	21
各种社会福利收养性单位床位数	床	1252	1280	1000	311	1872

2016年县(市)社会经济主要指标

江西省

指　　标	单位	广昌县	广丰区	上饶县	玉山县	铅山县
一、基本情况						
行政区域面积	平方公里	1603	1377	2232	1732	2178
乡个数	个	5	3	10	5	10
镇个数	个	6	15	11	11	7
街道办事处个数	个		5	3		1
户籍人口	万人	25	97	84	62	48
第二产业从业人员	人	21836	156803	230228	83582	68889
第三产业从业人员	人	47935	165894	150405	114668	115747
固定电话用户	户	11267	50364	8000	65552	35506
二、综合经济						
地区生产总值	万元	576308	3222051	1918308	1478340	1077095
第一产业增加值	万元	101335	222757	169760	152281	181530
农业增加值	万元	69219	89769	90471	53700	80047
牧业增加值	万元	8852	75762	23546	32950	26651
第二产业增加值	万元	249877	1747686	1442290	754388	481775
公共财政收入	万元	59513	297929	186870	221319	159979
各项税收	万元	72449	327407	151686	162448	105586
公共财政支出	万元	191417	510720	397144	361200	292086
居民储蓄存款余额	万元	550600	1527578	1458352	1452826	985830
年末金融机构各项贷款余额	万元	479022	1493538	2026886	1422925	676002
三、农业、工业及投资						
农业机械总动力	万千瓦特	35	18	14	37	23
机收面积	公顷	13133	241	18510	32695	10548
设施农业占地面积	公顷	265	690	961	1089	525
粮食总产量	吨	107659	200900	196300	218200	175854
棉花产量	吨		23	49	179	
油料产量	吨	450	8511	8266	13438	3409
肉类总产量	吨	7961	54680	7181	18928	15583
规模以上工业企业单位数	个	54	188	97	166	71
规模以上工业总产值	万元	849661	6413444	7136383	3299800	1737357
固定资产投资	万元	570871	2407458	2409043	1324174	1349444
四、教育、卫生和社会保障						
普通中学在校学生数	人	12021	54100	47850	39975	16064
中等职业教育学校在校学生数	人	625	1732	6805	1275	27
小学在校学生数	人	19899	81741	72463	56375	40968
医疗卫生机构床位数	床	501	2930	2770	2263	1393
各种社会福利收养性单位数	个	12	23	20	18	23
各种社会福利收养性单位床位数	床	880	1767	1260	1463	1824

2016年县(市)社会经济主要指标

江西省

指　　标	单位	横峰县	弋阳县	余干县	鄱阳县	万年县
一、基本情况						
行政区域面积	平方公里	654	1573	2371	4215	1148
乡个数	个	6	5	11	15	6
镇个数	个	2	9	9	14	6
街道办事处个数	个	2	1		1	
户籍人口	万人	23	42	108	157	44
第二产业从业人员	人	54106	100182	94613	169045	72153
第三产业从业人员	人	54035	57706	128509	160159	89547
固定电话用户	户	21977	28752	93214	93750	31216
二、综合经济						
地区生产总值	万元	768215	916182	1321250	1898151	1205808
第一产业增加值	万元	75330	148223	379563	598007	136116
农业增加值	万元	40485	65082	114290	331748	55398
牧业增加值	万元	18073	31524	81566	57858	22949
第二产业增加值	万元	457512	428355	484477	815747	680675
公共财政收入	万元	96133	141808	106396	168198	177168
各项税收	万元	45499	96385	85073	124925	133146
公共财政支出	万元	219090	292222	427836	591194	312086
居民储蓄存款余额	万元	501499	879000	1836329	2341327	959496
年末金融机构各项贷款余额	万元	537699	640300	1072833	1169396	874800
三、农业、工业及投资						
农业机械总动力	万千瓦特	6	16	39	84	10
机收面积	公顷	12000	36680	137199	146820	28746
设施农业占地面积	公顷		15	101	4832	310
粮食总产量	吨	80160	208300	766500	986400	233500
棉花产量	吨		32	85	5087	599
油料产量	吨	4591	6649	23170	103814	7878
肉类总产量	吨	16008	21397	38293	41295	79050
规模以上工业企业单位数	个	57	95	77	90	89
规模以上工业总产值	万元	2106163	1681455	1661766	2720147	2511222
固定资产投资	万元	648554	969761	1424532	1616476	1233389
四、教育、卫生和社会保障						
普通中学在校学生数	人	10072	20148	53706	78762	27205
中等职业教育学校在校学生数	人		1463	946	1693	925
小学在校学生数	人	21785	39904	83317	108039	43326
医疗卫生机构床位数	床	704	1216	1071	3312	1562
各种社会福利收养性单位数	个	7	21	21	41	21
各种社会福利收养性单位床位数	床	767	2254	2578	4141	2168

2016年县(市)社会经济主要指标

江西省、山东省

指　　标	单位	婺源县	德兴市	长清区	平阴县	济阳县
一、基本情况						
行政区域面积	平方公里	2968	2082	1209	715	1099
乡个数	个	10	6			
镇个数	个	6	5	3	6	8
街道办事处个数	个	1	3	7	2	2
户籍人口	万人	37	34	56	37	58
第二产业从业人员	人	26536	13435	156740	78032	112902
第三产业从业人员	人	70452	14436	113041	63997	137652
固定电话用户	户	61000	49554	82997	94612	34967
二、综合经济						
地区生产总值	万元	912351	1274036	2894465	2452433	2950163
第一产业增加值	万元	119507	116586	356411	328922	527174
农业增加值	万元	59719	34791	236810	234223	381674
牧业增加值	万元	24995	17920	100173	83606	125339
第二产业增加值	万元	298377	528782	1136620	1359549	1520911
公共财政收入	万元	136900	297441	175035	178183	185778
各项税收	万元	98260	159952	148278	242727	232140
公共财政支出	万元	249404	578154	317393	283131	341918
居民储蓄存款余额	万元	1006104	996336		1156922	1302027
年末金融机构各项贷款余额	万元	765121	836492		942187	1140948
三、农业、工业及投资						
农业机械总动力	万千瓦特	21	16	61	40	95
机收面积	公顷		16200	39824	28186	84889
设施农业占地面积	公顷	101	84	385	995	17627
粮食总产量	吨	102419	110036	262854	172659	565430
棉花产量	吨	81	45	450	3582	586
油料产量	吨	8117	7132	147619	11493	4176
肉类总产量	吨	15038	10220	30120	40899	57249
规模以上工业企业单位数	个	29	91	220	192	215
规模以上工业总产值	万元	476466	1502500	1804921	3772676	4981457
固定资产投资	万元	1008414	1491253	2507446	2482692	3057776
四、教育、卫生和社会保障						
普通中学在校学生数	人	19264	16193	22847	16176	18167
中等职业教育学校在校学生数	人	623	771	4979	2014	467
小学在校学生数	人	30981	29632	29479	18809	34428
医疗卫生机构床位数	床	1408	1726	1212	1684	1715
各种社会福利收养性单位数	个	16	16	10	11	9
各种社会福利收养性单位床位数	床	868	1436	967	1226	1230

2016年县(市)社会经济主要指标

山东省

指　　标	单位	商河县	章丘市	胶州市	即墨市	平度市
一、基本情况						
行政区域面积	平方公里	1162	1719	1324	1921	3176
乡个数	个					
镇个数	个	11	9	6	7	12
街道办事处个数	个	1	11	6	8	5
户籍人口	万人	64	103	84	116	139
第二产业从业人员	人	12183	307015	268320	378700	222770
第三产业从业人员	人	17568	265757	156220	254700	150429
固定电话用户	户	44873	135000	164800	194650	199800
二、综合经济						
地区生产总值	万元	1792064	9248782	10359032	11846830	8127293
第一产业增加值	万元	484530	849686	499432	622230	1078993
农业增加值	万元	380756	518900	277912	264947	802390
牧业增加值	万元	78121	299411	108399	113493	266240
第二产业增加值	万元	671904	5541987	5381500	6353700	4175300
公共财政收入	万元	88089	509451	920707	1050508	497837
各项税收	万元	105103	602460	738023	846578	369333
公共财政支出	万元	298552	712160	1047902	1294772	966787
居民储蓄存款余额	万元	1185694	4037940	4004261	5070945	4408559
年末金融机构各项贷款余额	万元	846898	3254721	5555235	8282189	3267445
三、农业、工业及投资						
农业机械总动力	万千瓦特	110	128	101	109	253
机收面积	公顷	112633	110120	70829	82695	205419
设施农业占地面积	公顷	3336	18627	1786	1459	4553
粮食总产量	吨	729798	615891	379100	432000	1414500
棉花产量	吨	2818	4881		29	566
油料产量	吨	297	7674	28533	63355	112358
肉类总产量	吨	88094	117745	49470	58382	176497
规模以上工业企业单位数	个	168	610	895	761	597
规模以上工业总产值	万元	1836842	17834436	2500140	29589804	16051872
固定资产投资	万元	1269691	6762301	10393921	10489280	7783045
四、教育、卫生和社会保障						
普通中学在校学生数	人	27427	53672	29150	36853	36988
中等职业教育学校在校学生数	人	1874	8105	6859	6510	5345
小学在校学生数	人	40177	54213	62742	85011	73765
医疗卫生机构床位数	床	1601	5221	5429	5108	4652
各种社会福利收养性单位数	个	12	20	8	22	61
各种社会福利收养性单位床位数	床	1280	2234	2408	3408	2095

2016年县(市)社会经济主要指标

山东省

指　　标	单位	莱西市	桓台市	高青县	沂源县	滕州市
一、基本情况						
行政区域面积	平方公里	1568	509	831	1636	1495
乡个数	个					
镇个数	个	8	7	7	10	17
街道办事处个数	个	3	2	2	2	4
户籍人口	万人	74	50	37	57	171
第二产业从业人员	人	100879	170124	74348	102302	366894
第三产业从业人员	人	108012	82943	67561	105250	376284
固定电话用户	户	80020	71336	33250	36823	162900
二、综合经济						
地区生产总值	万元	5603339	5361460	2052550	2657860	10648010
第一产业增加值	万元	666839	197326	265327	323643	751410
农业增加值	万元	409641	132201	173396	232849	583541
牧业增加值	万元	247595	39441	72693	63261	134134
第二产业增加值	万元	2674700	3175229	990611	1134861	5300950
公共财政收入	万元	519206	331249	139000	191443	690018
各项税收	万元	272158	244487	106707	125518	464476
公共财政支出	万元	652187	371667	247423	329580	881582
居民储蓄存款余额	万元	2676513	1919056	1040305	1494859	4403848
年末金融机构各项贷款余额	万元	3097646	3780520	1084859	1529439	3978483
三、农业、工业及投资						
农业机械总动力	万千瓦特	121	57	52	30	135
机收面积	公顷	93745	46718	78083	6959	139450
设施农业占地面积	公顷	10940	104	2143	1413	3765
粮食总产量	吨	566281	356785	589121	16688	754500
棉花产量	吨		44	1571	1071	1220
油料产量	吨	74896	9	1360	16705	35783
肉类总产量	吨	214387	11236	35507	26474	112157
规模以上工业企业单位数	个	602	306	131	152	450
规模以上工业总产值	万元	11128455	18826991	3227476	5600959	13072129
固定资产投资	万元	6701278	4303608	1551927	2122872	6559248
四、教育、卫生和社会保障						
普通中学在校学生数	人	28627	32328	21793	34923	74160
中等职业教育学校在校学生数	人	3875	3383	1817	3067	13327
小学在校学生数	人	34497	20539	15254	22253	107910
医疗卫生机构床位数	床	4327	3950	1439	1780	7840
各种社会福利收养性单位数	个	11	32	9	12	31
各种社会福利收养性单位床位数	床	2809	3705	993	989	8622

2016年县(市)社会经济主要指标

山东省

指　　标	单位	垦利区	利津县	广饶县	长岛县	龙口市
一、基本情况						
行政区域面积	平方公里	2331	1666	1166	59	901
乡个数	个		2		6	
镇个数	个	5	4	7	1	8
街道办事处个数	个	2	2	2	1	5
户籍人口	万人	23	28	52	4	64
第二产业从业人员	人	74291	54300	142300	4116	187580
第三产业从业人员	人	46585	56900	117800	19059	175551
固定电话用户	户	20247	13000	66500	10070	100861
二、综合经济						
地区生产总值	万元	4109238	2635869	7909621	671663	11109892
第一产业增加值	万元	202355	280708	428831	377472	383940
农业增加值	万元	72787	159034	302582	241	249432
牧业增加值	万元	38359	71067	73167	87	82359
第二产业增加值	万元	2343369	1342555	5148259	38845	6336412
公共财政收入	万元	235043	128771	409396	12630	948167
各项税收	万元	146853	84742	272396	10467	747220
公共财政支出	万元	310633	226487	499072	71419	917182
居民储蓄存款余额	万元	1543173	856406	2621857	306288	4887522
年末金融机构各项贷款余额	万元	4097871	1250913	9948327	135147	5771318
三、农业、工业及投资						
农业机械总动力	万千瓦特	47	42	91	7	59
机收面积	公顷	22370	37931	76805	46	23172
设施农业占地面积	公顷	129	867	1337		1267
粮食总产量	吨	115470	204355	500000	423	100363
棉花产量	吨	24969	28408	6741		
油料产量	吨	848	1989	4	9	9172
肉类总产量	吨	19218	50149	61046	32	36052
规模以上工业企业单位数	个	180	135	288	5	300
规模以上工业总产值	万元	21442745	17139618	43442535	25199	32480713
固定资产投资	万元	2973924	1345849	6500618	74082	6883260
四、教育、卫生和社会保障						
普通中学在校学生数	人	10852	11221	31340	1548	30833
中等职业教育学校在校学生数	人	3587	2654	4320	101	9400
小学在校学生数	人	11753	9870	26673	1073	28397
医疗卫生机构床位数	床	904	850	2838	270	4161
各种社会福利收养性单位数	个	44	28	9	6	20
各种社会福利收养性单位床位数	床	1510	1489	1531	80	3390

2016年县(市)社会经济主要指标

山东省

指　　标	单位	莱阳市	莱州市	蓬莱市	招远市	栖霞市
一、基本情况						
行政区域面积	平方公里	1731	1928	1136	1432	2016
乡个数	个					
镇个数	个	13	11	7	9	12
街道办事处个数	个	5	6	5	5	3
户籍人口	万人	91	85	45	57	61
第二产业从业人员	人	135841	174925	100838	124986	55594
第三产业从业人员	人	109615	171035	83940	71156	208696
固定电话用户	户	96432	136196	33320	35895	65899
二、综合经济						
地区生产总值	万元	3505900	7667724	5020136	6872553	2499652
第一产业增加值	万元	477576	711903	291979	423432	486552
农业增加值	万元	296007	338689	146057	296568	433493
牧业增加值	万元	136112	164283	66342	77133	37685
第二产业增加值	万元	1609225	3901537	2599396	3538588	988969
公共财政收入	万元	156710	618577	315328	547388	112497
各项税收	万元	211027	851330	338431	556706	85485
公共财政支出	万元	323378	635742	397825	546015	268982
居民储蓄存款余额	万元	2881956	4937127	2590703	3229553	1939300
年末金融机构各项贷款余额	万元	1752491	2658501	3039446	2585346	1264157
三、农业、工业及投资						
农业机械总动力	万千瓦特	152	124	71	83	75
机收面积	公顷	95300	102952	26276	57011	23137
设施农业占地面积	公顷	854	473	14458	469	99
粮食总产量	吨	419907	534691	53279	213309	93062
棉花产量	吨	16	396			
油料产量	吨	78585	48877	30639	65460	53344
肉类总产量	吨	115699	93996	70801	50364	23317
规模以上工业企业单位数	个	218	351	251	295	199
规模以上工业总产值	万元	9576989	16295399	14901044	18339855	2519231
固定资产投资	万元	1811311	5008449	4573024	4601083	1619746
四、教育、卫生和社会保障						
普通中学在校学生数	人	36388	39184	19201	26128	21567
中等职业教育学校在校学生数	人	2697	8109	3168	3713	1556
小学在校学生数	人	32423	29748	16536	20757	12194
医疗卫生机构床位数	床	3894	7024	2325	2404	2184
各种社会福利收养性单位数	个	29	32	10	22	12
各种社会福利收养性单位床位数	床	3473	4866	1039	3390	2032

2016年县(市)社会经济主要指标

山东省

指　　标	单位	海阳市	临朐县	昌乐县	青州市	诸城市
一、基本情况						
行政区域面积	平方公里	1910	1831	1101	1569	2151
乡个数	个					
镇个数	个	10	8	4	8	10
街道办事处个数	个	4	2	4	4	4
户籍人口	万人	64	91	63	94	111
第二产业从业人员	人	166254	157192	114051	190542	270295
第三产业从业人员	人	135421	168850	103212	142237	228263
固定电话用户	户	29577	94345	55980	117296	64510
二、综合经济						
地区生产总值	万元	3025781	2610960	2926400	6156800	7945100
第一产业增加值	万元	665969	361900	376600	529056	642400
农业增加值	万元	304540	232238	261600	458941	256816
牧业增加值	万元	95367	105384	106100	66139	376490
第二产业增加值	万元	1102984	1060300	1254600	2817830	4037000
公共财政收入	万元	293906	156966	235929	459890	731686
各项税收	万元	223726	135998	175402	373265	531090
公共财政支出	万元	350606	322766	279521	494229	761560
居民储蓄存款余额	万元	2562598	2776211	2133632	5033159	4013184
年末金融机构各项贷款余额	万元	2645972	2326450	2436861	4498209	5074584
三、农业、工业及投资						
农业机械总动力	万千瓦特	107	40	47	127	125
机收面积	公顷	65987	67985	51807	86288	152600
设施农业占地面积	公顷	1452	2504	14567	21883	4953
粮食总产量	吨	261259	190000	210000	224500	823000
棉花产量	吨		713	164	99	946
油料产量	吨	83718	17459	38623	42	55566
肉类总产量	吨	53811	102519	106501	91143	314538
规模以上工业企业单位数	个	171	273	227	484	484
规模以上工业总产值	万元	3289567	4363713	10073578	15701483	23140119
固定资产投资	万元	4426563	3299502	3499009	5761835	6355118
四、教育、卫生和社会保障						
普通中学在校学生数	人	28536	32851	38322	43154	55079
中等职业教育学校在校学生数	人	2800	4961	1983	12612	12204
小学在校学生数	人	23335	55978	39041	49731	75248
医疗卫生机构床位数	床	3183	3913	3818	5017	5568
各种社会福利收养性单位数	个	25	15	6	15	24
各种社会福利收养性单位床位数	床	2153	1968	1921	5910	4367

2016年县(市)社会经济主要指标

山东省

指　　标	单位	寿光市	安丘市	高密市	昌邑市	兖州区
一、基本情况						
行政区域面积	平方公里	1990	1712	1527	1628	650
乡个数	个					
镇个数	个	9	10	7	6	6
街道办事处个数	个	6	2	3	3	6
户籍人口	万人	108	96	89	59	63
第二产业从业人员	人	195400	82773	257637	114600	146645
第三产业从业人员	人	260100	69225	131140	130400	213110
固定电话用户	户	109399	100235	104500	90651	69295
二、综合经济						
地区生产总值	万元	8568000	3063700	6231823	3995033	6587678
第一产业增加值	万元	973300	504800	511837	369533	488278
农业增加值	万元	779020	439500	345002	214281	302437
牧业增加值	万元	118840	51300	159734	94293	175080
第二产业增加值	万元	3641300	1231900	3142708	2025500	3551000
公共财政收入	万元	946872	208027	480480	299086	607799
各项税收	万元	732275	168114	383545	204004	444837
公共财政支出	万元	971469	386841	518843	366415	506035
居民储蓄存款余额	万元	5198477	2935000	3164504	2886092	2608842
年末金融机构各项贷款余额	万元	7256715	3177000	3609555	2169259	2695250
三、农业、工业及投资						
农业机械总动力	万千瓦特	113	138	147	94	62
机收面积	公顷	90870	69220	141241	94122	56413
设施农业占地面积	公顷	30340	6415	2231	5793	96
粮食总产量	吨	585000	328500	833500	500000	405500
棉花产量	吨	10758	1098	101	4670	41
油料产量	吨	212	52253	28504	7955	2663
肉类总产量	吨	169900	139776	208483	82642	40778
规模以上工业企业单位数	个	486	389	495	278	239
规模以上工业总产值	万元	18847335	5159406	18677842	9692401	15186009
固定资产投资	万元	6308714	3214100	5632397	3801062	4837109
四、教育、卫生和社会保障						
普通中学在校学生数	人	31645	38719	44133	24575	29412
中等职业教育学校在校学生数	人	14655	4106	14828	3089	2348
小学在校学生数	人	66840	66214	66275	33001	41152
医疗卫生机构床位数	床	5308	2678	3209	1898	4101
各种社会福利收养性单位数	个	99	21	53	22	18
各种社会福利收养性单位床位数	床	6745	2644	6590	1530	3569

2016年县(市)社会经济主要指标

山东省

指　　标	单位	微山县	鱼台县	金乡县	嘉祥县	汶上县
一、基本情况						
行政区域面积	平方公里	1738	653	888	975	889
乡个数	个	1				1
镇个数	个	11	9	9	13	12
街道办事处个数	个	3	2	4	2	2
户籍人口	万人	73	48	66	92	81
第二产业从业人员	人	124522	73255	96123	217020	184037
第三产业从业人员	人	201588	96101	160026	261404	138548
固定电话用户	户	35962	69571	50938	30059	48514
二、综合经济						
地区生产总值	万元	4101576	1696210	2059300	2698433	2649700
第一产业增加值	万元	406795	355478	554300	363229	446800
农业增加值	万元	147396	244776	467996	272905	284413
牧业增加值	万元	117181	60819	80380	80371	154967
第二产业增加值	万元	1802500	661733	569000	1242453	1180000
公共财政收入	万元	333656	104206	135586	163016	141537
各项税收	万元	226246	74296	109468	138627	111093
公共财政支出	万元	420176	246657	324207	341366	303467
居民储蓄存款余额	万元	1438040	1117018	1934500	2298482	1806300
年末金融机构各项贷款余额	万元	968043	525411	1202200	1216414	1193900
三、农业、工业及投资						
农业机械总动力	万千瓦特	90	98	73	105	126
机收面积	公顷	51025	45795	23818	96352	94667
设施农业占地面积	公顷	309	732	2378	320	155
粮食总产量	吨	328500	261000	61500	598000	587500
棉花产量	吨	201	16467	39312	4685	174
油料产量	吨	1957		2138	2820	9338
肉类总产量	吨	39279	30291	41946	48887	82199
规模以上工业企业单位数	个	187	113	205	203	190
规模以上工业总产值	万元	1874400	488441	3166554	2665810	2208684
固定资产投资	万元	2201964	1503932	1704235	2269757	2325162
四、教育、卫生和社会保障						
普通中学在校学生数	人	19288	18191	18476	51138	19719
中等职业教育学校在校学生数	人	705	942	2203	5010	1947
小学在校学生数	人	44928	32280	55024	93621	54964
医疗卫生机构床位数	床	2830	1615	2477	3190	3146
各种社会福利收养性单位数	个	15	12	16	19	61
各种社会福利收养性单位床位数	床	3065	1563	1672	2666	2915

2016年县(市)社会经济主要指标

山东省

指　　标	单位	泗水县	梁山县	曲阜市	邹城市	宁阳县
一、基本情况						
行政区域面积	平方公里	1118	961	815	1617	1124
乡个数	个		2			1
镇个数	个	11	10	8	13	10
街道办事处个数	个	2	2	4	3	2
户籍人口	万人	64	83	65	120	83
第二产业从业人员	人	104797	135126	170835	305356	193046
第三产业从业人员	人	112241	102184	138640	312469	167597
固定电话用户	户	73332	57000	40072	103500	72910
二、综合经济						
地区生产总值	万元	1710700	2650433	4136841	8692931	4044683
第一产业增加值	万元	394400	488525	370641	551620	555683
农业增加值	万元	288600	363180	279027	341389	355309
牧业增加值	万元	102700	103601	79485	184332	187458
第二产业增加值	万元	646400	1231406	1368500	4535178	1703000
公共财政收入	万元	90058	135272	267147	735148	127079
各项税收	万元	108068	173300	211152	464344	142600
公共财政支出	万元	280569	303846	435604	787604	351611
居民储蓄存款余额	万元	1332800	2305452	2010676	3572484	1785717
年末金融机构各项贷款余额	万元	877200	1045711	1467470	5397578	1013147
三、农业、工业及投资						
农业机械总动力	万千瓦特	45	80	60	71	108
机收面积	公顷	62170	95490	71237	102113	104059
设施农业占地面积	公顷	1246	831	585	606	1533
粮食总产量	吨	200500	580500	510500	509000	566391
棉花产量	吨	530	3596	465	574	266
油料产量	吨	62858	15210	11571	61623	69227
肉类总产量	吨	83972	72214	60384	76048	106701
规模以上工业企业单位数	个	189	214	244	334	389
规模以上工业总产值	万元	1731449	2789000	2580420	8219935	12643148
固定资产投资	万元	1491400	2274346	2731589	4738451	3963584
四、教育、卫生和社会保障						
普通中学在校学生数	人	24936	32908	28353	47489	45651
中等职业教育学校在校学生数	人	1665	2564	7666	4540	5043
小学在校学生数	人	44036	83032	39849	70428	33887
医疗卫生机构床位数	床	2195	2878	3008	6380	3113
各种社会福利收养性单位数	个	14	17	13	28	19
各种社会福利收养性单位床位数	床	2041	3035	1406	6681	3332

2016年县(市)社会经济主要指标

山东省

指　　标	单位	东平县	新泰市	肥城市	文登区	荣成市
一、基本情况						
行政区域面积	平方公里	1340	1934	1277	1616	1526
乡个数	个	2	1			
镇个数	个	9	17	10	12	12
街道办事处个数	个	3	3	4	3	10
户籍人口	万人	81	143	99	58	67
第二产业从业人员	人	182714	328206	176263	168813	181646
第三产业从业人员	人	166261	335366	182073	131327	94093
固定电话用户	户	53381	85863	133466	69307	89000
二、综合经济						
地区生产总值	万元	3721012	8155922	7300360	7663922	10780240
第一产业增加值	万元	443012	590009	521921	613394	874640
农业增加值	万元	247034	317901	343879	159285	150594
牧业增加值	万元	93679	251328	157319	184194	81034
第二产业增加值	万元	1698600	3959118	3539790	3457704	4809788
公共财政收入	万元	119336	422609	421469	495168	688339
各项税收	万元	78900	316424	316921	403611	550871
公共财政支出	万元	347735	653177	594586	609469	957567
居民储蓄存款余额	万元	1901626	4162690	3402305	3288873	4199068
年末金融机构各项贷款余额	万元	1659087	3809824	2868266	2897019	4651912
三、农业、工业及投资						
农业机械总动力	万千瓦特	80	93	93	143	220
机收面积	公顷	95471	86000	100292	56063	50867
设施农业占地面积	公顷	358	1692	3451	1053	199
粮食总产量	吨	604994	398209	538509	207658	221983
棉花产量	吨	4389	353	985		
油料产量	吨	20467	98742	9942	79915	58240
肉类总产量	吨	42224	156544	80426	48122	36938
规模以上工业企业单位数	个	319	346	414	471	585
规模以上工业总产值	万元	11648284	13366141	9677459	15255680	31073814
固定资产投资	万元	3320854	6508586	6071102	6643809	8282776
四、教育、卫生和社会保障						
普通中学在校学生数	人	44153	84611	51570	19828	28906
中等职业教育学校在校学生数	人	4354	4943	5143	3668	6753
小学在校学生数	人	34832	73574	51185	18898	25757
医疗卫生机构床位数	床	2697	6535	4550	3996	4813
各种社会福利收养性单位数	个	41	27	23	42	53
各种社会福利收养性单位床位数	床	3359	4600	2630	8124	9377

2016年县(市)社会经济主要指标

山东省

指　　标	单位	乳山市	五莲县	莒县	沂南县	郯城县
一、基本情况						
行政区域面积	平方公里	1665	1497	1821	1719	1195
乡个数	个		2	1	1	3
镇个数	个	14	9	18	13	9
街道办事处个数	个	1	1	2	1	1
户籍人口	万人	56	52	113	95	100
第二产业从业人员	人	56224	134715	190465	159712	122465
第三产业从业人员	人	48375	114952	176157	119763	128808
固定电话用户	户	63611	33282	35000	40432	13912
二、综合经济						
地区生产总值	万元	5121200	2199683	3297432	2427100	2818300
第一产业增加值	万元	418643	225083	466932	380536	287800
农业增加值	万元	191813	165067	266758	264652	206436
牧业增加值	万元	56118	52370	172020	102896	36130
第二产业增加值	万元	2356500	1174600	1362800	955000	1300300
公共财政收入	万元	313298	107903	143659	147429	120067
各项税收	万元	255350	77812	118302	126974	102146
公共财政支出	万元	411441	264149	416768	386260	353355
居民储蓄存款余额	万元	2439338	1695637	2886223	2314610	1962490
年末金融机构各项贷款余额	万元	1672445	1457917	3447252	1357828	1363907
三、农业、工业及投资						
农业机械总动力	万千瓦特	99	56	129	78	75
机收面积	公顷	51896	43030	75092	87152	110891
设施农业占地面积	公顷	259	1668	3339	4328	1756
粮食总产量	吨	209483	201291	395009	359500	716500
棉花产量	吨		999	265	2043	29
油料产量	吨	74179	61626	84543	95376	15299
肉类总产量	吨	85544	56965	138603	87970	52397
规模以上工业企业单位数	个	355	224	201	304	242
规模以上工业总产值	万元	7990225	5911113	4816641	5051558	7023668
固定资产投资	万元	5358000	1565917	2579098	2451528	2384570
四、教育、卫生和社会保障						
普通中学在校学生数	人	15968	21924	50225	38370	37463
中等职业教育学校在校学生数	人	465	3766	7175	4327	3904
小学在校学生数	人	13527	26012	78944	65949	77110
医疗卫生机构床位数	床	2265	2234	3745	3770	2630
各种社会福利收养性单位数	个	23	81	25	86	61
各种社会福利收养性单位床位数	床	5996	2990	3124	3548	2828

2016年县(市)社会经济主要指标

山东省

指　　标	单位	沂水县	兰陵县	费县	平邑县	莒南县
一、基本情况						
行政区域面积	平方公里	2414	1724	1660	1823	1751
乡个数	个	1	1	2		
镇个数	个	16	15	9	13	15
街道办事处个数	个	1	1	1	1	1
户籍人口	万人	116	140	88	107	105
第二产业从业人员	人	170400	188423	174070	144150	160235
第三产业从业人员	人	154400	264442	104797	112256	150921
固定电话用户	户	60200	42600	28387	27042	46122
二、综合经济						
地区生产总值	万元	3740300	3584100	2824600	2836500	3195607
第一产业增加值	万元	374312	595900	343922	375488	393307
农业增加值	万元	258670	533425	285783	292761	245528
牧业增加值	万元	95226	40860	33801	66760	104369
第二产业增加值	万元	1580500	1257300	1290500	1169900	1403600
公共财政收入	万元	228819	150006	180117	107148	185720
各项税收	万元	184697	130679	152019	89810	155367
公共财政支出	万元	491182	439155	377910	360836	462559
居民储蓄存款余额	万元	3172971	2344481	2090744	1898227	2694717
年末金融机构各项贷款余额	万元	2876964	1934746	1477369	1411320	2261467
三、农业、工业及投资						
农业机械总动力	万千瓦特	79	141	39	59	67
机收面积	公顷	101516	174536	52610	73605	88692
设施农业占地面积	公顷	1223	11545	503	270	2642
粮食总产量	吨	323000	648500	289500	294500	466500
棉花产量	吨	1991	1340	2001	184	96
油料产量	吨	100465	62521	85417	81382	132639
肉类总产量	吨	174674	86091	55748	58730	151651
规模以上工业企业单位数	个	441	213	405	295	345
规模以上工业总产值	万元	11853839	5806052	7668456	3865188	8029180
固定资产投资	万元	3284687	2157371	1852615	1956508	3687217
四、教育、卫生和社会保障						
普通中学在校学生数	人	44487	74828	33935	42043	44060
中等职业教育学校在校学生数	人	7239	4479	2754	3872	3886
小学在校学生数	人	67537	145357	68566	63631	54680
医疗卫生机构床位数	床	6560	5917	3134	4173	3588
各种社会福利收养性单位数	个	125	77	38	96	111
各种社会福利收养性单位床位数	床	7031	5659	2593	4353	5066

2016年县(市)社会经济主要指标

山东省

指　标	单位	蒙阴县	临沭县	陵城区	宁津县	庆云县
一、基本情况						
行政区域面积	平方公里	1602	1010	1213	833	501
乡个数	个	1		1	1	3
镇个数	个	8	7	10	9	5
街道办事处个数	个	1	2	2	2	1
户籍人口	万人	57	66	60	49	34
第二产业从业人员	人	82191	143064	92357	114552	30011
第三产业从业人员	人	87352	64777	57071	73086	36880
固定电话用户	户	63119	41300	21324	26600	21032
二、综合经济						
地区生产总值	万元	1834800	2282715	2423533	2022515	1467982
第一产业增加值	万元	301903	205190	315633	259915	128582
农业增加值	万元	234495	114890	187560	161004	85342
牧业增加值	万元	39698	56242	99400	76534	38442
第二产业增加值	万元	663500	1087999	1063400	1000000	658700
公共财政收入	万元	100090	139366	117862	67546	56384
各项税收	万元	89018	110957	137227	46495	59440
公共财政支出	万元	349934	323118	250103	184029	164750
居民储蓄存款余额	万元	1419856	1646977	1513913	1753895	778637
年末金融机构各项贷款余额	万元	1012586	1880609	826549	739101	613459
三、农业、工业及投资						
农业机械总动力	万千瓦特	45	80	137	174	52
机收面积	公顷	2867	85307	125060	88012	38627
设施农业占地面积	公顷	311	200	496	4480	112
粮食总产量	吨	130500	289000	920800	500100	223500
棉花产量	吨	1520	15	6257	3079	1037
油料产量	吨	38887	183405	5	3916	685
肉类总产量	吨	27171	59600	77825	36782	11830
规模以上工业企业单位数	个	151	202	210	288	194
规模以上工业总产值	万元	2441114	5083169	10956320	8502563	4124274
固定资产投资	万元	1391230	1854623	2156250	2121812	1322698
四、教育、卫生和社会保障						
普通中学在校学生数	人	22864	32871	25876	21499	17517
中等职业教育学校在校学生数	人	1571	8630	3312	2657	2027
小学在校学生数	人	36459	51965	34299	36659	28759
医疗卫生机构床位数	床	2500	1888	2098	1887	1096
各种社会福利收养性单位数	个	83	11	15	11	10
各种社会福利收养性单位床位数	床	3525	1786	1012	1720	1365

2016年县(市)社会经济主要指标

山东省

指　　标	单位	临邑县	齐河县	平原县	夏津县	武城县
一、基本情况						
行政区域面积	平方公里	1016	1411	1047	882	751
乡个数	个	1	2	2	2	
镇个数	个	8	11	8	10	7
街道办事处个数	个	3	2	2	2	1
户籍人口	万人	55	64	47	55	40
第二产业从业人员	人	101954	123043	68972	70885	106378
第三产业从业人员	人	74521	137689	52387	53281	54861
固定电话用户	户	14100	46000	29500	17491	18097
二、综合经济						
地区生产总值	万元	2643591	4300657	2036425	1875256	1864618
第一产业增加值	万元	339091	382757	279925	231456	221989
农业增加值	万元	186822	245789	182991	127661	155190
牧业增加值	万元	127884	100164	75016	97230	50548
第二产业增加值	万元	1257700	2079800	998000	937300	937807
公共财政收入	万元	140428	287666	82632	78173	86197
各项税收	万元	172386	279230	101595	81550	61791
公共财政支出	万元	229368	370168	202352	219412	183975
居民储蓄存款余额	万元	1548015	1656981	1422968	1293117	1296007
年末金融机构各项贷款余额	万元	1062883	1560177	703658	725313	800184
三、农业、工业及投资						
农业机械总动力	万千瓦特	133	167	111	63	66
机收面积	公顷	113594	159833	120994	87489	74986
设施农业占地面积	公顷	1214	2628	5185	885	183
粮食总产量	吨	720100	1012800	755000	453100	453200
棉花产量	吨	1093	2337	139	16894	8257
油料产量	吨	24	2127	925	1878	6217
肉类总产量	吨	94339	111026	65501	64369	13034
规模以上工业企业单位数	个	276	380	184	274	307
规模以上工业总产值	万元	10117556	11885573	6668594	9138747	9205970
固定资产投资	万元	2410837	2761969	1447317	1268768	1964300
四、教育、卫生和社会保障						
普通中学在校学生数	人	25535	28554	22533	29464	18482
中等职业教育学校在校学生数	人	1540	4300	714		6521
小学在校学生数	人	35176	33432	27678	47925	28144
医疗卫生机构床位数	床	2047	2201	1685	1348	1009
各种社会福利收养性单位数	个	15	50	12	12	9
各种社会福利收养性单位床位数	床	2233	2609	2287	1605	1379

2016年县(市)社会经济主要指标

山东省

指　　标	单位	乐陵市	禹城市	阳谷县	莘　县	茌平县
一、基本情况						
行政区域面积	平方公里	1173	992	1008	1388	1003
乡个数	个	3	1	1		1
镇个数	个	9	9	14	20	10
街道办事处个数	个	4	1	3	4	3
户籍人口	万人	72	54	82	108	57
第二产业从业人员	人	104416	109254	230543	119269	124778
第三产业从业人员	人	147323	110025	194759	118437	128721
固定电话用户	户	23560	73068	63597	20431	55073
二、综合经济						
地区生产总值	万元	2385201	2641166	3155837	3191118	4680198
第一产业增加值	万元	370101	333166	453671	523343	520698
农业增加值	万元	241999	207612	365977	416154	425940
牧业增加值	万元	105068	101476	77305	100132	77360
第二产业增加值	万元	1081000	1269200	1696668	1434200	2942100
公共财政收入	万元	100576	190487	134536	110256	310261
各项税收	万元	75154	193800	92675	74425	201747
公共财政支出	万元	262377	283169	326652	378115	381957
居民储蓄存款余额	万元	1530958	1451049	2328502	2204607	1953300
年末金融机构各项贷款余额	万元	1285727	1605728	2096392	1277538	1918200
三、农业、工业及投资						
农业机械总动力	万千瓦特	73	105	111	165	111
机收面积	公顷	113990	113241	108376	130579	105440
设施农业占地面积	公顷	939	4129	4411	22159	9893
粮食总产量	吨	689300	625900	706000	696500	598000
棉花产量	吨	1778	1875	2705	636	2513
油料产量	吨	364	2437	9430	26267	22664
肉类总产量	吨	89792	102402	79073	146136	64893
规模以上工业企业单位数	个	234	359	326	347	452
规模以上工业总产值	万元	9621642	11727743	11007703	8322000	15242000
固定资产投资	万元	2367126	2720730	3225285	2528105	3089105
四、教育、卫生和社会保障						
普通中学在校学生数	人	26934	26713	33575	47603	25356
中等职业教育学校在校学生数	人	1686	3666	5025	3943	2080
小学在校学生数	人	47911	31846	54546	100115	41395
医疗卫生机构床位数	床	1888	1914	3159	2801	1956
各种社会福利收养性单位数	个	15	11	12	11	9
各种社会福利收养性单位床位数	床	2022	732	3615	2658	1759

2016年县(市)社会经济主要指标

山东省

指　　标	单位	东阿县	冠　县	高唐县	临清市	沾化区
一、基本情况						
行政区域面积	平方公里	727	1161	947	950	2218
乡个数	个	1	4			3
镇个数	个	7	11	9	12	7
街道办事处个数	个	2	3	3	4	2
户籍人口	万人	41	87	51	82	40
第二产业从业人员	人	68422	152049	73680	140750	52295
第三产业从业人员	人	65899	116392	70585	115679	81448
固定电话用户	户	50860	17334	21317	28114	20319
二、综合经济						
地区生产总值	万元	1999200	2871886	3880546	3896813	1865127
第一产业增加值	万元	206500	482006	387107	260597	410218
农业增加值	万元	148447	381292	305988	203432	270915
牧业增加值	万元	36900	89563	74669	39885	42116
第二产业增加值	万元	1019700	1360400	2459570	2232485	632288
公共财政收入	万元	118893	113530	150276	191167	116145
各项税收	万元	98002	79108	101089	130601	75769
公共财政支出	万元	190838	346259	269381	334993	221290
居民储蓄存款余额	万元	1246126	1887512	1409112	2535625	750535
年末金融机构各项贷款余额	万元	1238685	1724966	1917523	1978659	855199
三、农业、工业及投资						
农业机械总动力	万千瓦特	71	116	85	85	52
机收面积	公顷	71860	115515	89486	92334	24031
设施农业占地面积	公顷	1360	5022	953	1588	414
粮食总产量	吨	485500	651500	530000	559500	161490
棉花产量	吨	1739	909	10885	2767	21380
油料产量	吨	607	14327	18209	2750	990
肉类总产量	吨	29454	71214	59735	38727	39490
规模以上工业企业单位数	个	154	302	431	450	114
规模以上工业总产值	万元	4665151	10702030	17807048	14090605	2572625
固定资产投资	万元	1083541	2428371	2992847	2845169	1870873
四、教育、卫生和社会保障						
普通中学在校学生数	人	17675	30985	22967	34458	14990
中等职业教育学校在校学生数	人	628	3146	3649	1558	1952
小学在校学生数	人	21797	78448	37165	86758	20053
医疗卫生机构床位数	床	1413	2714	1618	3456	1531
各种社会福利收养性单位数	个	47	13	15	8	11
各种社会福利收养性单位床位数	床	2965	3779	2753	2021	1786

2016年县(市)社会经济主要指标

山东省

指　　标	单位	惠民县	阳信县	无棣县	博兴县	邹平县
一、基本情况						
行政区域面积	平方公里	1362	798	2090	900	1250
乡个数	个		1			
镇个数	个	12	7	10	9	11
街道办事处个数	个	3	2	2	3	5
户籍人口	万人	65	47	48	50	74
第二产业从业人员	人	138044	116020	122041	141710	220480
第三产业从业人员	人	124029	66155	98913	95900	122431
固定电话用户	户	12893	50300	28708	39912	163000
二、综合经济						
地区生产总值	万元	1929218	1465303	2691552	3237069	8697702
第一产业增加值	万元	341019	261014	386810	254490	418790
农业增加值	万元	273425	157479	185615	177153	245788
牧业增加值	万元	52210	88306	85591	34893	155196
第二产业增加值	万元	721474	504237	1318457	1629067	5088666
公共财政收入	万元	95966	80525	250871	465293	636083
各项税收	万元	75370	129595	200123	428189	504127
公共财政支出	万元	293956	247623	380343	346917	635323
居民储蓄存款余额	万元	1306470	903854	1183766	2272744	2897386
年末金融机构各项贷款余额	万元	1474483	1031939	1509007	4209733	7539623
三、农业、工业及投资						
农业机械总动力	万千瓦特	71	66	93	65	86
机收面积	公顷	99051	66546	49407	62202	103438
设施农业占地面积	公顷	7637	2037	114	1488	1847
粮食总产量	吨	648100	466490	252940	460950	758010
棉花产量	吨	11697	1826	19917	7992	1348
油料产量	吨	9334		1853	302	1035
肉类总产量	吨	85666	91552	98440	64401	48180
规模以上工业企业单位数	个	232	126	140	237	256
规模以上工业总产值	万元	4595729	3141732	4803402	11718913	36573543
固定资产投资	万元	2210366	1456000	3972389	2745885	2866662
四、教育、卫生和社会保障						
普通中学在校学生数	人	25135	23739	20874	25886	39888
中等职业教育学校在校学生数	人	2734	3291	3612	4904	8108
小学在校学生数	人	36830	30466	32028	30192	48624
医疗卫生机构床位数	床	2809	1604	1780	1692	3623
各种社会福利收养性单位数	个	73	9	13	17	191
各种社会福利收养性单位床位数	床	4052	1200	1234	2260	8842

2016年县(市)社会经济主要指标

山东省

指　　标	单位	定陶区	曹　县	单　县	成武县	巨野县
一、基本情况						
行政区域面积	平方公里	846	1974	1670	998	1308
乡个数	个		2	2		
镇个数	个	10	20	16	11	15
街道办事处个数	个	2	5	4	2	2
户籍人口	万人	70	169	127	73	109
第二产业从业人员	人	75777	225811	165474	82060	150201
第三产业从业人员	人	126969	242977	226822	121671	195871
固定电话用户	户	7706	16013	16073	10701	12208
二、综合经济						
地区生产总值	万元	1543024	3308261	2989330	1856813	2725020
第一产业增加值	万元	248204	387657	397839	248931	294009
农业增加值	万元	175668	255957	281212	185790	217676
牧业增加值	万元	65038	87773	97826	48455	60423
第二产业增加值	万元	770346	1733289	1474338	991796	1434315
公共财政收入	万元	82000	230655	163750	90609	200016
各项税收	万元	58844	165524	126014	72111	167234
公共财政支出	万元	267273	587384	442337	257855	369897
居民储蓄存款余额	万元	1325111	2667194	2308145	1613081	2405691
年末金融机构各项贷款余额	万元	917954	2072373	1662346	931758	1716910
三、农业、工业及投资						
农业机械总动力	万千瓦特	70	114	127	90	111
机收面积	公顷	88433	186531	142900	97544	115540
设施农业占地面积	公顷	2167	1171	3439	3019	750
粮食总产量	吨	538000	1105500	609500	500500	523000
棉花产量	吨	401	8221	22175	33474	45050
油料产量	吨	5157	25648	44727	1756	8522
肉类总产量	吨	68550	90384	93388	60826	59154
规模以上工业企业单位数	个	224	678	355	214	309
规模以上工业总产值	万元	4143732	11975460	7062523	5162757	5389151
固定资产投资	万元	843732	1559245	1078229	867257	1146149
四、教育、卫生和社会保障						
普通中学在校学生数	人	31180	79840	62130	32077	45881
中等职业教育学校在校学生数	人	2728	1316	10206	1580	2159
小学在校学生数	人	63582	162165	97042	76748	110290
医疗卫生机构床位数	床	2707	6877	5497	2046	4222
各种社会福利收养性单位数	个	12	26	28	15	23
各种社会福利收养性单位床位数	床	2294	7681	5024	1884	3010

2016年县(市)社会经济主要指标

山东省、河南省

指　　标	单位	郓城县	鄄城县	东明县	中牟县	巩义市
一、基本情况						
行政区域面积	平方公里	1643	1032	1370	953	1043
乡个数	个	4	2	2	1	
镇个数	个	16	13	10	10	15
街道办事处个数	个	2	2	2	3	5
户籍人口	万人	128	92	86	55	84
第二产业从业人员	人	210755	107317	83617	46160	234532
第三产业从业人员	人	238538	145741	128627	49300	149675
固定电话用户	户	25203	6641	16994	64209	92361
二、综合经济						
地区生产总值	万元	3326204	1745140	2815540	2848902	6799975
第一产业增加值	万元	380398	264752	255287	238834	117474
农业增加值	万元	266601	181569	198741	139293	44486
牧业增加值	万元	91635	61480	34078	76020	61193
第二产业增加值	万元	1755023	843063	1658435	961577	4090093
公共财政收入	万元	227091	87325	164680	416156	383698
各项税收	万元	172296	62531	122621	292964	204195
公共财政支出	万元	522535	327279	337600	700712	582699
居民储蓄存款余额	万元	3190633	1919827	1602765	3196472	2524889
年末金融机构各项贷款余额	万元	1845309	1022714	1921199	2538879	2075552
三、农业、工业及投资						
农业机械总动力	万千瓦特	99	75	76	62	50
机收面积	公顷	167391	104620	132730	50221	33453
设施农业占地面积	公顷	2346	1102	2096	2264	320
粮食总产量	吨	1045000	561000	585500	184112	158108
棉花产量	吨	13835	1810	4325	993	663
油料产量	吨	29803	32107	62929	48214	4184
肉类总产量	吨	100296	83817	72708	40528	29625
规模以上工业企业单位数	个	470	336	207	131	506
规模以上工业总产值	万元	9245416	5479837	13395715	5014414	21447673
固定资产投资	万元	1447295	823027	1576408	3961213	5506970
四、教育、卫生和社会保障						
普通中学在校学生数	人	69515	47217	50265	35815	37766
中等职业教育学校在校学生数	人	2832	9233	4046	9835	3554
小学在校学生数	人	123849	83008	88798	69546	52106
医疗卫生机构床位数	床	5059	3198	2247	3279	3407
各种社会福利收养性单位数	个	24	16	19	12	23
各种社会福利收养性单位床位数	床	5724	2006	3625	436	1557

2016年县(市)社会经济主要指标

河南省

指　　标	单位	荥阳市	新密市	新郑市	登封市	祥符区
一、基本情况						
行政区域面积	平方公里	943	1001	885	1217	1251
乡个数	个	3	1	1	3	9
镇个数	个	9	12	9	10	6
街道办事处个数	个	2	4	3	3	
户籍人口	万人	69	89	62	73	82
第二产业从业人员	人	159265	204198	69682	72057	80551
第三产业从业人员	人	152979	219035	73736	35258	21228
固定电话用户	户	125756	81695	50000	66290	201890
二、综合经济						
地区生产总值	万元	6296185	6843020	9789423	5719747	2356278
第一产业增加值	万元	293132	208737	226450	176598	528780
农业增加值	万元	165904	111214	116322	84169	327097
牧业增加值	万元	105119	67704	105839	62210	190025
第二产业增加值	万元	3739371	3510691	5634121	3204940	852233
公共财政收入	万元	372152	308469	653118	235656	86940
各项税收	万元	284418	155095	441236	141350	49991
公共财政支出	万元	563986	478031	838414	451449	296950
居民储蓄存款余额	万元	2181698	2811136	3020594	2196921	1228077
年末金融机构各项贷款余额	万元	1873164	1776984	4582367	1330714	976058
三、农业、工业及投资						
农业机械总动力	万千瓦特	89	88	59	72	165
机收面积	公顷	55933	46787	47980	49332	108305
设施农业占地面积	公顷	1057	234	200	97	456
粮食总产量	吨	330326	211019	267966	195578	582210
棉花产量	吨	127	44	18	311	2268
油料产量	吨	8226	9827	22465	5359	113594
肉类总产量	吨	43734	22108	49567	27754	84326
规模以上工业企业单位数	个	456	489	275	369	146
规模以上工业总产值	万元	18280362	15392062	13141414	13979207	4337923
固定资产投资	万元	5792667	5091624	5662319	4683531	2255102
四、教育、卫生和社会保障						
普通中学在校学生数	人	31047	47426	38969	62833	38988
中等职业教育学校在校学生数	人	5864	5355	29665	18508	6209
小学在校学生数	人	45972	67837	77179	81370	68465
医疗卫生机构床位数	床	2301	4707	3723	4099	1446
各种社会福利收养性单位数	个	12	24	22	22	19
各种社会福利收养性单位床位数	床	4181	2405	1875	2912	1341

2016年县(市)社会经济主要指标

河南省

指标	单位	杞县	通许县	尉氏县	兰考县	孟津县
一、基本情况						
行政区域面积	平方公里	1257	767	1297	1116	759
乡个数	个	13	6	7	8	
镇个数	个	8	5	10	5	10
街道办事处个数	个		1		3	
户籍人口	万人	123	69	103	85	48
第二产业从业人员	人	35937	28899	70101	297028	111772
第三产业从业人员	人	33112	18078	44766	236044	108666
固定电话用户	户	25765	7874	38000	17800	47906
二、综合经济						
地区生产总值	万元	2887170	2321027	3379603	2592195	2606904
第一产业增加值	万元	778126	481070	519521	395802	241007
农业增加值	万元	518061	366387	352535	221348	119602
牧业增加值	万元	241559	110195	139097	149799	98113
第二产业增加值	万元	986817	929956	1792585	1130459	1417407
公共财政收入	万元	130666	77273	162286	140992	139326
各项税收	万元	82410	50584	112903	110692	89910
公共财政支出	万元	416155	301695	421466	525600	279181
居民储蓄存款余额	万元	1547910	1104394	1436604	1356722	1093331
年末金融机构各项贷款余额	万元	804944	609415	1006512	1171221	698770
三、农业、工业及投资						
农业机械总动力	万千瓦特	157	75	113	71	42
机收面积	公顷	139993	56373	103724	102872	51226
设施农业占地面积	公顷	2041	2383	270	728	260
粮食总产量	吨	661840	372687	589261	524991	244550
棉花产量	吨	5138	1955	5320	3074	620
油料产量	吨	106353	40436	126866	75390	3945
肉类总产量	吨	107021	64882	79857	55804	21645
规模以上工业企业单位数	个	213	186	276	240	280
规模以上工业总产值	万元	4524387	336	7738840	4119739	7500502
固定资产投资	万元	2326825	1853941	2985864	1749458	3136792
四、教育、卫生和社会保障						
普通中学在校学生数	人	63095	26071	45182	35886	27688
中等职业教育学校在校学生数	人	1800	7328	3348	2466	4968
小学在校学生数	人	91795	56508	92554	75364	30445
医疗卫生机构床位数	床	2648	2674	3260	4914	1800
各种社会福利收养性单位数	个	30	13	19	16	15
各种社会福利收养性单位床位数	床	2980	781	1429	1499	845

2016年县(市)社会经济主要指标

河南省

指　标	单位	新安县	栾川县	嵩　县	汝阳县	宜阳县
一、基本情况						
行政区域面积	平方公里	1164	2477	3007	1328	1617
乡个数	个	1	2	6	5	5
镇个数	个	10	12	10	8	11
街道办事处个数	个					
户籍人口	万人	53	36	64	52	72
第二产业从业人员	人	123325	72755	33071	59800	103397
第三产业从业人员	人	140363	94057	80982	89120	129343
固定电话用户	户	30300	27309	23834	40752	24171
二、综合经济						
地区生产总值	万元	4154984	1648349	1566111	1387972	2470453
第一产业增加值	万元	226779	143650	295374	141007	357453
农业增加值	万元	143919	108837	176189	85759	257372
牧业增加值	万元	44639	11087	59546	17464	93835
第二产业增加值	万元	2512457	933292	544234	724496	1081199
公共财政收入	万元	194261	181369	64685	82105	103399
各项税收	万元	127656	113493	41154	65668	63317
公共财政支出	万元	312918	297632	288123	237411	307788
居民储蓄存款余额	万元	1128374	874568	939267	740738	990262
年末金融机构各项贷款余额	万元	1068910	700230	448258	566110	725049
三、农业、工业及投资						
农业机械总动力	万千瓦特	48	28	60	44	62
机收面积	公顷	25150	4500	15700	24660	48200
设施农业占地面积	公顷	61	39	152	92	823
粮食总产量	吨	204822	43965	207530	179099	371196
棉花产量	吨	680	18	259	315	2014
油料产量	吨	5025	947	9657	10874	73195
肉类总产量	吨	22021	7300	28629	11957	45739
规模以上工业企业单位数	个	230	58	33	75	136
规模以上工业总产值	万元	11656678	1790177	1298627	1382455	3484388
固定资产投资	万元	5190781	2480110	2354278	1851202	3175414
四、教育、卫生和社会保障						
普通中学在校学生数	人	32671	19281	34946	32373	40356
中等职业教育学校在校学生数	人	14568	3160	6495	1206	2581
小学在校学生数	人	38123	28795	58209	51269	51205
医疗卫生机构床位数	床	2209	1856	2261	1738	3065
各种社会福利收养性单位数	个	12	17	18	15	18
各种社会福利收养性单位床位数	床	1500	1360	1305	1420	1570

2016年县(市)社会经济主要指标

河南省

指　　标	单位	洛宁县	伊川县	偃师市	宝丰县	叶　县
一、基本情况						
行政区域面积	平方公里	2304	1059	669	722	1346
乡个数	个	7	3		3	6
镇个数	个	11	11	9	9	9
街道办事处个数	个			4		3
户籍人口	万人	52	91	63	55	88
第二产业从业人员	人	90835	83518	194077	13627	11814
第三产业从业人员	人	44858	253007	113690	18112	24311
固定电话用户	户	24938	45408	75263	21999	19765
二、综合经济						
地区生产总值	万元	1695729	3287059	4498387	2626105	2160446
第一产业增加值	万元	278450	267902	201064	213304	449855
农业增加值	万元	190145	141353	95356	91387	206039
牧业增加值	万元	55636	119771	103446	112095	212767
第二产业增加值	万元	678410	1765513	2379527	1420525	1115529
公共财政收入	万元	83180	182269	183198	90689	65998
各项税收	万元	51906	115658	115890	57139	39382
公共财政支出	万元	277718	339841	296730	223326	309201
居民储蓄存款余额	万元	736477	1441595	2226843	1137806	1345969
年末金融机构各项贷款余额	万元	400603	2008220	1299041	1059873	683383
三、农业、工业及投资						
农业机械总动力	万千瓦特	47	75	89	44	63
机收面积	公顷	22400	46271	65815	43380	99080
设施农业占地面积	公顷	47	438	92	130	382
粮食总产量	吨	256017	369092	250143	237149	606373
棉花产量	吨	87	966	105	147	39
油料产量	吨	7765	11198	2767	15728	40503
肉类总产量	吨	23182	43849	30731	46750	104181
规模以上工业企业单位数	个	64	161	338	94	78
规模以上工业总产值	万元	3379916	6012716	12802653	3587257	3778595
固定资产投资	万元	2346781	4735495	3345325	2501202	2095838
四、教育、卫生和社会保障						
普通中学在校学生数	人	26633	50482	30110	25830	38486
中等职业教育学校在校学生数	人	1551	1886	620	157	1289
小学在校学生数	人	40052	84037	38133	56462	72131
医疗卫生机构床位数	床	2422	2606	2722	2435	2759
各种社会福利收养性单位数	个	20	29	8	15	4
各种社会福利收养性单位床位数	床	1213	1288	21	917	206

2016年县(市)社会经济主要指标

河南省

指　　标	单位	鲁山县	郏　县	舞钢市	汝州市	安阳县
一、基本情况						
行政区域面积	平方公里	2409	737	641	1573	1193
乡个数	个	13	5	3	4	7
镇个数	个	7	8	4	11	12
街道办事处个数	个	4	2	6	5	
户籍人口	万人	98	64	34	116	101
第二产业从业人员	人	9168	19973	23230	169974	256848
第三产业从业人员	人	24123	16796	14436	186829	156327
固定电话用户	户	25734	32275	32776	25744	97619
二、综合经济						
地区生产总值	万元	1510192	1618314	1265211	3961518	3571398
第一产业增加值	万元	277928	242450	130066	384902	310714
农业增加值	万元	192251	137560	44919	154601	191563
牧业增加值	万元	69168	79986	76829	187064	80632
第二产业增加值	万元	513298	910293	593840	1726874	1926648
公共财政收入	万元	65244	72300	78200	230565	102127
各项税收	万元	42490	43830	44319	161797	68167
公共财政支出	万元	319701	242390	200155	497336	367231
居民储蓄存款余额	万元	1551849	1059846	1036920	2090229	2481098
年末金融机构各项贷款余额	万元	794843	687001	910264	1738386	1276844
三、农业、工业及投资						
农业机械总动力	万千瓦特	36	37	28	152	65
机收面积	公顷	47848	44398	22567	93000	91800
设施农业占地面积	公顷	1309	142	353	441	425
粮食总产量	吨	209054	316101	156247	469701	647684
棉花产量	吨		980	1	708	1523
油料产量	吨	21970	19947	6324	31779	6273
肉类总产量	吨	28889	42210	49020	100889	32703
规模以上工业企业单位数	个	89	180	71	175	214
规模以上工业总产值	万元	1571349	3908783	2461436	3625630	7349500
固定资产投资	万元	1838709	2205995	2103631	3292676	4934288
四、教育、卫生和社会保障						
普通中学在校学生数	人	46727	29342	15347	57297	45673
中等职业教育学校在校学生数	人	5503	533	2402	12619	6442
小学在校学生数	人	109371	61220	28962	120519	99876
医疗卫生机构床位数	床	2584	2457	1403	5210	2415
各种社会福利收养性单位数	个	23	1	5	1	26
各种社会福利收养性单位床位数	床	1155	350	300	70	1844

2016年县(市)社会经济主要指标

河南省

指标	单位	汤阴县	滑县	内黄县	林州市	浚县
一、基本情况						
行政区域面积	平方公里	646	1814	1145	2046	966
乡个数	个	1	10	9	1	1
镇个数	个	9	12	8	15	6
街道办事处个数	个		1	1	4	4
户籍人口	万人	52	149	78	114	76
第二产业从业人员	人	31996	249165	169107	142689	19952
第三产业从业人员	人	14886	203692	157076	27921	14568
固定电话用户	户	36991	100101	61477	84184	48977
二、综合经济						
地区生产总值	万元	1843740	2289235	1997788	4917412	1796810
第一产业增加值	万元	249675	661717	563950	210363	303681
农业增加值	万元	189800	551972	482003	84052	172418
牧业增加值	万元	53486	102607	68502	120409	126507
第二产业增加值	万元	1016781	842646	828973	2596809	988672
公共财政收入	万元	110770	101634	61270	166306	66326
各项税收	万元	81254	71938	43383	127815	46463
公共财政支出	万元	245496	508283	293681	415772	282208
居民储蓄存款余额	万元	907789	2070401	1014452	3601466	1014106
年末金融机构各项贷款余额	万元	633550	1061507	512433	1549662	1088984
三、农业、工业及投资						
农业机械总动力	万千瓦特	52	277	73	62	142
机收面积	公顷	68787	179533	114880	50175	101292
设施农业占地面积	公顷	683	15907	6456	3	493
粮食总产量	吨	440037	1445689	521617	360409	737462
棉花产量	吨	1815	1735	902	758	326
油料产量	吨	10986	132062	116165	4679	27070
肉类总产量	吨	37181	55425	61551	75162	70898
规模以上工业企业单位数	个	147	214	123	245	126
规模以上工业总产值	万元	4856368	3671714	3801182	10921374	4686576
固定资产投资	万元	1376034	1738000	1314310	5736117	1463781
四、教育、卫生和社会保障						
普通中学在校学生数	人	28734	68869	38125	59108	41599
中等职业教育学校在校学生数	人	2708	4180	1150	4523	4567
小学在校学生数	人	52123	146659	82858	104651	65034
医疗卫生机构床位数	床	1555	5838	2754	4783	2319
各种社会福利收养性单位数	个	15	25	18	22	9
各种社会福利收养性单位床位数	床	922	1155	1800	1609	1593

2016年县(市)社会经济主要指标

河南省

指　　标	单位	淇　县	新乡县	获嘉县	原阳县	延津县
一、基本情况						
行政区域面积	平方公里	567	385	474	1022	886
乡个数	个	1	1	2	8	7
镇个数	个	4	6	9	4	5
街道办事处个数	个	4			2	
户籍人口	万人	30	37	45	80	52
第二产业从业人员	人	34590	205046	115931	140034	100553
第三产业从业人员	人	12485	83895	98461	118306	86066
固定电话用户	户	28043	40088	42675	57289	39156
二、综合经济						
地区生产总值	万元	2227055	2121701	1012169	1034356	1297850
第一产业增加值	万元	194861	91334	143706	215344	245937
农业增加值	万元	49971	58046	89488	125710	184846
牧业增加值	万元	138191	29412	47260	78468	45576
第二产业增加值	万元	1704086	1546928	604914	503518	683679
公共财政收入	万元	85276	70441	39564	70437	72536
各项税收	万元	54284	54619	28048	40079	40991
公共财政支出	万元	182795	145270	155315	262383	209142
居民储蓄存款余额	万元	710335	1147089	808143	901585	711267
年末金融机构各项贷款余额	万元	1333973	1003028	298200	746692	275936
三、农业、工业及投资						
农业机械总动力	万千瓦特	31	49	56	132	97
机收面积	公顷	37175	36000	48300	112666	80874
设施农业占地面积	公顷	61	23	93	1154	445
粮食总产量	吨	296630	265897	328046	731930	459868
棉花产量	吨	66	191	53	904	131
油料产量	吨	998	9831	350	34450	139183
肉类总产量	吨	82671	14358	28074	36684	29006
规模以上工业企业单位数	个	133	135	90	101	114
规模以上工业总产值	万元	7933421	6769182	2515068	1619811	2937532
固定资产投资	万元	1710839	1219643	1019395	1556080	1002882
四、教育、卫生和社会保障						
普通中学在校学生数	人	16648	21044	25428	42451	32934
中等职业教育学校在校学生数	人	2638	1158	4276	4216	4754
小学在校学生数	人	25979	32008	39245	71547	51585
医疗卫生机构床位数	床	1662	1231	2239	2978	1910
各种社会福利收养性单位数	个	7	11	13	14	14
各种社会福利收养性单位床位数	床	560	1055	806	504	1548

2016年县(市)社会经济主要指标

河南省

指　　标	单位	封丘县	长垣县	卫辉市	辉县市	修武县
一、基本情况						
行政区域面积	平方公里	1226	1051	859	2007	611
乡个数	个	7	2	6	8	3
镇个数	个	12	11	7	12	5
街道办事处个数	个		5		2	
户籍人口	万人	84	87	54	88	27
第二产业从业人员	人	142556	324716	88173	172601	34839
第三产业从业人员	人	149001	162771	99000	151035	28181
固定电话用户	户	73102	86000	40215	77113	24420
二、综合经济						
地区生产总值	万元	1316314	3024333	1070342	3339840	1246709
第一产业增加值	万元	425227	331006	244876	389931	73258
农业增加值	万元	265148	246492	115980	207431	35394
牧业增加值	万元	128398	65959	115748	173576	34183
第二产业增加值	万元	530344	1534478	220478	1880963	698674
公共财政收入	万元	42709	167628	86866	222007	104135
各项税收	万元	30017	134887	61219	130079	63149
公共财政支出	万元	327518	458218	221971	368348	170872
居民储蓄存款余额	万元	1160474	2691159	964457	2126972	658047
年末金融机构各项贷款余额	万元	325532	1825583	701478	1343783	606377
三、农业、工业及投资						
农业机械总动力	万千瓦特	120	118	66	84	20
机收面积	公顷	112066	104460	50190	71500	29066
设施农业占地面积	公顷	106	751	947	731	187
粮食总产量	吨	652906	653673	356013	561345	210200
棉花产量	吨	1519	655	364	16	9
油料产量	吨	54248	50773	11522	45141	909
肉类总产量	吨	77657	37461	53912	86352	24750
规模以上工业企业单位数	个	107	152	50	178	88
规模以上工业总产值	万元	1633107	5617055	718040	8708230	3241734
固定资产投资	万元	1656999	2909886	991083	2365216	1759529
四、教育、卫生和社会保障						
普通中学在校学生数	人	34768	60268	23885	43213	16582
中等职业教育学校在校学生数	人	4286	9371	1529	3991	644
小学在校学生数	人	65857	94199	61837	96134	18934
医疗卫生机构床位数	床	3134	2869	4285	3003	1173
各种社会福利收养性单位数	个	25	22	23	21	8
各种社会福利收养性单位床位数	床	2560	2891	1142	2080	1201

2016年县(市)社会经济主要指标

河南省

指　　标	单位	博爱县	武陟县	温　县	沁阳市	孟州市
一、基本情况						
行政区域面积	平方公里	428	798	481	595	542
乡个数	个	2	7	2	3	1
镇个数	个	5	4	5	6	6
街道办事处个数	个	2	4	4	4	4
户籍人口	万人	40	74	47	49	38
第二产业从业人员	人	15789	263265	69146	153300	110692
第三产业从业人员	人	13289	148560	14796	91300	59386
固定电话用户	户	28213	42983	21525	40711	29000
二、综合经济						
地区生产总值	万元	2408837	3180412	2632882	3803485	2942834
第一产业增加值	万元	181085	354039	264230	204913	195308
农业增加值	万元	139570	248250	198883	145278	149294
牧业增加值	万元	35600	96212	61670	57577	42944
第二产业增加值	万元	1527944	1954074	1664906	2439159	2046903
公共财政收入	万元	74821	119000	68606	132878	126133
各项税收	万元	41911	74204	43308	70478	79419
公共财政支出	万元	162484	269992	181639	266170	200154
居民储蓄存款余额	万元	960058	1283453	925000	1248000	970545
年末金融机构各项贷款余额	万元	707635	899680	635000	821000	701652
三、农业、工业及投资						
农业机械总动力	万千瓦特	18	122	60	38	32
机收面积	公顷	25618	90300	45485	43193	43233
设施农业占地面积	公顷	376	87	365	142	177
粮食总产量	吨	200013	521516	307008	337088	292004
棉花产量	吨	32	169	77	68	209
油料产量	吨	595	41438	16387	3808	43631
肉类总产量	吨	14289	60325	18902	19264	35155
规模以上工业企业单位数	个	14	223	210	190	197
规模以上工业总产值	万元	7347297	9206250	9376042	9823767	9559276
固定资产投资	万元	2168467	3461771	2393107	3347158	3437744
四、教育、卫生和社会保障						
普通中学在校学生数	人	22312	45125	28917	30696	15098
中等职业教育学校在校学生数	人	3133	6250	2020	3921	3615
小学在校学生数	人	30356	52725	27280	32784	19572
医疗卫生机构床位数	床	1464	2928	2023	1683	2110
各种社会福利收养性单位数	个	12	19	9	24	12
各种社会福利收养性单位床位数	床	661	1450	541	1259	1855

2016年县(市)社会经济主要指标

河南省

指　　标	单位	清丰县	南乐县	范　县	台前县	濮阳县
一、基本情况						
行政区域面积	平方公里	834	624	585	394	1382
乡个数	个	12	6	5	3	9
镇个数	个	5	6	7	6	11
街道办事处个数	个					
户籍人口	万人	75	58	60	42	126
第二产业从业人员	人	112689	6807	137267	70300	227900
第三产业从业人员	人	114674	18421	83633	84800	230800
固定电话用户	户	27913	18130	22443	24387	37554
二、综合经济						
地区生产总值	万元	2250673	1715780	1866658	1011674	3778100
第一产业增加值	万元	413154	322207	172827	98227	422232
农业增加值	万元	288668	177210	74971	48390	273896
牧业增加值	万元	110354	128338	82124	46685	133724
第二产业增加值	万元	1276835	940625	1220965	586856	2100408
公共财政收入	万元	60322	47397	54372	30082	95971
各项税收	万元	38765	34400	37823	21575	77800
公共财政支出	万元	319993	232108	240259	200099	453169
居民储蓄存款余额	万元	959236	796117	986633	724723	1598329
年末金融机构各项贷款余额	万元	428212	375929	382321	409454	1085771
三、农业、工业及投资						
农业机械总动力	万千瓦特	71	63	72	38	141
机收面积	公顷	74353	67333	40200	32393	127454
设施农业占地面积	公顷	2523	11266	2904	1580	7980
粮食总产量	吨	554900	452877	343217	203112	928629
棉花产量	吨	171	475	247	401	1850
油料产量	吨	57166	26490	7162	2565	30370
肉类总产量	吨	59250	76852	28711	15424	75948
规模以上工业企业单位数	个	154	126	164	148	233
规模以上工业总产值	万元	5980818	4372657	5822718	2958104	12441672
固定资产投资	万元	2794296	1990459	1750368	870640	3775285
四、教育、卫生和社会保障						
普通中学在校学生数	人	25327	33221	22560	22284	42344
中等职业教育学校在校学生数	人	10926	1121	935	2055	11364
小学在校学生数	人	62450	52083	48791	38145	100125
医疗卫生机构床位数	床	2368	1956	1644	1159	3918
各种社会福利收养性单位数	个	19	14	11	9	20
各种社会福利收养性单位床位数	床	2020	1551	370	279	3575

2016年县(市)社会经济主要指标

河南省

指　　标	单位	许昌县	鄢陵县	襄城县	禹州市	长葛市
一、基本情况						
行政区域面积	平方公里	1001	866	920	1461	650
乡个数	个	9	1	7	4	2
镇个数	个	7	11	9	18	10
街道办事处个数	个	2			4	4
户籍人口	万人	92	72	91	133	79
第二产业从业人员	人					
第三产业从业人员	人					
固定电话用户	户	51607	30877	19450	51229	51354
二、综合经济						
地区生产总值	万元	3582939	2779524	3216049	5651831	5529341
第一产业增加值	万元	252860	469476	330879	294469	265504
农业增加值	万元	165466	315540	182993	166719	116806
牧业增加值	万元	77681	118782	132755	116730	122690
第二产业增加值	万元	2186413	1356474	1613194	3269517	4091105
公共财政收入	万元	135366	103069	147572	169167	226246
各项税收	万元	97201	75987	114354	139569	166299
公共财政支出	万元	301561	302926	338715	531896	390396
居民储蓄存款余额	万元	1701886	1255988	1781181	2600771	1975190
年末金融机构各项贷款余额	万元	1506870	1227213	1555043	1900207	1874499
三、农业、工业及投资						
农业机械总动力	万千瓦特	82	79	82	84	55
机收面积	公顷	94610	69220	80533	85943	75500
设施农业占地面积	公顷	63	133	496	271	929
粮食总产量	吨	665824	539318	552768	535520	539927
棉花产量	吨	603	111	263	106	4
油料产量	吨	27142	1697	13541	10087	9725
肉类总产量	吨	47718	74515	75027	80667	76716
规模以上工业企业单位数	个	326	128	157	440	513
规模以上工业总产值	万元	9117456	6368858	5987658	16131275	21419386
固定资产投资	万元	3976866	2775995	2833408	6067416	4151496
四、教育、卫生和社会保障						
普通中学在校学生数	人	28521	19898	45486	43897	38809
中等职业教育学校在校学生数	人	697	1771	6474	5133	5900
小学在校学生数	人	58662	57743	71104	10692	67143
医疗卫生机构床位数	床	2761	2315	2289	3840	2197
各种社会福利收养性单位数	个	26	23	17	47	24
各种社会福利收养性单位床位数	床	2413	1646	1188	3225	2336

2016年县(市)社会经济主要指标

河南省

指　　标	单位	郾城区	舞阳县	临颍县	陕州区	渑池县
一、基本情况						
行政区域面积	平方公里	413	776	821	1609	1421
乡个数	个		5	5	9	6
镇个数	个	8	9	10	4	6
街道办事处个数	个	1				
户籍人口	万人	51	61	73	34	36
第二产业从业人员	人	25257	28697	41031	34872	78943
第三产业从业人员	人	29095	20253	23392	35108	56227
固定电话用户	户	46728	18796	26670	21072	20944
二、综合经济						
地区生产总值	万元	1902792	1728122	2614800	2006212	2448997
第一产业增加值	万元	212300	268463	348031	202009	197635
农业增加值	万元	90788	148012	175093	151057	115726
牧业增加值	万元	117974	116142	169117	44595	73066
第二产业增加值	万元	1045572	941070	1729740	1071947	1598143
公共财政收入	万元	63201	94845	116590	142888	220288
各项税收	万元	47196	66813	95160	109818	157679
公共财政支出	万元	192335	303668	311384	232240	294515
居民储蓄存款余额	万元	1586671	1107720	1281874	892313	979650
年末金融机构各项贷款余额	万元	1966923	385974	802467	996547	634259
三、农业、工业及投资						
农业机械总动力	万千瓦特	47	59	89	32	32
机收面积	公顷	45301	86654	15191	15973	29900
设施农业占地面积	公顷	176	274	796	193	71
粮食总产量	吨	280272	536362	511383	110371	179548
棉花产量	吨	37	927	2705	85	129
油料产量	吨	2767	12311	3109	3328	20547
肉类总产量	吨	63186	67203	74757	21031	39026
规模以上工业企业单位数	个	143	97	183	54	144
规模以上工业总产值	万元	4776646	3957145	9176000	3417515	6794008
固定资产投资	万元	1800475	1959000	2205000	2446972	3149984
四、教育、卫生和社会保障						
普通中学在校学生数	人	35618	21856	37049	13274	20839
中等职业教育学校在校学生数	人	13501	1424	1448	2020	1248
小学在校学生数	人	40127	41715	52330	13486	30823
医疗卫生机构床位数	床	3202	2300	2470	1038	1653
各种社会福利收养性单位数	个	14	25	16	14	17
各种社会福利收养性单位床位数	床	1728	3707	3883	977	655

2016年县(市)社会经济主要指标

河南省

指　　标	单位	卢氏县	义马市	灵宝市	南召县	方城县
一、基本情况						
行政区域面积	平方公里	4004	112	3011	2946	2542
乡个数	个	10		5	8	7
镇个数	个	9		10	8	8
街道办事处个数	个		7	2		2
户籍人口	万人	38	16	76	66	118
第二产业从业人员	人	18965	56802	68960	19635	33486
第三产业从业人员	人	38750	6732	56020	23169	41751
固定电话用户	户	19923	11439	37971	18215	13404
二、综合经济						
地区生产总值	万元	815897	1275287	4868386	1317203	1916970
第一产业增加值	万元	211795	12743	555549	190056	381752
农业增加值	万元	177170	5439	495014	106820	288626
牧业增加值	万元	21320	6673	47079	39171	72791
第二产业增加值	万元	257180	896576	3017146	646734	818652
公共财政收入	万元	55366	127108	198066	57455	91696
各项税收	万元	39625	77915	137459	35102	50935
公共财政支出	万元	235492	154282	388396	285916	406650
居民储蓄存款余额	万元	805543	653962	2127579	914616	1247020
年末金融机构各项贷款余额	万元	411075	804927	1525049	638340	951176
三、农业、工业及投资						
农业机械总动力	万千瓦特	20	1	72	40	136
机收面积	公顷	4570	995	32120	26300	116355
设施农业占地面积	公顷	494	12	1327	691	
粮食总产量	吨	119791	9234	223459	180316	614725
棉花产量	吨		16	1138		800
油料产量	吨	881	425	8400	62701	259131
肉类总产量	吨	10011	4856	30964	23557	42296
规模以上工业企业单位数	个	42	81	199	178	220
规模以上工业总产值	万元	606551	3427979	17480393	2427453	3190911
固定资产投资	万元	1271957	3455013	4009459	1867291	2312240
四、教育、卫生和社会保障						
普通中学在校学生数	人	14629	5209	35907	27207	51162
中等职业教育学校在校学生数	人	1869	261	2863	1334	2526
小学在校学生数	人	20241	9962	49168	59392	126734
医疗卫生机构床位数	床	1615	1223	2686	1853	3251
各种社会福利收养性单位数	个	20	4	30	25	38
各种社会福利收养性单位床位数	床	1610	323	2500	4065	8683

2016年县(市)社会经济主要指标

河南省

指　　标	单位	西峡县	镇平县	内乡县	淅川县	社旗县
一、基本情况						
行政区域面积	平方公里	3454	1500	2301	2818	1152
乡个数	个	2	4	4	4	1
镇个数	个	14	15	12	11	13
街道办事处个数	个	3	3		2	2
户籍人口	万人	47	109	72	71	74
第二产业从业人员	人	75713	168200	113153	31000	21563
第三产业从业人员	人	129254	171000	96835	24819	21454
固定电话用户	户	37000	18482	18600	17000	46852
二、综合经济						
地区生产总值	万元	2441229	2354734	1628949	2117415	1530201
第一产业增加值	万元	288527	308645	360743	362737	353766
农业增加值	万元	200114	227446	198579	217067	242257
牧业增加值	万元	51080	63616	147262	111811	101646
第二产业增加值	万元	1437858	1141858	687838	1081653	647393
公共财政收入	万元	128077	82288	82116	84070	53198
各项税收	万元	92622	56575	57538	49997	35149
公共财政支出	万元	289703	351377	323617	397799	276823
居民储蓄存款余额	万元	1208000	1911087	1209162	1292465	885419
年末金融机构各项贷款余额	万元	1111600	948227	1080018	987024	652465
三、农业、工业及投资						
农业机械总动力	万千瓦特	15	102	80	59	116
机收面积	公顷	11867	96029	55300	49440	95235
设施农业占地面积	公顷	16003	331	2049	71	178
粮食总产量	吨	96287	502581	318480	249985	525052
棉花产量	吨		327	715	280	2320
油料产量	吨	8888	78401	85246	133448	99131
肉类总产量	吨	29913	34703	95839	57675	68365
规模以上工业企业单位数	个	244	222	157	140	165
规模以上工业总产值	万元	5243504	4316205	2956622	3750893	2667817
固定资产投资	万元	3079946	2773227	2503658	2911011	1802914
四、教育、卫生和社会保障						
普通中学在校学生数	人	38015	50256	40828	49453	29318
中等职业教育学校在校学生数	人	5327	3875	2408	1930	3219
小学在校学生数	人	54359	106022	72291	65356	70592
医疗卫生机构床位数	床	2533	3340	2210	2195	1697
各种社会福利收养性单位数	个	29	27	70	18	15
各种社会福利收养性单位床位数	床	1997	1409	2700	3694	4281

2016年县(市)社会经济主要指标

河南省

指　　标	单位	唐河县	新野县	桐柏县	邓州市	民权县
一、基本情况						
行政区域面积	平方公里	2497	1062	1915	2369	1235
乡个数	个	7	5	3	6	7
镇个数	个	12	8	13	18	10
街道办事处个数	个	4	2		4	2
户籍人口	万人	149	85	47	178	93
第二产业从业人员	人	33748	126986	93094	176000	200658
第三产业从业人员	人	36851	83597	68802	268000	160165
固定电话用户	户	72012	16982	35297	26900	36000
二、综合经济						
地区生产总值	万元	2849443	2596178	1492563	3738293	2024733
第一产业增加值	万元	718861	444280	217134	1024964	454305
农业增加值	万元	461728	279053	129377	714085	301823
牧业增加值	万元	241252	152673	46583	296702	119128
第二产业增加值	万元	1171669	1291504	768580	1304351	741970
公共财政收入	万元	83803	68488	85058	130987	82828
各项税收	万元	58571	40072	48919	85784	60693
公共财政支出	万元	459757	283369	243099	644369	371369
居民储蓄存款余额	万元	2012002	1514378	923705	2445124	1277723
年末金融机构各项贷款余额	万元	810838	1002002	541540	1663600	984337
三、农业、工业及投资						
农业机械总动力	万千瓦特	240	157	90	200	127
机收面积	公顷	228610	79644	40460	227136	122350
设施农业占地面积	公顷	183	1155	744	2230	13020
粮食总产量	吨	1279669	500547	239203	1172119	662388
棉花产量	吨	4128	1179	69	2143	1095
油料产量	吨	136652	138630	72011	292399	81704
肉类总产量	吨	114191	50614	27438	147030	58756
规模以上工业企业单位数	个	260	203	157	169	143
规模以上工业总产值	万元	4018530	5336821	1933291	4837276	3306652
固定资产投资	万元	2638680	2942449	2061604	3262780	1466520
四、教育、卫生和社会保障						
普通中学在校学生数	人	49698	36403	18541	82300	53435
中等职业教育学校在校学生数	人	6975	805	1849	7501	9858
小学在校学生数	人	135191	83598	51761	180000	90709
医疗卫生机构床位数	床	3395	2508	1177	10923	4255
各种社会福利收养性单位数	个	46	40	39	150	21
各种社会福利收养性单位床位数	床	5471	3903	1726	3506	2485

2016年县(市)社会经济主要指标

河南省

指　　标	单位	睢　县	宁陵县	柘城县	虞城县	夏邑县
一、基本情况						
行政区域面积	平方公里	920	797	1042	1346	1486
乡个数	个	12	7	10	16	12
镇个数	个	8	7	10	9	12
街道办事处个数	个			2		
户籍人口	万人	91	71	103	115	121
第二产业从业人员	人	133875	86344	168116	282736	107924
第三产业从业人员	人	114063	41877	139366	187169	283778
固定电话用户	户	33122	28144	26100	75621	43474
二、综合经济						
地区生产总值	万元	1570731	1052892	1844864	2354963	2084367
第一产业增加值	万元	432177	262561	434573	451511	484342
农业增加值	万元	335232	195602	298017	341703	345638
牧业增加值	万元	88849	57427	122110	94485	119666
第二产业增加值	万元	593459	421187	651798	945570	797744
公共财政收入	万元	59601	42558	66006	82506	69500
各项税收	万元	40654	27954	46244	56612	51089
公共财政支出	万元	331336	278389	384437	414647	473699
居民储蓄存款余额	万元	1311846	962225	1447412	1714915	1939094
年末金融机构各项贷款余额	万元	620610	719185	571525	880096	749688
三、农业、工业及投资						
农业机械总动力	万千瓦特	95	61	112	241	96
机收面积	公顷	126770	85830	114940	166356	136765
设施农业占地面积	公顷	359	1198	63	27985	2675
粮食总产量	吨	638148	458562	740785	857408	1040121
棉花产量	吨	1400	495	1745	4500	676
油料产量	吨	64553	97518	6979	46247	21101
肉类总产量	吨	54613	41722	68107	45943	88155
规模以上工业企业单位数	个	101	91	107	158	189
规模以上工业总产值	万元	2204520	2410112	2647048	5237036	3091729
固定资产投资	万元	1965025	1033561	1691369	2109343	2185100
四、教育、卫生和社会保障						
普通中学在校学生数	人	47122	29586	53500	77796	54131
中等职业教育学校在校学生数	人	4362	1299	2921	14565	1942
小学在校学生数	人	65536	57767	70950	126969	85047
医疗卫生机构床位数	床	3504	2111	4534	4573	2714
各种社会福利收养性单位数	个	27	20	20	39	31
各种社会福利收养性单位床位数	床	2482	831	3250	5378	4540

2016年县(市)社会经济主要指标

河南省

指　　标	单位	永城市	罗山县	光山县	新　县	商城县
一、基本情况						
行政区域面积	平方公里	2006	2077	1835	1554	2117
乡个数	个	6	6	10	10	7
镇个数	个	23	11	7	5	10
街道办事处个数	个		3	2	1	2
户籍人口	万人	161	79	91	37	81
第二产业从业人员	人	262347	29473	112653	43918	176000
第三产业从业人员	人	284507	30917	186598	87974	130100
固定电话用户	户	62284	28791	46528	8052	14800
二、综合经济						
地区生产总值	万元	4658533	1719937	1785074	1179402	1678942
第一产业增加值	万元	645067	453130	473405	257944	427770
农业增加值	万元	449705	310552	336604	134632	248350
牧业增加值	万元	170899	81255	92615	30625	94618
第二产业增加值	万元	2245109	616123	703084	499955	675200
公共财政收入	万元	350500	51050	49980	42487	56537
各项税收	万元	231800	39537	60470	25456	34257
公共财政支出	万元	739500	299012	357310	219729	329667
居民储蓄存款余额	万元	2873348	1677886	1756635	839615	1356812
年末金融机构各项贷款余额	万元	2582986	888734	919388	532233	662011
三、农业、工业及投资						
农业机械总动力	万千瓦特	183	80	41	24	35
机收面积	公顷	189333	94593	68350	17021	36220
设施农业占地面积	公顷	7123	1346	2183	372	15
粮食总产量	吨	1320148	713289	568772	123935	320839
棉花产量	吨	900	123	141	35	52
油料产量	吨	5109	71621	83025	32752	58185
肉类总产量	吨	83971	45046	43890	20249	42050
规模以上工业企业单位数	个	199	121	118	61	88
规模以上工业总产值	万元	8471800	1961733	2530224	1809660	2004853
固定资产投资	万元	3548767	1610336	2243020	1635967	1862679
四、教育、卫生和社会保障						
普通中学在校学生数	人	73199	38846	64073	24232	49620
中等职业教育学校在校学生数	人	23560	5575	570	6545	8801
小学在校学生数	人	156185	61852	66929	27488	52095
医疗卫生机构床位数	床	5877	2080	2289	785	1887
各种社会福利收养性单位数	个	41	52	53	17	24
各种社会福利收养性单位床位数	床	600	4214	1590	2350	3114

2016年县(市)社会经济主要指标

河南省

指　　标	单位	固始县	潢川县	淮滨县	息　县	扶沟县
一、基本情况						
行政区域面积	平方公里	2946	1635	1192	1835	1173
乡个数	个	13	8	10	12	6
镇个数	个	17	9	5	6	8
街道办事处个数	个	3	4	4	4	1
户籍人口	万人	176	90	81	113	80
第二产业从业人员	人	253810	81000	138735	115417	108300
第三产业从业人员	人	387455	140200	171760	162312	134900
固定电话用户	户	46900	46764	32155	19118	16452
二、综合经济						
地区生产总值	万元	2962723	2270207	1524451	1895733	1654278
第一产业增加值	万元	768333	533801	355888	483490	391455
农业增加值	万元	490709	307223	230942	359140	317981
牧业增加值	万元	208490	160380	93670	76808	62019
第二产业增加值	万元	928600	803311	644350	755189	793219
公共财政收入	万元	113100	55474	47000	47216	65786
各项税收	万元	72300	37486	42300	42245	43110
公共财政支出	万元	705600	237359	349600	351840	308738
居民储蓄存款余额	万元	3130400	1604700	1243900	1638204	1457212
年末金融机构各项贷款余额	万元	1674700	2151300	625500	706345	517378
三、农业、工业及投资						
农业机械总动力	万千瓦特	120	50	77	130	104
机收面积	公顷	198853	95231	97750	146438	16100
设施农业占地面积	公顷	3334	409	12461	3062	8750
粮食总产量	吨	1167000	688369	583543	963358	596341
棉花产量	吨	145	38	333	665	1625
油料产量	吨	123227	59079	68134	41683	43350
肉类总产量	吨	148923	142884	49050	59205	44523
规模以上工业企业单位数	个	201	123	114	112	104
规模以上工业总产值	万元	2907500	2750621	2277700	2685747	3436242
固定资产投资	万元	2910600	1981073	1661963	2449240	2047583
四、教育、卫生和社会保障						
普通中学在校学生数	人	95780	43101	44792	52416	47436
中等职业教育学校在校学生数	人	13752	1964	3990	2982	2258
小学在校学生数	人	128436	58491	58446	93300	50254
医疗卫生机构床位数	床	4235	1839	1831	1914	2477
各种社会福利收养性单位数	个		28	50	30	14
各种社会福利收养性单位床位数	床		539	3612	3821	1840

2016年县(市)社会经济主要指标

河南省

指　　标	单位	西华县	商水县	沈丘县	郸城县	淮阳县
一、基本情况						
行政区域面积	平方公里	1194	1314	1081	1471	1335
乡个数	个	10	11	10	11	11
镇个数	个	8	9	10	8	7
街道办事处个数	个	3	3	2	3	
户籍人口	万人	97	132	131	135	132
第二产业从业人员	人	120000	179413	237600	178520	199123
第三产业从业人员	人	202800	220180	176000	253210	193625
固定电话用户	户	16576	37951	69718	95100	32934
二、综合经济						
地区生产总值	万元	2090513	2247928	2356001	2217345	1964839
第一产业增加值	万元	540361	612607	443099	508915	471138
农业增加值	万元	385012	455270	305018	377795	323839
牧业增加值	万元	129910	126478	124172	109548	115629
第二产业增加值	万元	984357	920589	1062797	1064550	910892
公共财政收入	万元	65887	62863	121020	96045	73765
各项税收	万元	37790	43227	87386	61668	43295
公共财政支出	万元	330209	463127	500096	486969	508227
居民储蓄存款余额	万元	1547396	1837695	2061557	1930217	1929398
年末金融机构各项贷款余额	万元	546359	495880	1141712	579540	541770
三、农业、工业及投资						
农业机械总动力	万千瓦特	102	89	99	166	320
机收面积	公顷	132863	159800	117473	137530	137979
设施农业占地面积	公顷	2514	823	1245	22300	2830
粮食总产量	吨	741876	1010630	882156	986365	986362
棉花产量	吨	2019	892	701	880	818
油料产量	吨	42736	54262	50145	31520	147912
肉类总产量	吨	85118	92499	88551	68740	103178
规模以上工业企业单位数	个	127	175	131	138	114
规模以上工业总产值	万元	4184136	4203962	4290190	5053467	3466475
固定资产投资	万元	1458223	1674971	2241446	1890090	1691706
四、教育、卫生和社会保障						
普通中学在校学生数	人	48686	54055	71700	63434	53829
中等职业教育学校在校学生数	人	2550	4906	3218	3580	1521
小学在校学生数	人	65894	100252	101040	117550	105889
医疗卫生机构床位数	床	1447	3701	3236	4150	2661
各种社会福利收养性单位数	个	17	25	29	21	20
各种社会福利收养性单位床位数	床	1100	3267	4836	3015	4134

2016年县(市)社会经济主要指标

河南省

指　　标	单位	太康县	鹿邑县	项城市	西平县	上蔡县
一、基本情况						
行政区域面积	平方公里	1759	1238	1083	1101	1529
乡个数	个	10	7		10	11
镇个数	个	13	13	15	6	11
街道办事处个数	个		4	6	3	4
户籍人口	万人	164	122	125	90	151
第二产业从业人员	人	184400	101091	252600	269898	221171
第三产业从业人员	人	192300	129855	219383	246982	210861
固定电话用户	户	48226	139523	80234	37907	30010
二、综合经济						
地区生产总值	万元	2306098	2852921	2836849	2018732	2017254
第一产业增加值	万元	575240	511431	434352	483527	411557
农业增加值	万元	390444	317368	325234	295481	257426
牧业增加值	万元	164836	180438	95498	179178	143652
第二产业增加值	万元	948619	1322167	1348175	674137	791017
公共财政收入	万元	95306	110700	100340	76054	62666
各项税收	万元	59484	77300	69563	51627	40291
公共财政支出	万元	508546	476700	415926	326624	486338
居民储蓄存款余额	万元	2099740	1901700	2204613	1751327	2382908
年末金融机构各项贷款余额	万元	481158	1001800	544288	939752	905754
三、农业、工业及投资						
农业机械总动力	万千瓦特	160	131	65	113	163
机收面积	公顷	178890	128557	132540	145288	152667
设施农业占地面积	公顷	642	555	1302	240	8850
粮食总产量	吨	1121059	905071	804874	938800	1048123
棉花产量	吨	2200	2903	988		687
油料产量	吨	37227	17705	46050	60999	53310
肉类总产量	吨	108289	77297	66732	107235	73254
规模以上工业企业单位数	个	131	150	159	190	155
规模以上工业总产值	万元	4857712	6625890	6387882	2488216	3002900
固定资产投资	万元	1844115	1886300	1695290	1401270	1435000
四、教育、卫生和社会保障						
普通中学在校学生数	人	79030	68592	76843	40271	62428
中等职业教育学校在校学生数	人	1201	1832	3499	1376	3880
小学在校学生数	人	131255	98817	96085	48455	120378
医疗卫生机构床位数	床	5254	10132	4078	3157	3547
各种社会福利收养性单位数	个	21	23	1	25	27
各种社会福利收养性单位床位数	床	3078	3206	30	1602	5300

2016年县(市)社会经济主要指标

河南省

指　　标	单位	平舆县	正阳县	确山县	泌阳县	汝南县
一、基本情况						
行政区域面积	平方公里	1282	1889	1624	2346	1504
乡个数	个	5	11	1	11	2
镇个数	个	11	8	9	8	12
街道办事处个数	个	3		3	3	4
户籍人口	万人	101	85	55	96	90
第二产业从业人员	人	229822	133034	107755	151897	175473
第三产业从业人员	人	99781	181520	92923	190477	125822
固定电话用户	户	14774	16800	35160	7193	25976
二、综合经济						
地区生产总值	万元	1923441	1598181	1502223	2028329	1771541
第一产业增加值	万元	383280	511807	319464	504950	465980
农业增加值	万元	252416	290192	191650	291783	259116
牧业增加值	万元	121541	208839	107314	196752	167333
第二产业增加值	万元	812932	439727	612993	808511	665727
公共财政收入	万元	71666	54091	73679	80066	62661
各项税收	万元	44263	27335	43080	56049	35606
公共财政支出	万元	348108	404863	263916	406000	317928
居民储蓄存款余额	万元	1801874	1581908	1341454	1296705	1558676
年末金融机构各项贷款余额	万元	713114	739763	579090	634576	660340
三、农业、工业及投资						
农业机械总动力	万千瓦特	174	230	94	147	127
机收面积	公顷	115110	191836	53133	120214	125348
设施农业占地面积	公顷	1109	431	875	1784	763
粮食总产量	吨	778979	857052	540337	632460	757762
棉花产量	吨	31	28	18	87	20
油料产量	吨	62443	446613	134376	167563	185833
肉类总产量	吨	74514	93022	62660	99564	81167
规模以上工业企业单位数	个	197	133	180	176	140
规模以上工业总产值	万元	4247963	1967100	2267511	3891079	2716453
固定资产投资	万元	1608709	1303300	1440471	1344915	1494484
四、教育、卫生和社会保障						
普通中学在校学生数	人	49148	39089	24370	51268	28943
中等职业教育学校在校学生数	人	1606	3640	860	5337	2476
小学在校学生数	人	82706	80882	48627	85035	63920
医疗卫生机构床位数	床	2784	2500	2070	2803	2581
各种社会福利收养性单位数	个	32	24	16	22	30
各种社会福利收养性单位床位数	床	2494	2105	1194	1601	3523

2016年县(市)社会经济主要指标

河南省、湖北省

指　　标	单位	遂平县	新蔡县	济源市	阳新县	大冶市
一、基本情况						
行政区域面积	平方公里	1063	1447	1899	2783	1566
乡个数	个	3	9			1
镇个数	个	8	11	11	16	10
街道办事处个数	个	3	3	5		5
户籍人口	万人	58	125	72	109	98
第二产业从业人员	人	116883	204990	178735	289013	280439
第三产业从业人员	人	95188	164943	201853	264989	334327
固定电话用户	户	35157	23000	61000	83600	114761
二、综合经济						
地区生产总值	万元	1811443	1735623	5389108	1994257	5404900
第一产业增加值	万元	296607	477063	232741	593857	519100
农业增加值	万元	154987	265631	92912	237663	237569
牧业增加值	万元	132875	197431	101499	111607	133263
第二产业增加值	万元	806701	585603	3501211	610400	3547800
公共财政收入	万元	75516	63077	365020	138410	461845
各项税收	万元	52899	41887	266613	74073	496612
公共财政支出	万元	234366	497921	565589	544805	684617
居民储蓄存款余额	万元	1240419	1709000	2396304	1684700	2158400
年末金融机构各项贷款余额	万元	933013	768700	2580374	1087400	2852600
三、农业、工业及投资						
农业机械总动力	万千瓦特	104	132	72	59	49
机收面积	公顷	92327	138750	47168	72590	47233
设施农业占地面积	公顷	220	116	608	3176	2903
粮食总产量	吨	599103	832596	223645	310697	252397
棉花产量	吨	45	600	460	1291	1262
油料产量	吨	65054	70900	2693	50101	45025
肉类总产量	吨	75778	101900	52290	51252	67703
规模以上工业企业单位数	个	137	158	247	137	424
规模以上工业总产值	万元	3101433	2082755	16956380	1635100	11954861
固定资产投资	万元	1684251	1422500	5446003	2728500	7434800
四、教育、卫生和社会保障						
普通中学在校学生数	人	16484	43088	39600	39954	35786
中等职业教育学校在校学生数	人	1636	1050	10151	2545	2554
小学在校学生数	人	45592	99953	52000	98911	66926
医疗卫生机构床位数	床	2678	2432	3289	2821	3389
各种社会福利收养性单位数	个	18	25	14	24	21
各种社会福利收养性单位床位数	床	1899	2529	1691	2120	1770

2016年县(市)社会经济主要指标

湖北省

指　　标	单位	郧阳区	郧西县	竹山县	竹溪县	房　县
一、基本情况						
行政区域面积	平方公里	3832	3509	3586	3310	5110
乡个数	个	3	7	8	4	8
镇个数	个	16	9	9	11	12
街道办事处个数	个				4	
户籍人口	万人	63	50	47	36	48
第二产业从业人员	人	83372	8198	57000	72900	14545
第三产业从业人员	人	51591	17055	116000	77600	26523
固定电话用户	户	48500	36721	8543	17400	42328
二、综合经济						
地区生产总值	万元	1006939	685789	961747	728125	785019
第一产业增加值	万元	293979	239185	301181	240256	306166
农业增加值	万元	143527	149258	224206	179115	178525
牧业增加值	万元	135154	79435	58655	53876	80644
第二产业增加值	万元	400809	183964	347223	292784	197770
公共财政收入	万元	81220	37176	74199	43567	51017
各项税收	万元	59297	23115	33700	27531	50432
公共财政支出	万元	389526	306101	354672	314052	355320
居民储蓄存款余额	万元	1068905	1083122	815680	713618	953218
年末金融机构各项贷款余额	万元	802284	473198	767235	456727	701355
三、农业、工业及投资						
农业机械总动力	万千瓦特	40	35	26	2	38
机收面积	公顷	23412	7667	986	8098	3224
设施农业占地面积	公顷	232	396	1434	1820	592
粮食总产量	吨	210349	176500	206815	211238	137017
棉花产量	吨	47				
油料产量	吨	19040	15729	46987	26406	18600
肉类总产量	吨	56406	27539	23462	27278	30204
规模以上工业企业单位数	个	160	31	42	40	66
规模以上工业总产值	万元	2144233	135592	493286	400070	526250
固定资产投资	万元	1728082	970717	1494842	820146	1415482
四、教育、卫生和社会保障						
普通中学在校学生数	人	17709	10742	16402	12447	14928
中等职业教育学校在校学生数	人	5489	2575	1309	811	662
小学在校学生数	人	29966	28616	27545	21910	26526
医疗卫生机构床位数	床	3386	2356	2433	2596	2974
各种社会福利收养性单位数	个	21	19	19	22	22
各种社会福利收养性单位床位数	床	1871	1930	4094	3378	1521

2016年县(市)社会经济主要指标

湖北省

指标	单位	丹江口市	夷陵区	远安县	兴山县	秭归县
一、基本情况						
行政区域面积	平方公里	3121	3420	1752	2317	2427
乡个数	个		2	1	2	4
镇个数	个	12	9	6	6	8
街道办事处个数	个	5	1			
户籍人口	万人	46	52	19	17	38
第二产业从业人员	人	93463	134369	44615	17596	59040
第三产业从业人员	人	86685	111004	53470	34162	63346
固定电话用户	户	59450	56000	28500	11667	29600
二、综合经济						
地区生产总值	万元	1986835	5413812	2022862	1047495	1179620
第一产业增加值	万元	286784	619310	205862	127295	238961
农业增加值	万元	115847	354951	130731	69917	151175
牧业增加值	万元	91471	249487	71160	55125	84761
第二产业增加值	万元	986955	3299753	1291400	559554	446099
公共财政收入	万元	129504	340116	110915	82698	72900
各项税收	万元	182115	204279	66549	49588	43838
公共财政支出	万元	445362	542669	281948	232013	301091
居民储蓄存款余额	万元	1667300	2167300	711401	500806	888515
年末金融机构各项贷款余额	万元	1540362	2682841	715396	916016	844227
三、农业、工业及投资						
农业机械总动力	万千瓦特	23	37	25	14	16
机收面积	公顷	9185	5695	7350		2300
设施农业占地面积	公顷	238	1115	320	189	30
粮食总产量	吨	109445	193643	94500	55000	84503
棉花产量	吨	45	6			
油料产量	吨	11644	30903	14268	8473	14559
肉类总产量	吨	50248	80524	22480	28224	52159
规模以上工业企业单位数	个	191	225	99	22	84
规模以上工业总产值	万元	3097401	11361519	3429595	2299801	1543566
固定资产投资	万元	2278400	4951853	2519782	501698	1121088
四、教育、卫生和社会保障						
普通中学在校学生数	人	20631	16619	3181	4744	10763
中等职业教育学校在校学生数	人	2956		1672	940	2149
小学在校学生数	人	24547	20383	7511	5935	13302
医疗卫生机构床位数	床	3322	2083	1053	796	2866
各种社会福利收养性单位数	个	25	12	9	8	21
各种社会福利收养性单位床位数	床	3465	1529	640	540	2324

2016年县(市)社会经济主要指标

湖北省

指　标	单位	长阳土家族自治县	五峰土家族自治县	宜都市	当阳市	枝江市
一、基本情况						
行政区域面积	平方公里	3436	2347	1357	2159	1310
乡个数	个	3	3	1		
镇个数	个	8	5	8	7	8
街道办事处个数	个			1	3	1
户籍人口	万人	40	20	39	47	48
第二产业从业人员	人	51313	17518	123700	96524	120045
第三产业从业人员	人	84778	34916	122211	79020	120333
固定电话用户	户	17300	15403	45945	46948	51723
二、综合经济						
地区生产总值	万元	1311029	631336	5505430	4741277	4724317
第一产业增加值	万元	388692	209593	471398	813226	805452
农业增加值	万元	197521	138593	237581	413685	404257
牧业增加值	万元	155150	63040	194765	312421	286524
第二产业增加值	万元	381868	211003	3404758	2558160	2430754
公共财政收入	万元	75538	32356	385281	254022	285917
各项税收	万元	46078	19472	240680	154653	175805
公共财政支出	万元	324860	222251	612823	472136	495078
居民储蓄存款余额	万元	990330	498550	1490642	1826694	1863325
年末金融机构各项贷款余额	万元	926554	378510	1226765	1200230	1325026
三、农业、工业及投资						
农业机械总动力	万千瓦特	23	17	17	69	69
机收面积	公顷	411	278	8622	77193	67000
设施农业占地面积	公顷	14	42	1065	1042	1268
粮食总产量	吨	102546	80548	103535	488421	318128
棉花产量	吨			28	3564	7083
油料产量	吨	13937	5227	21481	74182	53537
肉类总产量	吨	69259	31217	77597	96743	98899
规模以上工业企业单位数	个	60	45	267	278	233
规模以上工业总产值	万元	1131624	529474	12001929	9510266	9601111
固定资产投资	万元	944080	572333	5742736	4133272	4627040
四、教育、卫生和社会保障						
普通中学在校学生数	人	11342	4416	10279	14361	12129
中等职业教育学校在校学生数	人	3188	1005	2195	2193	1561
小学在校学生数	人	14272	6936	15051	18456	15448
医疗卫生机构床位数	床	1943	772	2325	2041	2276
各种社会福利收养性单位数	个	18	10	25	14	19
各种社会福利收养性单位床位数	床	1505	850	2545	1780	1785

2016年县(市)社会经济主要指标

湖北省

指　标	单位	襄州区	南漳县	谷城县	保康县	老河口市
一、基本情况						
行政区域面积	平方公里	2467	3859	2541	3222	1052
乡个数	个			1	1	1
镇个数	个	12	10	9	10	7
街道办事处个数	个	3				2
户籍人口	万人	106	58	60	27	52
第二产业从业人员	人	173267	79013	98442	19686	112000
第三产业从业人员	人	184715	122210	92305	60008	142500
固定电话用户	户	59815	20296	41415	36922	29145
二、综合经济						
地区生产总值	万元	5916839	2310159	3102449	1095715	3175289
第一产业增加值	万元	985939	498359	370460	210818	434178
农业增加值	万元	458025	188766	138364	121982	236232
牧业增加值	万元	477311	290014	209865	81126	162632
第二产业增加值	万元	2947900	870100	1925565	506713	1714491
公共财政收入	万元	297695	136422	198046	102951	282326
各项税收	万元	178861	94598	113337	61819	176997
公共财政支出	万元	611715	423938	510047	297460	523417
居民储蓄存款余额	万元	1678155	1359210	1801719	600848	1418789
年末金融机构各项贷款余额	万元	1033855	783274	1034344	526368	1161973
三、农业、工业及投资						
农业机械总动力	万千瓦特	125	62	30	27	70
机收面积	公顷	169725	47832	37746	17011	53130
设施农业占地面积	公顷	1590	620	820	1984	319
粮食总产量	吨	1338500	445900	278241	144000	371201
棉花产量	吨	4714	92			2986
油料产量	吨	93051	10770	14800	10974	20916
肉类总产量	吨	171237	115491	71205	33669	68451
规模以上工业企业单位数	个	222	132	206	99	229
规模以上工业总产值	万元	9209000	2557100	7834205	1160118	7059330
固定资产投资	万元	5243239	2461218	2791521	1610684	2843830
四、教育、卫生和社会保障						
普通中学在校学生数	人	2942	16931	20371	7613	18777
中等职业教育学校在校学生数	人	1697	1389	1541	1239	273
小学在校学生数	人	55446	26174	35059	12692	35167
医疗卫生机构床位数	床	3799	2530	3619	1998	2760
各种社会福利收养性单位数	个	47	14	27	13	17
各种社会福利收养性单位床位数	床	5931	2518	3320	1429	2580

2016年县(市)社会经济主要指标

湖北省

指　　标	单位	枣阳市	宜城市	京山县	沙洋县	钟祥市
一、基本情况						
行政区域面积	平方公里	3276	2115	3520	2044	4488
乡个数	个					1
镇个数	个	12	8	14	13	15
街道办事处个数	个	3	2			1
户籍人口	万人	114	56	65	60	106
第二产业从业人员	人	240837	108424	150803	113923	167686
第三产业从业人员	人	263491	139216	124480	130821	249308
固定电话用户	户	73000	48407	52855	44042	53000
二、综合经济						
地区生产总值	万元	5624052	3049234	3360300	2451110	4201100
第一产业增加值	万元	965950	523776	576800	608810	598500
农业增加值	万元	504245	254194	256726	264854	307625
牧业增加值	万元	412731	238831	219359	187257	143811
第二产业增加值	万元	2683496	1779369	1841400	1049000	2295700
公共财政收入	万元	329576	242609	150838	101600	194797
各项税收	万元	198068	123977	93714	78748	124640
公共财政支出	万元	763626	509718	472259	321100	712898
居民储蓄存款余额	万元	2827395	1348917	2161746	1536950	3393891
年末金融机构各项贷款余额	万元	1736905	1069933	1344826	729757	1567864
三、农业、工业及投资						
农业机械总动力	万千瓦特	154	78	104	102	163
机收面积	公顷	196528	55990	111310	127869	110818
设施农业占地面积	公顷	2184	1684	2315	1298	2003
粮食总产量	吨	1358411	694942	690403	751920	820500
棉花产量	吨	3640	6328	1878	1754	6839
油料产量	吨	16804	72950	47841	142727	124819
肉类总产量	吨	174409	136363	116622	111083	137077
规模以上工业企业单位数	个	294	208	327	198	320
规模以上工业总产值	万元	9704533	6200194	9451402	4069431	10475886
固定资产投资	万元	4591917	2783698	3604459	2024200	4790200
四、教育、卫生和社会保障						
普通中学在校学生数	人	40831	18557	17630	12386	33965
中等职业教育学校在校学生数	人	4059		2428	1839	4156
小学在校学生数	人	70812	29667	24338	19370	46270
医疗卫生机构床位数	床	5950	2972	2772	2880	4945
各种社会福利收养性单位数	个	41	14	25	20	34
各种社会福利收养性单位床位数	床	4080	1770	3590	2212	3569

2016年县(市)社会经济主要指标

湖北省

指　　标	单位	孝昌县	大悟县	云梦县	应城市	安陆市
一、基本情况						
行政区域面积	平方公里	1217	1985	604	1103	1355
乡个数	个	4	3	3		4
镇个数	个	8	14	9	10	9
街道办事处个数	个				5	2
户籍人口	万人	68	65	58	67	62
第二产业从业人员	人	133211	107900	178919	167597	126553
第三产业从业人员	人	194705	89600	188164	126785	122822
固定电话用户	户	56408	118864	70800	51170	70448
二、综合经济						
地区生产总值	万元	1132678	1280465	2129984	2598326	1880698
第一产业增加值	万元	323898	343126	348246	471601	377095
农业增加值	万元	140581	166327	175535	170917	132423
牧业增加值	万元	135003	114511	120095	157608	211305
第二产业增加值	万元	372431	360030	1114476	1425644	765739
公共财政收入	万元	92155	94865	132131	165592	107610
各项税收	万元	87017	57024	124834	107355	72137
公共财政支出	万元	352156	466735	343102	386253	279224
居民储蓄存款余额	万元	1213720	1361087	1505386	1813505	1804089
年末金融机构各项贷款余额	万元	611098	787929	741025	1191231	1250655
三、农业、工业及投资						
农业机械总动力	万千瓦特	32	23	27	37	32
机收面积	公顷	51033	7870	34067	38300	44158
设施农业占地面积	公顷	1406	526	3712	11985	2438
粮食总产量	吨	256000	266425	203500	318900	324400
棉花产量	吨	810	165	1484	1780	580
油料产量	吨	37857	59032	22384	30988	20579
肉类总产量	吨	56420	44062	56494	60893	116849
规模以上工业企业单位数	个	68	70	172	199	111
规模以上工业总产值	万元	507902	854789	4266424	6204494	2500291
固定资产投资	万元	1559313	2185513	2556383	2830186	2421574
四、教育、卫生和社会保障						
普通中学在校学生数	人	19614	22493	17908	18121	20068
中等职业教育学校在校学生数	人	875	1125	1594	855	3775
小学在校学生数	人	31272	34241	26608	24410	28022
医疗卫生机构床位数	床	2070	2691	2314	2486	2585
各种社会福利收养性单位数	个	18	19	26	24	21
各种社会福利收养性单位床位数	床	1279	2134	4880	3957	2697

2016年县(市)社会经济主要指标

湖北省

指　　标	单位	汉川市	公安县	监利县	江陵县	石首市
一、基本情况						
行政区域面积	平方公里	1659	2257	3201	1049	1406
乡个数	个	6	2	3	2	1
镇个数	个	14	14	18	7	11
街道办事处个数	个	2				2
户籍人口	万人	111	101	157	40	63
第二产业从业人员	人	263000	32065	7996	17982	12823
第三产业从业人员	人	249400	29643	33695	15297	13024
固定电话用户	户	102811	56852	67100	46124	25783
二、综合经济						
地区生产总值	万元	4541423	2269660	2465495	747113	1520708
第一产业增加值	万元	616446	637960	980895	221113	357664
农业增加值	万元	252605	326951	398148	112652	145867
牧业增加值	万元	222460	121635	172579	69544	99743
第二产业增加值	万元	2676231	970800	740200	257800	609400
公共财政收入	万元	214691	112397	77733	35818	66700
各项税收	万元	268945	118441	88839	43422	84729
公共财政支出	万元	508730	458107	585202	239771	317896
居民储蓄存款余额	万元	2333914	2443389	2480471	863974	1737115
年末金融机构各项贷款余额	万元	1945718	1056244	1304936	472972	826142
三、农业、工业及投资						
农业机械总动力	万千瓦特	71	93	167	56	54
机收面积	公顷	80320	102710	182998	55430	61745
设施农业占地面积	公顷	3870	2379	61	224	608
粮食总产量	吨	501400	632500	1319700	270900	215000
棉花产量	吨	7850	15355	9723	3572	8842
油料产量	吨	31697	105244	113471	72749	60473
肉类总产量	吨	116180	65152	102205	34850	55151
规模以上工业企业单位数	个	436	164	116	78	153
规模以上工业总产值	万元	10906649	3508200	2638300	975717	2033100
固定资产投资	万元	4012863	2706495	2056846	903096	1862520
四、教育、卫生和社会保障						
普通中学在校学生数	人	31536	30114	55390	11912	19863
中等职业教育学校在校学生数	人	2938	2154	861	929	3077
小学在校学生数	人	56001	37817	92434	15684	26000
医疗卫生机构床位数	床	4788	4038	4653	1385	2372
各种社会福利收养性单位数	个	33	21	26	14	41
各种社会福利收养性单位床位数	床	2999	4970	2382	1114	4407

2016年县(市)社会经济主要指标

湖北省

指　　标	单位	洪湖市	松滋市	团风县	红安县	罗田县
一、基本情况						
行政区域面积	平方公里	2444	2177	833	1796	2130
乡个数	个	1	2	2	1	2
镇个数	个	14	14	8	10	10
街道办事处个数	个	2			2	
户籍人口	万人	93	84	38	65	60
第二产业从业人员	人	13601	20366	57400	96075	166700
第三产业从业人员	人	26808	23151	32000	122697	146300
固定电话用户	户	58500	75052	19796	80556	75940
二、综合经济						
地区生产总值	万元	2131001	2438273	806511	1409181	1217903
第一产业增加值	万元	646401	437573	161411	260009	250927
农业增加值	万元	194268	175840	70344	149103	154369
牧业增加值	万元	69722	206461	56449	95248	85502
第二产业增加值	万元	709500	1161200	448300	682226	456889
公共财政收入	万元	83915	165600	52870	147087	68032
各项税收	万元	83885	190042	33233	100076	42617
公共财政支出	万元	364216	497498	271853	535901	339075
居民储蓄存款余额	万元	1718076	2338939	806430	1296673	1466189
年末金融机构各项贷款余额	万元	1085350	1172865	634320	946273	720994
三、农业、工业及投资						
农业机械总动力	万千瓦特	117	66	26	38	34
机收面积	公顷	96846	75146	26480	45620	29480
设施农业占地面积	公顷	601	394	45	460	1568
粮食总产量	吨	659500	335500	117900	204904	227410
棉花产量	吨	3022	6538	2683	951	211
油料产量	吨	82841	68770	23069	111914	28019
肉类总产量	吨	40200	110805	29876	63129	53516
规模以上工业企业单位数	个	125	157	74	156	92
规模以上工业总产值	万元	2625658	3669811	702913	1043800	873828
固定资产投资	万元	1684701	2785606	764400	1833232	1684308
四、教育、卫生和社会保障						
普通中学在校学生数	人	28432	24678	9721	24645	19122
中等职业教育学校在校学生数	人	2144	2106	745	3020	3191
小学在校学生数	人	42095	32225	16400	31935	31187
医疗卫生机构床位数	床	2640	3110	1776	2959	3171
各种社会福利收养性单位数	个	28	25	12	15	17
各种社会福利收养性单位床位数	床	2977	3688	1387	1786	2850

2016年县(市)社会经济主要指标

湖北省

指　　标	单位	英山县	浠水县	蕲春县	黄梅县	麻城市
一、基本情况						
行政区域面积	平方公里	1449	1949	2398	1701	3747
乡个数	个	3	1	1	4	1
镇个数	个	8	12	13	12	15
街道办事处个数	个			1		3
户籍人口	万人	40	102	103	101	117
第二产业从业人员	人	76373	224000	125600	161920	129860
第三产业从业人员	人	80563	234000	296500	192810	305212
固定电话用户	户	51763	73927	95202	87000	105082
二、综合经济						
地区生产总值	万元	889678	2175670	2086500	1881644	2662700
第一产业增加值	万元	332742	627037	463900	505101	542200
农业增加值	万元	265904	248871	211774	226237	262361
牧业增加值	万元	57213	259465	166485	161556	215492
第二产业增加值	万元	276373	747972	799900	756698	1099400
公共财政收入	万元	45322	86655	121952	106006	160394
各项税收	万元	27829	48266	73842	65438	160394
公共财政支出	万元	228263	431780	251936	457056	558339
居民储蓄存款余额	万元	1164500	2335200	2683624	2329123	2454413
年末金融机构各项贷款余额	万元	634700	967000	1128417	1218736	1973106
三、农业、工业及投资						
农业机械总动力	万千瓦特	34	47	44	56	45
机收面积	公顷	8726	70100	56920	77120	69210
设施农业占地面积	公顷	388	3840	446	2322	2773
粮食总产量	吨	128024	450700	483200	426900	488633
棉花产量	吨	279	6948	2531	4910	4059
油料产量	吨	18728	78925	55074	66440	100755
肉类总产量	吨	17900	98577	81445	59645	97100
规模以上工业企业单位数	个	74	135	134	174	282
规模以上工业总产值	万元	764254	1911000	2662093	2098558	4111674
固定资产投资	万元	964106	1832600	2297113	2105927	3436500
四、教育、卫生和社会保障						
普通中学在校学生数	人	14570	35763	25527	42697	42221
中等职业教育学校在校学生数	人	3232	4190	5217	5068	5638
小学在校学生数	人	21162	52949	61912	62239	54951
医疗卫生机构床位数	床	2078	3878	3680	3850	4454
各种社会福利收养性单位数	个	10	20	128	31	40
各种社会福利收养性单位床位数	床	1856	2198	4120	3600	3471

2016年县(市)社会经济主要指标

湖北省

指　标	单位	武穴市	嘉鱼县	通城县	崇阳县	通山县
一、基本情况						
行政区域面积	平方公里	1246	1020	1141	1968	2680
乡个数	个			2	4	4
镇个数	个	8	8	9	8	8
街道办事处个数	个	4				
户籍人口	万人	82	37	52	51	48
第二产业从业人员	人	151389	66042	74936	68974	55200
第三产业从业人员	人	134741	68371	71549	76147	114600
固定电话用户	户	85900	39368	69758	58148	23456
二、综合经济						
地区生产总值	万元	2607836	2135100	1149502	1085631	1014011
第一产业增加值	万元	530350	416590	242902	259231	164711
农业增加值	万元	191913	256631	119590	115908	83518
牧业增加值	万元	255338	25936	91208	98166	41204
第二产业增加值	万元	1242753	1123000	480900	379700	339000
公共财政收入	万元	166889	98100	67100	68140	59678
各项税收	万元	153884	59021	43285	41025	34449
公共财政支出	万元	418354	257239	253400	271639	297693
居民储蓄存款余额	万元	2036300	786708	856973	978174	652480
年末金融机构各项贷款余额	万元	1090300	762112	565500	647097	669449
三、农业、工业及投资						
农业机械总动力	万千瓦特	34	41	31	21	20
机收面积	公顷	73600	38946	28142	31488	11124
设施农业占地面积	公顷	238	1579	101	352	82
粮食总产量	吨	298100	167800	168600	183400	81500
棉花产量	吨	3611	500	256	420	
油料产量	吨	53682	11654	6200	12035	6041
肉类总产量	吨	85721	16489	57909	57540	26299
规模以上工业企业单位数	个	212	196	82	79	73
规模以上工业总产值	万元	3964000	5030092	1280943	770371	1169249
固定资产投资	万元	2712926	2561000	1527100	1540351	1809400
四、教育、卫生和社会保障						
普通中学在校学生数	人	31514	9843	12689	19902	13908
中等职业教育学校在校学生数	人	5269	804	745	2522	796
小学在校学生数	人	63759	15920	37016	37685	41753
医疗卫生机构床位数	床	3312	1443	1835	2245	1695
各种社会福利收养性单位数	个	15	16	15	15	15
各种社会福利收养性单位床位数	床	1688	1504	1427	1233	1860

2016年县(市)社会经济主要指标

湖北省

指　　标	单位	赤壁市	随　县	广水市	恩施市	利川市
一、基本情况						
行政区域面积	平方公里	1723	5543	2647	3967	4606
乡个数	个	1			9	5
镇个数	个	10	19	13	4	7
街道办事处个数	个	3		4	3	2
户籍人口	万人	53	93	93	81	92
第二产业从业人员	人	74900	130562	178125	101200	164075
第三产业从业人员	人	118600	125842	331255	154100	156992
固定电话用户	户	71480	37000	79974	46000	39000
二、综合经济						
地区生产总值	万元	3602200	1932838	2652400	1878648	1072735
第一产业增加值	万元	471600	654138	515791	276406	323262
农业增加值	万元	253500	344651	289806	161355	200344
牧业增加值	万元	58800	264439	167439	109316	104336
第二产业增加值	万元	1595700	852400	1248209	739359	295658
公共财政收入	万元	171138	77553	111941	204732	98246
各项税收	万元	94004	45284	71731	164158	65038
公共财政支出	万元	403170	343400	495828	591425	599460
居民储蓄存款余额	万元	1316108	1230105	2465500	1938570	1393336
年末金融机构各项贷款余额	万元	1187246	472060	852700	3614561	1178108
三、农业、工业及投资						
农业机械总动力	万千瓦特	42	120	45	25	34
机收面积	公顷	50370	97244	48556	7894	25037
设施农业占地面积	公顷	820	1868	1303	256	220
粮食总产量	吨	193600	902000	412900	217611	332800
棉花产量	吨	1100	4405	2522	11	
油料产量	吨	27819	24964	38301	18560	13692
肉类总产量	吨	29088	120807	74438	90920	67877
规模以上工业企业单位数	个	206	248	187	85	65
规模以上工业总产值	万元	5535727	4563893	3453000	1344145	547893
固定资产投资	万元	3623140	2788200	2964869	1741400	1135661
四、教育、卫生和社会保障						
普通中学在校学生数	人	19351	20335	30078	42328	42796
中等职业教育学校在校学生数	人	3898		3530	3811	3316
小学在校学生数	人	34385	40856	47726	52613	68955
医疗卫生机构床位数	床	2536	2423	3218	6805	4820
各种社会福利收养性单位数	个	16	34	32	31	16
各种社会福利收养性单位床位数	床	2031	3835	1600	2202	2030

2016年县(市)社会经济主要指标

湖北省

指　　标	单位	建始县	巴东县	宣恩县	咸丰县	来凤县
一、基本情况						
行政区域面积	平方公里	2665	3352	2737	2523	1342
乡个数	个	4	2	4	4	2
镇个数	个	6	10	5	6	6
街道办事处个数	个					
户籍人口	万人	51	49	36	39	33
第二产业从业人员	人	69973	44215	23308	96300	57117
第三产业从业人员	人	49284	138126	113471	113400	67408
固定电话用户	户	13064	24214	24237	34300	30162
二、综合经济						
地区生产总值	万元	857860	962097	602347	732019	629654
第一产业增加值	万元	190241	181763	153338	167984	128983
农业增加值	万元	101521	96007	90647	71521	67990
牧业增加值	万元	81395	78412	57506	91497	55690
第二产业增加值	万元	296754	395223	172267	227607	185178
公共财政收入	万元	92216	59077	32874	66595	38518
各项税收	万元	39910	42813	23596	28496	29448
公共财政支出	万元	332643	366076	276999	353505	253535
居民储蓄存款余额	万元	678768	752217	471306	641694	564705
年末金融机构各项贷款余额	万元	601419	551608	390173	426341	589981
三、农业、工业及投资						
农业机械总动力	万千瓦特	32	34	27	27	20
机收面积	公顷	270	3126	2933		7230
设施农业占地面积	公顷	245	74	12	28	164
粮食总产量	吨	210900	205500	121500	210400	115462
棉花产量	吨					
油料产量	吨	16311	22722	5133	18524	7733
肉类总产量	吨	64689	66445	51820	57348	27580
规模以上工业企业单位数	个	75	61	61	70	65
规模以上工业总产值	万元	580367	493500	336629	726883	447620
固定资产投资	万元	886134	999869	446683	733838	676671
四、教育、卫生和社会保障						
普通中学在校学生数	人	19836	22134	13383	15311	15309
中等职业教育学校在校学生数	人	2633	1521	1422	3439	2050
小学在校学生数	人	29035	28200	21773	27653	24696
医疗卫生机构床位数	床	3160	2151	1357	1992	1730
各种社会福利收养性单位数	个	16	13	11	13	14
各种社会福利收养性单位床位数	床	1511	1355	1171	1322	900

2016年县(市)社会经济主要指标

湖北省

指　　标	单位	鹤峰县	仙桃市	潜江市	天门市	神农架林区
一、基本情况						
行政区域面积	平方公里	2868	2538	2004	2622	3233
乡个数	个	4			1	2
镇个数	个	5	15	10	21	6
街道办事处个数	个		3	7	3	
户籍人口	万人	22	156	102	163	8
第二产业从业人员	人	34218	352100	214300	228400	8159
第三产业从业人员	人	50252	382300	239200	344900	23565
固定电话用户	户	13273	133400	73744	87800	11400
二、综合经济						
地区生产总值	万元	519830	6475500	6021934	4712629	230604
第一产业增加值	万元	103184	879379	722134	747429	21882
农业增加值	万元	70709	331124	301074	319300	13913
牧业增加值	万元	22521	199737	118754	219524	4576
第二产业增加值	万元	216570	3429400	3102400	2389800	81189
公共财政收入	万元	33333	290849	233151	242847	62304
各项税收	万元	23345	385425	154550	116506	47112
公共财政支出	万元	257918	745811	635371	679579	170846
居民储蓄存款余额	万元	437365	4073200	3682348	4320000	237930
年末金融机构各项贷款余额	万元	361283	2227600	1789397	1537700	198336
三、农业、工业及投资						
农业机械总动力	万千瓦特	39	137	139	159	13
机收面积	公顷	6186	119233	87160	109400	
设施农业占地面积	公顷	10	427	153	2650	30
粮食总产量	吨	83545	724476	470900	633500	20000
棉花产量	吨		8002	4528	15309	
油料产量	吨	4336	128586	70229	116327	406
肉类总产量	吨	21523	80986	103798	111776	5502
规模以上工业企业单位数	个	63	400	266	298	12
规模以上工业总产值	万元	599573	11049800	11459533	9162700	77200
固定资产投资	万元	490181	4839300	4623230	4026839	370804
四、教育、卫生和社会保障						
普通中学在校学生数	人	6220	53398	37400	53206	2375
中等职业教育学校在校学生数	人	1452	4542	7571	8603	88
小学在校学生数	人	10438	80673	49200	73642	3369
医疗卫生机构床位数	床	928	5180	4017	5722	500
各种社会福利收养性单位数	个	11	23	18	36	9
各种社会福利收养性单位床位数	床	1038	2862	1900	5814	538

2016年县(市)社会经济主要指标

湖南省

指　　标	单位	望城区	长沙县	宁乡县	浏阳市	株洲县
一、基本情况						
行政区域面积	平方公里	951	1997	2912	4997	1054
乡个数	个			4	2	
镇个数	个	5	13	21	26	8
街道办事处个数	个	10	5	4	4	
户籍人口	万人	55	77	142	149	35
第二产业从业人员	人	133205	218458	272700	395351	55700
第三产业从业人员	人	138555	223941	288700	236276	61344
固定电话用户	户	70014	227000	73000	93500	16330
二、综合经济						
地区生产总值	万元	5821907	12633446	10983525	12182051	1272364
第一产业增加值	万元	433106	740048	1201564	1025140	213762
农业增加值	万元	286591	476788	675974	687314	99513
牧业增加值	万元	109059	219754	447073	204547	80292
第二产业增加值	万元	4162967	8147673	7264322	8408829	655900
公共财政收入	万元	405458	732504	426756	588512	97089
各项税收	万元	575837	1497437	476174	740429	82964
公共财政支出	万元	707601	1239620	806230	950576	226147
居民储蓄存款余额	万元	2334529	4500073	3653303	3965808	1024117
年末金融机构各项贷款余额	万元	2842134	9440318	4522685	4726344	625098
三、农业、工业及投资						
农业机械总动力	万千瓦特	61	153	174	156	35
机收面积	公顷	54132	76415	158951	104230	19400
设施农业占地面积	公顷	20	2373	2620	3982	659
粮食总产量	吨	353460	533507	820982	555452	220774
棉花产量	吨			236	180	443
油料产量	吨	10092	15494	13995	51095	6572
肉类总产量	吨	90149	150340	215620	170078	42982
规模以上工业企业单位数	个	318	357	618	834	110
规模以上工业总产值	万元	11524045	21912197	22651301	22621807	1324902
固定资产投资	万元	6070848	8158848	9487534	9138176	1063656
四、教育、卫生和社会保障						
普通中学在校学生数	人	21088	41442	66345	65659	10425
中等职业教育学校在校学生数	人	8008	15257	6358	5941	2028
小学在校学生数	人	38236	67321	77050	101022	13589
医疗卫生机构床位数	床	3639	4317	6730	7568	1400
各种社会福利收养性单位数	个	21	21	33	60	15
各种社会福利收养性单位床位数	床	2940	2600	4764	7096	869

2016年县(市)社会经济主要指标

湖南省

指　　标	单位	攸　县	茶陵县	炎陵县	醴陵市	湘潭县
一、基本情况						
行政区域面积	平方公里	2649	2496	2030	2157	2140
乡个数	个		2	5		3
镇个数	个	13	10	5	19	14
街道办事处个数	个	4	4		4	
户籍人口	万人	82	65	19	105	98
第二产业从业人员	人	113475	75600	35200	285713	114800
第三产业从业人员	人	178402	124300	40700	161993	131700
固定电话用户	户	65442	28105	20703	121000	251176
二、综合经济						
地区生产总值	万元	3703185	1740028	674747	5731693	3643254
第一产业增加值	万元	526539	342741	87864	531837	617370
农业增加值	万元	269245	164662	42864	262998	335953
牧业增加值	万元	180209	114807	20192	212465	205649
第二产业增加值	万元	1851528	675619	333292	3511236	1843069
公共财政收入	万元	195335	97093	74513	401478	194629
各项税收	万元	99881	78753	54011	242296	139064
公共财政支出	万元	467276	344637	188067	674330	495561
居民储蓄存款余额	万元	1680439	1441341	515904	2242892	2300760
年末金融机构各项贷款余额	万元	1090033	919000	518972	1378031	1879000
三、农业、工业及投资						
农业机械总动力	万千瓦特	99	73	19	98	145
机收面积	公顷	78345	41098	8935	70780	129146
设施农业占地面积	公顷	1668	1364	55	4326	268
粮食总产量	吨	441098	304707	84723	500138	693584
棉花产量	吨	575	1006	44	62	165
油料产量	吨	19527	17748	3086	11504	9314
肉类总产量	吨	93942	65152	13729	108708	167514
规模以上工业企业单位数	个	250	161	98	540	218
规模以上工业总产值	万元	5214559	1677696	1036048	10004846	5351604
固定资产投资	万元	3020790	1392176	1050208	3902107	2144370
四、教育、卫生和社会保障						
普通中学在校学生数	人	32614	23982	7207	35540	49567
中等职业教育学校在校学生数	人	2040	1570	458	8524	6081
小学在校学生数	人	47559	44159	12613	62647	45707
医疗卫生机构床位数	床	3658	3451	836	5078	3519
各种社会福利收养性单位数	个	22	21	15	56	50
各种社会福利收养性单位床位数	床	1869	450	625	4450	2150

2016年县(市)社会经济主要指标

湖南省

指　　标	单位	湘乡市	韶山市	衡阳县	衡南县	衡山县
一、基本情况						
行政区域面积	平方公里	1966	247	2559	2614	935
乡个数	个	3	2	8	1	5
镇个数	个	15	2	17	21	7
街道办事处个数	个	4				
户籍人口	万人	93	12	126	111	45
第二产业从业人员	人	156240	17830	163242	180000	25600
第三产业从业人员	人	131200	13758	263836	292000	82900
固定电话用户	户	63105	29310	64412	50000	28750
二、综合经济						
地区生产总值	万元	3656494	777864	3188443	3170611	1506185
第一产业增加值	万元	600666	62429	693364	715266	313611
农业增加值	万元	311680	33482	313206	382495	155582
牧业增加值	万元	214094	23019	249616	187163	81553
第二产业增加值	万元	1833717	431324	1152829	1360410	423334
公共财政收入	万元	141076	44920	96744	132472	71184
各项税收	万元	124100	40886	97641	108049	57626
公共财政支出	万元	443000	110672	453876	532297	246971
居民储蓄存款余额	万元	2303449	448600	2537398	1925404	1014884
年末金融机构各项贷款余额	万元	1573938	466300	1016552	865929	384067
三、农业、工业及投资						
农业机械总动力	万千瓦特	104	16	75	94	39
机收面积	公顷	119993	11100	113580	90867	28070
设施农业占地面积	公顷	106	4	71	767	396
粮食总产量	吨	502441	64201	651729	650180	213078
棉花产量	吨	53	8	7973	6975	866
油料产量	吨	14340	1803	81022	70515	17750
肉类总产量	吨	150503	22087	167568	150103	66522
规模以上工业企业单位数	个	218	62	116	111	82
规模以上工业总产值	万元	7393037	2040805	2163393	1990207	929724
固定资产投资	万元	2048327	937212	2594113	2196800	942500
四、教育、卫生和社会保障						
普通中学在校学生数	人	36169	2757	61602	58532	19925
中等职业教育学校在校学生数	人	2691	546	5052	3140	3587
小学在校学生数	人	44803	5483	73428	63954	28541
医疗卫生机构床位数	床	3990	529	4657	3947	1783
各种社会福利收养性单位数	个	19	10	28	27	22
各种社会福利收养性单位床位数	床	1212	430	2859	2000	1710

2016年县(市)社会经济主要指标

湖南省

指　　标	单位	衡东县	祁东县	耒阳市	常宁市	邵东县
一、基本情况						
行政区域面积	平方公里	1927	1871	2648	2048	1778
乡个数	个	2	3	5	4	4
镇个数	个	15	17	19	14	18
街道办事处个数	个		4	6	3	3
户籍人口	万人	77	109	143	97	135
第二产业从业人员	人	110680	101301	190747	77532	190000
第三产业从业人员	人	198720	219878	316545	204621	125500
固定电话用户	户	178220	84900	100000	979000	98127
二、综合经济						
地区生产总值	万元	2627621	2661676	4301442	2966707	3401720
第一产业增加值	万元	441794	669122	691558	519757	535258
农业增加值	万元	204215	425327	384677	196296	399335
牧业增加值	万元	154159	164941	214732	194318	105910
第二产业增加值	万元	916591	901717	1548006	1111784	1583889
公共财政收入	万元	99987	77572	206788	134073	137748
各项税收	万元	75631	77522	136950	92841	144151
公共财政支出	万元	350152	451497	643936	541269	545637
居民储蓄存款余额	万元	1496536	2347800	3449700	1845845	2858257
年末金融机构各项贷款余额	万元	667834	777600	1257200	1047000	1752735
三、农业、工业及投资						
农业机械总动力	万千瓦特	70	96	91	74	82
机收面积	公顷	53310	61627	79366	57610	50533
设施农业占地面积	公顷	1293	8	279	1250	1500
粮食总产量	吨	418425	467183	509922	407306	436968
棉花产量	吨	1055	1572	1403	2122	125
油料产量	吨	39601	45988	54723	44522	39807
肉类总产量	吨	92838	121280	144282	116727	96012
规模以上工业企业单位数	个	93	100	117	68	314
规模以上工业总产值	万元	1715440	2417659	2633114	1964308	5697369
固定资产投资	万元	1520076	1561500	3575900	1796953	2640526
四、教育、卫生和社会保障						
普通中学在校学生数	人	33718	55905	77824	48489	68747
中等职业教育学校在校学生数	人	2503	5818	6341	6048	11657
小学在校学生数	人	50232	70082	119169	72890	97666
医疗卫生机构床位数	床	2877	4200	4955	3987	4190
各种社会福利收养性单位数	个	22	43	35	30	37
各种社会福利收养性单位床位数	床	1350	2280	1244	1921	4960

2016年县(市)社会经济主要指标

湖南省

指　　标	单位	新邵县	邵阳县	隆回县	洞口县	绥宁县
一、基本情况						
行政区域面积	平方公里	1762	2001	2868	2179	2917
乡个数	个	2	8	5	8	9
镇个数	个	13	12	19	12	8
街道办事处个数	个				3	
户籍人口	万人	84	107	125	90	39
第二产业从业人员	人	144561	103700	91508	95628	20300
第三产业从业人员	人	112894	90350	150236	171301	89200
固定电话用户	户	21871	31667	44594	54773	28026
二、综合经济						
地区生产总值	万元	1271951	1328308	1544672	1511422	813874
第一产业增加值	万元	319011	346047	372931	503552	196790
农业增加值	万元	186302	210350	226788	301301	99666
牧业增加值	万元	118785	107430	123932	165634	68057
第二产业增加值	万元	458021	450482	405192	493348	352171
公共财政收入	万元	82087	67781	74873	71417	36288
各项税收	万元	55877	43339	71910	55314	27501
公共财政支出	万元	415225	469618	510827	422217	248397
居民储蓄存款余额	万元	1224421	1442002	2137300	1660332	748354
年末金融机构各项贷款余额	万元	759585	564600	1009900	789892	325653
三、农业、工业及投资						
农业机械总动力	万千瓦特	25	50	33	71	50
机收面积	公顷	12481	26813	1848	55408	16257
设施农业占地面积	公顷	2291	343	1450	416	20
粮食总产量	吨	305047	445516	456805	461112	142251
棉花产量	吨	41		44	52	
油料产量	吨	12394	31194	12515	35819	5090
肉类总产量	吨	85226	82588	83478	172007	51636
规模以上工业企业单位数	个	108	78	122	100	72
规模以上工业总产值	万元	1971455	1271690	1698468	1739149	1817155
固定资产投资	万元	2040327	1871524	1425246	1758702	752175
四、教育、卫生和社会保障						
普通中学在校学生数	人	45459	41921	65053	49215	15796
中等职业教育学校在校学生数	人	2734	3132	6065	9219	1256
小学在校学生数	人	59076	62095	111950	71996	27528
医疗卫生机构床位数	床	3097	3620	3890	2340	1628
各种社会福利收养性单位数	个	15	25	22	22	22
各种社会福利收养性单位床位数	床	858	1342	982	745	659

2016年县(市)社会经济主要指标

湖南省

指　　标	单位	新宁县	城步苗族自治县	武冈市	岳阳县	华容县
一、基本情况						
行政区域面积	平方公里	2756	2588	1539	2810	1591
乡个数	个	8	6	3	3	2
镇个数	个	8	6	11	11	12
街道办事处个数	个			4		
户籍人口	万人	66	29	85	73	73
第二产业从业人员	人	79528	27762	101412	96352	92400
第三产业从业人员	人	143358	40236	170954	213251	148100
固定电话用户	户	40000	18933	57500	52433	65000
二、综合经济						
地区生产总值	万元	930387	363676	1322395	2865426	3051689
第一产业增加值	万元	262347	103196	474698	530273	636621
农业增加值	万元	189129	46970	272886	242764	341031
牧业增加值	万元	58861	41924	182113	223116	153586
第二产业增加值	万元	226807	123645	249748	1355205	1393239
公共财政收入	万元	57049	29668	74078	55908	53899
各项税收	万元	37279	25683	57163	64262	58716
公共财政支出	万元	352626	234966	436539	356754	367366
居民储蓄存款余额	万元	1058589	476081	1498018	913000	1469094
年末金融机构各项贷款余额	万元	556261	319142	732099	610100	883400
三、农业、工业及投资						
农业机械总动力	万千瓦特	46	20	54	82	107
机收面积	公顷	12741	5280	47640	82490	187933
设施农业占地面积	公顷	178	234	516	3071	1441
粮食总产量	吨	296747	78194	444611	500416	522976
棉花产量	吨			15	7380	32030
油料产量	吨	11199	3994	19325	32977	73915
肉类总产量	吨	41391	18877	120998	105870	67542
规模以上工业企业单位数	个	63	26	67	145	126
规模以上工业总产值	万元	724807	346017	898417	5333534	5091295
固定资产投资	万元	790112	494548	1870849	2636822	2978461
四、教育、卫生和社会保障						
普通中学在校学生数	人	26568	10865	50598	25590	23536
中等职业教育学校在校学生数	人	2420	644	11417	5203	4672
小学在校学生数	人	50468	22221	62184	38647	30799
医疗卫生机构床位数	床	2658	1297	3233	2308	4064
各种社会福利收养性单位数	个	19	13	20	1	39
各种社会福利收养性单位床位数	床	998	367	794	2242	1387

2016年县(市)社会经济主要指标

湖南省

指　　标	单位	湘阴县	平江县	汨罗市	临湘市	安乡县
一、基本情况						
行政区域面积	平方公里	1541	4114	1670	1719	1086
乡个数	个	2	5	1		4
镇个数	个	12	19	17	10	8
街道办事处个数	个			1	3	
户籍人口	万人	78	112	76	54	55
第二产业从业人员	人	147562	55700	161801	55600	31161
第三产业从业人员	人	63298	161400	185261	68200	35986
固定电话用户	户	50257	178000	131897	20703	26700
二、综合经济						
地区生产总值	万元	3388925	2390857	4317314	2331699	1594906
第一产业增加值	万元	527602	458404	532173	312825	297639
农业增加值	万元	232609	225162	222720	143818	156686
牧业增加值	万元	139165	187763	247198	110992	69683
第二产业增加值	万元	1854804	1043231	2456075	1269620	543309
公共财政收入	万元	94798	75998	95157	43740	31784
各项税收	万元	92067	86219	115160	65569	40280
公共财政支出	万元	387784	527387	447740	296987	298077
居民储蓄存款余额	万元	950416	1557000	1326833	1022421	964088
年末金融机构各项贷款余额	万元	852261	1011000	752015	663566	495843
三、农业、工业及投资						
农业机械总动力	万千瓦特	98	90	69	78	59
机收面积	公顷	85313	56506	86000	32402	88800
设施农业占地面积	公顷	3814	2524	2490	121	22
粮食总产量	吨	530646	418011	490105	315394	309590
棉花产量	吨	473	1207	1075	3170	19153
油料产量	吨	18889	29798	15284	22919	68044
肉类总产量	吨	74665	83036	116914	52307	35219
规模以上工业企业单位数	个	151	146	236	128	72
规模以上工业总产值	万元	7931708	3885633	9432569	4149865	866363
固定资产投资	万元	3044340	2363795	3114503	1826375	634419
四、教育、卫生和社会保障						
普通中学在校学生数	人	30202	51031	28526	23207	14327
中等职业教育学校在校学生数	人	4665	10000	6517	3581	5062
小学在校学生数	人	34984	76192	43865	34733	20164
医疗卫生机构床位数	床	3560	4098	3780	2587	3364
各种社会福利收养性单位数	个	32	45	33	100	22
各种社会福利收养性单位床位数	床	2248	1550	1811	1651	1354

2016年县(市)社会经济主要指标

湖南省

指　　标	单位	汉寿县	澧　县	临澧县	桃源县	石门县
一、基本情况						
行政区域面积	平方公里	2091	2075	1204	4442	3970
乡个数	个	3		2	5	4
镇个数	个	16	15	8	23	13
街道办事处个数	个	4	4			4
户籍人口	万人	85	93	46	97	67
第二产业从业人员	人	74600	124687	68900	65462	30668
第三产业从业人员	人	115800	118432	47500	119062	88093
固定电话用户	户	72297	103500	20000	62700	51565
二、综合经济						
地区生产总值	万元	2532882	3110940	1565516	3114681	2398633
第一产业增加值	万元	562183	573407	321885	810233	414777
农业增加值	万元	314827	308831	149902	431369	252353
牧业增加值	万元	156233	202710	135006	332379	141182
第二产业增加值	万元	785474	1084265	548617	1062660	978536
公共财政收入	万元	62138	95729	44406	111584	75831
各项税收	万元	72990	106163	59824	110928	97561
公共财政支出	万元	494901	429740	264908	527715	412347
居民储蓄存款余额	万元	1537800	2353000	1239504	2182300	1458424
年末金融机构各项贷款余额	万元	781200	1045000	933714	1097100	804429
三、农业、工业及投资						
农业机械总动力	万千瓦特	100	87	38	98	68
机收面积	公顷	152990	104500	57802	145850	30502
设施农业占地面积	公顷	186	149	4210	1430	38
粮食总产量	吨	601045	501626	319774	745607	281271
棉花产量	吨	7904	17973	6246	14267	3210
油料产量	吨	82090	90169	52346	115595	48014
肉类总产量	吨	83619	93781	63655	141788	96624
规模以上工业企业单位数	个	108	104	113	100	106
规模以上工业总产值	万元	1602060	2750526	1434942	2178949	2458223
固定资产投资	万元	2017826	2508000	1402571	2285688	1984410
四、教育、卫生和社会保障						
普通中学在校学生数	人	29980	30538	16635	33725	24563
中等职业教育学校在校学生数	人	9498	7225	1864	7862	2539
小学在校学生数	人	47674	43553	22360	48707	32094
医疗卫生机构床位数	床	3930	4452	1836	4687	3450
各种社会福利收养性单位数	个	2	36	20	46	38
各种社会福利收养性单位床位数	床	245	3500	2700	3014	2017

2016年县(市)社会经济主要指标

湖南省

指　　标	单位	津市市	慈利县	桑植县	南　县	桃江县
一、基本情况						
行政区域面积	平方公里	556	3492	3475	1327	2068
乡个数	个		10	11	2	3
镇个数	个	4	15	12	13	12
街道办事处个数	个	5				
户籍人口	万人	24	71	47	79	90
第二产业从业人员	人	36353	66720	42300	67944	127539
第三产业从业人员	人	30270	86120	90500	139091	146968
固定电话用户	户	20639	45119	23500	27600	40900
二、综合经济						
地区生产总值	万元	1336743	1658202	817228	2314971	2273731
第一产业增加值	万元	203721	272197	100996	640755	403445
农业增加值	万元	87482	174673	66581	360889	181138
牧业增加值	万元	73774	59010	16116	149794	177150
第二产业增加值	万元	642820	504633	167050	681994	1020269
公共财政收入	万元	42907	72851	33199	46282	67850
各项税收	万元	48790	74149	40711	57242	75101
公共财政支出	万元	249048	417617	309193	501876	390515
居民储蓄存款余额	万元	744668	1460900	696189	1454807	1667258
年末金融机构各项贷款余额	万元	351700	1008700	521726	650442	944246
三、农业、工业及投资						
农业机械总动力	万千瓦特	19	57	20	106	84
机收面积	公顷	25990	18037	4462	109344	65930
设施农业占地面积	公顷	91	58	68	2337	1189
粮食总产量	吨	138862	294124	145168	551937	353012
棉花产量	吨	5660	1060	5	14805	290
油料产量	吨	30310	38917	20822	86508	34860
肉类总产量	吨	47477	45942	18167	70339	80881
规模以上工业企业单位数	个	95	75	31	106	188
规模以上工业总产值	万元	1935198	627947	227011	2069279	3630448
固定资产投资	万元	1188159	770561	478827	1145098	1900670
四、教育、卫生和社会保障						
普通中学在校学生数	人	6159	26765	22434	24471	33999
中等职业教育学校在校学生数	人	817	3999	1762	2731	4713
小学在校学生数	人	9067	36787	33862	31981	46705
医疗卫生机构床位数	床	1192	3040	1593	2832	4005
各种社会福利收养性单位数	个	22	34	14	123	25
各种社会福利收养性单位床位数	床	2513	1466	385	3419	1487

2016年县(市)社会经济主要指标

湖南省

指　　标	单位	安化县	沅江市	桂阳县	宜章县	永兴县
一、基本情况						
行政区域面积	平方公里	4945	2129	2958	2118	1980
乡个数	个	5		2	5	4
镇个数	个	18	11	17	14	11
街道办事处个数	个		2	3		
户籍人口	万人	103	75	92	64	68
第二产业从业人员	人	67354	84780	101964	120400	102165
第三产业从业人员	人	161854	163527	109524	77700	129328
固定电话用户	户	52500	53433	37000	48000	38000
二、综合经济						
地区生产总值	万元	1962662	2555105	3473365	2000613	3177506
第一产业增加值	万元	439703	563211	449670	216307	277013
农业增加值	万元	203562	272418	255324	150675	168782
牧业增加值	万元	188026	133073	145653	53926	72939
第二产业增加值	万元	722462	968764	1665498	794684	1645725
公共财政收入	万元	67474	65287	209969	135498	183186
各项税收	万元	102487	64166	121967	75677	118509
公共财政支出	万元	538275	407231	453013	445215	391688
居民储蓄存款余额	万元	1929954	1443188	1617000	1274500	1172410
年末金融机构各项贷款余额	万元	883979	821366	1132700	844100	657504
三、农业、工业及投资						
农业机械总动力	万千瓦特	80	98	61	90	30
机收面积	公顷	23130	130313	40227	26600	27190
设施农业占地面积	公顷	559	394	1477	325	306
粮食总产量	吨	238264	456848	282176	242536	238331
棉花产量	吨		6503		19	78
油料产量	吨	42945	61261	15688	8845	20338
肉类总产量	吨	85329	66405	82218	59508	66234
规模以上工业企业单位数	个	118	138	130	162	147
规模以上工业总产值	万元	1577045	3313752	6151716	2219751	4922036
固定资产投资	万元	1468324	2221318	3317499	2157409	2865396
四、教育、卫生和社会保障						
普通中学在校学生数	人	36502	20521	42069	37054	30580
中等职业教育学校在校学生数	人	5062	3161	3746	1647	2861
小学在校学生数	人	60268	30312	70917	65129	58674
医疗卫生机构床位数	床	4151	3421	3643	3184	3008
各种社会福利收养性单位数	个	25	34	39	23	25
各种社会福利收养性单位床位数	床	1268	2385	2038	1307	1352

2016年县(市)社会经济主要指标

湖南省

指　　标	单位	嘉禾县	临武县	汝城县	桂东县	安仁县
一、基本情况						
行政区域面积	平方公里	699	1383	2401	1452	1462
乡个数	个	1	4	5	4	8
镇个数	个	9	9	9	7	5
街道办事处个数	个					
户籍人口	万人	43	38	42	21	47
第二产业从业人员	人	91176	64731	52442	24142	84163
第三产业从业人员	人	47480	61279	40461	37021	131525
固定电话用户	户	27000	26442	37000	18000	26340
二、综合经济						
地区生产总值	万元	1406150	1401141	568290	307867	830947
第一产业增加值	万元	192620	131635	128549	52275	187865
农业增加值	万元	98383	88104	84624	29029	129483
牧业增加值	万元	84254	34840	23561	17868	32763
第二产业增加值	万元	656442	719558	188749	76327	301467
公共财政收入	万元	87382	75744	64036	18992	36584
各项税收	万元	63459	60856	52861	27303	40712
公共财政支出	万元	243993	238308	282000	151341	240438
居民储蓄存款余额	万元	824315	875622	737476	474000	844200
年末金融机构各项贷款余额	万元	334888	425589	635119	273000	543400
三、农业、工业及投资						
农业机械总动力	万千瓦特	42	36	48	13	25
机收面积	公顷	7802	26000	16840	660	45400
设施农业占地面积	公顷	20	36	276	116	120
粮食总产量	吨	130686	125434	200214	63610	280973
棉花产量	吨			107		9
油料产量	吨	9570	7143	7607	2156	33281
肉类总产量	吨	55668	28440	28845	10504	33354
规模以上工业企业单位数	个	114	53	51	17	49
规模以上工业总产值	万元	2162402	750452	396213	139755	624186
固定资产投资	万元	1087266	1238240	816667	574738	1379876
四、教育、卫生和社会保障						
普通中学在校学生数	人	22602	26603	21637	9134	23110
中等职业教育学校在校学生数	人	1228	1664	1721	1728	2216
小学在校学生数	人	34739	41417	37245	13817	33519
医疗卫生机构床位数	床	1368	1807	1598	935	1941
各种社会福利收养性单位数	个	16	21	11	19	20
各种社会福利收养性单位床位数	床	760	1341	622	1208	856

2016年县(市)社会经济主要指标

湖南省

指　　标	单位	资兴市	祁阳县	东安县	双牌县	道　县
一、基本情况						
行政区域面积	平方公里	2730	2538	2204	1726	2448
乡个数	个	2	3	2	5	4
镇个数	个	9	20	13	6	11
街道办事处个数	个	2	3			7
户籍人口	万人	38	107	65	21	80
第二产业从业人员	人	101100	143315	49120	27952	91968
第三产业从业人员	人	88410	95972	68780	44672	96661
固定电话用户	户	42000	8613	24977	6840	18700
二、综合经济						
地区生产总值	万元	3266359	2639346	1651318	534442	1717520
第一产业增加值	万元	257074	487771	372575	143526	415081
农业增加值	万元	128961	291787	193990	35987	227866
牧业增加值	万元	66669	88385	132557	20507	121502
第二产业增加值	万元	2044828	948515	610079	227598	448279
公共财政收入	万元	238696	94618	65515	31610	84439
各项税收	万元	130346	119852	51352	37994	85926
公共财政支出	万元	428978	454578	281404	145906	352089
居民储蓄存款余额	万元	1277997	2451855	1091783	341197	1201752
年末金融机构各项贷款余额	万元	787993	1183451	656933	292374	627029
三、农业、工业及投资						
农业机械总动力	万千瓦特	35	86	68	20	52
机收面积	公顷	13372	32000	37130	9360	38500
设施农业占地面积	公顷	83	13		1	25
粮食总产量	吨	126566	595550	382579	72616	376368
棉花产量	吨	17	610	115	263	27
油料产量	吨	7575	44081	11522	2153	15855
肉类总产量	吨	52766	100337	85484	23102	101801
规模以上工业企业单位数	个	128	113	66	45	81
规模以上工业总产值	万元	5979744	1989610	1095505	562088	846866
固定资产投资	万元	3197240	2994317	1554937	728566	1681828
四、教育、卫生和社会保障						
普通中学在校学生数	人	15553	47605	24794	6800	39895
中等职业教育学校在校学生数	人	2195	11357	1592	785	9658
小学在校学生数	人	24929	73550	41703	11712	68225
医疗卫生机构床位数	床	2029	6584	2315	856	3148
各种社会福利收养性单位数	个	18	432	44	5	113
各种社会福利收养性单位床位数	床	2443	3558	1317	854	1931

2016年县(市)社会经济主要指标

湖南省

指　　标	单位	江永县	宁远县	蓝山县	新田县	江华瑶族自治县
一、基本情况						
行政区域面积	平方公里	1629	2501	1798	1000	3234
乡个数	个	4	4	6	1	7
镇个数	个	6	12	8	11	9
街道办事处个数	个		4			
户籍人口	万人	28	89	41	45	53
第二产业从业人员	人	45620	62900	52211	16715	32800
第三产业从业人员	人	37140	183100	58600	33491	103700
固定电话用户	户	3446	30580	26159	13000	21836
二、综合经济						
地区生产总值	万元	583963	1359778	982457	699449	1028510
第一产业增加值	万元	206381	285677	162507	177932	233707
农业增加值	万元	114437	127807	80591	97692	112149
牧业增加值	万元	70535	111500	50011	60809	45224
第二产业增加值	万元	161390	434755	363128	190764	296279
公共财政收入	万元	28590	100772	51755	43771	79595
各项税收	万元	26920	108723	55772	45423	92160
公共财政支出	万元	178296	400356	222220	232700	345923
居民储蓄存款余额	万元	573400	1233117	649842	640738	874113
年末金融机构各项贷款余额	万元	328600	980788	553011	427438	958094
三、农业、工业及投资						
农业机械总动力	万千瓦特	23	109	34	42	42
机收面积	公顷	10000	36900	6200	10197	17168
设施农业占地面积	公顷	12	16	86	21	2
粮食总产量	吨	121398	300772	124701	159078	223037
棉花产量	吨	147		437		47
油料产量	吨	16282	9882	15795	4606	12553
肉类总产量	吨	59119	88049	72781	50390	49515
规模以上工业企业单位数	个	36	87	85	53	66
规模以上工业总产值	万元	378861	1165320	1166809	702468	1078655
固定资产投资	万元	697439	1675345	811772	703066	1041694
四、教育、卫生和社会保障						
普通中学在校学生数	人	13461	42441	18951	20875	23666
中等职业教育学校在校学生数	人	1516	3517	4512	4975	3789
小学在校学生数	人	26166	71375	35217	34824	44631
医疗卫生机构床位数	床	1444	1970	1787	2526	3006
各种社会福利收养性单位数	个	14	25	18	38	15
各种社会福利收养性单位床位数	床	521	2178	525	824	1000

2016年县(市)社会经济主要指标

湖南省

指　　标	单位	中方县	沅陵县	辰溪县	溆浦县	会同县
一、基本情况						
行政区域面积	平方公里	1515	5833	1987	3429	2259
乡个数	个	1	13	14	7	10
镇个数	个	11	8	9	18	8
街道办事处个数	个					
户籍人口	万人	29	68	53	94	37
第二产业从业人员	人	40120	70125	21100	152306	36217
第三产业从业人员	人	33890	80132	32800	160421	77915
固定电话用户	户	16810	29923	25439	50600	22798
二、综合经济						
地区生产总值	万元	1013370	1770675	1084577	1392114	677667
第一产业增加值	万元	131323	212413	171465	329371	134812
农业增加值	万元	73613	111370	125062	175518	67120
牧业增加值	万元	23193	40387	38748	107742	28266
第二产业增加值	万元	582009	1116854	420966	431980	146252
公共财政收入	万元	33095	70973	46588	43111	31188
各项税收	万元	44258	87317	53952	54365	34339
公共财政支出	万元	181634	356337	274514	432269	241213
居民储蓄存款余额	万元	268530	1148982	824200	1609472	746147
年末金融机构各项贷款余额	万元	415020	542093	502500	822139	297472
三、农业、工业及投资						
农业机械总动力	万千瓦特	26	43	31	68	30
机收面积	公顷	9030	10460	12300	28784	7590
设施农业占地面积	公顷	106	345	141	146	1208
粮食总产量	吨	113762	229422	183621	337691	118401
棉花产量	吨	135	22	225	284	10
油料产量	吨	13223	22179	23523	26284	11865
肉类总产量	吨	21818	29584	29438	71279	20496
规模以上工业企业单位数	个	91	57	33	78	24
规模以上工业总产值	万元	1500402	1777481	509538	772743	300744
固定资产投资	万元	1074522	1146797	995673	1066766	525000
四、教育、卫生和社会保障						
普通中学在校学生数	人	8448	23039	16989	33972	14788
中等职业教育学校在校学生数	人	1317	2995	782	3200	1964
小学在校学生数	人	14580	38333	30622	66406	23628
医疗卫生机构床位数	床	1003	4025	2273	4016	1835
各种社会福利收养性单位数	个	12	27	21	27	14
各种社会福利收养性单位床位数	床	370	1678	930	1562	560

2016年县(市)社会经济主要指标

湖南省

指　　标	单位	麻阳苗族自治县	新晃侗族自治县	芷江侗族自治县	靖州苗族侗族自治县	通道侗族自治县
一、基本情况						
行政区域面积	平方公里	1566	1502	2095	2208	2223
乡个数	个	10	2	9	5	2
镇个数	个	8	9	9	6	9
街道办事处个数	个					
户籍人口	万人	40	26	38	27	24
第二产业从业人员	人	26200	29617	13900	35275	15122
第三产业从业人员	人	99000	37973	80800	56321	29310
固定电话用户	户	11100	13369	24000	22078	10775
二、综合经济						
地区生产总值	万元	709128	542296	996652	748086	374257
第一产业增加值	万元	169288	75600	230095	147368	78101
农业增加值	万元	135061	31483	137382	97840	32143
牧业增加值	万元	24947	37744	72300	37651	19029
第二产业增加值	万元	218388	262897	397106	260624	116488
公共财政收入	万元	29691	28547	51866	26409	22159
各项税收	万元	34673	28840	44753	32906	27697
公共财政支出	万元	244100	226580	253478	209714	205430
居民储蓄存款余额	万元	568712	423570	770127	589759	397000
年末金融机构各项贷款余额	万元	506985	295088	411380	371818	191600
三、农业、工业及投资						
农业机械总动力	万千瓦特	22	18	41	41	32
机收面积	公顷	5800	1788	19020	19920	4000
设施农业占地面积	公顷	472	44	303	150	102
粮食总产量	吨	109652	80007	212787	124127	80507
棉花产量	吨	40		51		184
油料产量	吨	16569	4351	15830	8305	9604
肉类总产量	吨	22330	24305	38893	23802	12231
规模以上工业企业单位数	个	30	35	52	30	25
规模以上工业总产值	万元	614537	494140	652815	696639	321910
固定资产投资	万元	568608	520592	594342	467834	383781
四、教育、卫生和社会保障						
普通中学在校学生数	人	16616	10207	15620	11074	9701
中等职业教育学校在校学生数	人	1819	1007	3944	2424	1240
小学在校学生数	人	25880	17842	22956	17763	16524
医疗卫生机构床位数	床	1752	1630	1656	1118	970
各种社会福利收养性单位数	个	20	14	17	6	10
各种社会福利收养性单位床位数	床	1100	570	937	233	414

2016年县(市)社会经济主要指标

湖南省

指　　标	单位	洪江市	双峰县	新化县	冷水江市	涟源市
一、基本情况						
行政区域面积	平方公里	2283	1711	3620	438	1912
乡个数	个	15	3	7	1	2
镇个数	个	7	13	19	5	17
街道办事处个数	个	4			4	1
户籍人口	万人	50	98	150	37	119
第二产业从业人员	人	37100	79700	116487	80171	135100
第三产业从业人员	人	66800	151500	194833	50892	123100
固定电话用户	户	23199	55200	115306	23650	42566
二、综合经济						
地区生产总值	万元	1415708	2192017	2238361	2881191	2637235
第一产业增加值	万元	220989	698245	593068	106085	537713
农业增加值	万元	139499	335782	248270	36667	285075
牧业增加值	万元	44100	297344	288517	59551	216703
第二产业增加值	万元	604208	832372	691538	1868084	1149916
公共财政收入	万元	59728	61520	77912	111431	79598
各项税收	万元	74449	70465	82424	136017	87095
公共财政支出	万元	342258	456320	657358	307331	542683
居民储蓄存款余额	万元	1165929	2031500	2398641	1255604	1531239
年末金融机构各项贷款余额	万元	916420	859300	1243180	1418668	1100494
三、农业、工业及投资						
农业机械总动力	万千瓦特	36	106	89	24	85
机收面积	公顷	11560	67066	28800	2200	45330
设施农业占地面积	公顷	497	190	2	17	53
粮食总产量	吨	158969	511720	457604	45346	456781
棉花产量	吨	22	335	194		27
油料产量	吨	9911	18429	14954	2021	13168
肉类总产量	吨	33656	134929	120039	26164	97658
规模以上工业企业单位数	个	78	147	137	103	152
规模以上工业总产值	万元	1296664	2733850	1828836	3993971	2736956
固定资产投资	万元	1302542	1798986	1497640	2187342	2110894
四、教育、卫生和社会保障						
普通中学在校学生数	人	17158	45108	62904	20751	45668
中等职业教育学校在校学生数	人	4028	3943	2667	7511	4921
小学在校学生数	人	24338	60103	114576	34494	64092
医疗卫生机构床位数	床	2650	3148	4718	2704	4362
各种社会福利收养性单位数	个	26	18	57	16	22
各种社会福利收养性单位床位数	床	1078	847	1713	503	1058

2016年县(市)社会经济主要指标

湖南省

指　　标	单位	吉首市	泸溪县	凤凰县	花垣县	保靖县
一、基本情况						
行政区域面积	平方公里	1078	1566	1734	1109	1755
乡个数	个	1	4	4	3	2
镇个数	个	5	7	13	9	10
街道办事处个数	个	6				
户籍人口	万人	31	32	43	31	31
第二产业从业人员	人	33200	40211	24929	52300	18658
第三产业从业人员	人	118500	46610	98980	61203	55482
固定电话用户	户	51100	11370	18000	10900	8400
二、综合经济						
地区生产总值	万元	1365130	537629	743011	604383	480024
第一产业增加值	万元	71113	81762	89947	69000	87953
农业增加值	万元	56182	59099	68151	44050	66861
牧业增加值	万元	10603	17621	16962	20828	16794
第二产业增加值	万元	414026	263016	125547	316749	166337
公共财政收入	万元	75614	34209	77359	52366	27328
各项税收	万元	75618	30912	55074	52944	33436
公共财政支出	万元	294896	250219	318420	255474	226404
居民储蓄存款余额	万元	1582536	561742	762500	620675	453470
年末金融机构各项贷款余额	万元	1695309	329113	708000	517000	346687
三、农业、工业及投资						
农业机械总动力	万千瓦特	24	19	22	21	18
机收面积	公顷	1208	6666	550	1530	5760
设施农业占地面积	公顷	555	4	36	135	172
粮食总产量	吨	47881	73425	120408	90276	87133
棉花产量	吨		133			
油料产量	吨	8081	13434	12132	6907	9343
肉类总产量	吨	8159	12092	12393	13959	11723
规模以上工业企业单位数	个	77	43	24	49	29
规模以上工业总产值	万元	907801	376963	150287	399559	272737
固定资产投资	万元	1221558	270223	592325	247069	242825
四、教育、卫生和社会保障						
普通中学在校学生数	人	22781	15610	19206	14973	13256
中等职业教育学校在校学生数	人	11382	1746	1600	1694	1487
小学在校学生数	人	29560	20695	29374	25480	18093
医疗卫生机构床位数	床	4680	1154	1567	978	1265
各种社会福利收养性单位数	个	16	18	18	19	18
各种社会福利收养性单位床位数	床	820	793	650	935	632

2016年县(市)社会经济主要指标

湖南省、广东省

指　　标	单位	古丈县	永顺县	龙山县	从化区	增城区
一、基本情况						
行政区域面积	平方公里	1286	3812	3130	1975	1617
乡个数	个		11	5		
镇个数	个	7	12	12	5	7
街道办事处个数	个			4	3	4
户籍人口	万人	14	54	61	62	89
第二产业从业人员	人	15823	47321	78000	120232	339590
第三产业从业人员	人	23725	96215	99000	112962	289158
固定电话用户	户	10247	28000	15400	61000	190000
二、综合经济						
地区生产总值	万元	236625	613336	728542	3735090	10439940
第一产业增加值	万元	47706	167444	193342	239243	480779
农业增加值	万元	34933	128127	156133	187061	388265
牧业增加值	万元	7515	29387	27046	31620	38405
第二产业增加值	万元	69363	153903	147314	1623221	5076069
公共财政收入	万元	21503	33323	47459	245383	730006
各项税收	万元	22609	42478	53225	488981	587261
公共财政支出	万元	174130	346436	369539	580467	1123429
居民储蓄存款余额	万元	268445	813000	1014340	2184113	6497069
年末金融机构各项贷款余额	万元	284086	665000	736496	2600147	9159064
三、农业、工业及投资						
农业机械总动力	万千瓦特	10	44	25	24	38
机收面积	公顷	4522	16900	7912	20567	30155
设施农业占地面积	公顷	8	551	73	186	1131
粮食总产量	吨	32744	206968	177455	115802	155229
棉花产量	吨	7				
油料产量	吨	4608	21064	15590	8998	5258
肉类总产量	吨	5056	18577	18112	28238	24432
规模以上工业企业单位数	个	26	28	29	195	970
规模以上工业总产值	万元	118102	169952	162000	6928448	15307156
固定资产投资	万元	282502	579726	631418	2300773	5260225
四、教育、卫生和社会保障						
普通中学在校学生数	人	6010	26222	28256	29240	49730
中等职业教育学校在校学生数	人	129	2053	2392	9552	8385
小学在校学生数	人	7862	36827	43379	44806	86713
医疗卫生机构床位数	床	685	2921	2591	3268	3273
各种社会福利收养性单位数	个	14	32	35	12	65
各种社会福利收养性单位床位数	床	592	1260	1455	806	2433

2016年县(市)社会经济主要指标

广东省

指　　标	单位	曲江区	始兴县	仁化县	翁源县	乳源瑶族自治县
一、基本情况						
行政区域面积	平方公里	1621	2174	2223	2175	2299
乡个数	个		1			
镇个数	个	9	9	10	7	9
街道办事处个数	个	1		1		
户籍人口	万人	32	26	24	41	22
第二产业从业人员	人	45567	25219	17210	31318	16583
第三产业从业人员	人	49934	25267	38642	45918	31649
固定电话用户	户	30984	20200	34000	36900	27300
二、综合经济						
地区生产总值	万元	1395026	829120	1022128	965655	737620
第一产业增加值	万元	180070	190661	203914	236163	80611
农业增加值	万元	139213	149531	151502	201610	55436
牧业增加值	万元	22187	22841	18594	18482	8257
第二产业增加值	万元	658810	326109	356752	288582	345527
公共财政收入	万元	80715	38721	62767	39773	52071
各项税收	万元	46385	26385	35095	27445	37571
公共财政支出	万元	165411	159555	226410	220422	223451
居民储蓄存款余额	万元	970413	662721	629800	961300	476738
年末金融机构各项贷款余额	万元	746001	382445	367401	481161	407808
三、农业、工业及投资						
农业机械总动力	万千瓦特	20	21	13	22	9
机收面积	公顷	13776	12223	11755	16579	6666
设施农业占地面积	公顷	179	94	375	564	52
粮食总产量	吨	87357	88673	102853	104151	59459
棉花产量	吨					
油料产量	吨	19396	12561	33972	20060	5664
肉类总产量	吨	20476	12720	16094	12269	5900
规模以上工业企业单位数	个	52	56	59	66	69
规模以上工业总产值	万元	2918800	893995	800165	872629	933792
固定资产投资	万元	561713	667118	637496	694675	669742
四、教育、卫生和社会保障						
普通中学在校学生数	人	8750	11204	10456	16337	9029
中等职业教育学校在校学生数	人	1367	1885	1289	1011	1257
小学在校学生数	人	23920	15339	15924	26349	15837
医疗卫生机构床位数	床	1478	939	750	1141	546
各种社会福利收养性单位数	个	12	10	12	12	7
各种社会福利收养性单位床位数	床	1054	560	343	855	226

2016年县(市)社会经济主要指标

广东省

指　　标	单位	新丰县	乐昌市	南雄市	斗门区	潮阳区
一、基本情况						
行政区域面积	平方公里	2015	2419	2326	680	678
乡个数	个					
镇个数	个	6	16	17	5	9
街道办事处个数	个	1	1	1	1	4
户籍人口	万人	27	53	49	36	181
第二产业从业人员	人	15602	25523	32919	116981	231293
第三产业从业人员	人	39363	56295	55707	103356	186231
固定电话用户	户	26000	54002	31300		210396
二、综合经济						
地区生产总值	万元	802940	1146719	1385230	3079723	3715782
第一产业增加值	万元	127285	233849	285798	376758	252750
农业增加值	万元	106079	199510	216442	52485	149778
牧业增加值	万元	9776	23902	38072	52311	17221
第二产业增加值	万元	356344	264738	546102	1568179	2393440
公共财政收入	万元	30985	53010	58157	249638	195321
各项税收	万元	20827	36224	37094	212783	101194
公共财政支出	万元	160959	271326	264567	364233	386768
居民储蓄存款余额	万元	516400	1115800	957671		3780548
年末金融机构各项贷款余额	万元	411900	722100	574268		1814322
三、农业、工业及投资						
农业机械总动力	万千瓦特	5	23	43	19	9
机收面积	公顷	6300	9390	35668		16133
设施农业占地面积	公顷	58	340	107		36
粮食总产量	吨	56425	123867	216850	54451	175157
棉花产量	吨					
油料产量	吨	6715	13002	26729	505	306
肉类总产量	吨	8048	21967	34690	40477	22809
规模以上工业企业单位数	个	67	35	99	200	378
规模以上工业总产值	万元	922700	551024	1616281	8298761	7938578
固定资产投资	万元	377800	371640	1155318	1801109	3695795
四、教育、卫生和社会保障						
普通中学在校学生数	人	11116	22132	20113	21136	124506
中等职业教育学校在校学生数	人	1233	1925	1258	2293	16188
小学在校学生数	人	16072	34827	25874	36898	157577
医疗卫生机构床位数	床	1015	2473	1385	2143	2404
各种社会福利收养性单位数	个	8	18	19	8	12
各种社会福利收养性单位床位数	床	298	1150	522	1643	453

2016年县(市)社会经济主要指标

广东省

指　标	单位	澄海区	南澳县	禅城区	南海区	顺德区
一、基本情况						
行政区域面积	平方公里	345	114	154	1074	807
乡个数	个					
镇个数	个	8	3	1	6	6
街道办事处个数	个	3		3	1	4
户籍人口	万人	78	8	63	133	132
第二产业从业人员	人	248456	3352	253964	960047	954076
第三产业从业人员	人	86108	11532	369768	557317	512342
固定电话用户	户	154864	19000	384600	730838	701945
二、综合经济						
地区生产总值	万元	4258542	171208	15852622	24109954	27932306
第一产业增加值	万元	364696	43199	6246	481313	433442
农业增加值	万元	240614	5793	1777	326657	139225
牧业增加值	万元	46610	2848	1315	23614	11274
第二产业增加值	万元	2356948	54292	7329817	14022410	16057700
公共财政收入	万元	199566	21858	768579	2033426	2018965
各项税收	万元	113632	11724	479369	1594035	1442806
公共财政支出	万元	394179	86657	870151	2126311	1918286
居民储蓄存款余额	万元	3801915	208094	14894694	24046904	22709024
年末金融机构各项贷款余额	万元	2010318	171656	22756579	28422853	28132243
三、农业、工业及投资						
农业机械总动力	万千瓦特	13	9		31	26
机收面积	公顷	5839				
设施农业占地面积	公顷	766			167	5
粮食总产量	吨	138517	4199		7080	395
棉花产量	吨					
油料产量	吨	482	112		124	5
肉类总产量	吨	45223	3758	1330	23327	11013
规模以上工业企业单位数	个	346	5	592	2270	1565
规模以上工业总产值	万元	6983350	26305	26747780	56873905	67458467
固定资产投资	万元	1547365	155016	6000010	10782942	7648520
四、教育、卫生和社会保障						
普通中学在校学生数	人	37485	2241	41953	114843	111587
中等职业教育学校在校学生数	人	4207	82	11324	37346	26589
小学在校学生数	人	71773	3200	73023	185538	175197
医疗卫生机构床位数	床	1375	124	11650	8716	10581
各种社会福利收养性单位数	个	16	1	6	13	20
各种社会福利收养性单位床位数	床	300	72	1503	3175	4699

2016年县(市)社会经济主要指标

广东省

指　　标	单位	三水区	高明区	新会区	台山市	开平市
一、基本情况						
行政区域面积	平方公里	828	938	1355	3286	1659
乡个数	个					
镇个数	个	5	3	10	16	13
街道办事处个数	个	2	1	1	1	2
户籍人口	万人	41	31	76	97	69
第二产业从业人员	人	203123	150788	233100	123641	186036
第三产业从业人员	人	117508	88509	123100	114954	99797
固定电话用户	户	112488	69096		220000	140000
二、综合经济						
地区生产总值	万元	10832101	7573160	5399793	3567209	3108586
第一产业增加值	万元	340685	191522	385901	624941	312184
农业增加值	万元	142591	76599	130350	217494	168859
牧业增加值	万元	121706	59788	67083	45184	102456
第二产业增加值	万元	8117276	5932951	3065333	1859081	1524316
公共财政收入	万元	483266	320917	469154	243258	219510
各项税收	万元	365626	192959	292694	414967	148402
公共财政支出	万元	520334	346823	639851	452669	341451
居民储蓄存款余额	万元	3703885	1933502	5834912	3848449	3766566
年末金融机构各项贷款余额	万元	4421631	2512691	4381753	2934704	2661570
三、农业、工业及投资						
农业机械总动力	万千瓦特	31	13	28	49	39
机收面积	公顷	413	6630	25817	59422	36190
设施农业占地面积	公顷	273	56	17		34
粮食总产量	吨	35391	55434	151926	362816	223400
棉花产量	吨					
油料产量	吨		3250	1357	11964	6273
肉类总产量	吨	123274	59753	58173	35626	80841
规模以上工业企业单位数	个	787	457	422	191	256
规模以上工业总产值	万元	31986004	28807088	9405306	6027417	5378821
固定资产投资	万元	6673699	4015222	2878280	2220575	2550744
四、教育、卫生和社会保障						
普通中学在校学生数	人	29154	15817	44400	35757	40672
中等职业教育学校在校学生数	人	8231	4965	9570	7784	4496
小学在校学生数	人	47793	30904	62100	49817	53513
医疗卫生机构床位数	床	2533	1773	4000	3360	2550
各种社会福利收养性单位数	个	239	6	12	23	17
各种社会福利收养性单位床位数	床	3069	690	1381	2918	1793

2016年县(市)社会经济主要指标

广东省

指　　标	单位	鹤山市	恩平市	遂溪县	徐闻县	廉江市
一、基本情况						
行政区域面积	平方公里	1082	1698	2132	1954	2867
乡个数	个				2	
镇个数	个	9	10	15	12	18
街道办事处个数	个	1	1		1	3
户籍人口	万人	37	49	110	77	182
第二产业从业人员	人	150895	56581	40455	19224	218296
第三产业从业人员	人	56305	56749	77005	38967	312891
固定电话用户	户	111669	110707	56200	48623	95915
二、综合经济						
地区生产总值	万元	2870406	1632628	2836786	1584303	4708243
第一产业增加值	万元	231044	200511	1058535	770047	1048555
农业增加值	万元	124043	117328	590944	641986	639988
牧业增加值	万元	71325	38682	149020	31622	175130
第二产业增加值	万元	1496054	534754	788193	109195	2080688
公共财政收入	万元	295200	98898	67277	45338	113048
各项税收	万元	166601	74873	37727	23368	187270
公共财政支出	万元	299071	248023	388142	346890	613928
居民储蓄存款余额	万元	2159993	1563212	1578735	196721	2650657
年末金融机构各项贷款余额	万元	2439775	621075	780265	708424	1456797
三、农业、工业及投资						
农业机械总动力	万千瓦特	20	19	80	115	73
机收面积	公顷	20250		31369	29412	63867
设施农业占地面积	公顷	631			301	416
粮食总产量	吨	81519	132690	240476	192363	421378
棉花产量	吨					
油料产量	吨	4565	5872	43394	17956	52543
肉类总产量	吨	60674	29621	99829	15874	124688
规模以上工业企业单位数	个	367	106	111	28	250
规模以上工业总产值	万元	4908714	1438370	2000855	155431	7047198
固定资产投资	万元	1435893	1263189	1746564	370050	4705143
四、教育、卫生和社会保障						
普通中学在校学生数	人	21534	20245	45879	35333	81898
中等职业教育学校在校学生数	人	3024	1797	2856		3543
小学在校学生数	人	35284	31957	63823	57385	126560
医疗卫生机构床位数	床	1702	1625	3049	2378	4747
各种社会福利收养性单位数	个	11	13	1	89	258
各种社会福利收养性单位床位数	床	911	1560	150	2358	3768

2016年县(市)社会经济主要指标

广东省

指　　标	单位	雷州市	吴川市	电白区	高州市	化州市
一、基本情况						
行政区域面积	平方公里	3709	870	2229	3276	2357
乡个数	个					
镇个数	个	18	10	22	23	17
街道办事处个数	个	3	5	2	5	6
户籍人口	万人	181	120	208	181	175
第二产业从业人员	人	49095	97688	146140	133708	116206
第三产业从业人员	人	144983	90799	202478	150970	427156
固定电话用户	户	49928	80180	107100	135900	103266
二、综合经济						
地区生产总值	万元	2774970	2421854	5809720	5017770	4365131
第一产业增加值	万元	1063153	297939	1199070	1128717	916734
农业增加值	万元	766634	131421	532780	819347	562647
牧业增加值	万元	73227	62178	209704	198840	219817
第二产业增加值	万元	326588	1079308	2343229	1592793	1360182
公共财政收入	万元	50255	66889	236639	172115	112757
各项税收	万元	25791	38186	153455	104777	66033
公共财政支出	万元	606067	369392	840374	718854	530772
居民储蓄存款余额	万元	1972614	1792993	2739956	3476062	2528479
年末金融机构各项贷款余额	万元	1186758	775652	1739365	1516845	1309580
三、农业、工业及投资						
农业机械总动力	万千瓦特	107	22	62	48	38
机收面积	公顷	56457	21039	43935	42861	36690
设施农业占地面积	公顷	612	18	18	157	29
粮食总产量	吨	336928	159798	324715	382050	329844
棉花产量	吨					
油料产量	吨	71047	23220	53563	28099	36010
肉类总产量	吨	45261	46915	138268	146288	126596
规模以上工业企业单位数	个	61	141	249	258	179
规模以上工业总产值	万元	845752	2246992	5607443	3097544	2733080
固定资产投资	万元	758501	197749	3858262	2268900	1543327
四、教育、卫生和社会保障						
普通中学在校学生数	人	81805	67306	105872	109208	108641
中等职业教育学校在校学生数	人	2549	2359	3175	4201	4449
小学在校学生数	人	123834	77135	120797	123222	141657
医疗卫生机构床位数	床	4888	2986	6291	8432	4427
各种社会福利收养性单位数	个	130	34	29	38	30
各种社会福利收养性单位床位数	床	2025	520	1260	2105	4190

2016年县(市)社会经济主要指标

广东省

指　　标	单位	信宜市	高要区	广宁县	怀集县	封开县
一、基本情况						
行政区域面积	平方公里	3102	2186	2455	3554	2723
乡个数	个				1	
镇个数	个	18	16	15	18	16
街道办事处个数	个	1	1			
户籍人口	万人	147	81	59	111	52
第二产业从业人员	人	96085	147426	38912	45194	21263
第三产业从业人员	人	116577	87478	46336	62922	37521
固定电话用户	户	155127	81156	57500	264518	36000
二、综合经济						
地区生产总值	万元	4032925	3895508	1400019	2330498	1462309
第一产业增加值	万元	897747	702946	331541	735655	427922
农业增加值	万元	604416	403654	156433	396517	286867
牧业增加值	万元	188680	108908	45169	112581	46665
第二产业增加值	万元	1281186	2179279	533161	656947	483505
公共财政收入	万元	93196	148248	42528	49439	35913
各项税收	万元	56090	112389	26214	31700	23889
公共财政支出	万元	561796	281317	242682	328438	216931
居民储蓄存款余额	万元	2459771	2254359	922276	1012444	844279
年末金融机构各项贷款余额	万元	1287626	1405627	713017	710012	557490
三、农业、工业及投资						
农业机械总动力	万千瓦特	42	47	14	51	12
机收面积	公顷	39368	39505	18033	29178	23613
设施农业占地面积	公顷	109	1	138	50	6449
粮食总产量	吨	322680	235800	205969	273218	204600
棉花产量	吨					
油料产量	吨	18256	12004	7515	10615	18311
肉类总产量	吨	140834	85075	26547	96832	31077
规模以上工业企业单位数	个	184	258	82	61	26
规模以上工业总产值	万元	2754790	9552401	2034158	1508595	1471352
固定资产投资	万元	2285773	2667275	653700	926836	898402
四、教育、卫生和社会保障						
普通中学在校学生数	人	93076	34728	19723	64471	29933
中等职业教育学校在校学生数	人	13939	1002	2959	3453	2928
小学在校学生数	人	108719	56686	35631	87051	34775
医疗卫生机构床位数	床	5133	1942	1201	2734	901
各种社会福利收养性单位数	个	25	22	16	32	19
各种社会福利收养性单位床位数	床	2714	797	454	216	813

2016年县(市)社会经济主要指标

广东省

指　标	单位	德庆县	四会市	惠阳区	博罗县	惠东县
一、基本情况						
行政区域面积	平方公里	2003	1263	916	2855	3527
乡个数	个					
镇个数	个	12	10	6	17	13
街道办事处个数	个	1	4	3		1
户籍人口	万人	40	46	38	90	88
第二产业从业人员	人	18443	169526	212353	328496	258979
第三产业从业人员	人	27251	94891	122459	156424	182870
固定电话用户	户	41000	91962	109978	145766	182103
二、综合经济						
地区生产总值	万元	1308173	5742785	4162891	6136202	6114498
第一产业增加值	万元	280143	501907	154516	515939	499145
农业增加值	万元	194057	194041	139441	364051	364729
牧业增加值	万元	29524	178698	11312	118080	52087
第二产业增加值	万元	510032	3541607	2167026	3395555	2861671
公共财政收入	万元	53903	197590	448427	406323	367751
各项税收	万元	33513	147092	781870	617353	260214
公共财政支出	万元	212967	381548	575852	769806	705906
居民储蓄存款余额	万元	797589	2306956	3191361	3466803	2551787
年末金融机构各项贷款余额	万元	593360	3443037	3835644	2998206	2273112
三、农业、工业及投资						
农业机械总动力	万千瓦特	16	14	9	56	38
机收面积	公顷	15847	14180	16637	20436	25736
设施农业占地面积	公顷			384		1245
粮食总产量	吨	145043	217006	41547	160936	193730
棉花产量	吨					
油料产量	吨	10954	14206	4260	17225	20168
肉类总产量	吨	18580	120793	8740	86457	40294
规模以上工业企业单位数	个	70	382	405	443	423
规模以上工业总产值	万元	2623176	15852325	8841207	15579946	7839146
固定资产投资	万元	1064063	4642430	2482783	3426605	3825399
四、教育、卫生和社会保障						
普通中学在校学生数	人	19901	28210	61423	56151	54291
中等职业教育学校在校学生数	人	1172	2875	4608	7202	2465
小学在校学生数	人	34142	51732	89464	116280	103013
医疗卫生机构床位数	床	1132	1281	2968	4028	3361
各种社会福利收养性单位数	个	13	14	1	18	21
各种社会福利收养性单位床位数	床	466	760	180	1658	1598

2016年县(市)社会经济主要指标

广东省

指 标	单位	龙门县	梅县区	大埔县	丰顺县	五华县
一、基本情况						
行政区域面积	平方公里	2267	2453	2468	2710	3238
乡个数	个	1				
镇个数	个	8	17	14	16	16
街道办事处个数	个	1	1			
户籍人口	万人	36	61	58	75	152
第二产业从业人员	人	29672	44124	52803	74855	132550
第三产业从业人员	人	50167	96820	64698	61717	139339
固定电话用户	户	43128	57300	45086	63000	62215
二、综合经济						
地区生产总值	万元	1800036	1889006	811909	1034316	1409594
第一产业增加值	万元	241650	483638	217059	236277	322008
农业增加值	万元	220105	400682	177633	139664	214361
牧业增加值	万元	13877	56514	27738	64093	74386
第二产业增加值	万元	817305	677177	240903	436036	387495
公共财政收入	万元	99071	218852	96011	84372	69018
各项税收	万元	96226	315511	67875	59085	
公共财政支出	万元	329152	511097	355377	441280	587550
居民储蓄存款余额	万元	746790	2135657	916323	1173740	1735791
年末金融机构各项贷款余额	万元	525587	1479539	620383	635588	829735
三、农业、工业及投资						
农业机械总动力	万千瓦特	23	16	11	13	32
机收面积	公顷	14984	19852	6952	9019	30892
设施农业占地面积	公顷	246	347	12	208	1193
粮食总产量	吨	97280	191775	99650	125188	331331
棉花产量	吨					
油料产量	吨	8210	11892	3252	6088	8019
肉类总产量	吨	10548	41565	20955	42825	56671
规模以上工业企业单位数	个	118	101	51	71	30
规模以上工业总产值	万元	2308062	1808800	432860	1019192	105
固定资产投资	万元	2018876	1529864	596039	618474	922929
四、教育、卫生和社会保障						
普通中学在校学生数	人	14195	21989	20000	27269	72960
中等职业教育学校在校学生数	人	995	3411	2585	1895	2880
小学在校学生数	人	27931	38968	28609	41508	95973
医疗卫生机构床位数	床	1030	2697	953	1636	3198
各种社会福利收养性单位数	个	15	24	18	17	19
各种社会福利收养性单位床位数	床	803	797	2965	992	531

2016年县(市)社会经济主要指标

广东省

指　　标	单位	平远县	蕉岭县	兴宁市	海丰县	陆河县
一、基本情况						
行政区域面积	平方公里	1381	957	2075	1750	986
乡个数	个					
镇个数	个	12	8	17	16	8
街道办事处个数	个			3		
户籍人口	万人	27	24	119	85	35
第二产业从业人员	人	25013	28352	129302	168911	31650
第三产业从业人员	人	24622	36217	188130	120447	43421
固定电话用户	户	26193	29677	101069	98300	36800
二、综合经济						
地区生产总值	万元	762255	728844	1659678	2837894	523675
第一产业增加值	万元	121386	124549	451754	367697	116289
农业增加值	万元	89844	70417	348281	224563	77762
牧业增加值	万元	17534	29003	81081	31781	23443
第二产业增加值	万元	271032	217436	405561	1278739	83228
公共财政收入	万元	257943	79950	110386	73359	26550
各项税收	万元	49391	93871	78982	54312	16326
公共财政支出	万元	257943	224175	608741	569041	216539
居民储蓄存款余额	万元	529018	578862	2158797		451533
年末金融机构各项贷款余额	万元	355133	370474	1197011	971770	277678
三、农业、工业及投资						
农业机械总动力	万千瓦特	8	10	32	31	10
机收面积	公顷	5701	4915	37172	26325	6200
设施农业占地面积	公顷	18	170	56	454	230
粮食总产量	吨	89724	64387	336069	158939	55378
棉花产量	吨					
油料产量	吨	3981	3219	4813	6444	3751
肉类总产量	吨	14308	22012	56186	22872	17906
规模以上工业企业单位数	个	53	35	51	94	24
规模以上工业总产值	万元	560439	454821	632604	4003766	521175
固定资产投资	万元	436289	393628	646828	3262116	398987
四、教育、卫生和社会保障						
普通中学在校学生数	人	10237	8637	42924	46083	20385
中等职业教育学校在校学生数	人	754	979	395	1879	1669
小学在校学生数	人	14365	12866	66068	78792	22791
医疗卫生机构床位数	床	642	523	2356	3167	915
各种社会福利收养性单位数	个	12	12	27	18	9
各种社会福利收养性单位床位数	床	358	627	2580	796	246

2016年县(市)社会经济主要指标

广东省

指　　标	单位	陆丰市	紫金县	龙川县	连平县	和平县
一、基本情况						
行政区域面积	平方公里	1542	3635	3081	2275	2310
乡个数	个					
镇个数	个	17	18	24	13	17
街道办事处个数	个	3				
户籍人口	万人	189	86	100	42	56
第二产业从业人员	人	167638	90685	79367	31160	29421
第三产业从业人员	人	221942	107820	85287	49084	45214
固定电话用户	户	160100	140035	87350	34037	32893
二、综合经济						
地区生产总值	万元	2490346	1273021	1364738	895743	1024187
第一产业增加值	万元	553234	279663	260733	114968	165452
农业增加值	万元	294695	202041	152602	89816	109033
牧业增加值	万元	69952	28323	39899	14981	24383
第二产业增加值	万元	1054848	447647	375295	431097	465456
公共财政收入	万元	60685	65277	63000	66760	52213
各项税收	万元	36503	41304	101800	35989	39352
公共财政支出	万元	626181	435347	512500	322544	345901
居民储蓄存款余额	万元	1211187	928200	1483600	677800	722700
年末金融机构各项贷款余额	万元	715455	672000	1120200	415300	576800
三、农业、工业及投资						
农业机械总动力	万千瓦特	39	13	19	11	8
机收面积	公顷		19564	20147	8000	8392
设施农业占地面积	公顷	476	765	260	1	183
粮食总产量	吨	191689	220949	273110	101087	134689
棉花产量	吨					
油料产量	吨	16648	18346	12698	18727	8039
肉类总产量	吨	52989	23795	27477	13196	21752
规模以上工业企业单位数	个	80	75	78	53	74
规模以上工业总产值	万元	3495471	1509666	1197187	1366637	1825827
固定资产投资	万元	2095001	669769	977989	662143	635708
四、教育、卫生和社会保障						
普通中学在校学生数	人	87361	42554	42504	16252	20368
中等职业教育学校在校学生数	人	5143	3472	3058	188	326
小学在校学生数	人	115836	62198	65356	29468	38718
医疗卫生机构床位数	床	2700	2190	3586	1250	1343
各种社会福利收养性单位数	个	19	22	27	14	17
各种社会福利收养性单位床位数	床	572	1330	517	500	524

2016年县(市)社会经济主要指标

广东省

指　　标	单位	东源县	阳东区	阳西县	阳春市	清新区
一、基本情况						
行政区域面积	平方公里	4009	1703	1435	4054	2353
乡个数	个	1				
镇个数	个	20	11	8	15	8
街道办事处个数	个				2	
户籍人口	万人	59	51	54	120	70
第二产业从业人员	人	37466	121655	79435	154161	135542
第三产业从业人员	人	37654	66382	81185	110417	81740
固定电话用户	户	414982	73847	56670	104214	37163
二、综合经济						
地区生产总值	万元	1046923	2889638	2236465	3721841	2533501
第一产业增加值	万元	163498	488108	584053	661948	364144
农业增加值	万元	108049	150347	158686	360376	220223
牧业增加值	万元	26874	47924	40957	176480	60365
第二产业增加值	万元	443230	1629851	773851	1177555	1010586
公共财政收入	万元	83063	107081	66173	103842	126318
各项税收	万元	54777	66416	48826	88294	248879
公共财政支出	万元	393346	338765	230681	470303	344627
居民储蓄存款余额	万元	784630	1363001	872986	2175595	1386152
年末金融机构各项贷款余额	万元	1172364	905137	707452	1509092	1626276
三、农业、工业及投资						
农业机械总动力	万千瓦特		21	26	32	23
机收面积	公顷		19992	19285	41110	26459
设施农业占地面积	公顷		143	2887	353	24
粮食总产量	吨	170716	158619	150623	310765	134565
棉花产量	吨					
油料产量	吨	21470	15580	11329	25794	15046
肉类总产量	吨	21856	35969	30457	94937	47245
规模以上工业企业单位数	个	99	186	62	131	124
规模以上工业总产值	万元	1679342	5773424	2055302	4196015	3373143
固定资产投资	万元	917610	1604009	842405	1077066	733019
四、教育、卫生和社会保障						
普通中学在校学生数	人	22229	22742	13495	43778	24067
中等职业教育学校在校学生数	人		1673	512	6118	6078
小学在校学生数	人	29493	41699	33989	80623	56120
医疗卫生机构床位数	床	1287	1635	1329	3752	1068
各种社会福利收养性单位数	个	23	12	9	18	13
各种社会福利收养性单位床位数	床	472	795	577	1001	1547

2016年县(市)社会经济主要指标

广东省

指　　标	单位	佛冈县	阳山县	连山壮族瑶族自治县	连南瑶族自治县	英德市
一、基本情况						
行政区域面积	平方公里	1295	3330	1265	1241	5634
乡个数	个		1			
镇个数	个	6	12	7	7	23
街道办事处个数	个					1
户籍人口	万人	34	56	12	17	115
第二产业从业人员	人	45907	42280	8794	9367	61756
第三产业从业人员	人	43768	46077	11321	19498	143030
固定电话用户	户	38000	21362	3209	9315	58828
二、综合经济						
地区生产总值	万元	1143402	931826	309718	400416	2550014
第一产业增加值	万元	113396	311356	73713	63736	544877
农业增加值	万元	86204	216547	47854	39180	354666
牧业增加值	万元	13099	59661	9907	9051	87422
第二产业增加值	万元	534589	192491	86148	110666	838745
公共财政收入	万元	84413	41065	12259	14807	156791
各项税收	万元	51587	23440	7001	8148	89697
公共财政支出	万元	221038	234157	186900	156006	586231
居民储蓄存款余额	万元	854178	847372	261265	263156	2307218
年末金融机构各项贷款余额	万元	758753	503150	125112	138697	1670875
三、农业、工业及投资						
农业机械总动力	万千瓦特	12	10	5	4	28
机收面积	公顷	10912	12815	4295	2677	30862
设施农业占地面积	公顷	400		19	3	
粮食总产量	吨	60118	109067	41628	34871	216586
棉花产量	吨					
油料产量	吨	6588	17973	4740	7517	33241
肉类总产量	吨	9386	44254	7439	5492	32914
规模以上工业企业单位数	个	92	24	4	12	101
规模以上工业总产值	万元	1945313	189786	84667	124787	3135855
固定资产投资	万元	352275	209699	51362	101043	1383342
四、教育、卫生和社会保障						
普通中学在校学生数	人	14614	15197	2696	7564	49982
中等职业教育学校在校学生数	人	643	2354	114	216	6641
小学在校学生数	人	29648	27781	7957	12752	75023
医疗卫生机构床位数	床	755	1500	314	428	3451
各种社会福利收养性单位数	个	7	14	9	8	16
各种社会福利收养性单位床位数	床	395	728	461	225	1034

2016年县(市)社会经济主要指标

广东省

指　　标	单位	连州市	潮安区	饶平县	揭东区	揭西县
一、基本情况						
行政区域面积	平方公里	2668	1088	1732	709	1347
乡个数	个	2				1
镇个数	个	10	16	21	11	15
街道办事处个数	个				2	1
户籍人口	万人	54	115	107	111	99
第二产业从业人员	人	60817	301233	159080	217606	185267
第三产业从业人员	人	59687	86198	90272	15570	157398
固定电话用户	户	30776	176987	108200	71000	98352
二、综合经济						
地区生产总值	万元	1366657	5617310	2421012	4291089	2319859
第一产业增加值	万元	358530	189028	450060	360828	369476
农业增加值	万元	279402	137411	217887	278545	223719
牧业增加值	万元	47995	28900	65241	37771	102328
第二产业增加值	万元	303648	3517714	1024019	2866617	1251417
公共财政收入	万元	65575	141583	80194	112956	43048
各项税收	万元	32843	103338	49104	69809	29469
公共财政支出	万元	234245	480969	427537	413116	386988
居民储蓄存款余额	万元	1133692	3259130	1088579	2464055	1690361
年末金融机构各项贷款余额	万元	1210376	1136587	663042	1669612	1122650
三、农业、工业及投资						
农业机械总动力	万千瓦特	13		33	5	8
机收面积	公顷	14044		16088	8700	10550
设施农业占地面积	公顷	113	27	394		7
粮食总产量	吨	130463	106942	141158	190977	175161
棉花产量	吨					
油料产量	吨	16315	650	2411	9489	3574
肉类总产量	吨	37672	19690	50342	28579	50213
规模以上工业企业单位数	个	37	639	113	496	113
规模以上工业总产值	万元	535214	8472688	2716576	12191170	2359797
固定资产投资	万元	399612	1878068	758731	2922420	1114585
四、教育、卫生和社会保障						
普通中学在校学生数	人	10811	54113	43579	50197	46216
中等职业教育学校在校学生数	人	4542	407	2620	3674	13335
小学在校学生数	人	30545	96044	58745	66266	53436
医疗卫生机构床位数	床	2543	1940	1285	3127	1653
各种社会福利收养性单位数	个	14	15	22	188	103
各种社会福利收养性单位床位数	床	312	580	153	5313	4895

2016年县(市)社会经济主要指标

广东省

指　　标	单位	惠来县	普宁市	云安区	新兴县	郁南县
一、基本情况						
行政区域面积	平方公里	1275	1620	1189	1522	1966
乡个数	个		1			
镇个数	个	15	17	7	12	15
街道办事处个数	个	1	7			
户籍人口	万人	159	244	34	49	54
第二产业从业人员	人	156557	291823	17700	88937	81605
第三产业从业人员	人	107930	257010	20702	51794	68228
固定电话用户	户	79504	261544	26661	99100	31890
二、综合经济						
地区生产总值	万元	2628824	6397443	826551	2431511	1080469
第一产业增加值	万元	567990	416458	154466	547713	282887
农业增加值	万元	375688	355919	105088	174444	196443
牧业增加值	万元	48805	38740	23050	291733	64577
第二产业增加值	万元	1451105	4126990	457642	946403	296329
公共财政收入	万元	74436	203399	35297	168285	57125
各项税收	万元	37101	141770	19955	94061	31887
公共财政支出	万元	397528	812634	133931	397352	254962
居民储蓄存款余额	万元	1246177	4992019	300592	1615444	973887
年末金融机构各项贷款余额	万元	823755	3012685	313344	1325602	689791
三、农业、工业及投资						
农业机械总动力	万千瓦特	1	17	7	35	24
机收面积	公顷	440	14433	4463	16293	8205
设施农业占地面积	公顷	112	654		112	213
粮食总产量	吨	624441	213162	89950	147260	144200
棉花产量	吨					
油料产量	吨	8835	1560	8309	10892	13648
肉类总产量	吨	40750	41822	12509	182604	26628
规模以上工业企业单位数	个	244	555	111	221	133
规模以上工业总产值	万元	6672478	17309616	2016955	4437614	1361172
固定资产投资	万元	2296012	4226811	631149	1402016	660144
四、教育、卫生和社会保障						
普通中学在校学生数	人	66136	154638	9453	22679	18535
中等职业教育学校在校学生数	人	9026	46223	77	131	2062
小学在校学生数	人	103977	190971	17564	34972	32837
医疗卫生机构床位数	床	1839	6218	663	1597	1204
各种社会福利收养性单位数	个	53	59	7	15	16
各种社会福利收养性单位床位数	床	4548	7095	957	745	873

2016年县(市)社会经济主要指标

广东省、广西壮族自治区

指　　标	单位	罗定市	邕宁区	武鸣区	隆安县	马山县
一、基本情况						
行政区域面积	平方公里	2328	1231	3389	2306	2345
乡个数	个		1		4	4
镇个数	个	17	4	13	6	7
街道办事处个数	个	4				
户籍人口	万人	130	36	72	42	57
第二产业从业人员	人	255128	45961	78988	36830	3015
第三产业从业人员	人	135954	26567	108904	41339	30025
固定电话用户	户	140028	490			28517
二、综合经济						
地区生产总值	万元	1954598	771079	3204431	662344	504775
第一产业增加值	万元	415474	271599	820159	256699	176958
农业增加值	万元	190623	165472	550061	169745	89288
牧业增加值	万元	88668	89031	204370	62675	60279
第二产业增加值	万元	765565	173291	1486589	184396	102552
公共财政收入	万元	115700	30632	150388	45801	22085
各项税收	万元	165100	25207	101481	16809	27256
公共财政支出	万元	469200	177201	432657	235499	280155
居民储蓄存款余额	万元	2045000		1504563	717392	567417
年末金融机构各项贷款余额	万元	1569900		1390901	453012	434574
三、农业、工业及投资						
农业机械总动力	万千瓦特	27	21	79	29	29
机收面积	公顷	27182	19990	71571	30324	19587
设施农业占地面积	公顷	38	7	2075	102	83
粮食总产量	吨	297670	144868	365826	174402	181733
棉花产量	吨			3	4	
油料产量	吨	21390	13851	45279	5699	2685
肉类总产量	吨	42806	61811	144199	45157	40151
规模以上工业企业单位数	个	157	18	190	36	16
规模以上工业总产值	万元	1667761	336710	4468198	455492	115889
固定资产投资	万元	1605204	1761779	3559774	534845	381034
四、教育、卫生和社会保障						
普通中学在校学生数	人	61985	14455	27842	18802	23077
中等职业教育学校在校学生数	人	5079		9580	2160	154
小学在校学生数	人	99200	21689	36302	31781	37532
医疗卫生机构床位数	床	3063	1241	2948	1720	1445
各种社会福利收养性单位数	个	23	7	21	19	15
各种社会福利收养性单位床位数	床	755	180	752	421	460

2016年县(市)社会经济主要指标

广西壮族自治区

指　　标	单位	上林县	宾阳县	横县	柳江区	柳城县
一、基本情况						
行政区域面积	平方公里	1871	2298	3448	2537	2114
乡个数	个	4		3		3
镇个数	个	7	16	14	12	9
街道办事处个数	个					
户籍人口	万人	50	106	127	57	41
第二产业从业人员	人	29563	156741	129558	49308	33300
第三产业从业人员	人	29586	180752	152275	58036	46300
固定电话用户	户	17683	27819	36948	214095	15200
二、综合经济						
地区生产总值	万元	532939	1995600	2749718	2181326	1205890
第一产业增加值	万元	211110	481086	672283	395094	423781
农业增加值	万元	105010	291753	454725	281270	302119
牧业增加值	万元	80573	131727	155489	76982	87461
第二产业增加值	万元	103981	657266	1122687	1052019	394919
公共财政收入	万元	25443	174385	130316	86852	52339
各项税收	万元	16044	122726	127590	148152	33096
公共财政支出	万元	262506	447914	480280	278354	214540
居民储蓄存款余额	万元	701326	1537683	1856273	1118833	663865
年末金融机构各项贷款余额	万元	504312	1107173	1197885	1446902	543100
三、农业、工业及投资						
农业机械总动力	万千瓦特	49	72	68	44	48
机收面积	公顷	29555	69643	69615	27983	40191
设施农业占地面积	公顷	28	455	453	214	333
粮食总产量	吨	183675	372750	416437	177264	173665
棉花产量	吨		3			10
油料产量	吨	7740	19886	18799	4505	9952
肉类总产量	吨	40268	63507	80306	51755	45501
规模以上工业企业单位数	个	16	67	102	109	36
规模以上工业总产值	万元	198497	1500168	2631137	2844111	777144
固定资产投资	万元	416626	2442291	2457682	2499493	1222324
四、教育、卫生和社会保障						
普通中学在校学生数	人	21635	51650	16314	19452	8998
中等职业教育学校在校学生数	人	3856	6894	4736	450	
小学在校学生数	人	30476	68048	82027	37439	22140
医疗卫生机构床位数	床	1328	2568	3752	1630	1658
各种社会福利收养性单位数	个	28	27	234		46
各种社会福利收养性单位床位数	床	485	2961	5396		540

2016年县(市)社会经济主要指标

广西壮族自治区

指　　标	单位	鹿寨县	融安县	融水苗族自治县	三江侗族自治县	临桂区
一、基本情况						
行政区域面积	平方公里	2975	2900	4638	2417	2247
乡个数	个	3	6	13	10	3
镇个数	个	6	6	7	5	8
街道办事处个数	个					
户籍人口	万人	43	33	52	40	54
第二产业从业人员	人	31792	25365	30228	56701	59836
第三产业从业人员	人	21067	29055	34221	21499	49269
固定电话用户	户	26355	15420	9872	9754	23182
二、综合经济						
地区生产总值	万元	1382456	647634	832732	471074	2558967
第一产业增加值	万元	313005	168850	158435	178860	404783
农业增加值	万元	190324	114527	84942	126607	239952
牧业增加值	万元	71180	33300	38809	30062	129924
第二产业增加值	万元	640657	231812	350788	96556	1643966
公共财政收入	万元	58904	42021	63963	20691	196593
各项税收	万元	72117	16816	46391	30702	112440
公共财政支出	万元	250009	194515	303170	226150	319850
居民储蓄存款余额	万元	966804	557652	793158	478674	
年末金融机构各项贷款余额	万元	1207072	416760	722380	374057	2057841
三、农业、工业及投资						
农业机械总动力	万千瓦特	47	25	29	23	37
机收面积	公顷	56818	16204	15780	11200	43210
设施农业占地面积	公顷	270	67		20	555
粮食总产量	吨	171820	101343	120004	70527	261848
棉花产量	吨	20	12		448	49
油料产量	吨	10581	3166	2903	1851	1322
肉类总产量	吨	32223	21724	29172	19083	101038
规模以上工业企业单位数	个	53	33	36	12	80
规模以上工业总产值	万元	1570056	510576	615573	41036	4524696
固定资产投资	万元	1934613	1023233	1052403	466472	3118700
四、教育、卫生和社会保障						
普通中学在校学生数	人	14932	13397	23063	17827	19867
中等职业教育学校在校学生数	人	2478	115	1687	724	
小学在校学生数	人	25581	18443	39267	34642	34078
医疗卫生机构床位数	床	1649	1096	1632	1219	1171
各种社会福利收养性单位数	个	30	23	25	132	68
各种社会福利收养性单位床位数	床	548	430	485	1093	957

2016年县(市)社会经济主要指标

广西壮族自治区

指　　标	单位	阳朔县	灵川县	全州县	兴安县	永福县
一、基本情况						
行政区域面积	平方公里	1436	2302	3875	2333	2795
乡个数	个	3	5	4	4	3
镇个数	个	6	7	14	6	6
街道办事处个数	个		2			
户籍人口	万人	33	36	84	39	30
第二产业从业人员	人	43354	23145	78130	11789	11170
第三产业从业人员	人	32569	21036	44059	19032	12586
固定电话用户	户	19000	27000	20024	19397	21462
二、综合经济						
地区生产总值	万元	1165478	1474935	1750174	1504333	1210232
第一产业增加值	万元	247081	354603	499742	333773	267565
农业增加值	万元	192953	251586	343523	244170	173974
牧业增加值	万元	37288	70255	97007	58887	59422
第二产业增加值	万元	422608	688254	697929	751821	728116
公共财政收入	万元	63400	120942	48928	123647	45831
各项税收	万元	42800	100278	50734	123647	19951
公共财政支出	万元	174600	319680	369504	233569	184159
居民储蓄存款余额	万元	762967	1239239	1431911	1104940	524439
年末金融机构各项贷款余额	万元	574381	1351721	928436	1203063	581655
三、农业、工业及投资						
农业机械总动力	万千瓦特	31	57	67	59	29
机收面积	公顷	25702	35505	69600	37205	30712
设施农业占地面积	公顷	175	270	179	139	287
粮食总产量	吨	117484	176131	436799	211289	141628
棉花产量	吨	146	83	135	22	11
油料产量	吨	6903	1960	13999	7228	2083
肉类总产量	吨	27778	54161	73871	45413	45576
规模以上工业企业单位数	个	23	68	53	45	51
规模以上工业总产值	万元	500000	2176879	1953428	1992034	2063037
固定资产投资	万元	1285600	2036269	1805729	1943953	1225344
四、教育、卫生和社会保障						
普通中学在校学生数	人	11435	15748	30321	6733	10006
中等职业教育学校在校学生数	人	605	1384	2228	1291	742
小学在校学生数	人	19408	29955	47528	21724	19271
医疗卫生机构床位数	床	715	1625	1876	1615	874
各种社会福利收养性单位数	个	14	58	218	17	51
各种社会福利收养性单位床位数	床	265	1028	2597	60	472

2016年县(市)社会经济主要指标

广西壮族自治区

指　　标	单位	灌阳县	龙胜各族自治县	资源县	平乐县	荔蒲县
一、基本情况						
行政区域面积	平方公里	1835	2538	1941	1893	1760
乡个数	个	4	5	4	4	3
镇个数	个	5	5	3	6	10
街道办事处个数	个		6			
户籍人口	万人	30	17	18	46	38
第二产业从业人员	人	34493	6157	12025	71922	78181
第三产业从业人员	人	21760	7051	23759	51264	77848
固定电话用户	户	16895	9200	6163	21542	33300
二、综合经济						
地区生产总值	万元	746930	605540	542692	1120685	1609110
第一产业增加值	万元	178384	111039	110314	416314	315083
农业增加值	万元	124530	75465	73254	336672	233340
牧业增加值	万元	37237	17014	13261	41205	61863
第二产业增加值	万元	381473	319940	270790	411067	804414
公共财政收入	万元	36240	55668	18692	37136	91486
各项税收	万元	22983	42338	9296	32493	52511
公共财政支出	万元	192926	171821	155351	204197	222644
居民储蓄存款余额	万元	584268	380323	406329	721798	878847
年末金融机构各项贷款余额	万元	429365	373396	404228	425957	833651
三、农业、工业及投资						
农业机械总动力	万千瓦特	35	31	29	54	46
机收面积	公顷	25597	8800	9395	38069	28708
设施农业占地面积	公顷	71	8	22	56	25
粮食总产量	吨	171041	63006	56424	165547	128157
棉花产量	吨	21	47		21	6
油料产量	吨	3646	420	1351	13820	6272
肉类总产量	吨	29192	11704	10180	31394	49726
规模以上工业企业单位数	个	29	23	29	21	67
规模以上工业总产值	万元	1060635	571284	559110	1053803	2241402
固定资产投资	万元	640794	488587	634256	1051075	1453722
四、教育、卫生和社会保障						
普通中学在校学生数	人	10154	6219	6047	16754	14730
中等职业教育学校在校学生数	人	1605	1330	964	925	1245
小学在校学生数	人	17473	10157	12723	28977	23143
医疗卫生机构床位数	床	1040	500	433	1246	1289
各种社会福利收养性单位数	个	60	56	5	34	1
各种社会福利收养性单位床位数	床	421	634	134	477	72

2016年县(市)社会经济主要指标

广西壮族自治区

指　　标	单位	恭城瑶族自治县	苍梧县	藤　县	蒙山县	岑溪市
一、基本情况						
行政区域面积	平方公里	2139	2758	3946	1280	2784
乡个数	个	4		2	3	
镇个数	个	5	9	15	6	14
街道办事处个数	个	10				
户籍人口	万人	30	41	110	22	96
第二产业从业人员	人	14387	68453	152500	28048	181154
第三产业从业人员	人	19240	42449	147000	22909	86057
固定电话用户	户	15672	6075	29967	10550	69784
二、综合经济						
地区生产总值	万元	731098	362362	2335523	727507	2703892
第一产业增加值	万元	242751	150658	510283	125304	356051
农业增加值	万元	195531	86914	332980	71798	180514
牧业增加值	万元	33672	26090	76531	28456	95043
第二产业增加值	万元	261394	114652	1304673	368013	1767229
公共财政收入	万元	51978	54795	129580	30378	197940
各项税收	万元	29238	36663	115294	24152	102143
公共财政支出	万元	206381	218613	406355	148281	416732
居民储蓄存款余额	万元	514275	1062200	1366303	362785	1426600
年末金融机构各项贷款余额	万元	450863	1106400	1087797	321918	1298700
三、农业、工业及投资						
农业机械总动力	万千瓦特	60	26	43	12	29
机收面积	公顷	21001	16139	32429	7000	17456
设施农业占地面积	公顷	28	17	9	10	39
粮食总产量	吨	83806	131531	265736	67965	233183
棉花产量	吨	89				
油料产量	吨	13860	6555	12492	6496	10038
肉类总产量	吨	24140	23701	55633	14646	79899
规模以上工业企业单位数	个	22	13	85	24	90
规模以上工业总产值	万元	634137	223000	3451101	638200	5273776
固定资产投资	万元	786207	312228	2430693	601083	2714540
四、教育、卫生和社会保障						
普通中学在校学生数	人	12074	14831	56097	10386	37666
中等职业教育学校在校学生数	人	1314		1583	1226	11262
小学在校学生数	人	21001	30838	86516	15522	83715
医疗卫生机构床位数	床	851	358	2653	886	2493
各种社会福利收养性单位数	个	47		26	46	18
各种社会福利收养性单位床位数	床	739		650	531	413

2016年县(市)社会经济主要指标

广西壮族自治区

指　　标	单位	合浦县	上思县	东兴市	灵山县	浦北县
一、基本情况						
行政区域面积	平方公里	2762	2814	589	3558	2526
乡个数	个	1	4			
镇个数	个	14	4	3	17	15
街道办事处个数	个				2	2
户籍人口	万人	108	24	15	165	94
第二产业从业人员	人	89193	12651	13164	276520	119564
第三产业从业人员	人	185298	14277	17141	163650	126372
固定电话用户	户	72965	10366	33098	102810	63072
二、综合经济						
地区生产总值	万元	2225562	776644	929897	2583600	1884465
第一产业增加值	万元	865094	203445	170352	652600	400331
农业增加值	万元	238616	113584	25068	441000	245418
牧业增加值	万元	122091	18701	10735	133300	77107
第二产业增加值	万元	600443	372308	384083	1052100	966886
公共财政收入	万元	65461	66396	125091	66646	74305
各项税收	万元	86831	46017	100048	78753	57309
公共财政支出	万元	458758	211997	264470	476248	343998
居民储蓄存款余额	万元	1885935	327016	1045974	1772621	1167590
年末金融机构各项贷款余额	万元	1153778	329256	795207	965233	705514
三、农业、工业及投资						
农业机械总动力	万千瓦特	80	29	12	61	50
机收面积	公顷	41968	9260	4630	70987	23216
设施农业占地面积	公顷	1083		45	388	286
粮食总产量	吨	327759	47286	23638	402525	261976
棉花产量	吨				82	14
油料产量	吨	29242	1712	572	5204	6788
肉类总产量	吨	94501	11483	7696	93813	64189
规模以上工业企业单位数	个	75	22	29	84	92
规模以上工业总产值	万元	1594136	1234795	1438024	2852500	2850096
固定资产投资	万元	2152828	486674	1206129	1883400	1883937
四、教育、卫生和社会保障						
普通中学在校学生数	人	56208	11325	9745	87850	48325
中等职业教育学校在校学生数	人	2307	794	1606	8993	4963
小学在校学生数	人	77932	18872	21277	140544	70943
医疗卫生机构床位数	床	4865	889	500	4517	2200
各种社会福利收养性单位数	个	130	56	5	272	222
各种社会福利收养性单位床位数	床	1467	679	132	3721	11052

2016年县(市)社会经济主要指标

广西壮族自治区

指　　标	单位	平南县	桂平市	容县	陆川县	博白县
一、基本情况						
行政区域面积	平方公里	2984	4071	2255	1551	3830
乡个数	个	3	5			
镇个数	个	18	21	15	14	28
街道办事处个数	个		21			
户籍人口	万人	152	202	86	109	186
第二产业从业人员	人	174935	212372	158901	171890	263962
第三产业从业人员	人	241980	329832	90300	135860	191165
固定电话用户	户	110725	86920	70429	58440	80376
二、综合经济						
地区生产总值	万元	2377172	3227486	1912067	2340380	2458430
第一产业增加值	万元	555283	652097	365379	341527	801816
农业增加值	万元	255389	335147	201227	149641	390085
牧业增加值	万元	164811	158866	106647	144973	297493
第二产业增加值	万元	935383	1560367	982315	1117964	842485
公共财政收入	万元	163303	103000	97858	111706	154769
各项税收	万元	117598	112943	95621	95528	75252
公共财政支出	万元	516951	673300	362367	475571	594868
居民储蓄存款余额	万元	2013465	2712022	1621300	1420999	2149396
年末金融机构各项贷款余额	万元	1417393	1713428	1097700	906589	1434045
三、农业、工业及投资						
农业机械总动力	万千瓦特	80	129	62	54	74
机收面积	公顷	52408	81291	33280	33059	74663
设施农业占地面积	公顷	1	2220	136	272	451
粮食总产量	吨	365114	576146	228504	268263	484529
棉花产量	吨		95			
油料产量	吨	29908	40678	3701	6391	14100
肉类总产量	吨	106941	116832	85864	113859	213134
规模以上工业企业单位数	个	120	110	89	93	89
规模以上工业总产值	万元	2423540	3586778	2690506	3473223	1980900
固定资产投资	万元	1766354	2306213	1627848	2030752	2344000
四、教育、卫生和社会保障						
普通中学在校学生数	人	85854	111509	49425	56960	98906
中等职业教育学校在校学生数	人	8572	6072	3863	738	3844
小学在校学生数	人	118401	165980	72638	88727	154422
医疗卫生机构床位数	床	3992	4561	2873	2460	3843
各种社会福利收养性单位数	个	177	222	77	28	68
各种社会福利收养性单位床位数	床	2600	2413	956	516	3560

2016年县(市)社会经济主要指标

广西壮族自治区

指　　标	单位	兴业县	北流市	右江区	田阳县	田东县
一、基本情况						
行政区域面积	平方公里	1468	2457	3718	2373	2811
乡个数	个			3	1	1
镇个数	个	13	22	4	9	9
街道办事处个数	个		3	2		
户籍人口	万人	76	150	36	36	44
第二产业从业人员	人	154124	228901	34210	29932	37991
第三产业从业人员	人	57160	140986	102060	53323	48281
固定电话用户	户	52860	114441	40661	17032	16762
二、综合经济						
地区生产总值	万元	1504353	2985919	2257110	1450347	1401009
第一产业增加值	万元	392933	465850	278069	272538	283409
农业增加值	万元	129530	299518	188125	200058	200635
牧业增加值	万元	235327	109372	39491	38545	43484
第二产业增加值	万元	634914	1434376	1008614	870381	789630
公共财政收入	万元	83193	194923	59141	78660	63742
各项税收	万元	51768	163645	44346	39777	37628
公共财政支出	万元	290037	477861	228338	286827	264058
居民储蓄存款余额	万元	1044842	2151706	1515550	609315	741327
年末金融机构各项贷款余额	万元	726607	1780553	2154622	867338	985334
三、农业、工业及投资						
农业机械总动力	万千瓦特	48	67	18	40	34
机收面积	公顷	39129	51622	23980	23820	31805
设施农业占地面积	公顷	995	139	71	50	12
粮食总产量	吨	250458	343136	80639	118843	118525
棉花产量	吨	28				
油料产量	吨	5589	17170	1648	1586	1625
肉类总产量	吨	169549	89736	30387	28524	31974
规模以上工业企业单位数	个	40	142	49	36	37
规模以上工业总产值	万元	1153319	3688380	2552528	2012695	1976160
固定资产投资	万元	1498102	2383913	1585544	1564461	1702152
四、教育、卫生和社会保障						
普通中学在校学生数	人	34624	93864	36131	13663	20989
中等职业教育学校在校学生数	人	435	1789	16019	972	3698
小学在校学生数	人	50366	166475	33724	27170	35450
医疗卫生机构床位数	床	1226	3768	4123	1312	1883
各种社会福利收养性单位数	个	131	15	38	93	107
各种社会福利收养性单位床位数	床	1263	447	2024	855	1055

2016年县(市)社会经济主要指标

广西壮族自治区

指　　标	单位	平果县	德保县	那坡县	凌云县	乐业县
一、基本情况						
行政区域面积	平方公里	2457	2575	2223	2047	2633
乡个数	个	3	5	7	4	4
镇个数	个	9	7	2	4	4
街道办事处个数	个					
户籍人口	万人	52	37	22	22	18
第二产业从业人员	人	73528	10672	12743	14561	18396
第三产业从业人员	人	52579	13049	9007	20082	10373
固定电话用户	户	38145	18968	9273	8609	3344
二、综合经济						
地区生产总值	万元	1595998	816792	246929	310338	223871
第一产业增加值	万元	161546	103747	70925	81907	70129
农业增加值	万元	78967	65391	38659	50335	34204
牧业增加值	万元	53342	30400	21091	21225	13978
第二产业增加值	万元	1064446	517244	61510	125297	41735
公共财政收入	万元	166065	74111	20392	13031	11012
各项税收	万元	99984	37461	12357	9067	7120
公共财政支出	万元	307386	243154	200379	214169	180016
居民储蓄存款余额	万元	860758	395183	264031	282087	202681
年末金融机构各项贷款余额	万元	1358201	484630	201785	278877	206489
三、农业、工业及投资						
农业机械总动力	万千瓦特	34	24	18	9	16
机收面积	公顷	18203	10042	5386	4739	3900
设施农业占地面积	公顷	170		14		
粮食总产量	吨	111032	103392	64278	52918	52822
棉花产量	吨					
油料产量	吨	905	1051	323	1201	1958
肉类总产量	吨	36440	19970	12050	12515	9734
规模以上工业企业单位数	个	61	24	9	22	6
规模以上工业总产值	万元	2839262	1092261	88770	261730	21893
固定资产投资	万元	1854310	970468	248192	360415	282077
四、教育、卫生和社会保障						
普通中学在校学生数	人	26976	15016	9215	20991	11368
中等职业教育学校在校学生数	人	1526	2276	901	3416	912
小学在校学生数	人	38449	23869	16862	20991	16119
医疗卫生机构床位数	床	1811	1104	802	629	415
各种社会福利收养性单位数	个	166	48	31	22	9
各种社会福利收养性单位床位数	床	2530	1073	480	278	209

2016年县(市)社会经济主要指标

广西壮族自治区

指　　标	单位	田林县	西林县	隆林各族自治县	靖西市	八步区
一、基本情况						
行政区域面积	平方公里	5524	2997	3518	3326	3774
乡个数	个	10	4	10	8	1
镇个数	个	4	4	6	11	12
街道办事处个数	个					3
户籍人口	万人	27	16	43	66	74
第二产业从业人员	人	31022	2526	20948	58232	57100
第三产业从业人员	人	27229	11427	37332	61212	13700
固定电话用户	户	15583	9889	16339	25620	93200
二、综合经济						
地区生产总值	万元	477266	235000	463413	1585909	1777752
第一产业增加值	万元	139484	92600	110043	158122	306293
农业增加值	万元	58877	44501	46725	103072	180666
牧业增加值	万元	31967	16614	30426	44940	64765
第二产业增加值	万元	171070	46710	156836	1099497	718497
公共财政收入	万元	19520	9630	27767	130734	72904
各项税收	万元	14040	6352	20160	82384	80752
公共财政支出	万元	215175	161174	286721	430990	307756
居民储蓄存款余额	万元	341974	179995	463389	743227	1972632
年末金融机构各项贷款余额	万元	368245	204589	424623	616095	2330169
三、农业、工业及投资						
农业机械总动力	万千瓦特	23	18	28	31	32
机收面积	公顷	7823	5159	7524	21114	23548
设施农业占地面积	公顷	42		85	350	718
粮食总产量	吨	96891	57209	92007	235010	187861
棉花产量	吨					6
油料产量	吨	787	1706	1988	1561	8157
肉类总产量	吨	21854	10994	19963	29584	47803
规模以上工业企业单位数	个	33	7	22	23	45
规模以上工业总产值	万元	416980	49921	347571	3088398	1692469
固定资产投资	万元	313554	290229	399915	1042709	2030249
四、教育、卫生和社会保障						
普通中学在校学生数	人	14358	10132	25216	28506	28419
中等职业教育学校在校学生数	人	669	875	3183	3291	263
小学在校学生数	人	26219	16998	43305	46086	66061
医疗卫生机构床位数	床	993	587	1195	1522	3695
各种社会福利收养性单位数	个	54	11	18	131	110
各种社会福利收养性单位床位数	床	1037	360	681	1375	1392

2016年县(市)社会经济主要指标

广西壮族自治区

指　　标	单位	昭平县	钟山县	富川瑶族自治县	金城江区	南丹县
一、基本情况						
行政区域面积	平方公里	3224	1472	1540	2346	3905
乡个数	个	2	2	3	4	3
镇个数	个	10	10	9	7	8
街道办事处个数	个				1	
户籍人口	万人	45	45	34	34	32
第二产业从业人员	人	25320	47806	24792	30000	16053
第三产业从业人员	人	39780	59671	33228	120000	11768
固定电话用户	户	37874	10573	10900	33485	15900
二、综合经济						
地区生产总值	万元	644472	890543	671316	1172934	970779
第一产业增加值	万元	206874	168581	231328	127966	118651
农业增加值	万元	113561	89045	173356	80420	67651
牧业增加值	万元	37251	51763	45846	37398	26193
第二产业增加值	万元	186625	375542	242892	324726	442631
公共财政收入	万元	24532	32526	39383	28396	49539
各项税收	万元	26414	36672	25776	28038	64872
公共财政支出	万元	254296	242607	255087	180758	227587
居民储蓄存款余额	万元	517900	711160	585828	1246953	538163
年末金融机构各项贷款余额	万元	422200	524859	426343	143711	619853
三、农业、工业及投资						
农业机械总动力	万千瓦特	25	26	21	28	24
机收面积	公顷	18298	18000	14520	9018	6581
设施农业占地面积	公顷	174	444	147	32	20
粮食总产量	吨	143212	144533	129429	73550	87213
棉花产量	吨		25		82	8
油料产量	吨	1868	4568	12868	861	3164
肉类总产量	吨	24533	32706	32334	13494	20377
规模以上工业企业单位数	个	14	39	18	30	12
规模以上工业总产值	万元	231704	861525	540166	507400	1196093
固定资产投资	万元	588229	1081871	917981	908196	461455
四、教育、卫生和社会保障						
普通中学在校学生数	人	19700	19739	14521	21371	15435
中等职业教育学校在校学生数	人	1235	2317	1107	11913	1183
小学在校学生数	人	35363	37387	25800	29609	32544
医疗卫生机构床位数	床	1082	1641	945	3580	915
各种社会福利收养性单位数	个	161	2	8	14	14
各种社会福利收养性单位床位数	床	718	36	133	340	278

2016年县(市)社会经济主要指标

广西壮族自治区

指　　标	单位	天峨县	凤山县	东兰县	罗城仫佬族自治县	环江毛南族自治县
一、基本情况						
行政区域面积	平方公里	3184	1738	2437	2692	4553
乡个数	个	7	6	8	4	6
镇个数	个	2	3	6	7	6
街道办事处个数	个			2		
户籍人口	万人	18	22	31	39	38
第二产业从业人员	人	4264	11382	46158	13479	35588
第三产业从业人员	人	10063	17136	14432	43913	31825
固定电话用户	户	8765	6779	11538	9789	8062
二、综合经济						
地区生产总值	万元	571041	230902	260279	436714	453010
第一产业增加值	万元	70204	59416	71711	158078	161027
农业增加值	万元	29264	22596	29005	61871	70556
牧业增加值	万元	13878	18532	30804	54976	65670
第二产业增加值	万元	341530	59416	53380	85716	91743
公共财政收入	万元	21179	7718	27602	15328	35518
各项税收	万元	14904	4720	9049	23689	18854
公共财政支出	万元	163080	190054	220088	265655	257780
居民储蓄存款余额	万元	241711	238582	364762	546923	527542
年末金融机构各项贷款余额	万元	381580	211098	288418	351397	418002
三、农业、工业及投资						
农业机械总动力	万千瓦特	23	26	28	23	33
机收面积	公顷	3192	2313	5795	14297	11655
设施农业占地面积	公顷	5		166	52	27
粮食总产量	吨	65773	43117	55379	113387	121925
棉花产量	吨	88		24	120	
油料产量	吨	978	488	801	3498	756
肉类总产量	吨	11330	9960	13349	21317	21169
规模以上工业企业单位数	个	7	5	5	16	23
规模以上工业总产值	万元	413460	21056	41070	135189	192396
固定资产投资	万元	185252	228381	365137	227362	298106
四、教育、卫生和社会保障						
普通中学在校学生数	人	12527	8296	11948	14194	16448
中等职业教育学校在校学生数	人	124	120	580	169	332
小学在校学生数	人	17425	19231	23187	26918	26193
医疗卫生机构床位数	床	556	648	968	980	801
各种社会福利收养性单位数	个	29	43	20	51	12
各种社会福利收养性单位床位数	床	565	567	299	533	222

2016年县(市)社会经济主要指标

广西壮族自治区

指　　标	单位	巴马瑶族自治县	都安瑶族自治县	大化瑶族自治县	宜州市	兴宾区
一、基本情况						
行政区域面积	平方公里	1976	4088	2750	3857	4403
乡个数	个	8	10	12	7	8
镇个数	个	2	9	4	9	12
街道办事处个数	个					4
户籍人口	万人	29	72	47	67	113
第二产业从业人员	人	35558	57787	44730	41383	58374
第三产业从业人员	人	22017	72106	62789	94370	72382
固定电话用户	户	16563	42136	23470	19991	44725
二、综合经济						
地区生产总值	万元	372002	444404	551033	1156695	2604284
第一产业增加值	万元	103427	135676	94492	407614	616893
农业增加值	万元	47986	56035	34702	243038	438675
牧业增加值	万元	31076	67567	41358	130906	113264
第二产业增加值	万元	92098	74863	245945	236335	882108
公共财政收入	万元	25576	24442	65823	37998	53798
各项税收	万元	20768	34734	30300	24545	41274
公共财政支出	万元	245467	365609	293369	271416	363783
居民储蓄存款余额	万元	362699	610808	455573	1203358	1408285
年末金融机构各项贷款余额	万元	242686	468240	468070	945381	2476500
三、农业、工业及投资						
农业机械总动力	万千瓦特	16	43	20	57	88
机收面积	公顷	4032	8650	4916	26209	45987
设施农业占地面积	公顷	23	1	19	44	1227
粮食总产量	吨	62545	125725	73889	222745	311013
棉花产量	吨	2		120	214	3
油料产量	吨	1456	74	539	2886	20533
肉类总产量	吨	19268	39904	28096	27129	66212
规模以上工业企业单位数	个	13	13	6	40	69
规模以上工业总产值	万元	163703	94695	231332	405015	2348648
固定资产投资	万元	365508	386003	241045	373772	1727344
四、教育、卫生和社会保障						
普通中学在校学生数	人	14611	40344	25642	32335	42342
中等职业教育学校在校学生数	人	698	2966	1321	1878	
小学在校学生数	人	29991	61586	44067	49886	86761
医疗卫生机构床位数	床	703	1720	1612	3462	2076
各种社会福利收养性单位数	个	8	24	17	15	99
各种社会福利收养性单位床位数	床	555	831	335	362	680

2016年县(市)社会经济主要指标

广西壮族自治区

指　　标	单位	忻城县	象州县	武宣县	金秀瑶族自治县	合山市
一、基本情况						
行政区域面积	平方公里	2541	1898	1704	2469	366
乡个数	个	6	3	2	7	
镇个数	个	6	8	8	3	3
街道办事处个数	个					
户籍人口	万人	45	37	45	16	14
第二产业从业人员	人	32958	32106	38703	10186	4700
第三产业从业人员	人	62910	26061	66790	9087	9100
固定电话用户	户	9871	41188	13681	19415	8769
二、综合经济						
地区生产总值	万元	584835	993772	1055799	287518	304413
第一产业增加值	万元	190271	287658	264336	84067	42908
农业增加值	万元	91430	144860	168562	52463	26923
牧业增加值	万元	84480	100343	60825	15458	7561
第二产业增加值	万元	180670	473008	482251	63024	117332
公共财政收入	万元	17754	38664	52532	9624	14362
各项税收	万元	10428	15390	39796	6748	11240
公共财政支出	万元	212605	193844	236199	130982	120772
居民储蓄存款余额	万元	420247	528274	593710	249226	258639
年末金融机构各项贷款余额	万元	288662	427069	472121	227414	164186
三、农业、工业及投资						
农业机械总动力	万千瓦特	24	39	36	12	10
机收面积	公顷	12023	35412	32659	9382	6125
设施农业占地面积	公顷	26	186	136	24	16
粮食总产量	吨	109040	186764	132052	47815	28824
棉花产量	吨	32		2	3	
油料产量	吨	2974	2927	10406	1515	1280
肉类总产量	吨	18378	18756	37054	8422	4030
规模以上工业企业单位数	个	16	57	51	14	8
规模以上工业总产值	万元	347443	1129750	1250790	93390	161585
固定资产投资	万元	349318	603483	697845	154690	176386
四、教育、卫生和社会保障						
普通中学在校学生数	人	14185	13847	20293	4129	4182
中等职业教育学校在校学生数	人	2656	1528	2137	421	869
小学在校学生数	人	25736	22172	32048	10001	8513
医疗卫生机构床位数	床	1832	1594	1653	720	489
各种社会福利收养性单位数	个	14	11	12	12	4
各种社会福利收养性单位床位数	床	497	320	509	356	100

2016年县(市)社会经济主要指标

广西壮族自治区

指　　标	单位	江洲区	扶绥县	宁明县	龙州县	大新县
一、基本情况						
行政区域面积	平方公里	2918	2841	3704	2311	2748
乡个数	个	2	3	6	7	9
镇个数	个	6	8	7	5	5
街道办事处个数	个	3				
户籍人口	万人	37	46	44	27	38
第二产业从业人员	人		19745	18741	29205	67120
第三产业从业人员	人		29913	55959	28238	23688
固定电话用户	户		19995	10886	12001	19789
二、综合经济						
地区生产总值	万元	1596588	1503797	1169067	1039053	1093834
第一产业增加值	万元	264443	429614	310007	246450	231748
农业增加值	万元	228301	362171	180091	193957	174595
牧业增加值	万元	12752	18545	21982	14019	40548
第二产业增加值	万元	708134	635015	489101	420160	487584
公共财政收入	万元	55768	105208	67393	67412	32722
各项税收	万元	45353	60568	46340	51371	35017
公共财政支出	万元	189105	342843	312136	249451	232850
居民储蓄存款余额	万元	734756	822219	632848	536447	636478
年末金融机构各项贷款余额	万元	1050413	663030	425960	523379	472579
三、农业、工业及投资						
农业机械总动力	万千瓦特	45	44	41	25	56
机收面积	公顷	11082	16560	23588	8893	4925
设施农业占地面积	公顷		15	42	19	137
粮食总产量	吨	43811	64237	71273	49773	123039
棉花产量	吨					152
油料产量	吨	3161	10888	3640	3209	1595
肉类总产量	吨	8147	15454	19470	8320	31662
规模以上工业企业单位数	个	32	39	19	15	21
规模以上工业总产值	万元	1716810	1657787	1256205	1035133	1187219
固定资产投资	万元	1355869	1697647	1209233	1059700	1181214
四、教育、卫生和社会保障						
普通中学在校学生数	人	10318	13373	16561	9093	13665
中等职业教育学校在校学生数	人		425	191	1552	1577
小学在校学生数	人	35796	33093	32183	14863	21492
医疗卫生机构床位数	床	426	1414	1147	1091	1126
各种社会福利收养性单位数	个	20	18	14	16	40
各种社会福利收养性单位床位数	床	213	810	629	445	920

2016年县(市)社会经济主要指标

广西壮族自治区、海南省

指　　标	单位	天等县	凭祥市	西沙群岛	南沙群岛	中沙群岛的岛礁及其海域
一、基本情况						
行政区域面积	平方公里	2159	645			
乡个数	个	7				
镇个数	个	6	4			
街道办事处个数	个					
户籍人口	万人	46	11			
第二产业从业人员	人	116527	20602			
第三产业从业人员	人	26984	22709			
固定电话用户	户	11450	15058			
二、综合经济						
地区生产总值	万元	561195	653655			
第一产业增加值	万元	141305	53255			
农业增加值	万元	81525	29530			
牧业增加值	万元	49000	7553			
第二产业增加值	万元	181754	187200			
公共财政收入	万元	26527	82571			
各项税收	万元	22325	39852			
公共财政支出	万元	222461	113492			
居民储蓄存款余额	万元	563258	605677			
年末金融机构各项贷款余额	万元	411954	355006			
三、农业、工业及投资						
农业机械总动力	万千瓦特	40	6			
机收面积	公顷	25101	3205			
设施农业占地面积	公顷	10	5			
粮食总产量	吨	152555	20322			
棉花产量	吨	31				
油料产量	吨	1793	696			
肉类总产量	吨	35435	5697			
规模以上工业企业单位数	个	11	21			
规模以上工业总产值	万元	248457	315426			
固定资产投资	万元	685279	1125082			
四、教育、卫生和社会保障						
普通中学在校学生数	人	13617	4670			
中等职业教育学校在校学生数	人	954	413			
小学在校学生数	人	30969	10084			
医疗卫生机构床位数	床	1215	281			
各种社会福利收养性单位数	个	13	2			
各种社会福利收养性单位床位数	床	488	166			

2016年县(市)社会经济主要指标

海南省

指　　标	单位	五指山市	琼海市	文昌市	万宁市	东方市
一、基本情况						
行政区域面积	平方公里	1144	1710	2485	4444	2272
乡个数	个	3				2
镇个数	个	4	12	17	12	8
街道办事处个数	个					
户籍人口	万人	11	51	60	62	45
第二产业从业人员	人	3890	33348	34734	41444	12016
第三产业从业人员	人	31374	106987	101221	107219	45628
固定电话用户	户	18786	120346	82552	85700	48415
二、综合经济						
地区生产总值	万元	242833	2197368	1868790	1842600	1495545
第一产业增加值	万元	60308	789286	745728	599500	429642
农业增加值	万元	30576	465385	333812	331000	309584
牧业增加值	万元	15306	154160	171524	94800	59570
第二产业增加值	万元	52119	292845	435620	375500	605527
公共财政收入	万元	51807	154057	223784	155100	168028
各项税收	万元	21697	120634	96771	142340	113453
公共财政支出	万元	115896	437360	472820	434600	431229
居民储蓄存款余额	万元	319303	1983560	1903234	1208500	718029
年末金融机构各项贷款余额	万元	222549	1188118	1205604	949700	680767
三、农业、工业及投资						
农业机械总动力	万千瓦特	8	32	51	42	21
机收面积	公顷	30975	14513		6012	11595
设施农业占地面积	公顷	8	72	3106	5239	7323
粮食总产量	吨	21715	126851	154308	93842	215882
棉花产量	吨					
油料产量	吨	1320	3022	14171	4278	14026
肉类总产量	吨	6555	75476	77088	47374	24482
规模以上工业企业单位数	个	4	13	17	9	12
规模以上工业总产值	万元	35280	138224	345703	149075	1561661
固定资产投资	万元	319466	1569712	1764487	1507189	275017
四、教育、卫生和社会保障						
普通中学在校学生数	人	8017	29167	29225	26536	28694
中等职业教育学校在校学生数	人	4871	1325	827	862	651
小学在校学生数	人	9678	43724	42312	43734	38004
医疗卫生机构床位数	床	1128	1891	1460	1455	1058
各种社会福利收养性单位数	个	3	13	21	8	15
各种社会福利收养性单位床位数	床	30	549	767	650	385

2016年县(市)社会经济主要指标

海南省

指标	单位	定安县	屯昌县	澄迈县	临高县	白沙黎族自治县
一、基本情况						
行政区域面积	平方公里	1197	1232	2076	1317	2117
乡个数	个					7
镇个数	个	10	8	11	10	4
街道办事处个数	个					
户籍人口	万人	34	31	56	50	20
第二产业从业人员	人	15526	10828	50602	26100	3945
第三产业从业人员	人	38634	38713	122397	79200	19478
固定电话用户	户	41023	25400	39168	41214	15804
二、综合经济						
地区生产总值	万元	834867	643939	2567651	1599827	434502
第一产业增加值	万元	325493	266276	731382	1078792	201870
农业增加值	万元	187848	144897	364782	155708	80434
牧业增加值	万元	114917	67677	158626	60324	39699
第二产业增加值	万元	119029	82728	1065786	99864	47067
公共财政收入	万元	66300	21297	370872	52030	16030
各项税收	万元	26492	14898	351883	29447	9090
公共财政支出	万元	237419	224280	509284	420091	251952
居民储蓄存款余额	万元	706606	505684	1015827	619468	341046
年末金融机构各项贷款余额	万元	380441	297915	1346411	510514	183755
三、农业、工业及投资						
农业机械总动力	万千瓦特	15	9	37	40	13
机收面积	公顷	7325	8253	16871	6102	2246
设施农业占地面积	公顷	121	44		1705	
粮食总产量	吨	122267	96559	213171	117002	31216
棉花产量	吨					
油料产量	吨	15129	5580	6429	2350	406
肉类总产量	吨	56498	33457	84872	30830	18662
规模以上工业企业单位数	个	9	4	44	5	4
规模以上工业总产值	万元	148306	45492	2224830	117090	22467
固定资产投资	万元	372155	438802	3048100	417346	141459
四、教育、卫生和社会保障						
普通中学在校学生数	人	12360	13366	21756	24213	7880
中等职业教育学校在校学生数	人	2621	324	1537	520	427
小学在校学生数	人	26328	24239	40420	35576	17318
医疗卫生机构床位数	床	733	969	1416	1108	741
各种社会福利收养性单位数	个	13	11	9	8	9
各种社会福利收养性单位床位数	床	672	294	530	268	86

2016年县(市)社会经济主要指标

海南省

指　　标	单位	昌江黎族自治县	乐东黎族自治县	陵水黎族自治县	保亭黎族苗族自治县	琼中黎族苗族自治县
一、基本情况						
行政区域面积	平方公里	1620	2766	1128	1153	2704
乡个数	个	1		2	3	3
镇个数	个	7	11	9	6	7
街道办事处个数	个					
户籍人口	万人	26	53	38	17	22
第二产业从业人员	人	1131	16040	9822	3400	6181
第三产业从业人员	人	10466	67006	57183	27200	26594
固定电话用户	户	32718	45175	48000	16600	19599
二、综合经济						
地区生产总值	万元	1011721	1170950	1343048	430278	434172
第一产业增加值	万元	283751	709399	439645	176919	182972
农业增加值	万元	147546	557828	205473	120206	98417
牧业增加值	万元	32907	59161	58893	29505	33822
第二产业增加值	万元	420552	151792	259129	52138	65001
公共财政收入	万元	100319	101242	414457	45532	42946
各项税收	万元	71506	55293	377706	35256	17979
公共财政支出	万元	308669	468135	658262	173492	346985
居民储蓄存款余额	万元	518512	928987	809420	461400	443541
年末金融机构各项贷款余额	万元	401439	538748	1354743	262100	503102
三、农业、工业及投资						
农业机械总动力	万千瓦特	18	74	27	7	29
机收面积	公顷	2433	14040	1015	2725	266
设施农业占地面积	公顷	2621	4255	68	4	30
粮食总产量	吨	41638	130922	93592	29230	43537
棉花产量	吨					
油料产量	吨	1472	8086	5676	1060	3731
肉类总产量	吨	18669	28417	17676	15542	16235
规模以上工业企业单位数	个	9	4	1	2	8
规模以上工业总产值	万元	765320	207680	46456	13572	51349
固定资产投资	万元	837630	738906	2028116	307914	437915
四、教育、卫生和社会保障						
普通中学在校学生数	人	12671	28646	15596	7462	7747
中等职业教育学校在校学生数	人	830	513	730	147	45
小学在校学生数	人	19358	37662	31501	13903	16575
医疗卫生机构床位数	床	840	1444	839	566	1006
各种社会福利收养性单位数	个	9	10	9	7	9
各种社会福利收养性单位床位数	床	108	255	567	66	255

2016年县(市)社会经济主要指标

重庆市

指　　标	单位	綦江区	大足区	长寿区	江津区	合川区
一、基本情况						
行政区域面积	平方公里	2748	1436	1424	3219	2343
乡个数	个					
镇个数	个	25	21	12	25	23
街道办事处个数	个	5	6	7	4	7
户籍人口	万人	121	106	90	150	155
第二产业从业人员	人	293553	229245	158973	367243	229551
第三产业从业人员	人	181164	156138	119274	478012	250491
固定电话用户	户	165962	100000	116031	192000	137400
二、综合经济						
地区生产总值	万元	4200566	3865917	4540186	6741173	5321909
第一产业增加值	万元	565934	445711	439854	837215	725270
农业增加值	万元	396779	295470	253110	597753	497840
牧业增加值	万元	118898	106188	142017	188474	150533
第二产业增加值	万元	2072157	2216745	2427104	3974023	2589900
公共财政收入	万元	410701	385502	373676	649830	411200
各项税收	万元	248346	161592	281290	414395	265200
公共财政支出	万元	881779	735572	644167	1121898	855000
居民储蓄存款余额	万元	3730874	2318520	3238652	5383600	5129200
年末金融机构各项贷款余额	万元	3603848	2524455	2940863	4600700	3173800
三、农业、工业及投资						
农业机械总动力	万千瓦特	43	62	40	43	76
机收面积	公顷	36000	29014	18600	36533	36000
设施农业占地面积	公顷	5125	5000	765	568	285
粮食总产量	吨	434684	439256	373312	671181	725757
棉花产量	吨					
油料产量	吨	10264	47093	12232	17040	23400
肉类总产量	吨	69610	64553	67951	95057	95299
规模以上工业企业单位数	个	314	348	221	415	324
规模以上工业总产值	万元	6765389	6109884	8457647	16124512	6444400
固定资产投资	万元	6218700	6181470	5892080	8340616	6202722
四、教育、卫生和社会保障						
普通中学在校学生数	人	51036	41505	32625	60321	50455
中等职业教育学校在校学生数	人	3772	5250	3830	25644	7864
小学在校学生数	人	60843	77244	39720	85387	74078
医疗卫生机构床位数	床	4782	3905	4725	6966	5449
各种社会福利收养性单位数	个	52	105	23	124	56
各种社会福利收养性单位床位数	床	558	3488	2336	7008	4573

2016年县(市)社会经济主要指标

重庆市

指　　标	单位	永川区	南川区	璧山区	铜梁区	潼南区
一、基本情况						
行政区域面积	平方公里	1576	2602	915	1341	1583
乡个数	个		6			
镇个数	个	16	25	9	23	20
街道办事处个数	个	7	3	6	5	2
户籍人口	万人	115	69	64	86	96
第二产业从业人员	人	239800	113400	249800	207652	103213
第三产业从业人员	人	225700	125100	219700	97729	159529
固定电话用户	户	157000	71000	93300	103100	64140
二、综合经济						
地区生产总值	万元	6361775	2107785	4283500	3415700	3006466
第一产业增加值	万元	553810	434230	271602	414200	527718
农业增加值	万元	329409	272602	179749	217600	382100
牧业增加值	万元	159529	124936	70277	148300	87180
第二产业增加值	万元	3561046	704522	3015000	2012600	1636493
公共财政收入	万元	492334	230171	562033	275700	206042
各项税收	万元	279779	105898	275000	179700	104390
公共财政支出	万元	955531	539742	786598	493400	581148
居民储蓄存款余额	万元	3729305	1830999	2767000	2830200	2099131
年末金融机构各项贷款余额	万元	4195514	1999066	2841500	2345100	1421302
三、农业、工业及投资						
农业机械总动力	万千瓦特	31	65	37	6	62
机收面积	公顷	40000	16120	16482	22232	30533
设施农业占地面积	公顷	2237	242	5316	3218	5506
粮食总产量	吨	500619	340934	174361	362989	383587
棉花产量	吨					
油料产量	吨	21844	22170	4712	14674	49106
肉类总产量	吨	109273	69854	77140	92113	60546
规模以上工业企业单位数	个	407	140	320	330	233
规模以上工业总产值	万元	12008230	1949809	10292000	5266056	4714699
固定资产投资	万元	8374645	2047347	7188000	6059000	4006957
四、教育、卫生和社会保障						
普通中学在校学生数	人	49108	27723	27448	38901	35418
中等职业教育学校在校学生数	人	26434	5491	2694	11621	2030
小学在校学生数	人	86599	45879	39185	50515	47742
医疗卫生机构床位数	床	7173	3637	4726	3974	3350
各种社会福利收养性单位数	个	40	43	30	68	99
各种社会福利收养性单位床位数	床	4580	1217	2338	3326	3238

2016年县(市)社会经济主要指标

重庆市

指　　标	单位	荣昌区	开州区	梁平县	城口县	丰都县
一、基本情况						
行政区域面积	平方公里	1077	3963	1890	3289	2901
乡个数	个		7	7	13	5
镇个数	个	15	26	24	10	23
街道办事处个数	个	6	7	2	2	2
户籍人口	万人	85	169	94	25	83
第二产业从业人员	人	186483	277131	167860	14786	77000
第三产业从业人员	人	165133	269833	129392	47521	111000
固定电话用户	户	85700	147000	68557	22989	74600
二、综合经济						
地区生产总值	万元	3681237	3606216	2710170	451155	1705626
第一产业增加值	万元	491758	594512	414901	82991	321635
农业增加值	万元	322356	384069	272636	41976	180930
牧业增加值	万元	137686	151862	102627	30444	105554
第二产业增加值	万元	2292145	1792033	1456441	206704	809779
公共财政收入	万元	252268	246816	194663	31363	170006
各项税收	万元	138297	143844	161992	19193	91478
公共财政支出	万元	551078	815756	677484	301452	544068
居民储蓄存款余额	万元	2139700	3864274	2672588	479823	2177885
年末金融机构各项贷款余额	万元	1777000	2224826	1189801	510609	1457229
三、农业、工业及投资						
农业机械总动力	万千瓦特	39	54	59	24	35
机收面积	公顷	20700	12100	31580		5770
设施农业占地面积	公顷	3387	1164	2730	9	121
粮食总产量	吨	310934	618344	389913	110500	344101
棉花产量	吨					
油料产量	吨	25914	31260	17442	3668	22013
肉类总产量	吨	73884	107800	77826	23900	62360
规模以上工业企业单位数	个	333	118	130	11	76
规模以上工业总产值	万元	6987437	3180241	2140289	81758	1160597
固定资产投资	万元	5215051	4137085	3103829	856587	2845077
四、教育、卫生和社会保障						
普通中学在校学生数	人	30944	85468	40050	12499	46463
中等职业教育学校在校学生数	人	4479	9456	5592	1579	2300
小学在校学生数	人	50166	107288	56484	21108	52186
医疗卫生机构床位数	床	3913	6781	3755	872	3606
各种社会福利收养性单位数	个	102	75	31	25	28
各种社会福利收养性单位床位数	床	3326	4785	2759	890	3279

2016年县(市)社会经济主要指标

重庆市

指　　标	单位	垫江县	武隆县	忠　县	云阳县	奉节县
一、基本情况						
行政区域面积	平方公里	1516	2889	2187	3649	4087
乡个数	个	2	13	6	7	11
镇个数	个	22	13	21	31	18
街道办事处个数	个	2		2	4	3
户籍人口	万人	98	41	100	135	108
第二产业从业人员	人	221116	50401	115126	240145	145325
第三产业从业人员	人	155960	73325	257832	281954	168260
固定电话用户	户	75900	43012	74974	98757	68100
二、综合经济						
地区生产总值	万元	2633137	1456130	2407023	2131093	2232729
第一产业增加值	万元	404932	215654	389087	454550	411551
农业增加值	万元	255954	143594	272064	322903	291972
牧业增加值	万元	116382	53969	89779	89675	102034
第二产业增加值	万元	1305368	573879	1191568	929972	864623
公共财政收入	万元	150566	147799	246816	150292	167331
各项税收	万元	102369	72923	72509	73711	38348
公共财政支出	万元	522616	447342	815156	729868	665375
居民储蓄存款余额	万元	2311235	1068494	2888033	2687141	1624630
年末金融机构各项贷款余额	万元	1651812	1729405	1289026	1324687	1700482
三、农业、工业及投资						
农业机械总动力	万千瓦特	44	31	59	43	37
机收面积	公顷	26000	3753	11739	18654	5350
设施农业占地面积	公顷	210	57	24	138	281
粮食总产量	吨	393572	182585	413571	429654	442570
棉花产量	吨					
油料产量	吨	20692	10407	33239	20561	28072
肉类总产量	吨	68116	43675	75661	81974	66712
规模以上工业企业单位数	个	135	31	69	79	40
规模以上工业总产值	万元	2278845	704764	1019886	1520027	343293
固定资产投资	万元	3316152	1725867	2848356	2820200	2564000
四、教育、卫生和社会保障						
普通中学在校学生数	人	53188	17954	44058	62025	49147
中等职业教育学校在校学生数	人	4622	3791	2366	7129	6741
小学在校学生数	人	64186	27750	67713	69432	60975
医疗卫生机构床位数	床	4205	2248	3715	5081	4210
各种社会福利收养性单位数	个	28	27	74	72	31
各种社会福利收养性单位床位数	床	5354	1511	5372	7206	3796

2016年县(市)社会经济主要指标

重庆市

指　　标	单位	巫山县	巫溪县	石柱土家族自治县	秀山土家族苗族自治县	酉阳土家族苗族自治县
一、基本情况						
行政区域面积	平方公里	2957	4030	3014	2453	5173
乡个数	个	13	12	13	6	23
镇个数	个	11	18	17	18	14
街道办事处个数	个	2	2	3	3	2
户籍人口	万人	64	55	55	67	85
第二产业从业人员	人	49356	76147	41529		98725
第三产业从业人员	人	147011	67938	74500		117045
固定电话用户	户	50511	40900	31732	48053	43256
二、综合经济						
地区生产总值	万元	1017946	823691	1454176	1506166	1294808
第一产业增加值	万元	220903	174990	252471	212498	277054
农业增加值	万元	124383	93674	145436	136467	150984
牧业增加值	万元	65230	57134	89631	56488	94518
第二产业增加值	万元	324417	304637	717313	714828	545319
公共财政收入	万元	103166	74631	135380	120269	136055
各项税收	万元	46320	33160	74351	71117	91985
公共财政支出	万元	454976	468320	454936	469052	581435
居民储蓄存款余额	万元	1028651	881400	1333344	1077138	1311372
年末金融机构各项贷款余额	万元	938706	685544	933970	1319036	1002793
三、农业、工业及投资						
农业机械总动力	万千瓦特	29	39	32	34	43
机收面积	公顷	1750	1746	3672	20793	2060
设施农业占地面积	公顷	443	410	63	531	601
粮食总产量	吨	235639	241083	265018	316992	384885
棉花产量	吨					
油料产量	吨	19336	13780	10981	36856	30048
肉类总产量	吨	46047	51378	43356	45506	67432
规模以上工业企业单位数	个	18	18	57	67	33
规模以上工业总产值	万元	91934	164267	1213142	810865	1059879
固定资产投资	万元	1503444	1726600	888576	2015393	1715836
四、教育、卫生和社会保障						
普通中学在校学生数	人	33358	24908	30820	31542	47935
中等职业教育学校在校学生数	人	3530	3000	2938	4243	3713
小学在校学生数	人	44649	33623	34865	44175	70310
医疗卫生机构床位数	床	1699	1621	2876	2594	2971
各种社会福利收养性单位数	个	31	38	4	38	25
各种社会福利收养性单位床位数	床	2410	926	169	3173	1032

2016年县(市)社会经济主要指标

重庆市、四川省

指　　标	单位	彭水苗族土家族自治县	新都区	温江区	双流区	金堂县
一、基本情况						
行政区域面积	平方公里	3903	496	276	1029	1156
乡个数	个	18				2
镇个数	个	18	10	6	18	18
街道办事处个数	个	3	3	4	7	1
户籍人口	万人	70	75	43	107	90
第二产业从业人员	人	42567	287500	88600	196295	117700
第三产业从业人员	人	74102	186100	132300	352881	260700
固定电话用户	户	49400	269254	212000	584844	86832
二、综合经济						
地区生产总值	万元	1286858	6321698	4264588	9671540	3236557
第一产业增加值	万元	252467	264162	178313	353256	434820
农业增加值	万元	164879	170540	165227	272782	320749
牧业增加值	万元	69445	87954	10771	67037	96161
第二产业增加值	万元	532296	3754342	2127165	4566353	1482262
公共财政收入	万元	139358	833382	357152	851580	245105
各项税收	万元	45146	370437	279208	752194	162295
公共财政支出	万元	519981	563848	412892	1499432	467173
居民储蓄存款余额	万元	1293354	5513582	3687065	7614720	2311013
年末金融机构各项贷款余额	万元	1658211	3889310	3704479	8041068	2224522
三、农业、工业及投资						
农业机械总动力	万千瓦特	5	28	17	31	23
机收面积	公顷	754	26620	1441	23070	28173
设施农业占地面积	公顷	59	1255	47	3639	2307
粮食总产量	吨	322870	197100	8467	211150	311100
棉花产量	吨					
油料产量	吨	26300	21455	1398	28930	46481
肉类总产量	吨	54818	21153	6761	48838	72094
规模以上工业企业单位数	个	36	340	211	323	204
规模以上工业总产值	万元	628913	8201774	4567666	12272344	2046581
固定资产投资	万元	1798689	4748866	3680874	9802462	3694114
四、教育、卫生和社会保障						
普通中学在校学生数	人	40354	36419	19744	38222	33329
中等职业教育学校在校学生数	人	4021	9936	17258	21335	3158
小学在校学生数	人	51506	68385	30718	73051	47988
医疗卫生机构床位数	床	2589	5715	5554	6194	6107
各种社会福利收养性单位数	个	69	12	8	26	20
各种社会福利收养性单位床位数	床	2892	1629	1860	3847	4299

2016年县(市)社会经济主要指标

四川省

指　　标	单位	郫　县	大邑县	蒲江县	新津县	都江堰市
一、基本情况						
行政区域面积	平方公里	438	1284	580	330	1208
乡个数	个		3	4	1	1
镇个数	个	13	16	7	10	13
街道办事处个数	个	1	1	1	1	5
户籍人口	万人	58	51	27	32	62
第二产业从业人员	人	194900	138400	50200	70300	150600
第三产业从业人员	人	131300	141700	57700	77400	216600
固定电话用户	户	177767	104879	101548	67762	167008
二、综合经济						
地区生产总值	万元	4627253	2042304	1179685	2592004	3062245
第一产业增加值	万元	223043	334842	184788	168593	256326
农业增加值	万元	215949	130427	104709	90582	109071
牧业增加值	万元	6089	183975	75663	69728	102447
第二产业增加值	万元	2643626	864059	587268	1510811	1111523
公共财政收入	万元	397814	110542	60672	201061	442544
各项税收	万元	276300	72355	42646	134789	177117
公共财政支出	万元	600673	296071	181611	312557	408135
居民储蓄存款余额	万元	4151905	2089200	1028040	1772257	3594410
年末金融机构各项贷款余额	万元	4335882	1481220	778778	2062062	2241180
三、农业、工业及投资						
农业机械总动力	万千瓦特	24	26	16	16	25
机收面积	公顷	10820	26272	12667	14683	
设施农业占地面积	公顷	481	977	64	683	1563
粮食总产量	吨	80654	201167	53179	103323	149738
棉花产量	吨					
油料产量	吨	10032	12107	15914	10386	21824
肉类总产量	吨	8559	73222	56473	41695	47722
规模以上工业企业单位数	个	348	125	95	152	90
规模以上工业总产值	万元	6246732	2452408	1032245	5242547	1785573
固定资产投资	万元	3309100	2211844	1526275	3014810	2301604
四、教育、卫生和社会保障						
普通中学在校学生数	人	27622	15702	8606	11987	23797
中等职业教育学校在校学生数	人	15436	8583	1401	1262	3073
小学在校学生数	人	49171	22994	10942	14615	31039
医疗卫生机构床位数	床	3925	3831	1512	2270	5909
各种社会福利收养性单位数	个	9	13	8	12	10
各种社会福利收养性单位床位数	床	1139	3230	918	1456	1979

2016年县(市)社会经济主要指标

四川省

指　　标	单位	彭州市	邛崃市	崇州市	简阳市	荣　县
一、基本情况						
行政区域面积	平方公里	1421	1377	1090	2213	1605
乡个数	个		4	6	29	6
镇个数	个	19	18	18	25	21
街道办事处个数	个	1	2	1	4	
户籍人口	万人	81	66	67	150	68
第二产业从业人员	人	167000	106800	280000	119100	77200
第三产业从业人员	人	146100	178800	148000	196600	136400
固定电话用户	户	94848	70911	72200	106000	63394
二、综合经济						
地区生产总值	万元	3607288	2281261	2540435	3827838	2016271
第一产业增加值	万元	481506	355767	336422	756329	430078
农业增加值	万元	302932	176355	193446	326947	257011
牧业增加值	万元	166374	153413	128863	386211	117613
第二产业增加值	万元	2048538	1049952	1234032	1975879	1030629
公共财政收入	万元	210635	143237	169881	196035	57688
各项税收	万元	154929	96056	131100	138028	36836
公共财政支出	万元	461872	422620	371277	573927	338333
居民储蓄存款余额	万元	3445398	2331974	3141810	3200526	1822622
年末金融机构各项贷款余额	万元	2300810	1899050	1946363	2127046	1034185
三、农业、工业及投资						
农业机械总动力	万千瓦特	40	37	41	64	35
机收面积	公顷	31612	35399	41553	34467	19406
设施农业占地面积	公顷	1441	736	1391	1458	4170
粮食总产量	吨	274800	269400	293000	680000	431235
棉花产量	吨				373	
油料产量	吨	17442	38056	24732	67597	14826
肉类总产量	吨	59841	124778	78772	116860	80400
规模以上工业企业单位数	个	128	144	160	197	91
规模以上工业总产值	万元	5925541	2110000	2877678	7614282	2157890
固定资产投资	万元	2305703	2343369	2538558	3311115	1016466
四、教育、卫生和社会保障						
普通中学在校学生数	人	23856	21947	21197	58388	19954
中等职业教育学校在校学生数	人	6230	3149	972	9389	2634
小学在校学生数	人	36250	24818	29000	83291	31347
医疗卫生机构床位数	床	5304	3828	4971	6808	3222
各种社会福利收养性单位数	个	15	11	56	49	29
各种社会福利收养性单位床位数	床	1976	1920	3078	3294	2705

2016年县(市)社会经济主要指标

四川省

指　　标	单位	富顺县	米易县	盐边县	泸　县	合江县
一、基本情况						
行政区域面积	平方公里	1342	2110	3269	1530	2414
乡个数	个	4	5	12		2
镇个数	个	22	7	4	19	25
街道办事处个数	个				1	
户籍人口	万人	109	22	21	107	90
第二产业从业人员	人	116400	17800	16300	188800	185848
第三产业从业人员	人	186100	26400	16100	147500	123746
固定电话用户	户	92104	33286	21012	83400	55594
二、综合经济						
地区生产总值	万元	2425628	1450903	1240690	2803245	1780610
第一产业增加值	万元	421117	129524	97532	477014	357370
农业增加值	万元	223345	95331	58478	274220	203650
牧业增加值	万元	132180	19600	28271	163083	120311
第二产业增加值	万元	1244112	950862	933597	1641778	766084
公共财政收入	万元	71567	88071	48822	130904	100066
各项税收	万元	47479	56480	41269	79039	51186
公共财政支出	万元	380166	165179	142616	439590	395578
居民储蓄存款余额	万元	2446414	540584	331211	2492824	2043319
年末金融机构各项贷款余额	万元	1363608	546419	478851	1237678	1162639
三、农业、工业及投资						
农业机械总动力	万千瓦特	29	20	17	48	39
机收面积	公顷	18267	7120	3301	16987	21733
设施农业占地面积	公顷	2862	3475	141	2467	330
粮食总产量	吨	500246	90330	69084	525108	517340
棉花产量	吨					
油料产量	吨	17656	1202	1532	11122	4262
肉类总产量	吨	88088	14258	17358	100993	69043
规模以上工业企业单位数	个	113	48	35	130	88
规模以上工业总产值	万元	2744545	1789990	1828087	3098118	1310903
固定资产投资	万元	1266426	1181096	961196	3000166	2563641
四、教育、卫生和社会保障						
普通中学在校学生数	人	47913	10773	9369	61343	40422
中等职业教育学校在校学生数	人	4339	2649		10570	15624
小学在校学生数	人	65479	14355	14402	79895	78263
医疗卫生机构床位数	床	3222	870	832	3994	3655
各种社会福利收养性单位数	个	28	11	10	25	30
各种社会福利收养性单位床位数	床	5976	1052	1184	5979	4365

2016年县(市)社会经济主要指标

四川省

指　　标	单位	叙永县	古蔺县	中江县	罗江县	广汉市
一、基本情况						
行政区域面积	平方公里	2974	3184	2200	448	549
乡个数	个	7	6	16		2
镇个数	个	18	20	29	10	16
街道办事处个数	个					
户籍人口	万人	72	87	142	25	61
第二产业从业人员	人	91900	115800	111000	33000	114000
第三产业从业人员	人	94700	108500	314000	47000	133000
固定电话用户	户	49106	57353	92913	25749	134200
二、综合经济						
地区生产总值	万元	1093350	1401135	3111510	971690	3556673
第一产业增加值	万元	215414	216344	795268	191941	332165
农业增加值	万元	124040	128694	345287	85053	187729
牧业增加值	万元	68423	72473	406107	97011	130188
第二产业增加值	万元	509207	816394	1321542	513293	2139426
公共财政收入	万元	77211	161526	123630	32505	165954
各项税收	万元	49415	78064	42455	21147	99785
公共财政支出	万元	410077	458930	496453	135965	321508
居民储蓄存款余额	万元	950146	763967	2853224	694035	3019913
年末金融机构各项贷款余额	万元	734045	1060135	1133996	492177	2510823
三、农业、工业及投资						
农业机械总动力	万千瓦特	37	22	59	20	25
机收面积	公顷	12815	10866	51670	14715	42007
设施农业占地面积	公顷	210	59	1369	265	4491
粮食总产量	吨	252016	264823	795978	127322	319616
棉花产量	吨			202		
油料产量	吨	5134	16548	76290	37965	31852
肉类总产量	吨	38456	41293	131858	40998	53520
规模以上工业企业单位数	个	53	37	214	109	310
规模以上工业总产值	万元	488555	2191120	3761689	2675293	8877394
固定资产投资	万元	1365834	1969142	1533214	985518	2023885
四、教育、卫生和社会保障						
普通中学在校学生数	人	36835	43063	43389	7517	17900
中等职业教育学校在校学生数	人	3115	6903	7148	4706	2200
小学在校学生数	人	61962	71724	67787	10452	24817
医疗卫生机构床位数	床	2317	2400	4554	1053	2995
各种社会福利收养性单位数	个	29	29	56	12	20
各种社会福利收养性单位床位数	床	3545	2970	7935	1206	1886

2016年县(市)社会经济主要指标

四川省

指　　标	单位	什邡市	绵竹市	安州区	三台县	盐亭县
一、基本情况						
行政区域面积	平方公里	820	1246	1181	2659	1645
乡个数	个		1	3	22	19
镇个数	个	14	20	15	41	14
街道办事处个数	个	2				2
户籍人口	万人	44	51	45	145	57
第二产业从业人员	人	83050	77000	74900	204400	70400
第三产业从业人员	人	82070	129000	85500	206000	92100
固定电话用户	户	76079	78788	58697	102367	34492
二、综合经济						
地区生产总值	万元	2506197	2377654	1179514	2233570	941856
第一产业增加值	万元	273506	300924	285381	754996	355872
农业增加值	万元	182039	177711	166878	437822	204277
牧业增加值	万元	83688	106466	101243	269780	122935
第二产业增加值	万元	1387451	1340972	527731	610088	261567
公共财政收入	万元	154195	120278	56728	84715	32627
各项税收	万元	110345	106411	42361	42743	20097
公共财政支出	万元	261794	289053	201408	523853	286621
居民储蓄存款余额	万元	1761301	1706631	1248883	2818003	1248424
年末金融机构各项贷款余额	万元	1324601	1184903	871617	1327281	591259
三、农业、工业及投资						
农业机械总动力	万千瓦特	18	25	40	64	39
机收面积	公顷	27446	44330	36076	60766	26266
设施农业占地面积	公顷	887	731	2280	200	255
粮食总产量	吨	193421	281761	255251	740876	301551
棉花产量	吨				131	100
油料产量	吨	13610	13038	39399	120085	37345
肉类总产量	吨	38235	47894	35854	124178	55711
规模以上工业企业单位数	个	226	146	109	88	18
规模以上工业总产值	万元	4662830	6250278	2217657	748256	112013
固定资产投资	万元	1596747	1789354	1120166	983890	628019
四、教育、卫生和社会保障						
普通中学在校学生数	人	12963	13218	14394	44315	13454
中等职业教育学校在校学生数	人	2779	1234	1796	4312	2558
小学在校学生数	人	16423	18325	21613	61287	19341
医疗卫生机构床位数	床	2977	2903	1872	6040	2692
各种社会福利收养性单位数	个	18	22	22	69	50
各种社会福利收养性单位床位数	床	2901	2985	2634	9540	5707

2016年县(市)社会经济主要指标

四川省

指　　标	单位	梓潼县	北川羌族自治县	平武县	江油市	旺苍县
一、基本情况						
行政区域面积	平方公里	1444	3083	5946	2720	2980
乡个数	个	19	13	16	10	18
镇个数	个	13	10	9	29	17
街道办事处个数	个				3	3
户籍人口	万人	38	24	18	88	45
第二产业从业人员	人	54100	37900	20300	180200	75700
第三产业从业人员	人	67300	43100	32700	172800	80500
固定电话用户	户	34617	24307	13796	157884	46824
二、综合经济						
地区生产总值	万元	917823	438859	372252	3470945	964791
第一产业增加值	万元	272723	103949	81590	439537	159540
农业增加值	万元	157226	49297	43756	260033	84339
牧业增加值	万元	96676	38615	25875	151046	64128
第二产业增加值	万元	369513	155435	193928	1674448	526522
公共财政收入	万元	27179	40047	28284	176392	41096
各项税收	万元	13844	28124	12584	81593	23231
公共财政支出	万元	193385	214154	183175	381884	288859
居民储蓄存款余额	万元	816525	592138	379292	3178764	1008030
年末金融机构各项贷款余额	万元	588240	869244	596250	1917367	503218
三、农业、工业及投资						
农业机械总动力	万千瓦特	35	9	10	69	29
机收面积	公顷	26303	699	800	40960	8102
设施农业占地面积	公顷	281	35	147	971	215
粮食总产量	吨	211621	46947	62502	303010	208252
棉花产量	吨	4				
油料产量	吨	54923	7099	5557	45939	15586
肉类总产量	吨	39286	20050	11748	55860	34495
规模以上工业企业单位数	个	45	35	28	221	71
规模以上工业总产值	万元	1078883	254732	220235	5419367	1278814
固定资产投资	万元	767646	408023	343032	1801008	723506
四、教育、卫生和社会保障						
普通中学在校学生数	人	9259	8811	5262	27364	18339
中等职业教育学校在校学生数	人	2541	2045	878	8611	2130
小学在校学生数	人	13653	10893	6691	34204	22239
医疗卫生机构床位数	床	1406	1338	687	7329	2480
各种社会福利收养性单位数	个	19	12	9	35	14
各种社会福利收养性单位床位数	床	2290	1460	1230	5392	1970

2016年县(市)社会经济主要指标

四川省

指　　标	单位	青川县	剑阁县	苍溪县	蓬溪县	射洪县
一、基本情况						
行政区域面积	平方公里	3216	3202	2334	1251	1496
乡个数	个	25	34	15	13	10
镇个数	个	11	23	24	18	20
街道办事处个数	个					2
户籍人口	万人	23	66	77	71	100
第二产业从业人员	人	12033	47700	81000	124400	177500
第三产业从业人员	人	33287	100300	101000	162700	186300
固定电话用户	户	21611	44612	91536	31651	89372
二、综合经济						
地区生产总值	万元	318113	982985	1248844	1325320	3207652
第一产业增加值	万元	73904	253291	291690	262951	432325
农业增加值	万元	37510	137772	138042	146178	230850
牧业增加值	万元	25005	106262	116815	86490	169829
第二产业增加值	万元	129854	368769	538006	635929	1820577
公共财政收入	万元	16854	42610	46109	46694	100200
各项税收	万元	9561	22732	32715	27578	70540
公共财政支出	万元	189576	343228	398167	315762	347102
居民储蓄存款余额	万元	478036	1248339	1890515	1329118	2427990
年末金融机构各项贷款余额	万元	520685	665032	1095947	878737	1637700
三、农业、工业及投资						
农业机械总动力	万千瓦特	9	85	82	19	25
机收面积	公顷	3600	57519	38668	22543	26667
设施农业占地面积	公顷	425	548	1360	1287	1417
粮食总产量	吨	108308	422330	373201	344352	437793
棉花产量	吨				36	3636
油料产量	吨	9959	107494	54988	48789	28177
肉类总产量	吨	18437	74459	73806	52654	80946
规模以上工业企业单位数	个	40	59	48	71	118
规模以上工业总产值	万元	362701	947840	759051	985611	428162
固定资产投资	万元	419327	686962	954017	1465249	2067267
四、教育、卫生和社会保障						
普通中学在校学生数	人	8013	20750	31125	18401	34570
中等职业教育学校在校学生数	人	1110	4481	6177	2473	6841
小学在校学生数	人	9107	28425	41349	25439	40715
医疗卫生机构床位数	床	778	2837	3217	2394	4011
各种社会福利收养性单位数	个	9	17	18	29	40
各种社会福利收养性单位床位数	床	1320	2600	3190	4416	8100

2016年县(市)社会经济主要指标

四川省

指　　标	单位	大英县	威远县	资中县	隆昌县	犍为县
一、基本情况						
行政区域面积	平方公里	703	1289	1735	794	1371
乡个数	个	2				18
镇个数	个	9	20	33	17	12
街道办事处个数	个				2	
户籍人口	万人	55	73	128	78	57
第二产业从业人员	人	63300	115500	185600	195000	90700
第三产业从业人员	人	89500	146500	168400	205400	122800
固定电话用户	户	33142	91809	106525	91030	54012
二、综合经济						
地区生产总值	万元	1423317	3173583	2559449	2526615	1461684
第一产业增加值	万元	244754	426305	660443	308661	260055
农业增加值	万元	131617	254501	359453	148840	128150
牧业增加值	万元	92725	128668	231429	116617	99070
第二产业增加值	万元	785671	2114016	1135059	1582130	706808
公共财政收入	万元	57205	70163	88099	79188	55568
各项税收	万元	37795	46425	41639	57222	36517
公共财政支出	万元	215272	309893	446373	310833	273287
居民储蓄存款余额	万元	1145836	1778063	2614211	2020494	1355112
年末金融机构各项贷款余额	万元	1005399	1519020	1288899	1045554	960859
三、农业、工业及投资						
农业机械总动力	万千瓦特	16	30	35	31	34
机收面积	公顷	794	33070	36467	22000	11600
设施农业占地面积	公顷	936	5206	448	1320	201
粮食总产量	吨	249890	307017	528097	280191	238544
棉花产量	吨	2078				
油料产量	吨	25643	20702	40084	11376	11290
肉类总产量	吨	48181	51546	92122	46634	62606
规模以上工业企业单位数	个	81	88	75	98	73
规模以上工业总产值	万元	2042799	5492045	2437936	4388000	1407799
固定资产投资	万元	1835155	1822506	1724255	1754509	950800
四、教育、卫生和社会保障						
普通中学在校学生数	人	16308	26270	46914	30446	17547
中等职业教育学校在校学生数	人	3701	5158	4989	1394	2802
小学在校学生数	人	25494	37223	66155	47314	25637
医疗卫生机构床位数	床	1954	3556	4050	3346	2112
各种社会福利收养性单位数	个	14	26	52	38	31
各种社会福利收养性单位床位数	床	1758	3366	7159	4127	2525

2016年县(市)社会经济主要指标

四川省

指　　标	单位	井研县	夹江县	沐川县	峨边彝族自治县	马边彝族自治县
一、基本情况						
行政区域面积	平方公里	840	745	1405	2382	2293
乡个数	个	17	11	12	13	15
镇个数	个	10	11	7	6	5
街道办事处个数	个					
户籍人口	万人	41	35	26	15	22
第二产业从业人员	人	48500	70300	20100	14600	9500
第三产业从业人员	人	83500	73500	57200	29500	42000
固定电话用户	户	33840	70896	22165	11522	14479
二、综合经济						
地区生产总值	万元	866677	1370061	583768	377995	349327
第一产业增加值	万元	217017	195690	130696	43680	78095
农业增加值	万元	77302	116917	73202	15416	48719
牧业增加值	万元	105838	60733	28772	22013	21374
第二产业增加值	万元	380447	716987	258969	193850	148524
公共财政收入	万元	52464	65633	28074	26529	34737
各项税收	万元	17933	31944	15082	34544	22919
公共财政支出	万元	173500	186181	180800	186859	197932
居民储蓄存款余额	万元	1066798	1526454	471147	327704	298654
年末金融机构各项贷款余额	万元	599358	819682	354789	580266	231102
三、农业、工业及投资						
农业机械总动力	万千瓦特	31	45	13	11	6
机收面积	公顷	5680	11944	1030	689	702
设施农业占地面积	公顷	82	2018	14		7
粮食总产量	吨	228860	113610	77990	39691	66366
棉花产量	吨					
油料产量	吨	14446	13400	5818	1492	2627
肉类总产量	吨	69080	33312	21068	9216	14163
规模以上工业企业单位数	个	55	97	31	29	22
规模以上工业总产值	万元	1433575	2176636	476313	531871	259042
固定资产投资	万元	440019	1236525	473921	251431	411178
四、教育、卫生和社会保障						
普通中学在校学生数	人	11551	9513	8919	4732	10088
中等职业教育学校在校学生数	人	817	1297	1093	600	1000
小学在校学生数	人	18425	12729	15414	11239	23205
医疗卫生机构床位数	床	1478	2116	803	528	565
各种社会福利收养性单位数	个	16	11	22	7	5
各种社会福利收养性单位床位数	床	2688	1432	1283	620	480

2016年县(市)社会经济主要指标

四川省

指　　标	单位	峨眉山市	南部县	营山县	蓬安县	仪陇县
一、基本情况						
行政区域面积	平方公里	1181	2230	1635	1331	1773
乡个数	个	6	40	34	24	28
镇个数	个	12	31	19	15	29
街道办事处个数	个		2	1		
户籍人口	万人	43	127	93	70	109
第二产业从业人员	人	70200	247600	131900	57100	183200
第三产业从业人员	人	127500	314600	218600	158300	175500
固定电话用户	户	100294	113196	76701	52035	73168
二、综合经济						
地区生产总值	万元	2411977	2890081	1549548	1418475	1688761
第一产业增加值	万元	172587	571861	396685	375968	581735
农业增加值	万元	84032	253763	186330	181308	231150
牧业增加值	万元	78598	265688	200155	175261	322211
第二产业增加值	万元	1247034	1531616	685334	654200	635409
公共财政收入	万元	251952	87921	60231	53500	62954
各项税收	万元	80532	47421	38983	26064	38157
公共财政支出	万元	242254	562786	505558	372824	502823
居民储蓄存款余额	万元	2145952	2399199	2187034	1297005	2061268
年末金融机构各项贷款余额	万元	1618119	1253197	1053662	619363	1234157
三、农业、工业及投资						
农业机械总动力	万千瓦特	31	44	35	33	41
机收面积	公顷	6891	7521	23753	6125	8842
设施农业占地面积	公顷	4032	595	3625	670	2981
粮食总产量	吨	95440	521852	369480	332294	467741
棉花产量	吨		43			25
油料产量	吨	13122	75099	49554	45631	64253
肉类总产量	吨	24638	81843	72373	47391	93214
规模以上工业企业单位数	个	78	108	54	69	56
规模以上工业总产值	万元	2773471	3731371	2115767	3061304	1686825
固定资产投资	万元	1636652	2798709	1084790	1328312	1435836
四、教育、卫生和社会保障						
普通中学在校学生数	人	15061	49410	35023	23824	47557
中等职业教育学校在校学生数	人	2404	3356	1252	2578	3112
小学在校学生数	人	18007	60972	49631	33097	55915
医疗卫生机构床位数	床	2716	4879	4206	2940	3757
各种社会福利收养性单位数	个	5	55	56	86	61
各种社会福利收养性单位床位数	床	1733	5902	4693	4109	4250

2016年县(市)社会经济主要指标

四川省

指　　标	单位	西充县	阆中市	彭山区	仁寿县	洪雅县
一、基本情况						
行政区域面积	平方公里	1109	1875	467	2608	1897
乡个数	个	28	21	3	26	4
镇个数	个	16	25	10	34	11
街道办事处个数	个		4			
户籍人口	万人	62	86	33	157	35
第二产业从业人员	人	70300	103200	60800	178873	28900
第三产业从业人员	人	149300	232900	62200	215485	45700
固定电话用户	户	47909	109942	59039	163500	26200
二、综合经济						
地区生产总值	万元	1100099	1938875	1341020	3678982	1085300
第一产业增加值	万元	316771	455800	136969	736875	161563
农业增加值	万元	154129	242881	56627	391614	73138
牧业增加值	万元	149486	169776	61437	283864	69477
第二产业增加值	万元	436326	864853	773920	1835067	605095
公共财政收入	万元	52691	94647	131166	220200	90075
各项税收	万元	34039	62480	91326	121552	57908
公共财政支出	万元	336000	438851	263783	635158	227235
居民储蓄存款余额	万元	1400683	2215862	1358943	3955272	699532
年末金融机构各项贷款余额	万元	743908	1491987	871319	2001606	712166
三、农业、工业及投资						
农业机械总动力	万千瓦特	26	44	24	70	20
机收面积	公顷	27320	21125	16830	62000	10768
设施农业占地面积	公顷	2008	1228	222	5974	839
粮食总产量	吨	370622	368744	152735	818825	128127
棉花产量	吨	211			506	
油料产量	吨	41107	42361	10470	43170	10586
肉类总产量	吨	58520	74050	38375	125820	28425
规模以上工业企业单位数	个	79	55	109	169	43
规模以上工业总产值	万元	1553808	1520898	3695480	4204800	611106
固定资产投资	万元	1064989	2154364	2272964	3168039	1158883
四、教育、卫生和社会保障						
普通中学在校学生数	人	18656	29816	9327	32875	10148
中等职业教育学校在校学生数	人	2166	7491	2368	10477	2778
小学在校学生数	人	22900	46241	12876	68185	14350
医疗卫生机构床位数	床	2728	4267	1394	5618	1530
各种社会福利收养性单位数	个	40	45	18	94	11
各种社会福利收养性单位床位数	床	2729	4526	2024	12608	841

2016年县(市)社会经济主要指标

四川省

指　　标	单位	丹棱县	青神县	南溪区	宜宾县	江安县
一、基本情况						
行政区域面积	平方公里	449	387	704	2940	894
乡个数	个	2	3	5	3	3
镇个数	个	5	7	8	23	15
街道办事处个数	个			2		
户籍人口	万人	16	20	43	103	56
第二产业从业人员	人	26400	50200	75200	171500	78500
第三产业从业人员	人	20900	27000	81700	180800	80700
固定电话用户	户	32761	28400	36219	72681	39263
二、综合经济						
地区生产总值	万元	542771	701976	1167350	2346417	1327022
第一产业增加值	万元	105814	90499	221465	427990	237147
农业增加值	万元	59665	42715	131288	234757	127760
牧业增加值	万元	38436	37728	73630	162437	82412
第二产业增加值	万元	279061	362661	611347	1224113	753915
公共财政收入	万元	34430	46350	86632	104109	73553
各项税收	万元	21205	28745	37206	72908	47852
公共财政支出	万元	181517	145764	230088	443678	244259
居民储蓄存款余额	万元	581299	651568	856962	1915741	1018678
年末金融机构各项贷款余额	万元	294357	419399	846244	1943169	668555
三、农业、工业及投资						
农业机械总动力	万千瓦特	22	17	22	59	21
机收面积	公顷	9567	8100	4800	5667	5175
设施农业占地面积	公顷	325	101	6312	409	302
粮食总产量	吨	79423	90783	168237	520989	226942
棉花产量	吨					
油料产量	吨	7472	7865	7513	35982	7941
肉类总产量	吨	18761	20088	37910	86707	41330
规模以上工业企业单位数	个	39	51	80	104	69
规模以上工业总产值	万元	540296	1065096	1856209	3215220	2674219
固定资产投资	万元	688294	682694	1008172	1950625	1502052
四、教育、卫生和社会保障						
普通中学在校学生数	人	4056	5138	20451	47177	21756
中等职业教育学校在校学生数	人	1051	858	5563	8407	3891
小学在校学生数	人	6620	6783	27729	65891	32100
医疗卫生机构床位数	床	686	1212	1831	4377	2444
各种社会福利收养性单位数	个	8	7	16	38	27
各种社会福利收养性单位床位数	床	859	935	1837	4261	2614

2016年县(市)社会经济主要指标

四川省

指　　标	单位	长宁县	高　县	珙　县	筠连县	兴文县
一、基本情况						
行政区域面积	平方公里	996	1320	1145	1256	1380
乡个数	个	5	7	6	9	5
镇个数	个	13	12	11	9	10
街道办事处个数	个					
户籍人口	万人	47	54	44	45	49
第二产业从业人员	人	56700	61900	74600	56200	52200
第三产业从业人员	人	73100	78800	80000	64400	56700
固定电话用户	户	41582	37296	41513	34221	41565
二、综合经济						
地区生产总值	万元	1180729	1220131	1327573	1198521	878805
第一产业增加值	万元	242671	212266	181076	204778	196271
农业增加值	万元	109213	112886	81265	96893	99927
牧业增加值	万元	80077	84452	85935	95292	80072
第二产业增加值	万元	548914	697838	821191	705569	351628
公共财政收入	万元	56235	47200	69100	60216	68307
各项税收	万元	29232	27867	42057	27534	29892
公共财政支出	万元	219307	255372	243944	244940	278138
居民储蓄存款余额	万元	748939	802282	684318	513186	597465
年末金融机构各项贷款余额	万元	641466	492603	544247	449863	533107
三、农业、工业及投资						
农业机械总动力	万千瓦特	29	20	23	14	21
机收面积	公顷	6126		2740	1333	5746
设施农业占地面积	公顷	335	202	734	184	359
粮食总产量	吨	216483	237366	146127	155003	213719
棉花产量	吨					
油料产量	吨	13676	11264	9380	3033	4613
肉类总产量	吨	38495	37531	35967	36435	35669
规模以上工业企业单位数	个	61	60	64	40	63
规模以上工业总产值	万元	1417418	2002943	1190877	705216	694931
固定资产投资	万元	1418163	1434046	1378909	958449	1057235
四、教育、卫生和社会保障						
普通中学在校学生数	人	18731	21444	16324	22184	29004
中等职业教育学校在校学生数	人	6073	3732	5393	3137	5734
小学在校学生数	人	30297	35422	30314	34979	37707
医疗卫生机构床位数	床	1919	1596	1839	1496	2055
各种社会福利收养性单位数	个	20	22	19	18	17
各种社会福利收养性单位床位数	床	2166	1164	1507	1144	2556

2016年县(市)社会经济主要指标

四川省

指　　标	单位	屏山县	岳池县	武胜县	邻水县	华蓥市
一、基本情况						
行政区域面积	平方公里	1504	1479	956	1907	464
乡个数	个	6	21	14	24	1
镇个数	个	9	22	17	21	9
街道办事处个数	个			34		3
户籍人口	万人	31	117	84	103	36
第二产业从业人员	人	32700	84500	99600	112700	58300
第三产业从业人员	人	47100	163400	112800	139800	53600
固定电话用户	户	21251	75860	53525	71734	43217
二、综合经济						
地区生产总值	万元	434901	2035542	2030722	2119246	1432162
第一产业增加值	万元	158626	410251	382499	389945	119612
农业增加值	万元	85291	218632	209982	219824	66151
牧业增加值	万元	57516	165493	146614	143199	44107
第二产业增加值	万元	140007	931722	1029258	1038737	936522
公共财政收入	万元	63807	106774	111468	96886	68195
各项税收	万元	35636	61495	60038	52185	39663
公共财政支出	万元	206752	478513	368997	443388	248593
居民储蓄存款余额	万元	564845	2585129	2054232	1965590	1184840
年末金融机构各项贷款余额	万元	432487	979935	1003966	967304	717456
三、农业、工业及投资						
农业机械总动力	万千瓦特	14	54	35	51	23
机收面积	公顷	1334	49467	67290	30267	8267
设施农业占地面积	公顷	270	1478	1105	1215	1006
粮食总产量	吨	117041	531747	342348	461500	104318
棉花产量	吨					
油料产量	吨	7642	30816	21943	36836	2358
肉类总产量	吨	24457	75519	82286	72585	33038
规模以上工业企业单位数	个	39	81	93	92	115
规模以上工业总产值	万元	429694	2401800	3482286	2755514	3622675
固定资产投资	万元	735334	1916472	1777272	1998179	1864099
四、教育、卫生和社会保障						
普通中学在校学生数	人	12475	45416	34676	52446	16736
中等职业教育学校在校学生数	人	2858	13236	6972	9843	2997
小学在校学生数	人	21308	61320	39996	57518	22879
医疗卫生机构床位数	床	1102	3650	2677	2898	1522
各种社会福利收养性单位数	个	14	43	32	41	14
各种社会福利收养性单位床位数	床	909	4143	2985	2003	1123

2016年县(市)社会经济主要指标

四川省

指　　标	单位	达川区	宣汉县	开江县	大竹县	渠　县
一、基本情况						
行政区域面积	平方公里	2255	4271	1032	2079	2018
乡个数	个	30	27	7	23	35
镇个数	个	24	27	13	25	25
街道办事处个数	个	2			3	
户籍人口	万人	121	132	61	111	140
第二产业从业人员	人	179600	68400	64600	179700	157600
第三产业从业人员	人	164400	292600	131000	165300	256300
固定电话用户	户	140948	105600	42507	94049	78206
二、综合经济						
地区生产总值	万元	2404444	2425270	1118760	2835561	2355428
第一产业增加值	万元	500686	590070	314911	572238	612047
农业增加值	万元	318956	385539	190352	348744	384726
牧业增加值	万元	147009	172219	104908	186924	191975
第二产业增加值	万元	1033024	1023661	391813	1322232	923004
公共财政收入	万元	128254	158146	45508	185871	100567
各项税收	万元	73676	99145	23500	60823	46982
公共财政支出	万元	558887	618300	278101	465353	539538
居民储蓄存款余额	万元	1049351	2500635	1324511	2857178	2872572
年末金融机构各项贷款余额	万元	437662	1196773	509232	1414626	1288890
三、农业、工业及投资						
农业机械总动力	万千瓦特	45	54	30	38	40
机收面积	公顷	26910	27233	15605	35067	37826
设施农业占地面积	公顷	5358	2878	415	2043	3947
粮食总产量	吨	503376	600895	262443	558894	554683
棉花产量	吨					
油料产量	吨	57069	88068	38442	44909	58271
肉类总产量	吨	81923	88419	47209	92403	95924
规模以上工业企业单位数	个	102	35	50	106	71
规模以上工业总产值	万元	2089272	1182669	622060	2286427	1780584
固定资产投资	万元	2797361	2581327	1106073	2700751	2664566
四、教育、卫生和社会保障						
普通中学在校学生数	人	61336	65818	25922	50374	52143
中等职业教育学校在校学生数	人	11150	10586	1820	6111	4808
小学在校学生数	人	73050	93322	35728	70273	58739
医疗卫生机构床位数	床	4725	3503	1629	3613	4692
各种社会福利收养性单位数	个	52	51	20	46	47
各种社会福利收养性单位床位数	床	4861	6251	1459	5084	6562

2016年县(市)社会经济主要指标

四川省

指　　标	单位	万源市	名山区	荥经县	汉源县	石棉县
一、基本情况						
行政区域面积	平方公里	4053	614	1777	2215	2679
乡个数	个	37	11	18	20	15
镇个数	个	15	9	3	10	1
街道办事处个数	个					1
户籍人口	万人	59	28	15	32	12
第二产业从业人员	人	36900	32200	33000	23409	12100
第三产业从业人员	人	136000	48600	38800	74246	30400
固定电话用户	户	9500	38486	21374	39235	20554
二、综合经济						
地区生产总值	万元	1256975	665236	660164	690692	760309
第一产业增加值	万元	292879	183052	63803	143949	56064
农业增加值	万元	187962	138613	34581	106866	38157
牧业增加值	万元	92267	41157	17374	31809	16688
第二产业增加值	万元	473234	294612	395882	349592	544878
公共财政收入	万元	37969	15002	20641	40325	41600
各项税收	万元	25192	10836	16592	36101	34500
公共财政支出	万元	351887	134980	107982	170383	114500
居民储蓄存款余额	万元	1068919	838709	501121	856340	411000
年末金融机构各项贷款余额	万元	814568	557758	336988	495143	615400
三、农业、工业及投资						
农业机械总动力	万千瓦特	32	27	18	23	14
机收面积	公顷	3900	2316	1850	1000	333
设施农业占地面积	公顷	451	212	552	430	33
粮食总产量	吨	285398	92106	51053	113038	27589
棉花产量	吨					
油料产量	吨	28014	9132	6293	2152	2657
肉类总产量	吨	46544	32754	8932	20313	8333
规模以上工业企业单位数	个	37	50	54	28	43
规模以上工业总产值	万元	561632	1096248	707985	943541	851194
固定资产投资	万元	1229152	622056	600567	600245	600700
四、教育、卫生和社会保障						
普通中学在校学生数	人	27624	9425	5685	13438	5420
中等职业教育学校在校学生数	人	2216	1438	628	1316	465
小学在校学生数	人	37136	15411	10078	18299	10674
医疗卫生机构床位数	床	1729	944	872	1125	1323
各种社会福利收养性单位数	个	42	23	6	4	6
各种社会福利收养性单位床位数	床	3354	1580	800	777	729

2016年县(市)社会经济主要指标

四川省

指　　标	单位	天全县	芦山县	宝兴县	通江县	南江县
一、基本情况						
行政区域面积	平方公里	2390	1191	3114	4120	3388
乡个数	个	13	4	6	35	29
镇个数	个	2	5	3	14	19
街道办事处个数	个					
户籍人口	万人	15	12	6	75	66
第二产业从业人员	人	28900	25200	12400	64000	115700
第三产业从业人员	人	32300	30000	10100	196000	134000
固定电话用户	户	18977	18840	9613	58215	108900
二、综合经济						
地区生产总值	万元	537936	354997	286988	1044476	1129696
第一产业增加值	万元	74944	55015	35211	200061	176157
农业增加值	万元	26545	29174	16687	113884	99190
牧业增加值	万元	31232	18215	13374	75972	68242
第二产业增加值	万元	309679	211918	191331	438837	640273
公共财政收入	万元	15477	13718	20100	43098	77796
各项税收	万元	12644	11276	13805	18856	36523
公共财政支出	万元	109961	155531	87687	446185	462102
居民储蓄存款余额	万元	451745	359100	196906	1252241	1461491
年末金融机构各项贷款余额	万元	496668	254400	235217	727853	919201
三、农业、工业及投资						
农业机械总动力	万千瓦特	12	16	9	28	36
机收面积	公顷		2207		16731	14520
设施农业占地面积	公顷	171	146	12	1712	535
粮食总产量	吨	70661	47080	18534	394034	362415
棉花产量	吨					
油料产量	吨	4688	3446	572	36210	25031
肉类总产量	吨	13959	9149	5968	75298	68918
规模以上工业企业单位数	个	31	46	41	43	49
规模以上工业总产值	万元	411452	481838	413469	701306	1154664
固定资产投资	万元	683439	611791	532230	1992198	2614493
四、教育、卫生和社会保障						
普通中学在校学生数	人	6458	5257	1821	40336	35656
中等职业教育学校在校学生数	人	926			6491	9728
小学在校学生数	人	10312	6512	2982	54858	35046
医疗卫生机构床位数	床	1204	638	207	3190	2698
各种社会福利收养性单位数	个	2	7	4	16	23
各种社会福利收养性单位床位数	床	400	1356	150	594	2742

2016年县(市)社会经济主要指标

四川省

指　　标	单位	平昌县	安岳县	乐至县	马尔康市	汶川县
一、基本情况						
行政区域面积	平方公里	2229	2690	1424	6626	4084
乡个数	个	15	42	8	10	4
镇个数	个	29	27	17	4	8
街道办事处个数	个	1				
户籍人口	万人	101	161	83	6	10
第二产业从业人员	人	136113	95400	55900	3200	9100
第三产业从业人员	人	181355	155000	105800	28900	30100
固定电话用户	户	54421	88191	36335	20506	19066
二、综合经济						
地区生产总值	万元	1314859	3044190	1934926	242924	566473
第一产业增加值	万元	221276	751955	331296	23154	35724
农业增加值	万元	102818	464399	134563	6137	15770
牧业增加值	万元	94980	244188	165285	15782	12858
第二产业增加值	万元	711035	1329188	973763	35208	373810
公共财政收入	万元	80257	124288	80201	18546	30088
各项税收	万元	47856	63367	55292	14997	19165
公共财政支出	万元	482318	583818	362491	116292	147470
居民储蓄存款余额	万元	1584000	3087564	1878776	254755	305219
年末金融机构各项贷款余额	万元	997800	1351836	896009	601550	304955
三、农业、工业及投资						
农业机械总动力	万千瓦特	52	77	37	8	6
机收面积	公顷	20859	30734	23672		
设施农业占地面积	公顷	2431	372	158	12	12
粮食总产量	吨	390679	726609	370995	9346	11054
棉花产量	吨		167			
油料产量	吨	42367	76760	59835		958
肉类总产量	吨	73659	121082	82488	7595	4978
规模以上工业企业单位数	个	53	167	103	6	34
规模以上工业总产值	万元	2101325	3058417	2794910	29902	1346746
固定资产投资	万元	2735901	2315403	2089498	333176	289415
四、教育、卫生和社会保障						
普通中学在校学生数	人	46788	59609	24107	3516	6460
中等职业教育学校在校学生数	人	7337	7895	4797	1608	680
小学在校学生数	人	51840	91730	35981	3353	4912
医疗卫生机构床位数	床	4662	5957	3043	597	501
各种社会福利收养性单位数	个	16	74	51	3	2
各种社会福利收养性单位床位数	床	2475	7921	5949	336	344

2016年县(市)社会经济主要指标

四川省

指　　标	单位	理　县	茂　县	松潘县	九寨沟县	金川县
一、基本情况						
行政区域面积	平方公里	4318	3897	8341	5288	5524
乡个数	个	8	14	23	12	19
镇个数	个	5	7	2	3	3
街道办事处个数	个					
户籍人口	万人	4	11	8	7	7
第二产业从业人员	人	2400	7500	2700	3000	2900
第三产业从业人员	人	10900	27500	24700	27100	14500
固定电话用户	户	9090	20984	17890	32004	3420
二、综合经济						
地区生产总值	万元	232550	328408	192932	260991	122973
第一产业增加值	万元	19355	51268	33684	19948	29160
农业增加值	万元	11599	31956	14432	7221	9114
牧业增加值	万元	6779	16998	16651	9248	16868
第二产业增加值	万元	169261	209268	59212	83061	43467
公共财政收入	万元	11008	16781	37096	23759	6445
各项税收	万元	7509	12300	8602	13772	4848
公共财政支出	万元	85046	149532	146618	135622	129808
居民储蓄存款余额	万元	137686	294147	165827	230621	150060
年末金融机构各项贷款余额	万元	217488	238708	121390	385571	65630
三、农业、工业及投资						
农业机械总动力	万千瓦特	5	5	6	8	6
机收面积	公顷			420		
设施农业占地面积	公顷		49	53	75	
粮食总产量	吨	8573	32305	18980	10645	18189
棉花产量	吨					
油料产量	吨	33	1231	269	358	180
肉类总产量	吨	2647	7082	5748	4163	5924
规模以上工业企业单位数	个	15	21	6	4	2
规模以上工业总产值	万元	260569	566789	60582	76103	5162
固定资产投资	万元	485384	370686	353234	390627	370809
四、教育、卫生和社会保障						
普通中学在校学生数	人	1520	5460	4119	3851	2474
中等职业教育学校在校学生数	人		1112			
小学在校学生数	人	2029	6797	4537	4883	3430
医疗卫生机构床位数	床	246	593	279	344	283
各种社会福利收养性单位数	个	2	6	1	3	5
各种社会福利收养性单位床位数	床	270	460	300	250	443

2016年县(市)社会经济主要指标

四川省

指　标	单位	小金县	黑水县	壤塘县	阿坝县	若尔盖县
一、基本情况						
行政区域面积	平方公里	5565	4154	6640	10435	10437
乡个数	个	16	14	9	17	13
镇个数	个	5	3	3	2	4
街道办事处个数	个					
户籍人口	万人	8	6	4	8	8
第二产业从业人员	人	3300	2600	1600	2400	3300
第三产业从业人员	人	11800	18500	7700	10900	8200
固定电话用户	户	10899	7304	3619	4855	8700
二、综合经济						
地区生产总值	万元	144714	217343	76551	104130	164280
第一产业增加值	万元	28567	23696	24583	35561	75013
农业增加值	万元	12525	7336	4362	3926	2409
牧业增加值	万元	13605	12279	18925	31178	71907
第二产业增加值	万元	61207	154585	13140	21036	30950
公共财政收入	万元	6632	126508	2237	5501	5720
各项税收	万元	3184	5700	1594	3924	2668
公共财政支出	万元	153292	125144	119518	165531	157295
居民储蓄存款余额	万元	174224	118071	49940	92524	100244
年末金融机构各项贷款余额	万元	199330	138507	18047	44418	96840
三、农业、工业及投资						
农业机械总动力	万千瓦特	11	6	4	6	5
机收面积	公顷			124	1702	1660
设施农业占地面积	公顷	1		3	32	2
粮食总产量	吨	22451	15338	3056	5825	5048
棉花产量	吨					
油料产量	吨	890		272	1570	1568
肉类总产量	吨	6120	5496	5743	7863	17103
规模以上工业企业单位数	个	8	11		1	4
规模以上工业总产值	万元	124375	169176		3297	50256
固定资产投资	万元	190290	165104	147456	178050	203951
四、教育、卫生和社会保障						
普通中学在校学生数	人	3842	1909	1151	2420	5521
中等职业教育学校在校学生数	人					
小学在校学生数	人	4208	3305	4497	9824	7910
医疗卫生机构床位数	床	348	158	231	555	257
各种社会福利收养性单位数	个	1	1	5	3	2
各种社会福利收养性单位床位数	床	360	228	633	340	360

2016年县(市)社会经济主要指标

四川省

指　　标	单位	红原县	康定市	泸定县	丹巴县	九龙县
一、基本情况						
行政区域面积	平方公里	8296	11486	2165	4656	6766
乡个数	个	6	15	5	12	16
镇个数	个	5	6	7	3	2
街道办事处个数	个					
户籍人口	万人	5	11	9	6	7
第二产业从业人员	人	1900	9500	3100	4300	4400
第三产业从业人员	人	8600	25632	14700	11200	7000
固定电话用户	户	6983	33927	14647	6273	5143
二、综合经济						
地区生产总值	万元	121435	550841	183031	141754	220881
第一产业增加值	万元	39327	48685	34342	35623	31540
农业增加值	万元	3545	24662	27570	22582	17942
牧业增加值	万元	35300	22784	6501	12245	11345
第二产业增加值	万元	34351	243534	77317	56144	139790
公共财政收入	万元	4308	49443	16958	9097	22315
各项税收	万元	2674	36826	11403	6976	15143
公共财政支出	万元	127096	197251	124152	125959	113092
居民储蓄存款余额	万元	63975	518865	345621	152713	98252
年末金融机构各项贷款余额	万元	92312	1317985	282139	316899	221290
三、农业、工业及投资						
农业机械总动力	万千瓦特	1	12	4	8	8
机收面积	公顷	1067	38550	67	74	620
设施农业占地面积	公顷	33	67	107	5	4
粮食总产量	吨		22204	13188	11411	19506
棉花产量	吨					
油料产量	吨		99	2252	1092	344
肉类总产量	吨	7711	4850	5000	3923	3197
规模以上工业企业单位数	个	9	14	7	5	12
规模以上工业总产值	万元	65039	184829	96370	49200	166274
固定资产投资	万元	170410	1015664	353044	137378	113868
四、教育、卫生和社会保障						
普通中学在校学生数	人	2923	8478	6455	3044	5085
中等职业教育学校在校学生数	人		2272	3837		
小学在校学生数	人	4780	8688	6123	3721	7034
医疗卫生机构床位数	床	217	1831	431	408	231
各种社会福利收养性单位数	个	3	4	2	3	1
各种社会福利收养性单位床位数	床	260	369	160	93	104

2016年县(市)社会经济主要指标

四川省

指　　标	单位	雅江县	道孚县	炉霍县	甘孜县	新龙县
一、基本情况						
行政区域面积	平方公里	7558	7053	4601	7303	8570
乡个数	个	14	18	13	19	16
镇个数	个	3	4	3	3	3
街道办事处个数	个					
户籍人口	万人	5	6	5	7	5
第二产业从业人员	人	900	800	800	900	1700
第三产业从业人员	人	6900	8400	7300	10300	4800
固定电话用户	户	4530	3584	3272	4695	2180
二、综合经济						
地区生产总值	万元	108558	81412	61984	89202	85703
第一产业增加值	万元	26105	24361	25106	46306	36234
农业增加值	万元	12700	8806	5507	18744	10247
牧业增加值	万元	10293	13993	18909	26844	24240
第二产业增加值	万元	45222	14874	12159	8493	12934
公共财政收入	万元	25205	8066	5175	166529	4528
各项税收	万元	19344	5184	3500	3875	3057
公共财政支出	万元	146298	140617	128127	155034	125757
居民储蓄存款余额	万元	78816	68003	63787	94570	51912
年末金融机构各项贷款余额	万元	76960	19245	22320	28373	13458
三、农业、工业及投资						
农业机械总动力	万千瓦特	8	6	4	7	6
机收面积	公顷	1265	3190	2019	5900	2002
设施农业占地面积	公顷	3	10	17	5	6
粮食总产量	吨	10602	14980	13200	37700	12105
棉花产量	吨					
油料产量	吨	133	1470	569	2000	731
肉类总产量	吨	2211	3003	3421	4783	3700
规模以上工业企业单位数	个	1		2		
规模以上工业总产值	万元	4021		6476		
固定资产投资	万元	650038	150909	110707	101405	103688
四、教育、卫生和社会保障						
普通中学在校学生数	人	2443	1730	2336	3170	1027
中等职业教育学校在校学生数	人					
小学在校学生数	人	5113	6123	5254	6117	3709
医疗卫生机构床位数	床	215	145	180	301	124
各种社会福利收养性单位数	个	2	1	5	4	11
各种社会福利收养性单位床位数	床	36	50	137	52	248

2016年县(市)社会经济主要指标

四川省

指　　标	单位	德格县	白玉县	石渠县	色达县	理塘县
一、基本情况						
行政区域面积	平方公里	11025	10386	24944	9332	13997
乡个数	个	20	15	16	13	22
镇个数	个	6	2	6	4	2
街道办事处个数	个					
户籍人口	万人	9	6	9	6	7
第二产业从业人员	人	1500	722	600	783	1900
第三产业从业人员	人	5200	5302	5700	4990	7000
固定电话用户	户	2539	1200	2649	2967	5000
二、综合经济						
地区生产总值	万元	78194	110412	83712	69006	103894
第一产业增加值	万元	35476	34722	44245	34835	40326
农业增加值	万元	8979	7546	12890	3087	7170
牧业增加值	万元	25204	24808	29823	31199	32193
第二产业增加值	万元	12096	51231	7092	7234	18167
公共财政收入	万元	4939	17636	7249	6658	12153
各项税收	万元	2685	14622	2909	2941	10931
公共财政支出	万元	133525	120356	182488	208267	187210
居民储蓄存款余额	万元	56707	49320	55457	126665	73391
年末金融机构各项贷款余额	万元	16231	39246	39168	18071	36545
三、农业、工业及投资						
农业机械总动力	万千瓦特	1	5	2	1	8
机收面积	公顷	367	387	1802	334	1613
设施农业占地面积	公顷	2	4	2	6	37
粮食总产量	吨	14402	11400	8179	2387	13885
棉花产量	吨					
油料产量	吨		600	384	16	897
肉类总产量	吨	5018	4300	5006	6636	4970
规模以上工业企业单位数	个		1			
规模以上工业总产值	万元		56293			
固定资产投资	万元	87709	124799	103325	117526	161065
四、教育、卫生和社会保障						
普通中学在校学生数	人	1359	795	1714	1182	2132
中等职业教育学校在校学生数	人					
小学在校学生数	人	7690	4567	9120	4670	7356
医疗卫生机构床位数	床	321	365	136	459	176
各种社会福利收养性单位数	个	8	1	9	7	7
各种社会福利收养性单位床位数	床	60	80	78	636	223

2016年县(市)社会经济主要指标

四川省

指　　标	单位	巴塘县	乡城县	稻城县	得荣县	西昌市
一、基本情况						
行政区域面积	平方公里	7852	5016	7323	2916	2657
乡个数	个	16	9	11	9	29
镇个数	个	3	3	3	3	8
街道办事处个数	个				3	6
户籍人口	万人	5	3	3	3	66
第二产业从业人员	人	1500	1100	680	600	84400
第三产业从业人员	人	10200	4900	6210	1532	217000
固定电话用户	户	4598	3531	5536	2911	175456
二、综合经济						
地区生产总值	万元	106624	87437	65127	70269	4572006
第一产业增加值	万元	31465	22639	20563	20085	430242
农业增加值	万元	16660	10999	10044	11008	274235
牧业增加值	万元	13540	8563	8720	6801	125747
第二产业增加值	万元	40959	32741	15079	25333	2262176
公共财政收入	万元	11463	5690	12000	5153	472390
各项税收	万元	9749	5098	5761	2919	173983
公共财政支出	万元	105183	89550	114149	88989	625159
居民储蓄存款余额	万元	90771	54512	58922	47542	2580720
年末金融机构各项贷款余额	万元	58509	95954	68013	65788	3569525
三、农业、工业及投资						
农业机械总动力	万千瓦特	2	5	7	6	64
机收面积	公顷	200	1590	145	105	22877
设施农业占地面积	公顷	8	19	11	1	3300
粮食总产量	吨	15505	10706	11059	11989	292762
棉花产量	吨					
油料产量	吨	809	701	1102	456	3119
肉类总产量	吨	2608	2275	1765	2059	57718
规模以上工业企业单位数	个	3	3		1	56
规模以上工业总产值	万元	12546	22792		6311	3378800
固定资产投资	万元	230089	123286	205048	132927	3203842
四、教育、卫生和社会保障						
普通中学在校学生数	人	3126	1403	1230	1058	54690
中等职业教育学校在校学生数	人					14099
小学在校学生数	人	5659	3642	2808	2060	79852
医疗卫生机构床位数	床	362	124	250	98	5795
各种社会福利收养性单位数	个	2	1	1	3	11
各种社会福利收养性单位床位数	床	88	28	80	200	530

2016年县(市)社会经济主要指标

四川省

指　　标	单位	木里藏族自治县	盐源县	德昌县	会理县	会东县
一、基本情况						
行政区域面积	平方公里	13222	8412	2230	4537	3225
乡个数	个	25	21	10	30	7
镇个数	个	4	9	11	13	13
街道办事处个数	个				2	
户籍人口	万人	14	38	21	46	43
第二产业从业人员	人	13900	12500	15000	73100	26600
第三产业从业人员	人	37300	32500	38700	164300	68400
固定电话用户	户	5704	20298	22026	53686	24144
二、综合经济						
地区生产总值	万元	297390	757819	681963	2190338	1240795
第一产业增加值	万元	57060	193961	172043	409601	395247
农业增加值	万元	25886	115937	113327	249919	246776
牧业增加值	万元	26069	73846	48022	130025	115627
第二产业增加值	万元	156204	395373	304606	1261358	559007
公共财政收入	万元	56078	70113	49513	78500	85238
各项税收	万元	39689	54300	29138	53610	67241
公共财政支出	万元	267879	289452	158982	269339	252481
居民储蓄存款余额	万元	139553	354733	417610	889218	532483
年末金融机构各项贷款余额	万元	289144	213921	241895	739681	222035
三、农业、工业及投资						
农业机械总动力	万千瓦特	10	45	26	56	34
机收面积	公顷		6720	9295	16796	5670
设施农业占地面积	公顷	558	266	321	249	300
粮食总产量	吨	51798	174697	94938	286595	248852
棉花产量	吨					
油料产量	吨	81	634	1012	4652	20397
肉类总产量	吨	11006	31560	24878	78216	50315
规模以上工业企业单位数	个	5	19	34	51	21
规模以上工业总产值	万元	181400	279200	532800	2535600	1005000
固定资产投资	万元	714063	570444	720405	940268	1162533
四、教育、卫生和社会保障						
普通中学在校学生数	人	6545	22826	11824	22282	22725
中等职业教育学校在校学生数	人		2915	3622	3335	381
小学在校学生数	人	12497	38432	20493	29838	40597
医疗卫生机构床位数	床	566	1673	1084	1923	1744
各种社会福利收养性单位数	个	1	2	4	9	6
各种社会福利收养性单位床位数	床	295	750	653	218	990

2016年县(市)社会经济主要指标

四川省

指标	单位	宁南县	普格县	布拖县	金阳县	昭觉县
一、基本情况						
行政区域面积	平方公里	1672	1905	1685	1587	2702
乡个数	个	18	31	27	30	46
镇个数	个	7	3	3	4	1
街道办事处个数	个					
户籍人口	万人	20	20	18	21	32
第二产业从业人员	人	11100	6700	3000	5200	11100
第三产业从业人员	人	25800	19700	10600	16400	31700
固定电话用户	户	17990	7250	3634	5465	7448
二、综合经济						
地区生产总值	万元	541051	241943	245768	289306	274784
第一产业增加值	万元	163888	81906	73007	68268	102145
农业增加值	万元	83817	51879	45995	37115	48947
牧业增加值	万元	68091	25812	23732	26349	43341
第二产业增加值	万元	211284	74244	109218	150296	77757
公共财政收入	万元	45403	17816	9458	19007	12914
各项税收	万元	25342	13727	4282	13398	6332
公共财政支出	万元	150983	166459	187291	186807	233320
居民储蓄存款余额	万元	290676	152022	140941	113531	195638
年末金融机构各项贷款余额	万元	96859	70728	41721	59361	73499
三、农业、工业及投资						
农业机械总动力	万千瓦特	11	10	4	7	15
机收面积	公顷	3274	1250			4411
设施农业占地面积	公顷	24	89	10	9	4
粮食总产量	吨	81250	73866	72084	62793	106014
棉花产量	吨					
油料产量	吨	1018	356	100	186	
肉类总产量	吨	22085	11582	11156	13320	22388
规模以上工业企业单位数	个	20	3	4	7	10
规模以上工业总产值	万元	568400	117000	122800	21800	112800
固定资产投资	万元	1100097	215159	226431	214104	303183
四、教育、卫生和社会保障						
普通中学在校学生数	人	9972	8353	4192	6136	11420
中等职业教育学校在校学生数	人	1708				
小学在校学生数	人	17527	29652	31067	27510	38989
医疗卫生机构床位数	床	1009	566	668	758	975
各种社会福利收养性单位数	个	2	4	2	2	2
各种社会福利收养性单位床位数	床	313	159	520	459	633

2016年县(市)社会经济主要指标

四川省

指　　标	单位	喜德县	冕宁县	越西县	甘洛县	美姑县
一、基本情况						
行政区域面积	平方公里	2202	4422	2258	2156	2515
乡个数	个	17	22	34	21	35
镇个数	个	7	16	6	7	1
街道办事处个数	个	3				
户籍人口	万人	22	40	36	23	26
第二产业从业人员	人	18000	28700	28000	15400	8800
第三产业从业人员	人	45900	67000	70000	37600	25600
固定电话用户	户	6430	33387	15274	11535	5121
二、综合经济						
地区生产总值	万元	199930	1072629	360119	266874	211598
第一产业增加值	万元	70274	206403	118124	63579	89345
农业增加值	万元	32186	122744	67287	29965	30944
牧业增加值	万元	34950	72538	42774	31169	49864
第二产业增加值	万元	55768	595879	118620	102717	51453
公共财政收入	万元	13666	62238	13132	18231	6789
各项税收	万元	4562	40999	11037	11355	4882
公共财政支出	万元	164779	232821	227630	187660	208054
居民储蓄存款余额	万元	151223	551921	293509	225623	145104
年末金融机构各项贷款余额	万元	52865	340020	121347	84735	84222
三、农业、工业及投资						
农业机械总动力	万千瓦特	7	15	9	7	5
机收面积	公顷	3578	12219	1857		
设施农业占地面积	公顷	69	179	40	5	2
粮食总产量	吨	80385	174476	119600	81760	81794
棉花产量	吨					
油料产量	吨	220	3687	8286	1843	29
肉类总产量	吨	13191	31922	24690	14805	23026
规模以上工业企业单位数	个	6	34	14	15	4
规模以上工业总产值	万元	23000	495200	222800	95700	39800
固定资产投资	万元	150071	607281	230569	190820	221806
四、教育、卫生和社会保障						
普通中学在校学生数	人	8980	19474	13874	10072	7944
中等职业教育学校在校学生数	人	78	1454	398	1564	
小学在校学生数	人	28585	41045	46356	26900	37530
医疗卫生机构床位数	床	535	2031	1110	959	908
各种社会福利收养性单位数	个	1	4	1	2	2
各种社会福利收养性单位床位数	床	303	531	1	520	90

2016年县(市)社会经济主要指标

四川省、贵州省

指　　标	单位	雷波县	开阳县	息烽县	修文县	清镇市
一、基本情况						
行政区域面积	平方公里	2840	2026	1037	1076	1387
乡个数	个	43	8	1	3	3
镇个数	个	5	8	9	7	6
街道办事处个数	个		2			5
户籍人口	万人	27	45	27	32	52
第二产业从业人员	人	14100	30273	25231	35744	68900
第三产业从业人员	人	34500	16532	59332	59083	91500
固定电话用户	户	14526	40246	20400	22736	39900
二、综合经济						
地区生产总值	万元	594879	2081423	1646230	1655741	2801090
第一产业增加值	万元	112021	293758	171051	213451	239682
农业增加值	万元	66675	185209	115194	154319	162093
牧业增加值	万元	37013	103736	48692	58360	69818
第二产业增加值	万元	355558	1149323	790772	785640	1310127
公共财政收入	万元	70049	249055	73357	88406	148697
各项税收	万元	36427	135922	54756	64710	111508
公共财政支出	万元	271489	304895	244350	250235	359690
居民储蓄存款余额	万元	313193	754032	490999	462194	1056200
年末金融机构各项贷款余额	万元	125220	944707	729512	743215	1810900
三、农业、工业及投资						
农业机械总动力	万千瓦特	14	30	21	26	33
机收面积	公顷		341	2177	2000	150
设施农业占地面积	公顷	49	501	186	52	412
粮食总产量	吨	90975	104855	65601	91577	89129
棉花产量	吨					
油料产量	吨	2100	19842	8678	14348	11521
肉类总产量	吨	17041	47997	20976	18718	34538
规模以上工业企业单位数	个	10	53	43	90	90
规模以上工业总产值	万元	508300	2913819	2799564	2961978	1632862
固定资产投资	万元	304273	3112741	2722297	2382027	2946802
四、教育、卫生和社会保障						
普通中学在校学生数	人	11869	24801	13344	8274	27987
中等职业教育学校在校学生数	人		4596	1814	2254	14135
小学在校学生数	人	32297	23589	17662	20805	36839
医疗卫生机构床位数	床	1140	1523	1413	1262	1942
各种社会福利收养性单位数	个	2	8	9	9	11
各种社会福利收养性单位床位数	床	280	126	888	985	1695

2016年县(市)社会经济主要指标

贵州省

指　　标	单位	六枝特区	水城县	盘　县	播州区	桐梓县
一、基本情况						
行政区域面积	平方公里	1799	3609	4056	2488	3208
乡个数	个	6	13	7	2	3
镇个数	个	9	14	14	17	20
街道办事处个数	个	3	3	6	5	2
户籍人口	万人	74	95	124	85	75
第二产业从业人员	人	55535	50684	220392	112144	86742
第三产业从业人员	人	169493	146405	225367	245600	182031
固定电话用户	户	23000	30000	85443	56835	16300
二、综合经济						
地区生产总值	万元	1652863	2332002	5201972	2737367	1388612
第一产业增加值	万元	327278	367783	501867	450069	310645
农业增加值	万元	220185	259562	302677	306358	195860
牧业增加值	万元	86198	96843	135896	99853	80430
第二产业增加值	万元	556295	1174134	3080829	1260100	531100
公共财政收入	万元	126573	208523	491845	167477	55154
各项税收	万元	91947	149505	568200	274870	39160
公共财政支出	万元	446152	615167	996614	463448	323476
居民储蓄存款余额	万元	754753		1858252	2143235	1011400
年末金融机构各项贷款余额	万元	1270173		2329097	2127466	888100
三、农业、工业及投资						
农业机械总动力	万千瓦特	43		75	47	
机收面积	公顷				8000	212
设施农业占地面积	公顷	49	34	256	748	11
粮食总产量	吨	192367	193915	362650	348032	245601
棉花产量	吨					
油料产量	吨	9907	1033	2978	55976	20591
肉类总产量	吨	23953	31092	61307	65979	40260
规模以上工业企业单位数	个	54	114	168	182	45
规模以上工业总产值	万元	914983	4816489	6959943	4594600	1062600
固定资产投资	万元	1963922	3038433	5294491	2115557	2716636
四、教育、卫生和社会保障						
普通中学在校学生数	人	43365	49283	74471	55093	39698
中等职业教育学校在校学生数	人	6501	3648	10491	9310	4250
小学在校学生数	人	64558	61013	66554	54167	49807
医疗卫生机构床位数	床	2561	2640	5315	4560	2435
各种社会福利收养性单位数	个	20	28	28	22	24
各种社会福利收养性单位床位数	床	597	1818	4708	2410	1379

2016年县(市)社会经济主要指标

贵州省

指　　标	单位	绥阳县	正安县	道真仡佬族苗族自治县	务川仡佬族苗族自治县	凤冈县
一、基本情况						
行政区域面积	平方公里	2546	2590	2161	2777	1885
乡个数	个	2	2	4	2	1
镇个数	个	13	16	10	11	13
街道办事处个数	个	6	1		3	
户籍人口	万人	56	65	35	47	44
第二产业从业人员	人	48468	107105	49857	26863	34145
第三产业从业人员	人	164090	221535	42348	106765	43873
固定电话用户	户	27541	15023	15012	12100	28635
二、综合经济						
地区生产总值	万元	976130	860200	559194	593834	685300
第一产业增加值	万元	327330	262000	196559	209680	234800
农业增加值	万元	231870	155700	122902	131827	144500
牧业增加值	万元	83895	69700	55815	58315	61500
第二产业增加值	万元	272600	185000	107992	125042	166000
公共财政收入	万元	56338	51040	41055	95206	28035
各项税收	万元	42283	89444	31715	34385	22461
公共财政支出	万元	258653	302583	219893	263534	238954
居民储蓄存款余额	万元	817283	788534	646900	616076	598500
年末金融机构各项贷款余额	万元	771422	913431	446100	649200	625700
三、农业、工业及投资						
农业机械总动力	万千瓦特	47	32	23	29	45
机收面积	公顷	6274		1050	60	2762
设施农业占地面积	公顷	2347	1290	82	64	44
粮食总产量	吨	257149	232808	149060	174246	209621
棉花产量	吨					
油料产量	吨	31205	23673	10325	14899	15848
肉类总产量	吨	26192	23485	20077	24090	31158
规模以上工业企业单位数	个	88	72	42	28	52
规模以上工业总产值	万元	1160727	378100	265388	57421	442198
固定资产投资	万元	972667	720116	517150	601367	503702
四、教育、卫生和社会保障						
普通中学在校学生数	人	36287	32767	22876	22162	27905
中等职业教育学校在校学生数	人	2234	4566	4157	3579	4279
小学在校学生数	人	32307	38061	24608	31093	28033
医疗卫生机构床位数	床	1963	2217	1082	2196	1580
各种社会福利收养性单位数	个	16	20	14	15	14
各种社会福利收养性单位床位数	床	1710	2951	986	834	970

2016年县(市)社会经济主要指标

贵州省

指　　标	单位	湄潭县	余庆县	习水县	赤水市	仁怀市
一、基本情况						
行政区域面积	平方公里	1845	1622	3128	1852	1788
乡个数	个		1	2	3	1
镇个数	个	12	8	20	11	14
街道办事处个数	个	3	1	4	3	5
户籍人口	万人	51	31	76	32	71
第二产业从业人员	人	58987	17865	88929	35620	116220
第三产业从业人员	人	115976	87136	156865	78956	133450
固定电话用户	户	27000	16455	13800	38761	9650
二、综合经济						
地区生产总值	万元	901097	749767	1445842	961429	5608283
第一产业增加值	万元	267997	185463	289742	165129	263483
农业增加值	万元	175903	118412	175152	61359	169380
牧业增加值	万元	69056	51079	104306	51047	83465
第二产业增加值	万元	231500	241000	626800	416600	3871200
公共财政收入	万元	45067	43973	74535	55903	341332
各项税收	万元	31983	31802	56585	42817	293167
公共财政支出	万元	261074	180047	397962	257685	557588
居民储蓄存款余额	万元	934902	583307	923481	830600	1438727
年末金融机构各项贷款余额	万元	1097400	772745	1234711	1016300	2339616
三、农业、工业及投资						
农业机械总动力	万千瓦特		26	26	16	32
机收面积	公顷		5005	3179		3180
设施农业占地面积	公顷	857	79	114	121	925
粮食总产量	吨	230694	187331	261916	148375	233800
棉花产量	吨					
油料产量	吨	19024	17032	10871	921	15642
肉类总产量	吨	28323	28661	70909	15844	43071
规模以上工业企业单位数	个	87	30	72	75	77
规模以上工业总产值	万元	817400	529668	1040719	920800	5966300
固定资产投资	万元	1080259	1005860	2268057	1221238	2420690
四、教育、卫生和社会保障						
普通中学在校学生数	人	31072	19712	40629	9426	44917
中等职业教育学校在校学生数	人	4636	4397	4664	3287	4544
小学在校学生数	人	32143	23431	55520	21710	48142
医疗卫生机构床位数	床	1927	1515	3020	1845	2040
各种社会福利收养性单位数	个	16	5	26	15	20
各种社会福利收养性单位床位数	床	1546	630	1700	1688	2335

2016年县(市)社会经济主要指标

贵州省

指　　标	单位	平坝区	普定县	镇宁布依族苗族自治县	关岭布依族苗族自治县	紫云苗族布依族自治县
一、基本情况						
行政区域面积	平方公里	999	1092	1717	1468	2284
乡个数	个	2	3	3	1	2
镇个数	个	7	6	8	9	8
街道办事处个数	个	2	3	4	3	2
户籍人口	万人	37	50	40	40	40
第二产业从业人员	人	60412	34534	28558	20331	21000
第三产业从业人员	人	47692	79870	81670	105510	34166
固定电话用户	户	35701	5435	10573	9233	2521
二、综合经济						
地区生产总值	万元	1147500	1004579	862500	788900	604872
第一产业增加值	万元	187000	175779	166000	189000	216572
农业增加值	万元	116429	110790	102000	115602	126970
牧业增加值	万元	50329	48173	45500	54068	66511
第二产业增加值	万元	547000	385400	215100	162400	97600
公共财政收入	万元	108999	68100	52734	49451	67525
各项税收	万元	98400	94878	64980	23581	37349
公共财政支出	万元	284188	275337	250052	233684	252245
居民储蓄存款余额	万元	732412	410538	373860	373614	298668
年末金融机构各项贷款余额	万元	1086910	774805	792065	578501	438134
三、农业、工业及投资						
农业机械总动力	万千瓦特	36	32	28	28	23
机收面积	公顷	6251	1123	1884	5850	3142
设施农业占地面积	公顷	304	28	48	113	343
粮食总产量	吨	108449	102692	104625	94924	107810
棉花产量	吨					
油料产量	吨	13277	14347	13603	6816	16824
肉类总产量	吨	17132	21613	13020	19631	32737
规模以上工业企业单位数	个	88	41	22	21	13
规模以上工业总产值	万元	1387336	792210	229239	116758	80048
固定资产投资	万元	2517341	1793411	410300	1016737	949695
四、教育、卫生和社会保障						
普通中学在校学生数	人	16604	25499	17141	19523	20552
中等职业教育学校在校学生数	人	1512	3309	2900		1352
小学在校学生数	人	29883	39998	29500	31364	32620
医疗卫生机构床位数	床	1295	1651	781	1115	1049
各种社会福利收养性单位数	个	9	12	14	13	12
各种社会福利收养性单位床位数	床	400	538	812	732	567

2016年县(市)社会经济主要指标

贵州省

指　　标	单位	七星关区	大方县	黔西县	金沙县	织金县
一、基本情况						
行政区域面积	平方公里	3411	3500	2554	2523	2868
乡个数	个	8	24	12	7	10
镇个数	个	27	10	15	14	16
街道办事处个数	个	10	3	4	4	6
户籍人口	万人	162	120	99	70	120
第二产业从业人员	人	114302	74961	82279	36222	47873
第三产业从业人员	人	290911	239635	295255	125426	226432
固定电话用户	户	209868	30671	19858	55135	30410
二、综合经济						
地区生产总值	万元	3351711	1990100	1914493	2254288	1720200
第一产业增加值	万元	638550	385500	321277	295402	346500
农业增加值	万元	438618	264518	214980	160492	227100
牧业增加值	万元	167429	103153	92397	91087	105700
第二产业增加值	万元	1059829	798400	806896	1222608	627900
公共财政收入	万元	438522	95358	90656	166783	196292
各项税收	万元	644290	55110	55298	274355	138300
公共财政支出	万元	635239	516266	472325	465474	529220
居民储蓄存款余额	万元	2249569	1101170	915455	698510	949732
年末金融机构各项贷款余额	万元	3861251	998059	1376515	1250500	1571586
三、农业、工业及投资						
农业机械总动力	万千瓦特	5	50	52	48	50
机收面积	公顷	4134	2735	5400	1647	2015
设施农业占地面积	公顷	580	438	123	65	223
粮食总产量	吨	435645	272828	283810	243525	346115
棉花产量	吨					
油料产量	吨	9897	8421	81276	31825	16300
肉类总产量	吨	65293	40127	37185	33529	40042
规模以上工业企业单位数	个	76	57	54	80	61
规模以上工业总产值	万元	2919639	1221976	1142046	2267500	889400
固定资产投资	万元	2260000	2115486	1801054	2256177	1961000
四、教育、卫生和社会保障						
普通中学在校学生数	人	117734	71309	54510	28922	78650
中等职业教育学校在校学生数	人	21162	42274	5202	5794	4736
小学在校学生数	人	155919	101199	59685	62536	94109
医疗卫生机构床位数	床	13368	5184	3859	2733	3936
各种社会福利收养性单位数	个	34	37	27	19	31
各种社会福利收养性单位床位数	床	1350	1447	1486	930	1512

2016年县(市)社会经济主要指标

贵州省

指　　标	单位	纳雍县	威宁彝族回族苗族自治县	赫章县	碧江区	万山区
一、基本情况						
行政区域面积	平方公里	2452	6299	3243	1009	840
乡个数	个	10	5	21	5	6
镇个数	个	13	30	6	3	1
街道办事处个数	个	3	4		5	3
户籍人口	万人	108	151	87	32	17
第二产业从业人员	人	76486	61870	35418	45748	9811
第三产业从业人员	人	222072	254008	184091	117496	29603
固定电话用户	户	14209	25643	17909	58190	3956
二、综合经济						
地区生产总值	万元	1890841	2151500	1255887	1427133	419358
第一产业增加值	万元	303029	700300	412227	131224	95184
农业增加值	万元	185851	464100	286200	91970	60070
牧业增加值	万元	91505	202900	99709	29040	23700
第二产业增加值	万元	963333	553400	256588	543817	174828
公共财政收入	万元	188666	100088	111554	119787	64843
各项税收	万元	55880	74066	66969	98603	57675
公共财政支出	万元	523839	721254	358380	278719	172309
居民储蓄存款余额	万元	665535	818547	605658	1304723	324139
年末金融机构各项贷款余额	万元	944476	963800	655497	2212192	196366
三、农业、工业及投资						
农业机械总动力	万千瓦特	42	95	38	31	20
机收面积	公顷	667				247
设施农业占地面积	公顷	66	123	99	708	439
粮食总产量	吨	280682	497582	268616	84322	47466
棉花产量	吨					
油料产量	吨	1134	834	581	6608	6535
肉类总产量	吨	33738	87913	38141	12764	11518
规模以上工业企业单位数	个	92	62	47	69	76
规模以上工业总产值	万元	1600604	941038	598128	1203925	703434
固定资产投资	万元	1609000	1756223	1025000	2908466	919507
四、教育、卫生和社会保障						
普通中学在校学生数	人	65870	150201	70448	41207	9478
中等职业教育学校在校学生数	人	3393	4415	3553	13686	2528
小学在校学生数	人	97061	170257	85547	35063	10745
医疗卫生机构床位数	床	3413	4235	3010	4595	665
各种社会福利收养性单位数	个	27	36	28	11	15
各种社会福利收养性单位床位数	床	2218	1558	747	486	394

2016年县(市)社会经济主要指标

贵州省

指　　标	单位	江口县	玉屏侗族自治县	石阡县	思南县	印江土家族苗族自治县
一、基本情况						
行政区域面积	平方公里	1869	517	2173	2231	1968
乡个数	个	2	1	10	8	1
镇个数	个	6	4	6	17	13
街道办事处个数	个	2	2	3	3	3
户籍人口	万人	25	16	41	68	45
第二产业从业人员	人	21692	22103	20658	80420	49246
第三产业从业人员	人	32838	29656	113494	128673	119373
固定电话用户	户	165390	14622	11181	11472	49392
二、综合经济						
地区生产总值	万元	490449	683162	669162	1159469	905373
第一产业增加值	万元	139957	70829	237192	310981	254414
农业增加值	万元	92040	43600	156060	194400	165000
牧业增加值	万元	37307	20845	63390	84370	68420
第二产业增加值	万元	124088	380895	93092	270355	164149
公共财政收入	万元	37433	82754	69018	51040	27229
各项税收	万元	32711	33564	61238	36892	47090
公共财政支出	万元	203767	425354	324884	420226	306010
居民储蓄存款余额	万元	324139	306188	485606	791473	549319
年末金融机构各项贷款余额	万元	519220	570920	621490	971014	795284
三、农业、工业及投资						
农业机械总动力	万千瓦特	8	29	32	32	31
机收面积	公顷	890	2681	833		1847
设施农业占地面积	公顷	955	248	114	25	504
粮食总产量	吨	66861	41345	141543	232396	144491
棉花产量	吨					
油料产量	吨	8192	5797	24990	31592	18513
肉类总产量	吨	16741	10534	23530	43052	28950
规模以上工业企业单位数	个	33	82	39	79	48
规模以上工业总产值	万元	253673	2103578	283907	869667	305645
固定资产投资	万元	712493	1497300	574079	2351456	1345000
四、教育、卫生和社会保障						
普通中学在校学生数	人	8517	8411	14901	55463	30217
中等职业教育学校在校学生数	人	1595	1253	1921	3813	2295
小学在校学生数	人	16070	12037	24583	47334	32010
医疗卫生机构床位数	床	914	951	1976	2496	1670
各种社会福利收养性单位数	个	10	6	17	26	14
各种社会福利收养性单位床位数	床	850	314	1400	1329	346

2016年县(市)社会经济主要指标

贵州省

指　　标	单位	德江县	沿河土家族自治县	松桃苗族自治县	兴义市	兴仁县
一、基本情况						
行政区域面积	平方公里	2070	2484	2859	2908	1778
乡个数	个	8	2	6	5	1
镇个数	个	11	17	17	17	11
街道办事处个数	个	2	3	5	8	4
户籍人口	万人	56	68	73	87	56
第二产业从业人员	人	78735	60486	35959	82812	40100
第三产业从业人员	人	160692	62780	186543	111716	72540
固定电话用户	户	16595	16832	41500	87232	8050
二、综合经济						
地区生产总值	万元	931284	928069	1145338	3668973	1327477
第一产业增加值	万元	234910	261491	290818	370614	269866
农业增加值	万元	149440	167391	188000	236541	184532
牧业增加值	万元	61570	69050	83004	98050	72317
第二产业增加值	万元	190381	171755	372741	1259482	421767
公共财政收入	万元	100023	41830	116878	757788	144485
各项税收	万元	38655	73273	51539	524774	145993
公共财政支出	万元	364300	401165	376003	697288	390440
居民储蓄存款余额	万元	513230	676017	732265	2262914	495789
年末金融机构各项贷款余额	万元	691789	676075	922178	4143092	958425
三、农业、工业及投资						
农业机械总动力	万千瓦特	43	38	43	65	38
机收面积	公顷	1298	4667	8915	1998	525
设施农业占地面积	公顷	205	23	81	256	155
粮食总产量	吨	177705	189698	242194	257202	173516
棉花产量	吨					
油料产量	吨	18824	14283	16635	16079	11218
肉类总产量	吨	27591	32507	36674	48052	22425
规模以上工业企业单位数	个	69	28	60	129	79
规模以上工业总产值	万元	583728	324681	1240703	3625500	1028000
固定资产投资	万元	1262232	1889864	969393	3228958	1216121
四、教育、卫生和社会保障						
普通中学在校学生数	人	29165	45326	43670	83333	35543
中等职业教育学校在校学生数	人	6137	2019	3888	6213	6473
小学在校学生数	人	45097	58600	47418	82423	53325
医疗卫生机构床位数	床	2924	1893	2880	4850	1680
各种社会福利收养性单位数	个	15	21	27	27	15
各种社会福利收养性单位床位数	床	814	639	2081	630	390

2016年县(市)社会经济主要指标

贵州省

指　　标	单位	普安县	晴隆县	贞丰县	望谟县	册亨县
一、基本情况						
行政区域面积	平方公里	1454	1310	1509	3018	2597
乡个数	个	2	4	3	1	1
镇个数	个	8	8	9	11	9
街道办事处个数	个	2	2	2	3	2
户籍人口	万人	35	34	42	32	24
第二产业从业人员	人	26354	18025	31828	33172	14702
第三产业从业人员	人	26563	51674	77825	56761	18532
固定电话用户	户	2800	3631	6000	5800	2222
二、综合经济						
地区生产总值	万元	709294	656496	1058235	569366	451418
第一产业增加值	万元	167743	165663	240681	228709	175389
农业增加值	万元	111602	102291	160753	138813	94557
牧业增加值	万元	46601	47498	65601	64526	50107
第二产业增加值	万元	278055	198785	474142	61248	45287
公共财政收入	万元	126965	54083	166910	31509	55557
各项税收	万元	53500	34198	111335	61157	22983
公共财政支出	万元	273517	251116	345383	255044	179411
居民储蓄存款余额	万元	346469	296255	472177	251215	225989
年末金融机构各项贷款余额	万元	561867	323120	547300	400057	335365
三、农业、工业及投资						
农业机械总动力	万千瓦特		22	16	30	24
机收面积	公顷	130			35	
设施农业占地面积	公顷	101	6	68	6	4
粮食总产量	吨	85747	89896	121208	80944	53713
棉花产量	吨				2	1
油料产量	吨	3906	3145	7697	5718	4478
肉类总产量	吨	11523	11854	13758	16214	10796
规模以上工业企业单位数	个	38	20	42	20	15
规模以上工业总产值	万元	693079	511749	1300551	171500	197041
固定资产投资	万元	593543	631297	820584	424728	325359
四、教育、卫生和社会保障						
普通中学在校学生数	人	20697	19402	26080	23260	14762
中等职业教育学校在校学生数	人	2798	506	2624	782	650
小学在校学生数	人	27946	32411	41640	29501	19717
医疗卫生机构床位数	床	1176	861	1423	1350	679
各种社会福利收养性单位数	个	13	9	15	18	14
各种社会福利收养性单位床位数	床	328	258	434	940	660

2016年县(市)社会经济主要指标

贵州省

指　标	单位	安龙县	凯里市	黄平县	施秉县	三穗县
一、基本情况						
行政区域面积	平方公里	2232	1570	1668	1532	1036
乡个数	个			3	4	2
镇个数	个	10	11	8	4	7
街道办事处个数	个	3	7		10	
户籍人口	万人	48	58	39	17	23
第二产业从业人员	人	55000	73700	39800	10226	15214
第三产业从业人员	人	147500	152400	66550	20841	77088
固定电话用户	户	19800	68900	9100	10781	6144
二、综合经济						
地区生产总值	万元	1035865	2433862	514798	350738	416542
第一产业增加值	万元	269737	147352	164165	85314	81298
农业增加值	万元	157888	96114	103551	55803	45463
牧业增加值	万元	76028	39502	40089	21458	23310
第二产业增加值	万元	300960	775035	57005	77292	111647
公共财政收入	万元	175913	368189	52538	28172	36320
各项税收	万元	58600	207721	37500	20035	22292
公共财政支出	万元	348898	560205	201480	146702	158720
居民储蓄存款余额	万元	582294	2018800	407823	326391	303238
年末金融机构各项贷款余额	万元	755970	3332700	435456	271315	326481
三、农业、工业及投资						
农业机械总动力	万千瓦特	40	30	30	14	12
机收面积	公顷	216	667	5500	352	1976
设施农业占地面积	公顷	360	147	30	24	31
粮食总产量	吨	201729	100313	110033	58642	55507
棉花产量	吨				8	
油料产量	吨	7062	7377	7603	5007	3675
肉类总产量	吨	25956	23293	11843	6890	13190
规模以上工业企业单位数	个	47	75	15	12	30
规模以上工业总产值	万元	722519	2437955	242385	54549	305314
固定资产投资	万元	742919	2854195	511500	313300	430788
四、教育、卫生和社会保障						
普通中学在校学生数	人	22943	49986	24171	9680	7953
中等职业教育学校在校学生数	人	2340	19839	2430	873	2516
小学在校学生数	人	38859	54158	25490	12584	19780
医疗卫生机构床位数	床	1431	5522	1528	596	1221
各种社会福利收养性单位数	个	11	3	1	4	6
各种社会福利收养性单位床位数	床	329	510	100	315	250

2016年县(市)社会经济主要指标

贵州省

指　　标	单位	镇远县	岑巩县	天柱县	锦屏县	剑河县
一、基本情况						
行政区域面积	平方公里	1878	1490	2178	1619	2180
乡个数	个	4	2	2	8	1
镇个数	个	7	9	11	7	11
街道办事处个数	个			3		1
户籍人口	万人	27	24	42	23	28
第二产业从业人员	人	17208	15100	20365	15862	11716
第三产业从业人员	人	37617	62000	127718	50117	66019
固定电话用户	户	6548	2668	16913	8886	4802
二、综合经济						
地区生产总值	万元	697668	427828	782004	403622	406770
第一产业增加值	万元	124008	82208	164801	81442	103444
农业增加值	万元	72370	45906	94225	35103	41234
牧业增加值	万元	31051	26396	43722	20788	27707
第二产业增加值	万元	288197	129377	272392	128365	70546
公共财政收入	万元	108303	40594	57666	21506	41056
各项税收	万元	76776	28806	39674	12721	24449
公共财政支出	万元	196219	170631	247564	170456	196486
居民储蓄存款余额	万元	366445	301394	607053	403828	343052
年末金融机构各项贷款余额	万元	452880	403581	556885	336828	290934
三、农业、工业及投资						
农业机械总动力	万千瓦特	20	27	11	18	13
机收面积	公顷	2436	1857	5560	4673	367
设施农业占地面积	公顷	17	53	11	153	12
粮食总产量	吨	84551	65912	117171	59276	62630
棉花产量	吨				74	99
油料产量	吨	9491	8234	6163	5412	5929
肉类总产量	吨	10400	9569	21131	8854	13022
规模以上工业企业单位数	个	46	51	32	34	15
规模以上工业总产值	万元	794627	790237	643622	527214	202500
固定资产投资	万元	504524	388067	657664	284051	485998
四、教育、卫生和社会保障						
普通中学在校学生数	人	10820	15593	17868	12334	17050
中等职业教育学校在校学生数	人	922	1823	2314	989	2223
小学在校学生数	人	18798	16477	25621	14308	20306
医疗卫生机构床位数	床	908	1104	1847	988	1218
各种社会福利收养性单位数	个	8	7	8	9	5
各种社会福利收养性单位床位数	床	351	426	395	343	400

2016年县(市)社会经济主要指标

贵州省

指　　标	单位	台江县	黎平县	榕江县	从江县	雷山县
一、基本情况						
行政区域面积	平方公里	1108	4441	3296	3244	1204
乡个数	个	3	9	10	7	3
镇个数	个	4	14	9	12	5
街道办事处个数	个	2	2			
户籍人口	万人	17	56	37	36	16
第二产业从业人员	人	14277	28174	19348	16007	13046
第三产业从业人员	人	34944	114432	81420	56826	24405
固定电话用户	户	1400	12900	16477	6503	13653
二、综合经济						
地区生产总值	万元	302201	803202	569544	572789	281061
第一产业增加值	万元	68322	181936	163313	165028	69635
农业增加值	万元	31111	79394	79515	84277	42521
牧业增加值	万元	18361	46290	36743	37675	19985
第二产业增加值	万元	54343	203256	145953	149687	44382
公共财政收入	万元	24250	54617	86492	67759	26101
各项税收	万元	13855	35158	57615	54319	14610
公共财政支出	万元	161408	305568	261135	249119	165137
居民储蓄存款余额	万元	215755	647821	453206	313571	235319
年末金融机构各项贷款余额	万元	445762	727901	581485	354021	272233
三、农业、工业及投资						
农业机械总动力	万千瓦特	10	35	17	18	18
机收面积	公顷	1036	17675	888	357	92
设施农业占地面积	公顷	10	251	35	513	33
粮食总产量	吨	43395	129455	83560	110932	45993
棉花产量	吨	3	637	55	164	
油料产量	吨	3012	10164	7716	7453	733
肉类总产量	吨	4820	15733	11604	15237	5996
规模以上工业企业单位数	个	18	28	16	13	4
规模以上工业总产值	万元	241388	579483	472800	253424	14313
固定资产投资	万元	392341	676683	610351	511401	254420
四、教育、卫生和社会保障						
普通中学在校学生数	人	10165	27967	21603	21139	9587
中等职业教育学校在校学生数	人	2237	7093	1334	4340	315
小学在校学生数	人	13629	36163	28023	28063	11355
医疗卫生机构床位数	床	581	1673	1389	1027	838
各种社会福利收养性单位数	个	10	21	13	15	6
各种社会福利收养性单位床位数	床	537	604	486	498	210

2016年县(市)社会经济主要指标

贵州省

指　　标	单位	麻江县	丹寨县	都匀市	福泉市	荔波县
一、基本情况						
行政区域面积	平方公里	957	938	2285	1692	2432
乡个数	个	1	2	1	1	2
镇个数	个	4	4	4	5	5
街道办事处个数	个	2		5	2	1
户籍人口	万人	17	18	49	33	18
第二产业从业人员	人	11000	8084	35115	32000	7600
第三产业从业人员	人	23800	49917	87098	43300	14600
固定电话用户	户	8600	6578	37133	15000	11421
二、综合经济						
地区生产总值	万元	305214	288390	1905754	1383440	504796
第一产业增加值	万元	79264	70650	154888	138180	89044
农业增加值	万元	50189	38024	105303	95382	49333
牧业增加值	万元	23401	19567	42242	35346	25499
第二产业增加值	万元	76125	74663	666260	611289	140057
公共财政收入	万元	22446	15601	168113	145000	32500
各项税收	万元	25441	19209	121966	89300	23132
公共财政支出	万元	129570	139077	347023	304400	190273
居民储蓄存款余额	万元	277179	226481	1794519	663166	346670
年末金融机构各项贷款余额	万元	339081	245355	269718	1365244	488909
三、农业、工业及投资						
农业机械总动力	万千瓦特	16	8	41	26	27
机收面积	公顷	247	4472	5067	3875	1456
设施农业占地面积	公顷	78	14	57	764	73
粮食总产量	吨	47785	48439	100335	116910	50555
棉花产量	吨					149
油料产量	吨	4477	1324	11213	13928	5060
肉类总产量	吨	10143	8190	24776	13425	9275
规模以上工业企业单位数	个	10	26	50	116	21
规模以上工业总产值	万元	67091	511369	1051400	2379200	419839
固定资产投资	万元	255940	563959	1747787	1176100	593943
四、教育、卫生和社会保障						
普通中学在校学生数	人	9603	10489	28174	18000	10922
中等职业教育学校在校学生数	人	1328	3112	13856	3035	3332
小学在校学生数	人	10580	14802	29439	22600	12634
医疗卫生机构床位数	床	812	823	4030	1520	945
各种社会福利收养性单位数	个	3	5	5	4	7
各种社会福利收养性单位床位数	床	125	300	615	320	1363

2016年县(市)社会经济主要指标

贵州省

指　　标	单位	贵定县	瓮安县	独山县	平塘县	罗甸县
一、基本情况						
行政区域面积	平方公里	1631	1974	2445	2825	3013
乡个数	个		1		1	1
镇个数	个	6	10	8	9	8
街道办事处个数	个	2	2		1	1
户籍人口	万人	30	49	35	33	36
第二产业从业人员	人	21506	38316	16101	22128	17367
第三产业从业人员	人	34596	48054	26502	26263	20235
固定电话用户	户	207963	26330	10200	8298	7528
二、综合经济						
地区生产总值	万元	791132	1150925	730919	565727	650264
第一产业增加值	万元	103907	229280	168960	186171	151678
农业增加值	万元	72646	150738	112140	129407	91860
牧业增加值	万元	28001	64732	46230	47962	40997
第二产业增加值	万元	348724	400982	217133	100469	223461
公共财政收入	万元	66600	125008	42005	32506	34016
各项税收	万元	49917	173006	32405	23712	80327
公共财政支出	万元	220252	300228	228769	227208	218037
居民储蓄存款余额	万元	462374	891084	606574	342615	349409
年末金融机构各项贷款余额	万元	611773	1126664	693731	632174	544365
三、农业、工业及投资						
农业机械总动力	万千瓦特	24	41	24	28	25
机收面积	公顷	3100	5085	4670	3963	3000
设施农业占地面积	公顷	41	15	18	164	5
粮食总产量	吨	91134	185629	113093	110138	105100
棉花产量	吨					
油料产量	吨	7645	18890	10981	11324	3642
肉类总产量	吨	9942	38746	16926	13504	20247
规模以上工业企业单位数	个	60	80	66	34	27
规模以上工业总产值	万元	1230151	1623800	1145463	218000	415323
固定资产投资	万元	699047	1248500	705305	439400	751894
四、教育、卫生和社会保障						
普通中学在校学生数	人	14407	26249	16059	13554	22253
中等职业教育学校在校学生数	人	3020	6113	2456	2501	4822
小学在校学生数	人	19513	34999	20809	23278	27389
医疗卫生机构床位数	床	1440	2500	1245	1106	1651
各种社会福利收养性单位数	个	5	8	9	3	9
各种社会福利收养性单位床位数	床	708	1050	1749	433	1700

2016年县(市)社会经济主要指标

贵州省、云南省

指　　标	单位	长顺县	龙里县	惠水县	三都水族自治县	呈贡区
一、基本情况						
行政区域面积	平方公里	1543	1521	2472	2400	510
乡个数	个	1				
镇个数	个	5	5	8	6	
街道办事处个数	个	1	1	2	1	10
户籍人口	万人	27	24	46	37	20
第二产业从业人员	人	7308	12600	36188	15256	19864
第三产业从业人员	人	12508	17700	47958	23133	55763
固定电话用户	户	7500	9247	16778	15408	49000
二、综合经济						
地区生产总值	万元	529757	797742	843805	585426	1959458
第一产业增加值	万元	125964	91392	220566	174178	50415
农业增加值	万元	80545	65008	143736	108807	43480
牧业增加值	万元	36034	24336	61346	45388	2102
第二产业增加值	万元	130344	492123	268792	85924	1039024
公共财政收入	万元	35010	96801	67007	32500	342665
各项税收	万元	25633	77439	112953	22190	313903
公共财政支出	万元	178246	230338	266053	235465	279489
居民储蓄存款余额	万元	266392	557899	470916	411736	1895773
年末金融机构各项贷款余额	万元	463839	765699	692485	580200	2129896
三、农业、工业及投资						
农业机械总动力	万千瓦特	24	19	34	19	5
机收面积	公顷	4140	2100	11200		
设施农业占地面积	公顷	26	72	234	585	1289
粮食总产量	吨	98288	70890	141386	100330	3701
棉花产量	吨				27	
油料产量	吨	7021	7493	7832	13919	27
肉类总产量	吨	12574	8936	19588	15873	991
规模以上工业企业单位数	个	51	130	96	28	108
规模以上工业总产值	万元	588000	1866300	1659900	19	3545756
固定资产投资	万元	433583	1164801	1131358	422888	4568149
四、教育、卫生和社会保障						
普通中学在校学生数	人	14782	11229	29355	24964	13492
中等职业教育学校在校学生数	人	1428	4515	3911	4510	
小学在校学生数	人	17245	17456	33129	32131	21689
医疗卫生机构床位数	床	778	1071	1405	1058	872
各种社会福利收养性单位数	个	7	6	11	6	8
各种社会福利收养性单位床位数	床	970	681	1050	580	326

2016年县(市)社会经济主要指标

云南省

指　　标	单位	晋宁县	富民县	宜良县	石林彝族自治县	嵩明县
一、基本情况						
行政区域面积	平方公里	1337	994	1914	1680	831
乡个数	个	2		2	1	
镇个数	个	4	5	4	3	3
街道办事处个数	个	1	1	2	1	1
户籍人口	万人	28	15	43	25	31
第二产业从业人员	人	34773	16311	61811	13607	39752
第三产业从业人员	人	61714	15962	68199	19087	43433
固定电话用户	户	14698	6322	17838	15653	15349
二、综合经济						
地区生产总值	万元	1163712	644943	1644651	774057	1073316
第一产业增加值	万元	212631	101588	465062	192446	151354
农业增加值	万元	173117	60879	273107	112598	104464
牧业增加值	万元	36200	32619	142013	60015	42939
第二产业增加值	万元	409074	321542	463181	209128	513835
公共财政收入	万元	169283	51793	74314	61321	115295
各项税收	万元	93954	35083	48860	50090	91693
公共财政支出	万元	251389	113825	188165	162552	220724
居民储蓄存款余额	万元	1074424	434510	1245823	594114	970476
年末金融机构各项贷款余额	万元	838977	460504	845444	630653	790872
三、农业、工业及投资						
农业机械总动力	万千瓦特	30	14	33	30	37
机收面积	公顷			5739	1050	1705
设施农业占地面积	公顷	4365	318	1403	859	5453
粮食总产量	吨	40616	74992	178586	154115	92006
棉花产量	吨					
油料产量	吨	1049	1080	614	585	15
肉类总产量	吨	27283	23184	83826	62553	29492
规模以上工业企业单位数	个	106	46	85	42	84
规模以上工业总产值	万元	1389083	534155	1169605	358496	1378069
固定资产投资	万元	1332066	669993	1175109	1440357	1674303
四、教育、卫生和社会保障						
普通中学在校学生数	人	13112	7414	22498	14664	16039
中等职业教育学校在校学生数	人	1802		9124	670	17842
小学在校学生数	人	19327	13480	29662	17547	21655
医疗卫生机构床位数	床	1747	902	2066	1497	1744
各种社会福利收养性单位数	个	6	1	4	7	7
各种社会福利收养性单位床位数	床	323	150	477	332	850

2016年县(市)社会经济主要指标

云南省

指　　标	单位	禄劝彝族苗族自治县	寻甸回族彝族自治县	安宁市	沾益区	马龙县
一、基本情况						
行政区域面积	平方公里	4240	3588	1301	2815	1614
乡个数	个	6	4		5	3
镇个数	个	9	9		2	2
街道办事处个数	个	1	1	9	4	5
户籍人口	万人	49	56	27	44	21
第二产业从业人员	人	40637	37465	58127	43998	4882
第三产业从业人员	人	29882	45660	79611	38578	8233
固定电话用户	户	9751	16000	67103	7895	6858
二、综合经济						
地区生产总值	万元	819644	822322	2728745	1783926	565416
第一产业增加值	万元	223130	223609	133139	384051	172163
农业增加值	万元	99459	104395	66294	136097	73622
牧业增加值	万元	104556	105079	62124	240348	88926
第二产业增加值	万元	228864	249755	1093779	752972	201459
公共财政收入	万元	93693	99390	291300	64656	45529
各项税收	万元	65724	42549	224102	51556	33855
公共财政支出	万元	273024	273978	307448	251285	177463
居民储蓄存款余额	万元	610471	764640	1745427	617617	347978
年末金融机构各项贷款余额	万元	750334	849769	2865815	747881	457210
三、农业、工业及投资						
农业机械总动力	万千瓦特	40	32	26	38	22
机收面积	公顷	2580	7300	585	1952	5092
设施农业占地面积	公顷	134	835	1171	163	106
粮食总产量	吨	234715	246391	44503	346711	113458
棉花产量	吨					
油料产量	吨	2890	3984	2547	903	2604
肉类总产量	吨	87254	88976	55076	156505	54670
规模以上工业企业单位数	个	23	40	118	62	30
规模以上工业总产值	万元	245220	643151	3972957	3126878	1127420
固定资产投资	万元	1522785	1059660	3591186	2000328	840777
四、教育、卫生和社会保障						
普通中学在校学生数	人	15648	31939	17064	28700	13611
中等职业教育学校在校学生数	人	988	387	12230	1124	1007
小学在校学生数	人	28017	37308	23307	41229	17180
医疗卫生机构床位数	床	1750	2646	3829	1120	769
各种社会福利收养性单位数	个	5	1	6	11	6
各种社会福利收养性单位床位数	床	302	400	856	285	500

2016年县(市)社会经济主要指标

云南省

指　　标	单位	陆良县	师宗县	罗平县	富源县	会泽县
一、基本情况						
行政区域面积	平方公里	1989	2783	3018	3261	5884
乡个数	个	2	3	6	1	13
镇个数	个	7	4	4	9	7
街道办事处个数	个	2	3	3	2	3
户籍人口	万人	68	43	64	82	104
第二产业从业人员	人		27132	20583	70234	28198
第三产业从业人员	人		34212	37048	53737	181565
固定电话用户	户	17100	11801	17800	17000	24694
二、综合经济						
地区生产总值	万元	1507772	1091051	1538048	1338637	1692963
第一产业增加值	万元	539835	389127	410768	350304	388327
农业增加值	万元	241685	172110	212943	171514	132097
牧业增加值	万元	277722	166390	149247	166415	225095
第二产业增加值	万元	385588	363444	474001	409574	710916
公共财政收入	万元	122476	54400	72026	92100	110517
各项税收	万元	59429	40635	54959	70193	83502
公共财政支出	万元	300852	255050	327547	379268	520930
居民储蓄存款余额	万元	1025172	579542	756085	926599	957172
年末金融机构各项贷款余额	万元	1002077	589471	775339	1170671	954411
三、农业、工业及投资						
农业机械总动力	万千瓦特	51	33	39	25	28
机收面积	公顷	4000	2513	26667	880	1533
设施农业占地面积	公顷	2263	15		100	1262
粮食总产量	吨	376600	227009	379819	392972	501963
棉花产量	吨					
油料产量	吨	2479	37124	153036	17667	2476
肉类总产量	吨	201559	118862	151176	200296	283695
规模以上工业企业单位数	个	54	44	36	106	22
规模以上工业总产值	万元	772342	723457	923909	1364135	1092063
固定资产投资	万元	1180700	1240795	1044018	1841580	1197283
四、教育、卫生和社会保障						
普通中学在校学生数	人	29294	28219	40624	57004	62341
中等职业教育学校在校学生数	人	569	2720	3174	550	2927
小学在校学生数	人	52070	41147	57035	74193	78580
医疗卫生机构床位数	床	2531	1736	3222	3023	6031
各种社会福利收养性单位数	个	7	6	4	11	26
各种社会福利收养性单位床位数	床	550	610	195	418	1222

2016年县(市)社会经济主要指标

云南省

指　　标	单位	宣威市	江川区	澄江县	通海县	华宁县
一、基本情况						
行政区域面积	平方公里	6053	850	773	740	1313
乡个数	个	8	2		3	1
镇个数	个	12	4	4	4	3
街道办事处个数	个	8	1	2	2	1
户籍人口	万人	153	28	17	29	21
第二产业从业人员	人	106768	27619	10638	22339	14226
第三产业从业人员	人	138328	25808	23647	22649	18096
固定电话用户	户	33000	8957	6475	13941	6810
二、综合经济						
地区生产总值	万元	2488842	810895	800218	1011949	792742
第一产业增加值	万元	560536	159866	107023	161321	179009
农业增加值	万元	213619	109520	86079	102874	130355
牧业增加值	万元	344388	38559	19065	54702	42399
第二产业增加值	万元	673068	264223	255646	369038	242531
公共财政收入	万元	120736	58242	73279	51885	43972
各项税收	万元	92444	60794	44772	28134	23870
公共财政支出	万元	694506	174170	142621	166520	154695
居民储蓄存款余额	万元	1948391	739753	499792	1028634	456299
年末金融机构各项贷款余额	万元	1535720	713001	941500	771057	437942
三、农业、工业及投资						
农业机械总动力	万千瓦特	81	27	16	57	36
机收面积	公顷	800	1333	1393	1202	3009
设施农业占地面积	公顷	5066	396	83	424	27
粮食总产量	吨	838584	44200	36020	37047	60010
棉花产量	吨					
油料产量	吨	298	7990	329	1703	3520
肉类总产量	吨	470113	30716	16182	38455	42639
规模以上工业企业单位数	个	114	46	28	75	28
规模以上工业总产值	万元	1468635	539352	398467	923212	331285
固定资产投资	万元	3196021	576681	1038056	566976	541736
四、教育、卫生和社会保障						
普通中学在校学生数	人	98820	15829	9023	11103	11316
中等职业教育学校在校学生数	人	2356	1124	569	1190	911
小学在校学生数	人	124753	15869	10731	22050	14035
医疗卫生机构床位数	床	6018	799	586	1293	840
各种社会福利收养性单位数	个	12	8	6	5	5
各种社会福利收养性单位床位数	床	1174	428	309	200	461

2016年县(市)社会经济主要指标

云南省

指　标	单位	易门县	峨山彝族自治县	新平彝族傣族自治县	元江哈尼族彝族傣族自治县	施甸县
一、基本情况						
行政区域面积	平方公里	1571	1972	4223	2858	2009
乡个数	个	4	3	6	5	8
镇个数	个	1	3	4	2	5
街道办事处个数	个	2	2	2	3	
户籍人口	万人	17	16	28	21	35
第二产业从业人员	人	20083	9382	15466	6884	25826
第三产业从业人员	人	19016	15698	34296	17589	21746
固定电话用户	户	8536	6711	8228	6395	6520
二、综合经济						
地区生产总值	万元	853821	701610	1246767	721117	560374
第一产业增加值	万元	110741	112231	186389	185690	159692
农业增加值	万元	49380	67178	108793	151167	59534
牧业增加值	万元	57044	38088	65002	26622	76703
第二产业增加值	万元	441998	266924	486222	144981	156739
公共财政收入	万元	58188	41758	120646	42377	52119
各项税收	万元	35224	23516	134895	24020	54427
公共财政支出	万元	166716	148637	270646	176202	263594
居民储蓄存款余额	万元	509783	443957	528390	390168	501167
年末金融机构各项贷款余额	万元	579627	476706	689743	429881	487278
三、农业、工业及投资						
农业机械总动力	万千瓦特	21	44	35	17	35
机收面积	公顷	986	4405	3332	3081	5050
设施农业占地面积	公顷	103	781	774	75	380
粮食总产量	吨	60600	71280	161700	99120	164214
棉花产量	吨					
油料产量	吨	2783	7871	1310	3458	3040
肉类总产量	吨	45482	28725	46427	21939	72969
规模以上工业企业单位数	个	53	25	29	30	24
规模以上工业总产值	万元	1068948	515813	1730585	268888	272254
固定资产投资	万元	764300	725608	1110084	730041	1026196
四、教育、卫生和社会保障						
普通中学在校学生数	人	6962	5705	10285	10801	17333
中等职业教育学校在校学生数	人	1065	3230	1086	560	2544
小学在校学生数	人	8662	9505	18290	15619	22265
医疗卫生机构床位数	床	983	897	1444	839	1571
各种社会福利收养性单位数	个	7	5	11	9	5
各种社会福利收养性单位床位数	床	197	198	702	265	950

2016年县(市)社会经济主要指标

云南省

指　　标	单位	龙陵县	昌宁县	腾冲市	昭阳区	鲁甸县
一、基本情况						
行政区域面积	平方公里	2884	3888	5845	2169	1484
乡个数	个	5	4	7	7	2
镇个数	个	5	9	11	10	10
街道办事处个数	个				3	
户籍人口	万人	30	35	68	91	46
第二产业从业人员	人	6780	18250	39782	52875	22284
第三产业从业人员	人	20237	28322	73403	100410	23832
固定电话用户	户	4340	13200	22867	100534	6600
二、综合经济						
地区生产总值	万元	686952	941577	1601177	2335776	519262
第一产业增加值	万元	195100	331343	336566	271442	115767
农业增加值	万元	85414	186874	128371	170890	72853
牧业增加值	万元	72469	130020	134467	93701	37170
第二产业增加值	万元	279803	322510	573542	1147345	199057
公共财政收入	万元	53704	74288	165742	116001	49304
各项税收	万元	40128	57732	182508	87057	46063
公共财政支出	万元	267178	283182	533168	525153	467819
居民储蓄存款余额	万元	559714	492616	1593518	1819538	317351
年末金融机构各项贷款余额	万元	477995	541854	1764970	2428316	345299
三、农业、工业及投资						
农业机械总动力	万千瓦特	25	51	59	41	27
机收面积	公顷	789	9510	35067	5668	1510
设施农业占地面积	公顷	27	1622	173	37	92
粮食总产量	吨	150076	210084	423833	342330	181624
棉花产量	吨					
油料产量	吨	902	6005	48166	139	1093
肉类总产量	吨	34266	99265	117688	61452	29128
规模以上工业企业单位数	个	36	41	50	35	18
规模以上工业总产值	万元	644495	652526	1073504	1513138	290752
固定资产投资	万元	842514	684950	1691097	2031683	940508
四、教育、卫生和社会保障						
普通中学在校学生数	人	16038	20540	44985	65839	28336
中等职业教育学校在校学生数	人	3391	3912	6199	1408	472
小学在校学生数	人	24626	22366	54922	81815	43274
医疗卫生机构床位数	床	735	1542	2628	5949	1447
各种社会福利收养性单位数	个	8	7	14	5	5
各种社会福利收养性单位床位数	床	538	811	1090	650	350

2016年县(市)社会经济主要指标

云南省

指　　标	单位	巧家县	盐津县	大关县	永善县	绥江县
一、基本情况						
行政区域面积	平方公里	3195	2092	1721	2779	749
乡个数	个	4	4	1	7	
镇个数	个	12	6	8	8	5
街道办事处个数	个					
户籍人口	万人	61	39	29	48	17
第二产业从业人员	人	13881	39127	12802	14291	13021
第三产业从业人员	人	21717	39876	31090	48975	26721
固定电话用户	户	6800	3000	7400	10000	3848
二、综合经济						
地区生产总值	万元	560967	421781	300267	744497	206189
第一产业增加值	万元	212716	95724	70061	137525	40278
农业增加值	万元	112041	45286	23860	78788	11353
牧业增加值	万元	90692	38379	40361	52350	19191
第二产业增加值	万元	142256	161257	94036	402741	44841
公共财政收入	万元	34606	14025	19755	65705	29375
各项税收	万元	23110	9818	7528	39286	22192
公共财政支出	万元	400956	213549	164268	301188	130013
居民储蓄存款余额	万元	482040	369680	283280	588192	350319
年末金融机构各项贷款余额	万元	374819	224887	202768	411825	161903
三、农业、工业及投资						
农业机械总动力	万千瓦特	18	18	16	18	7
机收面积	公顷				333	
设施农业占地面积	公顷	16	69	142	38	43
粮食总产量	吨	260000	174000	116000	201319	38005
棉花产量	吨					
油料产量	吨	1244	9418	715	7721	1606
肉类总产量	吨	82421	48075	30731	45957	12017
规模以上工业企业单位数	个	9	10	7	7	5
规模以上工业总产值	万元	78816	90134	56136	840426	38948
固定资产投资	万元	852425	513776	256165	311191	160208
四、教育、卫生和社会保障						
普通中学在校学生数	人	35714	17671	17874	20591	8503
中等职业教育学校在校学生数	人	1589	1077	607	356	1652
小学在校学生数	人	51158	30098	19138	37395	10579
医疗卫生机构床位数	床	1552	1469	1011	2021	465
各种社会福利收养性单位数	个	3	5	2	1	3
各种社会福利收养性单位床位数	床	282	1250	640	300	420

2016年县(市)社会经济主要指标

云南省

指　　标	单位	镇雄县	彝良县	威信县	水富县	玉龙纳西族自治县
一、基本情况						
行政区域面积	平方公里	3696	2799	1400	440	6200
乡个数	个	8	5	3		9
镇个数	个	19	10	7	3	7
街道办事处个数	个	3			1	
户籍人口	万人	162	62	44	11	22
第二产业从业人员	人	107796	13585	31352	10848	2617
第三产业从业人员	人	117717	67854	42511	3620	19784
固定电话用户	户	16500	6200	4542	18700	8782
二、综合经济						
地区生产总值	万元	1021680	518758	327948	507541	534137
第一产业增加值	万元	249452	210118	69829	21454	108809
农业增加值	万元	111721	134033	31973	9641	49078
牧业增加值	万元	130724	65137	31772	6853	53572
第二产业增加值	万元	343988	144653	103852	346272	225024
公共财政收入	万元	90754	29386	26541	23688	76623
各项税收	万元	39488	22767	11285	18509	38483
公共财政支出	万元	723899	327778	273033	95099	256724
居民储蓄存款余额	万元	1059969	415367	466854	324179	332800
年末金融机构各项贷款余额	万元	1053261	401799	348829	571488	374900
三、农业、工业及投资						
农业机械总动力	万千瓦特	38	19	14	4	20
机收面积	公顷		200		130	9126
设施农业占地面积	公顷	234	4	12	7	280
粮食总产量	吨	509856	221560	211576	28700	120069
棉花产量	吨					
油料产量	吨	9517	5688	6640	857	5325
肉类总产量	吨	120360	48037	24033	7968	53587
规模以上工业企业单位数	个	65	7	24	11	10
规模以上工业总产值	万元	438859	229271	127278	677920	242511
固定资产投资	万元	1278681	341301	211126	116503	601961
四、教育、卫生和社会保障						
普通中学在校学生数	人	119107	36700	20144	11441	9269
中等职业教育学校在校学生数	人	1277	3752	459		929
小学在校学生数	人	164491	58334	35169	8441	11701
医疗卫生机构床位数	床	4951	1909	1377	719	657
各种社会福利收养性单位数	个	4		9	3	5
各种社会福利收养性单位床位数	床	979		102	314	483

2016年县(市)社会经济主要指标

云南省

指　标	单位	永胜县	华坪县	宁蒗彝族自治县	思茅区	宁洱哈尼族彝族自治县
一、基本情况						
行政区域面积	平方公里	4925	2200	6062	4093	3670
乡个数	个	6	4	14	2	3
镇个数	个	9	4	1	5	6
街道办事处个数	个					
户籍人口	万人	41	16	28	23	19
第二产业从业人员	人	7489	3379	500	25722	2464
第三产业从业人员	人	10956	7848	10246	37115	7214
固定电话用户	户	7289	5811	4020	66200	16200
二、综合经济						
地区生产总值	万元	711292	345785	332863	1316540	472357
第一产业增加值	万元	167635	62144	79981	137216	109900
农业增加值	万元	90660	39480	33205	83812	50885
牧业增加值	万元	59824	18220	41086	27603	35820
第二产业增加值	万元	338579	158105	122004	516482	172810
公共财政收入	万元	40049	37036	21001	80006	33917
各项税收	万元	20380	17370	9675	68679	20485
公共财政支出	万元	270176	179301	245890	211814	178621
居民储蓄存款余额	万元	725600	584900	302900	1229599	373974
年末金融机构各项贷款余额	万元	566000	410600	243900	2851183	341841
三、农业、工业及投资						
农业机械总动力	万千瓦特	39	14	7	17	26
机收面积	公顷	3600	4562	2387	844	781
设施农业占地面积	公顷	123	8	22	200	115
粮食总产量	吨	200085	74647	81945	58500	95000
棉花产量	吨	112				
油料产量	吨	4652	1227	150	688	2498
肉类总产量	吨	49493	9727	17993	16157	25583
规模以上工业企业单位数	个	24	30	8	35	18
规模以上工业总产值	万元	463311	306553	87090	594750	199090
固定资产投资	万元	681259	626209	402088	1251670	554658
四、教育、卫生和社会保障						
普通中学在校学生数	人	17941	7876	18606	19800	7209
中等职业教育学校在校学生数	人	630	198	337	15011	308
小学在校学生数	人	23483	11124	22988	26400	11083
医疗卫生机构床位数	床	1068	1061	726	3608	827
各种社会福利收养性单位数	个	4	5	11	8	4
各种社会福利收养性单位床位数	床	402	879	363	207	446

2016年县(市)社会经济主要指标

云南省

指　　标	单位	墨江哈尼族自治县	景东彝族自治县	景谷傣族彝族自治县	镇沅彝族哈尼族拉祜族自治县	江城哈尼族彝族自治县
一、基本情况						
行政区域面积	平方公里	5459	4532	7777	4148	3847
乡个数	个	3	3	4	1	2
镇个数	个	12	10	6	8	5
街道办事处个数	个			5		
户籍人口	万人	37	37	33	21	12
第二产业从业人员	人	2764	7787	6797	3466	15183
第三产业从业人员	人	10185	10264	9678	6213	4126
固定电话用户	户	6800	14199	13047	14017	4800
二、综合经济						
地区生产总值	万元	564614	628761	929829	461754	267032
第一产业增加值	万元	151859	238497	292781	188238	89705
农业增加值	万元	80333	98289	116595	88657	56598
牧业增加值	万元	36902	67542	34460	51300	14749
第二产业增加值	万元	177089	183689	353525	133913	95468
公共财政收入	万元	33767	44637	54108	36328	16970
各项税收	万元	21035	25095	29879	18876	7470
公共财政支出	万元	247494	260169	254489	198203	140305
居民储蓄存款余额	万元	395803	497065	462757	343932	163554
年末金融机构各项贷款余额	万元	455010	478286	454348	330720	212177
三、农业、工业及投资						
农业机械总动力	万千瓦特	27	34	28	31	20
机收面积	公顷	650	2733	5787	1200	133
设施农业占地面积	公顷	17	109	192	27	152
粮食总产量	吨	157000	188000	186421	122600	45000
棉花产量	吨	4				
油料产量	吨	3257	3741	4058	3756	481
肉类总产量	吨	25403	34083	19604	23086	6301
规模以上工业企业单位数	个	13	12	31	11	14
规模以上工业总产值	万元	199202	179205	435034	230286	134415
固定资产投资	万元	539564	463380	589610	432988	261408
四、教育、卫生和社会保障						
普通中学在校学生数	人	13743	15710	13884	9167	5797
中等职业教育学校在校学生数	人	964	3205	229	222	601
小学在校学生数	人	21504	23823	23146	14061	9113
医疗卫生机构床位数	床	1105	1217	927	430	480
各种社会福利收养性单位数	个	2	3	1	8	1
各种社会福利收养性单位床位数	床	290	208	276	320	60

2016年县(市)社会经济主要指标

云南省

指　　标	单位	孟连傣族拉祜族佤族自治县	澜沧拉祜族自治县	西盟佤族自治县	临翔区	凤庆县
一、基本情况						
行政区域面积	平方公里	1893	8807	1391	2557	3324
乡个数	个	2	15	2	7	5
镇个数	个	4	5	5	1	8
街道办事处个数	个				2	
户籍人口	万人	13	49	9	32	44
第二产业从业人员	人	5395	8454	965	12376	3641
第三产业从业人员	人	5350	28939	2618	25468	10790
固定电话用户	户	8492	20831	2200	31307	17148
二、综合经济						
地区生产总值	万元	262037	630517	122294	998981	992067
第一产业增加值	万元	99736	186534	28160	156478	357070
农业增加值	万元	56048	109975	14301	86520	270645
牧业增加值	万元	15775	45619	5370	58977	75438
第二产业增加值	万元	54220	231237	26401	355825	311636
公共财政收入	万元	15201	51596	7157	67676	47200
各项税收	万元	7893	30673	4018	35387	32160
公共财政支出	万元	151281	360016	131793	280129	298100
居民储蓄存款余额	万元	415048	458056	87968	744095	420529
年末金融机构各项贷款余额	万元	272132	504715	118007	1853327	651538
三、农业、工业及投资						
农业机械总动力	万千瓦特	19	38	14	15	26
机收面积	公顷	2033	5237	279	750	33
设施农业占地面积	公顷	146	31	6	37	197
粮食总产量	吨	62000	253879	44100	98000	185594
棉花产量	吨		1			
油料产量	吨	455	2288	179	16474	2819
肉类总产量	吨	7568	28091	4181	23801	70340
规模以上工业企业单位数	个	7	13	4	33	25
规模以上工业总产值	万元	90141	407922	26699	514447	395376
固定资产投资	万元	220176	523322	142246	1818917	1301764
四、教育、卫生和社会保障						
普通中学在校学生数	人	5748	17491	4200	25482	19718
中等职业教育学校在校学生数	人	513	808	434	14442	1739
小学在校学生数	人	11912	31021	6777	27085	29850
医疗卫生机构床位数	床	432	1326	289	2540	992
各种社会福利收养性单位数	个	2	13	3	8	3
各种社会福利收养性单位床位数	床	88	634	114	402	210

2016年县(市)社会经济主要指标

云南省

指　　标	单位	云　县	永德县	镇康县	双江拉祜族佤族布朗族傣族自治县	耿马傣族佤族自治县
一、基本情况						
行政区域面积	平方公里	3659	3220	2529	2157	3728
乡个数	个	5	7	4	4	5
镇个数	个	7	3	3	2	4
街道办事处个数	个					
户籍人口	万人	44	36	18	17	29
第二产业从业人员	人	10526	7041	2169	2796	6810
第三产业从业人员	人	13131	10914	7631	6704	9926
固定电话用户	户	17026	11872	12141	13111	14399
二、综合经济						
地区生产总值	万元	981845	564148	391823	386113	811375
第一产业增加值	万元	292952	159571	89805	105475	291334
农业增加值	万元	179380	113558	55751	64425	192722
牧业增加值	万元	105091	38424	22729	28619	51954
第二产业增加值	万元	390587	185677	124163	132207	245521
公共财政收入	万元	44510	28867	31906	32518	36150
各项税收	万元	22863	15182	13963	11970	15123
公共财政支出	万元	294000	210817	178183	186894	252005
居民储蓄存款余额	万元	513348	312729	285072	209914	391404
年末金融机构各项贷款余额	万元	471940	374499	280545	314727	298683
三、农业、工业及投资						
农业机械总动力	万千瓦特	27	36	20	21	37
机收面积	公顷	310	2200	660	1470	5593
设施农业占地面积	公顷	20	28	56	123	116
粮食总产量	吨	219000	190400	89000	72000	120031
棉花产量	吨					
油料产量	吨	2845	1089	247	1956	1872
肉类总产量	吨	64965	50230	16548	17819	24840
规模以上工业企业单位数	个	29	12	21	16	20
规模以上工业总产值	万元	725404	247048	212238	224683	334336
固定资产投资	万元	1380963	1203524	916662	623990	1072661
四、教育、卫生和社会保障						
普通中学在校学生数	人	19516	15948	9391	6950	11903
中等职业教育学校在校学生数	人	294	683	297	306	391
小学在校学生数	人	34255	27840	16894	11570	26015
医疗卫生机构床位数	床	1515	1159	816	515	1256
各种社会福利收养性单位数	个	9	12	2	8	7
各种社会福利收养性单位床位数	床	740	830	370	370	660

2016年县(市)社会经济主要指标

云南省

指　　标	单位	沧源佤族自治县	楚雄市	双柏县	牟定县	南华县
一、基本情况						
行政区域面积	平方公里	2446	4433	3888	1464	2343
乡个数	个	6	3	3	3	4
镇个数	个	4	12	5	4	6
街道办事处个数	个					
户籍人口	万人	17	53	15	20	24
第二产业从业人员	人	2396	62351	7158	26939	14374
第三产业从业人员	人	7195	176827	12476	36546	19130
固定电话用户	户	8014	57734	4829	5959	6022
二、综合经济						
地区生产总值	万元	374015	3236369	331673	432753	538606
第一产业增加值	万元	94047	251030	102938	116264	139711
农业增加值	万元	58486	119747	48962	70083	72660
牧业增加值	万元	26381	84189	39192	39247	52561
第二产业增加值	万元	126951	1683292	81026	149986	172900
公共财政收入	万元	23700	216068	27378	31178	44331
各项税收	万元	11225	135649	18328	18140	24867
公共财政支出	万元	198726	398417	152950	178257	177887
居民储蓄存款余额	万元	178918	1810496	264365	344775	382464
年末金融机构各项贷款余额	万元	188202	3023724	230351	273441	428776
三、农业、工业及投资						
农业机械总动力	万千瓦特	83	65	38	14	19
机收面积	公顷	1780	7356	2515	6377	9920
设施农业占地面积	公顷	907	276	61	43	45
粮食总产量	吨	78000	210939	84421	106905	123978
棉花产量	吨					
油料产量	吨	1623	10974	2513	8270	4868
肉类总产量	吨	13820	63127	32454	29057	36008
规模以上工业企业单位数	个	9	85	25	25	26
规模以上工业总产值	万元	279080	2969492	271098	260277	513893
固定资产投资	万元	851966	3391641	516038	721404	728475
四、教育、卫生和社会保障						
普通中学在校学生数	人	8583	39940	7346	8234	12531
中等职业教育学校在校学生数	人	903	22143	531	588	1029
小学在校学生数	人	12824	36450	8646	9560	15566
医疗卫生机构床位数	床	817	5774	586	930	891
各种社会福利收养性单位数	个	3	24	9	9	12
各种社会福利收养性单位床位数	床	124	997	558	324	424

2016年县(市)社会经济主要指标

云南省

指　　标	单位	姚安县	大姚县	永仁县	元谋县	武定县
一、基本情况						
行政区域面积	平方公里	1803	4146	2189	2026	3322
乡个数	个	3	4	4	7	4
镇个数	个	6	8	3	3	7
街道办事处个数	个					
户籍人口	万人	21	28	11	22	28
第二产业从业人员	人	23671	29004	7335	14225	33367
第三产业从业人员	人	30573	49592	20650	30411	34073
固定电话用户	户	5600	9295	4743	8104	8004
二、综合经济						
地区生产总值	万元	409069	645565	323900	529809	627680
第一产业增加值	万元	140990	183451	85027	152806	165617
农业增加值	万元	87773	67926	44018	108749	72276
牧业增加值	万元	40511	55593	35012	39200	87846
第二产业增加值	万元	78447	218725	89599	139692	182299
公共财政收入	万元	26223	45602	28261	28280	54018
各项税收	万元	17085	25849	17583	20179	30000
公共财政支出	万元	152474	214579	128439	176456	213097
居民储蓄存款余额	万元	348180	452365	210405	459505	452511
年末金融机构各项贷款余额	万元	223570	510447	231974	278928	456655
三、农业、工业及投资						
农业机械总动力	万千瓦特	18	27	18	30	32
机收面积	公顷	4673	8705	4507	2221	11135
设施农业占地面积	公顷	238	32	109	703	145
粮食总产量	吨	101813	146738	61617	91897	127250
棉花产量	吨					
油料产量	吨	7208	3199	2826	2236	4548
肉类总产量	吨	31596	34387	24381	25141	55065
规模以上工业企业单位数	个	19	34	19	26	21
规模以上工业总产值	万元	146739	608437	152937	356646	336514
固定资产投资	万元	585407	884431	455154	551299	883640
四、教育、卫生和社会保障						
普通中学在校学生数	人	8342	14359	4652	9800	13786
中等职业教育学校在校学生数	人	272	872	331	322	445
小学在校学生数	人	9211	15416	6334	13886	18706
医疗卫生机构床位数	床	905	1264	479	902	1477
各种社会福利收养性单位数	个	5	18	9	12	13
各种社会福利收养性单位床位数	床	194	1589	516	790	998

2016年县(市)社会经济主要指标

云南省

指　　标	单位	禄丰县	个旧市	开远市	蒙自市	弥勒市
一、基本情况						
行政区域面积	平方公里	3536	1587	1957	2228	4004
乡个数	个	3	2	3	4	2
镇个数	个	11	7	2	7	10
街道办事处个数	个		1	2		
户籍人口	万人	42	39	29	41	54
第二产业从业人员	人	63243	72239	42000	32374	12398
第三产业从业人员	人	58397	58699	86800	137450	20163
固定电话用户	户	14944	29089	76800	27150	20268
二、综合经济						
地区生产总值	万元	1296176	2247213	1679983	1643145	2720029
第一产业增加值	万元	288503	136115	179427	232739	283012
农业增加值	万元	159596	52395	89763	130832	128042
牧业增加值	万元	118069	70825	80241	91211	144944
第二产业增加值	万元	423146	1200663	586662	790790	1713816
公共财政收入	万元	86912	113469	177679	175534	162213
各项税收	万元	52627	140765	61161	82252	82282
公共财政支出	万元	284123	318696	300609	335947	396015
居民储蓄存款余额	万元	908827	1603424	1080196	1508686	1109958
年末金融机构各项贷款余额	万元	867743	1965210	1138614	3306864	1506159
三、农业、工业及投资						
农业机械总动力	万千瓦特	40	30	39	44	53
机收面积	公顷	12319		857	1215	5615
设施农业占地面积	公顷	910	142	639	2348	1799
粮食总产量	吨	212442	77836	128400	172936	250013
棉花产量	吨					
油料产量	吨	15239	1804	16851	2927	2044
肉类总产量	吨	74710	63503	45957	89025	135580
规模以上工业企业单位数	个	38	57	49	27	39
规模以上工业总产值	万元	1071035	2493926	1045952	2293331	2521302
固定资产投资	万元	1377038	2656333	2568294	2750872	2790010
四、教育、卫生和社会保障						
普通中学在校学生数	人	22895	19739	15734	21588	30193
中等职业教育学校在校学生数	人	1975	983	1580	5516	6872
小学在校学生数	人	27677	33547	25141	39726	42064
医疗卫生机构床位数	床	1814	3672	4887	1520	3162
各种社会福利收养性单位数	个	16	9	7	1	6
各种社会福利收养性单位床位数	床	1054	940	612	250	263

2016年县(市)社会经济主要指标

云南省

指　　标	单位	屏边苗族自治县	建水县	石屏县	泸西县	元阳县
一、基本情况						
行政区域面积	平方公里	1844	3782	3042	1674	2212
乡个数	个	3	6	2	3	12
镇个数	个	4	8	7	5	2
街道办事处个数	个					
户籍人口	万人	16	54	32	44	45
第二产业从业人员	人	4203	31485	21436	25659	34573
第三产业从业人员	人	11277	71335	26779	35326	81372
固定电话用户	户	2630	24570	9655	9500	6856
二、综合经济						
地区生产总值	万元	288639	1375998	621247	838241	449814
第一产业增加值	万元	64604	293553	231326	189993	130380
农业增加值	万元	22482	122592	89482	81100	54342
牧业增加值	万元	27080	159260	111286	100500	62653
第二产业增加值	万元	107957	533264	167286	301287	133128
公共财政收入	万元	14675	120950	47725	88347	26056
各项税收	万元	7979	90581	22391	45159	11024
公共财政支出	万元	141697	347521	241836	292412	246152
居民储蓄存款余额	万元	212064	1432802	758180	803435	311228
年末金融机构各项贷款余额	万元	172152	984944	414126	793589	338533
三、农业、工业及投资						
农业机械总动力	万千瓦特	5	51	32	50	8
机收面积	公顷		867	1810	11333	
设施农业占地面积	公顷		233	1086	879	
粮食总产量	吨	82000	223094	135446	204093	179100
棉花产量	吨					
油料产量	吨	1146	1781	2543	16425	2148
肉类总产量	吨	32676	140262	104736	105580	66080
规模以上工业企业单位数	个	13	20	23	32	7
规模以上工业总产值	万元	153199	1066188	282765	576595	63781
固定资产投资	万元	648748	2254009	1171001	1675164	868527
四、教育、卫生和社会保障						
普通中学在校学生数	人	5482	37628	16116	26422	18547
中等职业教育学校在校学生数	人		687	688		324
小学在校学生数	人	10635	41088	24293	35588	39910
医疗卫生机构床位数	床	575	3724	1612	2113	1101
各种社会福利收养性单位数	个	12	6	32	9	5
各种社会福利收养性单位床位数	床	246	520	356	750	576

2016年县(市)社会经济主要指标

云南省

指　　标	单位	红河县	金平苗族瑶族傣族自治县	绿春县	河口瑶族自治县	文山市
一、基本情况						
行政区域面积	平方公里	2029	3677	3097	1332	2959
乡个数	个	8	9	5	4	7
镇个数	个	5	4	4	2	7
街道办事处个数	个					3
户籍人口	万人	34	39	24	9	50
第二产业从业人员	人	5820	8657	3843	1206	6284
第三产业从业人员	人	24166	30378	19837	18711	48389
固定电话用户	户	2865	2634	5300	8700	51759
二、综合经济						
地区生产总值	万元	353853	474769	297980	419739	2084738
第一产业增加值	万元	115016	111815	79876	95179	177148
农业增加值	万元	48850	48867	30200	67888	119095
牧业增加值	万元	53730	40300	31240	16775	52023
第二产业增加值	万元	104646	224704	118961	95513	942340
公共财政收入	万元	23558	36872	20101	39993	361687
各项税收	万元	5405	10193	7425	13126	140276
公共财政支出	万元	213008	232254	207145	155713	421000
居民储蓄存款余额	万元	248159	318325	168199	342110	1676798
年末金融机构各项贷款余额	万元	164746	229573	165733	275037	2857782
三、农业、工业及投资						
农业机械总动力	万千瓦特	6	16	6	3	28
机收面积	公顷					
设施农业占地面积	公顷	72	6	87	379	223
粮食总产量	吨	118618	145500	107965	30499	194292
棉花产量	吨					
油料产量	吨	2238	1806	2057	259	13189
肉类总产量	吨	56651	47215	35694	7782	58160
规模以上工业企业单位数	个	8	17	5	6	32
规模以上工业总产值	万元	69787	282211	126213	38739	1483714
固定资产投资	万元	887729	458124	865120	686411	1869885
四、教育、卫生和社会保障						
普通中学在校学生数	人	16544	19197	11291	3953	33696
中等职业教育学校在校学生数	人	226	274	232	123	21618
小学在校学生数	人	33551	35968	20029	7619	49628
医疗卫生机构床位数	床	752	1617	1004	735	1761
各种社会福利收养性单位数	个	7	3	3	1	3
各种社会福利收养性单位床位数	床	835	360	245	291	750

2016年县(市)社会经济主要指标

云南省

指　　标	单位	砚山县	西畴县	麻栗坡县	马关县	丘北县
一、基本情况						
行政区域面积	平方公里	3822	1506	2334	2676	4997
乡个数	个	7	7	7	4	9
镇个数	个	4	2	4	9	3
街道办事处个数	个					
户籍人口	万人	52	26	29	38	56
第二产业从业人员	人	7399	7646	4451	3790	6180
第三产业从业人员	人	55739	45589	47001	42153	60463
固定电话用户	户	8067	8105	4589	9568	12483
二、综合经济						
地区生产总值	万元	1110359	337458	537820	788112	702292
第一产业增加值	万元	244882	96911	111952	179211	220059
农业增加值	万元	167855	38385	57266	109279	77039
牧业增加值	万元	71259	49239	46816	56462	127136
第二产业增加值	万元	354957	82587	211972	313380	185482
公共财政收入	万元	70168	260221	29019	54007	42002
各项税收	万元	49031	14295	19305	41731	32206
公共财政支出	万元	322175	237861	232799	258560	319689
居民储蓄存款余额	万元	616841	286593	383878	540500	432353
年末金融机构各项贷款余额	万元	597279	311892	374295	562225	469308
三、农业、工业及投资						
农业机械总动力	万千瓦特	63	15	18	24	29
机收面积	公顷	13334		47		6680
设施农业占地面积	公顷	151	881	2	333	194
粮食总产量	吨	268870	113311	121796	176169	238146
棉花产量	吨					
油料产量	吨	9096	2225	3589	7907	6326
肉类总产量	吨	61611	40455	42748	48770	97214
规模以上工业企业单位数	个	49	4	10	19	23
规模以上工业总产值	万元	647546	53410	313615	602337	245582
固定资产投资	万元	1038289	218649	466401	440200	715799
四、教育、卫生和社会保障						
普通中学在校学生数	人	26872	12059	14097	16885	26250
中等职业教育学校在校学生数	人	1664	950	1605	1167	2509
小学在校学生数	人	46924	16061	20666	28649	48919
医疗卫生机构床位数	床	1924	842	932	1718	1525
各种社会福利收养性单位数	个	4	5	6	3	4
各种社会福利收养性单位床位数	床	239	650	121	158	85

2016年县(市)社会经济主要指标

云南省

指　标	单位	广南县	富宁县	景洪市	勐海县	勐腊县
一、基本情况						
行政区域面积	平方公里	7810	5352	6959	5368	6861
乡个数	个	11	7	5	5	2
镇个数	个	7	6	5	6	8
街道办事处个数	个			1		
户籍人口	万人	90	45	42	33	25
第二产业从业人员	人	19330	23294	3689	10232	3921
第三产业从业人员	人	147523	83729	19117	28645	22136
固定电话用户	户	36257	8050	72325	34200	35400
二、综合经济						
地区生产总值	万元	1000250	779074	1919971	925274	815053
第一产业增加值	万元	316190	209478	346167	255511	320483
农业增加值	万元	118381	94079	126248	186811	183700
牧业增加值	万元	175066	69506	21268	43700	23900
第二产业增加值	万元	300950	253818	567636	297556	120881
公共财政收入	万元	41500	28006	115919	47509	36366
各项税收	万元	34008	18521	76172	23862	25070
公共财政支出	万元	387393	295834	390896	271130	258566
居民储蓄存款余额	万元	764993	469250	2033200	587144	776988
年末金融机构各项贷款余额	万元	691702	537879	2290200	527664	687655
三、农业、工业及投资						
农业机械总动力	万千瓦特	49	16	40	45	29
机收面积	公顷	1023	34	4568	26541	5228
设施农业占地面积	公顷	24	43	868	2911	253
粮食总产量	吨	340979	155437	99315	296675	88081
棉花产量	吨					
油料产量	吨	26719	5806	552	959	573
肉类总产量	吨	128291	52815	16458	13910	11919
规模以上工业企业单位数	个	17	18	42	27	11
规模以上工业总产值	万元	528762	357817	772489	452070	171900
固定资产投资	万元	701312	823113	2647288	442227	1061217
四、教育、卫生和社会保障						
普通中学在校学生数	人	44941	26883	19376	10206	12783
中等职业教育学校在校学生数	人	1856	923	3138	735	1100
小学在校学生数	人	87011	42503	40252	24630	26514
医疗卫生机构床位数	床	2333	2288	4339	1729	1335
各种社会福利收养性单位数	个	1	12	9	5	4
各种社会福利收养性单位床位数	床	206	355	624	210	240

2016年县(市)社会经济主要指标

云南省

指　　标	单位	大理市	漾濞彝族自治县	祥云县	宾川县	弥渡县
一、基本情况						
行政区域面积	平方公里	1815	1860	2425	2627	1523
乡个数	个	1	5	2	2	2
镇个数	个	10	4	8	8	6
街道办事处个数	个	2				7
户籍人口	万人	63	11	48	36	33
第二产业从业人员	人	107985	3547	64639	13920	19589
第三产业从业人员	人	115023	6321	128492	31136	30430
固定电话用户	户	105336	6070	34695	11703	8772
二、综合经济						
地区生产总值	万元	3520694	206876	1247240	948262	486299
第一产业增加值	万元	239589	58520	328840	413339	138466
农业增加值	万元	90999	47906	135976	326813	66855
牧业增加值	万元	134418	10243	167729	67798	54753
第二产业增加值	万元	1580030	76309	455512	180419	131820
公共财政收入	万元	300666	11922	80127	39336	35036
各项税收	万元	217249	7881	50826	27684	20198
公共财政支出	万元	467971	124313	303547	224421	198245
居民储蓄存款余额	万元	3219050	168348	890712	604421	534988
年末金融机构各项贷款余额	万元	5576191	166411	1055962	772336	412956
三、农业、工业及投资						
农业机械总动力	万千瓦特	48	10	42	53	20
机收面积	公顷	6980	2454	5493	2667	3462
设施农业占地面积	公顷	39		353	733	155
粮食总产量	吨	182150	68936	209440	149317	187735
棉花产量	吨					
油料产量	吨	2095	1226	5079	7313	4832
肉类总产量	吨	79487	17550	64215	48020	54037
规模以上工业企业单位数	个	73	17	39	26	21
规模以上工业总产值	万元	3354326	87947	938431	307211	238949
固定资产投资	万元	2973013	191237	800767	559178	440582
四、教育、卫生和社会保障						
普通中学在校学生数	人	39143	4839	28979	17120	14930
中等职业教育学校在校学生数	人	15579	201	2946	1419	1391
小学在校学生数	人	43156	7574	30379	24858	18879
医疗卫生机构床位数	床	7074	406	2288	1263	1314
各种社会福利收养性单位数	个	7	3	6	3	6
各种社会福利收养性单位床位数	床	497	240	620	155	578

2016年县(市)社会经济主要指标

云南省

指　　标	单位	南涧彝族自治县	巍山彝族回族自治县	永平县	云龙县	洱源县
一、基本情况						
行政区域面积	平方公里	1732	2200	2884	4279	2614
乡个数	个	3	6	4	7	3
镇个数	个	5	4	3	4	6
街道办事处个数	个					
户籍人口	万人	23	32	19	21	30
第二产业从业人员	人	14788	35573	8441	10115	22285
第三产业从业人员	人	13595	28301	12019	10659	25624
固定电话用户	户	6100	7393	7863	6800	9408
二、综合经济						
地区生产总值	万元	492044	526698	379629	471619	592711
第一产业增加值	万元	126629	172182	135565	78882	185712
农业增加值	万元	86053	98983	107664	42851	117000
牧业增加值	万元	38370	56600	27312	31292	65628
第二产业增加值	万元	156221	158441	107019	218410	198826
公共财政收入	万元	29143	32017	20518	46316	32236
各项税收	万元	18084	37254	20590	32866	20755
公共财政支出	万元	180002	212287	151997	167706	226323
居民储蓄存款余额	万元	270637	416288	260433	274341	448901
年末金融机构各项贷款余额	万元	426483	334667	228937	290249	590679
三、农业、工业及投资						
农业机械总动力	万千瓦特	11	21	11	13	23
机收面积	公顷	3627	7967	5189	1370	7467
设施农业占地面积	公顷		109	56	13	38
粮食总产量	吨	122890	164551	106060	135620	203253
棉花产量	吨					
油料产量	吨	1683	5885	1744	339	3952
肉类总产量	吨	35104	44573	29197	44629	41000
规模以上工业企业单位数	个	16	21	11	10	19
规模以上工业总产值	万元	257109	321030	74882	125272	697368
固定资产投资	万元	295647	315562	202654	271323	570149
四、教育、卫生和社会保障						
普通中学在校学生数	人	13285	17091	7051	10112	15205
中等职业教育学校在校学生数	人	601	1120	492	1286	2259
小学在校学生数	人	16223	20132	12641	15830	19799
医疗卫生机构床位数	床	820	1141	863	630	1120
各种社会福利收养性单位数	个	2	4	1	6	2
各种社会福利收养性单位床位数	床	264	220	192	175	473

2016年县(市)社会经济主要指标

云南省

指　　标	单位	剑川县	鹤庆县	瑞丽市	芒　市	梁河县
一、基本情况						
行政区域面积	平方公里	2250	2395	945	2910	1137
乡个数	个	3	2	3	6	6
镇个数	个	5	7	3	5	3
街道办事处个数	个				1	
户籍人口	万人	18	28	13	39	17
第二产业从业人员	人	15359	18834	12891	39658	4897
第三产业从业人员	人	11720	19424	71188	102813	13711
固定电话用户	户	6838	8677	39942	42191	6685
二、综合经济						
地区生产总值	万元	279376	599168	891992	962796	199210
第一产业增加值	万元	59612	115901	97751	223522	65564
农业增加值	万元	22593	43297	41661	130842	33632
牧业增加值	万元	31515	64130	41305	50784	15570
第二产业增加值	万元	121612	341994	199798	197574	33173
公共财政收入	万元	25678	52188	74132	58120	25163
各项税收	万元	23972	36196	47655	38401	7026
公共财政支出	万元	177488	222629	215741	280491	127575
居民储蓄存款余额	万元	299084	572507	1424333	1048650	274324
年末金融机构各项贷款余额	万元	201522	452079	1531581	1394217	181288
三、农业、工业及投资						
农业机械总动力	万千瓦特	17	30	18	45	16
机收面积	公顷	6100	10060	6501	14011	4051
设施农业占地面积	公顷	11	2	49	248	30
粮食总产量	吨	92935	153113	66014	240322	71800
棉花产量	吨					
油料产量	吨	1521	930	619	1831	2004
肉类总产量	吨	29252	55173	22320	30787	12933
规模以上工业企业单位数	个	11	23	20	32	5
规模以上工业总产值	万元	160507	504578	355312	514364	34113
固定资产投资	万元	374618	511364	986959	929723	104118
四、教育、卫生和社会保障						
普通中学在校学生数	人	10023	15890	10061	16950	8232
中等职业教育学校在校学生数	人	884	1716	772	3689	410
小学在校学生数	人	12166	18573	17475	35331	10835
医疗卫生机构床位数	床	734	841	1165	3194	571
各种社会福利收养性单位数	个		4	1	4	1
各种社会福利收养性单位床位数	床		370	233	696	122

2016年县(市)社会经济主要指标

云南省

指　　标	单位	盈江县	陇川县	泸水市	福贡县	贡山独龙族怒族自治县
一、基本情况						
行政区域面积	平方公里	4316	1873	2938	2745	4379
乡个数	个	7	5	3	6	3
镇个数	个	8	4	6	1	2
街道办事处个数	个					
户籍人口	万人	30	19	18	12	4
第二产业从业人员	人	25952	10011	8728	4137	1826
第三产业从业人员	人	57805	32170	8416	16089	6482
固定电话用户	户	18162	12156	31457	3025	1874
二、综合经济						
地区生产总值	万元	784564	397421	468807	130657	110359
第一产业增加值	万元	239899	153745	69818	30590	24209
农业增加值	万元	171417	100969	29084	12200	9572
牧业增加值	万元	42391	29122	31599	13634	7749
第二产业增加值	万元	284445	79605	164930	18251	22887
公共财政收入	万元	44754	42218	25477	8392	7947
各项税收	万元	29742	13572	15597	4980	6595
公共财政支出	万元	274458	177517	237992	149566	111483
居民储蓄存款余额	万元	500551	345622	327656	88268	63372
年末金融机构各项贷款余额	万元	608208	390956	555833	98977	84636
三、农业、工业及投资						
农业机械总动力	万千瓦特	33	35	8	4	4
机收面积	公顷	18051	11949			
设施农业占地面积	公顷	180	90	34		13
粮食总产量	吨	225161	150546	67921	34294	10791
棉花产量	吨					
油料产量	吨	2319	5662	400	628	120
肉类总产量	吨	29448	16000	16008	6015	2250
规模以上工业企业单位数	个	47	13	11	3	3
规模以上工业总产值	万元	382073	177467	177793	4301	9557
固定资产投资	万元	827518	257409	412974	97420	89418
四、教育、卫生和社会保障						
普通中学在校学生数	人	16942	10134	10457	3722	1374
中等职业教育学校在校学生数	人	1399	667	299		
小学在校学生数	人	28820	16277	16643	8722	2764
医疗卫生机构床位数	床	1161	1071	1141	325	180
各种社会福利收养性单位数	个	3	5	3	3	3
各种社会福利收养性单位床位数	床	469	300	314	196	198

2016年县(市)社会经济主要指标

云南省、西藏自治区

指　　标	单位	兰坪白族普米族自治县	香格里拉市	德钦县	维西傈僳族自治县	堆龙德庆区
一、基本情况						
行政区域面积	平方公里	4372	11419	7291	4477	2408
乡个数	个	4	7	6	7	4
镇个数	个	4	4	2	3	2
街道办事处个数	个					
户籍人口	万人	21	15	6	16	5
第二产业从业人员	人	13083	12741	1598	4596	6259
第三产业从业人员	人	18558	24851	6568	5822	13443
固定电话用户	户	8600	26375	5116	4500	8300
二、综合经济						
地区生产总值	万元	516345	1109519	276341	418831	262751
第一产业增加值	万元	75432	42657	16511	54765	15175
农业增加值	万元	39753	22066	7908	22740	7248
牧业增加值	万元	24657	13909	4978	14476	7296
第二产业增加值	万元	191244	391754	105626	141245	222900
公共财政收入	万元	35026	58368	16899	21040	62552
各项税收	万元	30533	42307	8491	20456	60615
公共财政支出	万元	227619	381426	248856	306615	167119
居民储蓄存款余额	万元	315830	643882	114227	238220	180966
年末金融机构各项贷款余额	万元	404451	1327638	168119	292362	151121
三、农业、工业及投资						
农业机械总动力	万千瓦特	11	30	5	19	23
机收面积	公顷		4072	130	2421	3203
设施农业占地面积	公顷	73	16	17	64	50
粮食总产量	吨	89181	75671	27089	77153	23004
棉花产量	吨					
油料产量	吨	753	2886	2236	1940	1860
肉类总产量	吨	13423	15305	2988	11439	4637
规模以上工业企业单位数	个	2	18	1	5	12
规模以上工业总产值	万元	184225	394351	42749	36195	282800
固定资产投资	万元	508211	1637011	626175	891376	767600
四、教育、卫生和社会保障						
普通中学在校学生数	人	12505	5308	1348	5458	1505
中等职业教育学校在校学生数	人	415				
小学在校学生数	人	18201	12590	3569	11167	4089
医疗卫生机构床位数	床	752	231	219	242	190
各种社会福利收养性单位数	个	2	3	2	1	1
各种社会福利收养性单位床位数	床	198	261	20	62	203

2016年县(市)社会经济主要指标

西藏自治区

指　　标	单位	林周县	当雄县	尼木县	曲水县	达孜县
一、基本情况						
行政区域面积	平方公里	4464	10244	3297	1611	1373
乡个数	个	9	6	7	5	5
镇个数	个	1	2	1	1	1
街道办事处个数	个					
户籍人口	万人	6	5	3	4	3
第二产业从业人员	人	341	1027	2822	2535	1488
第三产业从业人员	人	3001	6477	5750	5940	5019
固定电话用户	户	1247	621	1512	1864	1690
二、综合经济						
地区生产总值	万元	154900	155642	66900	133055	146500
第一产业增加值	万元	25700	26729	10400	16055	15400
农业增加值	万元	10674	1778	3500	10369	9109
牧业增加值	万元	14982	24951	6700	5217	6089
第二产业增加值	万元	35811	84412	27900	99800	84400
公共财政收入	万元	12931	25109	11174	18724	58880
各项税收	万元	4670	8112	6020	47829	56890
公共财政支出	万元	100095	103721	78257	85372	155480
居民储蓄存款余额	万元	29319	22211	25094	39342	216165
年末金融机构各项贷款余额	万元	75595	75799	25099	57626	101248
三、农业、工业及投资						
农业机械总动力	万千瓦特	17		8	11	38
机收面积	公顷	8203		1622	3658	3544
设施农业占地面积	公顷	84			280	399
粮食总产量	吨	68001		13216	25477	25293
棉花产量	吨					
油料产量	吨	1618		1149	1978	941
肉类总产量	吨	4129	11565	3057	4250	3880
规模以上工业企业单位数	个	3	5	1	8	11
规模以上工业总产值	万元	9679	59659	408	72927	60646
固定资产投资	万元	89042	295164	131800	375600	286200
四、教育、卫生和社会保障						
普通中学在校学生数	人	2169	2056	1089	925	1030
中等职业教育学校在校学生数	人					
小学在校学生数	人	4196	5492	2866	2523	2167
医疗卫生机构床位数	床	70	73	53	28	70
各种社会福利收养性单位数	个	1	1	1	1	1
各种社会福利收养性单位床位数	床	248	119	99	190	120

2016年县(市)社会经济主要指标

西藏自治区

指　　标	单位	墨竹工卡县	桑珠孜区	南木林县	江孜县	定日县
一、基本情况						
行政区域面积	平方公里	5492	3665	8848	3800	13835
乡个数	个	8	10	16	18	11
镇个数	个	1		1	1	2
街道办事处个数	个		2			
户籍人口	万人	7	12	9	7	6
第二产业从业人员	人	2988	6612	4737	6610	2216
第三产业从业人员	人	5027	4295	8199	2059	11282
固定电话用户	户	2860	19236	1280	1500	645
二、综合经济						
地区生产总值	万元	261800	628356	91596	183177	82153
第一产业增加值	万元	27400	48303	32466	31922	19024
农业增加值	万元	9000	41837	20479	19667	10079
牧业增加值	万元	17800	3639	11281	11707	8871
第二产业增加值	万元	207600	231844	24363	33417	35517
公共财政收入	万元	32701	17059	3006	3700	7802
各项税收	万元	32701	10957	1020	1866	2888
公共财政支出	万元	119550	177558	130533	580270	214671
居民储蓄存款余额	万元	36339	160492	25193	58582	16281
年末金融机构各项贷款余额	万元	324186	52004	67600	51407	72696
三、农业、工业及投资						
农业机械总动力	万千瓦特	24	37	25	37	28
机收面积	公顷	5204	15713	2023	5800	4716
设施农业占地面积	公顷	132	242	3	48	1
粮食总产量	吨	24488	79898	23347	65066	27458
棉花产量	吨					
油料产量	吨	2075	4525	2569	6198	1528
肉类总产量	吨	7890	2579	1231	2190	1391
规模以上工业企业单位数	个	5	3			1
规模以上工业总产值	万元	227000	19382			2894
固定资产投资	万元	805500	470579	183438	115600	208000
四、教育、卫生和社会保障						
普通中学在校学生数	人	2988	3980	4795	4181	2358
中等职业教育学校在校学生数	人					
小学在校学生数	人	4337	8644	7719	5897	5891
医疗卫生机构床位数	床	144	154	178	505	178
各种社会福利收养性单位数	个	1	2	1	1	1
各种社会福利收养性单位床位数	床	312	139	106	116	175

2016年县(市)社会经济主要指标

西藏自治区

指　标	单位	萨迦县	拉孜县	昂仁县	谢通门县	白朗县
一、基本情况						
行政区域面积	平方公里	8126	4488	27600	14043	2759
乡个数	个	9	9	15	18	9
镇个数	个	2	2	2	1	2
街道办事处个数	个					
户籍人口	万人	5	6	6	5	5
第二产业从业人员	人	3225	2607	1817	2266	7653
第三产业从业人员	人	6244	11257	1495	2533	3094
固定电话用户	户	4400	975	4878	1830	1300
二、综合经济						
地区生产总值	万元	99164	86036	75445	104845	86070
第一产业增加值	万元	18203	24170	18303	16211	22844
农业增加值	万元	9829	18083	8326	10109	18583
牧业增加值	万元	6553	5716	17013	6030	4023
第二产业增加值	万元	51541	23459	25751	55005	27768
公共财政收入	万元	7007	3346	3083	12678	2006
各项税收	万元	6440	2424	1672	20520	2348
公共财政支出	万元	107611	118069	130847	112335	94188
居民储蓄存款余额	万元	15582	25864	18212		19211
年末金融机构各项贷款余额	万元	3810	51233	70324		47924
三、农业、工业及投资						
农业机械总动力	万千瓦特	27	17	15	30	16
机收面积	公顷	4154	4672	2067	2176	4513
设施农业占地面积	公顷	4	27	2		176
粮食总产量	吨	28949	38868	19719	15884	49168
棉花产量	吨					
油料产量	吨	2783	4531	1003	1117	2332
肉类总产量	吨	1433	1496	181	2794	1496
规模以上工业企业单位数	个				2	2
规模以上工业总产值	万元				56512	5333
固定资产投资	万元	197200	1184447	86427	150000	101200
四、教育、卫生和社会保障						
普通中学在校学生数	人	1775	3751	2341	1800	1556
中等职业教育学校在校学生数	人					
小学在校学生数	人	4431	5342	5467	4063	4179
医疗卫生机构床位数	床	126	150	240	171	43
各种社会福利收养性单位数	个	2	1	1	1	1
各种社会福利收养性单位床位数	床	74	92	129	215	50

2016年县(市)社会经济主要指标

西藏自治区

指　　标	单位	仁布县	康马县	定结县	仲巴县	亚东县
一、基本情况						
行政区域面积	平方公里	2124	7453	7566	45900	4212
乡个数	个	8	8	7	12	5
镇个数	个	1	1	3	1	2
街道办事处个数	个					
户籍人口	万人	3	2	2	2	1
第二产业从业人员	人	7275	2099	1797	442	705
第三产业从业人员	人	1961	800	946	1403	1377
固定电话用户	户	1821	6038	1980	2016	3025
二、综合经济						
地区生产总值	万元	50286	43634	35632	61079	57632
第一产业增加值	万元	8766	8908	6826	18635	6340
农业增加值	万元	4775	4269	3252	13	2074
牧业增加值	万元	3930	4566	3252	18135	3347
第二产业增加值	万元	22455	13804	12004	14891	20171
公共财政收入	万元	3004	1844	1721	3265	8275
各项税收	万元	2716	1598	1688	2905	8275
公共财政支出	万元	87136	114891	136435	111209	87102
居民储蓄存款余额	万元	21855	39000	13014	12974	44893
年末金融机构各项贷款余额	万元	24358	32846	30478	24284	29890
三、农业、工业及投资						
农业机械总动力	万千瓦特	17	15	9	20	7
机收面积	公顷	1000	1820			
设施农业占地面积	公顷	1	2	5	2	7
粮食总产量	吨	14050	11228	6209		1181
棉花产量	吨					
油料产量	吨	1330	1050	667		36
肉类总产量	吨	637	1611	1019	3211	1160
规模以上工业企业单位数	个	1				
规模以上工业总产值	万元	3890				
固定资产投资	万元	72725	99591	107276	66990	74805
四、教育、卫生和社会保障						
普通中学在校学生数	人	1211	849	723	1016	414
中等职业教育学校在校学生数	人					
小学在校学生数	人	3061	2014	1852	2417	1008
医疗卫生机构床位数	床	86	61	62	107	68
各种社会福利收养性单位数	个	1	1	2	1	2
各种社会福利收养性单位床位数	床	66	48	95	116	103

2016年县(市)社会经济主要指标

西藏自治区

指　　标	单位	吉隆县	聂拉木县	萨嘎县	岗巴县	卡若区
一、基本情况						
行政区域面积	平方公里	9300	7864	12400	3938	10793
乡个数	个	4	5	7	4	12
镇个数	个	2	2	1	1	3
街道办事处个数	个					
户籍人口	万人	2	2	2	1	12
第二产业从业人员	人	376	1291		615	3344
第三产业从业人员	人	562	2685	2731	262	2559
固定电话用户	户	512	5860	1900	500	3380
二、综合经济						
地区生产总值	万元	59344	61116	35921	35772	495219
第一产业增加值	万元	6473	8099	6267	3492	33818
农业增加值	万元	2820	3056	861	939	12851
牧业增加值	万元	3628	5019	5406	2553	20932
第二产业增加值	万元	31061	17658	12386	13175	204733
公共财政收入	万元	5905	2483	1420	1796	17309
各项税收	万元	5341	1074	871	1308	11861
公共财政支出	万元	161471	128443	97881	72284	179163
居民储蓄存款余额	万元	20132	10759	9012	9832	111709
年末金融机构各项贷款余额	万元	18760	13749	20614	15057	54542
三、农业、工业及投资						
农业机械总动力	万千瓦特	4	9	4	3	4
机收面积	公顷	71	333		343	1423
设施农业占地面积	公顷	5	9	2		8
粮食总产量	吨	3893	6669	1313	2669	20382
棉花产量	吨					
油料产量	吨	809	509	106	303	316
肉类总产量	吨	513	1221	695	933	13587
规模以上工业企业单位数	个		1			3
规模以上工业总产值	万元		3842			58995
固定资产投资	万元	217004	183700	53299	59210	747430
四、教育、卫生和社会保障						
普通中学在校学生数	人	744	830	632	487	14161
中等职业教育学校在校学生数	人					2858
小学在校学生数	人	1556	1845	1572	1014	10953
医疗卫生机构床位数	床	67	88	89	47	120
各种社会福利收养性单位数	个	1	1	4	2	5
各种社会福利收养性单位床位数	床	75	32	100	24	326

2016年县(市)社会经济主要指标

西藏自治区

指标	单位	江达县	贡觉县	类乌齐县	丁青县	察雅县
一、基本情况						
行政区域面积	平方公里	13159	6323	6338	12369	8256
乡个数	个	11	11	8	11	10
镇个数	个	2	1	2	2	3
街道办事处个数	个					
户籍人口	万人	9	5	5	9	6
第二产业从业人员	人	12068	6733	845	793	2560
第三产业从业人员	人	4190	1280	2311	1777	2869
固定电话用户	户	3890	958	7700	2172	1524
二、综合经济						
地区生产总值	万元	149498	63851	81738	105220	98910
第一产业增加值	万元	27339	10533	17975	30593	16215
农业增加值	万元	9001	4168	7900	16648	6914
牧业增加值	万元	18202	6483	8816	13906	9290
第二产业增加值	万元	77028	18600	27572	27211	52377
公共财政收入	万元	10024	3950	5222	6965	3964
各项税收	万元	6108	2800	3120	3000	2220
公共财政支出	万元	123240	88465	79188	117167	105857
居民储蓄存款余额	万元	24372	14293	24439	27893	19643
年末金融机构各项贷款余额	万元	108601	59041	41345	94005	11422
三、农业、工业及投资						
农业机械总动力	万千瓦特	4	3	11	33	5
机收面积	公顷		1	1134	2129	
设施农业占地面积	公顷	19			10	60
粮食总产量	吨	14709	14114	8565	24901	13710
棉花产量	吨					
油料产量	吨	320	500		1165	306
肉类总产量	吨	10532	6118	7612	7917	7510
规模以上工业企业单位数	个	1				1
规模以上工业总产值	万元	1200				209
固定资产投资	万元	190772	142082	85276	161250	110740
四、教育、卫生和社会保障						
普通中学在校学生数	人	1423	895	1932	2143	1124
中等职业教育学校在校学生数	人					
小学在校学生数	人	7274	3948	5980	7842	5156
医疗卫生机构床位数	床	125	152	189	311	123
各种社会福利收养性单位数	个	1	1	3	1	3
各种社会福利收养性单位床位数	床	210	245	212	425	183

2016年县(市)社会经济主要指标

西藏自治区

指　　标	单位	八宿县	左贡县	芒康县	洛隆县	边坝县
一、基本情况						
行政区域面积	平方公里	12328	11840	11576	8060	8775
乡个数	个	10	7	14	7	9
镇个数	个	4	3	2	4	2
街道办事处个数	个					
户籍人口	万人	5	6	9	5	4
第二产业从业人员	人	3488	581	6694	1200	2240
第三产业从业人员	人	4939	1419	4965	2048	2732
固定电话用户	户	1240	1400	6750	1500	2013
二、综合经济						
地区生产总值	万元	67414	88701	176996	87754	63300
第一产业增加值	万元	13461	18472	27498	19372	16624
农业增加值	万元	4784	6899	8490	8700	5590
牧业增加值	万元	8530	10493	16520	9767	10855
第二产业增加值	万元	18926	23999	79140	40413	22102
公共财政收入	万元	4550	3196	10013	4700	2338
各项税收	万元	2500	1745	5642	3010	1538
公共财政支出	万元	96245	87649	126839	103000	78280
居民储蓄存款余额	万元	24218	21584	31380	15500	17016
年末金融机构各项贷款余额	万元	39123	47175	937000	29706	39066
三、农业、工业及投资						
农业机械总动力	万千瓦特	9	7	9	12	6
机收面积	公顷	1147	183		2462	799
设施农业占地面积	公顷	13	70	48	82	70
粮食总产量	吨	11023	16480	28677	23514	11130
棉花产量	吨					
油料产量	吨	331	305	420	1124	65
肉类总产量	吨	4622	5669	7104	6054	6723
规模以上工业企业单位数	个	1				
规模以上工业总产值	万元	260				
固定资产投资	万元	134140	85630	369885	107064	72824
四、教育、卫生和社会保障						
普通中学在校学生数	人	1422	1012	3042	1624	1259
中等职业教育学校在校学生数	人					
小学在校学生数	人	3847	4889	7468	5193	3775
医疗卫生机构床位数	床	117	100	208	178	129
各种社会福利收养性单位数	个	1	2	7	2	2
各种社会福利收养性单位床位数	床	18	265	65	140	235

2016年县(市)社会经济主要指标

西藏自治区

指　　标	单位	巴宜区	工布江达县	米林县	墨脱县	波密县
一、基本情况						
行政区域面积	平方公里	10238	12960	9507	31395	16748
乡个数	个	3	6	5	7	7
镇个数	个	4	3	3	1	3
街道办事处个数	个	1	1			
户籍人口	万人	4	3	2	1	3
第二产业从业人员	人	17341	468	316	478	1397
第三产业从业人员	人	37651	2300	4005	192	2207
固定电话用户	户	23218	3082	2463	3886	1121
二、综合经济						
地区生产总值	万元	566100	119800	128200	45900	169900
第一产业增加值	万元	14685	17500	11162	3209	20672
农业增加值	万元	6473	6812	6225	1991	11295
牧业增加值	万元	7955	10337	4910	1107	8710
第二产业增加值	万元	196700	40300	47600	23200	53100
公共财政收入	万元	21600	5818	11112	4254	5525
各项税收	万元	18775	3723	8246	3020	4213
公共财政支出	万元	81715	63022	45319	58085	81302
居民储蓄存款余额	万元	348732	42206	46478	25103	61135
年末金融机构各项贷款余额	万元	2140534	85200	251515	41133	74918
三、农业、工业及投资						
农业机械总动力	万千瓦特	14	21	21		15
机收面积	公顷	2025	1106	2449		3141
设施农业占地面积	公顷	47	12	26	10	47
粮食总产量	吨	12799	7862	8695	5189	19161
棉花产量	吨					
油料产量	吨	761	515	353	24	1252
肉类总产量	吨	2522	2414	1332	406	1608
规模以上工业企业单位数	个	3				
规模以上工业总产值	万元	65364				
固定资产投资	万元	702200	458200	184223	144400	187054
四、教育、卫生和社会保障						
普通中学在校学生数	人	6577	1024	764	557	1626
中等职业教育学校在校学生数	人	1367				
小学在校学生数	人	5362	2759	2262	1019	2858
医疗卫生机构床位数	床	737	95	107	127	240
各种社会福利收养性单位数	个	1	1	1	1	3
各种社会福利收养性单位床位数	床	227	236	167	87	134

2016年县(市)社会经济主要指标

西藏自治区

指　标	单位	察隅县	朗　县	乃东区	扎囊县	贡嘎县
一、基本情况						
行政区域面积	平方公里	31659	4106	2185	2142	2386
乡个数	个	3	3	5	3	4
镇个数	个	3	3	2	2	5
街道办事处个数	个					
户籍人口	万人	3	2	7	4	5
第二产业从业人员	人	2400	276	7623	9485	8329
第三产业从业人员	人	1367	882	4730	2777	4185
固定电话用户	户	1025	1269	11032	230	5131
二、综合经济						
地区生产总值	万元	71773	56100	429429	104548	121856
第一产业增加值	万元	12673	8953	10067	6240	6839
农业增加值	万元	7750	3483	4290	3178	3088
牧业增加值	万元	4676	5405	5237	2942	3628
第二产业增加值	万元	30800	15800	103314	69270	59660
公共财政收入	万元	3500	5796	6525	76777	6354
各项税收	万元	4616	2605	8453	2813	4630
公共财政支出	万元	67489	50569	89453	75663	85116
居民储蓄存款余额	万元	42140	30318	130500	43362	70662
年末金融机构各项贷款余额	万元	61104	117728	39300	161609	182146
三、农业、工业及投资						
农业机械总动力	万千瓦特	13	3	17	21	14
机收面积	公顷			2938	1131	1752
设施农业占地面积	公顷	39	21	11	13	2
粮食总产量	吨	18841	6098	22851	24674	31365
棉花产量	吨					
油料产量	吨	350	361	1304	1895	1381
肉类总产量	吨	1287	1766	5302	1248	2663
规模以上工业企业单位数	个					
规模以上工业总产值	万元					
固定资产投资	万元	171224	136554	264451	256771	363052
四、教育、卫生和社会保障						
普通中学在校学生数	人	1255	510	11330	1473	1032
中等职业教育学校在校学生数	人				8	
小学在校学生数	人	2337	1168	20440	2506	2995
医疗卫生机构床位数	床	94	98	14	45	81
各种社会福利收养性单位数	个	1	3	1	7	1
各种社会福利收养性单位床位数	床	148	170	240	277	217

2016年县(市)社会经济主要指标

西藏自治区

指　　标	单位	桑日县	琼结县	曲松县	措美县	洛扎县
一、基本情况						
行政区域面积	平方公里	2634	1030	2070	4178	5031
乡个数	个	3	3	3	2	5
镇个数	个	1	1	2	2	2
街道办事处个数	个					
户籍人口	万人	2	2	2	2	2
第二产业从业人员	人	4054	3665	3288	2510	4572
第三产业从业人员	人	1263	1062	1237	1433	1439
固定电话用户	户	1300	367	1528	500	214
二、综合经济						
地区生产总值	万元	150498	32567	50697	36041	37414
第一产业增加值	万元	4303	2643	3308	2713	4554
农业增加值	万元	2044	1730	556	782	2327
牧业增加值	万元	2155	879	2715	1925	2174
第二产业增加值	万元	131948	14157	31456	20228	16560
公共财政收入	万元	8600	2501	5500	2016	3110
各项税收	万元	7393	892	3067	1803	2810
公共财政支出	万元	62091	55740	66615	52755	61528
居民储蓄存款余额	万元	22433	20687	25584	25220	
年末金融机构各项贷款余额	万元	38922	21480	33964	21734	38242
三、农业、工业及投资						
农业机械总动力	万千瓦特	4	6	4	4	5
机收面积	公顷	1465	1477	589	631	16
设施农业占地面积	公顷	8	2	9	6	8
粮食总产量	吨	8242	10441	7451	3588	10962
棉花产量	吨					
油料产量	吨	1044	1070	970	433	908
肉类总产量	吨	2351	1002	1959	2281	1122
规模以上工业企业单位数	个	3		2		
规模以上工业总产值	万元	91602		14590		
固定资产投资	万元	304837	40738	78151	78656	60290
四、教育、卫生和社会保障						
普通中学在校学生数	人	700	552	606	440	895
中等职业教育学校在校学生数	人					
小学在校学生数	人	1225	1090	1039	848	1492
医疗卫生机构床位数	床	64	46	50	38	85
各种社会福利收养性单位数	个	1	1	1	1	3
各种社会福利收养性单位床位数	床	220	136	196	110	134

2016年县(市)社会经济主要指标

西藏自治区

指　标	单位	加查县	隆子县	错那县	浪卡子县	那曲县
一、基本情况						
行政区域面积	平方公里	4385	9894	34979	7982	16195
乡个数	个	5	9	9	8	9
镇个数	个	2	2	1	2	3
街道办事处个数	个					
户籍人口	万人	2	4	2	4	8
第二产业从业人员	人	2448	9810	1684	6659	
第三产业从业人员	人	2819	1768	1555	2283	
固定电话用户	户	3400	8900	920	452	
二、综合经济						
地区生产总值	万元	113063	80949	45024	53679	154092
第一产业增加值	万元	6958	5874	2393	4730	28162
农业增加值	万元	4660	2061	983	533	
牧业增加值	万元	2209	3761	1361	4168	28162
第二产业增加值	万元	76722	54733	20239	19797	33433
公共财政收入	万元	8215	8807	3021	3226	4726
各项税收	万元	6647	14502	1512	2676	2998
公共财政支出	万元	63150	94139	92556	90553	142789
居民储蓄存款余额	万元	46179	43891	18071	24174	48495
年末金融机构各项贷款余额	万元	104070	34606	34235	56362	80183
三、农业、工业及投资						
农业机械总动力	万千瓦特	7	13	2	14	6
机收面积	公顷			45	835	
设施农业占地面积	公顷	18	13	5	16	
粮食总产量	吨	8341	18199	5227	7704	
棉花产量	吨					
油料产量	吨	522	1187	417	721	
肉类总产量	吨	2114	3065	1200	2230	14512
规模以上工业企业单位数	个	2	1			
规模以上工业总产值	万元	56700	66295			
固定资产投资	万元	201948	77327	71785	64358	10785
四、教育、卫生和社会保障						
普通中学在校学生数	人	1015	1362	514	1643	2312
中等职业教育学校在校学生数	人					
小学在校学生数	人	1556	2534	790	3079	8397
医疗卫生机构床位数	床	98	85	98	60	155
各种社会福利收养性单位数	个	1	2	1	1	
各种社会福利收养性单位床位数	床	125	195	176	163	

2016年县(市)社会经济主要指标

西藏自治区

指　标	单位	嘉黎县	比如县	聂荣县	安多县	申扎县
一、基本情况						
行政区域面积	平方公里	13056	11440	9017	100000	25546
乡个数	个	8	8	9	9	6
镇个数	个	2	2	1	4	2
街道办事处个数	个					
户籍人口	万人	4	7	4	4	2
第二产业从业人员	人	1572	60	518	3008	1894
第三产业从业人员	人	2878	2931	953	4405	2411
固定电话用户	户	1356	1323	1024	1400	782
二、综合经济						
地区生产总值	万元	55776	81988	54594	75774	45834
第一产业增加值	万元	9337	21210	9000	11970	6702
农业增加值	万元	6984	16251	3321		
牧业增加值	万元	2343	4959	5654	11970	6702
第二产业增加值	万元	14300	18083	18267	16469	8981
公共财政收入	万元	3529	3703	4310	3050	1960
各项税收	万元	2447	2383	1173	1211	1332
公共财政支出	万元	89327	116740	101780	103685	68881
居民储蓄存款余额	万元	17429	47322	12195		14842
年末金融机构各项贷款余额	万元	34613	85094	35300	57929	26216
三、农业、工业及投资						
农业机械总动力	万千瓦特	8	2			
机收面积	公顷	65				
设施农业占地面积	公顷					
粮食总产量	吨	1234	3686			
棉花产量	吨					
油料产量	吨					
肉类总产量	吨	7262	11553	9008	14222	6105
规模以上工业企业单位数	个					
规模以上工业总产值	万元					
固定资产投资	万元	76918	201609	733928	67400	60752
四、教育、卫生和社会保障						
普通中学在校学生数	人	1308	2347	1583	1686	979
中等职业教育学校在校学生数	人					
小学在校学生数	人	4748	8617	2958	3668	2432
医疗卫生机构床位数	床	123	95	127	132	95
各种社会福利收养性单位数	个	1	1	1		
各种社会福利收养性单位床位数	床	117	264	176		

2016年县(市)社会经济主要指标

西藏自治区

指　标	单位	索　县	班戈县	巴青县	尼玛县	双湖县
一、基本情况						
行政区域面积	平方公里	5859	2838	25000	72499	11637
乡个数	个	8	10	7	14	6
镇个数	个	2	4	3	1	1
街道办事处个数	个					
户籍人口	万人	5	4	6	3	1
第二产业从业人员	人			1276	684	344
第三产业从业人员	人	4449	2217	1999	4250	187
固定电话用户	户	212	13632	1117		
二、综合经济						
地区生产总值	万元	65978	60501	73951	62041	15905
第一产业增加值	万元	10703	14945	15291	11787	8402
农业增加值	万元	7887		9633	197	
牧业增加值	万元	2816	14945	5658	11590	6266
第二产业增加值	万元	15566	15418	13345	9737	83
公共财政收入	万元	2706	1753	2166	1735	2377
各项税收	万元	2915	1256	2090	1048	1530
公共财政支出	万元	89245	93746	96071	96774	46568
居民储蓄存款余额	万元	24768	18227	31373	10790	9216
年末金融机构各项贷款余额	万元	45030	50495	48257	35037	22055
三、农业、工业及投资						
农业机械总动力	万千瓦特	4	6			
机收面积	公顷					
设施农业占地面积	公顷					
粮食总产量	吨	7132		906	155	
棉花产量	吨					
油料产量	吨	64				
肉类总产量	吨	5629	5498	6813	7790	3068
规模以上工业企业单位数	个					
规模以上工业总产值	万元					
固定资产投资	万元	93472	89041	31998	78000	23686
四、教育、卫生和社会保障						
普通中学在校学生数	人	2112	1680	2330	1507	622
中等职业教育学校在校学生数	人					
小学在校学生数	人	6314	3725	5240	3025	266
医疗卫生机构床位数	床	190	137	78	108	76
各种社会福利收养性单位数	个	5	1	3	1	1
各种社会福利收养性单位床位数	床	62	16	38	56	33

2016年县(市)社会经济主要指标

西藏自治区

指　　标	单位	普兰县	札达县	噶尔县	日土县	革吉县
一、基本情况						
行政区域面积	平方公里	13194	24684	18000	80030	46104
乡个数	个	2	6	4	4	4
镇个数	个	1	1	1	1	1
街道办事处个数	个					
户籍人口	万人	1	1	2	1	2
第二产业从业人员	人	300	49	958	1066	1033
第三产业从业人员	人	536	345	2868	138	1080
固定电话用户	户	2150	1089	6960	306	308
二、综合经济						
地区生产总值	万元	25567	23847	27850	30161	35528
第一产业增加值	万元	4028	2950	4918	7460	10133
农业增加值	万元	1116	227	539	465	194
牧业增加值	万元	2845	2650	4367	6993	9939
第二产业增加值	万元	6374	6914	8999	5305	8990
公共财政收入	万元	2156	1883	17659	2545	1382
各项税收	万元	986	1446	10724	1800	944
公共财政支出	万元	53093	60046	466076	56891	53560
居民储蓄存款余额	万元	22033	21703	64083	16922	14431
年末金融机构各项贷款余额	万元	18110	36814	18435	22403	12046
三、农业、工业及投资						
农业机械总动力	万千瓦特	1	5	3	4	1
机收面积	公顷	29				
设施农业占地面积	公顷	44	9		9	
粮食总产量	吨	2727	939	636	1066	35
棉花产量	吨					
油料产量	吨	140	88	15	25	
肉类总产量	吨	422	674	1223	1481	1642
规模以上工业企业单位数	个			1		
规模以上工业总产值	万元			6820		
固定资产投资	万元	36417	39264	404653	42085	43368
四、教育、卫生和社会保障						
普通中学在校学生数	人	314	269	2110	526	722
中等职业教育学校在校学生数	人			325		
小学在校学生数	人	878	469	1800	982	1836
医疗卫生机构床位数	床	60	44	336	70	34
各种社会福利收养性单位数	个	3	1	4	1	1
各种社会福利收养性单位床位数	床	36	12	314	54	120

2016年县(市)社会经济主要指标

西藏自治区、陕西省

指　标	单位	改则县	措勤县	长安区	高陵区	蓝田县
一、基本情况						
行政区域面积	平方公里	135616	22136	1588	294	2006
乡个数	个	6	4			
镇个数	个	1	1		3	18
街道办事处个数	个			25	4	1
户籍人口	万人	2	2	108	33	66
第二产业从业人员	人	971	546	123538	28753	58565
第三产业从业人员	人	1986	752	121540	19692	100456
固定电话用户	户	7000	2384	100901	53304	44184
二、综合经济						
地区生产总值	万元	51891	27588	6080200	3023589	1224400
第一产业增加值	万元	20043	7549	384713	285152	275900
农业增加值	万元	169	71	308759	189209	188361
牧业增加值	万元	19874	7478	63541	95025	79216
第二产业增加值	万元	7337	4997	3326000	2051400	348700
公共财政收入	万元	2340	1785	355000	120185	42872
各项税收	万元	1601	796	202453	80737	26404
公共财政支出	万元	67736	45556	612604	232310	356183
居民储蓄存款余额	万元	15412	14705	4646456	1493734	1219114
年末金融机构各项贷款余额	万元	29236	28795	3101954	916206	677057
三、农业、工业及投资						
农业机械总动力	万千瓦特	6	3	35	21	31
机收面积	公顷			60486	26593	26750
设施农业占地面积	公顷	2		2122	1854	275
粮食总产量	吨			332415	187779	255720
棉花产量	吨					178
油料产量	吨			2225		2417
肉类总产量	吨	3980	2015	20411	7582	19770
规模以上工业企业单位数	个			43	141	31
规模以上工业总产值	万元			221001	8274100	414090
固定资产投资	万元	90385	29085	7380100	4595343	2643700
四、教育、卫生和社会保障						
普通中学在校学生数	人	1553	810	40702	10412	28451
中等职业教育学校在校学生数	人			3787	1379	985
小学在校学生数	人	2901	1498	59971	18973	28411
医疗卫生机构床位数	床	128	75	5992	1702	1525
各种社会福利收养性单位数	个	1	6	32	4	20
各种社会福利收养性单位床位数	床	115	176	5163	1112	787

2016年县(市)社会经济主要指标

陕西省

指　　标	单位	周至县	户　县	耀州区	宜君县	陈仓区
一、基本情况						
行政区域面积	平方公里	2969	1279	1604	1532	2472
乡个数	个				1	
镇个数	个	19	13	8	6	15
街道办事处个数	个	1	1	6	1	3
户籍人口	万人	69	61	34	9	61
第二产业从业人员	人	40028	86041	40700	5707	120183
第三产业从业人员	人	69671	82248	52391	9684	109237
固定电话用户	户	54978	83600	90457	5670	74700
二、综合经济						
地区生产总值	万元	1149900	1628163	1275038	331125	1647807
第一产业增加值	万元	331700	285963	110008	63271	257312
农业增加值	万元	255500	212963	83986	53084	120354
牧业增加值	万元	46500	63663	23450	8949	127757
第二产业增加值	万元	260800	638000	760230	189530	919300
公共财政收入	万元	36522	94138	64090	21002	28383
各项税收	万元	17020	143790	33964	11594	19484
公共财政支出	万元	380428	402850	274421	116769	208099
居民储蓄存款余额	万元	1225500	2062021	820761	167794	1574154
年末金融机构各项贷款余额	万元	336200	782841	502952	118459	832693
三、农业、工业及投资						
农业机械总动力	万千瓦特	33	47	25	9	38
机收面积	公顷	42140	55728	21310	10370	33000
设施农业占地面积	公顷	144	1233	245	71	1915
粮食总产量	吨	222595	297776	89248	104358	226699
棉花产量	吨					
油料产量	吨	1495	678	5860	799	2676
肉类总产量	吨	26482	18331	4268	4902	53831
规模以上工业企业单位数	个	45	82	145	14	75
规模以上工业总产值	万元	462442	1756869	2811215	453678	2260085
固定资产投资	万元	1323300	1254400	2112177	440252	3236354
四、教育、卫生和社会保障						
普通中学在校学生数	人	29859	27509	21072	2221	20816
中等职业教育学校在校学生数	人	1433	8435	60		8800
小学在校学生数	人	33169	30582	18900	4106	24524
医疗卫生机构床位数	床	1864	3026	2011	335	2810
各种社会福利收养性单位数	个	3	6	16	2	4
各种社会福利收养性单位床位数	床	540	2146	553	460	500

2016年县(市)社会经济主要指标

陕西省

指　　标	单位	凤翔县	岐山县	扶风县	眉　县	陇　县
一、基本情况						
行政区域面积	平方公里	1179	856	705	858	2277
乡个数	个					
镇个数	个	12	9	7	7	10
街道办事处个数	个			1	1	
户籍人口	万人	53	47	45	33	27
第二产业从业人员	人	80231	79720	62777	63987	60700
第三产业从业人员	人	98950	61830	58686	36521	28600
固定电话用户	户	43000	32315	10000	37259	13610
二、综合经济						
地区生产总值	万元	2020397	1561109	1081596	1155105	675490
第一产业增加值	万元	250497	237439	210596	209760	178828
农业增加值	万元	151534	159959	120109	180311	79426
牧业增加值	万元	94196	71968	83922	27180	92134
第二产业增加值	万元	1210900	849786	553600	606234	291497
公共财政收入	万元	45028	36626	41735	30188	29936
各项税收	万元	28269	21287	13829	22079	20431
公共财政支出	万元	245255	269664	218789	190612	173820
居民储蓄存款余额	万元	1198472	1542500	1188860	798950	625858
年末金融机构各项贷款余额	万元	617266	530700	568330	447923	227084
三、农业、工业及投资						
农业机械总动力	万千瓦特	36	27	37	22	15
机收面积	公顷	39065	42350	40333	25330	16953
设施农业占地面积	公顷	1162	1413	108	612	138
粮食总产量	吨	256439	262308	272954	117587	103314
棉花产量	吨		13	34		
油料产量	吨	3456	2144	976	1220	2399
肉类总产量	吨	21779	21483	23381	16286	9915
规模以上工业企业单位数	个	68	83	55	79	15
规模以上工业总产值	万元	2518300	2444300	1435066	2061732	505128
固定资产投资	万元	3237285	2748159	2239100	3015822	1823630
四、教育、卫生和社会保障						
普通中学在校学生数	人	18539	19054	19870	13497	13208
中等职业教育学校在校学生数	人	4382	1801	1443	5211	605
小学在校学生数	人	20981	20011	21565	18031	17387
医疗卫生机构床位数	床	1830	2580	1879	1662	1402
各种社会福利收养性单位数	个	3	17	3	5	3
各种社会福利收养性单位床位数	床	750	525	320	232	485

2016年县(市)社会经济主要指标

陕西省

指　　标	单位	千阳县	麟游县	凤县	太白县	三原县
一、基本情况						
行政区域面积	平方公里	997	1704	3187	2698	577
乡个数	个					
镇个数	个	7	7	9	7	9
街道办事处个数	个				1	1
户籍人口	万人	13	9	10	5	42
第二产业从业人员	人	19038	9579	14109	5116	77374
第三产业从业人员	人	10589	6025	15249	6465	30273
固定电话用户	户	5219	1549	23376	5120	33260
二、综合经济						
地区生产总值	万元	486613	711125	1707364	209126	1935208
第一产业增加值	万元	103354	71254	68760	58526	306444
农业增加值	万元	42259	24270	45412	46806	269158
牧业增加值	万元	52110	40772	12934	5032	35965
第二产业增加值	万元	267873	554429	1395699	90086	1107254
公共财政收入	万元	11913	53220	57747	9111	30303
各项税收	万元	3789	18117	43878	5338	20971
公共财政支出	万元	121453	101202	117177	97379	219181
居民储蓄存款余额	万元	326000	168562	304354	170716	1148222
年末金融机构各项贷款余额	万元	133900	112500	173315	102953	486804
三、农业、工业及投资						
农业机械总动力	万千瓦特	15	10	10	3	32
机收面积	公顷	8980	7279	1200	264	40036
设施农业占地面积	公顷	653	150	31	13	1063
粮食总产量	吨	56707	78558	23282	7380	196010
棉花产量	吨					
油料产量	吨	873	1103	740	462	3825
肉类总产量	吨	7264	8224	10742	3495	17552
规模以上工业企业单位数	个	22	7	53	9	147
规模以上工业总产值	万元	719800	1039700	3944799	183000	3608233
固定资产投资	万元	1150000	1788155	2498938	450117	2058555
四、教育、卫生和社会保障						
普通中学在校学生数	人	5561	3840	3430	1868	25664
中等职业教育学校在校学生数	人	725	1076	448	452	5563
小学在校学生数	人	6854	3928	4296	2426	23111
医疗卫生机构床位数	床	610	535	463	217	1592
各种社会福利收养性单位数	个	3	2	2	1	3
各种社会福利收养性单位床位数	床	315	230	607	208	100

2016年县(市)社会经济主要指标

陕西省

指　　标	单位	泾阳县	乾　县	礼泉县	永寿县	彬　县
一、基本情况						
行政区域面积	平方公里	792	1003	1012	889	1184
乡个数	个					
镇个数	个	12	15	11	6	8
街道办事处个数	个	1	1	1	1	1
户籍人口	万人	54	60	48	21	37
第二产业从业人员	人	71818	59701	36658	8489	32206
第三产业从业人员	人	93135	48590	35654	11987	25081
固定电话用户	户	26963	23549	65823	3228	11000
二、综合经济						
地区生产总值	万元	1790400	1623821	1641465	586050	1888211
第一产业增加值	万元	464240	316721	540365	159780	178821
农业增加值	万元	380842	247427	504585	132756	163485
牧业增加值	万元	82165	64777	31454	23533	13523
第二产业增加值	万元	752400	742500	615400	268260	1427100
公共财政收入	万元	26315	32420	19005	8276	75102
各项税收	万元	22593	12459	12452	7614	48316
公共财政支出	万元	247594	239018	227528	137251	244665
居民储蓄存款余额	万元	1153612	1035808	948995	366125	1018544
年末金融机构各项贷款余额	万元	453064	533955	506958	148601	961124
三、农业、工业及投资						
农业机械总动力	万千瓦特	46	38	39	23	13
机收面积	公顷	49667	60666	16583	15283	19626
设施农业占地面积	公顷	6768	113	210	5	199
粮食总产量	吨	240797	255915	121414	87605	123049
棉花产量	吨	102				
油料产量	吨	2897	8572	5432	3450	11433
肉类总产量	吨	24693	16793	9829	9719	5225
规模以上工业企业单位数	个	96	46	41	26	41
规模以上工业总产值	万元	2225001	2010370	1576325	720300	2363479
固定资产投资	万元	3318500	2036700	2320100	813500	2098743
四、教育、卫生和社会保障						
普通中学在校学生数	人	20144	30898	24854	8780	9490
中等职业教育学校在校学生数	人	4426	4298		2026	3382
小学在校学生数	人	26855	33623	25743	12609	26716
医疗卫生机构床位数	床	2405	2444	1703	953	1953
各种社会福利收养性单位数	个	1	1	2	1	3
各种社会福利收养性单位床位数	床	450	361	180	308	500

2016年县(市)社会经济主要指标

陕西省

指　　标	单位	长武县	旬邑县	淳化县	武功县	兴平市
一、基本情况						
行政区域面积	平方公里	568	1811	983	398	508
乡个数	个					
镇个数	个	7	9	7	7	8
街道办事处个数	个	1	1	1	1	5
户籍人口	万人	19	30	20	45	61
第二产业从业人员	人	18371	28305	19469	25696	75024
第三产业从业人员	人	20413	45281	19979	22483	81492
固定电话用户	户	7100	7370	5600	62896	43342
二、综合经济						
地区生产总值	万元	729993	1066342	649140	1232489	2176746
第一产业增加值	万元	158683	292882	250230	223719	260376
农业增加值	万元	129287	236101	198105	148572	187420
牧业增加值	万元	24975	52879	46583	72227	69514
第二产业增加值	万元	454220	602120	242410	612980	1205840
公共财政收入	万元	31960	18543	6241	21202	400000
各项税收	万元	27586	15232	4463	13578	30165
公共财政支出	万元	147557	188731	161053	209098	262500
居民储蓄存款余额	万元	487281	578869		1025962	1664300
年末金融机构各项贷款余额	万元	245730	248813	180400	388311	601200
三、农业、工业及投资						
农业机械总动力	万千瓦特	14	11		34	24
机收面积	公顷	7320	14480	17720	39935	38014
设施农业占地面积	公顷	248	66	280	437	2118
粮食总产量	吨	54793	110004	115709	198003	218147
棉花产量	吨				8	
油料产量	吨	1502	2744	6215	2287	955
肉类总产量	吨	4557	27248	13854	25662	41975
规模以上工业企业单位数	个	20	24	31	52	128
规模以上工业总产值	万元	879650	951416	535800	1495000	3739443
固定资产投资	万元	1559400	1124300	551309	817178	3014500
四、教育、卫生和社会保障						
普通中学在校学生数	人	7018	12545	6841	23229	26220
中等职业教育学校在校学生数	人	1139	1882	1132	3121	4322
小学在校学生数	人	9942	17551	7925	24919	34727
医疗卫生机构床位数	床	986	887	766	1479	2357
各种社会福利收养性单位数	个	4	4	4	2	4
各种社会福利收养性单位床位数	床	370	368	650	108	152

2016年县(市)社会经济主要指标

陕西省

指　　标	单位	华州区	潼关县	大荔县	合阳县	澄城县
一、基本情况						
行政区域面积	平方公里	1139	526	1776	1437	1121
乡个数	个					
镇个数	个	9	4	15	11	9
街道办事处个数	个	1	1	1	1	1
户籍人口	万人	34	16	73	45	39
第二产业从业人员	人	19446	13512	5886	15298	26558
第三产业从业人员	人	39816	16582	23085	25461	42150
固定电话用户	户	40075	24128	87100	47514	32380
二、综合经济						
地区生产总值	万元	881970	368962	1159542	784669	790361
第一产业增加值	万元	100535	36572	337452	191796	212954
农业增加值	万元	83070	23722	230127	145021	117128
牧业增加值	万元	14986	11053	87017	35163	93238
第二产业增加值	万元	536063	158352	253190	180263	221170
公共财政收入	万元	21600	22306	30224	27824	68211
各项税收	万元	18404	6690	14800	8196	18004
公共财政支出	万元	171000	136600	302274	253000	239836
居民储蓄存款余额	万元	954644	442731	1247200	902300	1132985
年末金融机构各项贷款余额	万元	397668	598192	684900	618400	503580
三、农业、工业及投资						
农业机械总动力	万千瓦特	33	11	111	36	41
机收面积	公顷	29400	14600	85470	43340	42535
设施农业占地面积	公顷	2802	216	5930	2103	251
粮食总产量	吨	114575	44039	275547	203091	175553
棉花产量	吨	1065	591	2552	5721	6110
油料产量	吨	1668	4372	26470	5338	10044
肉类总产量	吨	8139	7068	37150	11548	55271
规模以上工业企业单位数	个	20	15	53	29	17
规模以上工业总产值	万元	2480460	533879	732200	351514	511600
固定资产投资	万元	1880227	639384	1468776	1356451	978927
四、教育、卫生和社会保障						
普通中学在校学生数	人	10169	6667	10991	19527	18179
中等职业教育学校在校学生数	人	141	72	904	3665	1261
小学在校学生数	人	14738	8847	37366	21072	16897
医疗卫生机构床位数	床	1747	630	3225	1816	1755
各种社会福利收养性单位数	个	1	6	10	7	7
各种社会福利收养性单位床位数	床	186	600	1911	248	668

2016年县(市)社会经济主要指标

陕西省

指　　标	单位	蒲城县	白水县	富平县	韩城市	华阴市
一、基本情况						
行政区域面积	平方公里	1584	960	1242	1621	817
乡个数	个					
镇个数	个	15	7	14	6	4
街道办事处个数	个	1	1	1	2	2
户籍人口	万人	79	29	80	40	26
第二产业从业人员	人	145195	7062	121193	92580	14760
第三产业从业人员	人	213260	35621	90838	120213	60300
固定电话用户	户	100547	28000	58519	81350	36360
二、综合经济						
地区生产总值	万元	1631308	629668	1373024	3203839	700225
第一产业增加值	万元	254570	249748	284427	151869	60484
农业增加值	万元	209891	211346	187470	123843	44143
牧业增加值	万元	40889	36023	84309	23095	12143
第二产业增加值	万元	723329	125200	587746	2317810	223677
公共财政收入	万元	55300	24260	45000	457168	29336
各项税收	万元	34582	13385	24633	216239	5300
公共财政支出	万元	372132	207690	372205	386603	32160
居民储蓄存款余额	万元	1675121	589123	1554402	1935859	673300
年末金融机构各项贷款余额	万元	1556021	316077	645007	1846710	630820
三、农业、工业及投资						
农业机械总动力	万千瓦特	72	30	72	26	9
机收面积	公顷	77700	28533	78312	23400	13100
设施农业占地面积	公顷	12548	407	2516	1312	192
粮食总产量	吨	342191	109070	360202	68721	78519
棉花产量	吨	8472		263	124	899
油料产量	吨	4473	8041	3844	1411	1122
肉类总产量	吨	17123	16386	19180	9493	4180
规模以上工业企业单位数	个	52	30	46	95	19
规模以上工业总产值	万元	2171367	367000	2050139	8078718	788261
固定资产投资	万元	2944753	926857	1858445	4067211	990559
四、教育、卫生和社会保障						
普通中学在校学生数	人	24750	12183	29821	20788	8050
中等职业教育学校在校学生数	人	1808	362	2136	1483	113
小学在校学生数	人	38153	14138	37601	20982	12479
医疗卫生机构床位数	床	3649	1083	2700	2304	1079
各种社会福利收养性单位数	个	7	6	4	2	1
各种社会福利收养性单位床位数	床	1252	180	353	200	210

2016年县(市)社会经济主要指标

陕西省

指　标	单位	安塞区	延长县	延川县	子长县	志丹县
一、基本情况						
行政区域面积	平方公里	2949	2368	1985	2396	3794
乡个数	个					
镇个数	个	8	7	7	8	7
街道办事处个数	个	1	1	1	1	1
户籍人口	万人	20	16	19	27	16
第二产业从业人员	人	7632	5260	14623	22012	12850
第三产业从业人员	人	32450	8430	10650	25178	18102
固定电话用户	户	17602	14120	11000	23400	15285
二、综合经济						
地区生产总值	万元	766674	378242	681096	749728	1075868
第一产业增加值	万元	80729	87950	75529	69943	51383
农业增加值	万元	70360	77851	62841	43839	33150
牧业增加值	万元	7768	7990	7503	21978	13486
第二产业增加值	万元	467626	144221	391311	420709	760811
公共财政收入	万元	106123	34733	42864	75000	165304
各项税收	万元	52466	11060	29861	23175	67094
公共财政支出	万元	208527	153477	191282	182400	218000
居民储蓄存款余额	万元	278921	252401	374038	438000	489653
年末金融机构各项贷款余额	万元	280743	165244	948294	346600	395000
三、农业、工业及投资						
农业机械总动力	万千瓦特	12	10	8	14	9
机收面积	公顷	4210	135	350	2266	1430
设施农业占地面积	公顷	3821	1257	567	840	1142
粮食总产量	吨	68243	27047	31767	75785	56488
棉花产量	吨		405	339		
油料产量	吨	4080	2446	895	6778	526
肉类总产量	吨	3316	4023	3219	9290	3441
规模以上工业企业单位数	个	9	3	8	26	10
规模以上工业总产值	万元	129593	7208	56577	676467	31360
固定资产投资	万元	1191234	458395	633600	1101900	872237
四、教育、卫生和社会保障						
普通中学在校学生数	人	6056	3680	5720	12656	6239
中等职业教育学校在校学生数	人	554	760	208	2950	1716
小学在校学生数	人	15327	7739	10299	18505	15111
医疗卫生机构床位数	床	645	892	530	1020	749
各种社会福利收养性单位数	个	8	5	9	5	1
各种社会福利收养性单位床位数	床	325	892	395	860	300

2016年县(市)社会经济主要指标

陕西省

指　　标	单位	吴起县	甘泉县	富　县	洛川县	宜川县
一、基本情况						
行政区域面积	平方公里	3788	2272	4180	1792	2938
乡个数	个		2	1	1	2
镇个数	个	8	3	6	7	4
街道办事处个数	个	1	1	1	1	1
户籍人口	万人	14	9	16	23	12
第二产业从业人员	人	11207	7325	6119	16109	2392
第三产业从业人员	人	20342	2415	9524	23085	6507
固定电话用户	户	26579	11025	6000	24000	9752
二、综合经济						
地区生产总值	万元	1086492	205813	447100	1517348	279180
第一产业增加值	万元	47118	44158	133900	211379	117322
农业增加值	万元	26496	31918	125295	167330	108642
牧业增加值	万元	14565	11092	6788	41207	5391
第二产业增加值	万元	816448	52789	137700	1068325	19751
公共财政收入	万元	175888	23625	21431	24800	15162
各项税收	万元	83098	5752	10973	12874	7278
公共财政支出	万元	248158	105458	144300	103771	138806
居民储蓄存款余额	万元	553889	165648	165209	507837	283102
年末金融机构各项贷款余额	万元	280213	114785	319215	447653	170865
三、农业、工业及投资						
农业机械总动力	万千瓦特	17	6	11	25	25
机收面积	公顷	6550	2250	4400	5260	1420
设施农业占地面积	公顷	481	1014	573		250
粮食总产量	吨	62318	49973	36426	105975	35047
棉花产量	吨					6
油料产量	吨	825	104	210	885	687
肉类总产量	吨	5981	4459	3392	24852	2185
规模以上工业企业单位数	个	11	7	10	11	6
规模以上工业总产值	万元	36870	65066	232637	34652	25834
固定资产投资	万元	995371	153823	958350	668448	321621
四、教育、卫生和社会保障						
普通中学在校学生数	人	7230	3640	6758	11445	3017
中等职业教育学校在校学生数	人	495			3698	1103
小学在校学生数	人	13165	7382	11632	17108	7504
医疗卫生机构床位数	床	669	221	586	718	509
各种社会福利收养性单位数	个	1	1	4	1	3
各种社会福利收养性单位床位数	床	508	96	538	260	500

2016年县(市)社会经济主要指标

陕西省

指　　标	单位	黄龙县	黄陵县	南郑县	城固县	洋　县
一、基本情况						
行政区域面积	平方公里	2746	2287	2809	2265	3206
乡个数	个	2				
镇个数	个	5	5	20	15	15
街道办事处个数	个		1	1	2	3
户籍人口	万人	5	13	57	54	45
第二产业从业人员	人	2691	20538	84576	29610	37966
第三产业从业人员	人	2810	5405	118177	87765	17052
固定电话用户	户	9900	20201	41600	64427	41362
二、综合经济						
地区生产总值	万元	139639	958415	1740733	2172222	1065288
第一产业增加值	万元	48816	79654	240563	457472	250503
农业增加值	万元	31925	69899	136200	347971	160955
牧业增加值	万元	9855	7821	86775	90872	65024
第二产业增加值	万元	10662	625776	968120	1077260	430313
公共财政收入	万元	5690	89842	316216	30615	50835
各项税收	万元	6518	76123	49279	21525	17003
公共财政支出	万元	93137	155417	311057	306988	276789
居民储蓄存款余额	万元	124910	600098	1464802	1554020	1193750
年末金融机构各项贷款余额	万元	69497	511908	698379	515167	659184
三、农业、工业及投资						
农业机械总动力	万千瓦特	7	27	21	21	20
机收面积	公顷	7800	749	23900	18856	22150
设施农业占地面积	公顷	5	139	497	364	335
粮食总产量	吨	90572	49456	148790	141359	157753
棉花产量	吨					52
油料产量	吨	2011	2031	35180	23417	28589
肉类总产量	吨	2742	2918	38773	48707	44562
规模以上工业企业单位数	个	1	24	69	58	37
规模以上工业总产值	万元	5636	1121942	1875474	2440366	884700
固定资产投资	万元	166004	855318	1036300	2183500	964500
四、教育、卫生和社会保障						
普通中学在校学生数	人	1622	5538	28726	24315	22650
中等职业教育学校在校学生数	人	118	659	3766	2464	2816
小学在校学生数	人	2262	8705	28812	28205	23440
医疗卫生机构床位数	床	192	769	1588	1835	1595
各种社会福利收养性单位数	个	5	1	10	12	15
各种社会福利收养性单位床位数	床	350	51	950	1161	1169

2016年县(市)社会经济主要指标

陕西省

指　标	单位	西乡县	勉　县	宁强县	略阳县	镇巴县
一、基本情况						
行政区域面积	平方公里	3253	2406	3260	2831	3437
乡个数	个					
镇个数	个	15	17	16	15	19
街道办事处个数	个	2	1	2	2	1
户籍人口	万人	41	43	33	19	28
第二产业从业人员	人	37572	38944	33122	20019	20907
第三产业从业人员	人	55316	76825	49115	45465	22795
固定电话用户	户	59054	46700	37367	20389	19963
二、综合经济						
地区生产总值	万元	906935	1011602	715378	559394	651651
第一产业增加值	万元	199633	221389	194908	95494	169318
农业增加值	万元	112852	127084	108806	54186	96570
牧业增加值	万元	78847	85442	74114	33972	55664
第二产业增加值	万元	316592	380002	211450	186300	197240
公共财政收入	万元	25802	27939	15544	11977	10609
各项税收	万元	16800	21387	6986	9546	5711
公共财政支出	万元	239611	263309	200081	181022	190789
居民储蓄存款余额	万元	1047448	1383166	714236	509032	421253
年末金融机构各项贷款余额	万元	553992	798755	321228	331334	182463
三、农业、工业及投资						
农业机械总动力	万千瓦特	23	17	19	21	7
机收面积	公顷	10334	11100	1146	565	360
设施农业占地面积	公顷	194	297	31	165	16
粮食总产量	吨	102853	132523	85656	48421	89981
棉花产量	吨	1				
油料产量	吨	26470	30829	12823	4995	11741
肉类总产量	吨	49536	42523	34263	15451	31234
规模以上工业企业单位数	个	56	53	40	21	20
规模以上工业总产值	万元	638987	2181893	581162	317800	328800
固定资产投资	万元	891205	539900	813000	385000	735074
四、教育、卫生和社会保障						
普通中学在校学生数	人	20094	20960	15466	6161	12572
中等职业教育学校在校学生数	人	747	560	657	680	1192
小学在校学生数	人	24496	17548	15272	7518	18229
医疗卫生机构床位数	床	1457	1786	1383	1412	1333
各种社会福利收养性单位数	个	8	17	61	9	7
各种社会福利收养性单位床位数	床	1080	983	891	1600	1148

2016年县(市)社会经济主要指标

陕西省

指　　标	单位	留坝县	佛坪县	横山区	神木县	府谷县
一、基本情况						
行政区域面积	平方公里	1965	1279	4333	7635	3201
乡个数	个					
镇个数	个	7	6	13	15	14
街道办事处个数	个	1	1	1		3
户籍人口	万人	4	3	38	44	25
第二产业从业人员	人	1576	2045	63132	18051	46954
第三产业从业人员	人	5086	6008	42342	38569	49850
固定电话用户	户	8716	1471	11000	55208	27019
二、综合经济						
地区生产总值	万元	141136	85580	1211600	9019494	3925724
第一产业增加值	万元	31736	13220	152300	132385	65011
农业增加值	万元	22955	9011	67085	57982	39832
牧业增加值	万元	6062	2946	79469	72141	19365
第二产业增加值	万元	37281	28410	638500	6143722	2723100
公共财政收入	万元	7833	8209	45778	530624	140184
各项税收	万元	2900	3611	27689	314913	399521
公共财政支出	万元	76000	76669	234524	773612	283489
居民储蓄存款余额	万元	28360	94105	631600	4155624	2649320
年末金融机构各项贷款余额	万元	75868	55575	434600	4188284	2621019
三、农业、工业及投资						
农业机械总动力	万千瓦特	4	4	26	24	23
机收面积	公顷	230		8810		
设施农业占地面积	公顷	18		292	2800	139
粮食总产量	吨	12113	9099	167004	125266	58391
棉花产量	吨					49
油料产量	吨	927	469	1798	6513	1982
肉类总产量	吨	3703	2466	20850	18697	5402
规模以上工业企业单位数	个	8	5	34	196	217
规模以上工业总产值	万元	55800	29100	1373500	13684000	5926700
固定资产投资	万元	106078	167528	1068817	2333665	1139707
四、教育、卫生和社会保障						
普通中学在校学生数	人	1806	1164	12048	18854	12322
中等职业教育学校在校学生数	人			264	4150	902
小学在校学生数	人	1873	1524	21107	40840	19624
医疗卫生机构床位数	床	218	222	1210	2653	1650
各种社会福利收养性单位数	个	1	1	2	3	3
各种社会福利收养性单位床位数	床	300	272	220	600	292

2016年县(市)社会经济主要指标

陕西省

指　　标	单位	靖边县	定边县	绥德县	米脂县	佳　县
一、基本情况						
行政区域面积	平方公里	5088	6920	1853	1212	2029
乡个数	个		4			
镇个数	个	16	14	15	8	12
街道办事处个数	个	1	1		1	1
户籍人口	万人	36	35	36	22	27
第二产业从业人员	人	45692	19800	48165	22327	40231
第三产业从业人员	人	56471	34810	41952	18866	28726
固定电话用户	户	55645	25006	26226	21365	6654
二、综合经济						
地区生产总值	万元	2449361	2300300	671470	444921	398031
第一产业增加值	万元	221303	196400	109830	69971	106031
农业增加值	万元	110157	122375	89530	52356	86935
牧业增加值	万元	99401	66780	16997	16551	15498
第二产业增加值	万元	1491152	1439700	89090	149890	122800
公共财政收入	万元	121870	131592	11839	27273	8845
各项税收	万元	63178	71100	7505	6237	6796
公共财政支出	万元	311727	323574	262600	191770	206511
居民储蓄存款余额	万元	1067422	988794	706219	433007	239405
年末金融机构各项贷款余额	万元	1448281	1144435	437600	271058	145300
三、农业、工业及投资						
农业机械总动力	万千瓦特	45	54	18	19	17
机收面积	公顷	30667	109244			133
设施农业占地面积	公顷	2344	1319	532	13	58
粮食总产量	吨	235810	298428	90981	100218	76662
棉花产量	吨					
油料产量	吨	7800	17960	21965	4904	2032
肉类总产量	吨	28849	19846	4577	6209	4262
规模以上工业企业单位数	个	51	20	13	12	19
规模以上工业总产值	万元	3387000	694467	65442	325000	166666
固定资产投资	万元	1659300	1240800	549370	346030	410375
四、教育、卫生和社会保障						
普通中学在校学生数	人	21059	16034	15108	9158	4150
中等职业教育学校在校学生数	人	1496	1132	506	754	
小学在校学生数	人	38669	22283	16279	7012	6446
医疗卫生机构床位数	床	1576	1717	3123	678	672
各种社会福利收养性单位数	个	5	3	8	5	7
各种社会福利收养性单位床位数	床	860	428	450	400	750

2016年县(市)社会经济主要指标

陕西省

指　标	单位	吴堡县	清涧县	子洲县	汉阴县	石泉县
一、基本情况						
行政区域面积	平方公里	418	1881	2042	1365	1534
乡个数	个			1		
镇个数	个	5	9	11	10	11
街道办事处个数	个	1	1	1		
户籍人口	万人	9	22	30	31	18
第二产业从业人员	人	13537	17568	20129	67141	15512
第三产业从业人员	人	11967	13777	23041	31072	32087
固定电话用户	户	8503	14555	13959	25454	22421
二、综合经济						
地区生产总值	万元	180180	439128	557095	861645	714296
第一产业增加值	万元	32070	126228	119300	127794	69592
农业增加值	万元	26568	108310	87342	83246	37323
牧业增加值	万元	4044	14621	28173	32896	23875
第二产业增加值	万元	66600	107400	252297	513335	473475
公共财政收入	万元	3616	9047	12427	21200	15004
各项税收	万元	2017	3620	4295	9662	7058
公共财政支出	万元	112210	184055	238781	192000	157006
居民储蓄存款余额	万元	181730	264743	210358	627212	492620
年末金融机构各项贷款余额	万元	137632	227334	227500	408156	395634
三、农业、工业及投资						
农业机械总动力	万千瓦特	8	13	13	23	13
机收面积	公顷				6400	3600
设施农业占地面积	公顷	52	268	29	858	27
粮食总产量	吨	22925	79135	101312	101646	70668
棉花产量	吨	4	54		15	
油料产量	吨	497	10242	8659	29485	14398
肉类总产量	吨	1373	5745	7212	33337	21022
规模以上工业企业单位数	个	12	33	8	77	68
规模以上工业总产值	万元	88300	228000	342900	1486316	1363465
固定资产投资	万元	110681	440700	277600	805277	803129
四、教育、卫生和社会保障						
普通中学在校学生数	人	2904	2629	5405	13965	7460
中等职业教育学校在校学生数	人			836	3213	1533
小学在校学生数	人	4132	4538	9921	20509	10288
医疗卫生机构床位数	床	437	743	681	1126	1006
各种社会福利收养性单位数	个	1	3	6	18	13
各种社会福利收养性单位床位数	床	300	156	340	1673	1315

2016年县(市)社会经济主要指标

陕西省

指　　标	单位	宁陕县	紫阳县	岚皋县	平利县	镇坪县
一、基本情况						
行政区域面积	平方公里	3678	2240	1957	2648	1502
乡个数	个					
镇个数	个	11	17	12	11	7
街道办事处个数	个				6	
户籍人口	万人	7	34	17	23	6
第二产业从业人员	人	7860	18285	25954	40834	4664
第三产业从业人员	人	6379	87107	37015	13442	7780
固定电话用户	户	7026	20354	18716	21319	6302
二、综合经济						
地区生产总值	万元	266202	804841	455346	772930	152586
第一产业增加值	万元	43422	113435	66841	105027	32174
农业增加值	万元	26374	84554	43982	69522	17107
牧业增加值	万元	6495	20426	17823	32565	10704
第二产业增加值	万元	147310	445719	259350	525945	54800
公共财政收入	万元	19594	16550	9508	30345	6069
各项税收	万元	5540	6842	4862	6765	1824
公共财政支出	万元	95437	227310	165134	184149	88460
居民储蓄存款余额	万元	184492	508618	370332	505195	123441
年末金融机构各项贷款余额	万元	106525	353402	254519	452518	79283
三、农业、工业及投资						
农业机械总动力	万千瓦特	6	14	10	14	4
机收面积	公顷			14	2000	
设施农业占地面积	公顷	2	7	78	2568	6
粮食总产量	吨	19611	111499	67905	77631	27871
棉花产量	吨					
油料产量	吨	856	12124	7402	11336	1787
肉类总产量	吨	4664	33315	20909	28934	15110
规模以上工业企业单位数	个	16	38	32	77	19
规模以上工业总产值	万元	267715	959645	633863	1187833	91384
固定资产投资	万元	286194	818031	515035	609702	202936
四、教育、卫生和社会保障						
普通中学在校学生数	人	2878	15067	7019	8531	2682
中等职业教育学校在校学生数	人	199	1212	766	1381	130
小学在校学生数	人	3857	22409	10068	12552	4118
医疗卫生机构床位数	床	348	890	778	920	262
各种社会福利收养性单位数	个	4	22	17	22	4
各种社会福利收养性单位床位数	床	792	2700	1660	2512	470

2016年县(市)社会经济主要指标

陕西省

指　　标	单位	旬阳县	白河县	商州区	洛南县	丹凤县
一、基本情况						
行政区域面积	平方公里	3541	1453	2672	2830	2438
乡个数	个					
镇个数	个	21	11	14	14	11
街道办事处个数	个			4	2	1
户籍人口	万人	46	21	57	46	31
第二产业从业人员	人	53926	36823	65922	33564	42114
第三产业从业人员	人	49241	32508	48628	38039	27696
固定电话用户	户	27243	12273	75725	34020	24000
二、综合经济						
地区生产总值	万元	1378283	595385	1360884	1133910	866655
第一产业增加值	万元	129949	75946	139534	214168	110405
农业增加值	万元	76674	56000	108224	140936	60190
牧业增加值	万元	43550	16042	21202	58152	46296
第二产业增加值	万元	793012	359562	606700	607682	440000
公共财政收入	万元	40505	11608	72724	55958	32107
各项税收	万元	115518	5793	22594	42996	8246
公共财政支出	万元	296845	167503	310358	268070	205532
居民储蓄存款余额	万元	973267	428896	1874450	1006443	741460
年末金融机构各项贷款余额	万元	876397	275667	1751353	484798	287105
三、农业、工业及投资						
农业机械总动力	万千瓦特	33	14	10	19	6
机收面积	公顷	3968		1070	250	
设施农业占地面积	公顷	620	11	223	352	62
粮食总产量	吨	126092	58376	105291	164437	61124
棉花产量	吨					
油料产量	吨	21448	6499	388	1870	1067
肉类总产量	吨	45015	15833	19657	34649	19504
规模以上工业企业单位数	个	70	44	24	41	31
规模以上工业总产值	万元	1931849	1019731	1680475	1768200	900272
固定资产投资	万元	1376089	577305	1801600	1223926	1210100
四、教育、卫生和社会保障						
普通中学在校学生数	人	18610	9087	24044	19320	7779
中等职业教育学校在校学生数	人	3451	1077	1508	3076	296
小学在校学生数	人	23276	13081	29431	22972	18042
医疗卫生机构床位数	床	2203	630	3798	1826	1480
各种社会福利收养性单位数	个	20	19	12	11	9
各种社会福利收养性单位床位数	床	1955	2480	1162	1370	962

2016年县(市)社会经济主要指标

陕西省、甘肃省

指　　标	单位	商南县	山阳县	镇安县	柞水县	永登县
一、基本情况						
行政区域面积	平方公里	2307	3535	3487	2332	5622
乡个数	个					4
镇个数	个	9	16	14	8	12
街道办事处个数	个	1	2	1	1	
户籍人口	万人	25	47	30	16	44
第二产业从业人员	人	14609	41937	26498	17213	38195
第三产业从业人员	人	57745	39341	85796	25017	84080
固定电话用户	户	21067	27950	6000	20800	24687
二、综合经济						
地区生产总值	万元	763100	1213020	897880	747900	985484
第一产业增加值	万元	123150	192380	117770	66300	112856
农业增加值	万元	64780	105640	78328	26400	89756
牧业增加值	万元	41554	80680	26000	29200	21618
第二产业增加值	万元	396800	661900	524700	482900	305537
公共财政收入	万元	28525	40366	36200	24003	45158
各项税收	万元	9714	24517	23689	8397	26651
公共财政支出	万元	203095	317339	234659	175435	232850
居民储蓄存款余额	万元	532006	906355	589093	398869	963193
年末金融机构各项贷款余额	万元	349552	576575	311323	227810	1468612
三、农业、工业及投资						
农业机械总动力	万千瓦特	8	12	12	7	46
机收面积	公顷	630	3046		320	20833
设施农业占地面积	公顷	267	387	64	2	1332
粮食总产量	吨	57209	102559	87690	41450	172319
棉花产量	吨			2		
油料产量	吨	14109	2833	5389	346	8137
肉类总产量	吨	23459	29335	13641	12143	10546
规模以上工业企业单位数	个	31	44	42	24	36
规模以上工业总产值	万元	948374	1513009	9348	1671623	1915629
固定资产投资	万元	1202003	1307231	1241000	1139984	768036
四、教育、卫生和社会保障						
普通中学在校学生数	人	11204	20001	13808	6021	18649
中等职业教育学校在校学生数	人	666	3564	2128	1755	37
小学在校学生数	人	15166	27649	18869	10177	21176
医疗卫生机构床位数	床	1231	1865	1075	617	1804
各种社会福利收养性单位数	个	11	14	13	15	6
各种社会福利收养性单位床位数	床	1200	2200	1100	256	82

2016年县(市)社会经济主要指标

甘肃省

指　　标	单位	皋兰县	榆中县	永昌县	靖远县	会宁县
一、基本情况						
行政区域面积	平方公里	2180	3302	5877	5792	6439
乡个数	个		15	4	5	4
镇个数	个	6	8	6	13	24
街道办事处个数	个					
户籍人口	万人	15	45	25	50	58
第二产业从业人员	人	7333	32976	17610	32650	23215
第三产业从业人员	人	18800	68132	48120	40300	67376
固定电话用户	户	9958	9754	22900	37229	39782
二、综合经济						
地区生产总值	万元	467591	913513	658801	701926	614214
第一产业增加值	万元	65324	165088	152060	245934	176192
农业增加值	万元	56791	148013	122682	194645	64459
牧业增加值	万元	7254	15803	27953	47063	108639
第二产业增加值	万元	205421	220457	175273	178866	152372
公共财政收入	万元	39149	59359	34980	32188	26098
各项税收	万元	30570	44231	34500	15971	18689
公共财政支出	万元	159727	294135	230488	305758	376330
居民储蓄存款余额	万元	640486	1393230	677042	682484	728020
年末金融机构各项贷款余额	万元	890111	1650035	991417	784428	742197
三、农业、工业及投资						
农业机械总动力	万千瓦特	25	44	78	70	71
机收面积	公顷	5300	21633	43270	12670	13857
设施农业占地面积	公顷	1063	1323	967	8733	676
粮食总产量	吨	42665	160910	326408	187720	380935
棉花产量	吨					
油料产量	吨	3970	5077	17914	5037	4491
肉类总产量	吨	3656	9392	10513	20445	40994
规模以上工业企业单位数	个	36	26	48	16	25
规模以上工业总产值	万元	1205191	737300	832700	215470	338037
固定资产投资	万元	553526	1364942	719321	1040130	1030852
四、教育、卫生和社会保障						
普通中学在校学生数	人	3908	19873	13719	26822	34744
中等职业教育学校在校学生数	人		693	1574	3000	4673
小学在校学生数	人	6721	21488	12552	29497	29151
医疗卫生机构床位数	床	401	1633	708	1015	2060
各种社会福利收养性单位数	个	7	3	2	4	12
各种社会福利收养性单位床位数	床	253	280	282	244	406

2016年县(市)社会经济主要指标

甘肃省

指　　标	单位	景泰县	清水县	秦安县	甘谷县	武山县
一、基本情况						
行政区域面积	平方公里	5483	2012	1602	1573	2011
乡个数	个	3	8	5	2	8
镇个数	个	8	10	12	13	7
街道办事处个数	个	7				
户籍人口	万人	24	33	59	64	47
第二产业从业人员	人	6002	12686	47191	79074	22191
第三产业从业人员	人	34782	30186	57746	68146	83763
固定电话用户	户	16000	16260	49056	15531	33111
二、综合经济						
地区生产总值	万元	514918	414544	547755	644331	566112
第一产业增加值	万元	116859	110455	158649	182577	219066
农业增加值	万元	71094	86862	139185	161834	200754
牧业增加值	万元	45159	23250	19268	20283	16918
第二产业增加值	万元	125041	56575	120578	202343	102590
公共财政收入	万元	39169	28664	49288	39786	18116
各项税收	万元	28042	17166	10584	17053	10008
公共财政支出	万元	200069	215147	297006	300221	237439
居民储蓄存款余额	万元	423513	421705	1005300	764100	656263
年末金融机构各项贷款余额	万元	624645	407158	820909	474700	467218
三、农业、工业及投资						
农业机械总动力	万千瓦特	59	18	31	28	32
机收面积	公顷	23356	1006	5143	4380	12200
设施农业占地面积	公顷	447	696	2035	3920	3807
粮食总产量	吨	169886	155250	197314	172301	130766
棉花产量	吨					
油料产量	吨		19689	9979	10704	8039
肉类总产量	吨	17334	14226	13908	15807	10788
规模以上工业企业单位数	个	30	8	13	17	15
规模以上工业总产值	万元	296951	94806	115211	256789	131319
固定资产投资	万元	555192	667578	507625	881925	868660
四、教育、卫生和社会保障						
普通中学在校学生数	人	6799	11688	31635	46407	28689
中等职业教育学校在校学生数	人	1159		1556	3800	1782
小学在校学生数	人	14131	24449	32022	59260	34925
医疗卫生机构床位数	床	800	956	1163	1768	1386
各种社会福利收养性单位数	个	5	11	4	4	16
各种社会福利收养性单位床位数	床	328	262	60	500	137

2016年县(市)社会经济主要指标

甘肃省

指　　标	单位	张家川回族自治区	凉州区	民勤县	古浪县	天祝藏族自治区
一、基本情况						
行政区域面积	平方公里	1312	5081	15835	5130	7147
乡个数	个	9	8	14	7	8
镇个数	个	6	29	4	12	11
街道办事处个数	个		8	1	1	
户籍人口	万人	36	104	27	39	21
第二产业从业人员	人	9645	84346	10031	30199	9605
第三产业从业人员	人	64212	137589	35759	43301	24192
固定电话用户	户	17845	109100	21008	25210	3245
二、综合经济						
地区生产总值	万元	273632	2869897	777518	470167	499691
第一产业增加值	万元	64756	604599	251795	152168	74175
农业增加值	万元	49200	401713	172485	102319	24861
牧业增加值	万元	15225	202626	61647	46916	47812
第二产业增加值	万元	31933	1088480	257080	131259	230552
公共财政收入	万元	14664	122066	40529	26915	45559
各项税收	万元	7334	66698	17084	14598	15716
公共财政支出	万元	212544	592697	293798	318356	352195
居民储蓄存款余额	万元	461004	3526950	971210	686252	474868
年末金融机构各项贷款余额	万元	291265	4605897	1580919	735139	765494
三、农业、工业及投资						
农业机械总动力	万千瓦特	17	165	150	78	30
机收面积	公顷	5057	38870	15467	4300	3333
设施农业占地面积	公顷	565	12339	2962	3371	3311
粮食总产量	吨	110110	678011	126376	210731	50885
棉花产量	吨			1330		
油料产量	吨	5340	20725	92485	17229	3346
肉类总产量	吨	6939	88035	19698	19064	16164
规模以上工业企业单位数	个	10	130	50	26	48
规模以上工业总产值	万元	68529	3276665	541689	442105	539020
固定资产投资	万元	510350	4781369	1561678	833346	968307
四、教育、卫生和社会保障						
普通中学在校学生数	人	16632	52823	14318	23024	10527
中等职业教育学校在校学生数	人	1394	6915	3456	2653	243
小学在校学生数	人	24010	62745	8799	20692	10631
医疗卫生机构床位数	床	1320	5893	1468	1049	1239
各种社会福利收养性单位数	个	11	9	9	6	1
各种社会福利收养性单位床位数	床	269	1020	2152	447	450

2016年县(市)社会经济主要指标

甘肃省

指　标	单位	甘州区	肃南裕固族自治区	民乐县	临泽县	高台县
一、基本情况						
行政区域面积	平方公里	3661	23887	3687	2729	4347
乡个数	个	5	6	4		
镇个数	个	13	2	6	7	9
街道办事处个数	个	5				
户籍人口	万人	51	4	25	15	16
第二产业从业人员	人	42605	4083	17143	14117	29662
第三产业从业人员	人	69148	6837	35500	26125	32096
固定电话用户	户	152400	5460	36000	35389	20639
二、综合经济						
地区生产总值	万元	1687684	286759	500663	501420	543411
第一产业增加值	万元	374338	48248	158123	154277	173361
农业增加值	万元	279889	12165	123112	103981	136588
牧业增加值	万元	90654	35874	33208	43652	34850
第二产业增加值	万元	390584	157622	150838	125591	158487
公共财政收入	万元	84167	23280	26395	27351	57447
各项税收	万元	46544	12016	10645	24738	25886
公共财政支出	万元	397493	127219	194640	221107	183941
居民储蓄存款余额	万元	1868865	90411	354450	421328	426172
年末金融机构各项贷款余额	万元	2918253	145107	625574	607534	575752
三、农业、工业及投资						
农业机械总动力	万千瓦特	77	8	57	44	34
机收面积	公顷	34510	5680	49001	15170	20747
设施农业占地面积	公顷	3216	7	982	1445	2230
粮食总产量	吨	451800	26891	287707	154300	186245
棉花产量	吨				150	184
油料产量	吨	3435	155	8217	738	3629
肉类总产量	吨	49430	9887	14884	16019	16629
规模以上工业企业单位数	个	80	25	32	28	41
规模以上工业总产值	万元	1118878	507019	664681	624155	402269
固定资产投资	万元	1233046	313984	494498	477147	478341
四、教育、卫生和社会保障						
普通中学在校学生数	人	27379	660	15023	6118	6612
中等职业教育学校在校学生数	人	3110	231	1887	1433	1323
小学在校学生数	人	31408	1614	17241	7432	6963
医疗卫生机构床位数	床	824	404	1517	905	1165
各种社会福利收养性单位数	个	19	1	4	8	9
各种社会福利收养性单位床位数	床	570	120	640	225	417

2016年县(市)社会经济主要指标

甘肃省

指　　标	单位	山丹县	崆峒区	泾川县	灵台县	崇信县
一、基本情况						
行政区域面积	平方公里	5402	1936	1409	2038	850
乡个数	个	2	11	3	4	2
镇个数	个	6	6	11	9	4
街道办事处个数	个		3	1		
户籍人口	万人	20	52	36	23	10
第二产业从业人员	人	21848	57387	23669	825	12482
第三产业从业人员	人	55619	131804	50368	9235	15578
固定电话用户	户	30092	93562	13200	9297	7333
二、综合经济						
地区生产总值	万元	477620	1310696	511008	314439	248076
第一产业增加值	万元	115841	191088	207686	131958	72342
农业增加值	万元	95101	138582	162066	107305	50193
牧业增加值	万元	18503	49911	38924	23621	21276
第二产业增加值	万元	118633	310109	102982	57169	88178
公共财政收入	万元	34801	59211	18079	8255	25607
各项税收	万元	17299	50956	10146	4391	19307
公共财政支出	万元	183868	306019	202005	159040	101619
居民储蓄存款余额	万元	498436	1701000	733085	466126	253086
年末金融机构各项贷款余额	万元	685609	2094700	611193	372842	238542
三、农业、工业及投资						
农业机械总动力	万千瓦特	37	34	21	23	8
机收面积	公顷	29152	17730	28800	21600	6000
设施农业占地面积	公顷	228	1792	810	249	620
粮食总产量	吨	204112	207179	159032	180406	55604
棉花产量	吨					
油料产量	吨	21321	12238	6247	16832	8094
肉类总产量	吨	9582	18096	15324	8688	8254
规模以上工业企业单位数	个	24	57	9	6	10
规模以上工业总产值	万元	246890	660646	98431	41799	206530
固定资产投资	万元	500172	2001876	781542	484327	627908
四、教育、卫生和社会保障						
普通中学在校学生数	人	8494	31491	19307	11246	4383
中等职业教育学校在校学生数	人	1304	3150	5038	1614	901
小学在校学生数	人	11553	36506	20403	12447	6499
医疗卫生机构床位数	床	1451	4096	1268	1135	530
各种社会福利收养性单位数	个	8	16	5	11	7
各种社会福利收养性单位床位数	床	219	126	413	425	321

2016年县(市)社会经济主要指标

甘肃省

指　　标	单位	华亭县	庄浪县	静宁县	肃州区	金塔县
一、基本情况						
行政区域面积	平方公里	1182	1553	2194	3386	18798
乡个数	个	3	8	11	5	4
镇个数	个	7	10	13	10	5
街道办事处个数	个				7	
户籍人口	万人	19	45	49	42	15
第二产业从业人员	人	26194	23060	27263	22460	14300
第三产业从业人员	人	19532	58810	63189	91578	26853
固定电话用户	户	16770	19000	37100	102400	22200
二、综合经济						
地区生产总值	万元	433358	384199	493968	1687131	759072
第一产业增加值	万元	86638	146742	192695	279071	196046
农业增加值	万元	58128	125767	172779	204191	155222
牧业增加值	万元	27960	20113	18671	70516	30119
第二产业增加值	万元	188763	59497	105018	411741	190045
公共财政收入	万元	51391	17526	23613	70978	22409
各项税收	万元	37422	7348	14437	47541	10238
公共财政支出	万元	154237	281281	316334	259169	138773
居民储蓄存款余额	万元	654614	639603	763906	2298404	373880
年末金融机构各项贷款余额	万元	740022	510387	667632	3377319	471067
三、农业、工业及投资						
农业机械总动力	万千瓦特	10	33	52	88	50
机收面积	公顷	4850	9212	22810	15386	8067
设施农业占地面积	公顷	155	727	206	6163	2674
粮食总产量	吨	98604	196076	212210	156644	78270
棉花产量	吨					350
油料产量	吨	1933	7806	12339	2223	2652
肉类总产量	吨	12383	13709	10578	34157	17622
规模以上工业企业单位数	个	17	11	11	53	32
规模以上工业总产值	万元	484907	47121	117517	604395	322954
固定资产投资	万元	1433527	552879	825476	2954871	1062620
四、教育、卫生和社会保障						
普通中学在校学生数	人	10533	30824	29533	19158	8263
中等职业教育学校在校学生数	人	1614	5583	4454	7994	1320
小学在校学生数	人	15676	28724	31489	26904	7903
医疗卫生机构床位数	床	1428	1770	2314	2903	687
各种社会福利收养性单位数	个	12	12	8	8	3
各种社会福利收养性单位床位数	床	287	435	324	1350	180

2016年县(市)社会经济主要指标

甘肃省

指　　标	单位	瓜州县	肃北蒙古族自治县	阿克塞哈萨克族自治县	玉门市	敦煌市
一、基本情况						
行政区域面积	平方公里	24130	66748	32374	13496	31200
乡个数	个	10	2	2	5	
镇个数	个	3	2	1	7	8
街道办事处个数	个				1	
户籍人口	万人	13	1	1	16	14
第二产业从业人员	人	14383	2010	346	32822	12128
第三产业从业人员	人	21201	2600	4565	36367	39771
固定电话用户	户	14000	3620	2780	18130	46860
二、综合经济						
地区生产总值	万元	753809	188212	153132	1190244	1063935
第一产业增加值	万元	126997	5188	5690	113028	145870
农业增加值	万元	104922	1052	693	89285	119524
牧业增加值	万元	18950	4124	4701	21922	22302
第二产业增加值	万元	355031	115601	96551	586510	270600
公共财政收入	万元	34898	14205	12921	52071	58471
各项税收	万元	19345	7977	10325	27537	38043
公共财政支出	万元	150616	66494	52971	199348	236132
居民储蓄存款余额	万元	380051	51716	48476	503071	1313957
年末金融机构各项贷款余额	万元	1000028	64171	74874	822661	1334982
三、农业、工业及投资						
农业机械总动力	万千瓦特	39	4	3	39	35
机收面积	公顷	25670	690	430	28340	3491
设施农业占地面积	公顷	1039	28	5	1538	1647
粮食总产量	吨	29671	4529	1283	46621	20906
棉花产量	吨	7821			270	5176
油料产量	吨	12892	380		1482	
肉类总产量	吨	8043	2455	2017	9517	8672
规模以上工业企业单位数	个	41	22	9	64	45
规模以上工业总产值	万元	394129	339184	249471	1588861	628159
固定资产投资	万元	2142082	705453	412330	2877214	2002247
四、教育、卫生和社会保障						
普通中学在校学生数	人	8293	619	542	10046	9237
中等职业教育学校在校学生数	人	525			1868	1238
小学在校学生数	人	9831	627	800	7327	9709
医疗卫生机构床位数	床	611	170	82	790	960
各种社会福利收养性单位数	个	3	1	1	36	4
各种社会福利收养性单位床位数	床	310	50	50	320	245

2016年县(市)社会经济主要指标

甘肃省

指　　标	单位	西峰区	庆城县	环　县	华池县	合水县
一、基本情况						
行政区域面积	平方公里	996	2692	9236	3791	2933
乡个数	个	2	8	11	9	7
镇个数	个	5	7	9	6	5
街道办事处个数	个	3				
户籍人口	万人	39	29	36	14	18
第二产业从业人员	人	40731	8091	12551	2575	7687
第三产业从业人员	人	34915	15734	25899	9529	19003
固定电话用户	户	70726	58300	11810	10810	4080
二、综合经济						
地区生产总值	万元	1718890	811805	749458	724452	468413
第一产业增加值	万元	108333	99564	85645	54399	82946
农业增加值	万元	96434	88150	51515	38593	67604
牧业增加值	万元	11059	10402	32411	12398	12360
第二产业增加值	万元	739635	500655	389349	544615	263939
公共财政收入	万元	60357	32906	321174	22552	22555
各项税收	万元	46195	16683	37761	11187	7742
公共财政支出	万元	238094	227282	320923	164398	154659
居民储蓄存款余额	万元	2125327	732059	507887	31309	430506
年末金融机构各项贷款余额	万元	3151561	683815	596700	229394	325345
三、农业、工业及投资						
农业机械总动力	万千瓦特	33	26	28	20	18
机收面积	公顷	37370	28533	45267	22	6582
设施农业占地面积	公顷	1963	790	820	974	1872
粮食总产量	吨	125613	143757	368129	136582	95692
棉花产量	吨					
油料产量	吨	16220	12024	10915	5873	11962
肉类总产量	吨	6369	6510	15895	5931	5247
规模以上工业企业单位数	个	26	28	11	8	7
规模以上工业总产值	万元	1925167	358636	112846	18804	85313
固定资产投资	万元	2941642	1037610	1331555	961296	949809
四、教育、卫生和社会保障						
普通中学在校学生数	人	28919	11124	19502	2089	6333
中等职业教育学校在校学生数	人	6976	979	3263	277	1068
小学在校学生数	人	38094	16131	24868	9609	11688
医疗卫生机构床位数	床	3606	712	920	693	586
各种社会福利收养性单位数	个	7	1	7	5	8
各种社会福利收养性单位床位数	床	802	192	281	210	282

2016年县(市)社会经济主要指标

甘肃省

指　　标	单位	正宁县	宁　县	镇原县	安定区	通渭县
一、基本情况						
行政区域面积	平方公里	1320	2653	3500	3639	2909
乡个数	个	3	4	11	7	12
镇个数	个	7	14	8	12	6
街道办事处个数	个				2	
户籍人口	万人	25	56	53	47	44
第二产业从业人员	人	6459	19780	29029	37858	47430
第三产业从业人员	人	39012	24826	66887	46132	45568
固定电话用户	户	16100	59160	28744	38502	10643
二、综合经济						
地区生产总值	万元	282217	645167	574554	761212	384749
第一产业增加值	万元	100919	159941	163151	124932	93932
农业增加值	万元	94342	132640	135412	97007	72172
牧业增加值	万元	5504	26247	26515	26981	20509
第二产业增加值	万元	18483	193585	171433	225637	50895
公共财政收入	万元	15230	23840	25872	39284	17190
各项税收	万元	4716	16800	17259	27226	10056
公共财政支出	万元	149101	247783	303369	318055	276806
居民储蓄存款余额	万元	547088	667567	831213	1252797	468379
年末金融机构各项贷款余额	万元	238037	612803	586276	1769200	784869
三、农业、工业及投资						
农业机械总动力	万千瓦特	19	31	36	94	40
机收面积	公顷	9202	39819	46260	32210	23300
设施农业占地面积	公顷	1588	1140	546	2059	101
粮食总产量	吨	90026	246711	360880	378623	372204
棉花产量	吨					
油料产量	吨	16306	33684	31229	1980	16084
肉类总产量	吨	3187	13882	16219	16651	10274
规模以上工业企业单位数	个	7	12	18	54	15
规模以上工业总产值	万元	21065	229100	114624	669192	85462
固定资产投资	万元	1197544	2306390	1283252	1412426	527865
四、教育、卫生和社会保障						
普通中学在校学生数	人	10372	24103	28271	24468	26915
中等职业教育学校在校学生数	人	484	2810	1834	2973	1109
小学在校学生数	人	14251	30383	32550	22005	17313
医疗卫生机构床位数	床	692	1016	1659	2569	1500
各种社会福利收养性单位数	个	5	18	13	17	19
各种社会福利收养性单位床位数	床	175	221	326	142	683

2016年县(市)社会经济主要指标

甘肃省

指　　标	单位	陇西县	渭源县	临洮县	漳　县	岷　县
一、基本情况						
行政区域面积	平方公里	2409	2066	2851	2164	3574
乡个数	个	7	8	6	3	9
镇个数	个	10	8	12	10	9
街道办事处个数	个					
户籍人口	万人	52	35	55	21	49
第二产业从业人员	人	18069	15774	53117	14230	23079
第三产业从业人员	人	77417	32503	35716	23501	46532
固定电话用户	户	26568	8640	18200	5316	2100
二、综合经济						
地区生产总值	万元	630681	306110	640630	224082	363292
第一产业增加值	万元	147358	103939	148640	63204	105472
农业增加值	万元	123669	88260	106304	48301	86045
牧业增加值	万元	23128	14842	41656	14154	19011
第二产业增加值	万元	123526	42535	182650	41473	87645
公共财政收入	万元	48646	17531	41537	16617	21713
各项税收	万元	79178	10057	23289	8144	13108
公共财政支出	万元	286324	223627	292601	138016	251975
居民储蓄存款余额	万元	873410	409079	1105924	244953	562129
年末金融机构各项贷款余额	万元	1619920	525200	1041122	239654	682030
三、农业、工业及投资						
农业机械总动力	万千瓦特	46	40	63	23	22
机收面积	公顷	26667	20210	22150	3700	
设施农业占地面积	公顷	778	229	2849	927	58
粮食总产量	吨	201553	138513	213406	60966	66811
棉花产量	吨					
油料产量	吨	2767	445	3214	2112	1031
肉类总产量	吨	12571	8977	20302	7592	12070
规模以上工业企业单位数	个	27	11	31	2	13
规模以上工业总产值	万元	481684	50198	310861	75269	133442
固定资产投资	万元	1318222	647662	1191276	482087	632442
四、教育、卫生和社会保障						
普通中学在校学生数	人	29522	19476	26379	12352	18424
中等职业教育学校在校学生数	人	1740	1159	1803	1009	2175
小学在校学生数	人	32222	17321	32378	14106	39410
医疗卫生机构床位数	床	3255	1536	2000	395	1620
各种社会福利收养性单位数	个	8	18	102	11	1
各种社会福利收养性单位床位数	床	257	1210	2323	220	35

2016年县(市)社会经济主要指标

甘肃省

指　　标	单位	武都区	成　县	文　县	宕昌县	康　县
一、基本情况						
行政区域面积	平方公里	4683	1677	4994	3331	2958
乡个数	个	20	3	6	19	7
镇个数	个	16	14	14	6	14
街道办事处个数	个	4				
户籍人口	万人	60	26	25	31	20
第二产业从业人员	人	74219	17131	11630	22689	7367
第三产业从业人员	人	119625	52186	38091	33035	24773
固定电话用户	户	17484	27000	37500	13100	10973
二、综合经济						
地区生产总值	万元	1037419	544892	258403	234313	206850
第一产业增加值	万元	177281	98604	58026	55987	49174
农业增加值	万元	124660	78010	41256	43286	33306
牧业增加值	万元	26668	16378	13795	10744	13504
第二产业增加值	万元	141936	174863	66349	46787	54724
公共财政收入	万元	50989	44083	22508	15034	15362
各项税收	万元	36849	27913	30268	6417	7015
公共财政支出	万元	356945	194452	202325	204128	158072
居民储蓄存款余额	万元	1129100	684117	402611	405097	316879
年末金融机构各项贷款余额	万元	1959200	588393	536366	369721	258009
三、农业、工业及投资						
农业机械总动力	万千瓦特	36	28	27	16	13
机收面积	公顷	1867	12500	3680	2000	1338
设施农业占地面积	公顷	191	248	151	69	186
粮食总产量	吨	173776	142454	71326	88208	74359
棉花产量	吨	13				
油料产量	吨	3050	8404	3486	2553	1221
肉类总产量	吨	16470	9370	7633	7588	5416
规模以上工业企业单位数	个	13	11	16	6	5
规模以上工业总产值	万元	104248	517417	248634	92428	196628
固定资产投资	万元	1077382	850846	789195	742930	748921
四、教育、卫生和社会保障						
普通中学在校学生数	人	21186	13341	5334	15640	7896
中等职业教育学校在校学生数	人	5282	987	1660	544	554
小学在校学生数	人	49394	19733	9817	21882	12695
医疗卫生机构床位数	床	2593	924	289	1466	739
各种社会福利收养性单位数	个	14	10	2	4	
各种社会福利收养性单位床位数	床	69	80	15	27	

2016年县(市)社会经济主要指标

甘肃省

指　　标	单位	西和县	礼　县	徽　县	两当县	临夏市
一、基本情况						
行政区域面积	平方公里	1862	4300	2722	1374	89
乡个数	个	11	17	2	9	
镇个数	个	9	12	13	3	4
街道办事处个数	个					7
户籍人口	万人	44	54	22	5	25
第二产业从业人员	人	21625	14616	8778	1171	18500
第三产业从业人员	人	58449	82279	47909	7111	26180
固定电话用户	户	17500	35855	21000	6181	44000
二、综合经济						
地区生产总值	万元	300939	331045	455340	74646	662802
第一产业增加值	万元	64011	93827	117543	24113	35185
农业增加值	万元	46345	61015	83417	17591	24772
牧业增加值	万元	15993	30218	30438	5323	10125
第二产业增加值	万元	46911	65811	127007	8879	93410
公共财政收入	万元	18244	21649	30736	8231	110092
各项税收	万元	8684	10845	20921	5844	34815
公共财政支出	万元	248067	294385	158138	74512	275953
居民储蓄存款余额	万元	672696	749620	509196	127931	90777
年末金融机构各项贷款余额	万元	506980	540639	564775	162568	
三、农业、工业及投资						
农业机械总动力	万千瓦特	25	31	24	8	7
机收面积	公顷	5330	5700	6760	570	
设施农业占地面积	公顷	171	1697	174	190	480
粮食总产量	吨	173901	141663	160344	37445	22569
棉花产量	吨					
油料产量	吨	5369	6040	7463	507	128
肉类总产量	吨	8011	16042	13109	3047	4479
规模以上工业企业单位数	个	10	10	12	3	5
规模以上工业总产值	万元	84218	139335	324389	17903	235239
固定资产投资	万元	761174	726568	642765	183840	705281
四、教育、卫生和社会保障						
普通中学在校学生数	人	17613	18383	6709	2054	21075
中等职业教育学校在校学生数	人	3746		511	1	4604
小学在校学生数	人	32903	37365	14085	2255	23968
医疗卫生机构床位数	床	695	791	946	196	2210
各种社会福利收养性单位数	个		17	2	63	10
各种社会福利收养性单位床位数	床		96	10	377	1224

2016年县(市)社会经济主要指标

甘肃省

指　　标	单位	临夏县	康乐县	永靖县	广河县	和政县
一、基本情况						
行政区域面积	平方公里	1213	1083	1864	538	960
乡个数	个	19	10	7	3	7
镇个数	个	6	5	10	6	6
街道办事处个数	个					
户籍人口	万人	40	29	21	28	23
第二产业从业人员	人	30850	19556	26230	10118	40930
第三产业从业人员	人	72818	26323	21360	27093	31412
固定电话用户	户	32054	11000	27920	6210	9818
二、综合经济						
地区生产总值	万元	359301	209343	367907	212182	164057
第一产业增加值	万元	76734	51611	62430	32785	41631
农业增加值	万元	51080	36194	43685	26072	27720
牧业增加值	万元	24311	14308	14681	6243	13492
第二产业增加值	万元	57170	25194	162820	50029	35173
公共财政收入	万元	16158	11565	39740	12566	14933
各项税收	万元	8716	4712	58722	4547	7429
公共财政支出	万元	250139	200911	198437	173591	175614
居民储蓄存款余额	万元	403707	316664	318180	272685	291037
年末金融机构各项贷款余额	万元	324365	261022	668974	376365	247498
三、农业、工业及投资						
农业机械总动力	万千瓦特	17	16	20	20	11
机收面积	公顷	2670	2340	3680		2300
设施农业占地面积	公顷	809	125	1726	154	
粮食总产量	吨	174896	119209	128713	110387	65644
棉花产量	吨					
油料产量	吨	6491	8899	4037	1653	19987
肉类总产量	吨	9398	6609	9427	2853	6654
规模以上工业企业单位数	个	8	1	13	2	5
规模以上工业总产值	万元	94531	34037	288516	53560	59215
固定资产投资	万元	355227	233625	668046	398763	416496
四、教育、卫生和社会保障						
普通中学在校学生数	人	12488	12707	10228	9955	7836
中等职业教育学校在校学生数	人	288		865	359	135
小学在校学生数	人	27395	25055	11803	25815	19096
医疗卫生机构床位数	床	1219	832	973	812	905
各种社会福利收养性单位数	个	4	4	14	1	1
各种社会福利收养性单位床位数	床	338	306	148	110	120

2016年县(市)社会经济主要指标

甘肃省

指　标	单位	东乡族自治县	积石山保安族东乡族撒拉族自治县	合作市	临潭县	卓尼县
一、基本情况						
行政区域面积	平方公里	1511	910	2291	1446	5420
乡个数	个	19	13	6	11	12
镇个数	个	5	4		5	3
街道办事处个数	个			4		
户籍人口	万人	35	27	9	16	11
第二产业从业人员	人	10020	9865	1575	2293	3187
第三产业从业人员	人	35800	38584	1986	23085	5864
固定电话用户	户	2860	19912	22380	8223	3430
二、综合经济						
地区生产总值	万元	173011	151352	367296	181303	150487
第一产业增加值	万元	45268	38007	20687	34480	43211
农业增加值	万元	12345	30025	3154	16600	13746
牧业增加值	万元	32197	6931	17427	17573	26367
第二产业增加值	万元	27679	11818	67242	21217	23785
公共财政收入	万元	7602	20712	18358	8180	7791
各项税收	万元	7602	4588	10590	4017	4320
公共财政支出	万元	241736	197521	162043	214804	186235
居民储蓄存款余额	万元	169400	171355	241125	219141	142781
年末金融机构各项贷款余额	万元	258856	285639	898000	312171	239872
三、农业、工业及投资						
农业机械总动力	万千瓦特	19	6	5	13	12
机收面积	公顷	2670	1600		4700	750
设施农业占地面积	公顷	28	187		43	73
粮食总产量	吨	84978	102649	10681	13857	7296
棉花产量	吨					
油料产量	吨	423	16258	2641	6502	2339
肉类总产量	吨	15237	4353	4946	6444	11132
规模以上工业企业单位数	个	4		7	1	4
规模以上工业总产值	万元	71089		146237	2600	27603
固定资产投资	万元	283049	258564	343746	320036	342598
四、教育、卫生和社会保障						
普通中学在校学生数	人	9222	11024	8827	4856	6482
中等职业教育学校在校学生数	人				20	
小学在校学生数	人	30892	25612	8346	12052	9097
医疗卫生机构床位数	床	625	757	635	400	440
各种社会福利收养性单位数	个	3	2	1	1	3
各种社会福利收养性单位床位数	床	342	49	42	40	35

2016年县(市)社会经济主要指标

甘肃省

指　　标	单位	舟曲县	迭部县	玛曲县	碌曲县	夏河县
一、基本情况						
行政区域面积	平方公里	3015	5108	10191	5299	6266
乡个数	个	15	10	7	5	10
镇个数	个	4	1	1	2	3
街道办事处个数	个					
户籍人口	万人	14	5	5	4	9
第二产业从业人员	人	10920	521	1795	359	1204
第三产业从业人员	人	30030	4712	5494	3677	7840
固定电话用户	户	9394	3000	2300	1575	11260
二、综合经济						
地区生产总值	万元	147475	113436	147459	97977	156657
第一产业增加值	万元	37669	26338	50810	30105	47907
农业增加值	万元	20821	4730		645	3642
牧业增加值	万元	8366	13242	50499	28483	40631
第二产业增加值	万元	20231	23244	26004	24092	12652
公共财政收入	万元	9775	9866	16099	6903	12335
各项税收	万元	4803	4313	3587	3418	7240
公共财政支出	万元	204179	138202	149780	111649	164520
居民储蓄存款余额	万元	332655	130468	79409	56918	124600
年末金融机构各项贷款余额	万元	327337	219748	102153	88575	116900
三、农业、工业及投资						
农业机械总动力	万千瓦特	17	3	193	1	3
机收面积	公顷	513			573	
设施农业占地面积	公顷	35	23			7
粮食总产量	吨	31932	11366		2916	9829
棉花产量	吨					
油料产量	吨	4921	803		350	3534
肉类总产量	吨	5488	4094	18657	9400	14196
规模以上工业企业单位数	个	5	5	5	3	1
规模以上工业总产值	万元	16503	19921	72836	49727	40145
固定资产投资	万元	190420	312804	171895	153846	250000
四、教育、卫生和社会保障						
普通中学在校学生数	人	9904	3983	2838	2739	4207
中等职业教育学校在校学生数	人	216				
小学在校学生数	人	11251	4703	5647	3558	7240
医疗卫生机构床位数	床	350	365	228	211	432
各种社会福利收养性单位数	个	4	2	1	6	3
各种社会福利收养性单位床位数	床	216	48	30	96	60

2016年县(市)社会经济主要指标

青海省

指　　标	单位	大通回族土族自治县	湟中县	湟源县	乐都区	平安区
一、基本情况						
行政区域面积	平方公里	3090	2600	1509	2500	769
乡个数	个	11	5	7	12	5
镇个数	个	9	10	2	7	3
街道办事处个数	个		1	8		
户籍人口	万人	46	48	13	29	13
第二产业从业人员	人	22105	29298	11382	38901	18554
第三产业从业人员	人	48192	12635	10376	26398	36601
固定电话用户	户	50764	41356	41000	32290	22810
二、综合经济						
地区生产总值	万元	982016	1578938	255232	852672	681633
第一产业增加值	万元	143344	172007	49611	117627	42336
农业增加值	万元	57617	97386	20762	76442	29608
牧业增加值	万元	84686	73188	28329	38756	10481
第二产业增加值	万元	619248	1196025	111452	389196	344822
公共财政收入	万元	46398	22540	14446	18993	24629
各项税收	万元	37028	18448	11039	12727	15283
公共财政支出	万元	405223	408602	206877	316533	179781
居民储蓄存款余额	万元	834862	678132	292079	659760	535051
年末金融机构各项贷款余额	万元	958605	427530	205234	463316	1054708
三、农业、工业及投资						
农业机械总动力	万千瓦特	46	64	16	21	8
机收面积	公顷	18144	26653	3283	5733	1660
设施农业占地面积	公顷	2888	877	130	2323	203
粮食总产量	吨	85526	303047	41549	214126	40829
棉花产量	吨					
油料产量	吨	41491	38200	6250	6541	11884
肉类总产量	吨	33472	32486	12363	27175	6924
规模以上工业企业单位数	个	37	44	15	28	16
规模以上工业总产值	万元	2062917	4277105	209654	843248	675241
固定资产投资	万元	963638	869687	565318	1452544	1174187
四、教育、卫生和社会保障						
普通中学在校学生数	人	27522	27218	7444	17052	4443
中等职业教育学校在校学生数	人	5877	8917	1027	4506	
小学在校学生数	人	32825	33088	7239	17241	8316
医疗卫生机构床位数	床	1802	1121	621	1064	321
各种社会福利收养性单位数	个	10	1	5	4	2
各种社会福利收养性单位床位数	床	638	452	432	240	232

2016年县(市)社会经济主要指标

青海省

指　标	单位	民和回族土族自治县	互助土族自治县	化隆回族自治县	循化撒拉族自治县	门源回族自治县
一、基本情况						
行政区域面积	平方公里	1897	3424	2707	1815	6902
乡个数	个	14	11	11	6	8
镇个数	个	8	8	6	3	4
街道办事处个数	个					7
户籍人口	万人	44	40	30	16	16
第二产业从业人员	人	54596	49400	14032	17121	26677
第三产业从业人员	人	50642	111580	29854	20125	8592
固定电话用户	户	20941	35920	13291	4050	10852
二、综合经济						
地区生产总值	万元	763293	1073967	555962	300535	372000
第一产业增加值	万元	100618	183868	60993	44263	72415
农业增加值	万元	64504	117057	32828	24110	29488
牧业增加值	万元	32975	65036	25163	18243	42180
第二产业增加值	万元	407161	489451	357577	134395	147144
公共财政收入	万元	24723	33099	15983	10044	15347
各项税收	万元	17616	22909	13498	6748	10596
公共财政支出	万元	376136	366548	254246	189756	259741
居民储蓄存款余额	万元	503928	559842	233467	311554	215800
年末金融机构各项贷款余额	万元	282891	411140	209417	171698	198030
三、农业、工业及投资						
农业机械总动力	万千瓦特	49	47	21	8	35
机收面积	公顷	4333	16114	3148	4500	39862
设施农业占地面积	公顷	277	553	180	1340	654
粮食总产量	吨	344775	117963	78148	43925	49740
棉花产量	吨					
油料产量	吨	9106	61907	28334	8207	33226
肉类总产量	吨	16114	33354	7729	4968	15793
规模以上工业企业单位数	个	18	21	15	15	17
规模以上工业总产值	万元	920666	993177	610462	191121	179491
固定资产投资	万元	1313719	1321840	599613	492293	474438
四、教育、卫生和社会保障						
普通中学在校学生数	人	23486	21882	8953	6105	12032
中等职业教育学校在校学生数	人	4411	4533	1151	1107	910
小学在校学生数	人	30786	24231	22013	15520	12108
医疗卫生机构床位数	床	1258	1178	532	642	672
各种社会福利收养性单位数	个	5	4	3	6	4
各种社会福利收养性单位床位数	床	350	440	320	345	160

2016年县(市)社会经济主要指标

青海省

指　　标	单位	祁连县	海晏县	刚察县	同仁县	尖扎县
一、基本情况						
行政区域面积	平方公里	14000	4853	8138	3275	1714
乡个数	个	4	4	3	8	6
镇个数	个	3	2	2	3	3
街道办事处个数	个			2	7	
户籍人口	万人	5	4	5	10	6
第二产业从业人员	人	655	2960	1349	4395	2845
第三产业从业人员	人	6415	4860	2030	6445	3530
固定电话用户	户	11132	13098	5845	10936	2049
二、综合经济						
地区生产总值	万元	245139	218979	170569	268581	191963
第一产业增加值	万元	46436	17459	41572	42236	20597
农业增加值	万元	2521	1714	4693	20709	6808
牧业增加值	万元	42761	15695	36121	21385	12487
第二产业增加值	万元	136263	97082	63746	48715	124697
公共财政收入	万元	9859	17546	11564	15544	25845
各项税收	万元	9859	12181	8066	7318	8509
公共财政支出	万元	124919	238932	137209	183214	142178
居民储蓄存款余额	万元	100647	128174	36760	193154	103852
年末金融机构各项贷款余额	万元	132747	167162	90036	168819	99599
三、农业、工业及投资						
农业机械总动力	万千瓦特	5	4	2	6	9
机收面积	公顷	1358	2300	9686	839	1050
设施农业占地面积	公顷		7	2	34	54
粮食总产量	吨	4722	5708	1893	16556	21289
棉花产量	吨					
油料产量	吨	847	910	9569	2922	799
肉类总产量	吨	17354	8953	13524	6916	3447
规模以上工业企业单位数	个	12	9	7		5
规模以上工业总产值	万元	167871	142150	64535		224876
固定资产投资	万元	400297	273488	257047	252607	251634
四、教育、卫生和社会保障						
普通中学在校学生数	人	2584	2747	1235	3124	3436
中等职业教育学校在校学生数	人		2172			
小学在校学生数	人	3902	2741	4110	10134	4832
医疗卫生机构床位数	床	210	749	254	134	297
各种社会福利收养性单位数	个	5	1	2	1	4
各种社会福利收养性单位床位数	床	116	120	120	100	466

2016年县(市)社会经济主要指标

青海省

指　　标	单位	泽库县	河南蒙古族自治县	共和县	同德县	贵德县
一、基本情况						
行政区域面积	平方公里	6773	6700	17209	4653	3600
乡个数	个	4	3	7	3	3
镇个数	个	3	2	4	2	4
街道办事处个数	个		1	14	10	
户籍人口	万人	8	4	14	6	11
第二产业从业人员	人	1129	793	3973	1438	11163
第三产业从业人员	人	3196	1588	8095	2315	11710
固定电话用户	户	1900	2188	23002	3925	11500
二、综合经济						
地区生产总值	万元	144914	141060	703901	134901	284426
第一产业增加值	万元	70394	63754	78352	68408	29753
农业增加值	万元	5534	1216	7203	13469	14774
牧业增加值	万元	64552	62538	50482	53845	13537
第二产业增加值	万元	36561	41742	402338	38300	177147
公共财政收入	万元	4211	5264	25605	3796	24792
各项税收	万元	3542	5264	11909	2764	11280
公共财政支出	万元	154485	134685	198423	103889	178877
居民储蓄存款余额	万元	43562	57532	307871	59800	227591
年末金融机构各项贷款余额	万元	76365	68531	365312	105300	177875
三、农业、工业及投资						
农业机械总动力	万千瓦特	2		17	6	11
机收面积	公顷	1703		19624	14857	3351
设施农业占地面积	公顷	4		38	22	48
粮食总产量	吨	953		42264	22034	32146
棉花产量	吨					
油料产量	吨	1935		10229	2021	5077
肉类总产量	吨	16355	16500	19260	9681	7220
规模以上工业企业单位数	个		4	31	1	4
规模以上工业总产值	万元		58543	548195	5786	171749
固定资产投资	万元	164413	167002	1451627	145459	488998
四、教育、卫生和社会保障						
普通中学在校学生数	人	3691	1399	5437	2847	8267
中等职业教育学校在校学生数	人			4661		55
小学在校学生数	人	7989	3656	11341	5873	8933
医疗卫生机构床位数	床	392	251	1190	299	720
各种社会福利收养性单位数	个	2	2	3	6	2
各种社会福利收养性单位床位数	床	186	100	103	163	180

2016年县(市)社会经济主要指标

青海省

指　　标	单位	兴海县	贵南县	玛沁县	班玛县	甘德县
一、基本情况						
行政区域面积	平方公里	12178	6650	13400	6139	7100
乡个数	个	4	3	6	8	6
镇个数	个	3	3	2	1	1
街道办事处个数	个					
户籍人口	万人	8	8	6	3	4
第二产业从业人员	人	1081	399	1416	96	18
第三产业从业人员	人	3521	8219	5834	1656	2588
固定电话用户	户	2700	3688	2900	1000	10164
二、综合经济						
地区生产总值	万元	246581	157008	148629	36139	29263
第一产业增加值	万元	70861	76841	19849	9530	8740
农业增加值	万元	17632	24476	3374	2270	984
牧业增加值	万元	52033	51503	16077	7212	7756
第二产业增加值	万元	117061	33881	58391	12655	11181
公共财政收入	万元	12627	6430	9625	2492	2484
各项税收	万元	7329	3269	6369	1924	2084
公共财政支出	万元	139480	146553	128145	92332	98810
居民储蓄存款余额	万元	92473	50891	102368	28376	24912
年末金融机构各项贷款余额	万元	107096	66114	21442	1578	15470
三、农业、工业及投资						
农业机械总动力	万千瓦特	3	11		2	
机收面积	公顷	2900	27516			
设施农业占地面积	公顷	15	2616			
粮食总产量	吨	21344	56603	12	1248	
棉花产量	吨					
油料产量	吨	3527	7448		65	
肉类总产量	吨	15801	10467	4943	3634	2684
规模以上工业企业单位数	个	8		1		
规模以上工业总产值	万元	75455		48840		
固定资产投资	万元	208701	100150	228304	90918	79030
四、教育、卫生和社会保障						
普通中学在校学生数	人	2606	2941	784	1222	1055
中等职业教育学校在校学生数	人		157	2365		246
小学在校学生数	人	7972	6576	4804	2432	3108
医疗卫生机构床位数	床	419	441	96	115	119
各种社会福利收养性单位数	个	3	2	6	7	7
各种社会福利收养性单位床位数	床	200	120	312	290	360

2016年县(市)社会经济主要指标

青海省

指　　标	单位	达日县	久治县	玛多县	玉树市	杂多县
一、基本情况						
行政区域面积	平方公里	14842	8757	26248	15412	35500
乡个数	个	9	5	2	6	7
镇个数	个	1	1	2	2	1
街道办事处个数	个				4	
户籍人口	万人	4	3	2	11	7
第二产业从业人员	人	14	170	222	354	150
第三产业从业人员	人	2447	1496	724	3278	1782
固定电话用户	户	400	1803	1100	19400	2023
二、综合经济						
地区生产总值	万元	30900	40190	29620	197692	107786
第一产业增加值	万元	8193	10656	5514	51386	48744
农业增加值	万元	1927	2188		5961	16636
牧业增加值	万元	6266	8468	5514	38319	31196
第二产业增加值	万元	11375	14559	12816	117289	31320
公共财政收入	万元	2827	4777	3646	11066	2738
各项税收	万元	2058	2933	2619	8353	2738
公共财政支出	万元	98894	80343	96525	183228	119307
居民储蓄存款余额	万元	31133	28418	16684	250315	38776
年末金融机构各项贷款余额	万元	14526	1172	2245	215380	732
三、农业、工业及投资						
农业机械总动力	万千瓦特			1	5	1
机收面积	公顷				190	
设施农业占地面积	公顷				17	
粮食总产量	吨				4079	
棉花产量	吨					
油料产量	吨				16	
肉类总产量	吨	3032	4983	1701	9409	5862
规模以上工业企业单位数	个					
规模以上工业总产值	万元					
固定资产投资	万元	82369	93227	93219	118333	85253
四、教育、卫生和社会保障						
普通中学在校学生数	人	1134	1139	747	5143	2330
中等职业教育学校在校学生数	人		594			
小学在校学生数	人	4171	2425	1364	14478	8517
医疗卫生机构床位数	床	191	77	79	270	271
各种社会福利收养性单位数	个	4	5	3	23	11
各种社会福利收养性单位床位数	床	280	209	170	1171	345

2016年县(市)社会经济主要指标

青海省

指　　标	单位	称多县	治多县	囊谦县	曲麻莱县	格尔木市
一、基本情况						
行政区域面积	平方公里	14618	88770	12741	46636	119263
乡个数	个	2	5	9	5	2
镇个数	个	5	1	1	1	2
街道办事处个数	个					5
户籍人口	万人	6	3	10	3	14
第二产业从业人员	人	1376	43		1150	7531
第三产业从业人员	人	2452	3081	2845	2041	6770
固定电话用户	户	2361	2101	5078	976	64300
二、综合经济						
地区生产总值	万元	96653	64695	84066	64448	2984997
第一产业增加值	万元	41568	44129	42661	34399	44825
农业增加值	万元	3120	4367	12837	2749	32703
牧业增加值	万元	37831	39641	29465	29998	10273
第二产业增加值	万元	29899	11813	21299	15734	2032751
公共财政收入	万元	2090	98844	4413	1616	180646
各项税收	万元	1589	1119	2748	1045	710657
公共财政支出	万元	119703	66551	148718	114110	362961
居民储蓄存款余额	万元	26300	37174	51550	18374	1135441
年末金融机构各项贷款余额	万元	4821	2202	4104	1784	2950809
三、农业、工业及投资						
农业机械总动力	万千瓦特	3		5	1	12
机收面积	公顷	1816		3800		266
设施农业占地面积	公顷	165		23	3	150
粮食总产量	吨	3911		12457		1883
棉花产量	吨					
油料产量	吨	422		353		16
肉类总产量	吨	5363	6311	8900	5746	5506
规模以上工业企业单位数	个					65
规模以上工业总产值	万元					3841173
固定资产投资	万元	85266	85199	100799	102300	2109823
四、教育、卫生和社会保障						
普通中学在校学生数	人	1821	1776	3514	1102	12363
中等职业教育学校在校学生数	人					2907
小学在校学生数	人	7368	3285	9517	3099	18454
医疗卫生机构床位数	床	346	211	370	132	1496
各种社会福利收养性单位数	个	14	8	11	7	3
各种社会福利收养性单位床位数	床	791	555	105	240	120

2016年县(市)社会经济主要指标

青海省、宁夏回族自治区

指　　标	单位	德令哈市	乌兰县	都兰县	天峻县	永宁县
一、基本情况						
行政区域面积	平方公里	27358	12256	45270	25989	1194
乡个数	个	1		4	7	1
镇个数	个	3	4	4	3	5
街道办事处个数	个	3				1
户籍人口	万人	8	4	7	2	24
第二产业从业人员	人	5261	1682	890	1170	20136
第三产业从业人员	人	9603	2999	2664	2421	16645
固定电话用户	户	22433	7980	7765	3828	18000
二、综合经济						
地区生产总值	万元	621717	161996	336088	101220	1254903
第一产业增加值	万元	54449	32456	115428	29560	149836
农业增加值	万元	31725	10786	84771	1358	127989
牧业增加值	万元	16477	19078	26667	28099	17930
第二产业增加值	万元	290801	96553	145356	27088	687191
公共财政收入	万元	99687	27270	28480	41786	132821
各项税收	万元	87558	9053	16507	33780	79733
公共财政支出	万元	181323	99871	135860	94772	300914
居民储蓄存款余额	万元	376978	92840	135728	55422	887861
年末金融机构各项贷款余额	万元	1141187	101783	119365	91833	1217646
三、农业、工业及投资						
农业机械总动力	万千瓦特	9	5	16	1	46
机收面积	公顷	4884	2190	15533		28862
设施农业占地面积	公顷	235	102	117	1	7356
粮食总产量	吨	25354	7661	57785		266895
棉花产量	吨					
油料产量	吨	529	291	6608		656
肉类总产量	吨	5900	5104	9000	7470	15070
规模以上工业企业单位数	个	25	9	11	1	79
规模以上工业总产值	万元	709343	207989	344227	6288	1541193
固定资产投资	万元	1384843	282290	414796	199879	1565393
四、教育、卫生和社会保障						
普通中学在校学生数	人	4921	1820	3899	1083	16325
中等职业教育学校在校学生数	人	3897				4905
小学在校学生数	人	6283	2210	6095	1961	23475
医疗卫生机构床位数	床	626	180	380	137	445
各种社会福利收养性单位数	个	2	1	3	3	1
各种社会福利收养性单位床位数	床	114	34	150	115	120

2016年县(市)社会经济主要指标

宁夏回族自治区

指　　标	单位	贺兰县	灵武市	平罗县	盐池县	同心县
一、基本情况						
行政区域面积	平方公里	1531	3846	2634	8377	5667
乡个数	个	1	2	6	4	4
镇个数	个	4	6	7	4	7
街道办事处个数	个	1	1			
户籍人口	万人	23	25	31	17	38
第二产业从业人员	人	41258	23504	39969	17841	35624
第三产业从业人员	人	65147	24463	54236	15032	43123
固定电话用户	户	23700	68460	21688	18217	13155
二、综合经济						
地区生产总值	万元	1342277	3846221	1501184	722135	547257
第一产业增加值	万元	163557	99624	193025	59947	108283
农业增加值	万元	127526	65794	154051	29423	66453
牧业增加值	万元	20397	30057	23588	28255	39810
第二产业增加值	万元	756636	3292147	872014	414928	225391
公共财政收入	万元	150809	234335	80185	77184	21550
各项税收	万元	88344	191312	56727	40409	15227
公共财政支出	万元	322582	525174	302472	329841	436715
居民储蓄存款余额	万元	944709	1004503	910417	535234	505009
年末金融机构各项贷款余额	万元	1118316	2111010	1044896	546039	699381
三、农业、工业及投资						
农业机械总动力	万千瓦特	39	32	69	52	26
机收面积	公顷	29052	18837	48667	33635	47467
设施农业占地面积	公顷	4979	530	1691	721	2197
粮食总产量	吨	204282	158560	352245	106781	307184
棉花产量	吨					
油料产量	吨	908	2674	18079	5972	24625
肉类总产量	吨	8271	18979	16387	21069	23058
规模以上工业企业单位数	个	118	128	81	45	49
规模以上工业总产值	万元	2423029	6448989	3160765	650890	561356
固定资产投资	万元	1986640	5307648	1497236	1711166	780159
四、教育、卫生和社会保障						
普通中学在校学生数	人	13247	15293	15856	9147	24100
中等职业教育学校在校学生数	人	2624	3248	3600	1453	624
小学在校学生数	人	20899	23050	21021	12150	39531
医疗卫生机构床位数	床	821	1087	1058	648	1013
各种社会福利收养性单位数	个	3	1	6	3	6
各种社会福利收养性单位床位数	床	563	178	1001	580	600

2016年县(市)社会经济主要指标

宁夏回族自治区

指　　标	单位	青铜峡市	西吉县	隆德县	泾源县	彭阳县
一、基本情况						
行政区域面积	平方公里	2438	4000	1267	1443	3238
乡个数	个		15	10	4	8
镇个数	个	8	4	3	3	4
街道办事处个数	个	1				
户籍人口	万人	28	49	18	12	25
第二产业从业人员	人	41050	55367	19263	9410	21477
第三产业从业人员	人	43210	15024	15651	10770	24427
固定电话用户	户	38012	7599	2825	6172	4744
二、综合经济						
地区生产总值	万元	1343056	554330	225695	147770	437026
第一产业增加值	万元	170288	147856	51409	25884	122810
农业增加值	万元	123839	117284	31602	6815	80451
牧业增加值	万元	40261	28579	16346	14099	34559
第二产业增加值	万元	809514	120009	64574	48176	115772
公共财政收入	万元	74827	15213	12834	13637	21866
各项税收	万元	56090	10271	7431	6918	13622
公共财政支出	万元	274418	448286	254826	191508	303766
居民储蓄存款余额	万元	819568	398101	302263	182776	266909
年末金融机构各项贷款余额	万元	1331861	352834	202944	154710	274386
三、农业、工业及投资						
农业机械总动力	万千瓦特	65	52	16	21	26
机收面积	公顷	35176	68436	12120	8143	31626
设施农业占地面积	公顷	3482	1435	1090	337	2682
粮食总产量	吨	283882	270474	80317	15427	212870
棉花产量	吨					
油料产量	吨		18620	3590	2361	4365
肉类总产量	吨	17564	22765	11365	14041	20543
规模以上工业企业单位数	个	114	11	9	4	6
规模以上工业总产值	万元	2613663	76606	32635	46344	121364
固定资产投资	万元	1264196	447010	521778	436792	523549
四、教育、卫生和社会保障						
普通中学在校学生数	人	14509	28140	9876	5994	13212
中等职业教育学校在校学生数	人	3219	3018	3133	443	1826
小学在校学生数	人	20301	38930	10999	9685	16227
医疗卫生机构床位数	床	985	884	827	306	1002
各种社会福利收养性单位数	个	2	5	8	5	6
各种社会福利收养性单位床位数	床	264	400	1056	320	439

2016年县(市)社会经济主要指标

宁夏回族自治区、新疆维吾尔自治区

指　标	单位	中宁县	海原县	乌鲁木齐县	高昌区	鄯善县
一、基本情况						
行政区域面积	平方公里	4193	6378	4141	13651	39548
乡个数	个	6	12	3	4	5
镇个数	个	6	5	3	5	5
街道办事处个数	个				3	
户籍人口	万人	35	46	6	29	22
第二产业从业人员	人	57401	16084		13612	17333
第三产业从业人员	人	36520	37371		57213	12384
固定电话用户	户	31419	23400	9378	83000	72467
二、综合经济						
地区生产总值	万元	1344882	489251	208966	828535	948792
第一产业增加值	万元	179037	115735	70484	220172	174052
农业增加值	万元	144096	86003	24772	187004	150993
牧业增加值	万元	31101	27944	43506	30901	20780
第二产业增加值	万元	740340	167271	38574	189391	480376
公共财政收入	万元	101718	20106	55507	79262	123881
各项税收	万元	74316	15623	39779	43930	63635
公共财政支出	万元	377858	457150	131605	247767	237010
居民储蓄存款余额	万元	823569	343700	246804	592300	569900
年末金融机构各项贷款余额	万元	1799108	3562246	408786	816300	586100
三、农业、工业及投资						
农业机械总动力	万千瓦特	47	32	5	23	22
机收面积	公顷	28565	42306	7114		
设施农业占地面积	公顷	394	1757	817	3841	3080
粮食总产量	吨	302797	204196			
棉花产量	吨				2892	3344
油料产量	吨	5391	25718	413		
肉类总产量	吨	24816	16684	15337	22150	11654
规模以上工业企业单位数	个	43	4	4	41	41
规模以上工业总产值	万元	2278579	231294	29289	358900	944380
固定资产投资	万元	1037431	541273	599003	1127400	1215716
四、教育、卫生和社会保障						
普通中学在校学生数	人	21515	25295	2176	13556	13390
中等职业教育学校在校学生数	人	1929	1171		2433	604
小学在校学生数	人	30582	41975	4014	26842	23561
医疗卫生机构床位数	床	1024	1069	163	1557	973
各种社会福利收养性单位数	个	4	2	1	4	1
各种社会福利收养性单位床位数	床	380	330	100	350	150

2016年县(市)社会经济主要指标

新疆维吾尔自治区

指　标	单位	托克逊县	伊州区	巴里坤哈萨克自治县	伊吾县	昌吉市
一、基本情况						
行政区域面积	平方公里	16561	85587	36901	19519	8215
乡个数	个	3	12	7	4	2
镇个数	个	5	6	5	3	8
街道办事处个数	个		5			6
户籍人口	万人	12	43	11	2	38
第二产业从业人员	人	12108	36221	6706	4659	36343
第三产业从业人员	人	21226	65314	14959	6904	77100
固定电话用户	户	26754	159907	11218	8200	146350
二、综合经济						
地区生产总值	万元	511430	3098744	492658	440805	3847598
第一产业增加值	万元	105960	230260	103874	49407	346076
农业增加值	万元	81878	166758	35284	18828	137724
牧业增加值	万元	22980	59802	67506	23833	200689
第二产业增加值	万元	285370	1606864	230235	314601	1952999
公共财政收入	万元	86716	459092	60785	29301	372738
各项税收	万元	47725	281759	28453	20881	218793
公共财政支出	万元	181827	620889	192801	39874	592884
居民储蓄存款余额	万元	235602	2670449	181172	57213	2365678
年末金融机构各项贷款余额	万元	316434	5002333	221545	69635	4838648
三、农业、工业及投资						
农业机械总动力	万千瓦特	10	21	14	3	45
机收面积	公顷	250	13960	22740	3986	53185
设施农业占地面积	公顷	1020	1738	34	21	350
粮食总产量	吨					
棉花产量	吨	9670	52516	350	38	30742
油料产量	吨	2000	1356	227	2	29091
肉类总产量	吨	9330	34492	23178	10364	109769
规模以上工业企业单位数	个	45	80	23	8	122
规模以上工业总产值	万元	792238	1956193	206991	322372	3454575
固定资产投资	万元	1350180	4199315	443162	589401	3560003
四、教育、卫生和社会保障						
普通中学在校学生数	人	6259	27256	3784	1260	29560
中等职业教育学校在校学生数	人	232	5398	10		9290
小学在校学生数	人	10328	27804	4481	1336	25898
医疗卫生机构床位数	床	665	2607	220	225	3786
各种社会福利收养性单位数	个	3	5	2	3	8
各种社会福利收养性单位床位数	床	437	838	420	138	993

2016年县(市)社会经济主要指标

新疆维吾尔自治区

指　　标	单位	阜康市	呼图壁县	玛纳斯县	奇台县	吉木萨尔县
一、基本情况						
行政区域面积	平方公里	8529	9721	11067	19300	8144
乡个数	个	3	1	4	8	3
镇个数	个	4	6	7	9	6
街道办事处个数	个	3				
户籍人口	万人	17	22	24	20	14
第二产业从业人员	人	33175	10767	17904	7275	14590
第三产业从业人员	人	38970	25147	6475	18068	17562
固定电话用户	户	47500	19878	38376	66744	28560
二、综合经济						
地区生产总值	万元	1432737	1378843	1643856	1356295	1263242
第一产业增加值	万元	261643	378328	518581	449646	183117
农业增加值	万元	134599	173464	348745	161529	81787
牧业增加值	万元	124660	199254	161588	285778	95396
第二产业增加值	万元	790621	567383	667075	542164	868453
公共财政收入	万元	273861	105689	103822	74799	155060
各项税收	万元	115976	51717	52017	58064	127451
公共财政支出	万元	388166	260108	252529	282288	267900
居民储蓄存款余额	万元	633928	657883	507052	626401	349463
年末金融机构各项贷款余额	万元	1066207	787892	705084	1166140	440470
三、农业、工业及投资						
农业机械总动力	万千瓦特	21	39	38	57	22
机收面积	公顷	39925	66806	58828	117311	46605
设施农业占地面积	公顷	391	107	92	307	246
粮食总产量	吨					
棉花产量	吨	618	43772	80729		
油料产量	吨	33286	17520	4570	33579	18856
肉类总产量	吨	58490	79065	81466	124398	40021
规模以上工业企业单位数	个	67	53	35	32	34
规模以上工业总产值	万元	2297142	950442	2005324	693077	4193190
固定资产投资	万元	2551530	1559033	1014359	3029882	2860000
四、教育、卫生和社会保障						
普通中学在校学生数	人	7838	8045	6525	10987	5513
中等职业教育学校在校学生数	人	981	558	799	2368	656
小学在校学生数	人	8715	11225	8025	12048	6970
医疗卫生机构床位数	床	728	832	679	1009	607
各种社会福利收养性单位数	个	3	4	1	12	5
各种社会福利收养性单位床位数	床	316	169	450	513	362

2016年县(市)社会经济主要指标

新疆维吾尔自治区

指　　标	单位	木垒哈萨克自治县	博乐市	阿拉山口市	精河县	温泉县
一、基本情况						
行政区域面积	平方公里	20265	7790	1204	11187	5881
乡个数	个	7	2		1	3
镇个数	个	4	3	1	4	3
街道办事处个数	个		3	2		
户籍人口	万人	9	26		12	7
第二产业从业人员	人	3775	1962	630	5439	1437
第三产业从业人员	人	11405	27855	1377	21246	7800
固定电话用户	户	14575	81014	3445	21505	9936
二、综合经济						
地区生产总值	万元	280297	1352194	503400	696633	223201
第一产业增加值	万元	112478	293633		247856	74612
农业增加值	万元	49577	217535		220868	49882
牧业增加值	万元	61540	72465		24363	23808
第二产业增加值	万元	54193	423234	128774	201473	42016
公共财政收入	万元	36990	102320	27360	40440	12818
各项税收	万元	20111	78941	14489	32813	8402
公共财政支出	万元	163144	276384	115093	204028	139867
居民储蓄存款余额	万元	204149	793209		353521	
年末金融机构各项贷款余额	万元	327793	1072596	34132	458705	115802
三、农业、工业及投资						
农业机械总动力	万千瓦特	18	29		33	14
机收面积	公顷	46586	58208		34620	41827
设施农业占地面积	公顷	168	84		50	3
粮食总产量	吨					
棉花产量	吨		61811		124473	
油料产量	吨	7578	4463		1394	15985
肉类总产量	吨	16742	12255	234	6066	6915
规模以上工业企业单位数	个	6	38	18	27	7
规模以上工业总产值	万元	28023	339827	231484	270458	13969
固定资产投资	万元	1004588	1672328	263500	889253	240811
四、教育、卫生和社会保障						
普通中学在校学生数	人	2895	6581	744	5255	1989
中等职业教育学校在校学生数	人					
小学在校学生数	人	4683	15268	744	9554	3318
医疗卫生机构床位数	床	404	1653	100	518	236
各种社会福利收养性单位数	个	2	4		4	5
各种社会福利收养性单位床位数	床	100	715		458	400

2016年县(市)社会经济主要指标

新疆维吾尔自治区

指　　标	单位	库尔勒市	轮台县	尉犁县	若羌县	且末县
一、基本情况						
行政区域面积	平方公里	7267	14182	59192	202298	138645
乡个数	个	9	7	6	3	8
镇个数	个	3	4	2	5	4
街道办事处个数	个	5				
户籍人口	万人	46	12	10	3	7
第二产业从业人员	人	33118	6892	2712	9060	6875
第三产业从业人员	人	55645	13665	12880	6940	7590
固定电话用户	户	222167	30121	25500	15881	8500
二、综合经济						
地区生产总值	万元	5237026	518043	551035	566226	245254
第一产业增加值	万元	427109	204770	326118	207236	117892
农业增加值	万元	356687	172722	295500	198923	82335
牧业增加值	万元	69289	31583	28276	7252	32698
第二产业增加值	万元	3565755	72796	97275	268316	33469
公共财政收入	万元	331226	72994	23971	67660	23367
各项税收	万元	227333	60550	16425	67095	15498
公共财政支出	万元	462624	179189	157708	145523	147140
居民储蓄存款余额	万元	3759700	311267	274406	143217	150913
年末金融机构各项贷款余额	万元	3575200	374228	290620	330959	269420
三、农业、工业及投资						
农业机械总动力	万千瓦特	55	23	44	8	14
机收面积	公顷	7547	10135	2000	1790	8025
设施农业占地面积	公顷	508	78	159	286	77
粮食总产量	吨					
棉花产量	吨	157718	106584	159115	1954	17251
油料产量	吨	232	624	921		918
肉类总产量	吨	26778	12985	7244	2683	11909
规模以上工业企业单位数	个	58	18	12	9	4
规模以上工业总产值	万元	4745419	224496	64721	364090	18792
固定资产投资	万元	3908632	225483	299616	410061	281882
四、教育、卫生和社会保障						
普通中学在校学生数	人	27590	6073	3843	1540	3466
中等职业教育学校在校学生数	人	5897	371			
小学在校学生数	人	49626	13492	7102	2857	5868
医疗卫生机构床位数	床	4412	734	403	140	559
各种社会福利收养性单位数	个	14	8	4	2	1
各种社会福利收养性单位床位数	床	1300	273	310	146	140

2016年县(市)社会经济主要指标

新疆维吾尔自治区

指　　标	单位	焉耆回族自治县	和静县	和硕县	博湖县	阿克苏市
一、基本情况						
行政区域面积	平方公里	2571	34978	12753	3581	15033
乡个数	个	4	4	4	5	4
镇个数	个	4	8	3	2	2
街道办事处个数	个					7
户籍人口	万人	13	18	7	6	51
第二产业从业人员	人	8986	12705	1065	1835	17245
第三产业从业人员	人	25250	30547	12598	6458	49216
固定电话用户	户	35900	28160	13075	13400	108900
二、综合经济						
地区生产总值	万元	631816	709004	336515	253793	1601946
第一产业增加值	万元	149096	211415	193095	100760	198058
农业增加值	万元	93909	132936	161736	80199	154540
牧业增加值	万元	41644	74089	27314	14723	40002
第二产业增加值	万元	152837	230054	45744	46408	421578
公共财政收入	万元	32633	41130	17004	16000	172864
各项税收	万元	17712	34388	10794	8140	129586
公共财政支出	万元	160286	231266	120172	115187	408437
居民储蓄存款余额	万元	390855	384043	187897	168891	2355033
年末金融机构各项贷款余额	万元	382706	477968	171906	411600	2534491
三、农业、工业及投资						
农业机械总动力	万千瓦特	28	23	19	16	27
机收面积	公顷	20033	21797	11865	9160	891
设施农业占地面积	公顷	89	630	1845	2028	2429
粮食总产量	吨					
棉花产量	吨	101	5	4720	1740	119414
油料产量	吨	2204	2297	8058	3357	146
肉类总产量	吨	12066	27352	9151	9768	72800
规模以上工业企业单位数	个	14	22	14	6	68
规模以上工业总产值	万元	86617	453720	52525	28106	752614
固定资产投资	万元	364436	434058	154275	148928	1901214
四、教育、卫生和社会保障						
普通中学在校学生数	人	6257	6760	2803	2262	31063
中等职业教育学校在校学生数	人	439	251			5973
小学在校学生数	人	10246	12525	4819	3668	54802
医疗卫生机构床位数	床	655	1057	317	259	3556
各种社会福利收养性单位数	个	5	4	1	6	5
各种社会福利收养性单位床位数	床	540	650	100	184	136

2016年县(市)社会经济主要指标

新疆维吾尔自治区

指　　标	单位	温宿县	库车县	沙雅县	新和县	拜城县
一、基本情况						
行政区域面积	平方公里	14336	14603	31955	5820	19100
乡个数	个	5	6	4	5	10
镇个数	个	8	8	7	3	4
街道办事处个数	个		4			
户籍人口	万人	23	49	27	19	24
第二产业从业人员	人	2311	21687	4308	2183	4848
第三产业从业人员	人	12483	53526	23996	10867	13383
固定电话用户	户	12300	24546	9300	10564	7900
二、综合经济						
地区生产总值	万元	516395	1540615	502500	328719	533375
第一产业增加值	万元	202551	210230	163200	128511	124784
农业增加值	万元	162941	171457	142138	112172	85554
牧业增加值	万元	33859	33883	17619	13273	32850
第二产业增加值	万元	124266	880817	118000	62496	228728
公共财政收入	万元	44250	287506	88356	42416	122291
各项税收	万元	38698	236032	79236	29099	100912
公共财政支出	万元	280665	502757	283056	198042	274774
居民储蓄存款余额	万元	480000	595358	434066	242664	398466
年末金融机构各项贷款余额	万元	560000	834014	687000	297409	515323
三、农业、工业及投资						
农业机械总动力	万千瓦特	47	41	34	22	43
机收面积	公顷	44146	3535	27041	26613	35331
设施农业占地面积	公顷	1001	837	929	800	939
粮食总产量	吨					
棉花产量	吨	63838	190600	213000	124893	
油料产量	吨	1716	641	3289	3494	8472
肉类总产量	吨	30100	69772	18011	11009	34031
规模以上工业企业单位数	个	25	59	18	12	32
规模以上工业总产值	万元	122206	1850728	253055	141000	496681
固定资产投资	万元	606900	1839114	642695	340000	870000
四、教育、卫生和社会保障						
普通中学在校学生数	人	14020	32953	16551	10732	13856
中等职业教育学校在校学生数	人	687	674	2172	1335	1305
小学在校学生数	人	23633	48758	27549	21916	21433
医疗卫生机构床位数	床	787	1934	1191	795	858
各种社会福利收养性单位数	个	6	8	5	4	7
各种社会福利收养性单位床位数	床	224	1020	155	270	486

2016年县(市)社会经济主要指标

新疆维吾尔自治区

指　　标	单位	乌什县	阿瓦提县	柯坪县	阿图什市	阿克陶县
一、基本情况						
行政区域面积	平方公里	9082	13018	8912	16151	24540
乡个数	个	6	5	2	6	11
镇个数	个	3	3	3	1	2
街道办事处个数	个				2	
户籍人口	万人	23	26	6	27	22
第二产业从业人员	人	3811	3379	761	12678	12980
第三产业从业人员	人	11905	34226	897	23750	6694
固定电话用户	户	3400	6000	6095	37103	3890
二、综合经济						
地区生产总值	万元	255300	442000	89483	435643	278661
第一产业增加值	万元	86795	173933	23592	67606	61499
农业增加值	万元	71105	161776	17118	41223	41086
牧业增加值	万元	13881	11314	5846	24831	18345
第二产业增加值	万元	38700	87677	22001	95850	97263
公共财政收入	万元	12655	18533	7747	50909	30425
各项税收	万元	9247	13518	4004	26609	24465
公共财政支出	万元	227066	237665	137932	353405	344740
居民储蓄存款余额	万元	186209	340756	40603	499414	185883
年末金融机构各项贷款余额	万元	267285	381026	46252	415453	257930
三、农业、工业及投资						
农业机械总动力	万千瓦特	30	38	5	13	26
机收面积	公顷	25533	121208	2740	11958	21309
设施农业占地面积	公顷	415		295	100	435
粮食总产量	吨					
棉花产量	吨	159	131600	13000	8784	7731
油料产量	吨	2930	711	142	39	88
肉类总产量	吨	24204	22629	3764	17305	16345
规模以上工业企业单位数	个	7	8	4	15	11
规模以上工业总产值	万元	30266	69044	15667	138728	150736
固定资产投资	万元	320069	284409	175001	466394	569878
四、教育、卫生和社会保障						
普通中学在校学生数	人	13335	14712	3542	20446	14756
中等职业教育学校在校学生数	人	2006	2203	186	1279	994
小学在校学生数	人	22233	26305	6487	30409	24098
医疗卫生机构床位数	床	620	893	230	23	944
各种社会福利收养性单位数	个	14	6	5	2	1
各种社会福利收养性单位床位数	床	529	206	100	230	200

2016年县(市)社会经济主要指标

新疆维吾尔自治区

指　　标	单位	阿合奇县	乌恰县	喀什市	疏附县	疏勒县
一、基本情况						
行政区域面积	平方公里	12737	22000	1059	2708	2398
乡个数	个	5	9	9	6	12
镇个数	个	1	2	2	4	3
街道办事处个数	个			4	8	
户籍人口	万人	5	6	63	28	37
第二产业从业人员	人	1220	5323	51362	19150	16871
第三产业从业人员	人	6450	4112	155421	31560	22751
固定电话用户	户	1726	5521	108200	7520	8924
二、综合经济						
地区生产总值	万元	88223	201082	1601800	418571	597176
第一产业增加值	万元	10249	10840	82100	167000	249805
农业增加值	万元	2520	2911	40300	113950	150372
牧业增加值	万元	7214	7776	37256	47850	88077
第二产业增加值	万元	26729	117484	472500	79183	199051
公共财政收入	万元	8596	26411	224600	36819	45160
各项税收	万元	5597	20993	147700	12009	19568
公共财政支出	万元	135348	176455	669200	307532	347668
居民储蓄存款余额	万元	52914	71920	2028400	185000	357289
年末金融机构各项贷款余额	万元	78741	99799	2610400	171200	360883
三、农业、工业及投资						
农业机械总动力	万千瓦特	3	3	16	43	54
机收面积	公顷	3960	1296		23000	25791
设施农业占地面积	公顷	233	300	304	467	948
粮食总产量	吨					
棉花产量	吨			23071	3870	83808
油料产量	吨	408	129		6900	
肉类总产量	吨	5047	5795	43100	40879	49137
规模以上工业企业单位数	个	1	5	27	3	18
规模以上工业总产值	万元	18242	99119	335821	11049	85410
固定资产投资	万元	84092	336296	1824000	644511	889952
四、教育、卫生和社会保障						
普通中学在校学生数	人	2353	2220	36061	18262	25431
中等职业教育学校在校学生数	人	70	166	10097	850	4767
小学在校学生数	人	4384	5447	79572	25309	37167
医疗卫生机构床位数	床	260	354	5438	739	1049
各种社会福利收养性单位数	个	3	2	10	8	4
各种社会福利收养性单位床位数	床	259	185	535	125	308

2016年县(市)社会经济主要指标

新疆维吾尔自治区

指　标	单位	英吉沙县	泽普县	莎车县	叶城县	麦盖提县
一、基本情况						
行政区域面积	平方公里	3425	988	8957	28929	15200
乡个数	个	12	10	22	17	9
镇个数	个	2	2	8	3	1
街道办事处个数	个			1		
户籍人口	万人	30	21	86	53	24
第二产业从业人员	人	18978	12363	20993	43000	6218
第三产业从业人员	人	60782	26166	52367	32000	8904
固定电话用户	户	7209	14300	19265	9106	16200
二、综合经济						
地区生产总值	万元	496000	447476	1125033	833447	461573
第一产业增加值	万元	165000	172416	508616	371127	253796
农业增加值	万元	123138	136935	400444	100146	216016
牧业增加值	万元	33745	32917	86330	76801	32485
第二产业增加值	万元	141000	87194	171031	206668	69374
公共财政收入	万元	22374	26693	77026	56028	28073
各项税收	万元	10853	18230	25902	27356	11415
公共财政支出	万元	315096	227844	775475	518212	295065
居民储蓄存款余额	万元	169806	403695	769139	522418	315683
年末金融机构各项贷款余额	万元	175126	244773	772345	358395	371999
三、农业、工业及投资						
农业机械总动力	万千瓦特	22	28	85	41	29
机收面积	公顷	16930	17070	47200	35960	17321
设施农业占地面积	公顷	1049	252	913	2820	218
粮食总产量	吨					
棉花产量	吨	14563	10607	91637	22041	73086
油料产量	吨	254	1544	3463	5418	
肉类总产量	吨	25000	33508	73902	65818	29433
规模以上工业企业单位数	个	9	8	14	24	4
规模以上工业总产值	万元	52781	32509	42851	194271	18250
固定资产投资	万元	698831	480624	781888	870023	547855
四、教育、卫生和社会保障						
普通中学在校学生数	人	16889	14678	56183	50077	8611
中等职业教育学校在校学生数	人	3335	1520	12028		1557
小学在校学生数	人	32867	21865	108521	59479	25102
医疗卫生机构床位数	床	804	1041	2643	3063	715
各种社会福利收养性单位数	个	10	13	96	19	4
各种社会福利收养性单位床位数	床	987	439	3952	798	408

2016年县(市)社会经济主要指标

新疆维吾尔自治区

指　　标	单位	岳普湖县	伽师县	巴楚县	塔什库尔干塔吉克自治县	和田市
一、基本情况						
行政区域面积	平方公里	3327	6528	21700	25000	466
乡个数	个	5	9	8	10	6
镇个数	个	4	4	4	2	2
街道办事处个数	个	6				4
户籍人口	万人	17	44	37	4	39
第二产业从业人员	人	4920	6180	2158	2734	19903
第三产业从业人员	人	14102	12110	13125	3876	25336
固定电话用户	户	1237	5290	17571	1450	67247
二、综合经济						
地区生产总值	万元	324155	587072	583162	123246	660981
第一产业增加值	万元	107281	265045	235470	16016	38269
农业增加值	万元	48138	193400	191082	3204	20207
牧业增加值	万元	17051	66443	42586	12812	15583
第二产业增加值	万元	140875	172631	112995	60360	123142
公共财政收入	万元	22328	44397	41080	18217	119305
各项税收	万元	8792	15515	23430	5056	67690
公共财政支出	万元	215151	395502	378760	172488	705375
居民储蓄存款余额	万元	177298	283909	436091	49155	1017623
年末金融机构各项贷款余额	万元	164365	262317	495208	36800	778583
三、农业、工业及投资						
农业机械总动力	万千瓦特	20	36	40	3	9
机收面积	公顷	11009	75100	18821		7233
设施农业占地面积	公顷	60	498	120	7	497
粮食总产量	吨					
棉花产量	吨	69000	138831	100240	558	1422
油料产量	吨	245				270
肉类总产量	吨	20871	54538	39189	6255	13207
规模以上工业企业单位数	个	10	12	12	1	9
规模以上工业总产值	万元	99282	98034	77488	10633	64880
固定资产投资	万元	650000	730171	750442	330434	912217
四、教育、卫生和社会保障						
普通中学在校学生数	人	7956	25928	20334	2227	24365
中等职业教育学校在校学生数	人	1470	3755	1816	235	1812
小学在校学生数	人	15616	49553	40984	3730	46924
医疗卫生机构床位数	床	663	1374	3676	206	4403
各种社会福利收养性单位数	个	7	3	5	2	9
各种社会福利收养性单位床位数	床	319	360	344	109	493

2016年县(市)社会经济主要指标

新疆维吾尔自治区

指　　标	单位	和田县	墨玉县	皮山县	洛浦县	策勒县
一、基本情况						
行政区域面积	平方公里	41080	25607	39463	14114	31592
乡个数	个	10	12	10	7	6
镇个数	个	2	4	6	2	2
街道办事处个数	个		3	1	1	1
户籍人口	万人	35	62	28	29	17
第二产业从业人员	人	16280	36472	7137	6388	5652
第三产业从业人员	人	9267	27302	7593	7322	5775
固定电话用户	户	34480	11470	6700	5390	8691
二、综合经济						
地区生产总值	万元	301793	414758	233065	254200	171820
第一产业增加值	万元	99337	200463	91277	67197	58172
农业增加值	万元	78010	154457	64778	47271	36862
牧业增加值	万元	19640	43224	23725	17758	20493
第二产业增加值	万元	71698	32895	25711	44450	23765
公共财政收入	万元	18308	27000	14790	23242	10457
各项税收	万元	11494	22550	8926	12427	8358
公共财政支出	万元	298772	474496	311703	275021	215405
居民储蓄存款余额	万元	93585	299656	157497	218720	113671
年末金融机构各项贷款余额	万元	172901	388112	228883	231365	165056
三、农业、工业及投资						
农业机械总动力	万千瓦特	10	25	10	14	9
机收面积	公顷	15813	17100	7269	12360	8179
设施农业占地面积	公顷	337	150	199	177	91
粮食总产量	吨					
棉花产量	吨	7171	11781	7995	669	1981
油料产量	吨	486	599	1297	1822	3831
肉类总产量	吨	18768	39499	16315	16724	16571
规模以上工业企业单位数	个	6	2	3	4	
规模以上工业总产值	万元	51748	9021	21401	43651	
固定资产投资	万元	382575	475261	330100	320835	205677
四、教育、卫生和社会保障						
普通中学在校学生数	人	20837	34761	15322	9541	8035
中等职业教育学校在校学生数	人	1752	6804	4561	1155	729
小学在校学生数	人	38633	63580	27493	30070	15047
医疗卫生机构床位数	床	1230	3127	1022	1458	857
各种社会福利收养性单位数	个	10	17	15	11	9
各种社会福利收养性单位床位数	床	751	506	370	348	503

2016年县(市)社会经济主要指标

新疆维吾尔自治区

指　　标	单位	于田县	民丰县	伊宁市	奎屯市	霍尔果斯市
一、基本情况						
行政区域面积	平方公里	39500	56703	761	1171	1909
乡个数	个	15	6	7	1	1
镇个数	个	2	1	2		
街道办事处个数	个	2	1	8	5	4
户籍人口	万人	28	4	55	16	6
第二产业从业人员	人	7680	876	36737	8294	2018
第三产业从业人员	人	12010	1303	107757	26731	17854
固定电话用户	户	12501	4761	103251	107290	11248
二、综合经济						
地区生产总值	万元	238973	91141	2004092	1133215	390490
第一产业增加值	万元	73410	16125	71421	63190	64961
农业增加值	万元	40000	7401	44233	46163	47742
牧业增加值	万元	29841	8371	25366	14852	15799
第二产业增加值	万元	36368	14965	444288	455350	152859
公共财政收入	万元	24270	10044	214137	112304	131606
各项税收	万元	11144	7402	192646	100055	127392
公共财政支出	万元	278295	99740	417432	239657	105826
居民储蓄存款余额	万元	191583	58204	2256179	1741901	79619
年末金融机构各项贷款余额	万元	240736	70394	4795400	2013112	108784
三、农业、工业及投资						
农业机械总动力	万千瓦特	16	4	10	1	4
机收面积	公顷	12250	904	10100	7048	4296
设施农业占地面积	公顷	263	21	881		15
粮食总产量	吨					
棉花产量	吨	6106	29		9336	279
油料产量	吨	2430	9	980	1262	206
肉类总产量	吨	22041	8170	16607	5762	2405
规模以上工业企业单位数	个	3		32	35	2
规模以上工业总产值	万元	23749		421736	709070	4997
固定资产投资	万元	312035	132282	1066767	428907	321129
四、教育、卫生和社会保障						
普通中学在校学生数	人	8532	1833	39344	16843	1270
中等职业教育学校在校学生数	人	3305	291	7959	1346	
小学在校学生数	人	26875	3497	54213	12063	2498
医疗卫生机构床位数	床	1535	302	5402	2473	170
各种社会福利收养性单位数	个	13	2	9	5	1
各种社会福利收养性单位床位数	床	566	60	590	532	4

2016年县(市)社会经济主要指标

新疆维吾尔自治区

指　标	单位	伊宁县	察布查尔锡伯自治县	霍城县	巩留县	新源县
一、基本情况						
行政区域面积	平方公里	6153	4485	3780	4327	7581
乡个数	个	13	10	4	3	3
镇个数	个	5	3	5	5	8
街道办事处个数	个					
户籍人口	万人	42	20	34	19	32
第二产业从业人员	人	32322	11635	16436	7598	19997
第三产业从业人员	人	38980	16526	33065	23654	28409
固定电话用户	户	38630	23776	58635	26426	48511
二、综合经济						
地区生产总值	万元	737698	481001	714811	415617	807426
第一产业增加值	万元	300255	233189	240208	142090	288142
农业增加值	万元	114834	152531	142811	64770	93324
牧业增加值	万元	177180	74601	93469	75827	171282
第二产业增加值	万元	204372	110001	184106	157966	268326
公共财政收入	万元	65892	25056	40755	20886	59062
各项税收	万元	34244	21491	32632	17476	49676
公共财政支出	万元	266964	219309	248436	189011	227322
居民储蓄存款余额	万元	293247	222929	533262	206822	435727
年末金融机构各项贷款余额	万元	791249	359690	419550	201035	450846
三、农业、工业及投资						
农业机械总动力	万千瓦特	36	25	20	25	32
机收面积	公顷	68510	80018	38520	43350	66724
设施农业占地面积	公顷	186	263	357	181	277
粮食总产量	吨					
棉花产量	吨		472	836		
油料产量	吨	3026	19049	2948	6819	4589
肉类总产量	吨	68462	23529	44261	35673	56008
规模以上工业企业单位数	个	26	13	10	9	14
规模以上工业总产值	万元	399659	80711	88120	165693	353794
固定资产投资	万元	356346	300597	352117	281653	312598
四、教育、卫生和社会保障						
普通中学在校学生数	人	14986	8379	15080	6924	19499
中等职业教育学校在校学生数	人	1297	386	475	141	66
小学在校学生数	人	42009	14010	21393	19072	28753
医疗卫生机构床位数	床	2510	725	1007	872	1392
各种社会福利收养性单位数	个	4	2	6	1	14
各种社会福利收养性单位床位数	床	230	230	200	270	604

2016年县(市)社会经济主要指标

新疆维吾尔自治区

指　　标	单位	昭苏县	特克斯县	尼勒克县	塔城市	乌苏市
一、基本情况						
行政区域面积	平方公里	11128	8067	10130	4357	14394
乡个数	个	7	3	10	4	7
镇个数	个	3	5	1	2	10
街道办事处个数	个				3	3
户籍人口	万人	18	17	19	15	22
第二产业从业人员	人	6980	8401	12568	2660	11272
第三产业从业人员	人	20318	17821	25397	19394	31103
固定电话用户	户	21970	18865	16915	53000	42011
二、综合经济						
地区生产总值	万元	416801	250382	463643	718193	1225830
第一产业增加值	万元	175029	110435	172571	163865	456740
农业增加值	万元	75710	33362	40456	106513	357571
牧业增加值	万元	98812	76593	129835	54567	95318
第二产业增加值	万元	97498	35468	177767	128483	420009
公共财政收入	万元	14742	18050	23824	54588	146877
各项税收	万元	10979	13237	21700	58113	79031
公共财政支出	万元	196232	170314	196000	213612	346128
居民储蓄存款余额	万元	172046	138223	209653	574000	810096
年末金融机构各项贷款余额	万元	179521	171585	231389	755800	988683
三、农业、工业及投资						
农业机械总动力	万千瓦特	18	13	18	31	76
机收面积	公顷	55423	31227	34497	90112	109933
设施农业占地面积	公顷	45	574	170	933	1547
粮食总产量	吨					
棉花产量	吨					206432
油料产量	吨	23129	3820	4281	1355	13278
肉类总产量	吨	32177	21324	40956	29015	43551
规模以上工业企业单位数	个	1	6	9	7	27
规模以上工业总产值	万元	4774	44231	159817	44860	864183
固定资产投资	万元	226010	150035	320221	665506	1100374
四、教育、卫生和社会保障						
普通中学在校学生数	人	7676	8761	8237	10302	12368
中等职业教育学校在校学生数	人		331	16	2265	2130
小学在校学生数	人	13875	17125	16302	10350	15847
医疗卫生机构床位数	床	701	747	791	1051	1521
各种社会福利收养性单位数	个	1	1	3	3	4
各种社会福利收养性单位床位数	床	140	100	400	435	285

2016年县(市)社会经济主要指标

新疆维吾尔自治区

指　　标	单位	额敏县	沙湾县	托里县	裕民县	和布克赛尔蒙古族自治县
一、基本情况						
行政区域面积	平方公里	9532	13110	21300	6220	30600
乡个数	个	12	3	4	4	6
镇个数	个	6	9	3	2	2
街道办事处个数	个			10		
户籍人口	万人	16	21	9	5	5
第二产业从业人员	人	2010	20320	8665	923	2300
第三产业从业人员	人	13105	29450	8272	3871	6095
固定电话用户	户	36016	44481	10019	21083	12555
二、综合经济						
地区生产总值	万元	587404	1422988	319321	139011	235674
第一产业增加值	万元	173705	510000	72314	48456	44488
农业增加值	万元	101119	360000	27197	26821	16672
牧业增加值	万元	70909	145300	44551	20804	27524
第二产业增加值	万元	190832	345912	148284	26347	120800
公共财政收入	万元	45281	109133	21262	9092	58151
各项税收	万元	52758	56888	17152	5320	50890
公共财政支出	万元	209627	272682	164999	103582	137819
居民储蓄存款余额	万元	345158	638861	130777	104892	145471
年末金融机构各项贷款余额	万元	424060	644918	113435	111174	150784
三、农业、工业及投资						
农业机械总动力	万千瓦特	31	68	12	16	5
机收面积	公顷	86990	145200	31665	38450	9530
设施农业占地面积	公顷	358	492	30	4	
粮食总产量	吨					
棉花产量	吨		230403	685		2703
油料产量	吨	1417	3751	2863	9164	9118
肉类总产量	吨	29984	59099	23347	13605	13986
规模以上工业企业单位数	个	10	44	13		7
规模以上工业总产值	万元	47238	643034	178546		115805
固定资产投资	万元	650000	903044	213137	83276	228000
四、教育、卫生和社会保障						
普通中学在校学生数	人	8414	12685	5844	2118	2449
中等职业教育学校在校学生数	人	227	911			179
小学在校学生数	人	12571	13670	8835	3914	4160
医疗卫生机构床位数	床	672	923	450	290	475
各种社会福利收养性单位数	个	1	6	1	1	2
各种社会福利收养性单位床位数	床	76	464	135	102	316

2016年县(市)社会经济主要指标

新疆维吾尔自治区

指　　标	单位	阿勒泰市	布尔津县	富蕴县	福海县	哈巴河县
一、基本情况						
行政区域面积	平方公里	11481	10357	32186	32035	8186
乡个数	个	6	4	5	3	4
镇个数	个	5	3	5	3	3
街道办事处个数	个	4				
户籍人口	万人	20	7	10	7	8
第二产业从业人员	人	4980	4792	4216	5843	6309
第三产业从业人员	人	34903	5190	7443	8652	10411
固定电话用户	户	95353	14989	29000	21254	16982
二、综合经济						
地区生产总值	万元	638444	201234	361753	218015	340156
第一产业增加值	万元	92038	36990	65903	93785	74742
农业增加值	万元	46913	17765	25420	56377	41385
牧业增加值	万元	42231	17595	39156	28807	29867
第二产业增加值	万元	116005	79900	158426	36587	174692
公共财政收入	万元	65000	36224	80008	33125	53032
各项税收	万元	50920	28895	44200	27140	33257
公共财政支出	万元	268949	150481	206725	140892	175884
居民储蓄存款余额	万元	660963	160267	214162	172162	131871
年末金融机构各项贷款余额	万元	827180	269577	338395	226689	178509
三、农业、工业及投资						
农业机械总动力	万千瓦特	20	10	15	17	15
机收面积	公顷	28121	26000		57558	40025
设施农业占地面积	公顷	86	43	3	28	16
粮食总产量	吨					
棉花产量	吨					
油料产量	吨	36057	30332	8433	12486	30772
肉类总产量	吨	20526	10814	14648	14266	13846
规模以上工业企业单位数	个	11	14	18	11	12
规模以上工业总产值	万元	37318	71783	312695	39118	202322
固定资产投资	万元	465361	301332	420277	220618	252461
四、教育、卫生和社会保障						
普通中学在校学生数	人	9777	3849	5481	3499	5369
中等职业教育学校在校学生数	人	6659		350	297	
小学在校学生数	人	12051	6135	9721	5367	8320
医疗卫生机构床位数	床	1253	297	530	377	488
各种社会福利收养性单位数	个	1	6	3	2	3
各种社会福利收养性单位床位数	床	100	140	200	110	240

2016年县(市)社会经济主要指标

新疆维吾尔自治区

指　　标	单位	青河县	吉木乃县	石河子市	阿拉尔市	图木舒克市
一、基本情况						
行政区域面积	平方公里	15743	7146	460	5898	2003
乡个数	个	4	4		1	
镇个数	个	3	3	2	3	1
街道办事处个数	个			5	4	3
户籍人口	万人	7	4	41	23	17
第二产业从业人员	人	423	1066	56443	39886	21348
第三产业从业人员	人	5166	10247	39544	84717	27006
固定电话用户	户	18071	12394	107250	21800	14654
二、综合经济						
地区生产总值	万元	150054	108667	3196407	2796114	743100
第一产业增加值	万元	39934	14241	114530	1132908	222519
农业增加值	万元	16285	6164	76416	1063036	202362
牧业增加值	万元	19380	7900	34906	53401	17514
第二产业增加值	万元	50494	47375	1846564	1109125	354194
公共财政收入	万元	21263	10866	388815	62997	28959
各项税收	万元	12856	8205	324285	59048	25622
公共财政支出	万元	183370	119757	498628	89295	53452
居民储蓄存款余额	万元	98900	76785	2443354	660602	268299
年末金融机构各项贷款余额	万元	160431	102231	2378220	1668500	395201
三、农业、工业及投资						
农业机械总动力	万千瓦特	6	3	99	85	16
机收面积	公顷	16208	8668	14161	119400	52797
设施农业占地面积	公顷	83	29	460	731	114
粮食总产量	吨					
棉花产量	吨			33146	343350	77700
油料产量	吨	13622	7127	2415	1361	5785
肉类总产量	吨	5368	4413	21291	30338	12414
规模以上工业企业单位数	个	9	4	101	168	43
规模以上工业总产值	万元	82258	72835	5098578	2164858	692973
固定资产投资	万元	181890	218035	2322551	1315408	785934
四、教育、卫生和社会保障						
普通中学在校学生数	人	2394	1953	28715	27568	9685
中等职业教育学校在校学生数	人			11011	1788	415
小学在校学生数	人	6105	2846	21806	19800	17400
医疗卫生机构床位数	床	230	234	4016	1879	758
各种社会福利收养性单位数	个	4	1	16	9	4
各种社会福利收养性单位床位数	床	110	60	3080	372	330

2016年县(市)社会经济主要指标

新疆维吾尔自治区

指　　标	单位	五家渠市	北屯市	铁门关市
一、基本情况				
行政区域面积	平方公里	740	911	563
乡个数	个			
镇个数	个	2		2
街道办事处个数	个	3		
户籍人口	万人	9	5	2
第二产业从业人员	人	24611	7461	3797
第三产业从业人员	人	35943	13450	6653
固定电话用户	户	31000	35246	6575
二、综合经济				
地区生产总值	万元	1436382	353143	159850
第一产业增加值	万元	68982	50189	86736
农业增加值	万元	48307	30428	67913
牧业增加值	万元	19211	13382	18495
第二产业增加值	万元	1028911	174530	50803
公共财政收入	万元	174298	22709	35691
各项税收	万元	162772	21331	12731
公共财政支出	万元	157840	34852	50235
居民储蓄存款余额	万元	686797	537151	29734
年末金融机构各项贷款余额	万元	1077541	717644	
三、农业、工业及投资				
农业机械总动力	万千瓦特	6	14	11
机收面积	公顷	12541		8718
设施农业占地面积	公顷	208	118	308
粮食总产量	吨			
棉花产量	吨	6923		37061
油料产量	吨	30161	4082	279
肉类总产量	吨	15838	9446	14110
规模以上工业企业单位数	个	43	21	13
规模以上工业总产值	万元	3144426	188894	103940
固定资产投资	万元	1289767	570381	51556
四、教育、卫生和社会保障				
普通中学在校学生数	人	6742	5269	1183
中等职业教育学校在校学生数	人	1304	426	
小学在校学生数	人	6638	4474	1241
医疗卫生机构床位数	床	795	715	50
各种社会福利收养性单位数	个	3	7	1
各种社会福利收养性单位床位数	床	610	1180	13

按主要经济指标分组县（市）资料

按公共财政收入分组的社会经济基本情况

指　标	单位	公共财政收入(2016年)			
		1亿元以下	1亿元-5亿元	5亿元-10亿元	10亿元以上
一、基本情况					
县(市)个数		132	670	540	737
行政区域面积	平方公里	1520274	3378123	2044008	2030757
乡个数	个	973	3799	2889	2479
镇个数	个	406	4345	5147	8113
街道办事处个数	个	23	416	741	1911
户籍人口	万人	973	19739	28263	53553
第二产业从业人员	人	542071	17512680	32571532	98389672
第三产业从业人员	人	914485	24255265	38909247	94259161
固定电话用户	户	615859	14348879	22412959	62934932
二、综合经济					
地区生产总值	万元	17600843	443403648	760438744	2827137448
第一产业增加值	万元	4432738	106737139	150867521	280438295
农业增加值	万元	2176762	65839033	88684615	160622920
牧业增加值	万元	1883631	31539276	43518740	72051431
第二产业增加值	万元	5549787	170091075	324672565	1430104045
公共财政收入	万元	732178	20020751	38241213	222470778
各项税收	万元	549681	15546319	30129632	211515363
公共财政支出	万元	15650460	140239391	156277880	377673500
居民储蓄存款余额	万元	13422659	370492126	573940683	1769507799
年末金融机构各项贷款余额	万元	11318066	294974863	450724274	1988502170
三、农业、工业及投资					
农业机械总动力	万千瓦特	1096	19978	24959	42262
机收面积	公顷	441040	18966972	21090496	34915609
设施农业占地面积	公顷	8017	496178	601653	2024325
棉花产量	吨	13403	1634992	1243194	2153075
油料产量	吨	166404	6111837	11040841	15699345
肉类总产量	吨	756108	17656645	25926960	43753756
规模以上工业企业单位数	个	519	20828	43773	186567
规模以上工业总产值	万元	6660714	419136958	976666725	5213415659
固定资产投资	万元	26756418	464044712	713866295	2250477482
四、教育、卫生和社会保障					
普通中学在校学生数	人	372966	8465923	12338373	24240787
中等职业教育学校在校学生数	人	20035	889838	1414491	3617188
小学在校学生数	人	751447	12745869	19213069	37185519
医疗卫生机构床位数	床	35538	722143	1023526	2212269
各种社会福利收养性单位数	个	538	6845	10541	19352
各种社会福利收养性单位床位数	床	27828	541295	815974	2104503

公共财政收入达10亿元的县(市)分布

(2016年)　　单位：万元

省(区、市)	县(市)	公共财政收入	省(区、市)	县(市)	公共财政收入
北京市	大兴区	777199		阳城县	123548
	怀柔区	356477		泽州县	123756
	平谷区	279458		高平市	126586
	密云区	311683		灵石县	112166
	延庆区	136080		介休市	107077
天津市	宝坻区	647230		河津市	178135
	宁河区	294641		宁武县	109580
	静海区	648705		柳林县	106994
	蓟州区	414417		孝义市	155569
河北省	藁城区	315892	内蒙古自治区	土默特左旗	190762
	鹿泉区	197339		托克托县	254129
	栾城区	101873		和林格尔县	120816
	正定县	160017		土默特右旗	222588
	平山县	107802		达尔罕茂明安联合旗	165859
	丰南区	315208		扎鲁特旗	164623
	丰润区	232577		霍林郭勒市	317170
	曹妃甸区	666333		东胜区	833333
	滦县	156000		达拉特旗	222750
	滦南县	102080		准格尔旗	818329
	乐亭县	122301		鄂托克前旗	181014
	迁西县	105160		鄂托克旗	379846
	遵化市	100411		杭锦旗	123000
	迁安市	362809		乌审旗	336900
	昌黎县	100018		伊金霍洛旗	788600
	涉县	100800		海拉尔区	170277
	磁县	105328		满洲里市	160108
	永年县	116397		临河区	198553
	武安市	373078		集宁区	179480
	徐水区	102508		锡林浩特市	294162
	涿州市	211419		东乌珠穆沁旗	112281
	高碑店市	106425		西乌珠穆沁旗	207158
	怀来县	152860		阿拉善左旗	167607
	肃宁县	126880	辽宁省	普兰店区	140060
	任丘市	280566		瓦房店市	434051
	黄骅市	156666		庄河市	234508
	河间市	111922		海城市	221922
	固安县	447851		东港市	117700
	永清县	122819		凤城市	100168
	香河县	401017		大石桥市	137363
	大厂回族自治县	222025		灯塔市	258462
	霸州市	219221		大洼区	290706
	三河市	726467	吉林省	九台区	233854
	定州市	181217		农安县	131654
	辛集市	122590		桦甸市	112940
山西省	长治县	105571		磐石市	100217
	襄垣县	124521		公主岭市	273942
	沁水县	117105		通化县	145320

续表1　　单位：万元

省(区、市)	县(市)	公共财政收入	省(区、市)	县(市)	公共财政收入
	梅河口市	305250		淮安区	334390
	抚松县	123155		淮阴区	405759
	前郭尔罗斯蒙古族自治县	117449		洪泽区	232424
	大安市	107097		涟水县	289809
	延吉市	308116		盱眙县	307794
	敦化市	144806		金湖县	220020
	珲春市	195255		盐都区	381278
黑龙江省	呼兰区	126333		大丰区	592566
	双城区	180171		响水县	296024
	穆棱市	382513		滨海县	340700
	肇东市	193365		阜宁县	362412
上海市	奉贤区	1048129		射阳县	215800
	崇明区	1050185		建湖县	350066
江苏省	浦口区	1096179		东台市	602566
	江宁区	2102485		邗江区	639681
	六合区	985701		江都区	551547
	溧水区	512806		宝应县	308075
	高淳区	254537		仪征市	447442
	锡山区	722367		高邮市	341188
	江阴市	2299056		丹徒区	256958
	宜兴市	1086503		丹阳市	655469
	铜山区	683606		扬中市	325028
	丰县	350000		句容市	404826
	沛县	576839		姜堰区	356004
	睢宁县	425154		兴化市	370577
	新沂市	499120		靖江市	589341
	邳州市	623960		泰兴市	572016
	武进区	1475153		宿豫区	238245
	金坛区	433818		沭阳县	717499
	溧阳市	589986		泗阳县	333405
	吴中区	1344255		泗洪县	317476
	吴江区	1652525	浙江省	萧山区	1951629
	常熟市	1735805		余杭区	2442888
	张家港市	1900019		富阳区	576102
	昆山市	3189188		桐庐县	261681
	太仓市	1277146		淳安县	173613
	通州区	722155		建德市	227059
	海安县	575767		临安市	373378
	如东县	544084		鄞州区	2077753
	启东市	710317		象山县	380730
	如皋市	712085		宁海县	487899
	海门市	724112		余姚市	811633
	赣榆区	250181		慈溪市	1320963
	东海县	226068		奉化市	370515
	灌云县	215179		永嘉县	295880
	灌南县	224336		平阳县	277720

续表2 单位：万元

省(区、市)	县(市)	公共财政收入	省(区、市)	县(市)	公共财政收入
	苍南县	318176		凤台县	223695
	瑞安市	590481		寿县	124531
	乐清市	722325		当涂县	414837
	嘉善县	418002		含山县	152608
	海盐县	351779		和县	229427
	海宁市	720018		濉溪县	303116
	平湖市	567891		义安区	159023
	桐乡市	580002		怀宁县	180197
	德清县	420333		潜山县	110087
	长兴县	454618		宿松县	107035
	安吉县	358511		桐城市	231988
	柯桥区	1060220		来安县	200181
	上虞区	596523		全椒县	216663
	新昌县	309400		定远县	144901
	诸暨市	717938		凤阳县	244264
	嵊州市	320096		天长市	281031
	武义县	220386		明光市	146469
	浦江县	166093		临泉县	154279
	兰溪市	226467		太和县	306855
	义乌市	817904		颍上县	252529
	东阳市	562569		界首市	254702
	永康市	485289		砀山县	115088
	衢江区	123964		萧县	200009
	龙游县	140351		灵璧县	104934
	江山市	158592		泗县	115006
	岱山县	140863		霍邱县	167324
	玉环县	426217		舒城县	165576
	三门县	155766		涡阳县	180541
	天台县	170371		蒙城县	242804
	仙居县	162468		利辛县	172051
	温岭市	616886		东至县	141279
	临海市	449188		青阳县	108424
	青田县	159981		郎溪县	178554
	缙云县	121503		广德县	234446
安徽省	长丰县	495006		泾县	121017
	肥东县	476458		宁国市	414018
	肥西县	755081	福建省	闽侯县	1275703
	庐江县	267906		连江县	430703
	巢湖市	281124		平潭县	535172
	芜湖县	385218		福清市	886796
	繁昌县	445011		长乐市	553697
	南陵县	257717		仙游县	278174
	无为县	347873		永安市	174391
	怀远县	268512		惠安县	419220
	五河县	163944		安溪县	243142
	固镇县	147658		永春县	107501

续表3

单位：万元

省(区、市)	县(市)	公共财政收入
	德化县	156335
	石狮市	600066
	晋江市	1206806
	南安市	662889
	云霄县	101238
	漳浦县	267586
	长泰县	183546
	东山县	173970
	南靖县	113427
	龙海市	817990
	建阳区	145772
	邵武市	140136
	武夷山市	110435
	建瓯市	106489
	上杭县	229305
	武平县	104590
	霞浦县	120084
	福安市	186314
	福鼎市	255008
江西省	新建区	642561
	南昌县	804597
	进贤县	147350
	浮梁县	132700
	乐平市	376675
	上栗县	161504
	芦溪县	105927
	九江县	165741
	武宁县	173928
	修水县	217866
	永修县	214622
	德安县	165262
	都昌县	147033
	湖口县	247139
	彭泽县	153990
	瑞昌市	256068
	共青城市	163608
	庐山市	118589
	分宜县	300294
	余江县	128492
	贵溪市	342566
	南康区	188300
	赣县	211942
	信丰县	114270
	龙南县	124539
	定南县	111100
	宁都县	104243
	于都县	169022
	瑞金市	124542
	吉安县	254008
	吉水县	145753
	新干县	145400
	永丰县	113829
	泰和县	138036
	遂川县	102889
	安福县	133465
	奉新县	220440
	万载县	148942
	上高县	251981
	宜丰县	116920
	丰城市	642726
	樟树市	521791
	高安市	363836
	南城县	147792
	崇仁县	108086
	金溪县	103907
	东乡县	161270
	广丰区	297929
	上饶县	186870
	玉山县	221319
	铅山县	159979
	弋阳县	141808
	余干县	106396
	鄱阳县	168198
	万年县	177168
	婺源县	136900
	德兴市	297441
山东省	长清区	175035
	平阴县	178183
	济阳县	185778
	章丘市	509451
	胶州市	920707
	即墨市	1050508
	平度市	497837
	莱西市	519206
	桓台县	331249
	高青县	139000
	沂源县	191443
	滕州市	690018
	垦利区	235043
	利津县	128771
	广饶县	409396
	龙口市	948167

续表4

单位：万元

省(区、市)	县(市)	公共财政收入	省(区、市)	县(市)	公共财政收入
	莱阳市	156710		阳谷县	134536
	莱州市	618577		莘县	110256
	蓬莱市	315328		茌平县	310261
	招远市	547388		东阿县	118893
	栖霞市	112497		冠县	113530
	海阳市	293906		高唐县	150276
	临朐县	156966		临清市	191167
	昌乐县	235929		沾化区	116145
	青州市	459890		无棣县	250871
	诸城市	731686		博兴县	465293
	寿光市	946872		邹平县	636083
	安丘市	208027		曹县	230655
	高密市	480480		单县	163750
	昌邑市	299086		巨野县	200016
	兖州区	607799		郓城县	227091
	微山县	333656		东明县	164680
	鱼台县	104206	河南省	中牟县	416156
	金乡县	135586		巩义市	383698
	嘉祥县	163016		荥阳市	372152
	汶上县	141537		新密市	308469
	梁山县	135272		新郑市	653118
	曲阜市	267147		登封市	235656
	邹城市	735148		杞县	130666
	宁阳县	127079		尉氏县	162286
	东平县	119336		兰考县	140992
	新泰市	422609		孟津县	139326
	肥城市	421469		新安县	194261
	文登区	495168		栾川县	181369
	荣成市	688339		宜阳县	103399
	乳山市	313298		伊川县	182269
	五莲县	107903		偃师市	183198
	莒县	143659		汝州市	230565
	沂南县	147429		安阳县	102127
	郯城县	120067		汤阴县	110770
	沂水县	228819		滑县	101634
	兰陵县	150006		林州市	166306
	费县	180117		长垣县	167628
	平邑县	107148		辉县市	222007
	莒南县	185720		修武县	104135
	蒙阴县	100090		武陟县	119000
	临沭县	139366		沁阳市	132878
	陵城区	117862		孟州市	126133
	临邑县	140428		许昌县	135366
	齐河县	287666		鄢陵县	103069
	乐陵市	100576		襄城县	147572
	禹城市	190487		禹州市	169167

续表5　　单位：万元

省(区、市)	县(市)	公共财政收入	省(区、市)	县(市)	公共财政收入
	长葛市	226246		仙桃市	290849
	临颍县	116590		潜江市	233151
	陕州区	142888		天门市	242847
	渑池县	220288	湖南省	望城区	405458
	义马市	127108		长沙县	732504
	灵宝市	198066		宁乡县	426756
	西峡县	128077		浏阳市	588512
	邓州市	130987		攸县	195335
	永城市	350500		醴陵市	401478
	固始县	113100		湘潭县	194629
	沈丘县	121020		湘乡市	141076
	鹿邑县	110700		衡南县	132472
	项城市	100340		耒阳市	206788
	济源市	365020		常宁市	134073
湖北省	阳新县	138410		邵东县	137748
	大冶市	461845		桃源县	111584
	丹江口市	129504		桂阳县	209969
	夷陵区	340116		宜章县	135498
	远安县	110915		永兴县	183186
	宜都市	385281		资兴市	238696
	当阳市	254022		宁远县	100772
	枝江市	285917		冷水江市	111431
	襄州区	297695	广东省	从化区	245383
	南漳县	136422		增城区	730006
	谷城县	198046		斗门区	249638
	保康县	102951		潮阳区	195321
	老河口市	282326		澄海区	199566
	枣阳市	329576		禅城区	768579
	宜城市	242609		南海区	2033426
	京山县	150838		顺德区	2018965
	沙洋县	101600		三水区	483266
	钟祥市	194797		高明区	320917
	云梦县	132131		新会区	469154
	应城市	165592		台山市	243258
	安陆市	107610		开平市	219510
	汉川市	214691		鹤山市	295200
	公安县	112397		廉江市	113048
	松滋市	165600		电白区	236639
	红安县	147087		高州市	172115
	蕲春县	121952		化州市	112757
	黄梅县	106006		高要区	148248
	麻城市	160394		四会市	197590
	武穴市	166889		惠阳区	448427
	赤壁市	171138		博罗县	406323
	广水市	111941		惠东县	367751
	恩施市	204732		梅县区	218852

续表6　　单位：万元

省(区、市)	县(市)	公共财政收入	省(区、市)	县(市)	公共财政收入
	平远县	257943		荣昌区	252268
	兴宁市	110386		开州区	246816
	阳东区	107081		梁平县	194663
	阳春市	103842		丰都县	170006
	清新区	126318		垫江县	150566
	英德市	156791		武隆县	147799
	潮安区	141583		忠县	246816
	揭东区	112956		云阳县	150292
	普宁市	203399		奉节县	167331
	新兴县	168285		巫山县	103166
	罗定市	115700		石柱土家族自治县	135380
广西壮族自治区	武鸣区	150388		秀山土家族苗族自治县	120269
	宾阳县	174385		酉阳土家族苗族自治县	136055
	横县	130316		彭水苗族土家族自治县	139358
	临桂区	196593	四川省	新都区	833382
	灵川县	120942		温江区	357152
	兴安县	123647		双流区	851580
	藤县	129580		金堂县	245105
	岑溪市	197940		郫县	397814
	东兴市	125091		大邑县	110542
	平南县	163303		新津县	201061
	桂平市	103000		都江堰市	442544
	陆川县	111706		彭州市	210635
	博白县	154769		邛崃市	143237
	北流市	194923		崇州市	169881
	平果县	166065		简阳市	196035
	靖西市	130734		泸县	130904
	扶绥县	105208		合江县	100066
海南省	琼海市	154057		古蔺县	161526
	文昌市	223784		中江县	123630
	万宁市	155100		广汉市	165954
	东方市	168028		什邡市	154195
	澄迈县	370872		绵竹市	120278
	昌江黎族自治县	100319		江油市	176392
	乐东黎族自治县	101242		射洪县	100200
	陵水黎族自治县	414457		峨眉山市	251952
重庆市	綦江区	410701		彭山区	131166
	大足区	385502		仁寿县	220200
	长寿区	373676		宜宾县	104109
	江津区	649830		岳池县	106774
	合川区	411200		武胜县	111468
	永川区	492334		达川区	128254
	南川区	230171		宣汉县	158146
	璧山区	562033		大竹县	185871
	铜梁区	275700		渠县	100567
	潼南区	206042		安岳县	124288

续表7　　单位：万元

省(区、市)	县(市)	公共财政收入	省(区、市)	县(市)	公共财政收入
	黑水县	126508		文山市	361687
	甘孜县	166529		西畴县	260221
	西昌市	472390		景洪市	115919
贵州省	开阳县	249055		大理市	300666
	清镇市	148697	陕西省	长安区	355000
	六枝特区	126573		高陵区	120185
	水城县	208523		兴平市	400000
	盘县	491845		韩城市	457168
	播州区	167477		安塞区	106123
	仁怀市	341332		志丹县	165304
	平坝区	108999		吴起县	175888
	七星关区	438522		南郑县	316216
	金沙县	166783		神木县	530624
	织金县	196292		府谷县	140184
	纳雍县	188666		靖边县	121870
	威宁彝族回族苗族自治县	100088		定边县	131592
	赫章县	111554	甘肃省	凉州区	122066
	碧江区	119787		环县	321174
	德江县	100023		临夏市	110092
	松桃苗族自治县	116878	青海省	格尔木市	180646
	兴义市	757788	宁夏回族自治区	永宁县	132821
	兴仁县	144485		贺兰县	150809
	普安县	126965		灵武市	234335
	贞丰县	166910		中宁县	101718
	安龙县	175913	新疆维吾尔自治区	鄯善县	123881
	凯里市	368189		伊州区	459092
	镇远县	108303		昌吉市	372738
	都匀市	168113		阜康市	273861
	福泉市	145000		呼图壁县	105689
	瓮安县	125008		玛纳斯县	103822
云南省	呈贡区	342665		吉木萨尔县	155060
	晋宁县	169283		博乐市	102320
	嵩明县	115295		库尔勒市	331226
	安宁市	291300		阿克苏市	172864
	陆良县	122476		库车县	287506
	会泽县	110517		拜城县	122291
	宣威市	120736		喀什市	224600
	新平彝族傣族自治县	120646		和田市	119305
	腾冲市	165742		伊宁市	214137
	昭阳区	116001		奎屯市	112304
	楚雄市	216068		霍尔果斯市	131606
	个旧市	113469		乌苏市	146877
	开远市	177679		沙湾县	109133
	蒙自市	175534		石河子市	388815
	弥勒市	162213		五家渠市	174298
	建水县	120950			

附录：主要指标解释

主要指标解释

行政区域土地面积 指辖区内的全部陆地面积和水域面积。包括耕地、荒山、荒地、山林、草原、滩涂、道路和建筑物占地等陆地面积，以及河流、湖泊、水库等水域面积。

乡个数 指农村中经省、自治区、直辖市人民政府批准成立的乡一级行政区划的数量。

镇个数 指农村中经省、自治区、直辖市人民政府批准成立的镇一级行政区划的数量。

村委会个数 指农村中经上级政府批准，按居住地区设立的基层群众性自治组织的个数。含城关镇中的村。

户籍人口 指年末户籍在本行政区域内的人口数，即公安部门户籍人口。

第二产业从业人员 指从事采矿业，制造业，电力、煤气及水的生产和供应业，建筑业人员。

第三产业从业人员 指从事第一、二产业以外的其他行业人员。

固定电话用户 指在电信运营企业营业网点办理开户登记手续并已接入固定电话网上的全部电话用户。包括普通电话用户、公用电话用户、窄带综合业务数字网（N-ISDN）用户、智能网专用接入终端用户等。

地区生产总值 指按市场价格计算的一个地区所有常住单位在一定时期内生产活动的最终成果。

三次产业划分 根据《国民经济行业分类》（GB/T4754-2011）。三次产业的划分标准：

第一产业指农、林、牧、渔业（不含农、林、牧、渔服务业）。

第二产业指采矿业（不含开采辅助活动），制造业（不含金属制品、机械和设备修理业），电力、热力、燃气及水生产和供应业，建筑业。

公共财政收入 包括国内增值税、营业税、企业所得税、个人所得税、资源税、城市维护建设税、房产税、印花税、城镇土地使用税、土地增值税、车船税、耕地占用税、契税、烟叶税、其他各项税收等税收收入和专项收入、行政事业性收费收入、罚没收入、国有资本经营收入、国有资源（资产）有偿使用收入、其他收入等非税收入。

各项税收 包括增值税、消费税、营业税、企业所得税、企业所得税退税、个人所得税、资源税、固定资产投资方向调节税、城市维护建设税、房产税、印花税、城镇土地使用税、土地增值税、车船税、耕地占用税、契税、烟叶税、其他税收收入。

公共财政支出 包括一般公共服务、国防、公共安全、教育、科学技术、文化体育与传媒、社会保障就业、医疗卫生、环境保护、城乡社区事务、农林水事务、交通运输等方面的支出。

居民储蓄存款余额 指城乡居民在某一时点上，在银行和其他金融机构的本（人民币）、外币储蓄存款总额。不包括居民的手存现金和工矿企业、部队、机关、团体等单位存款。

年末金融机构各项贷款余额 指年终时银行或其他信用机构根据必须归还的原则，按一定利率，为企业、个人等提供资金贷款的总额。

农业机械总动力 指全部农业机械动力的额定功率之和。农业机械是指用于种植业、畜牧业、渔业、农产品初加工、农用运输和农田基本建设等活动的机械及设备。

机收面积 指本年度内利用联合收割机或机动收割机等动力机械收获各种农作物的面积。它按收获面积计算，收获多少计算多少。

设施农业占地面积 设施农业是指以工厂化生产方式，建造人工设施，改变气候条件，提高农作物抵御自然灾害的能力，改良生物特性，使作物实现错季或反季节生产，达到农作物均衡生产的目的.包括温室、大棚和中小棚。设施占地面积指三类面积的总和。一是实际使用面积，指沿墙内侧的围绕面积；二是墙体面积，指设施的墙体等其他支撑体自身的占地面积；三是采光占用面积，指设施距遮光物体（其他设施、房屋等）的必要距离所占的面积。

粮食产量 指农业生产经营者日历年度内生产

的全部粮食数量。按收获季节包括夏收粮食、早稻和秋收粮食，按作物品种包括谷物、薯类和豆类。其中谷物包括小麦、玉米、早稻、中稻和一季晚稻、双季晚稻、大麦、高粱、谷子、荞麦等禾本科和蓼科粮食作物；薯类只包括马铃薯、甘薯，木薯统计在其它农作物，芋头等其它薯统计在其它蔬菜；豆类包括大豆、绿豆、红小豆、杂豆等。谷物产量按脱粒后的原粮计算，薯类按鲜薯重量的 5：1 折算，豆类按去豆荚后的干豆计算。

棉花产量　按皮棉计算。3 公斤籽棉折 1 公斤皮棉。不包括木棉。

油料产量　指全部油料作物的生产量。包括花生、油菜籽、芝麻、向日葵籽、胡麻籽(亚麻籽)和其他油料。不包括大豆、木本油料和野生油料。花生以带壳干花生计算。

肉类总产量　指报告期内各种牲畜及家禽、兔等动物肉产量总计。猪、牛、羊、马、驴、骡、骆驼肉产量按去掉头蹄下水后带骨肉的胴体重量计算，兔禽肉产量按屠宰后去毛和内脏后的重量计算。猪牛羊禽四个品种肉产量由主要畜禽监测抽样调查获得，马、驴、骡、骆驼、兔肉产量由全面统计获得，其它特种养殖肉产量可用住户调查资料推算获得。

规模以上工业企业单位数　指年主营业务收入 2000 万元以上的工业法人企业个数。

工业总产值　指工业企业在报告期内生产的以货币形式表现的工业最终产品和提供工业劳务活动的总价值量。

固定资产投资　指城镇和农村各种登记注册类型的企业、事业、行政单位及城镇个体户进行的计划总投资 500 万元及 500 万元以上的建设项目投资和房地产开发投资。包括原口径的城镇固定资产投资加上农村企事业组织项目投资，不含农户投资。

普通中学在校学生数　指学年开学后，在普通中学学习具有学籍的学生总数，包括留级生，不包括复读生和补习生。

小学在校学生数　指学年开学后，在普通小学学习具有学籍的学生总数，包括留级生，不包括复读生和补习生。

医疗卫生机构床位数　指各级各类医院年底的固定实有床位（非编制床位），包括正规床、简易床、监护床、正在消毒和修理床位、因扩建或大修而停用的床位，不包括产科新生儿床、接产室待产床、库存床、观察床、临时加床和病人家属陪侍床。

各种社会福利收养性单位数　指提供食宿、不以盈利为目地的革命伤残军人休养院、复退军人慢性病疗养院、复退军人精神病院、光荣院、社会福利院、儿童福利院、精神病福利院、老年收养性机构（敬老院、养老院、老年公寓）等收养性的社会福利事业单位的总称。这些单位，分事业单位、企业和民办非企业 3 类。

各种社会福利收养性单位床位数　指收养性单位报告期末床位的实际收养能力。对于炕、通铺，以正常可容纳人员数量折算床位数。

2017

中国县域统计年鉴（乡镇卷）

CHINA STATISTICAL YEARBOOK (TOWNSHIP)

国家统计局农村社会经济调查司　编

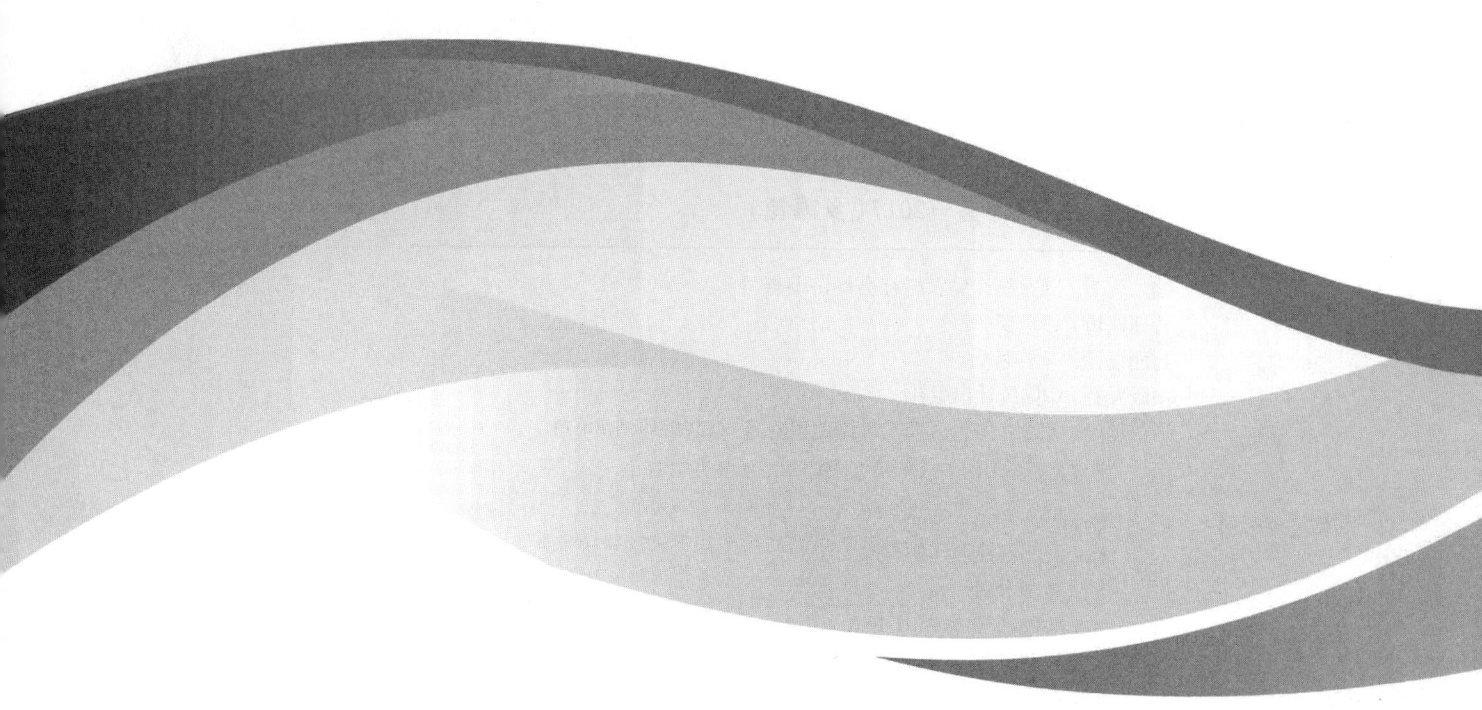

中国统计出版社
China Statistics Press

图书在版编目 (CIP) 数据

中国县域统计年鉴．乡镇卷．2017 / 国家统计局农村社会经济调查司编．-- 北京 ：中国统计出版社，2018.6
ISBN 978-7-5037-8491-0

Ⅰ．①中… Ⅱ．①国… Ⅲ．①乡镇经济－经济统计－中国－2017－年鉴 Ⅳ．① F127-54

中国版本图书馆 CIP 数据核字 (2018) 第 110057 号

中国县域统计年鉴—2017（乡镇卷）

编　　者 / 国家统计局农村社会经济调查司
责任编辑 / 尹　伊
封面设计 / 李雪燕
出版发行 / 中国统计出版社
通信地址 / 北京市丰台区西三环南路甲 6 号　邮政编码 /100073
电　　话 / 邮购 (010) 63376909　书店 (010) 68783171
网　　址 / http://www.zgtjcbs.com
印　　刷 / 河北鑫兆源印刷有限公司
经　　销 / 新华书店
开　　本 / 880×1230 毫米　1/16
字　　数 / 1388 千字
印　　张 / 44
版　　别 / 2018 年 6 月第 1 版
版　　次 / 2018 年 6 月第 1 次印刷
定　　价 / 550. 00 元（全套）

如有印装差错，由本社发行部调换。

《中国县域统计年鉴（乡镇卷）-2017》
编辑委员会

编 者 说 明

一、《中国县域统计年鉴（乡镇卷）-2017》收录了2016年全国3万多个乡镇的基本情况、人口与就业、财政收支、农业、工业及建筑业、贸易及餐饮、教育、文化、卫生、社会保障等方面的资料。

二、本年鉴的资料范围包括全国除香港特别行政区、澳门特别行政区和台湾省以外的所有乡镇，行政区划截止到2016年12月31日。

三、本资料含100多个新疆兵团团场。

四、全书主要内容包括三个部分：一是全国乡镇社会经济综合情况；二是各地区主要指标居全国前1000位的乡镇；三是各地区乡镇基本情况。篇末另附主要指标解释。

五、本年鉴所列指标的计量单位均采用公制。

六、本年鉴的资料来自2016年第三次全国农业普查乡镇普查表。

七、本书空栏有如下情况：

（1）该项数据较小，不够规定单位。

（2）该项指标当年没有统计任务，所以无统计数据。

（3）该项指标未掌握确切数据。

（4）因统计指标口径不一致，数据不可比。

八、咨询服务电话：010-68782830。

编　者

2018年1月

目录

一、全国乡镇社会经济综合情况

二、各地区主要指标居全国前 1000 位的乡镇

三、各地区乡镇基本情况

附录：主要指标解释

全国乡镇社会经济综合情况

全国重点镇社会经济综合发展情况

指　　标	单位	2016年	2015年	同比增减绝对值(±)	同比增减幅度(%)
一、基本情况					
个数	个	3674	3675	-1	0.0
行政区域面积	千公顷	119350.8	117237.0	2113.8	1.8
居民委员会个数	个	9784	8899	885	9.9
村民委员会个数	个	78358	80365	-2007	-2.5
二、人口					
户籍户数(派出所户籍统计数)	万户	5460.3			
户籍人口(派出所户籍统计数)	万人	17473.7	17216.2	257.4	1.5
常住户数	万户	5573.7	5510.7	63.0	1.1
常住人口	万人	17923.1	17753.0	170.1	1.0
三、经济					
公共财政收入	亿元	3262.4			
公共财政支出	亿元	2861.7			
企业实交税金	亿元	5119.7			
债务总额	亿元	2311.2			
工业企业单位数	个	591255			
#规模以上工业	个	58565			
工业总产值	亿元	179809.5	176349.9	3459.7	2.0
#规模以上工业	亿元	149706.8	144696.6	5010.2	3.5
建筑业企业单位数	个	15204			
建筑业总产值	亿元	9899.9			
住宿餐饮业企业个数	个	71159			
四、贸易、市场					
社会消费品零售总额	亿元	23419.7	21515.6	1904.1	8.8
#限上社会消费品零售总额	亿元	7054.3	6455.6	598.6	9.3
商品交易市场个数	个	14039			
营业面积50平米以上的综合商店或超市个数	个	189396			
五、教育、文化、卫生					
幼儿园、托儿所个数	个	45634			
小学校数	所	30126	30466	-340	-1.1
医疗卫生机构个数	个	45825			
六、生活保障					
各种社会福利收养性单位数	个	5212	5062	150	3.0
城乡居民基本养老保险参保人数	万人	7266.3			
城乡居民基本医疗保险参保人数	万人	13774.9			
城乡居民最低生活保障人数	万人	760.6			
七、公用事业					
自来水用户数	万户	3847.0	3770.8	76.2	2.0
管道燃气用户数	万户	923.8			
金融机构网点数	个	23981	21981	2000	9.1
公园及休闲健身广场个数	个	35649			
八、城镇经济社会情况					
建成区面积	千公顷	4127.9			
常住户数	万户	2483.3			
常住人口	万人	8028.5			
绿化面积	千公顷	328.0			

注：1.全国重点镇指2014年住建部公布《住房城乡建设部等部门关于公布全国重点镇名单的通知》中的重点镇，共3675个。
2.2016年是第三次全国农业普查年份，部分统计指标口径与2015年不一致。

全国非重点镇社会经济综合发展情况

指　　标	单位	2016年	2015年	同比增减绝对值(±)	同比增减幅度(%)
一、基本情况					
个数	个	17144	16922	222	1.3
行政区域面积	千公顷	331348.3	320879.0	10469.3	3.3
居民委员会个数	个	27294			
村民委员会个数	个	303861	307223	-3362	-1.1
二、人口					
户籍户数(派出所户籍统计数)	万户	19094.3			
户籍人口(派出所户籍统计数)	万人	64208.3	62730.3	1478.0	2.4
常住户数	万户	18159.7	18287.0	-127.4	-0.7
常住人口	万人	60091.8	59628.1	463.7	0.8
三、经济					
公共财政收入	亿元	8631.9			
公共财政支出	亿元	7727.8			
企业实交税金	亿元	11624.8			
债务总额	亿元	5756.9			
工业企业单位数	个	1373427			
#规模以上工业	个	141834			
工业总产值	亿元	383488.1	385116.7	-1628.6	-0.4
#规模以上工业	亿元	318716.3	314172.0	4544.3	1.4
建筑业企业单位数	个	46563			
建筑业总产值	亿元	33188.5			
住宿餐饮业企业个数	个	181465			
四、贸易、市场					
社会消费品零售总额	亿元	65634.1	62306.7	3327.5	5.3
#限上社会消费品零售总额	亿元	22423.8	21123.7	1300.0	6.2
商品交易市场个数	个	45203			
营业面积50平米以上的综合商店或超市个数	个	546940			
五、教育、文化、卫生					
幼儿园、托儿所个数	个	155347			
小学校数	所	117799	118990	-1191	-1.0
医疗卫生机构个数	个	159970			
六、生活保障					
各种社会福利收养性单位数	个	21395	20611	784	3.8
城乡居民基本养老保险参保人数	万人	27232.5			
城乡居民基本医疗保险参保人数	万人	51638.7			
城乡居民最低生活保障人数	万人	2681.8			
七、公用事业					
自来水用户数	万户	12023.9	11773.2	250.7	2.1
管道燃气用户数	万户	2690.4			
金融机构网点数	个	67823	63047	4776	7.6
公园及休闲健身广场个数	个	128192			
八、城镇经济社会情况					
建成区面积	千公顷	10066.9			
常住户数	万户	5890.8			
常住人口	万人	19250.3			
绿化面积	千公顷	876.0			

全国乡社会经济综合发展情况

指　　标	单位	2016年	2015年	同比增减绝对值(±)	同比增减幅度(%)
一、基本情况					
个数	个	11200	12020	-820	-6.8
行政区域面积	千公顷	422137.8	424395.0	-2257.3	-0.5
居民委员会个数	个	3812			
村民委员会个数	个	130471	145577	-15106	-10.4
二、人口					
户籍户数(派出所户籍统计数)	万户	5609.8			
户籍人口(派出所户籍统计数)	万人	19429.3	20995.2	-1565.9	-7.5
常住户数	万户	4896.9	5552.6	-655.7	-11.8
常住人口	万人	16730.2	18732.0	-2001.8	-10.7
三、经济					
公共财政收入	亿元	1819.5			
公共财政支出	亿元	1923.5			
企业实交税金	亿元	1137.8			
债务总额	亿元	1664.5			
工业企业单位数	个	180218			
#规模以上工业	个	17801			
工业总产值	亿元	39060.6			
#规模以上工业	亿元	31099.4			
建筑业企业单位数	个	6669			
建筑业总产值	亿元	2221.4			
住宿餐饮业企业个数	个	31642			
四、贸易、市场					
社会消费品零售总额	亿元	9782.7	10077.4	-294.8	-2.9
#限上社会消费品零售总额	亿元	2650.6	2618.8	31.8	1.2
商品交易市场个数	个	12452			
营业面积50平米以上的综合商店或超市个数	个	142239			
五、教育、文化、卫生					
幼儿园、托儿所个数	个	51172			
小学校数	所	49991			
医疗卫生机构个数	个	52446			
六、生活保障					
各种社会福利收养性单位数	个	7038			
城乡居民基本养老保险参保人数	万人	8952.8			
城乡居民基本医疗保险参保人数	万人	16480.2			
城乡居民最低生活保障人数	万人	1307.7			
七、公用事业					
自来水用户数	万户	2887.8	3118.3	-230.5	-7.4
管道燃气用户数	万户	372.2			
金融机构网点数	个	15379	15894	-515	-3.2
公园及休闲健身广场个数	个	40735			

全国老区乡镇社会经济综合发展情况

指　　标	单位	2016年	2015年	同比增减绝对值(±)	同比增减幅度(%)
一、基本情况					
个数	个	7867	7991	-124	-1.6
行政区域面积	千公顷	126784.6	127973.6	-1189.0	-0.9
居民委员会个数	个	9290	8439	851	10.1
村民委员会个数	个	132760	137788	-5028	-3.6
二、人口					
户籍户数(派出所户籍统计数)	万户	7278.4			
户籍人口(派出所户籍统计数)	万人	24588.8	24554.2	34.6	0.1
常住户数	万户	6548.8	6812.5	-263.8	-3.9
常住人口	万人	21606.7	21906.1	-299.4	-1.4
三、经济					
公共财政收入	亿元	2343.8			
公共财政支出	亿元	2148.0			
企业实交税金	亿元	2546.0			
债务总额	亿元	1622.6			
工业企业单位数	个	397319			
#规模以上工业	个	41669			
工业总产值	亿元	110442.5	111876.4	-1433.9	-1.3
#规模以上工业	亿元	91301.6	90935.1	366.5	0.4
建筑业企业单位数	个	11701			
建筑业总产值	亿元	9111.7			
住宿餐饮业企业个数	个	59066			
四、贸易、市场					
社会消费品零售总额	亿元	19800.0	18318.1	1481.9	8.1
#限上社会消费品零售总额	亿元	5764.3	5236.0	528.3	10.1
商品交易市场个数	个	16533			
营业面积50平米以上的综合商店或超市个数	个	183112			
五、教育、文化、卫生					
幼儿园、托儿所个数	个	57963			
小学校数	所	45982	47953	-1971	-4.1
医疗卫生机构个数	个	61750			
六、生活保障					
各种社会福利收养性单位数	个	8948	8885	63	0.7
城乡居民基本养老保险参保人数	万人	10180.4			
城乡居民基本医疗保险参保人数	万人	20192.4			
城乡居民最低生活保障人数	万人	1170.9			
七、公用事业					
自来水用户数	万户	4030.2	4005.9	24.3	0.6
管道燃气用户数	万户	755.1			
金融机构网点数	个	24074	22831	1243	5.4
公园及休闲健身广场个数	个	42998			
八、城镇经济社会情况					
建成区面积	千公顷	2617.4			
常住户数	万户	1879.6			
常住人口	万人	3232.3			
绿化面积	千公顷	298.1			

全国边区乡镇社会经济综合发展情况

指　　标	单位	2016年	2015年	同比增减绝对值(±)	同比增减幅度(%)
一、基本情况					
个数	个	634	648	-14	-2.2
行政区域面积	千公顷	112843.0	122802.9	-9959.8	-8.1
居民委员会个数	个	480			
村民委员会个数	个	4878	5015	-137	-2.7
二、人口					
户籍户数(派出所户籍统计数)	万户	238.8			
户籍人口(派出所户籍统计数)	万人	741.5	738.3	3.2	0.4
常住户数	万户	221.6	225.0	-3.4	-1.5
常住人口	万人	733.0	740.4	-7.4	-1.0
三、经济					
公共财政收入	亿元	169.1			
公共财政支出	亿元	204.0			
企业实交税金	亿元	116.6			
债务总额	亿元	230.3			
工业企业单位数	个	5365			
#规模以上工业	个	749			
工业总产值	亿元	1987.9	1930.5	57.4	3.0
#规模以上工业	亿元	1856.9			
建筑业企业单位数	个	240			
建筑业总产值	亿元	202.8			
住宿餐饮业企业个数	个	1753			
四、贸易、市场					
社会消费品零售总额	亿元	550.6	530.0	20.6	3.9
#限上社会消费品零售总额	亿元	97.9	103.6	-5.7	-5.5
商品交易市场个数	个	488			
营业面积50平米以上的综合商店或超市个数	个	8106			
五、教育、文化、卫生					
幼儿园、托儿所个数	个	2058			
小学校数	所	1712			
医疗卫生机构个数	个	2287			
六、生活保障					
各种社会福利收养性单位数	个	239	236	3	1.3
城乡居民基本养老保险参保人数	万人	283.8			
城乡居民基本医疗保险参保人数	万人	562.6			
城乡居民最低生活保障人数	万人	102.0			
七、公用事业					
自来水用户数	万户	140.8	144.8	-4.0	-2.8
管道燃气用户数	万户	17.1			
金融机构网点数	个	1235	1105	130	11.8
公园及休闲健身广场个数	个	1222			
八、城镇经济社会情况					
建成区面积	千公顷	249.7			
常住户数	万户	70.7			
常住人口	万人	215.9			
绿化面积	千公顷	12.2			

全国民族乡社会经济综合发展情况

指　　标	单位	2016年	2015年	同比增减绝对值(±)	同比增减幅度(%)
一、基本情况					
个数	个	988	995	-7	-0.7
行政区域面积	千公顷	29140.0			
居民委员会个数	个	390			
村民委员会个数	个	9168	9575	-407.0	-4.3
二、人口					
户籍户数(派出所户籍统计数)	万户	465.9			
户籍人口(派出所户籍统计数)	万人	1612.0	1581.5	30.5	1.9
常住户数	万户	403.2	418.7	-15.5	-3.7
常住人口	万人	1373.0	1385.9	-12.9	-0.9
三、经济					
公共财政收入	亿元	151.0			
公共财政支出	亿元	144.2			
企业实交税金	亿元	77.0			
债务总额	亿元	52.9			
工业企业单位数	个	13262			
#规模以上工业	个	1345			
工业总产值	亿元	2685.4			
#规模以上工业	亿元	2141.9			
建筑业企业单位数	个	414			
建筑业总产值	亿元	172.7			
住宿餐饮业企业个数	个	3266			
四、贸易、市场					
社会消费品零售总额	亿元	679.5	609.2	70.3	11.5
#限上社会消费品零售总额	亿元	136.7	130.5	6.3	4.8
商品交易市场个数	个	1183			
营业面积50平米以上的综合商店或超市个数	个	10737			
五、教育、文化、卫生					
幼儿园、托儿所个数	个	3772			
小学校数	所	4343	4625	-282.0	-6.1
医疗卫生机构个数	个	4611			
六、生活保障					
各种社会福利收养性单位数	个	634	653	-19.0	-2.9
城乡居民基本养老保险参保人数	万人	688.8			
城乡居民基本医疗保险参保人数	万人	1345.2			
城乡居民最低生活保障人数	万人	139.3			
七、公用事业					
自来水用户数	万户	234.0	233.4	0.6	0.3
管道燃气用户数	万户	14.7			
金融机构网点数	个	1356	1202	154.0	12.8
公园及休闲健身广场个数	个	2955			
八、城镇经济社会情况					
建成区面积	千公顷	1.0			
常住户数	万户	6.5			
常住人口	万人	14.8			
绿化面积	千公顷	0.4			

各地区主要指标居全国前 1000 位的乡镇

各地区户籍人口居全国前1000位的乡镇

单位：人

地区	代码	乡镇名称	数量	地区	代码	乡镇名称	数量
天津	120112100	津南区咸水沽镇	114263		141024100	洪洞县大槐树镇	153136
	120117100	宁河区芦台镇	115668		141125100	柳林县柳林镇	93429
	120118100	静海区静海镇	125845	内蒙古	150429100	宁城县天义镇	121411
河北	130123100	正定县正定镇	129243		150430100	敖汉旗新惠镇	123591
	130131100	平山县平山镇	120717		150523100	开鲁县开鲁镇	112069
	130133100	赵县赵州镇	119410		150526100	扎鲁特旗鲁北镇	100675
	130183100	晋州市晋州镇	125936		150722100	莫力达瓦达斡尔族自治旗尼尔基镇	103657
	130322100	昌黎县昌黎镇	119387		150821100	五原县隆兴昌镇	91310
	130407100	肥乡县肥乡镇	89982		150823100	乌拉特前旗乌拉山镇	89490
	130408100	永年县临洺关镇	147504		150826100	杭锦后旗陕坝镇	107814
	130423100	临漳县临漳镇	104040		152223100	扎赉特旗音德尔镇	142000
	130427100	磁县磁州镇	163664		152224100	突泉县突泉镇	106809
	130434100	魏县魏城镇	136658	辽宁	210624100	宽甸满族自治县宽甸镇	147435
	130435100	曲周县曲周镇	89850		210804100	鲅鱼圈区熊岳镇	93744
	130481100	武安市武安镇	107958		211224100	昌图县昌图镇	124557
	130525100	隆尧县隆尧镇	99664	吉林	220122100	农安县农安镇	295200
	130528100	宁晋县凤凰镇	112429		220221100	永吉县口前镇	94647
	130529100	巨鹿县巨鹿镇	89793		220322100	梨树县梨树镇	112076
	130534100	清河县葛仙庄镇	134541		220323100	伊通满族自治县伊通镇	113437
	130607100	满城区满城镇	100100		220381106	公主岭市怀德镇	106000
	130609100	徐水区安肃镇	136214		220421100	东丰县东丰镇	102012
	130626100	定兴县定兴镇	106071		220523100	辉南县朝阳镇	118102
	130627100	唐县仁厚镇	102217		220524100	柳河县柳河镇	112060
	130638100	雄县雄州镇	107090		220721100	前郭尔罗斯蒙古族自治县前郭尔罗斯镇	92156
	130730100	怀来县沙城镇	99822		220821100	镇赉县镇赉镇	103651
	130823100	平泉县平泉镇	101577		220822100	通榆县开通镇	104164
	130922100	青县清州镇	109605	黑龙江	230125100	宾县宾州镇	124246
	130984100	河间市瀛州镇	107721		230126100	巴彦县巴彦镇	98183
	131022100	固安县固安镇	176240		230183100	尚志市尚志镇	121032
	131023100	永清县永清镇	95156		230184100	五常市五常镇	135499
	131024100	香河县淑阳镇	98371		230221100	龙江县龙江镇	136700
	131026100	文安县文安镇	91686		230225100	甘南县甘南镇	94154
	131081100	霸州市霸州镇	141599		230621100	肇州县肇州镇	138493
	131081105	霸州市胜芳镇	98841		230622100	肇源县肇源镇	118126
	131082109	三河市燕郊镇	313682		230781100	铁力市铁力镇	104195
	131103100	冀州区冀州镇	90932		231121100	嫩江县嫩江镇	117321
	131121100	枣强县枣强镇	104405		231224101	庆安县庆安镇	95774
	131126100	故城县郑口镇	115137		231225100	明水县明水镇	89823
	139002100	辛集市辛集镇	147093	上海	310112101	闵行区莘庄镇	146201
山西	140121100	清徐县清源镇	101630		310112102	闵行区七宝镇	137554
	140221100	阳高县龙泉镇	90955		310112108	闵行区梅陇镇	128381
	140224100	灵丘县武灵镇	99826		310112114	闵行区浦江镇	93484
	140225100	浑源县永安镇	117671		310113102	宝山区大场镇	158878
	140321100	平定县冠山镇	104118		310113109	宝山区顾村镇	105826
	140624100	怀仁县云中镇	111701		310114103	嘉定区安亭镇	93099
	140823100	闻喜县桐城镇	116086		310115103	浦东新区川沙新镇	157397
	140824100	稷山县稷峰镇	126311		310115104	浦东新区高桥镇	90507

续表 1 单位：人

地区	代码	乡镇名称	数量	地区	代码	乡镇名称	数量
	310115105	浦东新区北蔡镇	138758		320681100	启东市汇龙镇	249880
	310115130	浦东新区三林镇	135069		320681106	启东市南阳镇	102445
	310115131	浦东新区惠南镇	117810		320681109	启东市王鲍镇	88800
	310115139	浦东新区祝桥镇	139257		320681110	启东市吕四港镇	176546
	310120102	奉贤区奉城镇	88947		320682105	如皋市白蒲镇	122802
	310151101	崇明区城桥镇	91157		320682111	如皋市长江镇	136832
江苏	320206102	惠山区洛社镇	98863		320682113	如皋市江安镇	120325
	320281104	江阴市徐霞客镇	109814		320682116	如皋市搬经镇	138608
	320281107	江阴市华士镇	93207		320684108	海门市悦来镇	108244
	320281108	江阴市周庄镇	105490		320684415	海门市港新区	146211
	320282103	宜兴市徐舍镇	99643		320707100	赣榆区青口镇	204755
	320282112	宜兴市丁蜀镇	148371		320707109	赣榆区班庄镇	101685
	320321102	丰县首羡镇	96346		320707110	赣榆区城头镇	91612
	320321105	丰县欢口镇	100657		320707115	赣榆区沙河镇	126991
	320321111	丰县宋楼镇	94236		320723100	灌云县伊山镇	160225
	320321113	丰县王沟镇	108060		320723102	灌云县杨集镇	122959
	320322108	沛县张庄镇	96478		320723107	灌云县龙苴镇	90572
	320322109	沛县张寨镇	94194		320723108	灌云县下车镇	97969
	320322115	沛县安国镇	96159		320723212	灌云县南岗乡	114993
	320324111	睢宁县邱集镇	113572		320724100	灌南县新安镇	186595
	320324113	睢宁县姚集镇	102969		320724101	灌南县堆沟港镇	91336
	320382103	邳州市官湖镇	117463		320803100	淮安区淮城镇	180155
	320382108	邳州市碾庄镇	94185		320804100	淮阴区王营镇	173526
	320382115	邳州市铁富镇	122990		320826100	涟水县涟城镇	171447
	320382123	邳州市赵墩镇	103521		320831100	金湖县黎城镇	108403
	320411100	新北区春江镇	127895		320904100	大丰区大中镇	186158
	320412100	武进区湖塘镇	157587		320904110	大丰区新丰镇	103661
	320481100	溧阳市溧城镇	179039		320921102	响水县小尖镇	103822
	320506103	吴中区木渎镇	91037		320922100	滨海县东坎镇	227501
	320509100	吴江区太湖新城镇	157478		320922103	滨海县正红镇	109129
	320509105	吴江区盛泽镇	136649		320922107	滨海县八滩镇	90688
	320509110	吴江区黎里镇	142932		320922109	滨海县滨淮镇	111589
	320581100	常熟市虞山镇	356929		320923109	阜宁县东沟镇	113318
	320581102	常熟市海虞镇	89270		320923110	阜宁县益林镇	95325
	320582100	张家港市杨舍镇	284768		320924100	射阳县合德镇	197449
	320582101	张家港市塘桥镇	92300		320924106	射阳县海河镇	105389
	320582102	张家港市金港镇	169549		320925108	建湖县上冈镇	150639
	320582103	张家港市锦丰镇	114546		320981110	东台市富安镇	94825
	320583100	昆山市玉山镇	199774		320981122	东台市东台镇	223186
	320612103	南通市通州区东社镇	92938		321012100	江都区仙女镇	140682
	320612104	南通市通州区三余镇	123979		321012101	江都区小纪镇	90068
	320612114	南通市通州区平潮镇	123172		321012118	江都区大桥镇	135718
	320621100	海安县海安镇	279538		321023100	宝应县安宜镇	119120
	320621101	海安县城东镇	149691		321023104	宝应县射阳湖镇	89921
	320621102	海安县曲塘镇	94594		321081100	仪征市真州镇	172181
	320623104	如东县大豫镇	99988		321084115	高邮市临泽镇	89957
	320623105	如东县掘港镇	199548		321281123	兴化市戴南镇	97028

续表 2 单位：人

地区	代码	乡镇名称	数量	地区	代码	乡镇名称	数量
	321281125	兴化市昭阳镇	162978		340123103	肥西县官亭镇	90106
	321282103	靖江市斜桥镇	90672		340123106	肥西县花岗镇	104947
	321283100	泰兴市黄桥镇	193978		340124100	庐江县庐城镇	166666
	321283123	泰兴市滨江镇	101456		340124107	庐江县同大镇	88828
	321302150	宿城区洋河镇	112637		340124110	庐江县白湖镇	101519
	321323100	泗阳县众兴镇	293859		340124114	庐江县泥河镇	95294
	321324100	泗洪县青阳镇	238266		340207101	鸠江区沈巷镇	129941
浙江	330106109	杭州市西湖区三墩镇	113307		340221100	芜湖县湾沚镇	113695
	330109113	萧山区瓜沥镇	162557		340223100	南陵县籍山镇	137503
	330282107	慈溪市观海卫镇	123260		340223101	南陵县许镇镇	110222
	330282121	慈溪市周巷镇	114990		340223102	南陵县弋江镇	105578
	330326100	平阳县昆阳镇	118612		340225100	无为县无城镇	206352
	330326101	平阳县鳌江镇	194736		340304101	禹会区马城镇	95264
	330326102	平阳县水头镇	124707		340321101	怀远县包集镇	91796
	330327100	苍南县灵溪镇	288102		340321104	怀远县常坟镇	101954
	330327101	苍南县龙港镇	376221		340321110	怀远县白莲坡镇	88971
	330327104	苍南县钱库镇	133424		340321113	怀远县荆山镇	153829
	330327107	苍南县金乡镇	89914		340322100	五河县城关镇	104817
	330328100	文成县大峃镇	101576		340323100	固镇县城关镇	110503
	330381101	瑞安市塘下镇	174896		340422100	寿县寿春镇	122942
	330381116	瑞安市马屿镇	120077		340506100	博望区博望镇	91653
	330381120	瑞安市陶山镇	100451		340521100	当涂县姑孰镇	103165
	330382101	乐清市大荆镇	106864		340522100	含山县环峰镇	99682
	330382108	乐清市虹桥镇	106841		340523100	和县历阳镇	138791
	330382114	乐清市柳市镇	227201		340604102	烈山区古饶镇	95327
	330382115	乐清市北白象镇	114043		340621100	濉溪县濉溪镇	94151
	330481101	海宁市许村镇	113463		340621103	濉溪县五沟镇	107609
	330483107	桐乡市崇福镇	101924		340621104	濉溪县临涣镇	95556
	330502100	吴兴区织里镇	95249		340621105	濉溪县双堆集镇	107741
	330503100	南浔区南浔镇	128301		340621106	濉溪县铁佛镇	134773
	330604113	上虞区崧厦镇	106623		340621107	濉溪县南坪镇	102855
	330824115	开化县华埠镇	106680		340621108	濉溪县百善镇	114491
	331004106	路桥区金清镇	107448		340621109	濉溪县孙町镇	108301
	331022107	三门县浦坝港镇	106389		340722100	枞阳县枞阳镇	96125
	331023105	天台县平桥镇	112030		340722102	枞阳县汤沟镇	90107
	331081100	温岭市泽国镇	128260		340824100	潜山县梅城镇	97380
	331081101	温岭市大溪镇	132212		340826100	宿松县孚玉镇	92731
	331081102	温岭市松门镇	93689		340827100	望江县华阳镇	118581
	331081103	温岭市箬横镇	147677		341122100	来安县新安镇	104689
	331081104	温岭市新河镇	122594		341124100	全椒县襄河镇	125840
	331082106	临海市白水洋镇	104514		341125100	定远县定城镇	152820
	331082112	临海市杜桥镇	218415		341125101	定远县炉桥镇	106992
	331082114	临海市桃渚镇	97901		341126100	凤阳县府城镇	109035
安徽	340121100	长丰县水湖镇	119693		341204100	颍泉区伍明镇	129895
	340122100	肥东县店埠镇	166235		341204101	颍泉区宁老庄镇	116445
	340122101	肥东县撮镇镇	91721		341204102	颍泉区闻集镇	135074
	340123100	肥西县上派镇	139078		341204103	颍泉区行流镇	108266

续表 3　　单位：人

地区	代码	乡镇名称	数量	地区	代码	乡镇名称	数量
	341221101	临泉县杨桥镇	106559		350304102	荔城区新度镇	105376
	341221104	临泉县老集镇	91437		350304103	荔城区北高镇	118146
	341221109	临泉县宋集镇	144439		350305100	秀屿区笏石镇	133555
	341221113	临泉县韦寨镇	91362		350305101	秀屿区东庄镇	90150
	341222100	太和县城关镇	160656		350305104	秀屿区东峤镇	130607
	341222117	太和县坟台镇	90727		350305105	秀屿区埭头镇	143350
	341225120	阜南县鹿城镇	147569		350305106	秀屿区平海镇	104430
	341226100	颍上县慎城镇	170529		350322100	仙游县枫亭镇	115095
	341226101	颍上县谢桥镇	89781		350322101	仙游县榜头镇	166376
	341226104	颍上县江口镇	93700		350322103	仙游县度尾镇	92378
	341321100	砀山县砀城镇	144188		350322106	仙游县盖尾镇	103942
	341321106	砀山县玄庙镇	96858		350322108	仙游县大济镇	96369
	341322100	萧县龙城镇	129208		350521100	惠安县螺城镇	96363
	341322101	萧县黄口镇	89981		350521109	惠安县涂寨镇	92869
	341323100	灵璧县灵城镇	116184		350524102	安溪县湖头镇	91554
	341324100	泗县泗城镇	97534		350524206	安溪县长坑乡	92831
	341324103	泗县草沟镇	89195		350582101	晋江市安海镇	123807
	341522100	霍邱县城关镇	111779		350582102	晋江市磁灶镇	95777
	341522102	霍邱县周集镇	89127		350582103	晋江市陈埭镇	90304
	341523100	舒城县城关镇	172786		350582104	晋江市东石镇	108206
	341524100	金寨县梅山镇	107690		350583105	南安市金淘镇	89425
	341602115	谯城区双沟镇	93968		350583106	南安市诗山镇	89887
	341621121	涡阳县牌坊镇	98615		350583113	南安市洪濑镇	89133
	341622100	蒙城县城关镇	102971		350583118	南安市官桥镇	108432
	341622110	蒙城县立仓镇	118720		350583119	南安市水头镇	117792
	341622111	蒙城县楚村镇	104097		350623100	漳浦县绥安镇	113978
	341622112	蒙城县乐土镇	109563		350627100	南靖县山城镇	94010
	341622202	蒙城县小辛集乡	89030		350628100	平和县小溪镇	94501
	341623100	利辛县城关镇	162073		350681102	龙海市角美镇	130414
	341623101	利辛县阚疃镇	104579	**江西**	360111104	青山湖区湖坊镇	92376
	341623102	利辛县张村镇	89098		360112100	新建区长堎镇	99532
	341623114	利辛县胡集镇	94430		360121100	南昌县莲塘镇	121862
	341623118	利辛县望疃镇	108781		360121101	南昌县向塘镇	117561
	341821100	郎溪县建平镇	120719		360121105	南昌县蒋巷镇	94841
	341822100	广德县桃州镇	122709		360121191	南昌县昌东镇	127194
	341823100	泾县泾川镇	96535		360124100	进贤县民和镇	176795
福建	350102100	福州市鼓楼区洪山镇	89201		360281101	乐平市乐港镇	90006
	350111100	晋安区鼓山镇	106172		360281103	乐平市众埠镇	99561
	350111101	晋安区新店镇	91870		360428100	都昌县都昌镇	129421
	350181106	福清市龙田镇	138284		360502190	渝水区水西镇	119230
	350181107	福清市江镜镇	96044		360703100	南康区唐江镇	105395
	350181111	福清市三山镇	125033		360722100	信丰县嘉定镇	164978
	350181116	福清市江阴镇	89347		360727100	龙南县龙南镇	89876
	350213102	翔安区马巷镇	101582		360730100	宁都县梅江镇	161942
	350213104	翔安区新店镇	105585		360731100	于都县贡江镇	207153
	350302101	城厢区华亭镇	112542		360732100	兴国县潋江镇	117491
	350304101	荔城区黄石镇	173566		360733100	会昌县文武坝镇	93573

续表 4　　　　单位：人

地区	代码	乡镇名称	数量
	360735100	石城县琴江镇	102245
	360781100	瑞金市象湖镇	150632
	360821100	吉安县敦厚镇	101653
	360822100	吉水县文峰镇	140107
	360825100	永丰县恩江镇	95585
	360826100	泰和县澄江镇	127410
	360827100	遂川县泉江镇	127109
	360829100	安福县平都镇	89180
	360830100	永新县禾川镇	99429
	361002100	临川区上顿渡镇	127850
	361023100	南丰县琴城镇	89642
	361024100	崇仁县巴山镇	99853
	361029100	东乡县孝岗镇	129303
	361123100	玉山县冰溪镇	108549
	361127100	余干县玉亭镇	132401
	361127102	余干县黄金埠镇	93225
	361128104	鄱阳县油墩街镇	104602
	361128110	鄱阳县古县渡镇	105012
山东	370112101	历城区仲宫镇	114823
	370282117	即墨市移风店镇	93512
	370282121	即墨市田横镇	135691
	370283105	平度市南村镇	131982
	370283122	平度市旧店镇	104743
	370303100	张店区马尚镇	100894
	370403106	薛城区常庄镇	89831
	370481103	滕州市大坞镇	90160
	370481104	滕州市滨湖镇	117884
	370481106	滕州市西岗镇	117564
	370481107	滕州市姜屯镇	89130
	370481116	滕州市东郭镇	125135
	370523101	广饶县大王镇	94540
	370683101	莱州市沙河镇	99560
	370724103	临朐县冶源镇	108169
	370724107	临朐县辛寨镇	124504
	370724116	临朐县蒋峪镇	91273
	370725107	昌乐县乔官镇	89007
	370725108	昌乐县唐吾镇	105246
	370725110	昌乐县红河镇	90980
	370725116	昌乐县营丘镇	94430
	370781115	青州市谭坊镇	100278
	370782102	诸城市贾悦镇	108467
	370782114	诸城市林家村镇	94749
	370783109	寿光市侯镇	100216
	370783112	寿光市稻田镇	98582
	370784100	安丘市景芝镇	134824
	370784103	安丘市凌河镇	101048
	370785103	高密市夏庄镇	96591
	370829104	嘉祥县疃里镇	101553
	370830101	汶上县南站镇	91390
	370832104	梁山县拳铺镇	121355
	370883102	邹城市城前镇	91665
	370883104	邹城市北宿镇	98035
	370883107	邹城市太平镇	121982
	370921109	宁阳县磁窑镇	103250
	370921110	宁阳县华丰镇	89014
	370982105	新泰市羊流镇	102575
	370982117	新泰市汶南镇	105636
	371302105	兰山区义堂镇	119190
	371302109	兰山区方城镇	104452
	371321109	沂南县大庄镇	93548
	371322102	郯城县重坊镇	102323
	371322103	郯城县李庄镇	103405
	371323103	沂水县许家湖镇	101546
	371324101	兰陵县大仲村镇	89636
	371324102	兰陵县兰陵镇	128281
	371324103	兰陵县长城镇	113381
	371324108	兰陵县向城镇	121796
	371324112	兰陵县庄坞镇	94296
	371324116	兰陵县金岭镇	101219
	371325105	费县探沂镇	102112
	371325107	费县梁邱镇	96339
	371327103	莒南县坊前镇	88831
	371329108	临沭县青云镇	97054
	371502101	东昌府区沙镇镇	101405
	371702100	牡丹区沙土镇	96759
	371702108	牡丹区马岭岗镇	99973
	371703102	定陶区冉固镇	91020
	371721103	曹县青固集镇	104914
	371721107	曹县古营集镇	89825
	371721110	曹县苏集镇	91687
	371722102	单县黄岗镇	88983
河南	410181113	巩义市回郭镇	93176
	410182103	荥阳市广武镇	107429
	410225103	兰考县考城镇	89455
	410225105	兰考县谷营镇	88969
	410323100	新安县城关镇	99820
	410423214	鲁山县马楼乡	95563
	410522101	安阳县水冶镇	151246
	410581102	林州市临淇镇	99451
	410581107	林州市姚村镇	96632
	410581200	林州市城郊乡	101387
	410621101	浚县善堂镇	97550
	410621104	浚县新镇镇	93644
	410721103	新乡县七里营镇	102355

续表 5 单位：人

地区	代码	乡镇名称	数量	地区	代码	乡镇名称	数量
	411025205	襄城县范湖乡	89295		420881103	钟祥市胡集镇	148536
	411303104	卧龙区蒲山镇	97418		420881108	钟祥市石牌镇	92034
	411322101	方城县独树镇	89927		420881109	钟祥市旧口镇	101675
	411322102	方城县博望镇	112920		420881110	钟祥市柴湖镇	112000
	411322105	方城县赵河镇	118494		420902104	孝南区肖港镇	102629
	411326104	淅川县厚坡镇	106119		420921100	孝昌县花园镇	109680
	411328101	唐河县源潭镇	108026		420922100	大悟县城关镇	111749
	411381104	邓州市穰东镇	90065		420923100	云梦县城关镇	102738
	411381107	邓州市构林镇	96856		421022100	公安县埠河镇	96876
	411381305	邓州市裴营乡	106986		421022101	公安县斗湖堤镇	133669
	411421104	民权县程庄镇	95775		421023100	监利县容城镇	127369
	411481100	永城市演集镇	120349		421023101	监利县朱河镇	100761
	411481107	永城市薛湖镇	92055		421023102	监利县新沟镇	96382
	411503101	平桥区明港镇	117562		421023200	监利县红城乡	126341
	411624100	沈丘县槐店回族镇	121074		421083105	洪湖市峰口镇	90957
	411625106	郸城县钱店镇	89323		421087100	松滋市新江口镇	118813
	411626100	淮阳县城关回族镇	132595		421121100	团风县团风镇	91836
	411626105	淮阳县安岭镇	97850		421122100	红安县城关镇	100665
	411626202	淮阳县冯塘乡	109116		421123100	罗田县凤山镇	124644
	411626205	淮阳县大连乡	90539		421124100	英山县温泉镇	115176
	411627100	太康县城关回族镇	98679		421125100	浠水县清泉镇	201928
	411627104	太康县朱口镇	97201		421125101	浠水县巴河镇	125655
	411627105	太康县马头镇	91644		421125104	浠水县团陂镇	96981
	411627109	太康县马厂镇	91095		421125105	浠水县关口镇	94207
	411681101	项城市孙店镇	94877		421126100	蕲春县漕河镇	165391
	411681103	项城市贾岭镇	107189		421126102	蕲春县蕲州镇	107298
湖北	420222107	阳新县白沙镇	106741		421126105	蕲春县横车镇	99053
	420222108	阳新县浮屠镇	94906		421126107	蕲春县刘河镇	97971
	420222110	阳新县龙港镇	117149		421127100	黄梅县黄梅镇	149627
	420281104	大冶市还地桥镇	90764		421127101	黄梅县孔垄镇	124568
	420304117	郧阳区郧县城关镇	106435		421127102	黄梅县小池镇	113646
	420527101	秭归县茅坪镇	89127		421127108	黄梅县蔡山镇	100591
	420528101	长阳土家族自治县龙舟坪镇	93612		421181103	麻城市白果镇	92908
	420606101	樊城区太平店镇	113233		421182100	武穴市梅川镇	143485
	420606171	樊城区高新区米庄镇	94478		421221103	嘉鱼县鱼岳镇	101186
	420607107	襄州区双沟镇	97707		421222100	通城县隽水镇	113651
	420607111	襄州区东津镇	119803		421223100	崇阳县天城镇	119112
	420624100	南漳县城关镇	150172		421224100	通山县通羊镇	113834
	420624101	南漳县武安镇	112760		421303187	曾都区淅河镇	128277
	420624102	南漳县九集镇	108777		421321109	随县唐县镇	97963
	420625100	谷城县城关镇	108061		422802102	利川市汪营镇	101971
	420625101	谷城县石花镇	128181		422802104	利川市忠路镇	88895
	420683101	枣阳市七方镇	107637		422822100	建始县业州镇	112627
	420683103	枣阳市太平镇	96074		422827100	来凤县翔凤镇	102337
	420683109	枣阳市吴店镇	90111		429004105	仙桃市长埫口镇	116759
	420821100	京山县新市镇	138740		429004106	仙桃市西流河镇	105284
	420821103	京山县罗店镇	92610		429004108	仙桃市杨林尾镇	93664

续表 6 单位：人

地区	代码	乡镇名称	数量
	429004109	仙桃市彭场镇	99526
	429006107	天门市岳口镇	128699
湖南	430124109	宁乡县灰汤镇	102817
	430181110	浏阳市大瑶镇	94092
	430221100	株洲县渌口镇	99038
	430321100	湘潭县易俗河镇	129139
	430321107	湘潭县花石镇	94496
	430421100	衡阳县西渡镇	179095
	430422100	衡南县云集镇	146847
	430422111	衡南县三塘镇	143102
	430423100	衡山县开云镇	90436
	430424100	衡东县洣水镇	91420
	430424104	衡东县吴集镇	95218
	430521107	邵东县灵官殿镇	94620
	430522100	新邵县酿溪镇	95214
	430523100	邵阳县塘渡口镇	185688
	430523111	邵阳县五峰铺镇	103898
	430524100	隆回县桃洪镇	211881
	430525103	洞口县高沙镇	118999
	430525104	洞口县竹市镇	90624
	430525105	洞口县石江镇	91567
	430525106	洞口县黄桥镇	102409
	430528100	新宁县金石镇	163025
	430621100	岳阳县荣家湾镇	164867
	430623114	华容县东山镇	91214
	430623120	华容县章华镇	144652
	430624100	湘阴县文星镇	187730
	430626100	平江县汉昌镇	89845
	430681119	汨罗市归义镇	98052
	430721100	安乡县深柳镇	138938
	430724100	临澧县安福镇	99282
	430725100	桃源县漳江镇	156052
	430821100	慈利县零阳镇	134555
	430902107	资阳区新桥河镇	92586
	430903111	赫山区兰溪镇	90711
	430921125	南县南洲镇	168704
	430922112	桃江县桃花江镇	156504
	430922113	桃江县灰山港镇	141919
	430923119	安化县大福镇	100125
	430923121	安化县东坪镇	135414
	430981112	沅江市南大膳镇	107870
	430981114	沅江市草尾镇	90429
	431021106	桂阳县流峰镇	90839
	431021109	桂阳县春陵江镇	97618
	431022111	宜章县玉溪镇	89608
	431023101	永兴县马田镇	99402
	431023108	永兴县便江镇	102873
	431024100	嘉禾县珠泉镇	108445
	431028106	安仁县永乐江镇	131449
	431122100	东安县白牙市镇	130383
	431124102	道县寿雁镇	97336
	431127100	蓝山县塔峰镇	169608
	431128100	新田县龙泉镇	98977
	431129100	江华瑶族自治县沱江镇	124839
	431222115	沅陵县沅陵镇	155927
	431223100	辰溪县辰阳镇	95961
	431224100	溆浦县卢峰镇	166698
	431225100	会同县林城镇	93898
	431226106	麻阳苗族自治县高村镇	115042
	431228100	芷江侗族自治县芷江镇	111854
	431229100	靖州苗族侗族自治县渠阳镇	119634
	431321100	双峰县永丰镇	101562
	431322100	新化县上梅镇	138096
	431382105	涟源市桥头河镇	112365
	433124109	花垣县花垣镇	105656
	433125109	保靖县迁陵镇	97677
	433127116	永顺县灵溪镇	131951
广东	440111103	广州市白云区人和镇	97327
	440111107	广州市白云区太和镇	97098
	440111108	广州市白云区钟落潭镇	137567
	440111113	广州市白云区江高镇	120416
	440112101	黄埔区九龙镇	88969
	440114105	花都区花东镇	120726
	440117111	从化区太平镇	92955
	440117113	从化区鳌头镇	147236
	440118101	增城区新塘镇	137237
	440118102	增城区石滩镇	114565
	440205100	曲江区马坝镇	108107
	440229100	翁源县龙仙镇	123240
	440403106	斗门区白蕉镇	98105
	440403107	斗门区井岸镇	103568
	440513100	潮阳区海门镇	128996
	440513101	潮阳区河溪镇	93208
	440513102	潮阳区和平镇	189660
	440513103	潮阳区西胪镇	193501
	440513104	潮阳区关埠镇	138399
	440513106	潮阳区谷饶镇	178368
	440513107	潮阳区贵屿镇	168121
	440513108	潮阳区铜盂镇	138333
	440513110	潮阳区金灶镇	151912
	440514101	潮南区井都镇	99996
	440514103	潮南区成田镇	101097
	440514104	潮南区司马浦镇	142156
	440514105	潮南区陈店镇	129865

续表 7　　单位：人

地区	代码	乡镇名称	数量	地区	代码	乡镇名称	数量
	440514106	潮南区两英镇	214796		440902104	茂南区鳌头镇	93260
	440514107	潮南区仙城镇	124458		440904100	电白区马踏镇	90457
	440514108	潮南区胪岗镇	164664		440904101	电白区岭门镇	94274
	440514112	潮南区陇田镇	149606		440904102	电白区坡心镇	94672
	440515102	澄海区莲下镇	117594		440904108	电白区羊角镇	160089
	440605121	南海区九江镇	107830		440904115	电白区霞洞镇	108395
	440605122	南海区西樵镇	160126		440904116	电白区观珠镇	113096
	440605123	南海区丹灶镇	99054		440904123	电白区水东镇	127778
	440605124	南海区狮山镇	297423		440904126	电白区林头镇	150234
	440605125	南海区大沥镇	263734		440904127	电白区电城镇	168302
	440605126	南海区里水镇	138284		440981127	高州市石鼓镇	130220
	440606102	顺德区北滘镇	129137		440981128	高州市东岸镇	97196
	440606103	顺德区乐从镇	112643		440981129	高州市长坡镇	94576
	440606104	顺德区龙江镇	105453		440982102	化州市杨梅镇	92117
	440606105	顺德区杏坛镇	136726		440982112	化州市合江镇	111418
	440606106	顺德区均安镇	91870		440982113	化州市那务镇	95989
	440705104	新会区双水镇	91468		440982116	化州市平定镇	115731
	440804100	坡头区南三镇	97677		440982120	化州市中垌镇	118220
	440811100	麻章区麻章镇	91680		440983113	信宜市怀乡镇	92382
	440811101	麻章区太平镇	111126		440983124	信宜市朱砂镇	98625
	440823100	遂溪县遂城镇	221443		440983125	信宜市北界镇	98888
	440823101	遂溪县黄略镇	109211		441223109	广宁县南街镇	118186
	440823106	遂溪县杨柑镇	100839		441224100	怀集县怀城镇	157048
	440823107	遂溪县城月镇	107916		441224107	怀集县梁村镇	88765
	440881104	廉江市河唇镇	109314		441224108	怀集县大岗镇	90772
	440881106	廉江市良垌镇	149658		441224110	怀集县冷坑镇	137543
	440881107	廉江市横山镇	134648		441225111	封开县南丰镇	102411
	440881108	廉江市安铺镇	133856		441322110	博罗县罗阳镇	154734
	440881109	廉江市营仔镇	106555		441323113	惠东县多祝镇	105772
	440881110	廉江市青平镇	109415		441422100	大埔县湖寮镇	96989
	440881113	廉江市石岭镇	135093		441422124	大埔县高陂镇	89963
	440881117	廉江市塘蓬镇	103301		441423127	丰顺县汤坑镇	146126
	440882100	雷州市白沙镇	96503		441423128	丰顺县留隍镇	101923
	440882102	雷州市客路镇	143527		441424130	五华县华城镇	130231
	440882103	雷州市杨家镇	91288		441424134	五华县水寨镇	166440
	440882106	雷州市纪家镇	116915		441424135	五华县河东镇	151943
	440882108	雷州市南兴镇	118701		441424138	五华县横陂镇	115778
	440882110	雷州市东里镇	116162		441424139	五华县安流镇	160433
	440882114	雷州市北和镇	88844		441424140	五华县棉洋镇	113190
	440882115	雷州市乌石镇	92186		441424141	五华县龙村镇	110232
	440882117	雷州市附城镇	135068		441521101	海丰县梅陇镇	108723
	440883101	吴川市长岐镇	91169		441521115	海丰县海城镇	156483
	440883102	吴川市覃巴镇	90278		441523100	陆河县河田镇	94366
	440883104	吴川市振文镇	138847		441581101	陆丰市甲子镇	132357
	440883106	吴川市吴阳镇	105735		441581102	陆丰市碣石镇	254425
	440883107	吴川市塘缀镇	152276		441581103	陆丰市湖东镇	116951
	440883109	吴川市黄坡镇	178525		441581107	陆丰市南塘镇	165561

续表 8　　单位：人

地区	代码	乡镇名称	数量	地区	代码	乡镇名称	数量
	441581112	陆丰市甲东镇	98831		445281104	普宁市洪阳镇	169160
	441581118	陆丰市甲西镇	147406		445281105	普宁市南溪镇	123205
	441621100	紫金县紫城镇	170481		445281107	普宁市麒麟镇	131255
	441622100	龙川县老隆镇	158394		445281108	普宁市南径镇	150352
	441623100	连平县元善镇	96315		445281109	普宁市占陇镇	191031
	441624100	和平县阳明镇	108398		445281110	普宁市军埠镇	128340
	441702103	江城区平冈镇	104711		445281111	普宁市下架山镇	107196
	441702105	江城区闸坡镇	99452		445281119	普宁市里湖镇	113025
	441721100	阳西县织篢镇	136324		445281121	普宁市梅塘镇	143797
	441721104	阳西县溪头镇	93139		445321100	新兴县新城镇	104137
	441781105	阳春市春湾镇	103968		445381100	罗定市罗镜镇	105435
	441802103	清城区源潭镇	97578		445381104	罗定市罗平镇	93691
	441803112	清新区龙颈镇	119531	**广西**	450109100	邕宁区蒲庙镇	145693
	441803113	清新区禾云镇	117345		450109101	邕宁区那楼镇	96276
	441803117	清新区浸潭镇	112074		450110100	武鸣区城厢镇	110043
	441803118	清新区石潭镇	93654		450124102	马山县林圩镇	99021
	441821100	佛冈县石角镇	121932		450124105	马山县周鹿镇	96897
	441823119	阳山县阳城镇	117321		450126100	宾阳县宾州镇	229048
	441881137	英德市东华镇	109055		450126101	宾阳县黎塘镇	121201
	441882100	连州市连州镇	142519		450127100	横县横州镇	172187
	441900121	东莞市虎门镇	135689		450127101	横县百合镇	110414
	441900122	东莞市厚街镇	103802		450127103	横县南乡镇	99210
	442000100	中山市小榄镇	173025		450127108	横县六景镇	99902
	442000101	中山市黄圃镇	89584		450127112	横县陶圩镇	93491
	445103103	潮安区凤塘镇	89470		450127113	横县校椅镇	108648
	445103104	潮安区浮洋镇	107654		450223100	鹿寨县鹿寨镇	118344
	445103108	潮安区彩塘镇	116614		450224100	融安县长安镇	99330
	445103109	潮安区东凤镇	95568		450225100	融水苗族自治县融水镇	92191
	445103110	潮安区庵埠镇	135952		450312100	临桂区临桂镇	148395
	445103121	潮安区枫溪镇	113847		450324100	全州县全州镇	130470
	445122100	饶平县黄冈镇	198811		450325100	兴安县兴安镇	93880
	445122117	饶平县钱东镇	98161		450330100	平乐县平乐镇	100433
	445202101	榕城区渔湖镇	118063		450406100	龙圩区龙圩镇	92092
	445202102	榕城区炮台镇	131013		450422100	藤县藤州镇	168056
	445202103	榕城区地都镇	106797		450422111	藤县蒙江镇	92776
	445203104	揭东区锡场镇	122208		450422113	藤县太平镇	112850
	445203105	揭东区新亨镇	120869		450481100	岑溪市岑城镇	176203
	445203106	揭东区玉湖镇	113270		450521100	合浦县廉州镇	181815
	445203110	揭东区白塔镇	105349		450521102	合浦县西场镇	100714
	445222110	揭西县棉湖镇	106204		450521106	合浦县公馆镇	141031
	445224100	惠来县惠城镇	185913		450521107	合浦县白沙镇	119084
	445224103	惠来县仙庵镇	102127		450703101	钦北区平吉镇	96762
	445224107	惠来县神泉镇	107058		450703103	钦北区小董镇	97267
	445224108	惠来县东陇镇	109906		450703104	钦北区板城镇	100976
	445224110	惠来县隆江镇	181253		450703108	钦北区大直镇	93183
	445224114	惠来县葵潭镇	125072		450703109	钦北区大寺镇	95637
	445281103	普宁市大坝镇	113897		450721101	灵山县新圩镇	117118

续表 9

单位：人

地区	代码	乡镇名称	数量	地区	代码	乡镇名称	数量
	450721108	灵山县檀圩镇	112080		451321100	忻城县城关镇	109135
	450721109	灵山县那隆镇	126608	**海南**	460203198	吉阳区吉阳镇	142815
	450721111	灵山县陆屋镇	111129		460204198	天涯区天涯镇	218801
	450721112	灵山县旧州镇	118718		460400100	儋州市那大镇	171146
	450721113	灵山县太平镇	133857		469002100	琼海市嘉积镇	140077
	450721117	灵山县伯劳镇	100479		469005100	文昌市文城镇	136891
	450722109	浦北县龙门镇	99863		469006100	万宁市万城镇	171547
	450802101	港北区大圩镇	104449		469007100	东方市八所镇	162526
	450802102	港北区庆丰镇	100713		469021100	定安县定城镇	96303
	450803100	港南区桥圩镇	113288		469023100	澄迈县金江镇	163039
	450803101	港南区木格镇	109824		469024100	临高县临城镇	135626
	450821100	平南县平南镇	177424		469028100	陵水黎族自治县椰林镇	105535
	450821104	平南县大新镇	99372	**重庆**	500101144	万州区分水镇	98310
	450821105	平南县大安镇	118129		500107110	九龙坡区西彭镇	130278
	450821109	平南县镇隆镇	92458		500111100	大足区龙水镇	115823
	450821113	平南县丹竹镇	116256		500116105	江津区石蟆镇	101789
	450821114	平南县官成镇	107338		500116108	江津区白沙镇	135516
	450821115	平南县思旺镇	106228		500117120	合川区钱塘镇	92724
	450881107	桂平市麻垌镇	106345		500154117	开州区临江镇	104248
	450881116	桂平市石龙镇	89849		500235128	云阳县南溪镇	112416
	450881117	桂平市蒙圩镇	92005		500235131	云阳县江口镇	109645
	450881118	桂平市西山镇	172632	**四川**	510114103	新都区新繁镇	100308
	450881119	桂平市南木镇	129995		510321100	荣县旭阳镇	158475
	450881120	桂平市江口镇	113586		510322100	富顺县富世镇	148662
	450881121	桂平市金田镇	92582		510521107	泸县玄滩镇	89368
	450903107	福绵区福绵镇	92976		510522100	合江县合江镇	110139
	450903109	福绵区樟木镇	94401		510524100	叙永县叙永镇	102099
	450921100	容县容州镇	157654		510525100	古蔺县古蔺镇	122067
	450921105	容县黎村镇	96188		510681100	广汉市雒城镇	98471
	450922101	陆川县温泉镇	154896		510722101	三台县潼川镇	128963
	450922103	陆川县马坡镇	105765		510781100	江油市中坝镇	101627
	450922108	陆川县乌石镇	135513		510781101	江油市太平镇	94277
	450922109	陆川县良田镇	98134		510781102	江油市三合镇	113845
	450923100	博白县博白镇	220311		510824100	苍溪县陵江镇	130234
	450923114	博白县东平镇	127631		510923100	大英县蓬莱镇	146443
	450923118	博白县凤山镇	91371		511024100	威远县严陵镇	161821
	450923120	博白县文地镇	103208		511025100	资中县重龙镇	98849
	450923127	博白县龙潭镇	102213		511025116	资中县水南镇	92903
	450981112	北流市六麻镇	106648		511181100	峨眉山市绥山镇	114532
	451081100	靖西市新靖镇	99949		511323115	蓬安县相如镇	117108
	451102106	八步区桂岭镇	96437		511324101	仪陇县新政镇	97872
	451103103	平桂区沙田镇	108022		511325100	西充县晋城镇	107662
	451122100	钟山县钟山镇	98081		511421123	仁寿县文林镇	158533
	451225100	罗城仫佬族自治县东门镇	97993		511524100	长宁县长宁镇	90993
	451229100	大化瑶族自治县大化镇	102407		511526101	珙县巡场镇	111463
	451281100	宜州市庆远镇	155440		511527100	筠连县筠连镇	105236
	451302101	兴宾区凤凰镇	90915		511528100	兴文县古宋镇	96570

续表 10 单位：人

地区	代码	乡镇名称	数量	地区	代码	乡镇名称	数量
	511621100	岳池县九龙镇	176408		530628101	彝良县角奎镇	119249
	511622100	武胜县沿口镇	124527		530629101	威信县扎西镇	129207
	511623100	邻水县鼎屏镇	92930		530922101	云县爱华镇	91823
	511722100	宣汉县东乡镇	158518		530926103	耿马傣族佤族自治县孟定镇	94155
	511722107	宣汉县南坝镇	105025		532301101	楚雄市鹿城镇	171737
	511723100	开江县新宁镇	95648		532325101	姚安县栋川镇	93166
	511725100	渠县渠江镇	129817		532326101	大姚县金碧镇	98637
	511921100	通江县诺江镇	150754		532503101	蒙自市文澜镇	176131
	512021100	安岳县岳阳镇	152776		532504101	弥勒市弥阳镇	148863
	512022100	乐至县天池镇	108959		532524101	建水县临安镇	159298
贵州	520222117	盘县柏果镇	92650		532525101	石屏县异龙镇	97204
	520222126	盘县鸡场坪镇	96232		532527101	泸西县中枢镇	123650
	520304100	播州区南白镇	107055		532622102	砚山县平远镇	91458
	520323100	绥阳县洋川镇	89543		532627101	广南县莲城镇	114283
	520382117	仁怀市茅台镇	113767		532801103	景洪市勐龙镇	100285
	522701111	都匀市匀东镇	88852		532901101	大理市下关镇	192787
云南	530122102	晋宁县晋城镇	97928		532923101	祥云县祥城镇	118337
	530322102	陆良县板桥镇	94176		532923103	祥云县云南驿镇	101034
	530322103	陆良县三岔河镇	122131		532924101	宾川县金牛镇	101851
	530322104	陆良县马街镇	114630	陕西	610323100	岐山县凤鸣镇	111492
	530325106	富源县大河镇	92853		610323101	岐山县蔡家坡镇	166345
	530325108	富源县富村镇	103859		610528101	富平县庄里镇	103690
	530326103	会泽县迤车镇	92247		610821100	神木县神木镇	158674
	530326106	会泽县者海镇	100797		610902107	汉滨区恒口镇	109120
	530381106	宣威市倘塘镇	93353	甘肃	620522100	秦安县兴国镇	91316
	530502101	隆阳区板桥镇	102032		620523100	甘谷县大像山镇	105048
	530581101	腾冲市腾越镇	120653		620523102	甘谷县新兴镇	110930
	530622101	巧家县白鹤滩镇	110112		621122100	陇西县巩昌镇	126923
	530625101	永善县溪洛渡镇	99873		621124100	临洮县洮阳镇	104153
	530627102	镇雄县泼机镇	132222	青海	630121100	大通回族土族自治县桥头镇	122056

各地区公共财政收入居全国前1000位的乡镇

单位：亿元

地区	代码	乡镇名称	数量	地区	代码	乡镇名称	数量
北京	110105022	朝阳区高碑店地区办事处	7.29		110113116	顺义区赵全营镇	11.74
	110105023	朝阳区将台地区办事处	3.53		110114002	昌平区南口地区办事处	2.35
	110105028	朝阳区十八里店地区办事处	7.94		110114007	昌平区东小口地区办事处	4.72
	110105032	朝阳区来广营地区办事处	2.18		110114119	昌平区十三陵镇	2.38
	110105034	朝阳区三间房地区办事处	2.67		110115004	大兴区亦庄地区办事处	4.05
	110105035	朝阳区管庄地区办事处	4.59		110115005	大兴区黄村地区办事处	5.60
	110105036	朝阳区金盏地区办事处	5.16		110115006	大兴区旧宫地区办事处	4.51
	110105037	朝阳区孙河地区办事处	5.72		110115007	大兴区西红门地区办事处	3.70
	110105038	朝阳区崔各庄地区办事处	3.02		110115106	大兴区礼贤镇	2.39
	110105039	朝阳区东坝地区办事处	2.48		110115108	大兴区庞各庄镇	2.65
	110105040	朝阳区黑庄户地区办事处	4.58		110115110	大兴区魏善庄镇	3.60
	110105041	朝阳区豆各庄地区办事处	2.97		110116103	怀柔区杨宋镇	2.49
	110105042	朝阳区王四营地区办事处	2.18		110117005	平谷区马坊地区办事处	5.97
	110106100	丰台区长辛店镇	4.49	**天津**	120111100	西青区中北镇	9.06
	110106101	丰台区王佐镇	6.45		120111101	西青区杨柳青镇	5.60
	110108023	海淀区万柳地区办事处	30.76		120111103	西青区张家窝镇	7.00
	110108024	海淀区东升地区办事处	5.71		120111104	西青区精武镇	3.70
	110108026	海淀区温泉地区办事处	2.86		120111105	西青区大寺镇	15.12
	110108027	海淀区四季青地区办事处	13.20		120111106	西青区王稳庄镇	2.35
	110108028	海淀区西北旺地区办事处	3.34		120112100	津南区咸水沽镇	2.80
	110108029	海淀区苏家坨地区办事处	5.24		120112101	津南区葛沽镇	4.47
	110108030	海淀区上庄地区办事处	5.36		120112102	津南区小站镇	7.88
	110109006	门头沟区永定地区办事处	3.24		120112104	津南区辛庄镇	2.96
	110109101	门头沟区潭柘寺镇	2.70		120112106	津南区双桥河镇	2.66
	110109106	门头沟区斋堂镇	2.97		120113100	北辰区天穆镇	3.54
	110111103	房山区窦店镇	4.19		120113101	北辰区北仓镇	2.74
	110111105	房山区长阳镇	7.65		120113102	北辰区双街镇	2.21
	110112005	通州区永顺地区办事处	5.69		120114101	武清区梅厂镇	3.93
	110112006	通州区梨园地区办事处	7.31		120114102	武清区大碱厂镇	8.21
	110112104	通州区宋庄镇	16.00		120114123	武清区高村镇	3.25
	110112105	通州区张家湾镇	6.39		120115108	宝坻区新安镇	2.41
	110112106	通州区漷县镇	2.74		120115119	宝坻区牛道口镇	2.20
	110112109	通州区马驹桥镇	3.56		120116158	滨海新区中塘镇	2.98
	110112110	通州区西集镇	5.52		120117100	宁河区芦台镇	3.45
	110112114	通州区台湖镇	16.66		120118100	静海区静海镇	3.63
	110112117	通州区永乐店镇	4.34		120118108	静海区大邱庄镇	7.32
	110112119	通州区潞城镇	5.88	**河北**	130172100	石家庄循环化工园区丘头镇	2.90
	110113003	顺义区仁和地区办事处	7.41		130207103	丰南区小集镇	2.28
	110113004	顺义区后沙峪地区办事处	2.96		130207113	丰南区丰南镇	6.70
	110113005	顺义区天竺地区办事处	4.12		130208118	丰润区银城铺镇	2.21
	110113006	顺义区杨镇地区办事处	3.82		130227107	迁西县三屯营镇	2.56
	110113007	顺义区牛栏山地区办事处	5.81		130283111	迁安市木厂口镇	3.80
	110113008	顺义区南法信地区办事处	2.43		130424100	成安县成安镇	2.53
	110113009	顺义区马坡地区办事处	2.43		130427100	磁县磁州镇	2.23
	110113101	顺义区高丽营镇	2.26		130481100	武安市武安镇	6.95
	110113109	顺义区大孙各庄镇	2.28		130481102	武安市午汲镇	3.87
	110113112	顺义区木林镇	2.68		130481103	武安市磁山镇	11.75

续表 1　　　　　　　　　　　　　　　　　　　　单位：亿元

地区	代码	乡镇名称	数量	地区	代码	乡镇名称	数量
	130528100	宁晋县凤凰镇	4.90		310112112	闵行区马桥镇	15.33
	130672103	保定白沟新城白沟镇	3.09		310112114	闵行区浦江镇	18.96
	130821100	承德县下板城镇	2.19		310113101	宝山区罗店镇	7.32
	130823100	平泉县平泉镇	3.09		310113102	宝山区大场镇	9.89
	130826100	丰宁满族自治县大阁镇	2.47		310113103	宝山区杨行镇	8.52
	130903100	运河区小王庄镇	4.40		310113104	宝山区月浦镇	9.91
	130922100	青县清州镇	2.20		310113106	宝山区罗泾镇	3.54
	130923100	东光县东光镇	4.97		310113109	宝山区顾村镇	7.74
	130924100	海兴县苏基镇	2.81		310113111	宝山区高境镇	4.34
	130925100	盐山县盐山镇	3.09		310113112	宝山区庙行镇	2.98
	130926100	肃宁县肃宁镇	10.39		310113113	宝山区淞南镇	3.07
	130983100	黄骅市黄骅镇	8.40		310114102	嘉定区南翔镇	26.97
	131022100	固安县固安镇	31.84		310114103	嘉定区安亭镇	28.22
	131023100	永清县永清镇	2.89		310114106	嘉定区马陆镇	22.99
	131024100	香河县淑阳镇	10.62		310114109	嘉定区徐行镇	5.25
	131024104	香河县安平镇	7.64		310114114	嘉定区外冈镇	7.32
	131026100	文安县文安镇	2.55		310114118	嘉定区江桥镇	8.76
	131081105	霸州市胜芳镇	3.46		310115103	浦东新区川沙新镇	10.10
	131082100	三河市泃阳镇	6.31		310115104	浦东新区高桥镇	7.05
	131082109	三河市燕郊镇	60.32		310115105	浦东新区北蔡镇	7.24
	131103100	冀州区冀州镇	4.94		310115110	浦东新区合庆镇	3.73
	139002100	辛集市辛集镇	2.52		310115114	浦东新区唐镇	7.60
山西	140321100	平定县冠山镇	3.61		310115117	浦东新区曹路镇	27.72
	140424103	屯留县余吾镇	5.97		310115120	浦东新区金桥镇	6.44
内蒙古	150123101	和林格尔县盛乐镇	2.46		310115121	浦东新区高行镇	5.69
	150207103	九原区麻池镇	3.60		310115123	浦东新区高东镇	5.11
	150271102	包头稀土高新技术产业开发区万水泉镇	3.93		310115125	浦东新区张江镇	4.91
	150302101	海勃湾区千里山镇	9.22		310115130	浦东新区三林镇	9.42
	150526106	扎鲁特旗阿日昆都楞镇	2.72		310115131	浦东新区惠南镇	5.34
	150624101	鄂托克旗棋盘井镇	4.29		310115132	浦东新区周浦镇	7.88
	150624102	鄂托克旗蒙西镇	4.93		310115133	浦东新区新场镇	3.01
	150724111	鄂温克族自治旗伊敏河镇	4.84		310115134	浦东新区大团镇	2.42
	152921112	阿拉善左旗吉兰泰镇	2.30		310115136	浦东新区康桥镇	5.27
	152923100	额济纳旗达来呼布镇	3.78		310115137	浦东新区航头镇	4.35
	152971100	内蒙古阿拉善经济开发区乌斯太镇	7.38		310115139	浦东新区祝桥镇	7.92
辽宁	210381107	海城市牌楼镇	2.15		310115140	浦东新区泥城镇	6.04
	210804100	鲅鱼圈区熊岳镇	3.83		310115142	浦东新区书院镇	4.56
	211004101	宏伟区曙光镇	8.37		310115143	浦东新区万祥镇	3.37
吉林	220381103	公主岭市范家屯镇	2.14		310115144	浦东新区老港镇	2.40
黑龙江	230125100	宾县宾州镇	3.03		310115145	浦东新区南汇新城镇	12.89
	231083100	海林市海林镇	3.98		310116101	金山区朱泾镇	6.41
上海	310112101	闵行区莘庄镇	22.16		310116102	金山区枫泾镇	6.76
	310112102	闵行区七宝镇	36.19		310116103	金山区张堰镇	3.37
	310112103	闵行区颛桥镇	9.95		310116104	金山区亭林镇	5.41
	310112106	闵行区华漕镇	5.55		310116105	金山区吕巷镇	9.24
	310112108	闵行区梅陇镇	12.60		310116107	金山区廊下镇	2.62
	310112110	闵行区吴泾镇	23.30		310116109	金山区金山卫镇	9.22

续表 2　　　　单位：亿元

地区	代码	乡镇名称	数量	地区	代码	乡镇名称	数量
	310116112	金山区漕泾镇	3.60		320281109	江阴市新桥镇	16.24
	310116113	金山区山阳镇	5.36		320281110	江阴市长泾镇	3.61
	310117102	松江区泗泾镇	6.47		320281111	江阴市顾山镇	5.43
	310117103	松江区佘山镇	6.41		320281112	江阴市祝塘镇	5.50
	310117104	松江区车墩镇	16.91		320282103	宜兴市徐舍镇	2.23
	310117105	松江区新桥镇	6.31		320282104	宜兴市官林镇	6.90
	310117106	松江区洞泾镇	3.95		320282107	宜兴市和桥镇	3.18
	310117107	松江区九亭镇	8.52		320282108	宜兴市高塍镇	4.88
	310117109	松江区泖港镇	4.09		320282109	宜兴市万石镇	2.40
	310117116	松江区石湖荡镇	3.85		320282110	宜兴市周铁镇	2.46
	310117117	松江区新浜镇	2.35		320282112	宜兴市丁蜀镇	17.08
	310117120	松江区叶榭镇	2.19		320305102	贾汪区青山泉镇	2.60
	310117121	松江区小昆山镇	3.80		320312106	铜山区柳新镇	6.87
	310118102	青浦区朱家角镇	6.78		320312108	铜山区大彭镇	3.45
	310118103	青浦区练塘镇	6.10		320312116	铜山区利国镇	4.63
	310118104	青浦区金泽镇	3.60		320312120	铜山区柳泉镇	2.61
	310118105	青浦区赵巷镇	7.20		320321108	丰县梁寨镇	2.29
	310118106	青浦区徐泾镇	18.77		320322101	沛县龙固镇	3.98
	310118107	青浦区华新镇	10.86		320322102	沛县杨屯镇	2.63
	310118109	青浦区重固镇	6.59		320322110	沛县敬安镇	2.52
	310118110	青浦区白鹤镇	4.81		320322115	沛县安国镇	2.41
	310120101	奉贤区南桥镇	8.57		320324115	睢宁县梁集镇	2.14
	310120102	奉贤区奉城镇	4.78		320382103	邳州市官湖镇	5.95
	310120104	奉贤区庄行镇	3.97		320382108	邳州市碾庄镇	2.87
	310120106	奉贤区金汇镇	8.07		320382115	邳州市铁富镇	3.27
	310120109	奉贤区四团镇	2.95		320402109	天宁区郑陆镇	9.36
	310120111	奉贤区青村镇	5.77		320404116	钟楼区邹区镇	8.39
	310120118	奉贤区柘林镇	5.18		320411100	新北区春江镇	17.08
	310151101	崇明区城桥镇	2.92		320411101	新北区孟河镇	3.01
	310151104	崇明区庙镇	2.80		320411102	新北区新桥镇	4.62
	310151116	崇明区长兴镇	11.20		320411103	新北区薛家镇	11.30
江苏	320117101	溧水区白马镇	2.28		320411104	新北区罗溪镇	4.70
	320117104	溧水区石湫镇	2.41		320411105	新北区西夏墅镇	2.44
	320117105	溧水区洪蓝镇	2.32		320412100	武进区湖塘镇	26.57
	320205102	锡山区羊尖镇	2.55		320412102	武进区牛塘镇	4.40
	320205103	锡山区鹅湖镇	2.89		320412103	武进区洛阳镇	3.02
	320205105	锡山区锡北镇	3.68		320412104	武进区遥观镇	6.78
	320205106	锡山区东港镇	7.95		320412105	武进区横林镇	3.61
	320206102	惠山区洛社镇	13.04		320412106	武进区横山桥镇	3.63
	320206103	惠山区阳山镇	2.65		320412110	武进区雪堰镇	4.02
	320211101	滨湖区胡埭镇	3.35		320412113	武进区前黄镇	2.21
	320281100	江阴市璜土镇	5.24		320412120	武进区湟里镇	2.83
	320281102	江阴市月城镇	3.37		320413100	金坛区金城镇	5.45
	320281103	江阴市青阳镇	4.07		320481100	溧阳市溧城镇	4.20
	320281104	江阴市徐霞客镇	7.20		320481106	溧阳市天目湖镇	4.65
	320281107	江阴市华士镇	12.19		320505100	虎丘区浒墅关镇	9.63
	320281108	江阴市周庄镇	10.71		320505101	虎丘区通安镇	3.73

续表 3

单位：亿元

地区	代码	乡镇名称	数量	地区	代码	乡镇名称	数量
	320506100	吴中区甪直镇	9.45		320585104	太仓市璜泾镇	2.69
	320506103	吴中区木渎镇	22.50		320585105	太仓市双凤镇	2.91
	320506104	吴中区胥口镇	9.47		320612110	南通市通州区石港镇	2.21
	320506107	吴中区东山镇	2.56		320612114	南通市通州区平潮镇	4.64
	320506110	吴中区临湖镇	3.54		320612116	南通市通州区五接镇	2.83
	320507100	相城区望亭镇	4.29		320612120	南通市通州区川姜镇	3.85
	320507102	相城区黄埭镇	11.15		320621100	海安县海安镇	19.73
	320507105	相城区渭塘镇	6.06		320621101	海安县城东镇	13.49
	320507109	相城区阳澄湖镇	2.63		320621102	海安县曲塘镇	2.79
	320509100	吴江区太湖新城镇	31.02		320623101	如东县洋口镇	7.12
	320509104	吴江区平望镇	7.37		320623103	如东县长沙镇	5.60
	320509105	吴江区盛泽镇	28.24		320623105	如东县掘港镇	9.32
	320509107	吴江区七都镇	6.08		320623113	如东县河口镇	2.37
	320509108	吴江区震泽镇	6.39		320681100	启东市汇龙镇	7.67
	320509109	吴江区桃源镇	7.06		320681110	启东市吕四港镇	5.17
	320509110	吴江区黎里镇	22.39		320682111	如皋市长江镇	12.84
	320581100	常熟市虞山镇	45.59		320684106	海门市常乐镇	5.76
	320581101	常熟市梅李镇	6.65		320684108	海门市悦来镇	2.71
	320581102	常熟市海虞镇	8.77		320684111	海门市四甲镇	4.96
	320581104	常熟市古里镇	6.74		320707100	赣榆区青口镇	4.88
	320581105	常熟市沙家浜镇	6.40		320707101	赣榆区柘汪镇	6.13
	320581106	常熟市支塘镇	3.65		320722113	东海县平明镇	2.30
	320581107	常熟市董浜镇	2.13		320723103	灌云县燕尾港镇	3.01
	320581110	常熟市辛庄镇	5.57		320724100	灌南县新安镇	5.76
	320581111	常熟市尚湖镇	4.35		320724109	灌南县新集镇	3.53
	320582100	张家港市杨舍镇	57.66		320803100	淮安区淮城镇	4.84
	320582101	张家港市塘桥镇	8.99		320803106	淮安区施河镇	3.28
	320582102	张家港市金港镇	41.58		320804100	淮阴区王营镇	12.94
	320582103	张家港市锦丰镇	27.22		320804101	淮阴区赵集镇	2.16
	320582104	张家港市乐余镇	3.21		320830101	盱眙县马坝镇	5.60
	320582105	张家港市凤凰镇	8.62		320830102	盱眙县官滩镇	4.47
	320582106	张家港市南丰镇	6.43		320831100	金湖县黎城镇	4.62
	320582107	张家港市大新镇	2.38		320831111	金湖县银涂镇	2.87
	320583100	昆山市玉山镇	68.64		320904100	大丰区大中镇	13.68
	320583101	昆山市巴城镇	16.11		320921100	响水县响水镇	2.55
	320583102	昆山市周市镇	22.88		320922100	滨海县东坎镇	6.53
	320583103	昆山市陆家镇	14.12		320925108	建湖县上冈镇	2.25
	320583104	昆山市花桥镇	35.88		320981100	东台市溱东镇	2.28
	320583105	昆山市淀山湖镇	10.16		320981101	东台市时堰镇	2.14
	320583106	昆山市张浦镇	19.55		320981107	东台市梁垛镇	3.18
	320583107	昆山市周庄镇	2.74		320981121	东台市弶港镇	4.24
	320583108	昆山市千灯镇	15.96		320981122	东台市东台镇	11.00
	320583109	昆山市锦溪镇	6.10		321002401	广陵区扬州市生态科技新城杭集镇	2.72
	320585100	太仓市城厢镇	9.61		321003111	邗江区西湖镇	3.33
	320585101	太仓市沙溪镇	6.40		321012100	江都区仙女镇	13.53
	320585102	太仓市浏河镇	5.09		321012118	江都区大桥镇	6.02
	320585103	太仓市浮桥镇	25.87		321023100	宝应县安宜镇	4.57

续表 4　　单位：亿元

地区	代码	乡镇名称	数量	地区	代码	乡镇名称	数量
	321081100	仪征市真州镇	2.81		330281102	余姚市小曹娥镇	2.76
	321084116	高邮市送桥镇	2.24		330281103	余姚市泗门镇	9.39
	321181100	丹阳市司徒镇	3.00		330281106	余姚市马渚镇	5.67
	321181108	丹阳市界牌镇	2.72		330281113	余姚市陆埠镇	3.48
	321181113	丹阳市丹北镇	8.36		330282107	慈溪市观海卫镇	14.27
	321182101	扬中市新坝镇	7.62		330282111	慈溪市逍林镇	2.46
	321183102	句容市下蜀镇	3.63		330282114	慈溪市横河镇	4.43
	321183109	句容市宝华镇	8.00		330282118	慈溪市庵东镇	5.03
	321202100	海陵区九龙镇	3.62		330282121	慈溪市周巷镇	7.10
	321203100	高港区永安洲镇	6.51		330282123	慈溪市龙山镇	7.10
	321281123	兴化市戴南镇	6.30		330283100	奉化市溪口镇	3.09
	321281125	兴化市昭阳镇	3.32		330283103	奉化市尚田镇	2.70
	321283100	泰兴市黄桥镇	5.09		330283104	奉化市莼湖镇	2.94
	321283114	泰兴市姚王镇	3.49		330324102	永嘉县桥头镇	3.58
	321283123	泰兴市滨江镇	14.81		330326100	平阳县昆阳镇	7.58
	321283124	泰兴市虹桥镇	4.96		330326101	平阳县鳌江镇	5.77
	321302150	宿城区洋河镇	2.65		330326102	平阳县水头镇	2.41
	321323100	泗阳县众兴镇	3.10		330326117	平阳县万全镇	2.25
	321324100	泗洪县青阳镇	4.99		330327100	苍南县灵溪镇	6.88
浙江	330106109	杭州市西湖区三墩镇	11.85		330327101	苍南县龙港镇	7.88
	330109101	萧山区河上镇	2.34		330382108	乐清市虹桥镇	2.88
	330109104	萧山区进化镇	2.33		330382114	乐清市柳市镇	6.01
	330109108	萧山区衙前镇	3.36		330382115	乐清市北白象镇	3.83
	330109113	萧山区瓜沥镇	6.99		330402100	南湖区凤桥镇	3.47
	330109115	萧山区益农镇	2.26		330402101	南湖区余新镇	6.06
	330110102	余杭区塘栖镇	6.50		330402105	南湖区大桥镇	17.31
	330110109	余杭区径山镇	2.55		330411101	秀洲区王江泾镇	7.35
	330110110	余杭区瓶窑镇	5.96		330411103	秀洲区油车港镇	2.55
	330111115	富阳区新登镇	2.26		330411104	秀洲区新塍镇	3.23
	330205103	宁波市江北区慈城镇	15.04		330411105	秀洲区王店镇	4.93
	330212103	鄞州区东钱湖镇	11.95		330411106	秀洲区洪合镇	2.66
	330212104	鄞州区东吴镇	5.51		330421102	嘉善县大云镇	2.92
	330212105	鄞州区五乡镇	8.34		330421103	嘉善县西塘镇	5.40
	330212106	鄞州区邱隘镇	7.51		330421111	嘉善县姚庄镇	6.00
	330212108	鄞州区云龙镇	6.73		330421112	嘉善县天凝镇	2.99
	330212109	鄞州区横溪镇	2.97		330481101	海宁市许村镇	3.32
	330212110	鄞州区姜山镇	14.75		330481103	海宁市长安镇	6.40
	330212113	鄞州区高桥镇	8.08		330481108	海宁市黄湾镇	2.38
	330212114	鄞州区横街镇	3.55		330481110	海宁市盐官镇	4.91
	330212115	鄞州区集士港镇	4.01		330481112	海宁市袁花镇	2.64
	330212116	鄞州区古林镇	4.89		330482101	平湖市乍浦镇	12.28
	330225101	象山县石浦镇	4.82		330482102	平湖市新埭镇	4.62
	330225102	象山县西周镇	10.42		330482103	平湖市新仓镇	4.02
	330226108	宁海县黄坛镇	3.61		330482108	平湖市独山港镇	9.22
	330226111	宁海县西店镇	4.39		330483100	桐乡市乌镇镇	2.49
	330281100	余姚市临山镇	3.59		330483101	桐乡市濮院镇	3.00
	330281101	余姚市黄家埠镇	2.87		330483102	桐乡市屠甸镇	2.67

续表 5　　　　单位：亿元

地区	代码	乡镇名称	数量	地区	代码	乡镇名称	数量
	330483103	桐乡市石门镇	2.15		330783123	东阳市横店镇	3.08
	330483105	桐乡市洲泉镇	3.30		330824115	开化县华埠镇	2.24
	330483107	桐乡市崇福镇	3.81		330881121	江山市贺村镇	2.44
	330483108	桐乡市高桥镇	2.99		330902100	定海区金塘镇	3.24
	330502100	吴兴区织里镇	17.86		330902104	定海区白泉镇	2.41
	330502101	吴兴区八里店镇	13.16		330903100	舟山市普陀区六横镇	8.18
	330502105	吴兴区东林镇	2.41		330903106	舟山市普陀区普陀山镇	2.62
	330503100	南浔区南浔镇	6.60		331004106	路桥区金清镇	3.94
	330503106	南浔区和孚镇	3.05		331021101	玉环县清港镇	2.72
	330521101	德清县乾元镇	4.77		331021102	玉环县楚门镇	5.13
	330521102	德清县新市镇	2.76		331081100	温岭市泽国镇	4.36
	330521104	德清县钟管镇	7.00		331081101	温岭市大溪镇	3.83
	330522102	长兴县李家巷镇	5.32		331082112	临海市杜桥镇	6.75
	330522103	长兴县夹浦镇	3.01	安徽	340121104	长丰县岗集镇	4.40
	330522108	长兴县小浦镇	2.11		340123100	肥西县上派镇	6.25
	330522110	长兴县和平镇	5.22		340123101	肥西县三河镇	3.67
	330522111	长兴县泗安镇	2.20		340123108	肥西县桃花镇	9.98
	330522112	长兴县煤山镇	7.74		340124100	庐江县庐城镇	8.21
	330523105	安吉县孝丰镇	2.22		340221100	芜湖县湾沚镇	4.48
	330602101	越城区灵芝镇	3.96		340221101	芜湖县六郎镇	3.54
	330602105	越城区马山镇	4.17		340221102	芜湖县陶辛镇	2.29
	330602106	越城区斗门镇	10.00		340222100	繁昌县繁阳镇	5.10
	330603100	柯桥区齐贤镇	8.34		340222101	繁昌县荻港镇	4.21
	330603101	柯桥区钱清镇	6.75		340222102	繁昌县孙村镇	6.25
	330603103	柯桥区福全镇	2.54		340222104	繁昌县新港镇	2.74
	330603104	柯桥区马鞍镇	27.28		340223100	南陵县籍山镇	3.90
	330603105	柯桥区平水镇	2.63		340223101	南陵县许镇镇	2.24
	330603106	柯桥区安昌镇	3.96		340223102	南陵县弋江镇	2.20
	330603110	柯桥区杨汛桥镇	3.19		340225100	无为县无城镇	5.46
	330604100	上虞区道墟镇	7.86		340225112	无为县泥汊镇	2.37
	330604110	上虞区小越镇	2.65		340225118	无为县高沟镇	6.57
	330604113	上虞区崧厦镇	7.65		340304101	禹会区马城镇	2.12
	330604114	上虞区沥海镇	2.68		340321113	怀远县荆山镇	2.32
	330681101	诸暨市大唐镇	11.92		340323100	固镇县城关镇	5.61
	330681104	诸暨市店口镇	5.56		340506100	博望区博望镇	3.18
	330681109	诸暨市枫桥镇	2.35		340521106	当涂县太白镇	4.33
	330681114	诸暨市王家井镇	2.73		340521110	当涂县年陡镇	4.80
	330681119	诸暨市璜山镇	2.29		340522100	含山县环峰镇	2.16
	330683100	嵊州市甘霖镇	5.09		340523100	和县历阳镇	4.06
	330702106	婺城区汤溪镇	2.27		340523107	和县乌江镇	4.28
	330703101	金东区孝顺镇	2.59		340523109	和县石杨镇	2.35
	330782100	义乌市佛堂镇	9.04		340822100	怀宁县高河镇	2.31
	330782101	义乌市赤岸镇	2.62		340825100	太湖县晋熙镇	2.57
	330782102	义乌市义亭镇	2.69		340826100	宿松县孚玉镇	2.92
	330782105	义乌市苏溪镇	2.63		341004100	徽州区岩寺镇	2.50
	330782106	义乌市大陈镇	2.28		341021100	歙县徽城镇	4.81
	330783118	东阳市南马镇	2.34		341122103	来安县汊河镇	5.53

续表 6　　单位：亿元

地区	代码	乡镇名称	数量	地区	代码	乡镇名称	数量
	341124100	全椒县襄河镇	4.85		350581102	石狮市蚶江镇	3.60
	341124107	全椒县十字镇	2.82		350581104	石狮市鸿山镇	6.11
	341126100	凤阳县府城镇	5.86		350582101	晋江市安海镇	17.21
	341181100	天长市铜城镇	4.77		350582102	晋江市磁灶镇	6.65
	341222100	太和县城关镇	6.06		350582103	晋江市陈埭镇	12.57
	341282100	界首市光武镇	2.84		350582104	晋江市东石镇	10.84
	341282105	界首市田营镇	9.07		350582105	晋江市深沪镇	10.17
	341502109	金安区三十铺镇	4.38		350582106	晋江市金井镇	7.46
	341523106	舒城县杭埠镇	2.13		350582110	晋江市龙湖镇	6.01
	341525100	霍山县衡山镇	3.01		350582112	晋江市英林镇	6.30
	341602107	谯城区十八里镇	4.22		350582113	晋江市紫帽镇	2.71
	341721102	东至县大渡口镇	2.44		350582114	晋江市西滨镇	2.16
	341821100	郎溪县建平镇	2.45		350583117	南安市霞美镇	4.00
	341822104	广德县新杭镇	5.55		350583119	南安市水头镇	10.00
	341823100	泾县泾川镇	3.78		350602102	芗城区芝山镇	3.01
	341881100	宁国市港口镇	3.61		350603100	龙文区蓝田镇	2.39
福建	350102100	福州市鼓楼区洪山镇	5.14		350603101	龙文区步文镇	4.37
	350104101	仓山区城门镇	3.14		350623100	漳浦县绥安镇	10.80
	350104102	仓山区盖山镇	6.35		350625100	长泰县武安镇	9.88
	350104103	仓山区建新镇	5.44		350626100	东山县西埔镇	4.53
	350111100	晋安区鼓山镇	4.48		350626104	东山县陈城镇	3.02
	350111101	晋安区新店镇	2.37		350626106	东山县铜陵镇	4.22
	350111102	晋安区岳峰镇	2.69		350627100	南靖县山城镇	9.36
	350121102	闽侯县南屿镇	5.21		350629100	华安县华丰镇	3.46
	350121105	闽侯县青口镇	5.56		350681100	龙海市石码镇	5.14
	350121107	闽侯县上街镇	4.29		350681101	龙海市海澄镇	2.51
	350121108	闽侯县荆溪镇	3.19		350681102	龙海市角美镇	18.22
	350124107	闽清县塔庄镇	4.70		350681106	龙海市港尾镇	5.28
	350181111	福清市三山镇	2.47	江西	360111104	青山湖区湖坊镇	3.74
	350182105	长乐市江田镇	2.27		360111105	青山湖区塘山镇	3.99
	350182110	长乐市湖南镇	2.87		360112100	新建区长堎镇	3.32
	350182111	长乐市金峰镇	2.51		360121100	南昌县莲塘镇	5.66
	350211103	集美区后溪镇	2.78		360121101	南昌县向塘镇	2.24
	350213102	翔安区马巷镇	19.83		360121205	南昌县东新乡	2.19
	350213103	翔安区新圩镇	2.78		360203100	珠山区竟成镇	4.17
	350213111	翔安区内厝镇	2.16		360302100	安源区安源镇	4.85
	350304101	荔城区黄石镇	4.21		360302101	安源区高坑镇	3.43
	350322100	仙游县枫亭镇	2.77		360302103	安源区青山镇	2.83
	350322104	仙游县鲤南镇	3.06		360313101	湘东区湘东镇	2.24
	350521100	惠安县螺城镇	3.02		360322101	上栗县上栗镇	2.42
	350521101	惠安县螺阳镇	2.72		360323101	芦溪县芦溪镇	3.65
	350524100	安溪县凤城镇	4.07		360402102	濂溪区新港镇	2.18
	350524102	安溪县湖头镇	3.05		360402103	濂溪区莲花镇	2.35
	350524105	安溪县城厢镇	3.90		360481100	瑞昌市码头镇	4.79
	350526100	德化县浔中镇	2.86		360482100	共青城市甘露镇	2.46
	350526101	德化县龙浔镇	2.16		360521100	分宜县分宜镇	4.13
	350581100	石狮市灵秀镇	7.03		360521103	分宜县双林镇	2.15

续表 7　　单位：亿元

地区	代码	乡镇名称	数量	地区	代码	乡镇名称	数量
	360521104	分宜县钤山镇	3.34		370523102	广饶县稻庄镇	3.40
	360622103	余江县中童镇	3.32		370683101	莱州市沙河镇	7.86
	360721100	赣县梅林镇	6.83		370683104	莱州市金城镇	2.39
	360721106	赣县茅店镇	3.50		370683107	莱州市程郭镇	2.20
	360721110	赣县储潭镇	2.76		370684109	蓬莱市北沟镇	5.73
	360723100	大余县南安镇	3.09		370685101	招远市辛庄镇	9.77
	360724100	上犹县东山镇	2.30		370685102	招远市蚕庄镇	3.39
	360802102	吉州区长塘镇	2.25		370783109	寿光市侯镇	6.97
	360822100	吉水县文峰镇	2.17		370783115	寿光市羊口镇	10.14
	360825100	永丰县恩江镇	3.46		370784100	安丘市景芝镇	5.76
	360825105	永丰县藤田镇	2.23		370785103	高密市夏庄镇	3.05
	360827100	遂川县泉江镇	3.37		370811109	任城区石桥镇	3.05
	360827101	遂川县雩田镇	2.40		370812101	兖州区大安镇	3.30
	360829100	安福县平都镇	5.59		370812102	兖州区新驿镇	2.44
	360981126	丰城市曲江镇	5.07		370812105	兖州区新兖镇	18.89
	360982100	樟树市临江镇	2.73		370812110	兖州区兴隆庄镇	7.96
	360982106	樟树市阁山镇	2.36		370827104	鱼台县张黄镇	3.41
	360983104	高安市八景镇	2.85		370827108	鱼台县老砦镇	2.17
	361022100	黎川县日峰镇	5.84		370829104	嘉祥县疃里镇	2.92
	361123100	玉山县冰溪镇	3.25		370830101	汶上县南站镇	3.48
	361123107	玉山县岩瑞镇	2.20		370831104	泗水县金庄镇	3.03
	361127102	余干县黄金埠镇	3.19		370832104	梁山县拳铺镇	2.13
	361129100	万年县陈营镇	3.19		370881109	曲阜市息陬镇	3.06
	361181107	德兴市泗洲镇	5.94		370883104	邹城市北宿镇	8.33
山东	370126107	商河县玉皇庙镇	2.35		370883105	邹城市中心店镇	7.95
	370181110	章丘市刁镇	4.48		370883106	邹城市唐村镇	4.47
	370211103	黄岛区泊里镇	7.78		370883107	邹城市太平镇	7.93
	370281102	胶州市李哥庄镇	4.82		370911106	岱岳区满庄镇	3.45
	370282119	即墨市大信镇	2.20		370982103	新泰市翟镇	2.32
	370283105	平度市南村镇	2.55		370982107	新泰市西张庄镇	3.01
	370285101	莱西市姜山镇	4.80		370983106	肥城市石横镇	9.17
	370302116	淄川区双杨镇	2.34		370983111	肥城市边院镇	2.97
	370303100	张店区马尚镇	4.47		371002100	环翠区张村镇	6.07
	370303101	张店区南定镇	2.63		371002101	环翠区羊亭镇	2.58
	370303107	张店区房镇镇	2.13		371002102	环翠区温泉镇	3.31
	370304102	博山区域城镇	3.11		371073107	威海临港经济技术开发区草庙子镇	3.74
	370304103	博山区白塔镇	2.43		371082101	荣成市俚岛镇	2.50
	370305109	临淄区凤凰镇	3.14		371082102	荣成市成山镇	3.42
	370305111	临淄区金山镇	11.83		371083102	乳山市海阳所镇	3.01
	370321105	桓台县马桥镇	7.10		371122104	莒县夏庄镇	2.92
	370321109	桓台县唐山镇	4.47		371202106	莱城区雪野镇	2.42
	370321110	桓台县果里镇	3.96		371302103	兰山区半程镇	3.70
	370402101	枣庄市市中区税郭镇	2.44		371302105	兰山区义堂镇	3.96
	370481104	滕州市滨湖镇	2.83		371321109	沂南县大庄镇	2.47
	370481105	滕州市级索镇	5.24		371323103	沂水县许家湖镇	5.38
	370481106	滕州市西岗镇	7.04		371325105	费县探沂镇	6.21
	370523101	广饶县大王镇	10.34		371482101	禹城市房寺镇	4.72

续表 8

单位：亿元

地区	代码	乡镇名称	数量	地区	代码	乡镇名称	数量
	371502110	东昌府区顾官屯镇	2.25		420581104	宜都市枝城镇	4.94
	371523101	茌平县乐平铺镇	2.17		420606101	樊城区太平店镇	2.13
	371623105	无棣县马山子镇	10.01		420624100	南漳县城关镇	4.08
	371626101	邹平县长山镇	3.21		420625100	谷城县城关镇	6.09
	371626102	邹平县魏桥镇	5.10		420625101	谷城县石花镇	4.68
	371626109	邹平县韩店镇	6.01		420683109	枣阳市吴店镇	3.04
	371724101	巨野县龙固镇	4.19		420703101	华容区葛店镇	17.02
河南	410104100	管城回族区十八里河镇	5.06		420881103	钟祥市胡集镇	8.39
	410122110	中牟县大孟镇	3.02		420902105	孝南区毛陈镇	2.16
	410122112	中牟县刘集镇	4.73		420923100	云梦县城关镇	3.78
	410181106	巩义市站街镇	2.67		420984104	汉川市沉湖镇	3.25
	410181113	巩义市回郭镇	3.87		420984111	汉川市新河镇	4.35
	410182102	荥阳市豫龙镇	5.91		421022101	公安县斗湖堤镇	3.38
	410182110	荥阳市贾峪镇	5.17		421087100	松滋市新江口镇	7.98
	410183113	新密市曲梁镇	2.12		421087102	松滋市八宝镇	6.85
	410184106	新郑市薛店镇	2.59		421126100	蕲春县漕河镇	7.80
	410184109	新郑市龙湖镇	20.44		421127102	黄梅县小池镇	5.83
	410327105	宜阳县香鹿山镇	2.30		421182003	武穴市田镇街道办事处	4.48
	410329100	伊川县城关镇	2.89		421221103	嘉鱼县鱼岳镇	4.15
	410482104	汝州市小屯镇	2.12		421221106	嘉鱼县潘家湾镇	2.16
	410522101	安阳县水冶镇	3.99		421223100	崇阳县天城镇	4.31
	410523100	汤阴县城关镇	2.82		422822100	建始县业州镇	2.27
	410523105	汤阴县白营镇	2.14	湖南	430121105	长沙县黄花镇	3.88
	410523107	汤阴县韩庄镇	2.38		430124104	宁乡县夏铎铺镇	2.51
	410721103	新乡县七里营镇	2.98		430124109	宁乡县灰汤镇	3.84
	410781105	卫辉市唐庄镇	3.31		430181110	浏阳市大瑶镇	2.53
	410782104	辉县市孟庄镇	5.62		430181117	浏阳市永安镇	5.97
	410782112	辉县市冀屯镇	2.95		430621112	岳阳县新开镇	2.63
	411122102	临颍县杜曲镇	2.79		430923121	安化县东坪镇	2.63
	411481100	永城市演集镇	2.54		431003102	苏仙区良田镇	3.82
	411481103	永城市高庄镇	2.21		431003110	苏仙区飞天山镇	4.42
	411503101	平桥区明港镇	2.95		431123100	双牌县泷泊镇	3.00
	419001102	济源市济源市轵城镇	2.16		431222112	沅陵县七甲坪镇	7.62
湖北	420205198	铁山区直辖村模拟镇	2.45		431224104	溆浦县龙潭镇	2.31
	420222100	阳新县兴国镇	2.70		433125109	保靖县迁陵镇	3.07
	420222101	阳新县富池镇	4.44	广东	440111103	广州市白云区人和镇	3.47
	420222103	阳新县韦源口镇	2.90		440111107	广州市白云区太和镇	4.30
	420281102	大冶市灵乡镇	4.62		440111108	广州市白云区钟落潭镇	2.41
	420281104	大冶市还地桥镇	5.45		440111113	广州市白云区江高镇	3.99
	420281108	大冶市陈贵镇	4.61		440112101	黄埔区九龙镇	5.01
	420304111	郧阳区茶店镇	2.54		440113102	番禺区南村镇	3.96
	420304117	郧阳区郧县城关镇	5.13		440113104	番禺区化龙镇	2.76
	420381103	丹江口市六里坪镇	4.48		440113105	番禺区石楼镇	4.91
	420506101	夷陵区樟村坪镇	4.75		440113118	番禺区沙湾镇	3.06
	420506107	夷陵区龙泉镇	3.72		440113120	番禺区石基镇	3.24
	420506108	夷陵区鸦鹊岭镇	2.94		440114105	花都区花东镇	12.69
	420581100	宜都市红花套镇	2.14		440114109	花都区狮岭镇	2.79

续表 9　　　　单位：亿元

地区	代码	乡镇名称	数量	地区	代码	乡镇名称	数量
	440115102	南沙区黄阁镇	3.27		441702105	江城区闸坡镇	3.50
	440115103	南沙区东涌镇	7.70		441803102	清新区太和镇	5.00
	440115105	南沙区榄核镇	5.19		441900101	东莞市石碣镇	8.22
	440118101	增城区新塘镇	5.37		441900102	东莞市石龙镇	8.20
	440118102	增城区石滩镇	5.45		441900103	东莞市茶山镇	29.55
	440118103	增城区中新镇	5.50		441900104	东莞市石排镇	35.38
	440118105	增城区派潭镇	2.31		441900105	东莞市企石镇	5.82
	440402100	香洲区唐家湾镇	15.39		441900106	东莞市横沥镇	17.44
	440402104	香洲区横琴镇	45.08		441900107	东莞市桥头镇	8.36
	440403103	斗门区斗门镇	2.75		441900108	东莞市谢岗镇	6.10
	440403105	斗门区乾务镇	2.28		441900109	东莞市东坑镇	7.49
	440403106	斗门区白蕉镇	5.58		441900110	东莞市常平镇	20.94
	440403107	斗门区井岸镇	2.66		441900111	东莞市寮步镇	19.75
	440404100	金湾区三灶镇	4.62		441900112	东莞市樟木头镇	16.31
	440404101	金湾区南水镇	14.77		441900113	东莞市大朗镇	15.34
	440404103	金湾区红旗镇	4.90		441900114	东莞市黄江镇	52.92
	440404104	金湾区平沙镇	3.44		441900115	东莞市清溪镇	17.07
	440515102	澄海区莲下镇	2.34		441900116	东莞市塘厦镇	40.35
	440604100	禅城区南庄镇	6.68		441900117	东莞市凤岗镇	16.22
	440605121	南海区九江镇	10.28		441900118	东莞市大岭山镇	46.64
	440605122	南海区西樵镇	9.00		441900119	东莞市长安镇	17.45
	440605123	南海区丹灶镇	21.98		441900121	东莞市虎门镇	24.87
	440605124	南海区狮山镇	13.00		441900122	东莞市厚街镇	14.88
	440605125	南海区大沥镇	25.97		441900123	东莞市沙田镇	11.29
	440605126	南海区里水镇	21.84		441900124	东莞市道滘镇	8.60
	440606101	顺德区陈村镇	6.58		441900125	东莞市洪梅镇	4.39
	440606102	顺德区北滘镇	21.49		441900126	东莞市麻涌镇	10.90
	440606103	顺德区乐从镇	64.43		441900127	东莞市望牛墩镇	5.48
	440606104	顺德区龙江镇	8.25		441900128	东莞市中堂镇	4.76
	440606105	顺德区杏坛镇	14.65		441900129	东莞市高埗镇	7.06
	440606106	顺德区均安镇	5.98		442000100	中山市小榄镇	11.36
	440607101	三水区大塘镇	2.92		442000101	中山市黄圃镇	6.11
	440607103	三水区乐平镇	10.28		442000102	中山市民众镇	5.64
	440608107	高明区明城镇	3.70		442000103	中山市东凤镇	6.62
	440608108	高明区更合镇	3.66		442000104	中山市东升镇	7.44
	440703101	蓬江区棠下镇	4.51		442000105	中山市古镇镇	5.14
	440703103	蓬江区杜阮镇	2.26		442000106	中山市沙溪镇	7.20
	440783117	开平市水口镇	3.14		442000107	中山市坦洲镇	8.76
	440904123	电白区水东镇	4.17		442000108	中山市港口镇	9.29
	440904127	电白区电城镇	3.60		442000109	中山市三角镇	4.15
	441322110	博罗县罗阳镇	3.17		442000110	中山市横栏镇	5.59
	441322119	博罗县园洲镇	2.12		442000111	中山市南头镇	7.07
	441424134	五华县水寨镇	4.27		442000113	中山市南朗镇	19.50
	441424138	五华县横陂镇	2.20		442000114	中山市三乡镇	6.50
	441581102	陆丰市碣石镇	2.76		442000115	中山市板芙镇	5.06
	441621109	紫金县临江镇	4.83		442000116	中山市大涌镇	6.15
	441702103	江城区平冈镇	3.44		445103100	潮安区古巷镇	2.34

续表 10

单位：亿元

地区	代码	乡镇名称	数量	地区	代码	乡镇名称	数量
	445103108	潮安区彩塘镇	3.74		510422100	盐边县桐子林镇	2.51
	445103121	潮安区枫溪镇	2.78		510503100	纳溪区大渡口镇	2.24
广西	450127100	横县横州镇	2.94		511322100	营山县朗池镇	2.87
	450223100	鹿寨县鹿寨镇	5.20		511826100	芦山县芦阳镇	2.40
	450224100	融安县长安镇	2.71		513325100	雅江县河口镇	2.52
	450312100	临桂区临桂镇	3.81	贵州	520121102	开阳县金中镇	2.15
	450323100	灵川县灵川镇	2.67		520222117	盘县柏果镇	2.79
	450328100	龙胜各族自治县龙胜镇	3.57		520304101	播州区龙坑镇	6.01
	450331100	荔浦县荔城镇	2.79		520382117	仁怀市茅台镇	9.50
	450521100	合浦县廉州镇	4.69		520622100	玉屏侗族自治县新店镇	7.41
	450804100	覃塘区覃塘镇	3.21		520622101	玉屏侗族自治县大龙镇	2.39
	450881118	桂平市西山镇	4.54		522301110	兴义市清水河镇	4.49
	450902105	玉州区茂林镇	3.67		522328101	安龙县龙广镇	3.04
	450923100	博白县博白镇	3.83		522328102	安龙县德卧镇	2.96
	451221101	南丹县大厂镇	2.63		522328106	安龙县普坪镇	2.23
海南	460105103	秀英区石山镇	2.23	云南	530427102	新平彝族傣族自治县戛洒镇	3.43
	460202198	海棠区海棠湾镇	3.95		530824102	景谷傣族彝族自治县永平镇	2.88
	460203198	吉阳区吉阳镇	7.13		532301102	楚雄市东瓜镇	6.20
	460204198	天涯区天涯镇	6.34		532504101	弥勒市弥阳镇	5.16
	460205198	崖州区崖城镇	4.74		532622101	砚山县江那镇	2.55
	469002100	琼海市嘉积镇	2.46		532801102	景洪市嘎洒镇	3.57
	469005100	文昌市文城镇	4.19		532823101	勐腊县勐腊镇	2.66
	469023100	澄迈县金江镇	5.81		532901101	大理市下关镇	3.71
	469028100	陵水黎族自治县椰林镇	3.10		532901105	大理市海东镇	3.87
	469028103	陵水黎族自治县英州镇	3.63		533103101	芒市芒市镇	2.25
重庆	500112131	渝北区龙兴镇	26.86	陕西	610323101	岐山县蔡家坡镇	2.62
	500113103	巴南区界石镇	2.46		610821102	神木县店塔镇	5.64
	500154113	开州区九龙山镇	3.09		610822100	府谷县府谷镇	3.62
四川	510112109	龙泉驿区柏合镇	4.25		610822108	府谷县大昌汗镇	2.53
	510124102	郫县犀浦镇	8.80		610822111	府谷县老高川镇	2.26

各地区社会消费品零售总额居全国前1000位的乡镇

单位：亿元

地区	代码	乡镇名称	数量	地区	代码	乡镇名称	数量
北京	110105021	朝阳区南磨房地区办事处	21.95		130132100	元氏县槐阳镇	19.29
	110105022	朝阳区高碑店地区办事处	74.92		130133100	赵县赵州镇	21.97
	110105024	朝阳区太阳宫地区办事处	82.53		130202200	路南区女织寨乡	65.43
	110105027	朝阳区小红门地区办事处	45.54		130207104	丰南区黄各庄镇	17.01
	110105028	朝阳区十八里店地区办事处	42.36		130207106	丰南区大新庄镇	20.50
	110105029	朝阳区平房地区办事处	86.61		130207113	丰南区丰南镇	28.09
	110105032	朝阳区来广营地区办事处	97.43		130208114	丰润区石各庄镇	36.71
	110105034	朝阳区三间房地区办事处	26.76		130223102	滦县东安各庄镇	17.42
	110105036	朝阳区金盏地区办事处	45.34		130229100	玉田县玉田镇	34.50
	110105038	朝阳区崔各庄地区办事处	39.64		130281100	遵化市遵化镇	30.89
	110105042	朝阳区王四营地区办事处	84.77		130281106	遵化市党峪镇	19.66
	110106017	丰台区卢沟桥地区办事处	139.23		130303100	山海关区第一关镇	19.52
	110106018	丰台区花乡地区办事处	76.89		130303102	山海关区孟姜镇	17.80
	110106019	丰台区南苑地区办事处	55.36		130408100	永年县临洺关镇	45.70
	110108027	海淀区四季青地区办事处	182.25		130425100	大名县大名镇	43.09
	110111103	房山区窦店镇	19.43		130427100	磁县磁州镇	48.74
	110111105	房山区长阳镇	17.31		130432100	广平县广平镇	26.17
	110112005	通州区永顺地区办事处	46.09		130434100	魏县魏城镇	42.14
	110112006	通州区梨园地区办事处	101.67		130435100	曲周县曲周镇	25.96
	110112104	通州区宋庄镇	24.69		130481100	武安市武安镇	79.25
	110112105	通州区张家湾镇	25.25		130522100	临城县临城镇	18.04
	110112109	通州区马驹桥镇	82.21		130525100	隆尧县隆尧镇	22.51
	110112114	通州区台湖镇	44.44		130528100	宁晋县凤凰镇	17.21
	110113003	顺义区仁和地区办事处	18.37		130529100	巨鹿县巨鹿镇	31.24
	110113005	顺义区天竺地区办事处	41.54		130534100	清河县葛仙庄镇	35.35
	110113007	顺义区牛栏山地区办事处	62.38		130629100	容城县容城镇	19.90
	110113008	顺义区南法信地区办事处	41.49		130632100	安新县安新镇	21.56
	110113104	顺义区李桥镇	21.46		130636100	顺平县蒲阳镇	21.57
	110113116	顺义区赵全营镇	47.44		130672103	保定白沟新城白沟镇	72.30
	110115005	大兴区黄村地区办事处	46.78		130683100	安国市祁州镇	26.11
	110115006	大兴区旧宫地区办事处	19.33		130705103	宣化区沙岭子镇	18.07
	110116003	怀柔区怀柔地区办事处	24.45		130722100	张北县张北镇	29.36
	110118103	密云区十里堡镇	18.42		130726100	蔚县蔚州镇	18.00
天津	120111100	西青区中北镇	34.98		130771100	张家口市高新技术产业开发区老鸦庄镇	25.97
	120111105	西青区大寺镇	52.00		130802103	双桥区大石庙镇	20.62
	120112100	津南区咸水沽镇	78.71		130823100	平泉县平泉镇	48.67
	120112104	津南区辛庄镇	35.73		130825100	隆化县隆化镇	17.27
	120112107	津南区八里台镇	57.81		130827100	宽城满族自治县宽城镇	25.42
	120113102	北辰区双街镇	27.86		130902200	沧州市新华区小赵庄乡	24.73
	120113106	北辰区宜兴埠镇	40.11		130903100	运河区小王庄镇	19.72
	120114118	武清区大王古庄镇	85.00		130925100	盐山县盐山镇	26.06
	120118100	静海区静海镇	35.63		130983100	黄骅市黄骅镇	56.78
	120118108	静海区大邱庄镇	25.71		130984100	河间市瀛州镇	22.65
	120119100	蓟州区渔阳镇	20.64		131003102	广阳区九州镇	17.56
河北	130127100	高邑县高邑镇	27.51		131003200	广阳区北旺乡	18.01
	130129100	赞皇县赞皇镇	18.42		131023100	永清县永清镇	19.63
	130131100	平山县平山镇	23.14		131024100	香河县淑阳镇	19.42

续表 1　　单位：亿元

地区	代码	乡镇名称	数量
	131025100	大城县平舒镇	22.15
	131081100	霸州市霸州镇	24.36
	131081105	霸州市胜芳镇	17.89
	131082109	三河市燕郊镇	67.35
	131103100	冀州区冀州镇	35.07
	139002100	辛集市辛集镇	30.58
	139002101	辛集市旧城镇	18.22
	139002103	辛集市位伯镇	17.68
	139002106	辛集市南智邱镇	17.98
	139002107	辛集市王口镇	17.79
	139002201	辛集市前营乡	18.44
	139002204	辛集市田家庄乡	22.27
山西	140106100	迎泽区郝庄镇	26.37
	140121100	清徐县清源镇	17.27
	140211201	南郊区新旺乡	22.70
	140321100	平定县冠山镇	32.69
	140322100	盂县秀水镇	47.39
	140411101	长治市郊区堠北庄镇	18.69
	140603100	平鲁区井坪镇	25.50
	140622100	应县金城镇	20.50
	140624100	怀仁县云中镇	38.72
	140728100	平遥县古陶镇	24.79
	140824100	稷山县稷峰镇	21.32
	141002109	尧都区尧庙镇	33.90
	141022100	翼城县唐兴镇	28.51
内蒙古	150103100	回民区攸攸板镇	190.34
	150104100	玉泉区小黑河镇	22.56
	150121100	土默特左旗察素齐镇	27.61
	150122100	托克托县双河镇	19.09
	150202100	东河区河东镇	18.52
	150221104	土默特右旗萨拉齐镇	23.51
	150430100	敖汉旗新惠镇	29.55
	150502100	科尔沁区大林镇	19.92
	150522100	科尔沁左翼后旗甘旗卡镇	22.14
	150523100	开鲁县开鲁镇	25.42
	150525100	奈曼旗大沁他拉镇	25.69
	150526100	扎鲁特旗鲁北镇	23.14
	150602101	东胜区罕台镇	27.26
	150602102	东胜区铜川镇	19.38
	150625100	杭锦旗锡尼镇	24.00
	150721100	阿荣旗那吉镇	24.92
	150722100	莫力达瓦达斡尔族自治旗尼尔基镇	24.74
	150826100	杭锦后旗陕坝镇	27.83
	150923101	商都县七台镇	28.96
	150924106	兴和县城关镇	19.76
	150925103	凉城县岱海镇	18.57
	150929100	四子王旗乌兰花镇	18.48
	152527100	太仆寺旗宝昌镇	17.19
辽宁	210381112	海城市西柳镇	56.49
	210423100	清原满族自治县清原镇	19.19
	210624100	宽甸满族自治县宽甸镇	18.37
	210804100	鲅鱼圈区熊岳镇	27.00
	211021100	辽阳县首山镇	17.29
	211081101	灯塔市佟二堡镇	203.47
吉林	220122100	农安县农安镇	54.43
	220174100	长春汽车经济技术开发区特殊镇	19.36
	220204101	船营区搜登站镇	18.89
	220204102	船营区越北镇	37.29
	220302200	四平市铁西区平西乡	17.05
	220322100	梨树县梨树镇	36.30
	220402198	龙山区县级特殊镇	119.39
	220403198	辽源市西安区县级特殊镇	18.08
	220421100	东丰县东丰镇	39.38
	220502100	东昌区金厂镇	19.01
	220523100	辉南县朝阳镇	39.41
	220524100	柳河县柳河镇	18.86
	220721100	前郭尔罗斯蒙古族自治县前郭尔罗斯镇	54.39
	220722100	长岭县长岭镇	65.19
	220781106	扶余市三井子镇	59.79
黑龙江	230125100	宾县宾州镇	46.70
	230128100	通河县通河镇	19.49
	230183100	尚志市尚志镇	42.76
	230183102	尚志市苇河镇	19.66
	230229100	克山县克山镇	27.22
	230605100	红岗区杏树岗镇	24.53
	231081100	绥芬河市绥芬河镇	22.49
上海	310112101	闵行区莘庄镇	87.87
	310112102	闵行区七宝镇	159.08
	310112103	闵行区颛桥镇	64.87
	310112106	闵行区华漕镇	17.87
	310112107	闵行区虹桥镇	177.95
	310112108	闵行区梅陇镇	100.48
	310112110	闵行区吴泾镇	21.79
	310112114	闵行区浦江镇	40.30
	310113101	上海市宝山区罗店镇	27.72
	310113102	上海市宝山区大场镇	128.49
	310113103	上海市宝山区杨行镇	58.80
	310113104	上海市宝山区月浦镇	24.82
	310113109	上海市宝山区顾村镇	36.15
	310113111	上海市宝山区高境镇	70.35
	310113112	上海市宝山区庙行镇	68.38
	310113113	上海市宝山区淞南镇	72.65
	310114102	嘉定区南翔镇	28.58
	310114103	嘉定区安亭镇	102.04

续表 2　　单位：亿元

地区	代码	乡镇名称	数量
	310114106	嘉定区马陆镇	49.32
	310114118	嘉定区江桥镇	47.66
	310115103	浦东新区川沙新镇	75.98
	310115105	浦东新区北蔡镇	38.00
	310115114	浦东新区唐镇	22.34
	310115121	浦东新区高行镇	25.30
	310115125	浦东新区张江镇	53.78
	310115130	浦东新区三林镇	196.74
	310115131	浦东新区惠南镇	180.32
	310115132	浦东新区周浦镇	20.75
	310115136	浦东新区康桥镇	78.51
	310115137	浦东新区航头镇	89.77
	310116101	金山区朱泾镇	49.05
	310116102	金山区枫泾镇	48.98
	310116104	金山区亭林镇	34.54
	310116105	金山区吕巷镇	29.62
	310116109	金山区金山卫镇	23.25
	310116112	金山区漕泾镇	17.42
	310116113	金山区山阳镇	35.61
	310117102	松江区泗泾镇	35.63
	310117103	松江区佘山镇	24.79
	310117104	松江区车墩镇	25.77
	310117105	松江区新桥镇	26.50
	310117106	松江区洞泾镇	25.60
	310117107	松江区九亭镇	67.55
	310117120	松江区叶榭镇	19.83
	310118102	青浦区朱家角镇	40.60
	310118104	青浦区金泽镇	17.27
	310118105	青浦区赵巷镇	94.65
	310118106	青浦区徐泾镇	54.49
	310118107	青浦区华新镇	59.66
	310118109	青浦区重固镇	18.88
	310118110	青浦区白鹤镇	25.75
	310120101	奉贤区南桥镇	114.65
	310120102	奉贤区奉城镇	73.15
	310120104	奉贤区庄行镇	22.83
	310120106	奉贤区金汇镇	25.58
	310120111	奉贤区青村镇	30.08
	310120118	奉贤区柘林镇	26.06
江苏	320116110	六合区竹镇镇	25.11
	320117105	溧水区洪蓝镇	19.81
	320205103	锡山区鹅湖镇	38.20
	320205106	锡山区东港镇	45.34
	320206102	惠山区洛社镇	36.07
	320211101	滨湖区胡埭镇	42.00
	320281100	江阴市璜土镇	56.89
	320281104	江阴市徐霞客镇	23.96
	320281108	江阴市周庄镇	59.18
	320281110	江阴市长泾镇	30.49
	320281111	江阴市顾山镇	41.76
	320281112	江阴市祝塘镇	42.37
	320282100	宜兴市张渚镇	24.34
	320282110	宜兴市周铁镇	33.32
	320312106	铜山区柳新镇	24.08
	320312112	铜山区张集镇	85.35
	320312113	铜山区房村镇	33.84
	320312119	铜山区茅村镇	21.46
	320312120	铜山区柳泉镇	30.73
	320321111	丰县宋楼镇	128.85
	320321112	丰县大沙河镇	17.62
	320321114	丰县赵庄镇	19.84
	320322106	沛县魏庙镇	18.21
	320322107	沛县五段镇	18.55
	320322108	沛县张庄镇	34.73
	320322110	沛县敬安镇	19.66
	320322113	沛县鹿楼镇	19.93
	320324102	睢宁县王集镇	17.28
	320381102	新沂市瓦窑镇	17.56
	320381109	新沂市马陵山镇	24.46
	320382103	邳州市官湖镇	29.48
	320382115	邳州市铁富镇	39.00
	320404116	钟楼区邹区镇	39.31
	320411100	新北区春江镇	21.04
	320411103	新北区薛家镇	23.54
	320412100	武进区湖塘镇	185.35
	320412105	武进区横林镇	20.73
	320412106	武进区横山桥镇	24.51
	320412119	武进区嘉泽镇	18.01
	320413100	金坛区金城镇	20.06
	320413109	金坛区薛埠镇	18.33
	320481106	溧阳市天目湖镇	35.29
	320506103	吴中区木渎镇	152.31
	320506104	吴中区胥口镇	18.47
	320506110	吴中区临湖镇	26.82
	320507105	相城区渭塘镇	32.86
	320509100	吴江区太湖新城镇	135.20
	320509104	吴江区平望镇	37.49
	320509105	吴江区盛泽镇	23.45
	320509110	吴江区黎里镇	24.00
	320581100	常熟市虞山镇	429.29
	320581101	常熟市梅李镇	27.05
	320581102	常熟市海虞镇	36.59
	320581104	常熟市古里镇	24.24
	320581105	常熟市沙家浜镇	19.92

续表 3

单位：亿元

地区	代码	乡镇名称	数量	地区	代码	乡镇名称	数量
	320581106	常熟市支塘镇	21.16		320826100	涟水县涟城镇	21.68
	320581107	常熟市董浜镇	17.08		320831100	金湖县黎城镇	58.99
	320581110	常熟市辛庄镇	37.69		320831111	金湖县银涂镇	19.66
	320581111	常熟市尚湖镇	25.77		320903102	盐都区楼王镇	17.86
	320582100	张家港市杨舍镇	281.08		320903109	盐都区龙冈镇	20.85
	320582101	张家港市塘桥镇	26.18		320904100	大丰区大中镇	55.02
	320582102	张家港市金港镇	46.84		320904110	大丰区新丰镇	22.56
	320582103	张家港市锦丰镇	24.52		320923110	阜宁县益林镇	19.20
	320582104	张家港市乐余镇	19.42		320924100	射阳县合德镇	79.83
	320582105	张家港市凤凰镇	23.02		320925108	建湖县上冈镇	25.63
	320583100	昆山市玉山镇	141.79		320981122	东台市东台镇	121.00
	320583101	昆山市巴城镇	38.44		321002401	广陵区扬州市生态科技新城杭集镇	45.00
	320583102	昆山市周市镇	138.89		321003201	邗江区双桥乡	23.95
	320583104	昆山市花桥镇	103.24		321012100	江都区仙女镇	394.58
	320583105	昆山市淀山湖镇	138.12		321012109	江都区宜陵镇	150.76
	320583108	昆山市千灯镇	74.58		321012112	江都区郭村镇	43.19
	320585101	太仓市沙溪镇	28.84		321023100	宝应县安宜镇	108.15
	320585103	太仓市浮桥镇	27.15		321081100	仪征市真州镇	48.00
	320585104	太仓市璜泾镇	17.85		321084106	高邮市汤庄镇	20.03
	320612110	南通市通州区石港镇	21.59		321084200	高邮市菱塘回族乡	34.68
	320612114	南通市通州区平潮镇	43.38		321281114	兴化市竹泓镇	64.79
	320612117	南通市通州区兴仁镇	21.45		321281123	兴化市戴南镇	23.41
	320612120	南通市通州区川姜镇	36.75		321281125	兴化市昭阳镇	87.69
	320621100	海安县海安镇	108.62		321283123	泰兴市滨江镇	35.25
	320621101	海安县城东镇	55.23		321302100	宿城区双庄镇	30.29
	320621102	海安县曲塘镇	24.96		321323100	泗阳县众兴镇	61.32
	320621103	海安县李堡镇	19.27	浙江	330109105	萧山区临浦镇	20.78
	320623101	如东县洋口镇	21.92		330109113	萧山区瓜沥镇	47.83
	320623104	如东县大豫镇	21.55		330110102	余杭区塘栖镇	25.36
	320623105	如东县掘港镇	99.64		330110110	余杭区瓶窑镇	23.12
	320623107	如东县马塘镇	21.11		330111108	富阳区里山镇	25.17
	320623108	如东县丰利镇	21.98		330122109	桐庐县分水镇	17.24
	320623110	如东县岔河镇	23.11		330127100	淳安县千岛湖镇	45.79
	320623111	如东县双甸镇	19.86		330205103	宁波市江北区慈城镇	32.02
	320681100	启东市汇龙镇	66.36		330212110	鄞州区姜山镇	22.02
	320681110	启东市吕四港镇	31.63		330212115	鄞州区集士港镇	32.44
	320682105	如皋市白蒲镇	22.76		330212116	鄞州区古林镇	48.18
	320682111	如皋市长江镇	47.70		330225101	象山县石浦镇	26.67
	320682116	如皋市搬经镇	33.72		330225200	象山县东陈乡	18.00
	320684114	海门市正余镇	26.78		330281103	余姚市泗门镇	29.54
	320684415	海门市港新区	34.68		330282107	慈溪市观海卫镇	42.08
	320684416	海门市工业园区管理委员会	55.01		330282111	慈溪市逍林镇	36.47
	320707100	赣榆区青口镇	129.15		330282114	慈溪市横河镇	51.92
	320723110	灌云县东王集镇	50.02		330282121	慈溪市周巷镇	42.75
	320724100	灌南县新安镇	40.97		330282123	慈溪市龙山镇	22.48
	320724101	灌南县堆沟港镇	25.58		330283100	奉化市溪口镇	18.17
	320804100	淮阴区王营镇	87.80		330302102	鹿城区藤桥镇	20.62

续表 4 单位：亿元

地区	代码	乡镇名称	数量	地区	代码	乡镇名称	数量
	330326100	平阳县昆阳镇	35.94		330782105	义乌市苏溪镇	17.92
	330326101	平阳县鳌江镇	68.52		330783123	东阳市横店镇	39.65
	330326102	平阳县水头镇	25.60		330824115	开化县华埠镇	48.06
	330327100	苍南县灵溪镇	201.34		330921100	岱山县高亭镇	30.28
	330327101	苍南县龙港镇	92.72		330921106	岱山县衢山镇	20.52
	330327104	苍南县钱库镇	19.44		330922100	嵊泗县菜园镇	27.26
	330328100	文成县大峃镇	24.79		331021101	玉环县清港镇	18.78
	330329100	泰顺县罗阳镇	21.61		331021102	玉环县楚门镇	19.31
	330381101	瑞安市塘下镇	92.54		331023105	天台县平桥镇	21.24
	330382114	乐清市柳市镇	99.37		331081100	温岭市泽国镇	49.47
	330402105	南湖区大桥镇	21.94		331081101	温岭市大溪镇	46.91
	330421103	嘉善县西塘镇	24.83		331081102	温岭市松门镇	33.47
	330421111	嘉善县姚庄镇	21.67		331081103	温岭市箬横镇	51.92
	330421112	嘉善县天凝镇	24.09		331081104	温岭市新河镇	43.13
	330481101	海宁市许村镇	19.23		331081105	温岭市石塘镇	24.85
	330481103	海宁市长安镇	33.30		331081106	温岭市滨海镇	26.61
	330482101	平湖市乍浦镇	27.26		331081107	温岭市温峤镇	22.44
	330483100	桐乡市乌镇镇	31.99		331081108	温岭市城南镇	27.55
	330483101	桐乡市濮院镇	68.05		331082112	临海市杜桥镇	44.74
	330483105	桐乡市洲泉镇	18.82	安徽	340122100	肥东县店埠镇	47.07
	330483107	桐乡市崇福镇	35.68		340122101	肥东县撮镇镇	23.27
	330502101	吴兴区八里店镇	44.55		340123100	肥西县上派镇	35.17
	330503100	南浔区南浔镇	27.45		340124100	庐江县庐城镇	47.98
	330503101	南浔区双林镇	35.20		340222100	繁昌县繁阳镇	22.94
	330503102	南浔区练市镇	22.89		340223100	南陵县籍山镇	40.13
	330503105	南浔区菱湖镇	36.28		340225100	无为县无城镇	69.10
	330521001	德清县武康街道	19.97		340303200	蚌山区燕山乡	29.95
	330521101	德清县乾元镇	26.33		340303201	蚌山区雪华乡	48.16
	330521102	德清县新市镇	17.15		340321100	怀远县榴城镇	19.04
	330522110	长兴县和平镇	28.00		340321113	怀远县荆山镇	28.60
	330522111	长兴县泗安镇	27.83		340322100	五河县城关镇	23.74
	330602106	越城区斗门镇	125.82		340403100	田家庵区舜耕镇	19.36
	330603100	柯桥区齐贤镇	79.54		340521100	当涂县姑孰镇	17.50
	330603101	柯桥区钱清镇	23.38		340522100	含山县环峰镇	21.30
	330604110	上虞区小越镇	40.16		340523100	和县历阳镇	34.40
	330604113	上虞区崧厦镇	24.45		340603100	相山区渠沟镇	46.74
	330681101	诸暨市大唐镇	18.12		340621100	濉溪县濉溪镇	30.35
	330681104	诸暨市店口镇	34.62		340824100	潜山县梅城镇	40.01
	330683100	嵊州市甘霖镇	26.95		340826100	宿松县孚玉镇	38.82
	330683101	嵊州市长乐镇	20.05		340827100	望江县华阳镇	26.56
	330683102	嵊州市崇仁镇	24.28		341125100	定远县定城镇	28.03
	330683104	嵊州市三界镇	18.35		341126100	凤阳县府城镇	27.62
	330703101	金东区孝顺镇	21.67		341222100	太和县城关镇	86.20
	330703108	金东区赤松镇	70.64		341225120	阜南县鹿城镇	32.77
	330782100	义乌市佛堂镇	42.82		341226100	颍上县慎城镇	23.20
	330782102	义乌市义亭镇	21.00		341226114	颍上县黄桥镇	19.81
	330782104	义乌市上溪镇	17.77		341322100	萧县龙城镇	51.79

续表 5　　　　单位：亿元

地区	代码	乡镇名称	数量	地区	代码	乡镇名称	数量
	341323100	灵璧县灵城镇	21.34		350581101	石狮市宝盖镇	38.09
	341324100	泗县泗城镇	29.93		350582101	晋江市安海镇	70.88
	341522100	霍邱县城关镇	18.84		350582102	晋江市磁灶镇	27.97
	341523100	舒城县城关镇	18.72		350582103	晋江市陈埭镇	37.04
	341524100	金寨县梅山镇	23.24		350582106	晋江市金井镇	31.00
	341602107	谯城区十八里镇	18.14		350582110	晋江市龙湖镇	28.20
	341622100	蒙城县城关镇	51.27		350583117	南安市霞美镇	23.20
	341623100	利辛县城关镇	27.46		350583118	南安市官桥镇	21.65
	341723100	青阳县蓉城镇	19.54		350583119	南安市水头镇	56.95
	341821100	郎溪县建平镇	44.62		350583120	南安市石井镇	37.34
	341823100	泾县泾川镇	23.58		350603100	龙文区蓝田镇	25.90
	341824100	绩溪县华阳镇	18.74		350603101	龙文区步文镇	27.63
福建	350102100	福州市鼓楼区洪山镇	216.23		350603102	龙文区朝阳镇	18.99
	350104100	仓山区仓山镇	31.46		350622103	云霄县莆美镇	18.07
	350104101	仓山区城门镇	68.73		350623100	漳浦县绥安镇	81.74
	350104102	仓山区盖山镇	76.42		350681102	龙海市角美镇	26.57
	350104103	仓山区建新镇	28.44		350702103	延平区西芹镇	17.23
	350111100	晋安区鼓山镇	84.72		350821100	长汀县汀州镇	17.98
	350111101	晋安区新店镇	65.36		350823100	上杭县临江镇	31.70
	350111102	晋安区岳峰镇	126.98		350823101	上杭县临城镇	17.30
	350121102	闽侯县南屿镇	29.29		350824100	武平县平川镇	19.21
	350121106	闽侯县南通镇	31.59		350825100	连城县莲峰镇	21.98
	350121107	闽侯县上街镇	33.94	**江西**	360103101	南昌市西湖区桃花镇	37.70
	350122100	连江县凤城镇	28.83		360111100	青山湖区京东镇	26.93
	350123100	罗源县凤山镇	32.31		360111104	青山湖区湖坊镇	67.36
	350125100	永泰县樟城镇	18.04		360111105	青山湖区塘山镇	67.88
	350128100	平潭县潭城镇	34.36		360121100	南昌县莲塘镇	25.70
	350181104	福清市城头镇	20.61		360124100	进贤县民和镇	27.82
	350181106	福清市龙田镇	33.10		360702102	章贡区水南镇	38.00
	350181116	福清市江阴镇	31.48		360721100	赣县梅林镇	18.55
	350211103	集美区后溪镇	32.30		360727100	龙南县龙南镇	19.44
	350213102	翔安区马巷镇	53.54		360732100	兴国县潋江镇	17.65
	350302101	城厢区华亭镇	25.55		360781100	瑞金市象湖镇	20.40
	350303101	涵江区白塘镇	31.98		360824100	新干县金川镇	20.13
	350304100	荔城区西天尾镇	58.52		360826100	泰和县澄江镇	25.70
	350322101	仙游县榜头镇	20.81		360829100	安福县平都镇	24.81
	350426100	尤溪县城关镇	22.67		360921100	奉新县冯川镇	28.27
	350429100	泰宁县杉城镇	22.05		361021100	南城县建昌镇	24.69
	350521100	惠安县螺城镇	45.55		361023100	南丰县琴城镇	32.44
	350521101	惠安县螺阳镇	26.19		361029100	东乡县孝岗镇	30.00
	350521105	惠安县东园镇	23.93		361126109	弋阳县弋江镇	22.74
	350521107	惠安县崇武镇	27.00		361127100	余干县玉亭镇	37.11
	350524102	安溪县湖头镇	21.71		361129100	万年县陈营镇	18.53
	350524206	安溪县长坑乡	24.43	**山东**	370181007	章丘市普集街道办事处	20.71
	350525100	永春县桃城镇	35.72		370181110	章丘市刁镇	25.55
	350526101	德化县龙浔镇	27.21		370281102	胶州市李哥庄镇	24.83
	350581100	石狮市灵秀镇	149.10		370282105	即墨市蓝村镇	22.78

续表 6　　　　单位：亿元

地区	代码	乡镇名称	数量	地区	代码	乡镇名称	数量
	370283105	平度市南村镇	22.29		371323102	沂水县高桥镇	75.72
	370283119	平度市店子镇	22.18		371323103	沂水县许家湖镇	21.99
	370285105	莱西市日庄镇	19.00		371323107	沂水县崔家峪镇	53.21
	370285116	莱西市马连庄镇	23.90		371324102	兰陵县兰陵镇	21.09
	370303101	张店区南定镇	43.03		371324108	兰陵县向城镇	43.12
	370303104	张店区傅家镇	54.97		371326105	平邑县卞桥镇	21.22
	370304102	博山区域城镇	20.46		371326110	平邑县郑城镇	23.15
	370304103	博山区白塔镇	21.05		371502101	东昌府区沙镇镇	26.09
	370305100	临淄区齐都镇	25.86		371502103	东昌府区梁水镇	18.57
	370305111	临淄区金山镇	42.14		371603101	沾化区下洼镇	18.10
	370306100	周村区北郊镇	17.91		371623106	无棣县车王镇	21.88
	370306101	周村区南郊镇	34.56		371626102	邹平县魏桥镇	17.13
	370321107	桓台县新城镇	23.18		371721101	曹县庄寨镇	20.13
	370321110	桓台县果里镇	48.50		371726104	鄄城县闫什镇	27.69
	370403106	薛城区常庄镇	21.74		371728107	东明县武胜桥镇	33.53
	370481106	滕州市西岗镇	19.16	河南	410122105	中牟县白沙镇	23.46
	370505102	垦利区郝家镇	38.05		410172160	郑州高新技术产业开发区石佛镇	19.66
	370523101	广饶县大王镇	17.12		410182102	荥阳市豫龙镇	20.84
	370683101	莱州市沙河镇	36.75		410182103	荥阳市广武镇	22.98
	370683102	莱州市朱桥镇	23.56		410182110	荥阳市贾峪镇	23.03
	370683108	莱州市虎头崖镇	17.63		410184101	新郑市新村镇	17.70
	370683110	莱州市夏邱镇	18.67		410184109	新郑市龙湖镇	34.80
	370683111	莱州市土山镇	20.46		410185102	登封市卢店镇	20.86
	370684107	蓬莱市大辛店镇	17.87		410211201	金明区西郊乡	39.12
	370684109	蓬莱市北沟镇	19.99		410221100	杞县城关镇	46.63
	370686104	栖霞市桃村镇	21.79		410223206	尉氏县大桥乡	32.07
	370724107	临朐县辛寨镇	17.46		410304200	瀍河回族区瀍河回族乡	79.71
	370783109	寿光市侯镇	25.29		410311102	洛龙区安乐镇	50.70
	370783112	寿光市稻田镇	24.94		410311196	洛龙区李村镇	17.50
	370785100	高密市柏城镇	19.78		410322100	孟津县城关镇	26.18
	370786101	昌邑市柳疃镇	47.57		410324100	栾川县城关镇	23.76
	370812101	兖州区大安镇	33.44		410325100	嵩县城关镇	30.20
	370812105	兖州区新兖镇	39.94		410327100	宜阳县城关镇	34.33
	370812110	兖州区兴隆庄镇	23.92		410329100	伊川县城关镇	91.49
	370883102	邹城市城前镇	21.21		410471100	平顶山高新技术产业开发区遵化店镇	32.31
	370883103	邹城市大束镇	18.43		410482106	汝州市蟒川镇	42.15
	370883105	邹城市中心店镇	36.68		410502102	文峰区高庄镇	22.48
	370883106	邹城市唐村镇	25.25		410506201	龙安区东风乡	19.97
	370883107	邹城市太平镇	44.64		410523100	汤阴县城关镇	20.06
	370911106	岱岳区满庄镇	68.18		410526100	滑县道口镇	18.16
	370921110	宁阳县华丰镇	18.92		410527100	内黄县城关镇	21.03
	370983105	肥城市湖屯镇	18.58		410702101	红旗区小店镇	24.79
	370983106	肥城市石横镇	27.22		410703100	卫滨区平原镇	33.90
	370983110	肥城市汶阳镇	26.87		410711101	牧野区牧野镇	17.71
	371002100	环翠区张村镇	20.67		410724100	获嘉县城关镇	21.95
	371202100	莱城区口镇	42.54		410726100	延津县城关镇	19.21
	371202106	莱城区雪野镇	21.56		410727100	封丘县城关镇	22.09

续表 7 单位：亿元

地区	代码	乡镇名称	数量	地区	代码	乡镇名称	数量
	410771360	新乡高新技术产业开发区关堤乡	27.64		420703101	华容区葛店镇	88.00
	410821100	修武县城关镇	18.90		420821100	京山县新市镇	77.08
	410922100	清丰县城关镇	25.50		420821170	京山县开发区(镇)	18.00
	410928100	濮阳县城关镇	41.87		420822100	沙洋县沙洋镇	23.55
	410928101	濮阳县濮阳县柳屯镇	37.34		420881103	钟祥市胡集镇	38.75
	410928102	濮阳县濮阳县文留镇	39.35		420921100	孝昌县花园镇	29.91
	410928103	濮阳县濮阳县庆祖镇	18.25		420923100	云梦县城关镇	37.31
	411024100	鄢陵县安陵镇	68.47		420984100	汉川市马口镇	25.63
	411024206	鄢陵县马坊乡	24.50		420984111	汉川市新河镇	22.54
	411121100	舞阳县舞泉镇	44.32		421002103	沙市区关沮镇	17.41
	411122100	临颍县城关镇	45.63		421002200	沙市区立新乡	41.51
	411122102	临颍县杜曲镇	19.05		421003106	荆州区郢城镇	39.31
	411171101	漯河经济技术开发区后谢镇	22.90		421022101	公安县斗湖堤镇	43.60
	411221100	渑池县城关镇	21.13		421023100	监利县容城镇	79.70
	411330100	桐柏县城关镇	28.52		421024106	江陵县郝穴镇	28.45
	411403101	睢阳区郭村镇	32.00		421087100	松滋市新江口镇	48.22
	411421103	民权县北关镇	57.03		421087102	松滋市八宝镇	22.58
	411621100	扶沟县城关镇	28.81		421122100	红安县城关镇	20.18
	411624100	沈丘县槐店回族镇	20.53		421123100	罗田县凤山镇	28.80
	411624105	沈丘县付井镇	22.90		421126100	蕲春县漕河镇	25.79
	411626100	淮阳县城关回族镇	24.55		421127102	黄梅县小池镇	21.41
	411628100	鹿邑县涡北镇	26.85		421182100	武穴市梅川镇	17.09
	419001100	济源市济源市克井镇	42.36		421221103	嘉鱼县鱼岳镇	34.41
湖北	420222107	阳新县白沙镇	18.00		421222100	通城县隽水镇	21.50
	420281104	大冶市还地桥镇	19.75		421223100	崇阳县天城镇	37.92
	420304117	郧阳区郧县城关镇	44.32		421321101	随县厉山镇	17.83
	420322100	郧西县城关镇	38.78		421321116	随县三里岗镇	19.43
	420323100	竹山县城关镇	17.96		422825100	宣恩县珠山镇	22.33
	420325100	房县城关镇	40.95		422826100	咸丰县高乐山镇	38.71
	420502201	西陵区窑湾乡	30.13		422827100	来凤县翔凤镇	19.85
	420503201	伍家岗区伍家乡	46.92		429006107	天门市岳口镇	17.98
	420506107	夷陵区龙泉镇	17.95	湖南	430181110	浏阳市大瑶镇	25.80
	420506108	夷陵区鸦鹊岭镇	39.63		430221110	株洲县南洲镇	38.51
	420506202	夷陵区邓村乡	20.30		430223106	攸县网岭镇	19.98
	420525101	远安县鸣凤镇	27.60		430281103	醴陵市浦口镇	31.55
	420527101	秭归县茅坪镇	20.28		430302202	雨湖区长城乡	23.97
	420528101	长阳土家族自治县龙舟坪镇	39.93		430523100	邵阳县塘渡口镇	37.94
	420581104	宜都市枝城镇	28.10		430626100	平江县汉昌镇	50.74
	420606171	樊城区高新区米庄镇	26.00		430724100	临澧县安福镇	18.86
	420607103	襄州区伙牌镇	18.06		430724102	临澧县新安镇	21.73
	420624100	南漳县城关镇	62.13		430821100	慈利县零阳镇	22.00
	420624101	南漳县武安镇	19.50		430921125	南县南洲镇	39.35
	420625100	谷城县城关镇	51.38		430922112	桃江县桃花江镇	25.36
	420625101	谷城县石花镇	19.40		431003103	苏仙区栖凤渡镇	17.35
	420626100	保康县城关镇	25.50		431022111	宜章县玉溪镇	39.75
	420683109	枣阳市吴店镇	25.23		431024100	嘉禾县珠泉镇	17.16
	420703100	华容区华容镇	18.58		431028106	安仁县永乐江镇	19.70

续表 8

单位：亿元

地区	代码	乡镇名称	数量	地区	代码	乡镇名称	数量
	431224100	溆浦县卢峰镇	23.48		440904108	电白区羊角镇	29.30
	431224104	溆浦县龙潭镇	20.35		440981115	高州市大井镇	20.20
	431226106	麻阳苗族自治县高村镇	17.35		441302103	惠城区三栋镇	21.46
	431228100	芷江侗族自治县芷江镇	18.38		441303103	惠阳区新圩镇	19.19
	431322100	新化县上梅镇	32.00		441323102	惠东县白花镇	31.47
	433123109	凤凰县沱江镇	32.81		441323106	惠东县平海镇	25.11
广东	440111103	广东省白云区人和镇	35.43		441323109	惠东县吉隆镇	26.91
	440111108	广东省白云区钟落潭镇	26.35		441323110	惠东县黄埠镇	25.14
	440111113	广东省白云区江高镇	33.90		441403132	梅县区程江镇	21.97
	440112101	黄埔区九龙镇	549.45		441422100	大埔县湖寮镇	22.44
	440113102	番禺区南村镇	155.74		441424134	五华县水寨镇	25.33
	440113105	番禺区石楼镇	34.90		441427115	蕉岭县蕉城镇	22.31
	440113118	番禺区沙湾镇	29.87		441521101	海丰县梅陇镇	26.21
	440113120	番禺区石基镇	42.99		441521115	海丰县海城镇	97.01
	440114105	花都区花东镇	23.13		441523102	陆河县河口镇	33.18
	440114109	花都区狮岭镇	76.20		441581102	陆丰市碣石镇	41.36
	440115102	南沙区黄阁镇	19.72		441622100	龙川县老隆镇	67.21
	440115103	南沙区东涌镇	31.60		441623110	连平县忠信镇	33.75
	440118101	增城区新塘镇	139.39		441702105	江城区闸坡镇	31.18
	440118102	增城区石滩镇	22.80		441704100	阳东区东城镇	25.73
	440118103	增城区中新镇	21.19		441721100	阳西县织篢镇	21.18
	440204101	浈江区乐园镇	83.74		441802103	清城区源潭镇	41.29
	440205100	曲江区马坝镇	45.24		441802106	清城区石角镇	29.39
	440229100	翁源县龙仙镇	21.39		441802107	清城区飞来峡镇	38.31
	440232100	乳源瑶族自治县乳城镇	19.96		441803102	清新区太和镇	27.44
	440402100	香洲区唐家湾镇	41.81		441823119	阳山县阳城镇	28.32
	440404100	金湾区三灶镇	23.99		441900101	东莞市石碣镇	41.86
	440513106	潮阳区谷饶镇	29.00		441900102	东莞市石龙镇	41.19
	440513108	潮阳区铜盂镇	25.54		441900103	东莞市茶山镇	34.50
	440514104	潮南区司马浦镇	18.41		441900104	东莞市石排镇	26.61
	440514108	潮南区胪岗镇	27.51		441900105	东莞市企石镇	17.74
	440604100	禅城区南庄镇	65.68		441900106	东莞市横沥镇	28.31
	440605121	南海区九江镇	44.77		441900107	东莞市桥头镇	29.54
	440605122	南海区西樵镇	83.66		441900109	东莞市东坑镇	19.37
	440605123	南海区丹灶镇	40.32		441900110	东莞市常平镇	130.19
	440605124	南海区狮山镇	176.15		441900111	东莞市寮步镇	272.47
	440605125	南海区大沥镇	220.06		441900112	东莞市樟木头镇	62.96
	440605126	南海区里水镇	86.96		441900113	东莞市大朗镇	88.42
	440606101	顺德区陈村镇	24.05		441900114	东莞市黄江镇	41.61
	440606102	顺德区北滘镇	61.65		441900115	东莞市清溪镇	52.54
	440606103	顺德区乐从镇	107.70		441900116	东莞市塘厦镇	100.40
	440606104	顺德区龙江镇	32.42		441900117	东莞市凤岗镇	52.92
	440607103	三水区乐平镇	36.87		441900118	东莞市大岭山镇	66.08
	440607104	三水区白坭镇	18.95		441900119	东莞市长安镇	134.24
	440781100	台山市大江镇	23.86		441900121	东莞市虎门镇	209.13
	440783117	开平市水口镇	29.44		441900122	东莞市厚街镇	167.13
	440823100	遂溪县遂城镇	43.19		441900123	东莞市沙田镇	29.75

续表 9 单位：亿元

地区	代码	乡镇名称	数量	地区	代码	乡镇名称	数量
	441900124	东莞市道滘镇	19.67		451081100	靖西市新靖镇	26.89
	441900126	东莞市麻涌镇	125.85		451221100	南丹县城关镇	23.06
	441900128	东莞市中堂镇	31.77		451281100	宜州市庆远镇	33.74
	441900129	东莞市高埗镇	26.89		451323100	武宣县武宣镇	20.85
	442000100	中山市小榄镇	105.80	海南	460106100	龙华区城西镇	23.16
	442000101	中山市黄圃镇	45.60		460202198	海棠区海棠湾镇	60.00
	442000102	中山市民众镇	23.34		460204198	天涯区天涯镇	89.13
	442000103	中山市东凤镇	22.15		460400100	儋州市那大镇	31.60
	442000104	中山市东升镇	55.45		469006100	万宁市万城镇	17.42
	442000105	中山市古镇镇	102.84		469007100	东方市八所镇	18.80
	442000106	中山市沙溪镇	40.05	重庆	500105101	重庆市江北区复盛镇	24.97
	442000107	中山市坦洲镇	66.94		500107105	九龙坡区白市驿镇	25.00
	442000108	中山市港口镇	31.52		500108101	南岸区南坪镇	46.38
	442000110	中山市横栏镇	25.14		500111100	大足区龙水镇	27.14
	442000111	中山市南头镇	18.82		500113103	巴南区界石镇	20.09
	442000112	中山市阜沙镇	23.63		500116117	江津区珞璜镇	21.81
	442000113	中山市南朗镇	22.00		500232100	武隆县巷口镇	23.12
	442000114	中山市三乡镇	49.12	四川	510114103	新都区新繁镇	21.72
	442000115	中山市板芙镇	40.04		510124112	郫县德源镇	19.02
	442000116	中山市大涌镇	18.18		510303102	贡井区长土镇	24.76
	445103104	潮安区浮洋镇	27.21		510304207	大安区凤凰乡	22.60
	445103109	潮安区东凤镇	17.18		510321100	荣县旭阳镇	39.05
	445103121	潮安区枫溪镇	64.07		510322100	富顺县富世镇	29.26
	445122100	饶平县黄冈镇	26.43		510411107	仁和区前进镇	19.40
	445202102	榕城区炮台镇	26.51		510421100	米易县攀莲镇	17.32
	445202103	榕城区地都镇	22.80		510522100	合江县合江镇	51.34
	445224100	惠来县惠城镇	17.67		510524100	叙永县叙永镇	28.34
	445281109	普宁市占陇镇	18.50		510525103	古蔺县太平镇	21.03
	445322100	郁南县都城镇	21.55		510623100	中江县凯江镇	59.37
广西	450102101	兴宁区三塘镇	29.06		510681100	广汉市雒城镇	72.07
	450110100	武鸣区城厢镇	51.79		510703104	涪城区龙门镇	41.14
	450126100	宾阳县宾州镇	26.14		510705102	安州区花荄镇	18.09
	450204100	柳南区太阳村镇	21.55		510722101	三台县潼川镇	79.00
	450223100	鹿寨县鹿寨镇	23.50		510725100	梓潼县文昌镇	28.06
	450224100	融安县长安镇	23.54		510781100	江油市中坝镇	54.91
	450225100	融水苗族自治县融水镇	21.79		510781101	江油市太平镇	17.55
	450323100	灵川县灵川镇	33.61		510781102	江油市三合镇	19.46
	450324100	全州县全州镇	20.17		510802103	利州区宝轮镇	36.90
	450325100	兴安县兴安镇	25.37		510923100	大英县蓬莱镇	21.19
	450331100	荔浦县荔城镇	39.13		511024100	威远县严陵镇	61.98
	450406100	龙圩区龙圩镇	18.52		511025116	资中县水南镇	18.86
	450422100	藤县藤州镇	25.51		511112100	五通桥区竹根镇	39.34
	450521100	合浦县廉州镇	49.95		511123100	犍为县玉津镇	41.51
	450681100	东兴市东兴镇	20.31		511124100	井研县研城镇	19.47
	450881118	桂平市西山镇	31.64		511126100	夹江县漹城镇	46.40
	450923100	博白县博白镇	22.12		511181100	峨眉山市绥山镇	75.94
	451021100	田阳县田州镇	25.06		511323115	蓬安县相如镇	25.96

续表 10

单位：亿元

地区	代码	乡镇名称	数量	地区	代码	乡镇名称	数量
	511325100	西充县晋城镇	34.90		532326101	大姚县金碧镇	17.46
	511403117	彭山区凤鸣镇	23.50		532331101	禄丰县金山镇	20.74
	511421123	仁寿县文林镇	106.99		532503101	蒙自市文澜镇	61.97
	511521100	宜宾县柏溪镇	41.25		532504101	弥勒市弥阳镇	32.29
	511523100	江安县江安镇	21.83		532524101	建水县临安镇	26.30
	511524100	长宁县长宁镇	34.51		532527101	泸西县中枢镇	20.30
	511526101	珙县巡场镇	39.54		532628101	富宁县新华镇	22.86
	511621100	岳池县九龙镇	66.50		532901101	大理市下关镇	52.91
	511622100	武胜县沿口镇	28.62		532923101	祥云县祥城镇	32.67
	511623100	邻水县鼎屏镇	45.06		533102101	瑞丽市勐卯镇	33.12
	511722100	宣汉县东乡镇	60.89		533123101	盈江县平原镇	30.31
	511723100	开江县新宁镇	19.59		533401101	香格里拉市建塘镇	22.59
	511725100	渠县渠江镇	96.48	陕西	610124001	周至县二曲街道办事处	17.52
	511781100	万源市太平镇	33.28		610303100	金台区陈仓镇	94.66
	511922100	南江县南江镇	22.50		610323100	岐山县凤鸣镇	19.97
	512021100	安岳县岳阳镇	50.71		610323101	岐山县蔡家坡镇	25.62
	512022100	乐至县天池镇	30.97		610324001	扶风县城关街道办事处	21.69
	513401200	西昌市西郊乡	33.58		610327100	陇县城关镇	17.41
	513424100	德昌县德州镇	30.35		610722001	城固县博望街道办事处	17.65
	513426100	会东县鲹鱼河镇	27.93		610822100	府谷县府谷镇	36.25
贵州	520113100	贵阳市白云区艳山红镇	26.72		610928100	旬阳县城关镇	23.46
	520302109	红花岗区虾子镇	23.46	甘肃	620522100	秦安县兴国镇	18.26
	520304100	播州区南白镇	25.56		620621100	民勤县三雷镇	17.39
	520304101	播州区龙坑镇	54.06		620982101	敦煌市沙州镇	27.36
	520382117	仁怀市茅台镇	87.20		621021100	庆城县庆城镇	25.49
云南	530581101	腾冲市腾越镇	26.84		621202100	武都区城关镇	22.90
	530802101	思茅区思茅镇	31.08	宁夏	640122100	贺兰县习岗镇	132.99
	530922101	云县爱华镇	21.47		640221100	平罗县城关镇	23.88
	532301101	楚雄市鹿城镇	77.82		640302107	利通区胜利镇	29.51
	532301102	楚雄市东瓜镇	46.86	新疆	654025100	新源县新源镇	17.62

各地区乡镇基本情况

各地区乡镇基本情况

（北京市）　　　　单位：公顷、人、个

名　　称	行政区域面　　积	常住人口	企业个数	企　　业从业人员	工业企业单　　位		城镇建成区常住人口
						#规模以上	
北京市							
朝阳区南磨房地区办事处	943	131575	4710	29059	56	6	131575
朝阳区高碑店地区办事处	1508	111335	4202	50010	101	10	78911
朝阳区将台地区办事处	1145	52452	1945	28443	58	10	52452
朝阳区太阳宫地区办事处	578	91882	1835	30598	12	2	91882
朝阳区小红门地区办事处	1207	64195	2076	16339	115	7	32195
朝阳区十八里店地区办事处	2523	156974	4784	41915	214	11	30608
朝阳区平房地区办事处	1518	120998	1761	19686	87	4	
朝阳区东风地区办事处	738	68423	1258	29458			53853
朝阳区来广营地区办事处	2093	189718	5289	41554	66	6	
朝阳区常营地区办事处	930	121272	2262	16052	13	2	121272
朝阳区三间房地区办事处	875	126940	3246	27827	49	4	109808
朝阳区管庄地区办事处	1015	136765	2549	20802	56	10	
朝阳区金盏地区办事处	5000	90072	2500	27970	313	17	
朝阳区孙河地区办事处	3520	47617	592	8536	69	9	
朝阳区崔各庄地区办事处	3174	110455	1490	18738	98	6	
朝阳区东坝地区办事处	2460	130627	1363	16346	120	5	
朝阳区黑庄户地区办事处	2450	55926	1672	17916	215	12	
朝阳区豆各庄地区办事处	1416	31104	655	8212	73	7	27401
朝阳区王四营地区办事处	1930	63369	2879	34823	69	2	12195
丰台区卢沟桥地区办事处	5662	103352	7374	98061	170	4	103352
丰台区花乡地区办事处	4989	101439	6048	56985	153	17	101439
丰台区南苑地区办事处	5679	50802	4424	36378	223	7	50802
丰台区长辛店镇	6176	43713	1414	10269	266	4	8412
丰台区王佐镇	6362	46440	595	7817	144	2	31965
海淀区万柳地区办事处	479	8631	534	5366	8		778
海淀区东升地区办事处	828	60345	1324	22162	38	6	38620
海淀区温泉地区办事处	3323	62681	1325	15236	166	12	42494
海淀区四季青地区办事处	4083	182253	4124	69340	136	14	28457
海淀区西北旺地区办事处	5102	164077	2782	47771	364	38	29688
海淀区苏家坨地区办事处	8451	61607	952	9358	230	7	12004
海淀区上庄地区办事处	3845	61852	748	5260	114	6	18451
门头沟区王平地区办事处	4592	6341	28	148			1568
门头沟区永定地区办事处	6548	43380	5	262			43380
门头沟区龙泉地区办事处	3219	37514	19	441	5		3913
门头沟区潭柘寺镇	7983	10867	2	19	2		6162
门头沟区军庄镇	3347	15138	4	527	3		10557
门头沟区雁翅镇	26320	5103	7	236	1		643
门头沟区斋堂镇	38217	11011	5	186	4	1	2598
门头沟区清水镇	33514	6208	8	111	1		1760
门头沟区妙峰山镇	11261	9528	22	521	10		1890
房山区良乡地区办事处	2590	18182	47	2790	41	6	1333
房山区周口店地区办事处	11983	38594	734	7965	98	8	10505
房山区琉璃河地区办事处	10742	63479	1386	15585	244	10	26831
房山区阎村镇	4851	55820	2777	13890	310	15	22365
房山区窦店镇	6534	76272	1568	14307	315	18	41737
房山区石楼镇	4229	30062	33	1723	26	6	4401
房山区长阳镇	9133	113292	735	17816	130	15	35350
房山区河北镇	6787	22778	32	2408	5		7224

续表 1　　(北京市)　　单位：公顷、人、个

名　　称	行政区域面积	常住人口	企业个数	企业从业人员	工业企业单位	#规模以上	城镇建成区常住人口
房山区长沟镇	3811	25098	88	9330	49	2	9238
房山区大石窝镇	9155	34431	230	5386	170	1	11053
房山区张坊镇	11940	20037	375	2954	38		2851
房山区十渡镇	19215	8969	12	1405	3		1544
房山区青龙湖镇	9585	44880	352	9856	141	5	8782
房山区韩村河镇	10081	39554	127	10251	76		5531
房山区霞云岭乡	21046	7051	2	52			278
房山区南窖乡	4016	2935	13	63	2		357
房山区佛子庄乡	14973	7265	1	20			12
房山区大安山乡	6229	8132					972
房山区史家营乡	10987	9398	60	2000			960
房山区蒲洼乡	9585	1915					1204
通州区永顺地区办事处	3947	258881	519	7112	52	8	258881
通州区梨园地区办事处	2460	213232	1400	21000	35	9	213232
通州区宋庄镇	11520	117974	3024	42120	702	47	36586
通州区张家湾镇	10543	106439	915	24122	590	52	3310
通州区漷县镇	11360	71218	1033	21316	343	44	21568
通州区马驹桥镇	8200	128233	1215	54852	679	55	34120
通州区西集镇	9140	45195	407	14369	103	23	3127
通州区台湖镇	8130	103301	2180	25002	469	67	11076
通州区永乐店镇	10500	45354	532	5430	170	24	8401
通州区潞城镇	7086	78026	1109	21500	386	32	1505
通州区于家务回族乡	6570	35288	232	7906	50	29	
顺义区仁和地区办事处	4296	46537	498	40288	187	42	9351
顺义区后沙峪地区办事处	2683	43888	513	8501	107	10	7946
顺义区天竺地区办事处	1324	25379	821	23460	71	3	710
顺义区杨镇地区办事处	9600	63741	995	22320	548	21	26448
顺义区牛栏山地区办事处	3140	39779	401	15560	163	27	19721
顺义区南法信地区办事处	2069	27110	2747	21913	78	13	11818
顺义区马坡地区办事处	1200	13757	461	18810	218	22	8674
顺义区高丽营镇	6110	44165	522	22350	270	29	2580
顺义区李桥镇	7500	75693	1380	14000	303	19	4355
顺义区李遂镇	4000	19824	377	6542	137	13	3612
顺义区南彩镇	5774	55270	556	16598	233	22	5642
顺义区北务镇	3200	11321	584	2975	73	10	2463
顺义区大孙各庄镇	7460	23244	162	2965	136	6	2190
顺义区张镇	5345	22333	645	7150	87	5	1494
顺义区龙湾屯镇	5702	14140	124	2817	64		3434
顺义区木林镇	8336	32515	328	5648	108	6	3663
顺义区北小营镇	5580	36325	291	14538	114	19	11143
顺义区北石槽镇	3250	14238	410	4900	230	5	1853
顺义区赵全营镇	6445	31853	1423	16796	295	15	7385
昌平区南口地区办事处	20100	57079	457	26477	159	17	46906
昌平区马池口地区办事处	6167	76497	230	8093	125	24	11458
昌平区沙河地区办事处	5470	151562	285	50585	159	31	12676
昌平区东小口地区办事处	1730	70631	401	4230	13	3	1963
昌平区阳坊镇	4058	19015	213	4269	118	13	10020
昌平区小汤山镇	7018	55845	170	8169	73	7	16287
昌平区南邵镇	3519	39797	217	3987	64	13	1594
昌平区崔村镇	6285	19512	443	6386	102	9	1741

续表 2　　(北京市)　　单位：公顷、人、个

名　称	行政区域面积	常住人口	企业个数	企业从业人员	工业企业单位	#规模以上	城镇建成区常住人口
昌平区百善镇	3519	23820	48	1947	37	12	4790
昌平区北七家镇	5665	325619	392	6070	167	15	325619
昌平区兴寿镇	7503	30209	313	5675	82	8	3608
昌平区流村镇	26936	18052	13	1743	13	7	182
昌平区十三陵镇	15730	28212	215	8650	5		1261
昌平区延寿镇	12760	9612	13	335	5	1	933
大兴区亦庄地区办事处	1818	48420	875	15020	93	10	3324
大兴区黄村地区办事处	6537	144385	1223	18012	745	44	9267
大兴区旧宫地区办事处	2940	145191	2946	53021	543	26	22060
大兴区西红门地区办事处	2854	148484	3672	32741	828	34	91341
大兴区瀛海地区办事处	3238	66458	252	12542	214	36	6522
大兴区青云店镇	7030	71364	1294	28728	582	20	9431
大兴区采育镇	7155	42270	387	9503	207	21	12500
大兴区安定镇	7780	31385	95	2890	64	13	5260
大兴区礼贤镇	9383	41111	163	2615	38	3	8637
大兴区榆垡镇	13414	53886	426	15281	167	18	20698
大兴区庞各庄镇	10940	66287	142	7265	115	14	21034
大兴区北臧村镇	4740	25835	695	6738	211	6	5660
大兴区魏善庄镇	8133	42857	404	10737	229	18	5506
大兴区长子营镇	5971	32219	532	5321	148	21	3893
怀柔区怀柔地区办事处	6857	53658	1702	9029	78	6	5725
怀柔区雁栖地区办事处	15321	25989	33	893	3	2	8722
怀柔区庙城地区办事处	3196	27858	138	4491	43	19	5805
怀柔区北房镇	5466	26041	595	5505	142	20	12137
怀柔区杨宋镇	4792	24880	87	4986	58	15	11612
怀柔区桥梓镇	10877	21692	64	1149	46	3	5074
怀柔区怀北镇	10435	19679	63	3222	21	3	10484
怀柔区汤河口镇	22439	9093					3900
怀柔区渤海镇	15181	13507	13	260	5	1	5901
怀柔区九渡河镇	17831	14702	4	47	3		1960
怀柔区琉璃庙镇	20630	4910	4	21	2		842
怀柔区宝山镇	24925	8111	2	11	2		878
怀柔区长哨营满族乡	24155	6519	10	1672	2	1	747
怀柔区喇叭沟门满族乡	30177	5215					538
平谷区渔阳地区办事处	1909	60799	408	10148	42	6	46624
平谷区峪口地区办事处	6405	28635	1308	7000	81	7	6781
平谷区马坊地区办事处	3724	22340	992	6159	68	19	9022
平谷区金海湖地区办事处	13292	28967	175	1100	18	1	5512
平谷区东高村镇	5591	29552	1022	4182	45	8	7278
平谷区山东庄镇	4400	17381	393	4190	56	3	3990
平谷区南独乐河镇	6953	21476	115	3511	38	3	4479
平谷区大华山镇	9676	17422	60	556	17		3917
平谷区夏各庄镇	6066	24860	1511	7639	30	3	8320
平谷区马昌营镇	2862	16207	68	2360	35	5	3787
平谷区王辛庄镇	6274	29854	669	6513	37	1	2871
平谷区大兴庄镇	2473	18181	66	3420	32	5	2726
平谷区刘家店镇	3576	7623	641	800	5	1	1055
平谷区镇罗营镇	8038	9012	1650	2000	3		1424
平谷区黄松峪乡	6445	5206	460	2812	3		1783
平谷区熊儿寨乡	5891	3185	187	1300	1		921

续表 3　　（北京市、天津市）　　单位：公顷、人、个

名　　称	行政区域面积	常住人口	企业个数	企业从业人员	工业企业单位	#规模以上	城镇建成区常住人口
密云区檀营地区办事处	273	13306	28	500	4	1	13306
密云区密云镇	1370	17187	112	3872	79	9	3623
密云区溪翁庄镇	8790	18812	129	5399	26	5	9346
密云区西田各庄镇	12964	34368	207	6095	91	1	8427
密云区十里堡镇	3080	26684	422	7312	176	6	14000
密云区河南寨镇	6670	24860	120	6026	80	4	4606
密云区巨各庄镇	10780	23715	181	3615	79	5	4330
密云区穆家峪镇	10200	31106	195	5155	125	6	4998
密云区太师屯镇	20200	27635	92	1930	20	7	9500
密云区高岭镇	12243	14651	21	640	8	2	1744
密云区不老屯镇	19320	15165	11	632	7	1	1278
密云区冯家峪镇	21425	4641	55	918	22	3	521
密云区古北口镇	8410	7330	38	3069	18		2374
密云区大城子镇	14400	13322	5	1225	4		2216
密云区东邵渠镇	11000	10977	27	778	12	1	2669
密云区北庄镇	8425	7393	16	622	4	1	2399
密云区新城子镇	15702	7293	38	979	16		1077
密云区石城镇	25280	4360	34	502	5		940
延庆区延庆镇	6763	40550	917	6410	282	6	28360
延庆区康庄镇	10067	29647	185	3199	49	17	11268
延庆区八达岭镇	9960	7320	24	1222	2		3495
延庆区永宁镇	14651	23518	52	657	6		11722
延庆区旧县镇	10758	19118	15	406	7		4995
延庆区张山营镇	26284	20530	68	1997	3		370
延庆区四海镇	11614	4064	3	363	3		380
延庆区千家店镇	36345	8639	4	385	1		2721
延庆区沈家营镇	3102	11421	4	541	4	2	1113
延庆区大榆树镇	6057	14203	6	263	4	1	1223
延庆区井庄镇	12675	9881	8	132	7	1	798
延庆区大庄科乡	12634	4616	2	13			297
延庆区刘斌堡乡	12202	5711	16	102	1		1876
延庆区香营乡	12031	6123	20	612	5		952
延庆区珍珠泉乡	14347	2934	10	112	1		520
天津市							
西青区中北镇	3976	145133	3684	33238	855	93	2213
西青区杨柳青镇	6517	134546	1348	18710	590	46	134546
西青区辛口镇	6279	50112	258	5221	240	27	11610
西青区张家窝镇	4450	68211	698	41183	418	44	68211
西青区精武镇	6873	44525	762	12586	587	36	18760
西青区大寺镇	8914	126255	647	17585	354	59	19617
西青区王稳庄镇	12010	40735	1247	22330	1140	42	26731
津南区咸水沽镇	4624	175298	3192	35709	264	39	175298
津南区葛沽镇	4410	65670	2412	25588	150	32	65670
津南区小站镇	6380	86274	626	18120	566	89	86274
津南区双港镇	3016	119999	3180	19000	267	35	59250
津南区辛庄镇	2914	31143	1816	14328	536	37	31143
津南区双桥河镇	2730	31022	703	19012	365	31	22000
津南区八里台镇	10618	62237	1432	39365	638	101	62237
津南区北闸口镇	3650	33367	1897	10500	550	71	33367
北辰区天穆镇	2516	21734	3055	35918	485	54	

续表 4　　(天津市)　　单位：公顷、人、个

名　　称	行政区域面积	常住人口	企业个数	企业从业人员	工业企业单位	#规模以上	城镇建成区常住人口
北辰区北仓镇	3500	53640	2200	18340	547	34	53640
北辰区双街镇	4211	40256	1969	26949	467	34	40256
北辰区双口镇	7240	43558	1900	17872	1288	56	43558
北辰区青光镇	4400	27249	890	10650	550	21	27249
北辰区宜兴埠镇	2290	39611	2482	37188	865	88	2254
北辰区小淀镇	4300	28230	735	9675	620	49	15651
北辰区大张庄镇	9815	33502	1235	9678	540	42	9185
北辰区西堤头镇	8965	40488	810	7360	500	45	7246
武清区梅厂镇	7071	37119	250	8805	240	17	6882
武清区大碱厂镇	3524	20882	178	2800	165	15	4718
武清区崔黄口镇	9000	49471	960	28902	427	25	8935
武清区大良镇	7729	41589	247	4590	230	10	6848
武清区下伍旗镇	5000	24476	242	2593	176	1	3840
武清区南蔡村镇	8000	43979	260	14212	240	21	4690
武清区大孟庄镇	4658	24145	46	1821	8	3	2512
武清区泗村店镇	5260	18440	35	2549	25	1	4190
武清区河西务镇	7095	44312	231	6062	33	15	19280
武清区城关镇	5854	26695	47	1975	30	5	6827
武清区东马圈镇	3771	16334	73	8770	66	5	15384
武清区黄花店镇	5317	24910	936	14066	185	11	5741
武清区石各庄镇	4500	23310	112	6467	88	9	8732
武清区王庆坨镇	5630	45129	427	15555	350	49	28989
武清区汊沽港镇	5856	39581	336	11320	336	13	39581
武清区河北屯镇	4613	31225	141	3650	118	5	4476
武清区上马台镇	6708	24329	206	13190	192	21	14101
武清区大王古庄镇	4808	24621	2376	14790	425	52	9276
武清区陈咀镇	6127	31449	830	5835	110	14	5464
武清区豆张庄镇	6085	24651	94	3838	52	16	3535
武清区曹子里镇	5600	21475	985	4814	302	17	4050
武清区大黄堡镇	9010	17061	117	3015	117	3	1290
武清区高村镇	4149	19965	175	4870	67		2551
武清区白古屯镇	5170	22420	845	12175	53	1	1375
宝坻区大口屯镇	8807	48746	360	3600	338	20	7811
宝坻区王卜庄镇	7240	33038	693	4158	25		4553
宝坻区方家庄镇	4600	29837	506	15434	70	23	3364
宝坻区林亭口镇	10180	30513	117	10586	117	16	7182
宝坻区八门城镇	10100	25746	966	5120	104	8	3243
宝坻区大钟庄镇	9900	33205	639	9405	165	15	2068
宝坻区新安镇	5820	30346	358	9600	124	18	2591
宝坻区霍各庄镇	3714	27905	429	6315	72	8	3223
宝坻区新开口镇	4050	26042	268	9637	182	22	5082
宝坻区大唐庄镇	5980	13553	177	1352	45	4	2736
宝坻区牛道口镇	6900	48681	238	6319	186	16	2374
宝坻区史各庄镇	3900	25793	354	10235	125	7	1356
宝坻区郝各庄镇	4500	19248	320	3185	230	8	416
宝坻区牛家牌镇	6200	16278	305	3355	52	9	1618
宝坻区尔王庄镇	7500	12818	208	1380	15	1	1326
宝坻区黄庄镇	10240	11271	355	1581	17	5	3776
滨海新区新城镇	3101	27181	425	5235	162	5	27181
滨海新区杨家泊镇	6017	17486	30	2500	27	12	3592

续表 5 （天津市） 单位：公顷、人、个

名称	行政区域面积	常住人口	企业个数	企业从业人员	工业企业单位		城镇建成区常住人口
						#规模以上	
滨海新区太平镇	17493	34561	162	3700	140	12	20106
滨海新区小王庄镇	10555	22723	520	5200	170	9	2900
滨海新区中塘镇	9700	57875	1807	28600	701	63	23689
宁河区芦台镇	6286	115630	839	31060	556	39	3562
宁河区宁河镇	8319	22207	263	9520	230	15	594
宁河区苗庄镇	6230	16605	192	2035	30	4	798
宁河区丰台镇	8562	22745	330	2600	150	33	1868
宁河区岳龙镇	6568	13293	57	1961	48	24	2115
宁河区板桥镇	4709	8986	116	3882	43	9	1105
宁河区潘庄镇	11415	27155	554	6525	184	6	5233
宁河区造甲城镇	10506	27002	150	5931	120	5	8975
宁河区七里海镇	5934	26714	389	13121	76	11	4430
宁河区大北涧沽镇	2548	14073	649	6250	598	23	2032
宁河区东棘坨镇	16410	28240	228	3937	225	8	411
宁河区北淮淀乡	6570	21827	273	5231	35	1	11458
宁河区俵口乡	4571	20004	216	3950	110	3	1846
宁河区廉庄子乡	4552	16600	120	2105	120	4	778
静海区静海镇	8027	184246	378	13281	205	36	169212
静海区唐官屯镇	11310	42226	480	5841	384	12	12708
静海区独流镇	6440	33607	190	5922	178	9	22486
静海区王口镇	7724	33245	288	8320	180	11	18588
静海区台头镇	5660	24732	135	4200	125	4	18853
静海区子牙镇	7416	36978	855	4276	207	4	11904
静海区陈官屯镇	9250	30482	301	6248	236	7	5984
静海区中旺镇	11840	33603	415	7009	168	10	3731
静海区大邱庄镇	11900	86410	761	62560	550	126	40880
静海区蔡公庄镇	6530	22045	310	9000	150	28	2160
静海区梁头镇	8486	24153	263	6920	225	12	4975
静海区团泊镇	2860	13702	46	2236	33	12	13702
静海区双塘镇	4410	14972	169	6366	165	31	5149
静海区大丰堆镇	5570	16845	147	2681	145	16	4259
静海区沿庄镇	9870	35140	622	9080	328	10	4355
静海区西翟庄镇	5590	14119	46	1960	40	12	1944
静海区良王庄乡	5330	19659	203	2222	202	8	
静海区杨成庄乡	6751	29011	168	7484	150	11	
蓟州区渔阳镇	7902	53699	1767	12315	365	6	17796
蓟州区洇溜镇	2816	24841	316	1600	125	6	1161
蓟州区官庄镇	8300	31473	389	3922	75	5	3341
蓟州区马伸桥镇	4542	36051	394	8520	392	10	7023
蓟州区下营镇	14522	20502	165	825	40	2	5064
蓟州区邦均镇	3468	31895	345	5190	51	7	16500
蓟州区别山镇	8375	43036	556	6315	348	15	2520
蓟州区尤古庄镇	4993	26592	72	431	7	7	4631
蓟州区上仓镇	4694	32263	310	3418	78	9	4695
蓟州区下仓镇	8513	44068	298	5966	288	9	5825
蓟州区罗庄子镇	9452	12481	521	3605	9	1	1098
蓟州区白涧镇	4341	21016	72	2146	26	2	4507
蓟州区五百户镇	4386	27635	18	91	8		
蓟州区侯家营镇	5626	38781	348	1751	45	4	7528
蓟州区桑梓镇	6878	40981	320	3300	80	11	6163

续表 6　　(天津市、河北省)　　单位：公顷、人、个

名　称	行政区域面　积	常住人口	企业个数	企　业从业人员	工业企业单　位	#规模以上	城镇建成区常住人口
蓟州区东施古镇	2748	16771	49	2330	38	3	1220
蓟州区下窝头镇	4512	29227	149	2142	148	6	1802
蓟州区杨津庄镇	7211	37516	192	3815	42	1	3455
蓟州区出头岭镇	3811	36406	362	5215	116	5	1643
蓟州区西龙虎峪镇	4322	26828	245	2600	45	1	3468
蓟州区穿芳峪镇	4959	16074	89	450	89	6	2151
蓟州区东二营镇	2842	18601	92	1050	55		3257
蓟州区许家台镇	4179	12395	15	383	3	2	3543
蓟州区礼明庄镇	3618	24351	247	2565	247	2	1056
蓟州区东赵各庄镇	2940	22017	63	1136	38	2	573
蓟州区孙各庄乡	2566	6891	5	26	5	2	
河北省							
石家庄市长安区西兆通镇	3000	48346	185	2946	138	6	9610
石家庄市长安区南村镇	2114	43965	614	5686	80		43965
石家庄市长安区高营镇	1600	34624	86	1614	20	3	34624
石家庄市长安区桃园镇	1936	34678	691	5528	12	1	34678
石家庄市新华区大郭镇	1847	40600	202	2608	29		9047
石家庄市新华区赵陵铺镇	830	109788	220	8275	98	4	6680
石家庄市新华区西三庄乡	1450	51139	152	3920	4		
石家庄市新华区杜北乡	2610	29581					
井陉矿区贾庄镇	3455	27515	52	3200	40	16	27515
井陉矿区凤山镇	1930	12860	24	685	24	11	2126
井陉矿区横涧乡	1512	12861	147	1825	47	10	
裕华区方村镇	1600	37611	123	6255	81	2	
藁城区廉州镇	8628	78605	1203	17375	322	30	18008
藁城区兴安镇	6479	54647	799	10265	210	35	10244
藁城区贾市庄镇	5700	50971	694	6333	190	19	10795
藁城区南营镇	5256	47660	312	14610	282	2	9935
藁城区梅花镇	7445	63623	2214	16352	1902	27	4918
藁城区岗上镇	4547	37990	1137	5790	700	21	3415
藁城区南董镇	4875	46527	479	13429	371	36	3452
藁城区张家庄镇	4740	59741	425	16500	412	30	6570
藁城区南孟镇	3974	43386	41	3852	34	25	3885
藁城区增村镇	5737	65796	624	4940	342	28	5575
藁城区常安镇	6630	58217	1156	30124	638	34	5034
藁城区西关镇	4982	40102	133	3972	37	18	5302
藁城区九门回族乡	4660	46785	539	7272	539	24	
鹿泉区获鹿镇	5402	67923	190	6246	113	19	23153
鹿泉区铜冶镇	7701	69315	651	8800	201	34	15232
鹿泉区寺家庄镇	4120	43105	135	6621	79	23	43105
鹿泉区上庄镇	4981	38747	556	2783	104	21	32650
鹿泉区李村镇	6457	37431	92	3702	64	13	5570
鹿泉区宜安镇	5807	28552	176	6391	63	10	2785
鹿泉区黄壁庄镇	4503	18247	88	483	20	3	89
鹿泉区大河镇	6091	46481	310	12050	101	13	7726
鹿泉区山尹村镇	2464	14260	158	1899	64	17	5832
鹿泉区石井乡	4443	13100	55	2238	19	4	
鹿泉区白鹿泉乡	4188	8637	46	250	6	1	
鹿泉区上寨乡	3606	9734	50	304	9		
栾城区栾城镇	5172	77928	3552	29185	240	31	74031

续表 7　　　　　　　　　　　　　（河北省）　　　　　　　　　　　　单位：公顷、人、个

名　称	行政区域面积	常住人口	企业个数	企业从业人员	工业企业单位	#规模以上	城镇建成区常住人口
栾城区冶河镇	4327	47032	1742	17157	141	20	29711
栾城区窦妪镇	5783	51332	965	7825	170	41	18350
栾城区楼底镇	3042	49822	1819	21756	247	26	48028
栾城区南高乡	3675	26123	320	14450	95	17	
栾城区柳林屯乡	4816	42220	810	9060	81	17	
栾城区西营乡	5746	47050	1102	10605	48	12	
井陉县微水镇	9945	65210	640	8050	119	5	49488
井陉县上安镇	5766	22609	187	12351	86	10	4643
井陉县天长镇	9983	37030	164	1330	34	7	6736
井陉县秀林镇	5728	26092	194	3880	29	3	14403
井陉县南峪镇	8049	13389	48	4285	19	7	3631
井陉县威州镇	7781	26293	94	3920	52	8	7558
井陉县小作镇	7579	18346	1305	7130	38	6	7777
井陉县南障城镇	10302	9878	268	4618	10	1	2183
井陉县苍岩山镇	11964	10748	47	434	2		651
井陉县测鱼镇	16793	13177	45	315	7		3356
井陉县吴家窑乡	4760	12498	68	470	23	3	
井陉县北正乡	1840	10492	77	1155	27	3	
井陉县于家乡	3433	6381	22	259	8	3	
井陉县孙庄乡	5304	15850	42	360	9		
井陉县南陉乡	4624	7775	24	150	10		
井陉县辛庄乡	16293	8430	50	1200	17	2	
井陉县南王庄乡	7880	10143	118	600	21		
正定县正定镇	8447	86743	516	40048	308	35	20360
正定县新城铺镇	3600	37985	541	6251	414	16	11245
正定县新安镇	4102	39713	366	5825	314	8	5508
正定县南牛乡	4000	45323	355	3420	318	29	
正定县南楼乡	8500	50612	90	453	90	5	
正定县西平乐乡	2300	21926	113	1600	69	5	
正定县北早现乡	3797	39092	611	5900	380	16	
正定县曲阳桥乡	6400	49902	630	3880	324	8	
行唐县龙州镇	4018	43200	2313	11569	43	5	43200
行唐县南桥镇	6127	32788	50	1600	10	3	10348
行唐县上碑镇	2542	16988	35	606	5	2	8576
行唐县口头镇	14631	24800	1347	7888	42	3	4317
行唐县独羊岗乡	6111	37452	22	380	15	5	
行唐县安香乡	4287	25786	19	1961	19	10	
行唐县只里乡	6251	39076	36	490	23	13	
行唐县市同乡	2814	22901	49	2829	46	11	
行唐县翟营乡	7154	29989	26	198	12	3	
行唐县城寨乡	6000	18632	8	123	2		
行唐县上方乡	4964	23607	9	1023	5	3	
行唐县玉亭乡	6163	20377	8	45			
行唐县北河乡	4217	5935	14	230	4	1	
行唐县上闫庄乡	5847	5728	6	220	6	1	
行唐县九口子乡	13122	14680	15	1800	10	4	
灵寿县灵寿镇	4475	62320	333	3980	190	12	50688
灵寿县青同镇	5639	27740	88	1820	56	4	10256
灵寿县塔上镇	4555	11927	35	161	12		1977
灵寿县陈庄镇	16073	21708	10	325	8		9058

续表 8 (河北省) 单位：公顷、人、个

名　称	行政区域面积	常住人口	企业个数	企业从业人员	工业企业单位	#规模以上	城镇建成区常住人口
灵寿县慈峪镇	9520	32690	94	1770	72	4	11337
灵寿县岔头镇	8315	17486	34	536	28	1	2836
灵寿县三圣院乡	3113	36548	190	3500	80	11	
灵寿县北洼乡	3312	21942	170	3230	70	4	
灵寿县牛城乡	4654	24408	4	446	2		
灵寿县狗台乡	4483	23726	25	490	25	4	
灵寿县南寨乡	2569	16381	68	1420	43	5	
灵寿县南燕川乡	7133	13600	82	666	56	6	
灵寿县北谭庄乡	4013	10401	21	520	21	3	
灵寿县寨头乡	10774	11930	21	400	21	2	
灵寿县南营乡	13953	8064	30	200	7		
高邑县高邑镇	3791	59524	577	20109	292	15	12456
高邑县大营镇	4634	33500	440	8040	90	10	2510
高邑县富村镇	5440	40122	814	19827	167	21	3785
高邑县万城乡	4996	43374	90	5000	60	16	3482
高邑县中韩乡	3377	23510	121	2294	41	3	
深泽县深泽镇	2814	50192	261	10814	243	25	47218
深泽县铁杆镇	7324	39823	95	3697	95	10	2225
深泽县赵八镇	3598	32387	187	6115	187	17	2336
深泽县白庄乡	5770	51210	25	300	12	8	
深泽县留村乡	3831	35412	46	1283	46	6	
深泽县桥头乡	6263	49098	100	6500	70	25	
赞皇县赞皇镇	6280	72664	1225	19223	206	15	63056
赞皇县院头镇	10710	21780	178	2778	82	8	3906
赞皇县西龙门乡	4354	24817	400	5097	210	8	
赞皇县南邢郭乡	5166	26345	311	7150	164	24	
赞皇县南清河乡	4808	20589	261	3007	113	4	
赞皇县西阳泽乡	7513	24401	181	2439	59	2	
赞皇县土门乡	4740	12307	146	2175	50	6	
赞皇县黄北坪乡	9808	11555	72	642	16		
赞皇县嶂石岩乡	9642	5902	46	412	4		
赞皇县许亭乡	14999	18491	427	4408	34	5	
赞皇县张楞乡	5684	14157	107	1806	18	3	
无极县无极镇	5700	49850	1012	5518	234	14	30652
无极县七汲镇	5400	43989	28	482	27	2	15120
无极县张段固镇	5100	45309	235	10420	221	37	4817
无极县北苏镇	5728	60106	298	5335	292	13	19510
无极县郭庄镇	4752	43829	650	40151	200	3	6210
无极县大陈镇	4200	32707	72	450	24	1	4341
无极县高头回族乡	3220	25627	80	800	45	2	
无极县郝庄乡	5500	50252	496	3855	270	22	
无极县东侯坊乡	5632	50591	567	8926	256	22	
无极县里城道乡	4600	43709	69	1560	61	6	
无极县南流乡	3000	25295	21	230	11	1	
平山县平山镇	19988	121688	721	10739	110	13	105840
平山县东回舍镇	7835	35583	156	5145	67	6	19176
平山县温塘镇	9820	22622	179	4580	25		6287
平山县南甸镇	6346	24166	59	12451	16	2	12776
平山县岗南镇	9642	29116	45	469	11	1	5502
平山县古月镇	13135	16075	21	106	6		4359

续表 9　　(河北省)　　单位：公顷、人、个

名　称	行政区域面积	常住人口	企业个数	企业从业人员	工业企业单位	#规模以上	城镇建成区常住人口
平山县下槐镇	13775	15740	18	102	3		1637
平山县孟家庄镇	10827	4787	28	300	3		823
平山县小觉镇	17987	16809	20	142	5	1	1132
平山县蛟潭庄镇	14943	5273	47	320	12		1396
平山县西柏坡镇	2523	6579	29	274	2		2090
平山县下口镇	12075	7931	27	320	9		3339
平山县西大吾乡	3919	20505	18	96			
平山县上三汲乡	4258	20862	6	47	3		
平山县两河乡	4070	19722	45	615	4	1	
平山县东王坡乡	12849	20928	9	51	1		
平山县苏家庄乡	5874	7402	10	54	4		
平山县宅北乡	10122	11760	21	112	11		
平山县北冶乡	20857	16277	14	90	3		
平山县上观音堂乡	11119	4211	3	18	2		
平山县杨家桥乡	13497	8037	6	500	3		
平山县营里乡	23469	9136					
平山县合河口乡	15870	3644	10	90	2		
元氏县槐阳镇	5200	56915	1782	10825	107	6	16385
元氏县殷村镇	3946	31495	100	1245	40	2	11521
元氏县南佐镇	4039	17422	149	1500	87	2	6241
元氏县宋曹镇	3674	35289	159	2076	56	1	5342
元氏县南因镇	3896	36516	187	3790	40	9	7334
元氏县姬村镇	4155	29058	185	5082	87	6	3337
元氏县北褚镇	4822	23919	109	3986	19	1	1890
元氏县马村镇	4250	35775	221	3014	201	16	4166
元氏县东张乡	4536	39083	213	2966	171	3	
元氏县赵同乡	3820	29416	78	520	27	1	
元氏县苏村乡	3656	15723	20	123	5		
元氏县苏阳乡	4805	25125	55	3215	20	3	
元氏县北正乡	5764	13208	24	129			
元氏县前仙乡	4379	9917	31	361	3		
元氏县黑水河乡	5837	13843	41	410	11		
赵县赵州镇	7827	114860	2094	27699	661	42	59764
赵县范庄镇	8968	72942	1376	18823	642	8	7173
赵县北王里镇	6210	49197	503	12948	140	6	5064
赵县新寨店镇	4721	31996	631	12948	141	26	3201
赵县韩村镇	6442	51787	645	8046	438	7	6149
赵县南柏舍镇	5825	41312	994	13432	388	1	3880
赵县沙河店镇	4677	35062	515	3870	82		6027
赵县前大章乡	5946	46097	1324	9566	313	2	
赵县谢庄乡	7671	76637	1517	16069	241	2	
赵县高村乡	5718	41468	630	4688	173	2	
赵县王西章乡	3395	28670	418	7196	153	8	
石家庄高新技术产业开发区宋营镇	2615	75597	90	3619	72	5	48759
石家庄高新技术产业开发区郄马镇	2503	31497	118	632	67	11	31497
石家庄循环化工园区丘头镇	5421	51434	314	11976	110	29	7205
晋州市晋州镇	8897	87841	1668	50014	543	75	43739
晋州市总十庄镇	6441	52041	497	9191	287	19	35674
晋州市营里镇	4626	36773	170	8460	72	28	4315
晋州市桃园镇	7686	58787	346	6308	158	13	3473

续表 10　　(河北省)　　单位：公顷、人、个

名　　称	行政区域面　　积	常住人口	企业个数	企　　业从业人员	工业企业单　　位		城镇建成区常住人口
						#规模以上	
晋州市东卓宿镇	5408	46525	533	13800	403	23	4380
晋州市马于镇	5966	41875	277	4510	242	27	3504
晋州市小樵镇	6388	61206	254	8006	180	17	8975
晋州市槐树镇	6947	60083	213	8909	213	27	9870
晋州市东里庄镇	6225	48524	308	11554	95	30	3977
晋州市周家庄乡	1625	17741	33	2860	30	1	
新乐市化皮镇	3095	22630	117	1053	8		4380
新乐市承安镇	7932	78210	434	25132	46	26	5358
新乐市正莫镇	4101	23926	263	5410	45	6	5588
新乐市南大岳镇	2069	22742	330	2407	127	3	3827
新乐市杜固镇	3152	33429	1127	7908	535	13	4673
新乐市邯邰镇	8356	81310	451	4715	12	11	14526
新乐市东王镇	3830	29824	89	1046	21	3	3216
新乐市马头铺镇	4543	45414	338	13400	74	30	2524
新乐市协神乡	4719	40312	230	2033	62	17	
新乐市木村乡	2748	22291	327	5361	43	17	
新乐市彭家庄回族乡	2969	20693	95	1655	95	10	
路南区稻地镇	5020	30724	264	5780	95	8	15992
路南区女织寨乡	3200	31429	1559	8574	105	9	
路北区韩城镇	5560	53865	197	3986	119	13	19591
路北区果园乡	4000	60947	852	4620	28	2	
古冶区范各庄镇	6380	55156	91	24368	33	12	22369
古冶区卑家店镇	5767	32462	114	6335	78	15	7420
古冶区王辇庄乡	5914	28144	89	2145	30	5	
古冶区习家套乡	1818	14108	70	1250	40	7	
古冶区大庄坨乡	1745	14402	51	3124	50	3	
开平区开平镇	6570	62319	3046	18276	269	12	967
开平区栗园镇	3370	30161	102	4274	77	4	6026
开平区郑庄子镇	2264	19595	107	6755	81	10	3485
开平区双桥镇	3170	16377	123	2217	74		3472
开平区洼里镇	3200	21751	45	2210	45	4	1743
开平区越河镇	5643	46938	523	9283	142	12	16297
丰南区小集镇	7733	35855	331	16929	72	19	7414
丰南区黄各庄镇	6856	49400	447	19457	139	14	26542
丰南区西葛镇	4810	24880	102	7664	78	9	16041
丰南区大新庄镇	13200	55712	162	2673	85	6	5707
丰南区钱营镇	11467	38797	190	10453	47	5	16527
丰南区唐坊镇	4871	17291	57	1980	50	10	6953
丰南区王兰庄镇	8650	39276	202	33060	56	8	8360
丰南区柳树鄗镇	10906	29043	64	758	42	4	6284
丰南区黑沿子镇	10729	22558	230	2320	57	9	11652
丰南区丰南镇	7417	81603	3084	24605	272	57	55342
丰南区大齐各庄镇	3986	13386	61	4282	37	8	3462
丰南区岔河镇	4229	26863	134	2500	26	4	4375
丰南区南孙庄乡	9418	21886	168	992	27	5	
丰南区东田庄乡	7288	14469	23	831	22	5	
丰南区尖字沽乡	4565	15238	37	1110	28	5	
丰润区丰润镇	9520	82549	3146	16045	620	29	20814
丰润区任各庄镇	4986	28785	136	3921	73	4	3925
丰润区左家坞镇	8370	34579	112	1124	36	1	2310

续表 11　　　　（河北省）　　　　单位：公顷、人、个

名　　称	行政区域面　　积	常住人口	企业个数	企　　业从业人员	工业企业单　　位	#规模以上	城镇建成区常住人口
丰润区泉河头镇	5380	26553	15	3570	15	2	1568
丰润区王官营镇	9710	39128	30	3020	16	1	8356
丰润区火石营镇	13080	29303	17	156	17		6024
丰润区新军屯镇	4970	35564	92	2202	70	13	7762
丰润区小张各庄镇	2230	16151	45	2188	33	5	3259
丰润区丰登坞镇	6817	42091	231	8420	118	5	14228
丰润区李钊庄镇	6370	23862	116	2756	106	6	3826
丰润区白官屯镇	6600	44783	243	11605	152	10	9050
丰润区石各庄镇	4510	24445	78	2213	56	5	2926
丰润区沙流河镇	5630	36671	1223	8812	722	3	14449
丰润区七树庄镇	2670	18856	109	5847	39	7	2681
丰润区杨官林镇	4899	24021	95	3808	46	2	2422
丰润区银城铺镇	5100	33778	416	13265	125	25	
丰润区常庄镇	2640	21227	179	3921	99	6	5433
丰润区姜家营乡	2977	15571	112	4291	15	2	
丰润区欢喜庄乡	3600	15663	33	3138	33	9	
丰润区刘家营乡	2700	14196	76	3763	31	5	
曹妃甸区唐海镇	5928	53243	949	5304	202	3	42254
曹妃甸区滨海镇	12400	24996	81	3109	18	1	13540
曹妃甸区柳赞镇	5490	13823	73	1667	19	4	8694
曹妃甸区八农场	8213	26206	143	1894	52	11	
曹妃甸区九农场	6423	15381	53	293	7	1	
滦县东安各庄镇	11673	62673	294	6580	91	10	8373
滦县雷庄镇	7743	34666	221	2125	27	10	4671
滦县茨榆坨镇	6125	24751	549	2821	4	4	11976
滦县榛子镇	9588	56747	361	3576	65	8	25561
滦县杨柳庄镇	8299	21588	155	945	9	4	2526
滦县油榨镇	8194	45304	165	1117	27		5811
滦县古马镇	6965	31242	136	816	10		4002
滦县小马庄镇	8562	35448	142	711	8		1363
滦县九百户镇	8036	32890	173	1625	75	4	4650
滦县王店子镇	5912	26038	120	690	8		1463
滦南县倴城镇	9631	67572	617	12425	134	18	67572
滦南县宋道口镇	8744	50083	143	18000	89	16	16272
滦南县长凝镇	5368	29540	193	8221	83	9	9706
滦南县胡各庄镇	6752	32449	66	12000	21	1	11638
滦南县坨里镇	3756	17147	3	130	3		5200
滦南县姚王庄镇	2659	15329	6	140	6		4520
滦南县司各庄镇	11947	38942					6269
滦南县安各庄镇	6985	24369	15	858	9	2	4537
滦南县扒齿港镇	11601	34886	108	2960	31	7	8621
滦南县程庄镇	9193	44665	12	890	11		11191
滦南县青坨营镇	8694	25832	11	280	11	2	3611
滦南县柏各庄镇	9670	44955	67	887	22	5	44955
滦南县南堡镇	2614	15235	22	1730	7		7646
滦南县方各庄镇	5342	28732	40	486	27	1	7368
滦南县东黄坨镇	5120	15156	10	422	10		4909
滦南县马城镇	3066	15849	13	80	13		5481
乐亭县乐亭镇	7654	37417	195	1560	32	6	
乐亭县汤家河镇	7450	24609	60	425	9	3	5435

续表 12 （河北省） 单位：公顷、人、个

名称	行政区域面积	常住人口	企业个数	企业从业人员	工业企业单位	#规模以上	城镇建成区常住人口
乐亭县胡家坨镇	5097	20361	39	197	8	4	6810
乐亭县闫各庄镇	6780	33548	23	317	7	5	5720
乐亭县马头营镇	6002	23270	36	190	11	2	5036
乐亭县新寨镇	3981	22022	29	261	9	3	9507
乐亭县汀流河镇	4936	25898	60	3905	27	4	8351
乐亭县姜各庄镇	22636	39636	141	1732	34	6	8300
乐亭县毛庄镇	7544	29594	27	1589	13	3	1385
乐亭县中堡镇	8166	27758	36	220	13	4	3775
乐亭县庞各庄乡	3868	18364	22	202	11	4	
乐亭县大相各庄乡	3888	19007	67	1118	17	3	
乐亭县古河乡	6243	16693	30	885	15	4	
迁西县兴城镇	12700	52293	111	5007	71	7	42084
迁西县金厂峪镇	8600	16699	116	2986	70	1	7992
迁西县洒河桥镇	7900	19409	199	17589	72	3	11655
迁西县太平寨镇	11200	35044	120	1030	70		13985
迁西县罗家屯镇	6900	24117	39	728	30	1	11960
迁西县东荒峪镇	7000	14219	49	412	43		4236
迁西县新集镇	9700	27001	58	4474	24	2	11359
迁西县三屯营镇	11100	28450	270	6861	67	8	18997
迁西县滦阳镇	10400	19281	43	3490	32	5	6887
迁西县白庙子乡	6500	18314	45	706	27	6	
迁西县上营乡	8600	12596	71	998	13	2	
迁西县汉儿庄乡	11400	22295	126	2015	30	4	
迁西县渔户寨乡	5800	10755	35	820	25		
迁西县旧城乡	4800	9855	23	1021	23		
迁西县尹庄乡	7500	19694	40	212	24		
迁西县东莲花院乡	6000	11726	3	18			
迁西县新庄子乡	6200	12273	23	217	16	1	
玉田县玉田镇	8033	68300	1925	35254	223	30	51958
玉田县亮甲店镇	7470	33102	122	2812	39	7	6898
玉田县鸦鸿桥镇	6260	65391	478	5331	115	10	51132
玉田县窝洛沽镇	7770	50942	185	5104	123	17	23297
玉田县石臼窝镇	11340	31556	80	2706	64	6	7753
玉田县虹桥镇	5490	29750	106	4144	72	6	14945
玉田县散水头镇	5100	24392	86	2479	44	4	5072
玉田县林南仓镇	2900	24000	156	6055	68	7	23878
玉田县林西镇	6460	29410	64	2275	29	5	4387
玉田县杨家板桥镇	6560	27840	69	905	42	1	7157
玉田县彩亭桥镇	2750	17225	170	4159	74	9	9672
玉田县孤树镇	4470	23374	116	3996	62	8	16016
玉田县大安镇镇	5700	28450	73	1380	17	2	8000
玉田县唐自头镇	5620	19549	47	800	16	2	3831
玉田县郭家屯镇	8390	31600	92	2495	35	4	6040
玉田县杨家套镇	4850	26572	147	3614	54	9	2506
玉田县林头屯乡	3800	21837	41	552	13	2	
玉田县潮洛窝乡	6020	21420	56	1531	38	3	
玉田县陈家铺乡	3730	14349	70	3572	24	6	
玉田县郭家桥乡	4200	16084	41	1362	8	1	
唐山市芦台经济技术开发区海北镇	8613	27911	220	11742	155	28	1120
唐山市汉沽管理区汉丰镇	8950	23392	81	2055	11		7510

续表 13　　(河北省)　　单位：公顷、人、个

名　　称	行政区域面积	常住人口	企业个数	企业从业人员	工业企业单位	#规模以上	城镇建成区常住人口
唐山高新技术产业开发区老庄子镇	3817	27888	30	450	15	1	2890
唐山海港经济开发区王滩镇	18415	51245	69	520	13	5	1695
遵化市遵化镇	3131	50207	1674	16806	101	4	50207
遵化市堡子店镇	6786	41844	196	9564	97	11	16290
遵化市马兰峪镇	5205	24633	165	9369	49	5	9086
遵化市平安城镇	9588	50076	174	1923	21	1	5958
遵化市东新庄镇	6310	32610	149	17711	38	6	8280
遵化市新店子镇	9497	46459	231	1948	76	14	3952
遵化市党峪镇	8163	28896	104	2230	44	12	4405
遵化市地北头镇	6358	22713	78	2084	45	1	8266
遵化市东旧寨镇	7553	23463	55	12190	15	3	5282
遵化市铁厂镇	7613	17479	29	158	5		8089
遵化市苏家洼镇	6126	31228	260	14320	90	12	9002
遵化市建明镇	7240	32325	154	29010	65	8	16523
遵化市石门镇	7268	31043	193	18497	75	7	12355
遵化市西留村乡	2922	26634	287	3310	86	11	
遵化市崔家庄乡	2950	19705	103	9270	54	9	
遵化市兴旺寨乡	6450	22216	143	4852	60	7	
遵化市西下营满族乡	3396	11762	49	398	22	2	
遵化市汤泉满族乡	2432	8697	51	5953	19	1	
遵化市东陵满族乡	7021	21628	75	9517	17		
遵化市刘备寨乡	6053	21673	68	341	4	2	
遵化市团瓢庄乡	4439	25158	133	1936	49	1	
遵化市娘娘庄乡	7409	21670	16	245	16	5	
遵化市西三里乡	2304	17983	516	2820	38	4	
遵化市侯家寨乡	5853	13922	34	1006	29	3	
遵化市小厂乡	9286	15769	66	9299	26	6	
迁安市夏官营镇	7181	32313	82	4312	72	7	10848
迁安市杨各庄镇	7601	37766	134	4025	37	3	2936
迁安市建昌营镇	8992	43528	208	3450	50	2	22252
迁安市赵店子镇	3943	20312	87	15935	38	4	3312
迁安市野鸡坨镇	7527	38607	252	5076	38	5	17396
迁安市大崔庄镇	6612	24941	35	2383	28	6	3927
迁安市蔡园镇	5571	26068	190	8025	45	11	16236
迁安市马兰庄镇	4916	22369	208	4620	32	19	15705
迁安市沙河驿镇	4077	28152	186	15819	53	14	9778
迁安市木厂口镇	5879	23295	165	24541	62	3	9095
迁安市扣庄乡	7127	43552	262	8563	75	9	
迁安市彭店子乡	4055	23175	22	1000	22	6	
迁安市上射雁庄乡	4434	24550	40	2084	26	8	
迁安市闫家店乡	4239	24483	34	6735	29	2	
迁安市五重安乡	6771	26136	78	940	24	5	
迁安市大五里乡	5050	17914	107	1500	37	2	
迁安市太平庄乡	6508	15903	103	1670	64	5	
海港区东港镇	1832	15004	115	1350	81		789
海港区海港镇	1287	11793	74	6009	1	1	11793
海港区西港镇	2900	21493	182	3270	90		
海港区海阳镇	2560	21386	300	2150	185	1	
海港区北港镇	5400	19194	150	1000	56		1833
海港区杜庄镇	9257	34167	220	8816	54	12	5560

续表 14　　(河北省)　　单位：公顷、人、个

名　　称	行政区域面　　积	常住人口	企业个数	企　　业从业人员	工业企业单　　位	#规模以上	城镇建成区常住人口
海港区石门寨镇	17734	45380	2009	10101	121	8	8782
海港区驻操营镇	23408	23951	1064	4599	24		3732
山海关区第一关镇	2200	16669	56	1983	32	6	1292
山海关区石河镇	11278	21715	246	2170	116	6	878
山海关区孟姜镇	3514	17212	61	230	37		837
北戴河区海滨镇	917	14120	12	502	3		14120
北戴河区戴河镇	3714	30528	917	6519	135	5	28558
北戴河区牛头崖镇	3955	20778	180	1056	11		8896
抚宁区抚宁镇	19655	80230	1161	16720	298	9	12569
抚宁区留守营镇	8970	49742	310	13200	160	9	13080
抚宁区榆关镇	13505	34060	1195	13620	68	6	4453
抚宁区台营镇	15864	42046	3	18	1	1	5819
抚宁区大新寨镇	21357	33650	60	310	5		3478
抚宁区茶棚乡	11384	36622	21	512	21	1	
抚宁区深河乡	3737	7347	56	1211	17		
青龙满族自治县青龙镇	36100	86999	38	3615	17	5	81882
青龙满族自治县祖山镇	31500	22357	69	925	28	3	12458
青龙满族自治县木头凳镇	18600	28803	11	60	9		7143
青龙满族自治县双山子镇	10400	21948	21	650	12		5420
青龙满族自治县马圈子镇	18900	23119	82	450	62	1	6860
青龙满族自治县肖营子镇	13400	33845	259	2680	19	1	6070
青龙满族自治县大巫岚镇	16500	29913	176	18390	14	1	5613
青龙满族自治县土门子镇	12000	25969	31	160	8		3324
青龙满族自治县八道河镇	17200	27481	45	868	26		6893
青龙满族自治县隔河头镇	16600	24659	10	634	4		2176
青龙满族自治县娄杖子镇	11000	23118	61	1312	9		3080
青龙满族自治县凤凰山乡	7800	10778	7	54	7		
青龙满族自治县龙王庙乡	12100	16443	1	42	1		
青龙满族自治县三星口乡	10400	12423	27	883	2		
青龙满族自治县干沟乡	8800	7588	3	180			
青龙满族自治县大石岭乡	11500	11178	12	85	8		
青龙满族自治县官场乡	18400	9949	24	186	2		
青龙满族自治县茨榆山乡	11000	16671	18	450	8		
青龙满族自治县平方子乡	7915	10816	5	30	5		
青龙满族自治县安子岭乡	14000	13846	25	437	12		
青龙满族自治县朱杖子乡	6400	12131	14	90	7	1	
青龙满族自治县草碾乡	8500	7866	4	260	2		
青龙满族自治县七道河乡	6100	8672	5	80	2		
青龙满族自治县三拨子乡	8400	11181	2	15	2		
青龙满族自治县凉水河乡	11500	19601	86	1200	11	1	
昌黎县昌黎镇	8713	119387	515	2610	200	4	89825
昌黎县靖安镇	9027	42196	34	11224	34	4	12683
昌黎县安山镇	8290	46851	215	6720	175	2	6787
昌黎县龙家店镇	8260	43235	125	5375	39	6	8245
昌黎县泥井镇	7301	26220	107	1404	82	1	4935
昌黎县大蒲河镇	3500	11867	38	506	2	1	1809
昌黎县新集镇	9112	30569	75	438	1	1	1097
昌黎县刘台庄镇	5897	22893	33	300	1	1	3124
昌黎县茹荷镇	4602	16354	8	478	2		1942
昌黎县朱各庄镇	5830	31809	581	10720	56	6	3080

续表 15 （河北省） 单位：公顷、人、个

名　　称	行政区域面积	常住人口	企业个数	企业从业人员	工业企业单位	#规模以上	城镇建成区常住人口
昌黎县荒佃庄镇	7122	29406	110	1650	22		6841
昌黎县团林乡	1312	7198	95	570	12	1	
昌黎县葛条港乡	4170	21768	36	3890	31	3	
昌黎县马坨店乡	10159	36899	267	1569	27		
昌黎县两山乡	5046	20038	46	1304	46	2	
昌黎县十里铺乡	3367	13254	363	1850	91		
卢龙县卢龙镇	10645	78733	695	13900	40	3	41485
卢龙县潘庄镇	8294	24250	59	1038	32		3168
卢龙县燕河营镇	10756	31989	72	1880	20		7806
卢龙县双望镇	7921	27337	76	1292	37	1	6785
卢龙县刘田各庄镇	11095	42992	86	1270	39	2	8393
卢龙县石门镇	8850	43259	183	8233	51	3	21079
卢龙县木井镇	6875	40510	90	1679	40		7764
卢龙县陈官屯镇	7409	24508	294	6155	32		2495
卢龙县蛤泊镇	5183	25941	120	1922	39	2	6892
卢龙县下寨乡	4035	15658	106	2020	39	1	
卢龙县刘家营乡	6194	14716	56	1680	26	4	
卢龙县印庄乡	7102	27655	69	976	22		
秦皇岛市经济技术开发区渤海乡	2100	9715	198	1152	36		
邯山区北张庄镇	3600	33027	957	11845	129	3	3003
邯山区河沙镇镇	4814	42287	134	767			5674
邯山区南堡乡	5846	83572	53	265	30	3	
邯山区代召乡	4300	39031					
丛台区黄粱梦镇	5819	52036	227	5500	45	2	51203
丛台区苏曹乡	800	51825	9	1292			
丛台区三陵乡	5579	28067	92	880	41	2	
丛台区南吕固乡	2617	32050	200	1009	27	2	
丛台区兼庄乡	2414	73874	69	3169	3		
复兴区户村镇	4012	31187	212	6685	65	6	10432
复兴区彭家寨乡	2749	44376	484	4992	65	5	
复兴区康庄乡	6014	29906	72	8021	72	3	
峰峰矿区临水镇	1061	32929	173	4040	27	1	29449
峰峰矿区峰峰镇	4308	76797	223	18286	80	7	53578
峰峰矿区新坡镇	2415	28638	87	3296	21	7	13828
峰峰矿区大社镇	4113	45017	121	8318	41	3	23712
峰峰矿区和村镇	5249	59779	144	8255	48	9	34146
峰峰矿区义井镇	5686	47347	175	7014	65	11	26254
峰峰矿区彭城镇	3335	58126	461	12676	101	15	49625
峰峰矿区界城镇	2716	25262	84	5894	38	13	12368
峰峰矿区大峪镇	2013	18382	91	3649	33	12	7048
峰峰矿区西固义乡	2043	12759	40	1039	13	1	
肥乡县肥乡镇	8062	85978	2933	8799	120	9	70482
肥乡县天台山镇	5928	40694	314	942	16		12162
肥乡县辛安镇镇	4505	35359	1024	3072	65	24	6712
肥乡县大寺上镇	4539	32887	279	837	22	7	8052
肥乡县毛演堡乡	5462	37964	483	1449	32	3	
肥乡县元固乡	5569	42723	373	1870	27	3	
肥乡县屯庄营乡	5338	29893	220	1218	13	4	
肥乡县东漳堡乡	5352	32576	288	864	8	2	
肥乡县旧店乡	5499	29838	330	990	14	3	

续表 16　　(河北省)　　单位：公顷、人、个

名　　称	行政区域面　积	常住人口	企业个数	企　业从业人员	工业企业单　位	#规模以上	城镇建成区常住人口
永年县临洺关镇	8208	162266	622	30346	357	29	78085
永年县大北汪镇	4043	39171	150	1190	12	1	19063
永年县张西堡镇	5087	48213	20	600	16	1	10095
永年县广府镇	4155	45122	180	6283	40	1	26795
永年县永合会镇	7771	36099	90	2150	45	1	3690
永年县刘营镇	3245	52322	537	6052	217	16	13878
永年县西苏乡	4616	60971	84	1524	64	5	
永年县界河店乡	3222	30005	133	4888	97	4	
永年县刘汉乡	4647	43581	176	3102	115	7	
永年县正西乡	4371	36532	6	50	6		
永年县讲武乡	3878	44396	24	395	24		
永年县曲陌乡	3692	36872	21	126	5		
永年县辛庄堡乡	4430	40716	1	15			
永年县小龙马乡	4141	51181	120	1786	20	1	
永年县东杨庄乡	3258	41778	849	5492	94	1	
永年县西河庄乡	4583	33268	28	424	8	2	
永年县西阳城乡	2825	24810	492	4362	75	1	
临漳县临漳镇	5201	132407	1420	49700	485	46	24392
临漳县南东坊镇	2714	26638	32	416	8	2	26638
临漳县孙陶集镇	83357	54826	11	110	4	1	4516
临漳县柳园镇	8894	58944	96	1003	94	1	7680
临漳县称勾集镇	5835	43810	660	8863	15		3664
临漳县狄邱乡	3664	31534	332	3248	1	1	
临漳县张村集乡	7595	53791	320	3600	290	1	
临漳县西羊羔乡	3059	23977	30	157	30		
临漳县香菜营乡	4880	33314	120	700	112	1	
临漳县杜村集乡	5449	41225	67	1128	16	1	
临漳县章里集乡	4196	41256	155	2055	29	16	
临漳县习文乡	5847	36720	45	840	45		
临漳县砖寨营乡	5639	36726	65	420	65	2	
临漳县柏鹤集乡	4939	41302	152	1695	140		
成安县成安镇	4856	101295	1281	29510	210	41	100618
成安县商城镇	7215	74859	323	10272	146	20	53335
成安县漳河店镇	5065	35812	109	1935	23	1	10016
成安县李家疃镇	4908	36871	79	1508	5		15554
成安县辛义乡	5638	34588	106	1851	33	1	
成安县柏寺营乡	3365	24158	87	1321	9	1	
成安县道东堡乡	6475	37589	171	5277	41	4	
成安县北乡义乡	6425	29254	110	1565	9		
成安县长巷乡	4194	15971	141	3701	87	16	
大名县大名镇	4607	73725	1394	21733	135	27	73725
大名县杨桥镇	6297	43220	58	777	15	1	32476
大名县万堤镇	4906	33373	79	1121	22	3	14347
大名县龙王庙镇	5043	59275	128	1850	39	2	40633
大名县束馆镇	5364	41318	43	1208	9	1	18689
大名县金滩镇	6065	47959	116	1805	36	3	26985
大名县沙圪塔镇	5859	36200	9	138	2		11460
大名县大街镇	5956	40545	60	1586	18	8	13475
大名县王村乡	4832	36512	16	312	6		
大名县铺上乡	4597	29640	71	13196	25	4	

续表 17　　（河北省）　　单位：公顷、人、个

名　　称	行政区域面　积	常住人口	企业个数	企　业从业人员	工业企业单　位	#规模以上	城镇建成区常住人口
大名县黄金堤乡	5406	34152	31	537	11	2	
大名县旧治乡	5850	40640	73	3301	73	17	
大名县西未庄乡	4344	31546	208	2132	27	1	
大名县孙甘店乡	5736	37369	85	1284	35	4	
大名县西付集乡	5440	45784	15	300	9	5	
大名县埝头乡	6348	46425	59	1079	25	2	
大名县北峰乡	5136	32414	42	616	23		
大名县张铁集乡	6264	37288	58	1525	15	5	
大名县红庙乡	4999	32804	42	1069	13	2	
大名县营镇回族乡	1971	14764	23	517	4	1	
涉县河南店镇	7503	36670	118	13000	21	1	6408
涉县索堡镇	9578	26300	45	235	20	5	4780
涉县西戌镇	4162	17316	123	2130	45	5	10958
涉县井店镇	10836	46509	299	13000	72	19	34922
涉县更乐镇	6613	25636	199	19138	54	6	15787
涉县固新镇	15435	25370	71	332	14		15817
涉县西达镇	9440	17665	15	164	10	1	9429
涉县偏城镇	13900	13032	35	210			2900
涉县神头乡	6172	14336	58	1342	15	5	
涉县辽城乡	11192	15540	24	250	4	2	
涉县偏店乡	4352	15476	42	653	14	1	
涉县龙虎乡	7633	20117	45	807	13	1	
涉县木井乡	6031	14578	63	10184	19	3	
涉县关防乡	10504	11555	43	218	3	1	
涉县合漳乡	11118	20894	39	358	24	1	
涉县鹿头乡	10544	14648					
磁县磁州镇	10430	172680	1760	26099	188	13	151709
磁县讲武城镇	7452	44527	229	3444	41	3	8265
磁县岳城镇	9531	37907	162	2005	68	9	15325
磁县观台镇	4105	28245	130	7487	59	4	15303
磁县白土镇	6675	23752	60	399	13		8673
磁县黄沙镇	2082	17739	83	6344	22	2	8414
磁县路村营乡	3852	23749	137	17397	26	2	
磁县时村营乡	4592	27338	131	3837	31	13	
磁县陶泉乡	9688	15128	51	1181	5		
磁县都党乡	3804	14408	56	1669	13	2	
磁县北贾璧乡	7295	26097	51	1443	4		
邱县新马头镇	11952	53848	1320	31000	61	48	21982
邱县邱城镇	5843	30971	150	1925	22	6	7768
邱县梁二庄镇	6253	31083	190	2550	46	4	7950
邱县香城固镇	6099	32570	390	2000	15		1680
邱县南辛店乡	5284	22553	15	2394	15		
邱县古城营乡	6964	27395	140	2800	62	9	
邱县陈村回族乡	1124	6115	8	448	6	1	
鸡泽县鸡泽镇	7266	64933	339	11962	263	18	50280
鸡泽县小寨镇	6258	44706	194	7210	98	13	16480
鸡泽县双塔镇	3564	42059	173	10274	128	2	13640
鸡泽县曹庄镇	4770	38914	122	2420	95		1215
鸡泽县浮图店乡	4691	58820	99	651	5	2	
鸡泽县吴官营乡	4280	32671	600	5910	43		

续表 18　　(河北省)　　单位：公顷、人、个

名　　称	行政区域面积	常住人口	企业个数	企业从业人员	工业企业单位	#规模以上	城镇建成区常住人口
鸡泽县风正乡	2768	27446	109	8487	109	22	
广平县广平镇	4962	76007	1235	15678	132	31	27903
广平县平固店镇	5306	37366	21	850	17	3	5770
广平县胜营镇	4691	45164	1219	11230	23	5	5911
广平县南阳堡镇	3151	29500	923	7704	10		3955
广平县十里铺乡	4510	45032	17	342	10	3	
广平县南韩村乡	4897	30186	93	3000	7	3	
广平县东张孟乡	3843	23569	67	675	5	4	
馆陶县馆陶镇	4825	74120	490	8100	160	19	49400
馆陶县房寨镇	4401	26327	4	29	4		11988
馆陶县柴堡镇	7447	45267	140	6400	39	7	11860
馆陶县魏僧寨镇	5598	34795	120	5260	117	18	16530
馆陶县寿山寺乡	6160	43246	44	2872	42	17	
馆陶县王桥乡	5470	35075	97	2789	15	4	
馆陶县南徐村乡	4269	28461	49	1450	28		
馆陶县路桥乡	7226	40216	39	1000			
魏县魏城镇	6365	109847	277	13240	206	26	32641
魏县德政镇	2365	27692	66	3864	64	14	6000
魏县北皋镇	6895	61466	248	3500	248	4	9925
魏县双井镇	4877	47279	428	4804	3	3	7869
魏县牙里镇	4835	52955	1668	8344	23		8793
魏县车往镇	4470	36665	2117	12702	414	4	6230
魏县回隆镇	4301	46332	35	500	1		15800
魏县张二庄镇	6114	55183	2982	14915	443	5	17358
魏县东代固镇	2876	33291	810	4150	135		12611
魏县院堡镇	2138	17460					4563
魏县棘针寨乡	2795	22892	45	350	5	1	
魏县沙口集乡	6184	36645	200	1080	145	2	
魏县野胡拐乡	2612	16249	38	570	6	1	
魏县仕望集乡	2381	20159	24	186			
魏县前大磨乡	3712	24128	873	4737	1		
魏县南双庙乡	4423	34315	352	3202	149		
魏县大辛庄乡	4576	28128	25	196	5		
魏县大马村乡	2240	17310	138	1519	132	2	
魏县边马乡	5095	41570	180	1922	167		
魏县北台头乡	2687	15579	163	3036	128	1	
魏县泊口乡	4270	32495	92	620	1	1	
曲周县曲周镇	7366	55249	1687	19331	184	11	55189
曲周县安寨镇	9450	68114	225	3692	92	3	10322
曲周县侯村镇	9857	67813	1498	9980	155	4	6439
曲周县河南疃镇	7440	50213	1893	12461	183	10	7742
曲周县第四疃镇	8153	45593	1294	8438	135	14	11382
曲周县白寨镇	6533	60152	1128	15142	48	6	46580
曲周县槐桥乡	5712	33723	145	805	117	3	
曲周县南里岳乡	5291	35298	1429	13181	632	3	
曲周县大河道乡	3620	26416	684	6200	112	4	
曲周县依庄乡	4599	30154	79	460	69		
邯郸经济技术开发区尚璧镇	2919	35986	60	395	10		35986
邯郸经济技术开发区南沿村镇	4000	53263	901	5900	28	3	23148
邯郸经济技术开发区小西堡乡	4518	32407	693	5890	8		

续表 19　　　　　　　　　　　　　　　（河北省）　　　　　　　　　　　　　　　单位：公顷、人、个

名　　称	行政区域面积	常住人口	企业个数	企业从业人员	工业企业单位	#规模以上	城镇建成区常住人口
邯郸经济技术开发区姚寨乡	5322	42000	70	2965	37	5	
邯郸冀南新区高臾镇	5270	42381	6	166	6		11157
邯郸冀南新区西光禄镇	5263	27424	1214	8517	1064		8249
邯郸冀南新区林坛镇	6428	34063	800	3750	80	2	30671
邯郸冀南新区马头镇	1800	42156	309	3121	145		5921
邯郸冀南新区辛庄营乡	1539	29518	322	4612	68		
邯郸冀南新区花官营乡	3449	37862	18	216	3	2	
邯郸冀南新区台城乡	3052	27968	132	13736	28	2	
邯郸冀南新区南城乡	5494	24982	78	1130	4		
武安市武安镇	4150	176425	8255	84944	109	13	109874
武安市康二城镇	8000	34713	17	325	13	1	5644
武安市午汲镇	7200	43675	2596	34255	130	9	3916
武安市磁山镇	5354	76540	207	19603	86	9	12540
武安市伯延镇	4300	21688	31	5824	19		8300
武安市淑村镇	6405	25002	125	5369	96	1	3219
武安市大同镇	7400	46664	85	4970	47	13	4185
武安市邑城镇	6620	45055	131	3962	48		7620
武安市矿山镇	9966	47016	268	1650	2	1	2338
武安市贺进镇	12000	25975	850	7088	12	1	6508
武安市阳邑镇	10700	44167	77	9653	30	5	10245
武安市徘徊镇	10361	30291	56	1689	43	2	3059
武安市冶陶镇	7500	23520	30	2200	23	5	5763
武安市上团城乡	5130	35618	366	33185	120	9	
武安市北安庄乡	3200	16884	94	2450	65	4	
武安市北安乐乡	5000	33685	40	1360	40	4	
武安市西土山乡	7396	60985	107	8231	104	3	
武安市西寺庄乡	6750	38512	51	862	12	3	
武安市活水乡	20990	23370	116	3932	10		
武安市石洞乡	7100	22882	108	3556	59	4	
武安市管陶乡	18800	18826	360	4795	18		
武安市马家庄乡	8370	18052	7	36	1		
邢台市桥东区东郭村镇	1307	18792	17	471	10		18792
邢台市桥东区大梁庄乡	898	16063	16	428	7		
邢台市桥西区南大郭镇	2487	30935	260	10869			30935
邢台市桥西区李村镇	6326	37520	8	581	8	1	27918
邢台县晏家屯镇	4831	23778	130	6895	38	13	2455
邢台县南石门镇	10238	47401	523	19870	295	9	24756
邢台县羊范镇	7817	29469	119	2215	92	7	8460
邢台县皇寺镇	15500	33495	24	480			11229
邢台县会宁镇	10400	38468	36	2044	31	5	8705
邢台县西黄村镇	14000	19868	109	585	46	1	6100
邢台县路罗镇	14600	16867	510	3060	73		3128
邢台县将军墓镇	12515	14409	40	270	2		3854
邢台县浆水镇	16300	28835	4	2339	1	1	9230
邢台县宋家庄镇	16200	18311	23	3000	2	2	6367
邢台县太子井乡	6500	10931	7	48	4		
邢台县龙泉寺乡	15200	11739	11	121	9		
邢台县北小庄乡	11400	6330	6	120	4		
邢台县城计头乡	8900	11739	22	590	13		
邢台县白岸乡	12100	8893	12	446	1		

续表 20　　(河北省)　　单位：公顷、人、个

名　　称	行政区域面　　积	常住人口	企业个数	企　　业从业人员	工业企业单　　位	#规模以上	城镇建成区常住人口
邢台县冀家村乡	8200	9844	28	231	16		
临城县临城镇	12900	71930	150	1800	115	32	42355
临城县东镇镇	5296	25918	178	4860	168	12	14733
临城县西竖镇	8867	17903	130	3000	96	1	4378
临城县郝庄镇	9482	15338	126	1780	126		3235
临城县黑城乡	10271	24103	80	2614	80	6	
临城县鸭鸽营乡	9071	27355	246	3220	246	1	
临城县石城乡	7333	10577	103	520	103		
临城县赵庄乡	16369	19262	150	4450	150	2	
内丘县内丘镇	6520	88201	414	4300	405	12	43000
内丘县大孟村镇	7650	31205	107	2989	21	5	11144
内丘县金店镇	9920	56611	164	3210	38	13	7206
内丘县官庄镇	4830	26609	141	2813	23	5	4927
内丘县柳林镇	9160	20085	11	290	7		4168
内丘县五郭店乡	7998	24866	75	1980	68	2	
内丘县南赛乡	9645	9521	19	245	1		
内丘县獐獏乡	5660	5488					
内丘县侯家庄乡	17390	11374					
柏乡县柏乡镇	5030	52226	126	7762	69	20	28512
柏乡县固城店镇	5238	39453	47	1253	47	3	5316
柏乡县西汪镇	3660	32106	60	2663	60	6	3952
柏乡县王家庄乡	3320	19125	34	3294	33	5	
柏乡县龙华乡	5460	36232	40	1591	40	5	
柏乡县内步乡	3290	19239	32	1050	21	2	
隆尧县隆尧镇	8160	104858	300	3100	86	13	76515
隆尧县魏家庄镇	4110	32800	69	4584	56	11	15375
隆尧县尹村镇	6690	46426	21	6093	20	3	4310
隆尧县山口镇	5465	34368	26	6093	24	3	3600
隆尧县莲子镇镇	7512	66181	138	27092	132	21	10130
隆尧县固城镇	6470	45690	105	4985	55	13	6945
隆尧县北楼乡	3794	28534	15	1820	15		
隆尧县东良乡	6910	48027	12	1810	11	2	
隆尧县双碑乡	3621	25858	18	2903	15		
隆尧县牛家桥乡	4993	22819	17	1350	15	2	
隆尧县千户营乡	7800	28664	10	2150	8		
隆尧县大张庄乡	6790	32732	12	211	9	1	
任县任城镇	5600	48894	59	3266	42	14	45260
任县邢家湾镇	5300	38159	195	3600	193	12	9425
任县辛店镇	3500	40349	177	1203	120	1	12890
任县天口镇	6296	47908	137	2315	135	6	6527
任县西固城乡	6300	45001	14	263	14		
任县永福庄乡	4900	33899	115	620	40		
任县大屯乡	6800	50730	20	230	1	1	
任县骆庄乡	4000	33232	13	293	13		
南和县和阳镇	4514	57636	936	18537	70	4	41247
南和县贾宋镇	6768	57779	42	700	40	2	18508
南和县郝桥镇	6110	63547					21806
南和县东三召乡	5803	51000	80	600	18	1	
南和县阎里乡	4516	38228	10	230	9	1	
南和县河郭乡	4435	31341	70	8091	69	18	

续表 21　　　　（河北省）　　　　单位：公顷、人、个

名　称	行政区域面积	常住人口	企业个数	企业从业人员	工业企业单位	#规模以上	城镇建成区常住人口
南和县史召乡	3800	33751	35	1120	35	1	
南和县三思乡	4230	35986	59	2200	20	6	
宁晋县凤凰镇	9263	126021	174	31240	95	40	117138
宁晋县河渠镇	7960	63165	774	10450	80	10	4830
宁晋县北河庄镇	5996	48104	697	6285	85	5	9680
宁晋县耿庄桥镇	13312	54212	132	14692	132	9	5712
宁晋县东汪镇	5860	35788	136	18885	78	14	15072
宁晋县贾家口镇	8616	48444	153	4872	153	40	4595
宁晋县四芝兰镇	8586	55005	1080	6157	66	7	7267
宁晋县大陆村镇	6637	46035	813	9313	144	18	23731
宁晋县苏家庄镇	8667	59260	680	13326	203	28	8936
宁晋县换马店镇	5572	41391	532	3847	63	3	4598
宁晋县唐邱镇	6015	45358	68	653	21	6	2100
宁晋县侯口乡	5826	23211	53	1864	52	21	
宁晋县纪昌庄乡	5931	23293	14	783	14	2	
宁晋县北鱼乡	2061	8656	112	1138			
巨鹿县巨鹿镇	8336	120839	332	16740	294	33	112718
巨鹿县王虎寨镇	4721	24424	1135	6810	126	9	7291
巨鹿县西郭城镇	3718	14325	139	5571	138	9	7706
巨鹿县官亭镇	6390	33748	160	4268	126	5	14207
巨鹿县阎疃镇	6352	26379	24	422	2	2	10099
巨鹿县小吕寨镇	3759	23464	30	180	20	3	17700
巨鹿县苏家营镇	7989	34797	37	256	27		1965
巨鹿县堤村乡	7310	37680	52	780	31		
巨鹿县张王疃乡	7456	37767	16	245	16	1	
巨鹿县观寨乡	6640	32327	20	110	19		
新河县新河镇	5706	64836	630	5820	582	31	19981
新河县寻寨镇	5456	25527	84	1475	82	1	4823
新河县白神首乡	4135	16763	48	480	48	2	
新河县荆家庄乡	6664	23623	118	2378	118	5	
新河县西流乡	6689	25357	365	4069	192	1	
新河县仁让里乡	7665	20294	50	1448	44	1	
广宗县广宗镇	6480	73901	637	12067	171	37	10125
广宗县冯家寨镇	6813	38600	402	8460	154	16	2110
广宗县北塘疃镇	9219	44463	122	2238	22	3	2240
广宗县核桃园镇	6793	33415	17	1218	8	1	1998
广宗县葫芦乡	4199	21079	59	823	8		
广宗县大平台乡	7309	36331	111	1552	17		
广宗县件只乡	4890	25288	31	475	3		
广宗县东召乡	3669	18707	21	371	7		
平乡县丰州镇	4360	33972	204	2857	170	4	26406
平乡县平乡镇	5270	37705	75	1926	72	6	14125
平乡县河古庙镇	6370	51081	287	1175	286	35	20336
平乡县节固乡	5730	37888	274	3422	225	7	
平乡县油召乡	6550	39404	179	9340	121	2	
平乡县田付村乡	4940	27926	65	2140	63	1	
平乡县寻召乡	5290	31002	45	1910	45	1	
威县洺州镇	6836	93660	834	11860	792	3	40875
威县梨园屯镇	5311	30151	192	8664	162	10	17464
威县章台镇	6143	36361	40	923	28	2	2996

续表 22　　(河北省)　　单位：公顷、人、个

名　　称	行政区域面积	常住人口	企业个数	企业从业人员	工业企业单位	#规模以上	城镇建成区常住人口
威县侯贯镇	7039	34250	623	3820	260	7	11706
威县七级镇	6054	33642	31	735	30	5	8767
威县贺营镇	6363	34784	42	945	19	1	6266
威县方家营镇	5006	28583	374	4315	28	1	9812
威县常庄镇	5395	26830	210	12220	160	18	824
威县第什营镇	7943	34445	69	1603	36	3	4710
威县枣园乡	5436	34236	124	2124	102	2	
威县固献乡	6351	28153	92	4627	92	3	
威县贺钊乡	6843	33508	256	1255	27	1	
威县张家营乡	5206	22690	60	418	45	1	
威县常屯乡	7337	31330	253	1520	89	6	
威县高公庄乡	5704	26572	285	2546	45	1	
威县赵村乡	5796	28537	62	878	42		
清河县葛仙庄镇	12698	142109	772	9800	620	42	66829
清河县连庄镇	8220	63162	360	2320	136	20	12645
清河县油坊镇	7150	63179	135	1735	90	4	9540
清河县谢炉镇	7025	57250	461	3260	135	9	9368
清河县王官庄镇	7200	61267	542	15600	480	27	16320
清河县坝营镇	7771	47574	121	860	95	7	8138
临西县临西镇	4100	55052	45	270	6	3	40386
临西县河西镇	5300	38578	1200	15000	920	2	19800
临西县下堡寺镇	6000	32275	30	600	20	2	3945
临西县尖冢镇	6000	41089	512	2612	135	2	6140
临西县老官寨镇	7401	35317	157	980	41	4	4450
临西县吕寨镇	6800	29538	476	3400	396	9	1944
临西县东枣园乡	4438	22745	126	2845	20	2	
临西县摇鞍镇乡	7700	37701	317	6713	302	1	
临西县大刘庄乡	6500	33287	490	2450	490	5	
邢台经济开发区东汪镇	2080	33289	120	1756	120	6	30888
邢台经济开发区王快镇	2860	41165	664	6500	312	16	11288
邢台经济开发区祝村镇	3656	25376	41	703	8	2	4772
邢台经济开发区沙河城镇	2985	18392	48	5200	18		8160
邢台经济开发区留村镇	6941	48988	25	800	25	2	5200
邢台市大曹庄管理区徐家河乡	3913	18367	407	2050	407	20	
邢台市大曹庄管理区大曹庄乡	2087	14576	262	1008	258		
南宫市苏村镇	5060	21475	18	143	13	3	9667
南宫市大高村镇	4620	20091	305	2310	13	3	6412
南宫市垂杨镇	7760	41687	213	4520	137	4	11624
南宫市明化镇	6950	31728	930	9395	29	5	5819
南宫市段芦头镇	9290	50937	786	9416	154	17	14225
南宫市紫冢镇	8550	39187	1584	11845	67	10	6012
南宫市大村乡	5870	21981	158	1064	7	1	
南宫市南便村乡	6080	28138	14	581	11	3	
南宫市大屯乡	5640	22484	159	918	27	1	
南宫市王道寨乡	5800	25553	29	980	24	1	
南宫市薛吴村乡	6680	29789	549	5218	16	5	
沙河市新城镇	5244	41520	186	2458	149	6	9271
沙河市白塔镇	8400	42968	150	9200	43	13	28778
沙河市十里亭镇	6330	28011	70	2059	60	10	9600
沙河市綦村镇	10842	28020	39	1930	39	2	7751

续表 23　　(河北省)　　单位：公顷、人、个

名　　称	行政区域面积	常住人口	企业个数	企业从业人员	工业企业单位	#规模以上	城镇建成区常住人口
沙河市册井乡	6066	24874	36	1320	24	2	
沙河市刘石岗乡	7550	22867	11	56	11		
沙河市柴关乡	8249	15873	102	1120	10		
沙河市蝉房乡	15230	18370	3	54	3		
竞秀区颉庄乡	1140	22874	297	3211	211	9	
竞秀区富昌乡	1416	25331	1010	9100	235	11	
竞秀区韩村乡	550	11890	137	2235	134	1	
竞秀区南奇乡	2272	22692	415	4123	325	10	
竞秀区江城乡	4289	39408	257	8300	97	15	
莲池区韩庄乡	2180	42983	85	1700	2		
莲池区东金庄乡	1530	21505	198	3940	168	4	
莲池区百楼乡	2461	25308	341	2166	25		
莲池区杨庄乡	1272	14354	30	650	30	1	
莲池区南大园乡	1722	28152	1567	61932	94	12	
莲池区焦庄乡	2980	33646	64	2000	30	12	
莲池区五尧乡	2779	41358	963	5712	102	11	
满城区满城镇	8800	104800	1400	30000	200	11	75153
满城区大册营镇	4740	36283	231	8760	216	29	2773
满城区神星镇	7300	42137	126	3355	101	7	42137
满城区南韩村镇	5933	44425	286	6691	236	16	5478
满城区方顺桥镇	5199	45092	437	3610	275	12	6942
满城区于家庄乡	2947	22675	310	4100	85	6	
满城区要庄乡	2816	25240	31	2800	28	6	
满城区白龙乡	4750	18167	533	2703	122		
满城区石井乡	5924	22651	311	23121	109	2	
满城区坨南乡	6667	17055	16	335	11		
满城区刘家台乡	7862	5068	31	176	3		
清苑区清苑镇	4690	39822	1168	14000	139	23	33465
清苑区冉庄镇	6440	38372	200	2700	70		3837
清苑区阳城镇	6790	39375	26	1400			5884
清苑区魏村镇	4500	38657	511	5575	25	5	38657
清苑区温仁镇	6613	49925	96	3203	96	7	9304
清苑区张登镇	5538	40249	320	5230	102		11548
清苑区大庄镇	2900	23578	606	3962	400	5	6295
清苑区臧村镇	3610	31052	149	1105	70	1	31052
清苑区白团乡	5070	37884	35	245	2	2	
清苑区北店乡	4538	27892	174	1589	159	4	
清苑区石桥乡	7120	43310	84	3046	32	5	
清苑区李庄乡	4966	27219	12	300	12		
清苑区北王力乡	4525	28553	8	565	8		
清苑区东吕乡	5909	47289	467	3671	297	6	
清苑区何桥乡	3947	28718	260	3500	5	1	
清苑区孙村乡	2158	18670	122	2122	14	2	
清苑区阎庄乡	2226	20600	316	1990	23	1	
清苑区望亭乡	4212	41243	648	9000	172	6	
徐水区安肃镇	8154	137480	1443	11000	347	19	63105
徐水区崔庄镇	7036	73371	195	1386	57	4	28806
徐水区大因镇	5744	54136	651	5608	41	2	15846
徐水区遂城镇	6791	46618	246	11096	109	7	21239
徐水区高林村镇	6577	43842	197	3960	103	7	4952

续表 24　　(河北省)　　单位：公顷、人、个

名　　称	行政区域面　　积	常住人口	企业个数	企　　业从业人员	工业企业单　　位	#规模以上	城镇建成区常住人口
徐水区大王店镇	7271	52279	153	10040	40	4	8350
徐水区漕河镇	5287	34556	83	658	71		945
徐水区东史端乡	4236	32584	36	1365	18	4	
徐水区留村乡	3733	28414	96	4265	76	7	
徐水区正村乡	3589	25557	20	131	4		
徐水区户木乡	3589	24387	60	310	16		
徐水区瀑河乡	3358	14702	20	780	20		
徐水区东釜山乡	3813	12817	182	1078	126		
徐水区义联庄乡	3122	7585	14	112	14		
涞水县涞水镇	4432	38656	40	1611	36	8	4453
涞水县永阳镇	6489	29560	156	863	31	5	1853
涞水县义安镇	5336	29925	175	3460	25	5	1924
涞水县石亭镇	7357	38179	27	850	24	1	4672
涞水县赵各庄镇	25311	22233	6	139	6		2886
涞水县九龙镇	22419	16353	13	70	11	1	1990
涞水县三坡镇	21837	13237	12	185	6	1	1710
涞水县一渡镇	4799	9833	11	175	8	3	9737
涞水县明义乡	3331	20519	37	200			
涞水县王村乡	3444	20912	79	1027	17	1	
涞水县东文山乡	3200	17299	15	497	14	3	
涞水县娄村满族乡	16206	29137	43	258	6		
涞水县其中口乡	17678	6219					
涞水县龙门乡	21307	9676	1	23	1		
涞水县胡家庄乡	2521	15285	3	46			
阜平县阜平镇	29440	52010	435	3480	177	4	29138
阜平县龙泉关镇	14872	7141	43	350	28		2035
阜平县平阳镇	18726	25143	46	370	10	1	1468
阜平县城南庄镇	27580	17853	357	2640	328	1	3451
阜平县天生桥镇	16483	10361	20	150	5		1604
阜平县王林口镇	10550	19702	72	600	25	1	5600
阜平县台峪乡	11367	7408	39	280	35		
阜平县大台乡	17714	11233	12	90	1	1	
阜平县史家寨乡	26380	7915	21	160	9		
阜平县砂窝乡	23169	10627	96	750	72		
阜平县吴王口乡	20423	3803	12	96	12		
阜平县夏庄乡	16942	4835	7	60	5		
阜平县北果元乡	15947	22435	235	1640	205		
定兴县定兴镇	6587	128570	1838	43560	195	40	114260
定兴县固城镇	6724	45457	71	2400	71	10	23027
定兴县贤寓镇	6722	41490	45	1080	30	1	7485
定兴县北河镇	3329	20568	77	1016	30		6475
定兴县天宫寺镇	4258	33736	70	420	9		10263
定兴县小朱庄镇	4486	28740	26	859	26		8940
定兴县东落堡乡	3921	25000	19	401	19	2	
定兴县高里乡	8242	43985	7	340	7	2	
定兴县张家庄乡	2823	17656	93	1020			
定兴县姚村乡	3091	18699	7	553	7	1	
定兴县肖村乡	3751	19950	12	500	6		
定兴县柳卓乡	3156	19913	8	2180	8	2	
定兴县杨村乡	3856	24135	35	425	8		

续表 25　　(河北省)　　单位：公顷、人、个

名称	行政区域面积	常住人口	企业个数	企业从业人员	工业企业单位	#规模以上	城镇建成区常住人口
定兴县北田乡	4879	31003	10	267	5	2	
定兴县北南蔡乡	2815	16941	10	242	4		
定兴县李郁庄乡	2777	15700					
唐县仁厚镇	5000	46865	3979	26049	269		34760
唐县王京镇	4600	51370	90	5000	65	12	3658
唐县高昌镇	5500	36217	85	550	83		3465
唐县北罗镇	4100	50245	233	2745	193	4	3381
唐县白合镇	11000	29531					3196
唐县军城镇	9700	22667	84	430	60		2600
唐县川里镇	10100	8207	80	320	35		1160
唐县长古城镇	4310	41957	287	13960	216	8	3048
唐县罗庄镇	5400	36440	40	600			2358
唐县都亭乡	3400	24391	334	6133	42	2	
唐县南店头乡	1780	22564	704	6758	1	1	
唐县北店头乡	7910	29666	90	1054	88		
唐县雹水乡	2900	17916	106	1420	103		
唐县大洋乡	5100	25282					
唐县迷城乡	5200	12205	60	5759	45	2	
唐县齐家佐乡	11600	25700	102	1325	70		
唐县羊角乡	9200	11080	7	42	7		
唐县石门乡	9215	8612	7	36			
唐县黄石口乡	11800	17578	23	116	5		
唐县倒马关乡	10300	4107	7	485	7		
高阳县高阳镇	3960	81747	823	22438	290	21	8647
高阳县庞口镇	8612	51292	219	3594	114	2	7615
高阳县西演镇	7197	46159	923	17820	908	10	5954
高阳县邢家南镇	5050	43000	610	16480	495	14	15600
高阳县晋庄镇	5406	33270	232	9590	179	15	1997
高阳县蒲口乡	5254	25619	130	3201	96	4	
高阳县小王果庄乡	4396	23173	192	5799	159	9	
高阳县龙化乡	5200	24133	83	1245	60		
高阳县庞家佐乡	4274	18863	140	3906	89	10	
容城县容城镇	7590	76704	393	18207	373	29	27425
容城县小里镇	3500	28240	365	4100	230	9	14686
容城县南张镇	5380	42473	217	6921	150	3	10671
容城县大河镇	3200	22620	413	18600	370	3	2780
容城县晾马台镇	3380	26723	562	3652	521	9	4856
容城县八于乡	2920	20129	52	660	42	1	
容城县贾光乡	2380	25189	75	1556	75	1	
容城县平王乡	3050	24721	61	1608	61	4	
涞源县涞源镇	18100	45920	1311	7838	115	10	1518
涞源县银坊镇	23200	15307	20	250	18		1830
涞源县走马驿镇	15700	20909	196	982	39	2	1260
涞源县水堡镇	15300	7990	329	2760	60	2	1050
涞源县王安镇	14600	15962	75	990	42		2160
涞源县杨家庄镇	11500	11862	58	2134	52	5	4815
涞源县白石山镇	15700	19220	502	2660	90	1	17328
涞源县南屯镇	7100	10375	168	1596	40		1220
涞源县南马庄乡	13500	10143					
涞源县北石佛乡	14900	19982	70	660	9		

续表 26 (河北省) 单位：公顷、人、个

名　　称	行政区域面积	常住人口	企业个数	企业从业人员	工业企业单位	#规模以上	城镇建成区常住人口
涞源县金家井乡	17700	14088	16	489	5		
涞源县留家庄乡	13800	7460	20	160	2		
涞源县上庄乡	19300	15100	110	574	10		
涞源县东团堡乡	19400	14950	30	341	30		
涞源县塔崖驿乡	7500	6569					
涞源县乌龙沟乡	7500	6114					
涞源县烟煤洞乡	7440	4880					
望都县望都镇	3980	56421	280	1689	272	5	22800
望都县固店镇	4994	28519	64	4288	48	2	2431
望都县贾村镇	4016	28632					2273
望都县寺庄乡	4883	32477	17	849	5	1	
望都县赵庄乡	3413	25622	256	3000	156	6	
望都县黑堡乡	3822	28030	23	781	7	2	
望都县高岭乡	4031	24778	480	7047	2	2	
望都县中韩庄乡	6535	26871	205	1822	155	3	
安新县安新镇	7138	49153	185	5948	141	14	15038
安新县大王镇	7300	29598	1620	11206	487	1	2860
安新县三台镇	5600	67065	1520	48012	1280	12	8714
安新县端村镇	7200	48040	200	2500	77	1	2078
安新县赵北口镇	2260	22483	296	1458	283		11102
安新县同口镇	8801	36099	60	1500	60	2	10852
安新县刘李庄镇	6200	51497	672	12500	364	1	3538
安新县安州镇	7482	40823	153	2951	60	8	380
安新县老河头镇	6090	45767	270	8965	157	24	6824
安新县圈头乡	4500	25442	249	3074	49		
安新县寨里乡	5796	35243	156	15920	122		
安新县芦庄乡	4100	22597	76	1140	76	10	
易县易州镇	8060	52594	181	1120	30	12	13690
易县梁格庄镇	14500	30715	30	323	30	2	1991
易县西陵镇	8000	16471	67	590	1		1178
易县裴山镇	8506	37479	6	630	6	6	1865
易县塘湖镇	7333	45957	2	120	2	2	4300
易县狼牙山镇	14667	16787	43	957	3		1245
易县良岗镇	16700	11722	18	123	15		1900
易县紫荆关镇	26300	21356	22	251	11	1	990
易县高村镇	9800	36063	78	1523	53	9	1100
易县桥头乡	5440	27357	48	356	10	2	
易县白马乡	5940	16660	159	859	13	3	
易县流井乡	10800	17527					
易县高陌乡	6450	47328	5	160	5	2	
易县大龙华乡	7500	12820	5	90	2	1	
易县安格庄乡	10300	11240	6	101	1		
易县凌云册乡	6620	31939	15	265	10	7	
易县西山北乡	9345	22157	27	168	26		
易县尉都乡	4050	16230	76	390	6		
易县独乐乡	3700	10520	4	26	4	1	
易县七峪乡	5100	2568	4	160	4	1	
易县富岗乡	10600	5992	36	200	12		
易县坡仓乡	7200	5991	2	81			
易县牛岗乡	8378	5359	3	27	3		

续表 27　　（河北省）　　单位：公顷、人、个

名　称	行政区域面积	常住人口	企业个数	企业从业人员	工业企业单位	#规模以上	城镇建成区常住人口
易县桥家河乡	7310	4328	3	86	3	2	
易县甘河净乡	6200	1531	1	17			
易县蔡家峪乡	7200	2503					
易县南城司乡	17800	13348	5	107	2	1	
曲阳县恒州镇	4820	51784	718	4230	360	1	42015
曲阳县灵山镇	12210	74223	2126	10640	40	3	14121
曲阳县燕赵镇	4850	46854	132	720	93		5742
曲阳县羊平镇	5150	45462	139	676	126	3	4521
曲阳县文德镇	3800	47650	135	1530	132	1	7601
曲阳县晓林镇	6140	37885	265	3585	265		37885
曲阳县路庄子乡	3640	17340	80	2267	80		
曲阳县下河乡	5930	25762	15	301	15		
曲阳县庄窠乡	2310	12609	10	117	10		
曲阳县孝墓乡	6660	25727	45	229	2	1	
曲阳县东旺乡	5840	36930	53	350	53		
曲阳县邸村乡	3040	26675	600	3728	395	1	
曲阳县产德乡	8760	32590	100	701	65		
曲阳县齐村乡	7620	16785	3	95	3		
曲阳县党城乡	6420	24657					
曲阳县郎家庄乡	10199	21470	5	60			
曲阳县范家庄乡	4970	8452	12	108			
曲阳县北台乡	6300	11935	48	280	48		
蠡县蠡吾镇	9954	108943	2122	17366	110	23	46825
蠡县留史镇	5962	55803	334	4802	239	8	16692
蠡县大百尺镇	19429	68265	125	8228	81	10	8227
蠡县辛兴镇	6251	53673	1890	13800	406	15	9588
蠡县北郭丹镇	2718	23540	45	7800	43	4	12081
蠡县万安镇	2991	30998	44	3800	15	2	9475
蠡县桑园镇	3686	29120	708	4883	530	4	20409
蠡县南庄镇	6896	39470	165	2547	56	1	5824
蠡县大曲堤镇	2800	24541	136	2650	26	1	5915
蠡县小陈乡	2027	25078	65	3633	49	5	
蠡县林堡乡	2680	21871	68	2135	56	3	
蠡县北埝头乡	4434	26188	8	150	8		
蠡县鲍墟乡	5830	41278	27	633	27	2	
顺平县蒲阳镇	6473	50731	155	3486	140	17	30128
顺平县高于铺镇	6731	58063	181	4525	177	13	21176
顺平县腰山镇	5224	37456	45	1592	35		2688
顺平县蒲上镇	5901	32457	90	4150	80	12	8585
顺平县神南镇	9450	8200	8	76	1		6838
顺平县白云乡	5907	30721	109	2816	13	1	
顺平县河口乡	5872	15941	1	55	1		
顺平县安阳乡	9095	17639	196	1958	2	1	
顺平县台鱼乡	5450	18688					
顺平县大悲乡	10821	17846	7	106	7		
博野县博野镇	8652	69393	316	9458	135	13	19261
博野县小店镇	3018	28625	76	800	56	5	3845
博野县程委镇	7143	44393	232	8506	180	3	2300
博野县东墟镇	2700	25906	96	1038	51	12	3630
博野县北杨镇	2900	28186	28	573	28	1	28186

续表 28　　　　　　　　　　　　　　(河北省)　　　　　　　　　　　　　　单位：公顷、人、个

名　　称	行政区域面积	常住人口	企业个数	企业从业人员	工业企业单位		城镇建成区常住人口
						#规模以上	
博野县城东镇	3800	30609	32	389	4	1	3456
博野县南小王乡	5278	37209	118	3770	102	9	
雄县雄州镇	9018	105863	2312	27102	602	39	72276
雄县昝岗镇	4503	32358	287	1912	206	15	32358
雄县大营镇	6137	31928	69	1310	69	3	31928
雄县龙湾镇	8074	50081	462	6021	222	24	31892
雄县朱各庄镇	4710	41731	96	1428	93	17	14889
雄县米家务镇	5770	34844	317	6765	217	12	7922
雄县北沙口乡	3741	24538	856	6420	68	6	
雄县双堂乡	4109	21437	135	1080	24	1	
雄县张岗乡	4879	31886	57	350	23	1	
保定高新技术产业开发区贤台乡	2867	21810	52	958	31	3	
保定高新技术产业开发区大马坊乡	1935	17293	11	270	10	1	
保定白沟新城白沟镇	5434	152382	4469	22345	1192	86	152382
涿州市松林店镇	7200	49242	1120	23000	280	22	18917
涿州市码头镇	5932	37927	692	7013	200		1870
涿州市东城坊镇	10063	43199	138	2600	53	5	2410
涿州市高官庄镇	4260	27277	50	1320	46	1	2415
涿州市东仙坡镇	4511	32927	1175	7717	68	1	5166
涿州市百尺竿镇	5400	44483	284	2805	149	4	966
涿州市义和庄镇	8120	38096	25	574	25	2	4290
涿州市刁窝镇	6980	34173	339	3071	159	1	7930
涿州市林家屯乡	5000	35907	45	4022	35	1	
涿州市孙庄乡	2696	17502	65	866	21	1	
涿州市豆庄乡	7008	35329	300	1510	300	1	
安国市祁州镇	4302	66362	412	6250	282	5	34750
安国市伍仁桥镇	3480	32125	6	700	6	6	3915
安国市石佛镇	5495	33406	257	4930	57	6	4200
安国市郑章镇	5500	37170	46	721	19	4	3726
安国市大五女镇	3900	23991	90	468	15	1	1945
安国市西佛落镇	3150	22520					2834
安国市明官店乡	4700	33517	23	603	2	2	
安国市南娄底乡	3952	43069	20	320	9	2	
安国市西安国城乡	3500	28734	24	386	14	1	
安国市北段村乡	4700	24692	13	410	9	1	
高碑店市方官镇	6400	46394	270	2908	155	3	5089
高碑店市新城镇	7451	50570	255	1307	15	1	7488
高碑店市泗庄镇	5400	36083	103	845	40	2	9169
高碑店市辛立庄镇	6030	40879	134	999	19	1	5592
高碑店市东马营镇	4000	31494	105	1464	43	1	12855
高碑店市辛桥镇	7200	33664	72	686	32		1549
高碑店市肖官营乡	4400	25066	53	683	18	2	
高碑店市梁家营乡	2900	29379	140	1188	45		
高碑店市张六庄乡	6201	40294	109	758	61	1	
张家口市桥东区姚家庄镇	4622	15523	164	2209	84	6	2633
张家口市桥西区东窑子镇	10610	26929	56	1430	53		13833
宣化区庞家堡镇	12718	20665	198	1550	46		10397
宣化区深井镇	33444	22672	25	222	18	3	4783
宣化区崞村镇	27194	15130	356	1254	15		1271
宣化区沙岭子镇	3460	18968	242	2557	42	2	12980

续表 29　　(河北省)　　单位：公顷、人、个

名　称	行政区域面　积	常住人口	企业个数	企　业从业人员	工业企业单　位	#规模以上	城镇建成区常住人口
宣化区洋河南镇	13060	48984	284	4335	79	3	29829
宣化区大仓盖镇	9720	21806					2937
宣化区贾家营镇	19472	19262	108	2851	108	6	2346
宣化区顾家营镇	4831	12756	86	1595	41	3	2633
宣化区赵川镇	17619	32697	60	1320	60	13	7429
宣化区河子西乡	4900	16976	72	1369	37	2	
宣化区春光乡	3700	16019	81	486	8	4	
宣化区侯家庙乡	5899	13591	225	1483	65	2	
宣化区东望山乡	18680	14456	40	1159	27	2	
宣化区李家堡乡	10140	7428	53	1354	53	2	
宣化区王家湾乡	23375	2131	2	12	1		
宣化区塔儿村乡	18480	5544	5	115	5		
宣化区江家屯乡	10949	24984	82	450	23	3	
下花园区花园乡	5470	9559	63	756	16	2	
下花园区辛庄子乡	6937	4824	87	1277	12	2	
下花园区定方水乡	10460	8885	16	429	3	3	
下花园区段家堡乡	6420	1718	3	19	1		
万全区孔家庄镇	6540	36266	365	8276	104	8	21222
万全区万全镇	7126	12833	96	500			11615
万全区洗马林镇	13858	5763	17	410	4	2	3197
万全区郭磊庄镇	5852	22150	98	693	6	3	3833
万全区膳房堡乡	17695	9600	23	600	10	1	
万全区北新屯乡	18663	5362					
万全区宣平堡乡	7269	27479	222	4440	85	5	
万全区高庙堡乡	13400	10068	112	610	4		
万全区旧堡乡	6424	9988	21	966	7		
万全区安家堡乡	10138	22454	47	1554	45	2	
万全区北沙城乡	6484	17209					
崇礼区西湾子镇	23024	36338	948	12968	38	2	35226
崇礼区高家营镇	34693	25375	258	3189	86	2	8897
崇礼区四台嘴乡	37252	10167	129	5249	33	4	
崇礼区红旗营乡	17828	4304	64	989	18		
崇礼区石窑子乡	14399	2404	29	273			
崇礼区驿马图乡	33653	3886	31	472	2		
崇礼区石嘴子乡	29904	6188	98	980	20		
崇礼区狮子沟乡	12032	3500	45	230	4	1	
崇礼区清三营乡	13889	2830					
崇礼区白旗乡	15628	4778	62	617	2		
张北县张北镇	14177	143395	1294	15038	107	19	133229
张北县公会镇	26033	7826	2	50	2	2	2222
张北县二台镇	32017	20108	133	1099	7	1	4218
张北县大囫囵镇	27782	8480	2	106	2	2	770
张北县小二台镇	20147	6961	6	35			897
张北县油篓沟镇	23307	11452	96	576			800
张北县大河镇	22234	6261	6	75	4		375
张北县台路沟乡	17212	4638	12	90	11		
张北县馒头营乡	19451	8135	57	412	2		
张北县二泉井乡	23282	9007					
张北县单晶河乡	16126	2972	16	96			
张北县海流图乡	28432	9928					

续表 30　　(河北省)　　单位：公顷、人、个

名　　称	行政区域面　　积	常住人口	企业个数	企　　业从业人员	工业企业单　　位	#规模以上	城镇建成区常住人口
张北县两面井乡	20283	8808					
张北县大西湾乡	21626	6896					
张北县郝家营乡	16229	8676	101	786	6		
张北县白庙滩乡	21007	7123					
张北县战海乡	17721	6598	3	62			
张北县三号乡	19871	9091	1	140	1	1	
康保县康保镇	32903	76112	486	10830	65	20	41106
康保县张纪镇	25920	8245	10	800	3	2	1573
康保县土城子镇	19200	6237					1894
康保县邓油坊镇	14467	4888					2231
康保县李家地镇	15000	5811	12	85			1220
康保县照阳河镇	23404	6019	1	48	1	1	513
康保县屯垦镇	41157	7737	8	60	1	1	1265
康保县闫油坊乡	23300	6476	1	47	1		
康保县丹清河乡	20301	6123	1	24	1		
康保县哈咇嘎乡	16770	6768	56	332	2	2	
康保县二号卜乡	18790	10802					
康保县芦家营乡	15949	5100					
康保县忠义乡	10543	6264	40	210			
康保县处长地乡	14346	4193					
康保县满德堂乡	29666	8710	20	185	10		
沽源县平定堡镇	38000	35000	5	30	5		27520
沽源县小厂镇	22000	8783					1260
沽源县黄盖淖镇	17800	10264	4	21	2		396
沽源县九连城镇	32200	11898	5	150	5	1	1450
沽源县高山堡乡	17700	5970	3	142	3		
沽源县小河子乡	34400	10352	5	26	2		
沽源县二道渠乡	21800	9034	16	96	6		
沽源县大二号回族乡	5700	3029					
沽源县闪电河乡	22700	9510	1	6	1		
沽源县长梁乡	23000	6760	1	44			
沽源县丰源店乡	28288	9200					
沽源县西辛营乡	21300	9348	6	498	5	1	
沽源县莲花滩乡	21900	3969					
沽源县白土窑乡	28700	9878					
尚义县南壕堑镇	24828	57369	39	1184	14	3	57369
尚义县大青沟镇	19370	18585	75	403	2		7823
尚义县八道沟镇	20015	10511	12	450	4	1	1210
尚义县红土梁镇	29324	7592	65	989	5	2	4172
尚义县小蒜沟镇	38054	4122	1	6	1		1781
尚义县三工地镇	10884	7864					1074
尚义县满井镇	2946	7693					1128
尚义县大营盘乡	25748	9203	1	63	1	1	
尚义县大苏计乡	13867	7804	10	53	5		
尚义县石井乡	13100	6398	2	20	2	2	
尚义县七甲乡	7713	6143	6	190	5		
尚义县套里庄乡	11461	3894	5	28	3	1	
尚义县甲石河乡	14326	4023	2	63	1		
尚义县下马圈乡	15750	1619					
蔚县蔚州镇	3764	88825					88825

续表 31　　　　　　　　　　　　（河北省）　　　　　　　　　　　　单位：公顷、人、个

名　　称	行政区域面　积	常住人口	企业个数	企　业从业人员	工业企业单　位	#规模以上	城镇建成区常住人口
蔚县代王城镇	6910	29507	8	506	7	1	7026
蔚县西合营镇	14045	49992	120	610	11		26130
蔚县吉家庄镇	13500	22230	4	135	4	2	4686
蔚县白乐镇	6462	18207	5	27	1		7145
蔚县暖泉镇	6326	15433	63	360	2		7513
蔚县南留庄镇	7137	25225	1235	7307	14	2	8120
蔚县北水泉镇	10425	10487	28	209	3		4395
蔚县桃花镇	16220	19955	4	25			11720
蔚县阳眷镇	13670	10711	1	6			3617
蔚县宋家庄镇	39620	23665	479	2398	8	5	1879
蔚县下宫村乡	25335	22357	5	256			
蔚县南杨庄乡	12319	14004	50	919			
蔚县柏树乡	23706	11357					
蔚县常宁乡	5881	8980	4	80	1		
蔚县涌泉庄乡	7900	22790					
蔚县杨庄窠乡	11810	13411	18	930	2		
蔚县南岭庄乡	7300	8893	92	880			
蔚县陈家洼乡	9692	7167					
蔚县黄梅乡	7683	9343	26	135	3		
蔚县白草村乡	12198	5880	28	465	1		
蔚县草沟堡乡	46510	8855					
阳原县西城镇	10460	87092	984	4921	122	12	66240
阳原县东城镇	16742	16164	17	185	5		7684
阳原县化稍营镇	9412	23993	40	1880	9	3	9881
阳原县揣骨疃镇	28100	20899	26	630	10		6441
阳原县东井集镇	12800	24576	13	97	5		6533
阳原县要家庄乡	10660	15306	27	310	7	1	
阳原县东坊城堡乡	11500	7327	13	185	2		
阳原县井儿沟乡	12620	9755	3	329	3	1	
阳原县三马坊乡	7770	8524	2	17			
阳原县高墙乡	17962	13520	12	168	8		
阳原县大田洼乡	8050	3771					
阳原县辛堡乡	11640	10851	63	370	1		
阳原县马圈堡乡	10880	7427	2	30	2		
阳原县浮图讲乡	15330	9572	14	352	7	2	
怀安县柴沟堡镇	16383	72525	733	6549	27	4	70518
怀安县左卫镇	27178	39363	48	1551	47	2	11872
怀安县头百户镇	8382	12049	18	270	4		2800
怀安县怀安城镇	20487	24297	26	1183	16	3	12503
怀安县渡口堡乡	20237	16600					
怀安县第六屯乡	8361	9370	28	1024	3		
怀安县西湾堡乡	11622	5827					
怀安县西沙城乡	8500	8264	2	42	2	1	
怀安县太平庄乡	16877	7392					
怀安县王虎屯乡	17383	8447	26	473			
怀安县第三堡乡	13771	12214					
怀来县沙城镇	5902	163236	1219	21002	136	13	163236
怀来县北辛堡镇	7056	11837	29	872	1		2945
怀来县新保安镇	6686	15500	53	2982	5	5	9534
怀来县东花园镇	13616	15951	650	3300	20	7	2931

续表 32　　　　　　　　　　（河北省）　　　　　　　　　　单位：公顷、人、个

名　　称	行政区域面　　积	常住人口	企业个数	企　　业从业人员	工业企业单　　位		城镇建成区常住人口
						#规模以上	
怀来县官厅镇	17931	9726	268	1715	35		1310
怀来县桑园镇	12133	25685	23	640	7	1	4091
怀来县存瑞镇	15125	25003	500	3880	25		2660
怀来县土木镇	9354	24872	733	3079	36	4	1035
怀来县大黄庄镇	4617	13167	304	1521	49		7549
怀来县西八里镇	3658	20714	441	2210	9		4064
怀来县小南辛堡镇	17236	15636	116	653	23	1	1653
怀来县狼山乡	5473	11757	14	75	2		
怀来县鸡鸣驿乡	4200	7853	194	1120			
怀来县东八里乡	2530	9880	118	748	5	2	
怀来县瑞云观乡	11830	4437	36	292	13		
怀来县孙庄子乡	11136	3131					
怀来县王家楼回族乡	13200	5419	120	615	1	1	
涿鹿县涿鹿镇	7122	29358	912	10944	241	15	12111
涿鹿县张家堡镇	6676	19396	128	4840	47		3697
涿鹿县武家沟镇	27000	10773					890
涿鹿县五堡镇	6773	23064	78	400	5		4112
涿鹿县保岱镇	10386	24417	69	566	5	1	1085
涿鹿县矾山镇	15479	19363	122	1105	48	5	4396
涿鹿县大堡镇	26676	16704	11	56	1		2855
涿鹿县河东镇	39661	11390	30	423	14		2962
涿鹿县东小庄镇	6111	29100	8	109	3		18408
涿鹿县辉耀镇	20838	10565	12	70	5		2251
涿鹿县大河南镇	26643	12000		50			2800
涿鹿县温泉屯镇	7660	10064	94	475	2	2	2457
涿鹿县蟒石口镇	20439	9617	75	430			2203
涿鹿县栾庄乡	13937	18309	3	45	2		
涿鹿县黑山寺乡	7117	9823					
涿鹿县卧佛寺乡	23000	9487	13	350	3		
涿鹿县谢家堡乡	18300	5571	7	45	3		
赤城县赤城镇	24660	74255	71	1050	42	6	67379
赤城县田家窑镇	18501	14960	61	320	35	5	1949
赤城县龙关镇	28395	28458	71	1306	56	8	16855
赤城县雕鹗镇	35390	11404	30	160	4		2357
赤城县独石口镇	21725	3866	2	40	1		1274
赤城县白草镇	24264	7183	46	231			1358
赤城县龙门所镇	23359	9520	35	625	3		3758
赤城县后城镇	36979	14825	4	30	1	1	4056
赤城县东卯镇	44245	15371	13	324	8	1	633
赤城县炮梁乡	15634	7248	116	2500	14	8	
赤城县大海陀乡	27550	7556	5	860	5	1	
赤城县镇宁堡乡	32983	7605	10	470	6	2	
赤城县马营乡	31600	6142	3	25			
赤城县云州乡	52034	11410	10	257	4	2	
赤城县三道川乡	33708	6283	1	120			
赤城县东万口乡	28220	11189	2	30	1		
赤城县茨营子乡	24203	7324	25	135			
赤城县样田乡	19159	5474	6	125	2	2	
张家口市高新技术产业开发区老鸦庄镇	2950	47781	202	18494	27	18	5162
张家口市高新技术产业开发区沈家屯镇	4500	25690	61	1350	60	8	2031

续表 33　　（河北省）　　单位：公顷、人、个

名称	行政区域面积	常住人口	企业个数	企业从业人员	工业企业单位	#规模以上	城镇建成区常住人口
张家口市高新技术产业开发区姚家房镇	4771	30849	43	3126	33	10	8137
张家口市察北管理区沙沟镇	9628	5003	12	136			1638
张家口市察北管理区宇宙营乡	9734	3627					
双桥区水泉沟镇	4128	19876	1240	6300	78	1	1630
双桥区狮子沟镇	3038	20102	408	19242	45		2816
双桥区牛圈子沟镇	6200	45659	707	9812	56	2	21526
双桥区大石庙镇	8230	33285	286	3515	33		10450
双桥区双峰寺镇	12513	26532	140	2010	23	2	11039
双滦区双塔山镇	8856	20298	199	4728	87	3	20273
双滦区滦河镇	1525	40807	484	20387	132	11	40807
双滦区大庙镇	9436	12836	215	1500	27	2	1883
双滦区偏桥子镇	5253	9200	20	353	11		1469
双滦区陈栅子乡	8795	14939	8	845			
双滦区西地满族乡	11333	21021	47	282	7	3	
鹰手营子矿区鹰手营子镇	3240	7916	50	12102	37	3	7916
鹰手营子矿区北马圈子镇	2542	10454	805	4263	19	4	2231
鹰手营子矿区寿王坟镇	6020	11257	26	150	25	7	10460
鹰手营子矿区汪家庄镇	2500	8387	22	1500	8	1	915
承德县下板城镇	25364	99516	1236	27269	171	12	85985
承德县甲山镇	17116	21168	200	15298	91	13	9282
承德县六沟镇	18040	32486	137	2110	26	2	6670
承德县三沟镇	18033	21880	120	4288	25	3	8862
承德县头沟镇	18513	23618	148	6550	44	9	5338
承德县高寺台镇	13364	13166	164	4634	52	14	13166
承德县鞍匠镇	18693	14335	81	406	21		1958
承德县三家镇	30329	19951	106	531	21	1	1550
承德县磴上镇	24997	13050	78	594	12	1	950
承德县上谷镇	12472	20978	63	1121	8	2	1822
承德县东小白旗乡	11693	8892	35	187			
承德县刘杖子乡	17587	10628	53	282	6		
承德县新杖子乡	10030	10320	68	436	8	1	
承德县孟家院乡	10147	10722	64	502	11	3	
承德县大营子乡	17358	7595	55	890	6		
承德县八家乡	13741	7623	43	216	10	1	
承德县满杖子乡	11028	7533	40	210	2		
承德县石灰窑乡	12868	19094	66	445	10		
承德县五道河乡	15857	8596	52	480	6		
承德县岔沟乡	18367	12666	71	1150	13	2	
承德县岗子满族乡	8120	8606	54	268	18		
承德县两家满族乡	10098	8272	52	263	10		
承德县仓子乡	10991	9276	77	386	10		
兴隆县兴隆镇	19200	71316	652	7250	89	12	64328
兴隆县半壁山镇	13100	21798	35	845	27	6	6050
兴隆县挂兰峪镇	18800	11638	41	683	14	1	3369
兴隆县青松岭镇	18100	13613	34	445	21	4	1721
兴隆县六道河镇	17600	16751	49	3270	20	3	2824
兴隆县平安堡镇	11200	15636	42	4002	25	5	6265
兴隆县北营房镇	13200	12092	23	860	23	3	1347
兴隆县孤山子镇	7840	10491	56	1578	26	7	4002
兴隆县蓝旗营镇	9800	14151	16	610	11	2	5230

续表 34　　(河北省)　　单位：公顷、人、个

名　　称	行政区域面积	常住人口	企业个数	企业从业人员	工业企业单位	#规模以上	城镇建成区常住人口
兴隆县雾灵山镇	28130	11458	22	389	17	1	4269
兴隆县李家营镇	16414	10450	17	726	14	2	10450
兴隆县南天门满族乡	11300	7553	8	454	8	4	
兴隆县八卦岭满族乡	10200	15057	45	262	10	2	
兴隆县陡子峪乡	7600	6094	5	900	5	1	
兴隆县上石洞乡	13660	2842					
兴隆县大杖子乡	23125	18334	34	417	19	1	
兴隆县蘑菇峪乡	33810	17337	32	1563	32	2	
兴隆县三道河乡	11800	15317	13	104	9	1	
兴隆县安子岭乡	8482	4803	6	402	4	2	
兴隆县大水泉乡	21800	12739	8	138	3		
平泉县平泉镇	22386	137150	760	12368	172	26	92915
平泉县黄土梁子镇	15340	17947	50	1052	9	1	6132
平泉县榆树林子镇	29872	24986	94	2310	4	1	5087
平泉县杨树岭镇	20476	26340	65	2470	35	3	5751
平泉县七沟镇	28119	23929	56	1919	27	5	5041
平泉县小寺沟镇	15067	22198	75	1837	19	5	5115
平泉县党坝镇	22243	23965	60	1430	22	2	5654
平泉县卧龙镇	23023	39384	385	7312	80	20	5166
平泉县南五十家子镇	9140	19758	71	3665	18	2	4890
平泉县北五十家子镇	11556	11591	38	2100	14	4	4405
平泉县桲椤树镇	13833	15201	23	1620	8	1	4739
平泉县柳溪镇	22811	9181	45	1200	4	1	2974
平泉县王土房乡	12803	5379	23	737	8	1	
平泉县七家岱满族乡	11424	5772	31	487	10		
平泉县平房满族蒙古族乡	12536	16412	22	455	6		
平泉县茅兰沟满族蒙古族乡	16997	12985	27	529	5		
平泉县台头山乡	19015	16399	35	681	1		
平泉县松树台乡	15459	12217	40	500	5		
平泉县道虎沟乡	7310	11486	26	385	6		
滦平县滦平镇	14165	18308	229	6302	33	4	18308
滦平县长山峪镇	20084	22134	108	1130	8		3200
滦平县红旗镇	13531	15775	68	2044	20	6	5820
滦平县金沟屯镇	21025	16556	107	1872	34	5	7811
滦平县虎什哈镇	24224	18198	91	1327	20		4883
滦平县巴克什营镇	18445	17000	91	1067	18	1	7549
滦平县张百湾镇	21751	24824	172	3276	51	10	3893
滦平县付营子镇	21102	17623	81	762	18	1	1663
滦平县平坊满族乡	6753	5077	10	73	7		
滦平县安纯沟门满族乡	15703	9628	35	293	6		
滦平县小营满族乡	12869	14150	117	4928	48	15	
滦平县西沟满族乡	15255	5583	28	518	7		
滦平县邓厂满族乡	7386	1910	7	45	3		
滦平县五道营子满族乡	12370	3227	17	245	5		
滦平县马营子满族乡	13872	6392	39	338	13		
滦平县付家店满族乡	7928	4399	23	495	6	2	
滦平县火斗山乡	15815	13334	35	413	8	1	
滦平县两间房乡	9680	9078	37	190			
滦平县涝洼乡	9225	4786	22	114	4		
滦平县大屯满族乡	15843	15874	136	2289	34	6	

续表 35　　　　　　　　　　　（河北省）　　　　　　　　　　　单位：公顷、人、个

名　　称	行政区域面　　积	常住人口	企业个数	企　　业从业人员	工业企业单　　位	#规模以上	城镇建成区常住人口
隆化县隆化镇	28958	98863	204	5410	152	14	98863
隆化县韩麻营镇	21671	21491	28	3810	19	11	4400
隆化县中关镇	8297	9347	18	754	16	9	4194
隆化县七家镇	14610	12676	135	765	1		4589
隆化县汤头沟镇	26401	23033	515	2610	8	2	5003
隆化县张三营镇	14281	22512	25	130	2		11180
隆化县唐三营镇	27822	24352	6	91	3		4820
隆化县蓝旗镇	26526	17259	16	493	10	4	3680
隆化县步古沟镇	27254	14146	14	189	4		3082
隆化县郭家屯镇	70271	21210	55	1426	6		7998
隆化县荒地乡	28563	11428	10	60	2		
隆化县章吉营乡	15628	11724	98	1100	2		
隆化县茅荆坝乡	30568	9678	8	140			
隆化县尹家营满族乡	8994	8476	2	20			
隆化县庙子沟蒙古族满族乡	9825	5694	4	192	3		
隆化县偏坡营满族乡	17903	8130	16	325	1		
隆化县山湾乡	19097	6681	6	255	6		
隆化县八达营蒙古族乡	18879	11098	8	55	1		
隆化县太平庄满族乡	17131	5172	2	410	1		
隆化县旧屯满族乡	17405	7305	10	80	4		
隆化县西阿超满族蒙古族乡	18969	7871	10	207	3		
隆化县白虎沟满族蒙古族乡	9409	5908	3	20	1		
隆化县碱房乡	20397	6244	4	352	2	1	
隆化县韩家店乡	28286	13181	4	58			
隆化县湾沟门乡	20203	8215	3	24	3		
丰宁满族自治县大阁镇	38035	41778	5482	30000	245	14	39638
丰宁满族自治县大滩镇	53177	20294	156	1288	5		2785
丰宁满族自治县鱼儿山镇	31427	11401	18	540	8		1225
丰宁满族自治县土城镇	34301	16266	10	50	6	1	1711
丰宁满族自治县黄旗镇	32191	13883	11	105	5		3035
丰宁满族自治县凤山镇	36262	34899	93	429	26	2	8846
丰宁满族自治县波罗诺镇	16101	11289	16	560	12	1	2870
丰宁满族自治县黑山咀镇	27587	19570	71	1218	14	6	5446
丰宁满族自治县天桥镇	8110	8453	15	440	3		8453
丰宁满族自治县胡麻营镇	27891	15991	218	2834	7	4	2280
丰宁满族自治县万胜永乡	26613	3691	5	152	4	4	
丰宁满族自治县四岔口乡	56667	4700	204	1893	1	1	
丰宁满族自治县苏家店乡	48272	4318	19	118	6		
丰宁满族自治县外沟门乡	53075	5835	86	445	1		
丰宁满族自治县草原乡	13567	4384	5	170			
丰宁满族自治县窟窿山乡	27458	3434	445	501			
丰宁满族自治县小坝子乡	30975	3702	37	320	8		
丰宁满族自治县五道营乡	36369	8187	48	250	8	1	
丰宁满族自治县南关蒙古族乡	35370	18765	12	365	11	2	
丰宁满族自治县选将营乡	33140	12817	20	320	4		
丰宁满族自治县西官营乡	26051	11744	8	50	4		
丰宁满族自治县王营乡	13233	5934	15	251	7	2	
丰宁满族自治县北头营乡	19855	7412	7	122	4		
丰宁满族自治县石人沟乡	34741	16586	100	900	8	4	
丰宁满族自治县汤河乡	37455	6527	60	315	4		

续表 36 (河北省) 单位：公顷、人、个

名　　称	行政区域面　　积	常住人口	企业个数	企　　业从业人员	工业企业单　　位	#规模以上	城镇建成区常住人口
丰宁满族自治县杨木栅子乡	18905	5254	5	40	5		
宽城满族自治县宽城镇	17253	69716	914	20868	86	8	67673
宽城满族自治县龙须门镇	18620	23175	165	3514	57	11	4835
宽城满族自治县峪耳崖镇	14149	22749	96	8479	53	5	7805
宽城满族自治县板城镇	16061	23883	117	12161	45	2	7861
宽城满族自治县汤道河镇	23126	20875	69	1483	21	1	4150
宽城满族自治县桲椤台镇	8091	8617	36	1688	14		4636
宽城满族自治县碾子峪镇	7849	16439	70	4123	32	4	2499
宽城满族自治县亮甲台镇	6710	7710	25	3226	10	1	2047
宽城满族自治县化皮溜子乡	5855	10149	28	449	6	1	
宽城满族自治县塌山乡	8307	5864	21	345	2		
宽城满族自治县孟子岭乡	9682	7682	27	468	8		
宽城满族自治县独石沟乡	4968	1488	5	30	1		
宽城满族自治县东大地乡	4844	6332	21	1024	11	2	
宽城满族自治县铧尖乡	6274	7533	29	1128	16	1	
宽城满族自治县东黄花川乡	4422	5960	15	1040	7		
宽城满族自治县苇子沟乡	9592	7821	14	213	5		
宽城满族自治县大字沟门乡	7250	5806	21	251	4		
宽城满族自治县大石柱子乡	9732	7996	18	198	4		
围场满族蒙古族自治县围场镇	18779	115989	1707	29395	160	12	57861
围场满族蒙古族自治县四合永镇	15269	27087	274	4270	89	7	17064
围场满族蒙古族自治县克勒沟镇	16804	21626	140	1230	8		4750
围场满族蒙古族自治县棋盘山镇	27519	21622	174	1577	16	1	3580
围场满族蒙古族自治县半截塔镇	20782	10253	96	1564	12	3	3462
围场满族蒙古族自治县朝阳地镇	16277	12564	144	1331	3		2200
围场满族蒙古族自治县朝阳湾镇	18271	13479	222	1612	10	1	1080
围场满族蒙古族自治县腰站镇	20940	21584	85	2114	32	2	1460
围场满族蒙古族自治县龙头山镇	14856	10768	149	1968	29	4	2499
围场满族蒙古族自治县新拨镇	27274	12182	185	2400	1		1608
围场满族蒙古族自治县御道口镇	24254	3884	95	815	13		570
围场满族蒙古族自治县道坝子乡	19333	8317	50	1207	4		
围场满族蒙古族自治县黄土坎乡	24507	12960	8	108	8		
围场满族蒙古族自治县四道沟乡	10965	8659	120	623	1		
围场满族蒙古族自治县兰旗卡伦乡	20216	10256	3	20			
围场满族蒙古族自治县银窝沟乡	20732	16307	126	693	10		
围场满族蒙古族自治县新地乡	18053	15741	88	1119	7		
围场满族蒙古族自治县广发永乡	13261	7836	87	1816	5	1	
围场满族蒙古族自治县育太和乡	9412	6916	97	821	3		
围场满族蒙古族自治县郭家湾乡	18381	7731	138	771	2	1	
围场满族蒙古族自治县杨家湾乡	16764	7429	79	674	6		
围场满族蒙古族自治县大唤起乡	12405	8692	186	975	3		
围场满族蒙古族自治县哈里哈乡	23345	7780	81	1054	4		
围场满族蒙古族自治县张家湾乡	12878	3524	64	633	3		
围场满族蒙古族自治县宝元栈乡	16984	7100	105	632	3		
围场满族蒙古族自治县山湾子乡	22960	7677	2	40	2	1	
围场满族蒙古族自治县三义永乡	24527	7799	18	573	2		
围场满族蒙古族自治县姜家店乡	24420	7297	35	1939	10	1	
围场满族蒙古族自治县下伙房乡	17644	5419	41	288	1		
围场满族蒙古族自治县燕格柏乡	29800	4978	76	409	4		
围场满族蒙古族自治县牌楼乡	15169	8724	85	525	7	1	

续表 37　　　　　　　　　　　　（河北省）　　　　　　　　　　　　单位：公顷、人、个

名　　称	行政区域面积	常住人口	企业个数	企业从业人员	工业企业单位	#规模以上	城镇建成区常住人口
围场满族蒙古族自治县城子乡	29561	6895	24	836	5		
围场满族蒙古族自治县老窝铺乡	27612	2870	82	859			
围场满族蒙古族自治县石桌子乡	16041	5262	3	72	3		
围场满族蒙古族自治县大头山乡	17791	7108	68	655	3		
围场满族蒙古族自治县南山嘴乡	17476	3565	28	210	4		
围场满族蒙古族自治县西龙头乡	23736	3117					
承德高新技术产业开发区冯营子镇	8333	93788	1071	19958	133	20	77912
承德高新技术产业开发区上板城镇	19627	37544	122	2224	57	11	14212
沧州市新华区小赵庄乡	4905	37894	954	31810	204	11	
运河区小王庄镇	4243	33848	109	1920	50	3	33848
运河区南陈屯乡	4305	47341	1508	7640	135	6	
沧县旧州镇	8200	22846	135	7150	54	13	9890
沧县兴济镇	11400	54305	353	6027	138	10	15190
沧县杜生镇	5800	46375	710	6031	265	17	10750
沧县崔尔庄镇	11800	57360	520	24690	152	12	7745
沧县薛官屯乡	9300	23419	423	4750	186	8	
沧县捷地回族乡	4300	28000	48	1117	45	2	
沧县张官屯乡	7900	48456	166	8304	112	12	
沧县李天木回族乡	9000	39160	682	9000	215	10	
沧县风化店乡	13000	39880	138	5150	70	10	
沧县姚官屯乡	7000	34711	446	3070	94	8	
沧县杜林回族乡	8300	47714	155	3295	49	7	
沧县汪家铺乡	8700	36749	136	2440	48	9	
沧县刘家庙乡	6500	27400	13	205	4	1	
沧县仵龙堂乡	6900	29550	60	2000	54	12	
沧县大官厅乡	8500	41754	355	4803	97	14	
沧县高川乡	6500	35454	70	2544	67	5	
沧县黄递铺乡	4600	24220	29	774	24	4	
沧县大褚村回族乡	5500	26747	20	550	15	2	
沧县纸房头乡	8876	40399	145	3586	118	35	
青县清州镇	11000	110086	1380	35645	1026	29	105900
青县金牛镇	13300	42962	251	14681	165	18	11140
青县新兴镇	8800	37348	26	940	26	3	12320
青县流河镇	11000	36713	260	1600	41	5	10095
青县木门店镇	7860	30723	55	2153	46	5	8025
青县马厂镇	14100	45497	936	178347	934	42	3715
青县盘古镇	7200	30167	110	3012	76	6	2290
青县上伍乡	6000	21449	118	6569	80	8	
青县曹寺乡	12600	43532	74	3787	74	2	
青县陈嘴乡	4000	18308	88	3115	86	4	
东光县东光镇	7179	73890	316	6092	295	55	64465
东光县连镇镇	8789	42692	290	2427	275	13	15345
东光县找王镇	5705	30243	340	2850	130	7	8922
东光县秦村镇	7191	29493	105	689	85	6	3876
东光县灯明寺镇	8048	29099	50	500	35	3	7160
东光县南霞口镇	9067	40694	433	6359	183	9	14235
东光县大单镇	8607	48684	350	5203	116	11	3501
东光县龙王李镇	7851	37819	118	4427	97	3	17812
东光县于桥乡	8524	34439	121	2715	121	10	
海兴县苏基镇	10900	59160	103	7311	68	6	36210

续表 38　　(河北省)　　单位：公顷、人、个

名　称	行政区域面积	常住人口	企业个数	企业从业人员	工业企业单位	#规模以上	城镇建成区常住人口
海兴县辛集镇	4800	22426	20	330	18	1	7950
海兴县高湾镇	7920	28046	57	965	57	1	5843
海兴县赵毛陶乡	13920	35855	45	1346	45	3	
海兴县香坊乡	6520	18972	46	1100	45	2	
海兴县小山乡	13100	24265	51	936	51		
海兴县张会亭乡	6340	29702	22	362	22	1	
盐山县盐山镇	9504	57533	2961	42170	684	135	46231
盐山县望树镇	5380	31879	99	962	60		3106
盐山县庆云镇	5600	47078	500	8900	300	3	5510
盐山县韩集镇	5270	37100	50	1500	23	4	4300
盐山县千童镇	3810	26235	61	548	7		7886
盐山县圣佛镇	7770	44613	500	8652	295	1	12350
盐山县边务乡	9070	30195	261	5002	230	17	
盐山县小营乡	5900	29900					
盐山县杨集乡	8810	29337					
盐山县孟店乡	8762	39246	98	26402	98		
盐山县常庄乡	3280	19413	30	573	23		
盐山县小庄乡	6470	32886					
肃宁县肃宁镇	4972	74438	329	19865	86	16	73396
肃宁县梁家村镇	8146	47303	137	3824	133	5	13572
肃宁县窝北镇	6083	36161	50	1460	30	1	12815
肃宁县尚村镇	5453	37043	366	14953	275	50	27363
肃宁县万里镇	5595	35703	151	3009	29	4	14861
肃宁县师素镇	6776	38953	70	2500	70	6	2227
肃宁县河北留善寺乡	5127	33782	66	2621	39	4	
肃宁县付家佐乡	5067	29680	139	1570	139	1	
肃宁县邵庄乡	4403	23647	101	4560	101	7	
南皮县南皮镇	6524	64295	695	15120	680	22	52588
南皮县冯家口镇	10095	44754	874	8927	574	17	4796
南皮县寨子镇	8571	56832	106	3041	71		8671
南皮县鲍官屯镇	9104	35005	82	1520	37	8	5380
南皮县王寺镇	9069	40461	109	3260	84	6	7396
南皮县乌马营镇	9657	26701	227	4540	186	20	2438
南皮县大浪淀乡	9981	25985	80	2100	78	3	
南皮县刘八里乡	5716	27167	208	6332	192	15	
南皮县潞灌乡	9854	48999	213	2721	171	6	
吴桥县桑园镇	4542	50789	863	33545	625	19	50689
吴桥县铁城镇	7357	39559	201	2000	126	2	3997
吴桥县于集镇	6065	21785	173	4356	147	5	2245
吴桥县梁集镇	5262	19993	136	2919	30	2	4460
吴桥县安陵镇	6771	21355	160	3117	59	3	11060
吴桥县曹家洼乡	5142	21572	173	8185	42	6	
吴桥县宋门乡	6420	26000	450	3000	432	8	
吴桥县杨家寺乡	5125	20450	440	4925	355	1	
吴桥县沟店铺乡	6028	23264	166	5900	56	6	
吴桥县何庄乡	5671	22895	86	3587	76	1	
献县乐寿镇	9900	89042	169	9520	89	13	12250
献县淮镇镇	7200	45000	122	30200	89	20	19621
献县郭庄镇	5800	30166	57	6863	15	15	11535
献县河城街镇	7917	46010	424	29260	239	24	27274

续表 39　　(河北省)　　单位：公顷、人、个

名　　称	行政区域面　　积	常住人口	企业个数	企　　业从业人员	工业企业单　　位	#规模以上	城镇建成区常住人口
献县韩村镇	11100	53775	52	5600	45	15	16700
献县陌南镇	8400	43032	33	8352	25	6	8933
献县陈庄镇	8508	30500	63	5450	62	15	7300
献县徐留高乡	4900	32409	79	8894	79	7	
献县商林乡	5100	31531	51	4213	16	9	
献县段村乡	6900	29301	93	4948	93	8	
献县张村乡	6700	26900	60	3630	45	5	
献县临河乡	5400	30431	196	3908	20	7	
献县小平王乡	4900	17769	160	3000	26	6	
献县十五级乡	6500	27500	56	19000	45	6	
献县垒头乡	4800	21975	80	5496	36	5	
献县南河头乡	2025	17593	90	12315	80	22	
献县西城乡	5800	27298	44	2285	27	6	
献县本斋回族乡	3000	15500	43	4360	11	11	
孟村回族自治县孟村镇	7600	68065	1430	8124	83	25	39751
孟村回族自治县新县镇	6400	32065	515	4419	78	5	8638
孟村回族自治县辛店镇	4100	30412	1916	16548	1087	53	15259
孟村回族自治县高寨镇	6100	23434	436	3656	181	9	7970
孟村回族自治县宋庄子乡	5500	32390	788	3910	75	7	
孟村回族自治县牛进庄乡	8468	34829	375	2890	146	14	
沧州渤海新区新村回族乡	8300	9553					
泊头市泊镇	5802	49195	695	20556	593	29	34363
泊头市交河镇	7904	50653	1003	8675	996	26	32102
泊头市齐桥镇	10392	50641	385	8077	292	8	5290
泊头市寺门村镇	8158	33222	174	5120	154	15	2880
泊头市郝村镇	9278	38695	273	3615	132	19	5047
泊头市富镇镇	7818	36700	185	7198	185	14	12033
泊头市文庙镇	8467	42268	245	2600	167	13	2526
泊头市洼里王镇	7044	43359	432	2501	83	7	5112
泊头市王武庄乡	6942	32802	128	2230	122	22	
泊头市营子乡	9412	44947	60	1983	60	11	
泊头市四营乡	7548	31674	160	5200	128	19	
泊头市西辛店乡	9557	40542	14	365	14	1	
任丘市出岸镇	5400	35953	149	6260	136	8	8506
任丘市石门桥镇	5990	43210	320	3365	175	22	12269
任丘市吕公堡镇	5170	41235	551	4856	210	17	11844
任丘市长丰镇	7860	49674	420	15632	257	20	11771
任丘市鄚州镇	5820	26376	709	5380	152	9	26376
任丘市苟各庄镇	6208	28870	56	12705	49	8	11688
任丘市梁召镇	7390	42078	925	7824	337	17	13870
任丘市辛中驿镇	5880	41319	1800	17000	156	21	17017
任丘市麻家坞镇	7230	37893	209	4444	191	36	6122
任丘市议论堡乡	7178	41181	225	3683	175	9	
任丘市青塔乡	5260	29927	37	1267	37	8	
任丘市北辛庄乡	4140	34323	565	9540	105	20	
任丘市七间房乡	5220	26122	91	2449	54	12	
任丘市北汉乡	5120	29015	127	2576	125	14	
任丘市于村乡	8292	39463	157	2162	112	17	
黄骅市黄骅镇	12931	47145	6672	45183	1249	18	34136
黄骅市南排河镇	7194	49859	321	4410	140	5	14816

续表 40　　(河北省)　　单位：公顷、人、个

名　　称	行政区域面　　积	常住人口	企业个数	企　　业从业人员	工业企业单　　位	#规模以上	城镇建成区常住人口
黄骅市吕桥镇	15000	39718	1110	26986	135	10	10562
黄骅市旧城镇	14311	40286	897	20380	720	8	15374
黄骅市羊二庄回族乡	22079	45570	370	5810	163	8	
黄骅市常郭乡	16573	34394	1015	15800	802	9	
黄骅市滕庄子乡	19351	43171	1160	13800	350	13	
黄骅市官庄乡	9182	32450	625	9485	99	1	
黄骅市齐家务乡	16069	38420	717	7262	433	6	
黄骅市羊三木回族乡	5506	9372	429	3623	53	7	
河间市瀛州镇	5750	172104	3220	16500	285	8	
河间市米各庄镇	8769	58081	221	5452	206	20	22521
河间市景和镇	6471	25397	34	1360	32	10	14084
河间市卧佛堂镇	8118	47886	928	9465	43	6	15737
河间市束城镇	9182	54189	130	6788	106	27	21095
河间市留古寺镇	5650	29309	650	8800	139	17	9810
河间市沙河桥镇	7955	37588	162	2520	87	19	15421
河间市故仙乡	8400	33980	1006	5038	55	11	
河间市黎民居乡	10558	39715	56	2894	47	13	
河间市兴村乡	8887	51418	166	3570	79	6	
河间市沙洼乡	5571	37812	327	8886	106	14	
河间市西九吉乡	4916	27123	62	1620	18	1	
河间市北石槽乡	4385	20964	102	1085	72	12	
河间市诗经村乡	5632	27951	272	4200	53	5	
河间市郭家村乡	4750	23088	157	2120	83	4	
河间市时村乡	6575	25541	89	1860	41	7	
河间市行别营乡	5851	37258	558	3030	137	15	
河间市尊祖庄乡	7387	33620	212	8600	143	15	
河间市龙华店乡	4923	25241	190	4250	16	3	
河间市果子洼回族乡	2600	23171	187	10581	45	3	
安次区落垡镇	5900	19933	26	390	25	1	19933
安次区码头镇	10500	41680	723	8130	373	1	4695
安次区葛渔城镇	7800	40793	60	543	42	3	15095
安次区东沽港镇	6443	38410	67	7012	28	5	10630
安次区杨税务乡	9200	39274	183	4028	162	15	
安次区仇庄乡	6700	22854	365	5750	299	8	
安次区调河头乡	6200	22405	172	1810	23	3	
安次区北史家务乡	1955	30800	2200	13200	55	1	
广阳区南尖塔镇	2626	28134	568	16290	6	4	1530
广阳区万庄镇	8842	39717	161	1720	4	3	1490
广阳区九州镇	13301	56026	65	2029	6	5	3017
广阳区北旺乡	4331	31985	422	3723	6	4	
固安县固安镇	16614	173652	337	49502	65	23	35446
固安县宫村镇	7360	36712	978	5868	10	2	6370
固安县柳泉镇	8686	45162	109	2465	41	9	7563
固安县牛驼镇	8053	40635	220	3461	45	3	10283
固安县马庄镇	6650	36304	40	1070	30	2	10288
固安县东湾乡	7475	40154	219	1213	2	2	
固安县彭村乡	4616	25280	10	1000	10	1	
固安县渠沟乡	4980	31068	38	2270	35	2	
固安县礼让店乡	3570	21956	50	1686	38	2	
永清县永清镇	18809	93812	623	11231	311	31	69231

续表 41　　(河北省)　　单位：公顷、人、个

名　　称	行政区域面　　积	常住人口	企业个数	企　　业从业人员	工业企业单　　位	#规模以上	城镇建成区常住人口
永清县韩村镇	9060	28185	51	610	44	1	28185
永清县后奕镇	5210	24644	34	367	17	2	5500
永清县别古庄镇	7866	27123	193	6678	106	4	27123
永清县里澜城镇	6793	27449	80	710	72	10	6426
永清县管家务回族乡	2947	10948	20	290	16	1	
永清县曹家务乡	9057	28879	48	483	35	4	
永清县龙虎庄乡	5460	27381	14	633	14	3	
永清县刘街乡	5500	30596	146	1500	101	9	
永清县三圣口乡	5952	29180	63	400	55	1	
香河县淑阳镇	5233	115075	1297	71335	114	34	80080
香河县蒋辛屯镇	3288	16151	54	2970	38	3	3780
香河县渠口镇	6475	47445	224	12320	122	23	5740
香河县安头屯镇	4584	25930	120	6600	26	5	4620
香河县安平镇	3352	20648	524	28820	88	36	12050
香河县刘宋镇	6289	33423	122	6710	16	10	4515
香河县五百户镇	6199	37597	144	7920	36	12	4515
香河县钱旺镇	3651	23702	123	6765	56	12	2258
香河县钳屯镇	3421	21237	173	9515	62	12	3045
大城县平舒镇	6796	80011	163	4705	150	16	8875
大城县旺村镇	14564	42250	245	5400	185	29	4648
大城县大尚屯镇	13146	71692	174	3125	174	5	4127
大城县南赵扶镇	10705	47575	1606	19319	101	2	4430
大城县留各庄镇	7907	43219	252	12098	151	23	6580
大城县权村镇	6359	41395	147	2055	140	6	5306
大城县里坦镇	5964	24845	129	912	88	1	4098
大城县广安镇	6856	40564	700	3600	141	7	4780
大城县北位乡	7310	46902	45	1214	40	1	
大城县臧屯乡	10069	49427	122	1996	108	2	
文安县文安镇	13316	96796	617	4218	606	13	28571
文安县新镇镇	4815	33316	1211	10766	619	18	20999
文安县苏桥镇	8253	32199	987	7680	329	3	7473
文安县大柳河镇	10503	35029	915	9042	911	11	7342
文安县左各庄镇	4280	26142	1000	17210	1000	15	19384
文安县滩里镇	6522	30769	951	8800	950	26	11121
文安县史各庄镇	3628	21220	330	5300	300	7	21220
文安县赵各庄镇	7168	40053	565	6323	321	4	23189
文安县兴隆宫镇	5495	31250	381	5648	271	5	17299
文安县大留镇镇	7083	39123	679	4862	579	12	2610
文安县孙氏镇	14392	61602	1424	9791	1358	3	6029
文安县德归镇	10487	21479	295	4030	265	3	4367
文安县大围河回族满族乡	6198	29592	460	7960	421	7	
大厂回族自治县大厂镇	4133	47409	798	5769	798	11	11807
大厂回族自治县夏垫镇	4118	34426	291	6058	179	2	14391
大厂回族自治县祁各庄镇	4752	23930	226	1200	75	8	5800
大厂回族自治县邵府镇	2218	9989	42	2081	10	1	1957
大厂回族自治县陈府镇	2376	10949	58	1412	58	2	465
霸州市霸州镇	8630	145391	594	5366	150	16	22820
霸州市南孟镇	5196	37119	186	3550	130	10	13240
霸州市信安镇	4158	30251	132	8594	130	17	30251
霸州市堂二里镇	4638	35322	255	5831	162	21	14805

续表 42　　(河北省)　　单位：公顷、人、个

名称	行政区域面积	常住人口	企业个数	企业从业人员	工业企业单位	#规模以上	城镇建成区常住人口
霸州市煎茶铺镇	7420	43796	1224	19640	187	14	11004
霸州市胜芳镇	9701	103569	268	18150	229	32	95005
霸州市杨芬港镇	8528	40967	343	12183	235	9	11526
霸州市岔河集乡	4859	52173	556	6300	65	10	
霸州市康仙庄乡	7854	50038	2318	18690	199	7	
霸州市东杨庄乡	3021	21720	1017	13601	114	7	
霸州市王庄子乡	5146	40462	1394	7400	220	10	
霸州市东段乡	6367	47703	1285	8040	914	33	
三河市泃阳镇	6000	61522	1012	26410	130	14	33109
三河市李旗庄镇	4800	25384	253	15004	97	34	4125
三河市杨庄镇	4800	27730	120	3821	103	7	5207
三河市皇庄镇	6500	44725	1278	11696	78	4	7010
三河市新集镇	6300	45815	178	2426	40	5	6839
三河市段甲岭镇	6200	21752	114	1437	28	2	9078
三河市黄土庄镇	6200	35822	210	2807	115	10	7493
三河市高楼镇	7800	37796	118	4286	73	8	6520
三河市齐心庄镇	4400	23212	152	3634	34	3	4683
三河市燕郊镇	10800	327965	4521	112305	540	88	186210
桃城区郑家河沿镇	10843	43025	522	2653	507	5	3547
桃城区赵家圈镇	11400	35789	289	4628	103	18	5395
桃城区邓庄镇	9995	28152	289	1797	209	7	4476
桃城区何家庄乡	1091	26676	56	3175	32	7	
冀州区冀州镇	13416	185086	435	61860	378	50	178228
冀州区官道李镇	6408	13787	332	2587	6	2	2812
冀州区南午村镇	11646	25754	1206	6156	33	8	4419
冀州区周村镇	7709	17570	133	2970	23	5	5142
冀州区码头李镇	9310	21744	367	2710	21	7	5200
冀州区西王镇	7377	20622	50	3381	40	6	4356
冀州区门家庄乡	6186	14199	371	1891	10	1	
冀州区徐家庄乡	8123	19812	28	130	28	2	
冀州区北漳淮乡	5878	13720	19	1268	19	7	
冀州区小寨乡	11694	20148	32	2890	21	6	
枣强县枣强镇	19200	133484	124	8388	100	25	56718
枣强县恩察镇	3700	14344	13	199	12		2358
枣强县大营镇	13600	80415	1523	10526	954	69	29105
枣强县嘉会镇	3200	12312	194	2483	13	1	3201
枣强县马屯镇	11400	38608	18	500	11	1	6259
枣强县肖张镇	3400	13041	20	380	20		4728
枣强县张秀屯镇	9300	30725	45	950	30	8	1360
枣强县新屯镇	7254	33026	160	1850	150	15	2415
枣强县王均乡	6400	18299	11	100	3	1	
枣强县唐林乡	6900	19284	8	316	3	1	
枣强县王常乡	6000	17728	14	397	8	2	
武邑县武邑镇	12997	109455	188	9115	179	20	80095
武邑县清凉店镇	8982	25861	206	2069	36	2	11299
武邑县审坡镇	10531	31231	42	913	34	1	11425
武邑县赵桥镇	9767	28672	18	767	14	2	6401
武邑县韩庄镇	10522	32045	26	1369	13		6548
武邑县肖桥头镇	7397	22830	125	2365	72	17	5407
武邑县龙店乡	7477	23265	16	352	6	1	

续表 43　　(河北省)　　单位：公顷、人、个

名　　称	行政区域面积	常住人口	企业个数	企业从业人员	工业企业单位	#规模以上	城镇建成区常住人口
武邑县圈头乡	5922	18341	48	313	4		
武邑县大紫塔乡	6410	17802	8	3752	6	3	
武强县武强镇	9603	48851	226	5319	193	24	33582
武强县街关镇	7536	28983	138	3658	46	13	5012
武强县周窝镇	5309	25811	384	7410	115	14	
武强县豆村乡	6237	24170	51	998	51	12	
武强县北代乡	8147	25018	538	4578	323	10	
武强县孙庄乡	7511	33653	58	1811	58	11	
饶阳县饶阳镇	10358	79767	684	3650	110	11	30712
饶阳县大尹村镇	4613	21206	279	5315	15	3	7889
饶阳县五公镇	6457	36505	302	5454	100	13	11798
饶阳县大官亭镇	8255	37992	408	2350	35	9	23398
饶阳县王同岳乡	6213	26223	216	4325	102	21	
饶阳县留楚乡	13813	45320	184	1732	42	5	
饶阳县东里满乡	7521	32838	263	2450	28	7	
安平县安平镇	8195	108347	4220	33280	1500	18	63936
安平县马店镇	8145	50764	897	7682	235	4	8230
安平县南王庄镇	6159	34045	487	2922	130	5	7100
安平县大何庄乡	5911	30639	431	2203	81	1	
安平县程油子乡	5940	29511	574	2912	110	2	
安平县西两洼乡	4431	21361	810	4800	267	4	
安平县大子文乡	5623	24926	607	3600	165	9	
安平县东黄城乡	5113	28922	1301	6627	570	12	
故城县郑口镇	12070	111510	301	7895	295	12	71388
故城县夏庄镇	8041	41397	89	9300	80	8	3414
故城县青罕镇	4960	29568	135	1445	89	8	5013
故城县故城镇	5280	27416	86	1290	45	5	6376
故城县武官寨镇	7657	39659	63	1180	60	8	2171
故城县饶阳店镇	8424	33716	198	2420	162	19	6001
故城县军屯镇	3049	17465	26	450	22	6	2370
故城县建国镇	6722	48052	51	995	50	10	18415
故城县西半屯镇	8111	40267	67	2345	9	4	2480
故城县辛庄乡	7172	20477	18	256	10	2	
故城县里老乡	5357	20275	7	360	7	3	
故城县房庄乡	10112	27400	40	2743	30	9	
故城县三朗乡	7417	22721	31	1543	29	7	
景县景州镇	8956	102254	285	9989	246	36	75800
景县龙华镇	7850	62179	413	5613	75	22	18512
景县广川镇	8055	32821	136	6361	102	25	5694
景县王瞳镇	6355	29067	12	100	5	1	3940
景县洚河流镇	6281	26358	236	2378	56	6	1405
景县安陵镇	5698	20963	25	1274	12	4	6445
景县杜桥镇	8994	31392	56	1798	56	7	31392
景县王谦寺镇	7568	24596	32	1068	31	5	2918
景县北留智镇	7695	29165	310	3900	14	2	6991
景县留智庙镇	8368	43293	41	3850	22	8	15165
景县刘集乡	7309	25158	14	368	14	1	
景县连镇乡	5999	18972	16	1015	10	1	
景县梁集乡	8200	30833	13	811	11	2	
景县温城乡	6337	18009	41	1173	38	4	

续表 44　　(河北省)　　单位：公顷、人、个

名　称	行政区域面积	常住人口	企业个数	企业从业人员	工业企业单位	#规模以上	城镇建成区常住人口
景县后留名府乡	7498	27627	23	981	23	5	
景县青兰乡	7793	22493	15	450	12		
阜城县阜城镇	8680	94080	775	13860	232	16	6694
阜城县古城镇	9032	41143	225	3085	218	9	7180
阜城县码头镇	10060	37030	215	3012	213	8	4221
阜城县霞口镇	6804	32626	205	2985	202	11	6694
阜城县崔家庙镇	9211	40731	510	3154	221	12	12984
阜城县漫河乡	6780	24974	153	2460	153	8	
阜城县建桥乡	4134	13937	117	1599	117	4	
阜城县蒋坊乡	5287	22896	132	1768	132	8	
阜城县大白乡	4432	18153	89	721	51	2	
阜城县王集乡	5106	20983	114	1680	114	1	
衡水经济开发区大麻森乡	7170	29494	489	19197	174	3	
衡水滨湖新区魏家屯镇	4174	21296	476	3500	396	2	3085
衡水滨湖新区彭杜村乡	9500	38018	486	6425	486	11	
深州市唐奉镇	8373	38921	206	6701	168	8	8433
深州市深州镇	5792	103344	1705	10970	82	10	78500
深州市辰时镇	9520	31265	32	906	26	3	2817
深州市榆科镇	7334	24660	63	1020	24	4	12229
深州市魏家桥镇	7782	22995	19	305	12	4	4159
深州市大堤镇	6643	21260	5	491	5	2	2800
深州市前磨头镇	6223	19923	456	5120	44	9	7472
深州市王家井镇	8581	27698	695	6930	47	10	7794
深州市护驾迟镇	7413	21078	12	665	12	4	4315
深州市大屯镇	8193	18314	23	2486	13	2	3271
深州市高古庄镇	6973	18959	15	550	15	4	4350
深州市兵曹乡	3273	11256	15	552	10	2	
深州市穆村乡	4216	21418	31	635	15	2	
深州市东安庄乡	7200	39920	52	2100	26	4	
深州市北溪村乡	7004	22421	29	2627	18	3	
深州市大冯营乡	8091	26205	6	482	6	2	
深州市乔屯乡	5943	17296	115	470	9	2	
定州市留早镇	8687	44159	233	2140	3	1	10608
定州市清风店镇	5523	48036	830	6140	30	3	15658
定州市庞村镇	4663	46536	126	1687	98	8	12050
定州市砖路镇	5596	50266	266	2240	16	6	5689
定州市明月店镇	4137	48925	79	1148	50	10	10229
定州市叮咛店镇	8316	50298	235	63251	57	19	4925
定州市东亭镇	4918	31730	81	486	10	3	9069
定州市大辛庄镇	4276	29315	71	1050	5		6551
定州市东旺镇	4425	32011	37	200	15	3	7278
定州市高蓬镇	5615	42768	305	3500	66	28	9375
定州市邢邑镇	4839	27341	53	455	5	2	8996
定州市李亲顾镇	4972	51576	151	4218	96	36	31934
定州市子位镇	6069	40210	16	108	5	1	7140
定州市开元镇	4500	50271	86	680	52	9	8362
定州市周村镇	5036	47836	192	1155	89	12	5502
定州市息冢镇	5544	31753	43	814	26	9	5765
定州市东留春乡	4961	26789	59	482	6	1	
定州市号头庄回族乡	5406	37203	26	269	1		

续表 45　　(河北省、山西省)　　单位：公顷、人、个

名　　称	行政区域面积	常住人口	企业个数	企业从业人员	工业企业单位	#规模以上	城镇建成区常住人口
定州市杨家庄乡	3600	32650	9	55	2		
定州市大鹿庄乡	6023	34537					
定州市西城乡	3488	18527	41	230	4	1	
辛集市辛集镇	7554	122577	2300	207510	2247	158	122577
辛集市旧城镇	5516	44169	265	3965	181	7	4388
辛集市张古庄镇	4608	31834	85	750	75	7	31834
辛集市位伯镇	5155	40395	161	3438	92	14	18224
辛集市新垒头镇	4006	29632	131	7860	130	13	6334
辛集市新城镇	5555	21327	47	4320	47	16	10361
辛集市南智邱镇	7896	35200	257	8732	34	13	9124
辛集市王口镇	10367	39600	144	1021	144	2	8415
辛集市天宫营乡	5352	28734	69	7635	47	12	
辛集市前营乡	5923	32458	28	1668	28	1	
辛集市马庄乡	7483	25835	939	14588	161	1	
辛集市和睦井乡	6711	33715	152	4220	33	9	
辛集市田家庄乡	8530	49984	181	4012	181	23	
辛集市中里厢乡	4232	22223	168	2235	95	2	
辛集市小辛庄乡	3907	24444	69	5970	49	7	
山西省							
小店区北格镇	6755	40571	82	8386	80	12	4235
小店区西温庄乡	4358	32286	180	1022	64	4	
小店区刘家堡乡	4587	36695	59	1775	53	4	
迎泽区郝庄镇	8508	82114	40	1849			7503
杏花岭区中涧河乡	4444	57132	154	5783	92	4	
杏花岭区小返乡	5564	7642	29	916	27	2	
尖草坪区向阳镇	2940	17732	45	380	40	1	9175
尖草坪区阳曲镇	3200	15864	103	650	34	2	15864
尖草坪区马头水乡	5043	1055					
尖草坪区柏板乡	2556	12273	30	300	26		
尖草坪区西焉乡	2000	4741	16	638	11		
万柏林区王封乡	10360	8326					
晋源区金胜镇	4453	39534	159	4100	121	6	3075
晋源区晋祠镇	7462	38832	107	998	101	1	7436
晋源区姚村镇	5843	27479	56	285	55		3989
清徐县清源镇	80010	107978	127	9947	96	16	3925
清徐县徐沟镇	8441	48000	77	4550	42	6	26710
清徐县东于镇	9592	29545	92	8600	77	16	7305
清徐县孟封镇	7582	31153	64	2530	64	7	5929
清徐县马峪乡	9975	20447	82	2350	14	2	
清徐县柳杜乡	3835	20615	19	610	17	3	
清徐县西谷乡	3509	19390	28	655	22	2	
清徐县王答乡	4451	27995	88	7860	86	6	
清徐县集义乡	5365	26028	42	512	8	2	
阳曲县黄寨镇	8366	20697	43	1269	33	6	20697
阳曲县大盂镇	10108	12492	6	623	1	1	2112
阳曲县东黄水镇	13138	10198	9	729	8	3	1553
阳曲县泥屯镇	29832	17416	27	499	27		2443
阳曲县中心镇建设管理办公室	819	40354					
阳曲县高村乡	11304	9525	17	877	7	4	
阳曲县侯村乡	8821	9870	10	235	6	2	

续表 46 （山西省） 单位：公顷、人、个

名　　称	行政区域面积	常住人口	企业个数	企业从业人员	工业企业单位	#规模以上	城镇建成区常住人口
阳曲县凌井店乡	18301	8362	5	67	5		
阳曲县西凌井乡	35631	576					
阳曲县北小店乡	18628	2450					
阳曲县杨兴乡	41667	2132	4	260			
娄烦县娄烦镇	17077	32799	37	5360	4		23592
娄烦县静游镇	13456	20571	3	4863	3		3612
娄烦县杜交曲镇	15800	3178	19	100			3178
娄烦县庙湾乡	15100	5406					
娄烦县马家庄乡	20128	9629	6	36	6	1	
娄烦县盖家庄乡	11700	6211	8	150	1	1	
娄烦县米峪镇乡	21286	7764					
娄烦县天池店乡	16800	9383	5	35	5		
古交市河口镇	20147	12389	147	2000	19		5300
古交市镇城底镇	5063	7293	11	2010	11	1	1224
古交市马兰镇	11456	21955	208	4300	22	2	1220
古交市阁上乡	16473	422					
古交市加乐泉乡	12185	2220	45	350	28		
古交市梭峪乡	4240	14919	21	280	21		
古交市岔口乡	17554	4411	12	170	10		
古交市常安乡	9753	3080	4	20			
古交市原相乡	10625	2257	19	500	14		
古交市邢家社乡	26191	7686	5	125	5		
南郊区古店镇	8312	10498	53	2458	4	4	5568
南郊区高山镇	15651	13495	6	980	4		1792
南郊区云冈镇	12250	20408	305	1738	5		
南郊区口泉乡	21033	42038	44	1892	32	2	
南郊区新旺乡	4951	28111	63	4666	7	1	
南郊区水泊寺乡	9423	63041	127	2477	44	3	
南郊区马军营乡	11000	54663	682	24685	132		
南郊区西韩岭乡	10175	25895	146	2322	38	1	
南郊区平旺乡	3610	33877	27	918	12	1	
南郊区鸦儿崖乡	8200	4494	5	123	2		
新荣区新荣镇	10300	37534	21	502	11		24421
新荣区破鲁堡乡	9000	9164	3	22	2		
新荣区郭家窑乡	14740	4105	5	67	4		
新荣区花元屯乡	22035	9955	62	1760	24	5	
新荣区西村乡	16223	7595	12	496	11	2	
新荣区上深涧乡	8589	8680	10	83	1		
新荣区堡子湾乡	17887	7758	22	482	18	1	
阳高县龙泉镇	17680	104367	312	8329	5	5	4681
阳高县罗文皂镇	16074	29535	55	474			5980
阳高县大白登镇	10905	16821	16	350	6		2383
阳高县王官屯镇	20143	14363	50	1800	30	7	888
阳高县古城镇	15218	11476	11	75			1290
阳高县东小村镇	10581	9012	26	248			1600
阳高县友宰镇	14101	7482	2	20			1798
阳高县长城乡	13474	2496	14	162	2	1	
阳高县北徐屯乡	6897	14233	20	128	1	1	
阳高县狮子屯乡	11709	11202					
阳高县下深井乡	15991	17225					

续表 47　　　　（山西省）　　　　单位：公顷、人、个

名称	行政区域面积	常住人口	企业个数	企业从业人员	工业企业单位		城镇建成区常住人口
						#规模以上	
阳高县马家皂乡	7998	14418	13	80			
阳高县鳌石乡	7056	5780	2	15			
天镇县玉泉镇	7583	59997	240	2450	17	3	52250
天镇县谷前堡镇	8531	17360	61	856	15	2	5778
天镇县米薪关镇	19470	17356	10	80	4	1	1275
天镇县逯家湾镇	21692	14947	27	225	4	1	2185
天镇县新平堡镇	18700	11014	8	91			2769
天镇县卅里铺乡	11673	21454	37	442	5	1	
天镇县南河堡乡	8874	21518	17	123	2		
天镇县贾家屯乡	12943	9586	5	81	1	1	
天镇县赵家沟乡	12016	4900					
天镇县南高崖乡	21844	7090	6	110	1		
天镇县张西河乡	8521	9066	18	490	18	3	
广灵县壶泉镇	7929	65277	535	4740	34		65277
广灵县南村镇	27273	20960	42	320	12		3700
广灵县一斗泉乡	11598	9702					
广灵县蕉山乡	8930	16756	36	2670	19		
广灵县加斗乡	11380	18010	24	126			
广灵县宜兴乡	12104	11759	55	280	55		
广灵县作疃乡	9834	19446	19	1130	9		
广灵县梁庄乡	18820	12937					
广灵县望狐乡	18090	7720					
灵丘县武灵镇	23300	107570	276	5021	177	13	42579
灵丘县东河南镇	24700	32176					7260
灵丘县上寨镇	30164	17178	16	137	13		4552
灵丘县落水河乡	28225	22075	96	490	14		
灵丘县史庄乡	14072	3926					
灵丘县赵北乡	28300	10501	3	60	3	1	
灵丘县石家田乡	18203	5859					
灵丘县柳科乡	20300	5723	21	560	11		
灵丘县白崖台乡	19032	4431	21	107	6		
灵丘县红石塄乡	14851	3242					
灵丘县下关乡	26601	6212	14	570	9	1	
灵丘县独峪乡	27110	5599					
浑源县永安镇	9155	123205	376	8513	60	4	91358
浑源县西坊城镇	5619	9887	9	190			2869
浑源县蔡村镇	5968	9727	14	104	3		3428
浑源县沙圪坨镇	17778	13360	15	290	3	1	1654
浑源县王庄堡镇	18950	12237	19	236	2		4435
浑源县大磁窑镇	4317	2797	12	124	2		1718
浑源县东坊城乡	11960	19844	84	1328	28	1	
浑源县裴村乡	8870	14496	10	150	3		
浑源县驼峰乡	8452	7980	12	75	10		
浑源县西留村乡	8472	6879	5	65	3		
浑源县下韩村乡	2815	9096	39	810	17		
浑源县南榆林乡	11294	6978	8	69			
浑源县吴城乡	10113	5939	10	87	2		
浑源县黄花滩乡	10669	3769	4	485	4	1	
浑源县大仁庄乡	11871	1679	7	65	2		
浑源县千佛岭乡	19341	9260	7	288	7		

续表 48　　（山西省）　　单位：公顷、人、个

名　　称	行政区域面　　积	常住人口	企业个数	企　　业从业人员	工业企业单　　位	#规模以上	城镇建成区常住人口
浑源县官儿乡	19537	9300	6	39	3		
浑源县青磁窑乡	11570	4970	14	110	6		
左云县云兴镇	13407	59762	161	985	20		37100
左云县鹊儿山镇	5432	5369	10	2179	9	1	2078
左云县店湾镇	10518	5035	65	1554	14	9	1280
左云县管家堡乡	12092	4231	9	1270	5		
左云县张家场乡	19044	8056	27	1839	15		
左云县三屯乡	23690	6041					
左云县马道头乡	14587	6283	35	1210	3	1	
左云县小京庄乡	23030	5423	38	444	33	1	
左云县水窑乡	7898	2442					
大同县西坪镇	12419	29178	12	230	7	1	13400
大同县倍加造镇	6690	20069	51	1160	36	2	6203
大同县周士庄镇	14501	14719	62	1568	48	7	7188
大同县吉家庄乡	18913	6259	1	20	1		
大同县峰峪乡	17317	5042					
大同县杜庄乡	14359	11693	15	251	9		
大同县党留庄乡	7432	13647	16	1067	15	4	
大同县瓜园乡	12802	6838	3	38	3		
大同县巨乐乡	13947	5186	5	29	1		
大同县许堡乡	27236	9405	5	85	3		
阳泉市矿区县区直属镇	270	54256	14	6813			54256
阳泉市郊区荫营镇	10330	58758	472	5000	148	6	27547
阳泉市郊区河底镇	10305	29925	64	1200	64	1	7408
阳泉市郊区义井镇	4111	33266	340	4020	39	5	7618
阳泉市郊区平坦镇	17403	29741	369	4000	95	3	2256
阳泉市郊区西南舁乡	5799	10955	62	2789	62	1	
阳泉市郊区杨家庄乡	2891	8923	75	2200	44	2	
阳泉市郊区李家庄乡	2127	17054	145	1967	25	1	
阳泉市郊区旧街乡	8638	5104	106	2935	11	2	
平定县冠山镇	8712	153248	1010	15400	97	21	54000
平定县冶西镇	14116	8987	22	270	22	6	2420
平定县锁簧镇	5344	29358	46	3553	36	4	3476
平定县张庄镇	16194	31982	21	3106	20	7	3176
平定县东回镇	23898	21436	4	117	2		2020
平定县柏井镇	11712	17048	51	610	11		4100
平定县娘子关镇	15099	11294	120	840	11	1	1500
平定县巨城镇	15829	21082	30	312	26	1	1890
平定县石门口乡	9072	17548	48	1261	48	5	
平定县岔口乡	19119	10806	45	289	39	2	
盂县秀水镇	5418	121850	492	5850	36	3	98785
盂县孙家庄镇	9278	23028	48	6358	30	4	11698
盂县路家村镇	9377	19727	52	7200	34	5	4372
盂县南娄镇	17985	32170	92	9000	65	10	9818
盂县牛村镇	6938	18597	100	1000	60	2	5302
盂县苌池镇	22595	20025	31	1320	23	2	5206
盂县上社镇	37637	14513	24	146	22		2310
盂县西烟镇	30986	18711	6	312	2	1	5232
盂县仙人乡	20475	11113	71	681	14		
盂县北下庄乡	12433	7684	13	80	5		

续表 49　　（山西省）　　单位：公顷、人、个

名　称	行政区域面　积	常住人口	企业个数	企　业从业人员	工业企业单　位	#规模以上	城镇建成区常住人口
盂县下社乡	13298	7563	15	120			
盂县梁家寨乡	24409	7906	37	298			
盂县西潘乡	24340	8106	7	56	5		
盂县东梁乡	16271	9954	2	20	1	1	
长治市郊区老顶山镇	9130	37783	180	1680	60	1	8608
长治市郊区堠北庄镇	4409	41809	512	5200	65	4	2800
长治市郊区大辛庄镇	2842	27048	47	2696	30	7	5045
长治市郊区马厂镇	4150	35231	148	5030	65	8	5675
长治市郊区黄碾镇	4381	30903	23	2650	23	5	2605
长治市郊区西白兔乡	2657	8652	46	2850	40	9	
长治县韩店镇	4300	72096	84	4720	67	4	34960
长治县苏店镇	4411	38160	83	4636	7	3	7995
长治县荫城镇	6800	48102	214	886	63	20	4900
长治县西火镇	4147	24902	37	2176	12	5	6662
长治县八义镇	4651	24229	150	2500	20	5	3600
长治县贾掌镇	2900	15669	51	264	11	1	5115
长治县郝家庄乡	3600	28701	128	20000	1		
长治县西池乡	4101	23909	18	650	9	2	
长治县北呈乡	3400	22322	12	569	11		
长治县东和乡	2997	20143	110	860	28	2	
长治县南宋乡	4511	17462	25	3060	11	6	
襄垣县古韩镇	10755	25768	30	2520	22	7	4848
襄垣县王桥镇	8791	34496	670	2798	27	3	17673
襄垣县侯堡镇	7958	47838	31	1661	23	4	36439
襄垣县夏店镇	14382	20325	32	4099	15	5	1579
襄垣县虒亭镇	12512	14511	39	679	10	1	1165
襄垣县西营镇	5756	9799	6	110			3744
襄垣县王村镇	13794	12583	9	134	1		1085
襄垣县下良镇	17343	12245	24	2549	19	4	856
襄垣县善福乡	3865	9367	5	82	4	3	
襄垣县北底乡	6968	7314	12	428	11		
襄垣县上马乡	9715	7013					
屯留县麟绛镇	6035	56648	30	2100	22	3	42203
屯留县上村镇	5912	22621	28	450	27	1	3045
屯留县渔泽镇	2680	26000	90	3950	50	8	4500
屯留县余吾镇	6646	20556	22	3300	21	3	4538
屯留县吾元镇	16288	16103	2	15			480
屯留县张店镇	28830	20701	4	34			1799
屯留县丰宜镇	4890	9731	13	80	1		2850
屯留县李高乡	5950	16561	12	1350	7	1	
屯留县路村乡	6337	33086	41	1900	41	5	
屯留县河神庙乡	8385	18012					
屯留县西贾乡	5235	13052					
平顺县青羊镇	16100	21485	168	1546	13	1	20841
平顺县龙溪镇	9000	15000	23	410	10	3	3100
平顺县石城镇	17800	12114	13	180	7		1812
平顺县苗庄镇	3400	8005	7	135	7		1694
平顺县杏城镇	19100	10534	26	1735	26	4	1667
平顺县西沟乡	7900	5520	12	300	6		
平顺县东寺头乡	23200	6878	8	41	7		

续表 50　（山西省）　单位：公顷、人、个

名　称	行政区域面　积	常住人口	企业个数	企　业从业人员	工业企业单　位	#规模以上	城镇建成区常住人口
平顺县虹梯关乡	15600	6780					
平顺县阳高乡	13100	8616	12	500	11	1	
平顺县北耽车乡	18400	7355	5	154	5	1	
平顺县中五井乡	5600	7230					
平顺县北社乡	5800	13979	15	350	15		
黎城县黎侯镇	13019	58899	6	2245	4	4	42842
黎城县东阳关镇	14040	13608	4	21			2376
黎城县上遥镇	26839	15578	34	189	26		1431
黎城县西井镇	23348	25263	16	100	16		4500
黎城县黄崖洞镇	12350	13374	36	1300	8	1	1592
黎城县西仵乡	2590	7031	28	7100	27	7	
黎城县停河铺乡	3260	9540	178	898	15		
黎城县程家山乡	6531	6516	2	80	1		
黎城县洪井乡	9195	6614	8	123	4		
壶关县龙泉镇	6073	46379	51	4102	46	7	21600
壶关县百尺镇	7942	32898	16	500			2900
壶关县店上镇	9744	25380	11	560	1		4900
壶关县晋庄镇	10214	23913	8	95	8	1	2231
壶关县树掌镇	9933	9282	4	51	4		2321
壶关县集店乡	5702	27439	7	400	7	2	
壶关县黄山乡	5545	24467	4	310	2	2	
壶关县东井岭乡	7825	15685	4	50	3		
壶关县石坡乡	13217	11173	7	41	1		
壶关县五龙山乡	4108	8788	7	162	6	1	
壶关县鹅屋乡	10325	6124					
壶关县桥上乡	8421	8661	17	86			
长子县丹朱镇	7150	56657	1025	5141	53	2	43998
长子县鲍店镇	4950	23652	280	3600	14	2	6019
长子县石哲镇	32600	28993	4	93	1		2936
长子县大堡头镇	7650	37222	30	320	10	3	2975
长子县慈林镇	6300	26681	27	7235	26	7	1152
长子县色头镇	4600	17174	16	3200	14	5	2255
长子县南漳镇	3100	25036	80	519	11	4	3210
长子县岚水乡	4550	18951	11	170			
长子县碾张乡	7800	14996	26	410			
长子县常张乡	5550	15768	6	106	6		
长子县南陈乡	12300	21400	8	45	7		
长子县宋村乡	6350	36684	54	997	25	2	
武乡县丰州镇	16240	42609	41	2761	9	2	41343
武乡县洪水镇	20360	20808	9	150	6	5	7320
武乡县蟠龙镇	19650	18106	26	1106	7	3	3698
武乡县监漳镇	4840	8728	6	118	6		1739
武乡县故城镇	15320	17488	10	235	5		3048
武乡县墨镫乡	5490	5909	15	2195	5	4	
武乡县韩北乡	11880	10645	9	1450	9	1	
武乡县大有乡	9570	11667	2	30	1		
武乡县贾豁乡	9280	7984	2	12			
武乡县故县乡	4250	3901	4	86			
武乡县上司乡	5710	6804	2	30			
武乡县石北乡	7610	4829	2	46	1		

续表 51　　（山西省）　　单位：公顷、人、个

名　称	行政区域面积	常住人口	企业个数	企业从业人员	工业企业单位	#规模以上	城镇建成区常住人口
武乡县涌泉乡	7900	7616					
武乡县分水岭乡	22900	4917	6	81			
沁县定昌镇	7400	63250	135	2575	51	2	32099
沁县郭村镇	7900	9632	77	495	17		2080
沁县故县镇	15000	9943	38	248	8		2483
沁县新店镇	12415	10474	92	695	7		1393
沁县漳源镇	12600	11512	30	396	7		1676
沁县册村镇	12700	11951	80	943	11	1	1704
沁县段柳乡	8200	12234	101	885	10		
沁县松村乡	9900	9835	19	835	4	1	
沁县次村乡	6600	2948	13	180	3		
沁县牛寺乡	12500	4598	28	153	7		
沁县南里乡	5400	7551	28	205	7		
沁县南泉乡	9200	2132	28	181	11		
沁县杨安乡	9900	2586	16	104	2		
沁源县沁河镇	19567	49510	26	1520	21		28561
沁源县郭道镇	26550	17340	126	1458	15	1	6918
沁源县灵空山镇	14910	8104	10	3100	10	5	1000
沁源县王和镇	16860	14538	20	7745	9	3	4012
沁源县李元镇	12210	7062	86	6500	40	4	2831
沁源县中峪乡	12043	4035					
沁源县法中乡	23000	8000	6	350	1		
沁源县交口乡	22093	6732	22	216	9		
沁源县聪子峪乡	7862	6306	76	4053	10	3	
沁源县韩洪乡	26034	8639	1	8	1		
沁源县官滩乡	15400	2913	3	50			
沁源县景凤乡	12100	2500	5	35			
沁源县赤石桥乡	19200	6019	29	181	2		
沁源县王陶乡	29340	11589	35	2560	35	1	
潞城市店上镇	8411	29829	485	11226	222	17	9230
潞城市微子镇	7749	18839	23	760	20	2	4175
潞城市辛安泉镇	8704	12912	20	100	2		1383
潞城市翟店镇	4948	22928	46	1358	44	3	2892
潞城市合室乡	8810	6523	12	242	10	1	
潞城市黄牛蹄乡	5661	12752	8	56	1		
潞城市史回乡	4555	19840	38	5000	37	4	
晋城市城区北石店镇	3980	35300	336	4210	130	4	35300
沁水县龙港镇	38975	60775	2314	11242	310	4	46332
沁水县中村镇	24368	14894	16	2680	14	4	9218
沁水县郑庄镇	37853	17146	150	1214	21	2	1875
沁水县端氏镇	24728	24578	40	1386	15	7	9351
沁水县嘉峰镇	8187	24154	2997	14288	161	13	2800
沁水县郑村镇	9264	16607	74	834	54	4	2850
沁水县柿庄镇	24122	11154	10	360	1	1	985
沁水县樊村河乡	11713	1977					
沁水县土沃乡	14865	6299	7	258	7		
沁水县张村乡	7919	4061	64	476	2	2	
沁水县苏庄乡	11188	2164					
沁水县胡底乡	9150	10188	7	101	6		
沁水县固县乡	16858	6938	15	174			

续表 52　　(山西省)　　单位：公顷、人、个

名　　称	行政区域面　　积	常住人口	企业个数	企　　业从业人员	工业企业单　　位	#规模以上	城镇建成区常住人口
沁水县十里乡	26631	8814	2	30	2		
阳城县凤城镇	11491	164926	1275	28400	391	19	95587
阳城县北留镇	8181	38352	1360	10402	67	9	13255
阳城县润城镇	7281	31024	751	5830	168	4	13689
阳城县町店镇	6149	14326	99	2673	57	7	6430
阳城县芹池镇	13800	15266	117	560	14	1	6740
阳城县次营镇	6075	10626	300	2980	22		3014
阳城县横河镇	18730	4443					1312
阳城县河北镇	19542	11358	45	560	3		3440
阳城县蟒河镇	23513	18434	11	650	10	1	5288
阳城县东冶镇	25933	21712	36	1850	19	1	3138
阳城县白桑乡	5459	14289	59	1109	21	3	
阳城县寺头乡	7275	7977	25	296	8	1	
阳城县西河乡	3583	14764	414	2980	60	2	
阳城县演礼乡	3810	12146	223	3110	29	1	
阳城县固隆乡	4055	7103	12	810	4	2	
阳城县董封乡	13751	4590	9	170	1		
阳城县驾岭乡	7473	5527	5	120	2		
陵川县崇文镇	14200	77228	183	1031	27	3	43651
陵川县礼义镇	8600	28277	305	5280	65	3	10246
陵川县附城镇	19000	30973	30	1810	3		5466
陵川县西河底镇	8700	19117	5	160	4		3980
陵川县平城镇	5180	25056	10	2832	7	3	9123
陵川县杨村镇	3100	16472	15	560	3	1	2790
陵川县潞城镇	14400	12896	3	20			2600
陵川县夺火乡	24560	3912	3	200	3		
陵川县马圪当乡	23600	6243	1	3			
陵川县古郊乡	23080	7593	1	4			
陵川县六泉乡	23790	9107	4	48			
陵川县秦家庄乡	6890	13194	5	288	5	1	
泽州县南村镇	8225	46380	245	11550	98	12	12230
泽州县下村镇	9486	41012	56	4823	37	6	9156
泽州县大东沟镇	9600	28561	64	300	30		10253
泽州县周村镇	6843	23419	251	8235	41	2	13447
泽州县犁川镇	4021	14766	150	945	7		3510
泽州县晋庙铺镇	15000	17929	6	312	6		1576
泽州县金村镇	21714	57743	75	6100	71	4	5500
泽州县高都镇	11911	37168	372	14050	54		9166
泽州县巴公镇	11216	62357	1020	34485	85	9	17900
泽州县大阳镇	5258	26913	24	1324	22		11493
泽州县山河镇	22205	19023	5	18	1		1795
泽州县大箕镇	13190	19635	8	108	5		2068
泽州县柳树口镇	33644	13537	9	190	9		975
泽州县北义城镇	7173	26664	56	1005	56	1	1610
泽州县川底乡	6997	20364	861	10658	176	6	
泽州县李寨乡	7702	7529	44	263	2		
泽州县南岭乡	7702	7826	11	235	1		
高平市米山镇	7162	31548	106	3301	62	3	5040
高平市三甲镇	4130	24428	162	8143	91	7	3750
高平市神农镇	5087	23437	49	1036	42	1	3970

续表 53　　（山西省）　　单位：公顷、人、个

名　　称	行政区域面积	常住人口	企业个数	企业从业人员	工业企业单位	#规模以上	城镇建成区常住人口
高平市陈区镇	6314	31780	72	2962	60	2	2295
高平市北诗镇	7654	28147	72	2752	22		3690
高平市河西镇	9957	44142	107	9766	83	5	8801
高平市马村镇	6890	30159	386	9953	157	10	5000
高平市野川镇	8922	21002	22	3553	13	2	3420
高平市寺庄镇	13703	42613	80	11004	64	5	6241
高平市建宁乡	3309	18308	33	1740	12	1	
高平市石末乡	4775	15648	10	254	9		
高平市原村乡	7550	18624	38	6996	31	4	
高平市永录乡	3062	12789	10	1450	7		
朔城区神头镇	15929	30271	106	1370	11	4	2637
朔城区利民镇	26332	7332	14	42			1281
朔城区下团堡乡	11823	21780	127	3719	17	7	
朔城区小平易乡	6778	21563	91	888	6	2	
朔城区滋润乡	7557	15758	18	54			
朔城区福善庄乡	8735	11403	14	90			
朔城区南榆林乡	19854	7127	13	39	1		
朔城区贾庄乡	9451	12568	25	265	2	1	
朔城区沙塄河乡	20182	9931	21	110	1	1	
朔城区窑子头乡	13462	9595	31	370	4		
朔城区张蔡庄乡	18679	4870	9	50	4		
平鲁区井坪镇	17752	98606	407	5321	18	7	98562
平鲁区凤凰城镇	18049	3090	2	12			3090
平鲁区白堂乡	10656	7732	496	5113	18	8	
平鲁区陶村乡	8482	10241	8	3020	8	8	
平鲁区下水头乡	31063	11404		3120			
平鲁区双碾乡	19872	2934	1	30	1	1	
平鲁区阻虎乡	17713	2641	1	126	1	1	
平鲁区高石庄乡	22746	3028					
平鲁区西水界乡	20969	3607					
平鲁区下面高乡	20574	13477	2	576	2	2	
平鲁区下木角乡	16558	3194					
平鲁区向阳堡乡	17587	11614	150	1980	6	1	
平鲁区榆岭乡	9272	5275	5	2176	2	1	
山阴县玉井镇	16848	7492	260	2570	4	4	1444
山阴县北周庄镇	16798	19585	73	1810	65	20	5911
山阴县古城镇	16681	12641	37	1059	2	2	4251
山阴县岱岳镇	13625	26063	2		2	2	25569
山阴县吴马营乡	10684	1945	1	3			
山阴县马营乡	12236	8036	45	260	36	9	
山阴县下喇叭乡	13411	2349	1	20	1	1	
山阴县合盛堡乡	9310	10040	6	60	4	1	
山阴县安荣乡	9000	11783	6	413	6	4	
山阴县薛圐圙乡	12771	7705	26	520	1	1	
山阴县后所乡	11515	11478					
山阴县张家庄乡	8923	5884	14	72			
山阴县马营庄乡	13279	9126	3	27	1		
应县金城镇	9823	105300	182	36700	17	11	86100
应县南河种镇	15171	37600	14	6500	14		9335
应县下社镇	5317	22471	14	78	3		1650

续表 54　　（山西省）　　单位：公顷、人、个

名　　称	行政区域面积	常住人口	企业个数	企业从业人员	工业企业		城镇建成区常住人口
					单位	#规模以上	
应县镇子梁乡	7499	15317					
应县义井乡	16065	15263	1	6			
应县藏寨乡	18239	24042	134	656	91	6	
应县大黄巍乡	9598	9506	14	177	11		
应县杏寨乡	9571	13296					
应县下马峪乡	11538	11550					
应县南泉乡	14364	13454	2	42			
应县大临河乡	18097	23653	1	95	1	1	
应县白马石乡	32832	8662					
右玉县新城镇	17387	25736	697	17818	48	6	
右玉县右卫镇	36306	6016	52	302	4		
右玉县威远镇	25806	5940	62	612	8	1	1234
右玉县元堡子镇	14450	10598	74	6125	19	8	452
右玉县牛心堡乡	19410	2727	22	213	1	1	
右玉县白头里乡	15673	3642	35	618	2	1	
右玉县高家堡乡	22864	6063	24	343	3		
右玉县丁家窑乡	15519	1873					
右玉县杨千河乡	168000	2219					
右玉县李达窑乡	24952	4411	26	132			
怀仁县云中镇	15998	157863	1315	27774	96	17	135455
怀仁县吴家窑镇	3794	4982	9	3445	4	2	4982
怀仁县金沙滩镇	18347	17787	81	3195	60	24	3870
怀仁县毛家皂镇	13107	12248	183	1392	7	2	846
怀仁县何家堡乡	7554	20213	62	2340	17	4	
怀仁县新家园乡	16700	43285	162	18660	115	12	
怀仁县亲和乡	12628	18845	63	610	10	5	
怀仁县海北头乡	11013	10877	25	1211	12	9	
怀仁县马辛庄乡	12720	4243	5	24			
怀仁县河头乡	13899	6962					
榆次区乌金山镇	15924	30197	176	3120	76	13	3638
榆次区东阳镇	5789	28008	4	610	4		4320
榆次区什贴镇	11893	14842	15	360	7	2	2270
榆次区长凝镇	32807	10156	36	405	12		1864
榆次区北田镇	10204	21554	23	660	23	1	3782
榆次区修文镇	7468	30440	57	1018	46		1393
榆次区郭家堡乡	5590	57204	478	12579	254	10	
榆次区张庆乡	7798	32712	66	2975	62	7	
榆次区庄子乡	15957	13956	38	800	13	1	
榆次区东赵乡	9089	12528	43	1680	20	2	
榆社县箕城镇	30766	30032	168	3214	40	3	6782
榆社县云簇镇	13026	18702	41	132	2		5056
榆社县郝北镇	13713	13374	27	414	8		1604
榆社县社城镇	32497	5109	24	121	1		820
榆社县河峪乡	22058	11248					
榆社县北寨乡	20399	3999					
榆社县西马乡	20039	6970	6	62	3		
榆社县岚峪乡	7393	2977					
榆社县讲堂乡	10116	3425					
左权县辽阳镇	17193	20313	54	560	52	1	1015
左权县桐峪镇	15582	10060	10	894	10	2	3880

续表 55　　（山西省）　　单位：公顷、人、个

名　　称	行政区域面积	常住人口	企业个数	企业从业人员	工业企业单位	#规模以上	城镇建成区常住人口
左权县麻田镇	22519	20234	19	370	11		3712
左权县芹泉镇	18072	15571	12	189	12		2179
左权县拐儿镇	23300	12001	23	107	8		1634
左权县寒王乡	16682	13581	16	731	12	3	
左权县石匣乡	43379	11829	13	324	13		
左权县龙泉乡	17667	7650	15	1260	8	3	
左权县粟城乡	16250	7005	10	182	9	1	
左权县羊角乡	10157	6000	16	90	16		
和顺县义兴镇	38400	28496					22200
和顺县李阳镇	15200	15680	106	2354	5		1840
和顺县松烟镇	28400	14227	2	75	1		1946
和顺县青城镇	18900	7828					6836
和顺县横岭镇	26400	5101					382
和顺县喂马乡	11000	5730	3	1733			
和顺县平松乡	17900	7563	10	935	1		
和顺县牛川乡	7700	5200	3	513	2	1	
和顺县马坊乡	43000	4122	1	7			
和顺县阳光占乡	18100	3685	2	80	2		
昔阳县乐平镇	19626	39702	193	4783	92	6	11046
昔阳县皋落镇	18803	10017	11	476	6		2980
昔阳县冶头镇	13419	10491	6	82	6		1710
昔阳县沾尚镇	25923	8820	5	200	1	1	758
昔阳县大寨镇	18531	29286	84	2270	32	1	832
昔阳县李家庄乡	3999	14779	16	350	7	1	
昔阳县界都乡	12976	7257	3	36	1	1	
昔阳县三都乡	7045	7634	2	624	1	1	
昔阳县赵壁乡	25000	18136	10	55	3		
昔阳县孔氏乡	20162	9811	34	173	1		
昔阳县闫庄乡	10539	7538	2	57			
昔阳县西寨乡	19980	2929					
寿阳县朝阳镇	17700	35645	565	5960	365	5	35645
寿阳县南燕竹镇	15250	13897	340	1744	7	5	1869
寿阳县宗艾镇	6700	9605	26	900	16	1	4122
寿阳县平头镇	20000	18342	74	845	27		3561
寿阳县松塔镇	31300	6329	41	643	3	1	932
寿阳县西洛镇	20700	7684	35	276	3		343
寿阳县尹灵芝镇	21800	7500	10	221	7		956
寿阳县平舒乡	11000	14386	19	640	19	5	
寿阳县解愁乡	10800	10404	36	690	15	3	
寿阳县温家庄乡	6600	6411	54	2300	31	1	
寿阳县景尚乡	9500	5155	17	357			
寿阳县上湖乡	10400	3422					
寿阳县羊头崖乡	21100	6341					
寿阳县马首乡	8400	4886	10	170	10		
太谷县明星镇	1807	12231	327	2115	17	5	1138
太谷县胡村镇	7094	44953	70	19800	68	25	7116
太谷县范村镇	29933	14359	10	330	9		4279
太谷县侯城乡	18686	24628	246	5880	97	3	
太谷县北汪乡	6300	21296	5	70	5	4	
太谷县水秀乡	3855	18457	70	2312	25	3	

续表 56　　　　（山西省）　　　　单位：公顷、人、个

名　　称	行政区域面　积	常住人口	企业个数	企　业从业人员	工业企业单　位		城镇建成区常住人口
						#规模以上	
太谷县阳邑乡	21441	19058	42	1084	37	7	
太谷县小白乡	7518	16245	13	1210	8	4	
太谷县任村乡	4688	15814	10	426	9	1	
祁县昭馀镇	2283	31139	1124	8258	136	12	31139
祁县东观镇	9057	47819	1116	7878	66	5	15200
祁县古县镇	13760	29062	149	4513	20		2115
祁县贾令镇	5924	25005	11	370	11	2	3980
祁县城赵镇	7553	37060	394	2418	91		4982
祁县来远镇	27500	2683	3	16			160
祁县西六支乡	2837	21658	37	3612	37	2	
祁县峪口乡	12856	10108					
平遥县古陶镇	2748	65423	54	5463	32	3	65423
平遥县段村镇	6220	27823	158	1635	7	4	5267
平遥县东泉镇	13996	15690	3	22			3990
平遥县洪善镇	7520	36343	21	1750	13	3	2410
平遥县宁固镇	8100	31860	6	556	6	3	2676
平遥县南政乡	5743	41800	140	1455	58	5	
平遥县中都乡	5244	35617	49	3000	49	11	
平遥县岳壁乡	7591	47782	69	2250	67	3	
平遥县卜宜乡	9579	31181	144	1472	12	2	
平遥县孟山乡	23221	1601	36	180			
平遥县朱坑乡	18466	25738	200	4871	18	5	
平遥县襄垣乡	6551	20500	165	830	4	1	
平遥县杜家庄乡	4472	14616					
平遥县香乐乡	6813	21089	26	152	3	2	
灵石县翠峰镇	20721	39867	432	8930	98		37658
灵石县静升镇	5643	30968	345	5800	26	5	30968
灵石县两渡镇	9901	15187	204	15060	65	20	10000
灵石县夏门镇	9386	15140	35	2850	30		4821
灵石县南关镇	25909	19906	56	3000	45	28	14767
灵石县段纯镇	8327	17609	56	7120	25		4020
灵石县马和乡	8574	9656	190	1069	12	3	
灵石县英武乡	5519	5013	8	457	7	7	
灵石县王禹乡	5542	6573	6	570	6	3	
灵石县坛镇乡	5903	4311	8	1023	6	4	
灵石县梁家焉乡	8652	8286	11	56	11		
灵石县交口乡	6136	7608	11	2500	11	6	
介休市义安镇	8603	55824	45	10941	33	25	8035
介休市张兰镇	9984	43760	36	5010	29	4	12654
介休市连福镇	9068	29976	263	6401	35	9	2497
介休市洪山镇	2690	10945	15	500	5	5	5420
介休市龙凤镇	5568	11411	65	410	50		3658
介休市绵山镇	10395	29231	55	5086	52	6	2900
介休市义棠镇	7767	32156	35	5800	28	4	5019
介休市城关乡	2338	24585	66	2600	37	3	
介休市宋古乡	3970	34205	47	685	24	2	
介休市三佳乡	1759	19430	25	617	20	2	
盐湖区解州镇	20465	52340	30	7704	20	8	9097
盐湖区龙居镇	9014	38703	214	5965	11	1	
盐湖区北相镇	5969	31956	148	9204	104		

续表 57　　　　　　　　　　（山西省）　　　　　　　　　　单位：公顷、人、个

名　　称	行政区域面积	常住人口	企业个数	企业从业人员	工业企业单位	#规模以上	城镇建成区常住人口
盐湖区泓芝驿镇	3835	13769	107	880	2		1995
盐湖区三路里镇	5689	12908	39	520	32		
盐湖区陶村镇	4753	23294	111	676	26	3	
盐湖区东郭镇	5468	13620	51	300	6		
盐湖区席张乡	6950	12274	13	121	3		
盐湖区金井乡	5977	23764	3	21	3		
盐湖区王范乡	3481	17817	62	1742	8		
盐湖区冯村乡	5512	18276	70	955	50		
盐湖区上郭乡	6941	20684	103	520			
盐湖区上王乡	4109	6488	54	478	1		
临猗县猗氏镇	8036	35393	602	2814	163	26	32548
临猗县嵋阳镇	6762	26033	83	891	43	2	3930
临猗县临晋镇	9000	43101	71	1143	47	1	13861
临猗县七级镇	7273	27069	20	210	7	1	2300
临猗县东张镇	7721	33401	26	469	4		4510
临猗县孙吉镇	15840	47353	63	920	20	1	6150
临猗县三管镇	4939	18633	21	420	3	1	3780
临猗县牛杜镇	7550	31104	122	1110	54	2	5270
临猗县耽子镇	11890	31926	78	1814	25	3	866
临猗县楚侯乡	6413	28331	83	1397	36	4	
临猗县庙上乡	7600	32687	19	306	13		
临猗县角杯乡	11126	38191	33	335	5		
临猗县北辛乡	7500	30632	66	572	7		
临猗县北景乡	17632	64047	114	1586	36	3	
万荣县解店镇	7828	39678	185	8460	17	10	17590
万荣县通化镇	5136	29857	210	1075	31		8634
万荣县汉薛镇	9110	24614	9	100			10397
万荣县荣河镇	13432	44285	181	1500	38	12	15002
万荣县万泉乡	4560	15640	80	560			
万荣县里望乡	5151	25065	14	195	7		
万荣县西村乡	5023	14763	110	1600	12		
万荣县南张乡	6419	30504	10	160			
万荣县高村乡	8990	31837	203	2000	15		
万荣县皇甫乡	8226	22593	6	85	4		
万荣县贾村乡	6502	25606	4	235			
万荣县王显乡	6994	29361					
万荣县光华乡	8309	35622					
万荣县裴庄乡	9744	26634	12	450	2	1	
闻喜县桐城镇	13662	122935	830	29920	102	9	54069
闻喜县郭家庄镇	12141	33287	46	4861	38	5	1452
闻喜县畖底镇	7698	28548	45	3300	18		3750
闻喜县薛店镇	4017	13453	6	480	5		1322
闻喜县东镇镇	7822	45671	81	8121	60	3	17436
闻喜县礼元镇	8199	31190	136	985	43	6	2081
闻喜县河底镇	12326	37094	16	1240	10		2995
闻喜县神柏乡	3610	10450	28	3650	27	2	
闻喜县阳隅乡	5227	12851	4	165	3		
闻喜县侯村乡	4696	20974	60	3548	18	1	
闻喜县裴社乡	8389	17391	8	1700	7	2	
闻喜县后宫乡	11710	18477					

续表 58　　（山西省）　　单位：公顷、人、个

名　　称	行政区域面　　积	常住人口	企业个数	企　　业从业人员	工业企业单　　位	#规模以上	城镇建成区常住人口
闻喜县石门乡	17292	7711	7	320	6		
稷山县稷峰镇	15035	125742	459	2530	109	6	86883
稷山县西社镇	10260	28565	97	2895	37	8	5275
稷山县化峪镇	11313	38244	62	428	7	1	6096
稷山县翟店镇	6000	39638	192	8600	184	4	13654
稷山县清河镇	7090	32990	90	2300	90	1	5340
稷山县蔡村乡	5300	30109	7	210	2		
稷山县太阳乡	10600	51282	65	2685	61		
新绛县龙兴镇	7251	42732	58	2841	35	11	4693
新绛县三泉镇	7466	42366	24	2682	23	11	6005
新绛县泽掌镇	8267	28209	28	870	28	1	4659
新绛县北张镇	6111	23419	135	1850	42		3210
新绛县古交镇	5814	39846	31	2906	31	2	5306
新绛县万安镇	4517	18443	62	488	62		4171
新绛县阳王镇	6600	24109	11	110	11		3349
新绛县泉掌镇	2922	14215					1530
新绛县横桥乡	10336	47362	38	4640	30	4	
绛县古绛镇	13995	88070	107	3146	89	10	42576
绛县横水镇	7993	36310	39	560	31		6535
绛县陈村镇	9721	10297	6	443	2	1	4200
绛县卫庄镇	12374	4948	10	490	3	2	210
绛县么里镇	15246	8349	8	124	3		4826
绛县南樊镇	5666	23767	14	399	14		6050
绛县安峪镇	7288	26156	27	2230	26	1	1876
绛县大交镇	8201	25548	270	1620	10	2	3273
绛县郝庄乡	4954	19727	1	150			
绛县冷口乡	9322	9367	7	110	7		
垣曲县新城镇	9800	77392	237	13704	121	9	72433
垣曲县历山镇	39200	12827					3028
垣曲县古城镇	11900	24529	25	145	5	1	9528
垣曲县王茅镇	5500	10095	23	489	6	1	10095
垣曲县毛家湾镇	19300	7344	7	162			6624
垣曲县蒲掌乡	16700	14015	12	310	10	1	
垣曲县英言乡	8400	15896	70	1042	41		
垣曲县解峪乡	21500	5420	5	36	4		
垣曲县华峰乡	6200	22935	14	260	12		
垣曲县长直乡	9800	12439	53	1600	23	1	
垣曲县皋落乡	13700	14954					
夏县瑶峰镇	19740	86821	127	8345	55	7	52531
夏县庙前镇	10240	18454	42	450	22	1	7200
夏县裴介镇	4457	42464	68	1154	44		3941
夏县水头镇	8903	40912	39	1937	28	6	15367
夏县埝掌镇	5295	12189	5	65	1		4195
夏县泗交镇	38258	8778	24	260	7		850
夏县尉郭乡	3157	25056	29	318	12	1	
夏县禹王乡	5378	32041	27	420	18		
夏县胡张乡	8380	36410	20	3580	20	2	
夏县南大里乡	6488	14510	32	691	12	1	
夏县祁家河乡	21177	7877	4	33	3		
平陆县圣人涧镇	25015	49412	213	3856	66	13	49412

续表 59　　（山西省）　　单位：公顷、人、个

名　　称	行政区域面　　积	常住人口	企业个数	企　　业从业人员	工业企业单　　位	#规模以上	城镇建成区常住人口
平陆县常乐镇	15884	41515	17	727	15	1	1800
平陆县张店镇	9964	15747	61	320	6	1	3825
平陆县张村镇	8778	21184	13	117	6	2	1513
平陆县曹川镇	16601	19302	30	457	12	2	19302
平陆县三门镇	10064	8480	35	684	1	1	7910
平陆县洪池乡	4600	13747	14	634			
平陆县杜马乡	8049	11531	24	284			
平陆县部官乡	7205	15079	18	465	10		
平陆县坡底乡	11210	8363	11	144			
芮城县古魏镇	12340	84580	430	18200	102	14	54000
芮城县风陵渡镇	14850	50055	252	4223	212	2	8028
芮城县陌南镇	14460	38813	256	1395	50		11350
芮城县西陌镇	8550	19652	3	53	3		2000
芮城县永乐镇	7445	21452	170	1400	50		2380
芮城县大王镇	12620	25502	320	2100	96		1982
芮城县阳城镇	16163	31849	90	790	12	2	8530
芮城县东垆乡	7009	19657	1	15			
芮城县南卫乡	9345	31904	22	112	11		
芮城县学张乡	10378	23530					
永济市虞乡镇	16706	39192	51	690	23		3935
永济市卿头镇	13089	48270	74	4500	35	4	4409
永济市开张镇	11015	40609	58	1450	5		4236
永济市栲栳镇	14340	46047	282	3532	48		4136
永济市蒲州镇	17660	40366	40	205	10		2530
永济市韩阳镇	8936	23955	31	250			645
永济市张营镇	9344	30462	35	500	25		3272
河津市樊村镇	6000	46853	72	1547	69	14	9980
河津市僧楼镇	7542	53371	66	5584	63	10	22980
河津市小梁乡	5307	30176	9	440	9	1	
河津市柴家乡	4545	31050	12	119	12	2	
河津市赵家庄乡	5588	32994	45	3946	31	11	
河津市下化乡	8299	19314	7	770	7	1	
河津市阳村乡	10123	21083	10	2294	9	2	
忻府区播明镇	4200	20389	625	12322	59	7	10257
忻府区奇村镇	18745	30513	92	1876	10	1	11981
忻府区三交镇	38200	5732	3	66	3		205
忻府区庄磨镇	12000	9304	21	310	5	1	1800
忻府区豆罗镇	13200	14970	361	2654	15	2	2040
忻府区董村镇	8000	23220	62	1293	55	1	6489
忻府区曹张乡	4692	17455	23	265	4	1	
忻府区高城乡	5100	15060	84	210	11	1	
忻府区秦城乡	5800	22621	43	1703	17		
忻府区解原乡	8703	26103	109	2301	69	2	
忻府区合索乡	13099	16831	26	210	4	1	
忻府区阳坡乡	27333	1610					
忻府区兰村乡	11844	15978	398	4856	26	10	
忻府区紫岩乡	4422	13157	11	305	9		
忻府区西张乡	5776	11841	9	600	4		
忻府区东楼乡	2560	17711	41	810	11		
忻府区北义井乡	3261	14200	35	302	16	1	

续表 60　　(山西省)　　单位：公顷、人、个

名　　称	行政区域面积	常住人口	企业个数	企业从业人员	工业企业单位	#规模以上	城镇建成区常住人口
定襄县晋昌镇	3594	32537	810	10450	220	13	12360
定襄县河边镇	23120	29261	159	932	83	5	10387
定襄县宏道镇	6263	24384	81	2010	18	1	8571
定襄县杨芳乡	3593	15414	84	2670	42	2	
定襄县南王乡	18920	22806	63	1561	57	1	
定襄县蒋村乡	8367	15498	176	2155	170	2	
定襄县神山乡	3399	14652	220	10270	220	8	
定襄县季庄乡	6500	17693	37	1700	26	3	
定襄县受禄乡	11026	18106					
五台县台城镇	8755	33015	72	618	1	1	24634
五台县耿镇镇	21833	11895					3300
五台县豆村镇	32699	23705	9	735	6	5	5888
五台县白家庄镇	8271	14478	23	310	1	1	2060
五台县东冶镇	9914	33921	120	612	56	1	21600
五台县沟南乡	11341	23009	24	220	1	1	
五台县东雷乡	14470	8674	5	17	5		
五台县高洪口乡	11508	5283	6	47	2		
五台县门限石乡	23031	8510					
五台县陈家庄乡	30648	10877	28	950	21		
五台县建安乡	6432	13939	19	130	19	1	
五台县神西乡	5240	6350	12	72	6	1	
五台县蒋坊乡	11168	9682	5	120	5	2	
五台县灵境乡	13100	823					
五台县阳白乡	19269	20918	7	120	7		
五台县茹村乡	16673	29781	7	410	6		
代县上馆镇	8641	83521	567	6122	86	4	76219
代县阳明堡镇	11490	17722	24	520	6		5520
代县峨口镇	4025	21367	11	225	6		14900
代县聂营镇	19207	11151	29	2581	29		3723
代县枣林镇	11640	15191	28	750	28	2	857
代县滩上镇	28870	3164	22	580	10	2	484
代县新高乡	21506	16000	106	2000	38	15	
代县峪口乡	10220	16292	9	300	8		
代县上磨坊乡	22073	11018	16	390	15		
代县胡峪乡	18362	5081	28	252	14	1	
代县雁门关乡	18187	5787	43	794	27	5	
繁峙县繁城镇	17026	59568	870	3590	38	15	45304
繁峙县砂河镇	22680	50390	458	4171	14	4	19535
繁峙县大营镇	14060	21328	13	70	3	3	3659
繁峙县下茹越乡	10149	8207	25	1600	21	8	
繁峙县杏园乡	11624	16686	52	306	45	2	
繁峙县光裕堡乡	10023	9418	7	700	7	7	
繁峙县集义庄乡	7585	13981	24	570	3	3	
繁峙县东山乡	27544	19583	83	1028	8	3	
繁峙县金山铺乡	16242	12686	6	2540	6	1	
繁峙县柏家庄乡	11238	4110	36	140	2		
繁峙县横涧乡	15752	8698	7	340	7		
繁峙县神堂堡乡	42093	7246	6	130	6	6	
繁峙县岩头乡	31242	10918	42	3001	18	18	
宁武县凤凰镇	19500	12255	222	2800	52	6	5110

续表 61　　（山西省）　　单位：公顷、人、个

名　称	行政区域面积	常住人口	企业个数	企业从业人员	工业企业单位	#规模以上	城镇建成区常住人口
宁武县阳方口镇	9500	8437	82	1362	18	2	3015
宁武县东寨镇	20675	14823	14	750	2		4166
宁武县石家庄镇	5689	3694					492
宁武县薛家洼乡	16300	2586					
宁武县余庄乡	48332	2734					
宁武县涔山乡	28670	1721					
宁武县化北屯乡	14820	10000	3	55	1		
宁武县西马坊乡	13000	4373					
宁武县新堡乡	11000	2907					
宁武县迭台寺乡	10900	1881					
宁武县圪廖乡	6900	1344	3	16			
宁武县怀道乡	13200	4756					
宁武县东马坊乡	15600	3780					
静乐县鹅城镇	12642	61871	425	5493	43	3	51020
静乐县杜家村镇	17283	9409	70	1102	21	3	2430
静乐县康家会镇	16056	3495	9	45	5	1	975
静乐县丰润镇	10692	4881	20	110	2		1734
静乐县堂尔上乡	10959	2315	1	11	1	1	
静乐县中庄乡	8384	4159	8	114	4		
静乐县双路乡	14560	6918	8	47	1	1	
静乐县段家寨乡	11152	10784	14	72	6		
静乐县辛村乡	12754	5798	17	174	5		
静乐县王村乡	15849	5534	25	181	8	1	
静乐县神峪沟乡	16272	4414	9	53	3		
静乐县娘子神乡	16350	7921	26	140	26	2	
静乐县娑婆乡	16806	2839	89	453			
静乐县赤泥洼乡	26048	7952	12	104	11		
神池县龙泉镇	10972	9407	26	225	26		8512
神池县义井镇	12360	8688					2160
神池县八角镇	21230	7968					1768
神池县东湖乡	11983	5746					
神池县太平庄乡	11621	4818					
神池县虎北乡	10666	3731					
神池县贺职乡	16445	8428					
神池县长畛乡	18260	2898					
神池县烈堡乡	3229	2384					
神池县大严备乡	14700	3999					
五寨县砚城镇	3499	44980	904	5700	27	3	44980
五寨县小河头镇	7863	4554	50	252			1338
五寨县三岔镇	18756	12766	3	215	1	1	5438
五寨县前所乡	20993	11168	2	137	2	2	
五寨县李家坪乡	6649	3661	8	120	2		
五寨县孙家坪乡	11055	7828	38	338	2	2	
五寨县梁家坪乡	5935	3541	6	62			
五寨县胡会乡	9008	6006	3	89	1	1	
五寨县新寨乡	6474	4919	1	46			
五寨县韩家楼乡	14013	5874	9	236	2	1	
五寨县东秀庄乡	14041	5054					
五寨县杏岭子乡	17996	3833					
岢岚县岚漪镇	22200	42396	72	600	43	6	35890

续表 62　　　　(山西省)　　　　单位：公顷、人、个

名　　称	行政区域面　积	常住人口	企业个数	企　业从业人员	工业企业单　位		城镇建成区常住人口
						#规模以上	
岢岚县三井镇	11304	5691	9	53	8	1	2097
岢岚县神堂坪乡	14103	5913	5	68			
岢岚县高家会乡	12750	6168	25	108	24	1	
岢岚县李家沟乡	13500	1842					
岢岚县水峪贯乡	22010	3042					
岢岚县西豹峪乡	15561	1206					
岢岚县温泉乡	11568	1955					
岢岚县阳坪乡	19988	1767	3	151	3	1	
岢岚县大涧乡	12981	2345	4	22	1		
岢岚县宋家沟乡	25300	3460	13	600	4	2	
岢岚县王家岔乡	8561	1377					
河曲县文笔镇	5877	98503	42	4927	17	8	73250
河曲县楼子营镇	5635	6009	3	295	1		
河曲县刘家塔镇	12847	5897	3	495	3	3	3505
河曲县巡镇镇	8262	8366	2	314	2	2	
河曲县鹿固乡	8547	2884	1	590	1	1	
河曲县前川乡	11424	1986					
河曲县单寨乡	14962	2448	1	66	1	1	
河曲县土沟乡	11192	1708					
河曲县旧县乡	5606	2587	5	1486	5	5	
河曲县沙坪乡	8281	2865	1	163	1	1	
河曲县社梁乡	8938	4034					
河曲县沙泉乡	20359	3985	1	123			
河曲县赵家沟乡	10552	975					
保德县东关镇	4600	29317	2	40	1	1	17654
保德县义门镇	8895	14900	105	4165	32	4	3120
保德县桥头镇	9790	15912	121	3850	37	7	6020
保德县杨家湾镇	6660	6444	1	14	1		1274
保德县腰庄乡	5466	7972	3	90	1		
保德县韩家川乡	5800	5439	7	605	6		
保德县林遮峪乡	4731	4033	3	153	1	1	
保德县冯家川乡	4710	4925	1	131			
保德县土崖塔乡	5006	5213					
保德县孙家沟乡	12023	7029	5	1200	2		
保德县窑洼乡	9720	3554	24	310	9	1	
保德县窑圪台乡	6000	3897	17	345	10		
保德县南河沟乡	16365	11627					
偏关县新关镇	17958	15213	268	1341	42		14160
偏关县天峰坪镇	6533	5997	19	258	7		547
偏关县老营镇	21429	6106	12	520	4	2	1490
偏关县万家寨镇	20955	6364	20	751	3	1	643
偏关县窑头乡	14949	13596	37	420	9		
偏关县楼沟乡	27981	7777	10	164	3	1	
偏关县尚峪乡	15005	3883	3	19	1		
偏关县南堡子乡	13174	4075	3	49	1	1	
偏关县水泉乡	12985	3895	9	58	2		
偏关县陈家营乡	16993	4439	17	153	4		
五台山风景名胜区台怀镇	18667	8230	49	620			4800
五台山风景名胜区金岗库乡	9667	2013					
五台山风景名胜区石咀乡	14729	4308	4	120	1		

续表 63　　（山西省）　　单位：公顷、人、个

名　称	行政区域面积	常住人口	企业个数	企业从业人员	工业企业单位	#规模以上	城镇建成区常住人口
原平市东社镇	20527	23129	48	290	9		4630
原平市苏龙口镇	22783	15029	188	1300	37	4	877
原平市崞阳镇	15320	27381	798	6150	98	8	6998
原平市大牛店镇	18129	17774	155	2658	25	1	2111
原平市闫庄镇	11100	22002	6	62	1		3450
原平市长梁沟镇	19315	16089	253	1307	11		1958
原平市轩岗镇	21613	45728	1188	9245	34	4	43064
原平市新原乡	7400	53255	800	9200	200	7	
原平市南白乡	6894	8436	11	105	4		
原平市子干乡	8800	13647	275	1385	8		
原平市中阳乡	12100	10325	96	686	24		
原平市沿沟乡	13300	18938					
原平市大林乡	10242	15429	231	1550	40		
原平市西镇乡	10800	30366	421	3526	205	3	
原平市解村乡	6712	12916	56	2400	54	3	
原平市王家庄乡	5156	13672	170	1490	21	1	
原平市楼板寨乡	15250	5827	65	400	3		
原平市段家堡乡	19835	17723	210	2195	23	2	
尧都区屯里镇	2151	20832	6	56	3	2	5474
尧都区乔李镇	3330	20524	6	420	6	2	4707
尧都区大阳镇	11565	28581	99	2642	14	2	4267
尧都区县底镇	8730	31279	10	58	4		2747
尧都区刘村镇	7012	53012	61	475	20		6194
尧都区金殿镇	9590	66384	745	3727	13	7	4401
尧都区吴村镇	4180	24982	19	320	8	1	2855
尧都区土门镇	12988	30600	11	380	7	2	3466
尧都区魏村镇	2949	13963	10	126	8	1	4120
尧都区尧庙镇	3130	29028	69	850	60	4	3300
尧都区段店乡	5050	44871	31	265	6	1	
尧都区贾得乡	8968	59263	53	317	9	2	
尧都区贺家庄乡	6431	6393					
尧都区一平垣乡	13400	15000	4	30	4	2	
尧都区枕头乡	16101	19737	6	580	3		
尧都区河底乡	11898	9079					
曲沃县乐昌镇	3919	62834	634	6783	345	10	60352
曲沃县史村镇	8596	41916	568	3476	50	3	1626
曲沃县曲村镇	4520	24206	9	194	8		4974
曲沃县高显镇	7020	27889	68	7650	54	10	6820
曲沃县里村镇	4700	17410	15	204	6		1970
曲沃县北董乡	8915	32808	35	277	23		
曲沃县杨谈乡	6060	22039	66	1124	55		
翼城县唐兴镇	5534	84856	368	2683	42	9	79122
翼城县南梁镇	12813	41381	34	1400	28	5	3550
翼城县里砦镇	8411	27941	117	586	90		2690
翼城县隆化镇	18221	32964	9	1170	1	1	2862
翼城县桥上镇	6579	8080	1	457	1	1	1380
翼城县西阎镇	24200	4079	8	271	4	1	711
翼城县中卫乡	14035	30844	63	935	63	1	
翼城县南唐乡	5376	26750	16	221	16		
翼城县王庄乡	12633	30046	72	1580	65	6	

续表 64　　（山西省）　　单位：公顷、人、个

名　　称	行政区域面积	常住人口	企业个数	企业从业人员	工业企业单位	#规模以上	城镇建成区常住人口
翼城县浇底乡	9250	5714					
襄汾县新城镇	9954	105478	399	4913	51	1	52380
襄汾县赵康镇	7952	34099	16	350	12		6237
襄汾县汾城镇	12885	54329	28	900	18	2	8912
襄汾县南贾镇	8870	33869	20	333			4313
襄汾县古城镇	8728	48441	56	2362	37	6	7000
襄汾县襄陵镇	6926	40583	45	3000	41		9982
襄汾县邓庄镇	7602	43399	59	6156	45	5	7026
襄汾县陶寺乡	7742	22028	43	2730	43	3	
襄汾县永固乡	5073	23881	14	1694	14	4	
襄汾县景毛乡	4359	16326	78	3695	47	2	
襄汾县西贾乡	5889	23902	3	80	3		
襄汾县南辛店乡	9152	44025	32	1830	32	1	
襄汾县大邓乡	7989	16901	28	984	28	5	
洪洞县大槐树镇	9453	139150	1040	90500	44	4	69980
洪洞县甘亭镇	5353	36771	79	5300	43	5	9100
洪洞县曲亭镇	13138	50048	43	2683	41		6771
洪洞县苏堡镇	11500	25644	23	203	11		5198
洪洞县广胜寺镇	5760	53460	24	10200	5	3	17980
洪洞县明姜镇	10864	48095	104	540	33		7742
洪洞县赵城镇	8841	68861	83	13100	73	19	15280
洪洞县万安镇	15500	68196	29	1800	15	3	7180
洪洞县刘家垣镇	11363	29427	67	1130	23	3	4350
洪洞县淹底乡	9600	38981	9	110			
洪洞县兴唐寺乡	8200	16061	27	55			
洪洞县堤村乡	10241	52300	44	3065	26	7	
洪洞县辛村乡	7500	63508	53	1500	13	3	
洪洞县龙马乡	5800	22927	9	210	3	1	
洪洞县山头乡	8099	7249	7	700	5	1	
洪洞县左木乡	9002	7321	10	30	3	1	
古县岳阳镇	21013	34840	158	2950	21	4	23610
古县北平镇	21019	8752	51	430	19	3	1655
古县古阳镇	13701	11735	140	810	6	3	1930
古县旧县镇	12453	9562	7	244	5		2113
古县石壁乡	14528	5937					
古县永乐乡	12938	5581	26	154	5		
古县南垣乡	15125	8984	25	115			
安泽县府城镇	32084	29870	15	197	7		17412
安泽县和川镇	31277	11436	3	45	2		4442
安泽县唐城镇	17645	11018	11	5722	10	10	4150
安泽县冀氏镇	28546	9199	1	6			3462
安泽县马必乡	35311	6127					
安泽县杜村乡	22117	5565					
安泽县良马乡	29010	5324					
浮山县天坛镇	9873	23400					23400
浮山县响水河镇	8831	11140	29	260	10	2	3950
浮山县张庄乡	9026	15990	20	500	17	2	
浮山县东张乡	5578	10625	55	1050	55		
浮山县槐埝乡	6622	4574	11	252	8		
浮山县北王乡	11942	10194	3	20			

续表 65　　　　　　　　　　　　（山西省）　　　　　　　　　　　　单位：公顷、人、个

名　　称	行政区域面积	常住人口	企业个数	企业从业人员	工业企业单位	#规模以上	城镇建成区常住人口
浮山县北韩乡	7915	3541	3	16			
浮山县米家垣乡	11204	2810	2	25	2		
浮山县寨圪塔乡	21706	3978	3	16	3		
吉县吉昌镇	14488	20948	203	1625	31	1	19164
吉县屯里镇	64311	12175	49	1830	2	2	1309
吉县壶口镇	10294	2994	862	1020	1	1	2944
吉县车城乡	20554	8559	70	1352	12	1	
吉县文城乡	17922	8946					
吉县东城乡	8397	7239					
吉县柏山寺乡	18649	12940					
吉县中垛乡	23354	15259					
乡宁县昌宁镇	23138	71665	95	2033	28	1	32890
乡宁县光华镇	13782	21940	18	780	15	7	7860
乡宁县台头镇	10311	9954	30	2820	23	8	5720
乡宁县管头镇	24814	17910	33	3250	23	6	1685
乡宁县西坡镇	7936	14572	9	3900	8	4	6600
乡宁县双鹤乡	17317	25737	6	62	6		
乡宁县关王庙乡	34112	23519	2	36			
乡宁县尉庄乡	23133	16346	9	534	7	1	
乡宁县西交口乡	24150	11972	3	214	3		
乡宁县枣岭乡	23791	29981	25	1900	11	3	
大宁县昕水镇	17382	20985	17	330	1	1	17680
大宁县曲峨镇	22998	7987					1102
大宁县三多乡	22042	7842	1	11			
大宁县太德乡	7257	3518					
大宁县徐家垛乡	15979	8504					
大宁县太古乡	10662	3760					
隰县龙泉镇	10884	34602	10	221	5		30511
隰县午城镇	15134	10506					3561
隰县黄土镇	22533	12778	5	32	5		3332
隰县阳头升乡	23266	10450	3	16			
隰县寨子乡	10800	8295	6	30			
隰县陡坡乡	10333	3790					
隰县下李乡	21822	9262	10	85	10		
隰县城南乡	20200	17029					
永和县芝河镇	26500	23045	42	505	12	1	14518
永和县桑壁镇	18300	5498	1	16	1		1380
永和县阁底乡	15600	10775					
永和县南庄乡	10490	5386					
永和县打石腰乡	11100	5213					
永和县坡头乡	20400	3635	2	22	2		
永和县交口乡	18900	5700					
蒲县蒲城镇	26510	10282	333	41	37		10101
蒲县薛关镇	14024	9757	43	50	9		2916
蒲县黑龙关镇	21865	15401	132	1600	58	4	1822
蒲县克城镇	20217	14917	37	116	16	3	3494
蒲县山中乡	19067	3023	12	22	2		
蒲县古县乡	9661	4603	14	72	2		
蒲县红道乡	15095	4147	3	82	2		
蒲县乔家湾乡	12242	11456	138	3880	62	9	

续表 66　　　　（山西省）　　　　单位：公顷、人、个

名　　称	行政区域面积	常住人口	企业个数	企业从业人员	工业企业单位	#规模以上	城镇建成区常住人口
蒲县太林乡	12778	7236	35	5400	16	6	
汾西县永安镇	14537	23638	56	730	47	4	12130
汾西县对竹镇	10646	8495	14	85	12		1540
汾西县勍香镇	13383	17029	14	150	13		4207
汾西县和平镇	8028	9355	17	87	11		2156
汾西县僧念镇	9389	4877	27	186	21	2	3600
汾西县佃坪乡	13021	8136	11	63	11		
汾西县团柏乡	5442	12325	20	112	15	1	
汾西县邢家要乡	8764	4370	7	38	7		
侯马市新田乡	3956	39421	423	6024	226	2	
侯马市高村乡	3060	17750	46	2080	1	1	
侯马市凤城乡	3460	19090	140	3900	23	2	
霍州市白龙镇	5230	18493	190	5139	17	3	9005
霍州市辛置镇	5390	55617	20	3052	5	5	14025
霍州市大张镇	4070	35836	108	910	1	1	8326
霍州市李曹镇	20395	27163	21	452	1		1701
霍州市陶唐峪乡	8935	17833	24	312	7		
霍州市三教乡	15170	19833	2	125			
霍州市师庄乡	8973	10136	3	254	3		
离石区吴城镇	42328	6804	1	18			1200
离石区信义镇	27919	13584	148	741	1	1	1899
离石区红眼川乡	2080	5394	2	780	2	1	
离石区枣林乡	9600	7506	13	2420	13	4	
离石区坪头乡	7307	5234	6	948	1	1	
文水县凤城镇	14954	102621	110	5600	77	5	15730
文水县开栅镇	37686	33006	294	3780	21	3	8742
文水县南庄镇	3930	21449	18	457	17	1	4557
文水县南安镇	6499	35054	83	2630	60	2	4980
文水县刘胡兰镇	8087	44136	290	3650	105	5	3856
文水县下曲镇	9450	35840	63	800	62		5988
文水县孝义镇	3895	28466	13	3218	13	4	4693
文水县南武乡	3072	21394	45	3100	35	2	
文水县西城乡	3378	26820	53	812	33	3	
文水县北张乡	4128	27708	5	268	5		
文水县马西乡	8686	11411	66	331	66	1	
文水县西槽头乡	3094	16315	21	1620	4	3	
交城县天宁镇	6512	73752	210	5173	116	13	3769
交城县夏家营镇	5481	36118	125	6530	85	19	5762
交城县西营镇	2737	27694	155	2750	110		7766
交城县水峪贯镇	23559	12297	54	1083	35	1	2207
交城县西社镇	10898	8572	22	1800	15		2135
交城县庞泉沟镇	25362	2171	2	120			230
交城县洪相乡	8622	22948	483	4415	96	4	
交城县岭底乡	17979	8667	11	60	3	1	
交城县东坡底乡	36766	5983					
交城县会立乡	44781	4830					
兴县蔚汾镇	21898	85000	764	25345	40	6	25590
兴县魏家滩镇	23665	18182	73	4000	2	2	3321
兴县瓦塘镇	16511	8396	43	1000	4	1	2392
兴县康宁镇	19404	21354	56	610	14	1	4100

续表 67　　　　　　　　　　　　（山西省）　　　　　　　　　　　　单位：公顷、人、个

名　　称	行政区域面　　积	常住人口	企业个数	企　　业从业人员	工业企业单　　位	#规模以上	城镇建成区常住人口
兴县高家村镇	12222	10719	38	300	11		1989
兴县罗峪口镇	18280	3984	7	45			452
兴县蔡家会镇	16396	10128	9	50			2470
兴县交楼申乡	16800	6029	14	428	2		
兴县恶虎滩乡	9225	4502	26	218	3		
兴县东会乡	11430	7065	8	200			
兴县固贤乡	16678	5265	12	600	7	1	
兴县奥家湾乡	13998	15685	75	1752	32	2	
兴县蔡家崖乡	16653	16905	98	452	4	3	
兴县贺家会乡	17007	7401	8	42			
兴县孟家坪乡	21269	6987	13	70			
兴县赵家坪乡	14675	7472	3	18			
兴县圪垯上乡	15093	7874	3	20			
临县临泉镇	14212	86910	522	2600	4	1	5390
临县白文镇	25829	35301	21	120	7		9180
临县城庄镇	23582	27414	4	240	2	1	3313
临县兔坂镇	21878	23584	4	63	4		2469
临县克虎镇	8835	12572	4	23	1	1	12572
临县三交镇	12238	56819	23	620	14	2	56819
临县湍水头镇	6402	18253	11	932	2	2	1990
临县林家坪镇	8666	24864	40	1086	5	2	2537
临县招贤镇	3203	14310	7	619	7	2	3043
临县碛口镇	10878	16066	3	40	3	1	15866
临县刘家会镇	12205	31093	5	50	1		2300
临县丛罗峪镇	7723	16171					1765
临县曲峪镇	12743	26636	2	35	2	2	860
临县木瓜坪乡	9522	17504	37	245	14	1	
临县安业乡	5364	23236	3	86	3	1	
临县玉坪乡	13087	19315					
临县青凉寺乡	16042	16798					
临县石白头乡	13516	22016	55	297			
临县雷家碛乡	20269	18222	51	270	2		
临县八堡乡	12686	12364	1	68	1	1	
临县大禹乡	12632	36225	5	2050	5	2	
临县车赶乡	5861	14354					
临县安家庄乡	9994	16682	2	20	2		
柳林县柳林镇	10550	97790	46	5332	20	9	40135
柳林县穆村镇	3582	31698	16	7609	5	3	19865
柳林县薛村镇	8860	18832	11	230	4	2	6910
柳林县庄上镇	8350	15851	4	4169	4	4	13521
柳林县留誉镇	15365	14051					1004
柳林县三交镇	10692	9509					3000
柳林县成家庄镇	7699	14439	64	4550	6	6	1246
柳林县孟门镇	7364	18154	48	1560	2	2	1238
柳林县李家湾乡	5572	15012	11	161	5	2	
柳林县贾家垣乡	7282	14333	7	586	7	2	
柳林县陈家湾乡	12829	22293	6	8657	5	5	
柳林县金家庄乡	8487	12618	5	1185	5	1	
柳林县高家沟乡	10926	8658					
柳林县石西乡	5500	6788	2	14	2		

续表 68　　（山西省）　　单位：公顷、人、个

名　　称	行政区域面　　积	常住人口	企业个数	企　　业从业人员	工业企业单　　位	#规模以上	城镇建成区常住人口
柳林县王家沟乡	8678	15959	14	25230	9	9	
石楼县灵泉镇	31807	60429	285	3265	49	1	25298
石楼县罗村镇	27738	8369	29	500	11		1340
石楼县义牒镇	23132	7336	13	410	5		4586
石楼县小蒜镇	20322	8428	5	36	1		2460
石楼县龙交乡	15961	7614	7	50	4		
石楼县和合乡	17706	8541	5	28	1		
石楼县前山乡	18536	6656					
石楼县曹家垣乡	7584	6424	3	16	2	1	
石楼县裴沟乡	10705	6828	6	150	2		
岚县东村镇	7422	59163	37	1116	5		41224
岚县岚城镇	10928	11532	1	6			3653
岚县普明镇	15449	23745	26	1500	20	7	4938
岚县界河口镇	12957	5943	3	16	1		1173
岚县土峪乡	3970	6945					
岚县上明乡	11524	15553					
岚县王狮乡	18885	11964	4	21			
岚县梁家庄乡	15862	14007	26	1772	18	2	
岚县顺会乡	13799	10539	4	21	2		
岚县河口乡	14534	5944					
岚县社科乡	11068	16275	9	1544	9	2	
岚县大蛇头乡	14874	4891					
方山县圪洞镇	21222	45101	140	1798	105		17295
方山县马坊镇	36843	17248	47	237	8	3	3196
方山县峪口镇	16037	25396	18	320	6	6	7400
方山县大武镇	15730	28312	71	6144	33	4	6600
方山县北武当镇	23139	5725	2	80	1	1	937
方山县积翠乡	15910	7640					
方山县麻地会乡	14100	10154	4	170	4	1	
中阳县宁乡镇	12212	51417	18	7368	14	7	37289
中阳县金罗镇	19792	39019	45	2049	9	9	5673
中阳县枝柯镇	24857	9795	53	1967	27	7	1498
中阳县武家庄镇	18395	6406	7	945	3	1	1880
中阳县暖泉镇	18297	10528	4	345	4	1	3105
中阳县下枣林乡	16260	11226	4	1870	4	1	
中阳县车鸣峪乡	34049	2546					
交口县水头镇	26129	27452	16	324	2		11503
交口县康城镇	21441	14029	40	1522	10	1	1820
交口县双池镇	8867	24413	181	1709	52	8	6166
交口县桃红坡镇	28700	16181	51	2196	24	5	1954
交口县石口乡	15985	10727	81	408	5	1	
交口县回龙乡	10798	14976	38	3262	3	3	
交口县温泉乡	17570	8355	66	814	15	3	
孝义市兑镇镇	6442	38020	55	22000	14	11	25713
孝义市阳泉曲镇	7454	39476	62	8419	45	16	12978
孝义市下堡镇	6811	22685	33	168	27	1	8157
孝义市西辛庄镇	7294	12857	40	1524	36	6	3044
孝义市高阳镇	4656	42080	21	6359	18	8	30326
孝义市梧桐镇	3554	28861	95	13564	73	38	23042
孝义市柱濮镇	6570	3982	26	3012	4	1	200

续表 69　　（山西省、内蒙古自治区）　　单位：公顷、人、个

名　　称	行政区域面　　积	常住人口	企业个数	企　　业从业人员	工业企业单　　位	#规模以上	城镇建成区常住人口
孝义市大孝堡乡	5700	31941	217	2987	43	16	
孝义市下栅乡	6221	13773	53	5867	53	11	
孝义市驿马乡	7764	4418	10	3234	7	6	
孝义市南阳乡	6263	6243	57	301	35	8	
孝义市杜村乡	5773	5729	18	325	15	5	
汾阳市贾家庄镇	4844	23553	77	1647	5	2	2720
汾阳市杏花村镇	8538	34996	406	17755	69	3	15024
汾阳市冀村镇	6268	42001	94	1050	28		15324
汾阳市肖家庄镇	5658	32847	76	2184	23	3	5898
汾阳市演武镇	5809	26586	76	772	48		3980
汾阳市三泉镇	8297	31095	107	3349	65	4	5995
汾阳市石庄镇	8724	4319	10	44	5		1928
汾阳市杨家庄镇	13976	9548	27	1114	12	1	954
汾阳市峪道河镇	30255	21366	33	1460	17	1	3250
汾阳市西河乡	1090	48198	177	1820	8		
汾阳市阳城乡	7464	39507	131	2230	39	3	
汾阳市栗家庄乡	13064	20987	145	2958	56	6	
内蒙古自治区							
呼和浩特市新城区保合少镇	50130	15610	72	760			3120
回民区攸攸板镇	17500	169216	1198	14681	63		
玉泉区小黑河镇	12469	38975	316	5520	34		38975
赛罕区榆林镇	24300	16600	38	595	2		1500
赛罕区黄合少镇	34500	36733	74	1705	5	3	9023
赛罕区金河镇	20960	19411	148	2522	23		3680
土默特左旗察素齐镇	61468	106422	552	8580	70	4	82487
土默特左旗毕克齐镇	57968	33121	170	3835	42	3	14450
土默特左旗善岱镇	20668	44625	74	820	8		2973
土默特左旗台阁牧镇	11110	35572	497	19472	210	31	34854
土默特左旗白庙子镇	23553	35517	171	5061	19		5197
土默特左旗沙尔沁镇	20200	18129	58	1160	37	1	
土默特左旗敕勒川镇	46945	36560	95	934	3		19332
土默特左旗北什轴乡	20576	29085	80	898	8		
土默特左旗塔布赛乡	14647	22999	52	535	2		
托克托县双河镇	25781	88004	148	8300	35	8	88004
托克托县新营子镇	38319	53488	296	9160	27	27	6697
托克托县五申镇	22566	22139	134	3264	42	1	2165
托克托县伍什家镇	23710	13657	11	192	2	2	1642
托克托县古城镇	31304	24884	434	3263	15		1525
和林格尔县城关镇	57926	63104	39	667	27	11	49064
和林格尔县盛乐镇	40220	35901	257	1515	186	1	4309
和林格尔县新店子镇	53758	11210	3	78			972
和林格尔县舍必崖乡	44864	22368	84	691			
和林格尔县大红城乡	58178	12798					
和林格尔县羊群沟乡	38288	2877	16	96	1	1	
和林格尔县黑老夭乡	22472	3178					
和林格尔县巧什营乡	14001	15525	43	234	1		
清水河县城关镇	48989	57335	304	1882	23	4	57335
清水河县宏河镇	26983	8932	2	1643			890
清水河县喇嘛湾镇	21300	9340	90	589	8	5	9340
清水河县老牛湾镇	30500	4461	10	85	4		130

续表 70　　（内蒙古自治区）　　单位：公顷、人、个

名　　称	行政区域面积	常住人口	企业个数	企业从业人员	工业企业单位	#规模以上	城镇建成区常住人口
清水河县窑沟乡	24088	11859	21	556	15		
清水河县北堡乡	52500	5210	5	42	1		
清水河县韭菜庄乡	50168	5554					
清水河县五良太乡	28900	4099					
武川县可镇	26619	59053	719	4226	48	1	49168
武川县哈乐镇	57770	7838	89	793	12	1	1903
武川县西乌兰不浪镇	59344	10261	91	476	14	4	1288
武川县大青山乡	48160	4017	97	290	10		
武川县上秃亥乡	49840	15885	91	448	11	1	
武川县得胜沟乡	48012	4421	23	72	2		
武川县二份子乡	72390	5285	70	246	10	1	
武川县哈拉合少乡	81851	7134	76	173	11		
武川县耗赖山乡	24248	8428	51	280	7		
东河区河东镇	3489	47080	96	2879	59	11	47080
东河区沙尔沁镇	37100	49651	45	628	33	4	48651
昆都仑区昆河镇	1530	142078	25	3167	8	8	99078
昆都仑区卜尔汉图镇	19727	26127	31	4664	24	24	23927
包头市青山区青福镇	4285	80555	895	6950	197	3	80555
包头市青山区兴胜镇	14055	42672	124	2300	124		42672
石拐区五当召镇	15760	3908	182	7344	31	4	593
石拐区吉忽伦图苏木	31500	2691	22	315	12		
九原区麻池镇	4650	33100	140	3550	86	6	6221
九原区哈林格尔镇	17800	20922	208	2100	33	3	
九原区哈业胡同镇	21400	19315	90	460	3		3582
九原区阿嘎如泰苏木	18862	1435	45	1400	27	3	
土默特右旗萨拉齐镇	10700	120700	1306	6527	33	9	110210
土默特右旗双龙镇	24801	25342	248	1563	33		3012
土默特右旗美岱召镇	26700	23835	73	2532	50	4	2933
土默特右旗沟门镇	18800	25272	253	4570	72	22	20200
土默特右旗将军尧镇	39900	34087	150	1559	65	2	1935
土默特右旗海子乡	24900	24025	87	918	41	1	
土默特右旗明沙淖乡	25000	22379	80	980	60	2	
土默特右旗苏波盖乡	15200	22007	32	844	23	1	
固阳县金山镇	157800	61200	565	4067	216	11	6144
固阳县西斗铺镇	89000	18003	164	856	75	2	999
固阳县下湿壕镇	62600	22104	168	1121	76	9	840
固阳县银号镇	59000	12671	141	1950	78	11	1193
固阳县怀朔镇	75700	23061	156	1220	28	5	1326
固阳县兴顺西镇	58400	19362	167	1065	41	1	1501
达尔罕茂明安联合旗满都拉镇	183489	1095	1	47	1	1	338
达尔罕茂明安联合旗希拉穆仁镇	71123	1962	5	420	4	1	1048
达尔罕茂明安联合旗百灵庙镇	62697	41127	33	1986	29	7	36016
达尔罕茂明安联合旗石宝镇	64189	16020	13	3293	13	5	3343
达尔罕茂明安联合旗乌克忽洞镇	63961	15564	2	66	2		1343
达尔罕茂明安联合旗明安镇	232673	2795	23	6225	23	21	100
达尔罕茂明安联合旗巴音花镇	306417	2319	7	425	7	1	52
达尔罕茂明安联合旗达尔罕苏木乡	208216	1602	3	308	3	1	
达尔罕茂明安联合旗查干哈达苏木	217672	984	7	150	5		
达尔罕茂明安联合旗巴音敖包苏木	230135	3146	8	750	8	5	
达尔罕茂明安联合旗西河乡	63024	6664	5	671	5	2	

续表 71　　（内蒙古自治区）　　单位：公顷、人、个

名　　称	行政区域面积	常住人口	企业个数	企业从业人员	工业企业单位	#规模以上	城镇建成区常住人口
达尔罕茂明安联合旗小文公乡	44635	6681	4	120	4		
包头稀土高新技术产业开发区万水泉镇	10922	23933	675	23008	93	44	7592
海勃湾区千里山镇	16642	21100	409	12775	133	17	21100
海南区公乌素镇	5406	16667	182	9157	66	29	4053
海南区拉僧庙镇	8708	6080	127	6551	42	4	5394
海南区巴音陶亥镇	56155	8096	111	1984	19	3	1788
乌达区乌兰淖尔镇	7822	2024	23	633	4		1824
红山区红庙子镇	6072	19607	267	1420	10		
红山区文钟镇	33701	33382	58	2726	20	1	
元宝山区风水沟镇	12860	17867	17	200	6	1	6540
元宝山区元宝山镇	31404	42781	157	11442	40	8	42781
元宝山区美丽河镇	8364	21396	26	920	15	1	7400
元宝山区平庄镇	22049	68899	238	9652	34	4	13543
元宝山区五家镇	4423	14223	23	1429	10	2	7469
元宝山区小五家乡	14044	4990	7	75			
松山区穆家营子镇	22700	98326	65	908	35	8	34516
松山区初头朗镇	48900	26867	15	1130	9	1	8558
松山区大庙镇	45600	25378	6	115	1		2867
松山区王府镇	28800	22694	20	5200	20	2	7259
松山区老府镇	59966	24783	3	72	3		3802
松山区哈拉道口镇	31167	25841	4	40	1		3329
松山区上官地镇	33000	11366	28	492	8	2	1268
松山区安庆镇	29100	23503	36	3570	34	5	2605
松山区太平地镇	31477	39222	1125	6400	6	4	653
松山区当铺地满族乡	38600	36590	191	1562	38	9	
松山区夏家店乡	36800	24919	78	3450	57	4	
松山区城子乡	35700	21369	13	1793	13	1	
松山区大夫营子乡	69700	14339	16	650	8	2	
松山区岗子乡	46600	12068	6	105	6	3	
阿鲁科尔沁旗天山镇	53260	26419	157	795	27	7	2310
阿鲁科尔沁旗天山口镇	49000	29776	38	525	8	1	1243
阿鲁科尔沁旗双胜镇	32110	21089	8	1152	6	3	1928
阿鲁科尔沁旗坤都镇	146210	8814	15	81	1	1	642
阿鲁科尔沁旗巴彦花镇	50620	21369	11	66	3		1093
阿鲁科尔沁旗绍根镇	209990	18720	18	1324	16		1065
阿鲁科尔沁旗扎嘎斯台镇	139940	8923	5	310	2		329
阿鲁科尔沁旗新民乡	31333	11376	12	883	4	1	
阿鲁科尔沁旗先锋乡	27000	13525	2	366	2	2	
阿鲁科尔沁旗罕苏木苏木	79850	6047	1	13			
阿鲁科尔沁旗赛汉塔拉苏木	90520	5370	2	280	2	2	
阿鲁科尔沁旗巴拉奇如德苏木	108049	11556	12	150			
阿鲁科尔沁旗乌兰哈达乡	19690	11594	6	37			
阿鲁科尔沁旗巴彦温都尔苏木	414180	13268	1	189	1	1	
巴林左旗林东镇	83449	45385	53	5938	30	24	
巴林左旗隆昌镇	83404	42349	60	321	3		2811
巴林左旗十三敖包镇	49515	29328	99	1564	12	7	1685
巴林左旗碧流台镇	76975	47615	13	107	13		2641
巴林左旗富河镇	83712	23629	2	650	2	2	780
巴林左旗白音勿拉镇	87349	11472	44	3569	13	9	1270
巴林左旗哈拉哈达镇	32020	10761	7	168	1	1	3315

续表 72 （内蒙古自治区） 单位：公顷、人、个

名　称	行政区域面积	常住人口	企业个数	企业从业人员	工业企业单位	#规模以上	城镇建成区常住人口
巴林左旗查干哈达苏木	37059	5958	1	12			
巴林左旗乌兰达坝苏木	46225	4429	2	421	2	2	
巴林左旗三山乡	30677	8828	3	136	1	1	
巴林左旗花加拉嘎乡	32752	14272	2	12			
巴林右旗大板镇	190600	76900	552	12943	107	12	58810
巴林右旗索博日嘎镇	140200	18469	16	166	10		1997
巴林右旗宝日勿苏镇	116500	17059	19	156	6		1232
巴林右旗查干诺尔镇	96400	15262	11	118	4		769
巴林右旗巴彦琥硕镇	43100	5682	7	58	4		1552
巴林右旗西拉沐沦苏木	127100	13387	31	237	6		
巴林右旗巴彦塔拉苏木	83200	9481	27	611	8	3	
巴林右旗幸福之路苏木	96500	9856	19	1296	7	4	
巴林右旗查干沐沦苏木	90100	6223	12	63	6	1	
林西县林西镇	16700	18601	186	4017	42	11	
林西县新城子镇	61300	12522	34	368	34		1280
林西县新林镇	51600	11160	45	495	12		3565
林西县五十家子镇	66200	18027	1	12	1		3600
林西县官地镇	40800	14419	8	345	7		3790
林西县大井镇	24200	12150	36	202	8	4	1747
林西县统部镇	55100	16351	15	1258	13	3	3400
林西县大营子乡	46800	14234	35	185	35		
林西县十二吐乡	26300	8587	8	845	3	1	
克什克腾旗经棚镇	186500	16045	4	260	3	2	11356
克什克腾旗宇宙地镇	68400	15339	3	625	3	3	1726
克什克腾旗土城子镇	98600	16405	1	27	1		1689
克什克腾旗同兴镇	128500	12596	9	3600	6	4	1500
克什克腾旗万合永镇	184500	19209	8	660	6	2	336
克什克腾旗芝瑞镇	231300	16680	60	880	6	5	789
克什克腾旗达来诺日镇	154200	5895	5	26			1126
克什克腾旗新开地乡	34000	15950					
克什克腾旗红山子乡	135700	6277					
克什克腾旗达日罕乌拉苏木	223400	5453	3	1721	1	1	
克什克腾旗巴彦查干苏木	331100	8400	8	1850	4	4	
克什克腾旗浩来呼热苏木	164000	4645					
克什克腾旗乌兰布统苏木	120000	4921	25	423			
翁牛特旗乌丹镇	186842	38198	113	4012	83	2	
翁牛特旗乌敦套海镇	54347	30748	31	810	28	1	5277
翁牛特旗五分地镇	65185	25665	6	229	6	2	3404
翁牛特旗桥头镇	74898	51455	93	5375	38	2	1220
翁牛特旗广德公镇	65359	23994	18	1100	8	2	1186
翁牛特旗梧桐花镇	83069	34483	96	3200	55	6	2590
翁牛特旗海拉苏镇	65621	10398	13	52	4		4216
翁牛特旗亿合公镇	98128	30740	224	1036	124	1	3041
翁牛特旗解放营子乡	47581	16499	12	147	9		
翁牛特旗阿什罕苏木	95363	5804					
翁牛特旗新苏莫苏木	95930	27834	3	80	3		
翁牛特旗白音套海苏木	62497	17663	5	26	3		
翁牛特旗毛山东乡	52589	14107	16	305	7		
翁牛特旗格日僧苏木	96726	6710	13	22			
喀喇沁旗锦山镇	32495	73918	522	10548	60	4	50426

续表 73　（内蒙古自治区）　单位：公顷、人、个

名　　称	行政区域面　　积	常住人口	企业个数	企　　业从业人员	工业企业单　　位	#规模以上	城镇建成区常住人口
喀喇沁旗美林镇	55100	22267	52	766	13		1950
喀喇沁旗王爷府镇	50900	28228	63	835	27	1	1170
喀喇沁旗小牛群镇	39800	22194	39	536	11	1	1664
喀喇沁旗牛家营子镇	33940	41796	224	2588	68	3	4298
喀喇沁旗乃林镇	13932	29865	127	2328	17	2	5061
喀喇沁旗西桥镇	24200	22827	51	635	12		4625
喀喇沁旗十家满族乡	34100	20347	116	2326	76	3	
喀喇沁旗南台子乡	17800	10385	21	214	10		
宁城县天义镇	18800	79820	389	2687	43	27	59853
宁城县小城子镇	31800	29442	83	416	5	1	6890
宁城县大城子镇	38400	34338	42	1720	12	2	5896
宁城县八里罕镇	37300	39676	131	1100	48	3	5376
宁城县黑里河镇	53100	25045	23	1489	15	4	1600
宁城县甸子镇	26700	40254	1098	6588	17	3	1992
宁城县大双庙镇	17200	27550	16	710	1		2632
宁城县汐子镇	34200	49510	181	4321	33	8	1942
宁城县大明镇	17400	36007	37	770	13	1	1558
宁城县忙农镇	29200	37925	24	968	24	3	592
宁城县五化镇	25000	23485	19	1050	19	6	2357
宁城县三座店镇	21600	28295	85	430	2		3000
宁城县必斯营子镇	27200	26457	15	118	6	3	2174
宁城县一肯中乡	22400	35697	10	805	4	1	
宁城县存金沟乡	30200	15678	14	330	5	2	
敖汉旗新惠镇	85835	162753	571	6021	105	14	
敖汉旗四家子镇	42574	42107	72	652	33	17	4342
敖汉旗长胜镇	36777	37472	31	702	12	4	4679
敖汉旗贝子府镇	70876	49328	116	610	57	11	8154
敖汉旗四道湾子镇	37175	29393	90	3100	7	3	9563
敖汉旗下洼镇	45676	30987	40	300	6	2	3517
敖汉旗金厂沟梁镇	35002	25640	69	3465	18	3	13298
敖汉旗兴隆洼镇	54654	30350	98	886	11	2	6758
敖汉旗黄羊洼镇	41646	17095	2	22	1	1	3004
敖汉旗牛古吐乡	70055	38246	36	350	18	1	
敖汉旗木头营子乡	57888	31141	70	400	9		
敖汉旗古鲁板蒿乡	55421	36998	252	1512	3		
敖汉旗丰收乡	40500	22298	186	953	9		
敖汉旗玛尼罕乡	45504	16748	101	562	14	1	
敖汉旗萨力巴乡	37756	18258	36	205	9		
敖汉旗敖润苏莫苏木	38400	4046	54	236			
科尔沁区大林镇	55290	67821	120	700	115	5	17763
科尔沁区钱家店镇	29538	45339	61	4115	58	6	8638
科尔沁区余粮堡镇	18708	32495	304	3000	99	2	11460
科尔沁区木里图镇	19877	43344	165	3500	56	29	11495
科尔沁区丰田镇	19428	27685	50	618	4	3	2504
科尔沁区清河镇	22421	34589	10	745	10	1	3110
科尔沁区育新镇	15485	27751	87	1495	52	5	2418
科尔沁区庆和镇	25459	22861	7	581	5		3662
科尔沁区敖力布皋镇	22417	22781	14	108	7		2036
科尔沁区莫力庙苏木	36495	19388	3	68	2	2	
科尔沁左翼中旗保康镇	38398	27371	219	4076	51	9	26854

续表 74　　（内蒙古自治区）　　单位：公顷、人、个

名　　称	行政区域面积	常住人口	企业个数	企业从业人员	工业企业单位	#规模以上	城镇建成区常住人口
科尔沁左翼中旗宝龙山镇	100546	46789	235	10590	52	24	23817
科尔沁左翼中旗舍伯吐镇	66351	42923	156	3734	27	5	22247
科尔沁左翼中旗巴彦塔拉镇	57926	31930	38	759	11	1	4400
科尔沁左翼中旗门达镇	17835	17651	15	795	6	2	2164
科尔沁左翼中旗架玛吐镇	48178	35379	52	990	9	1	2300
科尔沁左翼中旗腰林毛都镇	61024	29176	29	401	8		3981
科尔沁左翼中旗希伯花镇	56399	25619	29	953	5	1	3300
科尔沁左翼中旗花吐古拉镇	41855	19952	66	1575	16	2	2433
科尔沁左翼中旗代力吉镇	61243	18260	21	1012	8	3	1976
科尔沁左翼中旗努日木镇	23995	16101	19	355	5		1403
科尔沁左翼中旗花胡硕苏木乡	75372	14327	18	303	3		
科尔沁左翼中旗协代苏木乡	34013	12883	20	250	2		
科尔沁左翼中旗白兴吐苏木乡	42136	15890	14	302	1		
科尔沁左翼中旗图布信苏木乡	39335	21381	24	474	6		
科尔沁左翼中旗敖包苏木	18138	13149	33	865	11		
科尔沁左翼中旗胜利乡	23401	19470	9	252	3	2	
科尔沁左翼后旗甘旗卡镇	173804	79360	561	8716	137	43	51263
科尔沁左翼后旗吉尔嘎朗镇	71937	21863	46	338	5		3689
科尔沁左翼后旗金宝屯镇	59042	28579	115	1401	23	7	9279
科尔沁左翼后旗常胜镇	55448	24477	17	230	3	1	3927
科尔沁左翼后旗查日苏镇	67578	31441	79	4633	11	3	1793
科尔沁左翼后旗双胜镇	21919	32238	17	119	2		975
科尔沁左翼后旗阿古拉镇	91376	14989	12	63	3		1004
科尔沁左翼后旗朝鲁吐镇	70490	10187	12	80	1		1280
科尔沁左翼后旗努古斯台镇	60595	9579	28	236	13	4	1307
科尔沁左翼后旗海鲁吐镇	77942	20999	21	143	2	1	1590
科尔沁左翼后旗阿都沁苏木	81150	17317	19	116			
科尔沁左翼后旗茂道吐苏木	84039	11662	18	91	4		
科尔沁左翼后旗巴嘎塔拉苏木	84040	13435	40	273	13	2	
科尔沁左翼后旗散都苏木	45255	17030	20	226	1	1	
科尔沁左翼后旗巴彦毛都苏木	49255	5797	2	10			
开鲁县开鲁镇	69831	127405	858	23877	139	47	69726
开鲁县大榆树镇	13171	22109	20	137	3	1	1855
开鲁县黑龙坝镇	16055	20190	6	170	3	1	2710
开鲁县麦新镇	22170	31163	93	401	2		2925
开鲁县义和塔拉镇	60182	29995	20	124	3	3	2743
开鲁县建华镇	72331	26079	39	1088	10	3	2845
开鲁县小街基镇	80295	45793	53	708	5	2	9823
开鲁县东风镇	38726	20648	50	3672	17	9	2058
开鲁县吉日嘎郎吐镇	22052	20187	19	169	2		1350
开鲁县东来镇	17091	15564	45	1731	6	2	6915
库伦旗库伦镇	126033	37714	20	516	16	2	8132
库伦旗扣河子镇	40698	22311	14	453	10	1	2143
库伦旗白音花镇	34399	14267	3	63	2		650
库伦旗六家子镇	42079	16543	17	112	3		1666
库伦旗额勒顺镇	98723	11727	6	75	4		1376
库伦旗茫汗苏木	76418	9210					
库伦旗先进苏木	19417	10292	2	28	1		
库伦旗水泉乡	32020	13126	5	232	5		
奈曼旗大沁他拉镇	110046	57589	189	6512	163	39	10990

续表 75　　（内蒙古自治区）　　单位：公顷、人、个

名称	行政区域面积	常住人口	企业个数	企业从业人员	工业企业单位	#规模以上	城镇建成区常住人口
奈曼旗八仙筒镇	96800	58663	72	843	14	2	9657
奈曼旗青龙山镇	46917	28273	60	356	17	2	4356
奈曼旗新镇	86604	38820	38	260	38		1916
奈曼旗治安镇	35333	17217	64	513	17		2055
奈曼旗东明镇	71809	51329	7	160	7		8415
奈曼旗沙日浩来镇	38232	16118	16	138	11		2016
奈曼旗义隆永镇	28095	19020	18	241	8		1684
奈曼旗固日班花苏木	81333	14640	4	30	3		
奈曼旗白音他拉苏木	47284	13967	41	514	11		
奈曼旗明仁苏木	54130	26075	4	156	4		
奈曼旗黄花塔拉苏木	34000	15121					
奈曼旗土城子乡	20770	12984	1	29	1		
奈曼旗苇莲苏乡	42475	13427					
扎鲁特旗鲁北镇	137404	135840	235	3039	47	36	94453
扎鲁特旗黄花山镇	1131	6056	24	132	4	1	6056
扎鲁特旗嘎亥图镇	151550	17591					3112
扎鲁特旗巨日合镇	64810	24154	10	500	10		1852
扎鲁特旗巴雅尔图胡硕镇	147868	6492					1885
扎鲁特旗香山镇	45565	16635	2	46	2		2063
扎鲁特旗阿日昆都楞镇	242343	5566	68	9615	56	24	806
扎鲁特旗巴彦塔拉苏木乡	61386	12087	4	134	4	1	
扎鲁特旗乌力吉木仁苏木乡	102463	7790	1	60	1	1	
扎鲁特旗道老杜苏木乡	156801	10477	2	9	2		
扎鲁特旗格日朝鲁苏木乡	200008	14675	13	163	13	2	
扎鲁特旗前德门苏木	39851	7054					
扎鲁特旗乌兰哈达苏木	87053	4743					
扎鲁特旗查布嘎图苏木	90065	6405	4	31	3		
扎鲁特旗乌额格其苏木	41073	10393	1	12			
通辽经济技术开发区辽河镇	24003	33350	126	7833	65	55	2876
霍林郭勒市达来胡硕苏木	30914	6905	126	6229	32	24	
东胜区泊尔江海子镇	91800	6808	39	658	8		1859
东胜区罕台镇	52600	20525	82	9364	58	11	16456
东胜区铜川镇	54600	9630	49	4670	23	23	3200
达拉特旗树林召镇	112560	70351	384	2920	45	33	3150
达拉特旗吉格斯太镇	103125	16300	6	731	6	2	3000
达拉特旗白泥井镇	90112	19455	32	2815	25	2	4311
达拉特旗王爱召镇	64070	30500	167	1132	1	1	1275
达拉特旗昭君镇	124980	16535	16	1036	12	9	3888
达拉特旗恩格贝镇	124292	12727	6	97	1		674
达拉特旗中和西镇	88174	6839	58	348			580
达拉特旗展旦召苏木乡	103348	17114	309	1905	28	21	
准格尔旗薛家湾镇	98391	27672					1873
准格尔旗沙圪堵镇	158853	72121	47	289	21	15	69587
准格尔旗大路镇	41432	6683	18	8921	18	8	562
准格尔旗纳日松镇	83800	12890	201	13468	86	31	1260
准格尔旗龙口镇	72316	41668	389	14752	60	5	8100
准格尔旗准格尔召镇	47940	13472	36	1653	24	14	13472
准格尔旗暖水乡	63900	4127	68	455	4	3	
准格尔旗十二连城乡	67048	21467	531	3432			
准格尔旗布尔陶亥苏木乡	66960	5084					

续表 76　　　　（内蒙古自治区）　　　　单位：公顷、人、个

名称	行政区域面积	常住人口	企业个数	企业从业人员	工业企业单位	#规模以上	城镇建成区常住人口
鄂托克前旗敖勒召其镇	166271	34941	626	9390	134	9	34941
鄂托克前旗上海庙镇	387121	13191	70	5883	59	5	4587
鄂托克前旗城川镇	241802	16252	8	1305			2839
鄂托克前旗昂素镇	429567	6952	36	200	36		1090
鄂托克旗乌兰镇	322444	41916	140	2154	113	6	36247
鄂托克旗棋盘井镇	355782	52556	354	27838	295	28	50266
鄂托克旗蒙西镇	198538	18752	147	9246	86	13	9153
鄂托克旗木凯淖尔镇	249700	8111	21	401	14	1	8111
鄂托克旗苏米图苏木乡	262737	3960	15	246	13		
鄂托克旗阿尔巴斯苏木乡	640000	10340	15	380	14	2	
杭锦旗锡尼镇	310900	61519	310	2782	92	6	41097
杭锦旗巴拉贡镇	185900	11597	68	2230	40	2	4683
杭锦旗吉日嘎朗图镇	274700	8773	20	105	8		1525
杭锦旗独贵特拉镇	460371	18993	105	670	80	8	2630
杭锦旗呼和木独镇	122640	5805	17	210	6		1927
杭锦旗伊和乌素苏木乡	559000	8896	32	550	20	4	
乌审旗嘎鲁图镇	230940	60546	1698	8510	29	3	53486
乌审旗乌审召镇	190100	9285	10	2240	10	10	9285
乌审旗图克镇	151600	13412	83	468	13	2	591
乌审旗乌兰陶勒盖镇	138900	6629	30	1650	16	8	906
乌审旗无定河镇	135340	28491	24	7858	9	5	3889
乌审旗苏力德苏木	315000	8743	23	126	5	2	
伊金霍洛旗阿勒腾席热镇	30670	105278	1358	36824	82	3	87160
伊金霍洛旗札萨克镇	99600	13371	255	7381	40	1	8600
伊金霍洛旗乌兰木伦镇	78960	61356	417	32619	61	14	61356
伊金霍洛旗纳林陶亥镇	76856	23000	170	12688	37	30	5100
伊金霍洛旗苏布尔嘎镇	95190	7266	213	2084	11		1501
伊金霍洛旗红庆河镇	101850	13388	135	2413	8		2305
伊金霍洛旗伊金霍洛镇	67130	7529	255	3206	38		6127
海拉尔区哈克镇	96100	12093					1947
海拉尔区奋斗镇	13972	37388					35199
扎赉诺尔区灵泉镇	10303	6791					6791
阿荣旗那吉镇	3738	82382	979	9177	127	26	75101
阿荣旗六合镇	45736	16479	66	475	6		1002
阿荣旗亚东镇	70097	22624	139	1520	12	1	8097
阿荣旗霍尔奇镇	80478	26746	127	647	11	1	4331
阿荣旗向阳峪镇	56476	22899	81	525	20	1	1019
阿荣旗三岔河镇	63009	16061	80	710	5		2890
阿荣旗复兴镇	55411	15708	47	416	16		2059
阿荣旗兴安镇	33987	11536	52	311	5		815
阿荣旗得力其尔鄂温克民族乡	38394	8861	51	408	1		
阿荣旗查巴奇鄂温克民族乡	76953	9097	64	335	3		
阿荣旗音河达斡尔鄂温克民族乡	38848	9945	65	450	8		
阿荣旗新发朝鲜民族乡	15222	8809	85	428	33	3	
莫力达瓦达斡尔族自治旗尼尔基镇	85953	100179	792	11877	109	13	69722
莫力达瓦达斡尔族自治旗红彦镇	116606	12023	56	541	1		2850
莫力达瓦达斡尔族自治旗宝山镇	51833	17934	12	145			2850
莫力达瓦达斡尔族自治旗哈达阳镇	96810	14345	15	85	1		1632
莫力达瓦达斡尔族自治旗阿尔拉镇	35427	6488	9	61			1150
莫力达瓦达斡尔族自治旗汉古尔河镇	28203	14453	13	70			2113

续表 77　　　　（内蒙古自治区）　　　　单位：公顷、人、个

名　称	行政区域面积	常住人口	企业个数	企业从业人员	工业企业单位	#规模以上	城镇建成区常住人口
莫力达瓦达斡尔族自治旗西瓦尔图镇	73980	21626	23	161	5		3100
莫力达瓦达斡尔族自治旗腾克镇	146200	11841	16	105	1		2171
莫力达瓦达斡尔族自治旗奎勒河镇	51112	11686	9	72	4		995
莫力达瓦达斡尔族自治旗塔温敖宝镇	126753	22704	42	252			1880
莫力达瓦达斡尔族自治旗巴彦鄂温克民族乡	42188	12138	9	61			
莫力达瓦达斡尔族自治旗库如奇乡	38295	4985	6	36			
莫力达瓦达斡尔族自治旗杜拉尔鄂温克民族乡	52948	6834	8	46			
鄂伦春自治旗阿里河镇	364794	35415	199	3383	25	2	35415
鄂伦春自治旗大杨树镇	101600	77273	557	8321	28	2	52351
鄂伦春自治旗甘河镇	359980	21879	1	205	1	1	21879
鄂伦春自治旗吉文镇	156128	13566	3	436	2	1	13363
鄂伦春自治旗诺敏镇	922845	21529	190	775	5		15447
鄂伦春自治旗乌鲁布铁镇	266884	12359					2297
鄂伦春自治旗宜里镇	252460	15135	5	64	1		4437
鄂伦春自治旗克一河镇	617338	11655	44	2243	5		9863
鄂伦春自治旗古里乡	1478200	1896					
鄂伦春自治旗托扎敏乡	240224	1802					
鄂温克族自治旗巴彦托海镇	50549	25270	543	4903	117	7	22853
鄂温克族自治旗大雁镇	31230	51928	287	8382	31	2	51599
鄂温克族自治旗伊敏河镇	20760	24089	206	7269	16	1	23435
鄂温克族自治旗红花尔基镇	29180	4318	29	1012	3	1	4318
鄂温克族自治旗巴彦查岗苏木	92012	1488	18	135	6		
鄂温克族自治旗锡尼河西苏木	316500	4031	22	439	3		
鄂温克族自治旗锡尼河东苏木	586990	4793	33	734	7	2	
鄂温克族自治旗巴彦塔拉达斡尔民族乡	41848	1744	28	152	5		
鄂温克族自治旗伊敏苏木	446500	3064	16	118	3	1	
鄂温克族自治旗辉苏木	295560	3856	23	172	1		
陈巴尔虎旗巴彦库仁镇	72000	23612	547	12735	76	6	21435
陈巴尔虎旗宝日希勒镇	61300	19219	202	6034	24	3	11800
陈巴尔虎旗呼和诺尔镇	457900	4843	34	270	8	2	2308
陈巴尔虎旗西乌珠尔苏木	119600	2045	2	150			
陈巴尔虎旗鄂温克民族苏木	603700	2685	18	99	4		
陈巴尔虎旗东乌珠尔苏木	198000	2648	22	111	1		
陈巴尔虎旗巴彦哈达苏木	288000	8322	64	520	12		
新巴尔虎左旗嵯岗镇	189029	3989	3	110			1480
新巴尔虎左旗阿木古郎镇	167100	18204					18204
新巴尔虎左旗新宝力格苏木乡	359900	3910					
新巴尔虎左旗乌布尔宝力格苏木乡	280875	3794					
新巴尔虎左旗罕达盖苏木	141333	1351					
新巴尔虎左旗吉布胡郎图苏木	204643	1620					
新巴尔虎左旗甘珠尔苏木	314000	3382					
新巴尔虎右旗阿拉坦额莫勒镇	319943	22177	374	4519	34	7	17573
新巴尔虎右旗阿日哈沙特镇	264191	1676	14	24	4	2	1
新巴尔虎右旗呼伦镇	286836	1128	32	166	11	2	180
新巴尔虎右旗贝尔苏木	184833	1328	9	82	2	2	
新巴尔虎右旗克尔伦苏木	582672	4568	11	38	4	3	
新巴尔虎右旗达赉苏木	372034	1414	4	18	1		
新巴尔虎右旗宝格德乌拉苏木	473439	1462	2	8			
满洲里市新开河镇	18409	7000					7000
牙克石市免渡河镇	412650	20970	140	1568	20	10	13357

续表 78　　　　（内蒙古自治区）　　　　单位：公顷、人、个

名　称	行政区域面积	常住人口	企业个数	企业从业人员	工业企业单位	#规模以上	城镇建成区常住人口
牙克石市博克图镇	398800	19322	51	1060	1		10169
牙克石市绰河源镇	222200	8451	21	2478	7		6521
牙克石市乌尔其汉镇	384800	28831	30	1652	9	5	28831
牙克石市库都尔镇	316380	14272	82	5676	12	2	8042
牙克石市图里河镇	367819	14954	22	4320	13	7	14954
牙克石市乌奴耳镇	222950	6722	4	103	1		5033
牙克石市塔尔气镇	102900	13755	14	456	13	1	13755
牙克石市伊图里河镇	113700	9884	44	230	18		9884
牙克石市牧原镇	45973	9037	222	1130	38	8	9037
扎兰屯市蘑菇气镇	70796	33164	14	397	3	3	6527
扎兰屯市卧牛河镇	139454	23266	11	206	10	2	3268
扎兰屯市成吉思汗镇	88070	34205	20	186	3	2	16003
扎兰屯市大河湾镇	34396	22698					3269
扎兰屯市浩饶山镇	55540	4373					2310
扎兰屯市柴河镇	549772	2808	128	650			1980
扎兰屯市中和镇	101230	42287	6	65	5	1	2950
扎兰屯市哈多河镇	40969	10643					2754
扎兰屯市达斡尔民族乡	42326	8735	24	140	2	2	
扎兰屯市鄂伦春民族乡	200556	12077	36	294	1		
扎兰屯市萨马街鄂温克民族乡	193900	6604	33	215			
扎兰屯市洼堤乡	71402	6863	1	8	1		
额尔古纳市黑山头镇	94200	1910	68	342	5	1	1910
额尔古纳市莫尔道嘎镇	938400	15450	59	3576	14	2	15330
额尔古纳市恩和哈达镇	589500	3					
额尔古纳市三河回族乡	352800	8337	81	3364	4	2	
额尔古纳市恩和俄罗斯族民族乡	208911	2431	38	692	3		
额尔古纳市蒙兀室韦苏木	146500	1223	30	601	2		
额尔古纳市奇乾乡	251800	29					
根河市金河镇	767	11933	34	2763			11933
根河市阿龙山镇	313855	13307	28	2488	7		13307
根河市满归镇	546	9536	6	2130	2	1	9536
根河市得耳布尔镇	770	12585	6	2060	2	2	12585
根河市敖鲁古雅乡	176720	1460	15	150	15		
临河区狼山镇	26919	23659	25	673	12	2	3195
临河区新华镇	42811	36134	3	35	3		2652
临河区干召庙镇	31340	29858	48	600	19	4	2010
临河区乌兰图克镇	29665	17770	42	667	7	3	1894
临河区双河镇	27528	16560	8	45	8		1484
临河区城关镇	11768	25183	42	603	6	3	633
临河区白脑包镇	29649	21090	7	67	6		1387
临河区曙光乡	4000	22830	271	999	13	8	
临河区八一乡	13230	19847	119	12961	116	35	
五原县隆兴昌镇	41253	110486					87650
五原县塔尔湖镇	42847	33624	34	171			9431
五原县套海镇	33100	24596	45	1247	21	1	7653
五原县新公中镇	24539	21893	5	30			2164
五原县天吉太镇	23682	10241	2	15	1		889
五原县胜丰镇	26969	14883	4	98	4	1	650
五原县银定图镇	19985	11867					837
五原县复兴镇	15100	11010	22	120	22		8180

续表 79　　（内蒙古自治区）　　单位：公顷、人、个

名　　称	行政区域面积	常住人口	企业个数	企业从业人员	工业企业单位	#规模以上	城镇建成区常住人口
五原县和胜乡	13414	9972	2	60	2		
磴口县巴彦高勒镇	49400	51000	135	12800	45	10	51000
磴口县隆盛合镇	31153	16031	61	360	3		3769
磴口县渡口镇	23281	9810					640
磴口县补隆淖镇	7200	6636	2	751	2	2	541
磴口县沙金套海苏木	221606	8512	53	768			
乌拉特前旗乌拉山镇	34240	131358	185	3882	26	3	115504
乌拉特前旗白彦花镇	67220	8098	22	267	15	2	3102
乌拉特前旗先锋镇	48800	34795	9	304	9	8	893
乌拉特前旗新安镇	48783	32854	4	106	3		1465
乌拉特前旗西小召镇	46450	19035					1350
乌拉特前旗大佘太镇	92500	25134	18	96	18		4694
乌拉特前旗明安镇	74180	16987	4	76	4		1766
乌拉特前旗小佘太镇	63500	4469	2	304	2	1	2258
乌拉特前旗苏独仑镇	38500	10525	1	26	1	1	2157
乌拉特前旗额尔登布拉格苏木	83200	2990	18	1712	18	7	
乌拉特前旗沙德格苏木	71100	1460	37	871	19	6	
乌拉特中旗海流图镇	6385	46101	534	6547	8	4	46101
乌拉特中旗乌加河镇	42730	26371	24	194	1		1610
乌拉特中旗德岭山镇	85974	26512	74	2232	16	14	2026
乌拉特中旗石哈河镇	183137	16470	43	422	4	2	900
乌拉特中旗甘其毛都镇	435565	2926	104	1182	5	5	1847
乌拉特中旗温更镇	181921	2967	17	794	1	1	288
乌拉特中旗呼鲁斯太苏木	195649	3992	14	72			
乌拉特中旗川井苏木	187994	1168	15	403	6	6	
乌拉特中旗巴音乌兰苏木	672789	5002	9	30	1	1	
乌拉特中旗新忽热苏木	268098	4142	12	714	5	1	
乌拉特后旗巴音宝力格镇	99370	33699	361	3459	67	8	21026
乌拉特后旗呼和温都尔镇	151817	14787	85	3676	44	14	8212
乌拉特后旗潮格温都尔镇	618184	9483	30	230	19	9	1979
乌拉特后旗获各琦苏木	876179	2952	15	675	9	3	
乌拉特后旗巴音前达门苏木	617147	1235					
乌拉特后旗乌盖苏木	88873	3565	12	134	6		
杭锦后旗陕坝镇	19855	105834	818	16894	113	25	91518
杭锦后旗头道桥镇	19731	18623	140	840	11	1	531
杭锦后旗二道桥镇	24024	26108	108	1201	19		496
杭锦后旗三道桥镇	12055	15036	21	255	13		3315
杭锦后旗蛮会镇	19931	18701	104	1855	6	1	599
杭锦后旗团结镇	17279	13692	76	712	1	1	344
杭锦后旗双庙镇	19432	14326	7	113	5	1	1013
杭锦后旗沙海镇	16574	16264	73	572	6		415
杭锦后旗蒙海镇	12298	11930	50	694	12	5	252
集宁区白海子镇	25600	33672	198	7636	23	11	14035
集宁区马莲渠乡	16955	18531	66	3790	24	3	
卓资县卓资山镇	37879	50932	81	2445	41	15	41753
卓资县旗下营镇	32267	19083	21	4627	15	2	9055
卓资县十八台镇	44880	16388	6	182	3	1	598
卓资县巴音锡勒镇	36500	9534	9	239	5	2	826
卓资县梨花镇	38479	12088	6	214	3		506
卓资县大榆树乡	52516	12567	5	170	4	1	

续表 80　　（内蒙古自治区）　　单位：公顷、人、个

名　　称	行政区域面积	常住人口	企业个数	企业从业人员	工业企业单位	#规模以上	城镇建成区常住人口
卓资县红召乡	41800	3749	4	151	2		
卓资县复兴乡	27520	7986	3	20	1		
化德县长顺镇	40675	84343					84343
化德县朝阳镇	53462	14090					1305
化德县七号镇	44006	6705					1139
化德县德包图乡	39475	6048	3	66			
化德县公腊胡洞乡	39057	5126	4	24			
化德县白音特拉乡	36739	7402					
商都县七台镇	28372	96580	249	8894	80	20	96580
商都县十八顷镇	43656	9646	8	127	4	4	536
商都县大黑沙土镇	41793	14035	5	26			1013
商都县西井子镇	51969	12791	6	1151	6	3	441
商都县屯垦队镇	58081	13222	12	81	5	2	1332
商都县小海子镇	45204	18172	16	671	7	1	946
商都县大库伦乡	52482	8040	1	28	1	1	
商都县卯都乡	28134	4741	3	48	3		
商都县玻璃忽镜乡	44242	8799	10	162	5	1	
商都县三大顷乡	34417	4837	32	367	24	1	
兴和县城关镇	43146	82635	285	3412	24	23	47520
兴和县张皋镇	26395	12532					5200
兴和县赛乌素镇	46984	20004	7	294	7	2	1637
兴和县鄂尔栋镇	44970	11872	1	17			152
兴和县店子镇	46000	13892	1	53	1	1	1850
兴和县大库联乡	43700	24332					
兴和县民族团结乡	38300	20122					
兴和县大同夭乡	34400	11835					
兴和县五股泉乡	27600	7256					
凉城县岱海镇	43335	74940	215	4500	32	9	45802
凉城县六苏木镇	58513	19183	2	733	1	1	1430
凉城县麦胡图镇	22806	16259	5	426			1576
凉城县永兴镇	36170	7845	16	243	15		105
凉城县蛮汉镇	60306	16214					600
凉城县天成乡	52923	14667	7	175	7		
凉城县曹碾满族乡	12383	1379					
凉城县厂汉营乡	44217	9312					
察哈尔右翼前旗土贵乌拉镇	33499	52706	242	11400	63	21	36462
察哈尔右翼前旗平地泉镇	15627	13909	257	6211	78	9	10417
察哈尔右翼前旗玫瑰营镇	39425	20011	50	2397	7	1	1509
察哈尔右翼前旗巴音塔拉镇	25603	18230	100	2252	6		987
察哈尔右翼前旗黄旗海镇	3850	8066	49	1704	28	2	381
察哈尔右翼前旗乌拉哈乌拉乡	22361	4042	41	1163	8		
察哈尔右翼前旗黄茂营乡	34290	5838	17	1071	2		
察哈尔右翼前旗三岔口乡	37361	6342	67	1580	12	2	
察哈尔右翼前旗老圈沟乡	24106	3214	3	76	1	1	
察哈尔右翼中旗科布尔镇	28536	42202	170	853	5		39880
察哈尔右翼中旗铁沙盖镇	29489	15145	13	85			1634
察哈尔右翼中旗黄羊城镇	39913	14935	9	70	2		613
察哈尔右翼中旗广益隆镇	53806	8772	7	32			784
察哈尔右翼中旗乌素图镇	15480	6538	7	47			2153
察哈尔右翼中旗大滩乡	63769	5143	7	40			

续表 81　　(内蒙古自治区)　　单位：公顷、人、个

名　称	行政区域面　积	常住人口	企业个数	企　业从业人员	工业企业单　位	#规模以上	城镇建成区常住人口
察哈尔右翼中旗宏盘乡	49908	12719					
察哈尔右翼中旗巴音乡	13102	4922					
察哈尔右翼中旗库联苏木	39429	1376	7	315	3	2	
察哈尔右翼中旗乌兰哈页苏木	43194	10020	9	120	3	3	
察哈尔右翼中旗土城子乡	20000	6133	2	96	1	1	
察哈尔右翼后旗白音察干镇	58780	66798	49	26590	41	9	38512
察哈尔右翼后旗土牧尔台镇	56000	16144	74	2170	56	14	4590
察哈尔右翼后旗红格尔图镇	21600	9534	14	986	10	10	2664
察哈尔右翼后旗贲红镇	40120	7002	31	186	2		1168
察哈尔右翼后旗大六号镇	21700	6338	2	15	2	1	1041
察哈尔右翼后旗当郎忽洞苏木	44800	6386	4	101	2	1	
察哈尔右翼后旗乌兰哈达苏木	65300	6548	4	190	4	2	
察哈尔右翼后旗锡勒乡	82700	5743	18	347	13	7	
四子王旗乌兰花镇	36902	74952	738	3819	55	19	67556
四子王旗吉生太镇	103385	15904	38	570	4	4	
四子王旗库伦图镇	44900	10599					
四子王旗供济堂镇	52100	6472					
四子王旗白音朝克图镇	326800	3268	9	1045	9		
四子王旗红格尔苏木	324619	3428	17	87	2	1	
四子王旗江岸苏木	442800	2280	5	26			
四子王旗查干补力格苏木	273982	2259	8	155	7	5	
四子王旗脑木更苏木	431348	2058					
四子王旗东八号乡	45174	13264	6	310	5	2	
四子王旗忽鸡图乡	67300	14293					
四子王旗大黑河乡	32317	12981	7	60	2	2	
四子王旗巴音敖包苏木	295330	772	6	21	2		
丰镇市隆盛庄镇	42107	12273	90	514			3470
丰镇市黑土台镇	25831	9367	42	258	2		452
丰镇市红砂坝镇	36283	5102	21	414			667
丰镇市巨宝庄镇	29913	22921	101	1964	18	4	2258
丰镇市三义泉镇	36400	6373	30	87	2		193
丰镇市浑源窑乡	29984	3003	30	87	4		
丰镇市元山子乡	31570	8099	53	118	1		
丰镇市官屯堡乡	30196	11533	78	170	3		
乌兰浩特市乌兰哈达镇	37278	25397	129	2589	95	28	1530
乌兰浩特市葛根庙镇	59900	25894	7	57	7		543
乌兰浩特市太本站镇	110400	4126					4126
乌兰浩特市义勒力特镇	17163	15632	92	500	7		1632
阿尔山市天池镇	373477	4135	15	70			570
阿尔山市白狼镇	74453	2656	4	86	3		1152
阿尔山市五岔沟镇	80868	7735	2	1554			5524
阿尔山市明水河镇	201200	7560					2594
科尔沁右翼前旗科尔沁镇	19800	17945	345	7859	12		12000
科尔沁右翼前旗索伦镇	95923	15532	25	287	6	3	8972
科尔沁右翼前旗德佰斯镇	125185	24060	29	145			1650
科尔沁右翼前旗大石寨镇	87300	35161	147	450			8722
科尔沁右翼前旗归流河镇	68200	28080	37	160	1	1	6478
科尔沁右翼前旗居力很镇	22080	21052	21	351	16		4770
科尔沁右翼前旗察尔森镇	73200	18038	8	160	3		2498
科尔沁右翼前旗额尔格图镇	70639	17259	28	290			2508

续表 82　　（内蒙古自治区）　　单位：公顷、人、个

名　　称	行政区域面　　积	常住人口	企业个数	企　　业从业人员	工业企业单　　位		城镇建成区常住人口
						#规模以上	
科尔沁右翼前旗俄体镇	40596	19020	11	256	3		2568
科尔沁右翼前旗满族屯乡	271735	3996					
科尔沁右翼前旗乌兰毛都苏木	209600	4456	81	306	3	1	
科尔沁右翼前旗阿力得尔苏木乡	126580	29245	15	90	4		
科尔沁右翼前旗巴拉格歹乡	92030	31493	34	350			
科尔沁右翼前旗桃合木苏木	112800	4197					
科尔沁右翼中旗巴彦呼舒镇	199189	112176	355	3424	64	29	68677
科尔沁右翼中旗巴仁哲里木镇	249708	13111	10	53	2		1315
科尔沁右翼中旗吐列毛都镇	140231	22141	8	48	3		3326
科尔沁右翼中旗杜尔基镇	153611	18446	5	280	2		1882
科尔沁右翼中旗高力板镇	97004	25827	15	78	2	1	4654
科尔沁右翼中旗好腰苏木镇	70266	10588	11	215	1	1	967
科尔沁右翼中旗代钦塔拉苏木	96792	9608	6	60	5	1	
科尔沁右翼中旗新佳木苏木	124170	12102	4	23	2		
科尔沁右翼中旗哈日诺尔苏木	135582	4102	14	675	13	3	
科尔沁右翼中旗额木庭高勒苏木	49254	15702	7	62	4	3	
科尔沁右翼中旗巴彦茫哈苏木	73747	8655	1	13	1		
科尔沁右翼中旗巴彦淖尔苏木	52710	8651	4	28	1		
扎赉特旗音德尔镇	102000	131877	556	9068	89		81877
扎赉特旗新林镇	72100	31550	156	880	2		5123
扎赉特旗巴彦高勒镇	141300	50657	41	504	5		3845
扎赉特旗胡尔勒镇	66700	18716	18	276	4		3292
扎赉特旗阿尔本格勒镇	131897	17740	18	271	6	2	3562
扎赉特旗巴达尔胡镇	83000	18033	23	646	7		3564
扎赉特旗图牧吉镇	88000	13665	11	130			3325
扎赉特旗好力保镇	50862	34700	54	700	1		1945
扎赉特旗巴彦乌兰苏木	200617	17753	17	347	7	2	
扎赉特旗宝力根花苏木	53827	10727	9	50	2		
扎赉特旗阿拉达尔吐苏木	96000	11807	8	45	2		
扎赉特旗巴彦扎拉嘎乡	35800	19560	22	183			
扎赉特旗努文木仁乡	35600	10170	15	125			
突泉县突泉镇	60600	99123	386	2302			62798
突泉县六户镇	73100	33585	10	310	4		5345
突泉县东杜尔基镇	33362	16971	32	198			2359
突泉县永安镇	39367	20272	15	195			2525
突泉县水泉镇	62125	14895	22	152			1907
突泉县宝石镇	103799	18108	53	340	2		2714
突泉县学田乡	36708	14061	2	13			
突泉县九龙乡	21557	9340	20	760	3	2	
突泉县太平乡	59289	18467	1	400			
二连浩特市格日勒敖都苏木	401333	1696	15	128	6	2	
锡林浩特市阿尔善宝拉格镇	209838	1535	8	53	2	1	325
锡林浩特市宝力根苏木	325502	3187	37	1930	23	5	
锡林浩特市朝克乌拉苏木	181614	2747	2	10	2	2	
锡林浩特市巴彦锡勒办事处乡	343133	4765	23	382	6		
锡林浩特市巴彦宝拉格苏木	151675	1517	1	5	1		
阿巴嘎旗别力古台镇	474031	18537					15496
阿巴嘎旗洪格尔高勒镇	301048	3335					336
阿巴嘎旗查干淖尔镇	409360	4673					498
阿巴嘎旗那仁宝拉格苏木乡	442121	2868					

续表 83　　（内蒙古自治区）　　单位：公顷、人、个

名　　称	行政区域面　　积	常住人口	企业个数	企　　业从业人员	工业企业单　　位		城镇建成区常住人口
						#规模以上	
阿巴嘎旗伊和高勒苏木乡	335482	1982					
阿巴嘎旗吉尔嘎郎图苏木乡	282618	1560					
阿巴嘎旗巴彦图嘎苏木	504351	2473					
苏尼特左旗满都拉图镇	568546	18950	344	1923	25	11	15816
苏尼特左旗查干敖包镇	393891	1535	15	287	2	2	73
苏尼特左旗巴彦淖尔镇	609626	5924	48	569			169
苏尼特左旗巴彦乌拉苏木	427065	2739	26	1139	1	1	
苏尼特左旗赛罕高毕苏木	469011	1666	10	1541	1	1	
苏尼特左旗洪格尔苏木	572683	2026	2	96			
苏尼特左旗达来苏木	383195	2078	23	170			
苏尼特右旗赛汉塔拉镇	330717	35885	510	4100	207	39	31109
苏尼特右旗朱日和镇	274070	8807	218	3150	34	11	2111
苏尼特右旗乌日根塔拉镇	372940	6041	90	980	6	2	2070
苏尼特右旗桑宝拉格苏木乡	345250	2986					
苏尼特右旗额仁淖尔苏木	451270	1759					
苏尼特右旗赛罕乌力吉苏木	266360	2522					
苏尼特右旗阿其图乌拉苏木	193400	2075	3	18			
东乌珠穆沁旗乌里雅斯太镇	545900	41812	155	1779	136	27	37074
东乌珠穆沁旗道特淖尔镇	308800	3931					
东乌珠穆沁旗嘎达布其镇	360530	3051					30
东乌珠穆沁旗满都胡宝拉格镇	480900	3097	2	1136	2	2	1070
东乌珠穆沁旗额吉淖尔镇	403050	4159	3	573	3	2	
东乌珠穆沁旗呼热图淖尔苏木	565950	4930					
东乌珠穆沁旗萨麦苏木	602410	3504					
东乌珠穆沁旗嘎海乐苏木	518730	4481	3	654	3	3	
东乌珠穆沁旗阿拉坦合力苏木	253070	2597					
西乌珠穆沁旗巴拉嘎尔高勒镇	20200	38230	148	4115	125	14	38230
西乌珠穆沁旗巴彦花镇	531217	15897	30	5162	11	11	1650
西乌珠穆沁旗吉仁高勒镇	420982	5338	12	600			1052
西乌珠穆沁旗浩勒图高勒镇	382331	6593	1	30	1	1	328
西乌珠穆沁旗高日罕镇	156651	3128	2	62			545
西乌珠穆沁旗巴彦胡舒苏木乡	374748	4486					
西乌珠穆沁旗乌兰哈拉嘎苏木	324975	4378					
太仆寺旗宝昌镇	25102	49497	404	12460	65	20	41085
太仆寺旗千斤沟镇	57121	20342	4	105	2	2	1880
太仆寺旗红旗镇	66306	14860	4	82	2	2	1484
太仆寺旗骆驼山镇	56113	9892	1	6			2515
太仆寺旗永丰镇	38643	10624	13	365			1394
太仆寺旗幸福乡	18902	7267					
太仆寺旗贡宝拉格苏木	77634	2312	1	36			
镶黄旗新宝拉格镇	2966	17857	142	4500	92	27	15275
镶黄旗巴彦塔拉镇	175761	3448					212
镶黄旗翁贡乌拉苏木乡	164694	2642					
镶黄旗宝格达音髙勒苏木	170306	3996					
正镶白旗明安图镇	104237	22382	298	1788	21	14	18065
正镶白旗星耀镇	38783	16588					1090
正镶白旗伊和淖尔苏木乡	173913	4444	7	57	2	2	
正镶白旗乌兰查布苏木乡	179115	4886	2	11			
正镶白旗宝拉根陶海苏木	112212	3823	14	237	5	5	
正蓝旗上都镇	172652	31022					31022

续表 84　　（内蒙古自治区、辽宁省）　　单位：公顷、人、个

名　称	行政区域面积	常住人口	企业个数	企业从业人员	工业企业单位	#规模以上	城镇建成区常住人口
正蓝旗桑根达来镇	167734	9507					2538
正蓝旗哈毕日嘎镇	39980	6670	22	111			1300
正蓝旗宝绍代苏木乡	122777	4005					
正蓝旗那日图苏木乡	91212	3018					
正蓝旗赛音呼都嘎苏木乡	207774	4546					
正蓝旗扎格斯台苏木	129143	3061					
多伦县大北沟镇	44056	9763	41	656	9		230
多伦县多伦诺尔镇	53988	80318	858	12693	114	16	63089
多伦县大河口乡	109271	7840	38	510	16	3	
多伦县蔡木山乡	124143	8799	2	496	2	2	
多伦县西干沟乡	54910	6226	39	580	8	3	
乌拉盖管委会巴音胡硕镇	77968	20992	349	2094	50	6	19804
阿拉善左旗温都尔勒图镇	331900	2330					195
阿拉善左旗巴润别立镇	318500	6746	32	630	32	4	701
阿拉善左旗巴彦浩特镇	547800	4935	25	260	20	3	120
阿拉善左旗嘉尔嘎勒赛汉镇	291454	7623	122	695	17	5	1633
阿拉善左旗吉兰泰镇	1238600	15380	54	2687	48	2	10949
阿拉善左旗宗别立镇	202100	7262	76	3215	76	8	200
阿拉善左旗敖伦布拉格镇	479100	3416	15	410	12		650
阿拉善左旗腾格里额里斯镇	268800	3198	24	1500	18	11	366
阿拉善左旗巴彦木仁苏木乡	263400	2516					
阿拉善左旗乌力吉苏木乡	770700	556	5	30	2		
阿拉善左旗巴彦诺日公苏木乡	1221500	2698	12	310	12	1	
阿拉善左旗额尔克哈什哈苏木乡	807060	670	1	18	1		
阿拉善左旗银根苏木	657300	908					
阿拉善左旗超格图呼热苏木	420600	464	2	153	1	1	
阿拉善右旗巴丹吉林镇	664000	16388	197	5942	50	8	13157
阿拉善右旗雅布赖镇	1171760	3700	29	2076	17	5	3224
阿拉善右旗阿拉腾敖包镇	360000	1567	14	120	13	1	346
阿拉善右旗曼德拉苏木	570000	1606	10	720	7	1	
阿拉善右旗阿拉腾朝格苏木	1900000	1740	10	140	8	1	
阿拉善右旗巴音高勒苏木	350000	765	14	534	7	1	
阿拉善右旗塔木素布拉格苏木	2432700	878	6	170	4		
额济纳旗达来呼布镇	4900	23338	284	4002	76		23338
额济纳旗东风镇	3408800	1265	15	127	2		29
额济纳旗哈日布日格德音乌拉镇	1800000	649	23	957	22	3	412
额济纳旗赛汉陶来苏木	2452700	716	20	980	12	4	
额济纳旗马鬃山苏木	1500000	112	4	80	4		
额济纳旗苏泊淖尔苏木	447400	2481	181	1602	5	1	
额济纳旗巴彦陶来苏木	445400	2117	14	140	2		
额济纳旗温图高勒苏木	1401400	358	5	74	4		
阿拉善经济开发区乌斯太镇	180900	27949	612	6600	139	40	6098
辽宁省							
辽中区于家房镇	6995	21236	119	760	11	1	8655
辽中区朱家房镇	10622	29597	95	560	20	3	4200
辽中区冷子堡镇	12900	28640	130	1920	46	3	5719
辽中区刘二堡镇	8469	19568	121	1320	57	14	4120
辽中区茨榆坨镇	10400	77525	500	5000	48	10	49827
辽中区新民屯镇	6017	15196	58	1860	49	5	5747
辽中区满都户镇	8845	18927	18	200	8		11056

续表 85　　　　　　　　　　　　（辽宁省）　　　　　　　　　　　　单位：公顷、人、个

名　　称	行政区域面　　积	常住人口	企业个数	企　　业从业人员	工业企业单　　位		城镇建成区常住人口
						#规模以上	
辽中区杨士岗镇	5266	13897	63	583	24	6	6988
辽中区肖寨门镇	13440	43287	80	795	40	6	7060
辽中区长滩镇	6364	21100	80	1442	79		2851
辽中区四方台镇	6164	19124	120	2180	32	1	8291
辽中区城郊镇	6526	16320	62	1060	49	1	16300
辽中区六间房镇	9903	23498	52	1350	25	15	1951
辽中区养士堡镇	8108	15111	40	1600	10	9	3878
辽中区潘家堡镇	6400	15512	48	1304	20	3	13529
辽中区老大房镇	8326	12632	15	320	10	1	1538
辽中区大黑岗子镇	8600	13754	110	1100	20	1	1078
辽中区牛心坨镇	11380	19481	6	130	1	1	2790
康平县小城子镇	16240	17948	4	23			2783
康平县张强镇	14642	24633	1	83	1	1	2230
康平县方家屯镇	10100	17751	35	360	16	10	3586
康平县郝官屯镇	13255	18928	129	2016	15	3	1384
康平县二牛所口镇	16117	21781	21	820	4	1	1938
康平县北四家子乡	14200	16744	89	452	2		
康平县两家子乡	11800	13113	2	33	2		
康平县海洲窝堡乡	13655	13660					
康平县沙金台蒙古族满族乡	14459	18360	45	650	6	1	
康平县柳树屯蒙古族满族乡	10500	14929	17	86	4	4	
康平县西关屯蒙古族满族乡	8866	14239	3	32	3	1	
康平县东升满族蒙古族乡	12270	18426	30	184	4		
法库县法库镇	13279	81517	136	4178	47	19	63296
法库县大孤家子镇	10366	18681	200	1900	112	13	5000
法库县三面船镇	12400	18448	68	468	4	1	5265
法库县秀水河子镇	20400	29468	347	2082	13		2365
法库县叶茂台镇	16751	23186	48	550	40	17	5200
法库县登仕堡子镇	9500	15367	16	530	7		1730
法库县柏家沟镇	10632	18997	20	1260	5	5	4413
法库县丁家房镇	13200	18204	61	1132	9	4	3494
法库县孟家镇	9160	14027	47	1200	12	4	850
法库县十间房镇	11579	14912	22	192	8		1818
法库县冯贝堡镇	8914	15110	420	4210	22	13	1993
法库县依牛堡子镇	13000	20726	15	270	15	1	1505
法库县五台子镇	13430	30217	720	3733	95	8	3654
法库县包家屯镇	17500	25733	55	316	20	6	3921
法库县慈恩寺乡	9996	16606	15	300	7		
法库县和平乡	6899	9488	85	52	48	7	
法库县四家子蒙古族乡	9550	14384	24	145	6		
法库县双台子乡	11257	17458	2	185	2		
法库县卧牛石乡	12362	20581	17	230			
新民市大红旗镇	12398	21229	4	39	4		1815
新民市梁山镇	20520	24484	24	243	7	5	3010
新民市公主屯镇	19379	42880	272	1757	15		3960
新民市兴隆镇	14000	25151	110	5520	91	5	3000
新民市前当堡镇	9428	23328	165	4832	133	5	8055
新民市大民屯镇	11217	31686	67	2200	31		14200
新民市大柳屯镇	22943	27173	49	950	2	2	1890
新民市兴隆堡镇	15089	61791	75	4720	55	3	38067

续表 86　　　　（辽宁省）　　　　单位：公顷、人、个

名　　称	行政区域面积	常住人口	企业个数	企业从业人员	工业企业单位	#规模以上	城镇建成区常住人口
新民市胡台镇	9999	32745	312	20083	258	26	4560
新民市法哈牛镇	10808	30492	335	8550	215	9	9610
新民市柳河沟镇	19501	25508	10	398	10	3	1854
新民市高台子镇	9922	14137	19	170	18	7	1867
新民市张家屯镇	7822	14892	75	3500	50	3	1260
新民市罗家房镇	13013	25292	45	375	30		2640
新民市三道岗子镇	10831	20364	45	1850	36	3	1839
新民市东蛇山子镇	11793	24513	56	545	17		2194
新民市陶家屯镇	5090	10104	5	374	4	2	1512
新民市周坨子镇	13340	14713	84	1000	1		1347
新民市金五台子乡	13252	17500	8	590	5	1	
新民市红旗乡	9600	12016	3	20	1		
新民市卢家屯乡	11618	14218	3	90	2		
新民市姚堡乡	13725	16969	14	230	12	2	
新民市于家窝堡乡	10970	10545	13	105	2		
新民市新农乡	10650	13445	19	205	5		
普兰店区双塔镇	15614	29309	385	2000	135	2	3560
普兰店区安波镇	30459	41383	486	5580	37		8328
普兰店区四平镇	10179	22841	135	1260	14	1	2438
普兰店区沙包镇	16550	27098	20	160	5		2881
普兰店区星台镇	23386	44845	207	4175	25		5343
普兰店区墨盘乡	11933	15380	8	110	3		
普兰店区同益乡	13578	19462	297	2178	32		
普兰店区乐甲满族乡	10850	19219	24	1071	4		
长海县大长山岛镇	4051	33798	962	6250	40		31978
长海县獐子岛镇	1582	12513	79	3709	9	3	11356
长海县广鹿岛镇	3770	13492	180	2600	17	1	4534
长海县小长山乡	2757	16639	248	4650	22	1	
长海县海洋乡	2044	7373	13	1232	2	1	
瓦房店市复州城镇	13201	51982	509	11520	369	7	20400
瓦房店市松树镇	13154	31763	39	430	22	4	15000
瓦房店市得利寺镇	8900	23594	275	6580	80	20	6980
瓦房店市万家岭镇	13300	24519	284	1560	180	7	2475
瓦房店市许屯镇	14740	32500	130	3762	7	2	10278
瓦房店市永宁镇	13640	34558	159	9860	35	7	10236
瓦房店市谢屯镇	20454	40940	677	3550	180	13	
瓦房店市老虎屯镇	10795	23926	385	5820	22	21	7320
瓦房店市红沿河镇	13900	18031	138	3280	4	4	3159
瓦房店市李官镇	10810	21906	141	857	8	4	2550
瓦房店市仙浴湾镇	8246	12074	620	3320	500	12	3112
瓦房店市元台镇	15000	39954	288	1622	98	14	10600
瓦房店市瓦窝镇	9686	21191	107	4305	98	8	5000
瓦房店市赵屯乡	14967	34482	288	3105	41	4	
瓦房店市土城乡	9600	23426	26	527	5	2	
瓦房店市阎店乡	11213	24328	80	5432	7	4	
瓦房店市西杨乡	11180	27137	34	1500	20	2	
瓦房店市驼山乡	13382	23497	325	2456	72	2	
瓦房店市三台满族乡	12997	24006	70	7941	45	5	
瓦房店市泡崖乡	13490	18544	262	3240	43	18	
瓦房店市杨家满族乡	10941	20812	205	1354	23	2	

续表 87　　　　（辽宁省）　　　　单位：公顷、人、个

名　　称	行政区域面　积	常住人口	企业个数	企　业从业人员	工业企业单　位	#规模以上	城镇建成区常住人口
庄河市青堆镇	19330	50772	291	5834	62	30	13846
庄河市徐岭镇	9746	30936	510	9606	259	18	5871
庄河市黑岛镇	13650	32819	1131	10699	43	17	6800
庄河市栗子房镇	22202	53482	771	11456	342	17	16416
庄河市大营镇	13934	20394	265	2850	60	6	1262
庄河市塔岭镇	21600	21043	26	654	13	1	3331
庄河市仙人洞镇	32613	32140	125	1842	33	5	420
庄河市蓉花山镇	21277	32264	84	2325	83	6	8841
庄河市长岭镇	15341	27710	97	5313	21	3	5032
庄河市荷花山镇	15312	11670	59	1531	20	6	2743
庄河市城山镇	19760	32900	853	9512	448	7	3258
庄河市光明山镇	23821	49180	795	6035	319	16	4231
庄河市大郑镇	24300	55645	1611	22568	647	18	15236
庄河市吴炉镇	17371	35223	75	3539	59	11	3608
庄河市王家镇	967	6307	372	3335	3	3	5600
庄河市鞍子山乡	28584	39566	656	7822	88	9	
庄河市太平岭满族乡	10470	22087	585	3975	207	4	
庄河市步云山乡	21259	18970	465	2680	54	8	
庄河市桂云花满族乡	21413	17981	631	4175	194	4	
庄河市兰店乡	8817	21213	676	11109	181	11	
庄河市石城乡	3749	9411	46	1550	33	2	
千山区唐家房镇	7380	18818	583	2916	54	2	8449
千山区大屯镇	10543	32601	1305	8105	245	8	10602
千山区甘泉镇	5397	20539	269	2123	131	4	5705
台安县西佛镇	11514	24322	30	600	20	8	5439
台安县新开河镇	14036	37041	27	720	17	2	2300
台安县黄沙坨镇	11530	32587	47	660	28		7254
台安县高力房镇	11159	34652	271	7561	39	4	12442
台安县桑林镇	16600	22610	33	873	9		5807
台安县富家镇	8498	17584	23	270	22	1	3632
台安县达牛镇	9900	28327	484	2861	35	1	5142
台安县韭菜台镇	5800	14120	11	174	11		3581
台安县新台镇	13822	15331	47	512	16	6	4586
台安县桓洞镇	9733	17310	11	206	2		2619
岫岩满族自治县三家子镇	21700	15851	104	961	102	3	680
岫岩满族自治县石庙子镇	20100	14963	38	2276	24	2	2595
岫岩满族自治县黄花甸镇	17300	23859	102	562	16	3	8503
岫岩满族自治县大营子镇	36000	21196	50	990	18	5	3031
岫岩满族自治县苏子沟镇	16861	12735	29	629	16	3	3526
岫岩满族自治县偏岭镇	24600	27848	235	4436	185	13	27848
岫岩满族自治县哈达碑镇	30600	28233	47	1080	18	1	2860
岫岩满族自治县新甸镇	12300	21310	71	3140	22	2	3373
岫岩满族自治县洋河镇	20600	15966	86	612	27	4	3162
岫岩满族自治县杨家堡镇	15147	12157	64	675	23		4126
岫岩满族自治县清凉山镇	21700	16018	8	158	6		2585
岫岩满族自治县石灰窑镇	23073	21474	30	181	17	1	2854
岫岩满族自治县前营子镇	19151	14041	18	768	12	2	1010
岫岩满族自治县龙潭镇	19891	14728	10	143	8		2591
岫岩满族自治县牧牛镇	22000	15370	26	380	16		3164
岫岩满族自治县药山镇	15100	11372	33	3294	28	4	2410

续表 88　　　　(辽宁省)　　　　单位：公顷、人、个

名　　称	行政区域面　　积	常住人口	企业个数	企　　业从业人员	工业企业单　　位		城镇建成区常住人口
						#规模以上	
岫岩满族自治县大房身镇	18133	13713	95	1986	50	7	2949
岫岩满族自治县朝阳镇	20600	15652	43	628	8	1	2206
岫岩满族自治县红旗营子乡	19196	13170	49	420	17		
岫岩满族自治县岭沟乡	11867	9763	4	56			
岫岩满族自治县哨子河乡	13682	9368	200	1077	7		
海城市孤山镇	20360	22851	20	102	10	1	2454
海城市岔沟镇	14100	23657	88	464	16		3675
海城市接文镇	17070	22626	207	1036	13		4483
海城市析木镇	14027	31106	148	12280	26	4	6198
海城市马风镇	16540	33715	178	1860	47	10	4815
海城市牌楼镇	10398	40750	370	26800	246	46	26070
海城市八里镇	8490	33507	379	6825	113	10	6746
海城市毛祁镇	6470	20706	262	7836	125	6	9622
海城市英落镇	16180	41711	215	19986	125	14	10870
海城市感王镇	9318	44725	458	5620	278	8	9601
海城市西柳镇	6480	67084	525	25689	149	9	27118
海城市中小镇	5160	23991	66	1836	65	5	7550
海城市王石镇	16020	40694	129	2216	87	3	15427
海城市南台镇	9360	70711	432	22143	149	9	17319
海城市腾鳌镇	12670	73490	739	36072	426	85	35815
海城市耿庄镇	11360	39522	78	1650	35	15	9350
海城市牛庄镇	4990	36205	618	3121	66	2	28046
海城市西四镇	9280	29852	15	635	8	1	2199
海城市望台镇	7520	25134	762	5454	24	4	1616
海城市温香镇	13980	39044	21	126	5		3174
海城市高坨镇	5930	20261	42	850	16	2	3200
新抚区千金乡	6211	17146	112	1560	55		
东洲区章党镇	22200	15402	29	1112	24	2	2303
东洲区哈达镇	20170	20287	103	2436	23	1	2800
东洲区碾盘乡	8555	18001	148	2062	148	3	
东洲区兰山乡	3305	5705	85	1218	50	9	
望花区塔峪镇	5277	18613	1017	5785	188	2	5098
望花区拉古满族乡	10413	15346	133	1465	66	5	
顺城区前甸镇	11938	40024	265	4890	206	2	3150
顺城区河北乡	7804	20076	392	2840	119	6	
顺城区会元乡	10500	14390	778	3900	72	2	
抚顺县石文镇	15100	21016	217	1098	5	2	3130
抚顺县后安镇	36830	16151	13	1673	1	1	1968
抚顺县上马镇	28910	19404	158	852	23	2	1549
抚顺县救兵镇	26550	19644	229	1150	165	4	1551
抚顺县马圈子乡	14160	4774	72	356	8	1	
抚顺县峡河乡	12580	8563	108	541	1		
抚顺县海浪乡	12000	11576	101	707	11	3	
抚顺县汤图满族乡	18580	7296	216	1080	9	1	
新宾满族自治县新宾镇	37340	66807	162	3077	33	3	43572
新宾满族自治县旺清门镇	23092	10014	89	1016	23		4382
新宾满族自治县永陵镇	52631	44824	616	6118	226	1	22082
新宾满族自治县平顶山镇	34953	18920	52	630	6		2020
新宾满族自治县大四平镇	26503	20213	12	4450	12	2	3780
新宾满族自治县苇子峪镇	40571	14200	142	1254	67		3414

续表 89　　　　（辽宁省）　　　　单位：公顷、人、个

名　　称	行政区域面　　积	常住人口	企业个数	企　　业从业人员	工业企业单　　位	#规模以上	城镇建成区常住人口
新宾满族自治县木奇镇	43977	12829	82	410	9		1293
新宾满族自治县上夹河镇	26718	14765	2	23	1		5466
新宾满族自治县南杂木镇	9569	21467	152	3400	40	9	18600
新宾满族自治县红升乡	12659	6886	14	86	5		
新宾满族自治县响水河乡	14187	7501	86	1087	4		
新宾满族自治县红庙子乡	32391	14508	68	728	2		
新宾满族自治县北四平乡	24654	8011	156	772	11	1	
新宾满族自治县榆树乡	32617	12052	422	2907	76	4	
新宾满族自治县下夹河乡	16589	8834	11	335			
清原满族自治县清原镇	30042	94486	528	3168	24	6	80595
清原满族自治县红透山镇	20033	30108	123	1640	31	1	19963
清原满族自治县草市镇	15226	11989	153	901	9		4013
清原满族自治县英额门镇	27960	15081	262	1437	13	1	3829
清原满族自治县南口前镇	33440	20809	129	709	16	2	6105
清原满族自治县南山城镇	42688	23790	265	1590	35	1	3641
清原满族自治县湾甸子镇	35895	14836	108	1100	42		3887
清原满族自治县大孤家镇	20627	17952	105	536	7		3500
清原满族自治县夏家堡镇	45238	27371	31	216	21	1	3300
清原满族自治县土口子乡	28063	13216	11	122	11		
清原满族自治县北三家乡	27261	12825	132	698	20	2	
清原满族自治县敖家堡乡	17187	9959	57	420	13	2	
清原满族自治县大苏河乡	27530	8394	190	965	17	1	
清原满族自治县枸乃甸乡	20884	6649	63	325	19		
本溪满族自治县小市镇	56224	33630	74	6200	58	3	3961
本溪满族自治县草河掌镇	37454	10037	56	131	1	1	356
本溪满族自治县草河城镇	20517	12182	21	618	19	1	956
本溪满族自治县草河口镇	19714	22824	18	426	16	1	12417
本溪满族自治县连山关镇	20337	12990	37	178	6	1	1865
本溪满族自治县清河城镇	33281	11223	18	94	3		1713
本溪满族自治县田师傅镇	13668	28633	29	4100	9	4	2236
本溪满族自治县南甸镇	12984	13076	62	1752	30	3	3752
本溪满族自治县碱厂镇	27622	25162	35	995	11	2	8280
本溪满族自治县高官镇	42997	21782	56	3411	56	9	843
本溪满族自治县东营房乡	41035	11351	14	200	10	2	
桓仁满族自治县桓仁镇	30280	37827	80	945	60	15	12408
桓仁满族自治县普乐堡镇	30700	12042	17	339	16	1	2831
桓仁满族自治县二棚甸子镇	33447	20862	457	2645	19	7	12905
桓仁满族自治县沙尖子镇	28966	14321	154	772	3	2	3013
桓仁满族自治县五里甸子镇	22447	10350	7	61	5	1	2787
桓仁满族自治县八里甸子镇	37900	15812	133	909	42	6	4424
桓仁满族自治县华来镇	59991	41067	1007	6042	31	11	6138
桓仁满族自治县古城镇	31200	21706	175	882	17	3	2943
桓仁满族自治县雅河朝鲜族乡	21200	15600	22	409	12	4	
桓仁满族自治县向阳乡	20809	8702	95	720	6		
桓仁满族自治县黑沟乡	21560	10736	145	450	49	5	
桓仁满族自治县北甸子乡	12100	6517	18	95	16	2	
元宝区金山镇	7781	33428	185	13000	75	21	23377
振兴区浪头镇	3314	23280	59	1890	51	4	4215
振兴区安民镇	2009	11908	92	2986	65		3645
振兴区汤池镇	8460	23535	552	4473	164	7	6485

续表 90　　　　　　　　　　　　（辽宁省）　　　　　　　　　　　　单位：公顷、人、个

名　　称	行政区域面　　积	常住人口	企业个数	企　　业从业人员	工业企业单　　位	#规模以上	城镇建成区常住人口
振安区同兴镇	7440	18165	647	5126	189	9	6500
振安区五龙背镇	10511	29602	204	2010	50	5	15000
振安区楼房镇	11323	16136	31	2200	15	2	3161
振安区九连城镇	5500	28947	84	1809	51	6	4250
振安区汤山城镇	22625	18885	158	2083	22	3	3768
宽甸满族自治县宽甸镇	3584	97233	128	3641	46	6	52654
宽甸满族自治县灌水镇	40750	28142	49	980	5	2	7563
宽甸满族自治县硼海镇	25800	13617	77	405	11	4	2712
宽甸满族自治县红石镇	44295	18138	166	776	95	1	3457
宽甸满族自治县毛甸子镇	32485	14486	29	196	4		1822
宽甸满族自治县长甸镇	40910	27472	22	570	9	4	1712
宽甸满族自治县永甸镇	29592	23521	71	560	35		6695
宽甸满族自治县太平哨鎮	34987	19157	40	436	2		1024
宽甸满族自治县青山沟镇	26670	10736	122	460	4		4311
宽甸满族自治县牛毛坞镇	30070	14873	99	400	17		2339
宽甸满族自治县大川头镇	27798	10383	24	300	8	1	900
宽甸满族自治县青椅山镇	20502	12771	22	138	22	1	1642
宽甸满族自治县杨木川镇	24900	11939	210	700	3		1422
宽甸满族自治县虎山镇	21200	12835	32	270	12	1	1152
宽甸满族自治县振江镇	29672	10395	19	1220	12	1	948
宽甸满族自治县步达远镇	31800	15814	25	155	6		2896
宽甸满族自治县大西岔镇	34597	13021	65	326	28		662
宽甸满族自治县八河川镇	19666	10102	12	60	1	1	892
宽甸满族自治县双山子镇	28120	13669	14	153	2		1862
宽甸满族自治县石湖沟乡	19490	26188	71	885	68	6	
宽甸满族自治县古楼子乡	13300	8380	5	302	4	1	
宽甸满族自治县下露河朝鲜族乡	26984	10312	10	48			
东港市孤山镇	19817	68125	282	3260	51	5	22603
东港市前阳镇	11763	56567	494	20032	332	35	23190
东港市长安镇	17800	13085	11	205	10		1001
东港市十字街镇	11980	24129	38	900	30	4	3351
东港市长山镇	15049	42193	82	2870	56	3	17338
东港市北井子镇	12335	28623	36	2610	16	3	8794
东港市椅圈镇	14493	32508	45	1391	32	2	4205
东港市黄土坎镇	10396	21875	40	1180	33	3	6121
东港市马家店镇	13218	25935	50	348	24	1	4180
东港市龙王庙镇	8157	18356	22	199	20	1	2468
东港市小甸子镇	11926	22664	12	630	10		2621
东港市菩萨庙镇	8599	23497	21	1276	20	4	2696
东港市黑沟镇	15564	13041	15	183	8		1386
东港市新农镇	11366	14185	23	421	19	2	2109
东港市合隆满族乡	9911	17924	17	238	14		
凤城市宝山镇	31944	19119	43	756	30	2	1080
凤城市白旗镇	18033	11871	14	245	11		2025
凤城市沙里寨镇	19000	12195	80	420	7	1	1631
凤城市红旗镇	26300	17376	46	516	45	1	2103
凤城市蓝旗镇	16035	15074	17	600	14	2	3590
凤城市边门镇	38598	24928	72	1225	55	2	3500
凤城市东汤镇	32705	23346	46	831	12		3720
凤城市石城镇	40917	20303	20	240	12		4600

续表 91　　　　　　　　　　　　（辽宁省）　　　　　　　　　　　　单位：公顷、人、个

名　　称	行政区域面积	常住人口	企业个数	企业从业人员	工业企业单位	#规模以上	城镇建成区常住人口
凤城市大兴镇	20923	9087	6	60	3	1	1909
凤城市爱阳镇	36513	32107	158	5733	47		11080
凤城市赛马镇	41383	31171	32	1465	30	2	8530
凤城市弟兄山镇	20522	13769	23	152	17	1	2530
凤城市鸡冠山镇	43800	20022	100	840	70	3	2120
凤城市刘家河镇	35590	21269	55	1800	36	4	5095
凤城市通远堡镇	18000	27357	370	3506	338	3	10673
凤城市四门子镇	26970	14712	31	484	17	1	3300
凤城市青城子镇	23810	29500	120	7800	115	11	11900
凤城市大堡蒙古族乡	26620	22226	15	500	13	1	
黑山县芳山镇	14494	28373	98	346	10	3	4261
黑山县白厂门镇	9426	16183	74	637	6	1	3081
黑山县常兴镇	11748	23048	93	558	22	8	3760
黑山县姜屯镇	9221	20327	10	82	8	3	1621
黑山县励家镇	10234	23676	494	2030	24	6	3000
黑山县绕阳河镇	12391	23889	29	562	10	4	2865
黑山县半拉门镇	11938	17537	72	1223	18	2	6151
黑山县无梁殿镇	12344	22629	67	535	9	2	2098
黑山县胡家镇	10747	21795	57	520	24	5	3650
黑山县新立屯镇	6925	22847	130	1598	46	7	11214
黑山县八道壕镇	9038	37109	191	2650	58	10	16994
黑山县四家子镇	13321	19884	35	2500	8	4	1435
黑山县新兴镇	16116	15022	22	320	15	6	1297
黑山县太和镇	11541	22106	78	2162	36	9	2834
黑山县镇安镇	11865	32061	142	2130	17	12	5
黑山县英城子乡	11564	17796	17	270	12	2	
黑山县段家乡	8178	22753	96	3678	7	6	
黑山县大兴乡	6367	10068	14	650	10	2	
黑山县薛屯乡	10110	18175	61	989	4		
义县刘龙台镇	9602	6630	15	188	3		1876
义县七里河镇	14975	31170	178	4500	97	11	3681
义县大榆树堡镇	20384	27850	26	650	26	4	2247
义县稍户营子镇	14330	25582	16	231	1		4552
义县九道岭镇	16003	33944	30	2242	11	8	1500
义县高台子镇	18090	22971	50	342	32	3	1703
义县瓦子峪镇	23454	22394	8	35	8	1	2128
义县头台镇	12389	11160	110	750	37	7	1171
义县前杨镇	10260	24010	210	4030	16	4	2352
义县张家堡镇	15768	26121	41	252	7	2	3585
义县头道河镇	18042	12257	25	743	10	6	1654
义县留龙沟镇	16571	10092	42	1650	13	3	1388
义县聚粮屯镇	9165	16663	10	130	5	1	1104
义县地藏寺乡	11574	6437	10	110	9	2	
义县大定堡乡	10923	6617	3	40	3	2	
义县白庙子乡	15634	17843	3	15	2		
凌海市石山镇	8774	24218	110	724	84	3	3685
凌海市余积镇	9912	20571	77	810	19	5	1700
凌海市双羊镇	9780	26802	2308	12474	258	17	4344
凌海市班吉塔镇	12243	13841	95	1020	23	10	1790
凌海市沈家台镇	18447	19217	30	478	14	3	1758

续表 92　　（辽宁省）　　单位：公顷、人、个

名　　称	行政区域面　　积	常住人口	企业个数	企　　业从业人员	工业企业单　　位	#规模以上	城镇建成区常住人口
凌海市三台子镇	15002	39350	50	1272	18	2	1163
凌海市右卫镇	8120	15493	1065	5431	7	2	2602
凌海市阎家镇	7665	12854	37	1468	2		1725
凌海市新庄子镇	13951	25650	82	3240	36	4	2319
凌海市翠岩镇	13247	13557	90	957	6	1	723
凌海市安屯镇	8362	10182	30	845	18	9	2342
凌海市大业镇	8974	21556	76	703	42	6	2410
凌海市建业镇	15679	27281	106	547	12		1950
凌海市温滴楼镇	16743	18709	26	581	11	6	3061
凌海市白台子镇	17555	26656	237	1365	147	1	1380
凌海市板石沟乡	10236	7431					
凌海市谢屯乡	5678	14758	69	4258	27	4	
北镇市沟帮子街道办事处	2927	44085	421	7650	158	9	5540
北镇市大市镇	11290	11514	15	180	4		3720
北镇市罗罗堡镇	17950	21643	58	293	21	3	3248
北镇市常兴店镇	7500	22782	153	1020	7	1	4361
北镇市正安镇	10415	26805	42	800	17	1	4970
北镇市闾阳镇	7978	29386	36	210	18	5	4952
北镇市中安镇	22755	72698	26	210	8	1	3796
北镇市廖屯镇	10134	35587	66	3826	22	6	3086
北镇市赵屯镇	6722	25243	34	1800	26	2	2589
北镇市青堆子镇	6666	20841	56	2800	16	1	7070
北镇市高山子镇	6009	22124	39	199	4	1	5408
北镇市吴家镇	5887	11757	18	105	4	1	2589
北镇市鲍家乡	5780	12490	10	240	7	2	
北镇市大屯乡	4874	15398	6	182	6	2	
北镇市柳家乡	6024	11426	32	500	10		
鲅鱼圈区熊岳镇	5350	142418	6014	36918	741	33	120000
鲅鱼圈区芦屯镇	11345	53517	2982	33218	1252	15	8513
鲅鱼圈区红旗满族镇	3644	30797	990	5670	104	8	7360
老边区路南镇	5400	36610	469	8656	368	15	3492
老边区柳树镇	6400	20834	106	6796	105	25	3976
老边区边城镇	5000	18207	179	2900	155	12	320
盖州市高屯镇	12559	18652	37	985	9	3	2470
盖州市沙岗镇	5656	21945	529	4975	181	2	21945
盖州市九寨镇	11400	36102	77	3064	20		12000
盖州市万福镇	22364	36224	1396	6988	14		7121
盖州市卧龙泉镇	18443	17214	185	2067	4	1	2752
盖州市青石岭镇	8248	26423	296	3008	166	14	26423
盖州市暖泉镇	10468	13926	172	885	13		1418
盖州市榜式堡镇	15600	18572	520	5125	15	8	3367
盖州市团甸镇	5320	10672	15	115	9		560
盖州市双台镇	8758	18678	425	2501	61	3	12900
盖州市杨运镇	23259	24269	172	1406	61		2680
盖州市徐屯镇	10623	20143	207	8206	127		2543
盖州市什字街镇	28800	31212	6	320	6		1555
盖州市矿洞沟镇	26000	21759	35	308	11	1	2012
盖州市陈屯镇	7580	21042	141	1620	39		2677
盖州市梁屯镇	21939	27421	71	639	28		2800
盖州市小石棚乡	14300	9582	52	310	46		

续表 93　　　　（辽宁省）　　　　单位：公顷、人、个

名　　称	行政区域面　积	常住人口	企业个数	企　业从业人员	工业企业单　位	#规模以上	城镇建成区常住人口
盖州市果园乡	298	1033	10	347	8	4	
盖州市二台乡	2027	7041	13	68	13		
大石桥市水源镇	11600	35543	176	6816	46	5	2913
大石桥市沟沿镇	8700	34726	135	3300	130	6	1666
大石桥市石佛镇	5851	22473	33	1169	32	2	4004
大石桥市高坎镇	15300	45020	85	1428	35	3	2045
大石桥市旗口镇	12321	52730	142	3652	58	12	8883
大石桥市虎庄镇	8700	31947	79	1855	62	23	7604
大石桥市官屯镇	9180	31101	286	1725	176	22	3622
大石桥市博洛铺镇	6545	28546	80	1900	70	13	7680
大石桥市永安镇	4930	25100	130	4200	65	19	5063
大石桥市汤池镇	13117	41042	37	622	13	4	6797
大石桥市建一镇	15000	17953	35	1068	15	7	3013
大石桥市黄土岭镇	19900	26889	11	283	11	1	1248
大石桥市周家镇	11400	21388	40	340	39		2862
阜新市海州区韩家店镇	3809	17486	88	784	47	2	2716
新邱区长营子镇	11718	26199	1139	4576	143	9	4770
太平区水泉镇	5878	18307	317	2016	107	6	1648
清河门区河西镇	3718	11996	925	6350	19	5	2550
清河门区乌龙坝镇	4850	11458	281	6795	13	1	1576
细河区四合镇	5730	12156	555	5899	77	12	3020
阜新蒙古族自治县阜新镇	28093	32451	34	846	20		3693
阜新蒙古族自治县东梁镇	11451	24621	6	350	3	1	4200
阜新蒙古族自治县佛寺镇	11868	11927	179	1357	17		1987
阜新蒙古族自治县伊吗图镇	9281	25225	28	1584	21	9	2445
阜新蒙古族自治县旧庙镇	32208	25669	15	530	13		3530
阜新蒙古族自治县务欢池镇	21167	28949	23	230	4	1	5075
阜新蒙古族自治县建设镇	19264	24967	385	4800	52	1	1930
阜新蒙古族自治县大巴镇	19145	23078	6	1100	6		4177
阜新蒙古族自治县泡子镇	19885	27717	73	564	10		5966
阜新蒙古族自治县十家子镇	11619	21098	77	620	32	7	2543
阜新蒙古族自治县王府镇	15885	25011	125	1100	120	5	3318
阜新蒙古族自治县于寺镇	22350	15251					1640
阜新蒙古族自治县富荣镇	14709	20466	94	733	4		2335
阜新蒙古族自治县新民镇	14837	17033	20	810	14	2	2515
阜新蒙古族自治县福兴地镇	26246	17406	25	531	12	1	2385
阜新蒙古族自治县平安地镇	29443	19500	7	140	7	1	3012
阜新蒙古族自治县沙拉镇	14275	16238	29	1100	19	1	1220
阜新蒙古族自治县大固本镇	15548	24401	6	260	6		2210
阜新蒙古族自治县大五家子镇	25637	18254	530	3148	138		1838
阜新蒙古族自治县大板镇	13646	11512	15	145	8		2200
阜新蒙古族自治县招束沟镇	18114	16653	3	53	3		2724
阜新蒙古族自治县八家子镇	18477	12477	7	35	7	1	2187
阜新蒙古族自治县蜘蛛山镇	18000	20134	80	389	61		231
阜新蒙古族自治县塔营子镇	11292	10482	19	99	7		2118
阜新蒙古族自治县扎兰营子镇	20538	16001	3	107	3		2785
阜新蒙古族自治县七家子镇	17785	14040	10	280	1		1812
阜新蒙古族自治县红帽子镇	17283	13305	9	90	4		890
阜新蒙古族自治县紫都台镇	18444	11642	3	40			2204
阜新蒙古族自治县化石戈镇	22770	14944	52	1224	24		2210

续表 94　（辽宁省）　单位：公顷、人、个

名称	行政区域面积	常住人口	企业个数	企业从业人员	工业企业单位	#规模以上	城镇建成区常住人口
阜新蒙古族自治县哈达户稍镇	16740	13570	5	24	5		2564
阜新蒙古族自治县老河土镇	14653	18959	207	1600	30	5	3213
阜新蒙古族自治县太平镇	16998	10904	19	550	7		1591
阜新蒙古族自治县卧凤沟乡	8006	12790	6	31	4		
阜新蒙古族自治县苍土乡	8304	13007	6	144	6		
阜新蒙古族自治县国华乡	13333	9896	4	200	4		
彰武县彰武镇	5470	79340	4756	28150	215	5	71550
彰武县哈尔套镇	17442	23942	69	346	8		6316
彰武县章古台镇	26000	12279	188	750	8	2	1023
彰武县五峰镇	19100	18223	75	722	6	2	2387
彰武县冯家镇	14400	17043	242	1585	76	3	3821
彰武县后新秋镇	18200	21191	577	2890	27	6	2205
彰武县东六家子镇	11493	15193	72	310	25	3	3360
彰武县阿尔乡镇	14700	4280	96	1330	14	3	1313
彰武县前福兴地镇	12656	7730	20	110	6		2352
彰武县双庙镇	14697	12195	32	236	5		1710
彰武县大四家子镇	11100	11672	9	176	5		2540
彰武县苇子沟镇	14667	16748	16	195	7	3	3191
彰武县兴隆山镇	7263	9470	33	2300	24	3	1728
彰武县满堂红镇	19400	12122	12	292	5	2	2152
彰武县四合城镇	17749	11980	12	170	9	3	1430
彰武县大冷蒙古族镇	25900	17678	33	500	5		2385
彰武县两家子镇	16228	15957	270	2190	60	1	1892
彰武县平安镇	11666	12450	2	16	2	1	423
彰武县二道河子蒙古族乡	9300	12989	96	280	22		
彰武县西六家子蒙古族满族乡	13841	17083	80	450	20		
彰武县四堡子乡	22333	13518	39	165	10		
彰武县丰田乡	15300	10636	218	1700	9		
彰武县大德乡	12400	8835	65	353	6		
彰武县兴隆堡乡	14290	14745	7	102	3		
文圣区小屯镇	12737	31222	195	1755	52	4	12883
文圣区罗大台镇	6988	25485	460	1921	123	4	3100
宏伟区曙光镇	8996	31563	626	16546	180	14	5295
宏伟区兰家镇	4177	16326	115	761	51	1	5355
弓长岭区汤河镇	15270	14960	393	3009	53		1311
弓长岭区安平乡	14494	16351	240	1250	66	2	
太子河区祁家镇	2852	24004	658	5859	216	7	
太子河区沙岭镇	10200	37024	43	458	18	1	6225
太子河区王家镇	6998	18294	320	1850	35		5406
太子河区东宁卫乡	2235	13352	420	4900	113	5	
辽阳县首山镇	5066	80488	436	5580	108	19	50412
辽阳县刘二堡镇	12500	68676	2965	19659	1269	18	30508
辽阳县小北河镇	13400	41846	272	4889	270		5110
辽阳县黄泥洼镇	10500	29784	122	3000	40	3	4900
辽阳县唐马寨镇	13600	35668	605	4192	105	2	3649
辽阳县穆家镇	11500	31842	62	3100	43	5	6209
辽阳县柳壕镇	10350	22798	24	1548	12		3102
辽阳县河栏镇	42130	23315	179	1400	34		2050
辽阳县隆昌镇	12250	13468	20	200	4		2287
辽阳县八会镇	17550	15203	65	2160	16		1485

续表 95　　　　（辽宁省）　　　　单位：公顷、人、个

名　　称	行政区域面　　积	常住人口	企业个数	企　　业从业人员	工业企业单　　位		城镇建成区常住人口
						#规模以上	
辽阳县寒岭镇	18900	14672	126	1018	17	3	2758
辽阳县兴隆镇	5301	22369	504	3619	78	13	8750
辽阳县下达河乡	14700	8472	240	1205	71		
辽阳县吉洞峪满族乡	27700	17484	420	2297	43	1	
辽阳县甜水满族乡	31400	18158	260	1785	62		
灯塔市佟二堡镇	9528	52434	968	25657	363	5	23500
灯塔市铧子镇	11703	47972	2066	9703	187	15	13974
灯塔市张台子镇	4114	19085	36	2336	11	4	2750
灯塔市西大窑镇	8930	23649	1354	6780	134	3	2962
灯塔市沈旦堡镇	8003	28620	470	1560	88	3	2494
灯塔市西马峰镇	7938	34156	254	5298	31	6	
灯塔市柳条寨镇	9627	30267	13	2230	11	2	1395
灯塔市柳河子镇	11731	16894	16	408	11	3	2136
灯塔市大河南镇	5811	18203	735	3043	158	2	2345
灯塔市五星镇	10959	39100	1135	4662	773		1410
灯塔市鸡冠山乡	14820	6975	8	920	8	8	
双台子区统一镇	3926	11532	46	270	18		485
双台子区陆家镇	3450	10693	837	4187	148	2	1307
大洼区田庄台镇	3600	24946	334	1755	62	1	18700
大洼区东风镇	10993	19027	517	3580	65	14	3669
大洼区新开镇	6700	16819	72	1020	64	10	1082
大洼区清水镇	6868	17430	730	6220	72	11	6870
大洼区新兴镇	6703	21050	162	1745	39	9	8824
大洼区西安镇	8559	26582	95	490	9	2	3735
大洼区新立镇	7600	17412	211	3954	35	12	5805
大洼区唐家镇	10950	21639	69	1230	34	12	3153
大洼区平安镇	7281	16488	27	1025	14	5	1987
大洼区赵圈河镇	17200	7527	30	530	1		2966
盘山县沙岭镇	12976	34722	435	3050	78	7	11305
盘山县高升镇	15890	28861	347	2350	85	18	3985
盘山县胡家镇	16971	27482	199	1000	12	3	4889
盘山县石新镇	9467	14850	167	1260	10		6142
盘山县东郭镇	65462	16983	100	3512	18	2	6557
盘山县羊圈子镇	24607	18160	17	3180	10	3	4927
盘山县古城子镇	7169	19293	140	2398	43	12	2715
盘山县坝墙子镇	6706	18682	78	2100	40	13	3642
盘山县太平镇	10752	48611	3120	3300	35	3	28900
盘山县陈家镇	8750	11996	86	1101	84	11	
盘山县甜水镇	8636	14038	36	4025	30	11	13833
盘山县吴家镇	4084	12105	202	3820	79	6	1860
盘山县得胜镇	9380	15021	109	3600	45	3	1714
银州区龙山乡	4000	26017	34	144	1	1	
清河区张相镇	11274	16791	148	1430	58	6	16791
清河区杨木林子镇	19940	19825	330	1680	38	1	3906
清河区聂家满族乡	13189	9163					
铁岭县新台子镇	11144	28775	285	4496	88	12	5750
铁岭县阿吉镇	12064	22723	55	261	51	2	1480
铁岭县平顶堡镇	8386	18005	22	353	22	4	3762
铁岭县大甸子镇	27714	21556	6	98	5		4213
铁岭县凡河镇	17334	54320	215	2048	91	1	32058

续表 96　　（辽宁省）　　单位：公顷、人、个

名　　称	行政区域面　　积	常住人口	企业个数	企　　业从业人员	工业企业单　　位	#规模以上	城镇建成区常住人口
铁岭县腰堡镇	12217	20774	285	4954	279	7	10178
铁岭县镇西堡镇	14524	25646	52	951	34	2	2826
铁岭县蔡牛镇	14337	31460	549	2750	134	1	600
铁岭县李千户镇	29130	38033	349	2881	19	3	2750
铁岭县熊官屯镇	14746	16561	29	182	29	1	4657
铁岭县横道河子镇	12888	12962	28	369	28		2100
铁岭县双井子镇	12900	23337	35	401	12	2	1729
铁岭县鸡冠山乡	19536	10621	70	1143	5		
铁岭县白旗寨满族乡	16591	10669	40	201			
西丰县西丰镇	12930	83148	37	725	9	9	62773
西丰县平岗镇	7930	14450	470	1517	2		1985
西丰县郜家店镇	23202	24085	25	1200	15	4	1300
西丰县凉泉镇	12412	12214	14	102	9		
西丰县振兴镇	16141	13344	17	120	7		13344
西丰县安民镇	17571	17066	22	400	14	5	2000
西丰县天德镇	15689	19234	2	12	2		1970
西丰县房木镇	22829	18090	3	18	3		3594
西丰县柏榆镇	14592	14935	236	1416	1		2210
西丰县陶然镇	10160	11279	22	460	21	1	412
西丰县钓鱼镇	11635	7641	15	80	4		659
西丰县更刻镇	7485	9628	20	420	13	2	9628
西丰县德兴满族乡	10636	6536	56	648	3	3	
西丰县明德满族乡	11017	8442	3	30	2		
西丰县成平满族乡	14836	11926	7	90	3		
西丰县和隆满族乡	26500	13202					
西丰县营厂满族乡	17930	9145					
西丰县金星满族乡	13359	11950	7	145	5	1	
昌图县昌图镇	19800	170122	3031	16091	31	9	136596
昌图县老城镇	11200	38320	1723	11125	21	1	14989
昌图县八面城镇	13740	62943	118	2702	27	10	34000
昌图县三江口镇	18785	29554	692	3676	14	1	13192
昌图县金家镇	10000	25310	43	920	1	1	4820
昌图县宝力镇	15300	39212	235	1500	9		10100
昌图县泉头镇	14064	19476	8	261	6	1	5609
昌图县双庙子镇	8433	14334	476	2856	6		4872
昌图县亮中桥镇	15780	30281	198	1123	24	2	30281
昌图县马仲河镇	8711	21913	6	240	3	1	1850
昌图县毛家店镇	18630	33546	73	510	12		1951
昌图县老四平镇	8200	18805	18	422	17	2	2156
昌图县大洼镇	12950	25057	253	1365			4312
昌图县头道镇	10495	16876	50	600			1821
昌图县鴜鹭树镇	14062	19777	343	1536	16	1	873
昌图县傅家镇	21100	26567	267	2513	77	1	2112
昌图县四合镇	9400	18245	14	70	6		4270
昌图县朝阳镇	10317	19298	48	1240	4		
昌图县古榆树镇	20412	31407	110	445	1	1	31407
昌图县七家子镇	12460	14892	129	520	34		14892
昌图县东嘎镇	10000	18905	383	1920	1		809
昌图县四面城镇	11333	20919	12	308	12		2201
昌图县前双井镇	13100	24179	4	48	2		1600

续表 97　　（辽宁省）　　单位：公顷、人、个

名　称	行政区域面　积	常住人口	企业个数	企　业从业人员	工业企业单　位	#规模以上	城镇建成区常住人口
昌图县通江口镇	12800	26363	203	1255	6	1	1544
昌图县大四家子镇	10440	18654	6	54	3		2802
昌图县曲家店镇	13700	25854	28	267	3	1	2480
昌图县十八家子镇	7704	16963	175	880	4		1315
昌图县太平镇	10038	15351	86	515	3	3	1288
昌图县下二台镇	13730	15947	80	440	1		
昌图县平安堡镇	10500	15669	58	140	4	1	420
昌图县大兴镇	8000	15939	5	179	2	2	1253
昌图县后窑镇	8900	15280	14	361	2		2341
昌图县长发镇	8170	13352	3	50	1		13352
调兵山市晓明镇	6098	27308	24	2350	10	2	10907
调兵山市大明镇	5888	25573	179	3200	48	4	13644
调兵山市晓南镇	10539	32020	97	2800	96	10	12688
开原市威远堡镇	17678	20982	11	890	11	1	4500
开原市庆云堡镇	10249	21785	16	2800	16	4	9124
开原市中固镇	12668	25011	11	526	9	2	9129
开原市八棵树镇	22593	24221	12	105	10		24221
开原市金沟子镇	11296	27578	146	611	13		6910
开原市八宝镇	10785	26709	30	500	25	1	9979
开原市业民镇	9734	19369	23	690	22	3	2381
开原市莲花镇	17973	12575					2518
开原市靠山镇	19457	18813	27	140	18		1998
开原市马家寨镇	10775	12106	23	138	1		2670
开原市下肥镇	14304	14237	2	30	2		5098
开原市松山镇	23500	19296	56	350	56		2004
开原市城东镇	8553	15084	7	77	7		1434
开原市李家台镇	19922	15137	10	145	10		2096
开原市上肥地满族镇	13812	9023	2	28	2		1350
开原市黄旗寨满族镇	22095	14598	5	58	3		3082
开原市林丰满族乡	14196	7208					
开原市三家子乡	6702	13997	11	148	11	2	
双塔区桃花吐镇	11195	18581	425	3814	22	3	2447
双塔区他拉皋镇	7419	21354	362	2150	51	7	4737
双塔区孙家湾镇	17350	16251	102	477	2		1893
双塔区长宝营子乡	6870	6359	14	120	12	3	
龙城区七道泉子镇	4099	18083	203	975	53	3	5654
龙城区西大营子镇	6334	24957	65	780	46	3	5180
龙城区召都巴镇	8795	20389	41	1666	22	2	3750
龙城区大平房镇	11000	23030	9	136	6		5120
龙城区联合镇	16438	19087	24	278	17		1715
龙城区边杖子镇	13000	17263	45	368	16	1	2305
朝阳县波罗赤镇	10876	18041	48	260	7		3106
朝阳县木头城子镇	12997	27404	72	850	10		10490
朝阳县二十家子镇	20927	32854	115	690	11	2	11359
朝阳县羊山镇	19153	37295	38	191	6		5940
朝阳县六家子镇	11881	25371	47	675	20		3695
朝阳县瓦房子镇	10777	21401	106	894	47	1	10710
朝阳县大庙镇	17291	19044	79	400	35	8	8464
朝阳县古山子镇	22571	18212	70	2326	20	2	1950
朝阳县南双庙镇	17184	29006	41	255	2		3020

续表 98　　（辽宁省）　　单位：公顷、人、个

名　　称	行政区域面　　积	常住人口	企业个数	企　　业从业人员	工业企业单　　位		城镇建成区常住人口
						#规模以上	
朝阳县台子镇	19561	17562	56	286	16		2369
朝阳县清风岭镇	8980	15269	34	171	2		3034
朝阳县胜利镇	29670	33655	40	243	2		5005
朝阳县七道岭镇	21093	25389	17	90	3	2	2180
朝阳县杨树湾镇	10705	8264	53	650	5		2743
朝阳县西五家子乡	12014	11029	3	155	3		
朝阳县北沟门子乡	10049	6619	22	375	7		
朝阳县东大道乡	12712	12884	5	325	5	1	
朝阳县乌兰河硕蒙古族乡	6585	9078	21	106	4		
朝阳县东大屯乡	11281	14775	37	186	5	1	
朝阳县松岭门蒙古族乡	8022	10330	4	256	4	3	
朝阳县根德营子乡	12974	15934	31	228	6		
朝阳县西营子乡	9609	11017	20	147	3		
朝阳县北四家子乡	13794	24994	38	196	4		
朝阳县王营子乡	10793	10772	18	95	2		
朝阳县黑牛营子乡	7995	16650	5	39	1		
朝阳县尚志乡	5798	11320	22	118	15		
建平县朱碌科镇	16815	23498	93	2003	45	4	9650
建平县建平镇	29048	21347	57	466	9	3	2768
建平县黑水镇	17485	22352	31	610	13	1	10953
建平县喀喇沁镇	18775	18787	45	448	18	1	3806
建平县北二十家子镇	16790	14836	28	143	2		2650
建平县沙海镇	27739	29309	120	2453	78	7	5560
建平县哈拉道口镇	14800	13252	24	166	9		7211
建平县榆树林子镇	25300	31510	124	2058	34	3	3885
建平县老官地镇	16103	8357					2421
建平县深井镇	16387	15236	68	1975	44	3	2050
建平县奎德素镇	21951	20117	20	531	3		3451
建平县小塘镇	17806	16893	38	312	11	3	2072
建平县马场镇	20736	15482	22	174			2042
建平县昌隆镇	14844	14193	29	174			2732
建平县张家营子镇	21988	15511	43	788	6		1947
建平县青峰山镇	17509	13417	109	866	73	6	1781
建平县太平庄镇	15229	17378	11	56	1		3539
建平县青松岭乡	15526	10262	29	161	18		
建平县杨树岭乡	11397	8194	14	86	2	1	
建平县罗福沟乡	18691	10524	13	68			
建平县烧锅营子乡	16972	6423	13	57	4		
建平县白山乡	13871	14339	26	485	13		
建平县三家蒙古族乡	16000	27947	39	733	15	1	
建平县义成功乡	14840	7197	33	488	6		
喀喇沁左翼蒙古族自治县南公营子镇	12162	23460	32	356	12	1	3125
喀喇沁左翼蒙古族自治县山嘴子镇	9871	18353	45	328	6		1645
喀喇沁左翼蒙古族自治县公营子镇	11441	25357	119	620	8	4	10448
喀喇沁左翼蒙古族自治县白塔子镇	11804	26384	40	511	5	1	4522
喀喇沁左翼蒙古族自治县中三家镇	16979	14662	117	3342	69	9	3890
喀喇沁左翼蒙古族自治县老爷庙镇	14363	22131	10	365	10		2573
喀喇沁左翼蒙古族自治县六官营子镇	13382	12047	40	168	17	1	2279
喀喇沁左翼蒙古族自治县平房子镇	13189	25234	15	379	10	1	2568
喀喇沁左翼蒙古族自治县十二德堡镇	10651	16406	4	210	4	1	1655

续表 99 （辽宁省） 单位：公顷、人、个

名称	行政区域面积	常住人口	企业个数	企业从业人员	工业企业单位	#规模以上	城镇建成区常住人口
喀喇沁左翼蒙古族自治县羊角沟镇	16234	17186	37	187	11	1	2464
喀喇沁左翼蒙古族自治县兴隆庄镇	6845	14690	20	360	18	2	2490
喀喇沁左翼蒙古族自治县甘招镇	7998	14158	28	152	13	1	2365
喀喇沁左翼蒙古族自治县东哨镇	8120	15367	7	320	7	1	2098
喀喇沁左翼蒙古族自治县水泉镇	7358	15888	77	390	12	2	4135
喀喇沁左翼蒙古族自治县尤杖子乡	6235	10264	6	35	6		
喀喇沁左翼蒙古族自治县草场乡	6163	7219	10	155	7	1	
喀喇沁左翼蒙古族自治县坤都营子乡	6716	11121	23	224	7	1	
喀喇沁左翼蒙古族自治县大营子乡	12080	8269	32	345	22		
喀喇沁左翼蒙古族自治县卧虎沟乡	10177	8757	13	120	9	1	
北票市西官营镇	20190	24538	41	296	40		3504
北票市大板镇	13212	6583	42	214	7		1880
北票市上园镇	23930	13600	62	312	2		2894
北票市宝国老镇	23444	21671	35	1290	32	3	1637
北票市黑城子镇	14795	15743	302	1662	8	2	2705
北票市五间房镇	10649	31839	265	1926	41	6	1370
北票市台吉镇	4896	14320	79	398	36	1	2292
北票市东官营镇	16772	20835	939	4845	12	3	4839
北票市龙潭镇	20141	16723	28	400	17	2	1623
北票市北塔镇	15313	14493	276	1550	36		1423
北票市蒙古营镇	14722	14363	7	193			2386
北票市大三家镇	9942	15235	114	1037	22		3900
北票市长皋乡	20375	10066	14	173	9	1	
北票市常河营乡	18172	6858	11	431	4		
北票市小塔子乡	14247	7969	20	240	6	1	
北票市马友营蒙古族乡	20700	16546	5	95	5		
北票市泉巨永乡	16332	12999	12	85	12		
北票市哈尔脑乡	14388	16387	13	129	4		
北票市南八家子乡	11521	8385	3	32	2		
北票市章吉营乡	13984	9426	1	7	1		
北票市三宝营乡	9865	5754	1	6	1		
北票市巴图营乡	15879	12199	4	30			
北票市台吉营乡	16017	12701	15	76	2	1	
北票市娄家店乡	17442	13328	18	450	18	2	
北票市北四家乡	17285	9682	15	920	4	4	
北票市凉水河蒙古族乡	10159	6483	31	165	7	1	
北票市三宝乡	14036	18556	17	680	13	1	
凌源市万元店镇	9135	12717	76	3200	25	2	850
凌源市宋杖子镇	17392	30257	21	980	18	1	1340
凌源市三十家子镇	19523	35062	158	2119	21		8754
凌源市杨杖子镇	3300	5166	8	260	7	4	3100
凌源市刀尔登镇	22500	23995	52	452	15	4	5600
凌源市松岭子镇	16670	20347	90	451	15	1	2719
凌源市四官营子镇	15146	22575	45	550	17	2	2085
凌源市沟门子镇	15533	28067	25	128	22		1200
凌源市小城子镇	7576	16557	593	4104	41	3	1902
凌源市四合当镇	21730	33460	15	450	11	1	2481
凌源市乌兰白镇	8498	8818	28	730	15		1109
凌源市瓦房店镇	10145	14892	92	487	24	1	1896
凌源市大河北镇	17633	15766	52	560	12	1	1004

续表 100　　　　　　　　　　（辽宁省）　　　　　　　　　　单位：公顷、人、个

名　　称	行政区域面　　积	常住人口	企业个数	企　　业从业人员	工业企业单　　位		城镇建成区常住人口
						#规模以上	
凌源市牛营子镇	14000	17241	16	730	13	1	1424
凌源市三道河子镇	17050	17724	35	302	9	1	2900
凌源市大王杖子乡	9800	12842	22	252	5		
凌源市刘杖子乡	8081	10699	60	360	7		
凌源市前进乡	8200	6955	2	65			
凌源市北炉乡	10100	16104	13	315	12	3	
凌源市三家子蒙古族乡	23400	33046	60	342	18	2	
凌源市佛爷洞乡	11360	11875	2	13			
凌源市河坎子乡	13700	11408	4	489	2	2	
连山区钢屯镇	14815	31876	106	2100	16		8000
连山区寺儿堡镇	10487	27270	35	680	32	2	1860
连山区新台门蒙古族镇	16500	21720	35	542	8		2704
连山区沙河营乡	12772	20964	31	1550	31	4	
连山区孤竹营子乡	5639	5463	11	261	5		
连山区白马石乡	7900	7221	13	158	2		
连山区山神庙子乡	13148	12629	20	936	20		
连山区塔山乡	14694	26534	136	2533	105	9	
连山区杨郊乡	10100	7705	39	200	30	2	
龙港区双树乡	3420	11821	153	870	28	1	
南票区缸窑岭镇	12587	19474	202	1300	6	1	1565
南票区暖池塘镇	12530	17544	12	400	6		1778
南票区高桥镇	5597	24795	34	2089	30	2	12978
南票区虹螺岘镇	8959	33078	1739	17406	30	4	11934
南票区金星镇	6354	28263	280	13400	40		6152
南票区台集屯镇	8073	14250	28	400	28		1800
南票区沙锅屯乡	9700	14797	38	480	25	2	
南票区黄土坎乡	8650	13708	19	127			
南票区大兴乡	10415	21409	16	234	16	1	
南票区张相公屯乡	8662	12486	7	36	2	1	
绥中县绥中镇	1993	85799	18	85	4		85799
绥中县西甸子镇	8507	23780	26	820	24	3	6220
绥中县宽帮满族镇	15787	24478	17	185	17		1480
绥中县大王庙满族镇	19992	30034	4	370	4	1	308
绥中县万家镇	6756	26729	8	65	1	1	2765
绥中县前所镇	6840	22837	576	462	23	1	3998
绥中县高岭镇	13247	25540	34	720	22		3854
绥中县前卫镇	12300	24975	11	140	6		9770
绥中县荒地满族镇	8634	26425	8	84	7		2840
绥中县塔山屯镇	7338	30805	170	1200	20		3448
绥中县高台镇	11331	29871	35	450	4		1256
绥中县王宝镇	6630	18636	24	550	7		1910
绥中县沙河镇	14169	31970	25	502	10	2	2700
绥中县小庄子镇	8545	32377	21	234	10		3067
绥中县西平坡满族乡	11092	16446	10	87	2		
绥中县葛家满族乡	10569	13529	16	290	1		
绥中县高甸子满族乡	11147	18620	64	435	16	1	
绥中县范家满族乡	12920	15208	8	105	5		
绥中县明水满族乡	11319	12652	120	610	16		
绥中县秋子沟乡	7767	11227	20	160	1		
绥中县加碑岩乡	22608	17517	2	350	2		

续表 101　　　　（辽宁省）　　　　单位：公顷、人、个

名　称	行政区域面积	常住人口	企业个数	企业从业人员	工业企业单位	#规模以上	城镇建成区常住人口
绥中县永安堡乡	22382	5880	1	12			
绥中县李家堡乡	11709	19472	28	1057			
绥中县网户满族乡	7122	21550	109	1310	44		
绥中县城郊乡	2684	24541	6	1030	3	2	
建昌县建昌镇	1500	70662	415	15385	23	2	70662
建昌县八家子镇	9300	13916	9	2826	8	3	6326
建昌县喇嘛洞镇	10900	24323	83	960			5000
建昌县药王庙镇	21700	25070	4	331	4	4	2313
建昌县汤神庙镇	11700	32258	3	150			1581
建昌县玲珑塔镇	12400	21301	13	78	5		1455
建昌县大屯镇	16900	18639	3	870	3	1	2182
建昌县牤牛营子乡	16500	40165	6	320	6		
建昌县素珠营子乡	12830	22332	1	35	1		
建昌县石佛乡	11400	16509	15	76			
建昌县王宝营子乡	11300	18273					
建昌县老大杖子乡	17000	24532	12	165	5	2	
建昌县要路沟乡	10900	22797	1	40			
建昌县魏家岭乡	10000	11496	2	20			
建昌县西碱厂乡	7900	16895	7	40			
建昌县头道营子乡	5500	12575	20	164			
建昌县新开岭乡	9900	16897	24	860	4		
建昌县贺杖子乡	6200	4269	7	67			
建昌县养马甸子乡	13500	16055					
建昌县和尚房子乡	19400	27262					
建昌县杨树湾子乡	11600	15067					
建昌县黑山科乡	8100	14580					
建昌县雷家店乡	13600	16914	1	10	1		
建昌县小德营子乡	9800	16841					
建昌县二道湾子蒙古族乡	8900	23595					
建昌县巴什罕乡	10400	25481	18	94			
建昌县娘娘庙乡	7200	13006	22	140	1		
建昌县谷杖子乡	13300	15863	25	362	18	3	
兴城市曹庄镇	6439	28096	175	647	2		2239
兴城市沙后所满族镇	11343	39205	151	3650	119	1	13828
兴城市东辛庄满族镇	7359	26563	456	2365	4	2	9605
兴城市郭家满族镇	11900	9041	35	210	9	1	2080
兴城市红崖子镇	15010	26558	289	835	134	6	2765
兴城市徐大堡镇	8163	14286	112	1003	41	1	714
兴城市高家岭满族镇	8400	14659	112	1727	72	1	1825
兴城市羊安满族乡	6833	20223	136	1398	131	4	
兴城市元台子满族乡	11150	18008	213	1358	40	1	
兴城市白塔满族乡	6810	11810	58	320	43	1	
兴城市望海满族乡	8140	18820	26	277	19	1	
兴城市刘台子满族乡	4020	12921	5	73	3		
兴城市大寨满族乡	7840	18255	41	200	4		
兴城市南大山满族乡	13000	21289	11	58	11		
兴城市围屏满族乡	11246	12188	53	272	35	1	
兴城市碱厂满族乡	16120	10729	84	891	9	1	
兴城市三道沟满族乡	16990	14670	98	1128	13		
兴城市旧门满族乡	8340	9214	40	519	23		
兴城市药王满族乡	13840	14490	1	45	1	1	

续表 102　　　　（吉林省）　　　　单位：公顷、人、个

名　　称	行政区域面　　积	常住人口	企业个数	企　　业从业人员	工业企业单　　位		城镇建成区常住人口
						#规模以上	
吉林省							
南关区幸福乡	2100	16625	254	3450	7	1	
宽城区兰家镇	10394	35772	906	24200	241	12	6834
宽城区米沙子镇	30554	77145	115	28245	98	34	4616
宽城区万宝镇	13741	35564	40	465	18	6	2941
宽城区合隆镇	19489	89087	524	13658	469	92	37926
朝阳区乐山镇	13400	25502	97	1145	28	2	1907
朝阳区永春镇	5721	17142	112	841	13	1	4964
二道区英俊镇	5458	20331	247	4507	125	20	5953
二道区劝农山镇	12180	19769	166	926	27	1	2093
二道区泉眼镇	12485	18379	243	1924	11		1433
二道区四家乡	11323	11236	73	486	7		
绿园区合心镇	8202	21632	654	24560	53	1	9821
绿园区西新镇	3580	14527	360	4680	125	12	4002
绿园区城西镇	3920	48631	257	5789	153	12	10501
双阳区齐家镇	27741	49616	101	3300	83	2	4147
双阳区太平镇	32600	40408	176	5033	65	1	2096
双阳区鹿乡镇	27226	41406	436	11650	71	1	2188
双阳区双营子回族乡	6274	16619	389	13280	102	24	
九台区龙嘉街道办事处	23035	54136	236	8876	110	22	
九台区沐石河镇	38099	52600	5	515	1		1928
九台区城子街镇	27429	46438	51	2016	25	5	3969
九台区其塔木镇	21232	44992	18	118	8	8	7573
九台区上河湾镇	25064	46902	112	6620	54	2	6181
九台区胡家回族乡	16895	16917	72	7211	1		
九台区莽卡满族乡	15300	23157	9	144	3		
农安县农安镇	60300	276131	344	6045	312	27	193140
农安县伏龙泉镇	30300	78420	330	27850	320	10	23645
农安县哈拉海镇	43500	68638	213	4540	68	4	9020
农安县靠山镇	9700	24746	22	295	18	1	3644
农安县开安镇	31100	55952	272	33012			2160
农安县烧锅镇	13400	34300	94	3350	84	22	7561
农安县高家店镇	16400	28871	25	1069	25	3	3052
农安县华家镇	24409	44025	63	320	13	10	3820
农安县三盛玉镇	29200	32870	33	256	30		3000
农安县巴吉垒镇	40800	50648	15	180	6		5650
农安县三岗镇	19300	26741	12	150	5	1	3925
农安县前岗乡	25100	43963	113	750	42	5	
农安县龙王乡	23000	22128	88	528	4	1	
农安县万顺乡	24401	33994	301	5800	72		
农安县杨树林乡	27900	35170	92	4100	15	2	
农安县永安乡	18800	22527	80	1800	22	2	
农安县青山口乡	15857	31936	75	563	7	1	
农安县黄鱼圈乡	15100	29443	30	726	30		
农安县新农乡	18400	32050	147	3000	18	1	
农安县万金塔乡	16400	36969	21	176	4		
农安县小城子乡	18200	28573	14	912	11	1	
长春经济技术开发区兴隆山镇	6130	42291	1892	3922	190	17	17398
长春净月高新技术产业开发区新立城镇	5200	45182	1003	38209	39	11	6853

续表 103　　(吉林省)　　单位：公顷、人、个

名　　称	行政区域面　　积	常住人口	企业个数	企　　业从业人员	工业企业单　　位	#规模以上	城镇建成区常住人口
长春净月高新技术产业开发区新湖镇	11300	20150	44	350	13	4	2095
长春净月高新技术产业开发区玉潭镇	14300	17450	69	1379	18	3	1360
长春高新技术产业开发区奋进乡	8502	21175	81	1340	51		
长春高新技术产业开发区双德乡	2512	63888	3824	75865	359	76	
长春汽车经济技术开发区(特殊镇)	10930	37810	596	28800	319	67	
榆树市五棵树镇	22367	61782	2488	12954	341	32	24229
榆树市弓棚镇	23489	56581	645	3552	275	2	4221
榆树市闵家镇	13880	32303	178	5310	177	1	6700
榆树市大坡镇	12010	33114	112	2760	110	8	6434
榆树市黑林镇	24513	51853	351	7860	256	2	4680
榆树市土桥镇	37983	57748	120	6935	118	1	4328
榆树市新立镇	25149	52690	236	2015	162	4	12340
榆树市大岭镇	28316	51406	936	8630	390	3	5910
榆树市于家镇	29403	63812	432	14289	218	5	7412
榆树市泗河镇	15284	27160	133	1190	130	2	4195
榆树市八号镇	24943	49800	511	3010	493	1	3550
榆树市刘家镇	13722	27504	139	13396	133	4	3326
榆树市秀水镇	21519	45418	211	2743	206	4	4103
榆树市保寿镇	15674	32275	1156	6936	450	5	5237
榆树市新庄镇	18615	35794	176	2102	171	4	1129
榆树市育民乡	15117	23866	440	2860	158		
榆树市红星乡	15623	31565	367	1970	366	1	
榆树市太安乡	12749	25231	124	924	86	2	
榆树市先峰乡	12366	25791	392	1980	392		
榆树市青山乡	13052	24163	200	1521	200	1	
榆树市延和朝鲜族乡	2000	931	1	11	1	1	
榆树市恩育乡	13478	28364	138	699	138	2	
榆树市城发乡	21425	40208	148	3542	35	2	
榆树市环城乡	26567	61092	246	5680	146	2	
德惠市大青嘴镇	16579	39438	11	443	9	1	3466
德惠市郭家镇	19700	39323	128	3126	8	1	2267
德惠市松花江镇	16509	37643	188	3765	45	7	878
德惠市达家沟镇	15951	32481	14	1369	14		4052
德惠市大房身镇	27210	63812	178	2500	17	5	3573
德惠市岔路口镇	22100	48960	56	3316	45	11	1686
德惠市朱城子镇	15219	28697	25	3510	14	9	3477
德惠市布海镇	20137	39472	22	988	18	8	1632
德惠市天台镇	18753	37432	67	1902	26	6	1621
德惠市菜园子镇	16326	51208	11	1392	8	3	2587
德惠市同太乡	25250	52298	168	7206	10	6	
德惠市边岗乡	18003	41908	10	235	7	5	
德惠市五台乡	15400	36292	178	2044	20	4	
德惠市朝阳乡	14899	36812	26	2672	24	16	
昌邑区孤店子镇	6361	23634	66	3385	40	13	5299
昌邑区桦皮厂镇	17722	40123	28	799	8	5	7245
昌邑区左家镇	23273	26984	45	1416	5	4	8090
昌邑区两家子满族乡	15568	17556	26	457	4	2	
昌邑区土城子满族朝鲜族乡	9208	20182	12	577	6	6	
龙潭区乌拉街镇	18800	56655	125	3645	44	7	21000
龙潭区缸窑镇	28803	32147	37	612	29	6	11724

续表 104　　　　(吉林省)　　　　单位：公顷、人、个

名　　称	行政区域面积	常住人口	企业个数	企业从业人员	工业企业单位		城镇建成区常住人口
						#规模以上	
龙潭区江密峰镇	31318	32134	14	137	4	2	3896
龙潭区大口钦镇	13753	19255	46	1796	35	8	2780
龙潭区金珠镇	11600	21003	23	2700	17	6	14833
龙潭区江北乡	10600	17609	144	4140	17	12	
船营区大绥河镇	14960	15484	112	667	6	2	4395
船营区搜登站镇	29740	39571	36	432	20	1	4966
船营区越北镇	3910	29430	138	615	102	18	17980
船营区欢喜乡	9099	20616	268	1111	84	6	
丰满区旺起镇	52588	17191	6	95	3	2	4215
丰满区江南乡	18543	27194	205	10580	52	24	
丰满区前二道乡	11305	18997	176	1210	23	6	
丰满区小白山乡	12344	15759	120	2550	48	20	
永吉县口前镇	31570	141723	335	5187	38	4	117580
永吉县双河镇	31668	18015	25	450	7		10994
永吉县西阳镇	42236	21370	23	1052	4	4	594
永吉县北大湖镇	45261	28341	53	756	6	3	9210
永吉县一拉溪镇	33962	39110	16	1200	6	4	1430
永吉县万昌镇	15703	30634	48	1820	25	10	4250
永吉县经济开发区(特殊乡镇)	6394	11528	268	2300	95	29	
永吉县金家乡	15229	14211	9	142	3	2	
永吉县黄榆乡	15734	15682					
吉林中国新加坡食品区岔路河镇	21600	47134	282	4590	48	7	14550
蛟河市新站镇	56793	26343	11	187	7	6	16280
蛟河市天岗镇	49238	24182	135	1397	75	25	8290
蛟河市白石山镇	57352	30965	32	496	11	3	19820
蛟河市漂河镇	107567	28942	52	589	13	3	3934
蛟河市黄松甸镇	58531	11519	23	420	18	5	3808
蛟河市天北镇	40992	18886	76	736	8	5	2334
蛟河市松江镇	58563	19267	21	96	7		3455
蛟河市庆岭镇	42032	15464	63	357	44	5	2895
蛟河市乌林朝鲜族乡	22784	11778	35	630	25	6	
蛟河市前进乡	59681	13451	5	45	3	1	
桦甸市夹皮沟镇	104773	23964	177	3248	36	21	15979
桦甸市二道甸子镇	82587	27250	151	3341	23	7	5363
桦甸市红石砬子镇	129209	41746	221	2272	30	19	20112
桦甸市八道河子镇	62410	31850	192	2350	31	5	5208
桦甸市常山镇	49111	19144	99	1261	23	9	2750
桦甸市金沙镇	60690	27424	164	2776	15	9	3123
桦甸市桦郊乡	70743	42918	239	3413	58	13	
桦甸市横道河子乡	32331	15336	12	1084	7	2	
桦甸市公吉乡	51887	25307	188	2857	37	19	
舒兰市法特镇	14543	30523	32	2380	15	6	7685
舒兰市白旗镇	14450	34504	195	2324	44	7	8214
舒兰市溪河镇	17089	25500	61	1102	34	5	3254
舒兰市朝阳镇	12192	15232	56	352	8	1	1302
舒兰市小城镇	47388	18029	13	1500	10		5121
舒兰市上营镇	32048	19934	38	5714	32	10	3142
舒兰市水曲柳镇	20261	26673	22	1237	17	8	2521
舒兰市平安镇	15905	30037	58	2610	56	15	6895
舒兰市金马镇	15479	11935	32	780	12	7	2236

续表 105　　　　（吉林省）　　　　单位：公顷、人、个

名　　称	行政区域面　　积	常住人口	企业个数	企　　业从业人员	工业企业单　　位		城镇建成区常住人口
						#规模以上	
舒兰市开原镇	44220	24433	21	1231	15	3	3698
舒兰市莲花乡	7179	13196	18	535	12	1	
舒兰市亮甲山乡	13417	16442	11	125	9	1	
舒兰市新安乡	82583	13385	9	235	8	1	
舒兰市七里乡	26607	19347	17	87	7	4	
舒兰市天德乡	21668	29216	18	1088	10	5	
磐石市烟筒山镇	49380	54286	146	6710	55	12	18235
磐石市红旗岭镇	16365	30160	51	4082	28	8	18144
磐石市明城镇	26427	46546	103	7034	50	22	26637
磐石市石嘴镇	24298	21919	58	422	33	5	9310
磐石市驿马镇	20493	12336	15	260	3	2	3533
磐石市牛心镇	24042	23095	29	1245	15	5	1991
磐石市呼兰镇	28884	22684	33	265	19	10	3910
磐石市吉昌镇	35933	33602	11	278	2	2	4219
磐石市松山镇	26866	11497	11	147	4	3	1937
磐石市黑石镇	23329	22226	5	67	1		4467
磐石市朝阳山镇	24613	20260	38	1241	29	3	2539
磐石市富太镇	19361	19343	32	130	18	3	1940
磐石市取柴河镇	28325	11645	25	180	2	2	4304
磐石市宝山乡	24175	24806	41	340	23	2	
四平市铁西区平西乡	15460	50021	47	4150	41	38	
四平市铁东区山门镇	18170	22026	55	1100	35	19	12560
四平市铁东区石岭镇	34000	36891	92	1600	14	1	16569
四平市铁东区叶赫满族镇	26500	24716	35	500	4		4597
四平市铁东区四平经济开发区(特殊乡镇)	5750	13305	358	6324	167	13	13305
四平市铁东区城东乡	4354	11959	170	8500	70	16	
梨树县梨树镇	18296	127693	305	3600	262	5	101070
梨树县郭家店镇	17622	68165	150	1860	74	6	37034
梨树县榆树台镇	18952	40163	71	402	31		8143
梨树县孤家子镇	17276	57004	59	1821	22	3	22248
梨树县小城子镇	18535	40320	28	1826	12	2	7400
梨树县喇嘛甸镇	12319	27385	53	280	2		1200
梨树县蔡家镇	12016	26182	1	87	1	1	2517
梨树县刘家馆子镇	25333	25294	4	36	2		3450
梨树县十家堡镇	21333	33054	175	7240	52	9	2931
梨树县孟家岭镇	16398	16733	201	1800	120	1	3018
梨树县万发镇	20310	38996	9	820	5	2	1780
梨树县东河镇	12754	24519	6	130	2		1228
梨树县沈洋镇	16459	26220	2	132	2		1230
梨树县林海镇	30680	32541	76	600	5		4180
梨树县小宽镇	9662	20023	22	1203	17	2	3052
梨树县白山乡	11200	25041					
梨树县泉眼岭乡	9542	17927	21	351	2		
梨树县胜利乡	12414	22234	3	54	3	1	
梨树县四棵树乡	14458	26560	8	188	3		
梨树县双河乡	11871	25101	7	110			
梨树县金山乡	12400	20895	320	1990			
伊通满族自治县伊通镇	26888	73312	245	3063	40	28	55510
伊通满族自治县二道镇	15435	16082	8	150	3		1463
伊通满族自治县伊丹镇	14994	24175	16	567	3		3015

续表 106 （吉林省） 单位：公顷、人、个

名　　称	行政区域面　　积	常住人口	企业个数	企　　业从业人员	工业企业单　　位	#规模以上	城镇建成区常住人口
伊通满族自治县马鞍镇	14674	24566	13	1200	3	1	1328
伊通满族自治县景台镇	24403	30002	30	160	6		4430
伊通满族自治县靠山镇	14411	24398	23	254	5		3669
伊通满族自治县大孤山镇	21520	36264	34	180	14	3	7169
伊通满族自治县小孤山镇	12690	21650	25	362	2		3114
伊通满族自治县营城子镇	26590	31169	52	1120	4	2	3066
伊通满族自治县西苇镇	12927	11980	7	250			985
伊通满族自治县河源镇	24453	19103	8	385	1		3840
伊通满族自治县黄岭子镇	12664	15046	11	110	4		825
伊通满族自治县新兴乡	6505	12626	6	245	7	3	
伊通满族自治县莫里青乡	9874	13611	5	56	1		
伊通满族自治县三道乡	9684	18606	5	52	2	1	
公主岭市二十家子镇	11453	20077	41	301	24		6300
公主岭市黑林子镇	24656	46315	13	73	2		3446
公主岭市陶家屯镇	11962	28317					1750
公主岭市范家屯镇	17434	92396	442	25373	144	64	67974
公主岭市响水镇	14450	41279	26	900	14	4	2965
公主岭市大岭镇	14737	34637	80	1200	80	10	2130
公主岭市怀德镇	43900	91361	25	3864	20	9	9530
公主岭市双城堡镇	37793	70112	142	1421	45		4810
公主岭市双龙镇	12330	21695	26	305	1	1	2159
公主岭市杨大城子镇	24598	49690	1	10			7125
公主岭市毛城子镇	16499	22174	4	230	4		2388
公主岭市玻璃城子镇	24888	29310					2823
公主岭市朝阳坡镇	12879	27965	71	895	6		2750
公主岭市大榆树镇	11560	22833	4	128	4	2	1036
公主岭市秦家屯镇	19449	51445	134	3009	25	2	8411
公主岭市八屋镇	13761	29652	17	2020	12	1	1925
公主岭市十屋镇	16400	27035	28	252	14		2876
公主岭市桑树台镇	13496	23867	46	264	21		3478
公主岭市龙山乡	14630	14984					
公主岭市永发乡	13580	22134					
双辽市茂林镇	46800	38335	257	1460	8	1	4443
双辽市双山镇	35508	32273	5	112	3	3	4757
双辽市卧虎镇	28744	26315	8	205	7	1	4467
双辽市服先镇	29272	29252	23	420	20	1	3086
双辽市王奔镇	12230	21907					3536
双辽市玻璃山镇	10600	6399	5	85	1		1823
双辽市兴隆镇	15500	12363	2	68			1462
双辽市东明镇	10133	15289	134	677	2	2	2551
双辽市那木乡	21021	19749					
双辽市柳条乡	15800	16600	5	350	5	5	
双辽市新立乡	6600	13921	4	410	4	4	
双辽市永加乡	17000	10620					
龙山区寿山镇	15400	34188	1077	11750	65	15	1553
龙山区县级直管村级单位(特殊镇)	2183	211360	234	11700	75	33	
龙山区工农乡	3400	15692	62	1345	58	9	
辽源市西安区灯塔镇	16425	26972	86	5490	80	9	
辽源市西安区县级直管村级单位(特殊镇)	1575	123510	198	15267	73	29	
东丰县东丰镇	16377	103335	143	17561	111	11	80548

续表 107　　　　　　　　　　　　（吉林省）　　　　　　　　　　　　单位：公顷、人、个

名　　称	行政区域面积	常住人口	企业个数	企业从业人员	工业企业单位	#规模以上	城镇建成区常住人口
东丰县大阳镇	29595	40328	22	446	20	2	3402
东丰县横道河镇	28991	27254	299	3430	267	4	8522
东丰县那丹伯镇	15153	17960	34	840	12	2	2120
东丰县猴石镇	12693	14219	52	274	22		2261
东丰县杨木林镇	13527	15015	27	410	25		3570
东丰县小四平镇	21437	19226	149	3515	60	1	1763
东丰县黄河镇	20477	21970	23	139	15	1	1885
东丰县拉拉河镇	10321	13781	32	780	16	6	1502
东丰县沙河镇	16574	13316	270	1500	32	3	2925
东丰县南屯基镇	16753	24286	416	3483	85	5	577
东丰县大兴镇	10228	10820	8	275	8	2	1117
东丰县三合满族朝鲜族乡	15454	25409	124	7178	78	26	
东丰县二龙山乡	24505	26717	33	326	33	3	
东辽县白泉镇	15036	63562	67	4739	53	26	27516
东辽县渭津镇	19203	30263	45	2145	27	8	7057
东辽县安石镇	20470	25222	27	860	9	5	2772
东辽县辽河源镇	40110	38322	8	936	6	6	3570
东辽县泉太镇	9564	16295	6	133	4	1	3396
东辽县建安镇	17691	27359	33	834	32	2	3060
东辽县安恕镇	20910	26534	85	1928	60	6	2187
东辽县平岗镇	9134	21726	15	787	14	3	10116
东辽县云顶镇	11104	18450	6	647	6	3	2479
东辽县凌云乡	15583	17198	5	495	5	5	
东辽县甲山乡	9110	13054	5	237	5	1	
东辽县足民乡	16500	17248	3	60	3		
东辽县金洲乡	12880	14336	23	189	4		
东昌区金厂镇	17083	14507	131	1380	118	12	11392
东昌区通化经济开发区(特殊乡镇)	1545	7253	280	5163	62	28	7253
东昌区环通乡	8340	12818	74	2780	53	5	
东昌区江东乡	9193	6642	48	732	28	2	
二道江区鸭园镇	16477	18661	56	1360	48	3	3551
二道江区铁厂镇	5400	16872	110	1975	105	1	12916
二道江区五道江镇	4920	20088	121	2981	54	4	15556
二道江区二道江乡	9369	5600	185	2115	81	7	
通化县快大茂镇	25761	15125	465	4960	412	13	4556
通化县二密镇	32268	25910	420	2884	155	17	12500
通化县果松镇	36260	17325	140	6790	45	4	5200
通化县石湖镇	28280	3803	7	172	7	1	2904
通化县大安镇	17580	8379	35	1104	31	9	1315
通化县光华镇	33310	10800	13	286	7	2	4300
通化县兴林镇	25369	4800	3	60	3	1	1977
通化县英额布镇	18515	7933	5	228	4	2	1928
通化县三棵榆树镇	22919	11430	55	482	50	2	3824
通化县西江镇	14260	16965	8	196	8	3	1598
通化县聚鑫经济开发区管理委员会(特殊乡镇)	11800	11026	102	4010	95	41	
通化县富江乡	14290	8637	5	96	5	1	
通化县四棚乡	27530	6346	1	21	1		
通化县东来乡	17422	4913	3	60	1		
通化县大泉源满族朝鲜族乡	33896	21669	20	816	20	1	
通化县金斗朝鲜族满族乡	10509	5782	6	298	3	2	

续表 108　　（吉林省）　　单位：公顷、人、个

名　　称	行政区域面　　积	常住人口	企业个数	企　　业从业人员	工业企业单　　位	#规模以上	城镇建成区常住人口
辉南县朝阳镇	18490	125380	240	29560	73	5	90236
辉南县辉南镇	22229	38869	227	6788	107	4	27682
辉南县样子哨镇	24936	25464	119	4045	60	5	4955
辉南县杉松岗镇	12637	20450	4	515	3	2	12600
辉南县石道河镇	33749	16741	23	936	21	2	3899
辉南县辉发城镇	15819	21610	17	1587	6	3	1805
辉南县抚民镇	34571	19237	45	398	39	2	7371
辉南县金川镇	31191	12604	32	522	11	2	2742
辉南县团林镇	8838	12758	38	542	14	2	2497
辉南县庆阳镇	12176	12775	42	1150	42	5	1042
辉南县楼街朝鲜族乡	11996	22655	66	594	39	2	
柳河县柳河镇	32289	106416	100	2520	68	13	1329
柳河县三源浦朝鲜族镇	38542	18036	20	1401	20	10	7800
柳河县五道沟镇	18619	18834	4	8	4	2	1295
柳河县驼腰岭镇	12834	13550	22	1200	5	5	4476
柳河县孤山子镇	27096	23343	25	460	9	5	1950
柳河县圣水河子镇	22873	23796	12	233	12	1	2660
柳河县罗通山镇	12442	12749	29	253	6	2	2799
柳河县安口镇	25754	18334	10	368	4	3	3902
柳河县向阳镇	26656	16561	4	479	4	4	1419
柳河县红石镇	14279	11026	7	178	1	1	1262
柳河县凉水河子镇	57789	15811	8	80	6	2	6157
柳河县亨通镇	10991	13097	3	50	3	3	2310
柳河县柳南乡	15064	10735	1	6	1	1	
柳河县时家店乡	11093	10510	11	128	4	4	
柳河县姜家店朝鲜族乡	8258	5243	17	150	7	7	
梅河口市山城镇	15060	55340	15	270	10	8	28214
梅河口市红梅镇	9044	44292	41	8730	27	7	39035
梅河口市海龙镇	14596	35843	60	3382	36	16	14909
梅河口市新合镇	14869	20461	11	208	8	3	3260
梅河口市曙光镇	8165	13905	54	1120	25	10	3012
梅河口市中和镇	6475	13261	17	1570	7	4	1662
梅河口市黑山头镇	4583	11587	51	3820	45	13	2365
梅河口市水道镇	8616	10378	26	1297	5	2	815
梅河口市进化镇	9222	10759	15	80	10	4	1889
梅河口市一座营镇	7800	10137	15	232	4	1	1785
梅河口市康大营镇	10197	12877	10	546	8	6	1459
梅河口市牛心顶镇	18333	28770	35	715	16	3	4195
梅河口市杏岭镇	15971	19211	15	170	4	3	1365
梅河口市湾龙镇	11180	19404	16	288	12	8	2500
梅河口市兴华镇	11242	12730	3	243	3	1	1728
梅河口市双兴镇	11556	15260	7	315	6	1	1721
梅河口市李炉乡	6626	12070	12	648	12	7	
梅河口市小杨满族朝鲜族乡	18047	13251	15	543	15	2	
梅河口市吉乐乡	9363	6362	7	332	7	2	
集安市青石镇	30640	6606	11	348	7	1	1013
集安市榆林镇	28452	10357	12	559	12	4	3135
集安市花甸镇	15549	10080	32	478	32	2	3272
集安市头道镇	33102	23823	39	720	39	6	4794
集安市清河镇	50474	21996	79	1411	79	10	8029

续表 109　　　　（吉林省）　　　　单位：公顷、人、个

名　　称	行政区域面　　积	常住人口	企业个数	企　　业从业人员	工业企业单　　位	#规模以上	城镇建成区常住人口
集安市台上镇	42186	13479	31	638	31	1	941
集安市财源镇	17372	14330	20	2268	20	4	2448
集安市大路镇	25363	7823	18	567	11	2	1167
集安市太王镇	37770	24527	135	3861	97	12	7053
集安市麻线乡	29299	9014	36	862	33	5	
集安市凉水朝鲜族乡	17336	5525	5	80	2	1	
浑江区七道江镇	26024	22560	122	2500	80	9	5362
浑江区六道江镇	15487	20819	76	8000	25	13	4150
浑江区红土崖镇	34800	13122	30	155	5	1	3151
浑江区三道沟镇	40716	3498	7	412	5	2	1080
江源区湾沟镇	30300	30948	64	3000	61	3	10331
江源区松树镇	20800	20134	228	5943	71	7	10670
江源区砟子镇	3570	20339	13	1524	8	4	6535
江源区石人镇	20130	31424	89	2670	56	15	16617
江源区大阳岔镇	18100	2466	20	970	17	3	1447
江源区大石人镇	6700	9693	6	238	5	2	2118
抚松县抚松镇	16063	61178	1092	8880	23	21	57758
抚松县松江河镇	18981	70542	1104	14242	54	14	66671
抚松县泉阳镇	58988	35893	320	10934	23	10	32675
抚松县露水河镇	85558	28592	264	6268	27	19	23431
抚松县仙人桥镇	34178	10944	13	865	13	2	10944
抚松县万良镇	21255	20243	425	3091	36	14	12281
抚松县新屯子镇	13943	4776	44	495	4	2	2855
抚松县东岗镇	102943	15916	274	5501	19	1	10860
抚松县漫江镇	129935	2994	21	182	2		1999
抚松县北岗镇	39806	10864	116	1263	13	2	8660
抚松县兴参镇	23791	10377	46	250	6	2	5974
抚松县长白山保护开发区管委会池西区(特殊乡镇)	73900	16870	196	3842	15		
抚松县长白山保护开发区管委会池南区(特殊乡镇)	24000	1286	1	120			
抚松县兴隆乡	17081	8509	101	1108	6	2	
抚松县抽水乡	13678	4405	33	170	2	1	
抚松县沿江乡	39729	3227	39	620	4	1	
靖宇县靖宇镇	16580	61227	59	435	25	20	53543
靖宇县三道湖镇	54500	14112	67	518	28	2	1171
靖宇县龙泉镇	18140	7888	13	361	7		1671
靖宇县那尔轰镇	39230	8009	12	65	4		2334
靖宇县花园口镇	52380	11970	13	361	13	3	971
靖宇县景山镇	54360	8319	109	1107	13	2	4206
靖宇县赤松镇	27550	7312	4	25	3		2110
靖宇县蒙江乡	46700	8775					
长白朝鲜族自治县长白镇	2512	31539	58	2135	45	9	27688
长白朝鲜族自治县八道沟镇	11002	7140	13	662	13	9	5240
长白朝鲜族自治县十四道沟镇	30496	3413	1	45	1		2240
长白朝鲜族自治县马鹿沟镇	94320	8351	56	930	56	9	3098
长白朝鲜族自治县宝泉山镇	4833	5265	3	139	3	1	1273
长白朝鲜族自治县新房子镇	56880	2800	5	197	5	4	1741
长白朝鲜族自治县十二道沟镇	30207	5335	13	126	13		3087
长白朝鲜族自治县金华乡	9400	1233	5	155	3		
临江市桦树镇	74651	15329	85	2736	13	2	8876
临江市六道沟镇	53521	17416	148	4638	37	14	4091

续表 110　　　　（吉林省）　　　　单位：公顷、人、个

名　　称	行政区域面积	常住人口	企业个数	企业从业人员	工业企业单位	#规模以上	城镇建成区常住人口
临江市苇沙河镇	25665	4229	74	1771	7	2	1523
临江市花山镇	23081	5910	58	412	30	5	2675
临江市闹枝镇	25313	4513	68	1109	11	1	1264
临江市四道沟镇	28997	7079	5	521	5	2	906
临江市蚂蚁河乡	50022	5583	65	1135	2		
宁江区大洼镇	40360	45033	10	736	8	3	5232
宁江区善友镇	14946	20365	3	141	1	1	3350
宁江区毛都站镇	14230	21046	11	950	9	3	6345
宁江区哈达山镇	30593	28204					2141
宁江区新城乡	14458	33586	58	8221	58	58	
宁江区伯都乡	23324	24538	13	183	3	1	
前郭尔罗斯蒙古族自治县前郭尔罗斯镇	3935	109641	789	123212	59	3	109641
前郭尔罗斯蒙古族自治县长山镇	18106	37718	224	7555	87	4	33690
前郭尔罗斯蒙古族自治县海渤日戈镇	52526	17407	3	22			8643
前郭尔罗斯蒙古族自治县乌兰图嘎镇	39000	20889	215	2865	126	7	5419
前郭尔罗斯蒙古族自治县查干花镇	44740	16346	2	38	1	1	5879
前郭尔罗斯蒙古族自治县王府站镇	31800	22549	320	1960	10	5	8790
前郭尔罗斯蒙古族自治县八郎镇	22228	24412	18	165	7	7	2157
前郭尔罗斯蒙古族自治县哈拉毛都镇	13988	15743	77	1025	16	1	2577
前郭尔罗斯蒙古族自治县查干湖镇	43654	23148	19	350	12	7	342
前郭尔罗斯蒙古族自治县宝甸乡	15832	10675	1	6	1		
前郭尔罗斯蒙古族自治县平凤乡	67000	24717	74	2035	6	5	
前郭尔罗斯蒙古族自治县达里巴乡	10995	10478	14	136	14	7	
前郭尔罗斯蒙古族自治县吉拉吐乡	9856	16136	6	258	6	4	
前郭尔罗斯蒙古族自治县白依拉嘎乡	16150	18953	30	1765	18	8	
前郭尔罗斯蒙古族自治县洪泉乡	23329	15452	5	120	2		
前郭尔罗斯蒙古族自治县额如乡	18304	14557	16	300	3		
前郭尔罗斯蒙古族自治县套浩太乡	15486	12084	64	2500	15	5	
前郭尔罗斯蒙古族自治县长龙乡	25198	16037	8	185	8	1	
前郭尔罗斯蒙古族自治县乌兰塔拉乡	30000	16179	4	3808	3	3	
前郭尔罗斯蒙古族自治县东三家子乡	25000	10362	2	13			
前郭尔罗斯蒙古族自治县浩特芒哈乡	22110	13713	65	350	4		
前郭尔罗斯蒙古族自治县乌兰敖都乡	29248	8033	7	456	4		
前郭尔罗斯蒙古族自治县吉林前郭经济开发区(特殊乡镇)	2204	8158	217	14607	140	38	
长岭县长岭镇	45466	90980	834	26200	98	12	57700
长岭县太平川镇	28626	34449	140	7600	57	21	28905
长岭县巨宝镇	19931	36580	16	785	2	1	3520
长岭县太平山镇	17516	23862	13	336	2		5048
长岭县前七号镇	35004	33943	14	864	13	2	2580
长岭县新安镇	34810	41200	6	120	5	1	6340
长岭县三青山镇	22306	33736	52	1238	5	3	4186
长岭县大兴镇	44306	32019	25	160	3	2	1996
长岭县北正镇	40732	16986	6	213	5	1	3567
长岭县流水镇	21862	32202	7	210			2100
长岭县永久镇	11957	19280	68	352	19	3	2120
长岭县利发盛镇	12891	15008	8	169	8	1	1926
长岭县太平川农业园区(特殊乡镇)	15667	7285					1277
长岭县双龙工业园区(特殊乡镇)	5839	2220	7	176	3	3	356
长岭县长岭经济开发区(特殊乡镇)	5290	9612	166	856	49	46	1159
长岭县集体乡	11698	17866	28	1621	8	7	

续表 111　　(吉林省)　　单位：公顷、人、个

名　　称	行政区域面　　积	常住人口	企业个数	企　　业从业人员	工业企业单　　位	#规模以上	城镇建成区常住人口
长岭县光明乡	17156	17974					
长岭县三县堡乡	14567	20794	12	358			
长岭县海青乡	10298	12720	18	460			
长岭县前进乡	12802	18546	9	86			
长岭县东岭乡	12709	13535	12	356	12		
长岭县腰坨子乡	22149	17066	21	135			
长岭县八十八乡	27980	11602	19	247	3	3	
长岭县三团乡	35220	16170					
长岭县三十号乡	22362	12368					
乾安县乾安镇	14934	117980	780	28680	33	33	80991
乾安县大布苏镇	39943	26756	51	1175	20	9	3970
乾安县水字镇	27026	12923	20	650	19	19	1577
乾安县让字镇	30742	17066	11	325	7	4	3392
乾安县所字镇	45551	20411	4	630	3	3	1652
乾安县安字镇	40873	19813	4	447	3	3	1950
乾安县余字乡	38948	18091	5	124	1		
乾安县道字乡	34168	12282	2	43	2	2	
乾安县严字乡	27354	13577	7	768	7	7	
乾安县赞字乡	23807	15069	20	1318	13	10	
吉林松原经济开发区兴原乡	5004	31421	435	5000	120	35	
扶余市三岔河镇	18045	33932	66	2082	16	3	2217
扶余市长春岭镇	25080	45484	65	713	7		9580
扶余市五家站镇	23260	36552	20	201	8		19580
扶余市陶赖昭镇	29643	40641	48	4659	19	13	5945
扶余市蔡家沟镇	19800	34904	45	3170	26	7	5241
扶余市弓棚子镇	26927	38602	62	8780	41	21	4820
扶余市三井子镇	38400	39881	58	1334	12	3	8275
扶余市增盛镇	34500	34843	24	457	4	2	4650
扶余市新万发镇	26000	32411	20	367	6		3091
扶余市大林子镇	18200	18359	26	249	7	1	3476
扶余市新源镇	8200	15153	18	180	8		1840
扶余市得胜镇	31572	38900	32	368	1		2380
扶余市三骏满族蒙古族锡伯族乡	29642	40105	35	989	3	1	
扶余市永平乡	22911	24547	29	672	5		
扶余市新站乡	21300	22460	11	280	4	1	
扶余市更新乡	17700	22730	15	151	3		
扶余市肖家乡	24240	40258	40	684	17	1	
洮北区平安镇	11147	20267	3	57	3	1	3535
洮北区青山镇	16300	12183	1	30	1		770
洮北区林海镇	9670	8849			6		1325
洮北区洮河镇	13868	15050	10	369	1		1344
洮北区平台镇	17330	16722	3	255	3	2	4215
洮北区到保镇	21379	12880	5	100	4		2066
洮北区岭下镇(省级)	25527	22035	82	1222	12		8954
洮北区东风乡	9300	33062	5	200	5		
洮北区三合乡	8750	10695			4		
洮北区东胜乡	16450	19562			2		
洮北区金祥乡	12591	14329	8	123	3		
洮北区德顺蒙古族乡	38800	19497	2	30	2	1	
镇赉县镇赉镇	35660	103623	480	7864	104	33	83871

续表 112　　（吉林省）　　单位：公顷、人、个

名　称	行政区域面积	常住人口	企业个数	企业从业人员	工业企业单位	#规模以上	城镇建成区常住人口
镇赉县坦途镇	32000	29383	46	437	28	1	10037
镇赉县东屏镇	38304	10645	12	127	3		2695
镇赉县大屯镇	39000	21422	15	156	9	1	6415
镇赉县沿江镇	35000	7218	2	46	2	1	1697
镇赉县五棵树镇	28112	13972	14	64	11	1	2123
镇赉县黑鱼泡镇	58400	17198	7	92	4	3	364
镇赉县哈吐气蒙古族乡	15580	4342	2	36			
镇赉县莫莫格蒙古族乡	52700	11184	20	230	12	2	
镇赉县建平乡	61267	22458	4	91	4	2	
镇赉县嘎什根乡	27787	19421	38	602	24	4	
通榆县开通镇	52908	103154	186	950	4		61405
通榆县瞻榆镇	67400	29701	2	28			9901
通榆县双岗镇	32100	8830	1	6	1		575
通榆县兴隆山镇	70520	18042	6	55	5		3620
通榆县边昭镇	35000	13965	1	57	1		2900
通榆县鸿兴镇	35172	12001	7	40			2310
通榆县新华镇	56296	23121					4020
通榆县乌兰花镇	53296	18001					4600
通榆县新发乡	38000	9010					
通榆县新兴乡	19880	9040					
通榆县向海蒙古族乡	117457	23510	1	75	1		
通榆县包拉温都蒙古族乡	15670	4471					
通榆县团结乡	58426	14300					
通榆县十花道乡	44534	11521	1	10	1		
通榆县八面乡	41899	14255					
通榆县苏公坨乡	30664	10939					
洮南市瓦房镇	24700	20364	105	720	4		3268
洮南市万宝镇	23400	27066	14	68	1		13740
洮南市黑水镇	32860	16898	14	76	4	1	4851
洮南市那金镇	26003	17912	12	95	3		1783
洮南市安定镇	46372	18560	10	58	1		1635
洮南市福顺镇	28500	30202	14	98	1	1	5456
洮南市胡力吐蒙古族乡	14608	8610	3	22			
洮南市万宝乡	9300	8328	2	78	2		
洮南市聚宝乡	26600	9159	2	18			
洮南市东升乡	18304	11653	4	21	1		
洮南市野马乡	18002	9652	2	23			
洮南市永茂乡	29256	14513	14	92			
洮南市蛟流河乡	28000	16503	7	38			
洮南市大通乡	36400	14211	8	76	2		
洮南市二龙乡	33000	14191	22	285	1	1	
洮南市呼和车力蒙古族乡	26281	7662	2	16			
大安市月亮泡镇	20586	12733					3389
大安市安广镇	15420	44643	32	980	8	8	31689
大安市丰收镇	13282	7604					820
大安市新平安镇	35600	10560					1740
大安市两家子镇	39367	17842	14	1860	11	5	1624
大安市舍力镇	41298	27624	25	620	2	2	7315
大安市大岗子镇	36066	6824	1	152	1	1	1243
大安市叉干镇	32400	9827			1		1983

续表 113　　　　(吉林省)　　　　单位：公顷、人、个

名　　称	行政区域面　积	常住人口	企业个数	企　业从业人员	工业企业单　位	#规模以上	城镇建成区常住人口
大安市龙沼镇	38700	13733	4	50			1876
大安市太山镇	19954	19058	2	20	2	1	746
大安市四棵树乡	20500	15990	3	156	2		
大安市联合乡	14909	13087					
大安市大赉乡	7752	8587					
大安市红岗子乡	11281	7424			1		
大安市海坨乡	44748	9530	12	141	12		
大安市新艾里蒙古族乡	8824	3720					
大安市烧锅镇乡	25758	13258					
大安市乐胜乡	34592	18588					
延吉市小营镇	15553	22448	319	2202	312	6	1908
延吉市依兰镇	61500	23234	446	3329	21	10	2290
延吉市三道湾镇	55960	5983	34	503	3	2	1468
延吉市朝阳川镇	37687	44540	335	6725	35	15	24107
图们市月晴镇	23865	2339	24	1000	5	3	167
图们市石岘镇	25797	10985	123	5027	21	12	5035
图们市长安镇	26509	5688	27	1125	8	2	1670
图们市凉水镇	37074	3723	24	1100	10	5	3256
敦化市大石头镇	32592	42346	72	1227	62	9	37174
敦化市黄泥河镇	16106	36225	137	2200	27	7	12600
敦化市官地镇	40720	31967	352	1970	19	2	11860
敦化市沙河沿镇	21290	15618	18	601	17		2502
敦化市秋梨沟镇	9684	5706	13	285	5	2	3346
敦化市额穆镇	16911	9679	4	207	2	1	2426
敦化市贤儒镇	17250	11843	667	1685	5		2911
敦化市大蒲柴河镇	7440	10087	3	164	3	1	3504
敦化市雁鸣湖镇	15447	9089	210	1200	3	2	3055
敦化市江源镇	11501	7602	7	412	7	1	2024
敦化市江南镇	33377	28938	1941	9992	351	6	673
敦化市大桥乡	13103	7257	16	384	11	2	
敦化市黑石乡	19142	10502	126	784	6		
敦化市青沟子乡	8100	4410					
敦化市翰章乡	16321	9058	488	2441	9	3	
敦化市红石乡	10861	4824	9	340	9		
珲春市春化镇	208200	4894					1422
珲春市敬信镇	34246	2621	2	12			641
珲春市板石镇	13392	5926	48	1193	38	1	1482
珲春市英安镇	65635	26985	81	1147	79	19	366
珲春市马川子乡	8300	2798	25	182	8	8	
珲春市杨泡满族乡	22675	2461	14	256	3	1	
珲春市三家子满族乡	5962	6471	7	152	2	2	
珲春市密江乡	40900	596	7	156	2	1	
珲春市哈达门乡	110000	6272	7	235	5	2	
龙井市开山屯镇	19975	10460	23	240	20		9885
龙井市老头沟镇	58195	26920	16	211	12	4	4860
龙井市三合镇	32489	1575	1	35	1		705
龙井市东盛涌镇	24728	5232	95	576	10	1	1232
龙井市智新镇	36636	9454	9	50	9	4	1100
龙井市德新乡	12039	3773	1	78	1	1	
龙井市白金乡	31910	1088					

续表 114　　（吉林省、黑龙江省）　　单位：公顷、人、个

名　称	行政区域面积	常住人口	企业个数	企业从业人员	工业企业单位	#规模以上	城镇建成区常住人口
和龙市八家子镇	7405	4396	74	475	11	2	1453
和龙市福洞镇	19234	4681	87	761	3	2	3520
和龙市头道镇	51430	9232	135	1810	33	2	3024
和龙市西城镇	109576	6736	45	375	13	3	3300
和龙市南坪镇	68891	1668	52	376	4	2	483
和龙市东城镇	14899	3447	39	283	5	1	145
和龙市崇善镇	61618	949	24	167	2		385
和龙市龙城镇	172611	12567	129	1336	23	1	4014
汪清县汪清镇	25861	10103	80	2900	42	34	8736
汪清县大兴沟镇	90915	11193	19	1182	9	6	1390
汪清县天桥岭镇	135490	9110	19	964	12	3	2360
汪清县罗子沟镇	149073	18137	88	1440	3	1	5174
汪清县百草沟镇	58402	10421	95	502	3	2	3882
汪清县春阳镇	92902	9435	9	71	3	1	6098
汪清县复兴镇	132073	5367	1	6			1482
汪清县东光镇	125599	10614	91	1020	20	3	1150
汪清县鸡冠乡	81824	5921	1	8			
安图县明月镇	89498	10452	2	158	2	2	10452
安图县松江镇	137866	29632	30	306	22	2	14760
安图县二道白河镇	60946	3617	21	632	17	7	3617
安图县两江镇	42906	13094	17	230	16	2	4730
安图县石门镇	32229	6636	12	110	8	1	2542
安图县万宝镇	75783	7923	11	117	9	1	3824
安图县亮兵镇	33170	6562	9	120	9	2	2654
安图县长白山保护开发区管委会池北区(特殊乡镇)	137749	47500	444	5600	58	5	
安图县新合乡	87687	5665	3	150	3	3	
安图县永庆乡	46585	8199	7	95	7		
黑龙江省							
道里区太平镇	16200	33000	108	463	12	1	6068
道里区新发镇	11200	41803	600	3920	265	9	39362
道里区新农镇	10400	23629	74	380	70	10	3670
道里区榆树镇	5530	20907	187	940	157	8	2150
南岗区王岗镇	5701	40110	263	7700	137	7	20000
南岗区红旗满族乡	5605	19600	215	2000	68	7	
道外区永源镇	16013	38563	66	625	35	4	38563
道外区巨源镇	21000	23550	13	175			23550
道外区团结镇	7670	27169	190	2100	184		27169
道外区民主镇	13200	26169	132	2348	89	3	26169
平房区平房镇	2275	12334	265	7083	155	14	4506
松北区对青山镇	19039	28726	60	1892	18	3	8453
松北区乐业镇	19600	30478	133	2697	26		1453
香坊区成高子镇	6720	36138	112	1753	101	7	18479
香坊区幸福镇	6750	28999	600	10000	450	20	1890
香坊区朝阳镇	5400	21081	612	24370	556	11	21081
香坊区向阳镇	6950	16639	182	2300	90	5	16639
呼兰区二八镇	11700	16239	45	255	40		3450
呼兰区石人镇	12691	19078	2	15	1		1593
呼兰区白奎镇	13200	19854					
呼兰区方台镇	15343	21387	30	324	27		2420
呼兰区莲花镇	13900	16777	211	1100	199		1524

续表 115　　　　（黑龙江省）　　　　单位：公顷、人、个

名　称	行政区域面积	常住人口	企业个数	企业从业人员	工业企业单位		城镇建成区常住人口
						#规模以上	
呼兰区大用镇	10698	16810	97	460	88		2300
呼兰区利业镇	7952	40862	43	2150	15	3	40862
呼兰区杨林乡	17000	20465	129	1425	118		
呼兰区许卜乡	17900	19028	113	1210	102		
呼兰区孟家乡	17333	28284	50	500	18	1	
阿城区蜚克图镇	12667	16306	22	155	2		2099
阿城区平山镇	18800	21996	121	1028	48	2	14487
阿城区松峰山镇	36468	10334	52	650	49	1	1676
阿城区红星镇	15148	10955	22	296	10		1080
阿城区金龙山镇	20043	11640	50	450	35		2535
阿城区杨树镇	13333	21377	30	2000	11	1	465
阿城区料甸镇	19200	34657	46	236	21	1	2310
双城区五家街道办事处	11365	32098	150	800	19		
双城区周家街道办事处	10174	34510	1085	9180	307	9	
双城区韩甸镇	17670	37705	159	1080	53		6071
双城区单城镇	11800	20465	133	1013	133		20465
双城区东官镇	10036	20648	136	904	18	5	20648
双城区农丰满族锡伯族镇	13035	18779	89	1840	80		3164
双城区杏山镇	15438	28115	216	1081	14	3	28115
双城区西官镇	15600	31490	60	426	10		2980
双城区朝阳乡	16319	38145	113	1540	15		
双城区金城乡	137	21581	42	330	22	2	
双城区青岭满族乡	10200	14253	99	560	96	1	
双城区联兴满族乡	8724	23420	8	1000			
双城区永胜乡	11650	16885	29	380			
双城区临江乡	14882	16125	41	498	23		
双城区水泉乡	12000	21638	85	675	43		
双城区乐群满族乡	8825	15179	85	490	65		
双城区万隆乡	19364	29735	206	1440	177		
双城区希勤满族乡	11262	20944	428	3270	145	1	
双城区同心满族乡	9530	19085	103	685	25	8	
依兰县依兰镇	10506	93920	111	3910	110	3	63515
依兰县达连河镇	63767	56018	1261	8166	65	5	19854
依兰县江湾镇	57501	29347	321	1892	12		2535
依兰县三道岗镇	60100	34587	303	1544	8	2	2043
依兰县道台桥镇	43066	38485	781	4686	85		2358
依兰县宏克利镇	39000	19864	25	725	10		1008
依兰县团山子乡	36776	26012	28	1250	28	1	
依兰县愚公乡	50377	32367	89	1053	9		
依兰县迎兰朝鲜族乡	100800	19872	29	718	29		
方正县方正镇	4885	47998	531	3618	80	9	40313
方正县会发镇	46849	24462	113	1665	40	4	3314
方正县大罗密镇	11251	9889	89	594	41	2	4230
方正县得莫利镇	19493	8920	49	500	24	4	3200
方正县天门乡	35699	20233	53	768	15	5	
方正县松南乡	12489	11829	32	1580	14	2	
方正县德善乡	36927	12225	124	1332	26	6	
方正县宝兴乡	17556	14986	29	398	29	6	
宾县宾州镇	33907	148005	817	15889	90	14	112764
宾县居仁镇	12964	19134	28	170	15	1	19134

续表 116　　(黑龙江省)　　单位：公顷、人、个

名　　称	行政区域面　积	常住人口	企业个数	企　业从业人员	工业企业单　位	#规模以上	城镇建成区常住人口
宾县宾西镇	20784	69020	221	2530	186	59	56350
宾县糖坊镇	21158	29196	9	593	9		4569
宾县宾安镇	15716	32858	9	210	7		7130
宾县新甸镇	20461	22335	44	425	3		6255
宾县胜利镇	34460	26794	2	118			7476
宾县宁远镇	45035	39800	6	60			3600
宾县摆渡镇	25836	11866	4	17	1		2045
宾县平坊镇	23587	27922	1	97	1	1	2149
宾县满井镇	17672	18333	15	76	5		1601
宾县常安镇	24853	27366	1	96	1	1	3725
宾县永和乡	8586	12450					
宾县鸟河乡	17603	21851					
宾县民和乡	15877	34176	10	51	5		
宾县经建乡	13587	20006					
宾县三宝乡	31434	24085	7	50	7	2	
巴彦县巴彦镇	12440	103710	71	1680	51	11	69697
巴彦县兴隆镇	19745	85290	314	18940	67	9	69690
巴彦县西集镇	15412	32202	48	336	27	2	9300
巴彦县洼兴镇	21037	30081	4	211	4	1	9200
巴彦县龙泉镇	14914	21127	9	58	2		4600
巴彦县巴彦港镇	10426	18921	9	180	9		1781
巴彦县龙庙镇	20439	22570	4	238	3	1	2300
巴彦县万发镇	14758	26355	7	42	7		8162
巴彦县天增镇	23037	41224	4	40	2		2200
巴彦县黑山镇	28514	19120	6	186	1		1500
巴彦县松花江乡	18475	26851	13	85	8	3	
巴彦县富江乡	12620	17995	10	68	8	1	
巴彦县华山乡	14887	20479	8	275	8	1	
巴彦县丰乐乡	18880	31775	30	246	10		
巴彦县德祥乡	20429	40882	8	48	3		
巴彦县红光乡	18623	43575	46	860	8	1	
巴彦县山后乡	15348	30655	3	23	2		
巴彦县镇东乡	12418	15794	5	30	1		
木兰县木兰镇	13188	13199	708	21366	123	15	13199
木兰县东兴镇	55146	29244	112	3387	34	1	29244
木兰县大贵镇	39352	18231	95	2911	17	1	
木兰县利东镇	13019	10572	59	1077	9		
木兰县柳河镇	37950	24534	109	2433	24	3	
木兰县新民镇	21188	23456	81	1730	16	3	23456
木兰县建国乡	28062	13142	64	1940	14	1	
木兰县吉兴乡	17019	15099	60	1409	11	1	
通河县通河镇	20275	60144	209	1892	155	15	45318
通河县乌鸦泡镇	10566	14699	59	1708	40	3	3282
通河县清河镇	20565	14401	164	3363	144	1	3182
通河县浓河镇	26964	20906	134	2198	128	4	5624
通河县凤山镇	24007	10921	78	2108	56		455
通河县祥顺镇	46402	20363	112	2441	105	4	1525
通河县三站乡	19735	10049	53	1126	47	2	
通河县富林乡	23581	15101	178	1689	104	1	
延寿县延寿镇	36300	80566	87	3788	65	22	59991

续表 117　（黑龙江省）　单位：公顷、人、个

名　称	行政区域面积	常住人口	企业个数	企业从业人员	工业企业单位	#规模以上	城镇建成区常住人口
延寿县六团镇	45000	19534	18	130	11	2	
延寿县中和镇	13000	12390	86	2700	15	2	8151
延寿县加信镇	15000	16231	93	1170	19	8	3945
延寿县延河镇	23000	15820	12	136	6	2	
延寿县安山乡	25000	17451	40	380	13		
延寿县寿山乡	39500	12055	12	82	4		
延寿县玉河乡	49000	18679	11	88	6		
延寿县青川乡	36000	14169	22	165	3		
尚志市尚志镇	16743	131544	1228	6750	418	37	110910
尚志市一面坡镇	21163	26083	71	3633	29	6	26083
尚志市苇河镇	39888	41737	305	4580	87	16	15357
尚志市亚布力镇	31325	39039	255	3623	192	12	17612
尚志市帽儿山镇	64315	32739	460	2305	70	5	16542
尚志市亮河镇	16420	15802	24	267	7	1	12602
尚志市庆阳镇	15236	16500	25	315	25	5	3690
尚志市石头河子镇	11009	10420	8	320	1	1	10128
尚志市元宝镇	45780	21140	175	1800	150	9	5945
尚志市黑龙宫镇	42155	14342	38	402	12	4	4650
尚志市长寿乡	36147	25212	45	385	14	5	
尚志市乌吉密乡	50676	22026	138	691	25	2	
尚志市鱼池乡	8928	6250	46	200	11	4	
尚志市珍珠山乡	4526	13255	15	468	14	4	
尚志市老街基乡	48272	19064	148	1219	24	2	
尚志市马延乡	23400	15812	29	365	6	1	
尚志市河东乡	12196	7861	60	750	17	4	
五常市五常镇	8700	216131	746	18624	280	73	211350
五常市拉林满族镇	14774	41210	93	1500	28	6	22826
五常市山河镇	16010	43747	244	2991	54	6	12198
五常市小山子镇	55748	34011	687	4132	35	9	13935
五常市安家镇	11300	20373	588	3124	59	13	4197
五常市牛家满族镇	18887	29330	184	7652	127	38	7735
五常市杜家镇	14993	23042	87	870	42	14	5411
五常市背荫河镇	13099	17927	643	4200	24	5	7960
五常市冲河镇	84658	21052	30	182	10	2	7140
五常市沙河子镇	22332	29008	37	347	24	3	7450
五常市向阳镇	36332	30185	83	2000	39	8	7408
五常市龙凤山镇	43295	32474	142	715	47	7	7870
五常市兴盛乡	17600	21462	32	256	18	3	
五常市志广乡	25600	21996	17	95	13	3	
五常市卫国乡	9895	13522	290	1500	22	7	
五常市常堡乡	12340	14171	391	1980	23	4	
五常市民意乡	18663	20337	191	1126	13	3	
五常市红旗满族乡	20900	32805	261	1500	6		
五常市八家子乡	22450	22853	25	150	2		
五常市民乐朝鲜族乡	3808	7764	91	890	30	10	
五常市营城子满族乡	11200	21969	251	1500	11	3	
五常市长山乡	20400	37251	19	214	12	3	
五常市兴隆乡	20800	29853	483	2898	8	2	
五常市二河乡	31710	15966	39	199	10	2	
建华区镇直辖地域	5216	10598	118	4703	95	21	10598

续表 118　　（黑龙江省）　　单位：公顷、人、个

名　　称	行政区域面积	常住人口	企业个数	企业从业人员	工业企业单位	#规模以上	城镇建成区常住人口
铁锋区扎龙镇	56460	25676	187	1892	151	11	3558
昂昂溪区水师营满族镇	19900	10146	16	212			3762
昂昂溪区榆树屯镇	49900	27361	102	1311	44	4	10317
富拉尔基区长青乡	16300	25885	12	78			
富拉尔基区杜尔门沁达斡尔族乡	10000	11627	3	40	3		
梅里斯达斡尔族区雅尔塞镇	18100	17978	23	1500	8	6	4025
梅里斯达斡尔族区卧牛吐达斡尔族镇	47300	10922	6	87			565
梅里斯达斡尔族区达呼店镇	53800	31508	1	21	1	1	3052
梅里斯达斡尔族区共和镇	19600	18793	13	412	1		2265
梅里斯达斡尔族区梅里斯镇	42500	38707	40	1100	5	1	281
梅里斯达斡尔族区莽格吐达斡尔族乡	26500	7810	16	6			
龙江县龙江镇	28987	160481	812	5920	177	9	133481
龙江县景星镇	56025	51636	300	1650	11	2	9320
龙江县龙兴镇	62569	35970	8	155	5		6430
龙江县山泉镇	70635	40282	87	515	5		2311
龙江县七棵树镇	47998	31674	74	382			2420
龙江县杏山镇	67495	31004	56	288	9	1	2746
龙江县白山镇	27454	25572	61	324	7	2	1958
龙江县头站镇	39093	22872	36	205	3	1	1687
龙江县黑岗乡	25168	17866	86	653	2	1	
龙江县广厚乡	26260	15198	142	720	6	2	
龙江县华民乡	29011	23671	160	860	8		
龙江县哈拉海乡	52378	16850	13	125	1	1	
龙江县鲁河乡	23656	18461	159	1108	55	1	
龙江县济沁河乡	32029	17000	42	218	1		
依安县依安镇	3541	61178					59332
依安县依龙镇	56313	29436	42	220	4		3584
依安县双阳镇	17967	12815	74	786			5985
依安县三兴镇	22484	13456	63	197	20		3589
依安县中心镇	35520	22466	620	3300	15		3720
依安县新兴镇	47706	24537	130	690	11		3490
依安县富饶乡	31121	14291	37	210	1		
依安县解放乡	13397	12073	20	86	4		
依安县阳春乡	15366	12856	42	240	6		
依安县新发乡	21209	10348	12	343	5		
依安县太东乡	17215	9826	125	625	21		
依安县上游乡	16767	10368	4	50	2	2	
依安县红星乡	15407	13419	7	213			
依安县先锋乡	20882	9454	5	27			
依安县新屯乡	19385	12900	3	22	1		
泰来县泰来镇	25299	74613	4586	22935	15	5	61609
泰来县平洋镇	22000	15719	10	76	2		3787
泰来县汤池镇	41301	16590	41	653	8		3642
泰来县江桥镇	26486	19500	34	175	9	1	6015
泰来县塔子城镇	13194	15770	3	125	3		4841
泰来县大兴镇	66845	31207	10	103	5	1	4797
泰来县和平镇	48866	31787	93	614	11		3318
泰来县克利镇	37899	41258	23	290	23	5	2276
泰来县胜利蒙古族乡	31021	14168	2	34	2		
泰来县宁姜蒙古族乡	41344	14498	6	58	2		

续表 119　　　　（黑龙江省）　　　　单位：公顷、人、个

名　　称	行政区域面　积	常住人口	企业个数	企　业从业人员	工业企业单　位	#规模以上	城镇建成区常住人口
甘南县甘南镇	41760	100968	183	1232	49	11	71562
甘南县兴十四镇	26000	20999	21	1800	15	4	11600
甘南县平阳镇	11840	13435	9	65	4	2	4687
甘南县东阳镇	34960	21629	44	401	6		2530
甘南县巨宝镇	38040	18950	45	235	1	1	5691
甘南县长山乡	39730	21897	1	6	1		
甘南县中兴乡	49290	26596					
甘南县兴隆乡	31530	18711	42	220	8	1	
甘南县宝山乡	62920	36420	11	60	4		
甘南县查哈阳乡	19870	16043	5	38	1		
富裕县富裕镇	6697	81275	113	8900	78	14	74493
富裕县富路镇	52141	19126	14	186	7		6590
富裕县富海镇	24067	10601	37	190	10		1300
富裕县二道湾镇	26667	14800	3	410			620
富裕县龙安桥镇	20980	11818	1	50	1		2987
富裕县塔哈镇	47485	17657	29	258	12	5	3218
富裕县繁荣乡	29300	13192	16	210	5		
富裕县绍文乡	23733	12260	33	200	3		
富裕县忠厚乡	16700	6021	1	30	1	1	
富裕县友谊乡	66777	23071	6	50	6		
克山县克山镇	2415	68598	242	2103	45	15	451
克山县北兴镇	20740	16020	32	285	21		4587
克山县西城镇	18875	16810	29	420	23		2632
克山县古城镇	21165	15044	28	717	24	1	4245
克山县北联镇	22572	11523	32	342	21		1702
克山县西河镇	20860	13975	19	203	14		1612
克山县双河镇	28224	21902	26	663	13	1	1819
克山县河南乡	21082	20725	25	186	20		
克山县河北乡	29429	14799	25	577	18		
克山县古北乡	15945	10330	16	263	10		
克山县西联乡	16679	8417	21	259	9		
克山县发展乡	15790	13095	24	204	10		
克山县西建乡	16711	12277	23	489	19		
克山县向华乡	38131	19096	25	231	13	1	
克山县曙光乡	17488	15797	21	205	10		
克东县克东镇	6667	74492	79	18610	65	11	69474
克东县宝泉镇	35700	25165	25	500	25	2	8255
克东县乾丰镇	19436	10681	2	70	2		1200
克东县玉岗镇	57000	15779	5	70			1200
克东县蒲峪路镇	18900	10983	1	10			180
克东县润津乡	32500	10047					
克东县昌盛乡	23400	11631					
拜泉县拜泉镇	15500	108161	280	6000	45	12	80116
拜泉县三道镇	34100	30493	14	85	1		2136
拜泉县兴农镇	30700	27366	4	38	3	1	1933
拜泉县长春镇	27200	30048	3	19	1		3106
拜泉县龙泉镇	26300	25737	4	35	2		3435
拜泉县国富镇	22800	17456	5	95	3		1050
拜泉县富强镇	20100	17830	5	105	3		3087
拜泉县新生乡	23100	22407	3	18			

续表 120 （黑龙江省） 单位：公顷、人、个

名　　称	行政区域面　　积	常住人口	企业个数	企　　业从业人员	工业企业单　　位	#规模以上	城镇建成区常住人口
拜泉县兴国乡	17300	13710	1	10			
拜泉县上升乡	20200	14295	2	12	1		
拜泉县兴华乡	19100	15977	4	40	1		
拜泉县大众乡	18400	18615	1	9			
拜泉县丰产乡	31000	27709	3	49	1		
拜泉县永勤乡	16500	13263	3	81	1	1	
拜泉县爱农乡	23400	21353	3	17	1		
拜泉县时中乡	14200	13059	3	16	1		
讷河市拉哈镇	8360	27937	449	2980	118	5	27937
讷河市二克浅镇	45193	42426	16	178	15	1	5163
讷河市学田镇	44566	22927	12	144	7		3347
讷河市龙河镇	43565	20967	7	121	3		1987
讷河市讷南镇	35796	29334	26	1196	22	2	346
讷河市六合镇	36358	28199	28	308	20	1	2237
讷河市长发镇	18975	14038	11	58	11		1460
讷河市通南镇	32861	20933	23	208	23	1	6065
讷河市同义镇	26541	24832	106	1375	86	1	1072
讷河市九井镇	31520	25067	38	140	20	1	806
讷河市老莱镇	45391	31531	17	254	13	1	7008
讷河市孔国乡	34572	22766	17	1286	12	2	
讷河市和盛乡	21782	20871	9	83	9		
讷河市同心乡	25280	11811	23	161	16		
讷河市兴旺鄂温克族乡	37401	21676	206	1465	34		
鸡冠区红星乡	7000	17880	230	1600	186		
鸡冠区西郊乡	4630	13941	69	1031	36	3	
恒山区红旗乡	43249	16497	20	850	20		
恒山区柳毛乡	13600	13644	4	660	4	1	
滴道区滴道河乡	7500	15864	32	1685	16	2	
滴道区兰岭乡	22100	13179	40	320	40		
梨树区镇直辖地域	21162	8932					
城子河区长青乡	9774	9182	30	210	16		
城子河区永丰乡	7800	12868	22	208	15		
麻山区镇直辖地域	30699	14059	5	262	5	2	14059
鸡东县鸡东镇	13172	21752	64	3280	46	5	21714
鸡东县平阳镇	59233	22164	35	1600	15		6780
鸡东县向阳镇	37216	19800	95	490	18		4325
鸡东县哈达镇	15600	17526	34	1650	12	3	645
鸡东县永安镇	13293	18737	96	456	30		7801
鸡东县永和镇	45062	13484	13	90	13		1660
鸡东县东海镇	32632	22938	39	215			986
鸡东县兴农镇	9737	12564	48	1058	18	1	3760
鸡东县鸡林乡	5033	8785	5	40	5		
鸡东县明德乡	6058	6500	9	160	1		
鸡东县下亮子乡	17100	12235	106	555	69		
虎林市虎林镇	12440	12112	45	315	40	1	8040
虎林市东方红镇	4657	3817	82	866	32	3	1621
虎林市迎春镇	1451	4848	39	321	7		4199
虎林市虎头镇	53764	10621	19	146	1		2863
虎林市杨岗镇	49221	11329	18	123	7		1424
虎林市东诚镇	13997	10089	28	168	9		538

续表 121　　　　（黑龙江省）　　　　单位：公顷、人、个

名　　称	行政区域面　　积	常住人口	企业个数	企　　业从业人员	工业企业单　　位	#规模以上	城镇建成区常住人口
虎林市宝东镇	15145	11824	56	554	27	6	3185
虎林市新乐乡	16273	7418	12	93	4	1	
虎林市伟光乡	11955	6015	8	51	4		
虎林市珍宝岛乡	32179	4506	4	104			
虎林市阿北乡	29846	4441	4	23			
密山市密山镇	16500	15397	58	300	2	2	5807
密山市连珠山镇	21000	17747	5	205	3	3	875
密山市当壁镇	22500	11360	6	31			2102
密山市知一镇	20200	8798	4	162	1	1	3250
密山市黑台镇	28200	19156	5	21	3		7400
密山市兴凯镇	47600	10199	13	232	1	1	1627
密山市裴德镇	83500	16265	5	102	3	3	1521
密山市白鱼湾镇	65600	16854	5	30			850
密山市柳毛乡	19700	7646					
密山市杨木乡	25200	17720	7	36			
密山市兴凯湖乡	19900	9101	12	138	8		
密山市承紫河乡	12800	6404	1	34	1	1	
密山市二人班乡	21100	17177	8	250			
密山市太平乡	21300	14536					
密山市和平乡	19100	12800	3	16	3	1	
密山市富源乡	64734	14348					
兴安区红旗镇	22500	12560					2840
东山区新华镇	21000	16380	22	818	21	2	4968
东山区蔬园乡	40000	18915	13	1563	12	3	
东山区东方红乡	50000	13497	31	850	31	5	
萝北县凤翔镇	3247	57500	44	3425	37		47262
萝北县鹤北镇	9367	8011	8	75	8		567
萝北县名山镇	8270	2217	2	120	2		786
萝北县团结镇	33280	13533	11	56	11		1402
萝北县肇兴镇	14200	9123	5	39	5		4516
萝北县云山镇	3569	2822					890
萝北县东明朝鲜族乡	4913	482	9	9			
萝北县太平沟乡	4276	1998					
绥滨县绥滨镇	25227	56886	5	80	5		44546
绥滨县绥东镇	27196	13396	1	20	1	1	6392
绥滨县忠仁镇	32364	19210					1900
绥滨县连生乡	18579	10022					
绥滨县北岗乡	15869	9784	1	15	1		
绥滨县富强乡	23793	3395					
绥滨县北山乡	7254	3582					
绥滨县福兴乡	10425	4840					
绥滨县新富乡	5967	3560					
尖山区安邦乡	6678	18523	26	132	16	2	
岭东区长胜乡	2108	2889	5	30			
四方台区太保镇	12222	22413	27	173	5		2967
双鸭山市宝山区七星镇	2300	1971	12	82			604
集贤县福利镇	12514	20807					4021
集贤县集贤镇	20800	20838	480	4560	90	3	6095
集贤县升昌镇	18370	15302	44	982	21	1	5513
集贤县丰乐镇	13259	21856	2	12			2270

续表 122　　(黑龙江省)　　单位：公顷、人、个

名　　称	行政区域面　积	常住人口	企业个数	企　　业从业人员	工业企业单　　位	#规模以上	城镇建成区常住人口
集贤县太平镇	10754	16716	2	12			16716
集贤县腰屯乡	20800	12412	124	715	5		
集贤县兴安乡	18623	23441					
集贤县永安乡	34571	16987	7	1200	7		
友谊县友谊镇	10991	44960	468	2739	15	12	44960
宝清县宝清镇	28027	30563	14	89	1	1	26000
宝清县七星泡镇	30745	43836	32	1800	18	6	7466
宝清县青原镇	29522	20218	3	16	3		3200
宝清县夹信子镇	17800	11667	18	241	6		1457
宝清县龙头镇	82494	5706	8	191	8		890
宝清县小城子镇	35644	15136	12	55	10	4	2860
宝清县朝阳乡	46266	10543					
宝清县万金山乡	15352	15720	20	412	18		
宝清县尖山子乡	179463	13500	14	84	1		
宝清县七星河乡	33797	10726	8	68	8		
饶河县饶河镇	7680	3972	170	920	35	1	1630
饶河县小佳河镇	47750	9546	68	477	22		5050
饶河县西丰镇	44390	7231	58	726	22	1	2734
饶河县五林洞镇	155400	984	9	40	9		984
饶河县西林子乡	31000	4988	13	254	13		
饶河县四排乡	5200	1407					
饶河县大佳河乡	33360	3376	13	56			
饶河县山里乡	19300	3249	17	98	2		
饶河县大通河乡	27140	2427	35	240	29		
龙凤区龙凤镇	22517	42138	500	3500	210	1	10171
让胡路区喇嘛甸镇	29500	65423	212	8709	112	3	5724
红岗区杏树岗镇	45000	38602	644	5987	103	3	38602
大同区大同镇	11060	18577	40	463	30	1	8416
大同区高台子镇	24162	25135	53	382	9		1146
大同区太阳升镇	14847	12261	17	435	9		1800
大同区林源镇	36996	13770	95	1163	12	2	13770
大同区祝三乡	28189	21759	8	885	7	4	
大同区老山头乡	21862	16280	15	1732	14	2	
大同区八井子乡	25804	21579	10	330	10	1	
大同区双榆树乡	41659	15332	14	108	14		
肇州县肇州镇	18821	121933	49	271	4	2	2762
肇州县永乐镇	18625	21101	41	220	8	1	5520
肇州县丰乐镇	13700	23788	60	337	25	14	11306
肇州县朝阳沟镇	15331	26318	88	458	8	1	3010
肇州县兴城镇	33365	36532	143	732	48	20	4737
肇州县二井镇	22524	34139	80	450	7	1	2400
肇州县双发乡	15264	19482	28	147	7	1	
肇州县托古村乡	18547	17109	58	302	8	2	
肇州县朝阳村乡	12772	18836	34	380	3	1	
肇州县永胜村乡	13123	18047	40	189	4		
肇州县榆树乡	17767	19420	25	391	7	1	
肇州县新福乡	34352	26495	58	302	8	1	
肇源县肇源镇	21589	121774	56	1953	16		14514
肇源县三站镇	18222	20643	3	119	3	1	5671
肇源县二站镇	30661	34186	9	200	9	2	34186

续表 123　　（黑龙江省）　　单位：公顷、人、个

名　　称	行政区域面积	常住人口	企业个数	企业从业人员	工业企业单位	#规模以上	城镇建成区常住人口
肇源县茂兴镇	21294	17016	8	180	4	1	5575
肇源县古龙镇	37310	31701	20	348	8		3702
肇源县新站镇	34796	38458	21	1100	13	8	23000
肇源县头台镇	28698	19921					6780
肇源县古恰镇	27096	24499	17	340	14		4942
肇源县福兴乡	10518	14957	2	14	2	2	
肇源县薄荷台乡	17272	15194	2	21	2		
肇源县和平乡	16806	13347	3	186	2		
肇源县超等乡	28177	14482					
肇源县民意乡	16183	12208	2	86	2	2	
肇源县义顺乡	30644	14768	56	502	56		
肇源县浩德乡	15314	6818	1	23	1	1	
肇源县大兴乡	22071	9810	1	13	1	1	
林甸县林甸镇	15211	60706	696	5069	281	3	3652
林甸县红旗镇	29472	20996	69	354	30		3510
林甸县花园镇	48877	33870	52	267	19	1	2428
林甸县四季青镇	60240	21610	30	173	8		420
林甸县鹤鸣湖镇	45889	23227	57	314	17		1491
林甸县东兴乡	45660	19864	77	393	55		
林甸县宏伟乡	13498	12842	45	227	29		
林甸县四合乡	43646	20397	63	1230	32		
杜尔伯特蒙古族自治县泰康镇	16254	62916	389	2115	36	7	62916
杜尔伯特蒙古族自治县胡吉吐莫镇	42230	10149	31	168	4		4784
杜尔伯特蒙古族自治县烟筒屯镇	65655	20702	35	184	2		5045
杜尔伯特蒙古族自治县他拉哈镇	56744	17653	49	251	3		4502
杜尔伯特蒙古族自治县连环湖镇	56900	11827	21	108	4		1845
杜尔伯特蒙古族自治县一心乡	76549	14040	53	392	7	7	
杜尔伯特蒙古族自治县克尔台乡	48112	10908	40	202	2		
杜尔伯特蒙古族自治县敖林西伯乡	112711	16067	16	81	1		
杜尔伯特蒙古族自治县巴彦查干乡	45958	15917	20	103	2		
杜尔伯特蒙古族自治县腰新乡	46342	15608	22	168	5		
杜尔伯特蒙古族自治县江湾乡	37946	7526	28	145			
南岔区晨明镇	26641	7935					7935
南岔区浩良河镇	3177	12908					12908
南岔区迎春乡	2695	5617					
嘉荫县朝阳镇	7729	24606	103	2151	21	2	20547
嘉荫县乌云镇	32809	8415					3331
嘉荫县乌拉嘎镇	98429	3206	2	965	2	1	1631
嘉荫县常胜乡	46021	2519					
嘉荫县向阳乡	58589	8004	12	97	5		
嘉荫县沪嘉乡	103425	2240	2	32	1		
嘉荫县红光乡	49999	2897	12	125	10		
嘉荫县保兴乡	121212	6389	11	126	4		
嘉荫县青山乡	94316	1628	4	21	1		
铁力市铁力镇	4067	91298	275	5263	114	22	91298
铁力市双丰镇	17639	36360	360	3245	120	20	25685
铁力市桃山镇	10473	28110	109	673	79	11	14474
铁力市朗乡镇	267541	42641					40052
铁力市年丰乡	14210	5064	17	68	7		
铁力市工农乡	22588	6685	22	142	17	2	

续表 124　　（黑龙江省）　　单位：公顷、人、个

名　　称	行政区域面积	常住人口	企业个数	企业从业人员	工业企业单位	其中：#规模以上	城镇建成区常住人口
铁力市王杨乡	18850	10878	19	20			
东风区建国镇	8100	9279	32	160	15		3200
东风区松江乡	6136	27216	108	890	90	15	
佳木斯市郊区大来镇	17601	18451	34	204	11		2705
佳木斯市郊区敖其镇	9003	11327	38	291	15	2	3225
佳木斯市郊区望江镇	15500	20600	81	495	24	9	1625
佳木斯市郊区长发镇	14002	15122	26	367	12	1	4300
佳木斯市郊区莲江口镇	10901	15574	18	277	18	3	15574
佳木斯市郊区长青乡	4503	37066	275	1375	188	14	
佳木斯市郊区沿江乡	6501	14035	98	1780	82		
佳木斯市郊区西格木乡	12605	13354	16	265	12	2	
佳木斯市郊区平安乡	20200	17378	10	275	10	1	
佳木斯市郊区四丰乡	18600	7502	14	312	14	1	
佳木斯市郊区群胜乡	18602	6598	13	154	13		
桦南县驼腰子镇	14649	13305	17	212			6010
桦南县石头河子镇	31684	11777	43	230			742
桦南县桦南镇	28932	26326					26326
桦南县土龙山镇	47300	60626					1420
桦南县孟家岗镇	61584	18846	10	567	10		4418
桦南县闫家镇	24807	17589					2132
桦南县金沙乡	27934	12538					
桦南县梨树乡	26398	37450	25	280	3		
桦南县明义乡	32906	16061	21	320	12		
桦南县大八浪乡	30779	28094	2	20			
桦川县横头山镇	31410	11650	16	95	2		2859
桦川县苏家店镇	14250	12817	32	210	8		3890
桦川县悦来镇	19600	67573	138	695	62	30	42734
桦川县新城镇	26376	19925	46	281	13		5659
桦川县四马架镇	16403	12759	37	188	6	1	918
桦川县东河乡	20366	8381	44	223	4	1	
桦川县梨丰乡	25272	11973	60	303	5	1	
桦川县创业乡	13400	11689	75	380	6	6	
桦川县星火乡	3353	587	29	174	26	3	
汤原县香兰镇	13240	18374	31	800	5		8320
汤原县鹤立镇	8301	13609	61	2623	55	2	12126
汤原县竹帘镇	11025	9357					944
汤原县汤原镇	55201	17523	10	415	8		6239
汤原县汤旺乡	5512	2330	3	45	3		
汤原县胜利乡	10710	10315					
汤原县吉祥乡	15123	11872	2	130	2		
汤原县振兴乡	18011	7107					
汤原县太平川乡	41507	11205					
汤原县永发乡	16502	14472	3	112	3		
同江市同江镇	6322	5976	8	65	8	1	3720
同江市乐业镇	17017	9701	19	117	6		2023
同江市三村镇	26460	10955	24	332	3		1831
同江市临江镇	16561	5088	19	80	3		1177
同江市向阳镇	18272	8032	37	850	28	9	1452
同江市青河镇	29213	8485	19	130	4	1	998
同江市街津口乡	25319	3535	28	145	4	2	

续表 125　　　　（黑龙江省）　　　　单位：公顷、人、个

名　称	行政区域面积	常住人口	企业个数	企业从业人员	工业企业单位	#规模以上	城镇建成区常住人口
同江市八岔乡	17156	2823	15	82	2		
同江市金川乡	23397	3382	2	11			
同江市银川乡	22181	2678					
富锦市长安镇	33519	19123	4	223	4	2	1431
富锦市砚山镇	27692	17256	6	263	4	2	1862
富锦市头林镇	49857	15025	15	98	9		2330
富锦市兴隆岗镇	67104	14300	12	403	2		2980
富锦市宏胜镇	45150	12100	4	21	1		1859
富锦市向阳川镇	58425	30846	13	420	2		5200
富锦市二龙山镇	61129	31804	7	440	7	3	5642
富锦市上街基镇	37080	25061	3	259	3	3	1798
富锦市锦山镇	63142	35190	17	358	3	3	3850
富锦市大榆树镇	40767	31287	6	351	6	2	997
抚远市抚远镇	17607	37414	183	7064			36396
抚远市寒葱沟镇	32300	5045	12	156			2623
抚远市浓桥镇	30750	5235	2	120	2		2514
抚远市乌苏镇	28873	1796					199
抚远市通江乡	61307	2829					
抚远市浓江乡	21780	2257	7	52			
抚远市海青乡	122262	5099					
抚远市别拉洪乡	10835	2358					
抚远市鸭南乡	45856	3571					
新兴区红旗镇	9500	16561	22	4037	22	5	2640
新兴区长兴乡	26267	19521					
桃山区万宝河镇	5935	5280	9	211	6	2	4809
茄子河区茄子河镇	4508	23576	80	436	10	4	6900
茄子河区宏伟镇	93560	25480	64	1172	31	1	8320
茄子河区铁山乡	27000	17000	14	384	14		
茄子河区中心河乡	18610	13434	89	2008	54	6	
勃利县勃利镇	19400	29627	31	450	3		17310
勃利县小五站镇	38253	16996	191	1000	5		5710
勃利县大四站镇	53400	25156	22	35	3		4960
勃利县双河镇	27500	20101	3	29	2		6650
勃利县倭肯镇	10567	17275	10	57	10		5324
勃利县青山乡	15000	14467					
勃利县永恒乡	26977	16606					
勃利县抢垦乡	8860	11555					
勃利县杏树朝鲜族乡	10512	13240					
勃利县吉兴朝鲜族满族乡	10900	14280					
东安区兴隆镇	28900	17657	60	780	52	2	17657
阳明区铁岭镇	28550	40847	155	4135	153	8	28917
阳明区桦林镇	7120	11416	27	560	22		8148
阳明区磨刀石镇	48300	26212	24	1280	22	3	13000
阳明区五林镇	49669	47350	9	280	3		9280
爱民区三道关镇	34800	25446	242	5943	152	22	1926
牡丹江市西安区温春镇	29900	54524	388	4156	86		17323
牡丹江市西安区海南朝鲜族乡	10900	10216	20	859	13	1	
林口县林口镇	19097	91411	27	311	25	25	85387
林口县古城镇	72563	30022	15	100	3		10927
林口县刁翎镇	67500	27931					10871

续表 126　　　　（黑龙江省）　　　　单位：公顷、人、个

名　　称	行政区域面积	常住人口	企业个数	企业从业人员	工业企业单位	#规模以上	城镇建成区常住人口
林口县朱家镇	37193	20120					9523
林口县柳树镇	49557	29238					1495
林口县三道通镇	119895	15582					4011
林口县龙爪镇	90305	36384	3	30			4182
林口县莲花镇	42098	8861	64	246			312
林口县奎山乡	32500	20420	6	25	1		
林口县青山乡	67636	18137	1	80	1	1	
林口县建堂乡	70299	15067					
绥芬河市绥芬河镇	9022	74608	162	1958	47	6	74608
绥芬河市阜宁镇	33214	27560	160	2042	137	11	10230
海林市海林镇	88500	39817	330	3682	120	36	10306
海林市长汀镇	119620	24827	29	700	29	6	5740
海林市横道镇	79400	12598	89	1268	18	3	7367
海林市山市镇	70010	20741	9	98	5		12460
海林市柴河镇	80100	21534	6	263	6		6232
海林市二道镇	155000	12063	6	132			1002
海林市新安朝鲜族镇	13100	7444	25	117	11		5362
海林市三道镇	206700	8075	2	26			1089
宁安市宁安镇	15835	25690	251	2063	21	7	
宁安市东京城镇	17583	40694	168	986	76	10	27157
宁安市渤海镇	30005	30441	57	1981	15	15	11128
宁安市石岩镇	19713	22277	6	545	6	3	3821
宁安市沙兰镇	100686	24675	5	48	5	1	5602
宁安市海浪镇	39944	32012	8	42	8	2	3471
宁安市兰岗镇	7901	11402	36	418	8	1	1634
宁安市江南朝鲜族满族乡	44741	19499	3	305	3	1	
宁安市卧龙朝鲜族乡	22857	17726	6	38	1		
宁安市马河乡	15487	13568					
宁安市镜泊乡	34787	16930					
宁安市三陵乡	20984	21756					
穆棱市八面通镇	19000	63056	686	12360	76	25	53566
穆棱市穆棱镇	114100	40645	189	3660	60	13	29155
穆棱市下城子镇	39100	30312	281	2000	158	30	21000
穆棱市马桥河镇	56000	24911	76	875	14	7	13359
穆棱市兴源镇	59700	13465	39	830	9	5	10840
穆棱市福录乡	107900	13300	20	38	3	2	
穆棱市河西乡	86000	21263	42	2548	21	8	
穆棱市共和乡	135100	6365	62	410	4	1	
东宁市东宁镇	48756	77772	246	16	115	2	67750
东宁市三岔口镇	23786	16847	46	320	14	5	3803
东宁市大肚川镇	61303	21209	43	2970	36	5	2085
东宁市老黑山镇	15613	11033	23	1271	8	6	3582
东宁市道河镇	36093	16222	4	216	4	1	2635
东宁市绥阳镇	43599	32500	85	2120	72	6	24912
爱辉区西岗子镇	74480	11215	4	132	4	1	5080
爱辉区爱辉镇	18638	7266	40	240	6		1833
爱辉区罕达汽镇	401809	7982	6	1120	4	2	3450
爱辉区幸福乡	19220	14974	27	180	27		
爱辉区四嘉子乡	22500	3899	16	116	12		
爱辉区坤河乡	5169	2013					

续表 127　　（黑龙江省）　　单位：公顷、人、个

名　　称	行政区域面　积	常住人口	企业个数	企　业从业人员	工业企业单　位	#规模以上	城镇建成区常住人口
爱辉区上马厂乡	84900	4097	13	270	13	1	
爱辉区张地营子乡	120399	4720					
爱辉区西峰山乡	67871	2430	10	31	6		
爱辉区新生乡	171320	727					
爱辉区二站乡	250700	3220	4	20			
嫩江县嫩江镇	27932	139446	12	68	11	1	104653
嫩江县伊拉哈镇	21475	18064	6	36	6		1988
嫩江县双山镇	12744	5691	1	25	1		1284
嫩江县多宝山镇	320000	15075	422	2500	34	2	8585
嫩江县海江镇	54641	29712	30	151	16		5002
嫩江县前进镇	23306	12210	20	256	15		1416
嫩江县长福镇	35656	10049	14	180	4		592
嫩江县科洛镇	203220	14238	32	280	1		2406
嫩江县临江乡	45800	16930	17	350	14	3	
嫩江县联兴乡	125200	12623	16	150			
嫩江县白云乡	123450	11863	23	125	12		
嫩江县塔溪乡	176030	6981	6	38	2		
嫩江县霍龙门乡	179130	11765					
嫩江县长江乡	55200	4985	1	154			
逊克县奇克镇	41944	11228	55	530	1		1844
逊克县逊河镇	48929	10931	22	66			3448
逊克县克林镇	373380	3548	6	41	2		342
逊克县干岔子乡	21244	6826	47	394			
逊克县松树沟乡	84426	5239	1	16			
逊克县车陆乡	49220	6810	38	196	2		
逊克县新鄂乡	353574	2285	11	60	1		
逊克县新兴乡	34327	1156	16	85			
逊克县宝山乡	133113	3363	12	92			
孙吴县孙吴镇	21620	6357	10	50	10		1755
孙吴县辰清镇	17554	4152	11	60	11		1060
孙吴县西兴乡	24060	6700	10	55	10		
孙吴县沿江满族乡	27822	7555	21	106	21		
孙吴县腰屯乡	24071	5550	8	41	8		
孙吴县卧牛河乡	24627	2924	7	36	7		
孙吴县群山乡	25855	3404	3	16	3		
孙吴县奋斗乡	8770	4059	6	32	6		
孙吴县红旗乡	14817	867	6	25	4		
孙吴县正阳山乡	35777	6057	15	240	15		
孙吴县清溪乡	26333	2295					
北安市通北镇	13135	39145	102	315	32	3	29680
北安市赵光镇	40978	26881	14	182	4	1	14400
北安市海星镇	37317	9769	1	15	1		3157
北安市石泉镇	40369	15166	8	41	4		3271
北安市二井镇	32243	9659	7	45	7		934
北安市城郊乡	17504	16128	4	274	4		
北安市东胜乡	62762	9819	3	80	1		
北安市杨家乡	29560	8066	4	32	4		
北安市主星乡	6350	1795	1	6	1		
五大连池市龙镇	20498	21579	140	712	20	2	19847
五大连池市和平镇	20280	10885	6	136	6		413

续表 128　　　　（黑龙江省）　　　　单位：公顷、人、个

名　　称	行政区域面　　积	常住人口	企业个数	企　　业从业人员	工业企业单　　位	#规模以上	城镇建成区常住人口
五大连池市五大连池镇	8000	17476	42	1058	18	3	17476
五大连池市双泉镇	20828	14406	24	1245	5	1	3110
五大连池市新发镇	15155	8725	23	122			426
五大连池市团结镇	22378	17850	52	260	42		12300
五大连池市兴隆乡	9463	10220	131	670	4		
五大连池市建设乡	12466	16312	31	161	8		
五大连池市太平乡	15295	16551	33	221	3		
五大连池市兴安乡	42545	2267					
五大连池市朝阳乡	17255	4837	15	78	3		
北林区宝山镇	13670	21796	31	510	15		4952
北林区绥胜镇	9930	19050	18	280	14		3421
北林区西长发镇	19100	30251	40	505	32		6010
北林区永安镇	13230	17046	14	295	10		8845
北林区太平川镇	15060	19611	13	160	5	1	2540
北林区秦家镇	12380	20835	42	1308	36	2	5341
北林区双河镇	10750	18178	15	967	9		4179
北林区三河镇	12180	20040	19	566	6		2643
北林区四方台镇	18140	30290	17	1024	12		6455
北林区津河镇	8950	14504	18	145	13		1696
北林区张维镇	16000	19924	38	810	36		2846
北林区东津镇	14700	20570	11	552	5		2897
北林区东富镇	16010	25748	51	1546	47	26	5236
北林区红旗乡	9980	17439					
北林区连岗乡	15470	18800					
北林区新华乡	16470	23981	30	570	25	6	
北林区兴福乡	17170	25086					
北林区三井乡	15190	20457					
北林区五营乡	9210	21065					
北林区兴和乡	2010	319					
望奎县望奎镇	5664	18315	6	1001	6	1	2016
望奎县通江镇	16548	26054					5050
望奎县卫星镇	18696	30065					3715
望奎县海丰镇	16891	16459					2590
望奎县莲花镇	13515	15851					4200
望奎县惠七镇	14690	23360					2655
望奎县先锋镇	22633	34146	4	80	3		2200
望奎县火箭镇	25387	30636					6050
望奎县东郊镇	10805	12951	3	100			1680
望奎县灵山满族乡	9298	12143					
望奎县后三乡	9541	14466					
望奎县灯塔乡	16680	24098	3				
望奎县东升乡	9905	8137					
望奎县恭六乡	13055	11957					
望奎县厢白满族乡	14685	15898					
兰西县兰西镇	10869	28381	81	4044	44	6	8347
兰西县榆林镇	17485	38595	89	381	5	1	11410
兰西县临江镇	20068	35425	64	352	4		4510
兰西县平山镇	20239	33798	26	145	1	1	4347
兰西县红光镇	13736	24092	32	161	26	1	2718
兰西县远大镇	29213	31367	21	130	1		1208

续表 129　　（黑龙江省）　　单位：公顷、人、个

名　称	行政区域面积	常住人口	企业个数	企业从业人员	工业企业单位	#规模以上	城镇建成区常住人口
兰西县康荣乡	13733	25569	115	1909	24	1	
兰西县燎原乡	17784	17294					
兰西县北安乡	13471	20516					
兰西县长江乡	16387	23820					
兰西县兰河乡	19690	28427	112	1687	25	1	
兰西县红星乡	10149	16974	89	1375	21	1	
兰西县长岗乡	14686	25397					
兰西县星火乡	12201	15176					
兰西县奋斗乡	15278	23699					
青冈县青冈镇	6038	12210	6	25			1798
青冈县中和镇	14221	21336	7	80	6	1	11157
青冈县祯祥镇	29187	41269	29	832	5		7296
青冈县兴华镇	18877	15151	3	42	3		5405
青冈县永丰镇	14325	13792	29	196	4		3020
青冈县芦河镇	12816	18657	8	108	4	1	2920
青冈县民政镇	17205	24140					637
青冈县柞岗镇	18810	29387	5	312	5	3	3245
青冈县劳动镇	24266	26796	5	123	3		601
青冈县迎春镇	12944	13912	5	26			2521
青冈县建设乡	17141	19760					
青冈县新村乡	21475	12920					
青冈县昌盛乡	13967	15258					
青冈县德胜乡	23150	31980					
青冈县连丰乡	14279	18201					
庆安县庆安镇	13495	115934	60	292	32	24	1108
庆安县民乐镇	11604	13220	22	72	3		890
庆安县大罗镇	14043	18672	23	90	7		1368
庆安县平安镇	9791	9709	26	160	8	1	162
庆安县勤劳镇	13400	10491	5	89	5		1455
庆安县久胜镇	13100	14092	7	53	3	1	1586
庆安县同乐镇	14737	13097	4	168			1567
庆安县建民乡	11362	13887					
庆安县巨宝山乡	10400	10791					
庆安县新胜乡	22220	24115	13	384	6	1	
庆安县丰收乡	17355	15889					
庆安县发展乡	20584	14510	10	62	1	1	
庆安县致富乡	12572	8407					
庆安县欢胜乡	9734	14268					
明水县明水镇	17115	21816	45	312	37		3966
明水县兴仁镇	11610	14073	22	165	22		2301
明水县永兴镇	18293	17548	3	45			4884
明水县崇德镇	23030	16970	21	141	20		3379
明水县通达镇	34959	22631					6300
明水县双兴乡	22900	23090					
明水县永久乡	12351	13978					
明水县树人乡	11304	11924					
明水县光荣乡	12060	11663					
明水县繁荣乡	10950	10010	24	153	21	1	
明水县通泉乡	14689	14140	25	360	25	2	
明水县育林乡	27357	11706					

续表 130　　　　　　　　　　（黑龙江省）　　　　　　　　　　单位：公顷、人、个

名　　称	行政区域面积	常住人口	企业个数	企业从业人员	工业企业单位	#规模以上	城镇建成区常住人口
绥棱县上集镇	11200	22689	2	67	1		3450
绥棱县四海店镇	12000	7680					900
绥棱县双岔河镇	18886	14391	1	8			1250
绥棱县阁山镇	12902	11535					1810
绥棱县靠山乡	12000	19304					
绥棱县后头乡	10000	13860					
绥棱县长山乡	24424	22747					
绥棱县克音河乡	13804	10117					
绥棱县绥中乡	9960	8354					
绥棱县泥尔河乡	12073	23342					
安达市安达镇	9600	15951	80	3417	41	3	206
安达市任民镇	21041	17500	49	1524	49	2	8765
安达市万宝山镇	28596	23390	109	2757	42	8	2272
安达市昌德镇	35333	17790	45	589	45	2	1462
安达市升平镇	23080	17817	4	240	3	2	3014
安达市羊草镇	25591	27204	1	10	1		738
安达市老虎岗镇	31286	23472	4	49	1	1	1270
安达市中本镇	12239	10208	31	750	17	2	1828
安达市太平庄镇	34400	9185	61	5	48	5	389
安达市吉兴岗镇	28270	22578	15	90	2	2	2401
安达市火石山乡	18840	11320	20	650	17	2	
安达市卧里屯乡	26000	15996	40	500	39	3	4923
安达市青肯泡乡	17457	14506	66	1122	40	1	
安达市先源乡	34365	9045	78	986	25	6	
肇东市肇东镇	26299	31288	199	8620	186	29	3228
肇东市昌五镇	13900	35931	127	3620	120	3	18900
肇东市宋站镇	24751	27877	501	4312	76	5	12106
肇东市五站镇	23481	56953	136	780	122	5	11812
肇东市尚家镇	31000	21871	3	16	3	1	6360
肇东市姜家镇	12361	19557	12	309	9		5980
肇东市里木店镇	10841	21205	2	59	1	1	4798
肇东市四站镇	11800	23332	2	29	2	2	11675
肇东市涝洲镇	18533	35335	22	526	12	1	3970
肇东市五里明镇	18487	33500	26	131	20		6350
肇东市黎明镇	20371	36553	12	122	5	2	2830
肇东市西八里镇	24636	21630	1	62	1		956
肇东市太平乡	12627	19567	61	1120	40	1	
肇东市海城乡	12991	22183	42	412	32	1	
肇东市向阳乡	17640	18557	12	944	9	1	
肇东市洪河乡	13681	22148					
肇东市跃进乡	15132	20985					
肇东市德昌乡	21213	30019					
肇东市宣化乡	52793	19405					
肇东市安民乡	18861	23097					
肇东市明久乡	15086	20161	34	182	21	1	
海伦市海伦镇	1580	5693	17	280	11	2	5028
海伦市海北镇	27793	37529	81	417	43	2	5792
海伦市伦河镇	19677	29008	104	288	5	2	11546
海伦市共合镇	17416	27212					4687
海伦市海兴镇	15853	22956	36	156			3519

续表 131　　　　（黑龙江省）　　　　单位：公顷、人、个

名　　称	行政区域面积	常住人口	企业个数	企业从业人员	工业企业单位	#规模以上	城镇建成区常住人口
海伦市祥富镇	14280	20200	37	290	4	2	3100
海伦市东风镇	21082	24063	15	580	4	1	633
海伦市百祥镇	13616	15946					799
海伦市前进乡	19450	30974	5	245	5	1	
海伦市向荣乡	13137	22000	28	95			
海伦市长发乡	10255	13760					
海伦市东林乡	22896	26978					
海伦市海南乡	13875	17241	11	307			
海伦市共荣乡	15596	19851	11	45	1		
海伦市乐业乡	10930	15975					
海伦市福民乡	11198	17210					
海伦市丰山乡	14760	20689					
海伦市永富乡	24436	34854	10	101	2		
海伦市联发乡	15458	20056	5	30			
海伦市永和乡	18081	30512	15	92	2		
海伦市爱民乡	17887	18283					
海伦市扎音河乡	15688	20746					
海伦市双录乡	15032	18802					
加格达奇区加北乡	47853	7015	41	298	17		
加格达奇区白桦乡	83758	6103	7	40	2		
松岭区小扬气镇	262780	17914	7	125	7	1	17914
松岭区劲松镇	747847	3599					3599
松岭区古源镇	669551	1436					1436
新林区新林镇	263757	19277	64	323	11	1	19277
新林区翠岗镇	159933	2688	8	41	6		2688
新林区塔源镇	127708	1645	8	42	4		1645
新林区大乌苏镇	82150	1279	6	31	2		1279
新林区塔尔根镇	60956	565	4	36	2		565
新林区碧洲镇	88691	871	2	17	1		871
新林区宏图镇	87099	463	6	31	3		463
呼中区呼中镇	459188	18610	12	340	12		18610
呼中区碧水镇	184646	3500	1	435			3500
呼中区呼源镇	230997	4900	6	301			4900
呼中区宏伟镇	62257	839	1	294			839
呼玛县呼玛镇	243749	21431	14	301	8	1	21395
呼玛县韩家园镇	497011	1873					1438
呼玛县三卡乡	179189	5418					
呼玛县金山乡	80344	1010					
呼玛县兴华乡	75395	1486					
呼玛县鸥浦乡	140446	1283					
呼玛县白银纳鄂伦春族民族乡	51437	1748					
呼玛县北疆乡	152786	1830					
塔河县塔河镇	140777	44154	202	7291	24	2	44154
塔河县瓦拉干镇	284689	2530					1054
塔河县盘古镇	421339	4124	1	5			1671
塔河县古驿镇	52367	1143					1143
塔河县十八站鄂伦春族民族乡	157106	3305					
塔河县依西肯乡	189146	1097	5	98	2		
塔河县开库康乡	160866	1130	1	5			
漠河县西林吉镇	1419	30344	168	3250	30	5	30344

续表 132　　（黑龙江省、上海市）　　单位：公顷、人、个

名　　称	行政区域面积	常住人口	企业个数	企业从业人员	工业企业单位	#规模以上	城镇建成区常住人口
漠河县图强镇	590	6965	92	3213	2		6965
漠河县阿木尔镇	106143	11708	27	4222	4	1	11708
漠河县兴安镇	198568	1665	2	6			1665
漠河县北极镇	279832	2870	5	167			2870
漠河县古莲镇(古莲林场)	71753	1728	11	87	1		1728
上海市							
闵行区莘庄镇	1950	296365	8124	121860	250	59	296365
闵行区七宝镇	1962	270983	221	40507	72	29	270983
闵行区颛桥镇	2097	196423	2027	23784	390	108	196423
闵行区华漕镇	2820	176156	222	13700	160	65	176156
闵行区虹桥镇	1108	154881	796	96732	86	36	154881
闵行区梅陇镇	2807	314380	6038	100049	1204	129	314380
闵行区吴泾镇	3760	119385	1200	20878	220	43	119385
闵行区马桥镇	3363	104977	1445	82223	228	66	62392
闵行区浦江镇	7851	219870	3871	162742	1661	127	219870
宝山区罗店镇	4419	163671	5884	46085	539	61	131844
宝山区大场镇	2722	381629	4139	92693	417	27	381629
宝山区杨行镇	3791	206908	4369	87380	331	60	206908
宝山区月浦镇	4437	150848	758	47807	344	50	148390
宝山区罗泾镇	4800	63778	953	37038	460	100	36440
宝山区顾村镇	4166	303508	835	29693	727	65	303508
宝山区高境镇	710	139077	1429	13803	62	8	139077
宝山区庙行镇	589	100464	1432	17184	315	8	100464
宝山区淞南镇	1365	123202	1394	28562	42	13	123202
嘉定区南翔镇	3327	160626	2835	156003	1236	88	47567
嘉定区安亭镇	8934	235367	3735	149631	1795	261	185953
嘉定区马陆镇	5716	182521	3320	162698	1604	263	19779
嘉定区徐行镇	3995	83738	2858	60940	1188	97	19177
嘉定区华亭镇	3954	42019	3390	24947	600	64	1476
嘉定区外冈镇	5091	87101	962	51720	870	128	36616
嘉定区江桥镇	4232	273885	2896	123412	1126	104	212313
浦东新区川沙新镇	9670	294789	1398	30797	301	128	130742
浦东新区高桥镇	3873	179286	5337	116740	70	32	54075
浦东新区北蔡镇	2371	297021	1800	145000	240	34	60000
浦东新区合庆镇	4186	118361	265	16903	238	97	28639
浦东新区唐镇	3232	153255	159	10908	112	28	79763
浦东新区曹路镇	4659	173509	289	22793	209	64	80660
浦东新区金桥镇	2528	68886	36	3966	11	11	29102
浦东新区高行镇	2280	129361	136	11483	76	33	129361
浦东新区高东镇	3510	104109	1322	26229	88	28	104109
浦东新区张江镇	4296	208562	1663	23384	231	30	208562
浦东新区三林镇	3419	337526	1337	189192	55	18	232581
浦东新区惠南镇	6578	277193	2572	29377	363	17	132478
浦东新区周浦镇	4323	216009	6627	96801	524	60	145455
浦东新区新场镇	5345	102001	1668	58917	972	60	102001
浦东新区大团镇	5521	66052	900	45000	380		65801
浦东新区康桥镇	4125	286580	4301	190896	348	68	69209
浦东新区航头镇	5999	161625	1565	61050	400	60	78988
浦东新区祝桥镇	16019	223565	4618	102813	655	95	120298
浦东新区泥城镇	6150	85002	465	34703	283	18	85002

续表 133　　　　（上海市）　　　　单位：公顷、人、个

名　　称	行政区域面　积	常住人口	企业个数	企　业从业人员	工业企业单　位		城镇建成区常住人口
						#规模以上	
浦东新区宣桥镇	4600	73627	300	22660	237	33	73627
浦东新区书院镇	6691	58823	130	6356	103	22	9816
浦东新区万祥镇	2314	30829	380	8850	120	19	7930
浦东新区老港镇	6667	41083	356	12960	212	45	4328
浦东新区南汇新城镇	15200	71560	409	33240	44	8	71560
金山区朱泾镇	7566	124685	1489	22036	566	71	69131
金山区枫泾镇	9170	88400	985	56276	577	108	36467
金山区张堰镇	3493	39673	565	19153	318	53	8220
金山区亭林镇	7912	97767	1028	33490	647	85	24989
金山区吕巷镇	5947	50112	813	23162	402	53	19525
金山区廊下镇	4687	30021	328	12223	306	24	5185
金山区金山卫镇	5506	85200	965	18753	360	22	57673
金山区漕泾镇	5692	42321	650	16860	302	39	12060
金山区山阳镇	4386	113864	3975	63912	315	61	20775
松江区泗泾镇	2348	180601	2372	102002	728	87	180601
松江区佘山镇	6631	79034	174	10529	156	73	19800
松江区车墩镇	4530	162852	5657	151846	975	103	26421
松江区新桥镇	3586	184454	3926	74200	1151	154	184454
松江区洞泾镇	2451	72884	3844	52654	738	50	72884
松江区九亭镇	2454	176098	3200	38562	634	156	176098
松江区泖港镇	5762	38760	2385	36953	492	44	5810
松江区石湖荡镇	4418	56010	785	32486	221	60	5067
松江区新浜镇	4475	29028	340	8000	230	40	7500
松江区叶榭镇	7254	73987	958	23975	682	39	19506
松江区小昆山镇	4870	47489	6200	93000	480	62	47489
青浦区朱家角镇	13680	99568	530	13465	60	60	21500
青浦区练塘镇	9389	62259	513	9047	48	48	6520
青浦区金泽镇	10842	55871	42	11839	27	27	10800
青浦区赵巷镇	4044	102538	67	5996	26	26	17038
青浦区徐泾镇	3850	165398	1594	96342	49	49	155435
青浦区华新镇	4760	193460	791	37276	122	116	28103
青浦区重固镇	2402	56922	151	5101	15	15	24307
青浦区白鹤镇	5874	97129	253	10850	85	85	20955
奉贤区南桥镇	4996	253714	4238	92266	116	116	151227
奉贤区奉城镇	10991	160192	2003	56180	148	148	49403
奉贤区庄行镇	7000	63255	9341	61257	85	85	29756
奉贤区金汇镇	7172	144058	9586	85068	103	103	58627
奉贤区四团镇	5800	68309	1203	34671	51	51	48291
奉贤区青村镇	7316	97409	1507	35728	134	134	35341
奉贤区柘林镇	9905	86387	1326	44905	89	89	34230
奉贤区海湾镇	10426	30900	144	6574	13	13	30090
崇明区城桥镇	5752	119942	1599	48800	39	9	98221
崇明区堡镇	6130	60328	348	2438	180	9	16332
崇明区新河镇	6196	47020	573	6303	72	6	10586
崇明区庙镇	9551	49355	135	9392	104	3	4418
崇明区竖新镇	5886	41120	305	25029	165	7	2235
崇明区向化镇	5378	26933	92	1710	86	4	7550
崇明区三星镇	6817	31086	32	503	22	2	1713
崇明区港沿镇	7492	47566	140	3570	94	5	1510
崇明区中兴镇	5150	30404	148	4260	25	7	2737

续表 134　　(上海市、江苏省)　　单位：公顷、人、个

名　　称	行政区域面　　积	常住人口	企业个数	企　　业从业人员	工业企业单　　位	#规模以上	城镇建成区常住人口
崇明区陈家镇	8231	61941	194	11318	78	6	22580
崇明区绿华镇	3745	8430	30	350	15	2	715
崇明区港西镇	4573	23512	54	1325	43	1	1483
崇明区建设镇	4240	28268	104	4494	94	3	2858
崇明区新海镇	10504	10868	60	3731	33	3	10868
崇明区东平镇	11970	14351	177	6057	80	7	7150
崇明区长兴镇	8296	111991	50	22279	16	10	14903
崇明区新村乡	2489	11666	17	3500	9	4	
崇明区横沙乡	5174	30471	20	344	5	1	
江苏省							
六合区竹镇镇	21105	62613	167	7428	71	10	27336
溧水区白马镇	14588	40022	910	13854	435	38	17958
溧水区东屏镇	10301	35262	793	26408	225	34	12098
溧水区石湫镇	11705	51373	734	15911	397	50	9319
溧水区洪蓝镇	10897	46726	1090	15239	203	37	17724
溧水区晶桥镇	14260	36584	510	16365	129	17	5026
溧水区和凤镇	19000	42829	211	15870	70	34	6069
高淳区阳江镇	13113	70668	237	30187	182	24	18161
高淳区砖墙镇	7585	34608	260	11413	137	19	5009
高淳区漆桥镇	5363	26534	253	11257	76	31	1794
高淳区固城镇	9556	40926	327	15919	235	40	11646
高淳区东坝镇	10432	43167	501	17790	353	39	24465
高淳区桠溪镇	15106	60515	581	23910	278	40	29692
锡山区羊尖镇	5046	56131	979	44055	765	49	18826
锡山区鹅湖镇	5457	63392	1192	25332	601	60	23480
锡山区锡北镇	6238	97848	2192	24353	1015	80	23416
锡山区东港镇	8505	131294	1530	42000	1240	126	42000
惠山区洛社镇	7742	163896	5484	75481	1819	255	33289
惠山区阳山镇	4212	55611	968	14381	755	64	15116
滨湖区胡埭镇	3608	52783	1560	32500	1355	82	23600
江阴市璜土镇	6449	94039	2267	48292	912	84	14778
江阴市月城镇	3853	51365	1002	15124	753	55	26180
江阴市青阳镇	6757	100794	2303	37566	1328	84	47710
江阴市徐霞客镇	11017	154913	2742	64609	1756	142	42977
江阴市华士镇	7456	157601	2628	88883	1499	101	53969
江阴市周庄镇	7596	146341	1856	79369	1462	118	58932
江阴市新桥镇	2000	53424	650	49175	216	26	43508
江阴市长泾镇	5330	91051	3651	42516	590	72	25781
江阴市顾山镇	4971	94334	1627	33008	815	79	37835
江阴市祝塘镇	5959	134795	1928	65398	1450	126	61689
宜兴市张渚镇	18894	85601	1533	38860	505	34	26441
宜兴市西渚镇	6661	27758	490	4919	181	14	4820
宜兴市太华镇	9157	26730	292	13500	220	17	5968
宜兴市徐舍镇	17947	100199	1698	20669	717	45	19510
宜兴市官林镇	12400	89247	1818	32318	1033	114	38010
宜兴市杨巷镇	8625	45879	618	9548	209	17	12015
宜兴市新建镇	4436	29066	651	9352	329	30	10925
宜兴市和桥镇	10134	81945	2372	24166	1282	69	37160
宜兴市高塍镇	11267	60213	3163	21338	1825	60	38995
宜兴市万石镇	4382	40175	2159	25372	1009	57	13800

续表 135　　（江苏省）　　单位：公顷、人、个

名　称	行政区域面　积	常住人口	企业个数	企　业从业人员	工业企业单　位	#规模以上	城镇建成区常住人口
宜兴市周铁镇	7135	60857	1327	27551	630	50	17971
宜兴市丁蜀镇	19218	196913	5691	61451	2534	96	98349
宜兴市湖父镇	9802	23424	627	59998	171	17	8586
贾汪区青山泉镇	6647	48673	265	24156	155	53	33098
贾汪区紫庄镇	6668	63545	272	8685	156	16	19375
贾汪区塔山镇	9468	74674	219	7531	135	13	21235
贾汪区汴塘镇	10080	51259	255	4100	149	4	8935
贾汪区江庄镇	7496	33540	241	6542	19	7	4340
铜山区何桥镇	7400	50491	87	7143	28	8	6892
铜山区黄集镇	8340	63143	232	3258	98	5	19997
铜山区马坡镇	6900	44455	268	9189	192	13	9533
铜山区郑集镇	6710	47192	251	20135	105	19	25900
铜山区柳新镇	9606	76926	1025	20856	260	39	25421
铜山区刘集镇	8360	63566	817	13106	740	20	11825
铜山区大彭镇	6158	65543	490	8500	256	21	42108
铜山区汉王镇	6393	40646	521	7100	170	2	6121
铜山区棠张镇	8360	54836	529	15100	365	28	17460
铜山区张集镇	14800	85302	1351	27501	1061	33	7443
铜山区房村镇	13600	76225	893	8569	408	5	9684
铜山区伊庄镇	8565	45420	285	4150	85	10	7550
铜山区单集镇	13210	59897	402	6220	253	6	13955
铜山区利国镇	7769	57994	2073	26239	1292	25	30627
铜山区大许镇	12917	81228	679	20523	484	13	39522
铜山区茅村镇	8324	65761	896	18587	211	32	37852
铜山区柳泉镇	10520	64421	614	23327	460	23	18110
丰县首羡镇	12232	92636	1623	30485	838	18	12604
丰县顺河镇	9404	55502	2431	30550	781	14	20347
丰县常店镇	8187	63626	704	19932	343	45	12350
丰县欢口镇	10751	103822	1952	26992	1661	22	55006
丰县师寨镇	8419	63743	2046	16147	1311	19	14850
丰县华山镇	10100	75017	2836	28940	1850	30	48770
丰县梁寨镇	8680	58927	1275	15214	513	23	30121
丰县范楼镇	11610	83889	1196	17986	789	17	11746
丰县宋楼镇	12214	89708	2310	31950	1720	21	10912
丰县大沙河镇	8631	62271	858	13852	737	14	32763
丰县王沟镇	12621	88593	1632	8559	1058	17	17304
丰县赵庄镇	9100	60818	1241	30109	875	16	39769
沛县龙固镇	5302	60199	725	18852	502	56	43685
沛县杨屯镇	5165	59996	1053	24276	656	62	30192
沛县胡寨镇	4594	37245	771	11214	497	15	6716
沛县魏庙镇	6014	59071	735	21100	403	14	25978
沛县五段镇	4977	40789	809	6593	619	19	7472
沛县张庄镇	11200	87547	689	15976	140	22	43669
沛县张寨镇	10634	80024	272	7268	148	14	9124
沛县敬安镇	9600	61866	1612	20368	722	32	43280
沛县河口镇	8257	51073	962	10752	496	16	5850
沛县栖山镇	8951	51766	983	11259	667	9	6797
沛县鹿楼镇	12540	72402	693	15168	139	24	13309
沛县朱寨镇	7900	60566	1430	15575	961	25	11888
沛县安国镇	10294	82943	131	6875	94	29	43140

续表 136 （江苏省） 单位：公顷、人、个

名　　称	行政区域面　积	常住人口	企业个数	企　业从业人员	工业企业单　位	#规模以上	城镇建成区常住人口
睢宁县王集镇	13152	72610	161	15434	88	6	19005
睢宁县双沟镇	9530	59292	523	4253	76	21	59292
睢宁县岚山镇	12837	69640	211	5976	133	12	28754
睢宁县李集镇	6298	53003	463	14012	242	16	25017
睢宁县桃园镇	9489	67592	177	11119	148	11	17506
睢宁县官山镇	12528	75210	204	3728	136	13	6940
睢宁县高作镇	4171	35561	123	3843	67	3	18242
睢宁县沙集镇	6518	60998	3522	32167	481	23	22362
睢宁县凌城镇	9365	80357	185	10985	118	16	26295
睢宁县邱集镇	14079	97828	237	3579	169	14	24637
睢宁县古邳镇	10666	67061	491	8306	231	17	34728
睢宁县姚集镇	16780	93492	368	6124	207	12	23541
睢宁县魏集镇	13000	66801	906	7711	346	10	12506
睢宁县梁集镇	12134	62113	186	6932	91	6	8318
睢宁县庆安镇	11571	57204	152	30750	101	15	17850
徐州经济技术开发区徐庄镇	13259	71361	327	6347	83	12	28627
新沂市瓦窑镇	6203	36885	1345	12628	442	26	17922
新沂市港头镇	6810	38936	365	8740	126	27	11190
新沂市合沟镇	6734	60424	892	6504	413	40	6438
新沂市草桥镇	10122	67306	1638	22638	1151	24	32008
新沂市窑湾镇	11636	59350	2326	19238	1216	20	30940
新沂市棋盘镇	15770	69446	650	10628	322	34	32065
新沂市马陵山镇	9528	52385	716	9618	223	23	28156
新沂市新店镇	11199	44875	332	4909	151	20	8769
新沂市邵店镇	5849	38051	148	6682	56	21	10136
新沂市时集镇	13888	54726	2700	19200	92	31	10669
新沂市高流镇	12189	60093	1054	11932	475	36	22093
新沂市阿湖镇	12527	62846	1050	13865	650	45	18500
新沂市双塘镇	9484	37742	1150	17864	685	34	7934
邳州市邳城镇	9028	77574	20	2130	14	10	33621
邳州市官湖镇	8888	109925	1698	35189	1221	111	46952
邳州市四户镇	8156	47715	170	2952	70	14	10396
邳州市宿羊山镇	9013	77449	461	11652	302	25	12415
邳州市八义集镇	10562	73521	2064	19734	664	11	8744
邳州市土山镇	7015	48643	243	10964	181	11	27013
邳州市碾庄镇	12088	94515	1625	23125	315	35	45342
邳州市港上镇	6470	64245	48	1333	20	11	23252
邳州市邹庄镇	7036	58513	106	4533	60	12	8650
邳州市占城镇	8900	46735	95	2734	69	2	2365
邳州市新河镇	11800	57518	294	5680	45	9	8352
邳州市八路镇	6700	43194	225	26320	158	8	11859
邳州市铁富镇	12447	120069	989	25556	135	19	83600
邳州市岔河镇	7088	38972	323	4532	232	16	9234
邳州市陈楼镇	4341	50507	1426	15475	751	28	8506
邳州市邢楼镇	9684	56832	350	10520	260	4	4080
邳州市戴庄镇	6845	57248	242	5363	8	5	5437
邳州市车辐山镇	9488	60122	541	13575	276	11	8385
邳州市燕子埠镇	7700	35653	124	1742	104	9	3716
邳州市赵墩镇	12081	99857	179	14380	131	27	9758
邳州市议堂镇	5442	35630	251	7786	221	20	7680

续表 137 (江苏省) 单位：公顷、人、个

名　　称	行政区域面积	常住人口	企业个数	企业从业人员	工业企业单位	#规模以上	城镇建成区常住人口
天宁区郑陆镇	8893	108940	1328	39520	1068	175	26812
钟楼区邹区镇	6615	96584	1209	31032	630	66	45335
新北区春江镇	15210	155784	3015	62029	1871	247	59332
新北区孟河镇	8866	117467	1837	42580	1183	115	95894
新北区新桥镇	2714	56649	405	9980	325	49	47600
新北区薛家镇	3737	61956	1421	28813	921	130	50672
新北区罗溪镇	5379	54231	1662	34281	735	102	18836
新北区西夏墅镇	5199	52223	1841	16502	1478	67	15699
新北区奔牛镇	5631	60948	764	23500	363	52	21498
武进区湖塘镇	8406	383660	6877	171925	3122	128	383660
武进区牛塘镇	3460	95767	2481	29188	728	70	34945
武进区洛阳镇	5577	84225	2182	40936	1753	88	24684
武进区遥观镇	4468	105658	2156	47367	1833	125	20747
武进区横林镇	4668	102645	1480	39660	1172	178	33899
武进区横山桥镇	5840	98901	2741	50602	1901	155	25785
武进区雪堰镇	10438	100730	2156	32868	1602	100	11169
武进区前黄镇	10240	83101	1224	19752	876	101	9548
武进区礼嘉镇	5823	86234	2388	30368	2015	80	9133
武进区嘉泽镇	10632	94465	823	33569	208	24	19207
武进区湟里镇	8715	79876	1228	23476	567	65	15516
金坛区金城镇	9280	67728	1417	36098	759	84	5783
金坛区儒林镇	10500	30117	214	8914	192	27	6048
金坛区直溪镇	10652	53728	486	27423	281	34	8551
金坛区朱林镇	7699	38529	367	9821	264	31	9786
金坛区薛埠镇	13263	51815	594	38149	308	25	20203
金坛区指前镇	10514	54619	312	8861	193	38	9267
溧阳市溧城镇	7551	219876	2617	48724	981	29	129400
溧阳市埭头镇	4369	25264	253	9037	198	42	14525
溧阳市上黄镇	4760	24694	375	5220	208	21	16050
溧阳市戴埠镇	14265	43289	532	11881	452	38	15928
溧阳市天目湖镇	23900	73885	788	24896	315	41	13271
溧阳市别桥镇	11265	63240	504	24683	334	32	12479
溧阳市上兴镇	24560	73269	407	10680	137	25	5080
溧阳市竹箦镇	18360	66029	422	12835	360	32	16384
溧阳市南渡镇	12450	74536	337	19713	291	26	12183
溧阳市社渚镇	20700	69728	988	15982	319	29	16000
虎丘区浒墅关镇	3000	59135	1083	35128	779	82	48709
虎丘区通安镇	3698	76732	1682	16640	390	42	35790
虎丘区东渚镇	2002	37368	203	6058	112	4	2032
吴中区甪直镇	9799	158570	3283	64025	2169	129	50869
吴中区木渎镇	6228	282347	11023	126512	2412	103	158702
吴中区胥口镇	3650	96657	2868	55365	2565	129	23862
吴中区东山镇	9600	57794	626	14451	370	31	25903
吴中区光福镇	6156	48067	699	13418	309	21	17450
吴中区金庭镇	8342	45738	115	6728	49	8	3419
吴中区临湖镇	5430	88542	1315	46269	850	65	35452
相城区望亭镇	4406	61481	2467	43600	1341	61	22058
相城区黄埭镇	5600	144687	1926	66994	1713	159	105628
相城区渭塘镇	3936	74616	2368	41521	1703	96	30360
相城区阳澄湖镇	6284	63721	880	39137	847	53	14583

续表 138　　（江苏省）　　单位：公顷、人、个

名　　称	行政区域面　积	常住人口	企业个数	企　业从业人员	工业企业单　位	#规模以上	城镇建成区常住人口
吴江区太湖新城镇	19872	249062	4150	69850	1380	95	134964
吴江区平望镇	13565	125262	1669	48118	1094	120	57763
吴江区盛泽镇	14774	198259	15363	142867	2698	310	145675
吴江区七都镇	8620	82230	946	31882	730	94	82230
吴江区震泽镇	9561	89963	1550	43200	1200	81	34630
吴江区桃源镇	9060	79111	1420	45210	961	97	19276
吴江区黎里镇	25800	178504	4519	108578	3382	259	99732
苏州工业园区直属镇	8067	213884	2620	298025	1114	379	
常熟市虞山镇	18900	572990	8390	288520	2118	208	429743
常熟市梅李镇	8084	108097	1285	44956	726	95	33491
常熟市海虞镇	10997	129183	1619	49972	954	126	47655
常熟市古里镇	9646	105710	1511	60165	908	119	13605
常熟市沙家浜镇	7024	56102	704	37425	557	63	32879
常熟市支塘镇	12896	79184	1737	33272	974	95	27501
常熟市董浜镇	6261	55583	897	29685	555	68	11118
常熟市辛庄镇	10426	112776	1617	51313	1135	105	24692
常熟市尚湖镇	11250	123834	1413	43826	1028	103	21838
张家港市杨舍镇	15309	305332	8140	199714	3634	292	271745
张家港市塘桥镇	9427	157627	2135	83127	1557	107	137627
张家港市金港镇	13161	319501	12879	187425	1982	311	146153
张家港市锦丰镇	11434	177936	3139	96850	1500	88	108219
张家港市乐余镇	7861	90703	1530	31520	1210	65	34088
张家港市凤凰镇	7877	120404	2102	48120	1515	133	50522
张家港市南丰镇	6249	78773	867	38504	627	42	25435
张家港市大新镇	4048	69275	745	22579	643	35	19957
昆山市玉山镇	11800	234628	7956	109562	2366	282	171341
昆山市巴城镇	15700	105385	3977	67267	1370	173	76591
昆山市周市镇	7943	145306	3988	103788	3021	194	72355
昆山市陆家镇	3546	95010	2425	67853	872	92	80519
昆山市花桥镇	5009	122311	6443	88685	975	69	122230
昆山市淀山湖镇	6587	50504	1651	39193	816	119	38838
昆山市张浦镇	10904	137652	5021	112958	3352	253	66183
昆山市周庄镇	3605	28516	1031	13032	560	13	14215
昆山市千灯镇	7853	160882	4376	88528	2419	208	92426
昆山市锦溪镇	9069	51683	1286	50088	816	58	28523
太仓市城厢镇	5295	149964	2963	56344	880	99	111763
太仓市沙溪镇	13240	144746	3452	78350	2409	139	44473
太仓市浏河镇	6459	93421	1556	36320	987	97	29831
太仓市浮桥镇	14444	132046	2450	86495	1543	157	26045
太仓市璜泾镇	7963	83368	1486	33741	1201	214	18189
太仓市双凤镇	6250	56774	977	20254	712	83	12726
南通市通州区西亭镇	6921	48741	568	14270	253	21	4207
南通市通州区二甲镇	6602	58680	555	24869	253	36	14273
南通市通州区东社镇	11508	82375	703	23569	254	27	4580
南通市通州区三余镇	36801	93552	846	36865	331	15	55857
南通市通州区十总镇	13317	72306	624	19293	254	21	15214
南通市通州区石港镇	11015	70720	752	22119	334	52	19120
南通市通州区刘桥镇	10728	70138	729	39173	358	43	8057
南通市通州区平潮镇	10960	114284	1820	58116	1003	87	23255
南通市通州区五接镇	8065	42061	470	14502	305	20	6149

续表 139　　（江苏省）　　单位：公顷、人、个

名　　称	行政区域面积	常住人口	企业个数	企业从业人员	工业企业单位	#规模以上	城镇建成区常住人口
南通市通州区兴仁镇	7756	81421	1620	30512	822	78	38156
南通市通州区张芝山镇	4982	67424	969	15800	543	41	30765
南通市通州区川姜镇	4986	107092	2317	32990	680	88	41221
海安县海安镇	21434	253951	3110	227084	1617	287	185380
海安县城东镇	17093	136691	4450	75416	3021	236	112850
海安县曲塘镇	11894	85162	2540	21552	1686	88	11565
海安县李堡镇	9453	75622	2273	23475	897	52	33249
海安县角斜镇	14622	63787	795	8480	514	46	13453
海安县大公镇	10450	58713	2236	19626	967	38	11206
海安县雅周镇	8330	55101	1840	19832	717	33	18598
海安县白甸镇	5305	29054	360	7219	258	35	6946
海安县南莫镇	7420	46937	996	14622	808	35	13131
海安县墩头镇	11556	59025	448	8102	295	45	11268
如东县栟茶镇	9570	51330	221	9680	171	18	22230
如东县洋口镇	13710	67829	892	19036	210	110	7010
如东县直镇	9827	39520	471	10467	108	13	10072
如东县长沙镇	10184	36273	364	8864	115	14	4885
如东县大豫镇	19547	81224	227	14900	150	25	12400
如东县掘港镇	23926	214056	2980	158500	2180	109	163632
如东县马塘镇	14083	72061	4780	49171	306	40	9421
如东县丰利镇	14037	78970	1127	8977	543	17	19351
如东县曹埠镇	9236	44670	1470	21286	1032	35	6258
如东县岔河镇	14163	74130	4032	44792	1756	63	31823
如东县双甸镇	11233	68491	671	23264	435	64	13846
如东县新店镇	8069	37066	570	15688	180	39	1688
如东县河口镇	11610	57352	471	17756	146	34	12953
如东县袁庄镇	9919	53594	2036	23045	308	17	6806
启东市汇龙镇	10419	233970	6060	220430	1160	65	176280
启东市惠萍镇	7500	61265	1775	11181	815	5	18560
启东市东海镇	8540	52206	328	7506	242	7	7664
启东市南阳镇	12680	85115	1081	19969	953	11	23487
启东市海复镇	7380	51190	1015	8839	450	1	13009
启东市合作镇	8870	59597	298	4712	198	6	13690
启东市王鲍镇	12600	69116	2340	25540	550	23	19780
启东市吕四港镇	15280	150142	4246	38440	3502	117	49700
启东市海工船舶工业园	10666	76768	2841	28011	1169	31	18256
如皋市东陈镇	11232	73862	552	15456	320	34	2800
如皋市丁堰镇	7053	46380	462	12936	260	42	25138
如皋市白蒲镇	14489	113566	840	25200	516	48	56842
如皋市下原镇	7076	59955	430	18467	242	37	23689
如皋市九华镇	6961	67111	539	21021	255	40	11292
如皋市石庄镇	8506	83280	412	13184	231	42	8196
如皋市长江镇	12236	136976	1301	54120	652	134	121195
如皋市吴窑镇	6436	61710	352	24640	136	25	56876
如皋市江安镇	11836	112706	642	16692	411	53	40683
如皋市搬经镇	17485	122791	739	28082	410	78	30700
如皋市磨头镇	10315	77108	412	11536	245	44	27453
海门市常乐镇	9813	68008	458	39582	193	35	29816
海门市悦来镇	14144	98523	2468	148079	943	49	22483
海门市四甲镇	9683	83375	1895	21295	1186	22	26094

续表 140　　(江苏省)　　单位：公顷、人、个

名　　称	行政区域面　　积	常住人口	企业个数	企　　业从业人员	工业企业单　　位	#规模以上	城镇建成区常住人口
海门市余东镇	6830	55857	366	10540	165	31	20713
海门市正余镇	7636	53216	320	23752	289	45	28755
海门市海永镇	800	4695	36	1038	11	1	1743
海门市临江新区管理委员会	7530	53830	488	20810	145	35	5711
海门市港新区	16542	134059	1541	32318	441	66	59263
海门市工业园区管理委员会	9978	126684	2014	52562	1156	110	41898
连云区前三岛乡	40	2					
连云港市海州区锦屏镇	5214	30618	189	4159	118	4	6255
连云港市海州区新坝镇	6946	30803	101	1648	29	2	29803
连云港市海州区板浦镇	8064	72397	670	6728	289	3	33268
连云港市海州区浦南镇	10850	56568	120	3990	70	8	7915
赣榆区青口镇	8729	185073	2922	19025	308	38	137980
赣榆区柘汪镇	7230	55680	393	12985	330	36	9650
赣榆区石桥镇	7869	61387	245	4850	158	34	11210
赣榆区金山镇	6690	45456	205	5628	81	38	14321
赣榆区黑林镇	8262	41821	71	3560	55	12	9504
赣榆区厉庄镇	6257	34460	76	2864	57	20	9782
赣榆区海头镇	7900	77619	364	14930	316	42	32368
赣榆区塔山镇	10484	57643	58	1986	34	21	14294
赣榆区赣马镇	7618	84046	1242	14510	802	30	8896
赣榆区班庄镇	17561	100822	486	10695	343	37	21259
赣榆区城头镇	11485	85647	478	11398	392	36	18840
赣榆区城西镇	4530	40080	358	7425	202	16	12895
赣榆区宋庄镇	3420	33839	176	2415	115	5	7991
赣榆区沙河镇	13252	113960	2047	19874	1355	21	37971
赣榆区墩尚镇	12854	70667	468	9675	322	49	27732
东海县白塔埠镇	10329	60975	136	6371	76	27	21769
东海县黄川镇	9438	66312	376	7132	197	18	10242
东海县石梁河镇	10395	64087	316	8315	212	32	16583
东海县青湖镇	9432	59488	193	6176	84	25	14986
东海县温泉镇	10271	48407	483	6312	269	14	4168
东海县双店镇	11700	48765	125	3455	85	13	5346
东海县桃林镇	16978	70021	528	6621	42	28	30562
东海县洪庄镇	6719	32450	77	3214	55	9	5765
东海县安峰镇	13417	69674	668	15134	446	30	15979
东海县房山镇	14972	75713	514	15147	117	38	11352
东海县平明镇	15787	68292	439	5322	312	35	15887
东海县驼峰乡	10462	61066	686	8051	401	30	
东海县李埝乡	7009	36589	182	1886	182	17	
东海县山左口乡	8906	46699	124	3215	84	15	
东海县石湖乡	7226	28142	149	3466	119	21	
东海县曲阳乡	7495	38855	699	6780	481	20	
东海县张湾乡	9500	31024	45	1850	38	12	
灌云县伊山镇	8233	160324	2381	20879	662	23	109618
灌云县杨集镇	15449	115697	130	6260	67	13	6429
灌云县燕尾港镇	2580	13712	105	3905	84	84	12292
灌云县同兴镇	10606	80128	568	14682	487	8	8690
灌云县四队镇	8827	57975	308	2983	236	3	9986
灌云县圩丰镇	8681	41289	201	2419	164	13	9818
灌云县龙苴镇	12801	83796	642	9284	532	12	7927

续表 141　　(江苏省)　　单位：公顷、人、个

名　称	行政区域面积	常住人口	企业个数	企业从业人员	工业企业单位	#规模以上	城镇建成区常住人口
灌云县下车镇	10368	99086	585	11894	492	17	12301
灌云县图河镇	10821	41537	206	1892	165	8	7267
灌云县东王集镇	9197	68013	503	5055	215	16	2952
灌云县小伊乡	8425	65172	213	8572	32	9	
灌云县南岗乡	13372	109787	351	8074	311	13	
灌南县新安镇	14327	186374	217	54352	127	18	118187
灌南县堆沟港镇	14082	86823	441	19556	151	34	20486
灌南县田楼镇	11144	74117	228	6256	127	14	10033
灌南县北陈集镇	5526	39181	42	524	25	3	4895
灌南县张店镇	5918	37947	45	2910	36	8	2887
灌南县三口镇	8702	52839	127	4415	83	8	6228
灌南县孟兴庄镇	7809	49640	111	4574	87	14	7109
灌南县汤沟镇	3260	26843	91	3786	85	4	11204
灌南县百禄镇	10516	58989	188	8814	78	13	8653
灌南县新集镇	12738	66127	412	8324	219	20	6789
灌南县李集乡	8819	61756	185	6162	145	22	
淮安区淮城镇	4200	183758	1590	42520	804	43	183758
淮安区平桥镇	4600	36118	815	4619	412	15	6687
淮安区上河镇	3375	27916	131	2658	71	6	4996
淮安区马甸镇	3400	27466	155	1765	124	10	4093
淮安区朱桥镇	5158	45033	243	7320	183	7	9521
淮安区溪河镇	4308	24292	84	7168	25	11	9112
淮安区施河镇	5775	38347	512	14657	351	30	17053
淮安区车桥镇	6400	62682	706	16682	427	10	37249
淮安区泾口镇	5600	36640	48	1324	32	11	9104
淮安区流均镇	8860	47798	561	5102	215	5	8355
淮安区博里镇	7191	45877	731	10311	448	12	6200
淮安区仇桥镇	7447	44596	723	9874	395	10	4254
淮安区复兴镇	6454	34588	34	1265	26	8	6128
淮安区苏嘴镇	5987	41617	30	800	17	9	7345
淮安区钦工镇	4121	27436	52	2570	34	8	6777
淮安区顺河镇	7756	38376	585	7623	377	10	3453
淮安区季桥镇	5320	35272	816	15236	689	14	6134
淮安区席桥镇	2011	16086	65	1250	20	17	3986
淮安区林集镇	3856	18009	468	4872	196	7	2206
淮安区南闸镇	6446	30428	498	4920	182	5	3352
淮安区建淮乡	3476	34017	756	11361	545	16	
淮安区茭陵乡	3546	27834	467	5738	183	8	
淮安区宋集乡	5722	43016	368	6201	157	11	
淮安区城东乡	3724	69918	489	9936	305	12	
淮安区三堡乡	3708	18869	68	2168	54	8	
淮阴区王营镇	6139	228012	2566	33698	971	41	208506
淮阴区赵集镇	9825	38051	385	5972	133	26	8363
淮阴区吴城镇	5375	33381	135	2914	85	16	5421
淮阴区南陈集镇	9327	60195	72	8418	49	15	17812
淮阴区码头镇	4200	23314	349	5250	128	14	4562
淮阴区王兴镇	6710	31938	290	7189	73	11	7687
淮阴区棉花庄镇	6209	40835	1059	11281	471	14	6610
淮阴区丁集镇	4030	32078	400	9783	29	14	6327
淮阴区五里镇	5310	28386	89	3310	14	9	6310

续表 142　　（江苏省）　　单位：公顷、人、个

名　　称	行政区域面　　积	常住人口	企业个数	企　　业从业人员	工业企业单　　位	#规模以上	城镇建成区常住人口
淮阴区徐溜镇	5833	33375	315	7538	78	20	4785
淮阴区渔沟镇	9910	54665	195	5884	172	15	10598
淮阴区吴集镇	5697	32703	58	946	33	15	3944
淮阴区西宋集镇	7510	51558	484	5631	349	12	8421
淮阴区三树镇	7968	36903	71	1786	35	13	5714
淮阴区韩桥乡	5400	31369	179	1528	28	12	
淮阴区新渡乡	4650	30782	143	1425	62	8	
淮阴区老张集乡	5088	25908	53	6002	44	22	
淮阴区凌桥乡	6856	29165	26	1236	18	8	
淮阴区袁集乡	3940	26176	65	4742	26	15	
淮阴区刘老庄乡	5301	26093	98	786	40	11	
淮阴区古寨乡	3885	21459	43	1560	33	10	
清江浦区和平镇	7268	32402	515	12312	131	12	1455
清江浦区武墩镇	4078	21466	191	6765	130	14	4715
清江浦区盐河镇	3283	20336	843	5796	121	10	6624
清江浦区黄码乡	3105	20283	237	6827	166	6	
洪泽区蒋坝镇	346	8856	90	3186	82	14	4962
洪泽区岔河镇	19968	59265	429	18904	307	28	19762
洪泽区西顺河镇	1900	8850	86	2300	32	12	2560
洪泽区老子山镇	30000	13940	76	1519	24	16	6285
洪泽区三河镇	6825	45733	114	5642	74	49	12256
洪泽区东双沟镇	9862	61022	327	12914	322	29	12743
涟水县涟城镇	5600	166972	1062	28496	146	39	139143
涟水县高沟镇	12010	81496	611	15235	118	39	39218
涟水县唐集镇	6506	24424	175	1350	33	10	5842
涟水县保滩镇	4250	25124	44	1113	33	20	3056
涟水县大东镇	5668	26918	57	2859	48	8	4398
涟水县五港镇	11120	48900	330	5200	250	15	5835
涟水县梁岔镇	6943	38452	220	3021	120	8	11810
涟水县石湖镇	8484	46577	157	2525	89	5	12255
涟水县朱码镇	11846	62512	986	17721	541	34	8961
涟水县岔庙镇	8330	36632	185	8621	92	13	7589
涟水县东胡集镇	13700	60755	124	1756	35	8	7803
涟水县南集镇	5692	30750	103	2985	47	13	8156
涟水县义兴镇	4441	18184	205	2565	52	8	6600
涟水县成集镇	7731	43252	382	4083	276	13	6540
涟水县红窑镇	11743	59265	142	2513	83	10	11558
涟水县陈师镇	13290	39987	104	2356	45	19	2145
涟水县前进镇	5103	28572	55	1017	42	7	3108
涟水县徐集乡	7234	35859	439	5527	216	12	
涟水县黄营乡	10240	43201	305	4103	256	10	
盱眙县马坝镇	18181	104676	753	16103	453	35	60620
盱眙县官滩镇	13345	38423	165	7865	118	41	17268
盱眙县旧铺镇	13933	34866	572	5514	39	14	5172
盱眙县桂五镇	14820	35813	133	2304	41	12	10122
盱眙县管镇镇	6750	29156	95	2486	46	13	15829
盱眙县河桥镇	17080	30668	268	5308	162	17	14334
盱眙县鲍集镇	13200	54920	42	2836	18	17	6548
盱眙县黄花塘镇	12983	30030	205	4180	83	22	9228
盱眙县明祖陵镇	13500	37764	178	4962	89	11	7634

续表 143　　（江苏省）　　单位：公顷、人、个

名　　称	行政区域面　　积	常住人口	企业个数	企　　业从业人员	工业企业单　　位	#规模以上	城镇建成区常住人口
盱眙县铁佛镇	10800	36463	155	3456	59	12	6346
盱眙县淮河镇	8715	31123	53	602	29	10	6253
盱眙县仇集镇	16550	21893	47	1432	17	8	7402
盱眙县观音寺镇	11656	27073	173	866	121	13	7654
盱眙县天泉湖镇	15215	32668	184	4219	59	17	5044
盱眙县维桥乡	6477	20225	85	1722	19	12	
盱眙县穆店乡	9673	25075	37	1382	18	12	
盱眙县兴隆乡	10100	23587	106	1612	27	14	
金湖县黎城镇	6600	136138	2536	25968	643	44	108438
金湖县金南镇	10201	32197	471	3768	305	16	5013
金湖县闵桥镇	6791	21723	1117	8526	726	18	10382
金湖县塔集镇	9767	21583	487	7781	308	15	3194
金湖县前锋镇	7915	24442	186	4396	132	25	3916
金湖县吕良镇	7480	15741	313	3190	287	18	3640
金湖县陈桥镇	5486	22720	231	10863	128	21	1400
金湖县金北镇	6667	19056	463	7886	311	21	3522
金湖县戴楼镇	7596	21768	556	5120	215	31	1461
金湖县银涂镇	11007	38860	1613	14976	780	56	6214
淮安经济技术开发区范集镇	4054	11865	25	1431	18	1	3329
淮安经济技术开发区钵池乡	380	6205	30	350	8	5	
淮安经济技术开发区徐杨乡	1892	24653	82	4210	53	34	
淮安经济技术开发区南马厂乡	3168	29655	59	4815	44	21	
亭湖区南洋镇	12942	67812	776	14561	590	24	19671
亭湖区新兴镇	9257	59632	446	8967	249	22	18612
亭湖区便仓镇	7197	30392	328	8731	88	15	9760
亭湖区盐东镇	12218	51832	437	11360	158	27	14123
亭湖区黄尖镇	7056	36817	204	6100	200	6	14417
盐都区大纵湖镇	9303	45086	390	9542	332	26	23646
盐都区楼王镇	12721	55584	227	19560	149	10	19672
盐都区学富镇	7124	40236	183	2229	102	17	8377
盐都区尚庄镇	7475	40663	119	3985	75	6	30664
盐都区秦南镇	11492	78246	685	13477	421	26	47499
盐都区龙冈镇	9000	72492	751	29982	497	36	36893
盐都区郭猛镇	6242	28330	558	9620	448	22	23488
盐都区大冈镇	10142	64009	607	11250	351	35	36913
大丰区大中镇	20012	213794	2180	51906	703	67	149106
大丰区草堰镇	9589	38918	271	10548	102	11	13997
大丰区白驹镇	11300	38846	450	10900	175	22	19850
大丰区刘庄镇	9638	41700	507	5455	385	16	16622
大丰区西团镇	8800	26835	798	15960	574	50	14497
大丰区小海镇	12380	41072	268	4980	196	14	8090
大丰区大桥镇	10254	29347	90	2520	48	7	9345
大丰区草庙镇	12279	24961	398	6675	245	10	13120
大丰区万盈镇	14256	45997	536	12664	322	15	11156
大丰区南阳镇	9352	35296	353	5967	203	21	12938
大丰区新丰镇	27621	107256	2924	25946	654	29	48311
大丰区三龙镇	15300	53872	232	4898	63	10	20557
响水县响水镇	5121	103083	1925	24526	213	17	96315
响水县陈家港镇	8518	60217	389	4688	25	4	29150
响水县小尖镇	18841	98008	381	12779	227	22	17923

续表 144　　(江苏省)　　单位：公顷、人、个

名称	行政区域面积	常住人口	企业个数	企业从业人员	工业企业单位	#规模以上	城镇建成区常住人口
响水县黄圩镇	6418	23474	115	4232	61	8	9011
响水县大有镇	10862	44792	604	10115	381	12	11814
响水县双港镇	10372	57498	313	6290	237	13	57498
响水县南河镇	11674	49405	367	4107	267	3	13320
响水县运河镇	13130	66288	562	17497	204	11	11002
滨海县东坎镇	15007	246385	1392	28327	539	18	185946
滨海县五汛镇	14963	79804	671	8058	408	2	18173
滨海县蔡桥镇	9199	46172	156	2760	17	2	10597
滨海县正红镇	14500	92182	598	5643	292	5	21385
滨海县通榆镇	5600	37376	239	5562	110	5	10857
滨海县界牌镇	12194	59260	138	7760	42	5	7402
滨海县八巨镇	6893	49435	48	628	36	13	13520
滨海县八滩镇	11185	58488	402	11070	241	16	46500
滨海县滨淮镇	20132	87285	655	12935	497	24	25657
滨海县天场镇	8194	51369	99	5094	73	1	7202
滨海县陈涛镇	11091	55614	368	3140	263	7	5832
滨海县滨海港镇	14000	42253	25	512	15	5	40253
阜宁县沟墩镇	11520	58278	274	22150	248	14	34825
阜宁县陈良镇	6752	31282	135	5089	121	3	7092
阜宁县三灶镇	9120	54120	75	4400	60	2	14251
阜宁县郭墅镇(澳洋工业园)	7071	45977	301	8456	256	44	17539
阜宁县新沟镇	7740	45108	383	6838	275	12	6611
阜宁县陈集镇	8727	47313	137	4782	130	4	19504
阜宁县羊寨镇	9420	38924	398	9047	214	4	12631
阜宁县芦蒲镇	8673	37182	111	1267	90	4	6071
阜宁县板湖镇	6901	34361	436	2274	400	9	14920
阜宁县东沟镇	16968	84653	457	21054	375	25	17400
阜宁县益林镇	10918	115800	844	25038	537	33	57933
阜宁县古河镇	8979	58761	341	4988	297	7	15411
阜宁县罗桥镇	8871	53285	276	2564	208	8	11254
射阳县合德镇	20700	204264	933	53041	451	46	204264
射阳县临海镇	18628	75165	96	4420	61	25	22000
射阳县千秋镇	15746	52320	53	2560	12	7	4800
射阳县四明镇	17457	65369	156	2176	143	9	14662
射阳县海河镇	24243	87144	188	6120	145	19	11310
射阳县海通镇	7333	28696	273	4356	72	19	11523
射阳县兴桥镇	12914	46906	65	4270	52	11	11023
射阳县新坍镇	9875	42699	32	1289	30	11	3756
射阳县长荡镇	9591	40492	175	3781	42	14	2942
射阳县盘湾镇	9600	36958	92	3985	80	27	2847
射阳县特庸镇	10248	39831	139	3816	48	11	8450
射阳县洋马镇	9600	31408	381	3850	153	13	11043
射阳县黄沙港镇	2185	20980	66	1850	62	12	5892
建湖县建阳镇	9623	42801	615	11185	282	43	30977
建湖县九龙口镇	7480	29095	509	5594	267	15	10328
建湖县恒济镇	8008	30166	395	12488	305	16	7640
建湖县颜单镇	8974	23667	112	3450	54	16	4338
建湖县沿河镇	8181	27139	132	4326	62	11	12485
建湖县芦沟镇	8586	42578	102	5212	35	22	9865
建湖县庆丰镇	9400	57248	262	11340	203	46	29376

续表 145　　（江苏省）　　单位：公顷、人、个

名　称	行政区域面　积	常住人口	企业个数	企　业从业人员	工业企业单　位	#规模以上	城镇建成区常住人口
建湖县上冈镇	23127	153825	930	16882	688	46	56935
建湖县冈西镇	6811	27675	287	15276	186	20	12674
建湖县宝塔镇	5078	25268	85	2876	25	13	9438
建湖县高作镇	7010	36620	225	14532	182	23	13275
盐城经济技术开发区步凤镇	12790	52916	61	7020	49	5	10502
东台市溱东镇	7574	41851	812	22465	768	39	24321
东台市时堰镇	10226	49548	825	24191	736	38	36241
东台市五烈镇	13428	72844	326	6730	275	34	23851
东台市梁垛镇	13217	77170	320	9125	256	38	7813
东台市安丰镇	7128	51225	538	14400	325	29	34810
东台市南沈灶镇	10323	52647	454	9150	418	10	8132
东台市富安镇	16999	94950	343	6892	219	51	43157
东台市唐洋镇	10744	45882	298	2750	58	14	14175
东台市新街镇	10289	34686	150	3175	126	14	7825
东台市许河镇	10691	45292	202	5621	163	10	6000
东台市三仓镇	15726	63415	405	10160	289	15	42579
东台市头灶镇	20675	75052	1090	16233	840	37	35627
东台市弶港镇	26392	47101	61	2137	34	9	15328
东台市东台镇	29671	227903	2789	56555	1809	82	163326
广陵区李典镇	7045	42553	826	23000	540	41	21000
广陵区沙头镇	5600	33905	516	21182	361	32	33905
广陵区头桥镇	6421	46242	848	13612	703	46	8750
广陵区湾头镇	1960	24560	320	12008	206	3	11200
广陵区汤汪乡	1030	24694	118	5231	41	5	
广陵区扬州市生态科技新城杭集镇	4026	40080	1300	24677	1009	41	24160
广陵区扬州市生态科技新城泰安镇	4100	25507	303	13654	245	26	10743
邗江区公道镇	10646	38308	320	18650	230	27	9713
邗江区方巷镇	8936	43582	344	18630	274	30	43582
邗江区槐泗镇	6000	38848	512	38588	398	30	38848
邗江区瓜洲镇	1602	17329	82	2452	65	8	10586
邗江区杨寿镇	4048	24776	1287	7045	314	27	24776
邗江区杨庙镇	3102	23052	308	6910	240	15	7473
邗江区西湖镇	2706	37384	951	23814	353	33	23159
邗江区双桥乡	639	9817	1772	25280	94	4	
邗江区平山乡	1120	17938	256	15225	130	5	
邗江区城北乡	1800	25211	388	10165	14	3	
江都区仙女镇	14158	141426	3851	50878	2231	156	63415
江都区小纪镇	17823	91725	2314	40297	1998	52	44694
江都区武坚镇	8558	48244	659	18250	560	32	23850
江都区樊川镇	11611	65990	869	18155	623	36	23500
江都区真武镇	7602	50524	438	25860	312	34	15002
江都区宜陵镇	5986	51982	948	15963	769	40	30344
江都区丁沟镇	10232	62810	454	25365	305	25	12107
江都区郭村镇	10450	79338	650	8000	520	27	23856
江都区邵伯镇	12700	76313	800	38600	570	38	28000
江都区丁伙镇	8020	44844	1118	17920	1019	38	25000
江都区大桥镇	15566	147252	5998	59025	915	74	53812
江都区吴桥镇	5596	49803	465	12637	434	21	11198
江都区浦头镇	4315	44721	2395	30000	800	19	7466
宝应县安宜镇	14135	243012	2315	62812	2012	75	97935

续表 146　　(江苏省)　　单位：公顷、人、个

名　　称	行政区域面积	常住人口	企业个数	企业从业人员	工业企业单位	#规模以上	城镇建成区常住人口
宝应县氾水镇	17200	101926	1902	24966	1682	31	31055
宝应县夏集镇	12488	48693	622	7486	579	19	9996
宝应县柳堡镇	11740	46929	610	7837	586	23	13000
宝应县射阳湖镇	19650	82270	1207	14746	1178	19	14298
宝应县广洋湖镇	9155	20182	722	3864	145	17	5298
宝应县鲁垛镇	6158	25219	275	7510	251	14	8048
宝应县小官庄镇	4600	27447	689	5750	385	26	8564
宝应县望直港镇	9000	63116	337	15554	279	37	20597
宝应县曹甸镇	10000	64750	1820	19655	236	23	34845
宝应县西安丰镇	5864	31432	309	16885	298	12	7423
宝应县山阳镇	12277	46274	322	11150	290	33	5440
宝应县黄塍镇	4200	22247	228	7160	183	18	8614
宝应县泾河镇	8412	49358	492	5752	466	18	9666
扬州经济技术开发区施桥镇	3099	34788	462	20855	328	22	15380
扬州经济技术开发区八里镇	2326	22975	169	15848	86	34	22803
扬州经济技术开发区朴席镇	4301	31942	115	2108	62	8	1639
仪征市真州镇	6084	228340	2357	48600	733	59	228340
仪征市新集镇	6389	42732	325	17167	283	27	3960
仪征市新城镇	5616	35383	185	13218	165	20	35383
仪征市马集镇	6573	30983	382	21800	370	22	8000
仪征市刘集镇	9065	45970	243	13358	202	31	45967
仪征市陈集镇	8155	37263	450	10558	390	22	8056
仪征市大仪镇	10866	48487	656	24158	443	32	15003
仪征市月塘镇	14800	55600	439	10483	386	26	10435
仪征市青山镇	4603	25768	117	3684	77	9	16450
高邮市龙虬镇	7600	34062	175	9205	139	14	4891
高邮市汤庄镇	14582	58244	942	19208	378	43	18206
高邮市卸甲镇	17016	79809	693	25677	586	28	17395
高邮市三垛镇	18688	77516	1048	18974	1012	29	30042
高邮市甘垛镇	14972	55577	362	4992	145	16	8532
高邮市界首镇	8580	32643	240	9610	225	10	17550
高邮市周山镇	6202	28446	306	5471	286	5	3006
高邮市临泽镇	19940	92406	662	20254	527	31	29412
高邮市送桥镇	15300	72585	1164	28867	1015	102	23290
高邮市菱塘回族乡	5392	23758	482	10932	394	50	12540
丹徒区高桥镇	4280	20521	551	10293	503	17	6478
丹徒区辛丰镇	7942	50367	998	28042	876	63	18454
丹徒区谷阳镇	5068	30993	801	20816	746	48	8113
丹徒区上党镇	11372	49120	1038	14762	843	32	14392
丹徒区宝堰镇	4092	24933	456	7147	376	13	9698
丹徒区世业镇	5275	14483	71	2281	11	2	3846
镇江新区姚桥镇	5691	28212	612	18500	537	60	4022
镇江新区大路镇	3606	25203	347	5423	302	42	25203
镇江新区丁岗镇	3536	68216	374	7828	282	51	54051
丹阳市司徒镇	9165	47320	929	35411	532	79	4682
丹阳市延陵镇	11552	69565	618	9861	556	40	22911
丹阳市珥陵镇	8367	50116	745	15960	532	15	12201
丹阳市导墅镇	8060	49945	651	15158	534	31	5299
丹阳市皇塘镇	8044	59110	846	26611	680	50	21510
丹阳市吕城镇	6801	55979	1125	22816	612	138	27503

续表 147　　（江苏省）　　单位：公顷、人、个

名　称	行政区域面积	常住人口	企业个数	企业从业人员	工业企业单位	#规模以上	城镇建成区常住人口
丹阳市陵口镇	6440	42376	464	19800	336	29	19334
丹阳市访仙镇	7380	51546	470	25890	465	31	16473
丹阳市界牌镇	2363	50105	1351	26743	1100	79	44172
丹阳市丹北镇	11491	114712	2736	71110	1905	117	60845
扬中市新坝镇	4920	52765	1188	35596	786	116	15911
扬中市油坊镇	4593	43465	385	16597	341	73	20196
扬中市八桥镇	3458	35965	754	13026	514	52	9480
扬中市西来桥镇	1950	18053	213	6106	141	23	5253
句容市下蜀镇	9644	39235	368	17279	160	53	7980
句容市白兔镇	11550	38468	341	13960	242	48	8592
句容市边城镇	10900	35578	382	11224	319	50	8699
句容市茅山镇	8100	28924	217	6263	75	17	6587
句容市后白镇	14328	57952	446	22368	281	78	29762
句容市郭庄镇	11700	52400	668	18661	343	54	17465
句容市天王镇	13154	61551	540	15094	446	42	26371
句容市宝华镇	12740	26578	570	27980	197	46	17410
海陵区九龙镇	2680	32137	586	15068	505	49	11613
海陵区罡杨镇	3400	23774	311	8378	245	22	8533
海陵区苏陈镇	4580	45359	570	15520	295	31	9260
高港区永安洲镇	5291	34650	856	15615	284	52	16012
高港区白马镇	2322	19400	575	6088	201	14	7315
高港区胡庄镇	5382	36519	463	4937	123	8	17698
高港区大泗镇	3677	27260	395	8503	168	12	10098
姜堰区溱潼镇	3861	34049	324	6772	175	17	12033
姜堰区蒋垛镇	6505	45758	305	5100	275	17	17510
姜堰区顾高镇	3820	29344	356	5991	145	13	9419
姜堰区大伦镇	5503	37856	511	7724	261	24	8437
姜堰区张甸镇	9360	76155	620	15218	512	42	35212
姜堰区梁徐镇	6663	51404	346	16075	226	17	8455
姜堰区桥头镇	3799	24593	291	4300	200	16	6518
姜堰区淤溪镇	7168	39687	223	6140	161	17	11445
姜堰区白米镇	5487	43991	464	13111	368	32	11142
姜堰区娄庄镇	6792	46678	515	15206	353	39	12890
姜堰区沈高镇	5673	39830	686	14636	318	37	15176
姜堰区兴泰镇	3691	23615	257	6851	175	19	6494
姜堰区俞垛镇	7980	41353	307	4912	292	19	14458
姜堰区华港镇	6977	41222	367	8632	291	14	10240
泰州医药高新技术产业开发区野徐镇	2267	24273	204	8267	180	14	4726
兴化市戴窑镇	9725	64394	495	9785	455	35	28857
兴化市合陈镇	9889	53468	794	6648	631	6	20269
兴化市永丰镇	7794	47722	475	4120	466	1	6002
兴化市新垛镇	4908	23250	190	3500	175	2	2155
兴化市安丰镇	9872	82146	1045	16707	186	19	34641
兴化市海南镇	7162	37404	56	995	50	5	3564
兴化市钓鱼镇	7487	44892	77	2096	72	2	4871
兴化市大邹镇	4656	26722	187	2089	159	2	9008
兴化市沙沟镇	6998	26018	216	1863	13	2	9109
兴化市中堡镇	8392	30685	138	2097	119	2	8027
兴化市李中镇	8052	31033	75	1310	71	4	3850
兴化市西郊镇	7021	28542	305	4250	271	7	6683

续表 148　　（江苏省）　　单位：公顷、人、个

名　　称	行政区域面　　积	常住人口	企业个数	企　　业从业人员	工业企业单　　位	#规模以上	城镇建成区常住人口
兴化市临城镇	9272	47052	423	7811	361	27	6105
兴化市垛田镇	5963	55143	535	11215	416	14	6927
兴化市竹泓镇	6426	40293	374	4402	352	4	15193
兴化市沈沦镇	4960	22274	134	2859	97	2	8052
兴化市大垛镇	7276	39813	361	5627	351	16	16731
兴化市荻垛镇	7239	43188	247	5250	236	15	9845
兴化市陶庄镇	6962	43091	328	3897	323	3	7045
兴化市昌荣镇	6163	35071	244	3120	69	3	9021
兴化市茅山镇	4303	27636	119	2239	89	14	12004
兴化市周庄镇	9251	56293	395	11620	256	26	25776
兴化市陈堡镇	8060	42608	295	6649	166	22	10830
兴化市戴南镇	10768	127616	1803	72800	1096	152	66419
兴化市张郭镇	8439	52021	541	15302	398	78	11863
兴化市昭阳镇	4742	207656	1590	48927	634	60	164353
兴化市大营镇	5081	26785	351	4865	323	1	2575
兴化市下圩镇	4916	20691	51	1125	21	1	1671
兴化市城东镇	5587	29812	89	6851	51	13	7671
兴化市老圩乡	5236	26955	228	2525	212	3	
兴化市周奋乡	5782	25057	42	863	41		
兴化市缸顾乡	4648	21809	159	961	147	3	
兴化市西鲍乡	5243	29029	71	426	30	2	
兴化市林湖乡	6573	33730	173	1867	156	6	
靖江市新桥镇	6135	62584	1081	20583	963	74	26783
靖江市东兴镇	4683	36304	670	9554	550	22	5575
靖江市斜桥镇	10788	94304	582	10583	395	25	28265
靖江市西来镇	4666	48698	368	19798	329	31	11968
靖江市季市镇	4163	46922	567	14012	417	23	12316
靖江市孤山镇	4799	44103	659	7909	342	19	9932
靖江市生祠镇	7019	47658	836	8410	618	27	12720
靖江市马桥镇	5031	36787	675	11079	409	26	10168
泰兴市黄桥镇	17595	195862	2179	49109	1421	78	66944
泰兴市分界镇	7113	57336	653	9086	594	18	7317
泰兴市古溪镇	7606	59183	316	19607	292	41	12665
泰兴市元竹镇	4749	38825	579	9221	541	17	8382
泰兴市珊瑚镇	4926	50932	538	12359	465	23	8654
泰兴市广陵镇	5866	56709	606	6822	543	17	9872
泰兴市曲霞镇	3531	32845	494	5835	418	22	9030
泰兴市张桥镇	6146	57318	630	11910	610	18	11324
泰兴市河失镇	6441	55561	449	10942	139	24	10541
泰兴市新街镇	7206	59811	587	12739	408	28	12837
泰兴市姚王镇	5792	52865	1074	18667	838	51	18842
泰兴市宣堡镇	3227	31641	674	14038	541	18	13831
泰兴市滨江镇	13257	110702	1425	67602	1220	134	49816
泰兴市虹桥镇	8825	79429	2116	45027	1168	64	32964
泰兴市根思乡	5890	50801	496	6550	433	15	
宿城区双庄镇	4178	63990	421	13545	55	3	32195
宿城区耿车镇	3501	35101	716	11513	542	8	12816
宿城区埠子镇	4401	47244	245	13500	113	24	18916
宿城区龙河镇	6641	57811	210	4580	105	15	18560
宿城区洋北镇	4400	31426	273	5825	129	18	4615

续表 149　　（江苏省）　　单位：公顷、人、个

名　称	行政区域面　积	常住人口	企业个数	企　业从业人员	工业企业单　位	#规模以上	城镇建成区常住人口
宿城区中扬镇	14515	52815	265	4958	120	5	26206
宿城区陈集镇	6867	51540	130	4470	125	7	4120
宿城区蔡集镇	4433	42834	218	8912	132	15	15342
宿城区王官集镇	6270	46249	633	8621	78	9	14822
宿城区洋河镇	8998	111396	525	41712	272	19	56920
宿城区仓集镇	4800	45523	315	6109	165	5	15846
宿城区郑楼镇	6086	45338	137	2722	31	2	6682
宿城区罗圩乡	4379	36080	413	8972	17	4	
宿城区屠园乡	6298	35192	65	2549	46	4	
宿豫区仰化镇	5233	32566	312	2370	258	7	13130
宿豫区大兴镇	5826	51439	856	6969	42	16	24817
宿豫区丁嘴镇	4764	31224	222	3800	165	8	6850
宿豫区来龙镇	7271	42783	446	6035	341	12	14609
宿豫区陆集镇	4263	25364	132	2562	75	10	7241
宿豫区关庙镇	7954	38652	135	1560	35	12	7166
宿豫区侍岭镇	5815	30878	278	4096	29	9	6820
宿豫区新庄镇	5371	21698	653	7530	38	13	6095
宿豫区晓店镇	14546	51017	248	5492	27	4	26589
宿豫区皂河镇	26409	50786	108	1842	4		11014
宿豫区黄墩镇	5125	25419	115	1390	55	2	3200
宿豫区曹集乡	4687	29654	236	3100	42	11	
宿豫区保安乡	4561	21266	152	4862	85	12	
宿豫区井头乡	4013	20405	101	850	38	3	
沭阳县陇集镇	4688	22040	185	4120	65	10	8963
沭阳县胡集镇	6868	47358	411	6897	189	21	17151
沭阳县钱集镇	4945	27282	152	2866	68	9	13142
沭阳县塘沟镇	5795	36168	191	8167	78	8	17295
沭阳县马厂镇	8436	67680	63	6345	54	26	23400
沭阳县沂涛镇	9458	60244	295	5846	189	11	7231
沭阳县庙头镇	5800	42995	60	890	55	20	5024
沭阳县韩山镇	6529	32768	603	5642	479	8	11799
沭阳县华冲镇	3406	49894	1169	13756	827	32	25537
沭阳县桑墟镇	5400	51292	802	25622	386	58	5460
沭阳县悦来镇	8847	45664	294	2218	120	11	3430
沭阳县刘集镇	7200	38906	267	2624	203	13	10309
沭阳县李恒镇	6490	30896	129	3120	39	12	11312
沭阳县扎下镇	5530	48544	332	6020	206	38	6243
沭阳县颜集镇	9968	57029	668	6913	8	3	9608
沭阳县潼阳镇	9968	50529	850	15300	650	15	15810
沭阳县龙庙镇	4960	41019	116	3550	105	22	12851
沭阳县高墟镇	6115	31439	632	9022	352	14	11497
沭阳县耿圩镇	7044	37309	298	7568	122	6	9610
沭阳县汤涧镇	5510	36323	228	4158	75	8	5152
沭阳县新河镇	4952	37113	322	4916	39	5	8243
沭阳县贤官镇	5029	51270	987	22410	579	63	14637
沭阳县吴集镇	7305	35569	112	3200	46	10	10723
沭阳县湖东镇	6343	33450	314	5220	15	12	2192
沭阳县青伊湖镇	5000	41015	415	11744	325	30	6738
沭阳县北丁集乡	3877	22403	239	2819	187	8	
沭阳县周集乡	4531	27519	49	810	26	4	

续表 150　　（江苏省、浙江省）　　单位：公顷、人、个

名　称	行政区域面　积	常住人口	企业个数	企　业从业人员	工业企业单　位	#规模以上	城镇建成区常住人口
沭阳县东小店乡	5105	28074	251	2032	41	15	
沭阳县张圩乡	3902	23257	31	2633	26	3	
沭阳县茆圩乡	7124	38445	61	2868	36	10	
沭阳县西圩乡	4671	32511	391	4701	112	12	
沭阳县万匹乡	3500	33453	325	9450	205	20	
沭阳县官墩乡	5800	31945	312	2215	96	13	
泗阳县众兴镇	26200	304368	1631	76353	416	39	193428
泗阳县爱园镇	6501	46413	215	4525	48	7	16597
泗阳县王集镇	8531	63178	271	12956	89	15	45204
泗阳县裴圩镇	7686	53782	66	4426	46	18	22138
泗阳县新袁镇	5359	36885	165	8471	71	34	22514
泗阳县李口镇	6565	42728	77	3125	75	23	13821
泗阳县临河镇	5875	39284	261	18489	119	26	14874
泗阳县穿城镇	5436	31712	171	7812	55	10	10037
泗阳县张家圩镇	5764	31956	132	7356	45	8	9210
泗阳县高渡镇	5271	31148	132	6415	36	8	12689
泗阳县卢集镇	8040	33083	213	8136	138	12	12297
泗阳县庄圩乡	4876	31883	50	661	28	8	
泗阳县里仁乡	4152	29229	116	4521	32	11	
泗阳县三庄乡	6589	33192	159	5193	65	14	
泗阳县南刘集乡	5850	32554	148	6001	72	11	
泗阳县八集乡	4500	23672	92	4650	75	15	
泗洪县青阳镇	25322	277773	5063	73295	347	54	174527
泗洪县双沟镇	7428	38356	398	18673	77	39	34046
泗洪县上塘镇	13299	37340	338	4487	89	12	3566
泗洪县魏营镇	10315	27491	114	3895	82	10	22397
泗洪县临淮镇	2309	11274	38	623	20	3	5418
泗洪县半城镇	8300	12174	182	2563	78	3	9517
泗洪县孙园镇	9516	37053	237	2536	151	25	8739
泗洪县梅花镇	9350	30010	54	1860	30	16	9780
泗洪县归仁镇	11459	52394	158	5312	121	15	22340
泗洪县金锁镇	8073	34744	114	5008	102	15	3413
泗洪县朱湖镇	7370	24877	180	6758	152	13	11528
泗洪县界集镇	9060	32496	241	3200	48	13	5378
泗洪县太平镇	7251	26976	122	2015	38	9	12781
泗洪县龙集镇	8741	32770	78	1032	38	10	11005
泗洪县四河乡	6169	26438	202	2405	41	8	
泗洪县峰山乡	5684	22009	98	2156	45	15	
泗洪县天岗湖乡	8918	22898	187	4521	115	11	
泗洪县车门乡	8436	23655	136	3356	65	18	
泗洪县瑶沟乡	6924	17903	254	6977	133	16	
泗洪县石集乡	8940	20581	200	3168	23	12	
泗洪县城头乡	7817	14480	164	3110	94	15	
泗洪县陈圩乡	8820	25975	257	21239	10	10	
泗洪县曹庙乡	9185	27844	21	5654	21	13	
宿迁经济技术开发区三棵树乡	3757	37612	126	4200	23	6	
宿迁经济技术开发区南蔡乡	3974	32082	129	890	21	2	
浙江省							
杭州市西湖区三墩镇	3758	280143	8735	75232	722	11	280143
杭州市西湖区双浦镇	8181	67300	1329	57212	302	22	51393

续表 151　　（浙江省）　　单位：公顷、人、个

名　　称	行政区域面　积	常住人口	企业个数	企　　业从业人员	工业企业单　　位	#规模以上	城镇建成区常住人口
萧山区楼塔镇	4763	28193	404	8878	364	22	9179
萧山区河上镇	6396	27990	689	9805	372	34	3604
萧山区戴村镇	6287	39652	688	4959	600	35	32598
萧山区浦阳镇	4450	42414	1380	21781	1063	46	5433
萧山区进化镇	8710	50786	1156	15754	759	32	3956
萧山区临浦镇	4250	77512	2757	33176	842	71	14887
萧山区义桥镇	5800	49222	1852	18578	1013	88	17625
萧山区所前镇	4340	51532	1427	27826	836	55	23550
萧山区衙前镇	2032	49655	1983	40364	632	80	49655
萧山区瓜沥镇	12692	242735	5092	107609	2423	212	133691
萧山区益农镇	4650	53335	786	48602	451	22	2356
萧山区党湾镇	3273	60776	652	27613	256	39	60367
余杭区塘栖镇	5426	115955	2850	35432	1113	82	27215
余杭区径山镇	15708	36433	803	11509	286	27	4063
余杭区瓶窑镇	12900	73674	2122	37176	893	89	46965
余杭区鸬鸟镇	7200	13777	213	2196	67	1	2069
余杭区百丈镇	6000	11854	209	4651	101	11	1319
余杭区黄湖镇	5850	19155	123	7284	105	12	8341
富阳区万市镇	15514	21644	450	4156	204	6	4356
富阳区洞桥镇	14760	18009	436	5242	195	7	2731
富阳区渌渚镇	8319	16052	235	3346	88	11	4384
富阳区永昌镇	4954	11930	209	3522	117	16	4256
富阳区里山镇	2540	9897	353	3081	86	9	2779
富阳区常绿镇	4930	11593	124	1686	34	2	3128
富阳区场口镇	5840	39606	687	9292	315	27	6402
富阳区常安镇	6330	15774	401	4387	108	8	2345
富阳区龙门镇	2720	5370	154	1386	47	4	4565
富阳区新登镇	17990	111125	1551	27021	692	51	75784
富阳区胥口镇	6800	18521	230	5438	91	11	3262
富阳区大源镇	10500	37356	1077	25066	500	44	26321
富阳区灵桥镇	5594	29150	750	14436	446	51	11824
富阳区新桐乡	4700	10775	157	2318	43	6	
富阳区上官乡	2710	8988	217	2948	151		
富阳区环山乡	3870	12563	296	6359	44	6	
富阳区湖源乡	12780	8151	185	1508	35	3	
富阳区春建乡	4470	8700	272	2109	82	6	
富阳区渔山乡	3679	13098	173	1949	95	7	
桐庐县富春江镇	19508	26299	641	11571	331	39	12677
桐庐县横村镇	12070	47871	3018	24785	883	68	23131
桐庐县分水镇	29991	73217	1705	39721	679	43	39201
桐庐县瑶琳镇	21700	32190	393	5442	191	23	12800
桐庐县百江镇	23348	14642	173	2132	85	6	2990
桐庐县江南镇	8166	45308	657	9816	314	47	9907
桐庐县莪山畲族乡	2851	9159	123	5290	65	9	
桐庐县钟山乡	11171	15704	159	2195	106	6	
桐庐县新合乡	7367	4948	124	1124	46	5	
桐庐县合村乡	12166	7728	89	622	15		
淳安县千岛湖镇	35600	108098	3124	60195	379	64	99429
淳安县文昌镇	22100	14137	156	2343	79	9	3326
淳安县石林镇	14400	4575	66	1185	18		812

续表 152 （浙江省） 单位：公顷、人、个

名　　称	行政区域面积	常住人口	企业个数	企业从业人员	工业企业单位	#规模以上	城镇建成区常住人口
淳安县临岐镇	22200	14922	189	1959	54	6	4935
淳安县威坪镇	30100	44246	260	2811	66	7	4360
淳安县姜家镇	20600	22252	144	1794	45	7	3969
淳安县梓桐镇	15600	18148	109	1900	43	3	1647
淳安县汾口镇	23700	49472	289	4611	79	9	9857
淳安县中洲镇	16600	16225	61	900	29		2032
淳安县大墅镇	16300	11930	118	1923	38	6	4559
淳安县枫树岭镇	30800	17588	136	2515	60	6	773
淳安县里商乡	27600	10493	62	433	15		
淳安县金峰乡	15000	4267	46	255	7	1	
淳安县富文乡	15100	6860	54	504	11		
淳安县左口乡	17500	8898	68	403	9		
淳安县屏门乡	16350	11503	39	538	19		
淳安县瑶山乡	12800	5775	40	553	16		
淳安县王阜乡	16800	16991	48	410	18		
淳安县宋村乡	8500	5757	32	200	12		
淳安县鸠坑乡	10390	7391	42	436	19		
淳安县浪川乡	10900	16066	66	857	17	2	
淳安县界首乡	12100	7560	74	568	9		
淳安县安阳乡	14600	10642	76	679	22	2	
建德市莲花镇	8742	10476	151	1242	79	5	3446
建德市乾潭镇	38600	44982	1087	17510	733	92	15422
建德市梅城镇	15490	42615	862	12596	553	42	24578
建德市杨村桥镇	13320	19852	292	3067	159	12	4369
建德市下涯镇	15813	25727	300	6800	130	18	5942
建德市大洋镇	24126	30914	259	3170	76	8	5126
建德市三都镇	18318	20526	266	3911	125	14	2415
建德市寿昌镇	14575	46889	606	6706	144	22	16482
建德市航头镇	15780	30416	246	3205	87	12	2971
建德市大慈岩镇	9310	16348	153	2809	60	22	2211
建德市大同镇	17048	45217	355	5129	136	19	8998
建德市李家镇	10500	13796	159	2456	63	11	3726
建德市钦堂乡	5700	8450	208	2861	154	15	
临安市高虹镇	11180	24716	448	15587	293	37	12529
临安市太湖源镇	24040	31574	529	6262	301	38	3199
临安市於潜镇	26120	57438	581	7620	132	20	21500
临安市太阳镇	20520	23878	355	3890	350	17	6139
临安市潜川镇	17550	21019	232	3602	110	14	3387
临安市昌化镇	23170	26283	1252	7381	302	11	16893
临安市河桥镇	18880	15861	139	1863	56	5	3102
临安市湍口镇	20650	12771	72	712	23		1477
临安市清凉峰镇	28860	28501	293	3232	151	18	3000
临安市岛石镇	13910	25959	407	2238	298	7	2304
临安市板桥镇	13860	27083	574	6880	355	34	3331
临安市天目山镇	24180	33784	388	4021	180	28	1819
临安市龙岗镇	26120	21336	457	3747	443	26	5627
宁波市江北区慈城镇	10230	88234	1197	47336	859	52	54011
镇海区澥浦镇	2930	38525	1332	44612	977	36	24681
镇海区九龙湖镇	6530	36480	899	27482	615	50	4143
鄞州区瞻岐镇	8240	34271	708	33645	508	95	11511

续表 153　　（浙江省）　　单位：公顷、人、个

名　　称	行政区域面　积	常住人口	企业个数	企　业从业人员	工业企业单　位	#规模以上	城镇建成区常住人口
鄞州区咸祥镇	5763	31217	521	9934	373	19	15188
鄞州区塘溪镇	7884	37853	1037	17940	930	21	11308
鄞州区东钱湖镇	12988	62371	1276	29185	759	56	31758
鄞州区东吴镇	7140	25715	574	18589	445	76	7754
鄞州区五乡镇	4738	57174	1767	46063	1192	144	43820
鄞州区邱隘镇	2349	88586	1508	31782	968	32	59035
鄞州区云龙镇	3282	63172	1318	33844	993	110	12025
鄞州区横溪镇	8446	40069	910	17551	645	61	17620
鄞州区姜山镇	8776	135818	3288	76474	2316	190	36649
鄞州区高桥镇	5239	145560	2834	66383	2300	114	96546
鄞州区横街镇	12170	40948	1174	20868	962	66	31948
鄞州区集士港镇	4900	80465	2944	66263	1962	143	34675
鄞州区古林镇	4480	78318	2855	77992	1836	144	16358
鄞州区洞桥镇	3250	37191	867	21626	632	74	14542
鄞州区鄞江镇	6443	26447	659	13762	495	33	16885
鄞州区章水镇	14600	20613	398	3066	212	9	6306
鄞州区龙观乡	7316	13171	183	4941	127	9	
象山县石浦镇	12610	100297	1093	15068	436	36	67853
象山县西周镇	15500	47612	687	17226	463	46	34063
象山县鹤浦镇	10200	26041	259	3713	92	7	11209
象山县贤庠镇	6682	26416	297	5070	199	14	10998
象山县墙头镇	8700	19784	220	4196	132	9	3427
象山县泗洲头镇	8400	16500	100	1407	45	4	2058
象山县定塘镇	6066	28924	194	2635	91	3	1464
象山县涂茨镇	6201	15922	142	4356	78	4	2690
象山县大徐镇	5581	16493	500	10072	364	51	3572
象山县新桥镇	12600	21370	361	3695	85	10	4001
象山县东陈乡	5700	23214	491	12466	308	44	
象山县晓塘乡	4550	17663	157	2092	120	14	
象山县黄避岙乡	4350	9696	66	1952	38	9	
象山县茅洋乡	4800	11173	138	2283	89	5	
象山县高塘岛乡	5800	18155	145	1531	55	6	
宁海县长街镇	27220	59576	326	9636	185	14	13399
宁海县力洋镇	14740	32273	263	9998	140	13	15880
宁海县一市镇	10800	15520	114	2125	47	9	3528
宁海县岔路镇	10800	22086	237	5285	171	17	8492
宁海县前童镇	6870	17582	241	4414	175	17	4539
宁海县桑洲镇	5870	12458	73	1535	36	3	1657
宁海县黄坛镇	18780	22086	266	8903	215	18	13488
宁海县大佳何镇	7560	15807	265	4780	207	11	8833
宁海县强蛟镇	6528	16501	342	7415	245	24	4810
宁海县西店镇	10230	84109	1340	42944	979	94	54019
宁海县深甽镇	17280	27158	338	8362	246	35	8901
宁海县胡陈乡	9690	17419	101	1538	40	2	
宁海县茶院乡	7840	17075	132	1984	81	10	
宁海县越溪乡	8990	18172	122	2988	75	5	
余姚市临山镇	4970	47302	597	19285	478	68	33188
余姚市黄家埠镇	4108	43297	405	21042	324	53	43297
余姚市小曹娥镇	3340	39413	501	16871	373	55	39413
余姚市泗门镇	6630	109041	1704	40996	1300	135	109041

续表 154 （浙江省） 单位：公顷、人、个

名　　称	行政区域面　积	常住人口	企业个数	企　业从业人员	工业企业单　位	#规模以上	城镇建成区常住人口
余姚市马渚镇	6584	71431	1233	27341	986	79	46370
余姚市牟山镇	3850	21631	409	8621	340	26	8990
余姚市丈亭镇	5540	39627	738	16725	586	59	23369
余姚市三七市镇	6853	39813	499	10537	433	36	27158
余姚市河姆渡镇	6502	22792	596	9167	488	30	21293
余姚市大隐镇	3079	11478	174	4752	153	10	5515
余姚市陆埠镇	11870	59889	958	18095	809	46	36935
余姚市梁弄镇	9448	29079	500	10298	388	8	8453
余姚市大岚镇	6347	10660	58	6500	40	3	656
余姚市四明山镇	18649	7893	55	1377	36	3	982
余姚市鹿亭乡	7045	8226	157	2126	86	4	
慈溪市掌起镇	6830	55948	1093	26246	821	71	41722
慈溪市观海卫镇	14600	153824	2753	61649	1767	203	95941
慈溪市附海镇	2120	39026	1060	20195	808	51	25167
慈溪市桥头镇	4390	55964	781	12064	578	30	6820
慈溪市匡堰镇	4200	39838	674	15899	476	18	8038
慈溪市逍林镇	2602	66819	1247	26212	832	48	66819
慈溪市新浦镇	5300	65517	1131	27800	888	60	61116
慈溪市胜山镇	2320	45013	803	17773	603	32	19651
慈溪市横河镇	8450	68792	1634	45606	1213	89	50783
慈溪市崇寿镇	2000	40124	673	24058	431	44	12307
慈溪市庵东镇	17130	87816	730	27353	675	56	24559
慈溪市长河镇	2730	58295	941	18878	615	47	51295
慈溪市周巷镇	8258	180894	2433	116746	1553	131	109712
慈溪市龙山镇	14086	122551	1719	45557	1660	123	97290
奉化市溪口镇	38160	87109	1305	41788	787	45	41918
奉化市尚田镇	15611	34529	811	22166	604	44	9500
奉化市莼湖镇	14532	64267	985	20730	651	42	12752
奉化市裘村镇	8620	26250	244	9914	163	14	8662
奉化市大堰镇	12879	12862	137	1801	77	7	1809
奉化市松岙镇	7060	11782	154	6867	81	8	8587
鹿城区藤桥镇	10105	60386	1078	22033	755	61	7864
鹿城区山福镇	6050	34546	272	4422	171	12	992
瓯海区泽雅镇	14540	29968	418	5746	184	18	13184
洞头区大门镇	3526	17720	267	3256	77	3	17720
洞头区鹿西乡	1020	6295	40	208	12		
永嘉县桥头镇	9056	64735	985	16614	605	38	64735
永嘉县桥下镇	15228	72375	1718	15241	1069	35	72375
永嘉县大若岩镇	9200	16417	78	635	22		1748
永嘉县碧莲镇	17279	21576	78	872	31	1	7212
永嘉县巽宅镇	18085	13848	109	1423	19		2700
永嘉县岩头镇	22070	46175	214	1586	40	1	11538
永嘉县枫林镇	7401	25422	92	461	13		6018
永嘉县岩坦镇	44060	24771	131	722	29		910
永嘉县沙头镇	17892	41145	218	3669	91	14	2987
永嘉县鹤盛镇	17392	25828	94	630	10		6004
永嘉县金溪镇	8630	18868	64	551	19	3	6299
永嘉县云岭乡	9441	5529	32	206	8		
永嘉县茗岙乡	4250	7576	43	309	9		
永嘉县溪下乡	10947	1680					

续表 155 （浙江省） 单位：公顷、人、个

名　称	行政区域面积	常住人口	企业个数	企业从业人员	工业企业单位	#规模以上	城镇建成区常住人口
永嘉县界坑乡	8027	5628	4	21	4		
平阳县昆阳镇	8990	135572	2830	38007	737	31	73472
平阳县鳌江镇	16900	204000	3355	50284	1077	76	148249
平阳县水头镇	9650	133670	1549	19718	517	53	45114
平阳县萧江镇	3680	69442	1217	18249	621	70	19845
平阳县腾蛟镇	8010	45160	521	6056	256	11	45160
平阳县山门镇	3640	18849	116	976	32	1	4410
平阳县顺溪镇	8390	7279	85	639	30		2877
平阳县南雁镇	4350	18199	73	1374	33	5	5503
平阳县万全镇	5363	70179	1424	23466	844	80	69368
平阳县海西镇	3279	21173	383	2407	180	2	4776
平阳县南麂镇	1110	1276	150	752			101
平阳县麻步镇	4300	38804	339	3704	169	14	4056
平阳县凤卧镇	3640	16778	74	686	30	2	5123
平阳县怀溪镇	6280	15041	64	363	12		6006
平阳县青街畲族乡	2180	6044	18	204	4		
平阳县闹村乡	4577	15802	37	542	12	1	
苍南县灵溪镇	17140	326331	5397	95911	918	85	326331
苍南县龙港镇	17210	441891	9821	94821	4695	159	275343
苍南县宜山镇	1290	51012	1051	9548	683	27	25474
苍南县钱库镇	6286	126284	1613	13487	1046	35	69081
苍南县金乡镇	5249	75993	1603	15435	891	39	29201
苍南县藻溪镇	7830	25092	487	3513	383	3	4237
苍南县桥墩镇	17501	45625	367	6984	19	3	11344
苍南县矾山镇	9206	37445	185	5776	47	1	14802
苍南县赤溪镇	8572	29021	96	812	40	1	6726
苍南县马站镇	6893	32782	323	2244	37		14790
苍南县望里镇	3280	37992	642	4714	544	2	6402
苍南县炎亭镇	1579	9424	89	777	36		4662
苍南县大渔镇	1762	9099	60	500	33		2952
苍南县莒溪镇	5446	10005	34	438	8		1550
苍南县南宋镇	2188	12628	45	4591	16		2760
苍南县霞关镇	3211	17790	125	568	18		2642
苍南县沿浦镇	3641	14513	94	498	10	1	4903
苍南县凤阳畲族乡	2120	3543	13	190			
苍南县岱岭畲族乡	2032	4741	2	69			
文成县大峃镇	12530	86191	935	16538	95	7	39035
文成县百丈漈镇	4355	9740	113	1575	53	6	2353
文成县南田镇	16200	25052	147	1052	30		6537
文成县西坑畲族镇	4500	6824	59	789	24	1	6488
文成县黄坦镇	19545	15420	129	1323	54		7187
文成县珊溪镇	12408	24457	162	2427	62	1	12356
文成县巨屿镇	5600	10564	106	1749	62	7	10564
文成县玉壶镇	18211	20112	140	762	26		5990
文成县峃口镇	2837	4825	34	212	6		1316
文成县周壤镇	3100	5920	18	184	7	2	920
文成县铜铃山镇	15538	3121	88	528	9		860
文成县二源镇	4500	5394	25	180	8		1021
文成县周山畲族乡	1400	2012	10	59	3		
文成县桂山乡	2650	2561	4	25	4		

续表 156　　　　（浙江省）　　　　单位：公顷、人、个

名　　称	行政区域面积	常住人口	企业个数	企业从业人员	工业企业单位	#规模以上	城镇建成区常住人口
文成县双桂乡	1750	3366	6	49	2		
文成县平和乡	2200	2909	13	142	7	1	
文成县公阳乡	2000	1785	7	96	7		
泰顺县罗阳镇	43031	94266	1328	50095	210	11	63742
泰顺县司前畲族镇	19603	15630	113	6253	40	2	12812
泰顺县百丈镇	14458	6358	71	320	17		450
泰顺县筱村镇	17588	25861	105	1427	37		12023
泰顺县泗溪镇	18934	37800	147	1114	31		8099
泰顺县彭溪镇	9268	17983	140	2686	72	9	5345
泰顺县雅阳镇	13156	24395	208	4308	50	1	9923
泰顺县仕阳镇	16329	36708	193	1303	127	1	11769
泰顺县三魁镇	18287	34553	172	979	34		12891
泰顺县竹里畲族乡	4709	2277	20	170	3		
瑞安市塘下镇	10875	328156	6028	96945	4361	306	52420
瑞安市马屿镇	15365	90659	1315	14010	516	39	38540
瑞安市陶山镇	10254	90237	695	14039	381	46	12126
瑞安市湖岭镇	15415	48439	331	4560	160	12	7560
瑞安市高楼镇	24993	36526	222	1680	74	2	9969
瑞安市桐浦镇	4850	32365	320	3917	206	10	3550
瑞安市林川镇	6911	13474	134	2508	85	3	844
瑞安市曹村镇	4012	24526	116	1345	62	4	24526
瑞安市平阳坑镇	2720	6243	83	1207	30	3	2722
瑞安市芳庄乡	4388	5536	33	163	5		
瑞安市北麂乡	493	945	9	67			
乐清市大荆镇	13515	93073	618	8695	247	4	8706
乐清市仙溪镇	9850	22611	80	771	27		9556
乐清市雁荡镇	10338	50929	360	7308	58	3	30750
乐清市芙蓉镇	8826	37440	390	7373	212	14	4126
乐清市清江镇	4940	38053	406	8264	260	19	3319
乐清市虹桥镇	5734	142696	2765	65469	1668	94	74213
乐清市淡溪镇	8544	52406	526	9378	414	26	16444
乐清市柳市镇	9200	282132	13921	212548	10296	376	162133
乐清市北白象镇	6004	177256	3582	84389	2721	152	77864
乐清市湖雾镇	2730	15847	92	1552	51	4	881
乐清市南塘镇	1818	21196	332	5690	223	14	1800
乐清市南岳镇	2541	22994	185	3255	79	5	1956
乐清市蒲岐镇	3363	39271	345	9489	192	21	14145
乐清市磐石镇	1473	18525	423	7974	314	28	10321
乐清市智仁乡	4071	12623	30	319	16		
乐清市龙西乡	4180	5203	38	295	9		
乐清市岭底乡	6487	10851	44	431	9		
南湖区凤桥镇	8037	51609	1070	18962	637	50	14063
南湖区余新镇	5972	53918	1611	31266	1168	79	31059
南湖区新丰镇	6292	52897	1406	22034	874	65	19000
南湖区大桥镇	8518	73017	2500	56455	734	107	43958
秀洲区王江泾镇	12039	113724	1880	32868	814	127	66348
秀洲区油车港镇	6331	63721	933	15445	395	49	20436
秀洲区新塍镇	13317	91749	1194	23667	597	69	36696
秀洲区王店镇	11587	86675	1449	22100	576	46	26432
秀洲区洪合镇	5491	74205	805	14506	290	35	25041

续表 157　　　　（浙江省）　　　　单位：公顷、人、个

名　称	行政区域面积	常住人口	企业个数	企业从业人员	工业企业单位	#规模以上	城镇建成区常住人口
嘉善县大云镇	2873	23271	528	20499	343	57	13489
嘉善县西塘镇	8287	64661	2042	24170	1656	37	49996
嘉善县干窑镇	3709	38008	743	15665	626	62	14593
嘉善县陶庄镇	4582	28738	538	7532	359	39	9558
嘉善县姚庄镇	7449	59539	1001	28486	633	100	39760
嘉善县天凝镇	7571	59060	880	23228	630	81	22726
海盐县沈荡镇	6603	33929	542	11674	354	38	14421
海盐县百步镇	5924	38025	1007	16808	697	55	38025
海盐县于城镇	4296	25315	473	10927	317	41	14648
海盐县澉浦镇	11540	30509	494	9095	291	32	4892
海盐县通元镇	6913	43363	696	11355	491	51	1203
海宁市许村镇	9116	120976	2108	29992	1292	158	18163
海宁市长安镇	9099	133844	2256	61156	1301	189	95580
海宁市周王庙镇	5384	50476	711	15416	438	52	35872
海宁市丁桥镇	6062	48832	873	15009	536	68	19984
海宁市斜桥镇	6451	75114	1233	26512	753	72	65079
海宁市黄湾镇	8670	58300	614	20862	412	67	55721
海宁市盐官镇	5599	61660	1140	25768	739	58	25860
海宁市袁花镇	7748	61040	1183	23818	904	92	26011
平湖市乍浦镇	6416	79802	1628	33622	507	79	56415
平湖市新埭镇	7612	70179	1399	31827	963	77	28169
平湖市新仓镇	5716	50325	906	20181	562	56	25474
平湖市广陈镇	5584	40326	551	10106	341	42	12650
平湖市林埭镇	4623	38610	646	12052	419	38	12539
平湖市独山港镇	10243	107828	1718	45260	1224	98	26813
桐乡市乌镇镇	6712	58209	777	16940	328	46	39889
桐乡市濮院镇	6445	74654	2229	24060	644	104	58575
桐乡市屠甸镇	4128	33566	561	11718	342	65	19093
桐乡市石门镇	6325	53543	825	14747	487	72	3416
桐乡市河山镇	3912	29025	416	12771	259	61	11688
桐乡市洲泉镇	7332	66261	1299	36635	854	127	6284
桐乡市大麻镇	3278	40443	690	8057	461	70	4845
桐乡市崇福镇	10008	142628	2512	37832	1561	158	100012
桐乡市高桥镇	5502	49309	519	28450	248	50	32458
吴兴区织里镇	13503	187842	7740	41329	4823	126	171812
吴兴区八里店镇	12170	77751	3237	52183	1809	64	25444
吴兴区妙西镇	10600	15509	198	3950	127	12	6415
吴兴区埭溪镇	17360	34536	466	15600	292	41	22385
吴兴区东林镇	7820	33285	384	7808	271	23	5920
吴兴区道场乡	6150	21565	248	3848	14	14	
南浔区南浔镇	14134	200443	2744	56088	1417	171	130150
南浔区双林镇	9960	86007	852	19376	563	80	26050
南浔区练市镇	12257	91507	768	21006	523	83	50532
南浔区善琏镇	4990	25246	277	6292	207	32	4103
南浔区旧馆镇	3135	28856	408	7431	331	34	11047
南浔区菱湖镇	10680	65213	456	11098	300	66	22323
南浔区和孚镇	9700	54205	628	12216	485	58	7528
南浔区千金镇	4324	22256	119	2701	89	7	4920
南浔区石淙镇	2500	13580	141	3346	114	15	846
德清县武康街道	5900	109054	1784	57396	294	48	

续表 158　　　　(浙江省)　　　　单位：公顷、人、个

名　　称	行政区域面　　积	常住人口	企业个数	企　　业从业人员	工业企业单　　位	#规模以上	城镇建成区常住人口
德清县乾元镇	6690	58445	670	17143	367	74	32246
德清县新市镇	9200	71881	563	6286	538	99	67232
德清县洛舍镇	4987	21384	437	6614	393	33	3299
德清县钟管镇	7800	47012	659	13864	635	68	18035
德清县雷甸镇	5400	47054	645	23280	632	72	3687
德清县禹越镇	3900	37683	422	10045	296	57	8210
德清县新安镇	5700	31695	570	9800	370	52	2064
德清县莫干山镇	19025	33351	263	4925	104	1	2934
长兴县洪桥镇	7303	45393	609	9587	314	50	12561
长兴县李家巷镇	5310	28673	854	15251	571	67	11683
长兴县夹浦镇	6557	30183	664	11942	422	116	10003
长兴县林城镇	13592	55533	497	7328	297	26	7472
长兴县虹星桥镇	7206	37454	380	6412	184	39	6147
长兴县小浦镇	9650	32365	335	6501	142	26	3246
长兴县和平镇	18042	55509	565	14378	253	42	12388
长兴县泗安镇	23496	71733	718	13846	218	40	37911
长兴县煤山镇	20604	56747	772	17788	428	63	16347
长兴县水口乡	7976	19321	266	3553	119	37	
长兴县吕山乡	3957	21604	165	3438	81	18	
安吉县鄣吴镇	4955	10888	90	1239	39		4050
安吉县杭垓镇	26700	32385	342	7993	155	9	5408
安吉县孝丰镇	19100	50490	583	11551	318	37	24580
安吉县报福镇	15123	17987	173	2079	75	5	4445
安吉县章村镇	8920	13506	50	870	47		2650
安吉县天荒坪镇	11363	22581	336	6061	193	23	6428
安吉县梅溪镇	19484	60995	506	10075	292	42	21380
安吉县天子湖镇	23264	48891	479	24418	317	43	16158
安吉县溪龙乡	3230	11746	214	4538	51	9	
安吉县上墅乡	7550	13903	199	3346	78	11	
安吉县山川乡	4672	5566	71	746	20	1	
越城区东湖镇	5094	51591	1170	14947	290	25	44100
越城区灵芝镇	4280	57748	472	16750	150	33	57748
越城区东浦镇	3078	62661	1320	29850	259	29	56054
越城区鉴湖镇	5030	34775	740	7972	180	16	7000
越城区皋埠镇	6000	71555	500	14657	465	53	23515
越城区马山镇	4400	88742	1643	59524	731	102	20008
越城区斗门镇	4300	110705	3146	107034	995	160	66423
越城区孙端镇	3130	43227	474	27239	285	23	9474
越城区富盛镇	7390	23291	279	40937	157	9	22849
越城区陶堰镇	2514	24028	449	7332	197	20	24028
柯桥区齐贤镇	4152	98390	4866	117088	1846	209	23221
柯桥区钱清镇	5450	151427	4200	86136	1783	163	87432
柯桥区福全镇	3980	57664	1608	43371	1220	48	15317
柯桥区马鞍镇	11030	126316	1571	126790	806	195	126316
柯桥区平水镇	17322	51184	922	13719	329	37	27382
柯桥区安昌镇	2434	66837	1013	105085	884	103	15268
柯桥区王坛镇	13790	29899	318	27093	88	11	3233
柯桥区兰亭镇	8300	50992	2876	37634	2362	58	6180
柯桥区稽东镇	11150	30100	169	37948	68	9	5507
柯桥区杨汛桥镇	3780	67754	971	99841	600	55	56646

续表 159 （浙江省） 单位：公顷、人、个

名　　称	行政区域面积	常住人口	企业个数	企业从业人员	工业企业单位		城镇建成区常住人口
						#规模以上	
柯桥区漓渚镇	3662	27281	1003	15471	706	31	6762
柯桥区夏履镇	5100	22590	712	15642	634	44	6063
上虞区道墟镇	4300	47374	786	21897	396	40	17862
上虞区长塘镇	3730	13299	120	1551	78	6	2955
上虞区上浦镇	8660	22781	430	4100	380	19	5477
上虞区汤浦镇	6200	15058	654	11171	627	38	8353
上虞区章镇镇	14000	43308	357	12216	200	21	11042
上虞区下管镇	4800	11840	95	1140	82	1	4065
上虞区丰惠镇	11800	49502	933	21893	801	38	21108
上虞区永和镇	3132	16200	1012	5510	406	9	4861
上虞区梁湖镇	6208	29301	168	7800	164	28	6676
上虞区驿亭镇	5300	21175	374	5520	258	32	4325
上虞区小越镇	2953	39006	918	26689	754	58	39006
上虞区谢塘镇	2862	28644	311	8391	223	15	11314
上虞区盖北镇	2200	37770	770	39404	453	20	5190
上虞区崧厦镇	8780	129624	2595	39943	2309	74	83086
上虞区沥海镇	5700	56354	690	16753	311	37	11679
上虞区岭南乡	5740	9347	42	236	5		
上虞区陈溪乡	4200	8108	33	345	16		
上虞区丁宅乡	4270	9251	102	1613	37	3	
新昌县澄潭镇	4340	18050	943	5384	253	20	2275
新昌县梅渚镇	3558	16666	278	10398	188	21	1718
新昌县回山镇	6270	16608	193	1150	160		4215
新昌县大市聚镇	10860	27116	874	8666	665	20	7310
新昌县小将镇	14500	13985	70	795	65	3	2476
新昌县沙溪镇	11830	11624	160	1600	159	5	3710
新昌县镜岭镇	10037	23566	186	1753	112	6	3168
新昌县儒岙镇	13219	29248	1935	13931	955	24	7305
新昌县城南乡	7700	14857	161	845	156	2	
新昌县东茗乡	4800	10453	33	1208	18		
新昌县双彩乡	3550	11193	349	2085	343		
新昌县新林乡	4100	4223	16	307	16		
新昌县巧英乡	7120	7963	31	2876	31	7	
诸暨市大唐镇	5380	58429	2730	39305	1395	138	36141
诸暨市应店街镇	11790	44727	576	5880	353	31	8832
诸暨市次坞镇	9720	39648	797	14477	524	38	9494
诸暨市店口镇	10490	143000	3317	86224	2431	163	60491
诸暨市阮市镇	7040	38577	973	14797	760	71	6184
诸暨市直埠镇	5830	26997	480	6299	317	8	3135
诸暨市江藻镇	4700	27548	338	5555	182	23	5017
诸暨市山下湖镇	4260	28713	663	7370	277	20	2958
诸暨市枫桥镇	16664	77181	1217	22786	814	76	24388
诸暨市赵家镇	9644	30513	240	2603	101	12	7642
诸暨市马剑镇	11800	15407	122	995	27	1	2788
诸暨市五泄镇	3638	11065	263	3234	173	19	5124
诸暨市草塔镇	8400	44418	1185	15802	761	63	20575
诸暨市王家井镇	5250	35236	447	25716	233	21	2348
诸暨市牌头镇	8800	48880	813	37768	442	57	14654
诸暨市同山镇	5500	17030	122	1326	54	6	7250
诸暨市安华镇	6183	37623	957	11908	423	34	5675

续表 160　　(浙江省)　　单位：公顷、人、个

名　　称	行政区域面　　积	常住人口	企业个数	企　　业从业人员	工业企业单　　位	#规模以上	城镇建成区常住人口
诸暨市街亭镇	7901	22799	282	10083	102	12	5754
诸暨市璜山镇	13169	33630	479	11857	256	14	13136
诸暨市陈宅镇	7789	16119	225	2184	118	4	4554
诸暨市岭北镇	5972	12789	139	846	83		3772
诸暨市浬浦镇	5700	19477	214	9172	106	8	5664
诸暨市东白湖镇	19840	31562	186	1901	61	5	3806
诸暨市东和乡	6432	13739	122	1312	43	5	
嵊州市甘霖镇	15682	80917	1191	20830	902	63	50657
嵊州市长乐镇	21440	60217	740	17901	564	30	23680
嵊州市崇仁镇	17610	72835	530	9714	367	32	20951
嵊州市黄泽镇	9764	47871	710	21633	485	43	12361
嵊州市三界镇	15831	58127	440	8881	284	30	8850
嵊州市石璜镇	6387	23900	178	4043	137	9	8900
嵊州市谷来镇	10501	23650	69	1375	34	1	3405
嵊州市仙岩镇	7453	14075	107	3008	60	19	1172
嵊州市金庭镇	7458	20064	161	2666	99	3	4206
嵊州市北漳镇	8742	12954	38	499	22	2	3105
嵊州市下王镇	8505	10680	35	346	11		1672
嵊州市贵门乡	6061	9471	17	161	2		
嵊州市里南乡	8942	12418	13	86	6		
嵊州市竹溪乡	2839	4133	18	229	8		
嵊州市雅璜乡	2837	3080	5	26	1		
嵊州市王院乡	3101	4880	9	96	2		
嵊州市通源乡	4289	4893	15	103	12		
婺城区罗店镇	7200	21506	384	6773	81	5	2994
婺城区雅畈镇	7590	22623	241	3022	117	8	6405
婺城区安地镇	13040	12937	63	789	11		3830
婺城区白龙桥镇	9140	70262	1317	33472	765	72	26532
婺城区琅琊镇	9800	18210	220	2128	201	2	4675
婺城区蒋堂镇	5550	17401	265	2281	63	6	2952
婺城区汤溪镇	13596	44360	960	4896	185	39	10006
婺城区罗埠镇	4580	32505	226	4895	98	16	5175
婺城区洋埠镇	1815	13938	145	3923	84	15	200
婺城区乾西乡	2400	24291	341	5945	137	15	
婺城区竹马乡	1958	11597	125	2887	66	10	
婺城区长山乡	6280	10409	36	457	36	1	
婺城区箬阳乡	6280	1313	11	75	2		
婺城区沙畈乡	18037	7789	30	497	16		
婺城区塔石乡	10970	5675	24	183	14		
婺城区岭上乡	3330	4945	47	325	25		
婺城区莘畈乡	7304	3352	32	496	27		
婺城区苏孟乡	4400	22002	152	7650	49	1	
金东区孝顺镇	12883	30746	1731	31472	1222	101	30746
金东区傅村镇	3534	44561	799	16855	623	44	30067
金东区曹宅镇	9062	42142	412	7211	229	33	12471
金东区澧浦镇	9702	38900	246	2956	121	9	7044
金东区岭下镇	5858	21293	184	4198	119	16	9654
金东区江东镇	3482	14362	190	6877	138	18	4993
金东区塘雅镇	5308	30489	145	2510	70	10	3332
金东区赤松镇	5735	31207	561	11642	141	17	9035

续表 161　（浙江省）　单位：公顷、人、个

名　称	行政区域面积	常住人口	企业个数	企业从业人员	工业企业单位	#规模以上	城镇建成区常住人口
金东区源东乡	4680	14311	70	340	57		
武义县柳城畲族镇	17230	22776	283	3358	138	1	12365
武义县履坦镇	5070	15130	247	6368	169	16	6369
武义县桐琴镇	4647	53596	942	34330	676	82	44362
武义县泉溪镇	8726	36561	811	19945	622	68	12435
武义县新宅镇	17980	10990	59	424	16		1015
武义县王宅镇	10170	26000	258	7100	155	20	6860
武义县桃溪镇	10560	12181	46	750	8		3701
武义县茭道镇	5790	15300	262	8000	158	25	4900
武义县大田乡	4770	8821	47	850	22		
武义县白姆乡	10354	8627	38	819	21		
武义县俞源乡	6460	8379	63	3200	30		
武义县坦洪乡	3403	3787	19	1590	3		
武义县西联乡	12230	4499	13	2532	8		
武义县三港乡	4336	2680	4	44	3		
武义县大溪口乡	7530	1924	3	20	2		
浦江县黄宅镇	6644	70913	803	17227	535	38	16272
浦江县白马镇	5918	22335	704	96323	549	14	13823
浦江县郑家坞镇	2496	11128	373	4006	341	20	7168
浦江县郑宅镇	4109	28785	358	12142	274	11	8868
浦江县岩头镇	4909	35822	272	3329	185	2	4415
浦江县檀溪镇	10768	8548	87	1371	48		2066
浦江县杭坪镇	9792	14116	60	730	27		2837
浦江县大畈乡	9001	5073	36	300	21		
浦江县中余乡	4441	9846	131	1720	128		
浦江县前吴乡	6345	10517	57	1017	35		
浦江县花桥乡	4834	4710	17	166	5		
浦江县虞宅乡	5695	7983	100	2448	63		
磐安县安文镇	13706	43202	689	3913	300	9	38289
磐安县新渥镇	5300	17286	159	1584	113	8	6618
磐安县尖山镇	3980	13266	355	4500	240	25	6583
磐安县仁川镇	10700	8296	63	989	48	4	3571
磐安县大盘镇	7100	6084	70	856	53		3958
磐安县方前镇	12600	6279	97	2215	35	10	1100
磐安县玉山镇	6204	13798	108	723	19	4	3537
磐安县尚湖镇	10800	16590	104	8371	62	6	3505
磐安县冷水镇	4100	8537	91	1829	62	6	1739
磐安县深泽乡	4410	13988	374	6775	234	5	
磐安县双峰乡	4050	5220	18	146	17		
磐安县双溪乡	5600	6706	50	702	29		
磐安县窈川乡	4200	2704	33	665	33		
磐安县盘峰乡	3820	3002	28	174	1		
磐安县高二乡	5100	1044	6	125			
磐安县维新乡	5061	1744	28	307	28	2	
磐安县胡宅乡	3753	8579	65	1420	11		
磐安县万苍乡	3741	8383	45	548	32		
磐安县九和乡	5600	2117	7	36	1	1	
兰溪市游埠镇	6530	36012	283	6783	171	29	12467
兰溪市诸葛镇	4855	25066	201	4249	108	10	8504
兰溪市黄店镇	13531	26918	227	5450	69	9	3480

续表 162　　（浙江省）　　单位：公顷、人、个

名　　称	行政区域面　积	常住人口	企业个数	企　业从业人员	工业企业单　位	#规模以上	城镇建成区常住人口
兰溪市香溪镇	7707	29459	207	4033	126	13	5906
兰溪市马涧镇	15900	48120	285	4695	164	12	7983
兰溪市梅江镇	12540	37812	255	5053	164	20	4324
兰溪市横溪镇	8260	24988	234	5118	169	17	10741
兰溪市灵洞乡	6714	20885	169	6653	81	24	
兰溪市水亭畲族乡	4580	15527	128	3220	70	13	
兰溪市柏社乡	12120	24266	111	1359	65	1	
义乌市佛堂镇	13410	155339	1779	41871	878	114	87024
义乌市赤岸镇	14998	36539	303	6459	144	20	9664
义乌市义亭镇	5400	84940	834	14626	503	54	42898
义乌市上溪镇	10280	95685	846	14421	495	49	41589
义乌市苏溪镇	10910	94684	1982	36119	870	68	50265
义乌市大陈镇	13600	67529	564	24030	309	55	39776
东阳市巍山镇	15271	52877	411	21246	251	44	23683
东阳市虎鹿镇	12461	21960	122	1719	58	6	2891
东阳市歌山镇	6318	30018	330	10369	213	31	13162
东阳市佐村镇	14947	13119	91	3701	16	3	1789
东阳市东阳江镇	14425	13411	92	11591	27	3	6950
东阳市湖溪镇	8620	30241	285	6749	194	24	7297
东阳市马宅镇	11991	16116	109	1227	56	5	1678
东阳市千祥镇	10218	42551	337	4388	259	15	9248
东阳市南马镇	11598	84769	625	29909	403	54	40601
东阳市画水镇	11654	47826	343	7511	240	22	12683
东阳市横店镇	10565	109221	2285	92703	693	76	101864
东阳市三单乡	8352	6940	42	506	5		
永康市石柱镇	6671	40111	1297	14808	797	28	6999
永康市前仓镇	8026	26791	673	4667	461	9	5402
永康市舟山镇	7590	20406	130	664	47	1	3300
永康市古山镇	4554	83235	1689	23876	1207	55	54712
永康市方岩镇	6713	36148	548	5825	385	9	16371
永康市龙山镇	5661	41924	1208	13897	619	44	26086
永康市西溪镇	8250	28030	487	5565	297	14	9748
永康市象珠镇	8578	51811	885	11022	636	29	16207
永康市唐先镇	8599	40429	669	6188	357	8	8229
永康市花街镇	11206	36464	506	10805	375	29	7989
永康市芝英镇	5667	71878	1788	21275	1257	52	28566
柯城区石梁镇	11959	30095	68	544	68	1	7896
柯城区航埠镇	6640	52388	268	4732	112	17	19630
柯城区黄家乡	3100	19374	196	1590	83		
柯城区七里乡	6020	3019	6	36	2		
柯城区九华乡	8117	17391	22	396	9		
柯城区沟溪乡	4450	16501	50	599	4		
柯城区华墅乡	4453	15310	17	90	10		
柯城区姜家山乡	1446	11766			12		
柯城区万田乡	2510	17361	104	1141	23	2	
柯城区石室乡	4260	24437	130	3434	42	2	
衢江区上方镇	15750	29978	182	2760	114	1	3652
衢江区峡川镇	6380	12973	56	758	22	2	3762
衢江区莲花镇	7220	34235	451	2632	5	1	1725
衢江区全旺镇	9330	20569	91	990	23		3471

续表 163　　(浙江省)　　单位：公顷、人、个

名　　称	行政区域面　　积	常住人口	企业个数	企　　业从业人员	工业企业单　　位	#规模以上	城镇建成区常住人口
衢江区大洲镇	14600	13363	90	1519	48	4	4208
衢江区后溪镇	6360	25613	48	712	15	1	2920
衢江区廿里镇	6130	34893	244	5130	119	15	9715
衢江区湖南镇	13750	9770	59	903	22		2048
衢江区高家镇	14127	58643	335	10784	163	5	37009
衢江区杜泽镇	10690	26914	132	5460	20		5400
衢江区灰坪乡	5200	3638	7	40			
衢江区太真乡	5020	5309	22	165	12		
衢江区双桥乡	3930	2920	17	129	9		
衢江区周家乡	3900	14863	1	17	1		
衢江区云溪乡	4620	23177	91	1326	28	2	
衢江区举村乡	7903	1410	12	154	2		
衢江区岭洋乡	15600	3116	24	230			
衢江区黄坛口乡	14650	8148	48	366	14	1	
常山县白石镇	4620	7611	85	1394	28	2	3486
常山县招贤镇	6980	26212	125	1476	50	3	3467
常山县青石镇	7870	26097	301	4187	94	9	1080
常山县球川镇	12950	23276	181	3422	62	8	14419
常山县辉埠镇	12710	25189	493	10640	248	43	5823
常山县芳村镇	14870	16710	136	1023	41	1	6340
常山县何家乡	5690	9138	85	732	26	1	
常山县同弓乡	3850	10561	90	1040	19		
常山县大桥头乡	4990	8613	71	840	28		
常山县新昌乡	11060	9555	34	255	5		
常山县东案乡	6880	9122	73	562	18		
开化县桐村镇	12320	10476	42	881	30	3	1927
开化县杨林镇	13910	9844	58	402	22		1156
开化县苏庄镇	23335	12225	29	313	15		2862
开化县齐溪镇	12820	4227	20	257	15		370
开化县村头镇	7202	8572	37	540	12	3	2185
开化县华埠镇	43250	113515	1464	47066	383	53	77314
开化县马金镇	18355	29894	201	3438	70	4	17392
开化县池淮镇	23090	22963	51	3150	45	6	6200
开化县中村乡	9750	4980	31	169	14		
开化县长虹乡	13807	7425	27	193	17		
开化县何田乡	10424	5656	6	49	4		
开化县林山乡	16560	7967	35	184	11		
开化县音坑乡	9960	16136	83	611	35	2	
开化县大溪边乡	8849	6375	7	232	5		
龙游县湖镇镇	10164	45343	407	11395	163	42	32198
龙游县小南海镇	8360	30647	166	3221	58	8	3258
龙游县詹家镇	5589	25712	133	1081	16	2	8056
龙游县溪口镇	11300	20764	114	2344	57	5	13656
龙游县横山镇	8892	28645	124	2175	43	3	2245
龙游县塔石镇	8120	40495	119	2193	25	1	3715
龙游县罗家乡	5800	8650	38	296	6		
龙游县庙下乡	8092	10913	26	278	11		
龙游县石佛乡	6790	10775	61	1738	23	3	
龙游县社阳乡	9600	8838	21	140	7		
龙游县大街乡	4480	6283	3	32	3		

续表 164　　(浙江省)　　单位：公顷、人、个

名　　称	行政区域面　　积	常住人口	企业个数	企　　业从业人员	工业企业单　　位	#规模以上	城镇建成区常住人口
龙游县沐尘畲族乡	8070	10998	32	212	12		
龙游县横环乡	7730	30664	338	14207	152	35	
江山市四都镇	4260	13022	86	2161	45	8	7273
江山市清湖镇	7150	36821	448	10235	259	39	15374
江山市坛石镇	12395	27663	96	1075	27		10175
江山市大桥镇	8052	14716	49	1200	10	1	252
江山市新塘边镇	4788	23015	96	3210	46	4	6270
江山市廿八都镇	18694	9742	40	214	8		3696
江山市长台镇	6238	14832	104	5381	51	7	4915
江山市上余镇	15457	37531	404	2516	252	52	10962
江山市凤林镇	8986	38096	79	1986	29	5	9589
江山市峡口镇	20482	40719	170	2112	69	16	16728
江山市石门镇	9561	26131	96	3425	36	1	7159
江山市贺村镇	13064	84064	689	18000	396	85	59073
江山市大陈乡	3071	7156	28	256	9		
江山市碗窑乡	10535	16898	72	2156	16	2	
江山市保安乡	7549	4711	30	200	3		
江山市塘源口乡	10534	7424	27	162	9		
江山市张村乡	27492	7623	41	369	11		
定海区金塘镇	9034	49008	938	9280	421	21	39210
定海区白泉镇	8150	44498	456	15555	156	34	14385
定海区干览镇	2350	11979	123	5283	112	15	3345
舟山市普陀区六横镇	12863	61096	1135	21083	712	15	41905
舟山市普陀区虾峙镇	2290	14165	145	4971	135	2	4365
舟山市普陀区桃花镇	4170	11187	35	200	18	1	2146
舟山市普陀区东极镇	1170	1940	26	134	1		1940
舟山市普陀区普陀山镇	1250	13905	239	4511	1		12494
岱山县高亭镇	5080	82736	908	22020	222	21	80276
岱山县东沙镇	2300	17189	452	9439	192	11	9230
岱山县岱东镇	2290	12244	132	3223	49	4	4042
岱山县岱西镇	3140	10854	98	1926	68	10	1617
岱山县长涂镇	6428	15988	135	8366	72	2	4030
岱山县衢山镇	7360	56905	362	6017	122	7	28063
岱山县秀山乡	2300	10114	171	6827	93	5	
嵊泗县菜园镇	3300	38598	582	10588	54	3	27726
嵊泗县嵊山镇	713	7928	85	756	17	4	7303
嵊泗县洋山镇	2100	10544	90	1432	6		10064
嵊泗县五龙乡	680	3584	10	86	5	1	
嵊泗县黄龙乡	626	6634	5	137	5	3	
嵊泗县枸杞乡	662	7746	26	350	17	3	
嵊泗县花鸟乡	400	543					
椒江区大陈镇	1763	2017	61	401	1	1	1309
黄岩区宁溪镇	8912	28372	177	2098	133	8	7282
黄岩区北洋镇	11254	23426	219	3631	142	14	4424
黄岩区头陀镇	5841	36176	303	3916	205	15	8000
黄岩区院桥镇	7980	80748	1040	21161	656	37	20740
黄岩区沙埠镇	4407	24183	369	4401	252	14	5167
黄岩区屿头乡	9888	9723	43	492	26		
黄岩区上郑乡	9382	8091	30	343	15		
黄岩区富山乡	5386	7935	15	89	1		

续表 165　　（浙江省）　　单位：公顷、人、个

名　称	行政区域面积	常住人口	企业个数	企业从业人员	工业企业单位	#规模以上	城镇建成区常住人口
黄岩区茅畲乡	3032	12454	60	600	34		
黄岩区上垟乡	6444	15061	38	1079	15		
黄岩区平田乡	4033	6892	11	84	2		
路桥区新桥镇	1380	31458	673	11336	521	28	26713
路桥区横街镇	1497	33743	853	15742	610	32	12256
路桥区金清镇	8140	119573	1960	38892	1267	73	45839
路桥区蓬街镇	4520	87347	1074	18935	879	32	9080
玉环县清港镇	5421	84124	1597	28716	1169	98	29798
玉环县楚门镇	3543	119524	2207	36960	1386	112	89273
玉环县干江镇	2996	22871	417	6655	313	19	5327
玉环县沙门镇	4954	28467	523	11607	369	54	7845
玉环县芦浦镇	1946	37810	814	15471	511	45	13281
玉环县龙溪镇	2415	26331	749	13124	611	45	11394
玉环县鸡山乡	1051	2480	18	182	5	1	
玉环县海山乡	2608	4558	34	284	6		
三门县珠岙镇	8341	41308	488	8636	376	22	14326
三门县亭旁镇	13319	35910	203	2216	102	3	8450
三门县健跳镇	17202	51134	460	9164	162	8	14004
三门县横渡镇	11370	9016	44	231	8		1176
三门县浦坝港镇	25320	87921	664	19454	388	55	18245
三门县花桥镇	8305	22212	81	497	22		6627
三门县蛇蟠乡	2321	2605	26	333			
天台县白鹤镇	14334	57059	476	5190	206	11	7392
天台县石梁镇	17020	8394	85	688	24		673
天台县街头镇	13769	21722	173	1841	67	1	2813
天台县平桥镇	17692	67797	847	12243	468	25	36670
天台县坦头镇	8186	34641	1206	8943	578	11	10945
天台县三合镇	5922	23863	442	4243	189	11	7528
天台县洪畴镇	3758	14284	280	3609	190	13	7502
天台县三州乡	4450	5853	34	176	15		
天台县龙溪乡	7590	2630	32	364	10		
天台县雷峰乡	8260	6911	38	238	7		
天台县南屏乡	5285	3327	22	164	6		
天台县泳溪乡	7018	6176	52	365	13		
仙居县横溪镇	21100	50488	283	3532	113	4	24000
仙居县埠头镇	6970	12355	96	1367	48		2969
仙居县白塔镇	10702	27936	245	3440	123	8	10485
仙居县田市镇	9258	19284	98	1671	58	4	12907
仙居县官路镇	7999	18650	133	3029	93	3	9434
仙居县下各镇	8950	48836	273	9270	209	14	12100
仙居县朱溪镇	18252	10613	25	220	17		2318
仙居县安岭乡	4865	5167	8	92	6		
仙居县溪港乡	6274	4656	9	96	1		
仙居县湫山乡	13080	7617	28	379	15	1	
仙居县淡竹乡	21150	4142	5	102	2		
仙居县皤滩乡	7020	8160	40	575	31	1	
仙居县上张乡	10284	5793	25	472	11		
仙居县步路乡	7240	7610	41	608	25	1	
仙居县广度乡	7936	2974	15	76	6	1	
仙居县大战乡	5905	9051	43	1092	32	2	

续表 166　　（浙江省）　　单位：公顷、人、个

名　称	行政区域面积	常住人口	企业个数	企业从业人员	工业企业单位	#规模以上	城镇建成区常住人口
仙居县双庙乡	6070	6068	15	328	15		
温岭市泽国镇	6328	202016	3279	63190	1761	159	106504
温岭市大溪镇	12950	144967	3240	54644	2415	188	53769
温岭市松门镇	8270	100265	1400	22798	745	65	56775
温岭市箬横镇	11790	148802	1597	21916	1131	64	63143
温岭市新河镇	7140	119155	1461	19365	884	41	35262
温岭市石塘镇	2820	67925	485	17062	268	43	63603
温岭市滨海镇	6170	68924	532	8061	321	23	13579
温岭市温峤镇	7750	73584	1162	18921	719	49	12962
温岭市城南镇	10910	70735	502	7853	304	29	15823
温岭市石桥头镇	2840	25847	201	2474	101	11	10713
温岭市坞根镇	3470	26040	206	2272	98	9	8744
临海市汛桥镇	5300	20191	209	7943	113	10	7576
临海市东塍镇	16500	59483	640	13975	504	37	29646
临海市汇溪镇	5700	12497	77	2050	49	1	2174
临海市小芝镇	9000	34355	211	2183	89	3	4535
临海市河头镇	10000	31413	129	1696	37	1	4805
临海市白水洋镇	21700	69205	293	5750	158	16	13908
临海市括苍镇	15600	40081	188	4305	133	6	12740
临海市永丰镇	15610	49922	207	2766	121	6	4912
临海市尤溪镇	13600	19413	98	2457	56	4	6362
临海市涌泉镇	11200	47780	400	7923	191	20	10834
临海市沿江镇	8816	48585	395	6872	278	32	4157
临海市杜桥镇	18600	272827	2668	70592	1198	98	53241
临海市上盘镇	9900	53249	436	19850	192	30	26467
临海市桃渚镇	12900	91334	473	3415	121	1	15740
莲都区碧湖镇	21599	48227	441	10135	212	32	12825
莲都区大港头镇	9088	10529	101	1594	30	2	2522
莲都区老竹畲族镇	8163	9216	50	477	8		1876
莲都区雅溪镇	15764	7799	34	337	11		1153
莲都区太平乡	10557	11185	35	376	17	1	
莲都区仙渡乡	6414	4418	11	1799	5		
莲都区峰源乡	15114	1939	30	507	20		
莲都区丽新畲族乡	7899	5414	29	226	13		
莲都区黄村乡	10347	4970	16	521	6		
青田县温溪镇	5800	63935	706	30579	395	66	40817
青田县东源镇	8600	13354	200	3814	92	20	4236
青田县高湖镇	8900	11375	139	2380	55	11	8222
青田县船寮镇	16600	31664	372	5941	105	17	9078
青田县海口镇	11200	10305	137	1516	25	3	3419
青田县腊口镇	9311	13884	201	3206	91	12	13088
青田县北山镇	24480	2310	121	768	8		1230
青田县山口镇	3830	7678	150	1629	76	8	7678
青田县仁庄镇	9300	4957	120	763	13		2903
青田县万山乡	2700	655			1		
青田县黄垟乡	4606	2355	72	1135	4	4	
青田县季宅乡	7500	6668	85	674	4		
青田县高市乡	5200	3397	58	615	2	1	
青田县海溪乡	3300	4925	71	477	5		
青田县章村乡	9900	5829	105	471	4		

续表 167　　（浙江省）　　单位：公顷、人、个

名　　称	行政区域面　　积	常住人口	企业个数	企　　业从业人员	工业企业单　　位	#规模以上	城镇建成区常住人口
青田县祯旺乡	8400	2245	45	371	2		
青田县祯埠乡	12800	7522	186	3092	88	5	
青田县舒桥乡	7400	5590	102	515	1		
青田县巨浦乡	9900	2162	51	316	5		
青田县万阜乡	7530	2999	49	404	3		
青田县方山乡	4017	3354	66	358	2		
青田县汤垟乡	7900	1643	35	325	2		
青田县贵岙乡	5886	1604			11		
青田县小舟山乡	2400	1074	66	504	5		
青田县吴坑乡	3600	2602	85	441	11		
青田县仁宫乡	9130	4587	99	808	7		
青田县章旦乡	3736	1802	45	622	1		
青田县阜山乡	11700	5144	60	302	4		
青田县石溪乡	2960	2832	88	762	21	1	
缙云县壶镇镇	22800	91396	1226	20924	782	92	70220
缙云县新建镇	17360	48053	252	4891	127	17	22394
缙云县舒洪镇	6520	15644	90	2655	48	7	10836
缙云县大洋镇	16450	10208	14	72	6		3884
缙云县东渡镇	12810	28900	205	4139	120	18	8066
缙云县东方镇	8100	22405	130	2710	84	14	4321
缙云县大源镇	8880	11598	20	274	15		3522
缙云县七里乡	6140	10365	87	1059	32		
缙云县前路乡	4450	4914	23	140	12		
缙云县三溪乡	4270	5056	25	144	7		
缙云县溶江乡	5000	6963	27	289	10		
缙云县双溪口乡	3500	5920	22	235	12		
缙云县胡源乡	4450	6375	11	124	5		
缙云县方溪乡	3300	3904	4	21	3		
缙云县石笕乡	5340	4391	6	46	1		
遂昌县新路湾镇	13515	9131	47	404	16		1357
遂昌县北界镇	8723	5528	52	337	14		1452
遂昌县金竹镇	14000	10195	37	444	14		3200
遂昌县大柘镇	12300	14126	117	676	70		7546
遂昌县石练镇	10954	13394	82	1369	37		2454
遂昌县王村口镇	16060	6411	30	222	17		1368
遂昌县黄沙腰镇	16900	4381	33	179	13		499
遂昌县三仁畲族乡	8169	8478	57	778	16	2	
遂昌县濂竹乡	5721	1717	13	884	3	2	
遂昌县应村乡	7853	7708	29	266	10		
遂昌县高坪乡	4800	4875	26	238	3		
遂昌县湖山乡	18700	9433	57	803	18	2	
遂昌县蔡源乡	5621	1531	21	149	6		
遂昌县焦滩乡	8500	1998	23	169	14		
遂昌县龙洋乡	14954	2716	20	64	5		
遂昌县柘岱口乡	17110	4980	42	247	12	1	
遂昌县西畈乡	13500	1483	17	114	8		
遂昌县垵口乡	16300	4157	37	269	20		
松阳县古市镇	3607	21671	191	2452	61	9	13350
松阳县玉岩镇	14271	9238	108	542	13		1360
松阳县象溪镇	10820	11000	48	778	37	5	1090

续表 168　　　　　　　　　　（浙江省）　　　　　　　　　　单位：公顷、人、个

名　　称	行政区域面　　积	常住人口	企业个数	企　　业从业人员	工业企业单　　位	#规模以上	城镇建成区常住人口
松阳县大东坝镇	20188	12622	42	392	26	3	711
松阳县新兴镇	13406	15469	59	753	24	5	1135
松阳县叶村乡	3806	5056	54	1205	27	9	
松阳县斋坛乡	2657	7027	27	236	16		
松阳县三都乡	6216	2473	12	156	6		
松阳县竹源乡	5879	5430	6	57	1		
松阳县四都乡	4252	2063	6	37	1		
松阳县赤寿乡	4245	8968	71	1252	56	8	
松阳县樟溪乡	2329	7756	12	118	5		
松阳县枫坪乡	9978	5807	8	64	6		
松阳县板桥畲族乡	2634	2534	6	180	4	1	
松阳县裕溪乡	6901	3518	10	201	6	1	
松阳县安民乡	8203	1605	12	94	5		
云和县崇头镇	22320	7441	46	317	22	2	1130
云和县石塘镇	17890	9226	4	2409	2	1	515
云和县紧水滩镇	14760	2249	39	1456	18		417
云和县雾溪畲族乡	3291	721	17	35	17		
云和县安溪畲族乡	3367	1710	10	62	2		
云和县赤石乡	12154	1623	3	21			
庆元县黄田镇	12580	12177	46	1334	32	7	1375
庆元县竹口镇	16400	8025	86	3645	63	10	2719
庆元县荷地镇	10270	1764	6	31	1		716
庆元县左溪镇	14120	908	6	112	5	1	321
庆元县贤良镇	7590	574	6	60	4		192
庆元县百山祖镇	19026	1532	15	108	8	1	75
庆元县岭头乡	12050	1763	6	33	3		
庆元县五大堡乡	16300	2979	11	78	9		
庆元县淤上乡	5780	6991	32	539	20	1	
庆元县安南乡	7800	4921	25	631	20	1	
庆元县张村乡	6620	982	5	94	3	1	
庆元县隆宫乡	6790	4472	30	596	25	1	
庆元县举水乡	8110	1345	3	26	2		
庆元县江根乡	5820	821					
庆元县龙溪乡	4020	363	9	104	7		
庆元县官塘乡	5590	530	1	6	1		
景宁畲族自治县渤海镇	11113	1205	24	99	4		126
景宁畲族自治县东坑镇	16192	4224	60	852	14	1	4224
景宁畲族自治县英川镇	12727	2001	17	148	10	1	213
景宁畲族自治县沙湾镇	12726	3570	29	289	10		2884
景宁畲族自治县大均乡	8266	3188	10	119	6		
景宁畲族自治县澄照乡	8490	5244	42	335	13		
景宁畲族自治县梅岐乡	6895	589	11	89	9		
景宁畲族自治县郑坑乡	3404	1864	6	27	3		
景宁畲族自治县大漈乡	5434	2736	13	118	4		
景宁畲族自治县景南乡	7835	2040	20	235	5		
景宁畲族自治县雁溪乡	3956	468	6	138	3	1	
景宁畲族自治县鸬鹚乡	6091	2183	16	81	8		
景宁畲族自治县梧桐乡	6416	2629	22	244	15		
景宁畲族自治县标溪乡	4956	1135	14	113	9		
景宁畲族自治县毛垟乡	5692	1663	5	50	3		

续表 169　　（浙江省、安徽省）　　单位：公顷、人、个

名　称	行政区域面积	常住人口	企业个数	企业从业人员	工业企业单位	#规模以上	城镇建成区常住人口
景宁畲族自治县秋炉乡	5362	704	4	75	2		
景宁畲族自治县大地乡	9432	813	5	26	3		
景宁畲族自治县家地乡	4787	404	6	44	4		
景宁畲族自治县九龙乡	20923	2000	17	140	4		
龙泉市八都镇	14042	24387	125	1999	46	8	10230
龙泉市上垟镇	15739	13879	57	1230	26	5	2746
龙泉市小梅镇	10246	8046	52	587	23	5	2601
龙泉市查田镇	12236	13784	73	1844	54	11	4103
龙泉市安仁镇	20440	20239	111	2778	52	14	5957
龙泉市锦溪镇	16321	7599	32	805	12	3	3804
龙泉市住龙镇	27121	3785	31	314	15		2095
龙泉市屏南镇	26805	2075	11	121	6	1	245
龙泉市兰巨乡	15397	12108	76	853	25	5	
龙泉市宝溪乡	15692	5899	42	276	5	1	
龙泉市竹垟畲族乡	10408	7298	22	145	10		
龙泉市道太乡	34919	5308	32	150	9		
龙泉市岩樟乡	10100	1101	7	40			
龙泉市城北乡	22391	5362	41	220	9		
龙泉市龙南乡	20990	2597	20	560	10		
安徽省							
瑶海区大兴镇	1560	65365	238	4512	21	12	63365
庐阳区大杨镇	4091	99770	2861	20560	159	17	65321
庐阳区三十岗乡	3246	9501	98	951	2	1	
蜀山区井岗镇	1980	130122	2628	13141	29	8	104611
蜀山区南岗镇	4020	2838	275	12700	96	19	2838
蜀山区小庙镇	20343	74259	876	13140	146	17	27535
包河区淝河镇	2650	80635	116	2872	92	30	52947
包河区大圩镇	3792	26337	191	6128	18	6	13223
长丰县水湖镇	12110	110484	780	68124	75	17	58696
长丰县庄墓镇	4220	18710	74	3768	36	3	5230
长丰县杨庙镇	10200	31546	176	3520	20	13	22130
长丰县吴山镇	12630	31326	121	4510	76	31	15112
长丰县岗集镇	15760	54476	450	25000	381	66	19400
长丰县双墩镇	21792	129162	383	3695	107	9	81237
长丰县下塘镇	22877	68868	265	4641	128	25	8593
长丰县朱巷镇	11500	33326	227	1293	183	2	10800
长丰县罗塘乡	13473	58550	312	6426	32	8	
长丰县义井乡	5784	32552	11	276	5		
长丰县陶楼乡	10500	26877	145	924	12	1	
长丰县造甲乡	11449	23152	121	705	16		
长丰县左店乡	10114	21251	23	501	4	1	
长丰县杜集乡	17100	40184	8	410	2	1	
肥东县店埠镇	14780	273605	1608	22344	168	39	232574
肥东县撮镇镇	11310	111376	1174	22479	585	119	22463
肥东县梁园镇	16169	51233	335	3356	52	8	12095
肥东县桥头集镇	11731	52706	135	753	21	10	3634
肥东县长临河镇	15668	33050	161	1500	17	2	5383
肥东县石塘镇	12540	39693	106	2362	58	6	13578
肥东县古城镇	19070	39015	106	1230	9	1	1381
肥东县八斗镇	17972	41657	416	3228	1	1	5450

续表 170 (安徽省) 单位：公顷、人、个

名称	行政区域面积	常住人口	企业个数	企业从业人员	工业企业单位	#规模以上	城镇建成区常住人口
肥东县元疃镇	8991	16056	58	2600	30	6	4000
肥东县白龙镇	18580	37366	141	1200	15	2	1243
肥东县包公镇	13430	35300	7	152	5	3	4800
肥东县陈集镇	8380	17208	6	120	1	1	4033
肥东县众兴乡	5340	17283	95	1621	45	5	
肥东县张集乡	7050	19515	55	426	4		
肥东县马湖乡	8239	23598	16	156	6	1	
肥东县响导乡	9260	20303	24	435	2	1	
肥东县杨店乡	8760	20083	104	863	5		
肥东县牌坊回族满族乡	8650	28330	221	3651	56	1	
肥西县上派镇	12100	269623	4989	40153	325	6	224785
肥西县三河镇	7877	56463	301	13796	79	14	37676
肥西县官亭镇	23700	87591	122	3952	53	12	13244
肥西县山南镇	20850	65013	196	4668	11	5	65013
肥西县花岗镇	20819	90949	566	15320	265	36	26698
肥西县紫蓬镇	7942	27984	189	9137	125	44	19709
肥西县桃花镇	4100	89102	900	41000	220	50	13252
肥西县丰乐镇	11500	50942	182	1115	45	6	9379
肥西县高店乡	10400	40924	97	605	8	3	
肥西县铭传乡	13427	32976	57	1050	5	1	
肥西县柿树岗乡	13692	36542	132	2880	13	1	
肥西县严店乡	7325	41349	443	2265	82	11	
庐江县庐城镇	16731	229680	2429	41462	293	22	199479
庐江县冶父山镇	15447	38127	337	6973	116	21	4308
庐江县万山镇	9435	36173	218	4847	63	13	7570
庐江县汤池镇	9190	33437	292	7739	62	10	19137
庐江县郭河镇	12072	45685	183	3197	52	13	11170
庐江县金牛镇	6742	27544	95	1811	37	11	14170
庐江县石头镇	7667	31752	110	3227	51	13	10236
庐江县同大镇	11777	44725	184	3427	89	26	10990
庐江县白山镇	9998	45971	159	4293	40	5	12886
庐江县盛桥镇	12832	57568	135	2260	37	5	21488
庐江县白湖镇	31456	75428	315	9122	146	15	12932
庐江县龙桥镇	10501	44880	150	4028	34	3	13568
庐江县矾山镇	12824	44550	190	4368	86	8	16150
庐江县罗河镇	11868	56348	131	8953	38	8	13296
庐江县泥河镇	18610	75568	282	6104	106	16	30010
庐江县乐桥镇	12873	52382	159	2438	51	6	11827
庐江县柯坦镇	13668	54165	221	3551	51	6	9308
合肥经济技术开发区高刘镇	18585	69868	425	1725	35	4	19200
合肥新站高新技术产业开发区磨店乡	5168	25022	299	2261	123	9	
巢湖市栏杆集镇	12391	34069	95	2632	35	1	8830
巢湖市苏湾镇	14778	46185	53	485	18	1	9642
巢湖市柘皋镇	14977	89452	174	3987	52	9	24536
巢湖市银屏镇	8334	36218	201	2854	59	10	3285
巢湖市夏阁镇	18427	56354	116	2078	76	9	9436
巢湖市中垾镇	6718	23937	187	4677	113	25	7640
巢湖市散兵镇	11926	33169	159	2192	33	5	10535
巢湖市烔炀镇	15953	62240	140	5600	110	12	24000
巢湖市黄麓镇	8250	32955	120	8900	28	5	32955

续表 171　　(安徽省)　　单位：公顷、人、个

名　　称	行政区域面　积	常住人口	企业个数	企　业从业人员	工业企业单　位	#规模以上	城镇建成区常住人口
巢湖市槐林镇	13415	60600	180	7891	139	37	32892
巢湖市坝镇镇	6654	23238	94	1298	53	6	23238
巢湖市庙岗乡	10351	26058	55	1521	21	1	
鸠江区沈巷镇	23800	106392	424	2688	117	15	38511
鸠江区二坝镇	11400	59415	79	1437	18	10	22791
鸠江区汤沟镇	10399	53736	120	2800	48	8	
鸠江区白茆镇	12285	51821	265	2496	29	5	50766
三山区峨桥镇	10500	50490	179	977	46	7	7355
芜湖县湾沚镇	21949	146129	1533	8672	271	17	124208
芜湖县六郎镇	11105	97483	767	14525	287	49	97483
芜湖县陶辛镇	8540	49786	358	12525	106	13	2178
芜湖县红杨镇	14676	45966	423	4524	58	2	45966
芜湖县花桥镇	10133	36325	339	1604	45	4	36325
繁昌县繁阳镇	10905	90016	917	13344	108	22	61003
繁昌县荻港镇	8770	37394	156	13506	65	29	13869
繁昌县孙村镇	15400	55482	645	26075	373	122	32902
繁昌县平铺镇	9327	24460	86	1982	22	7	1822
繁昌县新港镇	3282	18877	118	6512	43	25	4620
繁昌县峨山镇	7615	21292	94	3250	58	26	421
南陵县籍山镇	17210	140176	1487	41245	176	27	62438
南陵县许镇镇	17965	83216	599	12496	189	46	34212
南陵县弋江镇	15910	95836	344	10045	109	45	35810
南陵县三里镇	17236	37915	244	3742	68	28	16875
南陵县何湾镇	21713	41213	135	2344	30	11	9215
南陵县工山镇	18010	48722	175	3966	52	15	1437
南陵县烟墩镇	10380	17616	36	223	16	6	2483
南陵县家发镇	8120	28729	212	6960	78	24	4596
无为县无城镇	11924	228342	1711	29087	192	34	228342
无为县襄安镇	7727	49435	65	837	33	8	25098
无为县陡沟镇	13511	59871	352	5945	63	6	9324
无为县石涧镇	15750	68542	177	2695	105	17	18553
无为县严桥镇	17330	59634	158	1231	27	7	8526
无为县开城镇	11000	59480	205	1568	22	6	6248
无为县蜀山镇	12577	62189	89	45186	48	5	6689
无为县牛埠镇	15900	52952	141	2115	52	6	8396
无为县刘渡镇	7780	36101	86	560	5	3	3700
无为县姚沟镇	6684	33655	289	3146	48	34	14832
无为县泥汊镇	12349	55676	252	8960	196	25	16351
无为县福渡镇	6681	36409	36	2185	26	8	26491
无为县泉塘镇	11200	52536	143	2472	65	6	5000
无为县赫店镇	6155	26831	89	473	19	8	26831
无为县红庙镇	8404	42801	42	3785	27	4	3510
无为县高沟镇	7083	46806	485	33760	296	76	36012
无为县鹤毛乡	7074	19811	20	400	4	2	
无为县十里墩乡	5647	31989	63	412	42	11	
无为县昆山乡	10785	27375	99	496	3	1	
无为县洪巷乡	8420	40097	40	2180	26	5	
龙子湖区长淮卫镇	5000	51158	73	1095	40	4	3266
龙子湖区李楼乡	5933	29600	122	1240	81		
蚌山区燕山乡	6039	37684	185	3260	80	20	

续表 172　　(安徽省)　　单位：公顷、人、个

名　　称	行政区域面积	常住人口	企业个数	企业从业人员	工业企业单位	#规模以上	城镇建成区常住人口
蚌山区雪华乡	655	9152					
禹会区秦集镇	7790	63706	462	5544	70	11	63706
禹会区马城镇	14751	87334	517	13876	118	20	44683
禹会区长青乡	1471	33496	388	10407	89	15	
淮上区小蚌埠镇	3531	51038	359	4770	26	7	40500
淮上区吴小街镇	3362	25973	860	9963	55	5	9569
淮上区曹老集镇	9732	44745	136	2025	9	4	12164
淮上区梅桥镇	5961	42017	110	1455	21	2	5364
淮上区沫河口镇	16367	68784	307	4600	15	6	7614
怀远县榴城镇	7583	109072	1079	18929	209	23	60741
怀远县包集镇	17495	83156	202	4077	25	3	35200
怀远县龙亢镇	10440	58357	87	2292	24	6	6470
怀远县河溜镇	13474	67605	128	2848	21	3	6512
怀远县常坟镇	13382	86499	206	5625	86	13	27962
怀远县双桥集镇	13252	57591	130	2810	17	2	1660
怀远县魏庄镇	10336	47751	156	4477	20		5300
怀远县万福镇	12130	54624	71	938	11		4338
怀远县唐集镇	15496	58494	120	3308	31	8	11264
怀远县白莲坡镇	13889	67020	105	2422	44	22	5358
怀远县褚集镇	9428	49268	31	1102	7	1	6336
怀远县古城镇	10849	49974	40	1001	7	4	3628
怀远县荆山镇	11566	136059	930	23037	144	36	106541
怀远县淝南乡	10640	48473	88	2392	12	2	
怀远县淝河乡	15445	63673	83	2266	19		
怀远县陈集乡	9764	39907	84	1626	8	1	
怀远县徐圩乡	11458	52285	18	531	6	1	
怀远县兰桥乡	7954	25357	38	890	11	4	
五河县城关镇	7878	113826	1252	22685	69	6	85697
五河县新集镇	10308	44211	136	690	7	2	21563
五河县小溪镇	9889	24363	61	1831	47	8	4264
五河县双忠庙镇	14384	57779	110	553	32	5	9489
五河县小圩镇	10970	38945	147	775	7	3	4618
五河县东刘集镇	17274	58804	152	980	7	1	3175
五河县头铺镇	9742	52278	40	586	16	3	10496
五河县大新镇	5515	24269	79	420	8	2	6107
五河县武桥镇	7719	25104	110	3488	34	2	8456
五河县朱顶镇	10900	38068	160	2683	15	3	6633
五河县浍南镇	16563	43577	39	682	19	4	5662
五河县申集镇	12355	43524	104	1154	11	2	3061
五河县沱湖乡	2276	11962	8	210	5		
五河县临北回族乡	5983	22327	184	1656	109	1	
固镇县城关镇	12100	110120	712	7351	544	33	110120
固镇县王庄镇	10840	37370	85	3560	16	6	7865
固镇县新马桥镇	13431	53631	56	1890	32	13	6858
固镇县连城镇	10281	43763	377	1935	228	8	4496
固镇县刘集镇	16450	61685	56	1860	46	13	5659
固镇县任桥镇	12778	51293	16	1023	9	5	26549
固镇县湖沟镇	13973	56387	58	4856	44	3	8988
固镇县濠城镇	7878	29011	10	105	4	3	1312
固镇县石湖乡	8406	29072	34	893	26	11	

续表 173　　（安徽省）　　单位：公顷、人、个

名　　称	行政区域面　　积	常住人口	企业个数	企　　业从业人员	工业企业单　　位	#规模以上	城镇建成区常住人口
固镇县杨庙乡	15412	61990	21	614	18	9	
固镇县仲兴乡	14666	49766	98	1856	29	9	
大通区上窑镇	6440	32135	188	2153	66	12	31735
大通区洛河镇	4997	41000	1271	17471	264	62	41000
大通区九龙岗镇	3350	30440	710	7810	191	19	18116
大通区孔店乡	14800	44320	179	1252	32	4	
田家庵区舜耕镇	4730	61468	780	7020	45		2706
田家庵区安成镇	3990	35233	372	3713	86	17	1523
田家庵区曹庵镇	5670	33076	186	1346	46	4	13686
田家庵区三和镇	6800	35849	114	3056	44	2	35849
田家庵区史院乡	3700	22240	16	140	2		
谢家集区望峰岗镇	2600	45201	228	1368	50	6	38663
谢家集区李郢孜镇	2350	42779	246	2130	36	24	32724
谢家集区唐山镇	3998	42768	114	4890	69	11	24680
谢家集区杨公镇	6844	30346	44	325	13	6	2260
谢家集区孙庙乡	5952	16326	11	396	4	3	
谢家集区孤堆回族乡	4665	11952	4	89	4	3	
八公山区八公山镇	2700	12359	190	3836	135	6	12359
八公山区山王镇	4400	53994	72	7600	41	8	31469
八公山区李冲回族乡	2250	16577	140	1760	41	3	
潘集区高皇镇	7463	47075	44	2150	24	6	17336
潘集区平圩镇	5238	39455	35	2416	28	6	23119
潘集区泥河镇	4997	39979	81	3620	60	9	15729
潘集区潘集镇	6241	36168	62	1424	19	4	9116
潘集区芦集镇	7106	52736	16	338	9	7	23175
潘集区架河镇	4316	27843	23	460	7	5	1790
潘集区夹沟镇	5646	31194	24	125	8	2	6660
潘集区祁集镇	3400	22106	85	1275	13	3	8385
潘集区贺疃镇	6693	32352	105	575	6	3	3820
潘集区古沟回族乡	4126	30348	29	542	25	12	
凤台县城关镇	1947	108374	492	57043	15	3	108374
凤台县新集镇	6695	61057	301	2057	217	21	13281
凤台县朱马店镇	6828	39281	1465	7425	12	12	11202
凤台县岳张集镇	6265	54489	279	1625	65	9	10014
凤台县顾桥镇	4400	30891	245	26518	76	17	8955
凤台县毛集镇	6700	57007	550	2755	63	23	34834
凤台县夏集镇	3991	24904	213	1066	48	24	14325
凤台县桂集镇	6643	44576	219	7816	45	15	17269
凤台县焦岗湖镇	9432	33719	123	670	21	4	10387
凤台县凤凰镇	6125	42138	368	1972	36	5	12735
凤台县杨村镇	5217	34650	62	340	30	9	8004
凤台县丁集镇	4450	33779	37	1050	27	6	3200
凤台县刘集镇	7076	32119	276	26110	148	14	3066
凤台县古店乡	5497	29997	145	730	38	7	
凤台县钱庙乡	6018	37020	220	2210	190	8	
凤台县尚塘乡	6297	38453	183	1152	21	7	
凤台县关店乡	4432	30053	81	404	45	8	
凤台县大兴集乡	4666	29730	27	363	17	7	
寿县寿春镇	8439	117286	926	13426	28	3	88454
寿县双桥镇	11479	47267	76	780	28	2	4812

续表 174　　(安徽省)　　单位：公顷、人、个

名　称	行政区域面积	常住人口	企业个数	企业从业人员	工业企业单位	#规模以上	城镇建成区常住人口
寿县涧沟镇	7640	43047	15	630	4	1	7363
寿县丰庄镇	7710	43006	16	300	5	3	2800
寿县正阳关镇	10281	38506	39	2874	12	4	14356
寿县迎河镇	11100	63068	28	896	17	2	8893
寿县板桥镇	10772	45126	15	3071	12	3	7219
寿县安丰塘镇	9373	40647	119	2350	8	1	2131
寿县堰口镇	14040	54612	57	1211	15	9	43202
寿县保义镇	13600	50574	64	382	16	8	12638
寿县隐贤镇	9024	35747	235	4451	185	3	10090
寿县安丰镇	19422	66320	83	1300	29	8	34914
寿县众兴镇	11157	45517	44	1366	30	4	3829
寿县茶庵镇	10062	24522	23	632	8	2	2936
寿县三觉镇	16631	46276	155	2206	66	4	12956
寿县炎刘镇	19012	58555	19	1065	9	3	8998
寿县刘岗镇	15818	30149	99	1573	11	5	4670
寿县双庙集镇	9201	22239	23	121	8	2	4356
寿县小甸镇	18022	63152	20	524	5	2	4356
寿县瓦埠镇	15781	20279	25	1136	4	3	5658
寿县大顺镇	10495	27502	58	653	22	2	4875
寿县窑口镇	9746	29693	64	868	17	5	3125
寿县八公山乡	3215	14445	44	599	5	2	
寿县张李乡	8171	29108	12	296	12	3	
寿县陶店回族乡	3777	8218	4	108	4		
花山区濮塘镇	5800	10917	243	1530	14	2	10917
雨山区向山镇	5400	56124	339	12879	251	23	45174
雨山区佳山乡	8470	83257	1317	3410	238	12	
博望区博望镇	13300	86211	3677	25260	1330	98	40700
博望区丹阳镇	12700	55621	293	7621	198	40	19985
博望区新市镇	7240	42282	306	18976	149	26	2762
当涂县姑孰镇	11394	134576	2296	13400	370	29	120619
当涂县黄池镇	8350	45391	130	8543	118	25	13536
当涂县乌溪镇	4700	24478	153	4500	51	13	5641
当涂县石桥镇	8930	49008	208	14562	118	24	4026
当涂县塘南镇	6302	33459	98	3136	32	3	5865
当涂县护河镇	6400	24067	87	3126	48	16	2287
当涂县太白镇	8400	43101	645	19251	244	46	8857
当涂县年陡镇	8950	39865	732	7078	266	52	3546
当涂县湖阳镇	16817	27686	112	1320	15	3	4100
当涂县大陇乡	5980	32627	88	2051	44	5	
当涂县江心乡	5685	21327	7	96	5	3	
含山县环峰镇	18070	100968	181	3566	93	20	43521
含山县运漕镇	6856	41390	96	3685	20	12	8895
含山县铜闸镇	7276	31449	70	2030	26	17	7486
含山县陶厂镇	10900	41203	35	1933	32	12	4568
含山县林头镇	15154	66870	182	12160	151	56	22672
含山县清溪镇	12190	45684	112	3210	76	27	8762
含山县仙踪镇	17426	60713	191	2089	19	8	5541
含山县昭关镇	8400	22769	16	680	7	4	2660
和县历阳镇	18179	137256	1221	31785	184	55	83550
和县白桥镇	12875	42329	60	1132	43	7	13448

续表 175　　（安徽省）　　单位：公顷、人、个

名　　称	行政区域面　积	常住人口	企业个数	企　业从业人员	工业企业单　位	#规模以上	城镇建成区常住人口
和县姥桥镇	11828	59879	103	2516	32	10	11925
和县功桥镇	12734	41996	61	377	8	1	3614
和县西埠镇	16758	39972	146	2819	66	15	12913
和县香泉镇	14121	32424	163	2284	53	12	13068
和县乌江镇	15094	57904	312	9557	150	49	24692
和县善厚镇	13791	29109	99	1030	21	3	8541
和县石杨镇	16480	29748	148	3528	57	8	9035
杜集区朔里镇	5006	33839	199	3699	136	40	5756
杜集区石台镇	5132	30545	208	3086	106	17	5089
杜集区段圆镇	4130	32117	105	5300	85	30	4126
相山区渠沟镇	5917	53350	390	18950	175	91	5320
烈山区烈山镇	7939	73545	1550	35570	36	14	73545
烈山区宋町镇	10100	52095	90	25392	73	21	4945
烈山区古饶镇	15473	93840	584	5456	119	9	3127
濉溪县濉溪镇	6500	101023	5351	26122	406	40	78562
濉溪县韩村镇	12082	68073	430	3511	117	25	20721
濉溪县刘桥镇	8328	61552	519	3960	76	34	28721
濉溪县五沟镇	18876	106236	63	3938	48	3	18765
濉溪县临涣镇	16738	93218	398	4862	198	17	27393
濉溪县双堆集镇	26350	107789	32	926	8		5438
濉溪县铁佛镇	22315	125514	142	1076	48	4	7547
濉溪县南坪镇	22530	98409	43	2136	20	9	13310
濉溪县百善镇	24000	112463	246	8825	64	38	7355
濉溪县孙町镇	18500	113217	199	1822	107	8	
濉溪县四铺镇	19653	83199	436	3216	15	8	19996
铜官区西湖镇	4480	30912	499	7973	99	10	13148
铜官区虚镇	337	10122	115	1050	20	3	
义安区五松镇	1570	35165	213	3152	138	6	35165
义安区顺安镇	13500	54802	245	11485	142	11	19156
义安区钟鸣镇	15450	46042	241	9620	90	10	8299
义安区天门镇	16654	38816	221	6586	162	8	1368
义安区老洲乡	4200	8980	33	180	8		
义安区东联乡	5600	24219	182	2713	26	1	
义安区西联乡	9260	32882	58	1033	25	9	
义安区胥坝乡	8600	20878	30	943	21		
铜陵市郊区铜山镇	3440	12560	66	214	21	3	7550
铜陵市郊区大通镇	7020	23200	639	5760	46	5	13102
铜陵市郊区郊区虚镇	13291	6764	33	2395	9	2	
铜陵市郊区灰河乡	1920	4623	52	510	11	4	
枞阳县枞阳镇	9058	97394	449	7485	30	11	58963
枞阳县欧山镇	8760	40354	152	1364	62	6	2476
枞阳县汤沟镇	11218	76344	315	1576	68	6	12400
枞阳县老洲镇	8376	74285	439	12782	18	10	15187
枞阳县陈瑶湖镇	13166	35294	82	2163	61	20	13801
枞阳县周潭镇	8509	41902	112	723	39	12	8129
枞阳县横埠镇	11251	69822	193	3872	45	6	28829
枞阳县项铺镇	3602	21278	45	386	30	4	3843
枞阳县钱桥镇	8909	37779	81	1870	22	11	3020
枞阳县麒麟镇	9230	33396	41	356	15	6	4409
枞阳县义津镇	13247	41132	23	4573	12	6	16188

续表 176 （安徽省） 单位：公顷、人、个

名　　称	行政区域面　　积	常住人口	企业个数	企　　业从业人员	工业企业单　　位	#规模以上	城镇建成区常住人口
枞阳县浮山镇	4324	13353	15	549	8	5	2242
枞阳县会宫镇	7621	40207	78	1182	33	15	3042
枞阳县官埠桥镇	10431	30900	48	814	29	15	4314
枞阳县铁铜乡	1230	7242	1	5	1		
枞阳县凤仪乡	2330	2732					
枞阳县长沙乡	1750	5272	21	110			
枞阳县钱铺乡	6741	24370	43	1729	15	12	
枞阳县金社乡	6839	38130	72	1180	42	10	
枞阳县白梅乡	4417	20061	16	158	1	1	
枞阳县白湖乡	6132	32299	20	580	18	10	
枞阳县雨坛乡	8713	28255	12	546	4	4	
迎江区龙狮桥乡	1157	40994	318	1920	2	2	
迎江区长风乡	6709	18172	70	400	5	5	
迎江区新洲乡	2265	2566	32	90	3	1	
大观区海口镇	5574	42214	121	2231	11	7	11436
大观区十里铺乡	2850	12759	240	4120	70	15	
大观区山口乡	5313	10550	57	1121	14	3	
宜秀区大龙山镇	5338	49010	65	1625	42	7	6379
宜秀区杨桥镇	10000	22206	82	4807	27	5	11702
宜秀区罗岭镇	10200	17321	69	2032	51	11	9360
宜秀区白泽湖乡	6823	29683	110	2400	69	13	
宜秀区五横乡	5330	11103	56	335	2	1	
怀宁县高河镇	9768	141346	217	6712	130	23	86893
怀宁县石牌镇	9170	76221	210	1352	102	19	33270
怀宁县月山镇	7007	31953	324	8995	256	18	14251
怀宁县马庙镇	8555	39836	298	7163	226	36	29301
怀宁县金拱镇	6148	28420	244	3726	110	13	5320
怀宁县茶岭镇	6338	28389	183	1464	101	14	10185
怀宁县公岭镇	5656	19163	92	12122	44	7	12098
怀宁县黄墩镇	6714	36305	68	1321	36	11	36305
怀宁县三桥镇	5560	23723	45	4497	17	5	23723
怀宁县小市镇	5220	23217	138	1956	68	5	5152
怀宁县黄龙镇	2782	17881	31	587	28	3	1194
怀宁县平山镇	7600	33563	159	12012	82	8	2809
怀宁县腊树镇	9255	31734	58	1137	32	5	4301
怀宁县洪铺镇	8482	36135	45	350	12	5	7170
怀宁县江镇镇	8179	33508	72	457	13	5	3729
怀宁县凉亭乡	6426	21911	25	1846	14	5	
怀宁县石镜乡	4880	19005	129	5815	69	10	
怀宁县秀山乡	4195	19042	23	213	6	6	
怀宁县清河乡	4530	19774	52	926	24	6	
怀宁县雷埠乡	5968	18127	47	512	5	5	
潜山县梅城镇	10445	140717	413	20491	102	11	83734
潜山县源潭镇	16200	74200	3562	25121	680	55	25620
潜山县余井镇	13400	53407	160	2420	110	11	4560
潜山县王河镇	9661	46358	55	402	6	3	1300
潜山县黄铺镇	15064	42186	143	1716	36	10	13512
潜山县槎水镇	17600	28725	230	1380	49	4	5820
潜山县水吼镇	21504	20916	56	1221	17	4	442
潜山县官庄镇	18049	23787	138	1288	84	2	2696

续表 177　　（安徽省）　　单位：公顷、人、个

名称	行政区域面积	常住人口	企业个数	企业从业人员	工业企业单位	#规模以上	城镇建成区常住人口
潜山县黄泥镇	3200	14928	13	71	1	1	3349
潜山县黄柏镇	6174	10857	24	385	7	2	896
潜山县天柱山镇	7100	11269	15	170			1071
潜山县塔畈乡	11201	16564	9	102	2	1	
潜山县油坝乡	3200	12657	78	406	4		
潜山县龙潭乡	9308	15506	38	395	12	1	
潜山县痘姆乡	3800	16846	150	800	18	4	
潜山县五庙乡	4428	9082	9	180	2	1	
太湖县晋熙镇	16792	104123	397	8708	80	13	70818
太湖县徐桥镇	10300	51999	174	725	40	20	9255
太湖县新仓镇	16800	72408	153	9480	75	15	6134
太湖县小池镇	13345	39655	202	4300	23	14	15284
太湖县寺前镇	14624	28936	27	200	9	2	3863
太湖县天华镇	16746	30209	151	758	85	5	120
太湖县牛镇镇	16918	24123	90	784	25	4	4123
太湖县弥陀镇	15150	38987	256	2131	123	5	16206
太湖县北中镇	18200	39214	110	865	68	5	803
太湖县百里镇	9706	26082	37	620	7	2	4000
太湖县大石乡	11411	28164	222	2442	17	9	
太湖县城西乡	9016	26784	53	674	20	6	
太湖县江塘乡	10100	30461	3	25	2	2	
太湖县汤泉乡	12400	15133	20	118	11		
太湖县刘畈乡	11700	21045	48	356	6	5	
宿松县孚玉镇	7751	136816	586	12810	172	88	101443
宿松县复兴镇	7231	44426	35	401	20	7	10553
宿松县汇口镇	10601	39260	132	1531	35	10	11181
宿松县许岭镇	9800	52973	67	386	11	3	10024
宿松县下仓镇	20327	31818	16	389	6	3	1121
宿松县二郎镇	5800	25791	96	630	13	3	3012
宿松县破凉镇	8727	55207	204	3175	62	6	13425
宿松县凉亭镇	8910	36091	81	2750	32	4	12121
宿松县长铺镇	8441	28117	114	1243	49	8	4050
宿松县高岭乡	4280	19416	15	584	11	2	
宿松县程岭乡	7447	27878	36	200	4	3	
宿松县九姑乡	4882	20757	40	412	14	3	
宿松县千岭乡	9147	37677	56	2016	27	2	
宿松县洲头乡	9300	42876	98	4686	86	8	
宿松县佐坝乡	20194	41282	231	6075	79	9	
宿松县北浴乡	4790	10718	62	870	5	1	
宿松县陈汉乡	9400	22244	8	284	5	4	
宿松县隘口乡	6383	18404	74	373	8	4	
宿松县柳坪乡	3502	10043	40	462	5	3	
宿松县趾凤乡	4604	12095	10	158	2	2	
宿松县河塌乡	6451	25610	18	268	5	2	
宿松县五里乡	5110	26054	145	2145	35	6	
望江县华阳镇	14324	115097	1092	41500	145	18	84600
望江县杨湾镇	8347	29537	26	320	15		3426
望江县漳湖镇	9401	25462	139	1382	20	2	466
望江县赛口镇	6886	35784	168	1711	26	4	1698
望江县高士镇	14625	78983	175	7385	113	10	21945

续表 178　　（安徽省）　　单位：公顷、人、个

名　　称	行政区域面　积	常住人口	企业个数	企　业从业人员	工业企业单　位	#规模以上	城镇建成区常住人口
望江县鸦滩镇	15564	69192	263	2863	143	9	23126
望江县长岭镇	18285	64985	382	4729	162	17	17682
望江县太慈镇	14376	63594	50	3100	32	7	4362
望江县凉泉乡	13852	37317	142	3564	56	8	
望江县雷池乡	15718	43753	123	758	33	9	
岳西县天堂镇	4213	64152	192	20871	137	29	58051
岳西县店前镇	18207	23426	285	1900	109	1	5583
岳西县来榜镇	13478	21267	85	1665	51	8	7105
岳西县菖蒲镇	14005	23563	78	1109	46	6	4130
岳西县头陀镇	12300	9699	74	688	65	2	560
岳西县白帽镇	14480	19983	84	813	14	3	19983
岳西县温泉镇	8600	38194	116	4351	85	5	13211
岳西县响肠镇	6437	19261	88	530	45	5	5800
岳西县河图镇	17200	9812	98	492	41	1	2376
岳西县五河镇	13200	17345	39	2035	37		2367
岳西县主簿镇	9900	8168	56	1060	46	1	3500
岳西县冶溪镇	10420	22158	35	660	26	2	791
岳西县黄尾镇	10300	6479	63	473	16		2904
岳西县毛尖山乡	9600	13204	25	987	22	1	
岳西县莲云乡	4500	21142	151	5100	145	59	
岳西县青天乡	11700	10534	64	385	23		
岳西县包家乡	13283	5441	23	217	18		
岳西县古坊乡	4546	8139	1	3			
岳西县田头乡	9100	11467	20	300	5		
岳西县中关乡	7700	15217	132	3568	28		
岳西县石关乡	9600	12244	16	196	9		
岳西县姚河乡	7700	8248	34	480	32	4	
岳西县和平乡	10200	8528	33	275	7		
岳西县巍岭乡	4492	3744					
安庆经济开发区老峰镇	4331	27240	200	1500	60	9	27240
桐城市孔城镇	14684	58178	162	5730	127	7	10603
桐城市吕亭镇	16392	59265	163	37616	149	17	26018
桐城市范岗镇	13567	68484	1510	21008	310	42	17880
桐城市新渡镇	11499	60413	1322	26527	822	54	12767
桐城市双港镇	10071	53228	1502	20541	451	32	25014
桐城市大关镇	16892	61756	177	2810	126	26	13224
桐城市青草镇	17000	60348	285	2213	149	12	6823
桐城市金神镇	13200	47323	336	14156	84	40	23029
桐城市嬉子湖镇	13458	15224	70	1453	27	1	3139
桐城市唐湾镇	7362	9478	65	1296	10	3	471
桐城市黄甲镇	9440	10644	4	90	3		200
桐城市鲟鱼镇	281	826	2	145	1	1	826
屯溪区屯光镇	3300	23169	375	2162	43	7	23169
屯溪区阳湖镇	2162	48854	751	15020	34	8	48854
屯溪区黎阳镇	2289	15924	211	5081	43	6	10421
屯溪区新潭镇	6500	28892	148	2453	65	6	18898
屯溪区奕棋镇	3020	10318	92	1750	75	19	5820
黄山区甘棠镇	9527	52160	1168	16695	95	24	33703
黄山区仙源镇	4350	8520	101	560	21	2	3421
黄山区汤口镇	16536	15160	216	2370	21		6342

续表 179　　　　（安徽省）　　　　单位：公顷、人、个

名　　称	行政区域面积	常住人口	企业个数	企业从业人员	工业企业单位	#规模以上	城镇建成区常住人口
黄山区谭家桥镇	15719	8382	86	576	21		1697
黄山区太平湖镇	14704	8100	32	845	6	1	2744
黄山区焦村镇	25649	10158	55	780	15		3168
黄山区耿城镇	12231	7833	78	860	33	3	2950
黄山区三口镇	5674	7439	41	224	8	2	4734
黄山区乌石镇	24794	8589	62	780	16	1	1965
黄山区新明乡	13903	5600	93	823	12		
黄山区龙门乡	11132	3600	35	176	9		
黄山区新华乡	6090	4456	23	240	17		
黄山区新丰乡	5844	4380	21	376	12	2	
黄山区永丰乡	8548	4580	3	127	3	1	
徽州区岩寺镇	5989	25719	600	33120	98	36	15026
徽州区西溪南镇	4780	13973	114	967	62	10	3893
徽州区潜口镇	3903	13490	48	555	15	4	5268
徽州区呈坎镇	8271	10224	42	565	23	6	3010
徽州区徽州区虚镇	1069	32885					
徽州区洽舍乡	3152	1755	88	1315	47	7	
徽州区杨村乡	5497	3641	52	2316	39	5	
徽州区富溪乡	9282	6345	94	973	54	10	
歙县徽城镇	6472	157805	1056	33599	225	41	90258
歙县深渡镇	9405	20691	32	685	24	12	5486
歙县北岸镇	9259	20381	129	2000	33	15	13350
歙县富堨镇	5606	15029	221	2623	50	14	3700
歙县郑村镇	3893	13851	176	2890	60	21	10572
歙县桂林镇	14183	29335	169	4698	69	25	1000
歙县许村镇	6856	8760	4	100	4	4	2500
歙县溪头镇	12155	16302	40	1425	7	7	3372
歙县杞梓里镇	16325	18597	21	85	9	2	3542
歙县霞坑镇	9506	10543	18	117	10	1	3592
歙县岔口镇	9435	10379	32	268	9	2	7900
歙县街口镇	6132	10301					549
歙县王村镇	8741	21784	560	8880	5	4	6215
歙县雄村镇	4438	9711	7	384	5	3	1516
歙县三阳镇	13032	20720	14	120	12	2	20720
歙县坑口乡	4296	9198	3	365	3	3	
歙县上丰乡	6915	12177	1	24	1	1	
歙县昌溪乡	2062	2769	15	204	6	2	
歙县武阳乡	4153	7997	13	460	2	2	
歙县金川乡	5200	9597	5	26	2		
歙县小川乡	6831	8195	9	130	2	1	
歙县新溪口乡	4307	6061	7	50	2		
歙县璜田乡	8454	20062	8	41	1	1	
歙县长陔乡	9947	14033	15	80			
歙县森村乡	7093	12163					
歙县绍濂乡	9700	8734	37	213	6		
歙县石门乡	3604	2239					
歙县狮石乡	4369	1105					
休宁县海阳镇	13104	58188	316	12481	115	33	26687
休宁县齐云山镇	10913	10682	50	515	20		1072
休宁县万安镇	6439	17247	50	1945	22	5	3650

续表 180　　(安徽省)　　单位：公顷、人、个

名　　称	行政区域面积	常住人口	企业个数	企业从业人员	工业企业单位	#规模以上	城镇建成区常住人口
休宁县五城镇	18204	22088	51	538	26	3	10527
休宁县东临溪镇	11992	19419	52	756	37	4	7715
休宁县蓝田镇	14929	9259	25	221	6		2239
休宁县溪口镇	22198	20136	124	2159	55	6	2084
休宁县流口镇	6727	4158	18	96	5		704
休宁县汪村镇	16769	7351	30	157	12		1651
休宁县商山镇	9489	16426	64	1046	47	13	1234
休宁县山斗乡	5529	3175	10	128	4	1	
休宁县岭南乡	7977	2977	12	368	6	1	
休宁县渭桥乡	10705	12361	14	122	6		
休宁县板桥乡	8063	3648	14	98	3		
休宁县陈霞乡	9482	9414	7	51	4		
休宁县鹤城乡	13126	8120	35	283	1	1	
休宁县源芳乡	5337	4776	16	121	5		
休宁县榆村乡	4916	10543	12	152	9	1	
休宁县龙田乡	8983	3365	10	78	3		
休宁县璜尖乡	3905	2483	7	41	5		
休宁县白际乡	3842	1615	18	109	2		
黟县碧阳镇	11834	41831	251	5430	189	30	41831
黟县宏村镇	18895	17357	207	786	17		5671
黟县渔亭镇	7249	8598	30	452	26	8	4125
黟县西递镇	7605	5764	9	900	3	2	1399
黟县柯村镇	8743	5314	35	246	9	2	1200
黟县美溪乡	6794	2819	3	126	3	3	
黟县宏潭乡	12465	4241	6	82	6	2	
黟县洪星乡	11965	3187	7	317	7	6	
祁门县祁山镇	22708	67813	842	8306	147	37	2543
祁门县小路口镇	9506	4955	18	130	10	2	975
祁门县金字牌镇	13327	10949	39	875	27	2	2036
祁门县平里镇	9360	6850	5	26	2		3835
祁门县历口镇	18594	13061	29	240	20	2	4878
祁门县闪里镇	13679	8805	12	82	4		1218
祁门县安凌镇	20975	12397	14	178	7	2	1224
祁门县凫峰镇	11766	7607	5	69	2	1	2296
祁门县塔坊镇	8017	5132	17	221	13	3	1370
祁门县新安镇	12505	7381	10	90	10		2030
祁门县大坦乡	7888	3858	2	15	2		
祁门县柏溪乡	6933	4705	14	243	7	3	
祁门县祁红乡	11968	4133	12	176			
祁门县溶口乡	8395	4316	3	24	1		
祁门县芦溪乡	11550	4855	14	127	12	1	
祁门县渚口乡	10732	6168	18	128	5	1	
祁门县古溪乡	10638	6211	5	48	5		
祁门县箬坑乡	12958	6574	9	94	6		
南谯区乌衣镇	14450	51267	79	3922	48	18	24896
南谯区沙河镇	10388	19777	55	2500	30	17	11668
南谯区章广镇	20950	22463	7	96	1	1	9188
南谯区黄泥岗镇	8470	13493	20	1153	20	4	7696
南谯区珠龙镇	11800	17431	4	69	3	1	5980
南谯区大柳镇	13178	8197	29	950	12	5	5880

续表 181　　　　　　　　　　(安徽省)　　　　　　　　　　单位：公顷、人、个

名　　称	行政区域面积	常住人口	企业个数	企业从业人员	工业企业单位	#规模以上	城镇建成区常住人口
南谯区腰铺镇	8970	43931	290	8120	242	19	17912
南谯区施集镇	23520	21477	108	1713	34	5	1575
来安县新安镇	13991	99317	428	21264	97	18	65429
来安县半塔镇	28511	65585	132	7318	73	11	31137
来安县水口镇	18869	51099	242	2161	79	10	26105
来安县汊河镇	11677	38524	258	10359	181	70	21185
来安县大英镇	4779	14891	61	560	21	2	6638
来安县雷官镇	9104	22534	77	792	30		6756
来安县施官镇	14140	37364	57	652	35	6	6519
来安县舜山镇	13338	28233	29	365	13	1	10007
来安县三城乡	6916	17422	32	897	19	2	
来安县独山乡	7518	16947	6	800	1	1	
来安县张山乡	9761	18238	126	2580	40	3	
来安县杨郢乡	11259	16647	8	143	3	2	
全椒县襄河镇	12345	165272	1104	75622	347	45	152347
全椒县古河镇	10501	42649	134	4422	83	8	15104
全椒县大墅镇	15838	45995	52	2760	26	1	4810
全椒县二郎口镇	17800	49291	95	2150	56	11	8213
全椒县武岗镇	9972	21089	70	4502	52	7	3745
全椒县马厂镇	18056	39562	63	2162	19	1	3569
全椒县石沛镇	19700	27943	43	1121	41	1	1928
全椒县十字镇	18448	34059	245	3617	187	10	7458
全椒县西王镇	14300	21680	58	678	2		3756
全椒县六镇镇	20082	44567	189	4548	49	4	3746
定远县定城镇	27700	162112	1128	11672	176	6	112615
定远县炉桥镇	17880	93067	473	6857	431	8	50588
定远县永康镇	19200	60188	248	4219	52	7	11929
定远县吴圩镇	21260	53043	112	580	4	4	3900
定远县朱湾镇	7149	16518	6	112	5	1	3120
定远县张桥镇	18421	51334	583	4315	169	6	13504
定远县藕塘镇	19345	27582	396	3168	28	3	13859
定远县池河镇	22917	30332	24	1062	19	6	17013
定远县连江镇	10685	24687	28	928	9	2	5920
定远县界牌集镇	11985	22045	59	297	5	2	4909
定远县仓镇	11648	22486	6	231	5	3	2235
定远县三和集镇	13590	34241	28	1321	14	6	7203
定远县西卅店镇	16900	33540	27	1412	15	4	2685
定远县桑涧镇	14927	38419	46	535	11	3	5592
定远县蒋集镇	9605	20893	16	181	4		2589
定远县大桥镇	8255	20310	37	206	7	2	2788
定远县严桥乡	9048	21691	9	282	6	5	
定远县拂晓乡	11137	15001	14	369	6	1	
定远县能仁乡	5437	24789	11	392	9	1	
定远县七里塘乡	9672	29397	4	93	3	2	
定远县二龙回族乡	4140	13096	4	96	2		
定远县范岗乡	9385	10175	18	256	8	3	
凤阳县府城镇	17472	106893	283	27346	64	7	57258
凤阳县临淮镇	2945	46239	247	2347	68	22	8596
凤阳县武店镇	11530	67636	71	1176	66	4	17847
凤阳县西泉镇	7420	45798	61	1678	54	4	5803

续表 182　(安徽省)　单位：公顷、人、个

名　称	行政区域面积	常住人口	企业个数	企业从业人员	工业企业单位	#规模以上	城镇建成区常住人口
凤阳县官塘镇	7830	38362	2	265	1		655
凤阳县刘府镇	21729	70162	268	16867	168	14	13159
凤阳县大庙镇	16416	49378	272	7360	270	30	5280
凤阳县殷涧镇	20480	23793	21	250	21		4100
凤阳县总铺镇	17643	38761	30	498	3	2	5203
凤阳县红心镇	15867	28703	5	198	5	1	4582
凤阳县板桥镇	14405	53611	119	452	14	4	7036
凤阳县大溪河镇	8908	21344	7	110	2	1	4105
凤阳县小溪河镇	20548	37710	45	2032	43	4	7276
凤阳县枣巷镇	7307	27694	4	68	2		1135
凤阳县黄湾乡	4172	20400	8	155	8		
天长市铜城镇	22280	76018	1573	32500	650	59	45468
天长市汊涧镇	16055	51244	210	16312	145	27	28150
天长市秦栏镇	11220	62838	535	18056	496	56	43724
天长市大通镇	15398	42476	98	7625	98	7	11904
天长市杨村镇	15167	44497	256	7366	172	27	12165
天长市石梁镇	10901	32672	256	5120	158	15	12603
天长市金集镇	9668	38843	220	8800	179	15	4175
天长市永丰镇	8390	24993	260	5562	245	33	9505
天长市仁和集镇	12650	39411	354	11582	258	25	10865
天长市冶山镇	9630	34793	127	8178	126	21	9509
天长市郑集镇	6425	19685	136	5225	62	5	4066
天长市张铺镇	12640	32783	63	3791	58	5	4127
天长市新街镇	8543	26646	112	5862	65	9	4758
天长市万寿镇	5658	10810	69	4283	69	11	2336
明光市张八岭镇	25326	27869	83	1103	30	1	20875
明光市三界镇	12862	12556	40	382	13	1	3654
明光市管店镇	7352	11845	55	702	19	3	9254
明光市自来桥镇	20566	24147	54	873	12	4	5073
明光市涧溪镇	18893	43212	106	1955	58	4	6522
明光市石坝镇	23868	37811	105	612	24	1	11000
明光市苏巷镇	10234	18902	65	1069	23	6	7652
明光市桥头镇	14376	20259	74	658	18	6	6636
明光市女山湖镇	25347	39220	31	940	18	4	25130
明光市古沛镇	10795	26510	29	269	7	2	6350
明光市潘村镇	19300	60978	57	2353	6	2	18025
明光市柳巷镇	5992	24751	25	133	2		2235
明光市泊岗乡	2703	10257	13	210	2	1	
颍州区王店镇	6899	69378	236	3472	178	10	1432
颍州区程集镇	4860	47563	64	1995	29	7	14658
颍州区三合镇	3299	39694	240	1143	150	8	39694
颍州区西湖镇	3600	27406	43	876	12	4	4529
颍州区九龙镇	4819	43550	34	863	18	4	4284
颍州区三十里铺镇	4380	44078	73	724	12	3	5841
颍州区三塔集镇	8015	74238	182	1274	11	5	6829
颍州区马寨乡	5200	45769	47	894	5	3	
颍东区口孜镇	8183	78929	2	56	2	1	6591
颍东区插花镇	11008	85186	278	19668	32	6	9856
颍东区袁寨镇	5390	61495	44	326	8	4	11144
颍东区枣庄镇	7070	44219	16	592	11	5	2635

续表 183　　　　（安徽省）　　　　单位：公顷、人、个

名　　称	行政区域面　　积	常住人口	企业个数	企　　业从业人员	工业企业单　　位		城镇建成区常住人口
						#规模以上	
颍东区老庙镇	5880	40549	40	323	6	1	6720
颍东区正午镇	6450	42957	23	268	10	1	3786
颍东区杨楼孜镇	4073	37810	46	1127	32	3	6549
颍东区新乌江镇	6400	46223	36	1460	15	3	6049
颍东区冉庙乡	5423	34975	1043	8432	375	3	
颍泉区伍明镇	14062	125267	193	1849	57	3	15848
颍泉区宁老庄镇	11720	95880	236	2918	57	5	9158
颍泉区闻集镇	15370	125199	286	6249	99	17	13968
颍泉区行流镇	10981	106259	140	5628	113	6	7103
临泉县杨桥镇	9480	76693	25	750	23	13	12687
临泉县同城镇	4869	62373	89	1435	36	8	17875
临泉县谭棚镇	6400	57714	280	880	88	6	6860
临泉县老集镇	7847	65933	262	1620	92	6	7247
临泉县滑集镇	7080	75209	306	2315	12	2	12045
临泉县吕寨镇	5600	56325	17	120	6		5203
临泉县单桥镇	5060	51676	12	856	9	2	1736
临泉县长官镇	7472	82231	15	554	13	3	10712
临泉县宋集镇	8001	90671	115	1413	32	2	85124
临泉县张新镇	5260	51319	61	396	9	1	3768
临泉县艾亭镇	7526	75585	105	1095	52	1	5924
临泉县陈集镇	7420	50558	35	356	14	2	4238
临泉县韦寨镇	7299	74264	293	2327	126	2	7132
临泉县迎仙镇	6421	69384	19	425	9	2	9160
临泉县瓦店镇	5989	68042	14	582	14	1	11546
临泉县姜寨镇	5670	71490	27	820	26	2	8565
临泉县庙岔镇	5480	53830	103	1822	16	5	5216
临泉县黄岭镇	6300	71668	158	936	9	1	2511
临泉县白庙镇	4400	53916	56	1325	7	1	4200
临泉县关庙镇	7200	70275	59	469	7		1365
临泉县杨小街镇	4892	48328	21	357	12	1	48328
临泉县高塘乡	5385	54801	11	78	4		
临泉县范兴集乡	3960	37097	9	285	6	1	
临泉县土陂乡	6876	53294	68	408	6	1	
临泉县谢集乡	5347	53480	8	351	2	1	
临泉县陶老乡	5214	35688	9	126	6		
临泉县张营乡	5877	50491	12	126	6	2	
临泉县庞营乡	4900	53816	27	421	9	2	
太和县城关镇	5600	252924	2734	18445	268	89	162975
太和县旧县镇	6280	55817	185	3256	21	3	11916
太和县税镇镇	4368	46526	80	2120	42	18	5535
太和县皮条孙镇	3106	26385	59	2150	49	17	8570
太和县原墙镇	6831	61198	120	1300	3		8200
太和县倪邱镇	6886	53885	63	945	13	9	5800
太和县李兴镇	7071	70736	68	6377	28	5	15337
太和县大新镇	6551	43803	55	2675	27	6	6387
太和县肖口镇	6091	58487	171	4968	57	13	5871
太和县关集镇	6607	53510	10	220	2		53510
太和县三塔镇	8937	66722	38	1672	38		8417
太和县双浮镇	5500	45324	26	560	8	3	4920
太和县蔡庙镇	3616	28709	26	1620	22		2980

续表 184　　(安徽省)　　单位：公顷、人、个

名　　称	行政区域面　　积	常住人口	企业个数	企　　业从业人员	工业企业单　　位		城镇建成区常住人口
						#规模以上	
太和县三堂镇	6593	49389	79	1037	53	4	6312
太和县苗老集镇	6696	47954	126	3269	22	1	5132
太和县赵庙镇	6497	52774	38	1027	21	4	6204
太和县宫集镇	5879	33891	20	339	12		6064
太和县坟台镇	11700	80885	38	1095	17	2	18822
太和县洪山镇	8149	59124	45	455	13		6088
太和县清浅镇	4873	42117	16	152	2		5123
太和县五星镇	5160	40671	68	1247	61	13	3462
太和县高庙镇	2547	18681	61	836	31	4	2327
太和县桑营镇	5840	39924	67	573	16	1	5241
太和县大庙集镇	5055	46671	14	377	14	3	
太和县阮桥镇	6700	45460	6	127	3		2472
太和县双庙镇	5321	48295	3	67	1	1	10800
太和县胡总镇	3747	22072	21	896	4	1	500
太和县郭庙镇	6900	48608	49	285	10	3	
太和县赵集乡	5979	40370	20	982	18	2	
太和县马集乡	5481	42227	96	6632	96	46	
太和县二郎乡	4753	29279	11	356	11		
阜南县方集镇	4043	31939	25	289	20	3	8312
阜南县中岗镇	5398	35679	26	1396	26	15	12170
阜南县柴集镇	8264	58266	147	763	141	1	4435
阜南县新村镇	6214	59180	17	179	15		13382
阜南县朱寨镇	8014	70191	26	237	15	2	7720
阜南县柳沟镇	4576	43879	18	460	5	1	8730
阜南县赵集镇	5961	46553	18	550	10	2	3350
阜南县田集镇	6618	63748	130	1456	26	5	5123
阜南县苗集镇	6948	60850	18	660	13	3	4500
阜南县黄岗镇	6627	44687	107	22357	45	28	7327
阜南县焦陂镇	6770	62846	25	1459	21	2	5230
阜南县张寨镇	7766	48359	8	856	8	2	48359
阜南县王堰镇	7168	55754	21	560	10	3	3113
阜南县地城镇	4991	36665	21	532	14	4	8102
阜南县洪河桥镇	8408	60127	95	1121	75	5	1665
阜南县王家坝镇	3299	19814	27	536	6	1	3290
阜南县王化镇	5987	42279	38	410	7	1	7350
阜南县曹集镇	5208	35736	78	2252	26	7	35736
阜南县鹿城镇	8782	232501	610	19010	67	9	232501
阜南县会龙镇	5450	43800	81	1736	35	7	4478
阜南县王店孜乡	6187	51842	27	515	26	2	
阜南县许堂乡	7116	64107	18	587	7	2	
阜南县段郢乡	7859	65981	49	271	11	1	
阜南县公桥乡	6708	48640	15	107	15	1	
阜南县龙王乡	4315	33234	42	997	19	2	
阜南县于集乡	4620	30205	19	539	9		
阜南县老观乡	5350	34394	81	455	60		
阜南县郜台乡	7782	58632	33	6452	29	6	
颍上县慎城镇	10880	201806	1476	59034	209	103	181584
颍上县谢桥镇	10594	91900	353	2118	149	10	16890
颍上县南照镇	6300	50174	58	12480	38	13	13608
颍上县杨湖镇	5643	54864	30	668	17	1	7236

续表 185　　　　　　　　　　（安徽省）　　　　　　　　　　单位：公顷、人、个

名　　称	行政区域面积	常住人口	企业个数	企业从业人员	工业企业单位	#规模以上	城镇建成区常住人口
颍上县江口镇	7446	79679	39	936	4	1	4622
颍上县润河镇	7800	62881	7	417	6	5	10171
颍上县新集镇	5114	37385	3	166	1	1	6796
颍上县六十铺镇	7227	50475	45	519	15	9	12980
颍上县耿棚镇	8450	78772	101	657	20	9	8052
颍上县半岗镇	7136	40825	94	720	28	8	19800
颍上县王岗镇	7730	41026	44	827	13	3	9570
颍上县夏桥镇	7901	48484	55	1400	44	6	3436
颍上县江店孜镇	7550	52686	17	467	9	6	7759
颍上县陈桥镇	6446	44344	37	991	14	4	5437
颍上县黄桥镇	7512	45023	190	1330	31	6	8992
颍上县八里河镇	7915	57729	36	1220	16	3	5872
颍上县迪沟镇	5880	40246	63	2635	37	2	2010
颍上县西三十铺镇	5121	37888	5	400	4	4	5508
颍上县红星镇	5134	34420	25	233	4	2	17517
颍上县十八里铺镇	5739	44691	65	1170	16	3	8868
颍上县鲁口镇	5846	34909	79	780	4	2	5132
颍上县古城镇	5592	44870	88	6440	47	4	3928
颍上县建颍乡	8100	67156	56	1257	18	2	
颍上县五十铺乡	6250	39024	22	572	12	5	
颍上县盛堂乡	5291	30637	7	116	6	2	
颍上县关屯乡	5900	29928	23	657	7		
颍上县垂岗乡	2670	18904	11	562	6	1	
颍上县赛涧回族乡	4852	22729	5	103	2	1	
颍上县刘集乡	7190	58257	26	482	17	4	
颍上县黄坝乡	5400	36589					
阜阳合肥现代产业园区袁集镇	4193	41227	15	330	4		4887
界首市光武镇	4640	59457	96	8932	95	60	14903
界首市泉阳镇	5052	36475	96	2864	14	3	17810
界首市芦村镇	3504	29200	13	178	3		2515
界首市新马集镇	3959	34678	28	585	16	8	3485
界首市大黄镇	3360	35385	31	2616	28	11	10772
界首市田营镇	2900	31458	25	12560	22	12	4972
界首市陶庙镇	5602	52950	46	1721	46	8	6650
界首市王集镇	5244	48069	7	312	7	3	4670
界首市砖集镇	4100	51015	18	700	16		1460
界首市顾集镇	4544	36593	58	260			3922
界首市代桥镇	3447	29083					3503
界首市舒庄镇	3389	31407	7	85	3		3652
界首市邴集乡	3345	34367	6	40	6		
界首市靳寨乡	2100	25011	20	1045	19	19	
界首市任寨乡	2920	24708	13	92	6		
埇桥区符离镇	14011	94397	452	12315	187	56	41518
埇桥区芦岭镇	13000	71445	128	3381	69	8	45344
埇桥区朱仙庄镇	12800	69501	138	2865	88	58	32163
埇桥区褚兰镇	13042	48579	150	3400	27	7	4248
埇桥区曹村镇	14094	57186	230	21389	51	29	11032
埇桥区夹沟镇	17800	70642	149	2865	38	18	10629
埇桥区栏杆镇	14536	74258	66	1185	37	4	5960
埇桥区时村镇	12100	81204	214	1864	147	8	20852

续表 186　　(安徽省)　　单位：公顷、人、个

名　称	行政区域面积	常住人口	企业个数	企业从业人员	工业企业单位	#规模以上	城镇建成区常住人口
埇桥区永安镇	11979	57224	110	1296	23	9	4945
埇桥区灰古镇	6700	29667	139	2644	38	5	4385
埇桥区大店镇	17100	65216	75	830	10		10323
埇桥区大泽乡镇	13349	59900	73	1367	13	8	6007
埇桥区桃园镇	9000	39277	286	7686	98	16	13466
埇桥区蕲县镇	10324	71452	264	22467	152	18	58638
埇桥区大营镇	9642	44468	116	2107	12	5	9526
埇桥区杨庄乡	7685	39354	150	3400	30	7	
埇桥区支河乡	7391	28340	67	2882	38	8	
埇桥区解集乡	12912	58938	74	378	13	2	
埇桥区桃沟乡	6257	36203	14	256	8	6	
埇桥区顺河乡	8200	42654	210	3662	180	20	
埇桥区永镇乡	6632	32715	24	360	7	3	
埇桥区西二铺乡	3700	21212	39	1258	29	4	
埇桥区北杨寨乡	11222	45385	34	1435	34	1	
砀山县砀城镇	10763	194226	1921	32514	615	26	142282
砀山县赵屯镇	7495	52449	188	958	16	10	5286
砀山县李庄镇	5787	46674	397	9131	26		7420
砀山县唐寨镇	9505	75672	102	1020	41	10	75672
砀山县葛集镇	8502	56372	21	230	5	3	5967
砀山县周寨镇	12000	73984	226	12413	193	16	4074
砀山县玄庙镇	14509	93084	407	9298	135	9	3352
砀山县官庄坝镇	7982	52829	189	1685	32	17	494
砀山县曹庄镇	5395	33260	140	1310	42	5	5110
砀山县关帝庙镇	8310	55261	266	4516	105	13	6679
砀山县朱楼镇	5306	41886	85	2136	26	5	6252
砀山县良梨镇	6783	56148	205	9530	33	5	5750
砀山县程庄镇	7100	56582	123	1386	38	1	1230
萧县龙城镇	10500	139282	2769	25050	319	11	79208
萧县黄口镇	9200	73886	104	16420	40	12	20200
萧县杨楼镇	10500	78330	39	1480	36	8	16500
萧县闫集镇	6685	37907	18	415	5	5	1762
萧县新庄镇	11400	72867	15	196	6	6	4618
萧县刘套镇	6900	44659	63	1420	33	3	6152
萧县马井镇	9014	109505	16	98			5491
萧县大屯镇	8632	55517	21	736	16	5	8171
萧县赵庄镇	8342	43913	166	1840	40	4	2116
萧县杜楼镇	9627	67633	102	3706	58	8	9228
萧县丁里镇	4195	41035	98	1596	52	5	6583
萧县王寨镇	10360	75473	50	452	9	7	4589
萧县祖楼镇	5320	44133	38	1488	32	6	1576
萧县青龙集镇	3589	21823	9	127	5	3	5311
萧县张庄寨镇	11371	77440	258	1800	35	10	9477
萧县永堌镇	6100	29756	21	1514	14	7	5947
萧县白土镇	5856	27530	9	340	9	9	5263
萧县官桥镇	6400	18958	25	500	6		
萧县圣泉乡	12100	70860	60	2860	19	6	
萧县酒店乡	8400	56561	36	762	22	4	
萧县孙圩子乡	7209	43971	18	376	13	12	
萧县庄里乡	8700	29640					

续表 187　　（安徽省）　　单位：公顷、人、个

名　　称	行政区域面　　积	常住人口	企业个数	企　　业从业人员	工业企业单　　位	#规模以上	城镇建成区常住人口
萧县石林乡	3330	21972	4	63	3	2	
灵璧县灵城镇	10975	112315	1422	32706	88	12	76255
灵璧县韦集镇	13650	42112	100	510	30	5	7425
灵璧县黄湾镇	13686	45780	120	640	21		2744
灵璧县娄庄镇	22700	79118	34	2235	19	8	5083
灵璧县杨疃镇	15705	76353	117	2371	21	7	11902
灵璧县尹集镇	10895	76059	74	2237	19	9	16999
灵璧县浍沟镇	7951	51527	100	794	13	3	8344
灵璧县游集镇	8112	58126	85	1500	37	11	7120
灵璧县下楼镇	12936	71800	40	980	28	14	8421
灵璧县朝阳镇	13769	72678	55	1965	35	5	17260
灵璧县渔沟镇	11314	73980	162	1144	27	12	11286
灵璧县高楼镇	9023	70976	65	3620	24	3	9820
灵璧县冯庙镇	10905	78887	171	2916	47	14	19716
灵璧县向阳乡	11493	42636	35	4875	14	3	
灵璧县朱集乡	7508	40489	16	312	14	8	
灵璧县大路乡	5356	39869	28	542	21	4	
灵璧县大庙乡	6473	54674	42	2749	38	7	
灵璧县禅堂乡	9531	43075	236	5800	18	5	
灵璧县虞姬乡	8283	45024	220	3300	90	12	
泗县泗城镇	8250	97360	812	12180	70	18	77122
泗县墩集镇	9466	34709	5	115	2		4320
泗县丁湖镇	14654	59387	8	215	4	4	6543
泗县草沟镇	16000	88772	85	2000	50	12	14000
泗县长沟镇	12851	50004	28	1430	23	13	5091
泗县黄圩镇	9286	67046	114	6175	101	17	4905
泗县大庄镇	9781	66846	146	5676	32	15	10702
泗县山头镇	13673	71464	25	850	4	4	5650
泗县刘圩镇	8250	46367	17	1200	15	13	11527
泗县黑塔镇	19299	82186	355	3775	183	3	4381
泗县草庙镇	6670	21336	77	305	75	2	5510
泗县屏山镇	18318	67562	10	244	7	5	28150
泗县大路口乡	8231	47206	53	1765	38	7	
泗县大杨乡	7407	44406	8	213	8	2	
泗县瓦坊乡	10276	57881	22	236	17	5	
宿州马鞍山现代产业园区蒿沟乡	5100	31162	35	1520	7	1	
宿州马鞍山现代产业园区苗安乡	9430	29147	62	317	25	1	
金安区木厂镇	7330	37339	42	732	17	2	33244
金安区马头镇	5228	35611	19	525	15	3	4010
金安区东桥镇	10625	35150	22	368	10	2	3022
金安区张店镇	14400	50239	34	172	4	4	3489
金安区毛坦厂镇	6286	24869	15	150	2	2	12536
金安区东河口镇	16050	51852	12	1200	12	1	3222
金安区双河镇	8954	42878	123	4500	63	5	6825
金安区施桥镇	11600	58401	42	930	3		58401
金安区孙岗镇	13521	50942	62	4368	30	5	7204
金安区三十铺镇	12211	84518	876	13075	143	49	43976
金安区椿树镇	10800	28550	37	780	5	3	3402
金安区城北乡	7280	35426	209	56241	108	15	
金安区翁墩乡	6067	23492	18	497	15	1	

续表 188　　(安徽省)　　单位：公顷、人、个

名　　称	行政区域面积	常住人口	企业个数	企业从业人员	工业企业单位	#规模以上	城镇建成区常住人口
金安区渒东乡	3326	36870	12	150	10	1	
金安区中店乡	9198	30337	7	460	1		
金安区横塘岗乡	8795	19393	26	192	1		
金安区先生店乡	5022	24474	45	960	21	5	
裕安区苏埠镇	6800	69502	546	14300	89	11	39561
裕安区韩摆渡镇	4980	45977	40	319	15		5641
裕安区新安镇	7400	71729	84	1760	27	12	6300
裕安区顺河镇	10150	36038	45	665	16	5	36038
裕安区独山镇	18600	72793	38	331	18	1	59598
裕安区石婆店镇	15320	34998	34	489	12		2698
裕安区城南镇	6500	68895	343	2610	20	7	58000
裕安区丁集镇	9951	44292	167	2023	78	2	5689
裕安区固镇镇	9200	30099	124	2356			4122
裕安区徐集镇	6331	29374	60	1293	13	2	8237
裕安区分路口镇	11348	49710	85	5324	28	13	14921
裕安区江家店镇	11927	37561	55	245	11	4	35071
裕安区单王乡	9100	44035	27	310	24		
裕安区青山乡	12513	40406	33	360	18	4	
裕安区石板冲乡	5144	21257	23	127	3		
裕安区西河口乡	13386	30045	23	225	4	1	
裕安区平桥乡	5000	75160	358	7120	115	20	
裕安区罗集乡	11333	42456	6	446	1	1	
裕安区狮子岗乡	12353	30658	42	504	13	4	
叶集区叶集镇镇区办事处	3330	60358	473	21185	138	38	
叶集区叶集镇平岗办事处	6600	17857	122	4011	22	15	
叶集区三元镇	8900	18878	49	1423	19	3	640
叶集区孙岗乡	12800	40979	98	8600	50	25	
霍邱县城关镇	6228	133925	1026	8758	78	8	103475
霍邱县河口镇	4910	22947	20	150	4	2	8400
霍邱县周集镇	10220	65706	1299	16787	196	7	16992
霍邱县临水镇	8813	58319	83	3200	41	5	21000
霍邱县新店镇	12951	63271	48	3137	16	5	11316
霍邱县石店镇	12054	53696	121	4281	31	9	12195
霍邱县马店镇	7811	28493	153	2369	22	6	14260
霍邱县孟集镇	14654	50407	303	1818	219	4	4743
霍邱县花园镇	10519	35440	93	2746	51	3	4268
霍邱县扈胡镇	16009	48194	169	5012	59	6	48194
霍邱县长集镇	7175	36506	179	5143	21	5	6038
霍邱县洪集镇	10266	38993	65	2400	5	2	12000
霍邱县姚李镇	14400	53066	200	5000	50	11	18211
霍邱县乌龙镇	9532	34872	11	107	9	4	2975
霍邱县高塘镇	12838	42580	362	2812	207	2	14100
霍邱县龙潭镇	8393	34222	41	840	27	6	4736
霍邱县岔路镇	8277	24011	9	422	8	2	4829
霍邱县冯井镇	9956	43556	233	2741	21	2	4021
霍邱县众兴集镇	9795	26805	25	960	9	4	3763
霍邱县夏店镇	8736	30285	389	1998	181	3	1854
霍邱县曹庙镇	7743	20341	128	1224	52	3	3624
霍邱县范桥镇	6858	27303	191	5850	72	4	8620
霍邱县潘集镇	10669	51152	186	1258	36	4	3695

续表 189　　(安徽省)　　单位：公顷、人、个

名　　称	行政区域面　　积	常住人口	企业个数	企　　业从业人员	工业企业单　　位	#规模以上	城镇建成区常住人口
霍邱县彭塔乡	9800	34322	12	326	9	3	
霍邱县王截流乡	7391	49691	268	3794	4	1	
霍邱县临淮岗乡	12325	43449	125	9843	10	2	
霍邱县城西湖乡	9066	49060	49	920	12	6	
霍邱县宋店乡	10821	40944	40	450	20	3	
霍邱县三流乡	10200	28563	27	350			
霍邱县邵岗乡	8072	29228	2	30	2	2	
霍邱县白莲乡	9420	33797	11	60	1	1	
霍邱县冯瓴乡	9927	45377	24	200	1	1	
舒城县城关镇	11170	172636	996	41896	250	36	132642
舒城县晓天镇	31069	24525	80	800	34		6300
舒城县桃溪镇	5780	25905	122	3746	21	3	3825
舒城县万佛湖镇	11006	31812	107	1638	40		13186
舒城县千人桥镇	7176	35989	45	3084	35	5	2361
舒城县百神庙镇	6644	30667	34	4685	20		3689
舒城县杭埠镇	8000	46170	127	18569	74	24	13597
舒城县舒茶镇	8135	22766	65	562	39	1	489
舒城县南港镇	12626	39713	149	3280	74	6	12327
舒城县干汊河镇	8057	43964	132	8010	88	6	4682
舒城县张母桥镇	6250	21779	23	474	20	3	4600
舒城县五显镇	9716	23099	118	1557	41	2	1785
舒城县山七镇	13430	23492	63	245	6		1914
舒城县河棚镇	7278	15094	42	375	15		4800
舒城县汤池镇	15926	44321	127	4635	7	1	2656
舒城县春秋乡	6970	22960	12	112	9		
舒城县柏林乡	8990	32410	76	2320	37	2	
舒城县棠树乡	7762	30927	50	3210	19	2	
舒城县阙店乡	6050	27775	16	180	1		
舒城县高峰乡	8060	21236	45	418	45		
舒城县庐镇乡	12973	15145	22	520	16		
金寨县梅山镇	28061	127970	1210	13560	81	5	64520
金寨县麻埠镇	13479	14414	413	3264	338	5	4358
金寨县青山镇	11296	18154	162	1372	6	1	4193
金寨县燕子河镇	30940	31999	49	699	23	2	4689
金寨县天堂寨镇	24371	17215	365	1915	9		4015
金寨县古碑镇	22159	39860	45	950	38	2	10890
金寨县吴家店镇	21639	28800	273	1358	12	1	7491
金寨县斑竹园镇	14841	24655	201	3920	14	2	5017
金寨县汤家汇镇	26850	35379	238	1200	2	1	12100
金寨县南溪镇	21000	48561	55	875	47	3	22647
金寨县双河镇	11200	20755	200	1200	20	2	7500
金寨县白塔畈镇	11400	38036	84	6520	14	1	5885
金寨县张冲乡	10200	14510	235	1840	35	1	
金寨县油坊店乡	19800	25229	44	220	32	2	
金寨县长岭乡	13619	15423	67	359	19	1	
金寨县槐树湾乡	11936	14740	7	36			
金寨县花石乡	9562	10307	6	249	2	1	
金寨县沙河乡	16380	14958	6	113			
金寨县桃岭乡	12075	18397					
金寨县果子园乡	8400	8310	20	250	5	2	

续表 190　　(安徽省)　　单位：公顷、人、个

名　　称	行政区域面　　积	常住人口	企业个数	企　　业从业人员	工业企业单　　位	#规模以上	城镇建成区常住人口
金寨县关庙乡	16780	10766	12	143	7	2	
金寨县全军乡	10800	10318	33	1400	3	2	
金寨县铁冲乡	11666	9791	31	160			
霍山县衡山镇	9301	76154	876	7808	156	26	69345
霍山县佛子岭镇	12700	13804	48	1820	14	1	5340
霍山县下符桥镇	7020	15712	68	1100	31	4	1720
霍山县但家庙镇	7200	12572	51	1981	20	5	2007
霍山县与儿街镇	16000	30510	178	3981	43	11	3519
霍山县黑石渡镇	10473	19798	81	2657	39	7	5721
霍山县诸佛庵镇	17940	26922	113	6015	64	14	10759
霍山县落儿岭镇	6130	7467	50	621	32	12	1192
霍山县磨子潭镇	18173	11569	42	578	21	1	2950
霍山县大化坪镇	23090	18687	36	1450	22	3	1863
霍山县漫水河镇	16900	16196	32	192	5		1570
霍山县上土市镇	10440	13676	29	250	12		2103
霍山县单龙寺镇	13693	11820	10	55	6	1	360
霍山县东西溪乡	9830	9109	37	246	1		
霍山县太平畈乡	8660	11648	82	800	3		
霍山县太阳乡	10600	6857	29	185	12		
谯城区古井镇	11254	71186	211	13500	172	25	71186
谯城区芦庙镇	6909	34988	70	462	8		
谯城区华佗镇	4181	41864	26	1220	23	4	
谯城区魏岗镇	6313	55730	45	2800	38	13	
谯城区牛集镇	10663	67124	260	4920	42		
谯城区颜集镇	8370	54818	15	587	15	4	
谯城区五马镇	7287	35823	25	1300	20	5	4350
谯城区十八里镇	8530	53068	106	26000	20	5	
谯城区谯东镇	8801	62277	106	563	9	1	
谯城区十九里镇	3175	36008	184	9600	165	20	
谯城区沙土镇	8826	54339	220	1200	12		
谯城区观堂镇	8500	70016	37	2000	20	2	
谯城区大杨镇	11950	67393	50	3860	37	6	
谯城区城父镇	7200	70267	47	1102	18	3	5312
谯城区十河镇	11500	68519	65	3584	29	9	
谯城区双沟镇	18000	100801	190	2500	95	6	17520
谯城区淝河镇	8900	43628	226	1235	4	3	
谯城区古城镇	8900	49271	25	730	13	2	
谯城区龙杨镇	9420	66066	35	182	6		
谯城区立德镇	8703	50972	21	397	20		
谯城区张店乡	5400	42926	55	6785	48	5	
谯城区赵桥乡	10273	55052	40	420	3		
涡阳县西阳镇	6159	35393	580	3950	45	8	12290
涡阳县涡南镇	9799	63282	307	896	140	5	4017
涡阳县楚店镇	7624	51735	365	3869	98	11	14572
涡阳县高公镇	5768	33642	246	1479	45	4	8860
涡阳县高炉镇	7922	51986	86	4019	79	16	15820
涡阳县曹市镇	13056	72655	329	3698	85	4	13665
涡阳县青町镇	13837	79970	185	2365	136	6	6734
涡阳县石弓镇	7987	44765	439	28957	278	8	8231
涡阳县龙山镇	11027	57695	95	486	29	10	9431

续表 191　　　　（安徽省）　　　　单位：公顷、人、个

名　　称	行政区域面积	常住人口	企业个数	企业从业人员	工业企业单位	#规模以上	城镇建成区常住人口
涡阳县义门镇	7954	76905	256	3160	125	10	2246
涡阳县新兴镇	12008	74582	162	2592	136	6	4422
涡阳县临湖镇	10188	53379	45	1833	10	6	22105
涡阳县丹城镇	10463	72056	5	135	4	4	6420
涡阳县马店集镇	8473	44153	52	1368	32	3	2239
涡阳县花沟镇	8333	55740	345	4310	35	7	5230
涡阳县店集镇	5065	40535	56	3520	28	5	3816
涡阳县陈大镇	6888	55624	28	2093	26	7	3073
涡阳县牌坊镇	15411	83717	101	2632	96	11	5433
涡阳县公吉寺镇	6596	56342	84	1556	66	5	3304
涡阳县标里镇	9094	68630	62	2560	32	2	5960
蒙城县城关镇	1370	112871	986	5362	39	13	112871
蒙城县双涧镇	12185	67680	654	11766	48	17	21665
蒙城县小涧镇	10654	68321	320	3800	210	5	6000
蒙城县坛城镇	10200	59931	1717	9443	1289	7	3765
蒙城县范集工业园区(镇级单位)	2910	16212	126	625	58	6	1706
蒙城县许疃镇	12800	67174	295	5120	65	6	23416
蒙城县板桥集镇	13730	78534	2388	15368	96	13	8316
蒙城县马集镇	10340	69944	408	3676	71	11	7943
蒙城县岳坊镇	9859	58964	312	9988	238	8	13860
蒙城县立仓镇	20201	100899	134	782	24	4	2864
蒙城县楚村镇	17200	90866	246	3151	128	6	6162
蒙城县乐土镇	18331	95997	263	5848	37	11	6950
蒙城县三义镇	11754	69708	164	1188	8	1	6083
蒙城县篱笆镇	10300	58593	98	520	17	4	4850
蒙城县农业委员会(镇级单位)	555	2101					
蒙城县王集乡	13692	71830	556	2804	7	5	
蒙城县小辛集乡	12767	72411	61	1298	41	4	
利辛县城关镇	12247	236175	1292	36272	208	10	148129
利辛县阚疃镇	11870	83453	119	1217	31	9	33851
利辛县张村镇	9640	61398	158	1210	42	7	31520
利辛县江集镇	9636	60772	257	2056	31	3	7912
利辛县旧城镇	6820	55003	43	315	35	1	7865
利辛县西潘楼镇	7294	51057	137	2690	45	11	12466
利辛县孙集镇	6500	42097	105	945	28	1	7762
利辛县汝集镇	10036	58068	50	831	12	3	5964
利辛县巩店镇	9840	73523	200	3450	36	4	4521
利辛县王人镇	7728	58303	25	1386	21	6	10968
利辛县王市镇	7114	49822	87	361	7	5	8611
利辛县永兴镇	6663	47056	91	468	12	4	4900
利辛县马店孜镇	8876	63578	46	882	16	3	9923
利辛县大李集镇	5366	51993	80	410	14	1	10047
利辛县胡集镇	11180	65583	156	1480	9	4	12163
利辛县展沟镇	5411	25029	20	287	7	5	2751
利辛县程家集镇	8720	47724	218	1091	36	8	3307
利辛县中疃镇	9831	59129	675	3452	39	7	4600
利辛县望疃镇	15994	89216	28	845	23	3	8078
利辛县城北镇	6686	49909	47	632	27	8	5327
利辛县纪王场乡	7199	46440	11	146	11	2	
利辛县孙庙乡	6451	49998	48	780	13	3	

续表 192　　(安徽省)　　单位：公顷、人、个

名　　称	行政区域面积	常住人口	企业个数	企业从业人员	工业企业单位	#规模以上	城镇建成区常住人口
利辛县新张集乡	7030	47086	134	985	26	4	
贵池区殷汇镇	17095	44728	204	3680	24	2	12084
贵池区牛头山镇	11300	40912	80	510	57	2	14840
贵池区涓桥镇	15912	32113	208	3560	74	12	1380
贵池区梅街镇	26400	20444	181	1629	42	11	2456
贵池区梅村镇	24670	26867	92	4837	27	3	2331
贵池区唐田镇	13772	21419	98	1261	16	5	4480
贵池区牌楼镇	10646	23149	32	580	27	4	1926
贵池区乌沙镇	6106	47882	136	3340	68	5	5546
贵池区棠溪镇	25093	10785	35	876	19	5	1519
东至县尧渡镇	41763	100910	1213	16581	237	21	59239
东至县东流镇	13057	29958	174	3156	92	20	14022
东至县大渡口镇	10800	75062	180	3500	145	9	14256
东至县胜利镇	13058	50685	41	1420	34	13	16103
东至县张溪镇	25491	60006	41	1676	9	7	2770
东至县洋湖镇	17966	32848	101	563	29	6	6032
东至县葛公镇	25149	23352	38	650	12	4	4400
东至县香隅镇	22703	31016	66	1142	42	5	21332
东至县官港镇	24363	23737	109	550	20	1	2866
东至县昭潭镇	16393	20200	110	3000	12	3	11877
东至县龙泉镇	18578	27387	75	385	52	4	7132
东至县泥溪镇	18330	23476	56	1428	33	3	5874
东至县花园乡	24975	10930	25	452	18	2	
东至县木塔乡	24084	13340	51	630	39	4	
东至县青山乡	10261	16724	58	2700	27	6	
石台县仁里镇	18900	30767	316	2421	90	9	12042
石台县七都镇	34500	15558	44	294	35	1	3392
石台县仙寓镇	23900	10526	60	617	20	2	1890
石台县丁香镇	11334	8192	88	824	28	2	2671
石台县小河镇	13386	14747	90	877	32	4	2173
石台县横渡镇	17400	9307	31	310	4		1758
石台县大演乡	14400	5957	31	248	16	1	
石台县矶滩乡	9670	4946	38	336			
青阳县蓉城镇	11931	88964	855	5552	194	6	88964
青阳县木镇镇	10750	18375	171	3765	123	23	3109
青阳县庙前镇	5882	20794	138	5832	22	3	20794
青阳县陵阳镇	21385	21748	136	1890	65	5	6520
青阳县新河镇	11116	15671	112	2147	86	22	15671
青阳县丁桥镇	9420	19629	84	2854	63	21	846
青阳县朱备镇	7030	8714	80	1232	4	1	8714
青阳县杨田镇	15215	15640	58	623	56	5	2612
青阳县九华镇	1310	9620					3690
青阳县酉华镇	11770	10778	59	1082	42	26	10778
青阳县乔木乡	5461	8943	52	881	38	9	
青阳县杜村乡	8403	19469	26	376	12	3	
青阳县九华乡	4903	12869	38	1316	11		
宣州区水阳镇	15195	83178	95	4275	56	15	27191
宣州区狸桥镇	22800	62626	283	6737	202	24	11803
宣州区沈村镇	11599	37985	43	817	20	5	5762
宣州区古泉镇	8545	23873	104	1992	57	4	3134

续表 193　　(安徽省)　　单位：公顷、人、个

名　称	行政区域面积	常住人口	企业个数	企业从业人员	工业企业单位	#规模以上	城镇建成区常住人口
宣州区洪林镇	14103	38266	51	1586	25	13	7021
宣州区寒亭镇	8248	17209	78	1880	47	11	4935
宣州区文昌镇	3740	20262	18	4730	15	4	4252
宣州区孙埠镇	11440	51690	105	6825	80	15	16314
宣州区杨柳镇	15746	29814	38	814	36	6	5612
宣州区水东镇	10842	32671	196	4357	61	10	9091
宣州区新田镇	9640	18539	107	600	22	3	3650
宣州区周王镇	10703	23489	17	310	13	1	3500
宣州区溪口镇	18857	22405	16	566	7	3	4418
宣州区朱桥乡	5847	21705	27	469	21	5	
宣州区养贤乡	11843	43089	81	1023	22	4	
宣州区五星乡	4464	21910	25	725	19	2	
宣州区黄渡乡	14800	29135	89	1220	44	10	
郎溪县建平镇	18423	140047	756	13621	45	14	89177
郎溪县十字镇	18927	42171	245	6310	137	38	14328
郎溪县新发镇	8670	27068	219	2753	95	21	9360
郎溪县涛城镇	10109	25788	177	2034	71	21	10000
郎溪县梅渚镇	7297	26505	105	2800	85	46	
郎溪县毕桥镇	5976	19541	45	922	35	3	3244
郎溪县飞鲤镇	13500	27701	91	879	52	2	977
郎溪县凌笪乡	14377	24126	25	980	15	6	
郎溪县姚村乡	10490	16373	37	525	20	1	
广德县桃州镇	22400	143178	1847	22158	380	15	78105
广德县柏垫镇	25200	44876	143	1990	120	7	1682
广德县誓节镇	34200	72395	156	3520	75	35	71107
广德县邱村镇	32800	76202	305	10339	236	39	23967
广德县新杭镇	32300	70775	487	27844	263	54	70775
广德县杨滩镇	27500	47851	165	2279	59	11	4419
广德县卢村乡	21400	43787	1116	4500	38	1	
广德县东亭乡	9800	21343	73	5327	64	11	
广德县四合乡	10900	21912	65	5008	35	13	
泾县泾川镇	25595	116327	1100	25719	316	63	94118
泾县茂林镇	23300	20439	131	1834	19	9	2549
泾县榔桥镇	34421	26775	117	2178	53	10	3696
泾县桃花潭镇	25247	29065	258	3741	70	4	2720
泾县琴溪镇	9312	16868	94	1799	41	10	1350
泾县蔡村镇	13636	13129	73	1028	16	4	2071
泾县云岭镇	19223	32370	184	986	165	23	1356
泾县黄村镇	14956	20914	100	937	23	4	20914
泾县丁家桥镇	5748	14013	131	4947	53	13	4753
泾县汀溪乡	16647	11724	85	637	4	4	
泾县昌桥乡	16977	30326	94	876	32	7	
绩溪县华阳镇	8708	48231	231	7275	128	13	32948
绩溪县临溪镇	9600	13225	43	1359	36	7	1500
绩溪县长安镇	12200	22811	50	551	32	2	1235
绩溪县上庄镇	7900	14966	39	3304	26	2	7101
绩溪县扬溪镇	8900	12481	25	450	22	1	1220
绩溪县伏岭镇	18300	14845	32	336	14	1	2321
绩溪县金沙镇	10800	7934	13	135	7	2	2037
绩溪县瀛洲镇	8308	8182	16	500	12	2	8182

续表 194　　　　　　　　　　（安徽省、福建省）　　　　　　　　　　单位：公顷、人、个

名　　称	行政区域面积	常住人口	企业个数	企业从业人员	工业企业单位		城镇建成区常住人口
						#规模以上	
绩溪县板桥头乡	13000	13749	19	300	16	1	
绩溪县家朋乡	8700	12097	16	121	13	1	
绩溪县荆州乡	5234	6962					
旌德县旌阳镇	10485	47949	258	3680	118	19	47949
旌德县蔡家桥镇	11875	9152	227	1362	25	3	9152
旌德县三溪镇	7026	9271	143	365	27	4	3191
旌德县庙首镇	9268	10113	133	766	7	1	10113
旌德县白地镇	9580	12126	36	520	22	4	3790
旌德县俞村镇	10783	12120	11	156	11	2	3270
旌德县兴隆镇	8640	6163	12	658	6	1	2652
旌德县孙村镇	8410	10021	40	860	32	4	10021
旌德县版书镇	8460	10447	50	878	46	6	3868
旌德县云乐乡	8070	3873	7	230	6	2	
宁国市港口镇	9710	28812	119	4902	62	29	4017
宁国市梅林镇	18550	20995	103	2896	97	26	1237
宁国市中溪镇	20400	22626	240	7125	189	33	22626
宁国市宁墩镇	12320	13134	55	3288	30	15	12596
宁国市仙霞镇	12881	18778	27	2000	9	4	7524
宁国市甲路镇	20100	14597	66	522	26	2	14597
宁国市胡乐镇	18400	9150	48	256	36	2	9150
宁国市霞西镇	20400	21506	13	346	8		2860
宁国市云梯畲族乡	5600	6120	11	265	10	2	
宁国市南极乡	11950	10971	36	919	28	5	
宁国市万家乡	14587	13470	109	798	9		
宁国市青龙乡	15140	12289	64	350	8	2	
宁国市方塘乡	26700	13393	25	200	10	1	
福建省							
福州市鼓楼区洪山镇	1260	104725	1570	103206	71	16	104372
仓山区仓山镇	580	21752	932	14569	89	23	21752
仓山区城门镇	5400	102202	2673	41042	499	73	96003
仓山区盖山镇	3600	144234	2769	63778	310	40	129925
仓山区建新镇	2500	113350	1949	51133	230	7	65374
仓山区螺洲镇	641	15973	391	4613	90	17	15973
马尾区马尾镇	5363	47869	5560	55780	651	40	47869
马尾区亭江镇	10566	21500	1001	15829	110	46	6266
马尾区琅岐镇	8828	61164	714	28264	40		61164
晋安区鼓山镇	5000	257362	730	12000	630	81	257362
晋安区新店镇	4700	195517	1871	25833	288	43	195517
晋安区岳峰镇	1130	85507	116	20314	24	6	85507
晋安区宦溪镇	12900	11813	41	2507	17	11	1846
晋安区寿山乡	15847	10731	36	6891	8	5	
晋安区日溪乡	12434	5351	20	500			
闽侯县白沙镇	17500	33966	215	9687	87	13	13305
闽侯县南屿镇	16434	91147	301	8251	299	29	91147
闽侯县尚干镇	500	18838	73	4301	44	9	2765
闽侯县祥谦镇	8940	62864	615	9035	221	29	4196
闽侯县青口镇	12700	85875	500	40000	220	68	5568
闽侯县南通镇	11200	46822	215	13468	183	7	3210
闽侯县上街镇	13916	79109	1723	43075	445	14	3123
闽侯县荆溪镇	13100	48073	878	20438	318	54	6206

续表 195 （福建省） 单位：公顷、人、个

名　　称	行政区域面　积	常住人口	企业个数	企　业从业人员	工业企业单　位		城镇建成区常住人口
						#规模以上	
闽侯县竹岐乡	22400	23969	812	13923	376	14	
闽侯县鸿尾乡	14864	37038	90	14257	81	22	
闽侯县洋里乡	15100	23603	51	1850	13	3	
闽侯县大湖乡	28200	16053	25	356	17	2	
闽侯县廷坪乡	21700	8253	11	64	5		
闽侯县小箬乡	4600	10750					
连江县凤城镇	710	74602	731	4386	4	4	74602
连江县敖江镇	4154	52427	153	21503	148	29	7610
连江县东岱镇	2440	24314	22	1532	3	3	11325
连江县琯头镇	6400	34290	172	1032	62	17	15301
连江县晓澳镇	2190	30442	1343	7245	59	8	12029
连江县东湖镇	4389	17047	48	2301	31	12	4232
连江县丹阳镇	10909	28903	138	1112	70	9	5594
连江县长龙镇	4414	12362	30	464	29	1	2471
连江县透堡镇	2560	11088	30	1510	14	2	6812
连江县马鼻镇	3811	36838	128	660	56	1	16381
连江县官坂镇	3648	25223	6	30	5	5	8431
连江县筱埕镇	3400	25492	69	1382	7	7	4697
连江县黄岐镇	1384	22645	177	1062	5	5	14467
连江县苔菉镇	771	28402	77	530	6	6	5536
连江县浦口镇	4172	31073	80	789	3	3	15800
连江县坑园镇	2419	24826	56	1238	5	5	5093
连江县潘渡乡	14286	23702	329	6355	2	2	
连江县江南乡	7040	25618	128	756	84	3	
连江县蓼沿乡	15914	21553	65	2016	38	8	
连江县安凯乡	2950	14881	19	1630	3	3	
连江县下宫乡	3380	14374	88	1091	20	4	
连江县小沧畲族乡	5840	3348	6	47	3		
罗源县凤山镇	3165	81608	713	19322	63	11	4861
罗源县松山镇	11792	23413	287	4773	39		1513
罗源县起步镇	7310	22412	79	4765	48	9	3028
罗源县中房镇	13210	9810	80	934	29	3	3685
罗源县飞竹镇	12080	7248	28	828	25	7	2148
罗源县鉴江镇	6669	7403	9	231	5	3	4894
罗源县白塔乡	7134	8796	65	2421	54	23	
罗源县洪洋乡	7011	7903	60	2836	47	16	
罗源县西兰乡	7764	10182	94	4918	75	31	
罗源县霍口畲族乡	19756	8455	42	320	6		
罗源县碧里乡	10068	15739	68	1624	13	1	
闽清县梅城镇	1200	41478	336	8450	59	7	2834
闽清县梅溪镇	13482	28522	106	2049	43	6	1520
闽清县白樟镇	9100	15764	117	5820	73	26	2143
闽清县金沙镇	16500	13232	55	1230	46	4	3224
闽清县白中镇	4300	19887	136	7555	54	22	5722
闽清县池园镇	10200	24841	159	17145	133	14	24649
闽清县坂东镇	6100	40202	371	9327	66	5	6933
闽清县塔庄镇	7200	19391	83	2743	44	1	1845
闽清县省璜镇	10200	11532	24	298	9		3138
闽清县雄江镇	11100	5751	18	578	10	2	1550
闽清县东桥镇	18734	16500	172	2560	39	3	1780

续表 196　　　　（福建省）　　　　单位：公顷、人、个

名　　称	行政区域面　　积	常住人口	企业个数	企　　业从业人员	工业企业单　　位		城镇建成区常住人口
						#规模以上	
闽清县云龙乡	4400	9254	237	3328	40	13	
闽清县上莲乡	11666	11883	35	469	35	1	
闽清县三溪乡	4600	6688	14	162	12		
闽清县桔林乡	10800	3503	108	1392	11		
闽清县下祝乡	8858	12099	23	217	5	1	
永泰县樟城镇	504	32960	1034	8376	103	2	6148
永泰县嵩口镇	24680	19615	90	707	89	1	9235
永泰县梧桐镇	17192	37040	6	125	1	1	1650
永泰县葛岭镇	23743	15370	21	340	10	4	9568
永泰县城峰镇	7870	38830	531	4576	123	8	8560
永泰县清凉镇	10502	8699	30	1542	28	1	1783
永泰县长庆镇	16059	10274	31	350	31	5	2550
永泰县同安镇	13609	15957	67	2780	65	1	1115
永泰县大洋镇	10479	25461	28	6083	6	1	3910
永泰县塘前乡	8943	3421	13	875	13	6	
永泰县富泉乡	6379	4566	9	300	8	1	
永泰县岭路乡	11480	7874	12	500	3		
永泰县赤锡乡	10240	11550	35	693	5	3	
永泰县洑口乡	13300	6787	97	900	93	1	
永泰县盖洋乡	11338	5557	23	130	9		
永泰县东洋乡	4960	5174	26	430	26	1	
永泰县霞拔乡	5946	10954	4	750	3		
永泰县盘谷乡	2627	7386	13	1180	1	1	
永泰县红星乡	4621	6403	17	6686	1	1	
永泰县白云乡	10111	7800	2	220			
永泰县丹云乡	5786	2276	3	89	1		
平潭县潭城镇	1300	133964	2655	23249	20	4	130215
平潭县苏澳镇	1672	31326	14	2032	9	2	2972
平潭县流水镇	4200	44378	49	2134	35	3	5372
平潭县澳前镇	2897	50471	43	217	8		2329
平潭县北厝镇	4539	22038	6	1928	4	4	1131
平潭县平原镇	2368	14973	47	368	3		1413
平潭县敖东镇	2314	29059	4	66	1		1267
平潭县白青乡	924	11844	3	16			
平潭县屿头乡	990	16538					
平潭县大练乡	1270	2847					
平潭县芦洋乡	3086	4551	40	630			
平潭县中楼乡	2489	24705	178	886	36	1	
平潭县东庠乡	480	4511					
平潭县岚城乡	3500	32512	29	2126	11	1	
平潭县南海乡	1090	6778					
福清市海口镇	7531	66963	457	36816	75	23	30634
福清市城头镇	7701	63513	317	11140	79	36	20210
福清市南岭镇	3400	2069					345
福清市龙田镇	11765	133083	891	23106	106	23	59291
福清市江镜镇	5816	89253	1531	24500	375	2	19600
福清市港头镇	5105	66382	244	3357	40	2	30928
福清市高山镇	4508	71397	604	3652	30	3	17818
福清市沙埔镇	5492	51298	125	2050	15	2	3320
福清市三山镇	10200	123966	748	13829	352	4	10524

续表 197 （福建省） 单位：公顷、人、个

名　称	行政区域面积	常住人口	企业个数	企业从业人员	工业企业单位	#规模以上	城镇建成区常住人口
福清市东瀚镇	10134	39731	148	2456	15		7238
福清市渔溪镇	11564	50262	454	7988	114	16	14120
福清市上迳镇	5277	35601	150	1980	70	11	5775
福清市新厝镇	6980	20510	48	4200	30	15	5260
福清市江阴镇	13875	78277	432	25176	85	31	15547
福清市东张镇	12850	31812	23	438	10	2	12017
福清市镜洋镇	8345	28898	310	9800	128	39	14563
福清市一都镇	11078	11850	5	40			2815
长乐市首占镇	3258	21913	33	880	7	4	21913
长乐市玉田镇	5470	35332	42	484	23	6	9937
长乐市松下镇	5500	25693	262	8353	223	40	9040
长乐市江田镇	8850	63450	262	13600	158	21	15960
长乐市古槐镇	5319	44061	340	6235	118	18	14913
长乐市文武砂镇	3204	22047	157	5800	55	16	2655
长乐市鹤上镇	3662	43293	188	9230	171	26	15385
长乐市湖南镇	3200	33985	150	11577	70	32	4560
长乐市金峰镇	2988	74900	964	21983	627	72	70605
长乐市文岭镇	3300	34476	298	11464	212	27	9520
长乐市梅花镇	1600	13325	42	1618	28	7	13325
长乐市潭头镇	4200	37533	123	4565	98	30	9057
长乐市罗联乡	2053	7055	71	616	9	2	
长乐市猴屿乡	2200	2298	46	632			
集美区灌口镇	7020	127828	2734	60677	906	104	45356
集美区后溪镇	4400	56920	1660	26490	554	48	53021
同安区莲花镇	18210	42748	422	3500	138	11	8922
同安区新民镇	5163	169203	2853	67541	1968	201	35153
同安区洪塘镇	3570	47223	1468	7720	264	44	2251
同安区西柯镇	3970	134671	2849	48267	2180	62	14954
同安区汀溪镇	12947	23160	331	1735	70	2	2850
同安区五显镇	7496	46637	741	5411	291	13	2772
翔安区马巷镇	6687	240130	3200	91745	655	49	31356
翔安区新圩镇	7984	45588	730	3863	45	15	6708
翔安区新店镇	11829	158523	4301	64515	261	6	19611
翔安区内厝镇	6994	43567	252	6670	197	17	4816
城厢区常太镇	19021	23365	168	852	12		2242
城厢区华亭镇	12895	99243	3372	22105	2986	107	22890
城厢区灵川镇	6643	47870	384	5078	254	27	11403
城厢区东海镇	4586	49333	244	7652	154	27	27444
涵江区三江口镇	2381	61173	468	42120	198	49	4226
涵江区白塘镇	1820	50201	606	29215	243	29	3148
涵江区国欢镇	1590	49334	785	26378	279	42	2263
涵江区梧塘镇	3014	44326	390	25451	201	49	6210
涵江区江口镇	8046	86220	330	12199	262	82	12029
涵江区萩芦镇	8600	20720	132	874	18	5	4623
涵江区白沙镇	7436	12189	117	595	12		2134
涵江区庄边镇	16612	16934	74	1008	3		1960
涵江区新县镇	13220	10194	7	37	7		2816
涵江区大洋乡	11651	8924	104	675	3		
荔城区西天尾镇	6008	53437	1141	11518	206	75	24398
荔城区黄石镇	7636	157806	1989	51000	780	71	29500

续表 198 （福建省） 单位：公顷、人、个

名　　称	行政区域面　积	常住人口	企业个数	企　业从业人员	工业企业单　位	#规模以上	城镇建成区常住人口
荔城区新度镇	5846	102978	1466	59259	280	22	16505
荔城区北高镇	7117	78359	936	41855	98	15	9885
秀屿区笏石镇	6800	112670	1075	36315	228	46	45951
秀屿区东庄镇	6201	45285	20	143	20	7	31775
秀屿区忠门镇	3150	20126	233	8832	16	3	6386
秀屿区东埔镇	2600	23002	221	8896	8	2	2786
秀屿区东峤镇	8186	115344	831	17902	761	159	20318
秀屿区埭头镇	10554	133617	486	2836	75	12	14022
秀屿区平海镇	6975	87154	140	1880	62	3	8265
秀屿区南日镇	5800	54963	152	1463	124	8	4930
秀屿区湄洲镇	1378	32895	30	1609	10		4280
秀屿区山亭镇	4030	32156	234	6189	11		5574
秀屿区月塘镇	3600	43443	31	2675	26	15	8119
仙游县枫亭镇	9412	100173	854	20738	144	55	61443
仙游县榜头镇	13311	133245	1205	19723	359	119	86642
仙游县郊尾镇	6024	65552	374	9688	84	23	14202
仙游县度尾镇	11480	63839	377	4166	55	10	15990
仙游县鲤南镇	4282	62513	1145	17322	124	37	36564
仙游县赖店镇	8008	53371	330	6998	45	10	27137
仙游县盖尾镇	7026	67421	252	14457	51	8	4121
仙游县园庄镇	8252	35464	99	1101	11	1	4267
仙游县大济镇	11544	67180	352	5028	47	16	27937
仙游县龙华镇	6047	47426	168	3457	35	7	21027
仙游县钟山镇	13461	13545	172	2738	19	1	1433
仙游县游洋镇	17903	17290	103	1198	17		2962
仙游县西苑乡	30626	6460	52	909	17	1	
仙游县石苍乡	13837	5829	52	566	6		
仙游县社硎乡	7750	2227	30	467	5		
仙游县书峰乡	3938	6579	58	1318	1		
仙游县菜溪乡	7903	5140	36	479	3		
梅列区陈大镇	17764	10721	107	2100	55	27	4709
梅列区洋溪镇	6795	6335	45	679	23	17	6335
三元区莘口镇	23687	14727	104	3641	98	31	3268
三元区岩前镇	27443	21234	51	968	33	23	4938
三元区城东乡	7310	7041	51	756	20	6	
三元区中村乡	19586	14625	17	491	2	2	
明溪县雪峰镇	1600	29816	600	5179	46	4	28043
明溪县盖洋镇	34032	12047	104	1472	53	9	3418
明溪县胡坊镇	22731	7333	77	1417	72	12	2056
明溪县瀚仙镇	14635	11105	79	2780	58	6	1861
明溪县城关乡	13105	12442	33	653	32	11	
明溪县沙溪乡	14102	6846	52	1200	18	17	
明溪县夏阳乡	35987	10168	179	1120	173	9	
明溪县枫溪乡	12132	3663	35	1083	12	7	
明溪县夏坊乡	23120	6355	21	794	13	9	
清流县龙津镇	22100	36191	1101	9089	105	21	21240
清流县嵩溪镇	18700	14668	168	3218	28	15	8828
清流县嵩口镇	22700	15633	130	2120	30	18	4076
清流县灵地镇	12619	9745	88	526	18	5	2633
清流县长校镇	13190	11938	58	3302	6	5	2974

续表 199 （福建省） 单位：公顷、人、个

名　　称	行政区域面　　积	常住人口	企业个数	企　　业从业人员	工业企业单　　位	#规模以上	城镇建成区常住人口
清流县赖坊镇	10882	9176	72	923	9	5	1840
清流县温郊乡	14000	4504	43	310	13	7	
清流县林畲乡	10283	6131	70	860	6	5	
清流县田源乡	10106	5486	38	381	12	9	
清流县沙芜乡	13300	4058	70	478	11	6	
清流县余朋乡	17281	6164	53	809	14	6	
清流县李家乡	7671	8295	79	396	20	5	
清流县里田乡	7800	5246	37	237	7	2	
宁化县翠江镇	2465	63745	608	5232	65	35	63745
宁化县泉上镇	20200	16672	159	1602	148	9	7348
宁化县湖村镇	16876	13604	58	2455	28	15	7704
宁化县石壁镇	13826	25889	93	1024	89	6	6170
宁化县曹坊镇	20109	14733	29	183	22	6	4072
宁化县安远镇	28037	25365	56	526	20	6	3136
宁化县淮土镇	10836	19314	142	867	52	2	4523
宁化县安乐镇	18606	14028	21	353	15	9	2084
宁化县水茜镇	23886	19064	17	925	16	5	2980
宁化县城郊乡	20400	19327	558	5098	35	17	
宁化县城南乡	8344	7892	32	2897	29	6	
宁化县济村乡	15007	10625	16	82	14	5	
宁化县方田乡	10335	5656	33	756	26	4	
宁化县治平畲族乡	13700	8933	40	1020	40	9	
宁化县中沙乡	11560	9574	28	516	14	7	
宁化县河龙乡	6439	6649	26	697	13	4	
大田县均溪镇	14038	79656	647	3538	415	32	47463
大田县石牌镇	12952	17452	158	2680	55	9	4019
大田县上京镇	15297	24199	46	2478	42	20	6389
大田县广平镇	17158	41147	88	3552	62	15	9683
大田县桃源镇	18333	11308	75	1303	39	8	5479
大田县太华镇	24555	32682	95	2689	56	15	3642
大田县建设镇	6859	22053	189	2819	94	18	4192
大田县奇韬镇	7074	12896	65	1455	46	6	4965
大田县华兴乡	8964	7251	45	3084	11	9	
大田县屏山乡	10634	6994	370	1898	80	3	
大田县吴山乡	8355	9941	705	2047	304	4	
大田县济阳乡	6643	5673	41	236	26		
大田县武陵乡	8030	11024	49	533	43	6	
大田县谢洋乡	11612	7010	52	267	25	2	
大田县文江乡	11272	13687	62	725	10	5	
大田县梅山乡	19267	16086	190	1556	165	2	
大田县湖美乡	13847	12023	14	150			
大田县前坪乡	4586	5576	49	1521	35	16	
尤溪县城关镇	12086	75760	239	9405	198	28	67003
尤溪县梅仙镇	23954	31350	258	3045	186	4	11974
尤溪县西滨镇	25262	21217	120	3560	66	17	14032
尤溪县洋中镇	33907	32311	139	6850	135	27	13190
尤溪县新阳镇	27417	34495	85	2067	63	5	12311
尤溪县管前镇	17618	18456	24	365	22	3	4563
尤溪县西城镇	34677	49866	582	12542	96	55	20263
尤溪县尤溪口镇	210	547	7	350	7	3	547

续表 200　　(福建省)　　单位：公顷、人、个

名　　称	行政区域面积	常住人口	企业个数	企业从业人员	工业企业单位	#规模以上	城镇建成区常住人口
尤溪县坂面镇	41164	31438	105	3551	74	16	11263
尤溪县联合乡	10318	16977	53	2893	21		
尤溪县汤川乡	30403	13341	67	1214	33	1	
尤溪县溪尾乡	16262	8714	99	1481	22	5	
尤溪县中仙乡	37533	31372	163	1865	26	3	
尤溪县台溪乡	23472	27836	54	1822	25	4	
尤溪县八字桥乡	7887	9722	11	207	4	1	
沙县青州镇	13959	11807	159	3180	43	19	3268
沙县夏茂镇	25136	28047	110	1428	13	5	12333
沙县高砂镇	16090	17835	51	1560	28	13	2631
沙县高桥镇	21095	10248	79	1220	13	8	4253
沙县富口镇	22609	11037	53	628	34	7	3496
沙县大洛镇	11700	11699	27	301	23	1	1443
沙县南霞乡	12212	12054	121	1156	1		
沙县南阳乡	6427	8208	31	295	3		
沙县郑湖乡	11009	6667	77	480	77		
沙县湖源乡	3518	5036	16	182	6	1	
将乐县古镛镇	16777	44962	850	13620	74	65	24760
将乐县万安镇	14449	9630	33	701	21	11	5114
将乐县高唐镇	25556	9352	42	881	30	10	5462
将乐县白莲镇	29361	12314	39	445	21	6	4600
将乐县黄潭镇	29397	11287	42	1148	31	10	3589
将乐县水南镇	2540	24642	126	4607	25	12	24642
将乐县光明乡	17296	6293	62	727	8	2	
将乐县漠源乡	12693	4806	19	193	19	1	
将乐县南口乡	19054	11007	39	1937	23	9	
将乐县万全乡	19625	5932	9	95	3	1	
将乐县安仁乡	11588	7220	18	245	14	2	
将乐县大源乡	12144	6877	14	316	9	2	
将乐县余坊乡	13629	4884	8	147	8	4	
泰宁县杉城镇	22937	50344	259	2514	151	25	33448
泰宁县朱口镇	21614	17828	151	1627	139	14	10123
泰宁县新桥乡	10776	5474	112	635	112	6	
泰宁县上青乡	8905	5773	47	319	45	2	
泰宁县大田乡	14182	5885	89	492	77	7	
泰宁县梅口乡	16458	4193	46	236	25	3	
泰宁县下渠乡	12690	7982	77	539	39	8	
泰宁县开善乡	14018	6123	88	483	88	7	
泰宁县大龙乡	31302	8246	82	621	56	10	
建宁县濉溪镇	21000	31307	356	3425	306	25	30520
建宁县里心镇	26000	19021	59	1242	46	18	6428
建宁县溪口镇	22200	21726	142	7301	84	20	3860
建宁县均口镇	30163	16120	116	1580	65	16	5139
建宁县伊家乡	11704	8928	116	639	92	4	
建宁县黄坊乡	21500	8937	39	320	39	6	
建宁县溪源乡	14300	6123	139	781	139	10	
建宁县客坊乡	11000	6889	65	358	52		
建宁县黄埠乡	13400	9568	17	420	11	4	
永安市西洋镇	33687	16113	136	4352	72	11	6812
永安市贡川镇	13697	8852	82	3924	51	23	4469

续表 201　　（福建省）　　单位：公顷、人、个

名　　称	行政区域面　　积	常住人口	企业个数	企　　业从业人员	工业企业单　　位	#规模以上	城镇建成区常住人口
永安市安砂镇	29474	18023	102	2516	56	14	3207
永安市小陶镇	41983	25333	268	4350	167	18	9310
永安市大湖镇	19064	17532	199	4862	56	26	4266
永安市曹远镇	19875	24514	151	9204	134	38	7068
永安市洪田镇	34295	16578	32	5362	28	18	3405
永安市槐南镇	12686	17615	36	537	23	12	4892
永安市上坪乡	16024	5426	63	1582	51	10	
永安市罗坊乡	23229	4235	31	373	23	3	
永安市青水乡	25751	18517	389	1859	32	6	
洛江区罗溪镇	10849	48171	188	5321	42	4	19192
洛江区马甲镇	11572	62829	641	14988	171	14	11468
洛江区河市镇	8559	37619	667	8326	322	38	7688
洛江区虹山乡	2256	13577	64	345	10		
泉港区南埔镇	4475	62039	52	6859	38	15	6705
泉港区界山镇	4220	45247	65	1330	49	11	6154
泉港区后龙镇	2150	38123	45	2982	8	5	6552
泉港区峰尾镇	1443	46166	24	1208	15	4	22338
泉港区前黄镇	3330	34959	168	9965	56	22	13362
泉港区涂岭镇	13384	44784	24	3133	17	14	10907
惠安县螺城镇	2750	114878	2370	25301	1160	19	112054
惠安县螺阳镇	4900	102847	1804	20715	272	66	27516
惠安县黄塘镇	6980	41546	666	5818	250	22	3225
惠安县紫山镇	8840	32187	222	1767	149	12	2663
惠安县洛阳镇	5170	74452	246	20000	195	49	21044
惠安县东园镇	4100	61711	427	18132	381	39	6689
惠安县张坂镇	7800	89285	1005	12297	128	18	13450
惠安县崇武镇	1960	110272	1120	14783	364	88	100687
惠安县山霞镇	3450	46295	444	5028	206	24	13912
惠安县涂寨镇	5049	75784	583	7189	360	19	10550
惠安县东岭镇	3050	61320	123	5748	14	14	6205
惠安县东桥镇	3100	62391	286	3746	185	11	5561
惠安县净峰镇	3123	55095	309	3013	19	4	904
惠安县小岞镇	740	29087	110	984	67	5	3739
惠安县辋川镇	5000	64502	302	3099	214	18	15878
惠安县百崎回族乡	1670	20210	398	38000	390	24	
安溪县凤城镇	1326	128560	2078	14632	235	30	128560
安溪县蓬莱镇	12306	60993	381	2617	42		27400
安溪县湖头镇	10003	102753	497	3657	488	9	62226
安溪县官桥镇	10543	74776	725	5341	149	12	56755
安溪县剑斗镇	11851	46871	252	1350	72	5	10355
安溪县城厢镇	10720	133335	3804	25421	3497	92	58967
安溪县金谷镇	10132	42012	231	1160	34	1	12503
安溪县龙门镇	15633	68625	532	4265	409	15	11583
安溪县虎邱镇	15882	34549	432	2413	170	13	29856
安溪县芦田镇	9212	8180	66	584	20	1	1168
安溪县感德镇	16914	58954	559	2614	439	7	58954
安溪县魁斗镇	5580	19894	171	868	83	5	8356
安溪县西坪镇	14656	44557	65	335	45	23	7864
安溪县参内乡	5005	24000	528	4231	140	4	
安溪县白濑乡	4295	8971	65	408	63	3	

续表 202 （福建省） 单位：公顷、人、个

名 称	行政区域面积	常住人口	企业个数	企业从业人员	工业企业单位	#规模以上	城镇建成区常住人口
安溪县湖上乡	4806	15869	8	41	3		
安溪县尚卿乡	11694	32518	1503	6542	1362	17	
安溪县大坪乡	7364	11163	54	543	53	8	
安溪县龙涓乡	37292	53737	160	856	159	1	
安溪县长坑乡	19216	57434	336	1720	82	3	
安溪县蓝田乡	9591	18795	136	681	32	3	
安溪县祥华乡	25667	33151	291	1460	61	2	
安溪县桃舟乡	12826	8114	176	902	171	1	
安溪县福田乡	16265	8580	19	724	17	2	
永春县桃城镇	7200	100664	1889	21037	117	29	100664
永春县五里街镇	4266	47577	425	17954	33	18	32989
永春县一都镇	19100	15742	194	1176	32	6	3920
永春县下洋镇	11150	14434	190	2700	106	12	3350
永春县蓬壶镇	8130	71501	250	10000	123	15	42241
永春县达埔镇	12100	58831	414	2791	284	16	28037
永春县吾峰镇	3303	14312	71	501	11	4	3486
永春县石鼓镇	4924	31017	238	2577	45	13	13053
永春县岵山镇	5400	22525	201	1290	23	5	12843
永春县东平镇	4300	19673	139	1415	17	15	3075
永春县湖洋镇	13295	32500	82	15714	56	3	6921
永春县坑仔口镇	7500	17326	42	4328	16	15	7482
永春县玉斗镇	5746	16164	98	615	28	7	5240
永春县锦斗镇	4000	13334	86	1397	22	5	3062
永春县东关镇	6086	9489	63	3541	23	7	4755
永春县桂洋镇	7800	14729	73	679	23	3	7127
永春县苏坑镇	3071	15146	175	1771	44	8	7138
永春县仙夹镇	3414	9068	22	890	16	1	5816
永春县横口乡	6257	8024	30	1600			
永春县呈祥乡	1930	7937	38	259	19	1	
永春县介福乡	3300	10206	150	1212	120	8	
永春县外山乡	3530	4035	16	105	9		
德化县浔中镇	6770	92148	1210	44565	1017	45	88653
德化县龙浔镇	4040	123631	1220	45925	1120	49	59485
德化县三班镇	5600	12350	510	8500	450	5	12140
德化县龙门滩镇	21555	3868	66	683	31	2	989
德化县雷峰镇	16989	5043	52	930	47	1	2140
德化县南埕镇	24105	3016	14	221	12		1356
德化县水口镇	26030	4902	25	783	25		2978
德化县赤水镇	9418	3565	13	260	8		688
德化县上涌镇	14010	7068	64	550	21		3349
德化县葛坑镇	12734	5428	11	1689	11	1	3629
德化县盖德镇	9240	5502	46	1766	36	4	2161
德化县美湖镇	9345	7952	16	1446	9	4	3957
德化县杨梅乡	11160	1978	14	400	12		
德化县汤头乡	12510	2321	14	142	14	1	
德化县桂阳乡	12290	1968	17	156	15		
德化县国宝乡	6110	2783	17	389	12		
德化县大铭乡	7640	1296	7	243	2		
德化县春美乡	13211	3093	15	162	10		
石狮市灵秀镇	1627	131633	5289	32000	1023	65	131633

续表 203　　（福建省）　　单位：公顷、人、个

名　称	行政区域面积	常住人口	企业个数	企业从业人员	工业企业单位	#规模以上	城镇建成区常住人口
石狮市宝盖镇	2600	91841	1846	61196	687	65	91841
石狮市蚶江镇	3847	93205	242	26000	225	60	23185
石狮市祥芝镇	1579	56982	350	22200	250	32	19189
石狮市鸿山镇	1588	52534	438	15312	191	31	10097
石狮市锦尚镇	1450	40830	312	18374	215	29	9939
石狮市永宁镇	2860	61140	268	8600	123	35	22981
晋江市安海镇	5403	137342	2928	23482	1483	89	108515
晋江市磁灶镇	6600	146890	1500	15000	600	107	70660
晋江市陈埭镇	3767	332678	3002	22449	2869	197	36678
晋江市东石镇	6481	152959	814	40250	638	125	23169
晋江市深沪镇	3555	106935	1335	55557	751	134	57999
晋江市金井镇	5434	79847	610	36257	386	92	30314
晋江市池店镇	2549	161081	3320	42503	977	73	161081
晋江市内坑镇	4752	88749	554	20722	416	71	26248
晋江市龙湖镇	6355	154304	1980	83160	872	110	29813
晋江市永和镇	5002	96571	1660	41200	712	66	25433
晋江市英林镇	2993	102062	630	36520	475	75	14028
晋江市紫帽镇	2042	29851	35	2763	19	7	10214
晋江市西滨镇	210	11268	84	9639	83	27	9896
南安市省新镇	6100	51518	1033	20500	496	42	38230
南安市仑苍镇	4400	103446	1069	36237	1048	35	41960
南安市东田镇	14000	45011	630	12856	143	3	8117
南安市英都镇	8854	48785	536	15036	489	20	30714
南安市翔云镇	6900	15683	13	68	3		8725
南安市金淘镇	11000	72812	389	36472	384	7	26512
南安市诗山镇	9620	73452	994	32162	526	23	24413
南安市蓬华镇	4400	20196	62	5950	62		12214
南安市码头镇	9772	61265	85	3000	50	17	27050
南安市九都镇	10200	18036	63	5810	63	3	3395
南安市乐峰镇	6098	33062	281	9880	152	4	18437
南安市罗东镇	6378	58291	225	5689	156	10	31435
南安市梅山镇	5900	66373	910	20632	900	22	64173
南安市洪濑镇	8700	103412	1247	33574	1076	34	73422
南安市洪梅镇	4935	45345	194	7823	26	4	1620
南安市康美镇	6640	56199	558	20825	495	37	20055
南安市丰州镇	5528	43162	849	7055	520	15	29260
南安市霞美镇	5600	81977	785	30896	733	51	50236
南安市官桥镇	14100	124097	2037	39364	1530	104	80812
南安市水头镇	12700	204624	1808	57820	1426	143	144630
南安市石井镇	8300	100690	1376	28428	1082	16	51469
南安市眉山乡	5400	16115	42	4211	26		
南安市向阳乡	6840	14786	42	915	18		
芗城区浦南镇	6400	27901	244	18163	41	6	2423
芗城区天宝镇	4423	46095	114	1000	103	20	10746
芗城区芝山镇	1290	68013	1675	49673	637	88	32822
芗城区石亭镇	4755	56488	1206	16483	517	46	2681
龙文区蓝田镇	2363	51738	1232	30800	67	5	9398
龙文区步文镇	1732	55610	2860	71500	58		26453
龙文区朝阳镇	4211	42497	727	17175	196	28	9811
龙文区郭坑镇	3503	17546	274	6850	98	10	2507

续表 204 （福建省） 单位：公顷、人、个

名称	行政区域面积	常住人口	企业个数	企业从业人员	工业企业单位	#规模以上	城镇建成区常住人口
云霄县云陵镇	1523	68138	563	6152	96	16	67008
云霄县陈岱镇	6757	35762	115	1941	59	12	12700
云霄县东厦镇	12813	50611	145	3285	57	15	4513
云霄县莆美镇	3887	75290	730	8258	147	15	48019
云霄县列屿镇	5465	20592	79	1057	33	8	12800
云霄县火田镇	19110	50064	126	1849	44	13	3540
云霄县下河乡	13734	40256	128	2249	94	13	
云霄县马铺乡	16597	28471	93	1199	34	16	
云霄县和平乡	8244	12857	57	783	20	12	
漳浦县绥安镇	11733	137352	4013	45303	756	86	74121
漳浦县旧镇镇	11618	70711	345	6455	145	19	19986
漳浦县佛昙镇	8035	56636	515	6871	120	5	17850
漳浦县赤湖镇	9212	55176	515	6235	290	37	23334
漳浦县杜浔镇	15547	99505	480	3786	121	3	26514
漳浦县霞美镇	9801	55274	197	1428	45	2	10886
漳浦县官浔镇	7712	18296	173	1461	20	1	8866
漳浦县石榴镇	19895	40185	250	2974	73	6	7150
漳浦县盘陀镇	11177	30162	202	1648	76	4	5626
漳浦县长桥镇	12685	13081	308	5010	111	15	3783
漳浦县前亭镇	8703	29674	241	1801	63	7	6412
漳浦县马坪镇	5265	13700	137	934	31		9836
漳浦县深土镇	6948	48606	398	3396	117	5	14768
漳浦县六鳌镇	4588	24691	189	1281	65	6	11871
漳浦县沙西镇	11935	43273	378	2268	59	1	14665
漳浦县古雷镇	6693	32	48	921	41	4	
漳浦县大南坂镇	4407	8887	296	8005	188	28	4039
漳浦县南浦乡	4194	8405	78	639	21		
漳浦县赤岭畲族乡	9931	11117	119	1231	31	1	
漳浦县湖西畲族乡	7908	20906	136	1434	57	3	
漳浦县赤土乡	9473	17503	148	912	28	8	
诏安县南诏镇	928	73313	749	7725	81	8	73203
诏安县四都镇	10326	59118	167	4950	42	14	10482
诏安县梅岭镇	3614	33898	108	1185	35	15	13561
诏安县桥东镇	10535	64408	188	1947	37	11	15728
诏安县深桥镇	6775	56026	249	3450	83	7	32486
诏安县太平镇	14878	48944	112	1715	30	9	2308
诏安县霞葛镇	8052	36754	40	529	7	3	4790
诏安县官陂镇	14920	48280	60	637	6	3	15475
诏安县秀篆镇	13807	41521	33	251	7	5	19572
诏安县西潭镇	6636	45902	95	1366	24	7	2296
诏安县金星乡	8039	19699	99	1987	30	15	
诏安县白洋乡	5354	29387	91	1078	40	7	
诏安县建设乡	4713	12775	53	766	7	3	
诏安县红星乡	12965	15436	79	1226	14	5	
诏安县梅洲乡	4938	19672	57	1346	16	3	
长泰县武安镇	4630	49716	1149	17517	269	39	28078
长泰县岩溪镇	20350	42506	402	7552	190	18	9541
长泰县陈巷镇	12725	33168	360	6987	142	17	5455
长泰县枋洋镇	11885	18423	178	1450	89		9392
长泰县坂里乡	11607	12235	91	1166	42	1	

续表 205 （福建省） 单位：公顷、人、个

名　　称	行政区域面　　积	常住人口	企业个数	企　　业从业人员	工业企业单　　位	#规模以上	城镇建成区常住人口
东山县西埔镇	5143	51372	1081	35830	190	36	24362
东山县樟塘镇	2785	15097	113	4455	41	7	4844
东山县康美镇	2792	29266	326	10975	72	21	15445
东山县杏陈镇	3838	25001	99	2117	42	4	7643
东山县陈城镇	6259	35439	281	5473	56	12	5491
东山县前楼镇	3436	12046	62	1130	11	1	1803
东山县铜陵镇	637	52779	471	9834	140	19	52779
南靖县山城镇	23351	101385	1677	20343	204	28	67774
南靖县丰田镇	4968	10761	201	9600	143	36	10163
南靖县靖城镇	13479	74266	215	5600	82	61	63111
南靖县龙山镇	30503	30990	649	16082	93	33	11279
南靖县金山镇	23423	35397	147	5292	97	28	24467
南靖县和溪镇	17604	19057	308	1541	61	6	5414
南靖县奎洋镇	16107	8670	305	1636	18	11	1837
南靖县梅林镇	10904	8770	138	1256	12	3	1409
南靖县书洋镇	18163	21641	208	1545	35	3	8974
南靖县船场镇	20490	21219	324	2268	23	12	9314
南靖县南坑镇	16677	11295	24	197	14	8	1812
平和县小溪镇	13719	85221	2211	17191	115	21	85221
平和县山格镇	17772	43274	92	520	40	16	11889
平和县文峰镇	18134	13392	168	863	67	11	4136
平和县南胜镇	12717	26708	243	1232	9	4	12863
平和县坂仔镇	13367	41670	141	1143	13	3	15329
平和县安厚镇	10084	57794	183	1096	4	3	7098
平和县大溪镇	13926	40310	116	805	22	3	40310
平和县霞寨镇	20414	44868	26	524	5	4	14736
平和县九峰镇	20354	35051	275	3260	31	8	12180
平和县芦溪镇	30740	31712	116	1548	8	2	31712
平和县五寨乡	9178	18573	156	1215	19	4	
平和县国强乡	14409	22523	192	1032	9	2	
平和县崎岭乡	12799	23468	58	1121	5	4	
平和县长乐乡	6000	8467	46	231	2	1	
平和县秀峰乡	8742	13410	26	151	3		
华安县华丰镇	16741	47262	1760	15621	514	21	30127
华安县丰山镇	6402	21486	364	3025	164	14	8072
华安县沙建镇	23117	26991	218	5015	170	17	8660
华安县新圩镇	21442	11236	83	1857	27	15	2404
华安县高安镇	10302	9516	75	525	26	9	5807
华安县仙都镇	10024	21791	193	5166	164	16	11669
华安县高车乡	7483	6365	79	3617	39	12	
华安县马坑乡	11645	4651	22	908	14	10	
华安县湖林乡	16868	8365	63	336	49	10	
龙海市石码镇	443	63753	980	14944	94	2	63753
龙海市海澄镇	7037	72324	882	25000	292	61	14500
龙海市角美镇	15098	167484	1436	59728	796	147	56760
龙海市白水镇	7223	35880	265	10483	59	13	5345
龙海市浮宫镇	7792	55475	710	5120	496	20	10856
龙海市程溪镇	23877	38901	409	6179	97	14	5140
龙海市港尾镇	11589	51708	595	29750	268	35	5982
龙海市九湖镇	9072	61725	800	13172	197	33	2495

续表 206 （福建省） 单位：公顷、人、个

名　　称	行政区域面积	常住人口	企业个数	企业从业人员	工业企业单位	#规模以上	城镇建成区常住人口
龙海市颜厝镇	5060	61513	5514	33084	260	15	61513
龙海市榜山镇	6266	86627	1105	8360	288	30	21973
龙海市紫泥镇	7635	64217	350	2973	109	13	6048
龙海市东园镇	3353	41895	48	1082	7	2	4439
龙海市东泗乡	5805	21434	199	1298	2		
龙海市隆教畲族乡	7880	26044	123	970	21	6	
延平区来舟镇	6677	5921	111	2051	48	7	4831
延平区樟湖镇	19901	19095	134	1652	42	1	7688
延平区夏道镇	15149	28402	220	4422	95	14	11086
延平区西芹镇	25030	35559	282	4075	113	7	7700
延平区峡阳镇	17670	22837	124	1439	51	2	11152
延平区南山镇	19654	17676	188	1945	84	7	13725
延平区大横镇	19371	16277	177	2779	76	6	2079
延平区王台镇	21962	19181	151	2358	58	4	19181
延平区太平镇	23042	17256	123	1924	56	1	2630
延平区塔前镇	14679	17959	62	555	27	1	1126
延平区茫荡镇	20773	13955	142	2261	69	2	1374
延平区洋后镇	11446	6157	51	599	25		3420
延平区炉下镇	8970	13988	103	1160	47	9	3187
延平区巨口乡	14065	2511	38	348	14		
延平区赤门乡	10691	10678	46	736	14		
建阳区将口镇	19397	17629	239	2565	119	10	4336
建阳区徐市镇	28134	21395	107	1654	68	5	5320
建阳区莒口镇	36186	21560	149	2211	131	11	3520
建阳区麻沙镇	46241	30188	419	3819	345	14	10026
建阳区黄坑镇	38265	12794	171	2828	122	15	3025
建阳区水吉镇	27830	22015	257	2641	256	9	12492
建阳区漳墩镇	29827	20000	102	2603	68	3	1888
建阳区小湖镇	24038	15940	124	1423	59	7	3620
建阳区崇雒乡	12646	10659	61	738	53	4	
建阳区书坊乡	21754	9001	95	1140	28	8	
建阳区回龙乡	20176	12082	58	2020	58	8	
顺昌县建西镇	13000	10812	91	1616	37	4	3097
顺昌县洋口镇	13900	13552	162	2613	63	4	3709
顺昌县元坑镇	17100	10426	110	2578	48	5	3779
顺昌县埔上镇	20315	16620	145	3982	39	9	4654
顺昌县大历镇	8840	5764	71	1185	15	1	2478
顺昌县大干镇	20300	12588	198	2527	37	3	3673
顺昌县仁寿镇	17074	12137	71	783	16	2	4086
顺昌县郑坊镇	13200	7375	73	2628	28	6	1500
顺昌县洋墩乡	12900	7903	52	1104	18	2	
顺昌县岚下乡	20700	14523	80	1640	16	2	
顺昌县高阳乡	23000	14243	96	1104	25	1	
浦城县富岭镇	39775	29687	70	750	18	3	3920
浦城县石陂镇	28061	26019	62	706	32	4	8573
浦城县临江镇	11434	17028	51	1134	17	5	5334
浦城县仙阳镇	23956	30641	166	6326	88	37	8997
浦城县水北街镇	34599	18600	28	387	9	3	3813
浦城县永兴镇	20731	14748	39	496	19	1	5213
浦城县忠信镇	42818	18900	58	1269	22	4	4641

续表 207　　（福建省）　　单位：公顷、人、个

名　称	行政区域面积	常住人口	企业个数	企业从业人员	工业企业单位	#规模以上	城镇建成区常住人口
浦城县莲塘镇	15512	53153	131	2088	29	4	25750
浦城县九牧镇	15502	10003	34	906	16	4	3377
浦城县万安乡	7962	15763	18	1500	8	3	
浦城县古楼乡	20716	9476	31	950	8	3	
浦城县山下乡	11105	7893	16	220	7		
浦城县枫溪乡	5454	4988	14	754	9		
浦城县濠村乡	12827	6325	20	270	7		
浦城县管厝乡	22198	15058	38	294	9	1	
浦城县盘亭乡	11479	14159	18	245	13	1	
浦城县官路乡	10178	7428	35	795	9	1	
光泽县杭川镇	478	48679	697	9080	112	14	48679
光泽县寨里镇	72410	16285	86	1420	33	3	989
光泽县止马镇	16001	11494	53	1024	8		2467
光泽县鸾凤乡	30024	19014	197	19890	91	11	
光泽县崇仁乡	13118	10931	85	1219	52	10	
光泽县李坊乡	19615	6399	25	342	6		
光泽县华桥乡	30486	17715	37	620	10		
光泽县司前乡	41894	13473	48	5300	14	1	
松溪县郑墩镇	17350	18900	188	2525	78	11	5181
松溪县渭田镇	17950	27278	138	1153	71	2	5120
松溪县河东乡	5290	15108	205	2465	76	16	
松溪县茶平乡	8420	13833	177	1120	62	9	
松溪县旧县乡	13700	13526	138	1107	70	6	
松溪县溪东乡	8220	10928	66	850	19	2	
松溪县花桥乡	16520	12894	85	420	25	1	
松溪县祖墩乡	9650	9475	67	1170	20		
政和县东平镇	21598	19233	272	4396	39	9	7258
政和县石屯镇	14510	25141	279	6235	114	39	10735
政和县铁山镇	13716	18244	109	2115	57	14	2454
政和县镇前镇	24248	14999	42	530	10	1	4322
政和县星溪乡	20377	16306	105	4876	39	14	
政和县外屯乡	14996	8514	12	136	1		
政和县杨源乡	23582	9427	32	165	4		
政和县澄源乡	26660	18367	37	420	8	3	
政和县岭腰乡	11977	5943	29	660	14	3	
邵武市城郊镇	18163	16186	465	15006	285	70	1609
邵武市水北镇	50397	15273	126	4945	44	12	63
邵武市下沙镇	9261	6983	73	4692	42	10	1395
邵武市卫闽镇	10594	6596	32	836	12	6	1221
邵武市沿山镇	25655	10665	29	1577	18	6	1290
邵武市拿口镇	34769	19814	71	5437	37	12	9144
邵武市洪墩镇	14149	10492	68	2449	34	11	2831
邵武市大埠岗镇	19376	13147	28	631	14	3	3826
邵武市和平镇	13406	8449	47	989	14	3	3384
邵武市肖家坊镇	10549	6123	27	250	8	1	6042
邵武市大竹镇	13525	4260	33	140	7	3	4260
邵武市吴家塘镇	11753	7047	117	1478	82	17	1852
邵武市桂林乡	15480	9446	26	321	6		
邵武市张厝乡	13362	2036	25	226	15	1	
邵武市金坑乡	13129	3079	15	135	7		

续表 208　　(福建省)　　单位：公顷、人、个

名　称	行政区域面积	常住人口	企业个数	企业从业人员	工业企业单位	#规模以上	城镇建成区常住人口
武夷山市星村镇	67682	26155	519	3562	239	4	6237
武夷山市兴田镇	33039	24039	361	4636	158	26	4430
武夷山市五夫镇	17721	10932	56	582	15		4061
武夷山市上梅乡	23973	14371	47	356	20	1	
武夷山市吴屯乡	24316	17940	80	1119	36	2	
武夷山市岚谷乡	28668	17786	38	637	18		
武夷山市洋庄乡	47347	12176	137	1615	59	5	
建瓯市徐墩镇	35187	27390	100	4093	95	18	8844
建瓯市吉阳镇	19921	25714	51	1490	46	10	10678
建瓯市房道镇	24475	31499	110	2180	68	8	7159
建瓯市南雅镇	39800	38326	78	2396	71	13	7738
建瓯市迪口镇	37200	23759	32	3147	24	6	4035
建瓯市小桥镇	29787	37603	63	2680	63	10	6661
建瓯市玉山镇	32447	18391	86	2726	66	9	4683
建瓯市东游镇	42052	29952	65	2868	36	14	12378
建瓯市东峰镇	30260	30240	122	5345	105	18	12219
建瓯市小松镇	23933	29545	121	4098	37	5	2632
建瓯市顺阳乡	17200	7889	24	632	13	4	
建瓯市水源乡	29920	17573	45	3500	30	2	
建瓯市川石乡	27400	21619	130	780	26	4	
建瓯市龙村乡	20800	15694	52	1370	29	10	
新罗区红坊镇	9240	26284	23	300	21	20	7639
新罗区适中镇	29910	37895	2185	12356	165	28	26732
新罗区雁石镇	30988	26111	87	5354	50	43	4079
新罗区白沙镇	40484	27846	58	1280	31	24	10000
新罗区万安镇	35910	5071	48	591	27	10	1535
新罗区大池镇	11411	10644	229	798	54	7	1924
新罗区小池镇	10185	11151	105	1002	30	5	8314
新罗区江山镇	24167	9899	60	350	25	2	4478
新罗区岩山镇	10306	3283	26	1983	22	9	862
新罗区苏坂镇	10864	6657	25	1341	13	6	522
龙岩市永定区坎市镇	6795	25306	205	4041	37	13	17012
龙岩市永定区下洋镇	20773	28181	171	5638	46	4	21042
龙岩市永定区湖雷镇	16641	18645	34	451	12	2	6019
龙岩市永定区高陂镇	13471	42577	438	5123	79	41	19976
龙岩市永定区抚市镇	14649	25702	188	1128	39	8	8040
龙岩市永定区湖坑镇	10132	12185	75	645	8		6496
龙岩市永定区培丰镇	10530	36127	135	1210	12	3	5130
龙岩市永定区龙潭镇	8170	11993	51	3456	17	13	4720
龙岩市永定区峰市镇	11237	3674	9	356	5	3	2004
龙岩市永定区城郊镇	10691	11175	18	350	4	3	3169
龙岩市永定区仙师镇	15135	11550	12	246	5	1	6178
龙岩市永定区虎岗镇	12600	15861	99	1736	9	1	3400
龙岩市永定区西溪乡	3530	3277	46	512	14	3	
龙岩市永定区金砂乡	5130	6828	13	692	8	1	
龙岩市永定区洪山乡	13952	8222	38	402	35	7	
龙岩市永定区湖山乡	12460	5148	22	150	15		
龙岩市永定区岐岭乡	8514	7009	23	173	8	1	
龙岩市永定区古竹乡	5458	7750	4	24	2		
龙岩市永定区堂堡乡	7250	6818	60	390	60	1	

续表 209　　　　　　　　　　　　（福建省）　　　　　　　　　　　　单位：公顷、人、个

名　　称	行政区域面积	常住人口	企业个数	企业从业人员	工业企业单位	#规模以上	城镇建成区常住人口
龙岩市永定区合溪乡	10850	6343	52	265	29	1	
龙岩市永定区大溪乡	6284	6609	6	155	1	1	
龙岩市永定区陈东乡	7520	6367	7	141	7		
龙岩市永定区高头乡	2592	4384	8	58	3	1	
长汀县汀州镇	2900	130136	246	24210	112		130136
长汀县大同镇	18340	44390	1064	8670	46	19	21810
长汀县古城镇	23600	14934	1363	6878	37	4	8910
长汀县新桥镇	13340	25006	45	385			3622
长汀县馆前镇	16610	10017	11	220			3988
长汀县童坊镇	24490	14865					5460
长汀县河田镇	31580	56701	103	1300	26	7	56701
长汀县南山镇	22600	33839	37	312	13		3514
长汀县濯田镇	34860	36000	28	612	14		6905
长汀县四都镇	34030	10522	48	384			7971
长汀县涂坊镇	16690	18996	6	120	4	4	5327
长汀县策武镇	16670	22390	313	6235	298	22	6319
长汀县三洲镇	3900	9640	29	200	10		2322
长汀县铁长乡	7540	3250	2	11	2		
长汀县庵杰乡	6250	3977	24	180	4		
长汀县宣成乡	9200	6495					
长汀县红山乡	20600	3551	3	31			
长汀县羊牯乡	6700	3216	5	96	2	1	
上杭县临江镇	168	32913	104	38526	19	2	1295
上杭县临城镇	19578	80140	170	3100	89	42	1526
上杭县中都镇	14727	12237	31	465	12	2	1475
上杭县蓝溪镇	7699	11931	62	703			8801
上杭县稔田镇	14077	14001	43	610	27	2	7986
上杭县白砂镇	19100	17565	22	95	22	2	9580
上杭县古田镇	22631	19727	375	3836	213	4	3335
上杭县才溪镇	11537	18764	49	11810	12		15475
上杭县南阳镇	22085	34997	140	27130	29	7	6603
上杭县蛟洋镇	23125	22417	257	12825	65	17	9123
上杭县旧县镇	16273	29264	23	1402	19	2	2517
上杭县湖洋镇	12237	16973	41	1126	32	4	4851
上杭县溪口镇	15984	8087	38	1028	32	2	1863
上杭县太拔镇	12241	10548	51	652	11	3	3561
上杭县通贤镇	6971	14172	84	1015			5595
上杭县下都镇	10305	7742	22	915	10	2	2704
上杭县茶地镇	7976	5169	20	310	19		1640
上杭县庐丰畲族乡	13130	17066	11	243	8	1	
上杭县泮境乡	5237	3091	40	260	34		
上杭县步云乡	14162	3268	77	2116	25	1	
上杭县官庄畲族乡	11995	17537	86	523	39	3	
上杭县珊瑚乡	4262	4257	6	160	5		
武平县平川镇	3300	68777	193	19782	62	17	68777
武平县中山镇	19100	13439	120	2580	36	5	7985
武平县岩前镇	18500	36570	725	9321	113	16	6319
武平县十方镇	15615	25635	158	69419	54	16	18012
武平县中堡镇	17761	21323	63	1787	24	3	8067
武平县桃溪镇	16972	13177	90	498	40	10	2581

续表 210　　（福建省）　　单位：公顷、人、个

名　　称	行政区域面积	常住人口	企业个数	企业从业人员	工业企业单位	#规模以上	城镇建成区常住人口
武平县城厢镇	16300	30810	218	6980	104	17	6738
武平县东留镇	31500	19949	219	1248	131	7	1907
武平县武东镇	13769	21773	517	9982	34	6	4817
武平县万安镇	10894	11960	92	768	21	2	11960
武平县永平镇	25600	16321	72	820	31	5	4510
武平县象洞镇	13796	11707	28	835	13	6	11707
武平县民主乡	10961	2724	17	576	13	2	
武平县下坝乡	9261	3897	13	120	12	1	
武平县中赤乡	11300	7546	15	460	15	1	
武平县湘店乡	10400	7312	9	98	4	2	
武平县大禾乡	18800	7715	23	430	16	4	
连城县莲峰镇	3630	43890	939	12328	63	18	43890
连城县北团镇	12402	20289	55	702	12	8	14289
连城县姑田镇	30719	20561	62	3496	33	7	13750
连城县朋口镇	21145	33481	303	5840	47	17	12065
连城县莒溪镇	35930	17310	65	2916	60	11	7522
连城县新泉镇	18539	25105	64	3126	43	6	11758
连城县庙前镇	17060	28917	166	3525	79	21	8041
连城县文亨镇	23642	27301	158	3052	38	11	4359
连城县四堡镇	6344	13832	60	1520	8		3140
连城县林坊镇	5120	8381	104	2392	14	6	1422
连城县揭乐乡	8660	7417	102	2662	8	2	
连城县塘前乡	10200	4326	28	502	14	3	
连城县隔川乡	3080	7303	100	1608	19	6	
连城县罗坊乡	8280	7011	76	2337	3	2	
连城县曲溪乡	15469	3833	22	154	22	1	
连城县赖源乡	27480	4460	59	1007	27	1	
连城县宣和乡	10080	10122	127	3699			
漳平市新桥镇	49227	24490	26	1211	18	10	3665
漳平市双洋镇	27230	9308	28	510	26	9	4020
漳平市永福镇	53550	36411	77	1522	40	6	18230
漳平市溪南镇	26000	17976	63	1410	31	10	2243
漳平市和平镇	8300	10268	39	3378	30	7	3637
漳平市拱桥镇	10600	5785	27	777	25	4	835
漳平市象湖镇	17000	8869	53	1485	43	5	2545
漳平市赤水镇	18400	6898	33	849	14	6	3115
漳平市西园镇	7600	11114	18	1915	17	6	7366
漳平市南洋镇	9718	6005	18	1002	17	2	2249
漳平市芦芝镇	13300	11698	306	2278	33	17	1298
漳平市官田乡	16750	5197	142	2314	123	7	
漳平市吾祠乡	11274	4354	32	224	9	3	
漳平市灵地乡	11200	5289	14	752	14	2	
蕉城区城南镇	4205	61823	255	5220	36	9	29995
蕉城区漳湾镇	6161	55302	28	46000	15	9	7948
蕉城区七都镇	7546	28268	160	1114	48	6	11442
蕉城区八都镇	10169	19976	13	405	12	1	3855
蕉城区九都镇	9160	8845	10	589	4	1	1142
蕉城区霍童镇	17863	26336	89	460	39	4	14612
蕉城区赤溪镇	12360	13108	31	843	25	3	7499
蕉城区洋中镇	16640	13774	102	1088	41	2	3791

续表 211　　（福建省）　　单位：公顷、人、个

名　　称	行政区域面积	常住人口	企业个数	企业从业人员	工业企业单位	#规模以上	城镇建成区常住人口
蕉城区飞鸾镇	8964	17717	88	8728	23	11	10252
蕉城区三都镇	16200	30672	107	813	5	1	2483
蕉城区虎贝镇	15328	12480	106	1109	49	1	3613
蕉城区金涵畲族乡	6478	32412	429	35368	227	13	
蕉城区洪口乡	10296	2926	1	62	1	1	
蕉城区石后乡	5910	9211	34	452	10	1	
霞浦县长春镇	20323	42645	271	2559	43	6	7521
霞浦县牙城镇	11596	26181	193	1785	115	22	16987
霞浦县溪南镇	15100	40269	145	3855	121	4	12016
霞浦县沙江镇	14337	33319	283	3398	137	6	4916
霞浦县下浒镇	10268	27639	103	2023	81	5	20692
霞浦县三沙镇	7141	37218	174	2018	77	13	33182
霞浦县盐田畲族乡	15829	20205	135	1000	117	12	
霞浦县水门畲族乡	14959	10352	37	415	31	3	
霞浦县崇儒畲族乡	14207	11380	57	289	29	6	
霞浦县柏洋乡	17289	10775	11	830	11	2	
霞浦县北壁乡	7160	13236	31	433	9	2	
霞浦县海岛乡	3178	6850	25	260	15	3	
古田县平湖镇	14685	31599	124	1089	72	10	9160
古田县大桥镇	20200	29452	151	1382	59	9	7640
古田县黄田镇	21200	25993	118	2300	57	12	11064
古田县鹤塘镇	26068	33593	363	6223	259	23	18283
古田县杉洋镇	25896	25994	89	1348	57	8	6687
古田县凤都镇	16427	19595	67	702	27	5	8207
古田县水口镇	12188	8810	42	662	23	6	3054
古田县大甲镇	11114	13024	84	684	58	10	4046
古田县吉巷乡	20144	26249	103	1056	44	9	
古田县泮洋乡	14533	7309	35	175	15	1	
古田县凤埔乡	19581	12572	66	1318	31	4	
古田县卓洋乡	9461	14654	45	352	27	2	
屏南县古峰镇	2554	50029	957	9411	95	21	50029
屏南县双溪镇	18143	9368	71	737	8	1	3354
屏南县黛溪镇	18342	14534	101	1092	31	5	1504
屏南县长桥镇	15879	11321	112	1107	33	8	2578
屏南县屏城乡	14001	7136	121	1049	51	13	
屏南县棠口乡	16366	12800	192	1798	37	6	
屏南县甘棠乡	12062	8509	88	1195	14	1	
屏南县熙岭乡	10318	8113	81	909	8	2	
屏南县路下乡	14939	6358	97	821	59	7	
屏南县寿山乡	10137	4450	38	651	10	1	
屏南县岭下乡	15865	7382	86	1422	8	1	
寿宁县鳌阳镇	4932	58253	334	2106	39	4	58253
寿宁县斜滩镇	15738	15720	239	1632	69	9	9312
寿宁县南阳镇	12627	21098	489	3208	438	14	13452
寿宁县武曲镇	6160	7676	32	627	29	19	3160
寿宁县犀溪镇	13345	8911	34	1584	33	13	5148
寿宁县平溪镇	13981	14725	59	546	26	4	5123
寿宁县凤阳镇	8468	9306	39	367	13	5	5939
寿宁县大安乡	11270	6385	59	900	9	2	
寿宁县坑底乡	19771	8189	32	180	22	3	

续表 212 （福建省） 单位：公顷、人、个

名称	行政区域面积	常住人口	企业个数	企业从业人员	工业企业单位	#规模以上	城镇建成区常住人口
寿宁县清源乡	8120	10114	143	1137	121	7	
寿宁县竹管垅乡	4126	3854	26	283	26	3	
寿宁县芹洋乡	8809	7877	43	232	36	2	
寿宁县托溪乡	12110	4489	61	564	56	2	
寿宁县下党乡	6497	2050	24	125	4	2	
周宁县狮城镇	5793	46710	517	8275	145	14	29883
周宁县咸村镇	15877	16253	190	1078	78	6	9424
周宁县浦源镇	10600	12037	83	1772	46	5	5300
周宁县七步镇	11781	8633	72	3826	26	9	1926
周宁县李墩镇	8691	9304	56	1237	15	6	4102
周宁县纯池镇	19918	8414	51	769	10	2	8192
周宁县泗桥乡	10010	6932	30	488	7	1	
周宁县礼门乡	12976	7870	75	455	33	1	
周宁县玛坑乡	7481	5367	55	400	47	1	
柘荣县双城镇	1183	40325	984	8711	313	13	20000
柘荣县富溪镇	4861	8033	44	419	7	1	2176
柘荣县城郊乡	7112	11362	270	2325	55	13	
柘荣县乍洋乡	7896	5954	80	412	70	5	
柘荣县东源乡	11597	8418	69	3336	37	7	
柘荣县黄柏乡	7465	3691	68	1617	5	5	
柘荣县宅中乡	3542	3683	30	475	7	6	
柘荣县楮坪乡	4852	5329	33	410	33	5	
柘荣县英山乡	5259	3389	9	632	5	3	
福安市赛岐镇	7723	54335	201	9768	126	16	20420
福安市穆阳镇	1156	15418	30	951	16	6	15418
福安市上白石镇	7460	14811	18	1351	2	1	4602
福安市潭头镇	14764	26164	23	630	15	1	3915
福安市社口镇	9262	15088	215	8691	55	7	5040
福安市晓阳镇	8949	6850	15	355	2	2	4109
福安市溪潭镇	11689	20602	9	1091	9	4	4125
福安市甘棠镇	9088	36860	690	8265	126	21	18986
福安市下白石镇	11724	31878	286	5560	67	5	16537
福安市溪尾镇	6256	10959	8	116	4		3515
福安市溪柄镇	12085	23518	138	1750	46	6	7481
福安市湾坞镇	8680	19707	78	2106	21	7	7138
福安市城阳镇	15332	35983	2217	29730	1053	97	24573
福安市坂中畲族乡	6646	31926	342	7710	253	20	
福安市范坑乡	10344	14157	32	317			
福安市穆云畲族乡	12117	16269	19	364	19	2	
福安市康厝畲族乡	9945	19794	289	1532	28	2	
福安市松罗乡	8714	11341	119	1290	23	1	
福鼎市贯岭镇	8032	14737	282	7525	145	27	5473
福鼎市前岐镇	9912	39472	130	756	9	9	23175
福鼎市沙埕镇	4171	24873	18	267	8	2	8215
福鼎市店下镇	12548	30539	51	3583	35	8	10209
福鼎市太姥山镇	11908	65101	253	9671	82	19	35690
福鼎市磻溪镇	22021	15565	82	2879	45	4	3781
福鼎市白琳镇	13120	34798	292	1800	285	38	13350
福鼎市点头镇	11874	34850	332	2360	106	14	21601
福鼎市管阳镇	19648	33219	58	1428	56	5	8562

续表 213　　（福建省、江西省）　　单位：公顷、人、个

名　　称	行政区域面　积	常住人口	企业个数	企　业从业人员	工业企业单　位	#规模以上	城镇建成区常住人口
福鼎市嵛山镇	2683	3883	125	600	4		446
福鼎市硖门畲族乡	5849	11417	67	1628	22	9	
福鼎市叠石乡	7680	11272	78	479	21	2	
福鼎市佳阳乡	7153	11529	33	272	5	1	
江西省							
东湖区扬子洲镇	1940	29297	55	489	18		
南昌市西湖区桃花镇	1800	50453	1589	18819	5	1	50453
青云谱区青云谱镇	1953	62425	236	3210	210	7	5528
湾里区招贤镇	5946	16025	70	495	44	1	2148
湾里区梅岭镇	3870	9110	28	365	13		1892
湾里区罗亭镇	3574	8223	32	540	7		863
湾里区太平镇	4739	10620	33	420	2	2	1653
青山湖区京东镇	780	85613	1992	27034	75	20	85613
青山湖区罗家镇	4600	65462	1087	25453	287	46	9324
青山湖区湖坊镇	750	173927	2428	56461	208	40	173927
青山湖区塘山镇	1920	77468	2309	35588	80	27	77468
青山湖区蛟桥镇	6800	182392	2802	88631	462	124	182392
新建区长堎镇	2400	235810	6812	29156	2465	12	235800
新建区望城镇	5600	27452	170	1658	72	4	20116
新建区生米镇	12000	42356	26	372	8		5034
新建区西山镇	12780	42031	40	1715	21	2	10000
新建区石岗镇	13220	49917	195	5785	47		9925
新建区松湖镇	8890	31974	306	1642	82		3245
新建区樵舍镇	10103	34050	182	1680	39	4	8320
新建区乐化镇	5469	25518	275	5600	140	7	3687
新建区溪霞镇	7840	29947	48	496			1452
新建区象山镇	8005	19632	82	763	1		6800
新建区石埠镇	7309	44785	76	585	16		2240
新建区联圩镇	10699	34148	92	465	15		1802
新建区流湖镇	12468	45236	265	1962	92		7786
新建区厚田乡	7700	17092	52	368	28	1	
新建区金桥乡	4230	18352	30	151	21		
新建区铁河乡	5130	6984	65	330	3		
新建区大塘坪乡	9394	18323	386	2516	126		
新建区昌邑乡	5590	18661	12	233	10		
新建区南矶乡	30000	4744					
南昌县莲塘镇	2371	236001	2060	70152	161	4	236001
南昌县向塘镇	15517	122365	439	17952	148	17	72596
南昌县三江镇	3257	30882	66	1367	17	1	11917
南昌县塘南镇	13031	61680	164	1124	34	3	8126
南昌县幽兰镇	10410	51378	105	2100	32	5	4737
南昌县蒋巷镇	26611	81615	326	5326	110	9	11876
南昌县武阳镇	5984	48580	150	4000	100	9	4984
南昌县冈上镇	9822	49060	228	2335	46	4	1875
南昌县广福镇	6281	33817	101	1870	28	2	5281
南昌县昌东镇	13200	130788	752	24923	18	18	24627
南昌县麻丘镇	6523	53083	144	3353	2	2	25000
南昌县泾口乡	12204	59228	16	670	6	1	
南昌县南新乡	12507	54314	36	1620	16	2	
南昌县塔城乡	9179	33301	152	1218	12	2	

续表 214　　（江西省）　　单位：公顷、人、个

名　　称	行政区域面积	常住人口	企业个数	企业从业人员	工业企业单位	#规模以上	城镇建成区常住人口
南昌县黄马乡	7880	33963	82	968	19	2	
南昌县富山乡	4328	24365	46	2563	25	2	
南昌县东新乡	3512	101407	51	1650	42	1	
南昌县八一乡	4121	40553	338	8639	146	8	
安义县龙津镇	3840	68512	212	6609	40	12	
安义县万埠镇	5480	20738	63	3526	35	11	
安义县石鼻镇	10273	26223	285	2678	25	15	
安义县鼎湖镇	4681	35782	29	2330	22	20	
安义县长埠镇	4786	16151	30	1085	28	10	
安义县东阳镇	9279	16170	35	4600	19	18	
安义县黄洲镇	6354	14520	15	812	10	9	
安义县乔乐乡	5110	11376	14	860	10	5	
安义县长均乡	5500	11598	58	200	52	5	
安义县新民乡	11950	10795	52	863	16	4	
进贤县民和镇	15041	197045	1152	28490	168	10	161042
进贤县李渡镇	4558	49586	464	23157	129	14	22297
进贤县温圳镇	5653	49729	197	7289	132	9	
进贤县文港镇	5453	41549	109	19882	102	7	24200
进贤县梅庄镇	8349	41633	17	473	16		8963
进贤县张公镇	5053	31146	82	3618	57	9	2445
进贤县罗溪镇	5396	32985	29	1356	7		3241
进贤县架桥镇	5208	30741	232	2847	161	1	4537
进贤县前坊镇	8718	28175	343	1655	341	1	6392
进贤县三里乡	18677	27033	126	2100	104		
进贤县二塘乡	5865	14641	47	688	47		
进贤县钟陵乡	13170	21599	17	369	17		
进贤县池溪乡	9679	19032	15	1303	12	3	
进贤县南台乡	6867	14109	4	103	3		
进贤县三阳集乡	5227	29793	65	2210	7		
进贤县七里乡	6528	19873	93	922	92	1	
进贤县下埠集乡	11949	28316	123	1227	98	2	
进贤县衙前乡	7510	13777	56	705	5	1	
进贤县白圩乡	10934	30076	32	857	26	4	
进贤县长山晏乡	5732	20261	118	7360	102	11	
进贤县泉岭乡	5109	26556	364	3421	268	3	
昌江区鲇鱼山镇	14000	38099	234	7020	232	10	13438
昌江区丽阳镇	6867	16330	143	1567	28	5	5099
昌江区荷塘乡	6300	4959	11	1129	7	2	
昌江区吕蒙乡	2790	13426	208	1664	12	3	
珠山区竟成镇	6107	43254	265	30192	230	12	13926
浮梁县浮梁镇	10100	31652	309	13929	277	8	26028
浮梁县鹅湖镇	18720	27990	142	1326	53	1	4423
浮梁县经公桥镇	21730	16148	74	1850	73	1	6292
浮梁县蛟潭镇	36350	21222	104	1184	101	1	5103
浮梁县湘湖镇	24260	22681	732	8432	596	13	6842
浮梁县瑶里镇	20320	12954	32	716	23		3821
浮梁县洪源镇	7980	17121	324	5081	212	5	6305
浮梁县寿安镇	12410	18493	185	4553	176	5	3722
浮梁县三龙镇	10520	11074	111	6582	72	6	5196
浮梁县峙滩镇	20050	14272	103	2351	15		1234

续表 215　　（江西省）　　单位：公顷、人、个

名　　称	行政区域面　积	常住人口	企业个数	企　业从业人员	工业企业单　位	#规模以上	城镇建成区常住人口
浮梁县王港乡	9150	10180	43	326	31		
浮梁县庄湾乡	11800	12410	24	1544	21		
浮梁县黄坛乡	20390	11991	16	216	10		
浮梁县兴田乡	17410	6780	17	2986	9		
浮梁县江村乡	13810	10275	88	633	82	1	
浮梁县勒功乡	10730	7427	7	872	7	1	
浮梁县西湖乡	16930	9706	23	350	23	1	
浮梁县罗家桥乡	2430	11316	75	1296	67	10	
乐平市镇桥镇	10200	48500	184	925	176	2	11951
乐平市乐港镇	10970	79139	397	17151	279	4	23216
乐平市涌山镇	17991	43689	293	8186	243	11	32328
乐平市众埠镇	35546	99291	68	586	31	3	26316
乐平市接渡镇	8499	75160	71	7280	61	1	24570
乐平市洪岩镇	11740	17725	28	672	28	2	9198
乐平市礼林镇	16331	50697	170	934	136	14	10937
乐平市后港镇	8470	53253	18	415	13	1	8839
乐平市塔前镇	8639	34951	1059	18676	163	6	15901
乐平市双田镇	11400	36725	24	677	17	1	8143
乐平市临港镇	11700	24034	43	1473	14	1	10000
乐平市高家镇	11300	23475	25	376	18	1	4226
乐平市名口镇	11140	22304	14	574	13	1	7300
乐平市浯口镇	4267	30724	112	1473	104	5	4900
乐平市十里岗镇	8135	17966	38	763	34	1	6938
乐平市鸬鹚乡	8200	24437	47	261	39	1	
安源区安源镇	2524	39349	874	20873	73	17	25152
安源区高坑镇	6900	47867	556	9894	102	25	12660
安源区五陂镇	1903	11437	123	4306	35	4	3452
安源区青山镇	4330	43339	492	7986	102	14	22576
湘东区湘东镇	6403	72431	487	12758	139	38	9882
湘东区荷尧镇	5354	31510	139	4298	50	9	11309
湘东区老关镇	5264	32307	147	4920	60	10	4935
湘东区腊市镇	4003	28841	108	2610	38	9	16024
湘东区下埠镇	5688	38548	368	17866	228	33	8277
湘东区排上镇	8044	36707	134	3163	25	4	1485
湘东区东桥镇	13079	29300	118	2639	25	2	9439
湘东区麻山镇	9146	37617	242	4745	49	6	3893
湘东区广寒寨乡	9814	6671	64	3227	13	2	
湘东区白竺乡	18397	14353	101	2404	34	1	
莲花县琴亭镇	7688	81543	582	9658	72	10	42976
莲花县路口镇	5379	13209	61	786	15	2	1389
莲花县良坊镇	12055	30920	143	2111	31	3	1683
莲花县升坊镇	4882	15412	364	13437	154	8	1276
莲花县坊楼镇	11723	20924	122	2852	42	8	2510
莲花县闪石乡	5721	11218	44	672	9	3	
莲花县湖上乡	4506	11971	68	1183	15	2	
莲花县三板桥乡	3197	10188	53	1080	15	3	
莲花县神泉乡	11592	17459	85	1099	18	4	
莲花县六市乡	10996	7025	155	2297	17	4	
莲花县高洲乡	10693	13065	80	1260	25		
莲花县荷塘乡	13714	13030	161	2230	33	5	

续表 216　　(江西省)　　单位：公顷、人、个

名　　称	行政区域面　　积	常住人口	企业个数	企　　业从业人员	工业企业单　　位	#规模以上	城镇建成区常住人口
莲花县南岭乡	5055	10500	108	2211	31	5	
上栗县上栗镇	5981	65142	245	5216	216	22	23840
上栗县桐木镇	10950	82611	407	6192	177	13	6792
上栗县金山镇	9714	70716	462	16932	249	14	2656
上栗县福田镇	5592	50964	121	5607	76	12	3016
上栗县彭高镇	4509	28707	119	4516	89	13	896
上栗县赤山镇	8920	58864	215	6735	101	8	15765
上栗县鸡冠山乡	5766	31341	277	5540	102	8	
上栗县长平乡	9420	42387	129	6450	91	6	
上栗县东源乡	6949	44350	256	6238	81	7	
上栗县杨岐乡	6945	28975	109	2133	69	10	
芦溪县芦溪镇	10348	66785	890	26391	223	34	34756
芦溪县宣风镇	10038	38639	258	7283	82	16	2649
芦溪县上埠镇	7616	35594	223	10218	141	29	12454
芦溪县南坑镇	12364	35550	180	6263	104	16	1820
芦溪县银河镇	7941	38509	137	5117	53	13	3980
芦溪县源南乡	3443	16388	85	3706	33	11	
芦溪县长丰乡	5711	2386	61	864	23	2	
芦溪县张佳坊乡	8034	10154	69	688	18	1	
芦溪县新泉乡	16478	24222	121	2154	35	5	
芦溪县万龙山乡	14145	10137	70	827	26	2	
濂溪区姑塘镇	4950	20590	92	3468	68	10	
濂溪区威家镇	3760	7828	174	2566	8	2	
濂溪区新港镇	6800	33228	51	260	46	21	
濂溪区莲花镇	4200	29885	350	17613	207	34	
濂溪区赛阳镇	2890	7573	55	407	12	4	
濂溪区虞家河乡	3334	13028	100	1322	42	7	
濂溪区高垅乡	1480	11995	30	1000	7	3	
九江县沙河街镇	2078	58398	362	3620	8	5	58346
九江县马回岭镇	9441	27612	98	1056	10	2	1580
九江县江洲镇	8375	20094	34	2106	18	3	6230
九江县城子镇	3409	12149	23	58	2		2550
九江县港口街镇	6880	35093	368	3411	37	2	2361
九江县新合镇	4313	14521	32	564	23	4	2231
九江县狮子镇	5255	20991	85	1021	23	2	2856
九江县永安乡	4658	28590	14	631	3		
九江县涌泉乡	5451	18981	23	1021	18	2	
九江县新塘乡	7563	15729	26	960	12	1	
九江县城门乡	4891	24779	20	300	4		
九江县岷山乡	12834	29077	139	864	77	7	
武宁县新宁镇	29966	22816	99	3549	36	3	4665
武宁县泉口镇	14460	16543	19	188	4	1	779
武宁县鲁溪镇	16339	31460	140	3368	30	2	11408
武宁县船滩镇	23437	28183	114	650	24	2	4663
武宁县澧溪镇	29159	20890	60	2730	10	1	2163
武宁县罗坪镇	26989	16043	36	136	4	1	2399
武宁县石门楼镇	15083	17435	52	460	14		1579
武宁县宋溪镇	29970	10687	160	1850	15	2	811
武宁县大洞乡	11168	9132	5	80	1		
武宁县横路乡	14688	21352	5	100	1	1	

续表 217　　　　（江西省）　　　　单位：公顷、人、个

名　　称	行政区域面　　积	常住人口	企业个数	企　　业从业人员	工业企业单　　位	#规模以上	城镇建成区常住人口
武宁县官莲乡	12453	16181	33	405	21		
武宁县巾口乡	8977	8129	7	133	4		
武宁县东林乡	9306	8332	5	108	3	3	
武宁县上汤乡	11718	5986	20	120	13	1	
武宁县甫田乡	20292	12671	65	367	5	3	
武宁县清江乡	12307	10742	38	897	22	1	
武宁县石渡乡	18239	12959	58	500	48	8	
武宁县杨洲乡	17723	7061	20	365	5		
武宁县罗溪乡	21365	14866	12	213	6	2	
修水县义宁镇	8060	110099	200	21500	60		108700
修水县白岭镇	7970	34719	10	3500	10	6	5010
修水县全丰镇	10120	32838	33	270	16	1	3852
修水县古市镇	12450	39938	64	400	52		8076
修水县大桥镇	12520	32958	38	358	18	3	12681
修水县渣津镇	14410	71321	242	11700	50	9	31380
修水县马坳镇	34820	42724	50	312	33		3380
修水县杭口镇	5470	18323	16	168	14		3650
修水县港口镇	14400	23220	17	106	5	1	3658
修水县溪口镇	18850	34757	83	452	20	1	4588
修水县西港镇	5080	23875	50	340	3		4660
修水县山口镇	17750	21625	15	1826	3	1	2610
修水县黄沙镇	20420	20950	10	150			2600
修水县黄港镇	32960	20076	30	432	25		3868
修水县何市镇	16230	23800	5	120	2		3750
修水县上奉镇	12170	16016	40	600			4135
修水县四都镇	13080	28794	63	400	34	2	3104
修水县太阳升镇	10360	31912	50	2750	32		3870
修水县宁州镇	15190	20414	30	2832	16		4545
修水县路口乡	3910	16312	8	42			
修水县黄龙乡	6280	20362	10	382	10		
修水县上衫乡	7710	12296	4	147	1		
修水县余段乡	3710	4511	1	10			
修水县水源乡	4350	14032	9	500			
修水县石坳乡	4690	16419	13	65	10		
修水县东港乡	15170	11660	4	102			
修水县上杭乡	5860	15052	16	450	10		
修水县新湾乡	12890	11434					
修水县布甲乡	10400	8519	18	312	9		
修水县漫江乡	9870	9950	17	320	17	2	
修水县复原乡	13920	4995					
修水县竹坪乡	5960	9428	15	76			
修水县征村乡	18710	15321	17	112	17		
修水县庙岭乡	12450	9114	18	450	10		
修水县黄坳乡	17540	13910	13	400			
修水县大椿乡	14590	18836	43	500	13		
永修县涂埠镇	2644	76624	375	2942	102	43	59922
永修县吴城镇	35605	16098	15	473	7	3	3595
永修县三溪桥镇	12600	13589	11	180	5	2	1200
永修县虬津镇	5939	18242	15	1352	8	1	3916
永修县艾城镇	6710	30228	44	7844	42	11	5801

续表 218　　　　　　　　　　（江西省）　　　　　　　　　　单位：公顷、人、个

名　　称	行政区域面积	常住人口	企业个数	企业从业人员	工业企业单位	#规模以上	城镇建成区常住人口
永修县滩溪镇	3116	18030	32	300	22		1215
永修县白槎镇	5116	11402	73	521	5	2	1552
永修县梅棠镇	7800	13878	7	349			1892
永修县燕坊镇	4700	10566	86	965	11		1096
永修县马口镇	5059	30981	5	355	3	2	1620
永修县柘林镇	1500	10750	19	102	7	1	1527
永修县三角乡	6839	21864	3	58	3		
永修县九合乡	5049	24495	98	492			
永修县立新乡	7822	25495	34	240	17		
永修县江上乡	10500	10338	17	349	15		
德安县蒲亭镇	2700	64165	225	12350	13	6	48940
德安县聂桥镇	5412	8586	73	1472	35	4	1978
德安县车桥镇	8668	9878	18	300	1		628
德安县丰林镇	6400	12720	19	938	18	7	3410
德安县吴山镇	12600	12705	49	940	30	8	3260
德安县宝塔乡	9600	10791	5	60	2		
德安县河东乡	3300	15408	39	3180	27	11	
德安县高塘乡	3100	5675	3	156	2	2	
德安县林泉乡	7400	6554	25	221	18	6	
德安县磨溪乡	10400	6080	53	2020	12	9	
德安县爱民乡	4274	6703	5	220	3	1	
德安县邹桥乡	7100	7394	3	18	1		
德安县塘山乡	2700	1800	6	392	4	4	
都昌县都昌镇	6910	159209	326	16452	44	18	122078
都昌县周溪镇	5107	48454	600	6000	55		1470
都昌县三汊港镇	3985	28802	62	478	25		4665
都昌县中馆镇	5130	19576	131	1467	15		4982
都昌县大沙镇	5248	32750	40	612	4		3730
都昌县万户镇	3710	30132	26	864	18		1306
都昌县南峰镇	3500	21880	20	220	3		2590
都昌县土塘镇	12592	52121	31	246	15	1	1248
都昌县大港镇	14300	26102	67	376	3		1263
都昌县蔡岭镇	11700	36236	230	1152	12		5350
都昌县徐埠镇	9300	31019	7	400	5		6106
都昌县左里镇	6760	21322	140	1346	5		4862
都昌县和合乡	3410	23571	8	47			
都昌县阳峰乡	5227	29900	8	113	3		
都昌县西源乡	2760	25584	10	136			
都昌县芗溪乡	4104	19633	37	494	5		
都昌县狮山乡	4830	20680	13	262			
都昌县鸣山乡	6849	25969	5	136			
都昌县春桥乡	4825	16775	26	646	7		
都昌县苏山乡	7133	20342	46	2256	45	4	
都昌县多宝乡	687	18981	38	357	28		
都昌县汪墩乡	17190	48230	14	280	1		
都昌县北山乡	5617	28674					
都昌县大树乡	5067	32723					
湖口县双钟镇	3570	70687	236	23899	60	45	66115
湖口县流泗镇	6200	29882	120	1200	24	4	1887
湖口县马影镇	3662	23308	81	2560	21	3	3460

续表 219　　（江西省）　　单位：公顷、人、个

名　　称	行政区域面积	常住人口	企业个数	企业从业人员	工业企业单位	#规模以上	城镇建成区常住人口
湖口县武山镇	5068	11669	19	1045	17	2	2751
湖口县城山镇	8795	20247	32	1480	8	4	4160
湖口县均桥镇	6079	25228	187	1075	23	5	3597
湖口县大垅乡	3155	14185	6	160	6	1	
湖口县凰村乡	2768	18213	67	671	33	3	
湖口县张青乡	3245	17087	9	10423	9	1	
湖口县付垅乡	4138	13900	41	260	5	5	
湖口县舜德乡	9255	16987	10	360	3	3	
湖口县流芳乡	3800	9982	44	3090	7	4	
彭泽县龙城镇	6360	85526	274	15430	165	56	62840
彭泽县棉船镇	10620	35620	450	5020	14		5200
彭泽县马垱镇	12900	31468	37	508	11	7	8190
彭泽县芙蓉墩镇	14574	33809	380	1908	26	13	5310
彭泽县定山镇	3819	18450	104	2600	38	15	3896
彭泽县天红镇	12150	15596	33	1028	13	9	4198
彭泽县杨梓镇	23353	30939	25	660	10	3	3665
彭泽县东升镇	10960	13106	32	240	8	4	2960
彭泽县瀼溪镇	8770	9735	5	302	4	3	2123
彭泽县黄花镇	6400	27289	41	1062	28	6	2184
彭泽县太平关乡	7110	18091	13	96	6	2	
彭泽县黄岭乡	11860	17471	40	500	20	1	
彭泽县浩山乡	15670	14083	132	1226	26	1	
瑞昌市码头镇	10496	53580	476	11967	186	15	36919
瑞昌市白杨镇	6300	19511	227	2395	52	7	3802
瑞昌市南义镇	14278	23312	11	165	4		2632
瑞昌市横港镇	11870	22626	27	325	1		2301
瑞昌市范镇	10000	26400	42	306	30		2379
瑞昌市肇陈镇	5301	12982	7	165			1423
瑞昌市高丰镇	7000	16268	85	450	72	1	1462
瑞昌市夏畈镇	5300	16619	14	839	12	5	5985
瑞昌市乐园乡	8979	11352	45	520	29		
瑞昌市洪一乡	9927	14723					
瑞昌市花园乡	8979	16643	23	1598	16		
瑞昌市洪下乡	7000	11217	6	245	6	2	
瑞昌市武蛟乡	3020	13678	11	600	5	1	
瑞昌市横立山乡	5824	8352					
瑞昌市黄金乡	6500	11251	12	575	12	6	
瑞昌市南阳乡	4248	15104	5	46	2	1	
共青城市甘露镇	4900	15820	131	28951	115	86	15820
共青城市江益镇	9200	15885	16	4508	11		2324
共青城市金湖乡	3014	9420	22	1200	22	1	
共青城市苏家垱乡	11200	27017	28	213	4	4	
共青城市泽泉乡	4694	16213	4	100	4	4	
庐山市南康镇	6400	37482	1008	9520	175	5	37482
庐山市白鹿镇	10800	28050	186	2400	126	8	1656
庐山市温泉镇	16540	29569	52	3410	16	7	5852
庐山市星子镇	4543	21207	85	811	25	3	1864
庐山市华林镇	4490	25905	46	520	24	2	2216
庐山市蛟塘镇	6100	23662	167	780	5	1	1200
庐山市横塘镇	4320	16829	527	8965	188	7	1982

续表 220 （江西省） 单位：公顷、人、个

名　　称	行政区域面　　积	常住人口	企业个数	企　　业从业人员	工业企业单　　位	#规模以上	城镇建成区常住人口
庐山市牯岭镇	10415	21367	392	8260			14800
庐山市海会镇	1136	12120	15	85	3		700
庐山市蓼南乡	11339	24731	10	513	5	5	
渝水区水北镇	13123	21125	19	5300	12		1975
渝水区下村镇	15400	45568	226	3660	66	9	10886
渝水区良山镇	17600	17000	58	3000	30	17	2479
渝水区罗坊镇	20500	79607	856	4987	8	1	1780
渝水区姚圩镇	7100	14299	168	1379	16	16	7000
渝水区珠珊镇	6382	34096	137	2567	42	9	950
渝水区河下镇	10800	29300	54	1270	15	3	16798
渝水区观巢镇	7668	22137	30	375	25	2	3600
渝水区欧里镇	6720	20301	98	2097	72	6	1986
渝水区水西镇	24300	109193	51	7000	33	9	36815
渝水区鹄山乡	4550	15860	55	360	48		
渝水区人和乡	7200	11909	35	715	28	5	
渝水区界水乡	6300	15619	124	720	78		
渝水区南安乡	12900	11090	34	272	21		
渝水区新溪乡	4400	12463	19	95	4	1	
渝水区九龙山乡	7400	8736	25	1035	18	4	
分宜县分宜镇	15600	94620	115	6782	53	5	79652
分宜县杨桥镇	14478	36255	173	2890	17	2	13212
分宜县湖泽镇	7000	16458	17	900	13	5	8570
分宜县双林镇	10070	29396	61	560	12	6	12600
分宜县钤山镇	42060	29227	30	8230	26	17	6788
分宜县洋江镇	8811	19561	375	2395	232		2850
分宜县凤阳镇	10038	22519	237	1200	16	1	3610
分宜县洞村乡	6700	10853	256	2280	235	1	
分宜县高岚乡	7618	20316	8	126	6	1	
分宜县操场乡	8984	17948					
月湖区童家镇	5319	24760	23	624	23	4	1721
月湖区夏埠乡	1760	14625					
余江县邓埠镇	4800	86982	325	12238	290	16	66023
余江县锦江镇	12100	55597	93	3220	71	11	12985
余江县潢溪镇	4600	38279	19	1013	19	8	3512
余江县中童镇	6700	29251	68	6974	56	12	4185
余江县马荃镇	10600	28787	16	176	3		3156
余江县画桥镇	10500	16715	26	344	1		2303
余江县春涛镇	10601	40935	35	378	11		537
余江县平定乡	5600	21779	15	265			
余江县杨溪乡	6680	21156	110	605			
余江县洪湖乡	10327	16874					
余江县黄庄乡	6300	12953	10	60	1		
余江县刘家站乡	4800	18777	29	6504	7		
贵溪市泗沥镇	14800	32247	123	625	15		1700
贵溪市河潭镇	12000	28863	45	1398	35		1449
贵溪市周坊镇	20600	30812	26	650	11		3735
贵溪市鸿塘镇	12000	30362	18	140	15		4026
贵溪市志光镇	7800	24041	102	617	34		1273
贵溪市流口镇	6900	22210	38	863	35	1	1330
贵溪市罗河镇	13101	51970	77	415	34		3700

续表 221　　　　　　　　　　　　（江西省）　　　　　　　　　　　　单位：公顷、人、个

名　　称	行政区域面积	常住人口	企业个数	企业从业人员	工业企业单位	#规模以上	城镇建成区常住人口
贵溪市金屯镇	10295	12785	18	146	13		1936
贵溪市塘湾镇	18000	27513	48	235	9		12500
贵溪市文坊镇	22460	25978	43	341	31		9579
贵溪市冷水镇	15800	3697	13	748	11	2	1498
贵溪市滨江镇	11610	39120	181	1180	123	4	1385
贵溪市天禄镇	11670	25134	30	151	10		1647
贵溪市雷溪镇	5400	19535	31	2210	22		956
贵溪市龙虎山镇	13600	22778	83	1437	18	2	596
贵溪市上清镇	8636	14023	245	1300	12		9821
贵溪市白田乡	8856	16298	9	138	6		
贵溪市彭湾乡	6500	12260	5	1520	2		
贵溪市樟坪畲族乡	12200	3930	12	87	7		
贵溪市耳口乡	18400	8474	25	236	20	2	
章贡区沙石镇	13620	43142	156	3457	47	5	2964
章贡区水东镇	2486	28422	160	4780	51	13	2056
章贡区水南镇	2050	62651	2750	17314	2		4386
章贡区湖边镇	5198	27297	281	4550	58	6	7725
章贡区沙河镇	6450	55048	188	3032	69	67	2850
章贡区水西镇	11020	39986	213	12321	53	15	2189
章贡区蟠龙镇	4320	65591	1411	23660	277	65	5711
章贡区潭口镇	5800	51520	507	3001	24		46330
章贡区潭东镇	5789	44300	366	13653	63	7	7920
南康区唐江镇	9600	98336	390	7800	260	21	28269
南康区凤岗镇	6300	45806	35	1530	24		5658
南康区龙岭镇	8408	59882	1953	60230	781	201	
南康区龙回镇	13750	37885	170	2574	68	8	5285
南康区镜坝镇	3180	34468	242	4304	134	13	2135
南康区横市镇	12200	20762	13	582	13		11015
南康区浮石乡	9878	22484	616	3435	44		
南康区赤土畲族乡	17100	45856	267	2518	201		
南康区横寨乡	3100	18988	85	1114	21	3	
南康区朱坊乡	9900	41538	93	1120	40	3	
南康区太窝乡	3652	19400	203	3928	95	12	
南康区三江乡	3800	30135	63	709	8		
南康区龙华乡	11982	48017	113	893	20	2	
南康区十八塘乡	13294	26502	57	456	4		
南康区麻双乡	12350	25697	112	914			
南康区大坪乡	10700	23448	24	358	5		
南康区坪市乡	10300	19121	12	120			
南康区隆木乡	9600	17205	64	1020	44		
赣县梅林镇	2638	103000	181	4344	144	95	103000
赣县王母渡镇	30682	44848	4	126			22110
赣县沙地镇	27739	32680	24	234	8		32680
赣县江口镇	12075	37722	35	4587	33		20710
赣县田村镇	22221	50158	32	173	21		20072
赣县南塘镇	15981	50505	128	2139	12		30318
赣县茅店镇	12283	31005	66	1326	25		28909
赣县吉埠镇	12705	27652	17	184	13		19365
赣县五云镇	13413	20962	21	150	2		7980
赣县湖江镇	27531	40532	5	157			18925

续表 222　　　　（江西省）　　　　单位：公顷、人、个

名　　称	行政区域面　积	常住人口	企业个数	企　业从业人员	工业企业单　位	#规模以上	城镇建成区常住人口
赣县储潭镇	8838	17934	26	190	19		10093
赣县韩坊镇	28191	39161	38	260	30		22742
赣县阳埠乡	15956	22715	2	114			
赣县大埠乡	23568	9192	9	105	7		
赣县长洛乡	14340	9705	2	40			
赣县大田乡	10437	14806	3	53			
赣县石芫乡	7404	17167	2	100			
赣县三溪乡	5290	14890	3	69			
赣县白鹭乡	7655	17057	11	120	11		
信丰县嘉定镇	27370	255101	1185	11790	883	42	135875
信丰县大塘埠镇	20800	66810	250	1072	126		31000
信丰县古陂镇	31100	38797	10	533	8		4963
信丰县大桥镇	9420	19888	87	460	35		5239
信丰县新田镇	24200	27519	128	689	10		6230
信丰县安西镇	22570	45895	19	194	19		7336
信丰县小江镇	24200	37406	128	1500	28	1	7000
信丰县铁石口镇	9299	33678	35	400	28	8	1358
信丰县大阿镇	9596	37506	15	965			3644
信丰县油山镇	15900	18649	43	652	3		611
信丰县小河镇	10500	32882	7	750			4122
信丰县西牛镇	23497	55445	765	4325	646	30	6141
信丰县正平镇	16870	47902	94	512	12		4876
信丰县虎山乡	20000	19015	3	85	2		
信丰县崇仙乡	15448	20752	84	480	68		
信丰县万隆乡	16870	32412	58	306	2		
大余县南安镇	13036	84428	1398	7015	1065	43	62765
大余县新城镇	15977	62785	320	1463	246	3	5429
大余县樟斗镇	8719	9796	12	199	6	1	1843
大余县池江镇	11921	38844	180	902	81	1	1288
大余县青龙镇	11055	31923	138	696	97		2201
大余县左拔镇	9976	5360	38	172	29	1	1905
大余县黄龙镇	9145	18169	167	728	122	2	2130
大余县吉村镇	20531	15739	166	837	122		4611
大余县浮江乡	14357	8501	90	421	67	1	
大余县河洞乡	8575	3255	35	163	26		
大余县内良乡	10700	7902	37	189	37		
上犹县东山镇	17100	71021	219	5213	183	3	45634
上犹县陡水镇	3708	3712	12	1794	11	1	1897
上犹县社溪镇	12876	30044	25	683	10		3873
上犹县营前镇	6490	25287	36	786	20	2	7292
上犹县黄埠镇	7553	16793	194	4983	194	30	5021
上犹县寺下镇	9402	13549	9	138	9		1362
上犹县梅水乡	8539	16226	7	126	7		
上犹县油石乡	8748	18583	105	900	35	2	
上犹县安和乡	6766	9827	3	134	3		
上犹县双溪乡	12399	10647	8	226	8		
上犹县水岩乡	15947	24419	18	289	18		
上犹县平富乡	8760	11243	9	127	9		
上犹县五指峰乡	24000	7052	21	342	21		
上犹县紫阳乡	12400	8203	14	278	14		

续表 223　　（江西省）　　单位：公顷、人、个

名　　称	行政区域面积	常住人口	企业个数	企业从业人员	工业企业单位	#规模以上	城镇建成区常住人口
崇义县横水镇	34410	55686	608	8778	91	21	40554
崇义县扬眉镇	7690	16601	38	839	6		3220
崇义县过埠镇	10009	12587	77	650	22	5	1168
崇义县铅厂镇	16806	10454	17	230	8		896
崇义县长龙镇	13566	11296	302	5431	36	6	758
崇义县关田镇	16330	8891	27	360	11	2	1626
崇义县龙勾乡	6727	14135	35	263	35		
崇义县杰坝乡	12020	7846					
崇义县金坑乡	11625	7075					
崇义县思顺乡	21559	10431	3	148	2		
崇义县麟潭乡	9325	7178	13	76			
崇义县上堡乡	15050	11000	45	430			
崇义县聂都乡	15643	8044	65	460	59	1	
崇义县文英乡	10496	6913	27	182	12		
崇义县乐洞乡	5838	2771	17	248	13		
崇义县丰州乡	15588	9601	46	335	38	4	
安远县欣山镇	18300	92920	1312	38000	56	17	70117
安远县孔田镇	11154	31603	29	150	4	2	5445
安远县版石镇	15500	25296	42	935	12	5	5223
安远县天心镇	24800	39560	80	2000	9		3000
安远县龙布镇	14100	28616	48	680	3		2464
安远县鹤子镇	13500	14881	5	135	3	2	11657
安远县三百山镇	12660	12630	14	105	2		3861
安远县车头镇	21168	19387	4	30			19387
安远县镇岗乡	11500	11500	15	250	3		
安远县凤山乡	9700	10231	46	378	1		
安远县新龙乡	19100	11476					
安远县蔡坊乡	9600	4836	1	40	1		
安远县重石乡	6810	11360					
安远县长沙乡	7600	11577					
安远县浮槎乡	7800	14553					
安远县双芫乡	10000	7680	36	216			
安远县塘村乡	11650	8102	8	45			
安远县高云山乡	20350	7908					
龙南县龙南镇	14822	93892	1713	35701	138	64	29876
龙南县武当镇	7880	13168	34	252	10		1407
龙南县杨村镇	16245	52132	8	437	7		7205
龙南县汶龙镇	8381	15672	5	830	1	1	4680
龙南县程龙镇	11477	9002					1504
龙南县关西镇	8040	7156					2739
龙南县里仁镇	14575	21577	122	5610	85	6	4210
龙南县渡江镇	7780	19010	13	413			4225
龙南县九连山镇	20063	4625	39	395	3		1968
龙南县桃江乡	8817	20132	46	1560	12	3	
龙南县东江乡	4760	12076	132	2520	105	20	
龙南县临塘乡	11000	17721	9	202	9		
龙南县南亨乡	9720	14320	12	219			
龙南县夹湖乡	10106	13206					
定南县历市镇	25548	80932	617	7366	273	35	28257
定南县岿美山镇	13083	13459	72	1620	71	1	5810

续表 224　　(江西省)　　单位：公顷、人、个

名　　称	行政区域面积	常住人口	企业个数	企业从业人员	工业企业单位	#规模以上	城镇建成区常住人口
定南县老城镇	8904	16670	53	2210	53	1	3360
定南县天九镇	15598	17666	63	1744	63	2	10690
定南县龙塘镇	15025	18513	34	850	34		3523
定南县岭北镇	33714	18763	115	1642	115	3	5161
定南县鹅公镇	20242	28652	68	1320	68		8012
全南县城厢镇	8222	55660	393	2250	82	1	38755
全南县大吉山镇	10425	22000	45	1617	33	1	11031
全南县陂头镇	31215	20206	70	512	33	1	4721
全南县金龙镇	20489	31120	183	5850	86	2	6565
全南县南迳镇	22740	17352	77	1925	23		1820
全南县龙源坝镇	29174	11716	54	1154	23	2	1373
全南县中寨乡	9896	13049	27	356	1		
全南县社迳乡	10875	12385	31	256	11	1	
全南县龙下乡	10428	6675	19	236	2	2	
宁都县梅江镇	20721	186412	917	37980	415	74	128544
宁都县青塘镇	17823	36597	43	1299	36	1	4560
宁都县长胜镇	18875	52654	51	1234	27	1	5512
宁都县黄陂镇	20871	34202	28	712	16		4598
宁都县固村镇	28892	38461	41	231	19		4568
宁都县赖村镇	17916	55394	38	565	16		3827
宁都县石上镇	18372	28211	46	827	25	1	3230
宁都县东山坝镇	17367	23114	16	275	7		3912
宁都县洛口镇	31250	29932	20	680	15	1	4266
宁都县小布镇	15349	14870	16	224	12		3048
宁都县黄石镇	8022	35124	36	581	27		4248
宁都县田头镇	7252	38798	38	597	27		4412
宁都县竹笮乡	9092	26824	22	761	16	1	
宁都县对坊乡	14307	28570	32	401	8		
宁都县固厚乡	13701	22998	52	316	14		
宁都县田埠乡	16673	24038	14	188	13		
宁都县会同乡	17521	24462	23	213	7		
宁都县湛田乡	18713	17066	12	189	8		
宁都县安福乡	8064	10573	10	280	7	1	
宁都县东韶乡	27835	19561	21	346	8		
宁都县肖田乡	22196	7196	14	156	13		
宁都县钓峰乡	8809	11835	5	72	3		
宁都县大沽乡	16759	15863	9	194	8		
宁都县蔡江乡	8487	13864	7	106	3		
于都县贡江镇	15760	215338	1209	41211	622	68	143780
于都县铁山垅镇	6703	17714	40	1956	14	1	5398
于都县盘古山镇	15780	21272	67	432	23	1	5926
于都县禾丰镇	13720	68531	35	286	15	2	5204
于都县祁禄山镇	17031	11554	14	595	4	1	5181
于都县梓山镇	16766	67352					4288
于都县银坑镇	18677	64806	109	1490	24	1	4942
于都县岭背镇	14729	62558	109	761	21	1	5212
于都县罗坳镇	16130	53906	95	1967	43	1	5682
于都县罗江乡	11865	37055	8	210	5		
于都县小溪乡	15500	29263	10	474	10	1	
于都县利村乡	12912	32140	15	480	15		

续表 225　　（江西省）　　单位：公顷、人、个

名　　称	行政区域面积	常住人口	企业个数	企业从业人员	工业企业单位	#规模以上	城镇建成区常住人口
于都县新陂乡	4952	23888	15	584			
于都县靖石乡	15360	32208					
于都县黄麟乡	17442	34036	18	675	18		
于都县沙心乡	5389	8855	8	56	5		
于都县宽田乡	15090	41624	57	463	17		
于都县葛坳乡	19152	63028	28	883	19	2	
于都县桥头乡	3404	15959	9	85	9	1	
于都县马安乡	5042	20835	6	125			
于都县仙下乡	13933	58960	45	673	22		
于都县车溪乡	7062	28972	5	159	5		
于都县段屋乡	5383	26168	10	403	10		
兴国县潋江镇	5034	135050	510	18580	323	74	96315
兴国县江背镇	13243	27151	50	127	2	1	1456
兴国县古龙冈镇	19891	38887					4511
兴国县梅窖镇	8543	28702	76	1430	18	2	1926
兴国县高兴镇	23579	58062	192	961	17	1	7904
兴国县良村镇	18900	28553					3180
兴国县龙口镇	6963	22579	426	716	2	2	2151
兴国县兴江乡	15426	23121	1	216	1	1	
兴国县樟木乡	6598	15382	17	154	6	1	
兴国县东村乡	7927	18003	23	247			
兴国县兴莲乡	10400	20804	3	65			
兴国县杰村乡	11289	20534	62	521	10		
兴国县社富乡	16055	38758					
兴国县埠头乡	15600	40783	5	30	5	5	
兴国县永丰乡	16015	35653	109	654			
兴国县隆坪乡	5569	11520	50	637	2		
兴国县均村乡	19302	43800					
兴国县茶园乡	12595	20716	51	306	5		
兴国县崇贤乡	19857	26670					
兴国县枫边乡	14470	15196	16	90			
兴国县南坑乡	12818	11033	14	42	6		
兴国县城岗乡	14400	26065	52	3812	7	1	
兴国县方太乡	9395	15331	3	51			
兴国县鼎龙乡	10945	30710	70	878	5		
兴国县长冈乡	12515	43224	11	164	8	2	
会昌县文武坝镇	18184	95591	223	8926	191	13	34479
会昌县筠门岭镇	28487	40133	31	1459	25	7	10689
会昌县西江镇	19640	57362	24	788	15	1	10319
会昌县周田镇	24473	55724	31	360	20	1	9086
会昌县麻州镇	11972	31176	39	1045	33	3	7066
会昌县庄口镇	15260	25881	18	300	5	2	4760
会昌县清溪乡	9189	4013	4	369	4	1	
会昌县右水乡	12704	14586	2	18			
会昌县高排乡	10168	12623	3	25	3		
会昌县晓龙乡	13142	15410	1	100	1		
会昌县珠兰乡	13196	18446	8	119	6	1	
会昌县洞头乡	15140	8438					
会昌县中村乡	10192	6953	5	256	3	1	
会昌县站塘乡	10368	15318					

续表 226　　(江西省)　　单位：公顷、人、个

名　　称	行政区域面　积	常住人口	企业个数	企　业从业人员	工业企业单　位	#规模以上	城镇建成区常住人口
会昌县永隆乡	12003	7104	11	59	7		
会昌县富城乡	23527	13489					
会昌县小密乡	8443	18495	30	168	7	4	
会昌县庄埠乡	4987	9895	8	52			
会昌县白鹅乡	9386	19339	15	607	15	2	
寻乌县长宁镇	1868	89819					89719
寻乌县晨光镇	18418	19717	47	242	36		
寻乌县留车镇	24317	25864	98	531	10		
寻乌县南桥镇	14453	27424	76	561	73	2	
寻乌县吉潭镇	24972	24557	48	527	47		
寻乌县澄江镇	18078	32720	30	230	6		
寻乌县桂竹帽镇	23586	9285	36	288	36	1	2682
寻乌县文峰乡	27498	23521	75	375	68	24	
寻乌县三标乡	21281	13357	11	49			
寻乌县菖蒲乡	8105	9633	27	135	21		
寻乌县龙廷乡	7704	5257	1	23			
寻乌县丹溪乡	16457	12422	6	45	3	1	
寻乌县项山乡	7965	6455	3	45			
寻乌县水源乡	14625	12944					
寻乌县罗珊乡	12863	9067					
石城县琴江镇	27473	85937	1438	19922	330	43	81328
石城县小松镇	16780	31994	85	2844	12	2	6346
石城县屏山镇	11962	33642	116	2170	18	2	12607
石城县横江镇	29622	40041	80	2540	10		5311
石城县高田镇	24232	23491	80	3050	5		7686
石城县木兰乡	9312	10451	30	260	3		
石城县丰山乡	11926	15169	24	280	4		
石城县大由乡	12416	19574	40	720	5		
石城县龙岗乡	7342	10678	45	1610	3	1	
石城县珠坑乡	5676	13939	50	900	7		
瑞金市象湖镇	3683	188772	2201	29700	280	5	188772
瑞金市瑞林镇	19625	35986	5	26	3	2	6439
瑞金市壬田镇	16110	37150	172	1416	11		13127
瑞金市九堡镇	21209	60481	110	1360	13		9191
瑞金市沙洲坝镇	7998	25663	238	1952	44	3	13404
瑞金市谢坊镇	13308	38885	142	1192	30	4	8516
瑞金市武阳镇	15562	35164	111	928	11		8926
瑞金市叶坪乡	15078	50778	227	1952	27		
瑞金市丁陂乡	5244	7088	20	160	9		
瑞金市大柏地乡	15584	9793	37	296	2		
瑞金市岗面乡	15102	16020	9	72			
瑞金市日东乡	18177	20237	50	432	5		
瑞金市万田乡	9633	14927	22	580	4		
瑞金市黄柏乡	10683	39023	160	1352	17		
瑞金市云石山乡	11420	40338	140	841	28		
瑞金市泽覃乡	24379	13867	115	944	10		
瑞金市拔英乡	21048	11198	28	224	4		
吉州区兴桥镇	13600	23986	13	421			8126
吉州区樟山镇	6247	21017	1	14			9902
吉州区长塘镇	12830	34641	365	1856	165	3	20611

续表 227　　　　（江西省）　　　　单位：公顷、人、个

名　　称	行政区域面　积	常住人口	企业个数	企　业从业人员	工业企业单　位	#规模以上	城镇建成区常住人口
吉州区曲濑镇	6261	17492	127	1034	46	3	
青原区天玉镇	4922	16638	120	4500	57	43	6910
青原区值夏镇	4900	34722	36	419	8		16096
青原区新圩镇	4900	19047	13	312	11		3284
青原区富滩镇	18980	25142	25	316	18		3553
青原区富田镇	21600	34117	28	678	28	1	4367
青原区文陂镇	5100	15442	11	315	10		3029
青原区东固畲族少数民族乡	24300	14916	85	1232	30	2	
吉安县敦厚镇	8900	108324	536	21540	184	87	84362
吉安县永阳镇	7300	28932	156	1171	96		5873
吉安县天河镇	15600	12856	20	2880	12	2	1256
吉安县横江镇	6900	21075	26	560	26	1	1350
吉安县固江镇	11100	16930	37	426	27	1	1986
吉安县万福镇	10300	37068	87	1542	74		1693
吉安县永和镇	3310	21442	5	158	3		4842
吉安县桐坪镇	13200	35758	78	2400	52		835
吉安县凤凰镇	5800	21496	220	4346	71	29	2932
吉安县油田镇	22700	24621	115	2345	7	2	3412
吉安县敖城镇	23200	16577	45	1127	41	2	2216
吉安县梅塘镇	13000	24562	32	228	6		3218
吉安县浬田镇	13700	17956	30	456	8		1420
吉安县北源乡	5500	18763	6	124			
吉安县大冲乡	9000	13581	26	324			
吉安县登龙乡	6900	17469	31	350	31		
吉安县安塘乡	8100	10497	28	1600	24	3	
吉安县官田乡	14800	13160	196	1980	90		
吉安县指阳乡	10500	8565	22	219			
吉水县文峰镇	21737	134901	1321	25708	952	66	124896
吉水县阜田镇	13830	32478	69	2476	68	1	9421
吉水县盘谷镇	9320	27453	23	320	7		11413
吉水县枫江镇	9350	30715	101	795	64		6078
吉水县黄桥镇	8870	26251	69	1125	68	2	6539
吉水县金滩镇	15861	33566	162	11774	157	27	3810
吉水县八都镇	18630	41859	296	6238	196	3	27532
吉水县双村镇	9470	12107	50	722	40		2786
吉水县醪桥镇	12930	21048	54	821	50		613
吉水县螺田镇	19900	14478	86	1563	73	2	2733
吉水县白沙镇	17730	20020	80	420	75		5726
吉水县白水镇	10280	10825	65	857	47		5029
吉水县丁江镇	12980	13946	28	250	20		4590
吉水县乌江镇	15620	21383	74	843	73		641
吉水县水南镇	34120	26423	54	967	49		5262
吉水县尚贤乡	4815	19023	9	280	5		
吉水县水田乡	7960	7617	7	178	7		
吉水县冠山乡	7570	9635	38	191	37		
峡江县水边镇	18607	49714	456	7960	93	14	23922
峡江县马埠镇	17053	13923	52	1622	40	4	1856
峡江县巴邱镇	13338	40605	53	2982	47	8	27038
峡江县仁和镇	14796	12943	13	801	13	2	2600
峡江县砚溪镇	11996	12082	33	205	20	3	826

续表 228　　(江西省)　　单位：公顷、人、个

名　　称	行政区域面　积	常住人口	企业个数	企　业从业人员	工业企业单　位	#规模以上	城镇建成区常住人口
峡江县罗田镇	15098	16088	38	674	19	3	1276
峡江县桐林乡	9605	7448	26	531	6	3	
峡江县福民乡	10072	9002	41	1030	13	3	
峡江县戈坪乡	7811	7240	18	1056	11	4	
峡江县金江乡	9915	8662	62	1139	45	3	
峡江县金坪民族乡	1056	2825	25	500	5		
新干县金川镇	13811	90113	1524	18136	501	13	66316
新干县三湖镇	4782	37603	23	1220	14	2	3875
新干县大洋洲镇	7854	26758	60	4961	60	6	3982
新干县七琴镇	11863	34546	69	1215	37	7	6510
新干县麦斜镇	13473	20155	87	1245	61	4	3803
新干县界埠镇	11344	25990	111	651	100	6	1018
新干县溧江镇	10001	19412	21	922	14	8	1012
新干县桃溪乡	13657	14265	23	396	15	5	
新干县城上乡	8819	15335	54	893	29	6	
新干县潭丘乡	10341	18993	35	582	28	5	
新干县神政桥乡	7674	9876	39	1749	19	5	
新干县沂江乡	5224	12712	36	2064	36	7	
新干县荷蒲乡	3992	18065	27	138	19	6	
永丰县恩江镇	7858	97327	622	9224	368	35	89816
永丰县坑田镇	13921	17477	73	3149	58	20	3959
永丰县沿陂镇	15497	20987	63	825	35	3	3327
永丰县古县镇	23779	21234	45	610	25	3	2611
永丰县瑶田镇	8941	21137	52	972	36	2	2688
永丰县藤田镇	9913	39065	145	1496	93	5	20935
永丰县石马镇	21742	35289	113	1650	81	8	5885
永丰县沙溪镇	21573	23153	91	978	59	6	3142
永丰县佐龙乡	14547	37851	95	1981	36	5	
永丰县八江乡	6996	10479	64	1789	46	7	
永丰县潭城乡	10367	14975	24	756	10	2	
永丰县鹿冈乡	15911	10489	26	515	14	3	
永丰县七都乡	14890	12430	34	458	17	4	
永丰县陶唐乡	7416	13741	33	971	21	6	
永丰县中村乡	10773	6491	27	401	17	2	
永丰县上溪乡	9588	5183	19	552	9	3	
永丰县潭头乡	11606	8516	31	575	22	3	
永丰县三坊乡	8666	5989	10	135	6		
永丰县上固乡	8278	7396	19	410	13	3	
永丰县君埠乡	12239	11475	26	321	16	3	
永丰县龙冈畲族乡	13955	12244	25	536	13	2	
泰和县澄江镇	13046	168682	326	7896	225	88	168682
泰和县碧溪镇	16490	17900	19	210	10		3980
泰和县桥头镇	24790	13983	81	524	9		3302
泰和县禾市镇	13765	22763	17	237	15		7320
泰和县螺溪镇	8200	31885	114	1200	12		3216
泰和县苏溪镇	9987	18719	83	1120	62		4093
泰和县马市镇	13584	39406	86	1260	58		11190
泰和县塘洲镇	12983	30989	75	920	50	1	12540
泰和县冠朝镇	16002	23123	65	860	25		5216
泰和县沙村镇	8094	16808	82	960	18		4950

续表 229　　　　（江西省）　　　　单位：公顷、人、个

名　称	行政区域面积	常住人口	企业个数	企业从业人员	工业企业单位	#规模以上	城镇建成区常住人口
泰和县老营盘镇	8500	4166	12	162	5		
泰和县小龙镇	7984	5998	14	263	10	1	3702
泰和县灌溪镇	16932	26552	54	582	12		1902
泰和县苑前镇	11136	28976	55	605	13		7856
泰和县万合镇	16892	47151	85	1280	68	2	2036
泰和县沿溪镇	9687	24308	82	1345	58	6	4163
泰和县石山乡	6053	12433	14	225	10		
泰和县南溪乡	4687	12614	6	56	3		
泰和县上模乡	10190	8874	12	147	9		
泰和县水槎乡	17195	12539	10	116	8		
泰和县上圯乡	9196	8984	22	271	12		
泰和县中龙乡	9838	5119	16	310	10		
遂川县泉江镇	18790	121451	1353	25871	156	46	94987
遂川县雩田镇	22262	60921	252	6925	147	24	26239
遂川县碧洲镇	11520	13230	62	2301	13	2	6054
遂川县草林镇	13710	37266	43	939	12	2	15248
遂川县堆子前镇	10366	22630	37	368	4	1	9060
遂川县左安镇	15744	35695	39	626	17		10925
遂川县高坪镇	11165	15604	49	215	19		4078
遂川县大汾镇	30055	38334	68	494	68	1	10800
遂川县衙前镇	16610	12887	38	694	12		4326
遂川县禾源镇	10690	24425	53	411	11		4625
遂川县汤湖镇	9954	17609	68	1944	23	3	5145
遂川县枚江镇	6912	23213	78	1256	35	1	986
遂川县珠田乡	8960	25972	68	848	24		
遂川县巾石乡	14950	26138	57	521	19	1	
遂川县大坑乡	15750	14721	10	150	2		
遂川县双桥乡	9422	7460	25	515	8		
遂川县新江乡	18800	11255	27	358	14		
遂川县五斗江乡	22760	13305	31	421	11	1	
遂川县西溪乡	6740	17314	22	210	7		
遂川县南江乡	4675	11946	23	586	7		
遂川县黄坑乡	7580	19626	17	318	8		
遂川县戴家埔乡	15400	13535	45	970	26	1	
遂川县营盘圩乡	7094	5170	21	246	8	2	
万安县芙蓉镇	11892	59837	838	15938	90	10	45068
万安县五丰镇	22713	23660	67	4816	61	53	
万安县枧头镇	25020	23175	76	650	29		
万安县窑头镇	12344	30794	98	311	13		3987
万安县百嘉镇	10070	22380	7	40	2		
万安县高陂镇	12545	13954	38	485	4		3020
万安县潞田镇	15561	16600	27	200	25		2042
万安县沙坪镇	13180	12125	106	1920	12		
万安县夏造镇	10600	14251	83	426	9		2007
万安县罗塘乡	6517	15344	18	1215	8		
万安县弹前乡	11542	12760	9	49	2		
万安县武术乡	12454	5078	21	180	6		
万安县宝山乡	14018	11574	12	65			
万安县涧田乡	12826	12198	11	58	3		
万安县顺峰乡	4454	9350	5	42			

续表 230 （江西省） 单位：公顷、人、个

名　称	行政区域面积	常住人口	企业个数	企业从业人员	工业企业单位	#规模以上	城镇建成区常住人口
万安县韶口乡	13638	18774	123	620	4	1	
安福县平都镇	7746	110372	1234	19801	137	2	85816
安福县浒坑镇	4051	9231	45	1368	7	1	7675
安福县洲湖镇	18783	36265	99	1507	13		12139
安福县横龙镇	13826	19956	123	3125	44	4	9885
安福县洋溪镇	8951	17041	64	902	12		3572
安福县严田镇	24726	25520	90	2315	24		5662
安福县枫田镇	12883	22050	310	22056	150	53	5088
安福县竹江乡	8309	10687	48	882	7		
安福县瓜畲乡	9221	10798	149	5263	88	30	
安福县钱山乡	26230	10204	60	862	24		
安福县赤谷乡	9075	7073	45	1141	10	3	
安福县山庄乡	23987	18398	69	1652	18	2	
安福县洋门乡	9063	21026	51	1606	1		
安福县金田乡	15257	18160	58	1078	8	1	
安福县彭坊乡	16015	5579	30	1550	6		
安福县泰山乡	21827	12659	82	1606	23		
安福县寮塘乡	18738	23097	85	2635	20	2	
安福县甘洛乡	6620	9724	37	1080	4		
安福县章庄乡	24023	6332	46	1045	16		
永新县禾川镇	3962	93218	123	2629	77	8	93218
永新县石桥镇	10511	23813	1	10	1		1485
永新县龙源口镇	18116	23090					3321
永新县浬田镇	10873	46896	52	250	1		2852
永新县龙门镇	8700	19544	233	1166	1		950
永新县沙市镇	8100	19118					2560
永新县文竹镇	1462	21618	14	126	8	1	4625
永新县埠前镇	3450	19813	334	1438	170	2	1625
永新县怀忠镇	7639	21614	1	35			1749
永新县高桥楼镇	9610	14353	84	1173	84		4215
永新县坳南乡	10630	7838					
永新县曲白乡	14334	8478					
永新县才丰乡	7037	12401	3	23	3		
永新县烟阁乡	6000	16375	3	147	1		
永新县在中乡	2800	13878					
永新县三湾乡	12000	5300					
永新县台岭乡	6500	11137	2	11			
永新县龙田乡	6500	18005	2	23			
永新县高溪乡	12000	18970					
永新县莲洲乡	4800	15672					
永新县高市乡	6300	11026	2	12			
永新县象形乡	13863	27543	2	50	1		
永新县芦溪乡	8600	20718	4	20			
井冈山市厦坪镇	2911	10156	65	2451	14	4	3628
井冈山市龙市镇	3057	26335	110	6803	38	9	23024
井冈山市古城镇	5970	13218	38	2332	17	3	2943
井冈山市新城镇	6134	6455	14	240	1	1	1800
井冈山市大陇镇	6714	3148	19	184	8		556
井冈山市茨坪镇	474	13591	339	5791	3		13591
井冈山市拿山乡	7027	13375	76	1411	10		

续表 231　　（江西省）　　单位：公顷、人、个

名称	行政区域面积	常住人口	企业个数	企业从业人员	工业企业单位	#规模以上	城镇建成区常住人口
井冈山市黄坳乡	7829	6603	46	765	7		
井冈山市下七乡	7909	7513	34	566	10		
井冈山市长坪乡	5033	1723	28	333	12		
井冈山市坳里乡	3463	3689	8	55	1		
井冈山市鹅岭乡	5342	4545	3	92	3		
井冈山市柏露乡	4652	2486	14	75	5		
井冈山市茅坪乡	4120	3137	4	179	3		
井冈山市葛田乡	4661	4718	19	201	8		
井冈山市荷花乡	2928	2029	8	97	1		
井冈山市睦村乡	3759	7284	20	233	5		
井冈山市东上乡	10836	7236	30	1957	12	1	
袁州区彬江镇	13693	53300	18	576	9	1	23400
袁州区西村镇	14990	62271	117	1862	45	2	16839
袁州区金瑞镇	10550	37107	32	752	19	1	6075
袁州区温汤镇	520	26355	30	3200			4081
袁州区三阳镇	7960	44147	62	2697	43	9	9103
袁州区慈化镇	14760	80048	189	25625	132	3	8415
袁州区天台镇	18400	56342	90	2150	30		18360
袁州区洪塘镇	16930	62187	109	700	8	3	13500
袁州区渥江镇	4001	14579	26	337	17	3	3876
袁州区新坊镇	15901	21752	105	2200	76	7	4028
袁州区寨下镇	11800	50873	51	1120	24		2420
袁州区芦村镇	5400	22523	125	3987	9	2	4732
袁州区湖田镇	8054	38181	74	630	20	2	4296
袁州区新田镇	8800	33398	27	664	12		4738
袁州区南庙镇	7900	21697	325	1995	100	3	4988
袁州区竹亭镇	5439	19237	28	396	9		841
袁州区水江镇	6400	26734	36	726	7	2	1934
袁州区辽市镇	9600	31092	12	226	3	1	12000
袁州区洪江镇	17100	12781	15	162	10		2236
袁州区楠木乡	7337	18466	19	612	10	1	
袁州区柏木乡	6700	18298	15	2491	6	2	
袁州区飞剑潭乡	8670	22313	12	300	4		
奉新县冯川镇	2461	79666	1294	47879	147	1	69966
奉新县赤岸镇	19306	34951	53	568	38		4839
奉新县赤田镇	12812	25023	29	786	25		3945
奉新县宋埠镇	7952	6894	46	485	19	3	1265
奉新县干洲镇	12946	30973	34	680	8	4	2993
奉新县澡下镇	14767	10446	14	291	14		1561
奉新县会埠镇	22198	18992	54	1550	44		5250
奉新县罗市镇	12883	10611	30	2453	16		3698
奉新县上富镇	14297	15020	62	1820	25	3	5969
奉新县甘坊镇	6813	4843	29	378	27		2997
奉新县仰山乡	8402	6795	16	98	11		
奉新县澡溪乡	7314	9690	17	88	14		
奉新县柳溪乡	8255	3471	4	273	3		
万载县株潭镇	9181	78184	139	8350	139	5	15674
万载县黄茅镇	13736	58731	102	8546	86	11	13524
万载县潭埠镇	9680	44495	137	7800	96	10	8648
万载县双桥镇	13236	35480	81	4550	81	7	7567

续表 232　　(江西省)　　单位：公顷、人、个

名　　称	行政区域面　积	常住人口	企业个数	企　业从业人员	工业企业单　位	#规模以上	城镇建成区常住人口
万载县高村镇	20429	15233	81	1625	81	2	2100
万载县罗城镇	15541	22908	492	4380	492	3	3625
万载县三兴镇	10790	29721	426	10484	115	4	1813
万载县高城镇	11677	33933	127	3675	127	5	2216
万载县白良镇	7375	22989	62	3985	62	2	1283
万载县鹅峰乡	6794	21488	105	3071	105	9	
万载县马步乡	6115	30572	162	3720	132	4	
万载县赤兴乡	7832	14090	108	3104	108	4	
万载县岭东乡	4615	13995	20	2189	20	2	
万载县白水乡	5928	10730	41	2160	41	1	
万载县仙源乡	14884	16777	26	1000	26	1	
万载县茭湖乡	8742	10787	17	2646	17	3	
上高县田心镇	17300	41567	137	8579	89	11	2213
上高县徐家渡镇	13702	35145	166	8477	148	10	8891
上高县锦江镇	8256	35899	1239	18975	60	7	5832
上高县泗溪镇	16589	41785	403	6897	365	17	8180
上高县翰堂镇	9125	20023	411	3862	46	7	7310
上高县南港镇	11727	13460	81	1320	72	3	1480
上高县敖山镇	4008	9200	132	1571	102	11	2373
上高县新界埠镇	10724	23426	27	1253	19	7	3910
上高县蒙山镇	9450	14638	159	7021	150	15	340
上高县芦洲乡	8320	15530	367	4928	241	7	
上高县塔下乡	4840	13655	265	2992	228	6	
上高县镇渡乡	5535	9316	37	3532	32	6	
上高县野市乡	8684	9409	193	3760	171	7	
上高县墨山乡	2300	8452	36	4616	28	6	
宜丰县新昌镇	13393	77960	372	20259	310	5	63852
宜丰县澄塘镇	18000	21010	16	130	5	3	3764
宜丰县棠浦镇	11500	23863	744	21104	261	3	2383
宜丰县新庄镇	8662	15844	99	6890	99	9	2931
宜丰县潭山镇	15850	15606	27	3719	26	7	9416
宜丰县芳溪镇	20000	20250	29	2023	24	5	7621
宜丰县石市镇	15315	31714	13	715	13	6	5630
宜丰县黄岗镇	13479	10292	88	893	23	1	1683
宜丰县花桥乡	12500	11606	213	1568	198	10	
宜丰县同安乡	9188	7615	129	2947	26	5	
宜丰县天宝乡	14300	14119	434	4023	156	4	
宜丰县桥西乡	14550	17116	97	2125	38	3	
靖安县双溪镇	3790	41532	105	4385	8	4	5163
靖安县仁首镇	11885	24764	53	986	49	3	4818
靖安县宝峰镇	19650	7188	103	680	8	6	3998
靖安县高湖镇	15642	11435	57	3216	31	5	943
靖安县璪都镇	12010	5541	39	1289	12	4	1365
靖安县香田乡	6200	13771	83	2455	69	10	
靖安县水口乡	18400	11479	41	1000	40	6	
靖安县中源乡	15900	11425	28	1730	25	3	
靖安县罗湾乡	19500	11185	95	2852	64	2	
靖安县三爪仑乡	11815	2462	25	140	5		
靖安县雷公尖乡	2960	3295	11	563	9	2	
铜鼓县永宁镇	9189	37310	45	1296	33	3	29162

续表 233　　　　（江西省）　　　　单位：公顷、人、个

名　称	行政区域面　积	常住人口	企业个数	企　业从业人员	工业企业单　位	#规模以上	城镇建成区常住人口
铜鼓县温泉镇	15693	17933	25	498	25	2	1213
铜鼓县棋坪镇	23747	13070	47	1991	10		3170
铜鼓县排埠镇	12947	10733	12	680	12	2	2073
铜鼓县三都镇	21235	14534	67	1102	49	5	1967
铜鼓县大塅镇	21225	16363	15	1386	13	1	9213
铜鼓县高桥乡	14635	5797	6	305	6	2	
铜鼓县港口乡	12419	5196	8	496	6	1	
铜鼓县带溪乡	6908	8852	10	55	4	1	
丰城市白土镇	9187	46867	137	4735	31	1	6937
丰城市袁渡镇	10236	42959	72	3856	25	2	3089
丰城市张巷镇	10124	53360	25	2650	16	6	5420
丰城市杜市镇	9572	20616	39	3711	26	2	2819
丰城市淘沙镇	17660	35042	20	9072	7	2	2600
丰城市秀市镇	24845	37774	157	4608	62	4	4569
丰城市洛市镇	12292	37855	83	9436	51	11	2114
丰城市铁路镇	13054	42498	752	5836	27	3	3304
丰城市丽村镇	9607	21060	15	102	6	3	3456
丰城市董家镇	11276	22355	20	2510	12	2	2204
丰城市隍城镇	8497	27687	18	102	12		9662
丰城市小港镇	8520	64200	44	320	25	3	15200
丰城市石滩镇	6088	29926	22	433	21		5909
丰城市桥东镇	11173	37630	48	5692	39	7	4436
丰城市荣塘镇	9346	62272	66	2830	51	5	6355
丰城市拖船镇	6770	50898	64	3880	24	13	5645
丰城市泉港镇	10046	34994	11	350	7		6300
丰城市梅林镇	9054	30032	328	2004	75	3	11685
丰城市曲江镇	10853	57467	75	2324	62	10	16942
丰城市上塘镇	4485	99832	61	11372	45	12	59128
丰城市筱塘乡	3860	24067	11	1250	8		
丰城市段潭乡	5093	22785					
丰城市蕉坑乡	6157	11898	3	56	3		
丰城市石江乡	8176	9118	4	130			
丰城市荷湖乡	12047	27699	26	1946	8		
丰城市湖塘乡	7110	16017	8	540	8	3	
丰城市同田乡	10248	36635	23	786	18	1	
樟树市临江镇	8479	39200	821	6807	43	11	28850
樟树市永泰镇	2703	15855	31	763	21	6	3510
樟树市黄土岗镇	5378	19430	125	3920	62	4	3860
樟树市经楼镇	8162	17464	698	5717	90	3	4015
樟树市昌傅镇	6910	18433	37	1039	25	4	5041
樟树市店下镇	13997	15876	55	1218	40	8	3833
樟树市阁山镇	6986	19289	213	2621	123	8	2863
樟树市刘公庙镇	8409	15513	38	696	32	3	4301
樟树市观上镇	5949	22635	303	4270	35	12	2037
樟树市义成镇	8610	19174	38	2200	36	4	1350
樟树市中洲乡	5443	11306	16	1682	14	2	
樟树市洲上乡	4713	27624	17	257	12	6	
樟树市洋湖乡	5754	29741	85	2810	65	8	
樟树市吴城乡	13039	22312	32	556	27	2	
高安市蓝坊镇	7263	39260	103	8978	98	10	11682

续表 234　　（江西省）　　单位：公顷、人、个

名　　称	行政区域面　积	常住人口	企业个数	企　业从业人员	工业企业单　位	#规模以上	城镇建成区常住人口
高安市荷岭镇	7707	21574	138	5120	36	4	1045
高安市黄沙岗镇	7546	34071	630	5858	160	5	9820
高安市新街镇	13094	41078	675	8867	78	10	4953
高安市八景镇	9679	42498	713	7468	46	11	25813
高安市独城镇	10530	34005	490	15036	108	9	4697
高安市太阳镇	10600	18804	61	5875	49	4	2632
高安市建山镇	11245	33133	386	5466	119	12	16729
高安市田南镇	9889	19852	460	8520	80	7	3860
高安市相城镇	12971	23617	231	2960	82	3	3758
高安市灰埠镇	12153	38504	121	4775	34	7	16426
高安市石脑镇	10793	43631	262	9415	96	17	21820
高安市龙潭镇	9191	30433	585	5660	58	5	14356
高安市杨圩镇	14587	39041	127	7254	34	10	5241
高安市村前镇	15045	23243	454	6367	112	4	7120
高安市伍桥镇	12744	17573	43	2601	14	4	1011
高安市祥符镇	11578	28468	301	5780	36	6	7425
高安市大城镇	13880	29931	51	2453	45	5	5634
高安市华林山镇	13770	12100	74	4361	67	4	2532
高安市上湖乡	4048	27807	343	5145	73	6	
高安市汪家圩乡	9367	13356	160	2236	18	2	
临川区上顿渡镇	6760	148650	253	3695	138	2	78500
临川区温泉镇	5560	36188	100	4020	81	6	3293
临川区高坪镇	12320	36834	312	3744	192		9921
临川区秋溪镇	5890	26685	20	214	1		1336
临川区荣山镇	12020	24058	16	405	10		3503
临川区龙溪镇	10681	20594	35	286	2	2	5068
临川区大岗镇	12000	29202	102	13330	42	2	4728
临川区云山镇	9800	40611	183	1335	69	1	6889
临川区唱凯镇	4690	51041	160	2206	36	2	20231
临川区罗针镇	4560	50383	9	137	5		6583
临川区罗湖镇	8850	57392	328	12582	248	4	8495
临川区太阳镇	4440	25451	175	3089	55	1	4069
临川区东馆镇	8090	19917	75	1226	8		2415
临川区腾桥镇	12850	27591	10	850	1	1	3620
临川区青泥镇	5700	27095	190	1206	190		6122
临川区孝桥镇	2860	23498	52	1250	45	3	1009
临川区抚北镇	1300	12758	77	1446	75	2	3938
临川区崇岗镇	8364	28920	120	4169	33	5	2106
临川区展坪乡	6800	21122	73	2263	65	1	
临川区连城乡	4070	19846	66	4362	46	2	
临川区桐源乡	10600	26257	162	1257	143	5	
临川区湖南乡	7740	49200	76	2138	66		
临川区七里岗乡	4400	22920	78	1766	69	1	
临川区嵩湖乡	7200	17242	35	1249	31	1	
临川区鹏田乡	6500	14147	50	733	43		
临川区茅排乡	5090	6460	21	623	21	2	
临川区河埠乡	8010	12636	15	230	1	1	
南城县建昌镇	12473	115048	1256	25667	238	96	83367
南城县株良镇	18933	36922	207	4096	179	4	12431
南城县上唐镇	17620	27670	54	2300	42		8148

续表 235　　　　　　　　　　(江西省)　　　　　　　　　　单位：公顷、人、个

名　　称	行政区域面　　积	常住人口	企业个数	企　　业从业人员	工业企业单　　位	#规模以上	城镇建成区常住人口
南城县里塔镇	15440	16267	92	2316	35		4912
南城县洪门镇	20209	10846	46	1859	46	1	1883
南城县沙洲镇	9913	13841	258	2503	85	1	5120
南城县龙湖镇	23754	17545	48	1529	26	1	3921
南城县新丰街镇	5625	10276	20	6042	15	2	2817
南城县万坊镇	15533	21798	103	1036	84		2562
南城县徐家镇	11871	20921	84	1430	35	3	3647
南城县天井源乡	7558	17859	48	1428	36		
南城县浔溪乡	10055	6411	37	723	36		
黎川县日峰镇	18893	85456	625	25880	302	55	63584
黎川县宏村镇	10750	10387	12	546	6	1	3785
黎川县洵口镇	11866	10523	10	460	4		4560
黎川县熊村镇	12859	12681	10	483	6		3209
黎川县龙安镇	14970	11329	21	526	7		2673
黎川县德胜镇	10092	13340	13	502	7	1	7470
黎川县华山镇	8452	3631					726
黎川县潭溪乡	8608	18626	15	674	4	1	
黎川县湖坊乡	8238	8647	9	410	2		
黎川县荷源乡	8415	4869	11	525	2		
黎川县厚村乡	6009	7048	12	323	2		
黎川县社苹乡	7603	6624	9	420	3		
黎川县樟溪乡	10800	5365	7	345	2		
黎川县西城乡	10740	8755	9	416	1		
黎川县中田乡	12378	10860	9	428	3		
南丰县琴城镇	6713	119521	143	10427	112	52	92819
南丰县太和镇	19980	23393	7	85	6		3650
南丰县白舍镇	35039	41010	10	202	10	1	8415
南丰县市山镇	21878	38085	18	1210	11	3	6585
南丰县洽湾镇	10379	17486	9	95	8		1267
南丰县桑田镇	10471	15121	1	16			2269
南丰县紫霄镇	28062	15473	9	650	9	1	500
南丰县三溪乡	12615	9365	18	368			
南丰县东坪乡	9566	7791					
南丰县莱溪乡	8432	17838					
南丰县太源乡	11391	10348	1	14	1		
南丰县傅坊乡	16431	14030	1	36			
崇仁县巴山镇	14300	138933	1745	20940	490	71	84896
崇仁县相山镇	26100	21723	56	1821	35		3635
崇仁县航埠镇	5400	27443	24	136	12		3128
崇仁县孙坊镇	6000	28114	34	201	24		1655
崇仁县河上镇	13300	25876	18	198	16		2498
崇仁县礼陂镇	9530	13848	36	1244	27	1	710
崇仁县马安镇	12900	19369	16	150	10		1260
崇仁县石庄乡	7900	12275	30	360	28		
崇仁县六家桥乡	8600	19139	216	1588	59		
崇仁县白路乡	2100	17879	5	97	5		
崇仁县三山乡	8250	13225	17	315	11		
崇仁县白陂乡	6200	12588	7	82	7	2	
崇仁县桃源乡	14950	16546	18	462	17		
崇仁县许坊乡	8400	12975	45	910	18		

续表 236　　　　　　　　　　（江西省）　　　　　　　　　　单位：公顷、人、个

名　　称	行政区域面　　积	常住人口	企业个数	企　　业从业人员	工业企业单　　位		城镇建成区常住人口
						#规模以上	
崇仁县郭圩乡	8150	15003	18	690	12	2	
乐安县鳌溪镇	20155	82425	456	2562	310		61251
乐安县公溪镇	14540	20119	28	397	14	1	2906
乐安县山砀镇	13106	23769	18	575	4		3089
乐安县龚坊镇	15707	21565	5	84	1		3157
乐安县戴坊镇	25493	32968	30	2330	14		5386
乐安县牛田镇	13487	22025	112	1680	21		3168
乐安县万崇镇	9720	14909	5	38	3		986
乐安县增田镇	13507	17756	20	120	16	1	1632
乐安县招携镇	25847	22409	55	312	38		3978
乐安县湖溪乡	11927	10450	6	112	6		
乐安县罗陂乡	6300	16932	4	50	4		
乐安县湖坪乡	9473	18235	25	510	15		
乐安县南村乡	13587	16749	18	87			
乐安县谷岗乡	16112	13544	14	198	14		
乐安县金竹畲族乡	24240	10661	13	252	13		
乐安县大马头乡	8050	6133	13	220	4		
宜黄县凤冈镇	23400	65696	590	8491	77	2	50105
宜黄县棠阴镇	18376	18142	64	587	15		6560
宜黄县黄陂镇	27017	24807	71	1022	38	1	10600
宜黄县东陂镇	15200	11249	36	406	11		3549
宜黄县梨溪镇	14492	16842	48	627	11	1	6170
宜黄县二都镇	17174	15412	34	684	29		3580
宜黄县中港镇	20480	15012	63	743	28		4964
宜黄县桃陂镇	8237	11894	30	223	6		512
宜黄县新丰乡	13492	6621	11	65	3		
宜黄县神岗乡	16549	9407	49	828	17		
宜黄县圳口乡	11642	11027	65	416	12		
宜黄县南源乡	8214	6281	38	310	12		
金溪县秀谷镇	17900	89227	520	12360	450	49	63786
金溪县浒湾镇	7060	26680	28	310	16		7642
金溪县双塘镇	7000	11107	183	733	15		2550
金溪县何源镇	12898	14800	23	584	16		2798
金溪县合市镇	12065	20362	31	165	15		5506
金溪县琅琚镇	14183	29043	236	1474	16		1755
金溪县左坊镇	13210	23011	326	1631	19	2	3632
金溪县对桥镇	10646	18007	14	455	7	1	8867
金溪县黄通乡	10565	11802	2	11			
金溪县陆坊乡	9000	14054	27	486	22	3	
金溪县陈坊积乡	3600	11286	18	1360	18		
金溪县琉璃乡	9600	17799	17	670	4		
金溪县石门乡	9420	11442	5	164	2	1	
资溪县鹤城镇	15311	32759	348	6930	34	10	29989
资溪县马头山镇	23380	8054	107	1105	19	1	2458
资溪县高阜镇	16428	11827	66	1186	16	2	3145
资溪县嵩市镇	12382	7266	11	151	1	1	2130
资溪县乌石镇	14156	15644	10	98	7		2402
资溪县高田乡	12992	10252	13	152	7	2	
资溪县石峡乡	8150	4794	5	82	5		
东乡县孝岗镇	11597	131453	909	4800	19	6	119000

续表 237　　（江西省）　　单位：公顷、人、个

名　　称	行政区域面　积	常住人口	企业个数	企　业从业人员	工业企业单　位	#规模以上	城镇建成区常住人口
东乡县小璜镇	14458	36320	77	1901	17	1	4367
东乡县圩上桥镇	7217	21867	27	1267	17		885
东乡县马圩镇	7489	43369	38	1121	17		4660
东乡县詹圩镇	9102	29974	41	420	11		3284
东乡县岗上积镇	6100	20926	36	323	33		7368
东乡县杨桥殿镇	15300	32614	170	1690	16		3650
东乡县黎圩镇	7929	14259	11	323	7		3097
东乡县王桥镇	7457	15762	33	242	14		712
东乡县珀玕乡	4939	20210	29	310	10		
东乡县邓家乡	8857	21834	88	1398	35	3	
东乡县虎圩乡	7078	14986	75	1098	29	1	
东乡县瑶圩乡	6656	9594	31	850	4		
广昌县盱江镇	31227	77543	393	3489	385	1	44501
广昌县头陂镇	19720	22101	4	203	4		5727
广昌县赤水镇	12810	21324	25	625	12		4491
广昌县驿前镇	19662	22429					7770
广昌县甘竹镇	11655	26576	96	2167	60		3513
广昌县塘坊镇	15544	17045	1	32	1		518
广昌县千善乡	6717	6347					
广昌县水南圩乡	6281	6208	2	82	2		
广昌县长桥乡	7181	5964	1	115	1	1	
广昌县杨溪乡	7012	3939					
广昌县尖峰乡	16040	18902					
信州区沙溪镇	7600	46428	123	3074	42	9	14630
信州区朝阳镇	6700	42708	76	1986	19	9	4532
信州区秦峰镇	5830	32934	35	1660	8	3	3689
广丰区五都镇	7446	67092	124	6504	74	8	52178
广丰区洋口镇	6837	72214	232	20360	128	14	14295
广丰区横山镇	6600	38859	68	2002	23		38859
广丰区桐畈镇	7470	45658	150	1100	30	8	9706
广丰区湖丰镇	3330	23295	59	3581	53	15	8355
广丰区大南镇	4630	18639	51	1407	25	9	2565
广丰区排山镇	5850	32829	34	1032	20	12	5520
广丰区毛村镇	3940	18316	41	525	2	1	6250
广丰区枧底镇	2521	20607	27	673	20	7	4678
广丰区泉波镇	5751	27364	24	3268	16	6	3426
广丰区壶峤镇	4420	22558	24	686	11	9	4562
广丰区霞峰镇	2852	40756	42	8642	31	12	7322
广丰区吴村镇	7040	37995	59	2226	22	7	10235
广丰区沙田镇	4570	33738	20	980	16	6	7990
广丰区铜钹山镇	23462	23582	59	539	16	1	4285
广丰区东阳乡	8570	26318	29	3200	26	5	
广丰区嵩峰乡	8750	21713	29	1219	14	7	
广丰区少阳乡	2360	24278	132	1720	16	3	
上饶县田墩镇	9024	60163	295	16625	119	1	8020
上饶县上泸镇	6416	26024	4	300	1	1	14285
上饶县华坛山镇	20304	21260	10	115	2	2	5120
上饶县茶亭镇	8845	43265	156	4989	98	23	12892
上饶县皂头镇	4217	34147	45	2356	32	2	16984
上饶县四十八镇	6041	19667	136	816	132		10404

续表 238　　(江西省)　　单位：公顷、人、个

名称	行政区域面积	常住人口	企业个数	企业从业人员	工业企业单位	#规模以上	城镇建成区常住人口
上饶县枫岭头镇	8306	34192	112	4781	78	7	10568
上饶县煌固镇	11466	52758	19	216	9	1	8462
上饶县花厅镇	7996	36643	31	2574	13	2	5191
上饶县五府山镇	30970	20979	296	8780	60		7700
上饶县郑坊镇	6899	29978	7	30	3	2	11014
上饶县望仙乡	9732	17201	12	62	8	1	
上饶县石人乡	5998	36265	76	2160	58		
上饶县清水乡	10072	28762	13	482	8		
上饶县石狮乡	3914	24733	33	1869	26	2	
上饶县湖村乡	17667	35980	36	886	29		
上饶县尊桥乡	6889	30348	40	675	1	1	
上饶县应家乡	5831	26300	32	1954	8	1	
上饶县黄沙岭乡	5753	25860	15	450	12	1	
上饶县铁山乡	15091	15331	8	575	6	1	
上饶县董团乡	12700	47765	20	280	20		
玉山县冰溪镇	3960	111864	189	2654	132	15	96267
玉山县临湖镇	9600	33684	19	180	15	9	12000
玉山县必姆镇	9330	34099	14	484	12	12	34099
玉山县横街镇	12400	36265	30	1980	30	9	5735
玉山县文成镇	5230	33848	33	200	17	11	1796
玉山县下镇镇	8126	46183	36	762	10	7	4180
玉山县岩瑞镇	12910	54950	84	5812	37	10	1886
玉山县双明镇	13700	27495	27	1875	24	4	5100
玉山县紫湖镇	14814	17884	66	1300	65	11	4300
玉山县仙岩镇	6360	26336	6	120	6	3	10000
玉山县樟村镇	10200	31811	82	4334	52	12	10768
玉山县南山乡	9200	12329	8	1500	8	6	
玉山县怀玉乡	13400	22566	12	386	8	2	
玉山县下塘乡	6090	21395	46	1731	46	10	
玉山县四股桥乡	7500	31050	33	787	10	10	
玉山县六都乡	13710	46708	45	560	18	7	
玉山县三清乡	9100	7169	92	854	1		
铅山县河口镇	5749	67759	360	11080	45	5	49270
铅山县永平镇	14700	45597	86	1904	60	5	38000
铅山县石塘镇	5589	16032	8	406	8	1	5660
铅山县鹅湖镇	10600	42639	60	1215	56	2	5076
铅山县湖坊镇	12000	27331	16	1520	14	2	11468
铅山县武夷山镇	45573	24790	41	786	35	3	4566
铅山县汪二镇	14496	19542	30	1356	18	3	5345
铅山县陈坊乡	10939	10637	32	482	21	6	
铅山县虹桥乡	7200	20720	9	658	9	1	
铅山县新滩乡	9860	31311	20	387	12	2	
铅山县葛仙山乡	20300	34938	28	1489	28	7	
铅山县稼轩乡	8200	21106	3	148	3	3	
铅山县英将乡	8900	10250	21	428	19	1	
铅山县紫溪乡	7600	14888	6	50	6		
铅山县太源畲族乡	7850	2086	12	191	1		
铅山县天柱山乡	18721	6213	10	210	10	3	
铅山县篁碧畲族乡	8100	3819	9	258	9	1	
横峰县岑阳镇	5034	13689	12	320	11	7	4650

续表 239　　(江西省)　　单位：公顷、人、个

名　　称	行政区域面积	常住人口	企业个数	企业从业人员	工业企业单位	#规模以上	城镇建成区常住人口
横峰县葛源镇	11459	18022	80	3582	65	2	10883
横峰县姚家乡	4506	14807	9	230	2		
横峰县莲荷乡	8646	19789	7	715	5	5	
横峰县司铺乡	4600	10171	38	191	25		
横峰县港边乡	3960	15010	10	540	2	2	
横峰县龙门畈乡	7900	27997	160	3600	137	3	
横峰县青板乡	6904	14475	12	572	6		
弋阳县曹溪镇	16232	23120	10	1122	10	7	5020
弋阳县漆工镇	21259	30568	54	1580	54	7	7925
弋阳县樟树墩镇	5844	13576	8	822	7	7	1523
弋阳县南岩镇	12118	39271	39	4038	25	6	22709
弋阳县朱坑镇	8342	22390	21	674	20	3	2900
弋阳县圭峰镇	16682	26502	16	632	16	4	1108
弋阳县叠山镇	10244	10755	11	475	11	2	2738
弋阳县港口镇	11343	14399	5	383	5	1	3800
弋阳县弋江镇	1164	43566	40	1354	25	5	38468
弋阳县中畈乡	15313	34898	37	567	36	4	
弋阳县葛溪乡	7863	20247	26	1387	24	6	
弋阳县湾里乡	6288	15553	21	510	13	8	
弋阳县清湖乡	5292	15216	19	1100	19	4	
弋阳县旭光乡	5756	6836	8	1790	8	6	
余干县玉亭镇	5600	152428	1433	10291	205	7	126550
余干县瑞洪镇	26900	61234	124	1234	8	2	7204
余干县黄金埠镇	15639	80286	167	7219	67	35	22185
余干县古埠镇	11973	62587	106	7370	62	4	4980
余干县乌泥镇	1900	10540	11	386	3	1	5813
余干县石口镇	8448	41641	61	2610	9		8202
余干县杨埠镇	7380	31805	19	312	9		5300
余干县九龙镇	9900	24275	37	970	24		6910
余干县社赓镇	14759	34569	19	209	1		30912
余干县康山乡	2343	10612	11	115			
余干县东塘乡	3507	17497	11	246	1		
余干县大塘乡	27800	6564	75	393	3		
余干县鹭鸶港乡	2780	24277	47	2789	1	1	
余干县三塘乡	13200	68767	87	487	10		
余干县洪家嘴乡	7255	79634	167	1235	9	1	
余干县白马桥乡	6200	40820	61	2410	18	5	
余干县江埠乡	7830	48110	30	763	5		
余干县枫港乡	8800	43545	33	2060	16		
余干县大溪乡	9600	31200	86	980	6	1	
余干县梅港乡	14733	57942	22	164	6		
鄱阳县鄱阳镇	7450	106013	135	3250	45	17	106013
鄱阳县谢家滩镇	23000	57230	199	2300	189		8351
鄱阳县石门街镇	9670	26263	50	240	23		11536
鄱阳县四十里街镇	6580	40243	6	1568	1		4500
鄱阳县油墩街镇	15600	86371	512	2100	22		37000
鄱阳县田畈街镇	23650	80005	410	4023	55		33299
鄱阳县金盘岭镇	20170	37856	37	1200	18		3980
鄱阳县高家岭镇	9600	32292	20	510			6236
鄱阳县凰岗镇	25400	81466	36	500	26		27560

续表 240　　　　(江西省)　　　　单位：公顷、人、个

名　称	行政区域面积	常住人口	企业个数	企业从业人员	工业企业单位	#规模以上	城镇建成区常住人口
鄱阳县双港镇	27802	84115	68	630	52		9087
鄱阳县古县渡镇	19970	93144	22	160	5		11060
鄱阳县饶丰镇	12500	42330	31	160	3	1	6098
鄱阳县乐丰镇	7960	32078	39	820	15	1	10480
鄱阳县饶埠镇	5890	37586	82	880	56		10066
鄱阳县侯家岗乡	27150	36021	426	3250	111		
鄱阳县莲花山乡	12500	7820	3	580	3		
鄱阳县响水滩乡	18000	39258	6	116	3		
鄱阳县枧田街乡	23360	22570	22	1560	15	1	
鄱阳县柘港乡	13930	45683	32	380	24		
鄱阳县鸦鹊湖乡	4000	10953	1	4880			
鄱阳县银宝湖乡	8260	24068	4	172	2		
鄱阳县游城乡	19324	46745	80	2912	77		
鄱阳县珠湖乡	10498	30616	36	360	35		
鄱阳县白沙洲乡	10005	7650					
鄱阳县团林乡	6186	30792	15	150	2		
鄱阳县昌洲乡	2380	35905	6	60	2		
鄱阳县三庙前乡	6635	70782					
鄱阳县莲湖乡	25100	57509	12	146	2		
鄱阳县芦田乡	12800	44702					
万年县陈营镇	9040	113140	2301	24694	246	8	83439
万年县石镇镇	11245	39024	965	8343	947	10	14100
万年县青云镇	8733	26735	76	3250	58	8	13000
万年县梓埠镇	9000	48912	65	1804	29	6	8056
万年县大源镇	9563	21579	48	1259	20	4	5389
万年县裴梅镇	15260	30114	54	3800	20	3	2068
万年县湖云乡	6496	24139	72	7636	29	5	
万年县齐埠乡	7280	25763	87	765	65	6	
万年县汪家乡	6964	20551	56	1239	15	4	
万年县上坊乡	11424	24784	38	1564	24	6	
万年县苏桥乡	14974	43045	46	816	24	5	
万年县珠田乡	6017	10235	17	210	12	2	
婺源县紫阳镇	31543	47872	238	3580	185	19	8126
婺源县清华镇	13108	16630	75	713	55	1	10161
婺源县秋口镇	22552	23222	174	1480	67	1	2650
婺源县江湾镇	29401	32502	118	2126	56		4510
婺源县思口镇	12070	14395	31	251	1		1300
婺源县赋春镇	31155	29893	864	8216	663	1	8120
婺源县镇头镇	9001	9492	83	1200	73		1725
婺源县太白镇	18464	14350	130	1800	10	2	3210
婺源县中云镇	23352	26317	51	1670	46		6810
婺源县许村镇	21703	18095	15	650	11		1658
婺源县溪头乡	11859	11234	118	1400	118		
婺源县段莘乡	17234	14700	39	500	2	1	
婺源县浙源乡	10064	13993	2	7425	2	1	
婺源县沱川乡	8555	6767	17	146	5		
婺源县大鄣山乡	19960	19133					
婺源县珍珠山乡	12396	10647	1	60			
德兴市绕二镇	27300	33007	44	1482	41	3	6206
德兴市海口镇	15200	13494	12	682	12	7	5682

续表 241　（江西省、山东省）　单位：公顷、人、个

名称	行政区域面积	常住人口	企业个数	企业从业人员	工业企业单位	#规模以上	城镇建成区常住人口
德兴市新岗山镇	24800	26754	47	1786	34	9	7914
德兴市泗洲镇	14200	16627	857	6503	810	18	9083
德兴市花桥镇	15770	17292	57	3679	42	12	10745
德兴市黄柏乡	14825	29985	53	8550	46	5	
德兴市万村乡	12441	13584	52	645	45	4	
德兴市张村乡	14851	24855					
德兴市昄大乡	13700	8948	8	650	8	1	
德兴市李宅乡	12800	10638	28	260	15		
德兴市龙头山乡	22500	12670	36	561	14	6	
山东省							
天桥区桑梓店镇	7261	38551	1072	6432	10	1	6740
天桥区大桥镇	11487	55453	590	3540	106	9	6670
历城区仲宫镇	25613	121289	331	4426	40	9	34210
历城区柳埠镇	17261	60656	131	2027	38	4	16632
历城区董家镇	5242	40883	220	6312	196	20	8235
历城区唐王镇	7273	62867	652	13610	337	4	18096
历城区西营镇	13137	32772	24	852	14	4	19000
历城区彩石镇	9212	30640	192	1882	5		18960
长清区归德镇	14144	79583	196	12346	126	30	28820
长清区孝里镇	13220	48397	42	1350	38	11	22961
长清区万德镇	23100	69279	321	7562	92	16	29618
长清区张夏镇	13471	47408	206	3800	121	30	5892
长清区马山镇	8840	31321	80	470	60	10	4466
长清区双泉镇	9984	27354	65	1856	50	7	9859
平阴县东阿镇	8189	34273	111	1775	90	14	7258
平阴县孝直镇	12615	60031	198	10114	107	24	22199
平阴县孔村镇	9966	35660	178	15420	78	23	30968
平阴县洪范池镇	9562	20700	5	196	5	2	4327
平阴县玫瑰镇	9848	37767	326	4302	99	23	5568
平阴县安城镇	11271	36811	115	3826	96	25	9118
济阳县垛石镇	18265	69172	617	8045	79	11	14331
济阳县孙耿镇	10921	49431	449	12190	117	21	20328
济阳县曲堤镇	15314	70566	582	9606	83	17	23520
济阳县仁风镇	12698	56689	456	4063	55	6	5941
济阳县崔寨镇	8636	49024	676	18456	92	25	15872
济阳县太平镇	12558	57816	319	7737	68	9	6501
济阳县回河镇	8864	47189	537	6266	84	17	6045
济阳县新市镇	10191	36972	317	6800	51	10	8000
商河县殷巷镇	12278	56658	26	650	16	7	5542
商河县怀仁镇	5934	30368	40	1900	20	7	30368
商河县龙桑寺镇	9261	41999	82	1154	65	8	10881
商河县郑路镇	12719	63838	279	4461	56	11	5796
商河县贾庄镇	10920	54949	154	6639	88	16	25687
商河县玉皇庙镇	15346	64966	346	13659	206	69	28173
商河县白桥镇	8422	46849	310	2105	170	7	5000
商河县孙集镇	10589	50214	53	2200	38	11	4570
商河县韩庙镇	6819	29742	43	648	34	10	7812
商河县沙河乡	8738	38873	83	1266	23	2	
商河县张坊乡	3756	20802	16	600	12	4	
章丘市普集街道办事处	11263	56682	449	11070	430	34	27756

续表 242　　（山东省）　　单位：公顷、人、个

名　称	行政区域面积	常住人口	企业个数	企业从业人员	工业企业单位	#规模以上	城镇建成区常住人口
章丘市垛庄镇	12950	30328	22	138	16	4	4130
章丘市水寨镇	6125	35750	53	4600	44	14	21357
章丘市刁镇	7740	65615	435	15567	281	35	31159
章丘市曹范镇	12002	35521	93	4950	76	21	5920
章丘市白云湖镇	5621	35417	53	365	41	8	11426
章丘市高官寨镇	13629	53524	115	2200	27	14	14501
章丘市宁家埠镇	3677	33849	275	8195	126	21	6291
章丘市辛寨镇	5360	33750	368	3270	215	13	4410
章丘市黄河镇	12119	51636	37	1100	21	9	5610
黄岛区王台镇	13653	70279	2105	19953	1151	60	19830
黄岛区张家楼镇	13718	45022	387	6310	215	18	11892
黄岛区琅琊镇	10220	39203	855	11200	117	21	7772
黄岛区泊里镇	17012	114287	977	48850	268	35	57500
黄岛区大场镇	11695	49545	156	1950	64	13	10257
黄岛区大村镇	21300	56148	76	2670	47	20	10852
黄岛区六汪镇	18220	49383	106	3530	59	7	11626
黄岛区海青镇	10201	41271	340	3688	33	10	8460
黄岛区宝山镇	12031	29205	120	3258	30	5	2935
黄岛区藏南镇	8830	29798	277	11248	45	13	5024
胶州市胶莱镇	15460	71145	654	22526	537	87	68836
胶州市李哥庄镇	7500	70811	1893	55000	939	93	33100
胶州市铺集镇	12200	57145	176	3342	112	42	56523
胶州市里岔镇	15700	58240	263	7642	230	57	8020
胶州市胶西镇	17670	83625	719	18552	650	86	20307
胶州市洋河镇	12870	52275	216	3367	160	43	4261
即墨市蓝村镇	10223	96704	1495	39246	442	69	12556
即墨市灵山镇	18901	75037	378	22148	259	48	19477
即墨市段泊岚镇	16699	62476	564	27921	240	29	11090
即墨市移风店镇	19600	88885	201	2018	88	5	19201
即墨市大信镇	13099	66040	605	31600	596	62	18306
即墨市田横镇	33691	131982	530	6698	89	13	21766
即墨市金口镇	19404	74888	170	14525	161	32	8262
平度市古岘镇	8089	46027	73	480	47	7	11601
平度市仁兆镇	11869	66280	91	13021	84	30	6290
平度市南村镇	31167	127421	1527	32107	976	89	19921
平度市蓼兰镇	23805	83257	134	6608	126	34	18985
平度市崔家集镇	23357	75592	86	4627	69	25	4052
平度市明村镇	24797	82515	218	18200	211	33	44948
平度市田庄镇	21106	65882	220	5000	180	36	20600
平度市新河镇	18918	69705	397	14617	362	65	11063
平度市店子镇	14112	50769	157	5500	91	15	21373
平度市大泽山镇	15058	58404	477	2773	460	42	27283
平度市旧店镇	40021	102169	158	2400	60	7	16780
平度市云山镇	14448	52166	134	1520	50	7	25160
莱西市姜山镇	21723	101388	532	31861	436	123	53904
莱西市夏格庄镇	10836	33596	167	6922	55	29	5287
莱西市院上镇	17215	82599	433	13570	315	49	19960
莱西市日庄镇	9941	44547	209	5050	88	41	6298
莱西市南墅镇	15930	38158	112	5000	63	27	1884
莱西市河头店镇	11570	40743	61	742	43	31	2375

续表 243 （山东省） 单位：公顷、人、个

名　称	行政区域面　积	常住人口	企业个数	企　业从业人员	工业企业单　位	#规模以上	城镇建成区常住人口
莱西市店埠镇	10548	56491	191	3400	160	45	6787
莱西市马连庄镇	14273	43804	111	1817	51	32	5449
淄川区昆仑镇	10073	90226	696	38663	655	109	70501
淄川区岭子镇	7628	33594	346	46608	174	34	25813
淄川区西河镇	12937	45183	251	10384	175	9	12791
淄川区龙泉镇	4092	41352	322	11013	256	57	33212
淄川区寨里镇	11744	54712	332	15812	284	27	14412
淄川区罗村镇	6395	55056	519	23524	243	65	47191
淄川区洪山镇	3118	57101	522	9733	155	45	49971
淄川区双杨镇	5291	86457	462	20105	225	82	41920
淄川区太河镇	27025	47848	140	1520	85	1	3635
张店区马尚镇	2477	130203	2936	23488	18	12	127749
张店区南定镇	2666	92149	512	70428	235	59	84577
张店区沣水镇	4229	32077	326	29431	180	55	21178
张店区傅家镇	3282	72580	650	19620	160	31	63652
张店区中埠镇	2041	35210	33	8125	25	25	23276
张店区房镇镇	3840	38987	877	21064	192	64	30368
博山区域城镇	11739	68542	1365	40950	1013	108	37003
博山区白塔镇	3192	51369	1858	27160	898	78	34489
博山区八陡镇	3976	34818	387	19873	326	69	31675
博山区石马镇	6168	24657	76	2162	70	14	17927
博山区源泉镇	8088	28481	288	5525	242	23	8986
博山区池上镇	15599	17006	92	2570	33	3	2778
博山区博山镇	13493	33819	86	3568	66	6	4685
临淄区齐都镇	5277	47485	645	6914	119	19	18725
临淄区皇城镇	8742	50149	360	9325	78	21	5689
临淄区敬仲镇	6058	35150	373	2704	253	24	2972
临淄区朱台镇	7450	50124	554	15342	286	46	13482
临淄区金岭镇	1870	15218	423	11459	116	31	12260
临淄区凤凰镇	10334	78172	1002	26428	313	59	30483
临淄区金山镇	11878	82686	875	25032	248	89	44585
周村区北郊镇	5622	40256	2160	21042	1590	71	13243
周村区南郊镇	5711	41361	1369	25934	403	60	17456
周村区王村镇	5860	50183	1564	26283	426	73	22267
周村区萌水镇	4863	30847	316	4112	235	50	10234
周村区商家镇	4192	23443	171	5780	142	10	2038
桓台县起凤镇	5539	52899	125	5890	105	37	46550
桓台县田庄镇	5099	43988	130	19440	59	18	15314
桓台县荆家镇	5590	37608	42	3051	30	14	15045
桓台县马桥镇	7912	59898	157	25980	131	19	48322
桓台县新城镇	4453	33429	113	9311	93	33	8562
桓台县唐山镇	7052	52058	232	17356	104	42	24249
桓台县果里镇	8645	74771	489	38275	275	86	32462
高青县青城镇	7721	33391	115	2800	65	14	21155
高青县高城镇	12646	44194	304	8036	78	17	19806
高青县黑里寨镇	9461	41997	189	2930	30	7	3735
高青县唐坊镇	9665	31559	113	5670	37	12	6822
高青县常家镇	9031	33293	272	19903	106	38	18872
高青县花沟镇	11729	44796	260	5862	72	9	2833
高青县木李镇	7299	31186	22	480	13	3	4918

续表 244　　（山东省）　　单位：公顷、人、个

名　　称	行政区域面　　积	常住人口	企业个数	企　　业从业人员	工业企业单　　位	#规模以上	城镇建成区常住人口
沂源县鲁村镇	20225	63189	150	5500	143	18	14125
沂源县东里镇	13218	51208	271	8521	44	12	16901
沂源县悦庄镇	16524	59498	127	10751	91	23	17685
沂源县西里镇	12632	45175	56	3728	48	3	3639
沂源县大张庄镇	19295	37170	65	1089	14	3	4640
沂源县中庄镇	10651	30626	20	620	16	4	5584
沂源县张家坡镇	9319	25439	43	3712	21	4	6122
沂源县燕崖镇	12641	29146	23	1031	17	5	2702
沂源县石桥镇	11268	27289	181	5261	47	10	6754
沂源县南鲁山镇	20637	35144	286	16420	93	19	15061
枣庄市市中区税郭镇	6928	42761	273	15600	134	23	33082
枣庄市市中区孟庄镇	5893	27207	86	9860	83	27	10582
枣庄市市中区齐村镇	8977	72816	425	11986	126	13	47892
枣庄市市中区永安镇	5556	62157	730	21213	234	22	25960
枣庄市市中区西王庄镇	5168	47263	246	10895	81	21	13586
薛城区沙沟镇	8483	48765	163	2445	67	15	8782
薛城区周营镇	8619	51400	109	1568	46	12	17569
薛城区邹坞镇	5897	44997	139	4764	108	27	23157
薛城区陶庄镇	6409	81776	309	4123	167	34	49875
薛城区常庄镇	5614	69011	390	4920	64	21	48687
峄城区古邵镇	12920	66896	240	4080	210	32	16044
峄城区阴平镇	10002	54527	372	13140	288	34	23001
峄城区底阁镇	7435	46246	385	11350	328	21	11095
峄城区榴园镇	12296	60027	403	6951	171	24	26960
峄城区峨山镇	12060	60017	256	13015	152	37	11400
台儿庄区邳庄镇	5351	26879	227	3210	44	14	5032
台儿庄区张山子镇	11388	44066	219	2875	51	14	3319
台儿庄区泥沟镇	11214	64934	299	4365	80	28	4830
台儿庄区涧头集镇	12572	61857	326	4580	230	25	8377
台儿庄区马兰屯镇	10970	69984	623	7561	136	28	27546
山亭区店子镇	6557	32344	74	1325	63	9	10920
山亭区西集镇	6607	33236	347	3560	82	14	16260
山亭区桑村镇	7798	57788	377	10312	143	25	34361
山亭区北庄镇	13894	42294	102	4701	57	11	31628
山亭区城头镇	4841	43253	260	7600	191	28	23522
山亭区徐庄镇	17897	58657	74	7664	31	14	13465
山亭区水泉镇	10549	45245	187	2896	54	8	8001
山亭区冯卯镇	9359	58565	175	2195	93	15	17493
山亭区凫城镇	10790	29743	105	1380	54	8	9900
滕州市东沙河镇	5289	59177	384	11788	69	17	18109
滕州市洪绪镇	3792	36123	803	37431	289	27	19203
滕州市南沙河镇	4620	48469	555	15450	192	31	24498
滕州市大坞镇	10186	84875	579	13939	78	17	21128
滕州市滨湖镇	14412	111030	674	16251	78	11	14558
滕州市级索镇	7888	80726	498	19445	124	32	33328
滕州市西岗镇	7986	141512	773	30763	254	25	113691
滕州市姜屯镇	8461	82906	761	22129	138	18	30162
滕州市鲍沟镇	7439	78382	663	27665	175	34	40774
滕州市张汪镇	8547	83689	583	17950	128	15	16417
滕州市官桥镇	6339	65237	458	13170	114	20	17659

续表 245　　（山东省）　　单位：公顷、人、个

名　称	行政区域面积	常住人口	企业个数	企业从业人员	工业企业单位	#规模以上	城镇建成区常住人口
滕州市柴胡店镇	5762	40440	343	12407	104	10	4575
滕州市羊庄镇	11830	74519	461	10929	87	11	12023
滕州市木石镇	6693	51986	593	21951	121	22	23219
滕州市界河镇	8232	68593	740	31568	87	21	15847
滕州市龙阳镇	7877	69071	464	10245	83	13	11938
滕州市东郭镇	14666	106033	483	9568	65	11	12979
东营区牛庄镇	11387	40380	87	5200	40	10	18992
东营区六户镇	33066	17764	72	730	26	3	4813
东营区史口镇	7834	36699	167	6800	52	7	7532
东营区龙居镇	10693	33551	75	1712	38	10	2628
河口区义和镇	13061	22689	47	2260	25	8	6240
河口区仙河镇	67222	46099	257	9718	48	17	45879
河口区孤岛镇	16336	42934	176	7819	35	11	42298
河口区新户镇	73082	22768	201	4350	51	19	2994
垦利区胜坨镇	18161	85036	337	21187	145	48	16104
垦利区郝家镇	6077	18093	285	6518	108	21	3496
垦利区永安镇	32472	22215	86	3992	65	29	5249
垦利区黄河口镇	65465	23571	11	328	7	2	7218
垦利区董集镇	6767	21247	215	3500	90	18	3913
利津县北宋镇	10259	34722	96	1216	34	6	1859
利津县盐窝镇	24393	71523	451	5783	75	24	8563
利津县陈庄镇	22693	51358	236	10324	65	26	32486
利津县汀罗镇	20455	31086	70	526	27	5	8674
利津县明集乡	11746	17500	23	1212	13	1	
利津县刁口乡	24120	1096	27	1221	11	6	
广饶县大王镇	11829	99656	1210	60357	510	77	33193
广饶县稻庄镇	11387	77337	546	22560	236	49	23100
广饶县丁庄镇	15599	42552	50	4550	16	14	7580
广饶县李鹊镇	6650	36137	175	7218	63	16	6201
广饶县大码头镇	13048	48729	127	1372	32	11	9982
广饶县花官镇	11675	41194	197	6996	67	19	5598
广饶县陈官镇	10528	22497	47	2403	29	8	786
福山区高疃镇	8541	23811	259	4240	73	1	2587
福山区张格庄镇	7327	18951	283	4417	46	2	3118
福山区回里镇	10325	30877	338	6422	96	8	4024
牟平区观水镇	22799	52035	190	976	42	1	2836
牟平区龙泉镇	10619	23507	136	816	17	2	1579
牟平区玉林店镇	7011	11727	114	1332	31	1	949
牟平区水道镇	19350	28881	191	1500	43	7	2410
牟平区高陵镇	15727	32569	143	1258	43	4	2136
牟平区王格庄镇	12684	17563	102	758	35	3	1477
牟平区昆嵛镇	13677	13000	8	1024	7		497
牟平区莒格庄镇	9778	15384	71	578	14	1	635
长岛县砣矶镇	851	3607	73	920	20		208
长岛县北长山乡	1146	3646	47	152	11		
长岛县黑山乡	1009	1304	73	230	22		
长岛县大钦岛乡	676	3465	13	103	12		
长岛县小钦岛乡	131	739	3	616	3		
长岛县南隍城乡	188	847	12	46			
长岛县北隍城乡	279	1886	32	160	8		

续表 246　　（山东省）　　单位：公顷、人、个

名　　称	行政区域面　　积	常住人口	企业个数	企　　业从业人员	工业企业单　　位		城镇建成区常住人口
						#规模以上	
龙口市黄山馆镇	2789	10740	24	3634	23	5	7810
龙口市北马镇	8802	54844	380	11400	211	24	24800
龙口市芦头镇	4067	37260	260	7880	212	25	4350
龙口市下丁家镇	5905	15161	23	1852	15	5	4006
龙口市七甲镇	8015	25989	45	4017	39	11	1726
龙口市石良镇	12759	57472	561	7235	123	28	4932
龙口市兰高镇	6194	35085	98	6100	95	11	8905
龙口市诸由观镇	10116	53850	187	40720	181	25	22130
莱阳市沐浴店镇	18843	58705	65	2985	50	10	4210
莱阳市团旺镇	15945	63597	377	23721	245	11	25210
莱阳市穴坊镇	13097	57530	162	1580	38	5	16009
莱阳市羊郡镇	8255	27770	106	2000	104	5	6740
莱阳市姜疃镇	11337	49395	164	10359	112	10	14045
莱阳市万第镇	15803	51190	24	2367	18	14	4246
莱阳市照旺庄镇	10066	49416	690	4288	260	11	2671
莱阳市谭格庄镇	15782	49557	370	1960	6	6	1323
莱阳市河洛镇	5926	23583	222	3056	206	10	4058
莱阳市吕格庄镇	5989	25586	142	3240	123	6	2535
莱阳市高格庄镇	6089	29517	32	582	18	2	2200
莱阳市大夼镇	7386	26392	87	1860	84	4	3156
莱阳市山前店镇	8921	25493	28	400	10	5	2627
莱州市沙河镇	14219	102240	6164	65600	1086	48	13317
莱州市朱桥镇	15019	61539	243	10982	132	15	15213
莱州市郭家店镇	23993	50178	102	3140	55	3	4538
莱州市金城镇	7887	32286	231	4372	69	11	3263
莱州市平里店镇	7542	38647	263	3587	124	9	8732
莱州市驿道镇	18007	43092	112	1551	31	3	3707
莱州市程郭镇	13393	58663	209	4389	160	16	14552
莱州市虎头崖镇	11840	43706	452	11032	296	17	6108
莱州市柞村镇	14759	40662	374	48652	318	53	11240
莱州市夏邱镇	6401	37120	827	17568	516	37	19519
莱州市土山镇	21604	51230	528	14321	367	23	13118
蓬莱市刘家沟镇	10071	29380	511	6106	148	21	8367
蓬莱市潮水镇	8341	26562	340	3003	84	14	8268
蓬莱市大柳行镇	9563	23392	270	2498	114	16	2419
蓬莱市小门家镇	11357	35718	275	3300	63	9	2546
蓬莱市大辛店镇	25516	63382	415	12544	105	23	7368
蓬莱市村里集镇	17309	41354	171	3650	32	5	3648
蓬莱市北沟镇	15556	68459	713	18055	582	50	57610
招远市辛庄镇	11335	31301	676	14576	67	24	31299
招远市蚕庄镇	12040	26119	470	12130	83	31	25892
招远市金岭镇	11527	35662	882	11196	114	21	6400
招远市毕郭镇	10705	28174	325	3045	32	6	6878
招远市玲珑镇	7743	26440	609	11499	75	29	13560
招远市张星镇	16071	55945	652	20604	564	29	9486
招远市夏甸镇	19060	37229	483	6678	23	10	2948
招远市阜山镇	19582	45470	465	6895	39	17	15650
招远市齐山镇	14948	35051	326	3981	29	8	3459
栖霞市观里镇	9725	33386	25	1815	25	10	3015
栖霞市蛇窝泊镇	20165	55820	34	3623	32	14	10321

续表 247　　（山东省）　　单位：公顷、人、个

名　　称	行政区域面　　积	常住人口	企业个数	企　　业从业人员	工业企业单　　位	#规模以上	城镇建成区常住人口
栖霞市唐家泊镇	13961	25651	249	6000	41	5	2509
栖霞市桃村镇	27647	81914	543	27075	273	34	21276
栖霞市亭口镇	15121	32246	28	750	8	5	2295
栖霞市臧家庄镇	16268	49480	90	3670	70	10	7538
栖霞市寺口镇	9290	21065	74	446	21	6	4430
栖霞市苏家店镇	13642	32974	56	1516	39	5	5002
栖霞市杨础镇	8673	23217	23	264	23	6	2879
栖霞市西城镇	9010	18696	56	400	48	15	1390
栖霞市官道镇	11350	27915	43	1839	13	8	1538
栖霞市庙后镇	8527	19421	49	926	49	9	2130
海阳市留格庄镇	12921	41991	158	1685	25	3	3928
海阳市盘石店镇	13572	23918	18	923	15	3	3386
海阳市郭城镇	16595	39169	54	5856	34	6	4963
海阳市徐家店镇	15541	45643	310	6029	116	8	22014
海阳市发城镇	14323	37180	32	1050	17	8	2576
海阳市小纪镇	16974	43055	71	16645	39	8	3903
海阳市行村镇	15818	48834	420	7538	337	12	8452
海阳市辛安镇	14403	51077	80	8542	60	8	5716
海阳市二十里店镇	10262	31868	196	1455	146	2	1602
海阳市朱吴镇	19789	39031	223	1387	12	4	1852
临朐县五井镇	19221	58178	105	3520	78	15	18532
临朐县冶源镇	15615	93376	376	14852	305	20	59456
临朐县寺头镇	25574	58769	91	5025	72	6	30062
临朐县九山镇	25398	47681	48	1103	13	3	19957
临朐县辛寨镇	22174	116035	473	14716	254	22	64679
临朐县山旺镇	16725	67738	450	4916	119	16	13739
临朐县柳山镇	9717	38629	15	590	12	5	11570
临朐县蒋峪镇	26102	81712	78	1801	56	6	31486
昌乐县乔官镇	18875	83883	677	14731	479	16	22431
昌乐县唐吾镇	21880	91687	254	10445	124	19	30136
昌乐县红河镇	19433	82390	430	39680	256	17	24520
昌乐县营丘镇	21730	94682	262	16213	241	31	10048
青州市弥河镇	8370	54710	487	13266	250	42	23189
青州市王坟镇	22180	46587	181	2002	168	26	5221
青州市庙子镇	20314	34890	86	1980	83	21	7113
青州市邵庄镇	16480	68257	358	18900	278	48	35502
青州市高柳镇	9545	56861	338	6029	125	26	9033
青州市何官镇	11483	69970	298	2028	56	18	14891
青州市东夏镇	7404	50724	236	5285	178	22	13711
青州市谭坊镇	15990	98736	486	4156	107	30	23220
诸城市枳沟镇	8717	42403	1210	6160	74	13	13168
诸城市贾悦镇	28409	91993	131	14036	86	23	12104
诸城市石桥子镇	16941	56645	597	5373	82	18	6472
诸城市相州镇	12013	64111	426	14243	142	37	11895
诸城市昌城镇	11835	63730	291	28759	174	26	36370
诸城市百尺河镇	12525	45364	427	4955	75	33	13647
诸城市辛兴镇	8080	37442	141	13000	92	42	14592
诸城市林家村镇	32129	86675	131	4248	116	24	6424
诸城市皇华镇	22131	69694	244	12502	148	31	15232
诸城市桃林镇	13459	34273	167	2614	38	14	28929

续表 248　　（山东省）　　单位：公顷、人、个

名　　称	行政区域面　　积	常住人口	企业个数	企　　业从业人员	工业企业单　　位	#规模以上	城镇建成区常住人口
寿光市化龙镇	8775	52230	522	2987	145	25	24548
寿光市营里镇	19149	57848	398	4923	83	22	27552
寿光市台头镇	9769	55424	840	14504	554	60	24164
寿光市田柳镇	10691	67206	544	4657	96	30	20940
寿光市上口镇	8079	68716	600	18489	155	24	34111
寿光市侯镇	21312	99970	722	17397	211	45	49509
寿光市纪台镇	8436	54719	503	9513	58	7	18051
寿光市稻田镇	13874	98587	1064	5500	171	27	22450
寿光市羊口镇	35201	53831	688	26884	248	53	16075
安丘市景芝镇	20199	117298	458	22900	264	40	35078
安丘市凌河镇	17129	97956	146	8694	106	25	8677
安丘市官庄镇	12493	46635	217	3551	33	17	7167
安丘市大盛镇	7536	30257	151	2356	29	10	10947
安丘市石埠子镇	15698	56784	110	5239	23	15	4707
安丘市石堆镇	6626	35488	56	2213	26	8	7966
安丘市柘山镇	14183	28288	21	595	13	3	4814
安丘市辉渠镇	20010	52832	116	3716	18	5	12426
安丘市吾山镇	11393	32716	60	3867	34	14	13752
安丘市金冢子镇	8259	38770	42	1875	28	9	4729
高密市柏城镇	14937	74002	293	17680	183	46	13728
高密市夏庄镇	17153	91774	570	124544	448	92	48776
高密市姜庄镇	17281	90860	473	35835	427	71	44428
高密市大牟家镇	17278	45099	799	3996	30	8	9777
高密市阚家镇	13671	79941	264	4015	185	25	14614
高密市井沟镇	13547	66829	442	5176	386	35	5065
高密市柴沟镇	20925	75502	143	14122	66	26	16514
昌邑市柳疃镇	32466	49052	551	30505	366	49	24417
昌邑市龙池镇	18243	24607	508	7780	462	20	10061
昌邑市卜庄镇	14311	53638	377	7539	343	13	10914
昌邑市饮马镇	16610	83695	584	8778	560	37	41195
昌邑市北孟镇	17521	71642	494	13989	278	31	26234
昌邑市下营镇	21759	22704	148	5033	89	22	6455
任城区长沟镇	6849	60875	190	9310	141	13	16480
任城区石桥镇	7570	49464	399	8565	61	1	9280
任城区喻屯镇	14477	79109	327	4902	52	7	79105
兖州区大安镇	7556	46740	360	9024	214	46	25600
兖州区新驿镇	6682	46553	145	12600	75	26	26318
兖州区颜店镇	9832	71401	248	6200	102	25	15817
兖州区新兖镇	10141	84272	817	54824	221	62	56522
兖州区漕河镇	4764	31729	116	3856	88	22	5014
兖州区兴隆庄镇	5566	41992	554	9976	118	22	19349
兖州区小孟镇	5421	37722	102	3530	64	19	11399
微山县韩庄镇	16020	57275	381	6520	100	10	25226
微山县欢城镇	10303	84960	580	13860	210	18	53022
微山县南阳镇	16632	24858	108	12346	33	2	14407
微山县鲁桥镇	18871	43894	160	3540	54	8	13150
微山县留庄镇	13247	56814	382	5730	56	9	27483
微山县两城镇	13405	68439	410	2720	101	13	16748
微山县马坡镇	7224	58760	31	1350	28	6	7646
微山县赵庙镇	3286	15445	155	4555	46	12	8178

续表 249　　（山东省）　　单位：公顷、人、个

名　　称	行政区域面　积	常住人口	企业个数	企　业从业人员	工业企业单　位	#规模以上	城镇建成区常住人口
微山县张楼镇	6918	13341	160	3158	43	9	8842
微山县微山岛镇	5331	17782	210	1569	6	3	7178
微山县西平镇	2045	9197	150	1600	58	14	9197
微山县高楼乡	39044	16654	118	1115	24	1	
鱼台县清河镇	7823	43146	152	2652	96	10	9825
鱼台县鱼城镇	5354	38418	321	7218	167	15	12826
鱼台县王鲁镇	5470	40915	128	3264	109	12	22116
鱼台县张黄镇	9813	55035	256	12337	135	20	33567
鱼台县王庙镇	9581	58131	347	4876	72	9	3872
鱼台县李阁镇	7370	35929	99	1327	49	10	2201
鱼台县唐马镇	4108	30245	98	2216	78	9	8873
鱼台县老砦镇	4792	28196	84	1538	69	9	18980
鱼台县罗屯镇	5288	27576	78	1126	49	7	3626
金乡县羊山镇	7202	51445	154	2162	54	11	24582
金乡县胡集镇	9243	59174	155	8163	63	19	21284
金乡县霄云镇	7381	46373	593	5680	96	13	18846
金乡县鸡黍镇	9058	63452	596	12562	71	15	18196
金乡县司马镇	5262	32056	36	1389	23	8	10613
金乡县马庙镇	9711	55171	199	11026	69	14	27612
金乡县化雨镇	7284	44223	68	1968	36	11	24128
金乡县卜集镇	8032	42976	492	2466	42	6	11352
金乡县兴隆镇	5530	36411	94	1840	29	5	4466
嘉祥县纸坊镇	9196	80037	231	8710	185	11	13200
嘉祥县梁宝寺镇	9707	58100	461	3739	127	10	29650
嘉祥县疃里镇	9300	100364	373	13000	219	11	27897
嘉祥县马村镇	4993	44890	333	3108	95	13	9415
嘉祥县金屯镇	9286	63780	521	4869	83	7	11680
嘉祥县大张楼镇	7291	38552	276	2580	72	11	12259
嘉祥县马集镇	4486	38778	122	2600	70	10	7045
嘉祥县万张镇	5115	43890	337	3133	110	9	6430
嘉祥县孟姑集镇	4570	37995	276	2497	53	8	11030
嘉祥县老僧堂镇	6038	40325	361	3140	50	10	10533
嘉祥县仲山镇	8021	58900	320	2666	45	7	10020
嘉祥县满硐镇	4056	31893	272	2260	40	6	10132
嘉祥县黄垓镇	3787	32920	551	3902	94	5	10996
汶上县南站镇	9581	80933	411	65112	198	25	25671
汶上县南旺镇	5956	55468	80	2351	62	4	17953
汶上县次丘镇	8675	60511	113	6860	74	14	10151
汶上县寅寺镇	5273	45891	93	3500	71	15	19446
汶上县郭楼镇	5876	38503	124	3286	84	9	12181
汶上县康驿镇	8683	74918	105	5460	50	11	27020
汶上县苑庄镇	5038	30459	58	2200	43	8	13258
汶上县义桥镇	6709	39824	287	11065	41	8	10672
汶上县郭仓镇	4298	34017	56	2302	22	13	17036
汶上县白石镇	7838	39428	650	6125	482	24	10089
汶上县杨店镇	5306	34396	226	11278	29	9	12356
汶上县刘楼镇	4295	33656	68	3760	47	6	13358
汶上县军屯乡	5191	22866	16	2869	14	4	
泗水县泉林镇	11183	56935	144	3544	132	15	22637
泗水县星村镇	9633	49767	196	3621	19	13	11601

续表 250　　（山东省）　　单位：公顷、人、个

名　　称	行政区域面　　积	常住人口	企业个数	企　　业从业人员	工业企业单　　位	#规模以上	城镇建成区常住人口
泗水县柘沟镇	6577	33059	526	11619	468	16	22584
泗水县金庄镇	9970	47788	121	3600	82	24	5328
泗水县苗馆镇	11406	40420	296	71658	48	14	6935
泗水县中册镇	6784	34773	72	2842	51	15	8380
泗水县杨柳镇	5716	36035	42	3260	38	13	4194
泗水县泗张镇	13946	35624	36	462	15	10	5019
泗水县圣水峪镇	13307	36989	56	4480	38	13	3281
泗水县高峪镇	8289	37062	79	1317	51	14	6139
泗水县华村镇	5077	18922	42	322	38	11	2881
梁山县小路口镇	6917	45048	81	2527	41	6	4983
梁山县韩岗镇	8224	56637	479	7152	209	20	9375
梁山县拳铺镇	14505	119607	406	16382	338	42	48326
梁山县杨营镇	6183	45113	562	5680	165	19	26136
梁山县韩垓镇	7771	59095	131	9109	122	17	18044
梁山县馆驿镇	9572	46500	455	5856	75	6	4376
梁山县小安山镇	10922	53574	43	5781	37	8	6221
梁山县寿张集镇	4211	38802	203	8100	123	10	9158
梁山县黑虎庙镇	4219	31312	280	7130	140	10	4586
梁山县马营镇	5110	34031	65	2860	62	12	6148
梁山县赵固堆乡	3944	29809	72	3650	67	8	
梁山县大路口乡	4371	32199	70	5450	61	7	
曲阜市吴村镇	7744	37042	146	5850	70	12	9160
曲阜市姚村镇	7220	49861	109	3798	86	23	31468
曲阜市陵城镇	7559	82627	381	8095	159	20	39967
曲阜市尼山镇	10109	50908	137	1685	32	3	8169
曲阜市王庄镇	7622	47022	292	6328	165	8	17955
曲阜市息陬镇	5565	50107	518	3006	311	15	32426
曲阜市石门山镇	8525	38680	224	9628	82	10	8435
曲阜市防山镇	8307	42315	242	15661	72	17	4995
邹城市香城镇	17606	64886	111	1117	56	15	11113
邹城市城前镇	19099	67574	770	3894	35	10	9372
邹城市大束镇	14635	65848	541	2862	42	16	12419
邹城市北宿镇	8573	95022	1282	99085	277	70	66412
邹城市中心店镇	9023	82166	750	11959	131	39	31816
邹城市唐村镇	3657	39211	574	3874	62	19	22000
邹城市太平镇	13057	92250	810	20702	146	61	29693
邹城市石墙镇	14405	69863	414	2410	45	9	17936
邹城市峄山镇	9766	46186	605	3030	58	20	9727
邹城市看庄镇	7312	26027	317	1586	29	10	3057
邹城市张庄镇	17265	58168	438	3277	34	11	15135
邹城市田黄镇	10537	32845	179	901	29	8	4691
邹城市郭里镇	8814	44189	298	1521	27	7	7958
泰山区省庄镇	6887	64071	480	7200	289	7	14008
泰山区邱家店镇	7438	67528	259	12950	45	9	32333
泰山区大津口乡	5546	12488	77	1475	17		
岱岳区山口镇	5779	52894	258	9617	158	12	35808
岱岳区祝阳镇	8712	51611	48	4406	30	5	9165
岱岳区范镇	6868	61241	94	5128	55	12	37798
岱岳区角峪镇	6370	30139	115	600	36	2	6921
岱岳区徂徕镇	13315	53700	181	2350	18	10	17680

续表 251　　（山东省）　　单位：公顷、人、个

名　　称	行政区域面　积	常住人口	企业个数	企　业从业人员	工业企业单　位	#规模以上	城镇建成区常住人口
岱岳区满庄镇	11131	80372	1304	32910	322	55	71222
岱岳区夏张镇	11674	60037	86	5878	75	6	22670
岱岳区道朗镇	10536	33756	122	9560	80	2	16864
岱岳区黄前镇	10440	33537	53	670	42	2	4760
岱岳区大汶口镇	9073	69296	327	18019	251	13	36304
岱岳区马庄镇	5724	48951	246	1898	105	5	23679
岱岳区房村镇	9473	56563	43	2332	35	4	17755
岱岳区良庄镇	13681	70230	35	7622	12	3	12441
岱岳区下港镇	15475	42365	16	1210	9	2	1760
岱岳区化马湾乡	9982	36992	25	390	6	4	
宁阳县泗店镇	5606	42172	75	3876	50	16	10335
宁阳县东疏镇	8398	57682	156	4680	68	25	13628
宁阳县伏山镇	8432	56781	226	22194	117	30	13287
宁阳县堽城镇	11830	75115	351	29306	195	22	16618
宁阳县蒋集镇	6500	37167	50	2300	43	16	13146
宁阳县磁窑镇	15871	98834	754	23981	257	66	49338
宁阳县华丰镇	10809	89457	450	9450	150	23	43605
宁阳县葛石镇	13225	51187	68	6236	45	23	14086
宁阳县东庄镇	9965	57420	131	4572	90	31	10911
宁阳县鹤山镇	9811	52995	292	14665	88	16	9690
宁阳县乡饮乡	6787	33408	63	4661	58	22	
东平县沙河站镇	6622	51068	140	5312	82	14	8755
东平县老湖镇	11290	59736	211	1775	154	5	32111
东平县银山镇	10451	66399	336	3985	210	42	40156
东平县斑鸠店镇	7611	47868	208	3120	102	13	12690
东平县接山镇	14937	62840	194	3412	152	25	28014
东平县大羊镇	8286	33392	48	1329	31	8	12498
东平县梯门镇	8976	34602	61	2991	59	15	7269
东平县新湖镇	10481	54159	86	1376	52	5	10987
东平县戴庙镇	9290	39505	122	2150	72	14	7482
东平县商老庄乡	8688	29560	81	1782	58	8	
东平县旧县乡	7091	26084	94	2026	87	15	
新泰市东都镇	6339	73958	500	5490	177	17	56958
新泰市小协镇	3907	49973	369	23125	131	22	41577
新泰市翟镇	6436	67215	618	25184	140	27	48328
新泰市泉沟镇	9183	38035	367	2822	63	9	21340
新泰市羊流镇	17222	95377	769	14916	365	36	54985
新泰市果都镇	4829	37765	274	9320	79	13	18580
新泰市西张庄镇	4296	51030	203	11936	139	23	33019
新泰市天宝镇	14742	80585	139	2896	36	2	26996
新泰市楼德镇	9384	67558	453	5885	114	18	40129
新泰市禹村镇	8919	51081	46	2205	43		19973
新泰市宫里镇	8513	59189	85	8120	24	21	25215
新泰市谷里镇	9480	50801	316	7128	98	15	23165
新泰市石莱镇	16314	64517	308	3520	33	3	19678
新泰市放城镇	6896	33330	165	869	25		15185
新泰市刘杜镇	5158	31083	189	1230	27	1	14174
新泰市汶南镇	18522	99562	1167	25342	219	23	58542
新泰市龙廷镇	15216	61756	380	2168	70	6	24641
新泰市岳家庄乡	6810	38281	186	840	26	2	

续表 252　（山东省）　单位：公顷、人、个

名　称	行政区域面积	常住人口	企业个数	企业从业人员	工业企业单位	#规模以上	城镇建成区常住人口
肥城市潮泉镇	5288	21007	45	1552	39	13	1939
肥城市桃园镇	10096	54645	167	3456	27	18	10798
肥城市王庄镇	9360	50852	120	5600	85	17	16042
肥城市湖屯镇	8492	78969	371	12126	221	27	33238
肥城市石横镇	9451	100399	393	33034	169	49	68633
肥城市安临站镇	13100	52759	48	1963	27	22	15482
肥城市孙伯镇	7097	28652	33	8450	18	13	7790
肥城市安驾庄镇	13457	80941	90	7980	34	22	27823
肥城市汶阳镇	7950	70352	216	2801	84	36	47388
肥城市边院镇	11099	76468	449	7261	93	38	35263
环翠区张村镇	4904	90546	782	47409	472	36	87374
环翠区羊亭镇	7035	29638	453	10884	383	31	2318
环翠区温泉镇	6659	28538	421	14633	179	16	14559
文登区文登营镇	11062	26133	157	9054	60	12	5342
文登区大水泊镇	11534	34493	92	3457	48	22	15343
文登区张家产镇	7837	21453	83	7146	32	23	5856
文登区高村镇	9667	26701	193	6474	87	23	12654
文登区泽库镇	9123	20893	208	11188	83	23	5564
文登区侯家镇	6343	19330	112	3266	26	10	4860
文登区宋村镇	13800	42853	67	6685	53	22	17801
文登区泽头镇	11463	31872	96	3982	64	20	5098
文登区小观镇	12600	40439	176	6186	20	13	17911
文登区葛家镇	18528	49970	487	15539	93	32	31998
文登区米山镇	8895	21314	148	7120	72	27	3895
文登区界石镇	18800	26608	210	10240	82	25	5672
威海火炬高技术产业开发区初村镇	8342	15953	218	3371	152	14	7966
威海经济技术开发区崮山镇	4900	17053	313	6879	198	20	2436
威海经济技术开发区泊于镇	7300	23193	42	2028	26	10	2060
威海经济技术开发区桥头镇	11124	26956	274	3105	54	14	5297
威海临港经济技术开发区草庙子镇	8259	23203	771	19575	221	44	12868
威海临港经济技术开发区汪疃镇	10337	25699	325	3748	116	7	5301
威海临港经济技术开发区苘山镇	11118	49092	504	12800	327	23	27945
荣成市俚岛镇	10614	47966	310	17722	150	34	24690
荣成市成山镇	12258	42570	359	23000	210	37	19549
荣成市埠柳镇	9581	19334	40	2485	25	9	1089
荣成市港西镇	4914	17130	90	11140	82	42	3200
荣成市夏庄镇	5033	11011	35	3730	33	17	1690
荣成市崖西镇	8402	18120	148	2371	16	8	6592
荣成市荫子镇	4763	11861	52	8512	30	16	4250
荣成市滕家镇	8403	24608	93	3231	35	9	8102
荣成市大疃镇	7072	15649	43	1400	31	10	2700
荣成市上庄镇	8493	23517	87	586	30	9	2927
荣成市虎山镇	11525	38565	262	18947	95	31	17885
荣成市人和镇	12068	65113	535	15778	275	36	16110
乳山市夏村镇	9990	37189	80	2218	21	11	7200
乳山市乳山口镇	8921	25976	818	10920	356	161	8360
乳山市海阳所镇	9869	28348	128	2229	42	18	16425
乳山市白沙滩镇	11998	38308	100	8906	71	17	9336
乳山市大孤山镇	9598	25999	50	1567	43	9	2896
乳山市南黄镇	8933	23480	39	1729	25	7	5826

续表 253 （山东省） 单位：公顷、人、个

名　　称	行政区域面　积	常住人口	企业个数	企　　业从业人员	工业企业单　　位	#规模以上	城镇建成区常住人口
乳山市冯家镇	13576	28092	67	1455	32	6	6523
乳山市下初镇	12631	34211	82	5477	32	5	7687
乳山市午极镇	10999	23373	35	500	27	6	7425
乳山市育黎镇	11009	31053	29	1256	26	5	4180
乳山市崖子镇	18705	35333	51	3952	38	10	4996
乳山市诸往镇	15302	33891	45	2571	44	9	4896
乳山市乳山寨镇	13592	31680	53	560	40	8	7569
乳山市徐家镇	6929	16749	56	1197	43	8	5012
东港区河山镇	6700	26603	100	1800	58	11	10000
东港区后村镇	12500	58799	63	5833	56	4	13131
东港区西湖镇	8175	34176	98	5000	28	1	3051
东港区陈疃镇	7800	26755	23	438	16	1	2472
东港区南湖镇	17260	65804	115	4120	93	8	13000
东港区三庄镇	19289	65327	138	6900	15	2	11112
岚山区碑廓镇	9656	47472	130	8660	60	7	26131
岚山区虎山镇	10519	60825	65	22318	53	17	13568
岚山区巨峰镇	16093	74526	157	4609	33	10	18071
岚山区高兴镇	6438	33958	66	1630	43	7	5715
岚山区黄墩镇	15325	46457	20	460	1	1	8310
岚山区中楼镇	13354	53193	350	5000	182	6	10869
岚山区前三岛乡	58	4136	48	1280	6	2	
五莲县街头镇	23068	53811	715	10125	262	35	28956
五莲县潮河镇	10212	55800	155	23000	140	27	43500
五莲县许孟镇	14817	53813	71	2025	66	18	21975
五莲县于里镇	12818	39970	146	2500	110	21	11831
五莲县汪湖镇	8421	22715	52	525	10	6	5686
五莲县叩官镇	11622	25211	39	518	9	5	3677
五莲县中至镇	9902	23980	85	1262	24	9	3941
五莲县高泽镇	12326	34290	130	7511	126	26	8619
五莲县松柏镇	8364	16133	118	4329	52	10	5526
五莲县石场乡	8137	18527	67	350	10	4	
五莲县户部乡	10207	17924	21	350	15	9	
莒县招贤镇	10723	66635	52	3268	41	8	30893
莒县阎庄镇	4187	34330	80	4515	68	6	7430
莒县夏庄镇	11662	62264	281	9160	61	13	32127
莒县刘官庄镇	8104	71125	373	11900	294	29	21850
莒县峤山镇	9657	56299	43	1290	9	6	9800
莒县小店镇	11840	49901	68	1370	65	6	5602
莒县龙山镇	10861	41009	150	1620	120	4	17260
莒县东莞镇	10509	32253	30	665	26	6	6416
莒县浮来山镇	6599	53543	325	6812	178	10	15275
莒县陵阳镇	5403	42874	112	8060	58	14	18575
莒县店子集镇	5682	42872	78	2280	38	7	29303
莒县长岭镇	5739	39349	63	5460	52	7	7484
莒县安庄镇	8164	29489	32	465	16	6	5353
莒县棋山镇	19856	53401	470	9400	15	5	5638
莒县洛河镇	7250	41913	194	13116	66	12	8726
莒县寨里河镇	7188	32908	59	3861	30	2	7124
莒县桑园镇	12672	50525	123	7650	23	3	7120
莒县果庄乡	6485	31120	215	5784	27	3	7988

续表 254　　（山东省）　　单位：公顷、人、个

名　　称	行政区域面　　积	常住人口	企业个数	企　　业从业人员	工业企业单　　位	#规模以上	城镇建成区常住人口
莒县库山乡	10694	23777	47	257	21	2	
日照国际海洋城涛雒镇	11200	69706	687	4960	96	15	28030
莱城区口镇	13797	78004	624	24521	419	62	40700
莱城区羊里镇	7566	61676	367	13120	265	33	25000
莱城区方下镇	6762	58683	389	6231	278	22	12284
莱城区牛泉镇	14309	72220	156	4258	104	27	22300
莱城区苗山镇	21394	53791	107	3856	48	15	5389
莱城区雪野镇	20505	48950	413	12000	16	5	16918
莱城区大王庄镇	16118	40524	25	1200	25	5	15386
莱城区寨里镇	6960	55267	137	2492	110	17	20361
莱城区杨庄镇	5884	44381	460	14000	246	24	5861
莱城区茶业口镇	17400	34679	13	650	4	4	4500
莱城区和庄镇	8618	23908	126	1035	78	17	5125
钢城区颜庄镇	7175	59422	151	770	140	44	23800
钢城区辛庄镇	16703	46472	340	8280	86	8	6611
兰山区白沙埠镇	7163	70447	267	8635	207	44	19069
兰山区枣园镇	6341	77965	395	17888	217	42	10229
兰山区半程镇	9563	74891	276	32179	220	54	23626
兰山区义堂镇	10143	144617	2574	107680	2156	217	2037
兰山区李官镇	8330	50820	62	4352	49	18	7025
兰山区方城镇	11922	104452	469	48615	202	36	22300
兰山区汪沟镇	10860	59053	183	4215	73	20	15640
罗庄区沂堂镇	7586	50225	175	1500	170	9	16720
罗庄区褚墩镇	7200	56811	91	3120	37	11	20201
罗庄区黄山镇	5319	50391	111	3822	105	21	13085
莱芜市河东区汤河镇	5226	62041	193	4020	155	22	10206
莱芜市河东区八湖镇	8714	70366	540	11000	33	21	8478
莱芜市河东区郑旺镇	8145	67255	126	3656	86	24	11899
沂南县岸堤镇	14349	38692	43	1990	29	8	13614
沂南县孙祖镇	15213	39321	88	4899	86	17	12973
沂南县双堠镇	15502	43710	132	4853	123	12	9124
沂南县青驼镇	13853	64110	83	4127	73	24	27891
沂南县张庄镇	11447	47194	81	2400	29	17	24720
沂南县砖埠镇	6948	39921	36	3251	23	9	10251
沂南县大庄镇	15951	92093	455	22185	236	58	47665
沂南县辛集镇	8999	55065	98	2005	82	22	15072
沂南县蒲汪镇	9777	53273	46	1775	25	12	11544
沂南县湖头镇	8884	46103	198	2864	126	11	5963
沂南县苏村镇	6788	51774	66	3520	48	18	17786
沂南县铜井镇	11867	56207	289	6781	75	13	13817
沂南县依汶镇	12409	44957	39	3315	32	14	5217
沂南县马牧池乡	9186	28898	42	1192	36	7	
郯城县马头镇	8549	74187	338	37680	216	23	38130
郯城县重坊镇	8225	86802	283	2212	118	15	9438
郯城县李庄镇	14152	100617	203	67959	196	52	26738
郯城县杨集镇	8127	48848	11	2160	11	10	10193
郯城县港上镇	4011	42779	80	2862	75	10	25832
郯城县高峰头镇	7044	47280	27	1286	23	15	9910
郯城县庙山镇	7166	42110	45	1775	40	13	3065
郯城县红花镇	12121	60167	276	2680	201	13	11896

续表 255　　　　（山东省）　　　　单位：公顷、人、个

名　称	行政区域面积	常住人口	企业个数	企业从业人员	工业企业单位	#规模以上	城镇建成区常住人口
郯城县胜利镇	5567	48248	80	2465	48	17	8896
郯城县花园乡	7422	47915	60	1265	16	8	
郯城县归昌乡	5962	39693	63	2451	53	11	
郯城县泉源乡	11593	46305	28	520	13	6	
沂水县马站镇	13427	62961	268	4360	150	17	44704
沂水县高桥镇	11630	63907	86	11600	56	14	1568
沂水县许家湖镇	14528	74265	457	16635	278	44	38884
沂水县黄山铺镇	9446	47824	109	7202	61	17	17337
沂水县诸葛镇	21282	65854	111	5650	33	16	19803
沂水县崔家峪镇	9409	21846	15	300	10	5	6450
沂水县四十里堡镇	12045	60387	61	6918	56	19	17090
沂水县杨庄镇	15897	58536	85	2897	75	14	13885
沂水县夏蔚镇	15027	48938	42	2125	20	6	10950
沂水县沙沟镇	21031	56684	61	3216	59	13	11156
沂水县高庄镇	13164	44811	44	2442	38	5	14003
沂水县院东头镇	16669	64506	20	2514	10	9	4207
沂水县龙家圈镇	9420	58264	690	12530	179	33	30359
沂水县富官庄镇	13335	41913	120	2320	48	7	4360
沂水县道托镇	8965	38038	102	1650	89	18	4120
沂水县泉庄镇	9754	28507	34	5146	34	10	4418
沂水县圈里乡	11006	31933	50	1672	40	6	
兰陵县大仲村镇	15129	83527	198	3753	106	8	37347
兰陵县兰陵镇	14160	104392	185	11095	142	14	40321
兰陵县长城镇	12565	97751	69	678	49	6	23868
兰陵县磨山镇	7954	66126	121	2875	95	7	23350
兰陵县神山镇	6706	53228	262	7731	179	28	26999
兰陵县车辋镇	12742	43465	70	821	26	7	9670
兰陵县尚岩镇	8317	41003	85	4960	58	11	13210
兰陵县向城镇	10889	97052	289	9812	95	8	36800
兰陵县新兴镇	6867	39607	285	2860	82	3	9985
兰陵县南桥镇	8520	53756	43	1763	25	5	16653
兰陵县庄坞镇	8872	92058	77	13952	76	11	38211
兰陵县鲁城镇	8791	42829	174	866	172	18	16078
兰陵县矿坑镇	8493	34862	206	3240	193	29	11826
兰陵县金岭镇	12466	93235	152	4240	120	29	10666
兰陵县芦柞镇	9567	61511	64	1563	48	1	20321
兰陵县下村乡	12141	38094	58	296	32		
费县上冶镇	7329	61120	322	14885	142	35	25414
费县薛庄镇	21608	72213	180	14045	174	22	12042
费县探沂镇	16255	105421	3819	68652	2765	108	21046
费县朱田镇	15560	56529	359	3656	332	6	10582
费县梁邱镇	19233	88159	343	3880	332	7	22961
费县新庄镇	11801	51062	125	630	109	7	11420
费县马庄镇	14249	59200	1093	5685	1083	29	11849
费县胡阳镇	6587	44003	562	8012	462	17	3401
费县石井镇	10195	32598	50	425	4	1	3444
费县大田庄乡	9645	20932	7	542	6	4	
费县南张庄乡	7419	37949	280	5120	95	14	
平邑县仲村镇	11489	81626	350	5023	101	13	51700
平邑县武台镇	7920	37385	110	3605	62	6	8296

续表 256　　（山东省）　　单位：公顷、人、个

名　　称	行政区域面　　积	常住人口	企业个数	企　　业从业人员	工业企业单　　位	#规模以上	城镇建成区常住人口
平邑县保太镇	10904	77960	59	3955	42	15	13608
平邑县柏林镇	20273	56400	22	590	8	3	5831
平邑县卞桥镇	7692	51297	107	7697	87	29	10300
平邑县地方镇	14314	79753	197	36012	111	37	48212
平邑县铜石镇	15724	70132	75	1863	56	12	14512
平邑县温水镇	6699	53351	42	2012	27	17	18624
平邑县流峪镇	10097	47159	102	6652	25	12	5930
平邑县郑城镇	16085	63660	135	4582	38	16	16352
平邑县白彦镇	19042	73163	160	3360	65	10	14650
平邑县临涧镇	12085	44452	48	659	35	8	7218
平邑县丰阳镇	9597	36943	24	3600	15	5	6419
莒南县大店镇	13157	69372	266	9325	208	17	54651
莒南县坊前镇	18292	74153	236	5627	86	24	17600
莒南县板泉镇	10119	67095	72	4862	48	19	25200
莒南县洙边镇	12102	46311	62	3012	53	16	9890
莒南县文疃镇	11435	45446	34	1856	20	12	13138
莒南县石莲子镇	11954	62744	89	3542	38	9	9400
莒南县岭泉镇	6161	40317	75	1687	62	12	4445
莒南县筵宾镇	7589	36395	58	1025	30	9	10883
莒南县涝坡镇	15113	53011	70	3680	62	13	5876
莒南县道口镇	5254	30668	45	2050	31	12	6279
莒南县相沟镇	10768	35949	85	583	21	9	5227
蒙阴县常路镇	7512	33400	127	2280	45	19	5747
蒙阴县岱崮镇	18552	46167	123	2649	50	7	8408
蒙阴县坦埠镇	8080	31042	51	2136	39	12	5328
蒙阴县垛庄镇	26620	71799	301	8451	255	12	13726
蒙阴县高都镇	9046	32570	176	3795	82	16	8943
蒙阴县野店镇	19365	35336	25	1261	18	3	4021
蒙阴县桃墟镇	17071	45454	38	2061	21	4	8781
蒙阴县联城镇	16108	47013	36	1956	29	9	4877
蒙阴县旧寨乡	12179	40819	28	1216	28	5	
临沭县蛟龙镇	7640	46220	53	1980	48	10	7504
临沭县大兴镇	11802	62057	89	4820	68	9	16638
临沭县石门镇	12966	53285	79	5926	45	14	6815
临沭县曹庄镇	7816	41955	48	400	28	11	9520
临沭县青云镇	16144	82184	142	2035	113	29	38090
临沭县玉山镇	15661	80870	103	4110	57	21	4480
临沭县店头镇	8406	49144	91	3320	78	27	8224
临沂高新技术产业开发区马厂湖镇	7940	59298	493	24047	221	74	28412
临沂临港经济开发区坪上镇	11565	60683	435	18263	118	28	27288
临沂临港经济开发区团林镇	8150	42777	131	1597	67	16	6659
临沂临港经济开发区壮岗镇	9307	45820	39	1963	32	13	20159
临沂临港经济开发区朱芦镇	7555	33514	165	1846	139	15	33514
德城区二屯镇	3800	23020	231	7011	58	5	10201
德城区黄河涯镇	10536	61702	364	7063	43	4	19689
陵城区郑家寨镇	11851	44088	45	1302	40	6	5920
陵城区糜镇	9962	47875	153	8325	139	13	29583
陵城区宋家镇	10717	40681	35	2722	26	8	5800
陵城区徽王庄镇	10629	42661	104	7245	66	11	18032
陵城区神头镇	11482	60936	61	2281	28	2	4321

续表 257　　（山东省）　　单位：公顷、人、个

名　　称	行政区域面积	常住人口	企业个数	企业从业人员	工业企业单位	#规模以上	城镇建成区常住人口
陵城区滋镇	7417	36840	128	2760	59	5	4460
陵城区前孙镇	8127	29065	39	3122	26	4	3942
陵城区边临镇	7061	31776	82	5882	48	12	20200
陵城区义渡口镇	6841	34573	37	2563	32	8	8050
陵城区丁庄镇	6979	19939	418	4928	410	12	6495
陵城区于集乡	5630	20996	45	3148	35	10	
宁津县柴胡店镇	11181	51769	156	2153	135	26	2655
宁津县长官镇	6482	40988	165	7856	95	21	6350
宁津县杜集镇	10164	48597	34	600	25	10	4127
宁津县保店镇	9045	34458	280	4207	63	13	2239
宁津县大柳镇	5547	26886	57	564	55	16	1759
宁津县大曹镇	8250	31152	125	2023	70	14	1755
宁津县相衙镇	5141	19903	121	1350	50	10	919
宁津县时集镇	5310	27833	226	5863	162	38	857
宁津县张大庄镇	5167	36184	227	8550	150	27	2165
宁津县刘营伍乡	3880	21328	35	560	30	7	
庆云县庆云镇	5648	44737	257	6200	243	27	12855
庆云县常家镇	9176	53655	259	6500	245	20	1920
庆云县尚堂镇	10538	63343	241	5000	225	21	26821
庆云县崔口镇	3438	16107	134	2850	120	18	4820
庆云县东辛店镇	4286	27923	131	1865	118	14	4210
庆云县严务乡	5953	23157	115	1560	105	8	
庆云县中丁乡	4009	22190	120	4000	110	7	
庆云县徐园子乡	3433	19345	108	2375	98	14	
临邑县临邑镇	8889	49541	120	4000	115	16	1913
临邑县临南镇	11243	44036	29	1022	19	13	22689
临邑县德平镇	12395	58996	152	1568	105	12	35620
临邑县林子镇	6413	26726	26	960	16	10	11452
临邑县兴隆镇	10277	43252	62	2000	27	18	12323
临邑县孟寺镇	12362	44726	86	1867	75	18	3842
临邑县翟家镇	5178	29058	20	2350	20	6	4900
临邑县理合务镇	5655	29960	19	2105	16	6	4793
临邑县宿安乡	5976	27482	23	2059	23	8	
齐河县表白寺镇	7701	26614	74	2960	54	15	20197
齐河县焦庙镇	10778	45687	113	5578	55	19	18146
齐河县赵官镇	6716	33196	103	14127	38	21	32877
齐河县祝阿镇	11535	48046	230	2550	41	15	22180
齐河县仁里集镇	12533	49341	52	3012	31	8	15920
齐河县潘店镇	13791	51347	110	7356	71	32	36658
齐河县胡官屯镇	10983	36858	80	2574	33	19	11851
齐河县宣章屯镇	6404	21848	55	2950	34	18	9715
齐河县马集镇	6650	29487	53	2975	40	15	14035
齐河县华店镇	10100	38208	147	4950	67	35	20613
齐河县刘桥镇	8813	36561	55	2115	27	11	11682
齐河县安头乡	7449	22035	40	2025	29	12	
齐河县大黄乡	6647	27115	60	3657	41	16	
平原县王凤楼镇	12786	49885	165	1775	107	14	10612
平原县前曹镇	15110	53997	132	4908	110	12	8815
平原县恩城镇	10510	57071	2003	26976	475	23	21986
平原县王庙镇	11700	37039	143	2476	126	13	6639

续表 258　　（山东省）　　单位：公顷、人、个

名　称	行政区域面　积	常住人口	企业个数	企　业从业人员	工业企业单　位	#规模以上	城镇建成区常住人口
平原县王杲铺镇	7264	35373	42	1521	31	6	6443
平原县张华镇	6020	24096	143	3328	126	15	3688
平原县腰站镇	6133	26357	105	2100	66	15	3738
平原县王打卦镇	3800	24997	42	712	38	7	3497
平原县坊子乡	6207	24093	141	3253	126	5	
平原县三唐乡	7300	22326	31	3088	27	7	
夏津县南城镇	5659	39028	257	2630	121	51	9086
夏津县苏留庄镇	11990	48949	88	4726	65	10	15961
夏津县新盛店镇	12031	51249	66	3088	38	9	9495
夏津县雷集镇	9043	36914	134	4315	33	5	7615
夏津县郑保屯镇	4733	23611	121	5641	56	13	10428
夏津县白马湖镇	6633	31246	60	917	42	10	8568
夏津县东李官屯镇	5250	31341	31	925	15	8	8955
夏津县宋楼镇	4135	30725	125	5206	75	44	11108
夏津县香赵庄镇	3678	26025	83	3243	52	29	21659
夏津县双庙镇	4049	24664	117	3205	50	11	16209
夏津县渡口驿乡	4148	19505	10	867	8	4	
夏津县田庄乡	3895	25193	36	1580	28	12	
武城县武城镇	13225	56107	391	9385	191	19	20082
武城县老城镇	9561	64044	686	17150	624	77	38060
武城县鲁权屯镇	16321	72762	884	23153	642	105	54775
武城县郝王庄镇	5344	20989	131	2158	30	10	6352
武城县甲马营镇	7395	36342	328	5520	121	38	9976
武城县四女寺镇	10235	40233	309	6125	204	20	10846
武城县李家户镇	6683	31924	240	6328	171	12	9253
德州经济技术开发区赵虎镇	10252	42773	35	675	29	9	1702
德州经济技术开发区抬头寺镇	5048	27859	96	2880	68	27	21369
德州经济技术开发区袁桥镇	5089	23541	160	5890	156	34	13054
乐陵市杨安镇	8996	48179	180	5710	175	36	27796
乐陵市朱集镇	8867	58008	18	3150	16	10	27596
乐陵市黄夹镇	12328	67016	42	4998	35	10	24151
乐陵市丁坞镇	8191	37602	35	874	24	5	16023
乐陵市花园镇	8896	45567	17	1003	16	4	20615
乐陵市郑店镇	14339	51888	136	2658	136	5	19436
乐陵市化楼镇	8547	41283	17	1928	14	6	14232
乐陵市孔镇	11155	46634	10	642	8	4	13381
乐陵市铁营镇	7424	27185	60	3555	50	14	7848
乐陵市西段乡	4093	24578	15	1356	11	4	
乐陵市大孙乡	3930	18595	20	856	19	3	
乐陵市寨头堡乡	4165	25038	25	1987	23	8	
禹城市伦镇	11446	37098	93	3655	65	24	13200
禹城市房寺镇	14594	73718	124	6895	63	30	36673
禹城市张庄镇	5321	21146	61	2123	31	15	5819
禹城市辛店镇	9348	34920	71	2987	35	21	16756
禹城市安仁镇	6649	29573	56	1980	30	26	5605
禹城市辛寨镇	9344	40812	59	3820	36	32	7142
禹城市梁家镇	9456	38566	72	4505	51	32	4166
禹城市十里望镇	5738	32059	135	5670	92	44	14602
禹城市莒镇	5527	24178	58	1452	44	25	4621
禹城市李屯乡	4233	23148	54	1362	43	17	

续表 259　　（山东省）　　单位：公顷、人、个

名　　称	行政区域面　积	常住人口	企业个数	企　业从业人员	工业企业单　位	#规模以上	城镇建成区常住人口
东昌府区侯营镇	7674	48778	265	2342	223	13	14300
东昌府区沙镇镇	13192	97953	185	7155	160	19	27960
东昌府区堂邑镇	6141	38588	89	4108	75	9	16371
东昌府区梁水镇	14388	73349	145	1460	145	19	11156
东昌府区斗虎屯镇	8327	44157	17	2521	17	13	2601
东昌府区郑家镇	6793	60976	1938	23980	1931	24	35186
东昌府区张炉集镇	5067	37183	697	6060	362	21	3205
东昌府区于集镇	6955	39749	59	1550	27	1	3200
东昌府区许营镇	6471	37304	42	3500	37	3	2600
东昌府区朱老庄镇	6459	39874	43	951	20	5	2560
东昌府区顾官屯镇	7239	41462	110	7765	65	15	9217
东昌府区广平乡	6143	31659	65	662	32	12	
东昌府区韩集乡	5487	28276	12	690	12	3	
阳谷县阎楼镇	6610	45148	342	10245	128	23	11046
阳谷县阿城镇	11483	60573	125	2035	95	22	11230
阳谷县七级镇	7339	38574	45	1085	27	21	7171
阳谷县安乐镇	6674	39301	166	15613	117	21	9134
阳谷县定水镇	5838	29613	102	5862	76	17	2774
阳谷县石佛镇	5777	36820	125	3450	69	17	24042
阳谷县李台镇	3178	33942	66	2011	64	7	6141
阳谷县寿张镇	5811	69135	117	4035	109	15	23630
阳谷县十五里园镇	4902	44579	46	856	41	10	4189
阳谷县张秋镇	5334	44010	146	7160	85	22	11426
阳谷县郭店屯镇	5492	28593	76	1484	39	18	4972
阳谷县西湖镇	7113	39265	183	8126	73	24	18465
阳谷县高庙王镇	6140	38950	56	4600	45	12	3413
阳谷县金斗营镇	2268	29209	52	1860	34	10	7463
阳谷县大布乡	5725	30702	123	2160	85	15	
莘县张鲁镇	8276	47565	48	1239	45	14	18646
莘县朝城镇	7118	49870	178	7643	76	20	28335
莘县观城镇	6537	36715	35	1331	31	11	8082
莘县古城镇	6722	49986	58	2158	31	16	7567
莘县大张家镇	5740	36857	122	2342	118	27	12798
莘县古云镇	4922	47531	156	5650	98	43	37435
莘县十八里铺镇	8029	37913	97	5013	60	13	18143
莘县燕店镇	4652	37975	39	1427	14	10	9785
莘县董杜庄镇	5104	31667	46	1764	36	9	8013
莘县王奉镇	8703	47011	42	1648	35	6	10271
莘县樱桃园镇	7060	56379	25	452	13	8	25535
莘县河店镇	4555	35318	80	1765	70	17	10174
莘县妹冢镇	6768	52071	116	2281	93	17	7436
莘县魏庄镇	6568	42590	40	724	20	9	7729
莘县张寨镇	5919	48084	140	3867	78	17	9824
莘县大王寨镇	7145	35610	85	2407	75	8	7738
莘县徐庄镇	4781	27876	64	1846	60	10	7531
莘县王庄集镇	5563	41393	49	750	35	9	7332
莘县柿子园镇	5115	30612	78	1358	35	5	7482
莘县俎店镇	4104	23813	116	3327	63	7	2676
茌平县乐平铺镇	12599	52553	143	4689	140	34	19883
茌平县冯官屯镇	10363	45849	191	12600	146	41	28420

续表 260 （山东省） 单位：公顷、人、个

名　　称	行政区域面积	常住人口	企业个数	企业从业人员	工业企业单位	#规模以上	城镇建成区常住人口
茌平县菜屯镇	5888	26481	896	13784	714	34	3150
茌平县博平镇	8724	48353	184	4215	157	34	27320
茌平县杜郎口镇	7357	31122	45	15768	38	36	7930
茌平县韩屯镇	7112	33600	82	4263	30	24	6034
茌平县胡屯镇	4954	28032	78	7752	76	35	4762
茌平县肖庄镇	5625	26761	62	1860	55	15	7760
茌平县贾寨镇	5620	25179	39	2160	19	13	6212
茌平县洪官屯镇	4569	23680	48	820	39	24	4747
茌平县杨官屯乡	3654	16497	98	3100	42	12	
东阿县刘集镇	11956	67864	68	4730	58	10	4867
东阿县牛角店镇	10850	50882	37	850	33	12	24572
东阿县大桥镇	5074	21938	55	4252	40	13	13220
东阿县高集镇	7150	26997	23	1310	23	10	3060
东阿县姜楼镇	5500	29482	287	9583	209	15	21017
东阿县姚寨镇	8345	33278	75	4982	18	9	3262
东阿县鱼山镇	6451	29078	59	2870	39	1	2845
东阿县陈集乡	4591	20126	126	3707	89	12	
冠县贾镇	6371	41472	313	2527	174	13	4668
冠县桑阿镇	11198	60343	153	6015	72	21	4920
冠县柳林镇	7010	49276	184	8125	106	24	29084
冠县清水镇	5362	37498	283	14387	248	24	6165
冠县东古城镇	11350	77655	130	6450	123	13	13227
冠县北馆陶镇	5136	33464	143	1964	98	22	10692
冠县店子镇	4260	32513	112	2425	97	18	12339
冠县定远寨镇	6289	32071	298	5780	124	18	9605
冠县辛集镇	8186	45063	146	2031	102	12	9210
冠县梁堂镇	5455	34719	91	5936	36	11	13162
冠县范寨镇	5932	33988	93	7127	54	22	2537
冠县斜店乡	5601	36001	56	1955	46	7	
冠县甘官屯乡	5943	44655	268	2948	173	15	
冠县兰沃乡	5387	33946	93	4655	90	15	
冠县万善乡	5883	31970	51	3247	45	12	
高唐县梁村镇	9548	39182	130	2920	60	31	7713
高唐县尹集镇	8119	34273	178	2860	74	19	8846
高唐县清平镇	10672	44235	166	5600	160	43	24925
高唐县固河镇	9385	39081	97	2185	45	15	3122
高唐县三十里铺镇	5853	24237	425	8560	275	52	11006
高唐县琉璃寺镇	7936	33534	33	1512	30	17	8770
高唐县赵寨子镇	7535	34728	96	4639	78	30	2713
高唐县姜店镇	8173	42830	111	6428	87	34	7376
高唐县杨屯镇	10430	42271	144	2880	40	21	5630
临清市松林镇	5096	32346	272	11000	95	16	4887
临清市老赵庄镇	5592	41598	295	12346	120	30	3772
临清市康庄镇	9738	65747	198	3100	177	37	28119
临清市魏湾镇	5557	24923	47	600	40	14	2856
临清市刘垓子镇	5712	29268	60	2000	46	7	3093
临清市八岔路镇	4856	30846	318	10557	67	18	3329
临清市潘庄镇	4483	29743	223	22000	204	45	6369
临清市烟店镇	5205	52944	553	12848	223	51	32368
临清市唐园镇	5372	25741	393	4190	116	31	4562

续表 261　　　　（山东省）　　　　单位：公顷、人、个

名　　称	行政区域面　积	常住人口	企业个数	企　业从业人员	工业企业单　位	#规模以上	城镇建成区常住人口
临清市金郝庄镇	8556	51644	305	4120	290	59	12420
临清市戴湾镇	6770	30900	46	530	33	7	3675
临清市尚店镇	4860	28442	88	1800	87	10	2940
滨城区三河湖镇	9916	42474	42	1306	27	2	4674
滨城区杨柳雪镇	10108	42787	83	2103	75	12	12725
滨城区秦皇台乡	12806	21005	126	3152	47	7	
沾化区下洼镇	15116	49477	185	2650	60	6	25698
沾化区古城镇	7359	23847	133	2660	15	2	4594
沾化区冯家镇	25768	53617	298	2384	34	7	26301
沾化区泊头镇	10740	30317	57	1722	44	4	2738
沾化区大高镇	10380	36210	23	924	18	4	7768
沾化区黄升镇	6153	22881	12	673	6	2	5815
沾化区滨海镇	58974	10401	154	5726	55	10	3906
沾化区下河乡	8670	11681	126	860	2	2	
沾化区利国乡	10023	12947	21	683	18	2	
沾化区海防办事处乡	41356	268	12	181	8		
惠民县石庙镇	13601	57665	85	2569	28	9	6695
惠民县桑落墅镇	6619	25122	63	4352	47	18	4743
惠民县淄角镇	7013	29204	100	3549	53	11	8129
惠民县胡集镇	13700	56543	157	13430	140	14	22018
惠民县李庄镇	10102	55133	322	21065	285	26	35462
惠民县麻店镇	7746	29825	48	3326	22	7	3830
惠民县魏集镇	5336	27982	92	3671	45	9	8058
惠民县清河镇	6803	31464	55	1735	35	14	12592
惠民县姜楼镇	13279	53385	262	13981	242	27	19265
惠民县辛店镇	14636	45724	296	17168	148	18	23798
惠民县大年陈镇	8350	33282	48	3544	46	14	6885
惠民县皂户李镇	8201	30103	253	3957	29	7	4218
阳信县商店镇	9261	44320	498	8307	429	10	9418
阳信县温店镇	7856	37256	446	6589	421	7	7890
阳信县河流镇	6232	39594	835	9875	265	6	32054
阳信县翟王镇	6695	38109	459	3705	423	7	5906
阳信县流坡坞镇	7156	37244	407	3817	351	8	6962
阳信县水落坡镇	13081	51051	398	19875	312	5	30096
阳信县劳店镇	9552	43192	520	4755	475	16	25225
阳信县洋湖乡	10009	53817	536	18632	48	6	
无棣县水湾镇	14267	50849	45	1852	37	7	21312
无棣县碣石山镇	7108	23836	134	1783	30	6	10248
无棣县小泊头镇	10817	36428	49	1392	42	5	14717
无棣县埕口镇	33731	25957	127	1920	26	4	18770
无棣县马山子镇	51576	37000	655	13936	75	18	9532
无棣县车王镇	14800	44806	167	3304	51	12	21092
无棣县柳堡镇	25773	32825	95	1291	32	9	14980
无棣县佘家镇	12398	30913	52	1402	30	2	10501
无棣县信阳镇	4840	31310	378	4493	96	9	16915
无棣县西小王镇	18713	20197	419	1798	36	4	7283
博兴县曹王镇	5295	39233	120	8000	82	6	10627
博兴县兴福镇	5137	54850	1342	45000	650	46	38320
博兴县陈户镇	7641	36532	44	646	34	3	26373
博兴县湖滨镇	6594	45521	959	12302	384	21	23385

续表 262 （山东省） 单位：公顷、人、个

名　称	行政区域面积	常住人口	企业个数	企业从业人员	工业企业单位	#规模以上	城镇建成区常住人口
博兴县店子镇	8592	46120	329	8326	157	35	9656
博兴县吕艺镇	11373	41711	131	3882	39	7	1124
博兴县纯化镇	8508	24394	149	1980	8	2	1900
博兴县庞家镇	7075	26607	58	2936	53	3	958
博兴县乔庄镇	13222	31999	5	325			6915
邹平县长山镇	10642	72572	577	11560	269	37	31507
邹平县魏桥镇	14677	100175	403	15675	111	7	72527
邹平县临池镇	5157	28799	341	8017	324	10	9145
邹平县焦桥镇	8211	36890	217	9722	85	17	13711
邹平县韩店镇	8573	51025	579	20063	115	16	40946
邹平县孙镇镇	9887	36324	264	1805	189	14	9794
邹平县九户镇	9100	38648	222	1110	54	5	6444
邹平县青阳镇	4943	37034	285	9016	171	9	30298
邹平县明集镇	6867	40696	609	12570	233	19	27294
邹平县台子镇	8758	29910	176	3760	59	8	8489
邹平县码头镇	11410	43589	174	4205	121	15	8909
牡丹区沙土镇	12964	93019	167	4132	156	45	28200
牡丹区吴店镇	5730	58899	78	2450	48	24	27610
牡丹区王浩屯镇	7673	59098	13	1500	10	7	16210
牡丹区黄堽镇	8231	82893	110	4665	31	17	9100
牡丹区都司镇	4211	31585	72	2681	38	16	5640
牡丹区高庄镇	8446	59918	104	3257	32	7	8580
牡丹区小留镇	6034	55557	63	480	21	5	9640
牡丹区李村镇	10828	65998	179	2391	30	12	9680
牡丹区马岭岗镇	11238	93124	82	3650	65	20	17200
牡丹区安兴镇	6016	46071	171	4120	86	10	5069
牡丹区大黄集镇	5785	46870	78	3600	39	17	5740
牡丹区胡集镇	4624	34949	48	4456	42	17	4240
牡丹区皇镇乡	4795	38057	67	3200	35	17	
定陶区陈集镇	7890	54907	103	10000	71	49	27426
定陶区冉固镇	12614	90341	135	5167	79	21	23720
定陶区张湾镇	6323	46372	70	1470	34	22	12688
定陶区黄店镇	10300	75412	148	4902	109	18	3271
定陶区孟海镇	6301	45994	156	4960	28	15	14300
定陶区马集镇	6970	45913	52	1800	27	15	3242
定陶区仿山镇	7568	58029	51	3500	47	19	4170
定陶区半堤镇	6363	35656	78	896	42	13	3801
定陶区杜堂镇	4750	27016	30	1592	24	12	5240
定陶区南王店镇	5340	27432	38	909	22	11	2800
曹县庄寨镇	6434	62853	2199	49989	1787	78	24158
曹县普连集镇	7531	54901	152	7654	121	39	3431
曹县青固集镇	14096	91140	81	4532	65	31	32187
曹县桃源集镇	8044	69446	164	8663	115	43	6702
曹县韩集镇	7644	50900	178	2319	42	21	2476
曹县砖庙镇	5967	31153	34	2139	23	14	3776
曹县古营集镇	11756	75303	78	12376	60	25	9000
曹县魏湾镇	11416	69837	451	9415	327	36	8032
曹县侯集回族镇	5752	38499	130	3115	25	17	12000
曹县苏集镇	11734	70248	130	2015	98	13	6990
曹县孙老家镇	5978	43330	126	3561	52	19	9500

续表 263　　（山东省）　　单位：公顷、人、个

名　称	行政区域面积	常住人口	企业个数	企业从业人员	工业企业单位	#规模以上	城镇建成区常住人口
曹县阎店楼镇	7552	50638	60	2087	50	15	4620
曹县梁堤头镇	6833	42310	246	4569	37	24	5800
曹县安才楼镇	9442	61343	116	3295	86	14	5395
曹县邵庄镇	8221	51525	96	1320	72	24	3925
曹县王集镇	4796	30757	61	2956	48	19	3494
曹县青岗集镇	9341	53417	61	5416	32	11	4012
曹县常乐集镇	6149	42935	32	900	18	16	3834
曹县大集镇	4521	40806	519	4800	56	13	11280
曹县仵楼镇	6004	34455	142	2130	26	8	6440
曹县楼庄乡	4494	31037	65	2618	32	18	
曹县朱洪庙乡	5404	28136	65	1421	52	8	
单县郭村镇	9750	62007	84	3230	42	17	5633
单县黄岗镇	12103	77655	212	48872	52	16	10450
单县终兴镇	12122	61767	109	21639	53	11	4983
单县高韦庄镇	6337	39281	73	2863	35	13	3780
单县徐寨镇	9873	50821	29	2025	25	14	5309
单县蔡堂镇	8443	48584	50	2600	40	19	4280
单县朱集镇	5376	30590	43	450	35	13	1440
单县李新庄镇	6847	32572	64	2480	26	9	10750
单县浮岗镇	11401	59463	84	4572	27	13	10135
单县莱河镇	6744	53239	79	5265	38	23	2326
单县时楼镇	6450	39562	65	8960	43	9	3287
单县杨楼镇	8674	52572	160	2168	76	14	4969
单县张集镇	7885	38080	66	1600	60	11	2862
单县龙王庙镇	8599	50260	38	8500	29	16	8069
单县谢集镇	8061	53531	164	3254	54	12	10929
单县李田楼镇	8565	46652	28	6297	17	10	8319
单县高老家乡	9717	59540	73	7810	63	13	
单县曹庄乡	5397	27710	35	2561	26	15	
成武县大田集镇	10709	75651	328	6479	213	24	25949
成武县天宫庙镇	7957	39461	192	5317	82	15	13215
成武县汶上集镇	11080	72309	214	6422	114	17	21180
成武县南鲁集镇	6320	47698	157	1380	47	20	12558
成武县伯乐集镇	7800	55580	516	5865	65	8	9010
成武县苟村集镇	6156	38679	43	960	35	14	15674
成武县白浮图镇	7515	44813	34	2430	28	14	11399
成武县孙寺镇	8875	56449	670	6944	666	17	11535
成武县九女集镇	10878	59774	715	9678	678	16	14443
成武县党集镇	6293	35923	117	1397	103	15	15909
成武县张楼镇	6295	35198	42	1750	28	10	9199
巨野县龙固镇	8147	68777	756	15876	59	21	23760
巨野县大义镇	10877	67274	714	5569	64	14	20824
巨野县柳林镇	10335	63946	1337	6819	50	23	14461
巨野县章缝镇	6084	43413	572	3432	45	15	13375
巨野县大谢集镇	7491	61443	667	4669	38	9	21443
巨野县独山镇	9475	62546	916	5496	37	11	15523
巨野县麒麟镇	10147	63018	677	5416	87	19	13746
巨野县核桃园镇	3813	28891	345	2415	33	17	3412
巨野县田庄镇	7732	45221	890	5518	87	17	18886
巨野县太平镇	7310	43752	473	3784	158	21	13576

续表 264　（山东省）　单位：公顷、人、个

名　称	行政区域面积	常住人口	企业个数	企业从业人员	工业企业单位	#规模以上	城镇建成区常住人口
巨野县万丰镇	8912	72537	760	3876	57	25	5282
巨野县陶庙镇	5745	41334	377	1923	25	10	7468
巨野县董官屯镇	10818	50852	202	2444	71	16	7356
巨野县田桥镇	6152	40263	94	2460	89	13	13879
巨野县营里镇	6240	39819	82	656	27	17	5025
郓城县黄安镇	7802	57270	313	9718	273	19	14583
郓城县杨庄集镇	9410	55985	1053	20164	49	24	10417
郓城县侯咽集镇	10516	62146	130	4520	95	15	10339
郓城县武安镇	9028	59629	220	7800	105	22	11035
郓城县郭屯镇	5647	29015	61	2834	50	10	7572
郓城县丁里长镇	5371	39830	1034	9499	70	23	12351
郓城县玉皇庙镇	8707	53258	131	3875	112	10	5675
郓城县程屯镇	8956	50482	752	6760	34	10	5621
郓城县随官屯镇	9100	48813	781	6306	112	18	20798
郓城县张营镇	7843	45117	186	12643	126	24	13698
郓城县潘渡镇	7931	50877	85	4200	75	15	9432
郓城县双桥镇	9567	55870	108	3611	106	18	6835
郓城县南赵楼镇	5829	35224	92	4500	76	20	10396
郓城县黄堆集镇	5705	38100	155	7108	80	26	13124
郓城县唐庙镇	7555	48794	126	3150	112	18	7229
郓城县李集镇	8952	46224	136	5422	39	8	1672
郓城县黄集乡	7606	39958	87	5850	77	16	
郓城县张鲁集乡	7018	42037	52	4132	52	8	
郓城县水堡乡	3750	25356	32	2629	9	7	
郓城县陈坡乡	4986	28678	32	2753	27	9	
鄄城县什集镇	7924	40258	135	8100	110	18	7177
鄄城县红船镇	5434	35523	42	1560	30	13	10505
鄄城县旧城镇	10056	63861	33	1325	22	9	16650
鄄城县闫什镇	6798	57170	154	23230	86	18	55283
鄄城县箕山镇	7312	56924	292	21360	179	24	4940
鄄城县李进士堂镇	4049	25064	45	1118	22	17	8123
鄄城县董口镇	9615	50971	110	5348	53	20	18375
鄄城县临濮镇	5827	39320	52	5105	46	16	7160
鄄城县彭楼镇	7274	48578	56	4156	43	20	15364
鄄城县凤凰镇	4169	35810	42	3096	36	24	7382
鄄城县郑营镇	5322	40232	118	4560	86	36	18562
鄄城县大埝镇	4366	31238	54	2537	32	20	31238
鄄城县引马镇	4454	35776	40	1863	22	20	1324
鄄城县左营乡	7570	49346	24	8684	24	15	
鄄城县富春乡	4725	39792	84	6524	68	30	
东明县东明集镇	11397	55485	352	3025	23	12	19910
东明县刘楼镇	8817	42821	145	2764	27	13	17186
东明县陆圈镇	11681	73623	128	9871	82	21	23162
东明县马头镇	9274	37016	125	3500	44	16	17680
东明县三春集镇	8224	36122	32	1217	27	6	13538
东明县大屯镇	8307	39905	61	2412	42	25	16564
东明县武胜桥镇	7474	46889	59	8000	48	15	26012
东明县菜园集镇	9368	38163	114	2327	51	19	26999
东明县沙窝镇	14099	65680	85	2860	42	11	14355
东明县小井镇	10289	44797	57	530	15	7	5776

续表 265　　　　（山东省、河南省）　　　　单位：公顷、人、个

名　　称	行政区域面　积	常住人口	企业个数	企　业从业人员	工业企业单　位	#规模以上	城镇建成区常住人口
东明县长兴集乡	10026	57978	46	1680	30	7	
东明县焦园乡	9671	43066	56	286	16	6	
菏泽高新技术开发区吕陵镇	7393	57900	120	820	58	9	57900
河南省							
二七区马寨镇	3040	63000	345	26000	311	87	9010
二七区侯寨乡	23680	46380	529	6600	185	5	
管城回族区十八里河镇	2856	35471	18	18749	11	4	6273
管城回族区南曹乡	5000	51019	642	18480	330	2	
管城回族区圃田乡	600	6638					
上街区峡窝镇	4685	41604	1718	24500	1300	42	41604
惠济区花园口镇	5385	24239	110	1780	12	4	
惠济区古荥镇	7767	35225	401	12030	73	3	13640
中牟县韩寺镇	5107	40750	91	979	7		4888
中牟县官渡镇	12192	65209	290	5829	37	12	3725
中牟县狼城岗镇	11779	42709	173	1221	4	3	3617
中牟县万滩镇	6815	19165	129	1791	6	1	18081
中牟县白沙镇	4490	79282	350	10500	120	9	28230
中牟县郑庵镇	5060	30272	244	11046	37	6	5740
中牟县黄店镇	5468	28767	90	2789	17	3	3100
中牟县大孟镇	10760	63919	214	12513	22	6	9360
中牟县刘集镇	3022	21552	143	14137	8	7	
中牟县雁鸣湖镇	10042	29778	192	8081	11		5561
中牟县姚家镇	8421	30906	221	7777	102	35	6138
中牟县刁家乡	8709	41624	96	1812	2	2	
郑州经济技术开发区九龙镇	2903	17718	124	7683	114	40	17710
郑州高新技术产业开发区石佛镇	1680	98989	977	27396	43	4	98989
郑州高新技术产业开发区沟赵乡	3600	56618	556	22086	239	22	
郑州航空港经济综合实验区张庄镇	3722	120873	4	120	2	2	99289
郑州航空港经济综合实验区八岗镇	2449	15013	30	419	5	1	2413
郑州航空港经济综合实验区三官庙镇	4809	36240	99	813	4	1	1635
郑州航空港经济综合实验区八千乡	3515	29747	167	5160	20	3	
郑州航空港经济综合实验区龙王乡	2988	30261	3	87	3		
巩义市米河镇	5400	46337	986	24651	178	50	32216
巩义市新中镇	5290	18951	49	1917	39	13	18951
巩义市小关镇	6000	34957	124	4398	97	23	17000
巩义市竹林镇	2890	16284	69	3640	27	14	12641
巩义市大峪沟镇	9326	36376	344	9230	131	26	14346
巩义市河洛镇	11385	38098	53	4180	38	18	6257
巩义市站街镇	3330	38889	249	26379	209	48	4544
巩义市康店镇	10915	49242	177	9263	105	25	28642
巩义市北山口镇	5600	35747	414	6714	276	36	12920
巩义市西村镇	7361	63881	518	25453	236	21	12595
巩义市芝田镇	4600	46919	247	4864	163	23	10340
巩义市回郭镇	5000	114952	882	42160	293	93	69151
巩义市鲁庄镇	9114	67262	3175	15976	1186	17	7451
巩义市夹津口镇	5130	25660	173	5857	156	8	10944
巩义市涉村镇	10300	44454	185	3542	126	11	13108
荥阳市乔楼镇	6895	44911	386	12000	170	34	17432
荥阳市豫龙镇	6515	43810	1212	60000	1150	75	38696
荥阳市广武镇	16605	78756	1831	31327	1142	27	47912

续表 266　　　　（河南省）　　　　单位：公顷、人、个

名　　称	行政区域面　积	常住人口	企业个数	企　业从业人员	工业企业单　位	#规模以上	城镇建成区常住人口
荥阳市王村镇	9103	51628	1276	36763	1178	33	8352
荥阳市汜水镇	5820	22974	1687	12985	1623	19	15465
荥阳市高山镇	6150	26593	1275	12850	1232	39	7182
荥阳市刘河镇	5556	22742	359	7032	302	10	9173
荥阳市崔庙镇	8323	36479	2567	39988	1273	33	36479
荥阳市贾峪镇	8207	39902	1223	26058	1098	49	32149
荥阳市城关乡	5178	39639	813	9200	802	43	
荥阳市高村乡	9897	47839	1120	13860	820	38	
荥阳市金寨回族乡	582	7069	93	745	88	12	
新密市城关镇	2430	30168	163	5582	108	21	12950
新密市米村镇	5907	36828	88	2729	61	26	8337
新密市牛店镇	7899	49739	146	5968	86	11	19686
新密市平陌镇	5805	37924	193	2134	76	22	5312
新密市超化镇	7860	66763	281	25017	248	68	34017
新密市苟堂镇	8930	49280	123	15322	115	41	13072
新密市大隗镇	5880	54966	135	15238	102	51	30950
新密市刘寨镇	6616	47602	104	18896	87	39	20000
新密市白寨镇	9200	58841	150	3320	117	15	8820
新密市岳村镇	6247	37533	333	23566	112	24	22015
新密市来集镇	6300	49421	216	18974	168	72	31319
新密市曲梁镇	10200	75299	216	37925	182	65	25532
新密市袁庄乡	5871	24968	85	3830	40	13	
新郑市新村镇	7113	30459	569	8952	249	31	23109
新郑市辛店镇	8600	61612	348	36300	130	32	29093
新郑市观音寺镇	6308	51534	103	7322	99	13	9843
新郑市梨河镇	4255	36267	286	24327	258	33	11659
新郑市和庄镇	3752	28995	301	17352	244	41	19908
新郑市薛店镇	5600	39604	426	25000	128	45	18908
新郑市孟庄镇	6600	45751	420	10409	68	11	10129
新郑市郭店镇	7754	62815	310	34726	269	27	7482
新郑市龙湖镇	9600	150699	1101	150146	568	41	110240
新郑市城关乡	4004	31956	225	6625	150	12	
登封市大金店镇	11444	61011	698	21980	679	35	15280
登封市颍阳镇	8918	52635	21	5123	11	8	17675
登封市卢店镇	3856	31685	539	10068	490	35	15218
登封市告成镇	7282	46017	88	16307	35	35	28000
登封市阳城区镇	1170	12152	64	6654	58	41	1145
登封市大冶镇	9870	102332	2633	34107	2351	71	48000
登封市宣化镇	6707	18743	47	8200	33	11	10293
登封市徐庄镇	7200	29473	31	9082	24	16	13746
登封市东华镇	7990	58482	271	10600	270	24	9900
登封市白坪乡	4350	13418	130	2675	120	27	
登封市君召乡	11900	42121	16	3153	16	11	
登封市石道乡	10347	41207	32	311	24	10	
登封市唐庄乡	11326	44150	125	4153	95	16	
龙亭区北郊乡	3400	53281	185	6493	156	8	
龙亭区柳园口乡	5300	37179	62	1021	42	1	
顺河回族区东郊乡	4070	44341	590	11200	97	15	
顺河回族区土柏岗乡	2956	23199	174	2496	113	4	
禹王台区南郊乡	2100	22953	55	1600	45	4	

续表 267　　　　(河南省)　　　　单位：公顷、人、个

名　　称	行政区域面　　积	常住人口	企业个数	企　　业从业人员	工业企业单　　位	#规模以上	城镇建成区常住人口
禹王台区汪屯乡	3303	23369	62	15961	61	34	
金明区杏花营镇	6441	24656	190	4520	85	23	5682
金明区西郊乡	3791	67730	859	23935	82	20	
金明区水稻乡	8493	34347	128	5252	26	8	
祥符区城关镇	1234	45195	1430	7562	88	37	42830
祥符区陈留镇	6837	62002	458	3128	421	8	18432
祥符区仇楼镇	7460	60098	248	3432	233	7	3786
祥符区八里湾镇	8389	60922	243	4026	19	6	6000
祥符区曲兴镇	6514	38462	590	6024	204	7	8160
祥符区朱仙镇	7026	41183	170	1150	88	9	12068
祥符区半坡店乡	9003	59281	162	6111	117	7	
祥符区罗王乡	8274	59478	177	5214	177	9	
祥符区刘店乡	6395	37094	52	3792	52	4	
祥符区袁坊乡	7784	45249	100	8250	95	8	
祥符区杜良乡	10204	66786	89	623	39	8	
祥符区兴隆乡	5758	46501	2295	11480	109	11	
祥符区西姜寨乡	13123	69058	70	2046	62	9	
祥符区万隆乡	14739	61933	91	2287	91	9	
祥符区范村乡	12450	44157	89	6982	79	10	
杞县城关镇	1903	61239	178	9151	66	27	22319
杞县五里河镇	6258	56162	332	12084	93	15	3245
杞县付集镇	7097	60042	77	4812	37	1	15620
杞县于镇镇	7434	59862	115	3335	42	10	14862
杞县高阳镇	7092	65000	252	3012	60	9	13589
杞县葛岗镇	7832	68169	1080	5634	36	7	4611
杞县阳堌镇	6299	45963	176	4185	53	9	11856
杞县邢口镇	5543	54366	65	2120	49	6	6740
杞县裴村店乡	7922	56702	286	6350	63	11	
杞县宗店乡	4696	27538	263	8152	87	16	
杞县板木乡	5743	30937	93	5684	49	8	
杞县竹林乡	4532	32109	67	2100	38	3	
杞县官庄乡	5812	38107	75	2930	43	8	
杞县湖岗乡	4576	40284	52	3513	42	11	
杞县苏木乡	4989	42136	68	1490	45	6	
杞县沙沃乡	4559	41120	50	1200	11	6	
杞县平城乡	7777	62559	278	3242	77	8	
杞县泥沟乡	6463	55154	65	430	65	6	
杞县柿园乡	7300	68941	90	3560	60	6	
杞县西寨乡	6600	41153	80	4720	52	4	
杞县城郊乡	3331	33383	158	4952	38	27	
通许县竖岗镇	6432	53470	89	3266	32	9	14230
通许县玉皇庙镇	7500	63600	96	1392	23	9	15220
通许县四所楼镇	7300	68927	46	4684	42	10	82
通许县朱砂镇	9200	71030	124	5124	65	11	13429
通许县长智镇	6700	54647	32	817	14	12	7480
通许县冯庄乡	5600	40320	82	868	34	18	
通许县孙营乡	7364	48265	32	1204	16	7	
通许县大岗李乡	7200	53359	29	657	15	7	
通许县邸阁乡	5400	46015	47	1320	14	14	
通许县练城乡	5102	43045	39	2482	21	9	

续表 268 （河南省） 单位：公顷、人、个

名　　称	行政区域面　　积	常住人口	企业个数	企　　业从业人员	工业企业单　　位	#规模以上	城镇建成区常住人口
通许县厉庄乡	5300	40356	120	3480	45	13	
尉氏县城关镇	1646	69954	8196	327840	2025	29	69954
尉氏县洧川镇	6570	61314	443	10523	247	23	23125
尉氏县朱曲镇	5900	57360	153	6158	150	21	20552
尉氏县蔡庄镇	6539	59511	284	2103	117	16	23477
尉氏县永兴镇	10603	71314	870	7413	203	20	12500
尉氏县张市镇	7393	52263	138	5816	114	10	16700
尉氏县十八里镇	8021	66279	220	2792	162	9	30459
尉氏县水坡镇	8401	55224	126	3945	44	13	8815
尉氏县大营镇	9719	49303	119	11185	89	47	4001
尉氏县庄头镇	11622	50889	371	11616	247	18	
尉氏县邢庄乡	8874	59781	326	11824	20	14	
尉氏县大马乡	9009	46608	45	7250	36	17	
尉氏县岗李乡	9754	62304	178	7858	132	25	
尉氏县门楼任乡	6104	42584	328	4300	307	16	
尉氏县大桥乡	6505	58014	302	19063	150	27	
尉氏县南曹乡	8452	54695	225	1637	208	19	
尉氏县小陈乡	4578	30679	86	3772	60	17	
兰考县固阳镇	6658	72702	864	12755	242	25	38100
兰考县南彰镇	7464	71904	237	9288	183	18	13310
兰考县考城镇	12543	67756	406	9354	214	4	35234
兰考县红庙镇	6373	54190	130	8568	82	12	14890
兰考县谷营镇	10950	84790	309	9125	286	21	58820
兰考县三义寨乡	8724	56693	134	4300	117	12	
兰考县坝头乡	7745	37984	193	6713	175	19	
兰考县小宋乡	7429	54625	246	7200	166	11	
兰考县孟寨乡	3708	34251	231	14600	179	16	
兰考县许河乡	4275	30016	289	9820	165	7	
兰考县葡萄架乡	4992	31880	265	3762	102	6	
兰考县闫楼乡	3804	36659	291	8160	208	14	
兰考县仪封乡	11872	54382	137	4753	128	6	
瀍河回族区瀍河回族乡	2044	37188	65	1028	50	7	
洛龙区龙门镇	2158	43785	295	16885	33	1	
洛龙区安乐镇	1967	57748	490	29400	105	3	22917
洛龙区白马寺镇	2621	29686	218	4080	62	3	5530
洛龙区李楼镇	3656	56393	167	5921	112	9	5488
洛龙区丰李镇	3661	42786	85	3312	57	7	6859
洛龙区诸葛镇	6073	53757	175	23152	141	36	22758
洛龙区李村镇	8389	80227	241	10080	179	30	18913
洛龙区庞村镇	3290	35985	250	12100	203	61	21850
洛龙区寇店镇	6397	37233	127	8067	116	16	10705
洛龙区佃庄镇	3847	42185	69	3479	67	17	6015
孟津县城关镇	7850	83435	239	20457	79	7	65637
孟津县会盟镇	12860	51746	132	6589	75	15	19985
孟津县平乐镇	6380	48755	213	8537	68	29	12763
孟津县送庄镇	4648	25754	161	3251	35	5	25754
孟津县白鹤镇	11740	52614	243	12617	145	48	30662
孟津县朝阳镇	6800	48712	241	6812	198	36	20925
孟津县小浪底镇	11107	36510	113	3720	13	5	13880
孟津县麻屯镇	4883	49050	412	27358	198	80	28517

续表 269　　（河南省）　　单位：公顷、人、个

名　　称	行政区域面　　积	常住人口	企业个数	企　　业从业人员	工业企业单　　位	#规模以上	城镇建成区常住人口
孟津县横水镇	6020	39901	108	1520	25	3	12000
孟津县常袋镇	4170	28141	159	2780	118	40	9087
新安县城关镇	7541	98720	125	687	94	25	52008
新安县石寺镇	7532	47224	653	14610	121	17	22487
新安县五头镇	8896	51906	80	1675	62	3	8898
新安县磁涧镇	10884	66279	235	24986	220	75	15680
新安县铁门镇	11378	76845	489	19670	427	48	16080
新安县南李村镇	8631	34269	119	3695	56	6	2240
新安县北冶镇	15187	40369	128	5820	58	6	8700
新安县仓头镇	7371	23324	89	1710	43	2	7113
新安县正村镇	5768	41089	202	2218	183	8	4472
新安县石井镇	19155	25545	23	991	6	5	6998
新安县曹村乡	14080	37313	43	1310	40	3	
栾川县城关镇	2772	71635	2250	30687	7		36992
栾川县赤土店镇	15131	15962	66	3658	63	6	7254
栾川县合峪镇	31040	22224	40	1590	31	3	9385
栾川县潭头镇	23592	30935	18	470	13	4	14620
栾川县三川镇	9686	26844	12	280	7	3	8106
栾川县冷水镇	5302	19436	35	5888	27	6	11466
栾川县陶湾镇	20184	34621	45	3630	40	4	13980
栾川县石庙镇	9261	19575	31	2228	30	4	9440
栾川县庙子镇	28817	30436	95	3705	48	5	8520
栾川县狮子庙镇	27564	19946	33	820	30	3	5835
栾川县白土镇	14803	15502	23	890	19	4	6652
栾川县叫河镇	17846	19981	46	2545	20	3	7273
栾川县栾川乡	14613	39532	49	1825	40	6	
栾川县秋扒乡	16663	10698	16	311	13	1	
嵩县城关镇	10080	90370	569	4202	38	2	74136
嵩县田湖镇	12300	68490	34	850	33	3	4900
嵩县旧县镇	14920	27727	30	143	28	1	5770
嵩县车村镇	55340	58771	134	6468	98	1	24912
嵩县闫庄镇	13070	45275	16	86	5		6000
嵩县德亭镇	32100	47346	30	160	29	4	4578
嵩县大章镇	26180	33340	192	4450	42	4	5680
嵩县白河镇	30960	13489	12	65	2		6800
嵩县纸房镇	18420	35320	196	2166	26	2	7660
嵩县饭坡镇	8740	24513	10	587	7	3	3201
嵩县大坪乡	11690	35558	31	215	5		
嵩县库区乡	7230	37150	93	652	5		
嵩县何村乡	9280	31596	21	942	1	1	
嵩县九店乡	9390	24235	15	531	11		
嵩县黄庄乡	18480	27240	12	67			
嵩县木植街乡	22710	13472	16	508	14	1	
汝阳县城关镇	8900	83732	1118	14529	76	8	47865
汝阳县上店镇	5143	43087	60	945	56	4	13561
汝阳县付店镇	21594	16164	51	2156	49	7	3770
汝阳县小店镇	6670	55314	102	2842	66	8	12436
汝阳县三屯镇	14009	43212	37	602	3	3	
汝阳县刘店镇	7635	37564	46	431	32	3	
汝阳县内埠镇	3609	28233	72	4285	39	8	10211

续表 270　　(河南省)　　单位：公顷、人、个

名　　称	行政区域面　积	常住人口	企业个数	企　业从业人员	工业企业单　位	#规模以上	城镇建成区常住人口
汝阳县陶营镇	5000	41179	186	1046	26	4	
汝阳县柏树乡	7026	28472	25	562	12	2	
汝阳县十八盘乡	11171	20664	7	583	7	3	
汝阳县靳村乡	12838	13553	12	62	7	2	
汝阳县王坪乡	15604	13628	29	1225	25	2	
汝阳县蔡店乡	7328	53612	63	5460	43	4	
宜阳县城关镇	1246	68145	88	3615	33	3	52374
宜阳县柳泉镇	12107	61347	109	2869	87	6	17825
宜阳县韩城镇	8281	47457	58	2900	25	1	23922
宜阳县白杨镇	7920	46771	27	792	12	12	17966
宜阳县香鹿山镇	12248	60975	386	4975	168	62	6942
宜阳县锦屏镇	9001	49802	41	2885	30	18	4033
宜阳县三乡镇	6775	38329	28	1123	14	6	9321
宜阳县张坞镇	11501	36881	29	1322	17	3	4111
宜阳县莲庄镇	7639	27822	48	840	33	3	4520
宜阳县赵保镇	13172	32862	94	943	10	3	9864
宜阳县樊村镇	5979	25946	20	376	17	6	5334
宜阳县盐镇乡	17043	62100	7	95	6	1	
宜阳县高村乡	14892	46490	11	60	11	2	
宜阳县花果山乡	9773	4028	3	141	1	1	
宜阳县上观乡	14482	6218	8	162	5	1	
宜阳县董王庄乡	9130	30511	27	732	13	3	
洛宁县城关镇	850	44100	113	6720	23	4	36210
洛宁县王范回族镇	1500	32780	43	1025	9	2	27028
洛宁县上戈镇	22000	16000	9	199			2390
洛宁县下峪镇	20680	16012	11	2620	10	3	3012
洛宁县河底镇	13370	41513	41	1400	15	4	4900
洛宁县兴华镇	16870	16752	9	160	6	1	3893
洛宁县东宋镇	15080	36572	16	186	13	3	1995
洛宁县马店镇	12460	23010	8	260	6	1	5580
洛宁县故县镇	14150	4632	9	561	2		1750
洛宁县赵村镇	13880	39885	13	1102	10	3	5050
洛宁县城郊乡	5660	46341	85	29501	64	10	
洛宁县小界乡	17410	26182	36	621	6	2	
洛宁县长水乡	12140	13920	15	292	11	1	
洛宁县罗岭乡	15150	9900	16	360	4	1	
洛宁县底张乡	12100	20901	20	1748	16	3	
洛宁县西山底乡	7995	17912	116	3650	14	4	
洛宁县陈吴乡	16170	35579	32	2215	22	4	
洛宁县涧口乡	12670	26752	48	2246	35	12	
伊川县城关镇	7333	86964	199	5662	150	15	86964
伊川县鸣皋镇	7892	67628	175	6010	112	9	17529
伊川县水寨镇	3525	31321	69	2614	42	9	8305
伊川县彭婆镇	8230	67744	263	5139	240	26	13800
伊川县白沙镇	11267	76826	265	3962	57	20	9374
伊川县江左镇	7990	50720	100	2544	17	3	8983
伊川县高山镇	6387	49282	55	1323	52	2	10078
伊川县吕店镇	10665	58395	81	1569	62	6	2589
伊川县半坡镇	4751	18436	44	1640	21	1	2360
伊川县酒后镇	7242	38148	67	3982	15	1	4310

续表 271　　　　（河南省）　　　　单位：公顷、人、个

名　　称	行政区域面　积	常住人口	企业个数	企　业从业人员	工业企业单　位	#规模以上	城镇建成区常住人口
伊川县白元镇	6542	58370	80	3148	50	5	7626
伊川县鸦岭乡	12529	72239	151	2678	15	4	
伊川县平等乡	5317	53253	110	3428	110	9	
伊川县葛寨乡	6274	40988	19	881	12	4	
偃师市翟镇	3099	39061	164	5112	164	29	25485
偃师市岳滩镇	2936	39500	380	15000	345	63	23320
偃师市顾县镇	4385	59450	497	9880	339	41	23040
偃师市缑氏镇	8031	68260	52	2107	41	14	12156
偃师市府店镇	12194	56951	112	2008	107	20	
偃师市高龙镇	3768	35084	538	7896	446	20	15892
偃师市山化镇	6510	44859	422	3210	145	16	4976
偃师市邙岭镇	5931	32279	76	2639	68	16	7880
偃师市大口镇	8856	43121	730	6500	721	12	6750
平顶山市新华区焦店镇	2363	17222	71	3852	53	5	1136
湛河区曹镇乡	4061	44510	168	1226	13	8	
宝丰县城关镇	1150	62044	412	9685	3	3	62044
宝丰县周庄镇	5677	39018	101	1200	39	11	6492
宝丰县闹店镇	6150	41214	302	5413	30	4	8801
宝丰县石桥镇	6994	44610	218	4692	32	4	12020
宝丰县商酒务镇	6295	42061	84	2925	33	11	11430
宝丰县大营镇	12665	67485	331	2365	47	9	12296
宝丰县张八桥镇	6106	29562	537	17312	48	13	4335
宝丰县杨庄镇	6200	49887	436	5620	62	23	4325
宝丰县赵庄镇	4460	39837	136	3680	21		2188
宝丰县肖旗乡	6382	38832	132	3842	23	1	
宝丰县前营乡	4878	33193	331	5722	42	15	
宝丰县李庄乡	4220	28233	302	5382	46	5	
叶县任店镇	8237	61047	476	5712	27	1	12851
叶县保安镇	11700	41667	1075	10091	34	2	8252
叶县仙台镇	8400	60868	339	3389	28		6589
叶县叶邑镇	10331	62418	45	1786	21	2	62418
叶县廉村镇	8997	63338	56	546	31		7720
叶县常村镇	17800	44598	95	2186	65		4875
叶县辛店镇	14000	49232	84	1643	65	1	3106
叶县洪庄杨镇	4600	38563	282	1520	55	2	3510
叶县夏李乡	10801	48528	143	2230	20		
叶县马庄回族乡	1059	11481	65	1598	43	5	
叶县田庄乡	5623	42071	85	1452	64	2	
叶县龚店乡	6300	63384	285	20389	85	14	
叶县龙泉乡	7350	46438	22	684	18		
叶县水寨乡	5300	34386	124	926	67	2	
叶县邓李乡	6600	49263	128	1879	26	3	
鲁山县下汤镇	11742	34068	19	536	4		12430
鲁山县梁洼镇	5037	29954	301	10856	26	10	12453
鲁山县张官营镇	8208	62230	106	987	14	4	21590
鲁山县张良镇	9024	58368	144	5262	26	8	36825
鲁山县尧山镇	30490	22441	70	800	1		6037
鲁山县瓦屋镇	12408	35513	194	975	9	1	4715
鲁山县赵村镇	21751	29514	114	5325	12	2	6755
鲁山县四棵树乡	12784	16484	64	390	9	1	

续表 272　　(河南省)　　单位：公顷、人、个

名　　称	行政区域面积	常住人口	企业个数	企业从业人员	工业企业单位	#规模以上	城镇建成区常住人口
鲁山县团城乡	10114	13967	43	507	3	1	
鲁山县熊背乡	13523	20065	10	122	3		
鲁山县让河乡	8874	44349	94	2624	18	3	
鲁山县观音寺乡	6205	19808	591	3237	14	2	
鲁山县昭平台库区乡	10200	26143	34	1000	3	2	
鲁山县背孜乡	16918	24561	29	174	4	1	
鲁山县仓头乡	7900	26760	12	110	3	1	
鲁山县董周乡	9449	48435	364	3428	9	1	
鲁山县张店乡	6320	37319	85	1124	3	1	
鲁山县辛集乡	9044	51722	156	3185	21	8	
鲁山县滚子营乡	10503	70516	95	546	24	2	
鲁山县马楼乡	15090	92156	181	2103	9	4	
郏县冢头镇	5408	54301	83	1994	35	14	38831
郏县安良镇	9177	61281	66	7473	38	17	24189
郏县堂街镇	7130	48077	74	1035	43	6	18106
郏县薛店镇	6973	71033	59	2323	51	17	10999
郏县长桥镇	5454	53184	43	2236	40	8	13852
郏县茨芭镇	10297	52736	65	1094	17	7	13952
郏县黄道镇	4609	27663	96	5616	21	12	16031
郏县李口镇	4423	27252	61	2446	26	9	7985
郏县王集乡	5321	42467	58	2651	22	6	
郏县姚庄回族乡	754	8492	15	272	12	5	
郏县白庙乡	4994	32703	95	1844	46	15	
郏县广阔天地乡	1400	14833	135	8574	45	19	
郏县渣元乡	4028	34466	93	2477	28	12	
平顶山高新技术产业开发区遵化店镇	5195	34063	271	12486	25	15	9392
平顶山市新城区滍阳镇	3200	29968	55	589	3		2316
舞钢市尚店镇	10700	43854	925	14604	36	4	3231
舞钢市八台镇	5590	32742	43	735	40	4	1131
舞钢市尹集镇	10150	26036	198	3762	32	4	5354
舞钢市枣林镇	8210	53321	96	1880	35	7	526
舞钢市庙街乡	5630	15998	160	2230	18	5	
舞钢市武功乡	5120	25189	77	1826	46	10	
舞钢市杨庄乡	13400	27312	324	6980	29	9	
汝州市寄料镇	17915	60546	84	8200	23	6	19203
汝州市温泉镇	7600	52114	31	821	12	4	4874
汝州市临汝镇	9800	62050	613	5536	562	15	26786
汝州市小屯镇	12260	92109	870	25751	479	33	35220
汝州市杨楼镇	7340	75035	189	5670	36	14	8252
汝州市蟒川镇	14612	58263	55	3106	47	22	19870
汝州市庙下镇	8554	80050	488	14640	439	6	12046
汝州市米庙镇	9777	56248	425	6350	245	1	3321
汝州市陵头镇	10700	49289	613	9249	475	4	10532
汝州市纸坊镇	7860	73922	227	3405	56	4	6322
汝州市大峪镇	14034	20856	23	1637	12	3	1165
汝州市王寨乡	7400	48450	75	1021	49	3	
汝州市骑岭乡	5068	43966	333	4519	184	7	
汝州市夏店乡	6659	30234	95	2412	58	3	
汝州市焦村乡	6970	27355	356	3122	58	3	
文峰区宝莲寺镇	5200	54767	103	1195	42	3	15902

续表 273　　　　（河南省）　　　　单位：公顷、人、个

名　　称	行政区域面积	常住人口	企业个数	企业从业人员	工业企业单位	#规模以上	城镇建成区常住人口
文峰区高庄镇	6030	56895	252	3050	54	7	56895
殷都区西郊乡	2330	42404	446	2536	134	3	
龙安区龙泉镇	5700	31485	66	2456	65	10	2184
龙安区马投涧镇	10200	53731	72	3500	62	9	3500
龙安区东风乡	3748	57577	900	18129	213	12	
安阳县水冶镇	9610	136322	942	25925	585	53	74825
安阳县铜冶镇	6000	36802	187	10085	153	28	11720
安阳县善应镇	6975	25908	40	1300	18	9	6386
安阳县柏庄镇	4147	41312	255	24360	38	20	22160
安阳县白璧镇	5862	86540	633	8822	310	6	45655
安阳县曲沟镇	3272	51484	373	16576	321	39	20453
安阳县吕村镇	6361	73817	28	785	19	2	16852
安阳县伦掌镇	7336	39945	190	7258	39	11	8936
安阳县崔家桥镇	4927	51812	23	160	14	3	4404
安阳县辛村镇	7610	70599	213	9668	160	1	9170
安阳县韩陵镇	3640	32284	32	1451	26	5	4873
安阳县永和镇	4673	48325	160	1351	19	3	9979
安阳县都里镇	8700	22470	103	1199	17	1	5865
安阳县磊口乡	5905	22562	132	3206	106	10	
安阳县许家沟乡	5800	41293	58	2090	36	12	
安阳县马家乡	6100	29378	80	413	7	5	
安阳县安丰乡	8333	61916	30	450	27	7	
安阳县洪河屯乡	5860	39936	218	1550	158	8	
安阳县瓦店乡	5766	44484	84	1090	12		
安阳县北郭乡	5300	44893	45	1050	21	1	
汤阴县城关镇	1951	74029	760	19634	81	18	74029
汤阴县菜园镇	7658	55283	134	2953	31	5	18120
汤阴县任固镇	8025	55048	95	2403	27	6	15435
汤阴县五陵镇	6351	47645	109	2412	22	4	8870
汤阴县宜沟镇	12763	58833	234	7575	80	26	54929
汤阴县白营镇	3891	37894	353	11045	91	14	22221
汤阴县伏道镇	7609	43575	98	4423	63	22	12161
汤阴县韩庄镇	6569	44604	388	14406	135	25	8539
汤阴县古贤镇	3791	33065	155	3601	53	19	7741
汤阴县瓦岗乡	5978	36349	45	1036	15	3	
滑县道口镇	1767	76065	206	10450	71	10	54652
滑县城关镇	6690	75112	245	1253	23	6	24612
滑县白道口镇	11364	58601	154	2200	150	22	13410
滑县留固镇	11786	66425	24	1850	21	12	14968
滑县上官镇	9389	60812	2086	17429	160	23	8300
滑县牛屯镇	11325	59800	32	8000	24	5	9610
滑县万古镇	8604	52374	45	1432	34	2	15600
滑县高平镇	7242	56572	129	2479	96	20	9439
滑县王庄镇	7628	51251	95	5812	78	8	10255
滑县老店镇	9766	62823	369	1926	51	5	7214
滑县慈周寨镇	6355	42777	88	800	22	6	9051
滑县焦虎镇	8041	48122	164	984	18	3	6100
滑县枣村乡	8616	40534	29	1020	23	4	
滑县四间房乡	7100	37252	45	1623	42	6	
滑县八里营乡	11814	64587	24	1016	24	1	

续表 274　　　　　　（河南省）　　　　　　单位：公顷、人、个

名　称	行政区域面积	常住人口	企业个数	企业从业人员	工业企业单位	#规模以上	城镇建成区常住人口
滑县赵营乡	7290	33431	72	1360	26	1	
滑县大寨乡	6708	43107	148	4324	46	4	
滑县桑村乡	5049	40494	54	389	24	6	
滑县老爷庙乡	7970	49718	106	1182	25	4	
滑县瓦岗寨乡	5613	39871	32	1018	22	2	
滑县半坡店乡	8912	49480	105	1650	90	1	
滑县小铺乡	5424	38635	72	2152	54		
内黄县城关镇	11400	57175	542	30395	272	14	48700
内黄县东庄镇	9160	67260	44	3500	34	8	6330
内黄县井店镇	4857	43355	128	2360	101	11	15102
内黄县梁庄镇	11000	35426	126	4144	64	10	6196
内黄县后河镇	12000	47152	94	8289	36	11	8030
内黄县楚旺镇	3938	36981	61	4310	45	9	26575
内黄县田氏镇	5380	52077	28	32389	22	2	13410
内黄县二安镇	5710	41536	97	5180	62	7	8867
内黄县张龙乡	4920	31582	101	2884	35	8	
内黄县马上乡	7800	51534	70	2300	28	11	
内黄县高堤乡	6110	32965	102	4082	38	6	
内黄县亳城乡	7220	51967	77	3193	37	7	
内黄县六村乡	7200	35137	63	1777	41	7	
内黄县中召乡	5890	25163	46	987	21	3	
内黄县宋村乡	3860	34030	13	926	11	3	
内黄县石盘屯乡	4400	34905	35	1600	6	5	
内黄县豆公乡	4640	30460	51	732	51	1	
林州市合涧镇	13203	49641	228	9012	93	10	13662
林州市临淇镇	18555	96865	193	3207	124	6	25040
林州市东姚镇	17200	53780	147	3528	67	6	13410
林州市横水镇	14908	85220	289	16389	263	15	14211
林州市河顺镇	11400	60592	186	16859	156	6	12240
林州市任村镇	18000	34301	143	3600	22	6	9890
林州市姚村镇	10300	86212	450	27532	375	106	28837
林州市陵阳镇	2600	24221	148	18552	107	32	4638
林州市原康镇	13700	34852	46	4595	44	10	8093
林州市五龙镇	19000	62353	17	8645	12	3	4965
林州市采桑镇	8478	31224	10	4618	6	5	2883
林州市东岗镇	13924	49470	48	3068	47	9	6937
林州市桂林镇	9400	41851	28	2819	26	7	7150
林州市茶店镇	9403	34538	24	2043	21	5	7267
林州市石板岩镇	8985	7663	11	425	1		1557
林州市城郊乡	13900	94605	223	1580	124	22	
鹤山区鹤壁集镇	6468	62621	456	10542	362	28	20357
鹤山区姬家山乡	5793	16091	152	3258	126	9	
山城区石林镇	9700	45753	89	13192	48	25	16200
淇滨区大赉店镇	4870	27500	28	168	10		87
淇滨区钜桥镇	6820	51785	23	340	17	5	14000
淇滨区上峪乡	6246	8724	27	140	14	2	
淇滨区大河涧乡	9700	12200	23	310	17	1	
浚县善堂镇	13698	96516	35	4200	23	8	36725
浚县屯子镇	12671	84238	42	2120	26	9	17889
浚县新镇镇	12552	91129	211	2562	28	5	15380

续表 275　　　　（河南省）　　　　单位：公顷、人、个

名　称	行政区域面积	常住人口	企业个数	企业从业人员	工业企业单位	#规模以上	城镇建成区常住人口
浚县小河镇	11600	77895	110	2530	45	6	5535
浚县卫贤镇	9667	67598	51	410	30	6	16080
浚县王庄镇	9950	81807	209	3235	39	6	16870
浚县白寺乡	11642	49145	29	1200	15	9	
淇县高村镇	7353	47080	223	12822	66	28	15600
淇县北阳镇	11468	41427	228	5126	135	20	16800
淇县西岗镇	6338	51960	180	1020	60	18	24124
淇县庙口镇	9175	38501	177	7150	88	20	4955
淇县黄洞乡	11393	10374	13	960	8	5	
红旗区洪门镇	3420	32806	1649	15531	69	5	15976
红旗区小店镇	3360	31161	280	8798	121	7	10809
卫滨区平原镇	3200	44670	248	2200	238	16	17026
凤泉区大块镇	4595	50760	765	13950	533	25	15980
凤泉区耿黄镇	2700	42568	474	5875	98	9	22253
凤泉区潞王坟乡	3205	24990	34	3495	21	5	
牧野区王村镇	2404	34800	644	15870	378	20	22106
牧野区牧野镇	2835	43759	193	8225	147	4	27329
新乡县翟坡镇	4633	40010	1026	13430	288	19	30773
新乡县小冀镇	3050	42797	625	19643	226	17	37598
新乡县七里营镇	10813	101397	1489	53901	859	31	58210
新乡县朗公庙镇	8264	62472	207	9046	136	9	15946
新乡县古固寨镇	4858	39080	174	7419	50	15	29573
新乡县大召营镇	2987	20998	189	6879	146	18	13996
新乡县合河乡	3817	36100	554	8494	311	4	
获嘉县城关镇	2963	69390	203	41697	122	35	
获嘉县照镜镇	3290	29628	36	5749	36	9	3751
获嘉县黄堤镇	3530	23402	47	890	23	3	3500
获嘉县中和镇	2475	31278	45	2342	33	4	12990
获嘉县徐营镇	4217	34140	34	2136	22	2	8184
获嘉县冯庄镇	5258	42431	45	3100	43	3	410
获嘉县亢村镇	5571	55804	219	9836	189	13	19106
获嘉县史庄镇	4419	37838	32	3350	26	4	7012
获嘉县太山镇	6080	41931	90	1885	38	6	5295
获嘉县位庄乡	3530	28325	31	2352	22	6	
获嘉县大新庄乡	4964	39698	25	1300	22	5	
原阳县齐街镇	6978	51238	69	1179	63	8	9873
原阳县太平镇	8130	43898	44	4210	38	7	12578
原阳县福宁集镇	10456	52051	128	680	12	7	15550
原阳县韩董庄镇	5758	38601	385	4238	275	8	15785
原阳县葛埠口乡	5143	34778	169	1800	6	3	
原阳县蒋庄乡	8016	36943	120	2521	57	1	
原阳县官厂乡	9036	43059	43	1870	43	1	
原阳县大宾乡	6090	31807	76	6325	71	5	
原阳县陡门乡	13432	64899	30	3027	22	3	
原阳县路寨乡	5939	44386	150	750	43	1	
原阳县阳阿乡	7086	37879	107	6621	83	4	
原阳县靳堂乡	9719	43098	41	1416	41	1	
延津县城关镇	1650	71323	974	9950	73	8	62969
延津县东屯镇	4187	33444	95	4196	90	8	10650
延津县丰庄镇	4900	36676	97	3325	85	4	4500

续表 276　　(河南省)　　单位：公顷、人、个

名称	行政区域面积	常住人口	企业个数	企业从业人员	工业企业单位	#规模以上	城镇建成区常住人口
延津县石婆固镇	10276	45639	59	1820	58	13	7660
延津县王楼镇	6065	31015	48	3337	16	11	5431
延津县僧固乡	5554	35126	60	3012	42	5	
延津县魏邱乡	10854	44912	28	480	17	3	
延津县司寨乡	7000	38529	45	1083	39	6	
延津县马庄乡	9451	49325	126	968	52	1	
延津县胙城乡	9990	37958	60	4200	50	4	
延津县榆林乡	6490	30110	55	380	40	5	
延津县小潭乡	7615	40081	49	2550	41	6	
封丘县城关镇	1294	64063	1081	8648	128	12	64063
封丘县黄陵镇	5292	39505	133	1064	78	15	16674
封丘县黄德镇	5723	38190	58	826	41	2	6066
封丘县应举镇	9647	52541	160	3600	63	4	7636
封丘县陈桥镇	10687	51949	150	1200	39	2	6000
封丘县赵岗镇	7915	53628	227	2890	103	6	6568
封丘县留光镇	5849	49879	158	1288	53	6	8879
封丘县潘店镇	7328	63232	120	2800	72	7	8699
封丘县李庄镇	8297	33859	181	3894	16	1	7204
封丘县陈固镇	6352	33775	76	1930	41	3	6882
封丘县居厢镇	5240	31020	84	2050	28	3	8427
封丘县鲁岗镇	5296	42473	115	3200	40	2	5403
封丘县尹岗镇	4750	25729	192	2448	150	18	4648
封丘县城关乡	6982	55216	213	3100	59	4	
封丘县回族乡	778	5718	45	262	10	2	
封丘县王村乡	5425	48048	189	24197	74	14	
封丘县荆宫乡	12561	56599	323	4085	48	1	
封丘县曹岗乡	8004	34713	76	1620	21	2	
封丘县冯村乡	5127	35037	124	1531	62	3	
长垣县丁栾镇	4940	52138	176	4200	20	9	16037
长垣县樊相镇	5160	47300	180	6120	119	4	12115
长垣县恼里镇	9034	59138	175	13624	121	13	12935
长垣县常村镇	7344	56395	193	1991	18	1	4897
长垣县赵堤镇	4590	42344	39	6903	12		42344
长垣县孟岗镇	5126	47522	84	7413	24	1	5520
长垣县满村镇	4317	38691	269	7047	142	6	4782
长垣县苗寨镇	6547	54033	141	9419	6		10468
长垣县张三寨镇	3895	37400	146	4464	22	2	1300
长垣县方里镇	5044	51382	177	3544	42	1	7201
长垣县佘家镇	5567	53696	40	3437	20		9136
长垣县芦岗乡	8601	61945	240	7043	66	1	
长垣县武邱乡	8600	57599	23	252	6		
新乡高新技术产业开发区关堤乡	4100	48153	135	17580	36	9	
新乡市平原城乡一体化示范区原武镇	5723	27796	54	2185	20	2	7313
新乡市平原城乡一体化示范区师寨镇	6661	52349	106	440	97	4	1503
新乡市平原城乡一体化示范区祝楼乡	6247	33432	22	669	22	7	
新乡市平原城乡一体化示范区桥北乡	6985	33080	8	917	3	3	
卫辉市汲水镇	1893	56412	150	5162	97	4	56412
卫辉市太公镇	7704	29495	11	125	11		8300
卫辉市孙杏村镇	3289	26436	78	2566	78	6	2008
卫辉市后河镇	4294	37578	40	909	32	5	4360

续表 277　　　　　　　　（河南省）　　　　　　　　单位：公顷、人、个

名　　称	行政区域面　　积	常住人口	企业个数	企　　业从业人员	工业企业单　　位	#规模以上	城镇建成区常住人口
卫辉市李源屯镇	6682	56070	23	1030	23		11200
卫辉市唐庄镇	7747	47404	291	9880	230	38	32950
卫辉市上乐村镇	6489	37200	14	266	5		6280
卫辉市狮豹头乡	21217	13097	5	290	2		
卫辉市安都乡	8050	38309	98	1020	12	2	
卫辉市顿坊店乡	5573	34122	35	670	12		
卫辉市柳庄乡	3758	31108	33	1572	22	2	
卫辉市庞寨乡	4676	28155	36	250	1	1	
卫辉市城郊乡	5154	60082	91	6152	54	3	
辉县市薄壁镇	19700	45203	142	5961	45	3	10000
辉县市峪河镇	6900	48168	55	6280	27	2	14800
辉县市百泉镇	8000	82822	517	18832	138	29	37822
辉县市孟庄镇	3600	68164	393	19940	378	53	28982
辉县市常村镇	9100	50901	132	6530	79	19	12460
辉县市吴村镇	9500	60508	33	3512	25	15	5700
辉县市南村镇	11800	24015	24	1120	22		2933
辉县市南寨镇	14600	19994	64	3548	44	2	7240
辉县市上八里镇	20450	20051	78	988	7		3061
辉县市北云门镇	5000	47279	147	2562	60	6	6050
辉县市占城镇	5900	38676	54	486	32	2	2954
辉县市冀屯镇	8100	48103	201	7600	96	6	24512
辉县市黄水乡	13000	11830	29	1328	10	1	
辉县市拍石头乡	13000	9308	6	134	6		
辉县市高庄乡	9200	42972	56	1500	39	9	
辉县市张村乡	10800	16012	48	3515	42	1	
辉县市赵固乡	6500	41979	33	5186	24	4	
辉县市西平罗乡	5300	16826	84	586	12		
辉县市洪洲乡	4650	10725	27	800	26	14	
辉县市沙窑乡	11800	8500	6	83	6		
修武县城关镇	2922	62579	488	11006	47	6	53569
修武县七贤镇	9079	39216	185	4737	29	6	28000
修武县郇封镇	8775	65731	213	14626	52	30	7183
修武县周庄镇	2238	15411	51	1565	34	9	1560
修武县云台山镇	10300	3445	31	1447			1965
修武县王屯乡	2810	20527	27	587	14	1	
修武县五里源乡	5689	40785	114	4509	38	12	
修武县西村乡	18873	16776	11	231	7	1	
博爱县柏山镇	2682	39123	487	4204	33	8	9812
博爱县月山镇	2900	34649	250	8140	78	11	26112
博爱县许良镇	2927	52154	392	8881	119	22	17732
博爱县磨头镇	3613	32466	199	2775	20	14	5400
博爱县孝敬镇	6029	53078	92	2433	38	8	6410
博爱县寨豁乡	13088	12150	32	181	17	9	
博爱县金城乡	6237	55189	47	922	27	7	
武陟县詹店镇	8300	44184	529	13270	471	32	34461
武陟县西陶镇	3674	52415	771	7103	769	14	29650
武陟县谢旗营镇	5765	58715	1056	12358	712	9	18980
武陟县大封镇	8395	77777	359	14276	269	21	26872
武陟县嘉应观乡	7565	44473	16	1362	16	3	
武陟县乔庙乡	5230	42770	182	6780	68	6	

续表 278　　(河南省)　　单位：公顷、人、个

名　称	行政区域面　积	常住人口	企业个数	企　业从业人员	工业企业单　位	#规模以上	城镇建成区常住人口
武陟县圪当店乡	3727	36305	33	1271	14	6	
武陟县三阳乡	7364	48336	120	2250	100	9	
武陟县小董乡	5040	43607	23	516	23	7	
武陟县大虹桥乡	7573	61176	116	1200	78	10	
武陟县北郭乡	7753	40903	58	3904	34	11	
温县祥云镇	6316	48597	64	4500	62	17	6208
温县番田镇	6308	45286	82	2340	75	16	4512
温县黄庄镇	6664	46763	165	8652	83	16	2976
温县武德镇	4712	50080	66	2682	66	13	7228
温县赵堡镇	4868	46412	66	1600	39	5	9380
温县招贤乡	3544	21787	50	1037	25	4	
温县北冷乡	2081	20844	29	1450	28	5	
焦作城乡一体化示范区阳庙镇	2664	37216	126	750	20	8	15371
焦作城乡一体化示范区宁郭镇	3668	29035	8	43	8	8	8549
焦作城乡一体化示范区苏家作乡	3018	35367	12	531	12	2	
沁阳市崇义镇	4793	33495	57	5286	40	12	6096
沁阳市西向镇	9402	79148	573	51286	223	35	33120
沁阳市西万镇	3620	38266	134	7620	81	15	12796
沁阳市柏香镇	8340	59519	215	10792	80	19	11023
沁阳市山王庄镇	1867	30689	96	5048	86	13	10037
沁阳市紫陵镇	5922	28652	107	8499	85	21	6356
沁阳市常平乡	7002	5324	24	672	9	5	
沁阳市王召乡	6633	51601	134	4914	72	12	
沁阳市王曲乡	5638	42170	117	5671	84	20	
孟州市化工镇	6644	35280	28	2510	26	12	10950
孟州市南庄镇	4656	43459	247	13115	139	48	22620
孟州市城伯镇	3890	31429	99	3500	53	11	3439
孟州市谷旦镇	4042	26994	52	750	38	12	2543
孟州市赵和镇	8130	38047	24	1459	22	7	2521
孟州市西虢镇	7685	33626	140	20070	98	36	
孟州市槐树乡	7300	19750	45	1560	31	14	
华龙区岳村镇	2541	29718	56	3940	31	6	29414
华龙区孟轲乡	2030	39555	48	3189	23	20	
清丰县城关镇	2610	74230	334	5020	120	22	73650
清丰县马庄桥镇	1648	13510	144	13916	112	15	5691
清丰县瓦屋头镇	5785	45164	115	4782	90	6	7912
清丰县仙庄镇	6840	51050	350	4025	245	5	25686
清丰县柳格镇	4185	41576	114	9342	108	18	5836
清丰县六塔乡	5126	42048	116	2567	52	5	
清丰县巩营乡	4811	39599	105	2820	79	3	
清丰县马村乡	5889	41020	89	2128	46	2	
清丰县高堡乡	5092	40176	89	4982	86	10	
清丰县古城乡	4933	36552	55	450	26	5	
清丰县大流乡	4932	36725	57	2922	54	9	
清丰县韩村乡	5069	41717	128	3580	86	6	
清丰县大屯乡	4720	38769	166	4847	148	9	
清丰县固城乡	4434	36500	147	4000	70	8	
清丰县双庙乡	4550	42366	71	2457	52	4	
清丰县纸房乡	5716	45445	68	2819	34	3	
清丰县阳邵乡	6916	43700	910	4817	125	6	

续表 279　　　　（河南省）　　　　单位：公顷、人、个

名　　称	行政区域面　　积	常住人口	企业个数	企　　业从业人员	工业企业单　　位	#规模以上	城镇建成区常住人口
南乐县城关镇	3100	48032	168	908	64	19	40001
南乐县韩张镇	4300	37358	137	1579	96	9	17622
南乐县元村镇	6000	51630	429	16781	306	15	36814
南乐县福堪镇	6700	48527	80	920	18	12	6953
南乐县张果屯镇	5570	35150	430	5620	42	11	1300
南乐县千口镇	6300	41122	160	1800	25	8	8935
南乐县杨村乡	4933	28357	85	1500	29	8	
南乐县谷金楼乡	4862	31446	135	2346	16	12	
南乐县西邵乡	4800	42850	236	11450	116	5	
南乐县寺庄乡	5800	40240	148	6382	62	8	
南乐县梁村乡	4798	49638	73	6475	35	3	
南乐县近德固乡	4900	39874	249	7310	123	7	
范县城关镇	1010	38896	864	4826	35	4	38872
范县濮城镇	4152	70136	383	30986	331	52	33881
范县龙王庄镇	6252	62829	127	667	124	10	8500
范县高码头镇	4934	46964	77	1453	70	14	6185
范县王楼镇	3826	35629	55	3216	55	21	8442
范县辛庄镇	7107	55641	60	1279	50	9	8337
范县陈庄镇	5628	35264	83	1920	11	9	5520
范县杨集乡	5813	52408	57	3133	57	5	
范县白衣阁乡	5094	43112	124	3794	56	8	
范县颜村铺乡	4761	36484	143	4824	39	14	
范县陆集乡	5021	42462	209	6074	209	5	
范县张庄乡	4939	37516	54	1815	52	16	
台前县城关镇	2798	53725	67	11253	26	19	41263
台前县侯庙镇	5595	58302	123	1041	63	15	12187
台前县孙口镇	3082	33339	496	9308	138	21	23814
台前县打渔陈镇	5906	54322	155	1556	55	10	12270
台前县马楼镇	6889	57795	269	8795	145	14	20496
台前县吴坝镇	3600	33754	112	621	21	11	3214
台前县后方乡	3383	38682	335	9862	165	11	
台前县清水河乡	4336	39001	151	3963	112	19	
台前县夹河乡	4262	42156	86	2159	43	11	
濮阳县城关镇	5132	59897	517	35905	340	21	51320
濮阳县柳屯镇	7500	69427	666	27332	457	42	39452
濮阳县文留镇	7966	79926	713	29860	492	58	39878
濮阳县庆祖镇	7243	60300	156	12152	134	20	21562
濮阳县八公桥镇	7800	64962	82	2648	10	5	5630
濮阳县徐镇镇	6480	54520	30	4560	21	6	7580
濮阳县户部寨镇	6900	56057	397	13725	234	15	6752
濮阳县鲁河镇	7144	57213	110	2118	50	9	29052
濮阳县子岸镇	7578	56256	141	6307	97	5	9205
濮阳县胡状镇	7067	51541	64	984	5	5	5016
濮阳县王称固镇	7260	55672	47	643	14	3	5261
濮阳县清河头乡	5800	42948	81	830	25	11	
濮阳县梁庄乡	6700	51776	119	9967	41	5	
濮阳县白罡乡	5500	39167	32	3817	24	1	
濮阳县梨园乡	6369	49633	36	720	23	2	
濮阳县五星乡	5100	47277	139	2312	135	10	
濮阳县郎中乡	6757	62587	58	2460	56	1	

续表 280　　(河南省)　　单位：公顷、人、个

名　　称	行政区域面　　积	常住人口	企业个数	企　　业从业人员	工业企业单　　位	#规模以上	城镇建成区常住人口
濮阳县海通乡	6320	57932	57	2593	21	12	
濮阳县渠村乡	7800	51328	38	2380	36		
濮阳县习城乡	7600	48403	26	1200	3	1	
濮阳经济技术开发区王助镇	6220	51045	295	6076	208	50	3030
濮阳经济技术开发区新习镇	7230	56608	49	525	23	8	1575
濮阳经济技术开发区胡村乡	5552	32190	25	786	21	3	
许昌县将官池镇	4184	40562	126	2480	67	6	
许昌县五女店镇	7448	41836	358	5643	158	9	11175
许昌县尚集镇	2257	33839	189	32140	90	21	11260
许昌县苏桥镇	6600	61250	304	4112	182	12	14019
许昌县蒋李集镇	8508	60496	154	2326	140	10	5197
许昌县张潘镇	6274	49970	164	9320	123	19	15588
许昌县灵井镇	7058	64844	98	8708	90	16	15800
许昌县陈曹乡	8566	68869	357	4380	248	7	
许昌县邓庄乡	4644	60029	82	3690	15		
许昌县小召乡	6461	58311	165	3206	90	5	
许昌县河街乡	4919	44777	121	4402	110	16	
许昌县桂村乡	4965	35511	123	1574	32	9	
许昌县椹涧乡	7686	57323	183	3796	113	10	
许昌县榆林乡	7376	62501	158	2580	151	7	
许昌县艾庄回族乡	1355	13796	70	926	70	7	
鄢陵县安陵镇	1448	68713	1426	41965	51	29	38479
鄢陵县马栏镇	8522	79535	1817	17817	1707	20	41086
鄢陵县柏梁镇	6140	60862	177	5897	65	3	41512
鄢陵县陈化店镇	4946	33802	115	6870	12	4	5810
鄢陵县望田镇	7950	44841	212	2002	3	3	14125
鄢陵县大马镇	7670	47589	446	12000	56	8	20019
鄢陵县陶城镇	10408	60325	1270	11510	1250	8	5450
鄢陵县张桥镇	8459	60524	154	810	135	5	760
鄢陵县彭店镇	8777	54442	393	4192	247	9	17961
鄢陵县只乐镇	8642	56350	354	1816	292	2	14232
鄢陵县南坞镇	6440	38921	105	2510	25	6	
鄢陵县马坊乡	7256	57244	540	4620	360	8	
襄城县城关镇	780	54836	329	1738	12	12	54836
襄城县颍桥回族镇	950	5673	41	1836	16	9	5673
襄城县麦岭镇	5010	51237	47	3929	25	8	6600
襄城县颍阳镇	6206	47813	394	14824	76	13	10651
襄城县王洛镇	6670	48219	153	4615	137	13	8648
襄城县紫云镇	8190	47950	236	6758	78	14	6709
襄城县库庄镇	6280	51506	237	3856	36	13	6520
襄城县十里铺镇	6824	53256	237	8130	136	4	7530
襄城县山头店镇	6294	58444	126	7162	106	12	6013
襄城县湛北乡	5518	30037	85	8865	75	15	
襄城县茨沟乡	4235	55877	68	5163	4	4	
襄城县丁营乡	5100	47143	160	2650	42	5	
襄城县姜庄乡	8800	45148	29	915	8	8	
襄城县范湖乡	9658	57807	241	5924	98	2	
襄城县双庙乡	5000	39265	32	3600	16	4	
襄城县汾陈乡	4518	46140	126	3867	38	8	
许昌经济技术开发区长村张乡	3800	32617	49	493	26	1	

续表 281 （河南省） 单位：公顷、人、个

名　　称	行政区域面积	常住人口	企业个数	企业从业人员	工业企业单位	#规模以上	城镇建成区常住人口
禹州市火龙镇	4670	48653	134	8704	107	19	17535
禹州市顺店镇	7155	69798	278	1465	265	25	13156
禹州市方山镇	7400	39857	130	2856	96	23	6033
禹州市神垕镇	4910	42782	504	26735	484	23	41230
禹州市鸿畅镇	6900	50511	551	26735	484	23	19135
禹州市梁北镇	4650	44389	482	17640	360	18	27300
禹州市古城镇	5382	47967	264	3690	158	23	14380
禹州市无梁镇	8648	35716	231	7082	22	13	7690
禹州市文殊镇	6200	43987	57	4600	57	17	4210
禹州市鸠山镇	9600	33062	66	5720	27	12	11996
禹州市褚河镇	7331	66537	260	18760	70	18	12650
禹州市范坡镇	7180	48369	42	5800	38	9	12840
禹州市郭连镇	5044	51048	153	4350	58	17	4762
禹州市朱阁镇	7080	44966	97	1290	84	15	6185
禹州市浅井镇	11200	33406	364	7186	152	14	3500
禹州市方岗镇	4400	39000	89	7895	25	9	5700
禹州市花石镇	7202	55707	251	5120	203	16	5710
禹州市张得镇	7044	45236	138	7886	137	5	5089
禹州市苌庄乡	8775	28786	70	1050	70	10	
禹州市磨街乡	5900	23957	16	4100	12	12	
禹州市小吕乡	4969	37026	204	4714	25	7	
禹州市山货回族乡	1200	12082	83	1736	51	7	
长葛市和尚桥镇	4070	26504	680	24538	638	65	26504
长葛市坡胡镇	4662	55814	426	12630	421	45	8096
长葛市后河镇	4438	48924	868	30660	780	32	10632
长葛市石固镇	3880	45740	2635	20215	1943	43	13123
长葛市老城镇	4914	63941	530	22620	383	44	16206
长葛市南席镇	6318	51519	246	3487	210	4	5218
长葛市大周镇	6440	82623	1175	38230	750	130	44690
长葛市董村镇	5250	53739	682	11850	644	15	10214
长葛市石象镇	5600	49724	72	4221	68	4	3055
长葛市古桥镇	5630	43546	96	1804	65	3	11596
长葛市增福庙乡	3285	32628	172	8070	138	19	
长葛市官亭乡	6202	50621	219	17200	217	21	
源汇区大刘镇	4000	37451	32	1042	7	2	3600
源汇区阴阳赵镇	4600	44766	45	2900	10	6	11630
源汇区空冢郭镇	4403	45465	212	42200	186	15	11247
源汇区问十乡	4200	24299	327	1995	17	2	
郾城区城关镇	1370	75329	1076	23120	39	19	56443
郾城区孟庙镇	6030	66954	185	16650	118	44	14022
郾城区商桥镇	5070	44836	67	1820	32	9	9670
郾城区裴城镇	7971	52640	68	2298	46	12	6952
郾城区新店镇	6990	48357	62	880	14	10	9541
郾城区龙城镇	6390	60100	62	963	56	20	26656
郾城区李集镇	5470	42527	52	11860	19	6	10170
郾城区黑龙潭镇	3890	36995	30	1669	30	13	55
召陵区召陵镇	7045	76606	313	4682	294	23	21843
召陵区邓襄镇	4067	45273	89	2207	89	4	8133
召陵区万金镇	7968	74401	59	1152	51	2	8310
召陵区老窝镇	7968	75650	206	1915	26	3	7155

续表 282　　　　　　　　　　　（河南省）　　　　　　　　　　　单位：公顷、人、个

名　　称	行政区域面积	常住人口	企业个数	企业从业人员	工业企业单位	#规模以上	城镇建成区常住人口
召陵区姬石镇	3441	40999	111	890	90	5	14635
召陵区青年镇	7716	65251	100	700	73	8	6000
舞阳县舞泉镇	2248	76825	295	28014	72	30	76825
舞阳县吴城镇	6616	39966	80	778	19	7	17830
舞阳县北舞渡镇	4146	27244	86	1548	9	7	19860
舞阳县莲花镇	6321	44697	79	1051	24	8	11890
舞阳县辛安镇	5039	37293	94	1504	11	5	8586
舞阳县孟寨镇	6225	39500	81	3800	13	2	20563
舞阳县太尉镇	3619	28448	42	1160	9	4	4900
舞阳县侯集镇	5874	45012	82	520	28	5	6384
舞阳县九街镇	7056	40261	53	6489	12	4	12342
舞阳县文峰乡	5620	40798	58	9790	20	7	
舞阳县保和乡	6905	43286	68	820	17	5	
舞阳县马村乡	6428	38414	12	260	12	5	
舞阳县姜店乡	6568	31830	49	24017	11	3	
舞阳县章化乡	4704	33175					
临颍县城关镇	3650	92819	626	10323	322	42	92819
临颍县繁城镇	6900	55074	21	2600	14	7	55074
临颍县杜曲镇	5850	67675	785	16788	689	57	66613
临颍县王岗镇	9400	59964	34	510	29	5	59964
临颍县台陈镇	6768	51525	109	3745	107	2	11270
临颍县巨陵镇	5250	40069	55	2876	13	4	10542
临颍县瓦店镇	5300	40172	48	1560	47	6	40172
临颍县三家店镇	4700	31300	65	420	24	1	31300
临颍县窝城镇	4900	33290	4	200	4	4	4962
临颍县王孟镇	6000	37773	5	298	5	2	6158
临颍县大郭镇	7450	50967	25	420	25	3	50967
临颍县皇帝庙乡	4792	28283	26	2867	26	4	
临颍县固厢乡	3550	31180	61	2400	60	6	
临颍县石桥乡	4550	24380	13	340	9	5	
临颍县陈庄乡	3100	21892	4	293	3	3	
漯河经济技术开发区后谢镇	4358	85829	670	45010	364	103	23628
湖滨区交口乡	4171	20813	399	7980	22	3	
湖滨区磁钟乡	2360	8867	159	1075	38	5	
湖滨区高庙乡	5907	6597	119	1126	19	3	
陕州区大营镇	5614	35428	125	3567	50	4	35428
陕州区原店镇	1384	27649	202	3215	41	2	23999
陕州区西张村镇	30035	48159	30	280	8	2	14100
陕州区观音堂镇	12042	24909	55	3140	50	4	5102
陕州区张汴乡	13253	10229	26	289	10	2	
陕州区张湾乡	6576	26472	27	915	5	1	
陕州区菜园乡	14624	37067	31	1275	11	2	
陕州区张茅乡	8150	19121	51	1080	48	3	
陕州区王家后乡	13165	16374	22	5900	22	5	
陕州区硖石乡	6942	11750	19	152	15		
陕州区西李村乡	14432	20243	7	260			
陕州区宫前乡	22260	12709	5	276	5		
陕州区店子乡	16900	3456	5	50			
渑池县城关镇	3315	83044	426	33095	66	12	21460
渑池县英豪镇	8900	34965	15	6225	15	12	7367

续表 283　　（河南省）　　单位：公顷、人、个

名　　称	行政区域面　　积	常住人口	企业个数	企　　业从业人员	工业企业单　　位	#规模以上	城镇建成区常住人口
渑池县张村镇	5438	26925	38	7236	19	14	13100
渑池县洪阳镇	6945	21528	58	3209	55	15	2659
渑池县天池镇	13700	41161	25	1582	13	9	3218
渑池县仰韶镇	9027	37586	83	12655	56	22	4698
渑池县仁村乡	12518	15715	11	680	6	6	
渑池县果园乡	12147	38204	61	3620	43	11	
渑池县陈村乡	12355	28429	73	5130	72	8	
渑池县坡头乡	21200	15217	11	1824	10	10	
渑池县段村乡	20196	7671	9	1787	9	7	
渑池县南村乡	10792	5476	30	1900	30	10	
卢氏县城关镇	6400	43014	141	2366	22	4	37654
卢氏县杜关镇	20100	17295	7	259	7	2	2770
卢氏县五里川镇	16820	18703	7	65	4	1	8650
卢氏县官道口镇	21100	19797	46	265			3692
卢氏县朱阳关镇	13750	16774	9	54	5		3354
卢氏县官坡镇	26821	23689	53	325	11	2	4264
卢氏县范里镇	31162	35360	53	266	26	2	9042
卢氏县东明镇	20760	33211	104	1849	64	5	12600
卢氏县双龙湾镇	14605	13053	16	210	6	3	5200
卢氏县文峪乡	23579	30205	16	668	16	5	
卢氏县横涧乡	24842	30253					
卢氏县双槐树乡	13649	11268	4	161	4	1	
卢氏县汤河乡	15169	10326	19	230	5	2	
卢氏县瓦窑沟乡	24737	12851	1	21			
卢氏县狮子坪乡	24092	10642	11	523	1		
卢氏县沙河乡	14261	13840	26	131			
卢氏县徐家湾乡	15978	9111	7	38			
卢氏县潘河乡	25322	12206	9	895	9	3	
卢氏县木桐乡	18599	7889	15	96	2	1	
灵宝市城关镇	1935	8758	45	4513	37	5	1609
灵宝市尹庄镇	8238	45445	430	2200	74	10	3200
灵宝市朱阳镇	81482	44361	114	4339	113	17	7508
灵宝市阳平镇	27992	71662	82	8320	79	36	11453
灵宝市故县镇	19546	40705	75	6304	70	25	11716
灵宝市豫灵镇	18215	60138	132	13106	98	38	13692
灵宝市大王镇	8960	35662	1400	8400	23	3	8450
灵宝市阳店镇	19515	56637	48	1680	36	2	2370
灵宝市函谷关镇	6090	24909	30	200	4	4	2770
灵宝市焦村镇	12952	51390	26	2232	8	6	9449
灵宝市川口乡	10630	29450	19	380	1	1	
灵宝市寺河乡	15471	6921	2	126	2	2	
灵宝市苏村乡	26761	27160	24	798	24	7	
灵宝市五亩乡	24185	35212	28	780	19	8	
灵宝市西阎乡	14907	54526	46	1600	21	2	
宛城区官庄镇	4910	31358	120	2952	11	3	9250
宛城区瓦店镇	8600	52834	1091	8511	683	8	15386
宛城区红泥湾镇	13664	86208	191	5300	70	8	21000
宛城区黄台岗镇	9070	50737	85	4863	35	6	9950
宛城区金华镇	6800	47379	361	2100	54	3	12000
宛城区溧河乡	4696	35668	387	6390	42	28	

续表 284 （河南省） 单位：公顷、人、个

名　　称	行政区域面　　积	常住人口	企业个数	企　　业从业人员	工业企业单　　位	#规模以上	城镇建成区常住人口
宛城区汉冢乡	8283	48697	108	2133	25	4	
宛城区茶庵乡	5118	35013	322	1620	155	2	
宛城区高庙乡	8140	48913	209	2383	93	2	
卧龙区石桥镇	3973	41347	99	3422	89	4	16968
卧龙区潦河镇	7644	65221	85	2833	72	5	7839
卧龙区安皋镇	9159	38969	40	1341	26	3	5730
卧龙区蒲山镇	12470	99395	356	3185	201	18	48032
卧龙区陆营镇	7500	67246	151	3431	90	3	7420
卧龙区青华镇	9159	72830	109	1581	50	6	7296
卧龙区英庄镇	8940	71787	82	2053	60	2	4500
卧龙区潦河坡镇	10600	22153	26	1581	20	1	2898
卧龙区七里园乡	4612	27255	42	4307	25	11	
卧龙区谢庄乡	10600	35840	17	610	17		
卧龙区王村乡	4422	36422	51	2985	43	10	
南召县城关镇	1075	61383	3191	28578	9	5	61383
南召县留山镇	16940	36798	19	1220	8	4	3762
南召县云阳镇	13486	89153	96	9365	72	17	55160
南召县皇路店镇	11889	67141	48	12850	20	9	19829
南召县南河店镇	13059	56732	589	7223	562	15	12313
南召县板山坪镇	34610	26062	125	920	29	8	3144
南召县乔端镇	34225	16768	25	977	13	9	3695
南召县白土岗镇	19600	41700	163	2890	102	17	8096
南召县城郊乡	14400	66759	53	1135	15	6	
南召县小店乡	16853	33746	102	1836	81	3	
南召县皇后乡	15600	33933	222	2513	163	9	
南召县太山庙乡	8722	31244	9	584	5	4	
南召县石门乡	9408	23327	23	338	18	9	
南召县四棵树乡	22250	28219	48	2865	18	13	
南召县马市坪乡	29200	21716	20	461	15	5	
南召县崔庄乡	31328	41752	41	673	25	4	
方城县独树镇	22404	74137	163	4998	78	16	32425
方城县博望镇	15902	87296	411	8154	148	9	39200
方城县拐河镇	17920	41150	42	736	19	13	9326
方城县小史店镇	26553	70688	126	742	103	16	8326
方城县赵河镇	15360	78339	32	1435	8	4	33689
方城县广阳镇	13624	65368	120	6974	63	16	36202
方城县二郎庙镇	12500	50445	312	1860	45	11	8986
方城县杨楼镇	17769	65113	56	1531	23	10	11248
方城县券桥乡	10000	60967	466	6645	136	17	
方城县杨集乡	16767	53134	165	3450	77	13	
方城县古庄店乡	19294	71339	184	1020	78	13	
方城县清河乡	14907	60518	128	5732	94	13	
方城县柳河乡	13600	38588	68	451	27	5	
方城县四里店乡	27938	49696	21	1968	20	20	
方城县袁店回族乡	3538	15940	21	1260	16	2	
西峡县丹水镇	13313	50404	96	486	66	11	19055
西峡县西坪镇	25670	40559	101	4790	61	9	22510
西峡县双龙镇	29367	21252	136	4430	108	26	14923
西峡县回车镇	18743	38708	416	11707	298	17	7890
西峡县丁河镇	20320	35890	275	83875	137	16	7860

续表 285　　　　（河南省）　　　　单位：公顷、人、个

名　　称	行政区域面　　积	常住人口	企业个数	企　　业从业人员	工业企业单　　位	#规模以上	城镇建成区常住人口
西峡县桑坪镇	27503	25151	176	1325	165	8	14015
西峡县米坪镇	21933	21796	145	3443	86	10	6780
西峡县五里桥镇	22278	54976	131	16673	123	17	19419
西峡县重阳镇	23244	32600	70	517	65	16	18970
西峡县太平镇	30234	10747	211	6779	69	14	4945
西峡县阳城镇	9790	14635	125	3003	55	21	4521
西峡县二郎坪镇	20219	8331	23	740	22	5	2500
西峡县石界河镇	19542	11224	26	189	19	7	3885
西峡县军马河镇	16371	18175	80	1650	80	11	5350
西峡县田关乡	9097	20971	50	1265	50	5	
西峡县寨根乡	16889	8137	58	2176	54	16	
镇平县石佛寺镇	8566	72011	472	2860	107	24	71696
镇平县晁陂镇	4523	43521	36	1730	23	15	3716
镇平县贾宋镇	5589	50017	83	2548	66	6	15000
镇平县侯集镇	6907	56891	24	5459	12	5	8122
镇平县老庄镇	13940	34878	46	7546	31	15	3650
镇平县卢医镇	5225	26747	26	541	24	1	3285
镇平县遮山镇	6902	27076	55	1354	41	18	3556
镇平县高丘镇	17169	56105	422	20351	39	9	3415
镇平县曲屯镇	4871	28067	16	220	15	3	5085
镇平县枣园镇	6202	36104	87	2753	26	6	3652
镇平县杨营镇	5820	55238	62	10094	31	10	4290
镇平县安字营镇	7100	50014	51	1172	30	3	12367
镇平县张林镇	8800	54511	38	1800	21	3	7200
镇平县柳泉铺镇	6260	33181	27	1920	27	3	5200
镇平县彭营镇	7615	53395	58	3000	20	10	8700
镇平县二龙乡	17600	13372	22	486	13	2	
镇平县王岗乡	3881	27342	36	3560	25	5	
镇平县马庄乡	3807	24442	18	854	11	3	
镇平县郭庄乡	1607	10395	8	972	8	4	
内乡县城关镇	1300	54951	147	8972	10	3	54951
内乡县夏馆镇	36000	24362	35	290	35	5	3390
内乡县师岗镇	12148	71821	368	8453	28	6	31254
内乡县马山口镇	28300	57430	25	825	12	8	24080
内乡县湍东镇	12341	64422	254	9168	169	62	23243
内乡县赤眉镇	15430	43329	86	1187	52	4	16604
内乡县瓦亭镇	8932	30924	9	263	8	1	6365
内乡县王店镇	10600	47490	208	2975	198	1	12283
内乡县灌涨镇	11600	49944	289	1785	137	6	5950
内乡县桃溪镇	14000	28437	80	1146	51	6	4460
内乡县岞曲镇	12919	27123	56	1216	33	4	4865
内乡县余关镇	11177	33461	22	958	15	5	1628
内乡县板场乡	18465	11148	62	774	57	7	
内乡县大桥乡	5780	31952	57	1626	42	2	
内乡县赵店乡	10800	44719	94	2472	31	10	
内乡县七里坪乡	34570	16244	6	154	4	2	
淅川县荆紫关镇	16880	57285	63	7103	30	7	8993
淅川县老城镇	9803	19146	44	782	9	1	1164
淅川县香花镇	37400	32524	21	1520	11	1	22690
淅川县厚坡镇	15400	92752	203	1795	44	7	18354

续表 286　　　　(河南省)　　　　单位：公顷、人、个

名　　称	行政区域面　积	常住人口	企业个数	企　业从业人员	工业企业单　位	#规模以上	城镇建成区常住人口
淅川县丹阳镇	13640	57920	267	7220	208	11	15612
淅川县盛湾镇	31700	37142	261	1631	23		4378
淅川县金河镇	14594	36556	156	2300	12	5	15408
淅川县寺湾镇	13332	39795	18	280	4	3	6523
淅川县仓房镇	15568	10735	27	42560	15	8	3303
淅川县上集镇	18700	70026	39	1023	22	4	70026
淅川县马蹬镇	20800	34607	48	3336	28	8	4685
淅川县西簧乡	23500	20371	25	540	6	1	
淅川县毛堂乡	21009	26109	25	1136	20	5	
淅川县大石桥乡	13052	18158	18	280	9	1	
淅川县滔河乡	15627	21316					
社旗县赊店镇	2312	69543	1496	9658	1034	5	56807
社旗县桥头镇	8347	42677	112	565	29	2	11344
社旗县饶良镇	10851	60594	347	2845	270	7	8212
社旗县兴隆镇	5133	29866	113	2192	14	4	4120
社旗县晋庄镇	5543	33543	320	4300	97	7	11886
社旗县李店镇	10224	57837	162	2654	32	9	10837
社旗县苗店镇	7099	40863	280	2980	35	4	10000
社旗县郝寨镇	9110	63284	226	2100	110	3	8394
社旗县朱集镇	11062	55222	212	2550	110	5	9969
社旗县下洼镇	11458	51079	141	796	64	7	9767
社旗县太和镇	6100	32271	44	615	40	1	5500
社旗县大冯营镇	6607	37105	111	2945	15	8	6631
社旗县陌陂镇	6671	42930	103	1949	5	2	4697
社旗县唐庄乡	6505	39125	274	3740	27	9	
唐河县源潭镇	15476	79436	92	1897	21	8	22282
唐河县张店镇	12739	58939	159	10890	135	13	12686
唐河县郭滩镇	12200	80236	272	3724	180	11	28320
唐河县湖阳镇	14950	64541	524	3236	432	9	18929
唐河县黑龙镇	11980	42380	473	3168	445	14	6901
唐河县大河屯镇	13700	70047	797	42859	742	13	6456
唐河县龙潭镇	9800	50687	258	3953	253	11	7426
唐河县桐寨铺镇	16000	75508	858	9488	726	11	21673
唐河县苍台镇	8570	50408	24	480	14	10	10143
唐河县上屯乡	11700	66411	35	2574	29	10	13245
唐河县毕店镇	11330	57057	223	4438	129	13	14712
唐河县少拜寺镇	9900	49341	418	2375	23	10	3721
唐河县城郊乡	12211	69671	287	3687	38	18	
唐河县桐河乡	9536	30390	322	3450	317	9	
唐河县昝岗乡	14880	59206	267	17325	231	11	
唐河县祁仪乡	18720	41173	129	6436	46	1	
唐河县马振抚乡	16171	48884	161	1264	36	9	
唐河县古城乡	11270	47982	408	2437	382	14	
唐河县王集乡	8400	42283	12	370	11	7	
新野县王庄镇	6300	36315	187	3012	138	14	2620
新野县沙堰镇	7999	50042	89	1250	35	5	8452
新野县新甸铺镇	10600	62882	189	7840	162	13	10068
新野县施庵镇	10600	55560	945	5125	31	11	7122
新野县歪子镇	10170	53152	194	2410	171	11	14231
新野县五星镇	8200	52010	162	3875	82	8	5479

续表 287　　(河南省)　　单位：公顷、人、个

名　　称	行政区域面　积	常住人口	企业个数	企　业从业人员	工业企业单　位	#规模以上	城镇建成区常住人口
新野县溧河铺镇	9600	50765	177	1200	155	13	14985
新野县王集镇	7400	52760	12	1327	5	2	6623
新野县城郊乡	6650	41269	44	3300	28	16	
新野县前高庙乡	5906	42368	104	623	62	9	
新野县樊集乡	4600	34191	92	5779	81	6	
新野县上庄乡	8300	44034	37	1704	17	15	
新野县上港乡	6100	44854	285	10864	126	65	
桐柏县城关镇	2620	78687	888	11938	47	7	78687
桐柏县月河镇	12866	35632	223	2755	149	4	9872
桐柏县吴城镇	14600	29305	124	1193	90	10	8603
桐柏县固县镇	12066	22612	165	1343	150	16	5200
桐柏县毛集镇	17640	39318	281	3112	151	4	25410
桐柏县大河镇	15077	12676	27	1362	8	3	1584
桐柏县埠江镇	4227	41474	105	6945	64	13	39999
桐柏县平氏镇	4800	23346	113	4230	94	4	12000
桐柏县淮源镇	17000	20156	97	1794	82	8	5000
桐柏县黄岗镇	12710	22989	79	1166	55	7	7510
桐柏县安棚镇	9347	35056	192	5398	76	13	26630
桐柏县朱庄镇	13610	15594	87	1286	63	13	4051
桐柏县程湾镇	12945	10158	26	1380	12	2	3370
桐柏县城郊乡	19264	33288	136	1305	128	7	
桐柏县回龙乡	15754	11289	28	141	14	6	
桐柏县新集乡	6992	19478	65	1968	18	5	
南阳市城乡一体化示范区新店乡	9260	70687	416	8924	80	4	
邓州市罗庄镇	7820	46162	16	566	1	1	6610
邓州市汲滩镇	8745	64750	263	2635	48	4	19487
邓州市穰东镇	9898	82540	752	65100	331	6	54852
邓州市孟楼镇	5450	23872	52	635	5	3	1864
邓州市林扒镇	8761	44258	392	4436	8	6	3520
邓州市构林镇	16374	67102	90	1024	18	16	39012
邓州市十林镇	9218	61626	85	3225	5	2	7520
邓州市张村镇	7815	58208	47	1476	12	4	5421
邓州市都司镇	9530	44632	15	80	12	2	5800
邓州市赵集镇	12600	70134	430	3740	5	3	19628
邓州市刘集镇	12900	55603	169	892	13	6	10610
邓州市桑庄镇	8030	45848	102	3624	93	3	5251
邓州市彭桥镇	10471	50197	226	1279	161	7	50197
邓州市白牛镇	7450	41555	58	3227	32	3	5245
邓州市腰店镇	8063	51890	55	2150	15	7	14242
邓州市九龙镇	7650	54965	156	1600	56	4	15410
邓州市文渠镇	7737	67081	18	3300	9	3	6100
邓州市高集镇	7867	67160	33	246	8		31800
邓州市张楼乡	6150	42125	1805	14253	836	9	
邓州市夏集乡	10998	56811	221	13600	45	3	
邓州市裴营乡	14773	92581	365	21623	199	5	
邓州市陶营乡	9330	38693	40	1635	5	3	
邓州市小杨营乡	4868	31503	102	1350	10	2	
邓州市龙堰乡	8300	47856	256	3610	9	5	
梁园区谢集镇	5740	47006	38	1280	12	3	15300
梁园区双八镇	4287	41645	1823	9162	134	2	15396

续表 288 （河南省） 单位：公顷、人、个

名　称	行政区域面积	常住人口	企业个数	企业从业人员	工业企业单位	#规模以上	城镇建成区常住人口
梁园区刘口乡	5636	30616	122	1813	35	3	
梁园区水池铺乡	5750	38787	37	1451	18	3	
梁园区观堂乡	6700	43540	14	216	10	1	
梁园区王楼乡	4700	34823	165	6372	164	12	
梁园区李庄乡	9600	63251	34	3370	28	10	
梁园区孙福集乡	5360	40086	704	5333	6	6	
睢阳区宋集镇	6911	54260	87	1266	14	9	22086
睢阳区郭村镇	9660	54228	146	5456	22	3	54228
睢阳区李口镇	5634	40788	147	6472	24	3	6506
睢阳区高辛镇	6600	50120	152	3266	5	3	15616
睢阳区坞墙镇	7770	49954	136	12105	76	5	12841
睢阳区冯桥镇	5930	31544	67	2345	45	5	7245
睢阳区路河镇	7823	55143	55	21446	55	4	
睢阳区闫集镇	7000	55143	18	400	14	10	5000
睢阳区毛堌堆镇	6640	40703	221	8792	198	5	4429
睢阳区包公庙乡	5190	36613	132	3520	65	2	
睢阳区娄店乡	4329	28947	2	200			
睢阳区勒马乡	7680	64988	36	2105	12	5	
睢阳区临河店乡	5430	45731	16	720	6	4	
民权县人和镇	7000	54891	638	17896	610	16	31217
民权县龙塘镇	6500	49595	201	2640	169	5	15997
民权县北关镇	9400	44977	950	18630	868	6	28220
民权县程庄镇	12000	82406	13	245	8	4	15587
民权县王庄寨镇	4250	36140	45	2159	4	2	7990
民权县孙六镇	3960	38020	279	4659	165	13	14320
民权县白云寺镇	9300	61020	410	6800	380	6	19350
民权县王桥镇	7500	48629	110	10925	105		13897
民权县庄子镇	5400	32012	23	2936	16	12	2398
民权县双塔镇	7300	30622	96	2927	32	7	4560
民权县伯党回族乡	2500	21938	11	79	4		
民权县花园乡	3700	26515	67	5531	67	23	
民权县野岗乡	9704	44042	850	4500	90	3	
民权县林七乡	4769	33343	115	3489	42	8	
民权县胡集乡	2322	17527	11	249	5	5	
民权县褚庙乡	6700	36223	52	5100	52	2	
民权县老颜集乡	5400	42678	113	3506	109	7	
睢县长岗镇	4089	41453	14	1145	14	3	11559
睢县平岗镇	4826	34204	1	155	1	1	7376
睢县周堂镇	4013	30628	56	1680	24	2	7659
睢县蓼堤镇	6052	49541	19	7103	17	2	10450
睢县西陵寺镇	7038	50922	43	1268	36		1203
睢县城关镇	1194	64457	121	6745	61	12	64457
睢县潮庄镇	4013	27919	31	6692	28	3	12293
睢县尚屯镇	5310	45155	93	4350	25	2	9180
睢县后台乡	2974	24793	12	492	5	2	
睢县河集乡	5108	42881	28	5842	25	3	
睢县孙聚寨乡	5180	44330	31	876	26	3	
睢县白楼乡	3463	28960	120	5010	28	5	
睢县河堤乡	4505	40294	51	3310	2	1	
睢县白庙乡	3823	30776	32	398	10	1	

续表 289　　（河南省）　　单位：公顷、人、个

名　　称	行政区域面积	常住人口	企业个数	企业从业人员	工业企业单位	#规模以上	城镇建成区常住人口
睢县胡堂乡	2989	19214	46	1822	25	2	
睢县尤吉屯乡	4500	40557	8	750	7	7	
睢县董店乡	7367	60681	83	11852	83	35	
睢县涧岗乡	5244	35894	30	4881	30	1	
睢县匡城乡	5974	57908	12	1563	5	3	
睢县城郊乡	5136	57404	97	7058	77	10	
宁陵县城关镇	1304	51636	62	1584	47	6	51636
宁陵县张弓镇	4430	37260	94	4629	49	7	13810
宁陵县柳河镇	7827	63435	50	3719	46	10	17438
宁陵县逻岗镇	10590	47804	96	1786	65	4	17995
宁陵县石桥镇	6423	49165	49	1288	12	2	17651
宁陵县黄岗镇	4932	41842	47	2210	37	9	11500
宁陵县华堡镇	7253	46846	120	1950	70	10	6900
宁陵县刘楼乡	4803	47149	70	2327	70	6	
宁陵县程楼乡	3966	39995	48	1921	36	2	
宁陵县乔楼乡	5304	46357	70	2126	13	7	
宁陵县城郊乡	3335	28910	44	10154	36	8	
宁陵县阳驿乡	6788	49857	43	754	33	4	
宁陵县孔集乡	5572	38583	35	2855	35	3	
宁陵县赵村乡	5127	32898	559	3588	38	5	
柘城县城关镇	800	67119	281	9744	22	7	38977
柘城县陈青集镇	5301	36525	423	9420	186	3	9823
柘城县起台镇	5301	41505	95	4500	95	1	8320
柘城县胡襄镇	5539	35548	31	162	31	2	5009
柘城县慈圣镇	6002	38535	30	255	3	3	11026
柘城县安平镇	8190	50298	6	875	6	3	14795
柘城县远襄镇	5277	33656	11	312	8	2	11000
柘城县岗王镇	4862	39533	102	3615	56	8	9586
柘城县伯岗镇	5600	44550	91	6954	90		11346
柘城县张桥镇	3700	30643	84	480	74	2	11920
柘城县邵元乡	2355	44838	112	6234	86	40	
柘城县洪恩乡	3400	25692	64	1782	56	2	
柘城县老王集乡	4236	26278	127	1370	37	2	
柘城县大仵乡	4844	33617	61	2400	45		
柘城县马集乡	4067	27350	28	2436	26	1	
柘城县牛城乡	5567	38183	36	2510	36	4	
柘城县惠济乡	6000	35426	78	1565	36	2	
柘城县申桥乡	4701	41566	111	9264	49	2	
柘城县李原乡	4398	39443	294	1520	11	1	
柘城县皇集乡	4166	31581	122	14513	49	1	
虞城县城关镇	1200	80440	443	18500	375	53	80440
虞城县界沟镇	6700	43676	216	2085	130	3	9288
虞城县木兰镇	4300	30016	563	3200	538		5620
虞城县杜集镇	7304	50574	246	13776	202	2	36230
虞城县谷熟镇	2718	30947	418	9600	382	1	16970
虞城县大杨集镇	6016	34092	70	6100	32		3945
虞城县利民镇	7211	54050	121	22612	29	9	36220
虞城县张集镇	5300	42385	280	27137	12		2998
虞城县站集镇	4963	47558	180	11937	56	12	6995
虞城县稍岗镇	7055	57721	259	7589	201	10	7296

续表 290　　（河南省）　　单位：公顷、人、个

名　　称	行政区域面　积	常住人口	企业个数	企　业从业人员	工业企业单　位	#规模以上	城镇建成区常住人口
虞城县黄冢乡	6200	44104	75	1125	42	1	
虞城县沙集乡	4244	39301	150	1868	36		
虞城县店集乡	4931	42864	193	1357	140		
虞城县闻集乡	6000	40531	69	2377	46	1	
虞城县芒种桥乡	4842	27038					
虞城县刘店乡	5961	66365	138	696	18	3	
虞城县大候乡	8264	53561	395	4585	237	6	
虞城县城郊乡	5230	52372	182	11845	160	84	
虞城县郑集乡	4600	23438	38	3928	31		
虞城县李老家乡	7403	53217	90	10239	61	3	
虞城县镇里固乡	4600	18170	6	125	6		
虞城县古王集乡	6000	34360	70	800	20	2	
虞城县刘集乡	6111	46210	162	2430	35		
虞城县乔集乡	4500	34529	528	5462	176		
虞城县田庙乡	2949	31013	60	7120	2		
夏邑县城关镇	2497	71378	327	11942	91	31	61638
夏邑县会亭镇	6440	47821	233	6398	222	5	27500
夏邑县马头镇	5288	43622	364	4097	44		11094
夏邑县济阳镇	5100	32828	49	2746	49	1	9860
夏邑县李集镇	10331	79642	211	3618	100	6	7880
夏邑县车站镇	7102	45627	76	5267	72	7	23100
夏邑县杨集镇	6225	44526	59	780	29		13051
夏邑县韩道口镇	6931	43062	32	956	23		11450
夏邑县太平镇	8640	59705	67	1235	43	2	3380
夏邑县罗庄镇	4770	34754	39	4100	17	1	8638
夏邑县火店镇	6920	41534	41	2730	41	2	9243
夏邑县北岭镇	6891	46760	45	2465	40		14260
夏邑县曹集乡	4900	54229	248	39047	228	88	
夏邑县胡桥乡	6779	48583	27	1066	25	8	
夏邑县歧河乡	6584	28748	48	2560	30	4	
夏邑县郭店乡	6140	39494	109	5600	109	10	
夏邑县业庙乡	6914	48690	53	1557	53	2	
夏邑县中峰乡	4250	26041	12	568	5	2	
夏邑县桑堌乡	6999	48324	18	482	18	2	
夏邑县何营乡	4501	33140	165	4321	60	6	
夏邑县王集乡	5182	47203	62	1087	60	3	
夏邑县刘店集乡	4318	35497	59	997	14	4	
夏邑县骆集乡	6500	43238	51	1357	51	4	
夏邑县孔庄乡	7396	52297	10	305	10		
豫东综合物流产业聚集区张阁镇	4000	34178	15	750	15	5	12060
豫东综合物流产业聚集区贾寨镇	7682	59672	486	4865	36	3	13342
商丘经济开发区周集乡	3600	31271	8	490	8	2	
永城市演集镇	6350	116360	1652	8475	60	33	108200
永城市城关镇	2136	71302	422	24325	82	13	65877
永城市芒山镇	7100	50740	48	3163	38	4	41693
永城市高庄镇	7656	55243	89	10914	61	12	53325
永城市酇城镇	6826	54926	75	2560	19	5	8901
永城市裴桥镇	12028	51767	131	741	16	2	7140
永城市马桥镇	9995	48320	21	1360	12	5	25326
永城市薛湖镇	12435	74341	104	22684	63	10	24864

续表 291　　（河南省）　　单位：公顷、人、个

名　　称	行政区域面积	常住人口	企业个数	企业从业人员	工业企业单位	#规模以上	城镇建成区常住人口
永城市蒋口镇	8386	50575	36	2376	36	4	4520
永城市陈集镇	7706	60560	168	8916	168	3	2092
永城市十八里镇	4781	33770	27	2149	12	5	23300
永城市太丘镇	4859	23100	135	1424	90	2	18800
永城市李寨镇	7073	38908	165	2100	48	5	23377
永城市苗桥镇	5321	39083	71	1754	29	4	8248
永城市顺和镇	6193	32402	91	4850	91	2	5205
永城市茴村镇	5158	29480	108	3120	38	4	13571
永城市酂阳镇	6990	51074	5	169	4	4	6220
永城市龙岗镇	7800	50643	46	1236	24	5	9256
永城市马牧镇	6268	44600	33	2059	32	3	8045
永城市大王集镇	5661	46520	18	1500	18	3	9036
永城市刘河镇	6850	43443	35	1868	28	3	9890
永城市双桥镇	8160	51023	16	120	16	3	7081
永城市卧龙镇	6164	32938	30	1264	10	5	3426
永城市城厢乡	5800	40392	160	4328	31	3	
永城市侯岭乡	9980	65373	1068	13514	22	22	
永城市黄口乡	7207	29107	20	355	18	3	
永城市新桥乡	7438	34996	30	378	16	3	
永城市条河乡	6300	52899	56	2991	32	2	
永城市陈官庄乡	3150	21333	6	157	6	3	
浉河区李家寨镇	23450	31961	2	53			7542
浉河区吴家店镇	14980	48448	47	1333	43	7	5378
浉河区东双河镇	11780	41586	321	3546	95	6	8980
浉河区董家河镇	25070	38047	58	1689	54	9	7863
浉河区浉河港镇	23110	31753	90	1320	82	5	3162
浉河区游河乡	13940	38554	70	4004	68	9	
浉河区谭家河乡	20520	28904	80	623	60	7	
浉河区柳林乡	10590	18537	78	629	76	6	
浉河区十三里桥乡	10170	33181	71	1798	36	9	
平桥区明港镇	16700	149543	343	31425	84	24	110224
平桥区五里镇	7983	16031	19	697	10	1	5761
平桥区邢集镇	15950	36474	77	431	45	5	4313
平桥区平昌镇	13330	56620	37	245	35	3	8917
平桥区洋河镇	10000	24858	36	908	23		9309
平桥区肖王镇	9114	22571	35	490	22	1	8500
平桥区龙井乡	10100	22814	44	232	13	1	
平桥区胡店乡	14830	32217	68	350	22		
平桥区彭家湾乡	6578	18389	72	456	8	1	
平桥区长台关乡	5850	24242	105	1800	91	3	
平桥区肖店乡	5050	23067	50	612	8		
平桥区王岗乡	10000	20262	9	335	9	3	
平桥区高粱店乡	10400	19084	26	360	22	1	
平桥区查山乡	7904	21818	13	420	3		
罗山县周党镇	12550	50173	21	492	3	3	20024
罗山县竹竿镇	11076	50539	5	757	5	4	5301
罗山县灵山镇	12500	19726	68	3256	46	3	6722
罗山县子路镇	14297	33350	6	102	6	2	6994
罗山县楠杆镇	12686	34935	41	1043	7	4	5016
罗山县青山镇	9700	27489	64	922	55	2	5347

续表 292　　(河南省)　　单位：公顷、人、个

名　称	行政区域面积	常住人口	企业个数	企业从业人员	工业企业单位	#规模以上	城镇建成区常住人口
罗山县潘新镇	9500	29714	33	2910	16	2	3295
罗山县彭新镇	19600	46809	613	4156	24	2	3942
罗山县莽张镇	12600	44276	27	1024	25	5	9086
罗山县东铺镇	8930	36272	82	1540	82	1	1932
罗山县铁铺镇	11764	15206	28	7994	26	2	2943
罗山县庙仙乡	9200	32886	15	305	15	2	
罗山县定远乡	10500	34743	17	760	16	9	
罗山县山店乡	9820	17627	27	475	9	1	
罗山县朱堂乡	10200	27435	41	690	38	3	
罗山县尤店乡	8210	26132	35	438	16	3	
罗山县高店乡	10400	29649	23	576	19	4	
光山县十里镇	5400	30911	36	521	22	12	1386
光山县寨河镇	11766	48124	64	2136	26	4	13651
光山县孙铁铺镇	14781	51236	145	726	12	3	12355
光山县马畈镇	10021	43330	316	1864	21	7	19680
光山县泼陂河镇	14200	55654	50	867	23	7	20122
光山县白雀园镇	12770	54587	40	184	10	3	24568
光山县砖桥镇	6960	25690	11	120	1	1	2489
光山县仙居乡	11000	34143	136	1730	8	3	
光山县北向店乡	7580	26723	8	362	6	6	
光山县罗陈乡	7800	22417	25	417	4	4	
光山县殷棚乡	5270	11755	41	213	4	2	
光山县南向店乡	9350	27934	33	162	8	2	
光山县晏河乡	14193	50639	26	148	8	1	
光山县凉亭乡	6715	20914	30	160			
光山县斛山乡	13400	41175	102	1236	34	4	
光山县槐店乡	10346	32712	89	43213	68	49	
光山县文殊乡	12300	39974	28	250	3	2	
新县新集镇	14572	72869	286	22849	48	3	60957
新县沙窝镇	13158	23798	26	1462	18	4	8837
新县吴陈河镇	5139	12337	24	154	1	1	7286
新县苏河镇	9544	20211	169	2125	29	1	6468
新县八里畈镇	8858	19812	52	668	15	7	6502
新县周河乡	11093	9479	3	98	2	1	
新县陡山河乡	13384	18021	7	71			
新县浒湾乡	4949	9997	30	512	27	4	
新县千斤乡	9738	27574	38	673	21	2	
新县卡房乡	11614	7233	9	50	7		
新县郭家河乡	7704	7771	41	512	14		
新县陈店乡	7511	13068	16	633	6		
新县箭厂河乡	6196	12975	20	501	13	1	
新县泗店乡	9757	12572	26	1167	20	1	
新县田铺乡	10314	6563	4	37	1		
商城县上石桥镇	15190	69640	137	17200	80	4	9035
商城县鄢岗镇	11550	38652	125	1123	108	6	4362
商城县双椿铺镇	16120	55589	91	2443	87	7	5637
商城县汪桥镇	9130	36044	55	1389	38	5	3167
商城县余集镇	8940	42581	52	2582	40	4	12768
商城县达权店镇	15360	25062	17	500	14	2	6523
商城县丰集镇	8602	27931	27	150	26	4	7060

续表 293　　（河南省）　　单位：公顷、人、个

名　　称	行政区域面　积	常住人口	企业个数	企　业从业人员	工业企业单　位	#规模以上	城镇建成区常住人口
商城县汪岗镇	7950	23139	104	587	23	3	1800
商城县观庙镇	9140	31099	71	1011	22	1	12355
商城县金刚台镇	9180	16387	36	526	16	3	2679
商城县河凤桥乡	7840	35612	72	835	62	5	
商城县李集乡	9350	24466	66	2650	58	3	
商城县苏仙石乡	9230	10161	38	1728	16	3	
商城县伏山乡	14160	21251	22	645	20	2	
商城县吴河乡	11150	27854	114	2398	111	2	
商城县冯店乡	13220	19201	25	621	9	4	
商城县长竹园乡	23300	29655	7	80	4	4	
固始县陈淋子镇	10600	34882	303	7549	127	43	16654
固始县黎集镇	15189	44653	81	3019	44	8	18321
固始县蒋集镇	7600	24481	247	2420	67	3	8120
固始县往流镇	9740	63534	82	886	21	4	9263
固始县郭陆滩镇	9833	42529	56	982	12	5	42529
固始县胡族铺镇	18400	64543	84	1500	27	7	3547
固始县方集镇	10960	21725	35	515	4	2	10568
固始县三河尖镇	7920	37649	275	12688	89	12	6985
固始县段集镇	10640	25845	92	2937	38	7	23347
固始县汪棚镇	8706	30783	55	1138	18	7	2115
固始县张广庙镇	10139	30118	98	1196	18	7	5161
固始县陈集镇	10300	30257	429	4585	81	8	12152
固始县武庙集镇	10753	21797	164	836	7	7	2274
固始县分水亭镇	8300	57846	3	85			3026
固始县石佛店镇	6400	26651	39	872	13	3	4537
固始县泉河铺镇	8130	22429	54	1976	15	3	2527
固始县祖师庙镇	9261	25467	15	487	6	6	2745
固始县李店镇	7334	26312	418	418	28	2	1217
固始县洪埠乡	8694	41268	89	2092	8	1	
固始县杨集乡	11648	28671	49	1170	18	4	
固始县马堽集乡	10260	31258	53	1325	13	5	
固始县草庙集乡	7651	25327	15	205	4	2	
固始县南大桥乡	6400	23135	42	1830	17	3	
固始县赵岗乡	6505	18076	26	587	5	2	
固始县张老埠乡	7650	20145	11	254	3	3	
固始县沙河铺乡	7100	39477	46	790	17	7	
固始县徐集乡	6750	27426	9	671	6	3	
固始县丰港乡	8350	48412	52	321	15	2	
固始县柳树店乡	4900	22206	62	488	21	3	
固始县观堂乡	7661	19991	33	832	5	3	
潢川县双柳树镇	8450	49102	543	8912	42	8	24952
潢川县伞陂镇	9864	42688	66	432	8	2	7155
潢川县卜塔集镇	4000	25791	31	462	3		5125
潢川县仁和镇	9598	33600					3050
潢川县付店镇	8570	25533	31	852	21	17	25533
潢川县踅孜镇	5400	26493	31	2090	1	1	5368
潢川县桃林铺镇	12600	34423	65	1215	34	5	3268
潢川县黄寺岗镇	11679	33366	178	2360	18	7	5368
潢川县江家集镇	9680	33554	38	985	34	6	14650
潢川县传流店乡	8210	29764	15	160	3		

续表 294 （河南省） 单位：公顷、人、个

名　　称	行政区域面积	常住人口	企业个数	企业从业人员	工业企业单位	#规模以上	城镇建成区常住人口
潢川县魏岗乡	12600	42603	117	4517	59	14	
潢川县张集乡	9510	33971	55	276	18	12	
潢川县来龙乡	8300	36127	8	50	4	3	
潢川县隆古乡	7441	21110	1	52			
潢川县谈店乡	13041	38722	105	1704	21	7	
潢川县上油岗乡	8467	27447	171	2505	19	2	
潢川县白店乡	12200	36724	104	1036	23	6	
淮滨县马集镇	6954	29680	114	4586	38	9	8823
淮滨县防胡镇	7810	41339	55	358	34	4	8316
淮滨县新里镇	7800	42080	36	198	30	6	6750
淮滨县期思镇	8500	38068	132	2580	89	3	7062
淮滨县赵集镇	4801	34677	97	2765	34	5	6943
淮滨县台头乡	7300	29339	50	2432	36	6	
淮滨县王家岗乡	4629	23900	56	1000	5	3	
淮滨县固城乡	7889	46786	256	2658	68	7	
淮滨县三空桥乡	7100	46389	10	268			
淮滨县张里乡	6000	31162	89	1476	43	1	
淮滨县邓湾乡	5100	27749	22	500	1	1	
淮滨县张庄乡	9150	32704	35	715	22	2	
淮滨县王店乡	11400	35340	95	1026	7	3	
淮滨县谷堆乡	7679	61899	214	6548	125	1	
淮滨县芦集乡	9100	56885	4	1200	4	4	
息县包信镇	8737	62984	60	510	11	6	7889
息县夏庄镇	7935	47490	59	683	16	7	10512
息县东岳镇	11185	54075	2	81			6996
息县项店镇	11846	48566	53	592	15	6	6001
息县小茴店镇	14465	74407					5860
息县曹黄林镇	12200	47699	240	2155	109	4	7042
息县孙庙乡	9812	33367					
息县路口乡	12300	42354	20	589	4	3	
息县彭店乡	9560	39260	175	1688	173	8	
息县杨店乡	10628	41433	29	850	12	5	
息县张陶乡	10100	63571	26	175	4	4	
息县白土店乡	8348	48027	48	950	14	4	
息县岗李店乡	7400	60875	13	120	4		
息县长陵乡	5889	33538	17	273	3	3	
息县陈棚乡	5104	32788					
息县临河乡	8556	41711	4	286	2		
息县关店乡	9068	78841	18	290	3		
息县八里岔乡	11622	52688	14	80	2		
川汇区李埠口乡	5100	51045					
川汇区许湾乡	8491	80000	1	6	1		
扶沟县城关镇	985	59602	78	4882	61	12	59602
扶沟县崔桥镇	7993	49886	35	186	14	3	21450
扶沟县江村镇	9297	59533	17	2160	12	7	9082
扶沟县白潭镇	8862	52508	67	1358	36	5	12600
扶沟县韭园镇	8246	44518	90	2450	18	8	13283
扶沟县练寺镇	8740	49226	131	1985	72	5	13600
扶沟县大新镇	7783	38733	42	536	42	3	7084
扶沟县包屯镇	8384	47504	35	2036	20	8	6779

续表 295 （河南省） 单位：公顷、人、个

名称	行政区域面积	常住人口	企业个数	企业从业人员	工业企业单位	#规模以上	城镇建成区常住人口
扶沟县汴岗镇	8231	46252	47	1106	11	3	8901
扶沟县曹里乡	8030	45243	47	3927	19	5	
扶沟县柴岗镇	7091	46750	38	682	35	4	
扶沟县固城乡	7755	43993	36	1700	36	4	
扶沟县吕潭镇	9555	50426	127	1930	15	3	
扶沟县大李庄乡	3000	22643	32	3348	20	7	
扶沟县城郊乡	5011	34587	8	844	7	6	
西华县西夏亭镇	6763	62362	88	14226	55	6	1600
西华县逍遥镇	5687	41743	13	666	8	5	22367
西华县奉母镇	7286	56353	15	820	5	5	11620
西华县红花集镇	9000	68596	30	3860	29	7	5432
西华县聂堆镇	7328	51528	130	2800	12	8	9980
西华县东夏镇	5080	39164	48	1989	21	6	8121
西华县西华营镇	7987	64093	3	520	3	3	7320
西华县址坊镇	5130	34851	169	3046	118	7	2652
西华县田口乡	4387	33726	32	663	32	9	
西华县清河驿乡	4839	35266	66	1000	35	5	
西华县皮营乡	4747	43523	22	336	22	5	
西华县东王营乡	4060	29728	107	631	107	3	
西华县大王庄乡	4200	30376	8	50	8	3	
西华县李大庄乡	4463	43410	8	426	4	4	
西华县叶埠口乡	5954	43410	148	3980	146	6	
西华县迟营乡	5383	43870	86	3813	33	6	
西华县黄土桥乡	4480	30418	168	1786	163	9	
西华县艾岗乡	5605	34262	28	4046	2	2	
商水县黄寨镇	6165	55315	215	2156	126	7	17500
商水县练集镇	5127	55012	315	4102	14	2	13607
商水县魏集镇	5977	60454	369	2398	48	5	16789
商水县固墙镇	8200	70125	20	1100	10	7	24058
商水县白寺镇	6191	48767	1169	18121	1028	13	8498
商水县巴村镇	6377	31060	225	3769	74	1	6975
商水县谭庄镇	9072	69899	214	1654	54	4	18526
商水县邓城镇	6921	63702	17	1020	14	7	14380
商水县胡吉镇	5601	46571	292	1680	210	14	6010
商水县城关乡	2790	49616	76	1896	71	3	
商水县平店乡	5500	48020	174	2821	172	7	
商水县袁老乡	5530	51943	387	6810	206	4	
商水县化河乡	3800	41280	3	213	3		
商水县姚集乡	8300	74898	3	389	3	3	
商水县舒庄乡	5993	28358	63	920	39	2	
商水县大武乡	5506	50443	67	1856	58	2	
商水县张明乡	6180	56586	17	87	12	2	
商水县郝岗乡	5100	44210	37	2600	32	6	
商水县张庄乡	7100	46100	22	320	7	7	
商水县汤庄乡	5701	47910	213	5124	155	5	
沈丘县槐店回族镇	2934	125859	277	88017	182	89	108072
沈丘县刘庄店镇	5815	57005	28	1712	26	2	4771
沈丘县留福集镇	4722	56446	387	3642	257	2	6438
沈丘县老城镇	5498	49663	261	2426	253	5	12875
沈丘县赵德营镇	7029	52874	45	600	31	1	14690

续表 296　　(河南省)　　单位：公顷、人、个

名　　称	行政区域面积	常住人口	企业个数	企业从业人员	工业企业单位	#规模以上	城镇建成区常住人口
沈丘县付井镇	6921	71764	148	9727	29	2	39618
沈丘县纸店镇	3830	45890	286	3083	200	2	15010
沈丘县新安集镇	5132	51822	216	3410	196	4	5125
沈丘县白集镇	5600	70850	344	4079	341	1	12138
沈丘县刘湾镇	3374	33264	93	1872	66	1	4312
沈丘县莲池镇	3466	49556	236	3350	222	8	8600
沈丘县洪山镇	6030	51973	67	1750	34		5980
沈丘县石槽集乡	6284	59758	253	1755	253	1	
沈丘县范营乡	6400	66708	185	4590	107	2	
沈丘县李老庄乡	4225	56914	56	7100	42	4	
沈丘县大邢庄乡	2472	33072	34	800	12	1	
沈丘县冯营乡	7029	65798	56	624	43	1	
沈丘县周营乡	4171	41697	61	2710	50	2	
沈丘县北杨集乡	5600	43202	36	2756	12	3	
沈丘县卞路口乡	5538	42119	372	5800	345	2	
郸城县吴台镇	7050	78315	185	2462	26	6	78315
郸城县南丰镇	7801	56468	66	493	66	1	21085
郸城县白马镇	11040	50272	45	683	11	3	6259
郸城县宁平镇	7952	63979	102	3241	11	7	5012
郸城县宜路镇	7648	69708	11	704	11	5	13456
郸城县钱店镇	8806	59778	256	5200	48	6	59778
郸城县汲冢镇	9463	70051	60	5891	37	3	11896
郸城县石槽镇	7210	45784	29	1621	25	6	3125
郸城县城郊乡	5355	49366	35	408	27	6	
郸城县虎头岗乡	8125	62354	37	1121	15	2	
郸城县汲水乡	8884	48165	8	291	5	1	
郸城县张完集乡	8842	51492	26	603	18	3	
郸城县丁村乡	7374	47888	14	2160	12	4	
郸城县双楼乡	7686	50168	75	411	47	2	
郸城县秋渠乡	7665	67055	21	363	3	3	
郸城县东风乡	4918	28723	6	310	2	2	
郸城县巴集乡	6702	67826	6	417	3	3	
郸城县李楼乡	7342	55832	143	2332	34	2	
郸城县胡集乡	6990	64735	52	1128	52	4	
淮阳县城关回族镇	4075	136673	325	12640	202	6	36959
淮阳县新站镇	6489	75059	321	2225	187	3	10013
淮阳县鲁台镇	6473	75211	272	4115	172	1	4632
淮阳县四通镇	6496	60601	368	3413	321	1	29196
淮阳县临蔡镇	7520	58682	7	560	4		4822
淮阳县安岭镇	10110	89046	165	850	35		5070
淮阳县白楼镇	8280	63905	152	7520	32	2	7165
淮阳县朱集乡	7584	55644	85	3650	45	3	
淮阳县豆门乡	5010	52001	85	2031	76	1	
淮阳县冯塘乡	8830	83338	978	11230	823	3	
淮阳县刘振屯乡	7930	74852	753	9265	641	6	
淮阳县王店乡	7082	70225	399	4652	397	1	
淮阳县大连乡	9276	85337	392	2100	392	2	
淮阳县葛店乡	7005	67339	6	32			
淮阳县黄集乡	6050	55795	35	3276	29	1	
淮阳县齐老乡	8905	79019	528	6401	518	2	

续表 297　　（河南省）　　单位：公顷、人、个

名　　称	行政区域面积	常住人口	企业个数	企业从业人员	工业企业单位	#规模以上	城镇建成区常住人口
淮阳县郑集乡	9100	72208					
淮阳县曹河乡	8000	62856	3	523	3	2	
太康县城关回族镇	1340	100237	268	1864	92	9	4566
太康县常营镇	10000	66755	65	5420	57	2	6470
太康县逊母口镇	9473	72412	235	4256	209	2	11286
太康县老冢镇	7500	75469	83	3214	35	4	12236
太康县朱口镇	10700	80320	286	3408	173	4	7602
太康县马头镇	10910	90658	111	4517	106	4	11636
太康县龙曲镇	5760	38105	11	286	4	3	5113
太康县板桥镇	8909	59009	36	1122	28	1	3821
太康县符草楼镇	7100	57975	83	2698	49	5	11396
太康县马厂镇	10020	84049	51	1546	25	1	5934
太康县毛庄镇	6023	60137	263	9681	185	5	3825
太康县张集镇	6190	55847	13	1420	12	6	9397
太康县清集镇	8500	47027	42	3568	26	5	5438
太康县城郊乡	4520	37066	162	8522	89	3	
太康县杨庙乡	9778	55958	36	1022	18	5	
太康县王集乡	8420	60071	35	3560	6	5	
太康县高贤乡	7336	55909	63	1025	24	2	
太康县芝麻洼乡	8100	51944	3	302	2	1	
太康县独塘乡	6231	48755	142	1473	142	4	
太康县大许寨乡	7549	50965	176	9083	89	4	
太康县五里口乡	4737	49795	18	2536	10	4	
太康县高朗乡	8808	62313	156	3968			
太康县转楼乡	7747	37732	84	1207	30	3	
鹿邑县涡北镇	4573	31838	118	34203	89	67	3901
鹿邑县玄武镇	5724	46922	1977	18115	1681	6	24947
鹿邑县宋河镇	5567	53827	350	3720	30	5	13120
鹿邑县太清宫镇	4842	47337	61	2000	10	8	4275
鹿邑县王皮溜镇	7852	67776	14	130	2	2	5688
鹿邑县试量镇	6696	62123	210	8100	54	3	9450
鹿邑县辛集镇	5727	48384	87	696	21	5	7703
鹿邑县马铺镇	6328	52074	145	2016	21	8	3925
鹿邑县贾滩镇	7905	68843	284	1412	230	2	11358
鹿邑县杨湖口镇	7518	74974	583	7480	571	4	17844
鹿邑县张店镇	5504	50185	11	462	7	7	50185
鹿邑县观堂镇	6070	50387	121	1890	96	1	8718
鹿邑县生铁冢镇	5593	55947	129	1911	33	6	3853
鹿邑县郑家集乡	4270	32839	4	100	2	1	
鹿邑县赵村乡	6358	60130	43	260	8	7	
鹿邑县任集乡	6353	72677	40	1712	1	1	
鹿邑县唐集乡	4404	29206	31	380	2		
鹿邑县高集乡	6363	51564	12	526			
鹿邑县邱集乡	4208	32956	45	1275	2	2	
鹿邑县穆店乡	6352	47203	64	1209	25	4	
项城市南顿镇	5745	71522	165	3450	79	7	5666
项城市孙店镇	7080	88896	148	17983	135	16	8476
项城市李寨镇	6750	43094	25	1272	2	2	12020
项城市贾岭镇	8772	88722	59	1536	7	7	18771
项城市高寺镇	6469	42163	10	1465	10	2	2513

续表 298　　(河南省)　　单位：公顷、人、个

名　　称	行政区域面　积	常住人口	企业个数	企　业从业人员	工业企业单　位	#规模以上	城镇建成区常住人口
项城市新桥镇	7451	60457	46	1620	10	2	3161
项城市付集镇	4688	51871	2	65	2	2	
项城市官会镇	7249	74750	83	4550	68	5	9400
项城市丁集镇	6364	41768	170	8653	151	9	9862
项城市郑郭镇	6030	53842	653	9782	649	8	3791
项城市秣陵镇	6240	68936	27	14165	12	8	22729
项城市王明口镇	7587	54470	512	3965	395	4	2809
项城市范集镇	5814	48465	110	1434	110	10	13800
项城市三店镇	6150	39913	73	722	29	2	7342
项城市永丰镇	5775	65134	18	720	10	8	5620
驿城区水屯镇	9523	69457	76	3228	62	6	7563
驿城区沙河店镇	9600	38439	37	402	4	4	8000
驿城区板桥镇	24209	42573	72	2956	48	5	7510
驿城区诸市镇	8912	35123	28	522	22	3	4817
驿城区蚁蜂镇	11600	23142	35	666	25	5	2620
驿城区老河乡	12700	32581	32	3403	28	2	
驿城区朱古洞乡	6880	21623	53	1962	43	1	
驿城区胡庙乡	14900	45156	79	350	79	7	
驿城区古城乡	7098	36110	95	3310	34	5	
西平县五沟营镇	5264	36089	32	1236	3	3	9442
西平县权寨镇	5823	30357	43	1285	17	5	12300
西平县师灵镇	6484	38508	612	3061	543	3	16385
西平县出山镇	11233	44419	12	487	8	3	5512
西平县盆尧镇	6051	55685	2451	14708	1462	3	7659
西平县嫘祖镇	6689	41052	490	4156	390	5	3800
西平县重渠乡	5100	31074	522	5710	411	2	
西平县人和乡	6235	38536	233	20640	226	6	
西平县宋集乡	6435	36171	76	4582	31	5	
西平县谭店乡	5533	42181	8	123	4	3	
西平县芦庙乡	7458	43510	50	264	44	3	
西平县杨庄乡	4568	34280	54	577	2	1	
西平县专探乡	8086	58929	496	10972	496	6	
西平县二郎乡	5710	49741	67	2712	43	7	
西平县蔡寨回族乡	2284	16908	51	3577	31	5	
西平县焦庄乡	4710	29812	42	650	35	4	
上蔡县黄埠镇	4700	42975	137	4997	62	7	10100
上蔡县杨集镇	5600	47332	691	7731	26	2	16387
上蔡县洙湖镇	7209	55660	127	570	30	3	18920
上蔡县党店镇	6450	45172	133	2726	114	1	7801
上蔡县朱里镇	8378	72610	161	1658	21	2	18918
上蔡县华陂镇	7600	63646	546	3265	386	2	11828
上蔡县塔桥镇	8252	47577	168	495	18		18650
上蔡县东洪镇	9176	79586	181	908	49	2	10207
上蔡县邵店镇	8000	61412	2147	19826	161	5	3298
上蔡县五龙镇	4063	25628	142	4460	71	4	3300
上蔡县和店镇	8525	65307	130	1255	1	1	1966
上蔡县大路李乡	5559	27895	21	690	21	2	
上蔡县无量寺乡	6214	40105	26	268	18	1	
上蔡县杨屯乡	3915	30053	17	920	12	1	
上蔡县蔡沟乡	7512	42295	19	185	19	5	

续表 299　　(河南省)　　单位：公顷、人、个

名　　称	行政区域面　　积	常住人口	企业个数	企　　业从业人员	工业企业单　　位	#规模以上	城镇建成区常住人口
上蔡县齐海乡	4503	35182	342	7560	262	2	
上蔡县崇礼乡	5600	55861	11	80	11		
上蔡县韩寨乡	5600	35766	219	1450	23	3	
上蔡县东岸乡	6500	64191	67	4832	18	1	
上蔡县小岳寺乡	4810	27929	80	470	19	1	
上蔡县西洪乡	5604	34370	56	925	44	1	
上蔡县百尺乡	8023	67517	284	2432	282		
平舆县杨埠镇	7860	48918	72	3624	46	6	4673
平舆县东和店镇	7987	48456	112	3345	14	12	8486
平舆县庙湾镇	7530	58618	101	3027	35	9	11793
平舆县射桥镇	6494	51921	55	2219	55	10	6685
平舆县西洋店镇	13074	54998	57	5469	31	14	10152
平舆县阳城镇	9763	52777	76	3950	52	9	6060
平舆县郭楼镇	6298	39374	41	2216	11	7	5689
平舆县李屯镇	6577	29069	42	3540	20	8	5127
平舆县万金店镇	7358	40326	66	6598	66	7	4826
平舆县高杨店镇	7896	39576	67	3488	27	8	8645
平舆县万冢镇	7900	49623	24	2942	24	6	7025
平舆县十字路乡	4456	31511	30	1968	24	8	
平舆县玉皇庙乡	5625	35021	73	4865	54	7	
平舆县老王岗乡	7044	36926	65	702	32	6	
平舆县辛店乡	5399	36189	14	1334	11	5	
平舆县双庙乡	6369	28529	57	3103	21	5	
正阳县真阳镇	2863	69525	1721	8923	359	4	69525
正阳县寒冻镇	9987	47941	83	1705	16	3	4315
正阳县汝南埠镇	10562	54683	89	1876	6	4	5502
正阳县铜钟镇	9997	36245	8	150	6	4	5300
正阳县陡沟镇	10069	41979	27	432	18	4	5230
正阳县熊寨镇	8202	29722	61	511	22	4	5281
正阳县大林镇	12084	43602	10	320	8	6	4158
正阳县永兴镇	8900	30363	96	965	38	4	2882
正阳县慎水乡	12560	52905	352	25326	268	5	
正阳县付寨乡	9518	34929	81	667	75	3	
正阳县袁寨乡	8960	41230	53	1367	22	4	
正阳县新阮店乡	7517	31252	43	422	27	2	
正阳县油坊店乡	8274	41717	57	1561	47	4	
正阳县雷寨乡	12753	51840	38	1326	12	4	
正阳县王勿桥乡	8550	32290	71	1000	42	6	
正阳县吕河乡	8988	31043	47	910	10	7	
正阳县皮店乡	10281	34482	112	2547	64	3	
正阳县彭桥乡	7900	26549	85	2502	29	4	
正阳县兰青乡	11457	36173	26	261	3	2	
确山县竹沟镇	18666	33835	1243	7460	52	6	6500
确山县任店镇	25264	53606	228	1135	183	10	3534
确山县新安店镇	16392	52277	90	470	57	11	5634
确山县留庄镇	12195	52305	140	7579	55	7	10670
确山县刘店镇	9647	43204	126	2400	95	11	11000
确山县瓦岗镇	18036	27658	22	457	14	10	3421
确山县双河镇	14118	50003	306	1547	89	11	1065
确山县石滚河镇	13910	20153	38	1925	32	8	3305

续表 300　　（河南省）　　单位：公顷、人、个

名　称	行政区域面积	常住人口	企业个数	企业从业人员	工业企业单位	#规模以上	城镇建成区常住人口
确山县李新店镇	8759	25796	22	1405	18	5	2015
确山县普会寺乡	7185	28094	826	5624	19	5	
泌阳县羊册镇	12700	48682	111	7046	29	7	10658
泌阳县马谷田镇	21500	38989	102	4729	91	11	5867
泌阳县春水镇	11755	25488	95	5289	85	59	7550
泌阳县官庄镇	12650	36503	52	1664	23	1	9614
泌阳县赊湾镇	7660	23769	86	1520	9		2622
泌阳县郭集镇	10202	29500	87	5144	45	5	7291
泌阳县泰山庙镇	8808	33650	39	6823	28	1	9265
泌阳县王店镇	10032	19622	77	3631	44	3	8316
泌阳县高店乡	6813	17330	30	1882	19	7	
泌阳县盘古乡	14682	24951	88	2279	73	6	
泌阳县高邑乡	3600	14820	61	4180	35	2	
泌阳县铜山乡	26600	15670	86	12500	73	6	
泌阳县下碑寺乡	11000	13204	126	2120	15	4	
泌阳县象河乡	13020	16930	198	6542	171	30	
泌阳县付庄乡	13860	21388	50	5560	40	5	
泌阳县贾楼乡	10706	12474	22	1200	20	3	
泌阳县黄山口乡	12819	22762	25	1573	24	2	
泌阳县杨家集乡	8250	21985	35	175	30	2	
泌阳县双庙街乡	6404	17660	65	11560	40	1	
汝南县王岗镇	7300	43236	393	5554	46	6	2582
汝南县梁祝镇	8000	49577	56	5370	35	11	9952
汝南县和孝镇	7600	33443	115	6324	41	12	12980
汝南县老君庙镇	7097	39396	42	396	17	6	3391
汝南县留盆镇	8238	54703	262	2135	25	4	12138
汝南县金铺镇	7136	50516	125	2188	6	6	7596
汝南县东官庄镇	10493	47285	126	2120	27	4	4310
汝南县常兴镇	14475	56842	130	5637	76	6	14951
汝南县罗店镇	6189	45617	71	2750	14	9	6473
汝南县韩庄镇	7606	36294	50	595	16	2	3250
汝南县三桥镇	12690	71604	125	4120	20	8	71604
汝南县张楼镇	5407	40991	68	721	16	5	6283
汝南县南余店乡	6006	23857	29	1058	7	2	
汝南县板店乡	6136	35980	61	2460	10	2	
遂平县玉山镇	6956	29315	85	1520	39	4	5720
遂平县查岈山镇	8677	28430	105	528	48	2	12000
遂平县石寨铺镇	4800	27364	31	827	28	3	5702
遂平县和兴镇	11808	72453	135	3006	120	10	71367
遂平县沈寨镇	10305	41980	77	3231	74	6	7211
遂平县阳丰镇	7612	37300	53	5650	51	8	6220
遂平县常庄镇	8954	52540	73	2375	45	8	5315
遂平县花庄镇	9854	28556	27	1325	13	3	1320
遂平县槐树乡	8035	32109	25	460	13	4	
遂平县文城乡	7417	19632	40	1259	34	2	
遂平县褚堂乡	4898	21137	78	3212	63	11	
新蔡县砖店镇	5168	29323	5	560	5	4	8678
新蔡县陈店镇	6457	36975	116	600	34	4	4385
新蔡县佛阁寺镇	8123	44843	127	729	83	7	6410
新蔡县练村镇	8375	57664	103	899	37	5	3008

续表 301　　（河南省、湖北省）　　单位：公顷、人、个

名　　称	行政区域面　积	常住人口	企业个数	企　业从业人员	工业企业单　位	#规模以上	城镇建成区常住人口
新蔡县常村镇	6068	48560	59	1752	55	5	5981
新蔡县韩集镇	6425	37315	8	805	7	1	4676
新蔡县龙口镇	6639	42733	162	859	61	5	6255
新蔡县李桥回族镇	4097	26490	72	4620	12	7	4820
新蔡县黄楼镇	6466	39084	207	1065	126	8	6216
新蔡县孙召镇	7024	47664	246	16510	196	4	4380
新蔡县余店镇	14907	62999	93	480			5600
新蔡县河坞乡	5580	30532					
新蔡县关津乡	8214	51801	24	144	23	6	
新蔡县宋岗乡	5329	31865	34	270	6	4	
新蔡县顿岗乡	5792	37419	62	2100	6	4	
新蔡县涧头乡	8113	43086	422	3560	266	6	
新蔡县杨庄户乡	4949	33288	51	5512	51	6	
新蔡县化庄乡	6598	55273	32	192	12	4	
新蔡县栎城乡	6737	46862	67	1523	26	4	
新蔡县弥陀寺乡	5851	49861	68	817	48	4	
河南驻马店经济开发区关王庙乡	5257	34422	111	8200	94	8	
济源市克井镇	20839	66546	750	43265	406	21	41050
济源市五龙口镇	10420	52831	618	19767	580	21	6836
济源市轵城镇	13850	82377	248	9687	108	19	33000
济源市承留镇	19283	64570	854	36556	841	35	18923
济源市邵原镇	33700	29577	35	2800	28	7	7000
济源市坡头镇	13700	27420	133	3064	33	5	6452
济源市梨林镇	5733	42449	462	1866	422	12	6159
济源市大峪镇	22591	23090	40	956	13	7	
济源市思礼镇	6970	35266	132	5893	121	19	10713
济源市王屋镇	24034	29739	51	492	51	8	
济源市下冶镇	14701	34416	85	2600	12	10	3152
湖北省							
洪山区天兴乡	2600	4560					
蔡甸区索河镇	5805	22942	157	1100	53	8	4168
蔡甸区玉贤镇	5123	16055	85	935	35	5	1535
蔡甸区消泗乡	14333	12636	31	736	5	2	
黄陂区木兰乡	16910	38016	54	325	14	2	
新洲区凤凰镇	5721	24945	212	6405	67	8	2565
铁山区直辖村模拟镇	2783	58300	690	27263	174	40	58300
阳新县兴国镇	10036	87259	1186	22285	167	36	54592
阳新县富池镇	12133	31567	342	15295	98	31	20320
阳新县黄颡口镇	8818	32522	191	2024	38	3	9266
阳新县韦源口镇	7831	35816	241	2350	24	11	12970
阳新县太子镇	10484	37944	218	2064	33		15622
阳新县大王镇	9116	41245	190	1676	27		6430
阳新县陶港镇	15333	30040	208	2863	10	7	5859
阳新县白沙镇	18266	101533	418	20937	98	11	74707
阳新县浮屠镇	18746	68540	452	3164	145	5	23102
阳新县三溪镇	14471	38026	223	5750	103	2	11963
阳新县龙港镇	26438	100027	478	2868	133	2	9388
阳新县洋港镇	14709	28764	202	1861	7		6351
阳新县排市镇	15694	34597	177	1062	49	1	4015
阳新县木港镇	24606	42111	233	1632	14	4	6813

续表 302　　（湖北省）　　单位：公顷、人、个

名　称	行政区域面积	常住人口	企业个数	企业从业人员	工业企业单位	#规模以上	城镇建成区常住人口
阳新县枫林镇	26684	39585	213	3254	101	4	25364
阳新县王英镇	26220	45319	212	1272	2		5530
大冶市金牛镇	15469	67304	295	6321	52	7	40512
大冶市保安镇	14031	58971	364	13118	115	34	43033
大冶市灵乡镇	14418	44996	368	20418	123	52	34634
大冶市金山店镇	6264	49351	267	5803	66	8	22068
大冶市还地桥镇	16345	83999	502	28839	199	58	47213
大冶市殷祖镇	12029	38111	163	2463	51	7	10493
大冶市刘仁八镇	11286	35398	133	3578	30	5	7987
大冶市陈贵镇	11180	55487	613	20418	405	33	36158
大冶市大箕铺镇	8930	52798	306	4680	111	14	6975
大冶市汪仁镇	7125	40302	1040	10489	629	9	4686
大冶市茗山乡	6983	36244	97	11116	34	6	
茅箭区大川镇	6907	2523	1	12			2523
茅箭区小川乡	15135	1550					
茅箭区茅塔乡	16485	5094	1	20	1	1	
茅箭区鸳鸯乡	4969	30671	261	16772	223	99	
张湾区黄龙镇	13300	18296	86	864	13	3	6310
张湾区柏林镇	10700	14700	42	3750	16	4	12155
张湾区方滩乡	6600	1616	1	40			
张湾区西沟乡	11352	2914	1	14	1		
郧阳区安阳镇	20680	22022	15	85			2600
郧阳区杨溪铺镇	13841	20435	143	725	104	5	1642
郧阳区青曲镇	17048	26945	16	433	14		2738
郧阳区白桑关镇	21781	21955	44	252	9	1	1705
郧阳区南化塘镇	41500	59871	25	168	20	1	8975
郧阳区白浪镇	6657	12038	19	502	8	2	2532
郧阳区刘洞镇	8554	14673	20	163	3	3	2489
郧阳区谭山镇	11844	31031	85	2602	25	4	31031
郧阳区梅铺镇	11054	28085	2	350	2	2	925
郧阳区青山镇	13369	14247	16	154	13	3	966
郧阳区茶店镇	9887	32908	286	6912	165	84	23089
郧阳区柳陂镇	17902	51640	25	1600	14	11	5526
郧阳区鲍峡镇	39576	35534	66	650	40	3	5415
郧阳区胡家营镇	21639	21813	40	200	28	1	2340
郧阳区谭家湾镇	15040	19119	56	4890	25	16	19119
郧阳区郧县城关镇	15682	128142	386	3500	359	19	56451
郧阳区大柳乡	36729	12134	48	590	9	3	
郧阳区五峰乡	23315	25303	34	683	14	1	
郧阳区叶大乡	32842	13138	22	290	6		
郧西县城关镇	12775	87281	441	5110	95	9	42468
郧西县土门镇	21763	27030	18	433	6	4	2460
郧西县上津镇	22650	28306	76	2014	24	1	5723
郧西县店子镇	25000	23985	17	542	10		8890
郧西县夹河镇	19749	34670	9	395	6	1	7768
郧西县羊尾镇	11694	23105	33	420	22	1	6834
郧西县观音镇	18172	29200	52	1186	22	2	2868
郧西县马鞍镇	17420	21625	24	150	20		7214
郧西县河夹镇	24580	25322	7	7436	6		2702
郧西县香口乡	26944	25400	5	26			

续表 303　　(湖北省)　　单位：公顷、人、个

名　称	行政区域面积	常住人口	企业个数	企业从业人员	工业企业单位	#规模以上	城镇建成区常住人口
郧西县关防乡	20700	14152	20	157	4		
郧西县湖北口回族乡	25149	20630	44	236	3		
郧西县景阳乡	21638	28707	18	116	3		
郧西县六郎乡	20730	23769	14	186	6		
郧西县涧池乡	10530	17890	24	530	13	1	
郧西县安家乡	23388	9537	12	197	10	1	
竹山县城关镇	6900	63819	1596	15243	296	11	42827
竹山县溢水镇	19970	33607	77	2900	23	2	15000
竹山县麻家渡镇	20486	30195	653	3356	220	2	17247
竹山县宝丰镇	18828	60963	1493	7508	264	7	35148
竹山县擂鼓镇	10141	27055	403	1696	284	1	4100
竹山县秦古镇	9833	23311	920	5442	46	2	6548
竹山县得胜镇	27383	22014	416	2113	91	6	5409
竹山县上庸镇	18270	16005	128	827	108		3761
竹山县官渡镇	32688	19572	56	265	5	1	4563
竹山县潘口乡	8287	21518	49	1832	18	4	
竹山县竹坪乡	16398	24422	49	645	13		
竹山县大庙乡	12502	13551	62	406	24		
竹山县双台乡	38999	16359	89	1585	6	4	
竹山县楼台乡	32934	23348	6	97	4		
竹山县文峰乡	17296	13737	62	427	17		
竹山县深河乡	15588	9531	75	1503	9		
竹山县柳林乡	47272	11042	20	125	20		
竹溪县城关镇	3450	83599	909	16337	102	5	59621
竹溪县蒋家堰镇	12326	34640	106	977	43		12683
竹溪县中峰镇	6690	26626	68	1297	27	2	5410
竹溪县水坪镇	19311	51404	278	7768	95	6	11587
竹溪县县河镇	12000	18253	61	376	16	1	3391
竹溪县泉溪镇	22752	11041	125	1527	48		1864
竹溪县丰溪镇	39166	10152	61	641	30	1	2107
竹溪县龙坝镇	13374	18869	32	257	11		1733
竹溪县兵营镇	16850	10179	34	411	18		1070
竹溪县汇湾镇	17805	12934	59	1006	37	1	1713
竹溪县新洲镇	19428	15432	43	343	25		1450
竹溪县鄂坪乡	17864	8796	18	516	9		
竹溪县天宝乡	24262	18220	53	289	44		
竹溪县桃源乡	33982	8013	28	25	22		
竹溪县向坝乡	11165	6098	74	303	24	1	
房县城关镇	6798	101234	3477	24696	176	33	73903
房县军店镇	16080	29721	319	3744	227		29721
房县化龙堰镇	15790	25081	756	3782	378	5	1490
房县土城镇	36157	17281	207	760	187	2	5135
房县大木厂镇	41874	29365	57	523	25		6592
房县青峰镇	41169	31098	581	3500	31	2	22000
房县门古寺镇	51610	23931	70	1239	11		1556
房县白鹤镇	22879	32172	114	1550	68	1	2280
房县野人谷镇	39100	10419	288	1728	40	3	1185
房县红塔镇	22237	40154	182	735	49	8	6315
房县窑淮镇	24728	14449	130	130	105		4500
房县尹吉甫镇	10300	6447	43	152	15		1500

续表 304　　（湖北省）　　单位：公顷、人、个

名　　称	行政区域面　　积	常住人口	企业个数	企　　业从业人员	工业企业单　　位	#规模以上	城镇建成区常住人口
房县姚坪乡	20370	15386	59	295	2		
房县沙河乡	23643	6683	92	462	1		
房县万峪河乡	19600	7499					
房县上龛乡	35510	6370	92	615			
房县中坝乡	26140	7082	123	738	51		
房县九道乡	33450	9273	39	238	25		
房县回龙乡	14100	2872	22	200	20		
房县五台乡	10941	3614	112	476	43	1	
丹江口市土关垭镇	11030	13038	6	255	3	2	4152
丹江口市浪河镇	14667	18609	110	1870	46	12	13248
丹江口市丁家营镇	8420	12985	49	2065	35	6	6375
丹江口市六里坪镇	18691	51796	579	11694	393	69	41251
丹江口市盐池河镇	19600	6969	3	16	1		3646
丹江口市均县镇	27286	22251	52	261	6		4350
丹江口市习家店镇	30933	36183	57	1000	21	2	22498
丹江口市蒿坪镇	12100	12576	23	670	6		2410
丹江口市石鼓镇	17600	13774	6	165			1757
丹江口市凉水河镇	24200	26560	34	1354	9	1	6231
丹江口市官山镇	30160	10471	4	24	2		3150
丹江口市龙山镇	14500	14876	10	182	1		3391
西陵区窑湾乡	2832	15950	1387	14605	118	12	
伍家岗区伍家乡	7000	51262	8293	39857	358	50	
点军区艾家镇	7031	7668	6	32	1	1	481
点军区桥边镇	13241	25393	41	2912	14	4	3752
点军区联棚乡	9430	13900	26	695	26	5	
点军区土城乡	18501	20770	32	704	15	1	
夷陵区樟村坪镇	45686	23947	475	8814	201	28	4396
夷陵区雾渡河镇	38785	27939	365	4380	165	14	1830
夷陵区分乡镇	31873	33040	168	3308	106	4	3300
夷陵区太平溪镇	15230	25608	467	3932	321	8	7482
夷陵区三斗坪镇	17800	31261	126	1305	13	4	5498
夷陵区乐天溪镇	25255	27795	171	2560	88	6	11024
夷陵区龙泉镇	26139	58079	629	22000	220	27	31719
夷陵区鸦鹊岭镇	24300	52836	800	9684	595	22	22335
夷陵区黄花镇	28873	32755	153	3789	72	19	5195
夷陵区下堡坪乡	25700	19313	194	5045	136	14	
夷陵区邓村乡	32011	25190	109	1280	97	10	
远安县鸣凤镇	7072	53156	172	5438	51	31	47889
远安县花林寺镇	22000	13461	208	1406	30	11	6974
远安县旧县镇	17177	22227	22	1231	9	9	2228
远安县洋坪镇	24089	38785	39	1023	15	14	5641
远安县茅坪场镇	45800	25142	27	3936	13	13	3738
远安县嫘祖镇	39009	23610	115	7605	21	21	2819
远安县河口乡	20019	15043	9	752	9	9	
兴山县古夫镇	44536	53091	256	6235	60	5	35826
兴山县昭君镇	14392	20355	130	1350	16	3	10189
兴山县峡口镇	21633	21503	189	1135	3		2597
兴山县南阳镇	27346	9835	67	342	18		2614
兴山县黄粮镇	24572	18878	23	327	18	2	3876
兴山县水月寺镇	46147	19696	51	736	30	4	5696

续表 305　　（湖北省）　　单位：公顷、人、个

名　　称	行政区域面　　积	常住人口	企业个数	企　　业从业人员	工业企业单　　位	#规模以上	城镇建成区常住人口
兴山县高桥乡	17299	14530	14	63	8		
兴山县榛子乡	35791	10314	111	630	11		
秭归县茅坪镇	20600	113627	2416	17886	340	4	71075
秭归县归州镇	12000	27556	32	315	7		8685
秭归县屈原镇	21742	12590	9	165	6		1462
秭归县沙镇溪镇	19113	27990	35	600	21	2	5394
秭归县两河口镇	26900	23098	42	500	12	2	4950
秭归县郭家坝镇	31300	50350	167	1218	12	3	41140
秭归县杨林桥镇	22647	24146	15	107	7	4	3872
秭归县九畹溪镇	23934	21377	54	486	49	2	4689
秭归县水田坝乡	22400	26521	32	108	6		
秭归县泄滩乡	15139	9327	3	18			
秭归县梅家河乡	10969	17833	10	110	5	2	
秭归县磨坪乡	14100	9758	60	180			
长阳土家族自治县龙舟坪镇	34070	105092	420	4358	37	6	105092
长阳土家族自治县高家堰镇	21410	18724	13	1475	7	3	1850
长阳土家族自治县磨市镇	22650	28131	29	682	17	5	27051
长阳土家族自治县都镇湾镇	52500	46745	32	833	28	1	2998
长阳土家族自治县资丘镇	37190	37654	164	821	24		37654
长阳土家族自治县渔峡口镇	29420	31523	13	252	6	1	2120
长阳土家族自治县榔坪镇	53130	38099	25	446	21	3	2580
长阳土家族自治县贺家坪镇	34720	25505	23	1415	19	4	25454
长阳土家族自治县大堰乡	24740	32018	18	260	8	2	
长阳土家族自治县鸭子口乡	23251	21381	9	210	9	1	
长阳土家族自治县火烧坪乡	10500	7752	75	2147	5	4	
五峰土家族自治县渔洋关镇	35506	47976	125	2475	58	15	18015
五峰土家族自治县仁和坪镇	24200	22444	20	185	4	2	2586
五峰土家族自治县长乐坪镇	38271	23757	20	512	7	1	1680
五峰土家族自治县五峰镇	45783	34241	229	1375	32	5	14386
五峰土家族自治县湾潭镇	32604	15556	48	460	12		2704
五峰土家族自治县付家堰乡	13954	15445	6	35	4	1	
五峰土家族自治县牛庄乡	15400	7145	3	27	3		
五峰土家族自治县采花乡	29135	24624	85	1140	17	7	
宜都市红花套镇	14900	24091	351	8750	211	29	15642
宜都市高坝洲镇	9400	27721	40	300	26	16	3895
宜都市聂家河镇	11500	17136	75	1628	53	16	1012
宜都市松木坪镇	13400	25656	354	5137	331	18	6461
宜都市枝城镇	23500	88996	965	26793	539	44	39874
宜都市姚家店镇	6700	26825	378	6515	262	25	12587
宜都市五眼泉镇	10500	20851	235	1856	144	18	1241
宜都市王家畈镇	25500	27070	157	785	97	17	6051
宜都市潘家湾土家族乡	14400	13765	86	1861	66	9	
当阳市两河镇	9695	35353	306	6653	78	16	3843
当阳市河溶镇	22150	49768	207	4784	146	23	12907
当阳市育溪镇	37430	46376	130	12523	48	21	8124
当阳市庙前镇	33220	35230	275	14705	88	25	1789
当阳市王店镇	26490	37979	210	6358	165	21	9975
当阳市半月镇	21700	33141	155	10187	90	28	6550
当阳市草埠湖镇	9727	20025	35	2417	25	15	5988
枝江市安福寺镇	22300	50172	264	12100	130	33	23610

续表 306　　(湖北省)　　单位：公顷、人、个

名　　称	行政区域面　积	常住人口	企业个数	企　业从业人员	工业企业单　位	#规模以上	城镇建成区常住人口
枝江市白洋镇	15600	38497	128	4178	40	8	5961
枝江市顾家店镇	6615	19569	227	4423	63	28	2912
枝江市董市镇	14921	54468	875	20971	198	33	24720
枝江市仙女镇	17067	31462	437	7892	71	22	9021
枝江市问安镇	16000	45122	251	11824	83	19	7797
枝江市七星台镇	12900	44328	537	10958	130	15	12760
枝江市百里洲镇	22913	72247	606	7466	36	5	16700
襄城区欧庙镇	17166	79239	513	11299	316	2	18737
襄城区卧龙镇	28285	82149	620	3102	341	4	29489
襄城区尹集乡	4972	23126	281	2854	62	4	
樊城区牛首镇	16419	86207	38	1088	19	8	23241
樊城区太平店镇	23270	91879	287	13627	86	24	35240
樊城区高新区团山镇	6022	54349	357	23890	279	118	6118
樊城区高新区米庄镇	5600	82251	675	65000	321	125	4268
襄州区龙王镇	24657	68779	799	3980	641	3	18955
襄州区石桥镇	20366	78010	169	1064	41	3	7581
襄州区黄集镇	19870	69219	901	12016	551	9	14958
襄州区伙牌镇	15700	48970	316	2395	295	57	17936
襄州区古驿镇	23722	67984	264	2376	97	6	7233
襄州区朱集镇委会	11198	70425	168	2138	53	3	18256
襄州区程河镇委会	12112	64444	332	1826	48	6	5965
襄州区双沟镇	14336	91966	336	11006	221	20	35369
襄州区张家集镇	13561	49805	222	1561	41	3	7390
襄州区黄龙镇	15258	32750	152	1230	23	1	8756
襄州区峪山镇	25800	47898	42	1826	34	4	18627
襄州区东津镇	24900	106132	148	1924	39		29875
南漳县城关镇	30610	165532	1341	26139	306	35	75774
南漳县武安镇	41586	97058	1186	5958	104	10	97058
南漳县九集镇	47141	87205	1644	30150	215	51	7569
南漳县李庙镇	53912	15454	19	502	13	1	648
南漳县长坪镇	25465	16412	114	677	1	1	3958
南漳县薛坪镇	39839	28629	322	4508	18	5	6591
南漳县板桥镇	25588	13763	13	322	2	2	4196
南漳县巡检镇	36693	31006	199	3015	20	5	4222
南漳县东巩镇	43195	32127	166	4162	22	8	6280
南漳县肖堰镇	37629	27634	26	536	20	2	4621
谷城县城关镇	14410	102845	2030	42685	461	105	68402
谷城县石花镇	26318	111577	1083	29381	823	54	56398
谷城县盛康镇	28128	59304	534	6240	92	8	15326
谷城县庙滩镇	22138	36791	382	4236	87	9	20363
谷城县五山镇	25000	36738	137	1436	58	6	11150
谷城县茨河镇	18440	18647	127	1785	6	6	1921
谷城县南河镇	24315	19084	141	752	21	5	2824
谷城县紫金镇	37850	17597	41	515	26	1	5401
谷城县冷集镇	26680	51766	197	6842	106	11	11195
谷城县赵湾乡	23164	7738	18	376	5		
保康县城关镇	24336	58886	1305	20170	232	23	50095
保康县黄堡镇	28832	20453	178	1068	10	4	1680
保康县后坪镇	20992	10170	125	831	6	2	1080
保康县龙坪镇	20172	7601	72	626	4	1	410

续表 307　　（湖北省）　　单位：公顷、人、个

名　　称	行政区域面　　积	常住人口	企业个数	企　　业从业人员	工业企业单　　位	#规模以上	城镇建成区常住人口
保康县店垭镇	13849	15095	121	2008	12	5	832
保康县马良镇	33740	35257	186	1487	25	7	1816
保康县歇马镇	64357	41032	276	1687	30	2	5872
保康县马桥镇	47946	32432	381	9429	101	25	9448
保康县寺坪镇	35902	26299	286	2123	66	3	3200
保康县过渡湾镇	15700	11253	71	714	53	6	1109
保康县两峪乡	16327	8799	62	487	4	1	
老河口市孟楼镇	6496	34532	311	1755	24	7	16188
老河口市竹林桥镇	10123	33477	277	2752	277	5	5859
老河口市薛集镇	9586	38296	10	1120	10	10	4572
老河口市张集镇	17094	43153	151	2055	61	4	6729
老河口市仙人渡镇	11442	40269	363	2310	171	22	16226
老河口市洪山嘴镇	20108	37709	405	5100	65	26	17500
老河口市李楼镇	7850	42235	608	6050	605	63	14385
老河口市袁冲乡	12834	31931	197	990	65	3	
枣阳市琚湾镇	21965	74307	1679	22364	429	12	27437
枣阳市七方镇	31041	98711	422	6287	321	9	20221
枣阳市杨当镇	18790	64830	66	891	42	3	26168
枣阳市太平镇	26131	92803	269	7699	20	8	52419
枣阳市新市镇	23312	57931	174	4268	149	3	8846
枣阳市鹿头镇	21003	66893	526	4604	274	12	21042
枣阳市刘升镇	21000	38781	196	3562	181	10	4970
枣阳市兴隆镇	19841	53869	556	8335	432	21	31812
枣阳市王城镇	18770	42661	260	4334	41	9	14452
枣阳市吴店镇	35913	96847	1743	37403	1675	36	68235
枣阳市熊集镇	26419	44032	352	4151	87	4	16701
枣阳市平林镇	20285	28895	73	1201	38	8	5460
宜城市郑集镇	22400	71482	217	2054	36	19	12046
宜城市小河镇	17900	60261	615	12423	226	24	9414
宜城市刘猴镇	19000	34527	56	1680	32	7	8216
宜城市孔湾镇	10100	23828	228	3561	41	6	3768
宜城市流水镇	51779	49646	60	820	41	5	4200
宜城市板桥店镇	38100	42546	152	2300	22	10	5998
宜城市王集镇	14700	43358	13	60	4	3	3379
宜城市雷河镇	11100	38823	185	6850	165	22	12971
梁子湖区太和镇	8574	52441	64	4267	26	6	18369
梁子湖区东沟镇	4397	15843	24	234	10	4	6100
梁子湖区梁子镇	3726	14294	152	1395	14	5	11772
梁子湖区涂家垴镇	14900	33392	53	1058	35	6	7906
梁子湖区沼山镇	6500	44581	238	3540	78	7	15305
华容区华容镇	7476	50210	195	12637	131	41	32259
华容区葛店镇	9373	133921	1250	92600	762	114	39521
华容区庙岭镇	9428	30170	93	3576	18	14	5695
华容区段店镇	7157	31162	34	7208	18	13	5785
华容区临江乡	6151	31362	21	4750	20	10	
华容区蒲团乡	9117	22237	65	1012	35	13	
鄂城区泽林镇	9288	57103	491	6319	151	21	18844
鄂城区杜山镇	4959	19713	43	376	4	4	5073
鄂城区新庙镇	2678	23203	364	6150	54	26	2214
鄂城区碧石渡镇	3020	27788	109	3676	57	21	8963

续表 308　　（湖北省）　　单位：公顷、人、个

名　　称	行政区域面积	常住人口	企业个数	企业从业人员	工业企业单位	#规模以上	城镇建成区常住人口
鄂城区汀祖镇	7800	53999	365	2112	95	25	15438
鄂城区燕矶镇	6203	44656	307	1533	290	16	19039
鄂城区杨叶镇	3935	25607	148	5705	70	22	6850
鄂城区花湖镇	5510	79537	571	10595	154	29	58331
鄂城区长港镇	4217	16195	115	765	7	7	16095
鄂城区沙窝乡	5888	28930	15	652	8	3	
东宝区栗溪镇	37446	18216	57	2140	50	5	3406
东宝区子陵镇	30269	46850	721	33890	227	65	24349
东宝区漳河镇	36190	37700	321	4560	51	3	9632
东宝区马河镇	16217	9104	83	3914	71	11	1008
东宝区石桥驿镇	17570	33829	181	8124	127	14	7404
东宝区牌楼镇	11524	21475	364	8185	126	36	5682
东宝区仙居乡	15896	26256	59	713	21	6	
掇刀区团林铺镇	24288	61876	291	3492	105	8	19427
掇刀区麻城镇	15659	26487	374	5600	65	27	4236
京山县新市镇	32100	135824	2394	34251	645	53	135824
京山县永兴镇	17335	24778	312	8077	192	47	10261
京山县曹武镇	18589	29542	171	2413	95	12	6686
京山县罗店镇	29850	55315	521	14482	193	9	16615
京山县宋河镇	31200	53530	695	26213	462	29	30125
京山县坪坝镇	8880	19230	35	200	27	8	4628
京山县三阳镇	23032	25973	76	4521	23	12	5926
京山县绿林镇	25179	9514	258	1586	76	5	1385
京山县杨集镇	28488	12893	88	2589	75	9	2518
京山县孙桥镇	34400	37466	215	4226	44	25	10415
京山县石龙镇	30100	21729	152	800	142	11	3832
京山县永漋镇	10060	42885	163	3125	96	21	18666
京山县雁门口镇	25800	39113	284	1566	108	27	14792
京山县钱场镇	20350	41225	520	10200	320	32	26509
京山县开发区(镇)	3216	34269	398	36300	175	110	34269
沙洋县沙洋镇	3874	51074	495	11237	75	11	51074
沙洋县五里铺镇	20200	41415	34	173	31	8	8237
沙洋县十里铺镇	16444	32693	152	2636	133	8	13532
沙洋县纪山镇	10053	27946	72	2530	64	20	4185
沙洋县拾回桥镇	14286	40828	46	2300	36	15	7835
沙洋县后港镇	27379	69705	272	8160	52	29	58960
沙洋县毛李镇	16043	28066	91	560	15	6	8696
沙洋县官当镇	14847	38168	341	4600	330	26	27100
沙洋县李市镇	9282	38138	87	1472	63	6	6714
沙洋县马良镇	11134	39780	158	2315	148	10	6451
沙洋县高阳镇	19614	37988	65	665	62	9	6956
沙洋县沈集镇	19593	36068	252	1435	183	10	9862
沙洋县曾集镇	21557	40724	245	3346	192	10	12093
钟祥市洋梓镇	40300	49360	895	17900	370	17	5040
钟祥市长寿镇	27500	26873	77	628	72	6	6326
钟祥市丰乐镇	19642	67435	206	3419	71	10	19752
钟祥市胡集镇	39400	135857	1126	25951	221	38	89730
钟祥市双河镇	23500	37806	350	7600	332	30	16924
钟祥市磷矿镇	22736	42649	256	8235	198	13	10053
钟祥市文集镇	12800	39956	162	1828	43	12	3685

续表 309　　（湖北省）　　单位：公顷、人、个

名　　称	行政区域面　积	常住人口	企业个数	企　业从业人员	工业企业单　位	#规模以上	城镇建成区常住人口
钟祥市冷水镇	31710	45879	57	677	33	16	6033
钟祥市石牌镇	29500	72325	35	1200	19	11	19025
钟祥市旧口镇	24871	94293	459	7166	213	12	25346
钟祥市柴湖镇	15430	105588	171	6562	151	4	6755
钟祥市长滩镇	15300	17457	21	352	18	10	4325
钟祥市东桥镇	24670	23383	59	555	15	7	5213
钟祥市客店镇	29300	13155	90	1548	59	4	4062
钟祥市张集镇	29090	22125	461	6396	392	14	4920
钟祥市九里乡	9980	13228	129	4070	67	7	
孝南区新铺镇	4390	33075	65	5438	58	12	6203
孝南区西河镇	5707	23125	42	625	35	4	5809
孝南区杨店镇	12340	64041	201	4100	25	3	18930
孝南区陡岗镇	5580	39358	32	286	31		5492
孝南区肖港镇	10800	80768	196	2329	78	7	44194
孝南区毛陈镇	9960	39325	262	12221	129	8	18293
孝南区三汊镇	7152	39973	442	6308	39	6	11680
孝南区祝站镇	5986	34484	46	2046	26	11	7918
孝南区朋兴乡	7251	42441	15	313	7	7	
孝南区卧龙乡	6440	53060	51	2468	30	3	
孝南区闵集乡	9710	27938	8	1200			
孝昌县花园镇	10608	127525	1549	31562	1483	9	107455
孝昌县丰山镇	4230	27938	109	3125	69	2	5268
孝昌县周巷镇	12411	46628	276	2948	18	5	11093
孝昌县小河镇	7129	42024	41	576	24	2	6553
孝昌县王店镇	8018	31480	134	780	43	2	7406
孝昌县卫店镇	6566	33696	172	1661	22	1	4012
孝昌县白沙镇	7575	46265	25	412	8	2	7892
孝昌县邹岗镇	13257	59974	174	2610	32	1	14265
孝昌县小悟乡	7640	17154	81	860	68	3	
孝昌县季店乡	9174	34186	12	340	8	2	
孝昌县花西乡	9162	43160	127	4639	4	1	
孝昌县陡山乡	9692	48224	401	5366	140	4	
大悟县城关镇	8779	126848	356	14396	109	11	72502
大悟县阳平镇	11614	21578	284	1720	259	3	2255
大悟县芳畈镇	16293	26848	279	2842	130	1	10375
大悟县新城镇	12258	51605	25	685	18	3	16535
大悟县夏店镇	9120	25162	684	3876	209	5	7786
大悟县刘集镇	6690	28114	352	2560	344	3	1216
大悟县河口镇	4280	25617	803	6854	402	3	10082
大悟县四姑镇	6125	26464	429	4815	223		4626
大悟县吕王镇	7523	30277	100	486	79	2	11472
大悟县黄站镇	5101	15473	416	1762	305	1	6250
大悟县宣化店镇	26364	69108	657	3286	339	3	24313
大悟县丰店镇	15385	30080	266	3706	21	1	4301
大悟县大新镇	9466	33266	147	1351	80	3	7610
大悟县三里镇	11887	25920	736	3692	88	3	10245
大悟县高店乡	13421	40412	169	1743	31	1	
大悟县彭店乡	11246	30319	125	3327	65	1	
大悟县东新乡	14543	30746	152	3695	62	1	
云梦县城关镇	2723	146119	3946	23105	1690	32	132882

续表 310　　　　（湖北省）　　　　单位：公顷、人、个

名　　称	行政区域面　　积	常住人口	企业个数	企　　业从业人员	工业企业单　　位		城镇建成区常住人口
						#规模以上	
云梦县义堂镇	6300	48126	254	12610	250	7	7991
云梦县曾店镇	6200	31900	253	2215	32	8	5325
云梦县吴铺镇	6500	35748	393	7719	352	43	4107
云梦县伍洛镇	4400	33182	654	9035	603	14	14252
云梦县下辛店镇	8100	57817	314	6123	277	7	14133
云梦县道桥镇	3200	24607	665	11938	267	10	4982
云梦县隔蒲潭镇	6200	59815	368	18133	357	16	13792
云梦县胡金店镇	3000	27158	279	8916	223	4	6261
云梦县倒店乡	4800	26495	227	2286	213	10	
云梦县沙河乡	4800	36039	263	4909	193	8	
云梦县清明河乡	3300	26933	519	6715	356	5	
应城市田店镇	6346	16848	14	320	4	2	3689
应城市杨河镇	11373	43532	198	4737	31	5	13500
应城市三合镇	8111	26416	20	462	9	3	4650
应城市郎君镇	8065	48693	122	2216	12	7	8652
应城市黄滩镇	6770	45180	1	220	1		2750
应城市天鹅镇	7065	30041	72	1231	46	2	3102
应城市义和镇	9068	26601	278	3698	1		2640
应城市陈河镇	13200	41052	129	1212	17	7	13182
应城市杨岭镇	12407	26537	18	352	15	11	4865
应城市汤池镇	5030	13464	8	352	3		2315
安陆市赵棚镇	11420	27614	114	2613	73	2	6204
安陆市李店镇	5700	28691	355	5938	76	9	9020
安陆市巡店镇	10100	44786	177	2142	35	2	8214
安陆市棠棣镇	8400	29319	121	2143	87	5	4532
安陆市雷公镇	12010	30696	132	2192	118	2	5380
安陆市王义贞镇	13307	24505	240	462	16		3122
安陆市烟店镇	11000	29389	212	2735	89	6	8647
安陆市孛畈镇	11720	33178	120	710	3	3	4166
安陆市伏水镇	9605	33587	145	3138	42	5	5155
安陆市陈店乡	8206	31919	125	4689	12	5	
安陆市辛榨乡	4500	28791	295	9865	124	1	
安陆市木梓乡	8600	18298	93	1395	93	1	
安陆市接官乡	10200	19986	79	1841	25	2	
汉川市马口镇	6268	86585	469	36417	421	64	57104
汉川市脉旺镇	4034	29061	1243	8482	68	9	16500
汉川市城隍镇	6223	58376	424	14380	171	29	29984
汉川市分水镇	7551	60421	285	5893	239	16	15093
汉川市沉湖镇	7825	66150	146	17854	95	20	41096
汉川市田二河镇	7577	35173	189	2646	38	3	12418
汉川市回龙镇	5365	32503	40	1826	36	2	4860
汉川市新堰镇	8107	31151	16	480	10	1	3705
汉川市垌塚镇	3484	12291	10	85	4	1	2694
汉川市麻河镇	7742	26412	16	396	10	2	6126
汉川市刘家隔镇	12176	47814	114	2816	74	9	9740
汉川市新河镇	11952	136337	1404	39527	718	136	43878
汉川市庙头镇	4643	34717	375	7736	350	18	1642
汉川市杨林沟镇	6721	28487	81	772	51	2	2952
汉川市西江乡	9155	47453	293	5632	82	3	
汉川市湾潭乡	4412	23366	80	572	38	3	

续表 311 （湖北省） 单位：公顷、人、个

名　称	行政区域面　积	常住人口	企业个数	企　业从业人员	工业企业单　位	#规模以上	城镇建成区常住人口
汉川市南河乡	7978	43382	49	893	47	3	
汉川市马鞍乡	4730	29687	187	11207	152	15	
汉川市里潭乡	5966	26074	17	359	4	2	
汉川市韩集乡	7720	32174	86	455	71	4	
沙市区锣场镇	3133	10113	112	6318	91	53	1442
沙市区岑河镇	13913	46078	388	3558	142	19	20722
沙市区观音垱镇	17456	47168	64	3644	55	15	9035
沙市区关沮镇	2894	24977	1603	12917	112	33	17674
沙市区立新乡	743	48839	432	16053	37	4	
荆州区纪南镇	15985	61113	85	2805	62	11	8465
荆州区川店镇	17813	35277	53	1025	23	16	26497
荆州区马山镇	12886	28336	35	495	15	6	5210
荆州区八岭山镇	12637	31816	487	8340	109	5	6456
荆州区李埠镇	9289	22477	171	2067	46	7	9843
荆州区弥市镇	16862	63672	368	3584	89	10	37540
荆州区郢城镇	1847	38458	143	2165	35	5	10870
公安县埠河镇	22912	93128	627	5231	67	5	29053
公安县斗湖堤镇	9381	137949	1856	19544	295	61	136949
公安县夹竹园镇	13221	47372	70	1872	48	11	9898
公安县闸口镇	13155	35490	77	1568	22	3	14916
公安县杨家厂镇	13770	48824	283	7962	105	9	15983
公安县麻豪口镇	18210	52081	19	357	16	6	8142
公安县藕池镇	10287	36116	208	1640	201	11	17139
公安县黄山头镇	11880	37284	290	1540	158	2	8060
公安县孟家溪镇	12271	39751	152	2456	108	9	10390
公安县南平镇	8706	56618	355	7368	346	17	33735
公安县章庄铺镇	18260	52514	182	1555	20	9	11762
公安县狮子口镇	16708	53320	19	180	16	1	15309
公安县斑竹垱镇	15920	60451	46	235	28	4	15277
公安县毛家港镇	19331	62168	46	480	40	4	3563
公安县甘家厂乡	9791	24135	117	1800	116	3	
公安县章田寺乡	11889	41349	102	2050	86	4	
监利县容城镇	11026	146932	163	12012	135	33	146932
监利县朱河镇	11968	74505	38	2800	32	10	54980
监利县新沟镇	16102	75040	309	6210	92	12	75040
监利县龚场镇	10754	29792	59	1905	56	1	8248
监利县周老嘴镇	15081	50967	133	714	33	4	12887
监利县黄歇口镇	15184	56778	55	780	50	3	11765
监利县汪桥镇	15632	49321	28	2250	23	5	9376
监利县程集镇	11566	34180	18	404	12	2	6488
监利县分盐镇	14593	37079	17	435	15	2	7421
监利县毛市镇	13592	37890	45	458	32	2	11258
监利县福田寺镇	9862	29269	25	232	14	2	2004
监利县上车湾镇	7737	26215	133	980	18	4	6481
监利县汴河镇	18707	41023	40	1243	20	4	7621
监利县尺八镇	15729	48235	23	509	21	1	9616
监利县白螺镇	17328	48397	159	1272	16	3	17262
监利县网市镇	9520	34184	45	1580	30	4	6230
监利县三洲镇	17666	23301	15	420	9	2	7942
监利县桥市镇	14418	44103	14	145	12	1	7035

续表 312　　　　(湖北省)　　　　单位：公顷、人、个

名　　称	行政区域面　　积	常住人口	企业个数	企　　业从业人员	工业企业单　　位		城镇建成区常住人口
						#规模以上	
监利县红城乡	21440	75369	53	795	43	6	
监利县棋盘乡	14402	30040					
监利县柘木乡	16361	52081	4	108	2	2	
江陵县资市镇	7847	24529	261	2300	23	1	5329
江陵县熊河镇	13967	48834	93	3812	57	9	9388
江陵县白马寺镇	14940	48025	40	1685	15	2	9360
江陵县沙岗镇	14708	35148	31	1586	13	4	12310
江陵县普济镇	7815	31658	42	338	21	1	8430
江陵县郝穴镇	3696	42877	106	892	35	5	38612
江陵县马家寨乡	13084	41851	10	428	8		
江陵县秦市乡	5569	23706	13	106	12		
荆州经济技术开发区滩桥镇	7778	28862	67	536	43	5	11361
石首市新厂镇	9540	32825	62	1229	45	9	14938
石首市横沟市镇	6554	35070	90	985	49	11	9948
石首市大垸镇	17114	47701	44	455	28	4	11548
石首市小河口镇	13800	28750	120	3056	14	6	9231
石首市桃花山镇	9710	23998	92	743	78	4	8332
石首市调关镇	13304	40740	134	1155	125	6	9859
石首市东升镇	18238	55213	75	880	58	14	19143
石首市高基庙镇	8593	35690	132	1206	122	13	4579
石首市南口镇	9092	27099	37	354	16	6	3898
石首市高陵镇	7685	27935	93	1294	68	12	7032
石首市团山寺镇	6686	27230	29	1823	19	9	9661
石首市久合垸乡	6144	21157	18	150	17	3	
洪湖市螺山镇	14083	30671	67	685	66		5823
洪湖市乌林镇	12184	42014	53	4104	35	2	5752
洪湖市龙口镇	12386	43196	35	512	27	2	10672
洪湖市燕窝镇	15389	40513	44	563	5	1	8612
洪湖市新滩镇	16341	33358	59	1100	28	8	7526
洪湖市峰口镇	13601	90342	128	2715	31	6	32410
洪湖市曹市镇	10225	45148	162	2248	155	20	15823
洪湖市府场镇	2751	19359	98	1436	96	33	4143
洪湖市戴家场镇	10196	47501	49	350	4	2	11657
洪湖市瞿家湾镇	3863	15268	33	563	4	1	2383
洪湖市沙口镇	12324	43104	110	1123	15		9857
洪湖市万全镇	16353	52950	154	4252	63	7	18375
洪湖市汊河镇	14576	44132	144	1268	11	1	7937
洪湖市黄家口镇	13648	34718	160	2395	25	1	18463
洪湖市老湾乡	6131	16950	58	310	26	1	
松滋市新江口镇	10099	138526	1265	13211	278	29	91025
松滋市南海镇	17589	56413	48	4615	43	6	11042
松滋市八宝镇	16014	69774	519	6728	446	31	23785
松滋市涴市镇	13467	48030	29	1073	18	3	16552
松滋市老城镇	11403	44165	7	278	3	3	5992
松滋市陈店镇	15268	35251	114	3232	26	14	6495
松滋市王家桥镇	15408	44612	77	2042	36	8	5309
松滋市斯家场镇	9512	27011	80	1560	28	5	8129
松滋市杨林市镇	12173	41212	68	1402	34	4	9423
松滋市纸厂河镇	10642	35012	29	896	23	5	6741
松滋市街河市镇	8106	36414	35	1241	28	4	10072

续表 313　（湖北省）　单位：公顷、人、个

名　称	行政区域面积	常住人口	企业个数	企业从业人员	工业企业单位	#规模以上	城镇建成区常住人口
松滋市涴水镇	29004	65632	117	2785	47	12	41274
松滋市刘家场镇	25272	57827	338	3269	123	12	42425
松滋市沙道观镇	6954	32417	24	1986	14	9	20907
松滋市万家乡	6467	23104	21	523	19	7	
松滋市卸甲坪土家族乡	10315	13198	23	523	20	5	
黄州区路口镇	6390	24795	278	4520	24	21	14200
黄州区堵城镇	5911	29955	72	1480	43	2	15630
黄州区陈策楼镇	6537	34981	253	15392	105	21	10235
黄州区陶店乡	4764	27008	90	1502	88	6	
团风县团风镇	10760	91836	148	6815	51	15	53879
团风县淋山河镇	11650	56293	294	4490	55	3	8130
团风县方高坪镇	4697	23575	245	5588	58	8	3305
团风县回龙山镇	6514	26675	353	3795	28	11	4713
团风县马曹庙镇	5210	18610	56	2200	39	2	3401
团风县上巴河镇	6150	26853	108	6825	12	1	8692
团风县总路咀镇	5220	19285	400	4782	15	2	5829
团风县但店镇	12890	37487	340	1781	75	6	11457
团风县贾庙乡	10236	15772	132	661	43	1	
团风县杜皮乡	8350	16845	28	361	8		
红安县城关镇	12142	113140	3945	25646	58	35	112200
红安县七里坪镇	36200	78461	428	1503	117	2	26351
红安县华河镇	20469	43430	68	630	6	2	6520
红安县二程镇	12925	38882	23	2300	13	5	6010
红安县上新集镇	8570	29273	366	4065	197	1	4958
红安县高桥镇	15200	44138	436	10198	70	5	12960
红安县觅儿寺镇	7826	21664	162	8681	72	39	21664
红安县八里湾镇	7379	31152	200	5128	124	6	23086
红安县太平桥镇	6810	19473	173	1944	36	8	1856
红安县永佳河镇	22839	48146	265	3630	215	7	8126
红安县杏花乡	16999	84008	26	1981	17	9	
罗田县凤山镇	25723	152087	1736	34707	313	9	126014
罗田县骆驼坳镇	8923	28932	114	1121	14	3	7979
罗田县大河岸镇	15152	27742	88	1247	19	3	6976
罗田县九资河镇	22337	32692	164	3011	28	4	12200
罗田县胜利镇	21164	51632	135	1877	28	4	19845
罗田县河铺镇	21608	49932	143	1491	27	4	11720
罗田县三里畈镇	17048	61842	256	1880	56	10	23932
罗田县匡河镇	19608	52521	130	1317	23	3	12338
罗田县白庙河镇	18471	22642	112	1537	13	1	4571
罗田县大崎镇	13042	32944	78	412	14		5006
罗田县白莲河乡	10163	21307	85	1851	31	8	
罗田县平湖乡	10094	15946	57	741	13	1	
英山县温泉镇	17498	112015	536	19962	498	10	62347
英山县南河镇	7671	19694	65	3832	37	4	4964
英山县红山镇	6950	19938	139	7522	107	4	1855
英山县金家铺镇	9930	25511	263	8515	173		10916
英山县石头咀镇	26438	33012	74	3841	19	4	12169
英山县草盘地镇	10440	20261	241	4569	136	1	4592
英山县雷家店镇	15543	32544	53	6585	18	3	3621
英山县杨柳湾镇	21785	49407	25	3826	20	7	3599

续表 314　　(湖北省)　　单位：公顷、人、个

名称	行政区域面积	常住人口	企业个数	企业从业人员	工业企业单位	#规模以上	城镇建成区常住人口
英山县方家咀乡	8158	27611	90	5005	59	3	
英山县孔家坊乡	9120	24254	34	2650	27	1	
英山县陶家河乡	7033	7703	16	2625	6	1	
浠水县清泉镇	25950	196516	1302	37313	169	16	125948
浠水县巴河镇	22707	99574	306	15865	100	18	52186
浠水县竹瓦镇	14090	48968	354	2310	95	3	10985
浠水县汪岗镇	8934	43982	32	2132	9	2	7020
浠水县团陂镇	20341	78925	495	5325	25	6	23270
浠水县关口镇	21872	76485	164	3689	44	7	2723
浠水县白莲镇	4953	17885	55	1200	26	5	4600
浠水县蔡河镇	9617	31741	75	381	6	2	6577
浠水县洗马镇	13390	47710	626	3566	30	4	12598
浠水县丁司垱镇	11845	39191	415	2546	53	1	7200
浠水县散花镇	13560	66500	301	8120	132	32	9700
浠水县兰溪镇	11538	43505	139	3011	51	11	14512
浠水县绿杨乡	11481	21146	93	792	20	1	
蕲春县漕河镇	15357	174873	2930	37493	355	29	144771
蕲春县赤东镇	13770	66716	80	5540	70	21	27800
蕲春县蕲州镇	17286	98862	581	24908	286	21	66517
蕲春县管窑镇	8736	30917	43	786	41	6	7205
蕲春县彭思镇	10238	29321	59	486	44	5	4886
蕲春县横车镇	19377	73310	334	8120	305	18	42015
蕲春县株林镇	14743	43561	124	3556	68	1	4138
蕲春县刘河镇	23109	76020	319	9922	200	15	9052
蕲春县狮子镇	23983	50260	19	220	16	1	13982
蕲春县青石镇	20726	45827	219	3648	213	4	4508
蕲春县张塝镇	20926	48025	216	3558	143	1	20256
蕲春县大同镇	13766	22451	67	856	51	2	4768
蕲春县檀林镇	17269	44466	99	500	91	4	7512
蕲春县向桥乡	16300	45807	93	1132	24	2	
黄梅县黄梅镇	8370	172854	2879	22330	549	22	150190
黄梅县孔垄镇	12536	108295	611	5000	51	20	102865
黄梅县小池镇	15380	96042	1675	12000	355	14	56011
黄梅县下新镇	13996	22044	33	2007	13	6	7330
黄梅县大河镇	14117	66123	268	6045	201	5	10000
黄梅县停前镇	8327	35144	24	440	6	2	2523
黄梅县五祖镇	8960	27531	64	360	8	2	13000
黄梅县濯港镇	16353	68748	358	15320	165	15	8954
黄梅县蔡山镇	11820	100612	74	750	21	12	11500
黄梅县新开镇	9570	48136	39	586	15	5	8139
黄梅县独山镇	8995	31008	289	2563	87	21	9150
黄梅县分路镇	7221	50586	209	3150	97	13	5033
黄梅县柳林乡	6240	15683	29	310	6	1	
黄梅县杉木乡	7794	43882	15	2300	11	7	
黄梅县苦竹乡	9226	26028	85	2560	68	2	
黄梅县刘佐乡	4835	18254	11	125	2	2	
麻城市中馆驿镇	14979	58488	77	13600	40	20	24171
麻城市宋埠镇	15303	70624	178	5847	89	15	39375
麻城市歧亭镇	8740	27426	224	4021	128	1	7614
麻城市白果镇	16800	83100	189	10240	39	10	55474

续表 315　　（湖北省）　　单位：公顷、人、个

名　　称	行政区域面　积	常住人口	企业个数	企　业从业人员	工业企业单　位	#规模以上	城镇建成区常住人口
麻城市夫子河镇	12850	38080	56	3592	11	4	4560
麻城市阎家河镇	12120	43221	95	4521	61	4	5332
麻城市龟山镇	27533	46497	48	3156	45	8	1450
麻城市盐田河镇	13738	41150	85	2241	17		12046
麻城市张家畈镇	21300	49360	80	1452	75	3	1843
麻城市木子店镇	25600	41057	82	2422	48	3	8500
麻城市三河口镇	38038	46245	49	2797	26	3	1905
麻城市黄土岗镇	27256	45702	118	2201	45	5	10203
麻城市福田河镇	25733	48789	88	1650	33	10	11239
麻城市乘马岗镇	29700	58230	80	1612	52	3	2429
麻城市顺河镇	26102	56284	168	2586	32	2	2286
麻城市铁门岗乡	17369	53576	42	1865	4	3	
武穴市田镇街道办事处	4530	23623	292	10976	215	32	13391
武穴市梅川镇	27200	128245	580	3000	125	17	54290
武穴市余川镇	19900	60199	77	2300	56	4	9271
武穴市花桥镇	15912	79156	300	7658	252	23	40984
武穴市大金镇	7093	36083	275	5968	90	7	9563
武穴市石佛寺镇	11154	55567	52	1580	30	19	9587
武穴市四望镇	10320	41843	18	100	16	1	1809
武穴市大法寺镇	11720	55943	211	2200	135	5	2671
武穴市龙坪镇	6400	39297	80	2400	43	26	8092
咸安区汀泗桥镇	18524	32867	43	1175	25	4	5748
咸安区向阳湖镇	9590	24997	106	1847	27	11	5633
咸安区官埠桥镇	14754	33526	97	7800	42	23	5168
咸安区横沟桥镇	14174	58888	78	1260	64	13	58888
咸安区贺胜桥镇	8800	20710	99	2480	22	4	5500
咸安区双溪桥镇	17760	29388	172	5680	41	5	7200
咸安区马桥镇	11950	35210	118	3042	58	9	9266
咸安区桂花镇	18560	34145	39	610	28	1	3123
咸安区高桥镇	10031	15519	10	82	3	1	6752
咸安区大幕乡	16810	33659	30	1140	18	4	
嘉鱼县陆溪镇	8967	20320	147	3200	113	12	6600
嘉鱼县高铁岭镇	12209	25241	90	5200	46	12	2944
嘉鱼县官桥镇	16172	31371	149	4732	85	14	4711
嘉鱼县鱼岳镇	11119	96452	755	18932	304	70	92144
嘉鱼县新街镇	12553	21101	85	1903	40	15	1773
嘉鱼县渡普镇	12404	25340	58	409	20	12	6479
嘉鱼县潘家湾镇	10728	45707	435	2046	255	43	25800
嘉鱼县牌洲湾镇	15402	48194	48	675	18	18	13499
通城县隽水镇	10265	120080	171	8686	48	25	20356
通城县麦市镇	10422	35833	68	1360	52	9	9221
通城县塘湖镇	10700	40035	54	2075	21	1	7178
通城县关刀镇	11927	45708	30	1550	14	7	3250
通城县沙堆镇	5050	25071	42	654	25	2	3284
通城县五里镇	10416	32755	45	4245	19	4	3896
通城县石南镇	5485	29955	73	2572	43	4	6243
通城县北港镇	5450	34450	52	2879	6	6	8664
通城县马港镇	15395	45330	12	1024	11	8	5183
通城县四庄乡	16500	23345	6	356	1	1	
通城县大坪乡	15271	63203	88	4235	44	11	

续表 316　　　　(湖北省)　　　　单位：公顷、人、个

名　　称	行政区域面积	常住人口	企业个数	企业从业人员	工业企业单位	#规模以上	城镇建成区常住人口
崇阳县天城镇	20700	128443	607	23948	334	69	69982
崇阳县沙坪镇	12700	28159	105	1486	73	2	22896
崇阳县石城镇	18700	37656	105	637	53	1	7248
崇阳县桂花泉镇	14100	9400	27	145	26		2314
崇阳县白霓镇	14900	54089	83	2800	71	1	17894
崇阳县路口镇	22600	22766	75	455	35		4920
崇阳县金塘镇	24400	20002	23	125	13		2339
崇阳县青山镇	20500	47999	172	1813	132	4	8943
崇阳县肖岭乡	8800	25326	57	295	50	1	
崇阳县铜钟乡	8000	16673	50	252	36	1	
崇阳县港口乡	22600	23427	47	242	45		
崇阳县高枧乡	8800	9035	18	97	18		
通山县通羊镇	20451	139889	749	20085	123	19	92380
通山县南林桥镇	19104	39765	246	1240	45	11	7532
通山县黄沙铺镇	26940	44562	16	337	6	3	2236
通山县厦铺镇	31147	12381	5	50			11642
通山县九宫山镇	19192	38568	524	2732	32	10	15192
通山县闯王镇	24232	21337	96	1705	35	3	3505
通山县洪港镇	24661	35340	169	989	24	11	4174
通山县大畈镇	17161	19603	76	434	7	1	3967
通山县大路乡	9156	28666	352	7022	270	4	
通山县杨芳林乡	13516	12078	12	85	2		
通山县燕厦乡	18688	27980	162	3759	114	2	
通山县慈口乡	13538	17795	20	120			
赤壁市新店镇	10300	21908	50	425	9	3	4120
赤壁市赵李桥镇	10869	28729	338	13985	79	20	13200
赤壁市茶庵岭镇	8770	16796	37	214	31	3	1512
赤壁市车埠镇	14460	33432	70	3850	40	14	16430
赤壁市赤壁镇	8800	19846	4	230	1	1	4018
赤壁市柳山湖镇	3200	6604	23	215	1	1	806
赤壁市神山镇	20800	26475	187	945	89	2	5680
赤壁市中伙铺镇	15310	22629	18	380	12	8	9263
赤壁市官塘驿镇	30187	68404	86	3010	45	9	21604
赤壁市黄盖湖镇	2840	8225	15	780	9	1	3852
赤壁市余家桥乡	13260	10108	42	350	40		
曾都区万店镇	23475	48749	512	3013	23	14	8352
曾都区何店镇	21870	43839	313	12536	25	12	7428
曾都区洛阳镇	22851	27655	53	716	10	5	5810
曾都区府河镇	19387	46780	155	2243	35	3	18872
曾都区淅河镇	27981	131806	454	11803	305	19	29459
随县厉山镇	23707	63805	878	8346	562	39	35076
随县高城镇	18479	26213	42	426	28	6	8700
随县殷店镇	67640	55541	338	1690	82	7	31850
随县草店镇	30000	28114	99	3189	51	7	8302
随县小林镇	12257	36669	345	5862	51	12	35669
随县淮河镇	25227	27674	38	4632	32	4	6259
随县万和镇	70389	63047	287	15675	76	30	14208
随县尚市镇	20683	39082	18	2231	14	8	16700
随县唐县镇	29243	79384	302	7450	298	12	55000
随县吴山镇	35641	32112	575	22195	418	48	6097

续表 317　　　　（湖北省）　　　　单位：公顷、人、个

名　称	行政区域面积	常住人口	企业个数	企业从业人员	工业企业单位	#规模以上	城镇建成区常住人口
随县新街镇	14454	35548	472	8145	416	10	6812
随县安居镇	11476	54292	328	2852	254	9	14268
随县澴潭镇	43406	53941	90	465	35	12	31437
随县洪山镇	47788	72090	569	7899	358	11	37856
随县长岗镇	23051	17816	87	398	7	2	4993
随县三里岗镇	31884	41546	45	4753	35	12	10929
随县柳林镇	19749	19981	185	1873	154	10	6780
随县均川镇	22569	53907	198	2534	125	11	26264
随县万福店镇	6644	21548	82	2986	12	9	10282
广水市武胜关镇	21657	38324	216	6927	153	26	15492
广水市杨寨镇	11228	40125	261	3523	74	11	16685
广水市陈巷镇	13100	40097	212	1032	43	11	9082
广水市长岭镇	21600	65233	85	1957	32	7	27547
广水市马坪镇	9730	31082	194	1061	5	5	15326
广水市关庙镇	17200	40838	95	821	23	4	9218
广水市余店镇	24800	52094	45	2985	32	9	33630
广水市吴店镇	22800	26014	167	3694	35	6	7882
广水市郝店镇	22900	33261	84	1435	18	5	11672
广水市蔡河镇	21200	38869	235	1175	43	9	11256
广水市李店镇	8300	31966	44	1754	26	5	11253
广水市太平镇	7600	26806	136	1365	36	4	7712
广水市骆店镇	10500	36333	63	715	28	6	5112
恩施市龙凤镇	27705	66599	383	4112	105	8	34327
恩施市崔家坝镇	22277	40444	42	288	12		10744
恩施市板桥镇	27262	17826	52	406	13	3	3996
恩施市白杨坪镇	26899	55291	102	545	37	4	15108
恩施市三岔乡	24902	38486	67	444	14	1	
恩施市新塘乡	40845	43841	40	240	11	1	
恩施市红土乡	22872	39202	48	765	17	2	
恩施市沙地乡	19029	31758	40	220	16	1	
恩施市太阳河乡	24777	17343	22	140	12	1	
恩施市屯堡乡	25884	43546	79	400	40	9	
恩施市白果乡	32450	27316	57	340	26	1	
恩施市芭蕉侗族乡	28477	64400	101	672	36	6	
恩施市盛家坝乡	36919	36329	58	348	7		
利川市谋道镇	33827	47991	72	1125	7		41200
利川市柏杨坝镇	57993	71885	125	3000	25	2	71885
利川市汪营镇	35502	70178	326	2972	26	5	25280
利川市建南镇	32595	49408	129	658	12	3	12008
利川市忠路镇	51362	62848	70	985	19	2	19807
利川市团堡镇	44772	67223	17	400	7	1	5224
利川市毛坝镇	32542	26518	765	4331	18	5	8926
利川市凉雾乡	41904	43605	183	1325	27	5	
利川市元堡乡	26616	26163	101	531	7	1	
利川市南坪乡	14846	43385	277	1400	5	3	
利川市文斗乡	43189	51500	28	450	24		
利川市沙溪乡	29286	29192	34	205	7	1	
建始县业州镇	37284	132360	362	3620	110	30	51386
建始县高坪镇	25972	54084	229	1150	30	3	15000
建始县红岩寺镇	8500	20418	22	726	12	9	7457

续表 318　　(湖北省)　　单位：公顷、人、个

名　　称	行政区域面积	常住人口	企业个数	企业从业人员	工业企业单位	#规模以上	城镇建成区常住人口
建始县景阳镇	16003	36926	592	3000	15	2	3200
建始县官店镇	37176	42856	68	1385	17	2	3511
建始县花坪乡	40522	57412	53	916	23	5	2248
建始县长梁乡	38914	72398	2776	14023	86	9	
建始县茅田乡	21925	21100	42	3481	23	4	
建始县龙坪乡	22986	28201	50	3420	27	6	
建始县三里乡	17219	33266	86	1388	67	2	
巴东县信陵镇	8769	56700	1358	6805	94	14	47000
巴东县东瀼口镇	10906	21435	169	657	16	3	4282
巴东县沿渡河镇	48463	39500	306	1224	41	7	16000
巴东县官渡口镇	32762	53277	453	1980	18	3	11880
巴东县茶店子镇	26626	29900	221	864	23	4	5998
巴东县绿葱坡镇	28063	20800	195	772	26	5	2625
巴东县大支坪镇	21177	18861	169	623	25	1	3725
巴东县野三关镇	52914	61288	910	6054	93	17	57510
巴东县水布垭镇	32878	37563	383	1973	41	5	4250
巴东县清太坪镇	27923	30600	213	768	15	4	3588
巴东县溪丘湾乡	26453	36007	387	1521	39	2	
巴东县金果坪乡	18228	21200	163	554	22	2	
宣恩县珠山镇	16377	46203	1150	7398	101	15	30574
宣恩县椒园镇	17598	20975	277	3103	57	20	6678
宣恩县沙道沟镇	64995	55350	225	1362	43	2	21256
宣恩县李家河镇	21679	42351	185	1187	38	3	13289
宣恩县高罗镇	28719	37131	173	1464	29	3	6108
宣恩县万寨乡	18358	24939	153	1250	39	12	
宣恩县长潭河侗族乡	43271	31348	143	928	34	2	
宣恩县晓关侗族乡	42138	35028	229	1199	44	3	
宣恩县椿木营乡	20584	10342	67	503	19	1	
咸丰县高乐山镇	32200	81375	1432	20435	80	34	27430
咸丰县忠堡镇	14600	15518	17	800	16	11	5100
咸丰县坪坝营镇	34700	42000	140	4432	21	4	7032
咸丰县朝阳寺镇	10500	11053	12	516	2	2	1300
咸丰县清坪镇	30500	36506	94	1630	24	6	8923
咸丰县唐崖镇	30100	42252	15	300	2	2	3122
咸丰县丁寨乡	19300	25317	7	412	5	2	
咸丰县活龙坪乡	28600	30252	6	50	3	2	
咸丰县小村乡	22600	20991	84	368	28	4	
咸丰县黄金洞乡	21500	21620	37	920	31	4	
来凤县翔凤镇	13778	89974	120	3712	60	40	59216
来凤县百福司镇	19014	21775	6	155	5	5	3800
来凤县大河镇	32484	33303	8	201	6	2	4954
来凤县绿水镇	11548	19655	26	1240	23	5	3560
来凤县旧司镇	19854	35582	15	524	11	3	3081
来凤县革勒车镇	11627	13352	7	190	5	3	4960
来凤县漫水乡	13358	12773	4	69	1	1	
来凤县三胡乡	12542	20477	8	65	5	5	
鹤峰县走马镇	49803	46013	230	1283	57	12	29800
鹤峰县容美镇	30972	58217	343	20731	151	15	58217
鹤峰县太平镇	32000	16350	16	797	16	8	1183
鹤峰县燕子镇	36956	22940	86	1153	38	5	1278

续表 319 （湖北省） 单位：公顷、人、个

名　　称	行政区域面　　积	常住人口	企业个数	企　　业从业人员	工业企业单　　位		城镇建成区常住人口
						#规模以上	
鹤峰县中营镇	41545	24149	11	450	7	7	2617
鹤峰县铁炉白族乡	22841	11605	11	267	7	2	
鹤峰县五里乡	37970	17325	53	367	19	2	
鹤峰县下坪乡	16067	15054	15	316	15	5	
鹤峰县邬阳乡	18614	13624	19	620	17	2	
仙桃市郑场镇	10800	48258	134	5941	119	11	13981
仙桃市毛嘴镇	11550	66426	350	18129	298	11	25420
仙桃市剅河镇	17530	71111	369	7516	302	7	16266
仙桃市三伏潭镇	11900	65553	40	2123	32	15	22816
仙桃市胡场镇	7499	82879	61	3810	35	15	24683
仙桃市长埫口镇	19215	78288	231	4253	145	20	32696
仙桃市西流河镇	19570	82062	208	12093	33	18	28887
仙桃市沙湖镇	17144	42183	168	3628	130	10	10701
仙桃市杨林尾镇	25290	74604	259	14078	73	11	37950
仙桃市彭场镇	15800	106092	227	32308	220	49	62452
仙桃市张沟镇	14128	73082	85	3567	71	23	37336
仙桃市郭河镇	12600	37965	87	10425	78	14	26483
仙桃市沔城回族镇	3610	21419	36	2400	25	7	5697
仙桃市通海口镇	12610	57410	126	11065	79	11	16211
仙桃市陈场镇	15510	68784	36	5709	26	11	27456
潜江市竹根滩镇	9504	64596	124	1725	106	2	4763
潜江市渔洋镇	14608	48529	361	9450	135	12	47880
潜江市王场镇	9873	44817	192	8042	121	16	14258
潜江市高石碑镇	11579	45752	557	5281	317	6	6703
潜江市熊口镇	10178	45904	79	8359	38	5	20180
潜江市老新镇	12562	51922	550	26483	260	5	44494
潜江市浩口镇	17090	62210	329	7980	122	11	21780
潜江市积玉口镇	11090	37000	240	2678	213	3	8941
潜江市张金镇	15502	58887	3040	20040	436	13	17294
潜江市龙湾镇	13151	45606	405	6311	320	12	9498
天门市多宝镇	19654	57267	288	23201	95	6	12678
天门市拖市镇	13389	51374	113	3587	46	6	6823
天门市张港镇	15300	83535	120	4645	41	6	13500
天门市蒋场镇	7978	45360	320	3514	203	4	2803
天门市汪场镇	7600	34873	116	1368	45	2	2790
天门市渔薪镇	9204	50116	86	2010	64	7	18322
天门市黄潭镇	7549	55230	201	4509	90	12	5884
天门市岳口镇	12500	101985	331	18316	177	39	59648
天门市横林镇	10115	61436	22	1623	15	6	5270
天门市彭市镇	7760	47668	78	2391	35	7	6653
天门市麻洋镇	7300	56747	31	3880	12	6	16258
天门市多祥镇	12169	60377	224	13587	155	28	54336
天门市干驿镇	8200	61187	41	356	15	9	19219
天门市马湾镇	8400	40921	200	1200	40	6	6085
天门市卢市镇	10800	53285	92	1196	64	3	9025
天门市小板镇	6363	31514	91	2918	24	10	5198
天门市九真镇	15480	49443	186	2368	42	4	11428
天门市皂市镇	14439	53907	375	8346	116	30	32000
天门市胡市镇	7663	22585	195	1989	23	3	3687
天门市石河镇	13600	45785	39	282	13	6	8265

续表 320　　(湖北省、湖南省)　　单位：公顷、人、个

名　称	行政区域面积	常住人口	企业个数	企业从业人员	工业企业单位	#规模以上	城镇建成区常住人口
天门市佛子山镇	13000	24850	13	471	13	4	5333
天门市净潭乡	9600	30283	285	2100	270	1	
神农架林区松柏镇	33632	30576	150	608	77	6	30576
神农架林区阳日镇	26000	10947	17	699	12	1	3820
神农架林区木鱼镇	45419	10707	366	1801	27		4995
神农架林区红坪镇	74200	4927					4927
神农架林区新华镇	22885	3530	4	300	3	2	320
神农架林区九湖镇	34806	4189	200	1807	3		547
神农架林区宋洛乡	64845	6508	22	146	20	2	
神农架林区下谷坪土家族乡	21600	5440	7	45	6	1	
湖南省							
岳麓区莲花镇	11300	50269	133	28122	75		10304
岳麓区雨敞坪镇	8364	32655	6	109	1		3443
雨花区跳马镇	17700	75586	159	6572	85	12	7778
望城区铜官街道	9031	42200	213	10257	75	26	22716
望城区桥驿镇	10300	38344	64	2450	32	10	4579
望城区茶亭镇	10500	48858	111	25884	75	13	9184
望城区靖港镇	9253	66992	255	3905	20	6	30110
望城区乔口镇	4623	32556	985	15504	8	5	12624
望城区白箬铺镇	10600	48596	675	17458	46	17	15530
长沙县黄兴镇	15711	122680	459	34181	220	21	82704
长沙县江背镇	17452	58064	613	15000	396	24	27030
长沙县黄花镇	14083	99546	976	37571	359	30	42513
长沙县春华镇	12534	44480	94	5051	42	7	3821
长沙县果园镇	6858	25244	35	1973	28	7	4456
长沙县路口镇	8828	28939	18	225	4	2	3600
长沙县高桥镇	11153	28160	274	3260	27	5	4300
长沙县金井镇	20957	63217	371	3514	48	14	22728
长沙县福临镇	8222	32511	200	1050	18	1	5300
长沙县青山铺镇	4620	18792	33	268	17	1	5749
长沙县安沙镇	15942	52461	387	9118	135	17	1682
长沙县北山镇	14478	52939	88	965	66	12	35323
长沙县开慧镇	11475	42109	141	2083	37	3	3005
宁乡县道林镇	13500	57171	57	290	15	3	8706
宁乡县花明楼镇	11356	48087	85	4685	68	14	10604
宁乡县东湖塘镇	13172	45212	85	5673	20	7	8240
宁乡县夏铎铺镇	10325	45750	113	9616	102	62	10416
宁乡县双江口镇	15504	62135	67	18190	26	14	3435
宁乡县煤炭坝镇	7370	48820	258	18860	182	42	24820
宁乡县坝塘镇	18083	56181	223	2325	52	13	2457
宁乡县灰汤镇	21090	102561	20	2274	5	2	29821
宁乡县双凫铺镇	9167	40267	81	2675	11	11	2092
宁乡县老粮仓镇	13275	59818	191	938	48	2	5866
宁乡县流沙河镇	14056	54581	385	3297	35	3	16793
宁乡县巷子口镇	10580	48327	7	326	4	4	2465
宁乡县龙田镇	7315	21596	77	2481	30	8	3345
宁乡县横市镇	12262	52252	71	153	45	10	7700
宁乡县回龙铺镇	7189	37932	183	2562	61	10	2914
宁乡县黄材镇	22000	72052	259	7985	95	9	27542
宁乡县大成桥镇	5801	33780	76	5210	30	18	2866

续表 321　　　　　　　　　　　　（湖南省）　　　　　　　　　　　　单位：公顷、人、个

名　　称	行政区域面　积	常住人口	企业个数	企　业从业人员	工业企业单　位	#规模以上	城镇建成区常住人口
宁乡县青山桥镇	13800	45973	24	402	7	3	5300
宁乡县金洲镇	6130	31847	62	327	5	5	9342
宁乡县大屯营镇	10827	41469	130	7028	86	8	4832
宁乡县资福镇	8854	40145	33	1815	32	1	3478
宁乡县菁华铺乡	6576	34654	79	1712	12	12	
宁乡县喻家坳乡	9685	32572	124	2985	60	12	
宁乡县沙田乡	7422	35598	82	415	4	2	
宁乡县沩山乡	7307	16345	10	285	7	3	
浏阳市社港镇	17470	48953	30	2742	18	13	6230
浏阳市官渡镇	10200	28760	212	11250	142	19	2152
浏阳市张坊镇	31930	29815	260	4550	42	2	8845
浏阳市达浒镇	20200	25672	64	3428	48	13	9843
浏阳市沿溪镇	12300	31710	53	3411	33	19	2654
浏阳市古港镇	20958	60912	150	13212	118	42	20223
浏阳市永和镇	23400	36682	57	7213	45	20	16768
浏阳市大瑶镇	14930	123038	508	25612	175	55	40230
浏阳市金刚镇	7992	63806	192	19825	182	28	19318
浏阳市文家市镇	15595	55343	408	8958	126	39	8692
浏阳市枨冲镇	19890	44550	120	8350	97	26	4832
浏阳市镇头镇	16016	55437	271	4536	245	20	21020
浏阳市普迹镇	17650	42806	27	3874	26	8	17345
浏阳市永安镇	11200	83238	384	27211	214	112	60212
浏阳市北盛镇	7836	57624	97	3493	77	11	9250
浏阳市龙伏镇	13221	42989	41	5343	38	8	5375
浏阳市澄潭江镇	15783	65675	376	20193	178	35	23158
浏阳市中和镇	15255	22586	22	2800	8	2	
浏阳市柏加镇	8750	24234	2	108			7042
浏阳市洞阳镇	10555	42022	410	8021	42	10	6932
浏阳市大围山镇	40170	25696	361	2513	124	7	3068
浏阳市沙市镇	20970	60148	97	8215	64	18	11123
浏阳市淳口镇	23320	67078	472	7800	68	20	8035
浏阳市高坪镇	25740	37457	32	1250	28	21	9340
浏阳市官桥镇	8790	25528	27	2451	23	8	2621
浏阳市葛家镇	10680	20568	58	2589	58	13	4720
浏阳市小河乡	10920	15206	17	1346	17	3	
浏阳市蕉溪乡	8740	27426	142	3721	90	11	
荷塘区仙庾镇	11074	44511	80	1879	27	8	
芦淞区白关镇	15067	51650	105	4650	85	16	3560
天元区群丰镇	5906	25924	27	630	11	2	
天元区雷打石镇	8600	36213	175	2459	70	3	4489
天元区三门镇	9274	33831	86	2931			1762
株洲县渌口镇	13863	110524	396	23466	302	70	38717
株洲县朱亭镇	16500	37852	32	126	3	3	3171
株洲县古岳峰镇	7100	22869	13	335	5		3095
株洲县淦田镇	11228	31307	14	132	5		480
株洲县龙门镇	12637	18563	18	1176	15	4	1535
株洲县龙潭镇	13000	17617	6	452	4		4100
株洲县南洲镇	13664	46424	55	2860	52	6	
株洲县龙船镇	16100	45277	149	3459	144	9	3418
攸县酒埠江镇	12894	29453	92	5457	30	13	18000

续表 322 （湖南省） 单位：公顷、人、个

名　　称	行政区域面　　积	常住人口	企业个数	企　　业从业人员	工业企业单　　位	#规模以上	城镇建成区常住人口
攸县桃水镇	9785	28957	67	3391	33	7	6426
攸县网岭镇	22248	45460	205	10848	78	26	20000
攸县渌田镇	10050	39596	30	684	11	1	5400
攸县石羊塘镇	8239	25379	58	2815	11	7	4680
攸县黄丰桥镇	29462	34600	171	13931	115	40	11300
攸县鸾山镇	22057	21611	168	6918	100	23	8000
攸县丫江桥镇	15494	32501	39	1216	10	2	8900
攸县皇图岭镇	22609	55663	197	6195	50	11	21000
攸县新市镇	18709	61661	153	8330	63	15	13561
攸县菜花坪镇	10573	26849	65	3675	29	14	16000
攸县莲塘坳镇	25453	24008	88	4191	44	4	5721
攸县宁家坪镇	20155	41311	104	5114	51	27	2409
茶陵县界首镇	8450	30488	16	326	15	4	30488
茶陵县湖口镇	30433	42001	264	3560	8	6	8849
茶陵县马江镇	8487	24866	52	821	7	3	860
茶陵县高陇镇	12556	19772	189	1512	78	4	3810
茶陵县虎踞镇	23897	56205	85	2865	65	25	4178
茶陵县枣市镇	10631	28146	65	1100	12	6	1648
茶陵县火田镇	24665	27084	23	452	23	8	2028
茶陵县严塘镇	21116	42858	259	2849	191	3	6168
茶陵县秩堂镇	15093	26488	38	1713	16	2	3064
茶陵县腰潞镇	29530	62625	257	15431	81	15	11000
茶陵县舲舫乡	8964	27636	8	150	6	4	
茶陵县桃坑乡	24891	15950	8	107	4		
炎陵县霞阳镇	21345	73453	1634	8496	93	64	36104
炎陵县沔渡镇	21474	20225	42	3200	12	6	3296
炎陵县十都镇	24600	11943	46	809	31	3	1360
炎陵县水口镇	19970	16354	30	470	28	4	16354
炎陵县鹿原镇	19232	36350	36	193	16		6157
炎陵县垄溪乡	14100	8215	23	730	23	1	
炎陵县策源乡	18048	5624	17	219	17		
炎陵县下村乡	18840	7503	16	421	14		
炎陵县船形乡	10400	7985	27	245	18	1	
炎陵县中村瑶族乡	29752	12797	88	596	35	2	
云龙示范区云田镇	5113	25046	140	6600	27	3	
醴陵市白兔潭镇	7149	51548	71	15515	67	35	23073
醴陵市浦口镇	7913	60870	748	34840	86	29	
醴陵市王仙镇	8590	40147	65	450	34	28	
醴陵市泗汾镇	7581	37759	160	12576	127	14	4074
醴陵市沈潭镇	5335	25172	27	2340	22	11	19789
醴陵市船湾镇	12051	51367	37	14015	37	31	
醴陵市均楚镇	17339	34784	146	8890	19	8	15251
醴陵市东富镇	8041	40454	63	25195	52	26	4813
醴陵市石亭镇	11230	35041	7	120	2	1	1820
醴陵市孙家湾镇	7089	21280	20	10263	20	2	
醴陵市官庄镇	21230	16285	16	967	5	4	2786
醴陵市嘉树镇	10420	24175	25	1506	22	17	
醴陵市板杉镇	8990	30588	21	2524	16	13	1962
醴陵市沩山镇	8600	13327	48	13452	18	13	8079
醴陵市枫林镇	10050	39309	25	1200	10	7	5869

续表 323　　　　　　　　　　（湖南省）　　　　　　　　　　单位：公顷、人、个

名　　称	行政区域面　积	常住人口	企业个数	企　业从业人员	工业企业单　位	#规模以上	城镇建成区常住人口
醴陵市李畋镇	13200	67343	77	600	65	61	
醴陵市明月镇	15812	67385	38	876	25	17	
醴陵市左权镇	12356	40869	30	1500	14	8	40869
醴陵市茶山镇	16680	59157	129	7210	30	11	32399
雨湖区鹤岭镇	15644	61916	78	6589	65	18	18859
雨湖区楠竹山镇	816	32899	69	1872	34	13	32075
雨湖区姜畲镇	9023	53515	35	1020	21	10	17078
雨湖区长城乡	2400	29300	298	2461	99	18	
湘潭县易俗河镇	20607	136582	4455	22280	525	16	
湘潭县谭家山镇	10045	43250	1025	6200	24	7	8107
湘潭县中路铺镇	18300	65473	125	1000	14	3	19363
湘潭县茶恩寺镇	13703	42059	70	8760	70	6	
湘潭县河口镇	9510	43319	30	1279	20	2	5010
湘潭县射埠镇	17096	56111	22	950	10	7	8599
湘潭县花石镇	26268	82781	48	1300	36	11	
湘潭县青石桥镇	11147	48722	137	8510	37	14	4555
湘潭县石鼓镇	9650	51388	6	500	2		2415
湘潭县云湖桥镇	13520	56015	176	2594	62	12	13965
湘潭县石潭镇	12380	77185	475	2450	10	2	10607
湘潭县杨嘉桥	11592	60316	64	1778	58	11	8415
湘潭县乌石镇	9742	24699	14	292	14	2	214
湘潭县白石镇	10040	36532	14	2660	7	3	4380
湘潭县分水乡	8615	30395	6	370	2		
湘潭县排头乡	12888	57320	38	2130	26	4	
湘潭县锦石乡	5670	27573	17	320	5		
湘潭昭山示范区昭山镇	6913	35588	37	1152	18	6	35588
湘潭九华示范区响水乡	7543	39866	84	1650	62	9	
湘乡市山枣镇	10100	43255	40	1655	28	6	5413
湘乡市栗山镇	6884	21508	14	774	5	2	457
湘乡市中沙镇	6550	22859	8	367	4	2	2650
湘乡市虞唐镇	8671	24752	13	1654	11	10	10828
湘乡市潭市镇	12750	39806	26	2562	15	5	7215
湘乡市棋梓镇	13890	51047	1364	12723	101	9	21358
湘乡市壶天镇	14470	45798	213	1810	18	3	4629
湘乡市翻江镇	13339	36534					4423
湘乡市金石镇	8115	27600	35	240	12	2	23813
湘乡市白田镇	10573	39006	85	1365	11	5	2000
湘乡市月山镇	14970	73000	95	1756	5	2	6092
湘乡市泉塘镇	9847	47270	81	2380	42	12	6230
湘乡市梅桥镇	13760	47994	30	725	18	5	3860
湘乡市毛田镇	11093	30638	12	2730	12	1	2275
湘乡市龙洞镇	7480	25866	28	2216	18	13	3999
湘乡市东郊乡	8990	39020	128	9804	110	20	
湘乡市金薮乡	10400	29287	86	540	6	1	
湘乡市育塅乡	8800	40032	12	1322	6	2	
韶山市清溪镇	7116	48442	32	3200	8	4	13120
韶山市银田镇	3082	17672	92	480	15	5	17672
韶山市韶山乡	9766	34666	133	780	19	19	
韶山市杨林乡	6228	20646	125	672	5		
珠晖区茶山坳镇	5680	22530	83	5100	35	12	22530

续表 324 （湖南省） 单位：公顷、人、个

名　　称	行政区域面积	常住人口	企业个数	企业从业人员	工业企业单位	#规模以上	城镇建成区常住人口
珠晖区和平乡	1731	23022	15	485	10	2	
珠晖区酃湖乡	2444	28105	9	323	3	2	
雁峰区岳屏镇	3600	20089	285	7675	36	12	20089
石鼓区角山乡	3438	20225	78	1020	6	1	
蒸湘区呆鹰岭镇	2880	27998	51	4480	22	9	27998
蒸湘区雨母山镇	3850	20128	43	428	3	3	
南岳区南岳镇	7754	40880	219	1654	16	1	
南岳区寿岳乡	5092	6474	111	584	2		
衡阳县西渡镇	15274	257291	4445	42043	247	54	145636
衡阳县集兵镇	9539	32858	102	1381	31	6	14280
衡阳县杉桥镇	7100	18401	22	115	18		510
衡阳县井头镇	15518	56428	93	8932	78	5	10302
衡阳县演陂镇	8747	34454	49	1187	37	4	12444
衡阳县金兰镇	16484	63665	103	1149	60	1	3711
衡阳县洪市镇	11297	53694	29	500	2	1	6038
衡阳县曲兰镇	11790	44786	25	456	11		44786
衡阳县金溪镇	11243	29262	36	697	27	1	1742
衡阳县界牌镇	9831	30637	92	6153	73	21	13466
衡阳县渣江镇	14044	54659	37	1707	35	1	9980
衡阳县三湖镇	11258	36883	8	86			2888
衡阳县台源镇	11895	46390	65	2012	44	3	5765
衡阳县关市镇	9074	40246	32	635	17	1	8600
衡阳县库宗桥镇	9866	41720	35	1554	29	3	2652
衡阳县岘山镇	15662	51746	29	742	24	2	12240
衡阳县石市镇	14516	45763	35	650	21	1	3830
衡阳县樟木乡	9903	22576	20	312	20	1	
衡阳县岣嵝乡	12024	12510	32	398	9	1	
衡阳县栏垅乡	5135	18704	15	200	10	1	
衡阳县大安乡	7905	36822	2	21			
衡阳县溪江乡	8422	23961	31	452	23		
衡阳县长安乡	3895	11270	6	128	6	2	
衡阳县板市乡	2435	10372	9	356	7	1	
衡阳县樟树乡	2834	12100	26	3386	25	8	
衡南县云集镇	30248	64486	2394	14880	778	12	47336
衡南县廖田镇	11024	14726	180	960	13		5142
衡南县茶市镇	6839	28140	89	1250	31		2751
衡南县冠市镇	7913	49625	90	2089	45	2	5492
衡南县江口镇	9973	59096	35	703	13		19600
衡南县宝盖镇	17629	36131	3	281			3417
衡南县花桥镇	23561	55912	94	324	6	2	11634
衡南县铁丝塘镇	7468	15992	10	213	1		3347
衡南县泉溪镇	5353	27693	41	243	2		6509
衡南县洪山镇	11165	39987	78	781	9	4	5353
衡南县三塘镇	16234	134458	1000	20000	45	11	83424
衡南县谭子山镇	11061	22599	6	486	1		8661
衡南县鸡笼镇	11935	41260	15	1600	4		9895
衡南县泉湖镇	9045	42862	64	1800	36		5060
衡南县柞市镇	7972	26635	35	176			2372
衡南县茅市镇	16120	64132	1	12	1	1	15500
衡南县硫市镇	12560	41956	8	127			8140

续表 325　　　　（湖南省）　　　　单位：公顷、人、个

名　　称	行政区域面　　积	常住人口	企业个数	企　　业从业人员	工业企业单　　位	#规模以上	城镇建成区常住人口
衡南县栗江镇	13065	58745	15	163			58745
衡南县近尾洲镇	8370	24285	5	94	1		1983
衡南县咸塘镇	5200	19696	302	2275	38	3	8707
衡南县松江镇	12625	47148	66	2000	32	2	2430
衡南县相市乡	7978	22076	11	380	5	3	
衡山县开云镇	14690	126132	676	22678	262	56	69682
衡山县白果镇	9120	55680	14	362	5	5	43621
衡山县东湖镇	9361	26893	49	927	41	15	9904
衡山县萱洲镇	8990	35992	63	1027	21	1	35826
衡山县长江镇	7437	35130	26	1650	21	4	
衡山县新桥镇	7752	22536	145	2523	6	1	8130
衡山县店门镇	9640	27803	16	318	1		757
衡山县永和乡	6818	27256	17	730	3		
衡山县福田铺乡	4349	19204	12	120	6		
衡山县岭坡乡	8371	29387	4	980	1		
衡山县贯塘乡	3457	18189	4	72			
衡山县江东乡	3441	20118					
衡东县洣水镇	13091	126953	884	26987	87	3	102710
衡东县石湾镇	7762	28197	120	3750	49	5	20142
衡东县新塘镇	9762	40675	119	11243	75	3	28957
衡东县大浦镇	11505	44511	319	25117	168	60	39005
衡东县吴集镇	27446	74556	130	3466	67	6	12254
衡东县甘溪镇	11038	26853	90	3611	35	6	6207
衡东县杨林镇	13086	25972	85	436	22	3	4988
衡东县草市镇	14393	47729	52	1381	34	1	6245
衡东县杨桥镇	11073	29140	39	644	14	2	3012
衡东县霞流镇	9905	36379	77	1620	29	2	4056
衡东县荣桓镇	8710	25248	74	2059	19	2	4028
衡东县高湖镇	9745	25791	42	1250	17	1	2546
衡东县白莲镇	8483	23091	25	760	11		2214
衡东县三樟镇	11219	34757	54	680	38	3	2140
衡东县蓬源镇	8555	21451	51	688	23		21451
衡东县南湾乡	7974	9287	21	394	16		
衡东县石滩乡	8938	25708	23	428	8	1	
祁东县金桥镇	7989	47863	53	1699	10	2	9941
祁东县鸟江镇	6714	23794	53	629	15	1	3650
祁东县粮市镇	5600	20690	45	896	13		
祁东县河洲镇	7172	30931	45	1487	3		5774
祁东县归阳镇	7949	45527	129	3559	50	11	11800
祁东县过水坪镇	9716	46098	155	5264	73	2	10251
祁东县双桥镇	5639	32794	64	1160	19	4	11526
祁东县灵官镇	7892	41652	50	1491	13	1	10024
祁东县风石堰镇	10581	51352	97	2598	29	6	4285
祁东县白地市镇	9687	71266	138	3446	30	6	19945
祁东县黄土铺镇	9300	49269	87	2557	29	8	12257
祁东县石亭子镇	5545	33909	49	2907	8	2	8786
祁东县官家嘴镇	1787	37311	6	1689	1	1	
祁东县步云桥镇	14950	72049	27	549			8493
祁东县砖塘镇	6842	41781	46	875	6	1	7623
祁东县蒋家桥镇	6684	38096	40	1886	7		9012

续表 326　　(湖南省)　　单位：公顷、人、个

名　称	行政区域面积	常住人口	企业个数	企业从业人员	工业企业单位	#规模以上	城镇建成区常住人口
祁东县太和堂镇	16109	58408	70	1815	15		12586
祁东县马杜桥乡	6030	15247	12	994	6	2	
祁东县凤岐平乡	3918	13104	12	545			
祁东县城连墟乡	3733	20575	38	651			
耒阳市黄市镇	9320	22004	15	8900	15	4	
耒阳市小水镇	14280	53754	59	2950	20	8	15000
耒阳市公平圩镇	9658	38764	24	686	18	2	6237
耒阳市三都镇	11763	39920	40	1500	15	5	1400
耒阳市南阳镇	10077	16943	7	623			658
耒阳市夏塘镇	7600	35214	28	230	8	1	2153
耒阳市龙塘镇	8299	27950	6	3580	3	2	3234
耒阳市哲桥镇	12501	36776	28	534	21	8	6107
耒阳市永济镇	4921	23720	31	283	5		1152
耒阳市遥田镇	4397	22097	52	3000	27	6	1200
耒阳市新市镇	7500	28217	85	765	3	1	15150
耒阳市淝田镇	5120	19722	200	2680	6		2215
耒阳市大市镇	11984	52717	11	1260	7	3	
耒阳市仁义镇	9700	38486	15	500	3	2	2566
耒阳市南京镇	7600	28150	64	388	4	1	1612
耒阳市大义镇	10440	31329	69	547	21	4	1057
耒阳市东湖圩镇	12659	50772	84	650	16		50772
耒阳市马水镇	17284	41423	1	62	1	1	
耒阳市导子镇	13530	40651	154	890	6	2	39763
耒阳市亮源乡	10481	24594					
耒阳市太平圩乡	4968	15469					
耒阳市长坪乡	8480	22839	35	1156	4		
耒阳市太和圩乡	7875	27623					
耒阳市坛下乡	6520	13272	3	72			
常宁市柏坊镇	14060	58925	118	1488	112	15	12064
常宁市水口山镇	10718	106393	216	11163	156	12	48205
常宁市烟洲镇	10699	36416	1	189			11232
常宁市荫田镇	10736	42169	11	1080	2	1	4926
常宁市白沙镇	7934	38014	45	2226	7	2	4822
常宁市西岭镇	12515	35617	37	593	37	2	1230
常宁市三角塘镇	11886	45362	31	350	6	4	1630
常宁市洋泉镇	18000	62619	21	1000	1		4048
常宁市庙前镇	7860	17058	117	8346	13		2623
常宁市罗桥镇	10735	34435					2680
常宁市板桥镇	8024	41833	64	20478	21	15	3282
常宁市胜桥镇	7823	43298	1	25	1	1	892
常宁市官岭镇	9029	41811	52	239	27		12811
常宁市新河镇	16896	42887	7	226	5	5	38426
常宁市蓬塘乡	11290	44503	16	103	6	2	
常宁市兰江乡	7760	36544	19	12000			
常宁市大堡乡	8293	27608	30	150	28		
常宁市塔山瑶族乡	14395	8224	12	5063	12		
双清区高崇山镇	3050	26938	150	6727	26	14	2346
双清区渡头桥镇	2400	20083	38	826	11	1	2369
双清区火车站乡	2319	21300	174	12955	56	15	
大祥区罗士镇	4321	21403	4	56	4	2	2312

续表 327　　（湖南省）　　单位：公顷、人、个

名　　称	行政区域面积	常住人口	企业个数	企业从业人员	工业企业单位	#规模以上	城镇建成区常住人口
大祥区蔡锷乡	4079	17801	10	650	3		
大祥区板桥乡	2866	23608	40	350	9	6	
北塔区陈家桥乡	2242	23405	12	653	8	5	
邵东县牛马司镇	8177	51128	287	9012	105	19	5740
邵东县九龙岭镇	8896	25901	69	2687	37	5	3987
邵东县仙槎桥镇	7400	37148	88	6500	78	26	29700
邵东县火厂坪镇	9700	45077	392	1967	165	22	1560
邵东县佘田桥镇	5253	22953	65	2365	35	4	5935
邵东县灵官殿镇	13136	58466	74	750	54	6	
邵东县团山镇	9609	62463	36	4520	19	3	9113
邵东县砂石镇	4143	21974	10	385	10	3	1584
邵东县廉桥镇	8677	49868	315	12174	167	11	32860
邵东县流光岭镇	3985	13435	9	686	4	2	7785
邵东县流泽镇	5320	41361	82	6145	43	13	8212
邵东县魏家桥镇	7118	30712	55	6542	28	4	2970
邵东县野鸡坪镇	7570	30924	26	359	12	1	3132
邵东县杨桥镇	5115	19098	35	1385	11	3	2004
邵东县水东江镇	9864	39472	22	3700	22	2	6450
邵东县黑田铺镇	10089	45534	165	3381	101	20	5858
邵东县简家陇镇	13038	41256	12	138	6	1	
邵东县界岭镇	5600	21345	8	458	8	1	2658
邵东县双凤乡	5577	13831	24	180	1	1	
邵东县周官桥乡	4900	28425	85	3126	68	16	
邵东县堡面前乡	5508	11881	9	250	2		
邵东县斫曹乡	4774	18949	9	103	5		
新邵县酿溪镇	6334	98758	802	26514	253	40	90995
新邵县严塘镇	12136	56942	41	950	15	8	19842
新邵县雀塘镇	9000	53761	95	5680	12	5	22140
新邵县陈家坊镇	10347	69095	147	5416	25	6	20596
新邵县潭溪镇	11094	35814	7	464	3	1	11953
新邵县寸石镇	9849	46447	66	2482	52	5	17264
新邵县坪上镇	17374	83876	282	2500	92	9	31926
新邵县龙溪铺镇	12768	55998	92	1120	45	6	12759
新邵县巨口铺镇	16005	55675	21	482	9	6	10517
新邵县新田铺镇	11307	59733	63	3069	19	4	22695
新邵县小塘镇	10599	48583	47	580	8	2	10487
新邵县太芝庙镇	8854	28069	15	216			6455
新邵县大新镇	13477	35632	27	364	9	3	6393
新邵县潭府乡	9857	26986	12	235	5	5	
新邵县迎光乡	5370	30294	12	552	2	1	
邵阳县塘渡口镇	24679	191525	339	25600	181	39	93860
邵阳县白仓镇	14027	69988	261	3350	52	1	12900
邵阳县金称市镇	13788	42639	121	3350	14	1	3681
邵阳县塘田市镇	9989	44421	26	3822	13	3	4193
邵阳县黄亭市镇	13537	63120	102	1443	92	2	22334
邵阳县长阳铺镇	9684	40153	228	7183	28	7	4806
邵阳县岩口铺镇	8800	31010	13	1080	5	2	11917
邵阳县九公桥镇	11156	49245	409	11828	273	9	2096
邵阳县下花桥镇	8160	51014	24	3210	7		8865
邵阳县谷洲镇	8469	34224	352	4563	348	4	12511

续表 328　　　　（湖南省）　　　　单位：公顷、人、个

名　　称	行政区域面积	常住人口	企业个数	企业从业人员	工业企业单位	#规模以上	城镇建成区常住人口
邵阳县郦家坪镇	11019	52056	174	1768	2		3225
邵阳县五峰铺镇	13784	90566	332	12596	72	4	16767
邵阳县小溪市乡	9091	33033	10	253	1	1	
邵阳县长乐乡	6381	24310	18	1124	8	1	
邵阳县蔡桥乡	6972	28752	16	346	8	1	
邵阳县河伯乡	9462	31941	15	200	4		
邵阳县黄荆乡	4917	15489	20	132			
邵阳县诸甲亭乡	4900	29352	5	56	1		
邵阳县罗城乡	3548	20283	12	116			
邵阳县金江乡	809	3192					
隆回县桃洪镇	25950	281110	1279	31287	242	71	215087
隆回县小沙江镇	16766	23457	151	911	44	3	4165
隆回县金石桥镇	19820	65432	94	1125	28	2	20413
隆回县司门前镇	16680	58340	57	5879	35	8	16748
隆回县高平镇	15855	65064	35	389	19	3	18387
隆回县六都寨镇	16280	58696	99	805	66	5	19011
隆回县荷香桥镇	12350	51692	59	1620	41	3	25300
隆回县横板桥镇	9833	46174	76	860	36	3	22606
隆回县周旺镇	7547	33356	46	554	36		11503
隆回县滩头镇	17740	63413	35	486	33	4	20917
隆回县鸭田镇	7460	29398	40	551	13	1	8559
隆回县西洋江镇	9900	36609	36	411	22	1	17404
隆回县岩口镇	19270	65759	97	1256	60	3	18093
隆回县北山镇	9965	32557	31	280	20	6	9416
隆回县三阁司镇	11730	65602	73	967	51	3	22058
隆回县南岳庙镇	6928	27668	57	909	39	2	9127
隆回县七江镇	10746	55750	70	887	38		19710
隆回县羊古坳镇	6629	30558	48	685	33	1	9559
隆回县罗洪镇	6324	21520	38	805	9	1	3390
隆回县麻塘山乡	6670	11620	7	30	5	1	
隆回县虎形山瑶族乡	9330	10930	21	199	13		
隆回县大水田乡	9334	11725	11	108	5		
隆回县荷田乡	8146	21471	55	607	24	1	
隆回县山界回族乡	13850	15419	16	210	13	1	
洞口县江口镇	9609	12393	46	932	27	3	9960
洞口县毓兰镇	11537	43643	173	2536	46	4	9094
洞口县高沙镇	15321	98853	274	6526	134	21	30789
洞口县竹市镇	13961	69198	96	2329	84	3	7320
洞口县石江镇	13888	82080	55	1522	8	8	36598
洞口县黄桥镇	13233	90997	191	2740	98	1	27430
洞口县山门镇	10128	45450	4	350	3	3	13253
洞口县醪田镇	5432	26205	42	286	38	1	3636
洞口县花园镇	8177	29145	38	1323	35	2	8686
洞口县岩山镇	8011	24786	48	356	32		12145
洞口县水东镇	3489	19926	210	1336	4		13244
洞口县杨林镇	4546	25640	22	288	7		9102
洞口县古楼乡	8252	5461	16	358	8	2	
洞口县长塘瑶族乡	5972	5484	15	345	14	1	
洞口县罗溪瑶族乡	23583	11165	48	1200	26	3	
洞口县月溪乡	12996	16903	2	243	1	1	

续表 329　　（湖南省）　　单位：公顷、人、个

名　　称	行政区域面　积	常住人口	企业个数	企　业从业人员	工业企业单　位	#规模以上	城镇建成区常住人口
洞口县渣坪乡	8879	6563	1	50	1	1	
洞口县石柱乡	9239	23416	3	246	3	3	
洞口县桐山乡	8892	11408	23	167	20		
洞口县大屋瑶族乡	7355	4621	1	6			
绥宁县长铺镇	1261	51502	343	2576	20	12	50263
绥宁县武阳镇	19916	26730	50	1235	25	2	4200
绥宁县李熙桥镇	17977	26052	32	365	6	2	3967
绥宁县红岩镇	12422	26709	19	143	4		26709
绥宁县唐家坊镇	9885	20162	36	204	3	1	2301
绥宁县金屋塘镇	14270	17137	14	721	1	1	16593
绥宁县瓦屋塘镇	14402	20119	25	816	25	5	8122
绥宁县黄土矿镇	5514	15712	39	146	2		15712
绥宁县东山侗族乡	11665	15886	16	336	10	2	
绥宁县鹅公岭侗族苗族乡	7339	11335					
绥宁县寨市苗族侗族乡	41532	26756	35	22955	11	5	
绥宁县乐安铺苗族侗族乡	10566	8828	30	1033	11	4	
绥宁县关峡苗族乡	21748	22809	35	430	15	2	
绥宁县长铺子苗族侗族乡	55106	35726	79	1995	60	31	
绥宁县麻塘苗族瑶族乡	24958	15694	30	357	12		
绥宁县河口苗族乡	14154	15422	7	36			
绥宁县水口乡	8986	8778					
新宁县金石镇	42260	177926	950	25680	116	40	80123
新宁县水庙镇	16156	21499	56	459	17	2	3198
新宁县崀山镇	26624	26246	18	322	12	1	4569
新宁县黄龙镇	21292	25454	17	870	16	1	7000
新宁县高桥镇	15672	30159	23	2080	20	4	6782
新宁县回龙寺镇	23676	74036	127	2236	47	4	24263
新宁县一渡水镇	24376	34706	47	423	3	1	5483
新宁县马头桥镇	18233	47695	336	1685	11	1	3385
新宁县黄金瑶族乡	12856	7138	14	204	14	1	
新宁县麻林瑶族乡	17223	11778	35	832	35	3	
新宁县万塘乡	10655	24047	23	187	4	1	
新宁县清江桥乡	12848	24842	31	760	16	2	
新宁县安山乡	10500	24313	12	327	11	1	
新宁县丰田乡	7787	20644	23	453	5		
新宁县巡田乡	9126	19552	26	145	7		
新宁县靖位乡	6329	6479	17	214	6		
城步苗族自治县儒林镇	31100	76398	216	13142	76	16	68124
城步苗族自治县茅坪镇	16820	19505	116	1392	36	4	8200
城步苗族自治县西岩镇	19400	47859	37	347	24		12210
城步苗族自治县丹口镇	47600	24123	28	260	25	2	1271
城步苗族自治县五团镇	15000	11662	27	153	10		3603
城步苗族自治县长安营镇	28000	9313	55	388	12	1	2181
城步苗族自治县威溪乡	8300	8222	25	164	22		
城步苗族自治县白毛坪乡	40400	16033	19	135	10		
城步苗族自治县兰蓉乡	13900	8979	28	300	25		
城步苗族自治县汀坪乡	27700	16417	28	165	15	1	
城步苗族自治县蒋坊乡	9480	11019	7	100	5		
城步苗族自治县金紫乡	7000	18407	30	168	13		
武冈市邓元泰镇	14216	64185	14	328	7		4528

续表 330　　　　　　　　　　（湖南省）　　　　　　　　　　单位：公顷、人、个

名　称	行政区域面　积	常住人口	企业个数	企　业从业人员	工业企业单　位		城镇建成区常住人口
						#规模以上	
武冈市湾头桥镇	13941	70765	21	420	12		5704
武冈市文坪镇	8417	37184	41	233	9	4	11060
武冈市荆竹铺镇	7899	44833	11	1307	4		4037
武冈市稠树塘镇	10920	38239	5	22			8192
武冈市邓家铺镇	10948	57415	18	468	2		5748
武冈市龙溪镇	4985	32928	12	412	6	1	3233
武冈市司马冲镇	7486	22059	22	587	12	4	7241
武冈市秦桥镇	7399	23741	4	53	1		10947
武冈市双牌镇	10080	39216	19	795	10		3256
武冈市大甸镇	6605	28221	31	487	9	2	6355
武冈市马坪乡	6111	32244	3	73	3		
武冈市晏田乡	6670	26867	3	24	2		
武冈市水浸坪乡	7261	26920	1	35			
岳阳楼区西塘镇	14260	48559	74	1200	44	20	1953
岳阳楼区郭镇乡	2004	9391	18	414	13	3	
岳阳楼区康王乡	6153	26288	176	2654	49	5	
云溪区长岭街道	5390	48465	154	17862	49	12	48465
云溪区云溪镇	15830	89896	602	19605	205	69	34200
云溪区陆城镇	11200	19286	81	2426	35	5	3860
云溪区路口镇	7880	21396	64	705	30	2	4083
君山区广兴洲镇	8840	43556	56	510	13	3	16996
君山区许市镇	14112	32240	52	714	32		8017
君山区钱粮湖镇	16164	68449	119	2000	94	5	30720
君山区良心堡镇	7080	36055	79	650	22	4	9700
岳阳县荣家湾镇	21740	172465	195	9624	151	39	172465
岳阳县黄沙街镇	13000	44186	41	3110	2	2	4200
岳阳县新墙镇	7597	36266	241	9897	31	10	36266
岳阳县柏祥镇	10016	22488	5	326	5	5	4600
岳阳县筻口镇	13938	58729	189	2976	17	6	58729
岳阳县公田镇	14647	46689	186	5114	39	8	5512
岳阳县毛田镇	22148	34325	32	520	16		3500
岳阳县月田镇	17550	47121	87	1483	9	2	16000
岳阳县张谷英镇	22569	45661	133	2116	7	1	2051
岳阳县新开镇	13100	36407	170	3812	32	20	36407
岳阳县步仙镇	10410	31201	82	425			3410
岳阳县中洲乡	7289	29410	67	3450	13	7	
岳阳县长湖乡	12060	36620	92	1056	5	2	
岳阳县杨林乡	8596	32001	118	1986	12	2	
华容县三封寺镇	7580	28606	89	6890	56	9	3982
华容县治河渡镇	4572	27614	45	3050	22	6	5040
华容县北景港镇	7570	34271	49	1320	38	3	3857
华容县鲇鱼须镇	10800	49508	105	3800	42	8	3658
华容县万庾镇	9850	39218	85	3460	14	2	3747
华容县插旗镇	5130	28331	83	4763	21	5	3223
华容县注滋口镇	12889	61494	75	825	2	1	60494
华容县操军镇	6868	43843	35	500	32	1	2400
华容县东山镇	27482	84871	78	8300	42	3	39770
华容县梅田湖镇	8802	34803	28	2812	28	3	3510
华容县章华镇	12718	141111	911	78938	113	19	97800
华容县禹山镇	10044	46638	10	259	6	3	1604

续表 331　　(湖南省)　　单位：公顷、人、个

名　　称	行政区域面　积	常住人口	企业个数	企　业从业人员	工业企业单　位	#规模以上	城镇建成区常住人口
华容县新河乡	7050	40122	8	375	7	7	
华容县团洲乡	5503	27173	23	837	2	2	
湘阴县文星镇	10812	155088	297	14543	207	78	155088
湘阴县东塘镇	5208	29056	11	234	2	1	2148
湘阴县樟树镇	5860	25724	78	4368	5	3	4312
湘阴县三塘镇	4053	22492	27	1085	16	7	210
湘阴县岭北镇	15840	82933	39	3050	15	4	1373
湘阴县新泉镇	14800	85920	158	916	13	3	2568
湘阴县湘滨镇	11980	57100	6	319	6	3	1066
湘阴县南湖洲镇	10200	68032	8	1596	8	4	11498
湘阴县鹤龙湖镇	14050	72668	69	2865	5	5	6741
湘阴县金龙镇	3712	17232	16	3508	14	6	560
湘阴县静河镇	6092	30188	44	1220	9	7	1760
湘阴县玉华镇	4670	20604	13	1024	7	4	
湘阴县六塘乡	3519	16735	17	92	4	1	
湘阴县杨林寨乡	3500	30886	3	62	3		
平江县汉昌镇	6307	96351	528	17248	229	12	78143
平江县安定镇	16783	75361	78	2150	30	9	75361
平江县三市镇	13808	58049	173	15000	150	13	15035
平江县加义镇	43862	61890	366	2000			61890
平江县长寿镇	49445	90249	490	4800	120	6	90249
平江县龙门镇	20338	39035	9	236			39035
平江县虹桥镇	18318	38415	8	300	2		37697
平江县南江镇	19521	63318	24	8431	14	3	40086
平江县梅仙镇	20474	61350	20	783	7	3	4152
平江县浯口镇	18993	38820	30	1250	12	1	3512
平江县瓮江镇	25387	56609	63	620	1	1	3943
平江县伍市镇	19102	74114	180	4800	120	11	19321
平江县向家镇	4132	19863	20	200	5	1	4820
平江县童市镇	15879	29244	4	165	1		4500
平江县岑川镇	9207	23218	6	42			3440
平江县福寿山镇	13659	22960	43	400	5	4	2048
平江县余坪镇	18210	40378	40	385	20	6	8010
平江县石牛寨镇	10833	23500	33	553			3571
平江县上塔市镇	5986	22164	28	2830	1		4050
平江县三阳乡	20507	56558	50	1580	22	5	
平江县木金乡	11894	27416	11	880	4		
平江县板江乡	7017	13320	5	264			
平江县大洲乡	10030	18492	42	1500	15	2	
平江县三墩乡	11754	30624	3	56	3		
岳阳市屈原管理区营田镇	6868	37745	73	5843	49		26605
岳阳市屈原管理区河市镇	8023	25324	10	362	6		3658
岳阳市屈原管理区凤凰乡	6721	25792	4	78	2	2	
汨罗市汨罗镇	3450	28455	87	6283	57		28455
汨罗市新市镇	5466	37157	50	420	25	8	5683
汨罗市古培镇	5216	32493	405	2080	80	5	7021
汨罗市白水镇	8320	35900	29	726	6	1	6900
汨罗市川山坪镇	17936	55824	254	1902	192	8	2098
汨罗市弼时镇	14609	59420	124	750	45	13	2569
汨罗市长乐镇	5600	32112	333	3890	185	8	12000

续表 332　　　　(湖南省)　　　　单位：公顷、人、个

名　　称	行政区域面　　积	常住人口	企业个数	企　　业从业人员	工业企业单　　位	#规模以上	城镇建成区常住人口
汨罗市大荆镇	8108	27813	34	612	6	5	2800
汨罗市桃林寺镇	15700	57760	38	7026	16	8	57760
汨罗市三江镇	14200	29904	18	1860	18	10	518
汨罗市屈子祠镇	9800	43368	5	116	5	1	3100
汨罗市归义镇	3450	128350	420	13200	46	14	7832
汨罗市神鼎山镇	11873	44730	47	4126	23	16	1462
汨罗市罗江镇	15596	58053	30	1320	5	3	2221
汨罗市白塘镇	7560	21685	27	836	12	7	806
临湘市忠防镇	11700	32189	100	5000	46	2	6000
临湘市聂市镇	28400	48000	316	1680	216	9	10850
临湘市江南镇	19430	38812	296	4500	14	4	6380
临湘市桃林镇	15624	54739	37	4200	18	17	18500
临湘市长塘镇	5800	28850	10	860	4	4	5100
临湘市白羊田镇	8339	16769	7	118	1		4120
临湘市詹桥镇	13870	30317	60	580	35	1	5848
临湘市黄盖镇	3430	13124	35	168	13	3	12334
临湘市羊楼司镇	28300	54781	2935	25658	896	8	22000
临湘市坦渡镇	14790	28000	6	105	2		5120
武陵区河洑镇	1900	15747	137	1120	44	3	15747
武陵区白鹤镇	9680	30398	10	2950	8		2500
武陵区芦荻山乡	5400	34599	3	11	2	2	
武陵区丹洲乡	2930	21419	38	1212	22	3	
鼎城区蒿子港镇	5467	25869	52	831	7	2	9869
鼎城区中河口镇	6825	28967	47	231	3	2	1607
鼎城区十美堂镇	13810	60252	179	80	6	1	4223
鼎城区牛鼻滩镇	8676	31390	5	75	1	1	3120
鼎城区韩公渡镇	10297	37464					2548
鼎城区石公桥镇	9200	32115	200	906	2	1	5591
鼎城区镇德桥镇	4230	20360					2437
鼎城区周家店镇	13468	30276	49	165	5	2	6066
鼎城区双桥坪镇	10741	29796	32	186	2	2	1738
鼎城区灌溪镇	6400	30411	344	6821	342	26	11629
鼎城区蔡家岗镇	16727	40249	94	1286	5	2	3768
鼎城区草坪镇	7614	25956	7	56	7	1	8162
鼎城区石门桥镇	10830	47653	86	1852	33	8	6846
鼎城区谢家铺镇	12332	35267	63	263	1	1	4000
鼎城区黄土店镇	23727	48903					8452
鼎城区尧天坪镇	11980	29790	66	412	7	1	327
鼎城区石板滩镇	6550	18587	85	3200	35	6	6648
鼎城区花岩溪镇	13472	22576	57	510	1	1	2395
鼎城区许家桥回维乡	11656	33728	10	95	10	1	
安乡县深柳镇	6803	148175	2068	40650	45	31	116812
安乡县大鲸港镇	7403	46494	203	1858	37	11	6494
安乡县黄山头镇	6931	35718	365	1890	16	2	5120
安乡县三岔河镇	14340	54283	197	1532	31	5	5067
安乡县官垱镇	8394	37491	35	315	5	3	6840
安乡县下渔口镇	8091	33085	105	1268	9	3	3023
安乡县陈家嘴镇	9068	40411	168	1461	61	2	4458
安乡县大湖口镇	15284	58432	86	686	22		1760
安乡县安障乡	4634	18984	54	1230	8	1	

续表 333　　　　　　　　　　　　（湖南省）　　　　　　　　　　　　单位：公顷、人、个

名　　称	行政区域面　　积	常住人口	企业个数	企　　业从业人员	工业企业单　　位		城镇建成区常住人口
						#规模以上	
安乡县安全乡	6328	26964	75	3312	23		
安乡县安丰乡	6485	27002	88	2163	4	2	
安乡县安康乡	5702	24417	105	688	14	1	
汉寿县蒋家嘴镇	6355	44231	172	3950	101	8	20785
汉寿县岩汪湖镇	15334	58113	180	2728	38	2	8348
汉寿县坡头镇	10394	51241	39	185	12	2	7342
汉寿县西港镇	9155	35015	56	2509	26		3107
汉寿县洲口镇	11128	41034	98	567	22	2	9789
汉寿县罐头嘴镇	7404	31522	12	230	2	1	8950
汉寿县沧港镇	10921	47731	121	2510	48	2	8560
汉寿县朱家铺镇	8131	25820	228	1152			4876
汉寿县太子庙镇	11545	43912	205	2300	167	32	13627
汉寿县崔家桥镇	15110	49229	8	161	7		4410
汉寿县军山铺镇	7086	26162	48	1192	20	3	14392
汉寿县百禄桥镇	4988	22315	14	782	3		1599
汉寿县西湖镇	2926	32496	177	1985	11	1	16505
汉寿县洋淘湖镇	3427	13544	4	815	2	2	5582
汉寿县丰家铺镇	14591	51909	47	1560	8		4560
汉寿县龙潭桥镇	13219	47354	44	874	17	1	6915
汉寿县聂家桥乡	4827	20330	40	1035	32	2	
汉寿县毛家滩回族维吾尔族乡	5305	26843	40	220	13	4	
澧县小渡口镇	15339	59228	242	882	112	3	8500
澧县梦溪镇	15220	48774	34	1561	13	1	48774
澧县复兴镇	11984	36600	210	1600	42	2	6000
澧县盐井镇	13667	38133	5	310	5	1	2200
澧县大堰垱镇	112	55083	360	5200	22	5	13100
澧县王家厂镇	10791	28533	4	50	4	4	8100
澧县金罗镇	11300	29134	109	2754	26	6	12540
澧县码头铺镇	16500	50772					
澧县甘溪滩镇	18493	39505	70	328	34	2	2136
澧县火连坡镇	15099	45612	224	1574	3	3	1635
澧县澧南镇	12002	39053	37	3850	19	14	39053
澧县如东镇	12200	45439	10	81	2	1	4304
澧县涔南镇	9392	34761	27	2378	8	5	6627
澧县官垸镇	8187	16727	12	172	2	1	
澧县城头山镇	10161	58136	44	560	19	7	3689
临澧县安福镇	15210	105982	68	5258	52	10	73966
临澧县合口镇	4934	42932	115	5986	76	15	18686
临澧县新安镇	5891	46249	1967	14392	195	11	19000
临澧县佘市桥镇	14915	40968	32	232	22	3	3835
临澧县太浮镇	14125	30135	120	813	4	1	3268
临澧县四新岗镇	19411	46957	148	6476	46	5	1709
临澧县停弦渡镇	11772	30145	74	3465	66	10	3203
临澧县修梅镇	11510	30373	65	8250	43	3	1763
临澧县烽火乡	9733	22242	210	1158	35	1	
临澧县刻木山乡	12172	43655	85	8760	45	11	
桃源县漳江镇	23198	160913	3280	57400	632	18	96598
桃源县陬市镇	10481	60155	83	1850	29	16	11507
桃源县盘塘镇	8500	21324	75	2510	10	2	2277
桃源县热市镇	19122	39794	61	1582	36	2	3532

续表 334　　　　（湖南省）　　　　单位：公顷、人、个

名　　称	行政区域面　积	常住人口	企业个数	企　业从业人员	工业企业单　位	#规模以上	城镇建成区常住人口
桃源县黄石镇	14732	18186	23	340	4		5500
桃源县漆河镇	22186	68726	417	5130	243	4	22943
桃源县理公港镇	22012	29383	56	280	24		7800
桃源县观音寺镇	23089	24230	5	221	2		2100
桃源县龙潭镇	24724	25006	34	275	10		6000
桃源县三阳港镇	17691	40313	122	626	15		5785
桃源县剪市镇	10875	14659	14	190	2		2263
桃源县茶庵铺镇	33297	32291	165	1230	36	2	3150
桃源县西安镇	19929	12858	25	320	1		1680
桃源县沙坪镇	30362	32217	117	678	19		3921
桃源县桃花源镇	10784	32704	192	966	27	2	4820
桃源县架桥镇	9826	30640	38	940	20		6558
桃源县马鬃岭镇	6846	18630	26	240	4		2863
桃源县夷望溪镇	24599	20622	152	982	26	2	3483
桃源县青林回族维吾尔族乡	10120	37835	139	3225	10		
桃源县枫树维吾尔族回族乡	6827	31174	10	780	5	5	
桃源县木塘垸乡	5684	31551	26	9159	2		
桃源县双溪口乡	6493	23934	90	458	25		
桃源县九溪乡	9858	20967	22	150	6		
桃源县牛车河乡	17084	11859	22	290	1	1	
桃源县佘家坪乡	12724	18302	13	160	3		
桃源县泥窝潭乡	9183	15018	12	198	3		
桃源县杨溪桥乡	18677	15774	12	355	2	1	
桃源县郑家驿乡	15311	19162	103	518	15	2	
石门县蒙泉镇	23766	67233	176	2782	28	10	22500
石门县夹山镇	18700	41626	328	3879	50	8	4118
石门县易家渡镇	2565	24874	45	3200	28	4	5220
石门县新关镇	5889	18053	5	408	5	5	4330
石门县皂市镇	13780	24774	163	1432	122	3	9650
石门县维新镇	23900	16274	42	252			1003
石门县太平镇	35944	26659	210	1060	13		3780
石门县磨市镇	21653	21198	16	175	12		4538
石门县壶瓶山镇	66530	26181	56	298	53		4320
石门县南北镇	14428	7710	3	35	3		1150
石门县白云镇	13606	29044	37	120	2	1	800
石门县新铺乡	162	31310	178	2993	48	3	
石门县三圣乡	27140	35630	146	1800	140	3	
石门县子良乡	19893	24172	253	4471	46		
石门县所街乡	21178	29341	28	310	22	1	
石门县雁池乡	23840	29718	15	127	15	1	
石门县罗坪乡	20900	15706	15	82			
常德市西洞庭管理区祝丰镇	7045	17297	52	7530	25	17	17297
津市市嘉山街道	1571	7986	198	18444	195	7	4015
津市市新洲镇	8612	29565	295	2350	57	1	7955
津市市白衣镇	8365	19540	31	243	25	1	3200
津市市药山镇	10959	37150	545	3270	32	2	8625
津市市毛里湖镇	10530	45787	846	4155	31	6	5283
张家界市永定区新桥镇	6423	10672	72	560	63	3	2450
张家界市永定区茅岩河镇	16837	10273	96	6417	92	1	1882
张家界市永定区教字垭镇	12250	31937	8	285	8		5212

续表 335　　　　（湖南省）　　　　单位：公顷、人、个

名　称	行政区域面积	常住人口	企业个数	企业从业人员	工业企业单位	#规模以上	城镇建成区常住人口
张家界市永定区天门山镇	10038	9194	31	156			1092
张家界市永定区沅古坪镇	13767	15146	9	72			
张家界市永定区尹家溪镇	8872	20193	87	1153	28	1	2190
张家界市永定区王家坪镇	16853	14632	18	96			1590
张家界市永定区三家馆乡	10776	12657	11	58			
张家界市永定区合作桥乡	6165	13140	4	48			
张家界市永定区谢家垭乡	13948	12831	2	13			
张家界市永定区罗塔坪乡	8529	7094					
张家界市永定区罗水乡	6182	6951					
张家界市永定区桥头乡	5436	11282	1	50			
张家界市永定区四都坪乡	17017	7815	7	40			
武陵源区锣鼓塔街道	4810	4169	4	220			
武陵源区协和乡	5737	7365	11	66			
武陵源区中湖乡	6760	13447	45	230			
慈利县零阳镇	29630	141803	793	7998	468	48	70758
慈利县岩泊渡镇	10800	30886	234	1638	58	3	11000
慈利县溪口镇	11077	17414	30	288	8		3090
慈利县东岳观镇	10814	22569	12	85	8	2	2180
慈利县通津铺镇	9445	28557	145	854	20	4	3605
慈利县杉木桥镇	9104	24719	5	79	2		4982
慈利县象市镇	10110	22991	186	1800	140	1	2580
慈利县江垭镇	29713	47140	131	1756	69	1	14000
慈利县苗市镇	10400	26760	106	800	70	5	26760
慈利县零溪镇	15500	37135	20	88	11	1	4899
慈利县高桥镇	16204	11992	35	186	3		2920
慈利县龙潭河镇	19993	22500	96	1183	80	2	2955
慈利县广福桥镇	9890	13603	54	550	50		3700
慈利县三合镇	22518	22649	113	1101	93	8	2250
慈利县二坊坪镇	17152	18429	156	787	19	4	2520
慈利县南山坪乡	11974	11219	36	546	30	1	
慈利县洞溪乡	11948	10700	32	600	30	2	
慈利县杨柳铺乡	11045	19957	84	780	79	1	
慈利县三官寺土家族乡	11349	20426	89	712			
慈利县高峰土家族乡	14452	14675	1	350	1		
慈利县许家坊土家族乡	7739	16455	31	287	8		
慈利县金岩土家族乡	13822	15314	26	168	3		
慈利县赵家岗土家族乡	7249	12684	6	252	5		
慈利县甘堰土家族乡	18070	32823	15	510	4		
慈利县阳和土家族乡	7297	19566	81	530	47		
桑植县澧源镇	9800	99384	1030	8000	320	18	75000
桑植县瑞塔铺镇	10800	22008	124	542	45	2	8554
桑植县官地坪镇	12600	22594	10	100			
桑植县凉水口镇	8050	14664	23	135	1	1	1200
桑植县龙潭坪镇	25265	19678	28	78	6		19678
桑植县五道水镇	28950	8866	55	221			2100
桑植县陈家河镇	22247	30540	60	230			3968
桑植县廖家村镇	58	11086	1	6	1		215
桑植县利福塔镇	8400	21061	27	1200	11	1	1680
桑植县八大公山镇	32150	11779	44	180			11779
桑植县桥自弯镇	20836	8639	13	86	6		1607

续表 336　　　　　　　　　　（湖南省）　　　　　　　　　　单位：公顷、人、个

名　　称	行政区域面积	常住人口	企业个数	企业从业人员	工业企业单位	#规模以上	城镇建成区常住人口
桑植县人潮溪镇	31720	15100	35	210			3200
桑植县空壳树乡	6863	17475					
桑植县竹叶坪乡	14100	9864	20	35	11		
桑植县走马坪白族乡	13200	18136					
桑植县刘家坪白族乡	3811	11691	1	200			
桑植县芙蓉桥白族乡	20555	16251	2	12			
桑植县马合口白族乡	13397	14620	3	15			
桑植县洪家关白族乡	14740	23596	8	67	6	1	
桑植县沙塔坪乡	132500	15350	11	48			
桑植县河口乡	13740	10958					
桑植县上河溪乡	13648	13985	9	59			
桑植县上洞街乡	5673	9379	20	154	5		
资阳区迎风桥镇	5700	38660	117	2643	23	3	16236
资阳区沙头镇	4400	22610	53	1030	12	1	5500
资阳区茈湖口镇	9476	35027	140	2384	62	2	11642
资阳区长春镇	10888	74839	105	3977	47	18	19080
资阳区新桥河镇	14000	80709	398	20510	221	9	21060
资阳区张家塞乡	9000	40932	58	1853	34		
赫山区八字哨镇	3738	23261	20	2684	3	3	2576
赫山区泉交河镇	10170	49123	30	950	12	6	3219
赫山区欧江岔镇	12648	54220	128	1615	72	3	8375
赫山区沧水铺镇	6962	40440	196	5567	84	15	5216
赫山区岳家桥镇	8878	35442	63	1318	10	3	1015
赫山区新市渡镇	6580	22478	121	425	13	3	1360
赫山区兰溪镇	11807	72190	520	57660	167	22	12536
赫山区衡龙桥镇	9842	54346	450	9800	70	13	11453
赫山区泥江口镇	13800	49784	343	2058	98	7	3475
赫山区笔架山乡	8142	32456	29	912	11	3	
南县明山头镇	6266	31499	143	850	7		5536
南县青树嘴镇	7700	40917	117	865	7		3012
南县厂窖镇	6849	32487	76	700	8	1	6542
南县武圣宫镇	5200	25420	186	1000	182	1	2993
南县南洲镇	8787	157362	1718	161900	870	39	110888
南县华阁镇	10707	40037	227	1150	179	2	2689
南县茅草街镇	9568	64768	877	2385	807	11	19642
南县三仙湖镇	9183	48996	190	1620	189	2	8725
南县麻河口镇	10898	52679	193	1544	172		4118
南县浪拔湖镇	9574	51333	196	2160	76		2920
南县乌嘴乡	7013	34263	175	420	169	1	
南县中鱼口乡	9452	50408	284	450	275	4	
桃江县修山镇	9400	29557	13	375	7	2	7777
桃江县鸬鹚渡镇	12400	32798	235	2650	165	8	9800
桃江县石牛江镇	6400	30584	187	1296	13	6	30584
桃江县牛田镇	7000	34753	46	276	4	2	8038
桃江县松木塘镇	21400	35986	29	980	12	6	9986
桃江县桃花江镇	18100	177843	4125	39215	229	21	98868
桃江县灰山港镇	23200	131482	771	3500	335	36	32900
桃江县武潭镇	22800	75956	69	2893	40	25	20198
桃江县马迹塘镇	22200	58469	16	1230	9	8	21086
桃江县三堂街镇	14500	54282	50	1005	48	9	13892

续表 337　　（湖南省）　　单位：公顷、人、个

名　　称	行政区域面积	常住人口	企业个数	企业从业人员	工业企业单位	#规模以上	城镇建成区常住人口
桃江县大栗港镇	17100	59606	217	2027	49	11	17462
桃江县沾溪镇	6600	24590	14	342	4	4	7726
桃江县高桥乡	9600	26373	93	1356	46	6	
桃江县鲊埠回族乡	3900	18794	36	3108	34	9	
桃江县浮丘山乡	12200	57165	25	908	11	6	
安化县清塘铺镇	22499	53865	170	315	13	8	8125
安化县仙溪镇	28019	42659	42	1215	20	4	8120
安化县长塘镇	17571	33998	265	1331	12	2	3752
安化县小淹镇	17751	42713	52	1520	32	6	7446
安化县羊角塘镇	24671	45263	33	395	16		13565
安化县冷市镇	18337	27582	28	665	13	2	6324
安化县奎溪镇	24154	20502	42	1214	10	5	6865
安化县烟溪镇	19599	21148	27	553	21	6	6772
安化县渠江镇	8620	9816	11	25	3	1	1650
安化县平口镇	10650	18194	31	1017	31	5	5678
安化县柘溪镇	14258	14156	84	443	19	8	3970
安化县乐安镇	19121	39098	13	165	9	4	3447
安化县滔溪镇	15415	24415	11	95	5	1	2810
安化县梅城镇	27861	74444	178	8556	78	3	49760
安化县大福镇	31723	72363	44	895	12		26500
安化县马路镇	39210	40878	49	652	23	10	7208
安化县东坪镇	43585	202512	772	6570	206	21	149270
安化县江南镇	28875	51362	83	1630	37	8	5450
安化县高明乡	9790	15191	37	1280	37	23	
安化县龙塘乡	14196	19369	17	286	8		
安化县田庄乡	20950	24865	87	1865	36	10	
安化县南金乡	19490	8382	4	40	1	1	
安化县古楼乡	17170	12672	6	6			
益阳市大通湖管理区河坝镇	17461	45532	46	2745	29	12	18531
益阳市大通湖管理区金盆镇	4665	20594	18	852	8	5	7711
益阳市大通湖管理区北洲子镇	4109	16834	17	1648	10	8	5456
益阳市大通湖管理区千山红镇	11694	26928	28	1580	15	8	9966
益阳市高新技术产业园区谢林港镇	8000	39949	917	13423	96	39	3906
沅江市四季红镇	1723	17397	44	228			2792
沅江市泗湖山镇	11700	49009	383	2843	35	7	3845
沅江市南嘴镇	7400	22165	143	1080	15	3	1427
沅江市新湾镇	5650	19630	132	500	22	2	2600
沅江市茶盘洲镇	8762	19657	72	3886	17	4	11395
沅江市南大膳镇	16970	90055	381	3400	219	6	21000
沅江市黄茅洲镇	12679	66020	201	1315	6	3	66020
沅江市草尾镇	15500	80009	12	350	10	7	31000
沅江市阳罗洲镇	9792	39475	189	986	12	3	6528
沅江市共华镇	15100	56145	195	1256	28	6	3814
北湖区华塘镇	17260	23740	851	4350	336	6	15038
北湖区鲁塘镇	11350	33244	168	3235	42	3	3275
北湖区仰天湖瑶族乡	17567	21723	4	131	4	2	
北湖区保和瑶族乡	10116	14937	10	1251	2	1	
苏仙区白露塘镇	10500	35089	190	5244	145	72	35089
苏仙区良田镇	21043	47905	799	26165	704	17	15166
苏仙区栖凤渡镇	11999	47111	247	5240	28	6	18927

续表 338　　(湖南省)　　单位：公顷、人、个

名　　称	行政区域面积	常住人口	企业个数	企业从业人员	工业企业单位	#规模以上	城镇建成区常住人口
苏仙区坳上镇	16228	20446	45	1120	18	6	6770
苏仙区许家洞镇	19661	40121	19	1714	7	7	9696
苏仙区五里牌镇	10330	34689	328	2845	169	9	26230
苏仙区五盖山镇	11600	7999	5	394	4	4	7861
苏仙区飞天山镇	26954	26578	167	4362	52	18	1455
桂阳县仁义镇	21164	27230	81	412	5	1	5168
桂阳县太和镇	11845	32344	162	2059	112	4	3660
桂阳县洋市镇	17161	36925	2	63	1		5363
桂阳县和平镇	11250	19613	53	266			
桂阳县流峰镇	17181	46296	194	1560	10		2560
桂阳县塘市镇	11076	17224	9	158	6	1	5697
桂阳县莲塘镇	16769	32061	180	1164	97		3484
桂阳县春陵江镇	25809	49813	128	16738	62	10	16730
桂阳县荷叶镇	8037	19788	134	672	1	1	1798
桂阳县方元镇	22018	39859	118	2456	11	1	2722
桂阳县樟市镇	19012	34854	5	306	3	3	2450
桂阳县敖泉镇	11539	16076	252	3268	224		890
桂阳县正和镇	10694	20668	141	2796	10	9	1618
桂阳县浩塘镇	7366	12352	69	1031			1059
桂阳县雷坪镇	11799	22641	99	1322	5	5	789
桂阳县欧阳海镇	10064	19682	116	756	76	1	4214
桂阳县四里镇	12611	36685	34	1012	8	1	24556
桂阳县桥市乡	17807	12531	109	695	25	4	
桂阳县白水瑶族乡	13535	12391	26	131			
宜章县白石渡镇	5388	13308	30	1025	25	4	11246
宜章县杨梅山镇	11681	20329	63	451	13	4	7431
宜章县瑶岗仙镇	9801	19693	108	1761	48	6	10862
宜章县梅田镇	13459	54409	152	5803	36	10	5334
宜章县黄沙镇	10255	35136	46	2568	16	7	7356
宜章县迎春镇	8958	22466	24	5717	12	1	1920
宜章县一六镇	6792	42141	151	3452	35	14	24612
宜章县栗源镇	7194	31628	13	1276	9	8	14120
宜章县岩泉镇	7340	37117	135	4687	119	18	18946
宜章县玉溪镇	23994	112399	989	15824	102	32	107745
宜章县天塘镇	15271	39904	66	4207	34	19	
宜章县笆篱镇	14125	37455	169	4268	134	13	
宜章县里田镇	7676	18548	45	276	3	1	18548
宜章县五岭镇	14660	30789	16	390	3	2	
宜章县浆水乡	8570	21419	151	2385	119	4	
宜章县长村乡	5888	14477	35	758	6	6	
宜章县莽山瑶族乡	28564	7826	31	198	16		
宜章县关溪乡	5451	14110	16	852	5	2	
宜章县赤石乡	8162	17278	38	486	16	1	
永兴县马田镇	12376	78256	1325	6626	12	8	8456
永兴县湘阴渡镇	9515	35830	141	5107	26	8	12600
永兴县塘门口镇	9631	14632	30	3496	14	12	1246
永兴县金龟镇	9375	30920	188	3960	8	8	2015
永兴县柏林镇	19777	42481	190	9065	34	34	14306
永兴县鲤鱼塘镇	20960	20458	230	3200	13	3	2449
永兴县便江镇	16540	129956	706	9580	34	9	3682

续表 339　　　　（湖南省）　　　　单位：公顷、人、个

名　　称	行政区域面　积	常住人口	企业个数	企　业从业人员	工业企业单　位	#规模以上	城镇建成区常住人口
永兴县悦来镇	5376	20353	8	42	3		2728
永兴县黄泥镇	12823	24849	13	858	11	8	618
永兴县樟树镇	9750	29080	74	326	5	3	3540
永兴县太和镇	9898	20542	12	1416	12	12	400
永兴县油麻镇	9493	40784	56	354	1	1	
永兴县高亭司镇	8700	55266	61	1624	16	8	2045
永兴县洋塘乡	5349	21448	10	1028	7	3	
永兴县大布江乡	11795	12111	8	56	8		
永兴县龙形市乡	15575	11114	19	522	2		
永兴县七甲乡	12760	11234	49	269	42	1	
嘉禾县珠泉镇	9463	89788	772	15627	276	15	89788
嘉禾县塘村镇	3170	26549	346	4215	64	23	15112
嘉禾县袁家镇	5241	23709	149	18189	148	16	13537
嘉禾县行廊镇	7521	29781	59	367	17	2	
嘉禾县龙潭镇	7212	22029	68	850	54	11	
嘉禾县石桥镇	5700	31153	14	153	4	1	
嘉禾县坦坪镇	7620	32917	85	380	15	10	25352
嘉禾县广发镇	6800	39546	18	104			1400
嘉禾县晋屏镇	7176	31478	181	1879	53	1	12247
嘉禾县普满乡	6935	20064	27	5126	2	2	
临武县舜峰镇	11008	99208	555	2923	88	3	64343
临武县金江镇	5028	19524	6	360	5	5	2546
临武县武水镇	9724	42467	350	3965	45	15	17960
临武县南强镇	18075	29886	60	987	28	3	3640
临武县汾市镇	10619	27657	4	4880	1		2460
临武县水东镇	11066	21542	72	2315	38	7	21542
临武县楚江镇	7591	17324	4	32	4	2	1250
临武县麦市镇	7665	22133	171	860	158	3	22133
临武县香花镇	7776	19175	49	1968	22	4	15795
临武县花塘乡	15616	14613	6	540	6	5	
临武县万水乡	6148	13640	5	2210	5	2	
临武县镇南乡	8261	10240					
临武县西山瑶族乡	20531	9043	17	52	10		
汝城县热水镇	13900	9835	51	2275	22	1	1890
汝城县土桥镇	16749	48334	82	1963	34	1	48136
汝城县泉水镇	9309	29764	59	1354	41	3	10120
汝城县暖水镇	15974	25004	66	1680	26	4	2013
汝城县大坪镇	13629	28120	25	3254	23	2	8000
汝城县三江口瑶族镇	11671	8107	1	50			2230
汝城县卢阳镇	11559	76789	172	16341	83	9	75489
汝城县马桥镇	19818	30761	38	1383	35	1	904
汝城县井坡镇	8910	21780	8	282	1	1	3356
汝城县南洞乡	15832	7538	5	57	5	1	
汝城县濠头乡	17738	12203	206	1200	168		
汝城县延寿瑶族乡	17313	23425	24	358	8	2	
汝城县集益乡	17003	11049	34	541	12	2	
汝城县文明瑶族乡	38305	46850	133	1705	31		
桂东县沤江镇	32304	68749	187	8500	95	15	34400
桂东县沙田镇	15810	34049	53	1345	34	5	19669
桂东县清泉镇	6461	10975	21	168	10		

续表 340　　（湖南省）　　单位：公顷、人、个

名　　称	行政区域面积	常住人口	企业个数	企业从业人员	工业企业单位	#规模以上	城镇建成区常住人口
桂东县大塘镇	6213	20158	46	600	8		13000
桂东县四都镇	15847	15040					6943
桂东县寨前镇	12709	25951	24	229	24	2	1328
桂东县普乐镇	12761	20251	12	350	12	1	3580
桂东县桥头乡	8594	10106	19	750	17	1	
桂东县新坊乡	8637	10010	16	500	14		
桂东县东洛乡	9032	1685	7	55	7		
桂东县青山乡	11142	3665	8	90	8		
安仁县安平镇	12297	56550	114	912	11	2	54801
安仁县龙海镇	7080	16437	59	472	19	6	
安仁县灵官镇	7860	18273	83	1264	34	6	9680
安仁县永乐江镇	42016	126725	830	33209	143	31	61098
安仁县金紫仙镇	41344	40158	128	992	47		2700
安仁县龙市乡	8200	14231					
安仁县渡口乡	5325	19111	13	71	3		
安仁县华王乡	6280	18225	36	288	11	1	
安仁县牌楼乡	8342	32432	44	353	14		
安仁县平背乡	4517	16201	39	612	16	1	
安仁县承坪乡	3570	13002	42	336	18		
安仁县竹山乡	3243	10901	26	208	7		
安仁县洋际乡	5560	15013	33	314	11	1	
资兴市滁口镇	15651	14113	14	263			1200
资兴市三都镇	9154	32081	147	9861	91	11	3035
资兴市蓼江镇	8886	11191	46	350	21	2	4256
资兴市兴宁镇	28617	31010	95	2663	27	3	21205
资兴市州门司镇	35922	30497	60	2983	25	4	15762
资兴市黄草镇	36068	14930	54	351	18	1	1060
资兴市汤溪镇	16748	10012	14	265			459
资兴市清江镇	13471	13207	55	330			1728
资兴市白廊镇	25849	14103	22	450	18		1029
资兴市回龙山瑶族乡	12965	11249	2	70	1	1	
资兴市八面山瑶族乡	24138	13738	41	1847	27	2	
零陵区水口山镇	12909	47968	82	1526	69	3	5686
零陵区珠山镇	19543	57584	116	3725	16	11	20186
零陵区黄田铺镇	12831	21902	85	2443	28	3	3297
零陵区富家桥镇	25660	50705	225	4210	107	8	13620
零陵区菱角塘镇	15680	20298	38	6821	33	2	855
零陵区邮亭圩镇	31861	38587	232	1165	18	3	6934
零陵区石岩头镇	10560	39004	39	289	20		4099
零陵区大庆坪乡	14671	28378	18	1685	11		
零陵区梳子铺乡	9982	30597	32	1650	18	3	
零陵区凼底乡	8287	19632	10	330	10		
冷水滩区花桥街镇	6980	16636	50	1900	4		3408
冷水滩区普利桥镇	13592	47673	23	119	2	2	5518
冷水滩区牛角坝镇	8600	26418					3816
冷水滩区高溪市镇	8180	14458	21	915	11	2	632
冷水滩区黄阳司镇	12970	47890	21	585	12	1	8512
冷水滩区上岭桥镇	29900	39710	165	3700	66	6	39710
冷水滩区伊塘镇	8140	15276	38	300	2	2	15276
冷水滩区蔡市镇	7280	22803	58	876	12	2	936

续表 341　　　　(湖南省)　　　　单位：公顷、人、个

名　　称	行政区域面积	常住人口	企业个数	企业从业人员	工业企业单位	#规模以上	城镇建成区常住人口
冷水滩区杨村甸乡	8430	15597					
祁阳县观音滩镇	8120	26674	45	4665	39	10	10528
祁阳县茅竹镇	9210	23400	26	320	11	2	18300
祁阳县大忠桥镇	11611	46606	40	982	38	3	7102
祁阳县三口塘镇	8600	18113	12	72	3	1	3900
祁阳县肖家镇	9352	48960	156	1478	12	1	2630
祁阳县八宝镇	8210	31874	135	550	3		5612
祁阳县白水镇	12697	44562	187	6804	48	17	29325
祁阳县黄泥塘镇	7509	35568	250	4130	3	1	2793
祁阳县进宝塘镇	6484	32365	16	456	7	2	9312
祁阳县潘市镇	12036	40529	9	313	4		4930
祁阳县梅溪镇	6339	20116	47	2450	18		2945
祁阳县羊角塘镇	13115	48213	40	2280	37	2	4852
祁阳县下马渡镇	12530	42916	34	1200	33	2	8140
祁阳县七里桥镇	8217	34780	62	161	15	3	2520
祁阳县大村甸镇	9294	37477	320	1728	255	2	4966
祁阳县黎家坪镇	8355	43890	205	1800	82	11	43890
祁阳县文富市镇	5950	28348	311	3540	6		2203
祁阳县文明铺镇	11261	55647	160	650	24	2	8024
祁阳县龚家坪镇	8007	27982	73	263	3		3598
东安县白牙市镇	28607	194030	192	27689	81	31	76548
东安县大庙口镇	22203	29012	137	967			1951
东安县紫溪市镇	17200	40105	77	345	42	3	6051
东安县横塘镇	14700	27654					3246
东安县石期市镇	12422	32828					29872
东安县井头圩镇	16090	39413	23	2034	22	11	3246
东安县端桥铺镇	18834	39641	447	2535	291		4902
东安县鹿马桥镇	7370	33594	160	9625	100		6770
东安县芦洪市镇	12972	53810	516	2896	511	9	15356
东安县新圩江镇	13250	25944	7	29	7		2589
东安县花桥镇	5300	13836	1	13	1	1	1853
东安县大盛镇	9915	25061	1	1			1495
东安县南桥镇	10370	28760	48	3485	1		3012
东安县川岩乡	10000	17057	72	701	72		
东安县水岭乡	5930	10228	8	212	5		
双牌县泷泊镇	33798	100019	392	6066	57	39	80014
双牌县江村镇	16105	18327	15	216	6	1	
双牌县五里牌镇	8150	11974	83	1412	15	2	
双牌县茶林镇	12960	8323	18	324	2	2	
双牌县何家洞镇	19911	10229	44	828	6		
双牌县麻江镇	8240	7878	12	216	2	1	
双牌县塘底乡	10838	6296	5	90	1		
双牌县上梧江瑶族乡	19604	13145	5	90	3		
双牌县理家坪乡	8043	15315	16	252	5	1	
双牌县五星岭乡	7397	3318	23	414	3		
双牌县打鼓坪乡	5780	3907	8	144	3		
道县梅花镇	9712	33930	40	201	15		7562
道县寿雁镇	18651	79553	15	2685	5	1	8358
道县仙子脚镇	13086	28819	20	260	6	3	5871
道县清塘镇	14990	45871	35	3379	35		6128

续表 342　　(湖南省)　　单位：公顷、人、个

名　　称	行政区域面积	常住人口	企业个数	企业从业人员	工业企业单位	#规模以上	城镇建成区常住人口
道县祥霖铺镇	20828	44690	45	923	6	2	6457
道县蚣坝镇	13968	43412	206	1642	24	2	6012
道县四马桥镇	12070	35541	9	125	5		6530
道县白马渡镇	9712	37780	6	105	3		4280
道县柑子园镇	7996	30793	7	97	4		3970
道县白芒铺镇	10243	28406	103	517	8		5568
道县桥头镇	24807	27380					2580
道县乐福堂乡	12150	20049	2	12	2		
道县审章塘瑶族乡	10400	23869	1	12			
道县横岭瑶族乡	11450	9763					
道县洪塘营瑶族乡	22200	11282	17	124	17		
江永县潇浦镇	20266	66655	112	6050	84	28	33001
江永县上江圩镇	8620	23261	21	1155	7	2	2003
江永县夏层铺镇	12008	21246	18	990	4		2697
江永县桃川镇	54744	40332	38	2090	12	4	5160
江永县粗石江镇	16894	15280	29	1595	4	1	2342
江永县松柏瑶族乡	22846	25673	20	1100	6	1	
江永县千家峒瑶族乡	15981	19289	15	825	6	2	
江永县兰溪瑶族乡	6414	5770	1	35			
江永县源口瑶族乡	20320	19622	19	220	4		
宁远县天堂镇	8574	26959	70	365	19		8307
宁远县水市镇	21820	76637	114	2166	23	6	17179
宁远县湾井镇	11599	34007	64	451	3	1	17021
宁远县冷水镇	16080	56033	88	933	16	2	17963
宁远县太平镇	13470	52656	87	560			8617
宁远县禾亭镇	8217	34493	20	310	20	1	11251
宁远县仁和镇	6890	24021	54	1985	12	2	6507
宁远县中和镇	30251	49846	20	104	9	1	13692
宁远县柏家坪镇	16056	48098	87	2501	21	2	18394
宁远县清水桥镇	11221	38902	85	3989	28	2	6302
宁远县鲤溪镇	14700	37050	81	432	12	1	6023
宁远县保安镇	7018	22098	5	243	5	1	2006
宁远县九疑山瑶族乡	32830	27677	87	485	20	3	
宁远县五龙山瑶族乡	15580	7472					
宁远县棉花坪瑶族乡	5961	6096					
宁远县桐木漯瑶族乡	6902	5223	1	50	1	1	
蓝山县塔峰镇	28116	163392	589	36849	315	50	98484
蓝山县毛俊镇	11103	17985	35	410	10	4	5060
蓝山县楠市镇	9050	24658	30	200	10		4000
蓝山县所城镇	17306	20094	88	3568	45	3	3849
蓝山县新圩镇	14149	33588	70	421			6658
蓝山县祠堂圩镇	7516	19253	68	768	26	2	3128
蓝山县土市镇	11836	21686					4365
蓝山县太平圩镇	7360	24065	185	4895	116	13	5104
蓝山县汇源瑶族乡	5077	1840	4	30			
蓝山县犁头瑶族乡	3403	1586					
蓝山县浆洞瑶族乡	7906	3399	44	250	43		
蓝山县湘江源瑶族乡	5631	2103	16	92	16		
蓝山县大桥瑶族乡	8300	5665	6	50			
蓝山县荆竹瑶族乡	19300	3877					

续表 343　　（湖南省）　　单位：公顷、人、个

名　　称	行政区域面　　积	常住人口	企业个数	企　　业从业人员	工业企业单　　位	#规模以上	城镇建成区常住人口
新田县龙泉镇	16566	84490	336	1660	10	4	47858
新田县金陵镇	7400	11235					4356
新田县骥村镇	9680	22154	9	165	4		6012
新田县枧头镇	11033	40258	19	126			2638
新田县新圩镇	6306	21482	1	15			2754
新田县石羊镇	6100	30114					2052
新田县新隆镇	4220	21347	1	8			2746
新田县三井镇	6841	21985	8	46			1172
新田县大坪塘镇	7800	21010	14	60			4530
新田县陶岭镇	4002	11865	5	63			1200
新田县金盆镇	5000	14747					2397
新田县门楼下瑶族乡	13282	4050					
江华瑶族自治县沱江镇	30677	172017	1186	18623	365	30	141140
江华瑶族自治县大路铺镇	17203	33311	66	1286	9		4843
江华瑶族自治县白芒营镇	17910	34746	120	1350	27		7708
江华瑶族自治县涛圩镇	10611	34445	75	710	12	1	6308
江华瑶族自治县河路口镇	13476	14723	79	2000	11	4	5827
江华瑶族自治县大圩镇	22199	24534	39	706			8174
江华瑶族自治县水口镇	32116	22909	58	310	21		7835
江华瑶族自治县码市镇	52160	22720	175	1545	165	3	7881
江华瑶族自治县涔天河镇	37563	33286	73	356	8		11300
江华瑶族自治县界牌乡	7322	18164	5	367			
江华瑶族自治县桥市乡	6985	8473	19	524	11		
江华瑶族自治县大石桥乡	9243	23816					
江华瑶族自治县湘江乡	18981	4030	8	120	8	1	
江华瑶族自治县蔚竹口乡	15220	7651	12	80	12		
江华瑶族自治县大锡乡	12032	3297	18	91	10		
江华瑶族自治县小圩壮族乡	13334	18886	36	256			
永州市金洞管理区金洞镇	18669	18482	140	720	10		18482
永州市金洞管理区晒北滩瑶族乡	11811	6057	2	12			
永州市金洞管理区凤凰乡	12020	12243	50	1573			
永州市金洞管理区石鼓源乡	7962	15250	11	120	3		
永州市回龙圩管理区回龙圩镇	9668	13811	60	2400	10	2	6020
鹤城区黄金坳镇	15889	31183	9	48	4		2600
鹤城区盈口乡	6978	50636	13	1200			
鹤城区凉亭坳乡	20500	13625	28	168			
中方县中方镇	27518	61819	47	351	15	8	21000
中方县泸阳镇	14943	41834	152	800	30	6	
中方县花桥镇	16034	23423					4650
中方县铜湾镇	9767	21344	1	65	1	1	5338
中方县桐木镇	9372	20732	25	560	3	1	5020
中方县铁坡镇	10289	21803	13	50	3		816
中方县新建镇	11802	14149	27	213	1		1285
中方县接龙镇	4709	8442	6	30	2		1200
中方县铜鼎镇	4800	13300					1325
中方县新路河镇	10722	18621	21	80	5		800
中方县袁家镇	9443	12296	1	5			
中方县蒿吉坪瑶族乡	6763	6230	5	25			
沅陵县麻溪铺镇	9600	18304	17	1363	12	6	4876
沅陵县五强溪镇	27200	38534	10	650	8	2	16000

续表 344　　(湖南省)　　单位：公顷、人、个

名　称	行政区域面积	常住人口	企业个数	企业从业人员	工业企业单位	#规模以上	城镇建成区常住人口
沅陵县明溪口镇	24022	22271					2100
沅陵县凉水井镇	56000	50862	225	1977	39	8	3800
沅陵县七甲坪镇	42633	39130	5	31	1	1	2596
沅陵县筲箕湾镇	24600	30991					28008
沅陵县官庄镇	46108	53283	478	7643	13	8	17698
沅陵县沅陵镇	40890	137495	72	1815	13	13	
沅陵县杜家坪乡	15614	6508					
沅陵县楠木铺乡	16687	15606	5	28	2		
沅陵县肖家桥乡	14378	11783	11	60			
沅陵县火场乡	9831	5964	5	30			
沅陵县陈家滩乡	11560	8447					
沅陵县清浪乡	31592	18036	25	263	1		
沅陵县借母溪乡	29008	20045	45	380			
沅陵县荔溪乡	29800	28888	42	246	18		
沅陵县大合坪乡	23900	14751					
沅陵县马底驿乡	24100	20085					
沅陵县北溶乡	36026	20578	18	120			
沅陵县二酉乡	35835	38649					
沅陵县盘古乡	16517	20561					
辰溪县辰阳镇	10997	184506	1166	34101	102	6	101230
辰溪县孝坪镇	9985	45356	223	903	5	3	16692
辰溪县田湾镇	9133	7664					
辰溪县火马冲镇	13838	39500	161	3737	101	24	7420
辰溪县黄溪口镇	6109	20326	45	750	5		19326
辰溪县潭湾镇	9875	39000	30	320	11	5	
辰溪县安坪镇	8039	16801	15	150			5876
辰溪县锦滨镇	7412	34021	35	235	3		14198
辰溪县修溪镇	18982	21073					753
辰溪县船溪乡	6859	11599					
辰溪县长田湾乡	9076	14780					
辰溪县小龙门乡	6426	11222	4	25			
辰溪县后塘瑶族乡	6924	18791					
辰溪县苏木溪瑶族乡	5487	8809					
辰溪县罗子山瑶族乡	4878	6731	1	7			
辰溪县上蒲溪瑶族乡	6345	8000					
辰溪县仙人湾瑶族乡	12391	22112					
辰溪县龙头庵乡	5379	16777					
辰溪县大水田乡	10132	18300					
辰溪县桥头溪乡	6217	9594					
辰溪县龙泉岩乡	5220	10077					
辰溪县柿溪乡	10051	16012					
辰溪县谭家场乡	8964	10325					
溆浦县卢峰镇	22022	177360	716	10465	153	23	94849
溆浦县大江口镇	21164	53479	27	3500	21	5	25307
溆浦县低庄镇	20200	46968	523	2800	32	5	22876
溆浦县桥江镇	10240	42362	52	320	28		2149
溆浦县龙潭镇	24721	55420	81	594	10	8	21937
溆浦县均坪镇	8500	17235	13	61			764
溆浦县观音阁镇	16206	33788	35	135	3	1	1826
溆浦县双井镇	10450	50335	205	1060	3	1	2200

续表 345　　　　（湖南省）　　　　单位：公顷、人、个

名　　称	行政区域面　积	常住人口	企业个数	企　业从业人员	工业企业单　位	#规模以上	城镇建成区常住人口
溆浦县水东镇	12458	29690	2	105			4214
溆浦县两丫坪镇	8300	11352	20	120	11	2	11352
溆浦县黄茅园镇	11070	28867	35	1350	20	3	27789
溆浦县祖市殿镇	12306	23875					1350
溆浦县葛竹坪镇	10600	19196	34	1600	34	5	1200
溆浦县深子湖镇	23610	28086	16	474	10	6	
溆浦县思蒙镇	9127	18407	11	69			1467
溆浦县三江镇	28758	27380					27380
溆浦县统溪河镇	10700	11236	15	243			11236
溆浦县北斗溪镇	16200	10959	15	182	15		
溆浦县舒溶溪乡	6371	11601					
溆浦县油洋乡	8420	20252	3	30	1		
溆浦县小横垅乡	12800	12907	8	565			
溆浦县淘金坪乡	7049	7231					
溆浦县中都乡	9277	10920	8	55	8		
溆浦县沿溪乡	15510	9279	11	271	1	1	
溆浦县龙庄湾乡	4500	7503	34	270	2	1	
会同县林城镇	28285	93552	141	3026	3	1	29582
会同县坪村镇	6819	18560	43	663	5	3	1864
会同县堡子镇	6400	16473	47	200	10		5800
会同县团河镇	13322	14200	30	158			1800
会同县若水镇	21000	17043	11	60	4	1	17043
会同县广坪镇	13273	21232	10	100	5		
会同县马鞍镇	12086	13206	5	106			3500
会同县金竹镇	20186	20062	66	604	21		3124
会同县沙溪乡	12694	11801	3	23	3		
会同县金子岩侗族苗族乡	2370000	29169					
会同县高椅乡	9667	6946					
会同县宝田侗族苗族乡	6390	8301	1	30			
会同县漠滨侗族苗族乡	7920	12285					
会同县蒲稳侗族苗族乡	5555	9417	9	45	4	1	
会同县青朗侗族苗族乡	11823	19361	1	126	1	1	
会同县炮团侗族苗族乡	8530	12137					
会同县地灵乡	7520	7629					
会同县连山乡	7300	14141	25	236	11		
麻阳苗族自治县锦和镇	14704	23502					15000
麻阳苗族自治县江口墟镇	10740	18626	5	28	1	1	1881
麻阳苗族自治县岩门镇	7242	24935	21	112	10	2	1605
麻阳苗族自治县兰里镇	8017	24508					12400
麻阳苗族自治县吕家坪镇	5700	12073	3	126	1		3200
麻阳苗族自治县高村镇	19067	126675	118	6066	61	22	124675
麻阳苗族自治县尧市镇	19628	21413					
麻阳苗族自治县郭公坪镇	14300	12560	12	230	4		1480
麻阳苗族自治县文昌阁乡	6740	9204					
麻阳苗族自治县大桥江乡	62000	11470	37	150			
麻阳苗族自治县舒家村乡	4200	10773	1	12			
麻阳苗族自治县隆家堡乡	6920	13116					
麻阳苗族自治县谭家寨乡	7234	12467	5	30	2		
麻阳苗族自治县石羊哨乡	7270	8420					
麻阳苗族自治县板栗树乡	7000	10271					

续表 346　　（湖南省）　　单位：公顷、人、个

名　　称	行政区域面　积	常住人口	企业个数	企　业从业人员	工业企业单　位	#规模以上	城镇建成区常住人口
麻阳苗族自治县兰村乡	7300	7096	26	156			
麻阳苗族自治县和平溪乡	5883	15000					
麻阳苗族自治县黄桑乡	5021	15956					
新晃侗族自治县波洲镇	9646	11692	16	864	12	4	11692
新晃侗族自治县鱼市镇	11544	18306	23	2750	19	13	1000
新晃侗族自治县凉伞镇	24374	31428	4	135	3		31428
新晃侗族自治县扶罗镇	22018	17509	6	169	3	1	17509
新晃侗族自治县中寨镇	12621	12845	36	192	34	1	12845
新晃侗族自治县晃州镇	24804	77875	131	4219	97	16	30946
新晃侗族自治县林冲镇	10700	13077	5	221	2		926
新晃侗族自治县贡溪镇	7150	10654	7	350	3		2562
新晃侗族自治县禾滩镇	123	14361					
新晃侗族自治县步头降苗族乡	7909	11596	5	54	5		
新晃侗族自治县米贝乡	12158	11061	1	128	1	1	
芷江侗族自治县芷江镇	26862	146069	358	5325	97	25	96117
芷江侗族自治县罗旧镇	8200	13612	77	3891	3		3147
芷江侗族自治县新店坪镇	21181	32580	177	5012	68	3	5258
芷江侗族自治县碧涌镇	20200	28723	32	125			1082
芷江侗族自治县公坪镇	8500	11513	85	945	35	13	1523
芷江侗族自治县岩桥镇	9013	13991	14	96	14	3	4563
芷江侗族自治县三道坑镇	18929	11340					
芷江侗族自治县土桥镇	17720	26116	3	262			1866
芷江侗族自治县楠木坪镇	9400	11288					2100
芷江侗族自治县牛牯坪乡	11374	7080					
芷江侗族自治县水宽乡	5100	9706	7	37			
芷江侗族自治县大树坳乡	10447	8765					
芷江侗族自治县梨溪口乡	8290	11392					
芷江侗族自治县洞下场乡	6233	6709	9	54	2		
芷江侗族自治县禾梨坳乡	5225	10368	11	209	2		
芷江侗族自治县冷水溪乡	7500	12400					
芷江侗族自治县晓坪乡	5600	9797					
芷江侗族自治县罗卜田乡	6344	9700					
靖州苗族侗族自治县渠阳镇	64212	116737	675	13515	183	22	69523
靖州苗族侗族自治县甘棠镇	13756	16039	16	1181	13	3	2456
靖州苗族侗族自治县大堡子镇	20610	21536					2689
靖州苗族侗族自治县坳上镇	22358	14175					1971
靖州苗族侗族自治县新厂镇	19994	22084	30	1520	6		738
靖州苗族侗族自治县平茶镇	18144	10511	8	65	7		338
靖州苗族侗族自治县太阳坪乡	9084	10155					
靖州苗族侗族自治县三锹乡	17505	5668	2	20	2		
靖州苗族侗族自治县文溪乡	11526	9216	7	3716	7		
靖州苗族侗族自治县寨牙乡	14355	6352	6	120			
靖州苗族侗族自治县藕团乡	16753	12080					
通道侗族自治县双江镇	23909	58293	304	9051	45	8	37788
通道侗族自治县县溪镇	31632	30282	43	1026	42	8	5867
通道侗族自治县播阳镇	16259	17673	12	400	12		3011
通道侗族自治县牙屯堡镇	17909	16751	8	120			1705
通道侗族自治县菁芜洲镇	13723	14905	22	155	8	3	1720
通道侗族自治县溪口镇	29316	18631	19	437	19	2	1178
通道侗族自治县陇城镇	15710	20173	17	673	16	1	1483

续表 347　　　　　　　　　　　　　　（湖南省）　　　　　　　　　　　　　　单位：公顷、人、个

名　　称	行政区域面积	常住人口	企业个数	企业从业人员	工业企业单位	#规模以上	城镇建成区常住人口
通道侗族自治县万佛山镇	41523	25877	48	2000	40	4	4073
通道侗族自治县独坡镇	15236	14786	6	195	4		248
通道侗族自治县大高坪乡	2833	3674					
通道侗族自治县坪坦乡	12956	17091	12	65	2		
怀化市洪江管理区横岩乡	3300	3734	16	441	16	2	
怀化市洪江管理区桂花园乡	6960	15760	26	884	26	9	
洪江市黔城镇	36576	93815	789	8340	56	17	20673
洪江市安江镇	20888	125123	307	5124	41	20	81230
洪江市托口镇	11733	30705	114	466	25		11170
洪江市雪峰镇	6800	15833	2	9	1		1510
洪江市江市镇	9560	15175	28	160	5		2835
洪江市沅河镇	5400	12425	4	22			1400
洪江市塘湾镇	6378	12072	28	346	7	1	911
洪江市岔头乡	11850	9203	4	26	4		
洪江市茅渡乡	5631	7456	3	27			
洪江市大崇乡	7923	8897	2	12			
洪江市熟坪乡	12700	13192	67	1137	17		
洪江市铁山乡	10700	8502	36	208	26		
洪江市群峰乡	6800	6732	9	30	5		
洪江市湾溪乡	4555	9236	20	103	12		
洪江市洗马乡	6696	15162	6	49	2	1	
洪江市沙湾乡	8700	20605					
洪江市深渡苗族乡	8714	10957	18	95	9		
洪江市龙船塘瑶族乡	10400	8665	19	120	19		
洪江市太平乡	7600	14896	20	123	5		
洪江市岩垅乡	6630	15577	1	12	1		
娄星区杉山镇	6687	36734	248	2976	76	8	4068
娄星区万宝镇	8160	42816	75	3446	41	17	989
娄星区石井镇	7027	35186	455	3679	122	21	457
娄星区双江乡	7336	17151	128	3197	23	5	
双峰县永丰镇	9160	113819	688	7195	576	13	58612
双峰县荷叶镇	14106	57454	72	521	8	2	6416
双峰县井字镇	7909	33910	27	96	3	3	3409
双峰县梓门桥镇	13002	62562	297	4998	268	12	4396
双峰县杏子铺镇	17330	71971	31	1568	26	6	8033
双峰县走马街镇	10818	72152	42	2098	18	5	8995
双峰县蛇形山镇	10971	68000	15	960	4	4	8590
双峰县洪山殿镇	6354	43879	394	3215	275	4	8162
双峰县甘棠镇	13285	72145	70	1720	55	7	9820
双峰县三塘铺镇	6792	47469	188	9088	180	18	1607
双峰县青树坪镇	9669	71957	312	6711	55	10	26034
双峰县花门镇	9886	60142	55	1296	47	1	5563
双峰县锁石镇	7824	35950	20	627	16	2	3380
双峰县石牛乡	17913	42702	30	710	30	2	
双峰县沙塘乡	6964	27892	15	564	13	2	
双峰县印塘乡	9111	47012	146	2998	135	4	
新化县上梅镇	9800	165310	430	51000	100	19	165310
新化县石冲口镇	9700	50578	90	3521	9	4	3179
新化县洋溪镇	13281	46578	61	356	8	2	8216
新化县槎溪镇	10700	23776	36	1600	12	2	11833

续表 348　　　　　　　　　　　　（湖南省）　　　　　　　　　　　　单位：公顷、人、个

名　　称	行政区域面　　积	常住人口	企业个数	企　　业从业人员	工业企业单　　位	#规模以上	城镇建成区常住人口
新化县水车镇	11561	30251	15	80	5		6820
新化县文田镇	8977	23909	11	280	4	3	3860
新化县奉家镇	24600	19711	58	185	9		2950
新化县炉观镇	11849	56251	35	3376	15	6	3479
新化县游家镇	14553	65442	8	47			3510
新化县西河镇	15393	64127	242	4200	13	3	8402
新化县孟公镇	11724	59720	1005	5085	34	1	17328
新化县琅塘镇	12775	46694	118	1680	35	10	16694
新化县白溪镇	24365	53258	21	225	5	5	9681
新化县圳上镇	26400	45358	122	7021	92	3	14521
新化县吉庆镇	18250	37330	58	568	8	4	4158
新化县温塘镇	17018	52623	105	6700	30	11	2680
新化县田坪镇	12855	31609	88	412			5251
新化县桑梓镇	15150	53172	45	6039	41	12	1693
新化县曹家镇	15676	50632	20	2200	14	4	760
新化县科头乡	6747	30832	17	330	1	1	
新化县维山乡	8525	36393	49	1352	9	1	
新化县天门乡	14109	10596					
新化县荣华乡	10195	28654	8	97	2		
新化县金凤乡	11272	11814	30	380	16	1	
新化县油溪乡	8780	32744	5	130			
新化县坐石乡	8740	29895					
冷水江市禾青镇	4444	38614	65	3200	40	14	2452
冷水江市渣渡镇	7673	27762	15	4241	5	5	4475
冷水江市铎山镇	5229	41773	80	5868	26	16	4641
冷水江市三尖镇	4340	20555	32	861	12	4	1654
冷水江市金竹山镇	2707	19655	27	2865	20	3	1382
冷水江市中连乡	5303	24732	31	2218	25	5	
涟源市六亩塘镇	6980	63653	44	2319	42	16	44886
涟源市石马山镇	11676	74497	212	7062	36	21	31314
涟源市安平镇	9080	38852	92	5845	38	9	16213
涟源市湄江镇	11860	46066	13	650	12	6	4969
涟源市伏口镇	18270	52454	72	4200	12	5	12800
涟源市桥头河镇	13262	101147	108	2618	81	11	34215
涟源市七星街镇	17400	68974	23	235	7		563
涟源市杨市镇	11950	74131	80	1200	40	8	27785
涟源市枫坪镇	4179	22930	24	1620	20	8	1045
涟源市斗笠山镇	7390	47920	972	14485	92	10	13604
涟源市水洞底镇	8200	42872	19	384	11	2	11012
涟源市白马镇	9660	35911	47	346	6	3	5627
涟源市茅塘镇	5553	23153	8	3867	3	3	6027
涟源市荷塘镇	10200	42254	19	267	15	1	7562
涟源市金石镇	11472	50674	4	106	4	1	5821
涟源市龙塘镇	10548	65452	83	738	47	3	8192
涟源市渡头塘镇	6289	29325	54	1520	27	6	7384
涟源市三甲乡	8220	38617	13	145	13	3	
涟源市古塘乡	5189	16635	4	189			
吉首市矮寨镇	14227	19895	110	605	9		2966
吉首市马颈坳镇	16580	30535	117	2000	9	1	2397
吉首市河溪镇	9750	12416	109	2160	26	6	

续表 349　　　　（湖南省）　　　　单位：公顷、人、个

名　　称	行政区域面积	常住人口	企业个数	企业从业人员	工业企业单位	#规模以上	城镇建成区常住人口
吉首市丹青镇	12504	8141	53	300			729
吉首市太平镇	12088	15355	59	312			
吉首市已略乡	7836	8024	24	100			
泸溪县达岚镇	11840	18314	9	52	4		3325
泸溪县兴隆场镇	13182	33808	35	200	31		3633
泸溪县潭溪镇	14487	17071	3	17			2338
泸溪县洗溪镇	29801	34580	42	223	36	2	2749
泸溪县武溪镇	18596	55109	357	1518	189	40	35957
泸溪县浦市镇	23614	55499	62	251	37	1	15339
泸溪县合水镇	12736	26838	12	68	10		1749
泸溪县石榴坪乡	5486	14743	3	16			
泸溪县解放岩乡	8659	14519	30	30	30		
泸溪县小章乡	6978	12186	6	33			
泸溪县白羊溪乡	9235	10325	5	25			
凤凰县廖家桥镇	11261	29876	46	1221	22	5	2399
凤凰县茶田镇	9599	12144	15	193	5	2	2430
凤凰县吉信镇	11711	16914	20	511	6	1	4134
凤凰县腊尔山镇	8301	15894	14	336	4		2970
凤凰县禾库镇	17741	26055	9	85	6		1302
凤凰县沱江镇	18264	82342	527	13805	62	10	46806
凤凰县阿拉营镇	7614	23779	52	516	18		7120
凤凰县木江坪镇	11857	16725	13	166	5		2278
凤凰县山江镇	10583	15837	16	224	3		2185
凤凰县落潮井镇	6055	15609	18	1590	13	2	1322
凤凰县新场镇	10473	19343	25	676	13	3	1120
凤凰县箪子坪镇	10225	20115	21	271	12	1	1370
凤凰县千工坪镇	11021	26635	10	165	3		1499
凤凰县水打田乡	8662	9104	6	52	4		
凤凰县林峰乡	7134	5901	7	52	3		
凤凰县麻冲乡	5205	8162	3	29	1		
凤凰县两林乡	7388	13422	9	234	1		
花垣县龙潭镇	5969	16166	22	2890	10	3	5252
花垣县民乐镇	10360	18694	60	1246	48	11	2782
花垣县吉卫镇	8454	17390	39	85	10		
花垣县麻栗场镇	5354	15932	19	125	11		
花垣县雅酉镇	5145	7991	18	86	12		2061
花垣县边城镇	7695	23562	37	852	26		4152
花垣县花垣镇	20120	124105	788	38650	297	36	55558
花垣县双龙镇	15570	24050	16	190	9		1348
花垣县石栏镇	8740	15130	27	566	25		1603
花垣县长乐乡	8166	13988	7	22			
花垣县猫儿乡	6907	14778	39	872	39	1	
花垣县补抽乡	8430	11430	14	152	10		
保靖县普戎镇	11521	12762	12	82	9		912
保靖县复兴镇	11353	21050	47	484	34	2	3101
保靖县迁陵镇	36125	96530	256	13145	119	17	65830
保靖县清水坪镇	18210	31935	35	123	27		4200
保靖县比耳镇	6507	11588	32	172	25		1045
保靖县毛沟镇	18665	32883	31	198	24		2673
保靖县水田河镇	11616	17389	22	130	15	1	11264

续表 350　　(湖南省)　　单位：公顷、人、个

名　称	行政区域面　积	常住人口	企业个数	企　业从业人员	工业企业单　位	#规模以上	城镇建成区常住人口
保靖县葫芦镇	13010	14607	54	271	38	1	14607
保靖县碗米坡镇	13396	11674	18	126	12	2	3284
保靖县吕洞山镇	12754	13128	46	276	22		2134
保靖县阳朝乡	12003	17791	14	84	11		
保靖县长潭河乡	7621	13295	13	78	10		
古丈县古阳镇	29880	54214	609	4886	92	14	21858
古丈县岩头寨镇	21713	17991	12	265	2	1	1154
古丈县默戎镇	10779	12850	32	2000			3100
古丈县红石林镇	10389	12696	47	550	7	4	2823
古丈县断龙山镇	12390	12400	11	258	3	2	953
古丈县高峰镇	32544	11442	10	56	1		10442
古丈县坪坝镇	10952	9572	3	25	2		259
永顺县首车镇	11811	10575	19	231	6		1207
永顺县芙蓉镇	22440	24418	64	879	5		11000
永顺县永茂镇	8131	7087	19	98	6	1	2578
永顺县小溪镇	46153	17793	36	350	7		1007
永顺县石堤镇	30851	38232	67	337	19	2	13000
永顺县万坪镇	14426	26099	39	451	10	1	8736
永顺县塔卧镇	13866	30479	47	242	20	3	7270
永顺县砂坝镇	13680	17813	5	102	4	1	4973
永顺县灵溪镇	62283	136977	489	33900	64	11	75259
永顺县松柏镇	16311	21436	32	397	14	2	1690
永顺县泽家镇	15413	15256	32	287	9	3	815
永顺县两岔乡	11099	8379	7	37	1		
永顺县西歧乡	9024	9010	3	19			
永顺县对山乡	8837	7373	2	12	1		
永顺县高坪乡	12522	13108	19	153	5	2	
永顺县朗溪乡	11388	4464	4	65	2		
永顺县润雅乡	9038	5728	4	23			
永顺县车坪乡	7683	10241	10	68	3		
永顺县毛坝乡	9198	10317	19	96	3		
永顺县万民乡	13930	8418	11	58	5		
永顺县盐井乡	7750	6386	3	18	2		
永顺县颗砂乡	7853	13733	13	138	1		
龙山县洗车河镇	176	11712	150	601	4	1	11712
龙山县石牌镇	11528	27116	9	62	2	1	27116
龙山县茨岩塘镇	13000	19080	18	105	8		1000
龙山县红岩溪镇	18425	18854	65	328	1		5213
龙山县靛房镇	183	22454	3	28			2145
龙山县苗儿滩镇	21900	20100	8	45			11200
龙山县里耶镇	26126	43049	158	916			10074
龙山县桂塘镇	20322	20560	41	346	2		3168
龙山县召市镇	23030	27855	138	270	1		8500
龙山县洗洛镇	13869	25766	10	70	7	3	2918
龙山县水田坝镇	19251	18548	7	40			2500
龙山县农车镇	19922	21795					
龙山县洛塔乡	17170	12531	2	18			
龙山县大安乡	17200	11785	6	32	3		
龙山县内溪乡	8390	11528	14	71	6		
龙山县咱果乡	106	12563	8	10	5		
龙山县茅坪乡	9891	12685	7	49	1		
永顺经济开发区青坪镇	14750	10640	24	360	11		1858

续表 351　　(广东省)　　单位：公顷、人、个

名　称	行政区域面　积	常住人口	企业个数	企　业从业人员	工业企业单　位	#规模以上	城镇建成区常住人口
广东省							
广东省白云区人和镇	7444	183578	1914	53936	854	124	5150
广东省白云区太和镇	15537	385472	3112	79778	1407	92	2921
广东省白云区钟落潭镇	16900	219155	2088	57934	1409	14	11000
广东省白云区江高镇	10228	196271	1653	73764	822	11	23560
黄埔区九龙镇	17942	102924	636	21870	141	39	14280
番禺区南村镇	4700	308992	10792	91283	2712	82	84413
番禺区新造镇	1400	28014	125	8762	98	16	6625
番禺区化龙镇	5373	79587	485	46888	242	50	3005
番禺区石楼镇	12600	144230	1244	55650	497	88	68867
番禺区沙湾镇	3745	113815	2541	79646	1042	55	84222
番禺区石基镇	4703	108057	1337	50182	787	106	21080
花都区梯面镇	9128	10156	61	2376	30	5	1562
花都区花山镇	11640	116895	1628	42615	634	79	11446
花都区花东镇	20844	159076	1578	42492	561	69	23683
花都区炭步镇	11330	69305	1003	29866	525	68	39656
花都区赤坭镇	16040	56143	215	4219	109	26	9094
花都区狮岭镇	13631	279551	2991	174025	1430	142	87311
南沙区万顷沙镇	14285	46355	240	9533	19	15	8000
南沙区横沥镇	5413	37104	195	3717	80	20	1329
南沙区黄阁镇	7650	54344	110	35000	61	61	6988
南沙区东涌镇	9200	187010	2514	133851	761	138	19849
南沙区大岗镇	9007	122838	825	40974	509	49	81795
南沙区榄核镇	7450	85603	628	31593	387	63	17889
从化区温泉镇	21224	56178	215	9011	74	17	5748
从化区良口镇	43915	43348	96	3933	10	1	4461
从化区吕田镇	39300	29981	146	2469	117	1	3107
从化区太平镇	21033	106272	685	28438	275	22	12984
从化区鳌头镇	41000	158940	355	21000	129	8	14369
增城区新塘镇	8632	374236	5572	286571	1508	492	95975
增城区石滩镇	17097	150826	671	40707	368	137	7976
增城区中新镇	23237	89883	185	8000	161	52	11843
增城区正果镇	23941	39921	47	1735	40	4	5130
增城区派潭镇	28900	70219	164	3617	39		7200
增城区小楼镇	13600	36853	135	3047	34	8	3605
增城区仙村镇	5665	59904	253	12268	200	51	6366
武江区西联镇	6900	34380	354	31993	46	36	8360
武江区西河镇	6300	21913	123	1431	31	3	1826
武江区龙归镇	23700	38000	86	1256	30	1	2738
武江区江湾镇	21757	7165	68	750	11		1300
武江区重阳镇	8200	11862	15	174	5		670
浈江区新韶镇	10600	18365	436	11	57		16885
浈江区乐园镇	2400	70888	676	10303	18	18	9083
浈江区十里亭镇	5490	54496	467	38446	13	13	52619
浈江区犁市镇	30500	41346	282	5922	1	1	9763
浈江区花坪镇	7650	5080	87	576			1297
曲江区马坝镇	18886	146900	763	22128	87	16	91307
曲江区大塘镇	17281	30297	53	819	38	2	2754

续表 352　　（广东省）　　单位：公顷、人、个

名　　称	行政区域面　积	常住人口	企业个数	企　业从业人员	工业企业单　位	#规模以上	城镇建成区常住人口
曲江区枫湾镇	22000	12808	40	982	15	3	1098
曲江区小坑镇	16446	5004	20	484	15		1080
曲江区沙溪镇	21000	12719	66	2816	31	2	956
曲江区乌石镇	11866	13377	76	1061	31	10	1232
曲江区樟市镇	22861	24858	33	222	18	1	1668
曲江区白土镇	13905	25066	91	6290	57	21	1672
曲江区罗坑镇	21866	8187	30	127	20	1	535
始兴县太平镇	28725	69066	361	28929	135	51	48570
始兴县马市镇	27710	31103	43	1797	28	3	2831
始兴县澄江镇	21029	8741	12	188	12		241
始兴县顿岗镇	9500	22031	21	327	15		4138
始兴县罗坝镇	31419	15511	32	619	20	1	1810
始兴县司前镇	25789	9520	17	123	12		2589
始兴县隘子镇	32183	15589	14	88	12		1845
始兴县城南镇	5286	19049	24	996	16	1	5904
始兴县沈所镇	12513	18930	7	71	4		3287
始兴县深渡水乡	19040	4660	12	351	10		
仁化县闻韶镇	9800	4548	23	125	3		970
仁化县扶溪镇	18790	9814	32	440	17		4850
仁化县长江镇	31300	22800	65	871	44	3	5060
仁化县城口镇	32200	8972	26	146	19	2	3188
仁化县红山镇	16971	8675	28	242	23	1	376
仁化县石塘镇	8000	9354	10	102	3		4459
仁化县董塘镇	23853	47812	243	6373	36	14	14611
仁化县大桥镇	16900	8696	47	678	12	3	712
仁化县周田镇	28900	25766	67	1594	36	17	3577
仁化县黄坑镇	17500	12543	27	245	16		1226
翁源县龙仙镇	43158	129017	509	3264	85	7	60750
翁源县坝仔镇	38400	48450	110	520	45	2	3300
翁源县江尾镇	33355	38518	133	667	33	1	4175
翁源县官渡镇	23695	40657	171	2378	95	28	3950
翁源县周陂镇	21378	32248	47	1500	20	2	2625
翁源县翁城镇	13720	32496	112	3276	50	22	5421
翁源县新江镇	34299	39012	116	1052	25	1	2346
乳源瑶族自治县乳城镇	20935	71920	779	19970	177	52	6242
乳源瑶族自治县一六镇	7758	14714	58	264	6	2	593
乳源瑶族自治县桂头镇	12451	27491	121	1629	50	16	6042
乳源瑶族自治县洛阳镇	36026	7124	67	384	42		365
乳源瑶族自治县大布镇	22026	7546	27	367	4		1023
乳源瑶族自治县大桥镇	31981	27310	95	649	18	2	1600
乳源瑶族自治县东坪镇	33297	8961	55	864	29		2101
乳源瑶族自治县游溪镇	13360	9550	47	212	18		445
乳源瑶族自治县必背镇	14677	7883	22	76	7		430
新丰县黄礤镇	24700	15253	50	355	16	5	1372
新丰县马头镇	52985	27781	123	1108	28	18	2540
新丰县梅坑镇	31000	18726	78	622	34	9	1203
新丰县沙田镇	24150	14266	37	304	11	1	929
新丰县遥田镇	19621	26816	35	247	10	1	3205
新丰县回龙镇	19300	17316	82	620	19	7	3632
乐昌市北乡镇	9547	14984	33	312	16		1020

续表 353　　　　(广东省)　　　　单位：公顷、人、个

名　　称	行政区域面　　积	常住人口	企业个数	企　　业从业人员	工业企业单　　位	#规模以上	城镇建成区常住人口
乐昌市九峰镇	19931	16016	75	321	25		2218
乐昌市廊田镇	16239	29549	113	2863	43	8	10863
乐昌市长来镇	11650	21543	101	2250	25	7	5540
乐昌市梅花镇	19833	50832	97	3080	19	1	16470
乐昌市三溪镇	7251	3418	12	260	4		1486
乐昌市坪石镇	27153	71299	227	3860	52	7	56236
乐昌市黄圃镇	7910	16267	22	170	6		2573
乐昌市五山镇	18600	10709	56	324	47		2209
乐昌市两江镇	13300	8720	24	251	18		1400
乐昌市沙坪镇	14600	14859	5	95	5		794
乐昌市云岩镇	6647	8612	20	214	3		723
乐昌市秀水镇	5581	14521	38	465	12	1	621
乐昌市大源镇	29492	10444	37	228			1426
乐昌市庆云镇	8854	7367	25	408	11	1	1217
乐昌市白石镇	7925	9743	32	190	4		1472
南雄市乌迳镇	15702	27360	88	2272	15	1	16333
南雄市界址镇	5639	8306	40	1339	4		1405
南雄市坪田镇	13826	15070	61	1781	7		1686
南雄市黄坑镇	5827	16308	73	1884	13	2	4016
南雄市邓坊镇	11804	10594	72	1760	14		2388
南雄市油山镇	14663	17865	94	1608	18		2198
南雄市南亩镇	11126	9340	58	1309	8		1145
南雄市水口镇	10680	17922	71	1511	10	1	1642
南雄市江头镇	13108	6965	86	1508	27	2	1533
南雄市湖口镇	7364	18662	101	2810	21	2	3106
南雄市珠玑镇	19753	22929	184	4129	41	4	3924
南雄市主田镇	16567	9436	57	1120	15	1	1826
南雄市古市镇	9863	12314	229	15631	79	38	1723
南雄市全安镇	19044	16516	117	5226	38	6	1331
南雄市百顺镇	19142	10473	73	1186	35		1972
南雄市澜河镇	13925	6719	51	1176	21		922
南雄市帽子峰镇	9721	5938	45	858	7		958
香洲区唐家湾镇	13900	132474	3046	88322	840	128	5695
香洲区南屏镇	6070	133299	93	8302	22	22	13232
香洲区横琴镇	10600	9436	3366	27288	38	1	9436
香洲区桂山镇	650	2035	269	3000			2035
香洲区万山镇	2300	1473	167	2225	1		1363
香洲区担杆镇	230000	1080	310	3720			802
斗门区莲洲镇	8660	40412	55	5136	38	4	2596
斗门区斗门镇	10500	52685	151	18302	57	25	5490
斗门区乾务镇	19062	81355	746	23199	712	63	81355
斗门区白蕉镇	17800	117272	265	11089	49	49	31711
斗门区井岸镇	9960	166250	157	68943	52	52	72730
金湾区三灶镇	24306	108916	1340	64886	526	118	34433
金湾区南水镇	15294	35492	456	29218	188	116	30413
金湾区红旗镇	12300	83290	445	31865	436	73	54453
金湾区平沙镇	15500	80393	1122	34120	206	59	47663
龙湖区外砂镇	2935	86285	1185	42693	1144	22	86285
龙湖区新溪镇	2740	70834	92	2901	68	8	70834
潮阳区海门镇	2780	125149	237	5680	224	4	120896

续表 354　　(广东省)　　单位：公顷、人、个

名　　称	行政区域面　　积	常住人口	企业个数	企　　业从业人员	工业企业单　　位	#规模以上	城镇建成区常住人口
潮阳区河溪镇	6020	63159	8	171	7		5846
潮阳区和平镇	6100	185517	615	56410	603	110	109081
潮阳区西胪镇	10982	193501	14	985	14		193501
潮阳区关埠镇	5456	127599	29	351	3		24081
潮阳区谷饶镇	7029	181468	3200	156768	1100	158	178368
潮阳区贵屿镇	5217	168872	1498	45560	1042	47	168121
潮阳区铜盂镇	4240	130085	832	12600	205	21	35046
潮阳区金灶镇	7890	122529	26	402	26	2	65414
潮南区井都镇	4599	87424	128	4236	26	3	28759
潮南区成田镇	5708	100016	225	7000	60	15	4951
潮南区司马浦镇	3064	157006	571	16697	323	52	33627
潮南区陈店镇	2677	131163	905	22608	455	72	70270
潮南区两英镇	8521	225769	536	20340	340	77	13440
潮南区仙城镇	5471	122065	236	5950	109	6	45401
潮南区胪岗镇	5024	161935	385	26600	316	45	61778
潮南区红场镇	6955	22119	13	105	7		2481
潮南区雷岭镇	6228	40293	22	501	6	2	2500
潮南区陇田镇	7141	132401	153	2506	89	15	54139
澄海区上华镇	2174	38666	68	3321	55	11	6246
澄海区隆都镇	3384	75753	88	2605	81	3	19324
澄海区莲下镇	5609	125492	1625	32620	1132	44	66749
澄海区莲上镇	2950	59303	360	18010	172	12	57894
澄海区溪南镇	4066	69940	306	4620	116	26	61077
澄海区东里镇	3492	80470	818	19145	462	24	79295
澄海区盐鸿镇	3774	49250	391	6056	89	21	49250
澄海区莲华镇	1999	29119	300	2800	290	1	19128
南澳县后宅镇	4088	36043	778	10458	31	1	32833
南澳县云澳镇	2046	16901	77	966	6	1	16901
南澳县深澳镇	4705	8777	128	1242	10	3	5534
禅城区南庄镇	7603	183687	12611	66357	2174	231	183687
南海区九江镇	9475	206337	3892	42071	1935	182	206337
南海区西樵镇	17663	292776	4648	123853	3515	231	55279
南海区丹灶镇	14348	158000	2500	85000	1500	181	57614
南海区狮山镇	33485	787036	22155	307858	7010	812	41051
南海区大沥镇	9165	577362	17338	145000	4070	216	577362
南海区里水镇	14830	334836	6000	187200	5277	416	334836
顺德区陈村镇	5070	140083	4772	73135	2339	129	140083
顺德区北滘镇	9211	279069	7409	208935	2671	194	279069
顺德区乐从镇	7785	266470	15385	165211	2429	35	114246
顺德区龙江镇	7385	229071	8105	143323	4218	162	95404
顺德区杏坛镇	12198	149220	2453	12587	1912	129	48371
顺德区均安镇	7945	164184	2885	58856	1642	128	88657
三水区大塘镇	9815	49254	473	38110	201	131	13817
三水区乐平镇	19201	138813	4085	106813	815	246	30303
三水区白坭镇	6663	66068	365	33660	320	88	44568
三水区芦苞镇	10395	41511	522	28326	152	70	9670
三水区南山镇	12421	23879	79	3800	37	21	2019
高明区杨和镇	22833	56990	1284	35749	612	95	9985
高明区明城镇	18341	41141	814	14135	282	90	13935
高明区更合镇	34701	48282	429	10210	169	49	48282

续表 355　　（广东省）　　单位：公顷、人、个

名　称	行政区域面　积	常住人口	企业个数	企　业从业人员	工业企业单　位	#规模以上	城镇建成区常住人口
蓬江区棠下镇	13102	106096	2522	60499	872	105	4893
蓬江区荷塘镇	3200	81503	1781	53599	1183	74	10376
蓬江区杜阮镇	8050	107524	2711	78360	1526	116	35252
新会区大泽镇	8176	48992	569	10152	536	41	2113
新会区司前镇	8990	75131	405	16077	362	62	8340
新会区罗坑镇	12290	23025	402	6085	197	12	2163
新会区双水镇	20744	87800	1300	11448	406	29	3683
新会区崖门镇	29841	48546	243	8852	178	29	12460
新会区沙堆镇	9788	35421	142	11755	51	19	1467
新会区古井镇	11232	35207	414	4242	202	26	4261
新会区三江镇	8237	49462	201	4873	139	26	1398
新会区睦洲镇	7980	38568	483	4057	113	26	4946
新会区大鳌镇	5251	37798	158	9851	58	8	1846
台山市大江镇	6903	45892	392	7250	373	28	10657
台山市水步镇	11461	41073	428	5200	168	27	13420
台山市四九镇	24659	31318	352	16685	176	29	12901
台山市白沙镇	16984	63675	224	6634	37	7	22689
台山市三合镇	21406	35743	133	3211	105	4	25573
台山市冲蒌镇	11471	32392	157	3600	38	8	16997
台山市斗山镇	13705	47637	180	1506	31	5	9366
台山市都斛镇	15422	40885	135	1420	25	1	8195
台山市赤溪镇	28222	32938	177	3821	63		14002
台山市端芬镇	29931	44814	160	1283	37	5	16721
台山市广海镇	13792	42846	214	1825	86	7	33847
台山市海宴镇	24591	71773	183	3220	30	4	12707
台山市汶村镇	16434	53425	132	1568	31	1	20215
台山市深井镇	31983	52779	99	891	5		8837
台山市北陡镇	17943	27696	86	1022	18		10970
台山市川岛镇	28045	31452	289	3189	3		1498
开平市沙塘镇	8504	22199	92	1539	57	13	912
开平市苍城镇	12810	31493	125	632	60	17	3635
开平市龙胜镇	16380	37740	54	4430	48	4	1037
开平市大沙镇	21560	23650	48	400	10		1485
开平市马冈镇	9330	37927	90	3480	16	1	1360
开平市塘口镇	7280	26559	298	2215	211	4	848
开平市赤坎镇	6210	28719	220	7150	51	18	2055
开平市百合镇	6630	17506	80	2000	45	5	1109
开平市蚬冈镇	6790	14483	34	627	18	3	995
开平市金鸡镇	12050	14725	20	300	8	2	1055
开平市月山镇	12120	47884	168	3755	108	16	2566
开平市赤水镇	28390	39005	63	321	9	1	596
开平市水口镇	8050	75023	1122	12166	755	84	9675
鹤山市龙口镇	15890	38853	276	9503	251	34	7686
鹤山市雅瑶镇	8259	39111	679	20801	387	44	18077
鹤山市古劳镇	6822	37363	293	25861	150	26	11975
鹤山市桃源镇	5547	29232	593	13616	218	34	20601
鹤山市鹤城镇	15900	33275	354	25063	202	50	9212
鹤山市共和镇	8993	41961	564	18000	228	49	17947
鹤山市址山镇	9822	45441	1174	18655	746	47	7203
鹤山市宅梧镇	20506	29486	205	4970	117	8	3025

续表 356 （广东省） 单位：公顷、人、个

名　　称	行政区域面　　积	常住人口	企业个数	企　　业从业人员	工业企业单　　位	#规模以上	城镇建成区常住人口
鹤山市双合镇	16988	13806	205	4660	98	8	1920
恩平市横陂镇	20173	23057	32	4327	21	7	4735
恩平市圣堂镇	5665	23551	40	968	25	4	4135
恩平市良西镇	12175	22110	60	350	6	2	2060
恩平市沙湖镇	25000	66932	32	9320	21	15	8069
恩平市牛江镇	9100	21066	726	4690	293	4	1800
恩平市君堂镇	10060	45480	43	700	25	1	9312
恩平市大田镇	20200	25647	49	730			824
恩平市那吉镇	26000	13372	20	1481	18	2	2165
恩平市大槐镇	12200	15618	384	2865	46	11	3694
恩平市东成镇	11235	26816	251	2500	90	4	1297
坡头区南三镇	123691	77271	22	112	4		4526
坡头区坡头镇	9202	70259	73	3337	30	9	6816
坡头区乾塘镇	5200	42288	11	60	2	1	36272
坡头区龙头镇	11339	62071	1353	5764	187	16	9202
坡头区官渡镇	8600	62804	82	9105	75	35	4270
麻章区麻章镇	13444	107166	1526	28594	298	58	48992
麻章区太平镇	12135	77799	85	3627	21	5	19103
麻章区湖光镇	15242	75136	134	1140	20	3	5561
麻章区东山镇	11195	64109	198	2970	7		7866
麻章区东简镇	14330	61201	20	2210	20		8850
麻章区民安镇	8000	57935	19	390			3610
麻章区硇洲镇	5600	45383	26	210	4		13547
遂溪县遂城镇	25760	184099	1078	16872	273	31	152427
遂溪县黄略镇	14900	94062	377	4863	377	12	1499
遂溪县洋青镇	21620	72084	108	931	43	13	6792
遂溪县界炮镇	13297	68219	126	638	18	1	6172
遂溪县乐民镇	9650	38461	25	165	1	1	5488
遂溪县江洪镇	5948	29661	22	442	15	1	12265
遂溪县杨柑镇	18710	84661	215	2217	19	4	15534
遂溪县城月镇	26090	106923	1550	7750	35	9	39986
遂溪县乌塘镇	7250	17187	5	253	5	3	2073
遂溪县建新镇	5750	22588	3	500	3	3	1325
遂溪县岭北镇	10906	24837	95	3650	56	14	13261
遂溪县北坡镇	15750	47607	164	3633	24	4	19448
遂溪县港门镇	10530	36309	12	168	6	2	7086
遂溪县草潭镇	12275	62125	35	3485	12	3	7627
遂溪县河头镇	14690	32943	96	3256	40	1	10615
徐闻县迈陈镇	12300	74677	40	762	20		9198
徐闻县海安镇	3680	26246	143	3178	36		6857
徐闻县曲界镇	28935	44300	37	988	37	1	5612
徐闻县前山镇	11511	42001	13	400	9	3	3139
徐闻县西连镇	8100	42130	22	171	19		3382
徐闻县下桥镇	15025	42269	21	508	9	4	5668
徐闻县龙塘镇	18300	59383	15	370	15	2	6212
徐闻县下洋镇	7500	30192	16	127	1		3292
徐闻县锦和镇	11169	37490	35	220	10	1	7549
徐闻县和安镇	5888	35463	72	416	18	1	8120
徐闻县新寮镇	8595	31107	3	169	3	1	5572
徐闻县南山镇	13537	73478	985	6442	46	2	2694

续表 357　（广东省）　单位：公顷、人、个

名　称	行政区域面　积	常住人口	企业个数	企　业从业人员	工业企业单　位	#规模以上	城镇建成区常住人口
徐闻县城北乡	12500	42018	35	407	12	3	
徐闻县角尾乡	5020	27416	6	371	6	2	
廉江市石城镇	12700	76630	69	2830	35	11	6000
廉江市新民镇	10200	46059	46	1132	38	7	2566
廉江市吉水镇	11100	79237	246	13862	235	63	16697
廉江市河唇镇	16002	107690	121	2346	63	11	15711
廉江市石角镇	16400	54894	16	195	14		4125
廉江市良垌镇	28900	128524	97	1932	67	5	7325
廉江市横山镇	18561	94235	78	2621	54	15	5325
廉江市安铺镇	8550	113100	202	9972	126	19	58690
廉江市营仔镇	20400	80327	68	2562	53	11	7800
廉江市青平镇	29000	87960	60	1100	37	6	18394
廉江市车板镇	11100	39052	29	312	25	3	3620
廉江市高桥镇	12118	48235	32	1206	13	7	1017
廉江市石岭镇	22500	119580	163	6032	121	43	28038
廉江市雅塘镇	7600	43890	44	1584	39	2	2746
廉江市石颈镇	9041	34965	33	1385	10	1	1874
廉江市长山镇	13800	53012	48	1405	44	3	2373
廉江市塘蓬镇	16200	78592	82	3205	56	4	8062
廉江市和寮镇	10655	40097	24	642	14		3122
雷州市白沙镇	11064	88648	1122	12259	76	5	5023
雷州市沈塘镇	6153	54129	22	112	9		3334
雷州市客路镇	28827	122385	133	583	51	2	42105
雷州市杨家镇	16447	89538	33	226	8	3	89538
雷州市唐家镇	19333	50574	84	3985	49	6	13298
雷州市企水镇	11935	50695	45	378	12	1	20173
雷州市纪家镇	28173	110488	50	350	40	2	7366
雷州市松竹镇	6838	71241	32	365	23	3	1923
雷州市南兴镇	13570	96703	168	10251	39	2	11208
雷州市雷高镇	16103	44500	24	1701	17	1	6571
雷州市东里镇	13891	84876	19	286	1	1	22318
雷州市调风镇	22148	62518	31	1345	20	2	10850
雷州市龙门镇	24470	87346	212	2438	58	6	38856
雷州市英利镇	25769	85592	96	4097	53	8	31549
雷州市北和镇	18365	79069	134	1385	6	1	9632
雷州市乌石镇	10896	89748	43	1091	26	2	25385
雷州市覃斗镇	10885	53542	20	672	5	2	5963
雷州市附城镇	14374	109469	50	750	26	6	3561
吴川市浅水镇	7809	31510	54	1003	53	3	7850
吴川市长岐镇	6050	82258	65	2032	33	4	3571
吴川市覃巴镇	7706	72768	210	3650	121	7	4500
吴川市王村港镇	2620	22066	8	290	6	4	5019
吴川市振文镇	5820	109488	80	590	17	8	2030
吴川市樟铺镇	5238	51959	87	808	22	2	2280
吴川市吴阳镇	8160	86791	24	125	15	4	12122
吴川市塘缀镇	11843	129895	104	680	38	13	12544
吴川市黄坡镇	15327	136773	465	4786	113	14	40000
吴川市兰石镇	3315	36922	27	289	2	1	7965
茂南区金塘镇	10444	62781	172	3575	135	12	3985
茂南区公馆镇	10366	62831	295	7121	142	18	3704

续表 358　　(广东省)　　单位：公顷、人、个

名　称	行政区域面　积	常住人口	企业个数	企　业从业人员	工业企业单　位	#规模以上	城镇建成区常住人口
茂南区新坡镇	2479	33286	403	4350	403	14	6712
茂南区镇盛镇	5959	56631	57	733	16	5	2058
茂南区鳌头镇	5475	72716	181	1235	92	2	2698
茂南区袂花镇	2559	47388	122	1135	86	2	2129
茂南区高山镇	1219	19651	1654	17978	295	5	3285
茂南区山阁镇	4474	33683	91	3670	87	14	981
电白区马踏镇	14683	78729	184	1644	20	3	4557
电白区岭门镇	8830	79571	392	2038	54	12	7306
电白区坡心镇	5255	76509	67	4633	46	5	4509
电白区七迳镇	8108	74830	411	7058	172	45	3421
电白区树仔镇	5157	63114	61	1115	38	11	7542
电白区沙院镇	4813	41703	128	1350	120	18	5103
电白区麻岗镇	8942	65230	374	1874	41	16	5089
电白区旦场镇	7836	66509	41	547	30	4	4380
电白区羊角镇	10146	128905	569	5998	80	12	8893
电白区小良镇	6193	48476	150	760	6	5	2192
电白区霞洞镇	10672	83792	103	2402	30	16	4392
电白区观珠镇	15610	82026	165	1600	28	4	8156
电白区沙琅镇	8961	73883	2280	31405	42	7	18107
电白区黄岭镇	7500	41580	99	1419	26	6	4453
电白区望夫镇	9444	30996	4	80	1	1	4520
电白区罗坑镇	13400	29586	162	820	31	1	3025
电白区那霍镇	12282	51222	255	1276	18	2	4088
电白区水东镇	2542	158203	1684	102503	231	26	142635
电白区博贺镇	4238	74037	101	2760	60	4	26702
电白区林头镇	13144	125812	317	1588	48	13	8840
电白区电城镇	11558	152480	65	2285	33	7	29395
电白区陈村镇	3670	50248	229	1147	42	9	15181
高州市谢鸡镇	10320	57367	48	981	15	3	3475
高州市新垌镇	16816	77772	123	1452	27	2	1783
高州市云潭镇	8491	43920	173	5865	48	3	3099
高州市分界镇	6660	49908	254	10245	50	7	2675
高州市根子镇	8700	56367	178	3104	21	5	6491
高州市泗水镇	7600	47923	86	946	13		2051
高州市镇江镇	10100	42619	40	1662	20	10	2160
高州市沙田镇	9800	34777	60	1406	8	3	2349
高州市南塘镇	14800	45398	38	440	24	7	2801
高州市荷花镇	10703	52240	85	2755	25	2	8105
高州市石板镇	9675	40764	82	2500	31	7	1560
高州市大井镇	12800	39142	130	1500	47	6	13474
高州市潭头镇	10300	41533	161	1470	13	3	2230
高州市大坡镇	23610	65985	103	552	70		2127
高州市平山镇	14037	39752	143	1028	73	3	1350
高州市深镇镇	12132	28198	276	1380	39	2	1089
高州市马贵镇	15723	31669	80	703	37	2	2543
高州市古丁镇	11200	33186	67	558	16	1	4460
高州市曹江镇	12500	69983	148	2773	52	7	1756
高州市荷塘镇	11600	33522	155	2229	27	6	1644
高州市石鼓镇	15524	113268	982	21230	683	26	15258
高州市东岸镇	26040	78606	112	580	7		3617

续表 359 （广东省） 单位：公顷、人、个

名称	行政区域面积	常住人口	企业个数	企业从业人员	工业企业单位	#规模以上	城镇建成区常住人口
高州市长坡镇	22438	90320	273	1775	35	4	5750
化州市长岐镇	3700	43193	48	870	12	3	1538
化州市同庆镇	6020	56842	165	4258	51	10	6950
化州市杨梅镇	9200	77123	166	7127	22	7	1786
化州市良光镇	10800	57074	34	1899	21	12	6647
化州市笪桥镇	8425	46139	22	1592	12	7	1680
化州市丽岗镇	7800	52784	68	2750	18	8	3500
化州市新安镇	15600	45420	68	2993	35	4	4512
化州市官桥镇	11420	47613	133	1303	15	7	5119
化州市林尘镇	12500	54222	50	966	12	3	3000
化州市合江镇	17625	74493	125	6501	34	9	5166
化州市那务镇	17930	84931	133	13115	121	5	4213
化州市播扬镇	12590	36649	59	1428	16	5	3956
化州市宝圩镇	5280	22794	99	4180	98	5	4518
化州市平定镇	21680	71038	509	5670	77	9	7495
化州市文楼镇	15905	63351	48	1947	43	7	1790
化州市江湖镇	5769	22382	134	4343	28	6	4135
化州市中垌镇	23561	113266	245	1503	114	7	12603
信宜市镇隆镇	8050	46125	433	6527	397	41	16097
信宜市水口镇	12380	48475	119	2548	39	5	16184
信宜市丁堡镇	8149	40501	42	1420	39	5	3948
信宜市池洞镇	14616	56117	37	3245	34	7	4942
信宜市贵子镇	15865	39255	102	3247	32	9	11212
信宜市怀乡镇	16154	52325	110	12950	105	21	4725
信宜市茶山镇	10120	20448	21	389	16	2	5310
信宜市洪冠镇	14891	37733	161	1060	69	3	5335
信宜市白石镇	17913	49539	168	2168	46	6	5410
信宜市大成镇	12828	32427	450	10628	205	13	3596
信宜市钱排镇	20491	58340	189	2300	30	2	3800
信宜市合水镇	14118	35610	265	3421	144	4	3721
信宜市新宝镇	18449	27967	78	800	24	4	5780
信宜市平塘镇	19058	34392	49	1270	48	2	4810
信宜市思贺镇	18105	28206	61	405	3		4314
信宜市金垌镇	19571	27443	30	364	10	6	2769
信宜市朱砂镇	28203	62452	900	9100	825	11	2899
信宜市北界镇	18244	57756	210	3794	88	5	1758
鼎湖区永安镇	7835	32656	117	9356	55	26	3266
鼎湖区沙浦镇	11900	15763	40	470	8	1	1210
鼎湖区凤凰镇	16192	5704	71	1987	23	2	1200
鼎湖区莲花镇	8722	32615	235	12601	73	21	8540
高要区河台镇	14805	17623	17	786	14		1659
高要区乐城镇	9456	28018	25	259	14		1654
高要区水南镇	11069	9748	9	209	7		2050
高要区禄步镇	25138	66895	479	6437	37	10	10706
高要区小湘镇	19976	33719	38	3262	38	10	5954
高要区大湾镇	10163	44543	30	482	24	10	8899
高要区新桥镇	3451	39962	56	10037	46	14	13439
高要区白诸镇	12749	45161	46	3305	45	9	1459
高要区莲塘镇	11979	56636	213	2200	84	8	18636
高要区活道镇	23106	44354	36	2681	34	3	2377

续表 360　　（广东省）　　单位：公顷、人、个

名　　称	行政区域面　积	常住人口	企业个数	企　业从业人员	工业企业单　位	#规模以上	城镇建成区常住人口
高要区蛟塘镇	12990	31838	116	4130	53	18	10979
高要区回龙镇	11383	23984	50	9371	36	12	1478
高要区白土镇	10753	75716	245	11230	159	26	40494
高要区金渡镇	13132	51364	356	8203	320	38	9304
高要区金利镇	15238	94197	224	10504	221	51	7180
高要区蚬岗镇	7207	31928	136	5206	101	12	12613
广宁县排沙镇	15315	25793	164	851	140	4	4815
广宁县潭布镇	13204	27189	15	234	8		6001
广宁县江屯镇	24755	47993	396	2263	26	3	6322
广宁县螺岗镇	9736	11120	16	60	8		766
广宁县北市镇	23024	18008	130	388	15		3852
广宁县坑口镇	18095	25315	349	2302	28	2	3296
广宁县赤坑镇	17993	17929	57	262	26		3464
广宁县南街镇	18924	90368	1431	7403	289	23	54459
广宁县宾亨镇	17228	39609	84	2347	64	18	6174
广宁县五和镇	11685	17672	285	2900	31	12	4187
广宁县横山镇	13640	35359	160	3452	32	6	7617
广宁县木格镇	12319	16553	18	604	17	5	1689
广宁县石咀镇	8370	12720	15	103	5		12720
广宁县古水镇	25987	37313	182	5325	179	8	5525
广宁县洲仔镇	15273	16659	41	423	7	1	3560
怀集县怀城镇	33624	160078	445	5200	210	31	160078
怀集县闸岗镇	8729	15975	13	98	6	1	1115
怀集县坳仔镇	22162	34785	43	734	43	7	34785
怀集县汶朗镇	8668	12119	12	241	5	3	1918
怀集县甘洒镇	12833	25611	12	230	11		2007
怀集县凤岗镇	27793	34951	31	583	27	4	2213
怀集县洽水镇	52144	27400	287	2263	146	4	1336
怀集县梁村镇	8785	65380	15	98	10	1	6002
怀集县大岗镇	11747	63960	53	807	17		4231
怀集县岗坪镇	5576	31037	24	146	14	1	1733
怀集县冷坑镇	19330	103253	108	1005	45		9816
怀集县马宁镇	5878	40509	17	972	10	1	2418
怀集县蓝钟镇	19853	17941	145	623			1642
怀集县永固镇	18832	46709	19	150	13	1	3125
怀集县诗洞镇	32925	56297					4956
怀集县桥头镇	21369	45649	79	433	11	3	4522
怀集县中洲镇	25185	39379	61	2995	50	8	5709
怀集县连麦镇	12512	31832	564	3384	26	1	1746
怀集县下帅壮族瑶族乡	7662	8277	21	246	9		
封开县江口镇	17700	49393	453	12374	67		11315
封开县江川镇	11986	12038	38	1480	38	1	1942
封开县白垢镇	14145	12080	34	712	26		1255
封开县大洲镇	16273	17384	21	514	6		1300
封开县渔涝镇	10146	19286	116	1873	61	1	7537
封开县河儿口镇	21803	23615	80	3130	79	1	2473
封开县连都镇	25567	27166	317	7016	43	1	2637
封开县杏花镇	15607	25932	92	1358	31		2800
封开县罗董镇	18000	24721	152	2247	41	1	1997
封开县长岗镇	15300	24273	180	5613	162	6	3037

续表 361　　（广东省）　　单位：公顷、人、个

名　　称	行政区域面　　积	常住人口	企业个数	企　　业从业人员	工业企业单　　位		城镇建成区常住人口
						#规模以上	
封开县平凤镇	11193	17688	51	659	39		3115
封开县南丰镇	30600	75608	235	7043	229	1	21295
封开县大玉口镇	13090	12759	13	769	13		3070
封开县都平镇	13087	8664	20	715	20		1610
封开县金装镇	12711	41941	24	1187	24		3840
封开县长安镇	14211	38264	114	1533	47		8726
德庆县新圩镇	11518	21043	81	2232	23	2	3215
德庆县回龙镇	15812	20087	25	2212	18	1	2568
德庆县官圩镇	23256	32277	60	3923	60	12	4725
德庆县马圩镇	11065	20113	15	627	15		5783
德庆县高良镇	29470	29829	265	1385	19		5407
德庆县莫村镇	26950	29487	116	800	70		3676
德庆县永丰镇	13241	20861	35	882	17	2	3738
德庆县武垄镇	8747	16843	25	1216	25	2	1732
德庆县播植镇	8001	17519	15	163	15		4303
德庆县凤村镇	13677	28711	23	184	23	1	5358
德庆县悦城镇	20623	32907	73	3818	61	13	9447
德庆县九市镇	15461	27920	24	1184	24	3	4095
四会市龙甫镇	7986	17860	100	9900	70	44	461
四会市地豆镇	9090	27671	45	3683	38	5	1421
四会市威整镇	6402	16984	38	666	13	2	11203
四会市罗源镇	2622	7713	12	986	2	1	423
四会市迳口镇	9752	17820	30	2556	27	5	955
四会市大沙镇	8635	45684	653	26584	135	16	3617
四会市石狗镇	14247	25229	17	230	1	1	3520
四会市黄田镇	8745	13358	80	380	18	2	917
四会市江谷镇	13276	29229	71	1167	14	4	2044
四会市下茆镇	10695	31230	58	3450	48	13	2100
惠城区汝湖镇	15300	54647	303	13171	134	14	4486
惠城区三栋镇	6797	72168	256	25616	132	16	8336
惠城区潼湖镇	11250	42937	12	634	10	10	4581
惠城区沥林镇	4900	53385	37	11180	32	32	22173
惠城区马安镇	7600	42079	281	9121	180	16	14786
惠城区横沥镇	34283	64393	88	1608	31	2	9235
惠城区芦洲镇	20487	22358	26	213	5		1942
惠城区潼侨镇	3098	30272	37	7786	26	26	7650
惠阳区沙田镇	7384	30565	32	7384	28	28	12682
惠阳区新圩镇	15352	91079	124	35812	104	104	31748
惠阳区镇隆镇	14946	54175	272	20700	67	64	21767
惠阳区永湖镇	11466	29825	22	6246	19	19	5723
惠阳区良井镇	7202	25837	12	1513	8	8	4449
惠阳区平潭镇	9680	34700	346	4230	18	18	34700
博罗县石坝镇	18091	44833	9	223	2	1	10012
博罗县麻陂镇	8896	24664	31	2085	19	6	5475
博罗县观音阁镇	14300	18012	135	695	11	2	3572
博罗县公庄镇	30976	50598	353	1987	90	12	19872
博罗县杨村镇	12494	45713	104	5446	91	7	8046
博罗县柏塘镇	25587	52217	77	5125	67	14	9875
博罗县泰美镇	17944	34918	106	8589	88	20	11730
博罗县罗阳镇	25162	208000	2412	61824	415	71	168928

续表 362　　（广东省）　　单位：公顷、人、个

名　称	行政区域面积	常住人口	企业个数	企业从业人员	工业企业单位	#规模以上	城镇建成区常住人口
博罗县湖镇镇	23724	58425	238	23118	105	30	20100
博罗县长宁镇	6140	41261	253	3036	108	13	8546
博罗县福田镇	9327	38345	815	8651	339	23	6361
博罗县龙华镇	5818	26810	162	12311	85	12	3055
博罗县龙溪镇	11900	93252	1508	45415	338	57	36090
博罗县园洲镇	11294	153351	993	12519	741	66	77928
博罗县石湾镇	8296	121316	1862	48526	1623	102	23964
博罗县杨侨镇	8961	32660	70	2000	40	4	5998
博罗县横河镇	23460	17857	12	1180	4	3	2592
惠东县大岭镇	16023	101847	1698	18506	1398	58	65099
惠东县白花镇	20389	77077	689	18992	461	56	45865
惠东县梁化镇	26310	53141	224	4519	47	7	10840
惠东县稔山镇	19155	64963	750	8100	230	10	7058
惠东县铁涌镇	11666	40661	365	4325	110	11	10321
惠东县平海镇	23858	71950	762	5433	161	2	22710
惠东县吉隆镇	12802	88942	399	8170	180	50	59855
惠东县黄埠镇	8424	75339	732	32132	256	62	58479
惠东县多祝镇	57529	67303	492	14164	122	6	6632
惠东县安墩镇	47910	36818	351	2410	31		2325
惠东县高潭镇	19621	7189	121	1943	19		851
惠东县宝口镇	32925	6270	41	217	31		813
惠东县白盆珠镇	39772	14809	5	381			1074
龙门县麻榨镇	24015	23477	121	700	47	16	6762
龙门县永汉镇	39269	48362	101	8813	67	12	17295
龙门县平陵镇	13709	37341	292	5693	59	11	9011
龙门县龙田镇	17423	24410	144	869	19	8	5298
龙门县龙潭镇	25740	24498	133	691	50	8	3896
龙门县地派镇	21739	16319	50	695	20	14	5193
龙门县龙华镇	37454	33224	362	3155	35	9	3025
龙门县龙江镇	17189	22677	170	1269	35	10	1628
龙门县蓝田瑶族乡	13079	7220	37	260	36	5	
梅江区三角镇	3801	89642	759	18652	150	16	16517
梅江区长沙镇	9476	11367	26	210	16	1	2088
梅江区城北镇	11778	44224	468	23400	110	3	
梅江区西阳镇	27264	25164	109	3936	75	15	4399
梅县区城东镇	7928	17947	499	2852	38	5	2947
梅县区石扇镇	9104	17784	75	825	18	3	1311
梅县区梅西镇	9250	18271	22	510	8	2	945
梅县区大坪镇	7824	10310	26	245	5		1615
梅县区石坑镇	8808	15787	2	200	1		1000
梅县区水车镇	12188	14200	28	480	8	1	1115
梅县区梅南镇	14560	11140	93	604	22	3	1033
梅县区丙村镇	17070	35988	167	1793	40	5	10610
梅县区白渡镇	18761	18800	90	1522	45	3	1300
梅县区松源镇	14950	25564	162	832	5		4096
梅县区隆文镇	11430	16554	34	273	13		1481
梅县区桃尧镇	11800	10220	16	148	15		2576
梅县区畲江镇	17555	34025	258	6350	65	7	21724
梅县区雁洋镇	18300	21000	265	8465	79	9	6142
梅县区松口镇	32860	56898	30	450	4	1	4761

续表 363　　（广东省）　　单位：公顷、人、个

名　　称	行政区域面　　积	常住人口	企业个数	企　　业从业人员	工业企业单　　位	#规模以上	城镇建成区常住人口
梅县区南口镇	26212	69980	153	1890	76	3	2800
梅县区程江镇	5800	101227	2568	77580	120	12	83652
梅县区扶大镇	1855	10844	76	5549	69	6	
大埔县湖寮镇	19860	98543	1065	3128	10	5	73148
大埔县青溪镇	16060	13745	10	189	8	1	435
大埔县三河镇	15023	17960	63	1236	36	4	1508
大埔县银江镇	20982	12922	28	168			850
大埔县洲瑞镇	8930	11415	43	216	22	1	2789
大埔县光德镇	13107	19158	50	3700	41	11	4836
大埔县桃源镇	7702	15957	21	1501	8	8	2494
大埔县百侯镇	11024	17617	30	111	11		3483
大埔县大东镇	9168	6917	14	112			70
大埔县大麻镇	23264	25908	23	116	16		3824
大埔县枫朗镇	17523	30414	40	639	25	2	1764
大埔县茶阳镇	28881	34739	238	1820	40	4	8090
大埔县高陂镇	30891	50172	142	4142	97	14	12000
大埔县西河镇	19975	21660	89	1037	33		3168
丰顺县北斗镇	9029	8755	6	56	1		1453
丰顺县汤西镇	19626	36138	119	2380	118	8	4016
丰顺县汤南镇	4501	34531	612	2628	155	2	2150
丰顺县埔寨镇	9770	23867	48	1182	30	5	9738
丰顺县建桥镇	9410	20466	3	16			7000
丰顺县龙岗镇	11299	11620	141	585	53	1	1435
丰顺县潘田镇	14604	22115	98	495	20		2998
丰顺县黄金镇	15590	24680	357	1521	8		5780
丰顺县小胜镇	7569	8622	1	5	1	1	5098
丰顺县砂田镇	14625	14180	35	283	28		1521
丰顺县八乡山镇	19362	12662	11	85	1	1	1895
丰顺县丰良镇	24960	42014	23	380	3	1	20125
丰顺县潭江镇	22179	18390	139	1685	35	3	6343
丰顺县汤坑镇	22072	143471	4551	48630	1017	37	60302
丰顺县留隍镇	42823	58789	220	1171	90	4	21281
丰顺县大龙华镇	22668	13354	105	532	105		3627
五华县转水镇	17567	51003	80	889	10	1	51003
五华县潭下镇	23006	30976	79	503	11		30976
五华县郭田镇	13660	30493	45	502	1		30493
五华县双华镇	14445	31120	51	670	1		31120
五华县梅林镇	13585	44022	96	2020	9		44022
五华县华阳镇	14890	44971	66	2310	2		44971
五华县华城镇	22416	114673	298	3085	42	2	114673
五华县周江镇	20129	51458	54	1052	5		51458
五华县水寨镇	8342	143278	1713	37973	188	23	97329
五华县河东镇	23894	102975	294	3081	50		102925
五华县岐岭镇	15486	56261	75	1525	11	2	56261
五华县长布镇	30401	48264	61	538	9		3952
五华县横陂镇	24069	83651	159	4770	11		83651
五华县安流镇	24706	122772	213	2903	26	2	6218
五华县棉洋镇	24291	101253	117	2569	9		101253
五华县龙村镇	32895	105321	119	806	9		105321
平远县石正镇	9800	30070	295	1804	295		4132

续表 364　　（广东省）　　单位：公顷、人、个

名　　称	行政区域面　积	常住人口	企业个数	企　业从业人员	工业企业单　位	#规模以上	城镇建成区常住人口
平远县八尺镇	10850	11088	61	1413	25	2	1045
平远县差干镇	9500	6807	105	2230	41	2	6807
平远县河头镇	8320	6862	44	429	10		6862
平远县中行镇	6403	8304	58	1388	25	1	
平远县上举镇	9860	3445	44	359	18		3445
平远县泗水镇	13380	4503	54	416	29	1	2238
平远县长田镇	6822	8068	52	1755	21	3	1935
平远县热柘镇	10484	7974	57	756	23	1	7974
平远县东石镇	10927	30293	91	4821	64	6	2980
平远县仁居镇	19020	16022	96	2194	46	1	5044
平远县大柘镇	15480	125600	987	23689	293	31	125600
蕉岭县三圳镇	7999	14324	46	276	6		2723
蕉岭县文福镇	12270	13909	54	462	41	5	
蕉岭县广福镇	10713	13059	77	850	8		1750
蕉岭县新铺镇	18499	30345	110	1925	34	6	
蕉岭县蓝坊镇	96000	11327	333	1832	333		
蕉岭县南礤镇	17390	8875	69	700	24		2291
蕉岭县蕉城镇	5733	79539	254	1634	27		51012
蕉岭县长潭镇	9159	17900	52	901	25		3224
兴宁市永和镇	10906	32158	34	3880	18	1	5680
兴宁市新圩镇	10192	30415	52	3820	32	3	2075
兴宁市罗浮镇	27444	40908	52	592	48		11048
兴宁市罗岗镇	15106	40553	22	200	18		2500
兴宁市黄槐镇	9510	24094	29	2067	10	1	1761
兴宁市龙田镇	46400	26766	33	2265	33	2	3774
兴宁市石马镇	10800	28406	21	145	12		2344
兴宁市宁中镇	4364	28316	37	680	14	1	1500
兴宁市径南镇	14414	23604	20	256	10		1250
兴宁市坭陂镇	8960	67142	93	10900	50	1	12682
兴宁市水口镇	22340	77760	41	343	23	3	77760
兴宁市黄陂镇	12659	50312	99	796	18	1	19439
兴宁市合水镇	10062	22469	30	1750	25	4	1352
兴宁市大坪镇	18790	44705	20	1600	13		30714
兴宁市叶塘镇	13189	74995	157	3122	30	11	12407
兴宁市新陂镇	4308	29648	42	765	23	2	1978
兴宁市刁坊镇	6790	24552	14	1820	14		1543
汕尾市城区红草镇	6980	30432	146	5600	96	12	7098
汕尾市城区东涌镇	11774	47601	54	8310	6	6	25304
汕尾市城区捷胜镇	700	32400	180	901	4	4	16130
海丰县梅陇镇	15225	134932	853	15856	436	8	134932
海丰县小漠镇	3722	8519	15	552	2	1	3219
海丰县鲘门镇	3450	19725	15	500	7	1	7200
海丰县联安镇	5208	11853	113	1425	1		
海丰县陶河镇	6411	10610	4	1011	1	1	1664
海丰县赤坑镇	10313	37836	133	2494	107	2	13979
海丰县大湖镇	3185	3050	35	501	19		1721
海丰县可塘镇	7723	63354	2963	29380	915	6	63354
海丰县黄羌镇	18883	24516	141	1016	6		4775
海丰县平东镇	13322	16550	108	850	23		6654
海丰县海城镇	23160	154254	4391	26455	102	1	154254

续表 365　　　　（广东省）　　　　单位：公顷、人、个

名　　称	行政区域面积	常住人口	企业个数	企业从业人员	工业企业单位	#规模以上	城镇建成区常住人口
海丰县鹅埠镇	9018	14410					1
海丰县赤石镇	30682	22563	76	1697	67	1	4500
海丰县公平镇	14040	66093	369	35755	108	24	58405
海丰县附城镇	6971	90653	540	2610	285	8	90653
海丰县城东镇	7560	125428	677	13854	425	10	125428
陆河县河田镇	8354	127242	568	30838	204		46345
陆河县水唇镇	122	35640	42	1230	32	3	2963
陆河县河口镇	15999	45552	60	3000	8	4	43052
陆河县新田镇	17452	33954	90	600	30	1	7500
陆河县上护镇	12107	23566	40	560	17	3	3995
陆河县螺溪镇	15898	32529	16	421	12		4500
陆河县东坑镇	7800	13916	6	80			1655
陆河县南万镇	11302	3710	19	96	16		
陆丰市甲子镇	1470	111859	4186	27906	185	24	13859
陆丰市碣石镇	12000	216174	632	5200	576	19	132816
陆丰市湖东镇	5959	73261	10	38	3	3	30004
陆丰市大安镇	9350	47865	40	750	6		10203
陆丰市博美镇	5859	51677	19	154	1		20953
陆丰市内湖镇	4200	30493					26509
陆丰市南塘镇	14151	110120	158	2120	29	1	54230
陆丰市陂洋镇	15900	39567	8	45	1	1	13945
陆丰市八万镇	12385	22315	25	605	25		
陆丰市金厢镇	5775	46475	3	49	2	1	5489
陆丰市潭西镇	7348	40830	25	450	8		6000
陆丰市甲东镇	7500	90366	30	766	10	4	5687
陆丰市河东镇	5925	32415	51	8120	44	2	9271
陆丰市上英镇	5060	24428	16	108	12		
陆丰市桥冲镇	6600	46791	6	36			19925
陆丰市甲西镇	9620	99569	11	66			9030
陆丰市西南镇	8086	24465	2	21			24465
源城区源南镇	11860	49307	27	1545	14	14	4302
源城区埔前镇	16200	90365	48	30320	43	14	90365
紫金县紫城镇	38480	175122	417	7276	57	14	100451
紫金县龙窝镇	42200	76604	106	2638	28	1	2168
紫金县九和镇	25497	25653	22	206	1	1	1352
紫金县上义镇	17820	21196	46	805	22		2920
紫金县蓝塘镇	30190	78521	203	877	18	2	7653
紫金县凤安镇	13000	24172	79	390	2		1780
紫金县义容镇	35620	50768	115	1391	31	5	5346
紫金县古竹镇	27810	54263	83	7866	38	5	25160
紫金县临江镇	13500	41184	95	6788	95	21	2836
紫金县柏埔镇	13498	30083	19	238	6	3	2776
紫金县黄塘镇	22631	32309	14	84	14		350
紫金县敬梓镇	11000	34109					650
紫金县水墩镇	11483	17891	12	248			835
紫金县南岭镇	10020	15944					480
紫金县苏区镇	13110	16772	17	204	4		1500
紫金县瓦溪镇	22056	27289	31	138	18		2511
紫金县好义镇	8673	11823	68	1456	3	1	1189
紫金县中坝镇	17633	41736	66	429	5		2398

续表 366　　　　（广东省）　　　　单位：公顷、人、个

名　称	行政区域面积	常住人口	企业个数	企业从业人员	工业企业单位	#规模以上	城镇建成区常住人口
龙川县老隆镇	10603	228469	952	6676	59	13	124798
龙川县义都镇	10105	18742	9	211	8		1873
龙川县佗城镇	16513	37938	60	8000	28	2	37938
龙川县鹤市镇	5200	18234	43	500	13		4635
龙川县黄布镇	5614	10417	14	940	8		1050
龙川县紫市镇	10700	12250	16	200			
龙川县通衢镇	10512	18589	11	250	6	2	18589
龙川县登云镇	7038	16186	10	5629	3		1120
龙川县丰稔镇	13512	26784	56	850			
龙川县四都镇	8057	10377	1	7	1		
龙川县铁场镇	19667	39906	3	60	3	2	
龙川县龙母镇	15100	26287	17	1519	9		2107
龙川县田心镇	8820	27981					2358
龙川县黎咀镇	13180	11053	2	180	2	2	11053
龙川县黄石镇	10954	7158	6	118	3	1	319
龙川县赤光镇	14173	42120	19	350	12	2	6770
龙川县回龙镇	8350	22082					2360
龙川县新田镇	7130	15828					653
龙川县车田镇	31200	50901	70	832	12		4600
龙川县岩镇镇	12172	13471					408
龙川县麻布岗镇	18147	44153	50	280	8		
龙川县贝岭镇	10499	13762	4	21			753
龙川县细坳镇	15245	14119	15	351	15		930
龙川县上坪镇	20915	24622	11	155	10		1615
连平县元善镇	28532	105550	75	2035	25	9	
连平县上坪镇	30093	33178	156	2968	16	1	3152
连平县内莞镇	23081	14639	10	1270	5		1954
连平县陂头镇	36432	24205	38	335	23		2619
连平县溪山镇	11099	11870	21	130	5		249
连平县隆街镇	24064	44816	96	864	13	5	3450
连平县田源镇	12978	10457	18	95	5		852
连平县油溪镇	28356	25279	20	210	7	2	8230
连平县忠信镇	8768	65904	368	5123	30	14	33188
连平县高莞镇	6767	21499	2	22			836
连平县大湖镇	6423	18489	6	902	5	2	3672
连平县三角镇	4708	15705	17	457	17	17	386
连平县绣缎镇	6206	16759	10	218	4	3	2688
和平县阳明镇	18838	90732	1283	20613	792	53	59363
和平县大坝镇	17537	28616	133	680	131	11	1616
和平县长塘镇	16918	13900	19	84	10		1752
和平县下车镇	13499	13510	108	544	27		1357
和平县上陵镇	14465	17591	20	263	7	1	1256
和平县优胜镇	11731	10345	4	22	2		1223
和平县贝墩镇	13235	18152	33	162	15	1	1031
和平县古寨镇	6428	12804	7	126	2	1	1053
和平县彭寨镇	20744	42511	53	1480	27	3	7925
和平县合水镇	12430	22489	239	1770	11	1	651
和平县公白镇	6330	9595	31	156	7		569
和平县青州镇	10109	12590	77	380	49		850
和平县浰源镇	13211	17982	19	230	10	1	1761

续表 367　　（广东省）　　单位：公顷、人、个

名　　称	行政区域面积	常住人口	企业个数	企业从业人员	工业企业单位	#规模以上	城镇建成区常住人口
和平县热水镇	14713	14518	28	296	9		1721
和平县东水镇	15621	22332	35	1326	14	2	2248
和平县礼士镇	7015	13926	60	725	44		3214
和平县林寨镇	9285	18031	25	468	19		1797
东源县仙塘镇	16266	61727	149	18954	53	27	
东源县灯塔镇	21049	27992	187	16521	46	6	6986
东源县骆湖镇	9688	16623	79	3000	23	5	
东源县船塘镇	20850	69584	112	670	46	1	1654
东源县顺天镇	11603	16329	47	288	23		16329
东源县上莞镇	9748	21968	61	700	39	2	1100
东源县曾田镇	16004	8268					
东源县柳城镇	11572	12775	62	875	51	13	
东源县义合镇	17679	10460	68	850	16	2	4150
东源县蓝口镇	19697	23500	46	890	38	38	23500
东源县黄田镇	24525	16655	112	1500	20	1	
东源县叶潭镇	16483	20879	15	95	7		
东源县黄村镇	22000	41529	21	108	16		
东源县康禾镇	23092	12273	17	218	17		
东源县锡场镇	42000	5400	15	78	6		
东源县新港镇	16375	20560	87	563	2		5663
东源县双江镇	14550	8172	13	102			880
东源县涧头镇	17320	15892	20	558	1	1	
东源县新回龙镇	38986	3591	19	120	9		893
东源县半江镇	25322	3000	13	75	6		570
东源县漳溪乡	6824	13040	9	225	5	2	
江城区埠场镇	6300	38713	156	3672	137	4	4473
江城区平冈镇	21360	90187	116	37112	79	36	90187
江城区闸坡镇	13259	79362	580	8269	34	8	79362
江城区双捷镇	6885	28042	39	768	28	3	2289
阳东区东城镇	4066	71137	1864	34327	1513	81	44003
阳东区北惯镇	11322	42239	623	9190	615	64	17259
阳东区那龙镇	15562	29243	68	1086	49	5	5052
阳东区东平镇	12895	45537	1418	16133	61	4	32281
阳东区雅韶镇	6843	26479	136	2621	124	9	2687
阳东区大沟镇	10484	35433	65	326	31		3320
阳东区新洲镇	23752	44014	160	992	57		12623
阳东区合山镇	9006	47537	220	7250	215	15	36073
阳东区塘坪镇	15499	40410	91	2135	27		3932
阳东区大八镇	30375	32674	59	2361	56		12752
阳东区红丰镇	9454	42645	156	1672	138	7	14996
阳西县织篢镇	33325	126414	232	10050	210	44	126414
阳西县程村镇	19676	56552	19	3050	18	2	
阳西县塘口镇	19396	37768	44	250	27		8464
阳西县上洋镇	17158	64583	2	25			4770
阳西县溪头镇	21047	76526	147	965	48	5	16288
阳西县沙扒镇	2861	32651	133	1265	19	3	17583
阳西县儒洞镇	12875	45375	36	3518	34	6	23958
阳西县新圩镇	17180	29914	76	3689	22	2	4606
阳春市河朗镇	19810	31218	26	1054	5	2	12056
阳春市松柏镇	17600	41469	98	634	33	2	13870

续表 368　　(广东省)　　单位：公顷、人、个

名　称	行政区域面积	常住人口	企业个数	企业从业人员	工业企业单位	#规模以上	城镇建成区常住人口
阳春市石望镇	10950	26438	16	931	6	1	1155
阳春市春湾镇	34240	69623	287	2108	63	4	29872
阳春市合水镇	23790	47800	128	3809	46	5	19055
阳春市陂面镇	12300	48300	42	2225	41	4	4710
阳春市圭岗镇	37580	30814	59	1800	54	2	4343
阳春市永宁镇	36480	27948	66	453	65	1	2897
阳春市马水镇	14990	35451	68	2255	68	13	4606
阳春市岗美镇	19420	47966	54	1662	32	8	3095
阳春市河口镇	21000	27379	36	687	33	3	2741
阳春市潭水镇	23000	58702	109	5546	37	14	36148
阳春市三甲镇	30920	44372	127	2680	60	2	12900
阳春市双窖镇	27300	39621	63	896	27		3128
阳春市八甲镇	41930	51495	65	2218	44	2	8255
清城区源潭镇	23110	98090	163	27169	29	29	37390
清城区龙塘镇	13906	119421	538	46020	99	99	12731
清城区石角镇	17797	97054	261	26399	54	54	17736
清城区飞来峡镇	35902	58680	98	2883	6	4	12715
清新区太和镇	8600	237679	1596	73606	159	43	203899
清新区太平镇	24279	74827	151	18326	133	37	11156
清新区山塘镇	8693	51155	263	5890	152	11	4841
清新区三坑镇	11216	43131	52	2089	19	5	4169
清新区龙颈镇	58370	82320	350	9695	115	8	2695
清新区禾云镇	43362	83452	130	20876	15	13	8567
清新区浸潭镇	46400	79478	306	2112	62	3	14032
清新区石潭镇	29930	73138	54	2996	30	3	10262
佛冈县石角镇	37439	111398	342	38621	37	37	44096
佛冈县水头镇	14621	21411	13	179	5	1	1100
佛冈县汤塘镇	22937	67250	85	13000	43	23	1609
佛冈县龙山镇	16047	47488	191	6275	69	19	1910
佛冈县高岗镇	20074	23348	8	1720	7	5	780
佛冈县迳头镇	18504	30436	11	3200	11	11	903
阳山县青莲镇	21298	25681	84	1652	1	1	7395
阳山县江英镇	30305	23231	60	1774	1	1	3055
阳山县杜步镇	15773	16807	76	777	3	3	3520
阳山县七拱镇	31323	41360	158	1824	5	5	10564
阳山县太平镇	25997	33213	92	618	1	1	4418
阳山县杨梅镇	17689	4399	32	452			1333
阳山县大莨镇	9601	10120	57	872	1	1	1302
阳山县小江镇	22692	21333	108	1848	2	2	2864
阳山县岭背镇	22976	20634	59	479			3004
阳山县黄坌镇	15662	8716	60	512			2048
阳山县黎埠镇	26917	38389	203	1544	2	2	9451
阳山县阳城镇	29974	115998	957	10313	7	7	80963
阳山县秤架瑶族乡	56673	12067	96	1013	1	1	
连山壮族瑶族自治县永和镇	19726	23510	37	192			2804
连山壮族瑶族自治县吉田镇	17340	25819	343	4606	3	3	12979
连山壮族瑶族自治县太保镇	14787	12088	55	297			2983
连山壮族瑶族自治县禾洞镇	12767	7130	32	161			750
连山壮族瑶族自治县福堂镇	18937	16577	46	338			2541
连山壮族瑶族自治县小三江镇	28074	13850	259	1296	1	1	4332

续表 369　　（广东省）　　单位：公顷、人、个

名　　称	行政区域面积	常住人口	企业个数	企业从业人员	工业企业单位	#规模以上	城镇建成区常住人口
连山壮族瑶族自治县上帅镇	10214	4033					510
连南瑶族自治县三江镇	21887	43586	597	11809	6	6	17590
连南瑶族自治县大麦山镇	14348	20546	140	840	39		3714
连南瑶族自治县寨岗镇	33041	51848	540	5506	102	4	15421
连南瑶族自治县三排镇	14957	26015	10	116	5		3178
连南瑶族自治县涡水镇	13198	8071					1584
连南瑶族自治县大坪镇	9894	13060	11	53	11		1476
连南瑶族自治县香坪镇	16766	11635					2473
英德市沙口镇	32227	41802	21	573	5	5	9360
英德市望埠镇	20730	50066	237	3656	9	9	10626
英德市横石水镇	11847	33499	72	462			2034
英德市桥头镇	14555	36348	17	1344	3	3	2699
英德市青塘镇	12151	29342	66	740	1	1	4138
英德市白沙镇	16280	32854	122	974	2	2	2414
英德市大站镇	24597	36169	116	1321	4	4	9662
英德市西牛镇	24522	39898	3	430	3	3	9913
英德市九龙镇	23561	40406	92	1256	3	3	7664
英德市含光镇	23594	57958	141	1444	1	1	28720
英德市大湾镇	38195	74787	1	25	1	1	16091
英德市石灰铺镇	22695	37702	126	2174	1	1	8917
英德市石牯塘镇	33255	30587	46	306	1	1	2749
英德市下太镇	17409	11305	36	236	1	1	2970
英德市波罗镇	17295	8730	23	125			549
英德市横石塘镇	20183	23519	63	528	2		3181
英德市大洞镇	18479	13123					1120
英德市连江口镇	38040	36428	30	450	1	1	13620
英德市黎溪镇	28499	35673	97	9631	2	2	16703
英德市水边镇	10514	9940	9	48	7		5726
英德市英红镇	21875	31017	370	3229	14	14	4999
英德市东华镇	55869	103607	414	41692	33	33	2620
英德市黄花镇	20547	36407	53	406			7400
连州市连州镇	17565	144256	933	9742	83	6	110874
连州市星子镇	48720	47032	43	426	7	1	20585
连州市大路边镇	22335	42506	34	354	32	1	6672
连州市龙坪镇	30327	31105	194	650	35	4	4863
连州市西岸镇	21104	37343	124	1822	22		4300
连州市保安镇	18110	35128	42	425	20	5	6716
连州市丰阳镇	17043	19800	75	426	27		6900
连州市东陂镇	10855	24863	36	432	25	1	5210
连州市九陂镇	16267	25559	77	390	13	4	2030
连州市西江镇	18533	13001	103	2073	43	5	2058
连州市瑶安瑶族乡	22040	11780	26	156	25	1	
连州市三水瑶族乡	13721	3462	17	110			
东莞市石碣镇	3621	240100	2937	145120	2348	153	240100
东莞市石龙镇	1383	142000	2905	71992	881	53	142000
东莞市茶山镇	4540	158200	2716	33222	1946	168	158200
东莞市石排镇	4870	137033	5047	75878	2828	116	137033
东莞市企石镇	5821	88560	3395	75871	1880	126	88560
东莞市横沥镇	4467	203900	6379	163521	3565	152	203900
东莞市桥头镇	5600	164800	4750	89648	2608	158	164800

续表 370　　(广东省)　　单位：公顷、人、个

名　　称	行政区域面积	常住人口	企业个数	企业从业人员	工业企业单位	#规模以上	城镇建成区常住人口
东莞市谢岗镇	10300	97600	1891	51923	1237	111	97600
东莞市东坑镇	2380	133800	3873	84717	1985	122	133800
东莞市常平镇	10876	385700	15556	210487	2774	257	385700
东莞市寮步镇	7138	408800	15000	279339	9165	286	408800
东莞市樟木头镇	11878	131800	7901	67063	2847	90	131800
东莞市大朗镇	9750	312700	12751	186644	6533	356	312700
东莞市黄江镇	9286	153400	3351	111609	2502	142	153400
东莞市清溪镇	14000	309100	8682	220232	2727	319	309100
东莞市塘厦镇	12820	488200	7453	196717	4533	353	488200
东莞市凤岗镇	8243	317656	10025	189221	5572	257	317656
东莞市大岭山镇	9553	282834	11422	172700	2375	222	282834
东莞市长安镇	9800	447717	37619	514167	2674	293	447717
东莞市虎门镇	17850	635800	25673	333479	10313	366	635800
东莞市厚街镇	12570	435200	15267	126749	5171	335	435200
东莞市沙田镇	11154	178700	4204	79851	1711	110	178700
东莞市道滘镇	5425	141400	3525	48280	1150	125	141400
东莞市洪梅镇	3320	58100	946	28533	176	50	58100
东莞市麻涌镇	9111	119200	2043	50227	742	93	119200
东莞市望牛墩镇	3157	85400	1338	45077	665	88	75260
东莞市中堂镇	6000	139400	4431	43870	2752	114	139400
东莞市高埗镇	3460	214500	3503	113282	1279	139	214500
中山市小榄镇	7540	326138	14316	247316	8512	353	326138
中山市黄圃镇	8835	148705	4796	101152	2013	186	116367
中山市民众镇	11887	111535	1837	33112	628	95	32245
中山市东凤镇	5624	128244	14276	87043	6012	200	128244
中山市东升镇	7582	124839	7549	88602	4575	193	54789
中山市古镇镇	5222	152533	7608	28323	5477	88	152533
中山市沙溪镇	5500	124603	4988	121038	2156	99	124603
中山市坦洲镇	13000	224708	6599	111165	1448	173	128231
中山市港口镇	7127	119908	3764	81153	1370	103	119908
中山市三角镇	7013	122760	1486	69550	648	120	6868
中山市横栏镇	7570	101559	6959	71036	5141	112	101559
中山市南头镇	2800	133609	4453	57613	1659	200	133609
中山市阜沙镇	3710	59180	953	32827	503	96	30109
中山市南朗镇	21886	109442	2203	56775	719	151	109442
中山市三乡镇	9361	167638	6558	112502	2888	135	167638
中山市板芙镇	7971	84574	1275	51019	586	96	84574
中山市大涌镇	4061	74677	1554	38512	768	69	74677
中山市神湾镇	6093	31919	447	14765	360	52	7737
湘桥区意溪镇	7200	44879	160	3627	102	8	39715
湘桥区磷溪镇	7640	75681	248	2976	157	5	20490
湘桥区铁铺镇	6680	37222	197	3379	51	11	12691
湘桥区官塘镇	3109	31507	110	1658	31	6	3767
潮安区古巷镇	6112	88294	600	30191	562	72	43124
潮安区登塘镇	15732	37968	192	7680	140	13	14335
潮安区凤塘镇	3858	93095	934	20241	670	52	16022
潮安区浮洋镇	3884	100028	619	5051	407	44	17743
潮安区龙湖镇	2082	60376	422	18921	308	20	14894
潮安区金石镇	2246	71131	510	2688	308	15	3159
潮安区沙溪镇	3487	58914	199	1530	122	11	26527

续表 371　　（广东省）　　单位：公顷、人、个

名　　称	行政区域面　　积	常住人口	企业个数	企　　业从业人员	工业企业单　　位	#规模以上	城镇建成区常住人口
潮安区彩塘镇	4387	135923	2215	34124	2021	96	21082
潮安区东凤镇	3423	93140	1258	16824	881	34	19176
潮安区庵埠镇	3041	153594	1172	24527	1075	112	153274
潮安区江东镇	3805	69376	215	18923	192	20	22141
潮安区归湖镇	12817	21497	106	4500	1	1	3355
潮安区文祠镇	7146	13597	22	1541	17	2	1025
潮安区凤凰镇	22706	37109	55	292	43		37109
潮安区赤凤镇	8857	5463	47	191	9		686
潮安区枫溪镇	2447	148647	1494	58202	1000	136	148647
饶平县黄冈镇	7848	213055	758	59289	200	29	213055
饶平县上饶镇	9946	46300	60	2130	36	1	12211
饶平县饶洋镇	8770	44682	47	4546	34	8	12608
饶平县新丰镇	11741	60462	251	11700	146	13	13980
饶平县建饶镇	7316	11426	2	210	1		1485
饶平县三饶镇	7424	46864	420	3154	162	17	25242
饶平县新塘镇	7995	20434	22	320	16	2	6210
饶平县汤溪镇	8083	7494	17	494	10		1978
饶平县浮滨镇	15400	24302	53	667	40	3	2200
饶平县浮山镇	6972	22144	91	865	79	2	11530
饶平县东山镇	7457	15803	47	236	34		2648
饶平县新圩镇	9328	26072	206	2181	165		13665
饶平县樟溪镇	10817	13713	9	95	2	1	3292
饶平县钱东镇	12266	99258	837	24288	258	19	50752
饶平县高堂镇	2650	24556	45	300	19	2	21001
饶平县联饶镇	8204	32860	76	7680	52	2	1907
饶平县所城镇	5200	32586	12	180	11	3	17305
饶平县大埕镇	3195	25502	13	75	6		14867
饶平县柘林镇	1198	13175	114	2800	15	2	10599
饶平县汫洲镇	3451	56840	168	3555	165	5	51000
饶平县海山镇	5117	67775	330	5780	86		21213
榕城区渔湖镇	4400	122652	638	16495	549	174	16189
榕城区炮台镇	5400	124628	229	10297	105	63	67785
榕城区地都镇	8700	106163	300	5200	250	47	3206
榕城区登岗镇	3504	77355	808	9842	425	15	9121
揭东区云路镇	7879	84859	182	3640	105	38	20490
揭东区玉窖镇	3800	51409	105	2850	85	30	1830
揭东区锡场镇	5070	112834	417	23170	79	50	21234
揭东区新亨镇	9526	99113	328	6795	97	40	70393
揭东区玉湖镇	13500	81258	113	658	104	7	4450
揭东区埔田镇	7312	62001	115	6214	68	21	6850
揭东区霖磐镇	2800	66599	89	25122	58	14	3785
揭东区月城镇	1830	48002	287	3973	283	28	5018
揭东区白塔镇	5965	81652	40	500	40	24	4269
揭东区龙尾镇	4800	24480	210	2189	202	7	2879
揭东区桂岭镇	3184	44222	75	583	9	9	2483
揭西县龙潭镇	7796	34537	189	948	8	1	34537
揭西县南山镇	13454	31987	366	1884	257	4	7855
揭西县五经富镇	16860	55016	55	2000	4	2	9460
揭西县京溪园镇	7348	40931	389	4633	190	10	5746
揭西县灰寨镇	5358	35380	195	6500	165	8	5450

续表 372 （广东省） 单位：公顷、人、个

名　　称	行政区域面积	常住人口	企业个数	企业从业人员	工业企业单位	#规模以上	城镇建成区常住人口
揭西县塔头镇	2935	52060	136	1931	128	3	9706
揭西县东园镇	2606	32980	262	1320	9		6001
揭西县凤江镇	3466	76215	384	15347	342	11	8542
揭西县棉湖镇	3038	158600	385	40656	212	33	56743
揭西县金和镇	4846	64728	72	1834	72	8	14481
揭西县大溪镇	3534	19540	19	262	18		4123
揭西县钱坑镇	4669	38800	56	1471	32	1	4976
揭西县坪上镇	9299	29467	37	1300	26	1	6052
揭西县五云镇	14598	45387	26	998	18	2	7180
揭西县上砂镇	12589	53509	360	1805	122		5939
揭西县良田乡	13017	12481					
惠来县惠城镇	17300	154892	927	8437	294	54	154892
惠来县华湖镇	6170	71802	65	3522	29	16	18996
惠来县仙庵镇	8556	81834	312	3298	70	5	34604
惠来县靖海镇	4900	62342	159	3825	50	11	24861
惠来县周田镇	7430	89260	51	523	35	11	15690
惠来县前詹镇	6300	57597	8	790	5	5	57597
惠来县神泉镇	5086	71987	122	4961	78	25	30131
惠来县东陇镇	5400	86950	28	855	21	9	20000
惠来县岐石镇	4543	75698	14	145	8	3	16258
惠来县隆江镇	13060	135853	583	11923	52	20	42725
惠来县溪西镇	5037	61568	223	2285	223	7	17110
惠来县鳌江镇	6306	53757	56	983	19	7	11799
惠来县东港镇	5284	29094	68	1611	58	7	9508
惠来县葵潭镇	14425	111018	50	2310	1	1	56414
普宁市赤岗镇	2400	47264	116	1650	116	6	14086
普宁市大坝镇	5900	90533	138	2750	138	8	26853
普宁市洪阳镇	6600	139910	208	5890	183	18	68520
普宁市南溪镇	5000	101348	57	260	6	3	10025
普宁市广太镇	3730	58044	16	1669	16	3	2211
普宁市麒麟镇	5600	94621	238	2189	89	6	8709
普宁市南径镇	5289	141814	438	2107	370	7	27251
普宁市占陇镇	5200	186425	672	50080	489	106	9689
普宁市军埠镇	2720	103656	509	36849	301	45	5941
普宁市下架山镇	8200	98670	127	6118	125	18	16488
普宁市高埔镇	10584	61290	85	1500	65	7	12508
普宁市云落镇	10338	51331	40	2157	38	10	16415
普宁市大坪镇	7600	24262	41	2706	30	5	6209
普宁市船埔镇	13300	41687	54	1874	46	3	5000
普宁市梅林镇	14771	53469	37	583	26	6	16044
普宁市里湖镇	8490	85168	295	13560	215	22	43750
普宁市梅塘镇	7600	116309	317	9020	292	22	16660
普宁市后溪乡	8100	10001	16	271	16	1	
云城区腰古镇	10890	31863	240	3500	122	10	1618
云城区思劳镇	9550	20727	243	4250	206	33	8451
云城区前锋镇	12898	20199	63	780	23	7	3507
云城区南盛镇	13934	34077	13	250	13		1056
云安区六都镇	21455	49974	534	11945	141	61	11577
云安区高村镇	18459	21112	61	745	30	2	5699
云安区白石镇	7231	25979	43	426	13	3	7086

续表 373　　（广东省、广西壮族自治区）　　单位：公顷、人、个

名称	行政区域面积	常住人口	企业个数	企业从业人员	工业企业单位	#规模以上	城镇建成区常住人口
云安区镇安镇	11001	36936	81	653	30	5	6850
云安区富林镇	17233	49978	59	429	20	1	7612
云安区石城镇	18188	46744	258	1717	132	15	7668
云安区都杨镇	25296	46382	310	5533	83	24	4708
新兴县新城镇	11700	128790	3946	40298	290	139	87295
新兴县车岗镇	9229	28058	65	760	20	9	580
新兴县水台镇	8474	13931	105	2998	14	14	501
新兴县稔村镇	11245	30431	45	3764	22	10	5003
新兴县东成镇	12000	26806	163	3427	155	13	2711
新兴县太平镇	15489	58120	133	1595	98	11	1413
新兴县里洞镇	12800	15156	21	226	18		666
新兴县大江镇	10300	6167	9	25	8		256
新兴县天堂镇	13390	53328	261	4710	41	5	10210
新兴县河头镇	16778	16836	31	287	15	2	465
新兴县簕竹镇	10100	14529	17	3484	11	9	3684
新兴县六祖镇	18696	60708	69	8607	19	6	5870
郁南县都城镇	9260	81808	864	7913	132	56	34650
郁南县平台镇	13160	26829	12	180	12	5	2646
郁南县桂圩镇	16690	27866	27	234	19	4	3286
郁南县通门镇	15800	17755	22	92	9	3	2762
郁南县建城镇	22678	32308	35	561	33	18	32308
郁南县宝珠镇	9690	12101	18	235	18	2	404
郁南县大方镇	6500	12485	20	108	10	1	12344
郁南县千官镇	18348	48198	230	2586	120	1	
郁南县大湾镇	4590	16869	38	673	19	7	2342
郁南县河口镇	7650	22135	44	420	15	5	
郁南县宋桂镇	8540	25158	15	148	15	4	1662
郁南县东坝镇	10697	32685	18	983	10	5	32685
郁南县连滩镇	9510	55699	69	467	18	4	25000
郁南县历洞镇	13156	15667	30	151	12	1	15667
郁南县南江口镇	20070	28673	122	3895	29	13	7780
罗定市罗镜镇	16140	70059	174	1987	123	3	16425
罗定市太平镇	9380	50118	75	1030	35	6	5860
罗定市分界镇	9750	20468	29	120	15		893
罗定市罗平镇	13580	66047	80	2580	69	4	4880
罗定市船步镇	12920	58436	67	1240	35	12	9362
罗定市满塘镇	8410	32528	213	1075	43	7	2744
罗定市苹塘镇	8840	30585	65	4058	44	6	4223
罗定市金鸡镇	8612	30944	70	385	50	10	3124
罗定市围底镇	6610	40646	89	4547	33	12	4752
罗定市华石镇	6250	22732	31	810	30	3	3133
罗定市林滨镇	15410	39300	118	962	41	5	1796
罗定市黎少镇	13420	46162	65	1367	12	5	949
罗定市生江镇	6200	27866	46	2723	18	2	6457
罗定市连州镇	12540	39769	24	320	3	1	3974
罗定市泗纶镇	23380	53954	82	1230	40	7	3510
罗定市加益镇	7930	25557	23	288	7	3	913
罗定市龙湾镇	12620	25874	4	61	4	2	2739
广西壮族自治区							
兴宁区三塘镇	22400	72000	90	3654	59	12	2865

续表 374　　（广西壮族自治区）　　单位：公顷、人、个

名　　称	行政区域面积	常住人口	企业个数	企业从业人员	工业企业单位	#规模以上	城镇建成区常住人口
兴宁区五塘镇	28000	60015	82	2661	34	5	16552
兴宁区昆仑镇	13300	16703	14	156	7		4633
青秀区刘圩镇	16008	49996	36	267	7	1	3671
青秀区南阳镇	9410	22148	26	265	2	1	1835
青秀区伶俐镇	26400	30253	15	1721	9	2	3159
青秀区长塘镇	18954	21433	49	1010	1		1530
江南区吴圩镇	22300	58920	454	19357	21	10	8867
江南区苏圩镇	22300	65139	70	1629	21		11240
江南区延安镇	13189	22754	12	49	2		3038
江南区江西镇	21400	40588	61	643	10		3156
西乡塘区金陵镇	22100	60971	346	2820	67	3	30521
西乡塘区双定镇	18800	29773	43	993	26	2	3730
西乡塘区坛洛镇	33500	79380	160	1325	13	3	15812
良庆区良庆镇	8710	51575	330	2210	41		4550
良庆区那马镇	16766	28451	251	3532	49		5230
良庆区那陈镇	29300	30604	65	620	9	1	2431
良庆区大塘镇	49950	45422	144	2120	34	2	3907
良庆区南晓镇	29400	32895	62	882	15	1	2711
邕宁区蒲庙镇	23672	80415	905	3650	428	18	80415
邕宁区那楼镇	35128	76108	9	363	9		4641
邕宁区新江镇	16535	30691	15	280	8		1610
邕宁区百济镇	30810	45578	82	362	4		1842
邕宁区中和乡	16927	25389	64	350	4		
武鸣区城厢镇	24748	138483	1282	26842	123	43	60372
武鸣区太平镇	37110	33932	49	456	13		2642
武鸣区双桥镇	21331	54358	422	6138	96	27	5775
武鸣区宁武镇	25398	32418	102	3212	35	8	4406
武鸣区锣圩镇	40151	53354	92	2181	9	2	7783
武鸣区仙湖镇	20898	36659	39	396	7		6188
武鸣区府城镇	26809	50228	158	1290	10	1	4270
武鸣区陆斡镇	25431	56847	84	1344	26	1	5226
武鸣区两江镇	20014	35151	78	826	27		3085
武鸣区罗波镇	16246	28902	54	471	13	1	5678
武鸣区灵马镇	19495	42650	49	424	4	1	4587
武鸣区甘圩镇	10270	23133	51	659	30	4	7245
武鸣区马头镇	16515	20066	45	435	5	2	1863
隆安县城厢镇	39177	68726	522	5407	39	4	68726
隆安县南圩镇	32068	62783	259	2845	16	4	8420
隆安县雁江镇	12157	25550	4	308	3		2880
隆安县那桐镇	19397	51054	191	4775	28	3	9272
隆安县乔建镇	20632	35152	87	457	9		4893
隆安县丁当镇	27337	34453	56	1120	9	1	6711
隆安县古潭乡	12384	23417	11	300	7	1	
隆安县都结乡	24655	38936	25	183	5		
隆安县布泉乡	15254	23110	11	90	9		
隆安县屏山乡	24814	12484	8	83	6		
马山县白山镇	23463	83823	714	10365	91	9	43497
马山县百龙滩镇	8810	21438	209	1321	5	3	3857
马山县林圩镇	33010	93893	189	2079	13	1	2346
马山县古零镇	25894	54104	68	802	8		3500

续表 375　　（广西壮族自治区）　　单位：公顷、人、个

名　　称	行政区域面　积	常住人口	企业个数	企　业从业人员	工业企业单　位	#规模以上	城镇建成区常住人口
马山县金钗镇	12603	28579	165	753	14		3262
马山县周鹿镇	34147	87969	168	2891	14		6742
马山县永州镇	21568	51877	67	620	13		14730
马山县乔利乡	17275	39049	602	10000	22	1	
马山县加方乡	20469	23318	50	281	6		
马山县古寨瑶族乡	15261	19644	58	1146	4		
马山县里当瑶族乡	15200	18831	57	409	2		
上林县大丰镇	19816	59924	360	2105	28	2	25438
上林县明亮镇	9189	28654	11	110	8		4806
上林县巷贤镇	18040	39176	57	700	4	2	2550
上林县白圩镇	23487	76109	152	1185	17	2	7484
上林县三里镇	19465	52250	32	175	8		7461
上林县乔贤镇	12779	35896	8	135	6		9910
上林县西燕镇	25171	40994	28	156	21		2786
上林县澄泰乡	11896	41709	9	1550	6	6	
上林县木山乡	14811	18788	5	130	3	1	
上林县塘红乡	18422	35843	3	36	11		
上林县镇圩瑶族乡	11330	19910	19	127	16		
宾阳县宾州镇	24073	275732	3192	47880	318	17	117750
宾阳县黎塘镇	22114	155644	258	18576	185	29	62886
宾阳县甘棠镇	19151	51320	92	524	13		25332
宾阳县思陇镇	17366	58436	125	686	68	1	58436
宾阳县新桥镇	10780	75654	318	3192	80	1	75654
宾阳县新圩镇	6589	21998	42	842	11	1	2350
宾阳县邹圩镇	14392	48838	65	347	26		5641
宾阳县大桥镇	11468	81172	171	1650	11	2	8892
宾阳县武陵镇	15841	60719	101	1154	30	2	6619
宾阳县中华镇	7722	35280	50	470	14	2	1810
宾阳县古辣镇	11392	46751	234	1872	13	5	46751
宾阳县露圩镇	12977	33948	65	468	10		7104
宾阳县王灵镇	16053	32307	33	405	10	2	32307
宾阳县和吉镇	11962	39541	17	96	7		39541
宾阳县洋桥镇	12198	29160	118	890	6	1	1021
宾阳县陈平镇	15478	14983	30	165	4		14983
横县横州镇	18224	143558	1817	22258	215	26	143558
横县百合镇	18417	80441	105	555	20	1	80441
横县那阳镇	13995	42115	64	746	27	3	42115
横县南乡镇	34218	57542	79	669	16		57542
横县新福镇	34753	44034	32	203	12	1	44034
横县莲塘镇	15447	33833	61	312	19	2	33833
横县平马镇	14409	27932	36	145	4	1	27932
横县峦城镇	7755	41298	75	921	15	2	41298
横县六景镇	31679	64331	222	15251	70	38	64331
横县石塘镇	22193	53763	121	1286	14	4	53763
横县陶圩镇	18449	66881	130	1062	20		66881
横县校椅镇	24038	73122	225	1191	33	7	73122
横县云表镇	25505	61650	146	1382	22	2	61650
横县马岭镇	9201	25161	105	1168	15	7	25161
横县马山乡	13003	47427	46	402	11	2	
横县平朗乡	12560	22106	35	187	6		

续表 376　（广西壮族自治区）　单位：公顷、人、个

名　称	行政区域面积	常住人口	企业个数	企业从业人员	工业企业单位	#规模以上	城镇建成区常住人口
横县镇龙乡	26623	13534	19	177	3		
鱼峰区雒容镇	35300	99028	667	10479	81	38	32755
鱼峰区洛埠镇	1530	8540	31	1740	13	3	3584
柳南区太阳村镇	11200	41767	328	12900	328	22	1041
柳北区石碑坪镇	8757	22601	261	1055	30	8	22601
柳北区沙塘镇	8750	55316	396	26245	157	36	55316
柳北区长塘镇	7403	46826	815	4240	341	31	46337
柳江区拉堡镇	4578	107580	7358	39290	816	8	107580
柳江区里雍镇	27200	30594	14	350			1185
柳江区百朋镇	32200	62212	25	750	10		8300
柳江区成团镇	13300	54997	47	1126			2412
柳江区洛满镇	21644	37070	37	326	5	1	5160
柳江区流山镇	14682	19598	85	358	36	1	1994
柳江区三都镇	12700	31964	65	725	65		4292
柳江区里高镇	14170	26049	329	1647	322		26049
柳江区进德镇	11932	57120	109	1374	104	1	3637
柳江区穿山镇	44762	69239	169	4300	169	5	4113
柳江区土博镇	41571	36033					1269
柳江区白沙镇	14580	19472	3	446	2	1	6512
柳城县大埔镇	23063	80692	385	10000	367	13	80692
柳城县龙头镇	8815	17033	40	201	25		1058
柳城县太平镇	30151	37832	422	2532	45		37832
柳城县沙埔镇	15433	31684	213	7250	64	15	31684
柳城县东泉镇	22517	55311	202	1111	12		55311
柳城县凤山镇	11903	18094	251	2850	107	2	18094
柳城县六塘镇	16605	30545	171	3120	35	8	2230
柳城县冲脉镇	8791	12434	5	231	3		1765
柳城县寨隆镇	8525	15505	5	350	5		3200
柳城县古砦仫佬族乡	24757	30441	39	234	2		
柳城县马山乡	14861	22077	20	681	20	2	
柳城县社冲乡	12867	15513	27	280	27		
鹿寨县鹿寨镇	43800	122508	1400	13500	232	40	96050
鹿寨县中渡镇	37400	38793	43	642	4		3285
鹿寨县寨沙镇	35600	64149	17	5007	5		7239
鹿寨县平山镇	32300	34020	22	120	2		1082
鹿寨县黄冕镇	43700	29512	19	1170	18	5	7100
鹿寨县四排镇	35600	33939	28	258	7		8242
鹿寨县江口乡	16800	11407	5	87	3		
鹿寨县导江乡	17500	10389	15	460	11		
鹿寨县拉沟乡	24700	10806	1	28			
融安县长安镇	31454	129328	850	15425	122	24	129328
融安县浮石镇	24939	31156	110	1978	20	8	3320
融安县泗顶镇	27905	16187	48	401	8	1	1305
融安县板榄镇	44147	23804	59	325	8		2610
融安县大将镇	25363	24485	68	1032	5		2527
融安县大良镇	22389	22990	119	770	9		3280
融安县雅瑶乡	24814	14856	39	249	7		
融安县大坡乡	21077	11292	35	720	3		
融安县东起乡	11841	7923	9	53	3		
融安县沙子乡	15704	12543	33	165	4		

续表 377 （广西壮族自治区） 单位：公顷、人、个

名称	行政区域面积	常住人口	企业个数	企业从业人员	工业企业单位	#规模以上	城镇建成区常住人口
融安县桥板乡	23169	17727	8	45	3		
融安县潭头乡	17008	19639	36	188	3		
融水苗族自治县融水镇	31245	111056	1475	17581	263	32	92191
融水苗族自治县和睦镇	16222	23488	5	421	5	3	4346
融水苗族自治县三防镇	28677	22375	25	133	8		1263
融水苗族自治县怀宝镇	31812	16802	5	122			1432
融水苗族自治县洞头镇	20490	18230	3	30	3		2100
融水苗族自治县大浪镇	21667	21383	2	18			779
融水苗族自治县永乐镇	22141	24963	2	23	2		2645
融水苗族自治县四荣乡	28599	18586	63	563	11		
融水苗族自治县香粉乡	15097	12741	51	320	9		
融水苗族自治县安太乡	29366	23366	8	42	8		
融水苗族自治县汪洞乡	22826	17402	12	32	5		
融水苗族自治县同练瑶族乡	20718	10821	9	65	2		
融水苗族自治县滚贝侗族乡	29196	16574	13	100	13		
融水苗族自治县杆洞乡	31252	24280	10	79			
融水苗族自治县安陲乡	29606	18718	14	700	14	2	
融水苗族自治县白云乡	24951	31531	5	76	5		
融水苗族自治县红水乡	13581	23560	4	34	4		
融水苗族自治县拱洞乡	15126	24294	28	145	4		
融水苗族自治县良寨乡	12886	18211	2	11	1		
融水苗族自治县大年乡	10227	13490					
三江侗族自治县古宜镇	20472	72687	933	4060	365	15	41205
三江侗族自治县斗江镇	26502	22927	104	1011	51		3912
三江侗族自治县丹洲镇	22954	16027	90	500	13		16027
三江侗族自治县八江镇	16912	29433	53	278	20		1005
三江侗族自治县林溪镇	14447	29492	63	325	20		4014
三江侗族自治县独峒镇	17801	47318	27	263			1300
三江侗族自治县同乐苗族乡	17982	46365	3	15	3		
三江侗族自治县梅林乡	8035	12496	25	238	3		
三江侗族自治县富禄苗族乡	16763	24244	20	115	20		
三江侗族自治县洋溪乡	11731	19362	9	90	9		
三江侗族自治县良口乡	16912	30542	38	207	6		
三江侗族自治县老堡乡	16941	16277	28	224	3		
三江侗族自治县高基瑶族乡	16877	7445	50	255	50		
三江侗族自治县和平乡	10819	6936	19	350	14		
三江侗族自治县程村乡	6569	8997	6	389	6		
叠彩区大河乡	3900	27935	71	425	71		
象山区二塘乡	6297	18588	205	3659	86	4	
七星区朝阳乡	4820	18236	94	4545	80	4	
雁山区雁山镇	9101	22296	24	158	24	2	592
雁山区柘木镇	6697	24226	455	2408	22	4	
雁山区大埠乡	8774	10793	20	1250	1		
雁山区草坪回族乡	2952	4650	2	240			
临桂区临桂镇	21343	128843	2558	32395	1164	54	3815
临桂区六塘镇	10767	41419	324	1571	262		5363
临桂区会仙镇	17450	49381	270	2600	50	13	2854
临桂区两江镇	25945	64288	509	3672	194	5	3657
临桂区五通镇	26260	52865	1689	8457	488		3622
临桂区四塘镇	15882	41131	250	1255	141	5	1846

续表 378 （广西壮族自治区） 单位：公顷、人、个

名　　称	行政区域面　　积	常住人口	企业个数	企　　业从业人员	工业企业单　　位	#规模以上	城镇建成区常住人口
临桂区南边山镇	15776	28656	67	1500	65		3224
临桂区中庸镇	8504	19660	22	785	4	1	1679
临桂区茶洞乡	20644	20330	140	841	59		
临桂区宛田瑶族乡	34232	20754	22	110	22		
临桂区黄沙瑶族乡	26174	5141	54	273			
阳朔县阳朔镇	7665	51431	501	2750	150	1	48343
阳朔县白沙镇	15420	48137	1106	7805	368	7	1709
阳朔县福利镇	23266	47975	12	260	10	2	3654
阳朔县兴坪镇	30540	44878	101	351			4320
阳朔县葡萄镇	13140	31808	332	1663	305	6	1932
阳朔县高田镇	15660	32838	87	1182	53	3	2972
阳朔县金宝乡	20490	32481	130	6716	130	1	
阳朔县普益乡	7020	11770	19	205	6	1	
阳朔县杨堤乡	9289	11481	24	180	17	1	
灵川县灵川镇	11429	83497	451	6210	253	18	39332
灵川县大圩镇	21392	58877	298	1532	20	4	10525
灵川县定江镇	8529	45506	326	8520	326	14	8485
灵川县三街镇	18094	19518	23	235	22	3	5800
灵川县潭下镇	14643	35801	66	1033	35	7	4081
灵川县九屋镇	30876	30890	88	275	39	3	3226
灵川县灵田镇	26738	28910	116	2053	109	1	1578
灵川县潮田乡	22683	25137	37	200	5	1	
灵川县大境瑶族乡	26424	12093	23	390	23		
灵川县海洋乡	21883	22535	8	73	8		
灵川县兰田瑶族乡	12489	6010	12	90	11	1	
灵川县公平乡	15351	13078	7	76	6		
全州县全州镇	16920	160449	1698	8275	1614	28	82760
全州县黄沙河镇	11200	28973	24	743	14		9027
全州县庙头镇	12088	29653	367	2045	315	1	2569
全州县文桥镇	28380	57621	1575	7870	1003	2	2563
全州县大西江镇	36657	32381	260	1320	3		1450
全州县龙水镇	28493	51010	105	2800	85	2	1800
全州县才湾镇	35828	48378	870	4822	126	6	2286
全州县绍水镇	25281	42807	405	5052	82	2	3819
全州县石塘镇	23815	77060	605	4431	231		13460
全州县咸水镇	21549	37224	8	310	1	1	1653
全州县凤凰镇	18224	49398	124	744	124		1495
全州县安和镇	16180	33451	162	2488	62	2	3200
全州县两河镇	16146	27690	61	500	46		2236
全州县枧塘镇	12300	22148	48	144	22	6	1340
全州县永岁乡	18096	28651	2650	10950	106	3	
全州县蕉江瑶族乡	23000	15104					
全州县白宝乡	13070	10221	600	3218	14		
全州县东山瑶族乡	42000	32639	23	118			
兴安县兴安镇	20584	109283	481	26681	117	15	62892
兴安县湘漓镇	15960	43437	148	1325	26	2	910
兴安县界首镇	15913	35064	132	5042	23	3	9720
兴安县高尚镇	26750	42894	104	482	21	2	6912
兴安县严关镇	12064	18464	63	1969	55	4	1004
兴安县溶江镇	46185	54120	265	17262	86	11	14075

续表 379 （广西壮族自治区） 单位：公顷、人、个

名　称	行政区域面积	常住人口	企业个数	企业从业人员	工业企业单位	#规模以上	城镇建成区常住人口
兴安县漠川乡	31200	16368	37	413	14	1	
兴安县白石乡	8643	8868	2	43	1		
兴安县崔家乡	9643	20472	28	336	6	3	
兴安县华江瑶族乡	43754	15166	167	3325	77	3	
永福县永福镇	27896	60746	754	4561	119	13	60674
永福县罗锦镇	22100	40746	161	603	2	2	14307
永福县百寿镇	41267	34239	152	358			8140
永福县苏桥镇	12370	28550	270	1476	108	33	5008
永福县三皇镇	19910	24298	117	537	1		4938
永福县堡里镇	38217	25993	80	800			22322
永福县广福乡	45000	20773	23	390	18	3	
永福县永安乡	34800	19837	17	721	17	2	
永福县龙江乡	37390	20458	64	213	16	1	
灌阳县灌阳镇	40607	63120	2501	12953	210	12	26577
灌阳县黄关镇	20613	42062	236	1820	175		7845
灌阳县文市镇	14048	29774	559	3630	273	7	11800
灌阳县新街镇	16735	37482	110	2789	90	5	12150
灌阳县新圩镇	18304	25551	15	140	4		4300
灌阳县洞井瑶族乡	20742	8338	110	560	96		
灌阳县观音阁乡	12877	8454	31	342	17	1	
灌阳县西山瑶族乡	18802	11815	215	1145	99		
灌阳县水车乡	20801	32866	182	955	64	1	
龙胜各族自治县龙胜镇	26449	42356	46654	7083	51	7	24571
龙胜各族自治县瓢里镇	20591	15514	122	1224	77	5	6118
龙胜各族自治县三门镇	35258	15474	177	1467	106	2	6018
龙胜各族自治县龙脊镇	23734	14296	32	336	15	1	3856
龙胜各族自治县平等镇	36820	24556	159	863	23	2	4510
龙胜各族自治县泗水乡	19032	13540	35	702	31	4	
龙胜各族自治县江底乡	24682	8877	209	454	16		
龙胜各族自治县马堤乡	15320	12519	167	339	11		
龙胜各族自治县伟江乡	16560	8160	131	245	6		
龙胜各族自治县乐江乡	24750	20155	38	318	18	1	
资源县资源镇	37233	43615	2578	3852	52	5	11087
资源县中峰镇	31918	33641	192	895	28	1	5364
资源县梅溪镇	38641	28816	57	350	35	4	28816
资源县瓜里乡	24411	16214	44	170	25	2	
资源县车田苗族乡	31035	25965	20	106	14	2	
资源县两水苗族乡	13270	11039	27	380	23		
资源县河口瑶族乡	11200	4788	86	650	48		
平乐县平乐镇	31324	99845	3726	36036	711	7	64400
平乐县二塘镇	22372	73232	1961	15688	318	4	14300
平乐县沙子镇	19321	42898	1157	5785	235	5	6958
平乐县同安镇	13627	49913	1164	8148	248	4	4750
平乐县张家镇	11653	46483	1513	12104	208	1	4410
平乐县源头镇	22586	47712	1048	5740	251	2	5005
平乐县阳安乡	6763	28374	515	3605	103		
平乐县青龙乡	7152	24417	249	1248	66		
平乐县桥亭乡	10823	18658	151	963	121	1	
平乐县大发瑶族乡	43694	18591	241	1244	104		
荔浦县荔城镇	9500	78549	3980	27878	469	15	3797

续表 380 （广西壮族自治区） 单位：公顷、人、个

名　　称	行政区域面　　积	常住人口	企业个数	企　　业从业人员	工业企业单　　位	#规模以上	城镇建成区常住人口
荔浦县东昌镇	14500	24241	218	1435	57	1	3176
荔浦县新坪镇	25100	28755	276	2056	243	7	4340
荔浦县杜莫镇	11900	24743	165	1235	146		3672
荔浦县青山镇	7200	36625	43	2337	32	10	3320
荔浦县修仁镇	10900	32224	85	576	14	14	26224
荔浦县大塘镇	10400	22875	223	2286	21	1	2662
荔浦县花篢镇	12956	23617	599	2735	169		4820
荔浦县双江镇	14492	29809	174	2487	28	3	4802
荔浦县马岭镇	14369	41067	528	5193	44	4	4675
荔浦县龙怀乡	8100	10764	413	2103	75	1	
荔浦县茶城乡	9800	10767	21	565	21		
荔浦县蒲芦瑶族乡	25900	9681	19	750	16	2	
恭城瑶族自治县恭城镇	9283	65429	335	1640	43	1	38371
恭城瑶族自治县栗木镇	27731	43800	206	3959	53	1	8500
恭城瑶族自治县莲花镇	36500	52951	760	3328	343		5644
恭城瑶族自治县嘉会镇	24800	24974	265	1313	214		2414
恭城瑶族自治县西岭镇	42823	35714	73	948	49	2	4798
恭城瑶族自治县平安乡	24342	36240	112	989	81		
恭城瑶族自治县三江乡	32402	14099	385	1930	43		
恭城瑶族自治县观音乡	13260	8593	102	221	38		
恭城瑶族自治县龙虎乡	7443	8738	43	221	22	1	
万秀区城东镇	12200	20754	275	1653	213	6	1392
万秀区龙湖镇	6714	13705	96	1920	19	7	1021
万秀区夏郢镇	22700	50033	14	252	14	3	2531
长洲区长洲镇	3625	49380	226	3850	25	2	49380
长洲区倒水镇	27423	42307	464	3000	10	2	2031
龙圩区龙圩镇	17599	92092	1594	22612	187	31	60359
龙圩区大坡镇	26183	62439	235	2703	12		1980
龙圩区广平镇	29550	76812	74	500	1	1	1920
龙圩区新地镇	23809	77158	191	1695	16		1945
苍梧县石桥镇	24860	68096	369	963	2	1	2873
苍梧县沙头镇	41682	69215	280	1410	6		6071
苍梧县梨埠镇	25328	28541	8	106	6	1	10774
苍梧县岭脚镇	45600	48333	14	71	9		16413
苍梧县京南镇	39840	43894	16	213	12	1	3546
苍梧县狮寨镇	28387	17354	34	162	12		1831
苍梧县旺甫镇	25827	49880	529	2970	38	8	8889
苍梧县六堡镇	30020	27218	480	2160	19		4900
苍梧县木双镇	14572	13676	350	1751	5		4700
藤县藤州镇	37235	165736	2443	13578	681	9	109738
藤县塘步镇	24357	65000	226	8560	38	6	8965
藤县埌南镇	19712	45109	28	236	9	3	7160
藤县同心镇	13832	26545	15	1436	1	1	4300
藤县金鸡镇	24267	66219	28	1515	8	3	8526
藤县新庆镇	13385	29114	18	785	10		3800
藤县象棋镇	18300	40592	35	2085	15	1	4736
藤县岭景镇	19005	36611	4	109	4		5349
藤县天平镇	35186	65283	24	5120	12	3	9762
藤县蒙江镇	29138	83600	58	1200	9	9	25400
藤县和平镇	16818	80131	8	650	3	1	7315

续表 381　　（广西壮族自治区）　　单位：公顷、人、个

名　　称	行政区域面　　积	常住人口	企业个数	企　　业从业人员	工业企业单　　位	#规模以上	城镇建成区常住人口
藤县太平镇	28301	102951	121	7135	96	10	35913
藤县古龙镇	17638	41393	20	821	2	2	5393
藤县东荣镇	20931	37951	2	500	2	2	4500
藤县大黎镇	31354	36157					4025
藤县平福乡	33275	34559	8	65	2	2	
藤县宁康乡	11883	14004	2	16			
蒙山县蒙山镇	8540	58456	99	7979	75	14	50430
蒙山县西河镇	19499	32239	15	234	8	1	270
蒙山县新圩镇	14750	22616	15	235	1	1	3010
蒙山县文圩镇	14379	32003	141	3202	8	2	4632
蒙山县黄村镇	24079	20686	9	46			4172
蒙山县陈塘镇	15430	21528	28	360	4		3770
蒙山县汉豪乡	10213	9900					
蒙山县长坪瑶族乡	13189	2480	3	3			
蒙山县夏宜瑶族乡	8091	4664					
岑溪市岑城镇	23960	182246	1086	55907	252	39	137806
岑溪市马路镇	23660	58954	336	5212	88	13	
岑溪市南渡镇	24510	72078	216	4081	37	3	
岑溪市水汶镇	20510	40173	207	3720	23	1	
岑溪市大隆镇	12810	27359	128	471	17		
岑溪市梨木镇	20030	42859	139	1832	38	2	
岑溪市大业镇	14870	47393	183	2573	74	5	
岑溪市筋竹镇	18700	43008	256	3689	16	4	
岑溪市诚谏镇	19350	41086	138	477	16	3	
岑溪市归义镇	17600	73933	252	8692	44	11	
岑溪市糯垌镇	18700	67206	232	4825	42	7	
岑溪市安平镇	15590	24530	187	2225	10	1	
岑溪市三堡镇	31830	60611	248	3650	31	1	
岑溪市波塘镇	20690	25808	138	505	5		
海城区涠洲镇	2663	16748	336	3335	3	1	2959
银海区福成镇	29380	78867	207	2145	25	2	16293
银海区银滩镇	7896	79194	2769	46173	75	2	10744
银海区平阳镇	6900	13244	127	1987	31	3	2862
银海区侨港镇	110	20186	128	1751	22	5	20186
铁山港区南康镇	17586	66984	227	6450	28	1	17085
铁山港区营盘镇	12034	63128	113	3620	19	3	8334
铁山港区兴港镇	12342	56816	187	6129	50	10	5274
合浦县廉州镇	20600	175000	580	25160	175	41	128270
合浦县党江镇	8200	52113	42	961	15	1	2615
合浦县西场镇	18200	74810	149	1760	40	1	5274
合浦县沙岗镇	10300	37763	85	1216	6	1	2292
合浦县乌家镇	19600	13189	42	1308	8	2	2800
合浦县闸口镇	11400	39474	96	489	31		4620
合浦县公馆镇	17778	130193	318	11768	93	3	31203
合浦县白沙镇	23342	114466	178	2820	41	1	11000
合浦县山口镇	12360	80009	335	3400	35	2	8995
合浦县沙田镇	3600	18191	50	385	5		3210
合浦县石湾镇	22700	48919	28	420	28		4095
合浦县石康镇	19100	74946	200	3610	23	6	10897
合浦县常乐镇	26400	79067	46	1880	28	3	10920

续表 382　　（广西壮族自治区）　　单位：公顷、人、个

名　　称	行政区域面　　积	常住人口	企业个数	企　　业从业人员	工业企业单　　位	#规模以上	城镇建成区常住人口
合浦县星岛湖镇	18800	28379	143	2456	23	4	2120
合浦县曲樟乡	12700	19762	151	756			
港口区企沙镇	8659	45338	256	1500	36	4	45338
港口区光坡镇	9800	32733	183	875	11	2	4349
防城区大菉镇	22400	39400	15	576	14		2478
防城区华石镇	9160	12837	5	172	2	2	2552
防城区那梭镇	25300	33241	67	1387	2	2	4242
防城区那良镇	38370	57056	254	2082	4	4	10846
防城区峒中镇	23687	29323	138	717	1	1	29323
防城区江山镇	20800	21500	273	2235	4	4	3010
防城区茅岭镇	12842	19935	113	485	7	7	19935
防城区扶隆镇	23070	31174	18	167	3	3	4617
防城区防城区滩营乡	24038	33411	174	3268	10	10	
防城区十万山瑶族乡	9880	9737	10	206	2	1	
上思县思阳镇	26600	82808	752	5066	72	16	44604
上思县在妙镇	20600	33960	73	804	17		3970
上思县华兰镇	14670	12978	30	210	2	1	1978
上思县叫安镇	58400	45880	14	69	13	1	3647
上思县南屏瑶族乡	52646	13340	20	178	1	1	
上思县平福乡	27670	19416	32	522	32	1	
上思县那琴乡	30840	17692	57	386	7		
上思县公正乡	33693	15003	22	164	2		
东兴市东兴镇	13333	97243	3207	25656	145	15	63202
东兴市江平镇	29137	51592	470	3760	59	10	9412
东兴市马路镇	16529	21304	225	1800	25	1	1993
钦南区沙埠镇	14540	42802	187	8376	42	16	
钦南区康熙岭镇	9207	42087	102	3525	35	2	
钦南区黄屋屯镇	22670	37415	25	316	23	4	
钦南区大番坡镇	9643	21230	20	1350	2	2	
钦南区龙门港镇	3677	7434	165	1028	10		3314
钦南区久隆镇	22290	42557	133	1400			
钦南区东场镇	17930	22041					
钦南区那丽镇	22608	35731	36	1500	23	4	
钦南区那彭镇	29138	27742	93	277	7	2	
钦南区那思镇	24476	30222	15	115	11		
钦南区犀牛脚镇	25440	58353	37	741	36	1	19736
钦北区大垌镇	12787	40573	192	4323	121	13	5682
钦北区平吉镇	25998	89138	171	2376	16	3	18232
钦北区青塘镇	12304	44720	13	93	13		44720
钦北区小董镇	16262	92614	40	1237	24	2	10983
钦北区板城镇	17864	84543	26	154	26		8391
钦北区那蒙镇	13770	42298	54	724	35	1	3427
钦北区长滩镇	11866	55443	1	42			2963
钦北区新棠镇	11200	42159					6844
钦北区大直镇	38117	87064	22	502	16	4	18576
钦北区大寺镇	27182	87626	350	2000	15	3	33580
钦北区贵台镇	20600	26304	60	604	19	1	24604
灵山县新圩镇	16781	110991	196	8312	191	11	13175
灵山县丰塘镇	12664	46350	9	102	9	1	3630
灵山县平山镇	14197	51043	7	115	7	1	3785

续表 383　（广西壮族自治区）　单位：公顷、人、个

名　　称	行政区域面　积	常住人口	企业个数	企　业从业人员	工业企业单　位	#规模以上	城镇建成区常住人口
灵山县石塘镇	11701	52229	153	2500	26	2	13669
灵山县佛子镇	16818	66433	98	1224	65		5291
灵山县平南镇	11154	63226	95	876	34	2	4887
灵山县烟墩镇	14605	79517	35	410	33	1	9462
灵山县檀圩镇	14241	105632	134	6658	101	5	10213
灵山县那隆镇	24912	114168	108	1209	26	1	7318
灵山县三隆镇	14115	68538	43	518	18	2	8060
灵山县陆屋镇	28302	105606	157	4500	15	6	20660
灵山县旧州镇	22006	90866	45	655	41	2	6824
灵山县太平镇	27745	112800	26	350	18	1	11500
灵山县沙坪镇	11202	61584	79	496	15	1	8220
灵山县武利镇	17932	90188	88	5000	33	19	31632
灵山县文利镇	35596	35781	35	450	28	2	4022
灵山县伯劳镇	38932	102670	92	1100	62	1	7433
浦北县泉水镇	9984	29256	129	6587	91	30	2730
浦北县石埇镇	4559	16900	24	1245	12	2	2855
浦北县安石镇	10972	26467	52	264	2	1	3040
浦北县张黄镇	20932	80786	48	3664	17	7	20166
浦北县大成镇	15309	31514	23	812	5	1	2104
浦北县白石水镇	8634	41857	39	626	6	2	4850
浦北县北通镇	15000	68645	42	2825	15	4	6607
浦北县三合镇	7856	39937	432	2112	10	1	1057
浦北县龙门镇	25939	92489	144	4355	25	7	5172
浦北县福旺镇	23000	68120	488	3668	8		4786
浦北县寨圩镇	17587	73050	40	280	30	5	
浦北县乐民镇	8386	46874	72	1238	23	2	6349
浦北县六硍镇	21626	42357	33	2056	1	1	3879
浦北县平睦镇	11434	30678	33	686	11	2	3886
浦北县官垌镇	19382	39855	267	1265	10	1	2690
港北区港城镇	13652	76241	874	10733	25	14	76241
港北区大圩镇	16132	94446	297	3517	15	3	
港北区庆丰镇	13421	94043	213	2326	3	2	
港北区根竹镇	6146	31499	11	5643	5	4	
港北区武乐镇	7097	35884	75	1333	3	3	
港北区奇石乡	14645	23667	64	674			
港北区中里乡	19200	69398	11	425			
港南区桥圩镇	12274	89808	217	3648	189	26	20371
港南区木格镇	21768	90493	48	720	13	3	14781
港南区木梓镇	16397	55998	8	189	6	1	18597
港南区湛江镇	8088	56363	32	900	29	4	3622
港南区东津镇	10930	65434	18	188	12	1	3168
港南区八塘镇	12418	75824	321	29743	158	24	9652
港南区新塘镇	10572	65473	184	2134	24	4	7336
港南区瓦塘镇	16435	54962	7	53	5	1	7785
覃塘区覃塘镇	13457	114423	674	21231	125	23	18542
覃塘区东龙镇	11964	63628	539	4312	351	24	63628
覃塘区三里镇	12757	60724	443	2356	148	3	9765
覃塘区黄练镇	13976	49330	94	2710	37	4	6860
覃塘区石卡镇	20085	76745	147	3459	89	13	5667
覃塘区五里镇	10134	42086	109	545	109	6	42086

续表 384　　（广西壮族自治区）　　单位：公顷、人、个

名　　称	行政区域面积	常住人口	企业个数	企业从业人员	工业企业单位	#规模以上	城镇建成区常住人口
覃塘区樟木镇	24820	80546	122	650	27		2100
覃塘区山北乡	7788	44415	147	2398	139	2	
覃塘区蒙公乡	11705	43026	37	708	37		
覃塘区大岭乡	8538	31375	31	466	10	1	
平南县平南镇	11299	195434	4520	38100	560	33	95500
平南县平山镇	11523	47206	37	4254	27	14	7376
平南县寺面镇	11493	45847	57	370	48	4	6562
平南县六陈镇	23028	73766	49	1995	42	2	5423
平南县大新镇	298396	85583	273	25923	260	2	21035
平南县大安镇	12142	115098	383	3810	2	2	41267
平南县武林镇	4663	26451	83	556	15	1	3328
平南县大坡镇	9979	39562	37	187			6785
平南县大洲镇	11778	50972	40	296	2	1	2300
平南县镇隆镇	17547	69115	177	749	38		3531
平南县上渡镇	7999	70421	999	5605	147	5	10038
平南县安怀镇	21111	62977	15	883	13	4	7492
平南县丹竹镇	15822	100401	236	7365	89	27	11080
平南县官成镇	19761	99749	167	1568	15	1	6627
平南县思旺镇	17280	91050	932	5237	132	2	6478
平南县大鹏镇	23031	42286	51	1000	38		3000
平南县同和镇	19596	68702	18	106	2		2959
平南县东华镇	8080	36023	28	375	5	1	3162
平南县思界乡	3108	30280	15	710	8	3	
平南县国安瑶族乡	14300	19446	1	15			
平南县马练瑶族乡	23648	41346	30	156	3		
桂平市木乐镇	9075	78658	285	18000	180	19	18248
桂平市木圭镇	11040	63747	9	213	9	7	1732
桂平市石咀镇	6793	47020	136	880	11	4	5570
桂平市油麻镇	16600	50422	72	307	3	1	7492
桂平市社坡镇	16100	77269	68	1592	53	7	3326
桂平市罗秀镇	18216	68355	94	763	5	3	9656
桂平市麻垌镇	20800	101400	108	850	2		18128
桂平市社步镇	12935	63000	565	2900	10	1	8570
桂平市下湾镇	15500	74029	21	135	4		
桂平市木根镇	121	63146	22	115	7		
桂平市中沙镇	26848	45543	58	1175	54	3	5880
桂平市大洋镇	12200	78679	108	981			4900
桂平市大湾镇	13400	68795	6	35	6		4800
桂平市白沙镇	15270	81736	93	399	43	1	8530
桂平市石龙镇	28400	78891	57	957	16	4	11138
桂平市蒙圩镇	21347	89361	131	2675	31	4	1700
桂平市西山镇	30100	256100	2703	21629	108	19	256100
桂平市南木镇	22461	108465	203	1100	9	1	3920
桂平市江口镇	14892	87859	21	407	5	2	15435
桂平市金田镇	15300	87687	156	659	3	1	16952
桂平市紫荆镇	26500	20227	44	242	9		
桂平市马皮乡	5944	46399	11	252	6		
桂平市寻旺乡	11378	65012	43	12765	43	26	
桂平市罗播乡	9600	40070	2	60	2		
桂平市厚禄乡	8800	41206	87	876	12	3	

续表 385　　（广西壮族自治区）　　单位：公顷、人、个

名　称	行政区域面　积	常住人口	企业个数	企　业从业人员	工业企业单　位		城镇建成区常住人口
						#规模以上	
桂平市垌心乡	11200	27269	20	247	9		
玉州区大塘镇	3240	21824	151	2098	123	1	7395
玉州区茂林镇	7645	65354	1349	13793	251	32	6710
玉州区仁东镇	6300	51290	144	1600	3	3	3210
玉州区仁厚镇	3000	28586	66	1760	66	2	1815
福绵区福绵镇	7348	86285	817	44500	817	12	45062
福绵区成均镇	21840	68051	160	2800	75	4	11375
福绵区樟木镇	21048	77983	54	2810	22		4620
福绵区新桥镇	8273	57447	233	6198	41	5	3621
福绵区沙田镇	16059	53934	319	1301	22	3	7287
福绵区石和镇	8331	30700	26	131	18	2	2836
容县容州镇	18052	150562	2257	58449	434	55	108150
容县杨梅镇	14681	46682	137	2229	42	2	13775
容县灵山镇	13539	33482	87	1886	22	1	6825
容县六王镇	18522	54855	124	4369	25	2	8905
容县黎村镇	20483	69817	235	2422	41		23122
容县杨村镇	20513	44925	115	2189	39	2	9560
容县县底镇	19819	43118	120	1825	22	1	7979
容县自良镇	10672	30287	108	1498	22	1	3464
容县松山镇	13424	33369	150	3359	23	3	9490
容县罗江镇	7718	20120	88	1315	27		5240
容县石头镇	20820	44643	138	2043	44		10071
容县石寨镇	14540	29151	216	3177	42	6	13677
容县十里镇	14988	32097	125	3199	53	7	11776
容县容西镇	4678	14302	101	2660	42	9	2865
容县浪水镇	13057	16688	43	429	6		2180
陆川县温泉镇	12674	178968	420	8948	301	16	93872
陆川县米场镇	8709	59658	48	9168	48	5	6586
陆川县马坡镇	14500	84519	51	1315	37	6	7492
陆川县珊罗镇	5200	48661	100	3000	30	13	1137
陆川县平乐镇	6756	50316	55	650	30	1	1215
陆川县沙坡镇	14591	68918	139	6981	10	1	4788
陆川县大桥镇	10195	50625	25	890	5	3	3960
陆川县乌石镇	21350	113762	127	236	25	1	5670
陆川县良田镇	13560	85600	322	7893	121	7	4367
陆川县清湖镇	11400	65266	81	1900	18	2	8325
陆川县古城镇	11800	73650	682	4382	84	4	4262
陆川县沙湖镇	7029	24414	94	405	3	1	1765
陆川县横山镇	10200	36763	29	241	23		1880
陆川县滩面镇	6300	29876	7	210	3		1058
博白县博白镇	14470	193644	964	67510	768	35	139850
博白县双凤镇	9532	26317	38	246			1750
博白县顿谷镇	13017	42412	24	1465	20	3	2294
博白县水鸣镇	14495	51573	9	239	6	1	9165
博白县那林镇	20046	40237	22	1850	2		7416
博白县江宁镇	15300	45262	50	658	19	5	2362
博白县三滩镇	9935	62800	42	3824	18	2	1869
博白县黄凌镇	9402	25580	16	1200			855
博白县亚山镇	13260	66953	86	4230	46	4	1987
博白县旺茂镇	12050	60245	55	350	10	5	3221

续表 386　　（广西壮族自治区）　　单位：公顷、人、个

名　　称	行政区域面　积	常住人口	企业个数	企　业从业人员	工业企业单　位		城镇建成区常住人口
						#规模以上	
博白县东平镇	26969	106694	207	1340	162	4	3692
博白县沙河镇	17780	62910	19	405	16	2	6050
博白县菱角镇	12881	36105	42	1750	35		1390
博白县新田镇	11152	42715	44	425	12	1	2876
博白县凤山镇	15370	75633	25	955	13	1	2945
博白县宁潭镇	13260	68300	22	285	6	1	3260
博白县文地镇	12033	86967	280	2760	153	3	8721
博白县英桥镇	12242	68055	37	390	10	3	9703
博白县那卜镇	6329	20821	20	480	9	2	2063
博白县大垌镇	7530	24584	18	1068	5	2	736
博白县沙陂镇	10520	38785	24	794	16	1	2950
博白县双旺镇	11148	34861	19	254	12		2088
博白县松旺镇	18380	38997	49	2000	25	2	2550
博白县龙潭镇	15969	85637	250	4895	68	3	21695
博白县大坝镇	8210	30054	98	816	15	6	2983
博白县永安镇	11802	33684	45	1132	35	1	3201
博白县径口镇	16269	45305	45	758	31	2	1821
博白县浪平镇	11180	28346	16	1700	6		1528
兴业县石南镇	15100	80946	166	5940	162	13	15420
兴业县大平山镇	10272	45642	70	3323			13855
兴业县葵阳镇	16569	73970	115	5550	82	8	7281
兴业县城隍镇	16100	57164	66	1629	42	2	24850
兴业县山心镇	18800	78126	46	2689	45		13500
兴业县沙塘镇	8305	71250					2203
兴业县蒲塘镇	9717	49746	56	300	25	2	6812
兴业县北市镇	11710	65842	21	792	10		3368
兴业县龙安镇	9400	42716					1775
兴业县高峰镇	8500	42828					2322
兴业县小平山镇	10263	36942	12	350			5220
兴业县卖酒镇	7504	34316	50	250			5644
兴业县洛阳镇	5630	26911	48	250	31		2773
北流市北流镇	14350	81064	1038	19006	357	23	5157
北流市新荣镇	8200	40785	156	4562	38	5	2027
北流市民安镇	8900	42437	317	8772	120	20	732
北流市山围镇	8236	28275	83	5310	70	3	1127
北流市民乐镇	16700	63101	583	7824	446	10	3678
北流市西埌镇	6800	59265	253	7590	120	17	1836
北流市新圩镇	7517	60871	500	3200	142	9	14003
北流市大里镇	8386	44841	158	3784	30	3	3764
北流市塘岸镇	11400	54270	52	710	25	11	1872
北流市清水口镇	12756	49888	134	2814	70	2	1484
北流市隆盛镇	17718	65879	128	2566	69	10	1852
北流市大坡外镇	12354	47741	101	875	77	2	1664
北流市六麻镇	19718	99742	170	685	46	4	1850
北流市新丰镇	10300	51085	89	4770	60	6	2680
北流市沙垌镇	7706	34944	23	530	6	2	4040
北流市平政镇	15276	74262	126	862	52	2	3525
北流市白马镇	7770	60149	87	2800	54	2	5630
北流市大伦镇	8167	36881	97	582	77	2	3957
北流市扶新镇	6300	29273	18	242	7	2	510

续表 387　　（广西壮族自治区）　　单位：公顷、人、个

名　称	行政区域面积	常住人口	企业个数	企业从业人员	工业企业单位	#规模以上	城镇建成区常住人口
北流市六靖镇	11861	84575	140	1000	107	7	5163
北流市石窝镇	14514	71511	84	840	61	4	2009
北流市清湾镇	11192	51557	179	2103	94	4	2247
右江区阳圩镇	70474	26320	103	5085	5	1	2764
右江区四塘镇	36326	30531	237	4284	31	8	4375
右江区龙川镇	40364	35123	100	488	12		4592
右江区永乐镇	42200	19598	121	1341	24		3501
右江区汪甸瑶族乡	54708	24241	146	764	12	1	
右江区大楞乡	65756	21772	94	549	5		
右江区泮水乡	24153	10126	61	487	6		
田阳县田州镇	10472	119076	1884	9588	131	17	81126
田阳县那坡镇	25429	40185	155	2588	54	5	5729
田阳县坡洪镇	30956	32954	54	426	2		2637
田阳县那满镇	13087	22931	74	592			2788
田阳县百育镇	13068	28492	330	2460	35	4	1350
田阳县玉凤镇	57066	39247	79	623	5		849
田阳县头塘镇	14437	25107	191	3589	62	16	4108
田阳县五村镇	22043	27741	55	226	4		1570
田阳县洞靖镇	31567	30569	23	89	7		1141
田阳县巴别乡	19180	19965	25	121			
田东县平马镇	21485	97410	123	44328	113	22	59066
田东县祥周镇	26241	47176	70	8500	20	3	47147
田东县林逢镇	37433	50716	85	856	65	2	6810
田东县思林镇	45597	55186	49	3318	11	2	7026
田东县印茶镇	21139	23929	6	35	1		3086
田东县江城镇	14176	20436	68	356	6		1301
田东县朔良镇	39141	38861	107	370	4		30976
田东县义圩镇	18701	22567	8	150	8		2680
田东县那拔镇	20032	17123	16	582	6		1249
田东县作登瑶族乡	37108	38767	19	205	5		
平果县马头镇	22598	136615	2382	16185	1559	17	81865
平果县新安镇	22078	46810	322	15432	267	28	3200
平果县果化镇	23081	51050	124	1031	19	3	3152
平果县太平镇	34643	68962	109	132	18		4029
平果县坡造镇	11653	15116	104	510	15	2	2439
平果县四塘镇	19488	20533	75	125	10		860
平果县旧城镇	25463	38305	85	139	12		4116
平果县榜圩镇	15052	31829	70	360	12		4983
平果县风梧镇	21225	31561	65	100	10		4882
平果县海城乡	26401	26971	69	142	13		
平果县黎明乡	10883	12201	29	116	7		
平果县同老乡	12695	12863	18	138	6		
德保县城关镇	14619	55354	660	3609	85	5	41495
德保县足荣镇	15961	21488	121	2352	12	4	4958
德保县隆桑镇	11023	16393	4	22	4		3131
德保县敬德镇	27285	35004	6	56	6		3241
德保县马隘镇	22195	36818	20	700	20	6	2242
德保县东凌镇	35081	33478	41	211	3		3778
德保县那甲镇	20644	27006	20	1580	17	6	1945
德保县都安乡	13461	16008	5	63	5		

续表 388　　（广西壮族自治区）　　单位：公顷、人、个

名　称	行政区域面积	常住人口	企业个数	企业从业人员	工业企业单位	#规模以上	城镇建成区常住人口
德保县荣华乡	21944	13202	11	153	11		
德保县燕峒乡	32639	29652	20	1153	12	1	
德保县龙光乡	24825	30065	6	72	6		
德保县巴头乡	17846	19545	3	30	3		
那坡县城厢镇	33755	42797	53	424	42	4	25950
那坡县平孟镇	22441	14103	13	147			1819
那坡县坡荷乡	13303	14769	13	86	8		
那坡县龙合乡	27627	31277	7	137	6	1	
那坡县德隆乡	24503	20220	6	220	6	1	
那坡县百合乡	26502	14772	7	230			
那坡县百南乡	13479	9502					
那坡县百省乡	33129	17297					
那坡县百都乡	27534	20123	29	125	6		
凌云县泗城镇	33323	52310	190	2532	22		27791
凌云县逻楼镇	33409	34280	8	286			7860
凌云县加尤镇	27189	26261	73	373			4693
凌云县下甲镇	18514	22470	6	60	4		1080
凌云县伶站瑶族乡	21157	16843	24	1362	16	4	
凌云县朝里瑶族乡	17571	7665	11	56	10		
凌云县沙里瑶族乡	22103	20841	4	12			
凌云县玉洪瑶族乡	31570	23579	33	291	2		
乐业县同乐镇	31217	44647	919	5998	34	3	31635
乐业县甘田镇	15466	16172	86	954	2	1	3967
乐业县新化镇	37145	21039	60	600	2		3753
乐业县花坪镇	32536	17544	37	1458			1457
乐业县逻沙乡	23134	13869	28	262			
乐业县逻西乡	47924	17864	25	181			
乐业县幼平乡	45027	16859	31	296	2	1	
乐业县雅长乡	30867	6938	20	104			
田林县乐里镇	30423	29742	930	11711	110		20028
田林县旧州镇	46546	18511	91	494	16		3036
田林县定安镇	30089	12761	131	395	13		3876
田林县六隆镇	46349	18638	46	141	6		2469
田林县潞城瑶族乡	78838	24511	152	2465	57	14	
田林县利周瑶族乡	25257	15395	62	999	5	1	
田林县平塘乡	19059	12319	36	102	11		
田林县浪平乡	45449	30125	2	2			
田林县八桂瑶族乡	33561	13559	63	315	10		
田林县八渡瑶族乡	67723	20026	67	401	15		
田林县那比乡	21713	7816	23	219	5		
田林县高龙乡	27127	7796	32	320	7	1	
田林县百乐乡	52142	11888	48	220	7		
田林县者苗乡	28101	9042	15	34			
西林县八达镇	35924	37768	1058	5390	16	5	4451
西林县古障镇	62709	30293	852	4261	17		2781
西林县那劳镇	22675	9029	221	1260	7		2043
西林县马蚌镇	42345	16168	368	2208	72		2034
西林县普合苗族乡	19459	11899	238	1190	22	2	
西林县西平乡	28643	14269	273	1366	106		
西林县那佐苗族乡	59751	26879	425	2125	28		

续表 389　　（广西壮族自治区）　　单位：公顷、人、个

名　　称	行政区域面　积	常住人口	企业个数	企　业从业人员	工业企业单　位	#规模以上	城镇建成区常住人口
西林县足别乡	28220	9409	17	230	5		
隆林各族自治县新州镇	18896	56011	171	2649	60	7	56000
隆林各族自治县桠杈镇	9879	13783					3031
隆林各族自治县天生桥镇	17174	23524	10	110	7	2	3522
隆林各族自治县平班镇	21595	34560	7	262	3	1	2569
隆林各族自治县德峨镇	31349	37664	4	25	4	1	3872
隆林各族自治县隆或镇	22966	31927	8	45	4	1	4902
隆林各族自治县沙梨乡	14238	16462	8	43	2		
隆林各族自治县者保乡	19558	28993	4	65	1	1	
隆林各族自治县者浪乡	15979	17875					
隆林各族自治县革步乡	29528	23353					
隆林各族自治县金钟山乡	25888	14710					
隆林各族自治县猪场乡	23839	22115	2	20	2		
隆林各族自治县蛇场乡	23250	13943					
隆林各族自治县克长乡	29006	28363					
隆林各族自治县岩茶乡	28600	20410	4	50	4		
隆林各族自治县介廷乡	20010	13941	9	40	3		
靖西市新靖镇	20392	100148	2060	8244	203	6	51025
靖西市化峒镇	9369	21212	21	167			2231
靖西市湖润镇	20425	22730	99	9328	98	8	6542
靖西市安德镇	22114	41285					1586
靖西市龙临镇	14922	33902					3571
靖西市渠洋镇	24049	47256	5	230	5	5	3450
靖西市岳圩镇	9712	14405	83	430			3054
靖西市龙邦镇	11314	21219	11	76	9		4569
靖西市禄峒镇	30200	50318	12	1200	6		2682
靖西市武平镇	26252	44351	8	112	8		1292
靖西市地州镇	18830	29184	3	56	3		2595
靖西市同德乡	15456	26329					
靖西市壬庄乡	11613	21043	2	83	2		
靖西市安宁乡	12738	13930					
靖西市南坡乡	18712	29475					
靖西市吞盘乡	13907	12169	21	108	1		
靖西市果乐乡	13186	24777					
靖西市新甲乡	19295	47652	8	2011	4	4	
靖西市魁圩乡	20076	22766					
八步区贺街镇	34825	66344	300	3300	20	3	11832
八步区步头镇	57900	33390	19	450	13		3525
八步区莲塘镇	19270	86694	1312	6631	46	7	5855
八步区大宁镇	34687	43852	237	1285	24	1	3085
八步区南乡镇	25300	22803	13	320	8	1	3988
八步区桂岭镇	41480	97420	378	5790	21	1	6369
八步区开山镇	12366	15989	8	50			1552
八步区里松镇	21312	11476	30	525	13	1	3100
八步区信都镇	26077	62630	415	6610	39	7	20122
八步区灵峰镇	16493	8187	10	1040	8	1	1360
八步区仁义镇	31350	65462	40	2936	15	7	2640
八步区铺门镇	17320	63646	29	453	10		3634
八步区黄洞瑶族乡	18900	7456	13	346	11	1	
平桂区黄田镇	30800	72866	972	6865	134	10	11055

续表 390　（广西壮族自治区）　单位：公顷、人、个

名　　称	行政区域面　　积	常住人口	企业个数	企　　业从业人员	工业企业单　　位	#规模以上	城镇建成区常住人口
平桂区鹅塘镇	20500	48855	317	1286	34	2	1700
平桂区沙田镇	47600	97295	221	1326	23		38965
平桂区公会镇	30000	69318	82	492	9		13645
平桂区水口镇	19310	11553	22	65	8		850
平桂区望高镇	22227	35610	328	5136	189	29	3756
平桂区羊头镇	16750	36968	90	455	10		12408
平桂区大平瑶族乡	21700	12057	28	70	7		
昭平县昭平镇	53900	85398	633	10545	78	11	42459
昭平县文竹镇	28603	10037	24	217	3		620
昭平县黄姚镇	24307	54801	122	1500	19		5123
昭平县富罗镇	33300	27860	57	649	24		1380
昭平县北陀镇	41700	35961	54	456	8		1800
昭平县马江镇	6564	37642	80	1388	7	3	1295
昭平县五将镇	29307	26321	62	475	4		3231
昭平县走马镇	38000	30438	70	897	23	3	1167
昭平县樟木林镇	14800	39125	49	500	7	1	34659
昭平县仙回瑶族乡	19000	8966	29	322	4		
昭平县凤凰乡	6823	29868	29	156			
昭平县木格乡	22111	17218	16	2404	3		
钟山县钟山镇	22956	102313	1217	7451	290	22	51669
钟山县回龙镇	8600	43645	104	1180	10	4	2375
钟山县石龙镇	6192	31490	105	556	75		762
钟山县凤翔镇	7555	24733	46	2615	11		5670
钟山县珊瑚镇	4277	14195	111	1098	42	1	5460
钟山县同古镇	11665	21413	160	682	123	1	1893
钟山县公安镇	13620	52270	80	930	47		5910
钟山县清塘镇	18420	52664	372	3270	279		4062
钟山县燕塘镇	11408	24136	82	458	63	5	857
钟山县红花镇	9367	17615	25	456	10	1	1820
钟山县花山瑶族乡	18829	7541	153	1510	129	4	
钟山县两安瑶族乡	14036	16861	160	808	144		
富川瑶族自治县富阳镇	21355	85409	1082	15579	99	13	47387
富川瑶族自治县白沙镇	9025	14468	91	1543	29	1	2612
富川瑶族自治县莲山镇	9120	26405	130	2010	17	2	1592
富川瑶族自治县古城镇	4299	22794	56	443	8	1	1868
富川瑶族自治县福利镇	9089	23192	112	1073	16		23192
富川瑶族自治县麦岭镇	19137	24282	123	978	3		1201
富川瑶族自治县葛坡镇	9356	17367	91	746	6		579
富川瑶族自治县城北镇	12299	22746	88	619	15		2484
富川瑶族自治县朝东镇	21742	33850	151	1068	19		2810
富川瑶族自治县新华乡	10435	21335	62	769	5		
富川瑶族自治县石家乡	8969	15342	58	456	5		
富川瑶族自治县柳家乡	16383	16547	93	757	13	1	
金城江区东江镇	19315	31492	702	7020	65	9	17649
金城江区六圩镇	22841	31501	142	1758	16	3	11806
金城江区六甲镇	8400	11053	26	1878	4	2	4139
金城江区河池镇	32604	29149	28	492	13		7938
金城江区拔贡镇	19973	14523	16	117	3		2566
金城江区九圩镇	42316	30637	167	650	10		4058
金城江区五圩镇	16928	12506	53	486	10	4	2011

续表 391　　（广西壮族自治区）　　单位：公顷、人、个

名　　称	行政区域面　　积	常住人口	企业个数	企　　业从业人员	工业企业单　　位	#规模以上	城镇建成区常住人口
金城江区白土乡	17870	17292	22	111			
金城江区侧岭乡	16723	10955	51	153	6		
金城江区保平乡	16063	10900	6	85	2		
金城江区长老乡	19016	14474	14	325	2		
南丹县城关镇	39309	82641	322	9566	9	3	64219
南丹县大厂镇	25342	24111	39	2462	2	2	16121
南丹县车河镇	16317	14417	379	4865	19	5	4542
南丹县芒场镇	37895	27990	26	278			2621
南丹县六寨镇	65056	46920	25	139	1	1	3183
南丹县月里镇	31830	25050					2447
南丹县吾隘镇	27233	18978	32	175			1257
南丹县罗富镇	44460	26754	4	23			2084
南丹县中堡苗族乡	15830	7401	10	56			
南丹县八圩瑶族乡	51042	26982					
南丹县里湖瑶族乡	36176	25380					
天峨县六排镇	38300	46929	604	3488	270	4	41921
天峨县向阳镇	69620	28712	189	786	1		3450
天峨县岜暮乡	25473	12708	60	290	2		
天峨县八腊瑶族乡	32640	22553	511	1117			
天峨县纳直乡	19790	6791	30	94			
天峨县更新乡	30910	15700	26	89	1		
天峨县下老乡	31120	15188	49	173			
天峨县坡结乡	42620	14528	58	283	1		
天峨县三堡乡	24329	15536	23	138			
凤山县凤城镇	30530	46492	90	800	87	6	18973
凤山县长洲镇	19050	21635	19	95	11		2400
凤山县三门海镇	24561	12888					6135
凤山县砦牙乡	16371	15276					
凤山县乔音乡	34215	32226					
凤山县金牙瑶族乡	23608	27352	16	240	9		
凤山县中亭乡	11500	14456					
凤山县平乐瑶族乡	17025	24382	6	128	6	1	
凤山县江洲瑶族乡	9189	9704	25	168	10		
东兰县东兰镇	27228	63119	432	7244	124	5	26871
东兰县隘洞镇	32450	42017	117	813	24	2	4590
东兰县长乐镇	16811	16412	84	924	3		1488
东兰县三石镇	30840	19006	63	280	3		4566
东兰县武篆镇	19012	24277	93	466	6		4890
东兰县长江镇	15725	23302	54	193	4		2302
东兰县泗孟乡	13043	10844	34	163			
东兰县兰木乡	16379	11661	22	101			
东兰县巴畴乡	12344	16683	23	118	1		
东兰县金谷乡	12846	8695	12	20	3		
东兰县三弄瑶族乡	8900	5351	12	137			
东兰县大同乡	15567	15489	34	181	2		
东兰县花香乡	18422	19551	20	89	1		
东兰县切学乡	8371	5979	31	195	5		
罗城仫佬族自治县东门镇	38706	94268	1000	10000	25	12	94268
罗城仫佬族自治县龙岸镇	36077	41462	12	120			3860
罗城仫佬族自治县黄金镇	17868	25587	12	351	8		3910

续表 392　　　　（广西壮族自治区）　　　　单位：公顷、人、个

名　　称	行政区域面积	常住人口	企业个数	企业从业人员	工业企业单位	#规模以上	城镇建成区常住人口
罗城仫佬族自治县小长安镇	25200	30835	15	496			30835
罗城仫佬族自治县四把镇	28941	49126	16	700			6880
罗城仫佬族自治县天河镇	19107	21234	9	128	6	1	1700
罗城仫佬族自治县怀群镇	17119	17772					7257
罗城仫佬族自治县宝坛乡	28813	17662	3	45	2		
罗城仫佬族自治县乔善乡	14454	19645	10	134			
罗城仫佬族自治县纳翁乡	19833	5916	3	30			
罗城仫佬族自治县兼爱乡	19748	16782					
环江毛南族自治县思恩镇	27799	38306	722	5027	115	15	20053
环江毛南族自治县水源镇	35498	31767	20	170	20		6220
环江毛南族自治县洛阳镇	46759	36688	245	2438	34	4	4290
环江毛南族自治县川山镇	66440	35161	13	460	13		4521
环江毛南族自治县明伦镇	45775	30252	12	55	5		2438
环江毛南族自治县东兴镇	49514	18466	34	450	34	1	5200
环江毛南族自治县大才乡	12839	9966	8	98	8		
环江毛南族自治县下南乡	25387	13986	2	10			
环江毛南族自治县大安乡	22087	15945	8	125	4		
环江毛南族自治县长美乡	23817	11395	9	83	9		
环江毛南族自治县龙岩乡	40999	17326			10		
环江毛南族自治县驯乐苗族乡	58359	21342	35	1296	12	4	
巴马瑶族自治县巴马镇	27583	43228	1381	5530	330	12	38227
巴马瑶族自治县甲篆镇	15712	30434	204	540	40		4850
巴马瑶族自治县燕洞镇	22713	28748	62	611	62		3762
巴马瑶族自治县那社乡	17668	18051	12	72			
巴马瑶族自治县所略乡	34444	3	92	615	92		
巴马瑶族自治县西山乡	25360	22739	41	353	38		
巴马瑶族自治县东山乡	12060	14050	13	136	9		
巴马瑶族自治县凤凰乡	8855	11894					
巴马瑶族自治县百林乡	11989	18487					
巴马瑶族自治县那桃乡	21259	34925	55	791	46	3	
都安瑶族自治县安阳镇	5260	69989	990	11880	81	2	45489
都安瑶族自治县高岭镇	28696	73910	27	812	21		11218
都安瑶族自治县地苏镇	24259	74468	86	1845	37	3	705
都安瑶族自治县下坳镇	34800	41367					
都安瑶族自治县拉烈镇	34136	36843	110	500	1	1	36843
都安瑶族自治县百旺镇	23970	31757	82	360	10	1	2810
都安瑶族自治县澄江镇	25880	66458	22	1280	22		
都安瑶族自治县大兴镇	16340	34516	8	42			
都安瑶族自治县拉仁镇	18987	29131					25613
都安瑶族自治县东庙乡	15630	28084	14	80	14		
都安瑶族自治县隆福乡	12257	19150	4	20			
都安瑶族自治县保安乡	23560	27973					
都安瑶族自治县板岭乡	28185	36406	40	220	3		
都安瑶族自治县永安乡	12495	19190					
都安瑶族自治县三只羊乡	26400	13521	13	30			
都安瑶族自治县龙湾乡	16740	14247					
都安瑶族自治县菁盛乡	21580	18035					
都安瑶族自治县加贵乡	16659	20847					
都安瑶族自治县九渡乡	17390	17863					
大化瑶族自治县大化镇	27206	54070	80	1141	61	5	54070

续表 393 （广西壮族自治区） 单位：公顷、人、个

名 称	行政区域面积	常住人口	企业个数	企业从业人员	工业企业单位	#规模以上	城镇建成区常住人口
大化瑶族自治县都阳镇	17412	22297	98	497	6		4217
大化瑶族自治县岩滩镇	18743	32242	78	758	11	1	3522
大化瑶族自治县北景镇	20586	28947	156	780	34		5082
大化瑶族自治县共和乡	12360	21359	18	95	3		
大化瑶族自治县贡川乡	10921	16984					
大化瑶族自治县百马乡	13269	20164	20	105			
大化瑶族自治县古河乡	5763	6263	2	12			
大化瑶族自治县古文乡	9747	12097					
大化瑶族自治县江南乡	16843	25583	3	82	3		
大化瑶族自治县羌圩乡	12534	18974					
大化瑶族自治县乙圩乡	11972	15496	8	48			
大化瑶族自治县板升乡	30193	25761					
大化瑶族自治县七百弄乡	20229	17869					
大化瑶族自治县雅龙乡	26482	30795					
大化瑶族自治县六也乡	20740	26279	21	126			
宜州市庆远镇	31510	172764	2223	11120	917	29	13500
宜州市三岔镇	12805	16294	22	572	1	1	2497
宜州市洛西镇	12887	28072	75	367	71		6046
宜州市怀远镇	23323	31230	356	2145	30	4	8124
宜州市德胜镇	34513	46275	167	2863	117	1	12205
宜州市石别镇	20243	34956	21	310	14	1	5123
宜州市北山镇	15783	32423	58	342	18		3940
宜州市刘三姐镇	36990	38353	24	241	22	1	2340
宜州市洛东镇	10547	24140	72	730	10	2	4020
宜州市祥贝乡	21134	17030	7	68	7		
宜州市屏南乡	14693	24890	53	215	51		
宜州市福龙瑶族乡	40012	36165	52	340	52		
宜州市北牙瑶族乡	37018	62187	20	145	9		
宜州市同德乡	16274	22194	29	161	29		
宜州市安马乡	27900	24409	10	54			
宜州市龙头乡	30077	39707	128	640	112	1	
兴宾区凤凰镇	40090	78429	137	2808	47	3	38381
兴宾区良江镇	20150	52073	195	4993	79	16	8446
兴宾区小平阳镇	21857	61707	8	518	1	1	12933
兴宾区迁江镇	42319	73512	103	516	25	7	8486
兴宾区石陵镇	15640	34525	25	152	9		5106
兴宾区平阳镇	30420	46978	57	210	21		7791
兴宾区蒙村镇	28225	48989	93	854	37	4	7415
兴宾区大湾镇	14278	34065	41	233	10		4480
兴宾区桥巩镇	20571	48287	81	571	11		2137
兴宾区寺山镇	19680	46833	67	479	42		10203
兴宾区城厢镇	17500	43820	180	5389	71	16	9560
兴宾区三五镇	21600	61117	43	243	7		6735
兴宾区五山乡	13420	23947	27	171	6		
兴宾区陶邓乡	20120	43795	47	13	5		
兴宾区良塘乡	23861	27350	25	10	20		
兴宾区七洞乡	18700	15317	11	8	3		
兴宾区石牙乡	13520	36672	28	10	15		
兴宾区南泗乡	17600	32673	21	11	5		
兴宾区高安乡	15737	13712	16	8	3		

续表 394 （广西壮族自治区） 单位：公顷、人、个

名　称	行政区域面积	常住人口	企业个数	企业从业人员	工业企业单位	#规模以上	城镇建成区常住人口
兴宾区正龙乡	8705	21864	30	6	5	1	
忻城县城关镇	44079	68438	35	10361	24	9	35305
忻城县大塘镇	31300	38595	48	196	12	1	7458
忻城县思练镇	37800	41216	71	1056	7	4	13520
忻城县红渡镇	22200	31816	75	823	7	2	8325
忻城县古蓬镇	14600	29750	12	126	9		3953
忻城县果遂镇	15460	26684	20	123	4		1250
忻城县马泗乡	23466	15456			7		
忻城县欧洞乡	13393	12548			5		
忻城县安东乡	12000	16070					
忻城县新圩乡	7200	10795					
忻城县遂意乡	15861	26016			2		
忻城县北更乡	19630	21216					
象州县象州镇	23323	52849	3120	16952	304	30	48000
象州县石龙镇	13067	34433	247	2984	120	16	14378
象州县运江镇	25361	35980	53	261	17	1	4652
象州县寺村镇	21920	45727	1223	6115	19	7	9416
象州县中平镇	9720	30424	526	2235	46		5616
象州县罗秀镇	12913	27670	700	3521	56	2	6238
象州县大乐镇	11818	25441	329	1732	32	5	4073
象州县马坪镇	21115	29975	380	1560	24	1	4710
象州县妙皇乡	21700	22414			22		
象州县百丈乡	9200	18479			9		
象州县水晶乡	13823	20086	332	1679	43	1	
武宣县武宣镇	15818	65924	1522	6800	105	32	63316
武宣县桐岭镇	18477	53309	22	927	11	4	4765
武宣县通挽镇	8779	43782	17	106			7012
武宣县东乡镇	19546	45244	14	103	15		3740
武宣县三里镇	20196	44096	112	565	10	3	6080
武宣县二塘镇	26000	47471	68	350	19	5	9932
武宣县黄茆镇	12820	26818	15	234	2		3709
武宣县禄新镇	12700	30663	82	262	8	1	477
武宣县思灵乡	8525	23228			2		
武宣县金鸡乡	14816	21188			6		
金秀瑶族自治县金秀镇	30322	18913	266	1813	35		10850
金秀瑶族自治县桐木镇	20486	49821	331	4960	71	11	14077
金秀瑶族自治县头排镇	10742	19232	113	566	19	2	4773
金秀瑶族自治县三角乡	18444	4797	3	30	1		
金秀瑶族自治县忠良乡	33605	8570	25	162	16		
金秀瑶族自治县罗香乡	29122	11836	32	163	7		
金秀瑶族自治县长垌乡	19652	4846	10	47	6		
金秀瑶族自治县大樟乡	37674	11746	32	256	14		
金秀瑶族自治县六巷乡	26253	4896	3	105	3	1	
金秀瑶族自治县三江乡	20976	9315	6	35	6		
合山市岭南镇	9800	66095	620	2895	289	6	14086
合山市北泗镇	11454	28280	49	588	23	1	6455
合山市河里镇	13142	24382	65	328	13	1	5438
江州区新和镇	21700	19831					7221
江州区濑湍镇	17476	24767	2	36	2		3185
江州区江州镇	27911	46167					9957

续表 395　　（广西壮族自治区）　　单位：公顷、人、个

名　称	行政区域面积	常住人口	企业个数	企业从业人员	工业企业单位	#规模以上	城镇建成区常住人口
江州区左州镇	38800	38142					6115
江州区那隆镇	35375	36840	86	436			5836
江州区驮卢镇	44308	55386					6738
江州区罗白乡	15960	24442					
江州区板利乡	10700	14811	3	180			
扶绥县新宁镇	14264	97556	1361	7320	110	17	94305
扶绥县渠黎镇	32233	53013	172	2779	72	7	5247
扶绥县渠旧镇	16539	25683	5	300	2		2250
扶绥县柳桥镇	29956	36928	28	402	10		3800
扶绥县东门镇	37696	48390	421	3120	33	2	26552
扶绥县山圩镇	25986	30036	26	234	13		7184
扶绥县中东镇	34259	36057	22	527	16	1	6601
扶绥县东罗镇	21364	22483	33	952	14	2	10069
扶绥县龙头乡	14862	25749	47	494	13		
扶绥县岜盆乡	17760	26905	35	311	7		
扶绥县昌平乡	18066	23767	67	558	14	1	
宁明县城中镇	25075	78593	589	8134	81	11	62172
宁明县爱店镇	8371	8584	78	357	2		4032
宁明县明江镇	18753	30897	43	448	16	1	3790
宁明县海渊镇	22034	35474	37	1341	11	1	7637
宁明县桐棉镇	65467	33457	47	328	5	1	5188
宁明县那堪镇	29925	26758	25	227	8	1	4150
宁明县亭亮镇	37869	28451	25	222	3	1	3186
宁明县寨安乡	23353	15206	21	226	7		
宁明县峙浪乡	27787	17740	2	188	2	1	
宁明县东安乡	14507	15016	8	64	1		
宁明县板棍乡	24034	18285	17	117	2		
宁明县北江乡	17890	18745	20	249	4		
宁明县那楠乡	55378	17539	14	75	3	1	
龙州县龙州镇	17404	62653	1205	24818	65	8	36413
龙州县下冻镇	16855	19056	69	3298	7	1	1300
龙州县水口镇	21135	22344	226	2987	19	3	2394
龙州县金龙镇	20212	28279	49	337	9		1745
龙州县响水镇	20654	15211	62	413	7		2556
龙州县八角乡	8723	6405	13	151			
龙州县上降乡	9323	11789					
龙州县彬桥乡	12100	19589	47	440	5		
龙州县上龙乡	21329	17925	30	765	6	2	
龙州县武德乡	23772	19796	45	317	3		
龙州县逐卜乡	22098	17688	35	103			
龙州县上金乡	26702	20192					
大新县桃城镇	24244	68697	1239	22302	139	7	68697
大新县全茗镇	18565	20571	124	1116	14		3904
大新县雷平镇	37279	47222	316	2827	36	2	47222
大新县硕龙镇	16936	11100	43	560	15		11100
大新县下雷镇	25290	24639	161	5984	58	10	24639
大新县五山乡	14429	14722	64	324	2		
大新县龙门乡	14973	13016	83	498	8		
大新县昌明乡	11641	14024	94	524	1		
大新县福隆乡	14409	15835	5	23	5		

续表 396　（广西壮族自治区、海南省）　单位：公顷、人、个

名　　称	行政区域面　　积	常住人口	企业个数	企　　业从业人员	工业企业单　　位	#规模以上	城镇建成区常住人口
大新县那岭乡	17956	15385	71	307	1		
大新县恩城乡	13423	11217	101	702	4		
大新县榄圩乡	36274	24906	12	50	11		
大新县宝圩乡	11268	17559	94	465	9		
大新县堪圩乡	12800	16948	92	748	5		
天等县天等镇	21231	72025	448	6815	34	7	54373
天等县龙茗镇	11867	16676	59	378	5		3305
天等县进结镇	21440	27243	66	677	4	1	4348
天等县向都镇	23187	38772	48	243	1		4478
天等县东平镇	12982	18970	56	913	15	4	3368
天等县福新镇	28071	24606	40	193	3		3490
天等县都康乡	13429	25079	39	233	3		
天等县宁干乡	9323	15340	22	183	2		
天等县驮堪乡	21523	28420	37	368	3		
天等县进远乡	6488	7432	21	111	1		
天等县上映乡	16884	29130	69	595	5		
天等县把荷乡	14455	19143	33	163	1		
天等县小山乡	9709	11349	16	82	1		
凭祥市凭祥镇	6700	62359	413	4294	90	8	43633
凭祥市友谊镇	10500	18394	239	1197	1		1184
凭祥市上石镇	18169	19075	17	86			1427
凭祥市夏石镇	20262	25477	59	491	10	2	3810
海南省							
秀英区长流镇	4830	47721	63	950	32	11	19936
秀英区西秀镇	4430	47136	44	1761	32	1	4170
秀英区海秀镇	1970	41782	50	842	20		3675
秀英区石山镇	13453	37656	16	520	6	2	4168
秀英区永兴镇	11200	33703	135	9180	32	6	4617
秀英区东山镇	13109	76006	9	280			20140
龙华区城西镇	3500	61322	925	32161	102	52	36698
龙华区龙桥镇	4950	21351	78	2320	21		2822
龙华区新坡镇	5360	33636					4572
龙华区遵谭镇	5570	21730	92	527	11		3455
龙华区龙泉镇	7340	38690	36	910	8	1	9780
琼山区龙塘镇	3829	30286	29	483	9		6082
琼山区云龙镇	7214	24349	65	2113	8	4	7683
琼山区红旗镇	10387	27502	102	639	4		27502
琼山区三门坡镇	8457	21822	115	693	7		3862
琼山区大坡镇	2805	8228	20	175			3057
琼山区甲子镇	15138	26687	51	642	7		3185
琼山区旧州镇	8279	28191	60	439	2		1951
美兰区灵山镇	11230	92757	95	615	57	5	26448
美兰区演丰镇	13100	26512	130	1306	12		4726
美兰区三江镇	7572	15781	19	437	5	1	4775
美兰区大致坡镇	11394	36231	44	589	24		11252
海棠区海棠湾镇	25380	58409	420	19619	19	3	15126
吉阳区吉阳镇	37200	256052	7612	123452	136	13	156320
天涯区天涯镇	39983	281933	7223	37846	50	3	202306
崖州区崖城镇	11242	85137	63	5097	8	5	82116
儋州市那大镇	17337	225870	5570	34360	856	5	225870

续表 397 （海南省） 单位：公顷、人、个

名　　称	行政区域面积	常住人口	企业个数	企业从业人员	工业企业单位	#规模以上	城镇建成区常住人口
儋州市和庆镇	11421	24176	35	178	1		891
儋州市南丰镇	22887	28373	3	50	3		3244
儋州市大成镇	10000	37524	4	30	1		2343
儋州市雅星镇	55756	48360	12	70	1		1768
儋州市兰洋镇	32689	18069	53	897	4		498
儋州市光村镇	17080	35196	20	250	1		4622
儋州市木棠镇	17250	57181	142	505	8	4	8200
儋州市海头镇	19700	46158	7	140	3		5760
儋州市峨蔓镇	9122	18168	1	10	1	1	1723
儋州市三都镇	6800	27984					1033
儋州市王五镇	2502	27046	2	185	2	2	5747
儋州市白马井镇	7350	78367	449	14735	15	2	2478
儋州市中和镇	6200	39465	12	52	4	1	9145
儋州市排浦镇	10900	24710	2	21	2		4280
儋州市东成镇	22943	65215	103	1536	4	1	1241
儋州市新州镇	11635	85854	1	18	1		6567
五指山市通什镇	21463	46565	496	6643	36	2	32140
五指山市南圣镇	14903	8130	90	1091	12		485
五指山市毛阳镇	23506	13795	89	442	6	1	2119
五指山市番阳镇	11973	8806	36	191	4		196
五指山市畅好乡	14988	5539	92	290	6		
五指山市毛道乡	11310	5829	44	52	1		
五指山市水满乡	10805	4436	67	500	2	1	
琼海市嘉积镇	13630	204216	785	22840	54	4	121972
琼海市万泉镇	16100	29028	10	186	7		3410
琼海市石壁镇	9530	16230	73	350			1204
琼海市中原镇	10400	28254	102	1873	13	1	5326
琼海市博鳌镇	8696	28636	463	6945	2		4850
琼海市阳江镇	10599	26407	96	487			3530
琼海市龙江镇	5100	20291	31	175			3158
琼海市潭门镇	7810	34457	132	1029	38		7798
琼海市塔洋镇	6900	27261	106	934	13	1	1063
琼海市长坡镇	16903	45885	130	670	9		12938
琼海市大路镇	9275	27603	207	2469	4	2	5461
琼海市会山镇	13030	8307	3	233			193
文昌市文城镇	32280	138801	1180	6200	180		67632
文昌市重兴镇	11920	32409	63	317	7		1715
文昌市蓬莱镇	12100	19223	86	2067	8		2983
文昌市会文镇	13560	28483	154	1141	31	1	6452
文昌市东路镇	8600	22071	9	337	1	1	2860
文昌市潭牛镇	14100	35007	65	955	23	1	5680
文昌市东阁镇	10940	23945	77	371	3		4400
文昌市文教镇	7150	21541	30	248			2305
文昌市东郊镇	8833	49600	168	21000	152	1	3986
文昌市龙楼镇	9800	25889	165	995	3	1	5851
文昌市昌洒镇	19700	18131	90	900	9	1	3100
文昌市翁田镇	26487	34292	109	1325	10		8904
文昌市抱罗镇	10933	17583	23	680	4	1	1810
文昌市冯坡镇	9700	13216	3	120	3		3996
文昌市锦山镇	16400	35121	150	1350	21	1	6250

续表 398 （海南省） 单位：公顷、人、个

名称	行政区域面积	常住人口	企业个数	企业从业人员	工业企业单位	#规模以上	城镇建成区常住人口
文昌市铺前镇	13470	42862	62	764	30		9047
文昌市公坡镇	8460	10222	6	46			1108
万宁市万城镇	10890	171686	357	10293	18	1	63226
万宁市龙滚镇	15200	22330	58	406	10	1	6500
万宁市和乐镇	8040	60383	188	4136	28		10189
万宁市后安镇	9622	52299	16	4630	16	2	3956
万宁市大茂镇	5210	26189	62	1002	52		5280
万宁市东澳镇	9348	43842	165	2804	4		3497
万宁市礼纪镇	18200	46166	64	6103	15	3	46166
万宁市长丰镇	10600	30299	11	2426	7	3	1556
万宁市山根镇	6000	13511	11	374	1		475
万宁市北大镇	27609	22360	15	907	3		1745
万宁市南桥镇	6900	12498	4	76	1		702
万宁市三更罗镇	7000	10587	7	56	5		10569
万宁市兴隆华侨农场	11700	36451	61	2463	2	2	
东方市八所镇	30300	178416	1477	7930	374	10	83891
东方市东河镇	32300	23344					5716
东方市大田镇	13583	27304					2585
东方市感城镇	19244	50154	4	132	4	1	16205
东方市板桥镇	30369	36900	80	800	45		9300
东方市三家镇	17282	31165					31165
东方市四更镇	8009	23792	35	250	30	1	10211
东方市新龙镇	8660	20304					1948
东方市天安乡	27236	13375					
东方市江边乡	19853	6398	6	109			
定安县定城镇	14580	98349	257	7082	79	14	53026
定安县新竹镇	7926	21802	9	188	4		5447
定安县龙湖镇	9900	20940	11	236	4		20940
定安县黄竹镇	6383	10582	15	265	1		3593
定安县雷鸣镇	12944	28307	16	410	2		7001
定安县龙门镇	10300	24741	9	250	2		5629
定安县龙河镇	12003	33202	12	189	2		5599
定安县岭口镇	6500	25491	7	187	4		3395
定安县翰林镇	4230	17184	4	42	2		17184
定安县富文镇	7581	14112	1	12	1		1868
屯昌县屯城镇	16999	90151	1517	8102	24	3	64451
屯昌县新兴镇	10919	27245	4	9			3541
屯昌县枫木镇	5924	14996	77	462	4		1980
屯昌县乌坡镇	7912	21052	5	84	3		21052
屯昌县南吕镇	8297	30549	455	2642	9		5789
屯昌县南坤镇	15441	34690	20	179	5		3315
屯昌县坡心镇	5025	11665	34	578	34		1699
屯昌县西昌镇	5506	9139	44	326	5		1296
澄迈县金江镇	36142	179332	606	9194	46	4	5789
澄迈县老城镇	14920	75571	252	29982	93	36	14763
澄迈县瑞溪镇	5668	34010	90	462	3		10042
澄迈县永发镇	12664	43324	116	806	17		9910
澄迈县加乐镇	6260	23624	7	53	3		23624
澄迈县文儒镇	11735	32617	2	55	2		32617
澄迈县中兴镇	12070	23480	68	346	2	1	5176

续表 399　　　　　　　　　　（海南省）　　　　　　　　　　单位：公顷、人、个

名　　称	行政区域面积	常住人口	企业个数	企业从业人员	工业企业单位	#规模以上	城镇建成区常住人口
澄迈县仁兴镇	3600	8916	4	45	1		871
澄迈县福山镇	5563	20678	157	2355	6	3	10343
澄迈县桥头镇	7030	22097	75	379	3		3203
澄迈县大丰镇	10400	15372	138	985			1800
临高县临城镇	16640	131478	54	2296	32	3	131478
临高县波莲镇	11742	31158					30993
临高县东英镇	8330	26148	9	82	2		1413
临高县博厚镇	17440	43551	25	1420	20	1	4691
临高县皇桐镇	12430	21023	8	369			2283
临高县多文镇	9043	21499	10	105	6		3092
临高县和舍镇	13910	25906	10	250	7		7520
临高县南宝镇	8817	15746	24	400	2		3741
临高县新盈镇	5200	60876	47	550			17212
临高县调楼镇	4960	54248	88	450	5		25420
白沙黎族自治县牙叉镇	26448	38059	38	526			18674
白沙黎族自治县七坊镇	30200	24767	106	1756	4	1	2248
白沙黎族自治县邦溪镇	12644	13016	39	505	16		2663
白沙黎族自治县打安镇	16800	14890	3	73	2	1	1105
白沙黎族自治县细水乡	25298	6036					
白沙黎族自治县元门乡	18246	6257	1	32			
白沙黎族自治县南开乡	34899	5134					
白沙黎族自治县阜龙乡	6420	5358	3	18			
白沙黎族自治县青松乡	24879	9275	4	25			
白沙黎族自治县金波乡	11600	5010					
白沙黎族自治县荣邦乡	8979	7071	3	18			
昌江黎族自治县石碌镇	23588	60500	1200	13650	19	3	35963
昌江黎族自治县叉河镇	9880	14564	104	721	9	5	2234
昌江黎族自治县十月田镇	20440	22962	80	395			817
昌江黎族自治县乌烈镇	8900	31711	40	128	1		12866
昌江黎族自治县昌化镇	12587	24097	36	158	5		4731
昌江黎族自治县海尾镇	20260	28892	85	1875	1	1	10355
昌江黎族自治县七叉镇	10491	16594	20	212	4		1317
昌江黎族自治县王下乡	36500	3231	4	18	1		
乐东黎族自治县抱由镇	14305	71949	25	131	7	1	
乐东黎族自治县万冲镇	30850	28353					28353
乐东黎族自治县大安镇	13737	29497	13	66			600
乐东黎族自治县志仲镇	27640	24778	1	32			1839
乐东黎族自治县千家镇	16500	25069	4	32	1	1	1703
乐东黎族自治县九所镇	19870	46855	132	1658	6		3210
乐东黎族自治县利国镇	25743	77488	193	1072	5		8202
乐东黎族自治县黄流镇	14212	71130	85	1190	4		19001
乐东黎族自治县佛罗镇	8900	37725	9	53	1		5984
乐东黎族自治县尖峰镇	20500	23164	41	286	6		4900
乐东黎族自治县莺歌海镇	1130	18230	1	188	1	1	18230
陵水黎族自治县椰林镇	11296	108560	284	2888	2	1	41262
陵水黎族自治县光坡镇	7195	24562	18	1520			1563
陵水黎族自治县三才镇	4390	15775	3	56			
陵水黎族自治县英州镇	13542	41827	102	1820			3076
陵水黎族自治县隆广镇	8400	21446	36	627			755
陵水黎族自治县文罗镇	6335	16108	26	110			1226

续表 400　　（海南省、重庆市）　　单位：公顷、人、个

名　　称	行政区域面　　积	常住人口	企业个数	企　　业从业人员	工业企业单　　位	#规模以上	城镇建成区常住人口
陵水黎族自治县本号镇	39882	30573					3283
陵水黎族自治县新村镇	6001	33183	13	67			30282
陵水黎族自治县黎安镇	4280	18087					3479
陵水黎族自治县提蒙乡	4700	18119	7	105	4		
陵水黎族自治县群英乡	3070	7624					
保亭黎族苗族自治县保城镇	17502	37991	94	6029	7	1	26515
保亭黎族苗族自治县什玲镇	17688	14034	3	124	1		881
保亭黎族苗族自治县加茂镇	11108	11228	25	278	1		528
保亭黎族苗族自治县响水镇	15847	11678	11	319	7	1	1442
保亭黎族苗族自治县新政镇	17112	15457	13	65	1		1930
保亭黎族苗族自治县三道镇	9996	11240	38	2076	5		89
保亭黎族苗族自治县六弓乡	8173	7404	1	39	1		
保亭黎族苗族自治县南林乡	5982	5626					
保亭黎族苗族自治县毛感乡	12752	4034					
琼中黎族苗族自治县营根镇	33580	42009	47	400	12	1	24718
琼中黎族苗族自治县湾岭镇	15671	22827	17	90	1	1	3144
琼中黎族苗族自治县黎母山镇	13170	19386	23	120	3		642
琼中黎族苗族自治县和平镇	38380	9117					827
琼中黎族苗族自治县长征镇	17905	8921	8	260	2		819
琼中黎族苗族自治县红毛镇	15677	8998	4	14	2		658
琼中黎族苗族自治县中平镇	24929	9611					735
琼中黎族苗族自治县吊罗山乡	14666	6896					
琼中黎族苗族自治县上安乡	20533	6353	8	128	8		
琼中黎族苗族自治县什运乡	12700	6414					
重庆市							
万州区小周镇	2678	8513	48	1245	6	1	2146
万州区大周镇	2433	13286	73	366	16	3	1913
万州区新乡镇	4330	8683	95	401	10		1801
万州区孙家镇	4620	13300	180	1100	7		1700
万州区高峰镇	4620	16071	166	1320	17	1	4895
万州区龙沙镇	6850	31920	331	3402	19	1	11499
万州区响水镇	6208	12946	262	1365	9		2762
万州区武陵镇	8070	27436	312	2030	32		11126
万州区瀼渡镇	3640	9353	119	607	34		3500
万州区甘宁镇	10480	46321	276	3300	25		4615
万州区天城镇	7813	40381	391	15618	88	14	17723
万州区熊家镇	8250	38593	132	691	60	2	18569
万州区高梁镇	10090	45136	210	7234	72	8	4382
万州区李河镇	7780	34465	254	3275	53	8	8525
万州区分水镇	22090	82694	795	11258	156	6	25103
万州区余家镇	13895	37272	501	2805	40	1	18350
万州区后山镇	7830	24276	265	1956	11		5670
万州区弹子镇	7403	19125	125	1402	12	2	2273
万州区长岭镇	9940	34043	390	1960	36	7	9110
万州区新田镇	15178	41642	470	6580	45	6	20307
万州区白羊镇	9849	36875	378	1912	49		17265
万州区龙驹镇	24790	46675	215	1120	29		14082
万州区走马镇	17649	42537	260	1952	18		8575
万州区罗田镇	8218	24854	500	2524	6		2884
万州区太龙镇	6248	23712	187	3555	13		4241

续表 401　　(重庆市)　　单位：公顷、人、个

名　称	行政区域面　积	常住人口	企业个数	企　业从业人员	工业企业单　位	#规模以上	城镇建成区常住人口
万州区长滩镇	12780	27080	209	1500	20		3565
万州区太安镇	6868	24942	97	240	16		8986
万州区白土镇	6630	21552	203	1100	24		5869
万州区郭村镇	5739	21235	151	1387	10		2081
万州区柱山乡	5388	10899	126	758			
万州区铁峰乡	5146	10338	948	1100	8	1	
万州区溪口乡	4464	5721	64	352	4		
万州区长坪乡	4430	7297	55	574	3		
万州区燕山乡	5640	5548	60	400	6		
万州区梨树乡	4857	5396	59	301	6		
万州区普子乡	8570	13076	28	178	10		
万州区地宝土家族乡	3928	5400	7	50	2		
万州区恒合土家族乡	8200	23729	241	1206	15		
万州区黄柏乡	3206	9132	57	309	8		
万州区九池乡	3140	15948	74	1084	22	6	
万州区茨竹乡	4380	4397	73	369	7		
涪陵区南沱镇	6714	28813	385	8560	34	7	5330
涪陵区青羊镇	10758	15173	107	9258	6	3	1815
涪陵区百胜镇	14737	33246	587	7897	92	14	6107
涪陵区珍溪镇	18445	60738	649	28000	66	8	11350
涪陵区清溪镇	7933	35415	89	4450	49	18	14641
涪陵区焦石镇	16643	28624	213	4238	21		16317
涪陵区马武镇	16153	38541	255	7629	84	9	8560
涪陵区龙潭镇	12390	33469	368	2950	24	5	12422
涪陵区蔺市镇	16364	42895	615	12187	41	7	9350
涪陵区新妙镇	13912	47130	321	5208	32	12	18255
涪陵区石沱镇	10224	18520	309	2411	28		7981
涪陵区义和镇	9945	41081	610	6019	38	6	5120
涪陵区罗云乡	7280	12552	20	418	9	2	
涪陵区大木乡	8088	3613	198	995	2		
涪陵区武陵山乡	11262	7168	193	1378	7	1	
涪陵区大顺乡	9690	22824	131	1235	8	1	
涪陵区增福乡	8157	18665	43	517	13		
涪陵区同乐乡	9766	15927	81	462	8	2	
大渡口区八桥镇	2050	44926	574	18540	368	33	38161
大渡口区建胜镇	1720	29496	159	7290	93	8	6120
大渡口区跳磴镇	4970	35106	609	12200	181	18	10341
江北区鱼嘴镇	3967	46295	320	14569	65	33	9568
江北区复盛镇	3050	22828	360	2383	56	8	21755
江北区五宝镇	4280	9306	104	244	8		1762
沙坪坝区井口镇	2225	36958	421	13520	231	37	36958
沙坪坝区歌乐山镇	3400	47665	1380	23484	251	35	3800
沙坪坝区青木关镇	3227	28857	248	6799	174	16	25750
沙坪坝区凤凰镇	3170	26065	330	9851	273	18	3576
沙坪坝区回龙坝镇	3910	31977	323	8000	320	14	7500
沙坪坝区曾家镇	3403	60000	660	55500	55	10	12311
沙坪坝区土主镇	3300	34056	240	3500	50	1	17593
沙坪坝区中梁镇	4037	27638	47	2336	34	4	5828
九龙坡区九龙镇	930	92479	94	18871	29	19	92479
九龙坡区华岩镇	2550	92609	374	18314	236	26	92609

续表 402　　(重庆市)　　单位：公顷、人、个

名　称	行政区域面　积	常住人口	企业个数	企　业从业人员	工业企业单　位	#规模以上	城镇建成区常住人口
九龙坡区含谷镇	2950	34602	145	14736	123	48	16125
九龙坡区金凤镇	3694	20147	216	10354	199	41	8016
九龙坡区白市驿镇	5195	68081	227	17459	134	50	27508
九龙坡区走马镇	3659	20366	274	3280	68	5	3106
九龙坡区石板镇	2311	14616	39	1508	29	4	3680
九龙坡区巴福镇	1815	20294	125	23581	112	16	20294
九龙坡区陶家镇	3602	24034	485	3563	120	36	15875
九龙坡区西彭镇	8696	107601	2468	20419	429	50	68536
九龙坡区铜罐驿镇	2331	21857	95	3984	50	9	9663
南岸区南坪镇	1000	92493	560	18569	37	10	92493
南岸区涂山镇	890	104084	643	40302	338	4	104084
南岸区鸡冠石镇	890	17085	280	7910	270	28	14321
南岸区峡口镇	2300	13007	152	5289	36	13	6742
南岸区长生桥镇	5857	67212	1404	55118	349	133	56700
南岸区迎龙镇	4570	22380	40	2143	30	4	6890
南岸区广阳镇	3712	16472	184	4725	72	10	5334
北碚区歇马镇	5858	75730	1092	30996	606	33	23470
北碚区澄江镇	6387	26140	423	4480	98	6	6000
北碚区蔡家岗镇	4574	75985	408	28500	127	57	75985
北碚区童家溪镇	2272	21952	475	5092	327	44	8145
北碚区天府镇	5267	20898	187	8349	55	8	2510
北碚区施家梁镇	1900	7381	140	7377	120	8	1715
北碚区水土镇	5170	49809	497	16473	264	46	31856
北碚区静观镇	7250	42715	812	8628	33	2	18456
北碚区柳荫镇	6383	17881	218	1557	6		3407
北碚区复兴镇	6206	35541	63	3698	28	4	15780
北碚区三圣镇	6122	18887	200	4201	5	1	2878
北碚区金刀峡镇	7419	10875	164	835	2		4030
綦江区万东镇	5599	59537	1238	10485	78	15	20658
綦江区南桐镇	6440	62580	102	15000	70	45	3396
綦江区青年镇	5550	25450	403	2815	60	8	5562
綦江区关坝镇	7875	24952	701	3506	23	12	5218
綦江区丛林镇	5460	6385	55	844	15	4	4606
綦江区石林镇	8596	9205	414	2021	12	2	892
綦江区金桥镇	6800	16940	387	1936	8	4	2996
綦江区黑山镇	9865	8424	723	3617	9	3	1087
綦江区石角镇	14802	34386	76	9811	39	5	11787
綦江区东溪镇	15374	55802	265	1326	30	1	27128
綦江区赶水镇	19823	43645	381	5381	58	6	30667
綦江区打通镇	11767	72596	272	7560	46	3	42730
綦江区石壕镇	10630	41012	215	2846	28	3	33169
綦江区永新镇	23100	42676	60	2222	24	1	19040
綦江区三角镇	10600	32326	145	1534	24	3	10936
綦江区隆盛镇	13000	36900	305	2178	21	2	9663
綦江区郭扶镇	15700	33558	288	1442	17		12954
綦江区篆塘镇	7022	18825	118	3298	35	5	5611
綦江区丁山镇	3300	7641	162	891	6	1	1355
綦江区安稳镇	9800	36123	248	6352	21	5	20130
綦江区扶欢镇	6378	28963	76	547	23	2	6477
綦江区永城镇	6298	19632	312	4346	39	23	6675

续表 403　　　　（重庆市）　　　　单位：公顷、人、个

名　称	行政区域面　积	常住人口	企业个数	企　业从业人员	工业企业单　位	#规模以上	城镇建成区常住人口
綦江区新盛镇	7600	14317	154	1848	10	2	878
綦江区中峰镇	8000	15659	14	388	4		4623
綦江区横山镇	4500	12726	56	347	3		1692
大足区龙水镇	9863	105768	3632	78390	2316	168	102595
大足区宝顶镇	6610	25992	166	756	23		9269
大足区中敖镇	10879	46269	240	1650	49		11404
大足区三驱镇	7656	43185	183	2949	19	2	10780
大足区宝兴镇	5169	17776	111	1120	35	6	4483
大足区玉龙镇	5012	18115	295	13350	163	21	5100
大足区石马镇	5152	25307	243	3524	82	5	4995
大足区拾万镇	4468	17455	111	1450	29	8	2442
大足区回龙镇	5136	13342	119	652	5		1405
大足区金山镇	3491	13039	111	1385	18		3106
大足区万古镇	6649	52482	399	5376	114	11	15643
大足区国梁镇	3753	17224	129	3245			1568
大足区雍溪镇	3995	23484	96	2335	8	2	3658
大足区珠溪镇	9355	41718	177	12744	23	2	5618
大足区龙石镇	3090	7580	88	685	8		1125
大足区邮亭镇	8725	50557	432	29580	192	45	15910
大足区铁山镇	5996	15912	310	1650	21		4680
大足区高升镇	4900	14894	114	580	6		1750
大足区季家镇	5353	13630	171	978	10		1830
大足区古龙镇	1709	7751	59	1670	35	6	765
大足区高坪镇	5104	14974	119	686	9		1656
渝北区玉峰山镇	6112	21251	231	1755	9		5256
渝北区龙兴镇	10368	100000	169	3857	18	14	100000
渝北区统景镇	11730	27494	472	2520	20		14412
渝北区大湾镇	11771	17206	88	501	22		1213
渝北区兴隆镇	9350	17043	711	2835	7		5383
渝北区木耳镇	8270	66524	568	4752	66	3	10605
渝北区茨竹镇	11279	19449	231	918	29		3480
渝北区古路镇	9296	9952	55	726	31		9952
渝北区石船镇	12970	44372	234	1104	90		8558
渝北区大盛镇	10376	17413	140	576	9		946
渝北区洛碛镇	9650	46459	170	1984	31	2	24212
巴南区界石镇	6840	80066	2309	35197	669	44	43259
巴南区安澜镇	12242	24461	147	1882	17		10026
巴南区跳石镇	13624	28202	414	3328	8	2	5562
巴南区木洞镇	10430	33566	735	25125	265	7	18461
巴南区双河口镇	6200	12896	187	529	5		4328
巴南区麻柳嘴镇	7790	17709	142	8926	64	3	6284
巴南区丰盛镇	6900	11649	210	1140	10	1	4292
巴南区二圣镇	5740	17431	483	585	9	1	4592
巴南区东泉镇	12400	27820	399	770	8		15486
巴南区姜家镇	8036	15230	60	882	16	2	3502
巴南区天星寺镇	4610	9165	120	196	3		1186
巴南区接龙镇	18820	49264	751	3668	46	1	28375
巴南区石滩镇	4740	9008	178	1026	7		2425
巴南区石龙镇	11080	19081	239	320	12		1240
黔江区阿蓬江镇	17225	19263	181	910	45		7500

续表 404　　(重庆市)　　单位：公顷、人、个

名称	行政区域面积	常住人口	企业个数	企业从业人员	工业企业单位	#规模以上	城镇建成区常住人口
黔江区石会镇	12469	16783	199	1000	3	1	8500
黔江区黑溪镇	9426	14724	74	354	4		2115
黔江区黄溪镇	6632	10571	78	581	2	1	3374
黔江区黎水镇	8072	10298	64	323	2		3325
黔江区金溪镇	8420	11103	202	1220	27		3780
黔江区马喇镇	14660	10794	124	550	66		8236
黔江区濯水镇	9670	22434	394	2164	12		10783
黔江区石家镇	9321	8755	90	428	21		2983
黔江区鹅池镇	7212	10696	122	157	2		3152
黔江区小南海镇	11332	8370	274	1120	6		1523
黔江区邻鄂镇	4984	13444	105	645	11		3202
黔江区中塘乡	8164	13144	15	78	8		
黔江区蓬东乡	3414	7135	31	206	6		
黔江区沙坝乡	7940	16020					
黔江区白石乡	8900	9740	5	146	3	2	
黔江区杉岭乡	5347	7654	109	568	13		
黔江区太极乡	6297	9241	84	423	15		
黔江区水田乡	3195	8877	15	100	5		
黔江区白土乡	6512	6046	97	489	1		
黔江区金洞乡	9626	9795	5	14	5		
黔江区五里乡	4953	10096	87	450	2		
黔江区水市乡	9676	7651	21	126	3		
黔江区新华乡	7200	8205	71	485	71		
长寿区邻封镇	5517	29303	135	342	17		3860
长寿区但渡镇	5740	16628	278	635	7		5084
长寿区云集镇	11532	21546	833	2119	17		5781
长寿区长寿湖镇	10450	38520	812	1960	8		16580
长寿区双龙镇	5694	24886	444	3652	25	1	14685
长寿区龙河镇	8990	46260	328	1968	9		6082
长寿区石堰镇	10720	42894	537	3200	35		8130
长寿区云台镇	8900	47700	487	1424	34	5	6812
长寿区海棠镇	4600	21140	158	600	16	4	1483
长寿区葛兰镇	11090	73156	721	10213	70	26	25453
长寿区洪湖镇	10300	19329	345	2189	36		4023
长寿区万顺镇	5700	14993	221	900	13		5711
江津区油溪镇	15400	56317	501	11238	90	5	24558
江津区吴滩镇	8179	31354	287	2318	23	1	4571
江津区石门镇	8400	36421	317	3698	33	1	16435
江津区朱杨镇	5800	26539	59	2314	22		7845
江津区石蟆镇	20800	66814	96	768	58	1	18176
江津区永兴镇	14100	36517	288	3152	28		9245
江津区塘河镇	6100	14129	99	578	12		3908
江津区白沙镇	24100	123122	858	7652	188	21	71098
江津区龙华镇	8100	30332	312	2566	17		4577
江津区李市镇	18000	54466	662	5830	115	2	10795
江津区慈云镇	5100	23774	312	1876	35		7346
江津区蔡家镇	21000	50654	378	2269	58		9102
江津区中山镇	14300	24251	157	1128	19		3629
江津区嘉平镇	8900	19374	165	1721	12		4238
江津区柏林镇	11880	22760	146	780	45		5361

续表 405　　　　(重庆市)　　　　单位：公顷、人、个

名　　称	行政区域面　积	常住人口	企业个数	企　业从业人员	工业企业单　位	#规模以上	城镇建成区常住人口
江津区先锋镇	12700	58230	537	10880	126	5	15231
江津区珞璜镇	14800	90602	1525	38297	561	123	63242
江津区贾嗣镇	8100	27562	249	1276	16		7682
江津区夏坝镇	3700	13937	61	1098	12	2	2698
江津区西湖镇	14200	37958	291	1269	27		17580
江津区杜市镇	8900	26548	138	3586	38	2	12986
江津区广兴镇	3700	13550	126	3200	65	6	3653
江津区四面山镇	25520	13643	225	675	25		3757
江津区支坪镇	8100	36995	92	1526	43		23002
江津区四屏镇	6000	10509	39	257	5		2240
合川区沙鱼镇	2272	14758	58	607	8	1	3976
合川区官渡镇	5775	34646	107	1723	24	1	2989
合川区涞滩镇	7379	27447	87	1098	6	1	2535
合川区肖家镇	3004	25808	44	1236	15	2	5402
合川区古楼镇	4988	21118	65	722	13	2	4261
合川区三庙镇	10800	42589	101	1661	40		9765
合川区二郎镇	3709	17804	43	1531	16	2	11024
合川区龙凤镇	6589	21927	109	955	26	1	2478
合川区隆兴镇	9063	29412	279	1377	22	1	3364
合川区铜溪镇	8348	40221	74	4325	61	5	3215
合川区双凤镇	9717	35363	66	3630	55	13	3587
合川区狮滩镇	5219	23443	42	360	20	8	1693
合川区清平镇	5429	18625	275	12000	171	27	12010
合川区土场镇	4024	26652	90	20375	74	29	26652
合川区小沔镇	5369	29613	82	3459	36	2	2871
合川区三汇镇	9393	53970	376	6097	42	14	24009
合川区香龙镇	5881	18031	81	434	16	1	8991
合川区钱塘镇	13925	61186	424	3924	78	9	30568
合川区龙市镇	11931	71946	127	2520	58	7	20173
合川区燕窝镇	8644	30618	55	443	26	1	4827
合川区太和镇	15671	59502	920	8252	72	12	46402
合川区渭沱镇	10025	47004	327	1689	57	4	2866
合川区双槐镇	9544	55599	112	2896	19	4	9328
永川区青峰镇	4913	22979	86	2481	71	11	2595
永川区金龙镇	7346	34700	60	504	1		1780
永川区临江镇	7710	37554	135	2603	42	4	5785
永川区何埂镇	8040	57789	111	3848	14	3	6413
永川区松溉镇	3446	19345	152	4326	24	8	19345
永川区仙龙镇	8319	31965	383	2149	36	3	31965
永川区吉安镇	6001	23341	136	1932	17	2	4983
永川区五间镇	3770	22864	343	1720	42	6	5846
永川区来苏镇	9321	50045	245	4200	75	6	10350
永川区宝峰镇	3817	19554	67	357	7	1	1503
永川区双石镇	6450	27621	206	2293	20	19	5106
永川区红炉镇	6400	24218	206	3520	18	9	8851
永川区永荣镇	5991	13326	237	2285	12	7	5660
永川区三教镇	10800	58687	372	12374	271	36	31365
永川区板桥镇	6000	24418	246	1158	55	5	3624
永川区朱沱镇	12765	88133	689	10789	56	21	42000
南川区三泉镇	19150	15158	364	2086	18		4248

续表 406　　(重庆市)　　单位：公顷、人、个

名　　称	行政区域面　　积	常住人口	企业个数	企　　业从业人员	工业企业单　　位	#规模以上	城镇建成区常住人口
南川区南平镇	12992	33154	706	7425	110	30	7093
南川区神童镇	3916	7407	78	400	13	2	2463
南川区鸣玉镇	3668	13339	231	1255	32	4	3851
南川区大观镇	6642	22190	308	2325	39	4	3963
南川区兴隆镇	7652	17820	252	1500	34	5	4180
南川区太平场镇	6710	12700	117	613	5		1856
南川区白沙镇	3675	7620	61	351	2		1912
南川区水江镇	23303	51898	750	5652	94	16	24786
南川区石墙镇	3729	7899	99	497	9		1681
南川区金山镇	10127	11224	212	2519	19	1	6022
南川区头渡镇	16419	7673	346	1731	12		3845
南川区大有镇	12069	12045	224	1125	15		4853
南川区合溪镇	10353	6977	101	580	9		2950
南川区黎香湖镇	3480	7925	107	573	1		1120
南川区山王坪镇	10500	5622	119	778	5		1054
南川区木凉镇	3560	8038	227	1325	5	1	1296
南川区楠竹山镇	5037	8005	163	820	9	2	1605
南川区石溪镇	5406	12593	162	972	19		1594
南川区德隆镇	7505	6123	194	970	2		1713
南川区民主镇	3298	9627	103	525	23		1066
南川区福寿镇	4219	7670	148	1059	5		1420
南川区河图镇	3300	7210	127	633	6		2123
南川区庆元镇	7326	8737	115	690	4		810
南川区古花镇	5800	8581	152	620	6		2043
南川区石莲乡	3767	4925	96	535	6	1	
南川区乾丰乡	3409	7268	123	673	6	1	
南川区骑龙乡	3824	8031	88	464	4		
南川区中桥乡	4328	7746	81	493	11	1	
南川区峰岩乡	3838	8784	98	1020	8		
南川区冷水关乡	3738	8434	147	750	9		
璧山区八塘镇	6316	25689	75	2163	66	1	8854
璧山区七塘镇	5700	21611	59	1800	53	3	1189
璧山区河边镇	5250	16464	70	4522	66	7	5310
璧山区福禄镇	4060	18261	191	3261	36	2	2473
璧山区大兴镇	10014	41588	77	4118	42	3	3080
璧山区正兴镇	7281	28739	146	5860	53	2	3326
璧山区广普镇	4715	18190	168	912	27	4	1716
璧山区三合镇	3598	11370	122	611	9		954
璧山区健龙镇	4976	18498	54	1468	37	5	1093
铜梁区旧县街道	7937	52221	439	4500	141	8	7096
铜梁区土桥镇	4519	12940	116	3462	35	10	2084
铜梁区二坪镇	2561	9059	35	682	15	1	815
铜梁区水口镇	2600	4955	87	3194	14		401
铜梁区安居镇	5670	23821	434	6349	131	8	5625
铜梁区白羊镇	3819	13328	150	2450	8		708
铜梁区平滩镇	9120	33641	305	6300	37	2	3012
铜梁区小林镇	3067	7355	107	543	9		814
铜梁区双山镇	3383	7551	206	2472	19		568
铜梁区虎峰镇	7665	29433	1279	8268	174	18	5342
铜梁区石鱼镇	3177	18465	197	4265	83	10	1940

续表 407　　　　（重庆市）　　　　单位：公顷、人、个

名　　称	行政区域面　积	常住人口	企业个数	企　业从业人员	工业企业单　位	#规模以上	城镇建成区常住人口
铜梁区福果镇	3842	10069	193	2736	85	4	723
铜梁区庆隆镇	2602	12987	123	850	20	2	263
铜梁区少云镇	6685	23354	55	1126	45	5	7138
铜梁区维新镇	4827	14506	32	771	6		1316
铜梁区高楼镇	2667	6392	25	1037	22		751
铜梁区大庙镇	4168	21650	129	1606	47	4	2723
铜梁区围龙镇	4650	16952	218	4740	35	6	1585
铜梁区华兴镇	3452	11675	105	2015	21	4	694
铜梁区永嘉镇	6391	23361	325	2860	66	2	2648
铜梁区安溪镇	2994	7388	138	1518	23	2	681
铜梁区西河镇	3417	13602	180	3880	43	13	4958
铜梁区侣俸镇	8847	39263	94	3675	78	14	7536
铜梁区太平镇	5170	17870	145	1950	14	4	1997
潼南区上和镇	6814	23152	60	481	43	3	9100
潼南区龙形镇	8036	27101	143	2409	36	3	4269
潼南区古溪镇	11440	37639	318	5095	65	10	24243
潼南区宝龙镇	4227	16789	42	688	29		3162
潼南区玉溪镇	5441	18925	41	462	32	3	3493
潼南区米心镇	5455	15881	45	908	38	4	3426
潼南区群力镇	4856	12991	108	595	16	1	2602
潼南区双江镇	11906	37197	213	2876	41	15	10938
潼南区花岩镇	2530	7566	50	517	15	1	2937
潼南区柏梓镇	12670	51687	147	3423	31	5	17763
潼南区崇龛镇	8510	31170	123	854	60	5	7051
潼南区塘坝镇	10160	49089	126	956	28	4	20153
潼南区新胜镇	5042	17773	123	1650	44	3	1652
潼南区太安镇	6081	27066	125	1285	37	5	3769
潼南区小渡镇	8823	30377	377	2635	115	9	15681
潼南区卧佛镇	9669	26718	138	2192	33	4	9602
潼南区五桂镇	3280	10412	36	1093	29	3	3521
潼南区田家镇	6313	18784	128	2364	49	2	2879
潼南区别口镇	4133	9823	44	640	44	4	2900
潼南区寿桥镇	2094	8232	76	3022	50	6	2419
荣昌区荣隆镇	6422	37063	100	13598	60	20	11235
荣昌区仁义镇	8538	39308	122	6541	34	10	6154
荣昌区盘龙镇	11800	53985	213	18014	166	25	9043
荣昌区吴家镇	8151	38311	348	10445	79	29	8662
荣昌区直升镇	2982	13414	107	2235	17	6	2267
荣昌区万灵镇	2497	11505	43	712	5	1	1293
荣昌区清升镇	2791	14837	47	3015	40	10	2316
荣昌区清江镇	1780	10875	37	1194	12	5	3012
荣昌区古昌镇	3537	16389	84	762	19	4	1842
荣昌区河包镇	6601	28756	95	4257	44	14	4135
荣昌区观胜镇	4252	15344	55	845	13	3	820
荣昌区铜鼓镇	3877	11304	62	1850	9	4	1710
荣昌区清流镇	2614	10725	61	4845	5	5	1825
荣昌区远觉镇	2710	8960	67	2248	6	4	1705
荣昌区龙集镇	2147	12075	57	1064	6	5	2300
开州区大德镇	11800	31688	246	1485	12		1817
开州区镇安镇	4600	18534	437	2346	51		4682

续表 408　　(重庆市)　　单位：公顷、人、个

名　称	行政区域面积	常住人口	企业个数	企业从业人员	工业企业单位	#规模以上	城镇建成区常住人口
开州区厚坝镇	4900	29969	37	1005	1	1	5518
开州区金峰镇	5700	15808	22	108	18		5678
开州区温泉镇	14900	35400	340	4132	45	5	25163
开州区郭家镇	7900	30121	155	1779	55	5	16255
开州区白桥镇	8400	12552	36	1952	19		1867
开州区和谦镇	8000	26768	94	480	27	2	5800
开州区河堰镇	15400	28849	42	3217	6		3460
开州区大进镇	25100	36169	357	2292	32		11404
开州区谭家镇	12500	18108	153	3473	105		7589
开州区敦好镇	14400	37240	102	6842	53	2	13248
开州区高桥镇	7800	26149	168	846	17	2	2578
开州区九龙山镇	13500	38078	132	792	22		5196
开州区天和镇	6700	15636	18	1488	12	1	2671
开州区中和镇	8900	46200	188	5623	46	2	8630
开州区义和镇	6100	23855	65	398	10		4326
开州区临江镇	12300	80774	528	6011	78	4	36351
开州区竹溪镇	8400	33502	258	4773	53		4149
开州区铁桥镇	11500	44733	415	4985	78	3	29850
开州区南雅镇	7000	29338	135	980	20		12850
开州区巫山镇	11700	16344	64	256	27	1	3665
开州区岳溪镇	18100	48394	270	4500	72	1	19675
开州区长沙镇	13600	82295	476	4714	52	4	17836
开州区南门镇	15000	62846	194	5310	54		19650
开州区渠口镇	6800	18417	94	576	6		3063
开州区满月乡	14895	12954					
开州区关面乡	14300	8236	67	130	19	1	
开州区白泉乡	19600	9791	54	275	6		
开州区麻柳乡	9400	21887	24	283	19		
开州区紫水乡	9400	20581	24	356	7		
开州区三汇口乡	7892	17557	114	780	16	1	
开州区五通乡	4958	4149	2	11			
梁平县仁贤镇	4058	21749	245	1768	65	1	4265
梁平县礼让镇	4500	22319	348	3132	63	2	6770
梁平县云龙镇	7796	27505	158	1644	56	6	10000
梁平县屏锦镇	10211	53230	597	2675	192	5	35621
梁平县袁驿镇	4260	17316	236	3587	112	8	8542
梁平县新盛镇	6800	28495	284	2751	76	1	11139
梁平县福禄镇	8750	16475	239	1215	36	1	7885
梁平县金带镇	3145	13371	88	442	22	2	9072
梁平县聚奎镇	5700	41918	272	1828	76	3	10265
梁平县明达镇	5890	24165	126	1704	42	2	6377
梁平县荫平镇	5400	18216	117	567	20		5046
梁平县和林镇	5800	15277	96	1020	11		4935
梁平县回龙镇	8950	36822	220	1216	68	5	8686
梁平县碧山镇	3870	17942	151	799	44	5	1163
梁平县虎城镇	7776	27462	273	2670	74	2	4684
梁平县七星镇	3308	6096	209	2638	8		2730
梁平县龙门镇	5297	17943	116	624	35	2	4348
梁平县文化镇	2948	12133	85	552	25		2233
梁平县合兴镇	5140	12589	146	858	10	2	7035

续表 409　　　　（重庆市）　　　　单位：公顷、人、个

名　　称	行政区域面积	常住人口	企业个数	企业从业人员	工业企业单位	#规模以上	城镇建成区常住人口
梁平县石安镇	5200	12428	52	261	5		3482
梁平县柏家镇	6950	12967	143	1574	5		2577
梁平县大观镇	5324	12754	123	620	7		3350
梁平县竹山镇	4939	4767	71	992	18	2	1041
梁平县蟠龙镇	9627	13380	44	953	17	1	4728
梁平县星桥镇	5310	14230	74	832	11	1	1750
梁平县曲水镇	4703	15073	120	1042	7	2	1320
梁平县安胜乡	2800	10557	52	572	9	3	
梁平县铁门乡	3066	4694	35	181	15	2	
梁平县龙胜乡	3600	5016	52	896	2		
梁平县复平乡	3120	5372	19	310	4		
梁平县紫照乡	3550	10526	19	186	4		
城口县巴山镇	12723	9897	59	300	3	2	9897
城口县坪坝镇	6044	8853	48	150	3		8853
城口县庙坝镇	14683	9308	28	450	21		9308
城口县明通镇	8051	6037	15	100	1		6037
城口县修齐镇	16580	13533	244	1250	19	1	13533
城口县高观镇	13681	7281	29	138	1		4100
城口县高燕镇	13796	12254	16	452	8	5	4254
城口县东安镇	39957	7536	167	839	3	1	1536
城口县咸宜镇	13103	7964	27	96	2		5964
城口县高楠镇	11219	4841	45	225			3041
城口县龙田乡	22067	6736	80	405	4		
城口县北屏乡	13871	5071	20	120			
城口县左岚乡	8009	5424	9	130	3		
城口县沿河乡	11106	6199	3	25	3		
城口县双河乡	17463	7664	38	256	1	1	
城口县蓼子乡	15100	8894	2	11	2		
城口县鸡鸣乡	8700	4121	9	45	1	1	
城口县周溪乡	12431	4869					
城口县明中乡	17716	4631	54	273	2		
城口县治平乡	6032	3184	14	72			
城口县岚天乡	11126	2515	7	17	1		
城口县厚坪乡	14591	5044					
城口县河鱼乡	13383	3498	58	81			
丰都县虎威镇	7189	14034	254	1285	26	3	3539
丰都县社坛镇	10143	30949	479	2587	57	5	14875
丰都县三元镇	7702	12011	213	1263	6		4969
丰都县许明寺镇	5471	14508	297	1546	6		2207
丰都县董家镇	7119	20135	122	793	19	1	5283
丰都县树人镇	8236	13474	149	1756	12		4322
丰都县十直镇	11989	26990	219	1789	15	1	5120
丰都县高家镇	15512	35150	527	2948	32	6	27499
丰都县兴义镇	11145	22000	690	3500	111	17	6070
丰都县双路镇	9552	12596	97	918	23	1	3285
丰都县江池镇	6866	11575	465	2010	11		3905
丰都县龙河镇	13900	33683	336	1821	20	1	7560
丰都县武平镇	12619	11530	182	1560	21	2	3827
丰都县包鸾镇	17777	20045	295	1650	12		3699
丰都县湛普镇	3532	6228	61	3391	13	5	1486

续表 410　　　　(重庆市)　　　　单位：公顷、人、个

名　　称	行政区域面　积	常住人口	企业个数	企　业从业人员	工业企业单　位		城镇建成区常住人口
						#规模以上	
丰都县南天湖镇	14706	13235	243	1240	9		1450
丰都县保合镇	8193	15567	135	676	5		2231
丰都县兴龙镇	5911	11188	74	512	8	2	1562
丰都县仁沙镇	9139	16234	117	594	6		2077
丰都县龙孔镇	7115	11956	104	1424	12	2	2515
丰都县暨龙镇	15256	7893	72	365	12	1	1321
丰都县双龙镇	8760	12961	150	742	5		3342
丰都县仙女湖镇	14510	11975	155	780	5		1618
丰都县青龙乡	5152	7152	100	148	9		
丰都县太平坝乡	3722	2801	37	216	3		
丰都县都督乡	7563	3821	49	51	2		
丰都县栗子乡	4439	7872	89	553	6		
丰都县三建乡	6287	8592	126	687	5	1	
垫江县新民镇	6388	27279	133	2129	59	2	18620
垫江县沙坪镇	8088	37652	198	1156	89	2	14898
垫江县周嘉镇	8402	37515	185	3616	85	5	19580
垫江县普顺镇	8952	28513	41	1206	31	1	11418
垫江县永安镇	8355	18537	68	1966	43	1	12986
垫江县高安镇	10450	62954	358	10740	117	12	20423
垫江县高峰镇	4714	27799	113	3356	83	6	8299
垫江县五洞镇	4179	15730	177	3540	39	4	3756
垫江县澄溪镇	5876	40348	335	7381	274	16	20214
垫江县太平镇	5136	31807	229	2002	51	5	3859
垫江县鹤游镇	3281	12325	77	496	35	3	5250
垫江县坪山镇	7465	41008	288	4162	84	3	14573
垫江县砚台镇	7586	41844	44	800	11	3	15841
垫江县曹回镇	6788	20469	166	2953	34	2	5966
垫江县杠家镇	6824	25173	125	3568	58	3	6521
垫江县包家镇	4221	13036	22	383	12		1375
垫江县白家镇	6263	16387	213	1167	51		3763
垫江县永平镇	3803	13262	65	715	48	2	2317
垫江县三溪镇	6576	17579	72	710	34		4845
垫江县裴兴镇	6002	15563	58	596	40	1	4353
垫江县黄沙镇	2993	16981	77	1736	41	5	8661
垫江县长龙镇	3858	18855	180	2000	25	7	5395
垫江县沙河乡	2995	4788	30	333	25		
垫江县大石乡	3166	11082	35	420	26		
武隆县巷口镇	27610	84140	1250	9600	54	6	51000
武隆县火炉镇	17960	22763	56	282	17		3769
武隆县白马镇	21150	28204	586	4449	71	12	8893
武隆县鸭江镇	12070	20200	276	1518	32	1	4852
武隆县长坝镇	10530	17161	136	1022	16		2571
武隆县江口镇	12910	21158	224	5844	19	2	3241
武隆县平桥镇	7340	15786	103	1124	21	2	3258
武隆县羊角镇	9931	11661	27	703	25	2	280
武隆县仙女山镇	23325	14713	455	2308	11	1	2573
武隆县桐梓镇	10150	10150	130	869	8		2673
武隆县土坎镇	4130	8697	120	1418	28	1	1921
武隆县和顺镇	10320	11909	69	1911	17	1	1468
武隆县双河镇	16900	10986	129	650	3		460

续表 411　　（重庆市）　　单位：公顷、人、个

名　　称	行政区域面积	常住人口	企业个数	企业从业人员	工业企业单位	#规模以上	城镇建成区常住人口
武隆县凤来乡	5230	13019	6	116	3		
武隆县庙垭乡	3590	8771	125	640	3		
武隆县石桥苗族土家族乡	10270	9318	19	336	8		
武隆县黄莺乡	14680	8123	10	806	9		
武隆县沧沟乡	7350	8515	25	267	10		
武隆县文复苗族土家族乡	10960	8411	49	246	2		
武隆县土地乡	7580	6652	149	801	7		
武隆县白云乡	4010	5765	65	330	11		
武隆县后坪苗族土家族乡	8730	5534	13	168	8		
武隆县浩口苗族仡佬族乡	8450	5041	18	139	4		
武隆县接龙乡	11470	4618					
武隆县赵家乡	6020	3747	99	498	5		
武隆县大洞河乡	6270	3301	54	114	3		
忠县新生镇	8110	20164	174	3861	73	4	20164
忠县任家镇	7100	14914	170	1025	15	1	3202
忠县乌杨镇	10300	36502	274	9958	97	14	18454
忠县洋渡镇	8100	18393	83	498	10	1	5054
忠县东溪镇	3900	16140	191	3257	21	2	3500
忠县复兴镇	4500	14839	164	3022	18	6	10666
忠县石宝镇	8500	29099	288	1457	48	1	12180
忠县汝溪镇	9500	30572	309	9643	84	1	15617
忠县野鹤镇	5800	16201	134	680	28		2357
忠县官坝镇	9600	26862	250	1403	37	1	8035
忠县石黄镇	5500	10203	96	2228	47		2344
忠县马灌镇	11400	29315	270	1482	20	1	8325
忠县金鸡镇	7400	14805	152	2386	17	1	3393
忠县新立镇	11600	32265	379	4907	42	1	11505
忠县双桂镇	5300	16727	119	1524	10		3075
忠县拔山镇	15600	41555	471	5350	39	2	14054
忠县花桥镇	4900	16202	95	570	9		2500
忠县永丰镇	5300	14092	118	1284	27	1	3642
忠县三汇镇	10100	20843	191	3101	35	1	5600
忠县白石镇	14600	26061	198	1201	71	1	7685
忠县黄金镇	10800	27813	242	17516	32		4115
忠县善广乡	5100	8831	40	512	8		
忠县石子乡	4000	4281	42	764	9	2	
忠县磨子土家族乡	3100	11927	89	1627	13		
忠县涂井乡	7600	15505	86	516	23		
忠县金声乡	3700	8725	89	486	12		
忠县兴峰乡	2900	6996	78	1011	15	1	
云阳县龙角镇	6554	15270	342	3124	39		6469
云阳县故陵镇	11403	22635	220	2361	25		5271
云阳县红狮镇	13800	18758	129	1186	19		12485
云阳县路阳镇	6360	19670	20	153			13260
云阳县农坝镇	8640	19007	30	234	22		6752
云阳县渠马镇	3552	10494	159	1786	27		3956
云阳县黄石镇	4165	15021	92	832	40	1	6871
云阳县巴阳镇	5130	13905	99	548	14		3742
云阳县沙市镇	8848	19463	40	936	16		6201
云阳县鱼泉镇	6664	20854	21	130	17		6354

续表 412 (重庆市) 单位：公顷、人、个

名　称	行政区域面积	常住人口	企业个数	企业从业人员	工业企业单位	#规模以上	城镇建成区常住人口
云阳县凤鸣镇	12883	65210	70	776	30	3	28689
云阳县宝坪镇	11729	20470	230	1180	35		7423
云阳县南溪镇	28120	89728	346	3926	95	3	33047
云阳县双土镇	9040	22000	38	356	14	1	1965
云阳县桑坪镇	11824	20121	462	2310	22		8296
云阳县江口镇	25456	89367	521	3820	91	5	34897
云阳县高阳镇	13512	30238	205	2393	45	4	11936
云阳县平安镇	11800	28116	201	2500	29	1	12004
云阳县云阳镇	12416	15587	122	612	2		3011
云阳县云安镇	6360	12872	97	784	2	1	6005
云阳县栖霞镇	6880	17481	158	981	15	1	9143
云阳县双龙镇	7622	26441	225	1128	30		3645
云阳县泥溪镇	10870	9930	108	2128	10		4225
云阳县蔈草镇	10080	18611	406	3592	45		4901
云阳县养鹿镇	5614	13260	78	627	9		2814
云阳县水口镇	3942	18732	54	783	12	2	6535
云阳县堰坪镇	5230	12255	225	1225	20		800
云阳县龙洞镇	13270	16473	304	693	5		3256
云阳县后叶镇	5600	13248	38	222			4966
云阳县耀灵镇	5940	6914	20	360	11		6194
云阳县大阳镇	4363	8938	68	830	8		4010
云阳县外郎乡	4880	7566	66	138	4		
云阳县新津乡	5223	10412	10	218	5		
云阳县普安乡	5499	6853	93	456	22	1	
云阳县洞鹿乡	9227	8321	73	418			
云阳县石门乡	3482	5094	72	243	2		
云阳县上坝乡	7160	7582	98	588	8		
云阳县清水土家族自治乡	10216	12078	36	1384	14	1	
奉节县白帝镇	18900	27357	219	3160	36	4	18367
奉节县草堂镇	17066	27444	31	1200	20	9	10521
奉节县汾河镇	13350	29530	21	1200	10	1	6410
奉节县康乐镇	14193	34230	16	630	13		18460
奉节县大树镇	14962	22633	20	650	7		4725
奉节县竹园镇	17832	30110	25	325	14		18500
奉节县公平镇	13396	35489	46	328	12	2	16492
奉节县朱衣镇	14500	28368	26	582	16		16000
奉节县甲高镇	18123	30593	13	120			9432
奉节县羊市镇	6614	12003	15	82	5		4200
奉节县吐祥镇	25261	29765	38	205	16		17600
奉节县兴隆镇	34713	45009	378	2238	46		19121
奉节县青龙镇	10784	16691	44	355	17		3368
奉节县新民镇	9601	24199	15	368	7		8536
奉节县永乐镇	13460	30055	13	208	7	2	4265
奉节县安坪镇	15408	27936	131	656	6	1	4080
奉节县五马镇	16343	27138	114	680	12		5255
奉节县青莲镇	17936	25732	87	480	10		5500
奉节县岩湾乡	4905	9865	2	20	1		
奉节县平安乡	12698	15404	2	30			
奉节县红土乡	8744	12956	8	52	1	1	
奉节县石岗乡	10130	19830	4	24	1		

续表 413　　　　　　　　　　　　（重庆市）　　　　　　　　　　　　单位：公顷、人、个

名　　称	行政区域面　　积	常住人口	企业个数	企　　业从业人员	工业企业单　　位	#规模以上	城镇建成区常住人口
奉节县康坪乡	3503	6967	57	297			
奉节县太和土家族乡	13143	13359	83	450	1		
奉节县鹤峰乡	8778	10520	32	400	9		
奉节县冯坪乡	11248	14678	29	230	25		
奉节县长安土家族乡	19432	10196	6	35	1		
奉节县龙桥土家族乡	11800	7477	3	130	2	1	
奉节县云雾土家族乡	8099	2872	6	45	3		
巫山县庙宇镇	14400	32158	68	485	11		5685
巫山县大昌镇	18833	47016	160	900	27		11245
巫山县福田镇	12233	41436	120	1400	10		10732
巫山县龙溪镇	7440	14971	108	5328	12		2015
巫山县双龙镇	14199	20879	72	145	7		2547
巫山县官阳镇	11847	17775	119	1162	2		2718
巫山县骡坪镇	15940	22745	60	350	8		8580
巫山县抱龙镇	14813	19679	165	1023	24		5368
巫山县官渡镇	21717	51455	136	997	22		15768
巫山县铜鼓镇	9300	19863	33	198	3		1385
巫山县巫峡镇	17200	29429	240	670	115	1	
巫山县红椿乡	11000	5307	6	42			
巫山县两坪乡	13090	20092	29	153			
巫山县曲尺乡	11700	11420	25	150	1		
巫山县建坪乡	10467	10904	27	285	2	1	
巫山县大溪乡	7600	9102	26	144			
巫山县金坪乡	4810	3898	6	54			
巫山县平河乡	16709	11688	7	42	1		
巫山县当阳乡	11230	5038	162	998	4		
巫山县竹贤乡	9800	4669	11	62			
巫山县三溪乡	10700	17752	18	188	8	1	
巫山县培石乡	4800	5562	7	36	1		
巫山县笃坪乡	13200	15151	52	191			
巫山县邓家乡	5800	2881	19	116	3	1	
巫溪县城厢镇	13839	15744	149	3999	33		8155
巫溪县凤凰镇	4631	16536	257	1542	14	5	10674
巫溪县宁厂镇	9527	4403	51	302	5		2776
巫溪县上磺镇	9307	22386	259	1642	11		9587
巫溪县古路镇	10405	24966	300	1558	11		15627
巫溪县文峰镇	49089	31820	283	13546	63	2	13079
巫溪县徐家镇	14689	12671	104	750			12671
巫溪县白鹿镇	15751	16596	111	650	5		3250
巫溪县尖山镇	12553	15736	215	2020	15	2	10987
巫溪县下堡镇	20515	13365	120	485	11		2145
巫溪县峰灵镇	6564	18526	71	584	4		4618
巫溪县塘坊镇	9651	16573	166	996	7	2	1450
巫溪县朝阳镇	14717	13564	112	685	5		6085
巫溪县田坝镇	18176	6795	45	371	10		1263
巫溪县通城镇	10218	12994	145	740	7		3280
巫溪县菱角镇	5963	12874	152	910	7		3425
巫溪县蒲莲镇	4506	10588	64	353	1	1	3912
巫溪县土城镇	19044	5265	30	255	5		2905
巫溪县胜利乡	6623	6690	68	187			

续表 414　　　　(重庆市)　　　　单位：公顷、人、个

名　　称	行政区域面　　积	常住人口	企业个数	企　　业从业人员	工业企业单　　位	#规模以上	城镇建成区常住人口
巫溪县大河乡	7049	8369	102	140	3		
巫溪县天星乡	11709	2368	28	117	8		
巫溪县长桂乡	13085	2957	53	275			
巫溪县鱼鳞乡	11241	5843	48	192	4		
巫溪县乌龙乡	15212	5201	39	292	3		
巫溪县中岗乡	22938	11564	82	753	1	1	
巫溪县花台乡	2807	3841	29	108	5		
巫溪县兰英乡	9727	2170	93	106			
巫溪县双阳乡	16393	1733	32	39	3		
巫溪县中梁乡	12470	2377	61	9	1		
巫溪县天元乡	20403	6011	66	396	3	1	
石柱土家族自治县西沱镇	6101	26628	351	8135	44	2	21358
石柱土家族自治县悦崃镇	8620	14344	131	665	8		1800
石柱土家族自治县临溪镇	14913	18185	110	2868	27		5321
石柱土家族自治县黄水镇	21379	11548	549	2854	15		8568
石柱土家族自治县马武镇	9282	10676	29	105	9		3861
石柱土家族自治县沙子镇	16800	15574	126	2773	34	1	3231
石柱土家族自治县王场镇	5735	9967	356	1896	58		4631
石柱土家族自治县沿溪镇	5590	14350	64	489	11		11498
石柱土家族自治县龙沙镇	7607	13768	20	1954	5	3	4562
石柱土家族自治县鱼池镇	9963	11949	222	4045	23		4625
石柱土家族自治县三河镇	10203	20113	213	1278	4	2	2834
石柱土家族自治县大歇镇	12849	17553	71	2375	26	1	17371
石柱土家族自治县桥头镇	6672	7705	62	693	11		6520
石柱土家族自治县万朝镇	7774	13981	16	158	7	3	1812
石柱土家族自治县冷水镇	7470	6268	97	485			6268
石柱土家族自治县黄鹤镇	3908	4860	5	18	1		1136
石柱土家族自治县黎场乡	3597	6327	74	503	7		
石柱土家族自治县三星乡	10200	7206	43	557	1		
石柱土家族自治县六塘乡	17067	9241	30	215	12		
石柱土家族自治县三益乡	2888	2684					
石柱土家族自治县王家乡	4738	5959	7	38	2		
石柱土家族自治县河嘴乡	5966	8321	58	1428	10		
石柱土家族自治县石家乡	6248	6622	97	1108	1	1	
石柱土家族自治县枫木乡	13641	9984	135	1226			
石柱土家族自治县中益乡	15500	6604	6	53	1		
石柱土家族自治县洗新乡	9600	3955	4	105			
石柱土家族自治县龙潭乡	13707	3810	15	580	8	2	
石柱土家族自治县新乐乡	5553	3092	2	4			
石柱土家族自治县金铃乡	6240	2176	49	245	1		
石柱土家族自治县金竹乡	5800	1018					
秀山土家族苗族自治县清溪场镇	13200	52837	360	9520	104	6	13320
秀山土家族苗族自治县隘口镇	13357	13975	97	974	6		2968
秀山土家族苗族自治县溶溪镇	11049	18758	166	3022	19	9	5101
秀山土家族苗族自治县官庄镇	10909	34325	170	890	84	4	6482
秀山土家族苗族自治县龙池镇	12551	25512	338	8724	22	7	12242
秀山土家族苗族自治县石堤镇	8556	12722	98	1534	2	1	3131
秀山土家族苗族自治县峨溶镇	8130	15790	44	235	10		4605
秀山土家族苗族自治县洪安镇	8704	21287	67	395	5		2635
秀山土家族苗族自治县雅江镇	6915	14528	85	510	7		2725

续表 415　　　　（重庆市）　　　　单位：公顷、人、个

名　　称	行政区域面　　积	常住人口	企业个数	企　　业从业人员	工业企业单　　位	#规模以上	城镇建成区常住人口
秀山土家族苗族自治县石耶镇	3840	8791	69	595	13	1	3400
秀山土家族苗族自治县梅江镇	14954	35214	248	1474	19		8648
秀山土家族苗族自治县兰桥镇	6819	15038	45	230	3	2	5068
秀山土家族苗族自治县膏田镇	12897	10952	104	3141	20	3	615
秀山土家族苗族自治县溪口镇	10025	13803	56	285	5		986
秀山土家族苗族自治县妙泉镇	7139	6195	46	269	6	3	1056
秀山土家族苗族自治县宋农镇	7062	7499	62	532	7	1	2900
秀山土家族苗族自治县里仁镇	7758	10020	59	354	14		1345
秀山土家族苗族自治县钟灵镇	16561	19468	269	1435	31	3	1396
秀山土家族苗族自治县孝溪乡	6862	8629	86	1162	20	3	
秀山土家族苗族自治县海洋乡	9131	6210	42	212	1		
秀山土家族苗族自治县大溪乡	10991	5729	59	318	1	1	
秀山土家族苗族自治县涌洞乡	6480	6762	75	1108	4		
秀山土家族苗族自治县中平乡	4545	6728	60	310	4		
秀山土家族苗族自治县岑溪乡	4931	5257	80	386	7		
酉阳土家族苗族自治县龙潭镇	36600	65462	285	4230	71	11	43288
酉阳土家族苗族自治县麻旺镇	26286	29185	248	1960	41	1	18230
酉阳土家族苗族自治县酉酬镇	20600	21628	121	650	16	1	10625
酉阳土家族苗族自治县大溪镇	12700	12780	72	361	16		5489
酉阳土家族苗族自治县兴隆镇	18000	15108	110	608	9		5103
酉阳土家族苗族自治县黑水镇	21300	18074	71	510	3		5120
酉阳土家族苗族自治县丁市镇	16600	20820	106	580	11		6708
酉阳土家族苗族自治县龚滩镇	13300	17585	46	1837	9		7025
酉阳土家族苗族自治县李溪镇	22400	22803	177	3849	16		13343
酉阳土家族苗族自治县泔溪镇	15300	13440	263	1520	17		4583
酉阳土家族苗族自治县酉水河镇	11994	12636	31	158	11		5601
酉阳土家族苗族自治县苍岭镇	14000	12539	110	4600	7		4405
酉阳土家族苗族自治县小河镇	9500	11059	46	237	6	1	5542
酉阳土家族苗族自治县板溪镇	16008	11338	364	2437	35	7	2696
酉阳土家族苗族自治县涂市乡	14199	13610	11	340	9		
酉阳土家族苗族自治县铜鼓乡	19387	20636	16	91	6		
酉阳土家族苗族自治县可大乡	10700	10461	13	70	4		
酉阳土家族苗族自治县偏柏乡	10700	12076	17	95	7		
酉阳土家族苗族自治县五福乡	7200	8543	87	450	10		
酉阳土家族苗族自治县木叶乡	13100	6258	8	50	5		
酉阳土家族苗族自治县毛坝乡	15100	8152	130	700	5		
酉阳土家族苗族自治县花田乡	7900	7434	75	376	8		
酉阳土家族苗族自治县后坪乡	13704	9846	138	1250	8		
酉阳土家族苗族自治县天馆乡	11900	8281	6	32	3		
酉阳土家族苗族自治县宜居乡	15300	17101	140	706	9		
酉阳土家族苗族自治县万木乡	10400	14244	21	106	4		
酉阳土家族苗族自治县两罾乡	7200	8267	181	1025	8		
酉阳土家族苗族自治县板桥乡	7600	8984	6	421	6		
酉阳土家族苗族自治县官清乡	6300	8378	34	200	5		
酉阳土家族苗族自治县南腰界乡	9300	12938	14	89	3		
酉阳土家族苗族自治县车田乡	7200	5159	19	135	5		
酉阳土家族苗族自治县腴地乡	8200	7082	52	300	3		
酉阳土家族苗族自治县清泉乡	7400	5513	19	100	5		
酉阳土家族苗族自治县庙溪乡	10800	8989	17	103	7	2	
酉阳土家族苗族自治县浪坪乡	6750	7386	12	69	3		

续表 416　　（重庆市、四川省）　　单位：公顷、人、个

名　　称	行政区域面积	常住人口	企业个数	企业从业人员	工业企业单位		城镇建成区常住人口
						#规模以上	
酉阳土家族苗族自治县双泉乡	14800	8673	53	381	4		
酉阳土家族苗族自治县楠木乡	5700	3614	14	71	4		
彭水苗族土家族自治县保家镇	20518	36701	599	3694	61	10	6900
彭水苗族土家族自治县郁山镇	13888	30589	362	1873	33	1	13801
彭水苗族土家族自治县高谷镇	11640	14138	87	680	10		10138
彭水苗族土家族自治县桑柘镇	19256	22931	43	500	21	1	6250
彭水苗族土家族自治县鹿角镇	12174	8557	72	432	5		3696
彭水苗族土家族自治县黄家镇	7733	10085	11	47	8		1385
彭水苗族土家族自治县普子镇	17855	16006	97	800	7	2	4035
彭水苗族土家族自治县龙射镇	16036	15613	106	530	13		2155
彭水苗族土家族自治县连湖镇	7226	14086	15	86	2		2136
彭水苗族土家族自治县万足镇	6199	4584	72	416	3	1	1319
彭水苗族土家族自治县平安镇	7688	7985	11	95	7		2312
彭水苗族土家族自治县长生镇	5741	8154	29	160	1		1950
彭水苗族土家族自治县新田镇	12903	16054	20	1184	15	1	3952
彭水苗族土家族自治县鞍子镇	12604	10031	64	325	5	1	4055
彭水苗族土家族自治县太原镇	9886	7021	92	552			3735
彭水苗族土家族自治县龙溪镇	8123	11402	4	18	3		1396
彭水苗族土家族自治县梅子垭镇	6985	8861	29	174	5		3269
彭水苗族土家族自治县大同镇	4766	6380	20	114	4		2286
彭水苗族土家族自治县岩东乡	7225	6738	5	100	4		
彭水苗族土家族自治县鹿鸣乡	12802	11415	24	145	5		
彭水苗族土家族自治县棣棠乡	9139	7163	9	50	4		
彭水苗族土家族自治县三义乡	7604	4651	18	92	6		
彭水苗族土家族自治县联合乡	6958	10063	19	115	6	1	
彭水苗族土家族自治县石柳乡	4388	7085	43	262	1		
彭水苗族土家族自治县走马乡	7597	11365	17	100	3		
彭水苗族土家族自治县芦塘乡	4753	6128	40	450	5	2	
彭水苗族土家族自治县乔梓乡	6606	7749	41	420	4	1	
彭水苗族土家族自治县诸佛乡	12267	9372	94	570	18		
彭水苗族土家族自治县桐楼乡	3796	3129	1	6			
彭水苗族土家族自治县善感乡	7742	4912	8	41	2		
彭水苗族土家族自治县双龙乡	5498	3219	52	284	1		
彭水苗族土家族自治县石盘乡	5941	2003	15	86			
彭水苗族土家族自治县大垭乡	6856	3009	8	55	6		
彭水苗族土家族自治县润溪乡	10666	8054	12	80	12		
彭水苗族土家族自治县朗溪乡	6813	5223	31	197			
彭水苗族土家族自治县龙塘乡	8491	4752					
四川省							
龙泉驿区洛带镇	4200	31675	158	908	17	4	16750
龙泉驿区西河镇	4640	83685	119	2967	41	8	44390
龙泉驿区洪安镇	2267	17485	77	1581	11	4	3828
龙泉驿区柏合镇	7257	93521	514	33739	291	96	63269
龙泉驿区茶店镇	6030	13772	54	620			903
龙泉驿区黄土镇	3303	33153	18	65			3694
龙泉驿区山泉镇	3746	14416	1	1			646
龙泉驿区万兴乡	5214	7798	21	72			
青白江区弥牟镇	2237	32895	512	6551	80	25	30476
青白江区大同镇	2149	34082	255	15523	210	92	6857
青白江区城厢镇	4569	56432	312	4177	65	17	21025

续表 417　　　　（四川省）　　　　单位：公顷、人、个

名　称	行政区域面积	常住人口	企业个数	企业从业人员	工业企业单位	#规模以上	城镇建成区常住人口
青白江区祥福镇	4442	48241	79	2814	4	4	5175
青白江区姚渡镇	2340	18452	45	1011	10	3	940
青白江区清泉镇	6668	33640	22	409	5	3	12142
青白江区龙王镇	2596	26129	54	769	33	5	4503
青白江区福洪镇	3941	23643	14	677	7	4	14428
青白江区人和乡	6008	13186	25	128			
新都区石板滩镇	4374	57655	362	7920	124	6	13529
新都区新繁镇	8192	132937	396	68988	310	37	132937
新都区新民镇	3630	39126	75	1825	42	3	5627
新都区泰兴镇	2906	39433	8	134	3	2	10450
新都区斑竹园镇	4712	84264	365	5350	232	15	32000
新都区清流镇	3511	32577	23	265	12	4	5043
新都区马家镇	2445	29693	41	624	22	7	7615
新都区龙桥场镇	2314	54530	595	15000	419	11	54450
新都区木兰镇	3500	47344	930	6521	10	8	12700
新都区军屯镇	1744	21773	132	4912	96	9	9000
温江区和盛镇	3978	38170	184	4781	20		11370
温江区永盛镇	1322	21577	209	12000	168	26	21577
温江区金马镇	2355	39515	137	4795	57	8	4613
温江区永宁镇	2372	35553	136	4762	74	7	25389
温江区万春镇	5336	81926	263	6023	101		14377
温江区寿安镇	5313	42871	36	409	21	1	9510
双流区太平镇	4252	28287	5	65	1	1	4513
双流区永兴镇	4133	30418	39	205	3	1	9330
双流区籍田镇	4963	37026	85	1405	6	3	9730
双流区正兴镇	4895	53877	341	13310	14	2	41522
双流区彭镇	3780	53813	95	1089	46	21	13990
双流区大林镇	5616	28840	16	68	1		3866
双流区煎茶镇	6299	38636	125	625	2	1	5420
双流区黄龙溪镇	5040	30986	172	895	8	6	4190
双流区永安镇	5664	37103	35	950	30	2	8656
双流区黄水镇	3468	37059	344	5287	84	19	37059
双流区金桥镇	4090	44393	220	1096	12	5	44393
双流区胜利镇	3430	22000	176	915	15	3	22000
双流区新兴镇	3660	44178	96	1657	68	2	4682
双流区兴隆镇	4180	17797	9	9	3	2	987
双流区万安镇	3114	45964	173	2714	24	2	34533
双流区白沙镇	3850	33850	78	1766	5	2	3313
双流区三星镇	3970	22533	13	185	4		2831
双流区合江镇	4210	21767	9	108	4		3992
金堂县三星镇	4567	29762	96	1056	3		3389
金堂县清江镇	2216	25266	28	560	9	6	1414
金堂县官仓镇	3834	23590	82	1450	3		3050
金堂县淮口镇	10854	82606	732	14500	616	124	56683
金堂县白果镇	5746	36376	41	635	2	1	6500
金堂县五凤镇	6419	26352	104	1653	26	1	5678
金堂县高板镇	5040	41965	138	1721	27		1527
金堂县三溪镇	5716	44163	75	383			4802
金堂县福兴镇	7345	38304	21	227	6	1	1430
金堂县金龙镇	4100	24199	68	218	3		4018

续表 418　　(四川省)　　单位：公顷、人、个

名　　称	行政区域面　　积	常住人口	企业个数	企　　业从业人员	工业企业单　　位		城镇建成区常住人口
						#规模以上	
金堂县赵家镇	6476	32456	360	2088			8145
金堂县竹篙镇	7267	55326	48	2174	26	7	12546
金堂县广兴镇	4670	30327	56	425	26		4720
金堂县隆盛镇	5942	27984	8	150	1	1	756
金堂县转龙镇	4354	20649	11	65			910
金堂县土桥镇	4359	18456	112	627	1		8870
金堂县云合镇	4428	22014	2	29	2		3049
金堂县又新镇	5056	26509	9	152	6		3325
金堂县栖贤乡	5703	21498	12	150	4	3	
金堂县平桥乡	4993	32595	20	564			
郫县团结镇	2880	101981	403	5397	139	7	101981
郫县犀浦镇	2780	194865	627	3702	87		114052
郫县花园镇	2300	22881	121	592	23	2	20169
郫县唐昌镇	4910	51048	198	5982	89	2	10139
郫县安德镇	3880	51581	113	12216	107	48	12960
郫县三道堰镇镇	1986	33249	210	4642	28	5	33249
郫县安靖镇	2120	156061	648	7691	42	5	68873
郫县红光镇	3874	103182	875	20111	481	173	103182
郫县新民场镇	1780	20024	40	1265	38	2	7391
郫县德源镇	3070	39283	169	21802	90	90	33560
郫县友爱镇	4630	48264	272	3813	39	1	14153
郫县古城镇	1783	26246	27	688	18	2	23872
郫县唐元镇	2550	24601	75	1592	30	1	24601
大邑县王泗镇	6880	56167	130	4310	50	7	21500
大邑县新场镇	3643	23968	20	20	17	2	5386
大邑县悦来镇	5749	23066	10	1158	8		6613
大邑县安仁镇	5722	62359	29	420	22	1	26930
大邑县出江镇	6021	15638	16	65	1		3172
大邑县花水湾镇	8779	8416	32	816			4120
大邑县西岭镇	42200	6193	20	113			1645
大邑县斜源镇	6287	6629					1800
大邑县董场镇	3113	28262	13	612	9	2	10949
大邑县韩场镇	2076	18291	15	958	5	4	2619
大邑县三岔镇	4084	34136	29	614	20	2	7110
大邑县上安镇	1976	16316					3072
大邑县苏家镇	2045	20736	3	40	1	1	5033
大邑县青霞镇	2814	8433	20	632	10	2	2238
大邑县沙渠镇	1879	20783	99	7532	99	26	16486
大邑县蔡场镇	2161	27249	6	35	4		12212
大邑县雾山乡	5162	4091	36	188			
大邑县金星乡	4952	8795	24	152			
大邑县鹤鸣乡	4882	11968	3	3			
蒲江县大塘镇	2974	15578	17	780	16	3	4657
蒲江县寿安镇	8763	55780	234	3512	91	29	21310
蒲江县朝阳湖镇	2926	11081	35	78			2994
蒲江县西来镇	7895	32994	89	472	63	1	7182
蒲江县大兴镇	5917	20003	23	267	9	1	3915
蒲江县甘溪镇	2905	12886	24	1195	14		2483
蒲江县成佳镇	4042	10505	38	577	23	4	6035
蒲江县复兴乡	3637	14350	55	276	4	1	

续表 419　　（四川省）　　单位：公顷、人、个

名　称	行政区域面积	常住人口	企业个数	企业从业人员	工业企业单位	#规模以上	城镇建成区常住人口
蒲江县光明乡	2256	5855	18	461	3	1	
蒲江县白云乡	3736	5714					
蒲江县长秋乡	1930	4338					
新津县花桥镇	3360	28748	96	4213	26	4	3922
新津县花源镇	3260	50824	261	4022	164	7	24108
新津县金华镇	3525	19363	89	9836	45	28	2708
新津县普兴镇	4366	25703	9	1825	6	6	8660
新津县兴义镇	3986	34085	29	180	18	3	2730
新津县新平镇	2646	28189	176	5266	48	6	8977
新津县方兴镇	1923	13523	11	317	8	6	6512
新津县安西镇	1553	14609	46	1374	17	4	4749
新津县永商镇	2957	23430	67	2587	9	3	10374
新津县邓双镇	2860	27546	162	3860	75	21	4180
新津县文井乡	1310	9590	71	71	70	3	
都江堰市蒲阳镇	5935	39299	31	612	27	3	18612
都江堰市聚源镇	3274	43802	596	3226	2	2	3290
都江堰市崇义镇	4656	42861	61	4392	59	5	12529
都江堰市天马镇	3776	31813	46	1700	46	3	31813
都江堰市石羊镇	4975	46495	26	914	23		3243
都江堰市柳街镇	4729	39873	6	6			3052
都江堰市玉堂镇	5629	24836	198	3800			4199
都江堰市中兴镇	4685	25540	112	2000			2671
都江堰市青城山镇	12667	54055	224	19844	3	1	35200
都江堰市龙池镇	48605	16102	87	2850	8	1	6065
都江堰市胥家镇	4217	33502	102	1306	62	4	33502
都江堰市安龙镇	2780	24702	11	425	3	1	
都江堰市大观镇	6147	17568	30	153			5577
都江堰市向峨乡	5860	13668	5	352	5		
彭州市龙门山镇	38434	10731	29	1350	20	2	2650
彭州市新兴镇	3150	13529	9	120	9		8322
彭州市丽春镇	7712	70340	70	927	19	17	6753
彭州市九尺镇	2794	31767	235	2250	28		1858
彭州市蒙阳镇	7554	79569	596	9036	119	6	23424
彭州市通济镇	7004	27704	204	2744	15	1	9425
彭州市丹景山镇	6623	30899	186	1700	35	2	30899
彭州市隆丰镇	4766	42638	68	2110	50	6	8511
彭州市敖平镇	3388	29579	42	653	22		29579
彭州市磁峰镇	5340	17809	249	743			1427
彭州市桂花镇	6375	30680	272	4657	90	4	3522
彭州市军乐镇	3270	29257	239	2500	51	6	29257
彭州市三界镇	4227	34898	310	3280	36	3	3417
彭州市小渔洞镇	8454	13003	307	241	3		2458
彭州市红岩镇	4177	16977	23	189	7		534
彭州市升平镇	3323	34679	218	1450	37	2	2095
彭州市白鹿镇	8679	9444	81	425			9444
彭州市葛仙山镇	6817	36665	4	65	3	1	3368
彭州市致和镇	6383	84067	364	30052	359	45	84067
邛崃市羊安镇	4664	47632	427	19680	233	55	29300
邛崃市牟礼镇	5925	48285	104	1799	13		8134
邛崃市桑园镇	3705	27994	184	3762	59	7	7611

续表 420　　(四川省)　　单位：公顷、人、个

名　　称	行政区域面　　积	常住人口	企业个数	企　　业从业人员	工业企业单　　位		城镇建成区常住人口
						#规模以上	
邛崃市平乐镇	7927	34904	92	4407	26		9454
邛崃市夹关镇	4746	24421	109	676	5	2	3542
邛崃市火井镇	6554	19726	30	291	2		5581
邛崃市水口镇	11675	21489	36	234	10		6144
邛崃市固驿镇	5040	31909	157	1777	27	3	11692
邛崃市冉义镇	3667	29474	95	3154	28	2	3500
邛崃市回龙镇	4274	20663	65	827	12		2600
邛崃市高埂镇	2576	23235	104	2551	34	2	7865
邛崃市前进镇	2567	14992	121	1075	20	2	2640
邛崃市高何镇	8140	12350	22	169	2		7306
邛崃市临济镇	3757	15700	51	572	8	1	6423
邛崃市卧龙镇	3411	14852	97	1444	36	1	4685
邛崃市天台山镇	10924	16185	38	563	8		2744
邛崃市宝林镇	3696	14571	98	770	12		2668
邛崃市南宝山镇	13889	18518	50	453	11	1	2132
邛崃市茶园乡	3180	12588	42	306	6		
邛崃市道佐乡	3231	8590	15	334	5		
邛崃市大同乡	7078	15043	33	206	2		
邛崃市孔明乡	2611	9951	28	385	9		
崇州市三江镇	4712	54421	781	15620	4	4	13389
崇州市江源镇	2710	30295	329	1225	62	1	3576
崇州市羊马镇	4110	51051	191	13552	150	6	18809
崇州市廖家镇	2451	21710	12	218	9		3254
崇州市元通镇	2312	21987	49	42	45	6	2928
崇州市观胜镇	2434	19450	37	1537	8	6	19450
崇州市怀远镇	8256	56860	42	600	15	5	17023
崇州市三郎镇	8512	15501	5	270	5		6203
崇州市街子镇	4045	33221	195	4024	11	3	4275
崇州市文井江镇	5063	6885					1104
崇州市王场镇	2941	21243	18	347	15	1	9977
崇州市白头镇	1670	16583	25	125	10		2798
崇州市道明镇	3675	20468	11	425	4	1	2892
崇州市隆兴镇	1800	19277	27	468	25	1	4200
崇州市大划镇	2248	26734	47	13452	33	1	10802
崇州市崇平镇	2121	17583	61	4580	37	4	5620
崇州市梓潼镇	1630	13154	16	340	15	2	3105
崇州市桤泉镇	1803	15621	38	468	6		7963
崇州市锦江乡	1776	16351	29	302	3	2	
崇州市公议乡	2690	14482	42	42	36	1	
崇州市鸡冠山乡	30014	3028	1	6			
崇州市济协乡	1630	14024	6	310	6	2	
崇州市燎原乡	2000	25165	6	6			
崇州市集贤乡	1649	14223	80	1083	43		
简阳市石桥镇	7300	44947	28	510	21	3	3200
简阳市新市镇	4627	20707	31	737	9	4	4025
简阳市石盘镇	4705	32606	37	1795	31	8	11595
简阳市东溪镇	3325	19024	5	81	3	2	629
简阳市平泉镇	3775	24386	3	859	2	2	7386
简阳市禾丰镇	8427	31958	22	630	15	2	9652
简阳市云龙镇	6692	32108	6	121	2		3585

续表 421　　(四川省)　　单位：公顷、人、个

名　　称	行政区域面　积	常住人口	企业个数	企　业从业人员	工业企业单　位	#规模以上	城镇建成区常住人口
简阳市三星镇	4213	23367	11	88	4		5362
简阳市养马镇	4446	40888	72	5984	29	8	27342
简阳市贾家镇	6376	48002	184	15241	146	73	31338
简阳市石板凳镇	4719	36257	32	3145	11	3	3000
简阳市三岔镇	3622	26570	43	4866	17	1	20780
简阳市镇金镇	5733	20527	16	211	9	2	9206
简阳市石钟镇	4218	24321	1	9	1		1632
简阳市施家镇	4357	17820	6	28	5		3843
简阳市三合镇	4054	16940	5	32	1		512
简阳市平武镇	4071	20096	6	315	6		2890
简阳市金马镇	2594	8911	24	234	1		2327
简阳市踏水镇	4167	20537	27	111	3		5001
简阳市江源镇	4616	22410	7	181	2		2967
简阳市涌泉镇	3041	14452					12269
简阳市芦葭镇	5108	26515	10	134	5		4260
简阳市草池镇	6554	47365	65	935	32	2	11500
简阳市太平桥镇	1975	10934	2	23	1	1	2467
简阳市青龙镇	4100	19111					2490
简阳市老君井乡	3334	5013	1	10			
简阳市福田乡	2900	16727	41	2001	41		
简阳市宏缘乡	4472	21851	8	32	1		
简阳市周家乡	5517	24461	43	298	4		
简阳市平窝乡	2931	12198	3	16			
简阳市武庙乡	4520	12671	15	15	3		
简阳市高明乡	2302	13087	1	6			
简阳市玉成乡	4797	27132	1	28	1	1	
简阳市丹景乡	3675	7176	25	63	3		
简阳市望水乡	3566	13837	15	43	3		
简阳市清风乡	4947	20860	3	39	1		
简阳市董家埂乡	4800	16351	40	131	12		
简阳市五星乡	3258	12355					
简阳市飞龙乡	1583	5597					
简阳市灵仙乡	2271	11611					
简阳市五指乡	3425	6970					
简阳市新民乡	1298	9023	6	32			
简阳市新星乡	2088	7402	3	45	3		
简阳市同合乡	2360	10665					
简阳市老龙乡	2477	8625					
简阳市壮溪乡	2465	12212	15	85			
简阳市海螺乡	1266	8279	7	460	7	1	
简阳市坛罐乡	2800	15888	7	40	3		
简阳市雷家乡	3765	16777	5	65	3		
简阳市安乐乡	2233	6698					
简阳市普安乡	2315	9552	1	30	1		
简阳市平息乡	3064	14103	1	5			
简阳市五合乡	2681	10190					
简阳市永宁乡	2870	11151	3	60	1		
自流井区仲权镇	3429	24521	22	835	17	3	5091
自流井区舒坪镇	2232	20351	51	3437	47	23	12575
自流井区荣边镇	2824	14106	25	681	11	5	627

续表 422　　(四川省)　　单位：公顷、人、个

名　　称	行政区域面　　积	常住人口	企业个数	企　　业从业人员	工业企业单　　位	#规模以上	城镇建成区常住人口
自流井区红旗乡	64	70907	323	6140	2		
自流井区高峰乡	1702	9306	20	360	13		
自流井区农团乡	2343	3245	19	78			
自流井区漆树乡	1047	6388	8	84	4		
贡井区艾叶镇	1692	18146	51	460	31	3	11369
贡井区建设镇	1907	11360	25	811	8	7	1697
贡井区长土镇	1719	25969	308	11661	158	36	21932
贡井区龙潭镇	5299	28883	7	28			11577
贡井区桥头镇	2954	11061	17	114	8	2	3370
贡井区五宝镇	7467	26550	13	257	8	2	3849
贡井区莲花镇	4419	10262	7	123	2		2236
贡井区成佳镇	7414	51108	23	630	15	7	13142
贡井区白庙镇	2175	8977	2	14	1		1475
贡井区章佳乡	1651	9104	1	44	1		
贡井区牛尾乡	3585	5461	1	5			
大安区大山铺镇	3125	30415	51	4707	39	20	8786
大安区团结镇	2066	12596	37	1498	12	5	610
大安区三多寨镇	4129	26281	2	109	2	2	2747
大安区何市镇	4905	25118	19	377	5	3	3476
大安区新店镇	2261	12472	6	58	4		3812
大安区新民镇	3145	25213	119	4197	79	13	7021
大安区牛佛镇	7579	50011	40	360	16	2	17302
大安区庙坝镇	3248	16752	19	180	3		2663
大安区回龙镇	4317	23128	16	110	4		23128
大安区永嘉乡	2138	8632	1	5			
大安区和平乡	1133	16486	30	291	13	10	
大安区凤凰乡	1089	39511	743	8640	113	17	
沿滩区沿滩镇	2769	34986	453	18734	103	32	16314
沿滩区卫坪镇	5394	31116	452	30829	165	86	11119
沿滩区兴隆镇	2789	14817	48	1152	5	3	5485
沿滩区富全镇	3232	19618	23	120	5		5856
沿滩区永安镇	3511	21897	23	1014	10	5	4372
沿滩区联络镇	3134	19460	45	236	1		6975
沿滩区邓关镇	1629	16798	21	132	8	6	10287
沿滩区王井镇	2589	19171	9	80	6	6	7239
沿滩区黄市镇	3444	26409	25	130	2	1	6260
沿滩区瓦市镇	5985	38818	69	469	1		7798
沿滩区仙市镇	5533	30155	96	489	2	2	6588
沿滩区刘山乡	1781	13640	5	40			
沿滩区九洪乡	5118	27950	80	1005	2	1	
荣县旭阳镇	14004	219838	668	24653	190	41	100723
荣县双石镇	5698	31143	35	288	22	4	11743
荣县望佳镇	3191	13497	18	92	4		3436
荣县鼎新镇	5330	16852	13	337	4		1906
荣县乐德镇	8761	21771	15	70	3		3875
荣县过水镇	4847	15566	19	179	12		1436
荣县古文镇	4990	8963	12	206	6	1	1945
荣县河口镇	6644	13249	7	68	2		809
荣县新桥镇	5241	12933	25	110	14	3	2244
荣县正紫镇	3764	8264	10	55	4		601

续表 423　　（四川省）　　单位：公顷、人、个

名　　称	行政区域面　　积	常住人口	企业个数	企　　业从业人员	工业企业单　　位	#规模以上	城镇建成区常住人口
荣县度佳镇	8341	21120	21	751	5	4	7106
荣县东佳镇	7993	14334	13	212	7		1125
荣县长山镇	8006	35264	50	2986	11	7	19638
荣县保华镇	6693	16515	50	531	17	1	3082
荣县留佳镇	8268	26658	13	70	2		7550
荣县来牟镇	5694	18695	66	5071	23	9	1534
荣县双古镇	9577	20899	24	198	6	5	3557
荣县观山镇	4428	13498	10	517	10	1	599
荣县高山镇	7001	18982	15	2125	8	2	18982
荣县东兴镇	5808	4372	17	688	13	4	1328
荣县铁厂镇	5920	8931	64	694	24	4	1012
荣县金花乡	4154	5188	3	13			
荣县雷音乡	3734	5087	1	1			
荣县古佳乡	3809	6339	6	12			
荣县于佳乡	2149	5524	5	22			
荣县复兴乡	2152	5790	2	10			
荣县墨林乡	4303	4528	1	32			
富顺县富世镇	4859	160757	435	48646	261	40	159957
富顺县东湖镇	7066	61402	56	2376	24	12	23987
富顺县琵琶镇	5511	24547	51	827	18	2	7181
富顺县狮市镇	4301	21983	9	95	6	2	7829
富顺县骑龙镇	6902	35871	16	327	7	2	4916
富顺县互助镇	5178	26554	13	168	10	1	2689
富顺县代寺镇	7230	48878	144	4503	22	11	10471
富顺县中石镇	3054	15039	8	128	8	1	5642
富顺县童寺镇	5309	19914	18	863	8	4	7274
富顺县古佛镇	3044	14655	13	13	10	4	4974
富顺县永年镇	6787	32236	28	8	25	6	6254
富顺县彭庙镇	4668	19621	7	471	6	1	2309
富顺县兜山镇	7323	27685	81	1369	33	1	1835
富顺县板桥镇	5785	28568	47	502	18	3	6331
富顺县福善镇	6851	22409	6	68	2		5278
富顺县李桥镇	7133	20267	6	40	1	1	7494
富顺县赵化镇	4982	24667	24	732	6	4	9703
富顺县安溪镇	7512	28899	32	1251	23	4	12852
富顺县万寿镇	4902	17524	17	161	3	3	8899
富顺县飞龙镇	5020	27362	16	1237	5	2	6390
富顺县怀德镇	4637	24422	13	962	11	1	2776
富顺县长滩镇	2627	11684	24	912	17	1	6684
富顺县龙万乡	5077	20295	22	330	11	2	
富顺县宝庆乡	3149	11888	11	76	7	1	
富顺县富和乡	2755	10901	1	6	1		
富顺县石道乡	2538	12045	9	106	8	1	
东区银江镇	13316	37615	585	15859	144	58	34913
西区格里坪镇	10847	28934	47	3815	34	32	23414
仁和区仁和镇	3789	58373	392	5571	55		50989
仁和区平地镇	17568	14535	12	100	1	1	1024
仁和区大田镇	10498	9151	1	18	1		2750
仁和区福田镇	5018	4773	11	150	10		230
仁和区同德镇	9342	14740	3	3			647

续表 424　　　　(四川省)　　　　单位：公顷、人、个

名　称	行政区域面积	常住人口	企业个数	企业从业人员	工业企业单位	#规模以上	城镇建成区常住人口
仁和区金江镇	8797	27395	253	11850	147	58	15540
仁和区布德镇	13084	16364	43	870	19	3	3338
仁和区前进镇	10433	26716	380	6280	126	35	4250
仁和区大龙潭彝族乡	24369	15688	1	1			
仁和区啊喇彝族乡	18175	9005	5	21			
仁和区总发乡	9920	9281	50	618	23		
仁和区太平乡	21698	10346	43	2150	38	20	
仁和区务本乡	9967	8050	3	3	1	1	
仁和区中坝乡	10016	10083	23	270	8	1	
米易县攀莲镇	17808	68751	320	7150	18	16	51442
米易县丙谷镇	19020	25378	25	1429	8	7	6963
米易县得石镇	29026	6850	4	35	3	1	1635
米易县撒莲镇	11996	16954	5	47	3		6094
米易县垭口镇	9665	11380	46	5014	15	9	3264
米易县白马镇	22082	30410	13	301	7	5	9629
米易县普威镇	14741	12582	2	9	1		2078
米易县草场乡	14135	20855	4	68	1	1	
米易县湾丘彝族乡	11667	16131	34	785	14	12	
米易县白坡彝族乡	35378	8643	4	4	4		
米易县麻陇彝族乡	22280	8683	1	6	1		
米易县新山傈僳族乡	7473	6892	2	2	1		
盐边县桐子林镇	20650	27027	80	2584	67	12	22008
盐边县红格镇	16191	15525	33	1298	29	5	11534
盐边县渔门镇	20887	25465	9	523	5	2	11697
盐边县永兴镇	23825	20123	11	172	11		1567
盐边县益民乡	6675	13708	13	208	5	1	
盐边县新九乡	12481	11790	16	127	16	12	
盐边县和爱彝族乡	6469	5528	4	25	4		
盐边县红果彝族乡	28167	12906	1	501	1	1	
盐边县鳡鱼彝族乡	28780	7304	3	38	3		
盐边县共和乡	22867	8636					
盐边县国胜乡	30883	17701	2	6	1		
盐边县红宝苗族彝族乡	32557	4290					
盐边县惠民乡	14762	17273	10	51			
盐边县箐河傈僳族乡	12325	6263	8	106	7		
盐边县温泉彝族乡	17041	7041	2	18	2		
盐边县格萨拉彝族乡	34365	11976	2	5			
江阳区黄舣镇	6535	40385	192	3260	8	3	6301
江阳区弥陀镇	4473	28284	60	291	15	1	5100
江阳区通滩镇	7085	53040	67	1123	31	5	3624
江阳区江北镇	4737	28964	22	22	20	3	3125
江阳区方山镇	5275	24097	9	9	8	3	1582
江阳区丹林镇	3574	21565	15	2305	13	3	4007
江阳区分水岭镇	5846	39452	126	839	18	1	7230
江阳区石寨镇	2967	24536	12	98	6	1	3346
纳溪区大渡口镇	12982	31453	281	7899	25	6	6582
纳溪区护国镇	17587	50805	253	3857	86	12	24361
纳溪区打古镇	13364	27785	84	513	5	3	3100
纳溪区上马镇	10703	16823	136	2632	25	4	3625
纳溪区合面镇	8911	26932	52	494	13	3	2466

续表 425　　（四川省）　　单位：公顷、人、个

名　称	行政区域面　积	常住人口	企业个数	企　业从业人员	工业企业单　位	#规模以上	城镇建成区常住人口
纳溪区棉花坡镇	4666	21516	191	1200	8	6	520
纳溪区丰乐镇	8209	27509	182	10747	6	4	2201
纳溪区白节镇	12468	27424	146	5409	13	9	6235
纳溪区天仙镇	6761	10743	45	16	40	3	1403
纳溪区新乐镇	4153	20094	85	2613	21	6	380
纳溪区渠坝镇	4503	11225	124	1856	25	3	2239
纳溪区龙车镇	7217	26247	72	1445	13	5	4564
龙马潭区石洞镇	5521	35304	213	8215	33	15	15131
龙马潭区胡市镇	3896	27093	60	2600	42	7	16692
龙马潭区特兴镇	4267	22606	113	383	33	14	4862
龙马潭区双加镇	3639	19510	87	2123	36	8	1860
龙马潭区金龙镇	3728	16878	25	2169	5	2	760
龙马潭区长安镇	1947	10825	70	1757	35	6	3248
泸县福集镇	8537	30486	107	4158	54	8	2114
泸县嘉明镇	4785	29223	192	1830	42	12	10045
泸县喻寺镇	6576	25237	95	7038	43	3	5168
泸县得胜镇	7958	31188	235	11522	50	7	5769
泸县牛滩镇	7560	26305	135	4823	19	6	4675
泸县兆雅镇	5968	37133	44	1294	31	11	12764
泸县玄滩镇	11395	77177	59	2599	20	1	16155
泸县太伏镇	12277	46893	52	1458	13	6	5753
泸县云龙镇	6948	47684	76	6680	36	10	20882
泸县石桥镇	8678	26130	588	2040	136	7	1233
泸县毗卢镇	6821	24789	251	268	45	2	3158
泸县奇峰镇	6871	34625	87	2148	31	8	7228
泸县潮河镇	8483	50023	140	3211	37	5	3778
泸县云锦镇	10710	59820	37	803	15	6	17560
泸县立石镇	6272	26727	132	5422	25	5	7641
泸县百和镇	8106	33435	216	2245	33	7	2185
泸县天兴镇	4156	16746	134	2307	7	7	1884
泸县方洞镇	6930	31659	1044	3875	22	3	5516
泸县海潮镇	5293	25018	84	1028	27	1	4102
合江县合江镇	7461	153792	805	12885	125	9	85862
合江县望龙镇	5500	32506	46	385	12	2	8200
合江县白沙镇	3313	23251	19	96	4	3	6939
合江县佛荫镇	6358	30531	181	1991	45	7	6520
合江县先市镇	6500	43812	144	1356	23	4	43812
合江县尧坝镇	6830	30397	39	234	22	2	3542
合江县九支镇	12175	51567	128	1548	33	5	32418
合江县五通镇	10100	16887	55	367	18	1	16887
合江县凤鸣镇	12835	26256	14	117	7	2	2030
合江县榕山镇	8799	42545	123	2513	58	26	22637
合江县白鹿镇	7710	33498	91	1046	17	3	4066
合江县甘雨镇	8270	23545	46	1260	18		2159
合江县福宝镇	42500	26218	73	932	30	2	21307
合江县先滩镇	9200	14416	46	534	27		1788
合江县自怀镇	18900	10091	8	108	2		911
合江县大桥镇	6929	32843	48	1325	17	5	29263
合江县车辋镇	8500	12319	7	95	4	2	2435
合江县白米镇	7408	23522	23	216	11	2	7530

续表 426　　(四川省)　　单位：公顷、人、个

名　　称	行政区域面　　积	常住人口	企业个数	企　　业从业人员	工业企业单　　位	#规模以上	城镇建成区常住人口
合江县参宝镇	4374	25264	17	356	6	2	2062
合江县法王寺镇	9916	22683	18	278	5	2	3428
合江县虎头镇	6334	24081	18	485	6	6	4705
合江县神臂城镇	3386	17309	30	218	18	3	17309
合江县南滩镇	4600	12718	105	898	5		1512
合江县实录镇	6121	15131	40	1012	5	1	3112
合江县石龙镇	5507	9305	8	52	3		2391
合江县密溪乡	4770	15716	42	1253	5		
合江县榕右乡	7153	6995	13	374	8		
叙永县叙永镇	11740	106326	6025	42175	110	9	102099
叙永县江门镇	16477	28505	70	1235	23	4	11175
叙永县马岭镇	10274	28509	7	45	3	2	7822
叙永县天池镇	6656	14900	15	197	13	1	2763
叙永县水尾镇	23737	23564	32	728	20	2	4779
叙永县两河镇	12476	31228	18	150	13		2795
叙永县落卜镇	10160	28863	55	510	12	5	6455
叙永县后山镇	12728	20942	741	14289	24	7	3145
叙永县分水镇	14770	27983	45	240	25		1248
叙永县摩尼镇	13850	26211	8	376	8	1	5654
叙永县赤水镇	16415	24937	13	42	4		1966
叙永县龙凤镇	12332	29430	160	1173	46	4	2435
叙永县正东镇	12340	29431	261	14500	88	8	1611
叙永县观兴镇	12232	17451	24	305	24	3	2063
叙永县向林镇	14578	22249	21	21	15	1	
叙永县兴隆镇	8720	20829	19	201	13	3	2856
叙永县营山镇	7960	11293	9	150	9	1	2441
叙永县麻城镇	8700	18656	14	96	2	1	988
叙永县大石乡	12079	16788	12	425	11		
叙永县黄坭乡	15560	19756	22	22	16	1	
叙永县合乐苗族乡	9744	9429	4	22	1		
叙永县白腊苗族乡	13972	15602	11	120	10	1	
叙永县枧槽苗族乡	8113	8697	25	131	5		
叙永县水潦彝族乡	8272	17122	5	36	2		
叙永县石坝彝族乡	3679	6904	5	36	5		
古蔺县古蔺镇	28170	125000	95	4301	54	11	70739
古蔺县龙山镇	8263	26215	12	51			2082
古蔺县永乐镇	13493	39560	42	376	16	3	5483
古蔺县太平镇	10310	29570	91	1456	13	7	7326
古蔺县二郎镇	9294	47762	48	1865	3	3	9186
古蔺县大村镇	8938	28142	17	120	2		7805
古蔺县石宝镇	17513	48300	22	55	10	1	4100
古蔺县丹桂镇	11500	33370	13	110	10		1477
古蔺县水口镇	18519	41302	27	16	22	2	5852
古蔺县观文镇	13465	35057	21	183	5	2	4845
古蔺县双沙镇	19932	44519	5	27	5		9761
古蔺县德耀镇	9572	15293	12	82	5	1	1318
古蔺县护家镇	9574	20387	23	82			1580
古蔺县石屏镇	8177	37748	18	18	17	3	5140
古蔺县土城镇	6656	23950	13	146	11	1	9000
古蔺县皇华镇	13154	37462	9	39	1		3667

续表 427　　　　（四川省）　　　　单位：公顷、人、个

名　称	行政区域面积	常住人口	企业个数	企业从业人员	工业企业单位	#规模以上	城镇建成区常住人口
古蔺县鱼化乡	8391	26877	10	60	4		
古蔺县东新乡	5927	20213	12	49			
古蔺县白泥乡	6307	12261	20	69			
古蔺县椒园乡	9124	19486	2	15	2		
古蔺县马嘶苗族乡	7793	8599	3	20			
古蔺县马蹄乡	13478	20917	24	178	7	1	
古蔺县箭竹苗族乡	11254	12787	26	156	10	2	
古蔺县大寨苗族乡	4210	4676	1	12	1		
古蔺县桂花乡	12518	11098	23	106			
古蔺县黄荆乡	27036	3443	9	145	1		
旌阳区天虹街道	2495	37634	451	11400	214	22	37634
旌阳区黄许镇	8698	63415	243	5567	131	14	18124
旌阳区孝泉镇	5250	39514	147	4966	81	16	18174
旌阳区柏隆镇	3964	24471	25	960	15	10	5580
旌阳区孝感镇	2591	28648	149	4185	92	16	10112
旌阳区天元镇	2054	17294	40	1030	10	5	156
旌阳区扬嘉镇	3084	23568	126	1621	45	11	3158
旌阳区德新镇	4613	32253	177	1680	44	9	6628
旌阳区双东镇	7951	22331	30	480	24	2	3010
旌阳区新中镇	4234	11162	18	657	8		1682
旌阳区和新镇	5846	15502	13	254	7		918
旌阳区东湖乡	3087	12577	65	2100	18	2	
中江县凯江镇	772	109923	877	16280	33	16	109923
中江县南华镇	7726	90306	283	28335	126	75	70892
中江县回龙镇	7234	48563	28	2985	20	4	7513
中江县通济镇	5227	24669	20	850	5	1	2125
中江县永太镇	7745	34442	26	193	6	3	7445
中江县黄鹿镇	5317	18959	21	419	7	3	2344
中江县集凤镇	5772	18400	14	921	10	1	4109
中江县富兴镇	8430	30971	26	585	25	2	4946
中江县辑庆镇	6589	34912	81	3260	65	31	10346
中江县兴隆镇	7193	34099	53	10158	37	26	24801
中江县龙台镇	6725	51097	125	6355	40	10	21086
中江县永安镇	4821	21548	9	35	1		3813
中江县双龙镇	3822	15876	2	2			584
中江县玉兴镇	4258	28850	31	256	8	3	1144
中江县永兴镇	5593	23005	19	231	1	1	2740
中江县悦来镇	3929	21522	1	10			3586
中江县继光镇	5500	22408	12	45	2		1247
中江县仓山镇	11573	72630	88	755	17	7	30814
中江县广福镇	6592	33666	12	315	2	2	7420
中江县会龙镇	4666	22256	31	307	12		5917
中江县万福镇	5510	22877	82	432	13		3256
中江县普兴镇	5108	17664	26	136			2632
中江县联合镇	4492	24297	7	156	2		2059
中江县冯店镇	7271	36233	46	1034	28	4	9277
中江县积金镇	3499	18313	28	620	17		2580
中江县太安镇	4995	15961	7	279	4	1	1885
中江县杰兴镇	2579	16885	33	180	3	3	301
中江县南山镇	2788	19784	23	1592	17		1648

续表 428 (四川省) 单位：公顷、人、个

名　　称	行政区域面积	常住人口	企业个数	企业从业人员	工业企业单位	#规模以上	城镇建成区常住人口
中江县东北镇	5393	38940	145	1245	13	4	3042
中江县古店乡	4944	12826	15	50			
中江县青市乡	2871	10931	35	280	7		
中江县瓦店乡	3279	9454	6	248	6	2	
中江县石泉乡	3870	11676	7	165	1		
中江县柏树乡	5604	27858	10	52	4		
中江县白果乡	6052	27893	24	241	6		
中江县清河乡	2810	16733	10	185	4	1	
中江县高店乡	2255	10585	9	485	6		
中江县石笋乡	2039	9403	3	391	1	1	
中江县太平乡	3452	16595	9	169	3	1	
中江县民主乡	3541	11140	9	58	2		
中江县永丰乡	3804	22860	6	86	3		
中江县元兴乡	3141	10645	24	120	3		
中江县通山乡	3660	16646	9	50	3		
中江县石龙乡	3087	12619	1	25	1	1	
中江县合兴乡	3762	13093	16	50			
罗江县万安镇	3329	50175	359	10400	101	27	45239
罗江县鄢家镇	6506	33986	31	868	12	4	5263
罗江县金山镇	7702	48928	206	8310	153	52	25960
罗江县略坪镇	5572	28944	23	337	14	1	5346
罗江县御营镇	2453	11575	79	2125	64	14	2032
罗江县慧觉镇	2098	11143	11	410	8	2	1247
罗江县调元镇	3645	12829	17	351	13	2	905
罗江县新盛镇	6119	29541	22	428	15	4	7280
罗江县蟠龙镇	3481	10161	17	486	14	2	2036
罗江县白马关镇	3883	12221	22	285	7	1	807
广汉市雒城镇	891	128927	628	15513	12	1	128927
广汉市三水镇	3201	35855	210	5131	106	9	1921
广汉市连山镇	5518	42297	124	3800	45	6	3802
广汉市高坪镇	2969	24622	76	2400	53	8	1427
广汉市南兴镇	5287	46029	1205	9812	80	21	3196
广汉市向阳镇	3463	36909	117	3999	86	32	16280
广汉市小汉镇	5080	47063	431	13800	268	41	6302
广汉市金轮镇	2314	19809	34	892	18	3	3886
广汉市新丰镇	5061	69170	277	59147	230	162	5685
广汉市兴隆镇	3043	26179	16	853	16	1	680
广汉市和兴镇	2362	21459	120	3700	65	8	1465
广汉市松林镇	3266	19410	278	2846	9		1369
广汉市金鱼镇	2982	28871	85	4015	34	8	954
广汉市新平镇	1777	14617	5	133	5	3	232
广汉市南丰镇	2186	20916	57	1320	48	6	1000
广汉市西高镇	2404	16463	21	987	21		568
广汉市北外乡	1737	21118	120	3442	105	9	
广汉市西外乡	1785	21022	61	3529	35	6	
什邡市元石镇	1678	17003	51	813	15	6	2244
什邡市回澜镇	2872	26404	108	4820	44	26	7787
什邡市洛水镇	4450	31039	267	8479	86	74	5315
什邡市禾丰镇	3146	24056	86	2407	56	16	637
什邡市双盛镇	2821	22736	169	3223	136	12	1899

续表 429　　　　（四川省）　　　　单位：公顷、人、个

名　　称	行政区域面　积	常住人口	企业个数	企　业从业人员	工业企业单　位		城镇建成区常住人口
						#规模以上	
什邡市马祖镇	2389	28783	46	46	45	15	7628
什邡市隐峰镇	3602	23912	35	1826	31	8	439
什邡市马井镇	3951	25569	35	2380	32	10	1677
什邡市蓥华镇	7417	15017	41	2730	18	2	4330
什邡市南泉镇	3505	27230	88	1212	30	5	1577
什邡市湔氐镇	4618	29892	10	178	7	6	1305
什邡市红白镇	29967	6098	24	684	8	1	2999
什邡市冰川镇	5089	9485	7	59	7	1	978
什邡市师古镇	4607	42746	108	5700	29	27	4560
绵竹市剑南镇	2340	87100	639	2237			87100
绵竹市东北镇	2596	24234	25	135	2	2	3706
绵竹市西南镇	1666	18683	32	2468	24	6	9773
绵竹市兴隆镇	2529	19213	32	540	10	6	1133
绵竹市九龙镇	5010	11010	26	1136	12	4	930
绵竹市遵道镇	3419	20791	48	7627	11	5	1759
绵竹市汉旺镇	7715	40857	248	5518	12	9	15231
绵竹市拱星镇	3424	18422	14	1549	14	6	5388
绵竹市土门镇	4201	26451	15	225	8	4	2505
绵竹市广济镇	2613	21554	23	782	10	5	992
绵竹市金花镇	18904	6176	7	436	7	2	1005
绵竹市玉泉镇	3011	20160	11	625	9	6	1423
绵竹市板桥镇	2539	16506	19	741	19	3	2085
绵竹市新市镇	6074	36084	57	10670	37	24	10105
绵竹市孝德镇	8204	59022	79	3218	56	12	18035
绵竹市富新镇	4491	35809	55	2428	42	11	3102
绵竹市齐天镇	2030	15439	12	270	10	5	2132
绵竹市什地镇	3516	24590	13	986	8	7	5417
绵竹市绵远镇	2558	14232	14	75	4	2	952
绵竹市清平镇	32485	5960	13	1421	11	8	2138
绵竹市天池乡	5305	2845	22	780	22	2	
涪城区丰谷镇	2768	16674	60	980	24	4	8653
涪城区关帝镇	2400	10294					814
涪城区塘汛镇	2524	30260	363	4182	94	25	30260
涪城区青义镇	2649	53638	316	1170	61	8	20351
涪城区龙门镇	2218	13147	16	16	8	4	2084
涪城区石塘镇	2799	24480	946	7968	320	13	
涪城区吴家镇	4692	21807	47	752	42	1	2696
涪城区杨家镇	3711	16122	28	1055	14		1237
涪城区金峰镇	2700	11210	21	150	3		11210
涪城区玉皇镇	2648	11953	8	238			1960
涪城区新皂镇	4851	18998	144	2397	68	14	6342
涪城区河边镇	3693	13067	65	2409	15	5	1505
涪城区磨家镇	2610	13031	88	3903	26	8	13031
涪城区永兴镇	2500	34548	217	11409	215	34	32831
涪城区城郊乡	4478	50000	249	10333	218	9	
涪城区石洞乡	3250	8625	13	279	7		
游仙区游仙镇	4750	132654	2555	36391	339	62	132654
游仙区石马镇	2802	26123	106	5830	86	26	14106
游仙区新桥镇	3575	18384	111	3305	47	16	9945
游仙区小枧沟镇	5192	38053	191	3820	41	20	5312

续表 430　　　　（四川省）　　　　单位：公顷、人、个

名　　称	行政区域面　　积	常住人口	企业个数	企　　业从业人员	工业企业单　　位	#规模以上	城镇建成区常住人口
游仙区魏城镇	9100	41370	12	2200	5	2	18500
游仙区沉抗镇	7830	20810	247	1500	4		1569
游仙区忠兴镇	4700	17880	24	268	1	1	4465
游仙区柏林镇	4209	10468	35	175			1860
游仙区徐家镇	4750	13506	9	253	4		13506
游仙区石板镇	5230	14938	15	365	15	5	1236
游仙区刘家镇	4340	9436	3	21	1	1	6591
游仙区玉河镇	5199	15395	1	30	1	1	1653
游仙区松垭镇	3772	29356	260	3153	85	20	6540
游仙区白蝉镇	2568	8554	1	6	1	1	936
游仙区观太镇	3800	11643	1	1			2010
游仙区云凤镇	2880	6545	7	59	3		1542
游仙区太平镇	5470	15726					1804
游仙区街子镇	2468	12073	61	958			1599
游仙区建华乡	3637	8396	4	4			
游仙区东林乡	2840	8084	11	135	5	2	
游仙区梓棉乡	2980	8279					
游仙区朝真乡	3780	9520	1	1			
游仙区东宣乡	3638	7724					
游仙区凤凰乡	2786	8413	4	4			
安州区桑枣镇	10100	27120	76	367	24	2	4864
安州区花荄镇	9500	87495	2597	12350	189	45	35320
安州区黄土镇	7600	40146	37	695	20	4	10395
安州区塔水镇	6800	38609	247	1976	23	5	8474
安州区秀水镇	9300	60278	334	1350	23	5	19285
安州区河清镇	2800	16272	423	3180	24	8	1835
安州区界牌镇	3100	25664	179	3466	158	11	2871
安州区永河镇	3200	16147					1901
安州区睢水镇	7600	18778	103	6306	21	5	1803
安州区清泉镇	3300	10942	4	109	4	2	2410
安州区宝林镇	2900	12672	12	167	7	2	1554
安州区沸水镇	3900	14738	42	220	31		784
安州区晓坝镇	5600	7105	9	140	1		4187
安州区乐兴镇	5600	16755	24	350	1		2268
安州区千佛镇	15600	9022	18	120	18		1350
安州区兴仁乡	2800	11476	16	16	12	1	
安州区高川乡	17100	6961	25	626	24	1	
安州区迎新乡	2100	10299	7	338	7	2	
三台县北坝镇	1424	63222	459	30170	76	21	60031
三台县潼川镇	8550	148391	1022	35531	146	11	111195
三台县东塔镇	3910	13956	43	940	27	4	1015
三台县百顷镇	3155	9897	8	300	4	1	6732
三台县塔山镇	8083	22727	59	1044	21	2	11659
三台县柳池镇	2045	6089	7	75	5		812
三台县龙树镇	8066	14231	30	334	4		2373
三台县石安镇	6532	15389	19	153	7		3155
三台县富顺镇	6658	13207	25	178	5		1596
三台县三元镇	7245	13186	16	324	10	1	1297
三台县秋林镇	5088	12853	9	53	1		607
三台县永新镇	2684	7623	19	240	9		1185

续表 431 （四川省） 单位：公顷、人、个

名称	行政区域面积	常住人口	企业个数	企业从业人员	工业企业单位	#规模以上	城镇建成区常住人口
三台县新德镇	2915	14126	38	654	16		331
三台县新生镇	5351	21925	21	203	7	1	21235
三台县鲁班镇	7796	22232	11	103	4		2322
三台县景福镇	7845	29207	37	649	15		7735
三台县紫河镇	3346	12513	3	33	3		1371
三台县安居镇	2148	7506	6	31			1365
三台县观桥镇	7297	28093	34	289	8		6315
三台县郪江镇	2531	6808	4	21	1		712
三台县中新镇	3768	13952	7	265	6	1	1664
三台县古井镇	6424	25713	26	224	8	1	2384
三台县万安镇	1528	6275	6	131	1		574
三台县西平镇	7693	37326	85	1498	19	1	23090
三台县八洞镇	3934	16919	26	336	7	2	2392
三台县凯河镇	3176	13247	11	234	5	2	738
三台县乐安镇	6247	20270	45	956	10	3	1432
三台县建平镇	4907	19932	26	208	10		2726
三台县前锋镇	2388	8352	13	72	3		705
三台县建设镇	3719	8359	22	208	2		930
三台县光辉镇	3270	9753	7	64	2		575
三台县中太镇	5878	17933	31	408	11	1	1340
三台县金石镇	6313	23531	27	505	9		1681
三台县新鲁镇	6111	20172	16	190	5	1	3293
三台县黎曙镇	2213	8293	14	140	2	1	1100
三台县刘营镇	8072	28626	68	1301	16	3	7798
三台县灵兴镇	2827	12947	32	648	4	1	2386
三台县芦溪镇	9443	41631	95	3472	33	3	34842
三台县立新镇	6938	21246	27	580	11	1	1680
三台县花园镇	3802	22876	142	3136	46	11	1086
三台县永明镇	5582	18836	86	1065	31	2	832
三台县高堰乡	2593	5751	4	39	2		
三台县忠孝乡	4257	7945	3	46	2		
三台县双胜乡	4490	6327	5	31	2		
三台县金鼓乡	4351	6366	6	140	3	1	
三台县断石乡	2341	8272	8	45	5		
三台县玉林乡	1988	8106	6	32	1		
三台县乐加乡	2977	10047	3	17			
三台县曙光乡	2007	7107	5	46	4		
三台县建中乡	5342	15746	12	123	2		
三台县宝泉乡	2190	5947	1	5			
三台县广利乡	2213	6095	1	15	1		
三台县协和乡	2539	8223	1	8	1		
三台县双乐乡	2145	8401	5	25	1		
三台县菊河乡	2426	6984	8	65	1		
三台县幸福乡	2554	10501	7	119			
三台县下新乡	1877	6782	4	45	3		
三台县进都乡	1320	4136	3	17	2		
三台县上新乡	2383	9489	3	18	1		
三台县老马乡	2558	10179	16	346	4		
三台县里程乡	2272	6995	3	16			
三台县争胜乡	1922	6116	1	78	1		

续表 432　　（四川省）　　单位：公顷、人、个

名　　称	行政区域面　　积	常住人口	企业个数	企　　业从业人员	工业企业单　　位	#规模以上	城镇建成区常住人口
三台县云同乡	2322	7827	8	83	3		
盐亭县云溪镇	8637	113912	640	23100	76	5	98950
盐亭县玉龙镇	7600	18927	16	89	8		9150
盐亭县富驿镇	12256	32769	25	232	17		11869
盐亭县金孔镇	5772	17825	4	23			5785
盐亭县两河镇	5974	14716	15	273	8	1	3550
盐亭县黄甸镇	10392	12761	15	85	10		4762
盐亭县柏梓镇	9320	12391	1	13			2106
盐亭县八角镇	5950	18402	38	200	3		3041
盐亭县黑坪镇	4985	6675	20	106	1		1356
盐亭县高灯镇	6285	14236	13	59	6		1786
盐亭县金鸡镇	3956	14463	4	24	1	1	5400
盐亭县安家镇	6802	5375	1	6			1853
盐亭县林农镇	5002	13013	3	18	2		1650
盐亭县巨龙镇	2872	8741	17	134			2417
盐亭县龙泉乡	2320	7027					
盐亭县折弓乡	2128	7596	1	6	1		
盐亭县麻秧乡	2935	8500	17	17	10	4	
盐亭县三元乡	2967	7352	3	3			
盐亭县五龙乡	3200	8250	25	180			
盐亭县茶亭乡	4522	4702	7	7			
盐亭县金安乡	3486	7236	22	62			
盐亭县洗泽乡	4437	11778	27	151			
盐亭县毛公乡	5418	9313	6	6			
盐亭县冯河乡	4953	8189	2	20	2		
盐亭县石牛庙乡	6213	10718					
盐亭县大兴回族乡	2388	4861	1	28	1		
盐亭县宗海乡	1710	2702	10	51	2		
盐亭县两岔河乡	1783	6703	4	22	4		
盐亭县剑河乡	3386	3055					
盐亭县来龙乡	3070	3424					
盐亭县永泰乡	2547	3860					
盐亭县黄溪乡	2777	4592					
盐亭县榉溪乡	2589	7542	2	42	2		
盐亭县双碑乡	2713	3026	1	4	1		
盐亭县林山乡	1703	3888	4	4			
盐亭县新农乡	2356	3577	1	1			
梓潼县文昌镇	7842	66190	476	13150	55	6	43610
梓潼县长卿镇	3165	18083	236	7254	78	31	11654
梓潼县许州镇	6565	21766	40	363	17	3	5316
梓潼县黎雅镇	4283	14242	33	36	6		3059
梓潼县白云镇	2939	8888	4	48	1		967
梓潼县卧龙镇	4153	10055	4	30			1995
梓潼县观义镇	5033	9363	4	28			2050
梓潼县玛瑙镇	5308	7380	12	116	2	1	1526
梓潼县石牛镇	6489	15562	35	500	14		2080
梓潼县自强镇	2968	5492	8	60	2		520
梓潼县仁和镇	5663	7815	6	73	4		679
梓潼县东石乡	3115	6884	1	1			
梓潼县三泉乡	2520	4000					

续表 433　　　　（四川省）　　　　单位：公顷、人、个

名　　称	行政区域面积	常住人口	企业个数	企业从业人员	工业企业单位	#规模以上	城镇建成区常住人口
梓潼县宏仁乡	3584	9163	15	34	8	1	
梓潼县小垭乡	3568	5073	6	33	1		
梓潼县演武乡	4635	3054					
梓潼县仙峰乡	3919	6644	8	8			
梓潼县双板乡	4871	10439					
梓潼县豢龙乡	3600	6223	12	62	3		
梓潼县双峰乡	3518	6641	3	25	3		
梓潼县交泰乡	4274	4066	2	22	2		
梓潼县金龙场乡	3983	8994					
梓潼县石台乡	3994	7767	11	178	6	1	
梓潼县仙鹅乡	3403	5558	5	26	1	1	
梓潼县马鸣乡	7604	9951	8	20	1	1	
梓潼县马迎乡	4317	5099	2	11	1		
梓潼县二洞乡	2977	4054	3	22	1		
梓潼县建兴乡	5076	5179					
梓潼县宝石乡	5670	8672	9	64	2		
梓潼县定远乡	4149	5588	8	8			
梓潼县大新乡	5709	8576	8	40	1		
梓潼县文兴乡	5503	8273	7	72	1		
北川羌族自治县曲山镇	10968	9664	101	2196	47	1	957
北川羌族自治县擂鼓镇	14639	18222	90	997	88	3	7330
北川羌族自治县通口镇	8694	6305	10	5	8	3	1200
北川羌族自治县永昌镇	1997	28877	340	7275	53	13	28877
北川羌族自治县安昌镇	9896	55769	163	2683	125	2	29024
北川羌族自治县永安镇	9934	21782	74	733	43	2	932
北川羌族自治县禹里镇	21827	11499	31	206	30		648
北川羌族自治县桂溪镇	12077	12251	73	1374	33	1	1601
北川羌族自治县香泉乡	4518	7570	40	687	38	5	
北川羌族自治县陈家坝乡	12827	9530	27	140	27	1	
北川羌族自治县贯岭乡	8132	3497	8	277	4		
北川羌族自治县漩坪乡	11273	6315	22	112	12		
北川羌族自治县白坭乡	12694	3963	3	316	3		
北川羌族自治县小坝乡	18672	9854	16	278	5	1	
北川羌族自治县片口乡	24958	6359	6	41	5		
北川羌族自治县开坪乡	17203	2865	9	148	8		
北川羌族自治县坝底乡	8420	6205	7	68	7		
北川羌族自治县白什乡	10539	2980	8	70	1		
北川羌族自治县青片乡	54362	2723	6	6			
北川羌族自治县都坝乡	9929	2819	4	16	2		
北川羌族自治县桃龙藏族乡	6722	3326	2	20			
北川羌族自治县墩上乡	6180	1769	6	37	6		
北川羌族自治县马槽乡	11811	2002	10	124	10		
平武县龙安镇	18357	39506	487	6452	78	10	21049
平武县古城镇	17555	13214	20	320			6096
平武县南坝镇	32378	20330	36	385	2	2	20330
平武县响岩镇	24383	10307	16	80	3	3	4293
平武县平通镇	13379	9575	24	124	8	2	1853
平武县豆叩镇	14908	8304	7	392	3	3	8304
平武县大印镇	25190	6356	4	113			328
平武县大桥镇	25094	7072					536

续表 434　　　　　　　　　　　　(四川省)　　　　　　　　　　　　单位：公顷、人、个

名　　称	行政区域面　积	常住人口	企业个数	企　业从业人员	工业企业单　位		城镇建成区常住人口
						#规模以上	
平武县水晶镇	21727	13742	5	10	3	1	4590
平武县高村乡	17989	6206	3	40	2		
平武县水田羌族乡	11132	3333					
平武县坝子乡	14951	7645	3	16	3	1	
平武县水观乡	8140	3304					
平武县平南羌族乡	9940	1915					
平武县徐塘羌族乡	12089	2256					
平武县锁江羌族乡	24832	5919	3	32	3		
平武县土城藏族乡	22093	5453	1	102	1		
平武县旧堡羌族乡	10369	2103					
平武县阔达藏族乡	13808	4382	2	63	1	1	
平武县黄羊关藏族乡	19860	1484	1	1			
平武县虎牙藏族乡	48010	2321					
平武县泗耳藏族乡	40046	843	1	20	1	1	
平武县白马藏族乡	78466	1602	2	195	2	1	
平武县木座藏族乡	45251	1171					
平武县木皮藏族乡	25067	1029					
江油市中坝镇	1067	105346	986	31985	23	4	105346
江油市太平镇	8641	165424	426	3650	60	10	101650
江油市三合镇	7883	100862	281	35615	262	83	67091
江油市含增镇	6827	8635	130	3976	55	14	1167
江油市青莲镇	2277	13706	41	1023	23	7	10216
江油市彰明镇	2372	16670	180	2629	47	14	5687
江油市龙凤镇	3512	13757	67	2254	17	6	2320
江油市武都镇	14532	47110	239	10587	54	16	15572
江油市大康镇	11016	18284	38	357	11	4	3250
江油市新安镇	5129	14565	126	1342	6		1859
江油市战旗镇	5115	13609	15	101	2		792
江油市双河镇	5246	16128	190	11783	49	2	1256
江油市永胜镇	12222	25125	41	110	3	1	4430
江油市小溪坝镇	4839	10575	21	2380	21	5	1850
江油市河口镇	5779	11881	81	400	3		517
江油市重华镇	5804	16276	87	915	81		5564
江油市厚坝镇	6197	22737	179	3926	51	14	9203
江油市二郎庙镇	14802	26125	58	458	22	11	8800
江油市马角镇	14756	10924	42	354	11	3	3259
江油市雁门镇	11021	9167	57	824	5	2	1109
江油市九岭镇	4346	15765	117	2866	15	2	1545
江油市西屏镇	4272	17284	96	1107	5	1	3035
江油市贯山镇	3685	10078	105	1136	3		532
江油市大堰镇	4648	14189	101	1028	4		1358
江油市文胜镇	12021	7194	87	633	4	1	896
江油市方水镇	4806	14806	87	1133	15	2	1062
江油市香水镇	2965	8169	67	1739	16	5	1214
江油市八一镇	5823	16174	10	174	7		2143
江油市东兴乡	3051	7580	41	824	5		
江油市义新乡	4612	12496	36	274			
江油市新兴乡	4032	10098	48	547	1		
江油市新春乡	9235	15106	40	804	2		
江油市东安乡	4350	8731	33	226			

续表 435　　　　(四川省)　　　　单位：公顷、人、个

名称	行政区域面积	常住人口	企业个数	企业从业人员	工业企业单位	#规模以上	城镇建成区常住人口
江油市铜星乡	4032	7230	37	295			
江油市重兴乡	4288	9073	22	65	4		
江油市云集乡	8135	7334	33	402			
江油市石元乡	7630	3331	36	510	6	2	
江油市敬元乡	11180	6002	31	224	2		
江油市六合乡	10413	3124	32	421	1		
江油市枫顺乡	9456	2192	24	265			
利州区荣山镇	24344	25945	66	330	15	8	9970
利州区大石镇	14061	23230	58	3304	42	19	3281
利州区盘龙镇	6321	18166	78	640	17	3	1166
利州区宝轮镇	15624	78479	322	2123	47	14	55240
利州区赤化镇	5639	12893	14	506	3	1	438
利州区三堆镇	21345	21576	29	976	16	2	7592
利州区工农镇	8439	10532	12	70	5		4380
利州区白朝乡	14228	3908	6	64	3		
利州区金洞乡	14229	7002	5	30			
利州区龙潭乡	13740	11561	5	34			
昭化区元坝镇	6539	24738	128	1824	58	29	12268
昭化区卫子镇	5140	5653	1	95	1	1	1457
昭化区王家镇	6977	7235	1	10			1510
昭化区磨滩镇	8779	9973					2550
昭化区柏林沟镇	4677	4484	1	16			741
昭化区太公镇	5015	8726	1	61	1	1	2412
昭化区虎跳镇	5268	6116	5	60	3	1	1271
昭化区红岩镇	4641	4474					894
昭化区昭化镇	4344	19180	94	488	8	3	6500
昭化区石井铺镇	7974	8705	4	85			665
昭化区明觉镇	4475	4692	3	15	2	1	564
昭化区晋贤乡	5103	5625	1	23	1		
昭化区文村乡	4292	4621					
昭化区清水乡	5017	7285	7	50	3		
昭化区张家乡	4440	6691					
昭化区香溪乡	2845	2200					
昭化区青牛乡	4032	6696	3	28	3		
昭化区陈江乡	3165	4246	2	115	2	1	
昭化区丁家乡	2862	4185	2	12	2		
昭化区黄龙乡	4901	4844					
昭化区白果乡	8600	4783					
昭化区梅树乡	5224	5108	3	26	1		
昭化区射箭乡	5397	5867					
昭化区朝阳乡	5077	5432	1	24			
昭化区大朝乡	4280	2490					
昭化区沙坝乡	3264	2895	1	6	1		
昭化区柳桥乡	4252	5298	9	80	3		
昭化区紫云乡	5349	3538	1	20	1	1	
朝天区朝天镇	11447	33893	83	294	25	8	13253
朝天区大滩镇	8679	10103	10	53	6		1098
朝天区羊木镇	9667	17095	15	136	8	2	4763
朝天区曾家镇	8674	9705	42	207	15		1290
朝天区中子镇	5412	8793	34	1410	23	13	2816

续表 436　　(四川省)　　单位：公顷、人、个

名　　称	行政区域面积	常住人口	企业个数	企业从业人员	工业企业单位	#规模以上	城镇建成区常住人口
朝天区沙河镇	6068	7836	10	196	3	1	796
朝天区陈家乡	5517	5852	1	1			
朝天区小安乡	3050	3440	2	19	1		
朝天区鱼洞乡	4681	5155	7	35	1		
朝天区东溪河乡	9677	7671	11	517	8	1	
朝天区花石乡	9393	4086	3	124	3		
朝天区蒲家乡	3586	4138	7	74	6	1	
朝天区西北乡	5092	4998	8	374	8	2	
朝天区宣河乡	6382	7163	10	99	1	1	
朝天区转斗乡	4755	6276	6	36	6		
朝天区青林乡	5370	3013	5	16	3		
朝天区平溪乡	5061	5228	2	10	1	1	
朝天区两河口乡	10301	10252	11	45	6		
朝天区李家乡	11323	8478	8	61	6		
朝天区汪家乡	3599	6460	10	70	5		
朝天区麻柳乡	5123	7833	15	284	13	1	
朝天区临溪乡	5170	6397	2	9			
朝天区文安乡	4237	4835	7	35	6		
朝天区马家坝乡	4406	3806	1	8			
朝天区柏杨乡	4635	3980	1	5			
旺苍县东河镇	12880	80469	127	8708	67	11	47180
旺苍县嘉川镇	8720	39226	58	4120	42	24	12800
旺苍县木门镇	5380	21827	2	11	2	1	4042
旺苍县白水镇	9780	12121	11	764	11	4	9143
旺苍县尚武镇	5331	10517	5	300	5	2	2190
旺苍县张华镇	6800	15620	1	20	1		1438
旺苍县黄洋镇	10830	20126	17	821	14	3	4365
旺苍县普济镇	15636	16128	19	989	15	3	8665
旺苍县三江镇	11000	17378	34	1651	31	8	4182
旺苍县金溪镇	4512	5983	5	52	4	1	2799
旺苍县五权镇	9684	14421	4	21			1563
旺苍县高阳镇	9820	8986	7	292	7	1	657
旺苍县双汇镇	8891	7430	2	80	1	1	800
旺苍县英萃镇	15320	8825	17	215	6	3	739
旺苍县国华镇	7900	8159	1	6	1		1027
旺苍县龙凤镇	6387	8144					851
旺苍县九龙镇	4970	11895	1	8	1		1178
旺苍县大河乡	5740	4644	8	417	8	2	
旺苍县万家乡	13000	4385					
旺苍县燕子乡	8140	5165	1	135	1	1	
旺苍县水磨乡	8768	6710	8	223	8	1	
旺苍县鼓城乡	13581	4555	1	1			
旺苍县檬子乡	20388	3275	2	32	2		
旺苍县福庆乡	8298	7105	4	109	3	1	
旺苍县枣林乡	5275	3807	1	57			
旺苍县麻英乡	5550	4268	2	14	2		
旺苍县柳溪乡	3340	3847					
旺苍县农建乡	4200	5845					
旺苍县化龙乡	3162	6955					
旺苍县大两乡	8400	6574					

续表 437　　　　（四川省）　　　　单位：公顷、人、个

名　　称	行政区域面　积	常住人口	企业个数	企　业从业人员	工业企业单　位	#规模以上	城镇建成区常住人口
旺苍县万山乡	4704	3068					
旺苍县正源乡	11095	6593	2	124	2	1	
旺苍县天星乡	6629	4876					
旺苍县盐河乡	10300	3141	42	217			
旺苍县大德乡	3362	4987	3	242	3	1	
青川县乔庄镇	9390	24954	201	1844	20	4	19651
青川县青溪镇	52660	13077	54	791	16	7	5528
青川县房石镇	9960	4212	5	32			925
青川县关庄镇	3160	5335	10	50	1	1	930
青川县凉水镇	7550	7068					2415
青川县竹园镇	6050	19146	55	55	53	15	7028
青川县木鱼镇	5080	6395	4	280	2	2	3214
青川县沙洲镇	13070	10872	6	89	2	1	3430
青川县姚渡镇	18230	6158					1700
青川县三锅镇	18020	7131	9	52	1	1	1699
青川县马鹿镇	6650	9721	4	164	4		1266
青川县黄坪乡	6800	5335					
青川县瓦砾乡	4120	3114	2	12			
青川县孔溪乡	8050	5764	15	421	15	6	
青川县茶坝乡	13040	3972	3	16	3		
青川县大坝乡	6500	1670					
青川县桥楼乡	9120	5463	7	36			
青川县蒿溪回族乡	11150	3167	2	11	2		
青川县乐安寺乡	4460	4281	13	35	1		
青川县前进乡	5710	4168	1	23	1	1	
青川县曲河乡	6300	3833	5	26	4		
青川县马公乡	6360	790					
青川县石坝乡	4080	2857					
青川县红光乡	3960	2598					
青川县苏河乡	6860	3400					
青川县茅坝乡	4050	2180	12	78			
青川县大院回族乡	5020	5341					
青川县楼子乡	5600	1798					
青川县金子山乡	3920	2687	1	7	1		
青川县七佛乡	4840	3000	3	36	2	1	
青川县建峰乡	5440	6043	2	43	2	1	
青川县白家乡	6230	5196					
青川县板桥乡	5970	7984	3	10	1		
青川县骑马乡	9370	5553					
青川县观音店乡	9010	3284	1	5			
青川县营盘乡	15850	5353					
剑阁县普安镇	5554	45481	99	968	30	10	36593
剑阁县龙源镇	8765	10819	3	110	1		4235
剑阁县城北镇	9424	12379	29	638	16	8	6734
剑阁县盐店镇	7540	5802	2	102	2		2811
剑阁县柳沟镇	5434	6399	3	19	2		4077
剑阁县武连镇	7093	10145	10	93	6		5155
剑阁县东宝镇	6659	9076	3	15	1		4502
剑阁县开封镇	6818	12421	14	515	11	2	7995
剑阁县元山镇	9417	21036	15	365	12	2	12358

续表 438　　(四川省)　　单位：公顷、人、个

名　　称	行政区域面　积	常住人口	企业个数	企　业从业人员	工业企业单　位	#规模以上	城镇建成区常住人口
剑阁县演圣镇	4291	7293	4	18	2		3700
剑阁县王河镇	4160	7696	4	25	3		3463
剑阁县公兴镇	3425	9014	4	18	2		5521
剑阁县金仙镇	3382	5603	3	25	2		4184
剑阁县香沉镇	5093	7788	3	19	2		5584
剑阁县白龙镇	5142	14764	13	570	10	2	9618
剑阁县鹤龄镇	8560	17648	11	468	7	1	8276
剑阁县杨村镇	3954	9160	1	16	1		4156
剑阁县羊岭镇	6146	10979	2	102	2		5868
剑阁县江口镇	6588	10275	3	18	1		4678
剑阁县木马镇	6315	7201	3	83	2		5365
剑阁县剑门关镇	13193	14923	18	137	8	3	5502
剑阁县汉阳镇	13760	11430	6	192	4	1	5859
剑阁县下寺镇	10923	34928	101	1256	51	25	20862
剑阁县江石乡	3472	4581	1	40	1		
剑阁县田家乡	3798	5285	1	10	1		
剑阁县闻溪乡	5326	5376	3	26	3		
剑阁县姚家乡	7248	6046	2	19	1		
剑阁县北庙乡	5723	5992	3	40	2	2	
剑阁县西庙乡	4484	5152	1	6			
剑阁县义兴乡	4744	5535	2	15	1		
剑阁县毛坝乡	4044	3901	1	8	1		
剑阁县凉山乡	4703	5612	2	426	2	2	
剑阁县垂泉乡	3604	3091	1	43	1		
剑阁县秀钟乡	5078	5783	1	9			
剑阁县正兴乡	4865	4103					
剑阁县马灯乡	4092	3879	1	5	1		
剑阁县高池乡	5262	5196	1	5			
剑阁县碗泉乡	5324	4646					
剑阁县迎水乡	6026	5446	2	18	1		
剑阁县国光乡	5321	5301	3	53	3	1	
剑阁县柘坝乡	4866	4832	4	42	2		
剑阁县公店乡	4062	4644	2	18	1		
剑阁县吼狮乡	3918	6150	2	13	2		
剑阁县长岭乡	4650	5710	2	13	1		
剑阁县涂山乡	4556	6497					
剑阁县圈龙乡	3259	5481	1	6	1		
剑阁县碑垭乡	3751	5907					
剑阁县广坪乡	3840	5182	1	5	1		
剑阁县禾丰乡	3806	5478					
剑阁县店子乡	6681	7742	2	17			
剑阁县摇铃乡	5851	5436					
剑阁县樵店乡	4162	6500	1	6			
剑阁县锦屏乡	2686	5133	1	8	1		
剑阁县柏垭乡	3577	4561	4	32	3		
剑阁县高观乡	5540	6804	3	24	3		
剑阁县张王乡	6389	5993	2	25	1		
剑阁县上寺乡	2909	3380	6	31	5		
苍溪县陵江镇	17568	125626	1967	5492	65	28	80914
苍溪县云峰镇	9200	22436	84	996	39	13	3680

续表 439　　(四川省)　　单位：公顷、人、个

名　　称	行政区域面　积	常住人口	企业个数	企　　业从业人员	工业企业单　　位	#规模以上	城镇建成区常住人口
苍溪县东青镇	5861	11935	105	317	12		2460
苍溪县白桥镇	6088	12823	33	115	2		2015
苍溪县八庙镇	3901	8193	25	90			956
苍溪县五龙镇	6155	14033	119	336	13	1	6700
苍溪县永宁镇	5085	10707	34	169	2		1566
苍溪县鸳溪镇	7035	11203	21	82	2		973
苍溪县三川镇	8221	15581	11	48			3115
苍溪县龙王镇	8331	14012	71	246	5		4100
苍溪县元坝镇	9072	33780	128	810	19	3	5839
苍溪县唤马镇	4183	9888	28	64			2450
苍溪县歧坪镇	8077	19748	170	380	29	2	3889
苍溪县白驿镇	6003	19233	56	192	18		2696
苍溪县漓江镇	8267	16403	41	178	9	1	3122
苍溪县文昌镇	6603	15688	53	1247	8		2263
苍溪县岳东镇	7207	23033	41	316	5		1995
苍溪县石马镇	5500	18191	24	76	1		3967
苍溪县运山镇	2969	10294	39	115			1441
苍溪县东溪镇	10325	28173	95	386			4825
苍溪县高坡镇	7794	20618	47	200	12		2816
苍溪县龙山镇	9899	35329	105	652	33		8412
苍溪县中土镇	3129	8047	5	6			1150
苍溪县亭子镇	4728	7796	26	132	4		1242
苍溪县禅林乡	3657	8212	14	34	3		
苍溪县白鹤乡	5696	12669	26	59			
苍溪县浙水乡	4869	8937	3	105	3		
苍溪县雍河乡	4895	6243	25	70	3		
苍溪县新观乡	5238	7616	23	85	7		
苍溪县石门乡	3336	6393	17	41			
苍溪县月山乡	5332	14082	18	75	6		
苍溪县白山乡	3106	9202	20	72	2		
苍溪县彭店乡	3638	8555	21	26	2		
苍溪县桥溪乡	5633	6164	16	80	6		
苍溪县龙洞乡	4170	5536	8	8			
苍溪县黄猫乡	3491	6737	13	44			
苍溪县石灶乡	3470	6931	16	11			
苍溪县河地乡	3342	8577	24	142	3		
苍溪县双河乡	2289	7144	6	6			
船山区龙凤镇	2199	15055	33	1374	19	5	9235
船山区仁里镇	5300	18231	33	367	3		3525
船山区复桥镇	3212	18604	12	75	10	2	1517
船山区永兴镇	6423	47495	52	2546	8	2	20635
船山区河沙镇	5808	26442	4	9	2	2	2886
船山区新桥镇	3819	29938	35	3860	25	10	5020
船山区桂花镇	4163	28304	21	286	15	1	7583
船山区西宁乡	1591	9763	2	2			
船山区老池乡	6266	31575	18	18	17	5	
船山区保升乡	3241	16536	21	21	20	7	
船山区唐家乡	3187	20084	4	4	1	1	
船山区北固乡	887	15951	29	4552			
安居区安居镇	4656	22074	3	258	1		543

续表 440 （四川省） 单位：公顷、人、个

名称	行政区域面积	常住人口	企业个数	企业从业人员	工业企业单位	#规模以上	城镇建成区常住人口
安居区东禅镇	8391	40205	83	369	4		3814
安居区分水镇	6627	33271	79	653	5	1	3694
安居区石洞镇	5630	24256	41	285	3		2416
安居区拦江镇	6546	21756	84	500	12		8576
安居区保石镇	5081	36987	46	265	2	1	1889
安居区白马镇	7105	20738	65	261	15		4568
安居区中兴镇	3935	21181	26	134	1		1127
安居区横山镇	8283	37736	63	432	5		3216
安居区会龙镇	4398	16975	8	87	3		3106
安居区三家镇	10668	48950	5	26	4	1	9467
安居区玉丰镇	6136	30302	17	145	8		3546
安居区西眉镇	11083	51530	50	925	12	3	11378
安居区磨溪镇	5444	19162	65	365	5	2	4516
安居区聚贤镇	5015	15694	12	20	4	1	1240
安居区观音镇	3238	14974	33	195	4		1320
安居区常理镇	4424	18214	2	2			1132
安居区莲花乡	3415	17765	3	3			
安居区步云乡	2435	15992	11	213			
安居区大安乡	5322	19013	67	285			
安居区马家乡	3639	17809	3	3			
蓬溪县赤城镇	7480	88116	256	18503	20	8	56471
蓬溪县新会镇	3691	10974					538
蓬溪县文井镇	6660	16507	17	176	8		6822
蓬溪县明月镇	4937	21095					3947
蓬溪县常乐镇	4746	12454	3	16			2027
蓬溪县天福镇	4658	24417	125	1365			8531
蓬溪县红江镇	2702	16959	2	12			2562
蓬溪县宝梵镇	3938	15249	58	253	2	1	1811
蓬溪县大石镇	4919	14899	46	321	4		1898
蓬溪县吉祥镇	3552	12185	26	136	2		9596
蓬溪县鸣凤镇	6916	12878	7	40			4168
蓬溪县任隆镇	6296	22136	552	2914	5		5757
蓬溪县三凤镇	7079	32685	35	140			6218
蓬溪县高坪镇	3394	9326	5	100	1		1274
蓬溪县蓬南镇	8155	46869	6	135	6	6	33215
蓬溪县群利镇	3360	17402	2	10	2		405
蓬溪县吉星镇	3657	7816					387
蓬溪县金桥镇	2832	8961	16	86	11	3	5008
蓬溪县下东乡	3271	4686					
蓬溪县新星乡	2354	2657	3	3			
蓬溪县罗戈乡	1543	2601	1	1			
蓬溪县板桥乡	2741	5290	4	4			
蓬溪县槐花乡	2563	7639					
蓬溪县黄泥乡	3859	8546	3	3			
蓬溪县荷叶乡	3109	8249	5	5			
蓬溪县金龙乡	2091	6501					
蓬溪县农兴乡	2022	8647	3	3			
蓬溪县新胜乡	1986	3843	10	51			
蓬溪县回水乡	3095	8744					
蓬溪县群力乡	1996	7116	4	4			

续表 441　　（四川省）　　单位：公顷、人、个

名　称	行政区域面积	常住人口	企业个数	企业从业人员	工业企业单位	#规模以上	城镇建成区常住人口
蓬溪县高升乡	3948	13331					
射洪县太和镇	2707	15756	4	21			1017
射洪县大榆镇	5347	40093	37	7150	21		8200
射洪县广兴镇	5376	22649	15	100	12	1	2216
射洪县金华镇	10008	57764	114	3006	53	7	31258
射洪县沱牌镇	7280	57841	203	5550	23	9	23828
射洪县太乙镇	6386	31385	7	349	5	1	12413
射洪县金家镇	4872	19539	5	275	5		2950
射洪县复兴镇	5057	25302	31	542	28		3534
射洪县天仙镇	5460	19309	15	2395	4	1	2711
射洪县仁和镇	7749	34205	11	62	1	1	5312
射洪县青岗镇	8020	31025	25	215	9		5607
射洪县洋溪镇	7377	42948	44	44	35	3	11965
射洪县香山镇	3695	14596					1352
射洪县明星镇	5162	29043					2700
射洪县涪西镇	3979	20840	5	31			823
射洪县陈古镇	3556	13155	6	46	1		782
射洪县凤来镇	3726	17725	2	17			1410
射洪县潼射镇	4736	17866	14	200	12		1826
射洪县曹碑镇	4300	16755	1	1			2010
射洪县官升镇	4221	20299					1299
射洪县瞿河乡	3737	26161	362	4332	36	6	
射洪县伏河乡	2003	6000					
射洪县青堤乡	1662	8491	2	2			
射洪县双溪乡	4208	11118	3	28	3		
射洪县文升乡	4738	17597					
射洪县万林乡	5400	28443	2	2	1	1	
射洪县太兴乡	4453	13405	3	3			
射洪县东岳乡	5085	18969	7	210	7		
射洪县金鹤乡	2790	10294	4	154	4	1	
射洪县玉太乡	3431	13687					
大英县蓬莱镇	13400	148841	502	29835	125	71	88063
大英县隆盛镇	10770	78512	38	200	5	2	8285
大英县回马镇	5410	30817	97	3127	89	7	8962
大英县天保镇	5160	29227	5	37	2		2002
大英县河边镇	9370	66852	8	125	7		8859
大英县卓筒井镇	4260	16536	6	41	1		4561
大英县玉峰镇	6600	41453	26	1857	15	1	5583
大英县象山镇	5280	30614	7	60	1		5662
大英县金元镇	5350	27953	4	46	4		3560
大英县通仙乡	3080	11931	1	10	1		
大英县智水乡	1590	5766	5	15			
内江市市中区白马镇	3758	44955	136	12857	88	15	22103
内江市市中区史家镇	1812	13498	29	168	10	1	6892
内江市市中区凌家镇	4886	37715	26	520	8	2	8260
内江市市中区朝阳镇	3548	28936	5	42	3	1	3545
内江市市中区永安镇	5025	43066	15	240	7	1	2070
内江市市中区全安镇	2699	23672	19	807	3	1	3085
内江市市中区靖民镇	1620	9538	13	125	7	1	1286
内江市市中区龚家镇	2127	13052	3	25			758

续表 442　　(四川省)　　单位：公顷、人、个

名　称	行政区域面积	常住人口	企业个数	企业从业人员	工业企业单位	#规模以上	城镇建成区常住人口
内江市市中区凤鸣镇	2289	21614	2	25	1	1	926
内江市市中区伏龙镇	2405	9881	1	20	1	1	1288
内江市市中区龙门镇	2675	20145	14	80	9	1	207
东兴区高桥街道	3600	43013	6	505	4	4	7324
东兴区田家镇	4066	25040	41	1258	28	2	10836
东兴区郭北镇	6027	35085	19	216	19	3	9808
东兴区高梁镇	5813	28108	36	526	32		4571
东兴区白合镇	6439	35147	57	680	5		3856
东兴区顺河镇	8381	39786	7	121			2439
东兴区双才镇	5564	37399	286	1431	29		9200
东兴区小河口镇	3688	31287	74	520	14	4	4895
东兴区杨家镇	4656	19876	3	50	3		2756
东兴区椑木镇	1345	35102	89	4286	53	12	28375
东兴区石子镇	4124	24217	8	243	8	1	959
东兴区椑南镇	4099	29685	277	2962	275	2	1903
东兴区永兴镇	5444	21540	5	5			4909
东兴区平坦镇	6041	26755	7	87	4		746
东兴区中山镇	2574	14258	15	53	2		437
东兴区柳桥镇	4561	13660	67	944	3		1610
东兴区双桥镇	4937	16114	28	80			1802
东兴区富溪镇	3892	23527	6	6	4	2	1928
东兴区同福镇	2997	11403	22	3842	2	2	2030
东兴区永福镇	4251	15327	7	7			
东兴区三烈镇	2338	9870	12	55	7		400
东兴区太安乡	4099	8634	5	5			
东兴区苏家乡	4340	22153					
东兴区新店乡	4834	11898	4	4			
东兴区大治乡	3584	11070	12	186			
威远县严陵镇	7050	153223	200	1562	78	18	111293
威远县铺子湾镇	3267	18319	53	53	51	6	1412
威远县新店镇	6964	44293	71	2554	48	4	5897
威远县向义镇	4720	31145	37	222	6	3	2291
威远县界牌镇	4356	22631	19	1189	19	2	22631
威远县龙会镇	5549	28719	31	1993	28	3	4016
威远县高石镇	5415	27691	61	2345	43	5	3690
威远县东联镇	3129	16583	11	324	11	2	2232
威远县靖和镇	3475	19691	30	52	25	1	3742
威远县镇西镇	10993	58668	20	3536	14	7	17643
威远县庆卫镇	4035	10977	12	373	11	2	5975
威远县山王镇	4766	10319	3	390	2	1	2260
威远县黄荆沟镇	5628	11607	1	24			2840
威远县观英滩镇	9983	19800	1	13			3347
威远县新场镇	13530	34034	40	2785	33	4	7914
威远县连界镇	12867	53259	105	20418	71	11	24999
威远县越溪镇	7759	16705	24	362	11	2	2410
威远县两河镇	3990	6512	22	3402	20	6	5275
威远县碗厂镇	3225	9397	57	2678	27	2	8397
威远县小河镇	8153	19108	46	3931	45	7	8459
资中县重龙镇	4790	106241	487	3299	299	9	77802
资中县甘露镇	3711	16673	1	1			1445

续表 443　　(四川省)　　单位：公顷、人、个

名　　称	行政区域面　　积	常住人口	企业个数	企　　业从业人员	工业企业单　　位	#规模以上	城镇建成区常住人口
资中县归德镇	4561	25923	5	300	3	1	2725
资中县鱼溪镇	5378	33412	23	215	15	1	3856
资中县金李井镇	4379	22180	7	105	6	2	2620
资中县铁佛镇	5528	28047	37	88	33	5	4100
资中县球溪镇	5908	44434	16	660	7	3	15890
资中县顺河场镇	3561	17150	8	63	2		1075
资中县龙结镇	5851	38418	15	216	7		2652
资中县罗泉镇	6459	29213	14	1025	13	1	1669
资中县发轮镇	5516	31875	5	85	3		2931
资中县兴隆街镇	3493	20812	24	2359	23	9	972
资中县银山镇	8131	42580	55	3356	36	7	13303
资中县宋家镇	4214	20782	24	262	24	3	3626
资中县太平镇	5821	32827	14	86	3		2734
资中县骝马镇	4004	26853	6	174	3		1181
资中县水南镇	4651	119346	809	16315	98	20	66429
资中县苏家湾镇	6544	28874	14	386	3		2233
资中县新桥镇	7145	21946	15	1026	14	1	1803
资中县明心寺镇	3803	27195	38	642	14	1	2786
资中县双河镇	5232	30764	56	4735	50	6	2094
资中县公民镇	6225	47440	13	1576	10	2	4092
资中县龙江镇	8968	54888	14	283	10		4170
资中县双龙镇	6215	44514	6	189	5		2028
资中县高楼镇	4858	32278	7	346	6	2	5707
资中县陈家镇	5376	28435	7	182	7		1314
资中县配龙镇	4071	23189	19	96	7		1284
资中县走马镇	4110	26476	13	13	12	1	1427
资中县孟塘镇	9081	37924	3	46			1736
资中县马鞍镇	4145	22227	15	182	11		893
资中县狮子镇	4874	30336	4	55	3		2003
资中县板栗桠镇	4017	22342	6	6	5	1	2817
资中县龙山镇	2862	18257	2	42	1		244
隆昌县山川镇	1700	22273	72	3108	38	10	2223
隆昌县响石镇	6280	39305	30	956	18	1	6922
隆昌县圣灯镇	3440	17942	29	985	22	8	908
隆昌县黄家镇	7180	44469	21	680	12	4	8165
隆昌县双凤镇	5250	30504	10	502	6	1	3966
隆昌县龙市镇	6700	41582	21	3266	16	3	3788
隆昌县迎祥镇	5500	30756	8	93	2		1768
隆昌县界市镇	6931	30627	19	261	11	1	13000
隆昌县石碾镇	4150	35304	5	78	5	3	2495
隆昌县周兴镇	2400	14433	16	149	6	2	1923
隆昌县渔箭镇	2150	10766	3	46			2147
隆昌县石燕桥镇	5816	38650	71	5523	39	11	3362
隆昌县李市镇	1998	11083	4	24	2		1245
隆昌县胡家镇	4650	35760	9	304	5	1	3768
隆昌县云顶镇	5000	26065	74	2631	31	3	7318
隆昌县桂花井镇	1646	9287	7	285	6	6	2010
隆昌县普润镇	2885	18853	21	346	16		1072
内江经济开发区交通镇	1431	27806	239	18561	53	24	15540
内江经济开发区四合镇	2027	20640	95	3815	17	4	4665

续表 444　　(四川省)　　单位：公顷、人、个

名　　称	行政区域面积	常住人口	企业个数	企业从业人员	工业企业单位	#规模以上	城镇建成区常住人口
乐山市市中区牟子镇	2090	37106	33	95	2	1	3780
乐山市市中区土主镇	4695	19637	101	5438	58	21	10794
乐山市市中区白马镇	3129	10576	32	207	2	1	595
乐山市市中区茅桥镇	3060	18182	26	381	5		7317
乐山市市中区青平镇	3907	12514					466
乐山市市中区苏稽镇	4073	43489	60	1800	10	3	12550
乐山市市中区水口镇	2191	24133	65	2774	41	10	5637
乐山市市中区安谷镇	5017	30272	17	6	12	3	4098
乐山市市中区棉竹镇	3785	13812	163	5381	28	5	6217
乐山市市中区全福镇	4724	11398	45	510	14	1	4722
乐山市市中区童家镇	3758	13554	3	110	3		943
乐山市市中区九峰镇	2704	13006	134	2105	38	2	6664
乐山市市中区罗汉镇	2219	11080	23	582	13	2	11044
乐山市市中区临江镇	2014	7998	6	77	1		2781
乐山市市中区车子镇	2111	18359	213	10326	106	31	18359
乐山市市中区悦来乡	4303	9305	4	120	3	1	
乐山市市中区关庙乡	3441	9788	11	1309	6		
乐山市市中区石龙乡	3161	7280	6	610	2	2	
乐山市市中区剑峰乡	5141	11603	17	221	2		
乐山市市中区凌云乡	3507	11418	13	630	6		
乐山市市中区迎阳乡	1848	5564	1	5	1		
乐山市市中区九龙乡	1355	4711					
乐山市市中区普仁乡	1372	3893	8	117	1		
乐山市市中区平兴乡	2614	9084	13	185	5		
乐山市市中区杨湾乡	2207	16447	35	1461	24	5	
沙湾区沙湾镇	7979	46202	209	7566	24	12	38324
沙湾区嘉农镇	3858	28023	152	7133	97	28	11032
沙湾区太平镇	5492	15191	10	213	8	2	4244
沙湾区福禄镇	7215	16036	32	1831	10	4	5084
沙湾区牛石镇	4188	7095	4	215	3	2	1412
沙湾区龚嘴镇	3988	5083	9	105	3	3	1290
沙湾区葫芦镇	4652	10350	11	106	7	2	1839
沙湾区踏水镇	3774	8743	38	1777	20	7	1139
沙湾区谭坝乡	3470	5676	5	65	2		
沙湾区轸溪乡	3248	5129	3	25	1		
沙湾区范店乡	4931	3398	8	52	3		
沙湾区铜茨乡	3700	5227	3	25	2		
沙湾区碧山乡	4030	9730	10	45	3	2	
五通桥区竹根镇	1680	63585	365	14367	54	16	63585
五通桥区牛华镇	4170	39296	187	8345	98	14	29848
五通桥区杨柳镇	2907	17438	137	4453	71	12	17438
五通桥区桥沟镇	2363	13555	66	4362	35	3	12670
五通桥区金粟镇	2838	19180	42	3075	21	6	8662
五通桥区金山镇	4725	26231	18	346	6	1	22239
五通桥区辉山镇	2904	10775	5	22	1		625
五通桥区西坝镇	5861	25120	187	1754	18	4	3519
五通桥区冠英镇	5608	39934	87	2012	18	6	27560
五通桥区蔡金镇	3456	14170	8	66	2		1181
五通桥区石麟镇	7735	20782	47	1740	14	4	15596
五通桥区新云乡	2306	10972					

续表 445　　(四川省)　　单位：公顷、人、个

名称	行政区域面积	常住人口	企业个数	企业从业人员	工业企业单位	#规模以上	城镇建成区常住人口
金口河区永和镇	7716	18254	379	3738	80	9	15641
金口河区金河镇	14311	5911	6	113	4	1	864
金口河区和平彝族乡	4221	9572	17	86	3		
金口河区共安彝族乡	16823	5442	13	144	12		
金口河区吉星乡	4494	3740	4	56	1		
金口河区永胜乡	12252	4452	14	42			
犍为县玉津镇	2912	101072	673	25867	98	27	87767
犍为县孝姑镇	5080	16393	8	212			1350
犍为县石溪镇	5400	17891	22	523	13	2	4271
犍为县清溪镇	8150	40496	85	3051	31	8	10330
犍为县新民镇	10600	18379	34	424	9	1	3000
犍为县罗城镇	9500	35072	70	3837	11	8	8791
犍为县芭沟镇	3713	10823	4	3030	2	1	4127
犍为县龙孔镇	10100	16134	20	120	6		1975
犍为县定文镇	4525	12241	26	359	4	1	953
犍为县敖家镇	4810	10590	15	2420	6	2	1088
犍为县金石井镇	4250	9921	12	256	5	2	256
犍为县泉水镇	5200	8299	19	695	7	2	577
犍为县双溪乡	4450	7586	6	347	4	1	
犍为县九井乡	830	5128	4	54			
犍为县同兴乡	4504	6027	10	166	4		
犍为县榨鼓乡	4110	7827	5	48	1		
犍为县铁炉乡	3267	5243	2	58	1		
犍为县大兴乡	4740	7255	5	26	1		
犍为县南阳乡	1453	4815	7	1038	4	3	
犍为县纪家乡	3330	3433	3	30	2		
犍为县新盛乡	1263	3618					
犍为县寿保乡	4010	9447					
犍为县舞雩乡	3960	10701	13	464	6		
犍为县下渡乡	4283	9792	32	819	11	1	
犍为县玉屏乡	4200	7307					
犍为县岷东乡	2595	8219	26	1095	10	2	
犍为县塘坝乡	4271	10993	71	3073	22	9	
犍为县马庙乡	4400	8030	3	719	2	1	
犍为县公平乡	4800	5311	3	3			
犍为县伏龙乡	2836	6257	3	19			
井研县研城镇	4630	83908	274	64551	80	33	73604
井研县马踏镇	3784	25699	30	653	4	4	10785
井研县竹园镇	3676	12964	3	1931	3		4299
井研县研经镇	4452	19385					2262
井研县周坡镇	5040	12087	4	52			3117
井研县千佛镇	4191	18816	16	3150	16	6	2627
井研县王村镇	4629	14636	6	289	6	1	2398
井研县三江镇	3116	10404	3	247	3	2	2551
井研县东林镇	2987	8104					1675
井研县磨池镇	1732	6773	6	95	6	1	1737
井研县集益乡	2737	11587	12	384	4	2	
井研县纯复乡	3035	5224					
井研县三教乡	1956	5245	22	120	22	2	
井研县高滩乡	1972	5674					

续表 446　　(四川省)　　单位：公顷、人、个

名　　称	行政区域面　　积	常住人口	企业个数	企　　业从业人员	工业企业单　　位	#规模以上	城镇建成区常住人口
井研县宝五乡	3285	6870	1	26	1		
井研县四合乡	2403	4435					
井研县黄钵乡	3236	6111	1	59	1	1	
井研县胜泉乡	2524	6284	1	20	1	1	
井研县门坎乡	2244	4947	20	91			
井研县石牛乡	2062	4980					
井研县高凤乡	3316	9556	4	30			
井研县金峰乡	2967	6671					
井研县分全乡	1971	4725					
井研县镇阳乡	3289	5074					
井研县天云乡	2419	5243	1	20	1		
井研县乌抛乡	3134	4107					
井研县大佛乡	3231	6529					
夹江县漹城镇	4064	80120	136	5200	15	4	31862
夹江县黄土镇	4736	22025	113	15184	85	19	10979
夹江县甘江镇	5934	35988	19	1944	19	5	2248
夹江县界牌镇	3393	16988	52	532	13	9	8801
夹江县中兴镇	3069	12743	16	2322	16	3	9249
夹江县三洞镇	3508	12568	9	3819	9	3	1633
夹江县吴场镇	4431	13048	30	3376	11	3	3314
夹江县木城镇	3124	15023	10	68			2080
夹江县华头镇	4365	9346					928
夹江县甘霖镇	2798	15356	33	3700	13	12	11320
夹江县新场镇	3329	12167	35	5500	30	19	12167
夹江县顺河乡	2270	11578	4	98	3		
夹江县马村乡	2834	10045	26	1797	26	1	
夹江县土门乡	2575	10498	32	712	14	7	
夹江县青州乡	2715	6398	1	30	1		
夹江县梧凤乡	1942	6865	30	165	1	1	
夹江县永青乡	1798	5481					
夹江县迎江乡	2882	10372	1	38	1	1	
夹江县龙沱乡	1716	5384	1	6			
夹江县南安乡	3149	9907	6	45	5	1	
夹江县歇马乡	5293	12012	3	21			
夹江县麻柳乡	4590	5105					
沐川县沐溪镇	8626	45346	230	7652	28	8	42865
沐川县永福镇	11010	13825	11	1156	3	1	4558
沐川县大楠镇	7029	10892	12	87	2		3156
沐川县箭板镇	4829	7512	5	36	1		3323
沐川县舟坝镇	8189	14987	27	1256	11	3	3946
沐川县黄丹镇	6947	12118	9	164	5	4	2511
沐川县利店镇	11728	11867	9	95	2	1	3066
沐川县建和乡	6655	7886	36	653	24	3	
沐川县幸福乡	6922	12346	13	126	4		
沐川县新凡乡	6691	9152					
沐川县富和乡	3817	4591	1	1			
沐川县炭库乡	5906	6627	7	51	1		
沐川县底堡乡	7024	13025	15	127	4		
沐川县杨村乡	9797	6643	12	133	5		
沐川县高笋乡	5055	8842	19	561	8	3	

续表 447　　(四川省)　　单位：公顷、人、个

名　　称	行政区域面积	常住人口	企业个数	企业从业人员	工业企业单位	#规模以上	城镇建成区常住人口
沐川县茨竹乡	8013	6966	11	202	7	1	
沐川县海云乡	2255	5690	14	416	5	2	
沐川县武圣乡	8124	8987	15	130			
沐川县凤村乡	5788	6823	16	267	7	1	
峨边彝族自治县沙坪镇	7983	41842	420	13815	99	17	34502
峨边彝族自治县大堡镇	9043	8578	11	65	7	3	5062
峨边彝族自治县毛坪镇	7694	8864	25	427	1	1	3747
峨边彝族自治县五渡镇	16992	8300	96	736	38	2	2111
峨边彝族自治县新林镇	21786	12620	4	46	2		2784
峨边彝族自治县黑竹沟镇	20101	4215	26	295	9	1	4215
峨边彝族自治县红花乡	2736	2463	1	29	1		
峨边彝族自治县宜坪乡	3783	4811	4	17			
峨边彝族自治县杨村乡	4185	5310	3	16	1		
峨边彝族自治县白杨乡	8225	2730	7	64	7		
峨边彝族自治县觉莫乡	12384	2212	13	68	5	1	
峨边彝族自治县万坪乡	23242	1470	4	21	4		
峨边彝族自治县杨河乡	11319	2548	1	9	1		
峨边彝族自治县共和乡	1692	2583					
峨边彝族自治县新场乡	4708	5250	7	84	3	2	
峨边彝族自治县平等乡	19182	4309	12	62	2		
峨边彝族自治县哈曲乡	14327	2432	6	61	3	1	
峨边彝族自治县金岩乡	7556	6536	9	9	8	1	
峨边彝族自治县勒乌乡	41271	5377	13	86	11	1	
马边彝族自治县民建镇	6890	48214	459	4131	93	3	39860
马边彝族自治县荣丁镇	9581	14148	39	351	6	1	4730
马边彝族自治县下溪镇	6922	12750	25	225	2		2053
马边彝族自治县苏坝镇	10798	11736	26	234	3	1	2147
马边彝族自治县烟峰镇	20635	10690	21	189	7	4	2463
马边彝族自治县劳动乡	7309	13277	62	558	29	5	
马边彝族自治县建设乡	8655	12794	23	207	1		
马边彝族自治县石梁乡	3971	3474	10	90	1		
马边彝族自治县莜坝乡	14750	8896	23	207	1		
马边彝族自治县民主乡	15183	11159	15	135	1		
马边彝族自治县老河坝乡	5964	4818	9	90			
马边彝族自治县雪口山乡	12646	11904	18	162	1		
马边彝族自治县镇江庙乡	4296	2975	8	72	2		
马边彝族自治县大竹堡乡	23719	4013	8	72	2		
马边彝族自治县袁家溪乡	11165	3903	3	27			
马边彝族自治县沙腔乡	9556	6294	9	81	1	1	
马边彝族自治县三河口乡	12665	8592	16	144	3		
马边彝族自治县梅子坝乡	8003	3332	8	72	4	3	
马边彝族自治县高卓营乡	8765	7806	15	135	4	3	
马边彝族自治县永红乡	27836	4176	6	54	3	1	
峨眉山市绥山镇	5497	128891	1053	19319	70	8	118058
峨眉山市高桥镇	7587	14466	17	113	4	2	2700
峨眉山市罗目镇	4891	22744	13	213	3	2	3746
峨眉山市九里镇	4611	20129	94	5658	31	9	4381
峨眉山市龙池镇	18956	20846	13	1061	5	3	1913
峨眉山市乐都镇	3035	13689	73	1716	22	9	2001
峨眉山市符溪镇	4270	35091	136	9375	37	15	22074

续表 448　　　　(四川省)　　　　单位：公顷、人、个

名称	行政区域面积	常住人口	企业个数	企业从业人员	工业企业单位	#规模以上	城镇建成区常住人口
峨眉山市峨山镇	1356	25528	61	901	2		18068
峨眉山市双福镇	5346	27059	55	5147	15	6	3100
峨眉山市桂花桥镇	4858	43332	55	1274	11	3	15807
峨眉山市大为镇	11783	11827	9	179	7	2	1782
峨眉山市胜利镇	1918	36352	256	5058	23	11	32178
峨眉山市龙门乡	6963	6886	1	18			
峨眉山市川主乡	4769	5403	16	747	12		
峨眉山市沙溪乡	8466	4318	1	5			
峨眉山市新平乡	1481	11289	35	2099	28	8	
峨眉山市普兴乡	4296	12280	6	63			
峨眉山市黄湾乡	18032	18598	31	1322	1		
顺庆区共兴镇	3421	11513	51	2896	21	6	2167
顺庆区金台镇	2323	15517	17	306	3	1	2198
顺庆区芦溪镇	2584	15869	56	2437	10	3	4647
顺庆区李家镇	2466	16487	55	2490	8	2	6265
顺庆区双桥镇	1562	4864	13	264			1380
顺庆区搬罾镇	3066	18575	80	3390	16	10	1890
顺庆区大林镇	1509	9814	72	1118	2		905
顺庆区辉景镇	2354	9485	29	330	3		841
顺庆区永丰镇	2794	8641	29	200	1		1012
顺庆区新复乡	1953	7608	7	83			
顺庆区同仁乡	1955	5865	27	171	4		
顺庆区梵殿乡	2268	9357	4	23			
顺庆区顺河乡	2557	9012	21	287			
顺庆区灯台乡	1840	9011	15	76			
顺庆区龙桂乡	2108	9767	19	166			
顺庆区桂花乡	2107	8931	20	133			
顺庆区凤山乡	1857	7825	25	271	4	1	
顺庆区渔溪乡	1989	10362	24	986	4	2	
高坪区江陵镇	4850	26208	5	5			3250
高坪区擦耳镇	3649	14250	1	30	1		11320
高坪区老君镇	2360	14000	21	200			13000
高坪区东观镇	5200	48523	194	1158			26340
高坪区长乐镇	2800	23229	28	342	5	4	14881
高坪区胜观镇	2580	15330					2372
高坪区永安镇	2160	6505	12	306	10	4	782
高坪区阙家镇	2260	11181	3	86	2		586
高坪区石圭镇	2100	10989					2052
高坪区青居镇	2800	10202	11	866			1365
高坪区会龙镇	2639	12391	1	20	1		2388
高坪区螺溪镇	1920	19768	12	110			2427
高坪区走马乡	2300	19922	17	185	1	1	
高坪区喻家乡	1338	6592					
高坪区马家乡	1620	11952	2	30	1		
高坪区黄溪乡	2950	7763					
高坪区万家乡	1460	3184	8	41	1		
高坪区御史乡	2010	8900	2	10			
高坪区隆兴乡	4300	15852					
高坪区斑竹乡	2450	12925					
高坪区鄢家乡	1966	4324					

续表 449　　　　(四川省)　　　　单位：公顷、人、个

名　　称	行政区域面积	常住人口	企业个数	企业从业人员	工业企业单位	#规模以上	城镇建成区常住人口
高坪区佛门乡	4420	18126	6	100	6		
高坪区溪头乡	3020	15070					
高坪区凤凰乡	1620	7921					
高坪区南江乡	1600	8933	13	13	4	1	
嘉陵区曲水镇	3366	9668	16	413	4	2	1822
嘉陵区李渡镇	3560	33216	14	203	4	1	19500
嘉陵区吉安镇	2364	14297	6	471	1	1	1983
嘉陵区龙岭镇	3975	14231	7	171	3	1	2245
嘉陵区金凤镇	4589	14679	20	223	5		4307
嘉陵区安福镇	2664	8527	7	43			2345
嘉陵区安平镇	5541	27675	12	221	1		8675
嘉陵区世阳镇	4972	15154	13	118	1		2063
嘉陵区大通镇	4575	22389	22	409	6	1	5981
嘉陵区一立镇	3935	13013	6	95	3		1865
嘉陵区龙蟠镇	2933	16622	10	106	1		2651
嘉陵区里坝镇	2076	9321	1	8	1		1790
嘉陵区集凤镇	1960	7379	18	44	2		2131
嘉陵区金宝镇	2529	9697	6	30			3328
嘉陵区三会镇	1836	6269	1	57	1		2800
嘉陵区双桂镇	3384	6778	1	5			2068
嘉陵区七宝寺镇	1788	6981	14	46			1652
嘉陵区龙泉镇	2448	6835	4	65			1467
嘉陵区河西镇	2856	10061	14	1618	8	4	1606
嘉陵区花园镇	2074	8697	7	1025	6		1437
嘉陵区移山乡	2815	7326	4	23			
嘉陵区木老乡	2057	7677	8	189	4	1	
嘉陵区新场乡	2151	8271	5	21			
嘉陵区土门乡	2032	10030	4	29	3		
嘉陵区临江乡	2654	8204	8	59	1		
嘉陵区双店乡	2707	12838	9	71	1		
嘉陵区白家乡	2966	11074	9	120			
嘉陵区华兴乡	2803	8653	4	120	1		
嘉陵区大同乡	1705	5417	1	3			
嘉陵区盐溪乡	2489	6151	6	32			
嘉陵区桥龙乡	1789	3120					
嘉陵区天星乡	1938	6044	2	229	2	1	
嘉陵区大观乡	1852	5452	2	18			
嘉陵区大兴乡	2894	6801	10	22			
嘉陵区新庙乡	1545	3365	3	3			
嘉陵区桃园乡	2065	3801					
嘉陵区太和乡	1950	3657					
嘉陵区积善乡	2033	9618					
嘉陵区石楼乡	2142	6229	2	7			
嘉陵区礼乐乡	2306	6273	4	23	1		
南部县南隆镇	2423	32900	12	105	7	1	12800
南部县河东镇	1682	14080	57	27863	41	38	1478
南部县老鸦镇	3447	21010	2	298	1	1	1625
南部县永定镇	3050	17920	6	510	5	1	3625
南部县碑院镇	2970	17793	10	3540	9		3981
南部县谢河镇	2230	10316					2520

续表 450　　(四川省)　　单位：公顷、人、个

名　　称	行政区域面积	常住人口	企业个数	企业从业人员	工业企业单位	#规模以上	城镇建成区常住人口
南部县盘龙镇	5450	34220	10	156	8		10633
南部县铁佛塘镇	2560	9545	14	10	14		6458
南部县石河镇	2833	14618	34	160			3990
南部县王家镇	2365	22572	19	124	8		8963
南部县富利镇	4138	14937	14	45	3	2	3855
南部县楠木镇	4080	26577	48	1568	5		5381
南部县长坪镇	2182	12143	1	1			1852
南部县东坝镇	3398	29046	49	335	9	1	4295
南部县河坝镇	3791	13990	1	1			3050
南部县定水镇	5475	33211	15	260	5	5	13450
南部县大王镇	2033	9877	4	78			1963
南部县黄金镇	3462	19996					8122
南部县流马镇	2311	13812	48	260			967
南部县建兴镇	6731	56968	213	2332	8	2	50470
南部县三官镇	3100	16541	3	3			2783
南部县伏虎镇	2365	30497					11240
南部县双佛镇	2956	13749	46	169	21		3349
南部县花罐镇	3420	14006					4250
南部县大桥镇	2755	22010	48	220	5	2	3300
南部县大河镇	2632	14800	8	8			3102
南部县万年镇	2697	11171	7	67			4000
南部县升钟镇	4670	13634	21	420	2	2	7123
南部县升水镇	2590	11569	1	1			2060
南部县大坪镇	3340	10035					3765
南部县神坝镇	4735	9208	13	61	1		2056
南部县碾盘乡	2120	10600					
南部县火峰乡	2000	14290	4	135	2		
南部县群龙乡	2805	10105					
南部县大富乡	3325	8017					
南部县碧龙乡	2705	12912					
南部县三清乡	2821	12521					
南部县中心乡	3750	11562	5	65			
南部县五灵乡	2705	14970	5	95	3		
南部县平桥乡	2661	14505	4	65	4		
南部县梅家乡	2650	10746	42	172			
南部县龙庙乡	1820	4654					
南部县马王乡	2263	7957	16	86			
南部县大堰乡	1710	4361	10	86			
南部县窑场乡	2621	8098	6	48			
南部县太华乡	1581	8206					
南部县兴盛乡	2943	13532	8	10	2	1	
南部县寒坡乡	2508	8520	5	205	1		
南部县肖家乡	1808	6221	3	68			
南部县四龙乡	2185	12391	31	170	1		
南部县碾垭乡	2390	7336	17	183	6	1	
南部县千秋乡	2212	7851					
南部县玉镇乡	2907	6986	8	8			
南部县小元乡	3050	12259	15	135			
南部县柳驿乡	3018	13583					
南部县石泉乡	3210	16215	4	3765	4	1	

续表 451　　（四川省）　　单位：公顷、人、个

名　　称	行政区域面　　积	常住人口	企业个数	企　　业从业人员	工业企业单　　位	#规模以上	城镇建成区常住人口
南部县雄狮乡	2250	9765	14	86	1		
南部县宏观乡	3600	15819	2	9	1		
南部县永庆乡	1620	4590	42	156			
南部县永红乡	3420	11948	1	156	1	1	
南部县柳树乡	3556	7955					
南部县保城乡	4280	9246	2	2			
南部县双峰乡	5441	11150					
南部县皂角乡	2745	8605	6	6			
南部县丘垭乡	4326	6913					
南部县光中乡	3460	9899					
南部县铁鞭乡	2901	7867					
南部县太霞乡	3325	6795					
南部县店垭乡	4300	8171					
南部县桐坪乡	5280	10852					
南部县西河乡	2363	3505					
营山县朗池镇	5833	33940	35	173	7	2	5818
营山县渌井镇	3144	11169	6	150	4	1	1650
营山县东升镇	4209	17056	1	1			4856
营山县骆市镇	5075	28830	14	17	11	3	9075
营山县黄渡镇	3022	7969					685
营山县小桥镇	4109	22661	11	216	4		18009
营山县灵鹫镇	3950	23121	3	41			1320
营山县老林镇	3662	11875	12	21	3		5990
营山县木垭镇	2509	9394	3	11			1020
营山县消水镇	4879	11805	8	70	5		2398
营山县双流镇	6386	22074	12	75	2		2107
营山县绿水镇	3784	11911					5364
营山县三兴镇	2195	7903					684
营山县蓼叶镇	3074	5991					1090
营山县新店镇	5336	15670	18	91	2		15670
营山县回龙镇	4283	21230	7	41			4192
营山县星火镇	4661	16757	4	25	2		3040
营山县西桥镇	2288	9525	2	2			1820
营山县城南镇	2813	16715	3	3	1	1	5112
营山县济川镇	2931	14912	25	287	4	2	1586
营山县茶盘乡	2535	7383	16	207			
营山县双溪乡	2590	10291	2	12	2		
营山县带河乡	1835	9519					
营山县四喜乡	1703	8182	1	1			
营山县玲珑乡	1466	5173					
营山县涌泉乡	2729	7203	4	48	1	1	
营山县木顶乡	2346	6872					
营山县清源乡	2222	7192					
营山县龙伏乡	2443	6134	2	13			
营山县双林乡	3369	7396	1	10	1		
营山县明德乡	4045	7997	6	20			
营山县普岭乡	2889	9231	11	40	1		
营山县三元乡	2966	6303					
营山县太蓬乡	2705	7006					
营山县柏林乡	3064	7480	2	23	2		

续表 452　　(四川省)　　单位：公顷、人、个

名称	行政区域面积	常住人口	企业个数	企业从业人员	工业企业单位	#规模以上	城镇建成区常住人口
营山县孔雀乡	2510	6627					
营山县合兴乡	3955	6622	11	11			
营山县六合乡	1850	3527					
营山县悦中乡	3015	5048	7	39	2		
营山县高码乡	2424	4679	10	45			
营山县安固乡	2100	6353	4	17	1		
营山县大庙乡	3432	10157	1	12	1		
营山县通天乡	4086	9682	1	1			
营山县安化乡	2920	7010	2	2			
营山县法堂乡	2268	7775	10	41	2		
营山县增产乡	1841	12044					
营山县丰产乡	1900	11252	19	97	6	2	
营山县清水乡	2384	6522	1	1			
营山县青山乡	2240	4621					
营山县福源乡	2470	6088	1	24	1		
营山县柏坪乡	2307	3205					
营山县七涧乡	1570	4012	7	35			
营山县凉风乡	2216	4540					
蓬安县锦屏镇	3798	12300	16	2400	6	1	4284
蓬安县巨龙镇	2798	15651	21	112			8650
蓬安县正源镇	2775	12677	4	4			1646
蓬安县龙云镇	2198	7841	2	12			512
蓬安县金溪镇	7576	19026	28	276	10	1	4790
蓬安县徐家镇	5563	23410	75	525	3		8575
蓬安县河舒镇	4147	17742	69	7250	59	38	10934
蓬安县利溪镇	5223	16069	10	319	6	1	3415
蓬安县龙蚕镇	3418	11063	9	95	4		3009
蓬安县杨家镇	4125	12532	3	18	2		8372
蓬安县罗家镇	5354	17536	21	178	7		7103
蓬安县福德镇	3251	17367	11	112	5	1	9815
蓬安县银汉镇	3774	11959	7	49	2		2076
蓬安县兴旺镇	3052	14726	6	120	3		3925
蓬安县相如镇	10414	148636	615	25384	132	24	116076
蓬安县高庙乡	1865	4309	7	49	4		
蓬安县群乐乡	2320	8171					
蓬安县长梁乡	3701	9103	12	95	4		
蓬安县两路乡	1530	5387					
蓬安县睦坝乡	3047	16710	5	65	1	1	
蓬安县石梁乡	2294	9189	6	68	3		
蓬安县平头乡	2516	11330	7	47	3		
蓬安县鲜店乡	2801	6233					
蓬安县茶亭乡	2766	6877	3	63	2		
蓬安县诸家乡	3141	8711					
蓬安县骑龙乡	1971	4591	2	24	1		
蓬安县金甲乡	3889	10174					
蓬安县新园乡	2571	9855	3	40			
蓬安县三坝乡	2443	11302	7	40			
蓬安县碧溪乡	3284	8363	4	69	2		
蓬安县柳滩乡	3505	12290					
蓬安县石孔乡	2785	8710	2	13			

续表 453　　　　　　　　　　　　（四川省）　　　　　　　　　　　　单位：公顷、人、个

名　　称	行政区域面　积	常住人口	企业个数	企　业从业人员	工业企业单　位		城镇建成区常住人口
						#规模以上	
蓬安县开元乡	2256	3672	1	7			
蓬安县新河乡	3410	11917	3	16	1		
蓬安县南燕乡	3121	11980	7	60			
蓬安县天成乡	2874	11499	2	9	1		
蓬安县海田乡	2888	8868	3	15			
蓬安县济渡乡	1687	10239	2	9			
蓬安县凤石乡	3123	6650	4	70	3		
仪陇县金城镇	5016	101469	2937	16153	34	5	94286
仪陇县新政镇	12664	102139	922	10523	160	42	56340
仪陇县马鞍镇	5363	67990	189	950	20	2	25639
仪陇县永乐镇	4995	34650	132	623	10		2256
仪陇县日兴镇	4805	37056	38	200	8		9886
仪陇县土门镇	4678	39423	32	86	27	1	6987
仪陇县复兴镇	5311	42716	57	1915	17		10110
仪陇县观紫镇	2963	13512	30	239	6		13512
仪陇县先锋镇	2077	9360	9	30	1		461
仪陇县三蛟镇	2593	7664	21	123	11		629
仪陇县回春镇	4110	15604	16	58	6		968
仪陇县柳垭镇	4244	12958	60	350	9		3104
仪陇县义路镇	2065	5773	25	198	3		1917
仪陇县立山镇	8476	18748	45	240	16		1284
仪陇县三河镇	4155	13796	23	102	5		13796
仪陇县瓦子镇	2402	9672	20	156	4		707
仪陇县大寅镇	3392	11967	59	319	4		763
仪陇县二道镇	4788	21158	14	72	12		4100
仪陇县赛金镇	2793	26499	25	120	7		6152
仪陇县丁字桥镇	1324	7552	8	55	4		373
仪陇县大仪镇	3229	14966	10	120	3		3200
仪陇县张公镇	3101	16428	29	46	7		1258
仪陇县五福镇	2473	17052	14	23	1		927
仪陇县周河镇	1829	5354	6	20			1200
仪陇县杨桥镇	3186	17011	9	46	5		5708
仪陇县保平镇	3315	19653	11	43	4		1930
仪陇县文星镇	3244	8701	8	38	3		8120
仪陇县双胜镇	4420	9258	93	459	8		498
仪陇县度门镇	3453	8726	27	145	9		268
仪陇县老木乡	1929	8232	6	33	2		
仪陇县檬垭乡	1793	4662	3	12	2		
仪陇县铜鼓乡	2661	9290	13	55	5		
仪陇县中坝乡	2223	9366	5	21	1		
仪陇县双盘乡	1691	11185	5	32			
仪陇县凤仪乡	2328	8385	8	39			
仪陇县双庆乡	1902	10802	3	15	1		
仪陇县大风乡	2266	11802	9	45	7		
仪陇县福临乡	2326	8625	4	14	4		
仪陇县来仪乡	2372	8987	4	178	4		
仪陇县碧泉乡	1873	6315	5	104	2		
仪陇县乐兴乡	1651	9550	3	3	1		
仪陇县石佛乡	2649	11295	6	32	3		
仪陇县思德乡	1983	4130	15	75	1		

续表 454　　(四川省)　　单位：公顷、人、个

名　　称	行政区域面积	常住人口	企业个数	企业从业人员	工业企业单位	#规模以上	城镇建成区常住人口
仪陇县秋垭乡	2075	6310	15	70	2		
仪陇县大罗乡	1763	4756	3	8			
仪陇县义门乡	2310	9850	1	3			
仪陇县合作乡	1498	5915	6	20			
仪陇县龙桥乡	2562	4851	2	5	2		
仪陇县板桥乡	2708	5234	14	15	4		
仪陇县永光乡	2510	4144	11	11	3		
仪陇县炬光乡	1849	4662	4	10	3		
仪陇县九龙乡	2920	4754	12	16	2		
仪陇县芭蕉乡	2440	6732	5	10	1		
仪陇县灯塔乡	2657	4754	12	50	2		
仪陇县武棚乡	1960	10683	11	67			
仪陇县柴井乡	3951	15197	14	38	4		
仪陇县光华乡	1785	6777	14	80			
西充县晋城镇	3960	138458	306	27485	175	13	118548
西充县太平镇	2760	10741	16	36			3880
西充县大全镇	2260	9806					9806
西充县仙林镇	2330	10645	1	1	1		900
西充县古楼镇	3200	6441	53	412			6441
西充县义兴镇	3700	12789	4	38	1	1	12789
西充县关文镇	2090	6229	2	65	1	1	2500
西充县凤鸣镇	2330	10476	27	136	1		1313
西充县青狮镇	3010	10336	1	10			3177
西充县槐树镇	2800	13197	26	300			6800
西充县鸣龙镇	3112	13343	4	30	2		1230
西充县双凤镇	2831	15736	68	513	11	2	8311
西充县高院镇	3128	11583	13	78			2100
西充县仁和镇	3010	13359	8	2833	3	2	4267
西充县多扶镇	3490	49428	138	8700	130	24	27680
西充县莲池镇	2730	10994	2	25			1562
西充县常林乡	5320	17921	42	10345	27	19	
西充县占山乡	4130	15000	1	40	1		
西充县宏桥乡	2390	5535	21	550	1	1	
西充县金泉乡	2160	5474					
西充县华光乡	2400	5239	19	105			
西充县金源乡	2023	3734	15	180	1	1	
西充县岱林乡	1700	4220					
西充县李桥乡	2020	11095	6	135	1	1	
西充县中岭乡	2010	7822	4	50	2		
西充县西碾乡	1750	4560	6	150	2		
西充县紫岩乡	1920	9036	9	41			
西充县复安乡	1540	4621					
西充县观凤乡	1860	5542	36	190			
西充县青龙乡	2280	5988					
西充县双洛乡	2210	6338					
西充县义和乡	1750	5058	4	26			
西充县中南乡	1368	4166					
西充县双江乡	1600	3125					
西充县凤和乡	1927	8586	1	175	1	1	
西充县东岱乡	2140	4848					

续表 455　　(四川省)　　单位：公顷、人、个

名　称	行政区域面积	常住人口	企业个数	企业从业人员	工业企业单位	#规模以上	城镇建成区常住人口
西充县同德乡	1590	3403					
西充县祥龙乡	2750	15340	4	25			
西充县车龙乡	3370	8511					
西充县扶君乡	1890	4068	4	21			
西充县东太乡	2760	9275	3	3			
西充县永清乡	2500	3143					
西充县金山乡	1960	6157					
西充县罐垭乡	2790	11240					
阆中市彭城镇	3371	15152	5	5	3	1	4430
阆中市双龙镇	2705	10992	6	6			4350
阆中市柏垭镇	9672	29402	16	75	2	1	19025
阆中市飞凤镇	2948	9807	11	187			662
阆中市思依镇	6171	22378					1250
阆中市文成镇	4147	15853	16	16	3		5902
阆中市二龙镇	5908	16447	1	30	1		2411
阆中市石滩镇	3711	8025	1	9	1		1362
阆中市老观镇	6450	24450	8	82	2		6525
阆中市龙泉镇	4113	10770	16	104			1411
阆中市千佛镇	6410	18000	80	210			5000
阆中市望垭镇	4625	11291					980
阆中市河溪镇	4795	22350	22	124	12		9216
阆中市妙高镇	5140	10129					1260
阆中市洪山镇	3859	11860	7	82			4625
阆中市石龙镇	3159	15529	1	30			1167
阆中市宝马镇	2662	5255					1179
阆中市水观镇	5347	17334	10	47	1		4500
阆中市金垭镇	5001	14943					2318
阆中市玉台镇	2089	4500					906
阆中市裕华镇	3514	7639	1	6			335
阆中市木兰镇	2965	5444					565
阆中市东兴镇	4302	9826	1	89	1	1	238
阆中市凉水镇	4407	10037	20	61	1		1588
阆中市五马镇	5356	13626					488
阆中市垭口乡	3410	8108					
阆中市治平乡	2561	4546					
阆中市天宫乡	3259	7530					
阆中市天林乡	3860	6656					
阆中市枣碧乡	2876	5421					
阆中市北门乡	2564	5332					
阆中市桥楼乡	3494	4557					
阆中市河楼乡	3966	6410					
阆中市清泉乡	2300	3958					
阆中市博树回族乡	2348	3395	5	5			
阆中市解元乡	2666	5016					
阆中市西山乡	2605	8489	3	3			
阆中市方山乡	2995	8335					
阆中市金子乡	3531	8961	3	3			
阆中市三庙乡	1834	6629					
阆中市峰占乡	3269	11600	6	6			
阆中市鹤峰乡	2720	5055					

续表 456 （四川省） 单位：公顷、人、个

名　　称	行政区域面积	常住人口	企业个数	企业从业人员	工业企业单位	#规模以上	城镇建成区常住人口
阆中市金城乡	2148	2874					
阆中市朱镇乡	2156	9995	2	2			
阆中市宝台乡	3039	7924					
阆中市福星乡	2427	10497					
东坡区白马镇	3733	18232	51	1285	33	2	2154
东坡区象耳镇	2239	15822	78	10835	39	34	7860
东坡区太和镇	4025	35571	77	5882	45	13	5813
东坡区悦兴镇	4819	25333	26	1673	18	1	5012
东坡区尚义镇	6227	38923	138	6256	68	15	1038
东坡区多悦镇	7644	32468	34	1159	14		6495
东坡区秦家镇	8443	29817	26	744	9	1	780
东坡区万胜镇	7137	23484	39	2096	13	3	2520
东坡区崇仁镇	7544	28465	37	3600	17	6	763
东坡区思蒙镇	7572	39504	41	1960	25	8	14095
东坡区修文镇	9393	38922	111	24884	74	34	38922
东坡区松江镇	5706	34067	117	8100	91	24	33067
东坡区崇礼镇	5481	44015	113	7356	79		1859
东坡区富牛镇	5423	26560	38	955	4		1080
东坡区永寿镇	4761	43547	28	537	17	4	6351
东坡区三苏乡	8539	34299	56	728	21		
东坡区广济乡	6559	18245	13	264	4		
东坡区盘鳌乡	7619	14032	13	866	3		
东坡区土地乡	3539	13198	4	32			
东坡区复盛乡	2958	13993	17	622	11	1	
东坡区复兴乡	2940	17926	8	88	5		
东坡区金花乡	3235	14331	10	157	4	1	
东坡区柳圣乡	2270	10639	12	366	1		
彭山区武阳镇	2897	14039	73	2016	73	6	100
彭山区江口镇	4939	15884	13	129			1488
彭山区凤鸣镇	3769	84498	93	2430	18	11	78377
彭山区公义镇	4031	22852	9	63			18400
彭山区牧马镇	2800	16382	9	147			2290
彭山区谢家镇	4784	24063	26	56	15	1	4654
彭山区黄丰镇	4038	16380	7	65	7		1840
彭山区观音镇	2670	24806	340	3121	340	20	3500
彭山区彭溪镇	1740	22216	62	3110	25	3	15092
彭山区青龙镇	4379	41836	127	18769	84	53	18354
彭山区保胜乡	3495	11412	7	78			
彭山区义和乡	3518	14114	180	1125	5	2	
彭山区锦江乡	3673	11647	9	185	9		
仁寿县文宫镇	5952	26752	141	533			11522
仁寿县禾加镇	2649	17021	6	228	2	1	8659
仁寿县龙马镇	4266	21268	36	98	19	1	3864
仁寿县方家镇	4615	15451	24	217	4		3103
仁寿县文林镇	9702	214643	1297	72785	165	27	165602
仁寿县大化镇	6625	22115	33	996	10	3	6432
仁寿县高家镇	5823	14826	7	53	7		3241
仁寿县中农镇	2872	14183	1	1			2037
仁寿县禄加镇	5429	24130	54	305	14		6166
仁寿县宝飞镇	4319	22885	7	7	5	3	5352

续表 457　　　　　　　　　　（四川省）　　　　　　　　　　单位：公顷、人、个

名　　称	行政区域面积	常住人口	企业个数	企业从业人员	工业企业单位	#规模以上	城镇建成区常住人口
仁寿县彰加镇	5102	24432	95	345	2	1	6990
仁寿县慈航镇	6047	23562	125	420	40	1	8653
仁寿县汪洋镇	7269	53865	365	14000	140	28	29657
仁寿县钟祥镇	5258	27557	39	1290	8	1	6846
仁寿县始建镇	5348	26380	2	2			2317
仁寿县满井镇	6414	25764	366	1702	53	4	4481
仁寿县富加镇	7092	51240	1078	5694	27	4	38683
仁寿县龙正镇	5774	23339	77	4992	34	15	23339
仁寿县黑龙滩镇	15050	38749	131	683	1		6128
仁寿县清水镇	6528	19385	59	38	1		6260
仁寿县视高镇	5004	39588	290	1000	160	55	17680
仁寿县北斗镇	5234	32451	22	575	8		3151
仁寿县兴盛镇	3649	16529	105	7540	94	18	1684
仁寿县观寺镇	3808	18836	14	555	1		2010
仁寿县宝马镇	5397	20373	5	32	5	3	420
仁寿县珠嘉镇	5302	22110	149	588			8332
仁寿县四公镇	3562	9669	10	126	4		1306
仁寿县曹家镇	6125	18187	37	121			1432
仁寿县天峨镇	4749	16360	28	4249	23	4	840
仁寿县中岗镇	3832	16416	3	42	1		1537
仁寿县向家镇	3010	12920	2	15			955
仁寿县识经镇	2934	12033	4	149	3		2756
仁寿县曲江镇	3621	13820	10	153	5		1994
仁寿县玉龙镇	2159	12563	3	30	1		1857
仁寿县虞丞乡	3734	5005					
仁寿县青岗乡	2946	9421	1	6			
仁寿县古佛乡	2259	8521	22	108	3		
仁寿县板燕乡	2276	11381	8	10			
仁寿县石咀乡	2096	9653	2	2			
仁寿县藕塘乡	2046	7857	3	68	1		
仁寿县合兴乡	1751	7121	2	2			
仁寿县促进乡	1953	6007					
仁寿县鸭池乡	1914	6500	1	1			
仁寿县双堡乡	3080	10991	5	5			
仁寿县河口乡	2329	9332					
仁寿县板桥乡	1954	8970	2	23			
仁寿县元通乡	3076	15074	1	20			
仁寿县里仁乡	3678	12218	6	6			
仁寿县兆嘉乡	2248	6425	2	19	1		
仁寿县鳌陵乡	3847	10056	2	15			
仁寿县龙桥乡	5890	17654	3	3			
仁寿县城堰乡	4016	8413	1	15	1		
仁寿县谢安乡	3303	10351	2	9	2		
仁寿县新店乡	2784	12989	1	1			
仁寿县凤陵乡	3326	12332	1	1			
仁寿县涂加乡	3225	9123	3	15	3		
仁寿县松峰乡	3108	10434	5	254	5		
仁寿县景贤乡	4311	6352	3	3			
仁寿县农旺乡	3914	18707	1	8			
仁寿县洪峰乡	5213	12599	17	70	1		

续表 458　　(四川省)　　单位：公顷、人、个

名称	行政区域面积	常住人口	企业个数	企业从业人员	工业企业单位	#规模以上	城镇建成区常住人口
洪雅县止戈镇	4468	20158	33	2098	15	7	3406
洪雅县三宝镇	3787	12644	14	268	14	2	2537
洪雅县花溪镇	8303	14277	10	143			1780
洪雅县洪川镇	7924	80843	315	9395	67	14	60443
洪雅县余坪镇	10315	35479	7	25	2	2	2215
洪雅县槽渔滩镇	8296	19164	60	1756	1		2061
洪雅县中保镇	6787	18159	8	412	5	1	6312
洪雅县东岳镇	10609	21336	26	962	9		3146
洪雅县柳江镇	15987	14960	29	654	1		5659
洪雅县高庙镇	22939	15356	67	922	5	1	3384
洪雅县瓦屋山镇	69426	16020	243	1325			4235
洪雅县中山乡	4013	12532	9	79	6	1	
洪雅县将军乡	5449	18290	42	5500	16	11	
洪雅县汉王乡	7084	8807	3	135	1		
洪雅县桃源乡	4366	4295					
丹棱县仁美镇	3225	18841	8	63			2400
丹棱县丹棱镇	6032	48642	395	8314	112	16	22020
丹棱县杨场镇	9145	30444	50	6005	50	21	1785
丹棱县双桥镇	8797	30608	90	5200	30	5	1277
丹棱县张场镇	9780	22045	12	105			780
丹棱县石桥乡	2259	3659	3	32	1		
丹棱县顺龙乡	5689	7440	5	63	1		
青神县汉阳镇	2161	7453	26	292	6		695
青神县河坝子镇	2564	8012	34	680	3		576
青神县南城镇	1944	21683	133	5445	66	11	422
青神县青城镇	1239	57998	657	16735	112	13	57998
青神县瑞峰镇	4917	12181	62	412	11		1813
青神县黑龙镇	3100	25532	125	8440	57	15	1301
青神县西龙镇	7561	26631	111	2476	32	6	1300
青神县高台乡	2032	11118	39	219	2		
青神县白果乡	8230	18931	59	1556	12	1	
青神县罗波乡	4954	13967	37	450	13	2	
翠屏区南广镇	8090	34708	23	23	22	8	5536
翠屏区李庄镇	7582	41799	74	755	17	3	9643
翠屏区菜坝镇	4662	33599	291	11645	55	6	13970
翠屏区金坪镇	7755	21004	10	65	3	1	3150
翠屏区高店镇	4318	19878	1	89	1	1	2247
翠屏区牟坪镇	5381	21604	2	12	2		1836
翠屏区李端镇	5386	28724	19	112	3	1	2066
翠屏区邱场镇	8895	25365	3	17	3		2200
翠屏区宗场镇	7141	20830	66	334	6		3990
翠屏区宋家镇	6063	21763	35	346	4	2	2534
翠屏区明威乡	6456	17346	15	123	3	1	
翠屏区凉姜乡	4428	17768	8	68	1		
翠屏区思坡乡	9158	26837	12	475	12	6	
南溪区刘家镇	5529	19015	72	959	8		1595
南溪区江南镇	4152	12411	56	746	3	1	925
南溪区大观镇	7605	38798	136	1812	12	3	4300
南溪区汪家镇	3988	11863	40	533	2	1	502
南溪区黄沙镇	3847	16966	44	586	9	1	614

续表 459　　　　（四川省）　　　　单位：公顷、人、个

名　　称	行政区域面积	常住人口	企业个数	企业从业人员	工业企业单位	#规模以上	城镇建成区常住人口
南溪区仙临镇	6598	21086	66	879	3		488
南溪区长兴镇	3713	27421	76	1012	9	1	1115
南溪区裴石镇	3263	15439	73	972	13	6	3199
南溪区马家乡	5157	8112					
南溪区大坪乡	2767	4418					
南溪区石鼓乡	2759	8376	4	4	3	2	
南溪区林丰乡	3303	4699					
南溪区留宾乡	2767	14573	4	4			
宜宾县柏溪镇	5167	139287	1003	54157	57	40	119238
宜宾县喜捷镇	9289	31721	69	1955	18	3	13278
宜宾县观音镇	24192	62768	79	1397	11	10	24528
宜宾县横江镇	9874	18866	15	218	5	1	5322
宜宾县永兴镇	11457	29497	44	230	4	3	9183
宜宾县白花镇	13828	47177	35	664	1	1	18613
宜宾县柳嘉镇	17844	36161	33	241	2	1	11816
宜宾县泥溪镇	13048	28047	50	1506	12	2	7057
宜宾县蕨溪镇	21493	38790	70	1196	17	6	17757
宜宾县商州镇	16360	22304	12	81	1		7542
宜宾县高场镇	9781	37248	58	2389	11	6	16170
宜宾县安边镇	5962	27210	49	1643	8	5	12829
宜宾县双龙镇	15899	42026	18	169	5		10340
宜宾县李场镇	13697	25886	23	384	2	1	1615
宜宾县合什镇	8921	19381	16	489	4	4	419
宜宾县古罗镇	9699	22829	16	448	4	2	7034
宜宾县孔滩镇	10036	44932	29	3189	5	4	10920
宜宾县复龙镇	8364	23026	16	261	4		6183
宜宾县普安镇	9102	34868	40	1387	7	5	7793
宜宾县双谊镇	12207	23374	35	1306	11	2	12071
宜宾县古柏镇	7787	18577	12	214	3	2	3330
宜宾县王场镇	5413	18402	14	184	3		4565
宜宾县泥南镇	6324	15416	10	92	3	1	1052
宜宾县隆兴乡	13379	19429	13	147	3		
宜宾县龙池乡	6661	7337	9	89	3	1	
宜宾县凤仪乡	8177	15469	9	507	3	1	
江安县江安镇	5604	83056	703	19695	38	9	76162
江安县红桥镇	4851	23785	42	885	11		8674
江安县桐梓镇	6006	38278	26	1180	21	5	1482
江安县井口镇	2511	16838	9	1602	9	5	4721
江安县怡乐镇	8169	24788	21	388	7	5	3755
江安县留耕镇	4754	19877	10	212	6	3	4251
江安县底蓬镇	5557	32121	2	20	2		8187
江安县五矿镇	2100	16215	25	1233	25	6	1137
江安县迎安镇	4234	18919	1	5			2667
江安县夕佳山镇	3267	17286	6	69	6		2082
江安县水清镇	2390	19153	15	281	5	3	5135
江安县铁清镇	5255	27424	9	613	4	1	5235
江安县四面山镇	6462	35681	12	1602	12	4	3807
江安县大井镇	6542	28466	19	1922	4	4	1378
江安县阳春镇	4831	25151	103	6322	24	20	1267
江安县大妙乡	3122	14632	11	66	3		

续表 460　　(四川省)　　单位：公顷、人、个

名　　称	行政区域面积	常住人口	企业个数	企业从业人员	工业企业单位	#规模以上	城镇建成区常住人口
江安县蟠龙乡	4507	18358	6	976	5	2	
江安县仁和乡	9248	17334	11	226	1	1	
长宁县长宁镇	9345	109887	483	23138	93	23	93120
长宁县梅硐镇	7775	14205	35	336	2		4765
长宁县双河镇	8687	18916	78	3120	48	8	5646
长宁县硐底镇	5123	15637	41	212	27	2	2887
长宁县花滩镇	5235	12557	14	200			4872
长宁县竹海镇	10196	22907	74	375	8	3	9001
长宁县老翁镇	5987	17709	20	101	14	2	3053
长宁县古河镇	5651	13653	33	609	6	1	4734
长宁县下长镇	5444	19768	73	2016	23	4	5171
长宁县龙头镇	5868	18347	54	500	9	4	7336
长宁县开佛镇	3388	10878	50	1455	22	7	2433
长宁县铜锣乡	3543	7743	2	2			
长宁县桃坪乡	3214	7260	25	131	4		
长宁县铜鼓乡	3335	10462	15	15	12	3	
长宁县井江乡	4328	10187	2	2			
长宁县三元乡	3461	10699	4	4			
长宁县富兴乡	4850	9125	3	3			
长宁县梅白乡	4313	14483	11	11	8	1	
高县文江镇	15396	73356	196	9049	49	16	32578
高县庆符镇	13702	58232	297	3125	20	12	22954
高县沙河镇	11052	41925	43	230	20	2	7816
高县嘉乐镇	4813	14461	4	28	1		327
高县大窝镇	7309	20470	5	48			1527
高县罗场镇	6938	25805	32	320	3	1	4723
高县蕉村镇	8572	26759	32	427	18	4	9841
高县可久镇	8787	14975	13	102	8		1884
高县来复镇	5270	18661	21	705	3	2	3586
高县月江镇	8300	30837	47	1911	28	13	5693
高县胜天镇	8408	19683	25	182	9	2	3409
高县复兴镇	5540	13062	24	126	5		776
高县趱滩乡	2036	3789	1	6	1		
高县羊田乡	3655	11210	12	480	10	2	
高县落润乡	5916	13449	14	161	6		
高县潆溪乡	4094	7573	1	1			
高县庆岭乡	3369	11904	12	86	2		
高县双河乡	3368	9079	18	845	9	3	
高县四烈乡	6087	13250	20	20	19	5	
珙县珙泉镇	10369	36286	103	2844	35	9	24121
珙县巡场镇	10737	124712	631	10013	53	27	52186
珙县孝儿镇	7583	29790	38	1632	7	1	7135
珙县底洞镇	12670	24641	43	1200	29	8	1420
珙县上罗镇	11655	28722	17	98	5	4	9355
珙县洛表镇	8164	32291	33	1160	20	2	3800
珙县洛亥镇	6358	20315	25	1251	19	4	1022
珙县王家镇	10135	19912	3	17			1356
珙县沐滩镇	4724	11572	3	23	1		2129
珙县下罗镇	5597	16775	8	70			513
珙县曹营镇	4487	9902	6	35	1		1565

续表 461　　　　　　　　　　（四川省）　　　　　　　　　　单位：公顷、人、个

名　　称	行政区域面　　积	常住人口	企业个数	企　　业从业人员	工业企业单　　位	#规模以上	城镇建成区常住人口
珙县恒丰乡	4912	9301	11	65	1		
珙县仁义乡	3795	11377	3	11	1		
珙县玉和苗族乡	2496	6066					
珙县罗渡苗族乡	4095	13350	15	290	3	1	
珙县石碑乡	4717	7265	14	14	13	2	
珙县观斗苗族乡	2035	5264	6	6	5	2	
筠连县筠连镇	13141	101637	178	1995	71	9	59235
筠连县腾达镇	9831	26613	22	132	10	2	2164
筠连县巡司镇	8817	52229	109	6272	31	11	30258
筠连县双腾镇	8723	18526	23	226	10	1	1080
筠连县沐爱镇	7936	31734	29	1189	13	3	5273
筠连县维新镇	7235	25547	41	3966	12	2	3322
筠连县镇舟镇	6318	16786	86	2976	17	5	1172
筠连县蒿坝镇	9791	18075	7	101	7	1	1136
筠连县大雪山镇	9028	22279	34	446	34	2	987
筠连县武德乡	10062	21951	26	561	20	1	
筠连县塘坝乡	3168	8701	6	285	3	1	
筠连县龙镇乡	6698	7979	2	28	2		
筠连县孔雀乡	5419	7952	1	1			
筠连县乐义乡	4440	10673	24	338	15		
筠连县高坎乡	3236	5935	5	205	3		
筠连县团林苗族乡	4623	5735	8	75	7		
筠连县联合苗族乡	3891	7817	1	1			
筠连县高坪苗族乡	3279	5903	13	283	3	2	
兴文县古宋镇	15640	106373	297	9957	34	19	53334
兴文县僰王山镇	14696	39426	76	1538	21	4	8578
兴文县共乐镇	5497	34720	15	154	5	4	2988
兴文县莲花镇	7537	19238	3	32	2	2	849
兴文县九丝城镇	12904	19241	10	37	3		1775
兴文县石海镇	8136	12406	39	91	26	3	1212
兴文县太平镇	6430	20776	110	2438	16	8	2898
兴文县周家镇	6224	7901	88	2639	11	3	432
兴文县五星镇	4827	20120	71	1053	9	2	4690
兴文县玉屏镇	2524	7797	10	694	5	1	1682
兴文县大坝苗族乡	12797	25534	5	38	1	1	
兴文县毓秀苗族乡	5972	5485	7	343	4		
兴文县大河苗族乡	12505	28375	76	1738	16	7	
兴文县麒麟苗族乡	11413	28436	24	21	18	1	
兴文县仙峰苗族乡	10887	11477	24	24	23	5	
屏山县锦屏镇	9159	26510	23	1518	17		3119
屏山县新市镇	15103	17858	8	70			1858
屏山县中都镇	14283	31329	13	210	12	2	5877
屏山县龙华镇	12166	20231	5	86	1		1232
屏山县大乘镇	10813	24942	13	437	7	1	4680
屏山县富荣镇	11142	11776	14	76	7		2413
屏山县新安镇	13504	24797	25	121	5	1	4165
屏山县书楼镇	11790	22346	14	124	14		6815
屏山县屏山镇	8636	66861	679	13587	106	28	36992
屏山县鸭池乡	6284	9092	8	226	6		
屏山县龙溪乡	5794	6613	7	50	3		

续表 462　　(四川省)　　单位：公顷、人、个

名　　称	行政区域面积	常住人口	企业个数	企业从业人员	工业企业单位	#规模以上	城镇建成区常住人口
屏山县太平乡	6819	12625	2	2			
屏山县夏溪乡	7089	8878	5	45	5		
屏山县屏边彝族乡	9388	7313	2	138	2	1	
屏山县清平彝族乡	8420	8971	4	73	4		
广安区枣山镇	3292	30824	32	1089	10	3	2342
广安区官盛镇	1594	4918	6	217	4	2	1992
广安区协兴镇	3640	37405	23	853	9	5	6938
广安区浓溪镇	2883	10472	6	6	4	1	835
广安区悦来镇	4094	14521	3	22			2350
广安区兴平镇	3594	9775					940
广安区井河镇	5130	14719	5	147	3	1	2040
广安区花桥镇	4857	35535	4	38	4		15961
广安区龙台镇	6890	24462	7	118	5	1	1397
广安区肖溪镇	6181	21019	2	53			2046
广安区恒升镇	4984	18804	6	144	2	1	11645
广安区石笋镇	5903	22739					10265
广安区白市镇	3523	14497	1	8	1		2147
广安区大安镇	2712	10106	3	251	2		3498
广安区穿石乡	1422	5358	4	102	4	1	
广安区广门乡	2334	9446	4	82	1		
广安区广罗乡	1714	7525					
广安区方坪乡	2857	12850	3	56	2		
广安区化龙乡	2428	8999	7	42	1		
广安区大龙乡	2712	8188	2	69	1		
广安区崇望乡	2261	6487	7	168	2		
广安区龙安乡	1733	5856	3	34			
广安区彭家乡	1887	6641	3	52	2		
广安区杨坪乡	2240	7088					
广安区郑山乡	3887	5732					
广安区蒲莲乡	2878	5945					
广安区大有乡	2004	7664	1	10	1		
广安区消河乡	1867	7816	7	127	6		
广安区东岳乡	3261	11046					
广安区苏溪乡	2502	5334					
广安区白马乡	2468	8272	2	30	1		
前锋区桂兴镇	9183	11196	17	2281	10	7	698
前锋区观阁镇	3238	22317	10	71	1		9377
前锋区广兴镇	1631	6940					698
前锋区代市镇	7028	69138	40	1210	9	3	29842
前锋区观塘镇	4927	27015	9	46	1	1	5983
前锋区护安镇	3040	15704	30	910	6	2	1983
前锋区龙滩镇	3648	6289	1	5			452
前锋区虎城镇	3543	17774	2	23			234
前锋区小井乡	3618	14414	2	163			
前锋区光辉乡	3890	6377	5	159	2	1	
前锋区新桥乡	2606	16784	46	5070	35	17	
岳池县九龙镇	7053	136867	415	44005	98	58	121945
岳池县花园镇	5143	28150	12	537	7	1	14787
岳池县坪滩镇	4325	29520	5	5	4	1	9236
岳池县龙孔镇	3618	15763	3	30	2		1345

续表 463　　(四川省)　　单位：公顷、人、个

名　称	行政区域面积	常住人口	企业个数	企业从业人员	工业企业单位	#规模以上	城镇建成区常住人口
岳池县镇裕镇	2143	10209	2	53	1		1432
岳池县白庙镇	6262	25694	13	289	1		1702
岳池县西溪镇	3829	18547	7	188	4	1	10650
岳池县同兴镇	2728	9286	7	178	2	1	4460
岳池县兴隆镇	6130	16664	10	206	4	1	1321
岳池县秦溪镇	5063	9449	5	27			900
岳池县顾县镇	5764	48346	18	727	7	2	8743
岳池县苟角镇	6844	34546	10	177	3		8336
岳池县天平镇	6460	21553	2	19			696
岳池县石垭镇	4578	42105	43	6061	17	7	12415
岳池县乔家镇	3629	20150	12	322	2	1	648
岳池县罗渡镇	2620	21228	15	1090	8	5	8784
岳池县裕民镇	4123	22754	7	156	3		2254
岳池县中和镇	3469	20700	5	38	1		2193
岳池县新场镇	4119	20562	3	20	1		2744
岳池县普安镇	4263	21765	6	232	4	2	5267
岳池县赛龙镇	2406	12680	3	20			3320
岳池县临溪镇	1883	13115	2	30	1		1931
岳池县朝阳乡	1742	10023	7	54			
岳池县北城乡	1901	11959	3	22	1		
岳池县镇龙乡	1952	8120	5	25			
岳池县粽粑乡	3136	15585	5	77	3		
岳池县排楼乡	2261	10929					
岳池县西板乡	3212	14635					
岳池县嘉陵乡	1613	4646	3	75	1		
岳池县石鼓乡	1560	7222	2	30	1		
岳池县平安乡	1666	6035	1	5	1		
岳池县恐龙乡	2353	7629					
岳池县团结乡	2183	3785	1	25			
岳池县黄龙乡	3001	6262	2	12			
岳池县双鄢乡	2797	3120	1	15	1		
岳池县东板乡	2300	5174					
岳池县长田乡	2286	7045					
岳池县鱼峰乡	3424	8020	3	45	1		
岳池县大石乡	1913	10005	2	14	2		
岳池县花板乡	1838	9055	8	125	1		
岳池县大佛乡	2538	12717	3	17	2		
岳池县齐福乡	3144	13994	7	144	3	1	
岳池县伏龙乡	4611	27351					
武胜县沿口镇	6870	129990	418	33098	79	48	95147
武胜县中心镇	6231	25030	22	2223	16	8	5994
武胜县烈面镇	4910	35611	26	439	7		16650
武胜县飞龙镇	2798	23984	8	543	6	1	8954
武胜县乐善镇	3318	24978	8	56			4216
武胜县万善镇	2395	16199	10	134	3	2	5714
武胜县龙女镇	4534	24309	12	253	8	2	1013
武胜县三溪镇	3197	12002	6	30	6		1256
武胜县赛马镇	4144	19044	3	16			5885
武胜县胜利镇	4192	25269	2	18			1099
武胜县金牛镇	2869	17407	6	148	5	1	3619

续表 464　　（四川省）　　单位：公顷、人、个

名　　称	行政区域面　　积	常住人口	企业个数	企　　业从业人员	工业企业单　　位	#规模以上	城镇建成区常住人口
武胜县清平镇	3580	12524	1	55	1		373
武胜县街子镇	3189	15308	37	2016	24	15	5609
武胜县万隆镇	2187	20977	8	278	4	1	10586
武胜县礼安镇	2447	9612	5	268	2	1	350
武胜县华封镇	3292	19740	13	340	9	3	1340
武胜县宝箴塞镇	2657	14741	2	52			2016
武胜县鸣钟乡	3148	13686	19	366	7	2	
武胜县真静乡	1856	10779	1	95			
武胜县猛山乡	2232	8912	3	22			
武胜县双星乡	2540	11505	8	346	5	3	
武胜县龙庭乡	1938	7377					
武胜县石盘乡	3458	13757	2	10			
武胜县旧县乡	2264	10138	5	11	5	5	
武胜县鼓匠乡	2631	9979	6	80	6	1	
武胜县白坪乡	2854	18623	3	14			
武胜县永胜乡	1781	6791	3	22	2		
武胜县新学乡	2257	10368	1	5			
武胜县金光乡	2412	11052	2	10			
武胜县八一乡	1631	11780	1	6			
武胜县高石乡	1807	7379	1	5			
邻水县鼎屏镇	784	135978	325	6564	18	6	135978
邻水县城北镇	9741	29865	23	328	6		12137
邻水县城南镇	6208	32065	118	8325	96	68	10106
邻水县柑子镇	5019	12787	5	126	1	1	4172
邻水县龙安镇	5461	11468	3	120	2	1	4727
邻水县观音桥镇	6404	16940	5	105	5	1	6706
邻水县牟家镇	3416	13892	14	288	8		3571
邻水县合流镇	4229	13087	12	75	2	1	6711
邻水县坛同镇	6415	25827	12	132	2		5846
邻水县高滩镇	6735	20236	23	1267	15	5	4026
邻水县九龙镇	6632	46966	25	156	6		25156
邻水县御临镇	6140	14382	3	16			3906
邻水县袁市镇	2874	17393	12	731			7020
邻水县丰禾镇	6803	50898	23	1253	15	5	27981
邻水县八耳镇	4677	9667	11	158	4		4414
邻水县石永镇	4894	21617	14	268	3		6946
邻水县兴仁镇	6203	14258	15	156	6		5811
邻水县王家镇	5255	13748	8	135	3		7498
邻水县石滓镇	4779	10563	9	125	3	1	689
邻水县三古镇	4408	10566	5	125	2		360
邻水县太和乡	5644	10995	10	115	4		
邻水县新镇乡	2917	4785	13	289	5		
邻水县冷家乡	4029	5787	21	568	10		
邻水县长安乡	4605	10326	12	215	6		
邻水县西天乡	4507	8002	5	75	3		
邻水县梁板乡	4828	8545	25	385	10	1	
邻水县甘坝乡	3815	6025	5	35	3		
邻水县四海乡	3575	6765	8	545	6	2	
邻水县九峰乡	3434	4029	10	225	4		
邻水县椿木乡	3070	6210	10	165	3		

续表 465　　　　（四川省）　　　　单位：公顷、人、个

名　　称	行政区域面积	常住人口	企业个数	企业从业人员	工业企业单位	#规模以上	城镇建成区常住人口
邻水县华蓥乡	3254	2364	2	45	1		
邻水县子中乡	3552	8214	11	241	6		
邻水县风垭乡	2128	5857	5	56			
邻水县黎家乡	5318	8033	6	56	3		
邻水县龙桥乡	2931	11516	8	165	3		
邻水县关河乡	3169	7177	12	353	6		
邻水县两河乡	2361	7616	4	45	3		
邻水县长滩乡	1958	8077	13	233	3		
邻水县凉山乡	4223	5215	3	89	1		
邻水县复盛乡	3552	12629	8	105	6		
邻水县古路乡	3109	5790	15	262	7		
邻水县荆坪乡	2029	7398	5	58	4		
邻水县柳塘乡	1827	9364	18	326	9		
邻水县护邻乡	2522	7857	8	85	3		
邻水县同石乡	1307	4567	7	85	3		
华蓥市天池镇	3905	14209	15	45	13	2	10867
华蓥市禄市镇	2685	18743	26	356	13	3	4061
华蓥市永兴镇	2496	24199	16	684	7	3	4223
华蓥市明月镇	2990	17581					3485
华蓥市阳和镇	3959	21139	27	575	11	4	1842
华蓥市高兴镇	3585	19667	9	1575	3	3	4317
华蓥市观音溪镇	4983	17287	17	1750	14	4	7544
华蓥市溪口镇	5405	20379	49	472	30	17	19391
华蓥市庆华镇	4481	21558	19	1028	11	8	6378
华蓥市红岩乡	3630	1913	9	9	8	2	
通川区西外镇	2239	32410	35	225	11	7	10646
通川区北外镇	4185	32248	93	2884	28	6	14786
通川区罗江镇	5123	24031	3	1510	3	2	8278
通川区蒲家镇	5382	29998	17	338	3	1	8423
通川区复兴镇	4069	26299	41	2906	41	17	7012
通川区双龙镇	4682	15203	27	843	17	1	3946
通川区魏兴镇	1941	16250	7	238	4	2	1935
通川区江陵镇	6933	15912	2	11	2		5366
通川区碑庙镇	6020	21629	11	95	3	1	5649
通川区磐石镇	7514	19482	49	1256	38	5	723
通川区东岳镇	3467	12190	18	1301	18	3	4165
通川区梓桐镇	2980	4892	6	12	1		531
通川区北山镇	5480	20342	7	35	2		3235
通川区金石镇	6150	16570					1860
通川区新村乡	3339	6520					
通川区檬双乡	2450	6882					
通川区龙滩乡	3750	9458					
通川区安云乡	6450	11377	2	64	1		
通川区青宁乡	3870	13824					
达川区亭子镇	6498	38429	102	982	12	2	10398
达川区福善镇	4060	14880	1	253	1	1	3216
达川区麻柳镇	4902	33466	47	850	7	4	11054
达川区檀木镇	3815	12386	2	35	2	2	2160
达川区大树镇	7387	34356	46	1280	15	3	5343
达川区南岳镇	4224	23326	23	86	2		1328

续表 466　　(四川省)　　单位：公顷、人、个

名　称	行政区域面积	常住人口	企业个数	企业从业人员	工业企业单位	#规模以上	城镇建成区常住人口
达川区万家镇	7246	35066	4	136	4	1	3479
达川区景市镇	8625	20887	28	195	11	4	5790
达川区百节镇	3533	10988	26	1103	10	4	1858
达川区赵家镇	3440	21633	118	889	3	2	9020
达川区河市镇	4434	29482	81	520	36	6	11914
达川区石板镇	2783	12795	210	1500	16	4	5561
达川区金垭镇	2817	8092	28	133	1		2650
达川区渡市镇	6384	30920	3	230	3		7756
达川区管村镇	3684	18534	26	102	8	2	1180
达川区石梯镇	5270	31617	268	2764	46		10372
达川区石桥镇	5584	31124	3	45	1		6312
达川区堡子镇	6359	23135					2488
达川区平滩镇	4151	11412	1	35	1	1	675
达川区马家镇	3470	16174	45	1225	19	4	1819
达川区双庙镇	5217	25177	49	602			3100
达川区金檀镇	3583	15343	45	500	5	1	1250
达川区赵固镇	4780	18480	36	151			1300
达川区桥湾镇	6396	23048	2	25			2685
达川区大风乡	3580	9042	19	133	15		
达川区江阳乡	3259	10769	12	42	1		
达川区东兴乡	3523	17625	18	90			
达川区安仁乡	2925	10303	4	42	1		
达川区葫芦乡	2849	4816	16	81			
达川区大滩乡	2459	8866	1	259	1	1	
达川区花红乡	2875	9821	1	6	1		
达川区黄庭乡	3301	7287	7	45			
达川区黄都乡	3149	16344	8	120	1	1	
达川区碑高乡	3584	10337	10	126	1	1	
达川区木子乡	3149	15021	1	1	1		
达川区陈家乡	3295	12032	5	375	1		
达川区龙会乡	3330	13905	3	48	3		
达川区罐子乡	4093	15251	21	81	8		
达川区申家乡	3663	9353	15	120			
达川区草兴乡	2412	9602	19	68	3		
达川区木头乡	1685	9082	2	77	1	1	
达川区大堰乡	4903	14575	2	24			
达川区九岭乡	3601	13868	24	78			
达川区五四乡	2520	7513	10	60	3		
达川区银铁乡	2073	6982	3	3			
达川区沿河乡	3287	9064	3	3			
达川区香隆乡	2529	4150	1	12	1		
达川区永进乡	3159	11953					
达川区洛车乡	3048	8696	1	6	1		
达川区道让乡	2579	6516					
达川区虎让乡	4022	10221	7	36			
达川区米城乡	2961	10392	7	7	1		
宣汉县东乡镇	14090	183388	468	9583	89	15	160634
宣汉县君塘镇	5773	15685	3	15	2		1881
宣汉县清溪镇	10215	32384	8	65	8		5775
宣汉县普光镇	8347	21298	11	1329	11	3	3949

续表 467　　　　（四川省）　　　　单位：公顷、人、个

名　　称	行政区域面　　积	常住人口	企业个数	企　　业从业人员	工业企业单　　位	#规模以上	城镇建成区常住人口
宣汉县天生镇	6171	18066	10	278			3483
宣汉县柏树镇	5813	19140	6	31	2		4310
宣汉县芭蕉镇	11074	22301	3	16	3	1	5118
宣汉县南坝镇	14342	108094	45	380	25	5	66869
宣汉县五宝镇	7066	20991	5	28			3524
宣汉县峰城镇	8595	18566	6	156	6		8100
宣汉县土黄镇	10244	34077	6	52	2		8540
宣汉县华景镇	11230	23782	3	15	1		2360
宣汉县樊哙镇	11465	25460	5	231	4	3	3521
宣汉县新华镇	16743	21083	2	11	2		2806
宣汉县黄金镇	11257	23083	5	95	4		5138
宣汉县胡家镇	8877	39791	16	289	8	1	10643
宣汉县毛坝镇	14365	22215	11	243	2		3180
宣汉县双河镇	8472	40198	13	115	8		10210
宣汉县大成镇	9472	36043	16	168	4		4356
宣汉县土主镇	4400	11533	2	6			4262
宣汉县下八镇	7927	26032	6	80			2540
宣汉县红岭镇	3892	16775	1	30	1		2740
宣汉县塔河镇	8430	22310	6	245	4	2	1149
宣汉县茶河镇	14801	27689					3302
宣汉县厂溪镇	18616	24879	1	8			6850
宣汉县明月乡	3628	7363					
宣汉县柳池乡	6915	25197	15	632	12	5	
宣汉县三河乡	4861	10813	1	5			
宣汉县老君乡	8472	13884					
宣汉县黄石乡	4580	14063					
宣汉县七里乡	4754	13027	9	48	2		
宣汉县庙安乡	2850	6027					
宣汉县天宝乡	2296	5522					
宣汉县东林乡	4335	9515					
宣汉县凉风乡	5609	9072	6	350	6	2	
宣汉县上峡乡	6409	15018	6	376	6	1	
宣汉县天台乡	3769	7277	1	5			
宣汉县观山乡	3220	6701					
宣汉县南坪乡	2774	4652					
宣汉县凤林乡	3651	6621					
宣汉县桃花乡	6190	17963	6	16			
宣汉县白马乡	7702	11212					
宣汉县漆碑乡	6101	8428					
宣汉县三墩土家族乡	9117	13343	7	332	7	2	
宣汉县漆树土家族乡	4187	6162					
宣汉县龙泉土家族乡	22364	9327					
宣汉县渡口土家族乡	9086	6589	5	21			
宣汉县石铁乡	7798	6800					
宣汉县红峰乡	9849	16700	2	10			
宣汉县凤鸣乡	6497	11411					
宣汉县花池乡	5277	11073					
宣汉县庆云乡	4590	15443					
宣汉县马渡乡	4418	14470	5	38	3		
宣汉县隘口乡	4215	10801	1	52	1	1	

续表 468 （四川省） 单位：公顷、人、个

名　　称	行政区域面　　积	常住人口	企业个数	企　　业从业人员	工业企业单　　位		城镇建成区常住人口
						#规模以上	
开江县新宁镇	8250	87007	334	38557	72	12	64804
开江县普安镇	6801	51152	225	8060	132	15	18281
开江县回龙镇	3456	13500	34	873	16	4	4196
开江县天师镇	4190	11075	8	390	3	1	2634
开江县永兴镇	4892	26499	47	2271	24	4	6698
开江县讲治镇	6485	22398	14	106	4		5058
开江县甘棠镇	9270	38113	28	242	11	1	7292
开江县任市镇	5937	37115	52	808	16	6	10676
开江县广福镇	4964	15790	16	309	5		3127
开江县长岭镇	7504	28755	22	320	5		4355
开江县八庙镇	4528	15415	8	90	2		2526
开江县灵岩镇	6768	11790	16	81	7	2	2916
开江县宝石镇	5326	13105	5	322	2		3620
开江县长田乡	2595	8337	9	76	5	1	
开江县骑龙乡	2908	9093	13	60	4		
开江县新太乡	4224	11152	23	158	11	2	
开江县沙坝场乡	3969	9621	8	160	4	1	
开江县梅家乡	4546	11067	10	46	3		
开江县靖安乡	3430	17549	9	125	3		
开江县新街乡	3104	11566	8	48	2	1	
大竹县乌木镇	4490	16106	25	1050	4	1	2270
大竹县团坝镇	4820	13866	7	1579	7	2	1788
大竹县杨家镇	5720	21050	31	1020	4	4	4675
大竹县清河镇	5040	14259	32	521	7	1	4216
大竹县柏林镇	4370	18039	8	256	1	1	3608
大竹县石河镇	6630	34195	28	1225	11	7	12891
大竹县双拱镇	3120	11129	9	1394	9	1	2482
大竹县石桥铺镇	4900	23942	15	80	9	1	9134
大竹县观音镇	4750	21085	40	765	10	3	2580
大竹县周家镇	7200	40287	32	870	13	5	11924
大竹县石子镇	7090	19643	7	305	7		8655
大竹县文星镇	4950	21633	24	291	4		12301
大竹县妈妈镇	3170	14932					5600
大竹县高穴镇	6020	22477	11	670	7	2	7154
大竹县欧家镇	5070	13457	7	38	3	1	3301
大竹县庙坝镇	7070	20920	43	490	12	3	14642
大竹县清水镇	8045	27472	38	2253	6	3	5851
大竹县月华镇	5920	20322	4	980	4	2	2777
大竹县高明镇	5410	20507	6	532	5	1	2659
大竹县童家镇	4830	25159	10	121	6		1280
大竹县天城镇	3330	12447	6	32			1738
大竹县城西乡	5980	14942	10	54	2	2	
大竹县竹北乡	1700	10303	9	67	9	7	
大竹县朝阳乡	5194	14218	9	9	8	2	
大竹县人和乡	2300	10685	5	21			
大竹县中华乡	4450	6709	5	741	2	2	
大竹县黄家乡	2310	8083	8	610	8	3	
大竹县柏家乡	2410	9818	4	20			
大竹县李家乡	2890	9626	1	8			
大竹县二郎乡	2720	10498	3	498	3		

续表 469　　(四川省)　　单位：公顷、人、个

名　称	行政区域面　积	常住人口	企业个数	企　业从业人员	工业企业单　位	#规模以上	城镇建成区常住人口
大竹县蒲包乡	3000	2301	2	271	2	1	
大竹县永胜乡	4820	14392	16	395	1	1	
大竹县新生乡	4230	13861	12	760	4	2	
大竹县安吉乡	4120	11862	1	98	1		
大竹县白坝乡	4400	12294	4	4	4	1	
大竹县双溪乡	3260	10384	3	625	3	1	
大竹县八渡乡	5400	10290	5	664	2	2	
大竹县中和乡	3630	8303	3	479	3	2	
大竹县杨通乡	2550	11800	1	6	1		
大竹县四合乡	2990	13040					
大竹县张家乡	2290	6197	3	16	2		
大竹县神合乡	3010	9075	2	22	2		
大竹县金鸡乡	3710	8348	3	42	3		
大竹县黄滩乡	2350	6126	12	645	3	1	
大竹县牌坊乡	2612	13359	5	1152	1	1	
大竹县姚市乡	2720	9732	12	298	1		
大竹县莲印乡	2482	11799	29	1906	17	3	
大竹县川主乡	2420	9843	2	25	1		
渠县渠江镇	3000	219931	680	19167	68	11	159011
渠县天星镇	3100	55330	161	6306	54	31	10093
渠县临巴镇	4700	31985	19	2102	17	4	8147
渠县土溪镇	6300	39938	7	69	7	2	15830
渠县三汇镇	4600	45591	18	1123	9	4	30056
渠县文崇镇	4000	15945	38	192			2452
渠县涌兴镇	5000	31164	18	3421	3		5145
渠县贵福镇	4200	23664	15	79	5		5647
渠县岩峰镇	3700	17912	2	24	2		3393
渠县静边镇	3800	20892	4	34	3		5652
渠县清溪场镇	5500	26728	2	20			2753
渠县宝城镇	3400	23608	7	78	7		2782
渠县有庆镇	3100	25229	6	338	5	1	6218
渠县鲜渡镇	3900	16252					3095
渠县琅琊镇	5800	23361	8	321	3	1	7863
渠县李渡镇	5300	28527	6	712	6	2	2210
渠县中滩镇	2000	11725	6	92	6		2816
渠县龙潭镇	7600	12585	6	68	5	2	563
渠县三板镇	2800	13258	3	31	3		942
渠县丰乐镇	3700	17625					1135
渠县渠南乡	3000	16179	12	108	12		
渠县渠北乡	2000	14695	5	238	5	1	
渠县青龙乡	4300	20784	3	32	3		
渠县板桥乡	2600	12820					
渠县锡溪乡	2200	12251	1	10	1		
渠县河东乡	2000	8940					
渠县李馥乡	6200	22585	4	59	4		
渠县青神乡	2500	12138					
渠县流溪乡	2500	13925	2	21	2		
渠县东安乡	4800	12523	5	202	5	1	
渠县汇东乡	4600	11362	1	315	1	1	
渠县汇南乡	3800	6603	11	1228	11	3	

续表 470　　(四川省)　　单位：公顷、人、个

名　称	行政区域面积	常住人口	企业个数	企业从业人员	工业企业单位	#规模以上	城镇建成区常住人口
渠县汇北乡	1900	8885	1	35	1		
渠县报恩乡	4300	15385	3	32	3		
渠县安北乡	3100	11967	1	1			
渠县平安乡	1800	8746					
渠县千佛乡	1900	8599					
渠县柏水乡	2900	5307					
渠县大义乡	2500	4864					
渠县义和乡	2600	5347					
渠县水口乡	3500	18152	5	30	1		
渠县巨光乡	2300	10882					
渠县蔡和乡	2300	4165					
渠县鹤林乡	2600	10569	3	32	3		
渠县白兔乡	2200	7983	1	1			
渠县青丝乡	2200	6894	1	9	1		
渠县万寿乡	1700	5694	1	1			
渠县射洪乡	2900	13685					
渠县望江乡	2500	7799	2	24	2		
渠县和乐乡	1500	4762	1	12	1		
渠县龙凤乡	3100	12781	6	6			
渠县新市乡	2300	11915	1	34	1		
渠县宋家乡	2400	13719	1	11	1		
渠县拱市乡	2700	10957	3	86	3		
渠县屏西乡	2900	9323					
渠县定远乡	2500	15321	1	16	1		
渠县嘉禾乡	1800	9705					
渠县望溪乡	6300	23551	10	989	10	3	
渠县双土乡	2600	13250	1	13	1		
渠县卷硐乡	4500	9537	9	623	9	4	
达州经济开发区斌郎乡	9720	30020	227	5873	141	35	
达州经济开发区幺塘乡	5100	22776	18	263	8	4	
万源市太平镇	11526	94892	99	3612	26	6	81342
万源市青花镇	12135	13559	17	536	16	6	13559
万源市旧院镇	8807	20231	4	25			8535
万源市罗文镇	11879	20164	14	85	9		5116
万源市河口镇	7590	8305	5	36	5		8305
万源市草坝镇	5072	10156	8	33	6		2185
万源市竹峪镇	10661	8046	4	23			1633
万源市大竹镇	11815	17810	22	312	3	2	3499
万源市黄钟镇	8560	9803	22	58			9803
万源市官渡镇	8343	13242	13	500	11	3	13242
万源市白沙镇	11155	15369	46	436	21	6	10023
万源市沙滩镇	9412	14091	24	128	7	2	14091
万源市石窝镇	7859	10331	23	120			10331
万源市八台镇	6281	10631	45	444	12	3	10631
万源市石塘镇	6987	13840	8	57			3880
万源市茶垭乡	7951	7164	16	130	3	3	
万源市长石乡	11008	5494	5	211	5	2	
万源市白羊乡	6111	9502	2	64	2	1	
万源市铁矿乡	6984	6820					
万源市固军乡	6462	8231	2	11			

续表 471 （四川省） 单位：公顷、人、个

名　称	行政区域面　积	常住人口	企业个数	企　业从业人员	工业企业单　位	#规模以上	城镇建成区常住人口
万源市井溪乡	12912	9512	4	10			
万源市堰塘乡	5394	2649	1	8			
万源市蜂桶乡	8648	2789	5	5			
万源市花楼乡	9482	11345	1	1			
万源市长坝乡	9483	8990	3	16			
万源市曾家乡	8251	9536	1	5			
万源市大沙乡	6276	8271					
万源市秦河乡	4856	6272	1	1			
万源市庙垭乡	3254	9044					
万源市鹰背乡	3899	7139	16	82	5		
万源市玉带乡	6927	7917					
万源市新店乡	7209	3906					
万源市魏家乡	5176	8703					
万源市柳黄乡	3986	5613					
万源市溪口乡	7580	4562	6	25			
万源市永宁乡	8123	5254					
万源市虹桥乡	7418	3710	2	2			
万源市康乐乡	5691	2210					
万源市白果乡	7397	5142	3	266	3	2	
万源市钟亭乡	4790	4753					
万源市庙子乡	12622	6385	1	6			
万源市紫溪乡	3597	1678					
万源市庙坡乡	7775	5771					
万源市梨树乡	9511	5785	1	1			
万源市皮窝乡	5106	3284					
万源市丝罗乡	7680	4245	4	141	2	1	
万源市罐坝乡	8233	2041					
万源市石人乡	5671	3019					
万源市赵塘乡	7258	4122					
万源市中坪乡	7339	5607	1	1			
万源市花萼乡	4807	1017	2	9			
万源市曹家乡	12094	3052	1	1			
雨城区北郊镇	6391	25538	59	244	3	2	3633
雨城区草坝镇	4465	23895	371	2300	45	9	7432
雨城区合江镇	2798	8503	28	105	9		1076
雨城区大兴镇	6090	24229	147	1971	34	5	12500
雨城区对岩镇	3605	13804	6	230	1	1	1523
雨城区沙坪镇	5020	4803	7	125	5	1	1100
雨城区中里镇	3745	13768	48	362			2810
雨城区上里镇	6765	10785	3	84			3206
雨城区严桥镇	9128	10450	5	25			795
雨城区晏场镇	10140	9068	3	20			1491
雨城区多营镇	2870	9170	216	2120	25	1	6305
雨城区碧峰峡镇	6414	10726	1	1			1810
雨城区南郊乡	4035	13639	1	26	1	1	
雨城区八步乡	4394	9753	2	25			
雨城区观化乡	6216	4999	4	4			
雨城区孔坪乡	6310	10417	5	188			
雨城区凤鸣乡	2314	8003	1	1			
雨城区望鱼乡	14073	6620	3	20			

续表 472　　(四川省)　　单位：公顷、人、个

名　　称	行政区域面积	常住人口	企业个数	企业从业人员	工业企业单位	#规模以上	城镇建成区常住人口
名山区蒙阳镇	3239	50752	85	1369	52	2	29885
名山区百丈镇	3722	19888	89	762	2		5486
名山区车岭镇	4758	18925	93	1037	3		2301
名山区永兴镇	3356	18772	184	1300	150	2	5535
名山区马岭镇	3629	11817	2	34	2	1	2320
名山区新店镇	4695	20571	475	2677	210	8	2718
名山区蒙顶山镇	2702	11402					2716
名山区黑竹镇	2388	9782	37	780	9		3723
名山区红星镇	2749	12504	7	18			500
名山区城东乡	2247	7541					
名山区前进乡	3436	14602	21	145			
名山区中峰乡	4405	13197	27	545	15	2	
名山区联江乡	2616	11066	30	547	15	1	
名山区廖场乡	2443	10260	1	1			
名山区万古乡	2399	9334	36	453	24	2	
名山区红岩乡	1776	6760	56	56	53	2	
名山区双河乡	3312	11045	114	568	82		
名山区建山乡	3379	7510					
名山区解放乡	2242	8916	21	281	14		
名山区茅河乡	1931	7856	9	9			
荥经县严道镇	1495	38927	355	5850	150	9	38202
荥经县花滩镇	5870	12546	55	2369	55	8	3205
荥经县龙苍沟镇	45859	7144	28	30	19	9	2214
荥经县六合乡	1890	9735	17	215	13	9	
荥经县烈太乡	1555	4220	1	735	1	1	
荥经县安靖乡	14511	5156	5	213	3	1	
荥经县民建彝族乡	2006	4529					
荥经县烈士乡	2164	3872	2	60	2	2	
荥经县荥河乡	2937	6274	28	1955	16	4	
荥经县新建乡	19193	2288	9	40			
荥经县泗坪乡	11748	4090	3	41			
荥经县新庙乡	15225	2809	18	200			
荥经县三合乡	31734	2321	48	48	45	1	
荥经县大田坝乡	906	5664	11	218	11	2	
荥经县天凤乡	1273	2529	3	12			
荥经县宝峰彝族乡	1226	2513	1	10			
荥经县新添乡	5165	11391	10	434	10	3	
荥经县附城乡	1361	5282	13	453	10	4	
荥经县五宪乡	2163	4828					
荥经县烟竹乡	4089	3308	4	212	3	1	
荥经县青龙乡	5295	6099					
汉源县富林镇	6020	44843	120	520	4	1	33707
汉源县九襄镇	8599	58407	238	1635			51214
汉源县乌斯河镇	5762	8482	65	748	15	3	2655
汉源县宜东镇	10468	21142	105	694			5425
汉源县富庄镇	6468	12023	3	35			1623
汉源县清溪镇	6289	9577	115	206	7	1	4213
汉源县大树镇	7920	16543	221	1276	2	2	2858
汉源县皇木镇	8312	6224	52	246			1842
汉源县唐家镇	5640	24484	77	77	76	10	6817

续表 473　　（四川省）　　单位：公顷、人、个

名　称	行政区域面　积	常住人口	企业个数	企　业从业人员	工业企业单　位	#规模以上	城镇建成区常住人口
汉源县富泉镇	4391	14805	437	2186	33	2	14775
汉源县大田乡	2360	13186	2	27			
汉源县河西乡	5344	14654	3	466	3	1	
汉源县前域乡	2580	10569	35	30			
汉源县后域乡	4885	3526	1	41			
汉源县富乡乡	15223	6969	77	274	6		
汉源县梨园乡	6065	4381	2	11			
汉源县三交乡	21982	4583					
汉源县双溪乡	6740	7265	20	57			
汉源县西溪乡	3873	3905	1	20			
汉源县安乐乡	2031	8473	31	46	4	4	
汉源县万里乡	10021	6867	69	10060	43	43	
汉源县马烈乡	11795	3961	4	96			
汉源县河南乡	14831	4991	6	58			
汉源县晒经乡	2927	3248	1	10			
汉源县料林乡	3858	5031					
汉源县小堡藏族彝族乡	5800	2153	1	18			
汉源县片马乡	5615	4077	1	6			
汉源县坭美乡	6680	1641					
汉源县永利彝族乡	8433	2925					
汉源县顺河彝族乡	8550	4617					
石棉县新棉镇	13159	11155	60	1200			9629
石棉县安顺彝族乡	21167	7992	184	1095	42	8	
石棉县先锋藏族乡	9351	6465	22	376	22	2	
石棉县蟹螺藏族乡	20303	3468	24	94	17		
石棉县永和乡	7518	4547	5	30	5		
石棉县回隆彝族乡	22023	7529	27	3233	25	18	
石棉县擦罗彝族乡	7906	3486	17	324	3		
石棉县栗子坪彝族乡	51000	5696	81	406	42		
石棉县美罗乡	5276	8459	10	404			
石棉县迎政乡	5928	6123	9	394	7	1	
石棉县宰羊乡	2138	4820	9	9			
石棉县丰乐乡	23144	2495	19	294	15		
石棉县新民藏族彝族乡	8703	6232					
石棉县挖角彝族藏族乡	18597	3696	21	108			
石棉县田湾彝族乡	14865	2467	5	63	5	1	
石棉县草科藏族乡	34052	2549	29	29	28	1	
天全县城厢镇	4594	50937	295	3962	27	8	32409
天全县始阳镇	3897	21792	85	3450	33	8	21781
天全县小河乡	49451	10447	38	293	26	6	
天全县思经乡	13663	10859	14	600	6		
天全县鱼泉乡	6542	2610	8	321	8		
天全县紫石乡	89984	2672	61	1202	28	3	
天全县两路乡	32056	2163	199	998			
天全县大坪乡	1924	5345	3	90	3	2	
天全县乐英乡	2579	9439	216	954	8	1	
天全县多功乡	2033	4873	50	321	3		
天全县仁义乡	4037	10985	6	50			
天全县老场乡	7979	7499	2	34	2		
天全县新华乡	3259	6001	5	35	5		

续表 474 （四川省） 单位：公顷、人、个

名　　称	行政区域面积	常住人口	企业个数	企业从业人员	工业企业单位		城镇建成区常住人口
						#规模以上	
天全县新场乡	6286	11265	7	42			
天全县兴业乡	10749	7959	24	157	22		
芦山县芦阳镇	6535	31198	163	800	132	10	31198
芦山县飞仙关镇	5212	12192	21	878	11	10	12192
芦山县双石镇	7801	8987	1	15	1		8987
芦山县太平镇	19234	12752	80	432	39		12752
芦山县大川镇	51957	6548	44	2151	43	3	6548
芦山县思延乡	2362	12142	6	225	6	4	
芦山县清仁乡	5148	14978	40	992	40	9	
芦山县龙门乡	9222	24624	45	45	43	11	
芦山县宝盛乡	11643	7397	30	312	30	1	
宝兴县穆坪镇	16415	11762	201	1026	43	5	10086
宝兴县灵关镇	23575	18995	285	8228	178	25	11249
宝兴县陇东镇	49322	5797	20	112	13	6	726
宝兴县蜂桶寨乡	36534	4789	16	112	8	2	
宝兴县硗碛藏族乡	94812	4345	7	28	3	1	
宝兴县永富乡	66307	1491	8	89	2		
宝兴县明礼乡	11868	1444	7	36			
宝兴县五龙乡	7372	5964	23	115	4	1	
宝兴县大溪乡	5195	3738	2	10			
巴州区大茅坪镇	1935	7451	9	5202	9	2	923
巴州区清江镇	6449	31112	27	963	21	5	13436
巴州区水宁寺镇	5252	17792	8	940	8	2	2723
巴州区化成镇	5408	22624	4	25	1		4988
巴州区曾口镇	10936	31258	16	420	2	1	10083
巴州区梁永镇	7081	20735	35	555	10	1	5710
巴州区三江镇	3812	13021	4	4			1721
巴州区鼎山镇	7408	25892	15	129			8362
巴州区大罗镇	5240	11355	9	41	1		1389
巴州区枣林镇	5695	10528	10	223	2		3214
巴州区平梁镇	11723	28386	14	850	5	4	7801
巴州区光辉镇	3182	12238	2	352	2	1	1482
巴州区寺岭镇	6669	7315	1	6			2468
巴州区梓桐庙镇	5385	11205	2	16			2922
巴州区凤溪镇	4973	12302					1800
巴州区花溪乡	3354	9565	1	27			
巴州区大和乡	3422	7421	3	9			
巴州区白庙乡	5412	6889	4	44	1		
巴州区关渡乡	2538	5982					
巴州区凌云乡	2779	8589	3	168	3	1	
巴州区金碑乡	2852	7223	11	468	6	1	
巴州区羊凤乡	3572	8901	2	15			
巴州区龙背乡	2445	6255	5	45	1		
恩阳区明阳镇	4170	16249	84	1263	16	8	3030
恩阳区玉山镇	10435	38367	103	827	4	1	22320
恩阳区渔溪镇	8002	36501	106	565	6		12060
恩阳区三河场镇	3201	11134	29	165	2	1	1244
恩阳区青木镇	4431	14911	6	21	5	1	1189
恩阳区花丛镇	7834	27530	32	192	8	1	5368
恩阳区柳林镇	6778	29673	35	281	14	2	16912

续表 475　　　　　　　　　　（四川省）　　　　　　　　　　单位：公顷、人、个

名　　称	行政区域面　　积	常住人口	企业个数	企　　业从业人员	工业企业单　　位		城镇建成区常住人口
						#规模以上	
恩阳区下八庙镇	4830	16189	40	203	6	3	2115
恩阳区茶坝镇	4076	18923	42	324	4	1	5213
恩阳区观音井镇	4732	17271	32	162	4	1	5162
恩阳区三汇镇	4222	11162	42	140	3		1840
恩阳区上八庙镇	3692	13404	2	11			1982
恩阳区三星乡	2875	9100	19	123			
恩阳区关公乡	5746	17336	1	5	1		
恩阳区舞凤乡	2044	6426	11	10	2		
恩阳区兴隆场乡	3647	13830	8	35	2		
恩阳区石城乡	3634	13140	15	235			
恩阳区九镇乡	2803	8278	21	756	2	1	
恩阳区尹家乡	2775	8951	5	45			
恩阳区双胜乡	4086	14939	6	126	1		
恩阳区群乐乡	3754	12751	6	18			
恩阳区万安乡	3199	10752	3	13			
恩阳区玉井乡	3051	8217					
恩阳区义兴乡	3337	10360	24	126	3		
通江县诺江镇	12954	182901	411	15000	88	22	122000
通江县民胜镇	6238	23682	4	23			3594
通江县火炬镇	5967	11424	12	55			1700
通江县广纳镇	9313	29775	7	153	1	1	3804
通江县铁佛镇	11634	42039	13	105	4		33400
通江县麻石镇	4370	15313	1	12			15313
通江县至诚镇	9265	18862	3	28	3		3093
通江县洪口镇	5636	9580	6	230	2		2747
通江县沙溪镇	7808	14843					3725
通江县瓦室镇	8491	13847	30	167			13847
通江县永安镇	11019	20172	1	12			3107
通江县铁溪镇	16937	13694	14	206			96
通江县涪阳镇	6517	25659	14	72	2		16721
通江县诺水河镇	30901	17591	41	315	5	1	3512
通江县杨柏乡	5377	12566	2	2			
通江县大兴乡	2823	4503	1	1			
通江县东山乡	2121	3684	2	20	2		
通江县三溪乡	2941	10530					
通江县双泉乡	2726	6185					
通江县文峰乡	3993	7506	3	20	1		
通江县春在乡	6210	12119	12	138	9	1	
通江县三合乡	3621	6975	10	51			
通江县云昙乡	3488	4261	2	12	2		
通江县唱歌乡	3523	4768	6	6			
通江县芝苞乡	7206	10930					
通江县龙凤场乡	10036	19197	1	1			
通江县董溪乡	9694	4598					
通江县澌波乡	7364	6108					
通江县松溪乡	10685	7888					
通江县九层乡	2691	5617	5	58	1		
通江县胜利乡	11963	6100					
通江县板凳乡	3655	4133					
通江县文胜乡	4797	4413					

续表 476　　　　(四川省)　　　　单位：公顷、人、个

名　　称	行政区域面　　积	常住人口	企业个数	企　　业从业人员	工业企业单　　位		城镇建成区常住人口
						#规模以上	
通江县兴隆乡	9188	13692					
通江县毛浴乡	9282	12627	2	10			
通江县泥溪乡	8373	13803	8	30			
通江县烟溪乡	8538	8828	5	26			
通江县沙坪乡	8700	4309					
通江县朱元乡	6402	3200					
通江县长坪乡	15921	11739	2	2			
通江县两河口乡	15799	8651	1	1			
通江县空山乡	13734	6613	4	4			
通江县青浴乡	10498	13939	3	3			
通江县板桥口乡	15179	15259	85	455			
通江县铁厂乡	9335	3337	4	105	4		
通江县新场乡	8098	10523	5	27	1		
通江县陈河乡	11506	14929	9	9			
通江县草池乡	3680	5895					
通江县回林乡	6358	3119					
南江县南江镇	11472	111085	500	44422	73	19	101983
南江县沙河镇	5477	19009	15	545	5	4	5780
南江县乐坝镇	1655	3888	16	280	4	1	2520
南江县长赤镇	8211	46951	25	372	24	3	12765
南江县正直镇	7180	25670	80	875	23	2	8867
南江县大河镇	11468	21652	25	321			4069
南江县光雾山镇	25482	3672	26	369	1		1061
南江县东榆镇	12398	38852	36	1425	13	12	4738
南江县下两镇	9380	23123	12	300	8	1	8686
南江县赶场镇	11254	16215	3	39	2	1	831
南江县杨坝镇	17377	7688	3	54	1		2014
南江县天池镇	3853	14871					586
南江县关坝镇	26753	5796	3	33	3		1724
南江县红光镇	4492	18040	8	161	2		795
南江县元潭镇	6164	13322	18	453	9	2	1345
南江县赤溪镇	4357	13894	12	17			1015
南江县八庙镇	2652	8926	2	44			340
南江县双流镇	6587	14306	7	67	1		657
南江县坪河镇	6754	5991	6	117	3	1	450
南江县燕山乡	2599	6499	4	71			
南江县高塔乡	4757	10715	7	132	4		
南江县团结乡	5531	7816	7	64	1		
南江县傅家乡	2456	8051					
南江县红四乡	4086	5837					
南江县侯家乡	3337	12874	12	50	1		
南江县双桂乡	1621	6025					
南江县凤仪乡	3546	8219					
南江县朱公乡	3253	7376	8	45	3		
南江县黑潭乡	4300	7285	9	49	3		
南江县和平乡	4961	11583	4	132			
南江县高桥乡	3845	8495	2	9			
南江县平岗乡	3926	4764	2	12	1		
南江县仁和乡	9783	14120	3	16			
南江县石滩乡	5195	9348	2	31	2		

续表 477　　(四川省)　　单位：公顷、人、个

名　称	行政区域面　积	常住人口	企业个数	企　业从业人员	工业企业单　位		城镇建成区常住人口
						#规模以上	
南江县关门乡	8275	6564					
南江县兴马乡	11496	13572	4	57	4		
南江县北极乡	6060	4500	5	22	3		
南江县关路乡	6075	8251	7	127			
南江县关田乡	3988	3013					
南江县红岩乡	4999	1907					
南江县桥亭乡	6970	6996	1	1	1		
南江县贵民乡	5364	1604	29	120			
南江县沙坝乡	9158	6123	26	521	1	1	
南江县柳湾乡	5958	5552	5	5	2	1	
南江县汇滩乡	5972	3187	2	86	2		
南江县上两乡	7267	5064	18	328	10	1	
南江县寨坡乡	5662	2394	6	31			
南江县流坝乡	5552	6574	11	65	1		
平昌县江口镇	9716	18898	24	260	14	4	4678
平昌县响滩镇	5222	39568	89	760	1	1	20000
平昌县西兴镇	4699	13780	73	628			2751
平昌县佛楼镇	4439	11064	4	10	1		1851
平昌县白衣镇	8822	30829	7	77	1		8787
平昌县涵水镇	4068	8893	2	2			2445
平昌县岳家镇	4554	15461	42	354			15461
平昌县兰草镇	5665	16669	44	198			4218
平昌县驷马镇	9278	36927	41	1830	4	4	8490
平昌县坦溪镇	5647	14043	15	500	1		14043
平昌县元山镇	7373	28947	3	62			4500
平昌县云台镇	7207	28931	3	36			5635
平昌县邱家镇	5092	17249	29	157	1		9258
平昌县笔山镇	9244	34921	10	60			5510
平昌县镇龙镇	9522	25520	4	4			8700
平昌县得胜镇	4635	18726	36	288	3	1	5598
平昌县鹿鸣镇	3446	11822	10	60	2	2	1260
平昌县青凤镇	3751	13101	126	630			948
平昌县灵山镇	3523	10242	2	12			843
平昌县土兴镇	7476	36289	8	26			2732
平昌县望京镇	6151	12066					2156
平昌县龙岗镇	6009	13283	17	26			12785
平昌县板庙镇	4154	9251					1052
平昌县泥龙镇	4262	15473					2428
平昌县五木镇	3588	12984					1049
平昌县青云乡	5126	13728	6	32			
平昌县元石乡	5891	14005					
平昌县六门乡	3574	8214	1	6			
平昌县大寨乡	4459	12283	3	3			
平昌县岩口乡	3139	13011	10	31	1		
平昌县喜神乡	4364	8893					
平昌县土垭乡	4856	8574					
平昌县石垭乡	4549	6871					
平昌县漸岸乡	3917	12356	14	78	1		
平昌县马鞍乡	3895	7420	9	35			
平昌县界牌乡	3342	11747	4	4			

续表 478　　(四川省)　　单位：公顷、人、个

名　　称	行政区域面积	常住人口	企业个数	企业从业人员	工业企业单位	#规模以上	城镇建成区常住人口
平昌县粉壁乡	2861	10268					
平昌县澌滩乡	4135	9591	6	43			
平昌县高峰乡	3181	9562					
平昌县南风乡	3655	8763	2	2			
平昌县福申乡	2979	5029	2	7			
平昌县双鹿乡	2631	7730					
平昌县黑水乡	2167	5255					
雁江区雁江镇	5200	50367	82	2001	9	9	34778
雁江区松涛镇	4800	40448	105	14600	95	54	15580
雁江区宝台镇	5620	36125	46	3852	42	11	7265
雁江区临江镇	8950	36913	43	4280	32	9	1219
雁江区保和镇	11521	42628	21	578	16	1	2874
雁江区老君镇	9430	33092	8	126	1		3124
雁江区中和镇	12176	37990	43	350	7	6	4260
雁江区丹山镇	11480	42505	24	289	12	1	11084
雁江区小院镇	8320	29658	10	112	10		8120
雁江区堪嘉镇	5658	28875	18	286			1578
雁江区伍隍镇	7710	49443	2	2			5820
雁江区石岭镇	5412	33320	3	16	1	1	1745
雁江区东峰镇	7080	27841	10	51	7		1656
雁江区南津镇	7620	36661	17	362	3	2	1290
雁江区忠义镇	5470	21786	1	36	1	1	690
雁江区碑记镇	4550	27494	13	93	3	2	726
雁江区丰裕镇	5780	25324	84	542	14	3	2600
雁江区迎接镇	7493	36051	78	297	21	6	2944
雁江区祥符镇	8000	28450	16	572	6	1	2060
雁江区新场乡	5430	19475	14	96	5	1	
雁江区回龙乡	6800	13405	78	419	1	1	
雁江区清水乡	7610	23457	14	508	8		
安岳县岳阳镇	7718	191486	909	21789	49	21	155138
安岳县鸳大镇	4704	13924	18	295	2		1646
安岳县石桥铺镇	4828	25965	547	6750	82	39	8582
安岳县通贤镇	6100	22467	243	1265	11	7	3035
安岳县龙台镇	4815	70367	428	12450	43	24	41076
安岳县姚市镇	6373	16518	11	356	11	2	6021
安岳县林凤镇	4728	25348	9	46	6	2	1900
安岳县毛家镇	3344	13991	5	196	4		2647
安岳县永清镇	6091	36943	6	241	6	3	10444
安岳县永顺镇	5726	22612	1	1	1	1	3201
安岳县石羊镇	6797	62910	78	4121	43	21	25308
安岳县两板桥镇	4917	25061	2	32	2		3082
安岳县护龙镇	5893	30864	14	275	8	2	3267
安岳县李家镇	4613	26025	124	921	18	6	15468
安岳县元坝镇	3100	10112	20	381	4	2	3245
安岳县兴隆镇	5943	29173	9	436	5	5	5347
安岳县天林镇	3535	16025					1436
安岳县镇子镇	5434	30499	34	167	9	3	5482
安岳县文化镇	5570	22771					1266
安岳县周礼镇	5107	40490	17	365	17	7	9094
安岳县驯龙镇	4602	16511	8	3116	6	4	5238

续表 479　　（四川省）　　单位：公顷、人、个

名称	行政区域面积	常住人口	企业个数	企业从业人员	工业企业单位	#规模以上	城镇建成区常住人口
安岳县华严镇	4886	20831	105	556	3	1	4310
安岳县卧佛镇	5170	21042	6	156	2		2116
安岳县长河源镇	5302	27627	4	18	2	1	4367
安岳县忠义镇	4664	22908	2	28			1192
安岳县护建镇	4903	21163	11	135	5		1780
安岳县南薰镇	5026	22453					1464
安岳县城北乡	3764	14183	8	25	3	1	
安岳县城西乡	3376	12769					
安岳县思贤乡	3596	16745	2	2			
安岳县石鼓乡	2809	9134	5	51	1		
安岳县来凤乡	4365	12242	1	12			
安岳县天马乡	3335	12077	4	110	4		
安岳县人和乡	3008	14236	120	605	2	1	
安岳县团结乡	2700	5612	13	52			
安岳县悦来乡	1931	4326	4	4			
安岳县白水乡	2779	14307					
安岳县云峰乡	3211	14612	1	30	1	1	
安岳县岳新乡	2777	11447	4	120	3		
安岳县偏岩乡	2570	13444					
安岳县东胜乡	2836	12020					
安岳县坪河乡	2052	6765	6	6			
安岳县乾龙乡	2966	15743	3	68	3	2	
安岳县高升乡	4224	18446					
安岳县横庙乡	3500	11441					
安岳县瑞云乡	2760	9538	39	2653	32	6	
安岳县白塔寺乡	4930	25543	1	30	1		
安岳县双龙街乡	3773	11701	3	3			
安岳县顶新乡	3008	14814	1	6	1		
安岳县和平乡	2630	9621	3	3			
安岳县高屋乡	3076	14865	15	141			
安岳县合义乡	3670	13020	2	12	1		
安岳县努力乡	3969	9044					
安岳县清流乡	2999	10461	191	766	4	1	
安岳县共和乡	3034	10739					
安岳县天宝乡	3077	9612	2	12	2		
安岳县协和乡	4087	17600	3	450	3	3	
安岳县鱼龙乡	2261	7948	3	3			
安岳县建华乡	2426	8370	28	124			
安岳县大平乡	4913	10208	8	48	4		
安岳县九龙乡	2762	11812					
安岳县岳源乡	2162	7485	35	186	1		
安岳县龙桥乡	2445	12795					
安岳县千佛乡	4083	10590	6	6			
安岳县拱桥乡	3054	10003					
安岳县宝华乡	2314	7651	3	55	1		
安岳县自治乡	2255	6013	2	2			
安岳县大埝乡	2672	6489					
安岳县朝阳乡	2276	5974					
乐至县天池镇	6301	174004	765	40500	65	61	153189
乐至县石佛镇	9962	22097	13	156	13	3	1546

续表 480　　　　(四川省)　　　　单位：公顷、人、个

名　　称	行政区域面积	常住人口	企业个数	企业从业人员	工业企业单位	#规模以上	城镇建成区常住人口
乐至县回澜镇	7881	16863	15	240			6221
乐至县石湍镇	6763	16434	8	255	4	2	1920
乐至县童家镇	7929	20393	23	6150	15	8	2857
乐至县宝林镇	6672	17779	32	689	1		3154
乐至县大佛镇	7051	18765	15	720	3	2	2706
乐至县良安镇	8450	26286					5000
乐至县金顺镇	5913	20179	2	12	2	1	810
乐至县中和场镇	4500	11352	4	65	2		2430
乐至县劳动镇	6064	17338	3	83			2794
乐至县中天镇	5233	14868	38	4860	26	17	726
乐至县佛星镇	6704	14358	5	183	3	2	683
乐至县蟠龙镇	3978	9864	4	67	1		864
乐至县东山镇	5256	12788	3	40			1157
乐至县通旅镇	4567	9932	2	12			1873
乐至县高寺镇	7276	15199	3	30	2	2	837
乐至县龙溪乡	3714	6316	13	120	1		
乐至县全胜乡	2234	6010	1	30	1		
乐至县孔雀乡	4365	7105	8	470	3	2	
乐至县龙门乡	4508	10930	10	178	1		
乐至县双河场乡	5231	7810	2	30	1		
乐至县放生乡	3704	8764					
乐至县盛池乡	4682	14493	2	15	1	1	
乐至县凉水乡	3508	8770	2	50	2	1	
马尔康市马尔康镇	36916	30239	244	7959	36	3	19608
马尔康市卓克基镇	35154	1243	9	197	1		590
马尔康市松岗镇	24870	2284	6	48	1	1	700
马尔康市梭磨乡	109459	2517	9	261			
马尔康市白湾乡	26326	2996	8	204	1		
马尔康市党坝乡	32664	2564	4	221	1	1	
马尔康市木尔宗乡	21393	1541	1	5			
马尔康市脚木足乡	43201	3921	3	39			
马尔康市沙尔宗乡	38655	2098	2	10	2		
马尔康市龙尔甲乡	35464	1656	2	4			
马尔康市大藏乡	40762	938	3	32	1		
马尔康市康山乡	65357	1643					
马尔康市草登乡	56494	3318	22	84			
马尔康市日部乡	95868	3999	1	201			
汶川县威州镇	13428	23890	27	1704	14	5	19720
汶川县映秀镇	11399	6008	12	768	8	3	3808
汶川县卧龙镇	82079	2966	1	86	1	1	780
汶川县水磨镇	8917	17140	21		18	5	5108
汶川县漩口镇	10424	6577	43	2500	24	9	1781
汶川县三江镇	49049	4256	13		12		4256
汶川县耿达镇	84452	759	6	354	4	1	617
汶川县绵虒镇	77673	11792	5	58	4	4	1998
汶川县龙溪乡	21283	4581		126	7		
汶川县克枯乡	6421	3759	1	1			
汶川县雁门乡	14568	7052	2	18	1		
汶川县银杏乡	28740	2834	21	1420	21	4	
理县杂谷脑镇	19013	16723	127	1985	25	5	6357

续表 481　　(四川省)　　单位：公顷、人、个

名　　称	行政区域面　积	常住人口	企业个数	企　业从业人员	工业企业单　位	#规模以上	城镇建成区常住人口
理县米亚罗镇	66374	2154	6	207	1		361
理县古尔沟镇	50452	3305	11	143	6		210
理县薛城镇	25404	4822	14	168	2		1134
理县桃坪镇	9605	2857	10	193			485
理县夹壁乡	36415	1212	10	43			
理县朴头乡	85175	3638	29	1432	12	3	
理县甘堡乡	11715	3499	3	3	1	1	
理县蒲溪乡	12223	1492	1	72			
理县上孟乡	72558	2877	6	6	3	2	
理县下孟乡	7535	3034	21	1120	6	3	
理县木卡乡	4505	1468	4	53	1	1	
理县通化乡	30876	3595	1	1			
茂县凤仪镇	29661	41260	227	2103	34	7	22623
茂县南新镇	38060	8296	58	450	7	2	615
茂县叠溪镇	28466	2811	16	288	2	1	672
茂县光明镇	10180	6845	20	115			1677
茂县雅都镇	61857	4500	5	65	4		348
茂县富顺镇	23624	5808	21	985	11	5	856
茂县渭门乡	6987	3362	2	9	1		
茂县永和乡	13349	3497	11	213			
茂县沟口乡	9321	3799	13	65	2		
茂县土门乡	7451	4625	15	652			
茂县东兴乡	8219	4567	19	563	9	3	
茂县黑虎乡	13418	2455	11	61	1		
茂县飞虹乡	6628	2005	10	41			
茂县回龙乡	6730	2123	20	145	1		
茂县三龙乡	22979	2831	17	102	5		
茂县白溪乡	9172	1817	12	108	1	1	
茂县洼底乡	12679	1792	2	20			
茂县石大关乡	15208	2175	14	110	2	1	
茂县太平乡	16529	2431	11	76	1		
茂县松坪沟乡	38600	1327	16	200			
茂县曲谷乡	10625	2409	14	72	1		
松潘县进安镇	434	15014	34	500	9	1	15014
松潘县川主寺镇	104654	7209	136	154	11		723
松潘县进安回族乡	2342	5698	11	854			
松潘县十里回族乡	4646	3512	7	7			
松潘县青云乡	8287	4011	6	60	1	1	
松潘县安宏乡	12307	4427	6	6			
松潘县大寨乡	26340	1953	4	4			
松潘县牟尼乡	39375	1560	3	3			
松潘县镇江关乡	12212	4027	6	6			
松潘县镇坪乡	21347	4179	3	15			
松潘县岷江乡	30908	3295	8	48			
松潘县大姓乡	31258	1187	2	2			
松潘县白羊乡	54421	2300	1	1			
松潘县红土乡	30846	2529	4	4			
松潘县红扎乡	20688	1079	2	2			
松潘县小姓乡	31258	2231	2	2	1	1	
松潘县燕云乡	52981	1151	3	3			

续表 482　　　　(四川省)　　　　单位：公顷、人、个

名　　称	行政区域面积	常住人口	企业个数	企业从业人员	工业企业单位	#规模以上	城镇建成区常住人口
松潘县山巴乡	38588	2533	3	3			
松潘县水晶乡	34627	2057	11	265			
松潘县小河乡	11450	2483	5	5	3	3	
松潘县施家堡乡	34069	2135	9	9			
松潘县黄龙乡	41134	896	2	2			
松潘县上八寨乡	62102	2303	1	1			
松潘县下八寨乡	74892	1080	2	2			
松潘县草原乡	49592	1829	1	1			
九寨沟县永乐镇	3736	22658	56	273	7	2	15320
九寨沟县漳扎镇	134841	7836	355	10303			1084
九寨沟县双河镇	11007	4051					2342
九寨沟县永丰乡	6150	5851	62	372			
九寨沟县永和乡	3977	3672					
九寨沟县安乐乡	12963	3392					
九寨沟县白河乡	23907	2694					
九寨沟县保华乡	4118	2791					
九寨沟县罗依乡	6416	2662					
九寨沟县勿角乡	21827	2576					
九寨沟县马家乡	29571	1262					
九寨沟县郭元乡	13595	4616					
九寨沟县草地乡	8762	1427	3	3	1	1	
九寨沟县陵江乡	35382	1842	1	48			
九寨沟县黑河乡	47092	2932	1	169	1	1	
九寨沟县玉瓦乡	33443	2085					
九寨沟县大录乡	131979	2512					
金川县观音桥镇	31436	2260	4	120			647
金川县安宁镇	16516	3327					1425
金川县勒乌镇	19314	8302	10	129	1	1	1026
金川县沙耳乡	5479	6007	50	143	2		
金川县庆宁乡	5744	2974	1	10	1		
金川县咯尔乡	13052	5841	16	7	2		
金川县万林乡	36476	2252	4	26	1		
金川县河东乡	7175	1333					
金川县河西乡	4942	3480					
金川县集沐乡	21391	1885	3	41	2		
金川县撒瓦脚乡	17092	1095	1	1			
金川县卡拉足乡	13133	1083					
金川县俄热乡	74174	3251					
金川县太阳河乡	21501	689	3	60	1		
金川县二嘎里乡	34660	2725	1	23	1		
金川县阿科里乡	56172	1833					
金川县卡撒乡	22833	4110					
金川县曾达乡	16430	3153	3	18	1		
金川县独松乡	17900	1679	7	51	3	1	
金川县马尔邦乡	12066	1554	3	3			
金川县马奈乡	9406	1014					
金川县毛日乡	78569	2421					
小金县美兴镇	5432	15134	23	686	6	4	7153
小金县四姑娘山镇	57769	3096	2	2			853
小金县两河口镇	105394	4878					1056

续表 483　　(四川省)　　单位：公顷、人、个

名　　称	行政区域面　　积	常住人口	企业个数	企　　业从业人员	工业企业单　　位	#规模以上	城镇建成区常住人口
小金县达维镇	37574	4075	4	21			882
小金县老营乡	3486	2877	2	108	2	2	
小金县崇德乡	13375	2890	2	150			
小金县新桥乡	11864	3991					
小金县美沃乡	36976	3339	14	96	2	1	
小金县沙龙乡	13138	2612	4	4			
小金县宅垄乡	12621	2715	1	9	1		
小金县新格乡	9449	2715					
小金县日尔乡	19165	3149					
小金县结斯乡	45983	2248	4	65	4		
小金县沃日乡	10407	3434	46	131	3	1	
小金县木坡乡	25870	2982					
小金县抚边乡	48057	4369					
小金县八角乡	11484	2521					
小金县双柏乡	5228	2097					
小金县窝底乡	36104	2483					
小金县汗牛乡	32155	1795					
小金县潘安乡	14949	1662	8	86	8	1	
黑水县芦花镇	117070	16787	31	286	16	4	3040
黑水县卡龙镇	39117	1035					209
黑水县色尔古镇	4154	2174	3	210	2	1	2002
黑水县沙石多乡	71681	1771	3	120	3	1	
黑水县红岩乡	10378	2876	3	52	3	1	
黑水县麻窝乡	8581	992	2	10	2		
黑水县双溜索乡	5902	616	3	25	3		
黑水县瓦钵乡	8170	1293					
黑水县石碉楼乡	12565	3856	1	8	1		
黑水县龙坝乡	4290	1277					
黑水县洛多乡	18199	1408					
黑水县木苏乡	11283	2212	1	5			
黑水县维古乡	6747	331	2	282	2	1	
黑水县知木林乡	19320	3632	1	16	1		
黑水县扎窝乡	17941	4379	1	20	1	1	
黑水县晴朗乡	54585	2973	3	156	3	2	
黑水县慈坝乡	4182	873					
壤塘县壤柯镇	30	4623	80	622	7		4623
壤塘县南木达镇	48098	4630					1809
壤塘县中壤塘镇	33390	4017					933
壤塘县蒲西乡	116249	2258					
壤塘县宗科乡	54321	2866					
壤塘县石里乡	34339	1962					
壤塘县吾伊乡	66124	3262					
壤塘县岗木达乡	120198	4360					
壤塘县上杜柯乡	85314	4078					
壤塘县茸木达乡	22300	2102					
壤塘县尕多乡	32175	5316					
壤塘县上壤塘乡	51484	3052					
阿坝县阿坝镇	55600	11064	33	240	9	1	10489
阿坝县贾洛镇	108600	6928					6928
阿坝县哇尔玛乡	5907	4163					

续表 484　　　　(四川省)　　　　单位：公顷、人、个

名　　称	行政区域面　　积	常住人口	企业个数	企　　业从业人员	工业企业单　　位	#规模以上	城镇建成区常住人口
阿坝县麦昆乡	22559	3794					
阿坝县河支乡	18651	3148					
阿坝县龙藏乡	49937	3148					
阿坝县求吉玛乡	53524	3673					
阿坝县甲尔多乡	18756	3349					
阿坝县各莫乡	9631	3357					
阿坝县德格乡	15571	1986					
阿坝县四洼乡	19711	2820	1	13	1		
阿坝县安斗乡	30731	2017					
阿坝县柯河乡	75132	1775					
阿坝县垮沙乡	71016	1525					
阿坝县安羌乡	34383	2483					
阿坝县查理乡	66598	3922					
阿坝县茸安乡	100445	3084					
阿坝县洛尔达乡	61244	5248					
阿坝县麦尔玛乡	79988	5332	1	9	1	1	
若尔盖县达扎寺镇	54401	9695	524	539	4	4	9200
若尔盖县唐克镇	100975	7762					1043
若尔盖县红星镇	57532	6558					503
若尔盖县辖曼镇	77173	6303					589
若尔盖县班佑乡	112354	5941					
若尔盖县阿西乡	87221	6314					
若尔盖县麦溪乡	80610	5383					
若尔盖县嫩哇乡	46923	3266					
若尔盖县冻列乡	5254	2413					
若尔盖县崇尔乡	14823	2973					
若尔盖县热尔乡	42146	2445					
若尔盖县占哇乡	18863	2763					
若尔盖县降扎乡	23613	2820					
若尔盖县巴西乡	21820	1455					
若尔盖县阿西茸乡	21890	3142					
若尔盖县求吉乡	49905	3580					
若尔盖县包座乡	132765	3530					
红原县邛溪镇	89594	11958	51	2085	16	9	4468
红原县刷经寺镇	16540	1965	1	6			526
红原县瓦切镇	99028	7325					1327
红原县安曲镇	88346	4322					1805
红原县色地镇	119902	6636					4856
红原县龙日乡	64477	2327					
红原县江茸乡	51359	1391					
红原县查尔玛乡	72860	2271					
红原县阿木乡	89251	3101	2	12			
红原县壤口乡	82143	901					
红原县麦洼乡	55977	4596					
康定市炉城镇	81699	43775	400	2611	101	3	7797
康定市姑咱镇	19430	17852	81	411	28	3	17852
康定市新都桥镇	46300	8206	11	68			8206
康定市塔公镇	71700	10080					265
康定市沙德镇	83710	3607					243
康定市金汤镇	19945	3661	8	57	3		3661

续表 485　　　　　　　　　　　　（四川省）　　　　　　　　　　　　单位：公顷、人、个

名　　称	行政区域面　　积	常住人口	企业个数	企　　业从业人员	工业企业单　　位	#规模以上	城镇建成区常住人口
康定市雅拉乡	72858	4139	45	350	2		
康定市时济乡	6403	3351	20	209	11		
康定市前溪乡	9154	1779					
康定市前溪乡舍联乡	27954	2454	7	304	7	3	
康定市麦崩乡	11438	2048	7	165	1	1	
康定市三合乡	26229	3662	3	32	3		
康定市捧塔乡	69900	2907	7	206	7		
康定市贡嘎山乡	215000	3076	2	64	1	1	
康定市普沙绒乡	66800	2514					
康定市吉居乡	36201	2085					
康定市瓦泽乡	50200	4128					
康定市呷巴乡	45920	4294					
康定市甲根坝乡	25500	2666					
康定市朋布西乡	42800	2929					
康定市孔玉乡	119400	4500	20	2395	20	3	
泸定县泸桥镇	14974	25358	64	492	37	2	9937
泸定县冷碛镇	7282	8723	22	237	10	1	6214
泸定县兴隆镇	10935	9545	21	864			1200
泸定县磨西镇	6278	7163	47	288	26	2	7163
泸定县燕子沟镇	5053	5304	6	6			5298
泸定县得妥镇	12180	8055	27	125	8	1	8055
泸定县烹坝镇	11630	4614	3	73	3		
泸定县岚安乡	5715	3471					
泸定县田坝乡	22949	4617	3	3			
泸定县杵坭乡	4954	3310	20	110			
泸定县加郡乡	13064	4563	13	103	13		
泸定县德威乡	6537	4881	10	60	10		
丹巴县章谷镇	1183	10259	25	856	1	1	10219
丹巴县巴底镇	48932	6230	73	235	2		6230
丹巴县革什扎镇	36467	5743	1	30	1	1	5743
丹巴县巴旺乡	16627	2993	10	52	2		
丹巴县聂呷乡	5069	4117	32	161	1		
丹巴县边耳乡	83700	2605	2	200	2	2	
丹巴县丹东乡	52954	1450					
丹巴县东谷乡	95843	4139	18	150	4		
丹巴县水子乡	9238	3763	14	75			
丹巴县格宗乡	35629	5192	10	200	8		
丹巴县梭坡乡	12829	3394	1	1			
丹巴县中路乡	4584	3464					
丹巴县岳扎乡	7385	4672	6	36	1	1	
丹巴县半扇门乡	24021	5928	3	20	2		
丹巴县太平桥乡	16188	4683					
九龙县呷尔镇	66054	20629	39	668	23		11017
九龙县烟袋镇	11799	4868	6	64	2		1318
九龙县汤古乡	84870	2103	1	5			
九龙县斜卡乡	62869	1022	2	20	2		
九龙县三岩龙乡	93700	2856					
九龙县上团乡	35800	496					
九龙县八窝龙乡	32655	1010					
九龙县乃渠乡	39600	2776	1	44	1	1	

续表 486 （四川省） 单位：公顷、人、个

名　　称	行政区域面积	常住人口	企业个数	企业从业人员	工业企业单位	#规模以上	城镇建成区常住人口
九龙县乌拉溪乡	20476	3264	10	182	10	4	
九龙县魁多乡	6999	4913	2	895	2	2	
九龙县子耳彝族乡	35300	3915	1	38	1	1	
九龙县三垭彝族乡	11144	3119					
九龙县俄尔彝族乡	11835	2698					
九龙县小金彝族乡	3487	2466	1	68	1	1	
九龙县朵洛彝族乡	12200	882					
九龙县踏卡彝族乡	26809	4495					
九龙县湾坝彝族乡	61564	6046	1	37	1	1	
九龙县洪坝乡	56595	1049	2	92	2	2	
雅江县河口镇	49268	21213	7	7	1	1	2820
雅江县呷拉镇	30485	3457					
雅江县西俄洛镇	63898	3380					3380
雅江县八角楼乡	55139	3789					
雅江县普巴绒乡	43608	2025					
雅江县祝桑乡	41169	3154					
雅江县米龙乡	29526	2083					
雅江县八衣绒乡	41944	2795					
雅江县波斯河乡	8167	1120					
雅江县恶古乡	45334	1948					
雅江县牙衣河乡	55799	1045					
雅江县麻郎错乡	27402	2127					
雅江县德差乡	62422	1789					
雅江县红龙乡	48060	3496					
雅江县柯拉乡	53220	2839					
雅江县瓦多乡	39922	2198					
雅江县木绒乡	56575	1372					
道孚县鲜水镇	10619	3716	35	94			2673
道孚县八美镇	28130	4434					786
道孚县亚卓镇	32317	1997					1997
道孚县甲宗镇	12928	789					756
道孚县格西乡	8015	2281					
道孚县麻孜乡	32906	3771					
道孚县孔色乡	20784	2785					
道孚县葛卡乡	32673	2185					
道孚县仲尼乡	19196	1170					
道孚县红顶乡	21129	939					
道孚县扎拖乡	14635	1402					
道孚县下拖乡	24487	1172					
道孚县瓦日乡	13405	1756					
道孚县木茹乡	28459	1244					
道孚县甲斯孔乡	97629	2422					
道孚县甲斯孔乡	51428	2296					
道孚县银恩乡	55997	2373					
道孚县维它乡	34578	1753					
道孚县龙灯乡	38000	2579					
道孚县协德乡	33424	2601					
道孚县色卡乡	42617	3099					
道孚县沙冲乡	51724	963					
炉霍县新都镇	4440	10739	50	356	30		7358

续表 487　　（四川省）　　单位：公顷、人、个

名　称	行政区域面　积	常住人口	企业个数	企　业从业人员	工业企业单　位	#规模以上	城镇建成区常住人口
炉霍县朱倭镇	8986	2595					2590
炉霍县斯木镇	6548	2487					2476
炉霍县泥巴乡	12473	2336					
炉霍县雅德乡	9966	2804	1	50	1	1	
炉霍县洛秋乡	110623	2535					
炉霍县宜木乡	12324	2914					
炉霍县仁达乡	11524	2415					
炉霍县旦都乡	12708	2728					
炉霍县充古乡	3592	1958					
炉霍县更知乡	52946	1819					
炉霍县卡娘乡	49522	1263					
炉霍县宗塔乡	43195	2105					
炉霍县宗麦乡	117429	3170					
炉霍县上罗柯马乡	38983	2482					
炉霍县下罗柯马乡	84401	3144	1	36	1	1	
甘孜县甘孜镇	16444	23793	7	123	4		19340
甘孜县查龙镇	24988	2881					1290
甘孜县来马镇	68334	3239					312
甘孜县呷拉乡	12470	2519					
甘孜县色西底乡	7242	1974					
甘孜县南多乡	8116	1461					
甘孜县生康乡	17127	1984					
甘孜县贡隆乡	17373	1595					
甘孜县扎科乡	49123	3372					
甘孜县昔色乡	24215	2248					
甘孜县卡攻乡	20350	1256					
甘孜县仁果乡	4400	1640					
甘孜县拖坝乡	6352	3616	1	1			
甘孜县斯俄乡	7997	2875					
甘孜县庭卡乡	22725	2002					
甘孜县下雄乡	4057	2765					
甘孜县四通达乡	23587	2752					
甘孜县夺多乡	37463	1346					
甘孜县泥柯乡	39792	1612					
甘孜县茶扎乡	110987	3763					
甘孜县大德乡	160023	4046					
甘孜县卡龙乡	47095	2763					
新龙县如龙镇	9856	8726	11	75	4		6556
新龙县拉日马镇	164263	5552					5552
新龙县大盖镇	16246	3851					682
新龙县沙堆乡	35722	2175					
新龙县乐安乡	35997	1859					
新龙县绕鲁乡	20857	1522					
新龙县色威乡	20093	2911					
新龙县甲拉西乡	33173	3216					
新龙县博美乡	24678	2964					
新龙县尤拉西乡	21829	2115					
新龙县子拖西乡	80119	1908					
新龙县和平乡	23606	2015					
新龙县洛古乡	24915	1774					

续表 488　　　　　　　　　　（四川省）　　　　　　　　　　单位：公顷、人、个

名　　称	行政区域面　　积	常住人口	企业个数	企　　业从业人员	工业企业单　　位	#规模以上	城镇建成区常住人口
新龙县雄龙西乡	79758	3524	1	6	1		
新龙县麻日乡	23157	1165					
新龙县通宵乡	31485	1885	1	3	1		
新龙县友谊乡	71491	1556					
新龙县皮擦乡	13896	1238	1	6	1		
新龙县银多乡	125900	1720					
德格县更庆镇	41530	12180	17	415	6		3678
德格县马尼干戈镇	65626	3512	1	8			1379
德格县竹庆镇	110104	6534					6534
德格县阿须镇	29897	2688					435
德格县达马镇	28669	1935	2	61	1		203
德格县错阿镇	52794	3130					965
德格县普马乡	30252	2247					
德格县岳巴乡	41848	2064					
德格县八帮乡	57020	3135					
德格县龚垭乡	25969	3082					
德格县白垭乡	18590	2278					
德格县汪布顶乡	22529	2684					
德格县柯洛洞乡	97808	4831					
德格县卡松渡乡	29764	1381					
德格县俄南乡	29873	1395					
德格县俄支乡	31326	4398					
德格县玉隆乡	19892	2498					
德格县中扎科乡	41037	4866					
德格县然姑乡	46558	2371					
德格县窝公乡	45455	2394					
德格县温拖乡	29312	3928					
德格县年古乡	39493	3474					
德格县浪多乡	62099	3828					
德格县打滚乡	21888	2714					
德格县亚丁乡	59166	4076					
德格县所巴乡	24025	1978					
白玉县建设镇	21000	7172	28	259	24		5323
白玉县阿察乡	58200	11819	48	293			816
白玉县金沙乡	36600	2921					
白玉县绒盖乡	46600	2166					
白玉县章都乡	71800	2289					
白玉县麻绒乡	79400	1957					
白玉县河坡乡	27900	4041	1	103	1		
白玉县热加乡	72500	4849					
白玉县灯龙乡	23000	2128					
白玉县赠科乡	65600	4504	1	35	1		
白玉县麻邛乡	42900	3029	1	722	1	1	
白玉县辽西乡	76700	1570					
白玉县纳塔乡	141900	3985					
白玉县安孜乡	72200	2872					
白玉县盖玉乡	92100	2892					
白玉县沙马乡	65100	1015					
白玉县山岩乡	45100	1867					
石渠县尼呷镇	1343	9062	27	136			5172

续表 489　　（四川省）　　单位：公顷、人、个

名　　称	行政区域面积	常住人口	企业个数	企业从业人员	工业企业单位	#规模以上	城镇建成区常住人口
石渠县洛须镇	1428	4019					1142
石渠县色须镇	311663	8279					3358
石渠县虾扎镇	84695	4623					1892
石渠县温波镇	76218	5676					1789
石渠县蒙宜镇	1462	5535					1052
石渠县真达乡	61692	2710					
石渠县奔达乡	40000	1612					
石渠县正科乡	77353	3250					
石渠县麻呷乡	43828	2320					
石渠县德荣马乡	104205	4198					
石渠县长沙贡马乡	262577	4732					
石渠县呷衣乡	219200	5503					
石渠县格孟乡	175800	4580					
石渠县新荣乡	1221	3965					
石渠县宜牛乡	87874	2387					
石渠县起坞乡	125315	5082					
石渠县阿日扎乡	180900	6500					
石渠县长须贡马乡	106152	3506					
石渠县长沙干马乡	73686	4263					
石渠县长须干马乡	99810	3500					
石渠县瓦须乡	114646	4700					
色达县色柯镇	82531	10180	69	342	44		6457
色达县翁达镇	23933	2632					797
色达县洛若镇	53784	9362					732
色达县泥朵镇	124159	4577					3116
色达县克戈乡	38793	2873					
色达县然充乡	72515	3628					
色达县康勒乡	29751	2985					
色达县大章乡	138297	3320					
色达县大则乡	59799	3960					
色达县亚龙乡	38289	3046					
色达县塔子乡	45878	3527					
色达县年龙乡	75175	2799					
色达县霍西乡	81468	5623					
色达县旭日乡	16509	2451					
色达县杨各乡	14922	3214					
色达县甲学乡	24329	1671					
色达县歌乐沱乡	13027	873					
理塘县高城镇	15585	31118	234	1130	124		12753
理塘县甲洼镇	20495	1431					1431
理塘县君坝乡	43002	2265					
理塘县哈依乡	16975	709					
理塘县觉吾乡	22258	1771					
理塘县莫坝乡	24203	923					
理塘县亚火乡	18314	1438					
理塘县绒坝乡	22884	1536					
理塘县呷洼乡	59582	880					
理塘县奔戈乡	107071	2935					
理塘县村戈乡	83584	2785	1	22	1		
理塘县禾尼乡	180709	3765					

续表 490 （四川省） 单位：公顷、人、个

名　　称	行政区域面　　积	常住人口	企业个数	企　　业从业人员	工业企业单　　位	#规模以上	城镇建成区常住人口
理塘县曲登乡	141422	4255	1	42	1		
理塘县喇嘛垭乡	70630	1761					
理塘县章纳乡	93644	1217					
理塘县上木拉乡	22577	1582					
理塘县下木拉乡	42086	2121					
理塘县中木拉乡	35107	1637					
理塘县濯桑乡	79691	1758					
理塘县藏坝乡	19949	1096					
理塘县格木乡	101893	1788					
理塘县拉波乡	49400	1690					
理塘县麦洼乡	48346	926	1	115	1		
理塘县德巫乡	80261	1240					
巴塘县夏邛镇	61400	9183	43	913	40	3	5194
巴塘县中咱镇	55600	4460					1520
巴塘县措拉镇	24100	1781					1781
巴塘县拉哇乡	14200	1340					
巴塘县党巴乡	23400	2788					
巴塘县竹巴龙乡	28400	2019					
巴塘县中心绒乡	12900	1951					
巴塘县苏哇龙乡	47700	3651					
巴塘县昌波乡	14500	1605					
巴塘县地巫乡	13900	1461					
巴塘县亚日贡乡	98600	3964					
巴塘县波密乡	116400	1593					
巴塘县莫多乡	50100	2226					
巴塘县松多乡	42800	1995					
巴塘县波戈溪乡	30300	2256					
巴塘县甲英乡	29600	1265					
巴塘县茶洛乡	33600	1512					
巴塘县列衣乡	31100	850					
巴塘县德达乡	56600	1783					
乡城县香巴拉镇	23298	6717	251	1581	6	3	2812
乡城县青德镇	7595	2442					2442
乡城县尼斯镇	9395	1851					106
乡城县沙贡乡	14621	912					
乡城县水洼乡	35150	2141					
乡城县青麦乡	22147	2110					
乡城县然乌乡	25613	1897					
乡城县洞松乡	20470	1295					
乡城县热打乡	119679	3167					
乡城县定波乡	69000	1492					
乡城县正斗乡	46214	2021					
乡城县白依乡	66100	1276					
稻城县金珠镇	16100	8036	10	45			6890
稻城县香格里拉镇	73600	3184	4	4	1		3184
稻城县桑堆镇	115200	2800					2722
稻城县省母乡	58000	1779					
稻城县傍河乡	26300	1591					
稻城县色拉乡	18470	1967					
稻城县巨龙乡	59300	2098					

续表 491　　（四川省）　　单位：公顷、人、个

名　　称	行政区域面　积	常住人口	企业个数	企　业从业人员	工业企业单　位	#规模以上	城镇建成区常住人口
稻城县邓波乡	84150	1094					
稻城县木拉乡	84500	1815					
稻城县赤土乡	26200	2811					
稻城县蒙自乡	23600	2059					
稻城县各卡乡	71080	938					
稻城县吉呷乡	42300	1518					
稻城县俄牙同乡	33500	1450					
得荣县松麦镇	14827	6690	1	1			
得荣县瓦卡镇	19416	1860					930
得荣县白松镇	39353	3712					
得荣县斯闸乡	15472	1056	1	8	1		
得荣县斯闸乡徐龙乡	16728	1489					
得荣县日龙乡	8518	975					
得荣县曲雅贡乡	16020	1095					
得荣县奔都乡	34052	1683	1	10	1		
得荣县八日乡	29569	1348					
得荣县古学乡	33322	2503					
得荣县贡波乡	24392	1231					
得荣县茨巫乡	39970	2986					
西昌市马道镇	2290	20787	4	78	1	1	10210
西昌市礼州镇	2249	26635	16	590	7		5436
西昌市安宁镇	3704	33880	145	6230	20	15	19314
西昌市川兴镇	5218	38936					2690
西昌市黄联关镇	5400	11556	6	110	5		3583
西昌市佑君镇	3350	17000	346	600			4181
西昌市太和镇	3140	22981	113	1690	33	3	8300
西昌市安哈镇	13192	5914					5914
西昌市西郊乡	1189	45123	32	4986	7	2	
西昌市高枧乡	1680	10375	2	2			
西昌市小庙乡	3670	22996	23	23	18	4	
西昌市四合乡	6297	12636	2	20	2		
西昌市月华乡	6680	19836					
西昌市兴胜乡	2705	22587					
西昌市琅环乡	3163	7858	1	1			
西昌市民胜乡	18200	10261	3	45	3		
西昌市西乡乡	2810	22778	1	1			
西昌市樟木箐乡	5100	14138					
西昌市响水乡	14141	11458	9	180	9		
西昌市开元乡	14300	10228					
西昌市大兴乡	2781	7016					
西昌市海南乡	1000	7694	2	2			
西昌市大箐乡	8500	6657					
西昌市经久乡	3336	13935	35	8500	35	15	
西昌市西溪乡	3931	11261	22	568	10	6	
西昌市黄水乡	9233	8396	1	1			
西昌市洛古波乡	5066	9483					
西昌市裕隆回族乡	4422	19375	4	100	1		
西昌市高草回族乡	3356	14473					
西昌市中坝乡	3968	10351					
西昌市阿七乡	3642	9020					

续表 492　　　　(四川省)　　　　单位：公顷、人、个

名　　称	行政区域面　　积	常住人口	企业个数	企　　业从业人员	工业企业单　　位	#规模以上	城镇建成区常住人口
西昌市荞地乡	11738	9654					
西昌市磨盘乡	9263	11675					
西昌市巴汝乡	8840	4029					
西昌市银厂乡	24366	2833					
西昌市白马乡	18065	3908					
西昌市马鞍山乡	14563	5935					
木里藏族自治县乔瓦镇	53115	33235	136	3854	36		17853
木里藏族自治县瓦厂镇	76624	5352	1	71			1350
木里藏族自治县茶布朗镇	30614	3214	1	73			1552
木里藏族自治县雅砻江镇	62960	2398					695
木里藏族自治县博科乡	30161	4884					
木里藏族自治县宁朗乡	39803	2246	1	195	1		
木里藏族自治县依吉乡	21146	3287					
木里藏族自治县俄亚乡	59041	5859					
木里藏族自治县水洛乡	98920	6873					
木里藏族自治县牦牛坪乡	22938	3442	1	21			
木里藏族自治县屋脚乡	21907	2586					
木里藏族自治县项脚乡	13859	3495					
木里藏族自治县李子坪乡	17727	4318					
木里藏族自治县列瓦乡	11362	4137					
木里藏族自治县芽租乡	16740	3718					
木里藏族自治县下麦地乡	11951	3690					
木里藏族自治县西秋乡	13493	3282					
木里藏族自治县克尔乡	24976	4314					
木里藏族自治县白碉乡	20165	5858					
木里藏族自治县三桷桠乡	35110	4638	1	44			
木里藏族自治县倮波乡	46865	6136	2	15	1		
木里藏族自治县卡拉乡	115037	4534	1	88	1	1	
木里藏族自治县后所乡	21244	5422	4	4			
木里藏族自治县沙湾乡	117161	5303	2	230	2		
木里藏族自治县固增乡	68293	3665	1	251	1	1	
木里藏族自治县麦日乡	65357	2853					
木里藏族自治县东朗乡	50498	2767					
木里藏族自治县唐央乡	101310	4724					
木里藏族自治县博窝乡	57160	1755					
盐源县盐井镇	28063	58766	172	7405	9	9	32630
盐源县卫城镇	30758	23797	6	132			2700
盐源县梅雨镇	16145	30697	5	45			3708
盐源县白乌镇	61370	21172	4	37	1	1	1281
盐源县树河镇	36033	9724	17	258	6	1	1144
盐源县黄草镇	33408	11212	1	3			640
盐源县平川镇	46510	22277	28	3253	2	2	3190
盐源县泸沽湖镇	28560	12316	21	284			1200
盐源县官地镇	60794	8878	3	47			200
盐源县双河乡	16108	29088	10	92			
盐源县下海乡	16173	27303	18	599	5	2	
盐源县棉桠乡	49795	18439	4	65	2		
盐源县甘塘乡	11910	7542	3	85			
盐源县藤桥乡	18549	7600	3	20			
盐源县田湾乡	15042	8087	1	4			

续表 493　　（四川省）　　单位：公顷、人、个

名　称	行政区域面积	常住人口	企业个数	企业从业人员	工业企业单位	#规模以上	城镇建成区常住人口
盐源县大河乡	35825	12684	1	14			
盐源县盐塘乡	21440	7825	3	17	3	1	
盐源县巫木乡	22718	6708	2	36			
盐源县大草乡	36888	3250	4	76	2	2	
盐源县博大乡	29555	8117	6	335			
盐源县金河乡	15504	12582	23	66			
盐源县右所乡	22353	7746					
盐源县长柏乡	27945	13029	3	66	2	1	
盐源县桃子乡	23044	6195					
盐源县盖租乡	32206	5077					
盐源县前所乡	26129	7005					
盐源县沃底乡	28048	5598					
盐源县大坡蒙古族乡	14837	3438					
盐源县洼里乡	23364	3748					
盐源县梅子坪乡	23585	2472					
德昌县德州镇	12300	70814	612	7018	72	16	24946
德昌县永郎镇	6900	8159	49	656	11	2	1596
德昌县乐跃镇	27600	9559	19	190	4	1	1330
德昌县麻栗镇	19300	16690	36	2562	16	10	2364
德昌县阿月镇	11900	15564	8	137	3		723
德昌县六所镇	6600	9557	8	139			490
德昌县茨达镇	20300	12280	4	22			953
德昌县小高镇	18900	11768	33	726	26	2	453
德昌县王所镇	5800	12316	18	132	5		1862
德昌县巴洞镇	11300	8219	27	216	18		2518
德昌县宽裕镇	7800	8802	8	48			650
德昌县锦川乡	5800	8580	4	32	4	1	
德昌县老碾乡	12300	7458	11	56	9	1	
德昌县大湾乡	7400	1528					
德昌县马安乡	5100	1939					
德昌县铁炉乡	11700	5095	1	15	1		
德昌县大山乡	9700	2792					
德昌县大陆槽乡	7800	2262	4	366	4		
德昌县热河乡	8600	5401					
德昌县南山傈僳族乡	3900	1870					
德昌县金沙傈僳族乡	7400	2727					
会理县城南街道	18489	42448	161	2570	29	1	
会理县鹿厂镇	11870	16382	74	2238	23		1500
会理县黎溪镇	9396	15846	50	2697	20	4	5650
会理县通安镇	10934	12754	45	1139	18	8	3503
会理县太平镇	15932	14395	18	246	6		3000
会理县益门镇	8581	7414	40	8968	16	1	7404
会理县绿水镇	13262	10715	44	5657	23	14	316
会理县新发镇	13003	16877	17	562	7	2	8565
会理县云甸镇	11795	15632	37	1955	19		15632
会理县关河镇	14792	9744	34	604	20	2	1358
会理县富乐镇	11998	10822	3	15	1		2526
会理县彰冠镇	9802	15925	10	107	1		2203
会理县木古镇	9177	9287	6	36			311
会理县六华镇	55962	11719	11	58	9	3	1272

续表 494　　　　(四川省)　　　　单位：公顷、人、个

名　　称	行政区域面积	常住人口	企业个数	企业从业人员	工业企业单位	#规模以上	城镇建成区常住人口
会理县内东乡	13886	13059	1	15			
会理县外北乡	13404	10045	11	113	8		
会理县爱民乡	9795	10950	2	16	1		
会理县爱国乡	4077	4021	2	23	1		
会理县凤营乡	7746	6024	15	310	8		
会理县白鸡乡	5552	4454	4	50	1		
会理县矮郎乡	8261	3536	10	627	2		
会理县小黑箐乡	9157	6351	11	3071	5	3	
会理县河口乡	5494	10034	5	154	2	2	
会理县中厂乡	6996	6686	6	510	3	1	
会理县鱼鲊乡	8341	3701	6	178	4	2	
会理县黎洪乡	4358	3315	1	3			
会理县金雨乡	6683	2923					
会理县树堡乡	8012	6459	3	31	1	1	
会理县江竹乡	6839	3807					
会理县新安傣族乡	7623	4105	2	415	1		
会理县普隆乡	6105	4414	1	10	1		
会理县竹箐乡	6913	7461	11	549	9	2	
会理县杨家坝乡	10063	8576	4	16			
会理县江普乡	9635	3524	1	2			
会理县海潮乡	5515	6662	5	37	1		
会理县芭蕉乡	5651	4462	2	9	2		
会理县马宗乡	8306	2589					
会理县法坪乡	2010	1944	1	6	1		
会理县槽元乡	8202	4720	2	10	2		
会理县黄柏乡	6331	1714					
会理县白果湾乡	8504	7634	4	38	4		
会理县下村乡	8406	6941	7	153	5		
会理县龙泉乡	6901	3796	2	115	2	2	
会理县六民乡	8243	1836					
会东县鲹鱼河镇	33508	117298	98	5071	81	9	58743
会东县铅锌镇	35639	51282	27	3415	27	7	9517
会东县堵格镇	18575	16904	6	32	6		4369
会东县姜州镇	13465	16888	2	28	2		6331
会东县乌东德镇	23845	21370	3	26	3		9941
会东县淌塘镇	17363	12497	5	312	5	1	7076
会东县铁柳镇	20187	21742	7	443	7		6300
会东县嘎吉镇	11269	23533	3	62	3		5939
会东县满银沟镇	20292	14846	7	4850	7	2	1865
会东县新街镇	15972	18671	7	56	7		4666
会东县鲁吉镇	12803	16598	4	23	4		2610
会东县大崇镇	11831	20510	4	50	4		12318
会东县松坪镇	14292	11182	7	473	7	1	1485
会东县小坝乡	7237	9417	1	8	1		
会东县拉马乡	8547	7809	4	147	4	1	
会东县老君滩乡	20607	9314	3	35	3		
会东县江西街乡	15616	15829	2	10	2		
会东县溜姑乡	3892	7369	2	15	2		
会东县野牛坪乡	2328	4085	1	12	1		
会东县野租乡	15315	8299	1	7	1		

续表 495　　　　（四川省）　　　　单位：公顷、人、个

名　　称	行政区域面　积	常住人口	企业个数	企　业从业人员	工业企业单　位	#规模以上	城镇建成区常住人口
宁南县披砂镇	7463	32280	65	4760	17	9	5250
宁南县松新镇	4694	10385	5	350	5	4	1575
宁南县竹寿镇	3943	6207	4	42	2	2	1029
宁南县华弹镇	4527	13689					12642
宁南县白鹤滩镇	4897	9835	2	36			2003
宁南县葫芦口镇	3772	6798	1	10	1	1	1515
宁南县西瑶镇	4773	4875	1	120	1	1	126
宁南县景星乡	4167	11901	8	2198	3	2	
宁南县俱乐乡	6245	4446					
宁南县新村乡	5030	5025					
宁南县幸福乡	6982	6120					
宁南县海子乡	8206	5131					
宁南县六铁乡	11127	6591					
宁南县新建乡	12044	3719	1	9	1		
宁南县稻谷乡	10424	3185	1	8	1		
宁南县新华乡	3309	6806					
宁南县石梨乡	3433	6568					
宁南县松林乡	5236	5707					
宁南县杉树乡	9813	3532					
宁南县梁子乡	8852	4170					
宁南县大同乡	4507	6066	2	12	2	1	
宁南县红星乡	3249	3646					
宁南县骑骡沟乡	8113	5603					
宁南县倮格乡	8549	6307					
宁南县跑马乡	13681	10637					
普格县普基镇	3452	27904	44	2157	16	2	14150
普格县荞窝镇	14964	19047	1	16	1		2504
普格县螺髻山镇	15090	17275	21	162	4		17275
普格县永安乡	6222	8228	1	15	1		
普格县向阳乡	5060	5496					
普格县文坪乡	3139	4443					
普格县黎安乡	8941	4995					
普格县花山乡	2261	11477	1	28	1	1	
普格县东山乡	5972	7294					
普格县大坪乡	3895	7628	1	12	1		
普格县辉隆乡	6516	1413					
普格县洛乌沟乡	5365	2865					
普格县雨水乡	4577	8404					
普格县甘天地乡	6483	521					
普格县洛乌乡	2704	6355					
普格县孟甘乡	9115	6997					
普格县特兹乡	4880	5046					
普格县吉乐乡	1765	3344	1	34	1		
普格县特口乡	3945	1571					
普格县耶底乡	4837	1513					
普格县夹铁乡	7129	9532	1	14	1		
普格县瓦洛乡	7423	6171	1	6	1		
普格县哈力洛乡	2780	2164					
普格县菜子乡	4771	1797					
普格县祝联乡	3456	2697					

续表 496　　　　（四川省）　　　　单位：公顷、人、个

名　　称	行政区域面　　积	常住人口	企业个数	企　　业从业人员	工业企业单　　位	#规模以上	城镇建成区常住人口
普格县刘家坪乡	3080	5342					
普格县月吾乡	4750	2541					
普格县特补乡	6228	6810	1	80	1		
普格县五道箐乡	4322	4064					
普格县特尔果乡	7305	3334					
普格县大槽乡	5922	4468					
普格县马洪乡	4585	738					
普格县洛甘乡	4814	1895					
普格县红莫依达乡	4752	2143					
布拖县特木里镇	13295	31311	78	688			30197
布拖县龙潭镇	5361	7684	3	265	3	1	2622
布拖县拖觉镇	9899	12216	23	116	2	1	12216
布拖县木尔乡	2481	7075					
布拖县九都乡	3009	6789	2	12	2		
布拖县拉达乡	5360	4418	1	12	1		
布拖县乌科乡	3546	2381					
布拖县沙洛乡	3891	4179	3	60	1		
布拖县洛古乡	3902	3309					
布拖县补尔乡	5231	8630					
布拖县觉撒乡	6365	3332					
布拖县美撒乡	4294	3994	3	18	1		
布拖县拉果乡	4590	4115					
布拖县乌依乡	5190	3914					
布拖县浪珠乡	4028	2158					
布拖县包谷坪乡	8658	5496					
布拖县合井乡	13270	7454					
布拖县罗家坪乡	3283	4797					
布拖县牛角湾乡	6257	8292	6	81	4		
布拖县补洛乡	3931	6106					
布拖县火烈乡	6748	6613	1	6	1	1	
布拖县乐安乡	10364	9098					
布拖县四棵乡	3630	1962					
布拖县地洛乡	10965	11482					
布拖县俄里坪乡	4679	5303	3	3			
布拖县瓦都乡	3287	3095					
布拖县采哈乡	2452	2688					
布拖县委只洛乡	2768	3826	4	183	1		
布拖县联补乡	3576	4364					
布拖县基只乡	4318	4354					
金阳县天地坝镇	5647	21733	57	1546	29	1	14968
金阳县派来镇	4417	10568	2	6	1		2944
金阳县芦稿镇	2202	4773	5	123	5		1534
金阳县对坪镇	4389	11800	4	70	2		3596
金阳县桃坪乡	3376	6703	1	123	1	1	
金阳县热水河乡	3145	3888	3	321	3	3	
金阳县马依足乡	2561	8780					
金阳县红峰乡	3004	2152	1	12	1	1	
金阳县尔觉西乡	7038	4840	1	129	1	1	
金阳县热柯觉乡	6826	3813					
金阳县甲依乡	5728	4437					

续表 497　　　　　　　　　　　　（四川省）　　　　　　　　　　　　单位：公顷、人、个

名　　称	行政区域面　　积	常住人口	企业个数	企　　业从业人员	工业企业单　　位	#规模以上	城镇建成区常住人口
金阳县木府乡	2536	4648	2	73	2		
金阳县寨子乡	4022	2806					
金阳县则祖乡	2887	2608					
金阳县基觉乡	7800	5278	1	8	1		
金阳县小银木乡	4629	6706	1	6	1		
金阳县春江乡	2625	3158	1	8	1		
金阳县红联乡	3714	5467					
金阳县青松乡	5419	5780	1	9	1		
金阳县放马坪乡	4025	5524	1	7	1		
金阳县梗堡乡	4988	4972					
金阳县山江乡	3020	2602	1	8	1		
金阳县洛觉乡	3475	5933	1	2	1	1	
金阳县向岭乡	3504	4511					
金阳县谷德乡	4179	1968	1	14	1		
金阳县高峰乡	13271	1445					
金阳县老寨子乡	4997	3598					
金阳县德溪乡	1707	5472	1	6	1		
金阳县南瓦乡	4628	5909	1	6	1		
金阳县依莫合乡	3527	1998					
金阳县土沟乡	4376	4564					
金阳县丙底乡	9662	4609	1	6	1		
金阳县依达乡	7231	3786					
金阳县丝窝乡	4130	2798					
昭觉县新城镇	5580	41502	115	2717	38	6	30026
昭觉县城北乡	3722	7888	12	263	4		
昭觉县树坪乡	2928	1703					
昭觉县谷曲乡	5819	7468	2	34	2		
昭觉县达洛乡	2864	2770					
昭觉县龙恩乡	2985	5250					
昭觉县美甘乡	3678	4506					
昭觉县四开乡	8695	15881	3	95	2		
昭觉县大坝乡	3673	7329					
昭觉县地莫乡	6918	10733					
昭觉县柳且乡	6037	7243					
昭觉县博洛乡	6875	6260					
昭觉县库莫乡	6296	3511					
昭觉县解放乡	9094	5453					
昭觉县三岗乡	9734	4656					
昭觉县洒拉地坡乡	9107	8192					
昭觉县三岔河乡	6953	4976					
昭觉县尼地乡	7648	2140					
昭觉县碗厂乡	7002	3277					
昭觉县普诗乡	9692	6648	5	140	1		
昭觉县玛增依乌乡	4421	6964					
昭觉县塘且乡	2858	3337					
昭觉县久特洛古乡	4017	3483	2	50	1	1	
昭觉县齿可波西乡	5370	9356					
昭觉县特口甲谷乡	8737	3862					
昭觉县竹核乡	6332	11506	9	445	3	3	
昭觉县阿并洛古乡	4884	7598	1	38	1		

续表 498　　　　（四川省）　　　　单位：公顷、人、个

名　　称	行政区域面积	常住人口	企业个数	企业从业人员	工业企业单位	#规模以上	城镇建成区常住人口
昭觉县格吾乡	3016	2476					
昭觉县特布洛乡	8450	6935	1	480	1		
昭觉县庆恒乡	3750	5900	3	97			
昭觉县拉一木乡	3571	5576	1	16			
昭觉县色底乡	5027	1799					
昭觉县补约乡	3985	2177					
昭觉县比尔乡	6699	8243					
昭觉县库依乡	7151	8957					
昭觉县金曲乡	5442	2590					
昭觉县宜牧地乡	6935	3863					
昭觉县波洛乡	5925	898					
昭觉县央摩租乡	3693	2696					
昭觉县则普乡	7068	4560					
昭觉县永乐乡	4371	2805					
昭觉县且莫乡	5406	3215					
昭觉县甘多洛古乡	4995	2155					
昭觉县支尔莫乡	5636	3144	3	60			
昭觉县龙沟乡	3097	1517					
昭觉县日哈乡	9433	4807					
昭觉县哈甘乡	4526	5059					
喜德县光明镇	12762	24624	97	2127	14	2	11576
喜德县冕山镇	19150	16925	67	1475	62	3	3110
喜德县红莫镇	14697	13698	5	33			1002
喜德县两河口镇	9201	10761	8	34	2		10761
喜德县米市镇	12105	5155	3	9	1		5155
喜德县洛哈镇	12883	3997					3997
喜德县尼波镇	14524	7895	3	10	1		1926
喜德县拉克乡	5544	10708	16	304	12	1	
喜德县则约乡	7215	3381					
喜德县贺波洛乡	13496	9991	6	79	5		
喜德县鲁基乡	9852	10663	9	112	6		
喜德县李子乡	7010	15003	12	392	12		
喜德县北山乡	10104	5216					
喜德县西河乡	8759	969					
喜德县东河乡	8618	8816	3	50	2		
喜德县且拖乡	4278	5001	1	8			
喜德县博洛拉达乡	6174	1946	2	15	2		
喜德县沙马拉达乡	4516	4775	3	22	2		
喜德县巴久乡	6730	2641					
喜德县洛莫乡	7206	2284					
喜德县依洛乡	5458	2076					
喜德县热柯依达乡	7912	2531					
喜德县额尼乡	5230	2162	1	9	1		
喜德县乐武乡	7164	5346					
冕宁县城厢镇	19087	51223	91	1066	26	4	38003
冕宁县漫水湾镇	4359	12054	4	205	4	1	1052
冕宁县大桥镇	39113	13969	7	60	7		1982
冕宁县复兴镇	6350	20374	38	1420	14	7	20332
冕宁县泸沽镇	9745	22411	171	3602	24	7	18192
冕宁县沙坝镇	12720	30878	37	360	37	1	3800

续表 499　　　　　　　　　　　　（四川省）　　　　　　　　　　　　单位：公顷、人、个

名　　称	行政区域面　　积	常住人口	企业个数	企　　业从业人员	工业企业单　　位	#规模以上	城镇建成区常住人口
冕宁县彝海镇	12846	6377	9	106	9		1577
冕宁县石龙镇	2318	14956	15	102	15		7364
冕宁县回龙镇	5070	12195					3442
冕宁县河边镇	4379	11818					1199
冕宁县锦屏镇	3846	3841	2	16	2		954
冕宁县后山镇	10338	15955	27	524	8	3	15955
冕宁县里庄镇	8465	2326	3	86	3	1	709
冕宁县惠安镇	17464	10368	8	353	8	2	353
冕宁县宏模镇	4705	18159	7	39	3		1891
冕宁县泽远镇	16919	12769	18	415	12		12769
冕宁县回坪乡	4228	13852	24	743	23	3	
冕宁县哈哈乡	13051	9589	1	20	1	1	
冕宁县森荣乡	20137	14496	4	398	4	1	
冕宁县林里乡	4280	5831	35	153	1	1	
冕宁县铁厂乡	11147	10278	2	68	2	2	
冕宁县河里乡	9411	6193					
冕宁县冶勒乡	36712	1036	2	19	2		
冕宁县拖乌乡	26316	4052	16	150	16		
冕宁县曹古乡	12197	8559	3	70	3		
冕宁县先锋乡	6251	16799	10	73	2	1	
冕宁县金林乡	5133	1135	1	13	1		
冕宁县腊窝乡	9743	1150	5	92	5		
冕宁县联合乡	21088	3226	31	231	31		
冕宁县麦地沟乡	10910	2843	2	45	2	1	
冕宁县南河乡	16725	2449	9	46	9	1	
冕宁县青纳乡	5531	3620	1	6	1		
冕宁县和爱藏族乡	9615	2012	2	23	2		
冕宁县棉沙湾乡	9118	2418	2	14	2		
冕宁县马头乡	9760	1969	1	10	1		
冕宁县窝堡乡	5386	3814	1	6	1		
冕宁县新兴乡	9125	1748	1	12	1		
冕宁县健美乡	8412	1811	1	6	1		
越西县越城镇	2870	41352	50	360	15	5	29134
越西县中所镇	1293	11789	44	226	37		9520
越西县新民镇	1421	12677	11	11	10	1	4363
越西县乃托镇	8084	7967	16	2292	12	6	1548
越西县普雄镇	4744	20697					7231
越西县大瑞镇	2892	14066	18	95	18		1025
越西县新乡乡	6606	3423	1	6	1		
越西县马拖乡	4105	14586	1	6			
越西县南箐乡	11075	11888					
越西县丁山乡	1298	7685	5	75	3		
越西县大花乡	10664	8780	3	445	3	1	
越西县河东乡	2366	9166	1	22			
越西县西山乡	8021	7507	1	22	1		
越西县板桥乡	9348	9770					
越西县瓦岩乡	12668	8067	5	32	5		
越西县大屯乡	2657	10762	5	50			
越西县保安藏族乡	3333	3545					
越西县白果乡	5626	7738	6	30	6		

续表 500　　(四川省)　　单位：公顷、人、个

名　　称	行政区域面积	常住人口	企业个数	企业从业人员	工业企业单位	#规模以上	城镇建成区常住人口
越西县梅花乡	8208	4010	1	12			
越西县拉普乡	6917	6710	2	18	2		
越西县铁西乡	2691	4611	1	131	1	1	
越西县尔觉乡	3569	5628					
越西县四甘普乡	4570	5543					
越西县贡莫乡	2480	8108					
越西县拉白乡	1742	3744	1	5	1		
越西县乐青地乡	2629	8362					
越西县德吉乡	5130	932					
越西县依洛地坝乡	6777	9363	1	15	1		
越西县尔赛乡	4509	5814					
越西县古二乡	3308	5170					
越西县竹阿觉乡	3698	3156					
越西县保石乡	7448	3100					
越西县五里箐乡	5585	7525	1	8	1		
越西县书古乡	6026	8830	3	23	3		
越西县瓦普莫乡	4338	3489					
越西县申果乡	6408	2852					
越西县瓦曲觉乡	4173	2824					
越西县申普乡	5922	3780					
越西县瓦里觉乡	7889	3410					
越西县拉吉乡	22617	2024					
甘洛县新市坝镇	20371	40002	64	382	51	10	24241
甘洛县田坝镇	5777	20788	4	100	4		6618
甘洛县海棠镇	11088	4808	19	120	19	1	1439
甘洛县吉米镇	6256	5925					1232
甘洛县斯觉镇	2548	7856	1	20	1		663
甘洛县普昌镇	4458	14581	9	215	9		1905
甘洛县玉田镇	4298	6830					1510
甘洛县前进乡	2873	6921	1	8	1		
甘洛县胜利乡	5001	6995	2	13	2		
甘洛县新茶乡	3597	2814					
甘洛县两河乡	5684	2730					
甘洛县里克乡	2128	5874					
甘洛县尼尔觉乡	4872	6049					
甘洛县拉莫乡	11432	2320					
甘洛县波波乡	9407	1812	3	32	3		
甘洛县阿嘎乡	20626	4561	1	15	1		
甘洛县阿尔乡	5370	12183	1	20	1		
甘洛县石海乡	2992	9042	2	115	2	1	
甘洛县团结乡	8374	5487					
甘洛县嘎日乡	4398	9874	2	25	2	1	
甘洛县则拉乡	5082	3185					
甘洛县坪坝乡	13127	3412					
甘洛县蓼坪乡	10899	5440					
甘洛县阿兹觉乡	19848	3149	1	12	1		
甘洛县乌史大桥乡	12090	4166					
甘洛县黑马乡	4588	4866					
甘洛县沙岱乡	4488	3391	1	210	1	1	
甘洛县苏雄乡	3923	4810					

续表 501　　　　(四川省)　　　　单位：公顷、人、个

名　　称	行政区域面积	常住人口	企业个数	企业从业人员	工业企业单位	#规模以上	城镇建成区常住人口
美姑县巴普镇	3670	22849	6	6	5	1	
美姑县觉洛乡	2925	6332					
美姑县井叶特西乡	10753	8100					
美姑县合姑洛乡	9368	4483					
美姑县巴古乡	4558	8699					
美姑县农作乡	3617	6172					
美姑县佐戈依达乡	5114	11160					
美姑县子威乡	3660	4260					
美姑县依洛拉达乡	2308	4500					
美姑县典补乡	4384	8216					
美姑县哈洛乡	3668	2594					
美姑县牛牛坝乡	6407	12825					
美姑县尔合乡	4724	5080					
美姑县竹库乡	4997	4791					
美姑县候古莫乡	7470	9235					
美姑县候播乃拖乡	8576	7857	1	70	1	1	
美姑县采红乡	3516	3749					
美姑县苏洛乡	17095	3712					
美姑县九口乡	4855	11671					
美姑县洛俄依甘乡	4417	8994					
美姑县拉木阿觉乡	3881	10050	2	86	2	2	
美姑县洛莫依达乡	4780	4425					
美姑县柳洪乡	4864	5699					
美姑县乐约乡	4108	3944					
美姑县尔其乡	3815	3614					
美姑县瓦古乡	6363	2880					
美姑县峨曲古乡	2845	5997	6	6			
美姑县炳途乡	7400	5230					
美姑县拖木乡	4071	5356					
美姑县尼哈乡	4656	2480					
美姑县龙门乡	9064	10789	7	7			
美姑县依果觉乡	19497	8591					
美姑县洒库乡	6035	9756					
美姑县瓦西乡	10714	4773					
美姑县树窝乡	17169	3000					
美姑县龙窝乡	26110	4749					
雷波县锦城镇	3751	15820	166	2265	23	4	14764
雷波县西宁镇	17712	7395	33	200	5		7395
雷波县汶水镇	8866	14678	4	376	2	1	14678
雷波县黄琅镇	3534	8310	15	285	3		8310
雷波县金沙镇	2674	11931	53	364	2		11913
雷波县海湾乡	2730	6676	32	2371	3	1	
雷波县杉树堡乡	1355	5480	9	115	2		
雷波县箐口乡	5966	7730	2	35	2		
雷波县帕哈乡	4073	6337	2	77	1		
雷波县永盛乡	3397	10187	10	53			
雷波县溪洛米乡	2854	5394	3	48	3		
雷波县顺河乡	915	2867	1	511	1	1	
雷波县渡口乡	5005	8542					
雷波县回龙场乡	4602	6483	1	1868	1	1	

续表 502　　（四川省、贵州省）　　单位：公顷、人、个

名　　称	行政区域面　积	常住人口	企业个数	企　业从业人员	工业企业单　位	#规模以上	城镇建成区常住人口
雷波县马湖乡	8765	10733	2	2			
雷波县中田乡	3323	6625	2	58	2		
雷波县谷米乡	3319	8777	1	23	1		
雷波县柑子乡	2913	2918					
雷波县双河口乡	7796	2172					
雷波县罗山溪乡	15519	3432					
雷波县桂花乡	15831	4026	1	21	1		
雷波县烂坝子乡	11277	2959	1	17	1		
雷波县沙坨乡	6889	3476	5	110	5		
雷波县山棱岗乡	7579	5681	1	9	1		
雷波县长河乡	12824	2787	1	32	1		
雷波县谷堆乡	17578	2899					
雷波县八寨乡	3700	5857	5	75	5		
雷波县拉咪乡	21532	1794	2	14			
雷波县松树乡	2560	4229	1	27	1	1	
雷波县曲依乡	3167	4863	2	114	2		
雷波县千万贯乡	2599	3728	1	6			
雷波县五官乡	3430	4880	4	55	2		
雷波县上田坝乡	3768	3387					
雷波县大坪子乡	2181	2159	1	23	1		
雷波县簸箕梁子乡	4599	3060					
雷波县小沟乡	3631	1008					
雷波县莫红乡	3621	4022	1	32	1		
雷波县克觉乡	3333	20					
雷波县坪头乡	2226	2377	1	1411	1	1	
雷波县雷池乡	7541	4238					
雷波县巴姑乡	2750	4779	2	23	1		
雷波县咪姑乡	5631	5072					
雷波县一车乡	4979	4431					
雷波县斯古溪乡	2718	2335					
雷波县卡哈洛乡	5411	7682					
雷波县元宝山乡	5846	11571					
雷波县大岩洞乡	3819	2140					
雷波县岩脚乡	3445	3558	1	20	1		
贵州省							
南明区后巢乡	1851	112411	496	3968	18	2	
南明区云关乡	2127	71223	89	534	2	2	
南明区小碧布依族苗族乡	6604	1711	3	69	1	1	
南明区永乐乡	5790	11258					
云岩区黔灵镇	4200	168043	664	3320	11		127189
花溪区青岩镇	9230	35086	135	686	4	4	15044
花溪区石板镇	5600	30490	1511	12710	6	6	8862
花溪区党武镇	6341	30962	18	586	6	3	22064
花溪区麦坪镇	4981	20643	87	523	12	1	8405
花溪区燕楼镇	6200	14458	18	523	14	4	8071
花溪区孟关苗族布依族乡	6829	34427	1250	14245	12	10	
花溪区湖潮苗族布依族乡	8394	21222	1795	8975	28	5	
花溪区久安乡	4859	14732	136	1768	1	1	
花溪区高坡苗族乡	10911	24466	93	516			
花溪区黔陶布依族苗族乡	7400	9624	12	208	2	1	

续表 503　　(贵州省)　　单位：公顷、人、个

名　　称	行政区域面　　积	常住人口	企业个数	企　　业从业人员	工业企业单　　位	#规模以上	城镇建成区常住人口
花溪区马铃布依族苗族乡	8180	9655	11	88			
乌当区东风镇	8432	36616	330	13500	160	31	8907
乌当区水田镇	10601	14746	81	812	22	3	4175
乌当区羊昌镇	7356	13488	280	1450	12	1	7200
乌当区下坝镇	10629	11131	63	320	3	2	594
乌当区新场镇	8975	14567	21	160	15	4	11250
乌当区百宜镇	9822	10901	180	900			1991
乌当区新堡布依族乡	5395	4970	75	923			
乌当区偏坡布依族乡	1361	2031	25	150			
贵阳市白云区艳山红镇	4288	110260	1508	9827	284	19	108322
贵阳市白云区麦架镇	5367	56851	394	8359	329	33	19063
贵阳市白云区沙文镇	6429	33492	73	1125	69	28	5422
贵阳市白云区都拉布依族乡	3570	13974	25	680	23	11	
贵阳市白云区牛场布依族乡	6749	12455	260	1560	8		
观山湖区金华镇	6898	56237	143	2854	35	8	
观山湖区朱昌镇	5642	25373					25373
观山湖区百花湖乡	10874	19085	40	644			
开阳县城关镇	16186	53305	551	5262	46	17	28160
开阳县双流镇	17886	33408	145	2315	48	17	5731
开阳县金中镇	7484	20300	22	3615	8	5	7586
开阳县冯三镇	17931	29781	16	92			5260
开阳县楠木渡镇	19332	29625	11	163	4		16183
开阳县龙岗镇	20500	30377	92	1237	16	3	18570
开阳县永温镇	9980	17615	52	2223	13	5	6880
开阳县花梨镇	13389	21237	77	464	3	1	5274
开阳县南龙乡	12524	12863	85	480	3	3	
开阳县宅吉乡	9987	16231	15	90			
开阳县龙水乡	5941	8265	34	264	3	1	
开阳县米坪乡	3913	5191	71	372			
开阳县禾丰布依族苗族乡	8313	16984	18	5624	16	1	
开阳县南江布依族苗族乡	11957	15557	101	805	11		
开阳县高寨苗族布依族乡	17734	18817	11	286	2	2	
开阳县毛云乡	8719	8863	34	459	2	1	
息烽县永靖镇	15102	51595	681	3405	117	16	34987
息烽县温泉镇	8503	16740	115	5632	32	11	3985
息烽县九庄镇	11436	22873	129	827	17	2	10978
息烽县小寨坝镇	13808	33383	300	11089	65	8	13749
息烽县西山镇	7419	13162	120	442	9	3	3820
息烽县养龙司镇	9626	18348	150	755	18	2	725
息烽县石硐镇	12052	18583	129	830	9	2	3255
息烽县鹿窝镇	9786	11259	74	372	10		2100
息烽县流长镇	10581	14493	136	715	19		881
息烽县青山苗族乡	4947	4908	77	398	1		
修文县龙场镇	17025	58388	1118	4898	103	20	
修文县扎佐镇	12548	32695	148	7368	100	51	3850
修文县久长镇	11751	36490	23	1108	13	5	6320
修文县六广镇	9410	22734	100	398	4	4	3652
修文县六屯镇	7795	14893	39	200	2		3456
修文县洒坪镇	8570	14856	86	468	3	1	1526
修文县六桶镇	11000	18957	2	152	1		2876

续表 504　　(贵州省)　　单位：公顷、人、个

名　　称	行政区域面　　积	常住人口	企业个数	企　　业从业人员	工业企业单　　位	#规模以上	城镇建成区常住人口
修文县谷堡乡	12110	16960	251	2400	18	4	
修文县小箐乡	10390	21220	6	200	3	2	
修文县大石布依族乡	5110	8975	46	235			
清镇市红枫湖镇	18146	48120	83	1621	32	7	1731
清镇市站街镇	20533	76658	243	6804	117	35	16123
清镇市卫城镇	20303	56121	287	2435	35	8	10581
清镇市新店镇	14220	38777	201	4803	12	2	7018
清镇市暗流镇	9620	17349	23	360	16	2	4985
清镇市犁倭镇	14258	30800	48	567	17	1	4213
清镇市麦格苗族布依族乡	12697	17212	20	128	7	1	
清镇市王庄布依族苗族乡	7739	20573	145	825	9	3	
清镇市流长苗族乡	15449	53892	66	334	8		
钟山区大河镇	6944	37749	236	1815	45	4	19050
钟山区汪家寨镇	7735	57794	279	1835	71	8	4226
钟山区大湾镇	9384	47806	284	18741	41	7	28000
六枝特区岩脚镇	13104	40239	262	1910	109	6	4540
六枝特区木岗镇	5665	16765	59	3520	30	9	2772
六枝特区大用镇	6947	18376	76	995	15	4	
六枝特区关寨镇	19730	28912	815	5063	144	2	3908
六枝特区牂牁镇	16087	16689	91	460	3		
六枝特区新华镇	6355	25950	94	450	73	1	1845
六枝特区龙河镇	5950	29825	119	2033	65	2	313
六枝特区新窑镇	10318	31819	173	2595	56	5	
六枝特区郎岱镇	18854	40586	412	2601	134	3	4738
六枝特区梭戛苗族彝族回族乡	5734	14664	498	897	131		
六枝特区牛场苗族彝族乡	8451	15933	123	806	72	1	
六枝特区新场乡	14203	25711	144	304	13		
六枝特区中寨苗族彝族布依族乡	16517	26338	88	1651	12	2	
六枝特区落别布依族彝族乡	9653	21937	219	1100	4	2	
六枝特区月亮河彝族布依族苗族乡	11707	17138	136	2300	120	3	
水城县比德镇	8895	28813	31	1715	21	3	217
水城县化乐镇	8436	35866	63	1937	9	7	2017
水城县蟠龙镇	15070	38210	98	2203	28	2	7300
水城县阿戛镇	17260	50907	55	1720	39	5	5131
水城县勺米镇	9917	23325	29	2981	8	8	2523
水城县玉舍镇	31968	54835	34	1668	15	8	54835
水城县都格镇	7305	22209	379	1901	9	6	16480
水城县发耳镇	9371	40719	401	3516	4	4	17349
水城县鸡场镇	11520	22401	74	1420	21	7	2500
水城县木果镇	15996	37012	7	63	6	1	2917
水城县保华镇	12862	34742	13	1013	13	1	1284
水城县陡箐镇	24323	32930	14	148	13		32930
水城县米箩镇	11814	22213	116	699	10		1800
水城县南开苗族彝族乡	13794	42935	75	460	1		
水城县青林苗族彝族乡	6416	16660	16	100	1		
水城县金盆苗族彝族乡	10227	21308	26	142	3		
水城县坪寨彝族乡	9798	8423	2	40	1		
水城县龙场苗族白族彝族乡	9621	17869	1	17	1		
水城县营盘苗族彝族白族乡	11463	20107	28	220	28		
水城县顺场苗族彝族布依族乡	11490	24091	35	185	30	1	

续表 505　　（贵州省）　　单位：公顷、人、个

名　　称	行政区域面　　积	常住人口	企业个数	企　　业从业人员	工业企业单　　位	#规模以上	城镇建成区常住人口
水城县花戛苗族布依族彝族乡	16064	14702	2	61	2	1	
水城县杨梅彝族苗族回族乡	16849	23215	45	230	4	3	
水城县新街彝族苗族布依族乡	4794	12287	3	86	3		
水城县野钟苗族彝族布依族乡	14199	17852	6	70	6		
水城县果布戛彝族苗族布依族乡	11528	19366	35	185	1		
水城县猴场苗族布依族乡	15442	19518	52	261	6		
盘县民主镇	14369	29113	146	876	6		636
盘县大山镇	20904	48635	222	2540	147	6	2152
盘县保田镇	21785	35053	244	1221	45		4053
盘县石桥镇	19987	64672	312	6006	122	6	6760
盘县响水镇	8431	26582	180	2215	6	3	26582
盘县柏果镇	21200	93427	532	9193	40	10	37959
盘县新民镇	13450	31657	126	1465	85	3	5331
盘县盘关镇	17674	66717	443	11530	47	7	34138
盘县竹海镇	24411	45867	203	3362	42	3	4216
盘县英武镇	16929	25524	114	587	19		23524
盘县鸡场坪镇	25797	87291	406	7265	98	5	18496
盘县双凤镇	14595	76479	355	2345	89	2	29318
盘县丹霞镇	17535	51754	202	1364	21	1	7311
盘县乌蒙镇	10860	20200	140	864	4		3331
盘县普田回族乡	7358	14608	24	126	8		
盘县坪地彝族乡	15215	34474	132	683	67	1	
盘县淤泥彝族乡	17236	29405	92	4940	18	7	
盘县普古彝族苗族乡	14996	24479	144	1291	132	2	
盘县旧营白族彝族苗族乡	10128	20614	98	584	28		
盘县羊场布依族白族苗族乡	13600	25877	114	1948	24	4	
盘县保基苗族彝族乡	14707	12348	127	980	4		
红花岗区巷口镇	4900	14562	33	340	17	2	954
红花岗区海龙镇	4350	17140	65	462	4	1	3666
红花岗区深溪镇	10150	35422	1459	5200	94	22	8021
红花岗区金鼎山镇	14650	25773	13	97	8		8961
红花岗区新舟镇	16568	98166	233	1790	45		36791
红花岗区虾子镇	21398	60873	209	22458	64	27	37145
红花岗区三渡镇	10396	13652	59	398	11		3176
红花岗区永乐镇	21954	25186	26	856	7		3171
红花岗区喇叭镇	9414	15642	52	297	12		2324
汇川区团泽镇	17493	44110	80	814	49	5	1648
汇川区板桥镇	10849	23267	98	1034	9		10714
汇川区泗渡镇	11348	36262	144	1125	22	2	7994
汇川区沙湾镇	18455	20681	58	1235	17	3	7500
汇川区山盆镇	22480	48750	39	1018	26	1	5940
汇川区芝麻镇	9217	14446	5	41	3		2815
汇川区松林镇	15147	16250	56	385	1		4921
汇川区毛石镇	15252	15954	18	153	7		6608
播州区南白镇	9872	112223	1980	10539	278	30	66322
播州区龙坑镇	9096	79464	952	9568	118	32	77327
播州区三岔镇	11800	25699	219	5613	45	6	6273
播州区苟江镇	8049	17436	137	3716	54	14	8375
播州区三合镇	20804	59240	482	20417	42	11	11620
播州区乌江镇	6409	14502	76	1040	5	4	14502

续表 506　　（贵州省）　　单位：公顷、人、个

名　称	行政区域面积	常住人口	企业个数	企业从业人员	工业企业单位	#规模以上	城镇建成区常住人口
播州区龙坪镇	12645	28872	235	3173	63	10	10229
播州区团溪镇	18438	41029	233	3328	69	9	15055
播州区铁厂镇	10613	9788	23	926	10	6	2056
播州区西坪镇	13275	23097	42	476	7	2	6376
播州区尚嵇镇	10549	33399	85	1000	7	3	18500
播州区茅栗镇	13501	18604	65	1350	25	7	18604
播州区新民镇	9367	18065	51	232	6		3100
播州区鸭溪镇	12161	55496	312	5492	70	17	40652
播州区石板镇	13244	22322	105	868	11	1	2601
播州区乐山镇	10743	18108	65	986	6		3563
播州区枫香镇	14642	29193	135	2025	34	6	4789
播州区泮水镇	11116	30868	289	4182	243	4	10733
播州区马蹄镇	11651	24408	75	1246	12	6	4527
播州区平正仡佬族乡	14496	13329	86	1210	10	1	
播州区洪关苗族乡	6297	7962	46	236			
桐梓县娄山关街道	9658	67801	860	8050	72		
桐梓县楚米镇	14036	25802	162	2813	67	10	23311
桐梓县新站镇	15256	24124	16	114			2762
桐梓县松坎镇	12422	19684	12	198	8	4	7630
桐梓县高桥镇	10495	26795	4	23			4064
桐梓县水坝塘镇	16390	18295	169	1019	11	2	8196
桐梓县官仓镇	13809	32578	12	12	10	1	7021
桐梓县花秋镇	14671	40946	124	312	26	1	13058
桐梓县羊磴镇	18700	14037	16	176	4	2	4118
桐梓县九坝镇	14250	31319	71	80	18	1	5935
桐梓县大河镇	10762	9265	10	53	5	2	2196
桐梓县夜郎镇	14265	21432	15	215			7378
桐梓县木瓜镇	15656	24372	42	2258	13	4	5860
桐梓县坡渡镇	11225	20953	8	303	6		3665
桐梓县燎原镇	8525	22526	136	10266	45	5	5649
桐梓县狮溪镇	19712	29186	21	165	9	1	3195
桐梓县茅石镇	13753	13516	11	1150	3	1	3226
桐梓县尧龙山镇	12632	21850	174	378			2500
桐梓县风水镇	7072	24207	7	28	2		5994
桐梓县容光镇	6665	14952	15	450	8		8792
桐梓县芭蕉镇	12180	9639	25	90			3000
桐梓县小水乡	13272	9663	6	6			
桐梓县黄莲乡	19783	5504	13	362	1	1	
桐梓县马鬃苗族乡	10724	6274	1	1			
绥阳县洋川镇	13721	85994	662	5958	72	23	67479
绥阳县郑场镇	15542	39905	33	365	12	5	14398
绥阳县旺草镇	27250	44492	170	1000	17	3	19890
绥阳县蒲场镇	14366	41100	203	226	35	15	19483
绥阳县风华镇	13754	42371	254	8156	122	48	4025
绥阳县茅垭镇	18035	22954	24	2314			2680
绥阳县枧坝镇	22079	14907	47	3762	7	4	2444
绥阳县宽阔镇	19271	14104	2	53	1	1	3523
绥阳县黄杨镇	17089	19541	32	682	5	2	3257
绥阳县青杠塘镇	24166	19332	38	690	8	2	2450
绥阳县太白镇	17678	16819	25	163	1		6693

续表 507　　　　(贵州省)　　　　单位：公顷、人、个

名　　称	行政区域面　　积	常住人口	企业个数	企　　业从业人员	工业企业单　　位		城镇建成区常住人口
						#规模以上	
绥阳县温泉镇	16753	18174	12	283	3	1	3702
绥阳县坪乐镇	10910	14877	3	25	3		3855
绥阳县大路槽乡	9587	11979	3	50			
绥阳县小关乡	14439	12569	28	155	2		
正安县凤仪街道	7732	82812	420	5637	57	10	
正安县瑞溪镇	10864	21977	139	1764	18	5	9152
正安县和溪镇	14704	28622	44	721	12	4	6878
正安县安场镇	13359	47950	239	5236	45	27	29636
正安县土坪镇	21512	33165	102	965	10	2	15255
正安县流渡镇	17058	22453	31	598	3		890
正安县格林镇	15658	20235	60	420	8	1	1620
正安县新州镇	17010	25593	26	135	8	2	10282
正安县庙塘镇	19286	15555	17	187	9	1	3957
正安县小雅镇	16649	28156	77	465	16	2	12110
正安县中观镇	18475	19148	5	32	3		9449
正安县芙蓉江镇	7500	12275	31	160	6		6768
正安县班竹镇	13983	16348	29	200	3	1	8933
正安县碧峰镇	12869	17727	38	180	3	1	3296
正安县乐俭镇	9184	9079	10	60	4	2	678
正安县杨兴镇	8177	16004	24	60	4		575
正安县桴镇	16459	10818	29	438	14	2	2533
正安县谢坝仡佬族苗族乡	9258	8329	87	438	12	2	
正安县市坪苗族仡佬族乡	10980	17366	29	1126	9	2	
道真仡佬族苗族自治县玉溪镇	25945	89326	610	9218	25	9	43182
道真仡佬族苗族自治县三江镇	7853	9130	37	397	1		864
道真仡佬族苗族自治县隆兴镇	16827	17167	53	698	2	2	1240
道真仡佬族苗族自治县旧城镇	15938	16313	7	83	3	1	3055
道真仡佬族苗族自治县忠信镇	15030	12980	49	476	15	1	1402
道真仡佬族苗族自治县洛龙镇	23925	14147	116	348	12	1	2795
道真仡佬族苗族自治县阳溪镇	18026	7901	33	328	10		980
道真仡佬族苗族自治县三桥镇	23121	15707	35	210	9		5962
道真仡佬族苗族自治县大磏镇	19647	14282	78	395	12	1	1150
道真仡佬族苗族自治县平模镇	8923	9509	29	174	4		326
道真仡佬族苗族自治县上坝土家族乡	9205	16016	161	1775	75	26	
道真仡佬族苗族自治县棕坪乡	7751	8099	31	156	3		
道真仡佬族苗族自治县桃源乡	10502	6398	23	139	2		
道真仡佬族苗族自治县河口乡	12904	13433	28	172	4		
务川仡佬族苗族自治县丰乐镇	21280	28441	88	452	4	1	1120
务川仡佬族苗族自治县黄都镇	21111	21872	50	450	20	1	2900
务川仡佬族苗族自治县涪洋镇	22626	26647	60	400	5		3122
务川仡佬族苗族自治县镇南镇	11480	20449	31	302	3	3	3827
务川仡佬族苗族自治县砚山镇	8975	9050	18	320	1	1	954
务川仡佬族苗族自治县泥水镇	22490	27553	61	435	3		7559
务川仡佬族苗族自治县茅天镇	20350	17347	39	198			3361
务川仡佬族苗族自治县柏村镇	9281	10371	48	400	7	2	2020
务川仡佬族苗族自治县泥高镇	23753	26605	19	362	2		7865
务川仡佬族苗族自治县分水镇	17022	16655	16	113	4		3338
务川仡佬族苗族自治县蕉坝镇	19010	14138	23	147	7		2405
务川仡佬族苗族自治县红丝乡	17011	12546	26	135			
务川仡佬族苗族自治县石朝乡	12594	8116	31	257	5	1	

续表 508　　(贵州省)　　单位：公顷、人、个

名　称	行政区域面积	常住人口	企业个数	企业从业人员	工业企业单位	#规模以上	城镇建成区常住人口
凤冈县龙泉镇	10397	76197	1089	11979	38	9	52309
凤冈县进化镇	18133	34106	114	451	4		2850
凤冈县琊川镇	11462	30184	177	898	4		3018
凤冈县蜂岩镇	18950	27057	20	120	10	3	2300
凤冈县永和镇	11703	18252	17	363			1075
凤冈县花坪镇	10785	22221	97	776	2		1225
凤冈县绥阳镇	15235	34824	135	810	40	2	8050
凤冈县土溪镇	20347	27632	100	489	13	2	1891
凤冈县永安镇	11640	22688	126	1562	108	14	2437
凤冈县何坝镇	11756	22967	118	6735	53	7	4954
凤冈县天桥镇	15294	22179	78	297	7		2173
凤冈县王寨镇	12376	24622	14	214	3		3120
凤冈县新建镇	11332	19182	38	261	6		2511
凤冈县石径乡	9098	14377	67	368	8		
湄潭县永兴镇	16580	48909	178	3023	113	12	8807
湄潭县复兴镇	14520	31421	121	606	41		2120
湄潭县马山镇	8205	26477	130	659	11	1	8748
湄潭县高台镇	16190	20010	74	847	1	1	3276
湄潭县茅坪镇	7981	11499	8	43			2962
湄潭县兴隆镇	13110	28995	56	453	13	4	2145
湄潭县新南镇	12846	16753	38	547	5		5448
湄潭县石莲镇	20580	23912	71	356	5	2	4926
湄潭县西河镇	15517	29198	942	12308	1		4700
湄潭县洗马镇	9490	21681	263	1250	8		4225
湄潭县抄乐镇	9610	14877	20	105	6	2	1162
湄潭县天城镇	7060	13063	79	547	13	4	3782
余庆县龙溪镇	16049	33718	239	2471	101	13	14953
余庆县构皮滩镇	20657	24654	186	1245	83	4	8528
余庆县大乌江镇	25811	20675	66	376	25		2994
余庆县敖溪镇	10859	17908	156	822	57		10400
余庆县龙家镇	11468	13602	61	312	26		6179
余庆县松烟镇	13874	25331	149	920	74	8	12945
余庆县关兴镇	15588	14003	42	173	17		5241
余庆县白泥镇	35441	38350	218	2053	71	4	14152
余庆县花山苗族乡	10605	9068	41	237	15	1	
习水县土城镇	28836	31953	154	4835	17	6	10021
习水县同民镇	11455	14917	302	1511	9		2682
习水县醒民镇	5333	17405	32	1423	6		2882
习水县隆兴镇	8430	18706	52	326	34	1	1494
习水县习酒镇	8128	33438	135	8200	115	13	4200
习水县回龙镇	9006	28244	14	648	9	3	1757
习水县桑木镇	10371	17923	46	239	1		3293
习水县永安镇	10521	20289	31	589	7		2553
习水县良村镇	18717	30251	82	3400	45	5	2089
习水县温水镇	16710	37896	271	4104	63	3	15157
习水县仙源镇	16647	18986	100	510	16	1	10217
习水县官店镇	13576	21293	40	225	17		934
习水县寨坝镇	16214	20249	71	901	12		954
习水县民化镇	5004	14391	35	1358	11	5	3869
习水县二郎镇	6443	19683	48	493	8	6	5600

续表 509　　　　（贵州省）　　　　单位：公顷、人、个

名　称	行政区域面　积	常住人口	企业个数	企　业从业人员	工业企业单　位	#规模以上	城镇建成区常住人口
习水县二里镇	8069	18289	8	66	2		6986
习水县三岔河镇	16481	14926	15	124	1		3729
习水县大坡镇	16809	27713	30	166	8		1314
习水县桃林镇	12527	17926	16	90	7		1487
习水县程寨镇	18651	13634	74	380	10		5000
习水县双龙乡	10355	10819	14	82	4		
习水县坭坝乡	7749	11245	13	78			
赤水市天台镇	9944	15487	150	1164	37	8	1912
赤水市复兴镇	9932	15669	152	1460	35	8	3022
赤水市大同镇	11087	15413	112	650	39	2	2819
赤水市旺隆镇	10990	16070	110	732	11	3	2785
赤水市葫市镇	23241	12722	122	682	3	1	2178
赤水市元厚镇	20417	12398	76	385	14	1	1883
赤水市官渡镇	24067	20238	120	630	24	5	8314
赤水市长期镇	11417	17676	75	490	18	1	4734
赤水市长沙镇	8751	14130	106	531	20	6	3925
赤水市两河口镇	17889	5463	47	243	13		685
赤水市丙安镇	12589	5686	48	400	2	1	701
赤水市宝源乡	7112	7080	32	214	12		
赤水市石堡乡	9263	5394	26	132	3		
赤水市白云乡	4960	7177	29	148	6	1	
仁怀市长岗镇	11575	17303	97	756	17	1	5129
仁怀市五马镇	12420	24928	74	900	4	1	3026
仁怀市茅坝镇	13970	29630	5	29			11375
仁怀市九仓镇	9130	20442	42	624	12		6608
仁怀市喜头镇	9140	19985	34	176	9		4803
仁怀市大坝镇	7120	30891	72	365	12		6256
仁怀市三合镇	7754	22496	21	132	8		2660
仁怀市合马镇	5920	11343	45	540	5	2	2025
仁怀市火石镇	5438	16018	9	57	4		5023
仁怀市学孔镇	6880	29281	9	50			4967
仁怀市龙井镇	9032	13582	6	32			7032
仁怀市美酒河镇	4760	8393	100	1000	26		2858
仁怀市高大坪镇	7885	28965	34	256	3		5344
仁怀市茅台镇	22512	84872	2575	60000	216	43	14866
仁怀市后山苗族布依族乡	7148	10522	23	263			
西秀区宋旗镇	4879	20204	234	4046	85	16	11075
西秀区幺铺镇	9441	46467	212	5989	100	20	31167
西秀区宁谷镇	9732	29614	310	3930	33	4	5949
西秀区龙宫镇	9484	18930	327	3352	47		1681
西秀区双堡镇	13600	25505	255	3480	30	4	9431
西秀区大西桥镇	7121	33327	287	5308	21	11	1634
西秀区七眼桥镇	9611	45172	471	5857	157	8	22267
西秀区蔡官镇	11677	45745	317	10093	32	19	8704
西秀区轿子山镇	8593	38503	229	8322	17	10	3052
西秀区旧州镇	11685	28134	234	3474	27	6	6585
西秀区新场布依族苗族乡	6763	10831	98	811			
西秀区岩腊苗族布依族乡	11531	13768	87	784	5		
西秀区鸡场布依族苗族乡	10611	12821	137	1891	3	2	
西秀区杨武布依族苗族乡	15316	17581	150	2349	3	3	

续表 510　　　　（贵州省）　　　　单位：公顷、人、个

名　　称	行政区域面　　积	常住人口	企业个数	企　　业从业人员	工业企业单　　位		城镇建成区常住人口
						#规模以上	
西秀区东屯乡	10208	20178	98	1458	3	3	
西秀区黄腊布依族苗族乡	7165	10685	94	950	10	2	
西秀区刘官乡	3729	10705	175	2199	13	2	
平坝区白云镇	7391	24467	172	946	25	4	14816
平坝区高峰镇	10449	25315	188	2538	42	3	5034
平坝区天龙镇	6308	20907	142	2637	48	3	7698
平坝区夏云镇	8146	33388	565	9560	247	33	14111
平坝区马场镇	19354	45078	988	17714	108	12	6530
平坝区乐平镇	12878	36400	202	4621	89	7	11213
平坝区齐伯镇	8147	13510	55	448	11	2	3146
平坝区十字回族苗族乡	10988	26091	141	1769	46	2	
平坝区羊昌布依族苗族乡	7481	15361	102	1889	40	5	
普定县马官镇	6540	32294	187	1914	77		5694
普定县化处镇	11448	39134	173	1501	37	4	7423
普定县马场镇	11343	39380	101	603	22		982
普定县白岩镇	7301	31532	176	3583	48	3	7800
普定县坪上镇	10307	25531	78	858	29	1	25531
普定县鸡场坡镇	8331	31594	83	1704	23	3	1816
普定县补郎苗族乡	8191	21661	56	1392	20	1	
普定县猴场苗族仡佬族乡	9321	18106	49	446	12	1	
普定县猫洞苗族仡佬族乡	9013	21498	113	2232	20	4	
镇宁布依族苗族自治县黄果树镇	8784	15544	236	5400	31	1	2264
镇宁布依族苗族自治县马厂镇	12341	17400	31	171			2054
镇宁布依族苗族自治县良田镇	19836	15537	43	264	4		1020
镇宁布依族苗族自治县扁担山镇	4941	8320	17	172	3		663
镇宁布依族苗族自治县募役镇	10493	12585	25	163	6		2200
镇宁布依族苗族自治县江龙镇	14435	25050	92	894	22		1752
镇宁布依族苗族自治县本寨镇	9907	13239	24	135	2		1090
镇宁布依族苗族自治县六马镇	25156	20214	90	504	1		3087
镇宁布依族苗族自治县沙子乡	13577	8872	20	107			
镇宁布依族苗族自治县革利乡	7900	10387	34	556	1	1	
镇宁布依族苗族自治县简嘎乡	12855	6861	20	114	1		
关岭布依族苗族自治县永宁镇	11953	23366	37	268	3	1	5647
关岭布依族苗族自治县岗乌镇	12383	16823	49	249	10		2397
关岭布依族苗族自治县上关镇	10573	18656	59	623	29		2567
关岭布依族苗族自治县坡贡镇	6277	14392	65	347	14		2265
关岭布依族苗族自治县白水镇	5679	13726	220	1570	9		4188
关岭布依族苗族自治县新铺镇	15467	16382	41	398	7		2829
关岭布依族苗族自治县沙营镇	8715	17058	34	180	10		2986
关岭布依族苗族自治县花江镇	29490	55566	201	1711	45	2	17643
关岭布依族苗族自治县断桥镇	15634	21147	273	1491	24	2	2846
关岭布依族苗族自治县普利乡	10754	14891	111	578	17	4	
紫云苗族布依族自治县格凸河镇	17642	17472	95	1390	12	2	1126
紫云苗族布依族自治县猴场镇	20880	25034	134	689	20		1565
紫云苗族布依族自治县猫营镇	29272	29348	200	5006	43	5	14271
紫云苗族布依族自治县板当镇	22176	29539	128	1061	28	1	1693
紫云苗族布依族自治县宗地镇	31362	27735	48	253	2		1619
紫云苗族布依族自治县大营镇	17807	18234	58	451	7		4551
紫云苗族布依族自治县坝羊镇	12263	12803	126	1408	23	1	5638
紫云苗族布依族自治县火花镇	26831	15485	121	1382	5		10369

续表 511　　（贵州省）　　单位：公顷、人、个

名　　称	行政区域面　　积	常住人口	企业个数	企　　业从业人员	工业企业单　　位	#规模以上	城镇建成区常住人口
紫云苗族布依族自治县白石岩乡	10400	11006	42	464	7	1	
紫云苗族布依族自治县四大寨乡	18776	13191	64	226	1		
七星关区鸭池镇	8533	64700	400	6278	98	6	16626
七星关区梨树镇	6773	29956	53	5300	12	7	10246
七星关区岔河镇	12860	31596	22	2520	10		4635
七星关区朱昌镇	9532	50866	33	265	17		50454
七星关区田坝镇	6822	22639	46	300	8		8656
七星关区长春堡镇	12719	55403	119	952	62		55403
七星关区撒拉溪镇	14545	62466	69	1036	36		6810
七星关区杨家湾镇	9865	53723	194	1200	44		7853
七星关区放珠镇	8610	32318	46	305	36		3588
七星关区青场镇	9955	33084	149	845	26		3086
七星关区水箐镇	9908	29095	34	146	11		4801
七星关区何官屯镇	11032	36483	97	1005	54		6018
七星关区对坡镇	9297	24800	17	8670	17		5342
七星关区大银镇	9939	27979	28	275	14		27979
七星关区林口镇	8369	27427	67	350	67		5235
七星关区生机镇	11581	35109	24	139	16		4123
七星关区清水铺镇	12511	28432	107	690	35		28432
七星关区亮岩镇	8333	24450	51	530	28		24450
七星关区燕子口镇	12405	35651	167	915	41	1	35651
七星关区八寨镇	8449	27046	60	616	19	2	2971
七星关区田坝桥镇	6130	20779	53	291	13		8043
七星关区海子街镇	8277	34344	143	697	29		15200
七星关区小坝镇	6462	31039	242	34864	53	25	28484
七星关区层台镇	7658	31799	142	1265	18		31799
七星关区小吉场镇	12167	49398	75	380	25		5988
七星关区普宜镇	8800	17422	68	342	30		9135
七星关区龙场营镇	5871	15383	72	432	13		15383
七星关区千溪彝族苗族白族乡	5468	15197	4	82	11	1	
七星关区阴底彝族苗族白族乡	11413	30641	46	347	15		
七星关区野角乡	12153	21538	30	198	6		
七星关区大河乡	7309	20577	11	56	5		
七星关区团结彝族苗族乡	8866	21940	38	192	26		
七星关区阿市苗族彝族乡	10725	21068	61	1661	11		
七星关区大屯彝族乡	5961	19045	52	341	16		
七星关区田坎彝族乡	6115	11817	30	151	7		
大方县双山镇	9375	46657	11	2618	11		9963
大方县猫场镇	10220	31957	139	1458	44		6798
大方县马场镇	13208	48722	122	981	41		39297
大方县羊场镇	7206	22945	104	1285	23		2630
大方县黄泥塘镇	25368	65499	170	1224	37		2360
大方县六龙镇	7708	26412	113	2142	20	3	3100
大方县达溪镇	11685	29274	89	872	5	1	2837
大方县瓢井镇	12865	29630	109	550	10		28500
大方县长石镇	11601	33824	122	4993	10		8561
大方县对江镇	10294	45207	71	912	11		45207
大方县东关乡	4833	22451	199	2650	63	13	
大方县竹园彝族苗族乡	5317	20663	36	398	1	1	
大方县响水白族彝族仡佬族乡	11166	28730	24	1225	20	1	

续表 512　　　　（贵州省）　　　　单位：公顷、人、个

名　　称	行政区域面　积	常住人口	企业个数	企　业从业人员	工业企业单　位	#规模以上	城镇建成区常住人口
大方县文阁乡	7762	29666	4	440	3		
大方县绿塘乡	7607	13610	55	384	17	1	
大方县鼎新彝族苗族乡	11026	30843	73	611	29		
大方县牛场苗族彝族乡	10590	29764	61	392	21		
大方县小屯乡	4502	15083	51	431	6		
大方县理化苗族彝族乡	13107	32788	75	514	23		
大方县凤山彝族蒙古族乡	7920	16494	108	3123	22	6	
大方县安乐彝族仡佬族乡	6788	14260	57	638	16	1	
大方县核桃彝族白族乡	8615	23501	89	1073	14		
大方县八堡彝族苗族乡	10854	28367	93	685	12		
大方县兴隆苗族乡	9962	24962	83	425	8		
大方县果瓦乡	9474	11544	45	560	3		
大方县大山苗族彝族乡	8537	12437	1	7	1		
大方县雨冲乡	12290	12280	71	610	1		
大方县黄泥彝族苗族满族乡	8954	10320	34	754	8		
大方县大水彝族苗族布依族乡	9072	9537	22	220	1	1	
大方县沙厂彝族乡	9715	12746	45	540			
大方县普底彝族苗族白族乡	10494	21283	157	850	16	14	
大方县百纳彝族乡	9596	16807	76	722	9		
大方县三元彝族苗族白族乡	9368	15629	36	324	1		
大方县星宿苗族彝族仡佬族乡	12752	12140	38	2100	8	2	
黔西县金碧镇	8924	28434	55	482	13		7653
黔西县雨朵镇	5575	17271	47	680	14		10974
黔西县大关镇	6667	21837	11	138	2	2	2522
黔西县谷里镇	6048	18806	41	345	31	2	3178
黔西县素朴镇	10536	24845	63	424	26		5429
黔西县中坪镇	12611	21925	35	176	7		21925
黔西县重新镇	13867	26788	52	264	11	1	5248
黔西县林泉镇	9555	23089	55	593	19		9085
黔西县金兰镇	5418	17235	26	196	13		4218
黔西县甘棠镇	11677	22332	43	234	8	1	1512
黔西县洪水镇	7049	16328	18	339	1		16325
黔西县锦星镇	9976	20298	21	234	6		3112
黔西县钟山镇	10903	26626	81	912	30	1	4060
黔西县协和镇	9040	16944	32	985	11	2	16944
黔西县观音洞镇	11741	28451	20	183	11		28451
黔西县五里布依族苗族乡	8281	12127	15	300	6	1	
黔西县绿化白族彝族乡	4516	10144	48	658	25	3	
黔西县新仁苗族乡	7153	17846	24	620	1		
黔西县铁石苗族彝族乡	8801	12894	20	158	7		
黔西县太来彝族苗族乡	10290	17282	35	456	12	2	
黔西县永燊彝族苗族乡	9314	16087	7	63	2		
黔西县中建苗族彝族乡	6188	7929	17	1608	5		
黔西县花溪彝族苗族乡	8287	8764	6	340	5	2	
黔西县定新彝族苗族乡	9288	9721	17	90			
黔西县金坡苗族彝族满族乡	5664	13129	55	4300	17	10	
黔西县仁和彝族苗族乡	9972	15508	28	773	3	3	
黔西县红林彝族苗族乡	10156	18559	14	1700	7	4	
金沙县安底镇	7070	18056	111	856	3		15335
金沙县沙土镇	20696	65677	223	7016	11	6	27860

续表 513　　　　（贵州省）　　　　单位：公顷、人、个

名　　称	行政区域面　　积	常住人口	企业个数	企　　业从业人员	工业企业单　　位		城镇建成区常住人口
						#规模以上	
金沙县禹谟镇	12290	23628	81	984	5	1	8264
金沙县岚头镇	6510	12737	61	1200	3	1	8264
金沙县清池镇	10980	18666	41	868	3		8232
金沙县柳塘镇	9431	18340	144	3300	12	1	3514
金沙县平坝镇	24190	25146	106	3058	2		12460
金沙县源村镇	8774	18748	72	1023	10	2	4832
金沙县高坪镇	7800	21520	41	2744	5	5	3907
金沙县化觉镇	8760	17084	20	1044	3	3	3015
金沙县茶园镇	7470	21457	53	1230	2	2	5457
金沙县木孔镇	8060	18154	48	2725	3	3	4727
金沙县长坝镇	10570	15353	28	380	3	2	4213
金沙县后山镇	10250	16092	40	1241	2		4201
金沙县石场苗族彝族乡	12090	22447	64	937			
金沙县桂花乡	8610	11722	28	234	1	1	
金沙县太平彝族苗族乡	8580	13432	39	271			
金沙县安洛苗族彝族满族乡	10720	17801	64	1482	9	8	
金沙县新化苗族彝族满族乡	9360	25162	121	6500	18	14	
金沙县大田彝族苗族布依族乡	8380	7874	34	655	2	2	
金沙县马路彝族苗族乡	8330	8146	10	52			
织金县桂果镇	11650	22666	126	756	13		8974
织金县牛场镇	10500	29985	239	1344	16	1	29985
织金县猫场镇	15800	55047	31	171	15		5403
织金县化起镇	9630	35918	120	750	7	1	4121
织金县龙场镇	8020	22189	36	550	11	1	2099
织金县以那镇	8430	33487	80	412	7	1	6670
织金县三塘镇	13200	36686	120	605	30	4	6467
织金县阿弓镇	10110	40467	74	376	2	1	40467
织金县珠藏镇	13040	38145	86	13845	20	9	2765
织金县中寨镇	10210	16581	42	140	6	1	1364
织金县马场镇	7310	26801	185	541	8	2	26801
织金县板桥镇	6400	19353	31	156	3		3001
织金县白泥镇	6700	26861	10	120	6	1	26861
织金县少普镇	8600	34452	90	4836	35	12	5038
织金县熊家场镇	9600	25286	25	135	11		25286
织金县黑土镇	9900	23472	9	50	5		23472
织金县自强苗族乡	5200	12077	12	96	5		
织金县大平苗族彝族乡	5600	15556	28	152	8		
织金县官寨苗族乡	6200	23893	58	296	15		
织金县茶店布依族苗族彝族乡	10620	30283	40	251	3	1	
织金县金龙苗族彝族布依族乡	10800	36695	30	210	6		
织金县后寨苗族乡	11010	24015	56	2418	46	2	
织金县鸡场苗族彝族乡	10500	40427	12	130	10		
织金县实兴乡	8900	17306	149	769	2		
织金县上坪寨乡	5800	20698	57	399	3	1	
织金县纳雍乡	5200	17543	8	135	6		
纳雍县中岭镇	11055	37345	32	3103	20	11	3344
纳雍县阳长镇	10977	54008	35	2400	26	8	7231
纳雍县维新镇	7369	33348	29	122	16		6758
纳雍县龙场镇	11361	39981	155	806	13		6148
纳雍县乐治镇	7724	31115	82	410	7	1	4306

续表 514 （贵州省） 单位：公顷、人、个

名　　称	行政区域面积	常住人口	企业个数	企业从业人员	工业企业单位	#规模以上	城镇建成区常住人口
纳雍县百兴镇	8509	37386	7	62	3	1	6548
纳雍县张家湾镇	14525	35157	26	220	9	4	5462
纳雍县勺窝镇	7049	28474	116	2312	12	9	4657
纳雍县寨乐镇	9042	35886	51	317	7	4	5886
纳雍县玉龙坝镇	10929	39223	34	171	7	1	5314
纳雍县沙包镇	8574	28493	63	340	3	1	2716
纳雍县水东镇	13067	26024	75	360			5024
纳雍县曙光镇	9785	35889	130	1050	7	2	3489
纳雍县新房彝族苗族乡	9868	28800	88	450	7	5	
纳雍县库东关彝族白族苗族乡	5868	15553	38	275	6	2	
纳雍县董地苗族彝族乡	9909	21760	8	62	3		
纳雍县化作苗族彝族乡	9747	35341	6	75	5		
纳雍县姑开苗族彝族乡	7730	27298	6	34	3	1	
纳雍县羊场苗族彝族乡	11728	32523	27	136	4		
纳雍县锅圈岩苗族彝族乡	10394	27733	2	20	2		
纳雍县昆寨苗族彝族白族乡	8983	22909	47	254			
纳雍县左鸠戛彝族苗族乡	5667	10984	2	12			
纳雍县猪场苗族彝族乡	8686	18615	66	3570	6	1	
威宁彝族回族苗族自治县草海镇	9367	37073	18	1500	3		7836
威宁彝族回族苗族自治县么站镇	19183	37268	34	1835	21		1203
威宁彝族回族苗族自治县金钟镇	14452	50819	15	192	13	2	5768
威宁彝族回族苗族自治县炉山镇	19341	60213	15	3300	7	7	6204
威宁彝族回族苗族自治县龙场镇	24588	72323	7	250	3		2500
威宁彝族回族苗族自治县黑石头镇	33396	46625	24	305	14		5460
威宁彝族回族苗族自治县哲觉镇	27882	45885	20	400	4		3874
威宁彝族回族苗族自治县观风海镇	17504	29637	42	219	6		2407
威宁彝族回族苗族自治县牛棚镇	17789	48433	11	158	4		10300
威宁彝族回族苗族自治县迤那镇	20536	36268	503	2680	38	1	3142
威宁彝族回族苗族自治县中水镇	10223	46491	8	234	6		3643
威宁彝族回族苗族自治县龙街镇	28485	46935	1	6	8		5500
威宁彝族回族苗族自治县雪山镇	34318	49014			10		3631
威宁彝族回族苗族自治县羊街镇	15502	44939	4	50	5		4762
威宁彝族回族苗族自治县小海镇	19738	48394	19	137	6		12070
威宁彝族回族苗族自治县盐仓镇	16654	34684	24	156	4		3120
威宁彝族回族苗族自治县东风镇	11055	43500	44	3000	24	4	11360
威宁彝族回族苗族自治县二塘镇	10480	21919	80	412	50	8	4000
威宁彝族回族苗族自治县猴场镇	8530	33859	43	275	7		3491
威宁彝族回族苗族自治县秀水镇	13891	26660	9	200	6		2100
威宁彝族回族苗族自治县双龙镇	13239	34740			7		6512
威宁彝族回族苗族自治县麻乍镇	27587	43933			4		1933
威宁彝族回族苗族自治县兔街镇	14603	31822	8	44	8		2289
威宁彝族回族苗族自治县海拉镇	22157	38784			6		1280
威宁彝族回族苗族自治县玉龙镇	14978	36479	49	171	2		2500
威宁彝族回族苗族自治县哈喇河镇	14242	24263			7		1526
威宁彝族回族苗族自治县斗古镇	11820	24261	200	1200	6		8625
威宁彝族回族苗族自治县金斗镇	10722	32790	23	246	3	1	3286
威宁彝族回族苗族自治县岔河镇	18597	24782	17	80	2	1	1250
威宁彝族回族苗族自治县黑土河镇	12734	18597	16	360	2	2	1314
威宁彝族回族苗族自治县新发布依族乡	14882	46484	1	160	5	1	
威宁彝族回族苗族自治县石门乡	14001	18290	12	264	6		

续表 515 （贵州省） 单位：公顷、人、个

名称	行政区域面积	常住人口	企业个数	企业从业人员	工业企业单位	#规模以上	城镇建成区常住人口
威宁彝族回族苗族自治县云贵乡	13296	18555			7		
威宁彝族回族苗族自治县板底乡	10565	16217	2	21	1		
威宁彝族回族苗族自治县大街乡	11132	16245			4		
赫章县城关镇	7134	69129	428	4400	30	3	56645
赫章县白果镇	12920	34353	81	785	17	1	18824
赫章县妈姑镇	13723	37755	78	1848	41	8	15324
赫章县财神镇	18196	35134	66	666	24	1	6539
赫章县六曲河镇	10830	30334	19	425	15	3	6602
赫章县野马川镇	9257	43740	145	756	27	5	22941
赫章县达依乡	7185	20781	50	386	12		
赫章县水塘堡彝族苗族乡	12106	17219	29	379	29	1	
赫章县兴发苗族彝族回族乡	18759	24056	47	282	16		
赫章县松林坡白族彝族苗族乡	11196	24748	15	231	12	1	
赫章县雉街彝族苗族乡	13994	15351	18	347	18	5	
赫章县珠市彝族乡	15819	17868	60	1028	47	13	
赫章县罗州乡	11083	25384	61	315	14	1	
赫章县双坪彝族苗族乡	19280	39219	42	247	10		
赫章县铁匠苗族乡	8797	16148	19	348	9		
赫章县辅处彝族苗族乡	8261	14192	25	126	7		
赫章县可乐彝族苗族乡	13200	32295	26	157	2		
赫章县河镇彝族苗族乡	17410	29552	38	193	5		
赫章县德卓乡	11524	25795	9	132	9		
赫章县安乐溪乡	9981	17963	14	95	5		
赫章县朱明乡	12588	28951	21	152	3		
赫章县结构彝族苗族乡	10558	16933	45	308	12	1	
赫章县古基乡	11108	24663	28	215	3		
赫章县哲庄乡	8653	32159	20	80	20	2	
赫章县平山乡	8976	24219	77	895	12	1	
赫章县古达苗族彝族乡	12945	21026	14	115	7		
赫章县威奢乡	8794	11406	18	168	12	1	
碧江区坝黄镇	19059	33701	126	837	32		3015
碧江区云场坪镇	3471	4951			6		1655
碧江区漾头镇	8159	7520	40	469	7		1832
碧江区桐木坪乡	6850	8625			15		
碧江区滑石乡	7937	21844	135	969	17	3	
碧江区和平乡	11831	27667			5		
碧江区瓦屋乡	11538	8696			10		
碧江区六龙山乡	8647	3855			2		
万山区万山镇	1551	11635	102	789	20	15	11633
万山区高楼坪侗族乡	7578	13578	209	1824	109	18	
万山区黄道侗族乡	8921	8674					
万山区敖寨侗族乡	8905	6875					
万山区下溪侗族乡	6885	6590	5	506	4	3	
万山区鱼塘侗族苗族乡	14466	21397	163	820	18	1	
万山区大坪侗族土家族苗族乡	15477	14651					
江口县闵孝镇	26830	18904	81	860	10	2	3996
江口县太平镇	36030	12569	13	15			1419
江口县坝盘镇	17910	18135	72	1023	11		1230
江口县民和镇	21840	25493	48	866	9		1785
江口县桃映镇	14090	21731	417	2186	2	1	3260

续表 516　　(贵州省)　　单位：公顷、人、个

名　　称	行政区域面积	常住人口	企业个数	企业从业人员	工业企业单位	#规模以上	城镇建成区常住人口
江口县怒溪镇	13580	20155	45	540	6	1	1926
江口县德旺土家族苗族乡	26740	11400			6		
江口县官和侗族土家族苗族乡	12610	8401			2		
玉屏侗族自治县新店镇	5796	13519	29	692	6	4	3094
玉屏侗族自治县大龙镇	8620	30566	223	5000	65	54	17850
玉屏侗族自治县朱家场镇	11157	20935	53	142	1	1	1680
玉屏侗族自治县田坪镇	15287	28116	251	1634	9	9	2215
玉屏侗族自治县亚鱼乡	3337	8431			2		
石阡县中坝街道	7250	18819	205	6970	5	2	3900
石阡县本庄镇	25196	36672	356	2067	2		11232
石阡县白沙镇	12459	23213	190	955	1	1	2877
石阡县龙塘镇	10218	29278	11	58	3		3965
石阡县花桥镇	9669	15337	50	350			3361
石阡县五德镇	13412	15978					1720
石阡县河坝镇	15612	14748	29	147			2063
石阡县国荣乡	5466	15879					
石阡县聚凤仡佬族侗族乡	15949	17127	35	196	12		
石阡县龙井侗族仡佬族乡	10457	22313					
石阡县大沙坝仡佬族侗族乡	6155	13446	22	112			
石阡县枫香侗族仡佬族乡	6650	5142					
石阡县青阳苗族仡佬族侗族乡	13441	11418					
石阡县石固仡佬族侗族乡	16410	10975					
石阡县坪地场仡佬族侗族乡	12303	16655	126	638	3	2	
石阡县甘溪仡佬族侗族乡	15875	11348					
石阡县坪山仡佬族侗族乡	12234	7508					
思南县塘头镇	11236	68162	1537	7745	33		47843
思南县许家坝镇	10839	32036	169	2162	6	3	13819
思南县大坝场镇	15334	20965	16	168	9	3	2926
思南县文家店镇	6132	14672	46	10			3802
思南县鹦鹉溪镇	16047	27877	6	186			2906
思南县合朋溪镇	5867	14613	45	230	13	2	6098
思南县张家寨镇	9969	17339	52	986	21	2	4264
思南县孙家坝镇	6048	17871	44	240	9	8	3850
思南县青杠坡镇	9920	21956	4	264	3	1	2696
思南县瓮溪镇	13135	34619	452	1907	2		10798
思南县凉水井镇	10086	26819	6	16			4506
思南县邵家桥镇	9095	35785	46	3212	7	4	11651
思南县大河坝镇	8525	20598	29	43	3		598
思南县亭子坝镇	6305	11136	306	1540	2		5816
思南县香坝镇	8191	25273	60	51			4504
思南县长坝镇	6025	13067	10	60	5	1	3095
思南县板桥镇	4149	16111	24	104	4	1	4259
思南县思林土家族苗族乡	5110	11279					
思南县胡家湾苗族土家族乡	5972	11871	29	237	4	1	
思南县宽坪苗族土家族乡	7121	13305					
思南县枫芸土家族苗族乡	6660	16757					
思南县三道水土家族苗族乡	6027	21799					
思南县天桥土家族苗族乡	6988	10816					
思南县兴隆土家族苗族乡	5392	11679					
思南县杨家坳苗族土家族乡	7895	19592					

续表 517　　　　(贵州省)　　　　单位：公顷、人、个

名　　称	行政区域面　　积	常住人口	企业个数	企　　业从业人员	工业企业单　　位	#规模以上	城镇建成区常住人口
印江土家族苗族自治县板溪镇	11312	25984	106	560	8		3759
印江土家族苗族自治县沙子坡镇	12246	19427			6		2864
印江土家族苗族自治县天堂镇	13499	18825	48	245	15		3620
印江土家族苗族自治县木黄镇	28118	40067	187	1251	10	3	6320
印江土家族苗族自治县合水镇	10150	23072	81	482	26		1460
印江土家族苗族自治县朗溪镇	6741	12870	62	560	8		2339
印江土家族苗族自治县缠溪镇	13725	17477	94	432	21	1	3874
印江土家族苗族自治县洋溪镇	17170	10794	75	450	25		2476
印江土家族苗族自治县新寨镇	9752	25963			2		2526
印江土家族苗族自治县杉树镇	7363	14512	54	493	5		1076
印江土家族苗族自治县刀坝镇	13685	26798	76	368	2		1316
印江土家族苗族自治县紫薇镇	13349	9062	83	540	8		1346
印江土家族苗族自治县杨柳镇	10841	9275	35	189	5		1545
印江土家族苗族自治县罗场乡	8540	9920			2		
德江县煎茶镇	20054	40260	53	1659	12	3	12489
德江县潮砥镇	6128	16185	11	183	1	1	1237
德江县枫香溪镇	10581	21146	8	115	4	1	2512
德江县稳坪镇	6986	17737	16	143	6		2954
德江县复兴镇	13835	28968	46	976	6	4	5256
德江县合兴镇	12726	22719	46	1030	12	2	3842
德江县高山镇	9139	14313	16	289	3		2613
德江县泉口镇	12186	22192	12	210	4		2192
德江县长堡镇	8772	23472	15	267			2366
德江县共和镇	10768	19576	21	672	6	2	3081
德江县平原镇	8382	12477	9	86	3	2	1631
德江县荆角土家族乡	9241	13381	31	658	8	2	
德江县堰塘土家族乡	10300	15098	56	1286	12	1	
德江县龙泉土家族乡	8434	12097	42	911	7	2	
德江县钱家土家族乡	7454	11993	40	721	10	1	
德江县沙溪土家族乡	12131	10004	35	594	1	1	
德江县楠杆土家族乡	12226	13728	21	467	4	1	
德江县长丰土家族乡	9611	13594					
德江县桶井土家族乡	8876	15713					
沿河土家族自治县黑水镇	8984	22599	85	623	10	1	744
沿河土家族自治县谯家镇	16387	37925	93	1231	1	1	5760
沿河土家族自治县夹石镇	13561	41142			15		6960
沿河土家族自治县淇滩镇	9912	28563	14	281	3	3	6181
沿河土家族自治县官舟镇	14424	45013	106	1732	100	7	30019
沿河土家族自治县土地坳镇	9685	23236	19	139			6489
沿河土家族自治县思渠镇	18596	23564					4126
沿河土家族自治县客田镇	14775	17028					5529
沿河土家族自治县洪渡镇	7615	9144	16	93	16		6589
沿河土家族自治县中界镇	7565	16355	25	245	1	1	2450
沿河土家族自治县甘溪镇	10901	23053	3	50			3200
沿河土家族自治县板场镇	10319	27747	40	312	25		1205
沿河土家族自治县泉坝镇	10424	17721	55	268	50		932
沿河土家族自治县中寨镇	11297	15859	1	8			755
沿河土家族自治县黄土镇	16774	15668	49	269	13	2	1125
沿河土家族自治县新景镇	16552	14506	5	20			1072
沿河土家族自治县塘坝镇	12118	18394					1174

续表 518　　（贵州省）　　单位：公顷、人、个

名　称	行政区域面积	常住人口	企业个数	企业从业人员	工业企业单位		城镇建成区常住人口
						#规模以上	
沿河土家族自治县晓景乡	8322	13477					
沿河土家族自治县后坪乡	10951	10162					
松桃苗族自治县盘石镇	11230	17736					3674
松桃苗族自治县盘信镇	16239	32483					7532
松桃苗族自治县大坪场镇	6070	23846	47	200	25	2	16183
松桃苗族自治县普觉镇	11432	30871	116	1025	12		4500
松桃苗族自治县寨英镇	19822	34405	75	1214	18	4	6433
松桃苗族自治县孟溪镇	13250	24389	219	1056	35	6	11120
松桃苗族自治县乌罗镇	17001	17673	38	190	3	3	5436
松桃苗族自治县甘龙镇	11865	23677	81	608			4382
松桃苗族自治县长兴堡镇	7124	26005					1454
松桃苗族自治县迓驾镇	7246	21699	111	576	2	2	2810
松桃苗族自治县牛郎镇	9427	14192	7	11			3045
松桃苗族自治县黄板镇	10063	20753	82	500			20753
松桃苗族自治县平头镇	10315	14384	29	380	2	2	2760
松桃苗族自治县大路镇	7712	21202	58	296	9	1	
松桃苗族自治县木树镇	7457	17987	2	45	1	1	1850
松桃苗族自治县冷水溪镇	13490	23359	6	19	1	1	1800
松桃苗族自治县正大镇	11260	15226	48	248	4	1	2318
松桃苗族自治县长坪乡	8021	14599					
松桃苗族自治县妙隘乡	6391	10120					
松桃苗族自治县石梁乡	8271	12576					
松桃苗族自治县瓦溪乡	11095	7481					
松桃苗族自治县永安乡	8336	8592					
松桃苗族自治县沙坝河乡	6919	10507					
兴义市敬南镇	15525	32622	50	544	12		4644
兴义市泥凼镇	13779	22014	61	568	16		3781
兴义市南盘江镇	14888	18384	36	460	9		1112
兴义市捧乍镇	14397	27592	33	287	23		5461
兴义市鲁布格镇	6163	14562	29	155	14	1	2830
兴义市三江口镇	8576	11274	11	211	4	1	1605
兴义市乌沙镇	13393	28897	120	1207	33	2	5690
兴义市白碗窑镇	11908	22014	41	1015	11	1	4133
兴义市马岭镇	10424	38358	258	5910	86	17	4873
兴义市威舍镇	8595	21909	185	2962	64	22	8961
兴义市清水河镇	16117	28357	150	4477	67	21	2968
兴义市顶效镇	10477	44046	592	8373	159	23	12397
兴义市郑屯镇	15105	29821	92	1771	51	3	8854
兴义市万屯镇	17962	39066	91	1031	51	6	7900
兴义市鲁屯镇	6794	18646	68	740			6310
兴义市仓更镇	7183	11054	21	194	7		2750
兴义市七舍镇	11423	15974	34	264	20		3250
兴义市则戎乡	10711	23096	32	204			
兴义市沧江乡	9477	7978	24	134	2		
兴义市洛万乡	16106	13359	17	151	2		
兴义市猪场坪乡	9603	15096	26	173	9		
兴义市雄武乡	6863	9872	18	768	11	7	
兴仁县屯脚镇	13193	26149	710	3763	16	5	8932
兴仁县巴铃镇	21857	49216	406	5256	15	4	15252
兴仁县百德镇	9485	31905	68	484	25		7800

续表 519　　　　　　　　　　　　（贵州省）　　　　　　　　　　　　单位：公顷、人、个

名　　称	行政区域面　　积	常住人口	企业个数	企　　业从业人员	工业企业单　　位	#规模以上	城镇建成区常住人口
兴仁县雨樟镇	15123	25129	43	220	3	1	9463
兴仁县潘家庄镇	10489	21341	58	4821	19	11	8761
兴仁县回龙镇	11458	31005	59	1012	3	1	11931
兴仁县下山镇	16096	38185	68	3400	15	9	10520
兴仁县新龙场镇	9854	20988	8	1064	7	5	9469
兴仁县大山镇	11537	28735	62	293	11		10058
兴仁县马马崖镇	10091	23564	10	65	3		7560
兴仁县波阳镇	8401	21542	112	568	6		9430
兴仁县鲁础营回族乡	14162	15930	21	155	8		
普安县龙吟镇	17458	17068	42	226	7	2	1863
普安县江西坡镇	9676	23906	59	299	16	7	1641
普安县地瓜镇	10307	19802	21	114	5	2	1880
普安县楼下镇	13399	28766	42	244	26	17	5490
普安县兴中镇	9743	18906	158	394	7	1	3892
普安县青山镇	25618	53835	75	450	10		10243
普安县罗汉镇	9988	19614	31	180	3		2468
普安县新店镇	14018	20229	53	276	18	1	3202
普安县白沙乡	8417	10654	12	62	7		
普安县高棉乡	6741	12474	26	166	3		
晴隆县沙子镇	7034	11225	92	471	16	1	7146
晴隆县碧痕镇	9828	15003	83	558	32	1	5014
晴隆县大厂镇	9972	17095	77	476	28	2	3250
晴隆县鸡场镇	9987	20540	53	420	16	3	2500
晴隆县花贡镇	16288	15929	77	462	23		6094
晴隆县中营镇	8275	16864	101	1560	30	5	2807
晴隆县光照镇	15683	17391	68	485	14	2	2470
晴隆县茶马镇	14958	27912	46	232	9		10129
晴隆县长流乡	6271	17484	23	161	7	2	
晴隆县紫马乡	6984	15986	28	381	6	1	
晴隆县安谷乡	10199	16224	39	249	9		
晴隆县三宝彝族乡	2487	3829	12	70			
贞丰县龙场镇	11547	44243	85	3650	43	17	12000
贞丰县者相镇	12815	30463	145	746	32	1	13900
贞丰县北盘江镇	11386	25966	31	570	30	4	2266
贞丰县白层镇	15601	23153	34	256	6		793
贞丰县鲁贡镇	15897	23983	32	181	8	1	2045
贞丰县小屯镇	8621	39167	17	960	10	1	1866
贞丰县长田镇	5965	16672	52	280	2		4644
贞丰县沙坪镇	14186	18564	13	80	7	1	2065
贞丰县挽澜镇	9231	16101	67	1691	32	9	1286
贞丰县连环乡	8021	10912	5	30	5		
贞丰县平街乡	8295	14777	36	181	3		
贞丰县鲁容乡	13565	11083	70	409	2		
望谟县乐元镇	24045	20322	50	265			1168
望谟县打易镇	21117	18790	40	251	1		2195
望谟县乐旺镇	21532	13634	35	186	5	1	1362
望谟县桑郎镇	11470	7302	44	678	3	1	3135
望谟县麻山镇	22753	13682	42	315			1170
望谟县石屯镇	29545	25400	71	360	3		2020
望谟县蔗香镇	35604	14103	109	926			1940

续表 520　　　　　　　　（贵州省）　　　　　　　　单位：公顷、人、个

名　　称	行政区域面　　积	常住人口	企业个数	企　　业从业人员	工业企业单　　位		城镇建成区常住人口
						#规模以上	
望谟县郊纳镇	11492	12849	36	196	2		1877
望谟县大观镇	16536	12101	58	409	4	3	2919
望谟县边饶镇	26010	18393	48	250	2		1340
望谟县昂武镇	23279	8595	44	221			620
望谟县油迈瑶族乡	15637	9397	33	203			
册亨县丫他镇	24271	15106	11	133	4	1	1289
册亨县巧马镇	24307	12079	22	1645	11	7	575
册亨县秧坝镇	19392	16218	9	152	7		1436
册亨县岩架镇	17390	12805	5	155	3	1	721
册亨县八渡镇	23325	7868	18	128	3		510
册亨县冗渡镇	24200	21705	24	280	13		1171
册亨县坡妹镇	23426	44322	47	243			1650
册亨县双江镇	42490	22463	7	36			940
册亨县弼佑镇	18826	10024	14	78	1		295
册亨县百口乡	23347	5212	4	53			
安龙县龙广镇	16631	43106	85	391	28	1	28900
安龙县德卧镇	20199	30818	41	344	9	3	2852
安龙县万峰湖镇	14053	21406	37	296	5		6142
安龙县木咱镇	6050	10510	11	120	3		2938
安龙县洒雨镇	11468	20652	44	405	6		2681
安龙县普坪镇	25413	33644	104	603	33	7	9150
安龙县龙山镇	12581	20071	47	2680	9	6	2910
安龙县新桥镇	11125	17207	28	1904	18	4	2458
安龙县海子镇	12910	18300	40	380	7	3	1857
安龙县笃山镇	12634	12731	40	226	13	3	1102
凯里市三棵树镇	19119	24755	77	1152	1	1	2899
凯里市舟溪镇	11186	17068	69	479			2109
凯里市旁海镇	9180	20838	3	32			1401
凯里市湾水镇	7674	19013	76	161	21		2540
凯里市炉山镇	19821	25655	48	3290	44	10	14034
凯里市万潮镇	8264	11091	42	436	25	3	2599
凯里市龙场镇	9713	14330	115	1025	1	1	1680
凯里市碧波镇	11418	20436	8	585	7	7	2458
凯里市下司镇	15109	32426	3	195	3	3	8808
凯里市凯棠镇	4973	16830	53	270			4542
凯里市大风洞镇	16909	21282	17	110	11	2	7791
黄平县新州镇	31007	79952	286	1435	138	4	53261
黄平县旧州镇	22857	46062	155	1652	34		25323
黄平县重安镇	15611	47166	132	780	7		13663
黄平县谷陇镇	22820	53407	255	1310	16	6	13422
黄平县平溪镇	10472	12147	12	60			5374
黄平县野洞河镇	15301	17338					2531
黄平县浪洞镇	11912	16478	75	835	13		6385
黄平县上塘镇	14908	17244	70	750			2928
黄平县一碗水乡	9198	9476	2	17			
黄平县纸房乡	7793	6987	43	360	2		
黄平县翁坪乡	4918	8962	17	123	5		
施秉县城关镇	32875	52985	952	5996	410	11	52985
施秉县杨柳塘镇	15213	13106	73	1386	1		13106
施秉县双井镇	12275	13582	11	216	3		13582

续表 521　　　　（贵州省）　　　　单位：公顷、人、个

名　　称	行政区域面　积	常住人口	企业个数	企　业从业人员	工业企业单　位	#规模以上	城镇建成区常住人口
施秉县牛大场镇	28285	19482	7	81	1	1	19482
施秉县马号镇	16892	13082	15	95	6		13082
施秉县白垛乡	19211	7126	19	856			
施秉县甘溪乡	10678	7158	3	6	1		
施秉县马溪乡	17754	5126	33	321			
三穗县八弓镇	16392	52727	210	1062	36	27	29421
三穗县台烈镇	14934	18720	60	310	2		2727
三穗县瓦寨镇	8204	12856	117	589	8	1	2760
三穗县桐林镇	12994	12374	66	273			3542
三穗县雪洞镇	8678	9867	53	275	1		2156
三穗县长吉镇	9750	18452	64	560	5	1	3254
三穗县良上镇	13353	12869	1	46	1	1	1275
三穗县滚马乡	8210	9297					
三穗县款场乡	10458	9165	6	32	1		
镇远县舞阳镇	30000	59439	104	699	7	7	46439
镇远县蕉溪镇	16091	15549					1143
镇远县青溪镇	14127	24756					6599
镇远县羊坪镇	10329	18037					8748
镇远县羊场镇	24100	15843					4530
镇远县都坪镇	18742	13598					2089
镇远县金堡镇	18822	14171					11730
镇远县江古镇	17761	14614	10	30			3920
镇远县涌溪乡	15312	8863					
镇远县报京乡	6869	6846	31	160			
镇远县大地乡	9800	8037					
镇远县尚寨土家族乡	7031	5347					
岑巩县思旸镇	13401	39161	708	4248	24		3544
岑巩县水尾镇	10245	16170	103	556	1	1	4402
岑巩县天马镇	19876	16237	30	91			963
岑巩县龙田镇	15229	14029					2366
岑巩县大有镇	13986	16254	27	145	22		1639
岑巩县注溪镇	15581	15365			1		2155
岑巩县凯本镇	15623	13114	59	1215			2831
岑巩县平庄镇	13504	12293	5	36			3235
岑巩县客楼镇	7432	7985	52	262			1539
岑巩县天星乡	7685	13348	32	328	1		
岑巩县羊桥土家族乡	16441	17351	90	452	1		
天柱县凤城街道	14532	40243	133	1270	83	10	
天柱县坪地镇	18199	13085	3		3		1568
天柱县兰田镇	15548	20454	6		6		1927
天柱县瓮洞镇	12576	15012	18	32	1		1402
天柱县高酿镇	24035	19252	13		13		1520
天柱县石洞镇	18488	19320	3	21			1126
天柱县远口镇	13483	18480	58	362	8		2039
天柱县坌处镇	13394	11077	8		8		1254
天柱县白市镇	15853	23145	38	240	7		3720
天柱县渡马镇	8454	13065	4		4		1360
天柱县江东镇	10117	11937	2		2		1135
天柱县竹林镇	8948	10175	2		2		1144
天柱县注溪乡	3884	3735					

续表 522　　(贵州省)　　单位：公顷、人、个

名　　称	行政区域面积	常住人口	企业个数	企业从业人员	工业企业单位	#规模以上	城镇建成区常住人口
天柱县地湖乡	1467	2854					
锦屏县三江镇	12504	44561	3	230			21808
锦屏县茅坪镇	4673	4452	33	310	14	1	2513
锦屏县敦寨镇	17233	22514	483	1750	12	2	7296
锦屏县启蒙镇	19812	22248	98	588	6	3	2380
锦屏县平秋镇	11558	13395					510
锦屏县铜鼓镇	14968	13431	8	220			3200
锦屏县平略镇	11783	11925	75	1320	3		11925
锦屏县大同乡	12071	13418	5	45	5		
锦屏县新化乡	5384	9261	3	107	1		
锦屏县隆里乡	4845	4415	33	257	7		
锦屏县钟灵乡	8991	9865	16	90			
锦屏县偶里乡	9086	10205	5	41	2		
锦屏县固本乡	7551	10788	3	6			
锦屏县河口乡	12421	13606					
锦屏县彦洞乡	9033	7555					
剑河县柳川镇	24005	17344	94	564	2	2	3380
剑河县岑松镇	13274	22145	145	1265	34	12	3280
剑河县南加镇	18071	20996	121	632			3464
剑河县南明镇	22933	18076	71	426			3933
剑河县革东镇	10348	15811	57	1431			1116
剑河县太拥镇	26200	18423					1439
剑河县磻溪镇	14906	9988	278	1410			1391
剑河县久仰镇	16147	20758	75	380			1052
剑河县南哨镇	18367	11647	57	286			1533
剑河县南寨镇	17875	11711	84	420			1536
剑河县观么镇	14108	9346	54	272			846
剑河县敏洞乡	17312	11885	72	365			
台江县施洞镇	10147	13309	268	638			3829
台江县南宫镇	26591	16462	40	346	4		1970
台江县革一镇	9297	14926	19	312	9	8	876
台江县方召镇	9256	11324	10	52			1190
台江县排羊乡	11006	7582	3	1502	1	1	
台江县台盘乡	9553	16857	19	76	1		
台江县老屯乡	9393	15660	41	412	1	1	
黎平县德凤街道办事处	31000	62330	22		15	15	
黎平县中潮镇	29600	22132	7	697	6	6	8715
黎平县孟彦镇	18400	10573	2	11			2150
黎平县敖市镇	9700	11034	66	430			4539
黎平县九潮镇	29900	18317	2	58	1	1	2429
黎平县岩洞镇	14600	10507	11	160	1	1	4200
黎平县水口镇	26000	26831	40	220	20		8556
黎平县洪州镇	30100	21296	2	80	2	2	4817
黎平县尚重镇	22700	21428	41	210			2838
黎平县双江镇	26300	16775	15	80			5786
黎平县肇兴镇	13300	16739	1	30	1	1	4013
黎平县龙额镇	12400	16930					2574
黎平县永从镇	14900	13672	45	100			2500
黎平县茅贡镇	17200	12111					1417
黎平县地坪镇	11800	12694	7	227			1511

续表 523　　（贵州省）　　单位：公顷、人、个

名　称	行政区域面积	常住人口	企业个数	企业从业人员	工业企业单位	#规模以上	城镇建成区常住人口
黎平县顺化瑶族乡	5900	3589					
黎平县雷洞瑶族水族乡	8200	9189					
黎平县罗里乡	16600	11523	4	23			
黎平县坝寨乡	13300	9600	71	652			
黎平县口江乡	11600	7478					
黎平县德顺乡	21200	11168	15	392	15		
黎平县大稼乡	11000	9792	16	319			
黎平县平寨乡	9100	8166					
黎平县德化乡	11100	6835	1	10			
榕江县古州镇	27798	85377	125	6599	11	9	63410
榕江县忠诚镇	18077	29903	35	456	7	7	6676
榕江县寨蒿镇	18952	24197	150	756	8		5455
榕江县平永镇	15733	20672	6	34			3944
榕江县乐里镇	18764	26399	77	650	4		2890
榕江县朗洞镇	23638	21355	18	103	7		2370
榕江县栽麻镇	16494	19603	25	115			1530
榕江县平江镇	17049	14744	38	342			4221
榕江县八开镇	23605	18604	10	55			1886
榕江县崇义乡	8929	9416	22	132			
榕江县三江水族乡	19903	13735	1	5	1		
榕江县仁里水族乡	8218	11019					
榕江县塔石瑶族水族乡	8972	9449	1	6			
榕江县定威水族乡	14469	6356					
榕江县兴华水族乡	17582	10703	14	795	14		
榕江县计划乡	26104	12349	24	122			
榕江县水尾水族乡	17119	3286					
榕江县平阳乡	16155	10179	5	70	2		
榕江县两汪乡	12060	7836					
从江县丙妹镇	32131	50647	621	8776	151	6	21856
从江县贯洞镇	11485	24458	119	1990	47	2	3394
从江县洛香镇	12779	22666	114	1196	39	1	2893
从江县下江镇	27091	36330	106	709	23	2	2820
从江县宰便镇	17255	12537	39	312	20		2143
从江县西山镇	13400	15998	53	343	21		1959
从江县停洞镇	12215	28415	57	1130	11		1639
从江县往洞镇	24402	19892	62	256	9	1	1670
从江县庆云镇	7850	11472	21	204	6		2725
从江县斗里镇	9910	14019	81	562	45		1546
从江县东朗镇	13980	20726	27	126	3		1715
从江县加鸠镇	23160	13527	29	238	8		907
从江县高增乡	14724	16868	48	362	14		
从江县谷坪乡	17077	14507	49	378	9		
从江县刚边壮族乡	13876	11055	48	610	13		
从江县加榜乡	21694	9699	31	166	4		
从江县秀塘壮族乡	18115	6892	20	109	8		
从江县翠里瑶族壮族乡	16254	12484	39	203	8		
从江县加勉乡	15078	8472	15	140			
雷山县丹江镇	13874	37281	572	2863	206	4	37281
雷山县西江镇	17898	22606	223	1466			8265
雷山县永乐镇	24765	21651	36	116			4973

续表 524 （贵州省） 单位：公顷、人、个

名　　称	行政区域面　　积	常住人口	企业个数	企　　业从业人员	工业企业单　　位	#规模以上	城镇建成区常住人口
雷山县郎德镇	7335	8449	1	30			2985
雷山县大塘镇	23363	16606	42	336	13		2775
雷山县望丰乡	9872	14627	80	13022			
雷山县达地水族乡	7183	10759	51	476			
雷山县方祥乡	16147	4423	33	298			
麻江县谷硐镇	18994	19200	65	862	21	3	3290
麻江县宣威镇	22251	23888	194	1132	17		4318
麻江县龙山镇	11027	14284	71	380	6		2187
麻江县贤昌镇	10380	12400	33	266	1		2931
麻江县坝芒布依族乡	12774	10977	20	151	7	1	
丹寨县龙泉镇	12071	38563	545	1264	141	20	33699
丹寨县兴仁镇	18893	24319	120	213	24	6	3135
丹寨县排调镇	29183	17331	33	269	7		2276
丹寨县扬武镇	15753	29013	136	1276	41	1	4998
丹寨县雅灰乡	8175	9099	30	150	4		
丹寨县南皋乡	10128	4975	37	224	9		
都匀市墨冲镇	32058	51068	248	3030	39	1	4695
都匀市平浪镇	40055	33862	136	2049	14		1856
都匀市毛尖镇	25001	20225	188	2734	13		1306
都匀市匀东镇	49620	89950	594	11134	171	12	13099
都匀市归兰水族乡	15636	23949	78	1232	3		
福泉市凤山镇	11345	22151	42	530	35	7	6673
福泉市陆坪镇	36269	46774	38	1035	9	1	6145
福泉市龙昌镇	13129	21877	56	3921	41	9	4964
福泉市牛场镇	24332	61439	735	14500	235	23	24840
福泉市道坪镇	22094	33033	142	1420	132	24	7505
福泉市仙桥乡	16202	11608	47	260	1		
荔波县朝阳镇	15442	13298	93	1128	11		6100
荔波县茂兰镇	29932	14630	139	3084	28	7	8100
荔波县甲良镇	24319	32379	180	2343	29	1	14800
荔波县佳荣镇	35434	16071	88	1239	25	1	3157
荔波县小七孔镇	30491	27146	272	3460	42	2	4432
荔波县瑶山瑶族乡	19049	9205	40	1017	9		
荔波县黎明关水族乡	48576	16059	144	1311	19		
贵定县新巴镇	8098	10533	53	479	15		3221
贵定县德新镇	19350	24180	74	1234	23	4	5136
贵定县盘江镇	19628	27343	226	4517	60	5	17334
贵定县沿山镇	17631	22239	139	1693	44	4	2137
贵定县昌明镇	43490	49420	429	4286	145	22	6390
贵定县云雾镇	33110	33590	236	4999	40	2	4912
瓮安县平定营镇	8391	25020	18	240	17	6	1476
瓮安县中坪镇	15409	28082	15	800	6		2320
瓮安县建中镇	23738	26087	35	876	25	5	4257
瓮安县永和镇	18241	31137	76	1871	7	5	1620
瓮安县珠藏镇	26396	43782	60	468	19	5	16353
瓮安县玉山镇	12500	23093	18	700	4	3	3800
瓮安县天文镇	11676	15614	15	260	2		15614
瓮安县银盏镇	18708	70710	187	12992	87	60	27361
瓮安县猴场镇	21945	67114	156	2650	18		41260
瓮安县江界河镇	19080	26238	87	382	3		1743

续表 525　　（贵州省）　　单位：公顷、人、个

名　　称	行政区域面　积	常住人口	企业个数	企　业从业人员	工业企业单　位	#规模以上	城镇建成区常住人口
瓮安县岚关乡	11088	14315	21	765	10	1	
独山县百泉镇	39568	86706	1055	10850	155	22	36361
独山县影山镇	21115	19360	58	1827	46	4	3435
独山县基长镇	28641	52668	87	5600	47	3	10382
独山县下司镇	27949	25806	67	18197	28	3	3018
独山县麻尾镇	47152	53445	223	8850	59	16	7664
独山县麻万镇	14086	36693	145	5500	120	16	25843
独山县上司镇	54532	47543	310	1581	30	5	10930
独山县玉水镇	14658	20422	108	610	25	2	3800
平塘县金盆街道办事处	10358	41774	708	10620	85	14	
平塘县平舟镇	24330	27973	89	1501	18	5	3021
平塘县牙舟镇	39459	24191	73	420	25		12201
平塘县通州镇	31485	33825	160	1545	62	5	10988
平塘县大塘镇	28946	23152	71	492	6	3	8016
平塘县克度镇	27862	35291	47	259	43	1	10545
平塘县塘边镇	19522	26535	59	302	18		2500
平塘县甲茶镇	31475	27542	77	392	13		7049
平塘县者密镇	36128	29286	62	375	16		5556
平塘县掌布镇	20503	14059	33	170	8		2000
平塘县卡蒲毛南族乡	10482	12765	37	185	4		
罗甸县龙坪镇	49106	47850	23	171	19	2	13748
罗甸县边阳镇	52215	62162	50	353	18	2	15462
罗甸县沫阳镇	40601	39054	49	294	15	3	9049
罗甸县逢亭镇	22097	17954	39	238	10	2	3772
罗甸县罗悃镇	32591	20700	22	176	5	1	5080
罗甸县茂井镇	31462	15603	12	104	3		2576
罗甸县红水河镇	33346	13962	19	133	6		2135
罗甸县木引镇	17712	14498	34	201	2		3487
罗甸县凤亭乡	21285	8753	9	65			
长顺县广顺镇	39571	72591	234	2000	71	18	11023
长顺县摆所镇	22045	38299	82	405	2		2560
长顺县代化镇	16548	21228	78	400	2		7949
长顺县白云山镇	18877	20799	155	1231	20	8	2310
长顺县鼓扬镇	17824	25269	11	60	3		3136
长顺县敦操乡	6644	8091	24	150	2		
龙里县龙山镇	31818	22513	161	3220	65	17	5964
龙里县醒狮镇	17800	16867	117	1630	38		3412
龙里县谷脚镇	22400	20533	551	14326	248	52	16052
龙里县湾滩河镇	24400	29038	94	1410	30	1	3785
龙里县洗马镇	32050	28714	101	1520	34	1	6670
惠水县好花红镇	24227	56829	289	1984	30		20511
惠水县摆金镇	34724	56671	127	500	5		7213
惠水县雅水镇	26478	34618	33	151	4	1	4766
惠水县断杉镇	36559	38847	20	105	3	1	6450
惠水县芦山镇	8975	22686	6	48	5		1815
惠水县王佑镇	19523	27349	42	212	3	1	5336
惠水县羡塘镇	22598	25232	37	192	5		3986
惠水县岗度镇	27425	22610	112	688	57	3	1262
三都水族自治县三合街道办事处	27669	42931	707	4245	123	11	
三都水族自治县大河镇	29783	50714	304	2128	29	4	3583

续表 526 （贵州省、云南省） 单位：公顷、人、个

名　　称	行政区域面　　积	常住人口	企业个数	企　　业从业人员	工业企业单　　位		城镇建成区常住人口
						#规模以上	
三都水族自治县普安镇	15103	33420	147	1029	32	6	4770
三都水族自治县都江镇	60285	41375	147	1029	17		8546
三都水族自治县中和镇	36843	68641	205	1435	40	1	6437
三都水族自治县周覃镇	27526	36280	231	1845	46	3	3963
三都水族自治县九阡镇	40410	23955	124	868	28	3	6203
云南省							
东川区汤丹镇	29151	37579	96	4500	80	9	4750
东川区因民镇	14517	14043	83	3710	34	4	8000
东川区阿旺镇	27480	34995	200	1183	23	1	2392
东川区乌龙镇	13162	15401	161	966	3		7321
东川区红土地镇	32293	17596	57	295	4	1	953
东川区拖布卡镇	19393	29880	18	120	18	1	8200
东川区舍块乡	16620	6838	20	210	12	1	
晋宁县晋城镇	25322	106465	264	13954	231	20	43059
晋宁县二街镇	16381	17872	229	4392	102	31	3788
晋宁县上蒜镇	12726	37238	1151	4956	63	12	6392
晋宁县六街镇	11130	13508	31	305	6	4	4583
晋宁县双河彝族乡	15200	8152	321	1741	19		
晋宁县夕阳彝族乡	16032	6724	2	12			
富民县罗免镇	12500	14941	19	1220	6	2	2460
富民县赤鹫镇	16700	10044	31	2134	12		4212
富民县东村镇	12228	13810	103	543	7		1962
富民县款庄镇	18500	22595	37	3910	28	2	8360
富民县散旦镇	10100	11792	15	1425	13	1	3125
宜良县北古城镇	25821	58940	519	3635	106	42	6786
宜良县狗街镇	20778	62612	442	2652	29	10	12423
宜良县竹山镇	24492	24154	96	981	3	1	2146
宜良县马街镇	11122	18071	118	1057	19		3835
宜良县耿家营乡	19433	18060	130	1199	7	1	
宜良县九乡乡	30178	18290	117	1125	9		
石林彝族自治县西街口镇	29147	18019	369	3558	40		2705
石林彝族自治县长湖镇	29912	17011	460	3200	8		1091
石林彝族自治县圭山镇	32043	23671	882	11480	78	6	2038
石林彝族自治县大可乡	10498	16527	56	340	9	1	
嵩明县小街镇	12100	72437	361	22075	118	9	42367
嵩明县杨林镇	16270	59628	274	10061	183	66	19589
嵩明县牛栏江镇	22880	56643	43	7870	21	3	8436
禄劝彝族苗族自治县撒营盘镇	51160	42037	116	582	5		8251
禄劝彝族苗族自治县转龙镇	25613	29333	30	156	9		7101
禄劝彝族苗族自治县茂山镇	23700	37190	191	960	23	2	4900
禄劝彝族苗族自治县团街镇	19160	24870	60	320	5	1	760
禄劝彝族苗族自治县中屏镇	25010	17797	138	828	3	2	2000
禄劝彝族苗族自治县皎平渡镇	25080	21074	61	326			598
禄劝彝族苗族自治县乌东德镇	18720	15792	127	1016			2540
禄劝彝族苗族自治县翠华镇	30730	37472	7	72	5	2	4579
禄劝彝族苗族自治县九龙镇	37850	42921	79	524	2	2	4360
禄劝彝族苗族自治县云龙乡	27590	10085	13	73			
禄劝彝族苗族自治县汤郎乡	21016	15240	27	216			
禄劝彝族苗族自治县马鹿塘乡	22220	20573	54	324	45		
禄劝彝族苗族自治县则黑乡	33640	26910	77	410	1		

续表 527　　　　（云南省）　　　　单位：公顷、人、个

名　　称	行政区域面积	常住人口	企业个数	企业从业人员	工业企业单位	#规模以上	城镇建成区常住人口
禄劝彝族苗族自治县乌蒙乡	17538	14986	7	54			
禄劝彝族苗族自治县雪山乡	13725	9520	7	135	7		
寻甸回族彝族自治县羊街镇	16350	51554	1945	11670	24	5	4900
寻甸回族彝族自治县柯渡镇	27228	31664	6	361	5		31664
寻甸回族彝族自治县倘甸镇	21220	44583	102	1548	7	3	9742
寻甸回族彝族自治县功山镇	40465	42275	433	3712	1		2348
寻甸回族彝族自治县河口镇	44100	35360	104	788	3	1	3577
寻甸回族彝族自治县七星镇	12700	18638	131	657	5		1219
寻甸回族彝族自治县先锋镇	15600	24416	36	2905	5	2	3671
寻甸回族彝族自治县鸡街镇	22680	31540	18	104	1		1178
寻甸回族彝族自治县凤合镇	23341	39922	14	210	11		1435
寻甸回族彝族自治县六哨乡	18614	19619					
寻甸回族彝族自治县联合乡	16590	11783	23	180	8		
寻甸回族彝族自治县金源乡	15400	20529	5	42	2		
寻甸回族彝族自治县甸沙乡	20536	20233	1	98	1	1	
麒麟区越州镇	26300	71552	112	7926	92	17	5673
麒麟区东山镇	42093	80316	52	5759	35	17	6777
麒麟区茨营镇	19400	30853	259	2165	12	6	5775
沾益区白水镇	32259	31719	34	2483	34	24	5596
沾益区盘江镇	20656	34531	876	4671	163	1	6257
沾益区炎方乡	43316	40913	51	1200	4	2	
沾益区播乐乡	28502	32862	14	1350	14	2	
沾益区大坡乡	48413	44926	88	700	10		
沾益区菱角乡	49699	48079	451	13530	25		
沾益区德泽乡	14930	18749	12	65	1		
马龙县马过河镇	13100	15163	224	1189	27		1138
马龙县纳章镇	15700	14120	16	170			2988
马龙县马鸣乡	23900	13016	25	130			
马龙县大庄乡	13400	13498	31	1300			
马龙县月望乡	22500	29161	11	215	6		
陆良县板桥镇	18217	91385	687	11568	126	3	91385
陆良县三岔河镇	12140	110495	4149	24894	209		18000
陆良县马街镇	16412	106390	208	5072	61	4	29214
陆良县召夸镇	18790	33931	693	2844	52	3	4151
陆良县大莫古镇	21590	48105	108	3210	39	9	48105
陆良县芳华镇	23421	31646	79	645	13		4960
陆良县小百户镇	44987	40117	30	1093	28	5	5834
陆良县活水乡	20514	25354	19	394	7	1	
陆良县龙海乡	15490	26952	36	184	4		
师宗县雄壁镇	23434	57073	403	12603	93	3	2738
师宗县葵山镇	11544	40510	113	602	7		7449
师宗县彩云镇	19052	39245	139	721	8		10672
师宗县竹基镇	23589	49057	10	1260	10		11360
师宗县龙庆乡	47547	37041	89	447	3		
师宗县五龙乡	47107	30840					
师宗县高良乡	55792	26823					
罗平县板桥镇	18252	54675	145	960	16	4	20963
罗平县马街镇	25969	63748	71	358	2	1	7465
罗平县富乐镇	20900	51303	58	1986	22		6661
罗平县阿岗镇	37200	65297	346	4451	139	6	6687

续表 528　　（云南省）　　单位：公顷、人、个

名　　称	行政区域面　　积	常住人口	企业个数	企　　业从业人员	工业企业单　　位	#规模以上	城镇建成区常住人口
罗平县大水井乡	26100	24577	119	634	16	1	
罗平县鲁布革乡	24900	19271	38	360			
罗平县旧屋基乡	12935	11035	40	219	1		
罗平县钟山乡	20968	26659	459	2300	137		
罗平县长底乡	9602	13701	347	627	62		
罗平县老厂乡	20400	36559	220	1700	118	2	
富源县营上镇	15230	75784	313	47326	71	10	8379
富源县黄泥河镇	26327	60546	245	1228	40	12	60546
富源县竹园镇	16405	48788	352	1786	49	15	7286
富源县后所镇	43000	69307	115	10311	36	8	18257
富源县大河镇	24750	85249	975	4936	22	7	12825
富源县墨红镇	49550	59230	376	2706	37	10	5335
富源县富村镇	33053	107365	1799	10794	108	5	25722
富源县十八连山镇	33400	67136	69	2980	31	10	67136
富源县老厂镇	23600	47714	193	6323	41	13	1998
富源县古敢水族乡	8260	12743	184	932	6		
会泽县娜姑镇	25800	61205	18	120	13		61205
会泽县迤车镇	46200	85716	20	120	2	2	85716
会泽县乐业镇	36200	63432	10	206	7		8431
会泽县矿山镇	22500	22013	6	30	4		3803
会泽县者海镇	36500	85105	40	300	31	2	85105
会泽县大井镇	25300	38400	20	106	2		38400
会泽县待补镇	35200	45542	22	146	12		45542
会泽县大海乡	31100	25384	63	824	10	2	
会泽县老厂乡	16300	19413	23	118	2		
会泽县五星乡	20900	28702	24	300	4	1	
会泽县大桥乡	22200	31160	39	199	4		
会泽县纸厂乡	9800	17689	104	526			
会泽县马路乡	19600	26590	2	25	1	1	
会泽县火红乡	26800	31788	3	30	2		
会泽县新街乡	25200	31822	3	30	3		
会泽县雨碌乡	24500	37654	8	40	8		
会泽县鲁纳乡	17500	18113	2	12	2		
会泽县上村乡	27000	30600	6	145	1		
会泽县驾车乡	29300	23383	2	12	2		
会泽县田坝乡	32600	31538	2	11	2		
宣威市格宜镇	24473	43074	279	6465	23	3	8042
宣威市田坝镇	26973	65838	24	4484	24	2	14970
宣威市羊场镇	27674	44477	62	3371	21	4	11301
宣威市倘塘镇	38258	79377	509	3786	17	4	11352
宣威市落水镇	23222	37988	34	536	32	2	6973
宣威市务德镇	44977	42646	6	73	5	1	3872
宣威市海岱镇	22082	61132	160	960	19	2	16906
宣威市龙场镇	26322	49396	367	5800	249	6	17101
宣威市龙潭镇	31544	62180	63	1208	7	5	10230
宣威市热水镇	60019	81168	70	341	13		10975
宣威市宝山镇	22982	63744	28	6900	26	6	6586
宣威市东山镇	29175	53552	452	4026	32	7	7265
宣威市普立乡	17356	33275	24	146			
宣威市西泽乡	36096	34251	15	121	5		

续表 529　　（云南省）　　单位：公顷、人、个

名　称	行政区域面　积	常住人口	企业个数	企　业从业人员	工业企业单　位	#规模以上	城镇建成区常住人口
宣威市得禄乡	17045	30822	9	153	9		
宣威市杨柳乡	16052	47609	8	316	1	1	
宣威市双河乡	10723	36519	14	896	8	4	
宣威市乐丰乡	24380	50238	28	4600	10	2	
宣威市文兴乡	13310	51797	391	4715	18	6	
宣威市阿都乡	12530	37858	18	378	3		
红塔区小石桥乡	7303	5812	16	960	5	2	
红塔区洛河乡	17061	10159	13	653	11	3	
江川区江城镇	17800	68182	83	2677	39	7	8556
江川区前卫镇	8947	49082	39	1546	33	12	6608
江川区九溪镇	11400	27622	40	549	9	2	4322
江川区路居镇	8134	28993	26	759	26	1	5360
江川区安化乡	9560	9425	1	35	1	1	
江川区雄关乡	6370	11178	12	213	12	2	
澄江县右所镇	7840	39440	223	1340	138		6984
澄江县阳宗镇	13140	30053	31	385	21		3981
澄江县海口镇	10270	11531	18	108	12		4430
澄江县九村镇	10930	11697	134	2801	123	20	2332
通海县杨广镇	9922	51809	332	7235	48	6	11427
通海县河西镇	18726	50296	442	6954	54	11	6442
通海县四街镇	7495	44452	479	3182	96	11	10774
通海县纳古镇	1200	13075	143	5466	98	9	9363
通海县里山乡	10011	8705	96	1985	31	9	
通海县高大乡	10122	11565	22	582	11	1	
通海县兴蒙乡	477	5734	32	269	7	1	
华宁县盘溪镇	17690	53210	50	2798	37	3	23102
华宁县华溪镇	13930	13718	50	1480	14		2362
华宁县青龙镇	43315	50037	1251	2981	160	3	14354
华宁县通红甸乡	11450	10307	6	293	3		
易门县绿汁镇	23170	13125	44	619	10		4717
易门县浦贝彝族乡	17890	16865	80	1297	17	5	
易门县十街彝族乡	15910	12389	64	768	3		
易门县铜厂彝族乡	29115	20856	24	360	12		
易门县小街乡	15470	10984	1	144	1		
峨山彝族自治县甸中镇	18865	19021	10	261	2		5816
峨山彝族自治县化念镇	29663	13940	3	679	2	2	894
峨山彝族自治县塔甸镇	27675	14106	7	1162	7	1	3224
峨山彝族自治县岔河乡	18577	9935					
峨山彝族自治县大龙潭乡	21318	12451	5	135	5		
峨山彝族自治县富良棚乡	24880	10573	3	35	2		
新平彝族傣族自治县扬武镇	48700	20940	70	4496	31	9	5408
新平彝族傣族自治县漠沙镇	68400	49473	30	1051	14	2	3152
新平彝族傣族自治县戛洒镇	41561	50100	432	8203	22	6	50010
新平彝族傣族自治县水塘镇	30200	21143	156	1351	7	2	2771
新平彝族傣族自治县平甸乡	43560	12891	1	15	1		
新平彝族傣族自治县新化乡	49000	21639	8	52	1		
新平彝族傣族自治县建兴乡	20500	10549	5	105	5		
新平彝族傣族自治县老厂乡	44221	16043	30	471	2	1	
新平彝族傣族自治县者竜乡	30600	12214	8	69	8		
新平彝族傣族自治县平掌乡	24402	10661	5	55	3		

续表 530　　(云南省)　　单位：公顷、人、个

名　称	行政区域面　积	常住人口	企业个数	企　业从业人员	工业企业单　位	#规模以上	城镇建成区常住人口
元江哈尼族彝族傣族自治县曼来镇	41169	32254	13	210	10	3	2957
元江哈尼族彝族傣族自治县因远镇	32980	28679	538	1912	13	5	5462
元江哈尼族彝族傣族自治县龙潭乡	27200	5526					
元江哈尼族彝族傣族自治县羊街乡	16100	17932	40	201	1		
元江哈尼族彝族傣族自治县那诺乡	10800	17651					
元江哈尼族彝族傣族自治县洼垤乡	32900	7673	2	64	2	1	
元江哈尼族彝族傣族自治县咪哩乡	19013	13862	6	31	1		
隆阳区板桥镇	34600	103409	165	6697	69	17	11814
隆阳区河图镇	3390	38267	10	1066	9	2	6422
隆阳区汉庄镇	21700	75330	250	4400	30	18	7977
隆阳区蒲缥镇	31200	52500	35	1622	9	5	6138
隆阳区瓦窑镇	44600	38143	165	1878	29	5	5775
隆阳区潞江镇	73461	76979	287	3410	48	8	8120
隆阳区金鸡乡	5200	26629	30	498	12		
隆阳区辛街乡	14100	69590	84	556	10	4	
隆阳区西邑乡	25600	62142	147	1022	17	1	
隆阳区丙麻乡	21916	26580	3	175	3	1	
隆阳区瓦渡乡	23400	24512	3	75	2		
隆阳区水寨乡	10700	14381	6	45	6		
隆阳区瓦马彝族白族乡	30700	22989	2	45	2		
隆阳区瓦房彝族苗族乡	30000	32762	4	52	4	1	
隆阳区杨柳白族彝族乡	49200	39442	187	995	12		
隆阳区芒宽彝族傣族乡	54400	44831	29	664	22	3	
施甸县甸阳镇	13200	52344	543	6100	2	2	35256
施甸县由旺镇	11700	39460	15	195	6	3	7975
施甸县姚关镇	19500	39618	200	1100	3	3	6200
施甸县仁和镇	14334	51833	156	969	56	2	7433
施甸县太平镇	23684	31096	2	33			3598
施甸县万兴乡	9537	14711	14	102	1	1	
施甸县摆榔乡	8253	7615	18	54			
施甸县酒房乡	31796	25967	18	74	1	1	
施甸县旧城乡	22627	16768	34	370	6	3	
施甸县木老元乡	7660	4854	4	23			
施甸县老麦乡	11200	21907	38	191	2		
施甸县何元乡	13800	16415					
施甸县水长乡	9524	18645	190	1287	50	8	
龙陵县龙山镇	31754	55354	341	4992	66	21	31750
龙陵县镇安镇	25620	43769	17	662	12	1	8800
龙陵县勐糯镇	22782	16514	590	3204	23	4	8710
龙陵县腊勐镇	18194	20881	12	61	9		20881
龙陵县象达镇	42587	34125	97	512	13	2	7647
龙陵县龙江乡	19480	30614	104	730	10		
龙陵县碧寨乡	28314	21568	72	695	10	3	
龙陵县龙新乡	31810	29326	106	1129	36	4	
龙陵县平达乡	35620	26731	46	278	15	1	
龙陵县木城彝族傈僳族乡	23420	8362	9	253	7		
昌宁县田园镇	25600	75653	503	11837	164	22	29926
昌宁县漭水镇	31100	26733	44	932	13	1	4876
昌宁县柯街镇	21100	33266	42	488	7	1	33266
昌宁县卡斯镇	24400	40228	162	1944	30	3	4878

续表 531　　（云南省）　　单位：公顷、人、个

名　称	行政区域面　积	常住人口	企业个数	企　业从业人员	工业企业单　位	#规模以上	城镇建成区常住人口
昌宁县勐统镇	29800	24816	13	1311	8	2	1876
昌宁县温泉镇	22500	26053	29	980	10	3	3000
昌宁县大田坝镇	31200	21452	19	416	11	1	21452
昌宁县鸡飞镇	33800	19455	38	434	4	2	589
昌宁县翁堵镇	19100	14804	21	80	3	1	14804
昌宁县湾甸乡	31600	18792	48	2076	13	3	
昌宁县更戛乡	54700	25604	17	516	6	1	
昌宁县珠街彝族乡	28100	13934	8	253	6		
昌宁县耈街彝族苗族乡	35800	23205	25	311	2	1	
腾冲市腾越镇	27198	123887	990	14710	120	17	82632
腾冲市固东镇	24200	47180	126	1008	20	2	6833
腾冲市滇滩镇	39300	28827	56	600	27	4	4646
腾冲市猴桥镇	108600	25788	126	3600	21	1	8905
腾冲市和顺镇	1791	7895	438	2191	18	9	5668
腾冲市界头镇	83900	68002	16	81	8		4058
腾冲市曲石镇	37300	45291	10	625	7	1	4546
腾冲市明光镇	73100	41663	650	3500	31	2	6055
腾冲市中和镇	41200	40956	217	4900	40	6	5450
腾冲市芒棒镇	24553	44701	120	288	5		2918
腾冲市荷花镇	12734	26961	157	1254	15	3	5983
腾冲市马站乡	16800	28864	17	1181	16	2	
腾冲市北海乡	18436	24684					
腾冲市清水乡	9900	16738	35	198			
腾冲市五合乡	16000	35317	47	236			
腾冲市新华乡	12200	18094	1	10	1	1	
腾冲市蒲川乡	17656	28995	25	412	6	1	
腾冲市团田乡	9760	20056	6	120	6	1	
昭阳区旧圃镇	86700	73167	302	4265	9	1	73067
昭阳区永丰镇	9140	45020	3	532	2	2	8907
昭阳区北闸镇	13175	53443	193	2022	42	6	5421
昭阳区盘河镇	154	24099	1	5	1		24099
昭阳区靖安镇	17608	43558	12	374	8	2	2017
昭阳区洒渔镇	22219	56524	16	154	16	1	56524
昭阳区乐居镇	8295	28922	46	234	2		913
昭阳区苏家院镇	10939	43352	4	139	4		1139
昭阳区大山包镇	19200	13649	42	169	1		1268
昭阳区炎山镇	8083	18019	7	36	3		18019
昭阳区布嘎回族乡	9243	33256	1		1	1	
昭阳区守望回族乡	6722	44824	28	1120	3		
昭阳区小龙洞回族彝族乡	12335	35018	7	215	7	3	
昭阳区青岗岭回族彝族乡	11120	28179	10	300	6	1	
昭阳区苏甲乡	21298	22597	1	25			
昭阳区大寨子乡	7800	13449	2	21			
昭阳区田坝乡	5337	13897					
鲁甸县文屏镇	8775	85295	298	5457	37	4	33459
鲁甸县水磨镇	27014	35169	17	86	5		1532
鲁甸县龙头山镇	21082	49881	20	250	5	1	6541
鲁甸县小寨镇	9746	18826	21	249	4		720
鲁甸县江底镇	14032	27849	12	158	4		407
鲁甸县火德红镇	9191	19409	4	507	1	1	620

续表 532　　(云南省)　　单位：公顷、人、个

名　称	行政区域面积	常住人口	企业个数	企业从业人员	工业企业单位	#规模以上	城镇建成区常住人口
鲁甸县龙树镇	10826	33183	15	77	3		5665
鲁甸县新街镇	11287	19450	12	139	3		3894
鲁甸县梭山镇	13461	29210	7	207	5	1	2148
鲁甸县乐红镇	12991	32785	4	2744	3	1	2255
鲁甸县桃源回族乡	5802	34861	43	1100	19	4	
鲁甸县茨院回族乡	4196	27081	50	1902	24	6	
巧家县白鹤滩镇	32467	102133	669	6202	71	5	43687
巧家县大寨镇	18886	36047	33	246	7		8613
巧家县小河镇	19217	37502	26	384	5	1	4468
巧家县药山镇	38527	40154	26	157	11		6199
巧家县马树镇	29267	32474	51	262	7		8145
巧家县老店镇	43291	65135	39	199	6		7097
巧家县茂租镇	13117	18210	14	205	4	1	2046
巧家县东坪镇	15761	25197	20	144	4	1	4051
巧家县新店镇	14786	31774	25	170	6	1	5200
巧家县崇溪镇	24702	36383	10	60	1		2977
巧家县金塘镇	12114	16903	25	136	9		3928
巧家县蒙姑镇	12103	19744	27	189	4		6718
巧家县红山乡	10923	17480	7	40	1		
巧家县包谷垴乡	12560	27347	9	51	1		
巧家县中寨乡	8636	12434	3	31	1		
巧家县炉房乡	13329	21409	7	36	1		
盐津县盐井镇	23400	61429	627	3235	67	5	61429
盐津县普洱镇	37300	65207	261	1385	53		16588
盐津县豆沙镇	15600	22781	74	391	42		7471
盐津县中和镇	23950	36229	65	390	22	1	36229
盐津县庙坝镇	33600	49570	178	904	39	1	2788
盐津县柿子镇	17400	24543	229	1165	61	3	7287
盐津县兴隆乡	15500	37818	24	519	4		
盐津县落雁乡	13000	26883	20	105	20		
盐津县滩头乡	13700	28321	18	112	17		
盐津县牛寨乡	15700	34116	333	2465	25		
大关县翠华镇	15481	42453	276	3774	39	1	12760
大关县玉碗镇	10207	15933	29	323	12	1	3200
大关县吉利镇	12627	19459	25	702	7	3	1133
大关县天星镇	41003	61040	45	587	17		4850
大关县木杆镇	24114	24736	38	508	13		600
大关县悦乐镇	15028	28246	22	256	4		1707
大关县寿山镇	18220	27257	23	837	14	2	1209
大关县高桥镇	24779	24903	11	128	10		1985
大关县上高桥回族彝族苗族乡	10641	13356	36	453	1		
永善县溪洛渡镇	33552	98309	684	4650	40	2	33810
永善县桧溪镇	9150	16920	20	453	4		1975
永善县黄华镇	20127	55580	24	144	6		8900
永善县茂林镇	26567	19678	18	93	4		2852
永善县大兴镇	14089	31127	20	268	7	1	9825
永善县莲峰镇	28661	37230	23	121	3		4913
永善县务基镇	13452	24590	17	86	1		4742
永善县码口镇	14493	25938	3	16	1		4938
永善县团结乡	19829	20595	16	256	9	1	

续表 533　　（云南省）　　单位：公顷、人、个

名　　称	行政区域面积	常住人口	企业个数	企业从业人员	工业企业单位	#规模以上	城镇建成区常住人口
永善县细沙乡	15993	19493	10	165	1	1	
永善县青胜乡	9215	11441	2	12			
永善县马楠苗族彝族乡	20971	10088	7	42	1		
永善县水竹乡	17915	7214	5	13	2		
永善县墨翰乡	16552	23193	9	143	7	1	
永善县伍寨彝族苗族乡	17259	12119	11	51	2	1	
绥江县中城镇	24106	80241	889	8098	77	1	36401
绥江县南岸镇	8675	14082	46	268	1		2357
绥江县新滩镇	8701	20263	70	1329	10	1	5665
绥江县会仪镇	10203	20916	82	972	7	1	4734
绥江县板栗镇	23192	19402	50	1756	10	1	1625
镇雄县泼机镇	12851	123327	19	631	19	5	9078
镇雄县黑树镇	8835	30268	2	40	2		5403
镇雄县母享镇	13016	64309	11	215	11	1	9120
镇雄县大湾镇	11985	51511	3	30	3		3801
镇雄县以勒镇	16947	75855	8	44	6		14578
镇雄县赤水源镇	18048	65420	16	1180	15	7	6800
镇雄县芒部镇	14800	45655	10	68	6	4	9000
镇雄县雨河镇	13588	32975	14	353	7	2	5059
镇雄县罗坎镇	22129	77101	7	145	7		3882
镇雄县牛场镇	16747	45696	4	21	4	2	3245
镇雄县五德镇	19035	68170	14	1678	9	8	6318
镇雄县坡头镇	14808	63295	14	675	14	2	6765
镇雄县以古镇	16809	31403	1	6	1		31235
镇雄县场坝镇	17519	60027	3	85	3	1	3126
镇雄县塘房镇	9871	61170	8	2216	8	2	2114
镇雄县中屯镇	7335	52305	16	124	14	2	4986
镇雄县木卓镇	8495	31320	4	35	4	2	3904
镇雄县盐源镇	15269	32935	2	12	1		2000
镇雄县碗厂镇	15808	22299	10	187	4		5200
镇雄县坪上镇	9875	45501	5	380	5	1	13010
镇雄县鱼洞乡	5495	15632	1	15	1		
镇雄县花朗乡	5965	21763	4	48	4		
镇雄县尖山乡	6558	34901	2	17	2		
镇雄县杉树乡	15512	19905	7	38	6		
镇雄县花山乡	18758	25263	16	1860	5	3	
镇雄县果珠彝族乡	8934	41470	2	115	2	1	
镇雄县林口彝族苗族乡	11455	42869	21	126	6	4	
彝良县角奎镇	33744	106010	561	5049	39	5	56298
彝良县洛泽河镇	27917	60100	172	1548	20	2	20128
彝良县牛街镇	17650	38780	95	855	16		4216
彝良县海子镇	19203	30700	25	225			6375
彝良县荞山镇	20263	41060	25	956	3		5097
彝良县龙安镇	12873	22490	81	729	3		22490
彝良县钟鸣镇	10566	17630	32	288			1306
彝良县两河镇	16364	21550	51	459	2		6618
彝良县小草坝镇	20692	24010	141	1269	5		22652
彝良县龙海镇	15332	21796	31	279	5		1856
彝良县龙街苗族彝族乡	23861	43250	41	459	5		
彝良县奎香苗族彝族乡	22825	48520	37	333	2		

续表 534　　(云南省)　　单位：公顷、人、个

名　称	行政区域面积	常住人口	企业个数	企业从业人员	工业企业单位	#规模以上	城镇建成区常住人口
彝良县树林彝族苗族乡	11861	23930	17	153	2		
彝良县柳溪苗族乡	9696	20720	20	180	4		
彝良县洛旺乡	17035	28960	29	261	5		
威信县扎西镇	33800	119558	240	5108	93	15	53546
威信县旧城镇	16200	28086	8	293	7	1	6645
威信县罗布镇	16400	52681	26	797	20	4	13464
威信县林凤镇	13300	42570	16	1826	10	2	13758
威信县长安镇	7800	30032	9	84	8		4500
威信县庙沟镇	5700	21264	14	522	13		5634
威信县水田镇	4500	13037	9	168	5		1396
威信县双河苗族彝族乡	14500	33223	17	550	13		
威信县高田乡	17300	31330	15	583	12	1	
威信县三桃乡	10500	32620	14	337	13	1	
水富县向家坝镇	6135	19192	97	1063	7	4	2530
水富县太平镇	19917	15152	44	776	5		936
水富县两碗镇	12228	15829	19	191	5	1	1025
古城区金安镇	14450	5802	14	460	12		162
古城区七河镇	36630	20383	15	193	5		423
古城区大东乡	22090	6861	4	127	2	1	
古城区金江白族乡	8920	2954					
玉龙纳西族自治县黄山镇	11650	39776	282	2256			33550
玉龙纳西族自治县石鼓镇	63400	22743	10	52			2000
玉龙纳西族自治县巨甸镇	40760	20661	11	102			6550
玉龙纳西族自治县白沙镇	24630	8740	11	529			1004
玉龙纳西族自治县拉市镇	16860	16268	32	238	10	1	2343
玉龙纳西族自治县奉科镇	35500	6447	12	61			1486
玉龙纳西族自治县鸣音镇	36060	6825	1	20			1341
玉龙纳西族自治县太安乡	24930	9556	3	67	1		
玉龙纳西族自治县龙蟠乡	27770	10571	5	140	1		
玉龙纳西族自治县黎明傈僳族乡	70440	15849	2	98	2	1	
玉龙纳西族自治县鲁甸乡	52080	17409	3	100	1		
玉龙纳西族自治县塔城乡	27300	8673	1	9	1		
玉龙纳西族自治县大具乡	46810	9753	21	126			
玉龙纳西族自治县宝山乡	48070	7947	21	106			
玉龙纳西族自治县石头白族乡	56930	8874	38	216			
玉龙纳西族自治县九河白族乡	36810	26668	9	250			
永胜县永北镇	24294	56145	67	4628	33	15	22804
永胜县仁和镇	42049	24008	12	359	8	1	5131
永胜县期纳镇	26488	35570	61	916	1	1	6840
永胜县三川镇	21594	66017	215	1311	16	3	4986
永胜县程海镇	44386	44278	155	1125	4	2	4581
永胜县涛源镇	46131	37243	12	235	6		6340
永胜县鲁地拉镇	43446	13101					2189
永胜县片角镇	37765	23215	3	72			5174
永胜县顺州镇	47522	30491	8	38	4		4955
永胜县羊坪彝族乡	16317	7892					
永胜县六德傈僳族彝族乡	30073	14185	12	142	12		
永胜县东山傈僳族彝族乡	43543	8090	18	102			
永胜县光华傈僳族彝族乡	16350	14555					
永胜县松坪傈僳族乡	28307	8163	4	22			

续表 535　　　　　　　　　　　　（云南省）　　　　　　　　　　　　单位：公顷、人、个

名　　称	行政区域面积	常住人口	企业个数	企业从业人员	工业企业单位	#规模以上	城镇建成区常住人口
永胜县大安彝族纳西族乡	24219	15895	26	130	1		
华坪县中心镇	32640	48448	44	4671	22	3	28693
华坪县荣将镇	41290	30326	462	2434	45	3	7551
华坪县兴泉镇	22870	17900	540	3000	30	10	7300
华坪县石龙坝镇	31550	14694	45	4364	43	2	5268
华坪县新庄傈僳族傣族乡	27660	17458	25	305	5		
华坪县通达傈僳族乡	15170	8254	4	29	4		
华坪县永兴傈僳族乡	31460	12836	12	446	6		
华坪县船房傈僳族傣族乡	17360	10195	4	468	4	4	
宁蒗彝族自治县大兴镇	38870	59080	320	1601			59080
宁蒗彝族自治县拉伯乡	30703	10082					
宁蒗彝族自治县永宁乡	64192	22669	71	360			
宁蒗彝族自治县翠玉乡	61760	13648					
宁蒗彝族自治县红桥乡	51500	21603	17	392	14	2	
宁蒗彝族自治县宁利乡	33584	15485	4	24			
宁蒗彝族自治县金棉乡	26173	7855	22	110			
宁蒗彝族自治县西川乡	40172	15825					
宁蒗彝族自治县西布河乡	49544	18073					
宁蒗彝族自治县战河乡	57065	23749	45	650	6	3	
宁蒗彝族自治县永宁坪乡	24500	8612					
宁蒗彝族自治县跑马坪乡	25520	13723					
宁蒗彝族自治县蝉战河乡	25090	7287					
宁蒗彝族自治县新营盘乡	23710	19820					
宁蒗彝族自治县烂泥箐乡	43719	12291					
思茅区思茅镇	20350	107492	1976	34444	80	6	104779
思茅区南屏镇	50850	104014	1850	40399	183	15	87839
思茅区倚象镇	103100	42422	246	3453	18	1	6772
思茅区思茅港镇	65000	22945	93	1191	3	2	4231
思茅区六顺镇	52400	13607	97	1265	7	2	3564
思茅区龙潭彝族傣族乡	33000	10069	35	201	1		
思茅区云仙彝族乡	68100	13819	70	562	1		
宁洱哈尼族彝族自治县宁洱镇	53888	69945	900	10220	338	15	1082
宁洱哈尼族彝族自治县磨黑镇	49103	20053	126	385	53		2783
宁洱哈尼族彝族自治县德化镇	35430	11742	54	273	22	1	1658
宁洱哈尼族彝族自治县同心镇	33365	13786	106	1344	39	2	1908
宁洱哈尼族彝族自治县勐先镇	49247	18571	83	250	47		4375
宁洱哈尼族彝族自治县梅子镇	28148	9619	49	505	21		2503
宁洱哈尼族彝族自治县德安乡	33830	8158	39	67	36		
宁洱哈尼族彝族自治县普义乡	36771	8863	67	452	4		
宁洱哈尼族彝族自治县黎明乡	46824	8578	52	169	14		
墨江哈尼族自治县联珠镇	68100	61219	302	5436	35	9	38400
墨江哈尼族自治县通关镇	55140	24443	18	154	5	1	7747
墨江哈尼族自治县龙坝镇	22558	22000	6	35			3692
墨江哈尼族自治县新安镇	30500	15507	11	160	2	1	1092
墨江哈尼族自治县团田镇	47973	14553	10	57	2		3336
墨江哈尼族自治县新抚镇	47384	17490	5	27	1		2050
墨江哈尼族自治县景星镇	43900	22561	13	115	2		1980
墨江哈尼族自治县鱼塘镇	29000	11950	3	16			2500
墨江哈尼族自治县文武镇	36500	18862	8	42			2464
墨江哈尼族自治县坝溜镇	26900	22360	5	93	2		3842

续表 536　　（云南省）　　单位：公顷、人、个

名　　称	行政区域面积	常住人口	企业个数	企业从业人员	工业企业单位	#规模以上	城镇建成区常住人口
墨江哈尼族自治县泗南江镇	30615	20451	6	120	3	2	1420
墨江哈尼族自治县雅邑镇	33640	20021	4	21	1		4085
墨江哈尼族自治县孟弄乡	20100	9925	4	35	1		
墨江哈尼族自治县龙潭乡	22800	10351	3	16	1		
墨江哈尼族自治县那哈乡	18900	13063					
景东彝族自治县锦屏镇	53039	69528	837	7052	80	6	20947
景东彝族自治县文井镇	84267	71143	213	1768	26	3	8716
景东彝族自治县漫湾镇	30623	19709	54	448	4		4130
景东彝族自治县大朝山东镇	54382	26888	16	189	7	1	2745
景东彝族自治县花山镇	29466	27705	31	257	8		1759
景东彝族自治县大街镇	18783	22412	33	282	12	2	2447
景东彝族自治县太忠镇	29288	22281	38	315	6		2111
景东彝族自治县文龙镇	28626	17516	30	249	4		1881
景东彝族自治县安定镇	23075	20040	28	232	3		1103
景东彝族自治县景福镇	28320	21123	24	199	3		1979
景东彝族自治县曼等乡	17121	14916	2	15	1		
景东彝族自治县龙街乡	27277	20751	18	149	5		
景东彝族自治县林街乡	21856	13388	2	14	1		
景谷傣族彝族自治县威远镇	112700	98716	295	4462	140	18	23766
景谷傣族彝族自治县永平镇	146566	71974	448	4670	62	7	4021
景谷傣族彝族自治县正兴镇	88310	14998	419	1736	6	1	1050
景谷傣族彝族自治县民乐镇	77700	25937	8	352	4	2	25937
景谷傣族彝族自治县凤山镇	52060	18742	58	1401	7	1	2916
景谷傣族彝族自治县景谷镇	26350	17655	9	210	9		5240
景谷傣族彝族自治县碧安乡	94700	23281	3	20			
景谷傣族彝族自治县益智乡	80900	12057	55	334	3	3	
景谷傣族彝族自治县半坡乡	35510	10126	7	67			
景谷傣族彝族自治县勐班乡	49203	17560	10	55	10		
镇沅彝族哈尼族拉祜族自治县恩乐镇	50850	35127	61	943	18	3	20429
镇沅彝族哈尼族拉祜族自治县按板镇	44076	21501	48	288	11	2	4560
镇沅彝族哈尼族拉祜族自治县勐大镇	86554	40201	85	472	9	1	5171
镇沅彝族哈尼族拉祜族自治县者东镇	56434	28772	120	643	19	2	3600
镇沅彝族哈尼族拉祜族自治县九甲镇	20465	16224	7	110	4	1	625
镇沅彝族哈尼族拉祜族自治县古城镇	41036	14006	11	101	9		2990
镇沅彝族哈尼族拉祜族自治县振太镇	66341	35665	50	482	9		1604
镇沅彝族哈尼族拉祜族自治县和平镇	23059	12082	46	237	4	2	918
镇沅彝族哈尼族拉祜族自治县田坝乡	25988	7102	40	201	2		
江城哈尼族彝族自治县勐烈镇	38767	31712	197	1284	21	2	27115
江城哈尼族彝族自治县整董镇	30500	12975	118	1062	8	1	5541
江城哈尼族彝族自治县曲水镇	58831	19096	70	3393	4	2	7751
江城哈尼族彝族自治县宝藏镇	56400	9482	98	495	5	1	2226
江城哈尼族彝族自治县康平镇	79869	24617	354	2388	17	6	3965
江城哈尼族彝族自治县国庆乡	35519	13573	120	605	7		
江城哈尼族彝族自治县嘉禾乡	54552	15525	55	440	4	2	
孟连傣族拉祜族佤族自治县娜允镇	35928	49698	530	5932	29	5	49698
孟连傣族拉祜族佤族自治县勐马镇	51505	30823	122	1690	18	2	4358
孟连傣族拉祜族佤族自治县芒信镇	34076	16481	23	182	4		417
孟连傣族拉祜族佤族自治县富岩镇	23926	14777	25	201	25		200
孟连傣族拉祜族佤族自治县景信乡	16988	13274	22	236	2		
孟连傣族拉祜族佤族自治县公信乡	26919	15511	16	119			

续表 537 （云南省） 单位：公顷、人、个

名称	行政区域面积	常住人口	企业个数	企业从业人员	工业企业单位	#规模以上	城镇建成区常住人口
澜沧拉祜族自治县勐朗镇	71000	87437	15	75	9	9	56126
澜沧拉祜族自治县上允镇	43300	43076	68	296	10	1	12176
澜沧拉祜族自治县糯扎渡镇	93700	29272	692	1236	33		3110
澜沧拉祜族自治县惠民镇	38661	18283	4	370			1885
澜沧拉祜族自治县东回镇	33000	15220	32	398	1		1031
澜沧拉祜族自治县发展河哈尼族乡	48600	16240					
澜沧拉祜族自治县谦六彝族乡	89600	41922	207	1531	2		
澜沧拉祜族自治县糯福乡	87967	17482	8	92	8		
澜沧拉祜族自治县东河乡	25633	11543					
澜沧拉祜族自治县大山乡	23300	16829					
澜沧拉祜族自治县南岭乡	47100	27706					
澜沧拉祜族自治县雪林佤族乡	24711	12913	4	128	1		
澜沧拉祜族自治县木戛乡	27800	15761	124	594			
澜沧拉祜族自治县酒井哈尼族乡	38100	13919	11	280			
澜沧拉祜族自治县拉巴乡	32300	13369	4	15	1		
澜沧拉祜族自治县竹塘乡	63600	32185	96	564	10	1	
澜沧拉祜族自治县富邦乡	33200	20210	8	74	1		
澜沧拉祜族自治县安康佤族乡	17900	12887					
澜沧拉祜族自治县文东佤族乡	18000	14438					
澜沧拉祜族自治县富东乡	23800	13880	1	6	1		
西盟佤族自治县勐梭镇	25187	23426	245	4156	16	2	5103
西盟佤族自治县勐卡镇	15916	16192	132	1372	14		3920
西盟佤族自治县翁嘎科镇	22244	10998	9	40	3		10998
西盟佤族自治县中课镇	21006	11195	2	461	1	1	358
西盟佤族自治县新厂镇	12889	12606	3	21	3		273
西盟佤族自治县力所拉祜族乡	18550	11969	9	1008	9	1	
西盟佤族自治县岳宋乡	9322	7802	3	15	2		
临翔区博尚镇	33450	36961	11	163	8	6	14404
临翔区南美乡	12724	4601	3	50	3		
临翔区蚂蚁堆乡	34821	32861	12	363	9	3	
临翔区章驮乡	21504	21596	3	335	3		
临翔区圈内乡	30122	30092	35	392	30	4	
临翔区马台乡	29232	24637	3	18	3		
临翔区邦东乡	19389	13830	7	39	7		
临翔区平村乡	28514	8592	3	39	3	1	
凤庆县凤山镇	21149	81404	376	13611	118	18	31224
凤庆县鲁史镇	31803	26893	16	80	2		3744
凤庆县小湾镇	19834	28172	7	365	2	1	1770
凤庆县营盘镇	36692	44567	16	472	4	1	5174
凤庆县三岔河镇	28078	27503	16	70	1		3346
凤庆县勐佑镇	38578	50897	38	1076	19	3	12790
凤庆县雪山镇	23057	30030	14	69	3		1500
凤庆县洛党镇	25151	39295	25	315	14	1	7289
凤庆县诗礼乡	21168	24929	10	60	6	1	
凤庆县新华乡	31974	25507	12	120	2		
凤庆县大寺乡	20400	35076	22	648	4		
凤庆县腰街乡	9157	9104	1	15			
凤庆县郭大寨乡	25337	21577	13	95	2		
云县爱华镇	50088	129261	856	4924	145	16	109005
云县漫湾镇	25441	22838	10	125	5	1	4773

续表 538　　　　　　　　（云南省）　　　　　　　　单位：公顷、人、个

名　　称	行政区域面积	常住人口	企业个数	企业从业人员	工业企业单位	#规模以上	城镇建成区常住人口
云县大朝山西镇	20827	17489	4	36	2	2	2909
云县涌宝镇	34837	42297	14	61	8		10134
云县茂兰镇	37888	41859	19	85	11		5785
云县幸福镇	63190	42296	34	1456	13	4	7187
云县大寨镇	21853	33424	23	788	19		4105
云县忙怀乡	24896	20424	4	28	3	1	
云县晓街乡	25299	39042	8	135	4	3	
云县茶房乡	17972	34095	30	433	26	2	
云县栗树乡	24433	21183	1	6	1		
云县后箐乡	19145	20092	3	12	2		
永德县德党镇	36444	65179	716	3680	45	5	21477
永德县小勐统计镇	57150	53907	171	513	39		4500
永德县永康镇	51421	63782	389	1945	42	4	43050
永德县勐板乡	21830	30401	89	445	14		
永德县亚练乡	29341	28088	93	470	35	1	
永德县乌木龙乡	20606	29388	55	289	33		
永德县大雪山乡	39230	22764	20	150	4	1	
永德县班卡乡	16588	22745	35	83	35		
永德县崇岗乡	31320	35849	110	610	39	1	
永德县大山乡	17523	23024	60	336	36		
镇康县凤尾镇	19276	17275	32	257	16	5	5316
镇康县勐捧镇	54813	45188	26	196	10	2	5316
镇康县南伞镇	54410	45068	382	3407	53	9	17282
镇康县忙丙乡	21518	21431	7	127	6		
镇康县勐堆乡	52938	21177	19	377	5	1	
镇康县木场乡	31550	19458	8	73	7		
镇康县军赛乡	18421	14503	59	574	5	2	
双江拉祜族佤族布朗族傣族自治县勐勐镇	42196	51868	243	1315	10	1	16477
双江拉祜族佤族布朗族傣族自治县勐库镇	47270	28850	136	700	1	1	9553
双江拉祜族佤族布朗族傣族自治县沙河乡	41398	31319	311	3067	18	7	
双江拉祜族佤族布朗族傣族自治县大文乡	30420	20152					
双江拉祜族佤族布朗族傣族自治县忙糯乡	23460	20210	18	92			
双江拉祜族佤族布朗族傣族自治县邦丙乡	34950	17549	1	15	1		
耿马傣族佤族自治县耿马镇	44195	65889	55	2870	50	4	47600
耿马傣族佤族自治县勐永镇	39960	32831	16	1300	16	2	4251
耿马傣族佤族自治县勐撒镇	51511	41495	77	780	76	2	10869
耿马傣族佤族自治县孟定镇	106915	99961	65	5980	61	10	48000
耿马傣族佤族自治县大兴乡	16000	10402	5	35	5		
耿马傣族佤族自治县芒洪乡	25930	8260	7	35	7		
耿马傣族佤族自治县四排山乡	34986	15473	12	654	11	1	
耿马傣族佤族自治县贺派乡	25174	18430	9	120	8		
耿马傣族佤族自治县勐简乡	28119	15100	10	53	9	1	
沧源佤族自治县勐董镇	26343	41624	654	3270	24	4	20915
沧源佤族自治县岩帅镇	45446	31508	11	74	9		2652
沧源佤族自治县勐省镇	19761	24475	18	690	6	3	10762
沧源佤族自治县芒卡镇	27599	14072	11	74	6	1	4675
沧源佤族自治县单甲乡	20197	11199	7	35	7		
沧源佤族自治县糯良乡	14076	14249	9	33	8		
沧源佤族自治县勐来乡	18803	13916	8	37	8		
沧源佤族自治县勐角民族乡	21784	13640	12	141	8		

续表 539　　（云南省）　　单位：公顷、人、个

名　　称	行政区域面积	常住人口	企业个数	企业从业人员	工业企业单位	#规模以上	城镇建成区常住人口
沧源佤族自治县班洪乡	33352	9581	5	25	3		
沧源佤族自治县班老乡	17283	7819	12	257	3		
楚雄市鹿城镇	37200	241894	2879	14954	183	43	237325
楚雄市东瓜镇	22852	115028	3374	23925	74	47	78021
楚雄市吕合镇	19340	23285	14	965	3	2	5670
楚雄市紫溪镇	24619	14851	32	1840	12	1	2349
楚雄市东华镇	43564	27450	75	380	5		10045
楚雄市子午镇	36417	33262	11	386	10		2130
楚雄市苍岭镇	34105	31201	38	2907	3		1965
楚雄市三街镇	20350	22306	5	2097	3		3187
楚雄市八角镇	14543	16446	43	742	2		2278
楚雄市中山镇	30113	24216	450	2256	5		3885
楚雄市新村镇	35781	14849	54	270	2		3041
楚雄市西舍路镇	38057	19602	19	130			1534
楚雄市树苴乡	13460	17644	43	400	3		
楚雄市大过口乡	34229	15637	4	90	2		
楚雄市大地基乡	39055	10369	506	2546			
双柏县妥甸镇	70279	44403	824	7285	93	20	26135
双柏县大庄镇	53493	26834	727	3637	44	2	2644
双柏县法脿镇	36122	23599	459	2228	148		3952
双柏县鄂嘉镇	60163	27458	528	2645	122	1	5325
双柏县大麦地镇	49697	9632	77	321	21	1	480
双柏县安龙堡乡	28759	8053	26	179	26	1	
双柏县爱尼山乡	65588	13025	816	1321	98		
双柏县独田乡	24714	4477	158	795	8		
牟定县共和镇	24405	80402	131	10218	57	16	22041
牟定县新桥镇	15908	30883	46	2049	21	2	1601
牟定县江坡镇	20940	28929	24	451	13	4	5297
牟定县凤屯镇	20623	17979	12	211	6	2	1483
牟定县蟠猫乡	17098	11039	4	145	3		
牟定县戌街乡	20145	17909	29	158	3	1	
牟定县安乐乡	26938	25061	7	356	7	1	
南华县龙川镇	59221	86893	4033	21626	1730	23	15662
南华县沙桥镇	36196	34623	1840	9210	5		9240
南华县五街镇	26770	19249	2	35	1		2206
南华县红土坡镇	16810	13103					1588
南华县马街镇	17517	17868	3	326	3		1748
南华县兔街镇	15256	14203	20	381	18		2003
南华县雨露白族自治乡	24300	13961	4	23			
南华县一街乡	16810	19739	3	22	2		
南华县罗武庄乡	12340	11904	18	96	1		
南华县五顶山乡	9080	10369	32	170			
姚安县栋川镇	19500	91966	1230	7330	130	13	24304
姚安县光禄镇	13664	33534	170	851	11	3	4478
姚安县前场镇	30516	17551	150	776	19		3327
姚安县弥兴镇	19500	20112	82	436	6		2501
姚安县太平镇	20263	9767	58	318	8	2	1490
姚安县官屯镇	27461	15498	181	1063	39	1	1325
姚安县适中乡	10913	4275	20	224	2		
姚安县左门乡	20300	4180	13	78	2		

续表 540　（云南省）　单位：公顷、人、个

名　称	行政区域面积	常住人口	企业个数	企业从业人员	工业企业单位	#规模以上	城镇建成区常住人口
姚安县大河口乡	18500	7230	16	96	1		
大姚县金碧镇	45455	102600	346	4824	81	31	22421
大姚县石羊镇	41027	27400	10	87	9		4420
大姚县六苴镇	28758	12800	6	31	2	1	3342
大姚县龙街镇	34365	24400	37	210	9	1	3075
大姚县新街镇	21661	27100	103	465	7	1	4867
大姚县赵家店镇	41381	12600	53	392	19		278
大姚县三岔河镇	30398	13300	40	216	5		802
大姚县桂花镇	33502	11814	34	465	6		2140
大姚县昙华乡	19726	7800	32	177	1		
大姚县湾碧傣族傈僳族自治乡	58156	17100	54	329	7		
大姚县铁锁乡	21743	10200	20	126	1		
大姚县三台乡	38423	12127	37	185	6		
永仁县永定镇	27900	34720	96	1615	63	13	4173
永仁县宜就镇	33900	16951	38	155	3		4180
永仁县中和镇	43500	11272	17	251	5	1	1500
永仁县莲池乡	18000	14427	10	532	6	4	
永仁县维的乡	20600	12153	3	28	2	2	
永仁县猛虎乡	21400	10159	34	180	2		
永仁县永兴乡	53600	11806	372	786	2		
元谋县元马镇	13237	64689	5424	27835	53	17	12461
元谋县黄瓜园镇	17026	37329	1508	6035	129	4	6741
元谋县羊街镇	26347	17364	496	2232	6		1148
元谋县老城乡	25070	26391	31	476	14	2	
元谋县物茂乡	24845	16423	236	1416	13		
元谋县江边乡	25483	15824	259	1347	2		
元谋县新华乡	20010	8162	17	437	2		
元谋县平田乡	16900	14403	325	1976	9	2	
元谋县凉山乡	8170	3453	7	45	4		
元谋县姜驿乡	25467	12348	13	130	1		
武定县狮山镇	43900	91292	542	11668	189	19	43998
武定县高桥镇	41200	35433	51	2543	37		6365
武定县猫街镇	46100	26795	110	1574	49	1	4407
武定县插甸镇	34000	23487	189	1673	89		3499
武定县白路镇	30800	14415	53	761	6		1692
武定县万德镇	24000	15221	68	365	12		3725
武定县己衣镇	23600	15436	77	387	5		2762
武定县田心乡	13700	18094	78	452	15	1	
武定县发窝乡	28400	14133	42	513	6		
武定县环州乡	24600	11351	26	259	5		
武定县东坡傣族自治乡	21900	13939	29	234	6		
禄丰县金山镇	41920	102897	283	11643	80	8	36412
禄丰县仁兴镇	23100	36733	19	1403	17	2	7125
禄丰县碧城镇	18700	50259	161	4750	16	6	9981
禄丰县勤丰镇	25340	26631	700	6120	13	7	5730
禄丰县一平浪镇	53500	38965	1855	9276	18	2	10539
禄丰县广通镇	35220	41972	139	2938	42	4	17033
禄丰县黑井镇	13360	13599	1	29			2532
禄丰县土官镇	9560	11418	24	700	16	10	3147
禄丰县彩云镇	30280	18814	7	180	5		3589

续表 541　　（云南省）　　单位：公顷、人、个

名　　称	行政区域面　积	常住人口	企业个数	企　业从业人员	工业企业单　位	#规模以上	城镇建成区常住人口
禄丰县和平镇	28470	23561	21	330	14		1278
禄丰县恐龙山镇	24200	17456	29	213	1		3080
禄丰县中村乡	30170	16423	13	189	9		
禄丰县高峰乡	15630	10019	9	82	1		
禄丰县妥安乡	13603	23678	7	218	7		
个旧市锡城镇	8587	25513	216	3011	80	3	1976
个旧市沙甸镇	2570	18358	206	6124	46	11	5082
个旧市鸡街镇	28397	54168	492	13140	293	17	10132
个旧市大屯镇	13281	68495	520	13903	259	10	24772
个旧市老厂镇	14618	22075	72	6913	45	4	16773
个旧市卡房镇	34260	36418	377	3436	118	2	10968
个旧市蔓耗镇	10327	6612	52	997	8	2	1521
个旧市贾沙乡	31650	19885	80	635	3		
个旧市保和乡	14370	10775	50	278	4		
开远市中和营镇	60281	36683	54	547	11	1	3357
开远市小龙潭镇	17944	14868	77	2764	14	2	14868
开远市大庄回族乡	24746	18466	28	1721	26	1	
开远市羊街乡	22600	36996	84	1212	20	3	
开远市碑格乡	22960	15295	13	214	5		
蒙自市文澜镇	23140	240890	1382	9280	206	12	204221
蒙自市草坝镇	13690	41078	89	1515	72		4180
蒙自市雨过铺镇	8870	24812	16	422	16	3	6496
蒙自市新安所镇	8720	35354	170	890	116	1	16751
蒙自市芷村镇	30100	34067	336	1690	61		3981
蒙自市鸣鹫镇	24140	19261	77	240	2		2817
蒙自市冷泉镇	41890	21214	6	95			2450
蒙自市期路白乡	21240	16935					
蒙自市老寨乡	15700	11083	5	54			
蒙自市水田乡	18130	6035					
蒙自市西北勒乡	20028	10010					
弥勒市弥阳镇	38800	155849	1680	12971	69	23	69132
弥勒市新哨镇	31520	60150	129	1835	21	5	7986
弥勒市虹溪镇	15674	34180	40	354	6		7636
弥勒市竹园镇	20400	55071	96	1124	8	2	16156
弥勒市朋普镇	34180	49759	78	1376	6		18274
弥勒市巡检司镇	39900	30903	27	2230	18	2	7510
弥勒市西一镇	34500	27184	23	425	7		1495
弥勒市西二镇	39800	40896	18	91	1	1	3639
弥勒市西三镇	28880	24133	29	498	8		1123
弥勒市东山镇	36800	20246	12	111	3	1	2019
弥勒市五山乡	36582	17711	3	39	1	1	
弥勒市江边乡	39100	13388	4	495			
屏边苗族自治县玉屏镇	31369	32340	203	1488	39	6	14996
屏边苗族自治县新现镇	32588	22143	21	260	10	1	3768
屏边苗族自治县和平镇	26219	28548	16	100	3		2347
屏边苗族自治县白河镇	36937	22144	19	163	9	3	1468
屏边苗族自治县白云乡	20486	17061	5	35	3	1	
屏边苗族自治县新华乡	18943	17660	6	206	1	1	
屏边苗族自治县湾塘乡	17883	12986	19	118	3	1	
建水县临安镇	31573	192616	1647	9000	188	10	78800

续表 542　　（云南省）　　单位：公顷、人、个

名　　称	行政区域面积	常住人口	企业个数	企业从业人员	工业企业单位	#规模以上	城镇建成区常住人口
建水县官厅镇	38165	36877	67	517	28		4898
建水县西庄镇	14453	35123	103	1600	24		725
建水县青龙镇	33049	16063	412	1348	4		1373
建水县南庄镇	21416	50794	45	3486	15	8	8984
建水县岔科镇	27618	25939	21	435	3		1320
建水县曲江镇	35891	70548	24	398	20		7979
建水县面甸镇	35083	41551	46	780	16		1899
建水县普雄乡	26029	13610	50	410	33		
建水县李浩寨乡	16500	17301	3	15			
建水县坡头乡	31704	23521	74	443	28		
建水县盘江乡	22450	11591	11	940	9		
建水县利民乡	27220	14587	6	768	6		
建水县甸尾乡	15200	14178	2	50	1		
石屏县异龙镇	44946	100814	865	16935	120	13	35583
石屏县宝秀镇	43825	50946	30	4064	23	2	9184
石屏县坝心镇	22563	27894	8	760	4	1	4620
石屏县龙朋镇	29589	27564	12	440	8		5204
石屏县龙武镇	32501	22825	34	850	28		1774
石屏县哨冲镇	25550	18267	15	520	14		1622
石屏县牛街镇	61122	31709	14	309	5	2	2613
石屏县新城乡	13263	10348	10	953	7	1	
石屏县大桥乡	26442	15089	11	108	11	1	
泸西县中枢镇	25130	125869	622	8712	69	12	49496
泸西县金马镇	11850	55703	72	1623	11	1	13062
泸西县旧城镇	15600	61764	437	5802	81	8	4630
泸西县午街铺镇	21600	46939	84	512	9	1	6855
泸西县白水镇	23500	52796	42	3610	12	9	2651
泸西县向阳乡	21630	28730	25	131	5		
泸西县三塘乡	21600	19923	14	75	1		
泸西县永宁乡	22980	23869	308	1632	6	1	
元阳县南沙镇	153400	26582	1360	8160	129	3	12221
元阳县新街镇	23433	78566	216	2000			3360
元阳县牛角寨乡	11710	31532	44	102			
元阳县沙拉托乡	10200	23647					
元阳县嘎娘乡	92	21098	13	78			
元阳县上新城乡	13905	23971	4	250			
元阳县小新街乡	11695	27518	37	186	1		
元阳县逢春岭乡	17883	31085	29	163	2		
元阳县大坪乡	16040	22836	62	1112	6		
元阳县攀枝花乡	8513	21184					
元阳县黄茅岭乡	78800	20433	3	34	3		
元阳县黄草岭乡	22960	34290					
元阳县俄扎乡	21170	22867	1	12			
元阳县马街乡	24600	27545	1	34	1		
红河县迤萨镇	24106	39145	612	3700	39	7	31270
红河县甲寅镇	8757	28024	4	106	4		6729
红河县宝华镇	12170	24915	3	18			
红河县乐育镇	9412	23475	3	25	3		5598
红河县浪堤镇	10924	29171	3	95	3		8180
红河县洛恩乡	19476	24512	1	19	1		

续表 543　　（云南省）　　单位：公顷、人、个

名　　称	行政区域面　积	常住人口	企业个数	企　业从业人员	工业企业单　位	#规模以上	城镇建成区常住人口
红河县石头寨乡	7760	17535	18	103	7		
红河县阿扎河乡	16790	44598	2	31	2		
红河县大羊街乡	9600	21636					
红河县车古乡	11771	14245					
红河县架车乡	33225	15714	1	40			
红河县垤玛乡	21989	17294	7	42	1		
红河县三村乡	16749	15395	3	37	3		
金平苗族瑶族傣族自治县金河镇	32503	85981	31	205	7	3	18552
金平苗族瑶族傣族自治县金水河镇	41818	23456	10	60	2	1	519
金平苗族瑶族傣族自治县勐拉镇	38200	33783	13	100	3		33783
金平苗族瑶族傣族自治县老勐镇	19300	16912	8	160	3		2019
金平苗族瑶族傣族自治县铜厂乡	28500	32606	30	313	1		
金平苗族瑶族傣族自治县老集寨乡	32340	28293	3	16			
金平苗族瑶族傣族自治县者米拉祜族乡	37568	23235	29	205	2		
金平苗族瑶族傣族自治县阿得博乡	10940	14207					
金平苗族瑶族傣族自治县沙依坡乡	14300	20733					
金平苗族瑶族傣族自治县大寨乡	18000	16709	24	134	6	3	
金平苗族瑶族傣族自治县马鞍底乡	30530	19098	4	32	4		
金平苗族瑶族傣族自治县勐桥乡	39741	26240	20	496	20	5	
金平苗族瑶族傣族自治县营盘乡	21400	31067	4	24			
绿春县大兴镇	31168	55512	122	1508	44	1	23659
绿春县牛孔镇	40518	34932	36	216			34932
绿春县大黑山镇	41100	19051	55	251	3		3276
绿春县平河镇	45700	33163	31	162			31090
绿春县戈奎乡	17448	22733	2	12	2		
绿春县大水沟乡	23600	17841					
绿春县半坡乡	36500	10817					
绿春县骑马坝乡	47221	12087	170	1020	5		
绿春县三猛乡	26300	26640	10	60	2		
河口瑶族自治县河口镇	19002	29466	24	1325	1	1	2632
河口瑶族自治县南溪镇	25556	22242	113	582	6	1	1864
河口瑶族自治县老范寨乡	18050	4501	1	26			
河口瑶族自治县桥头苗族壮族乡	16506	18322	1	13	1		
河口瑶族自治县瑶山乡	25721	12006					
河口瑶族自治县莲花滩乡	28365	12089	3	80	3		
文山市古木镇	17225	26870	13	280	3		26117
文山市平坝镇	26259	33939	3	38			2166
文山市马塘镇	28333	35964	68	3481	12	9	1750
文山市德厚镇	32137	36842	2	34			3256
文山市小街镇	20765	24935	4	53	3		2576
文山市薄竹镇	29564	31192	14	71	7		2080
文山市追栗街镇	9158	11118	8	360	7		763
文山市东山彝族乡	15840	10462	6	244			
文山市柳井彝族乡	16796	15274					
文山市新街乡	14298	13046	1	17			
文山市喜古乡	8586	12595	36	186	6		
文山市坝心彝族乡	12566	6465					
文山市秉烈彝族乡	28291	20598	19	102			
文山市红甸回族乡	9042	14521	4	1025	2	1	
砚山县江那镇	26610	95586	566	14141	110	24	95586

续表 544　　(云南省)　　单位：公顷、人、个

名称	行政区域面积	常住人口	企业个数	企业从业人员	工业企业单位	#规模以上	城镇建成区常住人口
砚山县平远镇	58309	90710	135	4149	21	8	27024
砚山县稼依镇	22730	43364	34	924	20		19560
砚山县阿猛镇	52900	56472	14	162	6		8513
砚山县阿舍彝族乡	26800	24956	17	869	8		
砚山县维摩彝族乡	58100	56711	17	287	2		
砚山县盘龙彝族乡	23800	32824	27	967	11	3	
砚山县八嘎乡	37760	32854	1	8			
砚山县者腊乡	26100	31652	5	434	1	1	
砚山县蚌峨乡	23800	13202	1	10			
砚山县干河彝族乡	23710	23650	22	2672	14	11	
西畴县西洒镇	17587	46606	64	1533	19	1	15085
西畴县兴街镇	25470	50215	50	1245	32	2	50215
西畴县蚌谷乡	13280	21207	4	24	2		
西畴县莲花塘乡	16552	23458	24	584	7		
西畴县新马街乡	10336	17917	7	120	6		
西畴县柏林乡	7090	11683	3	33			
西畴县法斗乡	22375	30075	6	32	6		
西畴县董马乡	12785	21371	10	230	5	1	
西畴县鸡街乡	24851	37578	10	178	2		
麻栗坡县麻栗镇	27600	48805	90	3600	81	7	14061
麻栗坡县大坪镇	18900	24554	7	64	7		4718
麻栗坡县董干镇	45400	48600	4	20	4		2389
麻栗坡县天保镇	22900	20761	25	306	22	2	1578
麻栗坡县猛硐瑶族乡	20100	14954	11	224	11		
麻栗坡县下金厂乡	13200	11642	2	29	2		
麻栗坡县八布乡	17600	21627	8	54	8		
麻栗坡县六河乡	13773	17409	2	69	2		
麻栗坡县杨万乡	14027	17947	11	463	11	1	
麻栗坡县铁厂乡	20800	28580	18	46	2		
麻栗坡县马街乡	19100	27154	6	45	4		
马关县马白镇	27725	70419	179	4800	48	9	34203
马关县八寨镇	35189	40202	14	324	12	1	6012
马关县仁和镇	19154	33791	47	685	3	2	1703
马关县木厂镇	16263	27288	6	143	1		960
马关县夹寒箐镇	25228	39514	15	85	14	2	6598
马关县小坝子镇	12750	13701	4	75	2	1	1311
马关县都龙镇	21168	35475	30	3554	29	2	11609
马关县金厂镇	6925	9572	1	37	1		750
马关县坡脚镇	19287	22224	4	107	2	1	640
马关县南捞乡	18454	13099	14	580	12	1	
马关县大栗树乡	24120	31303	2	14	2		
马关县篾厂乡	16903	17152	2	21	1		
马关县古林箐乡	21514	11808	4	34	1		
丘北县锦屏镇	25800	70485	652	9109	72	12	34255
丘北县曰者镇	34300	34706	26	295	6		7808
丘北县双龙营镇	63200	77855	89	1331	5		11260
丘北县八道哨彝族乡	21400	32972	65	844	11	2	
丘北县天星乡	40500	45176	22	157	2		
丘北县平寨乡	35500	35226	6	37	4	1	
丘北县树皮彝族乡	58000	44739	50	370	1		

续表 545　　（云南省）　　单位：公顷、人、个

名　称	行政区域面　积	常住人口	企业个数	企　业从业人员	工业企业单　位		城镇建成区常住人口
						#规模以上	
丘北县腻脚彝族乡	41400	26293	32	324	4	1	
丘北县新店彝族乡	47200	20541	8	63	2	1	
丘北县舍得彝族乡	28800	18966	17	224	3	2	
丘北县官寨乡	54200	47911	29	232	3		
丘北县温浏乡	49400	38589	23	378	6	2	
广南县莲城镇	64300	105049	172	6593	56	11	48848
广南县八宝镇	56900	70010	32	1090	20	1	13172
广南县南屏镇	38000	42939	3	52	2		5890
广南县珠街镇	26900	40603	3	80	1		8096
广南县那洒镇	44700	51642	5	145	4		5028
广南县珠琳镇	49700	65341	4	51	1		7269
广南县坝美镇	88800	62276	20	1235	10	4	2750
广南县董堡乡	23800	20857	3	87	3		
广南县旧莫乡	54500	60704	7	312	6	1	
广南县杨柳井乡	50800	35396	6	294	6		
广南县板蚌乡	29700	15546	5	107	4		
广南县曙光乡	26100	32018	14	203	14		
广南县黑支果乡	45300	52667	4	30	3		
广南县篆角乡	23200	27054					
广南县五珠乡	24600	28410	4	47	2		
广南县者兔乡	48600	41288	5	60	5		
广南县者太乡	45500	20402	3	25	3		
广南县底圩乡	39600	34381	55	2291	50		
富宁县新华镇	34000	75475	675	12701	117	5	52549
富宁县归朝镇	52000	41113	33	1904	14	3	2338
富宁县剥隘镇	49333	23740	33	594	12		6685
富宁县里达镇	19000	22046	10	187	7		3630
富宁县田蓬镇	46200	61122	30	383	7		1712
富宁县木央镇	56666	51864	38	2496	18	3	1587
富宁县板仑乡	32000	26797	45	2860	25	3	
富宁县谷拉乡	38667	25276	6	127	4	2	
富宁县者桑乡	31333	14784	20	502	9	1	
富宁县那能乡	39333	19507	4	252	1		
富宁县洞波瑶族乡	53333	37471	16	372	5		
富宁县阿用乡	49333	19926	6	180	2	1	
富宁县花甲乡	34200	21326	14	834	9		
景洪市嘎洒镇	73000	90295	1077	6188	28	17	48833
景洪市勐龙镇	138450	108355	94	13130	19	4	6467
景洪市勐罕镇	32100	36750	132	1091	13	3	7681
景洪市勐养镇	72008	24979	50	411	9	3	17092
景洪市普文镇	55400	27473	45	2709	3	1	3156
景洪市景哈乡	44366	22188	8	40	2		
景洪市景讷乡	67084	15386	37	222	1		
景洪市大渡岗乡	78700	22125	18	1363	5		
景洪市勐旺乡	76600	14652	23	1030			
景洪市基诺乡	62290	14352	90	682	12	3	
勐海县勐海镇	100066	66045	950	11968	96	17	24241
勐海县打洛镇	38522	22711	39	1058	2	1	6328
勐海县勐混镇	35255	32196	35	334	7	1	5471
勐海县勐遮镇	48845	57226	84	922	11	4	7558

续表 546　　(云南省)　　单位：公顷、人、个

名　称	行政区域面积	常住人口	企业个数	企业从业人员	工业企业单位	#规模以上	城镇建成区常住人口
勐海县勐满镇	44853	19272	271	1355	16	2	5500
勐海县勐阿镇	47291	22292	21	158	5		4250
勐海县勐宋乡	49370	23524	32	975	8		
勐海县勐往乡	45618	15004	16	109	1		
勐海县格朗和乡	32074	17236	49	393	8		
勐海县布朗山乡	100066	22350	17	156	1		
勐海县西定乡	61549	25453	15	324	6	1	
勐腊县勐腊镇	86813	73470	354	4762	44	4	22906
勐腊县勐捧镇	65785	54743	39	965	33	2	4647
勐腊县勐满镇	35303	23097	29	265	6		2783
勐腊县勐仑镇	32787	31516	23	910	14	1	31516
勐腊县西双版纳磨憨经济开发区	75532	26674	72	802	28		7173
勐腊县勐伴镇	58052	13076	14	77	1		1701
勐腊县关累镇	98106	28325	27	965	12	2	1866
勐腊县易武镇	93847	18563	45	214	44	1	4146
勐腊县象明乡	93440	13082	12	94	4		
勐腊县瑶区乡	46419	9355	15	284	13	1	
大理市下关镇	16900	227694	219	19325	86	13	161521
大理市大理镇	7648	100271	49	3299	17	2	46823
大理市凤仪镇	26930	64099	652	3912	33	23	64099
大理市喜洲镇	16781	64620	53	1901	10	1	13811
大理市海东镇	12800	29876	567	1336	3	3	9136
大理市挖色镇	10680	17554	75	521	9		5119
大理市湾桥镇	6380	25478	11	902	7		4615
大理市银桥镇	6987	30488	136	2019	14	2	3250
大理市双廊镇	21800	18850	9	94	3		6285
大理市上关镇	12900	44445	11	266	8	2	4099
大理市太邑彝族乡	10650	8768	8	208	6	2	
漾濞彝族自治县苍山西镇	35584	45150	285	1710	75	9	13405
漾濞彝族自治县漾江镇	37738	15743	53	375	14	1	3918
漾濞彝族自治县平坡镇	12943	8804	55	550	23	5	3416
漾濞彝族自治县顺濞镇	13492	6177	32	699	8	1	6177
漾濞彝族自治县富恒乡	22536	8549	20	135	3		
漾濞彝族自治县太平乡	23931	7091	50	465	5		
漾濞彝族自治县瓦厂乡	11016	4869	16	85	1	1	
漾濞彝族自治县龙潭乡	14552	5978	5	85			
漾濞彝族自治县鸡街乡	14209	5112	12	80			
祥云县祥城镇	32500	155156	2824	15536	79	28	102361
祥云县沙龙镇	5200	32482	62	565	34		10289
祥云县云南驿镇	21900	96735	292	2168	40	1	32356
祥云县下庄镇	22550	55191	128	3020	20	3	17537
祥云县普棚镇	32514	27064	28	260	2		2631
祥云县刘厂镇	9000	38006	268	2280	22	6	22805
祥云县禾甸镇	30600	44993	152	3300	14		11771
祥云县米甸镇	41300	29220	176	2391	24	1	6354
祥云县鹿鸣乡	15322	13194	45	258	5		
祥云县东山彝族乡	31600	9896	27	115	1		
宾川县金牛镇	27300	103303	460	7764	82	20	55102
宾川县宾居镇	15800	40048	11	240	6	1	7060
宾川县州城镇	20092	48665	47	560	30		8012

续表 547　　（云南省）　　单位：公顷、人、个

名　称	行政区域面积	常住人口	企业个数	企业从业人员	工业企业单位	#规模以上	城镇建成区常住人口
宾川县大营镇	30254	27298	10	362	10	1	9626
宾川县鸡足山镇	31600	30720	13	654	10		2069
宾川县力角镇	19300	33464	13	241	5	4	6349
宾川县平川镇	45900	32712	28	1772	23		4542
宾川县乔甸镇	19600	22707	15	236	13		6113
宾川县钟英傈僳族彝族乡	29200	9237	2	19	2		
宾川县拉乌彝族乡	23100	10568	5	90	5		
弥渡县弥城镇	17432	101137	357	5430	32	5	76639
弥渡县红岩镇	12660	47159	10	230	5	3	4439
弥渡县新街镇	12460	48439	15	637	10	4	9274
弥渡县寅街镇	20720	44235	37	1466	20	5	6982
弥渡县苴力镇	19556	24030	651	2795	10	2	6742
弥渡县密祉镇	13205	14168	40	1814	2	1	5324
弥渡县德苴乡	29922	23519	411	2746	1	1	
弥渡县牛街乡	26389	19345	21	211	2		
南涧彝族自治县南涧镇	36293	49052	625	3245	43	12	27912
南涧彝族自治县小湾东镇	20444	18828	14	75	7		4380
南涧彝族自治县公郎镇	29085	32656	128	768	17	1	6200
南涧彝族自治县宝华镇	21520	31443	55	285	3		2510
南涧彝族自治县无量山镇	25195	36596	121	628	17	3	3508
南涧彝族自治县拥翠乡	11812	20742	43	217	1		
南涧彝族自治县乐秋乡	16330	18434	65	330	2		
南涧彝族自治县碧溪乡	12488	18266	6	54	6		
巍山彝族回族自治县南诏镇	14977	46764	460	3459	55	6	33317
巍山彝族回族自治县庙街镇	19032	65175	123	1430	20	1	8265
巍山彝族回族自治县大仓镇	19055	53102	174	2144	45	9	10986
巍山彝族回族自治县永建镇	20890	55267	66	826	20	1	11519
巍山彝族回族自治县巍宝山乡	15850	13600	13	200	2		
巍山彝族回族自治县马鞍山乡	27197	16202	24	438	9		
巍山彝族回族自治县紫金乡	16878	13859	12	131	2		
巍山彝族回族自治县五印乡	42887	26220	29	420	4		
巍山彝族回族自治县牛街乡	16550	11696	28	380	11	1	
巍山彝族回族自治县青华乡	24773	15999	29	325	5		
永平县博南镇	46600	59397	83	1241	63	5	33352
永平县杉阳镇	42210	38476	83	347	11	2	5870
永平县龙街镇	46400	23629	11	348	3	1	3243
永平县龙门乡	29740	12534	14	198	14	1	
永平县北斗彝族乡	48190	12189	10	167	10		
永平县厂街彝族乡	35700	18932	12	167	12		
永平县水泄彝族乡	39550	16343	39	401	39	1	
云龙县诺邓镇	23505	22969	68	620	17	1	12699
云龙县功果桥镇	44599	28932	148	1366	35	2	6996
云龙县漕涧镇	51358	32608	63	1117	37	3	12815
云龙县白石镇	32150	14200	66	332	3		2225
云龙县宝丰乡	48311	18054	422	862	6	1	
云龙县关坪乡	26800	11868	6	68	4		
云龙县团结彝族乡	30200	11153	30	160	5		
云龙县长新乡	46368	23878	14	88	8		
云龙县检槽乡	36930	15478	27	1024	7	1	
云龙县苗尾傈僳族乡	66213	18721	26	1291	22		

续表 548　　　　　　　　　　（云南省）　　　　　　　　　　单位：公顷、人、个

名　　称	行政区域面　　积	常住人口	企业个数	企　　业从业人员	工业企业单　　位		城镇建成区常住人口
						#规模以上	
云龙县民建乡	21475	9036	50	170	8		
洱源县茈碧湖镇	29033	61951	308	1694	20		21708
洱源县邓川镇	5700	17839	171	2512	26	11	3350
洱源县右所镇	26900	55947	194	925	41	1	6900
洱源县三营镇	27700	40767					4869
洱源县凤羽镇	19500	30822	33	170	14		6414
洱源县乔后镇	45508	21615	17	550	2		4786
洱源县牛街乡	26700	24023	59	360	3		
洱源县炼铁乡	24600	22982	10	51	10		
洱源县西山乡	51700	13964	6	47			
剑川县金华镇	31800	52264	417	2991	82	7	21279
剑川县老君山镇	23800	18277	87	1000	18	2	2223
剑川县甸南镇	24400	33270	153	2500	58	2	8475
剑川县沙溪镇	28700	23505	47	280	6		4758
剑川县马登镇	35700	22239	84	1200	14		2007
剑川县羊岑乡	35000	13189	49	1210	9	1	
剑川县弥沙乡	25600	8272	14	256	3		
剑川县象图乡	20000	5365	12	96	4		
鹤庆县云鹤镇	830	23985	95	3000	14	4	23985
鹤庆县辛屯镇	10090	35383	34	850	5	1	6834
鹤庆县松桂镇	33170	32368	152	759	5	1	3982
鹤庆县黄坪镇	55170	36791	1002	5214	6		3970
鹤庆县草海镇	32800	37988	170	1020	16	3	10000
鹤庆县西邑镇	30640	15919	64	1362	11	3	5025
鹤庆县龙开口镇	29770	26069	63	416	7	6	2062
鹤庆县金墩乡	22080	36903	174	2347	21	4	
鹤庆县六合彝族乡	24950	15554	18	91	2	1	
瑞丽市勐卯镇	20812	118357	2037	30006	132	16	93441
瑞丽市畹町镇	9565	18851	168	2048	27	2	6041
瑞丽市弄岛镇	10205	18317	39	651	8	1	3836
瑞丽市姐相乡	6370	22921	32	582	7	1	
瑞丽市户育乡	21069	10776	19	388	3	1	
瑞丽市勐秀乡	26455	16138	40	307	3	1	
芒市芒市镇	34950	45645	2089	27951	48	4	13444
芒市遮放镇	41100	53879	92	1612	23	6	9223
芒市勐戛镇	38900	32833	40	268	7		6995
芒市芒海镇	10500	6607	5	26	2		856
芒市风平镇	37400	70112	416	6014	95	14	10048
芒市轩岗乡	15200	23871	138	765	9	1	
芒市江东乡	22800	33328	39	308			
芒市西山乡	25700	12323	12	184			
芒市中山乡	29600	12897	11	237	1	1	
芒市三台山乡	15800	7274	11	275	1	1	
芒市五岔路乡	20200	18442	15	133			
梁河县遮岛镇	3100	23177	252	1739	23	3	17877
梁河县芒东镇	23700	30812	63	433	3	1	2705
梁河县勐养镇	26100	16966	46	175	6	1	1440
梁河县平山乡	12700	16595	38	81	1		
梁河县小厂乡	5800	10081	20	39	1		
梁河县大厂乡	4100	8657	21	42			

续表 549　　　　（云南省）　　　　单位：公顷、人、个

名称	行政区域面积	常住人口	企业个数	企业从业人员	工业企业单位	#规模以上	城镇建成区常住人口
梁河县九保阿昌族乡	16100	14568	79	827	9	1	
梁河县曩宋阿昌族乡	11600	20714	59	145	3		
梁河县河西乡	12700	18128	77	394	3		
盈江县平原镇	39003	83607	1241	18372	169	24	83607
盈江县旧城镇	13461	22382	79	1027	11		4914
盈江县那邦镇	8778	2442	27	351	2	1	641
盈江县弄璋镇	35402	46386	166	2158	18	5	9500
盈江县盏西镇	34959	25035	66	858	9	2	5510
盈江县卡场镇	34590	9646	33	629	10	3	1200
盈江县昔马镇	22802	15415	35	455	5	2	3831
盈江县太平镇	42587	26473	114	684	24	8	2839
盈江县新城乡	29284	19337	71	923	18	5	
盈江县油松岭乡	8130	14987	26	338	1		
盈江县芒章乡	26086	11743	57	741	2	1	
盈江县支那乡	37482	15182	36	468	4	1	
盈江县苏典乡	46591	8413	19	247	2		
盈江县勐弄乡	22493	10840	3	455			
盈江县铜壁关乡	30051	6602	20	260	3		
陇川县章凤镇	13389	48195	689	9459	45	4	18256
陇川县陇把镇	20400	21394	96	5134	6	1	8851
陇川县景罕镇	24926	28156	132	538	7	3	6913
陇川县城子镇	21657	25764	118	831	18	2	8333
陇川县户撒阿昌族乡	25612	24544	91	953	12	4	
陇川县护国乡	15717	6554	37	390	2		
陇川县清平乡	19997	11396	23	99	2		
陇川县王子树乡	25657	14489	63	1262	4		
陇川县勐约乡	19938	7521	28	58	2	1	
泸水市六库镇	37600	57701	962	14014	77	3	30506
泸水市鲁掌镇	32800	11827	133	1391	5		1132
泸水市片马镇	14100	3559	17	2341	17		1658
泸水市上江镇	30000	32916	50	270	9		3120
泸水市老窝镇	31200	15275	111	2430	17	6	990
泸水市大兴地镇	40600	17488	4	28	2		3015
泸水市称杆乡	48032	19054	57	915	12	2	
泸水市古登乡	32800	16536	4	83	4		
泸水市洛本卓乡	26700	13563	2	25	2		
福贡县上帕镇	38672	32034	36	245	6	1	8434
福贡县匹河乡	40209	11207	3	76	3	1	
福贡县子里甲乡	30570	10580	2	46	2		
福贡县架科底乡	25715	12477	2	47	2		
福贡县鹿马登乡	41395	15198	3	96	3		
福贡县石月亮乡	47633	12447	2	49	2		
福贡县马吉乡	50275	9251	3	93	3	1	
贡山独龙族怒族自治县茨开镇	79066	12434	34	560	3	2	7929
贡山独龙族怒族自治县丙中洛镇	82300	6299	191	1004	2		6079
贡山独龙族怒族自治县捧当乡	45582	5985	5	98	5	1	
贡山独龙族怒族自治县普拉底乡	42200	6280	2	43	2		
贡山独龙族怒族自治县独龙江乡	193994	4296					
兰坪白族普米族自治县金顶镇	40648	45259	647	8605	84	2	5038
兰坪白族普米族自治县啦井镇	50847	16353	74	342	7		2995

续表 550　　（云南省、西藏自治区）　　单位：公顷、人、个

名称	行政区域面积	常住人口	企业个数	企业从业人员	工业企业单位	#规模以上	城镇建成区常住人口
兰坪白族普米族自治县营盘镇	56129	38392	105	536	24		3489
兰坪白族普米族自治县通甸镇	51958	24958	192	622	24		5340
兰坪白族普米族自治县河西乡	57712	18134	67	337	12		
兰坪白族普米族自治县中排乡	70098	24953	69	348	22		
兰坪白族普米族自治县石登乡	55173	28160	54	282	10		
兰坪白族普米族自治县兔峨乡	54655	20633	42	226	6		
香格里拉市建塘镇	145445	57814	102	3074	50	11	24930
香格里拉市小中甸镇	88094	10034	3	105	1		531
香格里拉市虎跳峡镇	81714	20945	26	2135	19	6	3200
香格里拉市金江镇	62683	17367	9	175	6		3580
香格里拉市上江乡	37354	11633	5	222	4	1	
香格里拉市三坝乡	97973	18455	3	111	3	1	
香格里拉市洛吉乡	100601	4852	2	98			
香格里拉市尼西乡	83778	6946					
香格里拉市格咱乡	282465	6612	4	544	4	2	
香格里拉市东旺乡	128169	6491					
香格里拉市五境乡	33590	4121	1	22	1		
德钦县升平镇	76625	16161	247	1482	3		10356
德钦县奔子栏镇	116399	9591	73	367	2		2026
德钦县佛山乡	91352	3905	44	223	1		
德钦县云岭乡	93199	6870	31	159	1		
德钦县燕门乡	58033	7762	60	305			
德钦县拖顶乡	37481	9858	75	450	2		
德钦县霞若乡	141491	9059	60	350	1		
德钦县羊拉乡	114489	6094	34	189	4	1	
维西傈僳族自治县保和镇	31000	30548	36	320	30	3	17890
维西傈僳族自治县叶枝镇	46952	10528					10528
维西傈僳族自治县塔城镇	76673	15827	24	144			15827
维西傈僳族自治县永春乡	34986	15099	2	51	2		
维西傈僳族自治县攀天阁乡	28095	15534					
维西傈僳族自治县白济迅乡	59048	25899	4	32			
维西傈僳族自治县康普乡	44960	10956					
维西傈僳族自治县巴迪乡	56567	9804	9	93	1	1	
维西傈僳族自治县中路乡	31191	11337		62			
维西傈僳族自治县维登乡	38183	13527	62	500	10	1	
西藏自治区							
拉萨市城关区蔡公堂乡	20560	10650					
拉萨市城关区纳金乡	5500	39480	225	6640	1		
拉萨市城关区娘热乡	9740	14621	27	497			
拉萨市城关区夺底乡	9700	2895	5	795			
堆龙德庆区东嘎镇	4755	10993	193	1795	21		10993
堆龙德庆区乃琼镇	25378	9947	8	50			262
堆龙德庆区羊达乡	12187	4306	82	1978			
堆龙德庆区古荣乡	76369	6542			1		
堆龙德庆区柳梧乡	25649	4702					
堆龙德庆区马乡	47998	5221	3	140			
堆龙德庆区德庆乡	74620	7658	5	30			
林周县甘丹曲果镇	20262	15195	51	256	7		10814
林周县春堆乡	29471	5676	4	12	4		
林周县松盘乡	23369	4863	7	45	1		

续表 551　　（西藏自治区）　　单位：公顷、人、个

名　　称	行政区域面　　积	常住人口	企业个数	企　　业从业人员	工业企业单　　位		城镇建成区常住人口
						#规模以上	
林周县强嘎乡	22211	6616	1	6	1		
林周县卡孜乡	49754	5692	7	46	4		
林周县边交林乡	13672	5016	6	64			
林周县江热夏乡	23263	5705	8	59	1		
林周县阿朗乡	57272	5079					
林周县唐古乡	121578	5550	4	14	2		
林周县旁多乡	85592	4366	1	10	2	1	
当雄县当曲卡镇	35900	3340	9	46	2	1	3340
当雄县羊八井镇	114289	5608	6	45	3	2	144
当雄县格达乡	182425	4807	3	42	3	2	
当雄县宁中乡	170000	9918					
当雄县公塘乡	66411	6280	4	64	1	1	
当雄县龙仁乡	23443	4876					
当雄县乌玛塘乡	160388	8973	3	53	2	1	
当雄县纳木湖乡	270544	5372	1	13			
尼木县塔荣镇	12404	6263	12	202			6033
尼木县麻江乡	109395	2738					
尼木县普松乡	7346	2370					
尼木县卡如乡	27107	1395					
尼木县尼木乡	25642	7096					
尼木县续迈乡	57749	4844					
尼木县帕古乡	71776	3405					
尼木县吞巴乡	18272	2684					
曲水县曲水镇	45208	6992	51	298	17	2	2853
曲水县达嘎乡	44750	8412	32	160	1		
曲水县才纳乡	16882	5283	24	120	6		
曲水县南木乡	17885	3223	15	145	9	1	
曲水县聂当乡	13746	4814	85	681	64	3	
曲水县茶巴拉乡	22600	4425	28	140	7	1	
达孜县德庆镇	42450	7688	58	869	39	11	4686
达孜县塔杰乡	17030	3299					
达孜县章多乡	16440	4400	30	151			
达孜县唐嘎乡	24670	5360	17	180			
达孜县雪乡	18590	2844					
达孜县帮堆乡	18120	4014					
墨竹工卡县工卡镇	19620	5582	84	1500	4		5316
墨竹工卡县扎雪乡	68444	8133	1	53			
墨竹工卡县门巴乡	137081	3922					
墨竹工卡县扎西岗乡	87908	8227					
墨竹工卡县日多乡	92637	2738	1	7			
墨竹工卡县尼玛江热乡	86268	8704	22	402	3	3	
墨竹工卡县甲玛乡	28269	4540	25	1188	2	2	
墨竹工卡县唐加乡	27536	7703	32	60			
桑珠孜区曲美乡	37229	6935	2	23	1		
桑珠孜区聂日雄乡	37120	5661	15	276	8		
桑珠孜区曲布雄乡	33256	6138	5	121	1	1	
桑珠孜区联乡	23021	5482	3	35	1		
桑珠孜区甲措雄乡	41708	14686	55	285	25		
桑珠孜区纳尔乡	23725	2275	8	50	4		
桑珠孜区年木乡	16641	4089	31	800	22		

续表 552　　（西藏自治区）　　单位：公顷、人、个

名　　称	行政区域面　积	常住人口	企业个数	企　业从业人员	工业企业单　位	#规模以上	城镇建成区常住人口
桑珠孜区东嘎乡	92552	9947	3	60	2		
桑珠孜区边雄乡	15406	4876		10	1		
桑珠孜区江当乡	32554	5969	5	80	1		
南木林县南木林镇	34958	9058	411	1072	3		5009
南木林县普当乡	42180	3593	14	43			
南木林县仁堆乡	124693	1499	30	150			
南木林县拉布普乡	170919	2221	31	68			
南木林县多角乡	22671	5542	28	145			
南木林县卡孜乡	23804	6311	11	23			
南木林县土布加乡	46289	6643	23	115			
南木林县艾玛乡	37810	11552	55	285	2		
南木林县奴玛乡	21758	3845	5	15			
南木林县达孜乡	21934	5007	23	70			
南木林县索金乡	35905	4021	40	448			
南木林县茶尔乡	23090	2837	12	28			
南木林县秋木乡	26981	2751	16	80			
南木林县达那乡	21565	2815	19	114			
南木林县芒热乡	76287	3411	21	106			
南木林县热当乡	46351	8135	88	540			
南木林县甲措乡	33492	5309	12	120			
江孜县江孜镇	4636	16475	4	40	4		7982
江孜县纳如乡	29606	4301					
江孜县卡麦乡	17043	5149					
江孜县卡堆乡	15113	5257					
江孜县藏改乡	12485	2455	3	252	3		
江孜县日朗乡	20433	1213					
江孜县达孜乡	6107	2821					
江孜县热索乡	6884	3424					
江孜县重孜乡	11992	4780					
江孜县龙马乡	48912	1849					
江孜县紫金乡	4774	3918					
江孜县江热乡	14689	4314					
江孜县年堆乡	10667	3654					
江孜县康卓乡	25448	2294					
江孜县金嘎乡	36928	2624					
江孜县日星乡	15648	2383	7	130	7		
江孜县热龙乡	70666	1962					
江孜县车仁乡	13059	2659					
江孜县加克西乡	19833	639					
定日县协格尔镇	72290	9216	7	256	1		2342
定日县岗嘎镇	135334	8060	2	82	1	1	1101
定日县加措乡	127320	1499					
定日县绒辖乡	97971	939					
定日县尼辖乡	46407	1948					
定日县盆吉乡	105190	1645					
定日县曲当乡	251149	6767					
定日县扎果乡	52784	2672					
定日县扎西宗乡	292157	7546					
定日县长所乡	24730	4091					
定日县曲洛乡	40269	3283					

续表 553　　（西藏自治区）　　单位：公顷、人、个

名　　称	行政区域面　　积	常住人口	企业个数	企　　业从业人员	工业企业单　　位	#规模以上	城镇建成区常住人口
定日县措果乡	34320	4023					
定日县克玛乡	103574	4413					
萨迦县萨迦镇	59379	7634	8	179	1		6098
萨迦县吉定镇	27876	7161	7	780	2	1	1176
萨迦县木拉乡	83363	3343	1	15			
萨迦县查荣乡	51359	4221	1	27			
萨迦县拉洛乡	94954	3832	3	88	1		
萨迦县赛乡	32770	3647	1	23			
萨迦县扯休乡	29793	5632	3	73			
萨迦县扎西岗乡	53505	5108	2	58			
萨迦县雄玛乡	38596	6103	3	71			
萨迦县麻布加乡	55062	4414	1	23			
萨迦县雄麦乡	48224	2590	1	26			
拉孜县曲下镇	12175	9267	7	337	3		9267
拉孜县拉孜镇	42941	6919	1	30	1		6710
拉孜县扎西宗乡	21460	3168					
拉孜县曲玛乡	40436	5122	2	57	2		
拉孜县彭措林乡	66364	4346	2	103	1		
拉孜县扎西岗乡	39834	7585	3	107	1		
拉孜县柳乡	30318	4379	7	272	1		
拉孜县热萨乡	51732	3913	1	41			
拉孜县芒普乡	63661	3696	1	7	1		
拉孜县锡钦乡	35766	6892	2	106			
拉孜县查务乡	44183	4474	4	172			
昂仁县卡嘎镇	151388	9368			742		9368
昂仁县桑桑镇	273348	4660					442
昂仁县切热乡	183865	1328					
昂仁县秋窝乡	94829	7718					
昂仁县达居乡	53755	4384					
昂仁县亚木乡	96999	6879					
昂仁县贡久布乡	110684	1376					
昂仁县达若乡	192240	693					
昂仁县措迈乡	305477	1718					
昂仁县尼果乡	182171	1697					
昂仁县孔隆乡	146732	929					
昂仁县如萨乡	267440	853					
昂仁县阿木雄乡	157600	905					
昂仁县查孜乡	231181	1422					
昂仁县日吾其乡	96807	5567					
昂仁县多白乡	96022	5956					
昂仁县雄巴乡	95354	873					
谢通门县卡嘎镇	15753	9956	16	264	8		1251
谢通门县达木夏乡	83402	5038					
谢通门县查布乡	58699	1966					
谢通门县春哲乡	77722	1331					
谢通门县则许乡	59131	805					
谢通门县娘热乡	146172	1260	2	609	2	2	
谢通门县措布西乡	118789	1887	6	36			
谢通门县纳当乡	95016	1528					
谢通门县青都乡	103491	766					

续表 554　　（西藏自治区）　　单位：公顷、人、个

名　　称	行政区域面　　积	常住人口	企业个数	企　　业从业人员	工业企业单　　位	#规模以上	城镇建成区常住人口
谢通门县切琼乡	109879	759					
谢通门县美巴切勤乡	213805	1291					
谢通门县列巴乡	164849	1654					
谢通门县塔定乡	11209	2342					
谢通门县荣玛乡	18087	2654					
谢通门县通门乡	13271	3256					
谢通门县仁钦则乡	46755	6291					
谢通门县达那普乡	32280	2510					
谢通门县达那塔乡	11337	4299	35	175			
谢通门县南木切乡	24628	1226					
白朗县洛江镇	17771	9354	154	1478	5	1	7415
白朗县嘎东镇	21056	8506	20	286	4	1	8506
白朗县巴扎乡	9876	6036			3		
白朗县玛乡	19298	5075					
白朗县旺丹乡	22732	4642			3		
白朗县曲奴乡	12610	3611					
白朗县杜琼乡	11653	3780	3	23	3		
白朗县强堆乡	9756	2832			2		
白朗县嘎普乡	29654	2313			1		
白朗县者下乡	32683	2049					
白朗县东喜乡	95111	1299					
仁布县德吉林镇	31725	6517	58	1160	3		2332
仁布县帕当乡	16888	3764	7	140			
仁布县康雄乡	22642	4144	14	280	1		
仁布县普松乡	15817	2156	13	260	2		
仁布县然巴乡	28862	2316	17	340	3		
仁布县茶巴乡	30833	4847	65	1300	3		405
仁布县切洼乡	37733	4375	18	360	2	1	
仁布县母乡	14809	4173	23	460	1		
仁布县仁布乡	13101	3105	18	360	1		
康马县康马镇	51888	4546			5		
康马县涅如麦乡	42253	1820					
康马县涅如堆乡	170878	2210					
康马县嘎啦乡	103992	3523					
康马县萨玛达乡	66820	1964	4	120			
康马县康如乡	33843	1921					
康马县少岗乡	29727	2400					
康马县南尼乡	19600	2425					
康马县雄章乡	99030	2107					
定结县江嘎镇	48668	6410	1	35	1		2581
定结县陈塘镇	43062	2455					2447
定结县日屋镇	79630	1197					1185
定结县确布乡	34430	1680					
定结县扎西岗乡	53181	2110					
定结县多布扎乡	72792	1753					
定结县定结乡	28668	1661					
定结县琼孜乡	138502	2681					
定结县萨尔乡	45298	2351					
定结县郭加乡	39226	859					
仲巴县帕羊镇	261236	2650	85	45			2302

续表 555　　（西藏自治区）　　单位：公顷、人、个

名　称	行政区域面　积	常住人口	企业个数	企　业从业人员	工业企业单　位	#规模以上	城镇建成区常住人口
仲巴县拉让乡	169922	2741	1	15	1		
仲巴县帕江乡	348634	2648	2	230	2	1	
仲巴县仁多乡	601358	2204					
仲巴县吉玛乡	264293	2199					
仲巴县隆格尔乡	668674	3608					
仲巴县霍尔巴乡	311072	1593					
仲巴县吉拉乡	617054	986					
仲巴县纳久乡	172890	1414					
仲巴县偏吉乡	330217	1879					
仲巴县布多乡	244277	639					
仲巴县亚热乡	170349	1554					
仲巴县琼果乡	200317	1378					
亚东县下司马镇	22520	1533	8	600	1		1533
亚东县帕里镇	35940	2635	3	300			2259
亚东县下亚东乡	57971	906	4	355			
亚东县堆纳乡	121714	2860	4	400			
亚东县上亚东乡	34882	1155					
亚东县吉汝乡	95179	891	1	50			
亚东县康布乡	53051	1151	2	52			
吉隆县宗嘎镇	161317	4370	5	61	4		2941
吉隆县吉隆镇	74757	3741	3	18			1018
吉隆县折巴乡	301061	2539					
吉隆县贡当乡	133395	1121					
吉隆县差那乡	166880	3151					
吉隆县萨勒乡	64562	1697					
聂拉木县聂拉木镇	125698	2405	3	179	3	1	
聂拉木县樟木镇	33421	1686					
聂拉木县亚来乡	86817	1676					
聂拉木县锁作乡	113606	3631					
聂拉木县门布乡	154889	3060					
聂拉木县乃龙乡	33557	1477					
聂拉木县波绒乡	238404	2635					
萨嘎县加加镇	201913	3484	25	392	1		1999
萨嘎县夏如乡	103113	2727					
萨嘎县旦嘎乡	89061	1676					
萨嘎县达吉岭乡	111973	1316					
萨嘎县如角乡	181051	1071					
萨嘎县拉藏乡	120084	1711					
萨嘎县雄如乡	134471	2106					
萨嘎县昌果乡	301386	1650					
岗巴县岗巴镇	67581	3861	2	75	2		628
岗巴县昌龙乡	74078	2306					
岗巴县直克乡	51374	1407					
岗巴县孔玛乡	80048	1565					
岗巴县龙中乡	120768	2586					
卡若区城关镇	21944	71371	385	8500			71371
卡若区俄洛镇	64081	6221					5221
卡若区卡若镇	69537	6533					6533
卡若区芒达乡	45404	3480					
卡若区沙贡乡	27944	5010					

续表 556　　（西藏自治区）　　单位：公顷、人、个

名　称	行政区域面积	常住人口	企业个数	企业从业人员	工业企业单位	#规模以上	城镇建成区常住人口
卡若区若巴乡	102000	3773					
卡若区埃西乡	44139	4190					
卡若区如意乡	30871	3262					
卡若区日通乡	56009	5835	1	61			
卡若区柴维乡	88004	6353					
卡若区妥坝乡	176161	9127					
卡若区嘎玛乡	39333	3665					
卡若区面达乡	120348	7052					
卡若区约巴乡	56175	3913					
卡若区拉多乡	140165	8994					
江达县江达镇	36578	3603					
江达县岗托镇	32490	3619					
江达县邓柯乡	181752	7628					
江达县岩比乡	39716	3724					
江达县卡贡乡	67761	4069					
江达县生达乡	206354	11685					
江达县娘西乡	51916	2364					
江达县字嘎乡	161222	9067					
江达县青泥洞乡	81444	3931	1	668	1	1	
江达县汪布顶乡	117158	7977					
江达县德登乡	145308	7187					
江达县同普乡	97960	8102					
江达县波罗乡	104377	6807					
贡觉县莫洛镇	84191	8638	9	38	3		8638
贡觉县敏都乡	13422	1887					
贡觉县则巴乡	93365	2990					
贡觉县罗麦乡	11943	1584					
贡觉县沙东乡	13467	2195					
贡觉县克日乡	32484	991					
贡觉县木协乡	47255	2243					
贡觉县阿旺乡	85296	1542					
贡觉县拉妥乡	72014	2094					
贡觉县雄松乡	23031	1854					
贡觉县哈加乡	46596	6243					
贡觉县相皮乡	109192	7623					
类乌齐县桑多镇	70124	9992	2	154	2		9992
类乌齐县类乌齐镇	68656	7603					7603
类乌齐县吉多乡	41958	5674					
类乌齐县岗色乡	100425	2585					
类乌齐县宾达乡	35549	2656					
类乌齐县卡玛多乡	95958	5787					
类乌齐县尚卡乡	51286	3553					
类乌齐县伊日乡	43282	3039					
类乌齐县甲桑卡乡	39797	4380	1	25	1		
类乌齐县长毛岭乡	88863	7888					
丁青县丁青镇	127540	29119					8670
丁青县尺犊镇	119444	12035					12035
丁青县木塔乡	129375	2255					
丁青县布塔乡	175378	3216					
丁青县巴达乡	34641	2693					

续表 557 （西藏自治区） 单位：公顷、人、个

名　　称	行政区域面　积	常住人口	企业个数	企　业从业人员	工业企业单　位	#规模以上	城镇建成区常住人口
丁青县甘岩乡	54959	2160					
丁青县嘎塔乡	134160	4555					
丁青县色扎乡	86072	12118					
丁青县协雄乡	60850	8724					
丁青县桑多乡	81483	4833					
丁青县当堆乡	122779	6767					
丁青县沙贡乡	19658	4301					
丁青县觉恩乡	90503	12294					
察雅县烟多镇	69678	11565	4	68			7873
察雅县吉塘镇	53592	4336					4336
察雅县香堆镇	123699	8691					8691
察雅县宗沙乡	107798	4979					
察雅县肯通乡	55908	2528					
察雅县扩达乡	89483	6756					
察雅县新卡乡	16591	1393					
察雅县王卡乡	45726	4784					
察雅县阿孜乡	62511	1864					
察雅县巴日乡	44368	4945					
察雅县荣周乡	60124	5654					
察雅县卡贡乡	50978	3660					
察雅县察拉乡	40147	1105					
八宿县白玛镇	103156	4134					568
八宿县然乌镇	135711	4289	69	345			322
八宿县帮达镇	70279	2482					63
八宿县同卡镇	207507	5348					712
八宿县林卡乡	119648	2769					
八宿县夏里乡	57583	1023					
八宿县拥乡	18854	1285					
八宿县瓦乡	11643	597					
八宿县吉达乡	155464	4514					
八宿县卡瓦白庆乡	26408	125					
八宿县吉中乡	46725	1733					
八宿县益庆乡	32038	3129					
八宿县拉根乡	74449	1969					
八宿县郭庆乡	162400	6147	1	6			
左贡县旺达镇	149972	9634					9634
左贡县田妥镇	121696	6804					6804
左贡县扎玉镇	176650	6892					6892
左贡县东坝乡	44761	2197					
左贡县中林卡乡	259288	6011					
左贡县美玉乡	128415	4428					
左贡县下林卡乡	68635	2751					
左贡县碧土乡	102333	2418					
左贡县仁果乡	90764	3708					
左贡县绕金乡	42758	1982					
芒康县嘎托镇	90212	15420					
芒康县如美镇	85852	5603					
芒康县曲孜卡乡	67543	3657					
芒康县木许乡	28351	2314					
芒康县纳西民族乡	37488	4843					

续表 558　　（西藏自治区）　　单位：公顷、人、个

名　　称	行政区域面　　积	常住人口	企业个数	企　　业从业人员	工业企业单　　位	#规模以上	城镇建成区常住人口
芒康县朱巴龙乡	92877	5078					
芒康县曲登乡	118004	3666					
芒康县徐中乡	103976	5533					
芒康县帮达乡	102466	8018					
芒康县戈波乡	57740	2542					
芒康县洛尼乡	47208	4270					
芒康县措瓦乡	99386	9830					
芒康县昂多乡	54640	1919					
芒康县宗西乡	102530	5805					
芒康县莽岭乡	20550	3244					
芒康县索多西乡	56034	5611					
洛隆县孜托镇	122434	11060	6	37	2		11060
洛隆县硕督镇	57910	5142					5142
洛隆县康沙镇	56908	6159	1	31			6159
洛隆县马利镇	75513	4898					4898
洛隆县玉西乡	34395	1182					
洛隆县新荣乡	54828	4098					
洛隆县达龙乡	44669	1339					
洛隆县腊久乡	193395	5916					
洛隆县俄西乡	93032	6734					
洛隆县中亦乡	62238	3429					
洛隆县白达乡	9974	811					
边坝县草卡镇	54244	11842	36	785	4		11842
边坝县边坝镇	112164	5790	7	43	4		5790
边坝县马武乡	35365	2713					
边坝县热玉乡	33739	2141	2	23			
边坝县尼木乡	66600	3058	1	6			
边坝县沙丁乡	73604	4023	4	25	1		
边坝县金岭乡	185177	4525	3	26			
边坝县加贡乡	105278	1104					
边坝县马秀乡	68162	2564	1	13			
边坝县都瓦乡	59875	3368					
边坝县拉孜乡	82879	4283	4	52			
巴宜区林芝镇	45515	3192	25	150	1		463
巴宜区百巴镇	219992	3782					335
巴宜区八一镇	129152	46330	261	769	21	3	42082
巴宜区鲁朗镇	315202	1375	6	92	2		340
巴宜区更章门巴民族乡	74553	1693	2	147			
巴宜区布久乡	49090	2960	5	134			
巴宜区米瑞乡	20010	2215					
工布江达县工布江达镇	59557	8339	9	182	3		2471
工布江达县金达镇	131996	5041					4832
工布江达县巴河镇	81704	2803					824
工布江达县错高乡	183431	2391	1	168			
工布江达县朱拉乡	170639	3059					
工布江达县仲莎乡	189784	3042					
工布江达县江达乡	71832	2721					
工布江达县娘蒲乡	165000	3299					
工布江达县加兴乡	251054	4484					
米林县米林镇	34658	7503	24	307	10		7503

续表 559　　（西藏自治区）　　单位：公顷、人、个

名　　称	行政区域面积	常住人口	企业个数	企业从业人员	工业企业单位	#规模以上	城镇建成区常住人口
米林县卧龙镇	261988	4411			3		4411
米林县派镇	105497	3562					120
米林县丹娘乡	53586	1768			3		
米林县南伊珞巴民族乡	63281	542			2		
米林县羌纳乡	45039	2864	4	48	2		
米林县里龙乡	218435	2119					
米林县扎西绕登乡	167695	5085			4		
墨脱县墨脱镇	121700	3688	9	158	5		3688
墨脱县甘登乡	79001	318					
墨脱县加热萨乡	79000	701					
墨脱县达木珞巴民族乡	88000	1065					
墨脱县帮辛乡	100000	1375					
墨脱县格当乡	94000	956					
墨脱县德兴乡	110000	1513	1	8	1		
墨脱县背崩乡	375000	2480	1	26			
波密县扎木镇	99206	13199	9	200	5		9803
波密县倾多镇	187961	4907	2	17	2		4637
波密县松宗镇	82563	2261	4	63			2120
波密县古乡	89013	1662	1	56			
波密县玉许乡	238931	6218	2	43			
波密县多吉乡	122269	3245					
波密县康玉乡	164607	1936	3	20			
波密县玉普乡	207442	1880					
波密县易贡乡	276978	1889	2	35			
波密县八盖乡	205853	1395					
察隅县竹瓦根镇	591447	10523	21	714	5		312
察隅县上察隅镇	1252148	3325	2	76			198
察隅县下察隅镇	518882	5938	1	12	1		448
察隅县古玉乡	205138	3106					
察隅县古拉乡	207354	2346					
察隅县察瓦龙乡	461694	7039	5	50			
朗县朗镇	49885	4399	7	49	5		699
朗县仲达镇	20273	2244	2	19	1		744
朗县洞嘎镇	112702	2708	2	18	1		501
朗县金东乡	96786	1940	1	6	1		
朗县拉多乡	60245	2264					
朗县登木乡	70700	2969					
乃东区泽当镇	15000	46731					
乃东区昌珠镇	17380	7009					
乃东区颇章乡	35100	7035					
乃东区结巴乡	25200	4724					
乃东区多颇章乡	13000	1717					
乃东区索珠乡	40000	2438					
乃东区亚堆乡	75200	6799					
扎囊县扎唐镇	18899	8157	113	1200	8		
扎囊县桑耶镇	80767	4608	13	200	1		
扎囊县阿扎乡	28849	2332	5	115	1		
扎囊县扎其乡	30540	9404	10	92	10		
扎囊县吉汝乡	39398	10575	2	32			
贡嘎县吉雄镇	15999	3688			5		2067

续表 560　　(西藏自治区)　　单位：公顷、人、个

名　　称	行政区域面　积	常住人口	企业个数	企　业从业人员	工业企业单　位	#规模以上	城镇建成区常住人口
贡嘎县岗堆镇	32339	7557			6		75
贡嘎县甲竹林镇	37885	7680			2		7680
贡嘎县江塘镇	24134	5066					92
贡嘎县杰德秀镇	26160	5037			5		5037
贡嘎县朗杰学乡	36180	6550			1		
贡嘎县昌果乡	29123	2834			1		
贡嘎县东拉乡	36779	4630					
贡嘎县克西乡	8625	3392					
桑日县桑日镇	49808	3681			4		
桑日县增期乡	119781	4439					
桑日县白堆乡	50304	1765			1		
桑日县绒乡	43324	5541	82	492	1	1	
琼结县琼结镇	44070	4562	6	64	2		2194
琼结县拉玉乡	17803	4365					
琼结县下水乡	11161	3089	2	25	1		
琼结县加麻乡	29966	4502					
曲松县曲松镇	45124	5245	7	280			5245
曲松县罗布沙镇	9013	719	2	260	2	2	719
曲松县邱多江乡	92701	2382					
曲松县堆随乡	20941	2727					
曲松县下江乡	39220	1881					
措美县措美镇	78261	4182			3		131
措美县哲古镇	209569	5328					146
措美县乃西乡	73467	2220					
措美县古堆乡	56424	1434					
洛扎县洛扎镇	87090	4596	6	110	3		956
洛扎县拉康镇	43000	1940	1	30	1		1940
洛扎县生格乡	32686	2909					
洛扎县边巴乡	39856	1398	2	67			
洛扎县扎日乡	104260	4128	2	21	2		
洛扎县色乡	109898	1973	3	79			
洛扎县拉郊乡	27300	233					
加查县加查镇	51204	3522	16	80			534
加查县安饶镇	39160	7977	45	230	4		2634
加查县拉绥乡	54351	3688	8	40			
加查县崔久乡	108215	711	6	36			
加查县坝乡	109499	1506					
加查县冷达乡	26759	2296	34	102	5		
加查县洛林乡	53795	4162	25	175	13		
隆子县隆子镇	53520	5959			2		5955
隆子县日当镇	112517	7649			1		
隆子县加玉乡	89158	3429			1		
隆子县列麦乡	51864	2109					
隆子县热荣乡	77224	3684					
隆子县三林乡	88383	2829			1		
隆子县准巴乡	22865	416					
隆子县斗玉珞巴民族乡	32802	625					
隆子县雪萨乡	72085	3998					
隆子县扎日乡	56242	591					
隆子县玉麦乡	353497	35					

续表 561　　（西藏自治区）　　单位：公顷、人、个

名　　称	行政区域面积	常住人口	企业个数	企业从业人员	工业企业单位	#规模以上	城镇建成区常住人口
错那县错那镇	131285	1748	4	58	4		1748
错那县勒门巴民族乡	67356	134	1				
错那县贡日门巴民族乡	11121	175	1	4	1		
错那县吉巴门巴民族乡	8899	230					
错那县麻麻门巴民族乡	10660	162					
错那县库局乡	61945	430					
错那县曲卓木乡	135019	3901	1	13	1		
错那县浪波乡	57824	308					
错那县觉拉乡	73459	4475	1	80	1		
错那县卡达乡	205709	1933					
浪卡子县浪卡子镇	57706	5138	2	18	1		2147
浪卡子县打隆镇	133977	5205					1891
浪卡子县张达乡	31793	3836	1	115	1		
浪卡子县工布学乡	146919	7237	4	120	3		
浪卡子县多却乡	140934	5878					
浪卡子县普玛江塘乡	151101	1054					
浪卡子县阿扎乡	55796	2030	1	6	1		
浪卡子县卡龙乡	26420	2094	1	7	1		
浪卡子县白地乡	34488	2006					
浪卡子县卡热乡	17854	2437					
那曲县那曲镇	287040	13803					
那曲县罗玛镇	414600	7360					7360
那曲县古露镇	212140	4219					4219
那曲县香茂乡	88300	6889					
那曲县油恰乡	14700	6704					
那曲县那么切乡	250000	9031	1	27			
那曲县孔玛乡	77000	5602					
那曲县达萨乡	105900	9267					
那曲县劳麦乡	69300	5173					
那曲县色雄乡	51800	4860					
那曲县尼玛乡	107100	6498					
那曲县达前乡	81700	5195					
嘉黎县阿扎镇	162613	3184					3184
嘉黎县嘉黎镇	132060	3941					3941
嘉黎县鸽群乡	98987	2841					
嘉黎县藏比乡	79453	2191					
嘉黎县忠玉乡	188500	1979					
嘉黎县措多乡	166387	5764					
嘉黎县措拉乡	177773	5026					
嘉黎县林堤乡	39433	1772					
嘉黎县夏玛乡	138973	3400					
嘉黎县绒多乡	137433	3708	2	177			
比如县比如镇	57205	5921	10	627			823
比如县夏曲镇	206451	14478	4	45			
比如县白嘎乡	189200	8818					
比如县羊秀乡	235397	7290					
比如县香曲乡	83392	6409					
比如县达塘乡	94980	8762					
比如县良曲乡	114109	4724					
比如县茶曲乡	60617	6926					

续表 562　　(西藏自治区)　　单位：公顷、人、个

名　　称	行政区域面　　积	常住人口	企业个数	企　　业从业人员	工业企业单　　位	#规模以上	城镇建成区常住人口
比如县扎拉乡	86995	3815					
比如县恰则乡	40103	3047					
聂荣县聂荣镇	75067	2446					2446
聂荣县尼玛乡	202870	5025	1	33			
聂荣县查当乡	434974	3571					
聂荣县当木江乡	97339	4553					
聂荣县永曲乡	233274	1940					
聂荣县索雄乡	142880	2227					
聂荣县白雄乡	266067	4127					
聂荣县桑荣乡	144518	1936					
聂荣县下曲乡	159210	3758					
聂荣县色庆乡	382993	5658					
安多县扎仁镇	1600000	9549					8894
安多县雁石坪镇	2450000	2993					2916
安多县强玛镇	976700	5270					
安多县帕那镇	800000	3288					3277
安多县措玛乡	509600	4306					
安多县滩堆乡	502400	1258					
安多县扎曲乡	283934	1234					
安多县岗尼乡	501900	1876					
安多县玛曲乡	2640000	2825					
安多县色务乡	327518	1035					
安多县玛荣乡	8000	1137					
安多县多玛乡	960000	1843					
安多县帮爱乡	490000	2150					
申扎县申扎镇	353001	2360	2	18			1766
申扎县雄梅镇	443654	3972					390
申扎县马跃乡	240900	2064					
申扎县买巴乡	140270	1486					
申扎县塔尔玛乡	518487	3786					
申扎县下过乡	189270	2521					
申扎县卡乡	231853	1691					
申扎县巴扎乡	325596	2027					
索县亚拉镇	61226	8607					
索县荣布镇	66607	7891					7891
索县若达乡	48045	3249					
索县热瓦乡	31861	2728					
索县西昌乡	64959	3415					
索县嘎木乡	58195	2392					
索县赤多乡	61176	3681					
索县嘎美乡	55282	5529					
索县加勤乡	60795	5916					
索县江达乡	54968	4005					
班戈县普保镇	214985	5492					5492
班戈县北拉镇	238706	5366					5366
班戈县佳琼镇	515525	3111					3111
班戈县德庆镇	219861	3958					3958
班戈县马前乡	268533	2721					
班戈县门当乡	516304	5169					
班戈县保吉乡	126782	2176					

续表 563　　（西藏自治区）　　单位：公顷、人、个

名　　称	行政区域面积	常住人口	企业个数	企业从业人员	工业企业单位	#规模以上	城镇建成区常住人口
班戈县青龙乡	201684	4173					
班戈县新吉乡	221232	3726					
班戈县尼玛乡	57806	2585					
巴青县雅安镇	946	5332					4474
巴青县拉西镇	1016	8142					
巴青县杂色镇	997	9236					
巴青县江绵乡	890	6372	6	954			
巴青县岗切乡	896	4533					
巴青县巴青乡	1377	2570					
巴青县阿秀乡	2353	2608					
巴青县玛如乡	246	7044					
巴青县本塔乡	348	4910					
巴青县贡日乡	742	1805					
尼玛县尼玛镇	1440375	4779					
尼玛县文布乡	306807	2019					
尼玛县中仓乡	379736	2788					
尼玛县卓瓦乡	315000	2003					
尼玛县卓尼乡	3115572	1914					
尼玛县吉瓦乡	333203	1869					
尼玛县甲谷乡	201460	2174					
尼玛县阿索乡	739600	1845					
尼玛县俄久乡	1197556	2542					
尼玛县荣玛乡	468	1121					
尼玛县达果乡	391693	1849					
尼玛县申亚乡	3458600	1971					
尼玛县来多乡	420107	2187					
尼玛县军仓乡	500000	1465					
双湖县措折罗玛镇	376740	3260					500
双湖县协德乡	799946	2735					
双湖县雅曲乡	958832	1338					
双湖县嘎措乡	703006	561	1	20			
双湖县措折强玛乡	2134402	1293					
双湖县多玛乡	676480	2113					
双湖县巴岭乡	887720	1966					
普兰县普兰镇	325127	4317	19	2689			4178
普兰县巴嘎乡	419544	1583	1	34			
普兰县霍尔乡	610478	2128					2128
札达县托林镇	431400	2946	1	20			2946
札达县萨让乡	317718	465					
札达县达巴乡	678826	1402					
札达县底雅乡	290691	882					
札达县香孜乡	238950	1280					
札达县曲松乡	214902	521	1	20			
札达县楚鲁松杰乡	287898	673					
噶尔县狮泉河镇	104200	54398					53855
噶尔县昆莎乡	264400	2280					
噶尔县左左乡	800000	1475					
噶尔县门士乡	477300	2473					
噶尔县扎西岗乡	353337	892					
日土县日土镇	468111	1174					1042

续表 564　　(西藏自治区、陕西省)　　单位：公顷、人、个

名　称	行政区域面　积	常住人口	企业个数	企　业从业人员	工业企业单　位	#规模以上	城镇建成区常住人口
日土县热帮乡	1509319	2559					
日土县日松乡	774125	2224					
日土县东汝乡	3668082	1459					
日土县多玛乡	1289945	1346					
革吉县革吉镇	1213036	3595					
革吉县雄巴乡	789436	3460					
革吉县亚热乡	1159413	3727					
革吉县盐湖乡	1061450	3636					
革吉县文布当桑乡	387093	2215					
改则县改则镇	462406	4148					1335
改则县物玛乡	837131	2374					
改则县先遣乡	3648644	1896					
改则县麻米乡	878791	4531					
改则县洞措乡	660138	2220					
改则县古姆乡	1255666	2507					
改则县察布乡	5818823	3027					
措勤县措勤镇	268011	3500	4	54			2898
措勤县磁石乡	376204	2727	1	6			
措勤县曲洛乡	488846	2469					
措勤县江让乡	755762	3123					
措勤县达雄乡	324766	2729					
陕西省							
阎良区武屯镇	5330	35674	135	1025	74	4	3642
阎良区关山镇	8501	55442	31	677	30	7	6180
高陵区通远镇	5276	46780	210	2800	13	1	3057
高陵区耿镇	4119	35191	175	2348	16		3073
高陵区张卜镇	4072	40769	122	1856	12		2097
蓝田县洩湖镇	9584	40058	183	2770	2		7549
蓝田县华胥镇	8000	34223	107	2625	95	13	16397
蓝田县前卫镇	4757	37509	197	793	21		1780
蓝田县汤峪镇	14844	49818	365	3120	145		7260
蓝田县焦岱镇	4483	23307	19	152	8		1381
蓝田县玉山镇	4872	25206	14	210	9		1230
蓝田县三里镇	6967	59148	359	4300	191	15	2158
蓝田县普化镇	14153	56728	156	845	8	1	3595
蓝田县葛牌镇	19258	14092					418
蓝田县灞源镇	18319	17400	36	211	4		981
蓝田县九间房镇	11814	12616	11	65	2		350
蓝田县蓝桥镇	11467	11249	8	202			1230
蓝田县辋川镇	28723	17385	16	130	4		260
蓝田县厚镇	8793	17525	43	383	40		2320
蓝田县三官庙镇	10781	31515	45	249			3569
蓝田县安村镇	4380	35952	22	130			1300
蓝田县孟村镇	4409	28756	123	1353	19		3000
蓝田县小寨镇	9423	21506	36	528	5	1	3131
周至县二曲街道办事处	3344	80826	1200	7200	11	11	
周至县哑柏镇	4416	50668	30	1340	4	4	15680
周至县终南镇	6586	63473	378	1891	5		16248
周至县马召镇	7795	42032	71	367	6	4	12350
周至县集贤镇	29455	28896	29	3450	15	15	11883

续表 565　　(陕西省)　　单位：公顷、人、个

名　　称	行政区域面　积	常住人口	企业个数	企　业从业人员	工业企业单　位	#规模以上	城镇建成区常住人口
周至县楼观镇	19741	52324	1051	6521	92		14950
周至县尚村镇	6231	52474	123	5740	19	1	8245
周至县广济镇	4875	41216	32	896	22		9138
周至县厚畛子镇	69627	2450	14	218	1		410
周至县青化镇	3392	26124					3350
周至县竹峪镇	10217	20574	1	40	1		1523
周至县翠峰镇	4736	24899	12	80	1		1783
周至县四屯镇	5388	46647	48	600	26	1	5130
周至县司竹镇	3360	27128	105	630	10	1	1562
周至县九峰镇	10600	33637	12	305	1	1	1527
周至县富仁镇	6953	45887	30	159	2	2	5860
周至县骆峪镇	9565	7746	12	210	12		802
周至县陈河镇	23749	3981	2	26	1	1	305
周至县板房子镇	37444	3210					419
周至县王家河镇	29400	2810					597
户县余下镇	2835	59228	199	5431	114	6	23230
户县祖庵镇	3000	30232	66	1143	33	2	6813
户县秦渡镇	5059	47591	184	2342	111	2	7099
户县大王镇	3091	33653	206	4520	185	3	4950
户县草堂镇	27948	36996	391	7551	296	20	10851
户县蒋村镇	13147	36710	84	2025	40	2	7315
户县庞光镇	3742	28176	82	1314	41	1	4780
户县涝店镇	4877	36309	65	1530	38		3862
户县甘河镇	3337	28514	69	1004	34		3215
户县石井镇	41763	28179	125	4066	53		1960
户县玉蝉镇	5494	43138	168	2762	100	1	1442
户县五竹镇	4283	37515	321	11377	299	34	19800
户县渭丰镇	4030	27712	115	1823	55	2	2012
王益区黄堡镇	8194	36735	790	45389	67	29	15800
印台区陈炉镇	8272	14364	94	720	32	6	3281
印台区红土镇	10059	19367	92	872	8	4	2810
印台区广阳镇	10639	29162	98	586	9	1	6273
印台区金锁关镇	16893	22764	75	202	9		5064
印台区阿庄镇	5580	10245	45	227	2		3067
耀州区董家河镇	4100	13156	85	5056	50	20	4007
耀州区庙湾镇	30600	15784	47	3150	3	2	5850
耀州区瑶曲镇	22436	19368	40	921	7	5	2200
耀州区照金镇	16400	7770	43	2459	4	1	1314
耀州区小丘镇	15600	31000	49	671	5	3	3193
耀州区孙塬镇	5700	16798	71	3693	46	29	4111
耀州区关庄镇	21000	20076	37	578	4	3	3108
耀州区石柱镇	26446	29254	44	408	3	1	2996
宜君县彭镇	27360	14024	49	882	47	5	467
宜君县五里镇	18444	13809	52	255	48		345
宜君县太安镇	18191	10863	43	430	17	4	1056
宜君县棋盘镇	15012	6547	23	255	9		343
宜君县尧生镇	25576	10954	26	124	25		888
宜君县哭泉镇	14005	7088	32	448	8		700
宜君县云梦乡	17280	8805	30	542	20		
渭滨区马营镇	17700	33334	541	7600	500	22	2397

续表 566　　(陕西省)　　单位：公顷、人、个

名　称	行政区域面积	常住人口	企业个数	企业从业人员	工业企业单位	#规模以上	城镇建成区常住人口
渭滨区石鼓镇	11199	18206	127	3007	99	2	898
渭滨区神农镇	13240	17939	78	700	10	4	1256
渭滨区高家镇	22847	30790	96	1250	68	1	2260
渭滨区八鱼镇	16301	27568	1319	6717	153	15	3998
金台区陈仓镇	1620	50275	48	260	41	7	50273
金台区蟠龙镇	4200	37317	25	3622	13	3	3152
金台区金河镇	6350	31046	93	3392	76	11	1577
金台区硖石镇	14910	19180	32	712	11		1695
陈仓区阳平镇	4000	47368	124	2975	70	8	2152
陈仓区千河镇	5400	43585	345	7420	243	4	1605
陈仓区磻溪镇	18200	44193	63	2120	20	11	2783
陈仓区天王镇	15470	29348	40	1450	28	5	2300
陈仓区慕仪镇	4335	37565	73	1200	27	3	2680
陈仓区周原镇	4850	43858	67	9235	54	4	4105
陈仓区贾村镇	11207	51666	11	640			1180
陈仓区县功镇	26420	42216	143	2035	14	4	2800
陈仓区新街镇	20500	16462	40	530			1834
陈仓区坪头镇	30300	16270	31	400	2		2978
陈仓区香泉镇	19700	12413	1	8			2024
陈仓区赤沙镇	14700	12007	3	32			1938
陈仓区拓石镇	30346	17110	11	326			2875
陈仓区凤阁岭镇	20400	9135	11	270			833
陈仓区钓渭镇	11700	34809	116	6509	33	3	1692
凤翔县城关镇	7200	81983	199	5020	156	19	38927
凤翔县虢王镇	4500	33226	78	1090	32		3200
凤翔县彪角镇	7640	61035	203	3210	102	5	7596
凤翔县横水镇	10100	42102	196	6023	56	9	4670
凤翔县田家庄镇	4900	24340	37	180	35	2	5850
凤翔县糜杆桥镇	19700	33165	118	1721	79	4	5000
凤翔县南指挥镇	7000	35897	59	3225	52		1120
凤翔县陈村镇	5800	51518	201	6810	105	12	7704
凤翔县长青镇	4800	25992	85	5600	30	4	18292
凤翔县柳林镇	16800	61714	163	5800	10	4	28000
凤翔县姚家沟镇	23400	5555	35	551	1	1	1667
凤翔县范家寨镇	10300	33955	133	1650	75	1	1715
岐山县凤鸣镇	12270	105654	621	19336	241	12	62392
岐山县蔡家坡镇	20980	153697	2746	41602	1927	42	58686
岐山县益店镇	4940	30143	48	3106	11	2	4010
岐山县蒲村镇	7770	22115	35	2592	26	1	2189
岐山县青化镇	3880	23546	44	1520	2		3895
岐山县枣林镇	4580	34370	36	3782	6		2011
岐山县雍川镇	6142	47687	30	4123	8	2	4620
岐山县故郡镇	14210	18439	66	1699	38		550
岐山县京当镇	10828	30195	73	1120	33	2	4855
扶风县城关街道办事处	9635	92120	217	10850	111	16	
扶风县天度镇	17868	43916	84	4430	29	5	3241
扶风县午井镇	5725	36857	33	687	16	3	6009
扶风县绛帐镇	8679	77353	156	3356	98	21	3399
扶风县段家镇	3460	24411	10	196	6	2	1423
扶风县杏林镇	6685	48217	31	296	16		5375

续表 567　　（陕西省）　　单位：公顷、人、个

名　称	行政区域面积	常住人口	企业个数	企业从业人员	工业企业单位	#规模以上	城镇建成区常住人口
扶风县召公镇	5536	38200	43	1510	23	3	9624
扶风县法门镇	12942	69382	58	2500	41	5	11659
眉县横渠镇	10910	47516	228	4856	8	1	1560
眉县槐芽镇	3310	18550	270	2210	70	1	1906
眉县汤峪镇	29151	37934	245	3670	20	2	1530
眉县常兴镇	6080	48656	187	13520	82	23	11300
眉县金渠镇	5837	33431	86	2605	73	21	7899
眉县营头镇	17738	16902	37	3356	23	1	1836
眉县齐镇	6600	31541	182	3652	103	3	1825
陇县城关镇	17103	77602	544	10880	90	8	57383
陇县东风镇	23481	33591	98	3920	26	3	5948
陇县八渡镇	27692	9052	26	218	7		1582
陇县东南镇	9822	42590	98	1750	37	2	16114
陇县温水镇	32561	39585	63	510	10		16114
陇县天成镇	39909	16077	47	875	5		6538
陇县曹家湾镇	21502	18542	39	350	20	1	3837
陇县固关镇	24392	9237	24	265	10	1	2941
陇县河北镇	20782	10661	9	60			2852
陇县新集川镇	10450	5335	12	122	2		138
千阳县城关镇	11846	42718	388	2436	62	10	21189
千阳县崔家头镇	4011	7029	12	72	1		1430
千阳县南寨镇	14888	22525	38	600	17		2860
千阳县张家塬镇	22163	18062	28	200	8		3450
千阳县水沟镇	11414	18015	43	668	17	2	1478
千阳县草碧镇	16300	12670	61	587	38	10	2200
千阳县高崖镇	19066	3299	5	27			567
麟游县九成宫镇	47849	34196	184	4403	18	4	17674
麟游县崔木镇	29695	11406	32	704	5	1	990
麟游县招贤镇	21918	10783	25	550	3		830
麟游县两亭镇	26988	11522	41	820	6	2	2160
麟游县常丰镇	15317	8529	15	330	2		120
麟游县丈八镇	11068	7401	18	378	2		663
麟游县酒房镇	17565	8363	20	420	2		663
凤县双石铺镇	27654	32126	117	2329	46	6	14283
凤县凤州镇	32735	16539	112	4300	47	12	4382
凤县黄牛铺镇	45625	8289	34	235	11	3	1475
凤县红花铺镇	23093	4076	4	130	3	1	717
凤县河口镇	40440	12028	283	1836	45	10	706
凤县唐藏镇	36757	5505	7	855	7	2	1755
凤县平木镇	19837	9753	5	64	3		788
凤县坪坎镇	20438	4092	43	2238	25	7	295
凤县留凤关镇	72121	14893	63	1725	46	13	2040
太白县咀头镇	61200	26612	123	730	75	5	12310
太白县桃川镇	33100	6183	47	246	7	1	992
太白县鹦鸽镇	31300	8931	75	396	10	1	1400
太白县靖口镇	19400	3663	9	47	9		208
太白县太白河镇	26100	2487	1	1564	1	1	480
太白县黄柏塬镇	85200	1954	1	40	1	1	310
太白县王家堎镇	13500	1543	12	180	12		466
杨陵区五泉镇	3220	29762	55	715	14	3	7695

续表 568 (陕西省) 单位：公顷、人、个

名　　称	行政区域面积	常住人口	企业个数	企业从业人员	工业企业单位	#规模以上	城镇建成区常住人口
杨陵区揉谷镇	3611	35469	6	96	6		21382
三原县陂西镇	5769	44318	38	866	36	8	3904
三原县独李镇	2690	22235	30	530	25	5	1222
三原县大程镇	6780	42145	78	1650	52	14	1720
三原县西阳镇	3642	23443	50	3308	48	18	6631
三原县鲁桥镇	3019	26228	41	920	9	4	1448
三原县陵前镇	11290	44474	52	2150	34	9	3612
三原县新兴镇	7791	27097	14	258	10		2606
三原县嵯峨镇	7771	23100	15	396	12	1	2030
三原县渠岸镇	2839	24657	17	1085	15	8	2409
泾阳县永乐镇	2580	27103	226	6852	217	33	27103
泾阳县云阳镇	7510	53866	309	4259	45	6	26651
泾阳县桥底镇	4470	31784	113	675	16	5	17509
泾阳县王桥镇	4270	24775	138	3282	35	4	9283
泾阳县口镇	5040	21133	39	584	30		9279
泾阳县三渠镇	5120	44530	150	3117	47	5	8548
泾阳县高庄镇	4791	32689	225	6528	60	3	12345
泾阳县太平镇	5370	32723	27	2357	26	2	6202
泾阳县崇文镇	2700	25167	15	1020	14	6	22086
泾阳县安吴镇	9740	44024	43	2052	21	3	5771
泾阳县兴隆镇	14760	40956	38	830	16	2	8621
泾阳县中张镇	5960	43309	47	1453	31	6	13269
乾县薛录镇	6168	40620	16	360	1		11452
乾县梁村镇	5372	35829	13	308	12		12035
乾县临平镇	10172	43200	12	328	3	2	13796
乾县姜村镇	4345	30341	52	490	49	1	3726
乾县王村镇	4405	31611	21	176	1		11328
乾县马连镇	3573	19200	41	430	9	1	11827
乾县阳峪镇	7265	32199	24	1419	9	3	10090
乾县峰阳镇	8261	20074	11	68			10215
乾县注泔镇	5643	21084	4	190	2		21084
乾县灵源镇	3534	22311	13	575	6	1	9410
乾县阳洪镇	4041	23124	34	3256	24	9	13823
乾县梁山镇	11324	27673	14	258	11		6022
乾县周城镇	3751	25556	17	368	12		7386
乾县新阳镇	3907	25924	9	130	2		16087
乾县大杨镇	6009	38897	27	190	16	1	5212
礼泉县史德镇	5444	38106	23	506	10	2	3936
礼泉县西张堡镇	4653	24417	39	779	22	6	3822
礼泉县阡东镇	5259	31595	24	401	12	1	4458
礼泉县烽火镇	5618	27914	27	744	15		2690
礼泉县烟霞镇	8897	32622	260	1198	3	3	8605
礼泉县赵镇	4769	26782	20	199	9	2	5383
礼泉县叱干镇	16665	28137	18	155	1		2286
礼泉县南坊镇	13152	24793	14	165	4		3184
礼泉县石潭镇	5717	25648	17	305	11		6330
礼泉县昭陵镇	12833	42373	19	414	6		4904
礼泉县骏马镇	4399	27209	14	286	7		2393
永寿县店头镇	12867	30663	22	201	7		4236
永寿县常宁镇	10558	40082	112	700	6		7000

续表 569　（陕西省）　单位：公顷、人、个

名　称	行政区域面　积	常住人口	企业个数	企　业从业人员	工业企业单　位	#规模以上	城镇建成区常住人口
永寿县甘井镇	8400	17556	13	116	1		871
永寿县马坊镇	14870	27918	28	560	1		3990
永寿县渠子镇	14920	15620	50	346	37		3092
永寿县永平镇	16345	4426	4	30	1		744
彬县北极镇	11439	39538	54	324	23	2	3910
彬县新民镇	21108	73348	102	511	60	3	8489
彬县龙高镇	14651	27037	6	31	3	3	3120
彬县永乐镇	7372	16996	27	479	15	2	2870
彬县义门镇	10770	37701	50	2915	24	2	1986
彬县水口镇	16298	30060	3	30	2		1920
彬县韩家镇	14590	15176	6	289	6	1	865
彬县太峪镇	13191	25993	24	210	13	7	2163
长武县相公镇	6546	22759	56	1831	26	1	1682
长武县巨家镇	7536	15136	41	1032	11		1800
长武县丁家镇	3556	12386	86	774	8	3	2990
长武县洪家镇	7362	17151	33	432	31		3015
长武县亭口镇	14423	31157	68	4201	42	8	13688
长武县彭公镇	6294	23894	38	1503	9	2	3180
长武县枣园镇	5157	8352					1063
旬邑县土桥镇	18897	47641	68	759	11	3	8129
旬邑县职田镇	7204	26780	56	335	13		4845
旬邑县张洪镇	8020	35043	11	61	5	1	8312
旬邑县太村镇	9896	47751	118	1783	32	4	9117
旬邑县郑家镇	4000	20398	53	2437	9	2	9456
旬邑县湫坡头镇	8722	26457	64	318			6320
旬邑县底庙镇	7410	19905	7	69	5		1460
旬邑县马栏镇	79200	14421	62	301	8		12421
旬邑县清塬镇	17026	9874	7	255	6	3	2209
淳化县官庄镇	15440	31779	18	105	17	2	4438
淳化县方里镇	14500	25463	11	268	8	7	3152
淳化县润镇	9700	26405	24	1233	23	7	6237
淳化县车坞镇	8916	9617	10	998	1	1	2723
淳化县铁王镇	14022	14929	8	382	6	1	2069
淳化县石桥镇	10217	15216	5	180	5	2	1953
淳化县十里塬镇	15430	29456	40	1590	6	1	1840
武功县苏坊镇	3503	28819	111	5915	23	2	1750
武功县武功镇	4302	39725	146	4862	22	3	11026
武功县游凤镇	2965	23804	79	2815	15		491
武功县贞元镇	7815	65094	244	10835	62	3	993
武功县长宁镇	6756	55962	213	13360	41	4	1467
武功县小村镇	4656	71038	253	18904	73	2	3396
武功县大庄镇	4147	45982	202	17620	72	5	420
兴平市赵村镇	2960	34785	58	7588	47	9	3926
兴平市桑镇	2730	28554	37	656	27	4	4590
兴平市南市镇	5040	32932	46	1892	36	5	5721
兴平市庄头镇	2790	32829	43	586	38	5	6765
兴平市南位镇	5460	37114	33	358	23	1	3650
兴平市阜寨镇	5530	45795	44	1562	30	1	3453
兴平市丰仪镇	3280	26854	56	3680	47	8	4165
兴平市汤坊镇	3110	31196	53	1654	43	6	2586

续表 570 （陕西省） 单位：公顷、人、个

名称	行政区域面积	常住人口	企业个数	企业从业人员	工业企业单位	#规模以上	城镇建成区常住人口
临渭区桥南镇	6673	21637	58	2237	33		1520
临渭区阳郭镇	13900	48626	6	2300			4385
临渭区故市镇	8166	53052	4				4100
临渭区下邽镇	8283	61995	17	119			6199
临渭区三张镇	4351	29374	58	603	20		1204
临渭区交斜镇	3409	26344	582	3012	11	2	1760
临渭区辛市镇	4644	37792	374	1250	8		5250
临渭区崇凝镇	3440	17629	37	529			3611
临渭区孝义镇	3980	24406	32	141	3		7212
临渭区蔺店镇	7309	40240	6	58			3133
临渭区官底镇	4732	31438	33	392			4139
临渭区官路镇	4381	22258	6	67	6		2762
临渭区丰原镇	4347	24921	4	160	4		2800
临渭区阎村镇	3902	30556	553	4360	15		2529
临渭区龙背镇	7441	36327	81	620	18		5476
临渭区官道镇	2253	38216	147	1200			1120
华州区杏林镇	10500	27832	243	1216	45	3	13090
华州区赤水镇	7760	46538	46	231	22	1	2130
华州区高塘镇	23395	48412	52	538	27	1	3460
华州区大明镇	16325	34858	54	430	27		2800
华州区瓜坡镇	4800	26755	75	2285	19	5	12864
华州区莲花寺镇	11457	27441	66	716	25	6	3035
华州区柳枝镇	10170	29757	23	400	21	1	3924
华州区下庙镇	4900	22254	35	153	4		1800
华州区金堆镇	22400	18456	6	7100	3	2	8563
潼关县秦东镇	6874	24808	14	335	2	1	4049
潼关县太要镇	6870	21841	28	263	22	5	3533
潼关县桐峪镇	8440	14905	14	1500	14	3	3005
潼关县代字营镇	5208	23499	16	361	4	2	2048
大荔县许庄镇	10871	53210	289	6944	53	4	2986
大荔县朝邑镇	11460	60548	191	6263	13	1	5751
大荔县安仁镇	8335	50081	79	396	56	8	2722
大荔县两宜镇	10376	45243	13	30	7	1	2100
大荔县羌白镇	12958	50875	170	2805	8	1	5125
大荔县官池镇	12762	59728	214	6575	38	24	8697
大荔县冯村镇	4665	25372	86	2096	5	1	3620
大荔县双全镇	5837	28620	82	1022	2		2792
大荔县下寨镇	10665	37366					2890
大荔县韦林镇	9652	41515	24	352			3053
大荔县范家镇	6740	29127	83	1276	3	2	5220
大荔县苏村镇	7390	27189	21	286			5350
大荔县赵渡镇	15090	30126	115	1249			5891
大荔县埝桥镇	5008	27160	86	1418	4	1	3300
大荔县段家镇	7523	24368	85	1211	7	1	1730
合阳县甘井镇	11400	26384	22	120	21		2480
合阳县坊镇	11410	42714					5709
合阳县洽川镇	12500	8830					1230
合阳县新池镇	8300	29335	18	105			2858
合阳县黑池镇	19662	41965	21	213			2280
合阳县路井镇	12080	36758	52	483			7346

续表 571　　(陕西省)　　单位：公顷、人、个

名　称	行政区域面　积	常住人口	企业个数	企　业从业人员	工业企业单　位	#规模以上	城镇建成区常住人口
合阳县和家庄镇	13900	26434	23	62	3		3986
合阳县王村镇	8200	25550	1371	6000	446	1	1716
合阳县同家庄镇	9791	30541	172	1023	159	1	2537
合阳县百良镇	8907	42794	27	458	3	1	2381
合阳县金峪镇	11420	25435	106	1500	5		1700
澄城县冯原镇	21413	43868	57	2800	13		3550
澄城县王庄镇	17000	39075	39	369	5		1460
澄城县尧头镇	5740	36873	32	1760	17		4100
澄城县赵庄镇	16000	32333	27	614	4		1350
澄城县交道镇	9300	21178	36	1167	13		4275
澄城县寺前镇	9200	29724	32	531	12	1	5400
澄城县韦庄镇	8350	34774	69	1983	19	3	9246
澄城县安里镇	8300	25161	26	843	10	4	2000
澄城县庄头镇	12640	38470	86	3245	29	3	2920
蒲城县罕井镇	9450	64568	36	1803	22	2	29214
蒲城县孙镇	10465	78422	31	358	29	5	1022
蒲城县兴镇	4900	28348	31	1000	21		10175
蒲城县党睦镇	9449	42911	24	121	2		3552
蒲城县高阳镇	5846	20232	52	297	5		3500
蒲城县永丰镇	7508	24970	37	208	6	1	2760
蒲城县荆姚镇	32800	77250	1	50			7222
蒲城县苏坊镇	4670	30694	25	130	1		2085
蒲城县龙阳镇	5020	25930	6	325	6		1461
蒲城县洛滨镇	11930	28638	12	306	10	2	3017
蒲城县陈庄镇	5867	26709	320	5760	22	20	3980
蒲城县桥陵镇	13733	60659					1710
蒲城县尧山镇	13299	53584	13	137	13	3	2238
蒲城县椿林镇	5609	33944	16	203	2		2035
蒲城县龙池镇	7090	34437					430
白水县尧禾镇	17108	37310	6	312			1488
白水县杜康镇	5995	19399	48	2850	7	6	2479
白水县西固镇	11347	29168	4	802	4	2	1980
白水县林皋镇	13420	31104	1	320	1		4560
白水县史官镇	13736	24997	62	1260			1870
白水县北塬镇	11409	16528					1500
白水县雷牙镇	12730	31990	77	485	7	6	2236
富平县庄里镇	12300	93969	55	14000	45	30	3768
富平县张桥镇	4130	29380	6	57			2350
富平县美原镇	7800	45048					11203
富平县流曲镇	8464	53086	132	698			226
富平县淡村镇	7030	42262	8	143			400
富平县留古镇	4900	31192	106	432	3		2257
富平县老庙镇	83221	45944					6465
富平县薛镇	15469	54575	258	1132	3	2	1268
富平县到贤镇	7441	44495					1280
富平县曹村镇	11923	42859	3	800	2	1	4610
富平县宫里镇	6462	35406	260	3250	12	1	3479
富平县梅家坪镇	3584	25024	4	1000	4	4	3246
富平县刘集镇	4959	32128	3	84			1700
富平县齐村镇	3742	30981	31	1060	3		2879

续表 572　　(陕西省)　　单位：公顷、人、个

名　　称	行政区域面　　积	常住人口	企业个数	企　　业从业人员	工业企业单　　位	#规模以上	城镇建成区常住人口
韩城市龙门镇	6800	59636	292	25241	54	10	15846
韩城市桑树坪镇	58250	34877	168	8010	29	2	8626
韩城市芝川镇	18200	53257	11	136	1		5012
韩城市西庄镇	24153	44851	68	7300	48	18	3900
韩城市芝阳镇	17300	26556	19	1309	1	1	3850
韩城市板桥镇	26710	11671	24	101	1		2058
华阴市孟塬镇	11196	22201	103	326	1	1	10300
华阴市华西镇	12178	18914	66	80	3	2	4554
华阴市罗敷镇	23172	57048	165	780	75	7	6000
华阴市华山镇	18598	52430	450	3500	55	6	42065
宝塔区河庄坪镇	13797	17171	560	2240	17	2	7920
宝塔区李渠镇	14135	28732	645	1380	55	2	6800
宝塔区姚店镇	25900	33867	87	2330	26	6	7500
宝塔区青化砭镇	26404	28489	69	15800	2		10675
宝塔区蟠龙镇	26358	8350	4	571	3		4204
宝塔区柳林镇	25100	32576	96	870	57	2	22743
宝塔区南泥湾镇	51398	6913	7	4860	6		2615
宝塔区临镇	51182	11297	4	620	3	1	6212
宝塔区甘谷驿镇	17244	11088	5	3972	1		7800
宝塔区川口乡	16514	9930	13	6830	12	1	
宝塔区冯庄乡	18795	9597	3	621	2		
宝塔区麻洞川乡	25273	9113	4	400	1		
宝塔区万花山乡	15800	19551	19	437	11	1	
安塞区砖窑湾镇	36592	13440	87	321	2		4310
安塞区沿河湾镇	21085	20033	93	2546	30	1	1658
安塞区招安镇	49324	24783	56	102	1	1	2826
安塞区化子坪镇	31731	19338	58	1430	5	1	12560
安塞区坪桥镇	47058	10275	69	398			512
安塞区建华镇	32009	15896	42	145	3		1208
安塞区高桥镇	30812	10957	69	89	1		690
安塞区镰刀湾镇	23956	5936	32	63	3		794
延长县黑家堡镇	17220	11770	6	130	4	1	1080
延长县郑庄镇	27530	15008	4	30	2		1246
延长县张家滩镇	37357	13364	4	15	2		2030
延长县交口镇	30322	10974	5	30	2		1200
延长县雷赤镇	31641	13202	2	10	1		865
延长县罗子山镇	41131	9399	2	8	1		1090
延长县安沟镇	17990	6832	2	10	1		613
延川县永坪镇	34800	47400	184	1390	33	1	18980
延川县延水关镇	23300	9035	42	260	16	1	1280
延川县文安驿镇	32400	8451	110	309	32	3	1210
延川县杨家圪台镇	19300	6217	11	15	5		441
延川县贾家坪镇	16100	4022	11	63	2		1245
延川县关庄镇	21900	5032	17	52	2		739
延川县乾坤湾镇	20487	4380	18	108	1		525
子长县杨家园子镇	34227	23788	31	186	5		6324
子长县玉家湾镇	17255	6859	16	112	2		1590
子长县安定镇	21469	11507	18	196	3		6015
子长县马家砭镇	20725	9479	20	120	1		1054
子长县南沟岔镇	15794	8352	14	84			1852

续表 573　　（陕西省）　　单位：公顷、人、个

名　　称	行政区域面　　积	常住人口	企业个数	企　　业从业人员	工业企业单　　位	#规模以上	城镇建成区常住人口
子长县涧峪岔镇	35105	10902	20	120	2		2200
子长县李家岔镇	43412	11337	21	126			2294
子长县余家坪镇	25325	15761	33	4688	9	9	960
志丹县杏河镇	49410	22960	20	292	2		5562
志丹县顺宁镇	53500	18196	51	672	16		1170
志丹县旦八镇	31940	14557	51	598	15		815
志丹县金丁镇	38820	12100	18	176	11		1005
志丹县永宁镇	81040	13430	26	310	3	1	3200
志丹县义正镇	57671	12989	24	452	2		385
志丹县双河镇	43190	11390	71	2850	30	6	2678
吴起县铁边城镇	79630	14508	24	144	6		6710
吴起县周湾镇	23880	9796	13	72	1		1521
吴起县白豹镇	47380	8562	17	102	2		2451
吴起县长官庙镇	24470	5581	20	174	7		2644
吴起县长城镇	16780	7376	15	67	2		1930
吴起县五谷城镇	47030	11427	12	225	4		2916
吴起县吴仓堡镇	38620	9695	10	101	3		2810
吴起县庙沟镇	37290	3553	21	161	1		1644
甘泉县下寺湾镇	42679	9803	22	176	5		1135
甘泉县道镇	68217	14263	25	200	7	1	1900
甘泉县石门镇	47357	12402	9	45			934
甘泉县桥镇乡	36306	4262	2	14			
甘泉县劳山乡	20147	5332	23	127	3	1	
富县羊泉镇	29735	34093	68	526			8028
富县张村驿镇	28270	12054	14	1590	3	3	2406
富县张家湾镇	123955	10856	18	1077	5	1	5520
富县直罗镇	104340	9859	15	327	6		3764
富县牛武镇	38166	9070	24	275	5	4	691
富县寺仙镇	16211	9786	16	235	1		722
富县北道德乡	17177	8875	17	276	1		
洛川县旧县镇	37965	15947	108	541	5		7120
洛川县交口河镇	7857	16390	156	4560	6	1	6500
洛川县老庙镇	17229	31543	138	691	8		3411
洛川县土基镇	17064	20738	123	616	6		972
洛川县石头镇	25713	33332	147	736	4		3859
洛川县槐柏镇	22946	25312	126	224	9		1560
洛川县永乡镇	17127	22061	106	531	3		5186
洛川县菩堤乡	19630	6153	2	52			
宜川县秋林镇	41187	17854	73	773	4		653
宜川县云岩镇	44596	26978	71	377	6		1467
宜川县集义镇	76274	10979	28	243	2	1	996
宜川县壶口镇	21319	8728	30	389	2		336
宜川县英旺乡	50593	5557	26	147	5	1	
宜川县交里乡	28660	5326	22	123	1		
黄龙县石堡镇	53430	20536	224	2675	30		18620
黄龙县白马滩镇	45307	6298	24	226	2		1407
黄龙县瓦子街镇	41086	2169	17	338	2		623
黄龙县界头庙镇	27132	7733	22	142	2	1	498
黄龙县三岔镇	16352	7626	33	227	4		582
黄龙县圪台乡	43037	2396	14	183			

续表 574　　　　(陕西省)　　　　单位：公顷、人、个

名　　称	行政区域面　积	常住人口	企业个数	企　业从业人员	工业企业单　位		城镇建成区常住人口
						#规模以上	
黄龙县崾崄乡	48216	3142	12	143			
黄陵县店头镇	62747	31226	214	17788	58	17	23128
黄陵县隆坊镇	15268	24548	85	948	2	2	8923
黄陵县田庄镇	12300	10511	31	247	1		1410
黄陵县阿党镇	15053	16326	108	1345	3		970
黄陵县双龙镇	104665	5938	34	3519	2	2	883
汉台区铺镇镇	4726	52985	534	9442	135	17	50985
汉台区武乡镇	9670	30540	79	1065	20	1	7280
汉台区河东店镇	13600	22441	177	6869	57	6	2000
汉台区宗营镇	3418	30966	70	3415	48	5	5432
汉台区老君镇	3518	22641	33	660	18	9	2458
汉台区汉王镇	3984	15406	74	417	14		2103
汉台区徐望镇	4600	19455	59	305	16	1	2213
南郑县汉山街道办事处	5716	65121	394	8263	96	8	
南郑县圣水镇	6586	24623	59	2332	18	2	13236
南郑县大河坎镇	5213	57536	876	15408	148	16	42055
南郑县协税镇	3067	17041	30	341	9		5835
南郑县梁山镇	5724	31972	142	3005	67	15	7789
南郑县阳春镇	4370	15713	54	936	21	5	3185
南郑县高台镇	5046	21592	49	851	16	3	2950
南郑县新集镇	13189	49184	88	1264	24	1	20000
南郑县濂水镇	2574	13437	13	514	4		2572
南郑县黄官镇	26020	26738	52	1082	14	2	7349
南郑县青树镇	5846	24193	30	313	8	2	8142
南郑县红庙镇	15371	23326	60	756	10		8257
南郑县牟家坝镇	9036	24870	52	263	23	5	4783
南郑县法镇	17999	14666	40	1008	17	4	3240
南郑县湘水镇	8773	7905	18	211	1	1	2179
南郑县小南海镇	24104	11230	30	1100	8		1194
南郑县碑坝镇	46215	12269	36	547	13		4824
南郑县黎坪镇	36652	7640	24	239			3721
南郑县福成镇	24574	5547	12	160	3	2	1215
南郑县两河镇	10400	5578	9	118	2		1157
南郑县胡家营镇	4430	17131	59	1591	13	1	8859
城固县博望街道办事处	3720	73150	287	6922	81	12	
城固县龙头镇	4250	28925	41	212	34	1	2281
城固县沙河营镇	2340	16424	50	450	24	5	1680
城固县文川镇	2620	16369	16	1823	12	2	2907
城固县柳林镇	3920	40081	195	9870	38	6	14678
城固县老庄镇	14360	30343	75	900	22	4	16428
城固县桔园镇	20340	34390	145	2459	45	2	5097
城固县原公镇	9800	43108	93	569	22		2662
城固县上元观镇	5620	33093	20	120	18	2	6730
城固县天明镇	18440	24478	18	125	17	1	1450
城固县二里镇	35160	25994	16	115	13		1723
城固县五堵镇	13180	19947	136	682	10		2576
城固县双溪镇	25140	6753	15	182	14		512
城固县小河镇	47940	6775	10	232	4	1	726
城固县董家营镇	7360	27424	34	732	18	1	2424
城固县三合镇	6630	18949	43	944	26	1	8820

续表 575　（陕西省）　单位：公顷、人、个

名　　称	行政区域面　积	常住人口	企业个数	企　业从业人员	工业企业单　位	#规模以上	城镇建成区常住人口
洋县龙亭镇	12798	32238	37	1096	13		3598
洋县谢村镇	7510	47532	96	3236	45	7	4126
洋县马畅镇	4702	17037	39	1559	18	5	2352
洋县溢水镇	25826	12337	14	195	10		2513
洋县磨子桥镇	20907	47071	53	1662	18	2	10053
洋县黄家营镇	13169	14971	7	195	7		1401
洋县黄安镇	11751	22405	11	365	5		4285
洋县黄金峡镇	15358	8692	4	103	1		1040
洋县槐树关镇	20180	29410	12	107	6		2600
洋县金水镇	27878	13520	10	244	3		2035
洋县华阳镇	56796	6821	26	386	4		1384
洋县茅坪镇	30604	6498	8	123	8		1636
洋县八里关镇	15498	3441	5	30	5		455
洋县桑溪镇	13550	8913	9	2190	5	1	840
洋县关帝镇	19862	6482	5	40	2		170
西乡县杨河镇	12231	29663	55	396	22	2	2789
西乡县柳树镇	9944	23301	32	202	11	1	3546
西乡县沙河镇	19800	26271	99	495	19	2	2700
西乡县私渡镇	11930	9006	26	320	1		2310
西乡县桑园镇	12291	10778	32	160	4	1	10778
西乡县白龙塘镇	15365	13532	49	203	15	3	2992
西乡县峡口镇	30135	17563	119	600	19	6	6087
西乡县堰口镇	44663	40871	139	878	41	5	4146
西乡县茶镇镇	13770	9883	10	60	4		1598
西乡县高川镇	22723	20578	24	122	15		2523
西乡县两河口镇	10607	15164	8	50	2		1020
西乡县大河镇	43494	4674	5	21	1		4674
西乡县骆家坝镇	18884	8161	9	46	2	1	2835
西乡县子午镇	25663	9266	6	150	2	1	2160
西乡县白勉峡镇	19022	10705	24	121	5		4620
勉县武侯镇	16014	20449	47	538	14	2	1896
勉县周家山镇	4924	34712	125	1452	41	8	2506
勉县同沟寺镇	19924	16329	31	875	20	1	2092
勉县新街子镇	17894	26070	75	1570	38	5	1750
勉县老道寺镇	7744	36288	113	668	49	4	1054
勉县褒城镇	3234	11659	42	854	25	2	1899
勉县金泉镇	4314	14000	52	800	25	3	3306
勉县定军山镇	8824	38416	221	4420	34	12	2061
勉县温泉镇	2824	17813	30	260	5	1	2647
勉县元墩镇	10524	14546	14	185	11		2583
勉县阜川镇	12914	18484	22	153	11		1896
勉县新铺镇	16988	26232	19	578	4		2048
勉县茶店镇	22424	14798	20	355	11		1440
勉县镇川镇	5124	13827	24	3510	16	3	621
勉县漆树坝镇	8704	5318	7	46	4		312
勉县张家河镇	32614	5081	9	53	1		551
勉县长沟河镇	41804	4833	10	230	5		444
宁强县大安镇	34152	40482	31	596	21	5	11569
宁强县代家坝镇	26524	24774	18	521	14	4	3845
宁强县阳平关镇	30061	32593	26	552	16		16675

续表 576　　(陕西省)　　单位：公顷、人、个

名　称	行政区域面积	常住人口	企业个数	企业从业人员	工业企业单位	#规模以上	城镇建成区常住人口
宁强县燕子砭镇	22597	23969	20	371	11	1	7756
宁强县广坪镇	19035	9035	24	354	11	2	2501
宁强县青木川镇	19532	6791	13	241	9	1	4157
宁强县毛坝河镇	17108	11627	8	68	1		1997
宁强县铁锁关镇	15003	14846	7	116	6		6200
宁强县胡家坝镇	13228	15162	35	515	14	2	1747
宁强县巴山镇	11850	9348	8	167	6		2153
宁强县巨亭镇	14781	10783	11	65	1	1	511
宁强县舒家坝镇	10337	8260	4	81	2		886
宁强县太阳岭镇	13380	6447	4	83	3	1	1253
宁强县安乐河镇	14964	8406	3	67	2	1	2468
宁强县二郎坝镇	16107	5169	1	18			965
宁强县禅家岩镇	9857	6688					1433
略阳县接官亭镇	14900	12848	33	1456	32	3	1968
略阳县西淮坝镇	11800	3747	3	42	1		1007
略阳县两河口镇	19900	4597	26	135			546
略阳县金家河镇	10600	5528	9	56	9	2	1080
略阳县徐家坪镇	20400	13135	3	44	3		585
略阳县白水江镇	15500	9904	6	40	6		1820
略阳县硖口驿镇	10000	9652	43	761	16	2	1165
略阳县马蹄湾镇	9700	3631					632
略阳县乐素河镇	14100	7859					753
略阳县郭镇	21900	12825	42	861	2	2	3230
略阳县黑河镇	14100	10350	10	122	10	1	1185
略阳县白雀寺镇	20200	11344	3	16	3		955
略阳县仙台坝镇	20300	3796					1708
略阳县五龙洞镇	25800	5166					712
略阳县观音寺镇	11800	3752	1	5	1		590
镇巴县渔渡镇	14900	13301	8	320	3		6751
镇巴县盐场镇	13600	15439	21	785	10	1	5576
镇巴县观音镇	21050	18376	22	414	13	2	2880
镇巴县巴庙镇	16000	16738	36	235	7	1	2500
镇巴县兴隆镇	22900	16696	73	372	11	1	2801
镇巴县长岭镇	19850	13822	23	150	6	1	2000
镇巴县三元镇	34800	15355	20	205	10		2969
镇巴县简池镇	22800	12263	11	56	8	1	3812
镇巴县碾子镇	9800	10395	4	101	3		1689
镇巴县小洋镇	16720	10422	14	98	12	3	3012
镇巴县青水镇	23300	6111	3	16	3		750
镇巴县赤南镇	12700	14099	6	2677	4	1	450
镇巴县平安镇	11600	9348	7	41	2	1	2336
镇巴县杨家河镇	14500	5630	4	22	1		1389
镇巴县巴山镇	14880	10403	15	355	4	3	1175
镇巴县黎坝镇	10200	8910	35	185	1		850
镇巴县仁村镇	10800	7148	99	500	2		1690
镇巴县大池镇	12600	5072	2	12	2		1029
镇巴县永乐镇	12400	6504	7	116	3	1	1203
留坝县马道镇	22485	5110	23	100	6	1	5110
留坝县武关驿镇	31913	5337	23	200	5	1	5337
留坝县留侯镇	27565	2942	16	80	1		2942

续表 577　　（陕西省）　　单位：公顷、人、个

名　　称	行政区域面　　积	常住人口	企业个数	企　　业从业人员	工业企业单　　位	#规模以上	城镇建成区常住人口
留坝县江口镇	46156	9458	40	201	11		3328
留坝县玉皇庙镇	29465	4925	12	18	2	1	1060
留坝县火烧店镇	18315	3371	1	7	1		1206
留坝县青桥驿镇	12185	2025	6	33	4		2025
佛坪县陈家坝镇	8093	3557	7	83	3		490
佛坪县大河坝镇	13176	5861	40	202	4		3209
佛坪县西岔河镇	9638	3781	8	43	3		1018
佛坪县岳坝镇	50498	3138	22	122	2		414
佛坪县长角坝镇	31500	2753	17	109	6	2	1093
佛坪县石墩河镇	3891	1812	6	35			1260
榆阳区鱼河镇	11400	16357	6	280	1	1	6435
榆阳区上盐湾镇	22100	11662	2	19			1054
榆阳区镇川镇	5700	22669	107	643	6	4	9838
榆阳区麻黄梁镇	48800	14524	35	300	19	16	5260
榆阳区牛家梁镇	23300	19867	352	3670	14	4	2626
榆阳区金鸡滩镇	26700	26821	78	8494	9	9	3536
榆阳区马合镇	28500	11166					1456
榆阳区巴拉素镇	44600	9988	5	35	2		5125
榆阳区鱼河峁镇	19500	20767	128	642			1628
榆阳区青云镇	30300	34815	57	890	36		5600
榆阳区古塔镇	27200	13690					2597
榆阳区大河塔镇	50700	10611	8	63			479
榆阳区小纪汗镇	60000	14289	8	746	4	2	1431
榆阳区芹河镇	38500	35316	164	3898	25	5	35316
榆阳区孟家湾乡	52300	15210					
榆阳区小壕兔乡	58603	8762	6	673	5	2	
榆阳区岔河则乡	35200	6780	78	396			
榆阳区补浪河乡	49800	12427	200	1008	4		
榆阳区红石桥乡	55700	12886	113	1850	12		
横山区石湾镇	17090	12972	27	245	1		2675
横山区高镇	25500	11819	3	45			1433
横山区武镇	24990	17036					580
横山区党岔镇	18000	25135	33	520	4	2	1300
横山区响水镇	28140	19243	50	310	1	1	1300
横山区波罗镇	31720	18744	65	2100	28	7	701
横山区殿市镇	23220	17083	19	2720	16	12	809
横山区塔湾镇	36510	12231	37	268	1	1	508
横山区赵石畔镇	45390	23600	5	60			1360
横山区魏家楼镇	32910	15310	5	420			4789
横山区韩岔镇	46780	27785	25	156	4	2	780
横山区白界镇	37500	60307	64	3241	8	8	469
横山区雷龙湾镇	36800	10114					130
神木县神木镇	138483	277134	1255	8317	141	77	213950
神木县高家堡镇	43607	12716	40	2000	26	6	1680
神木县店塔镇	32500	19409	121	19652	78	13	10550
神木县孙家岔镇	40210	11310	492	5550	216	41	
神木县大柳塔镇	43800	73000	783	26228	153	29	14434
神木县花石崖镇	22600	3448					185
神木县中鸡镇	61140	9358	241	1446	11	5	780
神木县贺家川镇	35520	4742	53	300			860

续表 578 （陕西省） 单位：公顷、人、个

名称	行政区域面积	常住人口	企业个数	企业从业人员	工业企业单位	#规模以上	城镇建成区常住人口
神木县尔林兔镇	54610	10187	34	204	1		1010
神木县万镇	35400	4306	22	116			840
神木县大保当镇	29281	18539	143	2498	39	7	12852
神木县马镇	44780	3845	8	36			1943
神木县栏杆堡镇	54180	2888	5	18			1650
神木县沙峁镇	50050	3982	1	50	1		1140
神木县锦界镇	77700	15945	167	9762	67	25	6105
府谷县府谷镇	32871	117152	2334	35284	50	24	101701
府谷县黄甫镇	28765	16817	137	5708	10	4	3075
府谷县哈镇	23889	5318	28	192	2		1475
府谷县庙沟门镇	34433	17724	160	6983	40	20	8371
府谷县新民镇	20458	16810	141	13690	50	42	8803
府谷县孤山镇	18025	10991	120	3862	30	9	3895
府谷县清水镇	23806	12951	132	3926	30	14	3551
府谷县大昌汗镇	20101	11158	102	5994	36	19	6123
府谷县古城镇	18025	6210	35	352	6	1	3035
府谷县三道沟镇	14786	11769	79	4888	35	23	6800
府谷县老高川镇	22778	16326	155	12934	80	55	8203
府谷县武家庄镇	24459	7271	58	540	3		1720
府谷县木瓜镇	17449	3799	24	174	3		3799
府谷县田家寨镇	20292	6048	56	1038	10	6	669
靖边县东坑镇	52250	52003	242	1250	45		29500
靖边县青阳岔镇	30600	11977	9	70			1750
靖边县宁条梁镇	29600	20100	111	2000	4		2853
靖边县周河镇	37100	7344					2680
靖边县红墩界镇	28800	5916					237
靖边县杨桥畔镇	33910	13961	91	861	8		63
靖边县王渠则镇	39800	11203	36	160	3		500
靖边县中山涧镇	25600	8399	7	36			158
靖边县杨米涧镇	38170	13903	10	3500			6364
靖边县天赐湾镇	35040	6045	28	1124	2		4637
靖边县小河镇	19800	4845					305
靖边县龙洲镇	22000	7360	183	923			955
靖边县黄蒿界镇	22740	6911					1040
靖边县海则滩镇	31270	7850	3	60	3		3000
靖边县席麻湾镇	19900	11437	13	156	6		481
靖边县镇靖镇	21000	12331	6	40	4		390
定边县贺圈镇	41600	32476	360	1810	21	2	9989
定边县红柳沟镇	38600	14404	87	444			2405
定边县砖井镇	68179	30612	126	638	4		2738
定边县白泥井镇	60551	21978	241	1220	2		7130
定边县安边镇	24900	17077	61	310	1		2600
定边县堆子梁镇	14900	10877	52	268			992
定边县白湾子镇	28400	10075	26	135			2020
定边县姬塬镇	52800	10453	70	357			700
定边县杨井镇	43900	17097	83	420			777
定边县新安边乡	30800	4939	15	77			677
定边县张要先乡	51100	7290	18	92			860
定边县樊学乡	46200	7677	21	115	1		440
定边县盐场堡镇	49470	10021	124	640	11	2	220

续表 579　　(陕西省)　　单位：公顷、人、个

名称	行政区域面积	常住人口	企业个数	企业从业人员	工业企业单位	#规模以上	城镇建成区常住人口
定边县郝滩乡	27700	16755	84	428	2		2028
定边县石洞沟乡	14600	9563	80	401	1		
定边县油房庄乡	25100	10231	70	356	1		
定边县冯地坑乡	21800	5889	14	72	1		
定边县学庄乡	36300	5036	31	160			
绥德县名州镇	17100	70313	741	21456	78	8	62751
绥德县薛家峁镇	10600	13017	6	32	1		385
绥德县崔家湾镇	13600	15686	16	81	2	1	695
绥德县定仙墕镇	11200	11657	11	66	11		920
绥德县枣林坪镇	11100	10946	12	380	12	1	523
绥德县义合镇	19600	24506	98	516	5		4877
绥德县吉镇	7800	12120	33	126	2		2560
绥德县薛家河镇	8300	13709	7	32	3		1478
绥德县四十铺镇	16700	33049	36	216	24	1	3376
绥德县石家湾镇	8900	13781	23	360	23		1720
绥德县田庄镇	9800	12787	4	128	4		1211
绥德县中角镇	16900	19541	9	116	2		1077
绥德县满堂川镇	15400	13753	6	51	3		1426
绥德县张家砭镇	9600	22130	26	218	18	2	5620
绥德县白家硷镇	8700	10411	5	50	5		1200
米脂县桃镇	12800	13931					
米脂县龙镇	13665	15053	46	258	1	1	15053
米脂县杨家沟镇	8167	9474					2120
米脂县石沟镇	15200	9830					1889
米脂县沙店镇	18110	12810	52	343			
米脂县印斗镇	17986	16132					2160
米脂县郭兴庄镇	7807	7171	8	45			307
米脂县城郊镇	10330	29787	33	360	5		29787
佳县坑镇	8300	16442	2	35			3210
佳县店镇	8600	11339	3	18	2		820
佳县乌镇	13660	16974	54	285			4243
佳县金明寺镇	18170	15250					600
佳县通镇	16360	18306	18	450	2	1	12500
佳县王家砭镇	17500	9115	28	168	2		9115
佳县方塌镇	17480	4341	26	56	1		2340
佳县朱家坬镇	9400	5947	3	16			425
佳县螅镇	7020	12360	2	10	2		1446
佳县朱官寨镇	7050	9724					1201
佳县刘国具镇	13200	13266	62	400			620
佳县木头峪镇	7730	5537	1	17	1		1012
吴堡县宋家川街道办事处	7810	27833	80	80	74	6	1403
吴堡县辛家沟镇	5656	6650					477
吴堡县郭家沟镇	6050	6486	88	1102	16		697
吴堡县寇家塬镇	9670	14762	272	1362	6	2	156
吴堡县岔上镇	8160	5334	10	52	5	1	450
吴堡县张家山镇	4497	3934	71	405	7		660
清涧县宽州镇	27889	64192	136	12205	38	6	18812
清涧县石咀驿镇	24214	9895	35	109	3		3650
清涧县折家坪镇	14958	9200	98	490	8		2500
清涧县玉家河镇	22506	9945	20	168	11		2230

续表 580　　(陕西省)　　单位：公顷、人、个

名　　称	行政区域面　积	常住人口	企业个数	企　业从业人员	工业企业单　位		城镇建成区常住人口
						#规模以上	
清涧县高杰村镇	11075	6506	17	54	6		1758
清涧县李家塔镇	21027	17221	13	56	6		640
清涧县店则沟镇	12569	6155	8	42	8		1100
清涧县解家沟镇	24746	14056	30	415	18		860
清涧县下廿里铺镇	26048	14690	19	423	14		560
子洲县何家集镇	16800	11919	10	30			919
子洲县老君殿镇	11800	9550	6	31	2		882
子洲县裴家湾镇	14000	9973	26	155	2		1195
子洲县苗家坪镇	19227	22408	36	504	23	7	2408
子洲县三川口镇	17600	13078	6	105	3	1	346
子洲县马蹄沟镇	20200	21150	8	38	2	1	600
子洲县周家硷镇	17600	12537	29	350	20		2127
子洲县电市镇	22100	13204	3	18	1		3389
子洲县砖庙镇	9300	3542	24	150	2		850
子洲县淮宁湾镇	15000	15624	53	605	1		1230
子洲县马岔镇	18400	18418	3	60	1	1	530
子洲县驼耳巷乡	15000	7695	3	20	1		
汉滨区关庙镇	10470	46472	86	2443	23	7	21625
汉滨区张滩镇	5150	27757	29	590	4	1	17085
汉滨区瀛湖镇	20010	38814	22	892	14	2	11379
汉滨区五里镇	13840	73865	95	4342	45	28	16394
汉滨区大同镇	10930	47318	50	1195	9	1	23396
汉滨区恒口镇	27390	102089	101	3154	40	9	53310
汉滨区吉河镇	12070	19004	28	463	11	2	1300
汉滨区流水镇	12610	20699	14	484	4		5625
汉滨区大竹园镇	6470	15273	8	200	5	1	3192
汉滨区洪山镇	13240	21799	10	315	5	1	6334
汉滨区茨沟镇	24620	14356	6	115			2609
汉滨区大河镇	26320	30509	12	427	5	1	6388
汉滨区沈坝镇	11290	8629	3	76	1		2112
汉滨区双龙镇	10870	14695	8	355	4	2	3633
汉滨区叶坪镇	15210	3602					1788
汉滨区中原镇	22670	13705	1	6			650
汉滨区县河镇	13140	24945	18	651	3	2	7112
汉滨区紫荆镇	19370	8854					2198
汉滨区早阳镇	20500	29750	11	222	4		7754
汉滨区关家镇	9520	16908					8524
汉滨区石梯镇	6570	13543	4	158	1	1	1364
汉滨区坝河镇	7940	10196	2	11			5009
汉滨区牛蹄镇	4700	5055	2	11			1126
汉滨区晏坝镇	8040	13867	4	248	1	1	4785
汉滨区谭坝镇	12680	13245	3	26	3		2826
汉阴县城关镇	13334	68407	261	3673	92	22	28234
汉阴县涧池镇	12764	35305	208	3965	103	24	14542
汉阴县蒲溪镇	7972	23301	242	1223	203	11	5592
汉阴县平梁镇	20393	28031	274	1750	183	7	4580
汉阴县双乳镇	3791	11669	92	463	80	3	4475
汉阴县铁佛寺镇	16378	12807	26	612	26	3	1750
汉阴县漩涡镇	22497	28303	58	1342	40	3	3018
汉阴县汉阳镇	16339	20653	42	315	4		2864

续表 581　　（陕西省）　　单位：公顷、人、个

名　　称	行政区域面　积	常住人口	企业个数	企　业从业人员	工业企业单　位	#规模以上	城镇建成区常住人口
汉阴县双河口镇	14168	12802	12	628	5	4	1102
汉阴县观音河镇	8880	7215	11	103	3		682
石泉县城关镇	23426	59930	1059	12489	222	38	51792
石泉县饶峰镇	15927	11361	54	720	12	3	2911
石泉县两河镇	15057	8653	52	1158	25	3	2660
石泉县迎丰镇	15091	5935	21	225	3		3316
石泉县池河镇	9877	21774	664	2776	132	12	13324
石泉县后柳镇	14663	12998	39	487	3	1	3908
石泉县喜河镇	13964	12663	59	856	9	6	2007
石泉县熨斗镇	8157	12753	7	78	4	1	2601
石泉县云雾山镇	15176	8788	10	258	4	1	1783
石泉县中池镇	9452	8680	9	48	3		1108
石泉县曾溪镇	10850	6325	4	198	3	2	692
宁陕县城关镇	67800	28420	28	762	15	6	17065
宁陕县四亩地镇	37100	4050	1	8	1		1260
宁陕县江口镇	47200	8990	9	660	8	4	2851
宁陕县广货街镇	42800	5146	10	588	6	4	1908
宁陕县龙王镇	25700	5089	1	67	1	1	1146
宁陕县筒车湾镇	18500	4678	3	86	2		2292
宁陕县金川镇	13300	3749	2	75	2		1091
宁陕县皇冠镇	50800	2310	8	196	2	1	785
宁陕县太山庙镇	27400	5106	1	39	1		1339
宁陕县梅子镇	7300	2522	3	67	3		688
宁陕县新场镇	29900	1078	2	106	2		593
紫阳县城关镇	12365	40959	182	2200	34	9	40040
紫阳县蒿坪镇	10954	28933	30	1861	23	9	5200
紫阳县汉王镇	8161	12992	8	268	4	1	1850
紫阳县焕古镇	10858	13132	19	1045	15	2	1944
紫阳县向阳镇	13283	19035	14	317	5	1	4200
紫阳县洞河镇	9478	16015	4	220	3		2800
紫阳县洄水镇	9534	12328	10	117	2		2142
紫阳县双桥镇	16971	15124	7	820	2	1	2720
紫阳县高桥镇	15368	17861	22	400	12	2	3543
紫阳县红椿镇	11634	12200	22	947	12	5	2200
紫阳县高滩镇	24841	23948	24	545	12	1	3414
紫阳县毛坝镇	17447	16683	20	432	6	3	3554
紫阳县瓦庙镇	8776	10741	11	319	5		874
紫阳县麻柳镇	8136	10734	14	520	9	3	1690
紫阳县双安镇	10390	13168	15	329	4		2010
紫阳县东木镇	13482	12890	3	573	2	1	460
紫阳县界岭镇	22334	9930	2	60	1		1500
岚皋县城关镇	11699	36798	259	6218	52	15	35126
岚皋县佐龙镇	15331	16079	15	776	7	2	3675
岚皋县滔河镇	38133	8025	11	118	8	3	2691
岚皋县官元镇	14245	6651	5	74	3		1934
岚皋县石门镇	30995	13097	19	588	10	2	4142
岚皋县民主镇	19518	26023	36	812	8	4	7875
岚皋县大道河镇	2575	5245	8	241	3		2733
岚皋县堰门镇	7370	8449	10	135	1		988
岚皋县蔺河镇	10726	8391	13	592	8	3	1248

续表 582　　(陕西省)　　单位：公顷、人、个

名　称	行政区域面积	常住人口	企业个数	企业从业人员	工业企业单位	#规模以上	城镇建成区常住人口
岚皋县四季镇	13376	5209	10	271	4	1	1026
岚皋县孟石岭镇	12806	9196	22	377	15		2456
岚皋县南宫山镇	18954	11690	29	561	11	2	3255
平利县城关镇	28803	39893	359	12250	54	28	33596
平利县兴隆镇	19157	11932	22	211	18		3224
平利县老县镇	13818	18766	41	2253	13	6	7859
平利县大贵镇	11346	11923	17	1478	7	5	6132
平利县三阳镇	17250	13799	15	226	6	1	5493
平利县洛河镇	32636	13610	30	1201	20	9	3814
平利县广佛镇	36001	21875	28	973	12	7	8185
平利县八仙镇	31359	25990	42	1093	17	4	7538
平利县长安镇	21636	19146	62	3236	23	12	7983
平利县正阳镇	41632	9011	36	264	4	1	2001
平利县西河镇	11141	14500	15	369	3	2	1934
镇坪县城关镇	24350	10118	311	4665	15	3	8735
镇坪县曾家镇	27247	9764	138	698	112	1	4385
镇坪县牛头店镇	20658	5806	87	2464	74	1	2107
镇坪县钟宝镇	15144	7475	15	94			2400
镇坪县上竹镇	10978	4500	7	48	6		619
镇坪县华坪镇	9625	3083	36	226	22		955
镇坪县曙坪镇	42245	9034	53	312	52	3	2117
旬阳县城关镇	16691	61722	939	10540	139	22	48578
旬阳县棕溪镇	22670	26350	33	311	5	1	7342
旬阳县关口镇	13134	14636	38	489	11	2	1702
旬阳县蜀河镇	18031	37210	76	484	15	3	11500
旬阳县双河镇	29529	28313	49	458	12	2	2840
旬阳县小河镇	28632	25368	35	267	14	3	7432
旬阳县赵湾镇	16834	15659	37	188	6		5496
旬阳县麻坪镇	12648	11036	13	93			4650
旬阳县甘溪镇	14924	15610	50	511	16	6	3200
旬阳县白柳镇	19200	14396	89	1110	19	4	2453
旬阳县吕河镇	19118	30412	61	565	21	6	6484
旬阳县神河镇	12903	17586	31	326	7	2	5780
旬阳县铜钱关镇	28148	24765	28	386	8	4	4287
旬阳县段家河镇	11987	17225	18	128	3	1	3645
旬阳县仙河镇	11436	22112	22	386	3	1	3712
旬阳县金寨镇	13386	14022	27	308	6	1	2040
旬阳县桐木镇	12529	12966	19	233	3	1	1960
旬阳县构元镇	14035	11985	25	844	8	5	1057
旬阳县石门镇	13796	11798	16	160	1	1	1680
旬阳县红军镇	16385	10823	19	165	6	1	3826
旬阳县仁河口镇	8052	6930	21	265	1		1344
白河县城关镇	7043	34049	259	7366	33	13	17980
白河县中厂镇	14512	12725	45	1413	19	9	3512
白河县构朳镇	11661	10118	33	752	5	3	1800
白河县卡子镇	13309	10571	21	593	6	4	2274
白河县茅坪镇	21206	21767	51	802	5	2	11037
白河县宋家镇	15410	11334	14	257	3	1	1426
白河县西营镇	10391	12034	23	513	2	2	3537
白河县仓上镇	10729	12219	34	716	7	3	2129

续表 583　　（陕西省）　　单位：公顷、人、个

名　　称	行政区域面积	常住人口	企业个数	企业从业人员	工业企业单位	#规模以上	城镇建成区常住人口
白河县冷水镇	18507	18311	29	569	5	5	7293
白河县双丰镇	10341	9078	12	278	2	1	1226
白河县麻虎镇	12237	12828	20	165	5		2955
商州区夜村镇	26924	51351	27	860	8	1	3465
商州区沙河子镇	17013	45260	216	6310	21	6	9234
商州区杨峪河镇	13172	31955	215	1255	166	1	31955
商州区金陵寺镇	8844	20187	8	255	8		3525
商州区黑山镇	8947	13603	80	408	30		1990
商州区杨斜镇	42548	36345	183	925	92	1	2369
商州区麻街镇	8703	15815	18	90			1368
商州区牧护关镇	26124	37286					3287
商州区大荆镇	17742	37301	394	1971	3	1	5706
商州区腰市镇	15503	33210	241	1235	19		2994
商州区板桥镇	17654	25050	24	156	5	1	2359
商州区北宽坪镇	17090	14080	6	31			1900
商州区三岔河镇	12055	10455	25	130	25		1915
商州区闫村镇	14394	13655					1270
洛南县景村镇	20560	42312	803	3640	65	2	13000
洛南县古城镇	18260	39069					8785
洛南县三要镇	10440	16589					6175
洛南县灵口镇	37500	29416	99	794	99		4582
洛南县寺耳镇	25666	11920					500
洛南县巡检镇	24794	12794	68	386	12	4	1252
洛南县石坡镇	26748	24588					2091
洛南县石门镇	18230	24951					24764
洛南县麻坪镇	13987	15788	22	230	10		2627
洛南县洛源镇	14157	16289	30	210	15		16001
洛南县保安镇	10736	21615	22	1032	22		4654
洛南县永丰镇	8963	30189	63	2120	60	1	30189
洛南县柏峪寺镇	7610	14438	238	1763	23		501
洛南县高耀镇	14700	15684					15684
丹凤县庾岭镇	19400	16802	29	207	2		2367
丹凤县蔡川镇	18600	13891	11	685	7	2	2340
丹凤县峦庄镇	37300	21549	21	113	2		3956
丹凤县铁峪铺镇	13606	16707	23	523	7		4034
丹凤县武关镇	28670	21338	27	523	10		2942
丹凤县竹林关镇	23593	30554	60	794	24	2	6152
丹凤县土门镇	10460	12033	4	30	3	1	3532
丹凤县寺坪镇	17045	15746	2	14	2		2456
丹凤县商镇	12823	30037	177	1868	49	10	10422
丹凤县棣花镇	7800	21208	57	787	12	1	8251
丹凤县花瓶子镇	11434	8916	3	16			788
商南县富水镇	14836	21500	76	854	22	2	4308
商南县湘河镇	22500	20138	48	778	20	1	2645
商南县赵川镇	31721	14659	50	427	28		5025
商南县过风楼镇	29095	21505	34	420	17	1	3420
商南县试马镇	13310	17334	26	1500	14	1	1864
商南县清油河镇	25800	11381	56	392	8		3086
商南县十里坪镇	32240	17922	22	189	6		1572
商南县金丝峡镇	30060	24310	87	600	17	1	1569

续表 584 （陕西省、甘肃省） 单位：公顷、人、个

名　　称	行政区域面　积	常住人口	企业个数	企　业从业人员	工业企业单　位		城镇建成区常住人口
						#规模以上	
商南县青山镇	12049	10038	58	685	52		1681
山阳县高坝店镇	24330	41633	68	341	12	1	10700
山阳县天竺山镇	15170	14165	3	231	1	1	1740
山阳县中村镇	14860	21801	63	390	26	7	4620
山阳县银花镇	8750	14894	31	125	13	3	2200
山阳县西照川镇	26010	21323	35	300	18		6351
山阳县漫川关镇	26640	30473	122	612	24	2	5670
山阳县南宽坪镇	23010	18586	22	146	5		2308
山阳县户家塬镇	24940	33523	22	1020	5	2	2490
山阳县杨地镇	18250	21576	15	350	3	1	3116
山阳县小河口镇	22370	18304	14	212	3		1941
山阳县色河铺镇	23200	20981	28	170	2		2013
山阳县板岩镇	22470	16330	16	120	1	1	368
山阳县延坪镇	18150	12571	19	220	8		638
山阳县两岭镇	12600	9827					192
山阳县王阎镇	26490	8998	16	120	14	2	880
山阳县法官镇	9410	15848	23	400	3		4904
镇安县永乐街道办	38605	76854	981	23860	119	25	
镇安县回龙镇	12305	10122	38	778	14	5	1920
镇安县铁厂镇	12704	13616	19	105	1		2875
镇安县大坪镇	13765	17521	27	206	5		1113
镇安县米粮镇	23748	30734	29	274	2		1345
镇安县茅坪回族镇	10547	11000	16	89	1		2330
镇安县西口回族镇	16675	15904	21	106			1827
镇安县高峰镇	15591	17909	40	302	4		1894
镇安县青铜关镇	27752	19700	31	237	5	2	2045
镇安县柴坪镇	29125	16277	18	92	2		1409
镇安县达仁镇	22399	11375	16	175	3		1325
镇安县木王镇	44023	12342	32	287	4		2297
镇安县云盖寺镇	21050	13055	43	2510	12	7	3056
镇安县庙沟镇	16120	9545	7	36			1908
镇安县月河镇	42397	13991	31	506	4	1	1630
柞水县营盘镇	64455	11354	12	960	8	1	1385
柞水县下梁镇	32395	21793	60	4348	12	8	10100
柞水县小岭镇	11506	10359	21	2230	18	5	1500
柞水县凤凰镇	16710	17094	115	1095	30		5020
柞水县红岩寺镇	20995	13739	21	253	5		2123
柞水县曹坪镇	21856	14624	12	61	2	1	3700
柞水县杏坪镇	25409	23851	86	440	83	1	3412
柞水县瓦房口镇	19970	13328	7	108	3		570
甘肃省							
七里河区阿干镇	8550	29167	13	2052	11	4	16120
七里河区八里镇	4260	25982	191	5867	68	1	2786
七里河区彭家坪镇	2280	13876	173	7820	156	9	12756
七里河区西果园镇	8260	27042	249	7351	170	4	1681
七里河区魏岭乡	6500	11965	161	966	111	2	
七里河区黄峪乡	6850	17537	11	110	9		
西固区新城镇	5230	19170	49	3867	37	9	3321
西固区东川镇	4211	8219	17	238	12	2	4567
西固区河口镇	11497	14116	38	3861	13	3	2765

续表 585　　(甘肃省)　　单位：公顷、人、个

名　　称	行政区域面　　积	常住人口	企业个数	企　　业从业人员	工业企业单　　位	#规模以上	城镇建成区常住人口
西固区达川镇	2045	6531	30	711	17	1	1707
西固区柳泉镇	1787	7232	53	1270	48	4	6637
西固区金沟乡	3610	4540	46	1116	42	8	
红古区海石湾镇	800	22926	278	3555	13	1	9086
红古区花庄镇	20478	14100	413	1960	26	4	2529
红古区平安镇	12685	15116	832	7219	32	12	2376
红古区红古镇	16302	14100	11	1743	7	1	1540
永登县城关镇	6733	48508	165	1476	65	1	47646
永登县红城镇	33778	23879	23	1860	14	1	6117
永登县中堡镇	8245	20164	122	1350	78	6	7066
永登县武胜驿镇	46931	28149	83	738	71	2	4300
永登县河桥镇	16843	34986	83	13680	35	7	20893
永登县连城镇	41900	30864	36	2666	6	3	11343
永登县苦水镇	44000	27827	53	266	22	4	2105
永登县大同镇	28500	22263	109	614	35	2	4138
永登县龙泉寺镇	25500	19415	166	850	26		3252
永登县树屏镇	32400	13794	110	2010	83	3	2825
永登县上川镇	34581	22700	92	380	10		3012
永登县柳树镇	40000	19908	75	3710	34	7	3687
永登县坪城乡	53420	10900	76	614			
永登县民乐乡	41000	31330	23	576	23	2	
永登县通远乡	40050	14801	12	180	7		
永登县七山乡	68300	3333					
皋兰县石洞镇	41200	41588	84	5600	62	18	13594
皋兰县忠和镇	25100	14872	108	2956	65	5	5668
皋兰县什川镇	40500	18844	14	172	10	1	10644
皋兰县九合镇	21400	13818	87	1739	87	5	1807
皋兰县水阜镇	25600	8670	17	216	12	2	3235
皋兰县黑石镇	64200	10878	41	1230	39	4	2341
榆中县城关镇	8920	26874	478	7170	17	2	26740
榆中县夏官营镇	13600	16267	105	680	21		10367
榆中县高崖镇	7412	11266	29	1758	5		2988
榆中县金崖镇	26000	24111	152	35000	42	4	7532
榆中县和平镇	14293	27180	360	19471	85	5	7856
榆中县甘草店镇	12148	15275	63	642	10	1	5486
榆中县青城镇	13756	18834	93	800			5952
榆中县定远镇	6762	20241	254	2500	46	1	4106
榆中县来紫堡乡	11700	20260	326	2940	174	1	
榆中县三角城乡	7095	24604	191	6048	26	4	
榆中县小康营乡	11157	26116	40	600	10	1	
榆中县连搭乡	13300	31826	150	3203	25		
榆中县银山乡	7939	7893	13	66			
榆中县马坡乡	16550	14215	39	270			
榆中县新营乡	14200	18391	69	360			
榆中县清水驿乡	16350	17279	68	700	7	1	
榆中县龙泉乡	8400	9479	15	90	1		
榆中县韦营乡	12300	4405	14	71			
榆中县中连川乡	23800	5648	8	42			
榆中县贡井乡	23466	4293	18	91			
榆中县园子岔乡	26870	5675					

续表 586 （甘肃省） 单位：公顷、人、个

名　　称	行政区域面积	常住人口	企业个数	企业从业人员	工业企业单位	#规模以上	城镇建成区常住人口
榆中县上花岔乡	17400	4070	27	162			
榆中县哈岘乡	20500	1785	16	85			
兰州新区中川镇	27028	59619	157	10310	143	23	7452
兰州新区秦川镇	18865	52367	88	850	28	4	7000
兰州新区西岔镇	35231	37053	20	368	13	2	5217
市辖区新城镇	24682	10677	1	10			195
市辖区峪泉镇	79200	2981					150
市辖区文殊镇	13391	7442	1	6			370
金川区宁远堡镇	96000	37456	220	5588	66		17428
金川区双湾镇	165896	20121	251	1350	45	2	5045
永昌县城关镇	21278	64003	690	26582	85	2	64003
永昌县河西堡镇	66400	48466	426	12000	126	19	45304
永昌县新城子镇	52410	17886	164	831	29		2015
永昌县朱王堡镇	40717	26575	145	1266	18	4	4600
永昌县东寨镇	25950	10992	117	598	27	11	1152
永昌县水源镇	59800	16861	33	1368	6	2	1835
永昌县红山窑乡	153333	20745	186	1003	24		
永昌县焦家庄乡	29933	14879	114	1069	42	2	
永昌县六坝乡	31800	11521	123	650	8		
永昌县南坝乡	11140	4160					
白银区水川镇	13995	21496	56	1536	28	3	7089
白银区四龙镇	9900	10181	147	2580	10		4120
白银区王岘镇	28546	11855	33	166			1441
白银区强湾乡	25503	9471	30	579	12		
白银区武川乡	48100	12011	20	346	20		
平川区王家山镇	21625	15087	29	245	26	1	1974
平川区水泉镇	54119	34680	276	1390	2		1874
平川区共和镇	30299	19201	42	488	3	1	2849
平川区宝积镇	34193	14107	172	692	17		595
平川区黄峤镇	31117	10230	50	360	4		2089
平川区种田乡	19290	4661	25	130			
平川区复兴乡	10494	5172	15	32			
靖远县北湾镇	26760	45883	15	96	13	1	5613
靖远县东湾镇	16996	42665	519	5620	54	3	6829
靖远县乌兰镇	36367	80778	1222	15423	72	2	59102
靖远县刘川镇	41246	34484	392	6185	51	6	2730
靖远县北滩镇	54203	47359	616	4893	71	1	3860
靖远县五合镇	33294	33913	420	3958	12	2	5320
靖远县大芦镇	37133	19581	232	1986	9		5882
靖远县糜滩镇	14674	23303	163	1106	7		3214
靖远县高湾镇	56912	27458	195	826	10		1898
靖远县平堡镇	4200	18209	68	569			5100
靖远县东升镇	28568	27001	315	2315	15		2590
靖远县双龙镇	18173	14570	108	952	3	1	1460
靖远县三滩镇	25122	23015	131	965	13		3100
靖远县兴隆乡	15168	11688	2	32	1		
靖远县石门乡	43033	12024					
靖远县靖安乡	29857	11090	51	357			
靖远县永新乡	33070	8230	95	486	5		
靖远县若笠乡	43245	4406	78	726			

续表 587　　（甘肃省）　　单位：公顷、人、个

名　称	行政区域面积	常住人口	企业个数	企业从业人员	工业企业单位	#规模以上	城镇建成区常住人口
会宁县会师镇	18680	86527	837	12995	75	5	73305
会宁县郭城驿镇	32910	36780	204	2084	26		9305
会宁县河畔镇	24340	30079	75	1325	14	1	8490
会宁县头寨子镇	47300	24235	63	567	14		1685
会宁县太平店镇	13990	17318	25	403	6		596
会宁县甘沟驿镇	33620	19297	53	906	12		3119
会宁县侯家川镇	11230	11160	18	162	1		1160
会宁县柴家门镇	27930	18493	181	3687	58	15	3900
会宁县汉家岔镇	38570	18470	22	198	11		1234
会宁县刘家寨子镇	29730	16540	23	207	2		588
会宁县白草塬镇	17500	21421	45	405	5		448
会宁县大沟镇	28570	18526	28	252	3		756
会宁县四房吴镇	25880	17692	13	117	3		1125
会宁县中川镇	13830	12897	27	243	11		688
会宁县老君坡镇	14530	19352	31	279	4		760
会宁县平头川镇	13830	11883	16	144			729
会宁县丁家沟镇	16470	15399	22	198	8		266
会宁县杨崖集镇	16280	16506	37	333	3		401
会宁县翟家所镇	18190	17704	33	296	10	3	1013
会宁县韩家集镇	18870	11447	11	99	2		1851
会宁县土门岘镇	18590	9280	5	45			1050
会宁县新塬镇	28730	10780	11	99	1		1062
会宁县草滩镇	21110	10520	9	81			786
会宁县新庄镇	32330	10258	9	81			644
会宁县新添堡回族乡	21800	14689	25	279	7	1	
会宁县党家岘乡	14980	17623	22	198	1		
会宁县八里湾乡	19530	15352	22	198	2		
会宁县土高山乡	24580	8164	8	72			
景泰县一条山镇	13970	86243	493	20158	7	7	58757
景泰县芦阳镇	34062	23098	549	2845			6113
景泰县上沙沃镇	49700	10013	35	246	29	4	3460
景泰县喜泉镇	59439	20625	42	897	10	4	5171
景泰县草窝滩镇	54900	22490	176	4689	2	2	5106
景泰县红水镇	30060	18584	87	2305	3	3	3336
景泰县中泉镇	97400	13173	10	42	8		1166
景泰县正路镇	65700	11634					1642
景泰县寺滩乡	70680	14084	10	129			
景泰县五佛乡	58300	12986	18	165			
景泰县漫水滩乡	13480	10681	22	240	3		
秦州区玉泉镇	10630	33666	24	360	9		23566
秦州区太京镇	13451	29519	31	142	3		1939
秦州区藉口镇	19096	35858	8	144	3		6150
秦州区皂郊镇	22280	35690	190	3068	7	2	5231
秦州区汪川镇	19200	37753	16	150			2541
秦州区牡丹镇	13208	25012	4	22			3506
秦州区关子镇	14740	28248	62	805	1	1	5189
秦州区平南镇	9546	40138	19	435	5		2568
秦州区天水镇	9152	31677	3	102			3929
秦州区娘娘坝镇	15454	27220	12	370	10	1	2530
秦州区中梁镇	6894	18105					2486

续表 588　　（甘肃省）　　单位：公顷、人、个

名　　称	行政区域面　　积	常住人口	企业个数	企　　业从业人员	工业企业单　　位	#规模以上	城镇建成区常住人口
秦州区杨家寺镇	12461	14396	1	40	1		2425
秦州区齐寿镇	7388	21948	7	40			2510
秦州区大门镇	7800	22304	5	102			265
秦州区秦岭乡	7510	14109	1	80	1		
秦州区华歧乡	10628	22060	1	18	1		
麦积区社棠镇	5760	19557	22	1892	19		5635
麦积区马跑泉镇	10100	52232	80	2530			7760
麦积区甘泉镇	21100	41620	21	112	21		5424
麦积区渭南镇	9884	40838	1	52	1		2351
麦积区东岔镇	39674	10680	1	6			1121
麦积区花牛镇	11897	44792	23	145	22		3353
麦积区中滩镇	4878	35002	35	253			2399
麦积区新阳镇	9603	29134	3	40			28000
麦积区元龙镇	20318	21668	29	565	10		1050
麦积区伯阳镇	10939	25053					510
麦积区麦积镇	10628	19756	8	110	2		1728
麦积区石佛镇	10211	39570	15	90	12		5280
麦积区三岔镇	34200	15608					15515
麦积区琥珀镇	3975	13209					13162
麦积区利桥镇	55300	4640					1350
麦积区五龙乡	7200	26040					
麦积区党川乡	76000	5038	3	27	1		
清水县永清镇	14950	42160	59	1940	6	4	39260
清水县红堡镇	14900	26550	7	372	7	3	3016
清水县白驼镇	12920	17713	15	66	3		2644
清水县金集镇	8880	16662	35	820			2805
清水县秦亭镇	22520	16378					1710
清水县山门镇	22980	9849					1925
清水县白沙镇	13300	20745	31	245			2935
清水县王河镇	6950	12266	19	76			1510
清水县郭川镇	7310	18315	8	86			2326
清水县黄门镇	9800	15196	207	1100	4	1	261
清水县松树乡	6420	13575	2	12			
清水县远门乡	6200	11026					
清水县土门乡	6452	12702					
清水县贾川乡	4800	12834					
清水县丰望乡	7200	9931					
清水县草川铺乡	11620	12433					
清水县陇东乡	10551	12083					
清水县新城乡	12730	10732					
秦安县兴国镇	7365	92941	568	3892	60	6	88979
秦安县莲花镇	9558	38555	38	420			3936
秦安县西川镇	8782	36836	2	11			5188
秦安县陇城镇	7838	30836					5939
秦安县郭嘉镇	14840	38282	133	675			3465
秦安县五营镇	9033	36388					1864
秦安县叶堡镇	8510	37022	234	1587	1		10000
秦安县魏店镇	14011	25866	56	384			2167
秦安县安伏镇	10687	29594	54	3246	4	1	1588
秦安县千户镇	7559	25771	10	60	2		21122

续表 589　　（甘肃省）　　单位：公顷、人、个

名　　称	行政区域面　积	常住人口	企业个数	企　业从业人员	工业企业单　位		城镇建成区常住人口
						#规模以上	
秦安县王尹镇	7108	27965	37	198	37		2960
秦安县兴丰镇	9085	29836					1918
秦安县刘坪乡	6083	21745	19	259	19		
秦安县中山乡	13636	32008	20	207	10		
秦安县王铺乡	15402	26315					
秦安县王窑乡	8521	20427	16	130			
秦安县云山乡	5717	17437					
甘谷县大像山镇	5102	97191	162	4720	26	6	96833
甘谷县磐安镇	16400	76666	101	1250	21	2	19126
甘谷县新兴镇	12979	109590	692	6830	375	2	40000
甘谷县安远镇	14877	46536					6610
甘谷县六峰镇	6247	45951	135	4125	20	7	4887
甘谷县金山镇	11832	41228	19	1290	6		1530
甘谷县大庄镇	10710	19609					290
甘谷县大石镇	10738	28973	15	234	8		15632
甘谷县礼辛镇	10500	18742	9	3730	6		17210
甘谷县武家河镇	7994	17264	9	69			1267
甘谷县八里湾乡	9915	33640	3	455	3		
甘谷县西坪乡	10467	17123					
甘谷县谢家湾乡	9764	21192	2	20	2		
甘谷县古坡乡	13377	11002	18	108			
甘谷县白家湾乡	6269	23224	14	348	14		
武山县城关镇	11554	58652	234	6826	53	8	48445
武山县洛门镇	11468	82690	165	2841	55	3	8024
武山县鸳鸯镇	11626	22554	108	560			22245
武山县滩歌镇	18733	39614	21	436	3		11271
武山县四门镇	13176	30354	26	329	15		2710
武山县马力镇	20467	44611	41	369	18		8867
武山县山丹镇	11753	25660	31	406	13		3845
武山县温泉镇	13977	18167	25	128			
武山县桦林镇	10173	17851	24	1075	10		120
武山县龙台镇	10460	14084	54	271			3927
武山县榆盘镇	15666	14890	10	63			863
武山县咀头乡	11380	18091	2	40			
武山县高楼乡	12180	20120	7	60	4		
武山县杨河乡	16267	18819	5	26	2		
武山县沿安乡	12220	16761	5	36	2		
张家川回族自治县张家川镇	9080	45144	20	134			23000
张家川回族自治县龙山镇	4230	35881	194	1009	50		12120
张家川回族自治县恭门镇	17800	24986					2956
张家川回族自治县马鹿镇	27970	12979	20	105	4		
张家川回族自治县梁山镇	3930	15795					
张家川回族自治县马关镇	5150	24277					
张家川回族自治县刘堡乡	5810	13465	8	42	5		
张家川回族自治县张棉乡	9490	10118	3	16			
张家川回族自治县胡川乡	6110	17600					
张家川回族自治县木河乡	4330	15412					
张家川回族自治县大阳乡	5510	21998	6	178	6		
张家川回族自治县川王乡	5040	13946					
张家川回族自治县连五乡	4270	12555	5	28			

续表 590　　(甘肃省)　　单位：公顷、人、个

名　　称	行政区域面　　积	常住人口	企业个数	企　　业从业人员	工业企业单　　位	#规模以上	城镇建成区常住人口
张家川回族自治县平安乡	13300	5973					
张家川回族自治县阎家乡	9150	9661					
凉州区黄羊镇	17284	77807	104	10030	76	29	36249
凉州区武南镇	8715	49861	77	2536	52	20	23995
凉州区清源镇	10680	24310	24	480	7	4	1150
凉州区永昌镇	10400	42908	12	516	9	1	5516
凉州区双城镇	7934	33604	53	300	5	1	5520
凉州区丰乐镇	13937	14989	1	35			2458
凉州区高坝镇	9300	56062	31	3000	2		21090
凉州区金羊镇	1698	47628	65	12000	15		3100
凉州区和平镇	1840	19433	54	2450	14		2430
凉州区羊下坝镇	2184	17190	1	86			3258
凉州区中坝镇	2114	17264	7	220	7		2407
凉州区永丰镇	4043	10432					3070
凉州区古城镇	15500	25006	2	20	1	1	2856
凉州区张义镇	34700	20378	21	350	5		15326
凉州区发放镇	7700	28218	8	1200	2	2	3295
凉州区西营镇	35700	21812	14	130	1		844
凉州区四坝镇	4071	13551	5	106	4		3364
凉州区洪祥镇	6531	22079	2	83	2	1	3280
凉州区谢河镇	10500	19955	52	816	11	4	2113
凉州区金沙镇	1700	15550	19	462	3		
凉州区松树镇	12300	14451	14	362	8	1	
凉州区怀安镇	2886	13581	42	2884	19	5	
凉州区下双镇	3438	10437	6	56	3	1	680
凉州区清水镇	3265	20488	8	42			2080
凉州区河东镇	3391	14872	4	25	3		14872
凉州区五和乡	4700	11506	5	56	5		
凉州区韩佐乡	2097	10299	2	53			
凉州区大柳乡	1918	12961					
凉州区长城乡	9800	18877					
凉州区柏树乡	2500	16616	179	1026	13		
凉州区金塔乡	2553	14647	2	15	1		
凉州区九墩乡	3220	8098					
凉州区金山乡	5800	6379					
凉州区吴家井乡	3200	7866	6	150			
凉州区新华乡	12974	17613	8	96	5		
凉州区康宁乡	3926	9648	7	80			
凉州区东河乡	4408	15119					
民勤县三雷镇	5319	53033	354	8425	154	20	46198
民勤县东坝镇	14291	10446	7	54	7		1509
民勤县泉山镇	11064	12417	10	128	10		2439
民勤县西渠镇	33154	20316	34	530	32	4	4824
民勤县东湖镇	473175	13070	12	240	12	2	1450
民勤县红沙岗镇	578788	2961	65	2213	62	20	2961
民勤县昌宁镇	43552	9344	6	44	6		1150
民勤县重兴镇	15533	8113	6	58	6		750
民勤县薛百镇	15691	14565	7	32	7		1246
民勤县大坝镇	9363	15406	7	36	7		359
民勤县苏武镇	21197	28972	28	146	26	1	5800

续表 591　　　　　　　　　　　　（甘肃省）　　　　　　　　　　　　单位：公顷、人、个

名　　称	行政区域面　　积	常住人口	企业个数	企　　业从业人员	工业企业单　　位		城镇建成区常住人口
						#规模以上	
民勤县大滩镇	9220	10901	18	240	18	1	1020
民勤县双茨科镇	11770	11426	8	38	8		5333
民勤县红沙梁镇	9054	8242	12	105	12		1843
民勤县蔡旗乡	15401	8552	6	38	6		
民勤县夹河乡	19779	8302	4	31	4		
民勤县收成乡	20341	12370	8	165	8	2	
民勤县南湖乡	250983	1826	2	23	2		
古浪县古浪镇	8757	18185	10	180	2		9892
古浪县泗水镇	15202	23534	164	721	69	10	6032
古浪县土门镇	16716	39927	68	510	68	6	6896
古浪县大靖镇	24332	38462	508	2600			16800
古浪县裴家营镇	19324	16795					5034
古浪县海子滩镇	13385	22839	65	1000			1620
古浪县定宁镇	16509	19139	31	296	13		17506
古浪县黄羊川镇	26828	18772	1	6	1		5005
古浪县黑松驿镇	13124	11457	12	62			2188
古浪县永丰滩镇	6541	9941					1468
古浪县黄花滩镇	45672	18573					1002
古浪县西靖镇	21901	19304	7	140			19304
古浪县民权乡	24708	17995	1	13			
古浪县直滩乡	27488	16594	3	120			
古浪县新堡乡	51434	3510	1	7			
古浪县干城乡	17613	10321					
古浪县横梁乡	19214	5173					
古浪县十八里堡乡	8194	4874	4	31	4		
古浪县古丰乡	14343	7507					
天祝藏族自治县华藏寺镇	55356	58351	330	2002	189	14	20044
天祝藏族自治县打柴沟镇	40067	14170	73	754	53	8	6245
天祝藏族自治县安远镇	20600	7354	2	11			2308
天祝藏族自治县炭山岭镇	35643	12643	14	3224	11	6	2494
天祝藏族自治县哈溪镇	50985	19905	117	590	115		2039
天祝藏族自治县赛什斯镇	40700	10940	19	76	5	3	1492
天祝藏族自治县石门镇	17735	5011	46	1050	35	11	1350
天祝藏族自治县松山镇	71137	11899	63	316	1		1890
天祝藏族自治县天堂镇	30100	10305	346	1560			1421
天祝藏族自治县朵什镇	31268	8565	1	6			320
天祝藏族自治县东坪乡	5520	3065	2	32	2		
天祝藏族自治县赛拉隆乡	15296	212					
天祝藏族自治县东大滩乡	13492	1663	7	35			
天祝藏族自治县抓喜秀龙乡	51089	3423					
天祝藏族自治县西大滩乡	24216	7626	11	56			
天祝藏族自治县大红沟乡	28900	6424	5	120			
天祝藏族自治县毛藏乡	60045	1053	1	81	1	1	
天祝藏族自治县祁连乡	48980	2463	2	20			
天祝藏族自治县旦马乡	73941	2325					
甘州区梁家墩镇	1770	19586	205	1346	83	4	6605
甘州区上秦镇	4640	24632	55	431	12	2	1595
甘州区大满镇	10265	29156	63	316	1	1	1210
甘州区沙井镇	16590	36621	73	367	18	3	4559
甘州区乌江镇	10971	25561	159	1072	15		860

续表 592　　(甘肃省)　　单位：公顷、人、个

名　　称	行政区域面　　积	常住人口	企业个数	企　　业从业人员	工业企业单　　位		城镇建成区常住人口
						#规模以上	
甘州区甘浚镇	13362	21600	538	3228	15		1873
甘州区新墩镇	4379	29059	49	746	16	1	2862
甘州区党寨镇	11787	30712	34	564	11	8	1476
甘州区碱滩镇	15606	19804	5	140			1042
甘州区三闸镇	10062	17554	73	864	2	1	980
甘州区小满镇	7186	22132	5	73			3926
甘州区明永镇	7559	12308	21	2696	12	4	3860
甘州区长安镇	3058	23100	245	1273	11	1	2280
甘州区安阳乡	23141	13203	1	81	1	1	
甘州区花寨乡	6842	7241	1	55	1	1	
甘州区龙渠乡	4907	10781	94	1197	7		
甘州区靖安乡	2639	6869	25	205	3		
甘州区平山湖蒙古族乡	104000	800					
肃南裕固族自治县红湾寺镇	520	8698	36	410	10	3	8698
肃南裕固族自治县皇城镇	397200	8176	32	1060	14	2	1692
肃南裕固族自治县马蹄藏族乡	199800	3973	45	388	13	4	
肃南裕固族自治县康乐乡	242800	3315	28	143	6	6	
肃南裕固族自治县白银蒙古族乡	45000	585	5	26			
肃南裕固族自治县大河乡	299290	4137	30	352	15	3	
肃南裕固族自治县明花乡	170480	3402	18	44	1	1	
肃南裕固族自治县祁丰藏族乡	1020200	3026	75	829	44	10	
民乐县洪水镇	15934	34690	112	1595	29		12107
民乐县六坝镇	25000	21835	11	164	7		4123
民乐县新天镇	24948	24114					4687
民乐县南古镇	22520	23853	10	130	4		4456
民乐县永固镇	10379	16234	8	218	7		5828
民乐县三堡镇	9429	15741	2	27			2236
民乐县南丰乡	11213	19366	2	50	1		
民乐县民联乡	33533	20064	7	131	2		
民乐县顺化乡	9400	14426	6	38	3		
民乐县丰乐乡	13900	13935	1	12			
临泽县沙河镇	9834	44917	257	5068	11		25400
临泽县新华镇	27870	16159	176	904			3227
临泽县蓼泉镇	12473	17008	11	83			2707
临泽县平川镇	83600	20383	136	816	1	1	2389
临泽县板桥镇	105968	16633	143	715			3342
临泽县鸭暖镇	15211	20311	294	1482			1718
临泽县倪家营镇	15862	9252	26	425	12		1528
高台县城关镇	570	26104	66	372	47	6	26104
高台县宣化镇	6387	14967	35	180	4		3125
高台县南华镇	26621	16905	93	3297	60	15	2366
高台县巷道镇	8052	26539	15	526	12	3	3080
高台县合黎镇	35327	9942	12	1214	7	2	1449
高台县骆驼城镇	27640	12339	7	100	7	6	4490
高台县新坝镇	78613	17195	17	126	3		796
高台县黑泉镇	87657	12958	36	185			1975
高台县罗城镇	160233	10218	8	326			1230
山丹县清泉镇	72370	88257	691	7083	193	14	46546
山丹县位奇镇	55600	19943	24	658	24	2	2382
山丹县霍城镇	18395	16933	2	15	1		4620

续表 593　　　　（甘肃省）　　　　单位：公顷、人、个

名　　称	行政区域面积	常住人口	企业个数	企业从业人员	工业企业单位	#规模以上	城镇建成区常住人口
山丹县陈户镇	35955	16140	1	23	1		1617
山丹县大马营镇	27281	15441	1	87	1	1	1830
山丹县东乐镇	53740	12709	20	815	9	5	2800
山丹县老军乡	56877	2426	3	1000	3	1	
山丹县李桥乡	11809	9966	3	20			
崆峒区崆峒镇	18060	18820	238	1428	33	2	5126
崆峒区白水镇	10400	29066	30	915	22		4016
崆峒区草峰镇	20130	30449	27	730	14		1695
崆峒区安国镇	13400	16371	88	536	80	1	1222
崆峒区柳湖镇	6415	38517	598	6167	450	3	20390
崆峒区花所乡	6609	17231	69	493	12		
崆峒区索罗乡	5780	12539	31	313	11		
崆峒区香莲乡	7756	6909	2	11	1		
崆峒区西阳乡	8900	12764					
崆峒区大秦乡	5848	11447	1	25	1	1	
崆峒区白庙乡	6600	13340	22	279	16	1	
崆峒区寨河乡	8400	14420	12	53			
崆峒区大寨乡	22704	23565	19	350	4	1	
崆峒区上杨乡	4593	7288	7	225	4		
崆峒区麻武乡	12260	3977					
崆峒区峡门乡	20900	20290	45	3056	30	8	
泾川县城关镇	6988	23096	32	1570	13	5	3710
泾川县玉都镇	10157	25028	80	500	12		2298
泾川县高平镇	23324	31614	77	158	14		2811
泾川县荔堡镇	12300	30534	50	280	10		5246
泾川县王村镇	10806	25804	53	300	8		2602
泾川县窑店镇	5425	15344	17	107	12		2493
泾川县飞云镇	8229	16755	26	98	8		2832
泾川县丰台镇	8992	24010	35	273	9		2736
泾川县党原镇	13283	24802	46	720	17		5087
泾川县汭丰镇	6112	8899	13	368	8	2	1920
泾川县太平镇	15210	13859	26	240	2		2476
泾川县罗汉洞乡	7092	12818	22	110	5		
泾川县泾明乡	6168	12574	43	330	13		
泾川县红河乡	4927	7560	22	225			
灵台县中台镇	12434	28887	38	680	10	6	778
灵台县邵寨镇	12942	14367	37	186			7135
灵台县独店镇	17222	33918	194	980	16		9689
灵台县什字镇	18920	27180	314	1752	6	1	11780
灵台县朝那镇	14303	16323	75	380	2		8840
灵台县西屯镇	14259	16433	58	300	4		1023
灵台县上良镇	9960	15416	16	90	2		1012
灵台县百里镇	35910	8620	75	621	3		558
灵台县蒲窝镇	13278	8587	11	60	2		2346
灵台县新开乡	12193	7746	3	86	1		
灵台县梁原乡	15878	16486	38	228			
灵台县龙门乡	14957	3835					
灵台县星火乡	11544	10589	15	110	1		
崇信县锦屏镇	23792	22066	45	965	10	4	14623
崇信县新窑镇	20130	9918	13	923	9	8	1900

续表 594　　（甘肃省）　　单位：公顷、人、个

名　　称	行政区域面　　积	常住人口	企业个数	企　　业从业人员	工业企业单　　位		城镇建成区常住人口
						#规模以上	
崇信县柏树镇	8110	13195	3	35			940
崇信县黄寨镇	9600	9539	3	20			684
崇信县黄花乡	9269	7545	7	42			
崇信县木林乡	6947	9115	4	50			
华亭县东华镇	8290	59952	51	2375	18	5	26540
华亭县安口镇	17146	30959	136	1890	52		13971
华亭县西华镇	23660	29271	57	1869	18	2	3981
华亭县马峡镇	15117	12305	7	253	2	1	2689
华亭县策底镇	7395	11919	18	915	15	2	2897
华亭县上关镇	11512	10344	8	86	2		1526
华亭县河西镇	7400	8268					1165
华亭县神峪乡	10195	11050	18	267	7		
华亭县山寨乡	8170	14248	1	39	1		
华亭县砚峡乡	7754	4909	12	1196	3	3	
庄浪县水洛镇	7609	34902	327	1650	31	4	12575
庄浪县南湖镇	8461	22564	91	546	58		15722
庄浪县朱店镇	7912	32863	219	1100	211	3	13108
庄浪县万泉镇	6207	25006	12	120	3		4051
庄浪县韩店镇	19016	20138	48	258	8		4950
庄浪县卧龙镇	11381	26509	51	260	4		1072
庄浪县阳川镇	7002	23174	72	376	15		2145
庄浪县盘安镇	8149	21307	8	47	7		1970
庄浪县大庄镇	5442	16609	3	18			1322
庄浪县通化镇	12616	17749	49	246	5		2258
庄浪县岳堡乡	6413	13605	36	297	12		
庄浪县杨河乡	7258	11636	12	68	12		
庄浪县赵墩乡	8389	14706	4	24	2		
庄浪县柳梁乡	8865	19594	3	68	3		
庄浪县良邑乡	6313	16550	28	141	19		
庄浪县永宁乡	6573	14581	14	128	12		
庄浪县郑河乡	8216	10852	20	120	4		
庄浪县南坪乡	5520	16816	25	126	19	3	
静宁县城关镇	2030	11772	155	1086	27		2080
静宁县威戎镇	9700	33633	146	1831	11	1	7891
静宁县界石铺镇	15800	25019	2	15	2		2371
静宁县八里镇	7200	18767	16	1862	13	5	3809
静宁县李店镇	8000	19900	20	120	4		2269
静宁县古城镇	14500	32407	145	825	7	1	3068
静宁县仁大镇	10600	25782	19	460			3400
静宁县甘沟镇	17200	30442	50	260	3		2965
静宁县城川镇	7500	17036	96	880	10	1	3334
静宁县曹务镇	7000	18182	6	36	3		2194
静宁县雷大镇	9800	18543	66	350	2		2137
静宁县四河镇	13000	20666	15	85	1		1681
静宁县细巷镇	10300	19144	42	246	2		2089
静宁县司桥乡	6800	11297	26	156			
静宁县双岘乡	7800	13800					
静宁县余湾乡	5000	10248	1	21	1		
静宁县贾河乡	6200	9892	1	6			

续表 595　　（甘肃省）　　单位：公顷、人、个

名　　称	行政区域面积	常住人口	企业个数	企业从业人员	工业企业单位	#规模以上	城镇建成区常住人口
静宁县深沟乡	6300	7684	35	180	2		
静宁县治平乡	7200	13325	119	765	3		
静宁县新店乡	6400	8312	5	90	1		
静宁县红寺乡	10900	16343	38	380	2		
静宁县三合乡	9300	11110	1	11	1		
静宁县原安乡	10700	12099	33	180			
静宁县灵芝乡	9400	13086	14	80			
平凉工业园区四十里铺镇	12738	49000	647	7241	70	26	22366
肃州区西洞镇	17000	9594	101	540	12	2	1050
肃州区清水镇	64152	18361	52	703	16		2588
肃州区总寨镇	14443	19610	48	760	10	1	1792
肃州区金佛寺镇	35635	16927	25	2541	2		636
肃州区上坝镇	12951	20296	27	650	11	1	2194
肃州区三墩镇	44264	19772	17	305	7		1784
肃州区银达镇	34576	20354	31	312	8	4	1188
肃州区西峰镇	4801	10991	4	3911			1295
肃州区泉湖镇	7637	29223	17	1457	2	2	883
肃州区果园镇	9901	14602	11	1157	8	1	1068
肃州区下河清乡	26524	6461	8	132			
肃州区黄泥堡裕固族乡	9794	1670	16	82			
肃州区铧尖乡	10574	9972	16	240	4		
肃州区东洞乡	23702	8224	13	818	4	3	
肃州区丰乐乡	14284	6587	7	736	2		
金塔县中东镇	192040	10614	55	830	4		1372
金塔县鼎新镇	247534	8691	108	648	4	1	1668
金塔县金塔镇	68664	20786	264	4788	43	5	2910
金塔县东坝镇	146462	22197	197	1434	4		1535
金塔县航天镇	496511	10319	74	1974	11	1	1740
金塔县大庄子乡	169357	8536	42	536	3		
金塔县古城乡	87922	10788	53	621	1		
金塔县西坝乡	241655	9444	47	653	3	1	
金塔县羊井子湾乡	6473	5106	27	209			
瓜州县渊泉镇	800	33112	856	4980	108	31	27532
瓜州县柳园镇	903737	10420	81	8230	73	15	4674
瓜州县三道沟镇	102049	10176	3	110	1		3366
瓜州县南岔镇	99564	8978	20	1020	2		543
瓜州县锁阳城镇	497740	5892	4	289	2	1	2773
瓜州县河东乡	87972	5547	2	12	1		
瓜州县布隆吉乡	148951	4238	7	285	4		
瓜州县西湖乡	430170	13630	3	58			
瓜州县瓜州乡	45024	8211					
瓜州县腰站子东乡族乡	13691	8171	11	78			
瓜州县七墩回族东乡族乡	4413	4069					
瓜州县双塔乡	21159	12988					
瓜州县广至藏族乡	6964	8440					
瓜州县沙河回族乡	4755	8755					
瓜州县梁湖乡	5999	7643					
肃北蒙古族自治县党城湾镇	603500	12142					12142
肃北蒙古族自治县马鬃山镇	3163000	1371					554

续表 596　　(甘肃省)　　单位：公顷、人、个

名称	行政区域面积	常住人口	企业个数	企业从业人员	工业企业单位	#规模以上	城镇建成区常住人口
肃北蒙古族自治县盐池湾乡	1899300	584					
肃北蒙古族自治县石包城乡	1009000	1424					
阿克塞哈萨克族自治县红柳湾镇	431581	7505					6578
阿克塞哈萨克族自治县阿克旗乡	728381	848					
阿克塞哈萨克族自治县阿勒腾乡	1759950	1151					
玉门市玉门镇	93937	11075	11	475	8	6	4852
玉门市赤金镇	188280	13696	32	627	9		2482
玉门市花海镇	398968	13326	34	525	13		4810
玉门市老君庙镇	187389	16800	164	11505	74	19	12490
玉门市黄闸湾镇	67516	9813	25	126	5		368
玉门市下西号镇	118670	10007	27	161	7	1	837
玉门市柳河镇	39615	10312	22	153	2		730
玉门市昌马乡	166924	4340	16	127	5	1	
玉门市小金湾东乡族乡	2356	5674	6	52	2		
玉门市柳湖乡	4615	5603	5	45			
玉门市独山子东乡族乡	4521	7645	1	9			
玉门市六墩乡	4400	2513					
敦煌市七里镇	5600	12878	596	6571	33	2	4465
敦煌市沙州镇	937	51430	1611	18718	24		51430
敦煌市肃州镇	8961	21517	234	2394	22	1	3109
敦煌市莫高镇	14213	14218	174	2896	18	1	2088
敦煌市转渠口镇	7219	18501	314	2828	34	7	4796
敦煌市阳关镇	3187	4633	97	782	15	1	1731
敦煌市月牙泉镇	2853	11428	244	3309	12	1	3875
敦煌市郭家堡镇	11200	8878	96	777	2	1	1596
敦煌市黄渠镇	5200	10271	110	1350	12		1962
西峰区肖金镇	13460	46282	55	1322	17	2	6254
西峰区董志镇	13960	61387	103	2070	27	4	9398
西峰区后官寨镇	12120	32817	43	1220	33	5	11341
西峰区彭原镇	17660	39056	41	1004	25	5	352
西峰区温泉镇	11687	31368	78	1774	10		4950
西峰区什社乡	11940	25414	38	912	15	1	
西峰区显胜乡	9300	17582	31	736	10		
庆城县庆城镇	10973	43761	1255	15256	36	5	38744
庆城县驿马镇	27350	41056	126	3302	37	11	9215
庆城县三十里铺镇	17981	19944	64	1017	63	4	2754
庆城县马岭镇	23110	23027	438	2199	11	5	4866
庆城县玄马镇	23217	20553	109	954	23	1	2235
庆城县白马铺镇	11463	13571	9	152	6	1	637
庆城县桐川镇	28943	17077	39	2012	8		1710
庆城县赤城乡	9961	16990	5	39	1		
庆城县太白梁乡	19387	10389	3	946	3		
庆城县土桥乡	13900	6022					
庆城县蔡口集乡	14514	5832	1	6			
庆城县高楼乡	10800	10036	7	36			
庆城县南庄乡	18000	10687	1	6			
庆城县翟家河乡	11600	6623					
庆城县蔡家庙乡	27490	16528	26	135	1		
环县环城镇	76720	113541	1354	18956	33	4	79000

续表 597　　　　（甘肃省）　　　　单位：公顷、人、个

名　　称	行政区域面　　积	常住人口	企业个数	企　　业从业人员	工业企业单　　位	#规模以上	城镇建成区常住人口
环县曲子镇	40800	27926	165	990	12	3	5838
环县甜水镇	53560	11679	9	346	9	1	2390
环县木钵镇	31671	21600	67	560	15		2020
环县洪德镇	58230	30699	61	488			6674
环县合道镇	51686	21147	15	103			21147
环县虎洞镇	44280	11587					2350
环县毛井镇	53825	12796					12796
环县樊家川镇	35360	11627	41	209			11627
环县天池乡	39080	17920					
环县演武乡	28519	11831	5	30			
环县八珠乡	34120	12163	45	226			
环县耿湾乡	30510	10972	34	175	1		
环县秦团庄乡	33420	6944					
环县山城乡	43100	7292	17	90			
环县南湫乡	41150	4431	1	23	1	1	
环县罗山川乡	41960	6981					
环县小南沟乡	58950	10815					
环县车道乡	68200	19040	6	172			
环县芦家湾乡	33820	8380					
华池县悦乐镇	31309	13989	150	900	27	5	3968
华池县柔远镇	33514	29634	591	3105	40	2	21288
华池县元城镇	20180	5284	39	124	3		3120
华池县南梁镇	22209	5398	33	175	5		340
华池县城壕镇	46131	13206	89	396	3		304
华池县五蛟镇	31396	13775	111	565	4		1304
华池县上里塬乡	9930	6411	43	102	5		
华池县王咀子乡	8875	5585	29	150	2		
华池县白马乡	16792	4411	44	121	2		
华池县怀安乡	23514	7182	46	270	2		
华池县乔川乡	27935	5768	38	197	3		
华池县乔河乡	14385	5162	39	212	6		
华池县山庄乡	25504	5667	37	186	5	1	
华池县林镇乡	50453	5454	55	279	5		
华池县紫坊畔乡	16968	5609	16	81	2		
合水县西华池镇	13938	24383	190	1469	15	4	24383
合水县老城镇	27481	8944	25	139	1	1	4890
合水县太白镇	113515	6609	9	48	1		1125
合水县板桥镇	14855	18344	12	306	4		765
合水县何家畔镇	9937	16393	5	35	3		1836
合水县吉岘乡	7364	11719	10	564	5	1	
合水县肖咀乡	7496	11896					
合水县段家集乡	7129	10134	3	82	3		
合水县固城乡	31284	8846	7	52	1		
合水县太莪乡	23542	7156	10	52			
合水县店子乡	8072	8843	4	76	1	1	
合水县蒿咀铺乡	28726	4611	6	36	1		
正宁县山河镇	11920	41309	641	6496	55	5	21614
正宁县榆林子镇	9370	25968	7	146	6	1	9510
正宁县宫河镇	8886	22572	67	602			1521

续表 598　　　　(甘肃省)　　　　单位：公顷、人、个

名　　称	行政区域面　　积	常住人口	企业个数	企　　业从业人员	工业企业单　　位	#规模以上	城镇建成区常住人口
正宁县永和镇	11520	20812	76	460	1		1538
正宁县永正镇	9533	18847	59	590	10		2500
正宁县周家镇	7840	17635	37	489	15	1	1650
正宁县湫头镇	8627	14197	43	598	4		538
正宁县西坡镇	25714	11487	2	35	1		384
正宁县五顷原乡	14480	4782					
正宁县三嘉乡	24060	5091	2	32			
宁县新宁镇	10356	37276	394	2010	5	2	16616
宁县平子镇	10299	34599	19	410	15		6016
宁县早胜镇	10767	22156	7	141	1	1	1633
宁县长庆桥镇	2500	8808	8	1520	6	3	5717
宁县和盛镇	13227	36016	24	235	4	4	8920
宁县湘乐镇	14700	18816	11	164	2		368
宁县新庄镇	10280	34495	320	2900			2210
宁县盘克镇	8674	42940	6	76	4		6540
宁县中村镇	16792	34165	14	108	6		1348
宁县焦村镇	18347	44254	30	550	2	2	1530
宁县米桥镇	9887	23459	9	280	7	1	2946
宁县良平镇	7657	26533	5	125			1768
宁县太昌镇	5500	14850	23	1260	3		785
宁县春荣镇	22911	46603	503	2550	13		46603
宁县南义乡	9100	19108	15	95	1		
宁县瓦斜乡	7038	13008	14	200	1		
宁县金村乡	3028	7755	1	30	1		
宁县九岘乡	10800	8635	13	68			
镇原县城关镇	13160	45634	313	5257	61	11	29364
镇原县屯字镇	23700	44838	79	1332	37	1	12053
镇原县孟坝镇	25420	47841	97	880	57	1	16800
镇原县三岔镇	24320	15170	34	568	18	1	5306
镇原县平泉镇	21253	41556	89	1497	33	1	3206
镇原县开边镇	15987	20283	34	577	10		1349
镇原县太平镇	23560	31718	57	966	16		7952
镇原县临泾镇	18673	26931	65	1093	14		3520
镇原县新城镇	22727	29783	88	1480	16	1	3373
镇原县南川乡	15007	17130	38	645	10		
镇原县上肖乡	15080	34167	19	318	13	1	
镇原县新集乡	21733	18563	46	781	12		
镇原县方山乡	16767	13636	22	373	6		
镇原县殷家城乡	16540	7810	19	327	5		
镇原县马渠乡	15734	13393	57	973	16		
镇原县庙渠乡	17807	16776	25	413	11		
镇原县武沟乡	14873	12328	25	405	9		
镇原县郭原乡	13733	12601	26	463	11	1	
镇原县中原乡	11287	20020	26	432	10		
安定区凤翔镇	26860	44922	18	1004			4684
安定区内官营镇	31541	55212	220	2109	13	1	31275
安定区巉口镇	31152	23192	62	1890	35	10	13850
安定区称钩驿镇	18690	14176	11	60			1040
安定区鲁家沟镇	28601	10414	25	235			1726

续表 599　　　　（甘肃省）　　　　单位：公顷、人、个

名　　称	行政区域面　积	常住人口	企业个数	企　业从业人员	工业企业单　位		城镇建成区常住人口
						#规模以上	
安定区西巩驿镇	20502	16216	64	2683			1205
安定区宁远镇	19325	16762	12	331	7	1	1367
安定区李家堡镇	23105	20048	4	21			3300
安定区团结镇	13443	13184	74	373			2545
安定区香泉镇	14441	18807	56	310			2888
安定区符家川镇	8979	11680					1561
安定区葛家岔镇	15936	9413	1	6			1700
安定区白碌乡	19584	3030		6			
安定区石峡湾乡	17070	7751	16	176	11		
安定区新集乡	19993	10491					
安定区青岚山乡	21794	13901					
安定区高峰乡	6324	6704	6	36			
安定区石泉乡	13073	12153					
安定区杏园乡	10936	7177					
通渭县平襄镇	21884	59320	104	470	44	12	56563
通渭县马营镇	34083	37389	58	394	58		9292
通渭县鸡川镇	12798	15776	1	6			3367
通渭县榜罗镇	28054	36019	4	64			4410
通渭县常家河镇	18223	32308	50	230			1755
通渭县义岗川镇	13608	19766					2850
通渭县陇阳乡	11006	14035	3	60	3		
通渭县陇山乡	12250	15085					
通渭县陇川乡	11794	13603	4	55	4		
通渭县新景乡	10542	11200					
通渭县碧玉乡	12698	18743	11	130	11		
通渭县襄南乡	14553	19924	6	35	6		
通渭县李家店乡	10469	14082					
通渭县什川乡	17448	18095	7	49	7		
通渭县第三铺乡	16686	15626					
通渭县华家岭乡	15700	16298	5	92	1	1	
通渭县寺子川乡	11993	15228					
通渭县北城铺乡	17061	20841					
陇西县巩昌镇	13540	126079	746	3735	123	11	103739
陇西县文峰镇	24220	76905	561	3400	74	12	61399
陇西县首阳镇	12340	45160	194	1376	37	3	12470
陇西县菜子镇	20302	40908	196	1002	7		4652
陇西县福星镇	31129	34874	10	55	1		1184
陇西县通安驿镇	21092	23510	24	385	10		2935
陇西县云田镇	15704	22088	24	150	6		2442
陇西县碧岩镇	7881	18811	8	53	2		2210
陇西县马河镇	7773	13372	5	50	1		13372
陇西县柯寨镇	9423	13051	4	50			1575
陇西县渭阳乡	13366	13226					
陇西县宏伟乡	13669	11784	8	45	2		
陇西县和平乡	10040	13082	5	32			
陇西县双泉乡	7323	12475	2	12			
陇西县德兴乡	11180	10087					
陇西县永吉乡	9190	10264	8	50	3		
陇西县权家湾乡	12472	8630	2	11			

续表 600　　(甘肃省)　　单位：公顷、人、个

名　　称	行政区域面积	常住人口	企业个数	企业从业人员	工业企业单位	#规模以上	城镇建成区常住人口
渭源县清源镇	18278	38017	184	2127	18		7020
渭源县莲峰镇	16760	44399	528	2636			39812
渭源县会川镇	12614	41307	16	400	15		2566
渭源县五竹镇	13767	13898					1857
渭源县路园镇	8190	19910					1025
渭源县北寨镇	14790	16463					16030
渭源县新寨镇	16039	19790	3	20			1071
渭源县麻家集镇	7016	16803	4	27			2190
渭源县锹峪乡	6223	15780	1	42	1		
渭源县大安乡	12207	11237					
渭源县秦祁乡	11778	9170					
渭源县庆坪乡	9330	14706					
渭源县祁家庙乡	9768	16191					
渭源县上湾乡	11079	20242	5	30			
渭源县峡城乡	6845	8632					
渭源县田家河乡	6743	10828	13	66			
临洮县洮阳镇	12628	101323	528	3252	33	12	69018
临洮县八里铺镇	12216	31353	10	139	10		8826
临洮县新添镇	13285	48057	29	265			16503
临洮县辛店镇	18048	34319	14	260	7	2	6304
临洮县太石镇	21802	32926	210	1054	17	2	12690
临洮县中铺镇	25437	19208	51	1589	37	12	4840
临洮县峡口镇	20215	14510					2114
临洮县龙门镇	15419	24229	23	180	5		6654
临洮县窑店镇	14547	21927	5	128	4		2893
临洮县玉井镇	9864	36262	26	1295	26	2	11518
临洮县衙下集镇	14018	41515	7	214	7	1	5294
临洮县南屏镇	14089	28265	2	30			3284
临洮县红旗乡	22001	11365	31	162			
临洮县上营乡	14152	16675	8	48			
临洮县康家集乡	9336	14055	11	60			
临洮县站滩乡	16298	13743					
临洮县漫洼乡	8757	9612					
临洮县连儿湾乡	17684	15479					
漳县武阳镇	12594	29514	52	1030	26	1	21540
漳县三岔镇	12464	24830	6	45	6		3723
漳县新寺镇	9428	23941	25	150	9		10156
漳县金钟镇	27052	17665					2445
漳县盐井镇	10714	13876	8	510	3	1	1250
漳县殪虎桥镇	23919	14995	11	70			896
漳县大草滩镇	22454	11152					1250
漳县四族镇	16728	11643	15	95	15		2712
漳县石川镇	20749	11930	24	120	8		2210
漳县贵清山镇	13200	11933					479
漳县马泉乡	13758	10743					
漳县武当乡	9087	10370	1	6	1		
漳县东泉乡	24412	7275	1	36	1		
岷县岷阳镇	3866	61341	115	2187	29	9	57341
岷县蒲麻镇	28536	28264					2950

续表 601 （甘肃省） 单位：公顷、人、个

名称	行政区域面积	常住人口	企业个数	企业从业人员	工业企业单位	#规模以上	城镇建成区常住人口
岷县西寨镇	6832	17711					1500
岷县梅川镇	18938	43552	1	20			5632
岷县西江镇	11285	28716					565
岷县闾井镇	52986	34117	5	30			3362
岷县十里镇	9423	43091	1	35			2645
岷县茶埠镇	10844	25227	3	50	3	1	1923
岷县中寨镇	19394	34709	11	60			2700
岷县清水乡	17234	29959	4	113	4	2	
岷县马坞乡	20858	10529					
岷县寺沟乡	25785	22452					
岷县麻子川乡	16826	11855					
岷县秦许乡	36085	22184	2	165	2	1	
岷县禾驮乡	25615	19920					
岷县维新乡	14380	18142					
岷县申都乡	11471	11023					
岷县锁龙乡	26998	11077					
武都区城关镇	2190	67009	178	3628	65	9	6254
武都区安化镇	17422	29813	410	480			600
武都区东江镇	1890	9700	678	4000	70		9076
武都区两水镇	16860	31306	216	2032	15	1	16500
武都区汉王镇	11730	29688	41	338	8	1	9564
武都区洛塘镇	27770	26522	98	512			1317
武都区角弓镇	10000	20856	8	66			3236
武都区马街镇	11998	28168	76	410	2		1661
武都区三河镇	10181	14821	202	962	11		13020
武都区甘泉镇	7668	11657	2	32			1851
武都区鱼龙镇	19124	17489	2	11			819
武都区琵琶镇	16075	12892	3	84	2	1	2057
武都区外纳镇	17718	19179	13	180	6	1	1411
武都区马营镇	18500	16800	4	120	4		994
武都区柏林镇	5419	12777					12777
武都区姚寨镇	7470	6777	13	113			900
武都区坪垭藏族乡	9450	6205					
武都区蒲池乡	12134	14646					
武都区石门乡	6994	11895					
武都区汉林乡	3960	11595					
武都区池坝乡	5220	6340	10	45			
武都区佛崖乡	12370	13690					
武都区黄坪乡	14500	9642					
武都区隆兴乡	14470	10472	12	110			
武都区龙坝乡	12550	5451					
武都区龙凤乡	6090	11490					
武都区桔柑乡	6700	7291	1	25			
武都区磨坝藏族乡	6192	5288					
武都区玉皇乡	7737	8424					
武都区郭河乡	8970	12284					
武都区枫相乡	37000	9823					
武都区三仓乡	19280	13495	7	39	2		
武都区五库乡	17956	11896	1	10	1		

续表 602　　（甘肃省）　　单位：公顷、人、个

名　称	行政区域面积	常住人口	企业个数	企业从业人员	工业企业单位	#规模以上	城镇建成区常住人口
武都区月照乡	11120	4894					
武都区五马乡	18700	6370					
武都区裕河乡	26560	4913	8	45			
成县城关镇	10760	82181	388	7364	216	3	64596
成县黄渚镇	14719	8166	22	120	8		4710
成县红川镇	4372	12070	47	810	4	2	4642
成县小川镇	6923	19143	50	600	9	1	2558
成县纸坊镇	7782	12270	36	350	3	1	985
成县抛沙镇	6026	25410	28	340	14	2	3680
成县店村镇	6759	15039	55	352	17		2327
成县王磨镇	16610	8796	28	406	16	1	1116
成县陈院镇	7840	10831	35	685	6	1	1765
成县沙坝镇	6921	10999	20	120	8		1355
成县黄陈镇	5901	11426	15	120	3		1644
成县鸡峰镇	18327	16722	48	412	5		1860
成县苏元镇	5229	8326	13	70	4		385
成县索池镇	5053	9909	16	82	1		1728
成县宋坪乡	17433	5559	5	28	1		
成县二郎乡	15503	3910	29	148	7		
成县镡河乡	11460	5336	7	34	1		
文县城关镇	15831	36408	271	1900	31	1	19019
文县碧口镇	20817	17723	65	1705	15	4	8921
文县尚德镇	22975	10921	25	315	9	2	1860
文县中寨镇	37774	20299	22	350	8		6400
文县临江镇	11252	8265	83	903	27	3	1656
文县桥头镇	22913	21752	7	49	1		1100
文县黎坪镇	14671	11333	6	50	5		1483
文县天池镇	28312	6772	6	41	3		5820
文县堡子坝镇	28322	11977	10	115	7		1010
文县石坊镇	13314	9178	19	199	7	1	1046
文县石鸡坝镇	26033	14390	37	880	17	3	1645
文县丹堡镇	51914	7699	20	138	8		750
文县中庙镇	27581	10778	25	110	6		6018
文县范坝镇	48920	10007	11	286			1326
文县铁楼藏族乡	31764	9365	14	78	3		
文县刘家坪乡	34341	1579	3	26	2		
文县玉垒乡	23069	4764	3	34	1	1	
文县口头坝乡	21417	6069	8	95	2		
文县尖山乡	12919	4148	5	26	2		
文县舍书乡	6116	3768					
宕昌县城关镇	10431	27208	12	200	1		27208
宕昌县哈达铺镇	14060	29045	118	982			5055
宕昌县理川镇	8610	21673					21673
宕昌县南阳镇	10620	12804	18	98			1080
宕昌县官亭镇	11652	9245	2	9			1100
宕昌县沙湾镇	10795	23467	30	180			23467
宕昌县阿坞乡	7777	10841					
宕昌县南河乡	22610	7288	6	30			
宕昌县八力乡	10298	9188	7	36			

续表 603　　（甘肃省）　　单位：公顷、人、个

名　称	行政区域面积	常住人口	企业个数	企业从业人员	工业企业单位	#规模以上	城镇建成区常住人口
宕昌县木耳乡	5195	7563					
宕昌县庞家乡	6472	8861					
宕昌县何家堡乡	19250	6342					
宕昌县贾河乡	14630	9488					
宕昌县将台乡	5690	7809					
宕昌县车拉乡	15144	11078	2	80			
宕昌县新城子藏族乡	20940	7021					
宕昌县临江乡	6779	6007					
宕昌县好梯乡	19448	6766	3	17			
宕昌县韩院乡	14889	10989					
宕昌县竹院乡	10466	5293	1	26	1	1	
宕昌县兴化乡	23700	7075					
宕昌县甘江头乡	8800	6586	3	120	1		
宕昌县新寨乡	12670	12538					
宕昌县狮子乡	19590	5874					
宕昌县两河口乡	12294	10047					
康县城关镇	10659	28029	62	735	17		12190
康县平洛镇	11714	10918	11	46			2263
康县大堡镇	9507	9455	35	179			1785
康县岸门口镇	18759	9544	2	60			1463
康县两河镇	16747	4765	5	22	2		695
康县长坝镇	15900	13172	23	95	1	1	1002
康县云台镇	11649	10996					2562
康县阳坝镇	50004	11534	18	280	1	1	2441
康县王坝镇	7200	8040	57	738	6	3	2151
康县碾坝镇	10971	10227	6	31	3		805
康县豆坝镇	10578	6396					792
康县望关镇	8687	6629	2	15	2		746
康县大南峪镇	12228	10098	172	865			788
康县周家坝镇	11466	12149					1345
康县寺台乡	5274	5713					
康县迷坝乡	13755	5457					
康县店子乡	13959	4644	1	8			
康县白杨乡	20312	5831					
康县太石乡	5709	3635					
康县铜钱乡	9504	4368	1	6	1		
康县三河坝乡	22123	5883					
西和县汉源镇	1947	43844	481	12245	2		9578
西和县长道镇	7897	27108	41	2112	6		3255
西和县何坝镇	9445	39341	185	1000			5816
西和县姜席镇	7081	28923					712
西和县石峡镇	9811	11641	52	800	1		1809
西和县洛峪镇	15192	31338	10	55			1428
西和县西峪镇	2832	25279	2	840	2		1532
西和县马元镇	11400	13442					2970
西和县大桥镇	9891	9989	18	185	1	1	1475
西和县石堡乡	9932	26678	3	62	2		
西和县苏合乡	8541	20517	4	245	1		
西和县卢河乡	11900	24728	7	581	6	1	

续表 604　　　　　　　　　　（甘肃省）　　　　　　　　　　单位：公顷、人、个

名　　称	行政区域面　　积	常住人口	企业个数	企　　业从业人员	工业企业单　　位		城镇建成区常住人口
						#规模以上	
西和县兴隆乡	6898	20577					
西和县稍峪乡	4238	18150	6	50	1	1	
西和县晒经乡	11698	4387	2	12			
西和县十里乡	14547	39684	4	762	4	4	
西和县蒿林乡	10068	9360					
西和县太石河乡	12508	5751					
西和县六巷乡	11235	5196	9	1000	5		
西和县西高山乡	7918	17185	2	13			
礼县城关镇	15885	61500					24162
礼县盐官镇	12172	47017	42	364	12		10800
礼县石桥镇	19384	40347	10	80	2		6320
礼县白河镇	17677	19249	4	45			19249
礼县宽川镇	13400	31374					4010
礼县永兴镇	8378	25862	2	360	2	1	4240
礼县祁山镇	8638	18260					18260
礼县红河镇	8525	14058					2147
礼县永坪镇	18649	21668					21668
礼县中坝镇	14439	19874					708
礼县罗坝镇	18037	10799	2	350	2	2	1500
礼县雷坝镇	10300	11916	11	56			960
礼县崖城镇	19165	11180					11172
礼县洮坪镇	29199	14507					
礼县龙林镇	14321	21110					1990
礼县马河乡	11087	13231	23	138			
礼县固城乡	20272	11021					
礼县湫山乡	13974	11522					
礼县上坪乡	35347	7008					
礼县江口乡	6470	10045	2	13			
礼县雷王乡	6930	13434					
礼县白关乡	16231	18505					
礼县沙金乡	20155	7115					
礼县桥头乡	2757	13830	6	32			
礼县草坪乡	9911	7036					
礼县王坝乡	8843	11631					
礼县肖良乡	7986	7023					
礼县三峪乡	11950	5253					
礼县滩坪乡	12557	11391	2	50			
徽县城关镇	6401	39036	150	2171	27	1	23130
徽县伏家镇	10230	25456	99	5000	21	2	9401
徽县江洛镇	31250	19039	98	540	20	3	6607
徽县泥阳镇	6060	15638	5	109	3		5053
徽县柳林镇	23310	9092	4	2000	4	3	1200
徽县嘉陵镇	24860	9672	1	265	1	1	1658
徽县永宁镇	8520	10405	17	230	2		1351
徽县银杏树镇	9550	16154	23	367	4	1	1342
徽县水阳镇	9230	12544	6	340	6	1	692
徽县栗川镇	6160	14610	49	256	4		352
徽县麻沿河镇	30260	9582	2	43	2		769
徽县高桥镇	42770	6523	4	17	4		284

续表 605 （甘肃省） 单位：公顷、人、个

名　　称	行政区域面　　积	常住人口	企业个数	企　　业从业人员	工业企业单　　位	#规模以上	城镇建成区常住人口
徽县大河店镇	15040	9143	1	15	1		283
徽县榆树乡	27030	6213	2	15			
徽县虞关乡	21530	5322					
两当县城关镇	1917	10209	16	174			7082
两当县站儿巷镇	10071	3866					674
两当县西坡镇	8359	4891	71	360	3		3345
两当县杨店乡	7051	3761					
两当县左家乡	16210	2549					
两当县显龙乡	4347	3439					
两当县鱼池乡	3277	2502	1	6			
两当县兴化乡	5304	2281	3	18			
两当县张家乡	15566	1517	5	167	3	1	
两当县云屏乡	29677	2834	9	46			
两当县泰山乡	5267	980					
两当县金洞乡	34173	5138	25	398	6		
临夏市城郊镇	570	28984	18	1009			28984
临夏市枹罕镇	3114	37755	32	1020	31	1	4057
临夏市南龙镇	2501	31961	656	4546	68	2	19202
临夏市折桥镇	1307	17672	189	1320	35	1	2158
临夏县韩集镇	2146	25214	113	685	16		8999
临夏县土桥镇	2463	21508	259	1299			11508
临夏县马集镇	3367	14085	2	32			2622
临夏县莲花镇	4080	7052					2276
临夏县新集镇	3569	21108	12	160			506
临夏县尹集镇	7180	27253	92	6350	85	6	10147
临夏县营滩乡	4033	11206	1	130	1		
临夏县掌子沟乡	2382	7473	3	16			
临夏县麻尼寺沟乡	6395	22237	12	61			
临夏县漠泥沟乡	7510	12353					
临夏县刁祁乡	33388	23845	22	470	16		
临夏县漫路乡	5694	18571	65	345			
临夏县榆林乡	3956	16026	7	200	7		
临夏县井沟乡	6230	16422	1	35	1		
临夏县北塬乡	2252	17351	35	398	20	1	
临夏县坡头乡	1753	6502	13	71	13		
临夏县桥寺乡	2553	11489					
临夏县先锋乡	2039	17413	53	637	3	2	
临夏县河西乡	1309	7674	4	42	3		
临夏县安家坡乡	1622	11734	21	1456			
临夏县南塬乡	4604	10869					
临夏县红台乡	4915	16407	19	412			
临夏县黄泥湾乡	2098	11486	28	240	6	1	
临夏县路盘乡	3172	6374					
临夏县民主乡	2530	6878	2	12			
康乐县附城镇	4800	30488	282	5314	23	1	21028
康乐县苏集镇	4806	20434	64	332	1		20434
康乐县胭脂镇	5571	24987	46	231	2		3876
康乐县景古镇	7355	14807	10	58	3		14807
康乐县莲麓镇	15461	10438	20	135	1		10438

续表 606　　　　　　　　　　（甘肃省）　　　　　　　　　　单位：公顷、人、个

名　　称	行政区域面积	常住人口	企业个数	企业从业人员	工业企业单位	#规模以上	城镇建成区常住人口
康乐县康丰乡	3539	17647	221	1465	4		
康乐县虎关乡	6868	23578	15	83	11		
康乐县流川乡	4144	15618	55	370			
康乐县白王乡	4448	13498	10	76			
康乐县八松乡	26638	12094	20	123	1		
康乐县鸣鹿乡	5558	12637	12	71	2		
康乐县八丹乡	2982	10623	3	19	1		
康乐县上湾乡	6607	22737	5	26			
康乐县草滩乡	5331	15906	20	102	1		
康乐县五户乡	4194	11547	14	85	1		
永靖县刘家峡镇	5860	59665	120	1836	38	10	35820
永靖县盐锅峡镇	18300	28012	169	3486	95	5	5792
永靖县太极镇	14800	20077	521	3654	30		4889
永靖县西河镇	17700	12116	38	2200	38	1	1078
永靖县三塬镇	11700	17465	32	482	20		1609
永靖县岘塬镇	2700	9735	9	932	8		1640
永靖县陈井镇	8900	8864	26	250	6		923
永靖县川城镇	6400	5264					320
永靖县王台镇	5600	5636	21	110	3		285
永靖县红泉镇	10200	4054					687
永靖县关山乡	11300	7337	1	80			
永靖县徐顶乡	5670	3473	25	260	25		
永靖县三条岘乡	15790	5038	10	187	10		
永靖县坪沟乡	19180	3046					
永靖县新寺乡	17900	6301					
永靖县小岭乡	5500	5582					
永靖县杨塔乡	8900	3017					
广河县城关镇	5735	31523	94	3596	54		9910
广河县三甲集镇	8845	43882	45	2480	35	1	15920
广河县祁家集镇	6638	32727	48	1380	45		1840
广河县庄禾集镇	7940	26147					2010
广河县买家巷镇	5244	22493					2305
广河县齐家镇	6706	23505					23505
广河县水泉乡	5903	21270	10	51			
广河县官坊乡	3123	9461					
广河县阿力麻土东乡族乡	3632	15502					
和政县城关镇	2801	28913	46	239	33		195
和政县三合镇	2512	10681	30	260			272
和政县三十里铺镇	5577	19374	5	35	5		256
和政县马家堡镇	3737	14566	1	40	1		3184
和政县买家集镇	5400	12306	5	28	5		450
和政县梁家寺乡	3868	14017	11	68	3		
和政县陈家集乡	3709	13814					
和政县罗家集乡	6724	12444	25	150	5		
和政县卜家庄乡	2256	10536	15	76	11		
和政县新营乡	5888	13438	22	550	5	1	
和政县新庄乡	9739	16340	18	91	5		
和政县松鸣镇	6700	14458	62	311	4		1404
和政县达浪乡	2793	15135					

续表 607　　　　　　　　　　　　（甘肃省）　　　　　　　　　　　　单位：公顷、人、个

名　　称	行政区域面　　积	常住人口	企业个数	企　　业从业人员	工业企业单　　位	#规模以上	城镇建成区常住人口
东乡族自治县锁南镇	6110	29566	199	1049	4		13802
东乡族自治县达板镇	5145	26529	101	519	14	4	4655
东乡族自治县河滩镇	5229	30072	140	707	6		6286
东乡族自治县那勒寺镇	7805	25481	38	202	1		5647
东乡族自治县唐汪镇	4600	15580	45	270	2		7097
东乡族自治县春台乡	7861	9734	14	75	1		
东乡族自治县柳树乡	6102	6063	4	92	2		
东乡族自治县东塬乡	6046	13489	54	291	7		
东乡族自治县坪庄乡	5082	15371	23	125	1		
东乡族自治县百和乡	4751	10783	22	113	1		
东乡族自治县关卜乡	3425	7635					
东乡族自治县赵家乡	3917	9852	20	120	1		
东乡族自治县五家乡	4009	12029	10	55	1		
东乡族自治县果园乡	6989	17223	22	119	4		
东乡族自治县沿岭乡	3591	6399	13	75	1		
东乡族自治县汪集乡	10491	11633	2	30	2		
东乡族自治县风山乡	5515	5797	3	18			
东乡族自治县车家湾乡	5377	3957					
东乡族自治县高山乡	6230	3546	2	11			
东乡族自治县大树乡	6579	8513	4	20			
东乡族自治县北岭乡	4267	6101	2	12	1		
东乡族自治县龙泉乡	11393	15461	27	150	1		
东乡族自治县考勒乡	6144	8716	14	72			
东乡族自治县董岭乡	12627	6388	21	109	4		
积石山保安族东乡族撒拉族自治县吹麻滩镇	3654	36505	334	2308			12656
积石山保安族东乡族撒拉族自治县大河家镇	5244	29706	102	610	7		28498
积石山保安族东乡族撒拉族自治县居集镇	3033	14527	155	781	3		4217
积石山保安族东乡族撒拉族自治县癿藏镇	2967	16324	180	900			2858
积石山保安族东乡族撒拉族自治县刘集乡	5703	16708					
积石山保安族东乡族撒拉族自治县石塬乡	5373	10383	1	8			
积石山保安族东乡族撒拉族自治县柳沟乡	4993	11546	21	107			
积石山保安族东乡族撒拉族自治县关家川乡	6965	12706					
积石山保安族东乡族撒拉族自治县胡林家乡	5035	12535					
积石山保安族东乡族撒拉族自治县安集乡	5040	13852					
积石山保安族东乡族撒拉族自治县寨子沟乡	3433	13943		220			
积石山保安族东乡族撒拉族自治县郭干乡	2440	6790					
积石山保安族东乡族撒拉族自治县徐扈家乡	2167	9994					
积石山保安族东乡族撒拉族自治县中咀岭乡	2926	12497					
积石山保安族东乡族撒拉族自治县小关乡	2967	11161					
积石山保安族东乡族撒拉族自治县铺川乡	3118	11386					
积石山保安族东乡族撒拉族自治县银川乡	6740	17883					
合作市卡加曼乡	9295	3292	1	16			
合作市卡加道乡	33763	2002					
合作市佐盖多玛乡	56906	3865	2	11			
合作市佐盖曼玛乡	34755	6269	3	16			
合作市勒秀乡	45363	8530					
合作市那吾乡	24118	7351					
临潭县城关镇	3121	15920	364	3046	19		15920
临潭县新城镇	12498	19523	65	1021	7		4213

续表 608　　(甘肃省)　　单位：公顷、人、个

名　　称	行政区域面　　积	常住人口	企业个数	企　　业从业人员	工业企业单　　位	#规模以上	城镇建成区常住人口
临潭县冶力关镇	11755	8640	58	948			3850
临潭县羊永镇	4764	8534	22	142	4		1595
临潭县王旗镇	13484	11979	6	31	1		3212
临潭县初布乡	12707	3725	6	72	3		
临潭县古战回族乡	3257	5382	18	87	6		
临潭县卓洛回族乡	1984	2791	11	45			
临潭县长川回族乡	4731	10032	11	42	4		
临潭县流顺乡	4218	10210					
临潭县店子乡	7620	4692	5	26			
临潭县洮滨乡	9174	9316	8	12	3	1	
临潭县三岔乡	8200	2363	2	16			
临潭县石门乡	13297	7211	7	41	2		
临潭县羊沙乡	22459	5902	12	60	2		
临潭县八角乡	13420	5257	10	12			
卓尼县柳林镇	5212	18080	22	325	15	1	11099
卓尼县木耳镇	79310	9572	12	261	9		2415
卓尼县扎古录镇	23422	6731	8	80	6	1	1652
卓尼县纳浪乡	22800	7723	2	29	1		
卓尼县喀尔钦乡	79100	10616	2	68	2	2	
卓尼县刀告乡	33410	4986					
卓尼县尼巴乡	77042	5481	1	19	1		
卓尼县完冒乡	31800	4185					
卓尼县阿子塘乡	9549	7212	2	12	1		
卓尼县申藏乡	17100	8261	1	48	1		
卓尼县恰盖乡	58400	3494					
卓尼县康多乡	46631	2459	1	12	1		
卓尼县勺哇土族乡	4024	1879	1	12	1		
卓尼县洮砚乡	12769	5231	1	12	1		
卓尼县藏巴哇乡	41400	8313	1	185	1	1	
舟曲县城关镇	11264	22629	372	5598	3		18931
舟曲县大川镇	3958	6212	97	885	5	1	995
舟曲县峰迭镇	19729	13157	238	2110	7	1	4098
舟曲县立节镇	8455	5296	124	975	2	1	1743
舟曲县曲瓦乡	14900	4150	71	685	4		
舟曲县巴藏乡	9625	4964	76	763	2		
舟曲县大峪乡	15406	5112	78	819	5		
舟曲县憨班乡	15002	5067	80	1158			
舟曲县坪定乡	6783	4995	85	1269			
舟曲县江盘乡	3058	4582	79	1157	3	1	
舟曲县东山乡	6782	11225	133	1520	1		
舟曲县南峪乡	6481	4281	43	394			
舟曲县果耶乡	6744	10024	80	811			
舟曲县八楞乡	9058	4472	35	392	2		
舟曲县武坪乡	39214	5780	91	1069	1		
舟曲县插岗乡	19523	3077	52	520	6		
舟曲县拱坝乡	19336	5745	58	718	1		
舟曲县曲告纳乡	44454	12220	96	584	10	1	
舟曲县博峪乡	41750	4573	70	720			
迭部县电尕镇	62599	5903	8	68			5903

续表 609　　（甘肃省、青海省）　　单位：公顷、人、个

名　　称	行政区域面积	常住人口	企业个数	企业从业人员	工业企业单位	#规模以上	城镇建成区常住人口
迭部县益哇乡	36059	4736					
迭部县卡坝乡	43173	2186					
迭部县达拉乡	74000	2183	1	23	1	1	
迭部县尼傲乡	24201	2153					
迭部县旺藏乡	49505	6366					
迭部县阿夏乡	30280	1217					
迭部县多儿乡	49237	3675					
迭部县桑坝乡	32948	3633					
迭部县腊子口乡	43610	3412	5	60	3		
迭部县洛大乡	25262	5193					
玛曲县尼玛镇	93887	13486	434	2370	14	5	9453
玛曲县欧拉乡	134719	5465					
玛曲县欧拉秀玛乡	162927	3423					
玛曲县阿万仓乡	158214	6820					
玛曲县木西合乡	159265	3871					
玛曲县齐哈玛乡	68320	5879					
玛曲县采日玛乡	68425	5620					
玛曲县曼日玛乡	111703	7320					
碌曲县郎木寺镇	57092	4966	5	180	2	1	1715
碌曲县玛艾镇	85072	11772	11	111	5		5531
碌曲县尕海乡	110115	4775	1	246	1	1	
碌曲县西仓乡	24558	2560	2	54	2		
碌曲县拉仁关乡	72060	2838					
碌曲县双岔乡	44836	5321	1	41	1	1	
碌曲县阿拉乡	17591	3116					
夏河县拉卜楞镇	17407	19468	320	3568	12		19468
夏河县王格尔塘镇	24741	3539	7	208	7	1	3539
夏河县阿木去乎镇	89760	13235	1	245	1	1	6977
夏河县桑科乡	125071	7760	13	156			
夏河县甘加乡	84279	7723	1	15	1		
夏河县达麦乡	18367	3920	28	356	2		
夏河县麻当乡	35937	5741	1	139	1	1	
夏河县曲奥乡	20484	2782	5	81	5		
夏河县唐尕昂乡	20803	2556					
夏河县扎油乡	37828	3775					
夏河县博拉乡	34098	6376					
夏河县吉仓乡	28859	4630					
夏河县科才乡	89984	3626					
青海省							
西宁市城东区乐家湾镇政府	1279	35474	916	23000	144	63	35474
西宁市城东区韵家口镇政府	3560	33550	112	598	26		33550
西宁市城中区总寨镇	11700	63194	151	1421	23	1	63194
西宁市城西区彭家寨镇	3286	26436	300	4690	4	1	14030
西宁市城北区大堡子镇	4817	26906	40	1350	28	3	4522
西宁市城北区廿里铺镇	5200	33307	320	2450	72	1	20227
大通回族土族自治县桥头镇	12015	142615	50	3381	36	10	103487
大通回族土族自治县城关镇	4364	24602	10	60	3		8013
大通回族土族自治县塔尔镇	7680	31954					4350
大通回族土族自治县东峡镇	9440	15146	2	240			1897

续表 610 （青海省） 单位：公顷、人、个

名　　称	行政区域面　　积	常住人口	企业个数	企　　业从业人员	工业企业单　　位		城镇建成区常住人口
						#规模以上	
大通回族土族自治县黄家寨镇	6178	32933	49	403	43	7	2062
大通回族土族自治县长宁镇	9311	40122	325	14000	188	10	3039
大通回族土族自治县景阳镇	10640	25567					2750
大通回族土族自治县多林镇	4680	10266					1508
大通回族土族自治县新庄镇	5440	16211	1	5	1		15646
大通回族土族自治县青林乡	29560	10687					
大通回族土族自治县青山乡	14715	16323					
大通回族土族自治县逊让乡	12800	12430	3	18			
大通回族土族自治县极乐乡	5458	13158					
大通回族土族自治县石山乡	2942	10100	1	60	1		
大通回族土族自治县宝库乡	117485	8454					
大通回族土族自治县斜沟乡	4782	8342					
大通回族土族自治县良教乡	4280	19657					
大通回族土族自治县向化藏族乡	17499	7148	4	21			
大通回族土族自治县桦林乡	20880	15095	1	20			
大通回族土族自治县朔北藏族乡	8040	19232					
湟中县鲁沙尔镇	18381	59553	480	2784	350	2	24950
湟中县西堡镇	9401	24809	49	3560	29	4	512
湟中县上新庄镇	22523	34747	29	1935	26	4	434
湟中县田家寨镇	32949	36153	179	1646	174		2825
湟中县甘河滩镇	6649	20723	15	520			977
湟中县共和镇	26439	32569	20	120	20		2356
湟中县多巴镇	14876	66621	308	3680	203		10502
湟中县拦隆口镇	14608	39448	35	890	28		21300
湟中县上五庄镇	56153	31746	56	290	56		2498
湟中县李家山镇	14495	26452	18	756	14		2432
湟中县群加乡	9856	2287					
湟中县土门关乡	11232	17423	1	40			
湟中县汉东乡	4019	5332	1	6			
湟中县大才乡	6599	24932	30	151	30		
湟中县海子沟乡	9536	14708	12	70			
湟源县城关镇	2931	46708	325	4568	89	7	8625
湟源县大华镇	23563	19004	177	1530	69	5	18640
湟源县东峡乡	11727	4865	34	315	11	1	
湟源县日月乡	48503	12420	51	420	7		
湟源县和平乡	16890	12676	49	456	6		
湟源县波航乡	8561	7743	34	260	8		
湟源县申中乡	12231	14304	154	1589	23	2	
湟源县巴燕乡	12054	8466	39	421	9		
湟源县寺寨乡	14183	4135	18	152	1		
乐都区碾伯镇	14444	75762	123	1177	86	3	3410
乐都区雨润镇	10212	17434	76	1360	30		3275
乐都区寿乐镇	40675	22892	11	120	10		2012
乐都区高庙镇	9990	23732					2306
乐都区洪水镇	14634	19105	27	672	25	8	1200
乐都区高店镇	4619	9013	28	320	8	2	1126
乐都区瞿昙镇	26325	19972	2	58	2		1461
乐都区共和乡	9127	8632					
乐都区中岭乡	9295	5973					

续表 611　　　　　　　　　　　　（青海省）　　　　　　　　　　　　单位：公顷、人、个

名　　称	行政区域面　　积	常住人口	企业个数	企　　业从业人员	工业企业单　　位	#规模以上	城镇建成区常住人口
乐都区李家乡	16838	7913					
乐都区下营乡	7241	4680					
乐都区芦化乡	9429	7043	1	20	1		
乐都区马营乡	12869	9512	1	43	1		
乐都区马厂乡	8504	3423					
乐都区蒲台乡	14602	14553					
乐都区中坝乡	11212	7014					
乐都区峰堆乡	6737	5982					
乐都区城台乡	9405	4352					
乐都区达拉乡	11898	6913					
平安区平安镇	10604	53400	1221	29728	203	8	53400
平安区小峡镇	5935	12193	159	2087	61	2	8393
平安区三合镇	14807	11519	143	794	19	1	1423
平安区洪水泉乡	7791	1862	108	378	3		
平安区石灰窑乡	7427	8778	89	418	3		
平安区古城乡	9482	11156	96	749	3	2	
平安区沙沟乡	8520	9841	76	454	15	1	
平安区巴藏沟乡	8893	3751	51	193	1		
民和回族土族自治县川口镇	8747	73257	182	3320	96	5	73257
民和回族土族自治县古鄯镇	13249	20974	3	35	3		3440
民和回族土族自治县马营镇	5502	19101	1	36	1		6965
民和回族土族自治县官亭镇	8633	14743	7	36	1		6691
民和回族土族自治县巴州镇	11166	20843	5	56	5		3208
民和回族土族自治县满坪镇	5686	15110					2624
民和回族土族自治县李二堡镇	13172	17353	18	102			2637
民和回族土族自治县峡门镇	10064	12156					5165
民和回族土族自治县马场垣乡	8810	23297	34	4176	34	10	
民和回族土族自治县北山乡	6119	3676					
民和回族土族自治县松树乡	6739	7342					
民和回族土族自治县西沟乡	11701	21393					
民和回族土族自治县总堡乡	4904	11896					
民和回族土族自治县隆治乡	12206	8176					
民和回族土族自治县大庄乡	6275	10825					
民和回族土族自治县转导乡	10235	14360	1	6	1		
民和回族土族自治县前河乡	7063	9423					
民和回族土族自治县甘沟乡	5077	13053					
民和回族土族自治县中川乡	13550	22161	8	179	7		
民和回族土族自治县杏儿乡	5984	4527					
民和回族土族自治县核桃庄乡	6006	11324	1	56	1		
民和回族土族自治县新民乡	8847	6956					
互助土族自治县威远镇	8088	70608	400	6210	40	4	52635
互助土族自治县丹麻镇	15120	22531	1	6			186
互助土族自治县高寨镇	9244	15779					45
互助土族自治县南门峡镇	22447	19030	3	32	3		2025
互助土族自治县加定镇	61937	7805	22	120	1		120
互助土族自治县塘川镇	15554	42018	32	2720	26	13	828
互助土族自治县五十镇	19390	18868	29	150			595
互助土族自治县五峰镇	8835	23162	5	112	4		513
互助土族自治县台子乡	8102	22838	10	105	5		

续表 612　　　　(青海省)　　　　单位：公顷、人、个

名　称	行政区域面　积	常住人口	企业个数	企　业从业人员	工业企业单　位		城镇建成区常住人口
						#规模以上	
互助土族自治县西山乡	9379	18138					
互助土族自治县红崖子沟乡	17931	18695	15	589	15	1	
互助土族自治县巴扎藏族乡	52130	5173					
互助土族自治县哈拉直沟乡	13279	16190	10	55			
互助土族自治县松多藏族乡	23382	5905					
互助土族自治县东山乡	9049	10481					
互助土族自治县东和乡	9932	17555	25	362	1		
互助土族自治县东沟乡	9468	20403					
互助土族自治县林川乡	15951	25024					
互助土族自治县蔡家堡乡	7225	7419					
化隆回族自治县巴燕镇	15375	36839	67	435	24	5	14251
化隆回族自治县群科镇	10350	27765	36	243	24	2	2992
化隆回族自治县牙什尕镇	8724	15436	7	141	6	1	2274
化隆回族自治县甘都镇	16084	28281	25	223	20	2	2436
化隆回族自治县扎巴镇	18053	23510	28	173	14	2	1729
化隆回族自治县昂思多镇	18465	19759	10	865	9	1	1763
化隆回族自治县雄先藏族乡	18303	8687	2	19	2		
化隆回族自治县初麻乡	18889	4776					
化隆回族自治县查甫藏族乡	12124	5055					
化隆回族自治县塔加藏族乡	15980	4222					
化隆回族自治县金源藏族乡	31490	6774	2	16	2		
化隆回族自治县二塘乡	11260	8816	1	12	1		
化隆回族自治县谢家滩乡	7091	6212	2	24	2		
化隆回族自治县德恒隆乡	24747	7318	4	48	1		
化隆回族自治县沙连堡乡	9513	3874	3	43	3		
化隆回族自治县阿什奴乡	10060	3544					
化隆回族自治县石大仓乡	19436	5944	3	22	3	1	
循化撒拉族自治县积石镇	10621	36065	398	6195	67	5	36065
循化撒拉族自治县白庄镇	16260	22028	34	408	12	1	2600
循化撒拉族自治县街子镇	8073	18262	198	2456	48	6	4453
循化撒拉族自治县道帏藏族乡	44428	11895	36	297	2		
循化撒拉族自治县清水乡	24012	14204	99	1393	9	3	
循化撒拉族自治县岗察藏族乡	26606	2022	4	25			
循化撒拉族自治县查汗都斯乡	10562	13081	84	830	7		
循化撒拉族自治县文都藏族乡	22488	9068	66	859	17		
循化撒拉族自治县尕楞藏族乡	18472	5175	7	36			
门源回族自治县浩门镇	37850	33930	190	1032			19915
门源回族自治县青石咀镇	74811	31106	140	2380	12	1	3421
门源回族自治县泉口镇	22318	18935	26	130	4		11935
门源回族自治县东川镇	45224	18532	54	275	6		2310
门源回族自治县北山乡	9320	7374	6	121	6		
门源回族自治县麻莲乡	10028	7151					
门源回族自治县西滩乡	6516	10468					
门源回族自治县阴田乡	12020	8842					
门源回族自治县仙米乡	156430	6117					
门源回族自治县珠固乡	101775	4978					
门源回族自治县苏吉滩乡	69484	2096					
门源回族自治县皇城蒙古族乡	54261	1894	1	38			
祁连县八宝镇	81445	25141	65	330			12650

续表 613		（青海省）				单位：公顷、人、个

名　称	行政区域面　积	常住人口	企业个数	企　业从业人员	工业企业单　位	#规模以上	城镇建成区常住人口
祁连县峨堡镇	116545	3342					1608
祁连县默勒镇	303969	6364	2	368			791
祁连县扎麻什乡	53207	4901	4	93			
祁连县阿柔乡	120587	3205					
祁连县野牛沟乡	459634	3821					
祁连县央隆乡	255118	2388					
海晏县三角城镇	29824	15900	11	112	9	9	11089
海晏县西海镇	1861	13218	92	2062			13218
海晏县金滩乡	20699	5447	74	444	1		
海晏县哈勒景蒙古族乡	75983	1548					
海晏县青海湖乡	86373	3127					
海晏县甘子河乡	148864	5648	9	50			
刚察县沙柳河镇	123782	13516	11	158	9	1	6673
刚察县哈尔盖镇	172901	11630	14	210	12	1	2321
刚察县伊克乌兰乡	177870	5831					
刚察县泉吉乡	150293	5830	5	53	5	5	
刚察县吉尔孟乡	146360	3846	11	560			
同仁县隆务镇	10471	35538					28303
同仁县保安镇	31933	9500					2475
同仁县多哇镇	93748	6541					4667
同仁县兰采乡	40779	4194					
同仁县双朋西乡	25299	3490					
同仁县扎毛乡	21785	4060					
同仁县黄乃亥乡	8500	3070					
同仁县曲库乎乡	22366	7657					
同仁县年都乎乡	16935	8901					
同仁县瓜什则乡	40128	4466					
同仁县加吾乡	14962	4482					
尖扎县马克堂镇	10108	14378	25	880	10	1	14378
尖扎县康扬镇	3295	8932	17	170	10	1	1640
尖扎县坎布拉镇	35878	13521	21	880	17	3	3100
尖扎县贾加乡	13305	1893					
尖扎县措周乡	14337	4694					
尖扎县昂拉乡	7793	2039					
尖扎县能科乡	6051	2201					
尖扎县当顺乡	12815	1710					
尖扎县尖扎滩乡	52203	4491					
泽库县泽曲镇	98996	18480	117	1046	19		8312
泽库县麦秀镇	142222	12577	14	774	3		2143
泽库县和日镇	109979	12539	20	1074	5		3025
泽库县宁秀乡	122012	16456					
泽库县王加乡	56221	4567					
泽库县西卜沙乡	17710	3144					
泽库县多禾茂乡	129442	9428					
河南蒙古族自治县优干宁镇	224252	21468	275	1376	36	4	6881
河南蒙古族自治县宁木特镇	179383	9974	4	22			3672
河南蒙古族自治县多松乡	57959	2611	3	16			
河南蒙古族自治县赛尔龙乡	101571	3434	5	26			
河南蒙古族自治县柯生乡	106859	3238	8	41			

续表 614 (青海省) 单位：公顷、人、个

名称	行政区域面积	常住人口	企业个数	企业从业人员	工业企业单位		城镇建成区常住人口
						#规模以上	
共和县恰卜恰镇	69878	51174	102	1723	70	28	37412
共和县倒淌河镇	342543	10116					936
共和县龙羊峡镇	75731	8788	4	356	4	2	699
共和县塘格木镇	146170	14040					1049
共和县黑马河乡	115679	4730					
共和县石乃亥乡	167861	7149					
共和县沙珠玉乡	54308	5931					
共和县铁盖乡	100426	5252					
共和县廿地乡	73057	4624					
共和县切吉乡	404661	8333					
共和县江西沟乡	66579	6371	60	410			
同德县尕巴松多镇	125873	25843	44	280	20	1	25814
同德县唐谷镇	93568	13937					420
同德县巴沟乡	44817	8592	3	57	3		
同德县秀麻乡	97319	8617					
同德县河北乡	101704	7985	2	19	1		
贵德县河阴镇	3267	35660	27	210	13		22450
贵德县河西镇	49834	23582	9	156	7	2	2763
贵德县拉西瓦镇	78393	6006	2	280	2	2	1132
贵德县常牧镇	123154	17883					837
贵德县河东乡	27505	15221	2	84	2		
贵德县新街回族乡	9270	5635	3	36	3		
贵德县尕让乡	59889	13194	6	37	6		
兴海县子科滩镇	363229	27336	306	1806	65	3	17518
兴海县河卡镇	196773	16304	135	805	15	1	1141
兴海县曲什安镇	37119	5610	39	244	6	3	372
兴海县温泉乡	335532	8993	28	345	2	1	
兴海县龙藏乡	89636	6699	24	132			
兴海县中铁乡	87332	7395	27	152			
兴海县唐乃亥乡	89759	6952	98	571	2		
贵南县茫曲镇	9122	17617	140	701	28		6569
贵南县过马营镇	173766	18625	66	331	11		4149
贵南县森多镇	141960	15335	50	252	1		3257
贵南县沙沟乡	93703	8385	35	176	3		
贵南县茫拉乡	42879	7145	2	13	2		
贵南县塔秀乡	97549	10480	51	485	3		
玛沁县大武镇	195574	3664					370
玛沁县拉加镇	262620	12202					1292
玛沁县大武乡	181373	4650					
玛沁县东倾沟乡	77967	2204					
玛沁县雪山乡	135093	2098					
玛沁县下大武乡	164100	1779					
玛沁县优云乡	147580	3091					
玛沁县当洛乡	173486	4442					
班玛县赛来塘镇	61856	2506					157
班玛县多贡麻乡	56394	2762					
班玛县马可河乡	61166	2220					
班玛县吉卡乡	66641	2513					
班玛县达卡乡	99034	2938					

续表 615　　（青海省）　　单位：公顷、人、个

名　　称	行政区域面　积	常住人口	企业个数	企　业从业人员	工业企业单　位	#规模以上	城镇建成区常住人口
班玛县知钦乡	89752	2480					
班玛县江日堂乡	41239	3241					
班玛县亚尔堂乡	36495	2658					
班玛县灯塔乡	101289	4045					
甘德县柯曲镇	175300	6022					136
甘德县上贡麻乡	82402	3487					
甘德县下贡麻乡	71000	4221					
甘德县岗龙乡	104200	4216					
甘德县青珍乡	131000	6141					
甘德县江千乡	70100	3473					
甘德县下藏科乡	70600	5378					
达日县吉迈镇	92680	2986					80
达日县满掌乡	100453	3213					
达日县德昂乡	95940	2796					
达日县窝赛乡	56120	2476					
达日县莫坝乡	190546	2338					
达日县上红科乡	178533	3848					
达日县下红科乡	109560	3023					
达日县建设乡	147913	3217					
达日县桑日麻乡	300120	2699					
达日县特合土乡	212380	2221					
久治县智青松多镇	186565	4782					157
久治县门堂乡	110957	2469					
久治县哇赛乡	113333	3811					
久治县索呼日麻乡	206246	5038					
久治县白玉乡	153179	5204					
久治县哇尔依乡	105445	3872					
玛多县玛查理镇	565326	2704					2704
玛多县花石峡镇	880433	4625					4625
玛多县黄河乡	560980	2708					
玛多县扎陵湖乡	618163	2164					
玉树市隆宝镇	172840	8753					7587
玉树市下拉秀镇	308567	18007					2023
玉树市仲达乡	71067	5982					
玉树市巴塘乡	236100	9370					
玉树市小苏莽乡	214770	12670					
玉树市上拉秀乡	213767	12965					
玉树市哈秀乡	135300	5143					
玉树市安冲乡	92660	6097					
杂多县萨呼腾镇	243903	8919					6291
杂多县昂赛乡	168285	8471					
杂多县结多乡	247123	9323					
杂多县阿多乡	319677	8631					
杂多县苏鲁乡	175215	7254					
杂多县查旦乡	1196890	5721					
杂多县莫云乡	602032	6149					
杂多县扎青乡	598787	8895					
称多县称文镇	100779	7189					1719
称多县歇武镇	72572	5918					2917

续表 616　　　　　　　　　（青海省）　　　　　　　　　单位：公顷、人、个

名　　称	行政区域面　　积	常住人口	企业个数	企　　业从业人员	工业企业单　　位	#规模以上	城镇建成区常住人口
称多县扎朵镇	431766	9069					2200
称多县清水河镇	453851	8580					3279
称多县珍秦镇	232677	11369					3280
称多县尕朵乡	117808	8946					
称多县拉布乡	52375	4408					
治多县加吉博洛格镇	166206	3088					
治多县索加乡	6506211	6558					
治多县扎河乡	442941	6779					
治多县多彩乡	638462	6923					
治多县治渠乡	221828	3724					
治多县立新乡	88548	3531					
囊谦县香达镇	136430	24612					19106
囊谦县白扎乡	166470	9999					
囊谦县吉曲乡	184417	9301					
囊谦县娘拉乡	51386	6499					
囊谦县毛庄乡	82020	8873					
囊谦县觉拉乡	95386	5831					
囊谦县东坝乡	113822	5611					
囊谦县尕羊乡	132859	4863					
囊谦县吉尼赛乡	110502	7920					
囊谦县着晓乡	196216	6558					
曲麻莱县约改镇	227853	16618					14500
曲麻莱县巴干乡	190821	5748					
曲麻莱县秋智乡	559530	5458					
曲麻莱县叶格乡	748299	3665					
曲麻莱县麻多乡	1485294	5836					
曲麻莱县曲麻河乡	1461082	4075					
格尔木市郭勒木德镇	2622397	42137	43	750	7		42137
格尔木市唐古拉镇	4800000	1635	61	260			276
格尔木市大格勒乡	168271	1791	5	270			
格尔木市乌图美仁乡	3451712	1635	4	150	4		
德令哈市尕海镇	247000	7559	109	546	11	1	242
德令哈市怀头他拉镇	1070000	3099	39	192	3	3	1876
德令哈市柯鲁柯镇	667900	14564	159	810	16	2	1223
德令哈市蓄集乡	773800	1991	51	256	13		
乌兰县希里沟镇	27034	13174	127	928	15		8471
乌兰县茶卡镇	171044	3879	59	5678	16	1	2092
乌兰县柯柯镇	806285	13873	39	1308	18		1756
乌兰县铜普镇	204766	3914	20	1085	6	2	698
都兰县察汉乌苏镇	10700	17172	200	1250	42	2	7538
都兰县香日德镇	82400	24557	143	815	5	2	2074
都兰县夏日哈镇	315300	5840	8	200	4		484
都兰县宗加镇	2372800	16515	38	223	8	6	674
都兰县热水乡	87700	4333			2		
都兰县香加乡	507700	4897					
都兰县沟里乡	327100	1613	1	45	1	1	
都兰县巴隆乡	823300	5936	3	80			
天峻县新源镇	153579	19593	176	880	6	1	16383
天峻县木里镇	168057	1213	10	52			424

续表 617　　（青海省、宁夏回族自治区）　　单位：公顷、人、个

名　　称	行政区域面　　积	常住人口	企业个数	企　　业从业人员	工业企业单　　位	#规模以上	城镇建成区常住人口
天峻县江河镇	81650	2160	4	21			796
天峻县快尔玛乡	168599	1953	2	12			
天峻县舟群乡	140630	1290					
天峻县织合玛乡	85431	1486					
天峻县苏里乡	979620	1372	1	6			
天峻县生格乡	233554	1158					
天峻县阳康乡	310388	1158					
天峻县龙门乡	239750	1244	2	14			
大柴旦行政委员会柴旦镇	1863300	8625	47	5771	45	17	8084
大柴旦行政委员会锡铁山镇	227100	2500	7	3034	7	6	2500
冷湖行政委员会冷湖镇	1750000	3000	27	1200	9	3	3000
茫崖行政委员会花土沟镇	2997300	28680	348	3670	21	4	28373
茫崖行政委员会茫崖镇	209000	4673	3	1238	3	1	4673
宁夏回族自治区							
兴庆区掌政镇	15300	29078	172	1892	36		7671
兴庆区大新镇	3300	19410	455	2730	26		12053
兴庆区通贵乡	11100	16378	8	52	6		
兴庆区月牙湖乡	32995	30186	29	1796	11	11	
西夏区兴泾镇	2885	24513	17	510			10038
西夏区镇北堡镇	8000	32535	125	4280	33	2	11260
金凤区良田镇	7890	38468	62	1400	5		4843
金凤区丰登镇	4846	14194	64	2330	4	2	2432
永宁县杨和镇	6300	21632	47	2046	6		3682
永宁县李俊镇	9820	25234	124	2484			10437
永宁县望远镇	12285	76709	1518	10523	156		20792
永宁县望洪镇	10500	35877	42	211	2		2241
永宁县闽宁镇	5622	52345	112	1326	17		14376
永宁县胜利乡	10501	17944	170	1632	19		
贺兰县习岗镇	9725	128953	578	23596	376	97	123117
贺兰县金贵镇	12740	33990	251	1886	4	2	6153
贺兰县立岗镇	16887	22781	83	1537	5	2	4498
贺兰县洪广镇	31956	28746	397	12686	85	31	
贺兰县常信乡	17856	25565	24	173	9		
灵武市东塔镇	11802	21992	67	11526	57	57	4882
灵武市郝家桥镇	21470	42951	6	220	6	6	2567
灵武市崇兴镇	12267	47284	52	840	32		4273
灵武市宁东镇	101539	23373	1443	79940	31	31	16637
灵武市马家滩镇	59745	4145	48	9984	4		1314
灵武市临河镇	59127	7301	116	18956	51		7301
灵武市梧桐树乡	15428	22972	63	962	26	15	
灵武市白土岗乡	69192	11555	19	1890	16	7	
大武口区星海镇	13800	66207	53	4056	38	4	31828
惠农区红果子镇	7751	23972	360	12582	94	35	23972
惠农区尾闸镇	4059	7166	130	868	22	1	6261
惠农区园艺镇	847	43829	194	1945	5		9200
惠农区庙台乡	5300	6382	73	1380	8		
惠农区礼和乡	7203	8836	64	384	6	1	
惠农区燕子墩乡	9600	9660	124	620	7		
平罗县城关镇	15039	108534	1251	41765	285	63	85482

续表 618　　　　（宁夏回族自治区）　　　　单位：公顷、人、个

名　　称	行政区域面积	常住人口	企业个数	企业从业人员	工业企业单位	#规模以上	城镇建成区常住人口
平罗县黄渠桥镇	9023	15201	81	405	23		1930
平罗县宝丰镇	4061	11806	11	135			
平罗县头闸镇	9800	14137	5	58	2		
平罗县姚伏镇	11304	15322	382	2031			1456
平罗县崇岗镇	43655	13742	49	864	46	15	2253
平罗县陶乐镇	11582	13767	77	1043	1		
平罗县高庄乡	7672	17377	49	386	20		
平罗县灵沙乡	8362	15676	17	86			
平罗县渠口乡	14430	15956	36	292	2		
平罗县通伏乡	13239	18833	10	283	10	2	
平罗县高仁乡	14809	5757	34	196	1	1	
平罗县红崖子乡	26270	13215	56	2839	36	14	
利通区金积镇	7040	47709	492	8567	134	33	21229
利通区金银滩镇	8700	30733	39	853	23	4	1648
利通区高闸镇	7570	16867	13	1677	13	13	1073
利通区扁担沟镇	53000	22439	68	3681	6		5923
利通区上桥镇	1320	24263	25	4747	15	11	24263
利通区古城镇	3126	27268	96	3830	45	6	20999
利通区金星镇	1250	89072	63	3980			89072
利通区胜利镇	820	54353	34	9513	8	6	54353
利通区东塔寺乡	2470	25446	21	1150	17	17	
利通区板桥乡	3068	32278	127	1313	45	5	
利通区马莲渠乡	3528	24309	45	456	10	5	
利通区郭家桥乡	2750	19895	67	420	17	1	
红寺堡区红寺堡镇	32200	86474	753	7455	94	15	34152
红寺堡区太阳山镇	108000	16784	11	177	1		
红寺堡区大河乡	56060	35973	92	901	15	2	
红寺堡区新庄集乡	67271	44214	93	949	19		
红寺堡区柳泉乡	60000	34768	96	1015	5		
盐池县花马池镇	153100	59349	2018	12347	32	32	59349
盐池县大水坑镇	145860	21622	203	1020			11200
盐池县惠安堡镇	128920	25440	118	2308	35	3	13189
盐池县高沙窝镇	87350	8534	56	1441	41	6	4860
盐池县王乐井乡	104580	10500	40	235	3	2	
盐池县冯记沟乡	90230	6543	14	130	7	2	
盐池县青山乡	62237	6596	27	540	19	1	
盐池县麻黄山乡	76870	6944	1	10	1	1	
同心县豫海镇	20038	107171	946	4845	205	12	80460
同心县河西镇	55353	43890	3	63	1		14902
同心县韦州镇	48426	29769	91	741			24658
同心县下马关镇	66700	53434	21	167			10223
同心县预旺镇	35033	19699	10	105			
同心县王团镇	49371	37730	11	350	7	2	7466
同心县丁塘镇	16506	37120	21	451	5		2753
同心县田老庄乡	50360	4025					
同心县马高庄乡	47010	7265					
同心县张家塬乡	68010	4372					
同心县兴隆乡	17800	15546	3	82			
青铜峡市小坝镇	4597	25014	226	2780	88	11	3660

续表 619　　（宁夏回族自治区）　　单位：公顷、人、个

名　称	行政区域面积	常住人口	企业个数	企业从业人员	工业企业单位	#规模以上	城镇建成区常住人口
青铜峡市大坝镇	20971	26167	118	7384	34	12	7780
青铜峡市青铜峡镇	55700	49406	410	13500	368	79	4560
青铜峡市叶盛镇	5571	17704	117	983	58	7	2695
青铜峡市瞿靖镇	10210	31975	50	1167	8	6	1030
青铜峡市峡口镇	33300	29311	87	7680	65	14	4053
青铜峡市邵岗镇	38100	27652	69	564	5	3	3123
青铜峡市陈袁滩镇	6400	30937	763	7765	197	17	24359
原州区三营镇	17258	37307	175	820	8	1	12424
原州区官厅镇	30017	15919	14	400	14		230
原州区开城镇	24411	26904	88	880	42		215
原州区张易镇	28416	32874	7	234	4		2600
原州区彭堡镇	19407	28119	6	256	5	1	1533
原州区头营镇	28026	46598	68	720	15	1	5200
原州区黄铎堡镇	19747	29604	20	503	10	1	2668
原州区中河乡	20204	26661	40	720	20	5	
原州区河川乡	20581	8183	23	553			
原州区炭山乡	25352	6294	5	76	5		
原州区寨科乡	32302	8674	28	605	1		
西吉县吉强镇	25175	88167	678	7542	61	6	57632
西吉县兴隆镇	22007	46102	121	1109	39	2	3245
西吉县平峰镇	19272	17423	5	96	2		1244
西吉县新营乡	28271	26559	15	291	12	1	
西吉县红耀乡	13657	7094	1	11			
西吉县田坪乡	16873	9015	1	51			
西吉县马建乡	17713	15769	3	47	1		
西吉县震湖乡	15223	16561	4	73	2		
西吉县兴平乡	13971	16116	1	8			
西吉县西滩乡	9596	10651	1	9			
西吉县王民乡	9424	8269	1	8			
西吉县什字乡	11237	16426	16	1166	14		
西吉县马莲乡	10460	18090	15	1345	15	1	
西吉县将台乡	11286	23931	20	1208	15		
西吉县硝河乡	13505	15583	8	177	6		
西吉县偏城乡	20053	19682	3	140	3		
西吉县沙沟乡	19543	11412	16	125	2		
西吉县白崖乡	19676	14273	1	11			
西吉县火石寨乡	16061	9371	5	239	4	1	
隆德县城关镇	16044	46137	57	4652	42	7	9672
隆德县沙塘镇	7597	12984	24	100	13	2	1572
隆德县联财镇	4588	9525	8	136	8		2377
隆德县陈靳乡	4656	4116	4	98	4		
隆德县好水乡	6990	5885	2	11	2		
隆德县观庄乡	12005	14768	7	230	7		
隆德县杨河乡	6252	8914	23	142	4		
隆德县神林乡	5193	7481	13	172	5		
隆德县张程乡	8035	7684					
隆德县凤岭乡	6680	7526	2	56	2		
隆德县山河乡	5813	964					
隆德县温堡乡	8197	16477	9	262	9		

续表 620　　（宁夏回族自治区）　　单位：公顷、人、个

名称	行政区域面积	常住人口	企业个数	企业从业人员	工业企业单位	#规模以上	城镇建成区常住人口
隆德县奠安乡	7048	2639	1	18	1		
泾源县香水镇	18120	39477	29	720	9	3	18245
泾源县泾河源镇	17600	19884					3563
泾源县六盘山镇	26040	16123	78	1654	15		2912
泾源县新民乡	17600	12886					
泾源县兴盛乡	6440	8906					
泾源县黄花乡	15420	9767	1	12	1		
泾源县大湾乡	11380	11441	2	40	2		
彭阳县白阳镇	27179	47755	523	7038	71	5	36563
彭阳县王洼镇	34123	18257	84	3798	12	1	3338
彭阳县古城镇	32336	23108	118	1370	14		8569
彭阳县红河镇	16397	16710	62	695	7		2023
彭阳县新集乡	22686	30695	51	585	6		
彭阳县城阳乡	18548	20385	76	925	11		
彭阳县冯庄乡	17650	5158	29	260			
彭阳县小岔乡	15268	3654	21	105			
彭阳县孟塬乡	21268	12519	31	470	7		
彭阳县罗洼乡	15653	3347	18	310	4		
彭阳县交岔乡	14565	2998	14	180	2		
彭阳县草庙乡	17668	12029	76	710	6	1	
沙坡头区滨河镇	2821	72653	772	8492	43	4	54318
沙坡头区文昌镇	2676	88694	966	21276	23	2	71333
沙坡头区东园镇	18410	27649	242	3216	25	2	1859
沙坡头区柔远镇	4194	26359	63	3862	29	1	2936
沙坡头区镇罗镇	20596	26526	397	2779	29	11	5901
沙坡头区宣和镇	46425	47156	79	1678	79	8	5249
沙坡头区永康镇	51763	30416	39	1320	23		3767
沙坡头区常乐镇	88481	22667	49	7052	38	6	3486
沙坡头区迎水桥镇	122282	29152	215	4832	41	8	3782
沙坡头区兴仁镇	77235	24627	99	588	8		4557
沙坡头区香山乡	93378	9654					
中宁县宁安镇	16283	86147	1038	25759	86	8	57364
中宁县鸣沙镇	23372	18728	130	2091	13		5573
中宁县石空镇	34726	27221	220	25597	101	19	8982
中宁县新堡镇	20997	19817	370	9592	89	13	13305
中宁县恩和镇	17370	16731	157	1643	58	1	5037
中宁县大战场镇	21012	63072	154	1751	16	1	15000
中宁县舟塔乡	11888	20284	95	937	9		
中宁县白马乡	10089	6257	39	464	4		
中宁县余丁乡	30614	8727	114	748	22	1	
中宁县喊叫水乡	54919	18493	40	245	4		
中宁县徐套乡	68247	20210	69	365	1		
海原县海城镇	17328	27269	33	503	7		5762
海原县李旺镇	34670	35216	62	622	8		12999
海原县西安镇	35306	25809	51	654	11		13062
海原县三河镇	23216	39684	136	1836	21		5163
海原县七营镇	26758	30913	61	331	6		4106
海原县史店乡	26564	21017	10	51	3		
海原县树台乡	39308	25217	14	70	1		

续表 621　　　　（宁夏回族自治区、新疆维吾尔自治区）　　　　单位：公顷、人、个

名　　称	行政区域面积	常住人口	企业个数	企业从业人员	工业企业单位	#规模以上	城镇建成区常住人口
海原县关桥乡	58427	27318	17	107	2		
海原县高崖乡	12680	24398	57	389	18		
海原县郑旗乡	35752	21817	12	72	2		
海原县贾塘乡	30123	25816	32	166	3		
海原县曹洼乡	22277	7468	13	85	2		
海原县九彩乡	16973	7445	5	28			
海原县李俊乡	21205	8603	12	80	1		
海原县红羊乡	33335	9830	6	196	1		
海原县关庄乡	12576	8237	6	36			
海原县甘城乡	22815	8094	40	211			
新疆维吾尔自治区							
新市区安宁渠镇	4795	21497	20	250	20		6210
新市区二工乡	1340	9216	112	638	3		
新市区地窝堡乡	1500	9448	285	1539	72		
新市区青格达湖乡	1500	5677	25	218	3	1	
新市区六十户乡	5500	6954	86	433	10		
达坂城区盐湖街道办事处	133780	2454	14	920	12	1	
达坂城区达坂城镇	60000	4968	24	50			4968
达坂城区东沟乡	35000	3888					
达坂城区西沟乡	57800	2722					
达坂城区阿克苏乡	159048	3006					
米东区古牧地镇	11400	33645	1230	3251	118	2	8204
米东区铁厂沟镇	11600	4399	660	5122	218	6	
米东区长山子镇	6797	17818	8	56	5		
米东区羊毛工镇	6100	13122	10	205	10	1	
米东区三道坝镇	7922	7442	12	95	11		
米东区柏杨河乡	77054	4825	61	1023	31	1	
米东区芦草沟乡	4984	30975	79	633	21		
乌鲁木齐县水西沟镇	53080	10805	36	396	9		3398
乌鲁木齐县板房沟镇	106300	13834	436	2820	4		
乌鲁木齐县萨尔达坂乡	78985	7095	89	466	29		
乌鲁木齐县甘沟乡	62500	7651	5	30	5		
乌鲁木齐县永丰乡	14600	8390	6	68	6		
乌鲁木齐县托里乡	8266	3864	24	524			
克拉玛依区小拐乡	126394	1309	38	286			
乌尔禾区乌尔禾镇	2380	1128	17	69			1128
高昌区七泉湖镇	1140	8875	44	1391	11	7	8875
高昌区大河沿镇	4000	3902	91	2443	36	9	3902
高昌区亚尔镇	2123	58349					
高昌区艾丁湖镇	33300	20946	7	125			20946
高昌区葡萄镇	4900	20595	13	117			20595
高昌区恰特喀勒乡	82500	29964	22	161			
高昌区二堡乡	10424	14010					
高昌区三堡乡	35000	17728	74	1094			
高昌区胜金乡	490	27067	85	1204	3		
鄯善县鄯善镇	8400	39798	134	700			38850
鄯善县七克台镇	379200	16270	27	870	13		1307
鄯善县火车站镇	4000	26071	44	11150	32	6	26071
鄯善县连木沁镇	7509	35436	23	300	11	5	3235

续表 622　　（新疆维吾尔自治区）　　单位：公顷、人、个

名　　称	行政区域面积	常住人口	企业个数	企业从业人员	工业企业单位	#规模以上	城镇建成区常住人口
鄯善县鲁克沁镇	9303	36603	100	1836	6		9527
鄯善县辟展乡	7866	28622	3	180			
鄯善县东巴扎回族民族乡	1900	3911					
鄯善县吐峪沟乡	18744	26575					
鄯善县达朗坎乡	112100	16521	2	43	2		
鄯善县迪坎乡	100000	8326					
托克逊县托克逊镇	2970	39406	1169	14814	50	23	36891
托克逊县库米什镇	738244	2099	49	328	19	2	2099
托克逊县克尔碱镇	232524	2231	21	127	13	7	67
托克逊县阿乐惠镇	87619	542	26	4200	26	10	522
托克逊县伊拉湖镇	114161	17353	36	431	14	1	2292
托克逊县夏乡	49882	28602	45	264	3		
托克逊县郭勒布依乡	90695	22745	41	254	9	2	
托克逊县博斯坦乡	142470	22683	28	142	1		
伊州区雅满苏镇	764572	1859	22	1530	1		1859
伊州区七角井镇	949674	1271	10	93	10	3	436
伊州区星星峡镇	228604	192					192
伊州区二堡镇	69942	13015					2799
伊州区陶家宫镇	44270	20264	26	325	1		2645
伊州区五堡镇	1715900	13939					1697
伊州区沁城乡	1035603	9992					
伊州区乌拉台哈萨克民族乡	64000	848					
伊州区双井子乡	718271	1459					
伊州区大泉湾乡	591630	9815					
伊州区回城乡	14737	11424					
伊州区花园乡	30800	10153					
伊州区南湖乡	953590	3015	7	1247	7	4	
伊州区德外里都如克哈萨克乡	91900	3056					
伊州区西山乡	160280	3818					
伊州区天山乡	184600	9180					
伊州区白石头乡	22200	2249	1	6			
伊州区柳树沟乡	92088	1562					
巴里坤哈萨克自治县巴里坤镇	1648	16290	55	1516	50	6	16290
巴里坤哈萨克自治县博尔羌吉镇	19929	546	22	1360	22	7	546
巴里坤哈萨克自治县大河镇	116200	6658	3	16			1075
巴里坤哈萨克自治县奎苏镇	102100	4629	6	32			495
巴里坤哈萨克自治县三塘湖镇	1100000	643	8	144	3	3	84
巴里坤哈萨克自治县萨尔乔克乡	136400	4257	3	20	2		
巴里坤哈萨克自治县海子沿乡	289735	4924	1	7	1		
巴里坤哈萨克自治县下涝坝乡	247400	4710	2	12	2		
巴里坤哈萨克自治县石人子乡	27637	3901	8	113	7		
巴里坤哈萨克自治县花园乡	55144	4267	14	175	14		
巴里坤哈萨克自治县大红柳峡乡	1257700	3617	3	82	3	1	
巴里坤哈萨克自治县八墙子乡	97900	1652	1	8			
伊吾县伊吾镇	288	4300	8	90	6		4300
伊吾县淖毛湖镇	769748	4176	19	2649	9	2	4176
伊吾县盐池镇	225007	4504	3	23	3		2972
伊吾县苇子峡乡	129228	696					
伊吾县下马崖乡	471448	862					

续表 623　　（新疆维吾尔自治区）　　单位：公顷、人、个

名　称	行政区域面积	常住人口	企业个数	企业从业人员	工业企业单位	#规模以上	城镇建成区常住人口
伊吾县吐葫芦乡	128503	2588					
伊吾县前山哈萨克民族乡	187891	4065					
昌吉市硫磺沟镇	7400	7923	61	1100	19	4	
昌吉市三工镇	12300	21798	202	3636	81	13	
昌吉市榆树沟镇	42546	10798	108	400			
昌吉市二六工镇	10400	10783	117	600	12	4	
昌吉市大西渠镇	19600	14025	264	1128	73	14	
昌吉市六工镇	10810	11492	155	1476	62	2	
昌吉市滨湖镇	14192	10680	97	505	13	2	
昌吉市佃坝镇	10540	5989	74	530	9	6	
昌吉市阿什里哈萨克民族乡	300000	7546	72	620	8		
昌吉市庙尔沟乡	74600	4748	35	344	6		
阜康市甘河子镇	423	4861	64	9010	64	14	4861
阜康市城关镇	8318	18395	15	420	14		18395
阜康市九运街镇	16800	19370	27	1226	25	3	19370
阜康市滋泥泉子镇	36163	17598	11	244	11	1	17598
阜康市上户沟哈萨克民族乡	220431	11316	25	1864	25	13	
阜康市水磨沟乡	44063	5140	30	1529	28	15	
阜康市三工河哈萨克民族乡	65701	4685	12	378	10		
呼图壁县呼图壁镇	1200	43499	12	356	9	2	43499
呼图壁县大丰镇	39598	8559	81	4739	26	4	8559
呼图壁县雀尔沟镇	206296	10047					
呼图壁县二十里店镇	31097	16179	23	210	6	3	1503
呼图壁县园户村镇	22300	23654	13	271	12	6	3129
呼图壁县五工台镇	56095	19720	410	2672	34	12	1172
呼图壁县石梯子乡	122550	7808	2	39	2	2	
玛纳斯县玛纳斯镇	5009	58768	47	1094	22	1	58768
玛纳斯县乐土驿镇	14333	10600	7	281	6	5	1292
玛纳斯县包家店镇	23554	16316	21	3698	14	10	2000
玛纳斯县凉州户镇	6197	4618	10	1170	10	4	1804
玛纳斯县北五岔镇	22600	4642	6	682	6		560
玛纳斯县六户地镇	25079	4810	18	1040	7	2	4800
玛纳斯县兰州湾镇	15575	11863	28	1432	16	6	11640
玛纳斯县广东地乡	9602	4405	14	341	7	2	
玛纳斯县清水河子哈萨克民族乡	287600	3724					
玛纳斯县塔西河乡	85056	3598					
玛纳斯县旱卡子滩乡	24764	4997	7	1118	7	2	
奇台县奇台镇	3297	86251	369	9641	194	15	1361
奇台县老奇台镇	17902	6318	1	22	1	1	797
奇台县半截沟镇	180200	16457					5842
奇台县吉布库镇	85002	8963	2	20	2		2997
奇台县东湾镇	19685	8021					1482
奇台县西地镇	42113	11464	10	1267	10	5	2492
奇台县碧流河镇	24033	5786	11	72	11		1113
奇台县三个庄子镇	7913	2336	18	350	1	1	278
奇台县西北湾镇	176485	16078	101	1160	12	1	3054
奇台县坎尔孜乡	4229	4856	30	218	11	1	
奇台县五马场乡	509243	7391	30	155	2		
奇台县古城乡	7791	9879	156	800	56	3	

续表 624　　(新疆维吾尔自治区)　　单位：公顷、人、个

名　　称	行政区域面积	常住人口	企业个数	企业从业人员	工业企业单位	#规模以上	城镇建成区常住人口
奇台县乔仁乡	217079	3571	22	858	5	5	
奇台县七户乡	17732	2445	3	19			
奇台县塔塔尔乡	134936	4168	1	15	1		
吉木萨尔县吉木萨尔镇	3845	51625	477	10116	23	9	47431
吉木萨尔县三台镇	50939	10993	74	1352	9	1	1882
吉木萨尔县泉子街镇	45086	7761	46	487			550
吉木萨尔县北庭镇	19357	5490	58	310			1552
吉木萨尔县二工镇	29053	11482	128	1150	7		1540
吉木萨尔县大有镇	25117	12398	69	908			602
吉木萨尔县庆阳湖乡	36277	5792	45	593	10		
吉木萨尔县老台乡	65282	6603	93	2888	10	4	
吉木萨尔县新地乡	34371	3921	9	268			
木垒哈萨克自治县木垒镇	605	26441	15	180	3		17182
木垒哈萨克自治县西吉尔镇	11526	5100	17	94			1720
木垒哈萨克自治县东城镇	50066	9376					899
木垒哈萨克自治县新户镇	56716	5697	90	867			5697
木垒哈萨克自治县英格堡乡	10017	3451	18	38			
木垒哈萨克自治县照壁山乡	43955	4595					
木垒哈萨克自治县雀仁乡	145261	3505	32	424	9	2	
木垒哈萨克自治县白杨河乡	47053	1985	39	204			
木垒哈萨克自治县大石头乡	717887	7503					
木垒哈萨克自治县大南沟乌孜别克乡	21641	3229					
木垒哈萨克自治县博斯坦乡	150507	3800					
博乐市小营盘镇	115900	26665	24	508	21	2	26665
博乐市达勒特镇	119200	18625	33	801	20		1804
博乐市乌图布拉格镇	75000	19409	35	369	6		5420
博乐市青得里镇	58100	27598	39	386	9		316
博乐市贝林哈日莫墩乡	13700	7740	14	135	7		
阿拉山口市艾比湖镇	106400	7702	170	1400	25	7	6870
精河县精河镇	2282	31574	71	3360	30		31574
精河县大河沿子镇	223142	25051	138	1211	10		3705
精河县托里镇	232424	17485	130	1319	12		17485
精河县托托镇	227547	2737	24	130			850
精河县茫丁乡	295732	21668	99	1368	3	3	
温泉县博格达尔镇	460	7831	15	39			7831
温泉县哈日布呼镇	56840	13974					2858
温泉县安格里格镇	61430	10001					2980
温泉县查干屯格乡	91800	4125					
温泉县扎勒木特乡	114516	3867	2	41			
温泉县塔秀乡	20265	7344					
库尔勒市塔什店镇	17907	10281	46	5455	46	5	7500
库尔勒市上户镇	15005	9577	23	2007	21	1	8716
库尔勒市西尼尔镇	4918	4968	32	998	3		4968
库尔勒市铁克其乡	2626	33935	2	12			
库尔勒市恰尔巴格乡	1306	18815	7	32	7		
库尔勒市英下乡	2533	10233	1	121	1		
库尔勒市兰干乡	3594	9506	6	51	6		
库尔勒市和什力克乡	9541	7332					
库尔勒市哈拉玉宫乡	34838	10498	2	12	2		

续表 625　　（新疆维吾尔自治区）　　单位：公顷、人、个

名　　称	行政区域面　积	常住人口	企业个数	企　业从业人员	工业企业单　位	#规模以上	城镇建成区常住人口
库尔勒市阿瓦提乡	16556	14272					
库尔勒市托布力其乡	16256	7456	3	37	3		
库尔勒市普惠乡	5308	3308	9	65			
轮台县轮台镇	11050	41268	732	5601	71	6	19326
轮台县轮南镇	164023	17707	170	6500	17	4	238
轮台县群巴克镇	10343	15591	109	1180	42	14	2270
轮台县阳霞镇	7326	13630	63	125	5		
轮台县哈尔巴克乡	15518	12519	41	172	2	1	
轮台县野云沟乡	2868	3850	23	32			
轮台县阿克萨来乡	4548	5781	7	10			
轮台县塔尔拉克乡	5814	4621	21	148			
轮台县草湖乡	120468	1218	17	31			
轮台县铁热克巴扎乡	8589	10349	28	41	7		
轮台县策达雅乡	4818	7045	33	65	3		
尉犁县尉犁镇	1090	33690	78	942	64	9	33690
尉犁县团结镇	3400	6432					6432
尉犁县塔里木乡	2230000	6796	9	48			
尉犁县兴平乡	484900	12210	28	142	28	1	
尉犁县墩阔坦乡	1546890	4640	3	85			
尉犁县喀尔曲尕乡	1500000	4124					
尉犁县阿克苏普乡	58939	2608					
尉犁县古勒巴格乡	158738	6694					
若羌县若羌镇	2800	11785	661	6764	28	2	4029
若羌县依吞布拉克镇	37000	383	18	270	9		
若羌县罗布泊镇	5100000	4569	26	5765	3	2	
若羌县瓦石峡镇	2410000	6969	41	204	1		
若羌县铁干里克镇	2320000	8132	58	300	4	3	
若羌县吾塔木乡	1170000	5258	30	204			
若羌县铁木里克乡	2630000	195	3	60	3		
若羌县祁曼塔克乡	6560000	39	4	45	2	1	
且末县且末镇	400	20220	158	1896	93	1	4400
且末县奥依亚依拉克镇	347200	1665					115
且末县塔提让镇	100840	3767	11	47			
且末县阿羌镇	1411224	2957	6	213			
且末县阿热勒乡	1139700	2757	4	46	4		
且末县琼库勒乡	4400	6198	25	156	16		
且末县托格拉克勒克乡	5200	8540					
且末县巴格艾日克乡	4800	4265	8	79	8		
且末县英吾斯塘乡	4800	6575					
且末县阿克提坎墩乡	57500	2932	13	240			
且末县阔什萨特玛乡	11900	2939	19	591	2		
且末县库拉木勒克乡	1470000	2645	1	7	1		
焉耆回族自治县焉耆镇	1186	33335					7730
焉耆回族自治县七个星镇	75000	19629	75	1123	39	5	1607
焉耆回族自治县永宁镇	6516	22237					2342
焉耆回族自治县四十里城子镇	6057	9501					3197
焉耆回族自治县北大渠乡	13800	12957					
焉耆回族自治县五号渠乡	5960	16051	243	1215	35	3	

续表 626　　（新疆维吾尔自治区）　　单位：公顷、人、个

名　　称	行政区域面　　积	常住人口	企业个数	企　　业从业人员	工业企业单　　位	#规模以上	城镇建成区常住人口
焉耆回族自治县查汗采开乡	2442	4722					
焉耆回族自治县包尔海乡	3614	6300					
和静县和静镇	30999	61882	1267	14561			49037
和静县巴仑台镇	500267	8226	13	398			7230
和静县巴润哈尔莫墩镇	48271	23782	30	447	24	3	3490
和静县哈尔莫墩镇	335953	23029	10	201			2909
和静县巴音布鲁克镇	571731	9156	25	136			1859
和静县巩乃斯镇	298645	1349					115
和静县乃门莫墩镇	5639	10736					680
和静县协比乃尔布呼乡	3641	6308					
和静县克尔古提乡	75417	1032					
和静县阿拉沟乡	155350	1507	13	144			
和静县额勒再特乌鲁乡	571089	3454					
和静县巴音郭愣乡	697278	1546					
和硕县特吾里克镇	2199	14580	91	502	24	2	14580
和硕县塔哈其镇	19045	5130	16	80	4	1	
和硕县曲惠镇	18489	3320	15	90	5		
和硕县乌什塔拉回族民族乡	43103	8086	12	60	8	1	
和硕县苏哈特乡	3093	3753	2	10	1	1	
和硕县乃仁克尔乡	284693	1302	5	64	3		
和硕县新塔热乡	15075	2175	4	20	1		
博湖县博湖镇	3350	15355	152	3245	22	2	15355
博湖县本布图镇	11699	7883	62	837			816
博湖县塔温觉肯乡	14573	7390	46	336	11		
博湖县乌兰再格森乡	4188	2053	22	210	1		
博湖县才坎诺尔乡	12449	6219	2	130	2		
博湖县查干诺尔乡	7793	8111	36	529	3		
博湖县博斯腾湖乡	301035	661	71	484	4	4	
阿克苏市喀勒塔勒镇	82818	41901	28	374	3	1	3692
阿克苏市阿依库勒镇	141333	51275	8	590			3961
阿克苏市依干其乡	29942	23069	12	326	12		
阿克苏市拜什吐格曼乡	20113	27512	1	35	1		
阿克苏市托普鲁克乡	2114	17180					
阿克苏市库木巴希乡	12213	26400	3	66	3		
温宿县吐木秀克镇	230709	15894	10	675			
温宿县克孜勒镇	31321	27404	8	210	1		2208
温宿县阿热勒镇	39248	24766	1	13			
温宿县佳木镇	63270	12293	3	27			1609
温宿县托甫汗镇	6933	6838	4	66	4		6838
温宿县共青团镇	18500	12682	1	891			12351
温宿县柯柯牙镇	301300	12580	30	2000	15		
温宿县托乎拉乡	12974	12958					
温宿县恰格拉克乡	29149	16868					
温宿县依希来木其乡	32595	17375					
温宿县古勒阿瓦提乡	88276	16684	33	175	8		
温宿县博孜墩柯尔克孜民族乡	510907	7459					
库车县乌恰镇	5907	42081	7	422	3		9679
库车县阿拉哈格镇	15340	45140	3	26			13026
库车县齐满镇	20307	42482	68	775	12		5380

续表 627　　　　（新疆维吾尔自治区）　　　　单位：公顷、人、个

名　　称	行政区域面　　积	常住人口	企业个数	企　　业从业人员	工业企业单　　位	#规模以上	城镇建成区常住人口
库车县墩阔坦镇	90780	19761	9	214	4	1	1936
库车县牙哈镇	265640	34927	34	180	4		34927
库车县乌尊镇	30887	33265	15	245	10		670
库车县依西哈拉镇	59736	31786	6	318	3		31674
库车县雅克拉镇	14767	5046	2	380	1		5046
库车县玉奇吾斯塘乡	32006	31259	6	50			
库车县比西巴格乡	15113	29982	22	298			
库车县哈尼喀塔木乡	72540	39038					
库车县阿克吾斯塘乡	37773	17440	7	120	3		
库车县阿格乡	125647	3541	30	483			
库车县塔里木乡	47713	3613					
沙雅县沙雅镇	3450	53893	183	680	51	16	49899
沙雅县托依堡勒迪镇	18038	44584	1	196			5690
沙雅县红旗镇	24300	34537	2	25			3228
沙雅县英买力镇	32300	34743	1	6			671
沙雅县哈德墩镇	60509	863					811
沙雅县古勒巴格镇	30400	28356	3	16			590
沙雅县海楼镇	42696	25934	82	144			25934
沙雅县努尔巴克乡	40700	12674	4	64			
沙雅县塔里木乡	94000	6968	7	150			
沙雅县盖孜库木乡	238810	8150	18	176			
沙雅县央塔克协海尔乡	52700	13768					
新和县新和镇	1118	33935	401	2007	10	1	33648
新和县尤鲁都斯巴格镇	15659	24612	50	376	1	1	4741
新和县依其艾日克镇	11629	34548	60	766	25	6	2868
新和县排先拜巴扎乡	13000	20206	33	305			
新和县塔什艾日克乡	9478	20051	62	1023	20	4	
新和县渭干乡	21463	23358	5	45	2		
新和县玉奇喀特乡	24072	26337	56	280			
新和县塔木托格拉克乡	12936	10282	47	250			
拜城县拜城镇	12463	35635	91	6591	42		3027
拜城县铁热克镇	12901	2581	7	1444	7	5	
拜城县察尔齐镇	128360	18394	17	123	2	1	200
拜城县赛里木镇	104150	18434	3	17	2		269
拜城县黑英山乡	343072	13862	1	3	1		
拜城县克孜尔乡	119259	9611	2	50	2	1	
拜城县托克逊乡	74237	17810					
拜城县亚吐尔乡	110844	18964	6	174	6		
拜城县康其乡	63515	18255	6	91	6		
拜城县布隆乡	50456	9960	3	72	3		
拜城县米吉克乡	20995	15308	14	588	12		
拜城县温巴什乡	67325	16867	1	6	1		
拜城县大桥乡	40150	10189	2	41	2		
拜城县老虎台乡	99218	14610					
乌什县乌什镇	1842	40243	65	710	40	7	31235
乌什县阿合雅镇	233688	42722					1546
乌什县依麻木镇	41900	24449					
乌什县阿克托海乡	17700	26363					
乌什县亚科瑞克乡	16645	19905					

续表 628　　（新疆维吾尔自治区）　　单位：公顷、人、个

名　　称	行政区域面积	常住人口	企业个数	企业从业人员	工业企业单位	#规模以上	城镇建成区常住人口
乌什县阿恰塔格乡	5623	19502	1	30			
乌什县英阿瓦提乡	240690	18290					
乌什县亚曼苏柯尔克孜族乡	180666	9295					
乌什县奥特贝希乡	39908	26187	25	130			
阿瓦提县阿瓦提镇	651	38948	83	485	23	2	35330
阿瓦提县乌鲁却勒镇	337583	48028	13	105	7		4813
阿瓦提县拜什艾日克镇	46843	40635	6	45			5127
阿瓦提县阿依巴格乡	569930	40025	13	539	13		
阿瓦提县塔木托格拉克乡	170448	22306	4	430	3		
阿瓦提县英艾日克乡	93813	36481	5	65	1		
阿瓦提县多浪乡	4002	9180	15	297	11	4	
阿瓦提县巴格托格拉克乡	55452	10152	2	19	1		
柯坪县柯坪镇	816	9977	13	150	11		8402
柯坪县盖孜力克镇	334296	16727	38	191	7	1	276
柯坪县阿恰勒镇	216423	8850	7	169	5	1	510
柯坪县玉尔其乡	228999	14915	3	21			
柯坪县启浪乡	104082	5620	12	71	7	2	
阿图什市上阿图什镇	78191	50893	15	80	10		4522
阿图什市松他克乡	18300	40626	21	450	10	2	
阿图什市阿扎克乡	28200	43430	79	395	12		
阿图什市阿湖乡	60900	18786	4	90	4		
阿图什市格达良乡	179959	19481					
阿图什市哈拉峻乡	857388	17408	7	95	7		
阿图什市吐古买提乡	308305	9290					
阿克陶县阿克陶镇	13600	43834	29	614	27		
阿克陶县奥依塔克镇	153700	5032	17	1862	13	5	2872
阿克陶县玉麦乡	19400	28486	6	80	5		
阿克陶县皮拉勒乡	18600	47051	36	681	4		
阿克陶县巴仁乡	108700	38958	2	65	2		
阿克陶县喀热克其克乡	10800	5438	1	20			
阿克陶县加马铁热克乡	4704	16237					
阿克陶县木吉乡	760200	4539	16	527	3		
阿克陶县布伦口乡	411400	6999	5	118	5	1	
阿克陶县克孜勒陶乡	388200	12405	25	520	5	1	
阿克陶县恰尔隆乡	220300	5201	15	80			
阿克陶县库斯拉甫乡	103900	4240	7	287	7	1	
阿克陶县塔尔塔吉克族乡	102300	5200	5	450			
阿合奇县阿合奇镇	117099	13539	160	2560	25	1	570
阿合奇县库兰萨日克乡	109776	3972					
阿合奇县色帕巴依乡	58303	3829					
阿合奇县苏木塔什乡	131562	5064					
阿合奇县哈拉奇乡	232940	8975					
阿合奇县哈拉布拉克乡	407754	6398					
乌恰县乌恰镇	400	12486	17	625	11	1	12486
乌恰县康苏镇	2200	3044	4	105	4		2271
乌恰县乌鲁克恰提乡	174900	4380					
乌恰县吾合沙鲁乡	174500	1186					
乌恰县膘尔托阔依乡	422120	6899					
乌恰县黑孜韦乡	278240	6946					

续表 629　　（新疆维吾尔自治区）　　单位：公顷、人、个

名　　称	行政区域面　　积	常住人口	企业个数	企　　业从业人员	工业企业单　　位	#规模以上	城镇建成区常住人口
乌恰县托云乡	171589	2770	1	16			
乌恰县铁列克乡	150000	3721	1	46			
乌恰县巴音库鲁提乡	131730	3470					
乌恰县波斯坦铁列克乡	455200	9623					
乌恰县吉根乡	145200	2417					
喀什市乃则尔巴格镇	3415	69393					5300
喀什市夏马勒巴格镇	2256	37591	25	825	25		37591
喀什市多来特巴格乡	3600	73197	25	253			
喀什市浩罕乡	7850	45885	20	453	20	4	
喀什市色满乡	3500	21496	5	230			
喀什市荒地乡	1218	13762	3	67	3		
喀什市帕哈太克里乡	3188	16945	15	122	14		
喀什市伯什克然木乡	22078	41317	82	475			
喀什市阿瓦提乡	8641	31284	6	36			
喀什市英吾斯坦乡	10916	45448					
喀什市阿克喀什乡	2824	13131					
疏附县托克扎克镇	3249	34421	459	1955	17		19446
疏附县兰干镇	25957	21358	102	743	29		2830
疏附县吾库萨克镇	6526	18926	192	985	68	2	1000
疏附县乌帕尔镇	10437	37059	79	417	14		4884
疏附县塔什米里克乡	33312	35106	47	261	9		
疏附县铁日木乡	10960	6321	16	138	4		
疏附县布拉克苏乡	14572	46098	75	465	3		
疏附县萨依巴格乡	11631	28043	119	992	16		
疏附县站敏乡	26806	25207	64	461	4		
疏附县木什乡	69312	16551	96	621	10		
疏勒县疏勒镇	1400	44819	30	572	21		
疏勒县罕南力克镇	7600	30378	5	30	1		2680
疏勒县牙甫泉镇	16300	31457					7706
疏勒县巴仁乡	14000	35912					
疏勒县洋大曼乡	9400	20618					
疏勒县亚曼牙乡	12500	19446					
疏勒县巴合齐乡	10000	25621					
疏勒县塔孜洪乡	15620	33354					
疏勒县英尔力克乡	9800	26509					
疏勒县库木西力克乡	13100	27194					
疏勒县塔合其乡	6600	11268					
疏勒县艾尔木东乡	17400	14925					
疏勒县阿拉力乡	11300	14551					
疏勒县阿拉甫乡	4537	25661					
疏勒县英阿瓦提乡	11200	12849					
英吉沙县城镇	1183	51904	88	950	55	2	42125
英吉沙县乌恰镇	21307	45782					
英吉沙县城关乡	3566	8549					
英吉沙县乔勒番乡	5694	13346					
英吉沙县龙甫乡	16142	7316					
英吉沙县芒辛乡	10114	28192					
英吉沙县色提力乡	12874	11971					
英吉沙县萨罕乡	52250	35858					

续表 630　　（新疆维吾尔自治区）　　单位：公顷、人、个

名　　称	行政区域面　　积	常住人口	企业个数	企　　业从业人员	工业企业单　　位		城镇建成区常住人口
						#规模以上	
英吉沙县英也尔乡	8131	15676					
英吉沙县克孜勒乡	125313	30720					
英吉沙县托普鲁克乡	34652	15351	5	210	5		
英吉沙县苏盖提乡	20432	27355					
英吉沙县艾古斯乡	16461	10496					
英吉沙县依格孜也尔乡	12958	6195	2	292	2	1	
泽普县泽普镇	965	34396	321	9771	13	4	34396
泽普县奎依巴格镇	22914	10432	191	1633	13	4	10432
泽普县波斯喀木乡	4466	20778	40	898	4		
泽普县依玛乡	9946	22501	35	498	9		
泽普县古勒巴格乡	11860	21441	36	1597	2		
泽普县赛力乡	6870	18278	36	412	9		
泽普县依肯苏乡	9289	22275	30	385	1		
泽普县图呼其乡	5311	11050	21	420	1		
泽普县奎依巴格乡	7644	14549	32	546	3		
泽普县阿克塔木乡	5107	7441	25	269	2		
泽普县阿依库勒乡	6224	13376	37	456	5		
泽普县布依鲁克塔吉克族乡	2561	4009	10	179	2		
莎车县莎车镇	1430	81013	271	2800			81013
莎车县恰热克镇	58044	27062					7472
莎车县艾力西湖镇	86400	42281	6	376			6020
莎车县荒地镇	23152	40561	4	26			39192
莎车县阿瓦提镇	15080	28710	32	161			3270
莎车县白什坎特镇	155600	45061	19	114			2840
莎车县依盖尔其镇	10060	30576	26	1285			3750
莎车县古勒巴格镇	3851	64847	298	1788	3		47713
莎车县阿热勒乡	5333	20614					
莎车县恰尔巴格乡	7448	15438	2	54	2		
莎车县托木吾斯塘乡	3250	24303					
莎车县英吾斯塘乡	5318	12325	4	42			
莎车县乌达力克乡	16100	34909					
莎车县阿尔斯兰巴格乡	7782	21812					
莎车县孜热甫夏提塔吉克族乡	12397	10899					
莎车县亚喀艾日克乡	11820	10985					
莎车县喀群乡	7330	22016					
莎车县霍什拉甫乡	40020	20936					
莎车县达木斯乡	117213	11391					
莎车县米夏乡	6900	41158					
莎车县伊什库力乡	52053	34795	2	130			
莎车县拍克其乡	57980	23484					
莎车县塔尕尔其乡	11650	42406	3	100	3		
莎车县阔什艾日克乡	7407	18822	4	72			
莎车县墩巴格乡	7530	20064	1	15			
莎车县阿拉买提乡	13216	27439					
莎车县阿扎特巴格乡	13368	17595					
莎车县巴格阿瓦提乡	12682	19817					
莎车县喀拉苏乡	57491	16560					
叶城县喀格勒克镇	8830	87310	1091	4500	1081	16	84934
叶城县恰尔巴格镇	5725	25067	1	73	1		25039

续表 631　　（新疆维吾尔自治区）　　单位：公顷、人、个

名　　称	行政区域面积	常住人口	企业个数	企业从业人员	工业企业单位	#规模以上	城镇建成区常住人口
叶城县乌夏巴什镇	5090	24916	9	45	9	8	24916
叶城县洛克乡	1300	23981	1	6	1		
叶城县伯西热克乡	7489	42835	16	96	1		
叶城县铁提乡	3607	18607	4	161	3		
叶城县恰斯米其提乡	1844	22560					
叶城县吐古其乡	3870	24105	8	113	1		
叶城县江格勒斯乡	6048	31731					
叶城县加依提勒克乡	9213	28227	2	30	2		
叶城县巴仁乡	2912	11910	7	183	2		
叶城县乌吉热克乡	5756	24390	3	15	3		
叶城县夏合甫乡	6634	24089					
叶城县依力克其乡	5866	17340	2	60			
叶城县依提木孔乡	4873	38703	5	30			
叶城县宗朗乡	1889	7789	1	5	1		
叶城县柯克亚乡	3596	24048	2	15	2		
叶城县西合休乡	2122	6459					
叶城县棋盘乡	14430	18603					
叶城县萨依巴格乡	16600	25922					
麦盖提县麦盖提镇	3757	59935	174	3691	57	4	59935
麦盖提县巴扎结米乡	7452	23348	24	306	7		
麦盖提县希依提墩乡	15638	15547	38	1353	29		
麦盖提县央塔克乡	21739	33141	9	345	4		
麦盖提县吐曼塔勒乡	23149	25235	4	64			
麦盖提县尕孜库勒乡	21314	27761	11	744	5		
麦盖提县克孜勒阿瓦提乡	24310	27316	4	223	1		
麦盖提县库木库萨尔乡	7459	13290	5	204	3		
麦盖提县昂格特勒克乡	4699	5716	2	47	1		
麦盖提县库尔玛乡	18474	14286	5	197	2		
岳普湖县岳普湖镇	5257	27912	68	1250	39	9	11452
岳普湖县艾西曼镇	9690	19695					2036
岳普湖县铁热木镇	104529	21651	3	32			1123
岳普湖县也克先拜巴扎镇	13031	19837					1934
岳普湖县岳普湖乡	24477	15846					
岳普湖县阿其克乡	24717	23423					
岳普湖县色也克乡	26969	22881					
岳普湖县巴依阿瓦提乡	63274	11430					
岳普湖县阿洪鲁库木乡	28101	2919					
伽师县巴仁镇	1785	42500					42500
伽师县西克尔库勒镇	13657	1173					865
伽师县夏普吐勒镇	20423	34481	8	308	8		5413
伽师县卧里托格拉克镇	153335	49567					49567
伽师县铁日木乡	5813	16805					
伽师县英买里乡	79526	31913	2	480			
伽师县江巴孜乡	26243	43929					
伽师县克孜勒博依乡	67844	46156					
伽师县米夏乡	10103	30312					
伽师县和夏阿瓦提乡	39437	55530					
伽师县克孜勒苏乡	29188	43865					
伽师县古勒鲁克乡	52680	27434					

续表 632　　（新疆维吾尔自治区）　　单位：公顷、人、个

名　　称	行政区域面　积	常住人口	企业个数	企　业从业人员	工业企业单　位	#规模以上	城镇建成区常住人口
伽师县玉代克力克乡	102203	17027					
巴楚县巴楚镇	1490	61560					58900
巴楚县色力布亚镇	27599	55650	37	190	1		36800
巴楚县阿瓦提镇	31654	24597					24000
巴楚县三岔口镇	90259	407					407
巴楚县恰尔巴格乡	378589	29449	21	584			
巴楚县多来提巴格乡	64079	31137					
巴楚县阿纳库勒乡	173354	28353					
巴楚县夏马勒乡	128239	10875					
巴楚县阿克萨克玛热勒乡	73847	32998					
巴楚县阿拉根乡	36206	31577	3	16			
巴楚县琼库恰克乡	43118	39545					
巴楚县英吾斯坦乡	31563	26134	12	61			
塔什库尔干塔吉克自治县塔什库尔干镇	2536	14269					
塔什库尔干塔吉克自治县塔吉克阿巴提镇	3333	3641					
塔什库尔干塔吉克自治县塔什库尔干乡	368920	6238					
塔什库尔干塔吉克自治县塔合曼乡	83184	3376					
塔什库尔干塔吉克自治县科克亚尔柯尔克孜族乡	210037	1087					
塔什库尔干塔吉克自治县提孜那甫乡	32151	3374	2	23			
塔什库尔干塔吉克自治县达布达尔乡	1175295	3037					
塔什库尔干塔吉克自治县马尔洋乡	222837	1965					
塔什库尔干塔吉克自治县瓦恰乡	73897	2925					
塔什库尔干塔吉克自治县班迪尔乡	62511	1659					
塔什库尔干塔吉克自治县库科西鲁格乡	56745	2057					
塔什库尔干塔吉克自治县大同乡	125760	1830					
和田市拉斯奎镇	5406	29702	77	525	5	1	28270
和田市玉龙喀什镇	4224	29073	158	1437	10	1	29073
和田市肖尔巴格乡	3292	46041	240	1518	10	3	
和田市伊里其乡	4998	58958	446	2516	7		
和田市古江巴格乡	1603	21697	3	100			
和田市吐沙拉乡	10213	60239	110	1689	6		
和田市吉亚乡	17270	29795	92	687	2		
和田市阿克恰勒乡	11810	5260					
和田县巴格其镇	6646	70358	191	1408			6804
和田县罕艾日克镇	9054	56091	154	1234	4	2	4384
和田县英阿瓦提乡	9528	31084	311	1555			
和田县英艾日克乡	21689	12280	36	265			
和田县布扎克乡	11603	32856	139	1069	11	1	
和田县拉依喀乡	5233	34770	117	1252			
和田县朗如乡	2323362	21268	62	495	4	2	
和田县塔瓦库勒乡	34451	35052	36	121			
和田县伊斯拉木阿瓦提乡	53409	27832	26	175			
和田县色格孜库勒乡	36563	11356	17	96			
和田县喀什塔什乡	1574582	6880	34	275	3	1	
和田县吾宗肖乡	15365	7812	18	54			
墨玉县喀拉喀什镇	3445	50758					2432
墨玉县扎瓦镇	35623	60343	22	1210			4561
墨玉县奎牙镇	7481	48858					
墨玉县喀尔赛镇	390249	51117					4288

续表 633　　（新疆维吾尔自治区）　　单位：公顷、人、个

名　　称	行政区域面　　积	常住人口	企业个数	企　　业从业人员	工业企业单　　位	#规模以上	城镇建成区常住人口
墨玉县阿克萨拉依乡	4368	33130					
墨玉县乌尔其乡	24613	20782	13	200			
墨玉县托胡拉乡	2124	21696					
墨玉县萨依巴格乡	222655	39244	32	600	10		
墨玉县加汗巴格乡	4535	29675	18	393			
墨玉县普恰克其乡	6400	47727	12	186			
墨玉县芒来乡	2361	26417	24	572			
墨玉县阔依其乡	4620	34633	20	100			
墨玉县雅瓦乡	333224	42882					
墨玉县吐外特乡	4661	29377					
墨玉县英也尔乡	7882	14853					
墨玉县喀瓦克乡	1157951	14022					
皮山县固玛镇	19433	32090	1	18			32090
皮山县杜瓦镇	321807	9217					1600
皮山县赛图拉镇	825000	386					315
皮山县木吉镇	341375	26515	6	45	1		5007
皮山县阔什塔格镇	69200	18959	1	220			
皮山县桑株镇	162880	37019	1	30			
皮山县克里阳乡	44357	7861					
皮山县科克铁热克乡	317233	47573					
皮山县乔达乡	172250	15756	3	100	3		
皮山县木奎拉乡	227000	24683	16	147			
皮山县藏桂乡	303488	16177					
皮山县皮亚勒玛乡	8000	8109					
皮山县皮西那乡	41047	9657					
皮山县巴什兰干乡	2616	6175					
皮山县垴阿巴提塔吉克民族乡	501200	1052					
皮山县康克尔柯尔克孜民族乡	1004808	1703					
洛浦县洛浦镇	4813	22849	25	950			510
洛浦县山普鲁镇	203518	37563					1605
洛浦县布亚乡	9396	38515	21	510			
洛浦县恰尔巴格乡	9450	52355	5	70			
洛浦县杭桂乡	354218	48644					
洛浦县多鲁乡	282767	41329					
洛浦县纳瓦乡	2755	16580					
洛浦县拜什托格拉克乡	543780	7036					
洛浦县阿其克乡	664	2038					
策勒县策勒镇	26301	32727	447	2237	66		14926
策勒县固拉合玛镇	68955	31713	37	191	8		4405
策勒县策勒乡	932716	35558	87	1492	18		
策勒县达玛沟乡	544038	23002	38	195	12		
策勒县恰哈乡	449663	17067	31	156	8		
策勒县乌鲁克萨依乡	344267	4986	9	46			
策勒县奴尔乡	459661	12899	20	101			
策勒县博斯坦乡	332184	7513	12	61			
于田县木尕拉镇	5447	29950					2870
于田县先拜巴扎镇	64640	22070	1	460			1393
于田县加依乡	1950	20246					
于田县科克亚乡	5100	22900	1	16			

续表 634　（新疆维吾尔自治区）　单位：公顷、人、个

名　称	行政区域面积	常住人口	企业个数	企业从业人员	工业企业单位	#规模以上	城镇建成区常住人口
于田县阿热勒乡	33533	20076					
于田县阿日希乡	44101	8622					
于田县兰干乡	86387	25604					
于田县斯也克乡	22048	25100					
于田县托格日尕孜乡	13260	16354	1	6			
于田县喀拉克尔乡	83000	16350					
于田县奥依托格拉克乡	557527	21000					
于田县阿羌乡	1024726	9387					
于田县英巴格乡	433380	10435	13	69			
于田县希吾勒乡	43800	4883					
于田县达里雅布依乡	1534460	1416					
民丰县尼雅镇	1426	12245	152	2077	46		12245
民丰县尼雅乡	1107000	6182					
民丰县若克雅乡	38338	7099					
民丰县萨勒吾则克乡	774278	5025					
民丰县叶亦克乡	2795591	3888					
民丰县安迪尔乡	930879	2612					
民丰县亚瓦通古孜乡	863715	363					
伊宁市巴彦岱镇	24406	24750	67	1385	34	4	9306
伊宁市潘津镇	4921	28588					3470
伊宁市英也尔乡	9058	18797	25	3244	21	5	
伊宁市汉宾乡	3178	20058	2	60	2		
伊宁市塔什科瑞克乡	1437	33707	2	95	2		
伊宁市喀尔墩乡	3448	30382	25	986	16	2	
伊宁市托格拉克乡	3075	8623	4	83	4		
伊宁市克伯克圩孜乡	1596	7389	3	130	3		
伊宁市达达木图乡	5670	31750	27	371	17	1	
奎屯市开干齐乡	47600	1341	11	149	6		
霍尔果斯市伊车嘎善乡	8000	10587	8	349	8		
伊宁县吉里于孜镇	7222	46546	65	970	28	8	5090
伊宁县墩麻扎镇	4917	12842	6	142	3	1	4732
伊宁县英塔木镇	12769	24910					2000
伊宁县胡地于孜镇	5438	22422	13	603	7	4	5298
伊宁县巴依托海镇	14203	24211					24211
伊宁县吐鲁番于孜乡	5764	13993					
伊宁县喀拉亚尕奇乡	114540	12559	14	1980	14	6	
伊宁县武功乡	5307	11415					
伊宁县萨地克于孜乡	1309	6816					
伊宁县愉群翁回族乡	15220	55044					
伊宁县阿热吾斯塘乡	11808	21856					
伊宁县维吾尔玉其温乡	6651	19174	15	710	10	2	
伊宁县萨木于孜乡	16643	18770					
伊宁县喀什乡	67999	23221	9	1430			
伊宁县麻扎乡	37728	13518					
伊宁县温亚尔乡	13073	30978					
伊宁县阿乌利亚乡	3326	15107					
伊宁县曲鲁海乡	9396	12896	7	67	1	1	
察布查尔锡伯自治县察布查尔镇	8188	30969	176	1657	56	10	4160
察布查尔锡伯自治县爱新色里镇	29327	9332	6	78	2		8761

续表 635　　　　　　　　　　（新疆维吾尔自治区）　　　　　　　　　　单位：公顷、人、个

名　　称	行政区域面　　积	常住人口	企业个数	企　　业从业人员	工业企业单　　位	#规模以上	城镇建成区常住人口
察布查尔锡伯自治县孙扎齐牛录镇	20357	9666	3	16	3		4832
察布查尔锡伯自治县堆齐牛录乡	19478	8999	58	298	4		
察布查尔锡伯自治县绰霍尔乡	8418	9709	13	71	7		
察布查尔锡伯自治县纳达齐牛录乡	6526	4972	15	286	8	1	
察布查尔锡伯自治县扎库齐牛录乡	31361	13849	18	131	7	1	
察布查尔锡伯自治县米粮泉回族乡	3201	5940					
察布查尔锡伯自治县坎乡	54917	12398	3	92	3		
察布查尔锡伯自治县阔洪奇乡	22961	9361	1	8	1		
察布查尔锡伯自治县海努克乡	26986	15775	6	49	3	1	
察布查尔锡伯自治县加尕斯台乡	50251	15082	5	123	5		
察布查尔锡伯自治县琼博拉乡	41704	8701					
霍城县水定镇	25025	42687	33	2468	30		31976
霍城县清水河镇	36600	55226	692	8000	58	5	16525
霍城县芦草沟镇	38516	36461	21	136	15		5120
霍城县惠远镇	13860	22714	10	198	7	1	6420
霍城县萨尔布拉克镇	64710	34651					7651
霍城县兰干乡	26300	25678	18	1238	13	1	
霍城县三道河乡	4500	10629	2	20	2		
霍城县三宫乡	7200	12645	3	158	3	1	
霍城县大西沟乡	15200	9509	3	120	2		
巩留县巩留镇	2526	32527	103	1925	26	2	3397
巩留县阿克图别克镇	61333	11611	4	120			2740
巩留县库尔德宁镇	56800	15990	3	18	1		3917
巩留县东买里镇	31832	28237	13	66	4		3977
巩留县阿尕尔森镇	58666	27935	16	365	12	2	3402
巩留县吉尔格郎乡	42660	8535	4	646	4	3	
巩留县塔斯托别乡	41400	25603	5	150	5	1	
巩留县提克阿热克乡	42667	13530	6	389	5	1	
新源县新源镇	42684	47931	260	1860	19	3	17800
新源县则克台镇	42914	23397	16	5489	15	3	6925
新源县阿热勒托别镇	41890	32419	5	249	5	1	11074
新源县塔勒德镇	103959	28308					10761
新源县那拉提镇	159946	31005	10	60			7658
新源县肖尔布拉克镇	26041	9937	1	82	1	1	1966
新源县喀拉布拉镇	64236	23407					7230
新源县阿勒玛勒镇	37403	18395					6148
新源县别斯托别乡	46497	34961	68	417	18	4	
新源县坎苏乡	37420	14014					
新源县吐尔根乡	29733	14687	2	45	2	2	
昭苏县昭苏镇	45204	30624	228	6262	25		5821
昭苏县喀夏加尔镇	40766	9524	6	47	1	1	2655
昭苏县阿克达拉镇	40444	12046	5	214			653
昭苏县洪纳海乡	26740	8755	19	693			
昭苏县乌尊布拉克乡	56843	8447	16	234			
昭苏县萨尔阔布乡	98755	9410	5	150			
昭苏县喀拉苏乡	190141	14572	5	35			
昭苏县察汗乌苏蒙古族乡	42029	8755	11	171	1		
昭苏县夏特柯尔克孜族乡	106152	11860	9	60			
昭苏县胡松图喀尔逊蒙古族乡	144737	7523	7	47			

续表 636　　　　（新疆维吾尔自治区）　　　　单位：公顷、人、个

名　　称	行政区域面　积	常住人口	企业个数	企　业从业人员	工业企业单　位		城镇建成区常住人口
						#规模以上	
特克斯县特克斯镇	67272	37834	12	484	6	1	3177
特克斯县乔拉克铁热克镇	164935	36995					4685
特克斯县喀拉达拉镇	115126	19574					6817
特克斯县齐勒乌泽克镇	70175	17436					3166
特克斯县喀拉托海镇	107769	12231	1	128	1	1	4864
特克斯县呼吉尔特蒙古民族乡	21957	7225	6	247	6	1	
特克斯县阔克苏乡	1316	2411	2	66	2	2	
特克斯县阔克铁热克柯尔克孜民族乡	152757	16948					
尼勒克县尼勒克镇	28867	37568	17	152	10		32278
尼勒克县苏布台乡	29333	8540					
尼勒克县喀拉苏乡	65786	17149	2	23	2		
尼勒克县加哈乌拉斯台乡	47600	9890	1	11	1		
尼勒克县乌赞乡	45333	13541	8	250	7	1	
尼勒克县科克浩特浩尔蒙古民族乡	101333	15049	6	290	6	2	
尼勒克县乌拉斯台乡	59500	9435	2	20	1		
尼勒克县克令乡	126866	12111	5	423	5	2	
尼勒克县喀拉托别乡	36561	10327					
尼勒克县胡吉尔台乡	80000	11808	4	413	4	2	
尼勒克县木斯乡	94666	14990	6	650	6	3	
塔城市二工镇	45000	15951	85	3679	49	1	1173
塔城市恰夏镇	43200	9873	2	56			3320
塔城市喀拉哈巴克乡	29000	8695					
塔城市阿西尔达斡尔民族乡	40200	8969	5	158	3		
塔城市阿不都拉乡	22569	6132					
塔城市也门勒乡	37200	5869	7	36			
乌苏市白杨沟镇	8643	3896	1	1120	1	1	550
乌苏市哈图布呼镇	11200	18819	308	1820	11		5937
乌苏市皇宫镇	13729	13636	3	45			4700
乌苏市车排子镇	9340	7310	3	25			2209
乌苏市甘河子镇	24563	9500					540
乌苏市百泉镇	17156	9269					1092
乌苏市四棵树镇	10700	13615	8	98	2		1752
乌苏市古尔图镇	389425	13054	1	80			2815
乌苏市西湖镇	20500	8782					1700
乌苏市西大沟镇	26700	10206	3	61	1		642
乌苏市八十四户乡	9418	14288	15	150	6		
乌苏市夹河子乡	4500	3111	1	45			
乌苏市九间楼乡	9497	6944					
乌苏市石桥乡	16074	6101	8	354			
乌苏市头台乡	12218	3995					
乌苏市吉尔格勒特郭愣蒙古民族乡	30600	4638	1	15			
乌苏市塔布勒合特蒙古民族乡	185416	2640					
额敏县额敏镇	717	56535					56535
额敏县玉什喀拉苏镇	15024	9592	8	50			9592
额敏县杰勒阿尕什镇	35000	6511	25	121	1		1759
额敏县上户镇	23344	8665					8665
额敏县玛热勒苏镇	14055	9598					9598
额敏县喀拉也木勒镇	131	5673					
额敏县郊区乡	30842	13259					

续表 637　　（新疆维吾尔自治区）　　单位：公顷、人、个

名　称	行政区域面积	常住人口	企业个数	企业从业人员	工业企业单位	#规模以上	城镇建成区常住人口
额敏县额玛勒郭楞蒙古民族乡	6111	3056	6	6			
额敏县喇嘛昭乡	5133	1336					
额敏县霍吉尔特蒙古民族乡	1	1881	1	5			
额敏县二道桥乡	15276	1659					
沙湾县三道河子镇	986	58183	2027	12162	44	15	5136
沙湾县四道河子镇	42000	16147	9	240	1		2100
沙湾县老沙湾镇	53973	9021	11	230	11	1	2315
沙湾县乌兰乌苏镇	10067	20983	1	6			1090
沙湾县安集海镇	35666	19820	21	1421	3		1460
沙湾县东湾镇	38666	9850					623
沙湾县西戈壁镇	77543	10418					1200
沙湾县柳毛湾镇	17460	11200	31	2253	21	5	2283
沙湾县金沟河镇	24000	10614					490
沙湾县商户地乡	10700	5818	3	30	1		
沙湾县大泉乡	13470	17532	25	579	25		
沙湾县博尔通古乡	85549	6674					
托里县托里镇	9406	29646	2	9	1		28000
托里县铁厂沟镇	230000	11201	98	670	7	7	9780
托里县庙尔沟镇	140806	5841	2	468	2		662
托里县多拉特乡	168069	13148					
托里县乌雪特乡	40072	11035					
托里县库普乡	600882	16793					
托里县阿克别里斗乡	116000	9874					
裕民县哈拉布拉镇	1013	12997	29	850	16	3	12997
裕民县吉也克镇	83943	6287					2122
裕民县哈拉布拉乡	44233	6663					
裕民县新地乡	49183	4144					
裕民县阿勒腾也木勒乡	67241	5291					
裕民县江格斯乡	26943	6205	1	48			
和布克赛尔蒙古自治县和布克赛尔镇	15232	12247	9	145	7		12247
和布克赛尔蒙古自治县和什托洛盖镇	204297	11883	17	2994	17	4	11883
和布克赛尔蒙古自治县夏孜盖乡	114024	1211	8	41	2		
和布克赛尔蒙古自治县铁布肯乌散乡	126909	1520					
和布克赛尔蒙古自治县查干库勒乡	190464	4127					
和布克赛尔蒙古自治县巴音傲瓦乡	150000	2784					
和布克赛尔蒙古自治县莫特格乡	15323	3500					
和布克赛尔蒙古自治县查和特乡	1411552	1892	1	85	1	1	
阿勒泰市北屯镇	555	12575	340	4655	63	1	12575
阿勒泰市阿苇滩镇	100000	10014					2302
阿勒泰市红墩镇	108000	12882	7	327	4		3979
阿勒泰市切木尔切克镇	196000	13824	1	49	1	1	2603
阿勒泰市阿拉哈克镇	187600	10584	1	64	1	1	2512
阿勒泰市汗德尕特蒙古族乡	52800	3577	4	222	4	3	
阿勒泰市拉斯特乡	55790	3461	2	60	1	1	
阿勒泰市喀拉希力克乡	62400	5824					
阿勒泰市萨尔胡松乡	100724	5831					
阿勒泰市巴里巴盖乡	99962	4720	1	25			
阿勒泰市切尔克齐乡	96450	4968	1	6	1		
布尔津县布尔津镇	4547	28911	183	2310	46	8	28911

续表 638　　(新疆维吾尔自治区)　　单位：公顷、人、个

名　　称	行政区域面　　积	常住人口	企业个数	企　　业从业人员	工业企业单　　位	#规模以上	城镇建成区常住人口
布尔津县冲乎尔镇	214927	11324	8	143	6	1	4310
布尔津县窝依莫克镇	103810	13495	5	67			1003
布尔津县杜来提乡	86837	7276	13	56	1	1	
布尔津县阔斯特克乡	29362	3914	14	65			
布尔津县也格孜托别乡	95709	4597	3	78	2		
布尔津县禾木哈纳斯蒙古民族乡	304000	2526	17	498			
富蕴县库额尔齐斯镇	1213	28460	409	5147	127		
富蕴县可可托海镇	1710	4341	20	187	4		3549
富蕴县恰库尔图镇	12006	3043	14	140	3		1005
富蕴县喀拉通克镇	30330	5270	15	1160	2		2784
富蕴县杜热镇	522673	16660	8	810	3		1370
富蕴县吐尔洪乡	1401764	12253	11	160	2		
富蕴县库尔特乡	565810	9563	7	220	3		
富蕴县克孜勒希力克乡	366675	6043	9	120	2		
富蕴县铁买克乡	93879	4972	3	21	1		
富蕴县喀拉布勒根乡	224795	5680	10	650	3		
福海县福海镇	4060	23880	329	4271	69		23880
福海县喀拉玛盖镇	2020759	11212	70	801	6		11212
福海县解特阿热勒镇	320507	13373	99	910	12		11608
福海县阔克阿尕什乡	138550	7767					
福海县齐干吉迭乡	656428	4821					
福海县阿尔达乡	8571	3109					
哈巴河县阿克齐镇	1200	25652	142	1657	17	1	25652
哈巴河县萨尔布拉克镇	181800	13695	9	490	2	1	1491
哈巴河县齐巴尔镇	57600	7801	4	73	3	1	840
哈巴河县萨尔塔木乡	129500	11317	14	88	3	1	
哈巴河县加依勒玛乡	124100	13196	47	1185	16	6	
哈巴河县库勒拜乡	136000	13531	18	1084	3	2	
哈巴河县铁热克提乡	130300	2674					
青河县青河镇	5324	15839	55	927	15	1	15836
青河县塔克什肯镇	146864	4022	12	85	5	1	4022
青河县阿热勒托别镇	346725	9624	36	1523	28	4	9624
青河县阿热勒乡	432447	13334	23	460	12	2	
青河县萨尔托海乡	283796	5883	47	940	38	3	
青河县查干郭勒乡	174249	5119	16	336	8		
青河县阿尕什敖包乡	184405	5951					
吉木乃县托普铁热克镇	617	11196	229	2520	13	4	11196
吉木乃县吉木乃镇	125356	2779					2580
吉木乃县喀尔交镇	242279	4049	1	6			2615
吉木乃县托普铁热克乡	91145	8595					
吉木乃县托斯特乡	112724	4652	1	20			
吉木乃县恰勒什海乡	17174	1191	2	25			
吉木乃县别斯铁热克乡	118857	3466					
兵团第十二师一零四团	233840	23131	195	4371	107	3	18021
兵团第十二师西山农场	9120	6435	25	556	5	2	5364
兵团第十二师三坪农场	7849	12187	54	5532	14		
兵团第十二师五一农场	6124	12015	75	6347	45	1	
兵团第十二师头屯河农场	4147	11795	13	198	13		11795
兵团第七师一二九团	30456	17418	33	4817	24	4	

续表 639　　（新疆维吾尔自治区）　　单位：公顷、人、个

名　称	行政区域面积	常住人口	企业个数	企业从业人员	工业企业单位	#规模以上	城镇建成区常住人口
兵团第八师一三六团	19411	10113	15	2744	3		
兵团第七师一三七团	59791	10649	63	4898	7	1	
兵团第十二师二二一团	13177	5476	12	2644	11	1	
兵团第十三师红星一场	15000	9231	63	1896	59	13	
兵团第十三师红星二场	20300	7979	45	1437	38	10	
兵团第十三师红星四场	125500	8314	32	785	29	4	
兵团第十三师黄田农场	105720	11633	51	2737	49	10	
兵团第十三师火箭农场	18150	20564	47	2686	41	11	
兵团第十三师柳树泉农场	142346	11032	27	874	14	6	
兵团第十三师红山农场	326157	12973	36	1134	30	9	
兵团第十三师淖毛湖农场	3554	2712	24	1375	15	7	
兵团第六师共青团农场	22733	10599	58	4266	9	2	
兵团第六师军户农场	8757	14715	13	5098	13		
兵团第六师土墩子农场	8464	5408	13	3647	13	2	
兵团第六师六运湖农场	5196	5890	5	142	4		
兵团第十二师二二二团	17756	10642	50	3581	16	4	
兵团第六师一零五团	23318	13469	15	5408	14	2	
兵团第六师一零六团	18790	5483	7	2737	3		5483
兵团第六师芳草湖总场	94641	59805	38	24610	27	9	
兵团第六师新湖农场	83234	35974	33	16616	30	10	
兵团第八师一四七团	22485	14238	22	5523	20	4	
兵团第八师一四八团	30194	25615	21	10045	14	3	21800
兵团第八师一四九团	42193	16338	6	444	5	1	
兵团第八师一五零团	45073	13840	28	3320	19	5	
兵团第六师奇台农场	76380	28007	31	14612	27	8	
兵团第六师北塔山牧场	222837	3815	5	1023	4	4	1090
兵团第六师红旗农场	146667	13188	15	224	12	1	
兵团第五师八十一团	12328	10980	80	4984	10	5	
兵团第五师八十四团	75200	7365	14	378	14	3	
兵团第五师八十六团	32700	15334	24	569	11	1	
兵团第五师八十九团	17471	15702	26	7761	16	4	
兵团第五师九十团	33544	9500	10	4638	7		
兵团第五师八十三团	46060	21328	111	8218	11		
兵团第五师九十一团	15677	3933	5	58	5		
兵团第五师八十七团	19461	4341	12	1507	4	1	
兵团第五师八十八团	32700	4201	5	145	5		
兵团第二师二十九团	70614	27380	145	13922	36	16	9105
兵团第二师三零团	27710.6	9180	28	2600	14	4	7810
兵团第二师三十一团	30434	8811	25	1470	9	6	
兵团第二师三十三团	54335	12106	36	2360	13	7	
兵团第二师三十四团	88806	10933	13	3112	7	5	
兵团第二师三十六团	66860	7168	35	2258	13	2	
兵团第二师三十七团	11200	2480	17	355	7		
兵团第二师三十八团	19528	4693	92	2568	5		4693
兵团第二师二十七团	27839	10287	52	4381	14	8	
兵团第二师二十一团	28325	10057	20	932	13	7	
兵团第二师二十二团	8976	17519	33	2431	24	6	
兵团第二师二二三团	64215	8161	11	3426	8	4	
兵团第二师二十四团	21319	12192	26	1398	11	5	9215

续表 640　　（新疆维吾尔自治区）　　单位：公顷、人、个

名　称	行政区域面积	常住人口	企业个数	企业从业人员	工业企业单位	#规模以上	城镇建成区常住人口
兵团第二师二十五团	5389	5003	29	1713	5	1	
兵团第一师五团	79073	19657	109	8801	21	8	17121
兵团第一师六团	13247	10561	109	3120	47	7	8916
兵团第一师四团	41000	8151	48	1728	5	2	
兵团第三师红旗农场	9246	3752	1	28	1		1970
兵团第三师托云牧场	49533	927	5	520	4		159
兵团第三师四十一团	7600	7682	8	615	3		7515
兵团第三师东风农场	7914	1529	1	380	1		
兵团第三师叶城牧场	62922	1499	2	60	2		
兵团第三师四十五团	88667	23648	25	10405	15	7	
兵团第三师四十六团	33650	3281	33	1338	1	1	
兵团第三师四十二团	14655	3475	12	1892	9	4	3064
兵团第三师伽师总场	50533	12312	7	347	7	6	
兵团第三师四十八团	17000	6013	11	2599	6	4	3645
兵团第十四师四十七团	15399	4786	3	41	2		2380
兵团第十四师二二四团	27497	13181	7	140	5		
兵团第十四师皮山农场	44528	26808	7	265	2		
兵团第十四师一牧场	84493	2595	5	152	3		1470
兵团第七师一三一团	77900	18539	58	1260	57	1	16685
兵团第四师七十团	10378	10422	30	4987	23	7	
兵团第四师六十七团	61598	13032	11	196	9		
兵团第四师六十八团	13231	8789	37	1706	13	1	
兵团第四师六十九团	9822	6678	23	2485	8	5	
兵团第四师六十一团	105333	12105	33	5683	12	6	
兵团第四师六十二团	13607	16532	165	853	16	5	
兵团第四师六十三团	28753	8644	7	2627	5	2	
兵团第四师六十四团	36000	23134	10	5139	9	7	
兵团第四师六十六团	33660	25973	187	1555	19	4	
兵团第四师七十三团	28700	7623	27	2706	25	11	
兵团第四师七十一团	16952	10480	54	2780	38	5	
兵团第四师七十二团	22755	10445	13	2505	8	2	
兵团第四师七十四团	77333	3367	6	87	4		
兵团第四师七十五团	7908	2923	7	172	5	2	
兵团第四师七十六团	60153	10010	6	6034	5	2	
兵团第四师七十七团	39023	7078	9	3799	8	2	
兵团第四师七十八团	69112	5021	33	205	32		
兵团第四师七十九团	24909	4845	8	378	7	1	
兵团第九师一六三团	20568	9575	26	2518	4		
兵团第九师一六四团	18718	5715	18	300			
兵团第七师一二三团	23150	22849	14	3398	12	2	
兵团第七师一二四团	92898	16728	40	991	9	3	
兵团第七师一二五团	43051	18558	10	9554	3	1	
兵团第七师一二六团	20004	11404	3	133	3		
兵团第七师一二七团	18548	14308	8	987	6		
兵团第七师一二八团	28603	13825	10	1139	10	2	
兵团第七师一三零团	63070	17297	119	5776	13	5	
兵团第九师一六五团	93876	5192	8	111	5		
兵团第九师一六六团	49433	7722	9	176	5	1	
兵团第九师一六七团	40929	5356	4	2952	2		

续表 641　　（新疆维吾尔自治区）　　单位：公顷、人、个

名　　称	行政区域面积	常住人口	企业个数	企业从业人员	工业企业单位	#规模以上	城镇建成区常住人口
兵团第九师一六八团	42401	8173	10	3342	3		
兵团第九师团结农场	13460	3353	26	1639	10		
兵团第八师一二一团	58500	37023	45	12472	9	1	
兵团第八师一三三团	57594	20910	54	5559	6	1	
兵团第八师一三四团	47742	18998	45	9326	6	3	
兵团第八师一四一团	20003	9595	14	310	10	2	
兵团第八师一四二团	70000	23818	52	4482	18	3	
兵团第八师一四三团	93627	31398	83	14018	36	6	
兵团第八师一四四团	31583	11976	17	210	11	1	
兵团第九师一七〇团	97400	3145	10	158	8	2	
兵团第九师一六一团	124103	5138	4	146	3		
兵团第十师一八四团	72424	7107	90	1140	10	3	
兵团第十师一八一团	74793	10263	23	2814	20	2	7370
兵团第十师一八二团	35756	5151	27	2486	11	2	
兵团第十师一八三团	35333	8393	30	881	12	5	
兵团第十师一八七团	29030	6358	27	855	16	3	5475
兵团第十师一八八团	39000	10513	109	2181	44	6	
兵团第十师一八五团	90795	3256	4	913	2		
兵团第十师一八六团	6219	2556	8	425	5		
兵团第八师一五二团	10159	6078	15	4112	13	3	
兵团第一师七团	22720	11624	146	2847	52	14	
兵团第一师八团	20852	10691	55	5016	18	8	
兵团第一师十团	97835	15421	27	3142	27	11	15421
兵团第一师十一团	43008	12416	21	192	5	5	
兵团第一师十二团	46667	20099	124	8972	40	14	
兵团第一师十三团	35490	19760	127	5142	25	8	
兵团第一师十四团	61032	9187	20	3340	16	6	
兵团第一师十六团	34374	14771	123	3197	22	8	
兵团第一师水利水电工程处	420	357					
兵团第一师塔里木灌区水利管理处	1717	1521	3	43			
兵团第一师幸福农场	17580	3631	10	536	9	5	
兵团第一师一团	36056	23610	130	2624	31	10	20987
兵团第一师沙井子水利管理处	10910	996	1	21	1		385
兵团第一师二团	40100	11942	52	2650	19	9	11942
兵团第一师三团	49222	14571	74	8194	30	10	
兵团第三师四十四团	61333	26446	26	9686	21	7	15861
兵团第三师四十九团	30800	15822	16	2240	11	3	
兵团第三师五十团	52667	20411	16	889	16	4	
兵团第三师五十一团	141167	47913	18	722	18	5	34871
兵团第三师五十三团	126590	22883	22	2223	11	3	10850
图木舒克市喀拉拜勒镇	26149	4544	9	499	1		
兵团第六师一零一团	9104	9357	29	13537	13	3	
阿拉尔市托喀依乡	12204	4729					
石河子市北泉镇	47500	47293	836	7436	165	19	47293
石河子市石河子镇	4395	12872	127	1143	58	2	12872
兵团第一师阿拉尔农场	15594	8912	63	900	18	6	
五家渠市梧桐镇	34549	18667	48	1513	20	11	15701
五家渠市蔡家湖镇	43100	15913	28	1209	12	3	11000

附录：主要指标解释

主要指标解释

行政区域面积 指辖区内的全部陆地面积和水域面积。包括耕地、荒山、荒地、山林、草原、滩涂、道路和建筑物占地等陆地面积，以及河流、湖泊、水库等水域面积。

居民委员会（社区）个数 指根据宪法和其他相关法律法规规定，按城镇居住地区设立的基层群众性自治组织的个数。

村民委员会个数 指经上级政府批准，在农村居住地区设立的基层群众性自治组织的个数。

户籍户数 指年末户籍登记中被指明户籍登记地址在本辖区的户数。按派出所户籍统计数填写。

户籍人口 指年末户籍在本辖区的人口数，即公安部门户籍人口。

全家外出户数 指至少有一人户籍在本辖区，但全家人口都不居住在本辖区的户数。

全家外出人口 指全家外出的户所包含的户籍人口数。

常住户数 指全年居住时间 6 个月及以上的家庭户和集体户。家庭户指有公安部门户籍，或虽然没有户籍，但以家庭方式居住的住户。集体户指具有国有经济的机关、团体、学校、企业、事业单位的集体户口户籍，或以集体宿舍等居住方式居住的住户。同一单位的集体户无论其人数多少，都以一户统计。

常住人口 指以下四部分人口之和：居住在本辖区，户口在本辖区或者户口待定的人口；居住在本辖区，户口在外乡镇，离开户口登记地半年以上的人口；户口在本辖区，居住在外乡镇，离开户口登记地不到半年的人口；户口在本辖区，居住在港澳台或国外的人口。

公共财政收入 包括国内增值税、营业税、企业所得税、个人所得税、资源税、城市维护建设税、房产税、印花税、城镇土地使用税、土地增值税、车船税、耕地占用税、契税、烟叶税、其他等税收收入和专项收入、行政事业性收费收入、罚没收入、国有资本经营收入、国有资源（资产）有偿使用收入、其他收入等非税收入。

公共财政支出 包括一般公共服务、国防、公共安全、教育、科学技术、文化体育与传媒、社会保障从业、医疗卫生、环境保护、城乡社区事务、农林水事务、交通运输等方面的支出。

资产总额 指年末乡镇政府拥有的以货币计量的全部资产总额，包括各种财产、债权等资产。

负债总额 指年末乡镇政府承担的以货币计量的，尚未偿还的各种负债累计总额，包括欠银行、政府、社会团体和个人等方面的负债。

企业个数 指企业法人单位数。法人单位是指有权拥有资产、承担负债，并独立从事社会经济活动（或与其他单位进行交易）的组织。法人单位应同时具备以下条件：1.依法成立，有自己的名称、组织机构和场所，能够独立承担民事责任；2.独立拥有（或授权使用）资产或者经费，承担负债，有权与其他单位签订合同；3.具有包括资产负债表在内的账户，或者能够根据需要编制账户。

企业从业人员 指年末在企业工作，并取得工资或其他形式劳动报酬的人员数。

企业实交税金 指企业全年实际缴纳的税金总额。

工业企业单位数 指按行业划分标准为工业的企业单位个数。

规模以上工业企业单位数 指年主营业务收入 2000 万元以上的工业企业单位数。

工业总产值 指工业企业在年内生产的以货币形式表现的工业最终产品和提供工业劳务活动的总价值量。

规模以上工业总产值 指主营业务收入在 2000 万元以上的工业企业在年内生产的以货币形式表现的工业最终产品和提供工业劳务活动的总价值量。

建筑业企业单位数 指具有建筑业资质的独立核算的总承包和专业承包建筑业企业与生产单

位个数。

建筑业总产值 指建筑业企业在年内生产的以货币形式表现的建筑业产品和服务的总和。建筑业总产值包括建筑工程产值、安装工程产值和其他产值三部分内容。

住宿餐饮业企业个数 指按行业划分标准为住宿和餐饮业的企业个数。

住宿餐饮业企业营业总收入 指所有住宿和餐饮业企业全年营业收入之和。

社会消费品零售总额 指企业（单位、个体户）通过交易直接售给个人、社会集团非生产、非经营用的实物商品金额，以及提供餐饮服务所取得的收入金额。个人包括城乡居民和入境人员，社会集团包括机关、社会团体、部队、学校、企事业单位、居委会或村委会等。

限上社会消费品零售总额 指限额以上社会消费品零售总额。限额标准为：(1) 批发业(包括外贸企业)：年主营业务收入在2000万元以上(包括2000万元，下同)；(2) 零售业：年主营业务收入在500万元以上；(3) 住宿业和餐饮业：年营业总收入200万元以上。

商品交易市场 指经有关部门和组织批准设立，有固定场所、设施，有经营管理部门和监管人员，若干市场经营者入内，常年或实际开业三个月以上，集中、公开、独立地进行生活消费品、生产资料等现货商品交易以及提供相关服务的交易场所，包括各类消费品市场、生产资料市场等。

商品交易市场交易额 指所有商品交易市场全年交易总额。[商品交易额 指单位经营的交易平台上所有网店（含自营网店和非自营网店）在报告期内完成的商品交易额。按交易模式不同，商品交易额分为企业对消费者（B2C）交易额、企业对政府（B2G）交易额和消费者对消费者（C2C）交易额等。）]

以粮油、蔬菜、水果为主的专业市场个数 指专门进行粮油、蔬菜、水果产品交易或者以粮油、蔬菜、水果产品交易为主的农产品专业市场。

以粮油、蔬菜、水果为主的专业市场交易额 指所有粮油、蔬菜、水果专业市场全年交易总额。

以畜禽为主的专业市场个数 指专门进行以畜禽交易或者以以畜禽交易为主的农产品专业市场。

以畜禽为主的专业市场交易额 指所有以畜禽专业市场全年交易总额。

以水产为主的专业市场个数 指专门进行水产品交易或者以水产品交易为主的农产品专业市场。

以水产为主的专业市场交易额 指所有水产品专业市场全年交易总额。

营业面积50平米以上的综合商店或超市个数 指营业面积超过50平方米的从事商品批发或者零售业务的商店或超市的数量。

幼儿园、托儿所个数 指本辖区内实有的幼儿园、托儿所个数。包括学前班，以及虽未经有关部门批准，但却有一定规模(儿童数超过10人)的个人办幼儿园、托儿所。

小学校数 指经过县及县以上教育部门批准，以招收适龄儿童为主实施小学教学计划的学校数。

小学专任教师数 指在普通小学中专门从事教学工作的固定教师、民办教师人数，不包括兼职教师和临时代课教师。

小学在校学生数 指学年开学后，在普通小学学习具有学籍的学生总数，包括留级生，不包括复读生和补习生。

图书馆、文化站个数 指经过文化管理部门批准，设立于本辖区内，并对公众开放的图书馆和文化站个数。不包括单位内部的图书室。

剧场、影剧院个数 指独立核算的专用剧场和属文化部门主管的能演出戏剧的影剧院、兼映电影的剧场，以及附属在剧院、团公开营业的非独立核算的剧场、排演场个数。

体育场馆个数 包括体育场和体育馆个数。体育场指有400米跑道(中心含足球场)，有固定道牙，跑道6条以上并有固定看台的室外田径场地。体育馆指有固定看台，可供篮球、排球、羽毛球、乒乓球、体操等项目训练比赛活动用的室内运动场地。包括学校或企事业单位的对外开放的各类体育场馆，但不包括体育健身广场。

医疗卫生机构 指从卫生行政部门取得《医疗机构执业许可证》、《计划生育技术服务许可证》，或从民政、工商行政、机构编制管理部门取得法人单位登记证书，为社会提供医疗保健、疾病控制、卫生监督服务或从事医学科研和医学在职培训等工作的单位。医疗卫生机构包括医院、基层医疗卫生机构、专业公共卫生机构、其他医疗卫生机构。

医院 包括综合医院、中医医院、中西医结合医院、民族医院、各类专科医院和护理院，不包括专科疾病防治院、妇幼保健院和疗养院。

基层医疗卫生机构 包括社区卫生服务中心、社区卫生服务站、街道卫生院、乡镇卫生院、村卫生室、门诊部、诊所(医务室)。

专业公共卫生机构 包括疾病预防控制中心、专科疾病防治机构、妇幼保健机构（含妇幼保健计划生育服务中心)、健康教育机构、急救中心（站)、采供血机构、卫生监督机构、取得《医疗机构执业许可证》或《计划生育技术服务许可证》的计划生育技术服务机构。

其他医疗卫生机构 包括疗养院、临床检验中心、医学科研机构、医学在职教育机构、医学考试中心、农村改水中心、人才交流中心、统计信息中心等卫生事业单位。

医疗卫生机构床位数 指各级各类医院年底的固定实有床位（非编制床位)，包括正规床、简易床、监护床、正在消毒和修理床位、因扩建或大修而停用的床位，不包括产科新生儿床、接产室待产床、库存床、观察床、临时加床和病人家属陪侍床。

执业(助理)医师数 包括执业医师和执业助理医师。指具有《医师执业证》及其“级别”为“执业医师”、“执业助理医师”且实际从事医疗、预防保健工作的人员，不包括有执业证但实际从事管理工作的医师。

各种社会福利收养性单位数 指提供食宿、不以盈利为目地的伤残革命军人休养院、复退军人慢性病疗养院、复退军人精神病院、光荣院、社会福利院、儿童福利院、精神病福利院、老年收养性机构(敬老院、养老院、老年公寓)等收养性的社会福利事业单位的数量。

本级政府创办的敬老院个数 指经过民政部门批准，由本级政府创办并对公众开放的敬老院个数。

各种社会福利收养性单位床位数 指收养性单位年末床位的实际收养能力。对于炕、通铺，以正常可容纳人员数量折算床位数。

各种社会福利收养性单位收养人数 指收养性单位年末实际收养的人数。

城乡居民基本养老保险参保人数 指参加城乡居民养老保险（在经办机构参保登记并建立缴费记录以及制度实施当年已经年满 60 周岁并在经办机构参保登记）的总人数（不包括已经办理注销登记手续的人数)。

城乡居民基本医疗保险参保人数 指年末按国家有关规定参加城镇职工基本医疗保险和城镇居民基本医疗保险的人数，以及新农合实施方案到年末新农合筹资截止时已缴纳新农合资金的人口数。

城乡居民最低生活保障人数 指年末家庭平均收入在当地规定的最低生活保障线以下的城镇居民并已领取补助经费的人数，以及在建立农村最低生活保障制度地区得到当地政府或集体给予最低生活保障的农业人口家庭并已领取补助经费的人数。

自来水用水户数 指通过城乡自来水管道网饮用自来水的所有住户数。

管道燃气用气户数 指居民使用管道燃气家庭户的总户数。

金融机构网点数 指金融机构在本辖区所设立的金融网点个数总和。金融机构，指专门从事货币信用活动的中介组织，包括由内资、外资经营的银行、非银行的金融机构等。

公园及休闲健身广场个数 指经过有关管理部门批准，供居民休闲游玩的地方。

公园 指常年开放的供公众游览、观赏、休憩、开展科学、文化及休闲等活动，有较完善的设施和良好的绿化环境、景观优美的公园绿地。包括综合性公园、儿童公园、文物古迹公园、纪念性公园、风景名胜公园、动物园、植物园、带状公园等。

生活垃圾月均处理量 指生活垃圾在无害化处理厂（站）月均实际处理的垃圾总量。

生活垃圾卫生填埋 指用卫生填埋的工艺方法月均处理生活垃圾的数量。

生活垃圾集中焚烧 指用集中焚烧的工艺方法月均处理生活垃圾的数量。

生活垃圾转运至垃圾处理厂 指用转运至垃圾处理厂的方法月均处理生活垃圾的数量。

建成区面积 指实际已成片开发建设、市政公用设施和公共设施基本具备的区域。

批发和零售法人企业个数 指按行业划分标准为批发和零售业的企业个数。

批发和零售法人企业商品销售额 指在国内市场上销售商品以及出口商品的总量折算后的总金额。

亿元以上商品交易市场个数 指年成交额在亿元及以上的商品交易市场个数。

亿元以上商品交易市场年交易额 指所有亿元以上商品交易市场全年交易额总和。

住宿业法人企业个数 指按行业划分标准为住宿业的企业个数。

星级饭店数 指住宿业法人企业中获星级饭店个数总和。星级等级指符合《中华人民共和国星级酒店评定标准》（GB/T14308-2003），并经过有关旅游管理权威部门评定（验收）后授予“星级”称号的宾馆、饭店等住宿设施的等级划分，分为 1 星级到 5 星级 5 个标准。星级数大，表示企业的档次越高。

住宿业法人企业客房数 指住宿业法人企业的客房数总和。

星级饭店客房数 指所有星级饭店的客房数总和。

旅行社个数 指以营利为目的，从事旅游业务的企业。其中旅游业务指为旅游者代办出境、入境和签证手续，招徕、接待旅游者，为旅游者安排食宿等有偿服务的经营活动。

集中供暖户数 指居民住户取暖方式是集中集团式供暖的一种形式。

公交车通车线路 指有运行或者城市公交车线路通过本辖区，并在本辖区设站的公共交通车的线路条数。

绿化面积 指根据《城市绿化条例》规定，建成区绿地面积包括公共绿地、居住区绿地、单位附属绿地、防护绿地、生产绿地、风景林地六类绿化面积总和。

公共卫生间 指供居民和流动人口使用，在道路两旁或公共场所处设置的厕所。分独立式、附属式和活动式三种。统计时只统计独立和活动式，不统计附属式公厕。